Großkommentare der Praxis

# Strafgesetzbuch

## Leipziger Kommentar

**Großkommentar**

**12., neu bearbeitete Auflage**

herausgegeben von

Heinrich Wilhelm Laufhütte
Ruth Rissing-van Saan
Klaus Tiedemann

**Achter Band**

§§ 242 bis 262

Bearbeiter:

§§ 242–256: Joachim Vogel
§§ 257–260a, 262: Tonio Walter
§ 261: Wilhelm Schmidt/Juliane Krause

**De Gruyter**

Stand der Bearbeitung: April 2010

Redaktor: Klaus Tiedemann
Sachregister: Friederike Gerber

ISBN 978-3-89949-785-4
e-ISBN 978-3-89949-849-3

*Bibliografische Information der Deutschen Nationalbibliothek*

Die Deutsche Nationalbibliothek verzeichnet diese Publikation in der Deutschen Nationalbibliografie; detaillierte bibliografische Daten sind im Internet über http://dnb.d-nb.de abrufbar.



Datenkonvertierung/Satz: WERKSATZ Schmidt & Schulz, 06773 Gräfenhainichen
Druck und Bindung: Bercker Graphischer Betrieb GmbH & Co. KG, Kevelaer

∞ Gedruckt auf säurefreiem Papier

Printed in Germany

www.degruyter.com

## Verzeichnis der Bearbeiter der 12. Auflage

Dr. **Dietlinde Albrecht**, Referentin im Innenministerium des Landes Mecklenburg-Vorpommern, Schwerin

**Gerhard Altvater**, Bundesanwalt beim Bundesgerichtshof, Karlsruhe

Dr. **Georg Bauer**, Oberstaatsanwalt beim Bundesgerichtshof, Karlsruhe

Dr. **Gerhard Dannecker**, Universitätsprofessor an der Ruprecht-Karls-Universität Heidelberg

Dr. **Karlhans Dippel**, Vorsitzender Richter am Oberlandesgericht a.D., Kronberg i.Ts.

Dr. **Robert Esser**, Universitätsprofessor an der Universität Passau

Dr. **Klaus Geppert**, em. Universitätsprofessor an der Freien Universität Berlin

Dr. **Ferdinand Gillmeister**, Rechtsanwalt, Freiburg

**Duscha Gmel**, Oberstaatsanwältin beim Bundesgerichtshof, Karlsruhe

**Michael Grotz**, Bundesanwalt beim Bundesgerichtshof, a.D., Nationales Mitglied von Eurojust, Den Haag

Dr. **Georg-Friedrich Güntge**, Oberstaatsanwalt bei der Generalstaatsanwaltschaft in Schleswig

**Joachim Häger** (†), Richter am Bundesgerichtshof, Karlsruhe

Dr. **Ernst-Walter Hanack**, em. Universitätsprofessor an der Johannes-Gutenberg-Universität Mainz

Dr. Dr. **Eric Hilgendorf**, Universitätsprofessor an der Julius-Maximilians-Universität Würzburg

Dr. Dr. h.c. **Thomas Hillenkamp**, Universitätsprofessor an der Ruprecht-Karls-Universität Heidelberg

Dr. **Tatjana Hörnle**, Universitätsprofessorin an der Humboldt-Universität zu Berlin

Dr. **Kristian Hohn**, Wissenschaftlicher Assistent an der Bucerius Law School Hamburg

Dr. **Jutta Hubrach**, Richterin am Oberlandesgericht Düsseldorf

Dr. **Florian Jeßberger**, Universitätsprofessor an der Humboldt-Universität zu Berlin

**Stefan Kirsch**, Rechtsanwalt in Frankfurt am Main

Dr. **Peter König**, Richter am Bundesgerichtshof, Karlsruhe, Honorarprofessor an der Ludwig-Maximilians-Universität München

**Juliane Krause**, Staatsanwältin als Gruppenleiterin bei der Staatsanwaltschaft Hof

Dr. **Matthias Krauß**, Oberstaatsanwalt beim Bundesgerichtshof, Karlsruhe

Dr. **Christoph Krehl**, Richter am Bundesgerichtshof, Karlsruhe, Honorarprofessor an der Goethe-Universität Frankfurt am Main

**Perdita Kröger**, Regierungsdirektorin im Bundesministerium der Justiz, Berlin

Dr. **Hans Kudlich**, Universitätsprofessor an der Friedrich-Alexander-Universität Erlangen-Nürnberg

**Annette Kuschel**, Richterin am Landgericht Hamburg

**Heinrich Wilhelm Laufhütte**, Vorsitzender Richter am Bundesgerichtshof a.D., Berlin

Dr. **Hans Lilie**, Universitätsprofessor an der Martin Luther-Universität Halle-Wittenberg

Dr. **Manfred Möhrenschlager**, Ministerialrat a.D., Bonn

Dr. **Jens Peglau**, Richter am Oberlandesgericht, Hamm

Dr. **Ruth Rissing-van Saan**, Vorsitzende Richterin am Bundesgerichtshof, Karlsruhe, Honorarprofessorin an der Ruhr-Universität Bochum

Dr. **Thomas Rönnau**, Universitätsprofessor an der Bucerius Law School Hamburg

**Ellen Roggenbuck**, Richterin am Bundesgerichtshof, Karlsruhe

Dr. **Henning Rosenau**, Universitätsprofessor an der Universität Augsburg

Dr. **Wolfgang Ruß**, Vorsitzender Richter am Bundesgerichtshof a.D., Karlsruhe

**Wilhelm Schluckebier**, Richter am Bundesverfassungsgericht, Karlsruhe

**Johann Schmid**, Oberstaatsanwalt beim Bundesgerichtshof, Karlsruhe

Dr. **Wilhelm Schmidt**, Bundesanwalt beim Bundesgerichtshof, Karlsruhe

Dr. **Hendrik Schneider**, Universitätsprofessor an der Universität Leipzig

Dr. **Heinz Schöch**, Universitätsprofessor an der Ludwig-Maximilians-Universität München

Dr. Dr. h.c. **Friedrich-Christian Schroeder**, em. Universitätsprofessor an der Universität Regensburg

Dr. Dr. h.c. mult. **Bernd Schünemann**, Universitätsprofessor an der Ludwig-Maximilians-Universität München

Dr. **Christoph Sowada**, Universitätsprofessor an der Ernst-Moritz-Arndt-Universität Greifswald

**Werner Theune**, Richter am Bundesgerichtshof a.D., Karlsruhe

Dr. Dr. h.c. mult. **Klaus Tiedemann**, em. Universitätsprofessor an der Albert-Ludwigs-Universität Freiburg

Dr. **Brian Valerius**, Privatdozent an der Julius-Maximilians-Universität Würzburg

Dr. **Joachim Vogel**, Universitätsprofessor an der Eberhard-Karls-Universität Tübingen, Richter am Oberlandesgericht Stuttgart

Dr. Dr. **Thomas Vormbaum**, Universitätsprofessor an der Fern-Universität Hagen

Dr. **Tonio Walter**, Universitätsprofessor an der Universität Regensburg

Dr. **Thomas Weigend**, Universitätsprofessor an der Universität zu Köln

Dr. **Gerhard Werle**, Universitätsprofessor an der Humboldt-Universität zu Berlin

**Hagen Wolff**, Vorsitzender Richter am Oberlandesgericht a.D., Celle

Dr. **Frank Zieschang**, Universitätsprofessor an der Julius-Maximilians-Universität Würzburg

# Vorwort

Band 8 enthält die Erläuterungen des 19., 20. und 21. Abschnitts des Strafgesetzbuches.

Die *Eigentumsstraftatbestände* gehören seit langem zum klassischen Kernbestand des Strafrechts. Bei ihrer Kommentierung war vor allem den Neuerungen Rechnung zu tragen, die das 6. Strafrechtsreformgesetz von 1998 eingeführt hatte und die in der 11. Auflage nur durch einen Nachtrag erläutert worden waren. Die Bearbeitung setzt aber auch zahlreiche neue (oder verloren gegangene) inhaltliche Akzente wie die Betonung der institutionellen Komponente des Eigentumsschutzes oder die Aufarbeitung der Hintergründe des Streits von zivilrechtsakzessorischem sowie wirtschaftlichem Fremdheitsbegriff. Bei der *Erpressung* als dem Grundtatbestand der mit Nötigungsmitteln begangenen Vermögensdelikte im weiteren Sinne wird ausführlich auch die im Wirtschaftsverkehr wichtige Drohung mit Unterlassen (zum Beispiel einer Bezugs- oder Liefersperre) behandelt. Der Blick auf ausländische Rechtsordnungen erleichtert die Anwendung des internationalen Strafrechts, verstärkt aber auch den Lösungsvorrat für strafrechtsdogmatische und kriminalpolitische Probleme des deutschen Rechts.

Die sogenannten *Anschlussdelikte* werden insbesondere mit ihren unterschiedlichen Rechtsgütern erörtert, aber auch in den Fragen der Sozialadäquanz, des Unterlassens und der Versuchsstrafbarkeit vertieft. Die Erläuterungen zur sachlichen *Begünstigung* und zur *Hehlerei* zeigen mit der Problematik des Ankaufs illegal erlangter schweizerischer Bankdaten deutscher Steuerflüchtiger, dass ein Großkommentar auch zu aktuellen tagespolitischen Fragen rechtlich Stellung beziehen kann und soll.

Zur *Geldwäsche* war neben dem anschwellenden Schrifttum die in den letzten Jahren mit Nachdruck einsetzende Rechtsprechung des Bundesgerichtshofs zu berücksichtigen. Die vergleichsweise eher knappe Kommentierung erfolgt hier pointiert aus staatsanwaltschaftlicher Sicht, ohne aber kritische Gegenstimmen zu unterdrücken.

Die Materien des 8. Bandes wurden bisher von Wolfgang *Ruß* und Gerhard *Herdegen* erläutert. Ihr Werk, für das Verlag und Herausgeber aufrichtig danken, wirkt in den nun vorgelegten Bearbeitungen fort. Diese stammen von Joachim *Vogel*, Tonio *Walter*, Wilhelm *Schmidt* sowie Juliane *Krause* und befinden sich durchweg auf dem *Stand* von *April 2010.*

Freiburg im Breisgau, Mai 2010 *Klaus Tiedemann*

# Inhaltsübersicht



## ERLÄUTERUNGEN

## BESONDERER TEIL

### Neunzehnter Abschnitt
### Diebstahl und Unterschlagung



### Zwanzigster Abschnitt
### Raub und Erpressung

## Einundzwanzigster Abschnitt
## Begünstigung und Hehlerei

# Abkürzungsverzeichnis

| | |
|---|---|
| AA | Auswärtiges Amt |
| aA | anderer Ansicht |
| aaO | am angegebenen Ort |
| AbfG | Gesetz über die Vermeidung und Entsorgung von Abfällen (Abfallgesetz) |
| AbfVerbrG | Gesetz über die Überwachung und Kontrolle der grenzüberschreitenden Verbringung von Abfällen (Abfallverbringungsgesetz) |
| Abg. | Abgeordneter |
| AbgO | Reichsabgabenordnung |
| abgedr. | abgedruckt |
| Abk. | Abkommen |
| abl. | ablehnend |
| ABl. | Amtsblatt |
| AblEU | Amtsblatt der Europäischen Union (ab 2003); Ausgabe C: Mitteilungen und Bekanntmachungen; Ausgabe L: Rechtsvorschriften |
| AblKR | Amtsblatt des Kontrollrats |
| Abs. | Absatz |
| Abschn. | Abschnitt |
| abw. | abweichend |
| AbwAG | Abwasserabgabengesetz |
| AcP | Archiv für civilistische Praxis (zit. nach Band u. Seite) |
| AdVermiG | Gesetz über die Vermittlung der Annahme als Kind und über das Verbot der Vermittlung von Ersatzmüttern (Adoptionsvermittlungsgesetz) |
| AE | Alternativ-Entwurf eines StGB, 1966 ff |
| a.E. | am Ende |
| ÄndG | Änderungsgesetz |
| ÄndVO | Änderungsverordnung |
| a.F. | alte Fassung |
| AFG | Arbeitsförderungsgesetz |
| AfP | Archiv für Presserecht |
| AG | Amtsgericht; in Verbindung mit einem Gesetz: Ausführungsgesetz |
| AGBG/AGB-Gesetz | Gesetz zur Regelung des Rechts der Allgemeinen Geschäftsbedingungen |
| AHK | Alliierte Hohe Kommission |
| AktG | Gesetz über Aktiengesellschaften und Kommanditgesellschaften auf Aktien (Aktiengesetz) |
| AktO | Anweisung für die Verwaltung des Schriftguts bei den Geschäftsstellen der Gerichte und der Staatsanwaltschaften (Aktenordnung) |
| allg. | allgemein |
| allg. M. | allgemeine Meinung |
| Alt. | Alternative |
| aM | anderer Meinung |
| A&M | Arzneitmittel und Recht (Zeitschrift für Arzneimittel und Arzneimittelpolitik) |
| AMG | Arzneimittelgesetz |
| amtl. Begr. | amtliche Begründung |
| and. | anders |

| | |
|---|---|
| Angekl. | Angeklagte(r) |
| Anh. | Anhang |
| AnhRügG | Gesetz über die Rechtsbehelfe bei Verletzung des Anspruchs auf rechtliches Gehör (Anhörungsrügengesetz) |
| Anl. | Anlage |
| Anm. | Anmerkung |
| Annalen | Annalen des Reichsgerichts |
| AnwBl. | Anwaltsblatt |
| ao | außerordentlich |
| AO 1977 | Abgabenordnung |
| AöR | Archiv des öffentlichen Rechts |
| AOStrÄndG | Gesetz zur Änderung strafrechtlicher Vorschriften der Reichsabgabenordnung und anderer Gesetze |
| AP | Arbeitsrechtliche Praxis (Nachschlagewerk des Bundesarbeitsgerichts) |
| AR | Arztrecht |
| A&R | Arnzeimittel Recht |
| ArchKrim. | Archiv für Kriminologie |
| ArchPF | Archiv für das Post- und Fernmeldewesen |
| ArchPR | Archiv für Presserecht |
| ArchPT | Archiv für Post und Telekommunikation |
| ARSP | Archiv für Rechts- und Sozialphilosophie (zit. nach Band u. Seite) |
| Art. | Artikel |
| AT | Allgemeiner Teil des Strafgesetzbuches |
| AtG/AtomG | Gesetz über die friedliche Verwendung der Kernenergie und den Schutz gegen ihre Gefahren (Atomgesetz) |
| AÜG | Arbeitnehmerüberlassungsgesetz |
| Auff. | Auffassung |
| aufgehob. | aufgehoben |
| Aufl. | Auflage |
| Aufs. | Aufsatz |
| AuR | Arbeit und Recht |
| ausdrückl. | ausdrücklich |
| ausführl. | ausführlich |
| AusfVO | Ausführungsverordnung |
| ausl. | ausländisch |
| AuslG | Ausländergesetz |
| AusnVO | Ausnahmeverordnung |
| ausschl. | ausschließlich |
| AV | Allgemeine Verfügung |
| AVG | Angestelltenversicherungsgesetz |
| AWG | Außenwirtschaftsgesetz |
| AWG/StÄG | Gesetz zur Änderung des Außenwirtschaftsgesetzes, des Strafgesetzbuches und anderer Gesetze |
| Az. | Aktenzeichen |
| b. | bei |
| BA | Blutalkohol, Wissenschaftliche Zeitschrift für die medizinische und die juristische Praxis |
| BAK | Blutalkoholkonzentration |
| BÄK | Bundesärztekammer |
| BÄO | Bundesärzteordnung |
| BAG | Bundesarbeitsgericht |
| BAK | Blutalkoholkonzentration |
| BAnz. | Bundesanzeiger |

| | |
|---|---|
| BauGB | Baugesetzbuch |
| BauR | Zeitschrift für das gesamte öffentliche und private Baurecht |
| Bay. | Bayern, bayerisch |
| BayBS | Bereinigte Sammlung des Bayerischen Landesrechts (1802–1956) |
| BayLSG | Bayerisches Landessozialgericht |
| BayObLG | Bayerisches Oberstes Landesgericht |
| BayObLGSt | Sammlung von Entscheidungen des Bayerischen Obersten Landesgerichts in Strafsachen |
| BayVBl. | Bayerische Verwaltungsblätter |
| BayVerf. | Verfassung des Freistaates Bayern |
| BayVerwBl. | Bayerische Verwaltungsblätter |
| BayVerfGHE | s. BayVGHE |
| BayVGH | Bayerischer Verwaltungsgerichtshof |
| BayVGHE | Sammlung von Entscheidungen des Bayerischen Verwaltungsgerichtshofs mit Entscheidungen des Bayerischen Verfassungsgerichtshofs, des Bayerischen Dienststrafhofs und des Bayerischen Gerichtshofs für Kompetenzkonflikte (zit. nach Band u. Seite) |
| BayZ | Zeitschrift für Rechtspflege in Bayern (1905–1934) |
| BB | Betriebs-Berater |
| BBG | Bundesbeamtengesetz |
| BBodSchG | Gesetz zum Schutz vor schädlichen Bodenveränderungen und zur Sanierung von Altlasten (Bundes-Bodenschutzgesetz) |
| Bd., Bde | Band, Bände |
| BDH | Bundesdisziplinarhof |
| BDO | Bundesdisziplinarordnung |
| BDSG | Bundesdatenschutzgesetz |
| Bearb. | Bearbeitung |
| begl. | beglaubigt |
| BegleitG zum TKG | Begleitgesetz zum Telekommunikationsgesetz |
| Begr., begr. | Begründung, begründet |
| Bek. | Bekanntmachung |
| Bekl., bekl. | Beklagter, beklagt |
| Bem. | Bemerkung |
| ber. | berichtigt |
| bes. | besonders, besondere(r, s) |
| Beschl. | Beschluss |
| Beschw. | Beschwerde |
| Bespr. | Besprechung |
| Best. | Bestimmung |
| BestechungsVO | Bestechungsverordnung |
| bestr. | bestritten |
| betr. | betreffend |
| BeurkG | Beurkundungsgesetz |
| BewH | Bewährungshilfe |
| BezG | Bezirksgericht |
| BFH | Bundesfinanzhof |
| BfJG | Gesetz über die Errichtung des Bundesamtes für Justiz = Art. 1 des Gesetzes zur Errichtung und zur Regelung der Aufgaben des Bundesamtes für Justiz |
| BG | Bundesgericht (Schweiz) |
| BGB | Bürgerliches Gesetzbuch |
| BGBl. I, II, III | Bundesgesetzblatt Teil I, II und III |
| BGE | Entscheidungen des Schweizerischen Bundesgerichts (Amtliche Sammlung) |
| BGH | Bundesgerichtshof |

| | |
|---|---|
| BGHGrS | Bundesgerichtshof, Großer Senat |
| BGHSt | Entscheidungen des Bundesgerichtshofes in Strafsachen (zit. nach Band u. Seite) |
| BGHZ | Entscheidungen des Bundesgerichtshofes in Zivilsachen (zit. nach Band u. Seite) |
| BG Pr. | Die Praxis des Bundesgerichts (Entscheidungen des schweizerischen Bundesgerichts) |
| BilMoG | Gesetz zur Modernisierung des Bilanzrechts |
| BImSchG | Bundes-Immissionsschutzgesetz |
| BImSchVO | Bundes-Immissionsschutzverordnung |
| BinnSchiffG/BinSchG | Gesetz betr. die privatrechtlichen Verhältnisses der Binnenschifffahrt (Binnenschiffahrtsgesetz) |
| BiRiLiG | Bilanzrichtlinien-Gesetz |
| BJagdG | Bundesjagdgesetz |
| BJM | Basler Juristische Mitteilungen |
| BK | Basler Kommentar zum Strafgesetzbuch (auch: Bonner Kommentar zum Grundgesetz) |
| BKA | Bundeskriminalamt |
| BKAG/BKrimAG | Gesetz über die Einrichtung eines Bundeskriminalpolizeiamtes (Bundeskriminalamtes) |
| Bln. | Berlin |
| Bln.GVBl.Sb. | Sammlung des bereinigten Berliner Landesrechts, Sonderband I (1806–1945) und II (1945–1967) |
| Blutalkohol | Blutalkohol, Wissenschaftliche Zeitschrift für die medizinische und juristische Praxis |
| BMI | Bundesminister(ium) des Inneren |
| BMJ | Bundesminister(ium) der Justiz |
| BNatSchG | Gesetz über Naturschutz und Landschaftspflege (Bundesnaturschutzgesetz) |
| BNotÄndG | Drittes Gesetz zur Änderung der Bundesnotarordnung und anderer Gesetze |
| BNotO | Bundesnotarordnung |
| BR | Bundesrat |
| BRAGO | Bundesgebührenordnung für Rechtsanwälte |
| BRAK | Bundesrechtsanwaltskammer |
| BranntwMG/BranntwMonG | Branntweinmonopolgesetz |
| BRAO | Bundesrechtsanwaltsordnung |
| BRAOÄndG | Gesetz zur Änderung der Bundesrechtsanwaltsordnung, der Patentrechtsanwaltsordnung und anderer Gesetze |
| BRD | Bundesrepublik Deutschland |
| BR-Drs./BRDrucks. | Bundesrats-Drucksache |
| BReg. | Bundesregierung |
| Brem. | Bremen |
| BRProt. | Protokolle des Bundesrates |
| BRRG | Beamtenrechtsrahmengesetz |
| BRStenBer. | Verhandlungen des Bundesrates, Stenographische Berichte (zit. nach Sitzung u. Seite) |
| BS | Sammlung des bereinigten Landesrechts |
| BSeuchG | Bundes-Seuchengesetz |
| BSG | Bundessozialgericht |
| BSHG | Bundessozialhilfegesetz |
| Bsp. | Beispiel |
| BStBl. | Bundessteuerblatt |
| BT | Besonderer Teil des StGB (auch: Bundestag) |
| BTDrucks. | Bundestags-Drucksache |

| | |
|---|---|
| BtMG | Gesetz über den Verkehr mit Betäubungsmitteln (Betäubungsmittelgesetz) |
| BTProt. | s. BTVerh. |
| BTRAussch. | Rechtsausschuss des Deutschen Bundestags |
| BTStenBer. | Verhandlungen des deutschen Bundestages, Stenographische Berichte (zit. nach Wahlperiode u. Seite) |
| BTVerh. | Verhandlungen des Deutschen Bundestages |
| Buchst. | Buchstabe |
| BVerfG | Bundesverfassungsgericht |
| BVerfGE | Entscheidungen des Bundesverfassungsgerichts (zit. nach Band u. Seite) |
| BVerfGG | Gesetz über das Bundesverfassungsgericht |
| BVerwG | Bundesverwaltungsgericht |
| BVerwGE | Entscheidungen des Bundesverwaltungsgerichts (zit. nach Band u. Seite) |
| BVwVfG | (Bundes-)Verwaltungsverfahrensgesetz |
| BW | Baden-Württemberg |
| bzgl. | bezüglich |
| BZR | Bundeszentralregister |
| BZRG | Gesetz über das Bundeszentralregister und das Erziehungsregister (Bundeszentralregistergesetz) |
| bzw. | beziehungsweise |
| ca. | circa |
| CCZ | Corporate Compliance Zeitschrift |
| ChemG | Gesetz zum Schutz vor gefährlichen Stoffen (Chemikaliengesetz) |
| CR | Computer und Recht |
| CWÜAG | AusführungsG zum Chemiewaffenübereinkommen (CWÜ-AG) |
| DA | Deutschland Archiv |
| DÄBl. | Deutsches Ärzteblatt |
| dagg. | dagegen |
| DAR | Deutsches Autorecht |
| DAV | Deutscher Anwaltsverein |
| DB | Der Betrieb |
| DDevR | Deutsche Devisen-Rundschau (1951–1959) |
| DDR | Deutsche Demokratische Republik |
| DDT-G | Gesetz über den Verkehr mit DDT |
| DepotG | Gesetz über die Verwahrung und Anschaffung von Wertpapieren (Depotgesetz) |
| ders./dies. | derselbe/dieselbe |
| dgl. | dergleichen |
| DGVZ | Deutsche Gerichtsvollzieher-Zeitung |
| d.h. | das heißt |
| dies. | dieselbe(n) |
| Diff., diff. | Differenzierung, differenzierend |
| Diss. | Dissertation |
| DJ | Deutsche Justiz, Rechtspflege und Rechtspolitik |
| DJT | Deutscher Juristentag |
| DJZ | Deutsche Juristenzeitung (1896–1936) |
| DMW | Deutsche Medizinische Wochenschrift |
| DNA-AnalysG | Gesetz zur Novellierung der forensischen DNA-Analyse |
| DNutzG | Gesetz zur effektiven Nutzung von Dateien im Bereich der Staatsanwaltschaften |
| DÖV | Die Öffentliche Verwaltung |

| | |
|---|---|
| DOGE | Entscheidungen des Deutschen Obergerichts für das Vereinigte Wirtschaftsgebiet |
| DR | Deutsches Recht, Wochenausgabe (vereinigt mit Juristische Wochenschrift) (1931–1945) |
| DRechtsw. | Deutsche Rechtswissenschaft (1936–1943) |
| DRiB | Deutscher Richterbund |
| DRiG | Deutsches Richtergesetz |
| DRiZ | Deutsche Richterzeitung |
| DRM | Deutsches Recht, Monatsausgabe (vereinigt mit Deutsche Rechtspflege) |
| DRpfl. | Deutsche Rechtspflege (1936–1939) |
| Drs./Drucks. | Drucksache |
| DRsp. | Deutsche Rechtsprechung, hrsg. von Feuerhake (Loseblattsammlung) |
| DRZ | Deutsche Rechts-Zeitschrift (1946–1950) |
| DSB | Datenschutzberater |
| DStrR | Deutsches Steuerrecht |
| DStR | Deutsches Strafrecht (1934–1944); jetzt: Deutsches Steuerrecht |
| DStrZ | Deutsche Strafrechts-Zeitung (1914–1922) |
| DStZ A | Deutsche Steuerzeitung, bis Jg. 67 (1979): Ausgabe A |
| dt. | deutsch |
| DtZ | Deutsch-Deutsche Rechts-Zeitschrift |
| DuD | Datenschutz und Datensicherheit |
| DuR | Demokratie und Recht |
| DVBl. | Deutsches Verwaltungsblatt |
| DVJJ | Deutsche Vereinigung für Jugendgerichte und Jugendgerichtshilfen e.V. |
| DVO | Durchführungsverordnung |
| DVollzO | Dienst- und Vollzugsordnung |
| DVP | Deutsche Verwaltungspraxis |
| DVR | Datenverarbeitung im Recht (bis 1985, danach vereinigt mit IuR) |
| DWW | Deutsche Wohnungswirtschaft |
| DZWiR | Deutsche Zeitschrift für Wirtschafts- und Insolvenzrecht |
| E | Entwurf bzw. Entscheidung |
| E 1927 | Entwurf eines Allgemeinen Deutschen Strafgesetzbuches nebst Begründung (Reichstagsvorlage) 1927 |
| E 62 | Entwurf eines Strafgesetzbuches mit Begründung 1962 |
| EAO | Entwurf einer Abgabenordnung |
| ebd. | ebenda |
| ebso. | ebenso |
| ed(s) | editor(s) |
| EEGOWiG | Entwurf eines Einführungsgesetzes zum Gesetz über Ordnungswidrigkeiten |
| EEGStGB | Entwurf eines Einführungsgesetzes zum Strafgesetzbuch (EGStGB) |
| EFG | Entscheidungen der Finanzgerichte (zit. nach Band u. Seite) |
| EG | Einführungsgesetz bzw. Europäische Gemeinschaft(en) bzw. Erinnerungsgabe |
| EGBGB | Einführungsgesetz zum Bürgerlichen Gesetzbuch |
| EG-FinanzschutzG/ EGFinSchG | Gesetz zum Übereinkommen v. 26.8.1995 über den Schutz der finanziellen Interessen der Europäischen Gemeinschaften |
| EGGVG | Einführungsgesetz zum Gerichtsverfassungsgesetz |
| EGH/EhrenGHE | Ehrengerichtliche Entscheidungen der Ehrengerichtshöfe der Rechtsanwaltschaft des Bundesgebiets und des Landes Berlin (zit. nach Band u. Seite) |

| | |
|---|---|
| EGInsO | Einführungsgesetz zur Insolvenzordnung |
| EGInsOÄndG | Gesetz zur Änderung des Einführungsgesetzes zur Insolvenzordnung und anderer Gesetze |
| EGKS | Europäische Gemeinschaft für Kohle und Stahl |
| EGMR | Europäischer Gerichtshof für Menschenrechte |
| EGOWiG | Einführungsgesetz zum Gesetz über Ordnungswidrigkeiten |
| EGStGB | Einführungsgesetz zum Strafgesetzbuch |
| EGStPO | Einführungsgesetz zur Strafprozeßordnung |
| EGV | Vertrag zur Gründung der Europäischen Gemeinschaft |
| EheG | Ehegesetz |
| ehem. | ehemalig |
| Einf. | Einführung |
| eingeh. | eingehend |
| einschl. | einschließlich |
| einschr. | einschränkend |
| Einl. | Einleitung |
| EJF | Entscheidungen aus dem Jugend- und Familienrecht (1951–1969) |
| EKMR | Europäische Kommission für Menschenrechte |
| EmmingerVO | Verordnung über Gerichtsverfassung und Strafrechtspflege |
| EMRK | Europäische Menschenrechtskonvention |
| entgg. | entgegen |
| Entsch. | Entscheidung |
| entspr. | entsprechend |
| Entw. | Entwurf |
| Erg. | Ergebnis bzw. Ergänzung |
| ErgBd. | Ergänzungsband |
| ErgThG | Ergotherapeutengesetz |
| Erl. | Erläuterung |
| Erw. | Erwiderung |
| ESchG | Embryonenschutzgesetz |
| EssGespr. | Essener Gespräche zum Thema Staat und Kirche |
| EStG | Einkommensteuergesetz |
| etc. | et cetera |
| Ethik Med. | Ethik in der Medizin |
| ETS | European Treaty Series |
| EU | Europäische Union |
| EUBestG | Gesetz zum Protokoll v. 27.9.1996 zum Übereinkommen über den Schutz der finanziellen Interessen der Europäischen Gemeinschaften (EU-Bestechungsgesetz) |
| eucrim | The European Criminal Law Associations' Forum |
| EuGH | Gerichtshof der Europäischen Gemeinschaft |
| EuGHE | Entscheidungen des Gerichtshofs der Europäischen Gemeinschaften – Amtliche Sammlung |
| EuGRZ | Europäische Grundrechte-Zeitschrift |
| EuHbG | Gesetz zur Umsetzung des Rahmenbeschlusses über den Europäischen Haftbefehl und die Übergabeverfahren zwischen den Mitgliedstaaten der Europäischen Union (Europäisches Haftbefehlsgesetz – EuHbG) |
| EuR | Europarecht |
| EurGHMR | Europäischer Gerichtshof für Menschenrechte |
| EurKomMR | Europäische Kommission für Menschenrechte |
| europ. | europäisch |
| EuropolG | Europol-Gesetz |
| EUV | Vertrag über die Europäische Union |
| EuZW | Europäische Zeitschrift für Wirtschaftsrecht |

| | |
|---|---|
| EV | Vertrag zwischen der Bundesrepublik Deutschland und der Deutschen Demokratischen Republik über die Herstellung der Einheit Deutschlands – Einigungsvertrag |
| EV I bzw. II | Anlage I bzw. II zum EV |
| evtl. | eventuell |
| EWG | Europäische Wirtschaftsgemeinschaft |
| EWGV | Vertrag zur Gründung der Europäischen Wirtschaftsgemeinschaft |
| EWIR | Entscheidungen zum Wirtschaftsrecht |
| EWiV | Europäische wirtschaftliche Interessenvereinigung |
| EWR | Schriftenreihe zum europäischen Weinrecht (auch: Europäischer Wirtschafts-Raum) |
| EzSt | Entscheidungssammlung zum Straf- u. Ordnungswidrigkeitenrecht, hrsg. von Lemke (zit. nach Band u. Seite) |
| | |
| f, ff | folgende, fortfolgende |
| FA | Fachanwalt für Arbeitsrecht |
| FAG | Gesetz über Fernmeldeanlagen |
| FamRZ | Ehe und Familie im privaten und öffentlichen Recht. Zeitschrift für das gesamte Familienrecht |
| FAO | Fachanwaltsordnung |
| FAZ | Frankfurter Allgemeine Zeitung |
| Festschr. | Festschrift |
| FG | Finanzgericht (auch: Festgabe) |
| FGG | Gesetz über die Angelegenheiten der freiwilligen Gerichtsbarkeit |
| FGO | Finanzgerichtsordnung |
| fin. | finanziell |
| FinVerwG/FVG | Gesetz über die Finanzverwaltung |
| FlaggRG/FlRG | Gesetz über das Flaggenrecht der Seeschiffe und die Flaggenführung der Binnenschiffe (Flaggenrechtsgesetz) |
| FlRV | Flaggenrechtsverordnung |
| FMStG | Finanzmarktstabilisierungsgesetz |
| Fn. | Fußnote |
| Forens Psychiatr Psychol Kriminol | Forensische Psychiatrie, Psychologie, Kriminologie |
| Fortschr Neurol Psychiat | Fortschritte der Neurologie. Psychiatrie |
| fragl. | fraglich |
| FS | Festschrift |
| | |
| G bzw. Ges. | Gesetz |
| G 10 | Gesetz zur Beschränkung des Brief-, Post- und Fernmeldegeheimnisses (Gesetz zu Artikel 10 Grundgesetz) |
| GA | Goltdammer's Archiv für Strafrecht, zit. nach Jahr u. Seite (bis 1933: Archiv für Strafrecht und Strafprozeß, zit. nach Band u. Seite) |
| GBA | Generalbundesanwalt |
| GBG | Gesetz über die Beförderung gefährlicher Güter |
| GBl. | Gesetzblatt |
| GebFra | Geburtshilfe und Frauenheilkunde (zit. nach Band u. Seite) |
| GedS | Gedächtnisschrift |
| gem. | gemäß |
| Gemeinsame-Dateien-Gesetz | Gesetz zur Errichtung gemeinsamer Dateien von Polizeibehörden und Nachrichtendiensten des Bundes und der Länder |
| GenG | Gesetz betreffend die Erwerbs- und Wirtschaftsgenossenschaften |
| GenStA | Generalstaatsanwalt |
| GerS | Der Gerichtssaal |
| GeschlKG/GeschlkrG | Gesetz zur Bekämpfung der Geschlechtskrankheiten |

| | |
|---|---|
| GeschO | Geschäftsordnung |
| gesetzl. | gesetzlich |
| GesO | Gesamtvollstreckungsordnung |
| GesR | Gesundheitsrecht (Zeitschrift für Arztrecht, Krankenrecht, Apotheken- und Arzneimittelrecht) |
| GesRZ | Der Gesellschafter |
| GewArch | Gewerbearchiv, Zeitschrift für Gewerbe- und Wirtschaftsverwaltungsrecht |
| GewO | Gewerbeordnung |
| GewVerbrG | Gesetz gegen gefährliche Gewohnheitsverbrecher und über Maßregeln der Sicherung und Besserung |
| gg. | gegen |
| GG | Grundgesetz für die Bundesrepublik Deutschland |
| ggf. | gegebenenfalls |
| GjS/GjSM | Gesetz über die Verbreitung jugendgefährdender Schriften und Medieninhalte |
| GKG | Gerichtskostengesetz |
| GKÖD | Gesamtkommentar Öffentliches Dienstrecht |
| gl. | gleich |
| GmbHG | Gesetz betreffend die Gesellschaften mit beschränkter Haftung |
| GmbHR/GmbH-Rdsch | GmbH-Rundschau (vorher: Rundschau für GmbH) |
| GMBl. | Gemeinsames Ministerialblatt |
| GnO | Gnadenordnung (Landesrecht) |
| GoB | Grundsätze ordnungsmäßiger Buchführung |
| GoBi | Grundsätze ordnungsmäßiger Bilanzierung |
| grdl. | grundlegend |
| grds. | grundsätzlich |
| GrS | Großer Senat |
| GrSSt. | Großer Senat in Strafsachen |
| GRUR | Gewerblicher Rechtsschutz und Urheberrecht |
| GS | Der Gerichtssaal (zit. nach Band u. Seite); auch: Gedächtnisschrift |
| GSNW | Sammlung des bereinigten Landesrechts Nordrhein-Westfalen (1945–1956) |
| GSSchlH | Sammlung des schleswig-holsteinischen Landesrechts, 2 Bde (1963) |
| GÜG | Gesetz zur Überwachung des Verkehrs mit Grundstoffen, die für die unerlaubte Herstellung von Betäubungsmitteln mißbraucht werden können |
| GV | Gemeinsame Verfügung (mehrerer Ministerien) (auch: Grundlagenvertrag) |
| GVBl. | Gesetz- und Verordnungsblatt |
| GVBl. I–III | Sammlung des bereinigten Hessischen Landesrechts |
| GVG | Gerichtsverfassungsgesetz |
| GWB | Gesetz gegen Wettbewerbsbeschränkungen |
| GwG | Gesetz über das Aufspüren von Gewinnen aus schweren Straftaten (Geldwäschegesetz) |
| h.A. | herrschende Ansicht |
| HaagLKO/HLKO | Haager Abkommen betr. die Gesetze und Gebräuche des Landkriegs |
| Halbs./Hbs. | Halbsatz |
| Hamb. | Hamburg |
| HambJVBl | Hamburgisches Justizverwaltungsblatt |
| HannRpfl | Hannoversche Rechtspflege |
| Hans. | Hanseatisch |

| | |
|---|---|
| HansGZ bzw. HGZ | Hanseatische Gerichtszeitung (1889–1927) |
| HansJVBl | Hanseatisches Justizverwaltungsblatt (bis 1946/47) |
| HansOLGSt | Entscheidungen des Hanseatischen Oberlandesgerichts in Strafsachen (1879–1932/33) |
| HansRGZ | Hanseatische Rechts- und Gerichtszeitschrift (1928–43), vorher: |
| HansRZ | Hanseatische Rechtszeitschrift für Handel, Schiffahrt und Versicherung, Kolonial- und Auslandsbeziehungen sowie für Hansestädtisches Recht (1918–1927) |
| Hdb. | Handbuch |
| HdbStR | Isensee/Kirchhof (Hrsg.), Handbuch des Staatsrechts der Bundesrepublik Deutschland |
| HeilPrG | Gesetz über die berufsmäßige Ausübung der Heilkunde ohne Bestallung (Heilpraktikergesetz) |
| Hess. | Hessen |
| HeSt | Höchstrichterliche Entscheidungen, Sammlung von Entscheidungen der Oberlandesgerichte und der Obersten Gerichte in Strafsachen (1948–49) (zit. nach Band u. Seite) |
| HFR | Höchstrichterliche Finanzrechtsprechung |
| HGB | Handelsgesetzbuch |
| hins. | hinsichtlich |
| Hinw. | Hinweis |
| h.L. | herrschende Lehre |
| h.M. | herrschende Meinung |
| HöchstRR | Höchstrichterliche Rechtsprechung auf dem Gebiete des Strafrechts, Beilage zur Zeitschrift für die gesamte Strafrechtswissenschaft (1 zu Bd. 46, 2 zu Bd. 47, 3 zu Bd. 48) |
| HRR | Höchstrichterliche Rechtsprechung (1928–1942), bis 1927: Die Rechtsprechung, Beilage zur Zeitschrift Juristische Rundschau |
| HRRS | Höchstrichterliche Rechtsprechung zum Strafrecht |
| Hrsg. bzw. hrsg. | Herausgeber bzw. herausgegeben |
| h. Rspr. | herrschende Rechtsprechung |
| HWiStR | Krekeler/Tiedemann/Ulsenheimer/Weinmann (Hrsg.) Handwörterbuch des Wirtschafts- und Steuerstrafrechts |
| i. Allg. | im Allgemeinen |
| i. allg. S. | im allgemeinen Sinne |
| i.d.F. | in der Fassung |
| i.d.R. | in der Regel |
| i.d.S. | in diesem Sinne |
| i.E./i. Erg. | im Ergebnis |
| i.e.S. | im engeren Sinne |
| IGH | Internationaler Gerichtshof |
| i. gl. S. | im gleichen Sinne |
| i. Grds. | im Grundsatz |
| IHK | Industrie- und Handelskammer |
| i.H.v. | in Höhe von |
| ILC | International Law Commission |
| ILM | International Legal Materials |
| IM | Innenminister(ium) |
| IMT | International Military Tribunal (Nürnberg) |
| inl. | inländisch |
| insb./insbes. | insbesondere |
| insges. | insgesamt |
| InsO | Insolvenzordnung |
| IntBestG | Gesetz zur Bekämpfung internationaler Bestechung |

| | |
|---|---|
| inzw. | inzwischen |
| IPBPR | Internationaler Pakt über bürgerliche und politische Rechte |
| i.R.d. | im Rahmen der/des |
| i.R.v. | im Rahmen von |
| IStGH-Statut | Internationaler Strafgerichtshof – Statut |
| IStR | Internationales Strafrecht |
| i.S. | im Sinne |
| i.S.d. | im Sinne der/des |
| i.S.e. | im Sinne einer(s) |
| IStGH | (ständiger) Internationaler Strafgerichtshof (Den Haag) |
| i.S.v. | im Sinne von |
| i. techn. S. | im technischen Sinne |
| ITRB | IT-Rechtsberater |
| i.U. | im Unterschied |
| i. Üb. | im Übrigen |
| IuKDG | Gesetz zur Regelung der Rahmenbedingungen für Informations- und Kommunikationsdienste (Informations- und Kommunikationsdienstegesetz) |
| IuR | Informatik und Recht |
| i.V.m. | in Verbindung mit |
| i.W. | im Wesentlichen |
| i.w.S. | im weiteren Sinne |
| i.Z.m. | im Zusammenhang mit |
| JA | Juristische Arbeitsblätter für Ausbildung und Examen |
| JahrbÖR | Jahrbuch des öffentlichen Rechts der Gegenwart |
| JahrbPostw. | Jahrbuch des Postwesens (1937–1941/42) |
| JA-R | Juristische Arbeitsblätter – Rechtsprechung |
| JAVollzO | Jugendarrestvollzugsordnung |
| JBeitrO | Justizbeitreibungsordnung |
| JBl. | Justizblatt; auch: Juristische Blätter (Österreich) |
| JBlRhPf. | Justizblatt Rheinland-Pfalz |
| JBl Saar | Justizblatt des Saarlandes |
| JbVerkR | Jahrbuch Verkehrsrecht |
| jew. | jeweils |
| JFGErg. | Entscheidungen des Kammergerichts und des Oberlandesgerichts München in Kosten-, Straf-, Miet- und Pachtschutzsachen (= Jahrbuch für Entscheidungen in Angelegenheiten der freiwilligen Gerichtsbarkeit und des Grundbuchrechts. ErgBd.) |
| JGG | Jugendgerichtsgesetz |
| JK | Jura-Kartei |
| JKomG | Gesetz über die Verwendung elektronischer Kommunikationsformen in der Justiz (Justizkommunikationsgesetz – JKomG) |
| JM | Justizminister(ium) |
| JMBlNRW/JMBlNW | Justizministerialblatt für das Land Nordrhein-Westfalen |
| JÖSchG | Gesetz zum Schutze der Jugend in der Öffentlichkeit |
| JOR | Jahrbuch für Ostrecht |
| JR | Juristische Rundschau |
| JRE | Jahrbuch für Recht und Ethik |
| JSt | Journal für Strafrecht |
| JStGH | Internationaler Strafgerichtshof für das ehemalige Jugoslawien |
| JStGH-Statut | Internationaler Strafgerichtshof für das ehemalige Jugoslawien – Statut |
| 1. JuMoG | Erstes Gesetz zur Modernisierung der Justiz (1. Justizmodernisierungsgesetz) |

| | |
|---|---|
| 2. JuMoG | Zweites Gesetz zur Modernisierung der Justiz (2. Justizmodernisierungsgesetz) |
| JurA | Juristische Analysen |
| Jura | Juristische Ausbildung |
| JurBl./JBl. | Juristische Blätter |
| JurJahrb. | Juristen-Jahrbuch |
| JurPC | Internet-Zeitschrift für Rechtsinformatik und Informationsrecht |
| JuS | Juristische Schulung, Zeitschrift für Studium und Ausbildung |
| Justiz | Die Justiz, Amtsblatt des Justizministeriums von Baden-Württemberg |
| JuV | Justiz und Verwaltung |
| JVA | Justizvollzugsanstalt |
| JVBl. | Justizverwaltungsblatt |
| JVKostO | Gesetz über Kosten im Bereich der Justizverwaltung |
| JVollz. | Jugendstrafvollzugsordnung; s. auch JAVollzO |
| JW | Juristische Wochenschrift |
| JWG | Jugendwohlfahrtsgesetz |
| JZ | Juristenzeitung |
| JZ-GD | Juristenzeitung – Gesetzgebungsdienst |
| Kap. | Kapitel |
| KastG/KastrG | Gesetz über die freiwillige Kastration |
| KE | Kommissionsentwurf |
| KFG | Gesetz über den Verkehr mit Kraftfahrzeugen |
| Kfz. | Kraftfahrzeug |
| KG | Kammergericht bzw. Kommanditgesellschaft |
| KGJ | Jahrbuch für Entscheidungen des Kammergerichts in Sachen der freiwilligen Gerichtsbarkeit, in Kosten-, Stempel- und Strafsachen (1881–1922) (zit. nach Band u. Seite) |
| KindRG | Gesetz zur Reform des Kindschaftsrechts |
| KJ | Kritische Justiz |
| KKZ | Kommunal-Kassen-Zeitschrift |
| KO | Konkursordnung |
| KOM | (EU-)Kommission |
| KorBekG/KorrBekG/KorrBG | Gesetz zur Bekämpfung der Korruption |
| K&R | Kommunikation und Recht |
| KRABl. | s. ABlKR |
| KreditwesenG/KWG | Gesetz über das Kreditwesen |
| KRG | Kontrollratsgesetz |
| KriegswaffKG/KWKG | Gesetz über die Kontrolle von Kriegswaffen |
| KrimAbh. | Kriminalistische Abhandlungen, hrsg. von Exner |
| KrimGwFr | Kriminologische Gegenwartsfragen (zit. nach Band u. Seite) |
| Kriminalistik | Kriminalistik, Zeitschrift für die gesamte kriminalistische Wissenschaft und Praxis |
| KrimJournal | Kriminologisches Journal |
| krit. | kritisch |
| KritJ/Krit. Justiz | Kritische Justiz |
| KritV/KritVj | Kritische Vierteljahresschrift für Gesetzgebung und Rechtsprechung |
| KrW-/AbfG | Gesetz zur Förderung der Kreislaufwirtschaft und Sicherung der umweltverträglichen Beseitigung von Abfällen (Kreislaufwirtschafts- und Abfallgesetz) |
| KTS | Konkurs-, Treuhand- und Schiedsgerichtswesen (jetzt: Zeitschrift für Insolvenzrecht) |
| KunstUrhG/KUrhG | Kunsturhebergesetz |
| KuT | Konkurs-, Treuhand- und Schiedsgerichtswesen |

| | |
|---|---|
| KuV/k+v/K+V | Kraftfahrt u. Verkehrsrecht, Zeitschrift der Akademie für Verkehrswissenschaft, Hamburg |
| KWG | s. KreditwesenG |
| LegPer. | Legislaturperiode |
| LFGB | Lebens- und Futtermittelgesetzbuch |
| LG | Landgericht |
| LKRZ | Zeitschrift für Landes- und Kommunalrecht Hessen/Rheinland-Pfalz/Saarland |
| lit. | littera (Buchstabe) |
| Lit. | Literatur |
| LM | Nachschlagewerk des Bundesgerichtshofs, hrsg. v Lindenmaier/Möhring u.a. (zit. nach Paragraph u. Nummer) |
| LMBG | Gesetz über den Verkehr mit Lebensmitteln, Tabakerzeugnissen, kosmetischen Mitteln und sonstigen Bedarfsgegenständen (Lebensmittel- und Bedarfsgegenständegesetz) |
| LPG | Landespressegesetz |
| LPK | Lehr- und Praxiskommentar |
| LRA | Landratsamt |
| LRE | Sammlung lebensmittelrechtlicher Entscheidungen |
| LS | Leitsatz |
| lt. | laut |
| LT | Landtag |
| Ltd. | Limited (Private company limited by shares) |
| LuftSiG | Gesetz zur Neuregelung von Luftsicherheitsaufgaben (Luftsicherheitsgesetz) |
| LuftVG | Luftverkehrgesetz |
| LuftVO/LuftVVO | Verordnung über den Luftverkehr |
| LuftVZO | Luftverkehrs-Zulassungs-Ordnung |
| LVerf. | Landesverfassung |
| LZ | Leipziger Zeitschrift für Deutsches Recht (1907–1933) |
| m. | mit |
| m. Anm. | mit Anmerkung |
| Mat. | Materialien zur Strafrechtsreform (1954). Band I: Gutachten der Strafrechtslehrer. Band II: Rechtsvergleichende Arbeiten |
| m.a.W. | mit anderen Worten |
| m. Bespr. | mit Besprechung |
| MdB | Mitglied des Bundestages |
| MdL | Mitglied des Landtages |
| MDR | Monatsschrift für Deutsches Recht |
| MDStV | Staatsvertrag über Mediendienste |
| MedR | Medizinrecht |
| MedSach | Der Medizinische Sachverständige |
| MfS | Ministerium für Staatssicherheit |
| MiStra | Anordnung über Mitteilungen in Strafsachen |
| mißverst./missverst. | mißverständlich/missverständlich |
| Mitt. | Mitteilung |
| MittIKV | Mitteilungen der Internationalen Kriminalistischen Vereinigung (1889–1914; 1926–1933) |
| MK | Münchener Kommentar zum Strafgesetzbuch |
| m. krit. Anm. | mit kritischer Anmerkung (von) |
| MMR | MultiMedia und Recht |
| MMW | Münchner Medizinische Wochenschrift |
| MoMiG | Gesetz zur Modernisierung des GmbH-Rechts und zur Bekämpfung von Missbräuchen |

| | |
|---|---|
| MRG | Militärregierungsgesetz |
| MschrKrim./MonKrim. | Monatsschrift für Kriminologie und Strafrechtsreform |
| MschrKrimBiol/ MonKrimBiol. | Monatsschrift für Kriminalbiologie und Strafrechtsreform |
| MschrKrimPsych/ MonKrimPsych. | Monatsschrift für Kriminalpsychologie und Strafrechtsreform (1904/05–1936) |
| MStGO | Militärstrafgerichtsordnung |
| m.w.N. | mit weiteren Nachweisen |
| m. zust./abl. Anm. | mit zustimmender/ablehnender Anmerkung |
| Nachtr. | Nachtrag |
| Nachw. | Nachweis |
| NATO-Truppenstatut/NTS | Abkommen zwischen den Parteien des Nordatlantikvertrags v. 19.6.1951 über die Rechtsstellung ihrer Truppen (NATO-Truppenstatut) |
| Nds. | Niedersachsen |
| NdsRpfl./Nds.Rpfl | Niedersächsische Rechtspflege |
| NEhelG | Gesetz über die Rechtsstellung der nichtehelichen Kinder |
| n.F. | neue Fassung |
| Niederschr./Niederschriften | Niederschriften über die Sitzungen der Großen Strafrechtskommission |
| Nieders.GVBl. (Sb. I, II) | Niedersächsisches Gesetz- und Verordnungsblatt, Sonderband I und II, Sammlung des bereinigten niedersächsischen Rechts |
| NJ | Neue Justiz |
| NJW | Neue Juristische Wochenschrift |
| NJW-CoR | Computerreport der Neuen Juristischen Wochenschrift |
| NJW-RR | NJW-Rechtsprechungs-Report Zivilrecht |
| NK | Nomos Kommentar zum Strafgesetzbuch |
| NKrimP | Neue Kriminalpolitik |
| NPA | Neues Polizei-Archiv |
| Nr.(n) | Nummer(n) |
| NRW | Nordrhein-Westfalen |
| NStE | Neue Entscheidungssammlung für Strafrecht, hrsg. von Rebmann, Dahs und Miebach |
| NStZ | Neue Zeitschrift für Strafrecht |
| NStZ-RR | NStZ-Rechtsprechungs-Report Strafrecht |
| NuR | Natur und Recht |
| NVwZ | Neue Zeitschrift für Verwaltungsrecht |
| NWB | Neue Wirtschaftsbriefe für Steuer- und Wirtschaftsrecht |
| NWVBl | Nordrhein-Westfälische Verwaltungsblätter |
| NZA | Neue Zeitschrift für Arbeits- und Sozialrecht |
| NZA-RR | NZA-Rechtsprechungsreport Arbeitsrecht |
| NZG | Neue Zeitschrift für Gesellschaftsrecht |
| NZI | Neue Zeitschrift für das Recht der Insolvenz und Sanierung |
| NZM | Neue Zeitschrift für Miet- und Wohnungsrecht |
| NZS | Neue Zeitschrift für Sozialrecht |
| NZV | Neue Zeitschrift für Verkehrsrecht |
| NZWehrr/NZWehrR | Neue Zeitschrift für Wehrrecht |
| o. | oben |
| o.ä. | oder ähnlich |
| ob. dict. | obiter dictum |
| OBGer | Obergericht (Schweizer Kantone) |
| öffentl. | öffentlich |
| ÖJZ/ÖstJZ | Österreichische Juristenzeitung |

| | |
|---|---|
| Öst OGH | Österreichischer Oberster Gerichtshof; ohne Zusatz: Entscheidung des Öst OGH in Strafsachen (zit. nach Band u. Seite) |
| o.g. | oben genannt |
| OG | Oberstes Gericht der DDR |
| OGDDR | Entscheidungen des Obersten Gerichts der DDR |
| OGH | Oberster Gerichtshof (Österreich) |
| OGHSt | Entscheidungen des Obersten Gerichtshofes für die Britische Zone in Strafsachen (1949/50) (zit. nach Band u. Seite) |
| OHG | Offene Handelsgesellschaft |
| OLG | Oberlandesgericht |
| OLGSt | Entscheidungen der Oberlandesgerichte zum Straf- u. Strafverfahrensrecht (zit. nach Paragraph u. Seite, n.F. nach Paragraph u. Nummer) |
| OR | Obligationenrecht (Schweiz) |
| o.R. | ohne Rechnung |
| OrgK | Organisierte Kriminalität |
| OrgKG | Gesetz zur Bekämpfung des illegalen Rauschgifthandels und anderer Erscheinungsformen der Organisierten Kriminalität |
| OrgKVerbG | Gesetz zur Verbesserung der Bekämpfung der Organisierten Kriminalität |
| OVG | Oberverwaltungsgericht |
| OWiG | Gesetz über Ordnungswidrigkeiten |
| PartG | Gesetz über die politischen Parteien (Parteiengesetz) |
| PartGG | Partnerschaftsgesellschaftsgesetz |
| PatG | Patentgesetz |
| PAuswG | Gesetz über Personalausweise |
| PersV | Die Personalverwaltung |
| PflanzenSchG/PflSchG | Gesetz zum Schutz der Kulturpflanzen (Pflanzenschutzgesetz) |
| PharmR | PharmaRecht |
| PHI | Produkthaftpflicht International |
| PolG | Polizeigesetz |
| polit. | politisch |
| Polizei | Die Polizei (seit 1955: Die Polizei – Polizeipraxis) |
| PolV/PolVO | Polizeiverordnung |
| PostG | Gesetz über das Postwesen (Postgesetz) |
| PostO | Postordnung |
| Pr. | Preußen |
| PrG | Pressegesetz |
| PrGS | Preußische Gesetzessammlung (1810–1945) |
| ProdSG | Produktsicherheitsgesetz |
| Prot. | Protokolle über die Sitzungen des Sonderausschusses für die Strafrechtsreform |
| Pr. OT | Preußisches Obertribunal |
| PrPVG | Preußisches Polizeiverwaltungsgesetz |
| Prot. BT-RA | Protokolle des Rechtsausschusses des Deutschen Bundestages (zit. nach Nummern) |
| PrOVG | Preußisches Oberverwaltungsgericht |
| PrZeugnVerwG | Gesetz über das Zeugnisverweigerungsrecht der Mitarbeiter von Presse und Rundfunk |
| PStG | Personenstandsgesetz |
| PStR | Praxis Steuerstrafrecht |
| psych. | psychisch |
| PsychThG | Gesetz über die Berufe des psychologischen Psychotherapeuten und des Kinder- und Jugendlichenpsychotherapeuten (PsychotherapeutenG) |

| | |
|---|---|
| PTV | Polizei, Technik, Verkehr |
| PVT | Polizei, Verkehr und Technik |
| qualif. | qualifizierend |
| R | Rechtsprechung des Reichsgerichts in Strafsachen (zit. nach Band u. Seite) |
| R & P | Recht und Psychiatrie |
| RabgO/RAO | Reichsabgabenordnung |
| RAussch. | Rechtsausschuß/Rechtsausschuss |
| RBerG | Gesetz zur Verhütung von Mißbrauch auf dem Gebiet der Rechtsberatung |
| RdA | Recht der Arbeit |
| RdErl. | Runderlaß/Runderlass |
| RdJB | Recht der Jugend und des Bildungswesens |
| RdK | Das Recht des Kraftfahrers, Unabhängige Monatsschrift des Kraftverkehrsrechts (1926–43, 1949–55) |
| Rdn. | Randnummer |
| Rdschr./RdSchr. | Rundschreiben |
| RDStH | Entscheidungen des Reichsdienststrafhofs (1939–41) |
| RDStO | Reichsdienststrafordnung |
| RDV | Recht der Datenverarbeitung |
| Recht | Das Recht, begründet von Soergel (1897–1944) |
| RechtsM | Rechtsmedizin |
| rechtspol. | rechtspolitisch |
| RechtsTh | Rechtstheorie |
| rechtsvergl. | rechtsvergleichend |
| Reg. | Regierung |
| RegBl. | Regierungsblatt |
| rel. | relativ |
| RfStV | Rundfunkstaatsvertrag |
| RG | Reichsgericht |
| RGBl., RGBl. I, II | Reichsgesetzblatt, von 1922–1945 Teil I und Teil II |
| RGRspr. | Rechtsprechung des Reichsgerichts in Strafsachen (1879–1888) |
| RGSt | Entscheidungen des Reichsgerichts in Strafsachen (zit. nach Band u. Seite) |
| RGZ | Entscheidungen des Reichsgerichts in Zivilsachen (zit. nach Band u. Seite) |
| RHG | Rechnungshofgesetz |
| RHilfeG/RHG | Gesetz über die innerdeutsche Rechts- und Amtshilfe in Strafsachen |
| RhPf. | Rheinland-Pfalz |
| RiAA | Grundsätze des anwaltlichen Standesrechts – Richtlinien gem. § 177 Abs. 2 Satz 2 BRAO |
| RIDP | Revue internationale de droit pénal |
| RiJGG | Richtlinien der Landesjustizverwaltungen zum Jugendgerichtsgesetz |
| RiOWiG | Gemeinsame Anordnung über die Zuständigkeit der Staatsanwaltschaft zur Verfolgung von Ordnungswidrigkeiten und über die Zusammenarbeit mit den Verwaltungsbehörden |
| RiStBV | Richtlinien für das Strafverfahren und das Bußgeldverfahren |
| RiVASt | Richtlinien für den Rechtshilfeverkehr mit dem Ausland in strafrechtlichen Angelegenheiten |
| RIW | Recht der Internationalen Wirtschaft |
| RKG/RKnappschG | Reichsknappschaftsgesetz |
| RKGE | Entscheidungen des Reichskriegsgerichts (zit. nach Band u. Seite) |
| RMBl. | Reichsministerialblatt, Zentralblatt für das Deutsche Reich (1923–45) |

| | |
|---|---|
| RMG/RMilGE | Entscheidungen des Reichsmilitärgerichts (zit. nach Band u. Seite) |
| RöntgVO/RöV | Röntgenverordnung |
| ROW | Recht in Ost und West. Zeitschrift für Rechtsvergleichung und interzonale Rechtsprobleme |
| R & P | Recht und Psychiatrie |
| Rpfleger | Der Deutsche Rechtspfleger |
| RpflG | Rechtspflegergesetz |
| Rspr. | Rechtsprechung |
| RStGH | Internationaler Strafgerichtshof für Ruanda |
| RStGH-Statut | Internationaler Strafgerichtshof für Ruanda – Statut |
| RT | Reichstag |
| RTDrucks. | Drucksachen des Reichstages |
| RTVerh. | Verhandlungen des Reichstages |
| RuP | Recht und Politik. Vierteljahreshefte für Rechts- und Verwaltungspolitik |
| RVO | Reichsversicherungsordnung |
| s. | siehe |
| S. | Seite oder Satz |
| s.a. | siehe auch |
| SA | Sonderausschuss für die Strafrechtsreform |
| SaarRZ | Saarländische Rechts- und Steuerzeitschrift |
| SaBremR | Sammlung des bremischen Rechts (1964) |
| SächsArch. | Sächsisches Archiv für Rechtspflege, seit 1924 (bis 1941/42). Archiv für Rechtspflege in Sachsen, Thüringen und Anhalt |
| SächsOLG | Annalen des Sächsischen Oberlandesgerichts zu Dresden (1880–1920) |
| Sarl | Societé à responsabilité limitée |
| SchAZtg | Schiedsamts-Zeitung |
| ScheckG/SchG | Scheckgesetz |
| SchiedsmZ | Schiedsmannszeitung (1926–1945), seit 1950 Der Schiedsmann |
| SchKG | Gesetz zur Vermeidung und Bewältigung von Schwangerschaftskonflikten (Schwangerschaftskonfliktgesetz) |
| SchlH | Schleswig-Holstein |
| SchlHA | Schleswig-Holsteinische Anzeigen |
| Schriften der MGH | Schriften der Monumenta Germanicae historica |
| SchwangUG | (DDR-)Gesetz über die Unterbrechung der Schwangerschaft |
| schweiz. | schweizerisch |
| SchwJZ | Schweizerische Juristen-Zeitung |
| SchwZStr. | Schweizer Zeitschrift für Strafrecht (zit. nach Band u. Seite) |
| SeemannsG | Seemannsgesetz |
| SeeRÜbk./SRÜ | Seerechtsübereinkommen der Vereinten Nationen; Vertragsgesetz |
| Sen. | Senat |
| SeuffBl. | Seufferts Blätter für Rechtsanwendung (1836–1913) |
| SexualdelikteBekG | Gesetz zur Bekämpfung von Sexualdelikten und anderen gefährlichen Straftaten – Sexualdeliktebekämpfungsgesetz – |
| SFHÄndG | Schwangeren- und Familienhilfeänderungsgesetz |
| SFHG | Gesetz zum Schutz des vorgeburtlichen/werdenden Lebens, zur Förderung einer kinderfreundlicheren Gesellschaft, für Hilfen im Schwangerschaftskonflikt und zur Regelung des Schwangerschaftsabbruchs (Schwangeren- und Familienhilfegesetz) |
| SG/SoldatG | Gesetz über die Rechtsstellung der Soldaten |
| SGB I, III, IV, V, VIII, X, XI | I: Sozialgesetzbuch, Allgemeiner Teil<br>III: Sozialgesetzbuch, Arbeitsförderung |

| | |
|---|---|
| | IV: Sozialgesetzbuch, Gemeinsame Vorschriften für die Sozialversicherung |
| | V: Sozialgesetzbuch, Gesetzliche Krankenversicherung |
| | VIII: Sozialgesetzbuch, Kinder- und Jugendhilfe |
| | X: Sozialgesetzbuch, Verwaltungsverfahren, Zusammenarbeit der Leistungsträger und ihre Beziehung zu Dritten |
| | XI: Soziale Pflegeversicherung |
| SGb. | Sozialgerichtsbarkeit |
| SGG | Sozialgerichtsgesetz |
| SGV.NW | Sammlung des bereinigten Gesetz- und Verordnungsblatts für das Land Nordrhein-Westfalen (Loseblattsammlung) |
| SichVG | Gesetz zur Rechtsvereinheitlichung der Sicherungsverwahrung |
| SJZ | Süddeutsche Juristen-Zeitung (1946–50), dann Juristenzeitung |
| SK | Systematischer Kommentar zum Strafgesetzbuch |
| s.o. | siehe oben |
| sog. | sogenannt(e) |
| Sonderausschuss | Sonderausschuss des Bundestages für die Strafrechtsreform, Niederschriften zitiert nach Wahlperiode und Sitzung |
| SortenSchG | Gesetz über den Schutz von Pflanzensorten (Sortenschutzgesetz) |
| SozVers | Die Sozialversicherung |
| spez. | speziell |
| SprengG/SprengstoffG | Gesetz über explosionsgefährliche Stoffe (Sprengstoffgesetz) |
| SpuRT | Zeitschrift für Sport und Recht |
| SSt | Entscheidungen des österreichischen Obersten Gerichtshofes in Strafsachen und Disziplinarangelegenheiten |
| StA | Staatsanwalt(schaft) |
| StaatsGH | Staatsgerichtshof |
| StaatsschStrafsG | Gesetz zur allgemeinen Einführung eines zweiten Rechtszuges in Staatsschutz-Strafsachen |
| StÄG | s. StRÄndG |
| StAZ | Das Standesamt. Zeitschrift für Standesamtswesen, Personenstandsrecht, Ehe- u. Kindschaftsrecht, Staatsangehörigkeitsrecht |
| StB | Der Steuerberater |
| StenB/StenBer | Stenographischer Bericht |
| StGB | Strafgesetzbuch |
| StPO | Strafprozeßordnung |
| str. | streitig, strittig |
| StrAbh. | Strafrechtliche Abhandlungen |
| StRÄndG | Strafrechtsänderungsgesetz |
| | (1. vom 30.8.1951) |
| | 18. – Gesetz zur Bekämpfung der Umweltkriminalität |
| | 27. – – Kinderpornographie |
| | 28. – – Abgeordnetenbestechung |
| | 31. – – Zweites Gesetz zur Bekämpfung der Umweltkriminalität |
| | 37. – – §§ 180b, 181 StGB |
| | 40. – – Gesetz zur Strafbarkeit beharrlicher Nachstellungen |
| | 41. – – Bekämpfung der Computerkriminalität |
| | 42. – Anhebung der Höchstgrenze des Tagessatzes bei Geldstrafen |
| StraffreiheitsG/StrFG | Gesetz über Straffreiheit |
| StraFo | Strafverteidigerforum |
| strafr. | strafrechtlich |
| StrafrAbh. | Strafrechtliche Abhandlungen, hrsg. von Bennecke, dann von Beling, v. Lilienthal und Schoetensack |

| | |
|---|---|
| StraßVerkSichG/ | 1. Gesetz zur Sicherung des Straßenverkehrs (Straßenverkehrssicherungsgesetz – StraßenVSichG) |
| StrEG | Gesetz über die Entschädigung für Strafverfolgungsmaßnahmen |
| StREG | Gesetz über ergänzende Maßnahmen zum 5. StrRG (Strafrechtsreformergänzungsgesetz) |
| StrlSchuV/StrlSchVO | Strahlenschutzverordnung |
| StrRG | Gesetz zur Reform des Strafrechts (1. ~, 2. ~, ... 6. ~) |
| StRR | Strafrechtsreport |
| st. Rspr. | ständige Rechtsprechung |
| StS | Strafsenat |
| StuR | Staat und Recht |
| StV/StrVert. | Strafverteidiger |
| StVE | Straßenverkehrsentscheidungen, hrsg. von Cramer, Berz, Gontard, Loseblattsammlung (zit. nach Paragraph u. Nummer) |
| StVG | Straßenverkehrsgesetz |
| StVGÄndG | Gesetz zur Änderung des Straßenverkehrsgesetzes und anderer Gesetze |
| StVj/StVJ | Steuerliche Vierteljahresschrift |
| StVK | Strafvollstreckungskammer |
| StVO | Straßenverkehrsordnung |
| StVollstrO | Strafvollstreckungsordnung |
| StVollzÄndG | Gesetz zur Änderung des Strafvollzugsgesetzes |
| StVollzG | Gesetz über den Vollzug der Freiheitsstrafe und der freiheitsentziehenden Maßregeln der Besserung und Sicherung – Strafvollzugsgesetz |
| StVollzK | Blätter für Strafvollzugskunde (Beilage zur Zeitschrift „Der Vollzugsdienst“) |
| 1. StVRG | Erstes Gesetz zur Reform des Strafverfahrensrechts |
| 1. StVRErgG | Erstes Gesetz zur Ergänzung des 1. StVRG |
| StVZO | Straßenverkehrs-Zulassungs-Ordnung |
| s.u. | siehe unten |
| SubvG | Subventionsgesetz |
| SV | Sachverhalt |
| TDG | Gesetz über die Nutzung von Telediensten |
| TerrorBekG | Gesetz zur Bekämpfung des internationalen Terrorismus (Terrorismusbekämpfungsgesetz) |
| TerrorBekErgG | Gesetz zur Ergänzung des Terrorismusbekämpfungsgesetzes (Terrorismusbekämpfungsergänzungsgesetz) |
| TierschG/TierschutzG | Tierschutzgesetz |
| Tit. | Titel |
| TKG | Telekommunikationsgesetz |
| TPG | Gesetz über die Spende, Entnahme und Übertragung von Organen – Transplantationsgesetz |
| TV | Truppenvertrag |
| Tz. | Textziffer, -zahl |
| u. | unten (auch: und) |
| u.a. | unter anderem (auch: andere) |
| u.ä. | und ähnliche |
| u.a.m. | und anderes mehr |
| UdG | Urkundsbeamter der Geschäftsstelle |
| Üb. | Überblick; Übersicht |
| Übereink./Übk. | Übereinkommen |
| ÜbergangsAO | Übergangsanordnung |

| | |
|---|---|
| ü. M. | überwiegende Meinung |
| UFITA | Archiv für Urheber-, Film-, Funk- und Theaterrecht |
| U-Haft | Untersuchungshaft |
| UMAG | Gesetz zur Unternehmensintegrität und Modernisierung des Anfechtungsrechts |
| umstr. | umstritten |
| UmwRG | Umweltrahmengesetz der DDR |
| UNO | United Nations Organization (Vereinte Nationen) |
| UNTS | United Nations Treaty Series |
| unv. | unveröffentlicht |
| UPR | Umwelt- und Planungsrecht |
| UrhG | Gesetz über Urheberrecht und verwandte Schutzrechte (Urheberrechtsgesetz) |
| UStG | Umsatzsteuergesetz |
| usw. | und so weiter |
| UTR | Umwelt- und Technikrecht, Schriftenreihe des Instituts für Umwelt- und Technikrecht der Universität Trier, hrsg. von Rüdiger Breuer u.a. |
| u.U. | unter Umständen |
| UVNVAG | Ausführungsgesetz v. 23.7.1998 (BGBl. I S. 1882) zu dem Vertrag v. 24.9.1996 über das umfassende Verbot von Nuklearversuchen – Zustimmungsgesetz |
| UWG | Gesetz gegen den unlauteren Wettbewerb |
| UZwG | Gesetz über den unmittelbaren Zwang bei Ausübung öffentlicher Gewalt durch Vollzugsbeamte des Bundes |
| UZwGBw | Gesetz über die Anwendung unmittelbaren Zwanges und die Ausübung besonderer Befugnisse durch Soldaten der Bundeswehr und zivile Wachpersonen |
| v. | von, vom |
| VAE | Verkehrsrechtliche Abhandlungen und Entscheidungen |
| VAG | Versicherungsaufsichtsgesetz |
| v.A.w. | von Amts wegen |
| VBlBW | Verwaltungsblätter für Baden-Württemberg |
| VD | Verkehrsdienst |
| VDA bzw. VDB | Vergleichende Darstellung des deutschen und ausländischen Strafrechts, Allgemeiner bzw. Besonderer Teil |
| VE | Vorentwurf |
| VerbrBekG | Gesetz zur Änderung des Strafgesetzbuches, der Strafprozeßordnung und anderer Gesetze (Verbrechensbekämpfungsgesetz) |
| VerbringungsverbG | Gesetz zur Überwachung strafrechtlicher und anderer Verbringungsverbote |
| VereinfVO | Vereinfachungsverordnung<br>1. ~, VO über Maßnahmen auf dem Gebiet der Gerichtsverfassung und Rechtspflege<br>2. ~, VO zur weiteren Vereinfachung der Strafrechtspflege<br>3. ~, Dritte VO zur Vereinfachung der Strafrechtspflege<br>4. ~, Vierte VO zur Vereinfachung der Strafrechtspflege |
| VereinhG | Gesetz zur Wiederherstellung der Rechtseinheit auf dem Gebiete der Gerichtsverfassung, der bürgerlichen Rechtspflege, des Strafverfahrens und des Kostenrechts |
| VereinsG | Gesetz zur Regelung des öffentlichen Vereinsrechts (Vereinsgesetz) |
| VerfGH | Verfassungsgerichtshof |
| VerglO | Vergleichsordnung |
| Verh. | Verhandlungen des Deutschen Bundestages (BT), des Deutschen Juristentages (DJT) usw. |

| | |
|---|---|
| VerjährG | Gesetz über das Ruhen der Verjährung bei SED-Unrechtstaten<br>2. VerjährG, Gesetz zur Verlängerung strafrechtlicher Verjährungsfristen vom 27.9.1993<br>3. VerjährG, Gesetz zur weiteren Verlängerung strafrechtlicher Verjährungsfristen vom 22.12.1997 |
| VerkMitt/VerkMitt./VM | Verkehrsrechtliche Mitteilungen |
| VerkProspektG | Wertpapiere-Verkaufsprospektgesetz |
| vermitt. | vermittelnd |
| VerpflG | Gesetz über die förmliche Verpflichtung nichtbeamteter Personen (Verpflichtungsgesetz) i.d.F. v. Art. 42 EGStGB |
| VerschG | Verschollenheitsgesetz |
| VersG | Gesetz über Versammlungen und Aufzüge (Versammlungsgesetz) |
| VersR | Versicherungsrecht, Juristische Rundschau für die Individualversicherung |
| VerwArch. | Verwaltungsarchiv |
| VG | Verwaltungsgericht |
| VGH | Verwaltungsgerichtshof |
| vgl. | vergleiche |
| Vhdlgen | s. Verh. |
| VN | Vereinte Nationen |
| VN-Satzung | Satzung der Vereinten Nationen |
| VO | Verordnung |
| VOBl. | Verordnungsblatt |
| VOR | Zeitschrift für Verkehrs- und Ordnungswidrigkeitenrecht |
| Voraufl. | Vorauflage |
| Vorbem. | Vorbemerkung |
| vorgen. | vorgenannt |
| VRS | Verkehrsrechts-Sammlung, Entscheidungen aus allen Gebieten des Verkehrsrechts (zit. nach Band u. Seite) |
| VStGB | Völkerstrafgesetzbuch |
| VVDStRL | Veröffentlichungen der Vereinigung deutscher Staatsrechtslehrer (zit. nach Heft u. Seite) |
| VVG | Gesetz über den Versicherungsvertrag |
| VwBlBW | Verwaltungsblätter Baden-Württemberg |
| VwGO | Verwaltungsgerichtsordnung |
| VwVfG | Verwaltungsverfahrensgesetz |
| VwVG | Verwaltungsvollstreckungsgesetz |
| VwZG | Verwaltungszustellungsgesetz |
| WaffG/WaffenG | Waffengesetz |
| Warn./WarnRspr | Sammlung zivilrechtlicher Entscheidungen des RG, hrsg. von Warneyer (zit. nach Jahr u. Nummer) |
| WBl | Wirtschaftsrechtliche Blätter (Österreich) |
| WDO | Wehrdisziplinarordnung |
| WehrpflG | Wehrpflichtgesetz |
| WeimVerf./WV | Verfassung des Deutschen Reichs (sog. „Weimarer Verfassung") |
| WeinG | Weingesetz |
| weitergeh. | weitergehend |
| WHG | Gesetz zur Ordnung des Wasserhaushalts (Wasserhaushaltsgesetz) |
| WiB | Wirtschaftsrechtliche Beratung |
| 1. WiKG | 1. Gesetz zur Bekämpfung der Wirtschaftskriminalität |
| 2. WiKG | 2. Gesetz zur Bekämpfung der Wirtschaftskriminalität |
| WiStG | Gesetz zur weiteren Vereinfachung des Wirtschaftsstrafrechts (Wirtschaftsstrafgesetz 1954) |

| | |
|---|---|
| wistra | Zeitschrift für Wirtschaft, Steuer, Strafrecht; dann: Zeitschrift für Wirtschafts- und Steuerstrafrecht |
| WissR | Wissenschaftsrecht |
| WiVerw | Wirtschaft und Verwaltung |
| WK | Wiener Kommentar zum Strafgesetzbuch |
| WM | Wertpapier-Mitteilungen |
| w.N.b. | weitere Nachweise bei |
| WoÜbG | Gesetz zur Umsetzung des Urteils des Bundesverfassungsgerichts vom 3. März 2004 (akustische Wohnraumüberwachung) v. 24.6.2005 |
| WuM | Wohnungswirtschaft und Mietrecht |
| WPg | Die Wirtschaftsprüfung |
| WpHG | Gesetz über Wertpapierhandel |
| WRP | Wettbewerb in Recht und Praxis |
| WStG | Wehrstrafgesetz |
| WZG | Warenzeichengesetz |
| z. | zur, zum |
| (Z) | Entscheidung in Zivilsachen |
| ZahlVGJG | Gesetz über den Zahlungsverkehr mit Gerichten und Justizbehörden |
| ZAkDR | Zeitschrift der Akademie für Deutsches Recht (1934–1944) |
| ZaöRV | Zeitschrift für ausländisches öffentliches Recht und Völkerrecht |
| z.B. | zum Beispiel |
| ZBB | Zeitschrift für Bankrecht und Bankwirtschaft |
| ZbernJV/ZBJV | Zeitschrift des Bernischen Juristenvereins |
| ZBl. f. Verk. Med. | Zentralblatt für Verkehrsmedizin, Verkehrspsychologie, Luft- und Raumfahrtmedizin |
| ZDG | Gesetz über den Zivildienst der Kriegsdienstverweigerer (Zivildienstgesetz) |
| ZfB | Zeitschrift für Binnenschifffahrt und Wasserstraßen |
| ZfBR | Zeitschrift für deutsches und internationales Baurecht |
| Z. f. d. ges. Sachverst.wesen | Zeitschrift für das gesamte Sachverständigenwesen |
| ZFIS | Zeitschrift für innere Sicherheit |
| ZfJ | Zentralblatt für Jugendrecht |
| ZfRV | Zeitschrift für Rechtsvergleichung, Internationales Privatrecht und Europarecht |
| ZfS/ZfSch | Zeitschrift für Schadensrecht |
| ZfStrVo | Zeitschrift für Strafvollzug und Straffälligenhilfe |
| ZfW | Zeitschrift für Wasserrecht |
| ZfZ | Zeitschrift für Zölle und Verbrauchssteuern |
| ZG | Zeitschrift für Gesetzgebung |
| ZGR | Zeitschrift für Unternehmens- und Gesellschaftsrecht |
| ZHR | Zeitschrift für das gesamte Handelsrecht und Wirtschaftsrecht, begr. v. Goldschmidt |
| Zif./Ziff. | Ziffer(n) |
| ZInsO | Zeitschrift für das gesamte Insolvenzrecht |
| ZIP | Zeitschrift für Wirtschaftsrecht |
| ZIS | Zeitschrift für internationale Strafrechtsdogmatik |
| zit. | zitiert |
| ZIP | Zeitschrift für Wirtschaftsrecht |
| ZIS | Zeitschrift für Internationale Strafrechtsdogmatik |
| ZJS | Zeitschrift für das Juristische Studium |
| ZMR | Zeitschrift für Miet- und Raumrecht |
| ZollG | Zollgesetz |
| ZPO | Zivilprozeßordnung |

| | |
|---|---|
| ZRP | Zeitschrift für Rechtspolitik |
| ZSchwR | Zeitschrift für Schweizerisches Recht |
| ZStW | Zeitschrift für die gesamte Strafrechtswissenschaft (zit. nach Band u. Seite) |
| z.T. | zum Teil |
| ZUM | Zeitschrift für Urheber- und Medienrecht/Film und Recht |
| zusf. | zusammenfassend |
| zust. | zustimmend |
| ZustErgG | Gesetz zur Ergänzung von Zuständigkeiten auf den Gebieten des Bürgerlichen Rechts, des Handelsrechts und des Strafrechts (Zuständigkeitsergänzungsgesetz) |
| ZustG | Zustimmungsgesetz |
| ZustVO | Verordnung über die Zuständigkeit der Strafgerichte, die Sondergerichte und sonstige strafverfahrensrechtliche Vorschriften |
| zutr. | zutreffend |
| z.V.b. | zur Veröffentlichung bestimmt |
| ZVG | Gesetz über die Zwangsversteigerung und die Zwangsverwaltung (Zwangsversteigerungsgesetz) |
| ZVS | Zeitschrift für Verkehrssicherheit |
| zw. | zweifelhaft (auch: zweifelnd) |
| ZWehrR | Zeitschrift für Wehrrecht (1936/37–1944) |
| z.Z. | zur Zeit |
| ZZP | Zeitschrift für Zivilprozeß (zit. nach Band u. Seite) |

# Schrifttum und abgekürzt zitierte Literatur

Das Schrifttum zum Kernstrafrecht sowie sämtliche strafrechtlich relevanten Festschriften und vergleichbare Werke finden sich unter 1. Es folgt in alphabetischer Reihenfolge das Schrifttum zum Nebenstrafrecht und zu nichtstrafrechtlichen Gebieten: 2. Betäubungsmittelstrafrecht, 3. Bürgerliches Recht, 4. DDR-Strafrecht, 5. Europäisches Recht, 6. Handelsrecht einschließlich Bilanz- und Gesellschaftsrecht, 7. Jugendstrafrecht, 8. Kriminologie, 9. Ordnungswidrigkeitenrecht, 10. Presserecht, 11. Rechtshilfe, 12. Rechtsmedizin und Arztrecht, 13. Strafprozess- und Strafvollzugsrecht, 14. Straßenverkehrsrecht, 15. Verfassungsrecht, 16. Wettbewerbs- und Kartellrecht, 17. Wirtschafts- und Steuerstrafrecht, 18. Zivilprozess- und Insolvenzrecht, 19. Sonstiges (einschließlich Völkerrecht und Waffenrecht).

### 1. Strafrecht (StGB) und Festschriften


| | |
|---|---|
| AK | Kommentar zum Strafgesetzbuch – Reihe Alternativkommentare, hrsg. v. Wassermann, Bd. 1 (1990), Bd. 3 (1986) |
| Ambos | Internationales Strafrecht, 2. Aufl. (2008) |
| Appel | Verfassung und Strafe (1998) |
| Arzt/Weber/Heinrich/Hilgendorf BT | Strafrecht, Besonderer Teil, Lehrbuch, 2. Aufl. (2009) |
| v. Bar | Gesetz und Schuld im Strafrecht, 1. Bd. (1906), 2. Bd. (1907), 3. Bd. (1909) |
| Baumann | Strafrecht, Allgemeiner Teil, 7. Aufl. (1975) |
| Baumann/Weber/Mitsch | Strafrecht, Allgemeiner Teil, Lehrbuch, 11. Aufl. (2003) |
| BeckOK | Beck'scher Online-Kommentar StGB, hrsg. v. von Heintschel-Heinegg, 9. Edition (2009) |
| Beling | Die Lehre vom Verbrechen (1906) |
| Binding, Grundriß | Grundriß des Deutschen Strafrechts, Allgemeiner Teil, 8. Aufl. (1913) |
| Binding, Handbuch | Handbuch des Strafrechts (1885) |
| Binding, Lehrbuch I, II | Lehrbuch des gemeinen Deutschen Strafrechts, Besonderer Teil, 2. Aufl. Bd. 1 (1902), Bd. 2 (1904/05) |
| Binding, Normen | Die Normen und ihre Übertretung, 2. Aufl., 4 Bände (1890–1919) |
| BK | Basler Kommentar zum Strafgesetzbuch, hrsg. von Niggli/Wiprächtiger (2003) (s. aber auch 15. Verfassungsrecht) einzeln 2003/Gesamtwerk 2002 |
| Blei I, II | Strafrecht I, Allgemeiner Teil, 18. Aufl. (1983); Strafrecht II, Besonderer Teil, 12. Aufl. (1983) |
| Bochumer Erläuterungen | Bochumer Erläuterungen zum 6. Strafrechtsreformgesetz, hrsg. v. Schlüchter (1998) |
| Bockelmann BT 1, 2, 3 | Strafrecht, Besonderer Teil, Bd. 1: Vermögensdelikte, 2. Aufl. (1982); Bd. 2: Delikte gegen die Person (1977); Bd. 3: Ausgewählte Delikte gegen Rechtsgüter der Allgemeinheit (1980) |
| Bockelmann/Volk | Strafrecht, Allgemeiner Teil, 4. Aufl. (1987) |
| Bringewat | Grundbegriffe des Strafrechts, 2. Aufl. (2008) |
| Bruns, Strafzumessungsrecht | Strafzumessungsrecht: Gesamtdarstellung, 2. Aufl. (1974) |
| Bruns, Recht der Strafzumessung | Das Recht der Strafzumessung, 2. Aufl. (1985) |

| | |
|---|---|
| Bruns, Reflexionen | Neues Strafzumessungsrecht? „Reflexionen" über eine geforderte Umgestaltung (1988) |
| Burgstaller | Das Fahrlässigkeitsdelikt im Strafrecht (1974) |
| Coimbra-Symposium | s. Schünemann/de Figueiredo Dias |
| Dahs | Handbuch des Strafverteidigers, 7. Aufl. (2005) |
| Dalcke/Fuhrmann/Schäfer | Strafrecht und Strafverfahren, 37. Aufl. (1961) |
| Ebert | Aktuelle Probleme der Strafrechtspflege: Beiträge anläßlich eines Symposiums zum 60. Geburtstag von E. W. Hanack, hrsg. v. Ebert (1991) |
| Ebert AT | Strafrecht, Allgemeiner Teil, 3. Aufl. (2001) |
| Einführung 6. StrRG | Einführung in das 6. Strafrechtsreformgesetz (1998) (bearb. v. Dencker u.a.) |
| Eisele BT 1, BT 2 | Strafrecht – Besonderer Teil I: Straftaten gegen die Person und die Allgemeinheit (2008); Strafrecht – Besonderer Teil II: Eigentumsdelikte, Vermögensdelikte und Urkundendelikte (2009) |
| Erbs/Kohlhaas | Strafrechtliche Nebengesetze, Loseblattausgabe, 4. Aufl. (1988 ff), 5. Aufl. (1993 ff) |
| Erinnerungsgabe Grünhut | Erinnerungsgabe für Max Grünhut (1965) |
| Eser (et al.), Rechtfertigung und Entschuldigung I–IV | Rechtfertigung und Entschuldigung: rechtsvergleichende Perspektiven. Beiträge aus dem Max-Planck-Institut für ausländisches und internationales Strafrecht, Bd. 1, hrsg. v. Eser/Fletcher (1987); Bd. 2, hrsg. v. Eser/Fletcher (1988); Bd. 3: Deutsch-Italienisch-Portugiesisch-Spanisches Strafrechtskolloquium 1990 in Freiburg, hrsg. v. Eser/Perron (1991); Bd. 4: Ostasiatisch-Deutsches Strafrechtskolloquium 1993 in Tokio, hrsg. v. Eser/Nishihara (1995) |
| Festgabe BGH 25 | 25 Jahre Bundesgerichtshof |
| Festgabe BGH 50 | 50 Jahre Bundesgerichtshof, Festgabe aus der Wissenschaft, Band V: Straf- und Strafprozeßrecht (2000) |
| Festgabe Frank | Festgabe für Reinhard von Frank zum 70. Geburtstag: 16. August 1930, 2 Bde. (1930) |
| Festgabe Graßhoff | Der verfasste Rechtsstaat, Festgabe für Karin Graßhoff (1998) |
| Festgabe Kern | Festgabe für Eduard Kern zum 70. Geburtstag (1957) |
| Festgabe Paulus | Festgabe für Rainer Paulus zum 70. Geburtstag (2009) |
| Festgabe Peters | Wahrheit und Gerechtigkeit im Strafverfahren: Festgabe für Karl Peters aus Anlaß seines 80. Geburtstages (1984) |
| Festgabe RG I–VI | Die Reichsgerichtspraxis im deutschen Rechtsleben: Festgabe der juristischen Fakultäten zum 50jährigen Bestehen des Reichsgerichts (1. Oktober 1929) (1929) |
| Festgabe Schultz | Lebendiges Strafrecht: Festgabe zum 65. Geburtstag von Hans Schultz (1977) |
| Festgabe Schweizer JT | Festgabe zum Schweizerichen Juristentag (1963) |
| Festschrift Amelung | Grundlagen des Straf- und Strafverfahrensrechts. Festschrift für Knut Amelung zum 70. Geburtstag (2009) |
| Festschrift Androulakis | Festschrift für Nikolaos Androulakis zum 70. Geburtstag, (2003) |
| Festschrift Augsburg | Recht in Europa – Festgabe zum 30-jährigen Bestehen der Juristischen Fakultät Augsburg (2002) |
| Festschrift Baumann | Festschrift für Jürgen Baumann zum 70. Geburtstag (1992) |
| Festschrift Bemmann | Festschrift für Günter Bemmann zum 70. Geburtstag (1997) |
| Festschrift BGH 50 | Festschrift aus Anlaß des fünfzigjährigen Bestehens von Bundesgerichtshof, Bundesanwaltschaft und Rechtsanwaltschaft beim Bundesgerichtshof (2000) |

| | |
|---|---|
| Festschrift Blau | Festschrift für Günter Blau zum 70. Geburtstag (1985) |
| Festschrift Bockelmann | Festschrift für Paul Bockelmann zum 70. Geburtstag (1979) |
| Festschrift Böhm | Festschrift für Alexander Böhm zum 70. Geburtstag (1999) |
| Festschrift Böttcher | Festschrift für Reinhard Böttcher zum. 70 Geburtstag (2007) |
| Festschrift Boujong | Verantwortung und Gestaltung, Festschrift für Karlheinz Boujong zum 65. Geburtstag (1996) |
| Festschrift Brauneck | Ehrengabe für Anne-Eva Brauneck (1999) |
| Festschrift Bruns | Festschrift für Hans-Jürgen Bruns zum 70. Geburtstag (1978) |
| Festschrift Burgstaller | Festschrift für Manfred Burgstaller zum 65. Geburtstag (2004) |
| Festschrift v. Caemmerer | Festschrift für Ernst von Caemmerer zum 70. Geburtstag (1978) |
| Festschrift Celle I | Göttinger Festschrift für das Oberlandesgericht Celle: zum 250jährigen Bestehen des Oberlandesgerichts Celle (1961) |
| Festschrift Celle II | Festschrift zum 275jährigen Bestehen des Oberlandesgerichts Celle (1986) |
| Festschrift Dahs | Festschrift für Hans Dahs zum 70. Geburtstag (2005) |
| Festschrift Diestelkamp | Geschichte der Zentraljustiz in Mitteleuropa: Festschrift für Bernhard Diestelkamp zum 65. Geburtstag (1994) |
| Festschrift DJT | Hundert Jahre deutsches Rechtsleben: Festschrift zum hundertjährigen Bestehen des Deutschen Juristentages 1860–1960, 2 Bde. (1960) |
| Festschrift Dreher | Festschrift für Eduard Dreher zum 70. Geburtstag (1977) |
| Festschrift Dünnebier | Festschrift für Hans Dünnebier zum 75. Geburtstag (1982) |
| Festschrift Eisenberg | Festschrift für Ulrich Eisenberg zum 70. Geburtstag (2009) |
| Festschrift Engisch | Festschrift für Karl Engisch zum 70. Geburtstag (1969) |
| Festschrift Ermacora | Fortschritt im Bewußtsein der Grund- und Menschenrechte, Festschrift für Felix Ermacora zum 65. Geburtstag (1988) |
| Festschrift Eser | Menschengerechtes Strafrecht, Festschrift für Albin Eser zum 70. Geburtstag (2005) |
| Festschrift Fezer | Festschrift für Gerhard Fezer zum 70. Geburtstag (2008) |
| Festschrift Friebertshäuser | Festgabe für den Strafverteidiger Dr. Heino Friebertshäuser (1997) |
| Festschrift GA | 140 Jahre Goltdammer's Archiv für Strafrecht: eine Würdigung zum 70. Geburtstag von Paul-Günter Pötz (1993) |
| Festschrift Gallas | Festschrift für Wilhelm Gallas zum 70. Geburtstag (1973) |
| Festschrift von Gamm | Festschrift für Otto-Friedrich Frhr. von Gamm |
| Festschrift Gauweiler | Recht und Politik, Festschrift für Peter Gauweiler zum 60. Geburtstag (2009) |
| Festschrift Geerds | Kriminalistik und Strafrecht: Festschrift für Friedrich Geerds zum 70. Geburtstag (1995) |
| Festschrift Geilen | Bochumer Beiträge zu aktuellen Strafrechtsthemen: Festschrift für Gerd Geilen zum 70. Geburtstag (2003) |
| Festschrift Geiß | Festschrift für Karlmann Geiß zum 65. Geburtstag (2000) |
| Festschrift Germann | Rechtsfindung – Beiträge zur juristischen Methodenlehre: Festschrift für Oscar Adolf Germann zum 80. Geburtstag (1969) |
| Festschrift Gleispach | Gegenwartsfragen der Strafrechtswissenschaft: Festschrift zum 60. Geburtstag von Graf W. Gleispach (1936) (Nachdruck 1995) |

| | |
|---|---|
| Festschrift Göppinger | Kriminalität, Persönlichkeit, Lebensgeschichte und Verhalten: Festschrift für Hans Göppinger zum 70. Geburtstag (1990) |
| Festschrift Gössel | Festschrift für Karl Heinz Gössel zum 70. Geburtstag (2002) |
| Festschrift Grünwald | Festschrift für Gerald Grünwald zum 70. Geburtstag (1999) |
| Festschrift Grützner | Aktuelle Probleme des internationalen Strafrechts – Beiträge zur Gestaltung des internationalen und supranationalen Strafrechts: Heinrich Grützner zum 65. Geburtstag (1970) |
| Festschrift Hamm | Festschrift für Rainer Hamm zum 65. Geburtstag (2008) |
| Festschrift Hanack | Festschrift für Ernst-Walter Hanack zum 70. Geburtstag (1999) |
| Festschrift Heidelberg | Richterliche Rechtsfortbildung: Festschrift der Juristischen Fakultät zur 600-Jahr-Feier der Universität Heidelberg (1986) |
| Festschrift Heinitz | Festschrift für Ernst Heinitz zum 70. Geburtstag (1972) |
| Festschrift Henkel | Grundfragen der gesamten Strafrechtswissenschaft: Festschrift für Heinrich Henkel zum 70. Geburtstag (1974) |
| Festschrift v. Hentig | Kriminologische Wegzeichen: Festschrift für Hans v. Hentig zum 80. Geburtstag (1967) |
| Festschrift Herzberg | Strafrecht zwischen System und Telos, Festschrift für Rolf Dietrich Herzberg zum 70. Geburtstag (2008) |
| Festschrift Herzog | Staatsrecht und Politik, Festschrift für Roman Herzog zum 75. Geburtstag (2009) |
| Festschrift Heusinger | Ehrengabe für Bruno Heusinger (1968) |
| Festschrift Hilger | Datenübermittlungen und Vorermittlungen, Festgabe für Hans Hilger (2003) |
| Festschrift Hirsch | Festschrift für Hans Joachim Hirsch zum 70. Geburtstag (1999) |
| Festschrift Honig | Festschrift für Richard M. Honig zum 80. Geburtstag (1970) |
| Festschrift Hruschka | Jahrbuch für Recht und Ethik: Festschrift für Joachim Hruschka zum 70. Geburtstag (2006) |
| Festschrift Hubmann | Beiträge zum Schutz der Persönlichkeit und ihrer schöpferischen Leistung; Festschrift für Heinrich Hubmann zum 70. Geburtstag (1985) |
| Festschrift Hübner | Festschrift für Heinz Hübner zum 70. Geburtstag (1984) |
| Festschrift Jakobs | Festschrift für Günther Jakobs zum 70. Geburtstag (2007) |
| Festschrift Jauch | Wie würden Sie entscheiden? Festschrift für Gerd Jauch zum 65. Geburtstag (1990) |
| Festschrift Jescheck | Festschrift für Hans-Heinrich Jescheck zum 70. Geburtstag, 2 Bde. (1985) |
| Festschrift Jung | Festschrift für Heike Jung zum 65. Geburtstag (2007) |
| Festschrift JurGes. Berlin | Festschrift zum 125jährigen Bestehen der Juristischen Gesellschaft zu Berlin (1984) |
| Festschrift Kaiser | Internationale Perspektiven in Kriminologie und Strafrecht: Festschrift für Günther Kaiser zum 70. Geburtstag, 2 Bde. (1998) |
| Festschrift Arthur Kaufmann I | Jenseits des Funktionalismus: Arthur Kaufmann zum 65. Geburtstag (1989) |
| Festschrift Arthur Kaufmann II | Strafgerechtigkeit: Festschrift für Arthur Kaufmann zum 70. Geburtstag (1993) |
| Festschrift Kern | Tübinger Festschrift für Eduard Kern (1968) |

| | |
|---|---|
| Festschrift Kleinknecht | Strafverfahren im Rechtsstaat: Festschrift für Theodor Kleinknecht zum 75. Geburtstag (1985) |
| Festschrift Klug | Festschrift für Ulrich Klug zum 70. Geburtstag, 2 Bde. (1983) |
| Festschrift Koch | Strafverteidigung und Strafprozeß, Festgabe für Ludwig Koch (1989) |
| Festschrift Kohlmann | Festschrift für Günter Kohlmann zum 70. Geburtstag (2003) |
| Festschrift Kohlrausch | Probleme der Strafrechtserneuerung: Eduard Kohlrausch zum 70. Geburtstage dargebracht (1944; Nachdruck 1978) |
| Festschrift Köln | Festschrift der Rechtswissenschaftlichen Fakultät zur 600-Jahr-Feier der Universität zu Köln (1988) |
| Festschrift Krause | Recht und Kriminalität: Festschrift für Friedrich-Wilhelm Krause zum 70. Geburtstag (1990) |
| Festschrift Küper | Festschrift für Wilfried Küper zum 70. Geburtstag (2007) |
| Festschrift Lackner | Festschrift für Karl Lackner zum 70. Geburtstag (1987) |
| Festschrift Lampe | Jus humanum: Grundlagen des Rechts und Strafrechts, Festschrift für Ernst-Joachim Lampe zum 70. Geburtstag (2003) |
| Festschrift Lange | Festschrift für Richard Lange zum 70. Geburtstag (1976) |
| Festschrift Laufs | Humaniora, Medizin – Recht – Geschichte, Festschrift für Adolf Laufs zum 70. Geburtstag (2006) |
| Festschrift Leferenz | Kriminologie – Psychiatrie – Strafrecht: Festschrift für Heinz Leferenz zum 70. Geburtstag (1983) |
| Festschrift Lenckner | Festschrift für Theodor Lenckner zum 70. Geburtstag (1998) |
| Festschrift Lüderssen | Festschrift für Klaus Lüderssen zum 70. Geburtstag (2002) |
| Festschrift Maihofer | Rechtsstaat und Menschenwürde: Festschrift für Werner Maihofer zum 70. Geburtstag (1988) |
| Festschrift Maiwald | Fragmentarisches Strafrecht, Für Manfred Maiwald aus Anlass seiner Emeritierung (2003) |
| Festschrift Mangakis | Strafrecht – Freiheit – Rechtsstaat: Festschrift für Georgios Mangakis (1999) |
| Festschrift Maurach | Festschrift für Reinhart Maurach zum 70. Geburtstag (1972) |
| Festschrift H. Mayer | Beiträge zur gesamten Strafrechtswissenschaft: Festschrift für Hellmuth Mayer zum 70. Geburtstag (1966) |
| Festschrift Mehle | Festschrift für Volkmar Mehle zum 65. Geburtstag (2009) |
| Festschrift Meyer-Goßner | Festschrift für Lutz Meyer-Goßner zum 65. Geburtstag (2001) |
| Festschrift Mezger | Festschrift für Edmund Mezger zum 70. Geburtstag (1954) |
| Festschrift Middendorff | Festschrift für Wolf Middendorff zum 70. Geburtstag (1986) |
| Festschrift Miyazawa | Festschrift für Koichi Miyazawa: dem Wegbereiter des japanisch-deutschen Strafrechtsdiskurses (1995) |
| Festschrift E. Müller I | Opuscula Honoraria, Egon Müller zum 65. Geburtstag (2003) |
| Festschrift E. Müller II | Festschrift für Egon Müller zum 70. Geburtstag (2008) |
| Festschrift Müller-Dietz I | Das Recht und die schönen Künste: Heinz Müller-Dietz zum 65. Geburtstag (1998) |
| Festschrift Müller-Dietz II | Grundlagen staatlichen Strafens: Festschrift für Heinz-Müller-Dietz zum 70. Geburtstag (2001) |
| Festschrift Nehm | Strafrecht und Justizgewährung, Festschrift für Kay Nehm zum 65. Geburtstag (2006) |
| Festschrift Nishihara | Festschrift für Haruo Nishihara zum 70. Geburtstag (1998) |

| | |
|---|---|
| Festschrift Odersky | Festschrift für Walter Odersky zum 65. Geburtstag (1996) |
| Festschrift Oehler | Festschrift für Dietrich Oehler zum 70. Geburtstag (1985) |
| Festschrift Otto | Festschrift für Harro Otto zum 70. Geburtstag (2007) |
| Festschrift Pallin | Strafrecht, Strafprozeßrecht und Kriminologie: Festschrift für Franz Pallin zum 80. Geburtstag (1989) |
| Festschrift Partsch | Des Menschen Recht zwischen Freiheit und Verantwortung, Festschrift für Karl Josef Partsch zum 75. Geburtstag (1989) |
| Festschrift Peters | Einheit und Vielfalt des Strafrechts: Festschrift für Karl Peters zum 70. Geburtstag (1974) |
| Festschrift Pfeiffer | Strafrecht, Unternehmensrecht, Anwaltsrecht: Festschrift für Gerd Pfeiffer zum Abschied aus dem Amt als Präsident des Bundesgerichtshofes (1988) |
| Festschrift Pfenniger | Strafprozeß und Rechtsstaat, Festschrift zum 70. Geburtstag von H. F. Pfenniger (1976) |
| Festschrift Platzgummer | Festschrift für Winfried Platzgummer zum 65. Geburtstag (1995) |
| Festschrift Pötz | s. Festschrift GA |
| Festschrift Rasch | Die Sprache des Verbrechens – Wege zu einer klinischen Kriminologie: Festschrift für Wilfried Rasch (1993) |
| Festschrift Rebmann | Festschrift für Kurt Rebmann zum 65. Geburtstag (1989) |
| Festschrift Reichsgericht | Die Reichsgerichtspraxis im deutschen Rechtsleben, Festgabe der juristischen Fakultäten zum 50jährigen Bestehen des Reichsgerichts, Bd. 5, Strafrecht und Strafprozeß (1929) |
| Festschrift Reichsjustizamt | Vom Reichsjustizamt zum Bundesministerium der Justiz, Festschrift zum 100jährigen Gründungstag des Reichsjustizamtes am 1.1.1877 (1977) |
| Festschrift Richterakademie | Justiz und Recht: Festschrift aus Anlaß des 10jährigen Bestehens der Deutschen Richterakademie in Trier (1983) |
| Festschrift Rieß | Festschrift für Peter Rieß zum 70. Geburtstag (2002) |
| Festschrift Richter | Verstehen und Widerstehen, Festschrift für Christian Richter II zum 65. Geburtstag (2006) |
| Festschrift Rittler | Festschrift für Theodor Rittler zu seinem 80. Geburtstag (1957) |
| Festschrift Rolinski | Festschrift für Klaus Rolinski zum 70. Geburtstag (2002) |
| Festschrift Rosenfeld | Festschrift für Ernst Heinrich Rosenfeld zu seinem 80. Geburtstag (1949) |
| Festschrift Roxin | Festschrift für Claus Roxin zum 70. Geburtstag (2001) |
| Festschrift Rudolphi | Festschrift für Hans-Joachim Rudolphi zum 70. Geburtstag (2004) |
| Festschrift Salger | Straf- und Strafverfahrensrecht, Recht und Verkehr, Recht und Medizin: Festschrift für Hannskarl Salger zum Abschied aus dem Amt als Vizepräsident des Bundesgerichtshofes (1995) |
| Festschrift Sarstedt | Festschrift für Werner Sarstedt zum 70. Geburtstag (1981) |
| Festschrift Sauer | Festschrift für Wilhelm Sauer zu seinem 70. Geburtstag (1949) |
| Festschrift G. Schäfer | NJW-Sonderheft für Gerhard Schäfer zum 65. Geburtstag (2002) |
| Festschrift K. Schäfer | Festschrift für Karl Schäfer zum 80. Geburtstag (1980) |
| Festschrift Schaffstein | Festschrift für Friedrich Schaffstein zum 70. Geburtstag (1975) |

| | |
|---|---|
| Festschrift Schewe | Medizinrecht – Psychopathologie – Rechtsmedizin: diesseits und jenseits der Grenzen von Recht und Medizin: Festschrift für Günter Schewe zum 60. Geburtstag (1991) |
| Festschrift Schleswig-Holstein | Strafverfolgung und Strafverzicht: Festschrift zum 125jährigen Bestehen der Staatsanwaltschaft Schleswig-Holstein (1992) |
| Festschrift Schlüchter | Freiheit und Verantwortung in schwieriger Zeit: kritische Studien aus vorwiegend straf(prozeß)rechtlicher Sicht zum 60. Geburtstag von Ellen Schlüchter (1998) |
| Festschrift Schmid | Recht, Justiz, Kritik: Festschrift für Richard Schmid zum 85. Geburtstag (1985) |
| Festschrift Eb. Schmidt | Festschrift für Eberhard Schmidt zum 70. Geburtstag (1961) |
| Festschrift Schmidt-Leichner | Festschrift für Erich Schmidt-Leichner zum 65. Geburtstag (1977) |
| Festschrift Schmitt | Festschrift für Rudolf Schmitt zum 70. Geburtstag (1992) |
| Festschrift Schneider | Kriminologie an der Schwelle zum 21. Jahrhundert: Festschrift für Hans Joachim Schneider zum 70. Geburtstag (1998) |
| Festschrift Schreiber | Strafrecht, Biorecht, Rechtsphilosophie, Festschrift für Hans-Ludwig Schreiber zum 70. Geburtstag (2003) |
| Festschrift Schroeder | Festschrift für Friedrich-Christian Schroeder zum 70. Geburtstag (2006) |
| Festschrift Schüler-Springorum | Festschrift für Horst Schüler-Springorum zum 65. Geburtstag (1993) |
| Festschrift Schwind | Kriminalpolitik und ihre wissenschaftlichen Grundlagen, Festschrift für Hans-Dieter Schwind zum 70. Geburtstag (2006) |
| Festschrift Schwinge | Persönlichkeit in der Demokratie: Festschrift für Erich Schwinge zum 70. Geburtstag (1973) |
| Festschrift Seebode | Festschrift für Manfred Seebode zum 70. Geburtstag (2008) |
| Festschrift Sendler | Bürger-Richter-Staat, Festschrift für Horst Sendler zum Abschied aus seinem Amt (1991) |
| Festschrift Spendel | Festschrift für Günter Spendel zum 70. Geburtstag (1992) |
| Festschrift Spinellis | Die Strafrechtswissenschaft im 21. Jahrhundert: Festschrift für Dionysios Spinellis, 2 Bde. (2001) |
| Festschrift Stock | Studien zur Strafrechtswissenschaft: Festschrift für Ulrich Stock zum 70. Geburtstag (1966) |
| Festschrift Stöckel | Strafrechtspraxis und Reform. Festschrift für Heinz Stöckel zum 70. Geburtstag (2010) |
| Festschrift Stree/Wessels | Beiträge zur Rechtswissenschaft: Festschrift für Walter Stree und Johannes Wessels zum 70. Geburtstag (1993) |
| Festschrift Stutte | Jugendpsychiatrie und Recht: Festschrift für Hermann Stutte zum 70. Geburtstag (1979) |
| Festschrift Tiedemann | Strafrecht und Wirtschaftsstrafrecht: Dogmatik, Rechtsvergleich, Rechtstatsachen; Festschrift für Klaus Tiedemann zum 70. Geburtstag (2008) |
| Festschrift Trechsel | Strafrecht, Strafprozessrecht und Menschenrechte, Festschrift für Stefan Trechsel zum 65. Geburtstag (2002) |
| Festschrift Triffterer | Festschrift für Otto Triffterer zum 65. Geburtstag (1996) |
| Festschrift Tröndle | Festschrift für Herbert Tröndle zum 70. Geburtstag (1989) |
| Festschrift Tübingen | Tradition und Fortschritt im Recht: Festschrift gewidmet der Tübinger Juristenfakultät zu ihrem 500jährigen Bestehen 1977 von ihren gegenwärtigen Mitgliedern (1977) |

| | |
|---|---|
| Festschrift Venzlaff | Forensische Psychiatrie – Entwicklungen und Perspektiven: Festschrift für Ulrich Venzlaff zum 85. Geburtstag (2006) |
| Festschrift Volk | In dubio pro libertate, Festschrift für Klaus Volk zum 65. Geburtstag (2009) |
| Festschrift Waseda | Recht in Ost und West: Festschrift zum 30jährigen Jubiläum des Instituts für Rechtsvergleichung der Waseda-Universität (1988) |
| Festschrift Wassermann | Festschrift für Rudolf Wassermann zum 60. Geburtstag (1985) |
| Festschrift v. Weber | Festschrift für Hellmuth von Weber zum 70. Geburtstag (1963) |
| Festschrift Weber | Festschrift für Ulrich Weber zum 70. Geburtstag (2004) |
| Festschrift Welzel | Festschrift für Hans Welzel zum 70. Geburtstag (1974) |
| Festschrift Widmaier | Strafverteidigung, Revision und die gesamten Strafrechtswissenschaften – Festschrift für Gunter Widmaier zum 70. Geburtstag (2008) |
| Festschrift Wolf | Mensch und Recht: Festschrift für Erik Wolf zum 70. Geburtstag (1972) |
| Festschrift Wolff | Festschrift für E. A. Wolff zum 70. Geburtstag (1998) |
| Festschrift Würtenberger | Kultur, Kriminalität, Strafrecht: Festschrift für Thomas Würtenberger zum 70. Geburtstag (1977) |
| Festschrift Würzburger Juristenfakultät | Raum und Recht, Festschrift 600 Jahre Würzburger Juristenfakultät (2002) |
| Festschrift Zeidler | Festschrift für Wolfgang Zeidler (1987) |
| Festschrift Zweibrücken | 175 Jahre Pfälzisches Oberlandesgericht: 1815 Appellationshof, Oberlandesgericht 1990 (1990) |
| Fischer | Strafgesetzbuch und Nebengesetze, Kurzkommentar, 57. Aufl. (2010); bis zur 54. Auflage *Tröndle/Fischer* |
| Forster/Joachim | Alkohol und Schuldfähigkeit (1997) |
| Frank | Das Strafgesetzbuch für das Deutsche Reich nebst dem Einführungsgesetz, 18. Aufl. (1931) |
| Freiburg-Symposium | s. Tiedemann |
| Freund AT | Strafrecht, Allgemeiner Teil, 2. Aufl. (2009) |
| Frisch, Vorsatz und Risiko | Vorsatz und Risiko: Grundfragen des tatbestandsmäßigen Verhaltens und des Vorsatzes (1983) |
| Frisch, Tatbestandsmäßiges Verhalten | Tatbestandsmäßiges Verhalten und Zurechnung des Erfolgs (1988) |
| Frister | Strafrecht Allgemeiner Teil, 4. Aufl. (2009) |
| Gallas, Beiträge | Beiträge zur Verbrechenslehre (1968) |
| Gedächtnisschrift Delitala | Gedächtnisschrift für (Studi in memoria di) Giacomo Delitala (3 Bde.) (1984) |
| Gedächtnisschrift Armin Kaufmann | Gedächtnisschrift für Armin Kaufmann (1989) |
| Gedächtnisschrift H. Kaufmann | Gedächtnisschrift für Hilde Kaufmann (1986) |
| Gedächtnisschrift Keller | Gedächtnisschrift für Rolf Keller (2003) |
| Gedächtnisschrift Meurer | Gedächtnisschrift für Dieter Meurer (2002) |
| Gedächtnisschrift K. Meyer | Gedächtnisschrift für Karlheinz Meyer (1990) |
| Gedächtnisschrift Noll | Gedächtnisschrift für Peter Noll (1984) |
| Gedächtnisschrift H. Peters | Gedächtnisschrift für Hans Peters (1967) |
| Gedächtnisschrift Radbruch | Gedächtnisschrift für Gustav Radbruch (1968) |
| Gedächtnisschrift Schlüchter | Gedächtnisschrift für Ellen Schlüchter (2002) |
| Gedächtnisschrift Schröder | Gedächtnisschrift für Horst Schröder (1978) |
| Gedächtnisschrift Tjong | Gedächtnisschrift für Zong Uk Tjong (1985) |
| Gedächtnisschrift Vogler | Gedächtnisschrift für Theo Vogler (2004) |
| Gedächtnisschrift Zipf | Gedächtnisschrift für Heinz Zipf (1999) |

| | |
|---|---|
| Gimbernat u.a. | Internationale Dogmatik der objektiven Zurechnung und der Unterlassungsdelikte: Spanisch-Deutsches Symposium zu Ehren von Claus Roxin, hrsg. v. Gimbernat u.a. (1995) |
| Gössel I, II | Strafrecht, Besonderer Teil, Bd. 1: Delikte gegen immaterielle Rechtsgüter des Individuums (1987), 2. Aufl. (1999); Bd. 2: Straftaten gegen materielle Rechtsgüter des Individuums (1996) |
| Gössel/Dölling | Strafrecht, Besonderer Teil, Bd. 1: Straftaten gegen Persönlichkeits- und Gemeinschaftswerte, 2. Aufl. (2004) |
| Gropp AT | Strafrecht, Allgemeiner Teil, 3. Auflage (2005) |
| Gropp Sonderbeteiligungen | Deliktstypen mit Sonderbeteiligung (1992) |
| Grundfragen | Grundfragen des modernen Strafrechtssystems, hrsg. v. Schünemann (1984) |
| Haft AT, BT | Strafrecht, Allgemeiner Teil, 9. Aufl. (2004); Besonderer Teil I, 9. Aufl. (2009); Besonderer Teil II, 8. Aufl. (2005) |
| Hanack-Symposium | s. Ebert |
| Hefendehl | Empirische Erkenntnisse, dogmatische Fundamente und kriminalpolitischer Impetus. Symposium für Bernd Schünemann zum 60. Geburtstag, hrsg. v. Hefendehl (2005) |
| Heghmanns BT | Strafrecht für alle Semester, Besonderer Teil (2009) |
| Heinrich | Strafrecht AT I, 2. Aufl. (2010) und AT II (2005) |
| v. Hippel I, II | Deutsches Strafrecht, Bd. 1 (1925), Bd. 2 (1930) |
| HK-GS | StGB, StPO, Nebengesetze – Handkommentar; hrsg. v. Dölling/Duttge/Rössner (2008) |
| Hohmann/Sander | Strafrecht Besonderer Teil. BT I: Eigentums- und Vermögensdelikte, 2. Aufl. (2000); BT II: Delikte gegen die Person und gegen die Allgemeinheit (2000) |
| Hruschka | Strafrecht nach logisch-analytischer Methode, 2. Aufl. (1988) |
| Jäger BT | Examens-Repetitorium Strafrecht Besonderer Teil, 3. Aufl. (2009) |
| Jakobs AT | Strafrecht, Allgemeiner Teil, 2. Aufl. (1993) |
| Jescheck, Beiträge I, II | Strafrecht im Dienste der Gemeinschaft: ausgewählte Beiträge zur Strafrechtsreform, zur Strafrechtsvergleichung, zum internationalen Strafrecht, 1953–1979 (1980) (I); Beiträge zum Strafrecht 1980–1998 (1998) (II), jew. hrsg. v. Vogler |
| Jescheck/Weigend | Lehrbuch des Strafrechts, Allgemeiner Teil, 5. Aufl. (1996) |
| Joecks | Strafgesetzbuch, Studienkommentar, 8. Aufl. 2009 |
| Kienapfel AT | Strafrecht, Allgemeiner Teil, 4. Aufl. (1984) |
| Kienapfel, Urkunden | Urkunden und andere Gewährschaftsträger im Strafrecht (1967) |
| Kindhäuser AT, BT I, II | Strafrecht, Allgemeiner Teil, 3. Aufl. (2009); Besonderer Teil I: Straftaten gegen Persönlichkeitsrechte, Staat und Gesellschaft, 4. Aufl. (2009); Besonderer Teil II: Straftaten gegen Vermögensrechte, 5. Aufl. (2008) |
| Kindhäuser LPK | Strafgesetzbuch, Lehr- und Praxiskommentar, 4. Aufl. (2010) |
| Köhler AT | Deutsches Strafrecht, Allgemeiner Teil (1997) |
| Kohlrausch/Lange | Strafgesetzbuch mit Erläuterungen und Nebengesetzen, 43. Aufl. (1961) |
| Krey AT I, II | Deutsches Strafrecht, Allgemeiner Teil, Bd. 1: Grundlagen, Tatbestandsmäßigkeit, Rechtswidrigkeit, Schuld, 3. Aufl. (2008); Bd. 2: Täterschaft und Teilnahme, 3. Aufl. (2008) |

| | |
|---|---|
| Krey/Heinrich | Strafrecht, Besonderer Teil, Bd. 1: Besonderer Teil ohne Vermögensdelikte, 14. Aufl. (2008) |
| Krey/Hellmann | Strafrecht, Besonderer Teil, Bd. 2: Vermögensdelikte, 15. Aufl. (2008) |
| Kühl AT | Strafrecht, Allgemeiner Teil, 6. Aufl. (2008) |
| Küper BT | Strafrecht, Besonderer Teil, 7. Aufl. (2008) |
| Küpper BT | Strafrecht, Besonderer Teil, Bd. 1: Delikte gegen Rechtsgüter der Person und Gemeinschaft, 3. Aufl. (2007) |
| Lackner/Kühl | Strafgesetzbuch mit Erläuterungen, 26. Aufl. (2007) |
| v. Liszt, Aufsätze | Strafrechtliche Aufsätze und Vorträge, 2 Bde. (1925) |
| v. Liszt/Schmidt AT, BT | Lehrbuch des deutschen Strafrechts, Allgemeiner Teil, 26. Aufl. (1932); Besonderer Teil, 25. Aufl. (1925) |
| LK | Strafgesetzbuch, Leipziger Kommentar, 11. Aufl. (1992–2006) hrsg. v. Jähnke/Laufhütte/Odersky; 12. Aufl. hrsg. v. Laufhütte/Rissing-van Saan/Tiedemann (2006 ff.) |
| Lutz | Strafrecht AT, 5. Aufl. (2009) |
| Madrid-Symposium | s. Schünemann/Suárez |
| Manoledakis/Prittwitz | Strafrechtsprobleme an der Jahrtausendwende: Deutsch-Griechisches Symposium in Rostock 1999, hrsg. v. Manoledakis/Prittwitz (2000) |
| Matheus | Strafrecht BT 2, 4 Aufl. (2008) |
| Maurach AT, BT | Strafrecht, Allgemeiner Teil, 4. Aufl. (1971); Besonderer Teil, 5. Aufl. (1969) mit Nachträgen von 1970/71 |
| Maurach/Zipf | Strafrecht, Allgemeiner Teil, Teilbd. 1: Grundlehren des Strafrechts und Aufbau der Straftat, 8. Aufl. (1992) |
| Maurach/Gössel/Zipf | Strafrecht, Allgemeiner Teil, Teilbd. 2: Erscheinungsformen des Verbrechens und Rechtsfolgen der Tat, 7. Aufl. (1989) |
| Maurach/Schroeder/Maiwald I, II | Strafrecht, Besonderer Teil, Teilbd. 1: Straftaten gegen Persönlichkeits- und Vermögenswerte, 10. Aufl. (2009); Teilbd. 2: Straftaten gegen Gemeinschaftswerte, 9. Aufl. (2005) |
| H. Mayer AT | Strafrecht, Allgemeiner Teil (1953) |
| H. Mayer, Strafrecht | Das Strafrecht des deutschen Volkes (1936) |
| H. Mayer, Studienbuch | Strafrecht, Allgemeiner Teil, Studienbuch (1967) |
| Mezger, Strafrecht | Strafrecht, Lehrbuch, 3. Aufl. (1949) (ergänzt durch: Moderne Wege der Strafrechtsdogmatik [1950]) |
| Mitsch BT 1, 2 | Strafrecht, Besonderer Teil, Bd. 2: Vermögensdelikte, Teilbd. 1: Kernbereich, 2. Aufl. (2003); Teilbd. 2: Randbereich (2001) |
| MK | Münchener Kommentar zum Strafgesetzbuch, hrsg. von Joecks/Miebach (ab 2003) |
| Naucke | Strafrecht, Eine Einführung, 11. Aufl. (2008) |
| Niederschriften I–XIV | Niederschriften über die Sitzungen der Großen Strafrechtskommission, 14 Bde. (1956–1960) |
| Niethammer | Lehrbuch des Besonderen Teils des Strafrechts (1950) |
| NK | Nomos-Kommentar zum Strafgesetzbuch, hrsg. von Kindhäuser/Neumann/Paeffgen, 1. Auflage Loseblatt (1995 ff); 2. Aufl. gebunden (2005) |
| Oehler | Internationales Strafrecht, 2. Aufl. (1983) |
| v. Olshausen | Kommentar zum Strafgesetzbuch für das Deutsche Reich, 12. Aufl. (§§ 1–246) bearb. von Freiesleben u.a. (1942 ff); sonst 11. Aufl. bearb. von Lorenz u.a. (1927) |
| Otto AT, BT | Grundkurs Strafrecht: Allgemeine Strafrechtslehre/Die einzelnen Delikte, jeweils 7. Aufl. (2005) |

| | |
|---|---|
| Pfeiffer/Maul/Schulte | Strafgesetzbuch, Kommentar an Hand der Rechtsprechung des Bundesgerichtshofes (1969) |
| Preisendanz | Strafgesetzbuch, Lehrkommentar, 30. Aufl. (1978) |
| Puppe | Strafrecht Allgemeiner Teil, Band 1 (2002); Band 2 (2005) |
| Rengier BT 1, 2 | Strafrecht, Besonderer Teil, Bd. 1: Vermögensdelikte, 11. Aufl. (2009); Bd. 2: Delikte gegen die Person und Allgemeinheit, 10. Aufl. (2009) |
| Rostock-Symposium | s. Manoledakis/Prittwitz |
| Roxin AT I, II | Strafrecht, Allgemeiner Teil, Bd. 1: Grundlagen – Der Aufbau der Verbrechenslehre, 4. Aufl. (2006); Strafrecht, Allgemeiner Teil, Bd. 2: Besondere Erscheinungsformen der Straftat (2003) |
| Roxin TuT | Täterschaft und Tatherrschaft, 8. Aufl. (2006) |
| Roxin/Stree/Zipf/Jung | Einführung in das neue Strafrecht, 2. Aufl. (1975) |
| Roxin-Symposium | s. Gimbernat |
| Sack | Umweltschutz-Strafrecht, Erläuterung der Straf- und Bußgeldvorschriften, Loseblattausgabe, 4. Aufl. (1997 ff |
| Sauer AT, BT | Allgemeine Strafrechtslehre, 3. Aufl. (1955); System des Strafrechts, Besonderer Teil (1954) |
| Schäfer/v. Dohnanyi | Die Strafgesetzgebung der Jahre 1931 bis 1935 (1936) (Nachtrag zur 18. Aufl. von Frank: das Strafgesetzbuch für das Deutsche Reich [1931]) |
| Schmidt | Strafrecht, Allgemeiner Teil, 9. Aufl. (2010) |
| Schmidt/Priebe | Strafrecht Besonderer Teil I und II, jeweils 9. Aufl. (2010) |
| Schmidt-Salzer | Produkthaftung, Bd. 1: Strafrecht, 2. Aufl. (1988) |
| Schmidhäuser | Einführung in das Strafrecht, 2. Aufl. (1984) |
| Schmidhäuser AT, BT, StuB | Strafrecht, Allgemeiner Teil, 2. Aufl. (1975); Besonderer Teil, 2. Aufl. (1983); Studienbuch: Allgemeiner Teil, 2. Aufl. (1984) |
| Schöch | Wiedergutmachung und Strafrecht: Symposium aus Anlaß des 80. Geburtstages von Friedrich Schaffstein, hrsg. v. Schöch (1987) |
| Schönke/Schröder | Strafgesetzbuch, Kommentar, 27. Aufl. (2006) |
| Schroth BT | Strafrecht, Besonderer Teil, 5. Aufl. (2010) |
| Schünemann/de Figueiredo Dias | Bausteine des Europäischen Strafrechts: Coimbra-Symposium für Claus Roxin, hrsg. v. Schünemann/de Figueiredo Dias (1995) |
| Schünemann/Suárez | Bausteine des europäischen Wirtschaftsstrafrechts: Madrid-Symposium für Klaus Tiedemann, hrsg. v. Schünemann/Suárez (1994) |
| Sieber | Verantwortlichkeit im Internet (1999) |
| Sieber/Cornils | Nationales Strafrecht in rechtsvergleichender Darstellung, hrsg. von Sieber/Cornils (2008 ff) |
| SK | Systematischer Kommentar zum Strafgesetzbuch, Loseblattausgabe, Bd. 1: Allgemeiner Teil, 8. Aufl. (2001 ff); Bd. 2: Besonderer Teil, 7. Aufl. (1999 ff) |
| sLSK | Systematischer Leitsatzkommentar zum Sanktionenrecht, hrsg. v. Horn, Loseblattausgabe (1983 ff) |
| Sonnen | Strafrecht Besonderer Teil (2005) |
| SSW | Strafgesetzbuch, Kommentar, hrsg. v. Satzger/Schmitt/Widmaier (2009) |
| Stratenwerth/Kuhlen AT | Strafrecht, Allgemeiner Teil, Bd. 1: Die Straftat, 5. Aufl. (2004) |

| | |
|---|---|
| Tendenzen der Kriminalpolitik | Neuere Tendenzen der Kriminalpolitik, Beiträge zu einem deutsch-skandinavischen Strafrechtskolloquium, hrsg. v. Cornils/Eser (1987) |
| Tiedemann | Wirtschaftsstrafrecht in der Europäischen Union, Harmonisierungsvorschläge zum Allgemeinen und Besonderen Teil (Freiburg-Syposium), hrsg. v. Tiedemann (2002) |
| Tiedemann, Anfängerübung | Die Anfängerübung im Strafrecht, 4. Aufl. (1999) |
| Tiedemann, Tatbestandsfunktionen | Tatbestandsfunktionen im Nebenstrafrecht (1969) |
| Tiedemann-Symposium | s. Schünemann/Suárez |
| Walter, Kern des Strafrechts | Der Kern des Strafrechts (2006) |
| v. Weber | Grundriß des deutschen Strafrechts, 2. Aufl. (1948) |
| Welzel, Strafrecht | Das Deutsche Strafrecht, 11. Aufl. (1969) |
| Welzel, Strafrechtssystem | Das neue Bild des Strafrechtssystems, 4. Aufl. (1961) |
| Wessels/Beulke | Strafrecht, Allgemeiner Teil, 39. Aufl. (2009) |
| Wessels/Hettinger | Strafrecht, Besonderer Teil 1: Straftaten gegen Persönlichkeits- und Gemeinschaftswerte, 33. Aufl. (2009) |
| Wessels/Hillenkamp | Strafrecht, Besonderer Teil 2: Straftaten gegen Vermögenswerte, 33. Aufl. (2009) |
| WK | Wiener Kommentar zum Strafgesetzbuch – StGB; hrsg. v. Höpfl/Ratz, 2. Aufl. (1999 ff) |
| Wolters | Das Unternehmensdelikt (2001) |
| Zieschang AT | Strafrecht, Allgemeiner Teil, 2. Aufl. (2009) |
| Zieschang Gefährdungsdelikte | Die Gefährdungsdelikte (1998) |

## 2. Betäubungsmittelstrafrecht

| | |
|---|---|
| Franke/Wienroeder | Betäubungsmittelgesetz, Kommentar, 3. Aufl. (2008) |
| Joachimski/Haumer | Betäubungsmittelgesetz (mit ergänzenden Bestimmungen), Kommentar, 7. Aufl. (2002) |
| Körner | Betäubungsmittelgesetz, (ab 4. Aufl.) Arzneimittelgesetz, Kurzkommentar, 6. Aufl. (2007) |
| Webel | Betäubungsmittelstrafrecht (2003) |
| Weber | Betäubungsmittelgesetz, Verordnungen zum BtMG, Kommentar, 3. Aufl. (2009) |

## 3. Bürgerliches Recht

| | |
|---|---|
| Erman | Handkommentar zum Bürgerlichen Gesetzbuch, 12. Aufl. (2008) |
| Jauernig | Bürgerliches Gesetzbuch: BGB, 13. Aufl. (2009) |
| Larenz/Wolf | Allgemeiner Teil des Bürgerlichen Rechts, 9. Aufl. (2004) |
| MK BGB | Münchener Kommentar zum Bürgerlichen Gesetzbuch, 4. Auflage (ab 2000); 5. Aufl. (ab 2008), hrsg. von Rebmann/Säcker/Rixecker |
| Palandt | Bürgerliches Gesetzbuch mit Einführungsgesetz (Auszug), Gesetz zur Regelung des Rechts der Allgemeinen Geschäftsbedingungen, Verbraucherkreditgesetz, Gesetz über den Widerruf von Haustürgeschäften und ähnlichen Geschäften, Kurzkommentar, 69. Aufl. (2010) |
| Prütting/Wegen/Weinreich | BGB Kommentar, 4. Aufl. (2009) |
| RGRK | Das Bürgerliche Gesetzbuch, Kommentar, mit besonderer Berücksichtigung der Rechtsprechung des Reichsgerichts und des Bundesgerichtshofes (Reichsgerichtsrätekommentar), hrsg. v. Mitgliedern des Bundesgerichtshofes, 12. Aufl. (1975–1999) |

| | |
|---|---|
| Schulze/Dörner/Ebert u.a. | Bürgerliches Gesetzbuch, Handkommentar, 6. Aufl. (2009) |
| Soergel | Bürgerliches Gesetzbuch mit Einführungsgesetz und Nebengesetzen, 13. Aufl. (1999 ff) |
| Staudinger | J. von Staudingers Kommentar zum Bürgerlichen Gesetzbuch mit Einführungsgesetz und Nebengesetzen; 13. ff Bearbeitungen (1993 ff) |

**4. DDR-Strafrecht**

| | |
|---|---|
| StGB-Komm.-DDR | Strafrecht der Deutschen Demokratischen Republik, Kommentar, 5. Aufl. (1987) |
| StGB-Lehrb.-DDR AT, BT | Strafrecht der DDR, Lehrbuch: Allgemeiner Teil, 2. Aufl. (1976); Besonderer Teil (1981) |
| StGB-Lehrb.-DDR 1988 | Strafrecht der DDR, Lehrbuch, Allgemeiner Teil (1988) |
| StPO-Komm.-DDR | Strafprozeßrecht der Deutschen Demokratischen Republik, Kommentar, 3. Aufl. (1989) |
| StPO-Lehrb.-DDR | Strafverfahrensrecht, Lehrbuch, 3. Aufl. (1987) |

**5. Europäisches Recht**

| | |
|---|---|
| Bleckmann | Europarecht, 6. Aufl. (1997) |
| Geiger | EUV, EGV, Kommentar 4. Aufl. (2004); (1. und 2. Aufl. unter dem Titel: EG-Vertrag) |
| Grabitz/Hilf | Das Recht der Europäischen Union, Kommentar, Loseblattausgabe, Altbd. I, II, hrsg. v. Grabitz/Hilf (1983 ff) (jew. bearb. v. Bandilla u.a.); Bd. 1 EUV/EGV, hrsg. v. Meinhard Hilf (bearb. v. Bandilla u.a.); Bd. 2 EUV/EGV, hrsg. v. Meinhard Hilf (bearb. v. Brühann u.a.); Bd. 3 Sekundärrecht: A EG-Verbraucher- und Datenschutzrecht, hrsg. v. Manfred Wolf; Bd. 4 Sekundärrecht: E EG-Außenwirtschaftsrecht, hrsg. v. Hans Günter Krenzler, 40. Aufl. (2010) |
| Hailbronner/Klein/Magiera/Müller-Graff | Handkommentar zum Vertrag über die Europäische Union (EUV/EGV), Loseblattausgabe (1991 ff) |
| HdEuropR | Handbuch des Europäischen Rechts, Loseblattausgabe, hrsg. v. Bieber/Ehlermann (1982 ff) |
| Hecker | Europäisches Strafrecht, 2. Aufl. (2007) |
| Hobe | Europarecht, 5. Aufl. (2008) |
| Immenga/Mestmäcker EG | Wettbewerbsrecht EG, 2 Bde., hrsg. v. Immenga/Mestmäcker, 4. Aufl. (2007) (bearb. v. Basedow u.a.) |
| Satzger | Internationales und Europäisches Strafrecht, 3. Aufl. (2009) |
| Schweitzer/Hummer | Europarecht, 6. Aufl. (2008) |
| Streinz | Europarecht, 8. Aufl. (2008) |

**6. Handelsrecht einschließlich Bilanz- und Gesellschaftsrecht**

| | |
|---|---|
| Baumbach/Hopt | Handelsgesetzbuch: HGB mit GmbH & Co., Handelsklauseln, Bank- und Börsenrecht, Transportrecht, 34. Aufl. (2010) |
| Ebenroth/Boujong/Joost/Strohn | Handelsgesetzbuch, 2. Aufl. (2009) |
| Großfeld/Luttermann | Bilanzrecht, 5. Auf. (2009) |
| Hachenburg | GmbHG, Kommentar, 8. Aufl. (1993 bis 1997) |

| | |
|---|---|
| Heymann | HGB, Kommentar, 4. Aufl. (2004) |
| Hopt/Wiedemann | Großkommentar zum Aktiengesetz, 4. Aufl. (1992 ff) |
| Hüffer | Aktiengesetz: AktG, Kommentar, 8. Aufl. (2008) |
| MK HGB | Münchener Kommentar zum Handelsgesetzbuch, 2. Aufl. (2005 ff) |
| Schmidt/Lutter | Aktiengesetz, Kommentar (2007) |
| Scholz | Kommentar zum GmbH-Gesetz in 3 Bänden, 10. Aufl. (2006 ff) |
| Staub | Großkommentar zum HGB, 5. Aufl. (2008 ff) |
| Ulmer/Habersack/Winter | GmbHG Kommentar (2008) |

### 7. Jugendstrafrecht

| | |
|---|---|
| AK JGG | Kommentar zum Jugendgerichtsgesetz – Reihe Alternativkommentare, hrsg. v. Wassermann (1987) |
| Brunner | Jugendgerichtsgesetz, Kommentar, 9. Aufl. (1991) |
| Brunner/Dölling | Jugendgerichtsgesetz, Kommentar, 12. Aufl. (2008) |
| Böhm/Feuerhelm | Einführung in das Jugendstrafrecht, 4. Aufl. (2004) |
| Diemer/Schoreit/Sonnen | Jugendgerichtsgesetz, Kommentar, 5. Aufl. (2008) |
| Eisenberg JGG | Jugendgerichtsgesetz, Kommentar, 13. Aufl. (2009) |
| Laubenthal/Baier | Jugendstrafrecht (2006) |
| Ostendorf JGG | Jugendgerichtsgesetz, Kommentar, 8. Aufl. (2009) |
| Schaffstein/Beulke | Jugendstrafrecht, 14. Aufl. (2002) |
| Streng | Jugendstrafrecht, 2. Aufl. (2008) |
| Walter, Jugendkriminalität | Jugendkriminalität: eine systematische Darstellung, 3. Aufl. (2005) |

### 8. Kriminologie

| | |
|---|---|
| Dittmann | Kriminologie zwischen Grundlagenwissenschaften und Praxis, hrsg. von Volker Dittmann (2003) |
| Eisenberg, Kriminologie | Kriminologie, 6. Aufl. (2005) |
| Göppinger | Kriminologie, 4. Aufl. (1980) |
| Göppinger/Bock | Kriminologie, 6. Aufl. (2008) |
| HwbKrim | Handwörterbuch der Kriminologie, hrsg. v. Sieverts/Schneider, Bd. 1–3, Ergänzungsband (4. Bd.), Nachtrags- und Registerband (5. Bd.), 2. Aufl. (1966–1998) |
| IntHdbKrim | Internationales Handbuch der Kriminologie, hrsg. v. H.-J. Schneider, Bd 1 (2007); Bd 2 (2009) |
| Kaiser | Kriminologie, Lehrbuch, 2. Aufl. (1988), 3. Aufl. (1996) |
| Kaiser, Einführung | Kriminologie: eine Einführung in die Grundlagen, 10. Aufl. (1997) |
| Meier | Kriminologie, 3. Aufl. (2007) |
| Mezger, Kriminologie | Kriminologie, Studienbuch (1951) |
| Schneider | Kriminologie, Lehrbuch, 3. Aufl. (1992) |
| Schwind | Kriminologie, 19. Aufl. (2009) |

### 9. Ordnungswidrigkeitenrecht

| | |
|---|---|
| Bohnert | Kommentar zum Ordnungswidrigkeitenrecht, 2. Aufl. (2007) |
| Bohnert, Grundriss | Ordnungswidrigkeitenrecht, Grundriss für Praxis und Ausbildung, 3. Aufl. (2008) |

| | |
|---|---|
| Göhler | Gesetz über Ordnungswidrigkeiten, Kurzkommentar, 15. Aufl. (2009) |
| HK OWiG | Heidelberger Kommentar zum Ordnungswidrigkeitengesetz, hrsg. v. Lemke u.a., 2. Aufl. (2005) |
| KK OWiG | Karlsruher Kommentar zum Gesetz über Ordnungswidrigkeiten, hrsg. v. Boujong, 3. Aufl. (2006) |
| Mitsch OWiG | Recht der Ordnungswidrigkeiten, 2. Aufl. (2005) |
| Rebmann/Roth/Hermann | Gesetz über Ordnungswidrigkeiten: Kommentar, Loseblattausgabe (2002 ff) |

10. **Presserecht**

| | |
|---|---|
| Groß | Presserecht, 3. Aufl. (1999) |
| Löffler | Presserecht, Kommentar, Bd. 1: Allgemeine Grundlagen, Verfassungs- und Bundesrecht, 2. Aufl. (1969); Bd. 1 (in der 2. Aufl. noch Bd. 2): Die Landespressegesetze der Bundesrepublik Deutschland, 5. Aufl. (2006) |
| Löffler HdB | Handbuch des Presserechts, 5. Aufl. (2005) |
| Soehring | Presserecht, 4. Aufl. (2010) |

11. **Rechtshilfe**

| | |
|---|---|
| Grützner/Pötz | Grützner/Pötz, Internationaler Rechtshilfeverkehr in Strafsachen, Loseblattausgabe, 2. Aufl. (1980 ff) |
| Hackner/Lagodny/ Schomburg/Wolf | Internationale Rechtshilfe in Strafsachen (2003) |
| Schomburg/Lagodny/ Gleß/Hackner | Internationale Rechtshilfe in Strafsachen, 4. Aufl. (2006) |
| Vogler/Wilkitzki | Gesetz über die Internationale Rechtshilfe in Strafsachen (IRG), Kommentar, Loseblattausgabe (1992 ff) als Sonderausgabe aus Grützner/Pötz (siehe dort) |

12. **Rechtsmedizin und Medizinrecht**

| | |
|---|---|
| Forster | Praxis der Rechtsmedizin (1986) |
| Forster/Ropohl | Rechtsmedizin, 5. Aufl. (1989) |
| HfPsych I, II | Handbuch der forensischen Psychiatrie, hrsg. v. Göppinger/Witter, Bd. 1: Teil A (Die rechtlichen Grundlagen) und B (Die psychiatrischen Grundlagen); Bd. 2: Teil C (Die forensischen Aufgaben der Psychiatrie) und D (Der Sachverständige, Gutachten und Verfahren) (jew. 1972) |
| Laufs | Arztrecht, 6. Aufl. (2001) |
| Laufs, Fortpflanzungsmedizin | Fortpflanzungsmedizin und Arztrecht (1992) |
| Psychiatrische Begutachtung | Ein praktisches Handbuch für Ärzte und Juristen, hrsg. v. Foerster/Dreßing, 5. Aufl. (2009) |
| Rieger | Lexikon des Arztrechts, Loseblatt, 2. Aufl. (2001 ff) |
| Roxin/Schroth | Handbuch des Medizinstrafrechts, 3. Aufl. (2007) |
| Ulsenheimer | Arztstrafrecht in der Praxis, 4. Aufl. (2008) |

13. **Strafprozess- und Strafvollzugsrecht**

| | |
|---|---|
| AK StPO | Kommentar zur Strafprozeßordnung – Reihe Alternativkommentare, hrsg. v. Wassermann, Bd. 1 (1988), Bd. 2 Teilbd. 1 (1992), Bd. 2 Teilbd. 2 (1993), Bd. 3 (1996) |

| | |
|---|---|
| AK StVollzG | Kommentar zum Strafvollzugsgesetz – Reihe Alternativkommentare, hrsg. v. Wassermann, 3. Aufl. (1990) |
| Arloth | Strafvollzugsgesetz, Kommentar, 2. Aufl. (2008) |
| BeckOK StPO | Beck'scher Online-Kommentar StPO, hrsg. v. Graf/Volk, 5. Edition (2009) |
| Beulke | Strafprozeßrecht, 10. Aufl. (2008) |
| Bringewat | Strafvollstreckungsrecht: Kommentar zu den §§ 449–463d StPO (1993) |
| Calliess/Müller-Dietz | Strafvollzugsgesetz, Kurzkommentar, 11. Aufl. (2008) |
| Eisenberg | Beweisrecht der StPO, Spezialkommentar, 6. Aufl. (2008) |
| HK StPO | Heidelberger Kommentar zur Strafprozeßordnung, hrsg. v. Lemke u.a., 4. Aufl. (2009) |
| Isak/Wagner | Strafvollstreckung, 7. Aufl. (2004); vormals: Wetterich/Hamann; nunmehr: Röttle/Wagner |
| Jessnitzer | Der gerichtliche Sachverständige, 12. Aufl. (2007) |
| Joecks | Studienkommentar StPO, 2. Aufl. (2008) |
| Kamann | Handbuch für die Strafvollstreckung und den Strafvollzug, 2. Aufl. (2008) |
| Kammeier | Maßregelvollzugsrecht, Kommentar, 2. Aufl. (2002) |
| Kissel/Mayer | Gerichtsverfassungsgesetz. 5. Aufl. (2008) |
| KK | Karlsruher Kommentar zur Strafprozeßordnung und zum Gerichtsverfassungsgesetz mit Einführungsgesetz, hrsg. v. Pfeiffer, 6. Aufl. (2008) |
| Kleinknecht/Meyer-Goßner | Strafprozeßordnung, Gerichtsverfassungsgesetz, Nebengesetze und ergänzende Bestimmungen, Kurzkommentar, 46. Aufl. (2003); nunmehr: Meyer-Goßner |
| KMR | Kleinknecht/Müller/Reitberger (Begr.), Kommentar zur Strafprozeßordnung, Loseblattausgabe, 8. Aufl. (1990 ff), ab 14. Lfg. hrsg. von v. Heintschel-Heinegg/Stöckel |
| Kramer | Grundbegriffe des Strafverfahrensrechts: Ermittlung und Verfahren, 7. Aufl. (2009) |
| Kühne, Strafprozeßlehre | Strafprozeßlehre, 4. Aufl. (1993) |
| Kühne, Strafprozessrecht | Strafprozessrecht, 7. Aufl. (2007) |
| LR | Löwe-Rosenberg, Die Strafprozeßordnung und das Gerichtsverfassungsgesetz mit Nebengesetzen, Großkommentar, 26. Aufl. (2006 ff) |
| Marschner/Volckart | Freiheitsentziehung und Unterbringung, 4. Aufl. (2001) (vormals Saage/Göppinger) |
| Meyer-Goßner | Strafprozeßordnung, Gerichtsverfassungsgesetz, Nebengesetze und ergänzende Bestimmungen, Kurzkommentar, 52. Aufl. (2009) vormals Kleinknecht/Meyer-Goßner |
| Müller | Beiträge zum Strafprozessrecht (2003) |
| Peters | Strafprozeß, Ein Lehrbuch, 4. Aufl. (1985) |
| Pfeiffer | Strafprozeßordnung und Gerichtsverfassungsgesetz, 6. Aufl. (2008) |
| Pohlmann/Jabel/Wolf | Strafvollstreckungsordnung, Kommentar, 8. Aufl. (2001) |
| Putzke | Strafprozessrecht, 2. Aufl. (2009) |
| Röttle/Wagner | Strafvollstreckung, 8. Aufl. (2009); vormals Isak/Wagner, 7. Aufl. (2004) |
| Roxin, Strafverfahrensrecht | Studienbuch, 25. Aufl. (1998); nunmehr Roxin/Schünemann, 26. Aufl. (2009) |
| Roxin/Arzt/Tiedemann | Einführung in das Strafrecht und Strafprozeßrecht, 5. Auflage (2006) |
| Saage/Göppinger | Freiheitsentziehung und Unterbringung, 3. Aufl. (1994) (ab der 4. Auflage Marschner/Volckart) |

| | |
|---|---|
| Sarstedt/Hamm | Die Revision in Strafsachen, 6. Aufl. (1998) |
| Schäfer, Strafverfahren | Die Praxis des Strafverfahrens, 6. Aufl. (2000) |
| Schäfer/Sander/van Gemmeren | Die Praxis der Strafzumessung, 4. Aufl. (2008) |
| Schätzler | Handbuch des Gnadenrechts, 2. Aufl. (1992) |
| Eb. Schmidt, Lehrkommentar I–III | Strafprozeßordnung, Lehrkommentar, Bd. 1: Die rechtstheoretischen und die rechtspolitischen Grundlagen des Strafverfahrensrechts, 2. Aufl. (1964); Bd. 2: Erläuterungen zur Strafprozeßordnung und zum Einführungsgesetz zur Strafprozeßordnung (1957) (mit Nachtragsband 1 [1967] und 2 [1970]); Bd. 3: Erläuterungen zum Gerichtsverfassungsgesetz und zum Einführungsgesetz zum Gerichtsverfassungsgesetz (1960) |
| Schwind/Böhm/Jehle | Strafvollzugsgesetz, Kommentar, 5. Auflage (2009) |
| SK StPO | Systematischer Kommentar zur Strafprozeßordnung und zum Gerichtsverfassungsgesetz, Loseblattausgabe (1986 ff) |
| Volckart | Maßregelvollzug, 7. Aufl. (2009) |
| Volk | Grundkurs StPO, 6. Aufl. (2008) |
| Walter, Strafvollzug | Strafvollzug, 2. Aufl. (1999) |

### 14. Straßenverkehrsrecht

| | |
|---|---|
| Bär/Hauser/Lehmpuhl | Unfallflucht, Kommentar, Loseblattausgabe (1978 ff) |
| Burmann/Heß/Jahnke/Janker | Straßenverkehrsrecht, Kommentar, 21. Aufl. (2010), vormals: Jagow/Burmann/Heß |
| Cramer | Straßenverkehrsrecht, Bd. 1: StVO, StGB, 2. Aufl. (1977) |
| Full/Möhl/Rüth | Straßenverkehrsrecht: Kommentar (1980) mit Nachtrag (1980/81) |
| Hentschel, Straßenverkehrsrecht | Straßenverkehrsrecht: Straßenverkehrsgesetz, Straßenverkehrs-Ordnung, Straßenverkehrs-Zulassungs-Ordnung, Fahrerlaubnis-Verordnung, Bußgeldkatalog, Gesetzesmaterialien, Verwaltungsvorschriften und einschlägige Bestimmungen des StGB und StPO, 40. Aufl. (2009), vormals Jagusch/Hentschel |
| Hentschel | Trunkenheit, Fahrerlaubnisentziehung, Fahrverbot im Straf- und Ordnungswidrigkeitenrecht, 10. Aufl. (2006) |
| Hentschel/Born | Trunkenheit im Straßenverkehr, 7. Aufl. (1996) |
| Himmelreich/Bücken | Verkehrsunfallflucht: Verteidigerstrategien im Rahmen des § 142 StGB, 5. Aufl. (2009) |
| Himmelreich/Hentschel | Fahrverbot, Führerscheinentzug; Bd. 1: Straf- und Ordnungswidrigkeitenrecht, 8. Aufl. (1995) |
| HK StVR | Heidelberger Kommentar zum Straßenverkehrsrecht, hrsg. v. Griesbaum u.a. (1993) |
| Janker | Straßenverkehrsdelikte: Ansatzpunkte für die Verteidigung (2002) |
| Jagow/Burmann/Heß | Straßenverkehrsordnung, Kommentar, 20. Aufl. (2008); vormals: Janiszewski/Jagow/Burmann |
| Jagusch/Hentschel | Straßenverkehrsrecht, Kurzkommentar, 40. Aufl. (2009) |
| Janiszewski | Verkehrsstrafrecht, 5. Aufl. 2004 |
| Mühlhaus/Janiszewski | Straßenverkehrsordnung, Kommentar, 15. Aufl. (1998); nunmehr: Janiszewski/Jagow/Burmann |
| Müller I–III | Straßenverkehrsrecht, Großkommentar, 22. Aufl., Bd. 1 (1969) mit Nachtrag 1969, Bd. 2 (1969), Bd. 3 (1973) |
| Rüth/Berr/Berz | Straßenverkehrsrecht, Kommentar, 2. Aufl. (1988) |

## 15. Verfassungsrecht und öffentliches Recht


| | |
|---|---|
| Battis | Bundesbeamtengesetz, Kommentar. 4. Aufl. (2009) |
| BK | Kommentar zum Bonner Grundgesetz (Bonner Kommentar), Loseblattausgabe, hrsg. v. Dolzer/Vogel (1954 ff) |
| Clemens/Scheuring/Steingen | Kommentar zum Tarifvertrag öffentlicher Dienst (TVöD). Gesetze, Verwaltungsvorschriften, BAT-O und andere Tarifverträge. Loseblatt. (Stand 2006) |
| Dreier I–III | Grundgesetz, Kommentar, Bd. 1: Art. 1–19 (1996), 2. Aufl. (2004); Bd. 2: Art. 20–82 (1998); Bd. 3: Art. 83–146 (2000); Bd. 2 2. Aufl. (2008) |
| HdStR I–IX | Handbuch des Staatsrechts der Bundesrepublik Deutschland, hrsg. v. Isensee/Kirchhof, Bd. 1, 3. Aufl. (2003); Bd. 2, 3. Aufl. (2004); Bd. 3, 3. Aufl. (2005); Bd. 4, 3. Aufl. (2006); Bd. 5, 3. Aufl. (2007); Bd. 6, 3. Aufl. (2008); Bd. 7, 3. Aufl. (2009); Bd. 8 (1995); Bd. 9 (1997); Bd. 10 (2000) |
| Jarass/Pieroth | Grundgesetz für die Bundesrepublik Deutschland: Kommentar, 10. Aufl. (2009) |
| Kopp/Ramsauer | Verwaltungsverfahrensgesetz, 10. Aufl. (2008) |
| v. Mangoldt/Klein/Starck | Kommentar zum Grundgesetz, Bd. 1 (Artt. 1–19), Bd. 2 (Artt. 20–82), Bd. 3 (Artt. 83–146), 5. Aufl. (2005); früherer Titel: Das Bonner Grundgesetz |
| Maunz/Dürig | Grundgesetz, Kommentar, Loseblattausgabe, 7. Aufl. (1991 ff) (bearb. v. Badura u.a.), 56. Aufl. (2009) |
| Maunz/Schmidt-Bleibtreu/Klein/Ulsamer | Bundesverfassungsgerichtsgesetz, Kommentar, Loseblattausgabe, 3. Aufl. (1992 ff); nunmehr: Maunz/Schmidt/Bleibtreu/Klein/Bethge, 31. Aufl. (2009) |
| v. Münch/Kunig | Grundgesetz, Kommentar, Bd. 1, 5. Aufl. (2000); Bd. 2, 4./5. Aufl. (2001); Bd. 3, 5. Aufl. (2003) |
| Plog/Wiedow | Kommentar zum Bundesbeamtengesetz, mit Beamtenversorgungsgesetz. 293. Erg.-Lfg. (2009) |
| Sachs | Grundgesetz-Kommentar, 5. Auflage (2009) |
| Schmidt-Aßmann/Schoch | Besonderes Verwaltungsrecht, 14. Aufl. (2008) |
| Schmidt-Bleibtreu/Hofmann/Hopfauf | Kommentar zum Grundgesetz, 11. Aufl. (2008) |
| Stern I–V | Das Staatsrecht der Bundesrepublik Deutschland, Bd. 1, 2. Aufl. (1984); Bd. 2 (1980); Bd. 3/1 (1988); Bd. 3/2 (1994); Bd. 4 (1997); Bd. 4/2 (2006); Bd. 5 (2000) |
| Wolff/Bachof/Stober/Kluth | Verwaltungsrecht, Band 1, 12. Aufl. (2007) |


## 16. Wettbewerbs- und Kartellrecht


| | |
|---|---|
| Baumbach/Hefermehl | Wettbewerbsrecht, Kurzkommentar, ab 23. Aufl. als Hefermehl/Köhler/Bornkamm: Wettbewerbsrecht weitergeführt |
| Emmerich, Kartellrecht | Kartellrecht, Studienbuch, 11. Aufl. (2008) |
| Emmerich, Wettbewerbsrecht | Unlauterer Wettbewerb, 8. Auflage (2009) |
| FK Kartellrecht [GWB] | Frankfurter Kommentar zum Kartellrecht, mit Kommentierung des GWB, des EG-Kartellrechts und einer Darstellung ausländischer Kartellrechtsordnungen, Loseblattausgabe, hrsg. v. Glassen u.a. (2001 ff) bis zur 44. Lfg. unter dem Titel: Frankfurter Kommentar zum Gesetz gegen Wettbewerbsbeschränkungen |
| Fezer | Lauterkeitsrecht (Kommentar zum UWG) 2 Bände, 2. Aufl. (2010) |

| | |
|---|---|
| Immenga/Mestmäcker GWB | Wettbewerbsrecht, Kommentar, hrsg. v. Immenga/Mestmäcker, 4. Aufl. (2007) |
| Hefermehl/Köhler/Bornkamm | Wettbewerbsrecht: Gesetz gegen den unlauteren Wettbewerb, Preisangabenverordnung, 26. Aufl. (2008), nunmehr: Köhler/Bornkamm, 28. Aufl. (2010) |
| Köhler/Piper | Gesetz gegen den unlauteren Wettbewerb, Kommentar, 4. Aufl. (2006); nunmehr: Piper/Ohly/Sosnitza, 5. Aufl. 2010 |
| Rittner/Dreher | Europäisches und deutsches Wirtschaftsrecht, 3. Aufl. (2008) |
| Rittner/Kulka | Wettbewerbs – und Kartellrecht, 7. Aufl. (2008) |


### 17. Wirtschafts- und Steuerstrafrecht


| | |
|---|---|
| Achenbach/Ransiek | Handbuch Wirtschaftsstrafrecht, hrsg. v. Achenbach/Ransiek, 2. Aufl. (2008) |
| Belke/Oehmichen | Wirtschaftskriminalität – aktuelle Fragen des Wirtschaftsstrafrechts in Theorie und Praxis (1983) |
| Bender | Zoll- und Verbrauchssteuerstrafrecht, Loseblatt |
| Bittmann | Insolvenzstrafrecht, hrsg. von Bittmann (2004) |
| Franzen/Gast/Joecks | Steuerstrafrecht: mit Steuerordnungswidrigkeiten und Verfahrensrecht; Kommentar zu §§ 369–412 AO 1977 sowie zu § 80 des ZollVG, 7. Aufl. (2009) |
| Geilen, Aktienstrafrecht | Erläuterungen zu §§ 399–405 AktG von Gerd Geilen, Erläuterungen zu § 408 AktG von Wolfgang Zöllner (1984) (Sonderausgabe aus der 1. Aufl. des Kölner Kommentars zum Aktiengesetz) |
| Greeve/Leipold | Handbuch des Baustrafrechts (2004) |
| Hellmann/Beckemper | Wirtschaftsstrafrecht, 2. Aufl. (2008) |
| Hübschmann/Hepp/Spitaler | Abgabenordnung, Finanzgerichtsordnung, Kommentar, Loseblattausgabe, 10. Aufl. (1995 ff) (bearb. v. Söhn u.a.) |
| HWiStR | Handwörterbuch des Wirtschafts- und Steuerstrafrechts, Loseblattausgabe (1985–1990), hrsg. v. Krekeler/Tiedemann u.a. |
| Joecks | Steuerstrafrecht, 3. Aufl. (2003) |
| Klein, AO | Abgabenordnung einschließlich Steuerstrafrecht, Kommentar, 10. Aufl. (2009) |
| Kohlmann | Steuerstrafrecht, Kommentar zu den §§ 369–412 AO 1977, Loseblattausgabe, 7. Aufl. (1997 ff) |
| Kohlmann/Löffler | Die strafrechtliche Verantwortlichkeit des GmbH-Geschäftsführers (1990) |
| Krekeler/Tiedemann/Ulsenheimer/Weinmann | Handwörterbuch des Wirtschafts- und Steuerstrafrechts, hrsg. von Krekeler/Tiedemann/Ulsenheimer/Weinmann (1985–1990) |
| Kühn/von Wedelstädt | Abgabenordnung und Finanzgerichtsordnung. 19. Aufl. (2008) |
| Müller-Gugenberger/Bieneck | Wirtschaftsstrafrecht, hrsg. von Müller-Gugenberger/Bieneck, 5. Aufl. (2010) |
| Otto, Aktienstrafrecht | Erläuterungen zu den §§ 399–410 AktG (1997) (Sonderausgabe aus der 4. Aufl. des Großkommentars zum Aktiengesetz) |
| Park | Kapitalmarktstrafrecht, Handkommentar, 2. Aufl. (2008) |
| Ransiek | Unternehmensstrafrecht (1996) |
| Rolletschke | Steuerstrafrecht, 3. Aufl. (2009) |

| | |
|---|---|
| Schröder (Chr.) | Kapitalmarktstrafrecht, 2. Aufl. (2009) |
| Tiedemann, GmbH-Strafrecht | GmbH-Strafrecht (§§ 82–85 GmbHG und ergänzende Vorschriften), 5. Aufl. (2010) (Sonderausgabe aus der 10. Aufl. des Kommentars zum GmbHG von Scholz, Bd. III 2010) |
| Tiedemann, Wirtschaftsstrafrecht AT, BT | Wirtschaftsstrafrecht, Einführung und Allgemeiner Teil, 3. Aufl. (2010), Besonderer Teil, 3. Aufl. (2010) |
| Tiedemann, Wirtschaftsstrafrecht I, II | Wirtschaftsstrafrecht und Wirtschaftskriminalität, Bd. 1: Allgemeiner Teil; Bd. 2: Besonderer Teil (jew. 1976) |
| Tipke/Kruse | Abgabenordnung, Finanzgerichtsordnung. Kommentar zur AO und FGO (ohne Steuerstrafrecht), 121. Erg.Lfg. (2009) |
| Tipke/Lang | Steuerrecht, 20. Aufl. (2009) |
| Wabnitz/Janovsky | Handbuch des Wirtschafts- und Steuerstrafrechts, 3. Aufl. (2007) |
| Weyand/Diversy | Insolvenzdelikte, 7. Aufl. (2006) |
| Wittig | Wirtschaftsstrafrecht (2010) |
| Ziouvas | Das neue Kapitalmarktstrafrecht (2005) |


**18. Zivilprozessrecht und Insolvenzrecht**


| | |
|---|---|
| Baumbach/Lauterbach/Albers/Hartmann | Zivilprozessordnung, 68. Aufl. (2010) |
| FK InsO | Frankfurter Kommentar zur Insolvenzordnung, hrsg. v. Wimmer, 5. Aufl. (2009) |
| HK InsO | Heidelberger Kommentar zur Insolvenzordnung, hrsg. v. Kreft, 5. Aufl. (2008) |
| Jaeger, InsO | Insolvenzordnung, Großkommentar, hrsg. v. Henckel/Gerhardt (2004 ff) |
| Kübler/Prütting | InsO – Kommentar zur Insolvenzordnung, Loseblatt |
| MK InsO | Münchener Kommentar zur Insolvenzordnung, 2. Aufl. (ab 2007) |
| MK ZPO | Münchener Kommentar zur ZPO, 3. Aufl.(2007) |
| Musielak | Kommentar zur Zivilprozessordnung, 7. Aufl. (2009) |
| Rosenberg/Schwab/Gottwald | Zivilprozessrecht, 16. Aufl. (2004) |
| Smid InsO | Insolvenzordnung (InsO) mit Insolvenzrechtlicher Vergütungsverordnung (InsVV), Kommentar, 2. Aufl. (2001) |
| Stein/Jonas/Bearbeiter | Kommentar zur Zivilprozeßordnung, 22. Aufl. (2002 ff) |
| Thomas/Putzo | Kommentar zur Zivilprozessordnung, 30. Auflage (2009) |
| Zöller | Zivilprozessordnung, Kommentar, 28. Aufl. (2010) |


**19. Sonstiges (einschließlich Völkerrecht und Waffenrecht)**


| | |
|---|---|
| Brownlie | Principles of Public International Law, 7. Aufl. (2008) |
| Corpus Juris | The implementation of the Corpus Juris in the Member States/La mise en œuvre du Corpus Juris dans les Etats Membres, hrsg. v. Delmas-Marty/Vervaele (2000); Deutsche Version der Entwurfsfassung von 1997: Delmas-Marty (Hrsg.), Corpus Juris der strafrechtlichen Regelungen zum Schutz der finanziellen Interessen der Europäischen Union, Deutsche Übersetzung von Kleinke und Tully, Einführung von Sieber (1998) |
| Dahm/Delbrück/Wolfrum | Völkerrecht, 2. Aufl., Band I/1 (1989), Band I/2 (2002), Band I/3 (2002) |

| | |
|---|---|
| Fuhr/Stahlhacke | Gewerbeordnung, Kommentar, Gewerberechtlicher Teil, Loseblattausgabe, hrsg. v. Friauf (2001 ff) |
| Gerold/von Eicken | Rechtsanwaltsvergütungsgesetz. 18. Aufl. (2008) |
| Götz/Tolzmann | Bundeszentralregistergesetz, Kommentar, 4. Aufl. (2000); Nachtrag (2003) |
| Herdegen | Völkerrecht, 8. Aufl. (2009) |
| HMmR | Handbuch Multimedia-Recht, Loseblattausgabe, hrsg. v. Hoeren/Sieber (1998 ff) |
| HwbRW I–VIII | Handwörterbuch der Rechtswissenschaft, hrsg. v. Stier-Somlo u.a., Bd. 1 (1926), Bd. 2 (1927), Bd. 3 (1928), Bd. 4 (1927), Bd. 5 (1928), Bd. 6 (1929), Bd. 7 (1931), Bd. 8 (1937) (unter dem Titel: Die Rechtsentwicklung der Jahre 1933 bis 1935/36) |
| Ipsen | Völkerrecht, 5. Aufl. (2004) |
| Keller/Günther/Kaiser | Embryonenschutzgesetz, Kommentar (1992) |
| Kröger/Gimmy | Handbuch zum Internetrecht, 2. Aufl. (2002) |
| Landmann/Rohmer I, II | Gewerbeordnung und ergänzende Vorschriften, Kommentar, Loseblattausgabe, Bd. 1: Gewerbeordnung; Bd. 2: Ergänzende Vorschriften (jew. 1998 ff) |
| LdR | Lexikon des Rechts: Strafrecht, Strafverfahrensrecht, hrsg. v. Ulsamer, 2. Aufl. (1996) |
| Lüder | Materialien zum Völkerstrafgesetzbuch: Dokumentation des Gesetzgebungsverfahrens (2002) |
| Michalke | Umweltstrafsachen 2. Aufl. (2000) |
| Rebmann/Uhlig | Bundeszentralregister, Gewerbezentralregister, Verkehrszentralregister und ergänzende Bestimmungen, Kommentar (1985) |
| Schölz/Lingens | Wehrstrafgesetz, Kommentar, 4. Aufl. (2000) |
| Seidl-Hohenveldern | Lexikon des Rechts – Völkerrecht, 3. Aufl (2001) |
| Seidl-Hohenveldern/Stein | Völkerrecht, 12. Aufl. (2009) |
| Shaw | International Law, 5. Aufl. (2003) |
| Steindorf | Waffenrecht: Waffengesetz mit Durchführungsverordnungen, Kriegswaffenkontrollgesetz und Nebenbestimmungen, Kurzkommentar, 9. Aufl. (2010) |
| Strupp/Schlochauer | Wörterbuch des Völkerrechts, 2. Aufl., Band 1 (1960), Band 2 (1961), Band 3 (1962) |
| Tolzmann | Bundeszentralregistergesetz, Kommentar, Zentralregister, Erziehungsregister und Gewerbezentralregister, Nachtrag zur 4. Aufl. mit Verwaltungsvorschriften (2003) |
| Verdross/Simma | Universelles Völkerrecht, 3. Auflage (1984) |
| Vitzthum | Völkerrecht, 4. Aufl. (2007) |
| Werle | Völkerstrafrecht, 2. Aufl. (2007) |

# NEUNZEHNTER ABSCHNITT

## Diebstahl und Unterschlagung

## Vorbemerkungen zu den §§ 242 ff

### Schrifttum

*Baumann* Der strafrechtliche Schutz bei den Sicherungsrechten des modernen Wirtschaftsverkehrs (1956); *ders.* Über die notwendigen Veränderungen im Bereich des Vermögensschutzes, JZ 1972 1; *Cramer* Vermögensbegriff und Vermögensschaden im Strafrecht (1968); *Dencker/Struensee/Nelles/Stein* Einführung in das 6. Strafrechtsreformgesetz 1998 (1998); *de la Mata* Zur Diskussion um den funktionalen Eigentums- und Vermögensbegriff im Strafrecht, Madrid-Symposium für Klaus Tiedemann (1994) 227; *Grünhut* Der strafrechtliche Schutz wirtschaftlicher Interessen, Festgabe Reichsgericht, Bd. V (1929) 116; *Harburger* Diebstahl und Unterschlagung, in Birkmeyer u.a. (Hrsg.) Vergleichende Darstellung des deutschen und ausländischen Strafrechts, Besonderer Teil, Bd. VI (1907) 183; *Hegler* Die Systematik der Vermögensdelikte, ARSP **9** (1915/1916) 153, **10** (1916/1917) 26; *Hirschberg* Der Vermögensbegriff im Strafrecht (1934); *Hörnle* Die wichtigsten Änderungen des Besonderen Teils des StGB durch das 6. Gesetz zur Reform des Strafrechts, Jura **1998** 169; *Kauffmann* Zur Identität des strafrechtlichen Zueignungsbegriffs, (2005) mit Rezension *Gössel* GA **2007** 177; *Kindhäuser* Gegenstand und Kriterien der Zueignung beim Diebstahl, Festschrift Geerds (1995) 655; *Kohlrausch* Vermögensverbrechen im Wandel der Rechtsprechung und Gesetzgebung, Festschrift Schlegelberger (1936) 203; *Kosloh* Das Sechste Strafrechtsreformgesetz. Der Rückgriff des modernen Gesetzgebers auf den E 62 (2000); *Lampe* Eigentumsschutz im künftigen Strafrecht, in Müller-Dietz (Hrsg.) Strafrechtsdogmatik und Kriminalpolitik (1971) 59; *ders.* Über individuelle Rechtsgüter, Institutionen und Interessen, Festschrift Tiedemann (2008) 79; *Maiwald* Der Zueignungsbegriff im System der Eigentumsdelikte (1970); *Merkel* Diebstahl und Unterschlagung, in Holtzendorff (Hrsg.) Handbuch des deutschen Strafrechts, Bd. III/2 (1872) 621; *Mitsch* Die Vermögensdelikte im Strafgesetzbuch nach dem 6. Strafrechtsreformgesetz, ZStW **111** (1999) 65; *Otto* Die Struktur des strafrechtlichen Vermögensschutzes (1970); *Paulus* Der strafrechtliche Begriff der Sachzueignung (1968); *Peters* Das Begreifen der Eigentumsordnung als kriminalpolitisches Problem, Festschrift Sauer (1949) 9; *Rheineck* Zueignungsdelikte und Eigentümerinteresse (1979); *Sax* Bemerkungen zum Eigentum als strafrechtlichem Schutzgut, Festschrift Laufke (1971) 321; Schlüchter (Hrsg.), Bochumer Erläuterungen zum 6. Strafrechtsreformgesetz (1998); *Schmidhäuser* Über die Zueignungsabsicht als Merkmal der Eigentumsdelikte, Festschrift Bruns (1978) 345.

S. weiter das in den Fußnoten sowie zu § 242 angegebene Schrifttum.

*Übersicht*

## I. Bedeutung in Theorie und Praxis

1 Der Neunzehnte Abschnitt mit den Vorschriften über **Diebstahl und Unterschlagung** zählt zu den in Theorie wie Praxis bedeutsamsten Abschnitten des Besonderen Teils des StGB.

2 **1. Theorie.** Diebstahl ist ein „archetypisches Delikt" (so – in kritischer Absicht – Arzt/Weber/Heinrich/*Hilgendorf* BT § 13 Rdn. 2) und gehört zum **Kern des Kernstrafrechts.**[1] Die Diebstahlsstrafbarkeit reicht bis ins Rechtsaltertum zurück (s. §§ 6 ff Codex Hammurapi; näher zur Rechtsgeschichte Rdn. 13 ff) und fand und findet sich – soweit ersichtlich – in allen bekannten, auch sozialistischen oder kommunistischen Rechtsordnungen (näher zur Rechtsvergleichung Rdn. 80 ff). Zudem ist das Diebstahlsverbot religiös (z.B. im Christentum: 2. Mose 20, 15; 5. Mose 4, 19) sowie (sozial-)ethisch verankert und in dem Sinne „stärker" als andere Verbote, dass es traditionell ausgesprochen „ausnahmefest" ist: Während z.B. sogar das Tötungsverbot traditionell zahlreiche Ausnahmen erfährt, etwa bei Kriegs-, Amts- oder Notwehrhandlungen, gibt es traditionell praktisch keinen gerechtfertigten oder entschuldigten Diebstahl; auch im Krieg oder Bürgerkrieg ist Plündern verboten, und auch bei Hungersnot oder Kälte ist der Nahrungs- oder Heizmitteldiebstahl traditionell nur ein privilegierter Fall des Diebstahls, nicht aber erlaubt oder straflos (zur heutigen Rechtslage § 242 Rdn. 174). Ein derart „archetypisches", zen-

[1] Demgegenüber ist das strafbewehrte Verbot der *Unterschlagung* in Rechtsgeschichte, Religion und Sozialethik weit schwächer verwurzelt als das Diebstahlsverbot. Vielleicht gerade deshalb haben die Neugestaltung des Unterschlagungstatbestands durch das 6. StrRG 1998 und die Nähe der veruntreuenden Unterschlagung (§ 246 Abs. 2 StGB) zur Untreue (§ 266 StGB) mit dem gemeinsamen Spezifikum des Vertrauensmissbrauchs (instruktiv Arzt/Weber/*Heinrich*/Hilgendorf BT § 15 Rdn. 7) das theoretische Interesse am Unterschlagungsverbot wieder erwachen lassen, s. § 246 Rdn. 2.

trales und „starkes" Delikt müsste an sich im Fokus von Strafrechtswissenschaft und -theorie stehen, an ihm müssten Grundfragen des Strafrechts (z.B. Sinn und Zweck staatlichen Strafens, Verhältnis von Prävention und Repression, Alternativen) erörtert werden, und über die rechtsprinzipiellen, rechtsdogmatischen und rechtspolitischen Grundlagen des Eigentumsstrafrechts müsste intensiv diskutiert werden. Demgegenüber scheint die heutige Strafrechtswissenschaft und -theorie davon auszugehen, dass es sich um eine im Wesentlichen konsolidierte, dogmatisierte und strafrechtswissenschaftlich und -theoretisch nicht (mehr) interessante oder problematische Materie handelt, deren Handhabung letztlich der Praxis überlassen wird. Seit geraumer Zeit fehlt es an „großen", grundsätzlich angelegten Untersuchungen zum Diebstahl. Rechtspolitische Überlegungen beschränken sich im Wesentlichen auf den Ladendiebstahl (s. Rdn. 46); einen übergreifenden Alternativ-Entwurf zum Diebstahl (und allgemeiner zum Eigentums- und Vermögensstrafrecht) haben auch die „Alternativ-Professoren" nicht vorgelegt. Von der Rechtsvergleichung (s. Rdn. 68 ff) gehen gleichfalls keine Impulse aus, auch nicht, wo weder Sprach- noch Traditionsschranken zu überwinden wären wie bei der Fundamentalrevision des schweizerischen Eigentums-, Vermögens- und Urkundenstrafrechts im Jahr 1994 (Rdn. 70).

Über die Gründe für dieses **Theoriedefizit** kann nur spekuliert werden. Möglicherweise vollzieht die Theorie nur den *Bedeutungsverlust* nach, den das Diebstahlsverbot durch die Transformation vorindustrieller Mangelwirtschaften und -gesellschaften in postindustrielle Überflusswirtschaften und -gesellschaften erfahren hat (vgl. auch *Lampe* in *Müller-Dietz* S. 64 ff). In jenen besteht Vermögen zu großen Teilen in Sacheigentum; abhanden gekommenes Sacheigentum kann nicht ohne weiteres ersetzt werden; es gibt zahlreiche Fallkonstellationen, in denen Diebstähle zu Existenzgefährdungen führen (z.B. Pferde-, Vieh- oder Saatgutdiebstahl). Demgegenüber ist in postindustriellen Überflusswirtschaften und -gesellschaften Fahrniseigentum ein nachrangiger Vermögenswert; nahezu alle Sachen sind ohne weiteres ersetzbar, wertvolle Sachen (z.B. Kraftfahrzeuge oder wertvoller Hausrat) häufig gegen Diebstahl versichert; existenzgefährdende Diebstähle sind nahezu undenkbar geworden, und selbst massenhaft vorkommende Diebstähle wie z.B. in Warenhäusern werden von den Verletzten „eingepreist" und so auf die Gesamtheit der Verbraucher umgelegt (s. noch Rdn. 26). Diese sozioökonomischen Befunde bleiben für die sozialethische und am Ende strafrechtliche Bewertung des Diebstahls nicht folgenlos, wie die drastische Milderung der Diebstahlsstrafen verdeutlicht: Konnte der Dieb im vormodernen Recht noch mit dem Tode bestraft werden (Rdn. 15 zur PGO), wird heute in weiten Teilen Sanktionsverzicht geübt und beschränkt sich im Übrigen das Sanktionsinstrumentarium auf pekuniäre Sanktionen und seltene, noch seltener vollzogene, in der Regel kurze Freiheitsstrafen (näher Rdn. 10). Zugleich ist die traditionelle soziale und juristische Stigmatisierung des Diebstahls als einer „ehrlosen", „entehrenden" oder infamierenden Straftat längst brüchig geworden. Aufgabe einer ambitioniert und interdisziplinär arbeitenden Strafrechtswissenschaft und -theorie wäre es, dem skizzierten Bedeutungswandel nachzugehen und von ihm ausgehend das Recht des Diebstahls (und allgemeiner das Eigentums- und Vermögensstrafrecht) rechtsprinzipiell, rechtsdogmatisch und rechtspolitisch neu zu durchdenken, wie es z.B. für den Rechtskreis des common law *Hall* Theft, Law and Society (1935, 2. Aufl. 1952) getan hat. **3**

**2. Praxis.** In der Praxis ist Diebstahlskriminalität hoch – wenngleich mit sinkender Tendenz – bedeutsam, wird freilich mehr verwaltet als im traditionellen Sinne bestraft (näher sogleich Rdn. 5 ff). Unterschlagung hat deutlich geringere praktische Bedeutung (Rdn. 12). **4**

5 a) **Diebstahl** ist **Massendelikt und die am häufigsten polizeilich registrierte Straftat.**[2] In *Bundeskriminalamt* Polizeiliche Kriminalstatistik 2008 Bundesrepublik Deutschland (2009 – PKS 2008) sind im Jahr 2008 bei insgesamt 6,11 Mio. registrierten Straftaten (ohne Verkehrs- und Staatsschutzdelikte) insgesamt 2,44 Mio. Diebstähle (40,0 %), davon 1,27 Mio. ohne erschwerende Umstände (20,9%) und 1,16 Mio. mit erschwerenden Umständen (19,1%) ausgewiesen. Allerdings scheint der außergewöhnliche Anstieg der registrierten Diebstahlskriminalität nach dem Ende des Zweiten Weltkrieges (s. hierzu und zu den Gründen hierfür *Eisenberg* [Fn. 2] § 45 Rdn. 76 f m.w.N.) mittlerweile gebrochen. Ihren Höhepunkt erreichte die polizeilich registrierte Diebstahlskriminalität nach der Wiedervereinigung (PKS 1993: insgesamt 4,14 Mio. Diebstähle [61,5 % aller registrierten Straftaten], davon 1,60 Mio. ohne erschwerende Umstände [23,8 %] und 2,54 Mio. mit erschwerenden Umständen [37,7%]), wozu die damals in den neuen Bundesländern epidemisch gewesenen Diebstähle von Kraftfahrzeugen und aus Büros und Lagerräumen beitrugen. Seitdem gehen die absoluten und relativen (insbesondere auch Häufigkeits-)Zahlen stetig zurück, besonders deutlich bei den Diebstählen mit erschwerenden Umständen (s. hierzu *Bundesministerium des Inneren/Bundesministerium der Justiz* Erster bzw. Zweiter Periodischer Sicherheitsbericht [2001 bzw. 2006 – 1. bzw. 2. PSB] S. 110 ff bzw. 191 ff). Diese Entwicklung spiegelt sich auch in der Verurteiltenstatistik wieder (s. hierzu *Statistisches Bundesamt* Lange Reihen zur Strafverfolgungsstatistik [2007] 17). Als Gründe hierfür werden zum einen effektivere technische und anderweitige Prävention (z.B. elektronische Wegfahrsperren in Kraftfahrzeugen) und zum anderen eine Verschiebung von den Eigentums- hin zu den Vermögensstraftaten genannt: „Es deutet sich ein Trend in postmodernen Gesellschaften an, sich fremdes Eigentum weniger durch physische Übergriffe als durch Ausnutzung von Vertrauen zu verschaffen" (2. PBS S. 191, s. a. S. 193 f).

6 Das Bild der polizeilich registrierten Diebstahlskriminalität ist von **großer Vielfalt** und reicht vom Ladendiebstahl geringwertiger Sachen durch Kinder über Beschaffungsdiebstähle Betäubungsmittelabhängiger bis zum international organisierten banden- und gewerbsmäßigen Einbruchs- oder Kraftfahrzeugdiebstahl durch vielfach vorbestrafte Erwachsene. Deshalb haben Gesamtzahlen – z.B. betreffend die Aufklärungsquote (2008: 29,8 %, PKS 2008 S. 174), die Schäden (2008: beim Diebstahl ohne erschwerende Umstände 611,3 Mio. Euro, mit erschwerenden Umständen 1.448,7 Mio. Euro, wobei in der Mehrzahl der Fälle [46,5 bzw. 51,2 %] ein Schaden zwischen 50 und 500 Euro eintrat, PKS 2008 S. 161, 169) oder die Tatverdächtigenbelastungszahlen (2006: Spitzenwerte bei deutschen Tatverdächtigen bei den 14- bis 16-jährigen Jungen und Mädchen, PKS 2008 S. 176) – nur geringe Aussagekraft. Statistischer „Durchschnittsdiebstahl" wäre hiernach die Wegnahme von Sachen im Wert von ca. 300 Euro ohne erschwerende Umstände durch eine(n) Jugendliche(n).

7 Aussagekräftiger sind die registrierten Zahlen zu einzelnen, praktisch relevanten Diebstahlsvarianten: Der registrierte **Diebstahl ohne erschwerende Umstände** (§§ 242, 247, 248a–c StGB) ist zu rund einem Viertel (2008: 313.707 von 1.277.295 Fällen, PKS 2008 S. 159) *einfacher Ladendiebstahl*; neben ihm haben der *einfache Diebstahl von unbaren Zahlungsmitteln* (Karten) und der *einfache Fahrraddiebstahl* (mit unbefugtem Gebrauch) hervorgehobene quantitative Bedeutung. Der einfache Ladendiebstahl wird

[2] S. aus der kriminologischen Literatur zum Diebstahl: *Eisenberg* Kriminologie § 45 Rdn. 76 ff; *Göppinger/Bock* Kriminologie S. 519; *Kaiser* § 38 Rdn. 8, §§ 66 ff; *Meier* Kriminologie[2] § 5 Rdn. 26 ff; *Mergen* Die Kriminologie, S. 282; *Schwind* Kriminologie[17] § 2 Rdn. 23 f; klassisch *Sutherland* The Professional Thief (1934).

praktisch immer aufgeklärt (2008: 93,1 % Aufklärungsquote, PKS aaO), da es sich um ein Kontrolldelikt handelt, d.h. nur auf frischer Tat Gefasste angezeigt werden. Bei mittlerweile über der Hälfte der einfachen Ladendiebstähle werden Sachen im Wert von unter 15 Euro, bei einem weiteren knappen Viertel von unter 50 Euro weggenommen (2006: 209.290 und 99.004 Fälle, PKS 2008 Tabelle 07 S. 2). Bezogen auf ihren Bevölkerungsanteil werden weibliche Jugendliche im Alter zwischen 14 und 16 Jahren am häufigsten ermittelt (Häufigkeitszahl ca. 2.100, PKS 2008 S. 160); Jugendliche und Heranwachsende und die – in der PKS mit erfassten – strafunmündigen Kinder stellen auch in absoluten Zahlen deutlich mehr als ein Drittel der Verdächtigen. Unter den Erwachsenen sind beide Geschlechter, alle Altersgruppen und insgesamt durchaus ein Querschnitt durch die Gesamtbevölkerung repräsentiert. – Beim registrierten **Diebstahl unter erschwerenden Umständen** (§§ 243–244a StGB) steht der *Einbruchsdiebstahl* in seinen verschiedenen Varianten mit insgesamt rund einem Drittel der Fälle (2008: knapp 400.000 von 1.165.985 Fällen, vgl. PKS 2008 Tabelle 01 Nr. 4***00 ff) im Vordergrund. Geschäftsräume sind etwas häufiger betroffen als Wohnungen. Rund ein Drittel der Einbrüche bleibt im Versuch stecken; bei der Mehrzahl der vollendeten Einbrüche werden Sachen im Wert von zwischen 500 und 2.500 Euro weggenommen, wobei der Gesamtschaden häufig höher liegt. Nur rund ein Fünftel der Einbruchsfälle werden aufgeklärt; bei den aufgeklärten Fällen zeigt sich, dass gemeinschaftliche Begehung weit häufiger ist als bei anderen Diebstahlsvarianten. Jeweils rund ein weiteres Viertel der Diebstähle unter erschwerenden Umständen entfällt auf den *Diebstahl in/aus Kraftfahrzeugen* und den *Diebstahl von (abgeschlossenen) Fahrrädern* (2008: 255.208 und 286.469 von 1.165.985 Fällen, PKS 2008 Tabelle 01 Nr. 450*00 und 4**300). Bei der Mehrzahl dieser Taten liegt der Wert des Diebesguts zwischen 50 und 250 Euro; der Gesamtschaden für das Opfer ist häufig höher. Da die Taten selten aufgeklärt werden (2006: 10,5 und 7,2 % Aufklärungsquote, aaO), ist über die Täterstruktur nichts Zuverlässiges bekannt.

Über Art und Ausmaß der „wahren" Diebstahlskriminalität unter Einschluss des **8** **Dunkelfeldes** lässt sich wenig Gesichertes sagen. Da Diebstähle den Behörden in der Regel nur durch Anzeige des Verletzten bekannt werden, ist die Anzeigebereitschaft von besonderer Bedeutung. Sie dürfte je geringer und das Dunkelfeld je höher sein, desto geringer der Schaden ist, vor allem wenn (wie in der Mehrzahl der Fälle) der Täter dem Verletzten unbekannt ist. Die Anzeigebereitschaft fördern und das Dunkelfeld verringern dürften Sachversicherungen gegen Diebstahl; hier kommen sogar überschießende Hellfeldzahlen in Betracht (z.B. beim Diebstahl aus Kraftfahrzeugen, wo bloße Sachbeschädigungen als [versuchte] Diebstähle angezeigt werden, um Versicherungsleistungen zu erlangen, vgl. *Geerds* Sachbeschädigungen [1983] S. 21). Besonders umstritten ist das Dunkelfeld beim Ladendiebstahl.[3] Zwar wird allgemein davon ausgegangen, dass die „wahre" Ladendiebstahlskriminalität ein Vielfaches der polizeilich registrierten betrage; häufig werden Hellfeld-Dunkelfeld-Verhältnisse von um 1:20 genannt. Versuche, den „wahren" Umfang z.B. anhand der Inventurdifferenzen im Handel und des im Hellfeld ermittelten Schadensdurchschnitts zu ermitteln (instruktiv und kritisch hierzu Arzt/Weber/Heinrich/*Hilgendorf* BT § 13 Rdn. 8, 10), leiden jedoch u.a. daran, dass unklar ist, welcher Anteil der Inventurdifferenzen auf Arbeitnehmerdiebstahl zurückgeht.

---

[3] S. hierzu die zusammenfassenden Darstellungen bei *Eisenberg* Kriminologie § 45 Rdn. 95 ff; *Nugel* Ladendiebstahl und Bagatellprinzip (2004) S. 41 ff; jew. m.w.N. Vertiefend *Michaelis* Kriminologisch-kriminalistische Aspekte des Ladendiebstahls (1991).

9 Die **Strafverfolgung** der polizeilich registrierten Diebstahlskriminalität ist durch deren Massenhaftigkeit und die Bagatellnatur eines Gutteils der Taten geprägt, und die Verfahrensweise hat in weiten Teilen *protojustiziellen, ja administrativen Charakter*. Gegen Unbekannt wird vielfach nur mehr formell ermittelt. Im Übrigen erledigen Polizei und Staatsanwaltschaft die „kleine" bis „mittlere" Diebstahlskriminalität – also den Großteil – im Wesentlichen selbständig: Jene ermittelt; diese bestimmt über §§ 153, 153a und 407 ff StPO maßgeblich über das Ob und Wie der staatlichen Reaktion, unterliegt dabei ministeriellen oder generalstaatsanwaltschaftlichen Weisungen und macht von einer mittels Daten- und Textverarbeitung flächendeckend ausgebauten Formularpraxis Gebrauch, die eine eingehende Auseinandersetzung mit Tat- und Rechtsfragen erübrigt. Die Entscheidung der Staatsanwaltschaft, ohne oder mit Auflagen und Weisungen von der Verfolgung abzusehen, ist wegen §§ 153 Abs. 1 Satz 2, 153a Abs. 1 Satz 6 StPO für alle nach §§ 242, 243 StGB zu beurteilenden Taten – also die große Mehrzahl – der justiziellen Kontrolle entzogen (vgl. *Meyer-Goßner* § 153 Rdn. 15). Zwar gewährleisten im Übrigen §§ 153a Abs. 1 Satz 1, 408 Abs. 2 und 3 StPO in der Theorie eine justizielle Plausibilitäts-, Rechts- und sogar Zweckmäßigkeitskontrolle der staatsanwaltschaftlichen Entscheidung; in der Praxis ist es jedoch eine seltene Ausnahme, dass ein Gericht der Verfahrenserledigung nach § 153a StPO nicht zustimmt oder einen Strafbefehlsantrag ablehnt oder Hauptverhandlung anberaumt. Demgemäß bleibt die richterliche Beurteilung eines Diebstahlsvorwurfs in einer Hauptverhandlung die Ausnahme.

10 In der **Rechtspflegestatistik** haben Diebstahlsdelikte vor allem deshalb Bedeutung, weil rechtskräftige Strafbefehle – sie sind die Regelantwort der Strafjustiz auf Diebstahlsvorwürfe, die nicht nach §§ 153, 153a StPO erledigt werden – als Verurteilungen gelten. Gleichwohl liegt der Anteil der Verurteilungen wegen Diebstahls deutlich unter dem Anteil der Anzeigen wegen Diebstahls: Diebstahlsdelikte liegen mittlerweile hinter den Straßenverkehrs- und den Vermögensdelikten bei den Verurteilungen auf dem dritten Platz, und auf sie entfallen nur rund ein Sechstel aller Verurteilungen. In *Statistisches Bundesamt* Rechtspflege – Strafverfolgung – 2007 (2009) S. 98 f sind für 2007 bezogen auf das frühere Bundesgebiet mit Gesamtberlin knapp 125.000 wegen Diebstahlsdelikten (mit Unterschlagung, s. hierzu noch Rdn. 12) nach allgemeinem Strafrecht Verurteilte ausgewiesen. Rund drei Viertel von ihnen sind nur zu Geldstrafe verurteilt worden, die sich in der Regel im Bereich bis zu 90 Tagessätzen zu 5 bis 25 Euro bewegte (vgl. aaO S. 208 f). Von den 32.405 im Jahr 2007 nach allgemeinem Strafrecht zu Freiheitsstrafe Verurteilten ist bei knapp zwei Dritteln (19.282) die Vollstreckung zur Bewährung ausgesetzt worden. Von den verbleibenden rund 13.000 nach allgemeinem Strafrecht zu vollzogener Freiheitsstrafe Verurteilten erhielten rund 5.100 eine Freiheitsstrafe unter sechs Monaten; nur knapp 1.200 Verurteilte erhielten Freiheitsstrafen von zwei Jahren oder mehr (vgl. aaO S. 162 f). Rund 80% der nach allgemeinem Strafrecht Verurteilten sind wegen einfachen Diebstahls gemäß § 242 StGB schuldig gesprochen worden. Bei rund 13.000 dieser Verurteilten ist § 243 StGB, davon bei etwas über 8.000 § 243 Abs. 1 Satz 2 Nr. 1 StGB (Einbruchsdiebstahl) angewendet worden, und §§ 244, 244a StGB sind nur bei rund 3.000 Verurteilten angewendet worden. Dass somit nur bei weniger als einem Zehntel der Verurteilungen §§ 243–244a StGB angewendet werden, ist bemerkenswert, umfasst doch die polizeilich registrierte Diebstahlskriminalität ungefähr zur Hälfte Diebstähle unter erschwerenden Umständen (Rdn. 7), auf die ungefähr das Dreifache des von einfachen Diebstählen verursachten Schadens entfällt. Bei der großen Mehrzahl der 2007 insgesamt 32.756 wegen Diebstahlsdelikten (mit Unterschlagung) nach Jugendstrafrecht Verurteilten sind Zuchtmittel anwendet worden; von den 5.193 verhängten Jugendstrafen ist in zwei Dritteln der Fälle die Vollstreckung zur Bewährung

ausgesetzt worden; die relativ wenigen vollstreckten Jugendstrafen bewegten sich überwiegend im Bereich von unter zwei Jahren.

Das Gesamtbild ist das einer **„kriminalitätsverwaltenden" Praxis**. Unter weitgehendem Verzicht auf vollzogene Freiheitsstrafe und weitgehender Vermeidung gerichtlicher Verfahren lässt die Praxis die Diebstahlskriminalität entweder auf sich beruhen (Einstellung von Verfahren gegen Unbekannt gemäß § 170 Abs. 2 StPO oder wegen Geringfügigkeit gemäß § 153 StPO), oder sie reagiert mit finanziellen Sanktionen (Geldstrafe oder Zahlungsauflage gemäß § 153a Abs. 1 Satz 2 Nr. 2 StPO), die sich überwiegend im Bereich von unter 1.000 Euro bewegen. Im praktischen Ergebnis werden also die meisten einfachen Diebstähle (§ 242 StGB), aber auch Teile der besonders schweren Fälle des Diebstahls (§ 243 StGB), durchaus ähnlich wie Ordnungswidrigkeiten behandelt (zur rechtspolitischen Diskussion um eine Entkriminalisierung s. Rdn. 44 ff). **11**

b) Mit 104.202 für 2008 polizeilich registrierten Fällen (PKS 2008 Tabelle 01 Nr. 531000), d.h. weniger als 2 % der gesamten polizeilich registrierten Kriminalität (ohne Verkehrs- und Staatsschutzdelikte), hat die **Unterschlagung** eine im Verhältnis zum Diebstahl deutlich geringere, immerhin noch nennenswerte praktische Bedeutung. Knapp ein Zehntel entfällt auf die Unterschlagung von Kraftfahrzeugen (2008: 8.067). Die Aufklärungsquote ist hoch (2008: insgesamt 58,8 %, bei Kraftfahrzeugunterschlagungen sogar 95,4 %), was nicht erstaunt, weil sich im (Regel-)Fall der veruntreuenden Unterschlagung (§ 246 Abs. 2 StGB) Täter und Verletzter kennen. Zwar lag 2008 bei der Mehrzahl der registrierten Unterschlagungen der Schaden zwischen 50 und 250 Euro; bei einem Gesamtschaden von 285,3 Mio. Euro ergibt sich jedoch ein rechnerischer Durchschnittsschaden von rund 2.800 Euro, rund das Zehnfache des entsprechenden Diebstahlswerts. Im Übrigen ist über Täter, Tatmodalitäten und Dunkelfeld weniger als beim Diebstahl bekannt. – Dass die Verurteiltenziffern 1900 deutlich höher waren als heute (Arzt/Weber/*Heinrich*/Hilgendorf BT § 15 Rdn. 8), harrt auch im Hinblick darauf der Erklärung, dass mittlerweile der Ratenzahlungskauf mit Eigentumsvorbehalt „in die Millionen gehende potenzielle Unterschlagungssituationen geschaffen" hat (aaO Rdn. 5). Die Rechtspflegestatistik weist für 2007 7.597 wegen Unterschlagung nach allgemeinem Strafrecht Verurteilte aus; ihr Anteil an den insgesamt Verurteilten entspricht damit – anders als beim Diebstahl – griffweise dem Anteil der Unterschlagung an der insgesamt polizeilich registrierten Kriminalität. Die meisten Verurteilungen (2007: 6.616) lauteten auf Geldstrafe, überwiegend im Bereich zwischen 30 und 90 Tagessätzen zu 10 bis 25 Euro. Von den Verurteilungen zu Freiheitsstrafe wurde 2007 bei 761 die Vollstreckung zur Bewährung ausgesetzt; die Mehrzahl der Freiheitsstrafen bewegte sich im Bereich unter sechs Monaten; gerade einmal 23 Verurteilungen lauteten auf Freiheitsstrafe von mehr als zwei Jahren. Verurteilungen wegen Unterschlagung erfolgen selten nach Jugendstrafrecht (2007: 1.251). **12**

## II. Rechts- und Reformgeschichte

1. Die heutige Fassung des Diebstahls und der Unterschlagung hat weit zurückreichende **rechtsgeschichtliche Wurzeln**.[4] Sie sind auch für das geltende Recht von Inte- **13**

[4] Überblick m. umf. Nachw. zum älteren Schrifttum bei *Maiwald* S. 17 ff; s. aus neuerer Zeit *Hagemann* FS Krause, S. 1; *Janßen* Der Diebstahl in seiner Entwicklung von der Carolina bis zum Ausgang des 18. Jahrhunderts (1969); *Lampe* GA **1966** 225, 228 f;

resse, da Streitfragen wie der Zeitpunkt der Vollendung der Wegnahme[5] oder die Beurteilung des beobachteten Diebstahls[6] bis heute mit rechtshistorisch akzentuierten Argumenten beantwortet werden. Lange Zeit war das Recht des Diebstahls und der Unterschlagung in den deutschen Landen durch *miteinander konkurrierende römisch-rechtliche und deutsch-rechtliche Einflüsse geprägt* (sogleich Rdn. 17 f). Unter dem *Einfluss des Naturrechts* bildeten sich die modernen Konzepte – Diebstahl und Unterschlagung als Eigentums- und Zueignungsdelikte – heraus (sogleich Rdn. 19). Sie sind mit dem preuß. StGB 1851 und dem RStGB 1871 kodifiziert worden und gelten – im Prinzip – bis heute fort (sogleich Rdn. 20 f).

**14** Das **römische Recht** ging von dem „Generaltatbestand" (*Maurach/Schroeder/Maiwald* I § 32 Rdn. 7) des *furtum* aus (bis heute grundlegend *Mommsen* Römisches Strafrecht [1899/Nachdruck 1955] 733 ff). In der klassischen Definition des *Paulus* (D. 47, 2, 1, 3) war furtum die „contrectatio rei fraudulosa lucri faciendi gratia vel ipsius rei vel etiam usus eius possessionisve" (wörtlich: betrügerisches [unredliches] Berühren [Anfassen] der Sache, um den Gewinn sei es der Sache selbst oder sei es auch nur ihres Gebrauchs oder Besitzes zu machen). Taugliche Tatobjekte konnten auch eigene Sachen des Täters in fremdem Gebrauch oder Besitz sein (*Mommsen* aaO S. 735 Fn. 5). Die Tathandlung des „contrectare", wörtlich Berühren (Anfassen), umfasste nach heutigem Verständnis den (vom römischen Recht nicht erfassten) Diebstahlsversuch, jeden Sachgebrauch und war auch bei Sachen möglich, die der Täter rechtmäßig in Besitz hatte, wenn er nunmehr in deliktischer Absicht handelte (*Mommsen* aaO S. 734 ff). Der „animus lucri faciendi" musste auf einen Gewinn oder Vorteil in einem weiten, auch immaterielle Vorteile umfassenden Sinne gerichtet sein (*Mommsen* aaO S. 741) und konnte z.B. auch gegeben sein, wenn der Dieb die Sache verschenken wollte (D. 47, 2, 54, 1). Insgesamt war das furtum weit umfassender als der heutige Diebstahl und erfasste auch die Unterschlagung im modernen Verständnis, den Raub (der, soweit er nicht [auch] ins crimen vis gezogen wurde, schlicht als [qualifizierter] Diebstahl verstanden wurde), weiterhin Gebrauchsanmaßungen (furtum usus wie bei § 248b StGB) und Besitzrechtsverletzungen (furtum possessionis wie bei § 289 StGB). Auf frischer Tat betroffene Diebe wurden wegen „handhaften" Diebstahls (furtum manifestum, vgl. D. 47, 2, 2 u.a.) ursprünglich mit Kapitalstrafe, später mit schärferer Privatstrafe bestraft als bei „nicht handhaftem" Diebstahl (furtum nec manifestum; näher *Mommsen* aaO S. 750 ff). Das rezipierte furtum beinflusste die deutsche Gesetzgebung um die Wende vom 15. zum 16. Jahrhundert (aber weniger die Peinliche Gerichtsordnung Kaiser Karls V. [PGO] 1532, s. sogleich Rdn. 15), sodann die gemeinrechtliche Lehre und später die Regelungen des Diebstahls im Codex Juris Criminalis Bavarici 1751, in der Constitutio Criminalis Theresiana 1768 und im preuß. ALR 1794.

---

*Lieberwirth* Diebstahl, in Erler/E. Kaufmann (Hrsg.) Handwörterbuch zur deutschen Rechtsgeschichte, Bd. I (1971); *Maurach/Schroeder/Maiwald* I § 32 Rdn. 6 ff; *Prinz* Diebstahl – §§ 242 ff StGB: Reformdiskussion und Gesetzgebung seit 1870 (2002) S. 4 ff – Zusammenstellung wichtiger historischer Gesetzestexte in *Buschmann* Textbuch zur Strafrechtsgeschichte der Neuzeit (1998).

[5] Durch „Kontrektation", „Apprehension", „Ablation" oder „Illation", s. bis heute *Sch/Schröder/Eser* § 242 Rdn. 37 m.w.N.; näher u. § 242 Rdn. 196.

[6] Nach BGHSt **16** 271, 274 steht der Diebstahlsvollendung die Beobachtung durch Personen, die die Wegnahme ohne Schwierigkeiten hätten verhindern können, nicht entgegen, weil Diebstahl „keine heimliche Tat" wie im mittelalterlichen deutschen Recht (sogleich Rdn. 15) sei; näher § 242 Rdn. 99.

Im mittelalterlichen **deutschen Recht** gab es zwar einen weiten und untechnischen Begriff der Dieberei, der u.a. auch die Unterschlagung und den Landraub (s. hierzu noch Rdn. 35) erfasste. Der eigentliche Diebstahl setzte jedoch die bewusst-widerrechtliche und heimliche Wegnahme einer fremden (str., vgl. *Maiwald* S. 19) beweglichen Sache aus fremdem Gewahrsam (*gewere*) in der Absicht der Aneignung voraus (s. nur *His* Das Strafrecht des deutsche Mittelalters, Bd. II [1935] 175 f m.w.N.). Gewahrsam wurde enger als im heutigen Recht gefasst, und gewahrsamslose oder bereits im Gewahrsam des Täters stehende Sachen waren keine tauglichen Diebstahlsobjekte, weshalb sich besondere Tatbestände z.B. des Feld- und Forstfrevels (näher *His* aaO S. 224 ff, 251 ff) oder der Unterschlagung anvertrauten Guts (näher *His* aaO S. 217 ff) herausbildeten. Mangels Aneignungsabsicht waren Gebrauchsanmaßung und Besitzrechtsverletzung straflos. Die den deutsch-rechtlichen Diebstahl im engeren Sinne kennzeichnende Heimlichkeit, d.h. Verheimlichung der Tat gegenüber dem Verletzten, grenzte ihn vom Raub ab, der gegenüber dem Verletzten offenen (und häufig, aber nicht notwendigerweise, gewaltsamen) Wegnahme fremder beweglicher Sachen in Aneignungsabsicht (näher *His* aaO S. 201 ff). Innerhalb des Diebstahls unterschied das deutsche Recht vielfach nach dem Wert des Diebesguts zwischen „großem" und „kleinem" Diebstahl (näher *His* aaO S. 178 ff); „kleine" Diebstähle wurden in vielfältiger Weise, aber in der Regel nicht wie „große" mit dem Tode bestraft. Die Unterscheidung zwischen „großem" und „kleinem" Diebstahl findet sich auch in der PGO 1532 (Art. 157 und 158 einerseits, Art. 160 andererseits), die auch im Übrigen deutsch-rechtlich zwischen Diebstahl (Art. 157 ff), Raub (der in Art. 126 im Zusammenhang der Straftaten gegen den öffentlichen Frieden geregelt wurde) und veruntreuender Unterschlagung (Art. 170) trennte und – zukunftweisend – mildere Strafen für junge Diebe (Art. 164) und für Diebstähle aus Hungersnot (Art. 166) vorsah. Die PGO war Vorbild für spätere territoriale Gesetzgebungen, und im 18. Jahrhundert setzte sich auch in der Lehre die Trennung zwischen dem römisch-rechtlichen *furtum* einerseits und Diebstahl, Raub sowie Unterschlagung im deutsch-rechtlichen Sinne andererseits durch. 15

Die **Naturrechtslehre** konzipierte Diebstahl und Unterschlagung als Verletzungen des Eigentumsrechts („dominium als eines mit der lex naturae im Einklang stehenden Rechts", *Maiwald* S. 22). Herrenlose Sachen und solche, die dem Täter gehörten, mochte hieran auch ein (Besitz-)Recht eines anderen bestehen, schieden deshalb als taugliche Tatobjekte aus. Die Tathandlung wurde als Zueignung oder Handeln in Zueignungsabsicht verstanden, und der römisch-rechtliche animus lucri faciendi wurde zunehmend als animus rem sibi habendi begriffen, was dazu führte, dass die bloße Gebrauchsanmaßung, aber auch die Wegnahme in bloßer Schädigungs-, z.B. Zerstörungsabsicht, aus dem Diebstahl ausschieden. Den am Ende des 18. Jahrhunderts erreichten Stand fasste *Feuerbach* (Lehrbuch des gemeinen in Deutschland gültigen peinlichen Rechts, 4. Aufl. [1808] § 314) wie folgt zusammen: „Das Verbrechen der Entwendung (...) schließt den furtum usus und possessionis aus, und besteht in vorsätzlicher, rechtswidriger und eigenmächtiger Zueignung fremden beweglichen Eigentums in der Absicht eines Gewinns". Noch moderner bestimmte dann Art. 209 bayStGB 1813, Dieb sei, wer „wissentlich ein fremdes bewegliches Gut (...) eigenmächtig in seinen Besitz nimmt, um dasselbe rechtswidrig als Eigentum zu haben", und Art. 229 bayStGB 1813 definierte die Unterschlagung als rechtswidrige Zueignung anvertrauter Sachen. 16

Das heutige Recht geht auf das **preuß. StGB 1851** zurück, dessen Zweiter Teil, Achtzehnter Titel mit dem Titel „Diebstahl und Unterschlagung" überschrieben war und in § 215 bestimmte: „Einen Diebstahl begeht, wer eine fremde bewegliche Sache einem anderen in der Absicht wegnimmt, dieselbe sich rechtswidrig zuzueignen". § 225 preuß. 17

StGB 1851 regelte in der Sache die veruntreuende Unterschlagung, § 226 preuß. StGB 1851 die einfache, namentlich die Fund-Unterschlagung. Mit alledem emanzipierte sich der preußische Gesetzgeber von den historischen Wurzeln: Einerseits entschied er sich gegen ein römisch-rechtlich geprägtes Regelungsmodell und verwarf insbesondere die in der zeitgenössischen Literatur verbreitete Forderung, den *animus lucri faciendi* als Gewinn-, Vorteils- oder Bereicherungsabsicht in den gesetzlichen Tatbestand des Diebstahls aufzunehmen. Andererseits folgte er der deutsch-rechtlichen Tradition nur zum Teil: Weder wurden Diebstahl und Raub nach den Kriterien der Heimlichkeit oder Offenheit der Wegnahme voneinander abgegrenzt, noch war eine Privilegierung des „kleinen" Diebstahls unterhalb einer bestimmten Wertgrenze vorgesehen.

18 Mit dem **RStGB 1871** wurde dann der in seinen Grundzügen bis heute geltende Neunzehnte Abschnitt geschaffen. § 242 RStGB 1871 entsprach § 215 preuß. StGB. § 243 RStGB 1871 enthielt den als echten Qualifikationstatbestand ausgestalteten schweren (Kirchen-, Einbruchs- usw.) Diebstahl. §§ 244, 245 RStGB 1871 ordneten Strafschärfung für Diebstahl im Rückfall an. § 246 RStGB 1871 regelte die Unterschlagung mit dem Erfordernis, dass der Täter die Sache zum Zeitpunkt der Zueignung „in Besitz oder Gewahrsam" haben musste (näher § 246 Rdn. 16). § 247 RStGB 1871 privilegierte den Haus- und Familiendiebstahl, § 248 RStGB 1871 ließ als Nebenfolgen Verlust der bürgerlichen Ehrenrechte und Polizeiaufsicht zu. Lediglich als Übertretung bestraft wurde der sog. Mundraub, die Entwendung oder Unterschlagung von Nahrungs- oder Genussmitteln in geringer Menge zum alsbaldigen Verbrauch (§ 370 Abs. 1 Nr. 5 RStGB 1871).

19 2. In der seitherigen **Reformgeschichte** sind die Grundzüge beibehalten worden, und weder der Gesetzgeber noch die Wissenschaft haben Anlass zu fundamentalen oder gar radikalen Reformen gesehen.

20 a) Im **Kaiserreich und in der Weimarer Republik** beschränkte sich der *Gesetzgeber* auf Randkorrekturen. Nachdem in RGSt **29** 111, **32** 165 der Elektrizitäts„diebstahl" für straflos erklärt worden war, weil elektrischer Strom keine „Sache" i.S.d. § 242 StGB sei (s. noch § 242 Rdn. 9), wurden mit §§ 1, 2 des Gesetzes betreffend die Entziehung der elektrischen Arbeit vom 9.4.1900 (RGBl. I S. 288) Vorschriften geschaffen, die 1953 mit dem 3. StrÄndG als § 248c ins StGB überführt wurden (näher u. § 248c Rdn. 1). 1912 wurde als § 248a StGB eine Privilegierung der „Notentwendung", auch „kleiner" Diebstahl genannt (*Frank* StGB[18] [1931] § 248a Anm. I), eingeführt; sie betraf die Entwendung oder Unterschlagung geringwertiger Gegenstände aus Not. Schließlich wurde durch Notverordnung vom 20.10.1932 (RGBl. I S. 496) die Strafbarkeit des unbefugten Gebrauchs von Kraftfahrzeugen geschaffen, die gleichfalls 1953 mit dem 3. StrÄndG als § 248b ins StGB überführt wurde (näher § 248b Rdn. 1).

21 Auch in den *Bemühungen um eine Strafrechtsreform bis 1930* findet sich nichts grundlegend Neues. Beginnend mit dem E 1913 (§§ 355, 358) sahen die meisten Entwürfe vor, dass Diebstahl auch bei Drittzueignungsabsicht und Unterschlagung auch bei Drittzueignung strafbar sein sollten, und bereits seit dem E 1909 (§ 271) wurde die Unterschlagung durchgängig als allgemeines Zueignungsdelikt – unter Wegfall des in § 246 RStGB 1871 enthaltenen Besitz- oder Gewahrsamserfordernisses (Rdn. 18) – konzipiert. Im E 1923 (§§ 288, 292 f) und auch in den E 1927 und 1930 war vorgesehen, dass bei Diebstahl und Unterschlagung auch Bereicherungsabsicht vorliegen sollte; für Zueignungen ohne Bereicherungsabsicht sah § 334 E 1927 = E 1930 freilich einen privilegierten Sondertatbestand der „unberechtigten Aneignung" vor. Seit dem E 1913 (§ 373 Abs. 1 Alt. 2) enthielten alle Entwürfe einen Tatbestand der dauernden Sachentziehung ohne Zueignungs-, aber mit Nachteilszufügungsabsicht. Seit dem E 1919 (§§ 359–361)

unterschieden die Entwürfe zwischen dem mit Gefängnis bestraften einfachen Diebstahl, dem mit Gefängnis nicht unter einem Monat bestraften schweren (z.B. Kirchen-)Diebstahl und dem mit Zuchthaus bis zu fünf Jahren bestraftem Einbruchsdiebstahl und Diebstahl mit Waffen. Gewerbsmäßigkeit der Tat führte bei allen Diebstahlsarten zu drastischer Strafschärfung. Alle Entwürfe privilegierten den Haus- und Familiendiebstahl sowie die Entwendung sei es geringwertiger Sachen aus Not oder von Nahrungs- und Genussmitteln (usw.).

b) Die Zeit der **nationalsozialistischen Gewaltherrschaft** hat in den §§ 242 ff StGB *keine bleibenden Spuren* hinterlassen. Insbesondere wurde die durch das Gesetz gegen gefährliche Gewohnheitsverbrecher (usw.) vom 24.11.1933 (RGBl. I S. 995) als § 245a ins StGB eingestellte Strafvorschrift über den Besitz von Diebeswerkzeugen durch das 1. StrRG 1969 ersatzlos gestrichen. Im Übrigen erwies sich die nationalsozialistische Strafrechtsreform bei den Eigentums- und Vermögensstraftaten als bemerkenswert rechtsstaatlich-konservativ (vgl. *Kohlrausch* in Gürtner [Hrsg.] Das kommende deutsche Strafrecht – Besonderer Teil, 2. Aufl. [1936] 474 ff). Zukunftweisend, nämlich das heutige Recht vorwegnehmend, war der Vorschlag einer Neukonzeption des § 243 RStGB 1871, der als Strafschärfung für „sonstige schwere Fälle" ausgestaltet werden sollte, wofür *Regelbeispiele* wie Einbruchdiebstahl genannt werden sollten, was auf „weitgehende richterliche Ermessensfreiheit" abzielte (*Kohlrausch* aaO S. 484). 22

c) In der **Bundesrepublik Deutschland** ist der Neunzehnte Abschnitt zunächst durch das **1. StrRG 1969** mit Wirkung vom 1.4.1970 *nicht unerheblich umgestaltet* worden: Der frühere schwere Diebstahl (§ 243 RStGB 1871) ist in die heutige, nach der Regelbeispielstechnik ausgestaltete Vorschrift über den besonders schweren Fall des Diebstahls gem. § 243 Abs. 1 StGB – die Geringwertigkeitsvorschrift des § 243 Abs. 2 StGB heutiger Fassung beruht auf dem EGStGB 1974 – und den echten qualifizierten Diebstahl mit Waffen usw. nach § 244 StGB aufspalten worden. Die Rückfallvorschriften der §§ 244, 245 RStGB 1871 wurden aufgehoben (und die im Allgemeinen Teil verbleibende allgemeine Rückfallregelung des § 48 StGB wurde mit dem 23. StrÄndG 1986 beseitigt). Auch die in dem seinerzeitigen § 248 StGB vorgesehene Nebenfolge des Verlusts der bürgerlichen Ehrenrechte wurde mit dem 1. StrRG 1969 abgeschafft; mit dem EGStGB 1974 wurde § 248 in den heutigen § 245 StGB überführt (näher Entstehungsgeschichte zu § 245 Rdn. 1). Zugleich beseitigte das EGStGB 1974 die Diebstahlsprivilegierungen der Notentwendung (Rdn. 20) und des Mundraubs (Rdn. 18) und setzte an deren Stelle das Strafantragserfordernis bei Geringwertigkeit nach § 248a StGB heutiger Fassung und – vor allem – die prozessualen Opportunitätsvorschriften der §§ 153, 153a StPO (s. hierzu noch Rdn. 45). Unter den Vorzeichen der Bekämpfung des Terrorismus und der organisierten Kriminalität ist sodann der Diebstahl von Waffen als besonders schwerer Fall ausgezeichnet (§ 243 Abs. 1 Satz 2 Nr. 7 StGB i.d.F. des Art. 1 Nr. 3 Gesetz zur Änderung des Strafgesetzbuches [...] vom 9.6.1989, BGBl. I S. 1059) und der Verbrechenstatbestand des schweren Bandendiebstahls nach § 244a StGB eingeführt worden (Art. 1 Nr. 15 OrgKG 1992). Seine *heutige Gestalt* hat der Neunzehnte Abschnitt durch das **6. StrRG 1998** erhalten.[7] Es hat die Diebstahls- bzw. Unterschlagungsstrafbarkeit auf 23

[7] Hierzu (allgemein) *Dencker* u.a. Einführung in das 6. Strafrechtsreformgesetz 1998 (1998); *Kosloh* Das Sechste Strafrechtsreformgesetz (2000); *Schlüchter* (Hrsg.) Bochumer Erläuterungen zum 6. Strafrechtsreformgesetz (1998) und (besonders zu Diebstahl und Unterschlagung) *Birk* Die Unterschlagung nach dem 6. Strafrechtsreformgesetz (2003); *Noak*

Fälle der Drittzueignungsabsicht bzw. Drittzueignung erstreckt, den Diebstahl mit Waffen neu geregelt (§ 244 Abs. 1 Nr. 1 StGB), den neuen Qualifikationstatbestand des Wohnungseinbruchdiebstahls (§ 244 Abs. 1 Nr. 3 StGB) eingeführt und schließlich die Unterschlagung – entsprechend dem bereits im E 1909 enthaltenen Vorschlag (Rdn. 24) – als allgemeinen Zueignungstatbestand unabhängig von der Besitz- oder Gewahrsamslage an der unterschlagenen Sache ausgestaltet.

**24** In der bundesdeutschen Reformdiskussion sind nur wenige hierüber hinausgehende Reformansätze aufgezeigt worden. Im **E 1962** wurden Diebstahl und Unterschlagung zu den „Straftaten gegen das Vermögen" gerechnet; sie sollten aber in der Sache Eigentumsstraftaten bleiben (vgl. Begr. S. 399). §§ 235, 240 E 1962 erstreckten die Diebstahls- bzw. Unterschlagungsstrafbarkeit auf Fälle der Drittzueignungsabsicht bzw. Drittzueignung, und §§ 236, 237 E 1962 nahmen vorweg, was mit §§ 243, 244 StGB i.d.F. des 1. StrRG 1969 Gesetz wurde. Den in der Weimarer Zeit hervorgehobenen Strafschärfungsgrund der Gewerbsmäßigkeit (Rdn. 21) wollte § 238 E 1962 durch die Berufsmäßigkeit ersetzen; das hat sich nicht durchgesetzt. Einen **Alternativentwurf** zu den Eigentums- und Vermögensstraftaten gibt es nicht, sondern nur einen 1974 veröffentlichten „Entwurf eines Gesetzes gegen den Ladendiebstahl" (**AE-GLD**).[8] Der AE-GLD wollte die Strafbarkeit des Ladendiebstahls auf die dritte Tat binnen zwei Jahren oder den Diebstahl einer Sache mit einem Verkaufspreis über 500 DM beschränken; für hiernach straflose (aber in einem Register neuer Art erfasste) Ladendiebstähle sollte das Zivilrecht in der Weise „aktiviert" werden, dass dem Ladeninhaber ein Zahlungsanspruch in Höhe eines Betrags bis zum Verkaufspreis der entwendeten Ware, mindestens aber 50 DM, zugebilligt werden sollte. Angeregt hierdurch war die Frage, ob es sich empfehle, in bestimmten Bereichen der kleinen Eigentums- und Vermögenskriminalität die strafrechtlichen durch andere, z.B. zivilrechtliche Sanktionen abzulösen, Gegenstand des 51. DJT 1976 in Stuttgart.[9] Sie wurde kontrovers und emotional erörtert, und die Mehrheit sprach sich dagegen aus, „ein bisschen Stehlen zuzulassen" bzw. eine „Warenhausjustiz" oder einen „Schwarzmarkt des Rechts" an die Stelle staatlicher Strafverfolgung zu setzen (s. noch Rdn. 49 f).

## III. Kriminalpolitische Grundfragen

**25** 1. Die berühmte Sentenz, Eigentum sei Diebstahl,[10] verweist einerseits darauf, dass die kriminalpolitische Legitimation des strafbewehrten Diebstahls- und Unterschlagungsverbots von der sich nicht von selbst verstehenden Legitimation des (Privat-)Eigentums als solchen und der (Privat-)Eigentumsordnung in ihrer jeweiligen konkreten Gestalt abhängig ist (insoweit **krit.** *Smaus* Das Strafrecht und die gesellschaftliche Differen-

---

Drittzueignung und das 6. Strafrechtsreformgesetz (1999); *Schmid-Hopmeier* Das Problem der Drittzueignung bei Diebstahl und Unterschlagung (2000).

[8] S. hierzu *Arzt* JuS **1974** 693; *Baumann* GedS Schröder, S. 523, 526 ff; *Berckhauer* DRiZ **1976** 229, 235 f; *Ebert* ZStW **90** (1978) 377; *Kunz* Das strafrechtliche Bagatellprinzip (1984) S. 174 ff; *Nugel* (Fn. 3) S. 114 ff; *Rössner* ZRP **1976** 141; *Schoreit* JZ **1976** 49 m. Replik *Arzt* JZ **1976** 54 und Duplik *Schoreit* JZ **1976** 167; *Wolter* JZ **1976** 469.

[9] Mit straf- und zivilrechtlichen Teilgutachten von *Deutsch* und *Naucke*, Verhandlungen des 51. DJT, Bd. I (1976), Gutachten D und E, und straf- und zivilrechtlichen Referaten von *Arzt* und *Stoll*, aaO Bd. II N 43 und N 7. Im Überblick bei *Weber* JZ 1976 730.

[10] *Proudhon* Qu'est-ce que la propriété? Ou recherches sur le principe du droit et du gouvernement (1840) S. 2: „La propriété, c'est le vol!"

zierung [1998] S. 220 ff mit dem Fazit einer „Homologie des Strafrechts und der Eigentümermarktgesellschaft" mit „schichtspezifischer Formulierung der Tatbestände und schichtspezifischer Auswahl der Täter", S. 237 f). Andererseits legt die Sentenz einen **Vorrang der Sozial- vor der Kriminalpolitik** gerade beim Eigentumsschutz nahe, wie es *v. Liszt*[11] forderte und klassisch bereits von *Thomas Morus* formuliert wurde (Utopia [1516] Buch I, S. 24, zit. nach der Übersetzung von *Ritter* [1922] S. 14 f): „(K)eine Strafe ist hart genug, um solche Leute von der Räuberei abzuhalten, die sonst kein nährendes Gewerbe besitzen. (...) So setzt man fürchterlich harte Strafen für Diebe fest, während man viel lieber dafür sorgen sollte, dass sie ihr Auskommen haben, damit nicht einer in den harten Zwang gerät, erst stehlen und danach sterben zu müssen".

Ob Eigentums- auch heute noch **Armutskriminalität** in dem Sinne ist, dass Diebstähle **26**
je häufiger begangen werden, desto ärmer die Bevölkerung ist (oder desto ungleicher Vermögen verteilt ist oder desto größere Teile der Bevölkerung von angemessener Vermögensteilhabe ausgeschlossen sind), unterliegt allerdings Zweifeln. Für das 19. und frühe 20. Jahrhundert gibt es Untersuchungen, die einen signifikanten Zusammenhang zwischen Armut und Diebstahlshäufigkeit belegen (näher *Arzt/Weber* BT § 13 Rdn. 16 m.w.N.). Auch heute können die signifikant überdurchschnittlichen Diebstahlshäufigkeitszahlen in „armen" Bundesländern wie Mecklenburg-Vorpommern (s. hierzu 1. PSB S. 112 f) bzw. die signifikant unterdurchschnittlichen Häufigkeitszahlen bei Kraftwagen-, Moped- und Fahrraddiebstahl in „reichen" Bundesländern wie Baden-Württemberg (s. hierzu PKS 2006 S. 177, 179 f) in diese Richtung interpretiert werden. Gegen einen Zusammenhang sprechen freilich der außerordentliche Anstieg der in der Bundesrepublik Deutschland registrierten Diebstahlskriminalität in der Zeit des „Wirtschaftswunders" (Rdn. 5) und der Umstand, dass die Sozialstruktur der polizeilich registrierten Ladendiebe mit gewissen Abweichungen dem Bevölkerungsquerschnitt entspricht (2. PSB S. 197).

2. Für eine faktenbasierte Kriminalpolitik (evidence based criminal policy) ist hinge- **27**
gen der **Vorrang der Prävention vor der Repression** ein mehr als nahe liegender Leitgedanke. Dass Gelegenheit Diebe macht und hoch signifikante Zusammenhänge zwischen der Eröffnung von Tatgelegenheiten (z.B. in Selbstbedienungsläden) bzw. deren Vermeidung (z.B. durch das „Härten" von potentiellen Tatobjekten wie Häusern durch Gitter oder Kraftfahrzeugen durch elektronische Wegfahrsperren) und der Häufigkeit von Diebstählen bestehen, kann als gesichert gelten. Auch scheint situative Kriminalitätsprävention (situational crime prevention) z.B. durch optische Überwachung (CCTV), „place management" usw. nicht bloß zu einer räumlichen Verlagerung, sondern zu einer wirklichen Verringerung gerade der Diebstahlskriminalität zu führen (vgl. *Clarke* [Hrsg.] Situational Crime Prevention: Successful Case Studies, 2. Aufl. [1997]). Solche Ansätze entsprechen gesundem Menschenverstand und beherrschen die aktuelle Kriminalpolitik, die „der Überzeugung (ist), dass eine erfolgreiche Kriminalitätsbekämpfung (...) in ganz erheblichem Umfang durch präventive Maßnahmen bestimmt ist. (...) Die Bundesregierung unterstützt die Entwicklung neuer präventiver Sicherungsmittel und -verfahren, die ihre Wirksamkeit beispielsweise zur Verhinderung von Ladendiebstählen, Einbrüchen in

---

11 Das Verbrechen als sozial-pathologische Erscheinung (1898), in Strafrechtliche Aufsätze und Vorträge, Bd. II (1905/Nachdruck 1970) 230, 246: „Damit ist zugleich gesagt, dass eine auf Hebung der gesamten Lage der arbeitenden Klassen (...) abzielende Sozialpolitik zugleich auch die beste und wirksamste Kriminalpolitik darstellt", was sich insbesondere auf Diebstahl bezieht (vgl. S. 244).

Wohnungen und Diebstählen von und aus KFZ in den letzten Jahren nachhaltig bewiesen haben" (2. PSB S. 217). Freilich bleibt zu diskutieren, inwieweit die hinter ihnen stehenden Kontroll- und Präventionsvisionen, die mit ihnen implizierte „Privatisierung von Sicherheit" und die hieraus entstandene private Sicherheitsindustrie mit den Prinzipien des liberalen Rechtsstaats und der offenen Gesellschaft vereinbar sind (krit. *Schmidtchen* Festschrift Jung [2007] 843 ff).

**28** 3. Der Umstand, dass das geltende deutsche Recht nach h.A. „formalen Eigentumsschutz" bezweckt, darf nicht den Blick darauf verstellen, dass es eine durchaus offene kriminalpolitische Frage ist, welches die **Schutzzwecke** eines strafbewehrten Diebstahls- und Unterschlagungsverbots sein und wie sie in strafrechtliche Eigentumsschutzkonzepte eingefügt werden sollen.

**29** a) In der Rechtsgeschichte ist das Diebstahlsverbot häufig in einen engen kriminalpolitischen Zusammenhang mit dem **Friedensschutz** gestellt worden: Der Bruch von bzw. Einbruch in fremden Gewahrsam – verstanden als eine enge, privat-geschützte räumlich-gegenständliche Beziehung zwischen Mensch und Sache, als eine Privatsphäre, in der sich der Mensch mit Sachen entfaltet – verletzt den privaten und ggf. auch öffentlichen Frieden. In der Konsequenz hiervon liegt es, Gewahrsamsbrüche – die man in die Nähe der Sachgewalt rücken (vgl. Rdn. 72 zum heutigen italienischen Recht) und als Vorstufe zur nicht fern liegenden Eskalation in Personengewalt, also zum Raub, auffassen kann – als solche, ggf. auch unabhängig von der Eigentumslage, zu bestrafen. Hiervon hat sich das moderne Recht zwar abgewendet; jedoch bleibt der kriminalpolitische Gedanke des Friedensschutzes bis heute lebendig und spielt einerseits bei der Begründung der im Verhältnis zur Unterschlagung strengeren Bestrafung des Diebstahls (Rdn. 59) und andererseits bei den Diebstahlsqualifizierungen des Einbruchs und Wohnungseinbruchs (§ 243 Rdn. 12, § 244 Rdn. 74) eine nicht unerhebliche Rolle.

**30** b) Im modernen Recht wird die kriminalpolitische Legitimation des strafbewehrten Diebstahls- und Unterschlagungsverbots in erster Linie mit dem Schutz des Eigentums begründet. In rechtsvergleichender, aber auch rechtstheoretischer Perspektive ist allerdings die Tendenz unübersehbar, Eigentum als besonders hervorgehobenes Vermögensrecht (vgl. *Kindhäuser* NK Rdn. 1: „Das Eigentum [...] ist das Vermögensrecht schlechthin") und den strafrechtlichen **Eigentums- als Vermögensschutz** zu verstehen. Hiernach ist es konsequent, das strafbewehrte Diebstahls- und Unterschlagungsverbot nach den Grundsätzen des strafrechtlichen Vermögensschutzes auszugestalten und einerseits die Wegnahme bzw. Zueignung wirtschaftlich wertlosen Eigentums oder wirtschaftlich wertvollen Eigentums mit gleichzeitiger Wertkompensation straflos zu lassen – wie es in vielen Rechtsordnungen der Fall ist, die (wie z.B. die österreichische und schweizerische, s. Rdn. 69 f) für Diebstahl und Unterschlagung eine Bereicherung(sabsicht) verlangen. Auf der anderen Seite eröffnet ein vermögensbezogener Ansatz die Möglichkeit, den strafrechtlichen Schutz „wirtschaftlichen" Eigentums (z.B. des Vorbehaltskäufers, soweit der Kaufpreis bezahlt ist, oder desjenigen, der eine Sache zur Sicherheit übereignet hat, nach Wegfall des Sicherungszwecks) insbesondere gegenüber Angriffen des bloß „formalen" Eigentümers (s. Rdn. 53) und den Schutz anderer Rechte an Sachen als Eigentum (s. Rdn. 38) zu verbessern.

**31** Für dieses Konzept spricht, dass **Eigentumsschäden typischerweise Vermögensschäden** sind und Diebstahl und Unterschlagung typischerweise um der Bereicherung willen begangen werden. Konstellationen diskutabler Strafwürdigkeit und -bedürftigkeit wie z.B. eigenmächtiges Geldwechseln (hierzu näher § 242 Rdn. 44 f) können von vornherein ausgeschieden werden. Vor allem können Wertungswidersprüche zwischen Eigentums- und Vermögensstrafrecht vermieden werden, wenn z.B. die durch Täuschung oder Zwang (Gewalt oder Drohung) bewirkte Weggabe wirtschaftlich wertloser oder wertkompensierter Sachen mangels Vermögensschadens nicht als Betrug oder (räuberische) Erpressung, wohl aber die in gleicher Weise erfolgende Wegnahme als (Trick-)Diebstahl oder Raub bestraft wird oder wenn – umgekehrt – die durch Zwang ermöglichte Wegnahme einer Sache zum bloß vorübergehenden, aber wirtschaftlich wertvollen Gebrauch als (Trick-)Diebstahl oder Raub straflos, aber als (räuberische) Erpressung strafbar sein kann (hierzu besonders prägnant *Kindhäuser* BT II 1² § 1 Rdn. 17 ff, 24 f).

Demgegenüber hat sich das deutsche Recht für eine **„Zweiteilung"** oder **„Doppelspurigkeit"** entschieden: „Sach- und Zueignungsverbrechen mit juristischen Maßstäben auf der einen, Vermögensverbrechen mit wirtschaftlichen Maßstäben auf der anderen Seite" (*Kohlrausch* [Rdn. 25] S. 475). Zugunsten dieses historisch gewachsenen Systems wird angeführt: Die „Radikallösung", Diebstahl, Unterschlagung und die weiteren traditionellen Eigentumsstraftaten de lege ferenda in echten Vermögensschutztatbeständen aufgehen zu lassen, könnte kaum mit Akzeptanz der Rechtsgemeinschaft rechnen und würde die auch verfassungsrechtlich begründete Sonderstellung des Eigentums verfehlen. Auch die weniger weitreichende Lösung, die Tatbestände des Eigentumsstrafrechts um das Merkmal des Vermögensschadens (bzw. spiegelbildlich der Bereicherung[sabsicht]) anzureichern, hätte den Nachteil, wertlose persönliche Habe und – bei gleichsam aufgedrängter Wertkompensation – persönliche Habe in ihrer Zusammensetzung strafrechtlich schutzlos zu stellen, was durch einen Sondertatbestand aufgefangen werden müsste (*Baumann* JZ **1972** 1, 5). Das sind beachtliche, aber kriminalpolitisch angesichts des stets verbleibenden Zivilrechtsschutzes und des ultima-ratio-Prinzips alles andere als zwingende Erwägungen. 32

c) Die kriminalpolitische Grundentscheidung, das zivilrechtliche Eigentum als solches – auch wenn es wirtschaftlich wertlos ist oder sein Wert kompensiert wird – zu schützen, wird üblicherweise als **„formaler Eigentumsschutz"** bezeichnet (näher Rdn. 53 m.w.N.). Zu seinen Gunsten wird angeführt, so werde das Eigentum umfassend als freie tatsächliche Verfügungsmacht des Eigentümers im Sinne des § 903 BGB geschützt (*Sch/Schröder/Eser* § 242 Rdn. 6). Es gehe um „den Menschen in seinem Menschsein", nämlich die „höchstpersönliche Sphäre" seiner gesamten Habe, und es seien Diebstahl und Unterschlagung „unmittelbare Eingriffe in seine", des Menschen, „Lebenssphäre", z.B. wenn ihm ein Buch, das er liebe, ein Vogel, an dem er hänge, oder ein billiges Schmuckstück vom Nachttisch weggenommen würden (so exemplarisch *Dreher* FS Welzel, S. 917, 931). Eine derartige *Personalisierung* des strafrechtlichen Eigentumsschutzes steht an sich im Einklang mit einem betont personalen Rechtsgutsbegriff. Gerade beim Eigentum führt dies aber zu dessen Idealisierung, ja Verkitschung und blendet den Bedeutungsverlust, den das Eigentum erfahren hat (Rdn. 4), bewusst oder unbewusst aus. Dass, je personaler das Eigentum aufgeladen wird, desto fragwürdiger wird, ob rein kapitalistisches Eigentum strafschutzwürdig ist, wird kaum je thematisiert.[12] 33

Zwingende Konsequenz der kriminalpolitischen Entscheidung zugunsten formalen Eigentumsschutzes scheint zu sein, dass der **(Allein-)Eigentümer nie Täter** eines Dieb- 34

---

[12] S. aber *Lampe* in Müller-Dietz S. 75: „(D)as (…) Eigentum (…) einer (…) nur rechtlich existierenden Person ist strafrechtlich nicht schutzwürdig. Schutzwürdig sind allein die individualen (…) Interessen derjenigen natürlichen Personen, die ‚hinter' den juristischen Gebilden stehen und zu deren Nutzen sie geschaffen sind."

stahls oder einer Unterschlagung sein kann (s. § 242 Rdn. 19, 26 ff). Die Rechtsvergleichung zeigt allerdings, dass ein Gesetzgeber frei ist anzuordnen, dass eine Sache auch für den (Allein-)Eigentümer „fremd" ist, sofern an ihr ein dem (Allein-)Eigentum vorgehendes Recht eines anderen besteht (s. Rdn. 76, 80, 82). Erst recht ist es keine Konsequenz formalen Eigentumsschutzes, dass Wegnahme bzw. Zueignung auch dann, wenn der Eigentümer rechtswidrig auf seinem nur mehr formalen Eigentum besteht, als Diebstahl bzw. Unterschlagung bestraft werden müssten.

35 Im Übrigen präjudiziert der formale Eigentumsschutz nicht ohne weiteres, welche **Tatobjekte** in den Schutzbereich des Diebstahls- und Unterschlagungsverbots einbezogen werden sollen. Von der jeweiligen Zivilrechtsordnung hängt es ab, ob es begrifflich und rechtsdogmatisch Eigentum nur an *Sachen* oder auch an *anderen Gegenständen* (z.B. Forderungen, Immaterialgüterrechte) gibt. Zumindest im zuletzt genannten Fall liegt es kriminalpolitisch nahe, den Diebstahls- und Unterschlagungstatbestand ganz oder zum Teil auf diese Gegenstände zu erstrecken, wie es z.B. im englischen und amerikanischen Recht (s. Rdn. 75 f, 78 ff) und für den Energiediebstahl auch in kontinentalen Rechtsordnungen (z.B. in Frankreich und Italien, s. Rdn. 71 f) der Fall ist. Erst recht nicht präjudiziert wird die Antwort auf die Frage, ob und inwieweit *Grundstückseigentum* in den Schutzbereich des Diebstahls- und Unterschlagungsverbots einbezogen werden soll. Soweit das geltende deutsche Recht den Schutzbereich der §§ 242 ff StGB auf *bewegliche* Sachen beschränkt, entspricht das zwar der rechtsgeschichtlichen Tradition („res immobiles non contrectantur, sed invaduntur", s. *Harburger* S. 193 Fn. 4[13]) und der Rechtslage in vielen ausländischen Rechtsordnungen (s. aber zu Italien, Spanien und England Rdn. 72 f, 75). Als selbstverständlich kann diese Beschränkung jedoch nicht gelten. „Landraub", aber auch „Landdiebstahl" und „-unterschlagung", wie sie namentlich in friedloser Zeit (Krieg, Bürgerkrieg, Diktatur, sog. ethnische Säuberungen) vorkommen, sind gewiss strafwürdiges Unrecht und wiegen in der Regel schwerer als Diebstahl, Unterschlagung oder Raub von Fahrnis. Logisch-begrifflich ist es ohne weiteres möglich, Grundstücke sich oder einem Dritten zuzueignen und fremden Gewahrsam an Grundstücken zu brechen und eigenen zu begründen, sie also wegzunehmen. Die Erwägung in E 1962 Begr. S. 401, es fehle an einem kriminalpolitischen Bedürfnis, unbewegliche Sachen in den Schutz gegen Taten wie Diebstahl, Raub und Unterschlagung einzubeziehen, die in aller Regel eine örtliche Veränderung der angegriffenen Sache voraussetzen, ist für die Unterschlagung sachlich, für den Diebstahl und Raub rechtlich verfehlt und im Übrigen wenig mehr als eine petitio principii, hinter der eher pragmatische Erwägungen stehen dürften: In friedlichen Zeiten sind Grundstücks- oder Gebäudeusurpationen selten; Grundstücke und Gebäude gehen in der Regel nicht verloren; Tat und Täter können schwerlich verheimlicht werden; dem Eigentümer steht der Zivilrechtsweg offen (vgl. *Rassat* Droit pénal spécial[2] Rdn. 65). Aber derartige Erwägungen greifen nicht in

---

[13] Warum bereits das römische Recht das furtum auf bewegliche Sachen beschränkte (D. 48, 2, 25 pr.), ist unklar. *Mommsen* (Rdn. 17) S. 739 führt aus, dass eine contrectatio animo lucri faciendi bei Grundstücken begrifflich und sachlich ohne weiteres möglich sei. Deshalb müsse D. 48, 2, 25 pr. – auch im Hinblick auf den Eigentumsschutz – als „irrationell" gelten. Es sei wohl so gewesen, dass zur Zeit der Entstehung des furtum dem römischen Recht Privateigentum an Grundstücken noch unbekannt gewesen sei (aaO S. 740 f). Die friesischen Küren bezeichneten die rechtswidrige Wegnahme von Grundstücken als „londraf" (Landraub), und eine jüngere Quelle bedrohte ihn mit Raubesstrafe; auch der Schwabenspiegel spricht vom Raub an Grundstücken; von Diebstahl ist hingegen kaum die Rede, vgl. *His* (Rdn. 15) S. 175, 259 m.w.N.

unfriedlichen Zeiten und sind auch sonst in sich fragwürdig, da niemand erwägt, Fahrnisdiebstahl in Konstellationen straflos zu stellen, in denen die Sache nicht verloren geht, die Tat nicht verheimlicht wird und der Verletzte den Zivilrechtsweg beschreiten kann. De lege ferenda sprechen die besseren Argumente dafür, Grundstücke eigentumsstrafrechtlich vor Usurpation und Unterschlagung zu schützen, wie es z.B. im italienischen, spanischen und englischen Recht geschieht (s. Rdn. 72 f, 88). Zum geltenden deutschen Recht, insbesondere bei sog. Hausbesetzungen, s. § 242 Rdn. 17.

d) Dem Charakter des Eigentums als Individualrecht und dem vielfach geforderten Primat des Individualrechtsgüterschutzes entspräche es, kriminalpolitisch den **Schutz des konkret-individuellen Eigentums** in den Vordergrund zu stellen und Diebstahl bzw. Unterschlagung als dessen Verletzung zu verstehen. Freilich lässt sich das geltende deutsche Recht in weiten Teilen so nicht überzeugend erklären: Für ein konsequent am Schutz konkret-individuellen Eigentums orientiertes Strafrecht (de lege ferenda in diese Richtung *Baumann* JZ **1972** 1, 5) läge es nahe, die Zerstörung unvertretbarer und unversicherter Sachen als die den Eigentümer konkret-individuell am schwersten treffende Eigentumsverletzung an die Spitze zu stellen und im Übrigen der Sachbeschädigung – auch unter dem Gesichtspunkt des Bruchs öffentlichen Friedens (Rdn. 29) – weit mehr Gewicht beizumessen als das geltende deutsche Recht. Die auf Dauer angelegte Sachentziehung müsste gleich schwer wiegen wie Diebstahl und Unterschlagung, da jene ebenso enteignend wirkt wie diese, und die Privilegierung der Gebrauchsentwendung (furtum usus) ließe sich nur dann rechtfertigen, wenn die Sache dem Eigentümer alsbald und ohne Wertminderung zurückgegeben werden soll, da die Eigentumsverletzung dann von vornherein nicht auf Dauer angelegt ist (s. noch § 242 Rdn. 143). Überhaupt müsste die Enteignung(sabsicht) in den Mittelpunkt gestellt werden, da in ihr die „eigentliche Rechtsgutsverletzung" liegt (zutr. *Schmitz* MK § 242 Rdn. 8). Demgegenüber dürfte es auf die Aneignung(sabsicht) nicht entscheidend ankommen, da Aneignung als solche den konkret-individuellen Eigentumsschaden nicht vertieft (und fallweise sogar Rückerlangungsmöglichkeiten gewährleisten kann, z.B. wenn der Kraftfahrzeugdieb das gestohlene Fahrzeug wie ein Eigentümer nutzt, pfleglich behandelt und wartet). Schließlich müsste erwogen werden, die Wegnahme bzw. Besitzentziehung oder -vorenthaltung als solche unter Strafe zu stellen, weil sie eine geradezu klassische und paradigmatische Eigentumsverletzung darstellt (vgl. §§ 903 Satz 1, 985 ff, 1004 BGB; näher Rdn. 58). **36**

e) Demgegenüber sind Diebstahl und Unterschlagung im geltenden deutschen Recht (und in vielen Auslandsrechten) als Zueignungsdelike ausgestaltet. Kriminalpolitisch lässt sich das *überindividuell*, nämlich durch den **Schutz der Eigentumsordnung als solcher** legitimieren: In erster Linie stören sich Recht und Gesellschaft an der rechtsgrundlosen Eigentumsanmaßung des Täters, der von ihm bewirkten „Perversion der Eigentumsordnung" (*Maiwald* S. 85, 233) und erst in zweiter Linie an der ihr korrespondierenden Eigentumsverletzung des Opfers. So erklärt sich, dass Wegnahme ohne Zueignung(sabsicht) als solche im Prinzip straflos ist und dass, wer einen fälligen und einredefreien Anspruch auf Übereignung einer Sache hat, sie nach §§ 242, 246 StGB straflos wegnehmen oder sich zueignen darf, da er *„im Sinne der Eigentumsordnung* [handelt], weil er den von ihr gewollten Zustand herbeiführt" (BGHSt 17 87, 89; Herv. v. *Verf.* – eine zivilrechtlich so nicht haltbare Aussage, näher unten § 242 Rdn. 23, 37). Rechtsethisch und moralisch gesprochen sind es der performative Selbstwiderspruch des Diebs, der fremdes Eigentum missachtet, aber selbst wie ein Eigentümer auftreten will, und das „Trittbrettfahren" des Diebes in einer Gesellschaft, die Eigentum und Gewahrsam im Großen und Ganzen achtet, welche den Unwert des Diebstahls begründen: Der Dieb hat „gestohlen, **37** anstatt zu arbeiten – und erst diese Disjunktion erfasst die volle Bedeutung" der Tat (*Smaus* [Rdn. 28] S. 228). Ökonomisch gesprochen sind es die Missachtung des Systems der Eigentumsrechte durch den Dieb und die nicht marktförmige Transaktion durch nicht einverständliche Wegnahme, welche zu einer der Gesamtwohlfahrt jedenfalls langfristig abträglichen Fehlallokation von Ressourcen führen und zu kollektiven Schäden führen, z.B. zur Verteuerung von Waren in Selbstbedienungsläden durch „Einpreisen" der Verluste aus Ladendiebstählen (s. bereits Rdn. 3). So gesehen sind Diebstahl und Unterschlagung in ihrer modernen Gestalt *fundamentale Wirtschaftsdelikte*, die nicht bloß, ja nicht einmal in erster Linie das konkret-individuelle Eigentum, sondern auch und vor allem die überindividuelle Eigentumsordnung als Grundlage einer im Prinzip allseits vorteilhaften (Markt-)Wirtschaftsordnung und damit letztlich kollektive Interessen schützen (vgl. nur *Lampe* FS Tiedemann S. 85). So lässt sich z.B. legitimieren, dass auch rein kapitalistisches Eigentum schutzwürdig ist, und so lässt sich z.B. begründen, warum Ladendiebstähle trotz ihres Bagatellcharakters aufgrund ihres massenhaften Vorkommens und ihrer gesamtwirtschaftlichen Auswirkungen auch heute noch ernsthaft als Kandidaten für strafwürdiges Unrecht in Betracht kommen.

**38** f) Schließlich stellt sich für die Kriminalpolitik die Frage, ob und wie das Diebstahls- und Unterschlagungsverbot auch den **Schutz anderer Rechte an Sachen als Eigentum** wie z.B. beschränkt dingliche Rechte wie Pfandrechte, weiterhin Anwartschafts- und Besitzrechte usw. gewährleisten soll. Faktisch werden solche Rechte mit geschützt, wenn der Täter ohne den Willen des Eigentümers handelt (z.B. ein Dieb dem anwartschaftsberechtigten Vorbehaltskäufer Sachen stiehlt, die noch dem Vorbehaltsverkäufer gehören). Auch rechtlich können solche Rechte vom Diebstahls- und Unterschlagungsverbot mit geschützt werden, sofern sich der Gesetzgeber entschließt zu statuieren, dass eine Sache auch für den (Allein-)Eigentümer fremd sein kann, sofern an ihr ein Recht eines anderen besteht (s. Rdn. 34). Die meisten Rechtsordnungen privilegieren in dieser Situation hingegen den (Allein-)Eigentümer, indem bei in der Regel gemilderter Strafe häufig nur die Wegnahme strafbar gestellt und auf Strafschärfungs- oder Qualifikationsgründe verzichtet wird (so im deutschen Recht § 289 StGB). Die kriminalpolitische Begründung hierfür, der (Allein-)Eigentümer habe immerhin das Eigentum als Vollrecht inne und verletze nur hieraus abgespaltene Teilrechte, überzeugt freilich nicht, da solche Teilrechte dem Eigentumsrecht vorgehen (vgl. § 903 Satz 1 BGB: „soweit nicht (...) Rechte Dritter entgegenstehen"). Es ist ein berechtigtes kriminalpolitisches Anliegen, den strafrechtlichen Schutz anderer Rechte an Sachen als Eigentum zu verbessern.[14]

**39** 4. Diebstahl und Unterschlagung sind traditionelle und typische Kriminalitätsphänomene, als solche im Bewusstsein der Bevölkerung lebendig und auch in spezifisch juristischer Perspektive Tatbestände, die ebenso wie die weiteren des Eigentums- und Vermögensstrafrechts historisch gewachsen und verfestigt sind und von Hause aus **kein strenges und rationales System** bilden. Für Theorie und Praxis resultieren hieraus vielfältige Abstimmungs- und Abgrenzungsfragen (z.B. zwischen Diebstahl und Unterschlagung, Trickdiebstahl und Besitzbetrug, veruntreuender Unterschlagung und Untreue usw.). Nicht selten sind solche Fragen rechtlich schwierig und aufwendig zu beantwor-

[14] So *Baumann* S. 200 ff; *ders.* JZ 1972 1, 4; *Lampe* in Müller-Dietz S. 69 ff – Die Rechtsprechung hilft über das Vermögensstrafrecht, z.B. §§ 253, 255 StGB, wenn der Eigentümer mit Gewalt ein wirtschaftlich wertvolles Nicht-Eigentumsrecht vereitelt; s. noch u. § 255 Rdn. 9.

ten, aber für das Ob der Strafbarkeit und das Wie der Strafe kaum maßgeblich – so dürfte es für den Rechtsfolgenausspruch nahezu bedeutungslos sein, ob wegen Diebstahls oder Betrugs schuldig gesprochen wird, wer an der Ladenkasse verpackte Ware zur Bezahlung präsentiert und dabei in der Verpackung weitere Ware verborgen hat, die er nicht präsentiert und nicht bezahlt (näher § 242 Rdn. 119). Weiterhin ist mit *Wach* (Legislative Technik, in Birkmeyer u.a. [Hrsg.] Vergleichende Darstellung des deutschen und ausländischen Strafrechts, AT, Bd. VI [1908] 1, 69) zu bemerken: „Wir scheiden Diebstahl, Unterschlagung, Raub, Betrug, Erpressung mit einer Schärfe, als handle es sich dabei um im Leben völlig getrennte, eigenartige Erscheinungen. Tatsächlich aber fließt das alles häufig ineinander und die Differenzierung erscheint für eine der Wirklichkeit entsprechende Beurteilung des Angriffs bedeutungslos".

Das führt zu der kriminalpolitischen Grundfrage, ob de lege ferenda ein **eigentums- und/oder vermögensstrafrechtlicher Einheitstatbestand** geschaffen werden sollte. *Wach* (Rdn. 39) S. 69 f hatte vorgeschlagen, ein vermögensstrafrechtliches „Grunddelikt" als „umfassenden Mischtatbestand" der vorsätzlichen Vermögensbeschädigung in Bereicherungsabsicht durch Aneignung, Täuschung oder Zwang zu schaffen; Grundgedanke und zugleich praktischer Gewinn sei die „Gleichwertigkeit der verschiedenen Angriffsformen", was Abgrenzungsfragen erübrige.[15] Zu ergänzen wäre, dass zudem der unechten Wahlfeststellung (Tatsachenalternativität) ein weiter Anwendungsbereich eingeräumt würde, was den prozessualen Tatnachweis erleichtern würde. Dass derartige Einheits- oder Mischtatbestände nichts Utopisches sind, zeigt die Rechtsvergleichung (s. zum amerikanischen Recht Rdn. 78 ff). In der deutschen kriminalpolitischen Diskussion hat der von *Wach* gemachte Vorschlag allerdings kein nennenswertes Echo gefunden, und nur vereinzelt ist eine „Entschlackung und Vereinfachung" (*Baumann* JZ **1972** 1, 5) des Eigentums- und Vermögensstrafrechts gefordert worden. Die Gründe für diese Zurückhaltung sind exemplarisch von *Kohlrausch* (Rdn. 25) S. 474 f aufgezählt worden: Ein Einheits- oder Mischtatbestand führe zu schrankenloser richterlicher Ermessensfreiheit; im Eigentums- und Vermögensstrafrecht müsse aber der Gesetzgeber Richtlinien für die Abgrenzung zwischen rechtmäßigem Gebrauch wirtschaftlicher Handlungsfreiheit, deren lediglich zivilrechtliche Unrechtsfolgen auslösenden Missbrauch und Straftaten angeben; deshalb sei Typenbildung unerlässlich und auch volkstümlich. Letzteres trifft zwar zu; aber auch ein Einheits- oder Mischtatbestand kann Typen bilden und integrieren und über die Tathandlungsalternativen hinreichende Bestimmtheit herstellen, die auch bei einzelnen Tatbeständen des geltenden Rechts wie der Untreue zu wünschen übrig lässt. Dass es in der Logik eines Einheits- oder Mischtatbestandes läge, die traditionelle „Doppelspurigkeit" von Eigentums- und Vermögensstrafrecht aufzuheben (hierzu Rdn. 32), ist für sich genommen kein durchgreifender Einwand. **40**

5. Insbesondere bei der Graduierung (Qualifizierung, Privilegierung) der verschiedenen erfahrungsgemäß vorkommenden Diebstahlsvarianten sieht sich der Gesetzgeber vor die kriminalpolitische Grundsatzfrage gestellt, ob (und, wenn ja, inwieweit) er **täterstrafrechtlichen Einflüssen** Raum lässt, d.h. ob (und, wenn ja, inwieweit) Diebstähle nach Merkmalen nicht nur der Tat selbst, sondern auch des Täters – wie z.B. „Berufsdieb" **41**

[15] Plastisch *Wach* aaO S. 70: „A veranlasst B durch Vorspiegelung der Dienstbereitschaft, dass er ihm eine Sache zum Halten übergibt, und brennt mit ihr durch. Heute streiten wir: hat er betrogen, hat er gestohlen oder unterschlagen? Der (...) Mischtatbestand ist jedenfalls gedeckt, indem A das Vermögen des B zum eignen Vorteil rechtswidrig schädigte durch planmäßiges Täuschen und Behalten (Aneignen)."

oder Bandenmitglied, einschlägig vorbestraft, jugendlich oder in Not zu sein – graduiert (qualifiziert, privilegiert) werden sollen. Die Frage reflexhaft zu verneinen, weil Täterstrafrecht ein Schlagwort ist, das im Nationalsozialismus Konjunktur hatte, greift zu kurz. Bereits *v. Liszt* (Nach welchen Grundsätzen ist die Revision des Strafgesetzbuchs in Aussicht zu nehmen? Gutachten für den 20. Deutschen Juristentag 1902, in Strafrechtliche Aufsätze und Vorträge, Bd. II [1905/Nachdruck 1970] S. 356, 391) hatte einer „feinsten Differenzierung der Deliktstatbestände nach allen möglichen objektiven Unterschieden" eine „möglichste Differenzierung nach der Persönlichkeit des Täters, genauer gesprochen, nach den Intensitätsgraden seiner verbrecherischen Gesinnung" gegenübergestellt und sie gerade für den Diebstahl befürwortet: „Ich kann mit größtem Vergnügen auf den ganzen § 243 (...) verzichten; ich muss aber mit möglichster Bestimmtheit verlangen, dass der Täter, der in drückender Notlage an fremdem Eigentum das erste Mal sich vergriffen hat, und der professionelle Taschendieb in grundsätzlich verschiedener Weise bestraft werden". Das entspricht praktischer Vernunft und kann verallgemeinert werden: Die Graduierung (Qualifizierung, Privilegierung) einer Tat kann nach auf den Täter und seine Persönlichkeit bezogenen Merkmalen erfolgen, soweit diese in ihr zum Ausdruck gekommen sind und die Grenzen, die das Tat- und Tatschuldprinzip zieht, nicht überschritten werden. Insbesondere darf nicht allein an eine „Lebensführungsschuld" angeknüpft werden, und es müssen Verdachtsstrafen für lediglich vermutete Serientaten vermieden werden.

**42** Ob und inwieweit Strafschärfungen bzw. Qualifikationen für *„gewohnheits-", „gewerbs-", „berufs-", „bandenmäßigen" oder „organisierten" Diebstahl* (s. im geltenden deutschen Recht §§ 243 Abs. 1 Satz 2 Nr. 3, 244 Abs. 1 Nr. 2, 244a StGB) täterstrafrechtlichem Denken verpflichtet und deshalb bedenklich sind, ist umstritten. Teils als „echte Täterbestrafung" eingeordnet, werden sie zunehmend nur mehr teilweise oder gar nicht dem Täterstrafrecht zugeordnet:[16] „Denn hier geht es nicht um einen kriminologischen Typ (...), sondern darum, dass die gewerbs- oder gewohnheitsmäßige Verübung (...) sehr viel sozialschädlicher ist als die vereinzelt bleibende Gelegenheitstat" (*Roxin* AT I § 6 Rdn. 16). Das träfe zu, wenn die genannten Merkmale nur bei mehr- oder vielfacher Tatbegehung erfüllt wären; so werden sie aber im geltenden deutschen Recht überwiegend nicht ausgelegt (s. § 243 Rdn. 36, § 244 Rdn. 54 f). Vielmehr geht es zum einen – im Ausgangspunkt doch täterstrafrechtlich – um die gesetzlich vermutete **Gefährlichkeit des Täters** bzw. Gefahr der Tatwiederholung, zum anderen um den intensivierten Widerspruch auch der Einzeltat zur Eigentums- und Wirtschaftsordnung (Rdn. 37), wenn sie gewerbsmäßig usw. begangen wird.

**43** Beim Diebstahl besonders bedeutsam ist die **Rückfallschärfung**, wie sie sich im deutschen Recht bis 1970 in §§ 244, 245 StGB a.F. und bis 1986 in verallgemeinerter Fassung in § 48 StGB a.F. fand und bis heute in vielen ausländischen Rechtsordnungen findet. Sie wird vielfach als bedenkliches Täterstrafrecht angesehen, und die Aufhebung des § 48 StGB a.F. ist vielfach begrüßt worden, da Rückfallschärfung „nur aus der Annahme einer Lebensführungsschuld erklärbar und mit dem Prinzip der Tatschuld nicht zu vereinbaren" gewesen sei (*Roxin* AT I § 6 Rdn. 18). Aber das ist eine zu weitgehende Aussage. Zwar trifft es zu, dass automatisch-schematische, pauschalierende Rückfallschärfungen problematisch sind, vor allem wenn sie zu grob unverhältnismäßigen Strafen führen (wie z.B. im amerikanischen Recht, s. Rdn. 81). Jedoch leuchtet es intuitiv ein,

---

[16] Im zuerst genannten Sinne *Baumann/Weber/Mitsch* § 3 Rdn. 86; *Jescheck* § 7 III 2; im zuletzt genannten Sinne *Roxin* AT I § 6 Rdn. 16; vermittelnd *Jescheck/Weigend* AT aaO.

dass erhöhte Tatschuld auf sich laden kann, wer sich eine frühere Verurteilung „nicht hat zur Warnung dienen lassen" (§ 48 Abs. 1 StGB a.F.; s. hierzu G. *Hirsch* LK[10] § 48 Rdn. 1, 32). Auf der Ebene der Strafzumessung(sschuld) lässt sich das auch theoretisch erklären, z.B. unter dem Gesichtspunkt der positiven und negativen Spezialprävention, da und soweit der Rückfall die Notwendigkeit weiterer und zu intensivierender Resozialisierung und ggf. des Schutzes der Allgemeinheit vor weiteren Taten („incapacitation") indiziert. Dementsprechend ist die deutsche Praxis auch nach Streichung der §§ 244, 245 bzw. 48 StGB a.F. im Rahmen des § 46 Abs. 2 StGB („Vorleben des Täters") in der Sache dabei geblieben, dass Diebstahl im Rückfall schärfer bestraft wird als die Ersttat. Jenseits des § 46 StGB haben sich in der Praxis von Bundesland zu Bundesland, Generalstaatsanwaltschaft zu Generalstaatsanwaltschaft variierende Stufenreaktionsmodelle entwickelt (z.B. Ersttat = § 153 StPO, Zweittat = § 153a StPO, Dritttat = Strafbefehl mit Geldstrafe, Vierttat = Strafbefehl mit kurzer Freiheitsstrafe, die zur Vollstreckung ausgesetzt wird, Fünfttat = Anklage mit dem Ziel einer Verurteilung zu vollstreckender Freiheitsstrafe).

6. Bis heute harrt das quantitativ (Rdn. 7 zum Ladendiebstahl), aber auch qualitativ **44**
bedeutsame Problem eines kriminalpolitisch vernünftigen Umganges mit **Bagatell-, insbesondere Ladendiebstählen** einer abschließenden Lösung.[17] Theoretisch denkbar und in Rechtsgeschichte bzw. -vergleichung aufzufinden sind im Wesentlichen vier Ansätze: Man kann Bagatelldiebstähle mit Bagatellstrafen belegen, im Übrigen aber auf eine materiell- oder prozessrechtliche Sonderbehandlung verzichten (hier sog. *Strafzumessungslösung*); das setzt einerseits nach unten offene Strafrahmen für Diebstahl und andererseits eine (gemessen am Aufkommen der Taten) hinreichend leistungsfähige Strafrechtspflege voraus. – Weiterhin kann man Bagatelldiebstähle materiell-rechtlich privilegieren (hier sog. *Privilegierungslösung*), wobei mit der materiell-strafrechtlichen eine prozessuale Privilegierung (z.B. nichtöffentliche Erledigung) verbunden werden kann; in Rechtsgeschichte und -vergleichung findet sich das vor allem beim „kleinen" Diebstahl geringwertiger Sachen und beim Diebstahl aus Not. – Noch weitergehend ist es denkbar, Bagatelldiebstähle materiell-rechtlich zu entkriminalisieren (hier sog. *Entkriminalisierungslösung*), sei es, indem das Zivilrecht „aktiviert" wird (s. Rdn. 24 zum AE-GLD sowie noch Rdn. 49), sei es, indem insbesondere bei Ersttaten eine lediglich bußgeldrechtliche Verantwortlichkeit statuiert wird. – Schließlich kann prozessual angesetzt und bei Bagatelldiebstählen eine förmliche Bestrafung vermieden werden, sei es durch Strafantragserfordernisse oder durch andere Möglichkeiten, ohne oder mit staatlichen Interventionsmaßnahmen von der Strafverfolgung abzusehen oder das Strafverfahren einzustellen (hier sog. *prozessuale Lösung bzw. Lösung der [nicht] intervenierenden Diversion*).

[17] Schrifttum: *Berckhauer* DRiZ **1976** 229; *Bergfelder* Ladendiebstahl und strafrechtliche Kontrolle (1981); *Bettinger* Entkriminalisierung im Bereich der kleinen Eigentumskriminalität (...), Diss. Bremen 1996; *Geerds* DRiZ **1976** 225; *Lang* Die Strafbarkeit des Ladendiebstahls (1974); *Loitz* Ladendiebstahl unter der Lupe (1971); *Meurer* Die Bekämpfung des Ladendiebstahls (1976); *Michaelis* (Fn. 3); *Nugel* (Fn. 3); *Rössner* Bagatelldiebstahl und Verbrechenskontrolle (1976); *Schmitz* Ladendiebstahl (2000); *Schoreit* (Hrsg.) Problem Ladendiebstahl (1979); *Stephani* Wegnahme von Waren in Selbstbedienungsgeschäften durch Kunden (1968); *Wagner* Ladendiebstahl (1979); *ders.* Staatliche Sanktionspraxis beim Ladendiebstahl (1979). – S. weiterhin aus dem Schrifttum zum allgemeinen Bagatellprinzip: *Dencker* JZ **1973** 144; *Hirsch* ZStW **92** (1980) 281; *Kunz* (Fn. 8); *Vogler* ZStW **90** (1978) 132; *Wolter* GA **1989** 397.

45 Das geltende deutsche Recht setzt auf eine **Kombination der Strafzumessungs- mit der prozessualen Lösung**. Die Privilegierungen der sog. Notentwendung (§ 248a StGB a.F.) und des sog. Mundraubs (§ 370 Abs. 1 Nr. 5 StGB a.F.) sind zum 1.1.1975 weggefallen, was beim Mundraub (Verbrauchs-, insbesondere Lebensmittelentwendung) zu dessen Aufwertung von der Übertretung zum Vergehen führte. An die Stelle dieser Privilegierungen sind zum einen das Strafantragserfordernis nach § 248a StGB bei Geringwertigkeit der gestohlenen Sache und zum anderen die Möglichkeit des Absehens von Verfolgung bzw. der Einstellung des Verfahrens gemäß §§ 153, 153a StPO getreten (s. hierzu Rdn. 23 und noch § 248a Rdn. 3). Im Übrigen ermöglicht der nach unten offene Strafrahmen des § 242 StGB, der gemäß § 243 Abs. 2 bei Geringwertigkeit der gestohlenen Sache auch in an sich besonders schweren Fällen nach § 243 Abs. 1 Satz 2 Nr. 1 bis 6 StGB gilt, in Bagatellfällen Bagatellstrafen. Die *Verfassungsmäßigkeit* dieser Lösung des geltenden Rechts hat BVerfGE 50 205 bestätigt.

46 Zu einer **Entkriminalisierung des Bagatelldiebstahls** und, allgemeiner, der Bagatelltaten gegen Eigentum und Vermögen sah und sieht die „amtliche" Kriminalpolitik bis heute (s. 2. PSB S. 217) keinen Anlass. Im Hintergrund stehen die Erwägungen, *jeder* Diebstahl sei *Kriminal*unrecht und *nie* bloßes *Ordnungs*- oder *Zivil*unrecht, als welches Bagatelldiebstähle zu qualifizieren unser Wertsystem verletze, Verwirrungen in die Auffassungen von Mein und Dein trage und verkenne, dass jeder Diebstahl den Mensch in seinem Menschsein treffe (exemplarisch *Dreher* FS Welzel, S. 917, 929 ff). Demgegenüber haben Teile der Wissenschaft insbesondere für den Ladendiebstahl eine zivil- oder bußgeldrechtliche Lösung befürwortet:[18] „Die Wegnahme von wenigen Pfennigen kann nicht kriminelles Unrecht sein" (*Baumann* JZ **1972** 1, 3). Solche Stimmen sind mittlerweile selten geworden. Im Gegenteil gerät die – funktional einer Entkriminalisierung weitgehend äquivalente – nicht intervenierende, d.h. für den Täter folgenlose Diversion durch Absehen von der Verfolgung ohne Auflagen und Weisungen nach § 153 StPO zunehmend unter Druck. 1998 hat die damalige Bundesministerin der Justiz *Däubler-Gmelin* vorgeschlagen, auch geringfügige Ladendiebstähle durchgängig mit von der Polizei einzuziehenden sog. „Strafgeldern" zu ahnden – was freilich verfassungsrechtliche Fragen u.a. des Richtervorbehalts, Art. 92 GG, und der Gewaltenteilung aufwirft und sich nicht durchgesetzt hat.[19] Im sog. „sächsischen Modell" wird der Anwendungsbereich des § 153 StPO auf (Erst-)Taten mit einem Schaden von bis 5 € beschränkt; im Anwendungsbereich des § 153a StPO, der auf Schäden bis 50 € beschränkt ist, holt bereits die Polizei die Zustimmung des Beschuldigten ein, der sogleich einen Geldbetrag an die Justizkasse

---

[18] Für eine zivilrechtliche Lösung AE-GLD (Rdn. 24); *Arzt* JuS **1974** 693, 695 f; **krit.** *Berckhauer* DRiZ **1976** 229, 234 ff; *Kunz* (Fn. 8) S. 175 ff; *Naucke* (Fn. 9) D 101 ff; *Nugel* (Fn. 3) S. 128; *Schoreit* JZ **1976** 167. Für eine bußgeldrechtliche Lösung *Baumann* JZ **1972** 1, 3; *Mayer* Strafrechtsreform für heute und morgen (1962) S. 80 f; **krit.** *Arzt* aaO S. 693, 695; *Bergfelder* (Fn. 17) S. 106 f; *Bertram* NJW **1995** 238, 239; *Eckl* ZRP **1973** 139; *Geerds* DRiZ **1976** 225, 227 f; *Kunz* aaO S. 170 ff; *Naucke* aaO D 93; *Nugel* aaO S. 241 ff. Weitere Modelle andenkend *Dencker* JZ **1973** 144, 150 f.

[19] S. einerseits *Däubler-Gmelin* Süddeutsche Zeitung v. 30.11.1998 sowie *dies.* ZRP **1999** 81, 83 und andererseits *Hammer* DRiZ **1999** 206; *Heghmanns* ZRP **2001** 554; *Landau/Fünfsinn* ZRP **2000** 5; *Ostendorf* Neue Kriminalpolitik **1999** 7; *Sprenger/Fischer* DRiZ **2000** 111, 112; *Weßlau* DRiZ **1999** 225; *dies.* StV **1999** 278, 286 f; im Ergebnis abl. auch *Nugel* (Fn. 3) S. 89 („kompliziertes, aufwendigeres Vorgehen"). – Zum „police cautioning" in England und Wales instruktiv *Jasch* Polizeispiegel **2003** Heft 3 Fachteil S. 15, Heft 4 Fachteil S. 16.

überweist.[20] Nach dem sog. „Bochumer Modell" sollen von Erwachsenen begangene Ladendiebstähle mit einem Schaden von über 5 € sogar mit Anklage und Hauptverhandlung im vereinfachten Verfahren nach §§ 417 ff StPO abgeurteilt werden, und zwar möglichst am Tattag, wofür ein staatsanwaltlicher und richterlicher Bereitschaftsdienst bereit steht.[21]

Derartige Schnell- und Vielstraferei ist nicht zuletzt ein unverantwortlicher Umgang **47** mit den begrenzten **Ressourcen der Strafrechtspflege.** Vielmehr weist die Parömie „minima non curat praetor" in die richtige Richtung der prozessualen Lösung. Abgesehen von kaum wägbaren symbolischen Valenzen unterscheiden sich prozessuale Lösungen ohne (wie bei § 153 StPO) oder mit (wie bei § 153a StPO) staatlicher Intervention auf der einen Seite und zivil- oder ordnungswidrigkeitenrechtliche Lösungen mit materiell-strafrechtlicher Entkriminalisierung auf der anderen Seite im Wesentlichen nur unter Zuständigkeits- und Verfahrensaspekten. Auch und gerade unter rechtsstaatlicher Rücksicht bestehen aber durchaus erhebliche Bedenken gegen eine Rechtsdurchsetzung durch Private oder Verwaltungsbehörden in privatautonom gestalteten „Verfahren" oder Bußgeldverfahren, und eine strafverfahrensrechtlich gebundene Rechtsdurchsetzung durch (Kriminal-)Polizei und Staatsanwaltschaft erscheint vorzugswürdig. Das Problem, dass so die Gubernative (Justizminister, -ministerien) bzw. Exekutive (Generalstaatsanwälte, -anwaltschaften) über Kleinkriminalitätserlasse u. dgl. maßgeblichen Einfluss auf Umfang und Inhalt des nicht oder nicht förmlich bestraften Bagatellbereichs bekommen, dessen Grenzen festzulegen im Rechtsstaat der Legislative oder Judikative obliegen sollte, ist allgemeiner Natur (Weisungsabhängigkeit des Staatsanwalts). Freilich sollte die prozessuale Lösung – anders als im geltenden Recht – durch sachgerecht ausgestaltete *Privilegierungstatbestände* komplettiert werden, wie sie sich z.B. für den Laden- als Regelbagatelldiebstahl ohne weiteres entwickeln lassen (s. z.B. *Vogler* [Fn. 17] S. 160: „Wer unter Ausnutzung eines frei zugänglichen Warenangebots Sachen mitnimmt, ohne sie zur Bezahlung zu gestellen ..."). Denn einerseits greift es zu kurz, wenn das geltende Recht in § 248a (und auch § 243 Abs. 2) StGB den Bagatellcharakter des Diebstahls bzw. der Unterschlagung allein oder auch nur vorrangig nach dem geringen Wert der gestohlenen bzw. unterschlagenen Sache beurteilt (tendenziell **aA** *Kunz* [Fn. 8] S. 215 ff); vielmehr muss es – umfassender – auf das bagatellhafte Unrecht und die bagatellhafte (Strafzumessungs-)Schuld ankommen. Auf der anderen Seite ist die in §§ 153, 153a StPO verwendete Formulierung der geringen bzw. nicht schweren Schuld und des fehlenden öffentlichen Interesses an der Strafverfolgung zu unbestimmt und zu weit von materiellrechtlichen Kriterien abgelöst.

7. Ohne Zweifel ist es gerade beim Diebstahl und bei der Unterschlagung kriminal- **48** politisch vernünftig, dass **tätige Reue, Schadenswiedergutmachung und Täter-Opfer-Ausgleich** z.B. durch Rückgabe der gestohlenen oder unterschlagenen Sache, Schadensersatz in Natur oder Wert, Entschuldigung usw. *strafmildernd* berücksichtigt werden können. Das geltende deutsche Recht bietet hierfür im Rahmen der §§ 46 (Abs. 2: „Verhalten nach der Tat"), 46a StGB, 153, 153a (Abs. 1 Satz 2 Nr. 1, 5) StPO einigen Raum. Hingegen liegt dem geltenden deutschen Recht eine kriminalpolitische Entscheidung gegen jegliche *strafbefreiende* Wirkung solchen Nachtatverhaltens – und ebenso nachträglich

---

[20] Pressemitteilung des Sächsischen Staatsministeriums des Inneren und der Justiz Nr. 74/99 v. 16.9.1999; *Greiner* Die Polizei **2000** 21; zust. *Sprenger/Fischer* (Fn. 19) sowie *dies.* ZRP **2001** 241; **krit.** *Weßlau* DRiZ **2000** 118; zusammenfassend *Nugel* (Fn. 3 S. 90 ff.

[21] S. hierzu *Nugel* (Fn. 3) S. 268 f; *Schmitz* (Fn. 17) S. 45 ff.

sich ändernder Umstände wie z.B. der nachträgliche Erwerb des Eigentums an der gestohlenen oder unterschlagenen Sache (s. § 242 Rdn. 47) – zugrunde: Kein Dieb soll sich Straflosigkeit dadurch verdienen können, dass er sich eines Besseren besinnt und die gestohlene Sache freiwillig zurückgibt, und sei es auch nur Minuten nach der Tat. Dass diese Rechtslage kaum mehr ernsthaft problematisiert, ja verteidigt wird (s. *Hirsch* Wiedergutmachung des Schadens im Rahmen des materiellen Strafrechts, ZStW **102** [1990] 534, 537 ff), zeigt, in welchen sklerotischen Positivismus die Diskussion verfallen ist. Gewiss verdienen ertappte Diebe nicht allein deshalb Straflosigkeit, weil sie das Diebesgut zurückgeben bzw. dessen Wert erstatten, und gewiss sollte vermögenden Dieben nicht ohne weiteres die Möglichkeit eröffnet werden, sich von der Strafverfolgung freizukaufen; sonst könnten Eigentums- und Vermögensdelikte straflos zu einer Art „Kreditaufnahme" begangen werden (insoweit zutr. *Hirsch* aaO S. 546). Jedoch zeigt die Vorschrift des § 167 öStGB über tätige Reue bei Schadensgutmachung (s. Rdn. 69; **krit.** *Hirsch* aaO S. 547), dass *freiwillige* Schadenswiedergutmachung *im Vorfeld* der Strafverfolgung mindestens vertretbarer Weise als strafbefreiende tätige Reue bewertet werden kann. Nahezu zwingend wird die kriminalpolitische Forderung nach Anerkennung strafbefreiender tätiger Reue beim Diebstahl, wenn dieser als materielles Versuchs-, ja Vorbereitungsunrecht im Vorfeld der Zueignung bzw. der wirklichen Eigentumsverletzung verstanden wird und der Dieb es freiwillig hierzu nicht kommen lässt, insbesondere indem er die weggenommene Sache zurückgibt.

**49** 8. Als **Alternativen** zu staatlicher Strafverfolgung von Diebstählen bzw. Unterschlagungen am Arbeitsplatz und von Ladendiebstählen werden die „*Betriebsjustiz*" und die (teils durchaus polemisch so bezeichnete) „*Warenhausjustiz*" angeführt. In der Tat gelangen bis heute viele, insbesondere geringfügige Eigentums- und Vermögensstraftaten, die von Arbeitnehmern am Arbeitsplatz begangen werden, nicht zur Kenntnis der Strafverfolgungsbehörden, sondern werden betriebsintern aufgeklärt und arbeitsrechtlich – mit von der Abmahnung und dem Verweis bis zur außerordentlichen Kündigung reichenden Rechtsfolgen – geahndet. Als Frage der „Ordnung des Betriebs und des Verhaltens der Arbeitnehmer im Betrieb" (§ 87 Abs. 1 Nr. 1 BetrVG) kann das in Gestalt einer Betriebsjustiz formalisiert werden, indem zunächst durch Werksschutz, Compliance-Abteilung usw. ermittelt wird und sodann betriebliche Spruchkörper Betriebsbußen auf der Grundlage von betrieblichen, auf Tarifvertrag oder Betriebsvereinbarung beruhenden Bußordnungen verhängen. Die Idee, die Betriebs- als Alternative zur Strafjustiz auszubauen und zugleich modernen justiziellen Standards anzupassen, führte zu dem 1975 von *Arzt* u.a. vorgelegten (Alternativ-)„Entwurf eines Gesetzes zur Regelung der Betriebsjustiz".[22] – Beim Ladendiebstahl sind die Verletzten zwar mittlerweile dazu übergangen, praktisch jeden ihnen bekannt gewordenen Tatverdacht zur Anzeige zu bringen. Jedoch

---

[22] Dazu *Rössner* ZRP **1976** 141, 144 f; **krit.** *Deutscher Richterbund* DRiZ **1976** 176; *Kuhlmann* JZ **1976** 537; *ders.* DB **1979** 100; *Pfarr* ZRP **1976** 233. Zu Betriebsjustiz bzw. Betriebsbußen auch *Fitting* Kommentar zum Betriebsverfassungsgesetz[23] § 87 Rdn. 76 ff; *Achterberg* BK, 42 Lfg. (1981) Art. 92 Rdn. 199 ff; *Baumann* (Fn. 8) 528 f; *Baur* JZ **1965** 163; *Brox/Rüthers/Henssler* Arbeitsrecht[16] Rdn. 273 ff; *Däubler/Kittner/Klebe* Kommentar zum Betriebsverfassungsgesetz[10] § 87 Rdn. 56 ff; *Feest* ZStW 85 (1973) 1125 m.w.N.; *Herschel* Betriebsbussen (1967); *Kaiser/Metzger-Pregizer* (Hrsg.) Betriebsjustiz (1976); *Kania* Erfurter Kommentar zum Arbeitsrecht[7] § 87 BetrVG Rdn. 22 ff; *Kienapfel* JZ **1965** 599; *Luhmann* Betriebsjustiz und Rechtsstaat (1975); *Meyer-Cording* NJW **1966** 225; *Richardi* Kommentar zum Betriebsverfassungsgesetz[10] § 87 Rdn. 213 ff; *Weiss* FS Lüderssen, S. 383.

spielen zivilrechtliche Reaktionen – namentlich Hausverbote und Ansprüche des Verletzten auf Ersatz von ihm ausgelobter sog. Fangprämien oder auf Zahlung von Vertragsstrafen – gleichfalls eine bedeutende Rolle, und nach dem AE-GLD sollte das Zivilrecht „aktiviert" und sollten so Erst- sowie Zweittaten entkriminalisiert werden (Rdn. 24).[23]

Derartige Alternativen können sich auf das Subsidiaritäts- und ultima-ratio-Prinzip **50** stützen, ermöglichen eine zugleich individualisierte und effektive Sanktionierung und tragen zur Entlastung der Kriminaljustiz in bedeutsamen Sektoren der Massen- und Bagatellkriminalität bei. Dass sich die Idee, deren Hochkonjunktur in die 1960er und 1970er Jahre fiel, gleichwohl nicht durchgesetzt hat, dürfte an den doch gewichtigen rechts- und kriminalpolitischen Bedenken liegen:[24] Im Hinblick auf den Gleichheitsgrundsatz erscheint es fragwürdig, Alternativen zur Kriminaljustiz lediglich für Betriebskriminalität und Ladendiebstahl, nicht aber auch für andere Kleinkriminalität vorzusehen. Vielfach ist bemerkt worden, dass die Verfahrens- und Rechtsschutzstandards der Betriebs- bzw. Warenhausjustiz nicht denen der Kriminaljustiz entsprechen und ggf. rechtsstaatlich bedenklich sind. Auch wirft die Privatisierung eines Bereichs, der in den Kern des staatlichen Rechtsprechungsmonopols fällt (Art. 92 GG), verfassungsgrundsätzliche Fragen auf.

## IV. Strafrechtsdogmatische Grundfragen

1. Die Überschrift des Neunzehnten Abschnitts („Diebstahl und Unterschlagung") **51** gibt keinen Hinweis auf das geschützte **Rechtsgut** der §§ 242 ff StGB, und die Frage, welches Rechtsgut bzw. welche Rechtsgüter die einzelnen Strafvorschriften schützen, ist für jede von ihnen gesondert zu beantworten (s. zum Gewahrsamsschutz durch § 242 Rdn. 59 f sowie § 247 Rdn. 16, zum Rechtsgut des § 248b dort Rdn. 2 und des § 248c dort Rdn. 1).

a) Diebstahl und Unterschlagung gehören zusammen mit dem Raub, dem räuberischen **52** Diebstahl und der Sachbeschädigung zu den Straftaten gegen das **Eigentum.**[25] Denn nach dem Gesetzestext der §§ 242, 246 und ebenso der §§ 249, 252, 303 StGB sind nur für den Täter *fremde* Sachen taugliche Tatobjekte. Daraus folgt, dass Sachen, an denen kein Eigentum besteht, keine tauglichen Tatobjekte sind (s. § 242 Rdn. 61), weiterhin, dass der (Allein-)Eigentümer nicht tauglicher Täter sein kann (Rdn. 34 und noch § 242

---

[23] Zum AE-GLD s. die Nachw. o. Fn. 8 u. 9; *Bertram* NJW **1995** 238; *Deutscher Richterbund* DRiZ **1976** 176; *Droste* Privatjustiz gegen Ladendiebe (1972); *Geerds* FS Dreher, S. 533; *ders.* DRiZ **1976** 225; *Gottwald* MK-BGB[5] Vor § 339 Rdn. 51; *Kramer* ZRP **1974** 62; *ders.* NJW **1976** 1607 m.w.N.; *Landau/Fünfsinn* ZRP **2000** 5; *Lange* JR **1976** 177; *Ostendorf* ZRP **1995** 18.

[24] *Achterberg* (Fn. 22) Rdn. 201; *Deutscher Richterbund* DRiZ **1976** 176; *Naucke* (Fn. 9) D 101 ff; *Schoreit* JZ **1976** 49 ff; *Richardi* (Fn. 22) Rn. 219 ff; *Weiss* (Fn. 22) S. 383, 390 ff.

[25] RGSt **2** 73, 74; **4** 346, 348; **54** 280, 282; **73** 151, 153; BGHSt **10** 400, 401; **29** 319, 323; BGH NJW **2001** 1508; *Fischer* § 242 Rdn. 2; *Hoyer* SK[6] Rdn. 1; *Kindhäuser* NK Rdn. 1; *Lackner/Kühl* § 242 Rdn. 1; *Sch/Schröder/Eser* § 242 Rdn. 1; *Schmitz* MK § 242 Rdn. 4; Arzt/Weber/*Heinrich*/Hilgendorf BT § 13 Rdn. 30; *Haft/Hilgendorf* BT 1 S. 1; *Jäger* BT Rdn. 174; *Kindhäuser* BT II § 2 Rdn. 1; *Küper* BT S. 253; *Maurach/Schroeder/Maiwald* I § 32 Rdn. 1; *Mitsch* BT2/1 § 1 Rdn. 5; *Rengier* BT 1 § 2 Rdn. 1; *Sonnen* Strafrecht Besonderer Teil (2005) S. 99; *Welzel* Strafrecht § 46; *Wessels/Hillenkamp* Rdn. 57a.

Rdn. 19, 26 ff). Allerdings stellt sich die Aussage, Rechtsgut der §§ 242, 246 und ebenso 249, 252, 303 StGB sei das Eigentum, lediglich als Hypostasierung eines einzelnen Tatbestandsmerkmals („fremd") dar. Es ist nicht möglich, den *gesamten* Diebstahls- bzw. Unterschlagungstatbestand so zu erklären: Warum nur *bewegliche* Sachen gestohlen und unterschlagen werden können, hat andere Gründe als Eigentumsschutz (Rdn. 35), weshalb sich die h.A. bei der Auslegung des Begriffs der Beweglichkeit bewusst vom Sachen- und Eigentumsrecht löst (§ 242 Rdn. 15). Auch die besondere Bedeutung der *Wegnahme* als Angriffsform beim Diebstahl lässt sich nicht überzeugend durch den Schutz des Eigentums erklären, das auch anders als durch Wegnahme verletzt werden kann, und auch nicht durch den Schutz des zivilrechtlichen Besitzrechts, da und soweit sich die im Strafrecht h.A. bei der Bestimmung der Gewahrsamslage bewusst vom bürgerlich-rechtlichen Besitz löst (§ 242 Rdn. 56, 60). Schließlich vollzieht sich die *Zueignung* häufig anders als durch Erwerb zivilrechtlichen Eigentums und ist deshalb gleichfalls strafrechtsautonom zu verstehen (§ 242 Rdn. 132 ff, § 246 Rdn. 21).

**53** §§ 242, 246 StGB schützen das Eigentum nach h.A. als **formale Rechtsposition** („formaler Eigentumsschutz", s. bereits Rdn. 33 ff).[26] Beim Wort genommen enthält diese Aussage einen offenen Bruch mit dem Fundament der Rechtsgutslehre, wonach das Strafrecht gerade nicht formale Rechte, sondern reale Rechtsgüter, d.h. werthafte Zustände, Interessen usw. schützt. Deshalb – und weil Diebstahl und Unterschlagung das formale Eigentumsrecht als solches nicht berühren (s. Rdn. 30) – fügt die h.A. sogleich korrigierend an, das formale Eigentum werde „weniger in seiner Eigenschaft als Sachenrecht" (*Sch/Schröder/Eser* § 242 Rdn. 1) denn vielmehr als Grundlage der sich aus dem Eigentumsrecht ergebenden Verfügungsmöglichkeiten über die Sache im Sinne von § 903 Satz 1 BGB geschützt, um hieraus im Wesentlichen dreierlei abzuleiten: Erstens sei die Frage, ob die Sache für den Täter fremd sei, streng zivilrechtsakzessorisch zu bestimmen (näher § 242 Rdn. 18). Zweitens komme es nicht auf den wirtschaftlichen Wert oder materielle oder immaterielle Eigentümerinteressen an der Sache an, da Eigentum unabhängig hiervon bestehe (besonders prägnant *Hoyer* SK[6] Rdn. 2; näher § 242 Rdn. 44). Und drittens schließe Wertkompensation eine Diebstahls- oder Unterschlagungsstrafbarkeit nicht prinzipiell aus (näher § 242 Rdn. 44 f).

**54** Die Problematik dieser Konsequenzen und das Verständnis des Eigentums als eines realen Gutes, hinter dem reale werthafte Interessen stehen, hat in der Wissenschaft zu Überlegungen geführt, ob das in §§ 242, 246 geschützte Rechtsgut als strafrechtliches oder **wirtschaftliches Eigentum** bestimmt und die Strafbarkeit wegen Diebstahls oder Unterschlagung an eine *Verletzung von wirtschaftlichen Interessen*, materiellen oder auch nur immateriellen Eigentümerinteressen geknüpft werden sollte.[27] Hieraus werden die Gegenpositionen zu den soeben Rdn. 53 geschilderten Positionen abgeleitet: Erstens

---

[26] RGSt **1** 343, 344; **3** 150, 152; **11** 345, 348; **61** 65; **61** 336, 337 f; BGHSt **6** 377, 378; BGH 5 StR 179/58 bei Dallinger MDR **1958** 739; NJW **2006** 72; *Fischer* § 242 Rdn. 5; *Hoyer* SK[6] § 242 Rdn. 11; *Kindhäuser* NK § 242 Rdn. 15; *Lackner/Kühl* § 242 Rdn. 4; *Sch/Schröder/Eser* § 242 Rdn. 3; *Schmitz* MK § 242 Rdn. 26; Arzt/Weber/*Heinrich*/Hilgendorf BT § 13 Rdn. 30, 33; *Haft/Hilgendorf* BT 1 S. 3; *Jäger* BT Rdn. 188; *Kindhäuser* BT II § 2 Rdn. 20, 29; *Küper* BT S. 253; *Krey/Hellmann*[5] § 1 Rdn. 3; *Maurach/Schroeder/Maiwald* I § 32 Rdn. 21; *Mitsch* BT 2/1 § 1 Rdn. 21; *Rengier* BT 1 § 2 Rdn. 6; *Welzel* Strafrecht § 46 1c; *Wessels/Hillenkamp* Rdn. 69. Prägnant auch *Bockelmann* ZStW **69** (1957) 267, 286.

[27] *Kronecker* GA **1886** 402, 403 ff; *Lampe* in Müller-Dietz S. 63 ff; *Otto* Die Struktur des strafrechtlichen Vermögensschutzes (1970) S. 143 ff; *ders.* Jura **2004** 389; *ders.* BT § 40 Rdn. 9; *Sch/Schröder/Eser*[23] § 242 Rdn. 14; krit. aus neuerer Zeit *Matzky* NStZ **2002** 458, 461 f.

müsse die Frage, ob die Sache für den Täter fremd sei, in wirtschaftlicher Sicht bestimmt werden; einerseits müsse der wirtschaftliche Eigentümer straflos bleiben, wenn und soweit er nur über sein wirtschaftliches Eigentum verfüge, und andererseits müsse der wirtschaftliche Eigentümer gegen Wegnahme oder Zueignung durch den bloß formellen Eigentümer geschützt werden. Zweitens könnten wirtschaftlich oder zumindest für den Eigentümer materiell wie immateriell wertlose Sachen weder gestohlen noch unterschlagen werden. Und drittens müsse eine Strafbarkeit bei Wertkompensation bereits tatbestandlich ausscheiden, wenn wie z.B. beim eigenmächtigen Geldwechseln keinerlei anerkennenswerte Interessenverletzung vorliege.

Ob der so geführte Streit sinnvoll ist, erscheint zweifelhaft, da **Zirkelschlüsse und Scheinbegründungen** drohen: Was das Rechtsgut eines Tatbestandes ist, muss durch Auslegung ermittelt werden; eine gesetzesgelöste Rechtsgutsbehauptung darf nicht in Art eines deus ex machina als Auslegungsrichtlinie dienen. Um die Sachfragen, ob wertlose Sachen, die für den Eigentümer ohne anerkennenswertes materielles oder immaterielles Interesse sind, gestohlen oder unterschlagen werden können usw., valide beantworten zu können, muss eine breite juristische Argumentation aufgespannt werden, die sich keineswegs auf Rechtsgutsbehauptungen beschränken kann: Nach dem *Wortlaut* der §§ 242, 246 StGB kommt es nicht darauf an, ob die Sache wirtschaftlichen Wert hat oder für den Eigentümer von materiellem oder immateriellem Interesse ist usw. Das entspricht dem *Willen des Gesetzgebers* und dient dem *Zweck*, Eigentum möglichst umfassend zu schützen. Hiernach kann die Frage nur sein, ob eine *teleologische Reduktion* der §§ 242, 246 StGB geboten ist. Dafür spricht systematisch, dass eine vergleichbare Reduktion bei § 303 StGB stattfindet (*Sch/Schröder/Eser* § 242 Rdn. 7). Auch ist an das Prinzip zu erinnern, dass bloße Affektionsinteressen das Recht nichts angehen, während die h.A. in tendenzieller Verkitschung des formalen Eigentumsschutzes (s. bereits Rdn. 33) gerade Affektionsinteressen in den Vordergrund rückt (z.B. Eigentum des Liebhabers an der Haarlocke der Geliebten, der alten, einsamen Frau am sterbenden Haustier, des Autonarren am Autowrack usw.). Zu erinnern ist weiterhin an das ultima-ratio-Prinzip und den Umstand, dass umfassender Eigentumsschutz originäre Aufgabe des Zivilrechts ist – ohne Zweifel kann weggenommenes oder zugeeignetes Eigentum unabhängig von Wert oder Eigentümerinteresse vindiziert werden (§§ 985 ff BGB). Das generalpräventiv motivierte Argument, die Bevölkerung würde das Vertrauen in die Eigentums- und Strafrechtsordnung verlieren, würden Fälle der genannten Art straflos gestellt, grenzt – wie die österreichische Erfahrung zeigt (Rdn. 69) – an Rechtshysterie. Gleichwohl spricht im Ergebnis gegen die teleologische Reduktion, die die Lehre vom wirtschaftlichen Eigentum anstrebt, dass sie als Korrektur des geltenden Rechts durch den Rechtsanwender ultima ratio bleiben muss. Kontraintuitive Ergebnisse wie z.B. die Strafbarkeit der Wegnahme bzw. Zueignung von Abfällen, die dem Eigentümer lästig sind, können durch anderweitige Tatbestands-, Rechtswidrigkeits- und Schuldkorrektive (wie mutmaßliche oder hypothetische Einwilligung des Eigentümers, Irrtum des Täters usw.) vermieden werden. Im Übrigen erscheint eine prozessuale Lösung über §§ 248a StGB, 153, 153a StPO möglich und praktisch nahe liegend. Schließlich ist zu bedenken, dass es in der Praxis kaum Sachen ohne wirtschaftlichen Wert gibt und Wert nicht zwingend als Markt- oder Geldwert verstanden werden muss, sondern auch als Tausch-, Nutz- oder Wiederbeschaffungswert verstanden werden kann und Wertbestimmungen nach der Vermögensdogmatik durchaus der Personalisierung bzw. Individualisierung zugänglich sind – was die teleologische Reduktion in ihrer Reichweite beschränkt und zu rechtsunsicherer Grenzziehung im Einzelfall zwingt. Somit ist im Ausgangspunkt mit der h.A. am formalen Eigentumsschutz festzuhalten. 55

56 Unklar und umstritten ist, in welchem Sinne Diebstahl und Unterschlagung das Eigentum im Sinne der Rechtsgutslehre beeinträchtigen (verletzen oder gefährden). Nach durchaus prominenter Auffassung sollen Diebstahl und Unterschlagung (und ebenso Raub und räuberischer Diebstahl) keine „echten" Eigentumsdelikte, sondern – bezogen auf das bürgerlichrechtliche Eigentum – nur **Gefährdungsdelikte** und „untaugliche Versuchshandlungen" sein (*Maurach/Schroeder/Maiwald* I § 32 Rdn. 2, 4; zust. *Ruß* LK[11] Rdn. 3). Der Täter könne durch die Tat kein Eigentumsrecht erlangen, und wegen § 935 BGB bleibe das Eigentum an abhanden gekommenen Sachen dem Eigentümer in der Regel erhalten, dessen Eigentumsrecht unberührt bleibe (*Ruß* aaO; s. auch *Kindhäuser* NK Rdn. 6; *Sch/Schröder/Eser* § 242 Rdn. 1). Auf der anderen Seite ergebe sich eine Gefährdung des Eigentumsrechts aus der bürgerlich-rechtlichen Legitimationsfunktion des Besitzes z.B. im Rahmen des § 1006 BGB (*Maurach/Schroeder/Maiwald* I § 32 Rdn. 2). Diese Überlegungen leuchten nur auf den ersten Blick ein. In strafrechtlicher Sicht ist es keine Voraussetzung einer Rechts*guts*verletzung bzw. eines Verletzungsdelikts, dass der Träger des verletzten *Rechts* dieses verliert oder dass dieses Recht gar auf den Täter übergeht – man denke nur an die Körperverletzung oder die (nicht zerstörende) Sachbeschädigung. Vielmehr betrifft die Frage nach einem möglichen endgültigen Eigentumsverlust bei Diebstahl und Unterschlagung im Wesentlichen das Nachfeld der Tat und eine denkbare Schadensvertiefung, die für die Frage nach dem Charakter und der Struktur der Delikte wenig ergiebig ist. Zivilrechtlich gesehen reduziert die These, das Eigentumsrecht bleibe unberührt, das Eigentum auf das Sachenrecht als solches und vernachlässigt die hieraus im Einzelnen abzuleitenden Rechte z.B. aus § 903 Satz 1 BGB (s. noch Rdn. 58). Im Übrigen ist daran zu erinnern, dass jedenfalls im Nachfeld der Tat Eigentumserwerb sogar des Täters eines Diebstahls oder einer Unterschlagung durch Verbindung oder Verarbeitung rechtlich und tatsächlich möglich ist (§§ 946, 947 Abs. 2, 950 Abs. 1 Satz 1 BGB), das Zivilrecht das Eigentum an abhanden gekommenen Sachen keineswegs absolut gewährleistet[28] und bei der veruntreuenden Unterschlagung anvertrauter Sachen durch deren Veräußerung (§ 246 Abs. 2 StGB) sogar gutgläubiger „Wegerwerb" des Eigentums nach §§ 932 ff BGB in Betracht kommt. Auf der anderen Seite kommt bei abhanden gekommenen Sachen eine Eigentumsvermutung kraft Besitzes grundsätzlich nicht in Betracht (§ 1006 Abs. 1 Satz 2 BGB).

57 Weniger weitreichend wird vertreten, dass zwar die Unterschlagung als Zueignung, insbesondere auf Dauer angelegte Enteignung ein Eigentumsverletzungsdelikt, jedoch der bereits mit Wegnahme vollendete Diebstahl nur ein Eigentumsgefährdungsdelikt sei: „Die Wegnahme selbst stellt in der Regel noch keine Verletzung des Eigentumsrechts

---

[28] Werden gestohlene oder sonst abhanden gekommene Sachen ins Ausland geschafft, wie es z.B. beim organisierten Kraftfahrzeugdiebstahl nicht selten ist (s. hierzu den instruktiven deutsch-polnischen Fall OLG Brandenburg VersR **2001** 361 m. Anm. *Looschelders/Bottek* aaO S. 401 ff), so ist gem. Art. 43 Abs. 1 EGBGB dessen Sachenrecht als lex rei sitae maßgeblich, und zahlreiche Auslandsrechte anerkennen in deutlich weiterem Umfange als das deutsche Recht den Gutglaubenserwerb an solchen Sachen (s. z.B. Art. 934 schweiz. ZGB, Art. 2279 franz. Code civil, Art. 1153 Abs. 1 Codice civile, Art. 169 § 2 poln. ZGB). Aber auch im Inland kann der Täter eines Diebstahls oder einer Unterschlagung den Eigentumsverlust z.B. durch (Veranlassung einer) Verbindung, Vermischung oder Verarbeitung oder schlicht durch Sachverbrauch oder -zerstörung bewirken. Im Übrigen ist auch im Inland der „Wegerwerb" des Eigentums durch gutgläubige Dritte gemäß § 935 Abs. 2 BGB bei Geld, Inhaberpapieren und öffentlich versteigerten Sachen (z.B. gestohlenen Fahrrädern) und bei allen Sachen gemäß § 937 BGB durch Ersitzung möglich.

dar"; als solche beeinträchtige sie das Eigentum nur unerheblich, und erst mit Zu-, insbesondere dauernder Enteignung komme es zu einer eigentlichen Rechtsgutsverletzung (*Schmitz* MK § 242 Rdn. 8). Mit anderen Worten sei Diebstahl ein **kupiertes Erfolgs(verletzungs)delikt**, dessen Vollendung der Gesetzgeber künstlich (u.a. aus Nachweisgründen) auf die Wegnahme vorverlagert habe; erst mit der Zueignung sei das Eigentum endgültig verletzt, der materielle (Verletzungs-)Erfolg eingetreten und die Tat materiell beendet.[29] Aber auch das überzeugt nicht wirklich. Ob ein Rechtsgut verletzt ist oder nicht, hängt – vorbehaltlich des Tatbestandsausschlusses von Minimalverletzungen – nicht von der Dauer der Rechtsgutsverletzung ab. Im Übrigen lässt sich schwerlich angeben, wann das Eigentum endgültig verletzt bzw. die Zueignung als dauernde Enteignung eingetreten ist; die Konsequenz, den Diebstahl materiell als Dauerdelikt anzusehen, das erst mit Vindikation bzw. Naturalrestitution des Diebesguts beendet wäre, will – soweit ersichtlich – niemand ziehen. Zivilrechtlich gesehen ist jede Wegnahme verbotene Eigenmacht (§ 858 BGB), die zu Besitzwehr und -kehr berechtigt (§§ 859, 861 BGB) und – wie sich aus §§ 903 Satz 1, 985 ff und vor allem 1004 Abs. 1 Satz 1 BGB („Wird das Eigentum in anderer Weise als *durch Entziehung oder Vorenthaltung des Besitzes* beeinträchtigt …") ergibt – neben der Sachbeschädigung klassisches Paradigma der Verletzung des Eigentumsrechts.

Deshalb ist jedenfalls zivilrechtlich gesehen der vordringenden Auffassung zuzustimmen, dass nicht nur die Unterschlagung, sondern auch der Diebstahl (und ebenso der Raub und räuberische Diebstahl) **Eigentumsverletzungsdelikte** sind, weil bereits die Wegnahme (und erst recht die Zueignung) einer fremden Sache das dem Eigentümer nach § 903 Satz 1 BGB zustehende Recht verletzen, mit der Sache nach Belieben zu verfahren und andere von jeder Einwirkung auszuschließen (*Hoyer* SK[6] Rdn. 1 f; *Kindhäuser* NK § 242 Rdn. 5; *Sch/Schröder/Eser* § 242 Rdn. 1). Freilich wirft der Rückgriff auf § 903 Satz 1 BGB die Frage auf, warum, wenn jede Besitzentziehung oder -vorenthaltung Eigentums- und Eigentumsrechtsverletzung ist, Diebstahl und Unterschlagung als Zueignungsdelikte ausgestaltet und bloße Sach- oder Gebrauchsentwendung oder -entziehungen – abgesehen von § 248b und ggf. § 303 StGB – straflos sind. *Hoyer* SK[6] Rdn. 2 f schlägt folgende Antwort vor: § 903 BGB gewährleiste einerseits ein positives Nutzungsrecht („mit der Sache nach Belieben verfahren") und andererseits ein negatives Ausschlussrecht („andere von jeder Einwirkung auszuschließen"). Die hervorgehobene Bedeutung der Zueignung erkläre sich daraus, dass beide Aspekte verletzt würden; die Besitzstörung durch Gebrauchsanmaßung verletze hingegen nur das negative Ausschlussrecht, die Sachbeschädigung nur das positive Nutzungsrecht. Aber das trifft nicht zu und stimmt auch nicht mit der zivilrechtlichen Dogmatik des § 903 BGB überein. Das negative Ausschlussrecht bezieht sich insbesondere auch auf sachbeschädigende Einwirkungen;[30] und in aller Regel schließt die unberechtigte Anmaßung des Gebrauchs einer Sache deren gleichzeitige unbeeinträchtigte Nutzung durch den Eigentümer aus und verletzt deshalb dessen positives Nutzungsrecht (weshalb rechtsgrundlos bzw. vom bösgläubigen Besitzer gezogene Nutzungen dem Eigentümer herauszugeben sind, vgl. § 818 Abs. 1 und §§ 990 i.V.m. 987, 988 BGB).[31] Wie in Rdn. 36 f dargelegt, lässt sich allein aus dem individualrechtlich orientierten Schutz konkret-individuellen Eigentums (der 58

[29] S. noch Rdn. 65 ff (zum Verhältnis zwischen Diebstahl und Unterschlagung) und § 242 Rdn. 197 (zur Beendigung des Diebstahls); vgl. an dieser Stelle nur die besonders instruktive und kritische Analyse von *Kühl* Die Beendigung des vollendeten Delikts, in FS Roxin, S. 665, 669, 673 ff.

[30] Ausdrücklich etwa Palandt/*Bassenge*[66] § 903 Rdn. 6; Staudinger/*Seiler* § 903 Rdn. 11.

[31] S. nur *Säcker* MK BGB § 903 Rdn. 6.

Rechte des Eigentümers) nicht überzeugend begründen, warum das geltende Recht im Prinzip nur die Wegnahme in Zueignungsabsicht bzw. die Zueignung als strafwürdiges Unrecht ansieht. Bezeichnenderweise ist Zueignung kein bürgerlich-rechtlicher, sondern ein strafrechtlicher Begriff. Betrachtet man seine gängige Definition – Enteignung, d.h. auf Dauer angelegte Verdrängung des Eigentümers aus seiner *wirtschaftlichen* Position, verbunden mit Aneignung, d.h. Einverleibung mindestens des Sach*werts* in das *Vermögen* des Täters oder eines Dritten –, so zeigt sich, dass §§ 242, 246 StGB an zentraler Stelle *vermögensstrafrechtliche Gesichtspunkte* aufgreifen. Im Übrigen kann die strafrechtliche Bedeutung der Zueignung(sabsicht) nur überindividuell durch den *Schutz der Eigentumsordnung* vor rechtsgrundloser Eigentumsanmaßung erklärt werden (Rdn. 37).

**59** b) Umstritten ist, ob beim Diebstahl und seinen Qualifikationen der durch die Tathandlung der Wegnahme gebrochene **Gewahrsam** neben dem Eigentum ein Zusatz- oder Sekundärrechtsgut darstellt. Nach älterer, von der Rechtsprechung weiterhin vertretener Auffassung ist die Frage zu bejahen.[32] Nur so erkläre sich, dass Wegnahme in Zueignungsabsicht (Diebstahl) schärfer als bloße Zueignung (einfache Unterschlagung) bestraft werde. Die Wegnahme lasse sich nicht als bloße Angriffsform verstehen, da sie die drohende Eigentumsverletzung durch Zueignung für sich genommen nicht intensiviere; dass eine Gewahrsamsverlagerung dem Eigentümer die Wiedererlangung erschwere, sei nur durch § 259 StGB erfasstes „Perpetuierungsunrecht" (*Hoyer* SK$^{6}$ Rdn. 11). Ebenso wie rechtswidrig (z.B. durch Betrug) erlangtes Eigentum sei rechtswidrig erlangter Gewahrsam (z.B. des Diebes) als Rechtsgut schutzwürdig (*Hoyer* aaO). – Die Gegenauffassung[33] sieht Wegnahme nur als im Verhältnis zur Unterschlagung „sozial auffälligere Angriffsart auf das Eigentum" (*Schmitz* MK § 242 Rdn. 8) an. Der Gewahrsamsbruch intensiviere sehr wohl die Eigentumsverletzung, u.a. im Hinblick auf den Verlust der durch den Besitz vermittelten Legitimation des Eigentümers (vgl. § 1006 BGB). Gegen die Anerkennung des Gewahrsams als Rechtsgut spreche, dass Gewahrsamsbruch als solcher straflos sei. Rechtswidrig erlangten Gewahrsam (z.B. des Diebes) als „Rechtsgut" anzuerkennen, sei widersinnig (vgl. auch §§ 858 Abs. 2, 859, 861 BGB); hier liege ein Unterschied zum rechtswidrig oder rechtsgrundlos, aber – wegen des Abstraktionsprinzips – wirksam erlangten Eigentum.

**60** „Der Streit erscheint unfruchtbar" (Arzt/Weber/*Heinrich*/Hilgendorf BT § 13 Rdn. 31). Für die Handhabung des § 242 StGB und insbesondere für die Auslegung der Tathandlung – Wegnahme als Gewahrsamsbruch – ist es ohne jede Relevanz, ob es sich um eine Angriffsart oder Rechtsgutsverletzung handelt. Im Ansatz verfehlt ist die Verknüpfung zwischen Rechtsguts- und Strafrahmenfrage, da Strafrahmenwahl und -schärfung kriminalpolitischen und strafzumessungsrechtlichen Kriterien folgen, die weit über das Rechtsgut hinausreichen (s. § 46 StGB). Zuzugeben ist, dass der Streit praktische Bedeutung für die Strafantragsbefugnis nach § 77 StGB bei §§ 247, 248a StGB zu haben

---

[32] RGSt **2** 73; **4** 346, 347 f; **54** 280, 282; **73** 151, 153; BGHSt **10** 400, 401; **29** 319, 323; BGH NJW **2001** 1508; OLG Hamm NJW **1964** 1427, 1428; *Fischer* § 242 Rdn. 2; *Frank* StGB$^{18}$ (1931) § 247 Anm. I; *Hoyer* SK$^{6}$ Rdn. 11; *Kohlrausch/Lange* Anm. I; *Lackner/Kühl* § 242 Rdn. 1; *Ruß* LK$^{11}$ Rdn. 3; *Blei* II S. 131; *Gössel* II § 7 Rdn. 1 f; *Haft/Hilgendorf* BT 1 S. 2; *Maurach/Schroeder/Maiwald* I § 32 Rdn. 5; *Rengier* BT 1 § 2 Rdn. 1; *Welzel* Strafrecht § 48 I 2.

[33] *Kindhäuser* NK § 242 Rdn. 3; *Mitsch* BT2/1 § 1 Rdn. 6; *ders.* ZStW **111** (1999) 65, 69; *Otto* BT § 39 Rdn. 4; *ders.* Jura **1989** 137, 138; *Schmidhäuser* BT § 8 Rdn. 15; *Schmitz* MK § 242 Rdn. 8; *Sch/Schröder/Eser* § 242 Rdn. 2; *Fischer* § 242 Rdn. 2; *Wessels/Hillenkamp* Rdn. 57a.

scheint, da die h.A. die Verletzteneigenschaft als Eigenschaft definiert, Träger des durch die Tat verletzten Rechtsguts(objekts) zu sein. Bei näherem Besehen zeigt sich jedoch, dass die *prozess*rechtliche Strafantragsbefugnis gerade in den Fällen der §§ 247, 248a StGB teleologische Besonderheiten aufweist, die deutlich über die *materiell*rechtliche Rechtsgutsträgerschaft hinausgehen (näher § 247 Rdn. 16, § 248a Rdn. 11).

2. Hinsichtlich der **Zivilrechtsakzessorietät**[34] der §§ 242, 246 StGB und, allgemeiner, des Eigentumsstrafrechts ist festzuhalten, dass zwar die Fremdheit der gestohlenen oder unterschlagenen Sache nach h.A. streng nach der zivilrechtlichen Eigentumslage bestimmt wird (s. bereits Rdn. 53). Jedoch ist der Diebstahls- ebenso wie der Unterschlagungstatbestand **zum größeren Teil strafrechtlich autonom** auszulegen: Spätestens seit der bürgerlich-rechtlichen Ausgliederung der Tiere aus dem zivilrechtlichen Sachbegriff (§§ 90a, 903 Satz 2 BGB) ist der strafrechtliche Sachbegriff richtiger Auffassung nach autonom geworden (näher u. § 242 Rdn. 4). Die Wegnahme- und Gewahrsamsdogmatik wird bewusst von der Dogmatik des bürgerlich-rechtlichen Besitzes und der verbotenen Eigenmacht gelöst (§ 242 Rdn. 60). Zueignung ist ein dem bürgerlichen Recht fremder, strafrechtlicher Begriff (Rdn. 52 und eingehend § 242 Rdn. 132 ff). Daher verwundert es nicht, dass die strikte Zivilrechtsakzessorietät der Fremdheitsdogmatik – mit der Folge der Abhängigkeit des Strafrechts von Feinheiten des bürgerlichen Eigentumsrechts und der kautelarjuristischen Gestaltung von Eigentumsverhältnissen und -übergängen – zunehmend als *Fremdkörper* im Strafrecht empfunden und de lege ferenda eine Beschränkung des Eigentumsstrafrechts auf „‚manifeste' und klare Eigentumsverhältnisse" (*Baumann* JZ **1972** 1, 4) empfohlen wird (s. bereits Rdn. 54 zum sog. wirtschaftlichen Eigentum). **61**

3. Als historisch gewachsene, den Zufälligkeiten positiver Gesetzgebung unterworfene Tatbestände sperren sich §§ 242 ff StGB gegen eine abschließende rationale und kohärente **Systembildung** (eindringlich *Kindhäuser* BT II § 1 Rdn. 5 ff). Jenseits des Ausgangspunktes, dass es sich außer bei §§ 248b, c StGB um Eigentums- im Unterschied zu Vermögensstraftaten i.e.S. handelt (s. Rdn. 30 ff), herrscht denn auch wenig Einigkeit. **62**

a) Zusammen mit Raub, räuberischem Diebstahl und Entziehung elektrischer Energie werden Diebstahl und Unterschlagung vielfach als **Zueignungs-, Sachverschiebungs- und Fremdschädigungsdelikte** gekennzeichnet.[35] Das Erfordernis der Zueignung bzw. des Handelns in Zueignungsabsicht grenzt Diebstahl und Unterschlagung von der Sachbeschädigung und -entziehung auf der einen Seite – bei ihnen fehlt die Aneignung – und von der bloßen Gebrauchsanmaßung (furtum usus) auf der anderen Seite – bei bloß vorübergehendem Gebrauch bzw. Wegnahme mit Rückgabewillen fehlt die Enteignung – ab (näher § 242 Rdn. 153 ff). Die Kennzeichnung als Sachverschiebungsdelikt ist als Gegensatz zur Sachbeschädigung (und in Parallele zur Kontrastierung von Vermögensverschiebungsdelikten wie Erpressung oder Betrug und Vermögensbeschädigungsdelikten wie Untreue) zu verstehen und hat bei §§ 242, 246 StGB zur Folge, dass Zueignungsgegenstand die Sache selbst sein muss (näher § 242 Rdn. 136 ff). Während bei Selbst- **63**

---

[34] S. bereits Rdn. 35 und z.B. *Kindhäuser* FS Geerds, S. 655, 656 f; *Schulz* FS Lampe, S. 653, 661 f.

[35] *Hoyer* SK[6] Rdn. 7 ff; *Kindhäuser* NK Rdn. 1, § 242 Rdn. 53; *ders.* LPK Rdn. 1; *Schmitz* MK § 242 Rdn. 2; *Kindhäuser* BT II § 2 Rdn. 1; *Maurach/Schroeder/Maiwald* I § 32 Rdn. 2; *Welzel* Strafrecht § 46; *Wessels/Hillenkamp* Rdn. 57; s. ferner *Degener* JZ **2001** 388, 392.

schädigungsdelikten wie Erpressung und Betrug die eigentlich oder unmittelbar schädigende oder verletzende Handlung (Weggabe, Vermögensverfügung) vom Verletzten oder einer ihm zurechenbaren Person vorgenommen wird, nimmt bei den Fremdschädigungsdelikten Diebstahl und Unterschlagung der Täter die eigentlich oder unmittelbar schädigende oder verletzende Handlung (Wegnahme, Zueignung) vor, was z.B. für die Abgrenzung zwischen Trickdiebstahl oder Diebstahl in mittelbarer Täterschaft und Besitz- oder Dreiecksbetrug von Bedeutung ist (näher § 242 Rdn. 119 ff).

64 b) Zur **Binnensystematik des Neunzehnten Abschnitts** ist vor allem das Verhältnis von Diebstahl und Unterschlagung umstritten (sogleich Rdn. 65 ff) und im Übrigen zu bemerken: § 242 StGB enthält den Grundtatbestand des Diebstahls. § 243 StGB wird nach noch h.A. als Strafzumessungsvorschrift gekennzeichnet, in der Sache weitgehend wie eine Qualifikation behandelt und von einer vordringenden Auffassung auch so eingeordnet (eingehend § 243 Rdn. 2 f). §§ 244, 244a StGB sind unstreitig Qualifikationstatbestände des Diebstahls. § 246 Abs. 1 StGB enthält den Grundtatbestand der Unterschlagung, Abs. 2 den Qualifikationstatbestand der Unterschlagung anvertrauter Sachen („Veruntreuung"). Nach § 247 StGB ist der Haus- und Familiendiebstahl (bis hin zum Verbrechen des schweren Bandendiebstahls und einschließlich der Unterschlagung in Haus und Familie) absolutes Antragsdelikt („strafantragsprivilegiert", *Sch/Schröder/Eser* § 247 Rdn. 3). Gleichfalls eine „Strafantragsprivilegierung" für (einfachen) Diebstahl und Unterschlagung geringwertiger Sachen enthält § 248a StGB; im Unterschied zu § 247 StGB handelt es sich aber nur um ein relatives Antragserfordernis. § 248b StGB ist kein Wegnahme- und Zueignungsdelikt, sondern ein (subsidiärer, Abs. 1 letzter Halbsatz) Tatbestand ausnahmsweise strafbarer Gebrauchsanmaßung (näher § 248b Rdn. 1 f). Die in § 248c StGB unter Strafe gestellte Entziehung elektrischer Energie ist eine Straftat eigener Art (näher § 248c Rdn. 1).

65 c) Mit dem 6. StrRG ist das – seit jeher umstrittene[36] – **Verhältnis zwischen Diebstahl und Unterschlagung** erneut in die Diskussion geraten. Anlass hierfür war weniger die Einbeziehung der Drittzueignung(sabsicht) als die Umgestaltung der Unterschlagung zu einem allgemeinen Zueignungsdelikt (§ 246 Rdn. 1, 4) und die Anordnung formeller Subsidiarität der Unterschlagung (§ 246 Rdn. 71 f). Nach dem Willen des Gesetzgebers sollte die Unterschlagung hierdurch den Charakter eines *„Auffangtatbestandes"* bekommen (BT-Drucks. 13/8587 S. 43); das sollte aber nichts daran ändern, dass Diebstahl als Wegnahme in – subjektiver – Zueignungsabsicht und Unterschlagung als – objektive – Zueignung je eigenständige Delikte seien, wie es der h.A. entsprach und entspricht.[37] Demgegenüber hat in neuerer Zeit die bereits früher vertretene Gegenauffassung an Boden gewonnen, wonach die Unterschlagung als allgemeines Zueignungsdelikt und *„Grund-*

[36] Zum historischen Streit, ob Diebstahl als Wegnahme mit Zueignungsabsicht oder als Zueignung durch Wegnahme zu beschreiben ist, s. *Baumann* NJW **1961** 1141, 1142; *Binding* Normen II (1877) S. 550 f; *Frank* StGB[18] (1931) § 242 Anm. VII 2; *Hegler* FS Frank, Bd. I, S. 251, 310; *Hirsch* JZ **1963** 149 f; *Honig* Straflose Vor- und Nachtat (1927) S. 100; *Kohlrausch/Lange* § 242 Anm. III 2; *v. Kujawa* GA **1904** 1, 9; *A. Merkel* in Holtzendorff S. 648 f; *Mezger* Strafrecht II[7] § 45 V 1; *Welzel* Strafrecht § 48 II.

[37] *Fischer* § 242 Rdn. 2; *Hoyer* SK[6] Rdn. 9 f, § 246 Rdn. 1; *Lackner/Kühl* § 246 Rdn. 1; *Basak* GA **2003** 109, 120 ff; *Mitsch* BT 2/1 § 1 Rdn. 8, § 2 Rdn. 4; *Rengier* BT 1 § 5 Rdn. 1 ff; *Sander/Hohmann* NStZ **1998** 273, 276; *Schulz* FS Lampe, S. 653, 671; *Wessels/Hillenkamp* Rdn. 57 ff, 277.

*tatbestand*" und der Diebstahl als Zueignung durch Wegnahme und in diesem Sinne als Qualifikation der Unterschlagung zu verstehen sei.[38] Der Streit betrifft nicht nur eine lediglich theoretisch bedeutsame Frage der Systembildung, sondern Grundfragen der Struktur von Diebstahl und Unterschlagung, des Verhältnisses zwischen Wegnahme und Zueignung und der Einheit der Zueignungsdogmatik bei §§ 242 ff StGB:

Die h.A. nimmt den Text des § 242 StGB beim Wort und besteht darauf, dass Wegnahme in Zueignungsabsicht nicht nur begrifflich streng von der Zueignung zu unterscheiden, sondern auch in der Sache noch keine Zueignung sei. Diese sei vielmehr Realisierung der bei der Wegnahme allein bestehenden Zueignungsabsicht und folge der Wegnahme logisch und zeitlich nach, wenn der Täter die Sache mindestens vorübergehend seinem Vermögen einverleibe und sie zugleich dem Eigentümer auf Dauer entziehe (eingehend § 242 Rdn. 132). **Diebstahl** sei deshalb ein **„kupiertes Erfolgsdelikt"**, ein „Delikt mit überschießender Innentendenz", nämlich an sich ein zweiaktiges Geschehen aus Wegnahme und nachfolgender Zueignung, die jedoch subjektiviert werde, nämlich bei der Wegnahme lediglich beabsichtigt (geplant) sein müsse. Demgegenüber sei **Unterschlagung** jede Zueignung auch ohne Wegnahme und **Erfolgsdelikt**. Das entbehrt nicht der Plausibilität – man denke nur an die Zueignung durch Verbrauch oder Verzehr zuvor weggenommener Sachen oder an die Sachwertzueignung beim Gebrauchmachen von zuvor weggenommenen Legitimationspapieren (vgl. *Maurach/Schroeder/Maiwald* I § 33 Rdn. 10). Allerdings erhebt sich das Bedenken, warum der als Versuch oder gar Vorbereitung der Zueignung gedeutete Diebstahl nur deshalb, weil er mit Gewahrsamsbruch begangen wird, schärfer und ohne Möglichkeit tätiger Reue bestraft werden soll als die sogar vollendete Zueignung bei der (nicht veruntreuenden) Unterschlagung (*Kindhäuser* NK Rdn. 14). Hinzu kommt, dass die (noch) h.A. die Zueignung bei § 246 StGB subjektiviert, nämlich als Manifestation des Zueignungswillens auffasst (eingehend § 246 Rdn. 22 ff), wofür insbesondere genügen soll, dass der Täter unberechtigterweise Fremd- in Eigenbesitz umwandelt (RGSt **65** 145, 147). Dann aber wäre es konsequent, die Eigenbesitzbegründung durch Wegnahme in Zueignungsabsicht in der Regel (zu einem Ausnahmefall – der Täter entreiße einem Kind einen gefährlichen Feuerwerkskörper scheinbar um des Kindeswohls willen, in Wahrheit in Zueignungsabsicht – *Wessels/Hillenkamp* Rdn. 57) als Zueignung anzusehen. Durchaus in diesem Sinne neigt die Rechtsprechung dazu, Wegnahmehandlungen als *vollendete* Unterschlagung zu bestrafen, sofern die Strafbarkeit wegen Diebstahls aus objektiven Gründen (vgl. OLG Celle JR **1987** 253, 254 m. Anm. *Hillenkamp*: Einverständnis in die Wegnahme bei sog. Diebesfalle) oder aus subjektiven Gründen (vgl. RGSt **53** 302: fehlender Wegnahmevorsatz, weil der Täter irrig annimmt, der Eigentümer habe die Sache verloren und sie sei deshalb gewahrsamslos) scheitert. 66

Die Systembildung der h.A. lässt sich jedoch halten, wenn die Zueignung bei § 246 StGB als **Zueignungserfolg** in Gestalt eines Aneignungserfolgs und des Beginns eines Enteignungserfolgs verstanden wird (näher § 246 Rdn. 28): „Nur auf der Grundlage der (...) objektiven Zueignungslehre erweist sich der § 246 als ein Auffangtatbestand" (zutr. *Hohmann* MK § 246 Rdn. 6). Zwar ist der Gegenauffassung zuzugeben, dass Zueignung als Eigentums„anmaßung" notwendigerweise subjektiv geprägt, eine rein objektive Zueignungslehre deshalb auch bei § 246 StGB nicht möglich ist (§ 246 Rdn. 25 ff). Aber es wäre Sache des Gesetzgebers, den Diebstahl im Sinne der Gegenauffassung neu – als 67

[38] *Hohmann* MK § 246 Rdn. 6; *Kindhäuser* NK Rdn. 5; *ders.* LPK Rdn. 1; *Lesch* JA **1998** 474, 477; *Maurach/Schroeder/Maiwald* I § 34 Rdn. 5; *Otto* BT § 39 Rdn. 8.

Zueignung durch Wegnahme – zu fassen.[39] Umgekehrt geht es zu weit, jede Begründung von Eigenbesitz bereits als Zueignung i.S.v. §§ 242, 246 StGB aufzufassen (§ 242 Rdn. 146 gegen *Kindhäuser* NK § 242 Rdn. 69 ff, 80 ff).

## V. Rechtsvergleichende Hinweise

### 1. Deutscher Rechtskreis

68 a) Ideologisch konsequent unterschied das **Strafgesetzbuch der Deutschen Demokratischen Republik** vom 12.1.1968 (StGB-DDR)[40] zwischen Straftaten gegen das in § 157 Abs. 1 und 2 StGB-DDR legal definierte „sozialistische" Eigentum einerseits[41] und solchen gegen „persönliches und privates" Eigentum andererseits (§§ 157 ff und 177 ff StGB-DDR). Der Wortlaut der jeweiligen Strafvorschriften stimmte jedoch überein, und bei Irrtum über die Art des verletzten Eigentums war die objektive Lage maßgeblich (§ 157 Abs. 3 StGB-DDR). Als *Diebstahl* erfassten §§ 158, 177 StGB-DDR nicht nur die Wegnahme von Sachen in Selbst- oder Drittzueignungsabsicht, sondern auch die rechtswidrige Selbst- oder Drittzueignung von anders als durch Wegnahme in den Besitz des Täters gelangten Sachen, d.h. *auch die Unterschlagung*. Nur als Verfehlung geahndet wurden geringfügige Taten (§§ 160, 179, s. auch § 3 Abs. 2 u. § 4 StGB-DDR). Hierzu enthielt die Erste Durchführungsverordnung (...) – Verfolgung von Verfehlungen – vom 19.12.1974 (GBl. 1975 I S. 128 – DVO) eine Bagatellgrenze von 50 DDR-Mark (§ 1 Abs. 2 DVO) und besondere Vorschriften zum Ladendiebstahl („Eigentumsverfehlung von Kunden im sozialistischen Einzelhandel"), die durch Ladenleiter bzw. -vorstände durch Einziehung eines Geldbetrages bis zum Dreifachen des verursachten oder beabsichtigten Schadens, höchstens aber 150 Mark (§ 5 DVO), oder von der Deutschen Volkspolizei durch mit polizeilicher Strafverfügung ausgesprochene Geldbuße bis 300 DDR-Mark geahndet werden konnten (§ 7 DVO). Eigentumsvergehen gegenüber Angehörigen waren (relative) Antragsdelikte (§ 2 Abs. 1 StGB-DDR). Bei erschwerenden Umständen wurde Diebstahl als Vergehen mit öffentlichem Tadel, Geld- oder Freiheitsstrafe bis zu zwei Jahren (§§ 161, 180 StGB-DDR), bei schwerer Eigentumsschädigung und bei Banden-, Wiederholungs- sowie Rückfalltaten als Verbrechen mit Freiheitsstrafe von zwei bis zehn Jahren (§§ 162, 181 StGB-DDR) bestraft.

69 b) Im **österreichischen Strafgesetzbuch** vom 23.1.1974 (öStGB)[42] ist der *Diebstahl* unter den „Straftaten gegen fremdes Vermögen" in der österreichischen Tradition und im Verhältnis zum deutschen Recht eigenständig geregelt, nämlich als Wegnahme einer

---

[39] *Maiwald* S. 190 schlägt folgende Neufassung vor: „Wer eine fremde bewegliche Sache sich durch Bruch fremden Gewahrsams zueignet, wird ... bestraft."

[40] Schrifttum: *Ministerium der Justiz* (Hrsg.) Strafrecht der Deutschen Demokratischen Republik (1987); aus bundesdeutscher Sicht *Nees* Vermögensdelikte in der Deutschen Demokratischen Republik (1974); *Nugel* (Fn. 3) S. 142 ff (zum Bagatellproblem).

[41] Zu ihm zählte namentlich das „Volkseigentum" – das Vermögen der DDR, ihrer Organe, Einrichtungen und („volkseigenen") Betriebe –, das Vermögen sozialistischer Genossenschaften und das Vermögen „demokratischer" Parteien und Organisationen (wie der SED oder des FDGB).

[42] Schrifttum (Auswahl): *Bertel* Die Vermögensdelikte im StGB (1980); *ders./Schwaighofer* Österreichisches Strafrecht – BT I[11] (2010); *Höpfel/Ratz* (Hrsg.) Wiener Kommentar zum Strafgesetzbuch[2] (1999 ff); *Kienapfel/Schmoller* Strafrecht BT II – Delikte gegen Vermögenswerte (2003).

fremden beweglichen Sache mit dem Vorsatz, sich oder einen Dritten durch deren Zueignung unrechtmäßig zu bereichern (§ 127 öStGB). Diebstahl ist hiernach kein formales Eigentums-, sondern Eigentums- als spezialisiertes Vermögens- und Vermögensverschiebungsdelikt (*Kienapfel/Schmoller* [Fn. 42] § 127 Rdn. 4 ff). Sachen, die keinen „Tauschwert" besitzen, sind deshalb keine tauglichen Tatobjekte; dazu zählen wirtschaftlich wertlose Sachen (z.B. beschriebene Postkarte, OGH JBl. **1967** 580), aber auch Urkunden wie Reisepässe und personengebundene Scheck- und Kreditkarten (st. Rspr. und h.L., s. *Kienapfel/Schmoller* aaO Rdn. 42 m.w.N.). Gleichzeitige Ersatzleistung schließt den Bereicherungsvorsatz und damit die Strafbarkeit aus (st. Rspr. und h.L., s. *Kienapfel/ Schmoller* aaO Rdn. 162 ff m.w.N.). Mangels Vorsatzes unrechtmäßiger Bereicherung ist straflos, wer Sachen im Wert eines ihm wirklich oder vermeintlich zustehenden Anspruchs – auch nicht geschuldete Sachen an Erfüllungs statt – wegnimmt (OGH Evidenzblatt **2002** 19). Qualifizierend wirkt die Überschreitung von Schadens- und Wertgrenzen (2.000 und 40.000 Euro, s. z.B. § 128 Abs. 1 Nr. 4, Abs. 2 öStGB). Im Übrigen sehen §§ 128–131 öStGB Qualifikationstatbestände für schweren Diebstahl, Diebstahl durch Einbruch und mit Waffen, gewerbsmäßigen Diebstahl und Diebstahl im Rahmen einer kriminellen Vereinigung sowie räuberischen Diebstahl vor. Privilegiert ist die Entwendung geringwertiger Sachen aus Not, Unbesonnenheit oder zur Befriedigung eines Gelüsts (§ 141 öStGB). Bei sonstigen Bagatelldiebstählen wendet die Praxis die § 153a StPO ähnlichen §§ 90a ff öStPO an („intervenierende Diversion"). Der allgemeine Strafausschließungsgrund mangelnder Strafwürdigkeit der Tat (§ 42 öStGB) spielt seit OGH Juristische Blätter **1991** 124 m. krit. Anm. *Burgstaller* (strafwürdige Tat, wenn jemand eine Zeitung im Wert von [umgerechnet] 50 Cent aus einem Selbstverkaufsständer entnimmt, ohne zu bezahlen) nur mehr bei Jugendverfehlungen eine gewisse Rolle. Größere praktische Bedeutung hat rechtzeitige Schadenswiedergutmachung „wenngleich auf Andringen des Verletzten, so doch ohne hierzu gezwungen zu sein", die als tätige Reue zur Straflosigkeit führt (§ 167 öStGB, s. bereits Rdn. 48). Als Sondertatbestände geregelt sind die Entziehung von Energie, die dauernde Sachentziehung und der unbefugte Gebrauch von Fahrzeugen (§§ 132, 135, 136 öStGB). Bei der *Unterschlagung* trennt das öStGB 1974 in der österreichischen Tradition zwischen der Veruntreuung als Zueignung anvertrauten Guts mit Bereicherungsvorsatz (§ 133 öStGB) und der eigentlichen oder einfachen Unterschlagung von sonstigem fremden Gut, das der Täter gefunden hat oder das durch Irrtum oder sonst ohne sein Zutun in seinen Gewahrsam geraten ist (§ 134 öStGB).

c) Ursprünglich trennte das **Schweizerische Strafgesetzbuch** vom 21.12.1937 (schweiz. StGB)[43] zwischen Straftaten gegen das Eigentum (Art. 137 ff a.F.) und das Vermögen überhaupt (Art. 148 ff a.F.). Mit der am 1.1.1995 in Kraft getretenen *Revision des Vermögens- und Urkundenstrafrechts* durch das Bundesgesetz vom 17.6.1994 (Amtliche Sammlung **1994** S. 2290; s. hierzu Botschaft v. 24.4.1991, Bundesblatt **1991** II S. 969) ist nicht nur äußerlich-systematisch ein einheitlicher Titel „Strafbare Handlungen gegen das Vermögen", sondern „insgesamt ein neues Vermögensstrafrecht entstanden" (*Straten-* **70**

---

[43] Schrifttum (Auswahl): *Cassani* La protection pénale du patrimoine (1988); *Rehberg/ Schmid/Donatsch* Strafrecht III[8] (2003); *Niggli* Das Verhältnis von Eigentum, Vermögen und Schaden nach schweizerischem Strafgesetz (1992); *ders./Wiprächtiger* Strafrecht II[2] (Basler Kommentar) (2007); *Stratenwerth/Jenny* Schweizerisches Strafrecht BT I[8] (2003); *Schubarth* Die Systematik der Aneignungsdelikte (1968); *ders./Albrecht* Kommentar zum schweizerischen Strafrecht, BT II (1990).

*werth/Jenny* [Fn. 43] Rdn. 2 vor § 13). Als Grundtatbestand der Eigentums- und Aneignungsdelikte vorangestellt ist nunmehr die *unrechtmäßige Aneignung* einer fremden beweglichen Sache in Bereicherungsabsicht (Art. 137 Abs. 1 schweiz. StGB). Ähnlich wie im österreichischen Recht (soeben Rdn. 69) führt das Erfordernis der Bereicherungsabsicht dazu, dass Taten, mit denen der Täter keine wirtschaftliche Besserstellung anstrebt, straflos bleiben, z.B. bei gleichzeitigem Wertersatz; allerdings berücksichtigen Rechtsprechung und ein Teil der Literatur hierbei den Gedanken des individuellen Schadenseinschlags, so dass strafbar bleibt, wer sich eine Sache, die mangels genügender Angebote nicht ohne Schwierigkeiten käuflich erworben werden kann, unter Vergütung des Wertes aneignet (BGE 107 [1981] IV 166, 167 f). Die Fundunterschlagung und die Unterschlagung ohne Bereicherungsabsicht sind strafantragsprivilegiert (Art. 137 Abs. 2 schweiz. StGB), die Veruntreuung anvertrauter Sachen ist qualifiziert (Art. 138 schweiz. StGB). Diebstahl wird legal als Wegnahme fremder beweglicher Sachen zur Aneignung, d.h. mit Aneignungswillen, und in Bereicherungsabsicht definiert (Art. 139 Abs. 1 schweiz. StGB) und soll als Qualifikation des Grundtatbestandes zu verstehen sein (*Stratenwerth/Jenny* [Fn. 43] § 13 Rdn. 1; str.). Qualifizierend abgehoben sind der gewerbs- und bandenmäßige Diebstahl, der Diebstahl mit Waffen und der Fall, dass der Dieb „durch die Art, wie er den Diebstahl begeht, seine besondere Gefährlichkeit offenbart" (Art. 139 Abs. 3 Alt. 3 schweiz. StGB). Strafantragsprivilegiert ist der Angehörigendiebstahl (Art. 139 Abs. 4 schweiz. StGB). Sondertatbestände sind die Sachentziehung (ohne Aneignungsabsicht), die unrechtmäßige Verwendung von Vermögenswerten und die unrechtmäßige Entziehung von Energie (Art. 141–142 schweiz. StGB). Privilegierte Vermögensstraftaten (ausgenommen qualifizierten Diebstahl, Raub und Erpressung), die sich auf einen geringen Vermögenswert oder Schaden – nach der Rechtsprechung bis zu 300 Franken – richten, sind nach Art. 172$^{ter}$ schweiz. StGB bloße Übertretungen und werden nur auf Antrag verfolgt.

### 2. Romanischer Rechtskreis

71 a) Der am 1.3.1994 in Kraft getretene neue französische **Code pénal** vom 22.7.1992 (frz. Cp)[44] regelt den *Diebstahl (vol)* unter den Verbrechen und Vergehen gegen (Sach- und Vermögens-)Güter (crime et délits contre les biens) und begreift ihn als unredliche Zueignung (appropriation frauduleuse). Die Definition des einfachen Diebstahls in Art. 311-1 frz. Cp als unredliche Entziehung einer fremden Sache (soustraction frauduleuse de la chose d'autrui) ist sachgleich mit der des vorherigen Rechts, nämlich des Code pénal („impérial" oder „Napoléon") 1810 (dort Art. 379). Taugliche Tatobjekte können nur fremde, d.h. im (mindestens Mit-)Eigentum eines anderen als des Täters stehende und – wie durch Auslegung ergänzt wird – bewegliche Sachen sein. Elektrische Energie wird Sachen gleichgestellt.[45] Die klassische Definition der Tathandlung des Entziehens (soustraire) – nehmen, wegnehmen, entwenden, indem die Sache aus dem Besitz des ursprünglichen Besitzers ohne dessen Wissen und gegen dessen Willen in den Besitz des

---

[44] Schrifttum (Auswahl): *Larguier/Conte/Larguier* Droit pénal spécial[14] (2008); *Merle/Vitu* Traité de droit criminal, Bd. III, IV – Droit pénal spécial (1981); *Pradel* Manuel de droit pénal spécial[4] (2007); *Rassat* Droit pénal spécial[5] (2006).

[45] Art. 311-2 frz. Cp. – Zum vorherigen Recht hatte die Cour de cassation, Chambre criminelle (Crim.), Recueil Sirey (S.) **1913** Teil 1 S. 337 m. Anm. *Roux* entschieden, dass elektrischer Strom Sache im Sinne des Diebstahlstatbestandes sei; zur gegenteiligen deutschen Auffassung § 242 Rdn. 9 und § 248c Rdn. 1.

Täters übergeht[46] – entspricht im Wesentlichen der Wegnahme des deutschen Rechts.[47] Unredliches Handeln setzt Aneignungsabsicht (intention d'appropriation) voraus, an der es fehlt, wenn der Täter ein Aneignungsrecht hat oder zu haben glaubt. Zwar ist auch nach französischem Recht die bloße Gebrauchsanmaßung straflos. Als Diebstahl strafbar sein kann jedoch die Sachentziehung zwecks „Augenblicksherrschaft" („maîtrise momentanée"), z.B. bei sog. Spritzfahrten oder bei Dokumenten, um sie zu kopieren, und zwar auch dann, wenn die Sache alsbald dem Eigentümer zurückgegeben werden soll.[48] Solche „Augenblicksherrschaft" übt auch der aus, der eine Sache beschädigt oder zerstört; deshalb ist Wegnahme in Beschädigungs- oder Zerstörungsabsicht nach französischer Rechtsprechung Diebstahl.[49] Art. 311-4 ff frz. Cp enthalten erschwerte Diebstahlsformen (vols aggravés), zu denen auch Raub und räuberischer Diebstahl im deutschen Verständnis zählen (s. Art. 311-4 Abs. 1 Nr. 4, Art. 311-5 ff frz. Cp). – Zwar enthält der Cp nunmehr ein Kapitel über *Unterschlagungen (détournements)*; jedoch bleibt es dabei, dass dem französischen Strafrecht die Strafbarkeit der Unterschlagung im deutschen Sinne fremd ist. Das Vergehen des Vertrauensmissbrauchs (abus de confiance) nach Art. 314-1 frz. Cp ist ein Vermögensbeschädigungsdelikt, das dem deutschen Untreue-, nämlich Treubruchtatbestand weit näher steht als der veruntreuenden Unterschlagung; die in Art. 314-5 ff frz. Cp enthaltenen Delikte sind nach deutschem Verständnis in der Nähe der Pfandkehr und des Vereitelns der Zwangsvollstreckung einzuordnen.

b) Der italienische **Codice penale** vom 19.10.1930 (ital. Cp)[50] zählt auch den einfachen *Diebstahl (furto)* zu den Eigentumsdelikten „mittels Gewalt gegen Sachen oder Personen" („mediante violenza alle cose o alle persone"). Art. 624 Abs. 1 ital. Cp definiert ihn als Wegnahme (sottrazione) und Inbesitznahme (impossessamento) einer fremden beweglichen Sache mit dem Ziel (al fine), einen Gewinn (profitto) für sich oder einen anderen zu erzielen. Ebenso wie der französische (soeben Rdn. 72) stellt der italienische Gesetzgeber Energie den Sachen ausdrücklich gleich (Art. 624 Abs. 2 ital. Cp). Die Tathandlung entspricht im Großen und Ganzen der Wegnahme im deutschen Recht. Das gesetzliche Erfordernis des Handelns „mit dem Ziel" der Gewinnerzielung begreifen Rechtsprechung und Lehre als rein subjektives Element (elemento soggettivo) und spezielles Vorsatzerfordernis (dolo specifico). Für einen Gewinn lässt die Rechtsprechung 72

---

46 „Il n'y a vol (...) que lorsque la chose (...) passe de la possession du (...) détenteur dans celle de l'auteur à l'insu et contre le gré du premier; pour soustraire il faut prendre, enlever, ravir", *Rassat* (Fn. 44) Rdn. 71 m.w.N.

47 Allerdings neigt die französische Rechtsprechung dazu, Wegnahme in weiterem Umfange als das deutsche Recht auch bei täuschungsbedingter, unbewusster, unvollständiger, notwendiger oder erzwungener Übergabe (remise par erreur, involuntaire, imparfaite, nécessaire ou forcée) für möglich zu halten (vgl. *Rassat* [Fn. 44] Rdn. 74 ff). Das dürfte sich daraus erklären, dass die Betrugsstrafbarkeit im französischen Recht enger als im deutschen ist und eine allgemeine Unterschlagungsstrafbarkeit fehlt.

48 Crim. S. **1959** Jurisprudence S. 21 (Spritzfahrt); Crim. Recueil Dalloz (D.) **1979** Jurisprudence S. 509 (Dokument); krit. *Rassat* (Fn. 44) Rdn. 77.

49 Crim. D. **1970** Jurisprudence S. 389; krit. *Rassat* (Fn. 44) Rdn. 81.

50 Schrifttum (Auswahl): *Antolisei* Manuale di diritto penale. Parte speciale I$^{15}$ (2008); *Cocco* (Hrsg.) Manuale di diritto penale. Parte speciale. I reati contro il patrimonio, l'economia e la fede pubblica (2006); *Delpino* Diritto penale. Parte speciale$^{13}$ (2003); *Fiandaca/Musco* Diritto penale. Parte speciale, Bd. II$^{5}$ (2008); *Mantovani* Diritto penale. Parte speciale. I delitti contro il patrimonio$^{2}$ (2002); *Pagliaro* Principi di diritto penale. Parte speciale III. Delitti contro il patrimonio (2003).

jeden Nutzen und jede Befriedigung, auch immaterieller Art, genügen, die der Täter aus dem Besitz an der Sache ziehen will. Während das Gesetz beim Raub (rapina, Art. 628 ital. Cp) ausdrücklich verlangt, der Gewinn müsse rechtswidrig (ingiusto) sein, tut es das beim Diebstahl nicht; es handelt sich nach h.L. nicht um eine planwidrige Lücke, sondern es soll dem Dieb die Schutzbehauptung, er habe geglaubt, einen Anspruch auf die Sache zu haben, von vornherein abgeschnitten werden, weshalb sich strafbar machen kann, wer wirklich einen Anspruch auf die Sache hat. Strafschärfend werden in Art. 624bis ital. Cp der Wohnungseinbruchdiebstahl und der Diebstahl durch überraschendes Entreißen (con strappo), in Art. 625 ital. Cp u.a. der Diebstahl mit Waffen oder von Reisegepäck aus Fahrzeugen geregelt. Art. 626 ital. Cp privilegiert u.a. die bloße Gebrauchsanmaßung (furto di uso), sofern die Sache unmittelbar nach Gebrauch zurückgegeben wird,[51] und den Notdiebstahl. Zum Schutz des Eigentums an unbeweglichen Sachen bzw. Grundstücken (cose immobile, fondi) ist in Art. 631 ital. Cp die Grenzverrückung in Aneignungsabsicht als „usurpazione" und in Art. 633 ital. Cp die Grundstücks- oder Gebäudebesetzung in Bereicherungsabsicht als „invasione di terreni o edifici" unter Strafe gestellt. – *Unterschlagung* (*appropriazione indebita*) ist nach Art. 646 ital. Cp die Zueignung fremder beweglicher Sachen, die der Täter in Besitz hat, also nicht wegnehmen muss, in Bereicherungsabsicht. Strafmildernd davon abgehoben werden die Fälle der Fund- und Schatzfundunterschlagung in Art. 647 Nr. 1 und 2 ital. Cp; Nr. 3 stellt die Zueignung von Sachen, in deren Besitz der Täter durch Irrtum eines anderen gelangt ist, gleich, so dass z.B. das Behalten irrtümlich überzahlten Wechselgeldes im italienischen Recht als Unterschlagung strafbar ist.

**73** c) Der am 24.5.1996 in Kraft getretene neue spanische **Código Penal** vom 23.11.1995 (span. CP)[52] hat das vorherige, zuletzt 1983 reformierte Recht des *Diebstahls* (*hurto*), *Raubes* (*robo*) und der *Unterschlagung* (*apropiación indebida*) im Wesentlichen beibehalten, diese Delikte freilich systematisch nicht mehr den Eigentums-, sondern den Vermögens- und Wirtschaftsdelikten (delitos contra el patrimonio y contra el orden socioeconómico) zugeordnet. Im Vergleich zum deutschen Recht fallen die deutlich geringeren Strafrahmen auf, und Taten, die sich auf Sachen im Wert von nicht mehr als 400 Euro beziehen, sind (außer bei Raub i.e.S.) nur als Übertretungen (faltas) mit Wochenendarrest oder Geldstrafe bedroht (Art. 623 ff span. CP). – Art. 234 span. CP definiert *Diebstahl* als Nehmen (tomar) fremder beweglicher Sachen ohne den Willen ihres Eigentümers (sin la voluntad de su dueño)[53] mit Gewinn- oder Vorteilsabsicht (con ánimo de lucro). Wie sich aus Art. 623 ff span. CP ergibt, muss die Sache bei Art. 234 span. CP einen wirt-

---

[51] Corte Costituzionale, Urt. v. 30.11.1988, Nr. 1085/1988 hat dies insoweit für verfassungswidrig erklärt, als nicht der Fall gleichgestellt ist, dass die Rückgabe nur wegen Zufalls oder höherer Gewalt unterbleibt.

[52] Schrifttum (Auswahl): *Bajo Fernández* (Hrsg.) Compendio de Derecho penal. Parte Especial, Bd. II (1998); *Cobo del Rosal* (Hrsg.) Derecho penal español[2] (2005); *Córdoba Roda/García Arán* (Hrsg.) Comentarios al Código penal. Parte especial, Bd. I (2004); *García Arán* El delito de hurto (1998); *de la Mata Barranco* Tutela penal de la propiedad y delitos de apropiación (1994); *Muñoz Conde* Derecho penal. Parte especial[16] (2007); *Quintero Olivares u.a.* (Hrsg.) Comentarios a la Parte Especial del Código Penal[7] (2008); *Serrano Gómez/Serrano Maíllo* Derecho penal. Parte Especial[13] (2008); *Zugaldía* Delitos contra la propiedad y el patrimonio (1988).

[53] Anders als im deutschen Recht kann es auf den Willen des Besitzers bzw. Gewahrsamsinhabers nur ankommen, wenn dieser vom Eigentümer ermächtigt ist (oder zu sein scheint), über den Besitz bzw. Gewahrsam an der Sache zu verfügen; näher zum Problem *Córdoba Roda/García Arán* (Fn. 52) Anm. II.

schaftlichen Wert haben, der über 400 Euro liegt; Schwarzmarktpreise (z.B. für Reisepässe) können genügen (*Córdoba Roda/García Arán* [Fn. 51] Art. 234 Anm. IV.2.). Die Tathandlung des Nehmens (tomar) wird nicht selten als Aneignen (apropiarse) aufgefasst, um den Diebstahl vom auch nach spanischem Recht im Prinzip straflosen (s. aber sogleich zu Art. 244 span. CP) furtum usus abzugrenzen; nach der Gegenauffassung fehlt es beim furtum usus an der Gewinn- oder Vorteilsabsicht im technischen Sinne (so *Córdoba Roda/García Arán* [Fn. 51] Art. 234 Anm. III.1.). Diese Absicht wird nach der Rechtsprechung vermutet, wenn der Täter Sachherrschaft (apoderamiento) begründet hat, und es genügt die Absicht, für sich oder einen Dritten Gewinne oder Vorteile gleich welcher Art einschließlich solcher immaterieller Natur zu erzielen; in der Lehre wird sie teils als Zueignungsabsicht (ánimo de apropiación, so *Córdoba Roda/García Arán* [Fn. 51] Art. 234 Anm. VI.2.), teils als Bereicherungsabsicht im deutschen Verständnis interpretiert. Die Strafe wird in den in Art. 235 span. CP genannten Fällen – z.B. beim Kunstdiebstahl (Nr. 1) – geschärft. Art. 236 span. CP enthält einen der deutschen Pfandkehr ähnlichen Sondertatbestand. Art. 244 span. CP enthält eine dem § 248b StGB vergleichbare Privilegierung bei Raub oder Diebstahl des Fahrzeuggebrauchs (robo y hurto de uso de vehículos), wenn es an der Zueignungsabsicht (ánimo de apropiárselo) fehlt. Für die Aneignung von Grundstücken sehen Art. 245 ff span. CP Sondertatbestände der „usurpación" vor (näher *Huerta Tocildo* La protección penal del patrimonio inmobiliario [1980]). Art. 255, 256 span. CP bedrohen die betrügerische Erlangung von elektrischem Strom und Vergleichbares (defraudaciones de fluido eléctrico y análogas) gesondert und mit milderer Strafe als Art. 234 span. CP. Der Einsteige-, Einbruchs- oder Nachschlüssel(usw.)diebstahl im deutschen Verständnis, nämlich die Wegnahme unter Anwendung von Gewalt gegen Sachen, um an den Ort zu gelangen, wo sich die Sachen befinden (empleando fuerza en las cosas para acceder al lugar donde éstas se encuentran) wird in Art. 237 erste Alt. i.V.m. 239 ff span. CP als Raub bezeichnet, freilich mit milderer Strafe bedroht als der eigentliche Raub mit Gewalt gegen oder Bedrohung von Personen nach Art. 237 zweite Alt. span. CP. – Nur mit Geldstrafe bedroht ist die einfache *Unterschlagung* i.S.d. Art. 253 Abs. 1 span. CP, nämlich die Zueignung (apropiación) verlorener Sachen oder solcher, deren Eigentümer unbekannt ist, mit Gewinn- oder Vorteilsabsicht (ánimo de lucro). Im deutschen Verständnis zwischen veruntreuender Unterschlagung und Untreue im Treubruchtatbestand angesiedelt ist der Unterschlagungstatbestand des Art. 252 CP, der sich auch auf immaterielle Vermögenswerte (activos patrimonales) bezieht und einen (Vermögens-)Nachteil (perjuicio) des Verletzten voraussetzt.

### 3. Rechtskreis des common law

a) Im **traditionellen common law**[54] war *Diebstahl (theft)* ein untechnischer Oberbegriff für die eigentlichen Eigentumsstraftaten, zu denen insbesondere larceny, embezzlement und obtaining property by false pretenses zählten. – *Diebstahl im technischen* **74**

[54] S. zur historischen Entwicklung *Fletcher* The Metamorphosis of Larceny, 89 Harvard Law Review 469 (1976); *Hall* Theft, Law, and Society² (1952) S. 3 ff. Aus deutscher Sicht zum englischen Diebstahlsrecht vor dem Theft Act 1968 (sogleich Rdn. 75): *Hagel* Der einfache Diebstahl im englischen und deutschen Recht (1964); *Kielwein* Die Straftaten gegen das Vermögen im englischen Recht (1955); *Wagemann* Die Geschichte des Betrugsstrafrechts in England und den amerikanischen Bundesstaaten (2005) S. 90 ff.

*Sinne (larceny)* war ein gewohnheits- und richterrechtlicher common-law-Tatbestand, der sich aus dem noch älteren Raub mit Gewalt und Waffen (vi et armis) entwickelt hatte. Die äußere Tatseite (actus reus) der larceny bestand im Nehmen und Wegschaffen (taking and carrying away bzw. asportation[55]) des ursprünglich auf originäre Fahrnishabe (goods and chattle[56]) mit wirtschaftlichem Wert (value[57]) beschränkten persönlichen Eigentums eines anderen (personal property of another) ohne Einwilligung des Eigentümers (invito domino, without consent of the owner) und unter Verletzung fremden Besitzes (in trespass); diese Besitz- (nicht Eigentums-)verletzung stand im Vordergrund (trespassory larceny). Der für die innere Tatseite (mens rea) erforderliche Diebstahlsvorsatz (intent to steal) beschränkte sich im deutschen Verständnis auf den Enteignungsvorsatz (intent permanently to deprive the owner of his property). – Demgegenüber war die *Unterschlagung (embezzlement)* von rechtmäßig in den Besitz des Täters gelangten Sachen nach common law ursprünglich straflos. Die Versuche der älteren englischen Rechtsprechung bzw. Gesetzgebung, Unterschlagung durch positive Besitzfiktionen (constructive possession z.B. des Eigentümers verfrachteter Ware auf dem Frachtweg, s. den berühmten Carrier's Case [1473] *Pollock/Wright* Possession in the Common Law [1888] S. 137) bzw. negative Besitzfiktionen (z.B. kein Besitz des Dieners, s. das englische Gesetz 21 Henry VIII ch. 7 [1529]) als larceny zu erfassen, veranlassten den englischen Gesetzgeber (historisch zentral das Gesetz 39 George III ch. 85 [1799]), ein eigenständiges statuarisches Delikt des embezzlement zu schaffen, dessen Quintessenz die betrügerische Umwandlung (fraudulent conversion) von rechtmäßig besessenem fremden Eigentum war. – Zwar war im common law die Strafbarkeit des Mess- und Wiegebetrugs (cheating) und des Trickdiebstahls (larceny by trick – im deutschen Verständnis Besitzbetrug[58]) anerkannt, nicht aber eine allgemeine Strafbarkeit des *(Sach-)Betrugs*. Deshalb schuf die englische Gesetzgebung (historisch zentral das Gesetz 30 George II ch. 24 [1757]) das statuarische Delikt der Eigentumserlangung durch Irreführung (obtaining property by false pretenses). – Insgesamt entwickelte sich das Recht des theft im common law über Jahrhunderte auch nach im dortigen Rechtskreis überwiegender Auffassung in bruchstückhafter und zufälliger Weise (so z.B. *Smith* The Law of Theft[8] [1997] Rdn. 1).

---

55 Für asportation genügte, dass die Sache nur geringfügig fortbewegt wurde, nicht freilich, dass sie lediglich bewegt, aber nicht fortbewegt wurde (z.B. wenn der Dieb ein Fass nur dreht, damit er es besser greifen kann, Cherry's Case, 1 Leach's Crown Cases 236 [1781].

56 Nach traditionellem common law war Grundeigentum (real property) auch dann ausgenommen, wenn es sich um bewegbare bzw. beweglich gemachte Grundstücksbestandteile handelte; darüber hinaus wurden Urkunden aller Art, die Forderungen (things in action) verkörperten (Kaufvertrags-, Scheck-, Wechselurkunde), nicht den Sachen, sondern den Forderungen zugerechnet.

57 Sec. 1 (3) Larceny Act 1916. Der wirtschaftliche Wert kann freilich äußerst gering sein (wie z.B. bei einem Blatt Schreibpapier, Regina v. Morris, 9 Carrington & Marshman's Nisi Prius Reports 349 [1840], oder bei einem getragenen Schuh, Supreme Court of Barbados, Bourne v. Edwards, 2 Barbados Law Reports 73 [1958–1960]) und in einem wirtschaftlichen Interesse bestehen (z.B. bei Dokumenten, von denen der Ausgang eines standesrechtlichen Verfahrens abhängt, Supreme Judicial Court of Massachusetts, Commonwealth v. Cabot u.a., 241 Massachusetts Reports 131 [1922]).

58 Grundlegend The King v. Pear, 1 Leach's Crown Cases 212 (1780): Der Besitz des Eigentümers und Vermieters eines Pferdes gehe nicht durch Übergabe an den von Anfang an betrügerischen Mieter über, der das gemietete Pferd von vornherein an einen Dritten veräußern wolle; daher könne die Veräußerung noch als trespass angesehen und als larceny bestraft werden; dazu ausführlich *Wagemann* (Fn. 54) 91 ff.

b) In **England und Wales** zog der Gesetzgeber, dem eine die Brüche und Zufälligkeiten beseitigende Systematisierung des common law im *Larceny Act 1916* nicht gelungen war, hieraus den Schluss, es sei ein „clean break with the past" (*Smith/Hogan* Criminal Law[7] [1999] S. 554) notwendig. 1959 wurde das Criminal Law Revision Committee beauftragt, ein neues Recht des Diebstahls und der verwandten Delikte „based on a fundamental reconsideration of the principles underlying this branch of the law and embodied in a modern statute" zu konzipieren. Auf der Grundlage der 1966 vorgelegten Empfehlungen des Komitees (Eight Report: Theft and Related Offences, Cmnd. 2977) wurde der *Theft Act 1968* (ch. 60) erlassen, der das common law aufhob (sec. 32 [1]) und – mit Änderungen durch den Theft Act 1978 (ch. 31), den Theft (Amendment) Act 1996 (ch. 62) und zuletzt den Fraud Act 2006 (ch. 35) – bis heute maßgeblich ist. In der Sache enthält der Theft Act 1968 den Großteil des englischen Eigentums- und Vermögensstrafrechts einschließlich Raubs und räuberischen Diebstahls (sec. 8), Betrugs und betrugsähnlichen Delikten (sec. 15 ff, die mit Wirkung vom 15.1.2007 aufgehoben und in den Fraud Act 2006 überführt sind), Erpressung (sec. 21) und Hehlerei (sec. 22 ff). **75**

Der am 1.1.1965 in Kraft getretene Theft Act 1968[59] verzichtet auf einen eigenständigen Diebstahlstatbestand nach traditionellem (auch deutschem) Verständnis und setzt an seine Stelle einen zwar als Diebstahl (theft) bezeichneten, aber *weitgehend vom Zivilrecht gelösten Einheitstatbestand der unehrlichen Aneignung fremden Eigentums mit Enteignungsvorsatz* (sec. 1 [1]). Eigentum (property) umfasst nach sec. 4 (1) Theft Act 1968 nicht nur bewegliche Sachen, sondern auch Grundstücke (die veruntreut werden können, s. sec. 4 [2] [a], [c] Theft Act 1968), Forderungen (things in action) und Immaterialgüterrechte (other intangible property). Fremd (belonging to another) ist Eigentum bereits dann, wenn es sich im Besitz oder unter der Kontrolle eines anderen befindet oder ein anderer ein Eigentumsrecht oder -interesse an ihm hat (sec. 5 [1] Theft Act 1968). Deshalb kann der Alleineigentümer etwa in Fällen, die nach deutschem Verständnis § 289 StGB unterfallen, Täter sein (z.B. wenn er sein Kraftfahrzeug in Reparatur gibt und es nach erfolgter Reparatur aus der Werkstatt entwendet, ohne den Werklohn zu bezahlen, Court of Appeal, Criminal Division, Regina v. Turner, [1971] 2 All England Law Reports 441). Aneignung (appropriation) ist jede Anmaßung von Eigentümerrechten (assumption of the rights of an owner, sec. 3 [1] Theft Act 1968). Sie muss unehrlich (dishonestly) erfolgen. Sec. 2 Theft Act 1968 bestimmt insoweit, dass nicht als unehrlich handelnd anzusehen ist, wer glaubt, rechtmäßig oder mit mutmaßlicher Einwilligung des Eigentümers zu handeln, und dass die Absicht der Wertkompensation Unehrlichkeit nicht ausschließt. Im Übrigen ist die Unehrlichkeit nach der Rechtsprechung Tat- und nicht Rechtsfrage, und die Geschworenen oder der Tatrichter müssen entscheiden, ob die Tat nach gewöhnlichen Maßstäben vernünftiger und ehrlicher Leute (ordinary standards of reasonable and honest people) objektiv bzw. subjektiv als unehrlich anzusehen ist (zusammenfassend Court of Appeal, Criminal Division, Regina v. Ghosh [1982] 2 All England Law Reports 489). Der Theft Act 1968 verlangt nicht, dass die Aneignung rechtswidrig (unlawful) sein muss; das nimmt die Rechtsprechung beim Wort und zieht eine Diebstahlsstrafbarkeit auch dann in Betracht, wenn der Täter mit Einwilligung des Eigentümers handelt, diese aber in unehrlicher Weise erlangt bzw. ausgenutzt hat (z.B. wenn ein Londoner Taxifahrer aus der ihm geöffnet hingehaltenen Geldbörse eines orts- und sprachunkundigen Touristen das Mehrfache des Fahrpreises entnimmt, House of Lords, Lawrence v. Commissioner of Police for the Metropolis [1971] 2 All England Law Reports **76**

[59] S. hierzu *Griew* The Theft Acts[7] (1995);
*Smith* The Law of Theft[8] (1997).

1253) und sogar dann, wenn er zwar zivilrechtlich rechtsbeständig, jedoch in unehrlicher Weise Eigentum erwirbt (wie z.B. bei anstößig-unehrlicher, wenn auch zivilrechtlich rechtsbeständiger Erbschleicherei, House of Lords, Regina v. Hinks, [2000] 3 Weekly Law Reports 1590). Der Enteignungsvorsatz kann bedingt (conditional) sein und muss auf dauernde Enteignung gerichtet sein (permanently depriving the other of it [i.e. property]). Hierzu stellt sec. 6 [1] Theft Act 1968 klar, dass Gebrauchsanmaßung mit Rückgabewillen (borrowing or lending) nach dem Zeitraum und den Umständen auf dauerhafte Enteignung hinauslaufen kann.

77 *Einbruch* (burglary) ist – wie es der common-law-Tradition entspricht – bereits vollendet, wenn der Täter in Diebstahlsabsicht (aber auch in der Absicht, schwere Körperverletzung, Vergewaltigung oder Sachbeschädigung zu begehen) in ein Gebäude eindringt (sec. 9 [1] [a] Theft Act 1968); führt er dabei Waffen bei sich, so ist das als schwerer Fall (aggravated burglary) mit lebenslanger Freiheitsstrafe bedroht (sec. 10 Theft Act 1968). *Unbefugter Kraftfahrzeuggebrauch* (taking motor vehicle without authority) ohne Aneignung ist selbständig und privilegiert strafbar (sec. 12 Theft Act 1968); wird mit dem Fahrzeug gefährlich gefahren, kommt es gar zu einem Unfall mit Personen- oder Sachschaden oder wird das Kraftfahrzeug sonst beschädigt, so begründet das einen schweren Fall (aggravated vehicle-taking, sec. 12A Theft Act 1968). Die Entziehung elektrischer Energie ist gesondert unter Strafe gestellt (sec. 13 Theft Act 1968).

78 c) Auch in den **Vereinigten Staaten von Amerika** hat sich die Gesetzgebung des Bundes und der Einzelstaaten deutlich vom traditionellen common law des theft (Rdn. 74) entfernt. Insbesondere wurde die an vielen Stellen heikle materiell-rechtliche Abgrenzung der traditionellen Delikte larceny, embezzlement und obtaining property by false pretense voneinander auch im Hinblick auf ihre prozessuale Handhabung[60] zunehmend als lebensfremd empfunden: „The crimes are one today in the common speech of men, as they are in moral quality“.[61] Seit vielen Jahren neigt die Gesetzgebung deshalb dazu, die traditionellen Delikte zu einem als Diebstahl (theft) bezeichneten Einheitstatbestand (single crime) zusammenzufassen (zu vergleichbaren Tendenzen in der deutschen Reformdiskussion Rdn. 47 ff). Diese vielfach als Konsolidierung (consolidation) des Diebstahlsrechts bezeichnete Entwicklung ist maßgeblich durch den *Model Penal Code (MPC)* gefördert worden, den das American Law Institute 1962 als Modellstrafgesetzbuch vorgelegt hat und der bis heute viele einzelstaatliche Strafgesetzgebungen auch und gerade beim Eigentums- und Vermögensstrafrecht maßgeblich beeinflusst. Nach § 223.1 (1) MPC ist Diebstahl (theft) eine einzige Straftat (single offence), die den eigentlichen Diebstahl und die Unterschlagung (unlawful taking or disposition, § 223.2 MPC), den Betrug (deception, § 223.3 MPC), die Erpressung (extortion, § 223.4 MPC) und die Hehlerei (receiving stolen property, § 223.6 MPC) beinhaltet.[62]

---

[60] Nach traditionellem amerikanischen Strafprozessrecht gehörte die rechtliche Qualifikation der Tat zum Anklage- und Verfahrensgegenstand, und Rechtsmittelgerichte waren nicht zur Schuldspruchberichtigung befugt; näher zu den Konsequenzen in Strafprozessen wegen Eigentumsdelikten *LaFave* Criminal Law[3] (2000) § 8.8 auf S. 846.

[61] So eine vielzitierte Bemerkung des Richters *Cardozo* in New York State Court of Appeals, Van Vechten v. American Eagle Fire Insurance Company, 239 New York Reports 303 (1925).

[62] Zur Begründung Kommentar zu § 221.1 MPC (abgedruckt in *Kadish/Schulhofer* Criminal Law and Its Processes[7] [2001] S. 951 ff): „substantially the same kind of undesirable conduct“; ähnlich *LaFave* (Fn. 60) § 8.8 auf S. 851: „in moral quality alike“, „simply (...) ways of misappropriating another's property“; s. auch die vielzitierte Bemerkung des Supreme Court of

79 Im *Bundesstrafrecht* der Vereinigten Staaten sind Unterschlagung und Diebstahl (embezzlement and theft) in Titel 18, Kapitel 31, §§ 641–669 United States Code (18 U.S.C.) geregelt und zuständigkeitshalber von vornherein auf Taten mit einer internationalen oder den Bund oder zwischenstaatlichen Verkehr betreffenden Dimension beschränkt, etwa auf Taten gegen Eigentum oder Vermögen der Vereinigten Staaten (z.B. 18 U.S.C. § 641. Public money, property or records), durch Amtsträger der Vereinigten Staaten (z.B. 18 U.S.C. § 654. Officer oder employee of United States converting property of another) oder im zwischenstaatlichen Handel (interstate commerce) begangene Taten (z.B. 18 U.S.C. § 667. Theft of livestock). Es handelt sich eher um Vermögens- als Eigentumsstrafrecht, und in den meisten bundesrechtlichen Tatbeständen sind Vermögenswerte aller Art (funds, assets, things of value) taugliche Tatobjekte. Viele bundesrechtliche Tatbestände sind als Einheitstatbestände (soeben Rdn. 78) ausgestaltet, umfassen also alternativ und äquivalent Diebstahl, Unterschlagung, Betrug und/oder Hehlerei und bedrohen sie mit denselben Strafen.[63]

80 Der weitaus größte Teil der in den Vereinigten Staaten begangenen Diebstahls- und Unterschlagungskriminalität ist nach dem jeweils anwendbaren *Strafrecht der Einzelstaaten* zu beurteilen, und trotz der gewissen Harmonisierung in der Folge des MPC (Rdn. 78) ist die statuarische Vielfalt beeindruckend. Holzschnittartig lassen sich folgende Tendenzen ausmachen: Wie der MPC und das Bundesstrafrecht haben viele Einzelstaaten als Diebstahl (theft) bezeichnete Einheitstatbestände geschaffen, die alternativ und äquivalent Diebstahl, Unterschlagung, Untreue, Betrug, Erpressung und/oder Hehlerei erfassen und mit denselben Strafen bedrohen.[64] Nahezu durchweg wird nicht nur Eigentum an beweglichen Sachen, sondern alles persönliche Eigentum (personal property) geschützt, sei es materiell oder immateriell (tangible or intangible) und unter Einschluss von Geldern aller Art (money), Grundstückseigentum (real property), Gas und Elektrizität, geldwertem Sachgebrauch oder geldwerten Dienstleistungen (services) (s. nur *LaFave* [Fn. 59] § 8.4 [a] m.w.N.). Zwar hält die einzelstaatliche Gesetzgebung daran fest, dass das Eigentum einem anderen gehören muss. Jedoch wird vielfach gesetzlich klargestellt, dass es ausreicht, wenn ein anderer als der Täter ein im Hinblick auf die Tathandlung besseres Recht als der Täter hat.[65] Daher kann sich der Alleineigentümer wegen Diebstahls strafbar machen, z.B. in der Pfandkehr (§ 289 StGB) entsprechen-

---

Missouri, State v. Gould, 159 Missouri Reports 828 (1932): Es sei nicht Aufgabe der Gerichte, im Eigentumsstrafrecht „fine hair-splitting distinctions" zu ziehen und „strained constructions" zu bemühen.

[63] S. z.B. 18 U.S.C. § 641: „Whoever embezzles, steals, purloins, or knowingly converts to his use or the use of another, or without authority, sells, conveys or disposes of any (...) thing of value of the United States (...); or (...) receives, conceals, or retains the same with intent to convert it to his use or gain, knowing it to have been embezzled, stolen, purloined or converted, shall be fined (...) or imprisoned not more than ten years, or both" – nach deutschem Verständnis eine Zusammenfassung von Diebstahl, Unterschlagung, Untreue und Hehlerei.

[64] S. z.B. § 484 (a) Satz 1 California Penal Code: „Every person who shall feloniously steal (...) the personal property of another, or who shall fraudulently appropriate property which has been entrusted to him or her, or who shall knowingly and designedly, by any false or fraudulent representation or pretense, defraud any other person of (...) personal property, (...) is guilty of theft" – nach deutschem Verständnis eine Zusammenfassung von Diebstahl, Unterschlagung und Betrug.

[65] S. z.B. sec. 155.00 Nr. 5 New York Penal Law: „When property is taken, obtained or withheld by one person from another person, an 'owner' thereof means any person who has a right to possession thereof superior to that of the taker, obtainer or withholder."

den Konstellationen. Die Tathandlung des Diebstahls wird gelegentlich als Aneignen (appropriate), häufiger als Nehmen (take) oder als Erlangen oder Ausüben unbefugter Kontrolle über die Sache (obtain or exercise unauthorized control) umschrieben; damit sind – wie auch in vielen anderen Staaten – die common-law-Erfordernisse der Besitz(rechts)verletzung (tresspass) und des Wegschaffens (Rdn. 74) abbedungen. In subjektiver Hinsicht lassen manche Einzelstaaten (und ebenso der kanadische Criminal Code, sec. 322 [1] [a]: „to deprive, temporarily or absolutely, the owner") den Vorsatz bloß vorübergehender Enteignung genügen. Für die Graduierung (Privilegierung, Qualifizierung) ist in vielen Einzelstaaten der Wert des gestohlenen bzw. unterschlagenen (usw.) Guts das maßgebliche Kriterium, insbesondere für die wichtige Grenze zwischen „kleinem" und „großem" Diebstahl (petty bzw. petit und grand larceny bzw. theft) sowie zwischen Vergehen (misdemeanor) und Verbrechen (felony), wobei die Wertgrenze zwischen 50 und 2.000 US-Dollar schwankt. Einbruch (burglary) ist – wie im heutigen englischen Recht (s. Rdn. 77) und in der Tradition des common law – nach den meisten einzelstaatlichen Gesetzen bereits vollendet, wenn der Täter in ein Gebäude eindringt, um einen Diebstahl oder andere Straftaten zu begehen.

**81** *Freiheitsstrafen* für Diebstahl usw. sind in den Vereinigten Staaten in absoluten wie relativen Zahlen häufiger als in den meisten Rechtsordnungen der Welt. Zu *extremer Rückfallschärfung* (z.B. 25 Jahre bis lebenslange Freiheitsstrafe für einfachen Ladendiebstahl dreier Golfschläger im Gesamtwert von ca. 300 Euro durch einen wegen Einbruchs und Raubes Vorbestraften oder 50 Jahre bis lebenslange Freiheitsstrafe für zwei einfache Ladendiebstähle von Videokassetten im Wert von 60 und 50 Euro durch einen Heroinabhängigen, der wegen zweier Einbrüche vorbestraft ist, vgl. Supreme Court of the United States, Ewing v. California und Lockyer v. Andrade, 538 United States Reports 11 und 63 [2003]) kann die mittlerweile in vielen Einzelstaaten (z.B. Kalifornien, § 667 California Penal Code) geltende „three strikes and you are out"-Regel führen (aktuelle Zusammenfassungen bei *Walsh* Three Strikes Laws [2007]; *Zimring* Punishment and Democracy: Three Strikes and You're Out in California [2001]). Zwar gilt diese Regel allgemein, wenn der Täter drei Verbrechen (felonies) begangen hat; jedoch ist sie in der Praxis bei theft von besonderer Bedeutung, zumal „kleine" Diebstähle und Betrügereien in Einzelstaaten wie Kalifornien im Wiederholungsfall als Verbrechen gewertet werden können und Einbruch ohnehin Verbrechen ist.

**82** **4. Rechtsvergleichender Querschnitt.** Obwohl Diebstahl ein „archetypisches Delikt" ist (Rdn. 1), zeigt die Rechtsvergleichung, dass es **durchaus vielfältige Regelungsmodelle** gibt und keines von ihnen rechts- oder sachlogisch, naturrechtlich oder der Natur der Sache nach schlechterdings zwingend erscheint. So besteht kein rechts- oder sachlogisches (usw.) Hindernis, die Tathandlung des Diebstahls – statt wie traditionell als Wegnahme oder Nehmen und Wegschaffen – als Aneignung oder Erlangung von (Eigen-) Besitz, Gewahrsam, Herrschaft, Kontrolle oder Gebrauch zu erfassen; dann aber besteht auch kein rechts- oder sachlogisches Hindernis, unbewegliche Sachen oder Nicht-Sachen wie Vermögensrechte als Tatobjekte des Diebstahls zuzulassen. Es ist auch weder rechts- noch sachlogisch (usw.) ausgeschlossen, bestimmte Tathandlungen des Eigentümers – z.B. die Wegnahme einer verpfändeten Sache bei Pfandreife oder die Veräußerung einer zur Sicherheit übereigneten Sache nach Wegfall des Sicherungszwecks – als Diebstahl oder Unterschlagung zu bezeichnen und so zu bestrafen (Rdn. 76 und 79 zum englischen und amerikanischen Recht); die diesbezügliche Privilegierung des Eigentümers in vielen Rechtsordnungen kann weder überzeugend mit seinem Eigentum – dieses ist durch Rechte anderer beschränkt (vgl. im deutschen Zivilrecht § 903 Satz 1 BGB: „soweit nicht (...) Rechte Dritter entgegenstehen") – noch damit begründet werden, dass Eigentum prinzipiell schutzwürdiger als andere dingliche Rechte wäre – das träfe weder wirtschaftlich noch verfassungsrechtlich (Art. 14 Abs. 1 GG) gesehen zu.

In rechtsvergleichender Perspektive lassen sich **eher traditions- und eher reformorientierte Rechtsordnungen** unterscheiden. Jene, zu denen die deutsche, aber auch die französische und die spanische Rechtsordnung zählen, unterscheiden tendenziell streng zwischen Eigentums- und Vermögensstrafrecht sowie Zueignung und Bereicherung, behandeln Diebstahl als primäres, Unterschlagung lediglich als sekundäres Delikt und nehmen ggf. bestehende Wertungswidersprüche, aber auch Lücken und den theoretischen und praktischen Aufwand der Abgrenzung zwischen den verschiedenen traditionellen Delikten hin. – In den eher reformorientierten Rechtsordnungen, zu denen seit 1994 die schweizerische, teils auch die österreichische, vor allem aber die englische und amerikanische Rechtsordnung zählen, lässt sich eine Tendenz zur *Modernisierung des (traditionellen) Eigentumsstrafrechts durch dessen Annäherung an das (modernere) Vermögensstrafrecht* ausmachen, sei es unmittelbar, indem (wie im englischen und amerikanischen Recht, Rdn. 75, 79) der Kreis der tauglichen Diebstahls- und Unterschlagungsobjekte auf alles mit wirtschaftlichem Wert (anything of value) erstreckt (und im Hinblick auf Wertloses zugleich begrenzt) wird, sei es mittelbar, indem (wie im österreichischen und schweizerischen Recht, Rdn. 69 f) Bereicherungsabsicht des Diebes bzw. Täters einer Unterschlagung verlangt wird. Damit verbunden ist in diesen Rechtsordnungen eine Tendenz zur *Relativierung des (älteren) Diebstahls- und zur Aufwertung des (jüngeren) Unterschlagungstatbestandes*, sei es, indem dieser zum Grundtatbestand erhoben (so im schweizerischen Recht, Rdn. 70), sei es, indem aus beiden ein Einheitstatbestand gebildet wird (so im englischen und amerikanischen Recht, Rdn. 76, 78 f). 83

Bei den **Sach- und Grenzfragen** des Eigentumsstrafrechts gibt es in rechtsvergleichender Perspektive weniger Unterschiede, als man erwarten könnte. So ist Ladendiebstahl durchweg als Diebstahl strafbar und mit sozialinadäquatem Ein- oder Verstecken der Ware, ansonsten mit Passieren der Kasse ohne zu bezahlen vollendet.[66] Auch wirkt sich der theoretische Unterschied zwischen *stärker vermögensorientierten* und *stärker eigentumsorientierten* Rechtsordnungen praktisch wenig aus, da jene jeglichen wirtschaftlichen Wert genügen lassen und die Wertkompensation durch Aspekte des (in den Worten der deutschen Dogmatik) individuellen Schadenseinschlags beschränken. Eher bestehen Unterschiede zwischen *stärker enteignungs-, d.h. opferorientierten* und *stärker aneignungs-, d.h. täterorientierte* Rechtsordnungen; jene neigen z.B. dazu, bloß vorübergehende Enteignungen durch Gebrauchsanmaßungen (z.B. Spritzfahrten) eher als Diebstahl zu erfassen (so z.B. die französische oder kanadische Rechtsordnung, Rdn. 71, 80) als diese (so z.B. die deutsche Rechtsordnung). Insgesamt dürften sich praktisch wirksame Unterschiede in der Verfolgung und Ahndung von Eigentumsstraftaten weniger durch eine von Rechtsordnung zu Rechtsordnung unterschiedliche Ausgestaltung der Tatbestände des Eigentumsstrafrechts erklären. Die große Masse der Taten wirft – soweit ersichtlich – in keiner Rechtsordnung nennenswerte Rechtsfragen auf. Vielmehr werden praktisch wirksame Unterschiede durch unterschiedliches Rechtsfolgen- und Strafzumessungsrecht, vor allem aber durch das unterschiedliche prozessrechtliche und -praktische Umfeld begründet. 84

---

[66] S. aus dem deutschen Rechtskreis: BGHSt **16** 271 (näher u. § 242 Rdn. 100 ff); aus dem romanischen Rechtskreis ital. Corte Suprema di Cassazione, Urt. v. 5.4.1991 Nr. 347 u. st. Rspr. (näher *Delpino* [Fn. 50] S. 594); aus dem Rechtskreis des common law Court of Appeals of New York, People v. Olivo u.a., **52** New York Reports 2d Series 309 (1981).

## § 242
## Diebstahl

(1) **Wer eine fremde bewegliche Sache einem anderen in der Absicht wegnimmt, die Sache sich oder einem Dritten rechtswidrig zuzueignen, wird mit Freiheitsstrafe bis zu fünf Jahren oder mit Geldstrafe bestraft.**

(2) **Der Versuch ist strafbar.**

### Schrifttum

S. das vor § 242 angegebene Schrifttum und weiterhin: *Albrecht* Bedienungswidrig herbeigeführter Geldauswurf bei einem Glücksspielautomaten, JuS **1983** 101; *Androulakis* Objekt und Grenzen der Zueignung im Strafrecht, JuS **1968** 409; *Arloth* Leerspielen von Geldspielautomaten – ein Beitrag zur Struktur des Computerbetrugs, CR **1996** 359; *Baumann* Zum Zueignungsbegriff, GA **1971** 306; *Backmann* Die Abgrenzung des Betrugs von Diebstahl und Unterschlagung (1974), *Behrendt* Der Begriff der Zueignung in den Tatbeständen des Diebstahls und der Unterschlagung (1996); *Bernsmann* Zur strafrechtlichen Beurteilung der eigenmächtigen „In-Pfand-Nahme", NJW **1982** 2214; *Bittner* Der Gewahrsamsbegriff und seine Bedeutung für die Systematik der Vermögensdelikte, Diss. Göttingen 1972; *ders.* Zur Abgrenzung von Trickdiebstahl, Betrug und Unterschlagung, JuS **1974** 156; *ders.* Die Abgrenzung von Diebstahl, Betrug und Unterschlagung, MDR **1970** 291; *Bloy* Die Behandlung der Sachentziehung im deutschen, österreichischen und schweizerischen Strafrecht, Festschrift Oehlers (1985) 559; *ders.* Der Diebstahl als Aneignungsdelikt, JA **1987** 187; *Bock* Pfandkehr als Gewahrsamsverschiebungsdelikt – Die fremdnützige Wegnahme „zugunsten des Eigentümers" nach § 289 StGB, ZStW **121** (2009) 548; *Bockelmann* Literaturbericht Strafrecht Besonderer Teil I, ZStW **65** (1953) 596; *ders.* Literaturbericht Besonderer Teil, ZStW **69** (1957) 269; *Borchert/Hellmann* „Tanken ohne zu zahlen" – eine Problemklärung in Sicht? NJW **1983** 2799; *Börner* Die Zueignungsdogmatik der §§ 242, 246 StGB (2004); *Braun* Symbolische Gesetzgebung und Folgelast – Erfahrungen im Umgang mit § 90a BGB in einer Examensklausur, JuS **1992** 758; *Brennenstuhl* Die Rückwirkungsanordnungen des bürgerlichen Rechts und ihre Bedeutung für das Strafrecht, Diss. Tübingen 1993; *Bringewat* Die Wiederverwendung von Herzschrittmachern – Strafrechtliche Aspekte einer fragwürdigen medizinischen Versorgung, JA **1984** 61; *Brocker* Das Passieren der Kasse mit „versteckter Ware", JuS **1994** 919; *ders.* Der Zueignungsbegriff und die Geldentnahme aus Briefsendungen durch das MfS der DDR, wistra **1995** 292; *Bühler* Die strafrechtliche Erfassung des Missbrauchs von Geldspielautomaten (1995); *Charalambakis* Die Nichtbezahlung beim Selbstbedienungstanken, MDR **1985** 975; *Cordier* Diebstahl oder Betrug in Selbstbedienungsläden, NJW **1961** 1340; *Dencker* Zueignungsabsicht und Vorsatz der Zueignung, Festschrift Rudolphi (2004) 425; *Deutscher* Kein Eigentumsdelikt beim Selbstbedienungstanken ohne zu zahlen? JA **1983** 125; *Dölling* Diebstahl in einem besonders schweren Fall bei Ausschaltung einer Alarmanlage in einem Kaufhaus? JuS **1986** 688; *Dotterweich* Die Rechtsverhältnisse an Goldplomben in den Kieferknochen beerdigter Leichen, JR **1953** 174; *Ebel* Die Zueignung von Geldzeichen, JZ **1983** 175; *Engel* Die Eigentumsfähigkeit und Diebstahlstauglichkeit von Betäubungsmitteln, NStZ **1991** 520; *Erb* Zur Bedeutung der Vermögensverfügung für den Tatbestand der Erpressung und dessen Verhältnis zu Diebstahl und Raub, Festschrift Herzberg (2008) 711; *Eser* Zur Zueignungsabsicht beim Diebstahl, JuS **1964** 477; *Ewald* Besitz und Eigentum an versenkten Schiffen, MDR **1957** 134; *Fahl* Diebstahl in mittelbarer Täterschaft, JA **1995** 845; *Fricke* Wertminderung oder Teilfunktionsentzug als Voraussetzung der Enteignungskomponente bei der Zueignungsabsicht in § 242 StGB? MDR **1988** 538; *Fritsche* Das Verhältnis von Dereliktion und Vernichtungsabsicht, MDR **1962** 714; *Gehrig* Der Absichtsbegriff in den Straftatbeständen des Besonderen Teils des StGB (1986); *Gehrmann* Systematik und Grenzen der Zueignungsdelikte (2002); *Geilen* Wegnahmebegriff und Diebstahlsvollendung, JR **1963** 466; *Geppert* Die Abgrenzung von Betrug und Diebstahl, insbesondere in den Fällen des sogenannten „Dreiecks-Betruges", JuS **1977** 69; *Goetzeler* Die rechtsstaatliche Funktion des Gesetzes in ihrem Verhältnis zur Gerechtigkeitsidee und zur Praktikabilität auf dem Gebiet des Strafrechts, ZStW **63** (1951) 83; *Görgens* Künstliche Teile im menschlichen Körper, JR **1980** 140;

*Gössel* Über die Vollendung des Diebstahls, ZStW 85 (1973) 591; *ders.* Über den Gegenstand der strafbaren Zueignung und die Beeinträchtigung von Forderungsrechten, Festschrift GA (1993) 39; *ders.* Über das Verhältnis von Vorsatz und subjektiven Tatbestandselementen, dargestellt an den Beispielen des Diebstahls (§ 242 StGB) und des Menschenhandels (§§ 180b, 181 StGB), Gedächtnisschrift Zipf (1999) 217; *Graul* Zum Tier als Sache i.S. des StGB, JuS **2000** 215; *Gribbohm* Zur Abgrenzung des Diebstahls vom Betrug, JuS **1964** 233; *ders.* Zur Problematik des Zueignungsbegriffs, MDR **1965** 874; *ders.* Verwendung fremder Sachen zum Zwecke der Täuschung des Eigentümers, NJW **1966** 191; *ders.* Gewahrsamsbruch und guter Glaube, NJW **1967** 1897; *ders.* Die rechtswidrige Zueignung vertretbarer Sachen, NJW **1968** 240; *ders.* Schaden, Bereicherung und das Erfordernis ihrer Stoffgleichheit bei Diebstahl und Unterschlagung, NJW **1968** 1270; *Gropp* Die Codekarte: Der Schlüssel zum Diebstahl, JZ **1983** 487; *ders.* Ersatz- und Zusatzimplantat – Rechtspolitische Überlegungen zur Zuordnung künstlicher Körper-Implantate, JR **1985** 181; *ders.* Der Diebstahlstatbestand unter besonderer Berücksichtigung der Regelbeispiele, JuS **1999** 1041; *ders.* Der „Moos-raus-Fall" und die strafrechtliche Irrtumslehre, Festschrift Weber (2004) 127; *Grunewald* Die Rückveräußerung an den Eigentümer als Zueignungsproblem, GA **2005** 520; *Haffke* Mitgewahrsam, Gewahrsamsgehilfenschaft und Unterschlagung, GA **1972** 225; *Haft/Eisele* Auswirkungen des § 241a BGB auf das Strafrecht, Gedächtnisschrift Meurer (2002) 245; *Hanft* Strafrechtliche Probleme im Zusammenhang mit der Einmann-GmbH (2006); *Hauck* Drittzueignung und Beteiligung (2007); *Hellmann* Zur Strafbarkeit der Entwendung von Pfandleergut und der Rückgabe dieses Leerguts unter Verwendung eines Automaten, JuS **2001** 353; *Herzberg* Grundfälle zur Lehre von Täterschaft und Teilnahme, JuS **1976** 40; *ders.* Betrug und Diebstahl durch listige Sachverschaffung, ZStW 89 (1977) 367; *ders.* Tanken ohne zu zahlen, JA **1980** 385; *ders.* Verkauf und Übereignung beim Selbstbedienungstanken, NStZ **1983** 251; *ders.* Zivilrechtliche Verschiebungen zur Schließung von Strafbarkeitslücken? NJW **1984** 896; *Heubel* Grundprobleme des Diebstahltatbestandes, JuS **1984** 445; *Hillenkamp* Der „Einkauf" verdeckter Ware: Diebstahl oder Betrug? JuS **1997** 217; *Hirsch* Eigenmächtige Zueignung geschuldeter Sachen, Rechtswidrigkeit und Irrtum bei den Zueignungsstrafbestimmungen, JZ **1963** 149; *Hölzenbein* Das Verhältnis der Unterschlagung zu Aneignungs- und Vermögensdelikten, Diss. Mainz 1966; *Hruschka* Diebstahl oder Betrug in Selbstbedienungsläden, NJW **1960** 1189; *Huff* Die Strafbarkeit im Zusammenhang mit Geldautomaten, NStZ **1985** 438; *ders.* Strafbarkeit der mißbräuchlichen Geldautomatenbenutzung durch den Kontoinhaber? NJW **1986** 902; *ders.* Die mißbräuchliche Benutzung von Geldautomaten, NJW **1987** 815; *Isenbeck* Beendigung der Tat bei Raub und Diebstahl, NJW **1965** 2326; *Jäger* Diebstahl nach dem 6. StrRG, JuS **2000** 651; *Jerouschek/Kölbel* Widerspenstige Automaten, JuS **2001** 780; *Jungwirth* Diebstahlsvarianten im Zusammenhang mit Geldausgabeautomaten, MDR **1987** 537; *Kahlo* Begriffliche Rechtsbestimmung und synkretistische Auslegung im Zusammenhang tragender Zuordnungsbeziehungen im Diebstahlstatbestand, in: Albrecht, Vom unmöglichen Zustand des Strafrechts (1995) 123; *Kargl* Gewahrsamsbegriff und elektronische Warensicherung, JuS **1996** 971; *Katzer* Der Diebstahl mit Schußwaffe, NStZ **1982** 236; *Kauffmann* Zur Identität des strafrechtlichen Zueignungsbegriffes (2005); *Kindhäuser* Gegenstand und Kriterien der Zueignung beim Diebstahl, Festschrift Geerds (1995) 665; *Kleb-Braun* Codekartenmißbrauch und Sparbuchfälle aus „volljuristischer" Sicht, JA **1986** 249; *Kösch* Der Status des Merkmals „rechtswidrig" in Zueignungsabsicht und Bereicherungsabsicht (1999); *Kottnik* Der Diebstahl „verbotener" Sachen, Diss. Kiel 1996; *Krauss* Zum Begriff der straflosen Nachtat, GA **1965** 173; *Krüger* §§ 90, 90a BGB und „Die Befreiung des Strafrechts vom zivilistischen Denken", JuS **2000** 1040; *Kruse* Die scheinbare Rechtsgutsverletzung bei den auf Enteignung gerichteten Eigentumsdelikten (Diebstahl, Unterschlagung, Raub) (1986); *Kudlich* Das 6. Gesetz zur Reform des Strafrechts, JuS **1998** 468; *ders.* Normatives Tatherrschaftsgefälle beim Zusammentreffen von Selbst- und Drittzueignungsabsicht? Festschrift Schroeder (2006) 271; *Kühl* Die Beendigung des vorsätzlichen Begehungsdelikts (1974); *ders.* Vollendung und Beendigung bei den Eigentums- und Vermögensdelikten, JuS **2002** 729; *Küper* Gläubiger-Eigenmacht, Selbsthilfe und Zueignungsunrecht – Zur „Rechtswidrigkeit" der beabsichtigten Zueignung, Festschrift Gössel (2002) 429; *Lampe* Objektiver und subjektiver Tatbestand beim Diebstahl, GA **1966** 225; *Laubenthal* Einheitlicher Wegnahmebegriff im Strafrecht? JA **1990** 38; *Lieben* Gleichstellung von „versuchtem" und „vollendetem" Regelbeispiel? NStZ **1984** 538; *Ling* Zum Gewahrsamsbruch beim Diebstahl, besonders in Selbstbedienungsläden, ZStW 110 (1998) 919; *Löhnig* Unberechtigte Bargeldabhebung mit eurocheque-Karte und Geheimnummer an defekten Geldautomaten, JR **1999**

362; *Ludwig/Lange* Mutmaßliche Einwilligung und willensbezogene Delikte, JuS **2000** 446; *Maiwald* Der Zueignungsbegriff im System der Eigentumsdelikte (1970); *ders.* Der Begriff der Zueignung im Diebstahls- und Unterschlagungstatbestand, JA **1971** 147; *Marcelli* Diebstahl „verbotener" Sachen, NStZ **1992** 220; *Martin* Gewahrsamsbruch in und vor Selbstbedienungsläden, JuS **1998** 890; *Matzky* § 241a BGB – ein neuer Rechtfertigungsgrund im Strafrecht? NStZ **2002** 458; *H. Mayer* Zum Begriff der Wegnahme, JZ **1962** 617; *Meister* Die Zueignungsabsicht beim Diebstahl (2003); *Miehe* Zueignung und Sachwert, Heidelberg-Festschrift (1986) 481; *ders.* Unbewußte Verfügungen (1987); *Mitsch* Die Verwendung einer Codekarte durch einen Nichtberechtigten als Diebstahl, JuS **1986** 767; *ders.* Strafbare Überlistung eines Geldspielautomaten, JuS **1998** 307; *Mohrbotter* Rechtswidrigkeit von Zueignung und Bereichung im Strafrecht, GA **1967** 199; *Noak* Drittzueignung und 6. Strafrechtsreformgesetz (1999); *Otto* Zur Abgrenzung von Diebstahl, Betrug und Erpressung bei der deliktischen Verschaffung fremder Sachen, ZStW **79** (1967) 59; *ders.* Verwahrungsbruch und Zueignung bei der Aneignung beglaubigter Überstücke von Anklageschriften, JuS **1980** 898; *ders.* Strafrechtliche Aspekte des Eigentumsschutzes, Jura **1989** 137; *ders.* Die neuere Rechtsprechung zu den Vermögensdelikten, JZ **1993** 559; **1993** 652; *ders.* Die neuere Rechtsprechung zu den Eigentumsdelikten, Jura **1997** 464; *ders.* Die Erweiterung der Zueignungsmöglichkeiten in den §§ 242, 246 StGB durch das 6. StrRG, Jura **1998** 550; *ders.* Konsequenzen aus § 241a BGB für das Strafrecht, Jura **2004** 389; *Paulus* Der strafrechtliche Begriff der Sachzueignung (1968); *Ranft* Grundfälle aus dem Bereich der Vermögensdelikte, JA **1984** 1; **1984** 277; *ders.* Der Bankomatenmißbrauch, wistra **1987** 79; *Rengier* Drittzueignung und allgemeiner Zueignungstatbestand – Zur Reform der §§ 242, 246, 249 StGB, Festschrift Lenckner (1998) 801; *Reich* Besitz und Eigentum an versenkten Schiffen – Eine Stellungnahme zu der Abhandlung von Dr. Ewald in MDR 1957, 134, MDR **1958** 890; *Rheineck* Zueignungsdelikte und Eigentümerinteresse (1979); *Rönnau* Die Drittzueignung als Merkmal der Zueignungsdelikte, GA **2000** 410; *Roth* Eigentumsschutz nach der Realisierung von Zueignungsunrecht (1986); *Rotsch* Zum Begriff der Wegnahme beim Diebstahl, GA **2008** 65; *Roxin* Geld als Objekt von Eigentums- und Vermögensdelikten, Festschrift H. Mayer (1966) 467; *Rudolphi* Der Begriff der Zueignung, GA **1965** 33; *Ruß* Die Aneignungskomponente bei Wegnahme eines Behältnisses, Festschrift Pfeiffer (1988) 61; *Samson* Grundprobleme des Diebstahls (§ 242 StGB), JA **1980** 285; *Sander/Hohmann* Sechstes Gesetz zur Reform des Strafrechts (6. StrRG): Harmonisiertes Strafrecht? NStZ **1998** 273; *Schaffstein* Der Begriff der Zueignung bei Diebstahl und Unterschlagung, GS **103** 292; *ders.* Die Abgrenzung von Diebstahl und Gebrauchsanmaßung, insbesondere bei Kraftfahrzeugdiebstählen, GA **1964** 97; *Schaudwet* Die Kraftfahrzeugentwendung in der Rechtssprechung, JR **1965** 413; *Schmidhäuser* Über die Zueignungsabsicht als Merkmal der Eigentumsdelikte, Festschrift Bruns (1978) 345; *Schmid-Hopmeier* Das Problem der Drittzueignung bei Diebstahl und Unterschlagung (2000); *Schnabel* Telefon-, Geld-, Prepaid-Karten und Sparcard, NStZ **2005** 18; *U. Schmitz* Der Ladendiebstahl (2000); *R. Schmitz* Altes und Neues zum Merkmal der Zueignungsabsicht in § 242 StGB, Festschrift Otto (2007) 759; *F.-C. Schroeder* Tanken ohne Bezahlen, JuS **1984** 846; *Schröder* Über die Abgrenzung des Diebstahls von Betrug und Erpressung, ZStW **60** (1941) 33; *ders.* Zur Abgrenzung der Vermögensdelikte, JZ **1950** 94; *ders.* Rechtswidrigkeit und Irrtum bei Zueignungs- und Bereichungsabsicht, DRiZ **1956** 69; *Schroth* Der Diebstahl mittels Codekarte, NJW **1981** 729; *Schünemann* Methodenprobleme bei der Abgrenzung von Betrug und Diebstahl in mittelbarer Täterschaft, GA **1969** 46; *Seelmann/Pfohl* Gewahrsam bei Bewußtlosigkeit bis zum Eintritt des Todes? JuS **1987** 199; *Seier* Der Schutz vor Ladendiebstahl durch Sicherungsetiketten, JA **1985** 387; *Selle* Absicht und intentionaler Gehalt der Handlung, JR **1999** 309; *Sieber* Computerkriminalität und Strafrecht (1980); *Smaus* Das Strafrecht und die gesellschaftliche Differenzierung (1998); *Soltmann* Der Gewahrsamsbegriff, Strafr. Abh. Heft 349 (1934); *Sonnen* Der Diebstahl nach § 242 StGB, JA **1984** 569; *Spahn* Wegnahme und Mißbrauch codierter Scheckkarten nach altem und neuem Recht, Jura **1989** 513; *Steinhilper* Ist die Bedienung von Bargeldautomaten unter mißbräuchlicher Verwendung fremder Codekarten strafbar?, GA **1985** 114; *Steininger* Strafrechtliche Probleme des Selbstbedienungstankens, ÖJZ **1988** 233; *Stellpflug* Der strafrechtliche Schutz des menschlichen Leichnams (1996); *Stoffers* Die entgeltliche Rückveräußerung einer gestohlenen Sache, Jura **1995** 113; *Tenckhoff* Der Zueignungsbegriff bei Diebstahl und Unterschlagung, JuS **1980** 723; *Toepel* Zur Funktion des Einverständnisses bei der Wegnahme im Sinne der §§ 242, 249 StGB, Festschrift Rudolphi (2004) 581; *Ulsenheimer* Der Zueignungsbegriff im Strafrecht, Jura **1979** 169; *Unger* Die Zueignung von Geld und der allgemeine Unrechtsausschließungsgrund des „nicht schutzwürdigen Interesses" (1973); *Vitt* Zur Eigentumsfähigkeit und Diebstahlstauglichkeit von Betäubungsmitteln, NStZ **1992** 221; *Vogt/Vogt* Forum: „Adreßdatenspionage" in straf- und zivilrechtlicher Sicht, JuS **1980** 860; *Wallau* Sachbeschädigung als Zueignung? JA **2000** 248; *H.-D. Weber* Der zivilrechtliche Vertrag als Rechtfertigungsgrund im Strafrecht (1986); *U. Weber* Strafaufhebende Rückwirkungen des Zivilrechts? Gedächtnisschrift Schlüchter (2002) 243; *Welzel* Der Gewahrsamsbegriff und die Diebstähle in Selbstbedienungsläden, GA **1960** 257; *Wessels* Die Entwendung von Dienstgegenständen zu vorübergehendem Gebrauch, JZ **1965** 631; *ders.* Zueignung, Gebrauchsanmaßung und Sachentziehung, NJW **1965** 1153; *Wiechers* Strafrecht und Technisierung im Zahlungsverkehr, JuS **1979** 847; *Widmann* Die Grenzen der Sachwerttheorie, MDR **1969** 529; *Wimmer* Diebstahl mittels Verbergens, NJW **1962** 609; *Witthaus* Probleme der Rechtswidrigkeit und Zueignung bei den Eigentumsdelikten der Paragraphen 242, 246 StGB (1981); *Zopfs* Diebstahl im Selbstbedienungsladen, NStZ **1996** 190.

## Entstehungsgeschichte

Die Vorschrift geht auf § 215 preuß. StGB 1851 zurück (s. Vorbem. §§ 242–248c Rdn. 17). Nach technischen Änderungen durch das 1. StrRG 1969 und das EGStGB 1974 ist mit dem 6. StrRG 1998 – wie bei allen Zueignungsdelikten – die Drittzueignungsabsicht in den Tatbestand aufgenommen worden (näher Rdn. 180 ff).

*Übersicht*

## I. Allgemeines

1 **Diebstahl ist Wegnahme einer fremden beweglichen Sache mit Vorsatz und Zueignungsabsicht.** Zur Frage, ob Diebstahl als um die Zueignung „kupiertes Erfolgsdelikt", als Delikt mit „überschießender Innentendenz" in Gestalt der Zueignungsabsicht oder – entgegen dem Wortlaut – als **Zueignung durch Wegnahme** verstanden werden muss, s. Vorbem. §§ 242–248c Rdn. 65 ff. Zur (Sinnhaftigkeit der) Frage, welche **Rechtsgüter** der Diebstahl wie beeinträchtigt (verletzt, gefährdet), s. Vorbem. §§ 242–248c Rdn. 52 ff. Zur **Struktur** des Diebstahls als Zueignungs-, Sachverschiebungs- und Fremdschädigungsdelikt s. Vorbem. §§ 242–248c Rdn. 63. Zur **praktischen Bedeutung** und Handhabung des § 242 StGB s. Vorbem. §§ 242–248c Rdn. 5 ff. Zur **kriminalpolitischen Problematik** der Diebstahlsstrafbarkeit nach geltendem Recht s. Vorbem. §§ 242–248c Rdn. 25 ff.

## II. Tatobjekt: Fremde bewegliche Sache

2 Taugliches Tatobjekt des Diebstahls kann nur eine **bewegliche** (Rdn. 15 ff) Sache (Rdn. 3 ff) sein, die für den Täter oder Teilnehmer **fremd** ist (Rdn. 18 ff). Im Ergebnis keine tauglichen Diebstahlsobjekte sind auch Sachen, deren **Erwerb zu Eigentum beansprucht** werden kann (Rdn. 36 ff). Im Übrigen kommt es auf den **wirtschaftlichen** Wert oder Eigentümerinteressen an dieser Stelle nicht an (Rdn. 44 ff). Zu dem **Zeitpunkt**, wann ein taugliches Tatobjekt vorliegen muss, Rdn. 46 f.

3 1. **Sache.** Anders als das Zivilrecht (§§ 90, 90a BGB) enthält das Strafrecht keine Legaldefinition des Begriffs „Sache". Im Ausgangspunkt besteht Einigkeit, dass auch im Strafrecht unter Sachen **körperliche Gegenstände** zu verstehen sind, nicht aber über die Begründung hierfür und gewisse Einzelheiten.

4 a) **Sachbegriff.** Der Begriff der Sache ist **im Strafrecht einheitlich** – bei §§ 242 ff nicht anders als bei §§ 125 (Abs. 1), 125a (Abs. 1 Satz 2 Nr. 4), 133, 136, 263 (Abs. 3 Satz 2 Nr. 5), 292 (Abs. 1 Nr. 2), 293 (Abs. 1 Nr. 3), 303, 304, 307 ff StGB (soweit dort eine Gefahr für „fremde Sachen von bedeutendem Wert" verlangt wird) zu fassen. Umstritten ist das Verhältnis zum zivilrechtlichen Sachbegriff. Die ältere Rechtsprechung (s. RGSt **29** 111, 113; **32** 165, 179; je zur Sacheigenschaft elektrischer Energie) hat sich für einen

**strafrechtsautonomen** Sachbegriff ausgesprochen, der „als ein selbständiger, öffentlich-rechtlicher nur aus dem geltenden Strafgesetz zu entnehmen" und „dem Zweck des Strafgesetzbuchs gemäß" so aufzufassen sei, wie er „dem gewöhnlichen Leben am nächsten" stehe. Hieraus folge, dass nur körperliche Gegenstände, die man beherrschen, wegnehmen und sich zueignen könne, Sachen im strafrechtlichen Sinne seien. Dem stand und steht ein Teil der (vor allem älteren) Literatur nahe.[1] Demgegenüber befürwortet die heute überwiegende Lehre einen **zivilrechtsakzessorischen** Sachbegriff, der mit dem sachenrechtlichen übereinstimmen soll.[2] Dies sei geboten, weil Eigentum nur an Sachen im zivilrechtlichen Sinne möglich sei (vgl. § 903 Satz 1 BGB: „Eigentümer *einer Sache*") und § 242 StGB das zivilrechtliche Eigentum schütze (*Hoyer* SK[6] Rdn. 3). Aber das überzeugt nur vordergründig, wie u.a. der Streit um die Auswirkung des § 90a Satz 1 BGB für das Strafrecht (Rdn. 8) verdeutlicht. Würde z.B. nach österreichischem Vorbild Forderungseigentum eingeführt, so würde das nicht bedeuten, dass Forderungen Sachen i.S.v. § 242 StGB wären und „weggenommen" werden könnten. Gerade die erforderliche Konkordanz von Tatobjekt und Tathandlung spricht für einen strafrechtsautonomen Sachbegriff,[3] der in diesem Rahmen nicht eng zu fassen ist, da mit der Einordnung eines körperlichen Gegenstandes als Sache im strafrechtlichen Sinne keine Herabwürdigung (z.B. von Tieren oder Teilen des menschlichen Körpers) bezweckt wird, sondern strafrechtlicher Schutz, der angesichts der Kommerzialisierung immer weiterer körperlicher Gegenstände erforderlich und angemessen erscheint.

Im Zivil- und teilweise auch im Strafrecht wird zudem verlangt, dass eine Sache zu- **5**
dem **räumlich abgegrenzt** oder zumindest abgrenzbar, fassbar sein müsse.[4] Dadurch sollen namentlich die atmosphärische Luft und das Meeres-, See-, Fluss- oder Grundwasser aus dem Sachbegriff herausgenommen werden. Abgesehen davon, dass sich bei diesen Objekten zudem die Frage der Eigentumsfähigkeit stellt (zutr. *Kindhäuser* NK Rdn. 7; *Sch/Schröder/Eser* Rdn. 9), überzeugt es in strafrechtlicher Hinsicht nicht, ihnen bereits die Sachqualität abzusprechen; jedenfalls können atmosphärische Luft, Meerwasser usw. Sachen (und sogar eigentumsfähig) sein, nachdem sie in Tanks, Vorratsbehälter oder -gebäude, Teiche oder Leitungssysteme verbracht worden sind. Festzuhalten ist, dass Sachen **nicht zwingend eigentumsfähig** („**verkehrsfähig**") sein müssen (s. hierzu noch Rdn. 30 f).

**b) Einzelfragen.** Sachen sind alle **körperlichen Gegenstände aus toter Materie.** Auf **6**
den Aggregatzustand – fest, flüssig, gasförmig – kommt es nicht an. Deshalb sind z.B. auch Leuchtgas (RGSt **11** 117), Wasser (z.B. in einem Brunnen oder Teich, RGSt **14** 121), Heizdampf (RGSt **44** 335) oder Pressluft in einer Leitung Sachen, die gestohlen werden können. Auf die irdische oder außerirdische Herkunft der Materie kommt es gleichfalls nicht an; auch Meteoriten, Mond- oder Marsgestein sind Sachen. Zum menschlichen Leichnam Rdn. 14.

---

1 *Bruns* Die Befreiung des Strafrechts vom zivilistischen Denken (1938) S. 206 ff; *Lobe* FG Frank Bd. 1, S. 33, 38; *Ruß* LK[11] Rdn. 1; *E. Wolf* FG Reichsgericht, V 44 ff.

2 *Hoyer* SK[6] Rdn. 3; *Samson* SK[3] Rdn. 3; Arzt/Weber/*Heinrich*/Hilgendorf BT § 13 Rdn. 32; *Krüger* JuS **2000** 1040; *Maurach/Schroeder/Maiwald* I § 33 Rdn. 12; *Schramm* JuS 2008 678, 679.

3 Wie hier *Duttge* HK-GS Rdn. 4; *Fischer* Rdn. 3; *Schmitz* MK Rdn. 27; *Graul* JuS **2000** 215, 218 f; *Mitsch* BT 2/1 § 1 Rdn. 11; *Ranft* JA **1984** 1, 2.

4 Palandt/*Heinrichs*[68] § 90 Rdn. 1; *Holch* MK BGB[5] § 90 Rdn. 8; Staudinger/*Jickeli/Stieper* § 90 Rdn. 1; *Ruß* LK[11] Rdn. 1; *Schmitz* MK Rdn. 20.

7 **Bargeld** ist strafrechtlich als Inbegriff von Geldzeichen (Scheinen und Münzen) anzusehen, und jedes einzelne Geldzeichen (jeder einzelne Schein, jede einzelne Münze) hat Sachqualität.[5] Allerdings ist es unternommen worden, den zivilrechtlichen *Wertsummengedanken* ins Strafrecht zu übertragen und Bargeldsummen insgesamt als Wertsummen aufzufassen, weil die wertmäßige Austauschbarkeit gerade die bestimmungsgemäße Funktion des Geldes sei und es – anders als bei anderen Gattungsschulden (hierzu *Sch/Schröder/Eser* Rdn. 6) – kein (gültiges) Geld gebe, das nicht mittlerer Art und Güte sei.[6] Diese Auffassung zielt darauf ab, das eigenmächtige Geldwechseln und die eigenmächtige Selbsthilfe des Geldgläubigers von vornherein aus dem Schutzbereich des Eigentumsstrafrechts und des Diebstahlstatbestandes herauszunehmen; da in solchen Fällen unverhältnismäßige Bestrafungen anderweitig vermieden werden können, ist dem nicht zu folgen (s. noch Rdn. 42, 44 f).

8 **Nichtmenschliche Lebewesen**, insbesondere **Pflanzen, Pilze und Tiere**, sind Sachen im strafrechtlichen Sinne. Vieh-, Feld- und Forstdiebstahl gehören zum historischen Kern des Diebstahlsrechts und waren früher vielfach besonders geregelt. Die Tierrechtsbewegung hat zwar mittlerweile das Zivilrecht insoweit erreicht, als § 90a Satz 1 BGB lebende Tiere aus dem zivilrechtlichen Sachbegriff herausnimmt. Jedoch bleibt es auch im Zivilrecht gemäß § 90a Satz 3 BGB dabei, dass an Tieren in entsprechender Anwendung des § 903 BGB Eigentum besteht und sie Handelsware sind, und am Strafrechtsschutz von Tieren wollte der Zivilgesetzgeber nichts ändern (s. BT-Drucks. 11/7369 S. 6 f). Dem hat sich die im Strafrecht h.A. angeschlossen.[7] Auf der Grundlage des von der h.L. vertretenen zivilrechtsakzessorischen Sachbegriffs stellt sich allerdings die Frage, ob § 90a Satz 3 BGB als gesetzliche Analogieerlaubnis im Hinblick auf Art. 103 Abs. 2 GG, § 1 StGB ins Strafrecht übertragen werden kann (abl. *Braun* JuS **1992** 758, 761). Die h.L. bejaht das, weil sich das strafrechtliche Analogieverbot an den Rechts*anwender* richte, *gesetzliche* Analogieerlaubnisse zumal im Zivilrecht nicht ausschließe und es sich insgesamt um eine „gesetzliche Verweisung" aufs Zivilrecht handele (*Sch/Schröder/Eser* Rdn. 9). Einfacher ist die Begründung, wenn der strafrechtliche Sachbegriff strafrechtsautonom aufgefasst wird (Rdn. 4).

9 Mangels Körperlichkeit keine Sachen sind **Energien** (z.B. mechanische Kraft[8], Wärme, Licht, Elektrizität[9]), **Informationen** (z.B. Gedanken, Absichten, Pläne, Erfindungen, Programme, Software[10]), **Rechte** (z.B. Forderungen, sog. Buch- oder Giralgeld[11]) und sonstige

---

5 *Schmitz* MK Rdn. 13; *Bollweg* Jura **1985** 605, 606; *Mitsch* BT 2/1 § 1 Rdn. 15; *Sax* LS Laufke S. 321, 324.

6 *Maiwald* JA **1971** 579, 582, *Roxin* FS H. Mayer, S. 467, 469 ff; *ders.* FS Welzel, S. 447, 462; *Schmidhäuser* FS Bruns, S. 345; *Tiedemann* JuS **1970** 108, 111; weitergehend *Gribbohm* NJW **1968** 240, 241; vgl. auch im Zivilrecht: *Larenz* Schuldrecht AT[14] § 12 III.

7 *Hoyer* SK[6] Rdn 6; *Lackner/Kühl* Rdn. 2; *Sch/Schröder/Eser* Rdn. 9; *Jäger* BT Rdn. 183; *Maurach/Schroeder/Maiwald* I § 32 Rdn. 17.

8 Vgl. RGSt **32** 165, 187 mit dem Beispiel des unbefugten Einsatzes eines Transmissionsriemens.

9 Vgl. Urteil Rep. 2609/96 vom 20.10.1896, RGSt **29** 111 ff; Urteil Rep. 739/99 vom 1.5.1899, RGSt **32** 165 ff; *Fischer* Rdn. 3; *Eisele* BT II Rdn. 17; *Jäger* BT Rdn. 183; *Mitsch* BT 2/1 § 1 Rdn. 14.

10 *Aldoney Ramírez* Der strafrechtliche Schutz von Geschäfts- und Betriebsgeheimnissen (2009) S. 10 ff; *Kindhäuser* NK Rdn. 10; *Lampe* GA **1975** 1, 19; *Schramm* JuS **2008** 678, 679; *Sieber* BB **1981** 1547; *v. zur Mühlen/Scholten* NJW **1971** 1642; dagegen ist es im Zivilrecht umstritten, ob Software als Sache i.S.v. § 90 BGB anzusehen ist – dagegen: Palandt/*Heinrichs*[68] § 90 Rdn. 2; *Junker* NJW **1993** 824, 830; *Redeker* NJW **1992** 1739, 1740; dafür: OLG Stuttgart NJW **1989** 2635, 2636; *König* NJW **1993** 3121, 3124.

11 OLG München JZ **1977** 408 m. Anm. *Sieber*; *Pikart* Zeitschr. f. Wirtschafts- und Bankrecht **1980** 513.

**Immaterialgüter(rechte)** (z.B. Patente, Marken). „Energiediebstahl" kann nach § 248c StGB, „geistiger Diebstahl" nach §§ 142 PatentG, 25 GebrMG, 51 GeschmMG, 143 MarkenG, 106 ff UrhG (s. hierzu *Tiedemann* Wirtschaftsstrafrecht BT² Rdn. 577 ff) und „Rechtsdiebstahl" ggf. als Vermögensstraftat strafbar sein. Auch **Zeit** kann als solche nicht gestohlen werden; der „Zeitdiebstahl" durch unbefugte Nutzung informationstechnischer Systeme kann ggf. nach §§ 303a, b StGB, als Computerbetrug oder Untreue, als Diebstahl nur etwa hinsichtlich eigenmächtig gefertigter Ausdrucke erfasst werden.[12] Taugliche Tatobjekte eines Diebstahls sind allerdings sächliche Energieträger (z.B. Heizwasser oder -dampf, Batterien), sächliche Informationsträger (z.B. aus Papier wie Bücher, Hefte, Blätter oder papierlose wie Festplatten, Disketten, sog. USB-Sticks) und sächliche Beweis- oder Gewährschaftsträger für Rechte, insbesondere Urkunden und Wertpapiere aller Art (z.B. Privat- oder Geschäftsbriefe, Vertragsurkunden, Schecks, Wechsel, Sparbücher, Bezugsscheine, Grundpfandbriefe, aber auch Karten aller Art, Kraftfahrzeugkennzeichen, Siegel, Plomben usw.).[13] An dieser Stelle geht das deutsche Recht weiter als manche ausländischen Rechtsordnungen (s. Vorbem. §§ 242–248c Rdn. 69 zum österreichischen Recht). Freilich stellt sich auch nach deutschem Recht die Frage der Zueignungsabsicht, da und soweit es dem Täter lediglich darauf ankommt, sich oder einem Dritten die Energie, die Information oder das Recht bzw. den Rechtsschein als solche nutzbar zu machen (s. noch Rdn. 153 ff).

Der **geborene, lebende Mensch** ist keine Sache im *sachen*rechtlichen Sinn, da es, seit- **10**
dem Sklaverei und Menschenhandel *de iure* überwunden sind, es kein Eigentum mehr an Menschen gibt und Menschen keine Handelsware sind, was als eines der Fundamente des modernen Rechts mittlerweile vielfach völker-, menschen- und verfassungsrechtlich (Art. 1 Abs. 1 Satz 1, 79 Abs. 3 GG), aber auch philosophisch, ethisch und religiös verankert ist.[14] Deshalb sind Menschen auch im *straf*rechtlichen Sinne keine Sachen, nämlich keine Rechtsobjekte, sondern Rechtssubjekte (BGH bei Dallinger MDR **1958** 739).[15] Allerdings gibt es *de facto* auch heute noch Sklaverei und Menschenhandel und Taten, die zwanglos als „Diebstahl" oder „Raub" von Menschen (vgl. § 234 StGB) bezeichnet werden können, z.B. wenn Neugeborene entführt werden, um sie an ungewollt Kinderlose zu verkaufen; wenn der nicht sorgeberechtigte Elternteil das Kind aus der Obhut des sorgeberechtigten Elternteils entführt, um es für sich zu behalten; wenn Menschen, insbesondere Frauen und Kinder, entführt und als Sexual- oder Arbeitssklaven oder Soldaten ausgenutzt oder verkauft werden. Auf derartige Taten sind §§ 242 ff, 249 ff StGB aber nicht anwendbar; sie können ggf. als Menschenhandel zum Zweck der sexuellen Ausbeutung oder Ausbeutung der Arbeitskraft (§§ 232, 233 StGB), Menschenraub (§ 234 StGB), Entziehung Minderjähriger (§ 235 StGB) oder Freiheitsberaubung (§ 239 StGB) u.a.m. erfasst werden. Befremdlich ist, dass Menschenhandel im Grundsatz denselben Strafrahmen wie Diebstahl in einem besonders schweren Fall hat und der Strafrahmen

---

12 *Kindhäuser* NK Rdn. 10; vgl. auch *Sieber* Computerkriminalität und Strafrecht² (1980) S. 191 und *Lenckner* Computerkriminalität und Vermögensdelikte (1981) S. 20.

13 Vgl. RGSt **61** 126, 127; **75** 185, 186; BGH JR **1978** 344 m. Anm. *Lackner/Müller*; *Fischer* Rdn. 3; *Hoyer* SK⁶ Rdn. 8; *Lackner/Kühl* Rdn. 2; *Sch/Schröder/Eser* Rdn. 9; *Otto* BT § 40 Rdn. 3; *Ranft* JA **1984** 1, 3; *Wessels/Hillenkamp* Rdn. 63.

14 Palandt/*Heinrichs*⁶⁸ § 90 Rdn. 3; *Holch* MK BGB⁵ § 90 Rdn. 2; Staudinger/*Jickeli/Stieper* § 90 Rdn. 18 f; *Kregel* RGRK § 90 Rdn. 2; Soergel/*Marly* § 90 Rdn. 5; Erman/*Michalski* § 90 Rdn. 5; *Eichholz* NJW **1968** 2272, 2273; *Larenz/Wolf* AT § 20 Rdn. 7.

15 *Duttge* HK-GS Rdn. 7; *Hoyer* SK⁶ Rdn. 4; *Kindhäuser* NK Rdn. 12; *Sch/Schröder/Eser* Rdn. 10; *Schmitz* MK Rdn. 22; *Kindhäuser* BT II Rdn. 23; *Küper* BT S. 254; *Maurach/Schroeder/Maiwald* I § 32 Rdn. 18; *Rengier* BT § 2 Rdn. 9; *Wessels/Hillenkamp* Rdn. 65.

des Menschenraubes oder der gewaltsamen Entziehung Minderjähriger in Bereicherungsabsicht (§ 235 Abs. 1 Nr. 1, Abs. 4 Nr. 2 StGB) unter dem des einfachen Raubes liegt.

11 Auch wenn es praktisch kaum vorstellbar ist, wie **menschliche Embryonen im Mutterleib** weggenommen werden könnten (Zwangsabtreibung als Raub?), trifft die Aussage, sie seien keine Sachen im strafrechtlichen Sinne (*Schmitz* MK Rdn. 22), bereits wegen der engen und existenziellen Verbindung zwischen Mutter und Embryo nach Nidation oder Implantation bis zur Geburt zu. Auch **nicht implantierte Embryonen** sind keine Sachen.[16] Die Gegenauffassung begründet *Schmitz* aaO damit, dass kein Unterschied zu Ei- bzw. Samenzellen (s. sogleich Rdn. 12) bestehe und der Gesetzgeber von der Sacheigenschaft ausgehe, wenn er die Veräußerung von Embryonen in § 2 Abs. 1 ESchG unter Strafe stelle. Diese Vorschrift bezweckt aber, dass menschliches Leben nicht zum Objekt fremdnütziger Zwecke gemacht und insbesondere kommerzialisiert werde (BT-Drucks. 11/5460 S. 10; *Keller/Günther/Kaiser* Embryonenschutzgesetz$^2$ § 2 Rdn. 4 f). Erst mit der Verschmelzung von Ei- und Samenzelle entsteht individuelles menschliches Leben. Im Übrigen verhält sich *Schmitz* nicht zu der Folgefrage, ob und in wessen Eigentum nicht implantierte Embryonen stehen sollen (Mit- oder Gesamthandseigentum des Samenspenders und der Eizellenspenderin analog §§ 947, 948 BGB? Verarbeitungseigentum des Arztes analog § 950 BGB?).[17] Wer nicht implantierte Embryonen „stiehlt" oder „raubt", kann sich deshalb nur nach § 2 Abs. 1 ESchG strafbar machen, wenn er die Embryonen zu nicht ihrer Erhaltung dienenden Zwecken erwirbt (was nicht zwingend einverständlichen Erwerb voraussetzt, sondern Wegnahme mit erfasst, *Keller/Günther/Kaiser* aaO Rdn. 29) oder sie veräußert. Wer hingegen „gestohlene" oder „geraubte" Embryonen von vornherein sich oder einer Dritten implantieren lassen will, ist auch nach § 2 Abs. 1 ESchG straflos (und nur ggf. wegen Hausfriedensbruchs oder Nötigung strafbar). Die Ungereimtheit, dass das geltende deutsche Strafrecht nicht implantierte Embryonen schwächer schützt als z.B. Bakterienkulturen, verstört, kann aber nur vom Gesetzgeber behoben werden. Demgegenüber sind **embryonale Stammzellen** nach ihrer Entnahme aus dem Embryo Sachen i.S.v. § 242 StGB, und zwar unabhängig davon, ob sie toti- oder pluri- bzw. multipotent sind.

12 Wenn der geborene, lebende Mensch keine Sache ist, dann sind auch alle seine **natürlichen Körperteile** (Knochen, Muskeln, Organe, Gewebe, Blut, Haut, Haare, Nägel usw.) keine Sachen.[18] Nach im Strafrecht **h.A.** führt aber die *Abtrennung* natürlicher Körperteile, geschehe sie freiwillig (z.B. bei Blut-, Samen-, Eizellen- oder Organspende) oder unfreiwillig (z.B. bei Unfall oder „Organraub"), allerdings dazu, dass die abgetrennten Teile zu Sachen werden.[19] Hiernach haben z.B. gespendetes Blut oder gespendete Organe, aber auch zu reproduktionsmedizinischen Zwecken entnommene Keimzellen (Spermien, Eizellen) und adulte Stammzellen Sachqualität. Nach dem Grundsatz, dass es genügt, die Tauglichkeit des Tatobjekts durch die Tathandlung herbeizuführen (s. Rdn. 46), wäre

---

[16] H. L., *Sch/Schröder/Eser* Rdn. 10; *ders.* Neuartige Bedrohungen ungeborenen Lebens (1990) S. 8 f; *Sternberg-Lieben* JuS **1986** 673, 675; im Zivilrecht: Erman/*Michalski* § 90 Rdn. 5.

[17] S. zur Frage des Eigentums an Rinderembryonen und hieraus erzeugten Kälbern Schweiz. Bundesgericht, Beschl. vom 11.2.2002 – 5P.451/2001 (zugänglich über http://www.bger.ch).

[18] *Hoyer* SK$^6$ Rdn. 5; *Sch/Schröder/Eser* Rdn. 10; *Kindhäuser* BT II Rdn. 24; *Küper* BT S. 254; *Maurach/Schroeder/Maiwald* I § 32 Rdn. 18; *Mitsch* BT 2/1 § 1 Rdn. 13; *Otto* Jura **1989** 137, 138; *ders.* BT § 40 Rdn. 5; *Wessels/Hillenkamp* Rdn. 65.

[19] *Duttge* HK-GS Rdn. 8; *Hoyer* SK$^6$ Rdn. 5; *Kindhäuser* NK Rdn. 13; *Maurach/Schroeder/Maiwald* I § 32 Rdn. 18; *Mitsch* BT 2/1 § 1 Rdn. 13.

hiernach der „Organraub" durch unfreiwillige Organentnahme nicht nur absichtliche schwere Körperverletzung (§ 226 Abs. 2 StGB), sondern zugleich schwerer Raub (§§ 249, 250 Abs. 2 Nr. 3a] StGB).[20] In zivilrechtlicher Sicht hat BGHZ **124** 52[21] die Einschränkung gemacht, dass abgetrennte natürliche Körperteile, die bestimmt sind, wieder in den Körper eingefügt zu werden wie z.B. bei der Eigenblutspende, der Entnahme von Haut oder Knochen zur Eigentransplantation oder von Spermien und/oder Eizellen zur künstlichen Befruchtung, auch während der Abtrennung eine funktionale Einheit mit dem Körper bilden und deshalb nicht Sachqualität erlangen. Auf dem Boden eines strafrechtsautonomen Sachbegriffs (Rdn. 4) ist dem für das Strafrecht nicht zu folgen, weil ansonsten eine Schutzlücke droht, da es kaum wortlautkonform wäre, §§ 223 ff StGB auf Eigenblut, Haut usw. anzuwenden. Wird ein abgetrenntes natürliches Körperteil wieder in den Körper eines lebenden Menschen eingefügt (z.B. gespendetes Blut transfundiert oder ein gespendetes Organ implantiert), so verliert es die Sacheigenschaft nach allgemeiner Auffassung wieder.[22] S. auch §§ 18, 19 TPG zum strafbaren Organ- und Gewebehandel und zu weiteren strafbaren Zuwiderhandlungen gegen Vorschriften des TPG.[23]

**Künstliche Implantate** sind – gleich ob es sich um natürliche Körperteile ganz oder 13
teilweise ersetzende „Substitutiv-Implantate" (z.B. künstliche Hüftgelenke, Zahnplomben), um „Supportiv-Implantate", die (wie z.B. ein Herzschrittmacher) als therapeutische Hilfsmittel implantiert werden, oder um „ästhetische Implantate" (z.B. Silikonkissen zur Vergrößerung der weiblichen Brust) handelt – sind jedenfalls vor der Implantation Sachen. Die umstrittene Frage, ob sie durch Implantation die Sacheigenschaft verlieren,[24] ist im Rahmen von § 242 StGB ohne praktische Bedeutung, da eine Wegnahme praktisch stets mit einer Abtrennung vom Körper einhergeht, wodurch die Sacheigenschaft wieder begründet wird. Deshalb hat BGH bei Dallinger MDR **1958** 739 einen Strafgefangenen, der einem Mitgefangenen gewaltsam eine goldene Zahnplombe ausbrach, um sie sich zuzueignen, mit Recht wegen Raubes bestraft. Unbestritten sind medizinische oder ästhetische Hilfsmittel, die mit dem Körper nur äußerlich verbunden sind wie z.B. abnehmbare Gliedprothesen, herausnehmbare Gebisse, Kontaktlinsen oder aufgeklebte künstliche Fingernägel Sachen und können durch Wegnahme unmittelbar vom Körper des Opfers gestohlen oder geraubt werden.[25] Das gilt erst recht für absichtlich oder unab-

---

[20] Ohne Begründung **aA** *Mitsch* BT 2/1 § 1 Rdn. 13, wonach der Eingriff, der die Abtrennung vom Körper bewirke, noch kein Diebstahl sei. Auf der Grundlage der im Text genannten Auffassung muss der Völkermord an den europäischen Juden, soweit er, wie von Anfang an beabsichtigt, mit der wirtschaftlichen Verwertung ihrer Körperteile (Haare, Haut, Zähne im Hinblick auf Zahngold) einherging, auch als massenhafter Raubmord bewertet werden.

[21] = NJW **1994** 127 = JZ **1994** 465 = JR **1995** 21.

[22] *Kindhäuser* NK Rdn. 13; *Lackner/Kühl* Rdn. 2; *Sch/Schröder/Eser* Rdn. 10.

[23] I.d.F. der (Neu-)Bekanntmachung vom 4.9.2007, BGBl. I S. 2206; s. hierzu *Tag* MK §§ 18, 19 TPG (Bd. 5); *Schroth/König/Gutmann/Oduncu* TPG (2005).

[24] Für den Verlust der Sacheigenschaft: *Lackner/Kühl* Rdn. 2; *Otto* Jura **1989** 137, 138; *Wessels/Hillenkamp* Rdn. 65; differenzierend: *Kindhäuser* NK Rdn. 13; *Sch/Schröder/Eser* Rdn. 10; *Schmitz* MK Rdn. 24; *Brandenburg* JuS **1984** 47, 48; *Görgens* JR **1980** 141; *Gropp* JR **1985** 181; *Haft/Hilgendorf* BT 1 S. 2; *Maurach/Schroeder/Maiwald* I § 32 Rdn. 18; weitergehend bejaht *Samson* SK[3] Rdn. 4 Sacheigenschaft auch bei Gegenständen, die fest in den menschlichen Körper eingefügt sind; ebenso *Strätz* Zivilrechtliche Aspekte (1971) S. 53 ff; vgl. zur Problematik auch *Bringewat* JA **1984** 61, 63.

[25] *Kindhäuser* NK Rdn. 13; Palandt/*Heinrichs*[68] Rdn. 3; Staudinger/*Jickeli/Stieper* § 90 Rdn. 26; *Kregel* RGRK § 90 Rdn. 3; Erman/*Michalski* § 90 Rdn. 5.

sichtlich verschluckte oder sonst in Körperhöhlen eingebrachte Sachen (vgl. *Kindhäuser* NK Rdn. 13: der vom Dieb verschluckte Edelstein); deshalb kommt z.B. eine Raubstrafbarkeit in Betracht, wenn jemand einen Drogenkurier überfällt und ihm Brech- oder Durchfallmittel verabreicht, um an verschluckte Drogen zu kommen.

14 Aus Gründen der Pietät und – im Hinblick auf § 168 StGB – der juristischen Systematik fällt es nicht leicht, den **menschlichen Leichnam**, auch den toten Embryo, umstandslos als Sache i.S.v. § 242 StGB anzusehen. Gleichwohl nimmt die heute h.A. an, dass Leichname und Leichenteile[26] dem strafrechtlichen Sachbegriff unterfallen.[27] Der älteren Gegenauffassung, sie seien bis zum Erlöschen der Pietätsbindung „Rückstand der Persönlichkeitsrechte" des Verstorbenen,[28] wird mit Recht dogmatische Unklarheit und sachliche Unbestimmtheit entgegengehalten. Dem Anliegen, Leichname und Leichenteile dem Rechts- und Geschäftsverkehr zu entziehen, kann auf der Ebene der Verfügungsrechte über sie und ihrer Eigentumsfähigkeit Rechnung getragen werden (Rdn. 34). Unstreitig ist, dass Leichname und ihre Überreste Sachen sind, nachdem die Pietätsbindung erloschen ist wie z.B. bei Mumien, Moorleichen und Skeletten (vgl. dazu *Dotterweich* JR **1953** 174 und zu ihrer Eigentumsfähigkeit Rdn. 34 a.E.).

15 2. **Beweglichkeit.** Nach h.A. ist das Erfordernis der Beweglichkeit weit und in natürlicher Betrachtungsweise auszulegen: **Beweglich ist jede Sache, die – sei es auch erst nach Abtrennung von einer für sich genommen unbeweglichen Sache – tatsächlich (fort-)bewegt werden kann.**[29] Die zivilrechtliche Abgrenzung zwischen beweglichen Sachen und Grundstücken mitsamt ihren wesentlichen Bestandteilen (§§ 93, 94 BGB), Erzeugnissen und Früchten (§ 99 ff BGB), aber ohne die sog. Scheinbestandteile (§ 95 BGB) und das Zubehör (§§ 97 f BGB) ist nicht maßgeblich. Auch wenn Gras zivilrechtlich wesentlicher Bestandteil eines Grundstücks ist (§ 94 i.V.m. § 93 BGB), kann es durch Abmähen oder auch Abweidenlassen (LG Karlsruhe NStZ **1993** 543) gestohlen werden. Gleiches gilt, wenn der Täter fremde Weinbergpfähle ausgräbt und entwendet (RGSt **18** 128), fremden Torf sticht (RGSt **21** 27, 30), fremdes Getreide aberntet (RGSt **23** 71) oder wesentliche Bestandteile eines Gebäudes wie Türen, Fenster, Dachziegel ausbaut und entwendet (vgl. RGSt **18** 128, 130). Da und soweit es mittlerweile möglich ist, Gebäude in ihre Einzelteile

---

[26] *Fischer* Rdn. 8; *Kindhäuser* NK Rdn. 12; *Weimar* JR **1979** 363.

[27] In diese Richtung RGSt **64** 313, 314; OLG Bamberg 2 Ss Owi 125/07 vom 29.1.2008 = NJW **2008** 1543, 1547 = JuS **2008** 457 m. Anm. *Jahn*; s. weiterhin *Hoyer* SK[6] Rdn. 4; *Kindhäuser* NK Rdn. 10; *Schmitz* MK Rdn. 25; *Bieler* JR **1976** 224, 225; *Bringewat* JA **1984** 61, 63; *v. Bubnoff* GA **1968** 65, 75 (zu § 303); *Kindhäuser* BT II Rdn. 25; *Mitsch* BT 2/1 § 1 Rdn. 13; *Otto* BT § 40 Rdn. 5; *Roxin* JuS **1976** 505 f; aus dem Zivilrecht: Palandt/*Heinrichs*[68] Überblick vor § 90 Rdn. 11; *Holch* MK BGB[5] § 90 Rdn. 32; Staudinger/*Jickeli/Stieper* § 90 Rdn. 28; *Kregel* RGRK § 90 Rdn. 5; Soergel/*Marly* § 90 Rdn. 10; Erman/*Michalski* § 90 Rdn. 6; *Eichholz* NJW **1968** 2272, 2274; *Reimann* FS Küchenhoff (Recht und Staat), S. 341, 345 f; *Zimmermann* NJW **1979** 569, 570.

[28] So noch RG JW **1913** 652, 653; LG Bonn JW **1928** 2294, 2295 f; RGZ **100** 171, 173; s. weiterhin *Gössel* BT 2 § 4 Rdn. 9; *Kohlrausch/Lange* Anm. I 1; *Maurach/Schroeder/Maiwald* I § 32 Rdn. 19; aus dem Zivilrecht: *Forkel* JZ **1974** 593, 598; *Larenz/Wolf* AT[9] § 20 Rdn. 9; *Wieacker* AcP **148** (1943) S. 57, 66 mit Fn. 11.

[29] *Fischer* Rdn. 4; *Kindhäuser* NK Rdn. 12; *Lackner/Kühl* Rdn. 3; *Sch/Schröder/Eser* Rdn. 11; Arzt/Weber/*Heinrich*/Hilgendorf BT § 13 Rdn. 32; *Eisele* BT II Rdn. 20; *Haft/Hilgendorf* BT 1 S. 3; *Krey/Hellmann* § 1 Rdn. 2; *Küper* BT S. 260; *Otto* BT § 40 Rdn. 8; *Rengier* BT 1 § 2 Rdn. 5; *Schramm* JuS **2008**, 678, 680; *Wessels/Hillenkamp* Rdn. 67.

zu zerlegen oder auch unzerlegt von ihren Fundamenten abzutrennen und auf Zugmaschinen fortzuschaffen, kann auch so ein Diebstahl begangen werden, desgleichen durch Abbau grundeigener Bodenschätze (vgl. § 3 Abs. 2 Satz 1, Abs. 4 BBergG) auf fremdem Grundstück.

*Hoyer* SK[6] Rdn. 9 f macht darauf aufmerksam, dass die h.A., wenn sie sich beim Wort nehmen ließe, auch die auf Dauer angelegte Ent- und Besetzung von Land, Grundstücken und Gebäuden (sogleich Rdn. 17) als Diebstahl bestrafen müsste, weil diese Objekte (fort-)bewegt werden *können*, auch wenn sie nicht (fort-)bewegt *werden*, und weist darauf hin, dass durch die Abtrennung auch zivilrechtlich gesehen bewegliche Sachen entstehen, was für § 242 StGB genüge (s. noch Rdn. 46). Das trifft zu; *Hoyers* Vorschlag, die Beweglichkeit entgegen der h.A. insgesamt **zivilrechtsakzessorisch** zu bestimmen, führt jedoch z.B. bei Scheinbestandteilen nach § 95 BGB zu Problemen (zutr. *Schmitz* MK Rdn. 38 f). 16

Die **Ent- und Besetzung von Land, Grundstücken und Gebäuden** – auch solcher, die im Rechtssinne beweglich sind wie z.B. vom Pächter zur vorübergehenden Nutzung während der Pachtzeit errichtete Gebäude – ist nicht als Diebstahl (bzw. sonstige Zueignungsstraftat) strafbar, selbst wenn sie auf Dauer angelegt ist (s. hierzu bereits Vorbem. §§ 242–248c Rdn. 35).[30] Hausbesetzungen können freilich als Hausfriedensbruch (§ 123 StGB), nicht selten auch als Sachbeschädigung (§ 303 StGB) und, wenn z.B. Stromzähler überbrückt werden, Entziehung elektrischer Energie (§ 248c StGB), bei Räumungsversuchen gelegentlich als Widerstand gegen Vollstreckungsbeamte (§ 113 StGB) strafbar sein. Wird (wie z.B. bei sog. ethnischen Säuberungen) Gewalt zur Ent- und Besetzung von Land, Grundstücken und Gebäuden eingesetzt, so kann dies – abgesehen von möglichen Völkerverbrechen – als (ggf. schwere) räuberische Erpressung (§ 255, ggf. § 250 StGB) strafbar sein. 17

3. **Fremdheit.** Taugliche Diebstahlsobjekte sind nur bewegliche Sachen, die in der Perspektive des jeweiligen Beteiligten (s. sogleich Rdn. 19) fremd sind, d.h. an denen **mindestens Bruchteils- oder Gesamthandseigentum eines anderen als des Täters** besteht. Nach h.A. ist die Fremdheit im Lichte des durch §§ 242 ff StGB bezweckten „formalen Eigentumsschutzes" streng zivilrechtsakzessorisch zu interpretieren (s. sogleich Rdn. 21 ff und bereits Vorbem. §§ 242–248c Rdn. 33 ff, 53 ff, 61). 18

a) **Beteiligtenperspektive.** Die Fremdheit ist aus Perspektive des jeweiligen Beteiligten zu bestimmen. Ist einer von mehreren *Mittätern* Alleineigentümer der Sache, ohne es zu wissen bzw. zu erkennen, so kann dieser Mittäter nur einen (untauglichen) Diebstahlsversuch begehen; für die anderen Mittäter bleibt die Sache aber fremd, so dass sie wegen vollendeten Diebstahls strafbar sind. Diebstahl in *mittelbarer Täterschaft* liegt auch dann vor, wenn der Tatmittler Eigentümer ist und z.B. durch Bedrohung dazu gezwungen wird, die im Gewahrsam eines Dritten befindliche Sache wegzunehmen, um sie dem mittelbaren Täter zuzueignen. Der Alleineigentümer kann nicht *Teilnehmer (Anstifter oder Gehilfe)* am Diebstahl seiner Sache sein (zutr. *Kindhäuser* NK Rdn. 130); nimmt er irrig an, die Sache sei fremd, so liegt nur ein – de lege lata strafloser – Teilnahmeversuch vor. 19

Für Fremdheit genügt, dass in der Perspektive des jeweiligen Beteiligten **Miteigentum nach Bruchteilen eines anderen** (§§ 1008 ff BGB) **oder Gesamthandseigentum eines anderen,** z.B. eines Mitgesellschafters (§§ 718 BGB, 105, 161 HGB) oder Miterben 20

---

[30] *Schmitz* MK Rdn. 39.

(§ 2032 BGB), besteht.[31] Die eigene Mitberechtigung des jeweiligen Beteiligten hindert nicht, dass es sich um eine in seiner Perspektive „auch" oder „teilweise" fremde Sache handelt; vom Eigentumsschutz her gedacht sind Miteigentum nach Bruchteilen oder Gesamthandseigentum nicht weniger schutzwürdig als Alleineigentum. Mitgesellschafter und Miterben, die zum Gesellschaftsvermögen bzw. Nachlass gehörende Sachen in Zueignungsabsicht wegnehmen, begehen also Diebstahl, desgleichen, wer eigenes und fremdes Geld vermischt, was Miteigentum nach Bruchteilen an allen Geldscheinen und -stücken entstehen lässt (§ 946 BGB), und dann mehr als seinen Anteil (ansonsten Aneignungsrecht, Rdn. 39) entnimmt.

21 b) **Zivilrechtsakzessorietät.** Wer Eigentümer einer Sache ist, beurteilt sich nach h.A. auch im Rahmen des § 242 StGB **ausschließlich nach bürgerlichem Recht** (BGHSt 6 377, 378; BGH bei Dallinger MDR **1958** 739).[32] Die gelegentlich geforderte wirtschaftliche Betrachtungsweise[33] wird als zu rechtsunsicher abgelehnt (s. Vorbem. §§ 242–248c Rdn. 53 ff). Allerdings ist die h.A. beim Wort genommen zu eng: Im Falle öffentlichen Eigentums sind die öffentlich-rechtlichen Regelungen maßgebend, und auch im Übrigen sind strafrechtliche oder öffentlich-rechtliche Vorschriften über den Eigentumsübergang (z.B. bei Verfall und Einziehung, §§ 73e Abs. 1, 74e Abs. 1 StGB) selbstverständlich zu beachten.

22 Entscheidend ist die **dingliche Rechtslage** zum Zeitpunkt des Versuchsbeginns (s. noch Rdn. 46). Sie ist im Ausgangspunkt unabhängig von der schuldrechtlichen Rechtslage (sogleich Rdn. 23). Auch auf wirtschaftliche Erwägungen kommt es im Ausgangspunkt nicht an. Deshalb sind einer Kapitalgesellschaft gehörende Sachen nach h.A. auch für den Alleingesellschafter fremd,[34] mag dessen Einwilligung auch die Rechtswidrigkeit der beabsichtigten Zueignung ausschließen. Bei der Lieferung unbestellter Sachen (§ 241a BGB)[35] geht das Eigentum an der Sache in aller Regel nicht auf den Verbraucher über,

---

31 RGSt **31** 317, 319; BGH NJW **1992** 250; *Fischer* Rdn. 5; *Hoyer* SK[6] Rdn. 11; *Kindhäuser* NK Rdn. 18; *Lackner/Kühl* Rdn. 4; *Ruß* LK[11] 15 Rdn. 16; *Sch/Schröder/Eser* Rdn. 12; *Schmitz* MK Rdn. 26; Arzt/Weber/*Heinrich*/Hilgendorf BT § 13 Rdn. 35; *Krey/Hellmann* § 1 Rdn. 3; *Maurach/Schroeder/Maiwald* I § 32 Rdn. 21; *Mitsch* BT 2/1 § 1 Rdn. 22; *Rengier* BT 1 § 2 Rdn. 6.

32 *Hoyer* SK[6] Rdn. 11; *Kindhäuser* NK Rdn. 15; *Lackner/Kühl* Rdn. 4; *Sch/Schröder/Eser* Rdn. 12; *Schmitz* MK Rdn. 27; Arzt/Weber/*Heinrich*/Hilgendorf BT § 13 Rdn. 33; *Haft/Hilgendorf* BT 1 S. 3; *Kindhäuser* BT II Rdn. 14; *Krey/Hellmann* Rdn. 3; *Küper* BT S. 261; *ders.* JZ **1993** 435, 441; *Maurach/Schroeder/Maiwald* I § 32 Rdn. 21; vgl. ferner OLG Frankfurt NJW **1984** 2303; OLG Düsseldorf NJW **1988** 1335, 1336.

33 *Baumann* JZ **1972** 1, 4; *Lampe* in Müller-Dietz (Hrsg.) S. 59, 63; *Otto* Die Struktur des strafrechtlichen Vermögensschutzes (1970) S. 143 ff; *ders.* Jura **1989** 137, 139; *ders.* JZ **1993** 559 f; *ders.* Jura **2004** 389; *ders.* BT § 40 Rdn. 10 f.

34 RGSt **42** 278, 283; 71 353, 355; BGHSt **3** 32, 39 f; *Hoyer* SK[6] Rdn. 11; *Kindhäuser* NK Rdn. 16; *Lackner/Kühl* Rdn. 5; *Samson* SK[3] Rdn. 11; *Sch/Schröder/Eser* Rdn. 14; *Otto* Jura **1989** 137, 139 f; *ders.* JZ **1993** 559, 560; *ders.* BT § 40 Rdn. 12; zurückhaltender: *Schmitz* MK Rdn. 12; **aA** noch *Otto* BT[2] (1984) S. 141; *Sch/Schröder/Eser*[23] (1988) Rdn. 7.

35 Ausschluss auf Rechtswidrigkeitsebene: *Fischer* § 303 Rdn. 16; *Rönnau* LK Vorb. § 32 Rdn. 307; *Sch/Schröder/Eser* Rdn. 12; *Haft/Eisele* GedS Meurer, 245, 252 ff; *Matzky* NStZ **2002** 458, 462 f; *Roxin* AT I § 14 Rdn. 32 m. Fn. 38; *Satzger* Jura **2006** 428, 433 f (zu § 303 StGB); Ausschluss auf Tatbestandsebene: *Otto* Jura **2004** 389, 390; zusammenfassend: *Reichling* JuS **2009** 111 ff; **aA** *Schwarz* NJW **2001** 1449, 1453 f (zu § 246 StGB).

für den die Sache fremd bleibt, auch wenn er wegen des Anspruchsausschlusses nach § 241a BGB mit ihr im Grundsatz wie ein Eigentümer verfahren darf (s. noch Rdn. 39).

Die strafrechtliche Beurteilung folgt auch dem im deutschen Zivilrecht anerkannten **Abstraktionsprinzip.**[36] Insbesondere steht der schuldrechtliche Anspruch auf Übereignung der Sache dem Eigentum an ihr nicht gleich (vgl. OLG Saarbrücken NJW **1976** 65; OLG Düsseldorf JR **1984** 34); freilich entfällt die (Vollendungs-)Strafbarkeit in diesen Fällen, weil die beabsichtigte Zueignung nicht rechtswidrig ist, wenn der Anspruch fällig und einredefrei ist (Rdn. 36 ff). Auch rechtsgrundlos oder anfechtbar erworbenes Eigentum bleibt für andere Personen – einschließlich des Voreigentümers (s. aber zur Anfechtung noch Rdn. 47) – fremd, wenn nicht der zugrunde liegende Mangel auch das dingliche Rechtsgeschäft erfasst. Bei Verträgen über *sexuelle Dienstleistungen* stand die h.A. vor Inkrafttreten des Prostitutionsgesetzes vom 20.12.2001 (BGBl. I S. 3983) auf dem Standpunkt, dass zwar der schuldrechtliche Vertrag sittenwidrig und deshalb nichtig war (§ 138 Abs. 1 BGB), nicht aber die Übereignung von Geldzeichen in Erfüllung eines solchen Vertrages. Deswegen erwarb auch nach früherer Rechtslage der oder die Prostituierte Eigentum an den Geldzeichen, so dass deren Entwendung durch den Kunden Diebstahl sein konnte (BGHSt **6** 377; OLG Köln MDR **1954** 695). Umgekehrt schieden auch nach früherer Rechtslage Eigentumsstraftaten aus, wenn ein Mann, der Geld, das ihm zum Zwecke homosexuellen Verkehrs übereignet wurde, nicht zurückgab, obwohl er das Ansinnen ablehnte (OLG Düsseldorf MDR **1969** 862). Anders liegt es bei Geld, das für *Betäubungsmittel* bezahlt wird. Aus dem gesetzlichen Verbot des Handeltreibens mit Betäubungsmitteln (§ 134 BGB i.V.m. § 29a BtMG) folgt die Nichtigkeit der Übereignung der als Kaufpreis gezahlten Geldzeichen (BGHSt **31** 145), die im Eigentum des Käufers bleiben, so dass dieser, wenn er es dem Betäubungsmittelverkäufer wegnimmt, keine für ihn fremde Sache entwendet.[37] **23**

Eigentumslagen sind nach BVerfGE 78 205, 213 (betreffend einen Schatzfund) auch dann strafrechtlich maßgeblich, wenn die ihr zugrunde liegenden Normen für sich gesehen den verfassungsrechtlichen (Bestimmtheits-)Anforderungen des **Art. 103 Abs. 2 GG** nicht entsprechen. Das Eigentumsstrafrecht stelle zwar auf die Eigentumsordnung ab und bedürfe der Auslegung anhand der das Eigentum zuordnenden Gesetze; das habe jedoch nicht die Folge, dass sämtliche gesetzlichen Vorschriften über die Eigentumsordnung dem auf das Strafrecht bezogenen (Bestimmtheits-)Anforderungen des Art. 103 Abs. 2 GG genügen müssten. Daher ist z.B. das letztlich richterrechtlich begründete Sicherungseigentum strafrechtlich anzuerkennen. Wenig geklärt ist die – weitergehende – Frage, ob auch *zivilrechtliche Eigentumsvermutungen und Beweislastregeln* strafrechtlich maßgeblich sein können wie z.B. bei § 1006 BGB oder beim gutgläubigen Erwerb § 935 Abs. 1 BGB, wonach der gute Glaube des Erwerbers vermutet wird. Es könnte argumentiert werden, dass es in der Konsequenz eines formalen Eigentumsschutzes liege, den zivilrechtlichen „Regelungseffekt" als solchen zu schützen, so dass derartige Vermutungen und Beweislastregeln Vorrang vor der Anwendung des strafrechtlichen Zweifelsgrundsatzes hätten. Da und soweit dieser Grundsatz aber im Schuldprinzip und mittelbar in der Menschenwürdegarantie des Grundgesetzes verwurzelt ist, erscheint es als zu weitgehend, diese fundamentalen Garantien zu suspendieren; ähnlich entspricht es der im **24**

---

36 *Hoyer* SK[6] Rdn. 12; *Sch/Schröder/Eser* Rdn. 12; *Schmitz* MK Rdn. 27.

37 BGHSt 31 145, 147 m. Anm. *Schmid* JR 1983 432; BGH NStZ-RR 2000 234; *Kindhäuser* NK Rdn. 20; *Lackner/Kühl* Rdn. 5; *Sch/Schröder/Eser* Rdn. 12; *Schmitz* MK Rdn. 27.

Steuerstrafrecht wohl h.A., dass steuerrechtliche Vermutungs- und Beweislastnormen steuerstrafrechtlich nicht maßgeblich sind.[38]

25 Durch **Verfügungsbeschränkungen** wie z.B. nach Pfändung oder Eröffnung des Insolvenzverfahrens wird das Eigentum als solches nicht berührt. Deshalb können Eigentümer bzw. Insolvenzschuldner gepfändete bzw. zur Insolvenzmasse gehörende Sachen weder stehlen noch unterschlagen (s. bereits RGSt **39** 414), mag auch die Wegnahme oder Zueignung nach anderen Vorschriften strafbar sein (z.B. §§ 136, 283 Abs. 1 Nr. 1, 288, 289 StGB); umgekehrt bleiben gepfändete bzw. zur Insolvenzmasse gehörende Sache für Pfändungspfandrechtsgläubiger bzw. Insolvenzgläubiger selbstverständlich fremd. Zur Frage der Einwilligungsbefugnis des Eigentümers in diesen Fällen Rdn. 175.

26 c) Keine tauglichen Diebstahlsobjekte sind Sachen, die **im Alleineigentum des jeweils Beteiligten** stehen. So ist der *Treuhänder* Alleineigentümer des Treuguts, und zwar der eigennützige wie der uneigennützige; er macht sich also nicht der Unterschlagung schuldig, wenn er über die Sache entgegen den ihm erteilten Weisungen verfügt (RGSt **61** 341, 343). Auch bei der *Sicherungsübereignung* wird der Sicherungsnehmer formell Alleineigentümer, und nicht er, sondern nur der Sicherungsgeber kann daran eine Unterschlagung begehen, wenn er die Sachen unberechtigt weiterveräußert (RGSt **61** 65; BGHSt **1** 262; BGH NJW **1987** 2242, 2243). Beim *Eigentumsvorbehalt* bleibt der Veräußerer Eigentümer der Sache; der Erwerber kann sie also stehlen oder unterschlagen (OLG Düsseldorf NJW **1984** 810), da er erst mit Begleichung der Schuld unbeschränktes Alleineigentum erwirbt (vgl. § 449 BGB). Die bekannten weiteren Formen des Eigentumsvorbehalts (weitergeleitet, nachgeschaltet, verlängert, nachträglich, Drittvorbehalt usw.) zwingen zu teils aufwendigen tatsächlichen und rechtlichen Prüfungen und zu einer sorgfältigen Prüfung des Fremdheitsvorsatzes.

27 Hat der Täter, bevor er in das Versuchsstadium des Diebstahls eintritt (s. hierzu noch Rdn. 46), Alleineigentum erworben, so scheiden Diebstahl und auch andere Eigentumsdelikte aus. Das zwingt zu einer sorgfältigen Prüfung von möglichen Übereignungsvorgängen im Zusammenhang mit der Tat, beispielsweise beim **Tanken an einer Selbstbedienungstankstelle, ohne zahlen zu wollen** (s. noch Rdn. 118 zur Wegnahmeproblematik). Nach heute flächendeckender Praxis ist durch Hinweise an den Zapfsäulen hinreichend deutlich und bestimmt ein Eigentumsvorbehalt vereinbart, wonach das Eigentum an dem Treibstoff erst mit dessen vollständiger Bezahlung übergeht; die Vermischung des getankten Benzins mit eigenem Benzin im Tank führt nach §§ 947 Abs. 1, 948 Abs. 1 BGB zumindest zu Miteigentum des Treibstoffherstellers bzw. Tankstellenpächters. Fehlt es an solchen Hinweisen, so stand OLG Düsseldorf (JR **1982** 343 und JR **1985** 208 jeweils m. zust. Anm. *Herzberg*) und eine sich oft wiederholende Minderheitsauffassung[39] auf dem Standpunkt, stillschweigend vereinbarte Eigentumsvorbehalte gebe es nicht, weshalb das Eigentum beim Einfüllen unbedingt auf den Einfüllenden übergehe. Demgegenüber nahm OLG Hamm NStZ **1983** 266 einen stillschweigend vereinbarten Eigentumsvorbehalt des Verkäufers an. Die heute auch im Strafrecht h.A. geht mit Recht davon aus, dass es sich um ein Bargeschäft des täglichen Lebens handelt, bei dem – interessengerecht – der Eigentumsübergang erst mit dem Bezahlen erfolgt; erst an der Kasse werden die dinglichen Einigungserklärungen abgegeben.[40]

---

[38] S. hierzu *Joecks* in: *Franzen/Gast/Joecks* Steuerstrafrecht, 6. Aufl. (2005) § 370 Rdn. 56 m.w.N.; weiterhin *Kamps/Wulf* DStR **2003** 2045.

[39] Ferner *Herzberg* JA **1980** 391; *ders.* JR **1982** 344; *ders.* NStZ **1983** 251; *ders.* NJW **1984** 896; *ders.* JR **1985** 209; *Seier* JA **1984** 321, 322.

[40] So oder in diese Richtung *Kindhäuser* NK Rdn. 17; *Borchert/Hellmann* NJW 1983

Sorgfältiger Prüfung bedarf die Eigentumslage auch in **Vertretungsfällen**. Bei *offener* Vertretung erklärt der Vertreter ausdrücklich oder stillschweigend, für seinen Auftraggeber erwerben zu wollen; dann kommt die dingliche Einigung zwischen diesem und dem Veräußerer zustande. Bei der gem. § 929 BGB erforderlichen Übergabe ist jedoch eine Vertretung nicht möglich, weil sie ein tatsächliches Verhältnis ist. Deswegen wird der Vertretene nur Eigentümer, wenn der Vertreter Besitzdiener (§ 855 BGB) ist oder wenn Vertretener und der Vertreter ein Besitzmittlungsverhältnis (§ 868 BGB) vereinbart haben (RGSt **62** 31), wovon in der Regel auszugehen ist (RGSt **54** 185, 187; RGZ **100** 190; **137** 25). Ein solches Besitzmittlungsverhältnis kann der Vertreter auch durch ein Insichgeschäft gem. § 181 BGB begründen, wenn ihm das gestattet ist oder nur eine Verbindlichkeit erfüllt wird; allerdings muss der Wille dazu äußerlich in Erscheinung getreten sein (RGZ **139** 114, 117). Dann wird der Vertretene Eigentümer, und der Vertreter kann bei unberechtigter Verfügung wegen Diebstahls oder Unterschlagung strafbar sein. – Bei *verdeckter* Vertretung kommt es zunächst auf den Willen des Veräußerers an. Erklärt dieser ausdrücklich oder stillschweigend die Einigung mit dem Inhalt, dass ein anderer als der verdeckte Vertreter Eigentümer werden soll, so ist dessen abweichender Wille bedeutungslos; er kann jedenfalls kein Eigentum erwerben (RGSt **64** 406; vgl. ferner RG LZ **1925** 442, GA Bd. 53 78, KG HRR **1926** 190). – In vielen Fällen des täglichen Lebens will der Veräußerer *an den übereignen, den es angeht*. Hier kann für den Inhalt der Einigung der Wille des Vertreters entscheidend sein; will er für den Geschäftsherrn erwerben, so einigt er sich für ihn (RGZ **140** 223, 229). Für die Übergabe gilt in solchen Fällen das gleiche wie bei der offenen Vertretung (RGZ **100** 190). Jedoch müssen hier an die Bestimmtheit des Gegenstandes der Übereignung gewisse Anforderungen gestellt werden; insbesondere wird es regelmäßig einer getrennten Aufbewahrung der Sachen bedürfen (BGH 3 StR 370/55 vom 24.11.1955). – Erklärt der Vertreter, dass er für sich erwerben will, und steht dem die Erklärung des Veräußerers nicht entgegen, so kann nur der Vertreter Eigentümer der übergebenen Sache werden, eine Unterschlagung an ihr ist dann ausgeschlossen (RGSt **54** 185, 188). Die gleichen Grundsätze sind bei der Übergabe von Geld anzuwenden (*Bockelmann* ZStW **69** [1957] 279). – *Weitere Einzelfälle*: Zur Einlösung eines Kassenschecks s. RGSt **54** 185. Bei Zahlungen durch Postanweisung ist der Wille des Absenders maßgebend; deswegen wird der Empfänger nicht Eigentümer, wenn er weiß, dass das Geld nicht für ihn bestimmt ist (RG GA Bd. **46** 426; Bd. **53** 78). Für ihn bestimmt ist es in der Regel, wenn er es gemäß Abmachung mit seinem Arbeitgeber erst nach Abzug seiner Provision an diesen abzuführen hat (BGH 1 StR 495/60 vom 13.12.1960). Entsprechendes gilt bei Zahlungen von einem fremden Bankkonto (RGSt **56** 121, 123). Eigentümer wird der Empfänger nur, wenn dies auf einer Absprache mit dem Berechtigten beruht. Anders ist die Lage aber bei Überweisungen auf ein Postscheck- oder Girokonto des Empfängers; hebt dieser das Geld von seinem eigenen Konto ab, so wird er Eigentümer des Geldes und kann nicht wegen Unterschlagung bestraft werden, auch wenn er es weisungswidrig für sich verwendet (RG DJZ **1927** 608). Umstritten ist die Behandlung der sog. Wechselgeldfalle, wenn der Täter große Geldscheine wechseln zu wollen vorgibt und dann diese Geldscheine mitsamt dem Wechselgeld wieder an sich nimmt (hierzu und zur möglichen Betrugsstrafbarkeit BayObLG NJW **1992** 2041 = NStZ **1992** 387 = JR **1992** 519 m. Anm. *Graul*). Nach RG JW **1919** 321; BayObLGSt **16** 119 28

2799; *Charalambakis* MDR **1985** 975, 977; *Deutscher* NStZ **1983** 507, 508; *Otto* JZ **1985** 21, 22; *Ranft* JA **1984** 1, 4 – BGH NJW **1983** 2827 hat die Frage des Eigentumsübergangs offen gelassen, da der Täter bereits mit Schädigungsvorsatz auf dem Tankstellengelände vorgefahren war und sein Verhalten als Betrug einzuordnen war.

sowie aaO. gehen die vom Täter hingelegten Geldscheine in das Eigentum und den Gewahrsam des Wechselnden über, sobald dieser zu erkennen gibt, dass er sie übernimmt; hiernach liegt Diebstahl an diesen Geldscheinen vor, wenn sie der Täter anschließend an sich nimmt. Demgegenüber vertrat *Köhler* Anm. zu RG aaO. die Ansicht, dass der Täter in einem solchen Falle Diebstahl an dem herausgegebenen Wechselgeld begeht; das überzeugt nicht, da das Wechselgeld dinglich wirksam – wenn auch anfechtbar – übereignet wird.

29 d) Keine tauglichen Diebstahlsobjekte sind weiterhin Sachen, die zum Tatzeitpunkt **in niemandes Eigentum** stehen.

30 Deshalb kann nicht gestohlen werden und nicht Tatobjekt eines Eigentumsdelikts sein, was **eigentumsunfähig** („verkehrsunfähig“[41]) ist. Da das geltende deutsche Recht Eigentum nur an Sachen anerkennt, scheiden *Nicht-Sachen* (Rdn. 9 ff) auch deshalb als taugliche Tatobjekte aus. Eigentumsunfähig sind aber auch die atmosphärische *Luft* und das *Meeres-, See-, Fluss- oder Grundwasser.* Frei fließendes Wasser ist auch dann eigentumsunfähig, wenn es über Grund und Boden im Eigentum einer Person fließt; insbesondere zählt das Wasser in Teichen mit natürlichem Zu- und Abfluss zu den eigentumsunfähigen Sachen (*Sch/Schröder/Eser* Rdn. 19; *Frank* Anm. III 2a; vgl. im Übrigen Art. 65 EGBGB und die verwaltungsrechtlichen Wassergesetze).[42] *Bergfreie Bodenschätze* (§ 3 Abs. 2 Satz 2, Abs. 3 BBergG) sind nur dem sog. Bergwerkseigentum zugänglich. Auch die *Hohe See* einschließlich ihrer lebenden Ressourcen (vgl. Art. 87 Seerechtsübereinkommen), der Meeresboden sowie -untergrund jenseits der Grenzen des Bereichs nationaler Hoheitsbefugnisse (vgl. Art. 136 Seerechtsübereinkommen) und der *Weltraum* einschließlich des Mondes und anderer Himmelskörper (vgl. Art. I, II Weltraumvertrag) stehen in niemandes Eigentum; daher kann z.B. völkerrechtswidrige Hochseefischerei (vgl. Art. 116 ff Seerechtsübereinkommen) nicht als Eigentumsdelikt erfasst werden; jedoch erwirbt der Hochseefischer Eigentum an seinem Fang. *Meteoriten* sind, wenn sie auf die Erde fallen, zwar zunächst herrenlos, aber eigentumsfähig, und es kann an ihnen z.B. nach den Regeln über den Fund herrenloser Sachen Eigentum begründet werden (vgl. LG Augsburg, Urt. 8 O 1758/06 vom 6.7.2007).

31 Umstritten ist die Eigentumsfähigkeit von Sachen, die mehr oder weniger weitgehenden **Umgangsverboten** unterliegen wie z.B. Betäubungsmittel und ihre Vorläufer, atomare, biologische oder chemische Waffen und ihre Vorläufer, bestimmte – namentlich geächtete – andere Waffen und Kriegswaffen, vom Aussterben bedrohte Tiere und Pflanzen, „bemakelte“ Vermögensgegenstände i.S.d. § 261 Abs. 1 StGB, falsches Geld u.a.m. Für das schweizerische Recht hat das Schweiz. Bundesgericht mit Urteil vom 5.6.1996 (BGE 122 IV 179) die Eigentumsfähigkeit von Betäubungsmitteln insoweit verneint, als sie von Personen besessen und gehandelt wurden, denen dies verboten war; im Hinblick auf die Strafvorschriften gegen verbotenen Umgang mit Betäubungsmitteln entstehe auch kein

---

[41] Der Begriff der „Verkehrsunfähigkeit“ geht auf die römische Rechtsfigur der „res extra commercium“ – im Einzelnen: res divini iuris, res publicae, res communes omnium – zurück, s. *Wieling* Sachenrecht, Bd. I, 2. Aufl. 2001, S. 62. Die gemeinrechtliche Doktrin unterschied verkehrsunfähige, beschränkt verkehrsfähige und verkehrsfähige Sachen, je nachdem ob und inwieweit die Sachen geeignet sind, Gegenstand privater Rechte und privatrechtlicher Verfügungen zu sein. Alles das ist nur beschränkt für die hier gegenständliche strafrechtliche Fragestellung zum geltenden deutschen Recht brauchbar.

[42] Historische Aufarbeitung bei *v. Hippel* Wasserdiebstahl, Abh. des kriminal. Seminars Bd. 4 Heft 1 (1895).

strafrechtsfreier Raum. Die im deutschen Recht h.A.[43] geht hingegen von einer prinzipiellen Eigentumsfähigkeit derartiger Sachen aus und argumentiert, auch an Betäubungsmitteln usw. werde ursprüngliches Eigentum des Produzenten gem. §§ 950, 953 BGB (bzw. nach der jeweils berufenen lex rei sitae) begründet; der Eigentumserwerb beruhe auf Realakten und sei unabhängig von einer Verbots- oder Sittenwidrigkeit der Produktion (*Marcelli* NStZ **1992** 220 und *Vitt* NStZ **1992** 221 gegen *Engel* NStZ **1991** 520, jeweils für Betäubungsmittel). Unter der Prämisse eines betont formellen Eigentumsschutzes kann dem gefolgt werden.

In niemandes Eigentum stehen weiterhin **herrenlose** Sachen. Dazu zählen die *Erzeugnisse des Meeres* und *frei lebende wilde Tiere* (§ 960 Abs. 1 Satz 1 BGB). Dass *jagdbares Wild und Fische* dem Aneignungsrecht des Jagd- bzw. Fischereiberechtigten unterliegen, ändert hieran nichts; das Jagd- und Fischereirecht wird vielmehr durch §§ 292 ff StGB geschützt. Erst wenn der Aneignungsberechtigte Besitz begründet hat, etwa durch Aufbrechen oder auch nur Anfassen des erlegten Wildes oder durch Fangen in einer von ihm aufgestellten Falle, entsteht Eigentum und damit ein taugliches Objekt des Diebstahls.[44] Hingegen erwirbt der Wilderer durch unberechtigte Aneignung kein Eigentum; das Wild oder die Fische bleiben vielmehr herrenlos und können deswegen nicht Objekt eines Diebstahls sein;[45] nimmt der Täter allerdings irrig an, es sei bereits Eigentum begründet, so kommt versuchter Diebstahl am untauglichen Objekt in Betracht (vgl. RGSt 39 427, 433). *Wilde Tiere in Tiergärten*[46] und *Fische in Teichen* oder anderen geschlossenen Privatgewässern sind nicht herrenlos (§ 960 Abs. 1 Satz 2 BGB), es sei denn, sie sind entlaufen und werden nicht mehr eingefangen (§ 960 Abs. 2 BGB, vgl. hierzu BayObLG JR **1987** 128 m. Anm. *Keller*). *Gezähmte wilde Tiere* werden herrenlos, wenn sie den *animus revertendi* endgültig ablegen (§ 960 Abs. 3 BGB). S. weiterhin § 961 ff BGB zur Eigentumslage an ausgezogenen *Bienenschwärmen*. Über das Recht zur Aneignung von *Tauben* entscheidet das Landesrecht (Art. 130 EGBGB). Nicht herrenlos sind *Waldfrüchte, Streu- und Leseholz*; soweit kein Aneignungsrecht besteht, wie es in vielen Landeswaldgesetzen (z.B. § 40 bad.-württbg. LWaldG) nur beschränkt auf den ortsüblichen Umfang anerkannt ist, bleibt Diebstahl möglich, z.B. beim professionellen Pilzsammeln zu Verkaufszwecken ohne oder gegen den Willen des Waldeigentümers. 32

43 BGH NJW **2006** 72 mit zust. Bespr. *Hauck* ZIS **2006** 36, 40; *Fischer* Rdn. 9; *Kindhäuser* NK Rdn. 20; *Sch/Schröder/Eser* Rdn. 19; *Marcelli* NStZ **1992** 220; *Maurach/Schroeder/Maiwald* I § 32 Rdn. 25; *Mitsch* BT 2/1 § 1 Rdn. 34; *Vitt* NStZ **1992** 221; *Wessels/Hillenkamp* Rdn. 62; **aA** *Schmitz* MK Rdn. 14; *Engel* NStZ **1991** 520 ff.

44 Vgl. RGSt **29** 216; **63** 35; *Fischer* Rdn. 6.

45 RGSt **63** 35, 38; **39** 427; *Maurach/Schroeder/Maiwald* I § 38 Rdn. 14; *Otto* JZ **1993** 559 f; *Fischer* Rdn. 6.

46 Darunter verstand RGSt **60** 273; RG JW **1934** 3204 unabhängig von der Größe jedes Gelände, das eingezäunt und geeignet ist, ein Entweichen des Wildes daraus zu verhindern. Diese Begriffsbestimmung entspricht nicht mehr der heutigen Rechtslage. Nach § 6 Satz 3 BJagdG fallen Tiergärten nicht unter die Vorschriften dieses Gesetzes. Daraus folgt, dass nur solche abgegrenzten Geländeflächen gemeint sein können, auf denen die Tiere ohnehin nicht auf die übliche jägerische Weise erbeutet werden, also kleine, eingezäunte Flächen, auf denen es zur Erlegung weder eines Treibens noch eines Ansitzens noch einer Suche noch eines Fallenstellens bedarf. Das gleiche ergibt sich aus §§ 7 Abs. 3 und 20 Abs. 2 BJagdG, in denen Regelungen zu „vollständig eingefriedeten Flächen" und „Wildparks" getroffen werden, in denen eine Jagdausübung möglich bleibt. Vgl. *Mitzschke/Schafer* § 6 BJG Rdn. 4; *Fischer* Rdn. 6; *Olshausen* Rdn. 5 f; Staudinger/*Gursky* § 960 Rdn. 6 f; Soergel/*Henssler* § 960 Rdn. 3; *Quack* MK BGB[5] § 960 Rdn. 8 ff.

33 Herrenlos und damit nicht fremd sind ferner solche Sachen, an denen der Eigentümer den **Besitz in der Absicht aufgegeben hat, auf das Eigentum zu verzichten** (§ 959 BGB, sog. Dereliktion). Die Verzichtsabsicht braucht nicht ausdrücklich ausgesprochen zu werden, muss aber in der Außenwelt erkennbar in Erscheinung getreten sein (BayObLG JR **1987** 178 m. Anm. *Keller*). Eine zur Herrenlosigkeit der Sache führende Verzichtsabsicht liegt nicht vor, wenn der Eigentümer nur zugunsten einer anderen Person das Eigentum aufgeben will (BayObLG wistra **1986** 268; RGSt **67** 294, 298). Der Dereliktion steht nicht entgegen, dass sich der Eigentümer missbräuchlich öffentlich-rechtlichen Verpflichtungen entziehen will (BayObLG Rpfleger **1983** 308). Ergreift jemand den Besitz an einer derelinquierten und deshalb herrenlosen Sache, so begründet der Besitzer Eigentum nach § 958 Abs. 1 BGB, und die Sache wird wieder taugliches Diebstahlsobjekt. – Ein *Verzicht* ist angenommen worden bei Rabattmarken, die ein Kunde im Geschäft zurückgelassen hat, weil er sie nicht haben will (RGSt **42** 43); in der älteren Rechtsprechung bei Hausmüll, der zur Abholung bereitgestellt wird (RGSt **48** 121; einschränkend *Fritsche* MDR **1962** 714; vgl. auch *Schaffstein* GS **103** 292, 300 f); bei Falschgeld, das der Eigentümer in der Absicht weggeworfen hat, sich der Stücke endgültig zu entledigen (RGSt **67** 294); bei Munition, mit deren Wiedererlangung keine Truppe rechnen kann wie auf den Feind verschossene Granaten oder abgeworfene Fliegerbomben (BGH NJW **1953** 1271); ebenso bei Munition auf Übungsplätzen, um die sich der Fiskus jahrelang nicht gekümmert hat und deren Fundort inzwischen zweckentfremdet ist (RGSt **39** 25, **59** 337). Nach LG Hamburg MDR **1951** 180 soll verhältnismäßig wertloses Altmaterial auf Trümmergrundstücken herrenlos sein. – *Keine Verzichtsabsicht* ist angenommen worden bei anlässlich der Werbung einer Organisation auf dem Gehsteig zur Abholung bereitgelegtem Altpapier (BayObLG wistra **1986** 268); bei zur Abholung bereitgelegtem Sperrmüll (vgl. LG Ravensburg NJW **1987** 3142 und LG Bonn NJW **2003** 673); bei eigenen oder erbeuteten Ausrüstungsgegenständen, deren sich Soldaten entäußert haben (RGSt **49** 194; BayObLGSt **19** 182); bei zurückgelassenem Flüchtlingsgut (OLG Kiel MDR **1947** 271; LG Dortmund MDR **1950** 546); bei Schiffen, die in erreichbarer Tiefe gesunken sind (OLG Schleswig SchlHA **1953** 295; *Reich* MDR **1958** 890; anders bei längerem Zeitablauf: vgl. *Ewald* MDR **1957** 134); bei liegengebliebenem Heeresgut (BGH NJW **1953** 1271); bei einem verlorengegangenen Übungstorpedo (OLG Schleswig SchlHA **1953** 265); bei auf Übungsplätzen verschossenen Granaten (OLG Celle NdsRpfl. **1956** 114; OLG Hamm JMBlNRW **1963** 145); bei in einem Münzfernsprecher steckengebliebenem Geldstück (OLG Düsseldorf JR **1984** 34 m. Anm. *Bottke*; NJW **1988** 1335). Allgemein gilt, dass *gestohlene, verlorene oder liegengelassene Sachen* in der Regel nicht derelinquiert werden (vgl. auch BGH VRS **62** 274; BayObLG JR **1987** 128 m. Anm. *Keller*).

34 e) Praktisch nicht sehr bedeutsame, aber theoretisch schwierige und umstrittene Fragen stellen sich zur Eigentumslage an **Teilen des lebenden oder toten menschlichen Körpers** sowie Samen-, Ei- oder Stammzellen, soweit sie nach den Rdn. 11 ff dargelegten Grundsätzen Sachen sind. Teile des lebenden Körpers, die mit ihrer Abtrennung Sachen werden (Rdn. 12), werden zugleich und *ipso factu* entsprechend § 953 BGB Eigentum der Person, von der sie stammen.[47] Nicht mehr vertreten wird die ältere Auffassung (z.B. *Frank* Anm. III 2e), solche Teile würden zunächst herrenlos, unterlägen dem ausschließlichen

[47] BGH bei Dallinger MDR **1958** 739; BGHZ **124** 52, 54; *Fischer* Rdn. 8; *Kindhäuser* NK Rdn. 25; *Schmitz* MK Rdn. 23; *Sch/Schröder/Eser* Rdn. 10, 20; *Maurach/Schroeder/Maiwald* I § 32 Rdn. 18; *Kregel* RGRK § 90 Rdn. 4; Soergel/*Marly* § 90 Rdn. 7; Staudinger/*Jickeli/Stieper* § 90 Rdn. 21.

Aneignungsrecht der Person, von der sie stammen, und fielen erst dann in deren Eigentum, wenn das Aneignungsrecht ausgeübt werde (mit der Folge, dass z.B. *Delila*, die dem schlafenden *Shimshon* das Haar abschnitt, um es zu behalten [Buch der Richter **13** 1–16], allenfalls wegen Körperverletzung und Beleidigung, nicht aber wegen Diebstahls bestraft werden könnte). Gleiches gilt für **Implantate** (näher zur Wiederverwendung explantierter Herzschrittmacher *Gropp* JR **1985** 185; *Bringewat* JA **1984** 61; *Otto* Jura **1989** 138). Ein menschlicher **Leichnam** ist (zwar Sache, Rdn. 14, aber) herrenlos; er gehört insbesondere nicht zum Nachlass, der allein Vermögensgegenstände umfasst (RGSt **64** 313, 315).[48] Ein Aneignungsrecht der Erben oder auch der totensorgeberechtigten Angehörigen betreffend den Leichnam als Ganzen besteht im Ausgangspunkt nicht (vgl. *Sch/Schröder/Eser* Rdn. 21; möglicherweise **aA** *Schmitz* MK Rdn. 32, der auf § 958 BGB in den Grenzen des Pietätsgefühls verweist). Hiernach können „Leichendiebstahl" und die rechtswidrige Entfernung von Leichenteilen (z.B. Herz, Niere, Hornhaut des Auges, vgl. AG Berlin NStZ **1996** 544) im Ausgangspunkt nur gem. § 168 StGB strafbar sein (KG NStZ **1990** 185; OLG Bamberg NJW **2008** 1543, 1547 für Leichenasche mit Zahngold). Hat allerdings der Verstorbene oder haben befugtermaßen die totensorgeberechtigten Angehörigen den Leichnam zur Verwendung in einer Anatomie oder Organe zur Transplantation (s. hierzu §§ 3–7 TPG) bestimmt, so kommt es zwar nicht zu einem originären Eigentumserwerb dieser Personen oder Institutionen mit dem Tod bzw. der Angehörigenbestimmung; jedoch besteht ein Aneignungsrecht der Personen oder Institutionen, denen die Verwendung gestattet ist, jedenfalls soweit die totensorgeberechtigten Angehörigen zustimmen.[49] Das Eigentum entsteht mit Ausübung des Aneignungsrechts durch Inbesitznahme (entsprechend § 958 BGB, vgl. *Schmitz* aaO) bzw. Abtrennung oder Explantation (entsprechend § 956 Abs. 1 BGB, *Hoyer* SK$^{6}$ Rdn. 14). Hat der Verstorbene nichts über *Implantate* und mit dem Leichnam fest verbundene *künstliche Körperteile* bestimmt, so fallen sie zwar nicht in den Nachlass (**aA** *Hoyer* aaO Rdn. 16: § 1922 BGB); jedoch besteht ein Aneignungsrecht der Erben, dessen Ausübung freilich im Einzelfall von der Einwilligung der totensorgeberechtigten Angehörigen[50] abhängen kann, auch wenn sie nicht Erben sind (LG Mainz MedR **1984** 200; **aA** – Aneignungsrecht [nur] der Angehörigen, nicht der Erben – *Kallmann* FamRZ **1969** 578). An Leichen oder Leichenteilen, die namentlich wegen Zeitablaufs nicht mehr einer Pietätsbindung unterliegen

---

48 *Hoyer* SK$^{6}$ Rdn. 14; *Jauernig/Stuerner*$^{12}$ § 1922 Rdn. 11; *Kindhäuser* NK Rdn. 26; *Leipold* MK BGB$^{5}$ § 1922 Rdn. 89; Palandt/*Edenhofer*$^{68}$ § 1922 Rdn. 37; *Sch/Schröder/Eser* Rdn. 21; *Schulze/Doerner/Ebert/Hoeren*$^{5}$ § 1922 Rdn. 5; einschränkend *Lackner/Kühl* Rdn. 7; **aA** *Brunner* NJW **1953** 1173; *Schünemann* Die Rechte am menschlichen Körper (1983) S. 254. Vgl. ferner *Stellpflug* Der strafrechtliche Schutz des menschlichen Leichnams (1996) S. 22 ff.

49 Erman/*Michalski* § 90 Rdn. 6; *Holch* MK BGB$^{5}$ § 90 Rdn. 32 f; *Hoyer* SK$^{6}$ Rdn. 14 f; *Kindhäuser* NK Rdn. 26; *ders.* BT II$^{5}$ § 2 Rdn. 25 mit Fn. 25; *Schmitz* MK Rdn. 31 f; *Edlbacher* ÖJZ **1965** 449, 454; *Eichholz* NJW **1968** 2272; *Roxin* JuS **1976** 505, 506 in Fn. 2; insoweit undeutlich *Sch/Schröder/Eser* Rdn. 21; **aA** Staudinger/*Jickeli/Stieper* § 90 Rdn. 37.

50 Zur Einwilligungsproblematik vgl. *Albrecht* Die rechtliche Zulässigkeit postmortaler Transplantatentnahmen (1986) S. 57 ff; *Bock* Rechtliche Voraussetzungen der Organentnahme von Lebenden und Verstorbenen (1999) S. 242 ff; *v. Bubnoff* GA **1968** 65; *Bockelmann* bei Ponsold, Lehrb. d. ger. Med. (1957) S. 22 ff; *Kinzel* Transfusion und Transplantation in strafrechtlicher Sicht (1967) S. 17 ff; *Nickel* Die Entnahmen von Organen und Geweben bei Verstorbenen zum Zwecke der Transplantation (1999) S. 150 ff, 161 ff; *Rosenberg* Die postmortale Organtransplantation (2008) S. 40 ff; *Voll* Die Einwilligung im Arztrecht (1996) S. 251 ff.

wie z.B. *Mumien, Moorleichen oder steinzeitliche Skelettfunde*, kann insbesondere gem. § 958 BGB Eigentum erworben werden (Rdn. 14).

35 **Grabbeigaben** wie aufs Grab gelegte Blumensträuße (BayObLGSt **26** 173) oder einem Verstorbenen ins Grab mitgegebene Sachen bleiben im Eigentum des Spenders;[51] Grabplünderung ist also Diebstahl. Kann der Eigentümer – wie z.B. bei historischen oder archäologischen Grabfunden – nicht mehr ermittelt werden, so gelten § 984 BGB sowie die Vorschriften der Denkmalschutzgesetze der Länder (s. z.B. § 23 bad.-württbg. DSchG: Schatzregal des Landes bei beweglichen Kulturdenkmalen mit hervorragendem wissenschaftlichem Wert). Der Friedhofswärter, der sich bei der Auflassung des Grabes Goldplomben aneignet, begeht hingegen weder Diebstahl oder Unterschlagung, da Leichenteile herrenlos sind (soeben Rdn. 34)[52]; soweit mit Auflassung des Grabes der Gewahrsam der Berechtigten entfällt, ist auch § 168 StGB nicht anwendbar.

36 **4. Sachen, deren Erwerb zu Eigentum beansprucht werden kann. Keine tauglichen Diebstahlsobjekte** sind **Sachen**, die zwar beweglich und zum Tatzeitpunkt fremd sind, deren **Erwerb zu Eigentum** der Täter bzw. in Drittzueignungsfällen auch der Dritte **beanspruchen** kann. Die Frage wird üblicherweise erst bei der Zueignungsabsicht im Rahmen der Rechtswidrigkeit der (beabsichtigten) Zueignung behandelt. Auf der Grundlage der h.A. ist es aber konsequent, sie bereits im objektiven Tatbestand – und dort zweckmäßigerweise bei der Frage nach dem tauglichen Diebstahlsobjekt – zu verorten: Bereits RGSt **49** 140, 142 f sprach aus, dass als Diebstahl strafbar nur eine Tat sein kann, die „in einem vom Recht missbilligten Widerspruch gerade zu dem Eigentumsrecht des Verletzten (mit der rechtlichen Eigentumsordnung)" steht. Auch in BGHSt **17** 87, 88 ff heißt es, für den äußeren Tatbestand des Raubes – insoweit gilt für den Diebstahl nichts anderes – komme es darauf an, dass der Täter die Eigentumsordnung verletze; nicht rechtswidrig im Sinne der Eigentumsordnung handele, wer lediglich den von von ihr gewollten Zustand herbeiführe; dann entfalle bereits die Tatbestandsmäßigkeit.[53] Obwohl Teil der Zueignungs*absicht*, also des *subjektiven* Tatbestands des Diebstahls und Raubs, wird die Rechtswidrigkeit der Zueignung bei Ansprüchen auf Eigentumserwerb von der h.A. *objektiv* geprüft und gehört sonach zum *objektiven* Tatbestand, ist nämlich ein diesem zugehöriges **normatives Tatbestandsmerkmal.**[54] Zu den Konsequenzen für den subjektiven Tatbestand Rdn. 130 f.

37 In der Sache geht es um Fälle, in denen im Fall der Selbstzueignung der Täter, im Fall der Drittzueignung auch der Dritte[55] einen **fälligen und einredefreien vertraglichen oder**

---

[51] *Ruß* LK[11] Rdn. 11; *Schmitz* MK Rdn. 28; Staudinger/*Jickeli/Stieper* Vor § 90 Rdn. 63; Staudinger/*Gursky* § 959 Rdn. 3; *Olshausen* 8d; *Frank* III 2 g; demgegenüber geht *Binding* I S. 262 davon aus, dass das Eigentum sofort aufgegeben sei.

[52] *Dotterweich* JR **1953** 174; **aA** OLG Gera HESt **2** 296, das zu Unrecht Eigentum der Erben und damit Diebstahl annimmt.

[53] Im gleichen Sinne BGH NJW **1990** 2832; BGH, Beschl. 3 StR 153/01 vom 15.5.2001; BGH StV **2004** 207; BGH StraFo **2005** 433; OLG Schleswig StV **1986** 64; vgl. auch BGH NStZ **2008** 626 m. Anm. *Bosch* JA **2009** 70.

[54] *Fischer* Rdn. 49; *Hoyer* SK[6] Rdn. 96; *Kindhäuser* NK Rdn. 156; *Lackner/Kühl* Rdn. 28; *Sch/Schröder/Eser* Rdn. 65; *Herdegen* Festgabe BGH 25, S. 195, 200; *Kösch* Der Status des Merkmals „rechtswidrig" in Zueignungsabsicht und Bereicherungsabsicht (1999) S. 220; *Krey/Hellmann* Rdn. 96a; **aA** (allgemeines Verbrechensmerkmal) *Samson* SK[3] Rdn. 89; *Schmitz* MK Rdn. 142; *Hirsch* JZ **1963** 149, 153 f; *Schröder* DRiZ **1956** 69, 71; *Welzel* § 48 III. Vgl. auch *Otto* Vermögensschutz S. 212 ff.

[55] *Kindhäuser* NK Rdn. 117 f; *Lackner/Kühl* Rdn. 27; *Sch/Schröder/Eser* Rdn. 59; *Dencker/Struensee/Nelles/Stein* 1. Teil

**gesetzlichen Anspruch auf Erwerb des Eigentums an der weggenommenen Sache** hat.[56] Zwar bleibt die Sache auch dann wegen des zivilrechtlichen Abstraktionsprinzips (Rdn. 23) für den Täter fremd, und sie kann auch weggenommen werden. Aber dem (Laien kaum einsichtigen und im Ausland weithin unbekannten) Abstraktionsprinzip um des Prinzips willen Strafschutz über § 242 StGB zu gewähren, wäre unverhältnismäßig. Die in der Wegnahme liegende Eigenmacht kann für sich genommen volles Diebstahlsunrecht nicht begründen, weil Diebstahl (jedenfalls in erster Linie) Straftat gegen das Eigentum ist und im Falle eines Eigentumserwerbsanspruchs das Eigentum des Verletzten nicht mehr schutzwürdig ist, da er es „sowieso aufgeben muss" (treffend *Schmitz* MK Rdn. 147), weshalb der formale Eigentumsschutz nur scheinbar durchbrochen wird – die Rechtsordnung selbst ist es, die den Eigentümer zur Eigentumsübertragung verpflichtet. Deshalb müssen auch nicht (alternativ oder kumulativ) die Voraussetzungen zivilrechtlicher Selbsthilfe, namentlich des § 229 BGB, vorliegen.[57] Das in der eigenmächtigen Wegnahme liegende Unrecht ist zivilrechtlich vom Besitzschutzrecht, strafrechtlich z.B. von §§ 123, 240 StGB hinreichend erfasst (vgl. *Heubel* JuS **1984** 445, 450); Abwehrrechte des Betroffenen z.B. aus § 32 StGB, § 859 BGB sind als solche nicht Rechtsgut des Diebstahls (vgl. *Kindhäuser* NK Rdn. 116 gegen *Hirsch* JZ **1963** 149, 151). Alles das gilt auch, wenn der Täter die Entstehung eines Eigentumserwerbsanspruchs jederzeit herbeiführen kann (z.B. den bereits vollzogenen Kaufvertrag wegen arglistiger Täuschung anfechten oder die Schenkung wegen groben Undanks widerrufen darf, § 530 Abs. 1 BGB), es aber vorzieht, zur Selbsthilfe zu greifen, was übrigens ggf. als konkludente Anfechtung bzw. konkludenter Widerruf angesehen werden könnte (*Kindhäuser* NK Rdn. 116; *Mitsch* BT 2/1 § 1 Rdn. 160; *Sch/Schröder/Eser* Rdn. 59, s. noch Rdn. 47).

Unbestritten ist das alles nicht; die Gegenauffassungen überzeugen aber nicht. Ent- **38**
gegen *Hoyer* SK[6] Rdn. 108; zust. *Schmitz* MK Rdn. 143 zwingt der Gesetzeswortlaut nicht dazu, die Rechtswidrigkeit der Zueignung ausschließlich subjektiv – in der Tätervorstellung – zu prüfen. Auf der anderen Seite überzeugt die Auffassung, die Rechtswidrigkeit der Zueignung sei allgemeines Rechtswidrigkeitsmerkmal des Diebstahls, bereits deshalb nicht, weil die Rechtswidrigkeit der Zueignung eben auf diese – und nicht auf den Diebstahl, d.h. die Wegnahme in Zueignungsabsicht – bezogen ist. Ein „allgemeines Verbrechensmerkmal, das aber ausschließlich die Zueignung und nicht die Wegnahme betrifft" (*Schmitz* MK Rdn. 142),[58] ist eine *contradictio in adjecto*. Zwar ist richtig, dass die Rechtswidrigkeit der Zueignung *auch* durch allgemeine Rechtfertigungsgründe ausge-

---

Rdn. 44 ff; *Kindhäuser* BT II § 2 Rdn. 23; *Wessels/Hillenkamp* Rdn. 190; **aA** *Schmitz* MK Rdn. 148; s. noch Rdn. 130.

56 RGSt **64** 210, 212 f; RG HRR **1937** 209; BGHSt **17** 87, 89 m. Anm. *Schröder* JR **1962** 347 f; BGH GA **1962** 144 f; GA **1966** 211, 212; NStZ **1982** 380; StV **1988** 526, 529; NJW **1990** 2832; vgl. ferner BGH bei Holtz MDR **1979** 107 und BGH 3 StR 37/84 vom 2.3.1984; 1 StR 23/88 vom 25.2.1988; OLG Hamm GA **1969** 219; OLG Schleswig StV **1986** 64; *Fischer* Rdn. 50; *Hoyer* SK[6] Rdn. 102 ff; *Kindhäuser* NK Rdn. 116 ff; *Lackner/Kühl* Rdn. 27; *Schmitz* MK Rdn. 147; *Sch/Schröder/Eser* Rdn. 59; *Krey/Hellmann* § 1 Rdn. 92; *Maiwald* Zueignungsbegriff S. 151 ff; *Maurach/Schroeder/Maiwald* I § 33 Rdn. 53; *Mohrbotter* GA **1967** 199, 214; *Otto* Vermögensschutz S. 221; *Schmidhäuser* FS Bruns, S. 345, 360 f; *Schröder* DRiZ **1956** 69.

57 **AA** *Hirsch* JZ **1963** 149, 152; *Kohlrausch/Lange* III 2 d; *Welzel* § 47, 3 und § 48 IV; noch strenger (auch bei Bestehen eines Selbsthilferechts gem. § 229 BGB entfällt Rechtswidrigkeit nicht) *Bockelmann* BT I[2] S. 23. Vgl. ferner die krit. Bemerkungen von *Fezer* GA **1975** 356 ff und *Küper* FS Gössel, S. 437 ff.

58 So aber *Hirsch* JZ **1963** 149, 153 f; *Samson* SK[3] Rdn. 89; *Schröder* DRiZ **1956** 69, 71; *Welzel* § 48 III.

schlossen werden kann, die dogmatisch wie solche – nicht wie Tatbestandsmerkmale – zu behandeln sind (s. noch Rdn. 172 f). Jedoch sind zivilrechtliche Ansprüche als solche keine allgemeinen Rechtfertigungsgründe. Den Anspruchsinhaber auf Selbsthilferechte zu verweisen, gibt ihm Steine statt Brot, da diese Rechte in aller Regel die zivilrechtliche Befriedigung, d.h. strafrechtlich die Zueignung, nicht gestatten (s. noch Rdn. 191).

**39** Hiernach ist die Ausübung **gesetzlicher Aneignungsrechte** (z.B. §§ 910 [Überhang], 954 ff BGB, Art. 130 EGBGB i.V.m. landesrechtlichen Vorschriften über die Aneignung von Tauben) kein Diebstahl. Bei der Verpfändung von Geld hat der Pfandgläubiger gegebenenfalls ein unmittelbares Aneignungsrecht zwecks Befriedigung (RG Recht **1923** 249) und kann sie weder stehlen noch unterschlagen. Wer Mit- oder Gesamthandseigentümer von vertretbaren Sachen, namentlich vermischtem Geld (§ 947 BGB) ist, eine **Teilungsbefugnis** hat und nicht mehr als seinen Anteil entnimmt, kann sich nicht wegen Diebstahls oder Unterschlagung strafbar machen.[59] Auch ohne eine Teilungsbefugnis wird dem Entnehmenden häufig der Vorsatz rechtswidriger Zueignung fehlen, wenn er sich in diesen Grenzen hält (*Sch/Schröder/Eser* Rdn. 13). Behält, veräußert oder verbraucht der, dem **unbestellte Ware** geliefert worden ist, die Ware, so ist dem umfassenden (*Palandt/Heinrichs*[68] § 241a Rdn. 7) Anspruchsausschluss nach § 241a Abs. 1 BGB im Gegenschluss ein Recht auf Zueignung zu entnehmen.[60]

**40** Besteht ein **fälliger und einredefreier Anspruch auf Übereignung** der weggenommenen Sache, so kommt Diebstahl nicht in Betracht. Solche Ansprüche können sich z.B. aus einem *Kaufvertrag* über eine bestimmte Sache (Stückschuld), einem *Sachdarlehen*, einer *Schenkung* oder aus einer *Sicherungsübereignung* ergeben, wenn der Sicherungszweck weggefallen ist (vgl. RGSt **61** 65; *Sch/Schröder/Eser* § 246 Rdn. 17), des Weiteren aus einem wirksamen *Vermächtnis* (*Mitsch* BT 2/1 § 1 Rdn. 150 f).

**41** Umstritten ist, ob fällige und einredefreie Ansprüche auf Übereignung von **Sachen aus einer Gattung** (Gattungsschuld, § 243 Abs. 1 BGB) wie z.B. beim Gattungskauf oder Sachdarlehen die Rechtswidrigkeit der Zueignung ausschließen, wenn sich die Schuld noch nicht auf bestimmte Sachen konkretisiert hat (§ 243 Abs. 2 BGB) und der Täter der Gattung zugehörige Sachen des Schuldners eigenmächtig wegnimmt und sich zueignet. Die h.A. verneint die Frage:[61] Der Gattungsschuldner habe die Befugnis, diejenige Sache auszuwählen und als geschuldete Leistung zu erbringen, mit welcher er den Gläubiger befriedigen wolle. Ein Anspruch des Gläubigers auf Übereignung einer bestimmten Sache bestehe nicht, weshalb seine eigenmächtige Wegnahme nicht mehr der Eigentumsordnung entspreche. Selbst wenn ein Selbsthilferecht nach § 229 BGB gegeben sei, stehe dem Gläubiger nur ein Anspruch auf Sicherstellung, nicht auf Befriedigung zu. Daran hält die h.A. sogar für **Geldschulden** fest:[62] Es könne sehr wohl Fälle geben, in denen der Eigen-

---

[59] RG JW **1932** 508; RMG **12** 182; OLG Celle NJW **1974** 1833; *Hoyer* SK[6] Rdn. 104; *Kindhäuser* NK Rdn. 115.

[60] I.E. allg. M., für eine Lösung auf Ebene der Rechtswidrigkeit: *Fischer* § 303 Rdn. 16; *Rönnau* LK Vorb. § 32 Rdn. 307; *Sch/Schröder/Eser* Rdn. 12; *Haft/Eisele* GedS Meurer, S. 245, 252 ff; *Matzky* NStZ **2002** 458, 462 f; *Roxin* AT I § 14 Rdn. 32 m. Fn. 38; *Satzger* Jura **2006** 428, 433 f (zu § 303 StGB); für eine Lösung auf Tatbestandsebene: *Otto* Jura **2004** 389, 390; zusammenfassend *Reichling* JuS **2009** 111.

[61] RGSt **25** 172; BGHSt **17** 87, 88 ff m. Anm. *Schröder* JR **1962** 347 f; *Samson* SK[3] Rdn. 86; *Schröder* DRiZ **1956** 69 ff; **aA** *Kindhäuser* NK Rdn. 117; *Binding* BT I S. 272; *Maiwald* Zueignungsbegriff S. 159 ff; differenzierend auch *Ebel* JZ **1983** 175, 182 ff; vgl. ferner für Fälle der früheren Amtsunterschlagung BGHSt **9** 348; **24** 115, 124 f; OLG Köln NJW **1968** 2348.

[62] *Gribbohm* NJW **1968** 240; ferner *Maiwald* Zueignungsbegriff S. 159 ff; *Otto* Vermögensschutz S. 265; **aA** *Roxin* FS H. Mayer, S. 467 ff; *Ebel* JZ **1983** 175, 184.

tümer an bestimmten Geldscheinen oder -münzen interessiert ist, z.B. wenn er sie zur Bedienung von Telefonzellen, Parkuhren oder Warenautomaten verwenden will (vgl. *Maiwald* Zueignungsbegriff S. 147). Die Wegnahme von Geld zur Durchsetzung einer Geldforderung oder die Vornahme einer unerlaubten Geldvermengung oder eines Geldwechsels sei allenfalls dann keine rechtswidrige Zueignung, wenn der Betroffene an den ihm konkret entzogenen Münzen oder Scheinen kein schutzwürdiges Interesse habe.

Demgegenüber hat *Roxin* (FS H. Mayer, S. 457, 479 ff) mit beachtlichen Gründen darauf hingewiesen, dass Geldschulden besonders zu behandeln seien:[63] Geschuldet werde kein Inbegriff von Geldzeichen, sondern eine Geldsumme; daran, bestimmte Geldzeichen zu behalten, bestehe unter dem Gesichtspunkt des Eigentumsschutzes keine Befugnis und kein Interesse. Gleiches gelte für das gegen den Willen des Eigentümers vorgenommene Auswechseln von Geldscheinen (*Roxin* aaO S. 469 ff) und die Geldvermengung bei zweifelsfreiem Willen zum Ersatz und der Fähigkeit dazu (*Roxin* aaO S. 477 ff). Diese Meinung vermeidet fragwürdige Umwege über einen Irrtum des Täters (vgl. BGH NJW **1990** 2832; StV **1991** 515; näher Rdn. 131). – Noch weitergehend argumentiert *Kindhäuser* NK Rdn. 117 f, dass Gattungsschulden nicht anders als Stückschulden zu behandeln seien. Die schuldrechtliche Auswahlbefugnis des Schuldners sei für den Schutzzweck der Eigentumsdelikte ohne Belang. Nehme der Gläubiger einer Gattungsschuld eigenmächtig Sachen mittlerer Art und Güte an sich, so könne er gegenüber dem Vindikationsanspruch des Gattungsschuldners (§ 985 BGB) sehr wohl die Arglisteinrede erheben (mit Verweis auf RG LZ **1918** 258, 259). Gegen eine unterschiedliche Behandlung von Stück- und Gattungsschuld spreche auch, dass diese mit Konkretisierung zur Stückschuld wird (§ 243 Abs. 2 BGB) und der Zeitpunkt hierfür häufig mehr oder weniger zufällig sei. – Das überzeugt. Eigentumsrechtlich ist das Auswahlrecht des Gattungsschuldners nur von Belang, wenn der Gläubiger Sachen wegnimmt, die von besserer als mittlerer Art und Güte sind. Allerdings meint *Mitsch* BT 2/1 § 1 Rdn. 156 f, dass der Schuldner mangels Konkretisierung Gefahr laufe, bei zufälligem Untergang der weggenommenen Sache doppelt leisten zu müssen; jedoch dürfte dem wiederholten Leistungsverlangen dann die Arglisteinrede entgegenstehen, so dass allenfalls der Ausnahmefall, dass der Schuldner diese Rechtslage verkennt und sich ein wiederholtes Leistungsverlangen vorbehält, zur Rechtswidrigkeit der Zueignung führen dürfte. **42**

Nicht hierher gehören Fälle, in denen die Rechtswidrigkeit der Zueignung erst aufgrund allgemeiner Rechtfertigungsgründe wie namentlich **Notwehr, Notstand, Einwilligung und mutmaßliche Einwilligung** entfällt; s. hierzu noch Rdn. 174 ff. Die Auffassung, dass die Einwilligung des Eigentümers in die Zueignung nicht erst ein Rechtfertigungsgrund sei,[64] sondern bereits den Tatbestand ausschließe,[65] wird damit begründet, sie beinhalte ein Angebot zu einer Übereignung i.S.v. § 929 BGB, mit dessen Annahme durch Wegnahme die Sache in das Eigentum des Täters übergehe. Daraus ergibt sich aber noch kein Eigentumserwerbsanspruch, und die Einwilligung kann auf so verschiedenen Motiven beruhen, dass es nicht statthaft ist, sie schlechterdings als Äußerung eines dinglichen **43**

[63] Ebenso schon früher *Nagler* LK[6/7] § 259 II 2; ferner *Schmidhäuser* I 8/117; *Schmidhäuser* FS Bruns, S. 345, 360; *Sch/Schröder/Eser* Rdn. 59; *Hoyer* SK[6] Rdn. 103; *Heubel* JuS **1984** 445, 450; s. weiterhin aus der Rechtsprechung BGH GA **1962** 144 NJW **1990** 2832; wistra **1990** 350; OLG Hamm GA **1969** 219; OLG Celle NJW **1974** 1833; vgl. auch *Tiedemann* JuS **1970** 108, 111; *Sch/Schröder/Eser* Rdn. 6; **aA** *Maurach/Schroeder/Maiwald* I § 33 Rdn. 53.

[64] So zutr. RMG 12 182, 188; OLG Düsseldorf NStZ **1992** 237; *Sch/Schröder/Eser* Rdn. 59.

[65] BGH 5 StR 134/54 vom 18.5.1954; *Hirsch* JZ **1963** 149, 155; *Hölzenbein* S. 9.

Einigungswillens i.S.d. § 929 BGB zu betrachten. Erst recht versagen solche Konstruktionen bei der mutmaßlichen Einwilligung oder beim rechtfertigenden Notstand, die zwar eine Zueignung rechtfertigen können, aber keinen Anspruch begründen, das (Voll-) Recht des Eigentums zu erwerben.

44 5. **Sachen ohne wirtschaftlichen Wert oder Interesse für den Eigentümer.** S. hierzu bereits Vorbem. §§ 242–248c Rdn. 33 ff, 53 ff. In aller Regel wird eine gestohlene Sache einen wirtschaftlichen Wert darstellen, und dem Dieb wird es darauf ankommen, sich um diesen Wert zu bereichern. In den Ausnahmefällen, in denen dies nicht der Fall ist, steht die h.A. auf dem Standpunkt, dass die Frage, ob eine fremde bewegliche Sache vorliege, **unabhängig von ihrem wirtschaftlichen Wert oder Interesse für den Eigentümer** zu bestimmen sei.[66] Insbesondere könnten wirtschaftlich wertlose Sachen taugliche Diebstahlsobjekte sein, insbesondere – aber nicht nur – wenn sie für den Eigentümer einen wirtschaftlich nicht greifbaren Liebhaberwert hätten wie z.B. Familienfotos oder Privatbriefe (BGH MDR **1960** 689 Nr. 104; BGH VRS **62** 274; OLG Düsseldorf NJW **1989** 115, 116). Das Eigentum werde als formale Rechtsposition geschützt, und dieser Schutz sei streng vom materiellen Vermögensschutz zu unterscheiden. Darauf, ob der Bestohlene wirtschaftlich ärmer geworden oder in auch nur immateriellen Interessen verletzt sei, komme es daher nicht an (BGH MDR **1960** 689). Unerheblich sei auch, ob die Sache für den Eigentümer ohnehin verloren gewesen wäre, beispielsweise wenn Benzin aus einem defekten Tankwagen versickert oder verdunstet wäre; auch dann könne das Auffangen des Benzins Diebstahl sein (RG GA Bd. **64** 117; DStZ 8 245; ebenso KG GA Bd. **69** 123). Schließlich ändere Wertkompensation wie z.B. beim eigenmächtigen „Kauf" oder eigenmächtigen Geldwechseln[67] nichts daran, dass die weggenommene Sache bzw. das weggenommene Geldzeichen taugliches Diebstahlsobjekt sei, desgleichen bei der eigenmächtigen Teilung von Miteigentum nach Bruchteilen oder Gesamthandseigentum.

45 Kriminalpolitisch, aber auch vor dem rechtsprinzipiellen Hintergrund des Rechtsgüterschutz-, Verhältnismäßigkeits- und ultima ratio-Prinzips ist die h.A. nur haltbar, wenn und soweit in derartigen Fällen **unverhältnismäßige Bestrafung** anders als durch teleologische Reduktion des Gesetzesbegriffs der fremden beweglichen Sache (hierzu Vorbem. §§ 242–248c Rdn. 55) vermieden werden kann. Das dürfte allerdings der Fall sein: Hat der Eigentümer weder ein materielles noch ein immaterielles Interesse an der weggenommenen Sache (z.B. an lästigem Abfall), sind die Fragen einer möglichen Dereliktion (Rdn. 33), eines möglichen Einverständnisses in die Wegnahme (Rdn. 106 ff) und einer möglichen Einwilligung oder mutmaßlichen Einwilligung in die Zueignung (Rdn. 175 f) sorgfältig zu prüfen (für teleologische Reduktion in diesem Fall aber *Sch/Schröder/Eser* Rdn. 7). – In den Fällen der Wertkompensation und der eigenmächtigen Teilung von Bruchteilsmiteigentum oder Gesamthandseigentum sind die Fragen der Rechtswidrigkeit der Zueignung (Rdn. 39) und der Zueignungsabsicht, insbesondere des Vorsatzes einer rechtswidrigen Zueignung (Rdn. 130 f), sorgfältig zu prüfen und ggf. zu verneinen. – Der Diebstahl von Sachen mit bloßem Liebhaberwert ist zum einen Antragsdelikt (§ 248a

---

66 RGSt **44** 207 f, 210; 51 97, 98; BGH VRS **62** 274; JR **1978** 171; OLG Düsseldorf NJW **1989** 115, 116; *Fischer* Rdn. 3a; *Hoyer* SK[6] Rdn. 7; *Kindhäuser* NK Rdn. 11; *Lackner/Kühl* Rdn. 2; *Schmitz* MK Rdn. 9; *Haft/Hilgendorf* BT I S. 2; *Mitsch* BT 2/1 § 1 Rdn. 33; *Wessels/Hillenkamp* Rdn. 63; krit. *Sch/Schröder/Eser* Rdn. 6 f; *Baumann* NJW **1964** 705, 706 f.

67 Vgl. OLG Celle NJW **1974** 1833; *Kindhäuser* NK Rdn. 11; *Sch/Schröder/Eser* Rdn. 6; *Ebel* JZ **1983** 175 ff; *Roxin* FS H. Mayer, S. 467 ff; *Schmidhäuser* FS Bruns, S. 345, 359.

StGB, s. dort) und zum anderen für eine Verfahrenseinstellung nach §§ 153, 153a StPO prädestiniert, da es kaum begründbar ist, warum Affektionsinteressen im Wege des formalen Eigentumsschutzes zu strafrechtlichen Rechtsgütern hochgestuft werden sollen, deren Schutz im *öffentlichen* Interesse liegt, zumal der Zivilrechtsweg unberührt bleibt.

6. **Zeitpunkt.** Bewirkt erst die Wegnahme, insbesondere in Gestalt einer Abtrennung, dass eine Sache entsteht (Rdn. 12 f) oder eine Sache beweglich wird (Rdn. 15) oder eine herrenlose Sache fremd wird (*Mitsch* BT 2/1 § 1 Rdn. 31: Ausgraben und Einstecken eines Schatzfundes, vgl. § 984 BGB), so steht das nach allg. M. der Möglichkeit eines Diebstahls an der Sache nicht entgegen.[68] Mit anderen Worten reicht es aus, dass durch die Tathandlung ein taugliches Diebstahlsobjekt entsteht und zum Zeitpunkt der **Vollendung** der Wegnahme vorliegt. – Umstritten ist die umgekehrte Konstellation, dass eine fremde bewegliche Sache im Zuge der Wegnahme die Eigenschaft verliert, taugliches Tatobjekt zu sein, insbesondere ins (Allein-)Eigentum des Täters übergeht wie möglicherweise beim Selbstbedienungstanken (Rdn. 27, s. auch noch Rdn. 118), Geldautomatenmissbrauch (s. noch Rdn. 117) oder sofortigen Verzehr fremder Lebensmittel. Teils wird vertreten, in solchen Fällen komme eine Diebstahlsstrafbarkeit nicht in Betracht (*Mitsch* aaO Rdn. 28). Richtigerweise ist es mit *Hoyer* SK[6] Rdn. 17 ff (zust. auch *Schmitz* MK Rdn. 35 f) als hinreichend anzusehen, dass die Sache zum Zeitpunkt des **Versuchsbeginns** i.S.v. § 22 StGB) für den Täter taugliches Tatobjekt, insbesondere für ihn fremd war. Denn wenn eine Straftat gegen das Eigentum vorliegen kann, obwohl der Eigentümer sein formelles Eigentum behält (vgl. § 935 BGB), dann muss sie erst recht vorliegen können, wenn er es verliert (so das schlagende Argument von *Hoyer* aaO Rdn. 19). **46**

Wird der jeweils Beteiligte erst nach der Wegnahme Alleineigentümer, so bleibt es dabei, dass die Sache für ihn zum Tatzeitpunkt fremd war. Beruht die Fremdheit zum Tatzeitpunkt darauf, dass der Täter das Eigentum zuvor anfechtbar, aber dinglich wirksam verloren hatte, so führt die Anfechtung zwar zivilrechtlich gesehen dazu, dass das Eigentum mit Wirkung *ex tunc* an ihn zurückfällt (vgl. § 142 Abs. 1 BGB); strafrechtlich gesehen sind solche **Rückwirkungen** aber im Ausgangspunkt unbeachtlich (vgl. *Weber* GS Schlüchter, S. 243, 244). Dies wird – und zwar auch für den Fall, dass der frühere Eigentümer die Anfechtung (noch) nicht erklärt hat – zunehmend für fragwürdig erachtet. Eine vordringende Auffassung hält in diesen Fällen dafür, die beabsichtigte Zueignung sei nicht rechtswidrig (s. hierzu Rdn. 37). Das überzeugt mehr als die Auffassung von *Weber* aaO S. 246, der *praeter legem* einen objektiven Strafaufhebungsgrund – und zwar erst nach tatsächlich erklärter (und wirksamer) Anfechtung – annehmen will.[69] **47**

## III. Tathandlung: Wegnahme

1. **Allgemeines.** Das Gesetz umschreibt die Tathandlung des Diebstahls als **Wegnahme.** Mit dieser „realistisch einfach"en Rede (*H. Mayer* JZ **1962** 617), die sich bereits in § 215 preuß. StGB 1851 findet, löste sich der Gesetzgeber begrifflich einerseits vom **48**

---

68 RGSt **21** 30; **23** 71; **35** 67; OLG Stuttgart NStZ-RR **2002** 47; LG Karlsruhe NStZ **1993** 543; *Fischer* Rdn. 4; *Hoyer* SK[6] Rdn. 18 f; *Lackner/Kühl* Rdn. 3; *Sch/Schröder/Eser* Rdn. 11; *Schmitz* MK Rdn. 35 f; Arzt/Weber/*Heinrich*/Hilgendorf BT § 13 Rdn. 32; *Küper* BT S. 262; *Mitsch* BT2/1 § 1 Rdn. 31; *ders.* ZStW **111** (1999) 65, 91; *Samson* JA **1990** 5 f; *Streng* JuS **2002** 454.

69 Diesem zust. *Fischer* Rdn. 5; s. weiterhin *Brennenstuhl* S. 67 ff; aA *H.-D. Weber* S. 140, 142.

gemeinen Recht – wo umstritten war, ob die Diebstahlshandlung im Berühren (*contrectatio*), Ergreifen (*apprehensio*), Fortschaffen (*ablatio*) oder Bergen (*illatio*) des Tatobjekts bestand – und andererseits von der Strafgesetzgebung des späten 18. und frühen 19. Jahrhunderts – wo die Diebstahlshandlung als Entziehen des Besitzes (§ 156 Josephinisches StGB 1787), Entwenden aus fremdem Besitz ohne Einwilligung (Zwanzigster Titel § 1108 preuß. ALR 1794) oder eigenmächtiges Inbesitznehmen (Art. 209 bayer. StGB 1813) umschrieben wurde –.[70] Ob sich der Gesetzgeber damit in der Sache der sog. Apprehensionstheorie anschließen wollte, wonach eine Sache weggenommen ist, wenn sie der Täter (fest) ergriffen hat (vgl. hierzu Mat. z. PrStGB bei *Goltdammer* Teil 2 462), ist umstritten.[71] Jedenfalls hat das heutige Recht die historische Tradition aufgenommen, dass Kern der Diebstahlshandlung der ohne Einverständnis des Besitzers oder Gewahrsamsinhabers bewirkte Besitz- oder Gewahrsamsverlust ist; deshalb können besitz- oder gewahrsamslose Sachen ebenso wenig gestohlen werden wie Sachen, deren Besitz oder Gewahrsam einverständlich auf den Täter übergangen ist. Weiterhin hat das heutige Recht nichts daran geändert, dass der Zeitpunkt der Vollendung so angesetzt werden muss, dass das *furtum manifestum* – der Diebstahl, bei dem der Dieb auf frischer Tat betroffen wird – regelmäßig als vollendeter Diebstahl erfasst werden kann (**aA** *H. Mayer* aaO Fn. 4 auf S. 617, wonach handhafter Diebstahl „regelmäßig gar nicht vollendet" gewesen sein könne); deshalb kann nicht erst das Fortschaffen oder gar Bergen des Diebesguts den Zeitpunkt der Vollendung markieren.

**49** So erklärt sich die „allgemeine und traditionelle Auslegung" (*H. Mayer* JZ **1962** 617, 618) des Begriffs der Wegnahme als **Bruch fremden und Begründung neuen Gewahrsams** (RGSt **60** 271) an der gestohlenen Sache. Diese Auslegung steht von Anfang an nahezu formelhaft fest[72] und ist bis heute anerkannt. Vorschläge für anderweitige Formeln – Versetzung des früheren Gewahrsamsinhabers in eine „Rechtfertigungsdefensive" (*Kargl* JuS **1996** 971, 976); „Herstellung einer neuen exklusiven Sachzuordnung mit günstiger Sozialprognose im Wege eines signifikant abweichenden Verhaltens" (*Ling* ZStW **110** [1998] 919, 943) – haben sich nicht durchgesetzt. Wenn insbesondere *H. Mayer* aaO meint, die traditionelle Formel dürfe der Auslegung nicht zugrunde gelegt werden, so richtet sich seine Kritik bei Licht besehen nur gegen die Annahme, Diebe könnten im gleichen Sinne Gewahrsam wie Berechtigte haben; im Übrigen läuft die von ihm angebotene Alternativformel (aaO S. 619) – der Dieb müsse ein solches Maß tatsächlicher Sachherrschaft erlangt haben, dass er den Berechtigten aus dem Gewahrsam verdränge – im Großen und Ganzen auf die traditionelle Formel hinaus. Nach ihr setzt die Wegnahme eine Handlung voraus, durch die anfänglich bestehender Gewahrsam eines anderen als des Täters (Rdn. 52 ff) aufgehoben und neuer Gewahrsam nicht notwendigerweise des Täters begründet wird (Rdn. 82 ff), ohne dass der ursprüngliche Gewahrsamsinhaber hiermit einverstanden ist (Rdn. 106 ff). Ob die Wegnahme **offen oder heimlich** ins Werk gesetzt wird, ist nach dem eindeutigen Wortlaut des § 242 StGB und auch nach dessen Sinn und Zweck unerheblich (BGHSt **16** 271, 273; BGH bei Holtz MDR **1987** 94).

**50** **Systematisch** gesehen hat das Erfordernis der Wegnahme die Aufgabe, den Diebstahl von der Zueignung insbesondere durch bloßes Nehmen, also von der Unterschlagung

---

70 Näher zur historischen Genese des Wegnahmebegriffs *H. Mayer* JZ **1960** 617 f; s. auch *Welzel* GA **1960** 257, 259, 264 f.

71 Bejahend *Welzel* GA **1960** 257, 259 f, zweifelnd *H. Mayer* JZ **1960** 617 f; vgl. auch *Maurach/Schroeder/Maiwald* I § 33 Rdn. 26.

72 S. *Berner* Lehrbuch des deutschen Strafrechts[7] (1874) S. 529; *v. Liszt* Lehrbuch des deutschen Strafrechts[3] (1888) S. 409; *Olshausen* Kommentar zum Strafgesetzbuch für das Deutsche Reich[2] (1886) § 242 Anm. 21.

(§ 246 StGB), und von dem betrügerischen oder erpresserischen Sichgebenlassen, also von Betrug (§ 263 StGB) und Erpressung (§ 253 StGB), abzugrenzen. Im Übrigen ist der Begriff der Wegnahme bei Diebstahl, Raub und den jeweiligen Qualifikationen **einheitlich** auszulegen. Ob es darüber hinaus einen für das gesamte StGB einheitlichen Wegnahmebegriff – auch mit Geltung für die Störung der Totenruhe durch Wegnahme von Körpern usw. (§ 168 Abs. 1 StGB), die Urkundenunterdrückung durch Wegnahme von Grenzsteinen (§ 274 Abs. 1 Nr. 2 StGB) oder bei Pfandkehr (§ 289 StGB) – gibt, ist hingegen umstritten; s. bei den jeweiligen Kommentierungen.

Begrifflich ist die Wegnahme streng von der **Zueignung** zu unterscheiden, die nach dem Gesetzeswortlaut nicht Tathandlung des Diebstahls ist und nur beabsichtigt, nicht aber eingetreten sein muss. Zum Streit, ob nicht jede Wegnahme in Zueignungsabsicht in der Sache bereits eine Zueignung ist, Vorbem. §§ 242–248c Rdn. 66 f. **51**

2. **Fremder Gewahrsam.** Weggenommen werden können nur Sachen, die zum Tatzeitpunkt zumindest auch im **Gewahrsam eines anderen** – es braucht nicht der Eigentümer zu sein (RGSt **4** 346) – **als des Täters** stehen. Mit anderen Worten ist eine Wegnahme gewahrsamsloser Sachen (Rdn. 61 ff) und solcher, die sich bereits im Gewahrsam des Täters befinden (Rdn. 72 ff), ausgeschlossen. **52**

a) **Gewahrsamsbegriff.** Im Mittelpunkt der Wegnahmedogmatik steht der Gewahrsamsbegriff, der sich positiv-rechtlich u.a. in § 168 Abs. 1 StGB findet, dort nach h.A. aber anders als bei § 242 StGB verstanden wird (**aA** neuerdings *Bock* ZStW **121** [2009] 548). An sich muss der Begriff **positiv** gefasst werden. Allerdings ist zu bemerken, dass die h.A. dazu neigt, die positiven Gewahrsamsvoraussetzungen „zu verdünnen", z.B. wenn potentielle Sachherrschaft (s. Rdn. 62, 64) oder genereller oder potentieller Sachherrschaftswille (s. Rdn. 67) genügen sollen. Deshalb ist es methodisch erwägenswert, die Grenzen des Gewahrsams in erster Linie **negativ** und vor dem Hintergrund der Abgrenzung von Diebstahl und Unterschlagung zu bestimmen und zu fragen, unter welchen Voraussetzungen Sachen als gewahrsamslos angesehen werden können oder der Täter (alleinigen über übergeordneten Mit-)Gewahrsam hat. **53**

In der Literatur wird zwischen einem **„faktischen"**, einem **„faktisch-sozialen"** und einem **„normativ-sozialen"** Gewahrsamsbegriff unterschieden (zusf. *Schmitz* MK Rdn. 62 ff). Damit werden unterschiedliche Gewahrsamskomponenten herausgearbeitet: Faktische Komponente ist das *subjektiv vom Herrschaftswillen getragene objektive Herrschaftsverhältnis* über eine Sache. Soziale Komponente ist die Zuordnung des Gewahrsams nach sozialen Anschauungen, nach der Verkehrsauffassung oder nach der *„Anschauung"* oder *„natürlichen Auffassung des täglichen Lebens"*.[73] Normative Komponente sind die *sozial- oder* **54**

---

[73] RG GA **48** (1901) 311; BGHSt **16** 271; **20** 194, 195 f; **22** 180; **23** 254, 255; BGHR StGB § 242 Abs. 1 Gewahrsam 4; Wegnahme 6, 10; BGH GA **1979** 391; NJW **1981** 997; NStZ **1981** 435; NJW **1985** 1911; NStZ **1988** 271; NStZ **2008** 624; KG GA **1979** 427; BayObLG NJW **1995** 3000; NJW **1997** 3326; OLG Düsseldorf NJW **1988** 1335, 1336; OLG Karlsruhe NStZ-RR **2005** 140; OLG Köln NJW **1984** 810; *Duttge* HK-GS Rdn. 19; *Fischer* Rdn. 11; *Lackner/Kühl* Rdn. 9; *Sch/Schröder/Eser* Rdn. 23; Arzt/Weber/*Heinrich*/Hilgendorf BT § 13 Rdn. 39; *Gössel* ZStW **85** (1973) 591, 619; *Kargl* JuS **1996** 971, 974; *Küper* BT S. 445 f; *Maurach/Schroeder/Maiwald* I § 33 Rdn. 12 ff; *Mitsch* BT 2/1 § 1 Rdn. 47; *Otto* Jura **1989** 137, 140; *Wessels/Hillenkamp* Rdn. 71; **krit.** *Hoyer* SK[6] Rdn. 30 f; *Keller* ZStW **107** (1995) 457, 478; *Ling* ZStW **110** (1998) 919.

*auch rechtsnormativen Regeln*, mit denen die Herrschaft über Sachen zugewiesen wird. Ausgehend davon, dass der Begriff des Gewahrsams „durch und durch juristischer Natur" (*H. Mayer* JZ **1962** 617, 619) sei, befürwortet eine durchaus gewichtige Literaturauffassung den Vorrang der sozialen und normativen Komponenten, sei es, dass diese Komponenten zur faktischen Komponente hinzutreten,[74] sei es, dass sie an deren Stelle treten (so *Schmitz* MK Rdn. 55 ff): Faktische Verhältnisse könnten für sich genommen die im Gewahrsamsbegriff enthaltene Zuordnung einer Sache zu einer Person nicht tragen. Vielmehr beruhe die soziale Unauffälligkeit des Zugriffs (*Kindhäuser* NK Rdn. 28), welche den Gewahrsam kennzeichne, auf sozialen und normativen Regeln, die – positiv – Gewahrsamssphären und – negativ – Tabubrüche konstituierten. Dagegen bringt *Hoyer* SK[6] Rdn. 30 f vor, dass, solange die jeweiligen Sozialnormen nicht benannt seien, Willkür und Zirkelschlüsse drohten. Diese Kritik ist nicht von der Hand zu weisen. Die Lösung *Hoyers* (aaO Rdn. 32 ff), Gewahrsam als tatsächliche Eingliederung einer Sache in ein tatsächliches – nicht notwendigerweise rechtlich anerkanntes („Vorrang der Faktizität") – persönliches Nutzungsreservat aufzufassen, begegnet aber Bedenken namentlich in Fällen fehlender Nutzungsabsicht des Sachherren (hierzu *Schmitz* aaO Rdn. 56) und, wenn rechtliche und tatsächliche Nutzungszuweisungen miteinander konkurrieren oder kollidieren (hierzu *Schmitz* aaO Rdn. 57).

**55** Methodisch leidet der Streit um den „richtigen" Gewahrsamsbegriff darunter, dass die Teleologie des Wegnahmeerfordernisses und der Rechtsgüterstatus des Gewahrsams unklar sind (s. Vorbem. §§ 242–248c Rdn. 59 f). So, wie er geführt wird, dürfte der Streit „im Wesentlichen (...) eine Frage der Terminologie" sein, „ohne aber wesentl[ich] unterschiedl[iche] Ergebnisse benennen zu können" (*Sch/Schröder/Eser* Rdn. 24). In der Sache geht es in den Grenzfällen möglicherweise gewahrsamsloser oder möglicherweise bereits im Gewahrsam des Täters stehender Sachen um die Zuordnung der Tathandlung zum Diebstahl oder – nach der Wertung der lex lata „nur" – zur Unterschlagung. Für diese Zuordnung müssen alle Gewahrsamskomponenten berücksichtigt werden, und abstrakt-generelle Vorrangbeziehungen lassen sich nicht angeben, sondern es muss die Lösung unter Berücksichtigung aller Umstände des Einzelfalles gefunden werden. Immerhin lassen sich die folgenden weithin anerkannten **Leitlinien** angeben:

**56** Gewahrsam ist nach h.A. ein **strafrechtsautonom** zu bestimmendes Verhältnis zwischen einer Person und einer Sache, und auf die bürgerlich-rechtliche Rechtslage kommt es im Ausgangspunkt nicht an. Allerdings sind Unterschiede zum **bürgerlich-rechtlichen unmittelbaren Besitz** nach § 854 Abs. 1 BGB, der auch dort ein „tatsächliches Verhältnis und kein subjektives Recht" (*Palandt/Bassenge*[68] Überblick vor § 854 Rdn. 1) ist, bei Licht besehen nicht gegeben (s. noch Rdn. 60).

**57** Nach h.A. können nur **Menschen**, nicht aber juristische Personen oder sonst teilrechtsfähige Personengemeinschaften wie z.B. Personenhandelsgesellschaften oder Außengesellschaften bürgerlichen Rechts oder Behörden Gewahrsam an Sachen haben (aA *Hoyer* SK[6] Rdn. 39).[75] Einer juristischen Person (usw.) fehlt der erforderliche natürliche

[74] In diesem Sinne *Fischer* Rdn. 11; *Lackner/Kühl* Rdn. 9; *Samson* SK[3] Rdn. 20 ff; *Sch/Schröder/Eser* Rdn. 25; *Arzt/Weber/Heinrich*/Hilgendorf BT § 13 Rdn. 39; *Bittner* JuS **1974** 156 ff; *Eisele* BT II Rdn. 26; *Gössel* ZStW **85** (1973) 591, 619, 636 ff; *Küper* BT S. 445 f; *H. Mayer* JZ **1962** 617; *Mitsch* BT 2/1 § 1 Rdn. 47; *Welzel* § 48 I 2a und GA **1960** 257, 264; vgl. ferner *Seelmann* JuS **1985** 199, 202.

[75] RGSt **60** 271; *Duttge* HK-GS Rdn. 20; *Fischer* Rdn. 13; *Lackner/Kühl* Rdn. 10; *Sch/Schröder/Eser* Rdn. 29; Arzt/Weber/*Heinrich*/Hilgendorf BT § 13 Rdn. 51; *Mitsch* BT 2/1 § 1 Rdn. 51; *Otto* JZ **1993** 559, 560; *Otto* BT § 40 Rdn. 25; *Rengier*

Herrschaftswille, und die tatsächliche Natur des Gewahrsams schließt seine Übertragung auf juristische Personen (usw.) aus. Hiernach können Sachen, die im Eigentum einer juristischen Person (usw.) stehen, nur im Gewahrsam der für sie handelnden Menschen, namentlich von Organmitgliedern oder Behördenvorständen, stehen. Konsequenz hiervon ist, dass die Entwendung von einer juristischen Person (usw.) gehörenden Sachen durch diese Personen oder im Einverständnis mit ihnen auch dann kein Diebstahl sind, wenn das Einverständnis rechtswidrig ist und es die juristische Person (usw.) bürgerlichrechtlich beurteilt nicht gegen sich gelten lassen müsste; es kommen aber (veruntreuende) Unterschlagung oder Untreue in Betracht.

Gewahrsamsinhaber kann auch sein, wer nicht geschäfts- oder deliktsfähig i.S.d. bürgerlichen Rechts ist. Hinreichend, aber auch erforderlich ist es, dass der Gewahrsamsinhaber tatsächlich den Gewahrsam ausüben kann und in diesem Sinne **„gewahrsamsfähig"** ist. Deshalb können auch *Kinder* und *Geisteskranke* (RGSt 2 332) bestohlen werden, sofern bei ihnen die allgemeinen Gewahrsamsvoraussetzungen (insbesondere ein eigener natürlicher Herrschaftswille mit eigener Gedankenarbeit und selbständiger Willensbildung) gegeben sind. Zum Gewahrsam Toter, Schlafender, Bewusstloser, sinnlos Betrunkener und Hypnotisierter s. Rdn. 69. Fehlt es an der Gewahrsamsfähigkeit wie z.B. bei Kleinstkindern oder irreversibel Dementen, kann der gesetzliche Vertreter oder Betreuer Gewahrsam haben, wenn die Voraussetzungen dafür in seiner Person vorliegen. **58**

Gewahrsam setzt – übereinstimmend mit dem bürgerlichen Recht, das auch unberechtigten oder fehlerhaften Besitz kennt – **keine Berechtigung** des Gewahrsamsinhabers voraus. Es kommt nicht darauf an, dass der Gewahrsamsinhaber über die Sache verfügen darf, sondern nur darauf, dass er es kann und der Ausübung seiner Sachherrschaft keine Hindernisse entgegenstehen (BGH wistra **1994** 95, 99). Das folgt bereits rechtslogisch daraus, dass es andernfalls keine vollendete Wegnahme geben könnte, weil hierfür die Begründung neuen Gewahrsams regelmäßig des Diebes erforderlich ist, der aber kein Recht hierzu hat (*Mitsch* BT 2/1 § 1 Rdn. 49). Daher ist auch der unrechtmäßige Gewahrsam des Diebes, des Hehlers oder des Schmugglers Gewahrsam i.S.d. Wegnahmedogmatik.[76] Auch Diebe, Hehler oder Schmuggler können bestohlen werden, es sei denn, der Täter sei Eigentümer oder handle mit dessen Willen oder zu dessen Gunsten.[77] Allerdings meint *Kindhäuser* NK Rdn. 33, es sei wertungsmäßig lediglich Zueignungsunrecht, einem nicht berechtigten Gewahrsamsinhaber eine Sache zu stehlen, wie sich u.a. daraus ergebe, dass nicht berechtigter Besitz kein notwehrfähiges Gut sei; deshalb sei bei Diebstahl aus dem Gewahrsam des Nichtberechtigten nur aus dem Strafrahmen der Unter- **59**

---

BT 1 § 2 Rdn. 22; *Wessels/Hillenkamp* Rdn. 76.

[76] BGH LM Nr. 10 zu § 242; RGSt **60** 273, 278; **70** 7, 9; DRiZ **1924** Nr. 393; DR **1940** 105 Nr. 4; BGH NJW **1953** 1358; *Lackner/Kühl* Rdn. 12; *Sch/Schröder/Eser* Rdn. 25; *Gössel* ZStW **85** (1973) 591, 635; *Kargl* JuS **1996** 971, 973; 629; *Kindhäuser* BT II § 2 Rdn. 30; *Maurach/ Schroeder/Maiwald* I § 33 Rdn. 14; *Mitsch* BT 2/1 § 1 Rdn. 49; *Wessels/Hillenkamp* Rdn. 73; **aA** *Roth* Eigentumsschutz nach der Realisierung von Zueignungsunrecht (1986) S. 115 und *Hirschberg* Der Vermögensbegriff im Strafrecht (1934) S. 329; s. weiterhin zum strafrechtlichen Rechtsschutz unter Verbrechern BGHSt 8 254 und *Bruns* NJW **1954** 857.

[77] Allerdings kann der Mittäter eines Diebstahls, der die versteckte und noch nicht geteilte Diebesbeute entgegen der Teilungsabrede insgesamt an sich nimmt, nur wegen des anfänglichen mittäterschaftlichen Diebstahls der gesamten Diebesbeute und nicht auch noch wegen eines weiteren Diebstahls des Teils der Diebesbeute, die auf den anderen Mittäter entfallen sollte, bestraft werden (RGSt **11** 338; das Urteil betrifft modern gesprochen die Frage der wiederholten Zueignung[sabsicht]).

schlagung zu bestrafen. Abgesehen davon, dass auch der nicht berechtigte Besitzer Selbsthilfe nach § 859 Abs. 1 BGB üben darf, ist der unberechtigte Besitz aber durchaus notwehrfähig (eingehend *Rönnau/Hohn* LK § 32 Rdn. 87, dort Nachw.); auch führt die von *Kindhäuser* vorgeschlagene „Rechtsfolgenlösung" in Fällen, in denen Diebstahlsqualifikation oder gar Raub oder dessen Qualifikationen erfüllt sind, zu schwer einsehbaren Ergebnissen (Verurteilung wegen Bandenraubs mit Waffen zum Nachteil eines Diebs nur aus dem Unterschlagungs- und Nötigungsstrafrahmen?).

60 Im Übrigen ist Gewahrsam zwar **gleichbedeutend mit unmittelbarem Besitz i.S.v. § 854 Abs. 1 BGB** (zutr. *Kindhäuser* NK Rdn. 30), **nicht jedoch überhaupt mit dem Besitz i.S.d. bürgerlichen Rechts.**[78] Insbesondere haben bürgerlich-rechtliche Fiktionen und Sonderformen des Besitzes nicht ohne Weiteres strafrechtliche Relevanz. So ist der Besitzdiener (§ 855 BGB) nach bürgerlichem Recht kein Besitzer; dagegen wird er nach strafrechtlichen Grundsätzen meist untergeordneter Mitinhaber des Gewahrsams sein,[79] und in besonders gelagerten Fällen kommt sogar ein Alleingewahrsam des Besitzdieners in Betracht.[80] Keine strafrechtliche Geltung hat die Besitzfiktion zugunsten des Erben (§ 857 BGB); er erwirbt Gewahrsam erst, wenn er tatsächliche Sachherrschaft begründet (RGSt **58** 228, 229). Auch die Aushändigung von Traditionspapieren (z.B. §§ 424, 450, 648 f HGB) schafft für sich allein noch keinen Gewahrsam an den tradierten Sachen (RG GA Bd. **61** 126). Strafrechtlich nicht maßgeblich ist auch die bürgerlich-rechtliche Regelung des mittelbaren Besitzes (§ 868 BGB); der bloß mittelbare Besitzer hat in der Regel keinen Gewahrsam (RGSt **56** 115 m.w.N.) und kann ihn nur aufgrund besonderer Lage behalten bzw. begründen (RG HRR **1926** 527).

61 b) **Gewahrsamslose Sachen.** Gewahrsamslose Sachen können nicht gestohlen (und auch nicht geraubt), sondern nur unterschlagen werden. Es handelt sich um Sachen, bei denen es unter Berücksichtigung der sozialen und normativen Gewahrsamskomponenten (s. hierzu Rdn. 54) an der faktischen Gewahrsamskomponente fehlt, weil kein gewahrsamsfähiger (Rdn. 58) Mensch (Rdn. 57) subjektiv vom Herrschaftswillen getragene (Rdn. 67 ff) objektive Herrschaft (sogleich Rdn. 62 ff) über sie hat. Um dem Diebstahl einen weiten Anwendungsbereich zu geben, geht die h.A. davon aus, dass die Gewahrsamslosigkeit von Sachen, an denen Eigentum besteht, eine *seltene Ausnahme* ist.

62 Deshalb werden zunächst die Anforderungen an ein gewahrsamsbegründendes **tatsächliches Herrschaftsverhältnis** „verdünnt" (s. bereits Rdn. 53). Es besteht, wenn irgendein Mensch die tatsächliche Macht hat, mit der Sache nach freiem Belieben zu verfahren („tatsächliche Verfügungsmacht", *Ruß* LK[11] Rdn. 18). Das ist der Fall, wenn der Verwirklichung des Herrschaftswillens des Menschen keine tatsächlichen Hindernisse entgegenstehen, gleich, ob er hierzu berechtigt ist oder nicht. Die somit grundsätzlich erfor-

---

[78] RGSt **43** 10, 13; **50** 184; **52** 143, 145; *Duttge* HK-GS Rdn. 19; *Fischer* Rdn. 11; *Sch/Schröder/Eser* Rdn. 31; *Schmitz* MK Rdn. 42; *Hoyer* SK[6] Rdn. 20; *Maurach/Schroeder/Maiwald* I § 33 Rdn. 12; *Rengier* BT 1 § 2 Rdn. 12; *Welzel* GA **1960** 257, 264; *Wessels/Hillenkamp* Rdn. 81.

[79] BGHSt **16** 271, 274; **10** 400; RGSt **52** 143, 145; **56** 115, 117; RG GA Bd. **68** 276; *Welzel* § 48 I 2a; *Duttge* HK-GS Rdn. 19; *Fischer* Rdn. 14; *Sch/Schröder/Eser* Rdn. 31; *Heubel* JuS **1984** 445, 447; *Mitsch* BT 2/1 § 1 Rdn. 41; *Rengier* BT 1 § 2 Rdn. 12; **aA** *H. Mayer* JZ **1962** 617, 619.

[80] RGSt **52** 143, 145; RG JW **1922** 585; OLG Hamburg MDR **1947** 35; NStZ-RR **2001** 268 ff; *Fischer* Rdn. 14; *Schmitz* MK Rdn. 70; *Heubel* JuS **1984** 445, 447; *Mitsch* BT 2/1 § 1 Rdn. 41; *Rengier* BT 1 § 2 Rdn. 12, 18; *Wessels/Hillenkamp* Rdn. 82, 89.

derliche „tatsächliche Gewalt“ (§ 854 Abs. 1 BGB) über die Sache ist aber weit zu verstehen, und an dieser Stelle spielen die soziale und normative Gewahrsamskomponente – wem die Sachgewalt nach der Verkehrsauffassung und den Anschauungen des täglichen Lebens zugeordnet ist – eine erhebliche Rolle.

In der Theorie ist die rechtliche Verfügungsmacht des Eigentümers oder Besitzberechtigten streng von der tatsächlichen Verfügungsmacht des Gewahrsamsinhabers zu unterscheiden (s. nur *Mitsch* BT 2/1 § 1 Rdn. 40). In der Praxis kann davon ausgegangen werden, dass ein **Eigentümer oder berechtigter Besitzer** Gewahrsam an seinen oder den rechtmäßig besessenen Sachen hat, sofern er ihn nicht übertragen oder sonst verloren hat (vgl. § 856 Abs. 1 BGB). So hat der Eigentümer bzw. Pächter eines von ihm bewirtschafteten *landwirtschaftlichen oder forstlichen Grundstücks* auch dann Gewahrsam an Grund und Boden sowie allen Feldfrüchten und Waldeserzeugnissen, auch wenn er nur gelegentlich auf dem Feld oder im Wald ist und diese jedermann frei zugänglich sind – andernfalls der *Feld- und Forstdiebstahl* entgegen aller Tradition nur Unterschlagung wäre. Der Waldeigentümer hat an dem im Walde lagernden Holz mindestens Mitgewahrsam, den ein Revierförster brechen kann (BGH bei Dallinger MDR **1954** 398). **63**

Das Bestehen eines tatsächlichen Herrschaftsverhältnisses ist **unabhängig von der Entfernung zwischen dem Gewahrsamsinhaber und der Sache.**[81] Zwar setzt die Begründung von Gewahrsam an einer Sache regelmäßig körperliche Nähe zu ihr voraus (RGSt **12** 353; *Mitsch* BT 2/1 § 1 Rdn. 44), was freilich nicht zu dem Fehlschluss verleiten darf, dass enge körperliche Nähe mit Gewahrsamsbegründung gleichzusetzen sei (vgl. *Mitsch* aaO: kein Gewahrsam des Restaurantgasts an dem Stuhl, auf dem er sitzt). Einmal begründeter Gewahrsam besteht jedoch fort, wenn nur überhaupt die Einwirkungsmöglichkeit auf die Sache fortbesteht, mag sich auch der Gewahrsamsinhaber ggf. sehr weit entfernen (z.B. Urlaubs-, Geschäfts- oder gar Mondreise, *Hoyer* SK[6] Rdn. 34), es sei denn, die Trennung sei auf Dauer angelegt (vgl. § 856 Abs. 2 BGB; RGSt **60** 271; BGH GA **1969** 25). Derartige Entfernung führt nur zu einer **Gewahrsamslockerung,** und in diesem Sinne kann man sagen, dass „potentielle Sachherrschaft“ für Gewahrsam genügt. So behält der Bauer den Gewahrsam an seinen Geräten, selbst wenn er sie auf dem Felde stehen lässt (BGHSt **6** 271). Der Halter bleibt Inhaber des Gewahrsams an seinem Kraftwagen, auch wenn er ihn auf der Straße geparkt hat; daran ändert sich selbst dann nichts, wenn er den Wagen vorübergehend ausgeliehen und der Entleiher ihn zurückgebracht hat (BGH GA **1962** 77) oder wenn er den Fahrzeugschlüssel verloren hat (BGH VRS **62** 274). Entfernt sich der Kraftfahrer von seinem verunglückten Fahrzeug, um Hilfe zu holen, berührt das seinen Gewahrsam nicht (OLG Köln VRS **14** 299). Haustiere, die in der Nähe des Anwesens weiden, bleiben im Gewahrsam des Berechtigten; dasselbe gilt für in der Nachbarschaft frei herumlaufende Hunde und Katzen (BGH 1 StR 165/63 vom 14.5.1963; RGSt **50** 183; **aA** *Goetzeler* ZStW **63** [1951] 103 f). Hat allerdings ein Haustier die Gewohnheit abgelegt, in die alte Umgebung zurückzukehren, oder hält es sich längere Zeit davon entfernt, so wird es gewahrsamslos (*Maurach/Schroeder/Maiwald* I § 33 Rdn. 21; **aA** RGSt 50 183, 185). **64**

In **generell beherrschten Räumen** besteht an allen Sachen, die sich in ihnen befinden, Gewahrsam des Rauminhabers; diese Räume sind sog. „Gewahrsamssphären“.[82] Auf **65**

---

[81] BGHSt **16** 271, 273; RGSt **50** 183, 185; *Hoyer* SK[6] Rdn. 34; *Lackner/Kühl* Rdn. 9; *Schmitz* MK Rdn. 44; *Sch/Schröder/Eser* Rdn. 26; *Arzt/Weber/Heinrich/*Hilgendorf BT § 13 Rdn. 40 ff; *Eisele* BT II Rdn. 26; *Maurach/Schroeder/Maiwald* I § 33 Rdn. 16; *Mitsch* BT 2/1 § 1 Rdn. 44, 46; *Rengier* BT 1 § 2 Rdn. 13.

[82] BGHSt **10** 400; **16** 271, 273; *Duttge* HK-GS Rdn. 22; *Lackner/Kühl* Rdn. 11; *Schmitz* MK

einem *befriedeten*, insbesondere umfriedeten oder umzäunten, *Grundstück* hat der Eigentümer, Pächter oder Mieter in der Regel Gewahrsam an allen dort befindlichen Sachen (auch Vieh, Material usw.), selbst wenn er nur hin und wieder das Grundstück aufsucht. Der *Wohnungsinhaber* hat Gewahrsam nicht nur an den in den Wohnräumen befindlichen Sachen, sondern auch an denen auf dem Trockenboden oder im Keller, und zwar auch dann, wenn er längere Zeit verreist (BGHSt **10** 401; **16** 271). Der *Inhaber eines (z.B. Selbstbedienungs-)Ladens, eines Unternehmens oder sonstiger Geschäftsräume* hat Gewahrsam nicht nur an den Sachen, die sich in den Laden(usw.)räumen befinden, sondern auch an solchen, die unmittelbar vor dem Laden (usw.) liegen, von denen aber jeder weiß, dass sie zur Lagerung darin bestimmt sind (BGH GA **1962** 77). Das gleiche gilt für angelieferte Waren, die vor dem noch geschlossenen Laden abgestellt sind (BGH JZ **1968** 307 m. Anm. *Schmitt*). In allen diesen Fällen ändert es am Gewahrsam des Rauminhabers nichts, dass noch andere Personen Zutritt haben oder auf die Sache einwirken können. An dem Rauminhaber aufgedrängten Sachen (z.B. mutwillig auf ein befriedetes Grundstück geworfene Sachen oder dort ohne Wissen und Willen des Rauminhabers versteckte Sachen) besteht jedoch nicht ohne Weiteres Gewahrsam des Rauminhabers (*Wessels/Hillenkamp* Rdn. 77, s. noch Rdn. 71).

**66** Befinden sich **verlegte Sachen** noch in dem von dem Inhaber beherrschten Raum, so behält er den Gewahrsam wie über alle anderen darin befindlichen Gegenstände (BGH NJW **1953** 1272): „Die Wohnung verliert nichts".[83] Auch bei Sachen, die der Gewahrsamsinhaber außerhalb der eigenen Räume – auch an Orten, die jedermann zugänglich sind – **vergessen** und liegengelassen hat, besteht der Gewahrsam fort, solange sich der Gewahrsamsinhaber an den Ort erinnert und keine äußeren Umstände einer Wiedererlangung entgegenstehen (RMG **2** 278; OLG Hamm NJW **1969** 620). Bei außerhalb der eigenen beherrschten Räumlichkeit **verlorenen Sachen**, deren Verbleib dem Gewahrsamsinhaber nicht mehr bekannt ist, muss unterschieden werden: Zwar endet mit dem Verlieren (im Unterschied zum Vergessen, s. soeben) der bis dahin bestehende Gewahrsam. Jedoch führt das nur dann zur Gewahrsamslosigkeit der Sache, wenn nicht „Hilfsgewahrsam" eines anderen entsteht.[84] Deshalb werden nur Sachen, die in nicht generell beherrschten, für jedermann zugänglichen Orten (Feld, Wald, öffentliche Verkehrsflächen usw.) verloren worden sind, gewahrsamslos. Demgegenüber entsteht an Sachen, die in dem generellen Herrschaftsbereich eines anderen verloren werden, in der Regel „Hilfsgewahrsam" des Rauminhabers, wenn sein genereller Beherrschungswille sich auch auf verlorene Sachen erstreckt und mit hinreichender Sicherheit festzustellen ist, wer der neue Gewahrsamsinhaber ist. So liegt es bei Sachen, die in einer fremden Wohnung, in fremden Geschäftsräumen (RG GA **65** 371; OLG Hamm NJW **1969** 620), auf dem Eisenbahngelände (RGSt **54** 231; OGHSt **2** 157) oder in einem Postgebäude (RG JW **1930** 3222) verloren worden sind. Entsprechendes gilt bei in einem Münzfernsprecher steckengebliebenen Münzen (OLG Düsseldorf JR **1984** 34 m. Anm. *Bottke* und NJW

---

Rdn. 48 f; *Gössel* ZStW 85 (1973) 591, 619 ff; *Krey/Hellmann* Rdn. 16 ff; *Kindhäuser* BT II § 2 Rdn. 29, 33; *Maurach/Schroeder/Maiwald* I § 33 Rdn. 15; *Wessels/Hillenkamp* Rdn. 77.

[83] *Duttge* HK-GS Rdn. 22; *Fischer* Rdn. 15; *Lackner/Kühl* Rdn. 11; *Sch/Schröder/Eser* Rdn. 30; *Schmitz* MK Rdn. 64; *Kindhäuser* NK Rdn. 40; *Gropp* JuS **1999** 1041, 1042; *Kindhäuser* BT II § 2 Rdn. 39; *Krey/Hellmann* Rdn. 16; *Maurach/Schroeder/Maiwald* I § 33 Rdn. 21; *Mitsch* BT 2/1 § 1 Rdn. 62.

[84] RGSt **54** 231, 232; *Duttge* HK-GS Rdn. 22; *Sch/Schröder/Eser* Rdn. 28; *Krey/Hellmann* Rdn. 21 f; *Kindhäuser* BT II § 2 Rdn. 40; *Maurach/Schroeder/Maiwald* I § 33 Rdn. 21; *Wessels/Hillenkamp* Rdn. 98.

**1988** 1335, 1336). Dass die generell beherrschte Räumlichkeit ggf. öffentlich zugänglich ist, ändert daran nichts (RGSt **30** 88; **53** 196; wohl **aA** BGH GA **1969** 25 für Sachen, die im Treppenhaus eines von vielen Mietern bewohnten Mietshauses verloren gegangen waren; allerdings stellte sich hier die Frage, wer der Rauminhaber war und ob er hinreichend eindeutig bestimmt werden konnte; *Ruß* LK[11] Rdn. 20 wollte auf den „gemeinsamen Herrschaftsbereich der Nutzungsberechtigten" abstellen). An absichtlich **versteckten Sachen** kann neuer Gewahrsam dessen, der sie versteckt hat, entstehen; zur Frage, wann der Gewahrsamswechsel eintritt, Rdn. 89 f.

Sachen können auch deshalb gewahrsamslos sein, weil es am **Herrschaftswillen** fehlt. **67**
Auch hier ist freilich in der h.A. eine Tendenz zu einer „Verdünnung" des Willenserfordernisses zu bemerken. Einmal erworbener Gewahrsam an einer Sache besteht fort, auch wenn der Inhaber nicht mehr an die Sache denkt; in diesem Sinne genügt mitbewusster oder gar nur potentieller Sachherrschaftswille. Die ältere Rechtsprechung neigte sogar dazu, den Gewahrsam unabhängig von dem Herrschaftswillen des Inhabers zu beurteilen.[85] Die neuere Rechtsprechung berücksichtigt bei der Auslegung, ob und inwieweit Herrschaftswillen besteht, tragend die allgemeine Verkehrsanschauung bzw. die Anschauungen des täglichen Lebens (BGH wistra **1994** 95, 100) und gelangt so im Ergebnis zu sehr weitreichenden Ergebnissen, mit denen ersichtlich Gewahrsamslosigkeit vermieden werden soll.

Dass **Tote** keinen Gewahrsam mehr an zu ihren Lebzeiten in ihrem Gewahrsam **68**
stehenden Sachen mehr haben, wird traditionell mit dem endgültigen Erlöschen des Herrschaftswillens begründet (RGSt **58** 228, 229; BGH 1 StR 110/85 vom 26.3.1985, insoweit in NStZ **1985** 357 nicht abgedruckt; BGHR StGB § 242 Abs. 1 Gewahrsam 1), könnte freilich ebenso gut mit dem endgültigen Erlöschen der tatsächlichen Sachherrschaft begründet werden. Einigkeit besteht darüber, dass der zivilrechtlich fingierte Erbenbesitz (§ 857 BGB) für sich genommen nicht mit einem Gewahrsam des oder der Erben gleichzusetzen ist (Rdn. 60). Allerdings ist stets sorgfältig zu prüfen, ob in entsprechender Anwendung der Regeln über verlorene Sachen (Rdn. 66) „Hilfsgewahrsam" an den Sachen des Toten entstanden ist. Stirbt jemand in einem Krankenhaus oder einer Pflegeeinrichtung, so wird genereller Gewahrsam und ein entsprechender Wille der jeweiligen Verwaltung anzunehmen sein, so dass, nimmt Pflegepersonal Sachen des Toten an sich, Diebstahl vorliegt. Im öffentlichen Verkehrsraum oder auf freiem Feld aufgefundene Leichen zu plündern, kann jedoch nur als Unterschlagung (und ggf. gem. § 168 StGB) strafbar sein.

**Schlafende** und auch **Bewusstlose**, ebenso **sinnlos Betrunkene** und auch **Hypnotisierte** **69**
(insoweit möglicherweise **aA** *Ruß* LK[11] Rdn. 24) behalten hingegen nach h.A. den Gewahrsam, weil die bloße zeitliche Unterbrechung des Herrschaftswillens (vgl. § 856 Abs. 2 BGB) diesen nicht endgültig beseitigt und nach der Verkehrsanschauung der Gewahrsam fortbesteht.[86] Entgegen BayObLGSt **1960** 329 = JR **1961** 188 m. abl. Anm.

[85] Vgl. RGSt **50** 46; **56** 207; **69** 80, 82; **aA** aber z.B. RGSt **60** 271 und RMG **9** 99. – *Kohlrausch/Lange* Anm. II 1; *Sch/Schröder/Eser* Rdn. 29 interpretieren drei zuerst genannten Entscheidungen allerdings in dem Sinne, es sei nur ausgesagt, dass ein Herrschaftswille, der sich auf jeden einzelnen Gegenstand beziehe, nicht erforderlich sei; **krit.** zu dieser Interpretation aber *Ruß* LK[11] Rdn. 21.

[86] BGHSt **4** 210, 211; **20** 32, 33; BGH NJW **1985** 1911 m. **krit.** Anm. *Seelmann/Pfohl* JuS **1987** 199 ff; BGH 4 StR 547/65 vom 19.11.1965; RGSt **50** 46, 48; **56** 207; *Fischer* Rdn. 13; *Kindhäuser* NK Rdn. 36; *Sch/Schröder/Eser* Rdn. 30; *Gropp* JuS **1999** 1041, 1042; *Heubel* JuS **1994** 445, 446; *Maurach/Schroeder/Maiwald* I § 33 Rdn. 18; *Mitsch* BT 2/1 § 1 Rdn. 59; *Rengier* BT 1 § 2 Rdn. 21.

*Schröder* gilt das auch, wenn das Bewusstsein bis zum Tode nicht wieder erlangt wird; die Annahme des BayObLG, dann entfalle ein beachtlicher Herrschaftswille rückwirkend, verkennt, dass die Frage, ob die Tat Diebstahl oder Unterschlagung ist, nach dem Zeitpunkt der Tatausführung und den Anschauungen des täglichen Lebens beurteilt werden muss (vgl. BGH NJW **1985** 1911 m. Anm. *Lampe* JR **1986** 294; *Seelmann/Pfohl* JuS **1987** 199; ferner *Herzberg* JuS **1976** 40, 42; *Otto* JZ **1993** 559, 560). Im Übrigen genügt der natürliche Wille (s. bereits Rdn. 58), weshalb **Kinder** und **Geisteskranke** (RGSt 2 332) durchaus Gewahrsam haben können. Anders liegt es bei irreversibel **Dementen**, bei denen kein eigener natürlicher Herrschaftswille mit eigener Gedankenarbeit und selbständiger Willensbildung vorhanden ist; ist ein Betreuer bestellt, so wird dieser regelmäßig Gewahrsam begründen.

**70** An sich müsste es möglich sein, durch bloße Aufgabe des Herrschaftswillens den Gewahrsam aufzugeben. Für eine solche **Gewahrsamsaufgabe** wird aber über die bloße Willensänderung als innerer Vorgang hinaus verlangt, dass sie sich nach außen erkennbar bekundet wurde (RGSt 56 20; RMG 10 255, 258).

**71** Eines auf eine bestimmte Sache gerichteten Herrschaftswillens bedarf es nicht. Vielmehr genügt ein **genereller Herrschaftswille**, der freilich auch erforderlich ist, weil ohne ihn die Ausübung tatsächlicher Gewalt nicht möglich ist, und nicht bloß fingiert werden darf.[87] Insbesondere genügt der den Umständen zu entnehmende generelle Wille, die Verfügungsmacht über alle Sachen auszuüben, die sich in einer generell beherrschten Räumlichkeit befinden. Das gilt z.B. für die in den Briefkasten geworfenen Sendungen (RMG 9 99, 102), für vor der verschlossenen Ladentüre abgestellte Waren (BGH NJW **1968** 662), für in Wohnungen oder Gaststätten liegen gelassene Sachen sowie für auf dem Bahn- oder Postgelände befindliche Dinge (BGH MDR **1952** 658; OLG Düsseldorf JR **1984** 34; NJW **1988** 1335, 1336; wistra **1989** 18 f). An den in einem Dienstgebäude liegenden Sachen hat grundsätzlich der Behördenvorstand mindestens Mitgewahrsam (RGSt 76 131). Dagegen ist der Gewahrsamswille trotz naher räumlicher Beziehungen zu verneinen, wenn ein entgegengesetzter Wille unterstellt werden muss wie z.B. beim Verstecken von Diebesgut, Waffen, Munition oder Drogen auf dem Grundstück oder in den Räumen eines Nichtsahnenden oder Gutgläubigen (s. bereits Rdn. 65).

**72** c) **Sachen im Gewahrsam des Täters.** Kein Dieb ist, wer mit einer fremden beweglichen Sache, die er **bereits in seinem Gewahrsam** hat, rechtswidrig und in Zueignungsabsicht verfährt; dieses Unrecht kann im System des deutschen Rechts nur als Unterschlagung erfasst werden. Insbesondere ist eine Wegnahme ausgeschlossen, wenn der Täter zuvor ohne Wegnahme – sei es auch in rechtswidriger Absicht – Gewahrsam begründet hat (sogleich Rdn. 73), und zwar in der Gestalt von Alleingewahrsam oder mindestens übergeordnetem Mitgewahrsam (sogleich Rdn. 74 ff).

**73** Eine **Gewahrsamsbegründung ohne Wegnahme** kann bei gewahrsamslosen Sachen durch Fund (vgl. § 965 BGB), bei Sachen in fremdem Gewahrsam durch einverständliche Übergabe (s. noch Rdn. 106 ff) erfolgen. Allerdings muss, was äußerlich als Übergabe erscheint, nicht zwingend einen Gewahrsamswechsel beinhalten. Insbesondere kann eine in Kommunikationsbeziehungen erfolgende Sachübergabe nach dem objektivierten Emp-

---

[87] BGHSt **8** 273; BGH GA **1962** 78; KG GA **1979** 427 f; OLG Düsseldorf NJW **1988** 1335, 1336; *Fischer* Rdn. 13; *Lackner/Kühl* Rdn. 11; *Hoyer* SK[6] Rdn. 25; *Sch/Schröder/Eser* Rdn. 29; *Kohlrausch/Lange* Anm. II 1; *Frank* Anm. IV; *Eisele* BT II Rdn. 28; aA *Ohlshausen* Anm. 14a; Bittner JuS **1974** 159.

fängerhorizont nur so zu verstehen sein, dass trotz Übergabe und Gewahrsamslockerung der Gewahrsam des Übergebenden fortbestehen soll; ein anderweitiger innerer Vorbehalt des Übergabeempfängers wäre auch zivilrechtlich gesehen (vgl. § 116 Satz 1 BGB) unbeachtlich. Ein Rennplatzbesucher, dem sein Nachbar für wenige Augenblicke das Fernglas zur Verfügung stellt, erlangt an dem Glas noch keinen Gewahrsam, desgleichen nicht ein Kunde, dem der Ladeninhaber zur Ansicht einen Ring an den Finger steckt (BGH GA **1966** 244) oder der sich mit Willen des Ladeninhabers einen Anzug zur Probe anzieht (BGH LM § 242 StGB Nr. 11), und auch nicht ein Passant, dem der Eigentümer einen Koffer zur Verbringung in ein nahe gelegenes Schließfach übergibt (BGH JZ **1968** 637; vgl. ferner BGH GA **1966** 212). S. hierzu auch noch Rdn. 88.

Wer bereits **Alleingewahrsam** an einer Sache erlangt hat, kann sie nicht mehr wegnehmen; das gilt auch für den, der bereits **übergeordneten Mitgewahrsam** an der Sache erlangt hat. **74**

Eine Sache kann in der tatsächlichen, vom Herrschaftswillen getragenen Herrschaft mehrerer Menschen stehen, gleich ob ihnen dieser Umstand bekannt ist oder nicht; dann liegt **Mitgewahrsam** vor. Wer nur Mitgewahrsam hat, kann eine Sache nach h.A. wegnehmen, nämlich den Mitgewahrsam der anderen brechen und sich wegen Diebstahls strafbar machen (RGSt **52** 143; **58** 49; **69** 80; BGH NJW **1960** 1357).[88] Nur wenn sämtliche Mitgewahrsamsinhaber mit der Wegnahme einverstanden sind, scheidet Diebstahl aus; bei Sachen, die für alle fremd sind, kommt eine Unterschlagungsstrafbarkeit in Betracht, gleich ob die anderen mit Täter- oder Gehilfenvorsatz handeln (BGH GA **1956** 318; BGHSt **8** 273, 276). Die Gegenauffassung argumentiert, der Bruch bloßen Mitgewahrsams verlange nicht die gleiche „verbrecherische Energie" wie der von Allein- oder übergeordnetem Mitgewahrsam, weshalb stets nur wegen Unterschlagung zu bestrafen sei.[89] Derartige kriminalpsychologischen Erwägungen sind aber nicht geeignet, eine teleologische Reduktion des § 242 StGB zu begründen (zutr. *Kindhäuser* NK Rdn. 62). **75**

Mitgewahrsamsinhaber können einander gleichgeordnet sein oder nach h.A. in einem **Über- und Unterordnungsverhältnis** zueinander stehen („gestufter Gewahrsam", vgl. BGHSt **10** 400).[90] Wer ihm über- oder gleichgeordneten Mitgewahrsam bricht, nimmt weg. Wer hingegen als Inhaber übergeordneten Mitgewahrsams lediglich untergeordneten Mitgewahrsam bricht, verwirklicht nicht das Unrecht der Wegnahme[91] und kann **76**

88 BGHSt **8** 273, 276; **10** 400, 401; **18** 221, 223; *Duttge* HK-GS Rdn. 23; *Fischer* Rdn. 14a, 16; *Hoyer* SK⁶ Rdn. 44; *Kindhäuser* NK Rdn. 62; *Lackner/Kühl* Rdn. 13; *Schmitz* MK Rdn. 67 ff; *Sch/Schröder/Eser* Rdn. 32; *Eisele* BT II Rdn. 32; *Kindhäuser* BT II § 2 Rdn. 55; *Krey/Hellmann* Rdn. 24; *Maurach/Schroeder/Maiwald* I § 33 Rdn. 23; *Mitsch* BT 2/1 § 1 Rdn. 53; *Wessels/Hillenkamp* Rdn. 84; **aA** *Bittner* JuS **1974** 156, 159.

89 *Kindhäuser* NK Rdn. 62; *Bittner* JuS **1974** 159 f; *Charalambakis* **1985**, 145 ff; *Haffke* GA **1972** 229 f: Gewahrsamsbruch nur bei gesamthänderischem Mitbesitz möglich.

90 *Duttge* HK-GS Rdn. 23; *Fischer* Rdn. 14a; *Hoyer* SK⁶ Rdn. 45; *Kindhäuser* NK Rdn. 63; *Lackner/Kühl* Rdn. 13; *Schmitz* MK Rdn. 69; *Sch/Schröder/Eser* Rdn. 32; *Bringewat* JuS **1981** 211, 214; *Eisele* BT II Rdn. 32; *Kindhäuser* BT II § 2 Rdn. 56; *Mitsch* BT 2/1 § 1 Rdn. 54; *Otto* BT § 40 Rdn. 26; *Wessels/Hillenkamp* Rdn. 84. In der Sache trägt die h.A. der Notwendigkeit einer Gewichtung der Einwirkungsmöglichkeiten (sogleich Rdn. 73) besser Rechnung als die Literaturauffassung.

91 LG Hamm JMBlNRW **1965** 10; BGH NStZ-RR **1996** 130; *Duttge* HK-GS Rdn. 23; *Fischer* Rdn. 14a; *Frank* Anm. IV; *Kindhäuser* NK Rdn. 63; *Lackner/Kühl*[56] Rdn. 13; *Schmitz* MK Rdn. 69; *Sch/Schröder/Eser* Rdn. 32; *Eisele* BT II Rdn. 32; *Kindhäuser* BT II § 2 Rdn. 58; *Krey/Hellmann* § 1 Rdn. 25; *Maurach/Schroeder/Maiwald* I § 33 Rdn. 23; *Mitsch* BT 2/1 § 1 Rdn. 54; *Otto* JZ **1985** 21, 23; *Wessels/Hillenkamp* Rdn. 84.

sich nur wegen Unterschlagung strafbar machen (OLG Hamm JMBlNRW **1965** 10; s. auch BGHSt **8** 273). Ob es dieser Rechtsfiguren bedarf – und ob nicht übergeordneter Mitgewahrsam im Grunde Alleingewahrsam, untergeordneter fehlender Gewahrsam ist –, kann mit Fug und Recht bezweifelt werden;[92] immerhin erscheint die h.A. der Notwendigkeit einer Gewichtung der Einflussmöglichkeiten (sogleich Rdn. 77) verpflichtet. Nicht unproblematisch ist auch die Rechtsfigur des **Gewahrsamsgehilfen oder -dieners** z.B. bei Kassengehilfen, Dienstboten oder Reinigungskräfte, denen Sachen übergeben worden sind; sie sollen nur Vertreter, Boten oder Werkzeuge sein und nie Gewahrsam haben.[93] Es handelt sich ersichtlich um eine fragwürdige Übertragung der Zivilrechtsfigur des Besitzdieners (§ 855 BGB) ins Strafrecht; richtigerweise haben Kassengehilfen usw. regelmäßig (nicht mehr als, aber immerhin) Mitgewahrsam, da sie während ihrer Tätigkeit die Sachherrschaft ausüben und das wollen.

77 Praktisch relevant ist allein die Untergrenze des Alleingewahrsams bzw. übergeordneten Mitgewahrsams: Sein Inhaber kann die Sache nur unterschlagen; wer weniger inne hat, kann sie auch stehlen (oder rauben). Die Grenzziehung ist häufig eine Zweifelsfrage (BGH GA **1979** 390) und setzt voraus, dass die Einwirkungsmöglichkeiten der Mitgewahrsamsinhaber **faktisch, sozial und normativ gewichtet** werden. Dabei spielen die Umstände des Falles und die Verkehrsanschauung eine bedeutsame Rolle. In der unausweichlichen Kasuistik klingt Zeitbedingtes und Klassendenken an, beispielsweise wenn Arbeitsmittel oder Waren, die ein Unternehmen einem leitenden Angestellten überlässt, in der Regel in dessen Alleingewahrsam oder übergeordneten Mitgewahrsam übergehen sollen, während einfache Angestellte oder Arbeiter an den ihr überlassenen Arbeitsmitteln oder Waren allenfalls Mitgewahrsam haben sollen. Einzelfälle:

78 Bei **Mietverhältnissen** hat der Mieter im Verhältnis zum Vermieter regelmäßig Alleingewahrsam an den Sachen, die sich in den überlassenen Räumen befinden.[94] Ein Mitgewahrsam des Vermieters an ihm gehörenden Sachen ist aber anzunehmen, wenn er die Räume jederzeit betreten darf,[95] das gilt erst recht, wenn ihm ein Mitbenutzungsrecht an den in den Räumen befindlichen Sachen zusteht und sie ihm ohne Weiteres zugänglich sind. Beendet jedoch der Mieter diesen Zustand – wenn auch eigenmächtig – durch ständiges Verschließen des Raums, so verliert der Vermieter dadurch die Verfügungsmacht und den Mitgewahrsam (OLG Celle JR **1968** 431 m. Anm. *Schröder*). An den gemeinsamen Einrichtungsgegenständen eines Miethauses, z.B. Treppenläufern, wird man Mitgewahrsam der Mieter und, je nach den Umständen, auch des Hauswirts anzunehmen haben (*Maurach/Schroeder/Maiwald* I § 33 Rdn. 24). An Sachen in Räumen eines Hotels oder einer Pension, die für jedermann (Gäste, Wirt, Personal) zugänglich sind wie z.B. die Lobby oder Frühstücksräume, hat der Wirt mindestens Mitgewahrsam (BGH NJW **1960**

[92] *Bittner* Vermögensdelikte S. 188 ff; *ders.* JuS **1974** 159 f; *Bringewat* JuS **1981** 211, 214 und JA **1984** 61, 63; *Haffke* GA **1972** 225 ff; *Hoyer* SK[6] Rdn. 45; *Lackner/Kühl* Rdn. 13; *Schmitz* MK Rdn. 69; *Sch/Schröder/Eser* Rdn. 32; *Arzt/Weber/Heinrich/*Hilgendorf BT § 13 Rdn. 48; *Krey/Hellmann* Rdn. 26a; *Mitsch* BT 2/1 § 1 Rdn. 55; *Otto* BT § 40 Rdn. 26; *Samson* JA **1980** 285, 288; *Schünemann* GA **1969** 46, 52. Vom Ergebnis her ist das ein Streit um Worte, zutr. *Kindhäuser* NK Rdn. 63.

[93] RGSt 30 89; 60 271; *Binding* 1 287; *Frank* Anm. IV; *H. Mayer* JZ **1962** 617, 619 (unter zweifelhafter Berufung auf BGHSt **16** 271); *Olshausen* Anm. 18; *Schmitz* MK Rdn. 70.

[94] BGH 5 StR 366/56 vom 20.11.1956; RGSt 3 358; 5 42, 43; RG GA Bd. **64** 371; *Duttge* HK-GS Rdn. 21; *Fischer* Rdn. 14; *Sch/Schröder/Eser* Rdn. 33; *Schmitz* MK Rdn.68; *Maurach/Schroeder/Maiwald* I § 33 Rdn. 24.

[95] RGSt 5 42; 3 358; NJW **1960** 1357; *Fischer* Rdn. 14; *Maurach/Schroeder/Maiwald* I § 33 Rdn. 24.

1357; RG GA Bd. **68** 276); das gilt auch für Sachen des Wirts in Zimmern, die der Gast gemietet hat und die ihm überlassen worden sind, wenn und soweit der Wirt und das Personal (wie regelmäßig) die Möglichkeit und in den Grenzen der jeweiligen Allgemeinen Geschäftsbedingungen auch das Recht zum jederzeitigen Betreten der Zimmer hat (vgl. *Fischer* Rdn. 14); Hotelgäste, die dem Hotelier gehörende Handtücher, Bademäntel usw. mitnehmen, begehen also Diebstahl, nicht bloß Unterschlagung. In Gaststätten behält der Wirt an Gläsern, Bestecken und dgl. Mitgewahrsam (BayObLGSt **9** 376); an den aufgetragenen Speisen und Getränken besteht hingegen in der Regel Alleingewahrsam des Gasts, so dass der Zechpreller, wenn er nicht bereits wegen Betrugs strafbar ist, sich allenfalls wegen Unterschlagung strafbar machen könnte; jedoch dürfte mit dem Auftragen das Eigentum auf den Gast übergehen.

In **Arbeits- bzw. Dienstverhältnissen** hat der Arbeitnehmer bzw. Dienstverpflichtete in **79**
der Regel nur Mitgewahrsam an ihm überlassenen Arbeitsmitteln und Waren, da er arbeitsrechtlichen Weisungen unterliegt. „Diebstahl am Arbeitsplatz" ist also in der Regel Diebstahl im Rechtssinne, nicht bloß (ggf. veruntreuende) Unterschlagung. So hat Hauspersonal an ihm überlassenen Arbeitsmitteln lediglich Mitgewahrsam (*Welzel* § 48 I 2; für eine selbständige Wirtschafterin auf einem Landgut **aA** OLG Kiel GA Bd. **69** 147: Alleingewahrsam). Angestellte eines (Selbstbedienungs-)Ladens haben an den Waren bzw. an der Ladenkasse an dem Kasseninhalt zumeist lediglich Mitgewahrsam (RGSt **77** 34, 38); vielmehr ist der Alleingewahrsam oder mindestens übergeordnete Mitgewahrsam dem Geschäftsherrn, Filial- oder Niederlassungsleiter zugeordnet (zum Filialleiter RGSt **60** 271; RG HRR **1927** 547). Auch der sog. Sortenkassierer einer Bank, der der Aufsicht eines anderen untersteht, hat nur untergeordneten Gewahrsam an den Geldzeichen (BGH wistra **1983** 190, 191). Anders lag es bei Schalterbeamten bei Post und Eisenbahn (BayObLGSt **26** 42). Auch im Übrigen können Kassierer und Kassenverwalter Alleingewahrsam oder übergeordneten Mitgewahrsam am Kasseninhalt haben, wenn sie selbständig abrechnen und der Geschäftsherr – ungeachtet seines Weisungsrechts – zuvor mit den Geldern nichts zu tun haben will.[96] Auch an zum ausschließlichen persönlichen Gebrauch übergebenen Arbeitsmitteln (z.B. Schreibutensilien, auch PC-Terminal) kann Alleingewahrsam des Arbeitnehmers, Beamten oder Richters (vgl. *Fischer* Rdn. 14) bestehen.

Bei **Beförderungsverhältnissen** ist zu unterscheiden: Einem selbständigen Fuhrunter- **80**
nehmer bzw. Frachtführer übergebene Sachen stehen in dessen Alleingewahrsam (RGSt **53** 336, 340; **56** 115). Auch wer Beförderungsgut bei der Eisenbahn, Post oder am Flughafen aufgibt, verliert hierdurch seinen Gewahrsam (BGH GA **1956** 318). Ob die das Gut entgegennehmende Person Alleingewahrsam erlangt, hängt von den Umständen ab. Häufig wird Mitgewahrsam mehrerer Personen, z.B. mehrerer Postbeamten oder -angestellten, entstehen (vgl. BGH wistra **1989** 18; *Otto* JZ **1993** 559, 560). Insbesondere können Vorgesetzte (z.B. Niederlassungsleiter, Behördenvorstände) Mitgewahrsam haben; maßgebend hierfür sind Dienstvorschriften und deren tatsächliche Handhabung, die jeweils zu ermitteln sind (BGH wistra **1989** 18 f; OGHSt **1** 253, 258; wohl **aA** OGH NJW **1950** 473: Kontrollmöglichkeiten und Befugnisse der Vorgesetzten unerheblich). Bei Bahnpostbeförderungen wird die Kontrollmöglichkeit der Aufsichtsbeamten oder des Betriebsvorstands über das im Zuge befindliche Gut so gering zu veranschlagen sein,

---

[96] BGHSt **8** 273; BGH NStZ **1994** 179, 180; BGHR StGB § 242 Abs. 1 Gewahrsam 4, 5; StGB § 246 Abs. 1 Alleingewahrsam 1; OLG Hamm NJW **1973** 1809, 1811; OLG Rostock HRR **1928** Nr. 572.

dass sie außer Betracht bleiben kann.[97] Auch Briefträger und Paketboten haben beim Zustellen der Briefe und Pakete regelmäßig Alleingewahrsam (*Sch/Schröder/Eser* Rdn. 33). Wird Beförderungsgut im Zusammenwirken aller Mitgewahrsamsinhaber beiseite gebracht, kann das aber nur eine (veruntreuende) Unterschlagung sein. Transportiert ein angestellter Fahrer Waren mit einem Lastkraftwagen, ging BGHSt 2 317 vom Alleingewahrsam des Fahrers aus. Richtigerweise ist maßgeblich, ob der Arbeitgeber noch während der Fahrt Einwirkungsmöglichkeiten hat (BGH GA **1979** 390, 391; StV **2001** 13); dann behält er Mitgewahrsam, den der Fahrer brechen kann. So liegt es bei kürzerer Strecke und Einhaltung des vorgeschriebenen Weges, nicht dagegen, wenn es im Ermessen des Fahrers steht, welchen Weg er nehmen will, und bei Fernfahrten,[98] es sei denn, durch elektronische Sicherung der Ware, Mobiltelekommunikation und GPS-Ortung sei die Zugriffsmöglichkeit des Arbeitgebers ständig sichergestellt. Boten, die unbeaufsichtigt Sachen ab- oder einholen, erwerben nach RG GA Bd. **69** 105; OLG Hamburg MDR **1947** 35 Alleingewahrsam; richtigerweise wird auch in solchen Fällen ein Mitgewahrsam des Geschäftsherrn jedenfalls dann gegeben sein, wenn er ausreichende Einwirkungsmöglichkeiten und den entsprechenden Willen hat (BGH 5 StR 198/59 vom 7.7.1959).

**81** In **Verwahrungsverhältnissen** haben Verwahrer regelmäßig Alleingewahrsam.[99] Das Verwahrgut bleibt aber im Mitgewahrsam des ursprünglichen Gewahrsamsinhabers, wenn es beim Verwahrer eingeschlossen wird und der ursprüngliche Gewahrsamsinhaber den Schlüssel behält sowie jederzeit unbeschränkten Zugang zu dem Behältnis hat, wie bei automatisierten Bankschließfächern; ist das Behältnis freilich nicht ohne Weiteres zugänglich oder ist das Behältnis ohne Weiteres fortzuschaffen, befindet es sich im Alleingewahrsam des Verwahrers, auch wenn dieser den Schlüssel nicht hat.[100] Nach diesen Maßstäben begehen Spendensammler, denen Spendenbüchsen überlassen worden sind und die sich deren Inhalt rechtswidrig zueignen, auch dann nur Unterschlagung und nicht Diebstahl, wenn die Spendenbüchsen verschlossen sind und sich die Schlüssel beim Spendenveranstalter befinden (RGSt **35** 115; **58** 49; BGH GA **1956** 318). Auch wer die Geldkassette eines ihm vom Automatenbetreiber überlassenen Münzautomaten aufbricht, kann das Geld nur unterschlagen, selbst wenn sich der Schlüssel beim Automatenbetreiber befindet, der die Kassette regelmäßig leert (BGHSt **18** 180, 183 f). S. weiterhin RGSt **2** 64; **5** 222; **47** 210 für beim Verwahrer befindliche Koffer und Kisten; RGSt **45** 249; BGHSt **22** 180; OLG Stuttgart Die Justiz **1963** 211 für weitere Automatenfälle; s. aber auch RGSt **67** 230; RG Recht **1916** 1228 und DRiZ **1924** 394 (Mitgewahrsam der Postaufsichtsbeamten an dem Inhalt eines verschlossenen Beutels, der sich in einem Bahnpostwagen befand; **krit.** ***Ruß*** LK[11] Rdn. 31). Verliert der bisherige (Mit-)Gewahrsamsinhaber den Zugang zu einem frei zugänglichen Raum oder Behältnis deshalb, weil jemand diesen Raum eigenmächtig verschließt, so wird der (Mit-)Gewahrsam dadurch beendet (OLG Celle JR **1968** 431 m. Anm. *Schröder; Sch/Schröder/Eser* Rdn. 34).

---

97 RG HRR **1936** 504; DStrZ **1922** 115; BGH GA **1956** 318 (Alleingewahrsam des Beförderungsbeamten); **aA** – also für Mitgewahrsam der Verwaltung – RGSt **67** 230; RG DRiZ **1924** 394; Recht **1916** 1228.

98 RGSt **56** 115; **54** 32; **52** 143; RG JW **1922** 585 m. Anm. *Köhler*; RG GA Bd. **69** 105; BGHSt **16** 271, 274; BGH GA **1979** 390; BGH 1 StR 311/67 vom 3.10.1967; 1 StR 164/57 vom 31.5.1957; OLG Düsseldorf MDR **1985** 427; *Sch/Schröder/Eser* Rdn. 33; Otto JZ **1985** 23.

99 RG HRR **1939** 1281; *Sch/Schröder/Eser* Rdn. 33; ablehnend für die Abgabe von Kleidung in einer Garderobe *Maurach/Schroeder/Maiwald* I § 33 Rdn. 25.

100 ***Frank*** § 243 Anm. III 2c; auch *Sch/Schröder/Eser* Rdn. 34.

3. **Aufhebung bestehenden und Begründung neuen Gewahrsams** (**Gewahrsamswechsel**). Weggenommen ist eine Sache nur dann, wenn der bestehende Gewahrsam aufgehoben (sogleich Rdn. 87 ff) und neuer Gewahrsam – nicht notwendig des Täters (Rdn. 92) – begründet ist (Rdn. 91 ff). Diebstahl ist ein Gewahrsamsverschiebungsdelikt, und es muss zum **Gewahrsamswechsel** kommen.[101] **82**

Die Fragen, ob bestehender Gewahrsam aufgehoben und neuer begründet ist, beantworten sich im Ausgangspunkt nach den allgemeinen Kriterien für Gewahrsam (zutr. *Schmitz* MK Rdn. 72) und den hierfür maßgeblichen faktischen, sozialen und normativen Komponenten (Rdn. 54). Zumindest ergänzend und kontrollierend (**aA** *Schmitz* aaO: „keine wirkliche Bedeutung") ist das heutige Recht mit der gemeinrechtlichen Doktrin zu kontrastieren (s. bereits Rdn. 48): Die bloße Berührung der Sache, wenn auch in böser Absicht (sog. Kontrektationstheorie), genügt nicht; das Fortschaffen der Sache aus dem räumlichen Zugriffsbereich des bisherigen Gewahrsamsinhabers (sog. Ablationstheorie) oder gar die endgültige Bergung oder Sicherung der Sache (sog. Illationstheorie) ist nicht erforderlich; das *furtum manifestum* ist vollendeter Diebstahl. **83**

Einen Gewahrsamswechsel herbeizuführen ist **nicht nur eigenhändig** möglich (s. noch Rdn. 198 f zu Mittäterschaft und mittelbarer Täterschaft). Vielmehr genügt jedes täterschaftlich zurechenbare Verhalten, das einen Gewahrsamswechsel bewirkt (**aA** *Lampe* GA **1966** 225, 232 ff). Deshalb ist es möglich, sich Irrender oder Willenloser oder Kinder als Werkzeuge des Gewahrsamsbruchs zu bedienen (RGSt 53 180); es ist erst recht möglich, Diebstahl mittels eines Tiers zu begehen, beispielsweise eine Sache durch einen Hund apportieren zu lassen oder eigenes Vieh zwecks Weide über fremde Grasflächen zu treiben (LG Karlsruhe NStZ **1993** 543); es schadet nicht, wenn die Sache zwischenzeitlich gewahrsamslos wird (sogleich Rdn. 86). **84**

Die Frage nach dem genauen **Zeitpunkt** des Gewahrsamswechsels, also des Zeitpunkts, von dem ab der Täter die tatsächliche Herrschaft über die gestohlene Sache ausübt, ist eine für den Einzelfall nach den Anschauungen des täglichen Lebens zu beantwortende Tatfrage.[102] Sie kann in der Praxis offen gelassen werden, wenn die gestohlene Sache fortgeschafft oder in Sicherheit gebracht worden ist. Praktisch bedeutsam kann sie aber werden, und sie zwingt dann zu einer Art „Zeitlupenstrafrecht", wenn der Täter auf frischer Tat betroffen wird und es um die Abgrenzung zwischen versuchtem oder vollendetem Diebstahl geht (vgl. BGH NStZ **1981** 435, 436; **1987** 71; OLG Köln NJW **1984** 810). Auch für ein mögliches Einverständnis des ursprünglichen Gewahrsamsinhabers in die Wegnahme kann es auf den genauen Zeitpunkt des Gewahrsamswechsels ankommen. Greift der ertappte Dieb zu Gewalt, so kommt es für die Anwendung des § 249 oder des § 252 StGB auf die Vollendung der Wegnahme an (*Vogel* LK § 252 Rdn. 53). **85**

Die Aufhebung des bestehenden und die Begründung des neuen Gewahrsams werden regelmäßig **zusammenfallen**. In Fällen, in denen beides zumindest äußerlich auseinanderfällt – z.B. wenn Kisten aus einem Lastwagen auf das freie Feld neben der Straße geworfen und erst später von Beteiligten abgeholt werden –, ist zu unterscheiden:[103] Neuer **86**

---

101 BGHSt **16** 271, 272; **23** 254, 255; BGH NJW **1975** 1176; NStZ **1982** 420; **1987** 71; NJW **1987** 2687.

102 BGHSt **16** 271, 273; **20** 194, 195 f; BGH GA **1962** 77; NJW **1975** 1176, 1177; NJW **1981** 997; NStZ **1981** 435; **1987** 71; **1988** 270; OLG Köln NJW **1984** 810; **1986** 392; OLG Düsseldorf NJW **1986** 2266; **1988** 922; *Olshausen* Anm. 23 und 31; *Sch/Schröder/Eser* Rdn. 38; *Fischer* Rdn. 17.

103 Vgl. BGH LM Nr. 9 zu § 243 Abs. 1 Nr. 2 StGB; OHGSt 3 34, 37; RG Recht **1906** 2184; *Frank* Anm. VI 1; *Fischer* Rdn. 17; *Sch/Schröder/Eser* Rdn. 43; *Schmitz* MK Rdn. 71; *Mitsch* BT 2/1 § 1 Rdn. 65.

Gewahrsam kann bereits vor dem Abholen begründet sein, wenn der Täter den Ort, wo sich die Sache befindet, kennt und dieser Ort nicht jedermann zugänglich ist; dann fallen Aufhebung des bestehenden und Begründung des neuen Gewahrsams nur äußerlich, nicht aber rechtlich auseinander. Es kann aber auch zwischenzeitlich Gewahrsamslosigkeit in entsprechender Anwendung der Regeln zu verlorenen Sachen (Rdn. 66) eintreten, insbesondere wenn die Sache erst noch gesucht werden muss oder erst nach geraumer Zeit abgeholt werden soll und bis dahin dem Zugriff Dritter unterliegt; dann verbleibt es zunächst beim Diebstahlsversuch, und die Tat wird erst mit dem Abholen vollendet (vgl. KG GA **1969** 61). In jedem Fall ist es möglich, dass sich der Gewahrsamswechsel in mehreren Akten vollzieht, etwa dergestalt, dass der bestehende Gewahrsam zunächst nur gelockert und erst später aufgehoben wird.

87 a) **Aufhebung bestehenden Gewahrsams.** „Weg"nehmen kann nur, wer den bestehenden Gewahrsam des ursprünglichen Gewahrsamsinhabers **aufhebt**. Entscheidend ist, dass dieser nicht mehr ohne Weiteres an die Sache herankommen und seine Herrschaft ohne Beseitigung der faktischen Verfügungsgewalt des Diebes nicht mehr wahrnehmen kann.[104] Die Möglichkeit des ursprünglichen Gewahrsamsinhabers, den Gewahrsam z.B. im Wege der Notwehr (§ 32 StGB) oder Besitzkehr (§ 859 Abs. 2 BGB) wieder zu erlangen, steht der Annahme eines vorherigen Gewahrsamsverlusts nicht entgegen, sondern setzt ihn geradezu voraus; wird der Dieb auf frischer Tat betroffen, so spricht das für sich gesehen nicht gegen den Gewahrsamsverlust (s. noch Rdn. 94, 99, 104).

88 Solange der Gewahrsam des ursprünglichen Gewahrsamsinhabers mindestens als Mitgewahrsam fortbesteht, liegt noch keine Wegnahme vor. Insbesondere genügt die **bloße Gewahrsamslockerung** für sich genommen nicht für eine Wegnahme ihr kann freilich eine Wegnahme nachfolgen. Beispiele: Veranlasst der Fahrer den Mitfahrer kurz auszusteigen, führt das zu einer bloßen Lockerung des Gewahrsams des Mitfahrers an seinem im Wagen befindlichen Gepäck; erst durch das Wegfahren wird es weggenommen (vgl. BGH 2 StR 268/60 vom 29.6.1960). Gleiches gilt, wenn jemand von seinem Kraftrad absteigt; erst wenn der Dieb sich darauf setzt und wegfährt, nimmt er es weg (BGH bei Dallinger MDR **1966** 199). Die Übergabe eines Koffers an jemanden mit dem Auftrag, den Koffer auf bestimmtem nahen Weg in ein Schließfach zu bringen, bewirkt nur eine Gewahrsamslockerung; eignet sich der Beauftragte den Koffer an, so stiehlt er ihn (BGH GA **1966** 212; JZ **1968** 637). Die Übergabe eines Autoschlüssels führt nicht zum Verlust des Gewahrsams an dem Wagen, der erst eintritt, wenn der Schlüsselempfänger mit dem Wagen wegfährt (OLG Stuttgart Die Justiz **1973** 396). Der Geschäftsinhaber, der dem Kunden Schmuck zur Besichtigung oder Kleider zur Anprobe übergibt, behält Gewahrsam; läuft der Kunde weg, stiehlt er den Schmuck oder die Kleider (BGH 1 StR 20/51 vom 13.1.1951). Wer jemandem eine Brieftasche bzw. einen Umschlag mit Geld kurz zum Halten übergibt, verliert nicht den Gewahrsam; läuft der andere mit der Brieftasche weg bzw. steckt er den Umschlag ein, um ihn mit einem präparierten, mit Papierschnitzeln gefüllten anderen Umschlag zu vertauschen, begeht er Diebstahl (OLG Köln MDR **1973** 866 bzw. BGHR StGB § 242 Abs. 1 Wegnahme 2). Wer abgehobenes Geld einem anderen gibt, damit dieser es nachzähle, verliert nicht den Gewahrsam; steckt der andere den

[104] BGH bei Dallinger MDR **1955** 145; BGH GA **1966** 78; NJW **1975** 1176, 1177; BGHSt **23** 254, 255; **26** 24; OLG Düsseldorf NJW **1988** 1335, 1336; *Duttge* HK-GS Rdn. 27; *Fischer* Rdn. 17; *Kindhäuser* NK Rdn. 58; *Lackner/Kühl* Rdn. 15; *Sch/Schröder/Eser* Rdn. 38; *Gössel* ZStW **85** (1973) 591, 614; *Kühl* JuS **1982** 110, 112; *Küper* BT S. 445; *Wessels/Hillenkamp* Rdn. 109.

ganzen oder einen Teilbetrag ein, um ihn für sich zu behalten, ist das Diebstahl (vgl. OLG Düsseldorf NJW **1990** 923).

Die Frage, ob bestehender Gewahrsam vollständig aufgehoben worden ist, stellt sich weiterhin in **generell beherrschten Räumlichkeiten**, deren Inhaber im Grundsatz Gewahrsam an allen in ihnen befindlichen Sachen haben (Rdn. 65). Der Gewahrsamsverlust tritt jedenfalls ein, wenn der Dieb die Räumlichkeiten verlässt, erst recht, wenn die Sache anschließend außerhalb der Räumlichkeiten des Inhabers verborgen wird und dieser den Ort nicht kennt (BGHSt **4** 132). Erschleicht sich ein Dieb Zutritt zu den Räumlichkeiten, berührt das für sich genommen den Gewahrsam des Inhabers nicht (*Maurach/Schroeder/Maiwald* I § 33 Rdn. 30). Es reicht auch nicht aus, dass der Dieb die Sache ergreift, dann aber zurücklegt, weil er sie erst bei günstiger Gelegenheit wegbringen will. Ein Gewahrsamsverlust tritt aber auch ohne Entfernung der Sache aus der Räumlichkeit ein, wenn die Sache in eine Lage gebracht wird, in der der Inhaber nicht mehr ohne Weiteres an sie herankommen und seine Herrschaft über sie ausüben kann (vgl. BGH NJW **1975** 1176; OLG Düsseldorf NJW **1988** 1335, 1336). **89**

So kann es liegen, wenn Diebesgut in der Wohnung oder den Geschäftsräumen des Bestohlenen **versteckt** wird, um es später – bei günstigerer Gelegenheit – fortzuschaffen. Unter der Voraussetzung, dass das Versteck dem Rauminhaber unbekannt und die Täter Zugang zu den Räumlichkeiten hatten, hat bereits RGSt **12** 353, 356 angenommen, dass die Wegnahme schon mit dem Verstecken vollendet ist.[105] Allerdings hängt es vom Einzelfall ab, ob der Rauminhaber den Gewahrsam an in den Räumen versteckten Sachen verliert (BGH NStZ **1988** 270; OLG Düsseldorf NJW **1988** 922). So ist es bloß versuchter Diebstahl, wenn die Täter Diebesgut in dem von einem 3 m hohen Gitterzaun umgebenen Außengelände eines Baumarkts in Regentonnen verstecken, um es in der Nacht abzutransportieren (LG Potsdam NStZ **2007** 336 m. Anm. *T. Walter* NStZ **2008** 157, der sogar am Versuchsbeginn zweifelt). Jedenfalls kann es genügen, dass der Täter die Sache noch im generellen Herrschaftsbereich eines anderen **einsteckt** (s. noch Rdn. 102 zum Ladendiebstahl). **90**

b) **Begründung neuen Gewahrsams.** Weg„nehmen“ kann nur, wer **neuen Gewahrsam** begründet. Bewirkt der Täter lediglich, dass der ursprüngliche Gewahrsam endet, ist das keine Wegnahme, insbesondere wenn die Sache lediglich gewahrsamslos wird (z.B. beim Fliegenlassen eines Vogels oder wenn die Sache dem Gewahrsamsinhaber so aus der Hand geschlagen wird, dass sie im Meer versinkt). Keinen Gewahrsam begründet auch, wer eine Sache, ohne sie sich zuvor zu eigener Verfügungsgewalt zu verschaffen, schlicht zerstört (*Kindhäuser* FS Geerds, S. 655, 668; *Mitsch* BT 2/1 § 1 Rdn. 67) oder sie beschädigt oder dem Zugriff Dritter preisgibt, z.B. wegwirft. **91**

Der Wortlaut (weg„nehmen“) spricht dafür, dass der Täter eigenen Gewahrsam begründen muss, wie es in der Regel auch der Fall sein wird. In den Ausnahmefällen, dass nicht einmal für sehr kurze Zeit tätereigener Gewahrsam begründet wird (z.B. wenn der Taschendieb die bereits ergriffene Beute in die Tasche seines in der Nähe stehenden Gehilfen steckt, *Ruß* LK[11] Rdn. 34), lässt die h.A. genügen, dass **neuer Gewahrsam eines anderen als des Täters** begründet wird (wohl **aA** RGSt **21** 110).[106] Hiernach ist es Dieb- **92**

---

[105] BGH LM Nr. 9 zu § 243 Abs. 1 Nr. 2; RG GA Bd. **68** 275; RGSt 53 180; KG JR **1966** 308; *Duttge* HK-GS Rdn. 29; *Sch/Schröder/Eser* Rdn. 39; *Rengier* BT 1 § 2 Rdn. 19.

[106] S. neben den im Text genannten Entscheidungen BGH bei Dallinger MDR **1954** 309; BGH 5 StR 376/60 vom 18.10.1960; RGSt 70 212; 57 166; RG HRR **1939** 351; JW

stahl, wenn der Täter einen Gutgläubigen veranlasst, Gänse in Anrechnung auf Geldschuld aus einer Gänsebucht wegzunehmen (RGSt **48** 58) oder Eisenbahnschwellen gegen Bezahlung von einem Wagen, der noch im Gewahrsam des Eisenbahnfiskus steht, abzuladen und mitzunehmen (RGSt **47** 147) oder wenn der Revierförster geschlagenes Holz, an dem er nur Mitgewahrsam hat, durch gutgläubige Käufer abfahren lässt (BGH bei Dallinger MDR **1954** 398). In diesen Fällen lässt sich das Ergebnis freilich auch in der Weise begründen, dass die gutgläubigen Werkzeuge eigenen Gewahrsam begründen, also (wenn auch unvorsätzlich) wegnehmen, was dem Hintermann als Tathandlung kraft mittelbarer Täterschaft zugerechnet wird (vgl. *Fahl* JA **1995** 845 ff, *Tiedemann* Anfängerübung[4] S. 175). Ähnlich ist eine mittäterschaftliche Zurechnung denkbar, wenn jemand bei der Wegnahme mit einem anderen, der eigenen Gewahrsam begründet, kollusiv zusammenwirkt. Ob der von der h.A. aufgestellte Rechtssatz darüber hinaus Geltung hat, erscheint zweifelhaft (z.B. wenn der Täter zunächst nur Gewahrsamslosigkeit bewirkt und dabei billigend in Kauf nimmt, dass, wie es später geschieht, ein Dritter Gewahrsam begründet; vgl. *Lampe* GA **1966** 225, 232 ff).

**93** Neuer Gewahrsam ist begründet, wenn der Täter **tatsächliche Herrschaft** über die Sache erlangt und die Herrschaft – wenn auch nur vorübergehend (BGHSt **16** 271, 273) – unbehindert ausüben kann, während der frühere Gewahrsamsinhaber zur Rückerlangung der Sachherrschaft die Verfügungsgewalt des Täters erst beseitigen müsste.[107] Ob das der Fall ist, beurteilt sich nach den Umständen des Einzelfalls, namentlich der mehr oder weniger großen räumlichen Nähe des Eigentümers zum Diebesgut, dessen Umfang und Gewicht (BGH StV **1985** 323; BGHR StGB § 242 Wegnahme 1; OLG Köln StV **1989** 156), den örtlichen Gegebenheiten am Tatort sowie der Stärke und Intensität des Publikumsverkehrs (*Otto* JZ **1993** 559, 561).

**94** **Gesichert** muss der Gewahrsam noch **nicht** sein.[108] Insbesondere ist nicht erforderlich, dass die Sache bereits fortgeschafft oder gar in Sicherheit gebracht oder geborgen worden ist; die gemeinrechtliche *Ablations- oder Illationstheorie* ist für § 242 StGB nicht anwendbar (s. bereits Rdn. 48 f, 83). Nimmt ein Kamerad aus dem Spind eines anderen eine Mütze weg, um sie später auf der Zeugkammer zurückzugeben und sich so Schadensersatz für die eigene, verlorengegangene Mütze zu ersparen („Dienstmützenfall" BGHSt **19** 387), ist die Wegnahme entgegen OLG Frankfurt NJW **1962** 1879 nicht erst mit der Ablieferung auf der Kammer vollendet, sondern bereits mit dem Ansichnehmen der Mütze (zur fehlenden Zueignungsabsicht in derartigen Fällen Rdn. 170).[109] Ob die

---

**1936** 2232 m. Anm. *Rilk* JW **1936** 3000; RG LZ **1926** 177. Aus der Literatur: *Fischer* Rdn. 17; *Hoyer* SK[6] Rdn. 20; *Lackner/Kühl* Rdn. 15; *Schmitz* MK Rdn. 71; *Sch/Schröder/Eser* Rdn. 42; Arzt/Weber/*Heinrich*/Hilgendorf § 13 Rdn. 61; *Gössel* ZStW **85** (1973) 591, 640; *Gropp* JuS **1999** 1041, 1043; *Heubel* JuS **1984** 445, 448; *Krey/Hellmann* Rdn. 11; *Maurach/Schroeder/Maiwald* I § 33 Rdn. 25; *Mitsch* BT2/1 Rdn. 86; *Wessels/Hillenkamp* Rdn. 71.

[107] BGHSt **23** 254, 255; **26** 24, 26; BGH NJW **1975** 320; **1975** 1176, 1177; **1981** 997; BGH bei Dallinger MDR **1955** 145; BGH GA **1966** 78; OLG Köln NJW **1984** 810; **1986** 392; OLG Düsseldorf NJW **1986** 2266; **1988** 1335, 1336; *Duttge* HK-GS Rdn. 27; *Kindhäuser* NK Rdn. 58; *Lackner/Kühl* Rdn. 15; *Sch/Schröder/Eser* Rdn. 38; *Eisele* BT II Rdn. 40; *Gössel* ZStW **85** (1973) 591, 614; *Kindhäuser* BT II § 2 Rdn. 49; *Kühl* JuS **1982** 110, 112; *Küper* BT S. 445; *Rengier* BT 1 § 2 Rdn. 23; *Wessels/Hillenkamp* Rdn. 109.

[108] BGHSt **23** 254; **26** 24, 26; BGH NJW **1981** 997; **1987** 2687; NStZ **1981** 435 f; **1987** 71; OLG Düsseldorf NJW **1988** 1335, 1336; **1990** 1492; *Duttge* HK-GS Rdn. 27.

[109] *Kohlhaas* Anm. NJW **1962** 1879; OLG Hamm NJW **1964** 1427; *Eser* JuS **1964** 477 f, 482.

gemeinrechtliche *Apprehensionstheorie*, wonach es darauf ankommt, ob der Täter die Sache (fest) ergriffen hat, für das geltende Recht hilfreich ist, unterliegt Zweifeln. Richtig ist, dass sich ein Täter, bevor er die Sache ergriffen hat, noch im Stadium des Versuchs oder sogar noch der Vorbereitung bewegt.[110] Aber man wird nicht sagen können, dass durch (festes) Ergreifen in jedem Falle oder auch nur regelmäßig Gewahrsam begründet wird (vgl. dazu *Gössel* ZStW **85** [1973] 591, 604 ff). Keinesfalls ist das Ergreifen bei großen oder sperrigen Gütern Wegnahme (BGHSt **23** 254, 255; BGH NJW **1974** 1176, 1177). Auch wenn die Wegnahme in mehreren Teilakten vor sich gehen soll, liegt im ersten Ergreifen, Aussondern oder Bereitlegen allenfalls eine Gewahrsamslockerung. Nicht überzeugend ist schließlich die auf *Schröder* zurückgehende Formel, für neuen Gewahrsam sei die *„Apprehension plus Möglichkeit der Ablation"* zu verlangen (bis heute *Sch/Schröder/Eser* Rdn. 37). Auf die Möglichkeit der Ablation kann es nicht entscheidend ankommen, weil die realisierbare und realisierte Möglichkeit, den Gewahrsam z.B. im Wege der Notwehr (§ 32 StGB) oder Besitzkehr (§ 859 Abs. 2 BGB) wieder zu erlangen, der Annahme einer vorherigen Gewahrsamsbegründung des Diebes nicht entgegensteht, sondern sie geradezu voraussetzt (s. bereits Rdn. 87; weiterhin *Kindhäuser* NK Rdn. 59).

Insgesamt liegt es auf der **Grenze zwischen Tat- und Rechtsfrage**, ob neuer Gewahrsam begründet ist, und bemerkenswert offen heißt es bei *Ruß* LK[11] Rdn. 42: „Da die richtige Entscheidung Sache des Einzelfalls ist, sind unterschiedliche Beurteilungen möglich."[111] **95**

Bei **Geld oder anderen unauffälligen, leicht beweglichen Sachen geringen Umfanges** wird durch das **Einstecken** in die eigene Kleidung oder in ein mitgeführtes, leicht zu transportierendes Behältnis (z.B. eine Mappe oder Einkaufstasche) neuer Gewahrsam begründet.[112] Das gilt auch, wenn sich Täter und Sache noch in einem fremden räumlichen Machtbereich befinden, und sogar, wenn der Täter beobachtet oder überrascht wird und es gelingt, ihn zu stellen und ihm die Beute abzunehmen, z.B. wenn ein Einbrecher in einem Privathaus Sachen in Kleidertaschen oder mitgeführte Behältnisse steckt und er vom Eigentümer überrascht wird.[113] Denn „eine intensivere Herrschaftsbeziehung", als sie durch das Einstecken geschaffen wird, ist „kaum denkbar" und es kommt „der Ausschluss anderer besonders deutlich zum Ausdruck" (BGHSt **16** 271, 274);[114] die Beobachtung oder Entdeckung des Einsteckens gibt nur die Möglichkeit, **96**

---

110 Olshausen Anm. 22 f; *Duttge* HK-GS Rdn. 27; *Sch/Schröder/Eser* Rdn. 37; *Maurach/Schroeder/Maiwald* I § 33 Rdn. 25.

111 Vgl. RGSt **66** 394; **52** 202; 27 395; RG Recht **1906** 2184; JW **1934** 1358; BGH bei Dallinger MDR **1956** 270; *Otto* JZ **1993** 559, 561.

112 RGSt **52** 75, 76; BGHSt **16** 271, 274; **23** 254; **26** 24, 25 f; BGH NJW **1981** 996; BGHR StGB § 242 Wegnahme 1, 5); BGH 1 StR 269/86 vom 24.6.1986; OLG Düsseldorf NJW **1988** 1335, 1336; **1990** 1492; LG Gera NJW **2000** 159; *Lackner/Kühl* Rdn. 16; *Sch/Schröder/Eser* Rdn. 39; *Krey/Hellmann* Rdn. 40; *Martin* JuS **1998** 890, 891; *Otto* BT § 40 Rdn. 30; *Wessels/Hillenkamp* Rdn. 113; **aA** *Ling* ZStW **110** (1998) 919, 940.

113 BGHSt 20 194, 196; **23** 254, 255; BGH NJW **1962** 1211, 1213; BGH bei Dallinger MDR 1969 359; OLG Stuttgart NStZ **1985** 76 m. Anm. *Dölling* JuS **1986** 688, 690; *Schmitz* MK Rdn. 73; *Brocker* JuS **1994** 919, 923; *Eisele* BT II Rdn. 41; *Ulsenheimer* Jura **1981** 149, 151; *Welzel* GA **1960** 257, 259 ff; differenzierend OLG Düsseldorf NJW **1961** 1369, 1369; **aA** *Hruschka* NJW **1960** 1189, 1190

114 Vgl. ferner BGHSt **20** 194, 196; NJW **1970** 1196; NJW **1975** 1176, 1177; frühere Entscheidungen des BGH (NJW **1960** 242; JR **1963** 466 m. krit. Anm. *Geilen* JR **1963** 446; BGH LM Nr. 18 zu § 243 Abs. 1 StGB) sind überholt.

dem Dieb die Sache wieder abzunehmen. S. zum Ladendiebstahl noch Rdn. 100 ff. Ohne **Bedeutung** ist es auch, ob der Täter noch weitere **Beutestücke** suchen und mitnehmen will (BGH 1 StR 269/86 vom 24.6.1986). Bei den genannten Sachen kann sogar das **Ergreifen** und offene **Wegtragen** genügen (BGH bei Dallinger MDR **1967** 896 und MDR **1969** 359; OLG Köln MDR **1971** 595), desgleichen das **Verstecken** in der persönlichen Habe eines **Bediensteten**, auch wenn sich das Diebesgut noch im Gebäude befindet (vgl. BGH NStZ **1988** 270; OLG Düsseldorf JZ **1990** 100).

97 Für **Diebesgut, das sich nicht i.S.v. Rdn. 96 einstecken** lässt, gilt: Wer sich noch in fremdem räumlichen Machtbereich befindet und dabei ist, solches Diebesgut **zurecht zu legen, zu verpacken oder zusammenzuschnüren**, hat in aller Regel noch keinen neuen Gewahrsam begründet. Soll der Diebstahl am Teil einer Gesamtmenge begangen werden, so ist er nicht vor **Aussonderung** dieses Teils vollendet (RGSt 54 32). Bei leicht zu transportierenden Gegenständen ist regelmäßig der **Beginn des Abtransports** der Zeitpunkt der Gewahrsamsbegründung, wenn der Täter die Gegenstände ohne Gefahr der Behinderung oder Entdeckung aus dem fremden räumlichen Machtbereich herausschaffen kann.[115] Handelt es sich hingegen um einen größeren oder sperrigen Gegenstand oder überhaupt um eine Sache, die nicht ohne Schwierigkeiten oder ohne größeres Aufsehen weggeschafft werden kann, ist neuer Gewahrsam erst begründet, wenn die Täter die Sache aus dem bisherigen fremden Machtbereich **herausgeschafft** haben (BGH NJW **1975** 1176, 1177; NStZ **1981** 435, 436; StV **1984** 376; BGHR StGB § 242 Abs. 1 Wegnahme 5, 6). So liegt es z.B. bei folgendem Diebesgut: ein lebender Hammel (OLG Bamberg HESt **2** 18); ein noch zu verladender Pkw (OLG Koblenz VRS **46** 430); mehrere Säcke mit Metallspänen (BGH LM Nr. 9 zu § 243 Abs. 1 Nr. 2 StGB); ein Panzerschrank (BGH NStZ **1981** 435); 90 kg Lebensmitteln und ein Wohnzelt nebst Inhalt (BGH NStZ **1981** 997); mehrere Tapetenballen (OLG Celle JR **1965** 68); eine große Menge von Kleidungsstücken (RGSt **52** 202). Entsprechendes gilt, wenn beim Abtransport der Beute noch Hindernisse entgegenstehen, z.B. noch eine hohe Absperrmauer überklettert werden muss (BGH NJW **1955** 71), oder wenn in einem Einkaufswagen versteckte größere Gegenstände noch an der Kasse eines Selbstbedienungsladens vorbeigeschmuggelt werden müssen (OLG Köln NJW **1984** 810; **1986** 392; OLG Düsseldorf NJW **1986** 2266). In allen diesen Fällen hat der Täter vor dem **Abtransport** noch keine ungestörte Herrschaftsgewalt über die Sachen, diese liegt vielmehr immer noch beim bisherigen Verfügungsberechtigten (vgl. auch OLG Düsseldorf NJW **1988** 922). Bringt jemand unredlich sein Zeichen an im Wald liegendem fremden Holz an, um es später abzufahren, oder wirft ein Mittäter Frachtstücke aus dem Zug, damit sie später ein anderer einsammelt, so wird neuer Gewahrsam (erst) mit der Abfuhr oder der Aufnahme begründet (KG GA **1969** 121).

98 Bei **Kraftfahrzeugen** wird neuer Gewahrsam mit dem **Wegfahren** begründet (BGHSt **18** 66, 69; BGH NStZ **1982** 420; VRS **62** 274; vgl. auch BGH VRS **13** 350). Verursacht der Täter, weil ihm die verschmutzte Windschutzscheibe keine ausreichende Sicht ermöglichte, nach 10 m einen Unfall, durch den das Fahrzeug fahruntüchtig wird, ändert dies an der Wegnahme nichts mehr (OLG Hamburg MDR **1970** 1027; s. aber auch BGH bei Dallinger MDR **1975** 367: nur Versuch, wenn der Täter nach wenigen Metern wieder

---

[115] RGSt **66** 394, 396; RG GA Bd. **69** 104; BGHSt **16** 271, 276; BGH bei Dallinger MDR **1967** 896; BGH 2 StR 133/84 vom 4.5.1984; NStZ-RR **2005** 140, 141; KG JR **1966** 308; andererseits: OLG Celle MDR **1965** 315; OLG Köln NStZ **1981** 435; OLG Köln NJW **1984** 810; *Sch/Schröder/Eser* Rdn. 39; *Krey/Hellmann* Rdn. 41a; *Kühl* JuS **1982** 110, 112; *Wessels/Hillenkamp* Rdn. 111.

anhält, um die Frontscheibe von Schnee zu säubern, dann aber vom Eigentümer gestellt wird). Ist das Fahrzeug nicht fahrbereit, tritt die Gewahrsamsbegründung mit dem **Abschleppen** ein (OLG Koblenz VRS **46** 430, 431). Wer ein Kraftfahrzeug 150 m wegschiebt, begründet neuen Gewahrsam, nicht jedoch, wer es nur vom Grundstück auf die angrenzende Straße schiebt (BGH 1 StR 452/67 vom 31.10.1967).

Ob die **Beobachtung** des Wegnahmegeschehens durch den Eigentümer oder Personen, die zu seinen Gunsten einzuschreiten bereit und in der Lage sind, die Begründung neuen Gewahrsams hindert, hängt von den Umständen des Einzelfalles ab, wird aber regelmäßig zu verneinen sein: Diebstahl verlangt kein heimliches Vorgehen des Täters (BGHSt **16** 271, 273; BGH StV **1985** 323; NStZ **1987** 71; BGHR StGB § 242 Wegnahme 1). Der neue Gewahrsam muss nicht gesichert sein (BGH NStZ **1981** 435; **1988** 270; OLG Düsseldorf NJW **1988** 1335, 1336; **1990** 1492), und es ist nicht zwingend notwendig, die Tatbeute aus dem bisherigen Herrschaftsbereich herauszubringen. Wer in einem Warenhaus kleine, leicht bewegliche Waren einsteckt, begründet deshalb auch dann neuen Gewahrsam, wenn er dabei von einem Kaufhausdetektiv oder einer Verkäuferin mit Hilfe einer Videokamera beobachtet und dann noch vor Verlassen der Geschäftsräume gestellt wird (BGH NStZ **1987** 71; OLG Düsseldorf JZ **1990** 100; s. noch Rdn. 104). Im Übrigen entscheiden die räumliche Nähe des Eigentümers oder seiner Beauftragten zur Sache, die Schnelligkeit ihres Eingreifens sowie Umfang und Gewicht des Diebesgutes (*Otto* JZ **1993** 559, 561). Wer eine Bank überfällt und innerhalb des Bankraumes geraubtes oder erpresstes Geld einsteckt, begründet hieran auch dann Gewahrsam, wenn das Bankgebäude zeitgleich von Polizeibeamten umstellt wird (BGHSt **26** 24, 25 f). An einer Gewahrsamsbegründung fehlen soll es hingegen, wenn jemand Geld aus einem Waldversteck ausgräbt, dabei polizeilich vollständig überwacht ist, keine Chance hat zu entkommen und sofort nach Ansichnehmen des Geldes festgenommen wird (BGH StV **1985** 323; **krit.** hierzu *Otto* JZ **1993** 559, 561; vgl. auch BGH NStZ **1987** 71; BGHR StGB § 242 Abs. 1 Wegnahme 1; RGSt **53** 144). Zur Frage des Einverständnisses bei Beobachtung Rdn. 109. **99**

Entsprechend der großen praktischen Bedeutung von **Ladendiebstählen** (Vorbem. §§ 242–248c Rdn. 5 ff, 44 ff) hat sich hierzu eine besonders detaillierte Rechtsprechung entwickelt (grundlegend BGHSt **16** 271; **17** 105; **41** 198), die insbesondere die Frage der Gewahrsamsbegründung durch den Ladendieb betrifft. **100**

Grundsätzlich ist neuer Gewahrsam erst begründet, wenn der Täter den **Kassenbereich** mit der nicht bezahlten Sache **verlassen** hat bzw. das Kassenpersonal seine Abfertigung als abgeschlossen ansieht und somit unter normalen Umständen dem Wegschaffen der Beute kein Hindernis mehr entgegengestanden hätte (BGHSt **17** 205, 206; BGHR StGB § 242 Wegnahme 1; OLG Düsseldorf NJW **1986** 2266; vgl. auch OLG Köln NJW **1986** 392). In großen Kaufhäusern, in denen an verschiedenen Kassen bezahlt werden kann, muss der Ladendieb allerdings den letzten möglichen Kassenbereich verlassen (vgl. OLG Köln StV **1989** 156: nicht notwendigerweise Gewahrsamswechsel, wenn der Täter in der Hauswarenabteilung im Untergeschoss eine Bratpfanne ergreift, die er entwenden will, ohne sie zu bezahlen, sie offen in der Hand trägt und sich ins Erdgeschoss begibt, wo er gestellt wird); anders liegt es in sog. Malls oder in Kaufhäusern, deren Abteilungen auch ohne bauliche Abgrenzung funktional selbständige Ladengeschäfte sind. Diese Grundsätze gelten auch, wenn der Täter eine Ware ergreift und offen in der Hand trägt oder in einen Einkaufs- oder Warenkorb legt; alle diese Handlungen führen für sich gesehen noch nicht zu einem Gewahrsamswechsel, z.B. wenn der Täter, der die Ware offen in der Hand trägt, den Kassenbereich zwar passiert, aber sich noch in einer Verkaufsfläche im Freien vor dem Geschäft befindet (BayObLG NJW **1997** 3326 mit Bespr. **101**

*Martin* JuS **1998** 890). Noch kein neuer Gewahrsam begründet wird, wenn der Täter Waren in der Absicht, sie nicht zu bezahlen, noch vor dem Kassenbereich versteckt, ohne sie einzustecken, z.B. in der Verpackung einer anderen Ware verbirgt[116] oder zwar in den Einkaufs- oder Warenkorb legt, dort aber mit einem Kleidungsstück überdeckt;[117] auch in diesen Fällen kommt es erst an der Kasse zum Gewahrsamswechsel (zur Frage der Reichweite des Einverständnisses des Kassenpersonals in diesen Fällen Rdn. 112). Wer Waren im umzäunten Außenbereich eines Baumarkts durch den Zaun nach außen stellt, hat noch keinen neuen Gewahrsam begründet, wenn er nach Passieren des Kassenbereichs vom Ladendetektiv gestellt wird (LG Zwickau NJW **2006** 166).

**102** Bei kleinen, leicht beweglichen und unauffälligen Waren (z.B. Rasierklingen, Zigarettenschachteln, CDs oder DVDs, Flaschen usw.) kommt es aber bereits in dem Zeitpunkt zum Gewahrsamswechsel, in dem der Ladendieb die Ware **einsteckt**, sei es, dass er sie in eine Kleidungstasche steckt oder unter der Kleidung verbirgt, sei es, dass er sie in ein mitgeführtes, leicht zu transportierendes Behältnis (z.B. Mappe oder Einkaufstasche) steckt (BGHSt **16** 271).[118] Nicht mehr klein und unauffällig sind 16 kg Kaffee, den der Täter in vier Plastiktüten versteckt, und 38 Stangen Zigaretten, die er an sich genommen hat; wird er dabei beobachtet und noch im Haus gestellt, bleibt es beim Diebstahlsversuch (BGH StV **1984** 376). Wer Lebens- und Genussmittel an Ort und Stelle **konsumiert** (isst, trinkt, raucht), begründet hierdurch eigenen Gewahrsam (LG Freiburg ZIS **2006** 40, 41 m. Anm. *Marlie*).

**103** Bei Kleidungsstücken kann der Gewahrsamswechsel bereits mit dem **Anziehen** erfolgen, muss es aber nicht. So hat BGH bei Dallinger MDR **1969** 902 (s. aber auch BGH NStZ **1988** 270, 271; ferner OLG Köln NJW **1973** 1807) eine Verurteilung nur wegen Diebstahlsversuch bestätigt, wenn der Täter in einem Warenhaus Kleidungsstücke, die er entwenden wollte, angezogen hatte und dabei von Angestellten beobachtet worden war, weil es sich nicht um eine kleine unauffällige Beute gehandelt und der Täter sie auch nicht unter anderen Kleidungsstücken getragen habe. Wird das zu entwendende Kleidungsstück aber unter anderen Kleider verborgen, so bewirkt das einen Gewahrsamswechsel, auch wenn der Täter hierbei von einer Angestellten durch eine Videokamera beobachtet wird (OLG Düsseldorf NJW **1990** 1492; s. weiterhin OLG Stuttgart NStZ **1985** 76 und *Dölling* JuS **1986** 688, 690).

**104** Die Rechtsprechung (zusf. BGHSt **41** 198, 204 ff) und h.L. wenden die soeben Rdn. 101 ff entwickelten Grundsätze auch dann an, wenn der Täter von eingriffsbereiten und -fähigen Personen, sei es Ladeninhaber, Angestellte, Ladendetektive oder Polizeibeamte **beobachtet** wird (s. bereits Rdn. 99).[119] Diebstahl sei kein heimliches Delikt, son-

---

116 S. hierzu OLG Düsseldorf NJW **1988** 922, 923; *Eisele* BT II Rdn. 43; *Hassemer* JuS **1988** 574, 575; *Kindhäuser* BT II § 2 Rdn. 38; *Rengier* BT 1 § 2 Rdn. 26.

117 S. hierzu BGHSt **41** 198, 205 f; OLG Köln NJW **1984** 810; OLG Düsseldorf NJW **1986** 2266; OLG Düsseldorf NJW **1993** 1407; OLG Zweibrücken NStZ **1994** 449; *Duttge* HK-GS Rdn. 30; *Maurach/Schroeder/Maiwald* I § 33 Rdn. 26; *Otto* BT § 40 Rdn. 30; *Welzel* NJW 1961, 328, 329; *Wessels/Hillenkamp* Rdn. 116.

118 U.a. RGSt **76** 131, 133; BGHSt **16** 271; **23** 254, 255; **26** 24, 26; BGH bei Dallinger MDR **1969** 359 unter Einschränkung der Auffassung in BGH JR **1963** 466; BGH NJW **1981** 997; BGHR StGB § 242 Wegnahme 1; OLG Hamm MDR **1969** 862; OLG Düsseldorf NJW **1986** 2266; BayObLG NJW **1995** 3000; *Sch/Schröder/Eser* Rdn. 39; *Geilen* JR **1963** 446; *Mitsch* BT 2/1 § 1 Rdn. 63; *Otto* JZ **1985** 21, 22; *Wessels/Hillenkamp* Rdn. 113; **aA** *Ling* ZStW **110** (1998) 919, 940.

119 RGSt **52** 75; **53** 144; **76** 131, 133; BGHSt **16** 271; **17** 205, 208 f; **20** 194, 196; **23** 254, 255; **26** 24, 26; BGH GA **1969** 91 f; NStZ **1988** 270; BGHR StGB § 242 Wegnahme 1;

dern könne auch offen unter den Augen des Bestohlenen begangen werden. In den Fällen des Einsteckens sei entscheidend, dass die Ware in den engen Körperbereich des Täters gelange. Dieser Bereich begründe auch in der generellen Gewahrsamssphäre des Kaufhausinhabers eine „Gewahrsamsenklave" (der Begriff geht zurück auf *Welzel* NJW **1961** 328), eine „höchstpersönliche Sphäre" (OLG Düsseldorf NJW **1986** 2266) oder einen rechtlich besonders geschützten „Tabubereich" (*Rengier* BT 1 § 2 Rdn. 25). Deshalb komme es nicht mehr darauf an, ob der Täter mit der Ware entkommen könne. Unausgesprochen steht im Hintergrund von BGHSt **16** 271 die Überlegung, dass Ladendiebe allenfalls, wenn sie beobachtet und gestellt werden, strafrechtlich verfolgt werden, es aber befremdlich erschiene, dann stets nur wegen Versuchs zu bestrafen, und andererseits, dass in dem zugrunde liegenden Fall nur eine Übertretung nach § 370 Abs. 1 Nr. 5 StGB a.F. („Mundraub") verfahrensgegenständlich war, deren Versuch straflos war. – Die Gegenauffassung, die nur zum Versuch kommt,[120] argumentiert mit der Formel „Apprehension und Möglichkeit der Ablation" (Rdn. 94; *Sch/Schröder/Eser* Rdn. 40), den Notrechten des Ladeninhabers bzw. Ladendetektivs und weist auf Rechtsprechung hin, wonach kein Gewahrsam begründet wird, wenn es dem Täter völlig unmöglich ist, die Beute wegzuschaffen (BGHSt **4** 199), z.B. wenn sich Eisengitter eines Raumes schließen und der Dieb, der das nicht bemerkt hat, anschließend Diebesgut einsteckt. – Aber selbst in diesem ***exemplum ad absurdum*** besteht bei Licht besehen Sachherrschaft des Diebes, bevor ihm die Sache wieder abgenommen wird; er könnte z.B. das eingesteckte Diebesgut beschädigen oder zerstören, wenn ihm seine Lage klar wird. – Gleichfalls unerheblich ist es nach Rechtsprechung und h.L., ob die Ware gegen Entwendung **technisch (elektronisch) gesichert** ist.[121]

Bei der sog. **Diebesfalle** begründet der Dieb in aller Regel (s. aber BGHSt **4** 199) **105**
neuen Gewahrsam. Der ursprüngliche Gewahrsam wird allerdings nicht gebrochen, wenn der ursprüngliche Gewahrsamsinhaber die Falle stellte und mit dem Gewahrsamswechsel einverstanden war. Entsprechendes gilt für sog. **Fangbriefe**, durch die ein ungetreuer Postbeamter überführt werden soll (OLG Köln NJW **1961** 2360). S. noch Rdn. 127.

---

OLG Köln MDR **1971** 595, 596; OLG Düsseldorf NJW **1988** 1335, 1336; **1990** 1492; *Fischer* Rdn. 18; *Hoyer* SK[6] Rdn. 52; *Lackner/Kühl* Rdn. 16; Arzt/Weber/*Heinrich*/Hilgendorf BT § 13 Rdn. 57 f; *Backmann* S. 89 f; *Cordier* NJW **1961** 1340; *Geilen* JR **1963** 446; *Gössel* ZStW **85** (1973) 591, 649; *Heubel* JuS **1984** 445, 448; *Maurach/Schroeder/Maiwald* I § 33 Rdn. 26; *Otto* ZStW **79** (1967) 61 ff; *Welzel* GA **1960** 257 ff; *Wessels/Hillenkamp* Rdn. 114; *Wimmer* NJW **1962** 609; vgl. auch BGH bei Dallinger MDR **1969** 359; **aA** OLG Hamm NJW **1961** 328 m. abl. Anm. *Welzel*; OLG Düsseldorf NJW **1961** 1368; OLG Düsseldorf NJW **1986** 2266; *Sch/Schröder/Eser* Rdn. 40; *Hruschka* NJW **1960** 1189; *H. Mayer* JZ **1962** 617; in BGH StV **1984** 376 war vom Umfang der Beute her eine andere Beurteilung veranlasst.

120 BGH JR **1963** 466; OLG Düsseldorf NJW **1961** 1368; OLG Hamburg NJW **1960** **1920**; OLG Hamm NJW **1961** 328 m. abl. Anm. *Welzel*; *Hruschka* NJW **1960** 1189; *H. Mayer* JZ **1962** 617, 620.

121 BayObLG NJW **1995** 3000, 3001 m. Bespr. *Kargl* JuS **1996** 971; OLG Frankfurt MDR **1993** 671; OLG Stuttgart NStZ **1985** 76; *Fischer* Rdn. 18; *Lackner/Kühl* Rdn. 16; *Eisele* BT II Rdn. 42; *Kindhäuser* BT II § 2 Rdn. 54; *Krey/Hellmann* Rdn. 42; *Mitsch* BT 2/1 § 1 Rdn. 64; *Wessels/Hillenkamp* Rdn. 114; **aA** *Sch/Schröder/Eser* Rdn. 40.

**4. Fehlen des Einverständnisses des ursprünglichen Gewahrsamsinhabers**

106 a) **Allgemeines.** Vollzieht sich der Gewahrsamswechsel mit dem Willen des ursprünglichen Gewahrsamsinhabers, so mag äußerlich eine Wegnahme vorliegen; sie ist aber nach – soweit ersichtlich – allgemeiner Auffassung nicht tatbestandsmäßig i.S.v. § 242 StGB, da es am „Bruch“ fremden Gewahrsams fehlt. Der Gewahrsamsübertragungswille des ursprünglichen Gewahrsamsinhabers ist ein **tatbestandsausschließendes Einverständnis,**[122] dessen Fehlen negatives Tatbestandsmerkmal des Diebstahls ist.

107 Mit anderen Worten ist jede **Wegnahme ohne** das Einverständnis des ursprünglichen Gewahrsamsinhabers tatbestandsmäßig.[123] Allerdings heißt es in der Literatur teilweise, eine Wegnahme liege nur vor, wenn „gegen“ (*Fischer* Rdn. 16) oder „gegen oder ohne“ den Willen des ursprünglichen Gewahrsamsinhabers (*Küper* BT S. 445; *Wessels/Hillenkamp* Rdn. 103) gehandelt werde. Soweit als entgegenstehender Wille bereits der mit jedem Gewahrsam gegebene, auch potenzielle oder generelle, Sachherrschaftswille ausreichen soll, ergeben sich keine praktischen Unterschiede (zutr. *Fischer* aaO). Demgegenüber verlangen *Ludwig/Lange* JuS **2000** 446, 448 f Anhaltspunkte für einen der Wegnahme entgegenstehenden, ausdrücklich oder konkludent erklärten oder zumindest mutmaßlichen Willen des ursprünglichen Gewahrsamsinhabers. Ein „mutmaßliches Einverständnis“ ist aber eine zweifelhafte Rechtsfigur (abl. *Jescheck/Weigend* § 34 VII 1b [S. 387 Fn. 75]). Die von *Ludwig/Lange* aaO intendierte „Hochzonung“ von Rechtfertigungsfragen auf Tatbestandsebene ist weder erforderlich noch sachgerecht, da die Wegnahme fremder Sachen ohne den Willen des Eigentümers nicht, wie die Autoren meinen, an sich erlaubt und nur bei entgegenstehendem Willen verboten, sondern verbotene Eigenmacht ist (vgl. § 858 Abs. 1 BGB: „ohne dessen Willen“).

108 Maßgeblich ist – ebenso wie beim Herrschaftswillen – der **natürliche Wille** des ursprünglichen Gewahrsamsinhabers, der auch bei Geisteskranken, Kindern (RGSt 2 332) oder Betrunkenen (RG JW **1939** 224) vorhanden sein kann.[124] Reflexbewegungen z.B. eines Hypnotisierten oder das Geschehenlassen der Wegnahme durch einen Bewusstlosen, der zu einem Willensentschluss unfähig ist, sind jedoch kein Einverständnis. Anders als bei der Einwilligung beseitigen **Irrtum und auch Täuschung** die Wirksamkeit des Einverständnisses in die Wegnahme nicht (s. noch Rdn. 119 ff). Anders liegt es bei durch **Nötigung** erwirktem Einverständnis (zutr. *Mitsch* BT 2/1 § 1 Rdn. 74). Nach h.A. genügt ein **innerlich** gebildeter und gebliebener Wille;[125] unstreitig muss er nicht gegenüber dem Wegnehmenden erklärt werden (s. noch Rdn. 127 zur sog. Diebesfalle). Er muss aber zum **Tatzeitpunkt** vorliegen; die nachträgliche Zustimmung zur Wegnahme ist unbeachtlich (RGSt **61** 393). Umgekehrt ist die vorherige Zustimmung zur Wegnahme bis zum Tatzeitpunkt frei widerruflich; daran ändert eine Vertragspflicht nichts (**aA**

---

[122] BGHSt **4** 199; **8** 273, 276; BayObLG JR **1979** 296; OLG Düsseldorf NStZ **1992** 237; *Sch/Schröder/Eser* Rdn. 36; *Maurach/Schroeder/Maiwald* I § 33 Rdn. 28; dies ist auch der entscheidende Grund, weshalb beim Tanken ohne zu bezahlen kein Diebstahl vorliegt: BGH NJW **1983** 2827; BGH 3 StR 385/84 vom 28.9.1984; OLG Düsseldorf JR **1982** 343 m. zust. Anm. *Herzberg*; *Ranft* JA **1984** 1, 4; *Seier* JA **1984** 321.

[123] Wie hier *Lackner/Kühl* Rdn. 14; *Sch/Schröder/Eser* Rdn. 35; *Kindhäuser* BT II § 2 Rdn. 43.

[124] *Duttge* HK-GS Rdn. 31; *Fischer* Rdn. 22; *Schmitz* MK Rdn. 75; *Sch/Schröder/Eser* Rdn. 36; Arzt/Weber/*Heinrich*/Hilgendorf BT § 13 Rdn. 53; *Haft/Hilgendorf* BT 1 S. 8; *Mitsch* BT 2/1 § 1 Rdn. 73; *Rengier* BT 1 § 2 Rdn. 31; *Wessels/Hillenkamp* Rdn. 107.

[125] *Duttge* HK-GS Rdn. 32; *Schmitz* MK Rdn. 75; *Eisele* BT II Rdn. 48; *Haft/Hilgendorf* BT 1 S. 8; *Mitsch* BT 2/1 § 1 Rdn. 71; *Rengier* BT 1 § 2 Rdn. 31.

*Schmitz* MK Rdn. 93; die dort befürchteten „Differenzen zwischen zivil- und strafrechtlicher Lage“ dürften kaum bestehen, da bei Kauf von „Getreide auf dem Halm“ der vertragswidrige Widerruf der Gestattung, es abzuernten, den fälligen und [bei Kaufpreiszahlung] einredefreien Übereignungsanspruch nicht berührt, so dass das eigenmächtige Abernten keine rechtswidrige Zueignung wäre).

**Beobachtet** der ursprüngliche Gewahrsamsinhaber die Wegnahme und lässt sie ge- **109** schehen, so kann das im Einzelfall Anzeichen des inneren Einverständnisses mit der Wegnahme sein, z.B. wenn es sich um eine sog. Diebesfalle (s. noch Rdn. 127) handelt (vgl. Arzt/Weber/*Heinrich*/Hilgendorf BT § 13 Rdn. 57, 59). In der Regel wird der Beobachtende aber mit der Wegnahme *nicht einverstanden* sein, sei es, weil er sich nicht sicher ist und abwarten will, ob es überhaupt zu einer Wegnahme kommt, sei es, weil er keine aussichtsreichen Abwehrmöglichkeiten sieht; daher liegt beim beobachteten Ladendiebstahl i.d.R. kein Einverständnis vor.

Entscheidend ist der **Wille des ursprünglichen Gewahrsamsinhabers**, nicht des Eigen- **110** tümers oder sonst an der Sache Berechtigter. Bei *Mitgewahrsam mehrer* ist das Einverständnis desjenigen maßgebend, der die unmittelbare Einwirkungsmöglichkeit auf die Sache hat und deshalb über sie unabhängig von der Mitwirkung der anderen Gewahrsamsinhaber tatsächlich verfügen kann (BGHSt **18** 221, s. noch Rdn. 121 ff); fehlt es an diesen Voraussetzungen, so ist die Zustimmung aller Mitgewahrsamsinhaber notwendig (BGHSt 8 273). Bei *juristischen Personen oder Behörden* (s. hierzu bereits Rdn. 57) entscheidet der Wille der natürlichen Person(en), die den Gewahrsam inne hat (haben), gleich, ob die Willensentscheidung im Innenverhältnis rechts- oder pflichtgemäß ist oder nicht. Zur Möglichkeit, sich beim Einverständnis *vertreten* zu lassen, Rdn. 125.

b) **Reichweite des Einverständnisses (spezielles und antizipiertes generelles Einver- 111 ständnis)**. Das Einverständnis in die Wegnahme ist von der Einwilligung in die Zueignung der weggenommenen Sache (*Kindhäuser* NK Rdn. 41, 116) zu trennen; bei sog. Diebesfallen wird regelmäßig jenes, nicht aber diese gegeben sein (s. noch Rdn. 127).

Ein **spezielles Einverständnis** schließt die Wegnahme nur in Bezug auf die Sachen aus, **112** auf die es sich tatsächlich bezieht (*Mitsch* BT 2/1 § 1 Rdn. 75). Wird ein Einkauf nur teilweise an der Kasse vorgelegt, so beinhaltet das Weitergehenlassen des Käufers nur das Einverständnis des Kassierers in die Wegnahme der vorgelegten Waren, nicht aber solcher Waren, die in der Kleidung oder im Einkaufswagen versteckt sind und von deren Vorhandensein der Kassierer nichts weiß, weshalb er mit einem Gewahrsamswechsel nicht einverstanden sein kann (BGHSt **41** 198, 202 ff).[126] Auch in den sog. „Verpackungsfällen“, in denen der Käufer an der Kasse eine verpackte Ware (z.B. eine Windelpackung) vorlegt, in der er eine andere Ware (z.B. eine Spirituosenflasche) versteckt hat, die er nicht bezahlen will, liegt richtiger Auffassung nach Diebstahl, nicht auch oder nur Betrug vor.[127] Denn der Kassierer ist nur mit dem Wechsel des Gewahrsams an dem

[126] BGHSt **41**, 198 = BGH JR **1996** 340 m. Anm. *Scheffler* und *Hillenkamp* JuS **1997** 217, 221; BayObLG MDR **1989** 376; *Duttge* HK-GS Rdn. 34; *Sch/Schröder/Eser* Rdn. 36; *Eisele* BT II Rdn. 51; *Jäger* BT Rdn. 204; *Krey/Hellmann* Rdn. 45a; *Maurach/Schroeder/Maiwald* I § 33 Rdn. 31; **aA** OLG Düsseldorf NJW **1993** 1407 m. Anm. *Brocker* JuS **1994** 919, 921; *Schmitz* JA **1993** 350, 351.

[127] BGHSt **17** 205, 209; OLG Zweibrücken NStZ **1995** 448; vgl. auch OLG Köln NJW **1984** 810; *Hefendehl* MK § 263 Rdn. 255; *Hoyer* SK[6] § 263 Rdn. 169; *Sch/Schröder/Eser* Rdn. 36; *Vitt* NStZ **1994** 133, 134; **aA** (Betrug) aber OLG Düsseldorf NJW **1988** 922; differenzierend *Wessels/Hillenkamp* Rdn. 635.

ordnungsgemäßen Inhalt der Verpackung einverstanden, und es fehlt an einer Vermögensverfügung, wenn sich der die Wegnahme Duldende infolge der Täuschung über den Inhalt seines eigenen Gewahrsams nicht bewusst ist.[128] Zwar übergibt, wer eine Verpackung übergibt, *objektiv* denknotwendiger Weise auch deren Inhalt; jedoch heißt das nicht, dass er *subjektiv* jedweden Inhalt übergeben will; das wäre eine bloße Willensfiktion (BGH aaO S. 203).

**113** Ein Einverständnis kann auch **generell** und im vorhinein erteilt, also **antizipiert** werden, z.B. wenn der Betreiber einer Erdbeerplantage den Kunden gestattet, beim Pflücken der Erdbeeren so viele zu essen, wie die Kunden wollen und können, und nur die übrigen Erdbeeren zum Wiegen und Bezahlen vorzulegen. Ein antizipiertes und generelles Einverständnis, das *i.d.R.* ausdrücklich oder stillschweigend öffentlich kundgetan wird, ist im Verhältnis zum speziellen objektivierter: Es kann ausgelegt und nicht durch bloße innere Willensänderung widerrufen oder beschränkt werden (zutr. *Hoyer* SK[6] Rdn. 53; *Schmitz* MK Rdn. 82).

**114** c) **Bedingtes Einverständnis.** Das Einverständnis kann auch **bedingt** erklärt werden (KG DStrR **1937** 57). Allerdings geht die h.A. davon aus, dass wegen der faktischen Natur des Einverständnisses nur solche Bedingungen in Betracht kommen, die an *äußerlich erkennbaren Ereignissen, Vorgängen oder Verhaltensweisen* anknüpfen, nicht aber solche, die an äußerlich nicht Erkennbarem wie z.B. Absichten, Befugnissen oder Rechtslagen anknüpfen.[129] In den Automaten-Fällen (sogleich Rdn. 115 ff) bedeutet das, dass nur Bedingungen in Betracht kommen, die in der technischen Konstruktion des Automaten ihren Niederschlag gefunden haben.

**115** Wer einen **Warenautomaten** (Zigaretten-, Getränkeautomaten usw.) aufstellt, erklärt sein stillschweigendes antizipiertes generelles Einverständnis in den Gewahrsamswechsel an den angebotenen Waren, wenn sich dieser Wechsel *äußerlich ordnungsgemäß* abspielt, insbesondere wenn der Warenautomat äußerlich ordnungsgemäß bedient wird. Das ist sicher nicht der Fall, wenn der Täter Ware oder Geld einem Automaten gewaltsam entnimmt, aber auch nicht, wenn der Täter die Freigabe von Ware oder Geld durch betriebswidrige Manipulationen veranlasst (OLG Stuttgart JR **1982** 508 m. Anm. *Seier*; BayObLGSt **1955** 120). Nach h.A. soll auch Ware, die aufgrund eines Fehlers des Mechanismus ohne Geldeinwurf freigegeben wird, gestohlen werden können (BGH bei Dallinger MDR **1957** 141; vgl. auch OLG Koblenz NJW **1984** 2424). Das überzeugt nur, wenn die Freigabe durch äußerlich ordnungswidrige Bedienung (z.B. Schlag, Tritt usw.) erwirkt wird, nicht aber, wenn der Automat äußerlich ordnungsgemäß bedient wird (z.B. Wahl eines bestimmten Getränks) und dann aufgrund eines Fehlers des Mechanismus vor Geldeinwurf die Ware frei gibt; wer diese an sich nimmt, verwirklicht nur Unterschlagungsunrecht. Umstritten ist die Frage, ob Diebstahl vorliegt, wenn sich der Täter die Ware durch Einwurf von *Falschgeld* verschafft. Die bislang h.A. hält das für eine äußerlich ordnungswidrige Bedienung und geht deshalb von einer Wegnahme aus.[130] Eine vor-

---

[128] S. OLG Hamm NJW **1969** 620 m. abl. Anm. *Wedekind* NJW **1969** 1128; ebenso *Bittner* MDR **1970** 291; *Maurach/Schroeder/Maiwald* I § 33 Rdn. 31. – Ist die Gewahrsamsübertragung nicht aufgrund einer Täuschung erfolgt, kommt aber nur Unterschlagung in Betracht, s. OLG Hamm NJW **1974** 1957.

[129] *Schmitz* MK Rdn. 83; *Eisele* BT II Rdn. 55; *Kindhäuser* BT II § 2 Rdn. 45.

[130] BGH MDR **1952** 563; BGH 3 StR 915/53 vom 4.11.1954; BayObLGSt **1955** 120 f; BayObLG JR **1982** 291 m. Anm. *Meurer*; OLG Celle NJW **1997** 1518 = JR **1997** 345 m. Anm. *Hilgendorf* und *Mitsch* JuS **1998** 307, 311; OLG Koblenz NJW **1984** 2424,

dringende Gegenauffassung verweist darauf, dass die Prüfroutine das Falschgeld eben nicht als solches erkenne, sondern die Freigabe äußerlich ordnungsgemäß erfolge; würde die Ware bei einem Menschen gekauft und mit Falschgeld bezahlt, wäre das als Betrug, nicht als Diebstahl strafbar; entsprechend seien in den Automatenfällen nicht § 242, sondern § 265a, ggf. § 263a und subsidiär § 246 StGB anzuwenden.[131] Für diese Auffassung spricht, dass die Benutzung einer gefälschten Karte an einem Geldautomaten nach h.A. keine äußerlich erkennbar ordnungswidrige Bedienung des Automaten darstellt (Rdn. 117 a.E.).

Bei **Geldspielautomaten** kann es zu einer Wegnahme des „gewonnenen" Geldes führen, dass der Mechanismus äußerlich erkennbar ordnungswidrig bedient wird, z.B. wenn Walzen durch Einführen eines Drahtes manipuliert werden (BGH bei Dallinger MDR **1957** 141; BayObLG JR **1982** 292 m. Anm. *Meurer*). Das „Leerspielen" von Geldspielautomaten mit der Hilfe von Computern und unter Nutzung von Geschäftsgeheimnissen der Hersteller ist hingegen nur nach § 263a StGB, § 17 Abs. 2 UWG strafbar (s. hierzu *Tiedemann* LK[11] § 263a Rdn. 61), da die Automaten äußerlich ordnungsgemäß bedient werden; der Umstand, dass der Spieler den Programmablauf nicht kennt, manifestiert sich als solcher nicht nach außen und kann deshalb nicht als Bedingung des Einverständnisses in den Gewahrsamswechsel an dem Gewinn herangezogen werden.[132] Wer einen Geldwechselautomaten in einer Spielhalle in der Weise leert, dass er einen Geldschein mit Tesafilm präpariert, festhält, dauernd wechseln lässt und schließlich zurückzieht, begeht nach OLG Düsseldorf NJW **1999** 3208 m. Anm. *Otto* JR **2000** 214 einen Diebstahl an dem ausgegebenen Wechselgeld, da der Automat äußerlich erkennbar ordnungswidrig bedient wird (**aA**, weil der Ausgabemechanismus nur „überlistet" worden sei, *Schmitz* MK Rdn. 87, der jedoch einen Diebstahl an dem zurückgezogenen Geldschein für möglich hält). 116

Der Missbrauch von **Geldautomaten** („Bankomaten", ATMs) ist nach heutigem Recht ein Fall des § 263a StGB, ggf. auch des § 266b StGB, oder auch straflos, wenn der berechtigte Karteninhaber einen Geldautomaten seiner eigenen Bank unbefugt, insbesondere unter Überschreitung seines Verfügungsrahmens bei Zahlungsunfähigkeit nutzt (s. zu alledem *Tiedemann* LK[11] § 263a Rdn. 47 ff). Vor Inkrafttreten der §§ 263a, 266b StGB (eingefügt durch das 2. WiKG vom 15.5.1986, BGBl. I S. 721, in Kraft getreten am 1.8.1986) stellte sich die Frage, ob und in welchen Konstellationen der Geldautomatenmissbrauch nach § 242 oder nur § 246 StGB bestraft werden konnte. Die h.A. hielt den Missbrauch von Geldautomaten für eine im Prinzip äußerlich ordnungsgemäße Bedienung, so dass die Geldausgabe als vom Einverständnis des Betreibers gedeckt angesehen werden musste und eine Wegnahme ausschied. Dies galt jedenfalls für den berechtigten 117

---

2425; OLG Stuttgart NJW **1982** 1659 m. zust. Anm. *Seier* JR **1982** 509; *Lackner/Kühl* § 265a Rdn. 2; *Sch/Schröder/Eser* Rdn. 36; *Heubel* JuS **1984** 445, 447; *Krey/Hellmann* Rdn. 32; *Mitsch* BT 2/1 § 1 Rdn. 77; *Otto* JZ **1985** 21, 23; JZ **1993** 559, 562; *Ranft* JA **1984** 1, 6; *Schulz* NJW **1981** 1351; *Seier* JA **1982** 518; *Wessels/Hillenkamp* Rdn. 108; **aA** AG Lichtenfels NJW **1980** 2206; *Hoyer* SK[6] Rdn. 55; *Arzt/Weber/Heinrich*/Hilgendorf BT § 13 Rdn. 151; *Dreher* MDR **1952** 563.

131 AG Lichtenfels NJW **1980** 2206; *Hoyer* SK[6] Rdn. 55 f; *Schmitz* MK Rdn. 86; *Arzt/Weber/Heinrich*/Hilgendorf BT § 13 Rdn. 151; *Dreher* MDR **1952** 563, 564 als abl. Anm. zu BGH MDR **1952** 563.

132 OLG Celle NStZ **1989** 367 m. Anm. *Neumann* JuS **1990** 535, 538; LG Freiburg NJW **1990** 2635, 2636; LG Ravensburg StV **1991** 214 m. Anm. *Herzog* StV **1991** 215, 216; *Fischer* Rdn. 25; *Schmitz* MK Rdn. 90; *Sch/Schröder/Eser* Rdn. 36; *Achenbach* Jura **1991** 225, 226; *Rengier* BT 1 § 2 Rdn. 35; *Schulz* JA **1995** 538, 541; **aA** LG Saarbrücken NJW **1989** 2272.

Karteninhaber, der lediglich seinen Verfügungsrahmen ggf. vorsätzlich überschritt,[133] aber auch für den, der eine fremde Karte entwendete (was für sich Diebstahl sein kann, s. BGHSt 35 152, 156[134]) und dann unter Nutzung der zutreffenden PIN-Nummer Geld abhob,[135] und sogar für den, der eine völlig gefälschte, nicht von einer Bank ausgegebene Karte verwendete, da er nicht am Geldautomaten, sondern an der Karte als „Automatenschlüssel“ manipulierte.[136]

**118** **Tanken, ohne zu bezahlen,** ist nur ausnahmsweise Wegnahme und Diebstahl. Bei bedienten Tankstellen ist die Absicht des Kunden, zu bezahlen, zwar Geschäftsgrundlage, nicht aber strafrechtlich relevante Bedingung des Einverständnisses des Tankwarts in den Gewahrsamswechsel mit Einfüllen des Treibstoffs; bei anfänglich zahlungsunfähigen oder -unwilligen Kunden liegt vielmehr (Sach-)Betrug vor. Nur wenn sich der Kunde in Abwesenheit des Tankwarts selbst „bedient“, kommt Diebstahl in Betracht (*Schroeder* JuS **1984** 846). Bei Selbstbedienungstankstellen kommt eine Wegnahme nur in Betracht, wenn der Kunde von vornherein zu erkennen gibt, dass er nicht bezahlen werde, etwa die Tankstelle überfällt oder sonst nicht mehr ordnungsgemäß tankt. Andernfalls deckt das Einverständnis des Tankwarts den Gewahrsamswechsel durch Einfüllen des Treibstoffs, auch wenn der Kunde von Anfang an nicht bezahlen will und nach h.A. sogar, wenn der Tankwart nicht anwesend oder eine Sichtkontrolle nicht möglich ist und der Kunde das ausnutzt, da ein antizipiertes generelles Einverständnis vorliegt.[137] Es kommt aber Unterschlagung des Tankinhalts begangen durch Wegfahren in Betracht. Umgibt sich der Kunde, der von Anfang an nicht bezahlen will, mit dem Anschein der Ordnungsmäßigkeit und wird er vom Tankwart oder einer Kontrollperson beobachtet oder rechnet er zumindest damit, so kommen weiterhin Betrug oder versuchter Betrug in Betracht.[138] Fasst der Kunde – was in der Praxis eine häufige Einlassung ist – erst nach Abschluss des

---

[133] OLG Schleswig NJW **1986** 2652; AG Hamburg NJW **1986** 945; *Schmitz* MK Rdn. 89; *Huff* NJW **1986** 902; *Ranft* wistra **1987** 79, 82; **aA** LG Karlsruhe NStZ **1986** 71.

[134] LG Köln NJW **1987** 667; AG Kulmbach NJW **1985** 2282; *Gropp* JZ **1983** 487, 489; *Schroth* NJW **1981** 729, der annimmt, dass sich der Diebstahl der Codekarte (wie beim Sparkassenbuch) auf das Geld erstrecke (vgl. auch LG Karlsruhe NStZ **1986** 71); *Wessels/Hillenkamp* Rdn. 164 ff; **aA** OLG Düsseldorf JZ **1988** 361 m. Anm. *Schmitt/Ehrlicher* JZ **1988** 364; OLG Hamburg NJW **1987** 336; OLG Köln JR **1992** 249, 252 m. Anm. *Otto*; AG Berlin-Tiergarten NStZ **1987** 122 m. zust. Anm. *Schneider*; AG München wistra **1986** 268; *Huff* NStZ **1985** 438; *Kleb/Braun* JA **1986** 259; *Lenckner/Winkelbauer* wistra **1984** 83, 84 f; *Otto* JR **1987** 221; *Ranft* wistra **1987** 79; *Steinhilper* GA **1985** 114, 117; *Wiechers* JuS **1979** 847.

[135] BGHSt 35 152 m. Anm. *Huff* NJW **1988** 981; OLG Stuttgart NJW **1987** 666; *Lackner/Kühl* Rdn. 14; *Schmitz* MK Rdn. 88; *Löhnig* JR **1999** 362, 364; *Otto* JZ **1981** 221; *Ranft* JR **1989** 165; *Schmitt/Ehrlicher* JZ **1988** 364; *Wessels/Hillenkamp* Rdn. 168 ff; vgl. auch BGH NJW **1983** 2827; **aA** BayObLG NJW **1987** 663, 664; **1987** 665; OLG Koblenz wistra **1987** 261; OLG Schleswig wistra **1987** 261; *Sch/Schröder/Eser* § 246 Rdn. 6; *Mitsch* BT 2/1 § 1 Rdn. 77.

[136] BGHSt **38** 120, 123 m. Anm. *Gramer* JZ **1992** 1031 u. *Schlüchter* JR **1993** 493; *Duttge* HK-GS Rdn. 33; *Lackner/Kühl* Rdn. 14; *Schmitz* MK Rdn. 88; **aA** *Otto* JR **1987** 221, 223; JZ **1993** 559, 562; *Rengier* BT 1 § 2 Rdn. 35; *Sonnen* JA **1984** 569, 571.

[137] BGH NJW **1983** 2827 m. Anm. *Deutscher* NStZ **1983** 507; OLG Düsseldorf JR **1982** 343 m. Anm. *Herzberg*; ferner *Charalambakis* MDR **1985** 975; *Ranft* JA **1984** 1, 4; *Seier* JA **1984** 321. Für Diebstahl im zuletzt genannten Fall aber *Schroeder* JuS **1984** 846, 847; *Wessels/Hillenkamp* Rdn. 184.

[138] BGH NJW **1983** 2827.

Tankens den Entschluss, nicht zu bezahlen, so kann das unstreitig nur eine Unterschlagung des Tankinhalts sein.[139]

119 d) **Durch Täuschung erwirktes Einverständnis (Abgrenzung zum Betrug).** Eine Wegnahme ist auch dann ausgeschlossen, wenn das Einverständnis des ursprünglichen Gewahrsamsinhabers auf einer Täuschung beruht (s. bereits Rdn. 108).[140] In solchen Fällen kann vielmehr eine Strafbarkeit wegen Betruges begründet sein, da und soweit das ertäuschte Einverständnis eine Vermögensverfügung des Getäuschten zumindest über seinen Gewahrsam beinhaltet. Sowohl in der Theorie als auch in der Praxis ist die **Grenzziehung zwischen Diebstahl und Betrug** durchaus unsicher[141] – was strafrechtlich gesehen im Grunde wenig problematisch ist, weil Diebstahl und Betrug den gleichen Ausgangsstrafrahmen haben, jedoch z.B. versicherungsrechtlich von Bedeutung ist, weil Sachen zwar gegen Diebstahl, nicht jedoch gegen Betrug versichert werden können. Leitlinie der Abgrenzung ist, dass der Diebstahl in dem Sinne ein „Fremdschädigungsdelikt" ist, als der Schaden (Gewahrsamsverlust) allein durch den Täter herbeigeführt wird, während der Betrug in dem Sinne ein „Selbstschädigungsdelikt" ist, als der Schaden durch eine (wenn auch wegen der Täuschung unfreie und vom Täter zu verantwortende) Handlung des Geschädigten, die Vermögensverfügung herbeigeführt wird (s. nur BGHSt 17 205, 209; **41** 198, 201). Maßgebend ist demnach, ob der Getäuschte über den Gewahrsam verfügen oder aber den Gewahrsam behalten will, und es kommt wesentlich auf die Willensrichtung des Getäuschten und auf sein Verhältnis zu der Sache an (BGH GA **1987** 307; OLG Düsseldorf NJW **1990** 923; BayObLG JR **1992** 519 m. Anm. *Graul*). Nicht entscheidend ist demgegenüber das äußere Erscheinungsbild des Gebens oder Sich-Nehmens (zum diesbezüglichen Problem der Abgrenzung von Betrug und Erpressung s. Vorbem. §§ 249–255 Rdn. 55 ff).

120 Nach diesen Grundsätzen ist zwischen **Trickdiebstahl und Sach- bzw. Besitzbetrug** wie folgt abzugrenzen:[142] Kein Betrug, sondern Diebstahl liegt vor, wenn die Täuschung dem Täter nur die Herbeiführung des Gewahrsamswechsels durch eine eigene Handlung ermöglichen soll, die den ursprünglichen Gewahrsam des bisherigen Inhabers ohne dessen Willen eigenmächtig aufhebt, wenn sich der Täter also durch die Täuschung nur Gelegenheit zur Wegnahme verschafft, die nur ermöglicht oder erleichtert wird (BGH bei Dallinger MDR **1974** 15; BGHR StGB § 242 Abs. 1 Wegnahme 2; OLG Düsseldorf NJW **1990** 923). Mit anderen Worten führt in diesen Fällen die Täuschung nur zu einer *Gewahrsamslockerung*; nur diese ist vom Einverständnis des getäuschten ursprünglichen

---

139 Vgl. dazu einerseits OLG Düsseldorf JR **1985** 207 m. Anm. *Herzberg*; ferner *Herzberg* JA **1980** 385, NStZ **1983** 251; NJW **1984** 896; andererseits OLG Hamm NStZ **1983** 266; *Sch/Schröder/Eser* § 246 Rdn. 7; *Borchen/Hellmann* NJW **1983** 2799; *Deutscher* JA **1983** 125 und NStZ **1983** 507; *Gauf* NStZ **1983** 505; *Ranft* JA **1984** 1, 4. Da in diesen Fällen der Tankomat ordnungsgemäß bedient wird, liegt ein Gewahrsamsbruch und damit eine Wegnahme i.S.v. § 242 StGB nicht vor, in Betracht kommen kann allenfalls eine Unterschlagung (vgl. *Charalambakis* MDR **1985** 975, 976 f).

140 BGHSt **18** 221; BGH NJW **1953** 73; BGH GA **1987** 307; OLG Düsseldorf NJW **1988** 922.

141 Vgl. hierzu vor allem: BGH 2 StR 537/86 vom 17.12.1986; *Geppert* JuS **1977** 69; *Herzberg* ZStW **89** (1977) 367; *Otto* ZStW **79** (1967) 59; JZ **1993** 559, 561; *Rengier* JuS **1981** 654; *Schröder* ZStW **60** (1941) 33; SJZ **1950** 94; *Schünemann* GA **1969** 46.

142 BGH GA **1966** 212, 213; *Fischer* § 263 Rdn. 46; *Lackner/Kühl* § 263 Rdn. 26; *Sch/Schröder/Eser* Rdn. 35; *Jäger* BT Rdn. 335 ff; *Kindhäuser* BT II § 27 Rdn. 43; *Krey/Hellmann* Rdn. 384 ff; *Mitsch* BT 2/1 § 7 Rdn. 68; *Rengier* BT 1 § 13 Rdn. 26; *Wessels/Hillenkamp* Rdn. 620 ff.

Gewahrsamsinhabers gedeckt. Betrug liegt erst vor, wenn der Getäuschte aus durch Irrtum beeinflusstem, im Übrigen freiem Willen über seinen Gewahrsam als Vermögenswert verfügt, indem er ihn überträgt oder die Übertragung duldet (BGH bei Dallinger MDR **1974** 15 m.w.N.). Deshalb ist in den in Rdn. 73, 88 geschilderten Fällen bloßer Gewahrsamslockerung im Ergebnis Diebstahl und nicht Betrug angenommen worden.

**121** Zudem kann sich die Frage der Abgrenzung zwischen **Diebstahl in mittelbarer Täterschaft und Dreiecksbetrug** stellen, wenn der Getäuschte, der Zugriff auf die Sache hat, sie übergibt oder die Wegnahme duldet, ohne dass ein Einverständnis des Allein- oder zumindest Mitgewahrsamsinhabers vorliegt. Schulbeispiel ist die Zimmerwirtin, die den Gesetzeskommentar des bei ihr mietenden Studierenden an einen betrügerischen Kommilitonen herausgibt; aus der Rechtsprechung sind zu erwähnen BGH bei Dallinger MDR **1974** 15 (der Täter veranlasst den 11jährigen Sohn der Wohnungsinhaberin in deren Abwesenheit durch das unwahre Vorbringen, die Mutter sei einverstanden, zur Herausgabe von Kleidungsstücken – nach BGH aaO Diebstahl[143]) und vor allem der „Sammelgaragenfall" BGHSt **18** 211 (der Garagenwächter händigt dem Täter das in einer Sammelgarage abgestellte Auto nebst Schlüssel zwecks Benutzung für längere Zeit aus – nach BGH aaO Betrug; s. aber auch den ähnlichen Fall OLG Stuttgart JR **1966** 29 m. krit. Anm. *Dreher* u. zust. Anm. *Lenckner* JZ **1966** 320: Diebstahl). S. weiterhin BGH GA **1964** 82 (ähnlich BGH 2 StR 4/68 vom 2.2.1968) zu einer Fundkonstellation.

**122** Traditionell werden zu der Frage die folgenden Positionen vertreten (s. auch *Tiedemann* LK[11] § 263 Rdn. 112 ff): In der älteren Literatur findet sich die Auffassung, Diebstahl scheide bereits dann aus und es sei wegen Betrugs zu bestrafen, wenn der Getäuschte tatsächlich in der Lage sei, über die Sache zu verfügen,[144] oder wenn sie sich in seiner Einwirkungssphäre befinde (so *Dreher* JR **1966** 29, einschränkend aber in GA **1969** 56, 60). – Eine engere, heute so genannte **„Lagertheorie"** nimmt Betrug und nicht Diebstahl an, wenn der Getäuschte dem Bereich des Geschädigten näher steht als der Täter, sich innerhalb des Machtkreises dessen befindet, dem die abgeschwindelte Sache gehört, der Getäuschte also eine Gewahrsamsschutzfunktion ausübt, Gewahrsamshüter ist (*Schröder* ZStW **60** [1941] 33, 70, 73) und in diesem Sinne „im Lager des Geschädigten steht" (vgl. *Lenckner* JZ **1966** 321; vgl. auch *Geppert* JuS **1977** 69, 72; *Maurach/Schroeder/Maiwald* I § 33 Rdn. 35). – Dem steht die Rechtsprechung nahe, wenn sie für den Betrug und die erforderliche Vermögensverfügung maßgeblich sein lässt, ob der Getäuschte aus freiem Willen „über das ihm faktisch anvertraute Vermögen" eines anderen verfügt (BGH bei Dallinger MDR **1974** 15; BGHSt **18** 221, 223). – Die engste, heute so genannte **„Befugnistheorie"** will hingegen Diebstahl nur dann ausschließen, wenn der Getäuschte im Verhältnis zu dem (Mit-)Gewahrsamsinhaber rechtlich befugt war, den Gewahrsamswechsel herbeizuführen bzw. zu dulden, wobei teils verlangt wird, dass diese Befugnis objektiv besteht („objektive Befugnistheorie"),[145] und überwiegend als genügend angesehen wird, dass sich der Getäuschte „subjektiv innerhalb des Rahmens bewegt, den ihm der Berechtigte objektiv eingeräumt hat, [...] falls der Gewahrsamshüter aufgrund der

---

[143] Die Begründung lautet, bei dem Kind habe es an einem „innerlich freien Willensentschluss" über die Herausgabe der Kleidungsstücke gefehlt, weil es nur 11 Jahre alt gewesen und getäuscht worden sei. Das widerspricht allen anerkannten Grundsätzen zum Recht des Einverständnisses (s. Rdn. 106 ff).

[144] *Frank* § 263 Anm. VI 2; sehr weitgehend auch *Haffke* GA **1972** 232 ff.

[145] *Schmitz* MK Rdn. 101; *Kindhäuser* FS Bemmann, S. 360; *Krey/Hellmann* Rdn. 417; *Mitsch* BT 2/1 § 7 Rdn. 74; *Roxin/Schünemann* JuS **1969** 372, 375.

Täuschung, er hielte sich in diesem objektiven Rahmen, die Sache herausgibt" (*Otto* ZStW **79** [1967] 59, 84);[146] teils wird dem Getäuschten auch eine Prüfungspflicht auferlegt.[147]

123 Vorgelagert ist allerdings die Frage, ob es einer **Entscheidung zwischen Diebstahl und Betrug** bedarf oder ob und wie es möglich ist, tateinheitlich wegen Diebstahls (rechtlich gesehen zum Nachteil des Eigentümers) und Betrugs (ggf. zugleich zum Nachteil des Gewahrsamsinhabers) zu bestrafen. Die h.A. steht auf dem Standpunkt der sog. ***Exklusivitätsthese***, dass Wegnahme, also Diebstahl, nicht zugleich Vermögensverfügung durch Weggabe, also Betrug, sein könne.[148] Gerade auch für die hier in Frage stehenden Drei-Personen-Konstellationen nimmt eine von *Schröder* ZStW **60** (1941) 33, 79 f begründete Gegenauffassung die Möglichkeit tateinheitlicher Bestrafung an.[149] Mit *Hoyer* SK[6] Rdn. 64 ist dieser Auffassung für den Fall zu folgen, dass der Getäuschte selbst Mitgewahrsamsinhaber ist und sein Einverständnis dem anderen nicht zurechenbar ist; dann ist der Getäuschte um seinen Mitgewahrsam betrogen, und der Mitgewahrsam des anderen ist in mittelbarer Täterschaft gebrochen worden. Da es dann zwei im Rechtssinne Verletzte gibt, kann dem auch nicht entgegengehalten werden, es werde derselbe Erfolg dem Täter zweimal angelastet (so aber *Schmitz* MK Rdn. 95).

124 Weiterhin vorgelagert ist die wenig thematisierte Frage, ob die Lösung von der **Betrugsdogmatik**, nämlich der Dogmatik der Vermögensverfügung und des sog. Dreiecksbetrugs (s. hierzu *Tiedemann* LK[11] § 263 Rdn. 112 ff), oder von der **Diebstahlsdogmatik** her gefunden werden soll. Im ersten Fall steht der Charakter des Betrugs als „Selbstschädigungsdelikt" und das Wesen der Vermögensverfügung sowie deren Charakter als „Weggabe" im Vordergrund; im zweiten Fall geht es um die Frage, ob das Einverständnis des Getäuschten dem nicht einverstandenen Gewahrsamsinhaber zugerechnet werden kann. Eine Diebstahlsstrafbarkeit kann aber nur nach Diebstahlsdogmatik begründet werden; dass sich die Betrugsdogmatik dem anschließen muss, ist (von der Exklusivitätsthese her nahe liegend, aber) nicht zwingend.

125 Diebstahlsdogmatisch geht es allein um die Frage, ob das Einverständnis des Getäuschten dem Gewahrsamsinhaber zurechenbar ist. Einverständnis und Einwilligung anderer als des Rechtsgutsträgers werden nach allg. M. nach den Regeln über die **Stellvertretung** zugerechnet (s. nur *Roxin* AT I[3] § 13 Rdn. 63 ff). Faktische Zugriffs- oder Einwirkungsmöglichkeiten begründen keine Vertretungsmacht, desgleichen nicht für sich gesehen der Umstand, dass jemand „im Lager" des Vertretenen steht, wie auch der Umstand zeigt, dass Mitgewahrsamsinhaber, die z.B. als Miterben oder Mitgesellschafter gewiss in einem Lager stehen, einander bestehlen können (zutr. *Hoyer* SK[6] Rdn. 61). Vielmehr ist diebstahlsdogmatisch nur eine „Befugnistheorie" akzeptabel, wie es der heute vordringenden Auffassung entspricht (*Hoyer* SK[6] Rdn. 62 ff; *Schmitz* MK Rdn. 100; *Kindhäuser* FS Bemmann, S. 339, 359 f [jetzt aber **aA** in NK § 263 Rdn. 220 f]). Es kommt also darauf an, ob der Getäuschte vom Gewahrsamsinhaber ausdrücklich oder stillschweigend bevollmächtigt war, den Gewahrsam zu übertragen bzw. einen Gewahr-

---

146 *Amelung* GA **1977** 1, 14; *Backmann* S. 127 ff; *Samson* JA **1978** 564, 566; JA **1980** 285, 289; *Schünemann* GA **1969** 46.

147 *Hoyer* SK[6] Rdn. 63; s. dazu *Schmitz* MK Rdn. 99.

148 BGHSt **17** 205, 209; *Lackner/Kühl* § 263 Rdn. 31; *Schmitz* MK Rdn. 95; *Eisele* BT II Rdn. 49; *Haft/Hilgendorf* BT 1 S. 8; *Kindhäuser* BT II § 27 Rdn. 54; *Krey/Hellmann* Rdn. 388; *Rengier* BT 1 § 13 Rdn. 31; *Wessels/Hillenkamp* Rdn. 619.

149 OLG Düsseldorf NJW **1961** 1368; *Hoyer* SK[6] Rdn. 64; *Herzberg* ZStW **89** (1977) 367, 387; *Lenckner* JZ **1966** 320, 321; *Stuckenberg* ZStW **118** (2006) 878, 901 ff.

samswechsel einverständlich zu dulden. Eine solche Bevollmächtigung ist – an dieser Stelle entschärft sich der Meinungsstreit – insbesondere für „Gewahrsamshüter" anzunehmen, denen die Verfügung über den Gewahrsam an bestimmten Sachen „anvertraut" ist wie in BGHSt **18** 221 dem Garagenwächter, der mit Duldung der Eigentümerin des Autos den bei ihm hinterlegten Schlüssel bereits mehrfach an den Täter ausgehändigt und diesem die Nutzung des Fahrzeuges ermöglicht hatte. Zwar mag es auf den ersten Blick scheinen, dass es nie eine Vollmacht geben kann, eine Sache an einen Betrüger zu übergeben; die gegenteilige Zivilrechtslage (bloße Anfechtbarkeit, also grundsätzliche Wirksamkeit einer täuschungsbedingt abgegebenen Vertretererklärung, § 166 BGB) kann jedoch ins Strafrecht übertragen werden, da sich der Gewahrsamsinhaber nicht von Betrugsrisiken freizeichnen kann. Die Grenze ist – erst – beim Missbrauch der Vollmacht durch den Vertreter erreicht, sei es bei Kollusion, sei es, wenn sich ihm Zweifel aufdrängen, ob er den Gewahrsam übertragen bzw. einen Gewahrsamswechsel dulden darf.

**126** Besonders gelagert ist der Fall der **vorgetäuschten Beschlagnahme von Sachen durch angebliche Amtsträger**. RG LZ **1922** 265 sah deren widerspruchslose Duldung als Diebstahl an, brachte aber zum Ausdruck, dass Betrug vorliege, wenn der Gewahrsamsinhaber die Sache dem falschen Kriminalbeamten selbst übergebe. Auch BGH GA **1965** 107 wertet die Aushändigung einer Geldbörse an den falschen Amtsträger als Betrug; die Feststellungen des Tatgerichts über den Willensentschluss des Geschädigten scheinen die Annahme eines Verfügungswillens ermöglicht zu haben (vgl. auch BGH GA **1960** 277, 278). Demgegenüber neigt die h.A. seit BGHSt **7** 252, 254 f und **18** 221, 223 zur Annahme von Diebstahl: Ein Einverständnis in den Gewahrsamswechsel fehle, wenn der Gewahrsamsinhaber davon ausgehe, Widerstand sei untunlich oder zwecklos und die Sache sei so oder so verloren.[150] Aber das Einverständnis als solches ist von dessen Motiv zu unterscheiden; jedenfalls bei eigenhändiger Übergabe der „beschlagnahmten" Sache sprechen die besseren Argumente für eine Betrugsstrafbarkeit (ebenso *Kindhäuser* NK Rdn. 54).

**127** e) **Sog. Diebesfalle.** Wenn jemand (z.B. ein Arbeitnehmer) des Diebstahls verdächtig ist, kann man ihm eine sog. Diebesfalle[151] stellen, d.h. (Wert-)Sachen oder Geldscheine auslegen und abwarten, ob der Verdächtige sie an sich nimmt, um ihn zu überführen. Tappt der Verdächtige in die Falle, so begeht er nur *versuchten Diebstahl*, wenn die Falle von dem Gewahrsamsinhaber gestellt wird: Der Verdächtige begründet zwar neuen Gewahrsam, bricht jedoch den ursprünglichen nicht, weil dessen Inhaber mit der Wegnahme um der Überführung des Verdächtigen willen einverstanden ist.[152] Der Fallensteller

---

[150] BGHZ **5** 365; BGHSt **7** 252, 255; **18** 221, 223; BGH NJW **1952** 796; **1953** 73; vgl. auch BGH GA **1960** 277, 278; **1965** 107; *Hoyer* SK⁶ Rdn. 51; *Lackner/Kühl* Rdn. 14; *Schmitz* MK Rdn. 80; *Sch/Schröder/Eser* Rdn. 35; *Geppert* JuS **1977** 69, 70; *Krey/Hellmann* Rdn. 37; *Otto* BT § 40 Rdn. 34; *Rengier* JuS **1981** 654, 655, der zu Recht vor einer unzulässigen Verallgemeinerung warnt; *Wessels/Hillenkamp* Rdn. 629; zw. *Maurach/Schroeder/Maiwald* I § 33 Rdn. 31; aA *Mitsch* BT 2/1 § 1 Rdn. 79.

[151] Entsprechendes gilt für sog. Fangbriefe, um Postbeamte oder -angestellte des Postdiebstahls zu überführen; zutr. *Heubel* JuS **1984** 447; wohl auch *Sch/Schröder/Eser* Rdn. 41.

[152] BGHSt **4** 199; BGH NStZ **1987** 71; BayObLG JR **1979** 297 m. Anm. *Paeffgen*; OLG Celle JR **1987** 253 f m. Anm. *Hillenkamp*; OLG Düsseldorf NJW **1988** 83; StV **1991** 265; OLG Kassel HESt **1** 233, 234; OLG Köln NJW **1961** 2360; NStZ **1992** 237 m. Anm. *Janssen* und *Hefendehl* NStZ **1992** 544; vgl. auch BGHSt **16** 271, 276; *Fischer* Rdn. 23; *Hoyer* SK⁶ Rdn. 52; *Lackner/Kühl* Rdn. 14; *Sch/Schröder/Eser* Rdn. 41; *Krey/Hellmann* § 1 Rdn. 34; *Maaß* Jura **1981** 516; *Maurach/Schroeder/Mai-*

ist nicht als Anstifter oder Gehilfe verantwortlich, weil er es nur zum Versuch der Haupttat kommen lassen will. – Wird die Falle von einem Dritten gestellt, der weder Eigentum noch Gewahrsam hat, so nützt sein Einverständnis mit der Wegnahme nichts, die mit dem Ergreifen der Sache vollendet ist (OLG Hamm JMBlNRW **1957** 176). Eine Teilnahmestrafbarkeit des Fallenstellers ist ausgeschlossen, wenn er es (zwar zur Wegnahme, aber nicht) zur Zueignung kommen lassen will (Rdn. 200); im Übrigen kommen Rechtfertigungsgründe (z.B. mutmaßliche Einwilligung) in Betracht. – Gelingt es dem Verdächtigen, sich die Sache zuzueignen, so kommt nach OLG Celle JR **1987** 253 f m. insoweit **krit.** Anm. *Hillenkamp* eine Unterschlagung in Betracht, da der Fallensteller zwar mit der Wegnahme einverstanden gewesen sei, nicht aber in die Zueignung eingewilligt habe; nach heutigem Recht ist die Unterschlagungsstrafbarkeit subsidiär (§ 246 Abs. 1 letzter Halbsatz StGB).

## IV. Vorsatz

1. **Vorsatz der Wegnahme einer fremden beweglichen Sache.** Der Täter muss mit dem **128**
**Vorsatz** handeln, eine fremde bewegliche Sache wegzunehmen; bedingter Vorsatz genügt.[153] Umstandskenntnis ist erforderlich, aber auch ausreichend; hält der Täter z.B. ein Tier nicht für eine „Sache", unterliegt er einem bloßen Subsumtionsirrtum. Fremdheit und Gewahrsam sind freilich normative Tatbestandsmerkmale und folgen den für diese geltenden Grundsätzen (vgl. BGHSt **3** 248, 254). Am Vorsatz fehlt es, wenn sich der Täter – wenn auch aufgrund bloßen Rechtsirrtums – für den Alleineigentümer (RGSt **14** 112, 117) oder die Sache für herrenlos (RGSt **42** 43) hält. Auch wenn er tatsächlich bestehende fremde Sachherrschaft verkennt und sich deshalb für den alleinigen Gewahrsamsinhaber (RGSt **53** 302) oder die Sache für gewahrsamslos hält oder meint, der ursprüngliche Gewahrsamsinhaber sei mit dem Gewahrsamswechsel einverstanden, scheidet Diebstahlsvorsatz aus. Umgekehrt kann die irrige Annahme des Alleineigentümers oder alleinigen Gewahrsamsinhabers, die Sache sei (auch) fremd oder stehe im (Mit-)Gewahrsam eines anderen, einen strafbaren (untauglichen) Versuch begründen. Das Gleiche gilt, wenn der ursprüngliche Gewahrsamsinhaber mit der Wegnahme einverstanden ist, der Täter das aber nicht weiß wie z.B. bei einer sog. Diebesfalle (BGHSt **16** 271, 278; s. bereits Rdn. 127).

Für einen Diebstahlsentschluss ist es nicht erforderlich, dass der Vorsatz des Täters **129**
auf bestimmte Sachen **konkretisiert** oder – wie häufig bei Einbruchsdiebstählen – allgemein auf vorhandenes Brauchbares, stehlenswerte Sachen gerichtet ist (RGSt **70** 201; BGH NStZ **2004** 386 f).[154] Ändert oder erweitert der Dieb während der Tat seinen Vorsatz, so berührt das nicht die Einheit von Vorsatz und Tat (BGHSt **22** 350, 351); nimmt

---

*wald* I § 33 Rdn. 28; *Otto* Jura **1989** 140; *ders.* in JZ **1993** 559, 562; *Rengier* BT 1 § 2 Rdn. 33; *Welzel* GA **1960** 262 Fn. 8; *Wessels/Hillenkamp* Rdn. 106.

[153] Allg. M. BGH NStZ **2004** 386 f; *Deckner* FS Rudolphi, S. 425, 441; *Fischer* Rdn. 31; *Hoyer* SK[6] Rdn. 65; *Lackner/Kühl* Rdn. 19; *Sch/Schröder/Eser* Rdn. 45; *Arzt/Weber/Heinrich*/Hilgendorf BT § 13 Rdn. 66; *Eisele* BT II Rdn. 57; *Kindhäuser* BT II § 2 Rdn. 62; *Krey/Hellmann* Rdn. 50; *Mitsch* BT 2/1 § 1 Rdn. 92; *Schmitz* MK Rdn. 103.

[154] BGHSt **22** 350, 351; NStZ **2004** 386 f; *Fischer* Rdn. 30; *Lackner/Kühl* Rdn. 19; *Sch/Schröder/Eser* Rdn. 45; *Schmitz* MK Rdn. 105; *Eisele* BT II Rdn. 57; *Kindhäuser* BT II § 2 Rdn. 62; *Krey/Hellmann* Rdn. 50a; *Rengier* BT 1 § 2 Rdn. 37; *Wessels/Hillenkamp* Rdn. 125.

der Täter anstelle einer ursprünglich beabsichtigten eine andere Sache weg, so liegt nicht versuchter Diebstahl in Tateinheit oder gar Tatmehrheit mit vollendetem Diebstahl vor, sondern nur ein natürlich tateinheitlicher vollendeter Diebstahl (BGH bei Dallinger MDR **1953** 272). Scheitert ein Diebstahlsversuch allerdings endgültig und beschließt der Täter aufgrund neuen Tatentschlusses, eine andere Sache wegzunehmen, so ist dieser Diebstahl tatmehrheitlich begangen (BGH bei Dallinger MDR **1969** 722). S. noch Rdn. 208.

**130** **2. Vorsatz bezüglich der Rechtswidrigkeit der (beabsichtigten) Zueignung.** Der Täter muss Vorsatz bezüglich der Rechtswidrigkeit der (beabsichtigten) Zueignung haben. Das entspricht in der Sache der ganz h.A.;[155] die Frage wird allerdings üblicherweise erst bei der Zueignungsabsicht erörtert, wohingegen es in der Konsequenz des Rdn. 36 ff Ausgeführten liegt, sie bereits zum Diebstahlsvorsatz zu ziehen, soweit es um Ansprüche auf den Erwerb des Eigentums an der weggenommenen Sache geht (s. im Übrigen Rdn. 173). Der Täter muss also mindestens mit bedingtem Vorsatz (RGSt **49** 140, 142 f) davon ausgehen, dass er (bzw. bei Drittzueignungsabsicht auch der Dritte) *keinen fälligen und einredefreien Anspruch* auf Erwerb des Eigentums an der weggenommenen Sache hat. Da die Rechtswidrigkeit der Zueignung insoweit nach h.A. normatives Tatbestandsmerkmal ist (Rdn. 36), schließt auch die auf Rechtsirrtum beruhende Annahme, einen solchen Anspruch zu haben, als **Tatbestandsirrtum** (§ 16 Abs. 1 Satz 1 StGB) den Diebstahlsvorsatz und damit die Diebstahlsstrafbarkeit aus.[156] Im umgekehrten Fall, dass der Täter bzw. Dritte in der Tat einen solchen Anspruch hat, den der Täter aber nicht kennt, ist nicht wegen vollendeten, sondern nur wegen versuchten Diebstahls zu bestrafen.[157]

**131** Insbesondere ist es Tatbestandsirrtum, wenn der Täter **irrig** – auch aufgrund Rechtsirrtums – annimmt, einen **Anspruch auf Übereignung der weggenommenen Sache** zu haben; dann nimmt er einen „Umstand" i.S.v. § 16 Abs. 1 Satz 1 StGB an, der, läge er vor, die Rechtswidrigkeit der Zueignung ausschließen würde (BGHSt **17** 87, 90 m. Anm. *Schröder* JR **1962** 346; BGH NJW **1990** 2832; StV **1990** 546).[158] Ob der Anspruch

---

155 RGSt **49** 140, 142 f; BGHSt **17** 87, 90; *Duttge* HK-GS Rdn. 49; *Fischer* Rdn. 49; *Schmitz* MK Rdn. 152; *Sch/Schröder/Eser* Rdn. 65; *Arzt/Weber/Heinrich*/Hilgendorf BT § 13 Rdn. 126; *Eisele* BT II Rdn. 82; *Haft/Hilgendorf* BT 1 S. 10; *Krey/Hellmann* Rdn. 96; *Küper* BT S. 499; *Maurach/Schroeder/Maiwald* I § 33 Rdn. 56; *Mitsch* BT 2/1 § 1 Rdn. 161; *Rengier* BT 1 § 2 Rdn. 37; *Wessels/Hillenkamp* Rdn. 190; **aA** *Gössel* GS Zipf, 217, 224 f; *Küper* FS Gössel, S. 429; *Gropp* FS Weber, S. 127, 131 f.

156 Vgl. BGH GA **1962** 144; **1966** 211; **1968** 121; NStZ **1982** 380; StV **1984** 422; **1990** 546; **1991** 515; NJW **1990** 2832; JR **1999** 336; StV **2004** 207; OLG Brandenburg 1 Ss 95/08 vom 21.1.2009, bei Juris Rdn. 24; *Fischer* Rdn. 31; *Lackner/Kühl* Rdn. 28; *Kindhäuser* NK Rdn. 120; *Hoyer* SK[6] Rdn. 108; *Kösch* Der Status des Merkmals „rechtswidrig" in Zueignungsabsicht und Bereicherungsabsicht (1999) S. 34 ff; *Schmitz* MK Rdn. 156; *Sch/Schröder/Eser* Rdn. 65; *Herdegen* BGH-Festschrift, S. 195, 200; *Krey/Hellmann* Rdn. 50a, 268 f; *Küper* FS Gössel, S. 429, 446; *Otto* Die Struktur des strafrechtlichen Vermögensschutzes (1970) S. 213; *Warda* Jura **1979** 71, 77; vgl. ferner *Maurach/Schroeder/Maiwald* I § 33 Rdn. 56; *Mitsch* JuS **2007** 555, 556; **aA** *Hirsch* JZ **1963** 149 ff; *Gössel* GS Zipf, S. 217, 228.

157 *Fischer* Rdn. 31; *Lackner/Kühl* Rdn. 28; *Schmitz* MK Rdn. 154; *Kösch* Der Status des Merkmals „rechtswidrig" in Zueignungsabsicht und Bereicherungsabsicht (1999) S. 38; *Kudlich/Noltensmeier* JA 2007 863, 867; *Küper* FS Gössel, S. 429, 446; *Rengier* BT 1 Rdn. 75; *Wessels/Hillenkamp* Rdn. 190; **aA** *Hoyer* SK[6] Rdn. 109; *Gössel* GS Zipf, S. 217, 228; *Mitsch* BT 2/1 § 1 Rdn. 161.

158 BGH GA **1962** 144; **1966** 211; **1968** 121; NStZ **1982** 380; wistra **1987** 136; NStZ **1988** 216; StV **1994** 128; **2004** 207; BGHR StGB § 249 Abs. 1 Zueignungsabsicht 2, 3;

objektiv besteht oder rechtsunwirksam oder sogar wegen Verstoßes gegen § 134 BGB nichtig ist, spielt auf Vorsatzebene keine Rolle (BGHSt 3 110, 123; BGH wistra **1987** 98). Allerdings befindet sich der Täter nicht im Tatbestandsirrtum, wenn er selbst davon ausgeht, dass der von ihm geltend gemachte Anspruch von der Rechtsordnung nicht anerkannt wird und nicht vor staatlichen Gerichten durchgesetzt werden kann.[159] Nach BGHSt 17 87, 91 soll gleichfalls kein Tatbestandsirrtum vorliegen, wenn der Täter nur vom Bestehen einer (noch nicht konkretisierten, § 243 Abs. 2 BGB) Gattungsschuld ausgeht: Wisse der Täter, dass ihm der Schuldner noch keine bestimmte Sache schulde, und glaube er, gleichwohl bestimmte Sachen wegnehmen und sich oder einem Dritten zueignen zu dürfen, so befinde er sich nur in einem Verbotsirrtum, da er einen von der Rechtsordnung nicht anerkannten Rechtfertigungsgrund in Anspruch nehme. Allerdings konzediert BGHSt aaO, dass ein Wissen um das Auswahlrecht jedenfalls bei Geldschulden und jedenfalls bei nicht rechtskundigen Tätern nicht zu vermuten sei; wer aber rechtsirrig annehme als Gläubiger einer Geldschuld jeweils die gerade im Besitz des Schuldners befindlichen Geldmittel als die ihm unmittelbar geschuldeten beanspruchen zu dürfen, unterliege nicht bloß einem Verbots-, sondern einem Tatbestandsirrtum.[160] Letzteres ist dogmatisch angreifbar: Liegt nicht ein bloßer Erlaubnisirrtum vor? Die ganze Problematik entfällt, wenn man nicht zwischen Stück- und Gattungsschulden differenziert (Rdn. 42), also stets § 16 StGB anwendet.

## V. Zueignungsabsicht

1. **Allgemeines.** Dieb ist nur, wer eine Sache wegnimmt, um sie sich oder einem Dritten **132**
rechtswidrig zuzueignen (**Zueignungsabsicht**). Zu den historischen Wurzeln dieses Erfordernisses *Maiwald* Zueignungsbegriff S. 17 ff; s. auch *Wessels* NJW **1965** 1153. Wegnahme und Zueignung sind auch dann begrifflich zu trennen, wenn man der Auffassung ist, Wegnahme in Zueignungsabsicht sei notwendigerweise Zueignung, so dass diese im Ergebnis bereits zum objektiven Diebstahlstatbestand gehört.[161] Die h.A. siedelt die Zueignungsabsicht grundsätzlich (zur Rechtswidrigkeit Rdn. 36) im subjektiven Tatbestand an, der über den objektiven hinausgehe („überschießende Innentendenz", „kupiertes

---

OLG Hamm GA **1969** 219; *Lackner/Kühl* Rdn. 28; *Kösch* Der Status des Merkmals „rechtswidrig" in Zueignungsabsicht und Bereicherungsabsicht (1999) S. 34; *Küper* FS Gössel, S. 429, 446; *Maiwald* Zueignungsbegriff S. 151; *Otto* Vermögensschutz S. 221; *ders.* in Jura **1997** 464, 468; *Maurach/Schroeder/Maiwald* I § 33 Rdn. 56; *Rengier* BT 1 § 2 Rdn. 75; **krit.** *Mitsch* BT 2/1 § 1 Rdn. 162.

159 BGHSt **48** 322; 2 StR 533/01 vom 6.3.2002, bei Juris Rdn. 8; 3 StR 137/03 vom 7.8.2003 bei Juris Rdn. 17; 5 StR 46/08 vom 23.7.2008 bei Juris Rdn. 11; OLG Brandenburg 1 Ss 95/08 vom 21.1.2009 bei Juris Rdn. 24.

160 Wie BGH aaO; GA **1962** 144; **1968** 121; NStZ **1982** 380; wistra **1987** 98; **1987** 136; StV **1988** 526, 527 ff; NJW **1990** 2832; StV **1994** 128; StV **2000** 78; OLG Hamm NJW **1969** 619; *Lackner/Kühl* Rdn. 28; *Schmitz* MK Rdn. 157; *Sch/Schröder/Eser* Rdn. 65; *Kösch* Der Status des Merkmals „rechtswidrig" in Zueignungsabsicht und Bereicherungsabsicht (1999) S. 34; *Krey/Hellmann* § 1 Rdn. 97 f; *Herdegen* FS Bundesgerichtshof, S. 195, 200; **aA** *Eisele* BT II Rdn. 84; *Rönnau* JuS **2007** 806, 808; *Schröder* DRiZ **1956**, 69, 71.

161 *Gehrmann* Systematik und Grenzen der Zueignungsdelikte (2002) S. 149; *Hirsch* JZ **1963** 149; *Höhenbein* S. 18 ff; *Ling* ZStW **110** (1998) 919, 936; *Schubarth* Die Systematik der Aneignungsdelikte (1968) S. 69; *Tenckhoff* JuS **1980** 723, 726; *Wallau* JA **2000** 248, 249; *Welzel* Strafrecht § 48 S. 346/347.

Erfolgsdelikt"): Zwar fielen Wegnahme und Zueignung in den meisten Fällen zusammen; es könne der Zueignungsakt aber der Wegnahme auch nachfolgen und werde dann nicht mehr gesondert bestraft, weil er sich als regelmäßige und beabsichtigte Folge des Diebstahls darstelle (RGSt **14** 121, 123).[162] Demgegenüber erblickt *Kindhäuser* NK Rdn. 80 ff die Zueignung allein in der „logischen Sekunde" der Inbesitznahme der Sache als eigene zu einem Zweck, der mit der Anerkennung fremden Eigentums unvereinbar sei; der spätere eigentümerähnliche Umgang mit der Sache sei für sich keine Zueignung (mehr), stehe mit dieser aber in einer Mittel-Zweck-Beziehung. S. zu alledem bereits Vorbem. §§ 242–248c Rdn. 66.

**133** Zwar kann der Dieb durch die Wegnahme nie und später nur ausnahmsweise (z.B. gem. §§ 946 ff BGB oder im Falle des § 935 Abs. 2 BGB durch Rückerwerb nach Zwischenerwerb eines gutgläubigen Dritten, nunmehr h.A., vgl. *Palandt/Bassenge*[68] § 932 Rdn. 17 mit Nachw.) Eigentum an der gestohlenen Sache erwerben, und jedenfalls nach deutschem Recht ist der bestohlene Eigentümer wegen § 935 Abs. 1 BGB weitgehend gegen den Verlust seines Eigentumsrechts geschützt. Jedoch kann sich der Dieb tatsächlich an die Stelle des Eigentümers setzen und diesen damit tatsächlich aus seiner Eigentümerposition verdrängen. Eben das ist faktisch gesehen Motiv oder Zweck des Diebstahls und begründet normativ, d.h. vom Rechtsgut her gesehen die relevante Verletzung des Eigentums (s. bereits Vorbem. §§ 242–248c Rdn. 36 ff, 51 ff, 58 ff).

**134** Die Dogmatik der Zueignung(sabsicht) steht daher von vornherein in dem **Spannungsfeld** zwischen der gedanklichen Ausrichtung am Eigentumsrecht i.S.v. § 903 BGB und der Notwendigkeit, dessen tatsächlichen Gehalt zu bestimmen, sei es als Sachwert (s. hierzu noch Rdn. 138 f), Sachfunktion (*Rudolphi* GA **1965** 33, 38 ff; *Sch/Schröder/Eser* Rdn. 49) oder Sachnutzen (*Hoyer* SK[6] Rdn. 81 ff). Neben die bis vor einiger Zeit herrschende betont tatsächlich-wirtschaftliche Betrachtungsweise tritt zunehmend eine stärker am Leitbild des Eigentumsrechts ausgerichtete (besonders deutlich bei *Kindhäuser* NK Rdn. 69 ff, aber auch bei *Hoyer* SK[6] Rdn. 69 ff; vgl. auch *Schmitz* MK z.B. Rdn. 117 f). Allen Lösungen vorgegeben ist die (prekäre) Systematik des geltenden deutschen Rechts, wonach *Zueignung*(sabsicht) anders als *Bereicherung*(sabsicht) gefasst sowie die Zueignung als *Eigentums*anmaßung von der bloß ausnahmsweise strafbaren (§§ 248b, 290 StGB) *Gebrauchs*anmaßung und der bloßen Sachentziehung, -beschädigung und -zerstörung (§ 303 StGB) abgegrenzt werden muss. Alles das lässt Zweifel nicht nur „doktrinärjuristischer" (RGSt **26** 151) Art an einer konsistenten Zueignungsdogmatik aufkommen, und resignierend bemerkt *Ruß* LK[11] Rdn. 46, einheitliche Lösungen, die allen Anforderungen der folgerichtigen Theorie, den Bedürfnissen der Praxis und dem geschriebenen Recht entsprächen, seien nicht zu finden; man müsse sich mit Kompromissen zufriedengeben (vgl. auch BGHSt **14** 38, 47 [zu § 350 StGB a.F.]: „Alle denkbaren Ungereimtheiten [...] lassen sich ohnehin nicht vermeiden"). Interessant, aber wenig praxistauglich sind Theorien, die Zueignung psychoanalytisch (als „oralen Zugriff" und „Einverleibung", *Behrendt* S. 34, 35) oder schlechterdings als Eigentumsverletzung oder Verletzung von Eigentümerinteressen (*Sax* JZ **1976** 429) verstehen wollen.

**135** Zueignung hat das negative Element der **Enteignung** des Eigentümers der Sache und das positive Element der **Aneignung** der Sache durch den Täter oder Dritten.[163] Nicht

[162] Vgl. RGSt 53 180; *Frank* Anm. VIII; *Lampe* GA **1966** 241 Note 64; *Olshausen* Anm. 24b; vgl. auch *Androulakis* JuS **1968** 409, 414 f; **aA** *Rengier* BT 1 § 2 Rdn. 38.

[163] So erstmals *Binding* 1 264, 268; heute ganz h.A., s. OLG Celle JR **1968** 441 m. Anm. *Schröder*; BGH Jura **1979** 169; NStZ **1981** 63; **1982** 420; JR **1985** 251, 252 m. Anm.

abschließend geklärt und neuerdings in Streit geraten ist, wie sich beide Elemente zueinander verhalten: Nach h.A. müssen sie zwar in einem *„Korrespondenzverhältnis"* (*Sch/Schröder/Eser* Rdn. 47) zueinander in dem Sinne stehen, dass der in der Enteignung des Eigentümers liegende Nachteil für den Eigentümer und der in der Aneignung liegende Vorteil für den Täter bzw. Dritten sich entsprechen müssen.[164] Das ergebe sich aus dem Charakter der Zueignungs- als „Verschiebungsdelikte" und entspreche dem von der h.A. geforderten Erfordernis der „Stoffgleichheit" von Ent- und Bereicherung bei den Bereicherungsdelikten. Insbesondere müssten Ent- und Aneignung den gleichen Gegenstand – nach (noch) h.A. die Sachsubstanz oder den Sachwert (sogleich Rdn. 137 ff) – haben. Im Übrigen steht die h.A. aber auf dem Standpunkt, dass die Enteignung „nicht in allem das Spiegelbild der Aneignung" (*Ruß* LK[11] Rdn. 51) sein muss; so muss jene nach h.A. auf Dauer angelegt sein, während diese auch nur vorübergehend sein kann (s. noch Rdn. 149), und jene kann dieser zeitlich nachfolgen (s. zum Kraftfahrzeugdiebstahl Rdn. 159 f). – Demgegenüber fordert *Schmitz* MK Rdn. 133 (ähnlich bereits *Hoyer* SK[6] Rdn. 83 f; s. bereits *Rudolphi* GA **1965** 33, 50) einerseits eine engere Korrespondenz in dem Sinne, dass die Enteignung *durch* Aneignung geschehen müsse, beide also zusammenfallen müssten. Andererseits hält *Schmitz* aaO Rdn. 129 ff dafür, dass Enteignungs- und Aneignungsgegenstand nicht notwendigerweise deckungsgleich sein müssten: Während bei der Enteignung der Schwerpunkt beim Verlust der Sach*substanz* liege, gehe es bei der Aneignung im Schwerpunkt um die Sachnutzung, also den Sach*wert*. – Richtigerweise ist das erforderliche Verhältnis – ähnlich wie die „Stoffgleichheit" bei den Bereicherungsdelikten (hierzu *Tiedemann* LK[11] § 263 Rdn. 256 ff) – funktional zu verstehen: Die Aneignung muss zu Lasten des Eigentümers gehen, was nicht der Fall ist, wenn der Gegenstand der Aneignung aus dem Vermögen eines Dritten stammt (instruktiv *Mitsch* BT 2/1 § 1 Rdn. 137) oder die Enteignung nur mittelbarer oder Folge-Schaden der Aneignung ist.

**Gegenstand der Zueignung** ist nach dem nunmehr (und bereits früher: „dieselbe") **136**
eindeutigen Wortlaut des § 242 Abs. 1 StGB die weggenommene **Sache** als körperlicher Gegenstand unabhängig von ihrem wirtschaftlichen Wert oder Interesse für den Eigentümer (Rdn. 44 f). Damit ist freilich noch nicht ohne Weiteres der Stab des Art. 103 Abs. 2 GG über Auffassungen gebrochen, die den Zueignungsgegenstand in dem der Sache innewohnenden „Wert" oder „Nutzen", auf die Sache „ihrem Wert" oder „ihrem Nutzen" nach erblicken (**aA** *Kindhäuser* NK Rdn. 76, *Schmitz* MK Rdn. 117): Enteignung und Aneignung beziehen sich auf tatsächliche Merkmale der Sache als körperlichem Gegenstand; um welche es sich handelt, ist noch Auslegungsfrage (*Hoyer* SK[6] Rdn. 71) und Thema eines alten Auslegungsstreits (s. auch die Darstellungen bei *Hoyer* aaO Rdn. 72 ff; *Kindhäuser* aaO Rdn. 75 ff; *Schmitz* aaO Rdn. 113 ff):

Die traditionell sog. **Substanztheorie** (vgl. hierzu *Wessels* NJW **1965** 1153, 1154) sieht **137**
die physische Substanz der Sache als Zueignungsgegenstand an.[165] Hieraus kann ge-

---

*Rudolphi*; *Hoyer* SK[6] Rdn. 69; *Lackner/Kühl* Rdn. 21; *Sch/Schröder/Eser* Rdn. 47; *Deubner* Anm. zu OLG Celle NJW **1967** 1921, 1922; *Heubel* JuS **1984** 445, 449; *Kindhäuser* FS Geerds, S. 655, 660; *Krey/Hellmann* Rdn. 56 f; *Maurach/Schroeder/Maiwald* I § 33 Rdn. 39; *Otto* JuS **1980** 490, 492; *Ranft* JA **1984** 277 f; *Rengier* BT 1 § 2 Rdn. 40; *Schmidhäuser* FS Bruns, S. 345, 348; *Tenckhoff* JuS **1980** 723, 724; *Ulsenheimer* JuS **1979** 169, 174; *Welzel* Strafrecht § 46 S. 342; *Wessels/Hillenkamp* Rdn. 142; **aA** *Hopmeier* S. 195 f.

164 *Deubner* Anm. zu OLG Celle NJW **1967** 1921, 1922; *Hoyer* SK[6] Rdn. 83; *Kindhäuser* NK Rdn. 81; *Sch/Schröder/Eser* Rdn. 47; *Mitsch* BT 2/1 § 1 Rdn. 104; *Rudolphi* GA **1965** 33, 42 f; *Schaffstein* GA **1964** 97, 101; *Schroeder* JR **1967** 390, 391; *Seelmann* Jura **1997** 288; *Wessels/Hillenkamp* Rdn. 142.

165 RGSt 5, 220, **10** 369, 371; **24** 22; **29** 415, 417; *Kindhäuser* NK Rdn. 75; *Binding* Lehr-

folgert werden, dass es immer dann an der Zueignung(sabsicht) fehlt, wenn die Sache in ihrer physischen Substanz dem Eigentümer zurückgegeben wird (werden soll) (vgl. RGSt **24** 22). Diese Konsequenz erscheint freilich problematisch, wenn die zurückgegebene Sache zuvor in für den Eigentümer nachteiliger Weise verändert und insbesondere entwertet worden ist, z.B. wenn der Täter ein Sparbuch entwendet, das Sparguthaben abhebt, was der Sparer und Eigentümer des Sparbuchs gem. § 808 Abs. 1 BGB gegen sich gelten lassen muss, und das Sparbuch dann – wie von Anfang an geplant – zurückgibt.

**138** Insbesondere im Hinblick auf derartige Fälle sieht die traditionell sog. **Sachwerttheorie** den Zueignungsgegenstand im wirtschaftlichen Wert der Sache.[166] Hieraus kann gefolgert werden, dass die Zueignung(sabsicht) immer schon – aber auch nur – dann gegeben ist, wenn der Täter bzw. Dritte mit der Sache einen wirtschaftlichen Vorteil erzielt (erzielen will) und der Eigentümer einen entsprechenden wirtschaftlichen Nachteil erleidet (erleiden soll). Problematisch hieran ist freilich, dass so Zueignung(sabsicht) und Bereicherung(sabsicht) praktisch ununterscheidbar werden (vgl. dazu BGH GA **1969** 306) und die Entwendung von Sachen, die keinen wirtschaftlichen Wert haben (nur von Liebhaber- oder Affektionsinteresse sind) oder in denen der Täter die Sache in anderer Weise gebrauchen will, als ihrem wirtschaftlichen Wert entspricht,[167] entgegen dem Ausgangspunkt des formalen Eigentumsschutzes nicht als Diebstahl erfasst werden kann.

**139** Die Problematik beider Theorien hat dazu geführt, dass sie jeweils zahlreichen **Modifikationen** unterworfen worden sind. Auch *„strenge" Sachsubstanztheorien* konzedieren, dass der Eigentümer zumindest teilweise um die physische Substanz der Sache enteignet wird, wenn ihm die Sache in nachteiliger Art und Weise körperlich verändert zurückgegeben wird, z.B. wenn die Asche des entwendeten und verheizten Holzes zurückgegeben wird.[168] Noch weitergehend wollen *„modifizierte" Sachsubstanztheorien* genügen lassen, dass der körperlich unverändert zurückgegebenen Sache eine ihrer bestimmungsgemäßen Gebrauchsmöglichkeiten entzogen worden ist, z.B. wenn abgeleiteter Heizdampf abgekühlt zurückgeleitet oder eine Batterie entladen zurückgegeben wird, aber auch, wenn das entwertete Sparbuch zurückgegeben wird.[169] *Schmitz* MK Rdn. 120 f formuliert das in der Weise, dass Zueignung(sabsicht) trotz Rückgabe(willen) vorliege, wenn eine „substanziell veränderte" oder gar „andere" Sache als die weggenommene zurückgegeben werden (solle). Nach *Kindhäuser* NK Rdn. 80 ff, bes. Rdn. 82 kommt es darauf an, ob der Umgang des Täters mit der Sache „mit der Anerkennung (fortbestehenden) fremden Eigentums unvereinbar" sei; daran fehle es namentlich, wenn der Täter Handlungen

---

buch des gemeinen deutschen Strafrechts S. 268; *Merkel* Lehrbuch des deutschen Strafrechts S. 318; *Rudolphi* GA **1965**, 33 ff; *Otto* BT § 40 Rdn. 44 ff; *Gössel* BT II § 6 Rdn. 47; *ders.* FS 140 Jahre GA, S. 39, 41 ff; *Liszt/Schmidt* Lehrbuch des dt Strafrechts S. 618; *Wachenfeld* Lehrbuch des deutschen Strafrechts (1927) S. 375.

166 U.a. RGSt **40** 10, 12; **49** 405, 406; BGH GA **1969** 306; *Frank* Anm. VII 2a; *Olshausen* Anm. 25a.

167 Bei OLG Hamburg MDR **1954** 697 war der Täter Fetischist, bei OLG Celle JR **1964** 266 (m. Anm. *Schröder*) nahm der Täter einen Brief weg, um ihn zu lesen und ihn dann wegzuwerfen.

168 Vgl. ferner RGSt **10** 369, 371; **29** 415, 417; **39** 239, 242; *Rudolphi* GA **1965** 33, 47; *Seelmann* JuS **1985** 288, 289.

169 Vgl. RGSt **10** 369, 371; **26** 151, 153 f; **39** 239, 243 f; *Schmitz* MK Rdn. 122; *Kindhäuser* NK Rdn. 77; *Ambos* GA **2007** 132 ff; *Denckner* FS Rudolphi, S. 425, 427; *Gössel* BT II § 6 Rdn. 49; *ders.* FS 140 Jahre GA, S. 39, 51 f; *Kleb-Braun* JA **1986** 249, 252; *Mikolajczek* Der Zueignungsbegriff des Unterschlagungstatbestandes (2005) S. 73 f; *Otto* BT § 40 Rdn. 64; *ders.* JuS **1980** 491 f; *ders.* Strafrechtlicher Vermögensschutz S. 167 ff; *Rudolphi* GA **1965** 33, 36 ff; *ders.* JR **1985** 252, 253 f; vgl. auch *Maiwald* Zueignungsbegriff S. 80 ff.

tätigen wolle, die unvereinbar mit der gleichzeitigen Anerkennung eines Herausgabeanspruchs des Berechtigten seien wie z.B. bei einem „Rückverkauf" der weggenommenen Sache an den Eigentümer. – Diese Auffassungen berühren sich in der Sache sehr eng mit *„engen Sachwerttheorien"*,[170] die nicht jeden das Vermögen des Eigentümers schädigenden und das Vermögen des Täters bzw. Dritten mehrenden Umgang mit einer Sache – z.B. das Abheben von Geld an einem Geldautomaten mit einer weggenommenen Karte, die als solche anschließend zurückgegeben wird bzw. werden soll – genügen lassen wollen. Hiernach reicht es für die Zueignung(sabsicht) nicht aus, dass die Sache lediglich zu einer anderweitigen Bereicherung des Täters bzw. Dritten zulasten des Vermögens des Eigentümers benutzt wird (werden soll), wenn sie ihrem Wert nach unverändert zurückgegeben wird (werden soll) (BGHSt **35** 152, 156 f zur Karte; s. weiterhin BayObLG NJW **1992** 1777, 1778 m. Anm. *Julius* JR **1993** 255). Dabei wird vielfach im Anschluss an *Bockelmann* (ZStW **65** [1953] 575 ff) zwischen dem der Sache selbst innewohnenden Wert (*„lucrum ex re"*), dessen Ent- bzw. Aneignung möglich sei, und dem nicht zueignungsfähigen Wert, der lediglich durch einen bestimmten Umgang oder Geschäft mit der Sache zu erzielen sei (*„lucrum ex negotio cum re"*), der nicht zueignungsfähig sei, unterschieden.[171] Damit soll zwar nicht gemeint sein, dass der Dieb, der die Sache sogleich z.B. an einen Hehler veräußern will, keinen Diebstahl begehen könne; jedoch soll es an Zueignungsabsicht fehlen, wenn der Täter dem Finder eine Fundsache wegnimmt, um sie selbst dem Eigentümer zu überbringen und sich dadurch die ausgesetzte Belohnung zu verschaffen,[172] wenn der Soldat, der dem Kameraden eine Dienstmütze wegnimmt, um sie mit dem Ziel, eine Schadensersatzpflicht zu vermeiden, als Ersatz für die eigene verlorene oder ihm sonst abhanden gekommene Dienstmütze abzugeben (BGHSt **19** 387; s. auch BGH 5 StR 505/61 vom 28.11.1961)[173] oder wenn jemand eine fremde leere Lottokarte mit seinem Namen versieht, mit den richtigen Zahlen ausfüllt und sie dann dem Lottoveranstalter zurückgibt, um den Lottogewinn zu kassieren.[174] Wer ein Sparguthaben abhebt, eignet sich aber das „lucrum ex re" an, auch wenn er das weggenommene Sparbuch anschließend zurückgeben will (Rdn. 163).

Die Rechtsprechung (bis heute grundlegend RGSt **61** 228, 232 f)[175] und ein Gutteil **140**
der Lehre[176] schließlich suchen die Lösung in einer **Kombination** der Substanz- und

---

170 *Stoffers* Jura **1995** 113, 115 ff; *Miehe* Richterliche Rechtsfortbildung, S. 481, 497 ff.

171 *Sch/Schröder/Eser* Rdn. 49; *Androulakis* JuS **1968** 409; *Bockelmann* BT I S. 20; *Eser* JuS **1964** 477, 481; *Krey/Hellmann* Rdn. 53; *Küper* BT S. 476; *Haft/Hilgendorf* BT 1 S. 12; *Heubel* JuS **1984** 445, 449; *Paulus* Sachzueignung S. 163 ff; *Stoffers* Jura **1995** 113, 116; **krit.** *Gössel* FS 140 Jahre GA, S. 42 f.

172 RGSt 55 59; *Sch/Schröder/Eser* Rdn. 50; *Haft/Hilgendorf* BT 1 S. 11; *Heubel* JuS **1984** 445, 450; *Krey/Hellmann* Rdn. 69; *Küper* BT S. 476; *Radtke/Meyer* Jura 2007 712, 716 f; *Rengier* BT 1 § 2 Rdn. 57; *Stoffers* Jura **1995** 113, 116 f; *Wessels/Hillenkamp* Rdn. 174.

173 BGHSt **19** 387 ff; OLG Celle NdsRpfl. **1964** 230; OLG Stuttgart NJW **1979** 277; *Fischer* Rdn. 36; *Lackner/Kühl* Rdn. 23; *Sch/Schröder/Eser* Rdn. 50; *Eser* JuS **1964** 483; *Gribbohm* NJW **1966** 191 f; *Heubel* JuS **1984** 445, 450; *Maurach/Schroeder/Maiwald* I § 33 Rdn. 47; *Mitsch* BT 2/1 § 1 Rdn. 117; *Rengier* BT 1 § 2 Rdn. 56; *Ranft* JA **1984** 277, 285; *Rudolphi* GA **1965** 38; *Welzel* § 46 2b; *Wessels* JZ **1965** 631, 634; **aA** OLG Frankfurt NJW **1962** 1879 m. Anm. *Kohlhaas,* abl. jedoch *Westermann* NJW **1962** 2216 und *Rudolphi* JR **1985** 252; OLG Hamm NJW **1964** 1427; LG Aachen JMBl NRW **1963** 231.

174 *Sch/Schröder/Eser* Rdn. 47; *Gössel* FS 140 Jahre GA, S. 39, 50 *Maurach/Schroeder/Maiwald* I § 33 Rdn. 47; **aA** OLG Stuttgart NJW **1970** 672 f m. abl. Anm. *Widmaier.*

175 BGHSt **4** 236, 238 f; **16** 190, 192; **24** 115, 119; **35** 152, 156 ff; GA **1969** 306; NJW **1977** 1460; NStZ **1981** 63; NJW **1985** 812.

176 *Fischer* Rdn. 35; *Hoyer* SK$^6$ Rdn. 72; *Lack-*

Sachwerttheorie in ggf. modifizierten Varianten, sog. **Vereinigungstheorie**. Dahinter steht die kriminalpolitische Tendenz, dem Diebstahl einen möglichst umfassenden Anwendungsbereich zu geben; theoretisch ist die Vereinigungstheorie mehr als unbefriedigend (s. nur *Schmitz* MK Rdn. 117 f mit Verweis auf *Maiwald* S. 79: „Kombination von Äpfeln und Birnen"; *Otto* BT § 40 Rdn. 51: „rechtsstaatlich geradezu anrüchig austauschbare Argumentation").

**141** Im **Regelfall** des Diebstahls will der Täter sich oder einem Dritten die Sache sowohl der Substanz als auch dem Wert nach zueignen, insbesondere wenn er sie behalten, verbrauchen, veräußern oder auch verschenken (BGH NJW **1985** 812) will. Eben das ist historisch und normativ das Leitbild des Diebstahls; hiernach ist es kein Diebstahl, wenn der Täter die Sache nur gebrauchen und dann zurückgeben oder sie nur dem Eigentümer entziehen, beschädigen oder gar zerstören will. Gegenstand des Auslegungsstreits sind dazwischen liegende **Ausnahmefälle**, die zu einer „Theorie" der Zueignung zu hypostasieren fragwürdig erscheint („hard cases make bad law"). In diesen Fällen darf der Diebstahl nicht über die verfassungsrechtlichen Auslegungsgrenzen hinaus „entgrenzt" werden. Sind – wie nicht selten – anderweitige Tatbestände, namentlich §§ 248b, 303, aber auch §§ 263, 263a oder 253 StGB unanwendbar, so sind „Strafbarkeitslücken" auch dann hinzunehmen, wenn der Ausleger mit ihnen kriminalpolitisch nicht einverstanden ist. Wer den Hund des Nachbarn wegnimmt, um das Tier als angeblich entlaufen und gefunden dem Nachbarn zurückzugeben und sich rechtswidrig um den ausgesetzten Finderlohn zu bereichern, fällt nicht ins normative Leitbild des Diebstahls, sondern des Betrugs; wird die Tat bereits zu einem Zeitpunkt entdeckt, zu dem der Täter noch nicht zur Täuschung des Nachbarn unmittelbar angesetzt hat, so bleibt sie eben straflos, und es wäre eine „entgrenzende" Auslegung des § 242 StGB, die Tat als bereits vollendeten Diebstahl zu bestrafen (i. E. ebenso RGSt 55 59 f).

**142** Zwar ist der Rechtsbegriff der Zueignung(sabsicht) selbstverständlich Rechtsfrage. Im Vordergrund der Praxis steht aber die **Tatfrage** des Nachweises der Zueignungsabsicht. Ist der Beschuldigte nicht geständig oder bestreitet er die Zueignungsabsicht, so muss deren *Indizienbeweis* geführt werden, und nach Gesamtwürdigung aller Indizien verbleibende Zweifel schlagen zugunsten des Beschuldigten aus. Ist es zur Zueignung gekommen, so genügt die Überzeugung des Richters, dass der Zueignungsentschluss nicht erst nach Wegnahme gefasst worden ist (*Fischer* Rdn. 43). Kommt es nur zur Wegnahme oder gar nur zu deren Versuch, so müssen zur Feststellung der Zueignungsabsicht alle Umstände des Einzelfalles gewürdigt werden. Nimmt ein Kunde in einem Drogeriemarkt ein Sonnenöl an sich, hält es offen in der Hand und geht am Kassenbereich vorbei, so bestehen Zweifel an der Zueignungsabsicht, wenn sich vor dem Drogeriemarkt noch Warenschütten befinden und es nicht bloß theoretisch möglich erscheint, dass der Kunde diese Schütten anschauen und dann zur Kasse zurückgehen wollte (BayObLG NJW **1997** 3326, 3327).

---

*ner/Kühl* Rdn. 22 f; *Sch/Schröder/Eser* Rdn. 48 ff; *Baumann* GA **1971** 306; *Baumann* NJW **1964** 706; *Bockelmann* ZStW 65 (1953) 575, 577; *Bockelmann* BT 1 S. 19; *Eser* JuS **1964** 481; *Gribbohm* MDR **1965** 874; *Paulus* Sachzueignung S. 160 ff, 271; *Rengier* BT 1 § 2 Rdn. 39; *Tenckhoff* JuS **1980** 723; *Ulsenheimer* Jura **1979** 169, 174; *Wessels* NJW **1965** 1153, 1155 f; *ders.* JZ **1965** 631, 633 f; *ders./Hillenkamp* Rdn. 135; *Widmaier* NJW **1970** 672; vgl. ferner *Heubel* JuS **1984** 449; *Kleb-Braun* JA **1986** 249; *Miehe* FS Heidelberg, S. 481; *Ranft* JA **1984** 277 ff; *Schmidhäuser* FS Bruns, S. 345, 351 ff; krit. *Samson* JA **1980** 285, 290 ff.

2. **Enteignung(svorsatz)**

a) Objektiv besteht die **Enteignung** des Eigentümers darin, dass ihm die Verfügungsgewalt über die weggenommene Sache auf Dauer oder endgültig entzogen, er auf Dauer oder endgültig tatsächlich aus seiner Eigentümerposition verdrängt wird.[177] Soweit in älteren Entscheidungen das *Erfordernis der Dauerhaftigkeit oder Endgültigkeit* bezweifelt worden ist (u.a. RGSt **49** 405; **57** 199), ist das überholt (vgl. BGH JR **1985** 251, 252 m. Anm. *Rudolphi*).[178] Denn ohne dieses Erfordernis wäre es nicht möglich, die vorübergehende Gebrauchsanmaßung (*furtum usus*) vom Diebstahl abzugrenzen (näher Rdn. 153 ff). Ob dem Eigentümer die *Sachsubstanz* oder aber der *Sachwert* entzogen werden muss oder ob es genügt, dass entweder die Sachsubstanz oder der Sachwert entzogen wird, ist umstritten (soeben Rdn. 136 ff) und nach dem hier vertretenen Ansatz bei den Einzelfällen zu entscheiden. Verliert der Eigentümer ausnahmsweise (Rdn. 133) sogar sein Eigentumsrecht, so liegt erst recht eine Enteignung vor (zutr. *Hoyer* SK[6] Rdn. 70; *Schmitz* MK Rdn. 110).[179] Der Eigentümer wird auch dann auf Dauer oder endgültig enteignet, wenn die Sache ihm schlicht *entzogen* oder aber *beschädigt oder gar zerstört* wird. Die Abgrenzung zwischen Diebstahl einerseits und Sachentziehung sowie Sachbeschädigung andererseits kann dann nur über das Aneignungselement der Zueignung erfolgen (s. noch Rdn. 156 ff). **143**

b) Subjektiv genügt der **Vorsatz** der Enteignung.[180] Zwar ist die Zueignungsabsicht eine Absicht im technischen Sinne (*dolus directus ersten Grades*), und dem Täter muss es darauf ankommen, er muss es erstreben, dass er die weggenommene Sache sich oder einem Dritten zueignet (s. noch Rdn. 151, 185). Bei genauer Betrachtung kommt es im Regelfall des Diebstahls dem Täter freilich nur oder zumindest in erster Linie auf die *An*eignung an; demgegenüber ist die *Ent*eignung des Eigentümers im Regelfall nur Kehr- **144**

---

177 RGSt **64** 259, 260; BGH GA **1960** 82; NStZ **1982** 420; NJW **1987** 266; OLG Hamm 3 Ss 181/05 vom 21.6.2005, bei Juris Rdn. 25; AG Flensburg NStZ **2006** 101; *Duttge* HK-GS Rdn. 45; *Fischer* Rdn. 33a; *Lackner/Kühl* Rdn. 21; *Schmitz* MK Rdn. 110; *Sch/Schröder/Eser* Rdn. 47; *Haft/Hilgendorf* BT 1 S. 11; *Jäger* BT Rdn. 215; *Kargl* ZStW **103** (1991) 136, 150; *Kindhäuser* BT II § 2 Rdn. 88; *Krey/Hellmann* Rdn. 56; *Küper* BT S. 478; *Mitsch* BT 2/1 § 1 Rdn. 105; *Otto* Jura **1997 464, 468**; *ders.* BT § 40 Rdn. 56; *Rengier* BT 1 § 2 Rdn. 40; *Rönnau* JuS **2007** 806; *Wessels/Hillenkamp* Rdn. 142; **krit.** *Otto* JZ **1993** 559, 563.

178 RGSt **47** 147; **64** 259; BGHSt **22** 45, 46; GA **1960** 82; NJW **1977** 1460; NStZ **1981** 63; *Fischer* Rdn. 33a; *Lackner/Kühl* Rdn. 21; *Sch/Schröder/Eser* Rdn. 51; *Androulakis* JuS **1968** 409; *Eser* JuS **1964** 479; *Gropp* JR **1985** 581, 520; *Mitsch* BT 2/1 § 1 Rdn. 98; *Ranft* JA **1984** 277, 278; *Schaffstein* GA **1964** 97, 101; *Schmidhäuser* FS Bruns, S. 345, 350; *Tenckhoff* JuS **1980** 723, 724; *Ulsenheimer* JuS **1979** 169, 174; *Wessels* NJW **1965** 1153, 1155; *Wessels/Hillenkamp* Rdn. 142; **krit.** *Otto* Jura **1989** 137, 143; *ders.* in JZ **1993** 559, 563; *Seelmann* JuS **1985** 454, 455.

179 AG Flensburg NStZ **2006** 101, 102; *Fischer* Rdn. 37; **aA** *Rudolphi* GA **1965** 33, 38.

180 *Fischer*, Rdn. 41; *Lackner/Kühl* Rdn. 19; *Schmitz* MK Rdn. 134; *Sch/Schröder/Eser* Rdn. 64; *Gropp* JR **1985** 518, 520; *Krey/Hellmann* Rdn. 56; *Küper* BT S. 476; *Heubel* JuS **1984** 445, 450; *Lampe* GA **1966** 225, 238 f; *Maiwald* Zueignungsbegriff S. 177; *Maurach/Schroeder/Maiwald* I § 33 Rdn. 55; *Mitsch* BT 2/1 § 1 Rdn. 107; *ders.* JuS **2007** 555, 558; *Ranft* JA **1984** 277, 279; *Rengier* BT 1 § 2 Rdn. 40; *Rönnau* JuS **2007** 806, 807; *Schaffstein* GS **103** 292, 310 f; *Schaffstein* GA **1964** 97, 102 ff; *Schmidhäuser* FS Bruns, S. 345, 354; *Tenckhoff* JuS **1980** 723, 726; *Wessels/Hillenkamp* Rdn. 150; **aA** Gössel BT II § 7 Rdn. 110; *ders.* GA **2004** 730 f; *Schmitz* FS Otto, S. 774.

seite und notwendige Nebenfolge der Aneignung.[181] Soll nicht § 242 StGB weitgehend leerlaufen, so muss es für die Zueignungsabsicht genügen, dass der Täter die Aneignung beabsichtigt und sicheres Wissen um die Enteignung als notwendige Nebenfolge der Aneignung hat (*dolus directus zweiten Grades*). Umstritten ist, ob auch bloß bedingter Vorsatz (*dolus eventualis*) insbesondere betreffend die Dauerhaftigkeit oder Endgültigkeit der Enteignung ausreichen soll, wenn der Täter die weggenommene Sache lediglich (ohne ins Gewicht fallende Substanz- oder Werteinbuße) gebrauchen und sich ihrer anschließend in einer Weise entledigen will, die lediglich möglicherweise zur dauerhaften oder endgültigen Enteignung führt, was er lediglich billigend in Kauf nimmt. Früher wurde die Frage teilweise verneint.[182] Demgegenüber steht die heute h.A. auf dem Standpunkt, es genüge, dass der Täter die dauerhafte oder endgültige Enteignung lediglich billigend in Kauf nehme, wenn er sich irgendwo der Sache entledige und sie, wie er erkenne, dem möglichen Untergang oder dem Zugriff beliebiger Dritter preisgebe.[183] Dafür werden ansonsten drohende „Strafbarkeitslücken" ins Feld geführt, insbesondere wenn der Täter das entwendete Kraftfahrzeug lediglich vorübergehend gebrauchen und dann irgendwo stehenlassen will; § 248b StGB erfasse das verwirklichte Unrecht nicht ausreichend, zumal sich die Frage auch bei Sachen stelle, die nicht in den Anwendungsbereich des § 248b StGB fielen (*Ruß* LK[11] Rdn. 51 mit Verweis auf RG DJZ **1924** 740). Abgesehen davon, dass irgendwo stehengelassene Kraftfahrzeuge regelmäßig gefunden und dem Eigentümer zurückgegeben werden (s. noch Rdn. 160), ist das nach den in Rdn. 141 dargelegten Maßstäben eine fragwürdige Ausdehnung des Diebstahls, zumal sich weiterhin die Frage des Verhältnisses zwischen Aneignung (hier: Sachgebrauch) und Enteignung (hier: nachträglicher Untergang oder Zugriff eines Dritten) stellt (zutr. *Hoyer* SK[6] Rdn. 84; *Schmitz* MK Rdn. 133: „Kombination von Gebrauchsanmaßung und Sachentziehung").

### 3. Aneignung(sabsicht)

**145** a) Eine **Aneignung** setzt nicht voraus, dass der Täter oder Dritte dingliches Eigentum erwirbt; tut er es ausnahmsweise (Rdn. 133) doch, so liegt jedenfalls eine Aneignung vor (zutr. *Hoyer* SK[6] Rdn. 70; s. auch Rdn. 143 zur Enteignung). In aller Regel besteht die Aneignung darin, dass sich der Täter oder Dritte tatsächlich an die Stelle des Eigentümers setzt, sich Eigentum anmaßt und die Sache eigener, vollständiger und umfassender Verfügungsgewalt unterwirft. Das wird häufig auf die lateinische Formel *„se ut dominum gerere"* (dt. „sich wie ein Eigentümer betragen, benehmen, aufführen") gebracht.[184] Die Tragweite dieser Formel ist jedoch zweifelhaft („bestenfalls inhaltsleer [...],

---

181 Anders mag es liegen, wenn *Robin Hood* Arme, Witwen und Waisen, Enterbte und Entrechtete gerade dadurch rächen will, dass er Reiche und Tyrannen um deren Eigentum bringt (wissenschaftlich hierzu *Knight* Robin Hood: a complete study of the English outlaw, Oxford: Blackwell, 1994) oder wenn der Mörder die Mordwaffe entwendet und sie nach Gebrauch so beseitigen will, dass sie auf keinen Fall mehr als Beweisstück gefunden wird.

182 BGH VRS **22** 206; NStZ **1981** 63; wohl auch OLG Neustadt VRS 21 361; *Kohlrausch/Lange* Anm. III 2a; *Seelmann* JuS **1985** 454.

183 RGSt **64** 259, 260; BGHSt 13 43, 44; 16 190, 192; **22** 45; NJW **1953** 1880; GA **1960** 82; VRS **22** (1962) 206, 207; NStZ **1982** 420; NJW **1987** 266; Jura **1989** 646, 649; NStZ **1996** 38; *Lackner/Kühl* Rdn. 25; Arzt/Weber/*Heinrich*/Hilgendorf BT § 13 Rdn. 89; *Gropp* JR **1985** 518, 520; *Haft/Hilgendorf* BT 1 S. 11; *Rengier* BT 1 § 2 Rdn. 60; *Wessels/Hillenkamp* Rdn. 144.

184 *Gropp* JR **1985** 518, 519; *Jäger* JuS **2000** 651; *Kindhäuser* FS Geerds, S. 655, 660;

schlechtestenfalls zu Fehlinterpretationen" einl[adend]", *Schmitz* MK Rdn. 107):[185] Nicht jede Ausübung eines Eigentümerrechts ist Aneignung (z.B. Zerstörung oder Beschädigung). Aneignung setzt nicht zwingend voraus, dass sich der Täter oder Dritte nach außen hin als Eigentümer ausgibt (*Kindhäuser* NK Rdn. 84). Umgekehrt steht es einer Aneignung nicht entgegen, dass der Täter oder Dritte das Bestehen fremden Eigentums nicht in Abrede stellt; so handelt, wer ein Kunstwerk stiehlt, um es zu behalten, auch dann mit Zueignungsabsicht, wenn er nie einen Hehl daraus zu machen beabsichtigt, dass er das Kunstwerk gestohlen hat und es ihm nicht gehört.

Nicht frei von vergleichbaren Bedenken ist auch die Fortentwicklung der Formel vom „se ut dominum gerere" durch *Kindhäuser* NK Rdn. 69 ff, 80 ff: Aneignung sei Begründung von Eigenbesitz mit dem Zweck, die Sache in einer Weise zu verwenden, die mit der Anerkennung fremden Eigentums – insbesondere des Herausgabeanspruchs des Eigentümers – unvereinbar sei. Doch auch so bleibt die Frage, in welchem Umfange sich der Dieb welche Eigentümerbefugnisse anmaßen muss, um Eigenbesitz (§ 872 BGB) zu erwerben; der Verweis auf § 903 BGB (vgl. *Kindhäuser* aaO Rdn. 70, 79) führt in die Aporie zu begründen, warum z.B. die Sachbeschädigung oder -zerstörung – eine die Sachsubstanz ggf. endgültig betreffende und in diesem Sinne durchaus umfassende Ausübung des Eigentumsrechts nach § 903 BGB – keine Aneignung sein soll. Im Übrigen zeigen §§ 987 ff BGB, dass jede Sachnutzung, -beschädigung oder gar -zerstörung mit dem eigentumsrechtlichen Herausgabeanspruch nach § 985 BGB unvereinbar ist. Andererseits anerkennt nicht bloß der Entleiher, sondern auch der Mieter im Prinzip den Eigentumsherausgabeanspruch, und beide sind zivilrechtlich gesehen Fremdbesitzer; deshalb ist es nicht überzeugend, die Abgrenzung zwischen Gebrauchsanmaßung und Zueignung davon abhängig zu machen, ob der angemaßte Gebrauch auch unentgeltlich im Rahmen einer Leihe hätte zugestanden werden können (so aber *Kindhäuser* aaO Rdn. 92). **146**

Nach der Rechtsprechung eignet sich die weggenommene Sache an, wer sie – sei es auch nur vorübergehend (sogleich Rdn. 149) – seiner Verfügungsgewalt umfassend und vollständig unterwirft (BGHSt **16** 190, 192; BGH NStZ **1981** 63) und sie so ihrer *Substanz* oder ihrem *Wert* nach (hierzu Rdn. 136 ff) **seinem Vermögen einverleibt.**[186] Dabei ist freilich weder erforderlich, dass der Eigentümer in dem Sinne entreichert wird, dass er einen Vermögensschaden oder -nachteil erleidet, noch, dass der Täter oder Dritte in dem Sinne bereichert wird, dass er einen Vermögensvorteil erlangt (BGH GA **1969** 306; NJW **1985** 812), andernfalls Diebstahl an wirtschaftlich wertlosen Sachen entgegen dem Ausgangspunkt formalen Eigentumsschutzes straflos wäre.[187] Auch auf ersparte Aufwendun- **147**

---

*Kargel* ZStW **103** (1991) 136, 144; *Krey/Hellmann* Rdn. 50b; *Küper* BT S. 476; *Maurach/Schroeder/Maiwald* I § 33 Rdn. 41; *Mitsch* BT 2/1 Rdn. 103; *Rudolphi* GA **1965** 33, 39; *Tenckhoff* JuS **1980** 723; *Seelmann* JuS **1985** 288; *Gössel* BT II § 6 Rdn. 54; *Haft/Hilgendorf* BT 1 S. 144; *Rönnau* JuS **2007** 806; *Ulsenheimer* Jura **1979** 169, 170; *Wessels/Hillenkamp* Rdn. 134; *Wolfslast* NStZ **1994** 542, 544.

[185] Krit. auch *Sch/Schröder/Eser* Rdn. 47; *Grunewald* GA **2005** 520, 524; *Mitsch* BT 2/1 Rdn. 103; *Otto* Jura **1989** 137, 142; *ders.* Jura **1997** 464, 468; *Rengier* BT 1 § 2 Rdn. 39.

[186] BGHSt **16** 190, 192; **24** 115, 119; NJW **1977** 1460; NStZ **1981** 63; StV **1983** 329, 330; AG Flensburg NStZ **2006** 101.

[187] Vgl. BGH NJW **1970** 1753, 1754 m. Anm. *Schröder* NJW **1977** 1460 m. Anm. *Lieder* NJW **1977** 2272 und *Geerds* JR **1978** 172; VRS **62** 274; GA **1969** 306; *Lackner/Kühl* Rdn. 21; *Schmitz* MK Rdn. 117; *Gehrmann* Systematik und Grenzen der Zueignungsdelikte (2002) S. 149; *Kindhäuser* FS Geerds, S. 655, 658; *Maurach/Schroeder/Maiwald* I § 33 Rdn. 49; *Rengier* BT 1 § 2 Rdn. 44; *Welzel* Strafrecht § 46 S. 341; *Wessels/Hillenkamp* Rdn. 149.

gen des Täters im zivilrechtlichen Sinne kommt es nicht an, sondern es ist allein maßgeblich, dass er sich umfassende Verfügungsgewalt anmaßen will (*Otto* JZ **1993** 559, 563).

**148** Aneignungsabsicht hat nicht nur, wer die Sache **dauernd behalten**, sondern auch, wer sie sogleich an einen Dritten (z.B. einen Hehler) **veräußern** will; hierin liegt – gleich ob der Täter gegenüber dem Dritten das fremde Eigentum leugnet oder nicht – eine Eigentumsanmaßung und eine Aneignung der Sachsubstanz, nicht (bloß) des Sachwerts. Nichts anderes gilt, wenn der Täter die weggenommene Sache sogleich einem Dritten **schenken** will, und zwar richtiger Auffassung nach ohne dass es darauf ankäme, ob der Täter das fremde Eigentum leugnet, Aufwendungen erspart oder zumindest mittelbare wirtschaftliche Vorteile erhält (zutr. *Mitsch* BT 2/1 § 1 Rdn. 134).[188] Auch der ggf. sofortige **Verbrauch** der Sache ist Aneignung, wenn er zum Nutzen des Täters oder Dritten (z.B. beim Verheizen fremder Möbel) und nicht nur erfolgt, um die Sache dem Eigentümer zu entziehen (z.B. beim Verbrennen fremder Möbel, um den Eigentümer zu ärgern).

**149** Jedenfalls in diesem Sinne genügt es, dass der Täter die Verfügungsgewalt nur **vorübergehend** begründen will.[189] Die Einverleibung in das Vermögen des Täters muss nicht für immer erfolgen (*Tenckhoff* JuS **1980** 724); auf den Zeitraum kommt es nicht an (BGH NJW **1985** 812, 813; BGHR StGB § 242 Abs. 1 Zueignungsabsicht 4), auch nicht auf eine dauerhafte Bereicherung z.B. in Gestalt ersparter Aufwendungen. Aneignungsabsicht kann auch bei einer Wegnahme mit dem Willlen gegeben sein, die Sache *zunächst* zu behalten und sich erst *später* darüber schlüssig zu werden, wie über sie zu verfügen sei (BGH GA **1969** 306, 307; NJW **1985** 812 m. Anm. *Gropp* JR **1985** 519 f).

**150** Aneignungsabsicht liegt aber nicht vor, wenn der Täter die Sache nicht einmal für kurze Zeit seinem Vermögen einverleiben will, was allerdings auch bei bloßem **Sachgebrauch** der Fall sein soll (vgl. BGH JR **1985** 251, 252 m. Anm. *Rudolphi*). Nicht ausreichend ist, dass der Täter die Sache **beschädigen, zerstören, preisgeben, wegwerfen oder beiseite schaffen** will.[190] Auch die bloße Absicht, den Eigentümer zu **ärgern** oder sich an

---

[188] Vgl. BGH NJW **1970** 1753, 1754; *Lackner/Kühl* Rdn. 26; Arzt/Weber/*Heinrich*/Hilgendorf BT § 13 Rdn. 75; *Gropp* JuS **1999** 1041, 1045; *Heubel* JuS **1984** 445, 451; *Jäger* JuS **2000** 651; *Krey/Hellmann* Rdn. 80b; *Maurach/Schroeder/Maiwald* I § 33 Rdn. 41; *Otto* Jura **1989** 137, 144; *Ranft* JA **1984** 277, 285; *Tenckhoff* JuS **1980** 723, 726; *Wessels/Hillenkamp* Rdn. 154; *Wolfslast* NStZ **1994** 542, 544; *Kindhäuser* NK Rdn. 106; *ders.* FS Geerds, S. 655, 666; *Seelmann* JuS **1985** 288, 290; **aA** *Rönnau* GA **2000** 410, 420.

[189] BGHSt **16** 190, 192; **17** 87, 92; **35** 152, 156 ff; GA **1960** 82; **1960** 182; **1969** 306, 307; NJW **1977** 1460 m. **krit.** Anm. *Lieder* NJW **1977** 2272 f; ferner BGH NStZ **1981** 63; **1982** 420; NJW **1985** 812 m. Anm. *Gropp* JR **1985** 519; BGH JR **1985** 251, 252 m. Anm. *Rudolphi*; BGH bei Holtz MDR **1982** 810; JR **1999** 336; *Lackner/Kühl* Rdn. 21; *Kargl* ZStW **103** (1991)136, 152 f; *Maurach/Schroeder/Maiwald* I § 33 Rdn. 39; *Otto* JuS **1980** 490, 492; *ders.* Jura **1989** 137, 143; JZ **1993** 559, 563; *Ranft* JA **1984** 277, 278; *Rengier* BT 1 § 2 Rdn. 40; *Rönnau* JuS **2007** 806; *Schaffstein* GA **1964** 97, 101; *Tenckhoff* JuS **1980** 723, 724; *Ulsenheimer* JuS **1979** 169, 173; *Wessels* NJW **1965** 1153, 1155; *ders.* JZ **1965** 631, 633; *ders./Hillenkamp* Rdn. 142; enger *Rudolphi* GA **1965** 33, 50.

[190] BGHSt **22** 45, 46; GA **1961** 172, 173; **1969** 306, 307; BGH bei Dallinger MDR **1966** 727 und MDR **1975** 22; BGH NJW **1977** 1460; NStZ **1981** 63; **1982** 420; BGH bei Holtz MDR **1977** 461 und MDR **1982** 810; StV **1983** 329, 330; NJW **1985** 812, 813; OLG Düsseldorf NJW **1987** 2526; *Lackner/Kühl* Rdn. 21; *Geerds* JR **1978** 172; *Krey/Hellmann* Rdn. 59; *Lieder* NJW **1977** 2272; *Maurach/Schroeder/Maiwald* I § 33 Rdn. 41; *Mitsch* BT 2/1 Rdn. 135; *ders.* JuS **2007** 555, 558; *Otto* JuS **1980** 490, 492; *ders.* JZ **1985** 21, 23; *Ranft* JA **1984** 277, 278; *Rengier* BT 1 § 2 Rdn. 65; *Rudolphi* GA **1965** 33, 49; *Schmidhäuser* FS Bruns, S. 345, 351; *Schröder* Anm. zu BGH NJW

ihm zu **rächen**, ist noch keine Aneignungsabsicht (BayObLG JR **1992** 346 m. Anm. *Meurer*). Zueignungsabsicht fehlt auch, wenn der Täter die Sache nur wegnimmt, um **verhaftet** zu werden (BGH GA **1969** 306 f), jedenfalls wenn nach der Vorstellung des Täters im Zuge seiner Verhaftung die Sache beschlagnahmt und dem Eigentümer zurückgegeben werden soll.

b) Subjektiv ist **Absicht** im technischen Sinne (*dolus directus ersten Grades*) der Aneignung erforderlich.[191] Die Aneignungsabsicht ist subjektives Unrechtsmerkmal und entgegen *Schmidhäuser* MSchrKrim **1973** 346 ff; AT$^2$ 8/44 nicht erst ein straftatbegründendes besonderes Schuldmerkmal, das beteiligungsrechtlich nach § 29 (oder § 28 Abs. 1) StGB zu behandeln wäre, da nicht nur die Enteignung, sondern auch die Aneignung rechtsgutsrelevant ist. Dem Täter muss es also auf die Aneignung ankommen, er muss sie erstreben, zielgerichtet wollen, und sei es nur als notwendiges Zwischenziel für ein weiter angestrebtes Endziel; im Übrigen muss die Aneignung aber nicht das ausschließliche Motiv der Wegnahme gewesen sein. Absicht und Möglichkeitsvorstellungen sind miteinander vereinbar; deshalb kann Aneignungsabsicht auch vorliegen, wenn der Täter bei der Wegnahme nur vermutet oder erwartet, er werde die Sache für sich verwenden können, ohne sich dessen sicher zu sein (RGSt 52 147; BGH NJW **1985** 812). **151**

4. **Zeitpunkt.** Zueignungsabsicht muss im **Zeitpunkt der Wegnahme** vorliegen (vgl. BGH StV **1983** 329, 330).[192] Nimmt der Täter eine Sache ohne Enteignungsvorsatz bzw. Aneignungsabsicht z.B. zum bloßen Gebrauch weg und entschließt er sich erst später, sie zu behalten, oder kann ihm eine entsprechende Einlassung nicht widerlegt werden, so kommt allein (ggf. § 248b StGB und) Unterschlagung in Betracht. Umgekehrt berührt die nachträgliche Rückgabe der in Zueignungsabsicht weggenommenen Sache die Diebstahlsstrafbarkeit nicht. **152**

5. **Grenzfälle**

a) **Zueignung und Gebrauchsanmaßung** (***furtum usus***). Wer fremde Sachen wegnimmt, um sie zu benutzen, handelt nach h.A. stets in Aneignungsabsicht, da jede Ingebrauchnahme impliziere, dass die Sache – zumindest, was genüge (Rdn. 149), vorübergehend – dem eigenen Vermögen einverleibt werde (*Schröder* JR **1964** 229; *Wessels* NJW **1965** 1153, 1155; **aA** *Kindhäuser* NK Rdn. 92: keine Aneignung, wenn nur Fremdbesitz im leihetypischen Umfang begründet werde). Soll aber die Sache im Wesentlichen unverändert zurückgegeben werden, so liegt kein Enteignungsvorsatz und damit keine Zueignungsabsicht vor; eine derartige bloße Gebrauchsanmaßung (***furtum usus***) fällt nicht **153**

---

**1970** 1753; *Tenckhoff* JuS **1980** 723; *Ulsenheimer* JuS **1979** 169, 174; *Wessels/Hillenkamp* Rdn. 137 f.

[191] BGH NStZ-RR **2007** 15; RGSt **49** 140, 142; *Fischer* Rdn. 41; *Lackner/Kühl* Rdn. 25; *Schmitz* MK Rdn. 110; *Sch/Schröder/Eser* Rdn. 61; *Heubel* JuS **1984** 445, 450; *Krey/Hellmann* Rdn. 57; *Küper* BT S. 476; *Maurach/Schroeder/Maiwald* I § 33 Rdn. 55; *Mitsch* BT 2/1 Rdn. 98; *ders.* JuS **2007** 555, 558; *Ranft* JA **1984** 277, 278; *Rengier* BT 1 § 2 Rdn. 40; *Rönnau* JuS **2007** 806, 807; *Schmidhäuser* FS Bruns, S. 345, 362; *Schmitz* FS Otto, S. 773; *Tenckhoff* JuS **1980** 723, 726; *Wessels/Hillenkamp* Rdn. 150.

[192] BGH GA **1969** 306; NStZ **1981** 63; **2004** 386 f; NStZ-RR **2007** 15; *Fischer* Rdn. 43; *Kindhäuser* NK Rdn. 93; *Lackner/Kühl* Rdn. 25; *Schmitz* MK Rdn. 134; *Sch/Schröder/Eser* Rdn. 65; *Gehrmann* Systematik und Grenzen der Zueignungsdelikte (2002) S. 149; *Rengier* BT 1 § 2 Rdn. 38; *Wessels/Hillenkamp* Rdn. 191.

unter § 242 StGB, sondern ist nur verbotene Eigenmacht i.S.v. § 858 BGB, grundsätzlich straflos und nur ausnahmsweise unter (mildere) Strafe gestellt (§§ 248b, 290 StGB).

**154** Die grundsätzliche Straflosigkeit der Gebrauchsanmaßung hängt nach h.A. davon ab, dass die Sache **im Wesentlichen unverändert** zurückgegeben werden soll. Dabei kann die mit jedem Gebrauch notwendigerweise verbundene Abnutzung nicht genügen, andernfalls es keine straflose Gebrauchsanmaßung gäbe. Lange *Dauer* oder hohe *Intensität* des Gebrauchs können aber nach der Rechtsprechung eine Enteignung bewirken, da und soweit die Sache Wert- oder Funktionseinbußen erleidet.[193] So soll es bei einer mit Abnutzungsschäden und damit einhergehenden Wertminderung verbundenen intensiven Benutzung eines Mopeds über zweieinhalb Monate liegen (OLG Hamm JMBlNRW **1960** 230; vgl. aber auch JMBlNRW **1962** 110), desgleichen, wenn eine nicht aufladbare elektrische Batterie gebraucht und erst entladen zurückgegeben wird oder wenn Heizdampf umgeleitet, zum Heizen verwendet und dann abgekühlt zurückgeleitet wird (RGSt **44** 335, 337). Nimmt jemand neuwertige Ware weg, um sie wenn auch nur kurz zu gebrauchen, soll eine Enteignung vorliegen, wenn die Neuwertigkeit wirtschaftlich von Bedeutung ist und der Täter das billigend in Kauf nimmt; so soll Diebstahl begehen, wer ein entwendetes neues Buch gelesen zurückstellen will, weil das gelesene Buch nicht mehr als neues, sondern nur z.B. in einem Antiquariat verkäuflich ist (OLG Celle NJW **1967** 1921).[194] Wer Urkunden (Briefe oder Akten) oder Magnetbänder (BayObLG JR **1993** 253 m. Anm. *Julius*; vgl. ferner *Vogt/Vogt* JuS **1980** 860) oder andere Datenträger entwendet, um sie zu lesen oder zu kopieren und zurückzugeben, hat aber auch dann, wenn die Information wirtschaftlichen Wert hat, keine Zueignungsabsicht bezogen auf Sachsubstanz oder Sachwert der Urkunde oder des Datenträgers (RG JW **1922** 293; OLG Hamm JMBlNRW **1960** 230, 231; OLG Celle JR **1964** 266 m. Anm. *Schröder*); anders soll es liegen, wenn er die Urkunde oder den Datenträger nach Kenntnisnahme vom Inhalt vernichten oder weitergeben will (OLG Celle aaO; vgl. auch *Otto* JuS **1980** 490, 493). Keine Zueignungsabsicht liegt vor, wenn der Täter die Urkunde nur zur Vornahme einer Täuschung benützen will, z.B. wenn der Täter eine gebührenpflichtige Verwarnung von einem parkenden Wagen entfernt und für die Dauer seines Parkens an der Windschutzscheibe seines Wagens befestigt, um den Eindruck zu erwecken, er sei bereits als Verkehrssünder notiert, jedenfalls wenn er bei Rückkehr die Verwarnung wieder an dem fremden Wagen befestigen will (OLG Hamburg NJW **1964** 736 m. **krit.** Anm. *Baumann* NJW **1964** 705); anders soll es liegen, wenn der Täter billigend in Kauf nimmt, dass der andere Wagen zwischenzeitlich weggefahren sein könnte (*Schröder* JR **1964** 229). Die Absicht, sich eigenmächtig den Gebrauch anzumaßen, soll nach h.A. aber in Verbindung mit dem Vorsatz, den Eigentümer ganz oder zum Teil dauerhaft zu enteignen, sei es auch durch Sachentziehung, -beschädigung oder -zerstörung, auf Zueignungsabsicht hinauslaufen (s. noch Rdn. 158).[195]

**155** Auf dem Boden modifizierter Sachsubstanz-, Sachnutzen- oder Sachwerttheorien stimmt die Literatur der Rechtsprechung grundsätzlich zu.[196] Dabei werden teilweise

---

[193] BGHSt **32** 309, 312; *Duttge* HK-GS Rdn. 46; *Schmitz* MK Rdn. 125; *Sch/Schröder/Eser* Rdn. 53; *Eisele* BT II Rdn. 68; *Haft/Hilgendorf* BT 1 S. 11; *Kindhäuser* BT II § 2 Rdn. 104; *Krey/Hellmann* Rdn. 63; *Rengier* BT 1 § 2 Rdn. 50.

[194] Dazu abl. *Deubner* NJW **1967** 1921; zust. aber *Gribbohm* NJW **1968** 1270; ferner *Androulakis* JuS **1968** 409; *Schröder* JR **1967** 390; *Widmann* MDR **1969** 529; **aA** *Sch/Schröder/Eser* Rdn. 53.

[195] Vgl. u.a. BGHSt **22** 45, 46; BGH NJW **1953** 1880; GA **1960** 82; NStZ **1982** 420.

[196] RGSt **61** 233; *Fischer* Rdn. 35; *Rengier* BT 1 § 2 Rdn. 39; *Schmitz* MK Rdn. 116; *Wessels/Hillenkamp* Rdn. 133.

quantitative Grenzen gezogen (Wertverlust von 50%, *Fricke* MDR **1988** 538, 539). *Hoyer* SK[6] Rdn. 86 stellt darauf ab, ob der Wiederherstellungsaufwand größer als der Wiederbeschaffungsaufwand wäre. Nach *Kindhäuser* NK Rdn. 92, 98 ist maßgeblich, ob der angemaßte Gebrauch Gegenstand unentgeltlicher Leihe sein könnte – was im Hinblick auf die zivilrechtliche Privatautonomie ein fragwürdiger Maßstab ist, da jeder alles verleihen kann. *Schmitz* MK Rdn. 120 f verlangt, dass die Sache durch den Gebrauch substanziell verändert oder zu einer anderen Sache wird. – Nach hier vertretener Auffassung ist eine restriktive Handhabung unter Berücksichtigung der grundsätzlichen Straflosigkeit der Gebrauchsanmaßung geboten (Rdn. 141). Hiernach kann Sachgebrauch mit Rückführungswillen nur dann als Diebstahl bestraft werden, wenn er zu einem weitgehenden Wert- oder Funktionsverlust führen, die Sache nahezu wertlos oder unbrauchbar werden soll (ähnlich *Rudolphi* GA **1965** 33, 46 ff). Zu berücksichtigen ist auch, dass Energien und Informationen keine tauglichen Diebstahlsobjekte sind (Rdn. 9); geht es nur um die dem Heizdampf innewohnende Wärme, darf der Diebstahl nicht über eine Zueignung des Heizdampfs als Sache begründet werden (aA RGSt **44** 335).

b) **Zueignung und Sachentziehung, -beschädigung oder -zerstörung.** Hat der Täter an 156
der weggenommenen Sache kein Interesse und erfolgt die Wegnahme nur zur **Preisgabe** oder **Beschädigung oder Zerstörung** der Sache, ohne dass diese zuvor genutzt werden soll, ist § 242 StGB nicht anwendbar, weil die bloße Sachentziehung, -beschädigung oder -zerstörung keine Aneignung ist und die Wegnahme nur zu diesem Zweck, nicht in Aneignungsabsicht erfolgt. So liegt es, wenn der Täter eine ihm missliebige Fahne wegnehmen und in einem See versenken will (RGSt **64** 250); wenn bei Fußballspielen Fahnen, Abzeichen oder Symbole gegnerischer Fangruppen weggenommen und verbrannt werden (BGH StV **1990** 407; OLG Köln NJW **1997** 2611; BayObLG NJW **1992** 2040; *Schild* in *ders.* [Hrsg.] Rechtliche Aspekte bei Sportgroßveranstaltungen [1994] S. 63, 88); wenn er eine Akte wegnimmt, um sie zu beseitigen (BGH NJW **1977** 1460 m. Anm. *Lieder* NJW **1977** 2272 und *Geerds* JR **1978** 172); wenn er von vornherein den Besitz an der weggenommenen Sache aufgeben will (BGH NJW **1970** 1753, 1754 m. Anm. *Schröder*; BGH bei Holtz MDR **1977** 461); wenn er weggenommene Paketkarten verbrennen will (BGH 4 StR 445/53 vom 4.2.1954); wenn er einen Hund wegnimmt, um ihn in einem Tierheim unterzubringen, weil sich der Eigentümer zu wenig um das Tier gekümmert hatte (BGH wistra **1988** 186); wenn der Täter die weggenommene Sache nur verstecken oder den Eigentümer ärgern will (BGH bei Holtz MDR **1982** 810; BGH NJW **1985** 812, 813; BayObLG JR **1992** 346 m. Anm. *Meurer*; OLG Frankfurt StV **1984** 248). War die Absicht des Täters zum Zeitpunkt der Wegnahme nur auf die Zerstörung der Sache gerichtet (BGH 2 StR 210/90 vom 31.10.1990), dann ist es unschädlich, wenn der Täter sie zunächst einige Zeit aufbewahrt und sich ihrer, ohne sie zu nutzen, erst später entledigt hat (BGH GA **1954** 60; bedenklich OLG Köln NJW **1950** 959 m. krit. Anm. *Feldmann*).

Aneignung ist allerdings der **Verbrauch** einer Sache zu eigenem Nutzen, auch wenn er 157
mit deren physischer Zerstörung einhergeht, wie z.B. beim Verzehr von entwendeten Speisen und Getränken, beim Aufrauchen entwendeter Rauchwaren, beim Verheizen von Kohle und Holz, auch wenn es Möbelstücke sind (RG HRR **1927** 1866), beim Verbrennen von Dieselöl auf der Straße, um ein Hindernis zu bereiten oder sich daran zu ergötzen (BGH 4 StR 671/76 vom 10.3.1977) oder beim Abbrennen weggenommener Feuerwerkskörper.

Nach h.A. soll Zueignungsabsicht auch dann vorliegen, wenn der Täter die wegge- 158
nommene Sache **zunächst benutzen und danach preisgeben, beschädigen oder zerstören** will: Wegen der Gebrauchsabsicht liege Aneignungsabsicht, wegen des Preisgabe-, Be-

schädigungs- oder Zerstörungsvorsatzes Enteignungsvorsatz vor.[197] Da bedingter Enteignungsvorsatz ausreiche (s. zum Problem Rdn. 144), sei Zueignungsabsicht sogar dann anzunehmen, wenn der Täter auf die Gefahr hin handele, die Sache nach Gebrauch nicht mehr an den Berechtigten zurückgeben zu können (*Sch/Schröder/Eser* Rdn. 64; *Ranft* JA **1984** 277, 279); sie entfalle nur dann, wenn der Täter davon ausgehe, mit Sicherheit zur Rückführung der Sache in der Lage zu sein (*Schröder* JR **1964** 229). Deshalb liege Zueignungsabsicht bezüglich der *gesamten* Tatbeute vor, wenn der Täter sie über Landesgrenzen und große Entfernungen hinweg transportiere, um sie dann zu sichten, sich zu entscheiden, was er für sich gebrauchen könne, und sich unbrauchbarer Sachen zu entledigen (vgl. BGH NJW **1985** 812, 813 m. Anm. *Gropp* JR **1985** 519 ff). Gefangene, die dem Aufsicht führenden Beamten die Anstaltsschlüssel wegnehmen, mit ihrer Hilfe fliehen und die Schlüssel an unbekannter Stelle auf freiem Feld wegwerfen, sollen die Schlüssel stehlen (BGH MDR **1960** 689); dass es sich um den einmaligen Gebrauch eines geringwertigen Gegenstandes handelte, sei unerheblich (BGH GA **1969** 306 f; NStZ **1981** 63; krit. *Ranft* JA **1984** 279 f). Nach *Ruß* LK[11] Rdn. 55 soll es aber an der Aneignungsabsicht bezüglich der Anstaltskleidung, die ein entwichener Häftling mitnimmt, um sich ihrer so bald wie möglich zu entledigen, in aller Regel fehlen. Dem ist zuzustimmen, und die Schlüssel-Fälle sind gleich zu behandeln, auch weil nur so ein Wertungswiderspruch zur grundsätzlichen Straflosigkeit der Selbstbefreiung Gefangener vermieden werden kann (*Kindhäuser* NK Rdn. 94 mit Verweis auf *Jakobs* AT[2] 31/33). Im Übrigen drängt sich die Frage auf, warum im Grundsatz straflose Gebrauchsanmaßung dadurch, dass ihr eine im Grundsatz straflose Sachentziehung oder eine strafbare Sachbeschädigung nachfolgen soll, zum Diebstahl werden soll.

**159** c) **Entwendung von (Kraft-)Fahrzeugen.** Nicht selten werden entwendete (Kraft-)Fahrzeuge nur für beschränkte Zeit benutzt und dann – ggf. mehr oder weniger beschädigt – ihrem Schicksal überlassen. In solchen Fällen ist jedenfalls § 248b StGB anwendbar, ggf. auch § 303 StGB, wenn das (Kraft-)Fahrzeug in einer Art und Weise benutzt wird, die mit bedingtem Sachbeschädigungsvorsatz einhergeht (Autorennen u. dgl.), oder wenn sich der Täter nach Gebrauch entschließt, das (Kraft-)Fahrzeug zu beschädigen oder zu zerstören („Abfackeln" von Autos u. dgl.). Darüber hinaus hält die Rechtsprechung § 242 StGB für anwendbar, wenn der Täter bei der Wegnahme *ohne Rückführungswillen* handelt, d.h. ohne den Willen, das (Kraft-)Fahrzeug in eine Lage zurückzuführen, die es dem Berechtigten ohne besondere Mühe ermöglicht, seine ursprüngliche Verfügungsgewalt wieder zu erlangen (BGHSt **22** 45; BGH NStZ **1982** 420; **1987** 71). Behält sich der Täter im entscheidenden Zeitpunkt der Wegnahme vor, sich des (Kraft-)Fahrzeugs unter Umständen zu entledigen, die eine Rückführung an den Berechtigten nicht oder nicht sicher gewährleisten, hat er – nach h.A. ausreichenden (Rdn. 144) – bedingten Enteignungsvorsatz und damit Zueignungsabsicht.[198] Indiz für den Mangel des Rückführungswillens sei vor allem das Stehenlassen des Fahrzeugs an einer allgemein zugäng-

[197] RGSt **64** 259, 260; BGHSt 5 205, 206; 22 45, 46; NJW **1987** 266; NStZ **1996**, 38; OLG Celle JR **1964**, 266 m. Anm. *Schröder*; OLG Hamburg MDR **1954** 697; JR **1964** 228 m. Anm. *Schröder*; *Duttge* HK-GS Rdn. 46; *Lackner/Kühl* Rdn. 24; *Maurach/Schroeder/Maiwald* I § 33 Rdn. 41; *Wessels/Hillenkamp* Rdn. 139.

[198] BGH GA **1960** 82; VRS **14** 199, 201; BayObLG NJW **1961** 280; *Sch/Schröder/Eser* Rdn. 54; *Keller* JR **1987** 343; *Ranft* JA **1984** 277, 279; *Schaffstein* GA **1964** 97, 102 ff, 109.

lichen Stelle, wo es dem beliebigen Zugriff Dritter preisgegeben und es dem Zufall überlassen sei, ob, wann, auf welche Weise und in welchem Zustand es an den Eigentümer zurückgelange.[199] Für die Feststellung, ob der Rückführungswille vorhanden gewesen sei, könnten alle Umstände herangezogen werden, die dem Tatrichter den Rückschluss darauf erlaubten, ob der Täter den Gewahrsam des Berechtigten wiederherstellen wollte (BGHSt **22** 45, 46 f; BGH VRS **34** 443, 444; NJW **1987** 266 m. Anm. *Keller* JR **1987** 343).[200] Im Einzelnen sei zu würdigen, ob es sich um großstädtische Verhältnisse handele oder um solche in einem kleinen Ort, ob die Entfernung zum ursprünglichen Standplatz gering sei oder nicht, ob der Fahrzeugtyp auffällig sei oder nicht, ob das Fahrzeug auf einem bewachten Parkplatz oder verschlossen zurückgelassen werde oder nicht u.a.m. Wer ein entwendetes Kraftfahrzeug im dicht bevölkerten Ruhrgebiet „irgendwo" stehen lassen und sich selbst überlassen will, soll Zueignungsabsicht haben (BGHSt **22** 45, 47). Wer einen Wagen nur für wenige Stunden am üblichen Standort unberechtigt fährt und anschließend an diesem Ort stehenlässt, stiehlt den Wagen aber nicht (OLG Stuttgart Die Justiz **1973** 396), desgleichen nicht bei sehr auffälligen Fahrzeugen (Hochdruckspülwagen, BGH VRS **51** 210, 211; Feuerwehrfahrzeug, **aA** OLG Koblenz VRS **46** 33, 35). Fasst der Täter, der ein (Kraft-)Fahrzeug unbefugt in Gebrauch genommen hat, erst nach dem Verbrauch des Benzinvorrates den Entschluss, es stehenzulassen und die Wiedererlangung durch den Eigentümer dem Zufall zu überlassen, so ist er hingegen nach allg. M. weder aus § 242 noch aus § 246 StGB strafbar, weil die bloße Preisgabe einer Sache keine Zueignung ist.[201] Eine Zueignung soll aber dann vorliegen, wenn der Täter gerade durch die Aufgabe des Besitzes einen Nutzen (BGHSt **4** 236, 238) oder den Entschluss zur Preisgabe des Fahrzeugs bereits während des Gebrauchs gefasst habe (BGHSt **13** 43; BGH NJW **1953** 1880).

Mit Recht kritisieren *Sch/Schröder/Eser* Rdn. 54 an dieser Rechtsprechung, dass sie den Anwendungsbereich des § 242 zu Lasten des § 248b StGB erweitert, ohne dass hierfür ein ausreichendes rechtspolitisches Bedürfnis besteht. Der von *Schaffstein* GA **1964** 97, 100 hervorgehobene Umstand, dass der Eigentümer des (Kraft-)Fahrzeuges es zwar sehr oft, aber häufig in sehr beschädigtem Zustand zurückerhält, ist strafrechtlich in erster Linie nach § 303 StGB zu würdigen (s. hierzu *Kindhäuser* NK Rdn. 97). In den Zeiten automatisierter Fahndungssysteme wie INPOL, SIS usw. gelangen stehen gelassene Kraftfahrzeuge regelmäßig an den Eigentümer zurück (s. bereits *Schaudwet* JR **1965** 413); die Gefahr, dass sich Unbefugte ihrer bemächtigen und sie dauernd für sich benutzen, ausschlachten oder vollends zuschanden fahren (*Schaffstein* aaO), ist gering und ist, dogmatisch gesehen, lediglich ein Folgeschaden des Gebrauchs und der Preisgabe des (Kraft-)Fahrzeuges, der nicht in dem erforderlichen funktionalen Zusammenhang zum Aneignungsgegenstand steht (Rdn. 135; ebenso *Hoyer* SK[6] Rdn. 84; *Schmitz* MK Rdn. 133). Anders liegt es z.B., wenn die Täter einen Kraftwagen in eine unbeobachtete Gegend fahren, um ihn dort ungestört ausschlachten und dann stehenlassen zu können (BGHSt **5** 205, 206). 160

---

[199] RGSt **64** 260; BGHSt **13** 43; **22** 45, 46; BGH VRS **13** 41; **14** 363; **17** 56; **19** 441; **24** 213, 215; **34** 443; **51** 210; GA **1960** 82; **1960** 182; OLG Hamm VRS **59** 39; KG VRS **37** 438; vgl. auch *Ranft* JA **1984** 277, 280.

[200] Vgl. auch *Welzel* § 46 2b; *Kohlrausch/Lange* Anm. III 2b; *Fischer* Rdn. 39 f; *Lackner/Kühl* Rdn. 24; *Ranft* JA **1984** 277, 280; *Schaffstein* GA **1964** 97, 100, 107; **aA** *Rudolphi* GA **1965** 33, 50, der in solchen Fällen überhaupt keine Zueignung annehmen will; **krit.** auch *Sch/Schröder/Eser* Rdn. 54.

[201] BGH GA **1960** 182; **1961** 172, 173; BayObLG NJW **1961** 280; *Maurach/Schroeder/Maiwald* I § 33 Rdn. 42; *Ranft* JA **1984** 277, 280 f.

161 Jedenfalls kann eine nur nach § 248b StGB strafbare Gebrauchsanmaßung an einem **Kraftfahrzeug** nicht dadurch in den Anwendungsbereich des § 242 StGB gezogen werden, dass man – wie früher vertreten[202] – **Diebstahl am Benzin** annimmt. Denn diese Auffassung würde zu einem Leerlauf des nur subsidiär anwendbaren § 248b StGB führen (BGHSt **14** 386, 388; BGH GA **1960** 182).[203] – Wer ein Kraftfahrzeug nur gebrauchen will, hat, auch wenn nach den Rechtsprechungsgrundsätzen kein hinreichender Rückführungswille vorliegt, in der Regel keine Aneignungsabsicht bezüglich **im entwendeten Kraftfahrzeug befindlicher Sachen.** Fasst der Täter nach Wegnahme den Entschluss, sich solche Sachen anzueignen, und setzt er ihn um, so begeht er eine Unterschlagung (BGHSt **16** 190, 192 f), die je nach den Umständen mit dem Diebstahl des Fahrzeugs oder dessen unbefugter Ingebrauchnahme in Tateinheit oder Tatmehrheit steht.

162 d) **Entwendung von Behältnissen.** Entwendet der Täter ein Behältnis samt Inhalt (z.B. Geldbeutel, Aktentasche, Tresor usw.), so wird es ihm in der Regel nur auf den Inhalt, nicht das Behältnis ankommen. Will er das Behältnis nach (Öffnung und) Entleerung wegwerfen oder zerstören, so fehlt es nach Auffassung der Rechtsprechung insoweit an der Zueignung (BGH GA **1962** 145; BGH bei Dallinger MDR **1975** 22; ebenso *Sch/Schröder/Eser* Rdn. 63; *Otto* JZ **1985** 21, 23). Reißt der Täter einer Frau die Handtasche weg, in der er Geld vermutet, so liegt nur Diebstahl am Geld vor, wenn er die Handtasche hinterher wegwirft (BGH bei Holtz MDR **1976** 16 und MDR **1977** 461). Ist in der Handtasche kein Geld, so liegt nur Diebstahlsversuch am Geld vor (BGH bei Dallinger MDR **1968** 372 und **1975** 543; StV **1990** 205);[204] ebenso wenn der Täter versehentlich anstelle der Tasche mit den Tageseinnahmen ein für ihn wertloses Kosmetikköfferchen ergreift und wegnimmt (BGH NJW **1990** 2569).[205] Diese restriktive Rechtsprechung ist zu begrüßen, setzt sich freilich, worauf namentlich *Ruß* FS Pfeiffer, S. 61 hingewiesen hat, in einen inneren Widerspruch zu sonst anerkannten Rechtssätzen: Der bloße Umstand, dass der Täter das Behältnis zum Transport der Beute benutzt, könnte nach h.A. als wenn auch nur vorübergehende Aneignung durch Sachgebrauch, der Umstand, dass er das Behältnis dem Zugriff Dritter preisgebend wegwirft, nach h.A. als Enteignung und beides kombiniert als Zueignung begriffen werden (*Gropp* JR 1985 518, 521). Deshalb wird in der Tat vertreten, in Fällen, in denen der Täter den Inhalt eines Behältnisses nicht ohne das Behältnis wegnehmen könne, sei auch hinsichtlich des Behältnisses Zueignungsabsicht zu bejahen (*Ruß* aaO; *Otto* Jura **1989** 137, 143; vgl. auch BGH NJW **1985** 812 und StV **1990** 205 sowie für die Wegnahme einer Aktentasche BGH 2 StR 336/62 vom 22.8.1962), es sei denn, das Behältnis werde gleich an Ort und Stelle geöffnet, entleert und weggeworfen.

163 e) **Entwendung von Legitimations- und Inhaberpapieren sowie Karten.** Nimmt der Täter ein (qualifiziertes) **Legitimationspapier** i.S.v. § 808 BGB, insbesondere ein **Sparbuch** weg, um die Leistung zu fordern und insbesondere das Sparguthaben abzuheben und es danach dem Berechtigten wieder zurückzugeben, nehmen die Rechtsprechung (grundlegend RGSt **22** 2, 3; BGHSt **35** 152, 157) und ein Großteil des Schrifttums[206]

---

[202] Vgl. RGSt **64** 259, 260; BayObLG LZ **1926** 1142; *Olshausen* Anm. 26a.

[203] Ebenso BayObLG NJW **1961** 280; OLG Celle NJW **1953** 37; OLG Köln JMBlNRW **1954** 204; **krit.** hierzu *Ranft* JA **1984** 277, 281 f.

[204] Vgl. ferner BGH 2 StR 645/80 vom 15.4. 1981; 1 StR 196/81 vom 30.4.1981; 2 StR 501/83 vom 31.8.1983; weitere Nachw. bei *Ruß* FS Pfeiffer, S. 61.

[205] Ferner: BGH StV **1983** 460; **1987** 245; **1988** 14; **1990** 408.

[206] *Fischer* Rdn. 37; *Lackner/Kühl* Rdn. 23; *Sch/Schröder/Eser* Rdn. 50; *Krey/Hellmann* Rdn. 52 ff; *Tenkhoff* JuS **1980** 725; *Ulsenheimer* Jura **1979** 169, 175 f; im Erg. ebenso:

Diebstahl am Legitimationspapier oder Sparbuch an, gleich ob der Täter das ganze Guthaben oder nur einen Teil abheben will (RGSt **61** 126; BGHSt **8** 273; dazu auch *Ranft* JA **1984** 277, 284). Das ist auf der Grundlage der Sachwert- und der Vereinigungstheorie folgerichtig, wird aber neuerdings auch auf der Grundlage der Substanztheorie so vertreten (vgl. *Kindhäuser* NK Rdn. 102). Der in der Leistungsforderung oder Abhebung ggf. liegende Betrug (s. noch u. im Text) wird als mitbestrafte Nachtat angesehen (BGH StV **1992** 272; BGH 2 StR 720/82 vom 7.1.1983; 3 StR 488/90 vom 24.10.1990). Erst recht soll Diebstahl vorliegen, wenn der Täter ohne Rückführungswillen handelt, z.B. das Sparbuch nach Abhebung wegwerfen oder zerstören will. – Diese Grundsätze werden auch auf (kleine) **Inhaberpapiere** i.S.v. § 807 BGB angewendet, die einen Wert verkörpern wie z.B. Bahn- oder Straßenbahnfahrkarten (*Ranft* JA **1984** 277, 285), Theater-, Konzert- oder Badekarten, Rabattmarken (RGSt **50** 254), Biermarken (RGSt **40** 10; vgl. BGHSt **4** 236, 240), Lebensmittelkarten (RGSt **51** 98) oder Garderobenmarken (*Frank* Anm. VII 2a). – Die teilweise vertretene Gegenauffassung[207] macht jedenfalls für Legitimationspapiere und insbesondere Sparbücher geltend, sie seien keine echten Wertpapiere, bei denen das Forderungsrecht dem Eigentum am Papier folge; deshalb sei die Forderung keine unmittelbare Eigenschaft des Papiers und deren Einziehung keine Anmaßung des Eigentums am Papier (*Schmitz* MK Rdn. 122). Das ist für qualifizierte Legitimationspapiere i.S.v. § 808 BGB zivilrechtlich fragwürdig (s. nur *Palandt/Sprau*[68] Einf v § 93 Rdn. 5: Wertpapiere) und überspannt die gebotene restriktive Auslegung des Diebstahls, zumal gerade im Hinblick auf die Legitimationswirkung der Inhaberschaft (§ 808 Abs. 1 Satz 1 BGB) nicht ohne Weiteres auf Betrug, begangen durch die Geltendmachung der Leistung, zurückgegriffen werden kann (zum Problem *Tiedemann* LK[11] § 263 Rdn. 44, 98). – Unstreitig können die geschilderten Grundsätze nicht auf Papiere erstreckt werden, die für sich noch keinen Wert verkörpern. Deshalb liegt nicht Diebstahl, sondern Betrug vor, wenn der Täter mittels entwendeter **Scheckformulare** Abhebungen von Konten vornimmt (BGH bei Holtz MDR **1982** 280). Wer einen **Personalausweis** mit Rückführungswillen entwendet, um eine fremde Sache unter Täuschung über seine Identität an sich zu bringen, macht sich gleichfalls nur wegen (Sach-)Betrugs, nicht aber wegen Diebstahls des Personalausweises strafbar (**aA** BGH GA **1969** 306).

Die soeben geschilderten Grundsätze gelten auch für die Entwendung von **Karten**, **164**
namentlich ec- und Kreditkarten.[208] Zueignungsabsicht hat, wer solche Karten z.B. an organisierte Kriminelle *weiterveräußern* will, aber auch, wer sie *behalten* will, um sie missbräuchlich einzusetzen, z.B. an Geldautomaten Bargeld abzuheben oder bei Vertragsunternehmen missbräuchliche Umsätze zu tätigen. Nach h.A. steht dem gleich, dass der Täter die Karten zunächst (bis sie gesperrt werden) missbräuchlich einsetzen und sich ihrer dann entledigen oder sie zerstören will. Will der Täter die entwendete Karte hingegen nach Missbrauch dem Karteninhaber *zurückgeben*, so ist zu unterscheiden: Handelt es sich um Geld- oder Telefonkarten, auf denen ein bestimmter Betrag gespeichert ist, so gelten die Grundsätze über Legitimations- und Inhaberpapiere; es liegt also Dieb-

---

*Maurach/Schroeder/Maiwald* I § 33 Rdn. 43 ff, 49; *Rudolphi* GA **1965** 33, 53 f; **aA** *Miehe* FS Heidelberg, S. 497; *Otto* Jura **1989** 137, 144; *ders.* JZ **1993** 559, 563.

[207] *Gössel* FS 140 Jahre GA, S. 39, 47 ff; *Otto* Die Struktur des strafrechtlichen Vermögensschutzes (1970) S. 183 ff; *Otto* BT § 40 Rdn. 64.

[208] *Kindhäuser* NK Rdn. 103; *Lackner/Kühl* Rdn. 23; *Schmitz* MK Rdn. 123; *Arzt/Weber/Heinrich*/Hilgendorf BT § 13 Rdn. 102; *Eisele* BT II Rdn. 63; *Kindhäuser* BT II § 2 Rdn. 95; *Mitsch* BT 2/1 § 1, Rn. 145; *Rengier* BT 1 § 2 Rdn. 54; *Stein* JuS **1990**, 915 f; *Wessels/Hillenkamp* Rdn. 163 ff.

stahl vor, wenn das Guthaben ganz oder teilweise verbraucht und erst dann die Karte zurückgegeben werden soll. Soll hingegen eine gewöhnliche ec- oder Kreditkarte zurückgegeben werden, nachdem hiermit missbräuchliche Umsätze – seien es Bargeldabhebungen, seien es bargeldlose Umsätze – getätigt worden sind, liegt objektiv keine Enteignung und subjektiv kein Enteignungsvorsatz vor, weil ec- oder Kreditkarten nicht selbst Vermögenswerte verkörpern, sondern lediglich Mittel sind, um Vermögensverfügungen zu tätigen.[209] Wer solche Karten mit (ggf. auch nur nicht zu widerlegendem) Rückführungswillen entwendet, macht sich also erst mit dem Kartenmissbrauch gem. § 263a StGB[210] strafbar.

165 **f) Sonstige Rückführungs- und weitere Grenzfälle.** Wer dem Eigentümer Sachen entwendet, um sie ihm anschließend unter Vorspiegelung eigenen Eigentums **zurückzuverkaufen** (RGSt 57 199), oder wer mit Geld seines Gläubigers, das dieser, ohne den Mit-

---

209 BGHSt **35** 152, 157; BayObLG NJW **1987** 663; OLG Hamburg NJW **1987** 336; *Lackner/Kühl* Rdn. 23; *Dencker* NStZ **1982** 152, 155 f; *Herzberg* Jura **1985** 49, 50; *Huff* NStZ **1985** 438, 439; *Lenckner/Winkelbauer* wistra **1984** 83, 85; *Otto* Jura **1989** 137, 144; *Schmidt/Ehrlicher* JZ **1988** 364; *Seelmann* JuS **1985** 288, 289; *Steinhilper* Jura **1983** 401, 409 f und GA **1985** 114, 117 f; *Thaeter* wistra **1988** 339, 340; *Tiedemann* WM **1983** 1326, 1331; *Wessels/Hillenkamp* Rdn. 166; *Wiechers* JuS **1979** 847, 849; **aA** *Schroth* NJW **1981** 729, 732.

210 Seit Inkrafttreten des 2. WiKG verdrängt § 263a StGB bei Geldautomatenmissbrauch §§ 242, 246 StGB, s. BGH 38 120, 124 f = JZ **1992** 1031 m. Anm. *Cramer* = JR **1993** 512 m. Anm. *Schlüchter* 493 ff; ebenso BayObLG NJW **1987** 663; OLG Köln NJW **1992** 125, 127; LG Köln NJW **1987** 667, 669; AG Berlin-Tiergarten NStZ **1987** 122 m. Anm. *Schneider* 125 f; i.E. auch *Huff* NJW **1987** 815, 818; *Krey/Hellmann* § 13 Rdn. 513d; *Tiedemann* WM **1983** 1326, 1331; *Weber* JZ **1987** 215, 216; *Wessels/Hillenkamp* Rdn. 614; **aA** (Subsidiarität des § 263a) *Otto* JR **1987** 225; *Ranft* wistra **1987** 79, 83 ff; JR **1989** 165, 166; (gegen Anwendbarkeit des § 263a überhaupt) LG Wiesbaden NJW **1989** 2551.
Zum alten Recht wurde überwiegend angenommen, dass bei äußerlich ordnungsgemäßer Automatenbedienung Diebstahl wegen Einverständnisses in den Gewahrsamswechsel ausschied, BGHSt **35** 152, 158 ff m. Anm. *Ranft* JR **1989** 165; BGH 38 120, 124 f m. zust. Anm. *Cramer* JZ **1992** 1031; ebenso OLG Stuttgart NJW **1987** 666; AG Hamburg NJW **1986** 945; *Fischer* Rdn. 26; *Lackner/Kühl* Rdn. 23; *Dencker* NStZ **1982** 155; *Herzberg/Seier* Jura **1985** 49, 51; *Huff* NStZ **1985** 438, 440; *ders.* NJW **1988** 981; *Krey/Hellmann* § 13, Rdn. 514; *Ranft* JA **1984** 1, 7 f; *ders.* wistra **1987** 79, 82; *Seelmann* JuS **1985** 288, 289; *Steinhilper* Jura **1983** 401, 409; *ders.* GA **1985** 114, 117 ff; *Thaeter* wistra **1988** 339, 342; *Wessels/Hillenkamp* Rdn. 171; *Wiechers* JuS **1979** 847; **aA** (Gewahrsamsbruch bejahend) BayObLG NJW **1987** 663, 665; OLG Koblenz wistra **1987** 261; LG Köln NJW **1987** 667; AG Gießen NJW **1985** 2283; AG Kulmbach NStZ **1985** 458; *Sch/Schröder/Eser* Rdn. 36; *Gropp* JZ **1983** 490 f; *Jungwirth* MDR **1987** 537, 540; *Lenckner/Winkelbauer* wistra **1984**, 83 ff; *Mitsch* JuS **1986** 767 769 ff; *Schroth* NJW **1981** 729 ff.
Überwiegend wurde aber eine Unterschlagung angenommen, s. noch § 246 Rdn. 11 und BGHSt 35 152, 161 ff, ebenso OLG Stuttgart NJW **1987** 666; AG Hamburg NJW **1986** 945; *Otto* Jura **1989** 137, 142; *Ranft* JA **1984** 1, 7 f; *ders.* JR **1989** 165; *ders.* wistra **1987** 79, 82; *Schulz/Tscherwinka* JA **1991** 121; **aA** (Strafbarkeitslücke) OLG Hamburg NJW **1987** 336; AG München wistra **1986** 268; *Huff* NJW **1988** 981; *ders.* NJW **1986** 902, 903; *Krey/Hellmann* Rdn. 514; *Lenckner/Winkelbauer* wistra **1984**, 83 ff; *Otto* Bankentätigkeit und Strafrecht, S. 145; *Spahn* Jura **1989** 513, 519; *Steinhilper* Jura **1983** 401, 409; *ders.* GA **1985** 114 129; *Thaeter* wistra **1988** 339, 342; *Wessels/Hillenkamp* Rdn. 171; *Wiechers* JuS **1979** 847 ff.

gewahrsam aufzugeben, ihm zur Verwahrung übergeben hat, unter Vorspiegelung, es handele sich um eigenes Geld, seine Schuld bezahlt (RMG 22 131; vgl. hierzu *Rudolphi* JR 1985 252, 253), will zwar die Sachen bzw. das Geld wieder dem Eigentümer zukommen lassen, hat aber nach h.A. gleichwohl Zueignungsabsicht und macht sich wegen Diebstahls, nicht (auch oder nur) wegen Betrugs strafbar. Das wird teilweise mit Sachwertgesichtspunkten, überwiegend damit begründet, der Täter leugne das bestehende fremde Eigentum, anerkenne nicht den Eigentumsherausgabeanspruch (*Kindhäuser* NK Rdn. 101) und führe sich wie ein Eigentümer auf bzw. verfüge wie ein solcher über die Sache oder das Geld.[211] Die Gegenauffassung hält dafür, in diesen Fällen gehe es dem Täter nur um ein (betrügerisches) „lucrum ex negotio cum re"; unabhängig von der Eigentumsleugnung durch den Täter solle der Eigentümer alle Nutzungsmöglichkeiten zurückerhalten, die er vor der Wegnahme hatte; dass er hierfür Vermögenswerte einsetzen müsse, begründe nur einen Vermögensschaden, keine Sachenteignung (*Hoyer* SK[6] Rdn. 95; *Schmitz* MK Rdn. 119).[212] Dem ist zuzustimmen. Der h.A. ist entgegenzuhalten, dass formale Eigentumsleugnung nicht gleichbedeutend mit materieller Eigentumsanmaßung ist. Jeder, der wegnimmt, unterlässt es, den Eigentumsherausgabeanspruch anzuerkennen (venire contra factum proprium). Die tendenziell abweichende Lösung der h.A. in Lösegeld- und anderen Erpressungsfällen (Rdn. 167 f) weist auf deren innere Widersprüchlichkeit hin. In der Sache liegt in den Rückverkaufsfällen eine Gebrauchsanmaßung vor, um sich auf Kosten des Eigentümers anderweitig zu bereichern (zutr. *Mitsch* BT 2/1 § 1 Rdn. 115).

Anders liegt es, wenn jemand dem Eigentümer Sachen entwendet, um sie anschließend **einem Dritten zu verkaufen**, und zwar unabhängig davon, ob der Täter das bestehende fremde Eigentum nach außen hin leugnet oder nicht. Deshalb hat BayObLG JR 1965 26 m. abl. Anm. *Schröder*[213] mit Recht Diebstahl angenommen, wenn ein Angestellter des Verkäufers diesem ein zur Auslieferung an den Käufer bereit gestelltes Warenpaket entwendet, um sie dem Käufer zu bringen, den Kaufpreis zu kassieren und zu behalten („Pseudoboten-Fall"); dann ist die Aneignungsabsicht des Angestellten nicht erst auf den Sachwert (Kaufpreis – so aber BayObLG aaO), sondern bereits auf die Sachsubstanz (Warenpaket) gerichtet, mit der der Angestellte – auch wenn er scheinbar das fremde Eigentum anerkennt – wie ein Eigentümer verfahren will (*Mitsch* BT 2/1 § 1 Rdn. 123). **166**

Bei Kunstwerken (vgl. den BGHSt 26 346 zugrunde liegenden Fall), neuerdings auch bei Schiffen (sog. Neue Piraterie) kommt es nicht selten vor, dass sie entwendet werden, um mit der Drohung, sie ansonsten nicht mehr herauszugeben oder zu zerstören, **Lösegeld** zu erlangen. Die h.A. sieht hierin jedenfalls eine (ggf. tatmehrheitliche und in keinem Fall als mitbestrafte Nachtat straflose) Erpressung bzw. versuchte Erpressung, wenn der Täter das Lösegeld erlangt bzw. zur Drohung ansetzt (BGH aaO gegen OLG Hamburg MDR 1974 330).[214] Nicht abschließend geklärt ist, ob die vorherige Wegnahme in Zueignungsabsicht erfolgt und – tateinheitlich oder ggf. tatmehrheitlich – als Diebstahl **167**

---

[211] *Frank* Anm. VII 2a; *Lackner/Kühl* Rdn. 26; *Eser* JuS 1964 477; *Gribbohm* NJW 1966 191, 192; *Ranft* JA 1984 277, 282; *Rudolphi* GA 1965 43; *Wessels* NJW 1965 1153, 1156; *Welzel* § 46 2c.

[212] *Schröder* JR 1965 27; *Seelmann* JuS 1985 288, 290.

[213] Ebenfalls abl. *Sch/Schröder/Eser* Rdn. 47; *Rudolphi* JR 1985 252, 253; wie hier *Lackner/Kühl* Rdn. 26; *Maurach/Schroeder/Maiwald* I § 33 Rdn. 41; *Tenckhoff* JuS 1980 723; *Wessels* NJW 1965 1153, 1157.

[214] BGHSt 26 346 gegen OLG Hamburg MDR 1974 330.

bestraft werden kann.[215] Richtigerweise ist zu differenzieren: Zueignungsabsicht und Diebstahlsstrafbarkeit liegen vor, wenn der Täter die Sache zum Zeitpunkt der Wegnahme behalten oder an Dritte veräußern wollte und den Entschluss, die Sache gegen Lösegeld dem Eigentümer zurückzuführen, erst nachträglich fasst, z.B. weil ihm die Sache lästig wird (vgl. den OLG Hamburg aaO zugrunde liegenden Fall) oder sich das Kunstwerk als unverkäuflich erweist. Gleiches gilt, wenn der Täter im Zeitpunkt der Wegnahme die Rückführung der Sache an den Eigentümer gegen Lösegeld nur als eine Alternative zu einer Zueignung z.B. durch Behalten der Sache, wenn die Erpressung scheitert, angesehen hat, da Zueignungsabsicht auch bedingt sein kann (Rdn. 151). Hat der Täter aber von vornherein allein eine Lösegelderpressung bedacht und bezweckt, so fehlt es am Enteignungsvorsatz, der auch nicht damit begründet werden sollte, dass der Täter für den Fall, dass die Lösegelderpressung scheitert, die Sache ggf. preisgeben oder zerstören will (vgl. Rdn. 159 f). Zwar ist die fehlende Eigentumsleugnung – dass der Täter in derartigen Fällen in der Regel nicht in Abrede stellt, dass fremdes Eigentum an der Sache besteht – für sich nicht maßgeblich (in dieser Richtung aber *Sch/Schröder/Eser* Rdn. 47). Jedoch liegt in der Sache erneut eine Gebrauchsanmaßung vor, um sich auf Kosten des Eigentümers anderweitig zu bereichern (zutr. *Mitsch* BT 2/1 § 1 Rdn. 115).

**168** Auch nach h.A. liegt keine Zueignungsabsicht vor, wenn der Täter eine Sache lediglich zu dem Zweck wegnimmt, um sie als **Druckmittel** so lange zu behalten, bis der Eigentümer eine – angebliche oder wirkliche – Forderung beglichen hat (BGH bei Holtz MDR **1980** 106; StV **1994** 128). Hier will der Täter auch nach h.A. weder die Sache noch den in ihr verkörperten Sachwert seinem Vermögen einverleiben. Zueignungsabsicht ist freilich dann gegeben, wenn der Täter die Sache darüber hinaus wie ein Eigentümer verwenden oder sie ggf. nicht mehr zurückgeben will, insbesondere wenn er die eigenmächtige Verwertung bestimmt (nicht bloß entfernt) ins Auge fasst und erst recht, wenn er die Sache von vornherein zum Zweck der Verwertung wegnimmt.[216] – Gleich gelagert sind die Fälle der eigenmächtigen (ggf. gewaltsamen) **Inpfandnahme** einer Sache. Beabsichtigt der Täter, das „Pfand" nur als Druckmittel zu benutzen, um den Schuldner zur Zahlung zu bewegen und den Gegenstand für eine ordnungsgemäße Zwangsvollstreckung sicherzustellen, so fehlt es an der Zueignungsabsicht, desgleichen, wenn er eine mögliche Verwertung des „Pfandes" nur als entfernte Möglichkeit bedenkt (BGH StV **1983** 329, 330; vgl. auch BGH NJW **1982** 2265). Fasst er nachträglich den Entschluss, die Sache zu verwerten, so kommt Unterschlagung in Betracht.

**169** Ob in Zueignungsabsicht handelt, wer **Pfandleergut** entwendet, um es zurückzugeben und das Pfand zu kassieren,[217] hängt von der Vorstellung des Täters ab, wem das Pfandleergut gehört (missverständlich *Fischer* Rdn. 35: „wer zivilrechtlicher Eigentümer des Leerguts ist"). Geht der Täter davon aus, das Pfandgut gehöre dem Getränkehersteller – so liegt es zivilrechtlich bei Verpackungen bestimmter Hersteller –, so will er es diesem – wenn auch gegen Pfand – zurückgeben und handelt deshalb nicht in Zueignungsabsicht.[218]

---

215 So BGHSt **26** 346 = JR 1977, 32 m. zust. Anm. *Schroeder*; *Maurach/Schroeder/Maiwald* I § 33 Rdn. 40; *Mohrbotter* JZ **1975** 102; **aA** *Mitsch* BT 2/1 § 1 Rdn. 115.

216 RGSt **12** 88; BGH GA **1969** 306 f; BGH StV **1983** 329, 330; NStZ-RR **1998** 235; BGH bei Holtz MDR **1980** 106; BGH NJW **1955** 1764; BGH bei Dallinger MDR **1968** 18; BGH LM § 249 StGB Nr. 15; OLG Celle NJW **1970** 1139 m. abl. Anm. *Mohrbotter* NJW **1970** 1857 f; *Fischer* Rdn. 36; *Frank* Anm. VII 2 a; *Gropp* JR **1985** 518, 520; *Maurach/Schroeder/Maiwald* I § 33 Rdn. 40; *Mitsch* BT 2/1 § 1 Rdn. 116.

217 S. hierzu OLG Hamm NStZ **2008** 145; AG Flensburg NStZ **2006** 101; *Hellmann* JuS **2001** 353 ff.

218 Zur Frage, ob in diesen Fällen wegen Pfandkehr (§ 289 StGB) zu bestrafen ist, s. einerseits (verneinend) AG Flensburg NStZ **2006**

Geht der Täter hingegen davon aus, das Pfandgut gehöre dem Getränkeverkäufer (oder bei Entwendung vom Hof eines Getränkemarkts, so in OLG Hamm NStZ **2008** 154, dessen Inhaber) – so liegt es zivilrechtlich bei standardisiertem Pfandleergut, z.B. den sog. Eurobierflaschen – und will er es bei einem (anderen) Getränkemarkt abgeben, liegt Zueignungsabsicht vor.[219]

170 Nicht in Zueignungsabsicht handelt ein Täter, wenn er einen fremden Hund entwendet, um ihn dem Eigentümer gegen Zahlung von angeblichem **Finderlohn** abzuliefern.[220] Das Gleiche gilt, wenn der Täter Sachen des Eigentümers entwendet, um sie ihm an der Stelle anderer Sachen des Eigentümers, deren Verlust, Beschädigung oder Zerstörung er zu verantworten hat, zurückzugeben und so nicht auf **Schadenersatz** in Anspruch genommen zu werden wie im „Dienstmützenfall" BGHSt **19** 387.[221] Die Entwendung fremder Sachen, um Schadensersatzansprüche *eines Dritten* zu befriedigen, geschieht aber in Zueignungsabsicht (OLG Düsseldorf JZ **1986** 203, 204; s. hierzu *Mitsch* BT 2/1 § 1 Rdn. 129).

171 Nach *Ruß* LK[11] Rdn. 63; *Maurach/Schroeder/Maiwald* I § 33 Rdn. 40 fehlt Zueignungsabsicht auch dann, wenn der Täter die weggenommene Sache **ausschließlich im (wohlverstandenen) Interesse des Eigentümers verwenden** will. So soll es liegen, wenn sich ein Strafgefangener Seife zum eigenen Gebrauch wegnimmt, die ihm die Strafanstalt zur Verfügung stellen müsste, aber pflichtwidrig vorenthält (RG GA Bd. **52** 397); wenn ein Förster eine sachgerechte Wildfütterung errichten will, die von der Forstverwaltung sachwidrig abgelehnt wird und er die Wildfütterung gleichwohl mit Fichtenbrettern errichtet, die er in eigenmächtigem Tausch gegen Buchenstämme erlangt hat (BGH bei Dallinger MDR **1958** 139); wenn jemand eine Sache für einen Dritten wegnimmt, dem sie vermeintlich gehört (OLG Stuttgart NJW **1970** 66); wenn jemand einem Betrunkenen die Brieftasche oder den Fahrzeugschlüssel wegnimmt, um diese Dinge für ihn sicherzustellen (BGH GA **1962** 78, 79); wenn jemand fremdes Geld zur Bezahlung von Schulden des Eigentümers ausgibt; wenn ein Heizer verbotswidrig Kohlen verwendet, damit die Maschinen des Dienstherrn nicht zum Stillstand kommen (*Frank* Anm. VII 2a); wenn ein Treuhänder Sachen für den (noch) unbekannten Eigentümer verwertet; wenn der Täter dem Eigentümer dessen Hund wegnimmt, um ihn in ein Tierheim zu bringen, weil der Eigentümer das Tier verwahrlosen lässt (BGH wistra **1988** 186). In derartigen Fällen ist freilich vorrangig zu prüfen, ob der Täter Enteignungsvorsatz hat oder mit Rückführungswillen handelt (wohl in OLG Stuttgart aaO und BGH GA **1962** 78, 79), ob er Aneignungsabsicht hatte (wohl kaum im Bezahlungs- sowie Heizer-Beispiel und in BGH wistra **1988** 186), ob er durch mutmaßliche Einwilligung des Eigentümers gerechtfertigt war und ob er – wenn auch rechtsirrig – einen Übereignungsanspruch annahm (wohl in RG aaO). Jenseits dessen ist der Rechtssatz zweifelhaft, Handeln ausschließlich im Interesse des Eigentümers schließe Zueignungsabsicht stets aus (zweifelnd *Dallinger* aaO). Jedenfalls steht es der Annahme von Zueignungsabsicht nicht entgegen, wenn der Täter (auch) in eigenem Interesse handelt, z.B. weisungswidrig mit dem Geld des Dienstherrn Sachen für diesen kauft, die zur eigenen Bequemlichkeit dienen sollen (BayObLG GA 1958 370, 371).

---

101, 102 m. zust. Anm. *Schmitz/Goeckenjan/Ischebeck* Jura **2006** 821, 827; *Seher* JuS **2002** 104; andererseits (bejahend) OLG Hamm NStZ **2008** 154, 155; *Hellmann* JuS **2001** 353, 355; Allgemein zu dieser Problematik: *Lackner/Kühl* Rdn. 23.

[219] BayObLGSt **1960** 187; *Sch/Schröder/Eser* Rdn. 50; *Eser* JuS **1964** 477, 481 Fn. 41.

[220] RGSt 55 59; *Sch/Schröder/Eser* Rdn. 50; *Maurach/Schroeder/Maiwald* I § 33 Rdn. 45.

[221] S. weiterhin OLG Koblenz OLGSt 5 zu § 246; OLG Stuttgart NJW **1979** 277; *Heubel* JS **1984** 450; *Ranft* JA **1984** 277, 285; *Rudolphi* JR **1985** 252.

### 6. Rechtfertigung der Zueignung

172 a) **Rechtfertigung der Zueignung.** Die beabsichtigte Zueignung ist nicht rechtswidrig, wenn sie durch einen **Rechtfertigungsgrund** gedeckt ist. Zu den davon zu unterscheidenden Ansprüchen auf Erwerb des Eigentums, die nach der zutr. h.A. bereits den objektiven Tatbestand des Diebstahls ausschließen, s. bereits Rdn. 36 ff, zu den diesbezüglichen Vorsatz- und Irrtumsfragen s. bereits Rdn. 130 f. Hier geht es nur mehr um die *allgemeinen* Rechtfertigungsgründe, die die Rechtswidrigkeit der beabsichtigten Zueignung ausschließen.

173 Zwar wird die Frage üblicherweise im Rahmen der Zueignungsabsicht als Teil des subjektiven Tatbestands des Diebstahls geprüft. Jedoch handelt es sich straftatsystematisch um ein **spezielles** – nicht auf die Tathandlung der Wegnahme, sondern – auf die Zueignung bezogenes **Rechtswidrigkeitsmerkmal.**[222] Deshalb entfällt die Rechtswidrigkeit der Zueignung im Grundsatz nur, wenn der jeweilige Rechtfertigungsgrund *objektiv und subjektiv* vorliegt. Fallen objektive und subjektive Seite auseinander, so gelten die allgemeinen Regeln: Liegt objektiv ein Rechtfertigungsgrund für die Zueignung vor, kennt der Täter aber die Umstände nicht, aus denen sich das ergibt, kommt richtigerweise nur eine Versuchsstrafbarkeit in Betracht; nach der Gegenauffassung müsste wegen vollendeten Diebstahls bestraft werden. Nimmt der Täter hingegen irrig Umstände an, die, wären sie gegeben, die beabsichtigte Zueignung rechtfertigen würden, entfällt im Ergebnis nach den Regeln über den Erlaubnistatumstandsirrtum der Vorsatz der Rechtswidrigkeit der beabsichtigten Zueignung und damit die Zueignungsabsicht. Da freilich bedingter Vorsatz hinsichtlich der Rechtswidrigkeit der beabsichtigten Zueignung genügt (s. nur RGSt **49** 140, 142 f), liegt Zueignungsabsicht bereits dann vor, wenn der Täter die Möglichkeit erkennt und in Kauf nimmt, dass es an Umständen fehlt, die die beabsichtigte Zueignung rechtfertigen. Nimmt der Täter lediglich ein Zueignungsrecht an, das die Rechtsordnung (so) nicht anerkennt wie z.B. ein Recht auf Verzehr von Früchten auf freiem Feld zum Eigenbedarf, liegt hingegen ein bloßer, nach § 17 StGB zu behandelnder Erlaubnisirrtum vor, der nur bei Unvermeidbarkeit zur Entschuldigung führt.

174 b) **Einzelne Rechtfertigungsgründe.** Ob die Zueignung einer Sache durch **Notwehr** (§ 32 StGB) gerechtfertigt sein kann, erscheint zweifelhaft; z.B. dürfte es bei einem mit fremden Sachen geführten rechtswidrigen Angriff in aller Regel als Verteidigung genügen, sie dem Angreifer wegzunehmen, ohne ihn dauerhaft zu enteignen (ebenso *Mitsch* BT 2/1 § 1 Rdn. 148). Hingegen ist es denkbar, dass eine Sachzueignung in **rechtfertigendem Notstand** (§ 34 StGB, s. auch § 904 BGB) erfolgt, z.B. wenn jemand, dessen Haus brennt, einen fremden Feuerlöscher wegnimmt und zum Löschen verwendet (Zueignung des Löschmittels durch Verbrauch zu eigenen Zwecken, vgl. *Mitsch* aaO). Eine allgemeine Rechtfertigung des „Notdiebstahls" lässt sich mit § 34 StGB aber nicht begründen, da Notlagen im Normalzustand des Sozialstaats in aller Regel anders abwendbar sind. Auch im Ausnahmezustand allgemeiner Notlagen ist zu bedenken, dass eine allgemeine Diebstahlserlaubnis zum Zusammenbruch der öffentlichen Ordnung führen könnte, weshalb Diebstahl in der Regel kein angemessenes Mittel i.S.v. § 34 Satz 2 StGB sein dürfte; im grimmigen Winter 1946/1947 von Kohletransporten heruntergefallene Kohlestücke zu sammeln und zu verheizen, war aber gerechtfertigt.[223] In weitergehen-

---

[222] Arzt/Weber/*Heinrich*/Hilgendorf BT § 13 Rdn. 122; *Haft/Hilgendorf* BT 1 S. 13; *Mitsch* BT 2/1 § 1 Rn. 146; *Rengier* BT 1 § 2 Rdn. 86; *Wessels/Hillenkamp* Rdn. 188.

[223] Und kirchenamtlich anerkannt, s. *Josef Kardinal Frings*, Silvesterpredigt am 31.12.1946 in St. Engelbert/Köln – deshalb sog. „Fringsen".

dem Umfange kann die Zueignung von Sachen durch Amtsträger von **Amtsrechten** gedeckt sein wie z.B. bei Verfall und Einziehung (§§ 73 ff StGB).

Lässt der Eigentümer, der zugleich Gewahrsamsinhaber ist, einen Diebstahl geschehen, **175** so liegt bereits ein den Tatbestand der Wegnahme ausschließendes Einverständnis vor (Rdn. 106 ff). Über den Gewahrsam eines anderen kann der Eigentümer aber nur verfügen, wenn er dessen Vertreter ist. Andernfalls kann die **Einwilligung** des Eigentümers nur die Rechtswidrigkeit der beabsichtigten Zueignung entfallen lassen, dies freilich auch dann, wenn sie ohne oder gegen den Willen des Gewahrsamsinhabers oder anderer an der Sache Berechtigter erteilt wird (RGSt **44** 41, 42); ggf. ist § 289 StGB anwendbar. Anders als beim Einverständnis in die Wegnahme muss der Wille mindestens stillschweigend nach außen erklärt werden (*Olshausen* Anm. 27b, bb) und zivilrechtlich wirksam sein (vgl. *Roxin* AT I³ § 13 Rdn. 54), setzt also Geschäftsfähigkeit und Freiheit von Willensmängeln, auch Irrtum, voraus.[224] Hingegen geht es zu weit, auch noch Verfügungsbefugnis im zivilrechtlichen Sinne zu verlangen; stimmt z.B. der Insolvenzschuldner nach Eröffnung des Insolvenzverfahrens und Verlust der sachenrechtlichen Verfügungsbefugnis (§ 80 InsO) der Wegnahme von der Insolvenzmasse zugehörigen Sachen z.B. durch einen Gläubiger zu, so können sich der Gläubiger und der Insolvenzschuldner wegen Insolvenzstraftaten strafbar machen, nicht aber wegen Diebstahls bzw. Beteiligung hieran (**aA** BGH NStZ **1991** 432; wie hier *Mitsch* BT 2/1 § 1 Rdn. 149). Die Einwilligung in die Zueignung kann von Bedingungen abhängig gemacht werden und ist dann nur bei Bedingungseintritt wirksam, z.B. wenn bei einem Barkauf die Sache dem Käufer in Erwartung sofortiger Bezahlung des Kaufpreises ausgehändigt wird (KG DStrR **1937** 57); in solchen Fällen liegt in aller Regel ein Eigentumsvorbehalt vor (wie z.B. beim Tanken, ohne bezahlen zu wollen, Rdn. 27, 118). Das Einverständnis mit der Wegnahme der Sache braucht nicht notwendig die Einwilligung in deren Zueignung zu enthalten, so z.B. bei der Diebesfalle (OLG Düsseldorf NStZ **1992** 237). Die Einwilligung muss zum Zeitpunkt der Wegnahme in Zueignungsabsicht vorliegen; eine nach diesem Zeitpunkt erklärte Einwilligung ändert an der Rechtswidrigkeit der Zueignung nichts (*Olshausen* Anm. 27 b, bb; *Maurach/Schroeder/Maiwald* I § 33 Rdn. 55; *Sch/Schröder/Eser* Rdn. 66; s. aber zivilrechtlich § 184 BGB und noch sogleich Rdn. 176). Weiß der Täter nichts von der Einwilligung, so kommt vollendeter Diebstahl nicht in Betracht,[225] wohl aber Diebstahlsversuch (RGSt **53** 336, 338; BGHSt **16** 271, 278; vgl. auch OLG Düsseldorf NStZ **1992** 237). Die irrige Annahme, der Eigentümer habe in die Zueignung eingewilligt, beseitigt den Vorsatz bezüglich der Rechtswidrigkeit der beabsichtigten Zueignung und damit die Zueignungsabsicht. So kann es liegen bei geringwertigen Sachen (RGSt **44** 207, 209; **51** 97), Wertkompensation, Aufrechnungslagen oder Erstattungsbereitschaft und -fähigkeit, insbesondere bei vertretbaren Sachen (RGSt **65** 214, 215). Nimmt sich ein Kassenverwalter eigenmächtig einen „Gehaltsvorschuss", so wird die Einlassung des Täters, er habe geglaubt, hierin habe der Geschäftsherr eingewilligt, kaum glaubhaft sein, wenn es sich in der Sache um die Inanspruchnahme von Kredit zur Überbrückung einer voraussichtlich längeren Geldverlegenheit handelt. Erst recht gilt das, wenn ausdrückliche Anweisungen entgegenstehen, wie es insbesondere bei öffentlichen Kassen der Fall ist (RGSt **61** 207, 208; RG HRR **1937** 533; vgl. auch *Tiedemann* JuS **1970** 108). Stets ist erforderlich, dass der Täter annimmt, der Eigentümer habe vor Wegnahme wirklich – mindestens stillschweigend und abstrakt-generell – eine Einwilligung erklärt (vgl. RGSt **60** 311, 312).

---

224 *Fischer* Rdn. 22; *Olshausen* Anm. 27b, bb.

225 *Olshausen* Anm. 27b, bb; vgl. auch BGHSt **4** 199 f, wonach der Gewahrsam des Berechtigten bestehen bleiben soll.

176 Auch ohne vorherige Einwilligung des Eigentümers kommt eine Rechtfertigung der Zueignung kraft **mutmaßlicher Einwilligung** in Betracht,[226] wenn nicht der entgegenstehende Wille bereits ausdrücklich erklärt ist (zutr. *Hoyer* SK[6] Rdn. 101) oder zumutbarer Weise abgewartet werden kann, bis der Wille des Eigentümers ermittelt ist. Ob jenseits dessen die **hypothetische Einwilligung** des Eigentümers rechtfertigen kann, ist in der Rechtsprechung noch nicht geklärt. Die nach der Wegnahme erklärte Einwilligung in die Zueignung indiziert, dass die Voraussetzungen für eine mutmaßliche bzw. hypothetische Einwilligung vorlagen. In der Sache können so Fälle aus dem Diebstahl ausgeschieden werden, in denen kein belangreiches materielles oder immaterielles Eigentümerinteresse besteht wie bei der Wegnahme wertloser oder geringwertiger Sachen, an denen auch kein immaterielles Interesse besteht (z.B. Obst am nicht bewirtschafteten Baum, *Hoyer* SK[6] Rdn. 99); beim eigenmächtigen Geldwechseln;[227] beim eigenmächtigen Austausch vertretbarer Sachen; bei Wegnahme von zum Verkauf angebotenen Sachen unter Zurücklassung des Kaufpreises; oder bei eigenmächtiger Geldleihe, wenn der Entleiher willens und fähig ist, das Geld alsbald zurückzuerstatten (s. soeben Rdn. 175). In Betracht kommen aber auch Fälle, bei denen der Zueignende ein weit überwiegendes – wenn auch noch nicht die Schwelle des § 34 StGB übersteigendes – Zueignungsinteresse hat wie beim Verfeuern fremden Holzes durch den verirrten, zur Übernachtung im Freien bei Kälte gezwungenen Wanderer. Die Vorstellung hinreichend bestimmter Umstände, die, lägen sie vor, eine mutmaßliche bzw. hypothetische Einwilligung begründen würden, schließt Zueignungsabsicht aus; die bloße Annahme, der Eigentümer werde schon „nichts dagegen“ haben, genügt hierfür aber nicht.

### 7. Besonderheiten der Drittzueignungsabsicht

177 a) **Rechtslage bis zum 6. StrRG.** Bis zum Inkrafttreten des 6. StrRG am 1.4.1998 setzte § 242 StGB voraus, dass der Täter in der Absicht handelte, **sich** die weggenommene Sache zuzueignen. Daraus schloss die h.A., dass die Absicht, die weggenommene Sache **einem Dritten** zuzueignen, nicht genügte.[228] An der Gegenauffassung, wonach jede Drittzueignung denknotwendig eine Selbstzueignung beinhalte,[229] wurde kritisiert, sie widerspreche dem Gesetzeswortlaut (RGSt **64** 406, 408) und dem Umstand, dass der Gesetzgeber die Drittbereicherung in §§ 253, 263 StGB ausdrücklich geregelt und damit als regelungsbedürftig angesehen habe (BGH NStZ **1994** 179, 180). Allerdings neigten Rechtsprechung und Lehre dazu, Fälle, in denen der Täter die weggenommene Sache einem

---

226 *Fischer* Rdn. 51; *Sch/Schröder/Eser* Rdn. 36; *Schmitz* MK Rdn. 144; Arzt/Weber/*Heinrich*/Hilgendorf BT § 13 Rdn. 127; *Maurach/Schroeder/Maiwald* I § 33 Rdn. 52.

227 *Maurach/Schroeder/Maiwald* I § 33 Rdn. 52 m. umfangreichen Nachw.; s. ferner: *Fischer* Rdn. 50; *Schmitz* MK Rdn. 145; *Ebel* JZ **1983** 175 ff; *Gribbohm* NJW **1968** 240 f; *Roxin* FS Mayer, S. 467 ff.

228 BGHSt **4** 236; BGH GA **1953** 83; **1959** 373; StV **1991** 349; OLG Stuttgart NJW **1970** 66; ebenso *Fischer* Rdn. 46; *Heubel* JuS **1984** 445, 451; *Lampe* GA **1966** 240; *Maiwald* Zueignungsbegriff S. 238, 240; *Werle* Jura **1979** 485, 487.

229 RGSt **47** 324, 325; OLG Celle HannRpfl. **1947** 33; *Roxin* Täterschaft S. 341 ff; *Roxin* LK § 25 Rdn. 141; *Rudolphi* GA **1965** 33, 41 f; *Tenckhoff JuS* **1980** 723, 725. – Das historische Argument lautete, dass § 242 StGB a.F. auf das preuß. StGB 1851 zurückging, in dessen Entwürfen bis 1847 die Drittzueignungsabsicht erfasst worden war, die danach und in der Gesetz gewordenen Fassung bewusst gestrichen wurde, weil niemand einem anderen eine Sache zueignen könne, ohne sie sich zuvor selbst zugeeignet zu haben (Goltdammer Mat. 2 467).

Dritten zu überlassen beabsichtigte, in weitem Umfang in die Selbstzueignung einzubeziehen. Auf dem Boden der Sachwerttheorie wurde vertreten, der Täter eigne sich die Sache bereits dann zu, wenn er **durch die Zuwendung der Sache an einen Dritten einen unmittelbaren oder mittelbaren Nutzen oder wirtschaftlichen Vorteil im weitesten Sinne für sich erstrebe** (zusammenfassend BGHSt – GS – **41** 187, 194).[230] Daran fehle es zwar, wenn der Täter die Sache durch die Weitergabe einfach preisgeben, sie weggeben oder sich ihrer entledigen wolle (BGH NJW **1970** 1753, 1754; wistra **1988** 186), z.B. wenn er ein unter Eigentumsvorbehalt gekauftes, mangelhaftes Auto auf einem Grundstück stehenlasse und dem Grundstückseigentümer erkläre, er könne es verschrotten (BGH NJW **1970** 1753 zu § 246 StGB a.F.). An Selbstzueignungsabsicht fehle es auch, wenn der Täter seiner bestohlenen Freundin zeigen wolle, wie tüchtig er sei, indem er dem vermeintlichen Dieb Geld abgenommen habe, um es seiner Freundin als Schadensersatz zu übergeben, damit diese wieder zu ihrem Geld komme (OLG Stuttgart NJW **1970** 66). Aber wer eine Sache einem Dritten überlasse, um einen Gegenwert für sich zu vereinnahmen, handele in Selbstzueignungsabsicht, auch dann, wenn er den gutgläubigen Dritten veranlasse, die Sache gegen an den Täter zu bezahlendes Entgelt selbst an sich zu nehmen (vgl. RGSt **48** 58, 60; BGHSt **4** 236, 238; BayObLG MDR **1964** 776 m. krit. Anm. *Schröder* JR **1965** 26). Gleiches gelte, wenn jemand eine fremde Sache einem Dritten zuwenden wolle, um berechtigte Schadensersatzforderungen des Dritten gegen ihn abzuwenden (OLG Düsseldorf JZ **1986** 203). Auch die unentgeltliche Überlassung an einen Dritten (Schenkung u. dgl.) wurde jedenfalls dann als Selbstzueignung angesehen, wenn der Täter in eigenem Namen verfügte[231] und mit der Zuwendung einen Vorteil wirtschaftlicher Art erstrebte und dieser Vorteil unmittelbar oder mittelbar mit der Nutzung der Sache zusammenhing (BGH wistra **1988** 186, BGH NJW **1985** 812), ohne dass es darauf ankommen sollte, ob der Täter eigene Aufwendungen ersparen oder als freigiebiger Spender erscheinen wollte;[232] allein in der Auswahl des Dritten liege die Anmaßung, mit der Sache wie ein Eigentümer nach Belieben zu verfahren. Zwar sollte das alleinige Bestreben, sich durch die Schenkung mit dem Beschenkten „gut zu stellen" und ihm gefällig zu sein, nicht ausreichen (BGH NJW **1954** 1295); der Kassenwart eines Sportvereins, der den Vereinsspielern Geldbeträge zuwandte und sich damit den Spielern gegenüber auf Kosten des Vereinsvermögens großzügig und freigebig zeigte, sollte jedoch einen eigenen Vorteil hiervon haben (BGH bei Dallinger MDR **1970** 560).

Dass auch **mittelbare Vorteile** genügten,[233] wurde vor allem in Konstellationen **178**
bedeutsam, in denen Organe, Vertreter oder Angestellte zugunsten der jeweiligen Organi-

---

230 BGHSt **4** 236, 238; **17** 87, 92 f; BGH GA **1959** 373; StV **1986** 61; NJW **1987** 77; wistra **1987** 253; StV **1989** 250; OLG Düsseldorf JZ **1986** 203; StV **1991** 26; OLG Karlsruhe Die Justiz **1975** 314; ferner BGH JZ **1986** 764; StV **1988** 526; **1990** 160.

231 BGHSt **4** 236, 238; BGH NJW **1970** 1753, 1754; GA **1969** 306; NJW **1954** 1295; OLG Stuttgart NJW **1970** 66; *Lackner/Kühl* Rdn. 26; *Sch/Schröder/Eser* Rdn. 56 ff; *Heubel* JuS **1984** 445, 451; *Maurach/Schroeder/Maiwald* I § 33 Rdn. 41; *Welzel* § 46 2c; aA *Seelmann* JuS **1985** 288, 290.

232 Vgl. BGHSt **4** 236, 238 f; *Lackner/Kühl* Rdn. 26; *Schröder* NJW **1970** 1754; vgl. auch *Maiwald* Zueignungsbegriff S. 236 ff; *ders.* ZStW **91** (1979) 923, 940 ff; *Ranft* JA **1984** 277, 285; *Werle* Jura **1979** 485, 487; weitergehend: *Otto* Jura **1989** 137, 144; *ders.* JZ **1993** 559, 563 f; *Rudolphi* GA **1965** 33, 41; *Tenckhoff* JuS **1980** 723, 725.

233 BGHSt **4** 236, 238; **17** 87, 88; **40** 8, 17; **41** 187, 194; BGHR StGB § 249 Abs. 1 Zueignungsabsicht 2, 4, 8; BGH NJW **1970** 1753 m. Anm. *Schröder*; NJW **1985** 812; NJW **1987** 77; NStZ **1995** 442, 443; BayObLG GA **1958** 370; OLG Düsseldorf JZ **1986** 203, 204.

sation (juristische Person, Personenvereinigung usw.) handelten (hierzu auch BGHSt **41** 187, 195 f). Von der Zuwendung einer fremden Sache an die Organisation sollte z.B. einen mittelbaren Vorteil haben der Gesellschafter oder Geschäftsführer einer GmbH (vgl. BGH wistra **1982** 107, 108), der Komplementär einer KG oder der Vereinsvorstand, der zugleich Vereinsmitglied war und als solches die Förderung seines Vereins im Sinne hatte.[234] Nur wenn der Handelnde keinerlei eigene Belange, sondern ausschließlich solche der Organisation verfolgte, fehlte es an einer Selbstzueignung(sabsicht).[235] Nach diesen Maßstäben ist die Praxis des Ministeriums für Staatssicherheit (MfS) der DDR, Geld und Wertgegenstände in Brief- und Postsendungen aus dem Westen dem Haushaltsvermögen der DDR zuzuführen, überwiegend als straflos angesehen worden:[236] Zwar konnte es eine Selbstzueignung durch die jeweiligen MfS-Mitarbeiter begründen, dass sie entnommene, sonst nicht oder nur schwer erhältliche Konsumgüter günstig erwerben konnten und somit mittelbare Vorteile aus der Drittzueignung zogen (BGHR StGB § 242 Abs. 1 Zueignungsabsicht 8). Die bloße Absicht, die DDR zu stärken, ihrem politischen System zu dienen oder den DDR-Haushalt und damit mittelbar die eigene berufliche Existenz und Stellung und insbesondere Gehaltszahlungen zu sichern, genügte jedoch nicht (BGHSt aaO S. 197; s. bereits BGH NStZ **1994** 179, 181).

**179** Bei der **Beteiligung mehrerer** kam nach altem Recht als (Mit-)Täter nur in Betracht, wer sich die weggenommene Sache selbst zuzueignen beabsichtigte. Wer sich hingegen den Weisungen einer höheren Stelle unterordnete und die Tatbeute an sie ablieferte, konnte nur Gehilfe sein, desgleichen, wer von vornherein auf jeden Anteil an der Tatbeute verzichtete. Solche Beteiligte waren nach h.A. „absichtslos dolose Werkzeuge" in den Händen der Hintermänner bzw. Mitbeteiligte mit Selbstzueignungsabsicht, was deren mittelbare Täterschaft begründete (grundlegend RGSt **39** 37, 39; s. hierzu *Schünemann* LK § 25 Rdn. 138 ff). Mittäterschaft kam nur in Betracht, wenn der Beteiligte irgendwelchen wirtschaftlichen Nutzen oder Vorteil auch nur mittelbarer Art für sich selbst erstrebte (BGH NJW **1985** 812; vgl. BGHR StGB § 242 Abs. 1 Zueignungsabsicht 8 einerseits und BGH NStZ **1994** 179, 181 andererseits). Selbstzueignungsabsicht wurde bei einem Mittäter bejaht, der die Beute dem anderen überließ, weil er bei diesem beschäftigt war, seine Stellung für die Gegenwart und Zukunft sichern und im Übrigen einer Anstandspflicht entsprechen wollte (BGHSt **17** 87; abl. *Schröder* JR **1962** 348). Wer Mitglied einer kriminellen Organisation war und Geld in der Absicht wegnahm, es der Organisation zuzuführen, sollte wegen seiner Mitgliedschaft einen mittelbaren eigenen Vorteil hieraus ziehen (BGH GA **1959** 373).[237] In Selbstzueignungsabsicht sollte auch handeln, wer, ohne dazu eigene Mittel einsetzen zu wollen, einem Mittäter Geld zur Flucht verschaffen wollte (BGH 1 StR 73/78 vom 18.4.1978).

**180** b) **Heutige Rechtslage.** Die nunmehrige **Einbeziehung der Drittzueignungsabsicht** entspricht einer alten, weit über den E 1962 (§ 235, s. hierzu BT-Drucks. IV/650 S. 400) zurückreichenden Reformforderung. Der Gesetzgeber will hiermit als strafwürdig erach-

---

[234] Vgl. für die Zueignung an die Reichsbahn RG JW **1934** 1657; *Mezger* JW **1934** 1657.

[235] RGSt **61** 228, 232 ff; **62** 15; **64** 406; BGH NJW **1954** 1295; OLG Hamm NJW **1968** 1940.

[236] BGHSt **40** 8, 17 ff; **41** 187, 194; *Schmitz* MK Rdn. 137; *Brocker* wistra **1995** 292; *Krey/Hellmann* Rdn. 82; *Otto* JZ **1996** 582, 583 f; für das Vorliegen von Zueignungsabsicht aber BGH NStZ **1994** 542; **1995** 442, 444; *Schroeder* JR **1995** 95; *Wolfslast* NStZ **1994** 542; vgl. auch *Rönnau* GA **2000** 410, 414 f.

[237] Vgl. *Roxin* LK[11] § 25 Rdn. 141; **aA** *Welzel* § 5 II 3; *Schröder* JR **1962** 347; *Lampe* GA **1966** 240, die den Hintermann als Dieb, das Werkzeug als Gehilfen ansehen.

tete Fälle, in denen der Täter die Sache einem Dritten zuwendet, ohne einen Vorteil für sich anzustreben, neu (**aA** *Fischer* Rdn. 46: „Klarstellung") erfassen (BT-Drucks. 13/8587 S. 43). Die Diebstahlsstrafbarkeit auf lediglich fremdnütziges Handeln zu erstrecken und damit den Gleichlauf mit der Bereicherungsabsicht herzustellen, ist das Recht eines demokratisch legitimierten Gesetzgebers und kriminalpolitisch jedenfalls vertretbar.[238] Zuzugeben ist, dass sich der Gesetzgeber nicht im Einzelnen über die Reichweite der von ihm gewollten Strafbarkeitsausdehnung im Klaren war (deshalb **krit.** *Dencker/Struensee/Nelles/Stein* 1. Teil Rdn. 30 ff). Hier vernünftige Grenzen zu ziehen, ist Aufgabe von Rechtsprechung und Lehre.

Der Gesetzgeber bezweckte, die Diebstahlsstrafbarkeit **auszuweiten**, nicht einzuschränken; soweit in Rechtsprechung und Lehre bereits vor Inkrafttreten des 6. StrRG anerkannt war, dass der Täter in Zueignungsabsicht handelte, ist heute nichts Anderes anzunehmen (ebenso *Kindhäuser* NK Rdn. 104). Allerdings spricht Vieles dafür, dass der Auffassung, jede Drittzueignung beinhalte denknotwendig eine Selbstzueignung (Rdn. 177), durch die gesetzliche Anerkennung der Drittzueignung nunmehr der Boden entzogen ist (*Rönnau* GA **2000** 410, 420 f).[239] Weiterhin besteht keine Notwendigkeit mehr, Fälle, in denen es dem Täter bei der Drittzuwendung lediglich darum geht, sich mittelbare wirtschaftliche Vorteile im weitesten Sinne zu verschaffen, als Handeln in Selbstzueignungsabsicht zu erfassen, sofern – wie regelmäßig – Drittzueignungsabsicht vorliegt. Überhaupt hat die exakte Abgrenzung zwischen Selbst- und Drittzueignung(sabsicht) an Bedeutung verloren (*Sch/Schröder/Eser* Rdn. 56). Freilich wird in der Lehre vertreten, Selbst- und Drittzueignungsabsicht seien *Alia* und stünden in einem *Exklusivitätsverhältnis* zueinander, weshalb in jedem Einzelfall entschieden werden müsse, ob die eine oder andere Alternative vorliege, und Wahlfeststellung nur bei Sachverhaltszweifel und Ausscheiden einer dritten Alternative zulässig sei (*Kindhäuser* NK Rdn. 105).[240] Da die Aneignung(sabsicht) in verschiedene Richtungen gehen und verschiedene Gegenstände haben kann, überzeugt das nicht; liegt unter dem einen Gesichtspunkt Selbst-, unter dem anderen Drittzueignungsabsicht vor, ist diese subsidiär; revisionsrechtlich ist es nicht zu beanstanden, wenn der Tatrichter „jedenfalls" Drittzueignungsabsicht annimmt (vgl. auch *Rengier* BT 1⁹ § 2 Rdn. 73). **181**

**Dritte** i.S.d. Drittzueignungsabsicht können alle *natürlichen Personen*, aber auch *Personenverbände* wie z.B. Personenhandelsgesellschaften und *juristische Personen*, auch der Staat sein (*Mitsch* ZStW **111** [1999] 67, 69; *Fischer* Rdn. 47). Darauf, ob der Dritte sich die Sache objektiv zueignen kann oder will, kommt es nicht an (*Fischer* aaO); es genügt subjektiv, dass der Täter hiervon ausgeht (sogleich Rdn. 183, 185). Sowohl objektiv als auch subjektiv unerheblich ist, ob der Dritte *gut- oder bösgläubig* ist (*Kindhäuser* NK Rdn. 108). Der *Eigentümer* kann aber nicht Dritter sein, da die Absicht, die Sache ihm zuzueignen, Enteignungsvorsatz ausschließt (allg. M.). Für den (lebensfremden) Fall, dass **182**

---

238 Zur kriminalpolitischen Bewertung einerseits (zust.) *Murmann* NStZ **1999** 14, 15; *Rengier* FS Lenckner, S. 801, 802; andererseits (**krit.**) *Dencker/Struensee/Nelles/Stein* 1. Teil Rdn. 30 ff.

239 *Lackner/Kühl* Rdn. 26; *Sch/Schröder/Eser* Rdn. 56; *Dencker* FS Rudolphi, S. 425, 434; *Küper* BT S. 485 f; *Rengier* BT 1 § 2 Rdn. 74; *Schmid-Hopmeier* Das Problem der Drittzueignung bei Diebstahl und Unterschlagung (1999) S. 204; *Schmitz* FS Otto, S. 759, 770; *Wessels/Hillenkamp* Rdn. 155.

240 Ebenso Arzt/Weber/*Heinrich*/Hilgendorf BT § 13 Rdn. 117; *Jäger* JuS **2000** 651 f; *Wessels/Hillenkamp* Rdn. 154; ähnlich auch *Mitsch* BT 2/1 § 1 Rdn. 128, 132; wie hier aber *Sch/Schröder/Eser* Rdn. 56 f; *Dencker* FS Rudolphi, S. 425, 434; *Krey/Hellmann* Rdn. 80b; *Maiwald* FS Schreiber, S. 315, 318; *Rengier* BT 1 § 2 Rdn. 73.

der Täter die Sache dem Gewahrsamsinhaber wegnimmt, um sie ihm zuzueignen, nehmen *Mitsch* und *Fischer* aaO an, dass auch der *Gewahrsamsinhaber* Dritter sein könne, da der Gewahrsam nicht Schutzgut des § 242 StGB sei.

**183** Die Drittzueignungsabsicht muss **in der Person des Täters**, d.h. dessen, der wegnimmt, vorliegen; darauf, was der Dritte beabsichtigt, kommt es nicht an. Ebenso wie die Selbstzueignung(sabsicht) kann die Drittzueignung(sabsicht) analytisch in ein Enteignungs- und ein Aneignungselement zerlegt werden (zutr. *Sch/Schröder/Eser* Rdn. 58 gegen *Hopmeier* S. 195 f). Für die Enteignung und den Enteignungsvorsatz hat der Drittbezug keine entscheidende Bedeutung; hier gelten vielmehr die Grundsätze, die zur Selbstzueignung(sabsicht) entwickelt worden sind (*Schmitz* MK Rdn. 135).[241] Demgegenüber bereitet der Drittbezug bei der Aneignung(sabsicht) bereits grammatisch Schwierigkeiten. Es ist kein richtiges Deutsch zu sagen, jemand eigne einem Dritten eine Sache „an"; man kann sich nur selbst etwas aneignen (zutr. *Kindhäuser* NK Rdn. 108). So formuliert das Gesetz freilich nicht, indem es genügen lässt, dass die Sache dem Dritten „zu"geeignet wird. Bereits grammatisch setzt Drittzueignung zunächst eine *auf den Dritten bezogene Handlung des Täters* voraus, zudem aber einen *Erfolg oder eine Wirkung bei dem Dritten* („Aneignungseffekt", insoweit zutr. *Rönnau* GA 2000 410, 417). Eine Sache ist einem Dritten „zu"geeignet, wenn dieser rechtlich Eigentum oder auch nur tatsächlich eine eigentumsgleiche Stellung begründet hat. Somit muss das Aneignungselement der Drittzueignung(sabsicht) auf den Dritten, nicht den Täter, bezogen werden (zutr. *Schmitz* MK Rdn. 136: „Aneignungserfolg *beim Dritten*", Herv. vom Verf.; **aA** *Rönnau* aaO). So – und nur so – kann es gelingen, den erforderlichen größtmöglichen Gleichlauf von Dritt- und Selbstzueignung(sabsicht) herzustellen.

**184** Am **Enteignungsvorsatz** des Täters, der die Sache einem Dritten zuwenden will, fehlt es, wenn der Täter den Eigentümer nicht auf Dauer enteignen will, sondern die Sache dem Dritten nur zum vorübergehenden und nicht enteignend wirkenden Gebrauch überlassen und dann entweder selbst wieder an sich nehmen und an den Eigentümer zurückführen will oder aber davon ausgeht, dass der Dritte dies tun werde (vgl. *Lackner/Kühl* Rdn. 26a; *Wessels/Beulke* Rdn. 537).

**185** **Drittzueignungsabsicht** hat der Täter, wenn es ihm darauf ankommt, er erstrebt oder zielgerichtet will (*dolus directus ersten Grades*), dass der Dritte mit der Sache in einer Weise verfährt, die eine (Selbst-)Aneignung durch den Dritten darstellt (ähnlich *Hoyer* SK[6] Rdn. 92; *Küper* BT S. 485: „dass die Sache dem Dritten zu einer Nutzung überlassen wird, die eine ‚Selbstzueignung' [Selbstaneignung] darstellen würde, wenn sie der Täter in eigener Person vorgenommen hätte").[242] Dagegen wendet *Kindhäuser* NK[1] Rdn. 134 (stark verkürzt NK Rdn. 108) ein, das Wollen des Dritten könne kein Gegenstand einer Absicht im technischen Sinne sein; man könne nur wissen, annehmen, hoffen, wünschen usw., dass ein Dritter etwas – hier eine Selbstaneignung – wolle; bereits deshalb müsse die Absicht genügen, dem Dritten die Aneignung zu ermöglichen (s. hierzu noch Rdn. 187). Dem hält *Rönnau* GA 2000 410, 419 f mit Recht entgegen, dass eine solche Argumentation unvereinbar mit der Anstiftungsverantwortlichkeit ist und für Absichten im technischen Sinne Möglichkeitsvorstellungen genügen. Unstreitig ist, dass es *nicht objektiv* zu der beabsichtigten Drittzueignung kommen muss, sondern die diesbezügliche subjektive

---

[241] Allg. M., s. nur *Fischer* Rdn. 48; *Kindhäuser* NK Rdn. 108; *Krey/Hellmann* Rdn. 83; *Küper* BT S. 484; *Mitsch* BT 2/1 § 1 Rdn. 126; *Rönnau* GA 2000 410, 416; *Schenkewitz* NStZ 2003 17, 18.

[242] Ebenso *Fischer* Rdn. 48; *Lackner/Kühl* Rdn. 26a; *Krey/Hellmann* Rdn. 84; *Rönnau* GA 2000 410, 418 ff.

Absicht genügt und es unerheblich ist, ob der Dritte tatsächlich Aneignungsabsicht hat oder nicht; wer eine fremde Sache wegnimmt, um sie einem – wie er nicht weiß – verdeckten Ermittler zuzueignen, hat Drittzueignungsabsicht.

Eine Drittzueignung setzt zunächst eine auf den Dritten bezogene und täterschaftliche (*Küper* BT S. 485) **Handlung des Täters** voraus;[243] eine solche Handlung muss der in Drittzueignungsabsicht handelnde Dieb beabsichtigen. In Betracht kommt vor allem die *Übergabe* der weggenommenen Sache an den Dritten, aber auch die *Wegnahme* selbst, wenn von Anfang an mit dem Dritten ein Verhältnis begründet wird, das sogleich dessen umfassende Verfügungsgewalt begründet wie im „Gänsebuchten-Fall" (z.B. *Maiwald* S. 243) oder auch bei Auftragsdiebstählen, die in der Ausführungsphase gesteuert sind. Die Handlung muss sich *nicht* als (Selbst-)Aneignung durch den Täter und insbesondere *nicht* als wirtschaftliche (Selbst-)Nutzung der weggenommenen Sache darstellen, und das bloße Weitergeben oder Weiterreichen an den Dritten genügt, wenn dieser sich die Sache aneignet bzw. aneignen soll; die gegenteilige Auffassung namentlich von *Rönnau* GA 2000 410, 421 und *Schmitz* MK Rdn. 137 (s. aber zuvor Rdn. 136) verkehrt den Sinn und Zweck des Gesetzes, das die Drittzueignung neben die Selbstzueignung stellt, in sein Gegenteil. **186**

Sodann setzt eine Drittzueignung richtiger Auffassung nach die **Aneignung durch den Dritten** voraus; hierauf muss die Absicht des in Drittzueignungsabsicht handelnden Täters gerichtet sein.[244] Der Täter kann den Aneignungserfolg *selbst* bewirken, etwa wenn er in der Person des Dritten einen gesetzlichen Eigentumserwerb nach §§ 946 ff BGB bewirkt (z.B. weggenommene Trauben in die Weinpresse des befreundeten Winzers schüttet, *Rönnau* GA 2000 410, 417). In der Regel wird der Täter dem Dritten durch eigenes Handeln freilich nur die **Möglichkeit der Aneignung** verschaffen können. Eben das lässt eine viel vertretene Auffassung[245] objektiv und subjektiv genügen, und hiernach liegt Drittzueignungsabsicht bereits dann vor, wenn der Täter beabsichtigt, dem Dritten die Möglichkeit der Aneignung zu verschaffen. Dagegen wird mit Recht eingewendet, die Möglichkeit der Zu- oder Aneignung sei noch keine Zu- oder Aneignung; es könne z.B. nicht richtig sein, dass mit Drittzueignungsabsicht handele, wer einem Dritten zwar die Möglichkeit der Aneignung verschaffe, dabei aber wisse, dass der Dritte sie nicht nutzen werde (*Schmitz* MK Rdn. 136). Da und soweit es in der Regel noch einer Aneignungshandlung des Dritten, namentlich der *Entgegennahme* der Sache, um sie zu behalten, zu verbrauchen, weiter zu veräußern usw., bedarf, muss für sie eine Drittzueignung vorgenommen werden und für Drittzueignungsabsicht des Täters von diesem als Erfolg beabsichtigt sein. Dass damit ein Drittverhalten in die Drittzueignung(sabsicht) aufgenommen wird, ist weder denkunmöglich noch stellt es in Frage, dass die Drittzueignung vom Täter täterschaftlich bewirkt wirkt (Rechtsgedanke der Mittäterschaft bzw. mittelbaren Täterschaft bei Bös- bzw. Gutgläubigkeit des Dritten). Unerheblich ist, ob der Dritte gut- oder bösgläubig ist und ob der Täter das fremde Eigentum leugnet oder nicht. **187**

---

243 Insoweit allg. M., s. nur *Fischer* Rdn. 48; *Lackner/Kühl* Rdn. 26a; *Sch/Schröder/Eser* Rdn. 58; *Eisele* BT II Rdn. 75; *Otto* BT § 40 Rdn. 71; *ders.* Jura **1998** 550, 551; *Rengier* BT 1 § 2 Rdn. 69 f; *Wessels/Hillenkamp* Rdn. 153.

244 *Fischer* Rdn. 48; *Lackner/Kühl* Rdn. 26a; *Sch/Schröder/Eser* Rdn. 61; *Schmitz* MK Rdn. 135 f; *Krey/Hellmann* Rdn. 84; *Küper* BT S. 485; *Rengier* BT 1 § 2 Rdn. 82; *Wessels/Hillenkamp* Rdn. 153a.

245 *Duttge* HK-GS Rdn. 48; *Kindhäuser* NK Rdn. 109; *ders.* BT II § 2 Rdn. 109; *Dencker* FS Rudolphi, S. 425, 435; *Duttge/Sotelsek* Jura **2002** 526, 532 f; *Eisele* BT II Rdn. 75; *Küper* BT S. 485; *Rengier* BT 1 § 2 Rdn. 69 f; *Wessels/Hillenkamp* Rdn. 153.

188 Für die nach früherem Recht problematischen **Fallgruppen** (Rdn. 177 ff) bedeutet das (s. zum Folgenden instruktiv *Rengier* BT 1$^9$ § 2 Rdn. 71 ff): Wer fremde Sachen wegnimmt, um sie an einen Dritten zu *veräußern* oder zu *verschenken*, handelt richtiger Auffassung nach bereits in Selbstzueignungsabsicht, und zwar beim Verschenken unabhängig davon, ob er daraus irgendeinen Vorteil ziehen will; im zuletzt genannten Fall liegt jedenfalls Drittzueignungsabsicht vor. – Gleiches gilt in den „*Pseudoboten-Fällen*" (Rdn. 166) und bei der Bezahlung eigener Geldschuld mit weggenommenem fremdem Geld. – Wer dem Dritten zwar nur vorübergehenden, jedoch enteignend wirkenden Sachgebrauch verschaffen will (z.B. ein Sparbuch entwendet, damit der Dritte das Sparguthaben abhebe und das Sparbuch dann zurückgebe), handelt in Drittzueignungsabsicht. – Wer *als Organ, Vertreter oder Angestellter* fremde Sachen *zugunsten der Organisation*, der er angehört, wegnimmt, handelt in Drittzueignungsabsicht, unabhängig davon, ob er aus der Tat irgendwelche Vorteile ziehen will. – Der *Auftragsdieb* handelt in der Regel in Drittzueignungsabsicht, wenn er die weggenommene Sache dem Auftraggeber zueignen will, unabhängig davon, ob er für die Tat entlohnt wird oder nicht. – Beim *Diebstahlsbeteiligten*, der für seinen Tatbeitrag nichts bekommen soll, kommt es, was im Einzelfall unter Würdigung aller Umstände zu prüfen ist, darauf an, ob er es nur billigend in Kauf nimmt oder als sicher annimmt, dass der oder die anderen Beteiligten sich die Tatbeute zueignen (dann bloße Beihilfe) oder ob er die Zueignung der anderen erstrebt, es ihm hierauf ankommt, er sie zielgerichtet will (dann Mittäterschaft). – Nimmt jemand eine fremde Sache weg, damit sie ein Dritter, ohne sich zuvor den Sachwert oder -nutzen anzueignen, *preisgebe, beschädige oder zerstöre*, handelt ohne Drittzueignungsabsicht. – Wer weggenommene Sachen *dem Zugriff beliebiger Dritter preisgibt*, z.B. nachts in ein Fahrradgeschäft einsteigt und eines der Fahrräder vor den Laden stellt, das dann von einem Dritten mitgenommen wird, soll nach h.L. nicht in Drittzueignungsabsicht handeln.[246] Das wird u.a. damit begründet, in solchen Fällen bewirke das Handeln des Täters noch nicht, dass der Dritte in eine „sachenrechtsähnliche Herrschaftsbeziehung zum Zueignungsobjekt" (*Rengier* BT 1$^9$ § 2 Rdn. 69 f) gebracht werde; es werde lediglich der Zugriff des Dritten und dessen Zueignung ermöglicht. Ein solches Erfordernis ist aber zweifelhaft – warum soll der Revolutionär, der den Palast des Tyrannen erstürmt und dann, wie von Anfang an geplant, der Menge zur Plünderung überlässt, nicht in Drittzueignungsabsicht handeln? Richtigerweise ist entscheidend, ob die Aneignung durch Dritte beabsichtigt (dann Drittzueignungsabsicht) oder nur als sicher vorhergesehen bzw. als möglich in Kauf genommen worden ist. – Kommt es dem Täter allein darauf an, dass eine Sache dem Eigentümer *entzogen* wird, so ist auch dann keine Absicht der Drittzueignung gegeben, wenn der Täter den Gegenstand einem Dritten überlassen will und dabei mit der Möglichkeit rechnet, dass sich der Dritte die Sache aneignet (*Küper* BT S. 485). – Zu den Konsequenzen von alledem für **Beteiligungsfragen** Rdn. 198 f.

189 Die beabsichtigte Drittzueignung ist nicht **rechtswidrig**, wenn der *Täter* ein fälliges und einredefreies Recht auf Erwerb des Eigentums an der weggenommenen Sache hat, da er erworbenes Eigentum jederzeit an den Dritten weiter übertragen kann. Hat lediglich der *Dritte* ein solches Recht, so ist die beabsichtigte Drittzueignung unstreitig nicht rechtswidrig, wenn der Täter berechtigt ist, den Anspruch geltend zu machen, insbesondere, wenn er mit Einwilligung des Dritten handelt. Ist das nicht der Fall, so soll es nach *Schmitz* MK Rdn. 148 bei der Rechtswidrigkeit der beabsichtigten Drittzueignung blei-

---

[246] *Küper* BT S. 485; *Rengier* BT 1 § 2 Rdn. 70; *Rönnau* GA 2000 410, 418.

ben, weil das Eigentum gegenüber einem nicht schuldrechtlich Berechtigten schutzwürdig bleibe. *Mitsch* ZStW **111** (1999) 65, 70 will danach unterscheiden, ob der Täter im Interesse des Dritten zu handeln glaube – dann entfalle der Vorsatz rechtswidriger Drittzueignung – oder eigennützig – dann maße er sich eigentümerähnliche Macht an, und die Drittzueignung bleibe objektiv wie subjektiv rechtswidrig –. Aber eine Drittzueignung, der ein fälliges und einredefreies Recht des Dritten auf Erwerb des Eigentums zugrunde liegt, steht auch dann mit der Eigentumsordnung im Einklang, wenn der Dritte das Recht nicht geltend machen will; deshalb ist richtigerweise auch die „aufgedrängte" Drittzueignung nicht rechtswidrig,[247] mag auch das „Aufdrängen" anderweitig (z.B. als Hausfriedensbruch) strafrechtlich relevant sein.

8. **Mehrfache Zueignung.** Die vor allem bei § 246 StGB (s. dort Rdn. 50 ff) diskutierte **190**
Frage, ob eine **mehrfache („wiederholte") Zueignung** ein und derselben Sache durch ein und dieselbe Person möglich sei, stellt sich auch im Rahmen des § 242 StGB. Nach der *Rechtsprechung* ist die Frage grundsätzlich zu verneinen (BGHSt **14** 38, 43 ff zu § 246 StGB; näher dort Rdn. 50). Anderes gilt, wenn das vom Täter geschaffene Machtverhältnis durch ein anderes ersetzt worden ist und dieses aufgrund neuen Entschlusses wieder gebrochen wird, z.B. wenn der Täter die zugeeignete Sache einem anderen zugeleitet hat, der sie wie seine eigene hält, und sie sich nun erneut zueignet (RGSt **50** 46, 51) oder wenn die Sache dem Täter zunächst abgenommen worden ist und er sie erneut in Zueignungsabsicht wegnimmt (RGSt **60** 273, 277; BayObLGSt **5** 184, 186). Haben mehrere Mittäter die Tatbeute aus einem Diebstahl endgültig geteilt, so begeht ein Mittäter, der dem anderen dessen Teil in Zueignungsabsicht wegnimmt, (erneut) einen Diebstahl (BGHSt **3** 191, 194). Nimmt der Täter ein Sparbuch mehrfach weg und legt es jeweils zurück, nachdem er jeweils Teilbeträge abgehoben hat, liegt jeweils erneut ein Diebstahl vor (RGSt **29** 415, 416 f). In der Konsequenz dieser Rechtsprechung liegt es freilich, eine wiederholte Zueignung abzulehnen, solange der Täter seine angemaßte Machtstellung aufrecht erhält (*Otto* JZ **1993** 652, 661 f). Deshalb hat RGSt **11** 438, 441 f im Ergebnis richtig entschieden, dass ein Mittäter, der die Tatbeute vor der Teilung abredewidrig aus dem Versteck holt und für sich allein verwendet, mangels (erneuter) Zueignungsabsicht keinen weiteren Diebstahl gegenüber seinem Komplizen begeht, mag er auch dessen Mitgewahrsam gebrochen haben (ebenso *Sch/Schröder/Eser* Rdn. 77). – In der *Literatur* wird die Möglichkeit einer mehrfachen („wiederholten") Zueignung zwar auch bei § 242 StGB vehement bestritten (s. nur *Kindhäuser* NK Rdn. 85).[248] In der Sache weichen die Ergebnisse aber nicht ab, weil eine Ausnahme gemacht wird, wenn der Täter die angemaßte Eigentümerstellung freiwillig oder unfreiwillig verloren hat und die Sache nunmehr erneut in Zueignungsabsicht wegnimmt.

---

[247] *Duttge/Sotelsek* Jura **2002** 526, 532; *Krey/Hellmann* Rdn. 170b; *Küper* BT S. 493 f; *Rengier* BT 1 § 5 Rdn. 19a; *Wessels/Hillenkamp* Rdn. 281; diff. *Schenkewitz* NStZ **2003** 17, 18 f; **aA** *Mitsch* ZStW **111** (1999) 65, 69 f; *Rengier* FS Lenckner, S. 801, 805.

[248] Weiterhin, aber nur bezüglich einer nachfolgenden Unterschlagung, *Hohmann* MK § 246 Rdn. 40; *Lackner/Kühl* § 246 Rdn. 7; *Krey/Hellmann* Rdn. 174; *Maiwald* Zueignungsbegriff S. 261; *Otto* BT § 42 Rdn. 23; *ders.* Die Struktur des strafrechtlichen Vermögensschutzes (1970) S. 106 ff; *Poller/Härtl* JuS **2004** 1077; *Rengier* BT 1 § 5 Rdn. 22 ff; *Roth* Eigentumsschutz nach Realisierung von Zueignungsunrecht (1986) S. 79; *Schmid-Hopmeier* Das Problem der Drittzueignung bei Diebstahl und Unterschlagung (1999) S. 221; *Schünemann* JuS **1968** 114, 117.

## VI. Rechtswidrigkeit und Schuld

191 **1. Rechtfertigung der Wegnahme.** Ist die beabsichtigte Zueignung durch fällige und einredefreie Ansprüche auf Eigentumserwerb gedeckt, entfällt bereits der Tatbestand des Diebstahls (Rdn. 36 ff); ist sie durch Rechtfertigungsgründe gerechtfertigt, ist die Einordnung zwar unklar und umstritten, jedoch wird die Frage bereits im Rahmen der Zueignungsabsicht erörtert (Rdn. 172 ff). Damit verbleibt für die Frage der allgemeinen Rechtswidrigkeit des Diebstahls nur mehr die **Rechtfertigung der Wegnahme.**[249] Sie spielt jedoch *praktisch keine nennenswerte Rolle*: Wer durch Wegnahme *Selbsthilfe* i.S.v. § 229 BGB übt, handelt bereits nicht mit dem Vorsatz rechtswidriger Zueignung, wenn er gerade die geschuldete Sache wegnimmt, so dass es auf die Rechtfertigung der Wegnahme nicht mehr ankommt; nimmt er andere Sachen weg, so deckt das Selbsthilferecht in aller Regel nur die Wegnahme zur vorläufigen Sicherung des Anspruchs (vgl. § 230 Abs. 2 BGB); beachtet der Täter das, so hat er in aller Regel keine Aneignungsabsicht, so dass es wiederum auf die Rechtfertigung der Wegnahme nicht mehr ankommt; geht der Täter darüber hinaus, so ist die Wegnahme nicht gerechtfertigt, weil die Grenzen des Selbsthilferechts überschritten sind; der diesbezügliche Irrtum wäre bloßer Erlaubnis-, also (umgekehrter) Verbotsirrtum i.S.v. § 17 StGB. – Wird gegen jemanden verbotene Eigenmacht (§ 858 BGB) geübt und macht er daraufhin von seinem *Notwehr- oder Besitzkehrrecht* (§ 32 StGB, § 859 Abs. 2 BGB) durch Wegnahme Gebrauch, so kommt Diebstahl bereits tatbestandlich nicht in Betracht, wenn es sich um den Eigentümer oder einen berechtigten Besitzer handelt, der nur diesen Besitz wiederherstellen, aber sich nicht – darüber hinaus – die Sache zueignen will. Auf § 859 Abs. 2 BGB kann sich allerdings der bestohlene Dieb berufen, der die Sache in erneuter Zueignungsabsicht (soeben Rdn. 190) dem auf frischer Tat betroffenen oder verfolgten anderen Dieb wieder wegnimmt, da § 859 Abs. 2 BGB keinen rechtmäßigen Besitz voraussetzt (s. nur *Palandt/Bassenge*[68] § 859 Rdn. 1); es kommt freilich eine Unterschlagung in Betracht.

192 **2. Schuldausschließungs- und Entschuldigungsgründe.** Die Schuld des Diebes kann nach allgemeinen Regeln ausgeschlossen bzw. der Dieb entschuldigt sein. Praktisch bedeutsame **Schuldausschließungs- bzw. Entschuldigungsgründe** sind: Wer irrig von einem von der Rechtsordnung nicht anerkanntem Aneignungsrecht (z.B. bei Früchten auf freiem Feld zum Eigenbedarf) ausgeht, befindet sich in einem i.d.R. vermeidbaren *Verbotsirrtum* (§ 17 StGB); s. zu den Irrtumsfragen weiterhin Rdn. 131. – *Kinder* sind schuldunfähig (§ 19 StGB); steht fest, dass der Dieb ein Kind ist, sind Strafverfolgungsmaßnahmen unzulässig und ggf. als Verbrechen der Verfolgung Unschuldiger strafbar (§ 344 StGB). – *Pathologisches Stehlen („Kleptomanie")* ist für sich nicht als andere schwere seelische Abartigkeit i.S.v. §§ 20, 21 StGB anerkannt, kann jedoch mit anderen relevanten Störungen einhergehen (*Schöch* LK § 20 Rdn. 166, dort Nachw.). – Bei schwer Betäubungsmittelabhängigen können *drohende Entzugserscheinungen* den Drang zur Beschaffungskriminalität, insbesondere zu Diebstählen, so übermächtig werden lassen, dass verminderte Schuldfähigkeit (§ 21 StGB) anzunehmen ist (*Schöch* LK § 20 Rdn. 116, dort Nachw.). – *Materielle Not* begründet im Sozialstaat der Normallage *i.d.R.* keine Lebens- oder Gesundheitsgefahren, die in jedem Falle anders abwendbar wären als durch Diebstahl, so dass eine Entschuldigung nach § 35 StGB nicht in Betracht kommt. Wird jemand durch Gewalt zur Begehung von Diebstählen genötigt, kommt aber eine Ent-

---

[249] S. hierzu *Fischer* Rdn. 52; *Hoyer* SK[6] Rdn. 96; *Schmitz* MK Rdn. 159 f; *Eisele* BT II Rdn. 87; *Mitsch* BT 2/1 § 1 Rdn. 146; *Wessels/Hillenkamp* Rdn. 188.

schuldigung wegen *Nötigungsnotstand* in Betracht (s. hierzu *Zieschang* LK § 35 Rdn. 25 ff, dort Nachw.).

## VII. Vorbereitung, Versuch, Vollendung und Beendigung

**1. Vorbereitung und Versuch.** Die Vorbereitung eines Diebstahls ist – auch wenn mehrere an ihr beteiligt sind – straflos. Der Versuch des Diebstahls ist strafbar (§ 242 Abs. 2 StGB) und setzt nach allgemeinen Regeln einen auf Wegnahme einer fremden beweglichen Sache in Zueignungsabsicht gerichteten Tatentschluss und das unmittelbare Ansetzen zur Tathandlung, d.h. zur Wegnahme, voraus. S. zu alledem *Hillenkamp* LK § 22. Einzelfälle aus der Rechtsprechung: **193**

Lediglich eine nach § 242 StGB **straflose Vorbereitungshandlung** hat die Rechtsprechung in folgenden Fällen angenommen: Das *Anschaffen von falschen Schlüsseln oder von Diebeswerkzeugen* ist Vorbereitungshandlung (BGHSt **28** 162; RG JW **1931** 2787), ihr Ausprobieren jedoch dann Versuch, wenn die Ausführung des Diebstahls gemäß dem Plan des Täters unmittelbar danach vorgesehen ist (vgl. BGH VRS **62** 274; BGH 5 StR 614/54 vom 3.5.1955). Bloße Vorbereitungshandlungen sind die *Annäherung an Gebäude*, aus denen gestohlen werden soll (BGH 5 StR 792/81 vom 9.2.1982; RGSt **54** 42; **43** 332), das Besteigen des Dachs des dem Einbruchsobjekt benachbarten Hauses (RG HRR **1929** 1537) oder das *Fahren zum Tatort* und Abstellen des zum Abtransport des Diebesgutes vorgesehenen Fahrzeugs, in dem sich auch das Einbruchswerkzeug befindet, in der Nähe des Einbruchsobjektes (BGH NStZ **1989** 473). Auch wer dem Gewahrsamsinhaber nur *nachstellt, nachläuft oder nachfährt*, um ihn zu bestehlen oder zu berauben, bereitet die Tat nur vor (BGH bei Dallinger MDR **1973** 729 und MDR **1973** 900). Beim *Eindringen in einen Raum*, um zu stehlen, neigte RGSt **54** 182 dazu, nur Vorbereitungshandlung anzunehmen; im Hinblick auf die Gefährdung des Gewahrsams haben RGSt 70 201; RG JW **1922** 1019, BGH 1 StR 343/59 vom 2.9.1959 hingegen Versuch angenommen, sofern der Täter den unbedingten Willen zum Stehlen hat; es soll sogar genügen, dass der Täter sich erst anschickt, die Schwelle zu Räumen zu betreten, aus denen er stehlen will (BGH 1 StR 399/63 vom 5.11.1963). Wird der Dieb bei dem Unterfangen, sich Eingang in die Wohnung zu verschaffen, abgewiesen, liegt nach RG JW **1926** 2753 nur Vorbereitung vor; anders soll es liegen, wenn der Einbrecher *klingelt*, um sich zu vergewissern, dass niemand in der Wohnung ist, und ihm – entgegen seiner Erwartung – ein Hausbewohner öffnet (BGHSt **26** 201; BGH bei Dallinger MDR **1966** 892). Wer, um Fracht wegzunehmen, Frachtscheine unrichtig ausfüllt, weitergibt oder zwecks Umleitung eines Eisenbahnwaggons beiseite schafft, bereitet den Diebstahl der Fracht nur vor (RGSt **53** 336; **54** 331); demgegenüber soll bereits zum Versuch ansetzen, wer ein Freisignal verhindert, um einen Kohlenzug zwecks Entwendung seiner Ladung zum Halten zu bringen (OGHSt **2** 157). **194**

**Strafbarer Diebstahlsversuch** ist in der Rechtsprechung angenommen worden, wenn der Täter den *Hebel ansetzt*, um den Verschluss eines Behälters zu öffnen, aus dem er stehlen will (RG DJZ **1920** 659), oder wenn er das zu stehlende Tier von der Kette löst oder den Käfig öffnet, um es einzufangen (RG LZ **1917** 752). Auch das *Entfernen oder Unschädlichmachen des Hofhundes*, um ungestört stehlen zu können, soll Versuch sein (RGSt **53** 217). Zwar wird man die Herbeiführung eines Gedränges zur Erleichterung eines Taschendiebstahls noch als Vorbereitungshandlung anzusehen haben; jedoch erreicht das *Befühlen der Kleidung* zwecks Prüfung, ob etwas Stehlenswertes darin ist, schon das Versuchsstadium (BGH GA **1958** 191), erst recht die *erfolglose Durchsuchung* der Kleider (BGH bei Dallinger MDR **1976** 16), der Tasche oder eines anderen Behältnis- **195**

ses des Opfers (BGH bei Dallinger MDR **1968** 372 und MDR **1975** 543). Ein Beginn der Ausführungshandlung liegt daher auch vor, wenn der Täter in Diebstahls- oder Raubabsicht *eine Bankfiliale oder eine Poststelle betreten* hat (BGH GA **1980** 24 f). Das Untersuchen der Lenkradsperre eines Autos durch *Rütteln an den Vorderrädern* oder das Befühlen von Briefen, ob ein beabsichtigter Diebstahl ausführbar oder lohnend ist, soll ebenfalls Versuch sein (BGHSt **22** 80). Dasselbe gilt für das Schlagen an einen Automaten, um ihn ohne Geldeinsatz zum Auswurf von Münzen zu bringen (BGH 2 StR 316/55 vom 28.2.1956). Der Juwelentrickdieb, der das ihm zur Ansicht und Anprobe vorgelegte Schmuckstück an sich nimmt, setzt zum Diebstahl unmittelbar an (RGSt **55** 244).

196 2. **Vollendung.** Diebstahl ist mit der *Wegnahme* vollendet, wenn der ursprünglich bestehende Gewahrsam ohne den Willen des ursprünglichen Gewahrsamsinhabers aufgehoben und neuer Gewahrsam – sei es auch eines anderen als des Täters – begründet ist; einer weiteren Zueignungshandlung bedarf es nicht. Zu den Einzelheiten Rdn. 82 ff. Bei mittelbarer Täterschaft ist die Tat mit der Wegnahme durch den Tatmittler vollendet (RGSt **53** 180, 181). Ein äußerliches Wegnahmegeschehen kann wegen Einverständnisses des Gewahrsamsinhabers oder Irrtums des Täters bloßer Versuch sein, z.B. wenn der Täter anstelle der Geldtasche irrtümlich einen wertlosen Koffer ergreift (BGH NJW **1990** 2569); beim Versuch bleibt es auch, wenn sich in dem weggenommenen Behältnis kein stehlenswerter Inhalt findet (Rdn. 162).

197 3. **Beendigung.** Nach h.A. hat § 242 StGB eine „tatbestandliche Nachzone“ nach Vollendung, aber noch vor Beendigung der Tat. Hiernach ist der Diebstahl erst beendet, wenn der Täter den *Gewahrsam an der Beute gesichert hat.*[250] Das ist *i.d.R.* noch nicht der Fall, solange sich der Täter noch im Herrschaftsbereich des Bestohlenen befindet oder sonst einem erhöhten Risiko ausgesetzt ist, die Beute durch Nacheile wieder zu verlieren (BGHR StGB § 242 Abs. 1 Wegnahme 7). Gesichert ist der Gewahrsam hingegen *i.d.R.*, wenn der Täter die Beute in eigene Räume verbracht hat (BGHSt **8** 390; BGH NJW **1987** 2687). Es kann auch genügen, hängt freilich vom Einzelfall ab, dass die Beute bereits abtransportiert wird (vgl. BGH NJW **1981** 997; NStZ **1981** 435; NJW **1985** 814 und **1987** 2687). Jedenfalls führt es zur Beendigung eines Diebstahls, dass die Beute dem Berechtigten zurückgegeben wird (BGH NJW **1985** 814). Rechtlich bedeutsam ist die Beendigung für den Verjährungsbeginn (§ 78a StGB, s. dort; **aA** *Schmitz* Unrecht und Zeit, 2001, S. 213 ff: Beendigung i.S.v. § 78a StGB sei bei § 242 StGB gleichzusetzen mit Wegnahmevollendung), für die – zunehmend bestrittene[251] – Möglichkeit einer sukzessiven Beteiligung, namentlich einer Beihilfe, durch nach Vollendung, aber noch vor Been-

---

[250] BGHSt **4** 132; **8** 390, 391; **20** 194, 196; BGH VRS **13** 350; NJW **1987** 2687; NStZ **2001** 88; **2008** 152; BGHR StGB § 242 Abs. 1 Wegnahme 7; *Duttge* HK-GS Rdn. 35; *Fischer* Rdn. 54; *Kindhäuser* NK Rdn. 127; *Sch/Schröder/Eser* Rdn. 73; *Eisele* BT II Rdn. 47; *Rengier* BT 1 § 2 Rdn. 92; *Wessels/Hillenkamp* Rdn. 119; **aA** *Kühl* JuS **2002** 729, 731.

[251] *Ingelfinger* HK-GS § 25 Rdn. 47, § 27 Rdn. 17; *Kindhäuser* NK Rdn. 131; *Roxin* LK[11] § 27 Rdn. 35; *ders.* AT II § 25 Rdn. 221; *Schmitz* MK Rdn. 163; *Gössel* ZStW 85 (1973) 591, 646; *Heinrich* AT II Rdn. 1237; *Hruschka* JZ **1969** 607; *Isenbeck* NJW **1965** 2326; *Kühl* JuS **2002** 729, 733 f; *Rengier* BT 1 § 7 Rdn. 44 ff; *Wessels/Hillenkamp* Rdn. 120. Auch BGHSt **8** 390, 391 gibt zu, dass der für die Annahme der Beendigung des Diebstahls maßgebliche Zeitpunkt mit Rücksicht darauf, das Diebstahl und Begünstigung bzw. Hehlerei möglichst scharf voneinander abgegrenzt werden müssen, nicht zu weit hinausgesetzt werden darf.

digung, des Diebstahls erbrachte Tatbeiträge (BGHSt **4** 132, 133; **6** 248, 251; ferner OLG Köln NJW **1990** 587, 588), und im Rahmen des § 252 StGB für die „Frische" des Diebstahls, auf dem der Dieb betroffen wird (s. § 252 Rdn. 34 ff, 55 ff).

## VIII. Beteiligung

1. **Täterschaft.** Diebstahl ist kein eigenhändiges Delikt (vgl. hierzu BGHSt **16** 12; **36** 198
231), kann also auch in **mittelbarer Täterschaft** und **Mittäterschaft** begangen werden. Täter kann aber nur sein, wer selbst Zueignungsabsicht hat.[252] Allerdings genügt seit dem 6. StrRG *Drittzueignungsabsicht* (zur gegenteiligen früheren Rechtslage BGHR StGB § 25 Abs. 2 Mittäter 7). Das führt zu der Frage, ob und inwieweit Fälle, die nach früherem Recht mangels Selbstzueignungsabsicht des Beteiligten lediglich als Beihilfe zum Diebstahl beurteilt werden konnten, z.B. wenn jemand nur als Werkzeug eines anderen bei der Wegnahme mitwirkt, allein der andere die Tatbeute erhalten soll und sich das Interesse des Beteiligten darin erschöpft, großzügig aufzutreten und freigebig zu erscheinen (BGH 2 StR 361/68 vom 9.8.1968), nunmehr als Mittäterschaft einzuordnen sind. Nach h.A. ist in der Tat der Bereich der Mittäterschaft erweitert, derjenige bloßer Beihilfe eingeschränkt worden.[253] Allerdings ist zum einen stets zu prüfen, ob der lediglich fremdnützig Beteiligte die Zueignung des Dritten anstrebt, sie zielgerichtet will; daran fehlt es, wenn dieser Beteiligte sich mit der Zueignung lediglich abfindet, z.B. weil er zur Beteiligung gezwungen worden ist (zutr. *Wessels/Hillenkamp* Rdn. 153a). Zum anderen ist Drittzueignungsabsicht eine zwar notwendige, aber noch nicht hinreichende Bedingung für Mittäterschaft; erforderlich ist vielmehr zudem funktionale Tatherrschaft bzw. der *animus coauctoris* (die Tat als eigene zu wollen); fehlt es hieran, so bleibt Beihilfe möglich. Zu weit geht es allerdings, im Ergebnis die frühere Rechtslage dadurch wiederherzustellen, dass trotz gleichwertigen und in Drittzueignungsabsicht erbrachten Tatbeitrags ein „normatives Tatherrschaftsgefälle" im Verhältnis zu dem in Selbstzueignungsabsicht handelnden Beteiligten und daher nur Beihilfe angenommen wird (so aber *Kudlich* FS Schroeder, S. 271, 275 und 282).

Wer sich zur Tatausführung einer Person bedient, die zwar vorsätzlich, aber nicht in 199
Zueignungsabsicht handelt, soll nach einer altehrwürdigen Auffassung mittelbarer Täter des Diebstahls und der Tatmittler ein **„absichtslos doloses Werkzeug"** sein, das sich wegen Beihilfe zur Haupttat des mittelbaren Täters strafbar macht; die Gegenauffassung will den Hintermann nur wegen Unterschlagung (durch Entgegennahme und Behalten der weggenommenen Sache) und den Vordermann wegen Beihilfe hierzu bestrafen.[254]

[252] BGHSt **17** 87, 92; BGH bei Holtz MDR **1985** 284; NJW **1985** 812; NStZ **1986** 218; JZ **1986** 764; StV **1991** 349; NStZ **1994** 29, 30; BGHR StGB § 242 Abs. 1 Zueignungsabsicht 6; OLG Celle MDR **1965** 315, 316; OLG Hamm MDR **1975** 772; *Fischer* Rdn. 58; *Kindhäuser* NK Rdn. 130; *Lackner/Kühl* Rdn. 20; *Sch/Schröder/Eser* Rdn. 71; *Schmitz* MK Rdn. 161; Arzt/Weber/*Heinrich*/Hilgendorf BT § 13 Rdn. 133; *Eisele* BT II Rdn. 77; *Küper* BT S. 486; *Maurach/Schroeder/Maiwald* I § 33 Rdn. 61; *Mitsch* BT 2/1 § 1 Rdn. 164; *Rengier* BT 1 § 2 Rdn. 95.

[253] *Dencker/Struensee/Nelles/Stein* 1. Teil Rdn. 30 ff; *Fischer* Rdn. 46; *Lackner/Kühl* Rdn. 26a; *Rönnau* GA **2000** 410, 416; *Schmid-Hopmeier* Das Problem der Drittzueignung bei Diebstahl und Unterschlagung (1999) S. 210; *Schroth* BT[4] S. 152; **aA** *Wessels/Hillenkamp* Rdn. 153a.

[254] Die Figur des absichtlos dolosen Werkzeugs bejahend Arzt/Weber/*Heinrich*/Hilgendorf BT § 13 Rdn. 135; *Baumann/Weber/Mitsch* § 29 Rdn. 128 f; *Fahl* JA **2004** 287, 289; *Lackner/Kühl* Rdn. 26a; *Wessels/Beulke* Rdn. 537; ablehnend mit unterschiedlichen Ergebnissen *Roxin* LK[11] § 25 Rdn. 141;

Auch dieses Problem hat sich durch die Einbeziehung der Drittzueignungsabsicht weitgehend erledigt: Da und soweit der Vordermann in Drittzueignungsabsicht handelt, begeht er einen unmittelbar täterschaftlichen Diebstahl, an dem der Hintermann *i.d.R.* als Anstifter beteiligt ist.[255] In konstruierbaren Ausnahmefällen kann sich das Problem weiterhin stellen.[256]

200 2. **Teilnahme.** Die Zueignungsabsicht des Haupttäters ist tat- und unrechtsbezogen, also kein besonderes persönliches Merkmal i.S.v. § 28 StGB und wird Anstiftern und Gehilfen akzessorisch, also kraft Anstifter- und Gehilfenvorsatzes, zugerechnet; Teilnehmer müssen nicht selbst in Zueignungsabsicht handeln (allg. M.). Ein *agent provocateur*, der es nur zur Wegnahme, nicht aber zur Zueignung kommen lassen will, hat keinen ausreichenden Anstiftervorsatz (s. auch Rdn. 127 zur Diebesfalle). Sagt ein Hehler vor der Tat die Mitwirkung bei der Verwertung der Beute zu, ist das psychische Beihilfe zum Diebstahl (BGHSt **8** 390). Gehilfenbeiträge, die nach Vollendung, aber vor Beendigung erbracht werden, sollen nach (noch) h.A. eine Beihilfestrafbarkeit begründen; sogar der Mitverzehr von gestohlenen Lebensmitteln, die sich noch in der Nähe des Tatortes befanden, dem Zugriff von Wachpersonal unterlagen und deren Gewahrsam somit noch nicht gesichert war, soll Beihilfe zum Diebstahl sein (BGH 3 StR 493/53 vom 25.3.1954). Zur in solchen Fällen notwendigen Abgrenzung zwischen Beihilfe zum Diebstahl einerseits und Begünstigung bzw. Hehlerei andererseits BGHSt **35** 60 und 80; OLG Frankfurt NStZ **1988** 92; OLG Köln NJW **1990** 587.

## IX. Rechtsfolgen der Tat, Prozessuales

201 1. **Rechtsfolgen der Tat.** Einfacher Diebstahl ist mit **Freiheitsstrafe** von einem Monat (§ 38 Abs. 2 StGB) bis fünf Jahren oder mit **Geldstrafe** von fünf bis dreihundertsechzig (bei Tatmehrheit siebenhundertzwanzig) Tagessätzen von fünf bis dreißigtausend Euro bedroht (§ 40 StGB). Kommt es beim einfachen Diebstahl überhaupt zum Strafausspruch (Rdn. 204), so ist geringe Geld- die *Regelstrafe.* An Freiheitsstrafe ist bei einfachem Diebstahl nur bei mehr- oder vielfacher Tatwiederholung zu denken; dann können freilich auch nicht zur Bewährung ausgesetzte Freiheitsstrafen in Betracht kommen. Zur Strafpraxis vgl. Vorbem. §§ 242–248c Rdn. 10. Als Nebenstrafe kommt ein **Fahrverbot** (§ 44 StGB) in Betracht, wenn bei dem Diebstahl ein Kraftfahrzeug (z.B. zum Abtransport der Tatbeute) verwendet wurde (BGH VM **1967** 1; OLG Köln VM **1971** 76); für die Entziehung der Fahrerlaubnis (§ 69 StGB) reicht das aber nicht aus.

202 Wegen § 73 Abs. 1 Satz 2 StGB ist die **Anordnung des Verfalls der Tatbeute nicht möglich,** und zwar nach h.A. auch dann nicht, wenn die Eigentümer nicht ermittelt werden können (BGHR StGB § 73 Tatbeute 1; BGH NStZ-RR **2004** 242, 244; **aA** *Sch/Schröder/Eser* § 73 Rdn. 26; s. zum Problem *Fischer* § 73 Rdn. 18 f; *Schmidt* LK § 73 Rdn. 39). Die Praxis behilft sich in der Weise, dass Tatbeute zunächst beschlag-

---

*Lesch* JA **1998** 474, 476; *Mitsch* BT 2/1 § 1 Rdn. 165; *Rengier* BT 1 § 2 Rdn. 82; *Wessels/Hillenkamp* Rdn. 153a.

[255] *Duttge* HK-GS Rdn. 48; *Fischer* Rdn. 46; *Lackner/Kühl* Rdn. 26a; *Sch/Schröder/Eser* Rdn. 72; *Jäger* JuS **2000** 651, 652; *Küper* BT S. 486; *Mitsch* BT 2/1 § 1 Rdn. 165; *ders.* ZStW **111** (1999) 65, 67 f; *Rengier* BT 1 § 2 Rdn. 77.

[256] Vgl. hierzu eine abgewandelte Form des „Gänsebuchtfalles" bei Arzt/Weber/*Heinrich*/Hilgendorf BT § 13 Rdn. 292; *Wessels/Hillenkamp* Rdn. 153a.

nahmt wird (§§ 94, 111b [s. Abs. 5] StPO); können bis zum Abschluss des Strafverfahrens die Eigentümer nicht ermittelt werden, wird dem Beschuldigten bzw. Angeklagten nahe gelegt, auf die Rückgabe zu verzichten, was regelmäßig geschieht;[257] sodann wird die Tatbeute wie ein Fund behandelt und ggf. öffentlich versteigert (§§ 979 ff BGB). Für verfallen erklärt werden kann aber der **Tatlohn** z.B. des Auftragsdiebes (§ 73 Abs. 1 Satz 1 Alt. 1 StGB: „für die Tat"). Weiterhin ist die **Einziehung von Diebeswerkzeug** nach § 74 Abs. 1, Abs. 2 Nr. 1 und Nr. 2 StGB möglich; die grundsätzlich mögliche Einziehung eines Kraftfahrzeuges, das für das Auskundschaften des Tatorts (BGHSt 8 205, 212 ff), die Fahrt zu ihm oder den Abtransport der Tatbeute verwendet worden ist, dürfte regelmäßig unverhältnismäßig sein.

Zur nach § 245 StGB möglichen Anordnung von **Führungsaufsicht** s. dort. Nach der **203**
Rechtsprechung ist es auch möglich, gegen Seriendiebe unter den Voraussetzungen des § 66 StGB **Sicherungsverwahrung** anzuordnen, namentlich dann, wenn die Taten – unabhängig von der Schadenshöhe im Einzelfall – geeignet sind, den Rechtsfrieden in schwerwiegender Weise zu beeinträchtigen, wie z.B. bei serienweise begangenen nächtlichen Wohnungseinbruchsdiebstählen (BGH NJW **1980** 1055; abl. *Frommel* NJW **1981** 1084; BGH wistra **1988** 23), Kraftfahrzeugdiebstählen (BGH NStZ **1988** 496; OLG Celle NJW **1970** 1200) oder gewerbsmäßig begangenen Diebstählen gegen alte und gebrechliche Personen unter Inkaufnahme körperlicher Auseinandersetzungen (BGH NStZ-RR **2002** 38). Zur Kritik hieran *Rissing-van Saan/Peglau* LK § 69 Rdn. 152 f.

2. **Prozessuales.** Zu den **Strafantragserfordernissen** nach §§ 247, 248a StGB s. dort. **204**
Die Verfolgung des einfachen Diebstahls **verjährt** nach Ablauf von fünf Jahren ab Beendigung der Tat (Rdn. 197), §§ 78 Abs. 3 Nr. 4, 78a StGB. Einfacher Diebstahl, namentlich Ladendiebstahl, wird im Regelfall geringwertigen Diebesguts **nicht zur Anklage** zum Richter beim Amtsgericht als Strafrichter (§ 25 Nr. 2 GVG) oder gar beim Schöffengericht (§ 28 GVG) gebracht, sondern gem. §§ **153, 153a StPO** durch Einstellung ggf. unter Auflagen und Weisungen, allenfalls durch **Strafbefehl** erledigt (s. bereits Vorbem. §§ 242–248c Rdn. 9 f). Für die Praxis maßgeblich sind insoweit die „Kleinkriminalitätserlasse" der Landesjustizminister oder Generalstaatsanwälte. Diebstahl ist **weder Privat- noch Nebenklagedelikt.** Das bei Diebstahl theoretisch mögliche **Adhäsionsverfahren** nach §§ 403 ff StPO spielt in der Praxis kaum eine Rolle.

## X. Konkurrenzen, Wahlfeststellung, Postpendenz

1. **Gesetzeskonkurrenzen.** Als *leges speciales* gehen §§ 244, 244a, 249–252 (und **205**
nach OLG Karlsruhe MDR **1978** 244 auch § 255) StGB dem § 242 StGB vor. Gemäß Art. 4 Abs. 4 EGStGB bleiben *Vorschriften des Landesrechts zum Schutze von Feld und*

---

[257] Theoretisch interessant und – soweit ersichtlich – ungeklärt ist, wie zu verfahren wäre, würde der Beschuldigte bzw. Angeklagte Rückgabe verlangen. Das strafrechtliche Begünstigungsverbot (§ 257 StGB) dürfte der Rückgabe nicht entgegenstehen, weil es an Begünstigungsabsicht (hierzu BGH NStZ 2000 31) fehlen dürfte. Allerdings ist ein zivilrechtlicher Rückgabeanspruch des Diebs nicht ersichtlich, auch nicht unter besitzrechtlichen Gesichtspunkten, da er fehlerhaft besitzt und die Beschlagnahme der Tatbeute keine verbotene Eigenmacht darstellt. Daher ist es auch zweifelhaft, ob ein öffentlich-rechtlicher Folgenbeseitigungsanspruch in Betracht kommt. Für die Entscheidung über das Rückgabeverlangen dürfte die Staatsanwaltschaft als Vollstreckungsbehörde, nicht das Prozessgericht zuständig sein. Lehnt sie das Verlangen ab, so dürfte der Rechtsweg nach §§ 23 ff EGGVG eröffnet sein.

*Forst* unberührt, soweit sie bestimmen, dass eine Tat in bestimmten Fällen, die unbedeutend erscheinen, nicht strafbar ist oder nicht verfolgt wird; in diesen Fällen darf nicht auf § 242 StGB zurückgegriffen werden.

206 Eine dem Diebstahl nachfolgende Unterschlagung durch den Dieb selbst ist nicht strafbar, sei es, dass man bereits die Möglichkeit einer mehrfachen Zueignung bestreitet (Rdn. 190),[258] sei es, dass man die Unterschlagung als **mitbestrafte Nachtat** ansieht.[259] Wer der zweiten Auffassung folgt, kann eine Beteiligungsstrafbarkeit Dritter oder eine Unterschlagungsstrafbarkeit des Diebes begründen, wenn der Diebstahl schuldlos (z.B. im Zustand der Schuldunfähigkeit wegen Alkoholkonsums) begangen wurde.[260] Als mitbestrafte Nachtaten straflos sind auch sonstige *Verwertungshandlungen* des Diebes, die nur den bisherigen Rechtsgutsangriff fortsetzen (RGSt **39** 239, 243 f; BGHSt **7** 134), z.B. wenn der Dieb die Sache zerstört oder beschädigt (BGH NStZ-RR **1998** 294) oder wenn der Sparbuchdieb Geld abhebt: Da er damit nur den Sparer (erneut an seinem Vermögen) schädigt, kann er nicht auch noch wegen Betrugs bestraft werden (BGH StV **1992** 272; BGHR StGB § 263 Abs. 1 Konkurrenzen 7; BGH 2 StR 720/82 vom 7.1.1983). Mit der Bestrafung wegen Diebstahls eines Kraftwagens ist die in der anschließenden Beseitigung von Motor- und Fahrgestellnummer liegende Urkundenvernichtung abgegolten (BGH LM Vorb. zu § 73 Gesetzeseinheit Nr. 5); das gleiche gilt für die Vernichtung von gestohlenen Legitimationspapieren (RGSt **35** 64; **76** 131, 134). Anders liegt es, wenn der Dieb durch die Verwertungshandlung in Rechtsgüter Dritter oder der Allgemeinheit eingreift, z.B. die gutgläubigen Käufer der gestohlenen Sachen um den Kaufpreis betrügt (RG HRR **1939** 350) oder mit den gestohlenen Sachen Wirtschaftsvergehen begeht (RG DJ **1940** 1115; GA Bd. **66** 82) oder auf dem gestohlenen Scheck ein falsches Indossament anbringt und so eine Urkundenfälschung begeht (RGSt **60** 371; RG GA Bd. **69** 111).

207 Umgekehrt kann der Diebstahl als **mitbestrafte Vortat** straflos sein, etwa wenn jemand einen Schlüssel stiehlt, mit dem er später einen Einbruchsdiebstahl begeht. In der Literatur wird dies auf den Fall erstreckt, dass jemand eine Karte stiehlt, mit der er später einen Computerbetrug begeht;[261] BGH NJW **2001** 1508 = wistra **2001** 178, 179 f

---

[258] Sog. Tatbestandslösung, grundlegend BGHSt **14** 38; in der Literatur *Hohmann* MK § 246 Rdn. 40; *Kindhäuser* NK Rdn. 134; *Lackner/Kühl* § 246 Rdn. 7; *Jäger* JuS **2000** 1167, 1170; *Krey/Hellmann* Rdn. 174; *Otto* Die Struktur des strafrechtlichen Vermögensschutzes (1970) S. 106 ff; *ders.* BT § 42 Rdn. 33; *Maiwald* Zueignungsbegriff S. 261 ff; *Maurach/Schroeder/Maiwald* I § 34 Rdn. 22; *Rengier* BT 1 § 5 Rdn. 22 f; *Schünemann* JuS **1968** 114, 117.

[259] In diesem Sinne BGHSt **3** 370, 372; **6** 314, 316; **8** 254, 260; *Duttge* HK-GS Rdn. 51; *Fischer* Rdn. 59; *Samson* SK[3] § 246 Rdn. 52; *Sch/Schröder/Eser* Rdn. 76; *Schmitz* MK Rdn. 168; *Bockelmann* JZ **1960** 621, 623 f; *Baumann* NJW **1961** 1141, 1142 f; *Duttge/Sotelesk* Jura **2002** 526, 532 f; *Eckstein* JA **2001** 25, 29; *Eisele* BT II Rdn. 249; *Gropp* JuS **1999** 1041, 1045; *Mitsch* BT 2/1 § 2 Rdn. 53; *ders.* ZStW **111** (1999) 65, 92 f; *Schröder* JR **1960** 308; *Seelmann* JuS **1985** 699, 702; *Tenckhoff* JuS **1984** 775, 778; *Wessels/Hillenkamp* Rdn. 303.

[260] In diesen Fällen gehen auch *Otto* Die Struktur des strafrechtlichen Vermögensschutzes (1970) S. 120 f und *Maiwald* Zueignungsbegriff S. 268 von einer strafbaren Zueignung aus.

[261] *Fischer* § 263a Rdn. 38; *Hoyer* SK[6] § 263a Rdn. 64; *Lackner/Kühl* § 263a Rdn. 28; *Sch/Schröder/Perron* § 263a Rdn. 42; *Schmitz* MK Rdn. 169; *Tiedemann* LK[11] § 263a Rdn. 84; *Kühl* AT § 21 Rdn. 67; **aA** *Schnabel* NStZ **2005** 18, 21 f, der den Computerbetrug als mitbestrafte Nachtat ansieht; für Tatmehrheit Arzt/Weber/*Heinrich*/Hilgendorf BT § 21 Rdn. 52; *Fad* JA-R **2001** 110, 113; *Maurach/Schroeder/Maiwald* I § 41 Rdn. 239; *Otto* BT § 53 Rdn. 51; *Rengier* BT 1 § 14 Rdn. 38; *Wessels/Hillenkamp* Rdn. 164, 614;

nimmt demgegenüber Tatmehrheit an, weil unterschiedliche Rechtsgüter und ggf. -träger betroffen seien.

2. **Handlungskonkurrenzen (Tateinheit und Tatmehrheit, Ideal- und Realkonkurrenz).** **208**
Nach den Grundsätzen von BGHSt **40** 138, 165 ff ist es nicht mehr möglich, Seriendiebstähle unter dem Gesichtspunkt des **Fortsetzungszusammenhanges** zu einer Handlung i.S.v. § 52 StGB zusammenzufassen (s. zur früheren Rechtsprechung *Ruß* LK[11] Rdn. 85).[262] Wohl aber bleibt es möglich, die Wegnahme mehrerer Sachen – auch solche verschiedener Eigentümer – unter dem Gesichtspunkt der **natürlichen Handlungseinheit** als nur eine Diebstahlstat zu erfassen, wenn sie in einem engen räumlichen und zeitlichen Zusammenhang erfolgt und auf dem Vorsatz beruht, möglichst viel oder möglichst Wertvolles zu stehlen (*Fischer* Rdn. 61). Unschädlich hierfür sind Vorsatzerweiterungen oder auch ein Vorsatzwechsel hinsichtlich einzelner Tatobjekte, wenn nicht der Täter den Diebstahlsversuch als gescheitert ansieht und aufgrund neu gefassten Entschlusses eine andere Sache wegnimmt (BGHSt **22** 350, 351).[263]

Diebstahl kann **tateinheitlich (idealkonkurrierend, § 52 StGB)** zusammentreffen mit **209**
Landfriedensbruch (§ 125 StGB, s. RG JW **1924** 1737); Amtsanmaßung (§ 132 StGB, s. RGSt 54 255, 256: Wegnahme durch falschen Kriminalbeamten); Verwahrungs- und Verstrickungsbruch (§§ 133, 136 StGB, s. RGSt **17** 103, 112; **54** 122; **75** 318, 320); Geldfälschung (§ 146, s. BGH 3 StR 640/51 vom 4.10.1951, in NJW **1952** 311 insoweit nicht abgedruckt); Beleidigung (§ 185 StGB, s. BGH 4 StR 878/53 vom 8.4.1954: sexuelle Handlung durch Betasten, das zugleich Beginn des Diebstahls ist); Mord (§ 211 StGB, OGH NJW **1950** 831); Körperverletzung (§ 223 StGB, s. BGH NStZ **1983** 364); nur ausnahmsweise mit Betrug (§ 263 StGB, s. RGSt **70** 212: der Täter verkauft fremde Sachen an gutgläubige Dritte und lässt sie von diesen wegnehmen – Diebstahl in mittelbarer Täterschaft zum Nachteil des Eigentümers in Tateinheit mit Betrug zum Nachteil der Dritten; hierzu auch *Gribbohm* JuS **1964** 233); Untreue (§ 266 StGB, s. BGH bei Dallinger MDR **1954** 399; LM § 266 Nr. 4; RG DR **1943** 912); Urkundenfälschung (§ 267 StGB, s. BGHSt **18** 66 und BGH bei Holtz MDR **1981** 452: Kraftfahrzeugdiebstahl mit Anbringen falscher Kennzeichen am gestohlenen Fahrzeug bzw. Verändern der Motor- und Fahrgestellnummer); Urkundenunterdrückung (§ 274 Nr. 1 StGB, s. RGSt **47** 210, 215); § 316 StGB und § 21 StVG bei Wegfahren des gestohlenen Fahrzeugs in fahruntüchtigem Zustand oder ohne gültige Fahrerlaubnis;[264] Verletzung des Postgeheimnisses (§ 354 StGB a.F., nunmehr § 206 StGB, s. RGSt **54** 227); Zolldelikten (BGHSt **19** 217, 219 f); beim Waffendiebstahl mit den Vorschriften über den Erwerb und das Führen von Waffen (BGHSt **29** 184, 186, s. aber auch **43** 317 und BGH NStZ **2000** 641); beim Diebstahl von Betäubungsmitteln mit unerlaubtem Handeltreiben (BGHSt **30** 359, 360 f) oder unerlaubtem Besitz (BGHSt **30** 277).

Diebstahl kann **tatmehrheitlich (realkonkurrierend, § 53 StGB)** zusammentreffen mit **210**
Zuhälterei (§ 181 StGB, s. BGH 1 StR 105/67 vom 18.4.1967: der Zuhälter hilft der

---

*Wohlers* MK § 263a Rdn. 75; *ders.* NStZ **2001** 539.

262 *Fischer* Vor § 52 Rdn. 49; *Rissing-van Saan* LK Vor § 52 Rdn. 64; *Sch/Schröder/Eser* Rdn. 75; *Geppert* NStZ **1996** 57, 60; *Ruppert* MDR **1994** 973; *Roxin* AT II § 33 Rdn. 263; *Zieschang* GA **1997** 457, 459.

263 BGH NStZ **1982** 380; **2004** 386; *Fischer* Rdn. 30; *Kindhäuser* NK Rdn. 68; *Lackner/Kühl* Rdn. 19; *Sch/Schröder/Eser* Rdn. 45; *Schmitz* MK Rdn. 167; *Eisele* BT II Rdn. 57; *Rengier* BT 1 § 2 Rdn. 34; *Wessels/Hillenkamp* Rdn. 125.

264 BGHSt **18** 66; BGH bei Dallinger MDR **1958** 13; BGH GA **1971** 39; VRS **13** 350; VRS **30** 283; NJW **1981** 997; BayObLG NJW **1983** 406.

Prostituierten bei Diebstählen zum Nachteil der Kunden); Bestechlichkeit (§ 332 StGB, s. RG GA Bd. 54 293) und Vorteilsgewährung (§ 333 StGB, s. RGSt 56 58). Zwischen Anstiftung zum Diebstahl und späterer Hehlerei ist selbst dann Tatmehrheit anzunehmen, wenn sich die Anstiftung auf die später gehehlte Beute bezieht (BGHSt 22 206), es sei denn, beide bilden eine natürliche Handlungseinheit (*Schröder* JZ **1969** 32; vgl. auch BGHSt **11** 316, 318).

211 3. **Wahlfeststellung, Postpendenz.** Wird jemand im Besitz einer gestohlenen Sache angetroffen, so ist es denkbar und nicht selten, dass zwar feststeht, dass sich der Beschuldigte den Besitz in strafbarer Weise verschafft hat, jedoch unklar bleibt, in welcher Weise. Insbesondere sind Fälle denkbar und nicht selten, „in denen die Gerichte zwar aus dem Ergebnis der Hauptverhandlung die Überzeugung davon schöpfen, dass ein körperlicher Gegenstand gestohlen worden ist und dass der Angeklagte ihn nur als Dieb oder Hehler an sich gebracht haben kann, in denen aber die Bemühungen um Feststellung, ob er die eine oder die andere strafbare Handlung begangen habe, trotz sorgfältiger Erschöpfung aller verfügbaren Erkenntnismittel scheitert" (RGSt **68** 257, 262). Hierzu hatte RGSt **22** 213, 216 noch ausgeführt: „Der Grundsatz ‚nullum crimen sine lege' beherrscht so sehr das gesamte Strafrecht, dass eine Strafe nur dann ausgesprochen werden darf, wenn die zur Bestrafung gezogene Handlung derart festgestellt werden kann, dass sie ein *bestimmtes* Strafgesetz erfüllt"; andernfalls sei freizusprechen. RGSt **68** 257, 262 hielt das für einen „allgemeinen Missstand, der Abhilfe erheische", und ließ **Wahlfeststellung zwischen Diebstahl und Hehlerei** zu. Daran hält die Rechtsprechung bis heute fest.[265] Steht fest, dass der Täter gewerbsmäßig handelte, kann auch wahldeutig wegen Diebstahl in einem besonders schweren Fall (§§ 242, 243 Abs. 1 Satz 2 Nr. 3 StGB) und gewerbsmäßiger Hehlerei (§ 260 Abs. 1 Nr. 1 StGB) verurteilt werden.[266] Auch zwischen Bandendiebstahl und Bandenhehlerei ist Wahlfeststellung möglich (BGH wistra **2000** 258). Wahlfeststellung ist weiterhin zugelassen worden zwischen Diebstahl und Begünstigung (BGHSt **23** 360 m. Anm. *Schröder* JZ **1971** 141 und **krit.** Anm. *Hruschka* NJW **1971** 1392) sowie Diebstahl und veruntreuender Unterschlagung.[267] Eine Wahlfeststellung kann nach der älteren Rechtsprechung sogar zwischen Diebstahl, Beihilfe dazu und Hehlerei (BGHSt **15** 63) oder zwischen Diebstahl, Hehlerei und Unterschlagung (BGHSt **16** 184) erfolgen. Ist unklar, ob der Täter selbst gestohlen oder einen Dieb beauftragt hat, kann wahldeutig wegen Diebstahls oder Anstiftung zum Diebstahl verurteilt werden (BGHSt **1** 127). Demgegenüber scheidet eine Wahlfeststellung zwischen Diebstahl und Betrug im Regelfall aus (BGH NStZ **1985** 123; BGHSt **20** 100, 104; OLG Karlsruhe Die Justiz **1973** 57; anders bei tatsächlicher Ungewissheit, ob Trickdiebstahl oder [Besitz-]Betrug vorliegt, OLG Karlsruhe NJW **1976** 902, 903). Auch ist keine Wahlfeststellung zwischen Diebstahl und Erpressung zulässig (OLG Hamm NStZ-RR **2008**

---

[265] OGHSt **2** 89; BGHSt **1** 302, 304; **12** 386; **15** 63; **15** 266; **16** 184; **21** 154; BGH NJW **1952** 114; NJW **1954** 931, 932; BGH bei Dallinger MDR **1970** 13 und MDR **1975** 367; NJW **1990** 2476; NStZ **1999** 363; BGHR StGB Vor § 1/Wahlfeststellung Vergleichbarkeit 3; § 259 Abs. 1 Wahlfeststellung 2.

[266] BGHSt **11** 26, 28 f; BGH JR **1959** 305; *Sch/Schröder/Eser* § 1 Rdn. 110; vgl. ferner auch BGH NJW **1974** 805.

[267] BGHSt **16** 184; **25** 182 m. **krit.** Anm. *Tröndle* JR **1974** 133; BGH VRS **62** 274; OLG Köln GA **1974** 121; für die aufgehobene schwere Amtsunterschlagung gem. § 350 a.F.: BayObLG GA **1958** 370; **aA** *Sch/Schröder/Eser* Rdn. 79, der bei der Unterschlagung von einem Stufenverhältnis ausgeht.

143). Ist unklar, ob der Täter ein Kraftfahrzeug in Zueignungsabsicht wegnahm oder sich nur unbefugt dessen Gebrauch anmaßen wollte, muss *in dubio pro reo* nur wegen § 248b StGB verurteilt werden (*Sch/Schröder/Eser* Rdn. 79). Umfassend zur Wahlfeststellung *Dannecker* LK Anhang zu § 1; s. insbesondere dort Rdn. 146 f zur (auch den Diebstahl betreffenden) Rechtsprechung.

Nicht nach den Regeln der Wahlfeststellung, sondern denen der **Postpendenz** (hierzu umfassend *Dannecker* LK Anhang zu § 1 Rdn. 104 ff) behandelt wird hingegen der Fall, dass an sich feststeht, dass der Täter die zuvor gestohlene Sache sich bösgläubig von dem Vortäter oder einem Dritten verschafft hat, und die Unklarheit sich darauf beschränkt, ob er an der Vortat mittäterschaftlich (anders bei möglicher Alleintäterschaft, BGH NJW 1990 2476, 2477) beteiligt war; dann wird eindeutig wegen Hehlerei bestraft (BGH NStZ 1989 574; 1995 500; BGH NJW 1990 2477). Diese Grundsätze gelten auch im Verhältnis zwischen Diebstahl und Begünstigung (BGHSt 23 360, 361 m. zust. Anm. *Schröder* JZ 1971 141) oder Unterschlagung (OLG Köln NJW 1974 121). **212**

## § 243
## Besonders schwerer Fall des Diebstahls

**(1) In besonders schweren Fällen wird der Diebstahl mit Freiheitsstrafe von drei Monaten bis zu zehn Jahren bestraft. Ein besonders schwerer Fall liegt in der Regel vor, wenn der Täter**

1. **zur Ausführung der Tat in ein Gebäude, einen Dienst- oder Geschäftsraum oder in einen anderen umschlossenen Raum einbricht, einsteigt, mit einem falschen Schlüssel oder einem anderen nicht zur ordnungsgemäßen Öffnung bestimmten Werkzeug eindringt oder sich in dem Raum verborgen hält,**
2. **eine Sache stiehlt, die durch ein verschlossenes Behältnis oder eine andere Schutzvorrichtung gegen Wegnahme besonders gesichert ist,**
3. **gewerbsmäßig stiehlt,**
4. **aus einer Kirche oder einem anderen der Religionsausübung dienenden Gebäude oder Raum eine Sache stiehlt, die dem Gottesdienst gewidmet ist oder der religiösen Verehrung dient,**
5. **eine Sache von Bedeutung für Wissenschaft, Kunst oder Geschichte oder für die technische Entwicklung stiehlt, die sich in einer allgemein zugänglichen Sammlung befindet oder öffentlich ausgestellt ist,**
6. **stiehlt, indem er die Hilflosigkeit eines anderen, einen Unglücksfall oder eine gemeine Gefahr ausnutzt oder**
7. **eine Handfeuerwaffe, zu deren Erwerb es nach dem Waffengesetz der Erlaubnis bedarf, ein Maschinengewehr, eine Maschinenpistole, ein voll- oder halbautomatisches Gewehr oder eine Sprengstoff enthaltende Kriegswaffe im Sinne des Kriegswaffenkontrollgesetzes oder Sprengstoff stiehlt.**

**(2) In den Fällen des Absatzes 1 Satz 2 Nr. 1 bis 6 ist ein besonders schwerer Fall ausgeschlossen, wenn sich die Tat auf eine geringwertige Sache bezieht.**

### Schrifttum

S. das vor und zu § 242 angegebene Schrifttum und weiterhin: *Arzt* Die Neufassung der Diebstahlsbestimmungen, JuS 1972 385, 515, 576; *Bittner* Schwerer Diebstahl nach § 243 Ziff. 2, MDR 1971 104; *Blei* Die Regelbeispieltechnik der schweren Fälle und §§ 243, 244 n.F. StGB, Festschrift

Heinitz (1972) 419; *Börtzler* Verurteilung wegen Diebstahls nach der neuen Fassung der §§ 243, 244 StGB, NJW **1971** 682; *Braunsteffer* Die Problematik der Regelbeispielstechnik im Strafrecht, Diss. Mannheim 1976; *Callies* Die Rechtsnatur der „besonders schweren Fälle" und Regelbeispiele im Strafrecht, JZ **1975** 112; *ders.* Der Rechtscharakter der Regelbeispiele im Strafrecht, NJW **1998** 929; *Corves* Die ab 1. April 1970 geltenden Änderungen des Besonderen Teils des Strafgesetzbuches, JZ **1970** 156; *Degener* Strafgesetzliche Regelbeispiele und deliktisches Versuchen, Festschrift Stree/Wessels (1993) 305; *Detter* Zum Strafzumessungs- und Maßregelrecht, NStZ **1996** 182; *Dölling* Diebstahl in einem besonders schweren Fall bei Ausschaltung einer Alarmanlage in einem Kaufhaus? JuS **1986** 688; *Eisele* Die Regelbeispielsmethode im Strafrecht (2004); *ders.* Die Regelbeispielsmethode: Tatbestands- oder Strafzumessungslösung? JA **2006** 309; *Fabry* Der besonders schwere Fall der versuchten Tat, NJW **1986** 15; *Fahl* Wird der Wohnungseinbruchsdiebstahl noch von § 243 I 2 Nr. 1 StGB erfasst? NJW **2001** 1699; *Frisch/Bergmann* Zur Methode der Entscheidung über den Strafrahmen, JZ **1990** 944; *Gössel* Die Strafzumessung im System des Strafrechts, Festschrift Tröndle (1989) 357; *ders.* Über die sog. Regelbeispielstechnik und die Abgrenzung zwischen Straftat und Strafzumessung, Festschrift Hirsch (1999) 183; *Graul* „Versuch eines Regelbeispiels", JuS **1999** 852; *Gribbohm* Der Bezug der Tat auf eine geringwertige Sache als subjektives Merkmal minderer Schuld (§ 243 II StGB), NJW **1975** 1153; *Gropp* Der Diebstahlstatbestand unter besonderer Berücksichtigung der Regelbeispiele, JuS **1999** 1041; *Henseler* Die Geringwertigkeit im Sinne der §§ 243 Abs. 2 und 248a StGB, StV **2007** 323; *Es. Horn* Die besonders schweren Fälle und Regelbeispiele im Strafgesetzbuch, Diss. Köln 2001; *Jungwirth* Bagatelldiebstahl und Sachen ohne Verkehrswert, NJW **1984** 954; *Kastenbauer* Die Regelbeispiele im Strafzumessungsvorgang: dargestellt am Beispiel des Diebstahls in einem besonders schweren Fall (1986); *Kindhäuser* Zur Anwendbarkeit der Regeln des Allgemeinen Teils auf den besonders schweren Fall des Diebstahls, Festschrift Triffterer (1996) 123; *Krämer* Die Regelung des schweren Diebstahls durch das 1. StrRG unter besonderer Berücksichtigung der sogenannten Regelbeispielstechnik, Diss. Köln 1970; *Kudlich* Mit Tesafilm zum Reichtum: Missbrauch eines Geldwechselautomaten, JuS **2001** 20; *Küper* Deliktsversuch, Regelbeispiel und Versuch des Regelbeispiels, JZ **1986** 518; *ders.* Die Geringwertigkeitsklausel des § 243 II StGB als gesetzestechnisches Problem, NJW **1994** 349; *Kunert/Bernsmann* Neue Sicherheitsgesetze – mehr Rechtssicherheit? NStZ **1989** 449; *Laubenthal* Der Versuch des qualifizierten Delikts einschließlich des Versuchs im besonders schweren Fall bei Regelbeispielen, JZ **1987** 1065; *Lieben* Gleichstellung von „versuchtem" und „vollendetem" Regelbeispiel? NStZ **1984** 538; *von Löbbecke* Strafbarkeit des versuchten Diebstahls in einem schweren Falle, MDR **1973** 374; *Maiwald* Bestimmtheitsgebot, tatbestandliche Typisierung und die Technik der Regelbeispiele, Festschrift Gallas (1973) 137; *ders.* Zur Problematik der „besonders schweren Fälle" im Strafrecht, NStZ **1984** 433; *Maurach* Besorgter Brief an einen künftigen Verbrecher, JZ **1962** 380; *Mitsch* Strafbare Überlistung eines Geldspielautomaten, JuS **1998** 307; *ders.* Die Vermögensdelikte im StGB nach dem 6. StrRG, ZStW **111** (1999) 65; *Montenbruck* Zur Aufgabe der besonders schweren Fälle, NStZ **1987** 311; *Murmann* „Verschlossenes Behältnis" i.S.d. § 243 trotz Kenntnis des Öffnungsmechanismus? NJW **1995** 935; *Otto* Die neuere Rechtssprechung zu den Vermögensdelikten – Teil 1, JZ **1985** 21; *ders.* Strafrechtliche Aspekte des Eigentumsschutzes, Jura **1989** 200; *ders.* Die neuere Rechtsprechung zu den Vermögensdelikten, JZ **1990** 21, 24; **1993** 559, 565; *ders.* Die neuere Rechtsprechung zu den Eigentumsdelikten, Jura **1997** 464; *Schmitt* Juristische „Aufrichtigkeit" am Beispiel des § 243 StGB, Festschrift Tröndle (1989) 313; *Sternberg-Lieben* Versuch und § 243 StGB, Jura **1986** 183; *Wessels* Zur Problematik der Regelbeispiele für „schwere" und „besonders schwere Fälle", Festschrift Maurach (1972) 295; *ders.* Zur Indizwirkung der Regelbeispiele für besonders schwere Fälle einer Straftat, Festschrift Lackner (1987) 423; *Zieschang* Besonders schwere Fälle und Regelbeispiele – ein legitimes Gesetzgebungskonzept? Jura **1999**, 561; *Zipf* Dogmatische und kriminalpolitische Fragen bei § 243 Abs. 2 StGB, Festschrift Dreher (1977) 389.

## Entstehungsgeschichte

Bis zum 1.4.1970 enthielt § 243 StGB a.F. (Abdruck des zuletzt geltenden Wortlauts bei *Ruß* LK[11] Entstehungsgeschichte) den schweren Diebstahl als Qualifikation des § 242 StGB und bedrohte ihn als Verbrechen mit Zuchthaus bis zu zehn Jahren, bei mildernden Umständen mit Gefängnisstrafe nicht unter drei Monaten (Abs. 2). Die Praxis wendete in aller Regel § 243 Abs. 2 StGB a.F. an und kam so zu Gefängnisstrafen zwischen drei und neun Monaten; Zuchthausstrafen in der Regel nur bis zu zwei Jahren waren seltene Ausnahme (Prot. V/2457; *Ruß* LK[11] Rdn. 1). Vor allem wurde als Mangel empfunden, dass die Qualifikationsmerkmale zu wenig Spielraum für die Besonderheiten des Einzelfalles ließen und die überbordende Kasuistik hierzu zu ungereimten und willkürlichen Ergebnissen führte (*Maurach* alias *Muraquensis-Monacensis* JZ **1962** 380 ff). Zur Korrektur griff der Gesetzgeber zum Mittel der Regelbeispielstechnik, und mit dem 1. StrRG 1969 wurde § 243 StGB nach dem Vorbild des § 236 E 1962 (hierzu Begr. S. 401) als Vorschrift über schwere Fälle, die durch Regelbeispiele erläutert werden, neu gefasst, wobei der Diebstahl mit Waffen und der bandenmäßige Diebstahl (§ 243 Abs. 1 Nr. 5, 6 StGB a.F.) in § 244 (heute Abs. 1 Nr. 1, 2) StGB verschoben wurden. Die Geringwertigkeitsklausel des § 243 Abs. 2 StGB wurde mit dem EGStGB 1974 eingeführt (Inkrafttreten 1.4.1975). Das Regelbeispiel des Abs. 1 Satz 2 Nr. 7 ist durch das am 16.6.1989 in Kraft getretene Gesetz zur Änderung des Strafgesetzbuches, der Strafprozessordnung und des Versammlungsgesetzes und zur Einführung einer Kronzeugenregelung bei terroristischen Straftaten vom 9.6.1989 (BGBl. I S. 1059) eingefügt worden. Zum Recht des Einigungsvertrags s. *Ruß* LK[11] Rdn. 35. Die heutige Fassung beruht auf Art. 1 Nr. 49 des 6. StrRG 1998; neben redaktionellen Änderungen ist der Wohnungseinbruchdiebstahl aus § 243 Abs. 1 Satz 2 Nr. 1 a.F. in § 244 Abs. 1 Nr. 3 StGB überführt worden (s. dort).

*Übersicht*



## I. Allgemeines

Die **praktische Bedeutung** des § 243 StGB darf nicht überschätzt werden. Zwar weist die Polizeiliche Kriminalstatistik bei knapp der Hälfte aller polizeilich registrierten Diebstahlsfälle „erschwerende Umstände" (§§ 243, aber auch 244, 244a StGB) aus (Vorbem. §§ 242–248c Rdn. 7). Nach der Verurteiltenstatistik wird § 243 StGB aber nur in etwas mehr als einem Zehntel der Verurteilungen (insoweit i.d.R. bei Einbruchdiebstahl) angewendet (Vorbem. §§ 242–248c Rdn. 10), was sich aus den notorisch geringen Aufklärungsquoten namentlich bei Einbruchdiebstahl erklären, aber auch – bewusste oder unterbewusste – „Hochzonungen" durch die Polizei besorgen lässt. Relativ und (mit einer **1**

Unterbrechung durch die Wiedervereinigung) auch absolut sinken die Zahlen des Diebstahls unter „erschwerenden Umständen" seit den 1980er Jahren (*Schmitz* MK Rdn. 7), und die eigentlichen Diebstahlsschäden (zum Problem der Begleitschäden beim Ein- oder Aufbruchdiebstahl BGH NStZ **2001** 642, 643 f) bewegen sich in den Margen von 50–500 und 500–2500 Euro. Zu Strafen, die nicht bereits innerhalb des Strafrahmens des § 242 StGB möglich wären, kommt es praktisch nie, und auch bei besonders schweren Fällen des Diebstahls ist Geld- die Regelstrafe (§ 47 StGB, s. noch Rdn. 77); das untergräbt die kriminalpolitische Legitimation der Vorschrift, die nach gängiger Lehre über besonders schwere Fälle damit begründet wird, dass das Tatbild vom Durchschnitt der erfahrungsgemäß vorkommenden Diebstähle so sehr abweicht, dass der Ausgangsstrafrahmen angesichts der besonderen Strafwürdigkeit der Tat nicht ausreicht. Gewiss handelt es sich namentlich beim Einbruchdiebstahl um eine rechtsgeschichtlich tief verwurzelte Tradition der Strafschärfung, und auch im Ausland werden diese und andere Fälle regelmäßig strafschärfend oder als Qualifikation behandelt. Aber die bis heute an Rabulistik grenzende Kasuistik einzelner Regelbeispiele bindet bei Strafrechtspraktikern und auch -theoretikern Ressourcen, die anderweitig weit nützlicher eingesetzt werden könnten. Der Kritik, der durch § 243 StGB ausgelöste theoretische Aufwand stehe in keinem Verhältnis zur praktischen Bedeutung der Vorschrift,[1] ist mit Nachdruck zuzustimmen.

2 § 243 StGB bestimmt, dass Diebstahl „in besonders[2] schweren Fällen" mit Freiheitsstrafe von drei Monaten bis zehn Jahren, also im Höchstmaß mit der doppelten Strafe des einfachen Diebstahls, bestraft wird. Das **theoretische (Grund-)Problem** der Vorschrift besteht darin, ob sie (nur oder im Schwerpunkt, insgesamt oder nur für die Regelbeispiele des Abs. 1 Satz 2) eine Tatbestands- oder aber eine Rechtsfolgen-, nämlich Strafzumessungsvorschrift darstellt (s. *Eisele* S. 107 ff). Das ist keine bloß rechts- oder normentheoretische oder -logische Frage, sondern hat handfeste kriminalpolitische, verfassungsrechtliche und strafrechtsdogmatische Konsequenzen: Kriminalpolitisch fragt sich, ob § 243 StGB nur tatstrafrechtlich kraft Rechtsgüterschutz und hierauf bezogener Strafbegründungsschuld zu legitimieren oder ob es legitim ist, die Strafrahmenänderung gegenüber § 242 StGB auch auf täterbezogene Gesichtspunkte (Strafzumessungsschuld und Strafzwecke) zu stützen und in diese Grenzen täterstrafrechtliche Elemente einfließen zu lassen. Verfassungsrechtlich stellt sich die Frage, ob Art. 103 Abs. 2 GG in der Ausprägung des *nullum* crimen *sine lege*- oder des *nulla* poena *sine lege*-Satzes mit ggf. geringeren Bestimmtheitsanforderungen anzuwenden ist. Und strafrechtsdogmatisch fragt sich, ob die „harten" tat(bestands)bezogenen Regeln z.B. über Subsumtion, Vorsatz und Fahrlässigkeit, Versuch und Beteiligung (§§ 15 ff, 22 ff, 25 ff, s. noch Rdn. 70 ff) oder die „weicheren" Regeln des Rechtsfolgenrechts anzuwenden sind und ob zusätzlich zu oder anstelle von bloßer Subsumtion eine Gesamtwürdigung von Tat und Täter erfolgen muss (s. noch Rdn. 8 ff).

3 Der Wille des Gesetzgebers ging dahin, mit der Neufassung des § 243 StGB durch das 1. StrRG (o. Entstehungsgeschichte) eine **Strafzumessungsvorschrift** zu schaffen: Nach § 242 StGB tatbestandsmäßiges Verhalten sollte in (besonders) schweren Fällen mit dem

---

[1] *Kindhäuser* NK Rdn. 1; *Schmitz* MK Rdn. 8; *Arzt* JuS **1972** 385, 388; *Maurach/Schroeder/Maiwald* I § 33 Rdn. 70.

[2] Das 1. StrRG 1969 begnügte sich mit der Strafschärfung für „schwere Fälle", s. *Corves* JZ **1970** 156, 157. Zur Vereinheitlichung des Sprachgebrauchs (s. hierzu bereits *Corves* aaO) ist das Wort „besonders" durch das EGStGB 1974 eingefügt worden, ohne dass damit eine inhaltliche Änderung bezweckt war.

erhöhten Strafrahmen des § 243 StGB bedroht sein (*Corves* JZ **1970** 156, 157). Nichts anderes sollte für die Regelbeispiele des § 243 Abs. 1 Satz 2 StGB gelten, in denen eben nur in der Regel – vorbehaltlich einer Gesamtwürdigung nach Strafzumessungsgesichtspunkten – der erhöhte Strafrahmen anwendbar sein sollte. Die gesetzesgehorsame Rechtsprechung und ein Teil der Lehre haben sich dem im Ausgangspunkt angeschlossen.[3] – Ein anderer Teil der Lehre hat die Regelbeispielstechnik von vornherein abgelehnt und die Gesetzesänderung nicht wirklich hingenommen.[4] Zunehmend wird § 243 StGB gegen seinen Wortlaut und gegen den Willen des Gesetzgebers als verdeckter **Qualifikationstatbestand** uminterpretiert, was für die Regelbeispiele als mittlerweile h.L. gelten kann und sogar auf die unbenannten besonders schweren Fälle des § 243 Abs. 1 Satz 1 StGB erstreckt wird (*Eisele* S. 189).[5] Die Tatbestandsmerkmale von Qualifikationen seien nicht anders als Straferschwerungsgründe und Regelbeispiele Voraussetzungen für die Anwendung eines bestimmten Strafrahmens (*Hoyer* SK[6] Rdn. 2 mit Verweis auf *Maiwald* FS Gallas, S. 137, 148; *Kindhäuser* NK Rdn. 3; *Küper* JZ **1986** 518, 526) und typisierten erhöhtes Handlungs- oder Erfolgsunrecht. Diese Auffassungen können sich auf Äußerungen in der Rechtsprechung stützen, wonach die Regelbeispiele durch ihre Indizfunktion qualifizierenden Tatbestandsmerkmalen angenähert seien,[6] was sich insbesondere beim Versuch auswirke (BGHSt **33** 370, 374; **krit.** hierzu *Küper* JZ **1986** 518; *Laubenthal* JZ **1987** 1065, 1069). – Demgegenüber ist an die Pflicht des Rechtsanwenders, aber auch -auslegers zu **Gesetzesgehorsam** zu erinnern, und es ist nach den soeben Rdn. 2 herausgearbeiteten Ebenen Kriminalpolitik – Verfassungsrecht – Strafrechtsdogmatik wie folgt zu differenzieren:

Unabhängig von der Ausgestaltung einer Strafschärfung als Qualifikation oder besonders schwerer Fall ist der Gesetzgeber **kriminalpolitisch** frei, bei den Strafschärfungsgründen **abstrakt-generelle Strafzumessungserwägungen** i.S.v. § 46 StGB anzustellen, die über Gesichtspunkte des Rechtsgüterschutzes i.e.S. und der Strafbegründungsschuld hinausgehen, nämlich die Strafzumessungsschuld und die Strafzwecke betreffen. Es ist deshalb nicht überzeugend, § 243 StGB kriminalpolitisch auf erhöhtes Unrecht i.e.S. oder erhöhte Schuld i.e.S. der Strafbegründungsschuld (Vorsatz, Schuldfähigkeit usw.) zu reduzieren. **4**

---

[3] BGHSt **23** 254, 256 f; **26** 104, 105; **29** 359, 368; **33**, 370, 373; NJW **1970** 2120; MDR **1976** 769; NStZ **1984** 262, 263; NJW **2002** 150, 151; OLG Hamm NStZ-RR **2001** 300, 301; *Fischer* Rdn. 2; *Hoyer* SK[6] Rdn. 1; *Lackner/Kühl* Rdn. 1; Arzt/*Weber*/*Heinrich*/ Hilgendorf BT § 14 Rdn 16; *Dölling* JuS **1986** 688, 689; *Gössel* BT I § 8 Rdn. 4; *Haft*/ Hilgendorf BT 1 S. 14; *Kastenbauer* S. 125 ff; *Krey/Hellmann* Rdn. 99; *Laubenthal* JZ **1987** 1065, 1069; *Mitsch* BT 2/1 § 1 Rdn. 171; *Otto* BT Rdn. 1; *Rengier* BT 1 § 3 Rdn. 1; *Schröder* FS Metzger, S. 415, 427; *Sternberg-Lieben* JZ **2002** 514, 515; *Wessels* FS Maurach, S. 295, 298; *Zipf* FS Dreher, S. 389, 391; *Küper* JZ **1986** 518, 526 und *Zopfs* Jura **2007** 421 sprechen von einer „Strafrahmenbestimmungsvorschrift", freilich ohne sachlichen Unterschied; vgl. ferner *Fabry* NJW **1986** 15.

[4] Vgl. *Arzt* JuS **1972** 385, 515, 576; *Blei* FS Heinitz, S. 419; *Calliess* JZ **1975** 112 („Gesetzgeber hat [...] neue Probleme geschaffen"); *Hirsch* ZStW **84** (1972) 380, 387 („misslungene Neufassung").

[5] *Kindhäuser* NK Rdn. 7; *Callies* NJW **1998** 929, 934; *Eisele* JA **2006** 309, 312; *Jakobs* AT 6. Abschnitt Rdn. 99; *Kindhäuser* BT II § 3 Rn. 4; *ders.* FS Triffterer, S. 123, 127; *Krahl* Tatbestand und Rechtsfolge (1999) S. 161 f.

[6] BGHSt **29** 359, 368; OLG Schleswig NJW **1979** 2057 m. **krit.** Anm. *Grünwald* JR **1980** 303; *Sch/Schröder/Eser* Rdn. 2; *Maurach/ Schroeder/Maiwald* I § 33 Rdn. 71 sieht in § 243 eine „Mischform zwischen Strafzumessungsregel und tatbestandlicher Abwandlung"; **krit.** *Gössel* FS Tröndle, S. 357; *Schmitt* FS Tröndle, S. 313; *Wessels* FS Lackner, S. 423; weitergehend noch *Callies* JZ **1975** 112, 117.

Gewiss ist es möglich, zahlreiche Regelbeispiele des § 243 Abs. 1 Satz 2 StGB auch durch – weit gefasste – Rechtsgutsgesichtspunkte zu erklären (z.B. Nr. 1 Hausrecht, Nr. 3 Eigentum [präsumierte Wiederholungsgefahr], Nr. 4 Religionsfreiheit, Nr. 5 Wissenschaft usw., Nr. 7 Leib und Leben [präsumierte Gefährdung Dritter]). Jedoch liegt es weit näher, die Regelbeispiele orientiert am Katalog der Strafzumessungsgründe des § 46 Abs. 2 StGB zu erklären und in Nrn. 1, 2 und 6 eine besonders gefährliche bzw. verwerfliche „Art der Ausführung" und bei Nr. 1 und 2 einen besonders gefährlichen bzw. verwerflichen „bei der Tat aufgewendeten Willen", in Nr. 3, 4 und 5 besonders anstößige „Beweggründe" oder „Ziele" bzw. eine besonders verwerfliche „Gesinnung, die aus der Tat spricht", oder in Nr. 5 und 7 eine besonders schwerwiegende „verschuldete Auswirkung der Tat" zu erblicken. Dass die Regelbeispiele *auch* einen „gegenüber dem Tatbestand [scil. des Diebstahls] erhöhten Unrechts- und Schuldgehalt typisieren" (BGHSt **33** 370, 374), steht hierzu nicht in Widerspruch: Selbstverständlich ist Strafzumessungsschuld je höher, je intensiver das tatbestandliche Unrecht schuldhaft verwirklicht wird. Entscheidend ist nur, dass § 243 StGB hierauf nicht beschränkt ist; es ist dem Gesetzgeber unbenommen, bei der Vertypung von Straferschwerungsgründen Gesichtspunkte der Spezialprävention (vgl. § 46 Abs. 1 Satz 2 StGB) und solche der (Androhungs-)Generalprävention zu berücksichtigen, wie es namentlich bei der Gewerbsmäßigkeit der Fall ist (Rdn. 35 ff).

**5** Ein solches Vorgehen des Gesetzgebers ist auch **verfassungsrechtlich** unbedenklich (eingehend hierzu *Eisele* S. 383 ff). Gesetzgebung kann das an den Rechtsanwender adressierte Analogieverbot nicht verletzen.[7] Selbstverständlich ist das Bestimmtheitsgebot zu beachten. Aber bei Strafschärfungsgründen sind nicht die Bestimmtheitsanforderungen maßgeblich, die für Tatbestände als solche, also die gesetzliche Entscheidung über das „Ob" der Strafbarkeit gelten, sondern diejenigen, die für Rechtsfolgenanordnungen gelten, also die Entscheidung über das „Wie" der Strafe. Im Anschluss an BVerfGE **45** 363, 370 ff (zu § 94 Abs. 2 StGB) ist festzuhalten, dass der Unwerttypus des Diebstahls hinreichend bestimmt festgelegt ist und der Einzelne ersehen kann, welches Verhalten als Diebstahl unter Strafe steht. Besonders schwere Fälle i.S.v. § 243 Abs. 1 Satz 1 StGB müssen auf solche beschränkt werden, bei denen das gesamte Tatbild, einschließlich der Täterpersönlichkeit, vom Durchschnitt der erfahrungsgemäß vorkommenden Fälle so sehr abweicht, dass der Ausgangsstrafrahmen angesichts der besonderen Strafwürdigkeit der Tat nicht ausreicht; das gewährleistet hinreichend sichere Rechtsanwendung (BVerfG aaO S. 371 f). Wenn nun sogar unbenannte besonders schwere Fälle verfassungsrechtlich unbedenklich sind,[8] müssen erst recht Regelbeispiele, die zusätzliche Hinweise geben (vgl. BVerfG aaO S. 372), verfassungsgemäß sein. Alles das ist durch die neuere Rechtsprechung zu den Bestimmtheitsanforderungen auf der Rechtsfolgenseite der Straftat bekräftig worden (grundlegend BVerfGE **105** 135, 152 ff zu § 43a StGB a.F.): Da auf der Rechtsfolgenseite das Bestimmtheitsgebot von vorn herein in einem Spannungsverhältnis zu der verfassungsrechtlichen Pflicht des Gesetzgebers steht, ist sicherzustellen, dass beim Rechtsfolgenausspruch Schuldprinzip und Einzelfallgerechtigkeit gewahrt werden können.

---

[7] Unrichtig *Callies* NJW **1998** 932, 935.

[8] H. A., s. *Degenhardt* Sachs Art. 103 Rdn. 68; *Schröder* FS Mezger, S. 415, 420; *Eisele* S. 404 und *Schmitz* MK Rdn. 6 sprechen sich wegen der Gefahr der Unbestimmtheit für eine enge Interpretation der besonders schweren Fälle aus; **krit.** *Hassemer/Kargl* NK Rdn. 25 („schwere Bedenken [...] hinsichtlich der Bestimmtheit"); *Köhler* AT S. 90; *Maiwald* NStZ **1984** 433, 440 („Bestimmtheitsgebot [...] in Gefahr"); **aA** *Callies* JZ **1975** 112, 117; *ders.* NJW **1998** 930, 934; *Hirsch* FS Gössel, S. 287, 296 f; *Krahl* Tatbestand und Rechtsfolge (1999) S. 131; vgl. ferner *Maiwald* FS Gallas, S. 137.

Vom Gesetzgeber ist nicht mehr, aber auch nicht weniger zu verlangen, als dass er dem Richter Leitlinien an die Hand gibt, die eine schuldangemessene und im Einzelfall gerechte Rechtsfolge vorhersehbar machen (BVerfG aaO S. 155 f). Genau solche Leitlinien enthalten Regelbeispiele, und die Wahl der Regelbeispielsmethode war gerade dadurch motiviert, dass der Gesetzgeber gewährleisten wollte, dass schuldangemessene und dem Einzelfall gerecht werdende Ergebnisse erzielt werden können.

Zu dem als Qualifikation ausgestalteten § 243 StGB a.F. stand **strafrechtsdogmatisch** fest, dass die Qualifikations- Tatbestandsmerkmale waren, so dass Fragen des subjektiven Tatbestandes, des Versuchs oder der Beteiligung unmittelbar nach den für Tatbestände geltenden Vorschriften (heute §§ 15 ff, 22 ff, 25 ff StGB) zu behandeln waren. Der Wille des historischen Gesetzgebers war nicht darauf gerichtet, hiervon abzuweichen (BGHSt 33 370, 375 zum Einbruchsversuch). Das lag umso näher, als die genannten Fragen in der Strafzumessungsdogmatik, die erst mit dem 1. StrRG vom Richter- ins Gesetzesrecht (§ 13 StGB a.F. des 1. StrRG 1969) überführt worden ist, nicht oder nicht abschließend geklärt waren. Deshalb verwundert es nicht, dass die mit der Regelbeispielstechnik konfrontierte Rechtsprechung zunächst davon ausging, es sei nur eine „Frage der formalen Gesetzestechnik", ob ein Straferschwerungsgrund als Tatbestandsmerkmal einer Qualifikation oder als Regelbeispiel eines besonders schweren Falles ausgestaltet sei (BGHSt **26** 167, 173; **29** 359, 368; jeweils zur Frage der Unrechtskontinuität), und Regelbeispiele für dogmatische Zwecke als „tatbestandsähnlich" und „im Ergebnis wie [...] Tatbestandsmerkmal[e]" behandelte (BGHSt **33** 370, 374).[9] Das hat der Rechtsprechung den Vorwurf der Inkonsequenz eingetragen[10] und Literaturauffassungen bestärkt, wonach Regelbeispiele strafrechtsdogmatisch zum Tatbestand gehörten, weshalb §§ 15 ff, 22 ff und 25 ff StGB unmittelbar anwendbar seien.[11] Nähere Betrachtung ergibt aber, dass die Rechtsprechung die Regelbeispiele des § 243 StGB nach **„Grundsätzen des Strafzumessungsrechts und (...) Sinn und Zweck"** des Gesetzes behandelt (BGHSt 33 370, 374). Das überzeugt und kann, aber muss nicht auf die Anwendung der §§ 15 ff, 22 ff und 25 ff StGB hinauslaufen (Rdn. 70 ff). 6

## II. Regelbeispiele (Abs. 1 Satz 2)

1. **Regelwirkung.** Die in Nr. 1–7 des § 243 Abs. 1 Satz 2 StGB angeführten Regelbeispiele entstammen nur teilweise dem alten Recht. Soweit sie – wie insbesondere der Einbruch- und Nachschlüsseldiebstahl (Nr. 1, zuvor § 243 Abs. 1 Nr. 2, 3 StGB a.F.) – ins neue Recht übergegangen sind, sind die alte Rechtsprechung und Literatur weiterhin zu berücksichtigen (*Kindhäuser* NK Rdn. 1; *Ruß* LK[11] Rdn. 3). Anders als im alten Recht hat die Verwirklichung der Regelbeispiele nur **Regel- oder Indizwirkung**, die in den Fällen der Nr. 1–6 bei Geringwertigkeit von Gesetzes wegen widerlegt ist (§ 243 Abs. 2 StGB, Rdn. 55 ff), aber auch sonst widerlegt werden kann. 7

Stellt der Tatrichter fest, dass eines oder mehrere Regelbeispiele objektiv und subjektiv (Rdn. 70) erfüllt sind, so ist er ungeachtet der Regel- oder Indizwirkung materiellrechtlich verpflichtet zu prüfen, ob die Tat oder die Person des Täters **außergewöhnliche Umstände** aufweisen, die Unrecht oder Schuld bei einer Gesamtbewertung im Vergleich 8

---

9 BGH StV **1994** 240; OLG Karlsruhe NJW **1978** 1697; BayObLG NStZ **1997** 442; zum Regelbeispiel des § 177 II StGB: BGH NStZ-RR **2004** 262.

10 Ausführlich dazu *Küper* JZ **1986** 518, 522 ff.

11 So im Grundsatz *Eisele* S. 283 ff m.w.N.; *Kindhäuser* NK Rdn. 7; *ders.* FS Triffterer, S. 123, 128 ff.

zum **Regelfall** deutlich herabsetzen und die Anwendung des höheren Strafrahmens als unangemessen erscheinen lassen.[12] Stellt der Tatrichter fest, dass solche außergewöhnlichen Umstände fehlen und auch nicht bei Tatsachenzweifel *in dubio pro reo* unterstellt werden müssen, so muss er wegen der gesetzlich angeordneten Regel- oder Indizwirkung den Strafrahmen des § 243 StGB anwenden und darf nicht mehr – wie sonst bei Strafzumessungstatsachen – eine ambivalente Bewertung in Betracht ziehen (z.B. bei Nr. 6, dass bei Hilflosigkeit des Opfers die Schwelle zum Diebstahlsentschluss erniedrigt sein und der Täter Auseinandersetzungen vermeiden wollen kann, s. noch Rdn. 46); es ist auch nicht mehr zu prüfen, ob die Anwendung des erhöhten Strafrahmens im Vergleich zum Durchschnitt aller vorkommenden (z.B. Einbruchs-)Fälle geboten ist (BGH NStZ **2004** 265, 266 zu § 263 Abs. 3 Satz 2 StGB).

**9** Nach der überwiegenden Rechtsprechung kommen als außergewöhnliche Umstände **alle anerkannten Strafmilderungsgründe** in Betracht, gleich, ob sie gesetzlich vertypt sind oder nicht, und gleich, ob sie der Tat vorausgehen, ihr nachfolgen oder in der Person des Täters gründen, auch wenn sie unmittelbar mit der Tatbegehung und der Erfüllung des Tatbestandes nichts zu tun haben (BGH NJW **2002** 150, 151) oder nur die Schuld betreffen (BayObLG JZ **1973** 384 f). Stiehlt ein Spielsüchtiger, dem § 21 StGB zugute kommt, gewerbsmäßig, um seiner Spielsucht zu frönen, kann das die Indizwirkung des § 243 Abs. 1 Satz 1 Nr. 3 StGB ausschließen (BGH NStZ-RR **2003** 297). Stiehlt ein Jugendlicher bei einem befreundeten Blinden, den er besucht, verlockt von der Gelegenheit offen auf dem Nachtkästchen liegenden Bargelds, kann die Indizwirkung des § 243 Abs. 1 Satz 1 Nr. 6 StGB widerlegt sein (vgl. BayObLG aaO). In Betracht kommen auch spezial- und generalpräventiv begründete Strafmilderungsgründe (schwere Jugend, spätere Legalbewährung usw.), Vor- und Nachtatverhalten (Geständnis, Wiedergutmachung) oder überlange Verfahrensdauer (eingehend *Eisele* S. 270 ff).

**10** In dem Bestreben, § 243 StGB gegen seinen Wortlaut und gegen den Willen des Gesetzgebers als Qualifikation umzuinterpretieren, wird demgegenüber zunehmend eine Einschränkung der Gründe zur Widerlegung der Regel- und Indizwirkung unter **Schutzzweckgesichtspunkten** gefordert.[13] *Hoyer* SK Rdn. 5 ff verlangt „genuin strafrahmenrelevante Umstände", die auf „Unrechtsmerkmale" zu beschränken seien, die ein erhebliches Zurückbleiben hinter dem „Unrechtsnormalmaß" des einfachen (!) Diebstahls bedeuteten; zudem seien spezialgesetzlich ohnehin schon berücksichtigte Umstände wie z.B. in §§ 13 Abs. 2, 21, 23 Abs. 2, 27 Abs. 2 StGB nicht geeignet, die Indizwirkung zu widerlegen. *Kindhäuser* NK Rdn. 5 verlangt, dass die Abweichung unter Bezugnahme auf die dem Regelbeispiel selbst zugrunde liegenden Wertungsgesichtspunkte erfolgen müsse, z.B. wenn das Opfer des Einbruchdiebstahls besonders sorglos gewesen sei oder der Täter einen Schlüssel besessen und nur deshalb eingebrochen habe, um den Verdacht von sich abzulenken (s. bereits FS Triffterer, S. 123, 127 f); gerade das begründet aber erhöhte Strafzumessungsschuld. Vermittelnd will *Eisele* S. 277 zwar keinen besonderen Zusammenhang mit dem jeweils verwirklichten Regelbeispiel verlangen, jedoch rein spezial- und generalpräventiv bedeutsame Umstände ebenso wie Vor- und Nachtatumstände ausschließen. Warum der betäubungsmittelabhängige Einsteigedieb, der geständig ist, den Schaden wieder gut gemacht hat und sich in Therapie begeben hat, noch aus dem erhöhten Strafrahmen des § 243 StGB bestraft werden soll, erschließt sich freilich nicht.

---

[12] BGHSt **23** 254, 257; **24** 248; 249; **26** 104, 106; **33** 370, 375; *Kindhäuser* NK Rdn. 5; *Gropp* JuS **1999** 1041, 1047; *Maurach/Schroeder/Maiwald* I § 33 Rdn. 65; *Mitsch* BT 2/1 § 1 Rdn. 173; *Wessels* FS Lackner, S. 423, 428; *ders.* FS Maurach, S. 295, 301.

[13] S. weiterhin OLG Karlsruhe NJW **1978** 1697, 1699; *Callies* NJW **1998** 929, 935.

Dass und welche Umstände welches Regelbeispiel objektiv und subjektiv erfüllen, ist 11
gem. § 267 Abs. 2 StPO in den **Urteilsgründen** darzulegen, um dem Revisionsgericht die materiell-rechtliche Nachprüfung der Anwendung des § 243 Abs. 1 Satz 3 StGB zu ermöglichen (näher *Eisele* S. 195 f, 198). Das Fehlen außergewöhnlicher Umstände muss aber in den Urteilsgründen nicht dargelegt werden (BGHSt 33 370, 375), jedenfalls wenn die Anwendung des Grundstrafrahmens des § 242 StGB aufgrund des festgestellten Sachverhalts fern liegt; anderes gilt, wenn außergewöhnliche Umstände in der Hauptverhandlung erörtert worden sind oder sich aufdrängen oder zumindest nahe liegen (näher *Eisele* S. 200 f). Verneint der Tatrichter hingegen die Regel- oder Indizwirkung, so muss er die hierfür maßgeblichen Umstände gem. § 267 Abs. 3 Satz 3 erster Halbsatz StPO in den Urteilsgründen darlegen.

2. **Einbruch- und Nachschlüsseldiebstahl** (Nr. 1). Sinn und Zweck der Strafschärfung 12
ist nach h.A. die Schutzwürdigkeit befriedeter Räume (BGHSt **15** 134; BayObLG NJW **1973** 1205), die von dem Täter aufgewendete „verbrecherische Energie" (BGHSt **1** 158, 164 f; s. weiterhin RGSt **53** 262, 263; **75** 43, 44 f) und die in der Tat zum Ausdruck kommende Gefährlichkeit des Täters für die Allgemeinheit.[14] Beim Nachschlüsseldiebstahl kommt nach h.A. die bei der Begehung aufgewendete List hinzu (*Maurach/Schroeder/Maiwald* I § 33 Rdn. 85), welche die Verhinderung ebenso wie die spätere Aufdeckung der Tat erschwert. Alles das mag beim Einbruch in Banken oder Juweliergeschäfte oder beim professionellen Kraftfahrzeugdiebstahl überzeugen; der polizeiliche Alltag – Diebstahl aus Kraftfahrzeugen, Einbrechen bzw. Einsteigen in Gastwirtschaften, um Geld aus Kassen, Spiel- oder Zigarettenautomaten zu entwenden (dann auch Nr. 2), häufig Beschaffungskriminalität Betäubungsmittelabhängiger oder Jugendkriminalität – sieht anders aus. Der Wohnungseinbruchdiebstahl ist mit dem 6. StrRG in § 244 Abs. 1 Nr. 3 StGB verwiesen worden (s. dort).

a) **Geschützte Räumlichkeiten.** Oberbegriff der geschützten Räumlichkeiten ist (im 13
Gegensatz zu der Regelung in § 243 Abs. 1 Nr. 2 StGB a.F., hierzu RGSt **35** 120) der umschlossene Raum; Gebäude, Dienst- oder Geschäftsräume sind vorangestellte Beispiele, die zugleich die Anforderungen an umschlossene Räume erfüllen müssen (vgl. Begr. E 1962 S. 402). Nach BGHSt **1** 158, 163 ist ein **umschlossener Raum** ein räumliches (dreidimensionales) Gebilde, das mindestens auch dazu bestimmt ist, von Menschen betreten zu werden, und mit mindestens teilweise künstlichen Vorrichtungen umgeben ist, die das Hineingelangen von Unbefugten abwehren sollen. **Gebäude** ist ein durch Wände und Dach begrenztes, mit dem Erdboden fest – wenn auch nur durch die eigene Schwere (RGSt **10** 103: Zirkuszelt) – verbundenes Bauwerk, das den Eintritt von Menschen gestattet und Unbefugte abhalten soll (BGHSt **1** 158, 163). Dazu können auch unbewohnte und schadhafte Häuser gehören, wenn sie noch geeignet und dazu bestimmt sind, die darin enthaltenen Sachen vor fremdem Zugriff zu schützen (BGH 5 StR 481/65 vom 18.1.1966). **Dienst- und Geschäftsräume** sind Gebäudeteile, die zum Aufenthalt und zur Ausübung beruflicher oder sonstiger (nicht notwendig erwerbswirtschaftlicher) geschäftlicher Tätigkeit bestimmt sind.

Für das stets erforderliche **Umschlossensein** ist bei Räumen keine Abgrenzung nach 14
oben (Dach usw.) erforderlich, es erfasst also auch umzäunte Lagerplätze usw. (im Hinblick auf die Wortlautgrenze zweifelnd *Schmitz* MK Rdn. 12). Erforderlich sind min-

---

14 *Kindhäuser* NK Rdn. 8; *Ruß* LK[11] Rdn. 5; Arzt/Weber/*Heinrich*/Hilgendorf BT § 14 Rdn. 7; *Eisele* BT 2 Rdn. 104; *Mitsch* BT 2/1 § 1 Rdn. 185.

destens teilweise *künstliche (von Menschenhand errichtete) Vorrichtungen*, die den umschlossenen Raum abgrenzen. Eine zum Zweck des Umschließens angelegt Hecke genügt (BGH bei Dallinger MDR **1954** 16), desgleichen, dass die Umschließung künstlich nur an bestimmten Stellen angebracht, im Übrigen aber durch natürliche Hindernisse wie z.B. einen Flusslauf (BGH 2 StR 228/54 vom 19.10.1954; RG GA Bd. **46** 437) oder einen Felshang erzielt wird; lediglich natürliche Zugangshindernisse wie z.B. bei einer Insel genügen aber nicht. Die Umschließung muss *geeignet und nach dem äußerlich erkennbaren Willen des Berechtigten bestimmt* sein, *Unbefugte vom Betreten abzuhalten* (BGH NJW **1954** 1897; StV **1983** 149). Eine Umfriedung, die wie z.B. eine Zierhecke lediglich der Verschönerung dienen soll, genügt nicht (*Hoyer* SK[6] Rdn. 14; *Sch/Schröder/Eser* Rdn. 9; vgl. auch BGH NStZ **1983** 168 LS), desgleichen nicht Abgrenzungen, die keine nennenswerten Zugangsschwierigkeiten bieten wie z.B. ein flacher, ohne jede Mühe zu durchschreitender Bach (BGH bei Dallinger MDR **1955** 145). Andererseits muss die Umschließung nicht so ausgelegt sein, dass zu ihrer Überwindung ein besonderes Maß an Kraft oder Geschicklichkeit erforderlich ist (RGSt **7** 262, 265). Sie muss lediglich ein Hindernis bilden, das das Eindringen Unbefugter nicht unerheblich erschwert (BGH StV **1983** 149; *Otto* JZ **1985** 21, 24). Maßgebend sind die Umstände des Einzelfalles, die z.B. bei einer Glasveranda anders liegen als bei einer Bahnhofshalle (RGSt **55** 153). *Ver*schlossen sein braucht der Raum, das Gebäude usw. nicht. Auch Räume, Gebäude usw. mit offenen und unbewachten Eingängen bleiben *um*schlossen, wenn nur ersichtlich ist, dass die Umfriedung dazu dienen soll, Unbefugte vom Betreten abzuhalten (BGH StV **1983** 149). Daher bleiben umschlossen ein Friedhof trotz offenstehender Friedhofstür (BGH NJW **1954** 1897), eingezäunte Obstgärten oder Viehpferchen (OLG Köln MDR **1969** 237; BayObLG NJW **1973** 1205) auch dann, wenn sich im Zaun Löcher befinden (OGHSt **3** 113; BGH bei Dallinger MDR **1954** 16), ein umschlossenes Bahngelände, auch wenn es durch Gleisdurchlässe betreten werden kann (RGSt **54** 20; **55** 153, 154), ein Hof, wenn die Hoftür offen steht (RGSt **32** 141). Darauf, ob der Täter solche Eingänge nutzt oder sie vermeidet, um nicht beobachtet zu werden, kommt es nicht an,[15] auch nicht darauf, dass der Täter an sich berechtigt ist, sich in dem umschlossenen Raum aufzuhalten (BGHSt **15** 146; **22** 127).[16] Anders liegt es, wenn die Umfriedung so unvollkommen ist, dass ein Ausschließungswille nicht mehr angenommen werden kann (BGH NJW **1954** 1897), insbesondere wenn der Zugang zu einem Raum von jedermann frei und ungestört benutzt werden kann (RGSt **32** 141, 142).

**15** Im Einzelnen hat die Rechtsprechung **umschlossene Räume** angenommen bei umzäunten Friedhöfen oder Lagerplätzen (BGH NStZ **2000** 143); Umkleidekabinen (RGSt **10** 103); abgeschlossenen Abteilungen innerhalb von Gebäuden; Wohnwagen; Schiffen (BGHSt **1** 158, 166); Personenkraftwagen (BGHSt **2** 214); Lieferkraftwagen, sofern sie so gebaut sind, dass sie, sei es auch nur zum Be- und Entladen, von Menschen betreten werden können (BGHSt **4** 16); Containern unter den gleichen Voraussetzungen; Eisenbahnwagen (BGH LM Nr. 7 zu § 243 Nr. 4); Teilen eines Bergwerkes unter Tage (BGH LM Nr. 5 zu § 243 Nr. 2); Gartenlauben (BGH bei Dallinger MDR **1953** 272); Kiosken (BGH 2 StR 93/65 vom 5.5.1965); einem nur von außen zugänglichen Schaukasten, der nach Art eines Schaufensters ganz oder überwiegend in die Umfassungsmauer eingelassen war und von Menschen betreten werden konnte und musste, um die Schaustücke

15 RGSt **32** 141, 142; RGRspr **5** 516, 517.

16 Vgl. ferner RGSt **39** 104; **53** 262, 263; ebenso *Maurach/Schroeder/Maiwald* I § 33 Rdn. 81; *Wittkämper* NJW **1960** 2036, 2037 f; zweifelnd *Lackner/Kühl* Rdn. 14; **aA** *Säcker* NJW **1968** 2116 in Anm. zu BGHSt **22** 127.

auszustellen (BGHSt **15** 134, 135 f; BGH 1 StR 335/61 vom 26.9.1961; ebenso RGSt **54** 211, 212). **Keine umschlossenen Räume** sind angenommen worden bei einem Tag und Nacht betretbaren Vorraum eines Lichtspieltheaters (BGH LM Nr. 12 zu § 243 Nr. 2); einem Fußgängertunnel (BGH 4 StR 138/61 vom 19.5.1961); einer einfachen Weideumfriedung, die nur das Ausbrechen des Viehs verhindern, nicht dagegen Unbefugte abhalten soll (RG DStZ **1922** 176; OLG Bremen JR **1951** 88; vgl. auch BGH StV **1983** 149); einer öffentlichen Fernsprechzelle, da sie jederzeit von jedermann frei benutzt werden kann (OLG Hamburg NJW **1962** 1453).

b) **Handlungen.** Das Regelbeispiel verwirklicht, wer zur Ausführung der Tat (Rdn. 18) in (sogleich Rdn. 17) eine geschützte Räumlichkeit einbricht (Rdn. 20 f), einsteigt (Rdn. 22 ff) oder mit einem falschen Schlüssel oder einem anderen nicht zur ordnungsgemäßen Öffnung bestimmten Werkzeug eindringt (Rdn. 24 ff) oder sich in dem Raum verborgen hält (Rdn. 27). **16**

Stets muss der Täter **in** die geschützte Räumlichkeit gelangen, d.h. sich den Zugang von außen nach innen verschafft haben. Es genügt nicht, wenn er nur zum Zwecke der Flucht oder schnelleren Beutesicherung eine nach außen führende Tür gewaltsam öffnet (BGH 1 StR 596/77 vom 20.12.1977; s. zum alten Recht RGSt 55 210, 211; OLG Bremen JR **1951** 88)[17] oder, nachdem er ein Gebäude ordnungsgemäß betreten hat, nach dem Diebstahl durch ein offenstehendes Fenster aussteigt (*Ruß* LK[11] Rdn. 12). Gleichfalls reicht es nicht aus, dass der Täter die Beute aus einer geschützten Räumlichkeit „herausangelt", ohne die Umschließung erbrochen zu haben (Rdn. 20) oder in die Räumlichkeit eingestiegen zu sein (BayObLG NJW **1973** 1205). **17**

Die das Regelbeispiel verwirklichende Handlung muss **zur Ausführung der Tat**, nämlich des Diebstahls, vorgenommen werden. Darin liegt eine bewusste Erweiterung gegenüber § 243 Abs. 1 Nr. 2 StGB a.F. (zutr. OLG Hamm MDR **1976** 155), wonach beim Einbruchdiebstahl „aus" der geschützten Räumlichkeit gestohlen werden musste, weshalb fragwürdig und umstritten war, ob der Diebstahl der geschützten Räumlichkeit selbst erfasst werden konnte.[18] Insbesondere ist nunmehr klargestellt, dass der *Diebstahl von Kraftfahrzeugen, Schiffen* usw. das Regelbeispiel des Einbruchdiebstahls erfüllen kann, wenn der Täter zur Wegnahme in die Fahrgastzelle, das Schiffsdeck usw. einbricht.[19] Wie bereits im alten Recht des Nachschlüsseldiebstahls (§ 243 Abs. 1 Nr. 3 StGB a.F., s. hierzu BGHSt 5 205) ist ausreichend, aber auch erforderlich, dass das Einbrechen, Einsteigen usw. Mittel zur Ausführung des dadurch geförderten, erleichterten oder ermöglichten Diebstahls ist (BGH 2 StR 56/82 vom 30.6.1982; s. bereits RG GA Bd. 40 446). Der Täter muss zum Zeitpunkt der Verwirklichung des Regelbeispiels den Entschluss zu stehlen gefasst haben; bricht er zu anderen Zwecken ein (etwa um zu übernachten, *Schmitz* MK Rdn. 70) oder hält er sich zu anderen Zwecken verborgen und fasst er erst danach den Diebstahlsentschluss, so ist das nicht von § 243 Abs. 1 Satz 2 Nr. 1 StGB erfasst.[20] **18**

---

[17] *Kindhäuser* NK Rdn. 13; *Lackner/Kühl* Rdn. 10; *Samson* SK[3] Rdn. 12; *Sch/Schröder/Eser* Rdn. 11; *Krey/Hellmann* § 1 Rdn. 104; *Mitsch* BT 2/1 § 1 Rdn. 191; *Wessels/Hillenkamp* Rdn. 215.

[18] Vgl. BGHSt 1 158, 167 f; 5 205, 207; NJW 1956 271; VRS 19 286, 287.

[19] *Kindhäuser* NK Rdn. 13; *Lackner/Kühl* Rdn. 10; *Jäger* BT Rdn. 251; *Kindhäuser* BT II Rdn. 11; *Otto* BT § 41 Rdn. 9; *Rengier* BT I Rdn. 14; so ausdrücklich auch die Begründung zu § 236 E 1962, S. 402; ferner zur früheren Rechtslage *Sch/Schröder/Eser* Rdn. 27.

[20] BGH 2 StR 56/82 vom 30.6.1982; *Hoyer* SK[6] Rdn. 22; *Kindhäuser* NK Rdn. 8; *Ruß* LK[11] Rdn. 6; *Samson* SK[3] Rdn. 18; *Sch/Schröder/Eser* Rdn. 17; *Gössel* BT I § 8 Rdn. 25; **aA** *Maurach/Schroeder/Maiwald* I § 33 Rdn. 86 für den Verweildiebstahl.

Es reicht aber z.B. das Einbrechen in einen Raum, um daraus den Schlüssel zur Öffnung anderer Räume oder Behältnisse, aus denen gestohlen werden soll, zu beschaffen (BGHSt **19** 360).[21] *Ruß* LK[11] Rdn. 6 will auch genügen lassen, dass jemand einen Raum aufbricht, um darin die Beute bis zum Abtransport aufzubewahren; dem hält die h.L.[22] mit Recht entgegen, dass die bloße Beutesicherung nicht „Ausführung" eines Diebstahls, der Einbruch also nicht „zur" Ausführung dient.

**19** Darauf, ob der Täter **berechtigt** ist, sich in der geschützten Räumlichkeit aufzuhalten, kommt es nicht an (BGHSt 22 127).[23] Bricht ein Mieter in einem Miethaus in die Räume anderer Mieter ein, so ist er i.d.R. nicht berechtigt, deren Räume zu betreten. Aber auch in den seltenen Ausnahmefällen, in denen jemand in seine eigene Wohnung einbricht usw., um dort Sachen im Mitgewahrsam eines anderen zu stehlen oder von dort aus in Räume Dritter zu gelangen und zu stehlen, überwindet Hindernisse und entfaltet „kriminelle Energie" und List, um z.B. den Verdacht von sich abzuwenden (**aA** *Kindhäuser* FS Triffterer, S. 123, 127 f).

**20** **Einbrechen** ist das *gewaltsame Öffnen oder Erweitern* (BGH 1 StR 560/73 vom 29.1.1974) *eines* gewöhnlichen oder auch anderen *Zugangs zu einem umschlossenen Raum* (RGSt **4** 353, 354; BGH 2 StR 93/65 vom 5.5.1965).[24] Ein Einbruch kann auch im Inneren eines Gebäudes begangen werden, wenn ein darin befindlicher anderer umschlossener Raum, etwa eine Wohnung oder ein abgeschlossenes Zimmer, aufgebrochen wird (BGHSt **1** 158). Das Einbrechen verlangt kein besonderes Maß an Kraft (RGSt **7** 262, 265); erforderlich ist aber doch eine gewisse körperliche Anstrengung nicht unerheblicher Art (BGH StV **1983** 149; NJW **1956** 389; RGSt **13** 200, 206). Nicht ausreichend sind das „Herausangeln" der Sache durch einen Türspalt oder ein offen stehendes Fenster; das Aufketten einer Gartentür (RGSt **54** 42); das Öffnen einer unverschlossenen Tür oder das einfache Zurückschieben des Türriegels (RGSt **13** 200; BGH 5 StR 52/61 vom 16.5.1961); das Hineingreifen in ein Auto durch das nicht ganz geschlossene Fenster, um es von innen aufzuriegeln und dann Sachen wegzunehmen (BGH 3 StR 477/54 vom 14.2.1955); das Abnehmen eines den Zugang verdeckenden losen Brettes (BGH 5 StR 52/61 vom 16.5.1961); das Öffnen des Reißverschlusses an einem Zelt, wenn nicht der Reißverschluss durch ein Sicherheitsschloss gesichert ist, das der Täter aufbricht (zutr. *Alexi*); das Zurückbiegen von Türflügeln, um durch den entstandenen Spalt hindurchzukriechen, auch wenn die Türflügel nach Beendigung der Kraftanwendung wieder vollständig in ihre ursprüngliche Lage zurückkehren (**aA** RGSt **4** 353, 354). Bei Substanzverletzungen oder Benutzung von Werkzeugen liegt regelmäßig ein Einbruch vor (BGH 2 StR 264/61 vom 5.5.1961; 2 StR 144/63 vom 22.5.1963; RGSt **60** 379). So liegt es, wenn Fenster eingeschlagen, Türen oder Schlösser aufgebrochen oder Maschendrahtzäune zerschnitten werden; wenn jemand Plomben an Eisenbahnwagen zerbricht (BGH 3 StR 901/53 vom 20.5.1954); wenn jemand ein angenageltes, den Zugang versperrendes Brett losreißt, und zwar auch dann, wenn es der Berechtigte selbst zum Betre-

---

[21] *Kindhäuser* NK Rdn. 8; *Lackner/Kühl* Rdn. 8; *Schmitz* MK Rdn. 10; *Otto* BT § 41 Rdn. 15.

[22] *Fischer* Rdn. 11; *Kindhäuser* NK Rdn. 8; *Lackner/Kühl* Rdn. 8; *Sch/Schröder/Eser* Rdn. 20; *Schmitz* MK Rdn. 11; *Maurach/Schroeder/Maiwald* I § 33 Rdn. 78; *Mitsch* BT 2/1 § 1 Rdn. 186.

[23] Vgl. Nachweise Fn. 16.

[24] *Kindhäuser* NK Rdn. 12; *Lackner/Kühl* Rdn. 10; *Sch/Schröder/Eser* Rdn. 11; *Schmitz* MK Rdn. 19; Arzt/Weber/*Heinrich*/Hilgendorf BT § 14 Rdn. 46; *Gössel* BT II § 8 Rdn. 13; *Haft*/Hilgendorf BT 1 S. 15; *Jäger* BT Rdn. 251; *Mitsch* BT 2/1 § 1 Rdn. 191; *Otto* BT § 41 Rdn 9; *Rengier* BT 1 § 3 Rdn. 13; *Wessels/Hillenkamp* Rdn. 215; ähnlich *Fischer* Rdn. 5.

ten des Raumes hätte losreißen müssen (RG GA Bd. **54** 70). Auf der anderen Seite sind eine stoffliche Beschädigung oder Zerstörung der Umschließung oder sonst sichtbare Spuren der Einwirkung nicht zwingend erforderlich (RGSt **13** 200, 206; OLG Hamm JR **1952** 287). Auch das Beiseiteschieben eines Schrankes, der den Zugang versperrt, kann Einbruch sein (RGSt **60** 378, 379), desgleichen das Durchzwängen durch eine mit Kisten verrammelte Tür (RG LZ **1918** 447) oder das Rütteln an einem Fabriktor, bis der Innenriegel herabfällt (BGH 5 StR 17/57 vom 19.2.1957). Grenzfall ist das Aufdrücken unverriegelter Fenster an Gebäuden oder Kraftfahrzeugen; zwar bejaht BGH NJW **1956** 389 und VRS **35** 416 beim Aufdrücken von schwergängigen Lüftungsfenstern von Kraftfahrzeugen ein Einbrechen[25]; allerdings kommt nur bei erheblicher Kraftentfaltung ein Einbruch in Betracht.

Anders als beim Einsteigen und Eindringen (Rdn. 22 ff, 24 ff) ist es *nicht erforderlich*, dass der Einbrecher in die geschützte Räumlichkeit gelangt oder sie gar *betritt* (BGH NStZ **1985** 217, 218; OLG Düsseldorf JZ **1984** 684; MDR **1984** 961). Erschwerender Umstand ist allein die gewaltsame Aufhebung der Umschließung (BGH NStZ **1984** 262, 263; **1985** 217, 218). Ist der Täter i.S.v. Rdn. 13 eingebrochen, so genügt das anschließende „Herausangeln" der Sache mit der Hand oder einem Werkzeug (RGSt **54** 211, 212) oder sogar das Hineinleuchten mit einer Taschenlampe in einen aufgebrochenen Stall, um die Tiere herauszulocken, die gewohnt sind, dem Licht entgegenzugehen (RGSt **56** 48). *Diebstähle aus Kraftfahrzeugen* unter Einschlagen einer Scheibe sind also Einbruchdiebstähle, auch wenn der Täter nur von außen in das Fahrzeug greift, um Wertgegenstände wegzunehmen; zum Diebstahl von Kraftfahrzeugen s. bereits Rdn. 18. **21**

**Einsteigen** bedeutet, dass der Dieb *Hindernisse, die dem Zugang zu einem umschlossenen Raum entgegenstehen oder ihn erschweren, ohne sie aufzubrechen überwindet und auf außergewöhnliche Weise in den Raum hineingelangt* (BGHSt **10** 132).[26] Stehlen aus geschützten Räumlichkeiten genügt für sich nicht; hinzukommen muss vielmehr die besondere „Geflissentlichkeit und Hartnäckigkeit des Diebes" (RGSt **53** 262, 263), die sich in der Art erweist, wie er die Hindernisse überwindet (BGHSt **10** 132, 133). Einsteigen liegt beim Überspringen oder Übersteigen einer Begrenzungsmauer (RG GA Bd. **53** 448) oder beim Einsteigen durch ein offenes Fenster im Erd- oder Obergeschoss vor, ist aber nicht auf eine steigende Bewegung beschränkt (RG HRR **1939** 263). Vielmehr reicht jede zur Überwindung des Hindernisses gewählte und vom Normalen abweichende Art des Hineingelangens in eine geschützte Räumlichkeit aus: Hindurchzwängen durch eine schmale Lücke (BGH 4 StR 521/57 vom 7.11.1957); Hineinkriechen[27] z.B. durch eine nur besonderen Zwecken des Materialtransportes dienende Bodenluke (OLG Oldenburg HESt **1** 104, 105); Sichhinablassen durch ein geöffnetes Kellerfenster; ggf. auch das Durchschwimmen eines Wasserlaufs, soweit die Umgrenzung dadurch gebildet wird. Selbst wenn der Dieb den ordnungsmäßigen Eingang benutzt, dazu aber besondere Vorkehrungen treffen muss, kann ein Einsteigen anzunehmen sein, z.B. wenn die den Zugang bildende und ermöglichende Leiter eingezogen war, und der Dieb den **22**

---

[25] Zustimmend *Fischer* Rdn. 5; *Gössel* BT II § 8 Rdn. 14; ablehnend jedoch die ganz h.L.: *Hoyer* SK[6] Rdn. 16; *Kindhäuser* NK Rdn. 12; *Lackner/Kühl* Rdn. 10; *Samson* SK[3] Rdn. 12; *Sch/Schröder/Eser* Rdn. 11; *Schmitz* MK Rdn. 19; *Krey/Hellmann* Rdn. 103; *Maurach/ Schroeder/Maiwald* I § 33 Rdn. 82; *Rengier* BT 1 § 3 Rdn. 13.

[26] Vgl. ferner RGSt **6** 350; **13** 257, 258; **53** 174, 175; RGSt RG HRR **1939** 263; BGH NJW **1953** 992.

[27] RGSt **13** 257, 258; RG JW **1924** 1736; RG HRR **1939** Nr. 660; BGHSt **14** 198; BGH NJW **1953** 992; 2 StR 470/53 bei Dallinger MDR **1954** 16; OLG Bremen MDR **1950** 753 f; *Mitsch* BT 2/1 § 1 Rdn. 192.

Zugang daher auf nicht ordnungsgemäße Weise bewirkte (RG HRR **1942** 194; vgl. auch RGSt **53** 174). Hingegen genügt es nicht, wenn der Täter einen verbotenen, aber offenen Eingang durchschreitet (BGH 4 StR 46/69 vom 12.3.1969), im Kriechgang durch eine offene Tür geht, um unbemerkt zu bleiben, oder eine Lücke in einem Zaun oder einer Hecke durchschreitet, ohne die Einfriedigung zu überschreiten oder unter ihr hindurchzukriechen oder sie mit Gewalt beiseite zu drücken.[28] Darauf, ob auch der Berechtigte das Hindernis überwinden müsste, kommt es nicht an.[29]

**23** Anders als beim Einbrechen (Rdn. 20) muss der Einsteigedieb *in das Innere der geschützten Räumlichkeit gelangen*. Dafür muss der Täter allerdings nicht mit dem ganzen Körper in den Raum eindringen. Das bloße Steigen oder Klettern auf eine Fensterbank reicht aber für sich allein nicht aus (RGSt **4** 175, 176 f; BGH JR **1957** 187), desgleichen nicht das Hindurchgreifen durch eine Öffnung (BGHSt **10** 132; BayObLG NJW **1973** 1205), selbst dann nicht, wenn der Täter zu diesem Zweck am Gebäude hochklettern muss (RGSt **4** 175, 176; OLG Kiel SchlHA **1947** 30). Es reicht auch nicht, dass der Täter durch ein offenstehendes Türfenster in den Raum hineingreift und ihn mit einem innen steckenden Schlüssel aufschließt (BGH 4 StR 390/68 vom 6.9.1968) oder sich mit dem Oberkörper in den Raum hineinbeugt (BGH NJW **1968** 1887), wohl aber, wenn er einen Fuß in den Raum stellt und so bereits einen festen Stützpunkt gewinnt (OLG Hamm NJW **1960** 1359; RG GA Bd. **53** 448). Derartige an Rabulistik grenzende Kasuistik war ein Hauptmotiv für die Reform des § 243 StGB a.F., weshalb *Ruß* LK[11] Rdn. 12 empfiehlt, die Lösung unmittelbar anhand des Kriteriums der bei der Überwindung von Hindernissen aufgewendeten „besonderen verbrecherischen Energie" zu bestimmen; hiernach seien z.B. Kletter-Fälle i.d.R. besonders schwere Fälle. Erfasst sind nunmehr auch Fälle, in denen der Täter in ein Haus einsteigt, um in das Nachbarhaus zu gelangen und dort zu stehlen (*Sch/Schröder/Eser* Rdn. 12) oder in denen er sich bereits in einem Haus befindet und dort in einen umschlossenen Raum einsteigt.[30]

**24** Beim **Nachschlüsseldiebstahl** muss der Täter mit einem falschen Schlüssel oder einem anderen nicht zur ordnungsgemäßen Öffnung bestimmten Werkzeug in die geschützte Räumlichkeit eindringen. Darunter ist nichts anderes als beim Einsteigen zu verstehen (Rdn. 22); es genügt, dass der Täter ein Körperteil in den Raum verbringt. Anders als bei § 123 StGB kann der Täter auch in eigene Räume eindringen (Rdn. 19; ebenso *Sch/Schröder/Eser* Rdn. 16). Bereits zum alten Recht war anerkannt, dass nicht „aus" der Räumlichkeit gestohlen werden musste, sondern auch diese selbst (BGHSt **5** 205, 206; s. bereits Rdn. 18). Deshalb erfüllt der *Nachschlüsseldiebstahl von Kraftfahrzeugen* das Regelbeispiel.

**25** **Schlüssel** sind körperliche Gegenstände, mit denen Schlösser auf- und verschlossen werden, nicht nur solche aus Metall und/oder Kunststoff, sondern auch Codekarten (*Sch/Schröder/Eser* Rdn. 14) und Schlüsselchips, mangels Körperlichkeit aber nicht Codenummern als solche oder abgefangene Funksignale, die zur Öffnung einer Funkschließ-

---

[28] BGHSt **10** 132, 133; BGH 3 StR 196/82 bei Holtz MDR **1982** 810; StV **1983** 149; **1984** 204; NJW **1993** 2252, 2253; *Fischer* Rdn. 6; *Kindhäuser* NK Rdn. 14; *Schmitz* MK Rdn. 22.

[29] RGSt **53** 174, 175; **59** 171; RG LZ **1919** 903 Nr. 49; *Sch/Schröder/Eser* Rdn. 12; **aA** wenn der Berechtigte auf die gleiche Weise wie der Täter einsteigen muss, um in den Raum zu gelangen: *Fischer* Rdn. 6; *Schmitz* MK Rdn. 22.

[30] RGRspr **2** 46; BGHSt **1** 158, 168; *Kindhäuser* NK Rdn. 14; *Ruß* LK[11] Rdn. 12; weitergehend bejaht RGSt **6** 350 ein Einsteigen, wenn der Täter eine verschlossene Tür umgeht, indem er über einen nicht dazu bestimmten Umweg in den Raum gelangt; **aA** RGSt **8** 102, 103; **30** 122.

anlage verwendet werden. **Falsch** sind jedenfalls sog. *Diebesschlüssel*, d.h. von Dieben angelegte Sammlungen handelsüblicher Schlüssel, die in handelsübliche Schlösser passen, und *Nachschlüssel*, die ohne Einwilligung des Berechtigten nachgemacht oder wie sog. *Schlagschlüssel* total fabriziert sind. Wer ein Vorhängeschloss gewaltsam entfernt, sein eigenes anbringt und es dann mit dem zugehörigen Schlüssel öffnet, verwendet aber einen richtigen Schlüssel (RG JW **1924** 306). Handelt es sich um einen *an sich zum Schloss gehörigen Schlüssel*, so kommt es darauf an, ob der Schlüssel zur Tatzeit von dem, der über die Räumlichkeit verfügungsberechtigt ist, nicht, noch nicht oder nicht mehr zur ordnungsmäßigen Öffnung eines Schlosses bestimmt ist (BGH MDR **1960** 689, OLG Hamburg VRS **31** 362) bzw. ob der Berechtigte den Schlüssel nicht, noch nicht oder nicht mehr als Zubehör zum Schloss betrachtet (RGSt **52** 84; BGHSt **14** 291, 292; BGHR StGB § 243 Abs. 1 Satz 2 Nr. 1 Schlüssel, falscher 1). Insbesondere können an sich zum Schloss gehörige Schlüssel „entwidmet", nämlich generell der Bestimmung zur ordnungsgemäßen Öffnung des Schlosses entzogen werden (BGHSt **21** 189; BGHR StGB § 243 Abs. 1 Satz 2 Nr. 1 Schlüssel, falscher 2; BGH 5 StR 590/83 vom 7.6.1983). Ein Schlüssel, der noch gelegentlich als Ersatz- oder Reserveschlüssel dient, ist aber noch nicht generell „entwidmet" (RG GA Bd. **39** 57; OLG Celle HannRpfl. **1946** 121). Ein Zweitschlüssel, der nicht genutzt, sondern in einer verschlossenen Kassette aufbewahrt wird, soll hingegen, wie schon der Aufbewahrungsort zeige, (noch) nicht zur ordnungsmäßigen Öffnung bestimmt sein (BGHSt **14** 291). Ein Schlüssel wird nicht schon deshalb falsch, weil er *unbefugt benutzt* wird (BGH StV **1987** 20), beispielsweise wenn jemand einem anderen den Wohnungsschlüssel überlässt, damit er zum Saubermachen in die Wohnung kann, und der andere den Schlüssel dann zum Diebstahl verwendet (vgl. OLG Karlsruhe Die Justiz **1984** 211). Selbst das ausdrückliche Verbot an Unbefugte, den generell zur ordnungsgemäßen Öffnung dienenden Schlüssel in bestimmter Weise zu gebrauchen, macht den unbefugt genutzten Schlüssel nicht falsch (BGH 5 StR 92/55 vom 29.3.1955). *Verlorene* Schlüssel bleiben so lange zur ordnungsgemäßen Öffnung des Schlosses bestimmt, bis der Wille, ihm diese Bestimmung zu entziehen, nach den Umständen äußerlich erkennbar zutage getreten ist (RGSt **52** 84; RG GA Bd. **59** 455). Daran fehlt es, solange der Schlüsselinhaber den Verlust noch nicht bemerkt hat; ausreichend ist aber, dass sich der Berechtigte einen neuen Schlüssel anfertigen lässt oder einen Reserveschlüssel dazu bestimmt, nunmehr die Funktion des früheren zu übernehmen (RG DStrZ **1922** 301; LZ **1918** 301). Ähnliches gilt für *gestohlene* Schlüssel. Weiß der Berechtigte nichts von dem Diebstahl (BGH 5 StR 290/83 vom 7.6.1983), glaubt er vielmehr, der Schlüssel sei verlegt, und lässt er nach ihm suchen, so gibt er damit zu erkennen, dass er ihn auch weiterhin zur ordnungsmäßigen Öffnung verwendet wissen will; der Schlüssel ist also nicht falsch (BGH GA **1965** 344). Wird hingegen der Schlüsseldiebstahl vom Berechtigten entdeckt, so besteht für keinen Einsichtigen mehr Zweifel, dass der gestohlene Schlüssel nicht mehr der ordnungsmäßigen Öffnung dienen soll; es bedarf keiner diese Selbstverständlichkeit zum Ausdruck bringenden Handlung des Berechtigten mehr (BGHR StGB § 243 Abs. 1 Satz 2 Nr. 1 Schlüssel, falscher 2).[31] Bei (dolos oder undolos) *zurückbehaltenen* Schlüsseln geht die Rechtsprechung weithin von deren Falschheit aus (enger *Schmitz* MK Rdn. 27). So sollen einem Mieter oder Arbeitnehmer übergebene Schlüssel, die nach

---

31 BGHSt **21** 189, 190; BGH StV **1993** 422; StV **2004** 544; 5 StR 290/83 vom 7.6.1983; *Sch/Schröder/Eser* Rdn. 14; *Schmitz* MK Rdn. 27; *Maurach/Schroeder/Maiwald* I § 33 Rdn. 85; vgl. auch BayObLG NJW **1987** 663, 664; zweifelnd *Lackner/Kühl* Rdn. 12; dagegen fordern RGSt **52** 84, RG GA **1912** (Bd. 59) 455 und *Gössel* BT I § 8 Rdn. 20 zumindest eine konkludente Kundgabe.

Auflösung des Miet- oder Arbeitsverhältnisses nicht zurückgegeben werden, zu falschen Schlüsseln werden, ohne dass der Berechtigte dies noch ausdrücklich erklären muss.[32] Erst recht gilt das für den Kassenschlüssel, den ein ausscheidender Kassierer mitnimmt (vgl. *Ebermayer* LZ **1922** 252). Umgekehrt soll der zu einem Bankschließfach gehörende zweite Schlüssel falsch sein, wenn er an sich für den Kunden bestimmt, aber vom diebischen Bankangestellten zurückbehalten worden ist; der offenkundige Wille des Kunden gehe dahin, dass nur der in seiner Hand befindliche der richtige Schlüssel sein solle (RG JW **1937** 3302). Falsch soll auch der Schlüssel sein, den der Verkäufer beim Verkauf eines Pkw zurückbehalten hat und von dessen Existenz der nunmehr Berechtigte nichts weiß (BGH 5 StR 290/83 vom 7.6.1983).

**26** **Andere nicht zur ordnungsmäßigen Öffnung bestimmte Werkzeuge** sind körperliche Gegenstände, mit denen ein Schloss oder eine schlossähnliche Vorrichtung ordnungswidrig betätigt wird (RGSt **53** 277). Dazu gehören z.B. Dietriche, Haken, Spanner, sog. Picks, aber auch Schraubendreher (BGHSt **5** 205), eine Kneifzange, mit welcher der innen steckende Schlüssel umgedreht wird (RGSt **29** 388), oder Anlagen, mit denen Funksignale für Funkschließanlagen abgefangen und dann zum Betätigen der Anlage benutzt werden. Informationen wie Codes oder Nummern sind aber mangels Körperlichkeit keine Werkzeuge. Auch gewöhnliche Schraubenzieher oder Vierkantschlüssel, die zur Beseitigung von Verschlüssen verwendet werden, fallen nicht unter das Regelbeispiel, es sei denn, der Verschluss sei schlossähnlich gestaltet und nur durch ein schlüsselähnliches Spezialwerkzeug zu betätigen (RGSt **47** 324, 326; RG GA Bd. **50** 105). An einer schlossähnlichen Vorrichtung fehlt es aber bei einem innen angebrachten Riegel, den der Täter durch einen Türspalt mit dem Messer beiseite schiebt (RGSt **13** 200). Auch Falschgeld, mit dem ein Warenautomat in Betrieb gesetzt wird, soll das Regelbeispiel nicht erfüllen (RGSt **34** 45; s. aber auch § 242 Rdn. 115 a.E.). Wer Schlösser ab- oder aufbricht, ohne sie zu betätigen, bricht ein und verwendet nicht ein nicht zur ordnungsmäßigen Öffnung bestimmtes Werkzeug (BGH NJW **1956** 271).

**27** Dem Einbruch-, Einsteige- und Nachschlüsseldiebstahl stellt das Gesetz den Fall gleich, dass sich der Täter zur Ausführung eines Diebstahls **in einem Raum verborgen hält**. Die eher literarisch als praktisch bedeutsame Alternative geht auf § 243 Abs. 1 Nr. 7 StGB a.F. zurück und wird damit begründet, das heimliche Verbergen gestatte es dem Täter, den Zeitpunkt der Wegnahme auf einen Zeitpunkt zu legen, zu dem er ungestört stehlen könne (*Sch/Schröder/Eser* Rdn. 18). In einem Raum *verborgen* hat sich der Täter, wenn er sich an einem Ort aufhält, wo man ihn nicht erwartet und wo er sich dem Gesehenwerden entzieht (RGSt **32** 310). Ein planmäßiges Verstecken ist dazu nicht erforderlich, so dass z.B. der Warenhausdieb, der nach Ladenschluss in den Räumen verbleibt und seinen Aufenthalt so einrichtet, dass ihn die weggehenden Angestellten nicht bemerken, von dem Regelbeispiel erfasst wird. Wie der Täter in den Raum gelangt und ob das befugt oder unbefugt geschehen ist, spielt keine Rolle; es genügt, dass er sich beim Verbergen unbefugt in dem Raum aufhält. Deshalb kann sich auch ein Hausmitbewohner, der den Raum zu bestimmter Zeit betreten darf, außerhalb dieser Zeit in dem Raum verbergen (RGSt aaO S. 312).[33] Nicht erforderlich ist, dass der Täter gerade in dem *Raum*,

---

[32] RGSt **40** 80 f; BGHSt **13** 15, 16; **20** 235, 236; *Kind-Mitsch* BT 2/1 § 1 Rdn. 194; *Schröder* JR **1959** 306; ebenso bei Verwendung eines dem Mieter unbekannten Zweitschlüssels durch den Vermieter: RGSt **11** 436, 437; **53** 101 f.

[33] BGHSt **22** 127, 128; *Fischer* Rdn. 10; *Kindhäuser* NK Rdn. 18; *Ruß* LK[11] Rdn. 16; *Samson* SK[3] Rdn. 17; *Sch/Schröder/Eser* Rdn. 19; *Rengier* BT 1 § 3 Rdn. 18; zweifelnd *Lackner/Kühl* Rdn. 14; **aA** *Säcker* NJW **1968** 2116 f.

in dem er sich verborgen hat, stehlen will; es genügt, dass er das Verborgenhalten als Mittel zur Ausführung eines Diebstahls in einem anderen Raum einsetzt.[34] Wer sich in einem Raum aus anderen Gründen als zur Ausführung eines Diebstahls verborgen hat und erst danach den Diebstahlsentschluss fasst, erfüllt das Regelbeispiel nicht.[35]

3. **Diebstahl besonders gesicherter Sachen** (Nr. 2). Das Regelbeispiel („Aufbruchdiebstahl") geht auf § 243 Abs. 1 Nr. 2, 3 StGB a.F. zurück; hierzu und zu den Abweichungen des nunmehrigen Rechts *Ruß* LK[11] Rdn. 18. Die Strafrahmenerhöhung wird damit gerechtfertigt, dass der Täter ein erhöhtes Maß an Rücksichtslosigkeit zeige, weil er sich über eine besondere Sicherung hinwegsetze, mit welcher der Eigentümer zu erkennen gebe, dass er auf die Erhaltung gerade dieser Sache Wert lege (BGH NJW **1974** 567; OLG Hamm NJW **1978** 769; ferner E 1962 Begr. S. 403).[36] **28**

Das Regelbeispiel ist nur anwendbar, wenn die gestohlene Sache **gegen Wegnahme besonders gesichert** ist, sei es durch ein verschlossenes Behältnis (Rdn. 31 ff) oder eine andere Schutzvorrichtung (Rdn. 30). Das Behältnis oder die Schutzvorrichtung muss somit ein *objektiv* besonderes Hindernis für die Wegnahme darstellen und diese nicht unwesentlich erschweren (strenger *Schmitz* MK Rdn. 35: wesentlich; ein vollständiger Schutz ist jedenfalls nicht erforderlich, OLG Hamm NJW **1978** 769). Die besondere Sicherung muss die Sache vor dem Zugriff Unbefugter schützen und von ihnen überwunden – nicht bloß umgangen (zutr. *Fischer* Rdn. 16) – werden, um an die Sache heranzukommen (vgl. *Otto* JZ **1985** 21, 24; *Kadel* JR **1985** 386 f). Ein Schloss, in dem der Schlüssel steckt oder neben dem der Schlüssel liegt, ist keine besondere Sicherung gegen Wegnahme (zutr. *Schmitz* aaO; s. noch Rdn. 32). Lässt sich eine Registrierkasse durch einfachen Knopfdruck öffnen, so fehlt es an einer besonderen Sicherung gegen Wegnahme des Kasseninhalts, wenn die Funktion des Knopfes durch Aufschrift oder Zeichen erkennbar ist; ist das nicht der Fall, so soll nach OLG Frankfurt a.M. NJW **1988** 3028, AG Freiburg NJW **1994** 400 m. krit. Anm. *Murmann* NJW **1995** 935 eine besondere Sicherung vorliegen; dem ist zu widersprechen, wenn der richtige Knopf durch einfaches Beobachten eines Kassenvorganges herausgefunden werden kann (zweifelnd auch *Schmitz* aaO). – Erforderlich ist eine Sicherung *gegen Wegnahme* im Rechtssinn des § 242 StGB, nicht erst gegen Sicherung des Gewahrsams oder Zueignung durch Ermöglichung der Wiedererlangung der Sache. Wer mit der h.A. annimmt, die Wegnahme kleiner, unauffälliger und leicht fortzuschaffender Waren in Selbstbedienungsläden sei bereits mit dem Einstecken oder bei Kleidern mit dem Anziehen und Verbergen unter eigenen Kleidern vollendet (§ 242 Rdn. 96, 103, 196), kann elektronische Sicherungsetiketten, die erst an oder nach der Kasse oder gar vor dem Ausgang durch optische und akustische Zeichen Alarm auslösen und so die Wiedererlangung der Waren bzw. Kleider ermöglichen, nicht als besondere Sicherungen gegen Wegnahme ansehen (OLG Stuttgart NStZ **1985** 76 m. Anm. *Seier* JA **1985** 387 und Anm. *Kadel* JR **1985** 386 sowie *Dölling* JuS **1986** 688).[37] Ent- **29**

---

[34] Vgl. OLG Hamm MDR **1976** 155, 156; *Lackner/Kühl* Rdn. 8; *Sch/Schröder/Eser* Rdn. 18; *Schmitz* MK Rdn. 30.

[35] *Fischer* Rdn. 11; *Samson* SK[3] Rdn. 18; *Sch/Schröder/Eser* Rdn. 20; *Küper* BT S. 276; *Wessels/Hillenkamp* Rdn. 222; **aA** *Maurach/Schroeder/Maiwald* I § 33 Rdn. 86.

[36] S. weiterhin *Kindhäuser* NK Rdn. 20; *Ruß* LK[11] Rdn. 18; *Gössel* BT II § 8 Rdn. 26; *Mitsch* BT 2/1 § 1 Rdn. 196.

[37] BayObLG NJW **1995** 3000, 3001; OLG Düsseldorf NJW **1998** 1002; *Duttge* HK-GS Rdn. 29; *Fischer* Rdn. 15; *Hoyer* SK[6] Rdn. 30; *Kindhäuser* NK Rdn. 21; *Schmitz* MK Rdn. 33; *Arzt/Weber/Heinrich/Hilgendorf* BT § 14 Rdn. 49; *Eisele* BT II Rdn. 117; *Krey/Hellmann* Rdn. 126; *Maurach/Schroeder/Maiwald* I § 33 Rdn. 91; *Mitsch* BT 2/1 § 1 Rdn. 196; *Otto* BT § 41 Rdn. 17; *Rengier* BT 1 § 3 Rdn. 31;

gegen *Schmitz* MK Rdn. 33 gilt das auch für Codesicherungen an Autoradios; sie sollen nicht die Wegnahme, sondern die (nachfolgende) Nutzung und Verwertung verunmöglichen, mag hieraus auch ein psychologisches Hindernis bereits für die Wegnahme resultieren. – Die besondere Sicherung gegen Wegnahme setzt zudem *subjektiv* voraus, dass der Berechtigte das Behältnis bzw. die Vorrichtung zumindest auch hierzu, nicht aber lediglich zu anderen Zwecken bestimmt hat (OLG Hamm NJW **1978** 769; *Otto* aaO; *Dölling* aaO S. 692 f). Ein verschlossener Briefumschlag dient dazu, anderen als dem Adressaten die Kenntnisnahme des Inhalts zu verunmöglichen, ist aber keine besondere Sicherung gegen Wegnahme; das gilt auch bei gesiegelten Briefen (zutr. *Schmitz* MK Rdn. 35 gegen *Wessels/Hillenkamp* Rdn. 227).[38] Auch wer Pakete, Koffer usw. verschnürt, wird i.d.R. nicht den Schutz vor Diebstahl, sondern die leichtere Transportierbarkeit bezwecken (vgl. OLG Hamm NJW **1978** 769). Der Verschluss eines Schmuckstücks, z.B. einer Perlenkette, wird i.d.R. nur dazu dienen, das Verlieren zu verhindern. Grundstücksumzäunungen oder -mauern haben i.d.R. nur die Funktion, die Grenze des Grundstücks zu bezeichnen, Unbefugte am Betreten zu hindern und ggf. noch Sichtschutz zu gewähren, dienen aber i.d.R. nicht als besondere Sicherungen gegen Wegnahme auf dem Grundstück lagernder Sachen (vgl. BayObLG NJW **1973** 1205 m. Anm. *Schröder* JR **1973** 507). Wer ein Fahrrad, auf dessen Gepäckträger mit einer Schnur schweres Gepäck befestigt ist, stiehlt und zuvor um seiner schnelleren Flucht willen die Schnur durchschneidet und das schwere Gepäck wegwirft, überwindet keine besondere Sicherung gegen Wegnahme, weil Gepäck und Schnur nicht hierzu bestimmt sind. Bei einem eingebauten Autoradio haben die Befestigungen ebenfalls nicht den Zweck, das Gerät vor Wegnahme zu schützen, sie dienen vielmehr der Befestigung und der Sicherung gegen Erschütterungen, die aus der Bewegung des Fahrzeuges herrühren (OLG Schleswig NJW **1984** 67); das Zählwerk an einer Abfüllanlage eines Tanklastwagens soll nicht das Abfüllen als solches verhindern, sondern nur den Nachweis der Menge der abgefüllten Flüssigkeit ermöglichen (OLG Zweibrücken NStZ **1986** 411).

**30** Die besondere Sicherung gegen Wegnahme muss auf einer **Schutzvorrichtung** beruhen, die im Gesetz *Oberbegriff*, das verschlossene Behältnis dagegen das vorangestellte Beispiel ist (vgl. auch E 1962 Begr. S. 403).[39] Gemeint sind alle Vorrichtungen, die geeignet und bestimmt sind, eine Sache besonders gegen Wegnahme zu sichern (soeben Rdn. 29), ohne sie wie verschlossene Behältnisse zu umhüllen. Keine Vorrichtung ist, was sich bereits aus der Natur der Sache ergibt, selbst wenn dies die Wegnahme erschwert wie z.B. das hohe Gewicht oder die Unhandlichkeit einer Sache (vgl. BGHSt **24** 248).[40] Das „eigentümliche Geräusch", das beim Drehen der Kurbel einer Registrierkasse entsteht, die so geöffnet wird, ist ebenso wenig eine Schutzvorrichtung wie das Knarren der Schublade, aus der der Dieb die Beute herauszieht (BGH NJW **1974** 567). Wohl aber

---

*Wessels/Hillenkamp* Rdn. 228; eine besondere Sicherung gegen Wegnahme dagegen bejahend *Sch/Schröder/Eser* Rdn. 24; *Arzt/Weber* BT[1] § 14 Rdn. 49; *Seier* JA **1985** 387, 391 f.

[38] Vgl. auch OLG Köln NJW **1956** 1932; OLG Stuttgart NJW **1964** 738; **aA** RGSt **54** 295; RG JW **1937** 2391.

[39] BayObLG NJW **1981** 2826 m. Anm. *Meurer* JR **1982** 292; *Duttge* HK-GS Rdn. 25; *Fischer* Rdn. 14; *Lackner/Kühl* Rdn. 15; *Schmitz* MK Rdn. 32; *Kindhäuser* BT II § 3 Rdn. 22; *Küper* BT S. 62; *Rengier* BT I § 3 Rdn. 23.

[40] *Duttge* HK-GS Rdn. 28; *Kindhäuser* NK Rdn. 21; *Lackner/Kühl* Rdn. 15; *Schmitz* MK Rdn. 34 (mit dem Hinweis, dass es anders liegen kann, wenn mehrere Sachen gebündelt werden und dies auch zur Wegnahmeerschwerung dient); *Küper* BT S. 269; *Maurach/Schroeder/Maiwald* I § 33 Rdn. 90.

sind z.B. Einbruchsmelder oder Autoalarmanlagen Schutzvorrichtungen, da sie dazu dienen, den Gewahrsamswechsel durch Alarmierung hilfsbereiter Dritter zu erschweren (*Kadel* JR **1985** 387; *Dölling* JuS **1986** 688, 691). Beispiele für Schutzvorrichtungen sind Fahrrad- oder Lenkradschlösser, elektronische Wegfahrsperren, Ketten, Seile u. dgl. Selbst eine Schnur, mit der ein Bahnreisender seinen Koffer oder seine Tasche an seiner Kleidung festbindet, um nicht im Schlaf bestohlen zu werden, kann eine ausreichende Schutzvorrichtung darstellen (*Ruß* LK[11] Rdn. 19). Umstritten ist, ob Prüfmechanismen in Geld-, Geldspiel- oder Warenautomaten Schutzvorrichtungen sind, wenn sich der Täter Geld oder Waren durch äußerlich erkennbar ordnungswidrige Bedienung wie z.B. Einwurf von Falschgeld oder Einführen eines Drahts verschafft und dies nach § 242 StGB strafbar ist (zum Vorrang des § 263a StGB bei Kartenmissbrauch an Geldautomaten s. § 242 Rdn. 117): BayObLG NJW **1987** 665, 666 (zum Geldautomatenmissbrauch nach altem Recht) und NJW **1981** 2826 m. abl. Anm. *Meurer* JR **1982** 292; *Otto* JZ **1985** 21, 24 (zum Geldspielautomatenmissbrauch) nimmt das Regelbeispiel des § 243 Abs. 1 Satz 2 Nr. 2 StGB an; demgegenüber hat OLG Stuttgart NJW **1982** 1659 für Geldspielautomaten mit Recht darauf hingewiesen, dass der ordnungswidrig beeinflusste Spielmechanismus als solche nicht bestimmt ist, vor Wegnahme des Geldes zu schützen. Allgemein gilt, dass die Umgehung von Prüfmechanismen nicht genügt, OLG Düsseldorf NJW **1999** 3208; **2000** 158 m. krit. Anm. *Biletzki* NStZ **2000** 424; vgl. auch *Kudlich* JuS **2001** 20, 24.

**Behältnis** ist ein zur Aufnahme von Sachen dienendes und sie umschließendes Raumgebilde, das – im Gegensatz zum umschlossenen Raum – nicht dazu bestimmt ist, von Menschen betreten zu werden (BGHSt **1** 158, 163). Darunter fallen Koffer, Kisten, Schränke, Registrierkassen, Kassetten, (kleine) Tresore, der Kofferraum (nicht aber die Fahrgastzelle oder ein betretbarer Laderaum, die umschlossene Räume sind) eines Kraftfahrzeuges, Automaten (BGHSt **9** 173; BayObLGSt **1955** 120; BayObLG NJW **1981** 2826; OLG Stuttgart NJW **1982** 1659), nicht betretbare Schaukästen (BGHSt **15** 134), Gas- und Wasserrohre (RGSt **30** 388), Münzgaszähler (OLG Stuttgart Die Justiz **1963** 211) oder Sammelbüchsen (RGSt **11** 208). Nicht notwendig ist, dass die Sache von dem Behältnis vollständig bedeckt ist (RG Recht **1911** 3785); es genügen daher (nicht betretbare) Lattenverschläge oder Netze. Bei Briefumschlägen fehlt es i.d.R. bereits an einem Raumgebilde (**aA** OLG Stuttgart NJW **1964** 738; s. bereits Rdn. 29), desgleichen bei einer zugeknöpften Hosentasche (**aA** RG GA Bd. **60** 277)[41] und bei Bilderrahmen (RGSt 30 207). Säcke können zwar Behältnisse sein (OLG Hamm NJW **1978** 789; OLG Bremen MDR **1955** 628), doch werden sie häufig nicht als Schutzvorrichtung gegen Wegnahme gebraucht, sondern dienen dem Zusammenhalten und dem Transport ihres Inhalts; anders kann es liegen, wenn die Säcke fest verplombt sind. **31**

Das Behältnis muss **verschlossen** sein, sei es durch ein Schloss, sei es auch durch festes Verschnüren oder Zunageln u. dgl. Steckt der Schlüssel im abgeschlossenen Schloss, ist das Behältnis zwar verschlossen (**aA** E 1962 Begr. S. 403), sichert aber nicht besonders gegen Wegnahme (Rdn. 29); so liegt es auch, wenn eine Registrierkasse durch einfaches Drehen an der Kurbel geöffnet werden kann (vgl. BGH NJW **1974** 567; s. auch OLG Frankfurt a.M. NJW **1988** 3028). Wer ein verschlossenes Behältnis mit einem falschen Schlüssel (hierzu Rdn. 25) öffnet, erfüllt das Regelbeispiel. Umstritten ist, ob Gleiches **32**

---

[41] Vgl. *Fischer* Rdn. 16; *Sch/Schröder/Eser* Rdn. 24, die hier das Sicherungselement verneinen.

gilt, wenn der Täter ein Behältnis mit einem richtigen Schlüssel öffnet, den er befugtermaßen in Besitz hat. OLG Hamm NJW **1982** 777 mit abl. Anm. *Schmid* JR **1982** 119; *Maurach/Schroeder/Maiwald* I § 33 Rdn. 90 verneint in solchen Fällen die Anwendbarkeit des Regelbeispiels; *Fischer* Rdn. 17 bejaht sie, insbesondere wenn sich der Täter den Schlüssel durch eine Straftat beschafft hat, der Schlüssel jedoch noch nicht „entwidmet" ist (Rdn. 25). Mit *Ruß* LK[11] Rdn. 18 ist zu differenzieren: Wer den Schlüssel zur Öffnung des Schlosses benutzen darf, missbraucht zwar die Befugnis, überwindet jedoch keine besondere Sicherung gegen Wegnahme. Anders liegt es, wenn eine solche Befugnis nicht vorliegt wie z.B. bei jemandem, dem der Schlüssel nur zur Verwahrung, nicht zum Öffnen des Schlosses übergeben worden ist.

33 Umstritten ist, ob das Regelbeispiel erfüllt ist, wenn der Täter **das verschlossene Behältnis mitsamt Inhalt**, z.B. eine Geldkassette, stiehlt, um das Behältnis später an einem sicheren Ort zu öffnen oder öffnen zu lassen und sich oder einem Dritten den Inhalt zuzueignen. Zu § 243 Abs. 1 Nr. 2, 3 (R)StGB a.F. hatte die Rechtsprechung vertreten, die Öffnung müsse innerhalb des umschlossenen Raums, also am Tatort erfolgen (BGHSt **14** 291). Mit der Neufassung wollte der Gesetzgeber davon abweichen (vgl. bereits E 1962 Begr. S. 403), und es sollte nicht mehr darauf ankommen, ob die Sicherung am Tatort der Wegnahme oder anderswo überwunden werde. Dem folgt die Rechtsprechung und hält das Regelbeispiel für erfüllt, wenn der Dieb eine Geldkassette ungeöffnet mitnimmt, um sie später aufzubrechen (BGHSt **24** 248), öffnen zu lassen, ungeöffnet zu veräußern oder auch wenn er nicht mehr zum Öffnen kommt, weil er vorher entdeckt wird.[42] Demgegenüber wird in der Lehre vertreten, ein nicht besonders gegen Wegnahme gesichertes (insoweit diff. *Schmitz* MK Rdn. 36 für wegen ihres Gewichts schwer transportierbare Behältnisse; s. aber Rdn. 30) Behältnis wie z.B. eine Geldkassette sichere auch dann, wenn es verschlossen sei, nicht gegen die Wegnahme des Inhalts.[43] In der Tat dürfte der Wille des Gesetzgebers in dem Wortlaut des § 243 Abs. 1 Satz 2 Nr. 2 StGB nicht hinreichend zum Ausdruck gekommen sein, da in den Beratungen übersehen worden ist, dass, wer Gewahrsam an einem wenn auch verschlossenen Behältnis begründet, bereits Gewahrsam an dem Inhalt begründet (zutr. *Schmitz* aaO mit Verweis auf Prot. V/2461). Dass das verschlossene Behältnis den Zugriff auf den Inhalt als solchen erschwert (*Ruß* LK[11] Rdn. 19), trifft zu, ändert aber nichts daran, dass die Wegnahme des Inhalts im Rechtssinne jedenfalls bei leicht transportierbaren Behältnissen nicht erheblich erschwert ist. – Kommt es dem Täter ausnahmsweise nur auf das Behältnis, nicht auf den Inhalt an, so ist das Regelbeispiel unstreitig nicht erfüllt (*Fischer* Rdn. 17). – Zum Versuch, wenn das Behältnis leer ist oder nicht den erwarteten Inhalt hat, Rdn. 71 ff.

34 **4. Diebstahl von und aus Kraftfahrzeugen.** Den praktisch bedeutsamen Diebstahl von und aus Kraftfahrzeugen hat der Gesetzgeber nicht als eigenes Regelbeispiel erfasst (zum früheren sog. Transportdiebstahl nach § 243 Abs. 1 Nr. 7 StGB a.F. *Sch/Schröder/Eser* Rdn. 29). Hinsichtlich § 243 Abs. 1 Satz 2 Nr. 1 und 2 StGB ist das Folgende festzuhalten (vgl. auch *Fischer* Rdn. 12; *Sch/Schröder/Eser* Rdn. 26 ff): Der *Diebstahl von*

---

[42] Ebenso *Duttge* HK-GS Rdn. 31; *Fischer* Rdn. 17; *Kindhäuser* NK Rdn. 25; *Lackner/Kühl* Rdn. 17; *Arzt/Weber/Heinrich/* Hilgendorf BT § 14 Rdn. 47; *Bittner* MDR **1971** 104, 106; *Eisele* BT II Rdn. 120; *Kindhäuser* BT II § 3 Rdn. 18; *Küper* BT S. 62; *Maurach/Schroeder/Maiwald* I § 33 Rdn. 91; *Rengier* BT 1 § 3 Rdn. 30; *Wessels/Hillenkamp* Rdn. 224.

[43] *Hoyer* SK[6] Rdn. 31; *Sch/Schröder/Eser* Rdn. 25; *Krüger* NJW **1972** 648 f; *Mitsch* BT 2/1 § 1 Rdn. 197; *Otto* BT § 41 Rdn. 18; *Schröder* NJW **1972** 778, 779.

*abgeschlossenen Kraftfahrzeugen* ist i.d.R. Einbruch- oder Nachschlüsseldiebstahl (Nr. 1), da der Dieb zum Wegfahren in die Fahrgastzelle, einen umschlossenen Raum, gelangen und hierzu i.d.R. Gewalt anwenden oder einen Nachschlüssel gebrauchen muss; gelangt der Täter durch ein offenstehendes Fenster oder Schiebedach oder bei einem offenen Cabrio über die verschlossenen Türen ins Fahrzeug, so kann ein Einsteigediebstahl i.S.v. Nr. 1 vorliegen. Soweit der Dieb zur anschließenden Wegnahme, d.h. zum Wegfahren Schutzvorrichtungen (Lenkradschloss, Wegfahrsperre u. dgl.) überwinden muss, kommt zudem Nr. 2 in Betracht. Vollzieht sich der Diebstahl durch vorgetäuschtes Abschleppen, kommt Nr. 1 nicht und Nr. 2 jedenfalls nicht unter dem Gesichtspunkt der Wegnahme eines verschlossenen Behältnisses (Rdn. 18, 24, 31) in Betracht, da ein Kraftfahrzeug insgesamt ein umschlossener Raum ist. Wird aber zudem eine Alarmanlage außer Funktion gesetzt, ist Nr. 2 verwirklicht; ob beim vorgetäuschten Abschleppen im Übrigen die Schutzvorrichtungen Lenkradschloss, Wegfahrsperre u. dgl. überwunden oder nur (was für Nr. 2 nicht genügt, s. *Fischer* Rdn. 16) umgangen werden, erscheint zweifelhaft. – Der *Diebstahl von unabgeschlossenen Kraftfahrzeugen* ist i.d.R. kein Fall der Nr. 1, insbesondere kein Einsteigediebstahl, da und soweit der Dieb, wenn auch unbefugt, ordnungsgemäß einsteigt. I.d.R. wird der Dieb aber eine besondere Sicherung gegen Wegnahme i.S.v. Nr. 2 überwinden müssen, z.B. ein Lenkradschloss aufbrechen oder eine elektronische Wegfahrsperre außer Funktion setzen müssen; das bloße Überbrücken des Zündschlosses dürfte für Nr. 2 nicht genügen. Steckt der Schlüssel im Zündschloss oder befindet er sich leicht zugänglich im unabgeschlossenen Kraftfahrzeug, ist Nr. 2 nur anwendbar, wenn man die Überwindung von Schutzvorrichtungen mit richtigen Schlüsseln genügen lässt (Rdn. 32). – Der *Diebstahl aus Kraftfahrzeugen* kann Einbruch- oder Einsteigediebstahl nach Nr. 1 sein, wenn der Täter in die Fahrgastzelle oder in zum Betreten durch Menschen bestimmte Laderäume einbricht, z.B. eine Scheibe einschlägt und in das Fahrzeug greift, oder einsteigt (Nr. 1). Wer einen verschlossenen Kofferraum aufbricht, stiehlt aus einem verschlossenen Behältnis (Nr. 2). Lediglich einfachen Diebstahl begeht, wer durch offen stehende Fenster in die Fahrgastzelle greift, eine unverschlossene Tür oder den unverschlossenen Kofferraum öffnet oder einen offen stehenden betretbaren Laderaum auf gewöhnlichem Wege betritt.

5. **Gewerbsmäßiger Diebstahl** (Nr. 3). Gewerbsmäßigkeit war seit jeher Qualifikationsgrund der Hehlerei (§ 260 StGB), aber bis zum 1. StrRG kein Qualifikationsgrund des Diebstahls. Dass gewerbsmäßiger Diebstahl qualifiziert bestraft werden müsse, war durchgängige Forderung in der Strafrechtsreform des Deutschen Reichs und auch der Bundesrepublik Deutschland. Im E 1962 (§§ 237 Abs. 1 Nr. 3, 238) war sogar neben der Vergehensqualifikation des gewerbsmäßigen Diebstahls eine Verbrechensqualifikation des berufsmäßigen Diebstahls vorgesehen, die neben Diebstahl im Rückfall und gewohnheitsmäßigen Diebstahl treten sollten (vgl. Begr. E 1962 S. 375, dort zum „Berufsdieb“ und „Berufsverbrecher“ mit deutlichen Anklängen an die nationalsozialistische Tätertypenlehre). Vor diesem Hintergrund muss es als Mäßigung des Gesetzgebers gelten, Gewerbsmäßigkeit nur als Regelbeispiel eines besonders schweren Falles vorzusehen. Gleichwohl handelt es sich um einen nicht unproblematischen Strafschärfungsgrund, der als Absichtsmerkmal das Augenmerk auf den Täter richtet, an dessen rechts- und leistungsfeindliche Gesinnung sowie vermutete Wiederholungsgefahr anknüpft und spezial- sowie generalpräventiv motiviert ist (enger *Schmitz* MK Rdn. 38: negative Generalprävention, um zu verdeutlichen, dass Diebstahl sich nicht lohnen dürfe). Deshalb überrascht es nicht, dass das Regelbeispiel in der Praxis in nicht unproblematischer Weise angewendet wird, beispielsweise wenn bei einem wegen Diebstahls Vorbestraften ein „gewisser Hang zum Luxus“ als Indiz für Gewerbsmäßigkeit angesehen wird (dagegen zutr. SchlHOLG SchlHA 2003 35

185); wenn bei einem wegen Diebstahls vorbestraften Betäubungsmittelabhängigen, der nicht über ausreichend Geldmittel verfügt, Beschaffungskriminalität und Gewerbsmäßigkeit unterstellt wird (dagegen zutr. OLG Hamm NStZ-RR **2004** 335); wenn bei Sozialhilfe- oder Arbeitslosengeldempfängern, die mehrfach wegen Ladendiebstahls von Lebensmitteln oder Bedarfsgegenständen auffällig werden, die Absicht unterstellt wird, durch wiederholte Begehung solcher Diebstähle laufende Aufwendungen zu ersparen, was Gewerbsmäßigkeit begründen kann (sogleich Rdn. 37); wenn beim Ladendiebstahl durch Ausländer der Verdacht des bandenmäßigen Diebstahls besteht und im Hinblick auf den hohen Wert des Diebesguts Gewerbsmäßigkeit angenommen wird; oder wenn bei wiederholtem Auftragsdiebstahl unterstellt wird, dass dem Dieb laufend Diebeslohn zufloss und er in der Absicht handelte, sich so Einnahmequellen zu verschaffen (dagegen zutr. BGHR StGB § 243 Abs 1 Satz 2 Nr. 3 Gewerbsmäßig 1). In der Tat können subjektivierend-täterbezogene Merkmale wie Gewerbsmäßigkeit Einbruchstellen für Labelling- und Diskriminierungsprozesse sein, wie sie kriminologisch gut dokumentiert sind.

**36** Der im StGB vielfach verwendete Strafschärfungsgrund der Gewerbsmäßigkeit (s. §§ 180a, 181a Abs. 2, 260 Abs. 1 Nr. 1, 260a Abs. 1, 261 Abs. 4 Satz 2, 263 Abs. 2 Satz 2 Nr. 1, 284 Abs. 3 Nr. 1, 292 Abs. 3 Nr. 1, 300 Satz 2 Nr. 2, 335 Abs. 2 Nr. 3 StGB) wird einheitlich nach der vom Reichsgericht zu § 260 StGB entwickelten Definition verstanden: Es ist die **Absicht** im technischen Sinne (*dolus directus ersten Grades*) erforderlich, **sich** (oder seit dem 6. StrRG einem Dritten) **aus der wiederholten Begehung von Diebstählen eine nicht unbedeutende fortlaufende Einnahmequelle von einiger Dauer zu verschaffen** (BGH StGB § 243 Abs. 1 Satz 2 Nr. 3 Gewerbsmäßig 1; BGH 1 StR 290/83 vom 27.9.1983; vgl. auch BGHSt **1** 383; **26** 4, 8; BGH NJW **1980** 714; NStZ **1992** 86, 87).[44] Nicht verlangt wird, dass sich der Dieb so ständige Einkünfte erschließen oder den Hauptteil seines Einkommens aus wiederholten Diebstählen erzielen will (BGH GA **1955** 212). Er muss aus Diebstählen weder einen Beruf noch ein kriminelles Gewerbe i.e.S. machen noch gewohnheitsmäßig handeln; umgekehrt wird gewohnheits- oder berufsmäßige Begehung, auch wenn sie der Gesetzgeber als solche bewusst nicht erfasst hat (soeben Rdn. 35), häufig gewerbsmäßig sein. Es reicht aus, dass sich der Dieb ein Nebeneinkommen verschaffen will, auch dann, wenn es nicht ununterbrochen und regelmäßig fließen soll; ganz geringfügige Nebeneinkommen oder nur auf kurze Zeit angelegte Zusatzeinkommen genügen aber nicht. Gewerbsmäßigkeit setzt nicht voraus, dass der Täter die Tatbeute verkaufen will; es reicht aus, dass er sie behalten will, insbesondere wenn er sie benutzen oder verbrauchen und sich so laufende Aufwendungen ersparen will, aber auch, wenn er wiederholt Sachen stiehlt, um die Kosten ihres Erwerbs zu ersparen (RGSt **54** 184; BGH 1 StR 555/75 vom 14.10.1975 bei Dallinger MDR **1976** 633: Antiquitätensammler stiehlt 23 Antiquitäten, von denen er 16 für seine Sammlung behält). Hat der Täter die Absicht, sich aus der wiederholten Begehung eine fortlaufende Einnahmequelle von einiger Dauer zu verschaffen, so kann nach h.A. schon ein einmaliger Diebstahl für die Annahme der Gewerbsmäßigkeit ausreichen;[45] der hierüber ge-

---

[44] Ebenso OLG Hamm NStZ-RR **2004** 335; *Duttge* HK-GS Rdn. 34; *Fischer* Rdn. 18; *Hoyer* SK⁶ Rdn. 32; *Kindhäuser* NK Rdn. 26; *Lackner/Kühl* Vor § 52 Rdn. 20; *Sch/Schröder/Eser* Rdn. 31; *Schmitz* MK Rdn. 39; Arzt/Weber/*Heinrich*/Hilgendorf BT § 14 Rdn. 50; *Eisele* BT II Rdn. 121; *Krey/Hellmann* Rdn. 126; *Mitsch* BT 2/1 § 1 Rdn. 198; *Rengier* BT 1 § 3 Rdn. 34; *Wessels/Hillenkamp* Rdn. 230.

[45] BGH NStZ **1995** 85; **2004** 265, 266; **2008** 282, 283; *Hoyer* SK⁶ Rdn. 32; *Sch/Schröder/Eser* Rdn. 31; *Schmitz* MK Rdn. 40; Arzt/Weber/*Heinrich*/Hilgendorf BT § 14 Rdn. 50; *Eisele* BT II Rdn. 121; *Gropp* JuS **1999** 1041, 1050; *Krey/Hellmann*

führte Streit ist einigermaßen praxisfern, weil sich die Voraussetzungen der Gewerbsmäßigkeit bei Vorliegen nur einer Tat mit geringer Beute kaum je feststellen lassen werden (BGH 5 StR 290/83 vom 7.6.1983).

Der **Nachweis** der für die Gewerbsmäßigkeit kennzeichnenden Absicht als innere Tatsache kann durch ein Geständnis oder Aussagen von Mitbeschuldigten oder Zeugen geführt werden. Häufig muss auf Indizien zurückgegriffen werden. Kein ausreichendes Indiz sind mehrfache Vorstrafen wegen Diebstahls, vor allem wenn die Taten in einigem zeitlichen Abstand begangen worden sind. Auch Diebstahlsserien (wie OLG Celle, Beschl. v. 31.1.2002 – 32 Ss 103/00: 15 Einbrüche in Geschäfte binnen 7 Monaten) genügen für sich genommen nicht. Die für Gewerbsmäßigkeit entscheidende Wiederholungsabsicht (OLG Hamm NStZ-RR **2004** 335) kann nicht allein aus einem „gewissen Hang zum Luxus" (SchlHOLG SchlHA **2003** 185) oder aus Betäubungsmittelabhängigkeit (OLG Hamm aaO) hergeleitet werden, erst recht nicht allein aus Vermögens- oder Einkommenslosigkeit oder einer bestimmten nationalen oder ethnischen Herkunft des Täters. Im Hinblick darauf, dass die Absicht auf eine nicht unbedeutende und fortlaufende Einkommensquelle gerichtet sein muss, sind Feststellungen zu dem Umfang und der Dauer der Tatgewinne, die der Täter zu erzielen beabsichtigt, erforderlich (BGHR StGB § 243 Abs. 1 Satz 2 Gewerbsmäßig 1). In den Urteilsgründen ist das in einer Art und Weise darzulegen, die dem Revisionsgericht die sachlich-rechtliche Nachprüfung der Gewerbsmäßigkeit erlaubt; die gängige Formel, der (Serien-)Täter habe „zur Aufbesserung seiner finanziellen Verhältnisse in einigem Umfang über längere Zeit" gehandelt, genügt nicht. Hat das Schöffengericht den Täter nur wegen mehrfachen Einbruchdiebstahls, nicht aber wegen gewerbsmäßigen Diebstahls verurteilt und legt der Angeklagte auf das Strafmaß beschränkte Berufung ein, so darf das Berufungsgericht wegen § 318 Satz 1 StPO in die Zumessungserwägungen nicht einbeziehen, dass seiner Auffassung nach Gewerbsmäßigkeit vorliegt (OLG Celle aaO im Anschluss an BGH NJW **1981** 589 gegen OLG Düsseldorf OLGSt StPO § 318 Nr. 8). 37

6. **Kirchendiebstahl** (Nr. 4). Das nunmehrige Regelbeispiel war bereits im alten Recht enthalten (§ 243 Abs. 1 Nr. 1 StGB a.F.). Nach h.A. ist Grund der Strafschärfung, dass es besonders verwerflich erscheine, das religiöse Empfinden anderer zu verletzen; außerdem bedürften der religiösen Verehrung dienende Sachen, die vielfach einen hohen Wert hätten, eines besonderen Schutzes, da sie sich an leicht zugänglichen Stellen befänden, weil Kirchen häufig dauernd geöffnet, wenig bewacht und jedem zugänglich seien (E 1962 Begr. S. 404).[46] In der Literatur wird zunehmend der Gesichtspunkt der Unersetzlichkeit von Kultgegenständen für die jeweilige Religionsgemeinschaft in den Vordergrund gestellt (*Schmitz* MK Rdn. 41). 38

Der **Schutzbereich** des Regelbeispiels beschränkt sich nicht auf christliche Kirchen und anerkannte Religionsgesellschaften i.S.v. Art. 140 GG i.V.m. Art. 137 Abs. 2–6 WRV, sondern umfasst *alle Religionsgemeinschaften*, die zur Religionsausübung dienende Räume haben, in denen sich dem Gottesdienst gewidmete oder der religiösen Verehrung 39

---

Rdn. 126; *Maurach/Schroeder/Maiwald* I § 33 Rdn. 92; *Mitsch* BT 2/1 § 1 Rdn. 199; *Otto* BT § 41 Rdn. 21; *Rengier* BT 1 § 3 Rdn. 34; *Wessels/Hillenkamp* Rdn. 230; aA *Duttge* HK-GS Rdn. 37; *Kindhäuser* NK Rdn. 26; *Samson* SK[3] Rdn. 23; *Kindhäuser* BT II § 3 Rdn. 26.

[46] *Kindhäuser* NK Rdn. 27; *Krey/Hellmann* Rdn. 126; *Mitsch* BT 2/1 § 1 Rdn. 201; s. auch BGH NJW **1998** 2913, 2914; krit. zur Verletzung des religiösen Empfindens *Duttge* HK-GS Rdn. 38; *Schmitz* MK Rdn. 41.

dienende Sachen befinden (E 1962 Begr. S. 404).[47] Selbstverständlich sind alle Weltreligionen erfasst; wer in einer Synagoge die Torarolle stiehlt, verwirklicht das Regelbeispiel. Für die Reichweite des Schutzes ist im Ausgangspunkt das Selbstverständnis der jeweiligen Religionsgemeinschaft maßgeblich (BGHSt **21** 64, 65); so sind Bibeln nicht dem christlichen Gottesdienst, wohl aber Torarollen dem jüdischen gewidmet. Nach dem Willen des Gesetzgebers (Prot. V/2471) und h.A. sind Weltanschauungsgemeinschaften wie die Freimaurer nicht geschützt,[48] was im Hinblick auf Art. 4 Abs. 1, 140 GG i.V.m. Art. 137 Abs. 7 WRV verfassungsrechtlich fragwürdig erscheint (s. auch einfachrechtlich § 167 Abs. 2 StGB), aber noch hingenommen werden kann, da und soweit die Entwendung einer Sache, die der Pflege einer Weltanschauung dient, aus einem entsprechenden Raum als sonst besonders schwerer Fall gewertet werden kann.[49]

**40** Das Regelbeispiel setzt voraus, dass eine **dem Gottesdienst gewidmete oder der religiösen Verehrung dienende Sache** gestohlen wird. *Dem Gottesdienst gewidmet* sind alle Sachen, die unmittelbar dazu dienen, dass an oder mit ihnen gottesdienstliche Handlungen vorgenommen werden.[50] Hierzu gehören Altäre, Kelche, Monstranzen samt Schmuck und Zubehör, Weihwasserkessel, Altarkerzen (RGSt **53** 144; BGHSt **21** 64, vgl. hierzu *Hübner* in LM Nr. 2 zu § 243 Abs. 1 Nr. 1). *Der religiösen Verehrung dienen* z.B. Madonnenstatuen, Kruzifixe, Reliquien nebst Zubehör, die Lampe des Ewigen Lichtes (RG GA Bd. **67** 444), Votivtafeln, Heiligen- oder Christusstatuen und -gemälde. Dass die Gegenstände im kirchlichen Sinne geweiht oder gesegnet sind, ist nicht erforderlich (RG GA Bd. **67** 444). Nicht erfasst werden Sachen, die nur zum Inventar der Kirche gehören oder nur mittelbar der Religionsausübung dienen wie Opferstöcke (BGH LM Nr. 1 zu § 243 Abs. 1 Nr. 1 StGB), Sammlungen, Kollekten, Gesangbücher, religiöse Schriften (s. aber zur Torarolle Rdn. 39), Kirchenstühle, Kunstwerke wie geschnitzte Figuren an der Kanzel und Ähnliches. Diese Lücke ist bewusst gelassen worden, weil der Pietätsschutz keine dahingehende Ausweitung verlange (Prot. V/2462 und 2471).

**41** Die dem Gottesdienst gewidmete oder der religiösen Verehrung dienende Sache muss sich zum Tatzeitpunkt in einem **Raum** befinden, **der der Religionsausübung dient**. Nur beispielhaft nennt das Gesetz zudem Kirchen und Gebäude, die gleichfalls der Religionsausübung dienen und auch dienen müssen, weshalb zu Konzerträumen, Museen oder Hotels entwidmete Kirchen auch dann, wenn sich in ihnen z.B. noch der religiösen Verehrung dienende Reliquien befinden, nicht vom Regelbeispiel erfasst sind (*Ruß* LK[11] Rdn. 25; *Schmitz* MK Rdn. 43). Umgekehrt können zu profanen Zwecken errichtete Gebäude oder Räume nachträglich der Religionsausübung gewidmet werden. Religionsausübung muss nicht zwingend Gottesdienst sein; auch ein Gebetsraum im Gemeinde-

---

[47] *Duttge* HK-GS Rdn. 39; *Hoyer* SK[6] Rdn. 34; *Kindhäuser* NK Rdn. 29; *Sch/Schröder/Eser* Rdn. 33; *Schmitz* MK Rdn. 42.

[48] *Hoyer* SK[6] Rdn. 33; *Lackner/Kühl* Rdn. 19; *Sch/Schröder/Eser* Rdn. 34; *Schmitz* MK Rdn. 42; *Eisele* BT II Rdn. 122; *Kindhäuser* BT II § 3 Rdn. 29; *Maurach/Schroeder/Maiwald* I § 33 Rdn. 95; *Wessels/Hillenkamp* Rdn. 231; **aA** *Fischer* Rdn. 19 (s. § 166 Rdn. 7).

[49] Prot. V/2471; ebenso *Hoyer* SK[6] Rdn. 33; *Lackner/Kühl* Rdn. 19; *Sch/Schröder/Eser* Rdn. 34, 42a; *Eisele* BT II Rdn. 122; *Kindhäuser* BT II § 3 Rdn. 29; *Maurach/Schroeder/Maiwald* I § 33 Rdn. 95; *Wessels/Hillenkamp* Rdn. 231; **aA** *Schmitz* MK Rdn. 42; auch *Arzt* JuS **1972** 515, 516.

[50] BGH LM Nr. 1 zu § 243 Abs. 1 Nr. 1 StGB; BGHSt **21** 64; *Duttge* HK-GS Rdn. 40; *Fischer* Rdn. 19; *Hoyer* SK[6] Rdn. 33; *Kindhäuser* NK Rdn. 27; *Sch/Schröder/Eser* Rdn. 34; *Schmitz* MK Rdn. 42; *Hohmann/Sander* BT I § 1 Rdn. 155; *Hübner* in LM Nr. 2 zu § 243 Abs. 1 Nr. 1 StGB; *Jäger* BT § 7 Rdn. 255; *Kindhäuser* BT II § 3 Rdn. 30; *Kudlich/Roy* JA **2001** 771, 775.

haus oder eine Kapelle, in der zwar keine Gottesdienste stattfinden, aber Gläubige ihre Andacht halten, sind Räume, die der Religionsausübung dienen, desgleichen das Zimmer eines Privathauses, das der Religionsausübung einer Sekte dient. Nebenräume einer Kirche wie die durch eine Tür mit dem Kirchenraum verbundene Sakristei können der Religionsausübung, z.B. der Aufbewahrung und Vorbereitung des Abendmahlkelchs, dienen (RGSt 45 243; BGHSt 9 140 zum früheren § 166 [jetzt § 167 Abs. 1 Nr. 2] StGB; vgl. auch BGHSt 21 64). Räumlichkeiten innerhalb des Kirchengebäudes, die nur profanen Zwecken dienen wie der Dachboden, der Heizungskeller oder eine ausgebaute Wohnung, fallen aber nicht in den Anwendungsbereich des Regelbeispiels. Bildstöcke sind keine Räume i.S.v. Nr. 4 (vgl. BGH 4 StR 672/75 vom 18.12.1975). Aus der Kirche, dem Gebäude oder Raum stiehlt auch, wer die geschützte Räumlichkeit nicht betritt, z.B. durch ein offenes Fenster in den Kirchenraum greift und eine Monstranz wegnimmt. Darauf, ob die Sache aus der Kirche usw. herausgeschafft wird, kommt es nicht an; nach allgemeinen Regeln kann der Diebstahl z.B. einer Altarkerze bereits in der Kirche durch Einstecken vollendet werden, selbst wenn der Täter vom Küster beobachtet und eingeschlossen wird und die Kirche nicht mehr verlassen kann (RGSt 53 144, 145).

7. **Kulturgüterdiebstahl** (Nr. 5). Das Regelbeispiel des § 243 Abs. 1 Satz 2 Nr. 5 StGB enthält einen gemeinschädlichen Diebstahl (treffend *Schmitz* MK Rdn. 45) und ist der gemeinschädlichen Sachbeschädigung (§ 304 StGB) verwandt. Grund der Strafschärfung ist einerseits, dass es sich bei den geschützten Kulturgütern häufig um unersetzliche Werte handelt, an denen die Allgemeinheit interessiert ist, und andererseits, dass diese Gegenstände öffentlich zugänglich gemacht werden und deswegen relativ schutzlos sind, weshalb ihr Diebstahl auch einen besonderen Vertrauensbruch darstellt (E 1962 Begr. S. 404).[51] Allerdings sind bedeutende Museen und Ausstellungen heute üblicherweise so gesichert, dass Museums- und Ausstellungsdiebstähle i.d.R. bereits Einbruchdiebstahl oder Diebstahl besonders gesicherter Sachen sind; bei bewachten Museen und Ausstellungen liegt nicht selten Raub oder räuberischer Diebstahl vor; in der Praxis spielt das Regelbeispiel keine nennenswerte Rolle. **42**

Das Regelbeispiel setzt voraus, dass eine **Sache von Bedeutung für Wissenschaft, Kunst, Geschichte oder technische Entwicklung** gestohlen wird. Es muss sich um Sachen handeln, die zum Kulturleben gehören (Prot. V/2472). Nach dem Willen des Gesetzgebers ist ein großzügiger Maßstab anzulegen, insbesondere soweit es sich um die Begriffe „*Wissenschaft*“ und „*Kunst*“ handelt, ein umso engerer dagegen an den subjektiven Tatbestand (Prot. V/2472). „*Geschichte*“ umfasst auch die Zeitgeschichte. Zur „*technischen Entwicklung*“ soll vor allem das zu rechnen sein, was von technikgeschichtlicher Bedeutung ist wie z.B. die im Deutschen Museum von Meisterwerken der Naturwissenschaft und Technik in München aufbewahrten Gegenstände oder ein in einer Sammlung oder in einem Auto-Salon befindlicher „Oldtimer“ (vgl. Prot. V/2473). Ein erstes Indiz dafür, ob die Sache *von Bedeutung* für Wissenschaft usw. ist, liegt bereits darin, dass sie sich in einer öffentlich zugänglichen Sammlung befindet oder öffentlich ausgestellt ist. Allerdings wird in E 1962 Begr. S. 404 mit Recht bemerkt, dass nicht jeder Stein in einer Mineraliensammlung oder jedes Bild einer Museumsgalerie geschützt sein muss. Vielmehr ist erforderlich, dass der Verlust der Sache die Wissenschaft, Kunst, Geschichte **43**

---

51 *Duttge* HK-GS Rdn. 38; *Fischer* Rdn. 20; *Hoyer* SK[6] Rdn. 33; *Kindhäuser* NK Rdn. 31; *Sch/Schröder/Eser* Rdn. 35; *Schmitz* MK Rdn. 45; *Kindhäuser* BT II § 3 Rdn. 33; *Mitsch* BT 2/1 § 1 Rdn. 202.

oder technische Entwicklung nach sachverständigem Urteil (zutr. *Schmitz* MK Rdn. 46: „Auffassung der Fachwelt"; **aA** *Hoyer* SK[6] Rdn. 36: Urteil unbestimmt vieler Personen, also der Allgemeinheit, darüber, ob die Sache sehenswert ist) empfindlich treffen würde, sei es unter geschichtlichen (wissenschafts-, kunst- oder technikgeschichtlichen) Gesichtspunkten, sei es im Hinblick auf künftige Entwicklungen (*Kindhäuser* NK Rdn. 32). Dieses sachverständige Urteil muss eindeutig sein; in Zweifels- oder Streitfällen muss *in dubio pro reo* von fehlender Bedeutung ausgegangen werden. Im Übrigen spricht für Bedeutung, dass eine Sache einmalig ist (z.B. handschriftliches Tagebuch einer bedeutenden Person der Geschichte oder Zeitgeschichte) oder nur mit großen Mühen wieder beschafft werden kann (z.B. einer von wenigen frühen Bibeldrucken). Bei Sammlungen können Einzelstücke von Bedeutung sein, wenn die Bedeutung der Sammlung auf ihrer Vollständigkeit beruht. Der Geld- oder Marktwert der Sache ist demgegenüber nachrangig (zutr. *Schmitz* MK Rdn. 46 gegen *Ruß* LK[11] Rdn. 27).

**44** Die Sache muss sich in einer **allgemein zugänglichen Sammlung** befinden oder **öffentlich ausgestellt** sein. *Allgemein zugänglich* ist eine Sammlung, wenn der Zutritt einem nach Zahl und persönlichen Merkmalen nicht abgegrenzten Personenkreis offensteht. Das ist auch der Fall, wenn für den Eintritt ein Entgelt zu zahlen ist, stunden- oder tageweise nur eine bestimmte Besucherzahl zugelassen oder (Klein-)Kindern der Eintritt verwehrt ist (Prot. V/2462 f); anderes gilt, wenn der Besucherkreis von vornherein begrenzt ist (z.B. auf Gerichts- oder Universitätsangehörige bei einer Gerichts- oder Universitätsbibliothek) (vgl. BGHSt **10** 285, 286 zu § 304 StGB). Ohne Bedeutung ist, ob die Sammlung im Eigentum der öffentlichen Hand steht oder sich in Privateigentum befindet (vgl. BGH aaO und bereits RGSt **66** 203, 204 zu § 304 StGB). *Öffentlich ausgestellt* sind Sachen nicht nur in Museen oder Ausstellungen, sondern auch dann, wenn sie in einzelnen Stücken an öffentlich zugänglichen Orten, z.B. im Rathaus oder in einem Park, stehen. Im Gegensatz zu § 304 StGB genügt es aber nicht, dass sie sich an dem betreffenden Ort befinden, dort „auf"gestellt sind, sie müssen vielmehr „aus"gestellt, also zur Besichtigung dargeboten sein (E 1962 Begr. S. 404). Dafür kommen insbesondere Bilder und Plastiken in Betracht, die sich in oder vor öffentlichen Gebäuden befinden, aber auch Ausstellungen in allgemein zugänglichen Räumen eines Hotels oder einer Bank (vgl. Prot. V/2472); ob hiermit zugleich private Repräsentations- und Werbezwecke verfolgt werden, ist unerheblich, da es nach dem Schutzzweck des Regelbeispiels (Rdn. 42) nicht erforderlich ist, dass die Ausstellung öffentlichen Interessen dient.

**45** Der **Vorsatz** des Täters (Rdn. 70) muss sich auch auf die Bedeutung der Sache für Wissenschaft usw. beziehen. Da es sich um ein normatives Tatbestandsmerkmal handelt, muss der Täter den fühlbaren Verlust mindestens laienhaft nachvollziehen; daran kann es in den nicht seltenen Fällen fehlen, dass es Museumsdieben nur auf den Metallwert ankommt und sie bedeutendes Kulturgut ohne solchen Wert wegwerfen, weil sie seine Bedeutung nicht kennen.

**46** **8. Diebstahl unter Ausnutzung der Hilflosigkeit, eines Unglücksfalls oder einer gemeinen Gefahr** (Nr. 6). Das Regelbeispiel, von *Sch/Schröder/Eser* Rdn. 38 als „Schmarotzerdiebstahl" bezeichnet, betrifft Notlagen, in denen Gewahrsamsinhaber nicht in der Lage sind, den Gewahrsam wie sonst zu schützen und zu verteidigen. Der Gesetzgeber hält die Gewahrsamsinhaber dann für besonders schutzwürdig und die Ausnutzung ihrer Hilflosigkeit für einen Ausdruck besonders niedriger Gesinnung (E 1962 Begr. S. 405). In Wahrheit ist das Ausnutzen einer Gewahrsamslockerung ambivalent; das Gesetz bewertet die Zueignung ohne Gewahrsamsbruch milder als den Gewahrsamsbruch in Zueignungsabsicht; folgerichtig könnte Gewahrsamslockerung auch als Milderungsgrund behandelt werden, weil die Schwelle zum Tatentschluss abgesenkt ist und der Täter körperliche

Auseinandersetzungen vermeiden kann. Allerdings ist Plündern bei gemeiner Not oder Gefahr stets auch als Angriff auf die öffentliche Ordnung verstanden worden.

**Hilflos** ist, wer unfähig ist, einer Wegnahme wirksam zu begegnen.[52] Darauf, ob diese Unfähigkeit verschuldet ist oder nicht, kommt es nach der zutr. h.A. nicht an (BGH NStZ **2003** 186);[53] auch selbstverschuldete schwere oder sinnlose Trunkenheit reicht aus (s. bereits E 1962 Begr. S. 405). Erst recht unterfällt die vom Täter noch ohne Diebstahlsvorsatz herbeigeführte Hilflosigkeit des Opfers dem Regelbeispiel (BGH NStZ **2001** 532). Hilflos ist, wer ohnmächtig, bettlägrig krank oder blind ist (BayObLG NJW **1973** 1808 m. Anm. *Schröder* JR **1973** 427), wer unter Schock steht, einen epileptischen Anfall erleidet usw. Ebenso wie der Schlafende nach ganz h.A. wehrlos i.S.v. § 211 StGB ist, ist er auch unfähig, einer Wegnahme wirksam zu begegnen, und deshalb hilflos (wie hier *Samson* SK[3] Rdn. 30; *Sch/Schröder/Eser* Rdn. 39). Wenn das die h.A. anders sieht (BGH NStZ **1990** 388) oder auf den mit einer krankhaften Störung zusammenhängenden Schlaf beschränken will,[54] trägt sie unbewusst der Ambivalenz der Gewahrsamslockerung für die Wertung des Diebstahls Rechnung, über die sich der Gesetzgeber aber hinweggesetzt hat (soeben Rdn. 46). Die Grenze über „sozial übliche Lagen" zu ziehen (so *Schmitz* MK Rdn. 50), überzeugt nicht – sollen Krankheit oder Blindheit „sozial unübliche Lagen" sein? Fälle, in denen Sprachunkundigkeit Hilflosigkeit begründen soll,[55] sind freilich schwerlich vorstellbar. Wer mit einer Prostituierten schläft und dabei bestohlen wird (sog. Beischlafsdiebstahl), mag mit dem Beischlaf befasst sein, ist aber nicht unfähig, einer Wegnahme wirksam zu begegnen; des Rückgriffs auf moralisierende Schutzwürdigkeitserwägungen bedarf es nicht (so aber *Maurach/Schroeder/Maiwald* I § 33 Rdn. 100). Befindet sich die Sache in der Obhut eines Gewahrsamsgehilfen, so ist das Regelbeispiel erfüllt, wenn der Gewahrsamsgehilfe hilflos ist (*Ruß* LK[11] Rdn. 32). **47**

Unter **Unglücksfall** ist im Ausgangspunkt dasselbe wie bei § 323c StGB zu verstehen, nämlich ein mit einer gewissen Plötzlichkeit eintretendes Ereignis, das eine erhebliche Gefährdung für Personen und Sachen bringt oder zu bringen droht, gleichgültig ob die Gefahrenlage dem Gefährdeten von außen zugestoßen oder von ihm herbeigeführt worden ist (BGHSt **6** 147, 152 zu § 323c StGB). Bei Nr. 6 entscheidend ist, dass der Unglücksfall eine Gewahrsamslockerung bewirkt, nämlich die Betroffenen in ihrer Bedrängnis von Maßnahmen zur Sicherung von Eigentum und Gewahrsam abhält (E 1962 Begr. S. 405). Das ist gewiss bei dem oder den Verunglückten der Fall, aber auch bei Helfern und Dritten, die sich vor den Folgen des Unglücksfalles (z.B. einem Brand des Nachbar- **48**

---

52 *Duttge* HK-GS Rdn. 48; *Kindhäuser* NK Rdn. 36; *Lackner/Kühl* Rdn. 21; *Schmitz* MK Rdn. 50; *Eisele* BT II Rdn. 124; *Hohmann/Sander* BT I § 1 Rdn. 158; *Kindhäuser* BT II § 3 Rdn. 38; *Küper* BT S. 209; *Maurach/Schroeder/Maiwald* I § 33 Rdn. 99; *Mitsch* BT 2/1 § 1 Rdn. 205; *Otto* BT § 41 Rdn. 24.

53 *Duttge* HK-GS Rdn. 48; *Fischer* Rdn. 19; *Hoyer* SK[6] Rdn. 37; *Kindhäuser* NK Rdn. 36; *Lackner/Kühl* Rdn. 21; *Sch/Schröder/Eser* Rdn. 39; *Schmitz* MK Rdn. 50; *Hohmann/Sander* BT I § 1 Rdn. 158; *Küper* BT S. 209; *Mitsch* BT 2/1 § 1 Rdn. 205; **aA** *Maurach/Schroeder/Maiwald* I § 33 Rdn. 99 insbesondere bzgl. selbstverschuldeter Trunkenheit.

54 BGH NJW **1990** 2569; *Duttge* HK-GS Rdn. 48; *Fischer* Rdn. 21; *Kindhäuser* NK Rdn. 36; *Schmitz* MK Rdn. 50; *Küper* BT S. 209 f; *Hohmann/Sander* BT I § 1 Rdn. 158; *Otto* BT § 41 Rdn. 24; *Rengier* BT 1 § 3 Rdn. 37; *Wessels/Hillenkamp* Rdn. 233; diff. *Lackner/Kühl* Rdn. 21; *Eisele* Rdn. 124; *Kindhäuser* BT II § 3 Rdn. 38; *Krey/Hellmann* § 1 Rdn. 126; *Maurach/Schroeder/Maiwald* I § 33 Rdn. 99.

55 *Sch/Schröder/Eser* Rdn. 39; *Maurach/Schroeder/Maiwald* I § 33 Rdn. 99; **aA** *Duttge* HK-GS Rdn. 48; *Kindhäuser* NK Rdn. 36; *ders.* BT II[5] § 3 Rdn. 38; *Küper* BT S. 209.

hauses) zu retten suchen; sucht der Täter in dieser Zeit deren verlassene (und nicht verschlossene, sogleich Rdn. 49) Wohnungen auf, so nutzt er die infolge des Unglücksfalls herbeigeführte Gewahrsamslockerung aus.[56] *Ruß* LK[11] Rdn. 33 (ebenso *Hoyer* SK[6] Rdn. 39) will auch Gaffer in den Schutzbereich einbeziehen; sogar das Ausnutzen der erleichterten Möglichkeit von Taschendiebstählen bei einer infolge eines Unglücksfalls herbeigeströmten neugierigen Menge soll dem Regelbeispiel unterfallen. Dem ist mit *Schmitz* MK Rdn. 52 zu widersprechen, da in diesen Fällen nicht der Unglücksfall, sondern die Neugierde und das Abgelenktsein der Gaffer ausgenutzt wird; die Gegenauffassung hat unbewusst den Schutz der öffentlichen Ordnung im Auge (Rdn. 46). – Unter **gemeiner Gefahr** ist im Ausgangspunkt dasselbe wie bei § 323c (und früher bei §§ 312–314 StGB a.F.) zu verstehen, nämlich Lagen, in denen eine unbestimmte Vielzahl von Menschen an Leib oder Leben oder erhebliche Sachwerte konkret gefährdet sind wie z.B. bei Erdbeben, Überschwemmungen, Brand- oder Schneekatastrophen.[57] Auch hier ist die Gewahrsamslockerung – z.B. durch Verlassen von Häusern und Wohnungen – das für Nr. 5 Entscheidende (zutr. *Schmitz* MK Rdn. 53); wer z.B. nach einem Erdbeben aus einem Hilfstransport stiehlt, nutzt nicht eine gemeine Gefahr als solche aus.

49 Der Täter muss bei der Begehung des Diebstahls die Hilflosigkeit, den Unglücksfall oder die gemeine Gefahr **ausnutzen**. Ein Ausnutzen setzt voraus, dass die Tat durch die Gewahrsamslockerung objektiv gefördert wird und der Täter das subjektiv mindestens billigend in Kauf nimmt. Unternimmt eine Wohnungsinhaberin einen Suizidversuch, übergibt eine Freundin, die Böses ahnt, dem Täter einen Zweitschlüssel für die Wohnung, damit der Täter dort nach der Wohnungsinhaberin schaue, trifft der Täter in der ordnungsgemäß verschlossenen Wohnung niemanden an, weil die Wohnungsinhaberin bereits ins Krankenhaus eingeliefert worden ist, und entschließt er sich dann, aus der Wohnung zu stehlen, so nutzt er nicht die Hilflosigkeit der Wohnungsinhaberin oder einen Unglücksfall aus, weil die Gelegenheit zur Tat durch die Schlüsselübergabe, nicht den Suizidversuch geschaffen worden ist (BGH NStZ **1985** 215). Anders kann es liegen, wenn Wohnungen infolge Unglücksfällen oder gemeiner Not ungesichert bleiben und der Täter dies zur Begehung von Diebstählen ausnutzt. Ein Ausnutzen von Hilflosigkeit kann auch vorliegen, wenn ein Mittäter das Opfer verprügelt und der andere Mittäter aus dem Pkw des Opfers stiehlt und dabei weiß, dass sich der Verprügelte nicht gegen die Wegnahme wehren kann (BGHR StGB § 249 Abs. 1 Gewalt 3).

50 **9. Schusswaffen- und Sprengstoffdiebstahl** (Nr. 7). Legale Kriegs- und Schusswaffen und Sprengstoffe müssen so gesichert werden (und sind es in aller Regel), dass ihre Entwendung nur als Einbruchdiebstahl, Raub oder gar Raubmord möglich ist. Wenn sich terroristische Vereinigungen ihre Tatwerkzeuge im illegalen Waffen- und Sprengstoffhandel beschaffen, ist das als verbotener Umgang mit Kriegs- und Schusswaffen Verbrechen und bei Bandenmäßigkeit gem. §§ 51 Abs. 2 WaffG, 22a Abs. 2 KWKG mit Freiheitsstrafe bis zu zehn Jahren bedroht. Im Übrigen ist der Diebstahl von (gebrauchsbereiten) Waffen nach der Rechtsprechung zugleich ein Diebstahl mit Waffen (§ 244 Abs. 1 Nr. 1a] StGB), da der Täter mit Vollendung und vor Beendigung der Tat eine Waffe bei sich führt

---

[56] Vgl. BGH NStZ **1985** 215; *Fischer* Rdn. 21; *Sch/Schröder/Eser* Rdn. 39; *Kindhäuser* BT II § 3 Rdn. 41; *Maurach/Schroeder/Maiwald* I § 33 Rdn. 99; E **1962** Begr. S. 405.

[57] *Duttge* HK-GS Rdn. 50; *Fischer* Rdn. 21; *Kindhäuser* NK Rdn. 52; *Lackner/Kühl* § 323c Rdn. 3; *Sch/Schröder/Heine* Vorbem. §§ 306 ff Rdn. 19; *Schmitz* MK Rdn. 53; Arzt/Weber/*Heinrich*/Hilgendorf § 39 Rdn. 15; *Hohmann/Sander* BT I § 1 Rdn. 161; *Kindhäuser* BT II § 3 Rdn. 40; *Küper* BT S. 152.

(s. § 244 Rdn. 28). Alles das führt dazu, dass für § 243 Abs. 1 Satz 2 Nr. 7 StGB kaum ein praktisch relevanter Anwendungsbereich verbleibt; es dürfte sich um **symbolische Gesetzgebung** handeln, und veröffentlichte Rechtsprechung hierzu gibt es, soweit ersichtlich, nicht. Das Regelbeispiel soll – auch im Hinblick auf die von den Tatobjekten ausgehenden Gefahren – dem häufig überdurchschnittlichen Unrechts- und Schuldgehalt von Schusswaffen- und Sprengstoffdiebstählen Rechnung tragen und die Tatobjekte besser vor kriminellem Zugriff schützen (BT-Drucks. 11/2834 S. 10). Strafschärfungsgrund ist also die Gefährlichkeit der Diebesbeute für Dritte (*Schmitz* MK Rdn. 55) und der Umstand, dass es in der Sache häufig um die Vorbereitung terroristischer Gewalttaten geht (*Kindhäuser* NK Rdn. 40). Es geht nicht eigentlich um Eigentumsschutz, weshalb die Geringwertigkeitsklausel des § 243 Abs. 2 StGB unanwendbar ist (**krit.** *Schmitz* aaO: „systemfremd"). Dass der Eigentumsschutz freilich bei Nr. 7 weiterhin eine Rolle spielt, zeigt der Umstand, dass der Umgang mit den in Nr. 7 genannten Waffen nach §§ 51 Abs. 1 WaffG, 22a Abs. 1 KWKG nur mit Freiheitsstrafe bis zu fünf Jahren bedroht ist (insoweit **krit.** *Kunert/Bernsmann* NStZ **1989** 449, 451 f).

Der Begriff der **Handfeuerwaffe** ist kein Rechtsbegriff des WaffenG und insbesondere nicht in dessen § 1 Abs. 4 i.V.m. Anlage 1 Abschnitt 1 Nr. 2.6 – dort geht es um Schreckschusswaffen – legal definiert.[58] In § 1 Abs. 4 WaffG i.V.m. Anlage 1 Abschnitt 1 Nr. 1.1 legal definiert sind Schusswaffen als „Gegenstände, die zum Angriff oder zur Verteidigung, zur Signalgebung, zur Jagd, zur Distanzinjektion, zur Markierung, zum Sport oder zum Spiel bestimmt sind und bei denen ein Geschoss durch einen Lauf getrieben wird"; das geht weit über das in § 243 Abs. 1 Satz 2 Nr. 7 StGB Gemeinte hinaus, zumal das heutige Waffenrecht den Schusswaffen tragbare Gegenstände, aber auch wesentliche Teile von Schusswaffen und Schalldämpfer gleichstellt, um sie der waffenrechtlichen Erlaubnispflicht zu unterstellen, was waffenrechtlich sinnvoll, aber nicht für den strafrechtlichen Begriff der Handfeuerwaffe maßgeblich ist. Unter Handfeuerwaffen sind vielmehr *tragbare Schusswaffen im strafrechtlichen Sinne* zu verstehen (zutr. *Sch/Schröder/Eser* Rdn. 41a). Notwendig waffenrechtsakzessorisch ist allerdings die Antwort auf die Frage, ob es **für den Erwerb** der Handfeuerwaffe **nach dem Waffengesetz der Erlaubnis bedarf**. Im Ausgangspunkt zutreffend verweist die h.A. insoweit auf § 2 Abs. 2 WaffG i.V.m. Anlage 2 (sog. Waffenliste) Abschnitt 2.[59] Widersinnig erscheint freilich, dass gem. § 2 Abs. 2 WaffG i.V.m. Anlage 2 Abschnitt 1 besonders gefährliche verbotene, also gar nicht erlaubnisfähige Handfeuerwaffen – z.B. Vorderschaftrepetierflinten mit Kurzwaffengriff (sog. pump guns), Anlage 2 Abschnitt 1 Nr. 1.2.1.2 – nicht unter den Wortlaut des Regelbeispiels fallen; hier ist jedenfalls ein unbenannter besonders schwerer Fall anzunehmen. 51

**Maschinengewehre, Maschinenpistolen und voll- oder halbautomatische Gewehre** sind Rechtsbegriffe (nicht des WaffG, s. aber Anlage 1 Abschnitt 1 Nr. 2.2 zu Vollautomaten und Halbautomaten, sondern) des Kriegswaffenkontrollrechts. In Teil B Nr. 29 der Anlage (sog. Kriegswaffenliste) zu § 1 Abs. 1 KWKG werden allerdings Maschinengewehre mit Wasserkühlung und Maschinenpistolen sowie voll- oder halbautomatische Gewehre ausgenommen, wenn sie vor dem 2.9.1945 als Modell bei einer militärischen Streitmacht eingeführt worden sind; zudem sind halbautomatische Jagd- und Sportgewehre ausgenommen. Da nicht einzusehen ist, warum diese kriegswaffenkontrollrechtlichen Einschränkungen nach dem Zweck des strafrechtlichen Regelbeispiels relevant sein sollen, ist auch 52

---

[58] AA *Fischer* Rdn. 21; *Hoyer* SK[6] Rdn. 40; *Kindhäuser* NK Rdn. 41 Fn. 63; *Lackner/Kühl* Rdn. 23; *Schmitz* MK Rdn. 56; *Kindhäuser* BT II § 3 Rdn. 42 Fn. 72; *Maurach/Schroeder/Maiwald* I § 33 Rdn. 100.

[59] Wie vorige Fn.

hier keine strenge Kriegswaffenkontrollrechtsakzessorietät anzuerkennen. Kriegswaffenkontrollrechtsakzessorisch zu handhaben ist hingegen der Begriff der **Sprengstoff enthaltenden Kriegswaffe nach dem Kriegswaffenkontrollgesetz**, siehe hierzu Teil B der Kriegswaffenliste, z.B. Nrn. 42, 43, 46 (Minen aller Art, Bomben aller Art, Handgranaten).

53 Für den Begriff **Sprengstoff** wird regelmäßig auf § 1 SprengG verwiesen.[60] Die dortige Terminologie ist unübersichtlich: Abs. 1 spricht von „Stoffen" oder „explosionsgefährlichen Stoffen", Abs. 2 von „Explosivstoffen", denen „explosionsfähige Stoffe, die zur Herstellung von Explosivstoffen bestimmt sind", gleichgestellt werden. Weiterhin definiert § 3 Abs. 1 SprengG „Explosivstoffe" legal durch die in Anlage III (Explosivstoffliste) bestimmten Stoffe und Gegenstände. Die Explosivstoffliste wiederum enthält neben „explosiven Stoffen" und „Sprengstoffen" Vorläuferstoffe, mit denen Sprengstoffe zubereitet werden (z.B. Ammoniumnitrat-Düngemittel, aus dem Ammoniumnitrat extrahiert werden kann), aber auch Hilfsmittel wie Anzündhütchen oder Schneidvorrichtungen, Kabel. Alles das geht für strafrechtliche Zwecke viel zu weit, und Sprengstoff ist unabhängig vom SprengG (zutr. *Sch/Schröder/Eser* Rdn. 41a) als *Stoff, der zur Explosion gebracht werden kann*, zu definieren. Dazu gehört Dynamit, sog. Plastiksprengstoff oder auch Schwarzpulver, nicht aber Benzin (hierzu *Schmitz* MK Rdn. 36), mag auch ein Benzin-Luft-Gemisch (z.B. als sog. Molotow-Cocktail) zur Explosion gebracht werden können.

54 Darauf, ob die Handfeuerwaffe usw. erlaubt oder verboten hergestellt, eine Serien-, Einzel- oder Selbstanfertigung ist, kommt es nicht an, bei den Waffen desgleichen nicht darauf, ob der Täter Munition mit stiehlt oder bereits über sie verfügt und deshalb die Waffe einsetzen kann (vgl. *Sch/Schröder/Eser* Rdn. 41a). Bei funktionsunfähigen Waffen ist aber an eine Widerlegung der Indizwirkung zu denken (zutr. *Schmitz* MK Rdn. 57). Der Munitionsdiebstahl unterfällt dem Regelbeispiel nur, soweit Munition als Kriegswaffe gilt und Sprengstoff enthält.

## III. Geringwertigkeitsklausel (Absatz 2)

55 § 243 i.d.F. des 1. StrRG 1969 sah keine Ausnahme von der Regelwirkung der Regelbeispiele bei Geringwertigkeit der gestohlenen Sache vor. Die Geringwertigkeitsklausel ist erst mit dem EGStGB 1974 eingefügt worden, was auf bis heute andauernde **kriminalpolitische Kritik** gestoßen ist:[61] Der Gesetzgeber setze sich mit seiner eigenen Auffassung in Widerspruch, Eigentum sei unabhängig von seinem wirtschaftlichen Wert schutzwürdig (vgl. BT-Drucks. 7/1261 S. 17). Die Geringwertigkeit als bindende Gegenausnahme zur Regelwirkung („unwiderlegliche Gegenindikation", *Sch/Schröder/Eser* Rdn. 3) – dogmatisch als negatives Tatbestandsmerkmal der Regelbeispiele (zutr. *Kindhäuser* NK Rdn. 52) – setze sich systematisch und teleologisch in Widerspruch zum Charakter des reformierten § 243 StGB als Strafzumessungsvorschrift und der erforderlichen Gesamtabwägung. Auch bei Geringwertigkeit könnten sehr wohl besonders schwere Fälle vorliegen, z.B. wenn jemand um geringfügiger Vorteile willen sogar einen nächtlichen Einbruch begehe. In der Tat wäre es folgerichtiger gewesen, der Geringwertigkeit nur eine

---

60 *Fischer* Rdn. 21; *Hoyer* SK[6] Rdn. 40; *Kindhäuser* NK Rdn. 52; *Schmitz* MK Rdn. 56; *Kindhäuser* BT II § 3 Rdn. 42 in Fn. 74; *Maurach/Schroeder/Maiwald* I § 33 Rdn. 100.

61 *Hoyer* SK[6] Rdn. 41; *Kindhäuser* NK Rdn. 52; *Sch/Schröder/Eser* Rdn. 3; *Küper* NJW **1994** 349, 352; *Zipf* FS Dreher, S. 389, 399.

Art negative Regel- oder Indizwirkung zu geben. Soweit die geschilderte Kritik den formalen Eigentumsschutz hypostasiert, ist ihr aber zu widersprechen: Selbstverständlich ist es ein wesentlicher Strafmilderungsgrund, dass nur geringwertige Sachen gestohlen werden; formaler Eigentumsschutz kann auch über den Grundtatbestand des Diebstahls gewährleistet werden.

§ 243 Abs. 2 StGB schließt „(i)n den Fällen des Absatzes 1 **Satz 2** Nr. 1 bis 6" – also nicht beim Schusswaffen- und Sprengstoffdiebstahl nach Nr. 7 (vgl. *Küper* NJW **1994** 349, 351; **krit.** *Sch/Schröder/Eser* Rdn. 57a: „systematisch nicht überzeugend"; *Schmitz* MK Rdn. 63: „wenig sinnvolle Ausnahme"; s. bereits Rdn. 50) – einen besonders schweren Fall aus, wenn sich die Tat auf eine geringwertige Sache bezieht. Der Gesetzeswortlaut wirft die Frage auf, ob damit auch ausgeschlossen ist, trotz Geringwertigkeit der gestohlenen Sache einen **unbenannten besonders schweren Fall** nach § 243 Abs. 1 Satz 1 StGB anzunehmen.[62] Im Hinblick auf die Gesetzgebungsgeschichte ist ein solcher Ausschluss anzunehmen: § 243 Abs. 2 i.d.F. des EGStGB 1974 bestimmte, dass ein besonders schwerer Fall überhaupt ausgeschlossen ist, wenn sich die Tat auf eine geringwertige Sache bezieht. Mit der Einführung von § 243 Abs. 1 Satz 2 Nr. 7 StGB (s. soeben) fasste der Gesetzgeber die Geringwertigkeitsklausel dahin, dass „(i)n den Fällen des Absatzes 1 Nr. 1 bis 6" ein besonders schwerer Fall ausgeschlossen ist. Das bezog die h.A. (s. nur *Küper* NJW **1994** 349, 351) auch auf Satz 1 des Abs. 1 und wies darauf hin, dass der Wille des Gesetzgebers nur darauf gerichtet war, dem neuen Regelbeispiel des Schusswaffen- und Sprengstoffdiebstahls Regelwirkung auch bei Geringwertigkeit der gestohlenen Schusswaffe usw. beizulegen, nicht aber darauf, bei den alten Regelbeispielen trotz Geringwertigkeit einen unbenannten besonders schweren Fall zuzulassen. Zwar hat der Gesetzgeber mit dem 6. StrRG 1998 die heutige, nur auf § 243 Abs. 1 Satz 2 Nr. 1–6 verweisende Fassung des § 243 Abs. 2 StGB hergestellt; damit war aber nur eine „redaktionelle Korrektur" (BR-Drucks. 164/97 S. 148) bezweckt, keine inhaltliche Änderung (zweifelnd *Schmitz* MK Rdn. 62). Nicht mehr mit dem heutigen Wortlaut zu vereinbaren wäre es allerdings, die Geringwertigkeitsklausel auch dann anzuwenden, wenn gar kein Regelbeispiel nach § 243 Abs. 1 Satz 2 Nr. 1–6 StGB verwirklicht ist; liegt von vornherein nur ein unbenannter besonders schwerer Fall vor (hierzu Rdn. 67), muss die Geringwertigkeit zwar in die erforderliche Gesamtabwägung eingestellt werden, schließt jedoch nicht zwingend die Annahme eines besonders schweren Falles aus. 56

Der Begriff der **Geringwertigkeit** ist bei § 243 Abs. 2 derselbe wie bei § 248a StGB (s. dort); ist wegen Geringwertigkeit ein Diebstahl in einem besonders schweren Fall ausgeschlossen, so liegt notwendigerweise ein einfacher Diebstahl mit Antragserfordernis wegen Geringwertigkeit vor. Was mit „Wert" gemeint und wann ein Wert „gering" ist, sind Rechtsfragen; Tatfrage ist demgegenüber, wie hoch der Wert ist (vgl. BGHSt 5 263, 264; **6** 41, 43; zum Notbetrug betreffend „geringwertige Gegenstände" nach § 264a StGB a.F.). Wie bei § 248a StGB ist teleologische Leitlinie, dass *Bagatelldiebstähle* aus dem Anwendungsbereich des § 243 Abs. 1 Satz 2 Nr. 1–6 StGB ausgenommen werden sollen. Was eine Bagatelle ist, ist nach der Verkehrsanschauung zu beurteilen; die Beurteilung durch das Opfer des Diebstahls ist als solche nicht maßgeblich (ähnlich *Hoyer* SK[6] Rdn. 43: „objektiv-generelle Maßstäbe"). 57

---

[62] Für den Einbezug unbenannter Fälle: *Hoyer* SK[6] Rdn. 42; *Lackner/Kühl* Rdn. 4; *Küper* NJW **1994** 349, 350 ff; *Maurach/Schroeder/Maiwald* I § 33 Rdn. 66; *Wessels/Hillenkamp* Rdn. 239; **aA** *Duttge* HK-GS Rdn. 54; *Fischer* Rdn. 24; *Kindhäuser* NK Rdn. 52; *Sch/Schröder/Eser* Rdn. 48; *Schmitz* MK Rdn. 62; *Kindhäuser* BT II § 3 Rdn. 43; *Mitsch* BT 2/1 § 1 Rdn. 208 ff; *ders.* ZStW **111** (1999) 65, 74 ff.

58 Der **Wert** der gestohlenen Sache ist ihr *materieller Wert* im Sinne der Vermögensdogmatik. Dafür spricht nicht nur der Wortlaut, sondern auch, dass die Verkehrsanschauung hohe oder geringe Werte so bestimmt. Entscheidend ist der *Verkehrswert* zum Zeitpunkt der Tat (BGH NStZ **1981** 62),[63] d.h. der Markt- oder Verkaufspreis, nicht der Wiederbeschaffungs- oder Herstellungsaufwand (so aber *Jungwirth* NJW **1984** 954, 956). Die jeweilige Marktstufe, auf der sich die Sache befindet, ist zu beachten (**aA** *Schmitz* MK Rdn. 64: „durchschnittliche Sicht der Gesellschaft"); die beim Erzeuger gestohlene Milch hat noch nicht den Verbraucherpreis, in den Abfüllung, Transport usw. eingehen. Bei nicht legal handelbaren Sachen (Betäubungsmitteln, geschützten Tieren oder Pflanzen usw.) entscheidet der Schwarzmarktpreis. Nicht auf den Verkehrs-, sondern auf den Funktionswert oder die Bedeutung der Sache soll es nach h.A. ankommen, wenn dies nach der Natur der weggenommenen Sache und dem Schutzzweck des jeweiligen Regelbeispiels geboten sei, z.B. bei § 243 Abs. 1 Satz 2 Nr. 4 oder 5 StGB, wenn eine bedeutende Reliquie ohne Verkehrswert oder ein für sich nicht handelbares Versuchstier, für dessen Erzeugung ggf. Millionenbeträge aufgewendet worden sind, gestohlen werden (*Kindhäuser* NK Rdn. 53; *Sch/Schröder/Eser* Rdn. 51; vgl. auch *Otto* JZ **1985** 21, 25). Es überzeugt aber nicht, bei der Auslegung des § 243 *Abs. 2* danach zu differenzieren, welches Regelbeispiel des *Abs. 1 Satz 2* in Rede steht (zutr. *Hoyer* SK[6] Rdn. 42; *Schmitz* MK Rdn. 65). Die angeführten Beispiele lassen sich durchaus über Schwarzmarkt- oder hypothetische Marktszenarien lösen (*Hoyer* aaO Rdn. 43). Solche Szenarien können sogar in dem Streitfall des Einbruchsdiebstahls in ein Gericht, um eine Strafakte zu stehlen und so die Strafverfolgung zu behindern (BGH NJW **1977** 1460, 1461; BGH bei Dallinger MDR **1972** 17; 3 StR 403/75 vom 5.11.1975), gebildet werden, indem gefragt wird, welchen Kaufpreis jemand in der Lage des Beschuldigten für die Strafakte zu bezahlen bereit wäre; dann bedarf es nicht des Rückgriffs auf die These des BGH aaO, § 243 Abs. 2 StGB passe nicht auf Sachen, die gar keinen Verkehrswert hätten. Nahezu unbestritten ist, dass ein bloßer Liebhaberwert und bloße Affektionsinteressen bei einer vom Verkehrswert her gesehen geringwertigen Sache nicht dazu führen, dass § 243 Abs. 2 StGB unanwendbar wird (**aA** nur *Maurach/Schroeder/Maiwald* I § 33 Rdn. 101).

59 **Gering** ist auch der Wert Null (vgl. *Schmitz* MK Rdn. 66). Die Obergrenze bestimmt sich nicht nach den Verhältnissen des Bestohlenen,[64] sondern nach dem, was die Verkehrsauffassung abstrakt-generell als Bagatelle ansieht. Der Gesetzgeber hat es der Rechtsprechung überantwortet, diese Grenze als „gegriffene Größe" festzulegen; sie ist nur begrenzt rationalisierbar, etwa in „kriminologischer Orientierung" (*Fischer* § 248a Rdn. 4) an häufigen Bagatelldiebstählen wie z.B. dem Ladendiebstahl weniger CDs, einiger Kosmetika, weniger alkoholischer Getränke etc. Nach derzeitiger höchstrichterlicher Rechtsprechung liegt die Geringwertigkeitsgrenze bei **25,– Euro** (BGH 2 StR 176/04 vom 9.7.2004; *Fischer* Rdn. 25); es werden aber auch (teils zu § 248a StGB) 30,– Euro (OLG

[63] *Duttge* HK-GS Rdn. 55; *Fischer* § 248a Rdn. 3; *Kindhäuser* NK § 248a Rdn. 4; *Lackner/Kühl* § 248a Rdn. 3; *Sch/Schröder/Eser* § 248a Rdn. 7; *Schmitz* MK Rdn. 64; *Küper* BT S. 164; *Mitsch* BT 2/1 § 1 Rdn. 219; *Wessels/Hillenkamp* Rdn. 242; **aA** *Jungwirth* NJW **1984** 954, 956, der den Herstellungswert für maßgeblich hält.

[64] *Hoyer* SK[6] Rdn. 43; *Kindhäuser* NK § 248a Rdn. 4; *Sch/Schröder/Eser* § 248a Rdn. 7; *Schmitz* MK Rdn. 64; *Küper* BT S. 164; *Maurach/Schroeder/Maiwald* I § 33 Rdn. 101; **aA** BGHSt **6** 41; *Mitsch* BT 2/1 § 1 Rdn. 214; *Wessels/Hillenkamp* Rdn. 242; diff. *Fischer* § 248a Rdn. 3; *Lackner/Kühl* § 248a Rdn. 3, dahingehend, dass Verhältnisse des Bestohlenen weitgehend zurücktreten, jedoch nicht ganz außer Betracht bleiben können.

Oldenburg NStZ-RR **2005** 111) oder **50,– Euro** (OLG Zweibrücken NStZ **2000** 536; OLG Hamm StV **2000** 643 und wistra **2004** 34; OLG Frankfurt a.M. JuS **2008** 1024 mit Anm. *Jahn*; gegen diese Grenze *Fischer* aaO) angesetzt.[65] Für alle Zeiten festgeschrieben ist das nicht, sondern es muss die Entwicklung der Verbraucherpreise, Lebenshaltungskosten (OLG Hamm NJW **1970** 1387) und Nettoeinkommen (*Hoyer* SK[6] Rdn. 44) – kumulativ, nicht alternativ (**aA** *Hoyer* aaO) – mit berücksichtigt werden.

Bei natürlicher Handlungseinheit oder tatbestandlicher Verklammerung kommt es auf **60** den **Gesamtwert** aller gestohlenen Sachen an (OLG Düsseldorf NJW **1987** 1958). Bei Mittäterschaft ist der Gesamtwert aller Sachen maßgeblich, deren Wegnahme mittäterschaftlich zugerechnet werden kann.[66] Sachen, die ohne Zueignungsabsicht weggenommen werden, zählen nicht mit (*Schmitz* MK Rdn. 68).

Auf den **Schaden**, den der Bestohlene erleidet, kommt es **nicht** an. Auch in den Fällen **61** des § 243 Abs. 1 Satz 2 Nr. 4, 5 StGB (hierzu bereits Rdn. 58) kann deshalb nicht argumentiert werden, § 243 Abs. 2 StGB sei unanwendbar, weil der Diebstahl einer Sache mit geringem Verkehrswert zu einem nicht mehr geringen individuellen Schadenseinschlag geführt (z.B. wenn der Diebstahl einer geringwertigen Briefmarke dazu führt, dass die Sammlung ihre Vollständigkeit verliert und dadurch erheblich an Wert einbüßt). Insbesondere bleiben ggf. durch Einbruch entstandene Schäden an Schlössern, Schränken, Fenstern und Türen außer Betracht.[67] Strafrechtlich gesehen werden sie, wenn es beim einfachen Diebstahl verbleibt, durch § 303 StGB erfasst, der seit je her nicht verdrängt wurde, wenn § 243 Abs. 1 Satz 2 Nr. 1 StGB unanwendbar blieb (KG JR **1979** 249 mit Anm. *Geerds*; s. noch Rdn. 79).

Die Tat muss sich auf eine geringwertige Sache **beziehen**. Das ist unstreitig der Fall, **62** wenn die Sache geringwertig ist und der Täter das weiß; ebenso unstreitig ist § 243 Abs. 2 nicht anwendbar, wenn die Sache mehr als geringen Wert hat und der Täter hiervon Kenntnis hat.[68] Mit einem theoretischen Aufwand, der nicht der praktischen Bedeutung der Frage entspricht, werden Fälle diskutiert, in denen die objektive und die subjektive Lage von Anfang an oder auch erst im Zuge der Tatbegehung auseinanderfallen. Überholt sind Auffassungen, es komme in solchen Fällen allein auf die subjektive[69] oder allein auf die objektive Seite[70] an; beide sind zu berücksichtigen.[71] – Wenn jemand eine

---

[65] Die überwiegende Meinung in der Literatur zieht die Geringwertigkeitsgrenze bei ca. 50 €, so *Kudlich* SSW Rdn. 43; *Lackner/Kühl* § 248a Rdn. 3; *Schmitz* MK Rdn. 64; Arzt/*Weber/Heinrich*/Hilgendorf BT § 14 Rdn. 29; *Henseler* StV **2007** 323 ff; *Jäger* BT Rdn. 249; *Otto* BT § 41 Rdn. 43; *Rengier* BT 1 § 3 Rdn. 40; *Wessels/Hillenkamp* Rdn. 242; abweichend *Fischer* Rdn. 25 (25 €); *Eisele* BT II Rdn. 148 (zwischen 25 und 50 €); *Kindhäuser* BT II § 3 Rdn. 43 (ca. 30 €); *Mitsch* BT 2/1 § 1 Rdn. 214 (zwischen 40 und 50 €).

[66] *Hoyer* SK[6] Rdn. 46; *Kindhäuser* NK Rdn. 54; *Lackner/Kühl* Rdn. 7; *Sch/Schröder/Eser* Rdn. 56; *Schmitz* MK Rdn. 64; *Kindhäuser* BT II § 3 Rdn. 44; *Maurach/Schroeder/Maiwald* I § 33 Rdn. 101; *Otto* BT § 41 Rdn. 48; *Wessels/Hillenkamp* Rdn. 242; *Zipf* FS Dreher, S. 389, 398 f; für den früheren § 370 Abs. 1 Nr. 5: BGH NJW **1964** 117; OLG Hamm NJW **1971** 1954.

[67] *Duttge* HK-GS Rdn. 54; *Hoyer* SK[6] Rdn. 45; *Schmitz* MK Rdn. 67; *Sch/Schröder/Eser* Rdn. 50.

[68] *Lackner/Kühl* Rdn. 5; *Schmitz* MK Rdn. 73.

[69] *Gribbohm* NJW **1975** 1153 und NJW **1975** 2213 mit der Begründung, § 243 Abs. 2 StGB sei als Schuldminderungsgrund zu verstehen; vgl. auch OLG Karlsruhe MDR **1976** 335.

[70] *Braunsteffer* NJW **1975** 1570, die die Geringwertigkeitsklausel unter dem Gesichtspunkt verminderten Unrechts einordnet.

[71] *Duttge* HK-GS Rdn. 55; *Fischer* Rdn 26; *Lackner/Kühl* Rdn. 4; *Sch/Schröder/Eser* Rdn. 52; *Schmitz* MK Rdn. 64; Arzt/*Weber/Heinrich*/Hilgendorf BT § 14 Rdn. 31; *Eisele* BT II Rdn. 150; *Jäger* BT Rdn. 249; *Krey/Hellmann* Rdn. 115; *Küper* NJW **1994**

Sache, die mehr als geringen Wert hat, in der Vorstellung wegnimmt, sie sei geringwertig, steht eine Auffassung auf dem Standpunkt, § 243 Abs. 2 StGB sei nicht anwendbar, jedenfalls wenn der Irrtum auf Fahrlässigkeit beruhe (so *Zipf* FS Dreher, S. 389, 396 f); der Richter könne aber im Hinblick auf den Irrtum die Regelwirkung verneinen (*Ruß* LK[11] Rdn. 41).[72] Die wohl h.L. will demgegenüber § 16 (Abs. 1 Satz 1 oder auch Abs. 2) StGB (unmittelbar oder analog) anwenden, weil die fehlende Geringwertigkeit negatives Tatbestandsmerkmal des Regelbeispiels sei, und gelangt so zum Ausschluss eines besonders schweren Falles.[73] – Wenn jemand umgekehrt eine geringwertige Sache, von der er meint, sie habe mehr als geringen Wert, stiehlt, so liegt nach der wohl h.L. in der Sache ein untauglicher Versuch vor,[74] und die weitere Lösung hängt davon ab, wie man zum Versuch des besonders schweren Falles steht (Rdn. 71 ff). Nach der Gegenauffassung ist § 243 Abs. 2 StGB unanwendbar und wiederum zu prüfen, ob im Hinblick auf den geminderten Erfolgsunwert an der Regelwirkung festzuhalten ist.[75] – Bricht jemand mit dem Vorsatz ein, mehr als geringwertige Sachen oder auch nur alles Stehlenswerte (bedingter Vorsatz, mehr als nur geringwertige Sachen zu stehlen, *Zipf* aaO S. 393 f) wegzunehmen, und findet er dann nur geringwertige Sachen und stiehlt diese, so verurteilt die Rechtsprechung wegen vollendeten Diebstahls in einem besonders schweren Fall, weil sich die Tat im Versuchsstadium auf eine mehr als geringwertige Sache bezogen hat (BGHSt **26** 104; BGH NStZ **1987** 71; BGHR StGB § 243 Abs. 2 Vorsatz 1).[76] Anders soll es liegen, wenn der Täter zwischenzeitlich den Diebstahlsentschluss aufgibt (insoweit Diebstahlsversuch in einem besonders schweren Fall, ggf. Rücktritt) und dann aufgrund eines erneuten Entschlusses eine geringwertige (oder auch eine andere) Sache stiehlt (einfacher Diebstahl ggf. mit Antragserfordernis nach § 248a StGB).[77] In der Literatur wird zunehmend vertreten, der erste Fall sei wie der zweite zu behandeln (also nur Diebstahls-

---

349, 351; *Mitsch* BT 2/1 § 1 Rdn. 220; *Otto* BT § 41 Rdn. 44; *Rengier* BT 1 § 3 Rdn. 41; *Wessels/Hillenkamp* Rdn. 240; *Zipf* FS Dreher, S. 389, 396; **aA** *Kindhäuser* NK Rdn. 55; *Jungwirth* NJW **1984** 954, 957.

[72] *Fischer* Rdn. 26; *Lackner/Kühl* Rdn. 5; *Sch/Schröder/Eser* Rdn. 53; *Mitsch* BT 2/1 § 1 Rdn. 220; *Zipf* FS Dreher, S. 389, 397; abw. *Braunsteffer* NJW **1975** 1570, 1571; *Gribbohm* NJW **1975** 1153, 1154; *Küper* BT S. 164.

[73] *Hoyer* SK[6] Rdn. 48; *Kindhäuser* NK Rdn. 57; *Schmitz* MK Rdn. 73; *Kindhäuser* BT II § 3 Rdn. 48; *Maurach/Schroeder/Maiwald* I § 33 Rdn. 102; vgl. auch *Zipf* FS Dreher, S. **389**, 397 nach dem bereits Fahrlässigkeit ausreichend ist; i.E. ebenso *Gribbohm* NJW **1975** 1153, 1154; **aA** *Jungwirth* NJW **1984 954**, 957, der die Anwendung des § 16 StGB ablehnt.

[74] Vgl. *Hoyer* SK[6] Rdn. 49; *Kindhäuser* NK Rdn. 57; *ders.* BT II § 3 Rdn. 48; *Maurach/Schroeder/Maiwald* I § 33 Rdn. 102.

[75] *Duttge* HK-GS Rdn. 56; *Lackner/Kühl* Rdn. 5; *Sch/Schröder/Eser* Rdn. 53; *Gribbohm* NJW **1975** 1153; *Mitsch* BT 2/1 § 1 Rdn. 220; *Otto* BT § 41 Rdn. 45; *Wessels/Hillenkamp* Rdn. 241; **aA** *Zipf* FS Dreher, S. 389, 398.

[76] BGH NJW **1975** 1570; NStZ **1987** 71; OLG Hamm 2 Ss 467/05 vom 8.12.2005; *Duttge* HK-GS Rdn. 58; *Lackner/Kühl* Rdn. 6; *Sch/Schröder/Eser* Rdn. 55; *Fahl* JuS **1998** 258, 259; *ders.* JuS **2001 47, 48;** *Gribbohm* NJW **1975** 1154 f; *Jäger* BT Rdn. 262; *Küper* BT S. 164; *Mitsch* BT 2/1 § 1 Rdn. 221; *Otto* BT § 41 Rdn. 45; *Rengier* BT 1 § 3 Rdn. 47; *Seelmann* JuS **1985 454, 457;** *Wessels/Hillenkamp* Rdn. 249; *Zipf* FS Dreher, S. 389, 395; **aA** *Kindhäuser* NK Rdn. 60; *Schmitz* MK Rdn. 77; Arzt/Weber/*Heinrich*/Hilgendorf BT § 14 Rdn. 40; *Braunsteffer* NJW **1975** 1571; diff. *Fischer* Rdn. 26.

[77] BGHSt **26** 104, 105 f; OLG Hamm 2 Ss 467/05 vom 8.12.2005; *Duttge* HK-GS Rdn. 58; *Lackner/Kühl* Rdn. 6; *Schmitz* MK Rdn. 77; Arzt/Weber/*Heinrich*/Hilgendorf BT § 14 Rdn. 40; *Jäger* BT Rdn. 262; *Kindhäuser* BT II § 3 Rdn. 50; *Küper* BT S. 164; *Mitsch* BT 2/1 § 1 Rdn. 221; *Rengier* BT 1 § 3 Rdn. 46; *Wessels/Hillenkamp* Rdn. 250; *Zipf* FS Dreher, S. 389, 395.

versuch in einem besonders schweren Fall).[78] – Bricht jemand ein, um geringwertige Sachen zu stehlen (z.B. in einer geschlossenen Gaststätte einige Biere zu trinken), findet er dann Sachen, die mehr als geringwertig sind (z.B. eine Geldkassette) und stiehlt er sie, will eine ältere Auffassung wegen vollendeten Diebstahls in einem besonders schweren Fall bestrafen.[79] Dem hält die zunehmend vertretene Gegenauffassung entgegen, so werde ein *dolus subsequens* strafschärfend in Ansatz gebracht; der Täter habe zum Zeitpunkt der Verwirklichung des Regelbeispiels (Einbruch) nicht den im Hinblick auf § 243 Abs. 2 StGB erforderlichen Vorsatz gehabt, mehr als geringwertige Sachen zu stehlen; bei der Vorsatzerweiterung sei das Regelbeispiel bereits verwirklicht (beendet) gewesen; deshalb sei insgesamt nur wegen einfachen Diebstahls der wenn auch mehr als geringwertigen Sache zu bestrafen.[80]

## IV. Unbenannte besonders schwere Fälle (Abs. 1 Satz 1)

**1. Verhältnis zu den Regelbeispielen.** Nahezu unbestritten ist, dass § 243 Abs. 1 Satz 1 **63**
StGB es zulässt, Diebstahl als besonders schweren Fall zu behandeln, ohne dass ein Regelbeispiel verwirklicht ist (BGHSt **23** 254, 257; **29** 319, 322 m. Anm. *Bruns* JR **1981** 324; vgl. ferner *Maiwald* NStZ **1984** 433, 434, 438 f; *Küper* NJW **1994** 349; **aA** *Calliess* NJW **1998** 929, 935).[81] Umstritten ist hingegen, wie in der Nähe von Regelbeispielen liegende Fälle zu behandeln sind:

Die Rechtsprechung und ein Teil der Lehre neigen dazu, eine **„Analogiewirkung“** der **64**
Regelbeispiele anzuerkennen, sei es, dass der Grundgedanke eines Regelbeispiels auf einen artgleichen Fall übertragen wird („engere Analogiewirkung“), sei es, dass der Fall zwar artverschieden, aber schweregleich mit einem Regelbeispiel ist („weitere Analogiewirkung“) (zusf. *Eisele* S. 201 ff).[82] So werden § 243 Abs. 1 Satz 2 Nr. 1 StGB nicht unterfallende Fälle wie das Aussteigen oder Ausbrechen beim Abtransport der Beute, das Einschleichen oder die Nutzung eines richtigen, aber durch Täuschung oder Fundunterschlagung erlangten Schlüssels oder das Einbrechen zur Beutesicherung als sonstige besonders schwere Fälle angesehen.[83] Das Überwinden besonderer Sicherungen nicht gegen

---

[78] *Hoyer* SK[6] Rdn. 53; *Kindhäuser* NK Rdn. 60; *ders.* BT II[5] § 3 Rdn. 49 ff.

[79] BGHSt **9** 253; **26** 104 f; *Duttge* HK-GS Rdn. 58; *Fischer* Rdn. 26; *Lackner/Kühl* Rdn. 6; *Sch/Schröder/Eser* Rdn. 55; Arzt/Weber/*Heinrich*/Hilgendorf BT § 14 Rdn. 40; *Gribbohm* NJW **1975** 1153, 1154; *Maurach/Schroeder/Maiwald* I § 33 Rdn. 102; *Mitsch* BT 2/1 § 1 Rdn. 221; *Rengier* BT 1 § 3 Rdn. 47; *Zipf* FS Dreher, S. 389, 395.

[80] *Hoyer* SK[6] Rdn. 50; *Kindhäuser* NK Rdn. 59; *Schmitz* MK Rdn. 77; *Kindhäuser* BT II § 3 Rdn. 51.

[81] *Duttge* HK-GS Rdn. 1; *Kindhäuser* NK Rdn. 3; *Lackner/Kühl* § 46 Rdn. 14; *Sch/Schröder/Eser* Rdn. 1; *Sch/Schröder/Stree* Vor § 38 Rdn. 44c; *Schmitz* MK Rdn. 1; *Streng* NK § 46 Rdn. 9; *Theune* LK § 46 Rdn. 304; Arzt/Weber/*Heinrich*/Hilgendorf BT § 14 Rdn. 18; *Haft*/Hilgendorf BT 1 S. 14 f; *Krey/Hellmann* Rdn. 101; *Maurach/Schroeder/Maiwald* I § 33 Rdn. 67; *Mitsch* BT 2/1 § 1 Rdn. 174; *Otto* BT § 41 Rdn. 3; *Rengier* BT 1 § 3 Rdn. 4; *Wessels/Hillenkamp* Rdn. 195 ff.

[82] OLG Düsseldorf JR **2000** 212, 214; OLG Stuttgart JR **1985** 385; KG 1 Ss 209/07 vom 4.2.1998; *Duttge* HK-GS Rdn. 1; *Fischer* § 46 Rdn. 93; *Kindhäuser* NK Rdn. 6; *Lackner/Kühl* § 46 Rdn. 14; *Sch/Schröder/Stree* Vor § 38 Rdn. 44c; *Dölling* JuS **1986** 688, 689; *Graul* JuS **1999** 852, 853; *Wessels/Hillenkamp* Rdn. 199.

[83] *Krämer* Die Regelung des schweren Diebstahls durch das 1. StrRG unter besonderer Berücksichtigung der sogenannten Regelbeispieltechnik (1970) S. 46 f; *Mitsch* BT 2/1 § 1 Rdn. 186.

**Wegnahme, sondern erst gegen die Zueignung, das Fortschaffen und Sichern des Stehlguts wie bei elektronischen** Sicherungsetiketten in Selbstbedienungsläden unterfällt zwar **nicht dem Regelbeispiel des § 243 Abs. 1 Satz 2 Nr. 2 StGB (hierzu Rdn. 29), wird aber als unbenannter besonders schwerer** Fall angesehen (OLG Stuttgart JR **1985** 385 m. **krit.** Anm. *Kadel*; dazu ferner *Dölling* JuS **1986** 688, 693; *Otto* JZ **1985** 21, 24). Die Gewohnheitsmäßigkeit soll der Gewerbsmäßigkeit gleichstehen (vgl. BGHR StGB § 243 Abs. 1 Nr. 2 Gewerbsmäßigkeit 1). Wer aus einem für Feierlichkeiten einer Weltanschauungsgemeinschaft gewidmeten Raum eine den Feierlichkeiten gewidmete Sache stiehlt, erfüllt nicht das Regelbeispiel des § 243 Abs. 1 Satz 2 Nr. 4 StGB (Rdn. 39), doch liegt ein unbenannter besonders schwerer Fall vor;[84] das ist auch zu erwägen, wenn jemand ein im Freien stehendes Kruzifix stiehlt (Begr. E 1962 S. 402). Wer eine Sache *vor Beginn* der Ausstellung oder eine nur für das Kunst*gewerbe* bedeutende Sache stiehlt, verwirklicht nicht § 243 Abs. 1 Satz 2 Nr. 5 StGB, aber einen unbenannten besonders schweren Fall (*Krämer* S. 60). Das Ausnutzen der Sprachunkundigkeit eines Ausländers (Rdn. 47) zum Diebstahl soll immerhin § 243 Abs. 2 Satz 1 Nr. 6 StGB unterfallen. Freilich können Regelbeispiele auch **„Gegenschlusswirkung“** entfalten, wenn der Täter das vom Gesetzgeber normierte charakteristische und die Strafschärfung tragende Merkmal nicht verwirklicht, mag der Fall äußerlich auch in der Nähe eines Regelbeispiels liegen (*Eisele* S. 205).[85] Wer aus einem *un*verschlossenen Behältnis stiehlt, überwindet gerade *keine* Schutzvorrichtung, die besonders gegen Wegnahme sichert; daher kann kein unbenannter besonders schwerer Fall vorliegen.

**65** Demgegenüber vertritt ein Gutteil der Lehre, es sei nicht oder nur eingeschränkt möglich, in der Nähe von Regelbeispielen liegende Fälle als unbenannte besonders schwere Fälle zu werten. Die „engere Analogiewirkung“ der Regelbeispiele wird teilweise als Verletzung des verfassungsrechtlichen Analogieverbots oder Bestimmtheitsgebots für unzulässig gehalten.[86] Vielmehr habe die Nichtverwirklichung eines Regelbeispiels **„umgekehrte Indizwirkung“** in dem Sinne, dass grundsätzlich von einem einfachen Diebstahl auszugehen sei, wenn nicht außergewöhnliche Umstände – insbesondere solche, die außerhalb der Regelbeispiele lägen – ausnahmsweise einen besonders schweren Fall begründeten (*Hoyer* SK[6] Rdn. 11; *Schmitz* MK Rdn. 6). Es wird sogar vertreten, die „umgekehrte Indizwirkung“ erstrecke sich auf anderweitig anerkannte Regelbeispiele, z.B. die Amtsträgereigenschaft des Täters: Da sie, anders als z.B. bei § 263 Abs. 3 Satz 2 Nr. 4 und auch anders als in § 236 Nr. 6 E 1962 vorgesehen, nicht als Regelbeispiel des Diebstahls in einem besonders schweren Fall aufgenommen worden sei, dürfe sie nicht zur Begründung eines unbenannten besonders schweren Falles herangezogen werden (*Hoyer* und *Schmitz* aaO). Teils wird sogar die „weitere Analogiewirkung“ mithilfe einer Gesamtwürdigung von Tat und Täter im Vergleich zu dem, was die Regelbeispiele anordnen, in Abrede gestellt (vgl. *Eisele* S. 223 ff).

**66** Analogien setzen freilich planwidrige Regelungslücken, Gegenschlüsse abschließend gemeinte Regelungen voraus. Nach dem Willen des Gesetzgebers und dem Sinn und

---

[84] *Kindhäuser* NK Rdn. 29; *Lackner/Kühl* Rdn. 19; *Sch/Schröder/Eser* Rdn. 34, 42a; *Maurach/Schroeder/Maiwald* I § 33 Rdn. 95; *Wessels/Hillenkamp* Rdn. 231; **aA** *Schmitz* MK Rdn. 42.

[85] BGHSt **28** 318, 322; *Fischer* § 46 Rdn. 94; *Sch/Schröder/Stree* Vor § 38 Rdn. 44c; Arzt/Weber/*Heinrich*/Hilgendorf BT § 14 Rdn. 19; *Arzt* JuS **1972** 515, 516; *ders.* StV **1985** 104; *Graul* JuS **1999** 852, 853; *Kadel* JR **1985** 386 f; *Wessels/Hillenkamp* Rdn. 199.

[86] *Hassemer/Kargl* NK § 1 Rdn. 73 f; Arzt/Weber/*Heinrich*/Hilgendorf BT § 14 Rdn. 19; *Freund* ZStW **109** (1997) 455, 476 f; *Zieschang* Jura **1999** 561, 563 ff; Bedenken auch bei *Krämer* (Fn. 83) S. 86 ff.

Zweck der Regelbeispielstechnik fehlt es an beidem; es sollen gerade keine Regelungslücken entstehen, und die Regelung ist gerade nicht abschließend gemeint. Regelbeispiele enthalten die vom Gesetzgeber abstrakt-generell vorweggenommene Wertung, dass ein besonders schwerer Fall vorliegt, in dem das Tatbild vom Durchschnitt der erfahrungsgemäß vorkommenden Diebstähle so sehr abweicht, dass der Ausgangsstrafrahmen angesichts der besonderen Strafwürdigkeit der Tat nicht ausreicht. An diese Wertung ist der Rechtsanwender gebunden, auch wenn er sie für unzutreffend hält (s. allgemein Rdn. 1 und zur Hilflosigkeit Rdn. 46); er darf von ihr nur abweichen, wenn, gemessen an dem gesetzlichen Regelbeispiel, außergewöhnliche Umstände vorliegen (Rdn. 8). Jenseits der Wortlautgrenze der Regelbeispiele entfällt diese Bindung des Rechtsanwenders. Das bedeutet gerade nicht, dass er dann, wie *Eisele* S. 210 meint, „an die Stelle des Gesetzgebers" tritt und besonders schwere Fälle nur „generalisierend" oder „halbabstrakt" – wenn sie auch vom Gesetzgeber angeordnet werden könnten – anerkennen darf.[87] Vielmehr ist es ihm jenseits der Wortlautgrenze der Regelbeispiele überantwortet, das Vorliegen oder Nichtvorliegen eines besonders schweren Falles im Einzelfall durch **Gesamtwürdigung von Tat und Täter** (dagegen *Eisele* S. 207 ff) festzustellen. Eine „Analogiewirkung" können Regelbeispiele dabei nur entfalten, wenn sie das, was nach allgemeinen Regeln ein besonders schwerer Fall ist, sachgerecht typisieren. Auf der anderen Seite ist eine „umgekehrte Indizwirkung" weder verfassungsrechtlich geboten – insbesondere liegt die Problematik nicht beim Analogieverbot, sondern ausschließlich beim Bestimmtheitsgebot (zutr. *Eisele* S. 405), das aber nicht verletzt ist (Rdn. 5) – noch ist sie eine mögliche Auslegung des § 243 Abs. 1 Satz 2 StGB, da sie dem Willen des Gesetzgebers und dem Sinn und Zweck der Regelbeispielstechnik zuwiderläuft, mag man diese auch für verfehlt halten.

2. **Unbenannte besonders schwere Fälle.** Nach h.A. liegt ein besonders schwerer Fall – **67**
auch wenn der Sachverhalt in der Nähe der Regelbeispiele liegt, soeben Rdn. 64 – dann und nur dann vor, wenn eine **Gesamtwürdigung der im Einzelfall vorliegenden tat- und täterbezogenen strafzumessungsrelevanten Umstände** ergibt, dass das Tatbild vom Durchschnitt der erfahrungsgemäß vorkommenden Diebstähle so sehr abweicht, dass der Strafrahmen des § 242 StGB angesichts der besonderen Strafwürdigkeit der Tat nicht ausreicht, sondern die Anwendung des erhöhten Strafrahmens des § 243 StGB geradezu geboten erscheint.[88] Der in der Lehre hiergegen erhobenen Kritik (zusf. *Eisele* S. 207 ff) ist zuzugeben, dass so die Straf*rahmen*wahl bereits durch Straf*zumessungs*erwägungen beeinflusst wird (vgl. *Kindhäuser* FS Triffterer, S. 123, 127 f) und sachgerechte Ergebnisse häufig bereits innerhalb des *Grund*strafrahmens erzielt werden können (vgl. *Frisch/Bergmann* JZ **1990** 944, 948). Ersteres kommt aber auch anderweitig vor (vgl. § 13 Abs. 2, 21, 23 Abs. 2 StGB); letzteres mahnt eben zur Zurückhaltung bei der Annahme unbenannter besonders schwerer Fälle, selbst wenn sie in der Nähe der Regelbeispiele liegen.

Bei der Feststellung eines besonders schweren Falles empfiehlt es sich, sich am Kata- **68**
log der Strafzumessungsgründe des **§ 46 Abs. 2 StGB** zu orientieren und zu fragen, ob,

---

[87] So aber – neben *Eisele* S. 210 ff – *Horn* SK[7] § 46 Rdn. 59; *Gramsch* Strafrahmenkonkurrenz (1999) S. 28; *Montenbruck* Strafrahmen und Strafzumessung (1983) S. 95; ähnlich *Wahle* GA **1969** 161, 170 f.

[88] BGHSt **23** 254, 257; **28** 318; **29** 319; BayObLG NJW **1980** 2207; OLG Düsseldorf NJW **2000** 158; OLG Köln NStZ **1991** 585; *Duttge* HK-GS Rdn. 1; *Franke* MK § 46 Rdn. 22; *Lackner/Kühl* § 46 Rdn. 14; *Sch/Schröder/Eser* Rdn. 42a; *Sch/Schröder/Stree* Vor § 38 Rdn. 44c; *Theune* LK § 46 Rdn. 304; Arzt/Weber/*Heinrich*/Hilgendorf BT § 14 Rdn. 22; *Krey/Hellmann* Rdn. 101; *Mitsch* BT 2/1 § 1 Rdn. 175; *Rengier* BT 1 § 3 Rdn. 4; *Wessels/Hillenkamp* Rdn. 198 f.

im Hinblick auf den jeweiligen Strafzumessungsgrund, eine so erhebliche Abweichung vom Durchschnitt der erfahrungsgemäß vorkommenden Diebstähle vorliegt, dass die Anwendung des erhöhten Strafrahmens des § 243 StGB geboten ist. Zu würdigen sind namentlich:

- *Beweggründe und Ziele*. Wer stiehlt, um seine Beute zu vergrößern, tut nichts anderes als der, der überhaupt Beute machen will; es wäre unrichtig, so einen besonders schweren Fall zu begründen (OLG Köln NStZ **1991** 585). Wer aber gewohnheits- oder berufsmäßig stiehlt, dessen Tat hebt sich deutlich vom Durchschnitt der erfahrungsgemäß vorkommenden Diebstähle ab.
- *Gesinnung, die aus der Tat spricht, und bei der Tat aufgewendeter Wille*. Wer stiehlt, um einem anderen besonders zu schaden (z.B. einem Kranken, der auf Arznei- oder Hilfsmittel angewiesen ist, diese stiehlt), beweist durch die Tat niedrige Gesinnung und weicht deutlich vom Durchschnitt der erfahrungsgemäß vorkommenden Diebstähle ab. Wer technisch hoch gesicherte Sachen durch Einsatz hochtechnologischer Mittel stiehlt, die aber nicht unter § 243 Abs. 1 Satz 2 Nr. 1 oder 2 StGB fallen, kann ein Maß an „krimineller Energie" beweisen, das ihn deutlich vom Durchschnittsdieb abhebt.
- *Maß der Pflichtwidrigkeit*. Zwar hat der Gesetzgeber darauf verzichtet, die Amtsträgereigenschaft des Diebs als Regelbeispiel eines besonders schweren Falles zu vertypen (s. aber § 236 Nr. 6 E 1962). Jedoch ist die besondere Pflichtenstellung des Amtsträgers jedenfalls dann geeignet einen besonders schweren Fall zu begründen, wenn ihm die gestohlenen Sachen in seiner Eigenschaft als Amtsträger zugänglich waren und ihm so ein besonderes Vertrauen entgegengebracht wurde, das er missbrauchte (BGHSt **29** 319, 323 m. Anm. *Bruns* JR **1981** 337). Auch sonstige Treu- oder Anvertrauensverhältnisse können einen besonders schweren Fall begründen.
- *Art der Ausführung und verschuldete Auswirkungen der Tat*. Diebstahl zur Nachtzeit oder durch Einschleichen, das weder Einbrechen noch Eindringen noch Einsteigen ist, ist weder außergewöhnlich, noch beweist heimliches Vorgehen „kriminelle Energie", sondern vielmehr das verständliche Bemühen, nicht entdeckt zu werden und ggf. körperliche Auseinandersetzungen zu vermeiden; es kann deshalb nicht zur Begründung eines besonders schweren Falles herangezogen werden (**aA** E 1962 Begr. S. 403). Wer, ohne einzubrechen oder eine Schutzvorrichtung zu beschädigen oder zu zerstören, beim Diebstahl erhebliche Sach- und Begleitschäden vorsätzlich anrichtet, kann aber einen besonders schweren Fall verwirklichen. Ob im Übrigen der hohe Wert der gestohlenen Sache für sich genommen ausreicht, um einen besonders schweren Fall zu begründen, erscheint zweifelhaft. Zwar werden im Durchschnittsfall des Diebstahls nur Sachen im Wert von 50,– bis 500,– Euro weggenommen (Vorbem. §§ 242–248c Rdn. 6). Bei Diebesgut hohen Werts können aber bereits innerhalb des Strafrahmens des § 242 StGB angemessene Strafen ausgeurteilt werden. Allenfalls bei exorbitant hohem Wert oder Unersetzlichkeit des Diebesguts wäre an einen unbenannten besonders schweren Fall zu denken. Umgekehrt kann gegen einen besonders schweren Fall sprechen, dass die Tatbeute geringwertig war (vgl. § 243 Abs. 2 StGB und hierzu Rdn. 56).

**69** Gem. § 267 Abs. 3 Satz 3 zweiter Halbsatz i.V.m. Satz 2 erster Halbsatz StPO muss der Tatrichter, der einen unbenannten besonders schweren Fall annimmt, die Gründe hierfür im Urteil darlegen. Erhebt die Staatsanwaltschaft Anklage wegen Diebstahls in einem unbenannten besonders schweren Fall oder beantragt sie eine solche Verurteilung in der Hauptverhandlung und folgt der Tatrichter dem nicht, sind die Gründe hierfür aus materiell-rechtlichen Gründen und in analoger Anwendung des § 267 Abs. 3 Satz 2 erster Halbsatz StPO gleichfalls im Urteil darzulegen; gleiches gilt, wenn sich Umstände für einen unbenannten besonders schweren Fall aufdrängen oder zumindest nahe liegen (*Eisele* S. 202 m.N.). *Ruß* LK[11] Rdn. 3 möchte dem Tatrichter erlauben, in Grenzfällen offen zu lassen, ob ein Regelbeispiel verwirklicht ist, sofern er darlegt, dass zumindest ein unbenannter besonders schwerer Fall vorliegt, oder umgekehrt, dass dies nicht der Fall und zugleich die Indizwirkung des Regelbeispiels widerlegt ist; das erscheint vernünftig, wenn auch aufwendig.

## V. Anwendung des Allgemeinen Teils

1. **Vorsatz.** Mit der Reform des § 243 StGB a.F. wollte der Gesetzgeber am Vorsatzerfordernis nichts ändern, und auch im Strafzumessungsrecht werden Strafzumessungstatsachen (mit der markanten Ausnahme der verschuldeten Auswirkungen der Tat) im Grundsatz nur in Ansatz gebracht, wenn sie dem Täter mindestens sachgedanklich mitbewusst waren. Die Verwirklichung eines Regelbeispiels nach § 243 Abs. 1 Satz 2 StGB hat daher nur dann Regel- oder Indizwirkung, wenn der Täter **vorsätzlich** i.S.v. § 15 StGB handelt; unterliegt er einem Tatbestandsirrtum i.S.v. § 16 StGB, schließt das die Regel- oder Indizwirkung aus.[89] Entsprechendes gilt für unbenannte besonders schwere Fälle; die hierfür maßgeblichen Umstände muss der Täter mindestens billigend in Kauf nehmen. Es genügt bedingter Vorsatz; nur die Gewerbsmäßigkeit ist Absichtsmerkmal (Rdn. 36). Soweit die Regelbeispiele normative Merkmale enthalten (wie z.B. bei § 243 Abs. 1 Satz 2 Nr. 4–6 StGB), muss der Täter die Wertung nachvollziehen. *Dolus subsequens* genügt nicht; fasst der Täter z.B. den Wegnahmevorsatz erst nachdem er in den umschlossenen Raum bereits eingebrochen usw. war, etwa um darin zu schlafen, ist § 243 StGB nicht anwendbar (BGH 2 StR 56/82 vom 30.6.1982). 70

2. **Versuch.** § 243 Abs. 1 Satz 1 StGB ordnet an, dass „der Diebstahl" in besonders schweren Fällen aus dem erhöhten Strafrahmen bestraft wird. Damit ist nach der zutr. h.A. nicht nur der vollendete Diebstahl (§ 242 Abs. 1 StGB), sondern auch der versuchte (§ 242 Abs. 2 StGB) gemeint (vgl. *Zipf* FS Dreher, S. 389, 392 f; **aA** *Arzt* JuS **1972** 515, 517 f; *Callies* JZ **1975** 112, 118). In diesem Sinne kann auch der versuchte Diebstahl der Strafschärfung nach § 243 StGB unterliegen.[90] Deshalb steht die nahezu einhellige Auffassung auf dem Standpunkt, dass ein versuchter Diebstahl in einem besonders schweren 71

89 *Duttge* HK-GS Rdn. 57; *Fischer* Rdn. 27; *Hoyer* SK[6] Rdn. 47; *Kindhäuser* NK Rdn. 42; *Lackner/Kühl* § 46 Rdn. 12; *Sch/Schröder/Eser* Rdn. 43; *Schmitz* MK Rdn. 69; Arzt/Weber/*Heinrich*/Hilgendorf BT § 14 Rdn. 32; *Arzt* JuS **1972** 515, 520; *Eisele* S. 284 ff; *Krey/Hellmann* Rdn. 123; *Maurach/Schroeder/Maiwald* I § 33 Rdn. 103; *Mitsch* BT 2/1 § 1 Rdn. 175; *Otto* BT § 41 Rdn. 30; *Rengier* BT 1 § 3 Rdn. 8; *Wessels/Hillenkamp* Rdn. 210; *Wessels* FS Lackner, S. 423, 426; *Zieschang* Jura **1999** 561, 566; vgl. auch BGHSt **26** 176, 180 ff; **26** 244.

90 BGHSt **33** 370, 375; NStZ **1985** 217 f; OLG Hamm MDR **1976** 155 m. Anm. *Hillenkamp* MDR **1977** 242; OLG Köln MDR **1973** 779 m. Anm. *Dreher* MDR **1974** 57; *Fischer* Rdn. 28; *Hoyer* SK[6] Rdn. 54; *Kindhäuser* NK Rdn. 44; *Lackner/Kühl* § 46 Rdn. 15; *Sch/Schröder/Eser* Rdn. 44; *Schmitz* MK Rdn. 83; *Theune* LK § 46 Rdn. 308; Arzt/Weber/*Heinrich*/Hilgendorf BT § 14 Rdn. 36; *Eisele* JA **2006** 309, 314; *Haft*/Hilgendorf BT 1 S. 17; *Krey/Hellmann* Rdn. 109 f; *Küper* JZ **1986** 518, 520; *Laubenthal* JZ **1987** 1065, 1069; *Maurach/Schroeder/Maiwald* I § 33 Rdn. 105; *Mitsch* BT 2/1 § 1 Rdn. 179; *Otto* BT § 41 Rdn. 33; *Rengier* BT 1 § 3 Rdn. 51; *Wessels* FS Lackner, S. 423, 426; *ders./Hillenkamp* Rdn. 202.

Fall dann vorliegen kann, wenn der Täter ein **Regelbeispiel** (oder auch einen unbenannten besonders schweren Fall) vorsätzlich (soeben Rdn. 70) **verwirklicht**, insbesondere einbricht, eindringt usw., es dann aber nur zum **Diebstahlsversuch** kommt, weil der Täter überrascht wird, sich keine stehlenswerten Sachen finden oder der Täter irrig eine eigene Sache als fremd in Zueignungsabsicht wegnimmt u. dgl.[91]

**72** Umstritten ist die Konstellation, dass **nicht nur der Diebstahl, sondern bereits die Verwirklichung des Regelbeispiels im Versuchsstadium steckenbleibt**, z.B. wenn der Einbrecher oder Einsteigedieb überrascht wird, bevor er gewaltsam einen Zugang geschaffen oder mindestens mit einem Körperteil in die geschützte Räumlichkeit gelangt ist (Rdn. 23 f). Die ältere Rechtsprechung[92] und Lehre[93] standen überwiegend auf dem Standpunkt, in dieser Konstellation sei nur wegen versuchten einfachen Diebstahls zu bestrafen, weil nur ein verwirklichtes Regelbeispiel Regel- oder Indizwirkung habe und § 22 StGB auf die Strafzumessungsvorschrift des § 243 StGB nicht angewendet werden könne. Dem hat BGHSt 33 370, 374[94] entgegengehalten, es stehe „nicht in Widerspruch zu den Grundsätzen des Strafzumessungsrechts und zum Sinn und Zweck der Gesetzesänderung" (s. bereits Rdn. 6), bereits dem Versuch eines Regelbeispiels Regel- oder Indizwirkung beizumessen. Die Schuld des Täters, die Grundlage für die Zumessung der Strafe sei, spiegle sich bereits im wenigstens teilweise ausgeführten Tatentschluss wieder. Der Gesetzgeber habe mit der Reform nicht bezweckt, den versuchten Einbruch von der Strafschärfung grundsätzlich auszunehmen. Scheitere bereits der Einbruch, werde der Tatrichter allerdings im Interesse der Einzelfallgerechtigkeit prüfen müssen, ob er Grund habe, von der Annahme eines besonders schweren Falles des versuchten Diebstahls abzusehen. Die neuere Rechtsprechung ist dem gefolgt und z.B. zum versuchten Diebstahl in einem besonders schweren Fall gekommen, wenn der Täter ein Kaufhaus betritt, um Kassen aufzubrechen (§ 243 Abs. 1 Satz 2 Nr. 2 StGB), die Kassen aber offen und entleert vorfindet (BayObLG NStZ **1997** 442 = JR **1999** 37 m. **krit.** Anm. *Wolters*). Das literarische Echo ist geteilt: Teils wurde und wird kritisiert,[95] mit BGHSt 33 370 habe sich die Recht-

---

[91] BGHSt 33 370; BGH NStZ **1984** 262; **1985** 217 f; BayObLG NJW **1980** 2207; OLG Düsseldorf NJW **1983** 2712; MDR **1985** 160; OLG Hamm MDR **1976** 155 m. **krit.** Anm. *Hillenkamp* MDR **1977** 242; OLG Stuttgart NStZ **1981** 222, 223; *Fischer* Rdn. 28; *Hoyer* SK[6] Rdn. 54; *Lackner/Kühl* § 46 Rdn. 15; *Sch/Schröder/Eser* Rdn. 44; *Eisele* JA **2006** 309, 314; *Fabry* NJW **1986** 15, 18; *Gribbohm* NJW **1975** 2213; *Küper* JZ **1986** 518, 520; *Laubenthal* JZ **1987** 1065, 1069; *Lieben* NStZ **1984** 538, 539; *v. Löbbecke* MDR **1973** 374 f; *Maurach/Schroeder/Maiwald* I § 33 Rdn. 105; *Otto* JZ **1985** 24; *ders.* Jura **1989** 200, 201; *Sternberg-Lieben* Jura **1986** 183, 184; *Wessels* FS Maurach, S. 295, 306; *ders.* FS Lackner, S. 423, 430; *Zipf* FS Dreher, S. 389, 392; *ders.* JR **1981** 121; **aA** *Arzt* JuS **1972** 517; *Callies* JZ **1975** 118.

[92] BayObLG NJW **1980** 2207; OLG Düsseldorf NJW **1983** 2712; MDR **1985** 160; OLG Stuttgart NStZ **1981** 222.

[93] *Fischer* § 46 Rdn. 101; *Lackner/Kühl* § 46 Rdn. 15; *Sch/Schröder/Eser* Rdn. 44; *Küper* JZ **1986** 518, 521ff; *Sternberg-Lieben* Jura **1986** 183, 187 f; *Wessels* FS Maurach, S. 295, 307; *ders.* FS Lackner, S. 423, 433 ff; vgl. ferner *Arzt* JuS **1972** 517; *Callies* JZ **1975** 118; *Kadel* JR **1985** 386; *Lieben* NStZ **1984** 538, 540; *Otto* JZ **1985** 21, 24; anders aber *Fabry* NJW **1986** 15, 19; *Maurach/Schroeder/Maiwald* I § 33 Rdn. 107; *Zipf* JR **1981** 121.

[94] Zust. Anm. bei *G. Schäfer* JR **1986** 522; zw. BGH NStZ 1984 262; 2 StR 48/85 vom 3.5.1985; dazu auch *Fabry* NJW **1986** 15, 19.

[95] *Fischer* Rdn. 100; *Lackner/Kühl* Rdn. 15; *Ruß* LK[11] Rdn. 36; *Schmitz* MK Rdn. 86; *Graul* JuS **1999** 852, 854; *Krey/Hellmann* Rdn. 125; *Rengier* BT 1 § 3 Rdn. 52; *Wessels/Hillenkamp* Rdn. 206 ff; *Zieschang* Jura **1999** 561, 565.

sprechung in den Selbstwiderspruch gesetzt, § 243 StGB einerseits als Strafzumessungsvorschrift (Gesamtabwägung usw.), andererseits die Regelbeispiele als „tatbestandsähnlich“ aufzufassen und „im Ergebnis wie (...) Tatbestandsmerkmal(e)“ zu behandeln (BGHSt aaO S. 374; s. auch BGH StV **1983** 14 und *Fabry* NJW **1986** 15, 19). In der Konsequenz der neueren Tendenz, die Regelbeispiele in der Sache als Qualifikationen zu behandeln, liegt es freilich, gerade diesen Aussagen und auch dem Ergebnis von BGHSt 33 370 zuzustimmen (*Eisele* S. 311 ff; *Kindhäuser* NK Rdn. 33). Teilweise wird die Zustimmung auch damit begründet, der Versuch eines Regelbeispiels könne ein unbenannter besonders schwerer Fall i.S.v. § 243 Abs. 1 Satz 1 StGB sein (*Hoyer* SK⁶ Rdn. 54 mit Verweis auf OLG Düsseldorf NJW **1983** 2712, 2713). Das dürfte die konstruktiv sauberste Lösung sein. In der Sache trägt BGHSt **33** 370 nicht nur dem Willen des Gesetzgebers Rechnung, sondern steht auch mit „Grundsätzen des Strafzumessungsrechts“ im Einklang, wonach ein Erschwerungsgrund bereits dann berücksichtigt werden darf, wenn er nur in der Vorstellung des Täters vorhanden ist (z.B. vermeintlich hoher Beutewert, BGHSt **1** 131, 136; vgl. *Lieben* NStZ **1984** 538, 539; *Zipf* JR **1981** 119, 121); des Rekurses auf die „Tatbestandsähnlichkeit“ der Regelbeispiele hätte es gar nicht bedurft. Zur Frage des Versuchsbeginns Rdn. 74.

In der Theorie viel diskutiert, in der Praxis, soweit ersichtlich, ohne Bedeutung[96] ist **73**
die dritte Konstellation des Zusammentreffens von **Versuch des Regelbeispiels und vollendetem Diebstahl.**[97] Wer in ein Haus einbrechen will, aber durch eine für ihn überraschenderweise offenstehende Tür ins Haus gelangt und stiehlt (so das Beispiel von *Ruß* LK[11] Rdn. 36), ist gewiss nur wegen einfachen Diebstahls strafbar – er hat zum Einbruch gar nicht angesetzt. Kommt es doch zum Versuch (z.B. versucht der eine Mittäter, ein Fenster auszuhebeln, und der andere ruft ihm zu, die Tür stehe offen, worauf beide durch die Tür gehen und stehlen[98]), so soll es nach einer Meinung beim einfachen vollendeten Diebstahl bleiben,[99] nach einer anderen soll dieser mit einem versuchten Dieb-

---

[96] Die hierzu üblicherweise zitierten Entscheidungen BayObLG NJW **1980** 2207; OLG Düsseldorf NJW **1983** 2712; OLG Stuttgart NStZ **1981** 222 betreffen allesamt versuchte Diebstähle mit versuchten Regelbeispielen, also die in Rdn. 72 erörterte Konstellation und behandeln die hier gegenständliche Konstellation nur *arguendi causa*.

[97] S. dazu *Hoyer* SK⁶ Rdn. 54; *Lackner/Kühl* § 46 Rdn. 14; *Sch/Schröder/Eser* Rdn. 44; *Fabry* NJW **1986** 15, 20; *Küper* JZ **1986** 518, 521; *Lieben* NStZ **1984** 538; *Maurach/Schroeder/Maiwald* I § 33 Rdn. 107; *Otto* Jura **1989** 200, 201; *Sternberg-Lieben* Jura **1986** 183, 187; *Wessels* FS Lackner, S. 423, 431; *Zipf* JR **1981** 121.

[98] Zur in dem Beispiel aufgeworfenen Frage des Rücktritts vom Versuch des Regelbeispiels *Eisele* S. 321 ff. Überzeugende Beispiele sind keineswegs einfach zu finden. Wer den Hebel am Fenster ansetzt, das aufschwingt, und dann einsteigt und stiehlt, begeht Einsteigediebstahl. Wenn jemand an der Tür rüttelt, um zu prüfen, ob sie verschlossen ist, für diesen Fall entschlossen ist sie aufzubrechen, und er nun feststellt, dass die Tür offen ist, hineingeht und stiehlt, so ist das kein unproblematischer Versuchsbeginn des Einbruchs (Tatentschluss auf ungewisser Tatsachengrundlage? Rütteln als unmittelbares Ansetzen zum Aufbrechen?). Wer ein unverschlossenes Behältnis, in der Vorstellung es sei verschlossen, wegnimmt, um es später aufzubrechen, hat richtiger Auffassung nach schon keinen Vorsatz, das Regelbeispiel in Nr. 2 zu verwirklichen (Rdn. 33). Zu denken wäre an das Beispiel, dass der Täter den Hebel an der Tür ansetzt, die offen, aber verklemmt ist, und so durch eine nur geringe, für Einbrechen nicht genügende Kraftentfaltung bewirkt, dass die Tür aufschwingt.

[99] BayObLG NJW **1980** 2207; OLG Düsseldorf NJW **1983** 2712; OLG Stuttgart NStZ **1981** 222, 223; *Fischer* § 46 Rdn. 102; *Lackner/Kühl* § 46 Rdn. 14; *Sch/Schröder/Eser* Rdn. 44; *Arzt* JuS **1972** 517; *Callies* JZ **1975** 118; *Küper* JZ **1986** 518, 521; *Lieben* NStZ **1984** 538; *Otto* Jura **1989** 200, 201; *Stern-*

stahl in einem besonders schweren Fall idealiter konkurrieren (*Eisele* S. 317 f), nach einer dritten soll dieser den vollendeten Diebstahl verdrängen, der nur bei der Strafzumessung zu berücksichtigen sei (*Zipf* JR **1981** 119, 121), und nach einer vierten liegt vollendeter Diebstahl in einem unbenannten besonders schweren Fall vor (*Hoyer* SK⁶ Rdn. 54).

**74** Vor allem in der Konstellation, dass die Tat bereits im Versuch des Regelbeispiels stecken bleibt, stellt sich zudem die Frage nach dem **Versuchsbeginn** des Diebstahlsversuchs in einem besonders schweren Fall (s. hierzu *Hillenkamp* LK § 22 Rdn. 127 f; zusf. *Eisele* S. 297 ff). Die Rechtsprechung neigt dazu, bereits das unmittelbare Ansetzen zur Verwirklichung des Regelbeispiels oder dessen Teilverwirklichung genügen zu lassen, wenn es unmittelbar anschließend zur Wegnahme kommen soll. Zum § 243 StGB a.F. hat RGSt **54** 35 f genügen lassen, dass der Einbrecher Fenster mit einem Mittel beschmierte, damit sie beim Einschlagen keinen Lärm verursachten. Ein Beginn der Ausführungshandlung ist ferner bejaht worden, als der Täter in einen umschlossenen Hofraum einstieg, um dann von dort in das Wohnhaus zu gelangen, aus dem er stehlen wollte (RGSt **43** 332; OLG Hamm MDR **1976** 155 m. krit. Anm. *Hillenkamp* MDR **1977** 242). Im gleichen Sinne hat BGHSt **33** 370 zum neuen § 243 StGB das Aufhebeln der Umbördelung von Scheiben ausreichen lassen. Nach BayObLG NStZ **1997** 442 = JR **1999** 37 m. krit. Anm. *Wolters* soll genügen, dass sich der Täter den Kassen nähert, die er aufbrechen will, aber offen und leer vorfindet. An alledem rügt die Literatur, Bezugpunkt des unmittelbaren Ansetzens müsse die Tatbestandsverwirklichung durch *Wegnahme* sein,[100] und zwar unabhängig davon, ob Regelbeispiele als Strafzumessungsgründe oder Qualifikationsmerkmale aufgefasst werden (*Eisele* S. 298, *Hillenkamp* aaO Rdn. 121, 123). Hiernach könnte in den geschilderten Fällen nur wegen Hausfriedensbruch oder Sachbeschädigung oder gar nicht bestraft werden; eine Polizeistreife, die den zum Einbruchdiebstahl tätig Entschlossenen wie in BGHSt **33** 370, 371 überrascht, müsste, um die Aburteilung wegen Einbruchdiebstahlsversuchs nicht zu gefährden, zuwarten, bis der Täter die Scheibe ausgebördelt hat und in die Räume gelangt ist, aus denen er stehlen will. Der Praxis und auch der Bevölkerung dürften solche Konsequenzen nicht vermittelbar sein. Auch nach der Rechtsprechung ist noch kein unmittelbares Ansetzen gegeben, wenn sich der Einbrecher dem Gebäude nähert (RGSt **54** 42, 43; BGH 5 StR 792/81 vom 9.2.1982) oder ein zum späteren Einbruch bestimmtes Mittel an den Tatort schafft oder einen Fensterriegel zurückschiebt, um in der folgenden Nacht einsteigen zu können.

**75** Bleibt es beim Diebstahlsversuch in einem besonders schweren Fall, so kann der Strafrahmen des § 243 StGB gem. §§ 23 Abs. 2, 49 Abs. 1 StGB wieder **gemildert** werden. Praktisch bedeutsam ist vor allem die Möglichkeit, gem. § 49 Abs. 1 Nr. 3 StGB die Mindeststrafe von drei Monaten Freiheitsstrafe bis auf das gesetzliche Mindestmaß von einem Monat Freiheitsstrafe (§ 38 Abs. 2 StGB; s. dann § 47 Abs. 2 Satz 1 StGB) zu unterschreiten (BGH NStZ **1984** 362, 363; BGH 3 StR 487/75 vom 31.3.1976; OLG Köln MDR **1973** 779 m. abl. Anm. *Dreher* MDR **1974** 57).[101]

---

*berg-Lieben* Jura **1986** 183, 187; *Wessels* FS Maurach, S. 295, 306 f; *ders.* FS Lackner, S. 423, 431.

[100] *Fischer* § 46 Rdn. 100; *Hoyer* SK⁶ Rdn. 55; *Lackner/Kühl* § 46 Rdn. 15; *Sch/Schröder/Eser* Rdn. 45; *Eisele* JA **2006** 309, 313; *Gössel* FS Tröndle, S. 357, 366; *Sternberg-Lieben* Jura **1986** 183, 185; *Wessels* FS Lackner, S. 423, 427; **aA** *Ruß* LK¹¹ Rdn. 37.

[101] *Fischer* § 46 Rdn. 104; *Hoyer* SK⁶ Rdn. 54; *Lackner/Kühl* § 46 Rdn. 15; *Sch/Schröder/Eser* Rdn. 46; *Braunsteffer* NJW **1976** 736, 738; *Fabry* NJW **1986** 15, 20; *v. Löbbecke* MDR **1973** 374, 375; *Maurach/Schroeder/Maiwald* I § 33 Rdn. 105; *Sternberg-Lieben* Jura **1986** 183, 186; *Wessels* FS Maurach, S. 295, 307; **aA** *Dreher* MDR **1974** 57.

3. **Beteiligung.** Die vordringende Lehre, wonach § 243 StGB wie eine Qualifikation zu behandeln ist, wendet auf alle Beteiligungsfragen unmittelbar oder mindestens entsprechend §§ 25 ff StGB an (*Eisele* S. 340 ff; *Hoyer* SK⁶ Rdn. 56 f; *Kindhäuser* NK Rdn. 50; *Schmitz* MK Rdn. 79). Demgegenüber hält die Rechtsprechung daran fest, dass die Frage, ob einem Tatbeteiligten ein besonders schwerer Fall (Regelbeispiel oder unbenannter besonders schwerer Fall) zur Last gelegt werden kann, im Ausgangspunkt unabhängig von §§ 25 ff StGB für jeden einzelnen gesondert zu prüfen ist; das Ergebnis beruht auf einer umfassenden Abwägung aller wesentlichen tat- und täterbezogenen Umstände bei dem jeweiligen Beteiligten, wobei – unter Berücksichtigung der Tatbeiträge des oder der anderen Beteiligten – alle auf ihn und seinen Tatbeitrag bezogenen tat- und täterbezogenen Umstände wie Umfang und Gewicht des Beitrages, Maß seiner Schuld, Grad seiner Abhängigkeit von den anderen u.a.m. zu berücksichtigen sind (BGHSt **29** 239, 244; BGH bei Holtz MDR **1982** 101; NStZ **1982** 206; StV **1992** 372).[102] Freilich sind einem mittelbaren Täter auch nach der Rechtsprechung im Grundsatz alle Regelbeispiele zuzurechnen, die das für ihn weisungsgemäß handelnde Werkzeug erfüllt (*Ruß* LK¹¹ Rdn. 39; **aA** noch RGSt **24** 86). Ein plangemäß von einem Mittäter verwirklichtes Regelbeispiel wird den anderen zumindest als unbenannter besonders schwerer Fall zugerechnet (BGHSt **43** 237, 240 zu § 125a StGB). Auch bei der Teilnahme kommt es zu einer „Quasi-Akzessorietät", wenn dem Teilnehmer die in der Person des Täters verwirklichten tatbezogenen Regelbeispiele wie Einbruch u. dgl. kraft Vorsatzes zugerechnet werden und in der Person des Teilnehmers zumindest einen unbenannten besonders schweren Fall begründen. Akzessorietätsdurchbrechungen bleiben aber möglich, z.B. wenn der Gehilfe einen – wie er, nicht aber der Haupttäter weiß – falschen Schlüssel zur Verfügung stellt; der Gehilfe soll dann gem. §§ 27, 242, 243 Abs. 1 Satz 2 Nr. 1 StGB zu bestrafen sein, obwohl der Haupttäter mangels Vorsatzes nur einen einfachen Diebstahl begeht (**krit.** *Eisele* S. 344). Das täterbezogene Regelbeispiel der Gewerbsmäßigkeit (§ 243 Abs. 1 Satz 2 Nr. 3 StGB) soll auch nach h.A. gem. § 28 Abs. 2 StGB behandelt werden, also nur dem Beteiligten zur Last fallen, der selbst gewerbsmäßig handelt.[103] Bei sukzessiver Beteiligung soll das Regelbeispiel im Allgemeinen nicht zugerechnet werden, wenn es nicht nur vollendet, sondern bereits beendet war (BGHSt **2** 344; BGH GA **1966** 210; OLG Frankfurt NJW **1969** 1915). Vertiefend *Eisele* S. 340 ff. **76**

## VI. Rechtsfolgen, Prozessuales

1. **Rechtsfolgen.** § 243 StGB ändert nichts daran, dass die Tat ein *Vergehen* des Diebstahls bleibt (vgl. auch § 12 Abs. 3 StGB). Gegenüber dem Diebstahl wird die *Mindeststrafe* auf drei Monate Freiheitsstrafe angehoben, die *Höchststrafe* auf zehn Jahre Freiheitsstrafe verdoppelt. Zur Strafrahmenmilderung bei Versuch Rdn. 75. Auch beim Diebstahl in einem besonders schweren Fall ist in der Praxis *Geldstrafe* die Regelstrafe (Vorbem. §§ 242–248c Rdn. 10). Ermöglicht wird das durch § 47 Abs. 2 StGB, der einen „Geldstrafrahmen" von 90 bis 180 Tagessätzen eröffnet, bei Strafrahmenmilderung gem. § 49 Abs. 1 Nr. 3 StGB von 5 (§ 40 Abs. 1 Satz 2 StGB) bis 180 Tagessätzen. Reicht das nicht **77**

---

[102] *Fischer* § 46 Rdn. 105; *Hoyer* SK⁶ Rdn. 56; *Lackner/Kühl* § 46 Rdn. 16; *Sch/Schröder/Eser* Rdn. 47; *Bruns* GA **1988** 339 ff; **aA** *Schmitz* MK Rdn. 80.

[103] *Hoyer* SK⁶ Rdn. 57; *Schmitz* MK Rdn. 79; *Sch/Schröder/Eser* Rdn. 47; *Maurach/Schroeder/Maiwald* I § 33 Rdn. 108; vgl. auch *Bruns* GA **1988** 339, 348; *Maiwald* NStZ **1984** 433, 437, 439.

aus, kommen zur Bewährung ausgesetzte Freiheitsstrafen von sechs Monaten bis zu einem Jahr (§ 56 Abs. 1 StGB) in Betracht. Bei Serieneinbrüchen mit hohen Schäden oder zeitnahen einschlägigen Vorstrafen ist an höhere, ggf. nicht zur Bewährung ausgesetzte Freiheitsstrafen zu denken.

78 **2. Prozessuales.** Die Annahme eines Diebstahls in einem besonders schweren Fall schließt eine Einstellung des Verfahrens nach § 153 StPO nicht zwingend aus, die nicht der Zustimmung des Gerichts bedarf (*Meyer-Goßner*[52] § 153 Rdn. 15). Jedenfalls ist die Einstellung nach § 153a StPO möglich. Nach h.A. müssen besonders schwere Fälle und jedenfalls Regelbeispiele in tatsächlicher und rechtlicher Hinsicht in den Anklagesatz (§ 200 Abs. 1 Satz 1 StPO) aufgenommen werden. Kommt erst in der Hauptverhandlung das eine oder andere Regelbeispiel in Betracht, muss der Anklagte hierauf gem. § 265 Abs. 2 StPO hingewiesen werden. Nach höchstrichterlicher Rechtsprechung ist auch bei Anwendung des § 243 StGB nur wegen „Diebstahls" zu verurteilen; der Hinweis „in einem besonders schweren Fall" oder gar das für anwendbar erachtete Regelbeispiel („Einbruchdiebstahl") gehören nicht in die Urteilsformel (BGHSt **23** 254, 256; **27** 287, 289, BGH 4 StR 614/74 vom 6.2.1975; BGH NJW **1977** 1830; BGH 2 StR 465/76 vom 27.10.1976; BGH NStZ **1999** 205); es ist aber kein Rechtsverstoß, es anders zu handhaben (BGHSt **27** 287, 289 f), was zunehmend empfohlen wird (*Eisele* S. 379 ff; *Fabry* NJW **1986** 15, 16; *Kindhäuser* NK Rdn. 61; *Schmitz* MK Rdn. 92). Wer ein auf den Rechtsfolgenausspruch beschränktes Rechtsmittel einlegt, kann die tatsächlichen Feststellungen zu einem Regelbeispiel, das zugleich den Schuldspruch betrifft, also doppelrelevant ist, nicht mehr angreifen (BGHSt **29** 359, 368 für § 243 Abs. 1 Satz 2 Nr. 1, 2 und 4 StGB; OLG Celle 32 Ss 103/00 – 14.9.2000 für § 243 Abs. 1 Satz 2 Nr. 3 StGB). Die Widerlegung der Regel- oder Indizwirkung und die Annahme eines unbenannten besonders schweren Falles überprüft das Revisionsgericht nur auf Vollständigkeit und Vertretbarkeit der Abwägung, setzt jedoch nicht seine Würdigung an die Stelle der des Tatrichters.

## VII. Konkurrenzen

79 Diebstahl und besonders schwerer Fall bilden eine Einheit, stehen aber nicht zueinander in Gesetzes- oder Idealkonkurrenz. Verwirklicht der Täter mehrere Regelbeispiele mit einer oder mehreren in natürlicher oder tatbestandlicher Handlungseinheit zueinander stehenden Wegnahmehandlungen, so ist das nur ein Diebstahl (in einem besonders schweren Fall) (BGH 4 StR 62/75 vom 3.4.1975). Die Begehung mehrerer gewerbsmäßiger Diebstähle führt aber nicht zu tatbestandlicher Handlungseinheit. Wahlfeststellung unter Regelbeispielen ist möglich.[104] Ist der Diebstahl in einem besonderes schweren Fall zugleich nach §§ 244, 244a StGB qualifiziert oder sogar Raub(qualifikation), treten §§ 242, 243 StGB zurück.[105] Bei Einbruchdiebstählen sind regelmäßig §§ 123, 303 StGB, bei

---

104 *Kindhäuser* NK Rdn. 63; *Lackner/Kühl* Rdn. 24; *Sch/Schröder/Eser* Rdn. 59; *Schmitz* MK Rdn. 92; *Kindhäuser* BT II § 3 Rdn. 64; *Maurach/Schroeder/Maiwald* I § 33 Rdn. 109.

105 BGH 4 StR 598/81 vom 19.11.1981; *Duttge* HK-GS § 244 Rdn. 38; *Hoyer* SK[6] Rdn. 58; *Lackner/Kühl* Rdn. 24; *Sch/Schröder/Eser* § 244 Rdn. 35; *Schmitz* MK Rdn. 90; Arzt/Weber/*Heinrich*/Hilgendorf BT § 14 Rdn. 66; *Krey/Hellmann* Rdn. 138; *Rengier* BT 1 § 4 Rdn. 62; *Wessels/Hillenkamp* Rdn. 236.

Wegnahme besonders gesicherter Sachen regelmäßig § 303 StGB mit erfüllt. Nach bisher h.A. sollen diese Vorschriften aber unter dem Gesichtspunkt der Konsumtion zurücktreten.[106] Tateinheit ist aber jedenfalls anzunehmen, wenn die Begleittat aus dem üblichen Verlauf eines Ein- oder Aufbruchdiebstahls herausfällt und von einem eigenständigen Unrechtsgehalt geprägt ist, namentlich wenn der Diebstahl nur versucht, die Sachbeschädigung aber vollendet ist oder der Sachschaden den Wert der Beute erheblich übersteigt (BGH NStZ **2001** 642).[107] Darüber hinaus neigt der 1. Strafsenat des BGH (aaO) der Auffassung zu, § 303 StGB werde von vornherein nicht von § 243 Abs. 1 Satz 2 Nr. 1, 2 StGB konsumiert, sondern stehe in Tateinheit zum Ein- und Aufbruchdiebstahl.

## § 244
## Diebstahl mit Waffen; Bandendiebstahl; Wohnungseinbruchdiebstahl

**(1) Mit Freiheitsstrafe von sechs Monaten bis zu zehn Jahren wird bestraft, wer**

1. **einen Diebstahl begeht, bei dem er oder ein anderer Beteiligter**
   a) **eine Waffe oder ein anderes gefährliches Werkzeug bei sich führt,**
   b) **sonst ein Werkzeug oder Mittel bei sich führt, um den Widerstand einer anderen Person durch Gewalt oder Drohung mit Gewalt zu verhindern oder zu überwinden,**
2. **als Mitglied einer Bande, die sich zur fortgesetzten Begehung von Raub oder Diebstahl verbunden hat, unter Mitwirkung eines anderen Bandenmitglieds stiehlt oder**
3. **einen Diebstahl begeht, bei dem er zur Ausführung der Tat in eine Wohnung einbricht, einsteigt, mit einem falschen Schlüssel oder einem anderen nicht zur ordnungsmäßigen Öffnung bestimmten Werkzeug eindringt oder sich in der Wohnung verborgen hält.**

**(2) Der Versuch ist strafbar.**

**(3) In den Fällen des Absatzes 1 Nr. 2 sind die §§ 43a, 73d anzuwenden.**

### Schrifttum

S. das zu §§ 242, 243 angegebene Schrifttum und weiterhin: *Altenhain* Die Mitwirkung eines anderen Bandenmitglieds, ZStW **113** (2001) 112; *ders.* Der Beschluss des GSSt zum Bandendiebstahl, Jura **2001** 836; *Apel* Die Gaspistole: eine Schußwaffe? GewArch **1985** 295; *Appel* Verfassung und Strafe (1998); *Arzt* Die Neufassung der Diebstahlsbestimmungen. Gleichzeitig ein Beitrag zur Technik der Regelbeispiele. 2. Teil, JuS **1972** 576; *Becker* Waffe und Werkzeug als Tatmittel im Strafrecht (2003); *Behm* Zur Auslegung des Merkmals „Wohnung" im Tatbestand des § 123 und § 244 Abs. 1 Nr. 3 StGB, GA **2002** 153; *Boetticher/Sander* Das erste Jahr des § 250 n.F. in der

---

[106] BGH 3 StR 33/82 vom 5.2.1982; *Hoyer* SK[6] Rdn. 58; *Lackner/Kühl* Rdn. 24; Arzt/Weber/*Heinrich*/Hilgendorf BT § 14 Rdn. 52; *Dölling* JuS **1986** 688, 693; *Wessels/Hillenkamp* Rdn. 236; diff. *Schmitz* MK Rdn. 90; **aA** *Maurach/Schroeder/Maiwald* I § 33 Rdn. 109; *Rengier* BT 1 § 3 Rdn. 61 – Wurde kein besonders schwerer Fall angenommen, so wurde bereits nach bisher h.A. idealkonkurrierend verurteilt, KG JR **1979** 25 m. Anm. *Geerds*.

[107] BGH NStZ **2001** 642 = JZ **2002** 512 m. Anm. *Kargl/Rüdiger* NStZ **2002** 202 und *Sternberg-Lieben* JZ **2002** 514; *Sch/Schröder/Eser* Rdn. 59; *Kindhäuser* BT II § 3 Rdn. 65; *Rengier* JuS **2002** 850, 852; *ders.* BT 1[11] § 3 Rdn. 60; *Wessels/Hillenkamp* Rdn. 236; **krit.** *Fahl* JA **2002** 541.

Rechtsprechung des BGH, NStZ **1999** 292; *Braum* Die Tatbestände des Diebstahls mit Waffen und des Schweren Raubes zwischen Gefährdungsdogmatik und Gesetzlichkeitsprinzip, in: Institut für Kriminalwissenschaften und Rechtsphilosophie Frankfurt a.M. (Hrsg), Irrwege der Strafgesetzgebung (1999) 27; *Ellbogen* Zu den Voraussetzungen des täterschaftlichen Bandendiebstahls, wistra **2002** 8; *Endriß* Verflixte Bande (Zum Bandenbegriff im Betäubungsmittelstrafrecht), StV **1999** 445; *Engländer* Die Täterschaft beim Bandendiebstahl, GA **2000** 578; *Erb* Die Neuinterpretation des Bandenbegriffs und des Mitwirkungserfordernisses beim Bandendiebstahl, NStZ **2001** 561; *Eser* „Scheinwaffe" und „Schwerer Raub" (§ 250 Abs. 1 Nr. 2, Abs. 2 StGB), JZ **1981** 761; *Fahl* Wird der Wohnungseinbruchsdiebstahl noch von § 243 I 2 Nr. 1 StGB erfasst? NJW **2001** 1699; *Fischer* Waffen, gefährliche und sonstige Werkzeuge nach dem Beschluss des Großen Senats, NStZ **2003** 569; *Gaede* Der praktische Fall – Strafrecht: Täterschaft und Teilnahme beim Bandendiebstahl, JuS **2003** 774; *Geppert* Zur „Scheinwaffe" und anderen Streitfragen zum „Bei-sich-Führen" einer Waffe im Rahmen der §§ 244 und 250 StGB, Jura **1992** 496; *ders.* Zum „Waffen"-Begriff des „gefährlichen Werkzeugs", zur „Scheinwaffe" und zu anderen Problemen im Rahmen der neuen §§ 250 und 244 StGB, Jura **1999** 599; *Giesen* Die Tatmittel in der Diebstahls- und Raubqualifikation gemäß §§ 244, 250 StGB, Diss. Bonn 2002; *Gröschner* Die Gaspistole: eine Schußwaffe? GewArch **1984** 372; *Haft* Grundfälle zu Diebstahl und Raub mit Waffen, JuS **1988** 364; *Hannich/Kudlich* Verwenden einer Waffe bei ungeladener Pistole und mitgeführter Munition, NJW **2000** 3475; *Hardtung* Das gefährliche Beisichführen eines Werkzeugs beim Diebstahl, StV **2004** 399; *Heidemeier* „Laß den Browning mal zu Hause" oder die Waffe am Tatort, Festschrift Hanack (1999) 553; *Hellmich* Zum „neuen" Wohnungsbegriff des § 244 I Nr. 3 StGB, NStZ **2001** 511; *Hettinger* Diebstahl mit Waffen (§ 244 Abs. 1 Nr. 1 StGB) durch zum Tragen von Schußwaffen verpflichtete Täter? GA **1982** 525; *Hilgendorf* Körperteile als „gefährliche Werkzeuge", ZStW **112** (2000) 811; *Hörnle* Die wichtigsten Änderungen des Besonderen Teils des StGB durch das 6. Gesetz zur Reform des Strafrechts, Jura **1998** 169; *Jäger* Diebstahl nach dem 6. StrRG, JuS **2000** 651; *Joerden* Der Bandendiebstahl und seine Mitwirkenden, JuS **2002** 329; *Kargl* Verwenden einer Waffe als gefährliches Werkzeug nach dem 6. StrRG, StraFo **2000** 7; *Katholnigg/Brüner* Bandenkriminalität im Waffenrecht, ZRP **1984** 173; *Katzer* Der Diebstahl mit Schußwaffe (§ 244 Abs. 1 Nr. 1 StGB), NStZ **1982** 236; *Krings* Die strafrechtlichen Bandennormen unter besonderer Berücksichtigung des Phänomens der Organisierten Kriminalität (2000); *Krüger* Neue Rechtsprechung zum „Beisichführen eines gefährlichen Werkzeugs" in § 244 I Nr. 1a, 250 I Nr. 1a StGB – Bestandsaufnahme und Ausblick, Jura **2002** 766; *Krumme* Die Wohnung im Recht: unter besonderer Berücksichtigung des Wohnungsbegriffs in § 244 Abs. 1 Nr. 3 StGB (2004); *Kudlich* Zum Stand der Scheinwaffenproblematik nach dem 6. Strafrechtsreformgesetz, JR **1998** 357; *Küper* „Sukzessive" Tatbeteiligung vor und nach der Raubvollendung, JuS **1986** 862; *ders.* Verwirrungen um das neue „gefährliche Werkzeug" (§ 244 I Nr. 1a, § 250 I Nr. 1a, II Nr. 1 StGB), JZ **1999** 187; *ders.* „Waffen" und „Werkzeuge" im reformierten Besonderen Teil des Strafgesetzbuchs, Festschrift Hanack (1999) 569; *ders.* Das mitgeführte „gefährliche Werkzeug" (§§ 244 I Nr. 1a, 250 I Nr. 1a StGB) als Problem der Gesetzessystematik, Gedächtnisschrift Schlüchter (2002) 331; *Leißner* Der Begriff des gefährlichen Werkzeugs im StGB (2002); *Lesch* Diebstahl mit Waffen nach dem 6. StrRG, GA **1999** 365; *ders.* Waffen, (gefährliche) Werkzeuge und Mittel beim schweren Raub nach dem 6. StrRG, JA **1999** 30; *Maatsch* Das gefährliche Werkzeug im neuen § 244 StGB, GA **2001** 75; *Meyer* Zur Täterschaft beim Bandendiebstahl, JuS **1986** 189; *Mitsch* Die Vermögensdelikte im Strafgesetzbuch nach dem 6. Strafrechtsreformgesetz, ZStW **111** (1999) 65; *Möhrenschlager* Das OrgKG – eine Übersicht nach amtlichen Materialien – Erster Teil, wistra **1992** 281; *Müller* Die Konvergenz der Bandendelikte, GA 2002 318; *Nadler* Die bandenmäßig begangene Straftat, NStZ **1985** 162; *Rath* Bandenmitgliedschaft durch Zusage späterer Gehilfentätigkeit? GA **2003** 823; *Rieß* Neue Gesetze zur Bekämpfung der Organisierten Kriminalität, NJ **1992** 491; *Rothschild* Zur Gefährlichkeit freiverkäuflicher Schreckschusswaffen, NStZ **2001**, 406; *Sander/Hohmann* Sechstes Gesetz zur Reform des Strafrechts (6. StrRG): Harmonisiertes Strafrecht? NStZ **1998** 273; *Schall* Einbruchsdiebstahl und Wohnungsbegriff nach dem 6. Strafrechtsreformgesetz, Festschrift Schreiber (2003) 423; *Schild* Der strafrechtsdogmatische Begriff der Bande, GA **1982** 57; *Schlothauer/Sättele* Zum Begriff des „gefährlichen Werkzeugs" in den §§ 177 Abs. 3 Nr. 1, 244 Abs. 1 Nr. 1a, 250 Abs. 1 Nr. 1a StGB i.d.F. des 6. StrRG, StV **1998** 505; *Schmid* Das gefährliche Werkzeug (2003); *Schöch* Kriminologische Differenzierung bei der Zweierbande, NStZ **1996** 166; *Schroth* Zentrale Interpretationsprobleme des 6. Strafrechtsreformgesetzes, NJW **1998** 2861; *Schünemann* Raub und Erpressung, JA **1980** 349, 393; *Seier* Der Wohnungseinbruchsdiebstahl (§ 244 I Nr. 3 StGB), Festschrift Kohlmann (2003) 295; *Sowada* Der Bandendiebstahl (§ 244 Abs. 1 Nr. 2 StGB) im Spiegel der aktuellen Rechtsprechung des Bundesgerichtshofs, Gedächtnisschrift Schlüchter (2002) 383; *Streng* Die „Waffenersatzfunktion" als Spezifikum des „anderen gefährlichen Werkzeugs", GA **2001** 359; *Sya* Der Bandenbegriff im Wandel, NJW **2001** 343; *Toepel* Zur Architektur der Bandendelikte ZStW **115** (2003) 60.

### Entstehungsgeschichte

Ursprünglich enthielt § 244 StGB a.F. die Strafschärfung des Diebstahls im Rückfall, die in der Strafrechtsreform – alten Forderungen folgend – beseitigt worden ist. Die heutige Fassung geht auf das 1. StrRG 1969 zurück, das den Diebstahl mit Schusswaffen und den Bandendiebstahl aus dem früheren § 243 Abs. 1 Nr. 5 und 6 StGB in § 244 StGB überführte. Zum Recht des Einigungsvertrags s. *Ruß* LK[11] Rdn. 15. Abs. 3 wurde durch das am 22.9.1992 in Kraft getretene Gesetz zur Bekämpfung des illegalen Rauschgifthandels und anderer Erscheinungsformen der Organisierten Kriminalität (OrgKG) vom 15.7.1992 (BGBl. I S. 1302) eingefügt; mit der Nichtigerklärung des § 43a StGB durch BVerfGE **105** 135 = BGBl. 2002 I S. 1340 ist die Verweisung auf diese Vorschrift gegenstandslos geworden. Art. 1 Nr. 50 des 6. StrRG 1998 hat den Wohnungseinbruchdiebstahl aus § 243 Abs. 1 Satz 2 Nr. 1 in § 244 Abs. 1 Nr. 3 StGB überführt und den Diebstahl mit Waffen auf Waffen und andere gefährliche Werkzeuge erweitert.

*Übersicht*



## I. Allgemeines

§ 244 StGB ist **praktisch bedeutsam**. Rund ein Zehntel aller polizeilich registrierten Diebstähle „unter erschwerenden Umständen" sind *Wohnungseinbruchdiebstähle* (PKS 2007 S. 36: 109.128 Fälle mit einer Aufklärungsquote von 20,0%), wenngleich die absoluten Zahlen seit 1993 merklich gesunken sind (PKS 2007 S. 165). Diebstahl mit Waffen und Bandendiebstahl werden weder in der PKS noch in der Rechtspflegestatistik gesondert erfasst. *Diebstahl mit Waffen* ist in aller Regel nur nachweisbar, wenn der Dieb auf frischer Tat betroffen wird; das ist regelmäßig nur bei unprofessionellen Dieben, vor 1 allem Laden- und Beschaffungsdieben, der Fall, die aber nur selten im landläufigen Sinne bewaffnet sind. Wenn die Praxis BGHSt 52 257 (Rdn. 14) folgt und der Gesetzgeber nicht eingreift, werden die Zahlen freilich sprunghaft ansteigen, da nunmehr *Ladendiebstahl* unter § 244 Abs. 1 Nr. 1a) StGB fallen soll, wenn der Täter ein *Taschenmesser* bei sich führt; auch der *Einbruchdiebstahl mit Werkzeugen*, mit denen geschlagen, gestochen oder gestoßen werden kann, kann in den Anwendungsbereich der Vorschrift fallen. *Bandendiebstahl* aufzuklären und nachzuweisen, kann bei Banden geständiger Jugendlicher leicht gelingen, ist aber sonst aufwendig und schwierig; zur Bewältigung des Problems organisierter und transnational agierender krimineller Vereinigungen zum Kraftfahrzeug- und Einbruchdiebstahl trägt § 244 Abs. 1 Nr. 2 StGB wegen der geringen Aufklärungsquoten eher wenig bei. Im Übrigen ergibt sich die praktische Bedeutung von Diebstahl mit Waffen und Bandendiebstahl aus der insbesondere seit dem 6. StrRG 1998 lebhaften Rechtsprechung zum Waffen-, Werkzeug- und Bandenbegriff.

**2** Die Vorschrift enthält eine **Qualifikation** des Diebstahls, also selbständige, abschließende und zwingend anzuwendende Tatbestände (s. bereits BGHSt 33 50, 53; BGH NJW 1970 1279).[1] Zwar ist auch der Diebstahl mit Waffen usw. nur **Vergehen**, und die Strafrahmenobergrenze ist dieselbe wie bei § 243 StGB. Mit der Mindeststrafdrohung von sechs Monaten Freiheitsstrafe, die, weil der Gesetzgeber keine Strafrahmenmilderung bei minder schweren Fällen vorsieht, nicht unterschritten werden kann, ist jedoch die Möglichkeit ausgeschlossen, bloß Geldstrafe zu verhängen (vgl. § 47 StGB). **Geringwertigkeit** des Diebesguts steht der Anwendung des § 244 StGB nicht entgegen und begründet kein Strafantragserfordernis (s. noch Rdn. 78). Das theoretisch anwendbare Strafantragserfordernis bei Haus- und Familiendiebstahl (§ 247 StGB) dürfte allenfalls in den Ausnahmefällen, dass jemand Wohnungseinbruchdiebstahl bei einem Angehörigen usw. begeht, praktisch werden. Der **Versuch** ist strafbar, § 244 Abs. 2 StGB.

**3** § 244 StGB markiert einen Kontrapunkt zu der Grundtendenz der Strafrechtsreform, das Diebstahlsstrafrecht zu mildern. Im 1. StrRG 1969 ist der Diebstahl mit (damals: Schuss-)Waffen und der Bandendiebstahl von der Herabstufung des früheren schweren Diebstahls zum Diebstahl in einem besonders schweren Fall ausgenommen und zwar zum Vergehen herabgestuft, jedoch mit gegenüber § 243 StGB alter wie neuer Fassung erhöhter Mindeststrafe bedroht worden. Mit dem 6. StrRG 1998 ist der Wohnungseinbruchdiebstahl aus § 243 in § 244 StGB überführt und qualifiziert hervorgehoben worden. Hintergrund ist zum einen die Hinwendung zu einer **täter(gefährlichkeits)bezogenen Kriminalpolitik**: Bereits in E 1962 Begr. S. 374 wurde zu dem dortigen § 237 hervorgehoben, er richte sich gegen den in den Taten zum Ausdruck kommenden „verbrecherischen Wille(n)“ und die „Gefahr, die sie darstellen“. Die Strafdrohung gegen den Diebstahl mit Waffen oder Werkzeugen nach § 244 Abs. 1 Nr. 1a) StGB soll der „latenten Gefahr“ begegnen, die von bewaffneten Dieben ausgeht (s. noch Rdn. 17); beim Bandendiebstahl geht es um die der Bande eigene „Organisationsgefahr“ (s. noch Rdn. 54). In neuem Gewande erscheint das in der Fokussierung der neueren Kriminalpolitik auf die Bekämpfung organisierter Kriminalität, s. § 244 Abs. 1 Nr. 2 StGB. Hinzugetreten ist schließlich die Opferschutzbewegung, die sich in § 244 Abs. 1 Nr. 1b) und vor allem Nr. 3 (s. noch Rdn. 74) niedergeschlagen hat. In den teils hitzigen Debatten um die Auslegung des § 244 StGB wurden und werden auf der Bühne der Strafrechtsdogmatik kriminalpolitische Gefechte ausgetragen.

---

[1] *Duttge* HK-GS Rdn. 1; *Fischer* Rdn. 1; *Hoyer* SK[6] Rdn. 1; *Kindhäuser* NK Rdn. 2; *Lackner/Kühl* Rdn. 1; *Sch/Schröder/Eser* Rdn. 1; *Schmitz* MK Rdn. 1; *Eisele* BT II Rdn. 158; *Kindhäuser* BT II § 4 Rdn. 1; *Mitsch* BT 2/1 § 1 Rdn. 227 ff; *Rengier* BT 1 § 4 Rdn. 1; *Wessels/Hillenkamp* Rdn. 252.

## II. Diebstahl mit Waffen, Werkzeugen oder Mitteln (Abs. 1 Nr. 1)

Ursprünglich hatte der Gesetzgeber nur den Diebstahl mit bei sich geführten Waffen als Qualifikation vorgesehen (§ 243 Abs. 1 Nr. 5 StGB a.F.). Mit dem 1. StrRG wurde das im Hinblick auf die damalige Rechtsprechung zu Waffen „im technischen" und „im nichttechnischen Sinn" (s. nur BGH NJW **1965** 2115 und noch Rdn. 19) aufgespalten (E 1962 Begr. S. 406): Einerseits war qualifiziert der Diebstahl mit Schusswaffen, bei dem Beisichführen genügte, andererseits der Diebstahl mit sonst einer bei sich geführten Waffe, einem Werkzeug oder Mittel in Verwendungs-, nämlich Nötigungsabsicht (§ 244 Abs. 1 Nr. 1, 2 StGB a.F.). Mit dem 6. StrRG ist diese Aufspaltung verändert worden: Qualifiziert ist einerseits das Beisichführen von Waffen oder anderen gefährlichen Werkzeugen (§ 244 Abs. 1 Nr. 1a]); bei mit sich geführten Werkzeugen oder Mitteln, die keine Waffen oder andere gefährliche Werkzeuge sind, ist zudem Gebrauchs-, nämlich Nötigungsabsicht erforderlich. Die Erweiterung des früheren Diebstahls mit Schusswaffen auf den Diebstahl mit Waffen und gefährlichen Gegenständen hat der Gesetzgeber damit begründet, dass Ungereimtheiten auftreten könnten, wenn Schusswaffen und andere, ähnlich gefährliche Gegenstände nicht gleich behandelt würden (vgl. Bericht des Rechtsausschusses, BT-Drucks. 13/9064 S. 18). Dieses **neue Regelungsmodell** findet sich seit dem 6. StrRG wortgleich in §§ 177 Abs. 3 Nr. 1 und 2, 250 Abs. 1 Nr. 1a) und b) StGB; es ist überall gleich auszulegen. **4**

**Grund** für die Qualifikation ist vor allem der **Schutz von Leib und Leben** des Bestohlenen, von Wachpersonen und von Hilfeleistenden (BGHSt **13** 259 f; BGH NJW **1965** 21, 15), die „Gefährlichkeit von Täter und Tat" (BGHSt **24** 339, 341). Im Rahmen des § 244 Abs. 1 Nr. 1a) StGB ist – wie bereits zu allen Vorläuferregelungen (soeben Rdn. 4) – anerkannt, dass diese Gefährlichkeit *objektiv* vorliegen und die Waffe oder das gefährliche Werkzeug *objektiv* gefährlich sein müssen (Rdn. 14). Umstritten ist der Grund für die Qualifikation nach § 244 Abs. 1 Nr. 1b) StGB. Zu der Vorläufervorschrift des § 244 Abs. 1 Nr. 2 StGB i.d.F. des 1. StrRG hat BGHSt **24** 339, 341 f hierfür genuine Strafzumessungserwägungen ins Feld geführt: Entscheidend seien der „stärkere verbrecherische Wille des Täters", das „Schutzbedürfnis des sich möglicherweise Entgegenstellenden" und die höhere Strafwürdigkeit des Diebes, der bereit sei, zum Räuber zu werden, einen Raub vorbereite (s. bereits E 1962 Begr. S. 406); deshalb sei es nicht erforderlich, dass Werkzeuge oder Mittel objektiv gefährlich seien (eingehend Rdn. 40). In der Literatur ist dem teils vehement widersprochen worden;[2] überwiegend ist zugegeben worden, dass sich das Ergebnis auch rechtsgutsorientiert begründen lässt, indem der Grund des damaligen § 244 Abs. 1 Nr. 2, nunmehr Abs. 1 Nr. 1b) StGB im **Schutz der (Willens-)Freiheit** erblickt wird.[3] **5**

Die in E 1962 S. 406 angeführte Begründung, es gehe in der Sache um eine „Vorbereitung eines schweren Raubes" (*Kindhäuser* NK Rdn. 3), stößt auf das Bedenken, dass ohne Absicht oder zumindest bedingten Vorsatz schwerlich von einer Vorbereitung gesprochen werden kann, weshalb *Kindhäuser* aaO insoweit genügen lässt, dass eine Situation ge- **6**

---

[2] Vgl. *Kindhäuser* NK Rdn. 18 f, 22; *Maurach/Schroeder/Maiwald* I § 33 Rdn. 118.

[3] *Duttge* HK-GS Rdn. 15; *Fischer* Rdn. 26; *Hoyer* SK[6] Rdn. 7; *Kindhäuser* NK Rdn. 27; *Lackner/Kühl* Rdn. 4; *Sch/Schröder/Eser* Rdn. 13; *Schmitz* MK Rdn. 29; *Eisele* BT II Rdn. 192; *Haft/Hilgendorf* BT 1 S. 20; *Kindhäuser* BT II § 4 Rdn. 25; *Krey/Hellmann* Rdn. 136; *Kudlich* JR **1998** 357, 359; *Küper* BT S. 464; *Maurach/Schroeder/Maiwald* I § 33 Rdn. 118; *Mitsch* BT 2/1 § 1 Rdn. 248; *Rengier* BT 1 § 4 Rdn. 69; *Schroth* NJW **1998** 2861, 2865; *Seier* JA **1999** 666, 670; *Wessels/Hillenkamp* Rdn. 265.

schaffen wird, die sich für einen objektiven Beobachter als Vorbereitung darstellt. Diese Konstruktion beantwortet aber noch nicht die Sachfrage, warum das Schaffen einer solchen Situation den Diebstahl qualifizieren soll. In der Sache steht hinter § 244 Abs. 1 Nr. 1a) StGB die **unwiderlegliche Vermutung der Verwendungsbereitschaft** (nicht notwendig Verwendungsabsicht, zutr. *Kindhäuser* aaO Rdn. 16) **des Diebes**. Ihm wird materiell-rechtlich der Einwand abgeschnitten, er habe die Waffe oder das sonst gefährliche Werkzeug nicht gegen Menschen einsetzen wollen und hätte es auch nicht notfalls aufgrund spontan gefassten Entschlusses getan oder es allenfalls bei einer Drohung belassen (ähnlich wie dem Brandstifter an Wohngebäuden materiell-rechtlich der Einwand abgeschnitten wird, er habe geglaubt, das Wohnhaus sei leer oder die Bewohner könnten rechtzeitig in Sicherheit gebracht werden). Zu den Grenzen für den hierin liegenden Eingriff in die Unschuldsvermutung und das Recht auf Verteidigung Rdn. 17.

7 Bezogen auf den Schutz von Leib, Leben und Freiheit enthält § 244 Abs. 1 Nr. 1 StGB in beiden Buchstaben ein **abstraktes Gefährdungsdelikt** (BGHSt 52 257, 268).[4] Das bedeutet nicht, dass bei § 244 Abs. 1 Nr. 1a) StGB auf *konkrete Gefährlichkeit* der Waffe usw. verzichtet werden könnte. Vielmehr ist schlicht festzuhalten, dass das Gesetz nicht verlangt, dass die Waffe usw. eingesetzt und ein anderer verletzt oder genötigt wird; es muss nicht einmal zu einer konkreten Gefahr für einen anderen kommen. Diese Einsicht darf nicht dadurch überspielt werden, dass gesagt wird, Waffen usw. hafte „per se" die Gefahr ihres körperverletzenden Einsatzes an (so Arzt/Weber/*Heinrich*/Hilgendorf BT § 14 Rdn. 53); diese abstrakte oder konkrete *Einsatz*gefahr ist noch keine konkrete *Lebens*(usw.)gefahr für einen anderen. Üblicherweise werden abstrakte Gefährdungsdelikte kriminalpolitisch, verfassungsrechtlich und strafrechtsdogmatisch nur dann für akzeptabel erachtet, wenn das tatbestandsmäßige Verhalten *typischerweise* zu konkreten Gefahren für das geschützte Rechtsgut führt oder es nur mehr dem *Zufall* überlassen ist, ob eine konkrete Gefahr eintritt oder nicht.[5] Hiernach lässt sich zu § 244 Abs. 1 Nr. 1b) StGB argumentieren, dass, weil der Dieb Verwendungsabsicht hat, es nur mehr von dem Zufall abhängt, ob er bei der Tat betroffen wird, die Waffe (usw.) einsetzt und jemanden tötet, verletzt oder nötigt. Bei § 244 Abs. 1 Nr. 1a) StGB hängt die Verwendung der Waffe oder des gefährlichen Werkzeugs aber noch von dem Verwendungsentschluss des Diebes ab. Es besteht allein die „latente Gefahr des Einsatzes durch den Täter", eine „während der Begehung der Tat [...] erhöhte, abstrakt-objektive [...] Gefährlichkeit" (BGHSt 52 257, 268). Die Legitimation der Vorschrift steht und fällt mit der Antwort auf die Frage, ob solche „latente Gefahr des Gebrauchs" genügt und Verwendungsentschlüsse noch als *typische* Folgen des Beisichführens angesehen werden können (s. noch Rdn. 17).

8 Wegen (versuchten oder vollendeten) Diebstahls mit Waffen usw. kann sich nur strafbar machen, wer das **Grunddelikt** Diebstahl begeht (versucht oder vollendet). § 248a ist auf § 244 StGB nicht anwendbar; diese Gesetzeslage kann nicht dadurch umgangen werden, dass man verlangt, das Grunddelikt müsse verfolgbar sein und daran fehle es, wenn es nur geringwertige Sachen betreffe und kein Strafantrag gestellt sei.[6]

---

[4] *Duttge* HK-GS Rdn. 1; *Eisele* BT II Rdn. 158.

[5] *Fischer* Vor § 13 Rdn. 19; *Lackner/Kühl* Vor § 13 Rdn. 32; *Radtke* MK Vor §§ 306 ff Rdn. 5; *Sch/Schröder/Eser* Vor §§ 306 ff Rdn. 3; Arzt/*Weber*/Heinrich/Hilgendorf BT § 35 Rdn. 32; *Brehm* Zur Dogmatik des abstrakten Gefährdungsdelikts (1973) S. 41; *Rengier* BT 2 § 43 Rdn. 1; *Roxin* AT I § 11 Rdn. 153; *Wessels/Beulke*[38] Rdn. 29.

[6] *Duttge* HK-GS Rdn. 39, § 248a Rdn. 2; *Fischer* Rdn. 56; *Kindhäuser* NK § 248a Rdn. 2; *Lackner/Kühl* Rdn. 13; *Sch/Schröder/Eser* Rdn. 1; *Schmitz* MK Rdn. 73; *Kindhäuser* BT II § 4 Rdn. 1, § 7 Rdn. 10; *Krey/Hellmann* Rdn. 144; *Wessels/Hillenkamp* Rdn. 310.

**1. Diebstahl mit Waffen oder gefährlichen Werkzeugen (Abs. 1 Nr. 1a).** § 244 Abs. 1 Nr. 1a) StGB setzt voraus, dass der Täter einen Diebstahl begeht (soeben Rdn. 8) und er oder ein anderer Beteiligter (Rdn. 30) bei der Tatausführung (Rdn. 31) vorsätzlich (Rdn. 35) eine Waffe (Rdn. 19) oder ein gefährliches Werkzeug (Rdn. 10) bei sich führt (Rdn. 27). 9

**a) Gefährliches Werkzeug.** Im neuen Regelungsmodell (Rdn. 4) ist das gefährliche Werkzeug **Oberbegriff**, Waffe hierfür nur mehr ein Beispiel (OLG Schleswig NStZ **2004** 212, 214).[7] Allerdings wird, um eine Ausuferung der Vorschrift zu steuern, zunehmend gefordert, den Begriff des gefährlichen Werkzeugs vom Waffenbegriff her zu deuten und einzuschränken (s. noch Rdn. 17). Der Begriff des gefährlichen Werkzeugs findet sich ebenso in §§ 177 Abs. 3 Nr. 1, 224 Abs. 1 Nr. 2, 250 Abs. 1 Nr. 1a) StGB. Er ist zum einen gegenüber der Waffe, zum anderen gegenüber dem nicht gefährlichen Werkzeug i.S.v. § 244 Abs. 1 Nr. 1b) StGB abzugrenzen (zutr. *Fischer* Rdn. 18). 10

Der Gesetzgeber war der Auffassung, bei der Auslegung könne an die zur **gefährlichen Körperverletzung** nach § 224 Abs. 1 Nr. 2 (früher § 223a Abs. 1) StGB entwickelten Grundsätze angeknüpft werden (BT-Drucks. 13/9064 S. 18). Dort war und ist anerkannt, dass gefährliches Werkzeug ein körperlicher Gegenstand ist, der unter Berücksichtigung seiner objektiven Beschaffenheit und nach der Art seiner Verwendung im konkreten Fall geeignet ist, erhebliche Körperverletzungen zuzufügen.[8] Im Rahmen des § 224 Abs. 1 Nr. 2 StGB ist entscheidend die Verwendung des Gegenstands im konkreten Fall, nicht seine Art. Deshalb kommen Gegenstände aller Art in Betracht, wenn sie nur in einer Weise verwendet werden, dass erhebliche Körperverletzungen herbeigeführt werden können wie z.B. (zum Folgenden *Lilie* LK[11] § 224 Rdn. 20 ff m. Nachw.) ein Schuh, wenn mit ihm gegen empfindliche Körperteile getreten wird; ein Gürtel, wenn mit ihm ins Gesicht geschlagen wird; ein Schlüsselbund, der als Schlagwerkzeug eingesetzt wird; ein Schal, wenn mit ihm gewürgt wird; ein Stift, wenn mit ihm ins Auge gestochen wird; eine brennende Zigarette, wenn sie auf der Haut des Opfers ausgedrückt wird. Das lässt sich auf § 250 Abs. 2 Nr. 1 StGB übertragen (s. § 250 Rdn. 6), und nur zu *dieser* Vorschrift hat sich der Gesetzgeber ausdrücklich geäußert (s. BT-Drucks. 13/9064 S. 18 einerseits und S. 16 andererseits). Übersehen hat der Gesetzgeber, dass die zu § 224 Abs. 1 Nr. 2 StGB entwickelten Grundsätze **nicht ohne Weiteres auf § 244 Abs. 1 Nr. 1a) StGB übertragen** werden können; eine solche Übertragung wäre „dogmatisch verfehlt bzw. systemwidrig" (BGHSt **52** 257, 262).[9] Bei Diebstahl mit gefährlichen Werkzeugen muss der Täter das 11

---

7 BT-Drucks. 13/8587 S. 9, 10 u. 44; BT-Drucks. 13/9064 S. 17 u. 18; BGHSt **44** 103, 105; *Fischer* Rdn. 6; *Lackner/Kühl* Rdn. 3; *Sch/Schröder/Eser* Rdn. 3 f; Arzt/Weber/*Heinrich*/Hilgendorf BT § 14 Rdn. 57; *Eisele* BT II Rdn. 163; *Fischer* NStZ **2003** 569, 571; *Maurach/Schroeder/Maiwald* I § 33 Rdn. 113; *Rengier* BT 1 § 4 Rdn. 6.

8 BayOBLG StV **2001** 17 f und OLG Hamm StV **2001** 352 f m. jew. abl. Anm. *Kindhäuser/Wallau*; vgl. ähnlich BGHSt **44** 103, 105 bzgl. § 250 Abs. II Nr. 1 StGB.

9 BGH NStZ **1999** 301, 302; **2002** 594, 595; NJW **2002** 2889, 2890; OLG Braunschweig NJW **2002** 1735, 1736; OLG Schleswig NStZ **2004** 212, 213; *Fischer* Rdn. 14; *Hoyer* SK[6] Rdn. 10; *Kindhäuser* NK Rdn. 9; *Lackner/Kühl* Rdn. 3; *Sch/Schröder/Eser* Rdn. 5; Arzt/Weber/*Heinrich*/Hilgendorf BT § 14 Rdn. 57; *Eisele* BT II Rdn. 181; *Fischer* NStZ **2003**, 569; *Jäger* JuS **2000** 651, 653; *Kindhäuser* BT II § 4 Rdn. 11; *Kindhäuser/Wallau* StV **2001** 18; **2001** 352; *Krey/Hellmann* Rdn. 133; *Küper* FS Hanack, S. 569, 577, 581; *ders.* JZ **1999** 187, 189; *Lesch* GA **1999** 365, 366; *Maatsch* GA **2001** 75, 76; *Otto* BT § 41 Rdn. 52; *Streng* GA **2001** 359, 360; *Wessels/Hillenkamp* Rdn. 261; jeweils m.w.N.; **aA** noch OLG München NStZ-RR **2006** 342.

gefährliche Werkzeug gerade nicht verwenden, sondern nur bei sich führen. Bereits im Zeitpunkt des Beisichführens muss das Werkzeug gefährlich sein; eine Gefährlichkeit, die sich erst und nur aus einer bestimmten Verwendung ergibt, kann nicht genügen. Der Umstand, dass Diebe in aller Regel Schuhe anhaben, Gürtel tragen, häufig Schlüsselbunde und gelegentlich Stifte bei sich führen, im Winter ggf. einen Schal tragen, bei der Tat Zigaretten rauchen oder zum Einbruch einen Schraubenzieher verwenden, kann „evident"ermaßen (*Fischer* Rdn. 23) nicht dazu führen, dass einfache Diebstähle ohne Weiteres zu Diebstählen mit gefährlichen Werkzeugen werden. Aber auch im Anwendungsbereich des § 243 StGB stellt sich die Frage, ob Einbruchdiebstahl, der regelmäßig mit Tatwerkzeugen (Kuhfuß usw.) begangen wird, die sich auch zum Schlagen, Stoßen, Stechen usw. eignen und, werden sie so eingesetzt, gefährliche Werkzeuge i.S.v. § 224 Abs. 1 Nr. 2 StGB sind, ohne Weiteres zu Diebstählen mit gefährlichen Werkzeugen werden (zutr. BGH aaO S. 262; OLG Stuttgart StraFo **2009** 297, 298). § 244 Abs. 1 Nr. 1a) StGB muss eingeschränkt werden; die Frage ist nur, ob und wie das gelingen kann.

12 Die **Rechtsprechung** geht davon aus, dass als **Werkzeug** jeder körperliche Gegenstand in Betracht kommt, der nach seiner konkreten Beschaffenheit die Eigenschaft aufweist, als Mittel zur Gewaltanwendung oder -drohung eingesetzt werden zu können (BGHSt **52** 257, 263 mit Verweis auf BGHSt **24** 339, 341; **38** 116, 117; NJW **1996** 2663 je zu §§ 244, 250 StGB a.F.). Der Gegenstand muss beweglich sein (BGHSt **52** 89, 92 = NJW **2008** 386 zu § 30a Abs. 2 Nr. 2 BtMG, BGH NStZ **2009** 445 = StraFo **2009** 80 zu § 177 Abs. 3 Nr. 1 StGB), weil man nur bewegliche Werkzeuge „bei sich führen" kann (schlagend *Schmitz* MK Rdn. 22). Auf den Aggregatzustand (fest – flüssig – gasförmig) kommt es nicht an, desgleichen nicht auf die Wirkungsweise (mechanisch – physikalisch – chemisch) (BGHSt **1** 1; **22** 230); auch ätzende Flüssigkeiten oder Pfeffersprays (BGH NStZ-RR **2007** 375) können gefährliche Werkzeuge sein. Selbst Tiere kommen in Betracht (z.B. Kampfhunde, BGH NStZ-RR **1999** 174 zu § 250 Abs. 2 Nr. 1 StGB). Körperteile sind aber keine Werkzeuge, mag die Faust des Diebes, der Profiboxer ist, auch noch so gefährlich sein (**aA** *Hilgendorf* ZStW **112** [2000] 811, 831 f).

13 Die **Gefährlichkeit** des Werkzeugs bestimmt die Rechtsprechung – insoweit dem Willen des Gesetzgebers folgend – wie bei § 224 Abs. 1 Nr. 2 StGB danach, ob es nach den konkreten Umständen geeignet ist, erhebliche oder schwere Körperverletzungen herbeizuführen (OLG Stuttgart StraFo **2009** 297, 299). Um die dann drohenden sachwidrigen Konsequenzen zu vermeiden, werden unterschiedliche Wege bestritten: Anknüpfend an BGH NStZ **1999** 301, 302 nimmt ein Teil der Rechtsprechung (vgl. OLG Frankfurt StV **2002** 145; StraFo **2006** 467; OLG Braunschweig NJW **2002** 1735, 1736) an, bei Werkzeugen, die als Gebrauchsgegenstand nicht allgemein zur Verletzung von Personen bestimmt seien, sondern jederzeit sozialadäquat von jedermann bei sich geführt werden könnten, sei erforderlich, dass als subjektives Element eine generelle, vom konkreten Lebenssachverhalt losgelöste Bestimmung des Werkzeuges zur Verwendung gegen Menschen hinzutrete, ohne dass geradezu die in § 244 Abs. 1 Nr. 1b) StGB vorausgesetzte konkrete Verwendungsabsicht gegeben sein müsse. Weitergehend wird vertreten, ein Werkzeug sei bereits dann gefährlich, wenn es **objektiv geeignet** sei, **erhebliche Verletzungen zu verursachen**, und damit dem Täter bei Begehung des Diebstahls die Möglichkeit biete, es – etwa in einer bedrängten Situation – als Gewalt- oder Drohungsmittel einzusetzen. Teilweise wird auch die Lösung im Vorsatz des Beisichführens gesucht, an dem es fehlen könne, wenn der Täter einen Gebrauchsgegenstand des täglichen Lebens in sozialadäquater Weise bei sich habe (BGH NStZ-RR **2005** 340 = StV **2005** 606; SchlHOLG NStZ **2004** 212; OLG Celle StV **2005** 336; ähnlich OLG München NStZ-RR **2006** 342; KG StraFo **2008** 37 = StV **2008** 361); s. noch Rdn. 36.

14 Demgegenüber spricht sich BGHSt 52 257[10] dafür aus, bei der Beurteilung der Gefährlichkeit des Werkzeuges **allein auf objektive Kriterien** zurückzugreifen: Es reiche aus, dass das Werkzeug im Falle seines Einsatzes gegen Personen objektiv die Eignung besitze, schwere Verletzungen herbeizuführen. Wie sich im Gegenschluss aus § 244 Abs. 1 Nr. 1b) StGB ergebe, enthalte Buchstabe a) gerade kein über den Vorsatz hinausgehendes subjektives Element. Der Gesetzgeber wolle die abstrakt-objektive Gefährlichkeit erfassen, die sich bereits daraus ableite, dass der Täter ein gefährliches Werkzeug bei sich führe, weil in diesen Fällen die latente Gefahr des Einsatzes als Nötigungsmittel bestehe. Das sei bei Messern, die zum Schneiden und Stechen bestimmt und nach ihrer Beschaffenheit geeignet, der Fall, auch bei *klappbaren Taschenmessern*; die von ihnen ausgehende abstrakte Gefahr sei hoch, evident und komme derjenigen von Waffen im technischen Sinne gleich. Das letzte Wort ist hiermit freilich nicht gesprochen. So hält OLG Stuttgart StraFo **2009** 297, 299 die erforderliche Verletzungseignung bei an sich harmlosen oder jedenfalls gefahrenneutralen Gegenständen (in casu: zum Einbruchdiebstahl verwendeter Schraubenzieher) nur für gegeben, wenn der Gebrauch des Werkzeugs drohe, was nach den Tatumständen, der Art des Werkzeugs und des Beisichführens und der inneren Haltung des Täters zur Verwendung des Werkzeugs zu beurteilen sei. Offen ist auch, ob mit BGH aaO eine Abkehr von der Rechtsprechung verbunden sein soll, wonach die Widmung eines an sich ungefährlichen Gegenstandes zu einer bestimmten Verwendung, die ihn gefährlich macht, möglich ist (BGHSt **43** 266, 268 f zu § 30a Abs. 2 Nr. 2 BtMG).

15 In der Rechtsprechung sind als **gefährliche Werkzeuge** i.S.v. § 244 Abs. 1 Nr. 1a) bzw. §§ 177 Abs. 3 Nr. 1, 250 Abs. 1 Nr. 1a) StGB sowie § 30a Abs. 2 Nr. 2 BtMG (Mitsichführen von „Gegenständen [...], die ihrer Art nach zur Verletzung von Personen geeignet und bestimmt sind") angesehen worden: *Messer*, auch *Taschenmesser* und *Schweizer Offiziersmesser* (BGHSt 52 257; BGH NStZ **1999** 136; NStZ-RR **2001** 41; BGHR StGB § 250 Abs. 2 Nr. 1 Verwenden 1; BGH NStZ-RR **2006** 12, 13 f; BGHR BtMG § 30a Abs. 2 Mitsichführen 2; BGH StV **2002** 191 für § 177 Abs. 3 Nr. 1 StGB; BGH NStZ-RR **2003** 12 und **2005** 340; KG StV **2008** 473 = StraFo **2008** 340); *Teppichmesser*, auch wenn es nur für die Wegnahme verwendet worden ist (SchlHOLG SchlHA **2004** 159 = NStZ **2004** 212 = StV **2004** 380); *Pfefferspray* (BGH NStZ-RR **2007** 375); *Schraubenzieher*, mit dem gedroht werden soll, aber nicht wird (BGH NJW **2004** 3437); *Elektroschocker*, wenn Verbrennungsgefahr besteht (BGH NStZ-RR **2004** 169). – **Nicht als gefährliches Werkzeug anerkannt** worden sind: *Schweizer Offiziersmesser* (BGHSt **43** 8, 10 zu § 30a Abs. 2 Nr. 2 BtMG); *Elektroschocker*, wenn keine Gefahr *erheblicher* Verletzungen besteht (LG Oldenburg StV **2002** 146); *Schraubenzieher*, der als Einbruchwerkzeug verwendet wird und werden soll (OLG Stuttgart StraFo **2009** 297); *gebrauchte Einwegspritzen* in der Brusttasche des betäubungsmittelabhängigen Ladendiebs (AG Tiergarten, Urt. v. 28.6.2007 – [258] 4 Op Js 686/07 Ls [10/07]).

16 In der **Lehre** wird teilweise die Auffassung vertreten, die Gefährlichkeit des Werkzeuges könne nicht allein anhand objektiver Kriterien bestimmt werden; da nahezu jeder Gegenstand so eingesetzt werden könne, dass er erhebliche Verletzungen hervorzurufen geeignet sei, müsse die Grenze durch *subjektive Kriterien* gezogen werden. Der Täter müsse zumindest generell den Willen haben, das Werkzeug auch zu Verletzungs- oder Bedrohungszwecken einzusetzen,[11] das Werkzeug einer gegebenenfalls gefährlichen Ver-

---

10 M. Anm. *Foth* NStZ **2009** 93, 94; *Jahn* JuS **2008** 835, 836; *Jesse* NStZ **2009** 364, 368; *Mitsch* NJW **2008** 2861, 2865; *Peglau* JR **2009** 162, 163; s. bereits BGH NStZ-RR **2002** 265, 266; NStZ **2002** 594, 595; BayObLG NStZ-RR **2001** 202.

11 Vgl. *Erb* JR **2001** 206, 207; *Geppert* Jura **1999** 599, 602; *Küper* BT S. 460; *ders.*

wendung *„widmen"*[12] oder einen *„inneren Verwendungsvorbehalt"* gefasst haben, bei dessen Umsetzung sich das Werkzeug als gefährlich erweise (*Wessels/Hillenkamp* Rdn. 262b). Überwiegend wird aus ähnlichen Gründen, die nunmehr auch BGHSt 52 257 anführt (zusf. *Kindhäuser* NK Rdn. 10, der zutr. auf Nachweisprobleme bei subjektiven Ansätzen hinweist, die im Ergebnis doch auf objektive Kriterien zurückgreifen müssen), eine *objektive Grenzziehung* anhand der Zweckbestimmung oder Beschaffenheit des Werkzeugs befürwortet.[13] Hiernach soll es darauf ankommen, ob das Werkzeug zu *potentiellen Verletzungszwecken* eingesetzt werden könnte (*Hörnle* Jura **1998** 169, 172), von einer zumindest annähernden abstrakten Gefährlichkeit sei wie eine Waffe (*Dencker* JR **1999** 33), in der konkreten Tatsituation keine andere Funktion erfüllen könnte, als zu Verletzungszwecken eingesetzt zu werden (*Kargl* StraFo **2000** 7; *Sch/Schröder/Eser* § 244 Rdn. 7; *Schlothauer/Sättele* StV **1998** 505, 508), nach seiner objektiven Beschaffenheit Waffen ähnelte und bei missbräuchlicher Verwendung dasselbe *Verletzungspotential* aufweise wie Waffen (*Fischer* NStZ **2003** 569, 572), eine objektive *Waffenähnlichkeit* besäße (*Mitsch* ZStW **111** [1999] 65, 79; *Kindhäuser* MK Rdn. 14), aufgrund seines immanenten Eskalationspotentials und den damit verbundenen Risiken für die öffentliche Sicherheit und Ordnung nach dem Gesetz *nicht für jedermann frei verfügbar* sei, d.h. einem Umgangsverbot unterläge (*Lesch* GA **1999** 365, 376; **krit.** *Kindhäuser* NK Rdn. 12; *Schmitz* MK Rdn. 12), eine *„Waffenersatzfunktion"* zukomme (*Schmitz* MK Rdn. 14; *Streng* GA **2001** 359, 360) oder vor dessen Benutzung generell gewarnt bzw. bezüglich dessen üblicherweise auf Vorsicht im Umgang mit ihm hingewirkt werde (*Sander* MK § 250 Rdn. 29). Schließlich wird gefordert, die konkreten Tatumstände müssten einen objektiven Beobachter zu der Annahme veranlassen, der Täter wolle den Gegenstand zweckentfremdet in gefährlicher Weise verwenden (*Kindhäuser* NK Rdn. 14).

17 **Stellungnahme.** Wer vorsätzlich eine Gewalttat vorbereitet, ist im Grundsatz straflos. Deshalb ist es prinzipiell fragwürdig, der hinsichtlich der Gewalttat unvorsätzlichen Vorbereitungshandlung des Beisichführens gefährlicher Werkzeuge wegen „latenter Gefahr" der Verwendung qualifizierende und erheblich straferhöhende Wirkung beizumessen (**aA** BGHSt **52** 257, 270; s. bereits BGHSt **24** 136: „[k]riminalpolitisch sinnvoll, einen potentiellen Rechtsbrecher durch eine verschärfte Strafdrohung bereits im Vorfeld des Eigentumsdeliktes davon abzuhalten, eine [W]affe [...] bei sich zu führen"). Wäre das zutreffend, so müsste der Umstand, dass der Täter ein gefährliches Werkzeug vorsätzlich, aber ohne Verwendungsabsicht oder -vorbehalt bei sich führt, im Rahmen des § 46 StGB allgemein bei Taten mit Eskalationspotential (z.B. Körperverletzung, Beleidigung) wegen „latenter Einsatzgefahr" strafschärfend berücksichtigt werden. Der Grund, dass man z.B. den früheren Diebstahl mit Schusswaffen als Qualifikationsgrund intuitiv akzeptiert, liegt darin, dass es bei schussbereiten Schusswaffen akzeptabel erscheint, dem Täter Verwendungsabsicht zu unterstellen, so dass es nur mehr vom Zufall des Betroffenwerdens abhängt, ob geschossen wird oder nicht. Eben hier liegt das Problem des neuen § 244

---

FS Hanack, S. 569, 585 ff; *ders.* JZ **1999** 187, 192 ff; *Schramm* JuS **2008** 773, 778.

12 Vgl. *Hilgendorf* ZStW **112** (2000) 811, 812 f; *Maatsch* GA **2001** 75, 83; *Rengier* BT 1 § 4 Rdn. 32 ff.

13 *Fischer* Rdn. 21; *Hoyer* SK⁶ Rdn. 10; *Kindhäuser* NK Rdn. 10; *Sch/Schröder/Eser* Rdn. 5; *Schmitz* MK Rdn. 14 ff; *Dencker* JR **1999** 33, 36; *Fischer* NStZ **2003** 569, 572; *Hörnle* Jura **1998** 169, 172; *Jäger* JuS **2000** 651, 654; *Kindhäuser* BT II § 4 Rdn. 7 f; *ders./Wallau* StV **2001** 18 f; *dies.* StV **2001** 352, 353; *Lesch* GA **1999** 365, 376; *Mitsch* ZStW **111** (1999) 65, 79; *Otto* BT Rdn. 53; *Schlothauer/Sättele* StV **1998** 505, 507; *Schroth* NJW **1998** 2861, 2864; *Seier* JA **1999** 666, 669; *Streng* GA **2001** 359, 365 ff; *Zieschang* JuS **1999** 49, 51.

Abs. 1 Nr. 1a) StGB: Die in ihm enthaltene unwiderlegbare Vermutung der zumindest notfälligen Verwendungsbereitschaft des Diebes, die ihm materiell-rechtlich die Verteidigung abschneidet, er habe die Waffe oder das sonst gefährliche Werkzeug nicht gegen Menschen einsetzen wollen und hätte es auch nicht notfalls aufgrund spontan gefassten Entschlusses getan oder es allenfalls bei einer Drohung belassen (Rdn. 6), bezieht sich auch auf uneindeutige Sachverhalte wie das Mitführen von gewöhnlichen Taschenmessern und steht dann in einem Spannungsverhältnis mit der **Unschuldsvermutung** und dem **Verteidigungsrecht** (Art. 6 Abs. 2, 3c] MRK). Der EGMR (Série A Nr. 62 § 37 = EuGRZ 1983 475; s. *Appel* Verfassung und Strafe, 1998, S. 254 f) leitet aus Art. 6 Abs. 2 MRK ab, dass sich der Gesetzgeber materiell-rechtlicher Vermutungen nur bedienen darf, wenn sie sich innerhalb vernünftiger Grenzen halten, das inhaltliche Gewicht, die Bedeutung und die Auswirkungen der Unschuldsvermutung beachten und die Rechte der Verteidigung wahren und dem Angeklagten eine sinnvolle Verteidigung durch naheliegendes Vorbringen ermöglichen. Aus diesem menschenrechtlichen Grund ist den in der Literatur vertretenen Auffassungen (soeben Rdn. 16) zuzustimmen, dass gefährliche Werkzeuge auf solche zu beschränken sind, die keine andere Funktion erfüllen können, als zu Angriffs- und Verteidigungszwecken eingesetzt zu werden, die „Waffenersatzfunktion" haben oder bei denen sich aufdrängt, dass der Täter den Gegenstand zweckentfremdet in gefährlicher Weise zu verwenden bereit ist (soeben Rdn. 16). Nur bei solchen Gegenständen kann legitimer Weise davon ausgegangen werden, dass der Täter, wenn er auf frischer Tat betroffen wird, *typischerweise* einen Verwendungsentschluss fasst (Rdn. 7). Demgegenüber genügt die „latente Gefahr", die mit jedem verletzungsgeeigneten Gegenstand verbunden ist, auch nach den für die Legitimation von abstrakten Gefährdungsdelikten anerkannten Grundsätzen nicht. Entgegen BGHSt 52 257 ist ein gewöhnliches Taschenmesser daher kein besonders gefährliches Werkzeug i.S.v. § 244 Abs. 1 Nr. 1a) StGB, desgleichen nicht ein zu Einbruchzwecken mitgeführter Kuhfuß oder Schraubenzieher. Im Übrigen ist es empirisch-kriminologisch nicht belegt, wenn BGH aaO S. 270 behauptet, bei Dieben, die Taschenmesser bei sich führen, bestehe stets die „latente Gefahr" des Messereinsatzes und es gehe von einem Taschenmesser eine „hohe abstrakte Gefahr" aus: „Taschenmesser-" oder „Schraubenzieherstechereien" im Zusammenhang mit Diebstählen kommen in der Praxis derart selten vor, dass es nicht einmal mehr von der Einschätzungsprärogative des Gesetzgebers gedeckt wäre, derartige seltene Ausnahmefälle zum Anlass der erheblichen, nur noch unter der Verbrechensschwelle bleibenden Qualifikation des § 244 StGB zu nehmen, die – wie sich bereits abzeichnet – in der Praxis insbesondere den Ladendiebstahl mit Taschenmesser oder den Einbruchdiebstahl mit Schraubenzieher erfasst.

Es ist auch fraglich, ob § 244 Abs. 1 Nr. 1a) StGB so, wie der 3. Strafsenat die Vor- **18**
schrift versteht, ein **verfassungskonformes** Strafgesetz wäre. BGHSt 52 257, 269 geht davon aus, die Vorschrift lasse keine Auslegung des Begriffs „gefährliches Werkzeug" zu, die eine in sich stimmige Gesetzesanwendung gewährleisten könnte. Der vom Gesetzgeber erteilte Auslegungshinweis sei untauglich, und mit den Mitteln herkömmlicher Auslegungstechnik sei eine umfassende, sachgerechte Lösung nicht zu erreichen. Deshalb sieht BGH aaO davon ab, das Tatbestandsmerkmal „gefährliches Werkzeug" allgemeingültig zu definieren. Strafgesetze, die nicht mit Mitteln herkömmlicher Auslegungstechnik sachgerechte Lösungen ermöglichen, und Rechtsbegriffe, die sich nicht allgemeingültig definieren lassen, dürften schwerlich mit dem strafrechtlichen Bestimmtheitsgebot (Art. 103 Abs. 2 GG) und dem rechtsstaatlichen Willkürverbot (Art. 3, 20 Abs. 3 GG) vereinbar sein. Im Übrigen müssen in einem vom Schuldprinzip geprägten Straftatsystem Strafdrohungen gerecht auf das im Straftatbestand vertypte Unrecht abgestimmt

sein, und auch die im Einzelfall verhängte Strafe muss in einem gerechten Verhältnis zur Schwere der Tat und zum Maß der Schuld stehen. Dem Richter muss daher die Möglichkeit belassen werden, die von ihm verhängte Strafe der Schwere des Unrechts und dem Grad des Verschuldens anzupassen; er darf nicht durch eine zu starre gesetzliche Strafdrohung gezwungen sein, eine Strafe zu verhängen, die Unrecht und Schuld des Täters nicht entspräche (BVerfGE **105** 135, 153 f; st. Rspr.). § 244 Abs. 1 Nr. 1a) StGB legt nun den Richter – ohne Möglichkeit einer Strafmilderung und ohne dass die Geringwertigkeit der gestohlenen Sache eine Rolle spielt (Rdn. 2) – auf Mindestfreiheitsstrafe von sechs Monaten fest, wenn der Täter ein gefährliches Werkzeug bei sich führt, wozu BGH aaO auch Taschenmesser zählt. Einen Ladendiebstahl geringwertiger Sachen mit Freiheitsstrafe nicht unter sechs Monaten zu bestrafen, weil der Täter einen allenfalls latent gefährlichen Alltagsgegenstand wie ein Taschenmesser (zur Häufigkeit von „Taschenmesserstechereien“ Rdn. 17) ohne Verwendungsabsicht oder -bereitschaft bei sich geführt hat, dürfte nicht mehr in einem gerechten Verhältnis zur Schwere der Tat und zum Grad des Verschuldens stehen. Auf der Grundlage von BGH aaO müsste – wie auf S. 269 auch gefordert – der Gesetzgeber § 244 StGB nachbessern, etwa Strafmilderung bei minder schweren Fällen oder eine Geringwertigkeitsklausel vorsehen oder § 244 Abs. 1 Nr. 1a) StGB auf Waffen beschränken; solange das nicht geschieht, können auf der Grundlage von BGHSt **52** 257 verfassungsmäßige Zustände nur hergestellt werden, indem in Fällen, in denen aus Gründen der Schuldangemessenheit der Strafe die Mindeststrafe unterschritten werden müsste, von §§ 153, 153a oder auch 154a StPO Gebrauch gemacht wird.

**19** b) **Waffe.** Bis zum 1. StrRG 1969 war der Diebstahl mit Waffen in § 243 Abs. 1 Nr. 5 StGB a.F. geregelt. Hierzu unterschied die Rechtsprechung zwischen *Waffen im „technischen“ und im „untechnischen Sinn“* (zusf. BGH NJW **1965** 2115): Waffen im technischen Sinn sollten solche sein, die nach der Art der Anfertigung von vornherein zum Beibringen von Verletzungen bestimmt sind oder nach allgemeiner Übung dazu benutzt werden wie z.B. Schusswaffen, Schlagringe, Dolche usw.; bei ihnen genügte für das Beisichführen, dass der Täter sie gebrauchsbereit bei sich hatte und das wusste. Demgegenüber war für Waffen im untechnischen Sinn – die in der Rechtsprechung auch als „andere gefährliche Werkzeuge“ bezeichnet wurden, BGH aaO – wie z.B. Küchenmesser erforderlich, dass sie dem Täter nach seinem Willen im Einzelfall als Waffe dienen sollen, er also einen Verwendungsentschluss fassen oder sich zumindest der Möglichkeit bewusst sein musste, das Werkzeug als Waffe gebrauchen zu können (s. zum Problem im Gewand des heutigen Rechts Rdn. 4 ff). Das 1. StrRG beschränkte die Qualifikation des bloßen Beisichführens (§ 244 Abs. 1 Nr. 1 StGB a.F.) auf *Schusswaffen* als „technischste aller Waffen“ (BGHSt **24** 136, 137), verwies alle anderen Waffen in § 244 Abs. 1 Nr. 2 StGB a.F. und machte insoweit die Strafbarkeit von der Verwendungsabsicht abhängig, was die Rechtsprechung wiederum veranlasste, den Schusswaffenbegriff sehr weit zu fassen, um sich den Nachweis der Verwendungsabsicht zu sparen (BGH aaO: Gaspistole als Schusswaffe; abl. z.B. *Haft* JuS **1988** 364, 366; eingehend *Ruß* LK[11] Rdn. 3 f). Im Rahmen des § 244 Abs. 1 Nr. 2 StGB a.F. kam es nicht darauf an, ob ein Gegenstand Waffe oder nur Werkzeug oder Mittel war, weshalb es ruhig um den strafrechtlichen Waffenbegriff wurde. Auch der nunmehrige § 244 Abs. 1 Nr. 1a) StGB stellt – ebenso wie §§ 177 Abs. 3 Nr. 1, Abs. 4 Nr. 1, 250 Abs. 1 Nr. 1a), Abs. 2 Nr. 1 StGB – die Waffe dem gefährlichen Werkzeug gleich, das Oberbegriff ist (Rdn. 10). Gleichwohl gibt es eine lebhafte Diskussion um den **strafrechtlichen Waffenbegriff**, die zu der umstrittenen (vehemente Kritik bei *Fischer* Rdn. 8 ff; s. noch Rdn. 23) Entscheidung des Großen Senats für Strafsachen BGHSt **48** 197 geführt hat. Grund der Diskussion ist zum einen die prekäre Legitimation der Einbeziehung aller gefährlichen Werkzeuge in § 244 Abs. 1 Nr. 1a) (und ebenso §§ 177 Abs. 3 Nr. 1, 250 Abs. 1 Nr. 1 a] StGB, 30a Abs. 2 Nr. 2 BtMG): Legitimationsprobleme scheinen zu entfallen, wenn es gelingt, einen Gegenstand geradezu als „Waffe" namhaft zu machen. Zum anderen dreht sich der Streit um den Verwendungstatbestand des § 250 Abs. 2 Nr. 1 (ebenso § 177 Abs. 4 Nr. 1) StGB: Unstreitig ist auch die bloße Drohung ein Verwenden; gedroht kann aber auch mit Waffen werden, die nicht oder nur ausnahmsweise gefährlich sind. S. hierzu sogleich Rdn. 40 und § 250 Rdn. 10. Insbesondere für § 244 Abs. 1 Nr. 1a) StGB lässt sich das Folgende festhalten:

Der Gesetzgeber hat auf eine Legaldefinition des Waffenbegriffs im StGB verzichtet. **20**
Der Begriff ist hier einheitlich (*Fischer* Rdn. 3) und **strafrechtsautonom, nicht (streng) waffenrechtsakzessorisch** zu bestimmen, nämlich „im Einklang mit dem allgemeinen Sprachgebrauch auch unter Berücksichtigung seiner Wandelbarkeit je nach dem Fortschritt der Waffentechnik in Anlehnung an die in den Waffengesetzen enthaltenen Grundvorstellungen (...), wenn auch nicht in unmittelbarer Abhängigkeit davon. Die Begriffsbestimmungen des Waffengesetzes, das den Umgang mit Waffen und Munition unter Berücksichtigung der Belange der öffentlichen Sicherheit und Ordnung regelt, bieten dabei aber eine ‚gewisse Orientierung'" (BGHSt 48 197, 203).[14] Werden neue Waffen erfunden (z.B. ABC-Waffen, Laserwaffen usw.), so unterfallen sie selbstverständlich dem strafrechtlichen Waffenbegriff. Die Regelungszwecke des Waffen- und des Strafrechts decken sich nicht, und der heutige waffenrechtliche Waffenbegriff ist viel weiter als der strafrechtliche (s. bereits § 243 Rdn. 51). Gleichwohl ist es möglich, einen Gegenstand, den das Waffenrecht (noch) nicht erfasst, als Waffe im strafrechtlichen Sinne anzusehen (vgl. BGHSt **24** 136: Gaspistole als Schusswaffe im strafrechtlichen Sinne, obwohl waffenrechtlich keine „Schuss"waffe vorlag). Umgekehrt kann der Umstand, dass ein Gegenstand in den waffenrechtlichen Waffenbegriff einbezogen ist (oder einbezogen werden soll, BGHSt **48** 197, 203 ff: Schreckschusswaffe als Waffe im strafrechtlichen Sinn auch deshalb, weil der Gesetzgeber durch ein noch nicht in Kraft getretenes Änderungsgesetz Schreckschusswaffen als [Feuer-]Waffen einstuft; **krit.** *Lackner/Kühl* Rdn. 3: „methodisch fragwürdig"), für die Waffeneigenschaft im strafrechtlichen Sinn sprechen.

Stets ist die **Wortlautgrenze** der Auslegung (Art. 103 Abs. 2 GG) zu beachten. Die **21**
Rechtsprechung neigt(e) dazu, sie zu strapazieren (Gaspistole als „Schuss"waffe, BGHSt **24** 136) oder sie in manchen Fällen der früher sog. „Waffen im untechnischen Sinn" (Rdn. 19) zu überschreiten. So sprengt es die Wortlautgrenze, *Kraftfahrzeuge* als Waffen anzusehen, wenn sie nur wie Waffen eingesetzt werden (BVerfG NJW **2008** 3627 zu § 113 Abs. 2 Satz 2 Nr. 1 StGB).[15] „Waffen im untechnischen Sinn" können heute i.d.R. als gefährliche Werkzeuge erfasst werden. Ein Kraftfahrzeug ist allerdings beim gewöhnlichen Fahren nicht „gefährlich" (Rdn. 13) und kein „Werkzeug", das der Täter „bei sich führt" (hierzu Rdn. 27 ff); deshalb liegt kein Diebstahl mit Waffen vor, wenn der Dieb die Tat beendet (hierzu Rdn. 33), indem er die Tatbeute mit einem Kraftfahrzeug abtransportiert. Vergleichbare Bedenken bestehen auch dagegen, die bloß abstrakte Möglichkeit, das Kraftfahrzeug als gefährliches Werkzeug zu benutzen (z.B. zur Fluchterzwin-

---

[14] S. bereits BGHSt **24** 136, 138 m. Anm. *Schröder* JR **1971** 381, 382; vgl. BGH NJW **1965** 2115; NJW **1980** 1475, 1476; NStZ **1989** 476; BGHR StGB § 250 Abs. 1 Nr. 1 Schusswaffe 1; OLG Düsseldorf NStZ **1991** 40; *Fischer* Rdn. 3; *Lackner/Kühl* Rdn. 3a; *Sch/Schröder/Eser* Rdn. 3; *Katzer* NStZ **1982** 236, 237; **krit.** hierzu auch *Schünemann* JA **1980** 354; **aA** *Haft* JuS **1988** 364, 366.

[15] BVerfG NJW **2008** 3627 m. zust. Anm. *Kudlich* JR **2009** 206 und *Simon* NStZ **2009** 83, 84; auch: BVerfG StV **2009** 126; StraFo **2008** 463.

gung, wenn sich jemand ihm in den Weg stellt), ausreichen zu lassen (s. aber BGH bei Holtz MDR **1978** 987 zu § 244 Abs. 1 Nr. 2 StGB a.F.).

**22** Unter Waffe im strafrechtlichen Sinn ist ein **Gegenstand** zu verstehen, **der nach seiner Beschaffenheit und nach seinem Zustand zur Zeit der Tat allgemein dazu bestimmt und bei bestimmungsgemäßer Verwendung geeignet ist, erhebliche Verletzungen zuzufügen** (BGHSt **45** 92 zu § 250 StGB; vgl. weiterhin BGHR StGB § 250 Abs. 1 Nr. 1a [i.d.F. 6. StrRG] Waffe 1, 2 und 3; BGHR StGB § 250 [i.d.F. 6. StrRG] Gefährliches Werkzeug 1);[16] zur abweichenden Auffassung von BGHSt **48** 197 sogleich Rdn. 23 und noch § 250 Rdn. 8. Entscheidend ist zum einen, ob der Gegenstand objektiv oder allgemein (*Kindhäuser* NK Rdn. 5) zur Verletzung von Menschen *bestimmt* ist; die subjektive Verwendungsabsicht des Täters ist unerheblich, desgleichen die konkret-individuelle Verwendungsweise. Damit scheiden nicht zur Körperverletzung bestimmte Alltagsgegenstände auch dann aus dem Waffenbegriff aus, wenn sie wie Äxte, Beile, Sensen, Schlachtmesser, Fahrt- und Taschenmesser, Küchenmesser, Baseballschläger usw. (*Fischer* Rdn. 5) ohne weiteres verletzungsgeeignet sind; diese Gegenstände können nur als gefährliche Werkzeuge erfasst werden. Zum anderen müssen Waffen objektiv *geeignet* sein, erhebliche Körperverletzungen herbeizuführen; mit anderen Worten sind nur objektiv *gefährliche* Waffen solche im strafrechtlichen Sinn; nur sie führen zu der die Qualifikation tragenden „erhöhten abstrakten Gefährlichkeit" (BGHSt **24** 136, 140; BGH NStZ **1981** 301). Eine gefährliche Waffe bleibt auch dann gefährlich, wenn sie bei der Tatausführung gar nicht eingesetzt wird oder wenn sie zwar eingesetzt wird, es aber nicht zu einer konkreten Gefahr kommt (BGHSt **45** 92 zu § 250 StGB für eine Gaspistole, die [nur] gegen die im schusssicher verglasten Kassenraum befindliche Bankangestellte gerichtet wird). Allgemein hängt die Waffeneigenschaft weder von einer tatsächlichen Verwendung noch von einer Verwendungsabsicht ab (vgl. BGHR StGB § 250 Abs. 1 Nr. 1a (i.d.F. 6. StrRG). Die Gefährlichkeit muss allerdings gerade aus der bestimmungsgemäßen Verwendung resultieren; eine ungeladene Pistole wird nicht dadurch zur Waffe im strafrechtlichen Sinn, dass mit ihr zugeschlagen werden kann; insoweit kann aber ein gefährliches Werkzeug vorliegen (insoweit zutr. BGHSt **44** 103, 105, 107).

**23** BGHSt **48** 197[17] weicht hiervon insofern ab (zutr. *Fischer* Rdn. 9), als es nicht mehr auf die bestimmungsgemäße Verwendung, sondern nur mehr darauf ankommen soll, ob **irgendeine Verwendung** der Waffe geeignet ist, erhebliche Verletzungen zuzufügen, gleich, ob es zu dieser Verwendung kommt oder nicht und ob der Täter diese Verwendung will oder nicht. Deshalb sieht BGH aaO *Schreckschusspistolen*, bei denen der Explosionsdruck nach vorne austritt, so dass mit ihnen, wenn sie in unmittelbarer Nähe empfindlicher Körperteile abgefeuert werden, erhebliche, sogar tödliche Verletzungen zugefügt werden können, als Waffen im strafrechtlichen Sinne an, obwohl es gerade nicht die bestimmungsgemäße Verwendung von „Schreck"schusspistolen ist, Menschen zu verletzen,[18] und i.d.R. vom Täter nicht gewollt ist. Der Beschluss ist in der Literatur mit Recht auf Ablehnung gestoßen:[19] Er entgrenzt den strafrechtlichen Waffenbegriff in einer Art

---

16 BGHSt **45** 92 m. Anm. *Zopfs* JZ **1999** 1062; *Sch/Schröder/Eser* Rdn. 3; *Erb* JuS **2004** 653, 654; *Geilen* Jura **1979** 222; *Kargl* StraFo **2000** 7, 8.

17 Hierzu Anm. *Fischer* NStZ **2003** 569; *Baier* JA **2004** 12, 14; *Erb* JuS **2004** 653, 654.

18 Allg. M. vor BGHSt **48** 197, vgl. BGH NJW **1965** 2115; **1976** 248; StV **1987** 67; **1988** 469, 472; NStZ **1989** 476; BGH StGB § 244 Abs. 1 Nr. 1 Schusswaffe 1; BGHR StGB § 250 Abs. 2 Strafrahmenwahl 3 und Gesamtbetrachtung 7; *Sch/Schröder/Eser* Rdn. 3; *Otto* BT § 41 Rdn. 51.

19 *Fischer* Rdn. 9 f; *Kindhäuser* NK Rdn. 7; *Lackner/Kühl* Rdn. 3a; *Baier* JA **2004** 12, 15; *Erb* JuS **2004** 653, 654 ff; *Fischer* NStZ **2003** 569, 571 ff; *Kindhäuser* BT II § 4 Rdn. 4; *Küper* BT S. 442 f; *Mitsch* BT 2/1 § 1

und Weise, die verfassungsrechtliche Bedenken aufkommen lässt (Rdn. 21); wenn irgendeine Verwendung genügt, ist auch die ungeladene Pistole, mit der geschlagen werden kann, oder der Besenstiel Waffe. Für diese Entgrenzung besteht auch keine Notwendigkeit, weil die Gefährlichkeit der Schreckschusswaffe über das „andere gefährliche Werkzeug" erfasst werden kann – worauf der vorlegende 2. Strafsenat hinauswollte (BGH NJW **2002** 2889). Eine davon zu trennende Frage ist, ob das „Verwenden" eines gefährlichen Werkzeugs i.S.v. § 250 Abs. 2 Nr. 1 StGB durch Bedrohen des Opfers zu dessen konkreter Gefährdung führen muss (hierzu § 250 Rdn. 33). Unabhängig von der Einordnung als Waffe oder gefährliches Werkzeug stellt sich die Vorsatzfrage (s. noch Rdn. 35). Täter, die – wie regelmäßig – Schreckschusspistolen nicht oder nur in Art von Warnschüssen abfeuern wollen, haben keinen Anlass, sich Gedanken zu machen, welche Folgen es hat, die Pistole in unmittelbarer Nähe empfindlicher Körperteile abzufeuern; *ignorantia facti* ist kein Vorsatz, der auch nicht fingiert werden darf, indem unterstellt wird, jedermann müsse sachgedanklich mitbewusst sein, dass für den Fall eines solchen Abfeuerns erhebliche Körperverletzungen drohten (s. noch Rdn. 36).

Gefährlich sind nur **verwendungsfähige** Waffen; fehlt es hieran, so liegt weder eine Waffe noch – im Grundsatz – ein gefährliches Werkzeug vor.[20] Bei Schusswaffen bedeutet das, dass die Waffe im Grundsatz funktionsfähig, geladen und schussbereit sein muss (BGHSt **44** 103; BGH StV **2000** 77). Keine Waffe im strafrechtlichen Sinne ist die defekte Schusswaffe, aus der kein Schuss abgegeben werden kann; die ungeladenen Waffe, für die der Täter keine (BGH bei Holtz MDR **1983** 91; StV **1982** 574 f; **1987** 67), scharfe oder nur unpassende (BGH StV **1987** 67; **1988** 469, 472) Munition bei sich hat; die nur mit ungefährlicher Munition geladene Waffe (BGHSt **24** 136, 137; **24** 276, 277; **24** 339, 342; **30** 44; BGH NStZ **1981** 301; **1989** 476; BGH StV **1987** 67; BGHR StGB § 250 Abs. 1 Nr. 1 Schußwaffe 2; BGHR StGB § 250 Abs. 2 Strafrahmenwahl 2 und 3; BGHR StGB § 244 Abs. 1 Nr. 1 Schußwaffe 1); die an sich verwendungsfähige Waffe, die der Täter aber nicht bedienen kann (BGH 5 StR 258/71 bei Dallinger MDR **1972** 16). – Die Rechtsprechung lässt genügen, dass die Verwendungsfähigkeit unschwer und ohne erheblichen Zeitverlust hergestellt werden kann (BGHSt **3** 229, 232; BGH StV **1987** 67; s. auch BGH 5 StR 258/71 bei Dallinger MDR **1972** 16). Hiernach reicht es aus, wenn die Munition griffbereit ist und der Täter sogleich laden kann (RGSt **68** 238, 239; BGHSt **20** 194, 197) oder ein anderer die Munition mit sich führt (BGHSt **3** 229, 232; BGH 5 StR 573/70; BGH NStZ **1985** 547), desgleichen, wenn ein Tatgenosse bei der räuberischen Handlung die ungeladene Schusswaffe bei sich hat, während der andere wenige Meter entfernt im Wagen sitzt und die Munition aus dem Handschuhfach nehmen und zureichen kann (BGH 1 StR 473/75 vom 21.10.1975), oder wenn eine Ladehemmung schnell beseitigt werden kann (BGH NStZ **1981** 301; BGH LM StGB Nr. 2 zu § 243 Abs. 1 Nr. 5 a.F.). – Kann dem Täter nicht nachgewiesen werden, ob die Waffe verwendungsfähig war, ist *in dubio pro reo* davon auszugehen, dass sie es nicht war; dann liegt weder eine Waffe noch ein gefährliches Werkzeug vor. Flieht der Dieb (oder 24

---

Rdn. 233; *Rengier* BT 1 § 4 Rdn. 18; *Wessels/Hillenkamp* Rdn. 255; vgl. BVerfG NJW **2008** 3627 (m. Anm. siehe Fn. 15).

20 BGHSt **24** 136, 140; **45** 92, 93; BGH NStZ **1981** 301; **1989** 476; BGHR StGB § 250 Abs. 1 Nr. 1 Schusswaffe 1; *Duttge* HK-GS Rdn. 4; *Fischer* Rdn. 5; *Hoyer* SK[6] Rdn. 14; *Kindhäuser* NK Rdn. 5; *Lackner/Kühl* Rdn. 3; *Sch/Schröder/Eser* Rdn. 3; *Schmitz* MK Rdn. 8; Arzt/Weber/*Heinrich*/Hilgendorf BT § 14 Rdn 56; *Eisele* BT II Rdn. 166; *Maurach/Schroeder/Maiwald* I § 33 Rdn. 115; *Mitsch* BT 2/1 § 1 Rdn. 233; *Rengier* BT 1 § 4 Rdn. 10; *Wessels/Hillenkamp* Rdn. 259.

Räuber) und entledigt er sich der Schusswaffe, so muss ihm die Einlassung, die Waffe sei ungeladen gewesen, zur Überzeugung des Tatgerichts widerlegt werden. Dass Dienstwaffen von Polizeibeamten im Einsatz üblicherweise geladen sind, trägt für sich noch nicht die Feststellung, dass die Dienstwaffe des Beamten, der im Einsatz gestohlen hat, geladen gewesen ist (OLG Hamm NStZ **2007** 473, 474; **krit.** *Fischer* Rdn. 5: „überaus großzügig"). Gelingt der Nachweis nicht, kann nach h.A. auf § 244 Abs. 1 Nr. 1b) bzw. § 250 Abs. 1 Nr. 1b) StGB zurückgegriffen werden (s. noch Rdn. 43).

**25** Im Einzelnen zählen zu den **Waffen im strafrechtlichen Sinn:**

*Kriegswaffen* einschließlich solcher, die entwidmet sind (vgl. WaffG Anlage 2 Abschnitt 1 Nr. 1.1), aber nicht alles, was im KWKG (Anlage B) aufgeführt ist (unrichtig *Schmitz* MK Rdn. 7), z.B. nicht bloße Munition;

*Sprengkörper* jeder Art (Handgranaten, Molotow-Cocktails u. dgl.);

*Schusswaffen*, soweit sie dazu bestimmt und bei bestimmungsgemäßer Verwendung geeignet sind, Menschen erhebliche Verletzungen zuzufügen. Die ganz h.A. lässt hierfür allerdings die „verletzungsgeeignete Konstruktion" (*Kindhäuser* NK Rdn. 6) genügen und bezieht deshalb auch solche Schusswaffen ein, die *Jagd- und Sportwaffen* sind; dafür besteht nach heutigem Recht keine Notwendigkeit mehr, weil sie zwanglos als gefährliche Werkzeuge erfasst werden können. Erfasst sind alle *Feuerwaffen*, gleich ob es sich um Gewehre, Pistolen oder Revolver, Lang- oder Kurzwaffen, automatische, halbautomatische Waffen, Repetierwaffen oder Einzellader, Groß- oder Kleinkaliberwaffen handelt;

*Schusswaffen gleichgestellte Gegenstände*, vgl. WaffG Anlage 1 Abschnitt 1 Unterabschnitt 1 Nr. 1.2;

*Druckluft- und Federluftwaffen* WaffG Anlage 1 Abschnitt 1 Unterabschnitt 1 Nr. 2.9, soweit sie dazu bestimmt und bei bestimmungsgemäßer Verwendung geeignet sind, Menschen erhebliche Verletzungen zuzufügen. Obwohl i.d.R. Sportgeräte, werden Luftgewehre und Luftpistolen von der ganz h.A. den (Schuss-)Waffen zugerechnet (BGH 4 StR 601/73 bei Dallinger MDR **1974** 547 für Luftgewehre; **aA** *Schünemann* JA **1980** 354);[21] dafür besteht nach heutigem Recht keine Notwendigkeit mehr, weil sie zwanglos als gefährliche Werkzeuge erfasst werden können;

*Gaspistolen* (BGHSt **45** 92, 93). Das Wortlautbedenken zu § 244 Abs. 1 Nr. 1 StGB a.F., ob man eine Gaspistole als „Schuss"waffe bezeichnen kann, obwohl bei ihr kein festes mechanisches „Geschoss", sondern eine Gasladung verschossen wird (s. nur *Schröder* JR **1971** 382), ist mit der Neufassung entfallen, der hierzu intensiv geführte Streit (s. hierzu *Herdegen* LK[11] § 240 Rdn. 3 m. Nachw.) gegenstandslos. Die Waffeneigenschaft ergibt sich daraus, dass Gaspistolen sich unauffällig handhaben lassen, schnell einsatzbereit und dazu bestimmt und geeignet sind, den Gegner über eine nicht unbeachtliche Reichweite hinweg auf chemischem Wege körperlich nicht unerheblich zu verletzen (BGHSt **24** 136, 140). Waffen sind aber nur solche Gaspistolen, bei denen das Gas den Lauf nach vorn verlässt, nicht solche, bei denen es aus seitwärts angebrachten Öffnungen austritt (BGHSt **31** 105; BGH bei Holtz MDR **1976** 813; BGH NStZ **1981** 301; **1989** 476; BGHR StGB § 250 Abs. 1 Nr. 1 Schußwaffe 1; BGH 1 StR 240/76 bei Holtz MDR **1976** 813; anders OLG Düsseldorf NStZ **1991** 40, 41);

*Schreckschusspistolen*, wenn der Explosionsdruck nach vorne austritt, Rdn. 23;

---

21 BGH MDR **1974** 547; *Duttge* HK-GS Rdn. 4; *Kindhäuser* NK Rdn. 6; *Lackner/Kühl* Rdn. 3a; *Sch/Schröder/Eser* Rdn. 3; *Eisele* BT II Rdn. 164; *Kindhäuser* BT II § 4 Rdn. 4; *Rengier* BT 1 § 4 Rdn. 8; *Wessels/Hillenkamp* Rdn. 255.

*Reizstoffwaffen* (Schusswaffen zum Verschießen von Reizstoffen) *und -sprühgeräte*, vgl. WaffG Anlage 1 Abschnitt 1 Unterabschnitt 1 Nr. 2.7, Unterabschnitt 2 Nr. 1.2.2, 1.2.3, z.B. Sprühdosen mit Tränengas (BGHSt **22** 230). Sie sind zur Verletzung von Menschen bestimmt und können – was ggf. sachverständig zu begutachten ist – durchaus erhebliche Verletzungen herbeiführen;

*Springmesser, Fallmesser, Faustmesser, Butterflymesser*, vgl. WaffG Anlage 1 Abschnitt 1 Unterabschnitt 2 Nr. 2.1. Schlachtmesser genügen nicht, erst recht nicht Küchen- und Taschenmesser, die aber gefährliche Werkzeuge sein können;

*Hieb- und Stoßwaffen* i.S.v. § 1 Abs. 2 Nr. 2a) WaffG Anlage 1 Abschnitt 1 Unterabschnitt 2 Nr. 1.1. Dazu zählen Stahlruten, Totschläger, Schlagringe und Wurfsterne, vgl. WaffG Anlage 2 Abschnitt 1 Nr. 1.3.2, 1.3.3, und allgemein alles, was seiner Natur nach dazu bestimmt ist, unter unmittelbarer Ausnutzung der Muskelkraft durch Hieb, Stoß oder auch Stich Verletzungen beizubringen, wie z.B. Dolche, Degen, Säbel;

*Nun-Chakus* (asiatische Würgegeräte), vgl. WaffG Anlage 2 Abschnitt 1 Nr. 1.3.8;

*Elektroimpulsgeräte*, sofern sie erhebliche Verletzungen verursachen können, vgl. WaffG Anlage 1 Abschnitt 1 Unterabschnitt 2 Nr. 1.2.1.

**Keine Waffen im strafrechtlichen Sinne** sind: **26**

*unbrauchbar gemachte Schusswaffen*, vgl. WaffG Anlage 1 Abschnitt 1 Unterabschnitt 1 Nr. 1.4;

*Nachbildungen*, vgl. WaffG Anlage 1 Abschnitt 1 Unterabschnitt 1 Nr. 6;

*Anscheinswaffen*, vgl. WaffG Anlage 1 Abschnitt 1 Unterabschnitt 1 Nr. 1.6;

*Salutwaffen*, vgl. WaffG Anlage 1 Abschnitt 1 Unterabschnitt 1 Nr. 1.5;

*Schreckschusspistolen*, wenn nicht der Explosionsdruck nach vorne austritt, Rdn. 23;

*Signalwaffen* zum Verschießen pyrotechnischer Munition, vgl. WaffG Anlage 1 Abschnitt 1 Unterabschnitt 1 Nr. 2.8;

*Armbrüste*, vgl. WaffG Anlage 1 Abschnitt 1 Unterabschnitt 1 Nr. 1.2.2. Sie sind heutzutage Sportgeräte, nicht zur Verletzung von Menschen bestimmt, können allerdings gefährliche Werkzeuge sein;

*Teile von Waffen* wie Schalldämpfer, Zieleinrichtungen usw., vgl. WaffG Anlage 1 Abschnitt 1 Unterabschnitt 1 Nr. 1.3;

*Munition*, vgl. WaffG Anlage 1 Abschnitt 1 Unterabschnitt 3;

*Bolzenschussapparate*. Sie können gefährliche Werkzeuge sein, sind aber keine Waffen, weil sie zur Tötung von Tieren, nicht dazu bestimmt sind, Menschen körperlich zu verletzen (vgl. BGHSt **4** 125, 127; BGH NJW **1976** 248; BGH StV **1987** 67). Zum alten Recht wurde allerdings vertreten, es handele sich um (sogar: Schuss-)Waffen, wenn sich der durch den Lauf getriebene Bolzen vom Schussapparat löse und dieser Apparat weitere Merkmale aufweise, die ihn als Werkzeug von erhöhter abstrakter Gefährlichkeit erscheinen ließen (OLG Hamm MDR **1975** 420; *Blei* JA **1975** 449; *Geilen* Jura **1979** 333).

c) **Beisichführen.** Qualifizierende Handlung ist das Beisichführen (sogleich Rdn. 28) der Waffe oder des anderen gefährlichen Werkzeugs durch den Täter oder einen anderen Beteiligten (Rdn. 38) bei dem Diebstahl (Rdn. 31). **27**

**Beisichführen** (und ebenso Mitsichführen bei § 30a Abs. 2 Nr. 2 BtMG, s. hierzu BGHSt **42** 368, 371) bedeutet nicht, dass der Täter oder Beteiligte die Waffe usw. am Körper haben oder in der Hand halten oder auch nur „griffbereit" halten müsste; es genügt, wenn sie sich in einer mitgeführten Tasche oder in einem am Tatort stehenden Kraftwagen befindet (RGSt **55** 17, 18). Die Waffe usw. muss sich jedoch wenn nicht ge- **28**

radezu in „Griffweite“, so doch in seiner Nähe befinden, damit sie dem Täter zur Verfügung steht, er sie also jederzeit ohne nennenswerten Zeitaufwand und ohne Überwindung irgendwelcher Schwierigkeiten ergreifen und das tatbestandsmäßige Handeln fortführen kann (BGHSt **31** 105 = JZ **1983** 216 m. Anm. *Hruschka* = JR **1983** 424 m. Anm. *Kühl*; BGH 1 StR 487/79 bei Holtz MDR **1980** 106).[22] Das ist nicht der Fall, wenn die Waffe usw. sich in einem mehrere hundert Meter vom Tatort entfernten Kraftfahrzeug befindet (BGHSt **31** 105; *Haft* JuS **1988** 364, 368), auch nicht, wenn der Dieb ein Messer in dem verschlossenen Rucksack, den er auf dem Rücken trägt, verwahrt (BayObLG NJW **1999** 2535), wohl aber, wenn der Täter die Waffe 2 Meter neben dem aufgebrochenen Kiosk in einer Aktentasche abgelegt hat (BGH 3 StR 793/53 vom 18.2.1954). Die räumlich nahe Zuordnung der Waffe usw. zu mindestens einem an der tatbestandsmäßigen Ausführungshandlung Beteiligten ist nicht das einzige Kriterium des Beisichführens; die weiteren Kriterien (vgl. BGHSt aaO S. 106) betreffen freilich letzten Endes auch die Frage der Verwendungsfähigkeit der Waffe (Rdn. 24). Eine am Tatort versteckte oder bereitgelegte Waffe usw. führt der Täter bei sich, sobald er am Tatort eintrifft und sie ihm zur Verfügung steht (*Kindhäuser* NK Rdn. 18; *Sch/Schröder/Eser* Rdn. 6). Beisichführen setzt nicht voraus, dass der Täter die Waffe usw. zum Tatort mitbringt (RGSt **68** 238, 239). Findet er sie erst am Tatort vor und nimmt er sie an sich, so führt er sie bei sich (BGHSt **13** 259, 260; BGH NStZ **1985** 547; bei Holtz MDR **1992** 17, 18). Ohne Ansichnehmen begründet die bloße Zugriffsmöglichkeit aber auch dann, wenn dem Täter das Vorhandensein der Waffe usw. bewusst ist, noch kein Beisichführen, das kein Zustand, sondern Handlung ist; ein Ladendiebstahl wird nicht dadurch zum Diebstahl mit Waffen, dass der Täter in der Haushaltswarenabteilung stiehlt, in der auch Messer zum Verkauf ausgestellt sind (zutr. *Kindhäuser* aaO). Stiehlt der Täter eine Waffe oder ein gefährliches Werkzeug oder entwendet er sie bzw. es dem Opfer oder einem Dritten, um über die Waffe bzw. das Werkzeug für die weitere Tatausführung zu verfügen, so ist das nach BGHSt **13** 259; **20** 195, 197; **29** 184, 185; BGH StV **1988** 429; vgl. auch BGH NJW **1989** 2549, 2550 Diebstahl mit Waffen. Dem wird in der Lehre entgegengehalten, der Diebstahl „von“ Waffen könne keiner „mit“ Waffen sein; „bei“ einem Diebstahl könne man nur andere Sachen als die gestohlene Sache bei sich führen; und es würde auf der Grundlage der Rechtsprechung § 243 Abs. 1 Satz 2 Nr. 7 StGB leerlaufen, da stets § 244 Abs. 1 Nr. 1a) StGB erfüllt wäre.[23] Letzteres trifft nicht zu, da das Regelbeispiel auch beim Diebstahl nicht einsatzbereiter Waffen erfüllt ist (zutr. *Schmitz* MK Rdn. 23). Es überzeugt auch nicht, mit einer Gesetzesüberschrift zu argumentieren, und es ist nicht sprachwidrig zu sagen, der Dieb führe das Diebesgut bei sich. Wird aber richtigerweise die Möglichkeit qualifizierenden Beisichführens zwischen Vollendung und Beendigung verneint (Rdn. 33 f), so kann die logische Sekunde des Beisichführens im Zeitpunkt der Gewahrsamserlangung und Vollendung nicht genügen; anders liegt es, wenn jemand eine Waffe usw. und sodann noch weitere Sachen stiehlt.

**29** Unerheblich für das Beisichführen ist, aus welchem **Grund** und zu welchem **Zweck** der Täter die Waffe usw. bei sich führt. Er muss nicht beabsichtigen, sie bei der Tat zu

---

[22] RGSt **55** 17 f; BGHSt **13** 259, 260; **20** 194, 197; **29** 184, 185; **43** 8, 10 m. Anm. *Lenckner* NStZ **1998** 257; BGH NStZ **1998** 354; NJW **1999** 2535, 2536; NStZ **2004** 111; *Duttge* HK-GS Rdn. 17; *Fischer* Rdn. 27; *Kindhäuser* NK Rdn. 18; *Lackner/Kühl* Rdn. 2; *Sch/Schröder/Eser* Rdn. 6; *Schmitz* MK Rdn. 22; *Geppert* Jura **1992** 496 f; *Maurach/Schroeder/Maiwald* I § 33 Rdn. 121; *Mitsch* BT 2/1 § 1 Rdn. 237; *Otto* BT § 41 Rdn. 54; *Rengier* BT 1 § 4 Rdn. 43; *Wessels/Hillenkamp* Rdn. 256.

[23] *Kindhäuser* NK Rdn. 18; *ders/Wallau* StV **2001** 352, 354; *Maurach/Schroeder/Maiwald* I § 33 Rdn. 121.

verwenden (BGHSt **24** 138; **30** 44; BGH NStZ **1984** 216 m. Anm. *Zaczyk*) oder mit ihr sonst die Vollendung der Tat zu fördern (*Geppert* Jura **1992** 496, 497). Selbst wenn der Täter eine herumliegende Waffe „aus Sicherheitsgründen" an sich nimmt, damit mit ihr kein Missbrauch getrieben werde, führt er sie bei sich (BGH NStZ **1985** 547). Die Gefährlichkeit des Beisichführens liegt bereits darin begründet, dass das Wissen des Täters, im Bedarfsfall über eine Waffe usw. verfügen zu können, Anlass sein kann, sie auch einzusetzen (BGHSt **30** 44, 45; BGH NStZ **1984** 216; **1985** 547). Daher lehnt es die Rechtsprechung ab, Täter, die kraft Amtes oder Berufs zum Tragen einer Waffe verpflichtet sind wie z.B. Polizeibeamte, Soldaten oder Bedienstete eines Bewachungsunternehmens, aus dem Anwendungsbereich des Diebstahls mit Waffen herauszunehmen, wenn sie bei Gelegenheit des Dienstes stehlen und dabei pflichtgemäß bewaffnet sind.[24] In der Tat bietet der Wortlaut keinen Anhaltspunkt für eine Einschränkung. Für die vom Waffenträger ausgehende Gefährlichkeit macht es keinen Unterschied, ob er die Waffe zufällig mit sich führt oder zum Tragen der Waffe dienstlich verpflichtet ist (BGHSt **30** 44, 45). Seine Schulung im Umgang mit Waffen ist ambivalent, mag bei dem einen den vorschnellen Griff zur Waffe hindern, bei dem anderen den rücksichtslosen Griff zur Waffe fördern. Für die teils geforderte Einzelfallprüfung, ob erhöhte Gefährlichkeit gegeben ist oder nicht (vgl. *Lenckner* JR **1982** 424 ff; *Haft* JuS **1988** 364, 369), fehlt es an verlässlichen Maßstäben.

Die Qualifikation kann auch erfüllen, wer die Waffe usw. nicht selbst bei sich führt. **30**
Vielmehr genügt es, dass sie ein **anderer Beteiligter** (Mittäter, Anstifter, Gehilfe, vgl. RGSt **54** 247, 248) bei sich führt. Der andere Beteiligte muss sich allerdings *am Tatort* oder so in dessen Nähe befinden, dass er in das Tatgeschehen eingreifen kann; die Waffe usw. muss insgesamt „griffbereit" bleiben (vgl. *Geppert* Jura **1992** 496, 498). Zu den Beteiligungsfragen Rdn. 38.

Die Waffe usw. muss **bei** dem Diebstahl, also bei der Wegnahme in Zueignungsabsicht **31**
mitgeführt werden, allerdings nicht die gesamte Zeit (BGHSt **31** 105, 106). Vielmehr genügt, wenn der Täter im Laufe der Tatausführung eine Waffe usw. an sich nimmt (BGHSt **20** 194, 197; **29** 184, 185; BGH StV **1988** 429; NJW **1989** 2549, 2550; s. bereits Rdn. 28). Im umgekehrten Fall, dass der Täter, nachdem er bereits unmittelbar zur Wegnahme angesetzt hat, die Waffe usw. wegwirft, hält die Rechtsprechung das qualifizierende Merkmal des Beisichführens für erfüllt (BGH NStZ **1984** 216 m. **krit.** Anm. *Zaczyk*; RGSt **54** 42; RG JW **1922** 1584) und lässt auch keinen Rücktritt zu; das ist zu hartherzig (Rdn. 39).

Wer die Waffe usw. **nur im Vorbereitungsstadium**, namentlich bei der *Fahrt zum Tatort* bei sich führt, erfüllt § 244 Abs. 1 Nr. 1a) StGB (bzw. § 250 Abs. 1 Nr. 1a] StGB in **32**
Raubfällen) nicht.[25] Das Merkmal des Beisichführens ist ein qualifizierender, den Dieb-

---

[24] BGHSt **30** 44; OLG Hamm NStZ **2007** 473, 474; OLG Köln NJW **1978** 652, 653; *Fischer* Rdn. 12; *Kindhäuser* NK Rdn. 23; *Lackner/Kühl* Rdn. 3a; *Geppert* Jura **1992** 496, 498; *Hettinger* GA **1982** 525, 551; *Kargl* StraFo **2000** 7, 12; *Katzer* NStZ **1982** 236; *Küper* BT S. 443 f; *Lenckner* JR **1982** 424; *Mitsch* BT 2/1 § 1 Rdn. 241; *Otto* JZ **1985** 21, 25; *ders.* Jura **1989** 202; *Rengier* BT 1 § 4 Rdn. 57; *Salger* StV **1989** 66; *Seelmann* JuS **1985** 454, 457; *Sonnen* JA **1981** 579; *Wessels/Hillenkamp* Rdn. 257; *Zopfs* Jura **2007** 510, 517; **aA** *Sch/Schröder/Eser* Rdn. 6; *Grebing* Jura **1980** 91, 93; *Hruschka* NJW **1978** 1338; *Kotz* JuS **1982** 97, 98 f; *Schünemann* JA **1980** 349, 355; *Solbach* NZWehrR **1977** 161, 162.

[25] BGHSt **31** 105, 106 m. Anm. *Hruschka* JZ **1983** 217 und *Kühl* JR **1983** 425; BGH NStZ **1997** 137; *Duttge* HK-GS Rdn. 18; *Fischer* Rdn. 29; *Hoyer* SK[6] Rdn. 16; *Kindhäuser* NK Rdn. 20; *Lackner/Kühl* Rdn. 2; *Geppert* Jura **1992** 496, 497; *Haft* JuS **1988** 364, 367; *Krey/Hellmann* Rdn. 136d; *Mitsch* BT 2/1

stahl begleitender Umstand, nicht die tatbestandsmäßige Handlung selbst oder ein Bestandteil von ihr (RG JW **1923** 1029, 1030). Erst das unmittelbare Ansetzen *zur Wegnahme* ist mit Strafe bedroht; fehlt es zu diesem Zeitpunkt (und auch später, Rdn. 33) am Beisichführen, liegt insgesamt kein qualifizierter Diebstahl vor. Mit Recht hat sich BGHSt **31** 105, 106 f von der früher vertretenen Gegenauffassung (BGH GA **1971** 82 f, wo auch auf die Hinfahrt Bezug genommen wird; weit. Nachw. bei *Herdegen* LK[10] § 250 Rdn. 8) distanziert und hat nicht ausreichen lassen, dass die Täter bei der Fahrt zum Tatort einen Gasrevolver bei sich führten, den sie dann aber in dem 200 Meter vom Tatort abgestellten Kraftfahrzeug zurückließen.

**33** Das Beisichführen von Waffen usw. durch einen Beteiligten **nur zwischen Vollendung und Beendigung**, namentlich beim *Abtransport der Tatbeute* oder bei der *Flucht vom Tatort* soll nach der Rechtsprechung für die Qualifikation nach § 244 Abs. 1 Nr. 1a) StGB (bzw. § 250 Abs. 1 Nr. 1a] StGB in Raubfällen) im Grundsatz genügen (RGRspr. 5 558, 560; RG HRR **1935** 632; BGHSt **20** 194, 197; **22** 227, 229; **28** 224, 226; **38** 295, 297; BGH GA **1971** 82; BGH 1 StR 487/79 bei Holtz MDR **1980** 106).[26] Anders soll es nur liegen, wenn zwischen dem Diebstahl und dem bewaffneten Wegschaffen der Beute ein längerer Zeitraum liegt (RG HRR **1935** 632: Fortschaffen der versteckten Beute Stunden nach der Tat) oder wenn der Diebstahls- oder Raubversuch fehlschlägt, die Täter ohne Beute fliehen und auf der Flucht Waffen usw. bei sich führen, weil die Flucht ohne Beute weder mit der Wegnahme in Zusammenhang steht noch sonst ein Akt der tatsächlichen Beendigung des Raubes ist (BGHSt **31** 105, 107 – nach Scheitern der Tat kehrten die Täter ohne Beute zu dem Kraftfahrzeug, in dem sich der Gasrevolver befand, zurück und flohen). In allen anderen Fällen sei zu bedenken, dass sich in der Beutesicherung und damit der weiteren Verwirklichung der Zueignungsabsicht das Tatgeschehen fortsetze und die Rechtsgutsverletzung vertiefe. Für die Gefährlichkeit des Täters mache es keinen Unterschied, ob er eine Waffe bei der Wegnahme oder erst bei der mit ihr im unmittelbaren örtlichen und zeitlichen Zusammenhang stehenden Nachphase mit sich führe; die Gefahr, dass ein bewaffneter Täter die Waffe zur Sicherung der Beute bzw. seiner Flucht einsetze, sei nicht geringer zu veranschlagen als die Gefahr, dass er sie zum Zwecke der Wegnahme gebrauche. Infolgedessen sei unter dem Aspekt der Gefährlichkeit des Täters eine Differenzierung nach Deliktsphasen nicht angebracht (BGHSt **38** 295, 298 f).

**34** In der Literatur wird die Möglichkeit einer „sukzessiven Qualifikation" ganz überwiegend aus logischen, rechtsstaatlichen und sachlichen Gründen für **verfehlt** gehalten.[27] Es sei nicht möglich, eine vollendete Tat durch ein Nachtatverhalten gleichsam rückwirkend zu qualifizieren. Die Rechtsprechung verletze Art. 103 Abs. 2 GG. Als qualifizierender Umstand müsse das Beisichführen die Tatausführung des Diebstahls begleiten. Der Tatbestand des Diebstahls reiche nur bis zur Wegnahme; die Zueignung sei bewusst in den subjektiven Tatbestand verlegt worden. Deshalb sei die Verwirklichung der Zueignungsabsicht, die Festigung des Gewahrsams gerade kein als Diebstahl tatbestandsmäßiges Verhalten. Dann aber könne es auch nicht durch ein Beisichführen von Waffen quali-

---

§ 1 Rdn. 237 f; *Rengier* BT 1 § 4 Rdn. 47; *Wessels/Hillenkamp* Rdn. 256.

[26] *Fischer* Rdn. 29; *Ruß* LK[11] Rdn. 5; *Sch/Schröder/Eser* Rdn. 6; *Haft* JuS **1988** 364, 367 f; *Maurach/Schroeder/Maiwald* I § 33 Rdn. 121; *Otto* JZ **1985** 21, 25.

[27] *Herdegen* LK[10] § 250 Rdn. 11; *Hoyer* SK[6] Rdn. 16; *Kindhäuser* NK Rdn. 21; *Lackner/Kühl* Rdn. 2; *Hruschka* JZ **1969** 609; *ders.* JZ **1983** 217 f; *Isenbeck* NJW **1965** 2326, 2328; *Kühl* JuS **1982** 189, 192; *ders.* JR **1983** 425, 427; *Rengier* NStZ **1992** 590 f; *Scholderer* StV **1988** 429, 430; *ders.* StV **1989** 153; *Schünemann* JA **1980** 393, 394; *Seier* JuS **1979** 336, 337; wohl auch *Küper* JuS **1986** 862, 868.

fiziert werden (s. nur *Küper* JuS **1986** 862, 869 ff). Die Gefährlichkeit der „Nachphase" erfasse der Gesetzgeber mit § 252 StGB. Überzeugend ist (allein) das Argument aus Art. 103 Abs. 2 GG. § 244 StGB kann (und muss) mit § 242 StGB zusammengelesen werden: Qualifiziert strafbar ist, wer eine fremde bewegliche Sache in Zueignungsabsicht wegnimmt und *dabei* eine Waffe usw. bei sich führt; es nimmt aber nicht weg, wer mit einer bereits weggenommenen Sache flieht oder sie abtransportiert. In der Sache wäre der Gesetzgeber allerdings frei, das Nachtatverhalten der bewaffneten Flucht oder des bewaffneten Abtransports der Beute hinreichend bestimmt in den Qualifikationstatbestand aufzunehmen, da solches Nachtatverhalten durchaus strafschärfend berücksichtigt werden könnte (vgl. § 46 Abs. 2 StGB) und von § 252 StGB als solches eben nicht erfasst wird.

d) **Vorsatz.** Gem. § 15 StGB muss der Täter mindestens für möglich halten und billigend in Kauf nehmen, dass er oder ein Beteiligter eine Waffe oder ein anderes gefährliches Werkzeug bei sich führt (BGH GA **1971** 82; BGH 5 StR 258/71 bei Dallinger MDR **1972** 16; 1 StR 487/79 bei Holtz MDR **1980** 106). Der Vorsatz muss zum Zeitpunk der Tatausführung – vom Versuch bis zur Vollendung, nach der Rechtsprechung spätestens vor Beendigung – vorliegen, freilich nicht die ganze Zeit. Ebenso wie es genügt, dass der Täter erst im Zuge der Wegnahme eine Waffe oder ein anderes gefährliches Werkzeug ergreift (Rdn. 32), genügt es, dass er sich erst im Zuge der Wegnahme bewusst wird, einen Gegenstand bei sich zu führen, der gefährlich ist. **35**

Erforderlich, aber auch ausreichend ist das allgemeine, noch auf keinen bestimmten Zweck gerichtete Bewusstsein, einen funktionsbereiten Gegenstand zur Verfügung zu haben, der geeignet (bei Waffen bestimmt) ist, erhebliche Verletzungen zu verursachen (OLG Schleswig NStZ **2004** 212, 214). – Dazu gehört *zum einen* aktuelles **„Bewusstsein der Verfügbarkeit"** (BGHSt 30 44, 45) über die Waffe oder das Werkzeug; der Täter muss die Waffe oder das Werkzeug **„bewusst gebrauchsbereit"** bei sich haben.[28] An diesem Bewusstsein kann es fehlen, wenn jemand eine Waffe aus tatfremden Zwecken bei sich führt und nicht an sie denkt; so mag einem Polizeibeamten, der vergesslich und durch einen Ehestreit abgelenkt ist und bei einer Hausdurchsuchung Uhren stiehlt, in diesem Moment nicht hinreichend bewusst gewesen sein, dass er seine geladene Dienstwaffe bei sich führt (OLG Hamm NStZ **2007** 473; s. auch BayObLG StV **1999** 383; **krit.** *Fischer* Rdn. 31: „überaus großzügig"; s. aber bereits RGSt **32** 402, 403; **54** 195, 196; BGHSt **30** 44, 45; OLG Köln NJW **1978** 652). Weiterhin kommt in Betracht, dass der Dieb bei Begehung des Diebstahls kein aktuelles Bewusstsein von allen Gegenständen hat, die er in seinen Kleidern bei sich führt wie z.B. einem Taschenmesser in der Hosentasche, wenn er es nicht zur Tatausführung verwendet hat (s. Rdn. 13 a.E.). – *Zum anderen* setzt Vorsatz Kenntnis der Umstände voraus, aus denen sich der **Waffencharakter** oder die **Gefährlichkeit** des Werkzeugs ergibt. Ob der Täter die mitgeführte Waffe oder das gefährliche Werkzeug dafür hält und so bezeichnet, ist unerheblich, wenn er nur Funktion und Wirkungsweise des Gegenstandes so erfasst, dass er den Sinngehalt der rechtlichen Begriffsbildung trifft; der ggf. vorliegende Subsumtionsirrtum kann Grundlage eines Verbotsirrtums sein (*Herdegen* BGH-Festschrift, S. 203, 205; *Sch/Schröder/Eser* Rdn. 9). Bei Schusswaffen muss der Täter wissen, dass sie verwendbar sind, er sich ihrer **36**

[28] BGH NStZ-RR **1997** 50; **2003** 12 f; **2005** 340 m. **krit.** Bespr. *Kudlich* JA **2006** 249; OLG Celle StV **2005** 336 f; OLG Schleswig NStZ **2004** 212, 214 m. Anm. *Hardtung* StV **2004** 399; *Fischer* Rdn. 31; *Kindhäuser* NK Rdn. 23; *Lackner/Kühl* Rdn. 5; *Sch/Schröder/Eser* Rdn. 6.

also jederzeit ohne nennenswerten Zeitaufwand und ohne besondere Schwierigkeiten bedienen kann. Ein vorsatzausschließender Tatumstandsirrtum liegt vor, wenn der Täter die mitgeführte Schusswaffe irrtümlich für nicht brauchbar hält, z.B. annimmt, sie sei nicht geladen und könne nicht geladen werden oder es lasse sich aus ihr kein Schuss mehr abgeben (BGH 5 StR 258/71 bei Dallinger MDR 1972 16). Bei offenkundig gefährlichen Waffen oder Werkzeugen wie Butterflymessern oder Schlachtmessern liegt das Bewusstsein der Gefährlichkeit eher nahe, bei Gebrauchsgegenständen des täglichen Lebens, die regelmäßig mitgeführt und durchweg in sozialadäquater Weise eingesetzt werden, eher fern (vgl. BGH NStZ-RR 2005 340: Taschenmesser, mit dem Bierflaschen geöffnet werden; KG StV 2008 361: gewohnheitsmäßig mitgeführtes kleines Taschenmesser). Wer mit einem Schraubenzieher einen Zigarettenautomaten aufhebelt, hat in aller Regel kein aktuelles Bewusstsein, dass sich der Schraubenzieher zum Zustechen oder -stoßen eignet, ebenso wie derjenige, der einen Gürtel trägt, sich in aller Regel nicht vergegenwärtigt, dass man mit Gürteln Menschen erdrosseln kann. An dieser Stelle müssen Vorsatzfiktionen vermieden und dürfen auch nicht über die fragwürdige Figur des „sachgedanklichen Mitbewusstseins" erzeugt werden.

**37** Eine **Verwendungsabsicht** setzt § 244 Abs. 1 Nr. 1a) StGB **nicht** voraus. Allerdings wird der Dieb, der eine Schusswaffe bei sich führt, im Allgemeinen die Absicht haben, notfalls von ihr Gebrauch zu machen. Gefährlich ist er nach h.A. aber auch dann, wenn dieser Wille fehlt, denn er könnte im Bewusstsein, dass er eine solche Waffe bei sich trägt, in einer überraschenden Situation leicht in die Versuchung geraten, sie auch zu benutzen (BGHSt **30** 44, 45). Deshalb ist es nach h.A. nicht erforderlich, dass der Täter von vornherein oder überhaupt die Absicht hat oder den Vorbehalt macht, die Waffe oder das gefährliche Werkzeug zu verwenden (RGSt **68** 238, 239; BGHSt **3** 229, 232; **13** 259, 260; **24** 136, 138; **30** 44, 45; BGH NStZ **1984** 216, 217; **1985** 547). Zu den Gegenauffassungen in der Lehre Rdn. 16. Selbst wenn jemand beim Diebstahl einem anderen eine Waffe „aus Sicherheitsgründen" wegnimmt, damit mit der Waffe kein Missbrauch getrieben werde, berührt das den Vorsatz des Beisichführens nicht (BGH NStZ **1985** 547).

**38** e) **Beteiligung.** S. bereits Rdn. 30. Sind mehrere beteiligt, führt aber nur einer von ihnen eine Waffe oder ein anderes gefährliches Werkzeug mit sich, kann wegen Diebstahls (oder Raubs) mit Waffen (usw.) nur der Beteiligte bestraft werden, der das Mitführen verwendungsfähiger Waffen durch einen anderen Beteiligten (usw.) mindestens billigend in Kauf genommen hat; die häufige Einlassung, nicht gewusst zu haben, dass Waffen (usw.) mitgeführt wurden, muss dem Beteiligten zur Überzeugung des Tatgerichts widerlegt werden (RGSt **54** 247, 248; BGHSt **3** 229, 233; BGH 5 StR 258/71 bei Dallinger MDR **1972** 16; *Arzt* JuS **1972** 576, 578; *Sch/Schröder/Eser* § 244 Rdn. 10). Anstiftung zu § 244 Abs. 1 Satz 1 Nr. 1a) StGB ist möglich, wenn sich die Anstiftungshandlung auch auf das Beisichführen der Waffe usw. bezieht (BGHSt **19** 339). Allein das Führen der Waffe macht den Gehilfen nicht zum Täter; es wird aber für ein starkes Interesse an der Tat und für ein „In-den-Händen-Halten" des Tatgeschehens sprechen und deshalb Indiz für Mittäterschaft sein (vgl. BGHSt **28** 346, 348 f; BGH GA **1977** 306). Verwendet ein doloser Täter einen ahnungslosen Gehilfen (oder Mittäter) als Waffentransporteur, so ist der Wissende nach dem Grundgedanken der mittelbaren Täterschaft nach § 244 Abs. 1 Nr. 1a) StGB zu bestrafen, wenn die Waffe bei der Tat für ihn verfügbar ist; das Gleiche gilt, wenn der transportierende Gehilfe (oder Mittäter) irrtümlich annimmt, die Schusswaffe sei nicht geladen oder sonst nicht zu verwenden; es genügt jeweils, dass der Täter weiß, dass die bei der Tat tatsächlich verfügbare Waffe Verwendung finden kann (BGH NStZ **1998** 354; unklar BGH 5 StR 258/71 bei Dallinger MDR **1972** 16; vgl. weiterhin *Kindhäuser* NK Rdn. 18, 19 und 24; *Sch/Schröder/Eser* Rdn. 10; **aA** *Arzt* aaO

Fn. 11: Wissen des Teilnehmers erforderlich). In der umgekehrten Konstellation, dass ein doloser Gehilfe ohne Wissen des Täters oder der ahnungslose Täter selbst mit Wissen des Gehilfen die Waffe bei sich führt (s. *Geilen* Jura **1979** 278), steht der Grundsatz der Akzessorietät einer Bestrafung des Gehilfen nach §§ 244 Abs. 1 Nr. 1a), 27 StGB entgegen (andeutungsweise BGHSt 27 56, 57; *Kindhäuser* aaO; *Sch/Schröder/Eser* aaO; zweifelnd *Geilen* aaO; **aA** *Herdegen* LK[11] § 250 Rdn. 14: Es genüge das Wissen des Gehilfen um die objektiv vorliegende Verfügbarkeit der Waffe, wie sich aus dem Wortlaut des Gesetzes [„oder ein anderer Beteiligter"] ergebe).

f) **Versuch.** Der Versuch des Diebstahls mit Waffen ist strafbar, § 244 Abs. 2 StGB. **39**
Versuchsbeginn ist das unmittelbare Ansetzen zur Wegnahme, nicht zum Beisichführen (*Schmitz* MK Rdn. 62). Trotz Vollendung des Diebstahls kommt versuchter Diebstahl mit Waffen in Betracht, wenn der mitgeführte Gegenstand weder Waffe noch anderes gefährliches Werkzeug war, der Täter davon aber irrig ausging (z.B. die mitgeführte ungeladene Schusswaffe für geladen hält). Hält der Täter die geladene Schusswaffe für ungeladen und will er sie nur zu Drohzwecken mitnehmen, ist objektiv § 244 Abs. 1 Nr. 1a), subjektiv § 244 Abs. 1 Nr. 1b) StGB erfüllt; beides zum vollendeten Diebstahl zusammenzufügen (*Rengier* BT 1 § 4 Rdn. 63), dürfte „Überschreitung der Tatbestandsgrenzen" (*Schmitz* aaO Rdn. 63) sein. Entledigt sich der Täter, nachdem er die Versuchsschwelle überschritten hat, aber bevor die Tat vollendet ist, freiwillig der mitgeführten Waffe, so soll nach BGH NStZ **1984** 216, 217 m. abl. Anm. *Zaczyk* und zust. Anm. *Otto* JZ **1985** 21, 27 wegen vollendeten Diebstahls mit Waffen zu bestrafen sein (s. bereits Rdn. 31). Das ist zu hartherzig; das Rücktrittsverhalten widerlegt die Gefährlichkeitsvermutung, die § 244 Abs. 1 Nr. 1a) StGB zugrunde liegt; da das Beisichführen als qualifizierender Begleitumstand anzusehen ist, kann ein (Teil-)Rücktritt nach § 24 StGB zugelassen werden (zutr. *Schmitz* MK Rdn. 64), und es bedarf nicht des Rückgriffs auf eine (Gesamt-)Analogie zu den Vorschriften über tätige Reue (so die Lösung von *Rengier* aaO § 4 Rdn. 40).

2. **Diebstahl mit Werkzeugen oder Mitteln (§ 244 Abs. 1 Nr. 1b] StGB).** Zu § 243 **40**
Abs. 1 Nr. 5 StGB a.F. war anerkannt, dass nur Diebstahl mit für Leib und Leben gefährlichen Waffen qualifiziert strafbar war; Waffenattrappen und nicht verwendungsfähige Waffen genügten nicht. Das hatte die aus Sicht der Praxis ärgerliche Folge, dass die Einlassung des Diebes (oder Räubers), die Schusswaffe sei nicht geladen gewesen, widerlegt werden musste, was häufig nicht gelang, wenn sich der Dieb (oder Räuber) vor Festnahme der Waffe entledigen oder er sie entladen konnte. Nach Einführung des § 244 Abs. 1 Nr. 2 StGB a.F., der Vorläufervorschrift des § 244 Abs. 1 Nr. 1b) StGB, durch das 1. StrRG 1969 griff die Rechtsprechung die Gelegenheit beim Schopf, das Ärgernis zu beseitigen, indem auch für Leib und Leben ungefährliche „Scheinwaffen" als „Werkzeug oder Mittel" angesehen wurden (BGHSt **24** 339). Der Wortlaut lasse diese Auslegung zu; der Wille des Gesetzgebers, sie zu erfassen, schlage sich in der subjektivierenden Fassung nieder; auch teleologisch begründe der „stärkere [...] verbrecherische [...] Wille des Täters", der bereit sei, zum Räuber zu werden, und das „Schutzbedürfnis des sich möglicherweise Entgegenstellenden" (aaO S. 341) die Erstreckung auf „Scheinwaffen". Die Literatur widersprach überwiegend: Systematisch wurde eingewendet, dass in § 244 Abs. 1 Nr. 2 StGB a.F. weiterhin die „Waffe" genannt war, was auch nach der Rechtsprechung weiterhin – wie bei § 243 Abs. 1 Nr. 5 StGB a.F. – objektive Gefährlichkeit voraussetzte. Vor allem wurden die wolkigen, im Grunde kriminalpolitischen Erwägungen des 4. Strafsenats kritisiert: Der Dieb, der möglichen Widerstand durch eine „Scheinwaffe" überwinden wolle, handele zwar listig, wolle aber gerade nicht verletzen oder gefährden

und handgreifliche Auseinandersetzungen vermeiden; das nicht an Leib und Leben gefährdete Opfer sei auch nicht in einem Maße erhöht schutzwürdig, das die erhebliche Strafschärfung rechtfertige.[29] Die Rechtsprechung ließ sich nicht beeindrucken; da Vieles drohungsgeeignet ist, hatten sich Strafsenate des BGH damit zu befassen, ob Raub mit Waffen auch dann vorliegt, wenn der Täter ein Plastikrohr in der Manteltasche hat und vortäuscht, es handele sich um eine Pistole (verneinend BGHSt 38 116), oder wenn der Täter dem Opfer einen Lippenpflegestift („Labello") in den Rücken drückt und dasselbe vortäuscht (verneinend BGH NStZ **1997** 184 m. Anm. *Hohmann*), s. noch Rdn. 45. Mit dem 6. StrRG 1998 hat sich der Gesetzgeber diese Auffassung zu eigen gemacht, indem er die Waffe in Buchstabe a) verwiesen und ihr das (objektiv) gefährliche Werkzeug zur Seite gestellt, Buchstabe b) auf „sonst(ige)" Werkzeuge und Mittel beschränkt und den Qualifikations- als **„Auffangtatbestand"** (BT-Drucks. 13/9064 S. 18 zu § 250 Abs. 1 Nr. 1b] StGB) ausgestaltet hat. Dem schuldet der Gesetzesanwender und -ausleger Gehorsam.[30] Die kriminalpolitische Frage, ob die so ausgestaltete Qualifikation sinnvoll ist, wird damit nicht erledigt. Allerdings ist zu bemerken, dass sie bei § 250 Abs. 1 Nr. 1 StGB virulenter als bei § 244 Abs. 1 Nr. 1b) StGB ist: Wenn es nicht zur Drohung und damit zum Raub kommt, kann der Nachweis der Nötigungsabsicht nur bei mitgeführten wirklichen, wenn auch (möglicherweise) ungeladenen Schusswaffen oder Waffenattrappen gelingen. In solchen Fällen mag man es noch für vertretbar halten, den Dieb, der sich absichtlich auf einen Raub vorbereitet, für qualifiziert strafbar zu halten, auch wenn er den Raub nur in der Drohungsalternative begehen will.[31]

**41** a) **Werkzeug oder Mittel.** Die Qualifikation setzt voraus, dass der Täter bei dem Diebstahl (Rdn. 31 ff) „sonst ein Werkzeug oder Mittel" bei sich führt (Rdn. 27 ff). Es ist weder möglich noch notwendig, zwischen Werkzeug und Mittel abzugrenzen (*Fischer* Rdn. 25). Werkzeuge oder Mittel müssen **bewegliche** (Rdn. 12)[32] **körperliche Gegenstände** sein. Körperteile (z.B. der Finger, den der Dieb notfalls in der Manteltasche ausstrecken und so eine Pistole vortäuschen will, BGH NStZ **1985** 547 für § 250 Abs. 1 Nr. 2 StGB a.F.) genügen nicht, ebenso wenig die Stimme, wenn der Dieb entschlossen ist, notfalls verbal zu drohen, oder die Hand, wenn er entschlossen ist, notfalls zuzuschlagen, oder gar bloße Fähigkeiten, die der Dieb einzusetzen gewillt ist wie z.B. Hypnose. Der

---

[29] So schon zu § 244 Abs. 1 Nr. 2 StGB a.F. *Samson* SK³ Rdn. 9 ff; *Eser* JZ **1981** 761, 768; *Geilen* Jura **1979** 389 f; *Geppert* Jura **1992** 496, 500; *Haft* JuS **1988** 364, 365; *Küper* JuS **1976** 645, 647; *Schünemann* JA **1980** 349, 355; zur neuen Fassung: *Kindhäuser* NK Rdn. 28; *Lackner/Kühl* Rdn. 4; *Sch/Schröder/Eser* Rdn. 15 ff.

[30] *Duttge* HK-GS Rdn. 15; *Lackner/Kühl* Rdn. 4; *Sch/Schröder/Eser* Rdn. 13; *Schmitz* MK Rdn. 27; *Dencker* JR **1999** 33, 36; *Krey/Hellman* Rdn. 136; *Kudlich* JR **1998** 357, 358; *Küper* BT S. 468; *Mitsch* BT 2/1 § 1 Rdn. 248; *ders.* ZStW **111** (1999) 65, 80; *Rengier* BT 1 § 4 Rdn. 67; *Schroth* NJW **1998** 2861, 2865; *Seier* JA **1999** 666, 670; *Wessels/Hillenkamp* Rdn. 265; **aA** *Kindhäuser* NK Rdn. 18 f, 22.

[31] *Hörnle* Jura **1998** 169, 173; *Klesczewski* GA **2000** 257, 266; *Mitsch* BT 2/1 § 1 Rdn. 248, § 3 Rdn. 60; *Schünemann* JA **1980** 349, 355; *Seelmann* JuS **1986** 201, 204; **aA** *Kindhäuser* NK Rdn. 28.

[32] So auch – zum Raub mit Waffen – die Rechtsprechung: Es kommen nur Gegenstände in Betracht, die durch menschliche Einwirkung in Bewegung gesetzt werden können (BGHSt 22 235; BGH MDR **1979** 987); unbewegbare Gegenstände, wie etwa eine Wand, ein Zeltpfosten oder ein Türrahmen, gegen die ein menschlicher Körper gestoßen oder geworfen wird, sind keine Werkzeuge in diesem Sinne (vgl. BGH NStZ **1988** 361).

Aggregatzustand (fest – flüssig – gasförmig) und die Wirkungsweise des Werkzeugs oder Mittels (mechanisch – chemisch – energieübertragend) sind unerheblich; ist der Dieb entschlossen, notfalls eine mitgeführte Wasserflasche unter Vorspiegelung, es handele sich um Säure, zur Drohung einzusetzen, ist das Wasser Werkzeug oder Mittel.

Darauf, ob das Werkzeug oder Mittel **gefährlich** i.S.v. § 244 Abs. 1 Nr. 1a) StGB ist (Rdn. 13 ff), kommt es **nicht** an;[33] ist es gefährlich, so ist bereits Buchstabe a) erfüllt. Allerdings ist umstritten, ob Buchstabe b) positiv voraussetzt, dass das Werkzeug oder Mittel i.S.v. Buchstabe a) ungefährlich ist. *Schmitz* MK Rdn. 28 meint, zu dieser Annahme zwinge der Wortlaut („sonst"), weshalb Buchstaben a) und b) zueinander in einem Exklusivitätsverhältnis ständen.[34] Die h.L. folgt dem Willen des Gesetzgebers und bezieht – jedenfalls theoretisch – auch i.S.v. Buchstaben a) gefährliche Werkzeuge oder Mittel ein.[35] Der Streit hat nur in theoretisch denkbaren Irrtumskonstellationen praktische Relevanz (Rdn. 39). **42**

Festzuhalten ist, dass Werkzeuge oder Mittel, die nicht i.S.v. Buchstabe a), aber **anderweitig gefährlich** sind, unter Buchstabe b) fallen können.[36] Das ist insbesondere bei Werkzeugen oder Mitteln der Fall, die zwar nicht geeignet sind, erhebliche Körperverletzungen herbeizuführen, mit denen aber gleichwohl Gewalt vor allem in Gestalt einer Freiheitsentziehung ausgeübt werden kann. Wenn der Dieb Stricke, Schnüre, Kabelstücke, Klebebänder oder Tücher bei sich führt, um für den Fall, dass er auf frischer Tat betroffen wird, den ihn Betreffenden zu fesseln oder zu knebeln, so fällt das unter Buchstabe b) (BGH NJW **1989** 2549; BGH bei Holtz MDR **1992** 17; BGHR StGB § 250 Abs. 1 Nr. 2 Mittel 1; BGH NJW **2004** 528, 530 für § 250 Abs. 1 Nr. 1b] StGB). Werden – wie hier – die gefährlichen Werkzeuge i.S.v. Buchstabe a) im Ergebnis auf waffengleiche oder -ähnliche beschränkt, dann verbleiben für Buchstabe b) weiterhin Fälle, in denen der Dieb Gegenstände, die diese Voraussetzungen nicht erfüllen, in Nötigungsabsicht bei sich führt (zutr. *Kindhäuser* NK Rdn. 30), z.B. wenn der Täter entschlossen ist, notfalls mit einem mitgeführten Taschenmesser zuzustechen oder mit dem Schuh, den er trägt, wuchtig gegen empfindliche Körperteile des Opfers zu treten (vgl. BGHSt **30** 375, 376 m. abl. Anm. *Hettinger* JuS **1982** 895). **43**

Der Gesetzgeber des 6. StrRG hat sich die bereits zuvor in der Rechtsprechung vertretene Auffassung zu eigen gemacht, dass auch **ungefährliche** Werkzeuge oder Mittel unter Buchstabe b) fallen können, wenn der Täter nur die Absicht hat, mit ihnen den Widerstand einer anderen Person durch Gewalt oder Drohung mit Gewalt zu verhindern oder zu überwinden (BT-Drucks. 13/9064 S. 18). Damit sind nicht nur *Irrtumsfälle* gemeint (der Täter hält die mitgeführte Schusswaffe irrig für geladen, Rdn. 39). Vielmehr sollen alle Gegenstände erfasst sein, die in Täterperspektive geeignet sind, zur Einschüch- **44**

---

[33] BGHSt **38** 116, 117; BGH NJW **1976** 248; **1989** 2549; NStZ **1981** 436 m. abl. Anm. *Küper* NStZ **1982** 28; **1985** 547; *Fischer* Rdn. 25; *Hoyer* SK[6] Rdn. 3; *Lackner/Kühl* Rdn. 4; *Sch/Schröder/Eser* Rdn. 13; Arzt/Weber/*Heinrich*/Hilgendorf BT § 14 Rdn. 58; *Gropp* JuS **1999** 1041, 1046; *Hörnle* Jura **1998** 169, 173; *Jäger* JuS **2000** 651, 656; *Krey/Hellmann* Rdn. 136; *Mitsch* BT 2/1 § 1 Rdn. 247; *Rengier* BT 1 § 4 Rdn. 61 f.

[34] *Becker* S. 286 ff; *Wessels/Hillenkamp* Rdn. 266; wohl auch *Küper* BT S. 465, 468.

[35] *Fischer* Rdn. 25; *Sch/Schröder/Eser* Rdn. 12; *Mitsch* BT 2/1 § 1 Rdn. 245; *ders.* ZStW **111** (1999) 65, 81 f; *Rengier* BT 1 § 4 Rdn. 63.

[36] BGH NJW **1989** 2549 f; 1 StR 430/91 bei Holtz MDR **1992** 17, 18; NJW **2004** 528, 530; BGHR StGB § 250 Abs. 1 Nr. 2 Mittel 1: Plastiksack; vgl. auch bzgl. Schlafmittel: BGH StV **1998** 660 und OLG Hamm StV **1997** 242, 243; *Fischer* Rdn. 25; **aA** *Kindhäuser* NK Rdn. 30; *Geppert* Jura **1992** 496, 501; *Hillenkamp* JuS **1990** 454, 457; *Küper* JuS **1976** 645, 647.

terung des Opfers zu dienen, indem er mit ihnen drohen will, um erwarteten oder geleisteten Widerstand zu überwinden. Insbesondere sollen auch sog. **Scheinwaffen** erfasst sein, wenn der Täter dem Opfer vortäuschen will, sie seien verletzungstauglich, was „Durchsetzungsmacht" bewirkt (*Schroth* NJW **1998** 2865).[37] Hauptanwendungsfall sind *Schusswaffen*, die unbrauchbar oder defekt und nicht geladen sind oder nicht unmittelbar schussbereit gemacht werden können oder bei denen alles das dem Täter nicht widerlegt werden kann (zu dieser Verdachtsstrafenfunktion Rdn. 17, s. BGHSt **24** 339; **44** 103, 105 f; BGH NJW **1998** 3130 f m. Anm. *Dencker* JR **1999** 30; BGH NStZ-RR **1998** 295; StV **1998** 487). Erfasst sind weiterhin *Bomben- und Waffenattrappen* (z.B. eine Salut-Doppelflinte, BGH StV **1999** 92), *Spielzeugpistolen* und *Schreckschusspistolen*, die nicht schon gefährliche Werkzeuge sind (Rdn. 23). Auch eine *Spritze mit Injektionsnadel* kann genügen, wenn der Täter vortäuschen will, in ihr befinde sich mit dem HIV-Virus infiziertes Blut, das er dem Opfer injiziere, wenn es Widerstand leiste (BGH NStZ-RR/P **2001** 359 Nr. 36). Darauf, ob die Täuschung *leicht durchschaubar* ist, kommt es nicht an, weil der Täter nur zu drohen beabsichtigen muss, weshalb es lediglich erforderlich ist, dass er will, dass das Opfer die Drohung ernst nimmt (BGH NStZ **1981** 436); bei § 250 Abs. 1 Nr. 1a) StGB gilt das auch dann, wenn das Opfer bemerkt, dass die Waffe ungefährlich ist (BGHSt **38** 116, 117; BGH NJW **1990** 2570 m. abl. Anm. *Herzog* StV **1990** 547).

**45** Diese fragwürdige Erstreckung des Diebstahls und Raubs mit Waffen auf **bloße Gefahrenvortäuschung** (**krit.** *Lesch* GA **1999** 356 ff) beschränkt die Rechtsprechung seit BGHSt **38** 116 m. **krit.** Anm. *Graul* JR **1992** 297, *Mitsch* NStZ **1992** 434 und *Kelker* NStZ **1992** 539 dadurch, dass die objektive Erscheinung des zur Drohung verwendeten Gegenstandes aus Sicht des Täters *ohne Weiteres* geeignet sein müsse, bei dem Opfer den Eindruck hervorzurufen, der Gegenstand könne zur Gewaltanwendung verwendet werden und gefährlich sein; daran fehle es, wenn der Gegenstand *erst in Verbindung mit einer vom Täter abgegebenen Erklärung, er sei bewaffnet*, Drohwirkung entfalte wie z.B. ein in der Manteltasche mitgeführtes Plastikrohr, das der Täter auf das Opfer richte, oder ein Lippenpflegestift („Labello"), den der Täter in den Rücken des Opfers drücke (BGH NStZ **1997** 184 m. Anm. *Hohmann*).[38] Das soll nach dem Willen des Gesetzgebers auch für § 244 Abs. 1 Nr. 1b) (und ebenso des § 250 Abs. 1 Nr. 1b] StGB) gelten (BT-Drucks. 13/9064 S. 18); dem haben sich Rechtsprechung (BGH NStZ **2007** 332, 333) und h.L.[39] angeschlossen. Wer einem anderen ein dünnes Metallrohr oder einen Metallstift in den Nacken an den Kopf drückt und äußert, er werde ihm „das Licht ausknip-

---

[37] *Fischer* Rdn. 26; *Sch/Schröder/Eser* Rdn. 13; *Rengier* BT 1 § 4 Rdn. 69; *Wessels/Hillenkamp* Rdn. 265; **aA** *Lackner/Kühl* Rdn. 4; *Schmitz* MK Rdn. 27; *Maurach/Schroeder/Maiwald* I § 33 Rdn. 118 ff; s. bereits zum früheren Recht: BGHSt **38** 116, 117 m. Anm. *Graul* JR **1992** 297; *Kelker* NStZ **1992** 539; *Mitsch* NStZ **1992** 434; BGH NJW **1976** 248; NStZ **1981** 436 m. abl. Anm. *Küper* NStZ **1982** 28; BGH NJW **1990** 2570; *Otto* JZ **1985** 21, 27; *ders.* Jura **1989** 200, 203; *ders.* JZ **1993** 559, 569; *Schünemann* JA **1980** 349, 355; *Seelmann* JuS **1986** 201, 204; **aA** *Herdegen* LK[10] § 250 Rdn. 18 ff; *Samson* SK[3] Rdn. 11; *Blei* JA **1972** 374, 574; *Corves* JZ **1970** 156, 158; *Eser* JZ **1981** 761, 769; *Haft* JuS **1988** 364, 365; *Küper* NJW **1972** 1059; *Schröder* NJW **1972** 1833, 1834; *Tröndle* GA **1973** 321, 327.

[38] S. weiterhin BGH NStZ-RR **1996** 356, 357 (Holzstück); **1997** 129, 130 (Karton als Bombenattrappe); NStZ **1998** 38, 39 (Schrotpatrone).

[39] *Hoyer* SK[6] Rdn. 6; *Lackner/Kühl* Rdn. 4; *Sch/Schröder/Eser* Rdn. 13; *Schmitz* MK Rdn. 26, 29; *Eisele* BT II Rdn. 196; *Kindhäuser* BT II § 4 Rdn. 25; *Krey/Hellmann* Rdn. 136; *Rengier* BT 1 § 4 Rdn. 71; *Wessels/Hillenkamp* Rdn. 266; **aA** *Küper* BT S. 470; zur Kritik siehe auch *Fischer* § 250 Rdn. 11.

sen", soll keinen Diebstahl oder Raub mit Waffen begehen, weil das „Täuschungselement im Vordergrund" stehe und der von dem Gegenstand selbst ausgehende Gefahrenanschein aus Sicht eines objektiven Beobachters, nicht des Tatopfers, zu beurteilen sei (BGH aaO S. 118 hält für ausreichend, dass dem Opfer ein metallischer Gegenstand ins Genick gedrückt wird; **krit.** *Fischer* Rdn. 26). So sehr das Ergebnis zu billigen ist – konsistent ist es nicht. Bei allen Scheinwaffen steht das Täuschungselement im Vordergrund. Dass es nicht auf die Opferperspektive ankommen soll, steht nicht im Einklang mit der Drohungsdogmatik. Die Rechtsprechung lässt sich nur mit dem Bemühen erklären, einerseits die Verdachtsstrafenfunktion des § 244 Abs. 1 Nr. 1b) (und ebenso des § 250 Abs. 1 Nr. 1b] StGB) zu bewahren (Rdn. 44) und andererseits ersichtlich unverhältnismäßige Bestrafungen zu vermeiden.

Der Dieb (oder Räuber) muss das Werkzeug oder Mittel ebenso wenig wie eine Waffe oder ein anderes gefährliches Werkzeug von Anfang an und während der gesamten Tatausführung bei sich führen (hierzu Rdn. 31 ff); nach der (abzulehnenden) Rechtsprechung reicht sogar, dass er es erst vor bzw. bei der **Beendigung** der Tat bei sich führt. **46**

b) **Verwendungsabsicht.** Der Dieb (oder Räuber) muss das Werkzeug oder Mittel bei sich führen, um den Widerstand einer anderen Person durch Gewalt oder Drohung mit Gewalt zu verhindern oder zu überwinden. Da Buchstabe b) mehr noch als Buchstabe a) Alltagsgegenstände oder Einbruchwerkzeuge erfasst, dient das Absichtserfordernis dazu, die Qualifikation sachgerecht zu beschränken. Die Verwendungsabsicht („um ... zu") ist **Absicht im technischen Sinne** (*dolus directus ersten Grades*).[40] Sie muss aber nicht – was für Absichten auch nicht erforderlich ist – unbedingt bestehen und wird es häufig nicht; vielmehr wird der Täter in aller Regel lediglich gewillt sein, das Werkzeug oder Mittel nur im Not- oder Bedarfsfall (BGH bei Holtz MDR **1986** 623) einzusetzen, wenn er von einer anderen Person beim Diebstahl betroffen wird, was genügt, wenn der Täter das Werkzeug oder Mittel für geeignet hält, das Opfer durch Gewalt oder zumindest Drohung mit Gewalt einzuschüchtern (BGHSt **30** 375, 376; BGH NJW **1989** 2549), und entschlossen ist, es – falls erforderlich – zur Verhinderung oder zur Überwindung fremden Widerstandes einzusetzen (BGH 1 StR 71/86 vom 11.3.1986, insoweit in StV **1987** 67 nicht abgedruckt). **47**

Der Täter muss beabsichtigen, *Gewalt* auszuüben (z.B. das Opfer zu fesseln) oder zumindest mit Gewalt zu *drohen* (z.B. mit einem Schuss aus der ungeladenen Waffe). Die Gewalt bzw. Drohung muss final darauf gerichtet sein, *Widerstand* von vornherein nicht aufkommen zu lassen oder geleisteten Widerstand zu überwinden. Von welcher *Person* der Widerstand erwartet wird, ist unerheblich; es kommen der Eigentümer, der Gewahrsamsinhaber, Wachpersonal, Polizeibeamte oder sonstige schutzbereite Dritte in Betracht. Gemeint ist der Widerstand *gegen den Diebstahl*; wer ein Werkzeug oder Mittel bei sich führt, um zu vergewaltigen, und bei Gelegenheit der Tat stiehlt, erfüllt § 244 bzw. 250 Abs. 1 Nr. 1b) StGB nicht (zutr. *Kindhäuser* NK Rdn. 32); BGH NStZ-RR **2003** 202 zu § 177 Abs. 3 Nr. 1 StGB lässt aber eine „Umwidmung" während der Tat zu. **48**

Die *Verwendungsabsicht* muss nicht von Anfang an bestehen; es reicht, dass sie **während der Tatausführung** spontan gefasst wird. Wird sie erst in der Phase der **Beendigung** gefasst (oder ist sie, was kaum vorstellbar ist, von Anfang an lediglich darauf **49**

---

[40] *Hoyer* SK[6] Rdn. 26; *Lackner/Kühl* Rdn. 5; *Sch/Schröder/Eser* Rdn. 18; *Schmitz* MK Rdn. 31; *Eisele* BT II Rdn. 199; *Mitsch* BT 2/1 § 1 Rdn. 249; *Rengier* BT 1 § 4 Rdn. 75; aA Arzt/Weber/*Heinrich*/Hilgendorf BT § 14 Rdn. 59.

gerichtet, das Werkzeug oder Mittel nur zur Beute- oder Fluchtsicherung einzusetzen, so ist das nach ständiger Rechtsprechung ausreichend (BGHSt 22 230, 231; BGH StV **1996** 315); dem ist wie bei § 244 Abs. 1 Nr. 1a) StGB zu widersprechen.[41]

50 c) **Beteiligung und Versuch.** Das in Rdn. 35f Ausgeführte gilt entsprechend. Mittäter kann nur sein, wer selbst Verwendungs*absicht* hat, was nicht bedeutet, dass er beabsichtigen muss, selbst Gewalt anzuwenden bzw. mit ihr zu drohen, wenn das nach dem gemeinsamen Tatplan ein anderer tun soll. § 28 StGB ist aber nicht anwendbar, weil die Verwendungsabsicht tatbezogen, nicht ein täterbezogenes besonderes persönliches Merkmal ist.[42] Deshalb wird Verwendungsabsicht dem Teilnehmer akzessorisch zugerechnet, muss in der Person des Haupt- oder mindestens eines Mittäters vorliegen, und der Teilnehmer muss dies mindestens billigend in Kauf nehmen (vgl. BGH GA **1985** 270 f).

## III. Bandendiebstahl

51 § 244 Abs. 1 Nr. 2 StGB ist wortgleich mit § 244 Abs. 1 Nr. 3 StGB a.F. und im Wesentlichen inhaltsgleich zu dem vor dem 1. StrRG 1969 geltenden § 243 Abs. 1 Nr. 6 StGB a.F. (der wiederum auf § 218 Nr. 8 preuß. StGB 1851 zurückgeht, hierzu *Altenhain* ZStW **113** [2001] 112, 116 ff). Deshalb sind frühere Rechtsprechung und Lehre im Prinzip bis heute verwertbar. Allerdings ist die Dogmatik des Bandendelikts durch den Großen Senat für Strafsachen mit BGHSt **46** 321 fundamental neu orientiert worden (Rdn. 53). Hintergrund hiervon ist nicht zuletzt, dass im Zuge der neueren Gesetzgebung gegen organisierte Kriminalität (hierzu sogleich Rdn. 52) die **bandenmäßige Begehung** bei einer Fülle von Tatbeständen des StGB, aber auch des Nebenstrafrechts unter Strafe gestellt worden ist, s. §§ 146 Abs. 2, 152a Abs. 3, 236 Abs. 4 Nr. 1, 250 Abs. 1 Nr. 1, 260 Abs. 1 Nr. 2, 260a Abs. 1, 261 Abs. 4 Satz 2, 263 Abs. 3 Satz 2 Nr. 1, Abs. 5, 267 Abs. 3 Satz 2 Nr. 1, 275 Abs. 2, 276 Abs. 2, 284 Abs. 3 Nr. 2, 300 Satz 2 Nr. 2, 303b Abs. 4 Satz 2 Nr. 2, 335 Abs. 2 Nr. 3 StGB, §§ 370a Satz 1 Nr. 1, 373 Abs. 2 Nr. 3 AO, §§ 96 Abs. 1 Nr. 2, 97 Abs. 2 AufenthG, §§ 30 Abs. 1 Nr. 1, 30a Abs. 1 BtMG, §§ 51 Abs. 2 Satz 2, 52 Abs. 5 Satz 2 WaffG. § 244a StGB ist *lex specialis*; da bei bandenmäßigem Diebstahl häufig auch **gewerbsmäßig** gestohlen wird, ist § 244 Abs. 1 Nr. 2 StGB im Ergebnis nur für Fälle bedeutsam, in denen sich die Bandenmitglieder nicht einmal ein Nebeneinkommen erschließen wollen (z.B. bei Schüler- und Jugendbanden, die sich von Ladendiebstählen nur ein geringfügiges Nebeneinkommen versprechen und die Diebstähle als „Sport“ oder „Mutprobe“ ansehen, *Zopfs* GA **1995** 320, 335).

52 Diebes- oder Räuberbanden begleiten die Menschheitsgeschichte, sind durchweg als Plage und Beeinträchtigung der öffentlichen Sicherheit und Ordnung empfunden worden und so ins kollektive Gedächtnis eingegangen (Robin Hood, Räuber im Spessart usw.). Nichts anderes ist gemeint, wenn Bandendiebstahl und -raub heute der **„organisierten Kriminalität“** zugeordnet werden. Die empirisch-kriminologische Forschung hierzu hat ergeben (s. zum Folgenden *Eisenberg*[6] § 57 Rdn. 29 ff, 67 ff; *Kaiser*[3] § 45 Rdn. 10 ff): ***Banden*** im empirisch-kriminologischen Sinne sind Tätergemeinschaften oder Gruppen, die auf gewisse Dauer angelegt und flexibel strukturiert sind. Sie bestehen typischerweise

---

[41] *Hoyer* SK[6] Rdn. 28 f; *Kindhäuser* NK Rdn. 24; *Lackner/Kühl* Rdn. 5; *Schmitz* MK Rdn. 32; *Eisele* BT II Rdn. 199; *Mitsch* BT 2/1 § 1 Rdn. 250.

[42] *Hoyer* SK[6] Rdn. 29; *Kindhäuser* NK Rdn. 33; *Sch/Schröder/Eser* Rdn. 21; *Schmitz* MK Rdn. 60; *Kindhäuser* BT II § 4 Rdn. 28; *Mitsch* BT 2/1 § 1 Rdn. 249.

aus Jugendlichen in größerer Zahl, die sich in lockeren Gruppen zusammenschließen; für die Erwachsenenbanden ist die Zuwendung zu einer „kriminellen Lebenstechnik" (*Kaiser* aaO Rdn. 13) typisch. Typischerweise gibt es einen „Bandenchef" und einfache Bandenmitglieder sowie Mitläufer; manchmal bildet auch eine Zweier- oder Dreiergruppe den Kern und Ausgangspunkt. Banden sind typischerweise „bodenständig", indem sie auf einem bestimmten Gebiet (Dorf, Stadtteil usw.) tätig werden; es gibt aber auch heute noch „reisende Banden". Zu (Einbruch-)Diebstählen und Raub kommt es häufig als Begleittaten zu den jugendbandentypischen Aggressionsdelikten; es gibt aber auch „geschäftlich orientierte" Banden in nachbarschaftlichen, flexiblen Organisationsformen, die im Wesentlichen nur Eigentums- und Vermögensdelikte begehen wie Einbrecherbanden in Großstädten oder auch Unternehmensmitarbeiter, die bandenmäßig Unternehmenseigentum stehlen. Bandenzugehörigkeit ist Indiz für erhöhte Deliktsbelastung sowohl retrospektiv (Vorstrafen) als auch prospektiv (Wiederholungsgefahr). Letzteres wird lerntheoretisch, durch Gruppendynamik und gruppeninterne soziale Normen bis hin zur gruppeninternen Sprache („Gaunersprache", „Rotwelsch") erklärt. Die Grenze zur *organisierten Kriminalität* wird bei geschäftsmäßiger arbeitsteiliger Deliktsbegehung auf illegalen Märkten mit Gewinnerzielungsabsicht entweder in straff und hierarchisch, unternehmensähnlich organisierter Form oder aber in Netzwerkform, wenn es sich um im Personenbestand wechselnde, sich den jeweiligen logistischen Gegebenheiten (polizeilicher Verfolgungsdruck usw.) anpassende Banden geht. So liegt es i.d.R. beim international organisierten Kraftfahrzeug-, Lastkraftwagenladungs- oder Wohnungseinbruchdiebstahl, dessen Hinterleute häufig im Ausland[43] sitzen und die sich z.T. reisender Landsleute bedienen.

Mit alledem hat der **Rechtsbegriff der Bande** im geltenden deutschen Recht wenig **53**
gemein. Der Gesetzgeber sieht die Bande lediglich als „mögliche Keimzelle" für Organisierte Kriminalität an und hält bandenmäßige Tatbegehung für „organisationsverdächtig" (BR-Drucks. 219/91 S. 78; BGHSt **46** 321, 329). Die Bande muss gerade nicht in dem Sinne organisiert sein, dass sie als kriminelle Vereinigung i.S.v. § 129 StGB anzusehen ist (Rdn. 55). Lange Zeit ließ die Rechtsprechung die „Zweierbande" („Dyade") – auch und gerade diebische Eheleute, Partner oder Freunde – genügen; die seit BGHSt **46** 321 die Untergrenze bildende „Dreierbande" ist empirisch-kriminologisch nur Kern und Ausgangspunkt einer Bande. Der rechtliche Bandenbegriff ist auch und vor allem dadurch motiviert, **Nachweisprobleme** (hierzu *Schöch* NStZ **1996** 166, 169 f) in Grenzen zu halten: Je mehr Bandenmitglieder gefordert werden, desto schwieriger ist der Nachweis des Bandenzwecks (fortgesetzte Begehung von Diebstahl und Raub, Rdn. 62) und – vor allem – der Bandenabrede (ausdrücklicher oder stillschweigender Zusammenschluss zum Bandenzweck, Rdn. 60). Es verwundert deshalb nicht, dass in der Verurteilungspraxis *kleine Banden* dominieren. Zwar besteht bei professionellem Kraftfahrzeug-, Lastkraftwagenladungs- oder Wohnungseinbruchdiebstahl durch zwei oder mehr hieran Mitwirkende (Rdn. 67 ff) regelmäßig der Anfangsverdacht des Bandendiebstahls; wenn es aber nicht gelingt, der Mitwirkenden habhaft zu werden und von ihnen ein Geständnis zu erlangen, ist der Nachweis schwierig und gelingt gerade bei konspirativ agierender international organisierter Diebstahlskriminalität i.d.R. nur mit aufwendigen Ermittlungsmethoden (Telekommunikationsüberwachung, § 100a Abs. 2 Nr. 1j] StPO; verdeckte Ermittler, §§ 110a ff StPO, und V-Leute; Kronzeugen usw.) und polizeilicher sowie justizieller Zusammenarbeit in Strafsachen mit ausländischen Stellen.

---

[43] Instruktiv *Vahlenkamp/Hauer* Organisierte Kriminalität – Täterlogistik und Präventionsansätze (1994).

54 **Grund** der Qualifikation ist *nicht die Bandenmitgliedschaft des Täters als solche*; sie ist als solche straflos, wenn nicht geradezu eine kriminelle Vereinigung i.S.v. § 129 StGB vorliegt. In einem Tatstrafrecht können auch nicht der *Verdacht*, dass der Bandendieb bereits vor der Tat an vergleichbaren Taten *beteiligt* war, oder unwiderleglich vermutete *Wiederholungsgefahr* in der Person des Täters (zur Wiederholungsgefahr in der Bande sogleich Rdn. 55) die Strafschärfung rechtfertigen (mag auch beides faktisches Motiv der Strafschärfung sein). Vielmehr sucht die h.A. den Grund in der erhöhten **Gefährlichkeit von Täter und Tat:**[44] Die Bandenbildung und -mitgliedschaft soll zum einen eine **„Organisationsgefahr"**, „kriminelle Dauergefahr" oder „abstrakte Gefährlichkeit" (BGHSt **46** 321, 334) dergestalt begründen, dass sie für den Täter eine enge Bindung für die Zukunft und einen steten Anreiz zu Diebstählen bildet, indem gruppendynamische Prozesse eine gruppenspezifische „Eigendynamik" (BGH NJW **2001** 380, 383) entfalten und die Willensbildung des Einzelnen in Richtung der Tatbegehung beeinflussen (s. noch Rdn. 57). Zum anderen soll die Bandentat durch eine **„Aktions- oder Ausführungsgefahr"** oder „konkrete Gefährlichkeit" qualifiziert sein, da die erforderliche Mitwirkung mehrerer Bandenmitglieder, wenn sie am Tatort anwesend sind, einen Einschüchterungseffekt und gesteigerte Durchsetzungsmacht der Täter bewirke, aber auch im Übrigen das arbeitsteilige Zusammenwirken mindestens zweier Bandenmitglieder (Planung, Vorbereitung, Ausführung der Tat, Abtransport, Sicherung und Verwertung der Tatbeute) Eigentum und Gewahrsam besonders gefährde (BGHSt aaO S. 334 f; s. noch Rdn. 67 f).

55 Alles das hat namentlich *Altenhain* (ZStW **113** [2001] 112, 122 ff) scharfsinniger **Kritik** unterzogen:[45] Von der Bande auf den Täter ausgeübter psychischer Druck ist strafzumessungsrechtlich ambivalent und könnte auch entlasten. Aus der Bandenmitgliedschaft auf einen erhöhten „verbrecherischen" Willen des Mitglieds, der über den Willen zur fortgesetzten Tatbegehung hinausgeht, zu schließen, überzeugt nur, wenn die Bandenabrede Raub einschließt. Dass *von der Bande* Wiederholungsgefahr ausgehen mag, könnte *dem Bandenmitglied*, das bandenmäßig stiehlt, nur zur Last gelegt werden, wenn man ihm alle Bandentaten kraft Beteiligung zurechnen könnte, wofür die Bandenabrede als solche aber nicht ausreicht. Zwar kann dem Bandenmitglied die bloße *Gefährlichkeit* der Bande kraft Bandenabrede zugerechnet werden; dann erscheint es aber ungereimt, warum nur das Bandenmitglied, das bandenmäßig stiehlt, qualifiziert bestraft wird. Schließlich liegt bei jedem Diebstahl, an dem mehrere beteiligt sind, eine erhöhte Ausführungsgefahr kraft arbeitsteiligem Zusammenwirken vor. Deshalb will *Altenhain* aaO S. 140 ff den Anwendungsbereich des § 244 Abs. 1 Nr. 2 StGB drastisch beschränken, verlangt nämlich für eine Bande eine kriminelle Vereinigung i.S.v. § 129 StGB und für bandenmäßige Begehung eine Anstiftung des Bandenmitglieds zur Tat durch die Bande. – Dieses Ergebnis widerspricht freilich dem Gesetzeswortlaut, der Gesetzessystematik und dem Willen des Gesetzgebers; es ist daher ein bloßes kriminalpolitisches Postulat und kein mögliches Ergebnis einer Auslegung. Doch ist der Kritik zuzugeben, dass § 244 Abs. 1 Nr. 2 StGB *deutliche täterstrafrechtliche Züge* aufweist, die durch die „Gefahren"rhetorik der h.A. tendenziell verschleiert werden: Organisations- und Aktionsgefahr müssen nicht konkret gegeben sein und nachgewiesen werden; es genügt die abstrakte Gefährlichkeit. Ersichtlich geht es dem Gesetzgeber tragend um General- und Spezialprävention. Das ist freilich auch in einem Tatstrafrecht nicht schlechterdings illegitim,

---

[44] RGSt **66** 236, 241 f; BGHSt **8** 205, 209; **46** 321, 334; **50** 160, 166 f ; vgl. auch *Kindhäuser* NK Rdn. 34; *Lackner/Kühl* Rdn. 7; *Maurach/Schroeder/Maiwald* I § 33 Rdn. 127; *Mitsch* BT 2/1 § 1 Rdn. 253; *Schild* GA **1982** 58, 63 f.

[45] S. weiterhin *Schild* NStZ **1983** 69, 70; *Volk* JR **1979** 426.

wenn sich nur die Gefährlichkeit in einer Tat manifestiert (vgl. BGHSt **28** 147, 150; **aA** *Altenhain* aaO S. 137 f), die dann zum Anlass general- und spezialpräventiver Intervention genommen werden darf. Dabei darf der Gesetzgeber typisieren; Sache des Rechtsanwenders ist es zu gewährleisten, dass nur typischerweise gefährliche Taten und Täter erfasst werden. Deshalb muss der Bandendiebstahl (und müssen die weiteren Bandendelikte) in der Tat **restriktiv** gehandhabt werden.

**1. Bande.** Bande ist nach nunmehriger Rechtsprechung ein **Zusammenschluss von mindestens drei Personen** zur fortgesetzten Begehung von Diebstahl oder Raub (BGHSt **46** 321, 325 ff).[46] Abgesehen von dem subjektiven Erfordernis einer Bandenabrede (sogleich Rdn. 60) hat der Bandenbegriff nach nunmehriger Rechtsprechung *keine weiteren objektiven oder subjektiven Voraussetzungen*; es ist weder eine kriminelle Vereinigung i.S.v. § 129 StGB erforderlich noch irgendeine Organisationsstruktur (hierzu aber noch Rdn. 58) noch ein „verbindlicher Gesamtwille", ein „auf gewisse Dauer angelegter gefestigter Bandenwille" oder ein „übergeordnetes Bandeninteresse", dem die Bandenmitglieder sich unterordnen. Diesen Bandenbegriff wendet die Rechtsprechung im gesamten Strafrecht an, auch bei § 30 Abs. 1 BtMG (BGH NStZ **2007** 228 und 339; NStZ-RR **2007** 153) und bei § 92b AuslG a.F. (BGH wistra **2001** 431). **56**

Ursprünglich hatte die Rechtsprechung gestützt auf den Wortlaut des § 243 Abs. 1 Nr. 6 StGB a.F. („mehrere") genügen lassen, dass sich **zwei Personen** zur Begehung von Diebstählen verbunden haben (RGSt **52** 211; **66** 238); deshalb konnte z.B. auch ein diebisches Ehepaar eine Bande bilden (BGH bei Dallinger MDR **1967** 369). Hieran hielt die Rechtsprechung auch für § 244 Abs. 1 Nr. 3 StGB i.d.F. des 1. StrRG fest (BGHSt **23** 239; s. weiterhin **38** 26 für § 30a BtMG) und begründete dies damit, dass die besondere Gefährlichkeit in der engen Bindung liege, die die Mitglieder für die Zukunft eingehen und die einen ständigen Anreiz zur fortgesetzten Tatbegehung bildeten; so könne es gerade auch bei Zweierbanden liegen.[47] BVerfG NJW **1997** 1910, 1911 erhob hiergegen keine verfassungsrechtlichen Einwände. Allerdings stellte sich vor allem (aber nicht nur) bei „Zweierbanden" – die in der Praxis eine erhebliche Rolle spielten (vgl. BGH NJW **2000** 2907, 2911, wonach die Zahl der Anwendungsfälle „erheblich verringert" würde, würden mehr als zwei Bandenmitglieder verlangt) – die Frage, wie sie von wiederholter Tatbegehung in Mittäterschaft abzugrenzen sei. Die Rechtsprechung verlangte vor allem (aber nicht nur) bei „Zweierbanden", dass die Täter einen „gefestigten Bandenwillen" im Sinne eines auf gewisse Dauer angelegten, gefestigten Gesamtwillens hatten und ein „gemeinsames übergeordnetes Bandeninteresse" verfolgten (BGHSt **42** 255, 259; BGH NStZ **1996** 443; **2001** 32, 33). Dem hatte die Literatur seit jeher widersprochen, auf die Diskrepanz zur Auffassung auch der Rechtsprechung (BGHSt **28** 147; BGH NStZ **1982** 68), dass eine kriminelle Vereinigung i.S.v. § 129 StGB drei Mitglieder haben müsse, hingewiesen und argumentiert, die erhöhte Gefährlichkeit einer Bande rühre vom „Korpsgeist" einer mehrgliedrigen Gruppe her, deren Existenz nicht vom Ausscheiden eines **57**

---

[46] *Fischer* Rdn. 35; *Lackner/Kühl* Rdn. 6; *Schmitz* MK Rdn. 35; *Eisele* BT II Rdn. 201; *Kindhäuser* BT II § 4 Rdn. 30; *Krey/Hellmann* Rdn. 137a; *Maurach/Schroeder/Maiwald* I § 33 Rdn. 128; *Rengier* BT 1 § 4 Rdn. 89; **aA** *Sch/Schröder/Eser* Rdn. 24; *Wessels/Hillenkamp* Rdn. 271b.

[47] BGHSt **38** 26, 27 f; BGH 2 StR 485/68, 2 StR 419/69 und 2 StR 137/70 jeweils bei Dallinger MDR **1970** 560; 4 StR 45/73 bei Dallinger MDR **1973** 555; GA **1974** 308; StV **1984** 245; NStZ **1986** 408; BGH 4 StR 601/86 vom 27.11.1986; *Sch/Schröder/Eser* Rdn. 24; *Corves* JZ **1970** 158; *Schröder* JR **1970** 388; *Wessels/Hillenkamp* Rdn. 271a.

Mitglieds abhängig sei (*Dreher* NJW **1970** 1802; *Schünemann* JA **1980** 393, 395);[48] bei nur zwei Mitgliedern brauche kein Beteiligter die Situation befürchten, einer tatentschlossenen Gruppenmehrheit gegenüberzustehen (*Hoyer* SK⁶ Rdn. 31). Auf den diese Kritik aufnehmenden Vorlagebeschluss des 4. Strafsenats (BGH NJW **2001** 380) hat der Große Senat für Strafsachen in BGHSt **46** 321[49] die soeben Rdn. 56 dargestellten Grundsätze aufgestellt und dabei entscheidend auf Gesichtspunkte der Rechtssicherheit und einheitlichen Rechtsanwendung (aaO S. 329), der „Rechtssicherheit und -klarheit" (aaO S. 331) abgehoben: Die zur Abgrenzung zwischen mittäterschaftlichem Zusammenwirken und Zweierbande vorgeschlagenen Kriterien rückten die Bande in die Nähe der kriminellen Vereinigung und seien zu unbestimmt. Deshalb sollten einerseits Zweierbanden ganz aus dem Bandenbegriff ausscheiden, der andererseits von allen Kriterien befreit werden solle, die Anklänge an die für die kriminelle Vereinigung i.S.v. § 129 StGB geltenden Kriterien (Organisationsstruktur, verbindlicher Gesamtwille) haben. Es genüge, dass die Bandenmitglieder „ihre eigenen Interessen an einer risikolosen und effektiven Tatausführung und Beute- und Gewinnerzielung verfolgen" (aaO S. 330).

**58** Damit hat der Große Senat für Strafsachen freilich das Kind mit dem Bade ausgeschüttet. „(A)uch drei Bandenmitglieder müssen – *abgehoben von der Mittäterschaft* – bandenmäßig zusammenwirken" (BGH NJW **2000** 2907, 2911; Herv. v. Verf.). Zwar geht es zu weit, hier unmittelbar die Kriterien des § 129 StGB anzuwenden (so aber *Altenhain*, Rdn. 55). Ein geradezu „mafiaähnlicher Charakter" der Bande ist sicherlich nicht erforderlich (zutr. BGH StV **1998** 599; BGH wistra **2000** 135). Weiterhin ist der Kritik des Großen Senats für Strafsachen an *subjektiven* Abgrenzungskriterien wie dem „gefestigten Bandenwillen" oder dem „übergeordneten Bandeninteresse" (insoweit **aA** *Lackner/Kühl* Rdn. 6) zuzustimmen; gegen sie bestehen vergleichbare Einwände wie gegen eine subjektive Abgrenzung von Täterschaft und Teilnahme.[50] Jedoch ist *objektiv* für eine Bande eine gewisse **auf einige Dauer angelegte Organisationsstruktur** zu verlangen, **in die mindestens drei Mitglieder eingebunden sind** (zutr. *Erb* NStZ **2001** 561, 562 und JR **2002** 338, 339 f). Das Gesetz verlangt eine „Bande", die sich „zur fortgesetzten Begehung von Diebstahl oder Raub verbunden hat". Wenn der Große Senat für Strafsachen im Ergebnis jede Verbindung, jeden Zusammenschluss gleich welchen Typus (BGH NStZ **2007** 339, 340) zur fortgesetzten Begehung von Diebstahl und Raub genügen lässt, interpretiert er das „Banden"erfordernis weg und begeht den gleichen Fehler wie die von BVerfGE **92** 1 mit Recht für verfassungswidrig erachtete frühere Rechtsprechung zu § 240 StGB, wonach alles, was nötigend wirke, Gewalt sei. Mit Recht bemerkt BGHSt **47** 214, 219, dass sich Banden „typischerweise durch eine hierarchische Struktur aus(zeichnen), in der ganz im Sinne der Arbeitsteilung neben dem das Geschehen beherrschenden ‚Bandenchef' andere Mitglieder ihre jeweiligen Tatbeiträge erbringen". Erst der *organisatorische* Zusammenschluss von mindestens drei Menschen, insbesondere eine feste arbeitsteilige Rollenverteilung wie in BGHSt aaO S. 215 geschildert, begründet diejenigen Gefahren, mit welchen die h.A. die Strafschärfung begründet (Rdn. 54). Ansonsten genügt der Strafrahmen der §§ 242, 243 StGB, in dessen Rahmen Dauer und Intensität des Zusammenwirkens strafzumessungsrelevant bleiben.

---

[48] BGH NStZ **2000** 474, 477; *Hoyer* SK⁶ Rdn. 31; *Schmitz* MK Rdn. 38; *Ellbogen* wistra **2002** 8, 10; *Engländer* JZ **2000** 630, 631; *Otto* StV **2000** 313, 314.

[49] = BGH NJW **2001** 2266 m. Bespr.: *Altenhain* Jura **2001** 836; *Dessecker* NStZ **2009** 184; *Ellbogen* wistra **2002** 8; *Erb* NStZ **2001** 561; *Franke* JA **2002** 106; *Joerden* JuS **2002** 329; *Martin* JuS **2001** 925.

[50] Abl. *Fischer* Rdn. 35; *Kindhäuser* NK Rdn. 37; *Lackner/Kühl* Rdn. 6; *Krey/Hellmann* Rdn. 137a.

(Nur) mit dieser Maßgabe ist BGHSt **47** 214[51] zuzustimmen, wonach es nicht darauf ankommt, ob die mindestens erforderlichen drei Bandenmitglieder als **Täter oder Teilnehmer**, insbesondere Gehilfen, „organisatorisch und auf Dauer eingebunden" (aaO S. 219) sind (**aA** – Erfordernis mindestens dreier nach der Bandenabrede täterschaftlich Beteiligter – *Lackner/Kühl* Rdn. 6; *Schmitz* MK Rdn. 40). Für Banden ist typisch, dass neben dem „Bandenchef" untergeordnete Mitglieder Tatbeiträge erbringen, die sich in wertender Betrachtung ggf. nur als Gehilfentätigkeit darstellt. Es ist eine Frage, ob jemand Bandenmitglied ist, eine andere („aliud", BGH aaO S. 218), in welcher Form er an Bandendelikten beteiligt ist (s. noch Rdn. 66). Das Wortlautargument, die Bandenmitglieder müssten sich zur fortgesetzten „Begehung" verbinden, was täterschaftliche Begehung meine (*Schmitz* aaO), ist entgegenzuhalten, dass Bandenmitgliedschaft unstreitig nicht den Willen voraussetzt, sich überhaupt an jedem einzelnen Bandendelikt zu beteiligen (Rdn. 60); auch derjenige, der sich stets nur als Teilnehmer beteiligen will, will notwendig, dass ein anderes Bandenmitglied das Bandendelikt täterschaftlich begeht. Möglich ist deshalb eine Bande aus zwei Tätern und einem Gehilfen, sogar aus nur einem Täter und zwei Gehilfen; das kann auch ein Hehler sein, der zugleich (physische) Beihilfe zu den bandenmäßigen Raub- und Diebstahlstaten leistet und dann sowohl Mitglied einer Diebes- oder Raubes- als auch einer Hehlerbande sein kann; die bloße Zusage der Abnahme der Diebesbeute mag zwar (psychische) Beihilfe zu den Bandentaten sein, genügt aber für sich nicht (BGH NStZ **2007** 33, 34 m. Anm. *Kudlich* JA **2006** 746). Suchen sich aber zwei Personen, die sich zur fortgesetzten Begehung von Raub oder Diebstahl verbunden haben, lediglich von Tat zu Tat weitere Beteiligte, die nicht organisatorisch auf Dauer eingebunden werden, so liegt noch keine Bande vor (BGH StV **2006** 639). **59**

2. **Bandenabrede.** Die Bandenmitglieder müssen sich zur fortgesetzten Begehung von Raub oder Diebstahl **verbunden** haben. Das setzt (entgegen der h.A. objektiv eine gewisse Organisationsstruktur, Rdn. 58, und subjektiv) die sog. **Bandenabrede** voraus. Sie muss noch kein den Anforderungen für Mittäterschaft genügender gemeinsamer Tatplan sein und noch nicht die Qualität haben, die z.B. bei einer Verbrechensverabredung (§ 30 Abs. 2 StGB) zu fordern ist.[52] Vielmehr reicht aus, ist aber auch erforderlich, dass die Bandenmitglieder den *gemeinsamen Willen* bzw. *ausdrücklich oder stillschweigend* (BGH NStZ **2006** 176) *vereinbart* haben, fortgesetzt noch unbestimmte Raub- oder Diebstahlstaten zu begehen. Voraussetzung dafür ist nicht geradezu eine gegenseitige Verpflichtung der Mitglieder zur künftigen Begehung von Raub oder Diebstahl (BGH GA **1974** 308; BGH bei Holtz MDR **1977** 282; BGH NStZ **2006** 574), jedoch ein „Wille zur Bindung für die Zukunft und eine gewisse Dauer" (BGH NStZ **2004** 398 und **2005** 230, 231). Die Bandenmitglieder müssen sich nicht persönlich miteinander verabreden oder auch nur kennen (BGHSt **50** 160, 164 = NStZ **2006** 174 m. Anm. *Kindhäuser* StV **2006** 536); es genügt – ist aber auch erforderlich –, dass sie wissen, dass sie sich mit mindestens zwei weiteren Bandenmitgliedern verbinden, und das wollen. Der Wille muss nicht darauf gerichtet sein, gleichberechtigter Partner der Bande zu werden (BGH 5 StR 10/98); es ist auch nicht erforderlich, dass sich alle Bandenmitglieder an allen Bandentaten beteiligten (BGH StV **2006** 639) bzw. am Erlös aller Bandentaten beteiligt sein sollen (BGH NStZ **60**

---

[51] = JR **2002** 337 m. Anm. *Erb* JR **2002** 338; *Gaede* StV **2003** 78; *Toepel* StV **2002** 540; m. abl. Bespr. *Rath* GA **2003** 823.

[52] *Fischer* Rdn. 36; *Schmitz* MK Rdn. 51; *Krey/Hellmann* Rdn. 137a; *Maurach/Schroeder/Maiwald* I § 33 Rdn. 130; *Mitsch* BT 2/1 § 1 Rdn. 256; *Rengier* BT 1 § 4 Rdn. 95; *Wessels/Hillenkamp* Rdn. 271.

**2006** 574). Allgemein ist unerheblich, welcher Beweggrund das Bandenmitglied zur Bandenabrede geführt hat, wenn es nur billigend in Kauf nimmt, dass die Verbindung, deren Mitglied es wird, sich zur fortgesetzten Begehung von Raub oder Diebstahl zusammengeschlossen hat und es im Sinne dieses Zieles mit einem oder mehreren der Mitglieder tätig wird (BGH GA **1974** 308). Haben sich mehrere Beteiligte aus persönlichen Gründen zusammengefunden und kommt es später zur gemeinsamen Begehung von Raub oder Diebstahl, liegt die Annahme einer Bandenabrede fern (BGHR StGB § 244 Abs. 1 Nr. 2 Bande 3; OLG Stuttgart NStZ **1999** 248); familiäre oder sonstige Verbundenheit der Beteiligten steht einer Bandenabrede aber auch nicht entgegen (BGH NStZ **1997** 339); ein Zusammenschluss aus anderen Gründen kann nachträglich zur fortgesetzten Begehung von Raub oder Diebstahl „umgewidmet" werden, was für § 244 Abs. 1 Nr. 2 StGB ausreicht (RGSt **47** 340; BGH GA **1974** 308; BGH bei Dallinger MDR **1967** 369).

**61** Inhalt der Bandenabrede muss die fortgesetzte Begehung von **Raub oder Diebstahl** sein. *Raub* meint Taten nach § 249 StGB einschließlich seiner Qualifikationen, *Diebstahl* Taten nach §§ 242, 243 oder auch 244 Abs. 1 Nr. 1, 3 StGB. Ist die Bandenabrede nur auf Diebstahl geringwertiger Sachen gerichtet (z.B. bei einer Bande von Ladendieben), ist das wie bei § 244 Abs. 1 Nr. 1 StGB (Rdn. 2) unerheblich, der Bandendiebstahl also auch ohne Strafantrag verfolgbar, was freilich – wie dort – Verhältnismäßigkeitsfragen aufwirft. Es sprengt die Wortlautgrenze (Art. 103 Abs. 2 GG), mit der Begründung, jeder Raub erfülle an sich auch den Tatbestand der *räuberischen Erpressung*, diese – und auch den *räuberischen Angriff auf Kraftfahrer* (§ 316 StGB) – in die Qualifikation mit einzubeziehen, wenn nicht (auch) Raubtaten i.S.v. § 249 StGB Gegenstand der Bandenabrede sind (**aA** *Fischer* Rdn. 38 und § 250 Rdn. 16). Eine nur auf *Hehlerei* gerichtete Bandenabrede genügt nicht. Anders als §§ 260 Abs. 1 Nr. 2, 260a Abs. 1 StGB erfasst § 244 Abs. 1 Nr. 2 StGB die sog. „gemischte Bande" aus Dieben und Hehlern grundsätzlich nicht. Jedoch kann der Hehler auch Mitglied einer Bande zur fortgesetzten Begehung von Raub oder Diebstahl sein, wenn er zugleich (physische) Beihilfe zu den Raub- oder Diebstahlstaten leisten soll; die bloße Zusage der Abnahme der Diebesbeute mag zwar (psychische) Beihilfe zu den Bandentaten sein, genügt aber für sich nicht (BGH NStZ **2007** 33, 34 m. Anm. *Kudlich* JA **2006** 746).

**62** Entscheidend ist, dass die Bandenabrede auf die **fortgesetzte Begehung** von Raub oder Diebstahl gerichtet ist. Inhalt der Abrede muss die *künftige Begehung mehrerer selbständiger, im Einzelnen noch ungewisser Taten über gewisse Dauer* sein.[53] Ein Fortsetzungszusammenhang im Sinne der früheren, seit BGHSt **40** 138 weitgehend aufgegebenen Rechtsprechung zur fortgesetzten Handlung ist nicht erforderlich. Wenn die frühere Rechtsprechung[54] im Gegenteil annahm, dass, bezog sich die Bandenabrede nur auf eine fortgesetzte Raub- oder Diebstahlsbegehung im damaligen Sinn, eine Bandenabrede nicht vorlag, war das immer schon zweifelhaft[55] und ist nunmehr – nach der Aufgabe der

[53] RGSt **52** 209, 211; **56** 91; **66** 236, 238; BGH GA **1957** 84, 85; 4 StR 93/72 bei Dallinger MDR **1972** 752; 1 StR 815/77 bei Holtz MDR **1978** 624; StV **1984** 245; NStZ **1986** 408; OLG Hamm JR **1982** 207 m. Anm. *Tenckhoff*; *Fischer* Rdn. 36; *Lackner/Kühl* Rdn. 6; *Sch/Schröder/Eser* Rdn. 25; *Maurach/Schroeder/Maiwald* I § 33 Rdn. 130; *Wessels/Hillenkamp* Rdn. 271.

[54] BGHSt **38** 26; NStZ **1986** 408, 409; 2 StR 540/90 bei Holtz MDR **1991** 296; NStZ **1993** 294; BGHR § 244 Abs. 1 Nr. 3 Bande 1, 3 und 4; vgl. auch BGH NStZ **1992** 497; *Sch/Schröder/Eser* Rdn. 25; *Otto* JZ **1993** 559, 566; *Schild* GA 1982 55 ff; **aA** *Lackner/Kühl* Rdn. 6.

[55] Vgl. BGHR § 244 Abs. 1 Nr. 3 Bande 1. Ein Bandendiebstahl sollte aber vorliegen, wenn die Bandenmitglieder mehrere selbständige Taten planten, die sie dann in Fortsetzungszusammenhang begingen; auch sollte genügen, dass die Bandenabrede die Möglich-

Rechtsfigur des Fortsetzungszusammenhangs – nicht mehr haltbar (zutr. BGH NJW 2004 2840, 2842 f zu § 263 Abs. 5 StGB; *Kindhäuser* NK Rdn. 39). Jedenfalls genügt die Abrede, mehrere ungewisse Taten tatmehrheitlich (§ 53 StGB) zu begehen; trotz materiell-rechtlicher Tateinheit (§ 52 StGB) sollen nach BGH aaO zu § 263 Abs. 5 StGB mehrere Taten vorliegen, wenn die tatsächlichen Abläufe sowie deren Umsetzung mehrere Taten darstellen (**aA** *Ruß* LK[11] Rdn. 11: „rechtlich selbständig"). Es genügt aber nicht, dass sich die Täter nur zu einer Tat verbunden haben oder in der Folgezeit jeweils aus neuem Entschluss weitere Taten begehen (BGH StV **1996** 99 und NStZ **1996** 442), desgleichen nicht mehrfache Tatbegehung im Rahmen eines „eingespielten Deliktssystems" (*Fischer* Rdn. 36). Es reicht auch nicht aus, dass sich mehrere verabreden, über wenige Stunden eine Einbruchserie zu begehen (OLG Hamm JR **1982** 207 m. zust. Anm. *Tenckhoff*); die Bandenabrede muss sich vielmehr auf mehrfache Tatbegehung über einige Dauer richten. Die künftige Begehung muss nicht sicher feststehen; es genügt die Bandenabrede, künftig Diebstähle zu begehen, wenn sich eine günstige Gelegenheit dazu bietet (BGH 2 StR 276/77 vom 1.9.1977). Dass die Taten im Einzelnen noch ungewiss sein müssen, heißt nicht, dass sie nicht nach Art und Gegenstand eingegrenzt werden dürfen. Auf die fortgesetzte Begehung gerichtet ist auch die Abrede, künftig Diebstähle in bestimmter Weise (z.B. Taschendiebstähle oder Aufbrechen von Spielautomaten) oder an bestimmten Orten (z.B. Jahrmärkte) zu begehen oder nur bestimmte Sachen (z.B. Kraftwagen oder Fahrräder) zu stehlen (BGH bei Holtz MDR **1978** 624). Zum fortgesetzten Stehlen reicht es aus, dass der Eigentümer bei allen Diebstählen derselbe bleibt,[56] wie z.B. bei sich über einen längeren Zeitraum hinziehenden Edelmetalldiebstählen von bandenmäßig verbundenen Angestellten im Betrieb ihres Arbeitgebers (BGH 3 StR 246/91 vom 24.7.1991). Auch darauf, ob die Bandenabrede zugleich die Voraussetzungen der *Gewerbsmäßigkeit* (oder Berufs- oder Gewohnheitsmäßigkeit) erfüllt, kommt es nicht an (BGH bei Holtz MDR **1978** 624); allerdings wird beim eigentlichen Bandendiebstahl häufig zugleich Gewerbsmäßigkeit anzunehmen sein und dann ein Verbrechen nach § 244a Abs. 1 StGB vorliegen (zutr. *Zopfs* GA **1995** 320, 334; s. noch § 244a Rdn. 3).

Ob fortgesetzt Raub oder Diebstahl begangen werden soll, ist nach der **Vorstellung der Bande in ihrer Gesamtheit** zu beurteilen (BGH NJW **2004** 2840, 2843 für § 263 Abs. 5 StGB). Keinesfalls muss vorgesehen sein, dass sich jedes Bandenmitglied an jeder Bandentat beteiligt (BGH StV **2006** 639). Vielmehr kann die Bandenabrede auch Spontantaten in wechselnder Besetzung vorsehen (BGH NStZ **2009** 35). Allerdings ist stets zu fordern, dass die Taten *bandenmäßig*, d.h. unter Mitwirkung mindestens zweier Bandenmitglieder begangen werden; schließen sich mehrere zusammen, um je einzeln Raub oder Diebstahl zu begehen und die Tatbeute gemeinschaftlich zu verwerten, genügt das nicht, weil die Bandenabrede auch die Aktions- oder Ausführungsgefahr tragen muss. **63**

Die Bandenabrede muss **zum Zeitpunkt der bandenmäßigen Tat** bestehen; wird sie erst nach einem Diebstahl gefasst, so wird dieser nicht rückwirkend zum Bandendiebstahl (BGH NStZ **2006** 176). Umgekehrt genügt, wenn die Bandenabrede besteht, der erste bandenmäßige Diebstahl, um § 244 Abs. 1 Nr. 2 StGB zu vollenden (RGSt **66** 236; BGH bei Dallinger MDR **1967** 269; BGH NJW **2004** 2840, 2842 für § 263 Abs. 5 StGB). **64**

---

keit enthielt, nach der fortgesetzten Tat noch nicht konkretisierte weitere Taten zu begehen, und dann sollte bereits die fortgesetzte Tat als Bandendiebstahl bewertet werden; vgl. *Ruß* LK[11] Rdn. 11.

[56] RGSt **52** 209; JW **1924** 816; *Sch/Schröder/Eser* Rdn. 25; **aA** RGSt **25** 421, 423.

65 Der **Nachweis** der Bandenabrede kann durch Geständnis geführt werden. In der Regel ist das Tatgericht aber auf *Indizien* angewiesen. Es ist zwar *ein* Indiz für die Bandenabrede, dass eine Tätergruppe mehrere Diebstähle oder Raubtaten begangen hat; auf diesen Umstand *allein* kann die Verurteilung wegen Bandendiebstahls aber nie gestützt werden, da zur Überzeugung des Tatgerichts ausgeschlossen werden muss, dass sich die Täter jeweils nur zu einer Tat verbunden haben und in der Folgezeit jeweils aus neuem Entschluss weitere Taten begangen haben (Rdn. 62). An dieser Stelle entschärft sich die Frage, ob eine Bande objektiv eine gewisse Organisationsstruktur aufweisen muss oder nicht: Der Indizienbeweis der Bandenabrede gelingt um so eher, „je stärker die Gefährlichkeit einer Tätergruppe durch die Anzahl ihrer Mitglieder, durch deren Beteiligung an den Tatausführungen oder durch organisatorische Stabilität hervortritt" (BGH NJW **1998** 2913, 2914). Bei Serientaten, an denen immer wieder dieselben Beteiligten mitwirken, kann die Überzeugung von der Bandenabrede auf „sorgfältige Planung und Vorbereitung, zweckmäßige Arbeitsteilung, umfassende Absicherung, gegenseitige Kontrolle und gegenseitiger Schutz" gestützt werden (BGH NStZ **1996** 433). Bei einer Bande, die sich zur Begehung jugendtypischer Aggressionstaten verbunden hat, aber immer wieder Begleittaten nach §§ 242, 249 StGB begeht, ist sorgfältig zu prüfen, ob diese Begleittaten in die Bandenabrede aufgenommen worden sind (BGH NStZ **2009** 35, 36). In dem theoretisch möglichen Fall der ersten Bandentat (soeben Rdn. 64) dürfte hingegen kaum je ein Bandendiebstahl nachweisbar sein.

66 3. **Stehlen als Mitglied der Bande.** Bandendiebstahl kann nur begehen, wer „als Mitglied der Bande" stiehlt. Die Frage, ob jemand Täter des Bandendiebstahls ist, muss von der getrennt werden, ob er Bandenmitglied ist (s. noch Rdn. 71). Für die **Bandenmitgliedschaft** ist nach nunmehriger Rechtsprechung allein erforderlich, dass das Mitglied subjektiv eine Bandenabrede getroffen, sich also ausdrücklich oder stillschweigend zur Begehung von Raub oder Diebstahl verbunden hat, sei es auch nur zu Gehilfenbeiträgen (s. bereits Rdn. 59, dort auch zur Gegenauffassung, wonach das Bandenmitglied täterschaftliche Beiträge zu erbringen beabsichtigen muss); richtigerweise ist zudem objektiv eine Einbindung in eine gewisse auf einige Dauer angelegte Organisationsstruktur zu verlangen (Rdn. 58), an der es fehlt, wenn jemand nur an einer Einzeltat beteiligt, nicht aber darüber hinaus in die Gesamtabrede einbezogen ist (zutr. *Fischer* Rdn. 41). **Als** Bandenmitglied stiehlt, wer sich im Rahmen der Bandenabrede bewegt; das ist nicht der Fall, wenn jemand dem Bandeninteresse geradezu zuwiderhandelt (z.B. andere Bandenmitglieder bestiehlt) oder eine Exzesstat begeht (z.B. als Mitglied einer Einbrecherbande einen Straßenraub begeht); es ist freilich denkbar, dass die Bandenabrede stillschweigend auf solche Taten erstreckt wird.

67 4. **Mitwirkung eines anderen Bandenmitglieds.** Anders als in vielen anderen Qualifikationen der bandenmäßigen Begehung setzt § 244 Abs. 1 Nr. 2 StGB – ebenso wie früher § 243 Abs. 1 Nr. 6 bzw. 244 Abs. 1 Nr. 3 StGB a.F. – voraus, dass der Bandendiebstahl „unter Mitwirkung eines anderen Bandenmitglieds" begangen wird. Für das hiernach erforderliche „Mitwirken" sowohl des Täters als auch des anderen Bandenmitglieds hatte die frühere Rechtsprechung **„Tatortpräsenz"** (*Altenhain* ZStW **113** [2001] 112, 125) in dem Sinne verlangt, dass der Täter und das mitwirkende Bandenmitglied zur Tatzeit am Tatort oder in dessen unmittelbarer Nähe wenn auch nicht notwendigerweise unmittelbar körperlich zusammenwirken mussten.[57] Begründet wurde das mit der Erwä-

---

[57] RGSt **66** 236, 242; **73** 322, 323; BGHSt **8** 205; **25** 18, 19; **33** 50 m. krit. Anm. *Jakobs* JR **1985** 343; BGH StV **1984** 245; *Lackner/Kühl* Rdn. 8; *Otto* JZ **1985** 25; *ders.* Jura

gung, die für den Bandendiebstahl auch erforderliche Ausführungsgefahr sei nur dann erhöht, wenn zwei Bandenmitglieder am Tatort präsent seien und den Gewahrsamsinhaber ablenken oder ihn einschüchtern oder gar gewaltsam gegen ihn vorgehen könnten. Zwar war nicht notwendig, dass alle in diesem Sinne mitwirkenden Beteiligten Mittäter waren; als andere Bandenmitglieder kamen vielmehr auch Gehilfen oder Anstifter in Betracht (BGH bei Holtz MDR **1978** 624). Ein nicht „Tatortpräsenter" konnte jedoch nicht (Mit-)Täter eines Bandendiebstahls sein, selbst wenn sich nach allgemeinen Grundsätzen (Mit-)Täterschaft hätte begründen lassen – insoweit wurde argumentiert, das Mitwirkungserfordernis sei eine „Sonderregelung" der Täterschaft beim Bandendiebstahl (BGHSt **8** 205; **25** 18, 19; **33** 50, 52 m. krit. Anm. *Joerden* StV **1985** 329, zust. *Taschke* StV **1985** 367; BGH StV **1984** 245) –, wohl aber (Mit-)Täter eines Diebstahls ggf. in einem besonders schweren Fall (BGHSt **25** 18, 19; **33** 50), der dann freilich an Beutegegenständen wiederum keine Hehlerei begehen konnte (RGSt **73** 322; BGHSt **33** 50, 52). Die zunehmend als misslich empfundene Konsequenz von alledem war, dass der Bandenchef, der nicht tatortpräsent war, nur als Anstifter zum Bandendiebstahl bestraft werden konnte, wenn zwei weitere Bandenmitglieder „tatortpräsent" waren und einer davon täterschaftlich beteiligt war.

Die These, der Bandendiebstahl bzw. -raub beinhalte eine „Sonderregelung" der Täterschaft, war Dogmatikern des Allgemeinen Teils seit jeher ein Dorn im Auge; verschiedentlich wurde auch angezweifelt, dass die Ausführungsgefahr nur bei Tatortpräsenz erhöht sei (vgl. *Jakobs* JR **1985** 340, 343). Die Rechtsprechung hat sich dieser Kritik angeschlossen. In einem ersten Schritt hat BGHSt **46** 120 und 138 zugelassen, Hinterleute einer Bande, die nach allgemeinen Grundsätzen Täter, aber nicht „tat ortpräsent" waren, wegen täterschaftlichen Bandendiebstahls zu verurteilen, wenn nur zwei andere Bandenmitglieder „tatortpräsent" waren. In einem zweiten Schritt hat der Große Senat für Strafsachen in BGHSt **46** 321, 332 ff das Erfordernis der „Tatortpräsenz" ganz aufgegeben: Für eine Mitwirkung genügt **jede Beteiligung** i.S.v. **§§ 25 ff StGB**, und „Tatortpräsenz" irgendeines Bandenmitglieds ist nicht erforderlich.[58] Die von der früheren Rechtsprechung hervorgehobene potentielle Täter-Opfer-Konfrontation sei dem Diebstahl von vornherein nicht immanent. Die Aktions- und Ausführungsgefahr sei bereits dadurch erhöht, dass Bandenmitglieder bei der Planung oder Vorbereitung der Tat oder durch tatbegleitende Maßnahmen mitwirkten. Das Mitwirkungserfordernis werde nicht hinweginterpretiert, weil ein Zusammenwirken mit einem anderen Bandenmitglied erforderlich bleibe. Dadurch werde auch nicht die erhöhte Organisationsgefahr doppelt verwertet, weil die Planung, Vorbereitung oder Tatbegleitung die Effektivität der Tatausführung steigere. Der Wille des Gesetzgebers, der an dem Mitwirkungserfordernis – anders als in vielen anderen Qualifikationstatbeständen bandenmäßiger Begehung – festgehalten habe, sei, was dessen Inhalt angehe, uneindeutig. Bereits durch die Erhöhung der Mindestmitgliederzahl der Bande auf drei (Rdn. 56 f) habe der Bandendiebstahl eine generell restriktive Auslegung erfahren; das ermögliche es, die enge Anbindung des Mitwirkens an die unmittelbare Tatausführung aufzugeben. **68**

**Konsequenzen** hiervon sind: Als Bandendieb kann ein Bandenmitglied strafbar sein, das, ohne „tatortpräsent" zu sein, nach allgemeinen Regeln Mittäter oder mittelbarer Täter ist. § 244 Abs. 1 Nr. 2 StGB ist auch erfüllt, wenn die Wegnahme am Tatort von nur **69**

---

1989 200, 203; *ders.* JZ **1993** 559, 566; *Taschke* StV **1985** 367; *Wessels/Hillenkamp* Rdn. 272; aA *Sch/Schröder/Eser* Rdn. 27; *Arzt* JuS **1972** 579, 580; *Joerden* StV **1985** 329; *J. Meyer* JuS **1986** 190; *Schild* GA **1982** 55, 83; *Schünemann* JA **1980** 395.

[58] S. weiterhin BGH NJW **2002** 1662; NStZ **2006** 574.

einem Bandenmitglied begangen wird, gleich, ob dieses Bandenmitglied Täter oder (ausnahmsweise) nur Teilnehmer ist. Eine Strafbarkeit nach § 244 Abs. 1 Nr. 2 StGB kommt sogar in Betracht, wenn die Wegnahme am Tatort von nur einer Person begangen wird, die nicht Bandenmitglied ist, sei es als Täter oder (ausnahmsweise) nur als Teilnehmer oder gar als strafloses (z.B. über die Fremdheit irrendes) Werkzeug; in diesen Fällen ist nur erforderlich, dass ein anderes Bandenmitglied mindestens als Teilnehmer (z.B. als Gehilfe) beteiligt ist (BGHSt **46** 321, 338). Alles das zielt darauf ab, Bandenmitglieder zu treffen, die als „Hinterleute" nach allgemeinen Grundsätzen täterschaftlich beteiligt sind, z.B. als Bandenchefs Organisationsherrschaft haben; diese „Hinterleute" werden sich regelmäßig mindestens der Hilfe anderer Bandenmitglieder bedienen; darauf, von wem und wie vielen Beteiligten die eigentliche Wegnahmehandlung begangen wird, soll es dann nicht mehr ankommen. So soll *moderne organisierte Kriminalität* getroffen werden („organisierte und spezialisierte Diebesbanden", BGHSt aaO S. 335), die die eigentliche Tatausführung häufig Kleinkriminellen überlässt, die nicht selbst zur Bande gehören.

**70** Der Große Senat für Strafsachen testet die **Grenzen richterlicher Rechtsfortbildung**, zu der ein Großer Senat allerdings berufen ist (§ 132 Abs. 4 GVG). Wenn das StGB Beteiligung meint, spricht es von Beteiligung (§ 28 Abs. 2 StGB), nicht von Mitwirkung. Wenn der Gesetzgeber des 1. StrRG die frühere Rechtsprechung „gekannt und gebilligt" und den Vorschlag des OrgKG, auf das Mitwirkungserfordernis zu verzichten – wie in vielen anderen Bandenqualifikationen –, „verworfen" hat (BGHSt **46** 321, 337), *ist* das ein Argument gegen eine das Mitwirkungserfordernis inhaltlich erweiternde, auf jede Beteiligung zurückführende Auslegung. Dass die Beibehaltung des Mitwirkungserfordernisses z.B. im Waffenrecht „besonders zweifelhaft" und „wenig stringent" erscheine, ist offene kriminalpolitische Wertung. Was der Große Senat von der Aktions- oder Ausführungsgefahr übrig lässt, ist – wenn auch nicht dasselbe (so aber *Engländer* GA **2000** 578, 581 f; JR **2001** 78, 79), so doch – wenig mehr als die Organisationsgefahr. Intellektuell unredlich ist das Argument, eine potentielle Täter-Opfer-Konfrontation sei dem *Grund*tatbestand des Diebstahls nicht immanent; vorliegend geht es um den *Qualifikations*tatbestand, wo die Möglichkeit solcher Konfrontationen – wie § 244 Abs. 1 Nr. 1 StGB zeigt – entscheidend sein kann. Gerade der Vergleich mit dem (Schuss-)Waffendiebstahl zeigt, dass die „Tatortpräsenz" mehrerer – mindestens zweier – Bandenmitglieder ein sinnvolles, dem Gesetzeszweck entsprechendes Erfordernis ist. Alles das spricht dafür, dass die Grenzen richterlicher Rechtsfortbildung mit BGHSt **46** 120 und 138 erreicht waren und der Große Senat sie überschritten hat. Mit den genannten Entscheidungen ist daran festzuhalten, dass insgesamt zwei Bandenmitglieder mindestens als Teilnehmer „tatortpräsent" mitwirken müssen; erst dann können „Hinterleute" nach allgemeinen Grundsätzen täterschaftlich zur Verantwortung gezogen werden.[59]

### 5. Fragen des Allgemeinen Teils

**71** **a) Beteiligung.** Die Frage nach der Beteiligungsform ist von derjenigen der Bandenmitgliedschaft zu trennen (Rdn. 59) und mit folgenden Maßgaben nach den allgemeinen Regeln der §§ 25 ff StGB zu beantworten:[60] **Täter** kann nur ein Bandenmitglied sein

---

[59] *Hoyer* SK[6] Rdn. 34; *Kindhäuser* NK Rdn. 40; *Lackner/Kühl* Rdn. 8; *Schmitz* MK Rdn. 50; *Engländer* JZ **2000** 630, 632; *Erb* NStZ **2001** 561, 564; *Schmitz* NStZ **2000** 477, 478.

[60] H. A. *Fischer* Rdn. 39; *Kindhäuser* NK Rdn. 42; *Sch/Schröder/Eser* Rdn. 27; *Kindhäuser* BT II § 4 Rdn. 37; *Mitsch* BT 2/1 § 1 Rdn. 261.

(„als Mitglied einer Bande"). Die Bandenmitgliedschaft begründet aber nicht von selbst Täterschaft, die vielmehr eigenständig – als Mittäterschaft bei gemeinsamem Tatplan und funktional-arbeitsteilige Tatherrschaft begründendem Tatbeitrag oder als mittelbare Täterschaft, insbesondere Organisationsherrschaft beim „Bandenchef" – begründet werden muss. Dabei ist § 244 Abs. 1 Nr. 2 StGB insoweit rechtsfortbildend zu interpretieren, dass der Täter nicht zwingend „tatortpräsent" mitwirken muss (soeben Rdn. 67). Das oder die mitwirkenden Bandenmitglieder müssen demgegenüber „tatortpräsent" sein; sie werden regelmäßig Täter, nur ausnahmsweise bloße **Teilnehmer** sein. Die Mitwirkung ist tatbezogenes Merkmal und wird kraft Vorsatzes akzessorisch zugerechnet (BGHSt **46** 120, 129). Demgegenüber ist die Bandenmitgliedschaft, auch wenn sie sich über die Organisationsgefahr in der Tat niederschlägt, gerade unabhängig von Bandentaten und deshalb nach der zutr. h.A. als strafschärfendes besonderes persönliches Merkmal i.S.v. § 28 Abs. 2 StGB zu behandeln (BGHSt aaO S. 128).[61] Ein **Nichtmitglied** kann sich hiernach nicht am Bandendiebstahl beteiligen, sondern nur – je nach Fallgestaltung (insoweit missverständlich *Schmitz* MK Rdn. 61: „stets Teilnehmer") – (Mit-)Täter oder Teilnehmer eines einfachen oder ggf. anderweit qualifizierten Diebstahls bzw. Raubes bzw. Diebstahls in einem besonders schweren Fall sein. Wer nur allgemein im Interesse der Bande ohne hinreichend bestimmten Bezug zu einer Bandentat handelt, beteiligt sich hieran nicht in strafrechtlich relevanter Weise; die vorab zugesagte Beteiligung an der Verwertung der Tatbeute kann aber Beihilfe sein, sofern hiermit konkrete Diebstahlstaten mit Gehilfenvorsatz unterstützt werden (vgl. BGH NStZ **2003** 32; **2008** 54).

b) **Versuch.** Der Zusammenschluss zur Bande ist noch kein unmittelbares Ansetzen **72**
zum Bandendiebstahl, dessen Versuch erst beginnt, wenn der Täter zur Wegnahme ansetzt.[62]

c) **Konkurrenzen.** Die Bandenabrede führt nicht zu tatbestandlicher Handlungsein- **73**
heit mehrerer Bandendiebstähle, die vielmehr nach allgemeinen Regeln zu behandeln sind und, wenn keine natürliche Handlungseinheit vorliegt, zueinander in Tatmehrheit stehen (RG JW **1939** 33).

---

[61] BGH 1 StR 815/77 bei Holtz MDR **1978** 624 unter Bezugnahme auf BGHSt **12** 220, 226 (bandenmäßiger Schmuggel); BGHSt **46** 120, 128; **47** 214, 216; BGH StV **1995** 408; **1996** 258; NStZ **2000** 255, 257 m. zust. Anm. *Hohmann* 258 f; **2007** 526; *Fischer* Rdn. 44; *Lackner/Kühl* Rdn. 7 (zw.); *Schmitz* MK Rdn. 61; *Schünemann* LK § 28 Rdn. 68; *Arzt* JuS **1972** 576, 579 f; *Arzt/Weber/Heinrich*/Hilgendorf BT § 14 Rdn. 62; *Krey/Hellmann* Rdn. 137c; *Maurach/Schroeder/Maiwald* I § 33 Rdn. 132; *Schünemann* JA **1980** 393, 395; *Wessels/Hillenkamp* Rdn. 272; vgl. auch E **1962** Begr. S. 407 und Prot. V/2474; **aA** noch BGHSt **8** 205, 208; *Hoyer* SK[6] Rdn. 35; *Kindhäuser* NK Rdn. 48; *Roxin* LK[11] § 28 Rdn. 73; *Sch/Schröder/Eser* Rdn. 28; *Otto* BT § 41 Rdn. 65; *Rengier* § 4 Rdn. 106 f; *Vogler* FG Lange, S. 265, 278. Vgl. zum bandenmäßigen unerlaubten Handeltreiben mit Betäubungsmitteln BGH NStZ **2007** 101 f; 526; **2008** 354; 575; 5 StR 253/07; zum bandenmäßigen Schmuggel BGHSt **6** 260, 262; **8** 70, 72 sowie allgemein *Schild* GA **1982** 55, 83.

[62] Allg. M., s. *Samson* SK[3] Rdn. 23; *Sch/Schröder/Eser* § 22 Rdn. 58.

## IV. Wohnungseinbruchdiebstahl (Abs. 1 Nr. 3)

74 Vor dem 6. StrRG war der Wohnungseinbruchdiebstahl „nur" Regelbeispiel eines besonders schweren Falls des Diebstahls nach § 243 Abs. 1 Satz 2 Nr. 1 StGB. Seit dem 6. StrRG beschränkt sich das Regelbeispiel auf andere Räume als Wohnungen, die nunmehr in § 244 Abs. 1 Nr. 3 StGB – im Übrigen wort- und sachgleich mit § 243 Abs. 1 Satz 2 Nr. 1 StGB – geregelt sind. Das hat die Rechtslage in zwei Richtungen verschärft: Die Mindeststrafe ist auf sechs Monate angehoben, Geldstrafe damit ausgeschlossen; die Geringwertigkeit des Diebesguts führt nicht mehr zur bloß einfachen Diebstahlsstrafbarkeit. Bandenmäßiger Wohnungseinbruchdiebstahl war bereits mit dem OrgKG zum Verbrechen nach § 244a StGB geworden (s. dort). Als **Grund** für die Verschärfung hat der Gesetzgeber angeführt, es handele sich um eine Straftat, die tief in die Intimsphäre der Opfer eindringe und zu ernsthaften psychischen Störungen – z.B. langwierigen Angstzuständen – führen könne. Nicht selten seien Wohnungseinbrüche mit Gewalttätigkeiten gegen Menschen und Verwüstungen der Einrichtungsgegenstände verbunden (BT-Drucks. 13/8587 S. 43). Wenn es zu Gewalttätigkeiten gegen Menschen kommt, sind allerdings §§ 249 ff StGB anwendbar (*Seier* FS Kohlmann, S. 295, 299). Verwüstungen der Einrichtungsgegenstände lassen sich durch § 303 StGB erfassen, der richtigerweise nicht (immer) subsidiär zu §§ 242, 243 Abs. 1 Satz 2 Nr. 1 StGB ist (§ 243 Rdn. 79). Eine Traumatisierung des Wohnungsinhabers ist nicht seltene Folge eines Wohnungseinbruchs,[63] könnte freilich auch im Rahmen des § 243 Abs. 1 Satz 2 Nr. 1 StGB als „verschuldete Auswirkung der Tat" strafschärfend berücksichtigt werden. Die h.A. meint gleichwohl, das Sicherheits- und Schutzbedürfnis der Bevölkerung und der besondere Unwertgehalt des Eindringens in die Wohnung als Kernbereich des Privat- und Intimlebens rechtfertige die Qualifizierung (BGH NStZ 2008 514, 515).[64] Rechtsgutsbezogen formuliert ist es das Zusammenwirken des durch die Wohnung erhöhten Eigentums- und Gewahrsamsschutzes, der Hausfrieden und die räumliche Privat- und Intimsphäre sowie die psychische Integrität, das den Wohnungseinbruchdiebstahl von dem gewöhnlichen Einbruchdiebstahl abhebt.

75 1. Geschützte Räumlichkeit ist die **Wohnung**. Der Begriff findet sich auch in § 123 Abs. 1 StGB und fand sich früher in § 243 Abs. 1 Satz 2 Nr. 1 StGB a.F.; zudem ist auf § 306a Abs. 1 Nr. 1 (im Unterschied zu Nr. 3) StGB hinzuweisen. Allerdings haben §§ 123 und 306a StGB andere Schutzrichtungen (Hausrecht, Leib und Leben), und bei § 243 Abs. 1 Satz 2 Nr. 1 StGB a.F. war die Wohnung den anderen geschützten Räumlichkeiten gleichgestellt (so dass der Abgrenzung wenig Aufmerksamkeit geschenkt wurde). Insbesondere geht der Schutz des Hausrechts bei § 123 StGB sehr weit und bezieht z.B. zum Wohnhaus gehörende Freiflächen, wenn sie befriedet sind, ohne Weiteres mit ein, desgleichen alle Nebenräume wie z.B. freistehende Garagen; das passt nicht auf § 244 Abs. 1 Nr. 3 StGB (*Behm* GA 2002 153, 154 ff; *Seier* FS Kohlmann, S. 295, 301 f). Der Wohnungsbegriff in § 244 Abs. 1 Nr. 3 StGB ist deshalb *eigenständig* und anhand des *besonderen Schutzzwecks* der Vorschrift (zutr. BGH NStZ 2008 314, 315) zu

---

[63] *Deegener* Wohnungseinbruch – Erfahrungen und psychosoziale Folgen für die Opfer (1996); *Hagemann* Wohnungseinbrüche und Gewalttaten – Wie bewältigen Opfer ihre Verletzungen? (1993).

[64] *Fischer* Rdn. 45; *Lackner/Kühl* Rdn. 11; *Sch/Schröder/Eser* Rdn. 30; *Schmitz* MK Rdn. 56; *Eisele* BT II Rdn. 221; *Kindhäuser* BT II § 4 Rdn. 42; *Krey/Hellmann* Rdn. 137e; *Maurach/Schroeder/Maiwald* I § 33 Rdn. 124; *Rengier* BT 1 § 4 Rdn. 82; *Wessels/Hillenkamp* Rdn. 267.

entwickeln: Hiernach ist Wohnung **eine Räumlichkeit, die mindestens einem Menschen zur Unterkunft dient und erhöhten Eigentums- und Gewahrsamsschutz, eine räumliche Privat- und Intimsphäre sowie psychische Integrität vermittelt.**[65] *Räumlichkeit* ist auch ein einzelner Raum (z.B. vermietetes oder untervermietetes Zimmer, zutr. *Fischer* Rdn. 46); ein (wie man gelegentlich liest) „Inbegriff" von mehreren Räumen ist nicht erforderlich. Der Raum muss umschlossen i.S.v. § 243 Abs. 1 Satz 2 Nr. 1 StGB sein, aber zudem ein Dach haben; hierzulande muss, wer wohnt, ein Dach über dem Kopf haben und ist, wenn er es nicht hat, obdach- und wohnungslos. In Betracht kommen aber auch Wohnmobile, Wohnwagen, Wohnschiffe oder Wohncontainer. Zelte bieten i.d.R. keinen ausreichenden Eigentums- und Gewahrsamsschutz. – *Unterkunft* ist mehr als (wie man gelegentlich liest) Aufenthalt, sondern muss das Übernachten und Schlafen einschließen (weshalb Baubuden i.d.R. nicht genügen); ein eigener Schlafraum ist aber nicht erforderlich, sondern es reicht eine Schlafgelegenheit, wenn sie allgemein zum Schlafen (und nicht nur zum gelegentlichen Übernachten wie die Notpritsche im Büroraum) bestimmt ist (insoweit zutr. *Schmitz* MK Rdn. 56). Arbeits-, Geschäfts- und Ladenräume scheiden aus. Unterkunft gewähren aber auch Hotelzimmer, die erhöhten Eigentums- und Gewahrsamsschutz, trotz Zugänglichkeit für Reinigungspersonal, eine räumliche Privat- und Intimsphäre und hierdurch psychische Integrität vermitteln (i.E. ebenso BGH StV 2001 624);[66] von der Dauer des Hotelaufenthalts hängt das nicht ab (**aA** *Schmitz* MK Rdn. 56: Übernachten auf Durchreise ist kein Wohnen).

Ähnlich wie bei § 306b Abs. 1 Nr. 1 (s. dort) stellt sich nunmehr auch bei § 244 Abs. 1 **76**
Nr. 3 StGB die Frage, wie **Nebenräume** und **gemischt genutzte Gebäude** einzuordnen sind, wenn z.B. jemand in Keller, Garagen oder in eine Apotheke im Erdgeschoss einbricht, wenn sich in den Obergeschossen Wohnungen befinden. Lösungen sind aus dem Wortlaut, wonach „in" eine Wohnung eingebrochen usw., aber nicht „aus" ihr gestohlen werden muss (s. § 243 Abs. 1 Satz 2 Nr. 4 und hierzu § 243 Rdn. 41), und dem Schutzzweck des § 244 Abs. 1 Nr. 3 StGB zu entwickeln. Hiernach liegt jedenfalls dann kein Wohnungseinbruchdiebstahl vor, wenn jemand lediglich in Neben- oder Geschäftsräume einbricht, die, auch wenn sie sich in räumlicher Nähe zu Wohnungen befinden, von ihnen baulich und räumlich abgetrennt, abgeschlossen oder selbständig sind. Das ist alsbald für den Fall anerkannt worden, dass der Täter nur aus einem solchen Raum stehlen wollte, z.B. aus Kellerverschlägen in einem Wohnblock (OLG Schleswig NStZ 2000 479); aus Garagen, wenn sie frei stehen oder keinen Zugang zu Wohnräumen haben; aus Gartenlauben („Datschen", AG Saalfeld NStZ-RR **2004** 141); aus selbständigen, von Wohnungen räumlich und baulich abgetrennten Keller- und Dachräumen in Mehrfamilienhäusern. Aber auch wenn der Täter in solche Räume einbricht, um anschließend in Wohnungen zu gelangen und aus ihnen zu stehlen, hat BGH NStZ **2008** 514, 515 mit Recht festgehalten, dass der mögliche Wortsinn des § 244 Abs. 1 Nr. 3 StGB überschritten wäre, wollte man annehmen, allein die Absicht, später in eine Wohnung zu gelangen,

---

65 Vgl. zum Wohnungsbegriff in § 244 Abs. 1 Nr. 3 *Lackner/Kühl* Rdn. 11; *Sch/Schröder/Eser* Rdn. 30; *Schmitz* MK Rdn. 56; Arzt/Weber/*Heinrich*/Hilgendorf BT § 14 Rdn. 64; *Kindhäuser* BT II § 4 Rdn. 42; *Krey/Hellmann* Rdn. 137e; *Küper* BT S. 474; *Otto* BT § 41 Rdn. 66; *Rengier* BT 1 § 4 Rdn. 84; *Wessels/Hillenkamp* Rdn. 267.

66 Wie hier *Duttge* HK-GS Rdn. 28; *Fischer* Rdn. 47; Arzt/Weber/*Heinrich*/Hilgendorf BT § 14 Rdn. 64 Fn. 120; *Eisele* BT II Rdn. 222; *Kindhäuser* BT II § 4 Rdn. 42; **aA** *Lackner/Kühl* Rdn. 11; *Hellmich* NStZ **2001** 511, 513; *Maurach/Schroeder/Maiwald* I § 33 Rdn. 124; *Rengier* BT 1 § 4 Rdn. 85; *Wessels/Hillenkamp* Rdn. 267; *Zopfs* Jura **2007** 510, 521.

begründe einen Einbruch usw. „in" eine Wohnung (ebenso bereits BGH NStZ 2005 631). – Umgekehrt ist es anerkanntermaßen Wohnungseinbruchdiebstahl, wenn der Täter in eine Wohnung einbricht, um aus ihr in einen nicht der Unterkunft von Menschen dienenden Neben- oder Geschäftsraum, sei er mit der Wohnung verbunden oder selbständig und räumlich abgetrennt, zu gelangen und dort zu stehlen. Der Schutzzweck des § 244 Abs. 1 Nr. 3 StGB ist berührt, und der Wortlaut verlangt gerade nicht das Stehlen „aus" einer Wohnung (BGH NStZ 2001 533 mit Anm. *Trüg* JA 2002 191).[67] – Zweifelhaft bleiben Fälle, in denen der Täter in einen für sich gesehen nicht der Unterkunft von Menschen dienenden Neben- oder Geschäftsraum einbricht usw., der mit einer Wohnung räumlich und baulich eine Einheit bildet bzw. so mit ihr verbunden ist, dass keine erheblichen Zugangshindernisse mehr bestehen wie z.B. in den Keller eines Einfamilienhauses, von dem aus Erd- und Obergeschoss ohne Weiteres z.B. über ein Treppenhaus erreichbar sind, oder Büroräume eines Anwalts in dessen privater Wohnung. Teils wird vertreten, der Schutzbereich des § 244 Abs. 1 Nr. 3 StGB sei auf Räumlichkeiten zu beschränken, die den Mittelpunkt des privaten Lebens bildeten (*Lackner/Kühl* Rdn. 11), was z.B. bei dem Büroraum des Anwalts, ggf. auch bei bloßen Lagerräumen im Keller nicht der Fall sein dürfte; es heißt aber auch, derartige Räume seien generell der Wohnung zuzuschlagen (*Jäger* JuS 2000 651, 656; *Maurach/Schroeder/Maiwald* I § 33 Rdn. 110). Dieser Auffassung ist zu folgen. Privatheit ist unteilbar; wenn der Eigentümer eines privaten Wohnhauses einen Kellerraum als Weinlager und nicht als Aufenthalts- oder gar Unterkunfts- und Schlafraum widmet, ist das private Lebensgestaltung; nichts anderes gilt, wenn ein Anwalt – aus welchen Gründen auch immer – sich entscheidet, seine Berufstätigkeit in Räumen seiner Privatwohnung auszuüben. Wer in den Keller eines Einfamilienhauses einbricht, um dort gelagerte Sachen, z.B. Wein zu stehlen, verletzt nicht nur den Hausfrieden, sondern die Privat- und Intimsphäre, zumal es sein (und der Einbrecher nicht wissen) kann, dass sich geradezu kernbereichsrelevante Räume (z.B. eine private Sauna) im Keller befinden. Unterscheidungen zwischen geschützten und nicht geschützten Räumen innerhalb privater Einfamilienhäuser oder Wohnungen einzuführen, würde dogmatisch dazu zwingen, nach Taterfolg (Wegnahme aus geschütztem oder ungeschütztem Raum?) und Tatplan (beschränkt auf ungeschützte Räume?) zu unterscheiden, und würde Irrtums- (Unkenntnis der Umstände, die die Schutzwürdigkeit begründen, als Tatbestandsirrtum?) sowie Versuchsfragen (untauglicher Versuch des Wohnungseinbruchdiebstahls, wenn der Einbrecher billigend in Kauf nimmt, in einen Raum zu gelangen, der so privat bzw. intim ist, dass er als geschützt gelten muss, es aber tatsächlich nicht ist?) aufwerfen. Erste Überlegungen hierzu stellen in der Tat *Seier* FS Kohlmann, S. 295, 303 f sowie *Fischer* Rdn. 48 an, aber hier schlägt sinnvolle dogmatische Differenziertheit in nicht mehr praktikable, der Praxis nicht mehr vermittelbare Überdifferenzierung um.

77 2. Zu den **Tathandlungen** (Einbrechen, Einsteigen, Eindringen, mit einem falschen Schlüssel usw., Sichverborgenhalten) s. § 243 Rdn. 16 ff. Wer durch eine offen stehende Terrassentür ins Haus gelangt, handelt nicht tatbestandsmäßig (OLG Köln NStZ-RR 2002 247).

[67] BGH NStZ 2008 514; *Fischer* Rdn. 48; *Lackner/Kühl* Rdn. 11; *Sch/Schröder/Eser* Rdn. 30; *Schmitz* MK Rdn. 58; *Krey/Hellmann* Rdn. 137e; *Küper* BT S. 475; *Rengier* BT 1 § 4 Rdn. 82; **aA** *Eisele* BT II Rdn. 224; *Maurach/Schroeder/Maiwald* I § 33 Rdn. 124; *Wessels/Hillenkamp* Rdn. 267.

## V. Rechtsfolgen, Prozessuales

1. **Rechtsfolgen.** § 244 StGB droht **Freiheitsstrafe** von sechs Monaten bis zu zehn Jahren an; bloß Geldstrafe zu verhängen, ist nicht möglich (vgl. § 47 StGB). Geringwertigkeit des Diebesguts spielt keine Rolle (Rdn. 2). § 244 StGB lässt keine Strafrahmenmilderung in **minder schweren Fällen** zu, was angesichts des in der Rechtsprechung immer stärker ausgeweiteten Anwendungsbereichs namentlich bei Abs. 1 Nr. 1a) und Nr. 2 immer problematischer wird. An der Willkürgrenze liegt es (vornehmer *Eisele* S. 272 in Fn. 443: „kaum sachgerecht"), dass es beim *bandenmäßigen* Diebstahl mit Waffen oder Wohnungseinbruchdiebstahl nach § 244a Abs. 2 StGB möglich ist, einen minder schweren Fall anzunehmen, nicht aber beim *nicht bandenmäßigen*, zumal der Strafrahmen dann im Höchstmaß auf fünf Jahre, also deutlich unter den Strafrahmen des § 244 StGB sinkt. Immerhin lässt nunmehr § 46b StGB (i.d.F. des Art. 1 Nr. 2 des 43. StrÄndG, BGBl. 2009 I S. 2288) beim Bandendiebstahl eine Strafrahmenmilderung nach § 49 Abs. 1 StGB wegen Aufklärungs- und Präventionshilfe zu, da Bandendiebstahl in § 100a Abs. 2 Nr. 1j) StPO genannt ist; die Aufklärungs- oder Präventionshilfe muss aber vor Eröffnung des Hauptverfahrens geleistet sein (§ 46b Abs. 3 StGB). Beim Bandendiebstahl lässt § 244 Abs. 3 StGB die Anordnung des **erweiterten Verfalls** nach § 73d StGB zu; weil § 73d Abs. 1 Satz 3 auf § 73 Abs. 1 Satz 2 StGB verweist (hierzu § 242 Rdn. 202), hat das aber nur geringe praktische Bedeutung. Mit Nichtigerklärung des § 43a StGB durch BVerfGE **105** 135 = BGBl. 2002 I S. 1340 ist die Möglichkeit, **Vermögensstrafe** zu verhängen, entfallen. Vor allem in den Fällen des § 244 Abs. 1 Nr. 2, 3 StGB besteht die Möglichkeit, **Führungsaufsicht** anzuordnen, § 245 StGB. 78

2. **Prozessuales.** Die Verfolgung des Diebstahls mit Waffen usw. verjährt in zehn Jahren (§ 78 Abs. 2 Nr. 2 StGB). Soweit Polizeibeamte dazu übergegangen sind, Ladendiebe oder Einbrecher routinemäßig zu durchsuchen, um Taschenmesser u. dgl. zu finden (nach BGHSt **52** 257 ein Fall des § 244 Abs. 1 Nr. 1a] StGB, Rdn. 15), so soll das bereits zur Eigensicherung notwendig, im Übrigen durch § 102 StPO gedeckt sein, weil die allgemeine Vermutung reiche, dass Beweismittel gefunden werden könnten (bedenklich *Schäfer* LR[25] § 102 Rdn. 23); jedoch ist grundsätzlich die Anordnung des Ermittlungsrichters im Bereitschaftsdienst einzuholen (§ 105 Abs. 1 Satz 1 StPO; BVerfGE **103** 142; bedenklich *Schäfer* aaO § 105 Rdn. 23). Bei dringendem Tatverdacht eines Diebstahls mit (wirklichen) Waffen usw. ist Wiederholungsgefahr Haftgrund (§ 112a Abs. 1 Nr. 3 StPO). Für den Verdacht des Bandendiebstahls kommt es auf Umstände der Tatbegehung wie konspirative Vorbereitung oder tatbegleitende Maßnahmen an, die auf ein organisiertes Verhalten von mehr als zwei Personen hindeuten (BGHSt **46** 321, 331). Dann sind die vom Gesetzgeber für das Vorgehen gegen organisierte Kriminalität vorgesehenen besonderen Ermittlungsmaßnahmen wie Rasterfahndung (§ 98 Abs. 1 Satz 1 Nr. 6 StPO), Telekommunikationsüberwachung (§ 100a Abs. 2 Nr. 1j] StPO), akustische Wohnraumüberwachung (§ 100c Abs. 2 Nr. 1h] StPO) oder Einsatz verdeckter Ermittler (§ 110a Abs. 1 Satz 1 Nr. 4 StPO) möglich. Eine Verfahrenseinstellung nach §§ 153, 153a StPO ist nicht ausgeschlossen, aber wegen der erhöhten Mindeststrafe nur mit Zustimmung des Gerichts möglich. Ist wegen Diebstahls in einem besonders schweren Fall angeklagt, so kann wegen § 244 StGB nur nach rechtlichem Hinweis verurteilt werden, § 265 Abs. 1 StPO. Wahlfeststellung zwischen Bandendiebstahl und Bandenhehlerei (§ 260 Abs. 1 Nr. 2 StGB) ist zulässig (BGH NStZ **2000** 473 = wistra **2000** 258). Es kommt auch Wahlfeststellung innerhalb des § 244, insbesondere zwischen Abs. 1a) und b), in Betracht.[68] 79

---

[68] *Lackner/Kühl* Rdn. 12; *Sch/Schröder/Eser* Rdn. 33; *Schmitz* MK Rdn. 75.

## VI. Konkurrenzen

80 Bei aller Freude an der Klarstellungsfunktion der Idealkonkurrenz ist nur wegen einer Tat nach § 244 Abs. 1 Nr. 1, 3 StGB zu verurteilen, wenn ein Wohnungseinbruchdiebstahl mit mitgeführten Waffen, Werkzeugen oder Mitteln begangen wird (BGH JR **1995** 123);[69] das Zusammentreffen der Qualifikationsgründe kann strafschärfend berücksichtigt werden. Begeht ein Bandendieb bandenmäßig Wohnungseinbruch bzw. Diebstahl mit Waffen, so liegt schwerer Bandendiebstahl nach § 244a StGB vor, der als *lex specialis* vorgeht (s. aber BGH MDR **1971** 363 vor Einführung des § 244a StGB, missverständlich *Fischer* Rdn. 28). Fortgesetzter Diebstahl mit Waffen usw. begründet Tatmehrheit (§ 53 StGB); das gilt auch bei fortgesetzten Bandendiebstählen (s. bereits RG JW **1939** 33).

81 Gegenüber §§ 242, 243 gehen §§ 244, 244a StGB vor (BGHSt **33** 50, 53; BGH NJW **1970** 1279, 1280; OLG Hamm StraFo **2000** 276); es ist jedoch möglich, Regelbeispiele, die nicht über §§ 244, 244a StGB erfasst werden wie z.B. die Hilflosigkeit des Opfers (§ 243 Abs. 1 Satz 2 Nr. 6 StGB) strafschärfend zu berücksichtigen (BGH NStZ-RR **2003** 186, 188 f). Anstiftung oder Beihilfe zu § 244 können zur Täterschaft nach §§ 242, 243 StGB in Tateinheit stehen (BGHSt **33** 50, 53; **25** 18, 19). Auch versuchter Diebstahl nach § 244 und vollendeter nach §§ 242, 243 StGB ist denkbar, z.B. wenn ein Einbrecher glaubt, eine Schusswaffe bei sich zu führen, er diese aber versehentlich nicht eingesteckt hat. Wird ein Diebstahl mit Waffen usw. zum Raub, räuberischen Diebstahl oder auch zur räuberischen Erpressung, so verdrängen §§ 249, 250, 252, 255 die §§ 244, 244a StGB (BGH NStZ-RR **2005** 202). Bei bloß versuchtem Raub ist jedoch idealkonkurrierend zu verurteilen (BGHSt **20** 235; **27** 78; **aA** *Schmitz* MK Rdn. 66); davon machen *Hoyer* SK[6] Rdn. 40 sowie *Kindhäuser* NK Rdn. 57 beim Diebstahl mit Waffen mit Recht eine Ausnahme, weil, kommt es zum versuchten Raub mit Waffen, das im vollendeten Diebstahl mit Waffen liegende Vorbereitungsunrecht aufgezehrt ist. Der Diebstahl mit Waffen kann mit Straftaten nach §§ 51, 52 Abs. 1 Nr. 2b), Abs. 3 Nr. 1, 2, 5, 9 und 10 WaffG ideal konkurrieren (BGHSt **29** 184, 185; BGH 1 StR 497/85 vom 17.10.1985); bei anderen Waffendelikten liegt i.d.R. Tatmehrheit vor. Zur Verklammerung von Diebstahl mit Waffen und Widerstand gegen Vollstreckungsbeamte (§ 113 StGB) durch Waffendelikte s. BGH NStZ-RR **2004** 294. Bandendiebstahl kann ggf. mit §§ 129, 129a StGB ideal konkurrieren. Der Wohnungseinbruchdiebstahl verdrängt § 123 StGB; gelangt der bewaffnete Dieb aber ohne Einbruch usw. in das Haus, so ist idealkonkurrierend zu verurteilen.

# § 244a
# Schwerer Bandendiebstahl

(1) **Mit Freiheitsstrafe von einem Jahr bis zu zehn Jahren wird bestraft, wer den Diebstahl unter den in § 243 Abs. 1 Satz 2 genannten Voraussetzungen oder in den Fällen des § 244 Abs. 1 Nr. 1, oder 3 als Mitglied einer Bande, die sich zur fortgesetzten Begehung von Raub oder Diebstahl verbunden hat, unter Mitwirkung eines anderen Bandenmitglieds begeht.**

---

[69] *Duttge* HK-GS Rdn. 38; *Lackner/Kühl* Rdn. 12; *Sch/Schröder/Eser* Rdn. 33; *Schmitz* MK Rdn. 65; *Otto* BT § 41 Rdn. 68; *Maurach/Schroeder/Maiwald* I § 33 Rdn. 126; aA BGH 2 StR 538/70 bei Dallinger MDR 1971 363; *Fischer* Rdn. 53.

(2) **In minder schweren Fällen ist die Strafe Freiheitsstrafe von sechs Monaten bis zu fünf Jahren.**

(3) **Die §§ 43a, 73d sind anzuwenden.**

**Schrifttum**

S. zunächst die Schrifttumsangaben zu § 244 StGB und weiterhin: *Hettinger* Zur Rationabilität heutiger Strafgesetzgebung im Hinblick auf die Rechtsfolgenbestimmung, GA **1995** 399; *Möhrenschlager* Das OrgKG – eine Übersicht nach amtlichen Materialien – Erster Teil, wistra **1992** 281; *Rieß* Neue Gesetze zur Bekämpfung der Organisierten Kriminalität, NJ **1992** 491; *Zopfs* Der schwere Bandendiebstahl nach § 244a StGB, GA **1995** 320.

**Entstehungsgeschichte**

Die Vorschrift wurde durch das am 22.9.1992 in Kraft getretene Gesetz zur Bekämpfung des illegalen Rauschgifthandels und anderer Erscheinungsformen der Organisierten Kriminalität (OrgKG) vom 15.7.1992 (BGBl. I S. 1302) neu in das StGB eingefügt. Die in § 244a Abs. 4 StGB a.F. enthaltene Regelung, dass kein schwerer Bandendiebstahl vorliegt, wenn sich die Sache auf eine geringwertige Sache bezieht, ist durch das 6. StrRG 1998 auf Vorschlag des Bundesrats (BT-Drucks. 13/8587 S. 62), den sich der Rechtsausschuss des Bundestags zu eigen machte (BT-Drucks. 13/6064 S. 17), gestrichen worden. Mit der Nichtigerklärung des § 43a StGB durch BVerfGE **105** 135 = BGBl. 2002 I S. 1340 ist die Verweisung auf diese Vorschrift in § 244a Abs. 3 StGB gegenstandslos geworden.

## I. Allgemeines

Entsprechend dem mit dem OrgKG verfolgten Ziel der Bekämpfung der organisierten Kriminalität[1] verfolgt der Gesetzgeber mit § 244a StGB das Ziel, international organisierter und agierender Eigentumskriminalität, namentlich „reisenden Wohnungseinbrecherbanden“ und Banden, die bestellungsgemäß entwendete Kraftfahrzeuge international verschieben, entgegenzuwirken. Demgegenüber sollten „Gruppen von Straftätern […], die kaum dem Bereich der Organisierten Kriminalität zugerechnet werden können (z.B. Jugendliche, auch Schüler, die bandenmäßig Ladendiebstähle begehen)“, nur von dem Vergehenstatbestand des § 244 Abs. 1 Nr. 3 StGB erfasst werden (BT-Drucks. 12/989 S. 25). Insbesondere über die Verbindung bandenmäßiger mit gewerbsmäßiger Begehung (hierzu Rdn. 7) sollten „wesentliche Bereiche der Organisierten Kriminalität“ erfasst werden (aaO). Deshalb ist der schwere Bandendiebstahl als **Verbrechen** (§ 12 Abs. 1 StGB) qualifiziert. Damit bezweckt der Gesetzgeber bewusst eine „Vorverlagerung der Strafbarkeitsschwelle“ im „Vorfeld der Tatbegehung“ (aaO), weil über § 30 (Abs. 2) StGB die Verabredung eines schweren Bandendiebstahls – auch im Ausland – als Straftat erfasst werden könne (s. dazu aber Rdn. 9). **1**

Diesem Anliegen ist **kriminalpolitisch** im Grundsatz zuzustimmen. In den Konstellationen, die der Gesetzgeber ins Auge gefasst hat, ist strafrechtliche Intervention – auch **2**

[1] Vgl. dazu *Möhrenschlager* wistra **1992** 281 und 326; *Rieß* NJ **1992** 491; ferner *Hilger* NStZ **1992** 457; BT-Drucks. 12/989 S. 25.

und gerade durch auf Resozialisierung abzielende vollzogene Freiheitsstrafe – legitim, ja geboten. Als „kaum ... geglückt" (zutr. *Kindhäuser* NK Rdn. 2) muss aber die Umsetzung gelten. Der Bandenbegriff ist gerade nicht mit dem der organisierten kriminellen Vereinigung gleichzusetzen und mit BGHSt **46** 321 (wenn auch zu Unrecht, § 244 Rdn. 56) selbst von Mindestanforderungen an die Organisation der Bande gelöst worden. Auch setzt § 244a StGB keinerlei Auslandsbezug der Tat voraus. Verbunden mit der (problematischen, § 243 Rdn. 36) Weite der Gewerbsmäßigkeit ergibt sich durchaus die Möglichkeit, „Jugendliche, auch Schüler, die bandenmäßig Ladendiebstähle begehen", zu erfassen (konsequent LG Koblenz NStZ **1998** 197 m. abl. Anm. *Glandien*; BGH NStZ **2000** 343, 344; s. neuerdings BGH NStZ **2008** 625 mit Bespr. *Möller* StraFo **2009** 92 ff; dagegen *Kindhäuser* aaO). Tatsächlich erfolgte 2007 die Verurteilung wegen schweren Bandendiebstahls in rund einem Fünftel aller Fälle nach Jugendstrafrecht (Statistisches Bundesamt, Rechtspflege – Strafverfolgung 2007, 2009 S. 34: 133 von 625 Fällen; in immerhin 44 Fällen waren die Täter noch nicht 18 Jahre alt). Gerade in solchen Fällen ist auch die beabsichtigte Vorverlagerung der Strafbarkeit in den Bereich der Verabredung oder versuchten Anstiftung problematisch. Auch die pauschale Verweisung auf § 243 Abs. 1 Satz 2 StGB – z.B. Nr. 6, wenn ein Mitglied einer Taschendiebesbande einen schwer Betrunkenen bestiehlt – und auf § 244 Abs. 1 Nr. 1 StGB – wenn z.B. ein Mitglied einer Taschendiebesbande ein Pfefferspray bei sich führt, um notfalls fliehen zu können – erscheint problematisch. Insgesamt hat der Gesetzgeber nicht das Augenmaß und die Sorgfalt an den Tag gelegt, die bei der Schaffung von Verbrechenstatbeständen angezeigt gewesen wäre. Immerhin wird die Problematik dadurch gemildert, dass in den eigentlich nicht gemeinten Fällen auf einen minder schweren Fall (§ 244a Abs. 2 StGB) übergegangen werden kann (Rdn. 11).

**3** In der **Praxis** geben insbesondere professionelle Serien von Wohnungseinbruchdiebstählen, aber auch professionelle Kraftfahrzeugdiebstähle z.B. unter Überwindung elektronischer Wegfahrsicherungen zwar Anlass, dem Verdacht eines schweren Bandendiebstahls nachzugehen. Jedoch dürfte die Aufklärungsquote – amtliche Zahlen hierzu gibt es nicht – unerfreulich gering sein. In der Verurteilungspraxis spielt § 244a StGB eine eher geringe Rolle (Statistisches Bundesamt, Rechtspflege – Strafverfolgung 2007, 2009 S. 34: 625 Verurteilungen im Jahr 2007). Allerdings wird knapp doppelt so häufig wegen schweren Bandendiebstahls als wegen einfachen verurteilt (Statistisches Bundesamt aaO: 341 Verurteilungen wegen § 244 Abs. 1 Nr. 2, 625 Verurteilungen wegen § 244a StGB im Jahr 2007); hier schlägt sich nieder, dass Bandendiebstähle i.d.R. gewerbsmäßig begangen werden. Die Strafen liegen eher im unteren Bereich des Strafrahmens; minder schwere Fälle sind nicht selten.

## II. Tatbestand

**4** Schwerer Bandendiebstahl muss zunächst den **Grundtatbestand des Bandendiebstahls** i.S.v. § 244 Abs. 1 Nr. 2 StGB erfüllen; zu den Einzelheiten § 244 Rdn. 51 ff. Seit BGHSt **46** 321 verlangt die Rechtsprechung nicht mehr, dass die Wegnahme am Tatort von einem Bandenmitglied ausgeführt wird; dem ist richtigerweise zu widersprechen (§ 244 Rdn. 67); in von BGHSt **46** 120 und 138 abgesteckten Grenzen ist es aber möglich, ein täterschaftlich beteiligtes Bandenmitglied auch ohne „Tatortpräsenz" als Täter (auch) des schweren Bandendiebstahls zu bestrafen (**aA** *Ruß* LK[11] Rdn. 3: nur Täterschaft von §§ 242, 243, 244 Abs. 1 Nr. 1, 3 StGB). Die Bandenabrede muss nicht notwendigerweise auf Diebstahl und Raub mit den in § 244a StGB genannten qualifizierenden Merkmalen gerichtet sein; jedoch ist zu beachten, dass nicht „als" Mitglied der Bande stiehlt, wer sich ganz außerhalb der Bandenabrede bewegt (z.B. wenn ein Mitglied einer Bande von Taschendieben einen bewaffneten Raubüberfall begeht).

Dass die Tat im Einzelfall oder sogar nach der Bandenabrede nur **geringwertige Sachen** betrifft, ist seit dem 6. StrRG (o. Entstehungsgeschichte) nur mehr ein möglicher Grund, einen minder schweren Fall anzunehmen (Rdn. 11). Dem Antragserfordernis des § 247 StGB unterliegt jedoch der – eher theoretische – **schwere bandenmäßige Haus- und Familiendiebstahl**, z.B. wenn ein jugendliches Bandenmitglied einen Wohnungseinbruchsdiebstahl im eigenen Elternhaus begeht. 5

Als **qualifizierende Merkmale** müssen zu dem Bandendiebstahl hinzukommen entweder 6

- das Beisichführen von Waffen, Werkzeugen oder Mitteln i.S.v. **§ 244 Abs. 1 Nr. 1** StGB; zu den Einzelheiten § 244 Rdn. 27 ff. Somit ist der *„bewaffnete Bandendiebstahl"* schwerer Bandendiebstahl, wobei freilich auch bei sich geführte Taschenmesser, Waffenattrappen oder Klebeband, um notfalls ein Opfer knebeln zu können, genügen;
- der Wohnungseinbruch i.S.v. **§ 244 Abs. 1 Nr. 1 StGB**; zu den Einzelheiten § 244 Rdn. 74 ff. Somit ist der *„Wohnungseinbruchbandendiebstahl"* schwerer Bandendiebstahl; oder
- ein besonders schwerer Fall i.S.v. **§ 243 Abs. 1 Satz 2 StGB.** § 244a Abs. 1 StGB ist nach allg. M. so zu verstehen, dass die Regelbeispiele der Nrn. 1–7 des § 243 Abs. 1 Satz 2 als Tatbestands- und Qualifikationsmerkmale in § 244a StGB einbezogen sind; mit anderen Worten muss und darf bei dieser Vorschrift nicht mehr geprüft werden, ob die Verwirklichung des Regelbeispiels ausnahmsweise keinen besonders schweren Fall darstellt.[2] Das ergibt sich zum einen aus dem strafrechtlichen Bestimmtheitsgrundsatz (Art. 103 Abs. 2 GG – mag die wörtliche Lesart des § 244a Abs. 1 StGB auch *pro reo* wirken), als auch daraus, dass § 244a Abs. 2 StGB einen minder schweren Fall vorsieht; würde bei § 243 Abs. 1 Satz 2 StGB die Regelwirkung in Frage zu stellen sein, so kann das zur Anwendung des § 244a Abs. 2 StGB führen (s. noch Rdn. 11). Ein unbenannter besonders schwerer Fall i.S.v. § 243 Abs. 1 Satz 1 StGB genügt für § 244a StGB aber nicht.

Im Einzelnen führt die Verweisung auf die nunmehr als Tatbestands- und Qualifikationsmerkmale zu verstehenden Regelbeispiele des § 243 Abs. 1 Satz 2 StGB zu folgenden **Konstellationen** des schweren Bandendiebstahls: 7

- *„Ein- und Aufbruchsbandendiebstahl"* liegt vor, wenn der Bandendiebstahl durch Einbrechen usw. i.S.v. § 243 Abs. 1 Satz 2 Nr. 1 StGB oder durch Überwinden besonderer Sicherungen gegen Wegnahme i.S.v. Nr. 2 begangen wird; zu den Einzelheiten § 243 Rdn. 12 ff.
- *„Gewerbsmäßiger Bandendiebstahl"* liegt vor, wenn der Täter gewerbsmäßig i.S.v. § 243 Abs. 1 Nr. 3 StGB handelt; zu den Einzelheiten § 243 Rdn. 35 ff. Nur ausnahmsweise werden Diebes- oder Räuberbanden und ihre Mitglieder nicht in der Absicht handeln, durch fortgesetzten Diebstahl oder Raub zumindest ein Nebeneinkommen zu erzielen; es handelt sich um den Regelfall des Bandendiebstahls, der in der Praxis regelmäßig schwerer Bandendiebstahl ist (zutr. *Zopfs* GA **1995** 320, 335).
- *„Kirchen- und Kulturgüterbandendiebstahl"* liegt vor, wenn Diebesbanden aus Kirchen oder Kulturgüter i.S.v. § 243 Abs. 1 Satz 2 Nr. 4 und 5 StGB stehlen; zu den

---

2 *Hoyer* SK⁶ Rdn. 3; *Kindhäuser* NK Rdn. 3; *Lackner/Kühl* Rdn. 2 f; *Sch/Schröder/Eser* Rdn. 4; *Schmitz* MK Rdn. 5; *Arzt/Weber/Heinrich*/Hilgendorf BT § 14 Rdn. 68.

Einzelheiten § 243 Rdn. 38 ff. Es handelt sich um eine keineswegs seltene Form des schweren Bandendiebstahls.

- Wenn beim Bandendiebstahl die Hilflosigkeit einer anderen Person, ein Unglücksfall oder gemeine Not i.S.v. § 243 Abs. 1 Satz 2 Nr. 6 StGB ausgenutzt wird, führt das zum schweren Bandendiebstahl, jedenfalls wenn das nicht ganz außerhalb der Bandenabrede liegt (Rdn. 4); das weckt Zweifel an der kriminalpolitischen Legitimität dieser Alternative des schweren Bandendiebstahls.
- „*Bandenwaffendiebstahl*" liegt vor, wenn ein Mitglied einer Diebes- oder Räuberbande eine Waffe i.S.v. § 243 Abs. 1 Satz 2 Nr. 7 StGB stiehlt; zu den Einzelheiten § 243 Rdn. 50 ff. Die Bandenabrede muss nicht notwendigerweise darauf gerichtet sein, hauptsächlich Waffen zu stehlen; es genügt vielmehr eine Einzeltat (z.B. um damit im Rahmen der Bandenabrede später einen Diebstahl oder Raub mit Waffen zu begehen). Soweit die Rechtsprechung beim Diebstahl von Waffen zugleich einen Diebstahl mit Waffen annimmt (s. hierzu § 243 Rdn. 50, § 244 Rdn. 28), ist schwerer Bandendiebstahl zugleich unter dem Gesichtspunkt des § 244 Abs. 1 Nr. 1a) StGB gegeben.

8 **Täter** des schweren Bandendiebstahls kann nur ein Bandenmitglied sein. Nach h.A. ist Bandenmitgliedschaft bei § 244 Abs. 1 Nr. 3 StGB besonderes persönliches Merkmal i.S.v. § 28 Abs. 2 StGB (s. § 244 Rdn. 71); das gilt auch für § 244a StGB (*Rieß* NJ **1992** 491 Fn. 15). Ein an einem schweren Bandendiebstahl beteiligtes Nichtmitglied kann sich deshalb nur wegen Beteiligung an Taten nach §§ 242, 243, 244 Abs. 1 Nr. 1, 3 StGB strafbar machen. Besteht das qualifizierende Merkmal in der Gewerbsmäßigkeit, so ist gleichfalls § 28 Abs. 2 StGB anzuwenden (*Fischer* Rdn. 2; vgl. BGH NStZ **2007** 101 und 393). Zwar ist Mitwirkung eines Bandenmitglieds erforderlich; dieses muss aber nicht in eigener Person die qualifizierenden Merkmale erfüllen, und es ist unerheblich, ob es weiß, dass der Täter solche qualifizierenden Merkmale erfüllt (zutr. *Fischer* aaO). Beteiligte, die sich zum Tatzeitpunkt ***im Ausland*** befinden und von dort aus ihren Tatbeitrag erbringen, können, wenn der schwere Bandendiebstahl im Inland begangen wird, wegen § 9 Abs. 1, Abs. 2 StGB für Teilnahme nach deutschem Recht bestraft werden. S. weiterhin zu den Beteiligungsfragen § 244 Rdn. 71.

9 **Vollendet** ist der schwere Bandendiebstahl mit der Wegnahme, und zwar bereits dann, wenn es sich um den ersten von einem Bandenmitglied bandenmäßig begangenen qualifizierten Diebstahl handelt (§ 244 Rdn. 64 f; kriminalpolitische Zweifel hieran bei *Kindhäuser* NK Rdn. 2; aber an bereits begangene Diebstahls- und Raubdelikte anzuknüpfen, würde auf eine Rückfallschärfung hinauslaufen und erhebliche Nachweisprobleme entstehen lassen). – Da schwerer Bandendiebstahl auch im minder schweren Fall Verbrechen (§ 12 Abs. 1 und 3 StGB) ist, kann der **Versuch** auch ohne ausdrückliche Anordnung bestraft werden. Versuchsbeginn ist nicht die Bandenabrede, sondern das unmittelbare Ansetzen zum Wegnehmen im Einzelfall. – Auch der **Versuch der Beteiligung** ist gem. § 30 StGB strafbar. Damit wollte der Gesetzgeber insbesondere „Planungen von Banden" erfassen, und zwar auch dann, wenn sie im Ausland erfolgen und Deutsche geschädigt werden sollen (BT-Drucks. 12/989 S. 43 unter Hinweis auf § 7 Abs. 1 StGB). Insoweit ist freilich erstens daran zu erinnern, dass § 7 Abs. 1 StGB Tatortstrafbarkeit voraussetzt, weshalb geprüft werden muss, ob am Ort der Verabredung diese als solche mit Strafe bedroht ist. Zweitens verlangt BGHSt **18** 283, 284 für „gegen" Deutsche „gerichtete" Taten mit Recht, dass ein „bestimmter oder jedenfalls ein bestimmbarer einzelner deutscher Staatsbürger (...) durch die Straftat in seinen Rechten oder seinen rechtlich geschützten Gütern ‚verletzt' sein" muss; ob das anvisierte Opfer bereits bei bloßer Verabredung (im Unterschied zum Versuch, bei dem es immerhin zum unmittelbaren

Ansetzen und damit i.d.R. zu einer jedenfalls vorgestellten Gefährdung kommt) im Rechtssinne verletzt ist, erscheint nicht unzweifelhaft. Und drittens verlangt die Rechtsprechung bei § 30 StGB mit Recht, dass die geplanten Taten konkretisiert sein müssen; bei Eigentumsdelikten muss zwar die Person des Verletzten noch nicht feststehen, aber doch näherungsweise Tatzeit, -ort und -modus.[3] Allgemein ist daran zu erinnern, dass konkrete schwere Bandendiebstähle verabredet werden müssen; die Bandengründung oder -abrede genügt als solche nicht (§ 244 Rdn. 60). Erlangen Strafverfolgungsbehörden z.B. durch Telekommunikationsüberwachung Kenntnis von geplanten Taten, werden sie i.d.R. mit dem Zugriff zuwarten, bis es mindestens zum Versuch, besser noch zur Vollendung kommt. Deshalb dürfte § 30 StGB praktisch kaum eine Rolle spielen.

## III. Rechtsfolgen, Prozessuales

Schwerer Bandendiebstahl ist mit **Freiheitsstrafe von einem Jahr bis zu zehn Jahren** 10
bedroht. In den oberen Bereich dieses Strafrahmens darf nur bei wertvoller Tatbeute, professionell-organisierter Begehung und bei Bandenmitgliedern gegangen werden, die in der Bandenhierarchie an oberer oder zentraler Stelle stehen; der Durchschnittsfall ist im unteren Bereich des Strafrahmens angesiedelt. Die für die Strafaussetzung zur Bewährung erforderliche günstige Sozialprognose ist bei Gewerbsmäßigkeit kritisch zu hinterfragen. Bei Aufklärungs- oder Präventionshilfe lässt § 46b StGB (i.d.F. des Art. 1 Nr. 2 des 43. StrÄndG, BGBl. 2009 I S. 2288) eine Strafrahmenmilderung nach § 49 Abs. 1 StGB zu, da schwerer Bandendiebstahl in § 100a Abs. 2 Nr. 1j) StPO genannt ist; die Aufklärungs- oder Präventionshilfe muss aber vor Eröffnung des Hauptverfahrens geleistet sein (§ 46b Abs. 3 StGB).

**Minder schwere Fälle**, die Verbrechen bleiben (§ 12 Abs. 3 StGB), sind nur mit Frei- 11
heitsstrafe von sechs Monaten bis fünf Jahren bedroht (hierzu bereits § 244 Rdn. 78). Nach allgemeinen Regeln liegt ein minder schwerer Fall bei außergewöhnlichen Umständen vor, die bei einer Gesamtwürdigung von Tat und Täter vom Durchschnittsfall des schweren Bandendiebstahls so abweichen, dass die Strafrahmenmilderung geboten erscheint.[4] Was als „Durchschnittsfall" zu gelten hat, ist aber auch im Hinblick auf den Willen des Gesetzgebers und den Zweck des Gesetzes zu bestimmen. Hiernach kommt bei *Banden, die nicht eigentlich der organisierten Kriminalität zuzurechnen sind*, vor allem Ladendiebstahlsbanden Jugendlicher (Rdn. 1 f), regelmäßig ein minder schwerer Fall in Betracht. Gleiches gilt bei *Geringwertigkeit* der Tatbeute, jedenfalls wenn die Bandenabrede hierauf beschränkt ist. Auch in *Grenzfällen* des § 244 Abs. 1 Nr. 1a) (Taschenmesser als gefährliches Werkzeug) und erst recht des § 243 (z.B. Abs. 1 Nr. 6) StGB ist ein minder schwerer Fall in Betracht zu ziehen, desgleichen, wenn nach den Maßstäben des § 243 Abs. 1 Satz 2 StGB eine *Regelwirkung* des Regelbeispiels zu verneinen wäre. In diesen Fällen kann der Strafrahmen des § 244a Abs. 2 StGB nochmals gem. § 49 Abs. 1 StGB gemildert werden, wenn Aufklärungs- oder Präventionshilfe i.S.v. § 46b StGB geleistet wird. Ob *„verspätete" Aufklärungs- und Präventionshilfe* nach

---

[3] BGH MDR **1960** 594, 595; BayObLG NJW **1954** 1257, 1258; OLG Köln NJW **1951** 612 f; *Sch/Schröder/Cramer/Heine* § 30 Rdn. 6; *Schünemann* LK § 30 Rdn. 67 f; *Zaczyk* NK § 30 Rdn. 50.

[4] BGHR StGB vor § 1/minder schwerer Fall Gesamtwürdigung 6; BGHR StGB vor § 1/minder schwerer Fall Gesamtwürdigung, fehlerfreie 1; *Fischer* § 46 Rdn. 84a; *Franke* MK § 46 Rdn. 22; *Rössner/Kempfer* HK-GS § 46 Rdn. 5.

Eröffnung des Hauptverfahrens für sich genommen einen minder schweren Fall begründen kann, erscheint aber zweifelhaft.

12 § 244a Abs. 3 StGB lässt theoretisch zu, **erweiterten Verfall** (§ 73d StGB) anzuordnen, s. hierzu § 244 Rdn. 78. Zur **Nichtigerklärung** des § 43a StGB s. Entstehungsgeschichte.

13 Zu den auch beim schweren Bandendiebstahl **erweiterten Ermittlungsmöglichkeiten** s. § 244 Rdn. 79. Strafverfahren, die das Verbrechen des schweren Bandendiebstahls zum Gegenstand haben, begründen **notwendige Verteidigung** nach § 140 Abs. 1 Nr. 2 StPO; der Verteidiger kann bereits **im Ermittlungsverfahren** bestellt werden (§ 141 Abs. 3 Satz 1 StPO) und muss es, wenn zur Beweissicherung ein zentraler Belastungszeuge ermittlungsrichterlich vernommen wird (vgl. BGHSt **46** 93). Wird ein wegen schweren Bandendiebstahls dringend Verdächtiger wegen Flucht- oder Verdunkelungs-, ggf. auch Wiederholungsgefahr (§ 112a Abs. 1 Nr. 2 StPO) in **Untersuchungshaft** genommen, so wird die Bestellung eines Verteidigers nach drei Monaten notwendig (§ 140 Abs. 1 Nr. 5 StPO). Wegen des Verbrechenscharakters ist auch in minder schweren Fällen eine Verfahrenseinstellung nach § 153a StPO nicht möglich. Auch jenseits des § 46b StPO kann in der Hauptverhandlung nach dem neuen Recht der **Verständigung im Strafverfahren** (Gesetz zur Regelung der Verständigung im Strafverfahren vom 29.7.2009, BGBl. I S. 2353) vorgegangen werden, insbesondere wenn der Angeklagte ein Geständnis ablegt.

## IV. Konkurrenzen

14 § 244a StGB ist gegenüber den §§ 242 bis 244 die speziellere Vorschrift, jedoch gehen §§ 249, 250, 252, 255 vor (§ 244 Rdn. 81). Bei nur versuchten Raubdelikten ist Tateinheit mit vollendetem schwerem Bandendiebstahl möglich, ebenso bei versuchtem § 244a (z.B. wenn der Täter irrig davon ausgeht, der Mitwirkende sei Bandenmitglied, *Kindhäuser* NK Rdn. 7) und vollendetem § 242 oder § 244 StGB. S. im Übrigen § 244 Rdn. 80 f.

# § 245
# Führungsaufsicht

**In den Fällen der §§ 242 bis 244a kann das Gericht Führungsaufsicht anordnen (§ 68 Abs. 1).**

### Entstehungsgeschichte

Ursprünglich sah das StGB in § 248 a.F. die Möglichkeit vor, auf Zulässigkeit der „Polizeiaufsicht" zu erkennen, wenn wegen Diebstahls auf Zuchthausstrafe erkannt wurde, also bei schwerem Diebstahl nach § 243 Abs. 1 StGB a.F. Mit dem 1. StrRG 1969 wurde das dahin geändert, dass neben einer wegen Diebstahls nach den §§ 243, 244 StGB erkannten Freiheitsstrafe von mindestens einem Jahr auf Zulässigkeit von „Polizeiaufsicht" erkannt werden konnte. Der heutige § 245 StGB geht im Wesentlichen auf Art. 19 Nr. 119 EGStGB 1974 zurück; er ist durch das 23. StrÄndG vom 13.4.1986 (BGBl. I S. 393) nur gesetzestechnisch geändert worden; mit dem OrgKG vom 15.7.1992

(BGBl. I S. 1302) ist der neu in das StGB eingefügte § 244a StGB (s. dort) hinzugenommen worden. Zur Reform des Rechts der Führungsaufsicht als solcher zuletzt durch das Gesetz zur Reform der Führungsaufsicht (...) vom 13.4.2007 (BGBl. I S. 513) *Schneider* LK Vor § 68 Rdn. 27a ff.

§ 245 StGB führt in der Literatur ein Schattendasein[1] und ist **ohne nennenswerte praktische Bedeutung**. Die Gründe hierfür sind folgende: Führungsaufsicht setzt Freiheitsstrafe von mindestens sechs Monaten und eine ungünstige Prognose des Inhalts voraus, dass die Gefahr besteht, dass der Täter weitere Straftaten begehen wird (§ 68 Abs. 1 StGB). Diese Voraussetzungen sind beim Diebstahl zwar nicht selten erfüllt, wenn er in der Form des Ein- oder Aufbruchdiebstahls (§ 243 Abs. 1 Satz 2 Nr. 1 StGB) wiederholt gewohnheitsmäßig und dann häufig auch gewerbsmäßig (§ 243 Abs. 1 Satz 2 Nr. 3 StGB) begangen wird; vor allem kommt (gewerbsmäßiger schwerer) Bandendiebstahl in Betracht (§§ 244 Abs. 1 Nr. 2, 244a StGB). Es kann dann auch durchaus sinnvoll sein, den Täter einer Aufsichtsstelle, Bewährungshilfe oder forensischen Ambulanz zu unterstellen (§ 68a StGB) und ihm geeignete Weisungen zu erteilen (§ 68b StGB). Dass gleichwohl praktisch nie von § 245 StGB Gebrauch gemacht wird,[2] hat seinen Grund zum einen in § 68f Abs. 1 erste Alternative StGB. Ist wegen vorsätzlicher Straftaten, also auch Diebstahl (und Raub), eine (Gesamt-)Freiheitsstrafe von mindestens zwei Jahren verhängt und vollständig vollstreckt worden („Vollverbüßung"), so tritt *von Gesetzes wegen* Führungsaufsicht ein, wenn nicht das Gericht etwas anderes bestimmt. In diesen Fällen erübrigt sich die in § 245 (und ebenso für den Raub in § 256 Abs. 1) StGB allein gemeinte *richterliche Anordnung* der Führungsaufsicht (BGHR StGB § 256 Führungsaufsicht 1). Kommt es hingegen nicht zu einer „Vollverbüßung" von Freiheitsstrafen, sondern zu einer Strafrestaussetzung zur Bewährung nach § 57 StGB, so setzt das gerade eine günstige Sozialprognose voraus, weshalb ggf. angeordnete Führungsaufsicht ruhen kann (§ 68g Abs. 2 StGB). Im verbleibenden Bereich von Freiheitsstrafen zwischen sechs Monaten und zwei Jahren neigt die Praxis, wenn es um Diebstahl (und sogar um Raub, § 256 Abs. 1 StGB) geht, trotz ungünstiger Sozialprognose nicht dazu, das in §§ 245, 68 Abs. 1 StGB eingeräumte Ermessen in der Weise auszuüben, dass Führungsaufsicht angeordnet wird. Normativ lässt sich dafür der Verhältnismäßigkeitsgrundsatz anführen, wenn die Wahrscheinlichkeit weiterer Taten nicht groß ist und die Taten voraussichtlich unterhalb mittlerer Kriminalität verbleiben werden (eingehend *Schneider* LK § 68 Rdn. 10 f, 17, 19 ff; s. noch Rdn. 3). Faktisch ist es die Überlastung der Bewährungshilfe insbesondere mit „Vollverbüßern", unter ihnen viele Sexualstraftäter mit ungünstiger Sozialprognose, die Tatgerichte mit gewissem Recht zögern lässt, dieser Last mit Dieben (und sogar Räubern), die nicht wirklich schwerwiegende Taten begangen und nicht mehr als zwei Jahre Freiheitsstrafe verwirkt haben, noch zu ver- 1

---

[1] Auch Großkommentare pflegen auf ihn nur wenige Zeilen zu verwenden, s. *Kindhäuser* NK Rdn. 1 f; *Sch/Schröder/Eser* Rdn. 1 f; *Schmitz* MK Rdn. 1 f; *Hoyer* SK[6] Rdn. 1.

[2] Diese Aussage kann sich allerdings nicht auf amtliche Statistiken berufen, aus denen sich zu § 245 StGB nichts entnehmen lässt. Auch eine Gesamtstatistik zur Führungsaufsicht gibt es nicht (krit. *Fischer* Vor § 68 Rdn. 1; *Neubacher* BewHi **2004** 73, 84; *Vollbacher* MSchrKrim **2006** 40, 46). Bundesweit soll es rund 15.000 der Führungsaufsicht Unterworfene geben, die meisten von ihnen „Vollverbüßer" (s. sogleich im Text), viele davon Sexualstraftäter. Nach Länderberichten sollen die absoluten Zahlen in den letzten Jahren stark angestiegen sein, was überwiegend auf lange, nicht zur Bewährung ausgesetzte und voll vollstreckte Freiheitsstrafen wegen Sexualdelikten zurückgehen soll. Zu Diebstahl und Raub lässt sich dem nichts Verlässliches entnehmen.

größern. Einem Bewährungshelfer, der bis zu 80 unter Führungsaufsicht Gestellte, darunter z.B. gefährliche Sexualstraftäter, betreut, wäre es schlechterdings nicht zu vermitteln, wenn gegen ein Mitglied einer Taschendiebesbande, das ein Taschenmesser gestohlen hat, was nach der Rechtsprechung Verbrechen des schweren Bandendiebstahls sein kann, Führungsaufsicht angeordnet würde. *De lege ferenda* sollte § 245 StGB auf fortgesetzten gewerbsmäßigen Bandendiebstahl nicht geringwertiger Sachen beschränkt, könnte dann aber zur Sollvorschrift werden.

2 **Voraussetzung** der Anordnung von Führungsaufsicht ist die Verurteilung des Täters wegen Diebstahls nach §§ 242, 243, 244 oder 244a StGB zu einer Freiheitsstrafe von mindestens sechs Monaten (§ 68 Abs. 1 StGB). Eine Verurteilung nach §§ 246, 248b oder 248c StGB genügt nicht. Eine *Gesamt*strafe von sechs Monaten oder mehr genügt nicht, wenn keine *Einzel*strafe von sechs Monaten oder mehr verhängt worden ist; das erzwingt der Wortlaut des § 68 Abs. 1 StGB („eine" Straftat).[3] Ist die Tat nach §§ 247, 248a StGB Antragsdelikt, wird kein Strafantrag gestellt und bei § 248a StGB auch kein öffentliches Interesse an der Strafverfolgung bejaht, so kann der Diebstahl nicht verfolgt und für ihn keine Strafe verhängt werden; in diesen Fällen darf Führungsaufsicht nicht – auch nicht gleichsam isoliert[4] – angeordnet werden (*Schneider* LK § 68 Rdn. 8), beispielsweise wenn die Verfolgung eines bandenmäßigen und bewaffneten Haus- und Familiendiebstahls, der an sich mit Freiheitsstrafe über sechs Monaten zu bestrafen wäre, an dem fehlenden Strafantrag scheitert. Wird Strafantrag gestellt oder das öffentliche Interesse bejaht, so kommt es darauf an, was das Tatgericht ausurteilt. Bei Strafaussetzung zur Bewährung (§ 56 StGB) wird es regelmäßig (nach Auffassung des Gesetzes aber nicht notwendigerweise, vgl. § 68g Abs. 1, Abs. 2 StGB[5]) an einer ungünstigen Sozialprognose fehlen. Die Sozialprognose ist ungünstig, wenn zum Urteilszeitpunkt unter Einbeziehung der Wirkungen des Strafvollzugs (aA *Schneider* LK § 68 Rdn. 14f, 22: Rechtsfolgenfrage des Ermessens und der Verhältnismäßigkeit) die Wahrscheinlichkeit besteht, dass der Dieb nach Entlassung aus dem Vollzug weitere Straftaten begehen wird; eine bloße Möglichkeit genügt nicht. Im Ergebnis besteht Einigkeit, dass die weiteren Straftaten von einiger Erheblichkeit sein müssen; der Streit, ob das bei § 68 Abs. 1 StGB Tatbestands- oder Rechtsfolgenfrage (Ermessen, Verhältnismäßigkeit) ist, ist nicht von praktischer Bedeutung. Die weiteren Taten müssen zwar nicht selbst Diebstähle sein, jedoch muss gerade der Diebstahl Anlass geben zu erwarten, dass weitere Straftaten begangen werden (*Ruß* LK[11] Rdn. 1). Daran würde es z.B. fehlen, wenn in einem Strafverfahren wegen Diebstahls zur Person des Diebes festgestellt würde, dass er alkoholkrank und Kraftfahrzeugführer wäre, der wahrscheinlich Trunkenheitsfahrten (§ 316 StGB) begehen würde.

---

[3] *Fischer* § 68 Rdn. 4; *Groß* MK § 68 Rdn. 4; *Jehle* SSW § 68 Rdn. 5; *Lackner/Kühl* § 68 Rdn. 3; aA *Sch/Schröder/Stree* § 68 Rdn. 5.

[4] Missverständlich *Duttge* HK-GS Rdn. 1; *Fischer*; *Hoyer* SK[6] Rdn. 1; *Kindhäuser* NK Rdn. 1; *Kudlich* SSW § 68 Rdn. 1; *Sch/Schröder/Stree* Rdn. 1; *Schmitz* MK Rdn. 1.

[5] Die in dieser Vorschrift vorausgesetzte Möglichkeit, eine Strafe zur Bewährung auszusetzen und zugleich Führungsaufsicht anzuordnen, erscheint auf den ersten Blick paradox, da Bewährung eine günstige Sozialprognose voraussetzt (vgl. § 56 StGB), Führungsaufsicht eine ungünstige. Die gesetzliche Regelung rechtfertigt sich aber nach h.A. aus der Erwägung, dass Fälle denkbar sind, in denen sich die für die Strafaussetzung zur Bewährung erforderliche günstige Sozialprognose erst treffen lässt, wenn die gegenüber bloßer Bewährungsaufsicht strengeren Mittel der Führungsaufsicht eingesetzt werden, s. *Horn* SK § 68 Rdn. 10; *Schneider* LK § 68g Rdn. 11.

Auch wenn die Voraussetzungen der Führungsaufsicht vorliegen, besteht **Ermessen**, sie anzuordnen. Führungsaufsicht ist nur für „wirklich gefährliche" (*Schneider* LK § 68 Rdn. 10) Täter gedacht. Bei Dieben muss i.d.R. die Gefahr fortgesetzter erheblicher Diebstähle in besonders schweren oder qualifizierten Fällen bestehen. Vor allem bei jugendlichen Dieben stehen die „weit gefächerten Möglichkeiten des Jugendrechts und des Jugendstrafrechts" (*Schneider* aaO Rdn. 21) als mildere oder besser geeignete Mittel zur Verfügung. 3

## § 246
## Unterschlagung

**(1) Wer eine fremde bewegliche Sache sich oder einem Dritten rechtswidrig zueignet, wird mit Freiheitsstrafe bis zu drei Jahren oder mit Geldstrafe bestraft, wenn die Tat nicht in anderen Vorschriften mit schwerer Strafe bedroht ist.**

**(2) Ist in den Fällen des Absatzes 1 die Sache dem Täter anvertraut, so ist die Strafe Freiheitsstrafe bis zu fünf Jahren oder Geldstrafe.**

**(3) Der Versuch ist strafbar.**

### Schrifttum

S. das vor und zu § 242 angegebene Schrifttum und weiterhin: *Ambos* Gewahrsamslose „Zueignung" als Unterschlagung? GA **2007** 127; *Basak* Die Neufassung des Unterschlagungstatbestandes, in: Irrwege der Strafgesetzgebung (Hrsg. Institut für Kriminalwissenschaften und Rechtsphilosophie Frankfurt a.M.) (1999) 173; *ders.* Die Tathandlung der Unterschlagung. Die Diskussion um den Zueignungsbegriff seit der Neufassung des § 246 StGB, GA **2003** 109; *Bauer* Die Unterschlagung (1970); *Baumann* Der strafrechtliche Schutz bei den Sicherungsrechten des modernen Wirtschaftsverkehrs, Münsterische Beiträge zur Rechts- und Staatswissenschaft, Heft 4 (1956); *ders.* Pönalisierung von Kaufverträgen durch Eigentumsvorbehalt, ZStW **68** (1956) 522; *ders.* Amtsunterschlagung und Betrug, NJW **1961** 1141; *Baumgartner* Der Schutz zivilrechtlicher Forderungen durch Veruntreuung, Untreue und Unterschlagung (1996); *Behrendt* Der Begriff der Zueignung in den Tatbeständen des Diebstahls und der Unterschlagung (1996); *Bernsmann* Zur strafrechtlichen Beurteilung der eigenmächtigen „In-Pfand-Nahme", NJW **1982** 2214; *Birk* Die Unterschlagung nach dem 6. Strafrechtsreformgesetz (2003); *Bockelmann* Ist eine berichtigende Auslegung des § 246 statthaft? MDR **1953** 3; *Borchert/Hellmann* „Tanken ohne zu zahlen" – eine Problemklärung in Sicht? NJW **1983** 2799; *Börner* Die Zueignungsdogmatik der §§ 242, 246 StGB (2004); *Charalambakis* Der Unterschlagungstatbestand de lege lata und de lege ferenda (1985); *Cramer* Unterschlagung von Daten und Datenträgern, CR **1997** 693; *Dedy* Preiswert Wohnen und Trinken, Jura **2002** 137; *Degener* Der Zueignungsbegriff des Unterschlagungstatbestandes (§ 246 StGB), JZ **2001** 388; *Dencker/Struensee/Nelles/Stein* Einführung in das 6. Strafrechtsreformgesetz 1998 (1998); *Dencker* Zueignungsabsicht und Vorsatz der Zueignung, Festschrift Rudolphi (2004) 425; *Deubner* Zum Verhältnis von Abzahlungsbetrug und Unterschlagung, NJW **1962** 94; *Deutscher* Kein Eigentumsdelikt beim Selbstbedienungstanken ohne zu zahlen? JA **1983** 125; *Duttge/Fahnenschmidt* § 246 StGB nach der Reform des Strafrechts: Unterschlagungstatbestand oder unterschlagener Tatbestand, ZStW **110** (1998) 884; *dies.* Zueignung durch Gewahrsamsbegründung: ein Fall der Unterschlagung? – oder: die kleine berichtigende Auslegung, Jura **1999** 281; *Duttge/Sotelsek* „Freifahrtschein" für Unterschlagungstäter? NJW **2002** 3756; *Eckstein* „Wiederholte Zueignung", JA **2001** 25; *Feldhaus* Die Rechtsprechung des BGH zur „berichtigenden" Auslegung des § 246, NJW **1953** 1738; *Freund/Putz* Materiellrechtliche Strafbarkeit und formelle Subsidiarität der Unterschlagung (§ 246 StGB) wörtlich genommen, NStZ **2003** 242; *Friedl* Die Veruntreuung gem. § 246 Abs. 2 StGB nach dem 6. StrRG, wistra **1999** 206; *Gehrmann* Systematik und Grenzen der Zueignungsdelikte (2002); *Geppert/Bartl* Das Problem der „kleinen" bzw. „großen" berichtigenden Auslegung in § 246 StGB,

Jura **1984** 615; *Gribbohm* Zur Problematik des Zueignungsbegriffs, MDR **1965** 874; *Günther* Wahlfeststellung zwischen Betrug und Unterschlagung? JZ **1976** 665; *Haberkorn* Zum Zueignungsbegriff des § 246 StGB, MDR **1962** 704; *Haft/Eisele* Auswirkungen des § 241a BGB auf das Strafrecht, Gedächtnisschrift Meurer (2002) 245; *Haß* Gibt es eine Zueignung nach der Zueignung? SchlHA **1972** 176; *Hauck* Zueignung durch den Sicherungsgeber im Umgang mit dem Sicherungsgut? wistra **2008** 241; *Herzberg* Verkauf und Übereignung beim Selbstbedienungstanken, NStZ **1983** 251; *ders.* Zivilrechtliche Verschiebungen zur Schließung von Strafbarkeitslücken? NJW **1984** 896; *Hirsch* Eigenmächtige Zueignung geschuldeter Sachen, Rechtswidrigkeit und Irrtum bei den Zueignungsstrafbestimmungen, JZ **1963** 149; *Jäger* Unterschlagung nach dem 6. StrRG, JuS **2000** 1167; *Jahn* Gesetzgebung im Putativnotwehrexzess – Zur verfassungskonformen Auslegung des § 246 StGB n.F., in: Irrwege der Strafgesetzgebung (Hrsg. Institut für Kriminalwissenschaften und Rechtsphilosophie Frankfurt a.M.) (1999) 195; *Kargl* Gesinnung und Erfolg im Unterschlagungstatbestand, ZStW **103** (1991) 136; *Kauffmann* Zur Identität des strafrechtlichen Zueignungsbegriffs, Diss. Hamburg 2005 mit Rezension *Gössel* GA **2007** 177; *Kindhäuser* Zum Tatbestand der Unterschlagung (§ 246 StGB), Festschrift Gössel (2002) 451; *Kleb-Braun* Codekartenmißbrauch und Sparbuchfälle aus „Volljuristischer" Sicht, JA **1986** 249; *Kudlich* Zueignungsbegriff und Restriktion des Unterschlagungstatbestandes, JuS **2001** 767; *Küper* Das Gewahrsamserfordernis bei mittäterschaftlicher Unterschlagung, ZStW **106** (1994) 354; *Louven* Fällt der mittelbare Besitz unter die Begriffe „Besitz oder Gewahrsam" in § 246 StGB? MDR **1960** 268; *Maiwald* Der Zueignungsbegriff im System der Eigentumsdelikte (1970); *ders.* Der Begriff der Zueignung im Diebstahls- und Unterschlagungstatbestand, JA **1971** 147; *Matzky* § 241a BGB – ein neuer Rechtfertigungsgrund im Strafrecht? NStZ **2002** 458; *ders.* Unterschlagung durch Manifestation des Zueignungswillens? Zur Neufassung des § 246 StGB, Festschrift Schreiber (2003) 315; *H. Mayer* Eigentum an Geld und strafrechtliche Konsequenzen, GS **104** (1934) 100; *D. Meyer* Die Nichtbenachrichtigung des Sicherungs-(Vorbehalts-)Eigentümers von einer bei dem Besitzer durchgeführten Pfändung der Sache – Betrug oder Unterschlagung? MDR **1974** 809; *Mikolajczyk* Der Zueignungsbegriff des Unterschlagungstatbestandes (2005); *Mitsch* Die Vermögensdelikte im Strafgesetzbuch nach dem 6. Strafrechtsreformgesetz, ZStW **111** (1999) 65; *Murmann* Ungelöste Probleme des § 246 StGB nach dem 6. Gesetz zur Reform des Strafrechts (6. StrRG), NStZ **1999** 14; *Mylonopoulos* Die Endgültigkeit der Enteignung als Merkmal des Unterschlagungstatbestandes, Festschrift Roxin (2001) 917; *Otto* Unterschlagung: Manifestation des Zueignungswillens oder der Zueignung? Jura **1996** 383; *Post* Der Anwendungsbereich des Unterschlagungstatbestandes § 246 StGB (1956); *Puppe* Exklusivität von Tatbeständen, JR **1984** 229; *Rengier* Drittzueignung und allgemeiner Zueignungstatbestand – Zur Reform der §§ 242, 246, 249 StGB, Festschrift Lenckner (1998) 801; *Rönnau* Die Drittzueignung als Merkmal der Zueignungsdelikte, GA **2000** 410; *Roth* Eigentumsschutz nach der Realisierung von Zueignungsunrecht (1986); *Roxin* Geld als Objekt von Eigentums- und Vermögensdelikten, Festschrift H. Mayer (1966) 467; *Rutkowski* Der Streit um die „berichtigende" Auslegung des § 246 StGB, NJW **1954** 180; *Samson* Grundprobleme des Unterschlagungstatbestandes (§ 246 StGB), JA **1990** 5; *Sander/Hohmann* Sechstes Gesetz zur Reform des Strafrechts (6. StrRG): Harmonisiertes Strafrecht? NStZ **1998** 273; *Schenkewitz* Die Tatsituation der drittzueignenden Unterschlagung, NStZ **2003** 17; *Schmid* Zur Frage der Unterschlagung durch Unterlassen, MDR **1981** 806; *Schönborn* Die berichtigende Auslegung des § 246. Ihre Zulässigkeit und Erforderlichkeit (1968); *Schroeder* Tanken ohne Bezahlen, JuS **1984** 846; *Schröder* Konkurrenzprobleme bei Untreue und Unterschlagung, NJW **1963** 1958; *Schünemann* Die Stellung der Unterschlagungstatbestände im System der Vermögensdelikte, JuS **1968** 114; *Schmid* Zur Frage der Unterschlagung durch Unterlassen, MDR **1981** 806; *Schürmann* Nochmals: Zur Frage der Unterschlagung durch Unterlassen, MDR **1982** 374; *Schwarz* § 241a BGB als Störfall für die Zivilrechtsdogmatik – Zu den systemwidrigen Folgen der Umsetzung der EG-Fernabsatz-Richtlinie, NJW **2001** 1449; *Seelmann* Grundfälle zu den Eigentumsdelikten, JuS **1985** 699; *Sinn* Der Zueignungsbegriff bei der Unterschlagung, NStZ **2002** 64; *Tenckhoff Der* Zueignungsbegriff bei Diebstahl und Unterschlagung, JuS **1980** 723; *ders.* Die Unterschlagung, JuS **1984** 775; *Tiedemann* Die mutmaßliche Einwilligung, insbesondere bei Unterschlagung amtlicher Gelder, JuS **1970** 108; *Timmermann* Weiterverkauf „zu getreuen Händen" angedienter Dokumente vor Kaufpreiszahlung – Untreue oder Unterschlagung? MDR **1977** 533; *Wagner* Zur Subsidiaritätsklausel in § 246 StGB neuer Fassung, Festschrift Grünewald (1999) 797; *Wallau* Sachbeschädigung als Zueignung, JA **2000** 248.

**Entstehungsgeschichte**

§ 246 Abs. 1 (R)StGB 1871 bestimmte, dass mit Gefängnis bis zu drei Jahren, bei anvertrauten Sachen bis zu fünf Jahren bestraft wird, wer eine fremde bewegliche Sache, die er in Besitz oder Gewahrsam hat, sich rechtswidrig zueignet; Abs. 2 ließ bloße Geldstrafe bei mildernden Umständen zu. Qualifizierend hoben §§ 350, 351 (R)StGB 1871 die (einfache und schwere) Amtsunterschlagung hervor. Mit dem 1. StrRG 1969 wurde die Möglichkeit der Geldstrafe unabhängig von mildernden Umständen eingeführt. Mit dem EGStGB 1974 sind §§ 350, 351 StGB a.F. aufgehoben worden; die Amtsträgereigenschaft des Täters bzw. das amtliche Anvertrautsein der unterschlagenen Sache kann seitdem nur mehr im Rahmen der Strafzumessung strafschärfend berücksichtigt werden (*Ruß* LK[11] Rdn. 1). Zum Recht des Einigungsvertrags s. *Ruß* LK[11] Rdn. 30. Nach §§ 158 (für sozialistisches Eigentum), 177 (für anderes Eigentum) StGB-DDR 1968 genügte die Drittzueignung, jedoch war insoweit § 246 StGB a.F. als lex mitior anzuwenden (Art. 315 Abs. 1 EGStGB i.V.m. § 2 Abs. 3 StGB, BGHSt 40 8, 18). Die heutige Fassung des § 246 StGB beruht auf dem 6. StrRG 1998 (Inkrafttreten am 1.4.1998); der Gesetzgeber hat das (Besitz- oder) Gewahrsamserfordernis beseitigt (hierzu Rdn. 16 ff), die Drittzueignung in die Strafbarkeit einbezogen (hierzu Rdn. 46 ff) und die Subsidiarität der Unterschlagung angeordnet (hierzu Rdn. 71 ff).

*Übersicht*



## I. Allgemeines

Eigentum kann wirtschaftlich durch Überlassung an Nichteigentümer genutzt werden 1
(Verkauf unter Eigentumsvorbehalt, Miete usw.), und in allen Formen arbeitsteiligen Wirtschaftens ist es notwendig, Nichteigentümern (Verwaltern, Arbeitnehmern usw.) Sachherrschaft (Gewahrsam) an für sie fremden Sachen zu überlassen. Die rechtswidrige Zueignung derart überlassener Sachen als *veruntreuende Unterschlagung* mit Strafe zu

bedrohen (§ 246 Abs. 2 StGB), ist aus ähnlichen Gründen wie bei der Untreue (instruktiv *Schünemann* LK[11] § 266 Rdn. 1 f) kriminalpolitisch legitim. Kriminalpolitisch nicht zwingend ist es demgegenüber, darüber hinaus jedwede **rechtswidrige Zueignung fremder Sachen**, namentlich *Fundunterschlagung* oder sonstige Fälle, in denen der Täter „durch Zufall" (§ 226 preuß. StGB 1851) Zugriff auf fremde Sachen erlangt, unter Strafe zu stellen. Letztlich im Naturrecht wurzelndes Strafrechtsdenken *more geometrico*, Vorbehalte gegen fragmentarisches Strafrecht und gesellschaftliche Bedürfnisse nach umfassendem Eigentumsschutz in verunsicherten Eigentumsgesellschaften (s. *Schwarz* Katastrophe und Renaissance der deutschen Eigentumsgesellschaft [1914–2006] 2006) drängen freilich zu einem allgemeinen Zueignungstatbestand, wie er sich nunmehr in § 246 StGB, im Ausland z.B. in England und Wales (Vorbem. §§ 242–248c Rdn. 76) findet.

2 § 246 StGB ist eine **praktisch wenig bedeutsame** (s. Vorbem. §§ 242–248c Rdn. 12), **aber theoretisch anspruchsvolle und problematische Strafvorschrift.** Theoretisch anspruchsvoll ist es, den *strafwürdigen und -bedürftigen Unrechtskern* der Unterschlagung gegenüber dem bloß zivilrechtlich bedeutsamen unberechtigten bzw. rechtswidrigen Umgang mit fremden Sachen (vgl. §§ 823 Abs. 1, 906, 965 ff, 987 ff, 1004 BGB) wie z.B. bei Fremdbesitzerexzess, Nichterfüllung von Herausgabeansprüchen des Eigentümers oder Verletzung der Anzeige-, Verwahrungs- und Ablieferungspflicht des Finders herauszuarbeiten. Die sowohl praktische als auch rechtsstaatliche Problematik ergibt sich daraus, dass die Umschreibung der Tathandlung als „Zueignen" *farblos und wenig bestimmt* ist, so dass in uneindeutigen Fällen wie z.B. dem Behalten einer Sache, die dem Eigentümer zurückgegeben werden müsste, Anwendungs- und Nachweisprobleme entstehen. In rechtsgeschichtlicher und rechtsvergleichender Perspektive (s. Vorbem. §§ 242–248c Rdn. 68 ff) geht der heutige deutsche Unterschlagungstatbestand sehr weit; auch deshalb erscheint seine *restriktive Handhabung* geboten.

3 Das gilt auch und gerade für die **Neufassung des § 246 StGB durch das 6. StrRG** (o. Entstehungsgeschichte). Hiermit wollte der Gesetzgeber „Strafbarkeitslücken" (BT-Drucks. 13/8587 S. 43) schließen, die einerseits wegen des früheren Besitz- oder Gewahrsamserfordernisses (noch Rdn. 16 ff) und andererseits wegen der früheren Straflosigkeit der Drittzueignung (BT-Drucks. aaO mit Verweis auf BGHSt **41** 187, s. hierzu Rdn. 46 ff und bereits § 242 Rdn. 177 ff) beständen. Diese Erweiterung ist kriminalpolitisch umstritten und wird teils vehement kritisiert („Rückschritt und Fehltritt", „konturen- und gesichtslos", *Mitsch* BT 2/1 § 2 Rdn. 2), teils hingenommen oder befürwortet („nicht unbedingt notwendig, aber sinnvoll", *Rengier* FS Lenckner, S. 801, 809).[1] In der Tat dürfte der Gesetzgeber die Reichweite der Neufassung und deren Folgefragen nicht wirklich überblickt haben. Im Kern trifft der Vorwurf der Konturenlosigkeit aber bereits das frühere Recht (zutr. *Rengier* aaO). So ist der Rechtssatz, dass das bloße Verkaufsangebot oder Schenkungsversprechen betreffend eine fremde Sache Zueignung sein könne (Rdn. 41), nicht erst deshalb fragwürdig, weil er kombiniert mit dem Verzicht auf das Besitz- oder Gewahrsamserfordernis und der Einbeziehung der Drittzueignung zu dem *exemplum ad absurdum* führt, es mache sich wegen Unterschlagung strafbar, wer einem anderen bei einem Telefonat vorspiegele, er könne über den Schrein der Heiligen Drei

---

[1] Zustimmend: *Sch/Schröder/Eser* Rdn. 1 („Klarstellung […] für bislang nur mühsam erfassbare Fälle strafwürdiger Zueignung"); krit.: *Bussmann* StV **1999** 613, 616 („Auslegungsprobleme sind […] gerade nicht geringer geworden"); *Maurach/Schroeder/Maiwald* I § 34 Rdn. 2 („Modifikationen [haben] erhebliche Probleme geschaffen"); *Murmann* NStZ **1999** 14, 17 („weit über [das] Ziel herausgeschossen"); ablehnend: *Duttge/Fahnenschmidt* ZStW 110 (1998), 884, 918 („Reformgesetzgeber ist […] eindeutig zu weit gegangen"); *Jäger* JuS **2000** 1167, 1172 („katastrophal missglückt").

Könige im Hohen Dom zu Köln verfügen, und diesen dem anderen zum Kauf anbiete oder zu schenken verspreche.[2]

Mit der Neufassung hat sich (auch im Hinblick auf die Subsidiaritätsklausel des § 246 Abs. 1 letzter Halbsatz StGB, Rdn. 71 ff) der bereits zuvor geführte Streit über die **Stellung der Unterschlagung im System der Eigentums- und Vermögensdelikte** verschärft; hierzu bereits Vorbem. §§ 242–248c Rdn. 65 ff und ergänzend: Der Gesetzgeber war nicht der Auffassung, dass § 246 StGB heutiger Fassung Grundtatbestand aller Zueignungsdelikte – und diese spezieller als jener – sei, sondern wollte die Unterschlagung als *Auffangtatbestand* für Formen rechtswidriger Zueignung fremder beweglicher Sachen verstanden wissen, die nicht einen mit schwerer Strafe bedrohten eigenständigen Straftatbestand – vor allem Diebstahl und Raub, aber auch Betrug, Erpressung, Untreue oder Hehlerei – verwirklichen (BT-Drucks. 13/8587 S. 43 f).[3] In der Literatur dringt die Auffassung vor, § 246 StGB sei das *„Grunddelikt aller Zueignungsdelikte"* (*Hohmann* MK Rdn. 6), da und soweit Zueignung als Manifestation des Zueignungswillens zu verstehen sei (Rdn. 22 ff).[4] Konstruktiv lässt sich dagegen einwenden, dass bei § 246 StGB nach h.A. Zueignungs*vorsatz* genügt, während die Zueignungsdelikte Diebstahl und Raub Zueignungs*absicht* voraussetzen. Im Übrigen wäre es fragwürdig, Sachfragen aus apriorischen Systemkonstruktionen heraus zu entscheiden. **4**

Das von § 246 StGB geschützte **Rechtsgut** ist das *Eigentum* (zur Tragweite dieser Rechtsgutsbestimmung Vorbem. §§ 242–248c Rdn. 33 ff, 52 ff). Andere an der unterschlagenen Sache dinglich Berechtigte, z.B. Nießbraucher oder Pfandgläubiger, sind in den Schutz nicht miteinbezogen, weshalb der Eigentümer eine Sache auch dann nicht unterschlagen kann, wenn an ihr ein Nießbrauch oder Pfandrecht besteht. Wird eine Sache, an der Rechte Dritter bestehen, unterschlagen, ist nur der Eigentümer Verletzter i.S.v. § 248a StGB (s. dort Rdn. 11), desgleichen, wenn die Unterschlagung im Einzelfall mit einem Angriff auf den Gewahrsam eines Dritten oder gar dessen persönlicher Freiheit einhergeht (RGSt **49** 194, 198). Auch bei der veruntreuenden Unterschlagung (§ 246 Abs. 2 StGB) ist nur der Eigentümer, nicht auch der Anvertrauende (der nicht zwingend Eigentümer sein muss, Rdn. 63) Verletzter (BGH MDR bei Dallinger **1977** 367). **5**

## II. Tatobjekt: Fremde bewegliche Sache

Das Gesetz bezeichnet das taugliche Tatobjekt der Unterschlagung mit den gleichen Worten wie beim Diebstahl. Auch der Sache nach sind taugliche Diebstahls- und Unter- **6**

---

2 S. auch das „Fahrrad-Beispiel" bei *Sander/Hohmann* NStZ **1998** 273, 276; weiterhin *Duttge/Fahnenschmidt* ZStW 110 (1998), 884, 909.

3 In diesem Sinne auch die h.L., s. *Duttge* HK-GS Rdn. 1; *Fischer* Rdn. 2; *Hoyer* SK[6] Rdn. 7; *Lackner/Kühl* Rdn. 1; *Basak* GA 2003 109, 122; *Bussmann* StV **1999** 613, 616; *Duttge/Fahnenschmidt* ZStW **110** (1998), 884, 886; *Eisele* BT II Rdn. 232; *Haft*/Hilgendorf BT 1 S. 23; *Jäger* Rdn. 177; *Krey/Hellmann* Rdn. 152; *Mitsch* BT 2/1 § 2 Rdn. 2; *Noak* in: Schlüchter (Hrsg.), Bochumer Erläuterungen zum 6. Strafrechtsreformgesetz (1998), § 246 Rdn. 2; *Rengier* BT 1 Rdn. 3; *Sander/Hohmann* NStZ **1998** 273, 276; *Schulz* FS Lampe, S. 653, 671; *Wessels/Hillenkamp* Rdn. 58, 277; *Wolters* JZ **1998** 397, 399.

4 So namentlich *Gehrmann*, S. 193; *Kindhäuser* NK Vor § 242 Rdn. 2; *ders.* FS Gössel, S. 451 ff; *ders.* BT II § 2 Rdn. 2; *Lesch* JA **1998** 474, 477; *Otto* BT § 39 Rdn. 8; *ders.* Jura **1998** 551; ähnlich: *Maurach/Schroeder/Maiwald* I § 34 Rdn. 5, der Diebstahl als „Spezialfall" zur Unterschlagung ansieht – dagegen ordnet *Sch/Schröder/Eser* Rdn. 1 den Tatbestand der Unterschlagung keiner der beiden Kategorien zu, da § 246 StGB nicht nur Zueignungsabsicht, sondern die objektive Zueignung fordere.

schlagungsobjekte deckungsgleich:[5] Es muss sich um für den Täter fremde (Rdn. 10 ff) bewegliche (Rdn. 9) Sachen (sogleich Rdn. 7 f) handeln. Sachen, deren Eigentumserwerb der Täter bzw. Dritte beanspruchen kann, sind wie beim Diebstahl keine tauglichen Unterschlagungsobjekte (Rdn. 14). Wie beim Diebstahl kommt es auf den wirtschaftlichen Wert oder Interessen des Eigentümers nicht an (Rdn. 15). Im Besitz oder Gewahrsam des Täters müssen sich die Sachen nicht befinden (Rdn. 16 ff).

7 1. **Sache.** S. § 242 Rdn. 3 ff und ergänzend: **Forderungen** sind keine Sachen, so dass der Missbrauch von Einziehungsermächtigungen (vgl. § 185 BGB) nicht als Unterschlagung der Forderung bestraft werden kann (zur Unterschlagung des Forderungsgegenstandes, z.B. Bargeld, Rdn. 11). Auch **Buch- oder Giralgeld** kann als solches nicht unterschlagen werden, weshalb nicht wegen Unterschlagung strafbar ist, wer Zugriff auf fremde Girokonten hat und missbräuchlich Überweisungen tätigt (OLG München JZ **1977** 408, 409 m. Anm. *Sieber*). **Daten** kann man als solche nicht unterschlagen, wohl aber *Datenträger*, wenn man sie sich zueignet, desgleichen *Urkunden*, die wie Schecks, Sparbücher, Grundpfandbriefe u. dgl. Forderungen verkörpern.

8 **Sachgesamtheiten** können *insgesamt* oder in *bereits ausgesonderten Teilen* unterschlagen werden, z.B. wenn der Verwalter eines Tanklagers Dieselöl in Fässer pumpt und diese an Dritte veräußert. Weitergehend hat RGSt 73 253 das Angebot, 100 *noch nicht ausgesonderte* Zementsäcke zu verkaufen, als vollendete Unterschlagung bestraft. Das ist bereits deshalb fragwürdig, weil bloße Verkaufsangebote richtiger Auffassung nach keine Zueignung beinhalten (Rdn. 41). Auch im Übrigen ist (allenfalls) Unterschlagungsversuch anzunehmen, weil Gegenstand der Unterschlagung nur bestimmte und konkretisierte Sachen, nicht Mengen oder Werte sein können (zutr. RG JW **1934** 614), und Vollendung kommt frühestens mit Aussonderung der Sachen in Betracht.[6]

9 2. **Beweglichkeit.** S. § 242 Rdn. 15 ff und ergänzend: Auch bei der Unterschlagung kommt es darauf an, ob die unterschlagene Sache **tatsächlich (fort-)bewegt werden kann**, sei es auch erst nach Abtrennung wie z.B. wenn der Mieter die fest eingebaute Heizung des gemieteten Hauses ausbaut und veräußert. Allerdings weist *Mitsch* BT 2/1 § 2 Rdn. 9 darauf hin, dass Tathandlung der Unterschlagung nur die Zueignung, nicht die Wegnahme ist; deshalb seien Abtrennung und (Fort-)Bewegung der unterschlagenen Sache nicht zwingend erforderlich, jedenfalls wenn diese ohne geringen Aufwand beweglich gemacht werden könne, wie z.B. bei Veräußerung von fremden Äpfeln am Baum zur Ernte durch den Erwerber. Auch nach *Mitsch* aaO soll es aber mit der h.A.[7] dabei bleiben, dass auch die auf Dauer angelegte Ent- und Besetzung von Land und Gebäuden nicht als Unterschlagung bestraft werden kann (s. hierzu bereits § 242 Rdn. 17).

---

5 *Fischer* Rdn. 3; *Hohmann* MK Rdn. 7; *Hoyer* SK[6] Rdn. 8; *Kindhäuser* NK Rdn. 3; *Sch/Schröder/Eser* Rdn. 3; *Eisele* BT II Rdn. 235; *Haft/Hilgendorf* BT 1 S. 23; *Maurach/Schroeder/Maiwald* I § 34 Rdn. 12; *Rengier* BT 1 § 5 Rdn. 5; *Wessels/Hillenkamp* Rdn. 278.

6 BGH NJW **1959** 1377; OLG Düsseldorf StV **1992** 422 f; *Hohmann* MK Rdn. 8; *Kindhäuser* NK Rdn. 3; *Ruß* LK[11] Rdn. 3; *Sch/Schröder/Eser* Rdn. 4; *Rengier* BT 1 § 5 Rdn. 5; *Tenckhoff* JuS **1984** 775, 776; *Wessels/Hillenkamp* Rdn. 278.

7 *Hohmann* MK Rdn. 7 i.V.m. § 242 Rdn. 38; *Sch/Schröder/Eser* Rdn. 3 i.V.m. § 242 Rdn. 11; *Samson* JA **1990** 5, 6; *Hoyer* SK[6] Rdn. 8 i.V.m. § 242 Rdn. 9 sieht zwar das Gebäude als beweglich an, gelangt aber zu demselben Ergebnis, da das Gebäude bis zur Abtrennung vom Grundstück keine Sache sei (vgl. auch § 242 Rdn. 16).

3. **Fremdheit.** S. § 242 Rdn. 18 ff und ergänzend: Ob eine Sache fremd ist, wird in **Beteiligtenperspektive** bestimmt. Es genügt, dass die Sache für den Täter „auch fremd" ist. Daher kann der *Miteigentümer*, der Alleingewahrsam an der im Miteigentum stehenden Sache hat, diese unterschlagen (BGH NJW **1954** 889). Bei Miteigentum an vertretbaren Sachen liegt aber keine Unterschlagung vor, wenn sich der Täter nur den Teil zueignet, der ihm nach der Teilung zustehen würde (näher § 242 Rdn. 39). Wer als einer von mehreren Gesellschaftern einer Gesellschaft bürgerlichen Rechts oder Personenhandelsgesellschaft zum eigenen Nutzen über Sachen verfügt, die zum Gesellschaftsvermögen gehören und deshalb im *Gesamthandseigentum* aller Gesellschafter stehen, kann die Sachen unterschlagen (*Sch/Schröder/Eser* Rdn. 4). **10**

Maßgeblicher **Zeitpunkt** für die Beurteilung der Fremdheit (s. zur Frage bei § 242 dort Rdn. 46 f) ist grundsätzlich der *Versuchsbeginn*, d.h. das unmittelbare Ansetzen zur Zueignung.[8] Erlangt der Täter erst durch die Zueignung Eigentum, so steht das unstreitig einer Unterschlagungsstrafbarkeit nicht entgegen, wenn die Zueignungshandlung einen *gesetzlichen* Eigentumserwerb z.B. durch Verbindung oder Verarbeitung bewirkt (Rdn. 42). Umstritten ist die Frage, wie ein *rechtsgeschäftlicher* Eigentumserwerb im Zuge der Zueignung zu beurteilen ist, z.B. wenn der Täter an einer Selbstbedienungstankstelle tankt, ohne bezahlen zu wollen, einen Geld- oder Warenautomaten äußerlich ordnungsgemäß, aber unbefugt bedient (s. hierzu bereits § 242 Rdn. 115 ff) oder unbefugt Bargeld von einem Girokonto abhebt. Nach h.A. schließt der rechtsgeschäftliche Erwerb von Alleineigentum im Zuge der Zueignung die Anwendung des Unterschlagungstatbestandes aus. Das soll sogar für einen anfechtbaren Eigentumserwerb gelten; die in § 142 Abs. 1 BGB angeordnete *ex tunc*-Wirkung sei strafrechtlich bedeutungslos, und auch der Rechtsgedanke des § 142 Abs. 2 BGB könne nicht ins Strafrecht übertragen werden (*Ruß* LK[11] Rdn. 4).[9] Hiernach hängt die Möglichkeit einer Unterschlagungsstrafbarkeit beim Tanken ohne Zahlen davon ab, ob ausdrücklich oder stillschweigend ein Eigentumsvorbehalt am Treibstoff vereinbart oder – wie die heute h.A. annimmt – die Willenserklärungen über den dinglichen Eigentumsübergang überhaupt erst an der Kasse abgegeben werden (s. § 242 Rdn. 27, 118 m.w.N.). Auch beim äußerlich ordnungsgemäßen, aber unbefugten Bedienen von Geld- oder Warenautomaten kommt es darauf an, ob die antizipierte generelle Übereignungserklärung der Bank oder des Automatenbetreibers unter der Bedingung befugter Bedienung steht, wie es BGHSt 35 152, 161 ff m. Anm. *Ranft* JR **1989** 165 (abl. *Schmitt/Ehrlicher* JZ **1988** 364 f)[10] für den Geldautomatenmissbrauch mit einer weggenommenen Karte angenommen hat; dann – und nur dann – bleibt Unterschlagung möglich (vgl. OLG Köln JR **1992** 249, 252 m. Anm. *Otto; Schlüchter* JR **1993** 493, 497). Beim Abheben von Bargeld von einem Girokonto, auf dem aufgrund eines Fehlers zu Unrecht ein Guthaben gutgeschrieben worden ist, hat BGH 4 StR 35/74 bei Dallinger MDR **1975** 22 eine Unterschlagung mit der Begründung abgelehnt, der Girokontoinha- **11**

---

8 Ähnlich: *Hohmann* MK Rdn. 13: „Ausführungsstadium der Tat"; *Hoyer* SK[6] Rdn. 10: „Zeitpunkt, als der Täter in das Ausführungsstadium der Tat eintrat"; ungenauer: *Kindhäuser* BT II § 6 Rdn. 5: „zum Zeitpunkt der Tathandlung"; *Mitsch* BT 2/1 § 2 Rdn. 10: „zum Zeitpunkt der Unterschlagung"; *Wessels/Hillenkamp* Rdn. 278: „fremd […] im Augenblick der Zueignung".

9 KG 2 S 582/29 vom 21.12.1929 = JW **1930** 943; *Duttge* HK-GS Rdn. 5; *Hohmann* MK Rdn. 9; *Sch/Schröder/Eser* Rdn. 4a; *Maurach/Schroeder/Maiwald* I § 34 Rdn. 14; **aA** KG S 550/16 vom 31.10.1916 (zitiert nach KG JW **1930** 943).

10 Vgl. ferner BGHSt 38 120 m. Anm. *Cramer* JZ **1992** 1032 und *Schlüchter* JR **1993** 493, 497; *Lackner/Kühl* § 242 Rdn. 23; *Ranft* JA **1984** 1, 7 f; *ders.* wistra **1987** 79, 81 f; **aA** z.B. OLG Hamburg NJW **1987** 336; OLG Schleswig NJW **1986** 2652 f; *Otto* JR **1987** 221, 224; *Steinhilper* GA **1985** 114, 128.

ber habe Alleineigentum an den Geldzeichen erworben. Dem ist mit einer vordringenden Auffassung (*Hohmann* MK Rdn. 13; *Hoyer* SK[6] Rdn. 10) zu widersprechen. Es besteht kein Grund, Zueignungshandlungen, die einen gesetzlichen Eigentumserwerb bewirken, anders als solche zu behandeln, die einen rechtsgeschäftlichen bewirken. Wenn sich bereits derjenige, der den Eigentümer *tatsächlich* aus seiner Eigentümerposition verdrängt und sich an dessen Stelle setzt, eine Sache zueignet, muss es erst recht derjenige tun, der bewirkt, dass das Eigentum *rechtlich* auf ihn übergeht. Nur in den (schwerlich vorstellbaren) Fällen, in denen der unredliche rechtsgeschäftliche Eigentumserwerb noch nicht als Zueignung angesehen werden kann, trifft es zu, dass der Erwerb die Möglichkeit einer nachfolgenden Unterschlagung ausschließt.

**12** Wie beim Diebstahl (s. § 242 Rdn. 21 ff) entscheidet über die Fremdheit die **nach bürgerlichem Recht beurteilte dingliche Eigentumslage**. Der bloße schuldrechtliche Anspruch auf Übereignung der Sache wird erst bei der Rechtswidrigkeit der Zueignung bedeutsam (OLG Saarbrücken NJW **1976** 65, 66; OLG Düsseldorf JR **1984** 34 zu unter einer aufschiebenden Bedingung übereigneten Sache). Wer sein Eigentum durch *arglistige Täuschung* verloren hat, soll die Sache unterschlagen können, wenn er sie sich vor wirksamer Erklärung der Anfechtung zueignet (RGSt **61** 65). Auch für den *Alleingesellschafter und -geschäftsführer einer GmbH* bleiben dieser gehörende Sachen fremd (s. aber Rdn. 57 zur Einwilligung in die Zueignung). Beim *Eigentumsvorbehalt* bleibt der Veräußerer bis zur Kaufpreiszahlung Eigentümer der Sache, der Erwerber kann sie so lange unterschlagen (OLG Düsseldorf NJW **1984** 810). Bei *Vollrechtstreuhand* wird der Treuhänder alleiniger Eigentümer des Treuguts und kann sich nicht wegen Unterschlagung strafbar machen, wenn er über die Sache entgegen den ihm erteilten Weisungen verfügt (RGSt **61** 341, 343). Entsprechendes gilt bei der *Sicherungsübereignung*; ist es z.B. gem. § 930 BGB wirksam übertragen worden, so kann nicht der Sicherungsnehmer, sondern nur der Sicherungsgeber eine Unterschlagung begehen, wenn er die Sache unberechtigt weiterveräußert (RGSt **61** 65; BGHSt **1** 262).

**13** Von besonderer praktischer Bedeutung ist die Eigentumslage, wenn jemand **für einen anderen handelt** und sich dabei zu (Allein-)Gewahrsam erlangte Sachen zueignet (s. auch § 242 Rdn. 28). Nimmt ein *Stellvertreter* eine Sache für den Vertretenen in dessen Namen entgegen und besteht ein vorweggenommenes Besitzkonstitut im Verhältnis zum Vertretenen, so wird dieser Eigentümer, und der Vertreter kann die Sache unterschlagen. So liegt es, wenn der Kommittent mit dem *Kommissionär* vereinbart hat, dass von diesem eingezogene Gelder sofort auf den Kommittenten übergehen sollen (RGSt **58** 59; **62** 31). Tritt freilich der Kommissionär in eigenem Namen auf (§ 383 HGB), so wird er Eigentümer; eine Unterschlagung an dem Erlangten ist dann nicht möglich, wohl aber eine Untreue (OLG Hamm NJW **1957** 1773 m. zust. Anm. *Baumann*). Ein *Kellner* erklärt beim Kassieren des Geldes die Einigung mindestens stillschweigend im Namen des Wirts und ist dessen Besitzdiener (BGH 1 StR 533/65 vom 1.2.1966) bzw. mittelt diesem den Besitz; der Kellner selbst kann mangels Einigung mit dem Gast nicht Eigentümer des Geldes werden (OLG Düsseldorf NJW **1992** 60). Ähnlich ist die Lage beim *Zeitungsausträger*, der sich Abonnementsgelder aneignet (RGSt **33** 80). Geld, das ein *Rechtsanwalt* von einem auf seinen Namen geführten Anderkonto abhebt, wird in der Regel in sein Eigentum, nicht das des Mandanten übergehen; lebensfremd ist die in BGH 5 StR 575/62 vom 12.3.1963 (vgl. auch BGH 5 StR 422/55 vom 7.2.1956) vertretene Auffassung, die Bank werde regelmäßig an den zahlen und übereignen, den es angehe, das könne auch der Auftraggeber des Rechtsanwalts sein, mit dem dieser ein vorweggenommenes Besitzkonstitut vereinbart habe, so dass der Auftraggeber Eigentümer werde: Dem Auftraggeber kommt es doch nur auf die Geldsumme, nicht auf bestimmte Geldzeichen an. Bei

*Barkautionen* wird der Kautionsnehmer i.d.R. Eigentümer des Bargeldes und hat nur die Verpflichtung, nach Wegfall des Kautionszwecks einen entsprechenden Geldbetrag zurückzubezahlen; dann ist eine Unterschlagung des kautionsweise hingegebenen Geldes ausgeschlossen (RGSt **64** 88); es kommt aber Untreue in Betracht.

4. **Sachen, auf deren Erwerb zu Eigentum der Täter** bzw. im Falle der Drittzueignung auch der Dritte **einen fälligen und einredefreien vertraglichen oder gesetzlichen Anspruch hat,** sind keine tauglichen Unterschlagungsobjekte. Die Frage wird (auch) bei der Unterschlagung üblicherweise erst bei der Rechtswidrigkeit der Zueignung (Rdn. 55 ff) erörtert. Diese ist aber nach der (zutr.) h.A. (auch) bei der Unterschlagung jedenfalls insoweit normatives Tatbestandsmerkmal, als es um Eigentumserwerbsansprüche geht.[11] Deshalb muss die Frage bereits in den objektiven Unterschlagungstatbestand – zweckmäßigerweise beim tauglichen Unterschlagungsobjekt – eingeordnet werden. Zu den Konsequenzen für Vorsatz und Tatbestandsirrtum Rdn. 54. S. zu alledem beim Diebstahl § 242 Rdn. 36 ff und zur Drittzueignung § 242 Rdn. 189 und ergänzend: Wer nach Wegfall des Sicherungszwecks über die noch sicherungsübereignete Sache verfügt, unterschlägt sie nicht (*Hoyer* SK[6] Rdn. 33; *Sch/Schröder/Eser* Rdn. 22). Ein Übereignungsanspruch aus Kaufvertrag wird fällig und einredefrei, wenn der Gläubiger den (Rest-) Kaufpreisanspruch durch Aufrechnung zum Wegfall bringt (RGSt **64** 210, 212). 14

5. **Sachen ohne wirtschaftlichen Wert oder Interesse für den Eigentümer** können nicht nur gestohlen (§ 242 Rdn. 44 f, dort auch zu abw. M. und zur Vermeidung unverhältnismäßiger Bestrafung), sondern ebenso unterschlagen werden. Die zur Sachbeschädigung erwogene teleologische Reduktion[12] ist auch bei der Unterschlagung abzulehnen, weil die Zueignung einer Sache nicht mit deren Brauchbarkeitsminderung einhergehen muss (zutr. *Ruß* LK[11] Rdn. 2). 15

6. **Kein Besitz- oder Gewahrsamserfordernis.** Mit dem 6. StrRG ist das frühere Erfordernis gestrichen worden, dass Unterschlagung nur an Sachen begangen werden kann, die der Täter „in Besitz[13] oder Gewahrsam hat" (o. Entstehungsgeschichte). Damit ist die bereits zum früheren Recht vertretene sog. „große berichtigende Auslegung"[14] Gesetz 16

---

[11] Die h.L. ordnet die Rechtswidrigkeit der Zueignung bei § 246 StGB als (normatives) Tatbestandsmerkmal ein, s. *Fischer* Rdn. 13; *Hohmann* MK Rdn. 46; *Hoyer* SK[6] Rdn. 33; *Kindhäuser* NK Rdn. 27; Arzt/Weber/*Heinrich*/Hilgendorf BT § 15 Rdn. 20; *Eisele* BT II Rdn. 253; *Maurach/Schroeder/Maiwald* I § 34 Rdn. 35; *Rengier* BT 1 § 5 Rdn. 4; *Wessels/Hillenkamp* Rdn. 294. – Lediglich als Hinweis auf allgemeine Rechtfertigungsgründe ordnen das Merkmal ein *Mitsch* BT 2/1 § 2 Rdn. 57; *Samson* JA 1990 5, 9.

[12] S. nur RGSt **10** 120; *Sch/Schröder/Eser* § 303 Rdn. 3.

[13] Nach h.A. war damit nichts anderes als Gewahrsam gemeint; mittelbarer Besitz im Sinne des bürgerlichen Rechts sollte also nur ausreichen, wenn der mittelbare Besitzer im Einzelfall zugleich die tatsächliche Gewalt über die Sache ausübte und Gewahrsam an ihr hatte: RGSt **37** 198; RG JW **1937** 1334; OLG Schleswig NJW **1979** 882; *Lackner*[22] Rdn. 3; *Samson* SK[3] Rdn. 5; *Sch/Schröder/Eser*[25] Rdn. 9; *Tröndle*[48] Rdn. 9; *Samson* JA **1990** 5, 6. Nach **aA** sollte insbesondere bürgerlich-rechtlicher mittelbarer Besitz als solcher genügen: *Charalambakis*, S. 95 ff; *Louven* MDR **1960** 268; *Otto*, S. 256; *Ranft* JA **1984** 277, 286; *Rutkowsky* NJW **1954** 180; *Seier* JA **1979** 488; *Timmermann* MDR **1977** 535.

[14] RGSt **49** 194, 198; RG DRiZ **1927** Nr. 238; *Heimann-Trosien* LK[9] Rdn. 15; *Binding* Lehrbuch I, S. 275 f; *Busch* SJZ **1950** 359; *Welzel* JZ **1952** 617.

geworden, wonach das frühere Besitz- oder Gewahrsamserfordernis nur ein „schlecht formuliertes Abgrenzungsmerkmal" zum Diebstahl und jede Zueignung ohne Gewahrsamsbruch unter § 246 StGB zu subsumieren sei. Diese Auffassung verletzte zwar zum früheren Recht das strafrechtliche Analogieverbot (Art. 103 Abs. 2 GG);[15] jedoch stand auch die h.A. zum früheren Recht auf dem Standpunkt der sog. „kleinen berichtigenden Auslegung",[16] wonach Besitz- oder Gewahrsamserlangung und Zueignung zusammenfallen könnten, so dass insbesondere die Fundunterschlagung und ähnliche Fälle (vgl. BGHSt 13 43) auch nach der früheren Fassung des § 246 StGB erfasst werden konnten.[17]

17 Auch nach heutigem Recht sind freilich in erster Linie **fremde Sachen im (Allein-) Gewahrsam des Täters** taugliche Tatobjekte. Auf welche Weise dieser Gewahrsam begründet wird, ob redlich oder unredlich, ist gleichgültig, wenn nicht fremder Gewahrsam gebrochen worden ist (RGSt **49** 194, 198). Ist der Gewahrsam bereits von einem Dritten gebrochen worden, ist Unterschlagung möglich (BGHSt **10** 151, 153; **16** 184, 186; BGH 5 StR 544/81 vom 10.11.1981), so wenn der Dieb den Gewahrsam an der Beute aufgibt und nunmehr der Täter die Sache in Kenntnis des Sachverhalts an sich bringt, um sie zu behalten (BGHSt **13** 43). Es kommt nicht darauf an, ob der Täter den Gewahrsam mit Zustimmung des bisherigen Gewahrsamsinhabers oder ohne sie erwirbt, durch Anvertrauen oder einen sonstigen Vorgang, z.B. Zufall, Irrtum des Täters (RGSt **76** 131) oder eines Dritten, durch Übergabe seitens einer in ihrer Willensbildung beeinträchtigten Person (RG JW **1939** 224), durch widerrechtliche Selbsthilfe oder eigenmächtige Wegnahme ohne Aneignungsabsicht (BGH 3 StR 744/53 bei Dallinger MDR **1954** 398; BGHSt **16** 190). Wer ein Fahrzeug stiehlt, hinsichtlich der in ihm befindlichen Sachen jedoch bei Wegnahme des Fahrzeugs keine Zueignungsabsicht hat, kann sich diese Sachen später noch zueignen und sie so unterschlagen (BGH aaO).

18 Nach heutigem Recht können aber auch **gewahrsamslose, insbesondere verlorene Sachen** ohne weiteres unterschlagen werden. Es ist also nicht mehr zweifelhaft, dass *Fundunterschlagung* auch in der Weise möglich ist, dass Gewahrsamsbegründung und Zueignung zusammenfallen wie z.B. beim sofortigen Verzehr in öffentlichem Raum verlorener Lebensmittel.

19 Nach dem Gesetzeswortlaut ist es nicht erforderlich, dass der Täter zu irgendeinem Zeitpunkt Gewahrsam an der unterschlagenen fremden Sache erlangt. Deshalb sind nunmehr auch **„gewahrsamslose Zueignungen"** theoretisch möglich. Der Gesetzeswortlaut trägt sogar die Möglichkeit der Unterschlagung einer Sache, die sich vor und nach Zueignung im Gewahrsam des Eigentümers befindet (*Hoyer* SK[6] Rdn. 7; *Mitsch* BT 2/1 § 2

---

[15] BGHSt 2 317; OLG Schleswig NJW **1979** 882; *Lackner*[22] Rdn. 3; *Ruß* LK[11] Rdn. 10; *Samson* SK[3] Rdn. 20; *Sch/Schröder/Eser*[25] Rdn. 1; *Tröndle*[48] Rdn. 10; *Charalambakis*, S. 84, 86; *Maurach/Schroeder/Maiwald* I[8] § 34 Rdn. 5; *Puppe* JR **1984** 231; *Samson* JA **1990** 5, 7; *Wessels* BT II[20] Rdn. 276.

[16] RGSt **67** 70, 77; RG JW **1934** 486; BGHSt **4** 76; BGH LM § 246 StGB Nr. 3; BGH 4 StR 529/70 bei Dallinger MDR **1971** 546; NStZ **1994** 179, 181; OLG Bremen MDR **1948** 260; *Lackner*[22] Rdn. 3; *Sch/Schröder/Eser*[25] Rdn. 1; *Tröndle*[48] Rdn. 10; *Charalambakis*, S. 92 ff; *Wessels* BT II[20] Rdn. 274, 276.

[17] AA aber – die Besitz- oder Gewahrsamserlangung müsse der Zueignung zeitlich vorausgehen – RGSt **19** 38; **53** 302; **68** 90; 72 326; BGHSt 2 317, 318 f; OGHSt 1 253, 256; *Samson* SK[3] Rdn. 23; *Bockelmann* MDR **1953** 3; *Frank* Anm. II 3; *Kohlrausch/Lange* Anm. II; *Otto*, S. 256; *Ranft* JA **1984** 277, 285 f; *Samson* JA **1990** 5, 6 f; *Schünemann* JuS **1968** 116; *Seelmann* JuS **1985** 699 f; *Tenckhoff* JuS **1984** 777. – Vgl. zum Stand der Meinungen *Geppert/Bartl* Jura **1984** 615 f.

Rdn. 18). Die theoretische Konsequenz hiervon ist eine erhebliche Ausweitung der Unterschlagungsstrafbarkeit auf Fälle, die nicht oder nicht mehr zweifelsfrei zum strafwürdigen und -bedürftigen Unrechtskern der Unterschlagung zählen und seit jeher gegen die Sachgerechtigkeit der sog. „großen berichtigenden Auslegung" ins Feld geführt wurden, z.B. wenn jemand unter wissentlich falscher Eigentumsbehauptung Herausgabeklage gegen den Eigentümer erhebt oder gar nur die Herausgabe verlangt (s. noch Rdn. 31, 44). Die Problematik muss nach heutigem Recht durch eine **sachgerechte Restriktion der Tathandlung „Zueignung"** gelöst werden.[18] Es wäre aber offener Gesetzesungehorsam, das frühere Besitz- oder Gewahrsamserfordernis als „ungeschriebenes Tatbestandsmerkmal" (so aber *Jahn*, S. 195, 214) in die neue Fassung des § 246 StGB hineinzulesen. Gleiches würde für ein „Hineindenken" (*Mitsch* aaO Rdn. 19) des früheren Besitz- oder Gewahrsamserfordernisses in den Zueignungsbegriff gelten, wenn dieses Hineindenken gleichsam „eins zu eins" erfolgen würde.

## III. Tathandlung: Zueignung

1. **Allgemeines.** Tathandlung der Unterschlagung ist, dass der Täter die für ihn fremde bewegliche Sache sich oder einem Dritten **zueignet**. Zur Frage, ob die **Rechtswidrigkeit** der Zueignung Tatbestands- oder (allgemeines) Rechtswidrigkeitsmerkmal ist, Rdn. 14 und 55. Erforderlich ist ein täterschaftliches Zueignungsverhalten (Tun oder Unterlassen in Garantenstellung, Rdn. 45); der bloße Zueignungsentschluss (Zueignungswille, -vorsatz oder -absicht) genügt nicht. Im Übrigen ist Zueignung bei § 246 StGB nichts anderes als die – dort nur beabsichtigte – Zueignung bei § 242 StGB (dort Rdn. 132 ff). Wie dort meint Zueignung Enteignung des Eigentümers und Aneignung, sei es des Täters oder eines Dritten. **20**

Dass jenseits dieser Ausgangspunkte Streit über den Zueignungsbegriff bei § 246 StGB besteht, begründet sich aus drei Sachproblemen: Da bei § 242 StGB anerkannt ist, dass sich der Vorsatz des Diebes auf eine dauernde oder endgültige – nicht bloß vorübergehende – Enteignung des Eigentümers beziehen muss (§ 242 Rdn. 143 f), stellt sich erstens die Frage, ob und wann die Enteignung endgültig eingetreten sein muss bzw. ob Unterschlagung erst nach Ablauf eines andauernden Zeitraums der Enteignung vollendet sein kann, hier sog. **Vollendungsproblem**. So könnte argumentiert werden, der Mieter oder Entleiher einer Sache, der sich entschließe, sie endgültig und auf Dauer zu behalten, vollende die Unterschlagung erst mit Verbrauch oder Gebrauch mit enteignender Wirkung oder gar erst mit dem Tod des Eigentümers (vgl. *Mitsch* BT 2/1 § 2 Rdn. 34),[19] was überwiegend als „unannehmbares Ergebnis" (*Mitsch* aaO Rdn. 35) angesehen wird (**aA** *Hoyer* SK[6] Rdn. 22: Versuchsstrafbarkeit ausreichend).[20] Zweitens folgt daraus, dass der **21**

---

[18] H. L., s. *Fischer* Rdn. 4; *Hohmann* MK Rdn. 27; *Lackner/Kühl* Rdn. 4; *Laufhütte/Kuschel* LK[11] Nachtrag § 246 Rdn. 4; *Sch/Schröder/Eser* Rdn. 1; *Ambos* GA 2007 127, 129; *Bussmann* StV **1999** 613, 616 f; *Degener* JZ **2001** 388, 399; *Dencker* FS Rudolphi, S. 425, 428; *Duttge/Fahnenschmidt* ZStW **110** (1998) 884, 916 f; *Gropp* JuS **1999** 1041, 1045; *Kudlich* JuS **2001** 767; *Mitsch* ZStW **111** (1999) 65, 87 ff; *Rengier* FS Lenckner, S. 801, 809 ff; *ders.* BT 1 § 5 Rdn. 18; *Sander/Hohmann* NStZ **1998** 276; *Wessels/Hillenkamp* Rdn. 276; **aA** *Sinn* NStZ **2002** 64, 65.

[19] Eine derartige endgültige Enteignung fordern aber *Hoyer* SK[6] Rdn. 22 ff; *Hohmann/Sander* BT I § 3 Rdn. 13; *Kargl* ZStW 103 (1991) 136, 182.

[20] *Fischer* Rdn. 6; Arzt/Weber/*Heinrich*/Hilgendorf BT § 15 Rdn. 22; *Duttge/Sotelsek* Jura **2002** 526, 528; *Mylonopoulos* FS Roxin, S. 917, 918.

zueignende Zugriff des Unterschlagungstäters auf die Sache nicht wie der des Diebes in Gestalt einer bereits äußerlich sozial auffälligen Wegnahme erfolgt, sondern im Regelfall, dass der Täter bereits Gewahrsam an der Sache in Gestalt von Fremdbesitz hat, sich durch die Anmaßung von Eigenbesitz vollzieht (RGSt **65** 145, 147), was im Ausgangspunkt nur eine Änderung der inneren Willensrichtung und äußerlich sozial unauffällig ist, ein hier sog. **Nachweisproblem**. So handelt, wer eine Fundsache schlicht an sich nimmt, äußerlich sozial unauffällig, da ohne Kenntnis der Absicht des Täters nicht beurteilt werden kann, ob er sich Eigenbesitz anmaßt oder aber die Anzeige- und Verwahrungs- und ggf. Ablieferungspflicht der §§ 965 ff BGB erfüllen will. Und drittens muss das spezifisch strafrechtliche Zueignungsunrecht vom bloß zivilrechtlich bedeutsamen unberechtigten bzw. rechtswidrigen Umgang mit fremden Sachen (vgl. §§ 823 Abs. 1, 906, 965 ff, 987 ff, 1004 BGB) abgegrenzt werden (s. bereits Rdn. 2), hier sog. **Abgrenzungsproblem**, z.B. wenn der unrechtmäßige Besitzer einer fremden Sache deren Herausgabe vorsätzlich endgültig verweigert und es auf einen Zivilrechtsstreit ankommen lässt. Zur Lösung dieser Probleme haben sich verschiedene Lehren entwickelt:

**22** a) **Sog. Manifestationslehren**. Die Rechtsprechung und ein Teil der Lehre lösen das Vollendungs- und Nachweisproblem in der Weise, dass als Zueignung bereits eine „Willensäußerung" genügen soll, „die im Rahmen einer Würdigung aller Tatumstände eine Zueignungsabsicht offenbart und betätigt" (BGHSt – GS – **14** 38, 41).[21] Dabei wird nicht verlangt, dass die Zueignungshandlung für sich allein genommen den Zueignungswillen eindeutig bekundet (BGH aaO); vielmehr ist der nach einer Gesamtwürdigung der Tatumstände festzustellende Zueignungswille selbst zu berücksichtigen. So könne das ernstliche Angebot, eine fremde Sache an jemanden zu verkaufen, Zueignung sein, wenn nach den Umständen feststehe, dass der Täter ohne den Vorbehalt handele, dass der Eigentümer der Veräußerung zustimme (s. noch Rdn. 41); oder wer gegenüber dem Eigentümer abstreite, dessen Sache zu besitzen, könne sie sich hierdurch zueignen, wenn nach den Umständen feststehe, dass er sie auf Dauer behalten wolle (s. noch Rdn. 44; beide Beispiele nach BGH aaO). Diese Auffassung ist auf die Formel gebracht worden, Zueignung sei **Manifestation des Zueignungswillens**.[22]

**23** Diese sog. Manifestationslehre wird in der Rechtsprechung und einem Teil der Lehre in einer **weiten** Variante vertreten, wonach eine für sich allein betrachtet unverfängliche Handlung Zueignung sein kann, wenn nur anderweitig festgestellt werden kann, dass der Täter mit Zueignungswillen handelte (s. erneut BGHSt – GS – **14** 38, 41; bereits RGSt **63** 376, 378), z.B. wenn der Täter die gefundene Sache in die Tasche gesteckt hat und festgestellt werden kann, dass er sie behalten wollte, oder wenn er eine geliehene oder gemietete Sache beiseite gelegt hat und festgestellt werden kann, dass er sie später verbrauchen wollte. Auch soll sich der Zueignungswille in einer bloßen Unterlassung manifestieren können (OLG Koblenz StV **1984** 287, 288; s. noch Rdn. 45). – Demgegenüber

---

[21] Ebenso RGSt **42** 420, 421; **55** 145, 146; **63** 376, 378; **65** 145, 147; **67** 70, 75 f; BGHSt **1** 262, 264; **24** 115, 119; **34** 309, 312; BGH NStZ-RR **2006** 377 f; BayObLG NJW **1992** 1777, 1778; OLG Düsseldorf JZ **1985** 592; StV **1990** 164; NStZ-RR **1999** 41, 42; *Fischer* Rdn. 6; *Lackner/Kühl* Rdn. 4; *Sch/Schröder/Eser* Rdn. 10 f; *Bockelmann* ZStW **65** (1958) 569, 588; *Eisele* BT II Rdn. 240; *Kindhäuser* BT II § 6 Rdn. 8; *Küper* BT, S. 487; *Rengier* BT 1 § 5 Rdn. 10a; *Tenckhoff* JuS **1984** 775, 778; *Wessels/Hillenkamp* Rdn. 280.

[22] So schon *Maurach* BT S. 190; vgl. ferner *Fischer* Rdn. 6a; *Kindhäuser* NK Rdn. 6; *Lackner/Kühl* Rdn. 4; *Küper* BT, S. 489; *Kudlich* JuS **2001** 767, 771; *Tenckhoff* JuS **1984** 775, 779; *Wessels/Hillenkamp* Rdn. 280.

wird zunehmend auch in der Rechtsprechung (OLG Hamm wistra **1999** 112) eine sog. **enge** Manifestationslehre vertreten, wonach das objektive Tatbestandsmerkmal der Zueignung nur anhand objektiver Tatumstände festgestellt werden könne und der anderweitig, ggf. nur nachträglich im späteren Strafverfahren festgestellte Zueignungswille als solcher unberücksichtigt bleiben müsse.[23] Deshalb könnten nur solche Handlungen genügen, aus denen für sich genommen – aus Sicht eines objektiven Beobachters ex ante, der nur die Handlung selbst, nicht aber den inneren Willen des Handelnden kenne – eindeutig hervorgeht, dass der Täter mit Zueignungswillen handele. Nicht genügen soll z.B. das schlichte Einstecken der gefundenen Sache, da dies auch ein redlicher Finder tun könnte, oder die Nichtrückgabe einer geliehenen oder gemieteten Sache, weil sie auch auf Nachlässigkeit beruhen könnte, gleich, ob Zueignungswille gegeben war oder nicht.

In neuerer Zeit wird zunehmend **Kritik** an den Manifestationslehren geübt (zusf. *Hohmann* MK Rdn. 18):[24] Sie bestimmten das *objektive* Tatbestandsmerkmal der Zueignung systemwidrig mithilfe des *subjektiven* Zueignungswillens. Wenn die Manifestation des Zueignungswillens für eine vollendete Zueignung ausreiche, werde die Abgrenzung zwischen Vorbereitung, Versuch und Vollendung unmöglich; ein manifest gewordener Tatentschluss (z.B. das Ergreifen eines Messers mit dem Ausruf: „Ich bring' Dich um") sei im allgemeinen nur Ausdruck, dass das Vorbereitungsstadium erreicht sei, und führe nur dann zu einer Versuchsstrafbarkeit, wenn zur Tatbestandsverwirklichung unmittelbar angesetzt werde. Nach den Manifestationslehren gebe es praktisch keine versuchten Unterschlagungen, die nicht schon als vollendete bestraft werden könnten. Letztlich verwischten die Manifestationslehren den Unterschied zwischen Diebstahl – wo Wegnahme in Zueignungsabsicht genüge – und Unterschlagung – wo Handeln in Zueignungsabsicht nicht genüge, sondern eben Zueignung erforderlich sei – und interpretierten § 246 StGB gesetzwidrig als Delikt mit überschießender Innentendenz, was auch der engen Manifestationslehre entgegenzuhalten sei (*Hohmann* aaO Rdn. 20). **24**

b) **Sog. Zueignungslehren.** Daher dringen in der Lehre Auffassungen vor, die eine Manifestation des Zueignungswillens nicht genügen lassen, sondern – vom Wortlaut des Gesetzes ausgehend – einen Zueignungserfolg in Gestalt einer Enteignung des Eigentümers und einer Aneignung durch den Täter bzw. Dritten (hierzu noch Rdn. 32 f, 34, 46 ff) verlangen, sog. **Zueignungslehren.**[25] Dabei wird teilweise im Schwerpunkt oder nur verlangt, dass sich der Täter die unterschlagene Sache aneignet (sog. **Aneignungslehren**),[26] d.h. sie zumindest vorübergehend seinem Vermögen einverleibt (*Hohmann* MK **25**

---

[23] OLG Düsseldorf StV **1990** 164; OLG Hamburg StV **2001** 577 f; LG Potsdam NStZ-RR **2008** 144; *Lackner/Kühl* Rdn. 4; *Sch/Schröder/Eser* Rdn. 11; *Eisele* BT II Rdn. 240 f; *Kindhäuser* BT II § 6 Rdn. 16; *Krey* BT II Rdn. 165, 165c; *Kudlich* JuS **2001** 767, 771; *Küper* BT, S. 487; *ders.* Jura **1996** 206 f; *Otto* BT § 42 Rdn. 5 f; *Rengier* BT 1 § 5 Rdn. 10a; *Tenckhoff* JuS **1984** 775, 779 f; *Wessels/Hillenkamp* Rdn. 280.

[24] *Duttge* HK-GS Rdn. 10; *Hoyer* SK⁶ Rdn. 19; *Ambos* GA **2007** 127, 134 ff; *Basak* GA **2003** 109, 113; *Degener* JZ **2001** 388, 393 ff; *Duttge/Sotelsek* Jura **2002** 526, 527 f; *Kargl* ZStW 103 (1991) 136, 169 ff; *Maurach/Schroeder/Maiwald* I § 34 Rdn. 26; *Mitsch* BT 2/1 § 2 Rdn. 36; *Samson* JA **1990** 5, 8 f.

[25] *Duttge* HK-GS Rdn. 14; *Hohmann* MK Rdn. 33 ff; *Hoyer* SK⁶ Rdn. 22; *Ambos* GA **2007** 127, 141 f; *Basak* GA **2003** 109, 120 f; *Hauck* wistra **2008** 244; *Hohmann/Sander* BT I § 3 Rdn. 13; *Kargl* ZStW **103** (1991) 163, 181 ff; *Kauffmann*, S. 155 ff; *Mikolajczyk*, S. 108; *Schulz* FS Lampe, S. 653, 664 ff.

[26] *Samson* SK³ Rdn. 40 ff; *Krey/Hellmann* Rdn. 161; *Mitsch* BT 2/1 § 2 Rdn. 37 ff; *Noak*, S. 132; *Paeffgen* JR **1979** 297, 299; *Samson* JA **1990** 5, 8; *Schneider* MDR **1956** 337 f.

Rdn. 33), mit der Aneignung beginnt (*Samson*-Strafgesetz II[4] S. 92), mit der Sache in einer sinnvollen wirtschaftlichen Nutzung umzugehen beginnt (*Samson* JA **1990** 5, 9) oder Eigentümerbefugnisse ausübt, die sich nicht ausschließlich als Verzicht auf Eigentumsrechte darstellen (*Kleb-Braun* JA **1986** 249, 251). Teilweise wird im Schwerpunkt oder nur verlangt, dass der Täter den aller Wahrscheinlichkeit nach eintretenden Verlust der Sache für den Eigentümer, die von diesem nicht mehr beherrschbare Gefahr des Sachverlusts bewirkt (*Maiwald*, S. 196; zust. *Degener* JZ **2001** 388, 398 f; sog. **Enteignungslehren**).[27] Um das Vollendungsproblem (Rdn. 21) zu lösen, wird eine konkrete Gefahr einer Enteignung für (erforderlich, aber) ausreichend angesehen (*Hohmann* MK Rdn. 36; sog. **Enteignungsgefahrlehren**);[28] für eine solche Gefahr soll aber das bloße Verkaufsangebot oder auch der bloße Abschluss des schuldrechtlichen Kaufvertrags über eine fremde Sache nicht genügen (*Hohmann* aaO Rdn. 37).

26 In der Konsequenz von Zueignungslehren liegt es, dass **„gewahrsamslose Zueignungen"** (Rdn. 19) problematisch werden. Zwar mögen Aneignungen ohne Gewahrsamsbegründung des Täters konstruierbar sein; eine Selbst- und auch Drittzueignung durch einen Täter, der weder Besitz noch Gewahrsam an der fremden Sache hat oder erlangt, muss aber als seltener und problematischer Ausnahmefall angesehen werden (Arzt/Weber/*Heinrich*/Hilgendorf BT § 15 Rdn. 31). Umgekehrt ist es schwerlich vorstellbar, wie Eigentümer, die den Gewahrsam an der Sache behalten, enteignet werden können; deshalb wird für § 246 StGB zunehmend verlangt, dass der Eigentümer den Gewahrsam an der Sache vor der Tat verloren haben oder durch sie verlieren oder mindestens die Gefahr des Gewahrsamsverlusts laufen muss (*Mitsch* BT 2/1 § 2 Rdn. 20).

27 Einen Brückenschlag zwischen Manifestations- und Zueignungslehren unternimmt *Kindhäuser* NK Rdn. 5 ff, 15 ff mit seiner Lehre von der **Manifestation des Zueignungswillens durch Besitzbeanspruchung**. Ausgehend davon, dass Zueignung Eigentumsanmaßung durch Begründung von Eigenbesitz sei, setze der Unterschlagungstatbestand in jedem Falle Erlangung oder Innehabung solchen Eigenbesitzes – einschließlich mittelbaren Eigenbesitzes (*Kindhäuser* aaO Rdn. 10, 17) – voraus. Das – und nur das – müsse ausdrücklich oder stillschweigend erklärt und in diesem Sinne objektiv manifest werden, wofür maßgeblich sei, ob der Täter beim Umgang mit der Sache die Grenzen seiner rechtlichen Befugnis überschreitet (*Kindhäuser* aaO Rdn. 6). Im Übrigen verbleibe der Zueignungswille subjektives Tatbestandsmerkmal der Unterschlagung und sei erst dort zu prüfen.

28 c) **Stellungnahme.** Wenn § 242 StGB ein „kupiertes Erfolgsdelikt" ist, so muss § 246 StGB ein Erfolgsdelikt sein, und die Zueignung kann sich nicht in einer bloßen Tätigkeit, Äußerung, Kundgabe oder Manifestation eines Willens erschöpfen, sondern muss ein Verhalten sein, das einen Zueignungserfolg kausal und zurechenbar bewirkt. Daher müssen **sowohl ein Enteignungs- als auch ein Aneignungserfolg** und zudem Enteignungssowie Aneignungsvorsatz vorliegen. Der Vorsatz kann analytisch vom Erfolg getrennt und – wie üblich – dogmatisch sowie in der Prüfungsreihenfolge in den subjektiven Unterschlagungstatbestand verwiesen werden (zutr. *Kindhäuser* NK Rdn. 7), mag es auch zutreffen, dass bei der Zueignung objektive und subjektive Elemente sachlich eng mitein-

---

[27] *Dencker* FS Rudolphi, S. 425, 440; *Gropp* JuS **1999** 1041, 1045; *Maurach/Schroeder/Maiwald* I § 34 Rdn. 27; *Maiwald* FS Schreiber, S. 315, 328 f; *Mylonopoulus* FS Roxin, S. 917, 921, 925; *Sinn* NStZ **2002** 64, 67.

[28] *Androulakis* JuS **1986** 409, 415; *Basak*, S. 173, 187; *Duttge/Fahnenschmidt* ZStW 110 (1998) 884, 909; *Mitsch* BT 2/1 § 2 Rdn. 35; *Roth*, S. 54.

ander verschränkt sind. In diesem Sinne ist es jedenfalls analytisch unklar, Zueignung als „Manifestation des Zueignungswillens" zu verstehen. Auch in der Sache ist dieser Formel zu widersprechen, soweit sie darauf hinausläuft, ein Verhalten, das noch keinen Enteignungs- und Aneignungserfolg bewirkt, allein deshalb, weil es von Zueignungsvorsatz getragen ist, als vollendete Zueignung anzusehen.

Im Hinblick darauf, dass der **Versuch** der Unterschlagung strafbar ist (§ 246 Abs. 3 StGB), besteht keine Notwendigkeit und wegen der verfassungsrechtlichen Grenzen für eine „entgrenzende" Auslegung auch keine Möglichkeit, den Zueignungserfolg in einer Weise zu fassen, die (abgesehen von Unterschlagungen untauglicher Tatobjekte in der irrigen Annahme, sie seien tauglich) praktisch nichts für die Versuchsstrafbarkeit übrig lässt. **29**

Für den **Nachweis** des Zueignungsvorsatzes können – wie stets – alle Umstände des Einzelfalles herangezogen werden, wie sie von dem erkennenden Gericht – also insoweit ex post – festgestellt werden. Nichts anderes gilt aber für den Zueignungserfolg in seiner äußeren Gestalt (Enteignung und Aneignung). Diese Prozessrechtslage dadurch auszuhebeln, dass mit der engen Manifestationslehre (Rdn. 23) materiell-rechtlich als Zueignung nur angesehen wird, was sich aus Sicht eines objektiven Beobachters ex ante eindeutig als Zueignung darstellt, überzeugt nicht. Abgesehen davon, dass diese Auffassung auf dem hier abgelehnten Standpunkt steht, Zueignung sei Willensäußerung oder -kundgabe, steht sie – wie jede objektive Betrachtung ex ante – vor der Frage der Ein- und Abgrenzung der Wissensgrundlage des Beobachters: Soll z.B., wenn der Mieter im Auftrag des Vermieters dessen Sache veräußert, der Auftrag zur Wissensgrundlage zählen oder nicht? Wenn ja, warum soll nicht in die Wissensgrundlage eingestellt werden, dass z.B. ein Finder, der die Sache an sich nimmt, zuvor verschiedentlich geäußert hat, er pflege Fundsachen zu behalten? Weiterhin bemerkt *Kindhäuser* NK Rdn. 12 mit Recht, dass praktisch bedeutsame Grenzen wie die zwischen Gebrauchsanmaßung und Zueignung nicht (rein) objektiv gezogen werden können: Soll dann die Unterschlagung durch bloßes Behalten und Gebrauchen der Sache mangels eindeutig feststellbarer Zueignung straflos sein? **30**

Bei der **Abgrenzung** der strafrechtlich relevanten Zueignung von nur zivilrechtlich relevantem unerlaubten Umgang mit einer fremden Sache ist entscheidend, dass der Täter sich oder einem Dritten *die Sache* – nach (noch) h.A. ihrer Substanz oder ihrem Wert nach, s. § 242 Rdn. 136 ff – zueignen muss. Deshalb genügt nicht jedes Verhalten, das Eigentümerinteressen verletzt, sondern nur ein Verhalten, das sich *auf die Sache selbst bezieht und sich rechtlich oder tatsächlich bei ihr auswirkt* (s. noch Rdn. 33). Dafür ist regelmäßig ein *nicht ganz untergeordnetes Herrschaftsverhältnis des Täters über die Sache* erforderlich (zutr. *Sch/Schröder/Eser* Rdn. 10), und in diesem beschränkten Sinne geht das frühere Besitz- oder Gewahrsamserfordernis nunmehr in den Zueignungsbegriff ein (*Fischer* Rdn. 4).[29] Wer sich des Eigentums an einer in Besitz und Gewahrsam eines anderen befindlichen Sache rühmt und ankündigt, sie in Besitz oder Gewahrsam nehmen zu wollen, mag Zueignungswillen manifestieren, eignet sie sich aber nicht zu. Nichts anderes gilt, wenn der Täter über eine solche Sache schuldrechtliche Kauf-, Miet-, Leih- oder Schenkungsverträge abschließt, mag das ggf. auch ein (versuchter oder vollendeter) **31**

[29] Vgl. *Lackner/Kühl* Rdn. 4; *Cantzler* JA 2001 567, 569; *Jäger* JuS 2000 1167, 1169; *Krey/Hellmann* Rdn. 152 f; *Kudlich* JuS 2001 767, 771 f; *Küper* BT S. 495; *Mitsch* BT 2/1 § 2 Rdn 19 ff; *Rengier* FS Lenckner, S. 809, 810 f; *ders.* BT 1 § 5 Rdn. 18a; *Wessels/Hillenkamp* Rdn. 293; krit. *Schenkewitz* NStZ 2003 17, 19.

Eingehungsbetrug sein. An einem Zueignungserfolg fehlt es, wenn die Sache im alleinigen Besitz oder Gewahrsam des Eigentümers ist und bleibt (*Mitsch* BT 2/1 § 2 Rdn. 20); wer z.B. den Eigentümer auf Herausgabe verklagt und die vorsätzliche unwahre Behauptung eigenen Eigentums erstellt, mag (versuchten Prozess-)Betrug begehen, unterschlägt die Sache aber nicht, auch wenn er Zueignungswillen manifestiert.

32 2. **Enteignung(serfolg)**. S. hierzu § 242 Rdn. 143 und ergänzend: Der Enteignungserfolg ist zwar ein Dauererfolg. Jedoch genügt – wie auch sonst bei Dauerdelikten – für die Vollendung der Unterschlagung der **Beginn der Enteignung**, indem der Eigentümer tatsächlich aus seiner Eigentümerposition verdrängt wird; ob das endgültig oder auf Dauer erfolgen soll oder ob der Täter Rückgabewillen hat, ist (erst) eine Frage des Enteignungsvorsatzes. Diese Auffassung berührt sich eng mit Enteignungsgefahrlehren, geht jedoch weiter als eigentliche Enteignungserfolgslehren, wonach es darauf ankommt, ob die Substanz oder der Wert der Sache bereits beeinträchtigt oder gar eine dauerhafte oder endgültige Enteignung eingetreten ist (s. bereits Rdn. 25). So ist das Einstecken einer Fundsache, um sie zu behalten, nach hier vertretener Auffassung Beginn der Enteignung des Eigentümers und deshalb vollendete (nicht nur versuchte) Unterschlagung – was zu demselben Ergebnis führt, das auch schon nach altem Recht von der „kleinen berichtigenden Auslegung" anerkannt war. Wer eine fremde Sache, die er zurückgeben muss, wenn auch nur kurze Zeit nicht zurückgibt, beginnt nach der hier vertretenen Auffassung objektiv mit einer Enteignung (**aA** *Mitsch* BT 2/1 § 2 Rdn. 32); sein Rückführungswille kann subjektiv den Enteignungsvorsatz ausschließen.

33 In jedem Fall ist ein Verhalten erforderlich, dass sich auf die Sache selbst bezieht und **rechtliche oder tatsächliche Auswirkungen auf die Sache selbst** hat (Rdn. 31). Die schlichte Eigentumsbehauptung oder auch das Ableugnen des Besitzes an fremden Sachen sind noch kein Beginn der Enteignung, bloße „verbale Zueignungsakte" (treffend *Mitsch* BT 2/1 § 2 Rdn. 42) noch keine Zueignung i.S.v. § 246 StGB.[30] Auch die Begründung bloß schuldrechtlicher Ansprüche in Bezug auf eine Sache ist noch kein Enteignungsbeginn (Rdn. 41).

34 3. **Aneignung(serfolg)**. S. hierzu § 242 Rdn. 145 ff und ergänzend: Ebenso wenig wie beim Diebstahl ist das bloße formale *se ut dominum gerere*, die bloße Eigentumsbehauptung oder verbale Eigentumsanmaßung und auch nicht jegliche Ausübung von Eigentümerbefugnissen eine Aneignung; so genügt die bloße Preisgabe, Beschädigung oder Zerstörung einer Sache gerade nicht für die Zueignung. Vielmehr ist es ebenso wie beim Diebstahl erforderlich, dass die unterschlagene Sache (wenn auch nur vorübergehend) dem Vermögen des Täters (bzw. bei Drittzueignung des Dritten) einverleibt wird. Daran fehlt es bei schlichter Eigentumsbehauptung (**aA** RG JW **1931** 1037) oder beim Ableugnen des Besitzes (**aA** RGSt **72** 382; BayObLG JR **1955** 271); in den zuletzt genannten Fällen ist freilich stets zu prüfen, ob nicht die Aneignung bereits zuvor erfolgt ist. Weder mit dem Verkaufsangebot noch auch mit dem Abschluss eines schuldrechtlichen Kaufvertrages verleibt sich der Täter bereits die Sache selbst ihrer Substanz oder ihrem Wert nach seinem Vermögen ein (**aA** OLG Braunschweig HESt **2** 320; OLG Schleswig SchlHA **1970**

[30] *Hoyer* SK[6] Rdn. 27; ***Basak***, S. 173, 192; *Kargl* ZStW **103** (1991) 136, 178; *Maiwald* S. 194; **aA** BGH wistra **2006** 227, 228; OLG Celle NJW **1974** 2326, 2327; *Fischer* Rdn. 7; *Ruß* LK[11] Rdn. 20; *Sch/Schröder/Eser* Rdn. 20; *Eisele* BT II Rdn. 241; *Jäger* JuS **2000** 1167, 1168; *Maurach/Schroeder/Maiwald* I § 34 Rdn. 29; *Wessels/Hillenkamp* Rdn. 281.

195), sondern erst, wenn er den Verkauf vollzieht; da man auch fremde Sachen verkaufen kann, liegt übrigens keineswegs zwingend ein *se ut dominum gerere* vor. Demgegenüber kann auch nur vorübergehender Sachgebrauch zu eigenem Nutzen durchaus Aneignung sein; es kann aber am Enteignungsvorsatz fehlen, wenn Rückführungswille besteht. Auch ist die Aneignung bzw. der Aneignungswille unabhängig davon, ob der Täter den wirtschaftlichen Wert der Sache in sein Vermögen überführt, sich bereichert bzw. das tun will (OLG Düsseldorf NJW **1987** 2526).

4. **Einzel- und Grenzfälle.** Wie beim Diebstahl (§ 242 Rdn. 141) sind typische Zueignungshandlungen die **Veräußerung** der fremden Sache an einen Dritten, gleich ob dabei das fremde Eigentum geleugnet wird (Veräußerung an Gutgläubige) oder nicht (Veräußerung an Bösgläubige, z.B. Hehler), das auf Dauer angelegte **Behalten** der Sache (namentlich unterschlagenen Geldes) zu eigenen Zwecken und der **Verbrauch** der Sache zu eigenem Nutzen. Die Einzelheiten und zahlreiche Grenzfälle sind wie beim Diebstahl umstritten. **35**

a) **Abgrenzung zur Gebrauchsanmaßung (*furtum usus*).** S. bereits § 242 Rdn. 153 ff. **36**
Unbefugte Gebrauchsanmaßung (*furtum usus*) ist nur nach § 248b StGB strafbar, im Übrigen straflos und auch nicht nach § 246 StGB strafbar (allg. M.).[31] Die Straflosigkeit ergibt sich jedenfalls daraus, dass es dem Täter subjektiv an dem auch für die Unterschlagung erforderlichen **Enteignungsvorsatz** fehlt, der auf die dauerhafte oder endgültige Enteignung gerichtet sein muss. Nach den Manifestationslehren (Rdn. 22 ff) liegt dann mangels Zueignungswillens bereits objektiv keine Zueignung vor. Demgegenüber ist es für Zueignungslehren (Rdn. 25) schwieriger, eine Zueignung bereits objektiv zu verneinen. Auch nur vorübergehender unbefugter Sachgebrauch ist nach h.A. Aneignung (§ 242 Rdn. 153); lässt man – wie hier – bei § 246 StGB den Beginn der Enteignung genügen (Rdn. 32), so ließe sich durchaus argumentieren, der die Sache zu eigenen Zwecken unbefugt Gebrauchende beginne damit, den Eigentümer – wenn auch nur vorübergehend – aus seiner Herrschaftsposition zu verdrängen; auch die Gefahr dauernder Enteignung kann im Grunde nur im Hinblick auf den Rückführungswillen, also bereits unter Vorgriff auf den subjektiven Tatbestand, verneint werden.

Wer eine **gemietete oder entliehene Sache** *rechtswidrig gebraucht* (und so, zivilrechtlich gesprochen, einen Fremdbesitzerexzess begeht), unterschlägt sie nicht, wenn er sie ohne zwischenzeitlichen, enteignend wirkenden Sachsubstanz- oder -wertverlust zurückgeben will. Wer z.B. mit einem gemieteten Kraftfahrzeug unter vorsätzlicher Missachtung von Ausreisebeschränkungen ins Ausland fährt, unterschlägt das Fahrzeug nicht; in der Konsequenz der h.A. liegt es freilich, anderes anzunehmen, wenn er für möglich hält und billigend in Kauf nimmt, dass das Fahrzeug im Ausland gestohlen, beschädigt oder zerstört wird, mag ihm dies auch unerwünscht sein. Wer eine gemietete oder entliehene Sache über die vereinbarte Zeit hinaus *behält, also nicht zurückgibt, und gebraucht*, unterschlägt sie nicht, wenn ihm nicht widerlegt werden kann, dass er keinen Rückführungswillen hatte (RGSt **4** 404; BGH 3 StR 26/86 vom 12.2.1986; OLG Koblenz StV **1984** 287). Wer die Daten eines ihm überlassenen Datenträgers unbefugt kopiert, um sie zu verwerten, unterschlägt den Datenträger nicht, wenn der Datenträger als solcher in der **37**

[31] *Fischer* § 242 Rdn. 38; *Kindhäuser* NK Rdn. 33; *Lackner/Kühl* § 242 Rdn. 24; *Sch/Schröder/Eser* § 242 Rdn. 51; *Schmitz* MK § 242 Rdn. 125 f; *Eisele* BT II Rdn. 67; *Haft/Hilgendorf* BT 1 S. 10; *Kindhäuser* BT II § 1 Rdn. 8, § 2 Rdn. 103; *Krey/Hellmann* Rdn. 58; *Mitsch* BT 2/1 § 2 Rdn. 32; *Rengier* BT 1 § 2 Rdn. 46.

Verfügungsgewalt des Eigentümers verbleibt (BayObLG NJW **1992** 1777 m. Anm. *Julius* JR **1993** 253). Nach h.A. gilt anderes, wenn die Sache durch den unbefugten Gebrauch erhebliche Einbußen an ihrer Substanz oder einen erheblichen Wertverlust erleidet oder infolge des Gebrauchs ihre wirtschaftliche Bestimmung im Wesentlichen nicht mehr erfüllen kann und deshalb im Verkehrssinn eine andere geworden ist (BGHSt **34** 309, 312 f; KG GA **1972** 277; OLG Celle NJW **1974** 2326). Wer ein Kraftfahrzeug für wenige Tage mietet, es mehrere Wochen über die vereinbarte Zeit hinaus benutzt und dann irgendwo abstellt, soll es unterschlagen (KG VRS **37** 438; OLG Düsseldorf StV **1990** 164). Zur Kritik s. § 242 Rdn. 144, 160.

**38** b) **Abgrenzung zur Sachentziehung, -beschädigung und -zerstörung.** S. bereits § 242 Rdn. 156 ff. Wer eine ihm überlassene Sache nur dem Eigentümer entziehen, insbesondere dem beliebigen Zugriff Dritter preisgeben oder beschädigen oder zerstören will, kann sich nur ggf. gem. § 303 StGB, nicht aber (auch) gem. § 246 StGB strafbar machen, weil es am Aneignungserfolg bzw. -vorsatz fehlt (OLG Düsseldorf NJW **1987** 2526).[32] Wer ein Kraftfahrzeug unbefugt gebraucht und dabei Rückführungswillen hat (oder dieser ihm nicht widerlegt werden kann), unterschlägt das Kraftfahrzeug nicht, wenn er, nachdem der Kraftstoff ausgegangen ist, es verlässt und dem beliebigen Zugriff Dritter preisgibt, was zwar Enteignung sein kann, die aber nicht mit einer Aneignung korrespondiert.[33] Anders kann es liegen, wenn der Täter gerade von der Preisgabe einen Nutzen hat (BGHSt **4** 236, 238; BGH 4 StR 671/76 vom 10.3.1977; vgl. auch BGH GA **1960** 182). Auch wenn Aneignung(svorsatz) und Enteignung(svorsatz) korrespondieren, insbesondere wenn der Täter das in seinem Gewahrsam befindliche Kraftfahrzeug unbefugt benutzt und dabei bereits die spätere Preisgabe ins Auge fasst, kann Unterschlagung in Betracht kommen (vgl. BGHSt **13** 43; BGH NJW **1953** 1880). Der sachzerstörende *Verbrauch* ist Zueignung, wenn er zu eigenem (oder im Falle der Drittzueignung zu fremdem) Nutzen erfolgt, beispielsweise wenn jemand ihm überlassenes Öl auf die Straße schüttet und anzündet, um sich am Feuer zu ergötzen (BGH 4 StR 671/76 vom 10.3.1977). Benutzt jemand ein ihm überlassenes Kraftfahrzeug zum sog. *joy riding* und verunfallt das Fahrzeug, was er billigend in Kauf genommen hat, so liegt nach diesen Grundsätzen Unterschlagung vor.

**39** c) **Zueignung durch rechtsgeschäftliches Handeln.** Die entgeltliche oder auch unentgeltliche **Übereignung** einer fremden Sache an einen Dritten ist Paradigma der Zueignung, gleich, ob der Dritte gutgläubig ist und dann gem. §§ 932 ff BGB sogar Eigentum erwirbt oder nicht. – Wer eine ihm überlassene fremde Sache **zur Sicherheit übereignet**, bewirkt i.d.R. noch keinen gutgläubigen Eigentumserwerb beim Sicherungsnehmer, weil im Regelfall der Sicherungsübereignung nach § 930 BGB dieser noch keinen unmittelbaren Besitz erlangt, § 933 BGB. Deshalb ist namentlich bei der praktisch häufigen „doppelten" oder „mehrfachen" Sicherungsübereignung ein und derselben Sache des Sicherungsgebers nur die erste wirksam, alle weiteren unwirksam. Gleichwohl kann die zweite (bzw. jede weitere) Sicherungsübereignung nach h.A. Unterschlagung sein, wenn der Täter sie für wirksam hält bzw. tatsächlich gewillt ist, die Sache nur dem zweiten (bzw. weiteren) Sicherungsnehmer als Sicherheit zur Verfügung zu stellen (BGHSt **1** 262, 264 f; BGH 1 StR 492/66 bei Dallinger MDR **1967** 173). Dem ist im Ergebnis zuzustimmen, da

---

32 BGHSt **4** 236, 238; BGH GA **1954** 60, 61; NJW **1970** 1753, 1754; GA **1971** 114.

33 BGH GA **1960** 182; **1961** 172, 173; BayObLG NJW **1961** 280; *Ranft* JA **1984** 277, 280 f.

es genügt, dass sich der Zueignende tatsächlich-wirtschaftlich an die Stelle des Eigentümers setzt, und es auf den Eigentumsverlust bzw. -erwerb nicht entscheidend ankommt. Das bloße Angebot, eine fremde Sache als Sicherheit zu übereignen, ist aber allenfalls Unterschlagungsversuch (**aA** RG HRR **1935** 1188). Jedenfalls mangels Enteignungsvorsatzes entfällt eine Unterschlagungsstrafbarkeit, wenn der Sicherungsgeber den ersten Sicherungsnehmer nicht in seinen Rechten beeinträchtigen will, sei es, dass er die Unwirksamkeit der zweiten Sicherungsübereignung kennt, sei es, dass er nur sein Anwartschaftsrecht übertragen will und mit dem neuen Sicherungsnehmer vereinbart, dass dieser die gesicherte Restschuld an den Eigentümer bezahlt (BGH 1 StR 310/53 vom 10.9.1953; OLG Celle NdsRpfl. **1960** 236; OLG Hamm JMBlNRW **1961** 44). Eine zweite Sicherungsübereignung ist nicht rechtswidrig, wenn der Sicherungsgeber bereits einen fälligen Anspruch auf Rückübereignung hat. – Die zur Sicherungsübereignung entwickelten Grundsätze gelten auch bei Verfügungen über unter **Eigentumsvorbehalt** erworbene Sachen (BGH 5 StR 392/55 vom 17.1.1956; RG HRR **1931** 902).

Die unbefugte **Verpfändung** einer fremden Sache, z.B. eines Sparbuchs (RG GA Bd. 47 294), ist nicht als Unterschlagung strafbar, wenn der Täter das Pfand wieder auslösen und unverändert zurückgeben will; dann fehlt es am Enteignungsvorsatz, und es liegt eine bloße Gebrauchsanmaßung vor.[34] Auf die Rechtswirksamkeit der Verpfändung kommt es nicht an (RG JW **1924** 1438 m. Anm. *Köhler*). Allerdings verlangt die Rechtsprechung, der Täter müsse ernstlich davon überzeugt sein, das Pfand auslösen zu können, und diese Überzeugung müsse in den Vermögens- und Erwerbsverhältnissen des Täters eine sichere Grundlage haben (RGSt **66** 155; BGHSt **12** 299, 302; OLG Oldenburg NJW **1952** 1267; s. auch BGH wistra **1990** 352 zu § 266 StGB); eine prekäre objektive Vermögens- und Einkommenslage darf aber allenfalls als Indiz für den Enteignungsvorsatz herangezogen werden (s. bereits *Kohlrausch/Lange* Anm. V). In der Veräußerung eines Pfandscheins liegt nach RGSt **31** 436, 437 noch keine Zueignung der verpfändeten fremden Sache. Lässt der Verpfänder das Pfand verfallen, so ist das Zueignung, desgleichen, wenn er einem Dritten den Pfandschein zur Einlösung zugehen lässt (RGSt **11** 68); gibt er den Pfandschein aber an den Eigentümer, damit dieser das Pfand auslöse, so können Enteignung und Enteignungsvorsatz richtiger Auffassung nach nicht damit begründet werden, dass der Eigentümer in Höhe des für die Auslösung benötigten Geldbetrags enteignet sei und der Täter dies wolle. Verpfändet der Täter die unter Eigentumsvorbehalt erworbene Sache, um mit dem Pfandgeld den Eigentümer zu befriedigen und selbst Eigentümer zu werden, fehlt ihm der Vorsatz rechtswidriger Zueignung. **40**

Nach h.A. kann eine Zueignung bereits in dem vom Täter im eigenen Namen abgeschlossenen **Verpflichtungsgeschäft** erblickt werden (RGSt **17** 59; **73** 253).[35] Es sollen sogar Verkaufsaufträge (RGSt **58** 230) oder ernstlich gemeinte Verkaufsangebote (BGH 1 StR 284/53 bei Dallinger MDR **1954** 398) genügen. Richtigerweise ist hier allenfalls Versuch anzunehmen (zutr. *Hohmann* MK Rdn. 37; *Hoyer* SK[6] Rdn. 27). Auch die Rechtsprechung lässt das Verkaufsangebot als solches nicht für eine vollendete Zueignung **41**

---

34 RGSt **66** 155, 156; RG JW **1937** 2391; HRR **1934** 1328; BGHSt **12** 299 m. abl. Anm. *Bockelmann* JZ **1959** 495; OLG Karlsruhe Die Justiz **1972** 319; *Sch/Schröder/Eser* Rdn. 17; *Mitsch* BT 2/1 § 2 Rdn. 33; *Kargl* ZStW **103** (1991) 136, 183; *Krey/Hellmann* Rdn. 166; *Samson* JA **1990** 5, 7.

35 *Duttge* HK-GS Rdn. 8; *Fischer* Rdn. 7; *Kindhäuser* NK Rdn. 20; *Lackner/Kühl* Rdn. 5; *Sch/Schröder/Eser* Rdn. 16; *Eisele* BT II Rdn. 241; *Haft/Hilgendorf* BT 1 S. 24; *Kindhäuser* BT II § 6 Rdn. 23; *Krey/Hellmann* Rdn. 163; *Rengier* BT 1 § 5 Rdn. 10a; *Wessels/Hillenkamp* Rdn. 281.

genügen, wenn der Täter als Kommissionär an sich zum Verkauf berechtigt war, auch wenn er sich nicht an die im Innenverhältnis geltenden Beschränkungen gehalten hat (RGSt **67** 70, 73 ff). Verkaufsverhandlungen über aus einer Gesamtheit noch nicht ausgesonderte Sachen (s. hierzu bereits Rdn. 8) enthalten weder eine vollendete Unterschlagung an der Gesamtheit (**aA** RGSt **73** 253) noch an dem angebotenen Teil (**aA** OLG Braunschweig NJW **1947** 109 m. abl. Anm. *Wiegmann*); vollendet ist die Tat frühestens mit der Aussonderung (BGH NJW **1959** 1377; zum möglichen Unterschlagungsversuch RG JW **1934** 614).

**42** d) **Tatsächliches Handeln**, das zu einem gesetzlichen Eigentumserwerb führt wie insbesondere bei **Verbindung und Verarbeitung** (§§ 946, 947, 950 BGB), ist Zueignung; dass der Täter ggf. Alleineigentümer der neuen Sache wird, ändert daran nichts (RMG **20** 9, 14). **Vermischung** fremden Geldes mit eigenem Geld führt zwar dazu, dass der Eigentümer das Alleineigentum an seinem Geld verliert; da er aber wertgleiches Miteigentum an dem vermischten Geld erlangt (§ 948 BGB), kann nur auf der Grundlage betont formalen Eigentumsschutzes ohne Weiteres von einer Zueignung ausgegangen werden. Die Praxis nimmt nur dann Unterschlagung an, wenn der Täter über den Mischbestand *zu einem seinen Anteil übersteigenden Betrag* wie über eine eigene Sache verfügen, insbesondere damit eigene Verpflichtungen bestreiten will (RGSt **26** 437, 439; **71** 95, 96; OLG Celle NJW **1974** 1833). Wer fremdes Geld pflichtwidrig nicht in eine dafür bestimmte Kasse legt oder es in eine gemeinsame Kasse legt, aus der er seinen Lebensunterhalt bestreitet, begeht also nicht ohne Weiteres Unterschlagung. Entnimmt der Täter aber nach der Vermischung mehr als den ihm zustehenden Anteil, so ist das im Hinblick auf das Miteigentum des anderen Unterschlagung (RGSt **56** 121, 123; RMG **17** 99). Sie kann auch darin erblickt werden, dass ein Gerichtsvollzieher einem Nichtberechtigten aus der Masse Beträge zuteilt, um einer eigenen Haftung zu entgehen (RGSt **61** 228). Dieselben Grundsätze gelten auch für Rechtsanwälte und Notare, jedenfalls wenn sie von vornherein damit rechnen, dass von dem Mischbestand für die Mandanten nicht mehr genug übrigbleiben werde (RG HRR **1934** 1170).

**43** Das schlichte **Behalten** einer Sache, insbesondere die schlichte **Nichtrückgabe** einer Sache, deren Rückgabe zivilrechtlich geschuldet ist, kann Zueignung sein, wenn anfänglicher Zueignungsvorsatz zur Überzeugung des Tatgerichts nachweisbar ist, insbesondere der Vorsatz, die Sache endgültig und auf Dauer zu eigenen Zwecken zu behalten und so den Eigentümer zu enteignen. In der Regel wird dieser Nachweis nicht zu führen sein, weil die Nichtrückgabe auch auf Nachlässigkeit, Säumnis u. dgl. beruhen kann, dann kann nicht wegen Unterschlagung verurteilt werden (RGSt **4** 404, 405 f; BGHSt **34** 309, 312; OLG Hamm JMBlNRW **1960** 230; JR **1952** 204; OLG Koblenz StV **1984** 287, 288; LG Potsdam NStZ-RR **2008** 143, 144). Anders kann es liegen, wenn Indizien für Enteignungsvorsatz wie weiterer, insbesondere enteignend wirkender Sachgebrauch oder auch „verbale Zueignungsakte" (s. sogleich Rdn. 44) hinzukommen. Im Ergebnis zu Recht hat deshalb BGHSt **34** 309, 312 f eine Zueignung angenommen, wenn ein Schuldner sicherungsübereignete Gegenstände auf Verlangen des Sicherungseigentümers nicht herausgab, sondern fortschaffte und über einen längeren Zeitraum weiter mit ihnen arbeitete und so wissentlich enteignend wirkende Wertminderungen bewirkte. Ohne Zueignungsvorsatz handelt aber, wer – obgleich rechtskräftig verurteilt – die Herausgabe nur deshalb unterlässt, weil er Gegenansprüche durchsetzen will (BGH StraFo **2007** 251). Wer auftragsgemäß für ihn fremde Gelder **entgegennimmt**, handelt, solange er sich äußerlich ordnungsgemäß verhält, objektiv rechtmäßig (mit Einwilligung), auch wenn er von Anfang an Zueignungsvorsatz hat (*Sch/Schröder/Eser* Rdn. 11); eine Unterschlagung liegt erst dann vor, wenn er die Gelder nicht abführt (vgl. OLG Düsseldorf NStZ-RR **1999** 41) oder sonst Verschleierungsmaßnahmen vornimmt, beispielsweise eine gefälschte Quittung erteilt (OLG Köln NJW **1963** 1992). Wer als selbständiger Verwalter einer Kasse Einnahmen nicht ordnungsgemäß verbucht, um so einen zuvor entstandenen Fehlbetrag, für den er haftet, zu verdecken, soll nach h.A. die nicht ordnungsgemäß verbuchten Einnahmen unterschlagen (BGHSt **9** 348; **24** 115; im gleichen Sinne sogar, wenn keine Ersatzpflicht des Beamten besteht, RGSt **64** 414, 415);[36] richtigerweise fehlt es an der Aneignung der Einnahmen, die nur zur Begehung eines (versuchten) Betrugs eingesetzt werden (ebenso *Kindhäuser* NK Rdn. 32).[37] Der Finder, der die Sache **einsteckt**, um sie – wie ihm nachgewiesen werden kann – zu behalten, begeht bereits hiermit eine vollendete Unterschlagung (BGH 1 StR 178/52 bei Dallinger MDR **1953** 21).

**„Rein verbale Zueignungsakte"** (treffend *Mitsch* BT 2/1 § 2 Rdn. 42) sind keine Zueignung im Rechtssinn.[38] Demgegenüber geht die h.A. auf der Grundlage der Manifestationslehre davon aus, dass vollendete Unterschlagung vorliege, wenn der Täter den Besitz oder Gewahrsam an einer fremden Sache mit Zueignungsvorsatz ableugne oder den Standort der Sache verheimliche.[39] Eine Betätigung des Zueignungswillens könne ferner darin liegen, dass der Täter das Eigentum ausdrücklich für sich beansprucht (RG JW **1928** 410; **1931** 1037). Immerhin soll, wenn ein ertappter Straftäter wahrheitswidrig behauptet, die bei ihm gefundene fremde Sache gehöre ihm, kein Zueignungswille vorliegen, wenn es ihm nur um Abwehr der Strafverfolgung, nicht um Zueignung der Sache geht (OLG Frankfurt SJZ **1947** 676 m. Anm. *Voigt*; OLG Hamm JR **1952** 204). Auch auf der Grundlage der hier vertretenen Auffassung ist freilich stets zu prüfen, ob z.B. dem Ableugnen des Besitzes bereits eine Zueignung vorangegangen ist. **44**

e) **Unterlassen.** Zum Unterlassen der zivilrechtlich geschuldeten Rückgabe einer Sache s. bereits Rdn. 43. Nach h.A. kann die Zueignung auch durch **Unterlassen in Garantenstellung** erfolgen.[40] So soll es liegen, wenn der Gerichtsvollzieher beim Mieter eine dem Vermieter gehörige Sache pfändet und der Mieter das widerspruchslos hinnimmt, ohne den Vermieter zu verständigen, um auf diese Weise die Verringerung seiner eigenen Schulden zu erreichen (OLG Oldenburg NJW **1952** 1267). Es ist aber fragwürdig, ob der Mieter Beschützergarant des Vermieters ist; da für die Pfändung nur Gewahrsam des Schuldners erforderlich ist (§ 808 Abs. 1 ZPO), würde der Hinweis im Übrigen die Pfändung als solche grundsätzlich nicht hindern. Bietet der Schuldner dem Gerichtsvollzieher eine fremde Sache ausdrücklich als eigene an, so ist das Zueignung durch positives Tun (**aA** OLG Schleswig SchlHA **1953** 216). **45**

---

36 Ebenso RGSt **62** 173; OLG Köln NJW **1966** 1373, 1374; *Fischer* Rdn. 7; *Lackner/Kühl* Rdn. 6; *Eisele* BT II Rdn. 240; *Rengier* BT 1 § 5 Rdn. 8; *Rudolphi* GA **1965** 33, 43; *Tenckhoff* JuS **1984** 775, 778; *Tröndle* GA **1973** 289, 338f; *Wessels* JZ **1965** 631, 636; *Wessels/Hillenkamp* Rdn. 285 ff.

37 *Sch/Schröder/Eser* Rdn. 12; Arzt/Weber/*Heinrich*/Hilgendorf BT § 15 Rdn. 33; *Deubner* NJW **1971** 1469; *Gribbohm* JuS **1963** 106; *Kindhäuser* BT II § 6 Rdn. 53; *Koch* NJW **1957** 150; *Otto* Jura **1996** 383, 386; *Schöneborn* MDR **1971** 811; *Seelmann* JuS **1985** 699, 701.

38 Wie hier die h.L., s. nur Arzt/Weber/*Heinrich*/Hilgendorf BT § 15 Rdn. 27; *Cantzler* JA **2001** 567, 571; *Dencker/Struensee/Nelles/Stein*, 1. Teil Rdn. 52; *Jäger* JuS **2000** 1167 f; *Kargl* ZStW **103** (1991) 136, 175; *Maiwald* S. 193; *Krey/Hellmann* Rdn. 164; *Sinn* NStZ **2002** 64, 67; *Wessels/Hillenkamp* Rdn. 280.

39 RGSt **72** 380, 382; BGH 1 StR 129/52 vom 13.5.1952; BayObLG JR **1955** 271; OLG Celle NJW **1974** 2326, 2327.

40 *Duttge* HK-GS Rdn. 7; *Fischer* Rdn. 7; *Hohmann* MK Rdn. 25; *Lackner/Kühl* Rdn. 4; *Sch/Schröder/Eser* Rdn. 20; *Haft/Hilgendorf* BT 1 S. 25; *Maurach/Schroeder/Maiwald* I § 34 Rdn. 31; *Mitsch* BT 2/1 § 2 Rdn. 47.

46 5. **Besonderheiten der Drittzueignung.** S. zunächst § 242 Rdn. 177 ff und ergänzend: Nach früherem Recht musste sich der Täter die Sache **selbst** zueignen, was die h.A. weit auffasste, weshalb z.B. das Verschenken fremder Sachen oder die Veräußerung von Vereinseigentum durch den Vereinsvorstand auch dann als Selbstzueignung angesehen wurde, wenn der Veräußerungserlös als Spende dem Verein wieder zufließen sollte, wovon sich der Vorstand eigene Vorteile versprach (OLG Karlsruhe Die Justiz **1975** 314). Nicht mehr als Selbstzueignung sah BGHSt **41** 187 aber die Praxis des Ministeriums für Staatssicherheit an, Geld und Wertgegenstände in Brief- und Postsendungen aus dem Westen dem Haushaltsvermögen der DDR zuzuführen (§ 242 Rdn. 178). In derartigen Fällen ist nach heutigem Recht eine Drittzueignung gegeben.

47 Richtiger Auffassung nach genügt auch bei § 246 StGB (s. bereits § 242 Rdn. 187) nicht, dass dem Dritten die Aneignung nur ermöglicht wird.[41] Vielmehr muss die Tathandlung zu einem **Aneignungserfolg bei dem Dritten** führen (BGH NStZ-RR **2006** 377, 378 = BGH wistra **2007** 18, 20 mit Bespr. *Hauck* wistra **2008** 241). Wer einem Dritten nur Gelegenheit verschafft, sich die Sache anzueignen, eignet sie diesem noch nicht zu, sondern erst, wenn der Dritte die Gelegenheit tatsächlich wahrnimmt; entgegen BGH aaO liegt in diesen Fällen nicht zwingend bloße Unterschlagungsbeihilfe des Drittzueignenden vor, sondern es kann (Mit-)Täterschaft in Betracht kommen. Einen Aneignungserfolg bei dem Dritten bewirkt, wer in dessen Person einen *gesetzlichen Eigentumserwerb* nach §§ 946 ff BGB herbeiführt, z.B. wenn jemand auf einem gemieteten Grundstück einen Baustoffhandel betreibt und unter Eigentumsvorbehalt gelieferte Baustoffe auf dem Grundstück verbaut. Gleiches gilt, wenn der Täter einen *rechtsgeschäftlichen Eigentumserwerb* des Dritten bewirkt, ohne sich die Sache zuvor oder zugleich selbst zuzueignen, z.B. wenn jemand einem bereits im Besitz der Sache befindlichen gutgläubigen Dritten gem. § 932 Abs. 1 Satz 2 BGB Eigentum verschafft (*Fischer* Rdn. 12) oder dem gutgläubigen Dritten gem. § 934 durch Abtretung des Herausgabeanspruchs Eigentum verschafft (vgl. das Beispiel bei Arzt/Weber/*Heinrich*/Hilgendorf BT § 15 Rdn. 31). Ein Aneignungserfolg bei dem Dritten liegt schließlich vor, wenn der Täter bewirkt, dass der Dritte ***tatsächlich eine eigentümergleiche Stellung*** erlangt, ohne sich die Sache zuvor oder zugleich selbst zuzueignen. So kann es liegen, wenn der Strohmanngeschäftsführer einer GmbH auf Weisung des Hintermannes diesem sicherungsübereignete Firmenfahrzeuge überlässt und der Hintermann Eigenbesitz begründet; am Drittzueignungsvorsatz fehlt es aber, wenn der Strohmann davon ausgeht, der Hintermann werde die Sicherungsübereignung beachten (BGH aaO). Denkbar sind auch Fundunterschlagungen zugunsten eines Dritten (*Kindhäuser* NK Rdn. 22), z.B. wenn jemand im Auftrag eines Hintermannes verlorene Sachen sucht, an sich nimmt und auftragsgemäß an den Hintermann abliefert. Die eigentümergleiche Stellung des Dritten kann auch dadurch begründet werden, dass jemand, der eine Sache für einen anderen in Besitz hat, sich entschließt, nunmehr dem Dritten den Besitz zu mitteln (*Fischer* aaO; *Kindhäuser* aaO Rdn. 23).

48 Ob der Dritte gut- oder bösgläubig ist, spielt für das Vorliegen eines Aneignungserfolges bei ihm keine Rolle (zutr. *Kindhäuser* NK Rdn. 21). Die umstrittene Frage, ob der Dritte mit der Aneignung als solcher einverstanden sein muss oder ob es auch **„aufgedrängte"** oder **„heimliche Drittzueignungen"** geben kann,[42] ist differenziert zu beantworten:

---

[41] In diesem Sinne aber *Sch/Schröder/Eser* Rdn. 26; *Duttge/Sotelsek* Jura **2002** 526, 532; *Jäger* JuS **2000** 1167, 1168; *Wessels/Hillenkamp* Rdn. 281.

[42] S. dazu *Hohmann* MK Rdn. 43; *Duttge/Sotelsek* Jura **2002** 526, 532; *Jäger* JuS **2000** 1167, 1168; *Küper* BT S. 493; *Krey/Hellmann* Rdn. 170b; *Noak*, S. 133; *Rengier* BT 1 § 5 Rdn. 19 f; *Wessels/Hillenkamp* Rdn. 281; dagegen *Kindhäuser* NK Rdn. 36; *Bussmann* StV 1999 613, 616; *Maurach/Schroeder/Maiwald* I § 34 Rdn. 34; *Mitsch*

Bewirkt der Täter ohne Einverständnis des Dritten dessen gesetzlichen Eigentumserwerb, so ist das jedenfalls ein von ihm vorsätzlich herbeigeführter Drittzueignungserfolg; darauf, ob der Dritte das weiß, kommt es nicht an. Bewirkt der Täter lediglich, dass die Sache objektiv in den Herrschaftsbereich des Dritten gelangt, ohne dass dieser das weiß, sendet er dem Dritten z.B. ein geliehenes Buch mit der Post zu oder stellt er es in das Bücherregal des Dritten, kann in der Sache nach in der schenkweisen Zueignung bereits eine Selbstzueignung erblickt werden (*Rengier* BT 1 § 2 Rdn. 72a, § 5 Rdn. 19a). Zu einer vollendeten Drittzueignung kann aber nur kommen, wer entweder den Manifestationslehren oder aber den Enteignungsgefahrerfolgslehren folgt (insoweit konsequent *Hohmann* MK Rdn. 43 f); wird – wie hier – ein Aneignungserfolg verlangt, muss der Dritte die Sache in sein Vermögen einverleiben, was ohne entsprechende Willensbildung des Dritten nicht möglich erscheint (*Mitsch* ZStW **111** [1999] 65, 86; *Rengier* FS Lenckner, S. 801, 805 [aber jetzt **aA** aaO]).

Wer eine Sache, die er sich selbst zugeeignet hat, später einem Dritten zueignet, begeht nicht zwei tatmehrheitliche Unterschlagungen (so aber *Börner* S. 265), sondern die Drittzueignung ist mitbestrafte Nachtat (aber nicht schon tatbestandslos, weil ein *Dritt*zueignungserfolg auch nach *Selbst*zueignungserfolg eintreten kann (**aA** *Mitsch* BT 2/1 § 2 Rdn. 52).[43] Zur umgekehrten Konstellation *Mitsch* ZStW **111** (1999) 65, 92. **49**

6. **Wiederholte Zueignung.** S. bereits § 242 Rdn. 190 und ergänzend: Wer eine fremde Sache deliktisch (z.B. durch Diebstahl, Unterschlagung, Betrug oder Hehlerei) bereits an sich gebracht und sich zugeeignet hat, soll sie sich nach heutiger Rechtsprechung durch nachfolgende Verwertungshandlungen nicht nochmals i.S.v. § 246 StGB zueignen können.[44] Derartige wiederholte Zueignungen seien als bloße Ausnutzung der bereits zuvor deliktisch erlangten eigentümerähnlichen Sachherrschaft keine Zueignungen im Rechtssinn, sondern **tatbestandslos.**[45] Anders kann es liegen, wenn die Vortat (noch) nicht zu einer Zueignung geführt hat wie in BGHSt **16** 280, wo der Täter sich unter Täuschung über seine Kreditwürdigkeit Möbel unter Eigentumsvorbehalt liefern ließ, dabei aber nicht die Absicht hatte, die Möbel vertragswidrig zu verwenden, diesen Vorsatz vielmehr erst später fasste und die Möbel an Dritte veräußerte; hier hatte sich der Täter durch den Betrug nur Fremdbesitz verschafft, erst durch die Veräußerung begründete er Eigenbesitz und maßte sich eigentümergleiche Verfügungsgewalt an, was den durch den Betrug verursachten Vermögensschaden der Verkäuferin eine weitere Beeinträchtigung hinzufügte, die in der Verletzung des bis dahin nicht angegriffenen Eigentums bestand (BGH aaO S. 281 f). Ebenso liegt es, wenn der Täter die Sache zunächst gutgläubig an sich gebracht **50**

---

ZStW **111** (1999) 65, 86; *Rengier* FS Lenckner, S. 805.

[43] *Duttge* HK-GS Rdn. 17; *Kindhäuser* NK Rdn. 24; *Sch/Schröder/Eser* Rdn. 33; *Birk* Die Unterschlagung nach dem 6. StrRG (2003) S. 110; *Cantzler* JA **2001** 567, 572; *Duttge/Sotelsek* Jura **2002** 526, 531; *Kudlich* JuS **2001** 767, 769; *Mitsch* ZStW **111** (1999) 64, 92; *Rengier* BT 1 § 5 Rdn. 23a; *Wessels/Hillenkamp* Rdn. 303a.

[44] RGSt **15** 426, 428; BGHSt **8** 254, 260; **14** 38, 45; BGH NJW **1983** 2827 m. **krit.** Anm. *Borchen/Hellmann* NJW **1983** 2799; BGH 2 StR 228/84 vom 9.5.1984; BayObLG GA **1964** 82, 83; OLG Celle NJW **1974** 2326, 2328; *Hohmann* MK Rdn. **41**; *Jäger* Jus **2000** 1167, 1170; *Kindhäuser* BT II § 2 Rdn. 92; *Krey/Hellmann* Rdn. 174.

[45] BGHSt **8** 254, 260; **14** 38, 43 f m. Anm. *Schünemann* JuS **1968** 114 ff; BGH 2 StR 228/84 vom 9.5.1984; OLG Saarbrücken NJW **1976** 65, 66; *Kindhäuser* NK Rdn. 37; *Lackner/Kühl* Rdn. 7; *Haß* SchlHA **1972** 176; *Maurach/Schroeder/Maiwald* I § 34 Rdn. 22 f; *Maiwald* S. 261 ff; *Otto* S. 106 ff; *ders.* BT § 42 Rdn. 23; *Poller/Härtl* JuS **2004** 1075, 1077; *Rengier* BT 1 § 5 Rdn. 23; *Schall* JuS **1977** 179, 182.

hat und, nachdem er bösgläubig geworden ist, Handlungen vornimmt, die eine Zueignung beinhalten (RGSt 76 131; BGHSt 10 151; BGH 1 StR 488/66 vom 29.11.1966), oder wenn er sich durch die Täuschung nur die Möglichkeit der Unterschlagung eröffnet hat, z.B. wenn ein Kellner durch Täuschung eine Anstellung erhält und Inkassovollmacht erlangt und dann, wie von Anfang an geplant, sich Gelder der Gäste zueignet (BGH 1 StR 533/65 vom 1.2.1966). Wer zunächst Untreue durch Falschbuchungen begeht, also nur einen Gefährdungsschaden herbeiführt, und anschließend den sich so ergebenden Überschuss durch Entnahme von Geld aus der Kasse zueignet, ist wegen Untreue in Tateinheit mit Unterschlagung strafbar (BGH 1 StR 43/63 vom 7.5.1963); anders liegt es, wenn die Untreue bereits zur Zueignung des Geldes geführt hat (BGHSt 6 314, 316; BGH 1 StR 426/60 vom 22.11.1960).

**51** Die Gegenauffassung anerkennt die Möglichkeit tatbestandsmäßiger wiederholter Zueignungen, die erst auf Konkurrenzebene als **mitbestrafte Nachtaten** ausschieden.[46] Dem Argument, es sei bereits logisch ausgeschlossen, sich eine bereits zugeeignete Sache wiederholt zuzueignen, wird auf der Grundlage der Manifestationslehre entgegengehalten, es sei durchaus möglich, mehrfach Zueignungswillen zu manifestieren. Die Tatbestandslösung führe zu Strafbarkeitslücken, wenn sich bösgläubige Dritte lediglich an nachträglichen Verwertungshandlungen beteiligten. Bei Licht besehen handelt es sich dabei aber nur um seltene Ausnahmefälle, in denen die Anschlussstraftaten (§§ 257 ff StGB) nicht eingreifen (zutr. *Kindhäuser* NK Rdn. 38). Auf der Grundlage von Zueignungs(erfolgs)lehren ist das logische Argument zwingend, und eine wiederholte Zueignung kommt tatbestandsmäßig nur in Betracht, wenn der Täter zwischenzeitlich die Verfügungsgewalt über die Sache verloren hat (s. § 242 Rdn. 190).

**52** Die **Subsidiaritätsklausel** (§ 246 Abs. 1 letzter Halbsatz StGB) spielt für die Frage der *wiederholten* Zueignung i.E. keine Rolle (zutr. *Fischer* Rdn. 15). Selbst wenn wiederholte Zueignungen als Unterschlagung strafbar und nur mitbestrafte Nachtaten wären, wäre nur die Vortat, nicht aber „die" (Unterschlagungs-)„Tat" in anderen Vorschriften mit schwererer Strafe bedroht. War die erste Zueignung selbst als Unterschlagung strafbar, so wäre das keine „andere Vorschrift". Allerdings weist *Küper* BT S. 496 darauf hin, dass die Subsidiaritätsklausel dem *obiter dictum* in BGHSt **14** 38, 46 f den Boden entzieht, wonach Vermögensstraftaten nicht *zugleich* tatbestandsmäßige Unterschlagungen sein könnten („Gleichzeitigkeitsfälle"); näher Rdn. 71 ff.

## IV. Vorsatz

**53** Der Unterschlagungsvorsatz muss sich ebenso wie der Diebstahlsvorsatz (s. § 242 Rdn. 128) zunächst auf die **fremde bewegliche Sache** als Tatobjekt beziehen. Fremdheit ist normatives Tatbestandsmerkmal, und es reicht nicht aus, dass der Täter die Tatsachen kennt, aus denen sich die Fremdheit ergibt, er muss vielmehr mindestens billigend in Kauf nehmen, dass die Sache in fremdem Eigentum steht (BayObLG NJW **1963** 310). Nimmt der Täter im Ergebnis zutreffend an, dass die Sache einem anderen gehört, so ist

---

[46] RGSt **39** 239, 244; **62** 61, 62; **68** 204, 209; **73** 6, 7; ebenso auch BGHSt **6** 314, 316; *Sch/Schröder/Eser* Rdn. 19; *Fischer* Rdn. 14; Arzt/*Weber*/*Heinrich*/Hilgendorf BT § 15 Rdn. 44; *Baumann* NJW **1961** 1141, 1143; *Bockelmann* JZ **1960** 621, 624; *Duttge/Sotelsek* Jura **2002** 526, 532; *Haft/Hilgendorf* BT 1 S. 25; *Mitsch* BT 2/1 § 2 Rdn. 53; *Schmidhäuser* BT § 8 Rdn. 44; *Schröder* JR **1960** 308, 309; *Seelmann* JuS **1985** 699, 702; *Tenckhoff* JuS **1984** 775, 779; *Wessels/Hillenkamp* Rdn. 301.

es unerheblich, ob seine Auffassung von der Rechtslage nicht geeignet gewesen wäre, fremdes Eigentum zu begründen (BayObLG aaO; **aA** *Bindokat* NJW **1963** 745; *Schl Schröder/Eser* Rdn. 24, die ein Wahndelikt annehmen). Steht die Sache im Alleineigentum des Täters und glaubt er irrig, es sei eine fremde, liegt untauglicher Versuch vor (OLG Stuttgart NJW **1962** 65).

**Zueignungsvorsatz** hat, wer Vorsatz dauernder oder endgültiger *Enteignung* des Eigentümers und Vorsatz der *Aneignung* durch sich selbst oder einen Dritten hat. Nach h.A. genügt bedingter Enteignungsvorsatz (hierzu § 242 Rdn. 144) und ebenso bedingter Aneignungsvorsatz.[47] Die Gegenauffassung versteht den Zueignungswillen als Zueignungsabsicht i.S.v. § 242 StGB und verlangt Aneignungsabsicht im technischen Sinne (*dolus directus ersten Grades*),[48] was eher mit der Manifestations- als mit der – hier vertretenen – Zueignungs(erfolgs)lehre vereinbar erscheint; im Übrigen dürfte die praktische Bedeutung des Streits gering sein. Der Vorsatz muss sich auch jedenfalls insoweit auf die *Rechtswidrigkeit* der Zueignung erstrecken, als der Täter mindestens billigend in Kauf nehmen muss, keinen Eigentumserwerbsanspruch (bei Drittzueignung auch des Dritten) zu haben. Wer als Gläubiger einer Geldforderung in seinen Besitz gekommenes Geld des Schuldners einbehält und annimmt, Anspruch auf dieses Geld zu haben und sich durch dessen Einbehaltung ihretwegen befriedigen zu dürfen, hat keinen Unterschlagungsvorsatz (OLG Hamm NJW **1969** 619). Das gilt auch, wenn der Täter glaubt, von ihm sicherungsübereignete Sachen sich wieder aneignen zu dürfen, weil er den Sicherungsnehmer für befriedigt hält oder irrig von einer Einwilligung des Eigentümers ausgeht (*Sch/Schröder/Eser* Rdn. 25; **aA** BayObLGSt **1960** 228). **54**

## V. Rechtswidrigkeit und Schuld

**1. Rechtfertigung der Zueignung.** Eigentumserwerbsansprüche werden nach ganz h.A. (**aA** *Mitsch* BT 2/1 Rdn. 56: „kein Bezugsgegenstand des Vorsatzes") als negative Tatbestandsmerkmale behandelt (Rdn. 14). Die Rechtswidrigkeit der Zueignung kann aber auch durch **allgemeine Rechtfertigungsgründe** entfallen. Auch insoweit soll nach h.A. bereits die Tatbestandsmäßigkeit der Zueignung entfallen; das soll aber – soweit ersichtlich – nicht bedeuten, dass nicht die allgemeine Dogmatik der Rechtfertigungsgründe anzuwenden wäre (andernfalls z.B. die Einwilligung in die Zueignung nach den Regeln über das tatbestandsausschließende Einverständnis zu behandeln wäre); dann aber erscheint es folgerichtig, die Rechtfertigung der Zueignung durch allgemeine Rechtfertigungsgründe auf der Rechtswidrigkeitsebene zu belassen. **55**

Zueignungen können durch **Amtsrechte** gerechtfertigt sein, z.B. bei rechtmäßigen Enteignungen, Verfall oder Einziehung. Praktisch kaum vorstellbar ist, wie Unterschlagungen durch **Notwehr** gerechtfertigt sein könnten. Zur **Notstandsrechtfertigung** einer Zueignung s. § 242 Rdn. 174. Ein Verbraucher, der sich oder einem Dritten unbestellt von einem Unternehmer gelieferte Ware zueignet, kann sich auf einen in **§ 241a BGB** enthal- **56**

---

[47] *Fischer* Rdn. 20; *Lackner/Kühl* Rdn. 9; *Hoyer* SK[6] Rdn. 40; *Sch/Schröder/Eser* Rdn. 24; *Haft/Hilgendorf* BT 1 S. 24; *Hohmann* MK Rdn. 48; *Eisele* BT II Rdn. 257; *Maurach/Schroeder/Maiwald* I § 34 Rdn. 36; *Mikolajczyk*, S. 121; *Mitsch* BT 2/1 § 2 Rdn. 56; *Samson* JA **1990** 5, 8; **aA** RGSt **26** 437, 439; RG DJ **1934** 229; *Degener* JZ **2001** 388, 398.

[48] RGSt **4** 404; 405; **42** 420, 421; *Ambos* GA **2007** 127, 141; *Kindhäuser* BT II Rdn. 37; *Küper* BT S. 489 f; *Mitsch* JuS **2007** 555, 558; *Rengier* BT 1 § 5 Rdn. 7; *Krey/Hellmann* Rdn. 161.

tenen Rechtfertigungsgrund berufen (*Matzy* NStZ **2002** 458, 462 ff), wenn man nicht bereits ein Aneignungsrecht (*Haft/Eisele* GedS Meurer, S. 245, 257 ff) annehmen will.[49]

**57** Praktisch bedeutsam ist die **Einwilligung** des Eigentümers, die – ebenso wie beim Diebstahl (§ 242 Rdn. 175) – generell und bedingt erteilt werden kann, aber vor Zueignung erklärt sein muss; die nachträgliche Genehmigung einer Zueignung berührt nach h.A. die einmal begründete Unterschlagungsstrafbarkeit nicht mehr. Bei unter Eigentumsvorbehalt gekaufter Ware willigt der Verkäufer regelmäßig ausdrücklich oder stillschweigend in die Veräußerung im Rahmen des üblichen Geschäftsbetriebs ein (OLG Düsseldorf NJW **1984** 810, 811; *Baumann* ZStW **68** [1956] 522, 526), nicht aber in unübliche Verwertungen wie z.B. Schleuderverkäufe. Ähnliches gilt für sicherungsübereignete Warenlager (BGH NStZ-RR **2005** 311). Der Gesellschafter-Geschäftsführer einer Einpersonen-GmbH soll nach *Ruß* LK[11] Rdn. 7 (weniger eindeutig nach *Sch/Schröder/Eser* § 242 Rdn. 14) keine Unterschlagung zum Nachteil der GmbH begehen können, weil er notwendigerweise in die Zueignung einwillige; jedoch dürfte jedenfalls eine in Gläubigerbenachteiligungsabsicht unternommene (Selbst-)Zueignung von Sachen der GmbH zivilrechtlich unwirksam sein, so dass Unterschlagung möglich bleibt (RGSt **42** 278, 283; **71** 353, 355).[50] Nimmt der Täter irrig an, sein Handeln sei vom Willen des Eigentümers gedeckt, so ist das nicht bloß ein Erlaubnisgrenz-, sondern ein Erlaubnistatbestandsirrtum, der den Unterschlagungsvorsatz ausschließt. Ist in Allgemeinen Geschäftsbedingungen die Weiterveräußerung „im ordnungsgemäßen Geschäftsgang" erlaubt, genügt freilich Kenntnis der Umstände, aus denen sich die Ordnungswidrigkeit z.B. des Schleuderverkaufs ergibt.

**58** Zueignungen sind auch dann nicht rechtswidrig, wenn eine **mutmaßliche Einwilligung** des Eigentümers anzunehmen ist. Sie spielt z.B. dann eine Rolle, wenn jemand aus einem von ihm verwalteten Kassenbestand Gelder zu eigenen Zwecken entnimmt und dabei willens und in der Lage ist, das Geld aus unmittelbar verfügbaren Mitteln jederzeit zurückzuerstatten (RG HRR **1934** 1170; BGH 5 StR 335/55 vom 10.2.1956; *Fischer* Rdn. 9; *Roxin* FS H. Mayer, S. 467, 478 f). Bei entgegenstehendem Willen des Eigentümers – insbesondere ausdrücklichen Dienst- oder Arbeitsanweisungen, dass „Griffe in die Kasse" auf keinen Fall zulässig sind – kann aber nicht auf mutmaßliche Einwilligung zurückgegriffen werden, desgleichen nicht, wenn es möglich und zumutbar ist, die Einwilligung des Eigentümers einzuholen. Zur hypothetischen Einwilligung des Eigentümers § 242 Rdn. 176.

---

[49] *Duttge* HK-GS Rdn. 6; *Kindhäuser* NK Rdn. 26; *Lackner/Kühl* Rdn. 10; *Sch/Schröder/Eser* § 242 Rdn. 12; *Eisele* BT II Rdn. 253; *Haft/Eisele* GedS Meurer, S. 245, 257 ff; *Matzky* NStZ **2002** 458, 462 f; *Reichling* JuS **2009** 111, 113 f; *Rengier* BT 1 § 5 Rdn. 6; *Satzger* Jura **2006** 428, 433 f; *Wessels/Hillenkamp* Rdn. 294; anders *Otto* Jura **2004** 389, 390: wirtschaftliches Eigentum des Verbrauchers; gegen die h.L. im Zivilrecht *Riehm* Jura **2000** 505, 512: gesetzlicher Eigentumsübergang auf den Verbraucher; unrichtig *Schwarz* NJW **2001** 1449, 1453 f: Unterschlagungsstrafbarkeit, obwohl es auf S. 1452 zutreffend heißt, die Rechts(!)stellung des Verbrauchers sei mit der eines Eigentümers vergleichbar.

[50] *Hohmann* MK Rdn. 47; *Kindhäuser* NK Rdn. 4; *Sch/Schröder/Eser* Rdn. 4a; *Otto* Jura **1989** 139 f; aA RGSt 71 353, 355; – Zugegebenermaßen wird so § 246 StGB funktional zu einer Gläubigerschutzvorschrift, ähnlich wie es bei § 266 StGB nach der Rechtsprechung der Fall ist, s. nur BGHSt **34** 379; BGH NJW **1989** 112; *Ulmer* FS Pfeiffer, S. 853, dort aber als fragwürdige „Rechtsgutsvertauschung" angegriffen.

2. **Schuld.** Erlaubnisirrtümer des Täters können **Verbotsirrtümer** (§ 17 StGB) begründen, die aber in aller Regel vermeidbar sein werden, da und soweit der Täter den Eigentümer oder rechtskundige Dritte hätte befragen können. 59

## VI. Veruntreuende Unterschlagung (Abs. 2)

§ 246 Abs. 2 StGB bedroht die veruntreuende Unterschlagung („Veruntreuung") mit Freiheitsstrafe bis zu fünf Jahren oder Geldstrafe, also dem Strafrahmen des einfachen Diebstahls (was damit begründet wird, dass das Zueignungsunrecht durch den Vertrauensbruch in gleicher Weise wie durch die Wegnahme erhöht wird) oder der einfachen Untreue (insoweit **krit.** *Hoyer* SK⁶ Rdn. 44, s. noch Rdn. 62). Es handelt sich um eine **Qualifikation** der Unterschlagung nach § 246 Abs. 1 StGB und, kriminalpolitisch gesehen, um den zweifellos legitimen Unrechtskern der Unterschlagung (Rdn. 1). Mit dem 6. StrRG ist freilich auch die veruntreuende Unterschlagung in vom Gesetzgeber nicht voll überblicktem Umfang erweitert worden (s. noch Rdn. 65). 60

Veruntreuende Unterschlagung setzt voraus, dass der Täter eine fremde bewegliche Sache sich oder einem Dritten rechtswidrig zueignet *und* die Sache ihm *vor* der Zueignungshandlung (*Hohmann* MK Rdn. 51; *Hoyer* SK⁶ Rdn. 43; *Sch/Schröder/Eser* Rdn. 29) **anvertraut** worden ist. Eine Vermögensbetreuungspflicht des Täters i.S.v. § 266 StGB ist dafür nicht erforderlich (BGHSt 9 90),[51] auch keine auf längere Zeit berechnete Bindung (BGH 1 StR 533/65 vom 1.2.1966; s. auch BGHSt 38 381). Vielmehr genügt nach der tradierten Formel, dass dem Täter der Gewahrsam an der Sache (s. noch Rdn. 65) in dem Vertrauen eingeräumt oder belassen worden ist, mit ihr **im Sinn oder Interesse des Eigentümers bzw. Anvertrauenden** zu verfahren, sie insbesondere nur zu einem bestimmten Zweck zu verwenden, aufzubewahren oder später zurückzugeben (RGSt **4** 386; BGHSt **9** 90; **16** 280).[52] So liegt es bei gemieteten Kraftfahrzeugen im Hinblick auf sorgfältigen Umfang und spätere Rückgabe (BGHSt 9 90), bei unter Eigentumsvorbehalt gelieferten Sachen im Hinblick auf die Wahrung des Sicherungsinteresses des Vorbehaltsverkäufers (BGHSt **16** 280, 281), desgleichen bei sicherungsübereigneten Sachen, die im Besitz des Sicherungsgebers belassen werden (BGH 1 StR 192/52 vom 13.5.1952, BGH NStZ-RR **2006** 377, 378 = wistra **2007** 18, 20 mit Bespr. *Hauck* wistra **2008** 241), Faustpfändern (RGSt **61** 17), bei zur Ausführung eines Auftrages übergebenen Sachen (RG DStZ **1918** 246), bei Verwahrungs- und Leihverträgen, bei Vermögensverwaltung des Vormundes (RGSt **9** 337) oder bei Schecks, die einem Staatsanwalt zwecks Bezahlung einer Geldbuße übergeben werden (BGHSt **38** 381). 61

---

51 BGHSt **9** 90, 92; BayObLG 5St RR 307/03 vom 13.11.2003; *Fischer* Rdn. 17; *Lackner/Kühl* Rdn. 13; *Hohmann* MK Rdn. 50; *Kindhäuser* NK Rdn. 50; Arzt/Weber/*Heinrich*/Hilgendorf BT § 15 Rdn. 35; *Friedl* wistra **1999** 206, 207; *Kindhäuser* BT II § 6 Rdn. 44; *Maier/Ebner* JuS **2007** 651, 653; *Samson* JA **1990** 5, 10; ferner OLG Düsseldorf StV **2001** 30, 31.

52 BGHSt **9** 90, 91; **16** 280, 282; *Fischer* Rdn. 16; *Lackner/Kühl* Rdn. 13; Arzt/Weber/*Heinrich*/Hilgendorf BT § 15 Rdn. 35; *Eisele* BT II Rdn. 257; *Friedl* wistra **1999** 206, 207; *Haft/Hilgendorf* BT 1 S. 26; *Hölck/Hohn* JuS **2005** 245, 249; *Kindhäuser* BT II § 6 Rdn. 37; *Krey/Hellmann* Rdn. 169; *Küper* BT S. 25; *Maier/Ebner* JuS **2007** 651, 653; *Mitsch* BT 2/1 § 2 Rdn. 56; *Rengier* BT 1 § 5 Rdn. 25; *Samson* JA **1990** 5, 10; *Wessels/Hillenkamp* Rdn. 295; diff. *Hohmann* MK Rdn. 54; *Hoyer* SK⁶ Rdn. 46 „Anvertrautsein als Gewahrsam ohne Nutzungsbefugnis".

62 Gegen alles das wenden *Hohmann* MK Rdn. 54 und *Hoyer* SK$^6$ Rdn. 44 ff ein, es sei fragwürdig, die Anforderungen an das Anvertrautsein niedriger als die an die Vermögensbetreuungspflicht bei der Untreue, die denselben Strafrahmen habe, anzusetzen. Es leuchte nicht ein, den Nicht-so- oder Nicht-mehr-Berechtigten anders als den Gar-nicht-Berechtigten (Fundunterschlagung) zu behandeln. Als anvertraut dürften deshalb nur Sachen angesehen werden, die dem Täter *ohne Nutzungsbefugnis* überlassen worden seien wie z.B. Verwahr- oder Pfandgut. Grund der Strafschärfung durch § 246 Abs. 2 StGB ist aber die Enttäuschung des Vertrauens, der Gewahrsamsinhaber werde mit der Sache im Interesse des Eigentümers verfahren (zutr. *Fischer* Rdn. 17). Ob eine Nutzungsbefugnis eingeräumt wird oder nicht, ist dafür unerheblich; im Gegenteil erscheint der Eigentümer, der wie z.B. beim Sicherungseigentum die Nutzung seiner Sache erlaubt, als besonders schutzwürdig. Es ist auch nicht zu beanstanden, dass der Gesetzgeber in § 266 StGB dem weiten und unbestimmten Rechtsgut Vermögen unter engeren Voraussetzungen Strafschutz gewährt als dem Eigentum in § 246 Abs. 2 StGB; im Übrigen ist auf die bei der Unterschlagung fehlende Möglichkeit besonders schwerer Untreuefälle (§ 266 Abs. 2 StGB) hinzuweisen.

63 Das **Anvertrauensverhältnis** kann ausdrücklich oder stillschweigend begründet werden, ist aber ein kommunikativ begründetes Verhältnis; eine gefundene Sache oder ein zugelaufener Hund sind dem Täter nicht anvertraut (vgl. RGSt **4** 386, 388). Anvertrauender muss nicht zwingend der Eigentümer sein, sondern kann auch ein im Einverständnis mit dem Eigentümer (*Timmermann* MDR **1977** 533, 534) oder auch nur im Interesse des Eigentümers handelnder *Dritter* sein, z.B. wenn ein Mieter dem Untermieter die Mietsache überlässt. So kann ein Käufer dem Angestellten des Verkäufers das Kaufgeld (vgl. RGSt **4** 386, 388 [mittelbares Anvertrauen durch den Prinzipal]; BGH 3 StR 227/52 vom 16.4.1953), der Gast dem Kellner die Zeche, der Besteller dem Monteur den Werklohn (BGH 1 StR 433/64 vom 10.11.1964) oder der Mandant dem Bürovorsteher die Rechtsanwaltsvergütung anvertrauen (BGH 3 StR 379/53 vom 8.4.1954). Soll mit der überlassenen Sache aber entgegen den Interessen des Eigentümers verfahren werden, liegt nach der zutr. h.A. kein Anvertrauensverhältnis i.S.v. § 246 Abs. 2 StGB vor, z.B. wenn der Dieb die Sache einem Dritten übergibt, damit er sie für ihn aufbewahre oder veräußere (RGSt **40** 222, 223; **70** 7, 9 f; BGH 2 StR 277/62 vom 7.11.1962).[53]

64 Das Anvertrauensverhältnis ist **kein Rechtsverhältnis** und muss deshalb *nicht zivilrechtlich wirksam* begründet werden (insoweit allg. M., s. nur *Kindhäuser* NK Rdn. 41). Nach h.A. kann eine Sache einem anderen auch dann anvertraut i.S.v. § 246 Abs. 2 StGB sein, wenn sie *zu verbots- oder sittenwidrigen Zwecken* (§§ 134, 138 BGB) verwendet werden soll wie z.B. bei Geld, das zum Kauf von Falschgeld oder Betäubungsmitteln oder Hehlgut verwendet werden soll.[54] In der Lehre wird vertreten, in solchen Fällen sei das Anvertrauensverhältnis nicht schutzwürdig und nicht unter § 246 Abs. 2 StGB zu subsumieren.[55] Aber gegen eine solche Reduktion sprechen der Wortlaut des § 246 Abs. 2

---

[53] RGSt **40** 222, 223; *Lackner/Kühl* Rdn. 13; Arzt/*Weber*/*Heinrich*/Hilgendorf BT § 15 Rdn. 35; *Eisele* BT II Rdn. 258; *Krey/Hellmann* Rdn. 169; Küper BT S. 26; *Mitsch* BT 2/1 § 2 Rdn. 64; *Rengier* BT 1 § 5 Rdn. 27; *Wessels/Hillenkamp* Rdn. 296; aA *Hohmann* MK Rdn. 53; *Otto* BT § 43 Rdn. 29.

[54] RGSt **40** 222, 223; BGH NJW **1954** 889; OLG Braunschweig NJW **1950** 656; *Fischer* Rdn. 17; *Lackner/Kühl* Rdn. 13; *Bruns* NJW **1954** 857, 860 f; *ders.* FS Mezger, S. 348; *Eisele* BT II Rdn. 258; *Friedl* wistra **1999** 206, 207; *Haft/Hilgendorf* BT 1 S. 26; *Küper* BT S. 25 f; *Maiwald* S. 210; *Maurach/Schroeder/Maiwald* I § 34 Rdn. 46; *Otto* BT § 43 Rdn. 28; *Rengier* BT 1§ 5 Rdn. 26; *Wessels/Hillenkamp* Rdn. 296.

[55] *Hoyer* SK$^6$ Rdn. 47; *Kindhäuser* NK Rdn. 41; *Sch/Schröder/Eser* Rdn. 30; Arzt/

StGB und die Wertung des Vermögensstrafrechts, wonach ein an sich rechtmäßiger Vermögensgegenstand den Strafrechtsschutz nicht schon deshalb verliert, weil er zu verbots- oder sittenwidrigen Zwecken eingesetzt werden soll (s. nur *Tiedemann* LK[11] § 263 Rdn. 151). Erst recht nicht überzeugend ist die Auffassung, ein Anvertrauensverhältnis sei nicht schutzwürdig und nicht unter § 246 Abs. 2 StGB zu subsumieren, wenn der Täter die Sache durch *Täuschung und Betrug* anvertraut erhalten habe (so aber *Hohmann* MK Rdn. 53; *Kindhäuser* NK Rdn. 41; *Sch/Schröder/Eser* Rdn. 30): Täuschung und Betrug verstärken nur den Vertrauensbruch und das *venire contra factum proprium* durch den Täter (vgl. auch § 116 Satz 1 BGB) (i.E. ebenso *Hoyer* SK[6] Rdn. 47). Diskutabel ist es allerdings, schutzwürdige Anvertrauensverhältnisse bei Sachen zu verneinen, die einem *Umgangs- und Besitzverbot* unterliegen, z.B. wenn ein Betäubungsmittelabhängiger einem anderen Betäubungsmittel zur Verwahrung übergibt und dieser sie konsumiert. Überlässt aber ein reuiger Dieb einem Dritten das Diebesgut, damit dieser es dem Eigentümer zurückgeben werde, liegt ein schutzwürdiges Anvertrauensverhältnis im Interesse des Eigentümers vor. Veruntreuende Unterschlagung kann auch dann vorliegen, wenn die Sache von einem Dritten anvertraut worden ist und diesem zugeeignet werden soll (**aA** *Hohmann* MK Rdn. 50), weil das Anvertrauensverhältnis im Interesse des Eigentümers begründet wird und die *Dritt*zueignung dem *Eigentümer*interesse zuwiderläuft.

Nach der tradierten Formel kann veruntreuende Unterschlagung nur vorliegen, wenn dem Täter der **Gewahrsam** anvertraut worden ist, er also mindestens Mitgewahrsam (*Kindhäuser* NK Rdn. 40) erlangt hat. Seit dem 6. StrRG setzt der Grundtatbestand der Unterschlagung freilich nicht mehr voraus, dass der Täter Gewahrsam an der Sache hat. Das wird teilweise auf § 246 Abs. 2 StGB übertragen.[56] Die dann möglichen gewahrsamslosen veruntreuenden Unterschlagungen – z.B. kaufe jemand unter Eigentumsvorbehalt ein (noch) vermietetes Kraftfahrzeug und verkaufe es noch vor Kaufpreiszahlung, ohne aus dem Weiterverkaufserlös den Kaufpreis bezahlen zu wollen, an einen gutgläubigen Dritten weiter, der es bei dem Mieter abhole – laufen aber in der Sache auf eine „Untreue ohne Treueverhältnis" (treffend *Hohmann* MK Rdn. 51; *Fischer* Rdn. 18) hinaus. Deshalb ist mit der h.L. an der tradierten Formel festzuhalten.[57] 65

Nach allgemeinen Regeln genügt für **Veruntreuungsvorsatz**, dass der Täter für möglich hält und billigend in Kauf nimmt, dass ihm die Sache anvertraut ist. „Anvertraut"sein ist ein normatives Tatbestandsmerkmal, und der Täter muss nachvollziehen, dass er nur nach dem Willen und Interesse des Eigentümers bzw. Anvertrauenden über die Sache verfügen darf (zutr. *Fischer* Rdn. 19; *Ruß* LK[11] Rdn. 27). Die bloße Kenntnis der tatsächlichen Umstände, aus denen sich das Anvertrautsein ergibt, genügt für sich genommen nicht (**aA** BGH 2 StR 545/59 vom 16.12.1959; *Hohmann* MK Rdn. 55). 66

Das Anvertrautsein ist ein **besonderes persönliches Merkmal** im Sinne des § 28 Abs. 2 StGB (BGH StV **1995** 84).[58] Wer sich an einer Zueignung einer Sache beteiligt, die nur 67

---

Weber/*Heinrich*/Hilgendorf BT § 15 Rdn. 35; *Kindhäuser* BT II § 6 Rdn. 46; *Mitsch* JuS 2007 555, 558.

56 *Friedl* wistra **1999** 206, 207 f; *Mitsch* ZStW 111 (1999) 65, 94; mindestens mittelbaren Besitz verlangt *Küper* BT S. 25.

57 Siehe schon Fn. 52.

58 RGSt **72** 326; BGH StV **1995** 84; *Fischer* Rdn. 19; *Hohmann* MK Rdn. 55; *Hoyer* SK[6] Rdn. 42; *Kindhäuser* NK Rdn. 42; *Lackner/Kühl* Rdn. 13; *Sch/Schröder/Eser* Rdn. 29; Arzt/Weber/*Heinrich*/Hilgendorf BT § 15 Rdn. 35; *Danecker/Gaul* JuS **2008** 345, 349; *Eisele* BT II Rdn. 257; *Haft/Hilgendorf* BT 1 S. 24; *Kindhäuser* BT II § 6 Rdn. 44; *Maurach/Schroeder/Maiwald* I § 34 Rdn. 46; *Mitsch* BT 2/1 § 2 Rdn. 66; *Otto* BT § 43 Rdn. 29; *Rengier* BT 1 § 5 Rdn. 27; *Wessels/Hillenkamp* Rdn. 297.

einem anderen Beteiligten anvertraut worden ist, ist nur wegen Beteiligung an einer einfachen Unterschlagung strafbar.

## VII. Vorbereitung, Versuch, Vollendung

68 Der **Versuch** der einfachen wie veruntreuenden Unterschlagung ist nach § 246 Abs. 3 StGB strafbar. Da nach den Manifestationslehren bereits die erkennbare Äußerung und Betätigung des Zueignungswillens **vollendete** Unterschlagung ist (BGHSt **14** 38, 43; OLG Düsseldorf JZ **1985** 592), bleibt für die Versuchsstrafbarkeit wenig Raum, z.B. bei Veräußerung noch nicht ausgesonderter Sachen aus Sachgesamtheiten (Rdn. 8) oder bei untauglichen Versuchen, z.B. wenn sich der Täter eine eigene oder herrenlose Sache als vermeintlich fremde aneignet (RGSt **39** 427, 433). Öffnet der Täter einen in seinem Gewahrsam befindlichen Brief, um sich darin befindliches Geld zuzueignen, ist er ebenfalls wegen versuchter Unterschlagung zu bestrafen; dagegen wäre eine straflose **Vorbereitungshandlung** anzunehmen, wenn der Täter bei seinem Tun noch unschlüssig ist, ob er sich überhaupt die Gelegenheit einer Zueignung zunutze machen solle, da er sich zur Vorbereitung seiner Entschließung erst über den Gegenstand oder den Wert der etwaigen Beute vergewissern will (RGSt **65** 145, 148).

## VIII. Beteiligung

69 Nach früherem Recht konnte (Mit-)Täter einer Unterschlagung nur sein, wer (Mit-) Gewahrsam an der Sache hatte (BGHSt **2** 317);[59] wer keinen Gewahrsam hatte und auch nicht mit der Zueignung erlangte (vgl. hierzu RGSt **5** 218; **67** 70, 76), konnte nur Anstifter oder Gehilfe sein. Mit dem Wegfall des Besitz- oder Gewahrsamserfordernisses ist das überholt, und mit der Einbeziehung der Drittzueignung ist auch einer Abgrenzung von Täterschaft und Teilnahme nach dem Kriterium des eigenen Interesses an der Tat weithin der Boden entzogen.[60] Es bleibt aber möglich, Täterschaft und Teilnahme unter Tatherrschaftsgesichtspunkten voneinander abzugrenzen,[61] und fehlender Gewahrsam kann gegen Tatherrschaft über die Zueignungshandlung sprechen (*Jäger* JuS **2000** 1167, 1169). Fordert jemand einen anderen auf, sich eine gewahrsamslose Sache zuzueignen, ist das noch keine täterschaftliche Selbst- oder Drittzueignung, sondern nur Anstiftung zur Unterschlagung, wenn der andere sich die Sache zueignet. Wer eine fremde Sache preisgibt und billigend in Kauf nimmt, dass sie sich ein Dritter zueignet, eignet sie weder sich noch dem Dritten zu, sondern ist (allenfalls) Gehilfe zur Unterschlagung. Eignet der eine dem anderen aufgrund gemeinsamen Tatplans eine fremde Sache zu, kommt mittäterschaftliche Unterschlagung – Drittzueignung des einen und Selbstzueignung des anderen – in Betracht (*Fischer* Rdn. 22).

---

59 RGSt **53** 302; **68** 90; **72** 326; BGHSt **4** 76; **8** 273; *Fischer* Rdn. 22; *Lackner/Kühl* Rdn. 12; *Sch/Schröder/Eser* Rdn. 27; *Charalambakis* S. 181; *Maurach/Schroeder/Maiwald* I § 34 Rdn. 40; *Tenckhoff* JuS **1984** 775, 777 f.

60 *Fischer* Rdn. 22; *Hohmann* MK Rdn. 56; *Kindhäuser* NK Rdn. 44; Arzt/Weber/*Heinrich*/Hilgendorf BT § 15 Rdn. 1 ff, 39; *Dencker/Struensee/Nelles/Stein*, 1. Teil Rdn. 30 ff; *Jäger* BT Rdn. 179; *Kindhäuser* BT II § 6 Rdn. 60; *Maurach/Schroeder/Maiwald* I § 34 Rdn. 2 f; *Noak*, S. 114; *Otto* NStZ **2003** 87, 88; *Rengier* BT 1 § 5 Rdn. 13; *Wessels/Hillenkamp* Rdn. 291 f.

61 Hierzu *Jäger* JuS **2000** 1167, 1169 f; *Kudlich* JuS **2001** 767, 769.

## IX. Rechtsfolgen der Tat, Prozessuales

Einfache bzw. veruntreuende Unterschlagung ist mit Freiheitsstrafe bis zu drei bzw. fünf Jahren oder Geldstrafe bedroht. Wird nicht von §§ 153, 153a StPO Gebrauch gemacht, ist Regelstrafe durch Strafbefehl verhängte Geldstrafe (Vorbem. §§ 242–248c Rdn. 12). Zu den Strafantragserfordernissen nach §§ 147, 248a StGB s. dort. Die Verfolgung der einfachen bzw. veruntreuenden Unterschlagung verjährt nach drei bzw. fünf Jahren (§ 78 Abs. 3 Nr. 4, 5 StGB). Für den Verjährungsbeginn nach § 78a StGB soll nach BGHSt **24** 218 die letzte von vornherein geplante Verschleierungshandlung maßgeblich sein; das geht zu weit und ist der aufgegebenen Rechtsfigur der fortgesetzten Handlung verpflichtet (vgl. hierzu BGH aaO S. 221). Die „Sicherung des Erlangten" (*Fischer* § 78a Rdn. 8) für maßgeblich zu halten, überträgt unzulässigerweise die Diebstahls-, nämlich Wegnahmebeendigungsdogmatik (§ 242 Rdn. 197) auf die Unterschlagung. Vielmehr bleibt es dabei, dass die Verjährung mit jeweils eingetretenem Zueignungserfolg (aA *Hohmann* MK Rdn. 63: konkrete Gefahr der Enteignung) zu laufen beginnt. Tatbestandslose wiederholte Zueignungshandlungen (Rdn. 50) setzen keine neue Verjährungsfrist in Lauf. Bei Unterschlagungsverdacht ist die Überwachung der Telekommunikation unzulässig; anders kann es liegen, wenn der Verdacht der Geldwäsche von Gegenständen besteht, die aus gewerbs- oder bandenmäßigen Unterschlagungen herrühren (§ 100a Abs. 2 Nr. 1m] StPO i.V.m. § 261 Abs. 1 Satz 2 Nr. 4a] StGB; missverständlich *Hohmann* MK Rdn. 63). Die Zuständigkeit der Wirtschaftsstrafkammer ist auch dann nicht begründet, wenn zur Beurteilung des Falles besondere Kenntnisse des Wirtschaftslebens erforderlich sind, weil Unterschlagung keine Katalogtat des § 74c Abs. 1 Satz 1 Nr. 6a) GVG ist (missverständlich *Fischer* Rdn. 25). Ist wegen einfacher Unterschlagung angeklagt und kommt veruntreuende in Betracht, muss ein rechtlicher Hinweis nach § 265 StPO gegeben werden (OLG Jena StV **2007** 230 f). **70**

## X. Subsidiarität, Konkurrenzen

1. **Subsidiarität.** Nach § 246 Abs. 1 letzter Halbsatz StGB wird wegen Unterschlagung nur bestraft, wenn die Tat nicht in anderen Vorschriften mit schwererer Strafe bedroht ist. Der Gesetzgeber wollte damit sicherstellen, dass § 246 StGB alle Formen der rechtswidrigen Zueignung erfassen soll, die nicht einen mit schwererer Strafe bedrohten eigenständigen Straftatbestand wie Diebstahl, Raub, Betrug, Untreue Erpressung oder Hehlerei erfüllen (BT-Drucks. 13/8687 S. 43 f). Nach der zutr. h.A. handelt es sich um eine gesetzliche Subsidiaritätsanordnung auf Konkurrenzebene, nicht aber um eine „tatbestandliche Subsidiarität" (so aber *Krey/Hellmann* BT 2$^{14}$ Rdn. 173a).[62] Die in Abs. 1 letzter Halbsatz nicht überzeugend platzierte Subsidiaritätsklausel bezieht sich nach allg. M. auf den *gesamten* Unterschlagungstatbestand, auch die veruntreuende Unterschlagung nach Abs. 2 (der insgesamt auf Abs. 1 verweist) und (erst recht) den Versuch der einfachen oder veruntreuenden Unterschlagung nach Abs. 3.[63] **71**

---

62 Arzt/Weber/*Heinrich*/Hilgendorf BT § 15 Rdn. 42; *Dencker/Struensee/Nelles/Stein*, 1. Teil Rdn. 49; *Jäger* JuS **2000** 1167, 1170; *Küper* BT S. 481; *Maurach/Schroeder/Maiwald* I § 34 Rdn. 41; *Mitsch* BT 2/1 § 2 Rdn. 68 ff; *Wessels/Hillenkamp* Rdn. 300.

63 *Fischer* Rdn. 23; *Hohmann* MK Rdn. 59; *Kindhäuser* NK Rdn. 45; *Lackner/Kühl* Rdn. 14; *Eisele* BT II Rdn. 262; *Freund/Putz* NStZ **2003** 242, 243; *Mitsch* BT 2/1 § 2 Rdn. 70; *Rengier* BT 1 § 5 Rdn. 28; *Wessels/Hillenkamp* Rdn. 300.

72 Die Subsidiaritätsklausel **betrifft** nur „Gleichzeitigkeitsfälle", in denen die Tat, d.h. die Unterschlagung, in zugleich verwirklichten anderen Vorschriften mit schwererer Strafe bedroht ist.[64] Eine („die") Tat in diesem Sinne liegt nach BGHSt 47 243 regelmäßig bei ***materiell-rechtlicher Tateinheit (§ 52 StGB)*** vor, auch dann, wenn diese nur in dubio pro reo zu unterstellen ist (insoweit zust. *Freund/Putz* NStZ **2003** 242, 244, s. aber auch 245 f). Ob dieses Urteil, wie *Fischer* Rdn. 23c meint, dahin zu deuten ist, es komme in Wahrheit auf den ***prozessualen Tatbegriff (§ 264 StPO)*** an, erscheint fragwürdig; in der Sache muss die materiell-rechtliche und Konkurrenz-Vorschrift des § 246 Abs. 1 letzter Halbsatz StGB im materiell-rechtlichen Sinne des § 52 StGB ausgelegt werden (noch enger *Kindhäuser* NK Rdn. 45: tatbestandsmäßiges Verhalten des § 246 StGB; ähnlich *Freund/Putz* aaO S. 245; hierzu noch Rdn. 75).[65]

73 Die Tat muss nicht nur in anderen Vorschriften mit schwererer Strafe „bedroht" sein, sondern es muss idealkonkurrierend zur Unterschlagung ein **anderer Straftatbestand**, der schwerere Strafe androht, **zur Überzeugung des erkennenden Gerichts erfüllt** sein.[66] Die bloße Möglichkeit, dass ein solcher Tatbestand erfüllt ist, genügt nicht (zu den Folgen für die Reichweite von Wahlfeststellung und Postpendenz s. *Mitsch* BT2/1 § 2 Rdn. 69). § 246 StGB bleibt auch anwendbar, wenn die Strafbarkeit wegen des idealkonkurrierend verwirklichten schwereren Straftatbestandes im Ergebnis entfällt, z.B. bei Rücktritt vom Versuch oder wenn der Mittäter der Unterschlagung, der zugleich eine Begünstigung zugunsten des anderen Mittäters begeht, wegen § 257 Abs. 3 Satz 1 StGB insoweit straflos bleibt (*Fischer* Rdn. 23d; *Mitsch* aaO Rdn. 79).

74 Die Frage, ob die idealkonkurrierend anwendbare Vorschrift **schwerere Strafe androht**, ist nicht im Wege einer Strafzumessung im Einzelfall, sondern nach dem jeweils anwendbaren *Strafrahmen* – dies aber auch unter Berücksichtigung besonders schwerer Fälle – zu bestimmen (zutr. *Mitsch* BT 2/1 § 2 Rdn. 84). Entscheidend ist, ob die Strafrahmenobergrenze der Vorschrift bei (versuchter oder vollendeter) einfacher Unterschlagung über drei Jahren, bei (versuchter oder vollendeter) veruntreuender Unterschlagung über fünf Jahren liegt. **Bei** (versuchter oder vollendeter) einfacher Unterschlagung drohen namentlich Diebstahl, Erpressung, Hehlerei und Betrug (§§ 242, 253, 259, 263 StGB), auch im Versuch (für versuchten Diebstahl i.E. **aA** *Hohmann* MK Rdn. 60; *Hoyer* SK[6] Rdn. 60: Idealkonkurrenz zur Klarstellung des Zueignungserfolges; s. zum alten Recht OLG Celle JR **1987** 253, 254) schwerere Strafe an, nicht aber Verwahrungsbruch, Verstrickungsbruch und Verletzung des Briefgeheimnisses (§§ 133, 136, 202, s. aber auch 206 Abs. 2 StGB). Wer im Zuge eines Landfriedensbruchs (§ 125 StGB) gewahrsamslose Sachen unterschlägt, wird idealkonkurrierend bestraft (**aA** *Fischer* Rdn. 23c: nur § 246 StGB). **Bei** veruntreuender Unterschlagung drohen namentlich Diebstahl und Betrug in besonders schweren Fällen (§§ 243, 263 Abs. 3 StGB), die Diebstahlsqualifikationen (§§ 244, 244a StGB) und die Raubdelikte (§§ 249 ff StGB) schwerere Strafe an.

75 Nach BGHSt **47** 243[67] bewirkt **jede** idealkonkurrierend anwendbare und im Strafrahmen strengere **Vorschrift unabhängig von ihrer Schutzrichtung** die Subsidiarität der

[64] *Hohmann* MK Rdn. 61; *Hoyer* SK[6] Rdn. 48; *Sch/Schröder/Eser* Rdn. 32; *Arzt/Weber/Heinrich*/Hilgendorf BT § Rdn. 42; *Graul* JuS **1999** 562, 567; *Küper* BT S. 427 f; *Murmann* NStZ **1999** 14, 16; *Rengier* BT 1 § 5 Rdn. 29.

[65] *Noak*, S. 109.

[66] *Fischer* Rdn. 23; *Hohmann* MK Rdn. 59; *Sch/Schröder/Eser* Rdn. 32; *Cantzler/Zauner* Jura **2003** 483, 486; *Mitsch* BT 2/1 § 2 Rdn. 72 ff; *Noak*, S. 109.

[67] *Cantzler/Zauner* Jura **2003** 483 ff; *Duttge* NJW **2002** 3756 ff; *Freund/Putz* NStZ 2003 242 ff; *Heghmanns* JuS **2003** 954 ff; *Hoyer* JR **2002**, 517 ff; *Küpper* JZ **2002** 1115 ff.

Unterschlagung, z.B. auch Totschlag (§ 212 StGB), wenn der Täter nach Tod des Opfers dessen Sachen an sich nimmt und *in dubio pro reo* auf Tatbestandsebene nicht von (Raub-)Mord, wohl aber auf Konkurrenzebene von Tateinheit auszugehen ist. Zwar habe der Gesetzgeber nur mit schwererer Strafe bedrohte Zueignungsdelikte im Auge gehabt; dieser Wille habe sich aber nicht im Wortlaut des Gesetzes niedergeschlagen. Im Unterschied zu speziellen Subsidiaritätsklauseln wie in §§ 145 Abs. 2 letzter Halbsatz, 145d Abs. 1 letzter Halbsatz, 202 Abs. 1 letzter Halbsatz, 218c Abs. 1 letzter Halbsatz, 265 Abs. 1 letzter Halbsatz und 316 Abs. 1 letzter Halbsatz enthalte § 246 Abs. 1 letzter Halbsatz StGB keine Beschränkung. Es verstieße gegen Art. 103 Abs. 2 GG, die Subsidiaritätsklausel zum Nachteil des Angeklagten auf Zueignungsdelikte zu beschränken (im Anschluss an BGHSt **43** 237 zur allgemeinen BGSt zur Subsidiaritätsklausel des § 125 Abs. 1 letzter Halbsatz StGB). BGHSt **47** 243, 244 lässt ausdrücklich offen, ob dieses Ergebnis „zweckmäßig" ist. Das ist ersichtlich nicht der Fall; insbesondere ist es „widersinnig" (*Fischer* Rdn. 23c), gravierende Unterschlagungen bereits dann als subsidiär anzusehen, wenn tateinheitlich Bagatelltaten gegen andere Rechtsgüter als Eigentum und Vermögen verwirklicht sind, mögen diese Taten auch abstrakt mit höherer Strafe bedroht sein als die Unterschlagung (z.B. Unterschlagung einer wertvollen verlorenen Sache mit bagatellhafter Körperverletzung eines Passanten, um sich den Fund zu sichern, *Freund/Putz* NStZ **2003** 242, 247 mit Fn. 29). Deshalb steht die Lehre überwiegend auf dem Standpunkt, die Subsidiaritätsklausel sei nur bei idealkonkurrierend verwirklichten Straftaten gegen Eigentum und Vermögen anwendbar, und begründet das mit der Erwägung, die „Tat", die nach anderen Vorschriften mit Strafe bedroht sein müsse, sei eben die Unterschlagung, also die Zueignung, die von anderen als Eigentums- und Vermögensdelikten gar nicht erfasst werde.[68] Freilich kann materiell-rechtliche Tateinheit i.S.v. § 52 StGB zwischen Straftaten unterschiedlicher Angriffsrichtungen bestehen; den „Tat"begriff des § 246 Abs. 1 letzter Halbsatz StGB von § 52 StGB zu lösen und ihn letztlich auf den Tat„bestand" der Unterschlagung zu reduzieren, lässt die Subsidiaritätsklausel letztlich leerlaufen.

### 2. Konkurrenzen

a) **Gesetzeskonkurrenzen.** Ist die Unterschlagung **Verwertungshandlung** nach einer Straftat gegen das Eigentum oder Vermögen, so ist sie richtiger Auffassung nach tatbestandslos, nach der Gegenauffassung mitbestrafte Nachtat (Rdn. 49 ff). Auch die einer Unterschlagung nachfolgende Sachbeschädigung ist mitbestrafte Nachtat (*Fischer* Rdn. 25; *Hoyer* SK[6] Rdn. 49). Folgen umgekehrt einer Unterschlagung Sicherungs- oder Verwertungshandlungen nach, so ist zu unterscheiden: Veranlasst der Täter den Eigentümer durch Täuschung, seine Ansprüche nicht weiter zu verfolgen, vertieft das den bereits eingetretenen Schaden nicht und ist deshalb nicht als Betrug strafbar (BGH GA **1961** 83). Wer nach Tanken ohne Bezahlen die Wegfahrt erzwingt, indem er auf den Tankwart zufährt und ihn zum Beiseitespringen zwingt, soll den bereits eingetretenen Schaden nicht vertiefen und ist deshalb nicht auch noch wegen (räuberischer) Erpressung strafbar (BGH NJW **1984** 501). Anders kann es liegen, wenn der Täter einen unterschlagenen 76

68 *Fischer* Rdn. 23a; *Hoyer* SK[6] Rdn. 48; *Kindhäuser* NK Rdn. 45; *Sch/Schröder/Eser* Rdn. 32; *Cantzler/Zauner* Jura **2003** 483, 485 f; *Duttge/Sotelsek* NJW **2002** 3756; *Freund/Putz* NStZ **2003** 242 ff; *Kindhäuser* BT II § 6 Rdn. 61; *Küpper* JZ **2002** 1115; *Rengier* BT 1 § 5 Rdn. 29; *Wessels/Hillenkamp* Rdn. 300; **aA** *Heghmann* JuS **2003** 954 ff; *Otto* NStZ **2003** 87, 88; siehe ferner *Wagner* FS Grünwald, S. 797, 806 ff.

Kraftwagen „umfrisiert“ und an den Eigentümer unter Vorspiegelung eigenen Eigentums veräußert (BGH 1 StR 79/54 bei Herlan MDR **1955** 17); damit schädigt er das Vermögen des Eigentümers erneut.

**77** Da und soweit die **Depotunterschlagung** (§ 34 DepotG) veruntreuende Unterschlagung ist, hat es wegen der Subsidiaritätsklausel des § 34 Abs. 1 DepotG („abgesehen von den Fällen der §§ 246 und 266 Strafgesetzbuch“) dabei sein Bewenden (s. auch *Hohmann* MK Rdn. 64). Die Zueignung von **Feldfrüchten und Walderzeugnissen** ist regelmäßig Diebstahl (§ 242 Rdn. 63), und Art. 4 Abs. 4 und 5 EGStGB nennen die Unterschlagung nicht, so dass es insoweit bei der Regel des Art. 4 Abs. 2 EGStGB bleibt (missverständlich *Hohmann* aaO Rdn. 65).

**78** b) **Handlungskonkurrenzen.** Wer sich mehrere Sachen durch eine Zueignungshandlung zueignet, begeht nur eine Unterschlagung (BGH wistra **2006** 227 f). In allen Fällen der **Tateinheit** ist nunmehr die Subsidiaritätsklausel (Rdn. 71 ff) zu beachten. Hiernach kann Unterschlagung nicht mehr mit Betrug idealiter konkurrieren, sondern der Betrug ist vorrangig, z.B. wenn eine bereits sicherungsübereignete Sache an einen gutgläubigen Dritten sicherungsübereignet wird (s. zum früheren Recht BGH GA **1965** 207; BGH 1 StR 492/66 bei Dallinger MDR **1967** 173). Untreue ist vorrangig zu einer tateinheitlich begangenen veruntreuenden Unterschlagung (s. aber zum alten Recht RGSt **15** 147). Auch nach heutigem Recht bleibt Idealkonkurrenz mit §§ 133, 136 und 202 StGB möglich (s. zum alten Recht BGH JR **1978** 423 m. Anm. *Lenckner*). Keine Tateinheit ist zwischen § 246 und § 290 möglich, weil die Unterschlagung die Gebrauchsanmaßung einschließt. Zum Verhältnis zu § 248b s. dort Rdn. 16 f. Zum Verhältnis zu § 259 StGB s. *Fischer* Rdn. 24; *Mitsch* BT 2/1 § 2 Rdn. 80. **Tatmehrheit** ist mit einer Urkundenfälschung möglich, die die Unterschlagung vorbereiten oder sie verdecken soll (*Fischer* aaO).

## § 247
## Haus- und Familiendiebstahl

**Ist durch einen Diebstahl oder eine Unterschlagung ein Angehöriger, der Vormund oder der Betreuer verletzt oder lebt der Verletzte mit dem Täter in häuslicher Gemeinschaft, so wird die Tat nur auf Antrag verfolgt.**

### Schrifttum

*Herzberg* Die Problematik der „besonderen persönlichen Merkmale“ im Strafrecht, ZStW **90** (1988) 86; *Horn* Zum Irrtum beim Ehegattendiebstahl, MDR **1971** 8; *Koch* Zum Antragsrecht beim „Familiendiebstahl“, GA **1962** 304; *Stree* Der Irrtum des Täters über die Angehörigeneigenschaft seines Opfers, FamRZ **1962** 55.

### Entstehungsgeschichte

Ursprünglich sah § 247 Abs. 1 StGB a.F. vor, dass ein Diebstahl oder eine Unterschlagung, welche von Verwandten aufsteigender Linie oder von einem Ehegatten gegen den anderen begangen wurde, straflos blieben; Strafantrag sollte erforderlich sein bei Diebstahl oder Unterschlagung gegen andere Angehörige, Vormünder, Erzieher oder Personen, zu denen der Täter im Lehrlingsverhältnis stand oder in deren häuslicher Gemeinschaft er sich als Gesinde befand; vorausgesetzt war, dass sich die Tat auf Sachen von unbedeutendem Wert beschränkte. Die heutige Fassung geht im Wesentlichen auf das EGStGB 1974 zurück, das insbesondere das Geringwertigkeitserfordernis gestrichen hat; mit dem Gesetz zur Reform des Rechts der Vormundschaft und Pflegschaft für Volljährige (Betreuungsgesetz) vom 12.9.1990 (BGBl. I S. 2002) wurde der Betreuer in die Vorschrift aufgenommen.

## I. Allgemeines

In vormodernen Gesellschaften ist der Haus- und Familiendiebstahl keine öffentliche bzw. staatliche Angelegenheit, sondern es straft oder begnadigt der Inhaber der Haus- oder Familiengewalt (in patriarchalischen Gesellschaften der Patriarch). Diese vormoderne Rechtslage (vgl. zu den alten Vorbildern *Binding* Lehrbuch **1** S. 305f) schleppt das Gesetz bis heute fort, indem den Mitgliedern einer Familien- oder Hausgemeinschaft „die Möglichkeit offengehalten werden (soll), (...) die Angelegenheit unter sich zu bereinigen und den häuslichen (...) Frieden, der durch eine Strafverfolgung empfindlich gestört werden könnte, selbst wieder herzustellen“ (BGHSt **29** 54, 56 mit Verweis auf BT-Drucks. 7/550 S. 247). Dass öffentliche Strafverfolgungsinteressen *unabhängig* von der Schwere des Diebstahls und *unabhängig* davon, ob eine „Bereinigung“ innerhalb der Familien- oder Hausgemeinschaft erfolgt oder unterbleibt (aus welchen Gründen auch immer – unter Ehegatten, aber auch zwischen Eltern und Kindern können Gewalt oder Drohung durchaus eine Rolle spielen), *stets* hinter den Schutz des Familien- und Hausfriedens zurücktreten sollen, ist heutzutage keine überzeugende Rechtslage mehr. Würden reicher Eltern Kinder, die sich vom Elternhaus losgesagt hätten und ins Drogen- oder Terroristenmilieu abgeglitten wären, bandenmäßig mit Schusswaffen ins Elternhaus einbrechen und wertvolle unersetzliche Kulturgüter stehlen, um sie zu Geld zu machen, und würden die Eltern, weil sie andernfalls Übergriffe der Drogenbande oder terroristischen Vereinigung befürchteten oder gar bedroht würden, auf Strafantrag verzichten, so wäre das Verbrechen des schweren Bandendiebstahls nach § 247 StGB nicht verfolgbar – ein schwerlich akzeptables Ergebnis. Kriminalpolitisch ist die **Streichung des § 247 StGB** zu empfehlen. Sachgerechte Ergebnisse können über §§ 153, 153a StPO erzielt werden, wenn die Schuld des Haus- oder Familiendiebs gering ist bzw. nicht entgegensteht und das fehlende Strafverfolgungsverlangen des Verletzten dazu führt, dass das öffentliche Interesse an der Strafverfolgung entfällt. Mindestens sollte § 247 StGB um die Möglichkeit ergänzt werden, auch ohne Strafantrag das besondere öffentliche Interesse an der Verfolgung anzunehmen, wie es auch bei § 248a StGB der Fall ist. 1

Die h.A. begründet § 247 StGB mit dem **Schutz des Familien- und Hausfriedens**; es soll Rücksicht auf die im Angehörigenverhältnis usw. begründeten tatsächlichen persönlichen Beziehungen genommen werden, die durch ein Eingreifen von Amts wegen nicht gestört werden sollten (BGHSt **10** 400, 403; **18** 123, 126; **29** 54, 56; OLG Celle JR **1986** 395).[1] Dieser Gedanke kann nicht auf Diebstähle beschränkt, sondern müsste auf alle Beziehungstaten erstreckt werden; bei typischen Beziehungstaten wie Körperverletzung 2

[1] BGHSt **10** 400, 403; **18** 123, 126; **29** 54, 56; OLG Celle JR **1986** **385**; *Hohmann* MK Rdn. 1; *Kindhäuser* NK Rdn. 1; *Lackner/Kühl* Rdn. 1; Arzt/Weber/*Heinrich*/Hilgendorf BT § 13 Rdn. 139; *Herzberg* ZStW **88** (1976) 68, 88; *Maurach/Schroeder/Maiwald* I § 33 Rdn. 135; *Rengier* BT 1 § 6 Rdn. 1; *Wessels/Hillenkamp* Rdn. 306.

und Beleidigung gibt es zwar Strafantragserfordernisse, die jedoch nicht an die Begehung in der Familien- oder Hausgemeinschaft anknüpfen. Im Übrigen erfasst § 247 StGB auch Verhältnisse wie die zwischen Mündel bzw. professionellem (Amts-)Vormund bzw. Betreuer, die in der Praxis häufig keinerlei „tatsächlichen persönlichen Beziehungen" beinhalten. Eine überzeugende Teleologie lässt sich nicht angeben. Da Familien- oder Hausangehörige es faktisch in der Hand haben, ob sie eine Tat anzeigen oder nicht, beschränkt sich die praktische Bedeutung des § 247 StGB im Wesentlichen auf Fälle, in denen der Täter nicht weiß, dass ihn ein Familien- oder Hausangehöriger bestohlen hat, die Tat anzeigt und, nachdem der Täter ermittelt worden ist, ihn nicht verfolgt haben will; hinzu kommen Fälle irrtümlich unterlassener oder verspäteter Antragstellung.

**3** Der h.A. ist insoweit zuzustimmen, als § 247 StGB **nicht** aus dem Gesichtspunkt der **Unrechts- oder Schuldmilderung** erklärt werden kann.[2] Haus- und Familiendiebstahl ist mindestens ein ambivalenter Strafzumessungsgrund; der Schuldminderung wegen erleichterten Zugriffs auf die Sache steht die Schulderhöhung wegen enttäuschten Vertrauens und verletzten Familien- oder Hauspflichten entgegen. Die Vorschrift erfasst auch schwerstes Diebstahlsunrecht und schwerste Diebstahlsschuld, und zwar bewusst, da der Gesetzgeber des EGStGB auf das Geringwertigkeitserfordernis des früheren Rechts bewusst verzichtet, also auch sehr wertvolle oder unersetzbare Sachen einbezogen und der des OrgKG § 247 StGB bewusst auf § 244a StGB erstreckt hat; beides ist kaum nachvollziehbar und wird auch durch die Einordnung als bloße Verfolgungsvoraussetzung (BGHSt **18** 123, 125) nicht nachvollziehbarer.

## II. Voraussetzungen

**4** Durch das Strafantragserfordernis „privilegiert" werden kann nur **Diebstahl** – dazu zählen nach allg. M. auch besonders schwere Fälle (§ 243 StGB) und qualifizierte Diebstähle, sogar schwerer Bandendiebstahl (§§ 244, 244a StGB, hierzu Rdn. 1)[3] – und (auch veruntreuende[4]) **Unterschlagung** (§ 246 StGB), nicht aber Raub oder räuberischer Diebstahl (*Kindhäuser* NK Rdn. 3). Auf den Wert der Sache kommt es nicht an (hierzu Rdn. 3). Die Bestimmung gilt entsprechend bei **Hehlerei** (§ 259 Abs. 2 StGB), **Betrug** (§ 263 Abs. 4 StGB), **Computerbetrug** (§ 263a Abs. 2 StGB), **Erschleichen von Leistungen** (§ 265a Abs. 3 StGB) und **Untreue** (§ 266 Abs. 3 StGB). Über § 257 Abs. 4 Satz 1 StGB erstreckt sich das Strafantragserfordernis auch auf **Begünstigung.** Haus und Familie können also bei entsprechendem Willen des Verletzten – auf welchen Gründen er immer beruhe (Rdn. 1) – in den Grenzen von Raub und Raubmord eigentums- und vermögensstrafrechtsfreie Räume werden.

**5** Das Strafantragserfordernis erfasst – erst recht – den **Versuch** der genannten Taten und die bloße **Teilnahme** an ihnen, wenn der Teilnehmer zum Verletzten in einem von § 247 StGB erfassten Verhältnis steht (*Maurach/Schroeder/Maiwald* I § 33 Rdn. 137); das gilt auch, wenn der Haupttäter nicht in einem solchen Verhältnis zum Verletzten

---

[2] *Hohmann* MK Rdn. 1; *Hoyer* SK[6] Rdn. 2; *Kindhäuser* NK Rdn. 1; *Maurach/Schroeder/Maiwald* I § 33 Rdn. 135; *Wessels/Hillenkamp* Rdn. 306.

[3] RGSt **74** 373, 374; *Hohmann* MK Rdn. 2; *Ruß* LK[11] Rdn. 1; *Sch/Schröder/Eser* Rdn. 2. – Nach heutigem Recht lässt sich vertreten, mit dem Wort „Diebstahl" verweise der Gesetzgeber nur mehr auf die nunmehrige gesetzliche Angabe zu § 242 StGB, nicht aber auf §§ 244, 244a StGB.

[4] Vgl. RGSt **49** 194, 198; *Sch/Schröder/Eser* Rdn. 2.

steht (zutr. *Fischer* Rdn. 5). Sinnlose Verabsolutierung des Haus- und Familienfriedensschutzes wäre es aber, den nichtangehörigen (usw.) Beteiligten allein deshalb, weil er an der Tat des Angehörigen (usw.) beteiligt ist, die mangels Strafantrags nicht verfolgbar ist, straffrei zu stellen; die h.A. wendet zu Recht (den Grundgedanken des) § 28 Abs. 2 StGB an (BGH NJW **2003** 3283, 3285, insoweit nicht in BGHSt **48** 322 abgedruckt).[5]

6 Die „strafantragsprivilegierten" Beziehungen i.S.v. § 247 StGB müssen zwischen dem Beteiligten und dem **Verletzten** bestehen. Die h.A. setzt mehr oder weniger unausgesprochen voraus, dass dieser Verletztenbegriff deckungsgleich mit dem des § 77 Abs. 1 StGB ist und nach den dortigen rechtsgutsbezogenen Kriterien auszulegen ist (s. noch Rdn. 16). Dafür spricht auf den ersten Blick, dass § 247 StGB ein Strafantragserfordernis statuiert und strafantragsberechtigt eben nur der Verletzte ist. Jedoch ist die Frage, ob überhaupt die Voraussetzungen des § 247 StGB gegeben sind, von der Frage, wer strafantragsberechtigt ist, zu trennen, und die erste Frage ist *aus dem Schutzzweck des § 247 StGB*, nicht dem des § 77 Abs. 1 StGB heraus zu entwickeln. Nach h.A. geht es bei § 247 StGB um den Schutz des Haus- und Familienfriedens (Rdn. 2). Gegenüber öffentlichen Strafverfolgungsinteressen kann dieser Schutz aber nur zurücktreten, wenn die Tat *insgesamt Internum des Hauses oder der Familie* geblieben ist, also kein Dritter in rechtlich geschützten Interessen – nicht notwendigerweise Rechtsgütern – verletzt ist. Fallen beim Diebstahl Eigentum und Gewahrsam auseinander oder sind mehrere Mit- oder Gesamthandseigentümer oder Mitgewahrsamsinhaber, ist § 247 StGB nur dann anwendbar, wenn zu allen in ihrem Eigentum oder Gewahrsam Verletzten eine der in § 247 StGB genannten Beziehungen besteht (BGH 4 StR 57/99 vom 6.7.1999; *Ruß* LK[11] Rdn. 3; *Schmitz* MK Rdn. 11). Steht entweder der Eigentümer oder der Gewahrsamsinhaber außerhalb einer solchen Beziehung, ist die Tat also von Amts wegen zu verfolgen,[6] beispielsweise wenn der Sohn das vom Vater gemietete Kraftfahrzeug eines Dritten stiehlt oder das Kraftfahrzeug des Vaters, dass dieser einem Dritten vermietet hat. Gleiches gilt für Sachen, die im Miteigentum oder auch nur Mitgewahrsam eines nichtangehörigen usw. Dritten stehen (zutr. *Ruß* aaO). Nur untergeordneter Mitgewahrsam eines Dritten begründet jedoch noch keinen Drittbezug, der die Anwendung des § 247 StGB hindern würde (BGHSt **10** 400: Sohn stiehlt aus der Wohnung seiner Eltern, die verreist sind und eine Haushälterin damit beauftragt haben, gelegentlich nach dem Rechten zu sehen). Gleiches gilt für die veruntreuende Unterschlagung, soweit ein Nichteigentümer das Anvertrauensverhältnis begründet hat (vgl. § 246 Rdn. 63); unabhängig davon, ob auch der anvertrauende Nichteigentümer rechtsgutsbezogen in den Schutz *des § 246 StGB* einbezogen ist, ist *für § 247 StGB* zu verlangen, dass das Angehörigenverhältnis usw. sowohl gegenüber dem Eigentümer als auch dem Anvertrauenden besteht (**aA** – es komme nur auf den Eigentümer an – *Ruß* LK[11] Rdn. 3 mit Verweis auf BGH 5 StR 224/60 vom 19.7.1960).

7 Der Wortlaut des § 247 StGB spricht dafür, dass die Beziehung, die das Strafantragserfordernis auslöst, **zum Tatzeitpunkt** (bei Diebstahl Wegnahme in Zueignungsabsicht) bestanden haben muss. Fällt die Beziehung nachträglich weg, berührt das das Strafantragserfordernis nach h.A. nicht, mag dann auch der Schutzzweck, tatsächliche per-

---

5 *Hohmann* MK Rdn. 12; *Hoyer* SK[6] Rdn. 4; *Kindhäuser* NK Rdn. 13; *Sch/Schröder/Eser* Rdn. 15; *Herzberg* ZStW **88** (1976) 68, 88; *Maurach/Schroeder/Maiwald* I § 33 Rdn. 137; *Mitsch* BT 2/1 § 1 Rdn. 272.

6 Vgl. RGSt **4** 346; **50** 46; **73** 151, 153; *Hohmann* MK Rdn. 11; *Lackner/Kühl* Rdn. 2; *Krey/Hellmann* Rdn. 139; *Maurach/Schroeder/Maiwald* I § 33 Rdn. 136; diff. *Fischer* Rdn. 3; **aA** *Samson* SK[3] Rdn. 5; *Sch/Schröder/Eser* Rdn. 10 f; *Mitsch* BT 2/1 § 1 Rdn. 270.

sönliche Beziehungen vor Störungen durch amtswegiges Eingreifen zu bewahren, entfallen. Für den Diebstahl unter Angehörigen ergibt sich das bereits aus § 11 Abs. 1 Nr. 1a) StGB, gilt aber auch für andere Fälle wie die Auflösung der häuslichen Gemeinschaft, sogar wenn Tatausführung und Aufhebung der häuslichen Gemeinschaft zusammenfallen (Diebstahl beim Auszug).[7] Auf der anderen Seite muss die Beziehung bereits zum Tatzeitpunkt bestanden haben (BGHSt **29** 54, 56; BGHR StGB § 247 Gemeinschaft 1), so dass es nicht genügt, wenn sie nachträglich begründet wird, z.B. sich Täter und Opfer nach der Tat verloben oder zusammenziehen.[8] Eine vordringende Lehre sieht das anders und weist darauf hin, dass nach dem Schutzzweck des § 247 StGB auch eine nachträgliche Beziehung zu schützen sei; die Vorschrift sei prozessualer Natur, und z.B. bei Zeugnisverweigerungsrechten Angehöriger sei anerkannt, dass die nachträgliche Begründung des Angehörigenverhältnisses genüge.[9] Die Parallele zu § 52 StPO ist verfehlt, weil dort die Verhältnisse zum Zeitpunkt der Ausübung des Zeugnisverweigerungsrechts entscheiden, weshalb z.B. der Auflösung des Verlöbnisses nach der Tat, aber vor der Aussage den Zeugen aussagepflichtig macht (*Ignor/Bertheau* LR[26] § 52 StPO Rdn. 6). Es ist unangebracht, eine so fragwürdige Vorschrift wie § 247 StGB (Rdn. 1) über ihren Wortlaut hinaus zu erweitern und Raum für Manöver wie die aus § 52 StPO bekannte „taktische Verlobung“ zu öffnen.

8 Der Verletzte ist **Angehöriger** des Beteiligten, wenn er zu ihm in einem des in § 11 Abs. 1 Nr. 1 StGB legal definierten Angehörigkeitsverhältnis steht; s. dort. Die frühere Streitfrage, wie der nachträgliche Wegfall der Angehörigeneigenschaft zu behandeln ist (vgl. BGHSt 7 383), hat der Gesetzgeber im Sinne der Unerheblichkeit des Wegfalls entschieden (soeben Rdn. 7), desgleichen, dass nichteheliche Abkömmlinge Angehörige sind (vgl. BGHSt 7 245; **10** 400). Das Angehörigenverhältnis wird auch durch ein Verlöbnis begründet, sofern ihm ein ernstliches und unbedingtes Eheversprechen zugrunde liegt und dieses nicht gegen ein Gesetz oder die guten Sitten verstößt (BGH wistra **1989** 57).[10] Nichteheliche Lebensgemeinschaft begründet kein Angehörigenverhältnis, kann aber eine häusliche Gemeinschaft begründen.

9 Bestiehlt das Mündel den **Vormund** (§§ 1773 ff BGB) oder der Betreute den **Betreuer** (§§ 1896 ff BGB), ist das strafantragsprivilegiert, auch wenn bei professionellen Vormündern oder Betreuern von „tatsächlichen persönlichen Beziehungen“ nicht die Rede sein kann; der Wortlaut deckt sogar den Diebstahl im Vormundschaftsverein (vgl. § 1791a BGB) oder im Jugendamt (vgl. § 1791c BGB) oder im anerkannten Betreuungsverein (vgl. § 1900 BGB), was aber nicht im Sinne des Gesetzgebers sein dürfte. Die h.A. will auch den Gegenvormund (§ 1792 BGB) als Vormund ansehen;[11] das strapaziert die Wortlautgrenze und ist von Sinn und Zweck des Schutzes „tatsächlicher persönlicher Beziehungen“ weit entfernt (zu den Aufgaben des Gegenvormundes § 1799 BGB).

10 Die **häusliche Gemeinschaft** muss zum Tatzeitpunkt bestehen (Rdn. 7). Die Privilegierung geht auf den alten Gesindediebstahl (vgl. RGSt **74** 373) und die Vorstellung zurück,

---

[7] OLG Celle NJW **1985** 733 m. Anm. *Stree* JR **1986** 386; OLG Hamm NJW **1986** 734; vgl. ferner RGSt **71** 137, 138; **72** 324, 325; *Fischer* Rdn. 2; *Hohmann* MK Rdn. 3; *Kindhäuser* NK Rdn. 9; *Lackner/Kühl* Rdn. 2; *Sch/Schröder/Eser* Rdn. 14; *Mitsch* BT 2/1 § 1 Rdn. 269; *Otto* JZ **1993** 559, 567; **aA** *Koch* GA **1960** 304.

[8] *Lackner/Kühl* Rdn. 2; *Ruß* LK[11] Rdn. 6; *Mitsch* BT 2/1 § 1 Rdn. 269.

[9] *Hohmann* MK Rdn. 3; *Hoyer* SK[6] Rdn. 8; *Kindhäuser* NK Rdn. 10; *ders.* BT II § 7 Rdn. 5.

[10] RGSt **10** 117 ff; 35 49, 52; 75 290, 291; BGHSt 3 215, 216; 29 54, 57; BGH NJW **1972** 1334.

[11] *Fischer* Rdn. 2; *Hohmann* MK Rdn. 5; *Sch/Schröder/Eser* Rdn. 5.

es sei Sache des vom Gesinde bestohlenen Gutsherrn, zu strafen oder Gnade vor Recht ergehen zu lassen. Die auf der Hand liegende Fragwürdigkeit hiervon hat die Rechtsprechung bewogen, den Begriff der häuslichen Gemeinschaft *restriktiv* zu fassen: Erforderlich sein soll ein Zusammenleben auf gewisse Dauer, wenn es von einem freien und ernstlichen Willen unter innerer Bejahung der sich aus dem Zusammenleben ergebenden Bindungen und Verpflichtungen getragen ist, ähnlich wie ein Verlöbnis von einem solchen Willen getragen sein muss (BGHSt 29 54).[12] Wer mit dem Opfer am 1. Juli in die gemeinsam gemietete Wohnung zieht, um es um seine Ersparnisse zu bringen, und, nachdem das Opfer die Ersparnisse abgehoben hat, einen Teil durch Betrug und den Rest durch Diebstahl an sich bringt und am 6. Juli verschwindet, soll daher mit dem Opfer nicht in häuslicher Gemeinschaft leben (BGH aaO). Diese Materialisierung und Ethisierung geht an die Grenze des Wortlauts – was, wenn nicht das gemeinsame Beziehen einer gemeinsam gemieteten Wohnung und Leben in ihr soll denn häusliche Gemeinschaft sein? – und steht systematisch nicht im Einklang mit den anderen, formal bzw. zivilrechtsakzessorisch verstandenen privilegierten Beziehungen. Auf einem anderen Blatt steht, wie verfehlt § 247 StGB ist (Rdn. 1 ff), weshalb das Ergebnis von BGH aaO – kein Strafantragserfordernis – zu billigen ist.

Ob die Gemeinschaft in ein und demselben Haus wohnt, soll unerheblich sein (RGSt 74 373, 374);[13] vielmehr sollen sich die räumlichen Grenzen der **häuslichen** Gemeinschaft aus deren sozialen Grenzen ergeben. In die Familiengemeinschaft aufgenommenes Gesinde kann auch in Nebengebäuden untergebracht sein (s. noch Rdn. 12). Demgegenüber wohnen verschiedene Eigentümer oder Mieter in Mehrfamilienhäusern oder Gäste in Hotels nicht in häuslicher Gemeinschaft, desgleichen nicht Bewohner eines Altenwohnheims, wenn es dort abgeschlossene Einzelwohnungen gibt; bauliche Abtrennungen sind also nicht unerheblich. In häuslicher Gemeinschaft leben aber Schüler in einem Internat (jedenfalls wenn sie nicht zwangsweise dorthin verbracht worden sind) oder Personen, die in Wohngruppen mit (teilweise) gemeinsamer Haushaltsführung leben (*Fischer* Rdn. 2), wie es in Studentenwohnheimen der Fall sein kann. 11

**Gemeinschaft** ist vor allem die (freiwillig) gemeinsam lebende *Familie*; hier ergibt sich das Strafantragserfordernis allerdings bereits aus der Angehörigeneigenschaft der Beteiligten. Für die Alternative der häuslichen Gemeinschaft verbleiben in die Familiengemeinschaft aufgenommenes Gesinde (*Ruß* LK[11] Rdn. 7), Personal, Au-pair-Mädchen, in der Wohnung lebende Pflegekräfte usw. Auch die *Wohngemeinschaft* („Kommune") zu dem schlichten Zweck gemeinsamen Wohnens reicht aus, erst recht, wenn eine andere Lebensform praktiziert werden soll oder wenn der Wohngemeinschaft eine *nichteheliche Lebensgemeinschaft* zugrunde liegt (BGH NStZ-RR **2008** 83, 84; OLG Hamm wistra **2003** 356 und NStZ-RR **2004** 111, 112). Auch in *Klöstern* leben Mönche bzw. Nonnen in häuslicher Gemeinschaft (vgl. BT-Drucks. 7/550 S. 247). *Zwangsgemeinschaften* in Kasernen, Vollzugsanstalten, Unterbringungsanstalten oder Flüchtlingslagern reichen aber nicht aus, weil es an dem freien Willen zum Zusammenleben fehlt (**aA** *Seelmann* JuS **1985** 699, 703). Überhaupt muss die häusliche Gemeinschaft dem Zusammenleben dienen; die in einem Krankenhaus stationär aufgenommenen Patienten sind keine häusliche Gemeinschaft. Grenz- und Streitfälle sind Altenwohn- und Pflegeheime (bejahend *Schmitz* MK 12

---

[12] BGHSt 29 54 = NJW **1979**, 2055 m. Bspr. *Giemulla* JA **1980** 63 und *Hassemer* JuS **1980** 70; BGHR StGB § 247 Gemeinschaft 1; *Fischer* Rdn. 2; *Hohmann* MK Rdn. 6; *Hoyer* SK[6] Rdn. 11 f; *Kindhäuser* NK Rdn. 7 f; *Lackner/Kühl* Rdn. 2; *Sch/Schröder/Eser* Rdn. 6.

[13] *Hohmann* MK Rdn. 6; *Kindhäuser* NK Rdn. 7; *Sch/Schröder/Eser* Rdn. 6.

Rdn. 6; verneinend *Fischer* Rdn. 2) und Dozentenwohnheime mit auf längere Zeit verweilenden Gastdozenten.

13 § 247 StGB statuiert ein prozessrechtliches Strafantragserfordernis, enthält aber keinen materiell-rechtlichen Straftatbestand. Bereits deshalb ist nicht etwa gem. § 15 StGB **Vorsatz** des Beteiligten erforderlich, und ein **Irrtum** über Eigenschaft des Verletzten und das Verhältnis zu ihm kann weder be- noch entlasten.[14] Wer seine Mutter bestiehlt und das Diebesgut irrig für Eigentum eines nicht angehörigen Dritten hält, kann nicht verfolgt werden, wenn die Mutter nicht wirksam Strafantrag stellt (BGHSt **18** 123). Umgekehrt wird von Amts wegen verfolgt, wer glaubt, einen Angehörigen zu bestehlen, während die Sache in Wahrheit einem nicht angehörigen Dritten gehört.[15] Die Vorschrift beruht nicht auf einer Unrechts- oder Schuldminderung (Rdn. 3), sondern darauf, dass der Staat nur auf Antrag und andernfalls gar nicht in bestimmte Verhältnisse strafverfolgend eingreifen will; dafür sind nur die Verhältnisse maßgebend, wie sie sind, nicht, wie sie sich der Täter vorgestellt hat.

14 Ungeachtet der prozessrechtlichen Natur des § 247 StGB steht die h.A. auf dem Standpunkt, dass, lässt sich nicht aufklären, ob die Voraussetzungen der Vorschrift gegeben sind (z.B. ob ein Verlöbnis besteht oder eine häusliche Gemeinschaft auf gewisse Dauer angelegt war), der Tatsachenzweifel zugunsten des Täters ausschlägt (***in dubio pro reo***).[16]

## III. Rechtsfolge

15 § 247 StGB ist keine materiell-rechtliche Privilegierung der Tat, sondern begründet allein ein prozessrechtliches **Strafantragserfordernis**. Das Fehlen des Strafantrags ist Verfahrenshindernis und führt außerhalb der Hauptverhandlung zur Verfahrenseinstellung durch Beschluss, in der Hauptverhandlung durch (Prozess-)Urteil. Da nicht vorgesehen ist, dass die Staatsanwaltschaft bei besonderem öffentlichem Interesse an der Strafverfolgung auch ohne Antrag von Amts wegen verfolgen kann, macht § 247 aus Diebstahl, sogar aus schwerem Bandendiebstahl in den Fällen des Haus- und Familiendiebstahls absolute Antragsdelikte. Wie systemfremd das ist, zeigt der Blick auf andere absolute Antragsdelikte, die nur geringes Unrecht vertypen und teils durch den Gedanken der Höchstpersönlichkeit des geschützten Rechtsguts motiviert sind (vgl. §§ 123 Abs. 2, 194 Abs. 1 Satz 2, 205 Abs. 1 Satz 1 StGB für Hausfriedensbruch, Beleidigung, Geheimnisdelikte).

16 Ob ein wirksamer Strafantrag gestellt ist, beurteilt sich nach §§ 77 ff StGB; s. die dortige Kommentierung. Im Rahmen des § 247 StGB besonders intensiv diskutiert wird die Frage, wer **strafantragsbefugter Verletzter** i.S.v. § 77 Abs. 1 StGB ist (s. bereits Rdn. 6). Die dort h.A. bestimmt den Verletztenbegriff zunächst rechtsgutsbezogen; in jedem Fall ist der Träger des durch die Tat unmittelbar verletzten Rechtsguts antragsbefugt. Darauf

---

[14] RGSt 73 151, 153; BGHSt **18** 123; **23** 281; *Fischer* Rdn. 4; *Hohmann* MK Rdn. 13; *Hoyer* SK[6] Rdn. 13; *Kindhäuser* NK Rdn. 10; *Lackner/Kühl* Rdn. 3; *Sch/Schröder/Eser* Rdn. 13; *Arzt/Weber/Heinrich* Hilgendorf BT § 13 Rdn. 139 m. Fn. 303; *Maurach/Schroeder/Maiwald* I § 33 Rdn. 134; *Mitsch* BT 2/1 Rdn. 271; *Wessels/Hillenkamp* Rdn. 312.

[15] *Hoyer* SK[6] Rdn. 13; *Sch/Schröder/Eser* Rdn. 13; vgl. ferner zum alten Recht: RGSt **61** 270; 73 151, 153; BGHSt **23** 281; BayObLGSt **26** 173; *Stree* FamRZ **1962** 55.

[16] BayObLG NJW **1961** 1222; *Hohmann* MK Rdn. 14; *Sch/Schröder/Eser* Rdn. 14; *Löffler* JA **1987** 77, 82; *Stree* In dubio pro reo (1962) S. 61.

beschränkt ist die Antragsbefugnis aber nicht; es genügt, dass durch die Tat unmittelbar in den Rechtskreis eines Betroffenen eingegriffen wird, der nicht schon Träger des geschützten Rechtsguts ist (BGHSt **31** 207, 210; *Schmid* LK § 77 Rdn. 23). Unstreitig ist beim Haus- und Familiendiebstahl der *Eigentümer* der gestohlenen oder unterschlagenen Sache strafantragsbefugt. Wird unter den Voraussetzungen des § 247 StGB gestohlen und fallen Eigentum und Gewahrsam auseinander, fragt sich, ob der *Gewahrsamsinhaber* strafantragsbefugter Verletzter ist. Die Frage zu bejahen ist konsequent, wenn man den Gewahrsam als von § 242 StGB mitgeschütztes Rechtsgut ansieht (vgl. *Maurach/Schroeder/Maiwald* I § 33 Rdn. 136; *Ruß* LK$^{11}$ Rdn. 3).[17] Aber auch wenn man das nicht tut, liegt es mehr als nahe, jedenfalls den berechtigten Gewahrsamsinhaber als unmittelbar in seinem Rechtskreis – dem berechtigten Besitz – betroffen anzusehen; auf eine *dingliche* Berechtigung kommt es entgegen BGHSt **10** 400, 401 f (vgl. auch *Fischer* Rdn. 3) nicht an (insoweit zutr. *Kindhäuser* NK Rdn. 11). Auf diesem Standpunkt stehen Rechtsprechung (BayObLG NJW **1963** 1464) und h.L.[18] Dagegen wird eingewendet, es sei verfehlt, dem Gewahrsamsinhaber eine Strafverfolgung aufzuzwingen, die dieser nicht wolle; so werde der geschützte Haus- und Familienfrieden gestört.[19] Aber dieser Schutz ist nicht absolut. Ist der Gewahrsamsinhaber kein Angehöriger usw., so ist § 247 StGB von vornherein unanwendbar, und es wird von Amts wegen verfolgt (Rdn. 6). Ist er es doch, so ergibt sich aus § 77 Abs. 4 StGB, dass ein Antragsbefugter auch gegen den Willen der anderen Antragsbefugten wirksam Strafantrag stellen kann. Ist auch nur ein Angehöriger usw. der Auffassung, dass Strafverfolgung der richtige Weg ist, den Haus- oder Familiendiebstahl zu bewältigen, ist er kein bloßes Internum mehr. Damit ist zugleich die Auffassung abzulehnen, wonach in diesen Fällen *kumulative* Antragstellung erforderlich sei (*Hoyer* SK Rdn. 6).[20] Auch bei Miteigentum (und Mitgewahrsam) hat jeder Berechtigte das Antragsrecht selbständig.[21] Entsprechendes gilt, wenn bei der veruntreuenden Unterschlagung Eigentümer und Anvertrauender auseinanderfallen. Im Übrigen ist § 77 Abs. 3 StGB anzuwenden; bestiehlt ein Kind das andere, so könnten die Eltern theoretisch in Vertretung des bestohlenen und damit verletzten Kindes Strafantrag stellen. § 247 StGB enthält aber keine gesetzliche Bestimmung, dass das Antragsrecht bei Tod des Antragsberechtigten auf einen anderen übergeht.

## § 248

*(weggefallen)*

---

17 BayObLG NJW **1963** 1464; *Duttge* HK-GS Rdn. 5; *Hohmann* MK Rdn. 11; *Lackner/Kühl* Rdn. 2; *Krey/Hellmann* Rdn. 139; *Rengier* BT 1 § 6 Rdn. 2a.

18 RG **4** 436; **50** 46; **73** 151, 153; *Hohmann* MK Rdn. 11; *Lackner/Kühl* Rdn. 2; *Ruß* LK$^{11}$ Rdn. 3; *Maurach/Schroeder/Maiwald* I § 33 Rdn. 136.

19 *Kindhäuser* NK Rdn. 11; krit. auch *Sch/Schröder/Eser* Rdn. 10 f.

20 Wie hier *Hohmann* MK Rdn. 11.

21 RGSt **4** 346; **26** 43; BGH 4 StR 521/54 bei Dallinger MDR **1955** 143.

## § 248a
## Diebstahl und Unterschlagung geringwertiger Sachen

**Der Diebstahl und die Unterschlagung geringwertiger Sachen werden in den Fällen der §§ 242 und 246 nur auf Antrag verfolgt, es sei denn, dass die Strafverfolgungsbehörde wegen des besonderen öffentlichen Interesses an der Strafverfolgung ein Einschreiten von Amts wegen für geboten hält.**

### Schrifttum

*Arzt* Zur Bekämpfung der Vermögensdelikte mit zivilrechtlichen Mitteln. Der Ladendiebstahl als Beispiel, JuS **1974** 639; *ders.* Offener und versteckter Rückzug des Strafrechts vom Kampf gegen den Ladendiebstahl, JZ **1976** 54; *Baumann* Über die notwendigen Veränderungen im Bereich des Vermögensschutzes, JZ **1972** 1; *ders.* Grabgesang für das Legalitätsprinzip, ZRP **1972** 273; *ders.* Bekämpfung oder Verwaltung der Kleinkriminalität? Gedächtnisschrift Schröder (1978) 523; *Berckhauer* Soziale Kontrolle der Bagatellkriminalität: Der Ladendiebstahl als Beispiel, DRiZ **1976** 229; *Bertram* Spatzen und Kanonen, NJW **1995** 238; *Boxdorfer* Das öffentliche Interesse an der Strafverfolgung trotz geringer Schuld des Täters, NJW **1976** 317; *Burkhardt* Gewaltanwendung bei Vermögensdelikten mit Bagatellcharakter, JZ **1973** 110; *ders.* Die Geringwertigkeit des Weggenommenen bei Raub und raubgleichen Delikten, NJW **1975** 1687; *Dencker* Die Bagatelldelikte im Entwurf eines EGStGB, JZ **1973** 144; *Dreher* Die Behandlung der Bagatellkriminalität, Festschrift Welzel (1974) 917; *Droste* Privatjustiz gegen Ladendiebe (1972); *Eckl* Neue Verfahrensweise zur Behandlung der Kleinkriminalität, JR **1975** 99; *Eser* Gesellschaftsgerichte in der Strafrechtspflege (1970); *Geerds* Über mögliche Reaktionen auf Ladendiebstähle, DRiZ **1976** 225; *ders.* Ladendiebstahl, Festschrift Dreher (1977) 533; *Hanack* Das Legalitätsprinzip und die Strafrechtsreform, Festschrift Gallas (1973) 339; *Henseler* Die Geringwertigkeit im Sinne der §§ 243 Abs. 2 und 248a StGB, StV **2007** 323; *H. J. Hirsch* Zur Behandlung der Bagatellkriminalität in der Bundesrepublik Deutschland, ZStW **92** (1980) 218; *Hobe* „Geringe Schuld" und „öffentliches Interesse" in den §§ 153 und 153a StPO, Festschrift Leferenz (1983) 629; *Hünerfeld* Kleinkriminalität und Strafverfahren, ZStW **90** (1978) 905; *Jungwirth* Bagatelldiebstahl und Sachen ohne Verkehrswert, NJW **1984** 954; *Kaiser* Möglichkeiten der Bekämpfung von Bagatellkriminalität, ZStW **90** (1978) 877; *Kaiser/Meinberg* „Tuschelverfahren" und „Millionärsschutzparagraph"? NStZ **1984** 343; *Kaiser/Metzger-Pregizer* Betriebsjustiz (1976); *Kausch* Der Staatsanwalt – Ein Richter vor dem Richter? (1980); *Keunecke/Schinkel* § 153a StPO und Ladendiebstahl, MSchrKrim. **1984** 157; *Kramer* Ladendiebstahl und Privatjustiz, ZRP **1974** 62; *ders.* Willkürliche oder kontrollierte Warenhausjustiz? NJW **1976** 1607; *Kröpil* Zur Überprüfbarkeit der Bejahung des besonderen öffentlichen Interesses im Sinne von § 232 StGB, NJW **1992** 654; *Krümpelmann* Die Bagatelldelikte (1966); *Kunz* Die Einstellung wegen Geringfügigkeit durch die Staatsanwaltschaft (1980); *ders.* Das strafrechtliche Bagatellprinzip (1984); *Lange* Der Ladendiebstahl – ein Ort wissenschaftlicher Verwirrung, Festschrift Jahrreiß (1974) 117; *ders.* Privilegierung des Ladendiebes? JR **1976** 177; *Meurer* Die Bekämpfung des Ladendiebstahls (1976); *Naucke* Der Kleinbetrug, Festschrift Lackner (1987) 695; *Nugel* Ladendiebstahl und Bagatellprinzip (2004); *Ostendorf* Präventionsmodell „Ladendiebstahl", ZRP **1995** 18; *Rössner* Bagatelldiebstahl und Verbrechenskontrolle (1976); *Schmechtig* Personaldelikte (1982); *Schmidhäuser* Freikaufverfahren mit Strafcharakter im Strafprozeß, JZ **1973** 529; *Schoreit* Der im Zusammenhang mit dem Alternativentwurf eines Strafgesetzbuches vorgelegte Entwurf eines Gesetzes gegen Ladendiebstahl im Lichte der Kriminalstatistik 1974 und moderner Opferforschung, JZ **1976** 49; *ders.* Problem Ladendiebstahl (1979); *Seelmann* Grundfälle zu den Eigentumsdelikten, JuS **1985** 699; *K.-H. Vogel* Das besondere öffentliche Interesse an der Strafverfolgung bei Körperverletzungen (§ 232 Abs. 1 StGB), NJW **1961** 761; *Wagner* Staatliche Sanktionspraxis beim Ladendiebstahl (1979); *Walter* Wandlungen in der Reaktion auf Kriminalität, ZStW **95** (1983) 32; vgl. ferner AE-Gesetz gegen Ladendiebstahl (1974), und AE-Gesetz zur Regelung der Betriebsjustiz (1975), sowie die Gutachten von *Naucke* und *Deutsch* zum 51. DJT 1976 (Sanktionen für Kleinkriminalität) mit den Referaten von *Arzt* und *Stoll*.

**Entstehungsgeschichte**

Diebstahl ist unabhängig vom Wert der gestohlenen Sache strafbar, und das StGB enthielt ursprünglich keine besondere Regelung des Diebstahls geringwertiger Sachen. Mit dem Gesetz vom 19.6.1912 (RGBl. I S. 395) wurde als § 248a Abs. 1 StGB a.F. der Privilegierungstatbestand der „Notentwendung" geschaffen; hiernach wurde, wer aus Not geringwertige Gegenstände entwendete oder unterschlug, nur mit Geldstrafe oder Gefängnis bis zu drei Monaten bestraft; Abs. 2 a.F. enthielt ein Antragserfordernis. Die heutige Fassung beruht auf Art. 19 Nr. 131 EGStGB 1974.

## I. Allgemeines

Ursprünglich hatte der Gesetzgeber versucht, die Problematik des Bagatelldiebstahls (hierzu Vorbem. §§ 242–248c Rdn. 44 ff) materiell-rechtlich zu lösen, indem die sog. Notentwendung (§ 248a Abs. 1, 2 StGB a.F., s. Entstehungsgeschichte) als privilegierter Tatbestand und (absolutes) Antragsdelikt ausgestaltet und der sog. Mundraub (§ 370 Abs. 1 Nr. 5 StGB a.F.) als bloße Übertretung ausgestaltet war. Mit dem EGStGB ist der Gesetzgeber zu einer **prozessrechtlichen Lösung** übergegangen, indem bei Geringwertigkeit der gestohlenen Sache ein relatives Strafantragserfordernis vorgesehen wird; das hat die materielle Rechtslage insoweit verschärft, als Fälle des sog. Mundraubs (d.h. weite Bereiche des Ladendiebstahls) nunmehr als Vergehen und auch im Versuch strafbar sind. Wird Strafantrag gestellt oder hält die Staatsanwaltschaft Verfolgung von Amts wegen für geboten, so bleiben der Diebstahl oder die Unterschlagung Vergehen, für die die Strafrahmen der §§ 242 und 246 gelten (vgl. OLG Düsseldorf JR **1987** 292 m. Anm. *Horn*; *Seelmann* JuS **1985** 703); in der Urteilsformel wird nur „Diebstahl" ohne den Zusatz „geringwertiger Sachen" angeführt (OLG Düsseldorf NJW **1987** 1958), und § 247 StGB wird nicht als angewendete Vorschrift genannt. 1

Gegen die prozessrechtliche Lösung sind **verfassungsrechtliche Bedenken** vorgebracht worden (vgl. dazu *Naucke* Gutachten zum 51. DJT 1976 D S. 77 ff und *Samson* SK³ Rdn. 7 ff). Sie sind **unbegründet** (BVerfGE 50 205):[1] Das strafrechtliche Gesetzlichkeitsprinzip, insbesondere das Bestimmtheitsgebot (Art. 103 Abs. 2 GG) bezieht sich auf Tatbestand und Rechtsfolgen der §§ 242, 246 StGB (Verbotsmaterie und Strafrahmen des Diebstahls und der Unterschlagung), die hinreichend bestimmt sind. Zwar verlangt das Rechtsstaatsprinzip, dass der Gesetzgeber den Richter nicht zwingt, im Einzelfall schuldunangemessen zu bestrafen (BVerfGE **105** 134, 152 f); Vorgaben dazu, ob das auf materiell- oder prozessrechtlichem Weg gewährleistet wird, enthält die Verfassung jedoch nicht. **Kriminalpolitisch** mag man geteilter Auffassung sein, ob eine wirkliche Entkriminalisierung von Bagatelldiebstählen und -unterschlagungen wünschenswert wäre; die Befürchtung, Eigentum, Recht und Moral würden fundamental untergraben, wenn das geschähe, ist übertrieben; die rechts- und gesetzestechnischen Schwierigkeiten einer angemessenen und hinreichend bestimmt umschriebenen Entkriminalisierung sind aber nicht zu unterschätzen. Jedenfalls kann die Praxis gut mit dem – wegen §§ 153, 153a StPO weitgehend bedeutungslos gewordenen (Rdn. 3) – § 248a StGB leben. 2

§ 248a StGB ist Teil einer **Gesamtkonzeption** zur Bewältigung bagatellhafter Eigentums- und Vermögenskriminalität nach dem **Grundgedanken des fehlenden öffentlichen** 3

[1] S. weiterhin OLG Düsseldorf NJW **1987** 1958; OLG Hamm NJW **1979** 117; **aA** *Naucke* NStZ **1988** 220.

**Interesses an der Strafverfolgung**. Geringwertigkeit steht nach § 243 Abs. 2 StGB bei den Regelbeispielen des Abs. 1 Satz 2 Nr. 1 bis 6 der Annahme eines besonders schweren Falles entgegen, so dass nur einfacher Diebstahl verbleibt, auf den § 248a StGB anwendbar ist (Rdn. 4). Auch bei Begünstigung und Hehlerei (§§ 257 Abs. 4 Satz 2, 259 Abs. 2 StGB), Betrug und Untreue (§§ 263 Abs. 4, 266 Abs. 3 StGB) und betrugsähnlichen Delikten (§§ 263a Abs. 2, 265a Abs. 3 StGB) löst Geringwertigkeit relative Strafantragserfordernisse aus. Das Strafantragserfordernis wird ergänzt durch die Einstellungsmöglichkeiten nach §§ 153, 153a StPO, die auch bei gestelltem Strafantrag anwendbar bleiben. In der Tat hat § 248a StGB seine **praktische Bedeutung** weitgehend verloren, seitdem bei Ladendiebstahl routinemäßig Strafantrag gestellt wird. Die Aufgabe, die Verhältnismäßigkeit der Strafverfolgung zu gewährleisten, muss nunmehr durch eine vernünftige, ggf. durch „Kleinkriminalitätserlasse" der Landesjustizminister oder Generalstaatsanwälte gesteuerte Einstellungspraxis nach §§ 153, 153a StPO erfüllt werden.

## II. Voraussetzungen

4 § 248a StGB setzt Diebstahl oder Unterschlagung geringwertiger Sachen in den Fällen der §§ 242, 246 StGB voraus. Die Vorschrift ist also nur bei einfachem **Diebstahl nach § 242 StGB** und **Unterschlagung nach § 246 StGB** – auch bei Veruntreuung (Abs. 2) – anwendbar. Soweit – ausnahmsweise – trotz Geringwertigkeit ein unbenannter besonders schwerer Fall des Diebstahls nach §§ 242, 243 Abs. 1 Satz 2 StGB vorliegt, kann § 248a StGB nicht angewendet werden (BGHSt **26** 104).[2] Bei Diebstahl mit Waffen usw. nach § 244 StGB und schwerem Bandendiebstahl nach § 244a StGB[3], erst recht bei Raub, räuberischem Diebstahl oder räuberischer Erpressung (§§ 249–251, 255 StGB)[4] führt Geringwertigkeit nicht zu einem Strafantragserfordernis, was im Hinblick auf den Unrechtsgehalt und die Gefährlichkeit dieser Taten einleuchtet. Zur Anwendung des § 248a StGB auf den Versuch des Diebstahls und der Unterschlagung Rdn. 10.

5 Die gestohlenen oder unterschlagenen Sachen müssen **geringwertig** sein; anders als nach früherem Recht (vgl. §§ 248a Abs. 1, 370 Abs. 1 Nr. 5 StGB a.F.) kommt es auf ihre Art oder darauf, ob der Täter aus Not gehandelt hat, nicht an. Die Geringwertigkeit als solche bestimmt sich **wie früher bei §§ 248a Abs. 1, 370 Abs. 1 Nr. 5 StGB a.F.**[5] **und heute gleich wie bei § 243 Abs. 2 StGB**. Zu den Einzelheiten § 243 Rdn. 55 ff und ergänzend: Grundsätzlich ist der *Verkehrswert* der Sache zur Tatzeit maßgeblich;[6] nachträgliche vom Täter mit der Sache vorgenommene Veränderungen, die ihren Wert erhöhen, bleiben außer Betracht (vgl. BGH NStZ **1981** 62). Auf den *Schaden* des Verletzten kommt es nicht an, desgleichen nicht auf seine Affektionsinteressen; ob im Übrigen indi-

---

[2] *Fischer* Rdn. 2; *Lackner/Kühl* Rdn. 4; *Kindhäuser* NK Rdn. 2; *Wessels/Hillenkamp* Rdn. 310; **aA** *Hohmann* MK Rdn. 2; *Hoyer* SK[6] Rdn. 6; *Braunsteffer* NJW **1975** 1571.

[3] BGH 1 StR 521/83 vom 19.8.1983; OLG Köln NJW **1978** 652, 653; *Hohmann* MK Rdn. 2; *Wessels/Hillenkamp* Rdn. 310.

[4] BGH 4 StR 608/74 bei Dallinger MDR **1975** 543; **aA** *Samson* SK[3] Rdn. 11; **krit.** auch *Sch/Schröder/Eser* Rdn. 4; *Burkhardt* NJW **1975** 1687.

[5] BGH 4 StR 608/74 bei Dallinger MDR **1975** 543; OLG Hamm MDR **1977** 424; *Lackner/Kühl* Rdn. 3; *Sch/Schröder/Eser* Rdn. 6.

[6] RGSt **52** 296; **76** 66; RG GA **1918** 545; BGHSt **6** 41; BGH GA **1957** 17, 18; NStZ **1981** 62; OLG Hamm NJW **1971** 1954; *Fischer* Rdn. 3; *Lackner/Kühl* Rdn. 3; *Samson* SK[3] Rdn. 13; *Sch/Schröder/Eser* Rdn. 7.

viduelle Verhältnisse des Verletzten zu berücksichtigen sind, ist wie bei § 243 Abs. 2 StGB umstritten (s. dort Rdn. 58)[7] und wie dort im Sinne der Unmaßgeblichkeit zu entscheiden. Hat die Sache ***keinen messbaren Verkehrswert*** wie bei Akten, Briefbögen, Scheckformularen u. dgl., soll § 248a StGB nach BGH 4 StR 224/87 vom 25.8.1987 von vornherein nicht anwendbar sein. Nach h.A. kommt es darauf an, welchen Wert die Ausübung der Herrschaft über die gestohlene Sache für den Täter hat, welchen funktionellen Wert sie in dem ihr „eigenen Funktionsbereich" (*Sch/Schröder/Eser* § 243 Rdn. 51) für ihn bedeutet (*Lackner/Kühl*[26] Rdn. 3; *Fischer* Rdn. 4; *Seelmann* JuS **1985** 699, 703); s. hierzu § 243 Rdn. 58. Nicht geringen funktionellen Wert in diesem Sinne können z.B. Akten, Ausweise, Scheckformulare oder Codekarten haben;[8] ein Briefbogen mit Firmenkopf bleibt aber auch dann geringwertig, wenn der Täter ihn zu Urkundenfälschung und Betrug verwenden will (BGH NStZ **1981** 62).

Zur Frage, wo die **Grenze für Geringwertigkeit** liegt, s. § 243 Rdn. 59 und ergänzend: Es ist ein objektiver Maßstab zugrunde zu legen und zu ermitteln, was nach dem Sprachgebrauch und der Verkehrsauffassung als geringwertig anzusehen ist; dabei sind empirisch-kriminologische Erkenntnisse zu typischen Bagatelldiebstählen hilfreich (*Fischer* Rdn. 3). Wenn der Gesetzgeber bei § 248a StGB den Begriff der Geringwertigkeit eng ausgelegt wissen wollte und nur an „Sachen von ganz geringem Wert, auf deren Verlust auch der Verletzte kaum irgendwelche Bedeutung legt", dachte (vgl. BGHSt **6** 41, 43), hat das im Gesetzeswortlaut keinen Niederschlag gefunden; es genügen geringwertige Sachen, und ihr Wert muss nicht „ganz gering" sein. Da es nicht auf den Schaden, sondern den Wert ankommt, spielen die Verhältnisse des Verletzten keine Rolle (**aA** BGH GA **1957** 19). Wer einem Kind einen Zwerghasen im Wert von 20,– Euro stiehlt und dem Hasen das Fell über die Ohren zieht, stiehlt eine geringwertige Sache, auch wenn das Kind sehr an dem Tier hängt und durch die Tat traumatisiert wird (**aA** *Maurach/Schroeder/Maiwald* I § 33 Rdn. 101); die Eltern (§ 77 Abs. 3 StGB) mögen dann guten Grund haben, Strafantrag zu stellen. Auch wer aus einer Sammlung ein für sich gesehen geringwertiges Einzelstück stiehlt, stiehlt eine geringwertige Sache, selbst wenn die Sammlung, weil sie nicht mehr vollständig ist, erheblich an Wert verliert (**aA** *Sch/Schröder/Eser* Rdn. 12). Wer einen Wohlhabenden bestiehlt, kann sich nicht darauf berufen, die Entwendung berühre ihn nach seinen wirtschaftlichen Verhältnissen nur unwesentlich (tendenziell **aA** BGH GA **1957** 17, 18). Vielmehr obliegt es der Rechtsprechung, eine Wertgrenze als „gegriffene Größe" zu ziehen. Derzeit wird die Grenze überwiegend bei **25,– Euro** angesetzt; genannt werden aber auch **30,–** und **50,– Euro** (so OLG Frankfurt a.M. JuS **2008** 1024 m. zust. Anm. *Jahn*). In jedem Falle handelt es sich nach der Konzeption des Gesetzes nicht um eine starre gesetzliche Grenze wie bei steuer- oder sozialgesetzlichen Einkommens- oder Wertgrenzen (vgl. BGH 4 StR 608/74 bei Dallinger MDR **1975** 543). Deshalb haben Tatgerichte einen gewissen Spielraum, namentlich was 6

---

[7] BGHSt **6** 41; BGH GA **1957** 17, 18; **1957** 19; OLG Celle NJW **1966** 1931, 1932; *Fischer* Rdn. 3; *Lackner/Kühl* Rdn. 3; vgl. auch *Maurach/Schroeder/Maiwald* I § 33 Rdn. 138, 101; abl. *Samson* SK[3] Rdn. 13; *Sch/Schröder/Eser* Rdn. 7.

[8] BGH NJW **1977** 1460, 1461 m. Anm. *Geerds* JR **1978** 172; BayObLG NJW **1979** 2218 m. Anm. *Paeffgen* JR **1980** 300; *Lackner/Kühl* Rdn. 3; *Huff* NStZ **1985** 438, 439; **aA** *Sch/Schröder/Eser* Rdn. 7 und *Jungwirth* NJW **1984** 954, 957, die in derartigen Fällen mangels Verkehrswertes der Sache von deren Geringwertigkeit ausgehen und § 248a anwenden. Umgekehrt hält BGH 4 StR 224/87 vom 25.8.1987 § 248a auf Sachen, die keinen Verkehrswert haben (so auch auf Scheckkarten), für nicht anwendbar. Vgl. auch OLG Köln JR **1992** 249, 252 m. Anm. *Otto* JR **1992** 254 f.

die Feststellung der Verkehrsauffassung über Geringwertigkeit angeht;[9] ob eine allgemeine Verkehrsauffassung vorliegt, sehen Revisionsgerichte aber auch als revisible Rechtsfrage an. Zudem ist es möglich und geboten, Preis-, Lohn- und Geldwertentwicklungen zu berücksichtigen. Ob und wie (Tagessatz?) man sich zudem an der Höhe des Arbeitslosengeldes und der Sozialhilfe orientieren kann,[10] ist zweifelhaft,[11] erst recht, sich am Tagessatz i.S.v. § 40 Abs. 2 StGB zu orientieren (heute bis zu 30.000,– Euro!).

7 Als **geringwertig** sind angesehen worden: Pralinen im Wert von 20,– DM (BGHSt **21** 244); 10 Schachteln Zigaretten (BGH NJW **1964** 117; BGH 4 StR 62/75 vom 3.4.1975); 3 Sack Zement im Werte von 15,– DM (BGH 5 StR 209/64 vom 16.6.1964); 3 Würste im Wert von 23,– DM (BGH bei Dallinger MDR **1954** 336); 1 Kasten Bier und 10 Flaschen Wein (BGH 2 StR 56/82 vom 30.6.1982); je nach Qualität zwei bis drei Flaschen Schnaps (BGH 3 StR 17/77 vom 9.2.1977); 1 Stück Kunstleder im Wert von 8,– DM (OLG Frankfurt NJW **1963** 2086); 15 l Benzin (OLG Celle NJW **1966** 1931); 8 Schnitzel im Werte von 15,– DM (OLG Hamm NJW **1970** 2306); Zinnteller im Wert von 37,– DM (BayObLG JR **1977** 387); 8 Zentner Rüben im Wert von 24,– DM (BayObLG NJW **1983** 406); Sachen im Gesamtwert von 96,44 DM (OLG Zweibrücken NStZ **2000** 536); fünf Getränkeflaschen mit einem Gesamtwert von 39,45 Euro (OLG Frankfurt a.M. JuS **2008** 1024 m. zust. Anm. *Jahn*). **Kein geringer Wert** ist angenommen worden bei Werten über 20,– DM: OLG Hamm Betrieb **1965** 776; OLG Schleswig SchlHA **1967** 186; OLG Celle JZ **1968** 72; OLG Hamm NJW **1971** 1954; MDR **1977** 424; bei Werten über 30,– Euro: OLG Oldenburg NStZ-RR **2005** 111; bei Werten über 50,– Euro: OLG Hamm StV **2003** 672.

8 Bei der Wegnahme **mehrerer Sachen** durch ein und dieselbe Handlung sind die Werte der einzelnen Sachen zu summieren. Der Gesamtwert aller Sachen ist maßgebend (OLG Düsseldorf NJW **1987** 1958), sofern sich die Zueignungsabsicht des Täters auf alle Sachen bezieht. Ebenso ist bei **mittäterschaftlichem Diebstahl** die Gesamtmenge maßgebend, die in den mittäterschaftlichen Verantwortungsbereich fällt.[12] Bei **Teilnehmern** kommt es darauf an, ob sich ihr Tatbeitrag nur auf eine geringwertige Sache bezieht (*Sch/Schröder/Eser* Rdn. 15).

9 Da § 248a StGB prozessrechtlicher Natur ist und Verfolgungs- bzw. Verfahrensvoraussetzungen statuiert, kommt es im Ausgangspunkt darauf an, ob die Tat **objektiv** geringwertige Sachen zum Gegenstand hat. Ein **Irrtum** des Täters über die Geringwertigkeit der Sache ist als Irrtum über die Verfolgbarkeit der Tat grundsätzlich **bedeutungslos.**[13] § 248a StGB ist daher auch anwendbar, wenn der Täter irrtümlicherweise eine geringwertige Sache für wertvoll hält; umgekehrt begründet es kein Strafantragserfordernis, wenn er eine mehr als geringwertige Sache für geringwertig ansieht. Es ist auch ohne Bedeutung und begründet nicht etwa einen Subsumtions- und ggf. Verbotsirrtum, wenn der Täter die Grenze für Geringwertigkeit falsch zieht.

10 „Diebstahl und Unterschlagung ... in den Fällen der §§ 242 und 246" StGB ist auch der jeweilige **Versuch**, § 242 bzw. 246 Abs. 2 StGB (OLG Hamm NJW **1979** 117). Da es

[9] BGHSt 5 263, 264; **6** 41; BGH GA **1957** 17, 18; **1957** 19; **1960** 181, 182; BGH 4 StR 608/74 bei Dallinger MDR **1975** 543; OLG Düsseldorf NJW **1987** 1958.

[10] Vgl. z.B. OLG Bremen MDR **1954** 246; OLG Schleswig NJW **1953** 234.

[11] BGHSt 5 263, 265; **6** 41; BGH GA **1957** 17, 18; OLG Celle NJW **1966** 1931, 1932.

[12] RGSt **13** 371, 375; **54** 271; BGH NJW **1964** 117; **1969** 2210; OLG Hamm NJW **1971** 1954; OLG Schleswig SchlHA **1967** 186; *Hoyer* SK[6] Rdn. 8; *Lackner/Kühl* Rdn. 3; *Samson* SK[3] Rdn. 20; *Sch/Schröder/Eser* Rdn. 15; *Kindhäuser* BT II § 7 Rdn. 11.

[13] *Fischer* Rdn. 6; *Lackner/Kühl* Rdn. 5; *Sch/Schröder/Eser* Rdn. 16; *Warda* Jura **1979** 113, 117; **aA** *Samson* SK Rdn. 22 f; **krit.** auch *Seelmann* JuS **1985** 699, 703.

nicht zur Wegnahme kommen muss, ja nicht einmal ein (taugliches) Tatobjekt vorhanden sein muss, stellt die h.A. in Versuchsfällen auf die Vorstellung des Täters ab und wendet § 248a StGB dann – und nur dann – an, wenn sie sich – nur – auf geringwertige Sachen bezieht.[14] Allerdings ist wegen vollendeten Diebstahls ohne Rücksicht auf § 248a StGB zu bestrafen, wer zunächst nur geringwertige Sachen wegnehmen will und dann eine objektiv nicht mehr geringwertige Sache wegnimmt, gleich, welche Vorstellung er über deren Wert hatte (zutr. *Fischer* Rdn. 5; s. soeben Rdn. 9). Hat der Täter dagegen mit der Tatausführung begonnen, um nicht mehr geringwertige Sachen zu stehlen oder ohne seinen Vorsatz auf die Entwendung geringwertiger Sachen beschränkt zu haben, und hat er dann, weil er sonst nichts Mitnehmenswertes fand, nur eine geringwertige Sache weggenommen, so soll sich die Tat insgesamt nicht auf eine geringwertige Sache beziehen und § 248a nicht anwendbar sein (BGHSt **26** 104; BGH NJW **1975** 1286; BGH NStZ **1987** 71);[15] eine Verurteilung wegen versuchten Diebstahls nicht geringwertiger Sachen in Tateinheit mit Diebstahl geringwertiger Sachen – dies abhängig von den Voraussetzungen des § 248a StGB – soll nicht in Betracht kommen, es sei denn, der Täter habe zunächst seinen Diebstahlsentschluss aufgegeben und dann einen neuen gefasst. Alles das ist mit dem Ausgangspunkt, dass es nur auf die objektiven Verhältnisse ankommt (soeben Rdn. 9), jedenfalls dann nicht vereinbar, wenn sich der Versuch auf eine an sich vorhandene, bestimmte Sache bezieht; in diesem Falle entscheidet der objektive Wert der Sache.

## III. Rechtsfolgen

Liegen die Voraussetzungen des § 248a StGB vor, so besteht ein Verfolgungs- und **Verfahrenshindernis**, wenn kein wirksamer Strafantrag vorliegt und die Strafverfolgungsbehörde nicht das besondere öffentliche Interesse an der Strafverfolgung bejaht. Zum **Strafantrag** s. §§ 77 ff StGB (und die dortige Kommentierung); zur Frage, wer als Verletzter des Diebstahls und der Unterschlagung in Betracht kommt (Eigentümer, Gewahrsamsinhaber), s. § 247 Rdn. 16. Auch wenn ein Strafantrag vorliegt, kann die Staatsanwaltschaft – ggf. mit Zustimmung des Gerichts und des Verletzten – nach §§ 153, 153a StPO verfahren (Rdn. 3). Allerdings begründet § 248a StGB nur ein relatives Antragsdelikt: **11**

Denn bei fehlendem oder zurückgenommenem Strafantrag kann die Strafverfolgungsbehörde (Staatsanwaltschaft) wegen des **besonderen öffentlichen Interesses an der Strafverfolgung** ein Einschreiten von Amts wegen für geboten halten. Tut sie das, was frist- und formlos möglich ist, bringt sie damit zugleich zum Ausdruck, dass eine Einstellung des Verfahrens nach § 153 StPO nicht in Betracht kommt; eine Einstellung nach § 153a StPO bleibt demgegenüber möglich, soweit durch Auflagen das öffentliche Interesse an der Strafverfolgung beseitigt werden kann.[16] Mit der Anklageerhebung oder dem Antrag auf Erlass eines Strafbefehls wird das besondere öffentliche Interesse stillschweigend bejaht, es sei denn, die Staatsanwaltschaft gehe irrig davon aus, Strafantrag sei (wirksam) gestellt (BGHR StGB § 248a Öffentliches Interesse 1). Das besondere öffentliche Interesse **12**

---

[14] *Hohmann* MK Rdn. 12; *Hoyer* SK[6] Rdn. 11; *Samson* SK[3] Rdn. 22; **aA** *Fischer* Rdn. 5; *Lackner/Kühl* Rdn. 5; *Sch/Schröder/Eser* Rdn. 17.

[15] *Sch/Schröder/Eser* Rdn. 17; *Mitsch* BT 2/1 § 1 Rdn. 273; *Wessels/Hillenkamp* Rdn. 310; **aA** *Fischer* Rdn. 5; *Hoyer* SK[6] Rdn. 12; *Lackner/Kühl* Rdn. 5.

[16] *Fischer* Rdn. 8; *Hohmann* MK Rdn. 17; *Kindhäuser* NK Rdn. 21; *Sch/Schröder/Eser* Rdn. 28.

kann auch noch in der Rechtsmittelinstanz bejaht werden, z.B. wenn dort festgestellt wird, dass kein wirksamer Strafantrag vorliegt. Da es darauf ankommt, was die Staatsanwaltschaft für geboten hält, ist unmaßgeblich, ob das Gericht diese Auffassung teilt; das Gericht darf die Bejahung des öffentlichen Interesses, die im Beurteilungsspielraum bzw. Ermessen der Staatsanwaltschaft liegt, grundsätzlich nicht überprüfen (vgl. BVerfGE 51 176; BGHSt **16** 225 zu § 230 StGB); eine Ausnahme ist aber anzuerkennen, wenn die Staatsanwaltschaft das besondere öffentliche Interesse geradezu willkürlich oder diskriminierend bejaht (vgl. LG München I StV **1990** 400, 401; *Kröpil* NJW **1992** 654, 655 f zu § 230 StGB). Ein besonderes öffentliches Interesse kann sich insbesondere aus general- oder spezialpräventiven Gesichtspunkten ergeben, z.B. bei Gewerbs- oder Gewohnheitsmäßigkeit, einschlägigen Vorstrafen oder wenn die Regelwirkung eines Regelbeispiels des § 243 Abs. 1 Satz 2 StGB (z.B. bei Ein- oder Aufbruch) nur an der Geringwertigkeit scheitert (*Fischer* Rdn. 7). In Betracht kommen aber auch Fälle, in denen es keine freie Entscheidung des Bestohlenen war, den Antrag nicht zu stellen oder zurückzunehmen, z.B. wenn er vom Täter dazu genötigt worden ist oder Repressalien fürchtet. Bei Massendelikten wie Ladendiebstahl ist es fragwürdig, die Massenhaftigkeit und die damit verbundene Schadensverlagerung auf die Allgemeinheit dem Einzeltäter anzulasten und so ein besonderes öffentliches Interesse zu bejahen (**aA** *Ruß* LK[11] Rdn. 11); anderes kann bei besonderer Deliktshäufung gelten. Versäumung der Strafantragsfrist durch den Verletzten begründet kein besonderes öffentliches Interesse an der Strafverfolgung. Überhaupt genügen *private* Interessen nicht; hatte der Verletzte ein besonderes Affektionsinteresse an der gestohlenen oder unterschlagenen Sache, muss es ihm überlassen bleiben, durch Antragstellung Strafverfolgung zu ermöglichen.

## § 248b
## Unbefugter Gebrauch eines Fahrzeugs

**(1) Wer ein Kraftfahrzeug oder ein Fahrrad gegen den Willen des Berechtigten in Gebrauch nimmt, wird mit Freiheitsstrafe bis zu drei Jahren oder mit Geldstrafe bestraft, wenn die Tat nicht in anderen Vorschriften mit schwererer Strafe bedroht ist.**

**(2) Der Versuch ist strafbar.**

**(3) Die Tat wird nur auf Antrag verfolgt.**

**(4) Kraftfahrzeuge im Sinne dieser Vorschrift sind die Fahrzeuge, die durch Maschinenkraft bewegt werden, Landkraftfahrzeuge nur insoweit, als sie nicht an Bahngleise gebunden sind.**

**Schrifttum**

*Ebert* Zur Strafbarkeit ungetreuer Kraftfahrzeugmieter, DAR **1954** 291; *Franke* Zur unberechtigten Ingebrauchnahme eines Fahrzeuges (§ 248b), NJW **1974** 1803; *ten Hompel* Das furtum usus de lege ferenda, ZStW **19** (1899) 795; *Lienen* Mißbräuchliche Benutzung von Kraftfahrzeugen und Strafrechtsreform, NJW **1960** 1438; *Schaffstein* Zur Abgrenzung von Diebstahl und Gebrauchsanmaßung insbesondere beim Kraftfahrzeugdiebstahl, GA **1964** 97; *Schaudwet* Die Kraftfahrzeugentwendung in der Rechtsprechung, JR **1965** 413; *Schmidhäuser* Unbefugter Gebrauch eines Fahrzeugs auch bei bloßer unbefugter Weiterbenutzung, etwa nach Ende eines Mietvertrages über einen Pkw? NStZ **1986**, 460; *Schwab* Abgrenzung zwischen Diebstahl und unbefugter Ingebrauchnahme eines Kraftfahrzeugs, DAR **1983** 388; *Seibert* Zur Frage des unbefugten Gebrauchs von Fahrzeugen, DAR **1955** 298; *ders.* Unbefugter Fahrzeuggebrauch, NJW **1958** 1222; *Vogler* Funktion und

Grenzen der Gesetzeseinheit, Festschrift Bockelmann (1979) 715; *Wagner* Die VO über unbefugten Gebrauch von Kraftfahrzeugen und Fahrrädern vom 20.10.1932, JR **1932** 253; *Wersdörfer* Unbefugter Fahrzeuggebrauch und Strafantrag, NJW **1958** 1031.

**Entstehungsgeschichte**

Die Vorschrift ist durch die (Not-)VO vom 20.10.1932 (RGBl. I S. 496) geschaffen worden; s. hierzu *Wagner* JR **1932** 253. Mit dem 3. StrÄndG 1953 wurde sie ins StGB überführt; die heutige Fassung beruht auf dem 1. StrRG und Art. 19 Nr. 124 EGStGB 1974.

## I. Allgemeines

Die Praxis hat sich schon immer mit der **Straflosigkeit der Gebrauchsanmaßung** (***furtum usus***) schwer getan, insbesondere damit, dass sie dem, der eine Sache weggenommen hat, die Einlassung eröffnet, er habe sie nur gebrauchen und dann zurückgeben wollen. Das Unbehagen hieran hat die Rechtsprechung dazu geführt, bei § 242 StGB an den (Nachweis des) Rückgabewillen(s) hohe Anforderungen zu stellen (s. § 242 Rdn. 153 ff, 159 ff). Mit Entstehung einer (auto-)mobilen Gesellschaft auf deutschem Boden im späten 19. und frühen 20. Jahrhundert wurde auch das als ungenügend empfunden. Im Hinblick auf um sich greifende (Kraft-)Fahrzeugentwendungen, die dadurch erleichtert werden, dass (Kraft-)Fahrzeuge häufig unbewacht auf Straßen und Plätzen abgestellt werden, aber auch auf die Gefährlichkeit von Schwarzfahrten (*Wagner* JR **1932** 253) und die Gefahr, dass zum Gebrauch entwendete (Kraft-)Fahrzeuge beschädigt oder entwertet werden (BGH GA **1963** 344), ist 1932 durch Notverordnung des Reichspräsidenten eine (subsidiäre) Strafvorschrift gegen unbefugten Gebrauch von Kraftfahrzeugen und Fahrrädern geschaffen worden, die nunmehr in § 248b StGB enthalten ist (s. Entstehungsgeschichte). 1

Die Vorschrift hat in erster Linie den Zweck, das **Gebrauchsrecht** an Fahrzeugen zu schützen (vgl. BGHSt **11** 47 und 51; BGH GA **1963** 344).[1] In der Literatur[2] wird hingegen viel vertreten, geschützt sei lediglich das **Eigentum** mit der Folge, dass der Eigentümer, der ein Fahrzeug gegen den Willen des Gebrauchsberechtigten in Gebrauch nimmt, oder ein Dritter, der dies tut, aber mit Einwilligung des Eigentümers handelt, nicht nach § 248b StGB strafbar sein können (s. noch Rdn. 8 f). Gegen diese Auffassung spricht der Wortlaut des § 248b StGB, der gerade kein „fremdes" Fahrzeug voraussetzt und den Willen „des Berechtigten", nicht des Eigentümers als maßgeblich bestimmt. Das systematische Argument, § 248b StGB sei im Neunzehnten Abschnitt mit der Überschrift „Diebstahl und Unterschlagung", unstreitig Straftaten gegen das Eigentum, angesiedelt, überzeugt nicht: Die Vorschrift wurde außerhalb des StGB geschaffen (s. Entstehungsgeschichte); ihre Überführung ins StGB sollte nichts am Inhalt ändern; auch § 248c StGB 2

---

1 *Duttge* HK-GS Rdn. 1; *Fischer* Rdn. 2; *Kindhäuser* NK Rdn. 1; *Eisele* BT II Rdn. 264; *Mitsch* BT 2/2 § 1 Rdn. 1; *Wessels/Hillenkamp* Rdn. 394.

2 *Sch/Schröder/Eser* Rdn. 1 und *Franke* NJW **1974** 1803, die in der Gebrauchsberechtigung lediglich einen Ausfluss des Eigentums sehen und § 248b als Eigentumsdelikt betrachten; vgl. auch in diesem Sinne *Hohmann* MK Rdn. 1; *Hoyer* SK[6] Rdn. 1 ff; *Lackner/Kühl* Rdn. 1; *Schmidhäuser* BT § 8 Rdn. 67; **aA** *Maurach/Schroeder/Maiwald* I § 37 Rdn. 5.

ist keine Straftat gegen das Eigentum. Schwierig nachzuvollziehen ist, was es in diesem Zusammenhang austragen soll, dass Eigentum durch unbefugten Gebrauch „nicht infrage gestellt“ (*Kindhäuser* NK Rdn. 1) werde; jedenfalls ist unbefugte Ingebrauchnahme Eigentumsverletzung (vgl. §§ 823 Abs. 1, 903, 1004 BGB). In heutiger Zeit, in der Eigentum und Gebrauchsrecht bei der Mehrzahl der Kraftfahrzeuge auseinanderfallen, da die Mehrzahl der Kraftfahrzeuge durch Ratenkauf mit Eigentumsvorbehalt erworben oder nur geleast werden (zutr. *Fischer* Rdn. 2), überzeugt es auch in der Sache, den Gebrauchsberechtigten als – auch gegenüber dem Eigentümer – geschützt anzusehen; natürlich bleibt es dabei, dass der Eigentümer Gebrauchsberechtigter sein kann und als solcher geschützt wird.

## II. Tatbestand

3 1. **Taugliche Tatobjekte** sind nur Kraftfahrzeuge und Fahrräder. § 248b Abs. 4 StGB enthält eine **Legaldefinition der Kraftfahrzeuge** i.S.v. § 248b StGB als Fahrzeuge, die durch Maschinenkraft bewegt werden, ohne an Bahngleise gebundene Landkraftfahrzeuge. Die Teleologie dieser Legaldefinition ist nicht ganz durchsichtig; das Maschinenkrafterfordernis und die Ausnahme für schienengebundene Fahrzeuge weist darauf hin, dass der Gesetzgeber besondere (Unfall-)Gefahren im Auge gehabt hat, die bei hand-, fuß- oder durch Tiere bewegten oder schienengebundenen Fahrzeugen nicht in gleicher Weise gegeben sind; das kann im Einzelfall aber auch anders liegen (z.B. bei einem von Unkundigen in Betrieb genommenen ICE oder bei der vom Unerfahrenen gelenkten Pferdekutsche, wenn die Pferde durchgehen) und hat jedenfalls nichts mit dem Schutz von Gebrauchsrechten zu tun. Im Einzelnen kann es sich um maschinenbewegte Landkraftfahrzeuge (Autos, Motorräder, Mofas, Elektrokarren, Krankenfahrstühle mit Motorantrieb, wohl auch Fahrräder mit Hilfsmotor usw.), aber auch um maschinenbewegte Wasserkraftfahrzeuge (Schiffe, Motorboote, U-Boote usw., nicht aber Segelschiffe, Ruderboote usw.) und maschinenbewegte Luftfahrzeuge (Flugzeuge mit Motoren usw., nicht aber Segelflugzeuge, Hängegleiter usw.) handeln. Die Maschine muss in das Kraftfahrzeug selbst eingebaut sein; Anhänger, Wohnwagen usw. sind für sich keine Kraftfahrzeuge (RG ZAkDR **1938** 168 m. Anm. *Krug*). Schienengebundene Landfahrzeuge wie Eisenbahnen, Lastbahnen, Schwebebahnen usw. sind ausgenommen; Seilbahnen sind aber nicht an „Gleise“ gebunden. Unter einem **Fahrrad** ist nach h.A. jedes Fahrzeug zu verstehen, das Räder hat und mit Fuß- oder Handbetrieb bewegt wird; neben Fahrrädern im üblichen Verständnis und Tandems sollen auch Dreiräder, Krankenfahr- und Rollstühle erfasst sein.[3] Letzteres strapaziert die Wortlautgrenze der Auslegung und bezieht kuriose Fälle ein (ein Elternteil verhindert nicht, dass ein Kind das Dreirad eines anderen Kindes gegen dessen Willen bzw. gegen den Willen der Eltern des anderen Kindes benutzt; ein Kranker benutzt den Rollstuhl eines anderen Kranken gegen dessen Willen).

4 2. **Tathandlung** ist das Ingebrauchnehmen des Fahrzeugs gegen den Willen des Berechtigten. Mit **Ingebrauchnehmen** gemeint ist die mit dem Willen des Täters erfolgte Benutzung zum Zweck der Fortbewegung, eine Benutzung, „bei der der Täter sich des Fahrzeugs unter Einwirkenlassen der zur Ingangsetzung und Inganghaltung geeigneten Kräfte als Fortbewegungsmittel“ bedient und dabei eine ihm nicht zustehende Herrschaftsge-

---

[3] *Duttge* HK-GS Rdn. 5; *Hohmann* MK Rdn. 9; *Kindhäuser* NK Rdn. 2; *Samson* SK[3] Rdn. 6; *Sch/Schröder/Eser* Rdn. 3; *Mitsch* BT 2/2 § 1 Rdn. 9.

walt über das ganze Fahrzeug ausübt (BGHSt **11** 44 und 47; s. weiterhin BGH NStZ **1982** 420). Nicht erforderlich soll sein, dass die Fortbewegung mittels der dem technischen Wesen des Fahrzeugs eigentümlichen Triebkräfte geschieht (BGHSt **11** 44; **aA** OLG Hamm VRS **6** 210; *Wagner* JR **1932** 253). Bei Kraftfahrzeugen muss der Motor nicht angelassen oder der Gang eingelegt sein; es genügt, wenn das Kraftfahrzeug im Leerlauf auf abschüssiger Straße fährt; bei Fahrrädern genügt das Rollenlassen. Ausreichen soll jede noch so geringfügige Fortbewegung, auch das Vor- und Zurücksetzen des Fahrzeuges, um es in eine günstigere Parksituation zu bringen oder um das Einparken zu üben (*Sch/Schröder/Eser* Rdn. 4). Ohne irgendeine Fortbewegung liegt aber noch kein Ingebrauchnehmen vor, z.B. wenn der Motor nur angelassen oder laufen gelassen wird, erst recht nicht, wenn nur irgendwelche Einrichtungen betätigt werden (Standheizung, Radio, Hebekran u. dgl.), selbst wenn zu diesem Zweck der Motor in Tätigkeit gesetzt wird. Wer in ein Fahrzeug einbricht, um darin zu übernachten, nimmt es nicht i.S.v. § 248b StGB in Gebrauch (BGHSt **11** 47, 49 f; BGH NJW **1960** 1068). Aus dem Zweck des Gesetzes, Schwarzfahrten zu verhindern, ergibt sich, dass § 248b StGB nicht auf den blinden Passagier in einem Autobus oder auf den anwendbar ist, der sein Kraftfahrzeug oder Fahrrad unbefugt an ein anderes Kraftfahrzeug anhängt (BGHSt **11** 47, 49). Auch das bloße Wegschieben eines Motorrads oder Fahrzeugs ist noch keine Benutzung des Tatobjekts als Fortbewegungsmittel (kann aber Versuch sein, Rdn. 13). Mitfahren als solches ist straflos (BGH VRS **19** 288); zur Beteiligung an § 248b s. aber Rdn. 12.

Mit viel Aufwand und Scharfsinn diskutiert wird die Frage, ob § 248b StGB neben **5**
dem erstmaligen Ingebrauch„nehmen" auch den weiteren Gebrauch und damit das **Ingebrauch„halten"** oder auch das erneute Ingebrauchnehmen erfasst. Praktisch bedeutsam wird das, wenn die Ingebrauchnahme vom Willen des Berechtigten gedeckt ist, nicht aber ein nachfolgender bestimmter Gebrauch, sei es eines „Nicht-mehr-Berechtigten" (z.B. Fahrzeugmieter nach Ablauf der Mietzeit) oder eines „Nicht-so-Berechtigten" (z.B. Fahrzeugmieter, der mit dem Mietwagen entgegen einer Auslandsklausel ins Ausland fährt); auch sind Fälle denkbar, in denen der Gebrauch von Anfang an nicht vom Willen des Berechtigten gedeckt ist, der Täter dies aber erst nachträglich bemerkt und dann den Gebrauch fortsetzt. – Die (wohl) h.A. bezieht alle diese Fälle in § 248b StGB ein. Die Vorschrift enthalte ein Dauerdelikt (BGH 4 StR 341/87 vom 3.8.1987), und tatbestandsmäßig sei jeder Gebrauch bis zur Außerbetriebnahme (BGHSt **11** 47, 50).[4] Im Hinblick auf den Gesetzeszweck, Schwarzfahren zu verhindern, bestehe kein Anlass, denjenigen, der ein Fahrzeug in widerrechtlicher Weise weiter in Gebrauch hält, anders zu behandeln als denjenigen, der von vornherein die widerrechtliche Ingebrauchnahme ins Werk setzt (OLG Schleswig NStZ **1990** 340 m. abl. Anm. *Schmidhäuser*).[5] – Die Gegenauffassung[6]

---

[4] RGSt **68** 216, 217; OLG Düsseldorf NStZ **1985** 413; *Hohmann* MK Rdn. 4; *Kindhäuser* NK Rdn. 9; *Lackner/Kühl* Rdn. 3; *Sch/Schröder/Eser* Rdn. 9; *Eisele* BT II Rdn. 274; *Hohmann/Sander* BT I § 4 Rdn. 7; *Mitsch* BT 2/2 § 1 Rdn. 13; *Wessels/Hillenkamp* Rdn. 401.

[5] RGSt **68** 216; BGHSt **11** 47, 50; BGH GA **1963** 344; KG GA **1972** 277; OLG Zweibrücken VRS **34** 444, 445; *Kindhäuser* NK Rdn. 6; *Lackner/Kühl* Rdn 3; *Eisele* BT II Rdn. 271; *Maurach/Schroeder/Maiwald* I § 37 Rdn. 9; *Mitsch* BT 2/2 § 1 Rdn. 13; *Rengier* BT 1 § 6 Rdn. 7.

[6] BayObLG NJW **1953** 193, 194; OLG Hamm NJW **1966** 2357, 2360; AG München NStZ **1986** 458, 459 m. zust. Anm. *Schmidhäuser*; *Hohmann* MK Rdn. 16 ff; *Hoyer* SK[6] Rdn. 13; *Ebert* DAR **1954** 291; *Franke* NJW **1974** 1803, 1804 f; *Hohmann/Sander* BT I § 4 Rdn. 11; *Krey/Hellmann* Rdn. 149; *Küper* BT S. 222; *Otto* BT § 48 Rdn. 5 f; einen vermittelnden Standpunkt nimmt *Sch/Schröder/Eser* Rdn. 4a ein: Danach sollen nur solche Tätigkeiten von § 248b erfasst sein, die in ihrer äußeren Erscheinung von dem gestatteten Verhalten abweichen.

hält die Wortlautgrenze der Auslegung (Art. 103 Abs. 2 GG) für überschritten, wenn das bloße Ingebrauch„halten" als Ingebrauch„nehmen" angesehen werde. Davon zu unterscheiden sei der Fall des erneuten Ingebrauchnehmens. Allerdings habe die strafbare Gebrauchsentwendung Ausnahmecharakter und sei als Ausnahmevorschrift restriktiv zu interpretieren; bloß vertragswidriges Verhalten dürfe nicht kriminalisiert werden; Strafbarkeitslücken entstünden nicht, weil bei enteignend wirkendem Weitergebrauch § 246 StGB erfüllt sei. Noch anders will *Hoyer* SK Rdn. 14 f die Anwendung des § 248b StGB in diesen Fällen auf i.S.v. § 246 Abs. 2 StGB anvertraute Sachen beschränken. – Das Wortlautargument überzeugt für die (Ausnahme-)Fälle, dass im Laufe einer ununterbrochenen Fahrt die Gebrauchsbefugnis wegfällt oder überschritten wird; wer mit dem Mietwagen nur auf deutschem Gebiet fahren darf, „nimmt" das Mietauto nicht in Gebrauch, wenn er über die deutsch-polnische Grenze fährt. In den (Regel-)Fällen erneuter Ingebrauchnahme z.B. nach Rast oder Auftanken ist die Wortlautgrenze der Auslegung noch nicht überschritten, da man das Weiterfahren als – erneutes – Ingebrauchnehmen ansehen kann. Da es dann nach dem eindeutigen Gesetzeswortlaut allein auf den „Willen des Berechtigten" ankommt, der sich auch in Vertragsbedingungen niederschlagen kann, wird auch bloß vertragswidriges Ingebrauchnehmen erfasst. Ein Rechtsprinzip, dass Vertragsverletzungen nicht kriminalisiert werden dürften, gibt es in dieser Gestalt nicht; z.B. kann Eingehungs- oder Erfüllungsbetrug kriminalisiert werden, mag es sich auch um eine anfänglich oder nachträglich vorsätzliche Vertragsverletzung handeln. Im Übrigen lässt sich ein Teil des bloß vertragswidrigen Gebrauchs bei der Frage, ob das Ingebrauchnehmen als solches vom Willen des Berechtigten gedeckt ist, aus dem Tatbestand ausscheiden (Rdn. 8). Pragmatisch ist schließlich zu bedenken, dass nicht alles, was i.S.v. § 248b StGB tatbestandsmäßig ist, auch verfolgt werden muss (§§ 153, 153a StPO).

6 Noch weniger überzeugend ist die These, § 248b StGB könne nur erfüllt sein, wenn das Fahrzeug **weggenommen** worden sei (so aber AG München NStZ **1986** 458 m. zust. Anm. *Schmidhäuser*). Selbst wenn man der Einordnung der Vorschrift in den Neunzehnten Abschnitt „Diebstahl und Unterschlagung" systematische Bedeutung zumäße, käme mindestens das Ingebrauchnehmen eines zu anderen als Gebrauchszwecken anvertrauten Fahrzeugs in Betracht. Von § 248b StGB wird daher auch der Fall erfasst, dass der Monteur einer Reparaturwerkstatt den Wagen über die erforderliche Probefahrt hinaus benutzt (*Sch/Schröder/Eser* Rdn. 5); desgleichen ist nach § 248b StGB strafbar, wer einen Wagen in Kenntnis der Tatsache entleiht, dass der Wagen gestohlen (BGHSt **11** 47) oder ohne Erlaubnis weitergegeben war (OLG Neustadt MDR **1961** 708).

7 Die Ingebrauchnahme muss **gegen den Willen des Berechtigten** erfolgen. Der entgegenstehende Wille ist, wie sich bereits aus dem Gesetzeswortlaut ergibt, **Tatbestandsmerkmal**. Zwar genügt nach dem Wortlaut des § 248b StGB ein Handeln nur ohne den Willen des Berechtigten nicht. Das heißt jedoch nicht, dass kein tatbestandsmäßiges Verhalten vorliegt, wenn – wie es der Regelfall ist – ein Fahrzeug ohne Wissen und Willen des Berechtigten in Gebrauch genommen wird; vielmehr reicht der dem Gewahrsam des Berechtigten zugrunde liegende generelle Herrschaftswille (§ 242 Rdn. 53 ff) als entgegenstehender Wille aus. Sogar wenn ein Fahrzeug gewahrsamslos geworden ist (z.B. wenn ein Fahrrad entwendet und dann auf öffentlicher Straße unverschlossen zurückgelassen worden ist), dürfte seine Ingebrauchnahme zu anderen Zwecken als denen der Rückführung an den Berechtigten gegen dessen Willen erfolgen, wenn dieser sein Recht (Eigentum) nicht geradezu aufgegeben hat. In diesem Sinne lässt *Ruß* LK[11] Rdn. 6 mit Recht genügen, dass sich der entgegenstehende Wille aus den Umständen ergibt, z.B. wenn ein angestellter Lastkraftwagenfahrer mit dem Lastkraftwagen am Wochenende Privattransporte unternimmt oder den Wagen an Dritte vermietet.

Umgekehrt schließt ein Ingebrauchnehmen **mit Willen des Berechtigten** bereits den Tatbestand des § 248b StGB aus. Obwohl es sich formell um ein negatives Tatbestandsmerkmal handelt, sind materiell die Grundsätze der Einwilligungsdogmatik anwendbar, da § 248b StGB das Gebrauchsrecht, nicht den Gebrauch als solchen schützt. Das bedeutet einerseits, dass eine mit Willensmängeln behaftete – z.B. ernötigte oder ertäuschte – Gestattung des Berechtigten unbeachtlich ist (wenngleich in diesen Fällen § 248b StGB i.d.R. subsidiär zu §§ 253, 263 StGB ist, Rdn. 16). Andererseits kann eine mutmaßliche Einwilligung beachtlich sein. Ganz in diesem Sinne heißt es mit Recht, dass ein Ingebrauchnehmen nicht nur dann tatbestandslos ist, wenn es vom *wirklichen*, sondern auch, wenn es vom *mutmaßlichen* Willen des Berechtigten gedeckt ist (*Hohmann* MK Rdn. 13; *Kindhäuser* NK Rdn. 5). Deshalb ist es bereits nicht tatbestandsmäßig, wenn ein an sich Unberechtigter das Fahrzeug nur zum Zweck der Rückführung an den Berechtigten in Gebrauch nimmt (vgl. OLG Düsseldorf NStZ **1985** 413).[7] Der Tatbestand ist bereits dann ausgeschlossen, wenn der Wille des Berechtigten überhaupt darauf gerichtet ist, dass das Fahrzeug durch eine bestimmte oder bestimmbare Person zum Zweck der Fortbewegung in Gebrauch genommen wird. Hierdurch wird ein Teil der problematischen Fälle bloß vertragswidriger Ingebrauchnahme (Rdn. 5) aus dem Tatbestand herausgenommen: Wer sich vertraglich verpflichtet hat, das gemietete Fahrzeug nur in fahrtüchtigem Zustand zu fahren oder nicht zu Gütertransporten zu benutzen, nimmt es nicht gegen den Willen des Berechtigten in Gebrauch, wenn er doch betrunken fährt oder Transporte veranstaltet. Auch die abredewidrige Benutzung eines Kraftfahrzeugs durch einen Miteigentümer muss nicht zwingend den Tatbestand erfüllen (BGH VRS **39** 199). Allerdings kann vertragswidriges Verhalten eines bis dahin zum Gebrauch Berechtigten Anlass zum Widerruf der Einwilligung sein; dann ist ein erneutes Ingebrauchnehmen unbefugt (s. auch Rdn. 5).[8] Eine personengebundene Einwilligung erfasst nicht das Ingebrauchnehmen durch eine andere Person, z.B. wenn jemand, der keine Fahrerlaubnis hat, ein Kraftfahrzeug mietet und verspricht, es werde ein Dritter mit Fahrerlaubnis fahren, es dann aber doch selbst tut (**aA** LG Mannheim NJW **1965** 1929). 8

**Berechtigter** ist, wem das Recht zur Verfügung über den Gebrauch des Fahrzeugs zusteht.[9] Dies wird häufig der *Eigentümer* bzw. Halter i.S.v. § 7 StVG sein. Nach dem in Rdn. 2 Ausgeführten ist das aber nicht zwingend; vielmehr kann je nach den Umständen auch ein *Nichteigentümer* Berechtigter sein, z.B. der Mieter, Verkaufsbeauftragte, ja sogar der Besitzdiener (OLG Schleswig SchlHA **1976** 168), wenn ihm entsprechende Vollmachten eingeräumt sind. Er leitet zwar sein Gebrauchsrecht vom Eigentümer ab; jedoch steht es – nur – ihm zu, so dass es – nur – auf seinen Willen ankommt. Deshalb kann auch der Eigentümer oder ein mit dessen Willen handelnder Dritter gegen den Willen des Berechtigten handeln (s. bereits Rdn. 2). Ein abgeleitetes Gebrauchsrecht kann inhaltlich und zeitlich begrenzt sein, mit der Folge, dass Entleiher oder Mieter nicht zur 9

---

[7] *Kindhäuser* NK Rdn. 10; *Lackner/Kühl* Rdn 3; *Sch/Schröder/Eser* Rdn. 10; *Otto* BT § 48 Rdn. 10; *Rengier* BT 1 § 6 Rdn. 4; aA *Duttge* HK-GS Rdn. 9; *Fischer* Rdn. 6; *Wessels/Hillenkamp* Rdn. 401.

[8] BGHSt **11** 47, 50; **aA** BayObLG NJW **1953** 193; *Sch/Schröder/Eser* Rdn. 7; *Franke* NJW **1974** 1803, 1804.

[9] BGHSt **11** 47, 51; BGH VRS **39** 199; OLG Düsseldorf VM **1972** 62; OLG Schleswig SchlHA **1976** 168; *Fischer* Rdn. 6; *Lackner/Kühl* Rdn. 4; *Eisele* BT II Rdn. 269; **aA** *Samson* SK³ Rdn. 14, *Sch/Schröder/Eser* Rdn. 7; *Mitsch* BT 2/2 § 1 Rdn. 16 die grundsätzlich nur den Eigentümer als Berechtigten ansehen, der allerdings die Dispositionsbefugnis auf andere übertragen kann; vgl. auch *Maurach/Schroeder/Maiwald* I § 37 Rdn. 9, die grundsätzlich den Halter nach § 7 StVG, nicht den Eigentümer als Berechtigten anerkennen.

Weiterüberlassung des Fahrzeugs an Dritte befugt sind;[10] geben sie den Wagen an einen Dritten weiter, ohne zur Weitergabe befugt zu sein, so handelt der Dritte, der das weiß, tatbestandsmäßig (OLG Neustadt MDR **1961** 708; OLG Düsseldorf VM **1972** 62; s. soeben Rdn. 8 zu LG Mannheim NJW **1965** 1929).

10 3. **Subjektiver Tatbestand.** Gem. § 15 StGB ist **Vorsatz** erforderlich, der sich – mindestens als bedingter Vorsatz – auf alle Tatbestandsmerkmale, also auch auf den entgegenstehenden Willen des Berechtigten erstrecken muss. Wer wenn auch in vermeidbarer Weise annimmt, nicht gegen den Willen des Berechtigten zu handeln, unterliegt einem vorsatzausschließenden Tatbestandsirrtum nach § 16 StGB und ist straflos.[11] Praktische Bedeutung hat das vor allem für geringfügige Befugnisüberschreitungen, bei denen der Fahrzeugnutzer davon ausgehen kann, dass sie der Berechtigte dulden werde, also etwa um kurzen Gebrauch über die vereinbarte Zeit hinaus. So kann es beim Finder eines Fahrrades liegen, der den Fund gemeldet, aber das Fahrrad noch einige Male zu Fahrten benutzt hat (OLG Köln JMBlNRW **1964** 91). Bloßer dolus subsequens liegt vor, wenn jemandem während ununterbrochener Fahrt klar wird, dass er da Fahrzeug unbefugt gebraucht; setzt er die Fahrt nach Unterbrechung fort, so liegt eine – erneute – unbefugte Ingebrauchnahme nunmehr mit Vorsatz vor (s. bereits Rdn. 5).

11 Wer ein Fahrzeug wegnimmt und gebraucht, nimmt es i.d.R. vorsätzlich gegen den Willen des Berechtigten (Eigentümers) in Gebrauch. Er ist nur dann kein Dieb, wenn **Zueignungsabsicht fehlt.** S. hierzu § 242 Rdn. 132 ff und ergänzend: Nach der Rechtsprechung ist der Willen zur Rückführung des Fahrzeugs in den Herrschaftsbereich des bisherigen Gewahrsamsinhabers entscheidend (BGH NStZ **1982** 420; BGHSt **22** 45).[12] Der Täter muss bei der Ingebrauchnahme den Willen haben, den Berechtigten in eine solche Lage zu versetzen, dass er seine ursprüngliche Verfügungsgewalt über das Fahrzeug ohne besondere Mühe wieder ausüben kann (BGH NStZ **1987** 71; VRS **34** 443). Daran fehlt es, wenn er sich des Fahrzeugs in einer Weise entledigen will, dass es dem Zugriff beliebiger Dritter unterliegt und es Zufall ist, ob es an den Berechtigten zurück gelangt.

## III. Fragen des Allgemeinen Teils

12 1. **Beteiligung.** § 248b StGB ist kein eigenhändiges Delikt. Ein Mitfahrer kann, wenn er die Tat veranlasst oder bewusst unterstützt hat, (mittelbarer) Täter, Anstifter oder Gehilfe sein.[13] Der bloße Mitfahrer, der zur Ingebrauchnahme nichts beigetragen hat, ist jedoch straflos (BGH VRS **19** 288; BayObLGSt **1963** 111). Auch wer den Täter, der das Kraftfahrzeug gegen den Willen des Berechtigten in Gebrauch genommen hat, zur Rückführung des Fahrzeugs zum Berechtigten veranlasst und ihm dabei hilft, begeht keine strafbare Beihilfe (OLG Düsseldorf NStZ **1985** 413). Da § 248b StGB Dauerdelikt ist, ist Beteiligung bis zum endgültigen Abschluss des Gebrauchs möglich.

---

[10] Vgl. BGH GA **1963** 344; OLG Düsseldorf VM **1972** 62; OLG Neustadt MDR **1961** 708.

[11] *Duttge* HK-GS Rdn. 11; *Hohmann* MK Rdn. 19; *Lackner/Kühl* Rdn. 5; *Sch/Schröder/Eser* Rdn. 8; *Kindhäuser* BT II § 9 Rdn. 9; *Mitsch* BT 2/2 § 1 Rdn. 26; *Rengier* BT 1 § 6 Rdn. 4; *Wessels/Hillenkamp* Rdn. 400.

[12] Ferner *Janiszewski* NStZ **1987** 112, 113 m.w.N.

[13] RGSt **76** 176; BGHZ **22** 293, 300 ff; OLG Hamm DAR **1961** 92.

2. Der **Versuch** ist gemäß Abs. 2 strafbar. Er kann vorliegen beim Prüfen der Benutzbarkeit (Lenkradsperre) durch Rütteln an den Rädern (BGHSt 22 80), beim Einstecken des Zündschlüssels, um das Fahrzeug zu starten, beim Befassen mit der Sicherungseinrichtung eines Fahrrades und ähnlichen Handlungen, nicht jedoch schon beim Annähern an das Fahrzeug. Das Anfahren zwecks Entfernung vom Standort ist kein Versuch mehr, sondern Vollendung. Denn das Delikt ist mit der Ingebrauchnahme vollendet; es dauert an bis zum Abschluss des Gebrauchs (OLG Düsseldorf NStZ **1985** 413; vgl. auch BGH 4 StR 341/87 vom 3.8.1987). **13**

## IV. Rechtsfolgen, Prozessuales, Konkurrenzen

Der unbefugte Gebrauch eines Fahrzeugs ist mit Freiheitsstrafe bis zu drei Jahren oder Geldstrafe bedroht. Darin kommt das gegenüber Diebstahl geringere Unrecht zum Ausdruck, das vor allem in der fehlenden Zueignungsabsicht, ggf. auch in der fehlenden Wegnahme begründet ist. Wird nicht von der Verfolgung der Tat nach §§ 153, 153a StPO abgesehen, so ist Regelfolge ein auf geringe Geldstrafe lautender Strafbefehl. **14**

§ 248b StGB ist absolutes Antragsdelikt, die Strafverfolgung also von der Verfahrensvoraussetzung eines wirksam gestellten **Strafantrags** abhängig (Abs. 3). Antragsbefugt ist – allein – der Berechtigte i.S.v. § 248 Abs. 1 StGB (Rdn. 9).[14] Bei unter Eigentumsvorbehalt gekauften, sicherungsübereigneten oder geleasten oder gemieteten Fahrzeugen kommt es also – nur – auf den Käufer, Sicherungsgeber, Leasingnehmer oder Mieter an, der auch gegen den Willen des Eigentümers Strafantrag stellen kann; umgekehrt genügt in diesen Fällen der Strafantrag des Eigentümers nicht, da er nur mittelbar in seinem Eigentum betroffen ist (wohl anders *Kindhäuser* NK Rdn. 11; *Sch/Schröder/Eser* Rdn. 11; unklar *Hohmann* MK Rdn. 24). Ein wegen Sachbeschädigung gestellter Strafantrag kann auch den wegen § 248b StGB umfassen (vgl. BGH 4 StR 559/67 vom 19.1.1968, insoweit nicht in BGHSt **22** 80 abgedruckt). Weil § 248b StGB Dauerdelikt ist, beginnt der Lauf der Antragsfrist (§ 77b StGB) frühestens mit Abschluss des Gebrauchs (vgl. RGSt 43 285). Kommt eine Fahrzeugentwendung zur Anzeige, wird auf Frage der Polizei regelmäßig Strafantrag gestellt; auch deshalb *de lege ferenda* gegen das Antragserfordernis *Wersdörfer* NJW **1958** 1031. **15**

Nach § 248b Abs. 1 letzter Halbsatz StGB wird nicht wegen unbefugten Gebrauchs eines Fahrzeuges bestraft, wenn die Tat in anderen Vorschriften mit schwererer Strafe bedroht ist. Es handelt sich um eine **Subsidiaritätsklausel**, die erst auf Konkurrenzebene eingreift, also das Vorliegen einer tatbestandsmäßigen rechtswidrigen Tat nicht berührt. Die Klausel zielt vor allem auf das Verhältnis zu §§ 242, 246 StGB, also zu Delikten mit gleicher oder ähnlicher Angriffsrichtung (*Sch/Schröder/Eser* Rdn. 13). Auch wenn sich der Täter durch Täuschung oder Nötigung den Besitz des Fahrzeuges zum Gebrauch verschafft und so Betrug oder (ggf. räuberische) Erpressung begeht, ist der anschließende (tateinheitliche) unbefugte Gebrauch subsidiär (BGHSt **14** 386, 387 ff). Soweit eine Beihilfe zur (einfachen) Unterschlagung in Frage steht, ist wegen § 27 Abs. 2 Satz 2, § 49 Abs. 1 Nr. 2 die Täterschaft bei § 248b StGB mit höherer Strafe bedroht. § 248b StGB geht allerdings vor, soweit es sich um den mit dem unbefugten Gebrauch zusammenhängenden Diebstahl von Benzin und Schmiermitteln handelt; andernfalls wäre die Vorschrift auf dem Hauptgebiet, für das sie geschaffen worden ist, unanwendbar (vgl. § 242 Rdn. 161).[15] **16**

---

[14] *Duttge* HK-GS Rdn. 16; *Fischer* Rdn. 10.

[15] BGHSt **14** 386, 388; BGH GA **1960** 182; BayObLG NJW **1961** 280; OLG Celle NJW **1953** 37; vgl. krit. hierzu *Ranft* JA **1984** 277,

17 Bei **tateinheitlich** mit § 248b StGB zusammentreffenden Straftaten greift die Subsidiaritätsklausel jedenfalls – unabhängig von der Schutzrichtung – dann ein, wenn auch die anderen Taten im Gebrauchen des Fahrzeugs bestehen (RGSt **68** 216) wie z.B. beim Fahren ohne Fahrerlaubnis (§ 21 StVG), unerlaubtem Entfernen vom Unfallort (§ 142 StGB) oder bei Straßenverkehrsdelikten (§§ 315b, c, 316 StGB); manche dieser Delikte sind freilich nicht mit höherer Strafe bedroht als § 248b StGB, so dass Idealkonkurrenz möglich bleibt. Mehrere Vergehen des Fahrens ohne Fahrerlaubnis können durch das Dauerdelikt des § 248b StGB zur Tateinheit zusammengefasst werden (BGH 4 StR 341/87 vom 3.8.1987). Tateinheit liegt auch vor, wenn nach einem Diebstahl das Fahrzeug (unbefugt) gebraucht wird, um die Diebesbeute abzutransportieren (BGH 3 StR 61/84 vom 16.3.1984); dann ist § 248b StGB subsidiär. Nach früher h.A. griff die Subsidiaritätsklausel bei tateinheitlich begangenen Taten, die sich nicht im Gebrauchen des Fahrzeugs beschränkten und andere Rechtsgüter als Eigentum und Vermögen verletzten, nicht ein; insbesondere sollte Idealkonkurrenz mit § 222 StGB möglich bleiben, wenn es zum Unfall mit Todesfolge kam.[16] Im Hinblick auf BGHSt **43** 234 (zu § 125 Abs. 1 StGB und **47** 243 (zu § 246 Abs. 1 StGB, s. dort Rdn. 72, 75) dürfte diese Rechtsprechung überholt sein (zutr. *Hohmann* MK Rdn. 23). Mit § 229 StGB ist aber weiterhin Idealkonkurrenz möglich, weil der Strafrahmen der fahrlässigen Körperverletzung nicht höher als derjenige des unbefugten Gebrauchs eines Kraftfahrzeugs ist. – Ein Diebstahl, der während einer Unterbrechung des unbefugten Gebrauchs begangen wird (z.B. wenn bei einer Rast Sachen aus einem unbefugt benutzten Auto gestohlen werden), steht in **Tatmehrheit** zu § 248b und schließt deswegen letzteren nicht aus (BGH 4 StR 192/55 bei *Herlan* MDR **1955** 528; VRS **4** 133).

## § 248c
## Entziehung elektrischer Energie

(1) **Wer einer elektrischen Anlage oder Einrichtung fremde elektrische Energie mittels eines Leiters entzieht, der zur ordnungsgemäßen Entnahme von Energie aus der Anlage oder Einrichtung nicht bestimmt ist, wird, wenn er die Handlung in der Absicht begeht, die elektrische Energie sich oder einem Dritten rechtswidrig zuzueignen, mit Freiheitsstrafe bis zu fünf Jahren oder mit Geldstrafe bestraft.**

(2) **Der Versuch ist strafbar.**

(3) **Die §§ 247 und 248a gelten entsprechend.**

(4) **Wird die in Absatz 1 bezeichnete Handlung in der Absicht begangen, einem anderen rechtswidrigen Schaden zuzufügen, so ist die Strafe Freiheitsstrafe bis zu zwei Jahren oder Geldstrafe. Die Tat wird nur auf Antrag verfolgt.**

### Schrifttum

*Beesner* Juristisches Problem ohne naturwissenschaftlichen Boden, MDR **1991** 939; *Brodowski* Strafbare Entziehung elektrischer Energie durch Aufladen eines Mobiltelefons? ZJS **2010** 144; *Kohlrausch* Das „Gesetz betreffend die Bestrafung der Entziehung elektrischer Arbeit“ und seine Vorge-

281 f; ferner *Vogler* FS Bockelmann, S. 715, 731, der § 242 für tatbestandlich ausgeschlossen hält.

16 RGSt **68** 216; BGH 4 StR 192/55 bei *Herlan* MDR **1955** 528; VRS **4** 133; *Sch/Schröder/Eser* Rdn. 14.

schichte, ZStW **20** (1900) 459; *Stenglein* Komm. z. Gesetz betr. die Bestrafung der Entziehung elektrischer Arbeit vom 9.4.1900, Nr. 68 im Komm. zu den strafrechtlichen Nebengesetzen Bd. I (1911); *Mahnkopf* Probleme der unbefugten Telefonbenutzung, JuS **1982** 885; *Stimpfig* Auffangen von Rundfunk- und Fernmeldewellen – Entziehung elektrischer Energie? MDR **1991** 709; *Vec* Der Stromklau vor dem Reichsgericht, in: Falk/Luminati/Schmoeckel (Hrsg.) Fälle aus der Rechtsgeschichte (2008) 284.

### Entstehungsgeschichte

Das Reichsgericht hatte in RGSt **29** 111; **32** 165 entschieden, dass „Stromdiebstahl" nicht § 242 StGB (und auch keinen anderen Tatbeständen) unterfällt, da Strom keine Sache im strafrechtlichen Sinn ist. Der Gesetzgeber reagierte und schuf mit dem Gesetz betreffend die Bestrafung der Entziehung elektrischer Arbeit vom 9.4.1900 (RGBl. I S. 228) die Vorläufervorschrift zu dem § 248c StGB. Sie wurde mit dem 3. StrÄndG 1953 ins StGB überführt, und der Wortlaut wurde insoweit abgeändert, als statt von elektrischer „Arbeit" nunmehr von „Energie" die Rede ist. Das 1. StrRG 1969 beseitigte die Möglichkeit, die bürgerlichen Ehrenrechte abzuerkennen; das EGStGB 1974 stellte im Grundsatz die heutige Fassung her. Mit dem 6. StrRG 1998 ist Handeln in Drittzueignungsabsicht einbezogen und der heutige Abs. 3 mit dem Verweis auf §§ 247, 248a StGB eingefügt worden.

## I. Allgemeines

Das BGB kennt kein „Eigentum" an elektrischer Energie (offenbar **aA** *Stimpfig* MDR **1991** 709, 710), und im Rechtssinne ist elektrische Energie keine „Sache" (§ 242 Rdn. 9). Insbesondere sind Elektronen zwar nach heutigem Stand der Wissenschaft als (Teil der) Materie anerkannt (*Hohmann* MK Rdn. 2), aber davon ist die elektrische Energie (Ladung) als solche auch physikalisch zu unterscheiden. Deshalb ist § 248c StGB eine *gegenüber § 242 StGB selbständige Strafvorschrift* und nicht etwa nur *lex specialis* zu § 242 StGB (vgl. aber *Otto* BT § 40 Rdn. 10). Die Selbständigkeit zeigt sich nicht nur im Rechtsgut, der **Verfügungsbefugnis des Berechtigten über elektrische Energie,**[1] sondern auch in den Besonderheiten der Tathandlung (Rdn. 3 ff) und dem Charakter der Tat als Dauerdelikt (Rdn. 17). Die *praktische Bedeutung* des § 248c StGB ist gering; in der PKS sind keine gesonderten Fallzahlen ausgewiesen, und in der Verurteiltenstatistik sind für 2008 nur 971 Abgeurteilte erfasst (*Statistisches Bundesamt* Rechtspflege – Strafverfolgung 2008 [2010] S. 34). 1

## II. Tatbestand

1. **Tatobjekt** ist fremde elektrische Energie. **Elektrische Energie** ist die Fähigkeit, elektrischen Strom fließen zu lassen. **Fremd** ist sie, wenn sie in der Verfügungsbefugnis eines anderen steht, der Täter also kein Recht hat, sie zu entziehen.[2] Je nach den Umständen 2

---

[1] *Duttge* HK-GS Rdn. 1; *Fischer* Rdn. 1; *Hohmann* MK Rdn. 1; *Hoyer* SK[6] Rdn. 1.

[2] *Fischer* Rdn. 1; *Hohmann* MK Rdn. 6; *Hoyer* SK[6] Rdn. 3; *Kindhäuser* NK Rdn. 2; *Lackner/Kühl* Rdn. 1; *Sch/Schröder/Eser* Rdn. 3 ff; *Kindhäuser* BT II § 8 Rdn. 3; *Mitsch* BT 2/2 § 1 Rdn. 48; *Otto* BT § 45 Rdn. 1; *Wessels/Hillenkamp* Rdn. 408.

kann das der Erzeuger, das Versorgungsunternehmen oder der Abnehmer sein, dessen Leitung angezapft wird (RGSt **39** 436, 438 f). Elektrische Energie, die dem Entziehenden vertragsgemäß zur Verfügung gestellt worden ist, ist für ihn nicht fremd. Entscheidend sind die zwischen dem Berechtigten und dem Entziehenden ausdrücklich oder stillschweigend (RG GA Bd. **63** 123) getroffenen Abreden. Liefert ein Versorgungsunternehmen dem Täter billigen Kraftstrom sowie – in einer gesonderten Anlage – teuren Beleuchtungsstrom und entnimmt der Täter den billigen Kraftstrom, um zu beleuchten, so soll der Kraftstrom für den Täter fremd bleiben, weil er ihn nicht zu Beleuchtungszwecken entziehen darf (RGSt **45** 230, 234; OLG Celle MDR **1969** 597); das geht hart an die Wortlautgrenze (deshalb **aA** *Hohmann* MK Rdn. 6 – ggf. § 263 StGB), dürfte aber im Ergebnis zu billigen sein, weil eine dem Eigentumsvorbehalt und dem bedingten Einverständnis in eine Wegnahme ähnliche Situation vorliegt.

3 2. **Tathandlung** ist das Entziehen (Rdn. 5) fremder elektrischer Energie aus einer elektrischen Anlage oder Einrichtung (Rdn. 4) mittels eines Leiters, der nicht zur ordnungsgemäßen Entnahme von Energie aus der Anlage oder Einrichtung bestimmt ist (Rdn. 6 ff).

4 **Elektrische Anlage oder Einrichtung** ist jede Sachgesamtheit, die der Erzeugung, Speicherung, Zusammenführung, Weiterleitung oder Übertragung elektrischer Energie dient (RG GA Bd. **55** 314).[3] Anlagen sind regelmäßig auf Dauer bestimmt, während eine Einrichtung vorübergehender Natur sein kann. Ohne Bedeutung ist es, ob der erzeugte oder gespeicherte Strom dem Eigenbetrieb der Anlage oder Einrichtung dient oder an Abnehmer weitergeleitet werden soll. Gemeint sind Stromerzeugungsanlagen, Stromspeicher, Batterien, Akkumulatoren und Kondensatoren, Transformatoren, Stromleitungen jeder Art, auch Fernsprechleitungen (RG GA Bd. **56** 67) und Antennen. Wem die Anlage oder Einrichtung gehört oder in wessen Gewahrsam sie steht, ist unerheblich; für § 248c StGB ist die Berechtigung zur Entnahme der elektrischen Energie maßgeblich (Rdn. 1).

5 Elektrische Energie wird **entzogen**, wenn bei dem Berechtigten ohne dessen Einverständnis einseitig ein Energieverlust zu seinen Lasten bewirkt wird, indem elektrischer Strom abfließt.[4] Sog. Schwarzhören bewirkt keinen Energieverlust.[5] Der Zufluss zu dem Täter oder einem Dritten, gar die Nutzung des abgeflossenen elektrischen Stroms ist, wie § 248c Abs. 4 StGB zeigt, für ein Entziehen nicht notwendig (zutr. *Hohmann* MK Rdn. 10; wohl **aA** *Kindhäuser* NK Rdn. 4). Deshalb kann auch der Kurzschluss, wenn er einen nennenswerten Energieverlust verursacht und mittels eines Leiters geschieht (zur technischen Seite *Hohmann* aaO, s. auch *Kindhäuser* aaO Rdn. 11), tatbestandsmäßiges Entziehen sein. Entziehen kann auch, wer den Leiter, mit dem entzogen wird, nicht selbst hergestellt hat (RG GA Bd. **54** 296; OLG Hamburg MDR **1968** 257). Ein Einverständnis eines Nutzungsberechtigten – auch konkludent durch Ermöglichung oder Duldung der Nutzung elektrischer Energie durch einen Dritten – schließt den Tatbestand aus (*Brodowski* ZJS **2010** 144, 145).

---

3 *Duttge* HK-GS Rdn. 4; *Fischer* Rdn. 2; *Hohmann* MK Rdn. 6; *Hoyer* SK[5] Rdn. 4; *Kindhäuser* NK Rdn. 3; *Mitsch* BT 2/2 § 1 Rdn. 49.

4 *Hoyer* SK[6] Rdn. 3; *Kindhäuser* NK Rdn. 4; *Kohlrausch/Lange* Anm. II; *Lackner/Kühl* Rdn. 2; *Sch/Schröder/Eser* Rdn. 6 ff und 19; *Stenglein* § 1 Anm. 3; *Brodowski* ZJS **2010** 144, 144.

5 Das Schwarzhören ist heute auch nicht mehr nach § 15 FernmAnlG strafbar, sondern stellt nur noch eine Ordnungswidrigkeit dar (vgl. *Meyer* in *Erbs/Kohlhaas* § 15 FernmAnlG Anm. 2e; *Fischer* § 265a Rdn. 5; *Lackner/Kühl* § 265a Rdn. 5).

Eine gewisse, aber rechtspolitisch verfehlte (Rdn. 11) Parallele zum Wegnahmeerfordernis beim Diebstahl stellt der Gesetzgeber dadurch her, dass die Entziehung **mittels eines Leiters** geschehen muss, **der nicht zur ordnungsmäßigen Energieentnahme bestimmt** ist. 6

*Leiter* ist jeder Körper, der aufgrund seiner physikalischen Beschaffenheit geeignet ist, Elektrizität aufzunehmen und weiterzuleiten (RG GA Bd. **63** 123). Meist wird er aus metallischem Draht bestehen, es können aber auch Metallstücke (RG GA Bd. 55 314), Halbleiter, elektrisch leitende Kunststoffe oder überhaupt die körperliche Berührung des leitenden mit dem stromabnehmenden Metallgegenstand genügen (RG GA Bd. **63** 123). Dagegen ist das bloße Ausnutzen elektrischer Energie ohne einen solchen Leiter, also auch die Energieentnahme mittels Induktion oder eines Lichtbogens, nicht nach § 248c StGB strafbar;[6] die Gegenansicht[7] ist mit Art. 103 Abs. 2 GG nicht mehr zu vereinbaren. Hieraus ergibt sich, dass die unberechtigte Benutzung eines Elektrokarrens oder eines batteriebetriebenen Geräts nicht unter § 248c StGB fällt, mögen auch beim Elektrokarren § 248b StGB und bei Verbrauch der Batterie § 242 StGB in Betracht kommen. 7

Darüber, ob ein vorhandener Leiter *zur ordnungsmäßigen Entnahme bestimmt* ist, entscheidet der Wille des Verfügungsberechtigten in Verbindung mit seiner Vereinbarung mit dem Abnehmer (RGSt **74** 244; RG GA Bd. **63** 123).[8] Ähnlich wie beim falschen Schlüssel i.S.v. § 243 Abs. 1 Satz 2 Nr. 1 StGB (zutr. *Kindhäuser* NK Rdn. 6) geht es um die Frage, ob der Leiter vom Berechtigten allgemein zur Entnahme von Strom bestimmt oder gewidmet ist; ist das der Fall, so kann eine bloß vertrags- oder rechtswidrige Nutzung des Leiters nicht zur Anwendung des § 248c StGB führen. 8

Hiernach ist der Tatbestand *erfüllt* bei Umgehung des Zählers durch eine besondere Leitung (RGSt **42** 19; RG GA Bd. **57** 213; GA Bd. **55** 314); wenn ein unbefugter Nebenanschluss an eine genehmigte Fernsprechleitung installiert wird (RG GA Bd. **56** 67); bei Anzapfen einer fremden Leitung durch einen besonderen Draht (BGH GA **1958** 369); bei Verbindung eines gesperrten Netzes mit einem nicht gesperrten, wobei es gleichgültig ist, ob der Strom durch einen Zähler läuft (OLG Celle MDR **1969** 597); bei Ableitung billigen Kraftstroms zu Beleuchtungszwecken unter Umgehung des dafür eingebauten Zählers durch ein Kabel (RGSt **45** 230, s. bereits Rdn. 2) und bei Nutzung einer entwidmeten Steckdose, etwa in einer leerstehenden Wohnung. 9

Unstreitig *nicht erfüllt* ist der Tatbestand, wenn der Täter nur vorhandene elektrische Geräte unbefugt betreibt, da in diesen Fällen nur ordnungsgemäße Leiter verwendet werden.[9] So liegt es beispielsweise, wenn das Lehrmädchen einen dem Lehrherrn gehörenden elektrischen Heizofen entgegen dessen Anordnung einschaltet oder wenn Strom nach schlichtem Anhalten (Blockieren) des Zählers entnommen wird (RGSt **74** 243), wenn eine Telefonverbindung durch Einwurf einer minderwertigen Münze in ein Münztelefon hergestellt wird (RGSt **68** 65 – aber § 265a StGB), wenn ein Stromautomat mittels einer falschen Münze verwendet wird (BayObLG MDR **1961** 619) oder wenn ein recheninten- 10

---

6 *Hohmann* MK Rdn. 11; *Hoyer* SK[6] Rdn. 5; *Kindhäuser* NK Rdn. 5; *ders.* BT II § 8 Rdn. 6; *Maurach/Schroeder/Maiwald* I § 33 Rdn. 143 Fn. 245; ebenso *Ranft* JA **1984** 3.

7 RGSt **39** 436, 440; *Fischer* Rdn. 3; *Lackner/Kühl* Rdn. 2; *Sch/Schröder/Eser* Rdn. 9; *Otto* BT § 45 Rdn. 1.

8 Ebenso OLG Düsseldorf NStE Nr. 1 zu § 248c; *Hohmann* MK Rdn. 12; *Sch/Schröder/Eser* Rdn. 10; *Brodowski* ZJS **2010** 144, 145 f; abw. *Samson* SK[3] Rdn. 8, der von einer nicht ordnungsgemäßen Entnahme nur ausgeht, wenn der Täter Leiter einsetzt, die der Verdeckung der Entnahme dienen, also Leiter, die nicht sozial adäquat eingesetzt werden; im Ergebnis ähnlich *Kohlrausch/Lange* Anm. IV.

9 *Fischer* Rdn. 3; *Kindhäuser* NK Rdn. 7; *Sch/Schröder/Eser* Rdn. 11.

sives und damit den Stromverbrauch erhöhendes Computerprogramm unbefugt ausgeführt wird.

11 *Umstritten* ist die Fallgruppe des vertrags- bzw. abredewidrigen Anschlusses elektrischer Geräte mit nicht bereits vorhandenen Kabeln an eine Steckdose oder an einen sonstigen stromführenden (etwa USB-)Anschluss, beispielsweise wenn der Hotelgast, der Untermieter oder die Büroangestellte mit eigenen Kabeln elektrische Geräte (Bügeleisen, Kocher, Heizöfen, Mobiltelefone, iPods u. dgl.) unerlaubt anschließen. Einer Ansicht nach soll es entscheidend sein, ob der Berechtigte (Hotelier, Vermieter, Arbeitgeber) die Nutzung solcher Kabel und Geräte allgemein oder konkret untersagt hat.[10] Eine weitere Auffassung stellt auf die Sozialadäquanz des Einsatzes des Leiters ab,[11] die in vielen Fällen zu bejahen sein dürfte. Richtigerweise ist die Tatbestandsmäßigkeit zu verneinen, wenn der zur Steckdose bzw. zum Anschluss führende Leiter und die Steckdose bzw. der Anschluss selbst vom Berechtigten allgemein zur Entziehung elektrischer Energie bestimmt worden ist; die vertrags- bzw. abredewidrige Nutzung ist bloßes Zivilunrecht (*Brodowski* ZJS **2010** 144, 147). Auf diesem Wege lässt sich die rechtspolitisch verfehlte[12] Differenzierung zwischen unstreitig strafloser vertragswidriger Benutzung vorhandener Geräte und vertragswidrigem Anschluss nicht vorhandener Geräte an vorhandene Steckdosen bzw. Anschlüsse vermeiden – die Frage, welcher Leiter benutzt wird, ist für die Energieentziehung und auch -zueignung unerheblich (zutr. *Kindhäuser* NK Rdn. 7).

12 3. **Subjektiver Tatbestand.** Erforderlich ist zum einen **Vorsatz**, fremde elektrische Energie mittels eines nicht zur ordnungsgemäßen Entnahme bestimmten Leiters zu entziehen. „Fremd" ist auch hier normatives Tatbestandsmerkmal; der Täter muss also nachvollziehen, dass er kein Nutzungsrecht an der elektrischen Energie hat (vgl. o. Rdn. 2 sowie § 242 Rdn. 36 ff, 130).[13] Ebenso muss er nachvollziehen, dass der Leiter, den er verwendet, nicht zur ordnungsgemäßen Entnahme von elektrischer Energie bestimmt ist.

13 Zum anderen muss bei § 248c Abs. 1 StGB **Zueignungsabsicht** hinzutreten. Dass der Gesetzgeber hier auf die Terminologie des Eigentumsstrafrechts zurückgreift, ist nicht recht glücklich, weil man elektrische Energie zwar verwenden oder gebrauchen, aber nicht i.S.v. §§ 242, 246 StGB sich oder einem Dritten zueignen kann. Elektrische Energie kann in aller Regel nicht zurückgegeben werden, und – von den exotischen Schädigungsfällen nach Abs. 4 (s. sogleich Rdn. 15) abgesehen – ist Gebrauch zugleich Verbrauch. Zueignungsabsicht i.S.v. § 248c Abs. 1 StGB hat, wer dem Verfügungsberechtigten vorsätzlich elektrische Energie entziehen (sie nicht sogleich zurückleiten) will und beabsichtigt, sie für sich oder einen Dritten zu verwenden.[14] Auf eine Bereicherung im Sinne eines (messbaren) Vermögensvorteils muss es ihm nicht ankommen.[15] Seit dem 6. StrRG ist die Drittzueignung einbezogen (s. zum früheren Recht OLG Hamburg MDR **1968**

---

10 *Hohmann* MK Rdn. 12; *Kindhäuser* NK Rdn. 6; *Sch/Schröder/Eser* Rdn. 10; *Maurach/Schroeder/Maiwald* I § 33 Rdn. 143; *Rengier* BT 1 § 6 Rdn. 10. Unklar OLG Düsseldorf NStE Nr. 1 zu § 248c: „Die betreffende Steckdose war hierzu nicht bestimmt"; später dann aber auch auf ein Verlängerungskabel abstellend.

11 *Kohlrausch/Lange* Anm. IV; *Samson* SK³ Rdn. 8.

12 *Hohmann* MK Rdn. 12; *Hoyer* SK⁶ Rdn. 7; *Kindhäuser* NK Rdn. 7; *Samson* SK³ Rdn. 8; *Kindhäuser* BT II § 8 Rdn. 7.

13 *Brodowski* ZJS **2010** 144, 146.

14 *Duttge* HK-GS Rdn. 6; *Hohmann* MK Rdn. 15; *Hoyer* SK⁶ Rdn. 10; *Eisele* BT II Rdn. 281; *Kindhäuser* BT II § 8 Rdn. 9; *Otto* BT § 45 Rdn. 3.

15 RG GA **1907** 78; *Sch/Schröder/Eser* Rdn. 15; *Kohlrausch/Lange* Anm. V.

257). So kann es liegen, wenn ein Angestellter für den Geschäftsherrn elektrische Energie entzieht. Wer eine Vorrichtung baut, die einem Dritten ermöglicht, elektrische Energie zu entziehen, ist aber nur Teilnehmer der Tat des Dritten (zutr. *Kindhäuser* NK Rdn. 10).

Nach allgemeinen Regeln ist die beabsichtigte Zueignung **rechtswidrig**, wenn es an einem fälligen und einredefreien Anspruch auf Nutzung der entzogenen elektrischen Energie fehlt. Bei § 248c StGB lässt ein solcher Anspruch aber bereits die Fremdheit der elektrischen Energie entfallen (Rdn. 2). Die Einwilligung des Nutzungsberechtigten in das Entziehen schließt bereits die Tatbestandsmäßigkeit aus, ist also – dogmatisch gesprochen – tatbestandsausschließendes Einverständnis (Rdn. 5). Ähnlich wie beim Diebstahl (vgl. § 242 Rdn. 176) sind allerdings Fälle *mutmaßlicher* und auch hypothetischer *Einwilligung* denkbar, so dass Fälle ausgeschieden werden können, in denen kein belangreiches Interesse des Nutzungsberechtigten besteht wie beim Entzug minimaler Mengen elektrischer Energie (etwa bei einmaligem Aufladen eines Mobiltelefons an einer Steckdose mit einem Schaden von einem Bruchteil von 0,01 €; näher *Brodowski* ZJS 2010 144 ff.). Ebenso wie bei § 242 StGB lässt die **irrige Annahme** des Täters, er habe einen Anspruch auf Nutzung (vgl. Rdn. 2), handle mit Einverständnis des Nutzungsberechtigten (Rdn. 5) oder der Leiter sei vom Nutzungsberechtigten zur ordnungsgemäßen Entnahme bestimmt (Rdn. 8 ff), gem. § 16 Abs. 1 Satz 1 StGB den Vorsatz entfallen, sich elektrische Energie rechtswidrig zuzueignen. 14

Nach § 248c Abs. 4 StGB reicht **Schädigungsabsicht** aus, ist freilich mit geringerer Strafe (Freiheitsstrafe bis zu zwei Jahren oder Geldstrafe) bedroht. Dass jemand elektrische Energie nur deshalb entzieht, weil er einen anderen schädigen will, z.B. Strom in die Erde leitet oder eine Batterie entlädt, ist ein exotischer Ausnahmefall. Der absichtlich herbeigeführte Kurzschluss wird i.d.R. Sicherungen auslösen und keinen nennenswerten Energieverlust bewirken. Will jemand Folgeschäden durch Energieentziehung (z.B. einen Produktionsstillstand bei einem Konkurrenten) bewirken, fehlt es an dem Unmittelbarkeitszusammenhang zwischen Tathandlung und Schaden, erst recht, wenn er die entzogene Energie zum Bewirken von Folgeschäden einsetzen will (vgl. auch *Hoyer* SK$^6$ Rdn. 10). Im Übrigen muss auch in dieser Variante ein Leiter eingesetzt werden, so dass z.B. die absichtliche Herbeiführung eines Kurzschlusses durch Entfernen der Isolierung nicht erfasst wird. 15

## III. Fragen des Allgemeinen Teils

Bezugspunkt der **Beteiligung** ist die Tathandlung des Entziehens; auf das Herstellen und Anbringen des Leiters kommt es nicht an. Im Übrigen gelten §§ 25 ff StGB; Täter kann nur sein, wer Zueignungs- bzw. Schädigungsabsicht hat; diese Merkmale sind aber tatbezogen und werden Teilnehmern akzessorisch zugerechnet, nicht nach § 28 Abs. 1 StGB behandelt.[16] 16

Der **Versuch** ist strafbar (§ 248c Abs. 2 StGB). Versuchsbeginn ist nicht das Herstellen und Anbringen des Leiters, sondern das unmittelbare Ansetzen zum Entziehen. Mit dem ersten Entziehen (Energieverlust) ist die Tat **vollendet**. Sie ist aber Dauerdelikt (s. bereits Rdn. 1) insofern, als ununterbrochenes Entziehen tatbestandsmäßig bleibt und die Tat erst **beendet** ist, wenn keine elektrische Energie mehr entzogen wird (zutr. *Hohmann* MK Rdn. 3). Die fortdauernde Nutzung elektrischer Energie nach Wegfall eines 17

16 *Hohmann* MK Rdn. 18; *Hoyer* SK$^6$ Rdn. 8.

Nutzungsrechts oder nach einer nachträglichen Entwidmung des Leiters stellt ein Unterlassen dar; die erneute Inbetriebnahme eines Geräts nach einem solchen Wechsel ist hingegen aktives Tun.

## IV. Rechtsfolgen, Prozessuales, Konkurrenzen

18 Der **Strafrahmen** des § 248c Abs. 1 StGB entspricht dem des Diebstahls, der der reinen Energieentziehung in Schädigungsabsicht nach Abs. 4 dem der Sachbeschädigung. Ausgeurteilt werden üblicherweise Geldstrafen um 30 Tagessätze (vgl. *Statistisches Bundesamt* [Rdn. 1] S. 208).

19 Mit § 248c Abs. 3 StGB hat der Gesetzgeber des 6. StrRG 1998 klargestellt, dass die **Strafantragserfordernisse** der §§ 247, 248a StGB im Falle des § 248c Abs. 1 StGB entsprechend gelten; das entsprach bereits zuvor der h.A.[17] Energieentziehung in Schädigungsabsicht nach § 248c Abs. 4 StGB ist nach dessen Satz 2 absolutes Antragsdelikt, ohne dass es auf die Voraussetzungen der §§ 247, 248a StGB ankäme; das entspricht erneut der Rechtslage bei der Sachbeschädigung.

20 Mit Taten nach § 248c StGB sind häufig Täuschungshandlungen verbunden, die zur Betrugsstrafbarkeit führen können; soll der Betrug aber nur die unbefugte Entziehung elektrischer Energie sichern, so ist er mitbestrafte Nachtat (BGH GA **1958** 369; RG GA Bd. 55 314). Nimmt der Täter den Energieträger (z.B. die Batterie) weg, um sie sich oder einem Dritten zuzueignen, liegt nur Diebstahl vor. Diebstahl, Unterschlagung oder Sachbeschädigung können vorliegen, wenn der Täter die elektrische Anlage oder Einrichtung selbst wegnimmt, sich oder einem Dritten zueignet oder beschädigt oder zerstört.

---

[17] *Fischer* Rdn. 6; *Hoyer* SK$^5$ Rdn. 12; *Samson* SK$^3$ Rdn. 12; *Sch/Schröder/Eser* Rdn. 16; *Wessels/Hillenkamp* Rdn. 408; vgl. auch LG Schweinfurt NJW **1973** 1809 zu § 370 Abs. 1 Nr. 5 a.F.

# ZWANZIGSTER ABSCHNITT

## Raub und Erpressung

## Vorbemerkungen zu den §§ 249–256

**Schrifttum**

*Blei* Die Neugestaltung der Raubtatbestände, JA **1974** 233; *v. Buri* Raub und Erpressung, GS **29** (1878) Beilageheft; *Burkhardt* Gewaltanwendung bei Vermögensdelikten mit Bagatellcharakter, JZ **1973** 110; *ders.* Die Geringwertigkeit des Weggenommenen bei Raub und raubgleichen Delikten, NJW **1975** 1687; *Erb* Zur Bedeutung der Vermögensverfügung für den Tatbestand der Erpressung und dessen Verhältnis zum Diebstahl und Raub, Festschrift Herzberg (2008) 711; *Frank* Raub und Erpressung, in Birkmeyer u.a. (Hrsg.) Vergleichende Darstellung des deutschen und ausländischen Strafrechts, Besonderer Teil Bd. VI (1907) 1; *Geilen* Raub und Erpressung (§§ 249–256 StGB), Jura **1979** 53, 109, 165, 221, 277, 333, 445, 501, 557, 613, 669, **1980** 43; *Geppert/Kubitza* Zur Abgrenzung von Raub und räuberischer Erpressung, Jura **1985** 276; *Hruschka* Das Opferverhalten als Schlüssel zum System der Sachentziehungsdelikte, JbRuE **2** (1994) 177; *Lüderssen* Kann gewaltsame Wegnahme von Sachen Erpressung sein? GA **1968** 112; *Mohrbotter* Zur mitbestraften Vortat bei Raub und Erpressung, GA **1968** 112; *Otto* Zur Abgrenzung von Diebstahl, Betrug und Erpressung bei der deliktischen Verschaffung fremder Sachen, ZStW **79** (1967) 59; *Rengier* Die „harmonische" Abgrenzung des Raubes von der räuberischen Erpressung entsprechend dem Verhältnis von Diebstahl und Betrug, JuS **1981** 654; *Sander/Hohmann* Sechstes Gesetz zur Reform des Strafrechts (6. StrRG): Harmonisiertes Strafrecht? NStZ **1998** 273; *Schaffstein* Raub und Erpressung in der deutschen gemeinrechtlichen Strafrechtsdoktrin, insbesondere bei Carpzow, Festschrift Michaelis (1972) 281; *Schlehofer* Einwilligung und Einverständnis (1985); *Schmitt* Nehmen oder Geben, ist das hier die Frage? Festschrift Spendel (1992) 575; *Schott* Der Verzicht der Rechtsprechung auf die Vermögensverfügung des Erpressten, GA **2002** 666; *Schröder* Über die Abgrenzung des Diebstahls von Betrug und Erpressung, ZStW **60** (1941) 33; *ders.* Zur Abgrenzung der Vermögensdelikte, SJZ **1950** 94; *ders.* Rechtswidrigkeit und Irrtum bei Zueignungs- und Bereicherungsabsicht, DRiZ **1956** 69; *Schünemann* Raub und Erpressung, JA **1980** 349, 393, 486; *Seelmann* Grundfälle zu den Straftaten gegen das Vermögen als Ganzes, JuS **1982** 268, 914; *ders.* Grundfälle zu den Eigentumsdelikten, JuS **1986** 201; *Seier* Das Unmittelbarkeitserfordernis bei Raub und räuberischer Erpressung, JA **1984** 441; *Stächlin* Das 6. Strafrechtsreformgesetz – Vom Streben nach Harmonie, großen Reformen und höheren Strafen, StV **1998** 98; *Tausch* Die Vermögensverfügung des Genötigten, notwendiges Merkmal des Erpressungstatbestandes? (1995); *Tenckhoff* Die Vermögensverfügung des Genötigten als ungeschriebenes Tatbestandsmerkmal der §§ 253, 255 StGB, JR **1974** 489; *Tiedemann* Wettbewerb und Strafrecht (1976).

S. weiterhin das in den Fußnoten sowie zu den einzelnen Vorschriften angegebene Schrifttum.

*Übersicht*

## I. Praktische Bedeutung und angrenzende Straftatbestände

1 1. Der Zwanzigste Abschnitt des Besonderen Teils des StGB enthält die Vorschriften über Raub, räuberischen Diebstahl und Erpressung. Die einfache Erpressung (§ 253 StGB) zählt zu den praktisch wenig bedeutsamen Delikten; die übrigen Delikte haben **nicht unerhebliche praktische Bedeutung**.

2 a) In der Polizeilichen Kriminalstatistik werden Raub, räuberischer Diebstahl, räuberische Erpressung und räuberischer Angriff auf Kraftfahrer (§§ 249–252, 255, 316a StGB) einheitlich als **„Raubdelikte"** und Unterfall der „Rohheitsdelikte und Straftaten gegen die persönliche Freiheit", zudem als Unterfall von „Gewaltkriminalität" erfasst.[1] Die Statistik spiegelt die Realität nur in beschränktem Maß wieder. Einerseits sind vorgetäuschte oder übertriebene Anzeigen wegen Raubdelikten offenbar keine Seltenheit, und die Polizei neigt bei der Registrierung von Raubdelikten zu *tatbestandlicher Überhöhung* und *Zuviel-Erfassung* (s. nur *Eisenberg* [Fn. 1] § 45 Rdn. 39). Andererseits ist von einem nicht unerheblichen *Dunkelfeld* insbesondere bei Raubdelikten unter Jugendlichen und Heranwachsenden auszugehen.

3 Mit 2008 insgesamt 49.913 registrierten Fällen machen Raubdelikte **weniger als 1 % der insgesamt polizeilich registrierten Kriminalität** (ohne Verkehrs- und Staatsschutzdelikte) aus (Bundeskriminalamt, Polizeiliche Kriminalstatistik 2008 Bundesrepublik

---

[1] Zur Kriminologie der Raubdelikte *Büchler/Leineweber* Bankraub und technische Prävention (1985); *Bschor/Pensborn* Raub, in HwbKrim II, S. 459; *Eisenberg* Kriminologie § 45 Rdn. 39 ff; *v. Hentig* Zur Psychologie der Einzeldelikte, Bd. I: Diebstahl, Einbruch, Raub (1954); *Hochschulz* Raubüberfälle auf Taxifahrer (1969); *Kaiser* § 60 Rdn. 1 ff; *May* Phänomenologie des Bankräubers (1972); *Müller-Engelmann* Der Raub (1973); *Raumer* Räuber und Raubsituation (1937); *Reffken* Kriminologische Untersuchungen an Bankräubern (1972); *Servay/Rehm* Bankraub aus der Sicht der Täter (1986).

Deutschland [2009 – PKS 2008] S. 139). Der Anteil der Raub- an der registrierten Gewaltkriminalität beträgt aber rund ein Viertel, und jene sind (allerdings mit großem Abstand zur gefährlichen und schweren Körperverletzung) die zweitwichtigste Gewaltdeliktsgruppe. Ähnlich wie bei der Diebstahlskriminalität (Vorbem. §§ 242–248c Rdn. 5) nahm die registrierte Raubkriminalität nach dem Zweiten Weltkrieg stetig und sehr erheblich zu, um Mitte der 1990er Jahre einen Höhepunkt zu erreichen und seitdem wieder zurückzugehen (PKS 2008 aaO; weiterhin *Bundesministerium des Inneren/Bundesministerium der Justiz* Zweiter Periodischer Sicherheitsbericht [2006 – 2. PSB] S. 26). Im europäischen Vergleich liegen die Häufigkeitszahlen für Raubdelikte in der Bundesrepublik Deutschland im unteren Drittel (2. PSB S. 48).

Die polizeilich registrierte Raubkriminalität ist zu knapp der Hälfte „**Straßenkriminalität**" auf öffentlichen Straßen, Wegen oder Plätzen; hiervon wird knapp ein Fünftel – also knapp ein Zehntel der gesamten Raubkriminalität – als „Handtaschenraub" registriert (zu dessen rechtlicher Einordnung § 249 Rdn. 12 ff). Raubüberfälle auf „Zahlstellen und Geschäfte" wie Spielhallen oder Tankstellen sind deutlich seltener, noch seltener solche in Wohnungen. Weniger als ein Prozent der registrierten Raubkriminalität entfällt auf den **seltenen Post- und Bankraub**, der freilich nach Schadenshöhe (zu knapp drei Viertel mehr als 5.000 Euro, PKS 2008 S. 143), modus operandi (zu zwei Dritteln Drohung mit Schusswaffe, aaO S. 140) und Täterstruktur (zu 90 % Erwachsene, aaO S. 141) markant vom „Durchschnittsraub" abweicht. Die Mehrzahl der Bank- und Posträuber haben das Motiv, ausweglose Verschuldung zu mildern oder zu beseitigen; sie planen in der Regel nicht oder nur dilettantisch, was Eskalationsrisiken bei unerwarteten Vorkommnissen in sich bergen kann. In knapp einem Drittel aller polizeilich registrierten Raubdelikte tritt ein *Schaden* unter 50 Euro ein, in mehr als der Hälfte der Fälle zwischen 50 und 500 Euro; der registrierte Gesamtschaden beträgt 44,4 Mio. Euro (aaO S. 143), was auf einen rechnerischen Durchschnittsschaden von ca. 900 Euro pro Tat hinausläuft. Die *Aufklärungsquote* liegt derzeit (2008) bei 52,8 %, ist freilich z.B. beim Handtaschenraub signifikant niedriger, beim Post- und Bankraub signifikant höher. **4**

Unter den registrierten **Tatverdächtigen** stellen *männliche Kinder, Jugendliche und Heranwachsende* (die zumeist nach Jugendstrafrecht verfolgt und abgeurteilt werden, s. *Dünkel* FS Jesionek, S. 51 ff) beim Handtaschen- und Straßenraub die Mehrheit; die Tatverdächtigenbelastung der deutschen Bevölkerung ist bei männlichen 16- bis 18-jährigen mit Abstand am höchsten. Allerdings ist die Belastung der 25- bis 30-jährigen seit 1999 signifikant gestiegen (2. PSB S. 90). Vier Fünftel der Tatverdächtigen sind bereits polizeilich vorerfasst; ein Sechstel konsumiert harte Drogen. – Die in absoluten Zahlen meisten **Opfer** von Raubdelikten sind Erwachsene, und immerhin 10 % aller Opfer sind über 60 Jahre alt. Relativ gesehen sind freilich die Opferbelastungszahlen bei männlichen Jugendlichen und Heranwachsenden mit Abstand am höchsten. Die Zusammenschau von Täter- und Opferstruktur ergibt, dass Raubdelikte unter Kindern, Jugendlichen und Heranwachsenden wie das sog. Abziehen einen quantitativ und qualitativ bedeutsamen Teil der Raubkriminalität darstellen. Opfer eines Raubüberfalles zu sein, kann traumatisierende Wirkung haben, und nicht selten benötigen Raubopfer psychologische Hilfe oder Behandlung.[2] Zu erheblichen Verletzungen oder gar Tötungen kommt es hingegen nur selten und i.d.R. nur dann, wenn Widerstand (wozu freilich bereits Hilferufe u. dgl. **5**

---

2 S. hierzu *Becker-Fischer/Fischer/Düchting* Neue Wege in der Hilfe für Gewaltopfer. Ergebnisse und Verfahrensvorschläge aus dem Kölner Opferhilfe Modell (1998); *Richter* Opfer krimineller Gewalttaten (1997); aus medizinischer Sicht *Laszig/Micka/Nolting/Seidler* Projektbericht zur Heidelberger Gewaltopfer-Studie (2004).

zählen) geleistet wird; dann ist einerseits die Wahrscheinlichkeit, dass die Tat nicht vollendet wird, und andererseits die Gefährdung für das Opfer erhöht, weil Raubtäter Widerstand typischerweise nicht in ihre Tatplanung einstellen und insbesondere keine Abbruchkriterien festlegen, so dass die Auseinandersetzung ungesteuert eskalieren kann (näher *Volbert* Tötungsdelikte im Rahmen von Bereicherungstaten [1992]). Beim Raub mit Schusswaffen ist die Wahrscheinlichkeit, dass das Opfer erheblich verletzt oder getötet wird, deutlich geringer als beim einfachen Raub, da typischerweise jeder Widerstand der Opfer unterbleibt, was zu erreichen typisches Ziel bewaffneter Täter ist (*Kleck/DeLone* Journal of Quantitative Criminology 9 [1993] 55). – Ob Raubkriminalität Einfluss auf das **Sicherheitsgefühl der Bevölkerung** hat und welchen, ist nicht eindeutig geklärt (s. zum Folgenden 2. PSB S. 522 ff): Einerseits ist die raubdeliktsspezifische Kriminalitätsfurcht in der Bundesrepublik Deutschland seit Anfang der 1990er Jahre deutlich zurückgegangen, liegt nunmehr deutlich unterhalb der Furcht, bestohlen oder Einbruchsopfer zu werden, und ist im europäischen Vergleich im untersten Bereich angesiedelt. Andererseits wird die objektiv geringe Wahrscheinlichkeit, Opfer eines Raubdelikts zu werden, subjektiv immer noch stark – und im Verhältnis zur objektiv weit höheren Wahrscheinlichkeit, bestohlen zu werden, unverhältnismäßig – überschätzt.

6 Als Verbrechen (§ 12 Abs. 1 StGB) sind Raubdelikte einer Einstellung nach §§ 153, 153a StPO nicht zugänglich (es sei denn, im Laufe des Ermittlungsverfahrens findet eine tatbestandliche Herabstufung statt). Daher unterscheiden sich die Fallzahlen der Polizeilichen Kriminalstatistik und die Ab- und Verurteilungszahlen der **Rechtspflegestatistik** deutlich weniger stark als bei Diebstahl und Unterschlagung (vgl. Vorbem. §§ 242–248c Rdn. 7, 9). Die Strafverfolgungsstatistik weist für 2007 5.018 Verurteilungen wegen §§ 249–256, 316a StGB nach allgemeinem Strafrecht und 6.285 nach Jugendstrafrecht aus (*Statistisches Bundesamt* Rechtspflege – Strafverfolgung – 2007 [2009] S. 66 f); die Mehrzahl der Verurteilten sind also Jugendliche und in etwa gleichgewichtig nach Jugendstrafrecht verurteilte Heranwachsende. Weniger als 10 % aller Verurteilten sind Frauen. Bei den Erwachsenen werden bei rund Dreiviertel der Verurteilten Freiheitsstrafen bis zu zwei Jahren verhängt; insgesamt kann knapp die Hälfte der zu Freiheitsstrafe Verurteilten mit Strafaussetzung zur Bewährung rechnen (2007: 2.238); bei den unbedingt Verurteilten beträgt die Freiheitsstrafe freilich im Durchschnitt dreieinhalb Jahre (2. PBS S. 94). Etwas mehr als die Hälfte der nach Jugendstrafrecht Verurteilten muss mit einer Jugendstrafe rechnen, die aber in der Mehrzahl der Verurteilungen zwei Jahre nicht übersteigt und überwiegend zur Bewährung ausgesetzt wird; nicht ganz selten sind vollstreckte Jugendstrafen von einem bis fünf Jahren. § 250 spielt in der Verurteiltenstatistik eine nennenswerte, § 251 StGB praktisch keine Rolle. S. auch aus empirisch-kriminologischer Sicht *Dölling* GedS Zipf, S. 177; *Hoppenworth* Strafzumessung beim Raub (1991).

7 b) Für die **einfache Erpressung** i.S.v. § 253 StGB verbleiben Fälle, in denen keine Personengewalt, sondern nur Gewalt gegen Sachen angewendet oder nur mit einem empfindlichen Übel gedroht wird (etwa mit inkonnexer Strafanzeige oder kompromittierender Enthüllung aus dem Privat- oder Sexualleben, sog. Chantage oder Schweigegelderpressung, näher § 253 Rdn. 9, 35 ff). Kriminologisch werden die „ausbeuterische Erpressung“ und die „Schweigegelderpressung“ unterschieden.[3] In der Polizeilichen Kriminal-

[3] Zur Kriminologie der Erpressung s. *Bauer* Die Polizei, Beilage Kriminalpolizeiliche Tagespraxis **1972** 169; *Brauntmeier* Die Erpressung in kriminalsoziologischer Betrachtung, mit besonderer Berücksichtigung des Landgerichtsbezirks Bielefeld 1925–1933 (1938); *Eisenberg* Kriminologie § 45 Rdn. 46 ff; *Geerds* Die Neue Polizei **1962** 178; *ders.* Erpressung, in HwbKrim I, S. 179; *Hamacher* Die Phänomenologie der Erpressung, in

statistik wird die einfache Erpressung unter den „Sonstigen Straftatbeständen StGB" geführt, und die PKS 2008 weist 5.185 polizeilich registrierte Fälle aus, davon 46,5 % bloß versuchte Taten.[4] In der Mehrzahl der vollendeten Erpressungen werden Bagatellschäden bis zu 15 Euro, in der zweitgrößten Gruppe Schäden von 50 bis 250 Euro registriert; freilich ergibt sich bei einem registrierten Gesamtschaden von über 9 Mio. Euro ein rechnerischer Durchschnittsschaden von knapp 3.000 Euro. Die hohe Aufklärungsquote von über 80 % weist darauf hin, dass Anzeige nur erstattet wird, wenn Erpresser und Erpresster einander kennen (was häufig der Fall ist, *Kaiser* [Fn. 1] § 60 Rdn. 12). Knapp zwei Fünftel der polizeilich registrierten Tatverdächtigen sind Kinder, Jugendliche und Heranwachsende – was erstaunt; von Rechts wegen dürfte das sog. Abziehen, die Geld- oder Sacherpressung auf dem Schulhof, in der Straße oder in Freizeiteinrichtungen regelmäßig räuberische Erpressung mit mindestens stillschweigender Drohung mit Schlägen u. dgl. sein. Das Dunkelfeld wird insbesondere im Hinblick auf sog. Schutzgelderpressungen durch organisierte oder politische Kriminalität als beträchtlich eingeschätzt (*Eisenberg* [Fn. 1] § 45 Rdn. 47). In der Rechtspflegestatistik spielt die einfache Erpressung nur eine geringe Rolle (2007: 417 bzw. 176 Verurteilungen nach allgemeinem bzw. Jugendstrafrecht; bei den Erwachsenen weit überwiegend Geldstrafen bis 90 Tagessätze, allenfalls kurze, zur Bewährung ausgesetzte Freiheitsstrafen).

2. An die Straftatbestände des Zwanzigsten Abschnitts grenzen der bei den **Straftaten gegen die persönliche Freiheit** eingestellte erpresserische Menschenraub (§ 239a StGB) und der bei den **gemeingefährlichen Straftaten** eingestellte räuberische Angriff auf Kraftfahrer (§ 316a StGB) an. 8

Zwar ist **erpresserischer Menschenraub** in erster Linie eine Straftat gegen die Freiheit des Menschen, den der Täter entführt oder dessen er sich bemächtigt (näher *Träger/Schluckebier* LK[11] § 239a Rdn. 1), jedoch zugleich selbständig unter Strafe gestellte Vorbereitungshandlung zur Erpressung. Die neuere Rechtsprechung anerkennt zudem einen „räuberischen Menschenraub" zur Begehung eines Raubes, der auf der Grundlage der Rechtsprechung (Rdn. 57) konstruktiv zugleich eine räuberische Erpressung darstellt (BGH NStZ **2002** 31; **2003** 604; NStZ-RR **2004** 333, 334; zust. *Fischer* § 239a Rdn. 5c); das dürfte die Wortlautgrenze der Auslegung überschreiten (Art. 103 Abs. 2 GG). Zudem 9

Deutsche Kriminologische Gesellschaft (Hrsg.) Gewaltkriminalität und Erpressung (1975) S. 103; *v. Hentig* Zur Psychologie der Einzeldelikte, Bd. IV: Erpressung (1959); *Kaiser* Kriminologische Aspekte der Erpressung, in Deutsche Kriminologische Gesellschaft (Hrsg.) Gewaltkriminalität und Erpressung (1975) S. 30; *ders.* § 60 Rdn. 8 ff; *Kleine* Die Erpressungskriminalität im Bezirk des Landgerichts Duisburg in den Jahren 1934–1944, Diss. Bonn 1948; *Krause* MschrKrim **1969** 214; *Middendorf* Kriminalistik **1972** 553; *Petersohn* Einführung in die Problematik der Erpressung, in Deutsche Kriminologische Gesellschaft (Hrsg.), Gewaltkriminalität und Erpressung (1975) S. 69; *Plückhahn* Erscheinungsformen und Strafzumessung bei der Erpressung, Nötigung und Bedrohung, Diss. Freiburg i. Br. 1948; *Reinsberg* Die Erpressung (1970); *Salewski/Schaefer* Geiselnahme und erpresserischer Menschenraub (1979); *Schima* Erpressung und Nötigung. Eine kriminologische Studie (1973); *ders.* ArchKrim 152 (1973) 146; *Schuster* Die Erpressungskriminalität im Bezirk des Landgerichts Wuppertal 1927–1937 (1940); *Willigmann* Die Erpressungskriminalität in der Nachkriegszeit und ihre Bekämpfung, Diss. Freiburg i. Br. 1953; *Windelen* Bedrohung, Nötigung und Erpressung im Landgerichtsbezirk Mönchengladbach (1945–1954), Diss. Bonn 1972.

[4] Hierzu Arzt/Weber/Heinrich/*Hilgendorf* BT § 18 Rdn. 5: „(E)in noch höherer Versuchsanteil (wäre) plausibel, weil Anzeige statt Zahlung vernünftiger ist als Anzeige nach Zahlung."

führen die weite Auslegung des Sichbemächtigens (näher *Träger/Schluckebier* aaO Rdn. 7 f) und die Einbeziehung sog. Zweipersonenverhältnisse seit dem StrÄndG 1989 (BGBl. I S. 1057) dazu, dass räuberische Überfälle nicht nur als Raub bzw. räuberische Erpressung, sondern tateinheitlich (s. § 249 Rdn. 69, § 255 Rdn. 17) als erpresserischer Menschenraub zu beurteilen sein können, wenn nur eine gewisse stabilisierte Bemächtigungslage entsteht, die zum Raub bzw. zur (räuberischen) Erpressung ausgenutzt, also in einen funktionalen Zusammenhang mit dem Eigentums- bzw. Vermögensangriff gestellt wird (näher *Träger/Schluckebier* aaO Rdn. 16 ff).

10 Auch der **räuberische Angriff auf Kraftfahrer** ist nicht bloß Straftat gegen die Sicherheit des Straßenverkehrs, sondern auch – und vor allem – selbständig unter Strafe gestellte Vorbereitungshandlung zu Raub, räuberischem Diebstahl und räuberischer Erpressung unter Ausnutzung der besonderen Verhältnisse im Straßenverkehr (näher *Sowada* LK § 316a Rdn. 7). Wird der Raub usw. vollendet, treffen § 316a einerseits und §§ 249 ff StGB andererseits tateinheitlich zusammen (s. § 249 Rdn. 69, § 255 Rdn. 17). In der Praxis überwiegen nicht die klassischen Angriffe von außen („Straßenraub mittels Autofallen"), sondern durchaus „gewöhnliche" räuberische bzw. erpresserische Überfälle unter Kraftfahrzeuginsassen (z.B. Taxiraub).

## II. Rechts- und Reformgeschichte

11 1. Die **rechtsgeschichtlichen Wurzeln** des Zwanzigsten Abschnitts[5] sind verwickelter als diejenigen des Neunzehnten (hierzu Vorbem. §§ 242–248c Rdn. 13 ff). Das *römische Recht* kannte keinen eigenständigen Rechtsbegriff des Raubes (rapina), sondern erfasste Raub im Wesentlichen als Diebstahl (furtum), teils aber auch als Gewalttätigkeit (vis), insbesondere bei gewaltsamer Schädigung oder Aneignung fremden Eigentums durch zusammengerottete Personen (actio vi bonorum raptorum, D. 47,8,2,17; näher *Mommsen* Römisches Strafrecht [1899/Nachdruck 1955] S. 660 f) oder als außerordentliches Delikt (crimen extraordinarium) des Straßenraubes bzw. Raubmordes (latrocinium). Auch die Erpressung (näher *Mommsen* aaO S. 716 f) wurde erst im spätrömischen Recht als concussio publica außerordentlich bestraft, wenn ein Amtsträger unter Missbrauch der Amtsgewalt Gaben oder Leistungen erzwang; ob die Quellen zudem eine concussio privata tragen, wenn jemand durch unberechtigte Drohung mit Kriminalklage Gleiches erzwang, ist unklar. Demgegenüber lässt sich im *mittelalterlichen deutschen Recht* zwar kein Erpressungs-, jedoch ein gegenüber dem Diebstahl verselbständigter Raubtatbestand nachweisen. Er beinhaltete die gegenüber dem Verletzten offene (und häufig, aber nicht notwendigerweise, gewaltsame) Wegnahme fremder beweglicher Sachen in Aneignungsabsicht. Raub wurde – im Prinzip wie „großer" Diebstahl – mit dem Tode bestraft, doch wurde die Strafe mit dem Schwert und damit weniger entehrend als beim für Diebe vorgesehenen Strang vollzogen (s. *His* Das Strafrecht des deutschen Mittelalters, Bd. II [1935] S. 201 ff). Die Rechtsfolge des Schwerts ordnete auch Art. 126 *Peinliche Halsgerichtsordnung Kaiser Karl V. 1532* (PGO) an, die den Raubtatbestand freilich voraussetzte und den Raub in die Nähe der „boßhafftigen aufruhren" (Art. 127 PGO) und des „bößlich bevheden" (Art. 129 PGO), also des Landfriedensbruchs, stellte. Die *gemein-*

---

[5] S. hierzu *Haas* Der Tatbestand des räuberischen Diebstahls als Beispiel für die fragmentarische Natur des Strafrechts, in Momsen/Bloy/Rackow (Hrsg.) Fragmentarisches Strafrecht (2003) S. 145, 151 ff; *His* Das Strafrecht des deutschen Mittelalters, Bd. II (1935) S. 201 ff; *Mommsen* Römisches Strafrecht (1899/Nachdruck 1955) S. 660 f; *Radbruch* FS Pappenheim, S. 37; *Schaffstein* FS Michaelis, S. 281.

*rechtliche Doktrin* legte den Schwerpunkt teils gleichfalls auf den Straßenraub als Friedensstörung, zunehmend aber auf die Gewaltanwendung und Eigentumsverletzung (näher hierzu *Schaffstein* FS Michaelis, S. 281).

Im **Zeitalter der Kodifikationen** entwickelte sich hieraus allmählich die moderne Raub- und Erpressungskonzeption. Der Codex Juris Bavarici Criminalis 1751 bedrohte die „(g)ewaltsame Abnehm- oder Abnöthigung oder auch bedrohliche Abschröckung fremden beweglichen Guts, um Gewinns oder Viertheils wegen auf offentlicher Straß oder anderwärts" mit dem Strang (Zweytes Capitul § 19 Satz 1) und fasste so Aspekte des Straßenraubs, des Raubes und der räuberischen Erpressung im heutigen Sinne zusammen. Differenzierter ist die gestufte Regelung des Raubes, Straßenraubes und schweren Raubes in §§ 165–167 des Josephinischen Strafgesetzbuchs 1787. Das preuß. ALR 1794 erfasste die räuberische Besitzerpressung als „gewaltthätige Besitznehmung fremden Eigenthums" (Zwanzigster Titel § 1184), stellte bei der ausführlichen Regelung des Raubes (Zwanzigster Titel §§ 1187 ff) „Gewalt an Menschen" und „Androhung gefährlicher Behandlung" gleich und wollte „Concussionen", d.h. Erpressungen, nach Maßgabe der dazu gebrauchten Mittel „gleich einem Diebstahle oder Raube" bestrafen (Zwanzigster Titel § 1255). Im Bayerischen Strafgesetzbuch 1813 wurden dann Raub und Erpressung erstmals systematisch zusammengefasst und zugleich in Raub (Art. 233, 234, 236–240), räuberischen Diebstahl (Art. 235), einfache (Art. 242 Abs. 1) und räuberische Erpressung aufgegliedert (Art. 241, 242 Abs. 2). 12

Der **Durchbruch zum modernen Recht** gelang mit dem Neunzehnten Titel des *preuß. StGB 1851* über Raub und Erpressung. § 230 preuß. StGB 1851 enthielt in Abs. 1 die (abgesehen von der Drittzueignungsabsicht) bis heute geltende Fassung des Raubes, Abs. 2 die bis heute geltende Fassung des räuberischen Diebstahls. § 232 preuß. StGB 1851 beschränkte den schweren Raub auf Raub mit Waffen, Banden- und Straßenraub; § 233 preuß. StGB 1851 bedrohte Rückfalltäter und den Raub mit schwerer Körperverletzung oder Todesfolge mit lebenslangem Zuchthaus. Die einfache Erpressung war in § 234 preuß. StGB als vollendete oder versuchte qualifizierte Nötigung durch Bedrohung mit Verübung eines Verbrechens oder Vergehens in Bereicherungsabsicht ausgestaltet. Erpressung mit Raubmitteln wurde dem Raub gleichgestellt. Im *RStGB 1871* wurde dies in den heutigen Zwanzigsten Titel mit heutiger Paragraphennummerierung überführt. In § 250 RStGB 1871 wurden §§ 232, 233 preuß. StGB 1851 zusammengefasst und um die Begehung zur Nachtzeit ergänzt. Neu gefasst wurde die einfache Erpressung, nämlich als vollendete Nötigung durch Gewalt oder Drohung in Bereicherungsabsicht (§ 253 Abs. 1 RStGB 1871) – was dem Wortlaut nach zu weit ging (Erpressung auch bei sozialadäquater Drohung, bei fehlendem bzw. nicht beabsichtigtem bzw. nicht mit der Bereicherung stoffgleichem Vermögensschaden?) und Rechtsprechung sowie Lehre zu nur partiell möglichen Korrekturen zwang (aus heutiger Sicht zusammenfassend *Maurach/Schroeder/Maiwald* I § 42 Rdn. 3 m.w.N.). 13

2. In der seitherigen **Reformgeschichte** sind die Grundzüge des RStGB 1871 im Großen und Ganzen bis heute beibehalten worden. 14

a) **Im Kaiserreich und in der Weimarer Republik** gab es *keine gesetzlichen* Änderungen des Zwanzigsten Abschnitts. Umso lebhafter wurde in den *Bemühungen um eine Strafrechtsreform bis 1930* über Raub und Erpressung gestritten.[6] In den Grundzügen der 15

---

6 *Kahl/Lilienthal/v. Liszt/Goldschmidt* Gegenentwurf zum Vorentwurf eines deutschen Strafgesetzbuchs, Begründung (1911) S. 278 f, 290 ff; *Mannheim* 27. Abschnitt: Raub,

Reform stimmten alle Entwürfe – beginnend mit §§ 274, 275 E 1909 – überein: Erstens sollten Raub und räuberische Besitzerpressung durch die Wendung „wegnimmt oder abnötigt“ in einem Einheitstatbestand zusammengefasst werden (§ 274 Abs. 1 Satz 1 E 1909). Zur Begründung führt E 1925 Begr. S. 159 aus: „Begrifflich lässt sich zwar zwischen dem Wegnehmen und dem Erzwingen der Herausgabe streng unterscheiden; im Leben gehen aber beide Fälle häufig in einander über. Die Bevölkerung macht keinen Unterschied“. Zweitens sollte in den Einheitstatbestand auch der räuberische Diebstahl integriert werden.[7] Drittens sollten von den Raubqualifikationen nur unbenannte besonders schwere Fälle sowie Raub mit Todesfolge verbleiben. Und viertens sollte der so vereinheitlichte „Raub“ durch die Erpressung komplettiert werden, die als Vermögensbeschädigung durch qualifizierte Nötigung („gefährliche Drohung“) in Bereicherungsabsicht neu gefasst werden sollte.

16 b) In der Zeit der **nationalsozialistischen Gewaltherrschaft** beschränkte sich der *Gesetzgeber* darauf, die einfache Erpressung entsprechend den Weimarer Reformüberlegungen als Vermögensbeschädigung durch einfache Nötigung in Bereicherungsabsicht neu zu fassen und zugleich zum Verbrechen hinaufzustufen (Art. 3 Verordnung zur Durchführung der [sog. Strafrechtsangleichungsverordnung] vom 29.5.1943, RGBl. I S. 341). Problematisches Erbe hiervon ist, dass bei § 253 Abs. 1 StGB bis heute die Drohung „mit einem empfindlichen Übel“ genügt; die hierdurch bewirkte Unbestimmtheit und Weite des („offenen“) Erpressungstatbestandes muss dann durch die gleichfalls unbestimmte Verwerflichkeitsklausel des Abs. 2 – die in nationalsozialistischer Zeit auf das „gesunde Volksempfinden“ Bezug nahm – korrigiert werden. Im Übrigen hielt die *nationalsozialistische Strafrechtsreform* im Großen und Ganzen an der zuletzt in Weimarer Zeit erreichten Linie (soeben Rdn. 15) fest (s. §§ 451, 461, 463 Nr. 2 E 1935/1936; *Kohlrausch* Vermögensverbrechen und Eigentumsverbrechen, in Gürtner [Hrsg.] Das kommende deutsche Strafrecht – Besonderer Teil² [1936] 474 [486 ff zum Raub, 492 ff zur Erpressung]).

17 c) In der **Bundesrepublik Deutschland** hat der *Gesetzgeber* den Zwanzigsten Abschnitt gleichfalls nicht durchgreifend reformiert. Mit dem 3. StrÄndG 1953 wurde § 253 StGB wieder zum Vergehen heruntergestuft und die Bezugnahme auf das gesunde Volksempfinden (soeben Rdn. 16) gestrichen. Das EGStGB 1974 gestaltete vor allem § 250 StGB neu, beseitigte nämlich die Qualifizierung des Raubes auf öffentlichen Wegen oder Plätzen, zur Nachtzeit und im Rückfall und führte stattdessen den Raub mit Schusswaffen, mit Waffen oder sonstigen Werkzeugen oder Mitteln, um den Widerstand eines anderen zu überwinden, und mit Gefahr des Todes oder einer schweren Körperverletzung ein. Die heutige Fassung des Zwanzigsten Abschnitts beruht auf dem 6. StrRG 1998. Hiernach genügt auch im Rahmen des Raubes und räuberischen Diebstahls Handeln in Drittzueignungsabsicht (s. bereits Vorbem. §§ 242–248c Rdn. 23; näher u. § 249 Rdn. 51 f, 55 f). § 250 StGB ist abermals umgestaltet worden (näher Entstehungs-

---

Erpressung, in Aschrott/Kohlrausch (Hrsg.) Reform des Strafrechts (1926) S. 350 ff; *Mittermaier* Diebstahl, Unterschlagung, Raub, Erpressung, in Aschrott/v. Liszt (Hrsg.) Die Reform des Reichsstrafgesetzbuchs, Bd. II (1910) S. 346, 363 ff; *Nagel* DJZ 15 Sp. 1206.

[7] Insoweit abweichend E 1927 = 1930: Der räuberische Diebstahl sollte systematisch beim Diebstahl eingestellt und auf das Handeln in Verdeckungsabsicht (§ 332 Abs. 1 E 1927 = 1930: „um ... sich oder einen anderen der Bestrafung zu entziehen“) erstreckt werden. S. zum Problem u. § 252 Rdn. 5.

geschichte zu § 250), und in § 251 StGB ist durch Einfügung des Wortes „wenigstens“ klargestellt worden, dass vorsätzliche Tötung Raub mit Todesfolge sein kann (näher Entstehungsgeschichte zu § 251).

In der bundesdeutschen **Reformdiskussion** sind nur wenige hierüber hinausgehende Reformansätze aufgezeigt worden. Der **E 1962** wollte aus systematischen Gründen die Eigentumsstraftaten Raub und räuberischer Diebstahl (§§ 245–248) strikt von den zusammen mit dem Betrug geregelten Vermögensstraftaten Erpressung, schwere und räuberische Erpressung (§§ 259–261) trennen; freilich gaben die Verfasser zu, dass dies eher „dem gedanklichen Aufbau des Gesetzes“ geschuldet war, während sich insbesondere Raub und räuberische Erpressung „(k)riminologisch und nach ihrem Unrechtsgehalt (...) im wesentlichen nicht“ unterschieden (E 1962 Begr. S. 433). In Übereinstimmung mit den Weimarer Entwürfen (Rdn. 15) sollte das „Abnötigen“ einer Sache Raub und nicht räuberische Erpressung sein (s. E 1962 Begr. S. 415). Der schwere Raub sollte als besonders schwerer Fall in der Regelbeispielstechnik ausgestaltet sein (§ 246 E 1962). Beim räuberischen Diebstahl sollte wiederum in Übereinstimmung mit den späten Weimarer und nationalsozialistischen Entwürfen (Rdn. 15 f) die Verdeckungsabsicht einbezogen werden. In § 260 sah der E 1962 die schwere Erpressung als Stufe zwischen einfacher und räuberischer Erpressung u.a. bei gewerbsmäßigem oder Handeln in Gruppen vor. **Alternativentwürfe** zu Raub und Erpressung hat die Strafrechtswissenschaft bislang nicht vorgelegt. 18

## III. Kriminalpolitische Grundfragen

1. Der zum Diebstahl diskutierte **Vorrang der Sozial- vor der Kriminalpolitik** (s. Vorbem. §§ 242–248c Rdn. 25 f) ist auch für den Raub diskutabel, haben doch Raubkriminalität und ihre Verfolgung seit jeher eine ausgeprägte sozialpolitische Dimension. Im Römischen Reich war die Grenze zwischen Räubern (latrones), sozialen oder politischen Rebellen, Rächern und Rivalen fließend (hierzu *Grünewald* Räuber, Rivalen, Rebellen, Rächer. Studien zu Latrones im Römischen Reich [1999]). Das spätmittelalterliche sog. Raubrittertum wird mittlerweile als Folge des Abstiegs des Rittertums im Übergang von der Natural- zur Geldwirtschaft erklärt. Die Geschichte der Räuberbanden in der frühen Neuzeit[8] wird heute weniger als Kriminalitätsgeschichte denn als Sozialgeschichte der „Vaganten“ und anderer Minderheiten, als politische Geschichte (z.B. als Teil des Deutschen Bauernkrieges [1523–1525] bei den von *Luther* angegriffenen „räuberischen“ Rotten der Bauern oder als Teil des Widerstandes gegen die französische Besatzungsmacht beim „Schinderhannes“ *Johannes Bückler* [1777?–1803]) und als Kulturgeschichte (z.B. bei der Ende des 18. Jahrhunderts einsetzenden Romantisierung der Räuber als [Sozial-]Revolutionäre wie in *Schillers* Die Räuber [1781]) verstanden. Die Revolutionen zwischen 1789 und 1919 waren, auch soweit sie nicht ohnehin das Ziel des gewaltsamen Umsturzes der Eigentumsordnung hatten, von gewaltsamen Übergriffen auf das Eigentum begleitet. 19

Freilich kann aus derartigen Zusammenhängen auch ein erhöhter Repressionsbedarf abgeleitet werden. In der Tat dürfte eine der Erklärungen für die Härte, mit der das 20

[8] S. hierzu die Quellensammmlung *Boehnke/Sarkowicz* Die deutschen Räuberbanden (1991); weiterhin *Danker* Räuberbanden im Alten Reich um 1700 (1988); *ders.* Die Geschichte der Räuber und Gauner (2001); *Küther* Räuber und Gauner in Deutschland (2001); *Lange* Gesellschaft und Kriminalität. Räuberbanden im 18. und frühen 19. Jahrhundert (1994).

Recht bürgerlicher Eigentumsgesellschaften bis heute gegen Raub und Erpressung vorgeht, darin liegen, dass in der Verknüpfung von Nötigung und Eigentums- oder Vermögensangriff ein Vorschein sozialrevolutionärer Gewalt erblickt werden kann (s. noch Rdn. 37). Auch dürfte das historisch wirkmächtige Bild vom Räuber als einem gefährlichen Gesellen, Ausgestoßenen, Vogelfreien, Landfremden, Zigeuner oder Juden, der den Raub zu seinem Gewerbe macht und/oder sich Räuberbanden anschließt, um Leib, Leben und Eigentum aller unsicher zu machen, in Gestalt einer durchaus täterstrafrechtlich eingefärbten (s. noch Rdn. 41) **Vermutung der Asozialität und Gefährlichkeit des Räubers** bis heute nachwirken, zumal bis heute unter den wegen Raubdelikten Verfolgten Angehörige sozial schwächerer Schichten und Ausländer bei weitem überrepräsentiert sind. Dieser täter- und sicherungsstrafrechtliche Aspekt mag auch bis heute in die überzogenen Strafrahmen des Zwanzigsten Abschnitts (s. noch Rdn. 37) „eingepreist" sein.

21 2. Der beim Diebstahl erkennbare kriminalpolitische Trend zu einem **Vorrang der Prävention vor der Repression** (s. Vorbem. §§ 242–248c Rdn. 27) wirkt sich bei der Raubkriminalität *ambivalent* aus. Einerseits ist es plausibel, dass wirksame Prävention nicht nur potentielle Diebstähle, sondern auch potentielle Raub- oder Erpressungstaten verhindert, z.B. wenn das Herannahen eines Wachmannes den potentiellen Dieb zur Flucht veranlasst. Andererseits werden Tatentschlossene durch Präventionsmaßnahmen wie das „Härten" von potentiellen Tatobjekten faktisch dazu gedrängt, statt Diebstahl Raub oder Erpressung ggf. in schweren Fällen zu begehen. Wird Kraftfahrzeugdiebstahl durch technische Sicherungsmittel (wie elektronische Wegfahrsperren) nahezu unmöglich, so liegt es für gleichwohl Tatentschlossene nahe, Kraftfahrzeugführer zu überfallen („carjacking"), was nach deutschem Recht – je nach Sachlage – gem. §§ 249 ff, 255, 316a und/oder 239a StGB strafbar sein kann. Werden Geldtransporte nur mehr mit gepanzerten und durch bewaffnete Wachmänner begleiteten Transportfahrzeugen durchgeführt, so kommen für gleichwohl Tatentschlossene nur mehr Begehungsweisen in Betracht, die „hoch-" und „schwerkriminell" sind (Raub mit Waffen, als Mitglied einer Bande, mit schweren Folgen bis hin zum Raubmord). Werden Postämter oder Banken vor Post- oder Bank„raub" durch immer bessere Abschirmung der Kassiererplätze geschützt, so werden gleichwohl Tatentschlossene Post- oder Banküberfälle in der Regel als erpresserischen Menschenraub (§ 239a StGB) mit Gebrauch von Schusswaffen (§ 250 Abs. 2 Nr. 1 StGB) und auch Geiselnahme (§ 239b StGB) zur Ermöglichung der Flucht begehen.[9]

22 3. Nach alledem liegt es für eine rationale Kriminalpolitik durchaus nahe, gegen Raubkriminalität repressiv vorzugehen. Wie unnachsichtig diese Kriminalität verfolgt und wie hart sie bestraft wird, hängt von ihrer Bewertung ab. Üblicherweise werden Raub und räuberische Erpressung als **„Hoch-" oder „Schwerkriminalität"** bewertet (so z.B. E 1962 S. 414 für den Raub; *Kaiser* Kriminologie [1997] S. 179 für Raub und – jede? – Erpressung). Kriminalpolitische Konsequenz ist, dass Raub und räuberische Erpressung als Verbrechen eingeordnet, striktem Verfolgungszwang unterworfen und unter Ausschluss von Privilegierungen (z.B. bei Geringwertigkeit der geraubten oder erpressten Sache, s. noch Rdn. 42) mit hohen Strafen – weit höheren als bei Diebstahl und Unterschlagung sowie Nötigung, Körperverletzung oder Freiheitsberaubung (s. noch Rdn. 36) – bedroht werden. Alles das hat weit zurückreichende historische Wurzeln[10] und findet sich ähnlich

---

[9] S. hierzu *Büchler/Leineweber* Bankraub und technische Prävention (1986); *Rengier* MschrKrim **1985** 104.

[10] Instruktiv *Schaffstein* FS Michaelis, S. 281, 286 zu der „wohl überlegten Formulierung" des Art. 126 PGO, wonach „jeder" Räuber –

auch im Ausland (näher Rdn. 69 ff). Wer „Hoch-" und „Schwerkriminalität" als Kriminalität definiert, durch die Rechtsgüter hoher Wertigkeit vorsätzlich-rücksichtslos und schwerwiegend beeinträchtigt (verletzt, [konkret] gefährdet) werden, und einen nüchtern-vorurteilslosen Blick auf die Fakten wirft (Rdn. 2 ff), muss die übliche Bewertung freilich *relativieren* und zwischen verschiedenen Konstellationen *differenzieren*. Gewiss gehören Raubmord, Bank- und Postraub mit Waffengebrauch, erpresserischer Menschenraub und dergleichen zur „Hoch-" und „Schwerkriminalität". Aber das sind seltene Ausnahme- und keine Regelfälle. Der „Alltags-" oder „Durchschnittsraub" – z.B. entwende ein Jugendlicher oder Heranwachsender auf einem öffentlichen Platz oder Weg mit einfacher körperlicher Gewalt (Entreißen bei Widerstand, Umstoßen usw.) dem Opfer Sachen im Wert von zwischen 50 und 500 Euro – kann i.d.R. nur als mittlere Kriminalität eingestuft werden. Erst recht gehört die quantitativ wie qualitativ bedeutsame Raub- und Erpressungskriminalität unter Kindern, Jugendlichen und Heranwachsenden nicht zur „Hoch-" oder „Schwerkriminalität", zumal wenn es um Sachen von geringem Wert geht (s. noch Rdn. 42). Sogar bewaffnete Raubüberfälle wie z.B. Straßenraub mit vorgehaltenem Messer, um die umgehende Herausgabe von am Körper getragenen Geld, Schmuck und Wertsachen zu erzwingen, verdienen nicht zwingend jenes Etikett, sofern wie typischerweise mit der Waffe nur gedroht und so jeder Widerstand im Keime erstickt werden soll (s. oben Rdn. 5).

Eigentum und Vermögen stehen in der Rechtsgüterordnung nicht an oberster Stelle, **23**
und in postindustriellen Überflussgesellschaften und -wirtschaften hat das Sacheigentum einen dramatischen, im Zivil- und Verfassungsrecht reflektierten Bedeutungsverlust erfahren (Vorbem. §§ 242–248c Rdn. 3). Dass Raubdelikte zudem die **Willensfreiheit** als ein nach deutscher Tradition strafschutzwürdiges Rechtsgut verletzen sollen (s. hierzu aber noch Rdn. 45 ff), macht für sich genommen Raub- nicht zur „Hoch-" oder „Schwerkriminalität". Auch die Verklammerung des Angriffs auf die Willensfreiheit einerseits und auf das Eigentum bzw. Vermögen andererseits führt in individualrechtlicher und Opfer-Perspektive keineswegs zu einer Intensivierung der jeweiligen Rechtsgutsbeeinträchtigung (näher Rdn. 36).

Die These, beim Raub bestehe regelmäßig **„ernste Gefahr für Leib oder Leben des** **24**
**Opfers"** und Raub sei ein „Gewaltdelikt gegen Menschen (...), das gar nicht so selten zu Mord oder Totschlag tendiert", wird von *Geerds* (Gewaltkriminalität, in H. J. Schneider [Hrsg.] Psychologie des 20. Jahrhunderts, Bd. XIV: Auswirkungen auf die Kriminologie [1981] 329, 335) aufgestellt, aber nicht empirisch belegt. Sie überzeugt nicht (s. bereits Rdn. 5): Typische Raubmittel sind einfache körperliche Gewalt und Drohungen mit gegenwärtiger Gefahr für Leib oder Leben. Die Drohungen sollen typischerweise nicht wahr gemacht werden, und je gefährlicher das Drohmittel ist (z.B. scharfe Schusswaffe), desto weniger bezweckt der Täter und desto unwahrscheinlicher ist es, dass es noch zu Widerstand und Gewalt kommt. Typischerweise führt Raub *nicht* zu ernster Lebens- oder Leibesgefahr.

Allerdings kann die Verletzung des sozialen und juristischen Gewalttabus und die **25**
viktimisierende und traumatisierende Ohnmachts- und Vergewaltigungserfahrung der Opfer von Raubkriminalität in den Vordergrund gerückt werden (s. bereits Rdn. 5 mit

---

also auch eine privilegierte Person – mit dem Schwert zu richten sei; s. weiterhin Zweytes Capitul § 19 Satz 1 Codex Juris Bavarici Criminalis 1751 (Rdn. 12) zur Raubstrafbarkeit „ohne Unterschied, ob die Sach vil oder wenig werth, etwas anderes (...) dagegen gegeben, der Rauber schon einmahl correctus gewesen, und die Restitution geschehen seye oder nicht."

Fn. 2). Dies entspricht durchaus aktuellen Tendenzen der Kriminalpolitik, in der Raubdelikte zunehmend unter dem Stichwort **Gewaltkriminalität** diskutiert werden (näher hierzu 2. PSB S. 63 ff). Beim Wort genommen und juristisch interpretiert würde sich dann freilich die Frage stellen, ob Raub- nur insoweit als „Hoch-" und „Schwerkriminalität" eingeordnet werden sollte, als Gewalt – im Unterschied zu bloßer Drohung[11] – eingesetzt wird. In der Sache wäre zu fragen, welche Bedeutung dem Aspekt der Eigentums- bzw. Vermögensschädigung in Zueignungs- bzw. Bereicherungsabsicht noch zukommt – rechtspsychologisch wird Raub nicht als Aggressions-, sondern als Bereicherungstat mit instrumenteller Gewaltanwendung charakterisiert – und ob bei der Beurteilung der Schwere der Gewalt oder Drohung die jeweilige Opfererfahrung ausschlaggebend sein sollte. Insgesamt würde sich so die Gestalt des traditionellen Raub- und Erpressungsstrafrechts wesentlich verändern, was sowohl in rechtsprinzipieller wie -politischer Hinsicht eingehend diskutiert werden müsste.

26 4. Die kriminalpolitische Frage, welchen **Schutzzwecken** strafbewehrte Raub- und Erpressungsverbote dienen und wie sie ins strafrechtliche Rechtsgüterschutzkonzept eingefügt werden sollen (hierzu Rdn. 43 ff), ist komplexer als die entsprechende Frage bei Diebstahl und Unterschlagung (hierzu Vorbem. §§ 242–248c Rdn. 28 ff).

27 a) In der Rechtsgeschichte ist das Raub- und Erpressungsverbot häufig in einen engen Zusammenhang mit dem **Landfriedensschutz** gestellt worden. Insbesondere der *Straßenraub* und der sog. *Landzwang*, die flächendeckende Schutzgelderpressung, richteten sich nicht nur gegen Eigentum und Vermögen, sondern auch und vor allem gegen den Landfrieden, zumal wenn die Taten von Räuberbanden begangen wurden, die mit Bandenangehörigen, Bandengebiet, Bandenregeln und Bandensprache („Rotwelsch") durchaus ähnlich den Territorialherrschaften organisiert waren. Modern gesprochen stellen derartige Phänomene – die es z.B. als von „gangs" beherrschte, von der Bevölkerung aus Furcht vor Raubüberfällen gemiedene „no-go-areas" in manchen Staaten bis heute gibt – das staatliche Gewaltmonopol in Frage und wecken Zweifel, ob der Staat seiner zentralen Aufgabe gerecht wird, öffentliche Sicherheit und Ordnung zu gewährleisten, weshalb sich Kriminalitätsfurcht insbesondere auch auf Raubdelikte bezieht (s. Rdn. 5, 20). Kriminalpolitisch hat sich der Gedanke deshalb nicht erledigt, und auch strafrechtsdogmatisch gibt es durchaus Nachwirkungen (s. sogleich Rdn. 28, 37), wenngleich zuzugeben ist, dass das moderne Recht den Individualschutz ganz in den Vordergrund stellt.

28 b) Das Verbot des Raubes und der Erpressung beinhaltet ein Gewalt- und Drohungsverbot auf dem Gebiet des Eigentums- und Vermögensverkehrs, gewährleistet hier also einen **Schutz vor Gewalt oder Drohung**. Kriminalpolitisch fragt sich, ob dieser Schutz überindividuell oder individualrechtlich konzipiert und wie das Schutzniveau festgelegt werden sollte.

29 In engem Zusammenhang mit der historischen Deutung des Raubes als Straftat gegen den Landfrieden (Rdn. 27) steht die historische, vor allem im Hinblick auf das römischrechtliche crimen vis entwickelte (hierzu *Timpe* Die Nötigung [1989] S. 36 ff, 39) Deutung des Zwecks des Gewalt- und Drohungsverbots als **Schutz der öffentlichen Sicherheit und Ordnung und des staatlichen Gewaltmonopols**. Kriminalpolitische Konsequenzen

---

11 S. aber 2. PSB S. 63, wonach in den Sozialwissenschaften auch die Androhung von Gewalt als Gewalt angesehen wird.

einer solchen Konzeption sind insbesondere die Beschränkung der Raubmittel auf manifeste, eklatante Gewalt oder Drohung und die Strafschärfung bei öffentlich begangenem Straßenraub (wie im früheren § 250 Abs. 1 Nr. 3 StGB a.F.[12]), aber auch die Raub- oder Erpressungsstrafbarkeit der Durchsetzung wirklicher oder vermeintlicher Ansprüche auf Sachen oder Vermögenswerte durch Gewalt oder Drohung, da und soweit ein Selbsthilferecht nicht gegeben ist und mithin das staatliche Gewaltmonopol auf dem Gebiet der Zivilrechtspflege gebrochen wird (s. Rdn. 74 zum italienischen und Rdn. 77 sowie 80 zum englischen und amerikanischen Recht).

In den meisten modernen Rechtsordnungen wird der Schutz vor Gewalt oder Drohung im Zusammenhang mit Raub und Erpressung individualrechtlich interpretiert, nämlich als **Schutz der Person**, in erster Linie der physischen Integrität des Raubopfers. Daher ist Personengewalt – Tötung, Körperverletzung, Freiheitsberaubung – das paradigmatische Raubmittel. Dass ihm Drohungen (selbst mit dem Tode) gleichgestellt werden, ist keine kriminalpolitische Selbstverständlichkeit, wie z.B. das französische Recht zeigt, wonach beim Raub violences erforderlich sind und menaces nicht genügen (Rdn. 72). Die Gleichstellung lässt sich kriminalpolitisch damit rechtfertigen, dass ein Leerlauf des Raubstrafrechts in der Vielzahl der Fälle, in denen nur gedroht wird, vermieden werden soll, die Drohung gefährlich, weil Vorstufe zur Gewalt sein kann (Eskalationsgefahr), von einer Drohung eine der Gewaltanwendung vergleichbare oder größere Zwangswirkung ausgehen kann und der Schutz der Person die Freiheit von Furcht mit umfasst. – Vor allem zum deutschen Recht wird der Schutz vor Gewalt und Drohung bei Raub und Erpressung hingegen als **Schutz der Freiheit zur Willensentschließung und -betätigung** beim Umgang mit Eigentum und Vermögen interpretiert. Hiernach wäre freilich noch zu begründen, warum die Willensfreiheit so besonderen Schutzes würdig und bedürftig ist, wenn es um Eigentum und Vermögen geht. Auch im Übrigen erscheint zweifelhaft, ob diese in deutscher Tradition abstrahierende Auffassung, die ihre Wurzeln im Naturrecht und in der Freiheitsphilosophie hat und deren Schwerpunkt bei der Nötigung liegt (näher *Träger/Altvater* LK[11] § 240 Rdn. 1 ff), bei den Raubdelikten kriminalpolitisch vernünftig und das geltende Recht bruchlos zu erklären geeignet ist (näher Rdn. 46 ff). 30

Eine Frage des kriminalpolitisch erwünschten **Schutzniveaus** ist es, welche Raub- und Erpressungsmittel in welchen Tatbeständen erfasst sein sollen: Personen- oder auch Sachgewalt oder auch sonstiger Zwang, nur gefährliche oder auch nur anscheinsgefährliche (täuschende) Drohung jeder Art oder nur mit empfindlichem Übel, mit Gewalt, mit Körperverletzung oder Tod? Die Rechtsvergleichung (Rdn. 69 ff) zeigt, dass hier ein erheblicher Ermessensspielraum besteht. Als kriminalpolitische Tendenz zeichnet sich ab, dass die eigentlichen Raubdelikte (Raub, räuberischer Diebstahl und räuberische Erpressung) je die gleichen und im Verhältnis zur einfachen Erpressung qualifizierten Zwangsmittel voraussetzen. Bei der einfachen Erpressung liegt das kriminalpolitische Problem demgegenüber darin, erlaubten oder zumindest nicht strafwürdigen Zwang von verbotenem und strafwürdigen abzugrenzen. Dabei bewegt sich der Gesetzgeber zwischen der Scylla unbestimmter Generalklauseln (wie im deutschen Recht) und der Charybdis unvollständiger oder nicht durchweg sachgerechter enumerativer Aufzählungen (wie teils im amerikanischen Recht, s. Rdn. 78). 31

---

12 Den aus dem Gedanken der Schutzlosigkeit des Raubopfers zu erklären nie recht überzeugt hat, s. nur *Baldus* LK[9] § 250 Rdn. 8: Die Orte begründeten „keineswegs auch nur in der Regel eine erhöhte Gefährlichkeit" der Tat.

32 c) Weiterhin dienen die strafbewehrten Verbote des Raubes und der Erpressung im modernen Recht dem **Schutz von Eigentum und Vermögen**. S. hierzu bereits Vorbem. §§ 242–248c Rdn. 30 ff und ergänzend: Eine *Dualität der Schutzzwecke* in der Weise, dass Raub auf Eigentumsschutz und Erpressung auf Vermögensschutz hin ausgerichtet wird wie im geltenden deutschen, ist alles andere als ein kriminalpolitisches Naturgesetz, wie namentlich die Rechtsvergleichung zeigt (Rdn. 69 ff). Für eine moderne Kriminalpolitik liegt eine *monistische Lösung* im Sinne einer einheitlichen Ausrichtung von Raub *und* Erpressung am Vermögensschutz keineswegs fern. Denn die dualistische Lösung des geltenden deutschen Rechts kann dazu führen, dass im Tatsächlichen sehr nah beieinander liegende Sachverhalte rechtlich sehr unterschiedlich behandelt werden: Wer einem anderen ein Kraftfahrzeug unter Drohung mit einer Schusswaffe *wegnimmt*, um mit ihm zu fahren und es dann zurückzugeben („räuberische Gebrauchsanmaßung"), begeht keinen schweren Raub; wer sich das Kraftfahrzeug so *übergeben* lässt, schwere räuberische Erpressung. – Wer die *Übergabe* einer wirtschaftlich wertlosen Sache mit Raubmitteln erzwingt, ist nicht wegen räuberischer Erpressung strafbar, wer sie mit Raubmitteln *wegnimmt*, wegen Raubes. – Der „Selbsthilferäuber", der eine wertgleiche, aber andere als die geschuldete Sache wegnimmt, ist wegen Raubes, der „Selbsthilfeerpresser", der sich die Sache geben lässt, nicht wegen räuberischer Erpressung strafbar. – Man mag solche Wertungswidersprüche zu vermeiden suchen, indem beispielsweise die „räuberische Gebrauchsanmaßung" in den Tatbestand des § 255 StGB gezogen wird (§ 255 Rdn. 4, 9 f) oder dem „Selbsthilferäuber" auf Irrtumsebene goldene Brücken gebaut werden (§ 249 Rdn. 53). Aber die Notwendigkeit derartiger Korrekturen und die Einsicht, dass es Räubern noch mehr als Dieben um Bereicherung geht (vgl. *Wessels/Hillenkamp* Rdn. 711), zeigen, dass die kriminalpolitisch vorzugswürdige Lösung eine monistische wäre.

33 d) Da Raub und Erpressung sowohl gegen die Person bzw. Freiheit als auch gegen Eigentum bzw. Vermögen gerichtet sind, weisen sie eine **„Doppelnatur"** (*Frank* S. 118) auf, was die kriminalpolitische Frage aufwirft, wo der Schwerpunkt liegen und wie sich die Schwerpunktsetzung auswirken soll. Wer den Schwerpunkt bei der Person bzw. Freiheit setzt, muss Raub und Erpressung als *qualifizierte Nötigungen*, ggf. auch qualifizierte Körperverletzungen, Freiheitsberaubungen usw. verstehen, sie systematisch dort einstellen und die Strafrahmen in der Weise bestimmen, dass die für Nötigung, ggf. Körperverletzung, Freiheitsberaubung usw. geltenden Strafrahmen geschärft werden. In Rechtsgeschichte und -vergleichung findet sich dieses Verständnis nur vereinzelt (z.B. für den Raub im StGB-DDR, Rdn. 90). – Demgegenüber setzt die Mehrheit der historischen und ausländischen Rechtsordnungen den Schwerpunkt bei Eigentum bzw. Vermögen, versteht Raub und Erpressung also als *qualifizierte Eigentums- und Vermögensdelikte* und insbesondere den Raub als qualifizierten Diebstahl. Konsequenzen sind, dass Raub und Erpressung systematisch zusammen mit den sonstigen Eigentums- bzw. Vermögensdelikten geregelt und die Strafrahmen in der Weise bestimmt werden, dass die z.B. für Diebstahl oder Betrug geltenden Strafrahmen geschärft werden. – Im deutschen Recht wird traditionell betont, Raub und Erpressung schützten gleichrangig Freiheit und Eigentum bzw. Vermögen und seien im Übrigen wegen der Verklammerung des Freiheits- und des Eigentums- bzw. Vermögensangriffs *eigenständige Straftaten* (sogleich Rdn. 34 ff).

34 5. Zwar gestalten viele Rechtsordnungen Raub, räuberischen Diebstahl und (räuberische) Erpressung als **besondere Tatbestände** aus und bedrohen sie mit **besonderen Strafen**. Auch das ist aber kein kriminalpolitisches Naturgesetz und bedarf kriminalpolitischer Begründung und Begrenzung.

a) Da **Raub** als Diebstahl in Tateinheit mit Nötigung, ggf. auch Bedrohung, Freiheitsberaubung, Körperverletzung oder Tötung bestraft werden könnte, ist es kriminalpolitisch nicht zwingend, ihn als besonderen Tatbestand auszugestalten und mit besonderer Strafe zu bedrohen (worauf in der Tat das römische Recht verzichtete, Rdn. 11). Zwar mag es sich heute beim Raub um ein „historisch gewachsenes" Delikt handeln, das in seine Bestandteile zu zerlegen „lebensfremd" sein mag (Arzt/Weber/*Heinrich*/Hilgendorf BT § 17 Rdn. 1); jedoch dient rationale Kriminalpolitik nicht dem Delikts-Denkmalschutz, und im modernen Recht sind „lebensfremde", aber analytisch korrekte Zerlegungen keine Seltenheit (z.B. wenn Raubmord als Mord in Tateinheit mit Raub mit Todesfolge bestraft wird, § 251 Rdn. 21). In der Sache wird argumentiert, beim Raub handele es sich um eine im Verhältnis zum Diebstahl sowie zu Nötigung, Körperverletzung usw. **eigenständige Straftat** (*delictum sui generis*).[13] Sie sei mehr als vertypte Idealkonkurrenz, sondern „Unrechtskumulation", und durch den Einsatz der Nötigungsmittel zum Zwecke des Stehlens erfahre der Raub eine „Ausweitung und Vertiefung des Unrechtsgehalts" (*Herdegen* LK[11] § 249 Rdn. 1). Raub sei „mehr" als Diebstahl und Nötigung usw., im Verhältnis zu diesen kein „plus", sondern ein „aliud", da sich durch die „Verquickung" von Gewalt bzw. Drohung und Wegnahme das „Wesen der Taten" verändere und „wesensmäßig eigenständige Taten" entstünden (*Maurach/Schroeder/Maiwald* I § 35 Rdn. 7). In der Tat ist es ein Charakteristikum des Raubes, dass der Personen- bzw. Freiheitsangriff Mittel zum Zweck des Eigentums- bzw. Vermögensangriffs ist (Finalzusammenhang, s. noch § 249 Rdn. 43 ff).[14] Dann aber bedarf es keiner rechtsmetaphysischen Erwägungen über das „Wesen der Tat", um einsehen zu können, dass eine Rechtsordnung, in der bei Raub nur wegen Nötigung (usw.) in Tateinheit mit Diebstahl schuldig zu sprechen wäre, den zwischen beiden bestehenden (Final-)Zusammenhang im Schuldspruch nicht zum Ausdruck brächte. Jedenfalls diese Klarstellungsfunktion spricht beim Raub dafür, ihn als besonderen Tatbestand zu fassen, was nicht in Widerspruch dazu steht, wie viele oder die meisten Rechtsordnungen Raub als qualifizierten Diebstahl zu begreifen. 35

Eine andere Frage ist es, mit welcher **besonderen Strafe** Raub bedroht werden soll. 36
Gewiss entspricht es kriminalpolitischer Vernunft, Raub mit strengerer Strafe zu bedrohen als einfachen Diebstahl, insbesondere in Rechtsordnungen, die – wie die deutsche – bei Tateinheit das Absorptionsprinzip anwenden. Die Frage ist aber, ob sich *drastische Strafrahmensprünge* kriminalpolitisch rechtfertigen lassen, wie sie (nicht nur) das deutsche Recht vorsieht: Diebstahl in Tateinheit mit Freiheitsberaubung, Nötigung, Bedrohung oder auch Körperverletzung ist Vergehen und mit Freiheitsstrafe bis zu fünf Jahren oder Geldstrafe bedroht. Demgegenüber ist einfacher Raub auch geringwertiger

---

13 RGSt 6 243, 245; BGHSt 20 235, 237; BGH NJW 1968 1292; 1969 1037; NStZ-RR 2005 202; *Fischer* § 249 Rdn. 1a; *Günther* SK[5] § 249 Rdn. 2; *Kindhäuser* NK § 249 Rdn. 1; *Lackner/Kühl* § 249 Rdn. 1; *Sander* MK § 249 Rdn. 1; *Sch/Schröder/Eser* § 249 Rdn. 1; Arzt/Weber/Heinrich/*Hilgendorf* BT § 17 Rdn. 1; *Haft/Hilgendorf* BT 1 S. 34; *Kindhäuser* BT II § 12 Rdn. 2; *Krey/Hellmann*[15] Rdn. 185; *Maurach/Schroeder/Maiwald* I § 35 Rdn. 7; *Mitsch* BT2/1 § 3 Rdn. 3; *Otto* BT § 46 Rdn. 2; *Rengier* BT 1 § 7 Rdn. 1; *Wessels/Hillenkamp* Rdn. 316; krit. *Burkhardt* JZ 1973 110, 111 f.

14 Damit noch nicht entschieden ist die kriminalpolitische Frage, ob die Mittel-Zweck-Beziehung nur subjektiv – in der Vorstellung des Täters – oder auch objektiv – als (mindestens: Mit-)Ursächlichkeit – vorausgesetzt wird. Eine subjektive Lösung liegt nahe, wenn das Anstößige im Schwerpunkt beim räuberischen „Überfall", „Angriff" oder „Unternehmen" erblickt und die daraufhin erfolgte Wegnahme mehr in Art einer (Vollendungs-)Strafbarkeitsbedingung angesehen wird.

Sachen auch ohne Waffen oder Gefährdung oder Verletzung des Raubopfers Verbrechen und im Regelfall mit Freiheitsstrafe von einem bis fünfzehn Jahren bedroht; dieser Strafrahmen ist schärfer als der für schwere Körperverletzung mit einfachem Vorsatz (§ 226 Abs. 1 StGB) und gleich dem des schweren sexuellen Missbrauchs von Kindern (§ 176a Abs. 1 StGB) oder der sexuellen Nötigung (§ 177 Abs. 1 StGB). Raub mit Verwenden einer Waffe – z.B. Straßenraub mit vorgehaltenem Messer – ist im Regelfall mit Freiheitsstrafe von fünf bis zu fünfzehn Jahren bedroht (§ 250 Abs. 2 Nr. 1 StGB); das ist der Strafrahmen des Totschlags (§ 212 Abs. 1 StGB). Und einfacher Raub mit leichtfertig herbeigeführter Todesfolge kann nach dem Gesetzeswortlaut lebenslange Freiheitsstrafe, d.h. Mordstrafe, nach sich ziehen (§ 251 StGB; s. aber noch dort Rdn. 19). Um solche Strafrahmen zu rechtfertigen, wird in der deutschen Diskussion erneut das „Wesen" des Raubes als „Straftat eigener Art" (Rdn. 35) herangezogen: Aus der prinzipiellen, wesenhaften Unrechtsdifferenz zwischen Diebstahl und Nötigung (usw.) einerseits und Raub bzw. räuberischem Diebstahl andererseits folge eine prinzipielle Strafrahmendifferenz (s. erneut *Herdegen* LK[11] § 249 Rdn. 1). Aber so wird Rechtsmetaphysik zur Rechtsideologie. Gegen sie spricht zum einen die kriminalistische Erfahrung, dass zwischen Diebstahl und Raub gleitende Übergänge bestehen; so hängt es beim Handtaschenraub von der Geschicklichkeit des Täters und der Geistesgegenwart des Opfers ab, ob die Tat als Diebstahl oder Raub zu qualifizieren ist. Zum anderen ist die behauptete Unrechtsdifferenz in rechtsguts- und opferbezogener Perspektive fragwürdig: Für die Eigentumsverletzung durch Wegnahme in Zueignungsabsicht ist es unerheblich, ob sie mit Gewalt oder Drohung herbeigeführt worden ist oder nicht; an der durch Gewalt bewirkten Verletzung persönlicher Rechtsgüter (z.B. der körperlichen Unversehrtheit) ändert es nichts, ob die Gewalt zum Zweck der Wegnahme in Zueignungsabsicht eingesetzt wird oder nicht. Es lässt sich auch weder sagen, dass Gewalt oder Drohung generell oder typischerweise gegen fremdes Eigentum zielen würden, noch, dass das Eigentum gegenüber mit Raubmitteln erzwungener Wegnahme generell verletzlicher wäre als gegenüber gewaltloser, aber überraschender, listiger oder heimlicher Wegnahme. Zwar lässt sich strafzumessungsbezogen argumentieren, Gewalt oder Drohung seien besonders strafschärfend zu berücksichtigende „Arten der Ausführung" eines Diebstahls (vgl. § 46 Abs. 2 StGB); aber das könnte systematisch innerhalb des Diebstahlsstrafrahmens berücksichtigt werden und würde jedenfalls den drastischen Strafrahmensprung beim Raub nicht tragen.

37 In Wahrheit dürften es bis heute **überindividuelle Aspekte** sein, die dem Gesetzgeber den Raub als so anstößig erscheinen lassen. Wie in Vorbem. §§ 242–248c Rdn. 37 f gezeigt, kann bereits der Diebstahl in der Gestalt, die ihm das geltende Recht gibt, als Angriff auf die Eigentumsordnung als solche interpretiert werden. Wird dieser Angriff nun mit Gewalt oder Drohung ausgeführt, so erhält er in der Tat eine neue Qualität: Nicht nur respektiert der Räuber die Eigentumsordnung nicht; er wendet sich sogar mit Gewalt oder Drohung gegen sie; darin steckt ein Vorschein sozialrevolutionärer Gewalt, der Keim des Umsturzes der Eigentumsordnung (Rdn. 19). Aber das ist keine Erwägung (mehr), die eine moderne Kriminalpolitik leiten könnte und sollte. Die Strafrahmen des geltenden Raubstrafrechts erscheinen – auch im Hinblick auf die Wirklichkeit der Raubkriminalität (Rdn. 2 ff) – **bei weitem überzogen**. Dass in der Praxis halbwegs angemessene Strafen verhängt werden können, wird zum einen über die Regelanwendung des Jugendstrafrechts auch auf Heranwachsende und zum anderen über eine großzügige Handhabung der minder schweren Fälle nach § 249 Abs. 2, § 250 Abs. 3 StGB erreicht. Rechtlich befriedigend sind solche Umwege nicht.

38 b) **Räuberischen Diebstahl** als besonderen Tatbestand auszugestalten und mit Raubstrafe zu bedrohen, ist keine kriminalpolitische Selbstverständlichkeit. In nicht wenigen

Rechtsordnungen (so im früheren französischen und bis heute im spanischen und englischen Recht, s. Rdn. 82) ist räuberischer Diebstahl als solcher tatbestandslos, d.h. nur als Diebstahl in Tateinheit oder -mehrheit mit den durch Gewalt oder Drohung verwirklichten Tatbeständen strafbar. Andere Rechtsordnungen (z.B. das österreichische Recht, s. Rdn. 70) ordnen ihn lediglich als qualifizierten Diebstahl und nicht als raubgleiches oder -ähnliches und mit Raubstrafe bedrohtes Delikt ein. Gegen eine Gleichstellung sprechen der rechtslogische Einwand, dass eine vollendete Tat – hier ein Diebstahl – nicht durch nachträglich eintretende Umstände oder nachträglich vorgenommene Handlungen – hier der Einsatz von Raubmitteln – (um-)qualifiziert werden kann, und der rechtsstrukturelle Einwand, dass sich die Mittel-Zweck-Beziehung beim Raub psychologisch und normativ von der beim räuberischen Diebstahl unterscheidet: Der Räuber setzt Raubmittel von vornherein zur Besitzerlangung („haben wollen") ein; der räuberische Dieb setzt sie nur nachträglich zur Besitzerhaltung („behalten wollen") oder auch nur zur Verdeckung ein, häufig spontan (nicht geplant) und häufig in einer psychischen Bedrängungssituation sowie in nachvollziehbarer Selbstbegünstigungstendenz ein („Affektmanifestation [...] innerhalb eines begreiflichen, ‚normal-psychologischen' Erfahrungsbereiches", *Blau* FS Tröndle, S. 109, 112). Zu den nicht überzeugenden Versuchen, das geltende deutsche Recht (§ 252 StGB) gleichwohl kriminalpolitisch zu rechtfertigen, § 252 Rdn. 3 ff.

c) Die Notwendigkeit eines besonderen Tatbestandes der **(räuberischen) Erpressung** **39** ergibt sich in Rechtsordnungen, die wie die deutsche keinen allgemeinen Tatbestand der vorsätzlichen Vermögensbeschädigung in Bereicherungsabsicht kennen, daraus, dass die (räuberische) Erpressung ansonsten nur als Nötigung, Körperverletzung usw. erfasst werden könnte. Für die Kriminalpolitik stellt sich dann allein die Frage, ob (räuberische) Erpressung als selbständiger Tatbestand des Vermögensstrafrechts oder aber als Qualifikation bzw. schwerer Fall der Nötigung, Bedrohung, Freiheitsberaubung oder Körperverletzung erfasst werden soll (zutr. *Frank* S. 101 f). Letzteres ist folgerichtig, wenn der Schwerpunkt auf den Schutz der Person bzw. Freiheit der Person gelegt wird, ersteres, wenn der Vermögensschutz in den Vordergrund gestellt wird. In rechtsvergleichender Perspektive wird die einfache Erpressung traditionell in die Nähe der Nötigung, teilweise aber in einen Zusammenhang mit einfachem Diebstahl gestellt (s. Vorbem. §§ 242–248c Rdn. 80 zum amerikanischen Recht); sie bei den Raubdelikten zu regeln, ist ein deutscher Sonderweg, der auch dogmatisch Probleme bereitet.

Allerdings stellt sich auch kriminalpolitisch die Frage, wie der Gesetzgeber das Verhältnis von **Raub und räuberischer Erpressung** regeln sollte. Wenn sich Täter und Opfer **40** in einem Nähe-, Bemächtigungs- und Zweipersonenverhältnis gegenüberstehen, ist es faktisch wie normativ unerheblich, ob mit Raubmitteln die Duldung der Wegnahme oder die Weggabe von Sachen erzwungen wird. Letztere sollte in den Raub integriert werden, wie es die meisten ausländischen Rechtsordnungen tun (Rdn. 82 f) und es alle deutschen Reformentwürfe vom E 1909 bis zum E 1962 vorsahen (Rdn. 15, 18). Eigenständiger Raum für die räuberische Erpressung bleibt dann im Wesentlichen nur noch in Distanz- und in Drei- oder Mehrpersonenverhältnissen wie paradigmatisch dem erpresserischen Menschenraub.

6. Die historisch wirkmächtigen **täterstrafrechtlichen Einflüsse** auf das Recht des Rau- **41** bes und der Erpressung haben sich bis heute vor allem in den hohen Strafrahmen gehalten (vgl. auch Rdn. 22, 37). Im Übrigen sind sie gering (und geringer als beim Diebstahl, s. hierzu Vorbem. §§ 242–248c Rdn. 41 ff). Insbesondere knüpfen die Raubqualifikationen des modernen Rechts in erster Linie tatstrafrechtlich an gefährliche Tatmodalitäten oder schwere Tatfolgen an (vgl. §§ 250, 251 StGB). Allerdings hat der Bandenraub

(§ 250 Abs. 1 Nr. 2 StGB; näher dort Rdn. 28) durchaus täterstrafrechtliche Anklänge, die auch bei der Betonung des „verbrecherischen Willens“ und der „kriminellen Energie“ des Täters, der sich einer objektiv ungefährlichen Scheinwaffe bedient, nicht zu überhören sind (§ 250 Abs. 1 Nr. 1b] StGB, näher dort Rdn. 10 ff).

42 7. Vorgänge wie das Eindringen einer Rockerbande in ein Jugendhaus, woraufhin sich einige Bandenmitglieder drohend vor der Theke aufbauen und jeweils eine Flasche Bier oder Cola nehmen, die sie austrinken, ohne zu bezahlen (*Burckhardt* JZ **1973** 110), werfen die Frage auf, ob es Fälle des Raubes und der Erpressung mit **Bagatellcharakter** geben kann und, wenn ja, ob und wie sie zu privilegieren sind. Das geltende deutsche Recht bietet einen Ansatzpunkt hierfür in den – dem Recht des Diebstahls und der Unterschlagung fremden – minder schweren Fällen (§§ 249 Abs. 2, 250 Abs. 3 StGB). Im Übrigen ist nach geltendem deutschen Recht Geringwertigkeit der Beute für sich genommen kein Privilegierungsgrund: Der Zwanzigste Abschnitt enthält keine den §§ 243 Abs. 2, 248a StGB vergleichbaren Vorschriften, und eine Diversion gemäß §§ 153, 153a StPO ist nur beim Vergehen der einfachen Erpressung (§ 253 StGB) möglich. Das entspricht rechtsgeschichtlicher Tradition (s. Zweytes Capitul. § 19 Satz 1 Codex Juris Bavarici Criminalis 1751: „ohne Unterschied, ob die Sach vil oder wenig werth“) und der Rechtslage in vielen ausländischen Strafrechtsordnungen. Darüber, ob es kriminalpolitisch vernünftig ist, kann gestritten werden. *Burkhardt* (aaO S. 117) hat sich jedenfalls de lege ferenda für die Nichtanwendung der §§ 250, 252 und 255 StGB ausgesprochen, wenn „die Nötigung nur einem geringfügigen Vermögensdelikt dient“. Insbesondere habe der „reine Raub“ bzw. „Angriffstyp“ des Raubes im Sinne von *Sauer* (Kriminalsoziologie [1930] S. 324, 332), bei dem es im Zuge von tätlichen Aggressionen oder Provokationen z.B. unter Jugendlichen oder Heranwachsenden dann auch zu Wegnahmen geringwertiger Sachen komme, keinen die gesetzlichen Strafrahmen rechtfertigenden Unrechtsgehalt; im Ergebnis gleiches gelte für den „unechten Raubtyp“ des „Nutzungsraubes“ im Sinne von *Sauer* (aaO), wenn Raubmittel zu einer nach früherem Recht privilegierten (Not-)Entwendung (§§ 248a, 370 Abs. 1 Nr. 5 StGB a.F.) eingesetzt werden. In der Rechtsprechung ist das als „abwegig“ (BGHSt 3 76, 78) zurückgewiesen worden, da die Geringwertigkeit der weggenommenen Sache nicht die „besondere Gefährlichkeit“ der Tat berühre und die Raubstrafe den Täter „erst recht“ treffen müsse, wenn er geringfügige Entwendungen zum Anlass „so gefährlichen Verhaltens“ nehme (RGSt **66** 353, 354 f; BGHSt 3 76, 77 f). Das überzeugt in sich nicht – warum begründen zwei Schreck(!)-schüsse, die der fliehende Erbsendieb auf den Feldhüter abgibt (RG aaO), oder eine tätliche Auseinandersetzung, die sich zwischen dem zur Rede gestellten Ladendieb, der einen Apfel gestohlen hat, und dem Ladeninhaber entwickelt (BGH aaO), eine „besondere Gefährlichkeit“ der Tat? – und ist täterstrafrechtlich beeinflusst, wobei Anklänge an die moralisierende Qualifikation „niedriger“ Beweggründe bei Handeln aus „nichtigem“ Anlass unüberhörbar sind. Kriminalpolitischer Vernunft entspricht es, bei Raubtaten, die geringwertige Sachen betreffen ***und*** ohne erhebliche Gewalt und schwere Folgen begangen werden, eine Privilegierung vorzusehen, wie es z.B. § 142 Abs. 2 öStGB tut (näher Rdn. 70).

## IV. Strafrechtsdogmatische Grundfragen

43 1. Die Überschrift des Zwanzigsten Abschnitts („Raub und Erpressung“) gibt keinen Hinweis auf die durch Straftatbestände der §§ 249–256 StGB **geschützten Rechtsgüter**, die für jeden Straftatbestand gesondert zu ermitteln sind.

a) **Raub** (§ 249 StGB) verletzt zum einen dieselben Rechtsgüter wie Diebstahl (§ 242 StGB), der in ihm logisch enthalten ist. Dazu zählt jedenfalls das **Eigentum.**[15] Zur Frage, in welchem Sinne Raub das wie zu verstehende Eigentum beeinträchtigt (verletzt, gefährdet), s. Vorbem. §§ 242–248c Rdn. 52 ff). Der zum Diebstahl geführte Streit, ob der *Gewahrsam* als eigenständiges Rechtsgut anerkannt werden kann (s. hierzu Vorbem. §§ 242–248c Rdn. 59 f), spielt für den Raub, der stets von Amts wegen verfolgt wird, nur im Rahmen der §§ 22 Nr. 1–3, 58a Abs. 1 Satz 2 Nr. 1 und 172 StPO eine Rolle. **44**

Nach – soweit ersichtlich – allgemeiner Auffassung verletzt der Raub zum anderen die persönliche Freiheit, genauer gesagt die **Freiheit der Willensentschließung und -betätigung** dessen, gegen den Raubmittel angewendet werden.[16] Begründet wird das mit den Erwägungen, Raub sei durch Nötigung ermöglichter Diebstahl, Raubmittel seien qualifizierte Nötigungsmittel und deshalb verletze der Raub notwendigerweise dasselbe Rechtsgut wie die Nötigung. Der Genötigte ist deshalb auch dann Verletzter des Raubes, wenn er nicht Eigentümer der geraubten Sache ist; er muss nicht einmal Gewahrsamsinhaber sein (Fälle der sog. „Dreiecksnötigung", s. § 249 Rdn. 23; zur Verletzteneigenschaft in diesem Fall *Kindhäuser* NK Rdn. 1). **45**

So eingefahren diese Auffassung ist, unterliegt sie doch kriminalpolitischer, dogmatischer und pragmatischer **Kritik**. *Kriminalpolitisch* sollte nicht die Freiheitsverletzung als solche, sondern – handfester – der Angriff auf Leib und Leben des Raubopfers im Vordergrund stehen. Dass Raub Gewalt „gegen eine Person" und Drohung mit „gegenwärtiger Gefahr für Leib oder Leben" voraussetzt, hat im Ausgangspunkt den Grund, dass diese Raubmittel im Regelfall für Leib oder Leben gefährlich sind, nicht, dass sie qualifiziert willensbeugend wirken. Das Verständnis des Raubes als Freiheitsdelikt leistet demgegenüber einer extensiven, die Problematik der überzogenen Raubstrafe verschärfenden Interpretation Vorschub, indem an die Grenze des Wortlautes gegangen wird, um die Freiheit der Willensentschließung und -betätigung beeinträchtigendes Verhalten des Täters zu erfassen, z.B. wenn vor den Augen des Raubopfers geübte Sachgewalt wegen psychosomatischer Auswirkungen als „Gewalt gegen eine Person" aufgefasst oder eine Drohung mit „gegenwärtiger" Lebensgefahr auch angenommen wird, wenn dem Raubopfer für den Fall, dass es Widerstand leistet, die Tötung als unabwendbar in Aussicht gestellt wird, geschehe sie auch weit nach der Tat (näher § 249 Rdn. 4, 6). *Dogmatisch* ist daran zu erinnern, dass § 249 im Unterschied zu §§ 240, 253 StGB dem Wortlaut nach nicht verlangt, dass das Raubopfer zu einer Handlung, Duldung oder Unterlassung genötigt wird; die Parallele zu § 240 StGB ist also unvollständig, und es ist eine offene Frage, ob Raub voraussetzt, dass die Wegnahme durch Raubmittel objektiv ermöglicht oder erleichtert wird oder ob ein subjektiver Finalzusammenhang genügt (näher § 249 Rdn. 36 ff). Wer mit der h.A. Raubgewalt gegen Schlafende oder Bewusstlose (z.B. durch **46**

---

15 *Fischer* § 249 Rdn. 1a; *Günther* SK[5] § 249 Rdn. 2; *Herdegen* LK[11] § 249 Rdn. 1; *Kindhäuser* NK Rdn. 1, § 249 Rdn. 1; *Lackner/Kühl* § 249 Rdn. 1 m. Verweis auf § 242 Rdn. 1; *Sander* MK § 249 Rdn. 2; *Sch/Schröder/Eser* § 249 Rdn. 1; Arzt/Weber/Heinrich/*Hilgendorf* BT § 17 Rdn. 1; *Haft/Hilgendorf* BT 1 S. 34; *Jäger* BT Rdn. 281; *Maurach/Schroeder/Maiwald* I § 35 Rdn. 13; *Mitsch* BT2/1 § 3 Rdn. 1; *Rengier* BT 1 § 7 Rdn. 1; *Wessels/Hillenkamp* Rdn. 317; anders *Otto* BT § 46 Rdn. 1 (Vermögen).

16 *Fischer* § 249 Rdn. 1a; *Günther* SK[5] § 249 Rdn. 2; *Herdegen* LK[11] § 249 Rdn. 1; *Kindhäuser* NK Rdn. 1; *Lackner/Kühl* § 249 Rdn. 1 mit Verweis auf § 240 Rdn. 1; *Sander* MK § 249 Rdn. 2; *Sch/Schröder/Eser* § 249 Rdn. 1; *Haft/Hilgendorf* BT 1 S. 34; *Jäger* BT Rdn. 281; *Mitsch* BT2/1 § 3 Rdn. 1; *Otto* BT § 46 Rdn. 1; *Rengier* BT 1 § 7 Rdn. 1; *Wessels/Hillenkamp* Rdn. 317.

Einsperren, Fesseln, Knebeln usw.) für möglich hält (näher § 249 Rdn. 10 f), also die Beeinträchtigung bloß potentieller Willensentschließung und -betätigung genügen lässt, muss den Raub konsequenterweise bezogen auf die Freiheit nicht als Erfolgs- bzw. Verletzungs-, sondern als Unternehmens- bzw. Eignungsdelikt auffassen. Schließlich besteht das *pragmatische* Bedenken, dass über das Freiheitsrechtsgut diesbezügliche Streitfragen des § 240 in § 249 StGB hineingetragen werden können (in diese Richtung z.B. *Kindhäuser* NK Rdn. 3 ff). So mag es zu § 240 StGB diskutabel sein, ob Willensfreiheit nur durch Willensbeugung – Nötigung durch *vis compulsiva* oder Drohung – verletzt werden kann, so dass *vis absoluta*, nämlich Willensausschaltung, Willensüberwindung oder sonst unwiderstehliches Handeln gegen oder ohne den Willen des Opfers, nur ggf. als Körperverletzung oder Freiheitsberaubung, nicht aber als Nötigung bestraft werden kann (so z.B. *Köhler* FS Leferenz, S. 511, 516). Mit dieser Begründung *vis absoluta* auch aus § 249 StGB auszuklammern, würde aber bedeuten, dass klassische Raubkonstellationen wie Raubmord oder Bewusstlosmachen des Raubopfers zwecks Wegnahme, Entreißen der vom Raubopfer mit aller Kraft festgehaltenen Handtasche oder Abschneiden des Ringfingers des Raubopfers, um an den Ring zu kommen, nicht als Raub im Rechtssinne erfasst werden könnten; das lässt sich *de lege lata* nicht ernsthaft vertreten (näher § 249 Rdn. 8, 10). Zur Frage, ob räuberische Erpressung durch *vis absoluta* begangen werden kann, Rdn. 56 ff.

**47** b) Das strafbewehrte Verbot des **räuberischen Diebstahls** (§ 252 StGB) ist nach h.A. dieselben Rechtsgüter zu schützen bestimmt wie der Raub, nämlich **Freiheit und Eigentum.**[17] Allerdings werden diese Rechtsgüter durch die Tat nicht in gleicher Weise beeinträchtigt (verletzt, gefährdet) wie beim Raub:

**48** Räuberischer Diebstahl ist **kein Eigentumsverletzungsdelikt** (zutr. *Lackner/Kühl* § 252 Rdn. 1; **aA** *Haas* [Fn. 5] S. 172: Verletztes Rechtsgut des § 252 StGB sei „das Eigentum in seiner Ursprünglichkeit"). Zwar beinhaltet bereits der von § 252 StGB als erster Akt vorausgesetzte Diebstahl eine Eigentumsverletzung (s. Vorbem. §§ 242–248c Rdn. 52 ff). Aber zum Zeitpunkt der Tathandlung, des Verübens von Personengewalt oder Anwendens von Drohung mit gegenwärtiger Lebens- oder Leibesgefahr, hat der Täter den Diebstahl bereits vollendet (s. § 252 Rdn. 10, 18). Der dann nur mehr mögliche Schutz des Eigentums beschränkt sich auf die Restitutionsinteressen des Eigentümers. Gelingt es dem räuberischen Dieb, sich den Besitz des Diebesguts zu erhalten, so kommt es allein zu einer Perpetuierung, Intensivierung oder Vertiefung einer bereits durch die Vortat herbeigeführten Eigentumsbeeinträchtigung (*Küper* JZ **2001** 730, 732 f). Hiernach ist räuberischer Diebstahl ein *„Perpetuierungsdelikt"* (*Küper* aaO), durch das eine durch Diebstahl geschaffene rechtswidrige Besitz- bzw. Gewahrsamslage mit Gewalt oder Drohung aufrechterhalten wird. Weiterhin verlangt § 252 StGB nicht, dass die Besitzerhaltung gelingt; vielmehr genügt der (wenn auch erfolglose) Einsatz von Raubmitteln in Besitzerhaltungsabsicht. Diese deutet die h.L. als „überschießende Innentendenz" und § 252 StGB somit als *„erfolgskupiertes Delikt"* oder als abstraktes Gefährdungsdelikt gegen das Interesse des Verletzten an Wiedererlangung des Besitzes (vgl. *Küper* Jura **2001** 21, 25).[18]

---

[17] BGH NJW **2002** 2043, 2044; *Günther* SK[5] § 252 Rdn. 2; *Sander* MK § 252 Rdn. 1; *Sch/Schröder/Eser* § 252 Rdn. 1; *Haft/Hilgendorf* BT 1 S. 43; *Mitsch* BT2/1 § 4 Rdn. 2; *Otto* BT § 46 Rdn. 1; *Rengier* BT 1 § 10 Rdn. 10.

[18] *Günther* SK[5] § 252 Rdn. 2; *Kindhäuser* NK § 252 Rdn. 2; *Lackner/Kühl* § 252 Rdn. 1; *Sander* MK § 252 Rdn. 1; *Gössel* II § 15 Rdn. 4; *Jescheck/Weigend*[5] § 30 II 1a; *Kratzsch* JR **1988** 397, 400; *Krey/Hellmann*[15] Rdn. 207; *Maurach/Schroeder/Maiwald* I § 35 Rdn. 1; *Mitsch* BT2/1 § 4 Rdn. 41.

Zusammengenommen ergibt dies eine Deliktsstruktur, die als „erfolgskupiertes Perpetuierungsdelikt" (vgl. *Küper* JZ **2001** 730, 733) bezeichnet werden könnte.

Räuberischer Diebstahl ist aber auch **kein Freiheitsverletzungsdelikt**. Seine Raubkomponente ist als *Tätigkeitsdelikt* ausgestaltet und lässt das „Verüben" von Personengewalt bzw. „Anwenden" von Drohungen mit gegenwärtiger Gefahr für Leib oder Leben in Besitzerhaltungsabsicht genügen, verlangt aber weder einen „Nötigungseffekt" (*Sch/Schröder/Eser* § 252 Rdn. 8), d.h. Nötigungserfolg in Gestalt eines hierdurch erzwungenen Tuns, Duldens oder Unterlassens des Nötigungsopfers, noch – erst recht – den Erfolg der Besitzerhaltung (soeben Rdn. 48). Damit ist § 252 StGB auch hinsichtlich der Nötigung „erfolgskupiertes Delikt" und Eignungs- oder Gefährdungsdelikt. **49**

Ob ein – sit venia verbo – „doppelt erfolgskupiertes Perpetuierungsdelikt und doppelt abstraktes Gefährdungs- bzw. Eignungsdelikt" in einem Strafrecht Platz hat, das auf **Rechtsgüterschutz** fußen soll, ist eine offene Frage. Dass sie von kaum jemandem gestellt wird,[19] wirft kein gutes Licht auf das Konzept „Rechtsgut", desgleichen, dass sich kaum jemand daran stört, dass es als vollendeter räuberischer Diebstahl gleich einem Raub zu bestrafen sein soll, wenn dem auf frischer Tat betroffenen Dieb die Besitzverteidigung mit Raubmitteln misslingt, weil sich der Eigentümer nicht beeindrucken lässt und die Sache wieder an sich nimmt (s. immerhin *Schmidhäuser* BT 8/59: nur Versuch). **50**

c) Der Tatbestand der **Erpressung** (§ 253 StGB) enthält begrifflich und logisch den der Nötigung (§ 240 StGB), auch den Nötigungserfolg des ernötigten Tuns, Duldens oder Unterlassens, weshalb Erpressung dasselbe Rechtsgut wie Nötigung, nämlich die **Freiheit zur Willensentschließung und -betätigung** verletzt. Indem das Gesetz zudem die Zufügung eines Vermögensnachteils verlangt, ist klargestellt, dass Erpressung – insoweit deckungsgleich mit Betrug und Untreue – zudem und gleichrangig[20] fremdes **Vermögen** verletzt. Für die **räuberische Erpressung** (§ 255 StGB) gilt nichts anderes.[21] **51**

2. Noch stärker als der Neunzehnte (s. Vorbem. §§ 242–248c Rdn. 62 ff) sperrt sich der Zwanzigste Abschnitt als teils historisch gewachsene, teils durch Zufälligkeiten positiver Gesetzgebung geformte Zusammenfassung von Raub- und Erpressung gegen eine rationale und kohärente **Systembildung**. **52**

a) Gewiss wird der Abschnitt einerseits durch die Verwandtschaft von Eigentum und Vermögen (Vermögen i.w.S.) und andererseits durch die Angriffsform zusammengehalten, nämlich den durch Einsatz einfacher bzw. qualifizierter Nötigungsmittel bewirkten Zwang. Ein gewisses Band bildet zudem der Umstand, dass Raub und Erpressung als *Eigentums- oder Vermögens*verschiebungs*delikte* und insoweit zugleich *Delikte mit über-* **53**

---

[19] S. aber *Buri* Beilage zu GS **29** (1879) 3, 53 („theoretisch kaum zu rechtfertigen"); *Küper* JZ **2001** 730, 731 f mit Fn. 22.

[20] BGHSt **1** 13, 20; **7** 197, 198; **19** 342, 343; **41** 125; *Fischer* § 253 Rdn. 1; *Günther* SK[5] § 253 Rdn. 2; *Kindhäuser* NK § 253 Rdn. 2; *Sch/Schröder/Eser* § 253 Rdn. 1; *Sander* MK § 253 Rdn. 1; *Haft/Hilgendorf* BT 1 S. 46; *Jäger* BT Rdn. 374; *Kindhäuser* BT II § 17 Rdn. 1; *Krey/Hellmann*[15] Rdn. 294; *Rengier* BT 1 § 11 Rdn. 1; *Wessels/Hillenkamp* Rdn. 705. Teilweise **abw.** Arzt/Weber/Heinrich/*Hilgendorf* BT § 18 Rdn. 1 (alternativer Schutz eines wertvolleren Rechtsguts als des Vermögens, „vom guten Ruf bis hin zum Leben"); *Lackner/Kühl* § 253 Rdn. 1; *Maurach/Schroeder/Maiwald* I § 42 Rdn. 12; *Mitsch* BT2/1 § 6 Rdn. 1; *Otto* BT § 53 Rdn. 2 (jeweils Vorrang des Vermögensschutzes).

[21] *Günther* SK[5] § 255 Rdn. 1.

*schießender Innentendenz* Gemeinsamkeiten haben. Abgesehen davon verläuft die fundamentale systematische Trennlinie zwischen **Eigentums- und Vermögensstrafrecht**, nämlich zwischen den Raub- als *Eigentums-, Zueignungs- und Fremdschädigungsdelikten* und den Erpressungs- als *Vermögens-, Bereicherungs- und* (nach allerdings umstrittener Lehre, näher Rdn. 55 ff) *Selbstschädigungsdelikten*, mitten durch den Abschnitt.

54 b) Innerhalb der **Binnensystematik** des Zwanzigsten Abschnitts ist vor allem das Verhältnis von Raub und räuberischer Erpressung umstritten (sogleich Rdn. 55 ff) und ansonsten zu bemerken: § 249 StGB enthält den Grundtatbestand des Raubes. § 250 StGB ist Raubqualifikation und Vorsatzdelikt, nicht – auch nicht in Abs. 1 Nr. 1c), Abs. 2 Nr. 2b) – erfolgsqualifiziertes Delikt (näher § 250 Rdn. 18, 25). § 251 StGB ist ein todeserfolgsqualifizierter Raub. § 252 StGB war von RGSt 60 380, 381 noch als qualifizierter Diebstahl angesehen worden; die heute h.A. hält ihn – insoweit vergleichbar dem Raub (Rdn. 35) – im Verhältnis zum Diebstahl für eine Straftat eigener Art (*delictum sui generis*) und im Verhältnis zum Raub für einen raubähnlichen, aber doch eigenständigen Sondertatbestand.[22] § 253 StGB ist als vermögensschädigende Nötigung in Bereicherungsabsicht mit dem Raub nur insoweit verbunden, als Raubmittel qualifizierte oder spezialisierte Nötigungsmittel sind; im Übrigen ist Erpressung dem Betrug jedenfalls insoweit verwandt, als beide einen in Bereicherungsabsicht herbeigeführten Vermögensschaden voraussetzen (s. nur *Lackner/Kühl* § 253 Rdn. 1). § 255 StGB ist Erpressungsqualifikation, nämlich Erpressung mit Raubmitteln, was die räuberische Erpressung mit dem Raub verbindet. § 256 StGB lässt bei Raub und (auch einfacher) Erpressung die Anordnung von Führungsaufsicht zu (Abs. 1) und ermöglicht bei banden- oder gewerbsmäßiger (z.B. Schutzgeld-)Erpressung die Anordnung des erweiterten Verfalls (aber seit BVerfGE **105** 135, BGBl. **2002** I S. 1340 nicht mehr die Verhängung der Vermögensstrafe).

55 c) Seit langem umstritten und in den Vorauflagen dieses Kommentars (s. einerseits *Lackner* LK[10] § 253 Rdn. 5 f und andererseits *Herdegen* LK[11] § 249 Rdn. 21 ff sowie § 253 Rdn. 6 ff) konträr beantwortet worden ist, wie die **Stellung der (räuberischen) Erpressung im System der Eigentums- und Vermögensdelikte** zu bestimmen ist, insbesondere, wie sich Erpressung zum Diebstahl und Betrug (Rdn. 56 ff) und räuberische Erpressung zum Raub (Rdn. 62 ff) verhält.[23]

56 Nach einer in der Lehre viel vertretenen Auffassung[24] ist die (räuberische) Erpressung als Selbstschädigungs- und Motivationsdelikt **dem Betrug verwandt** und steht in einem

---

22 RGSt **66** 353, 355; offen lassend RGSt **70** 58; BGHSt **3** 76, 77; **20** 235, 238; *Fischer* § 252 Rdn. 1; *Günther* SK[5] § 252 Rdn. 2; *Kindhäuser* NK § 252 Rdn. 1; *Lackner/Kühl* § 252 Rdn. 1; *Sander* MK § 252 Rdn. 1; *Geilen* Jura **1979** 614; *Geppert* Jura **1990** 554, 555; *Haft/Hilgendorf* BT 1 S. 43; *Jäger* BT Rdn. 304 ; *Kindhäuser* BT II § 12 Rdn. 2; *Maurach/Schroeder/Maiwald* I § 35 Rdn. 7; *Mitsch* BT2/1 § 4 Rdn. 7; *Otto* BT § 46 Rdn. 50; *Rengier* BT 1 § 10 Rdn. 1; *Wessels/Hillenkamp* Rdn. 361; **aA** *Kratzsch* JR 1988 397, 399; *Perron* GA **1989** 145, 169.

23 *Binding* Lehrbuch I[2] S. 372 ff; *Frank* Anm. VII; *Hegler* Archiv für Rechts- und Wirtschaftsphilosophie 9 (1915/1916) 369, 282; *Liebling* Über das Verhältnis zwischen Raub und Erpressung (1897) S. 41; *Lüderssen* GA **1968** 257; *Mohrbotter* GA **1968** 112, 117; *Welzel* Strafrecht § 55 VI.

24 *Fischer* § 255 Rdn. 3; *Lackner* LK[10] § 253 Rdn. 7 bis 9, § 255 Rdn. 3; *ders./Kühl*[26] § 253 Rdn. 3, § 255 Rdn. 2; *Sander* MK § 253 Rdn. 13; *Sch/Schröder/Eser* § 253 Rdn. 8; *Bockelmann* BT 1 § 16 II 1c; *Gössel* II § 31 Rdn. 10; *Haft/Hilgendorf* BT 1 S. 44; *Krey/Hellmann*[15] Rdn. 304, 305; *Küper* NJW **1978** 956; *Maurach/Schroeder/Maiwald* I § 42 Rdn. 6 f; *Otto* ZStW **79** (1967) 59, 86 f; *ders.* JZ **1984** 143; *Rengier*

**Exklusivitätsverhältnis zu Wegnahmedelikten**, namentlich Diebstahl und Raub. Insbesondere müsse der (Zwischen- und Nötigungs-)Erfolg der „Handlung, Duldung oder Unterlassung" eine im Mindestmaß freiwillige *Vermögensverfügung* des Genötigten sein, weshalb *vis absoluta* kein taugliches Erpressungsmittel sei. Erpressung und Betrug seien gleichermaßen Motivations- und Selbstschädigungsdelikte. Was beim Betrug die Täuschung bewirke, bewirke bei der Erpressung der vom Täter verübte Zwang. Der Genötigte sehe sich veranlasst, eine Leistung zu erbringen, die für sein Vermögen (oder das eines anderen) nachteilig sei, um sich Freiheit von diesem Zwang zu erkaufen. Das erpresserische „Geschäft" habe Freikaufcharakter (*Rengier* JuS **1981** 654, 657); obgleich erzwungen, sei die im Rahmen dieses „Geschäfts" vorgenommene zweckgerichtete Disposition des Genötigten eine Vermögensverfügung. Wie dieses Merkmal Betrug und Diebstahl abgrenze, so grenze es die räuberische Sacherpressung vom Raub ab, und es weise – allgemeiner – der Erpressung im Rahmen der Vermögensdelikte eine bestimmte Funktion zu, andernfalls ein „konturloser Grundtatbestand aller mit Nötigungsmitteln begangenen Angriffe auf fremdes Vermögen i.w.S." entstehe (*Lackner/Kühl* § 253 Rdn. 3).

Demgegenüber hält die Rechtsprechung unter Zustimmung eines in neuerer Zeit zunehmenden Teils der Lehre[25] die (räuberische) Erpressung für eine durch die Vermögensbeschädigung in Bereicherungsabsicht **qualifizierte Nötigung**, deren Erfolg zwar ein auf das Vermögen bezogenes und vermögensminderndes, jedoch nicht zwingend willkürliches Verhalten und insbesondere *keine Vermögensverfügung* sein muss (BGHSt **25** 224, 226; **32** 88, 91; BGH NJW **1987** 3144, 3145; BGH 4 StR 595/81 bei Holtz MDR **1982** 280). Hiernach kommt *vis absoluta* als Erpressungsmittel in Betracht, und als (Zwischen- und Nötigungs-)Erfolg kommt auch die Duldung einer Wegnahme in Betracht, weshalb der Raub von Sachen mit wirtschaftlichem Wert in Bereicherungsabsicht als ernötigtes Dulden einer Wegnahme zugleich den Tatbestand der räuberischen Erpressung erfüllt, der in diesem Sinne den Raub mit umfasst (RGSt **4** 429, 432; BGHSt **14** 386, 390). **57**

Die **praktische Bedeutung** des Streits darf nicht überschätzt werden. Auch nach der Rechtsprechung ist das mit Raubmitteln ernötigte Dulden einer Wegnahme in aller Regel nur als Raub strafbar. Lediglich in Ausnahmefällen ergeben sich Unterschiede: Werden „erpresserische bzw. räuberische Gebrauchsanmaßung", „erpresserische bzw. räuberische Pfandkehr" oder„erpresserische oder räuberische Wilderei" durch Wegnahme bzw. mit *vis absoluta* begangen, kann die Rechtsprechung §§ 253, 255 StGB anwenden, die Lehrauffassung nur §§ 248b, 289, 292 StGB in Tateinheit mit – je nach Sachlage – §§ 223 ff, 239 ff StGB. Der mit *vis absoluta* ernötigte Verzicht auf die Durchsetzung einer werthaltigen Forderung (z.B. wenn der Taxigast den Taxifahrer niederschlägt, um **58**

---

JuS **1981** 654; *ders.* BT I[9] § 11 Rdn. 13 ff; *Schröder* ZStW **60** (1941) 33, 83; *ders.* SJZ **1950** 94, 101; *Tenckhoff* JR **1974** 489 ff; *Wessels/Hillenkamp* Rdn. 708 ff. Vereinzelt ist auch in der Rechtsprechung eine Vermögensverfügung gefordert worden, s. RG JW **1934** 487 Nr. 17; BGH 1 StR 393/76 vom 9.11.1976.

25 RGSt **4** 429, 432; **55** 239, 240; **66** 117 f; BGHSt **7** 252, 255; **14** 386, 390; **25** 224, 228; BGH 1 StR 387/54 bei *Herlan* MDR **1955** 17; NJW **1967** 60, 61; **1987** 3144, 3145; NStZ-RR **1997** 321; NStZ **1999** 350; BGHR StGB § 255 Konkurrenzen 2; *Günther* SK[5] Rdn. 13 ff; *Herdegen* LK[11] § 253 Rdn. 9; *Kindhäuser* NK Rdn. 38 ff und § 253 Rdn. 17; *Arzt/Weber/Heinrich/Hilgendorf* BT § 18 Rdn. 14 ff; *Blei* II[12] § 64 II; *Geilen* Jura **1980** 43, 51 f; *Jäger* BT Rdn. 376; *Kindhäuser* BT II § 17 Rdn. 24 ff; *Laubenthal* Jura **1989** 99, 101; *Lüderssen* GA **1968** 257 ff; *Mitsch* BT 2/1 § 6 Rdn. 40; *Mohrbotter* GA **1968** 112, 117; *Ohr* JuS **1962** 316, 318; *Schlehofer* Einwilligung und Einverständnis (1985) S. 10 ff, 39 ff; *Schünemann* JA **1980** 486 ff; *Seelmann* JuS **1982** 914; *Seier* JA **1984** 441, 442.

ohne Bezahlung zu entkommen, vgl. BGHSt 25 224, 227 f) kann nach der Rechtsprechung von § 255 StGB erfasst werden, während nach der Lehrauffassung im Grundsatz kein Vermögensdelikt vorliegt (aber z.B. Betrug, wenn der Taxigast von Anfang an zahlungsunwillig war) und nur – je nach Sachlage – nach §§ 223 ff, 239 ff StGB zu bestrafen ist. Wendet der Dieb einfache Nötigungsmittel an, um die Duldung der Wegnahme zu erzwingen, droht er z.B. mit einer inkonnexen begründeten Strafanzeige, um den Gewahrsamsinhaber am Widerstand zu hindern („kleiner Raub"), kommt nach der Rechtsprechung konstruktiv § 253 StGB in Betracht, während die Lehrauffassung nur §§ 240, 242, 52 StGB anwenden kann. Für die Entscheidung dieser Ausnahmefälle ist zu bedenken:

59 Entgegen der Lehrauffassung besteht **zwischen Erpressung und Betrug nur eine „hinkende' Parallelität"** (treffend *Herdegen* LK[11] § 253 Rdn. 6). Bereits im Ausgangspunkt ist es missverständlich, Erpressung und Betrug als „Motivations-" und „Selbstschädigungsdelikte" zu bezeichnen: Die Teilnahme an einer Selbstschädigung ist im Prinzip straflos, und die unmittelbare Selbstschädigung des Erpressungsopfers muss ebenso wie die des Betrugsopfers mittelbar Fremdschädigung durch den Täter sein (*Kindhäuser* NK Rdn. 53). Beim Betrug gelingt das, weil die Täuschung mittelbare Täterschaft kraft Irrtumsherrschaft begründet, doch scheidet unmittelbare Täterschaft aus, weil ein Irrtum als solcher nichts in der Außenwelt bewirkt. Bei der Erpressung und der ihr zugrundeliegenden Nötigung kommt nicht nur mittelbare Täterschaft kraft Nötigungsherrschaft, sondern sogar unmittelbare Täterschaft des Erpressenden und Nötigenden in Betracht, wenn er *vis absoluta* anwendet, die als solche einen Außenwelterfolg hat: „Zwang ist eine ganz und gar andere Methode der Einflussnahme auf fremden Willen als Täuschung. Er ist nicht nur qualitativ verschieden, sondern auch dosierbar. Zwang kann zur ausweglosen Fremdbestimmung, zur Ausschaltung der Willensbildung oder zur nicht überwindbaren Blockierung der Willensbetätigung führen. Infolgedessen kann die Erpressung als ein Motivations- und Selbstschädigungsdelikt nur angesehen werden, wenn man den Bereich des Zwanges verkürzt" (*Herdegen* aaO).

60 Bereits seinem Wortlaut nach *ist* § 253 StGB **„Grundtatbestand aller mit Nötigungsmitteln begangenen Angriffe auf fremdes Vermögen i.w.S."** (so – in kritischer Absicht – *Lackner/Kühl* § 253 Rdn. 3); so hat ihn der Gesetzgeber gefasst und gemeint. Konsequenz hiervon ist, dass (räuberische) Erpressung auch dann vorliegen kann, wenn die besonderen Voraussetzungen eines Eigentumsdelikts wie Diebstahl oder Raub oder eines spezialisierten Vermögensdelikts wie Pfandkehr oder Wilderei nicht gegeben sind. Darin liegt aber keine „Umgehung" dieser Voraussetzungen (so aber z.B. *Lackner* LK[10] § 253 Rdn. 7 f; *Wessels/Hillenkamp* Rdn. 711: „Möglichkeiten der Strafschärfung [...], die das Gesetz [...] nicht vorsieht"): Dass ein Tatbestand anwendbar ist, obwohl ein anderer nicht angewendet werden kann, ist eine bare Selbstverständlichkeit. An der Anwendung der §§ 253, 255 StGB kommt auch die Lehrauffassung nicht vorbei, wenn der Täter einer Gebrauchsanmaßung oder Pfandkehr usw. *vis compulsiva* einsetzt oder droht und das Opfer nicht von Alternativlosigkeit seiner Handlung, Duldung oder Unterlassung ausgeht. Umgekehrt führt die Unanwendbarkeit der §§ 253, 255 StGB nicht dazu, dass Diebstahl oder Raub unanwendbar werden, beispielsweise wenn jemand ohne oder mit Raubmitteln eine wirtschaftlich wertlose Sache wegnimmt oder zur Durchsetzung eines an sich bestehenden Anspruchs auf eine Sache eine wirtschaftlich gleichwertige, aber nicht geschuldete Sache wegnimmt, um sie zu behalten. Die hier teilweise auftretenden Ungereimtheiten sind der Grundsatzentscheidung des Gesetzgebers geschuldet, die Voraussetzungen des strafrechtlichen Eigentumsschutzes einerseits und des Vermögensschutzes andererseits unterschiedlich zu fassen (s. hierzu bereits Rdn. 32 f). Im Übrigen ist zu

bemerken, dass das Verhältnis der einfachen Erpressung zu anderen Eigentums- und Vermögensdelikten nicht in gleicher Weise bestimmt werden kann wie das Verhältnis der räuberischen Erpressung zum Raub, die der Gesetzgeber ausdrücklich als „gleich“ bewertet und für die er dieselben Qualifikationen vorsieht:

Ersichtlich wäre es verfehlt anzunehmen, dass die einfache **Erpressung** Grundtatbestand des **Diebstahls** und im Verhältnis zu diesem spezieller wäre. Auch sprengt es das klassische Spezialitätskonzept anzunehmen, Erpressung sei „Grundtatbestand zum Diebstahl mit Nötigungsmitteln“ (so aber *Kindhäuser* NK Rdn. 41). Weiterhin stellt sich bei der einfachen Erpressung nicht das Problem der Tatbestandsmäßigkeit der *vis absoluta*, die als Personengewalt zur Anwendung des § 255 StGB führt (s. § 253 Rdn. 3, 13). Die Anwendung von Gewalt gegen Sachen zur Ermöglichung einer Wegnahme ist typischerweise Einbruchsdiebstahl (usw.) in Tateinheit mit Sachbeschädigung. Fälle des „kleinen Raubes“ durch Ernötigung der Duldung der Wegnahme mit Gewalt, die nicht schon Personengewalt ist, oder durch Drohung bloß mit einem empfindlichen Übel sind untypische Ausnahmefälle. In ihnen stellt sich nur nachrangig die Frage nach dem Erfordernis einer Vermögensverfügung. Vielmehr liegt zum einen in der bloßen ernötigten Gewahrsamslockerung noch kein Vermögensnachteil. Zum anderen und vor allem geht es um komplexe Konkurrenzerwägungen. Die spezielleren und z.B. bei Gewerbsmäßigkeit hinsichtlich der Mindeststrafe weniger strengen (einerseits § 243 Abs. 1 Satz 2 Nr. 3, andererseits § 253 Abs. 4 StGB) Strafschärfungsgründe sowie die speziellen Privilegierungsgründe des Diebstahlsrechts (§§ 247, 248a StGB) begründen einen *Vorrang des Diebstahls in Tateinheit mit Nötigung* (noch schärfer *Herdegen* LK[11] § 249 Rdn. 22: „Ein ‚kleiner Raub‘ … kommt von Gesetzes wegen nicht in Betracht“; **aA** *Kindhäuser* aaO, der aber im Rahmen des § 253 StGB evtl. günstigere Regelungen des Diebstahlsrechts anwenden will). Sind die §§ 242 ff StGB hingegen bereits tatbestandlich unanwendbar, so kann nach dem in Rdn. 60 Ausgeführten auf § 253 StGB zurückgegriffen werden, insbesondere in den Fällen der „erpresserischen Gebrauchsanmaßung“, Pfandkehr oder Wilderei. **61**

**Räuberische Erpressung** ist im Verhältnis zum **Raub** nicht Grundtatbestand und Raub nicht *lex specialis* zur räuberischen Erpressung, da eine solche Annahme die gesetzliche Differenzierung zwischen Eigentums- bzw. Zueignungs- und Vermögens- bzw. Bereicherungsdelikt nivellieren würde (s. aber *Kindhäuser* NK Rdn. 43: „Anlass, den Raubtatbestand so auszulegen, dass er als Spezialtatbestand fungieren kann“). Insbesondere bestehen Differenzen, wenn es um eine Wegnahme ohne Schaden (*Schünemann* JA 1980 356 Fn. 5 und 488; überraschend nonchalant *Wessels/Hillenkamp* Rdn. 711: „dass jemand zu den Mitteln des Raubes greift, um völlig wertlose Sachen oder Liebhaberstücke unter voller Werterstattung an sich zu bringen, kommt in der Praxis nicht vor“) oder um Konstellationen geht, in denen sich Zueignungs- und Bereichungsabsicht und die Rechtswidrigkeit der erstrebten Zueignung und Bereicherung nicht decken (*Rengier* JuS 1981 654, 659; *Samson* SK[3] § 249 Rdn. 18). Im Übrigen ist das Verhältnis zwischen Raub und räuberischer Erpressung im Grundsatz im Sinne der Rechtsprechung zu bestimmen, und zwar nicht deshalb, weil dies trotz dogmatischer Bedenken kriminalpolitisch vorzugswürdig wäre (so – in kritischer Absicht – *Wessels/Hillenkamp* Rdn. 712), sondern weil es sich bei Anwendung der klassischen Auslegungsmethoden ergibt und nur so der gesetzlichen „Gleich“bewertung von Raub und räuberischer Erpressung Rechnung getragen werden kann: **62**

Aus dem **Wortlaut** des § 255 StGB lässt sich allerdings nichts Zwingendes herleiten. **63**
Einerseits ist es unplausibel anzunehmen, die Wendung „Gewalt gegen eine Person“ sei bei § 255 StGB anders als die gleichlautende und unstreitig *vis absoluta* einbeziehende Wendung in § 249 StGB zu verstehen (*Herdegen* LK[11] § 253 Rdn. 25; *Rengier* JuS 1981

654, 659 f). Andererseits kann argumentiert werden, eine „Handlung, Duldung oder Unterlassung" setze im Lichte der allgemeinen Handlungslehre ein willkürliches Verhalten voraus, weshalb *vis absoluta* aus tatbestandsbinnensystematischen Gründen nicht in Betracht komme (so bereits *Frank* S. 9 f). – Demgegenüber weist die **Entstehungsgeschichte** des § 255 StGB darauf hin, dass mit dem Wort „Duldung" in §§ 240, 253 StGB die Wirkung von *vis absoluta* umschrieben werden sollte.[26] – Vor allem sprechen die besseren **systematischen und teleologischen Gründe** für die Auffassung der Rechtsprechung. Für § 240 wird nur vereinzelt bestritten, dass *vis absoluta* nicht in Betracht komme; § 253 StGB, auf den § 255 StGB verweist, ist aber in seinem Nötigungselement wortgleich mit § 240 StGB. Bei § 255 StGB geht der Gesetzgeber von „gleichem" Unwert wie bei § 249 StGB aus, wo *vis absoluta* unstreitig Personengewalt sein kann. Dass auf der Grundlage der Rechtsprechung Raub regelmäßig zugleich räuberische Erpressung ist, macht § 249 StGB weder überflüssig noch zwänge es den Gesetzgeber dazu, § 255 StGB an die Spitze des Zwanzigsten Abschnitts zu stellen (so aber *Tenckhoff* JR **1974** 489, 490); auch sonst kommt es vor, dass Auffangtatbestände nachgestellt werden (vgl. § 315c Abs. 1 Nr. 3 StGB). Der von der Lehrauffassung in den Vordergrund gestellte Charakter der räuberischen Erpressung als Freiheitsdelikt ist – auch beim Raub (Rdn. 45 f) – nicht unproblematisch, abgesehen davon, dass die Anwendung von *vis absoluta* durchaus eine Freiheitsverletzung ist. Dass infolge der Auffassung der Rechtsprechung „räuberische Gebrauchsanmaßung", „räuberische Pfandkehr" und „räuberische Wilderei" als räuberische Erpressung erfasst werden können, ist keine Gesetzesumgehung (Rdn. 60). Vielmehr verstrickt sich die Lehrauffassung bei § 255 StGB in Wertungswidersprüche, wenn sie zwar Fälle der *vis compulsiva* und Drohung mit gegenwärtiger Gefahr für Leib oder Leben erfassen will, nicht aber solche der *vis absoluta*, auf die u.a. die anwendbare Todeserfolgsqualifikation (§ 251 StGB) zugeschnitten ist.[27] Dass der Taxigast gem. §§ 255, 250 Abs. 2 Nr. 1 StGB mit Freiheitsstrafe nicht unter fünf Jahren rechnen muss, wenn er aufgrund erst während der Taxifahrt gefassten Entschlusses dem Taxifahrer ein Messer vorhält, um sich ohne zu bezahlen zu entfernen, ihm aber gem. § 224 Abs. 1 Nr. 2, ggf. 5 StGB nur Freiheitsstrafe von sechs Monaten bis zehn Jahren drohen soll, wenn er (ohne Tötungsvorsatz) zusticht, um so die Zahlung zu verhindern, leuchtet nicht ein. Wer wie *Rengier* JuS **1981** 654, 661 zur Vermeidung des Wertungswiderspruchs bei der räuberischen *Forderungs*erpressung anders als bei der *Sach*erpressung auf eine Vermögensverfügung verzichten und *vis absoluta* zulassen will, sprengt die Einheit des Tatbestandes. Das Argument, *vis absoluta* könne im Einzelfall weniger schwer wiegen als *vis compulsiva* oder Drohung (z.B. bei kurzfristiger Einsperrung, *Wessels/Hillenkamp* Rdn. 712), stellt nicht in Frage, dass sie im Regelfall des (Tot- oder Bewusstlos-) Schlagens, Stechens, Schießens usw. schwerer wiegt (vgl. auch *Lackner* LK[10] § 253 Rdn. 6).

**64** Zudem ist gegen die Lehrauffassung einzuwenden, dass mit dem Erfordernis einer Vermögensverfügung in § 255 (und auch § 253) nicht nur sämtliche hierzu bei § 263 StGB auftretende Streitfragen (s. hierzu *Tiedemann* LK[11] § 263 Rdn. 96 ff), sondern auch zusätzliche **Rechtsunsicherheiten** hineingetragen werden, wenn – wie unausweichlich – die Voraussetzungen für eine Vermögensverfügung bei der (räuberischen) Erpressung anders als beim Betrug bestimmt werden (zutr. *Herdegen* LK[11] § 249 Rdn. 24, § 253 Rdn. 8). Mit Recht wird geltend gemacht, der Begriff der Vermögensverfügung sei in der Erpressungsdogmatik so vage und schillernd, dass er die Funktion eines zusätzlichen Tatbestandsmerkmals und Abgrenzungskriteriums nicht erfüllen könne (*Geilen*

---

[26] S. hierzu RGSt **2** 184, 186; **4** 429, 431; *Toepel* NK § 240 Rdn. 5 ff, 15.

[27] *Kindhäuser* NK Rdn. 51; *Geilen* Jura **1980** 50, 51; *Schünemann* JA **1980** 486, 488.

Jura 1980 43, 52), und es handele sich um einen „mit unbehebbaren Unklarheiten belastete(n) Begriff (...), der die Entscheidung zentraler Fälle unsicher mach(e)" (Arzt/Weber/*Heinrich*/Hilgendorf BT § 18 Rdn. 17):

Denn innerhalb der Lehrauffassung besteht Einigkeit, dass bei der (räuberischen) Erpressung **Freiwilligkeit** „nicht im gleichen Sinne wie beim Betrug" gefordert werden kann (*Wessels/Hillenkamp* Rdn. 713) und der Verzicht auf das Kriterium der **unmittelbar** vermögensmindernden Wirkung erwägenswert erscheint (*Lackner* LK[10] § 253 Rdn. 10). Die Frage, was von der Dogmatik der Vermögensverfügung bleibt, wenn die Kriterien des innerlich freien Entschlusses und der Unmittelbarkeit weggelassen werden, wird uneinheitlich beantwortet, und keine der Antworten überzeugt: Teils wird nicht mehr als *willkürliches* bzw. willensgetragenes bzw. nicht unbewusstes Verhalten verlangt, das zu einer Vermögensminderung beiträgt.[28] Das provoziert die Kritik eines „sinnverfremdet gebraucht[en]" Begriffs der Vermögensverfügung (*Herdegen* LK[11] § 253 Rdn. 7). – Teils wird verlangt, das Opfer müsse der Schädigung ***innerlich zustimmen***, sie mit aktiver Willensanteilnahme begleiten (vgl. *Otto* ZStW 79 [1967] 59, 86 f; *Schröder* ZStW 60 [1941] 33, 96 sowie 107). Aber in den gemeinten Fällen (z.B. wenn Eltern „liebend gerne" Lösegeld für das entführte Kind bezahlen, weil ihnen dessen Leben mehr wert ist als Geld) bezieht sich die Zustimmung nicht auf die Schädigung als solche; je intensiver das Opfer zustimmt, desto unfreier ist es hinsichtlich der Vermögensverfügung (*Kindhäuser* NK Rdn. 49). – Vielfach vertreten[29] wird eine subjektive, auf die innere Willensrichtung des Genötigten abhebende und etwa nach dem Kriterium der (subjektiven, vgl. *Tenckhoff* JR 1974 489, 492) ***„Wahlfreiheit"*** oder ***„Verhaltensalternative"*** differenzierende Auffassung: Es verfüge der Genötigte, der annehme, der Schädigungs- bzw. Bereicherungserfolg hänge von seiner Mitwirkung ab und er habe hierfür gleichsam eine Schlüsselstellung (wisse z.B. ein Versteck oder eine Tresorkombination) oder sonst eine durchhaltbare, den Schädigungs- bzw. Bereicherungserfolg verhindernde Verhaltensalternative. Hingegen verfüge nicht, wer sich sage, es sei gleichgültig, wie er sich verhalte, er habe keine Wahl oder keine Verhaltensalternative, weil der Täter so oder so – mit oder ohne Mitwirkung des Genötigten – sein Ziel der Schädigung und Bereicherung erreichen wird. In solchen Fällen sei selbst die Übergabe einer Sache keine Verfügung, sondern eine Wegnahme, sofern der Genötigte die Sache unabhängig von seiner Mitwirkung dem Zugriff des Täters preisgegeben sehe und annehme, der Gewahrsamsverlust trete auf jeden Fall ein. Umgekehrt sei das Dulden einer Wegnahme durch den Genötigten Verfügung, wenn er meine, wählen zu können bzw. eine Verhaltensalternative zu haben, da er davon ausgeht, die Wegnahme z.B. durch Hilferufe verhindern zu können, dies aber bewusst unterlässt, z.B. weil er davon ausgeht, dann verletzt oder getötet zu werden.[30] Wäre Letzteres zutreffend, so wären zahlreiche klassische Raubfälle als räuberische Erpressung einzuordnen. Aber nicht nur in dieser Konsequenz, sondern auch im Prinzip ist der geschilderte Ansatz verfehlt. Denn mit den Kriterien der „Wahlfreiheit" oder „Verhaltensalternative" 65

---

[28] *Sch/Schröder/Eser* §253 Rdn. 8; *Maurach/Schroeder/Maiwald* I § 42 Rdn. 39; *Mohrbotter* GA **1968** 112, 118 f; *Rengier* BT 1 § 11 Rdn. 37; *ders.* JuS **1981** 654, 655 f.

[29] *Günther* SK[5] § 249 Rdn. 6, § 253 Rdn. 6 und 7; *Lackner* LK[10] § 253 Rdn. 10; *Lackner/Kühl* § 253 Rdn. 3; *Haft/Hilgendorf* BT 1 S. 49; *Krey/Hellmann*[15] Rdn. 300, 304; *Küper* NJW **1978** 956; *Otto* ZStW **79** (1967) 59, 87; *Wessels/Hillenkamp* Rdn. 713.

[30] *Lackner/Kühl* § 255 Rdn. 2; *Sch/Schröder/Eser* § 249 Rdn. 2; *Kohlrausch/Lange*[43] Anm. I; *Meister* MDR **1947** 251 f; *Otto* ZStW **79** (1967) 59, 86 f; *Schröder* ZStW **60** (1941) 96; zur Kritik vgl. Arzt/Weber/Heinrich/*Hilgendorf* BT § 17 Rdn. 16, § 18 Rdn. 26; *Herdegen* LK[11] § 249 Rdn. 24 f.

wird die eigentliche Dispositionsproblematik umgangen (treffend *Herdegen* LK[11] § 253 Rdn. 7): Nach allgemeinen Grundsätzen bleibt eine Handlung auch dann Handlung und für den Erfolg ursächlich, wenn eine andere Handlung bzw. die Handlung eines anderen denselben Erfolg verursacht hätte. Es trifft nicht zu, dass keine „Wahl" oder „Verhaltensalternative" hat, wer davon ausgehen muss, der Schaden trete so oder so ein – er könnte z.B. um seiner Selbstachtung willen Widerstand leisten, mag er ihn auch für im Ergebnis aussichtslos halten. Wenn er hierauf verzichtet und so dem Täter die Überwindung des wenn auch im Ergebnis aussichtslosen Widerstandes erspart, weicht er dem Nötigungsdruck nicht anders aus als derjenige, der zugleich die Möglichkeit sieht oder hat, den Schaden abzuwenden (s. auch *Kindhäuser* NK Rdn. 58).

66 Für die Abgrenzung von Raub und räuberischer Sach- oder Besitzerpressung ist vielmehr, wie es die Rechtsprechung annimmt, das **äußere Erscheinungsbild der Tat** maßgeblich:[31] Raub ist die mit Raubmitteln ernötigte *Wegnahme* einer Sache durch den Täter, räuberische Erpressung das Bewirken eines Vermögensschadens durch Handlung (usw.) des Genötigten, namentlich durch *Übergabe* der Sache. Hiernach zu unterscheiden, ist nicht bloß „pragmatisch" sinnvoll (so aber *Herdegen* LK[11] § 249 Rdn. 25) oder „zwar vordergründig, aber gerade deshalb praktikabel" (so *Geilen* Jura **1980** 43, 52), sondern ergibt sich aus dem Gesetz. Allerdings ist die „grobe Unterscheidung" (treffend *Baldus* LK[9] § 249 Rdn. 14) zwischen „Wegnehmen" und „Weggeben" eine übermäßige Simplifizierung sowohl des Gesetzestexts als auch des äußeren Erscheinungsbildes der Tat (mag auch „Geben" durchaus Indiz eines willentlichen Verhaltens und damit – unstreitig – einer „Handlung" i.S.d. §§ 253, 255 StGB sein, vgl. *Rengier* JuS **1981** 654, 657 und 661). Leitbild des Raubes ist die persönliche Bemächtigungslage in direkter räumlich-persönlicher Konfrontation (zutr. *Küper* FS Lenckner, S. 495, 517). Ein strafrechtstheoretisch konstruierbarer „Raub aus räumlicher Entfernung" mit Zurechnung des Verhaltens des mit Raubmitteln genötigten Gewahrsamsinhabers kraft mittelbarer Täterschaft (so *Schlehofer* [Rdn. 69] S. 67) fällt so weit aus diesem Leitbild heraus, dass er nicht tatbestandsmäßig sein kann (*Lackner/Kühl* § 255 Rdn. 2; s. auch *Kindhäuser* NK Rdn. 55). Weiterhin gehört es zum Leitbild des Raubes, dass der Raubmitteleinsatz den Zugriff des Täters auf Sachen ermöglicht oder erleichtert, was aber eine tätige Mitwirkung des Raubopfers nicht ausschließt. Demgegenüber umfasst das Leitbild der (räuberischen) Erpressung insbesondere Distanz- oder Drei- und Viereckskonstellationen, paradigmatisch bei der Chantage mittels Drohbriefen oder beim erpresserischen Menschenraub. Der Erpresser beschränkt sich leitbildartig darauf, Vermögensvorteile entgegenzunehmen, was aber seine tätige Mitwirkung an der Vermögensschädigung nicht ausschließt.

67 3. Insgesamt weist der Zwanzigste Abschnitt **erhebliche kriminalpolitische, systematische und teleologische Inkonsistenzen** auf. Hervorzuheben sind die überzogenen Strafrahmen des Raubes und seiner Qualifikationen (Rdn. 37), die gesetzlich angeordnete, aber nicht überzeugend zu rechtfertigende Gleichbehandlung von Raub und räuberischem Diebstahl (Rdn. 38), und schließlich die geradezu paradoxe gesetzliche Regelung, dass Raub und räuberische Erpressung einerseits gleich bewertet und mit gleichen Rechtsfolgen versehen werden und andererseits unterschiedlich – entlang der strikten systema-

---

[31] RGSt **66** 117, 118; BGHSt 7 252, 255; **14** 386, 390; BGH NStZ **1981** 301; NStZ-RR **1997** 321; NStZ **1999** 350, 351; BGH 4 StR 149/93 vom 27.4.1993; *Günther* SK[5] § 249 Rdn. 24; *Kindhäuser* NK Rdn. 56; *Sander* MK § 249 Rdn. 7; Arzt/Weber/Heinrich/*Hilgendorf* BT § 18 Rdn. 26; *Kindhäuser* BT II[4] § 13 Rdn. 8; *Krey/Hellmann*[15] Rdn. 305; *Mitsch* BT2/1 § 3 Rdn. 16; *Schmitt* FS Spendel, S. 575, 581.

tischen und teleologischen Trennung von Eigentums- und Vermögensstrafrecht – ausgestaltet werden.

Angesichts solcher Inkonsistenzen fällt eine vernünftige und kohärente **Auslegung** 68
**und Anwendung** der §§ 249–256 StGB schwer. Die Bindung des Strafrechtsanwenders an den Gesetzestext (Art. 20 Abs. 3, 103 Abs. 2 GG) verhindert offene Gesetzeskorrekturen, mögen sie auch kriminalpolitisch, systematisch und teleologisch in sich stimmig sein. Auf der anderen Seite kann das Bemühen um vernünftige Auslegung und Anwendung nicht mit dem Argument verweigert werden, das geltende Recht des Raubes und der Erpressung sei verfassungswidrig; trotz Inkonsistenzen kann die Regelung nicht geradezu als willkürlich (Art. 3 Abs. 1 GG) gelten. Leitlinie muss sein, die hohen Strafrahmen der §§ 249–251, 255 StGB schwerem Unrecht und schwerer Schuld vorzubehalten, die Vorschriften also in der Tendenz *restriktiv* auszulegen. Im Übrigen gilt, dass, wenn schon nicht positiv Konsistenz zu erreichen ist, wenigstens negativ *Wertungswidersprüche* so weit wie möglich vermieden werden müssen, mag dies auch im Einzelfall auf eine extensive Auslegung (wie der Einbeziehung der *vis absoluta* in § 255 StGB, Rdn. 62 ff) führen. Schlussendlich sollte die Einsicht, dass aus etwas Krummem nichts ganz Gerades gemacht werden kann, zu Bescheidenheit bei den Interpretations- und Systematisierungsbemühungen mahnen.

## V. Rechtsvergleichende Hinweise[32]

### 1. Deutscher Rechtskreis

a) Das **Strafgesetzbuch der Deutschen Demokratischen Republik** vom 12.1.1968 69
(StGB-DDR)[33] zählte Raub und Erpressung zu den „Straftaten gegen die Persönlichkeit" bzw. „gegen Freiheit und Würde des Menschen". Die Strafrahmen lagen deutlich unter den bundesdeutschen (Freiheitsstrafe bis zu fünf Jahren für Raub und Erpressung, von einem Jahr bis zu zehn Jahren für schwere Fälle). – Der *Raubtatbestand* des § 126 Abs. 1 StGB-DDR schützte unterschiedslos sozialistisches, persönliches oder privates Eigentum (s. hierzu Vorbem. §§ 242–248c Rdn. 68) und beinhaltete auch den *räuberischen Diebstahl*. – *Erpressung* war nach § 127 Abs. 1 StGB-DDR die rechtswidrig durch Gewalt oder Drohung mit einem schweren Nachteil erzwungene Vermögensbeschädigung in Bereicherungsabsicht. Eine *räuberische Erpressung* kannte das StGB-DDR nicht, sondern sah für Raub und Erpressung gemeinsame schwere Fälle vor (s. § 128 StGB-DDR: Begehung mit Waffen, gemeinschaftliche Begehung, Rückfall und schwere Folgen).

b) Im österreichischen **Strafgesetzbuch** vom 23.1.1974 (öStGB)[34] zählen Raub, räube- 70
rischer Diebstahl und Erpressung zu den „Straftaten gegen fremdes Vermögen" (s. hierzu Vorbem. §§ 242–248c Rdn. 69). Die Strafrahmen entsprechen im Großen und Ganzen

---

[32] Die folgenden Hinweise bauen auf denen zu Diebstahl und Unterschlagung auf (Vorbem. §§ 242–248c Rdn. 68 ff) und müssen zusammen mit ihnen gelesen werden.

[33] Schrifttum: *Ministerium der Justiz* (Hrsg.) Strafrecht der Deutschen Demokratischen Republik (1987); aus bundesdeutscher Sicht *Nees* Vermögensdelikte in der Deutschen Demokratischen Republik (1974).

[34] Schrifttum (Auswahl): *Bertel* Die Vermögensdelikte im StGB (1980); *ders./Schwaighofer* Österreichisches Strafrecht – BT I[10] (2008); *Höpfel/Ratz* (Hrsg.) Wiener Kommentar zum Strafgesetzbuch[2] (1999 ff); *Kienapfel/Schmoller* Strafrecht BT II – Delikte gegen Vermögenswerte (2003).

denen des deutschen Rechts (Freiheitsstrafe von einem Jahr bis zu zehn Jahren bei einfachem Raub, von fünf bis zu fünfzehn bzw. zehn bis zu zwanzig Jahren oder lebenslang bei schwerem Raub, von sechs Monaten bis zu fünf Jahren bei der Erpressung). – Den *räuberischen Diebstahl* (§ 131 öStGB) begreift das österreichische Recht traditionell als qualifizierten Diebstahl, weshalb er systematisch beim Diebstahl eingeordnet ist, bzw. als privilegierten Raub, weshalb er nicht mit Raubstrafe, sondern, wenn keine schweren Folgen eintreten, nur mit Freiheitsstrafe von sechs Monaten bis zu fünf Jahren bedroht ist. Denn der Täter setze die Raubmittel nicht von vornherein planmäßig zum Stehlen ein, sondern es ergebe sich die Gewaltanwendung typischerweise aus der Situation für den Täter überraschend (vgl. *Kienapfel/Schmoller* [Fn. 34] § 131 Rdn. 1 f). – Der *Raubtatbestand* des § 142 Abs. 1 öStGB umfasst mit der Wendung „wegnimmt oder abnötigt“ auch die räuberische Besitzerpressung. Im Übrigen verzichtet das österreichische Recht bewusst auf die „Zwitterform“ der *räuberischen Erpressung* (vgl. *Kienapfel/Schmoller* [Fn. 34] § 144 Rdn. 2). § 142 Abs. 2 öStGB enthält eine praktisch bedeutsame, nach h.A. als objektive Bedingung der Strafmilderung ausgestaltete Privilegierung des Raubes, wenn die Tat ohne Anwendung erheblicher Gewalt an einer Sache geringen Wertes begangen wird, nur unbedeutende Folgen nach sich zieht und es sich nicht um schweren Raub handelt. Als solchen qualifiziert § 143 öStGB den Raub in krimineller Vereinigung, mit Waffen und mit schweren Folgen. – *Erpressung*, die das frühere österreichische Recht zur Nötigung zählte, ist nach dem heutigen § 144 Abs. 1 öStGB Vermögensbeschädigung durch Nötigung mit Gewalt oder gefährlicher Drohung (d.h. gegen Körper, Freiheit, Ehre oder Vermögen, § 74 Abs. 1 Nr. 5 öStGB) mit Bereicherungsvorsatz. Für die Rechtswidrigkeit kommt es darauf an, ob die Anwendung der Gewalt oder Drohung als Mittel zu dem angestrebten Zweck „den guten Sitten widerstreitet“ (§ 144 Abs. 2 öStGB).

71 c) Im **Schweizerischen Strafgesetzbuch** vom 21.12.1937 (schweiz. StGB)[35] gehören Raub und Erpressung seit der am 1.1.1995 in Kraft getretenen Revision des Vermögens- und Urkundenstrafrechts (s. Vorbem. §§ 242–248c Rdn. 70) zu den „strafbaren Handlungen gegen das Vermögen“. Im Übrigen ähnelt das schweizerische Recht stark dem deutschen; allenfalls sind die Strafrahmen etwas milder und flexibler als diejenigen des deutschen Rechts (einfacher Raub: Gefängnisstrafe von sechs Monaten bis Zuchthaus von zehn Jahren; schwerer Raub: gestufte Mindeststrafen von einem Jahr Gefängnis oder Zuchthaus, zwei und fünf Jahren Zuchthaus; einfache Erpressung: drei Tage Gefängnis bis fünf Jahre Zuchthaus). – Art. 140 Abs. 1 schweiz. StGB definiert *Raub* als Begehung eines Diebstahls mit Personengewalt, Drohung mit gegenwärtiger Gefahr für Leib oder Leben oder nachdem der Täter den Betroffenen zum Widerstand unfähig gemacht hat, und stellt ihm den *räuberischen Diebstahl* gleich. Schwere Fälle sind der Raub mit Waffen (Abs. 2), der Bandenraub oder wenn der Täter „sonst wie durch die Art, wie er den Raub begeht, seine besondere Gefährlichkeit offenbart“ (Abs. 3) und der Raub mit Lebensgefahr, schwerer Körperverletzung oder grausamer Behandlung (Abs. 4). – *Erpressung* ist seit der Revision Nötigung eines anderen zu schädigender Vermögensverfügung in Bereicherungsabsicht (Art. 156 Abs. 1 schweiz. StGB). Qualifiziert bestraft werden gewerbsmäßige oder fortgesetzte Erpressungen (Abs. 2). Die Erpressung mit Raubmitteln wird wie der Raub bestraft (Abs. 3). Dem historischen „Landzwang“ nachempfunden ist Art. 156 Abs. 4 schweiz. StGB, der die Erpressung durch Drohung mit einer Gefahr für

---

[35] Schrifttum (Auswahl): *Niggli/Wiprächtiger* Strafrecht II² (2007); *Donatsch* Strafrecht III⁹ (2008); *Schubarth/Albrecht* Kommentar zum schweizerischen Strafrecht BT II (1990); *Stratenwerth/Jenny* Schweizerisches Strafrecht BT I⁶ (2003).

Leib oder Leben vieler Menschen (z.B. Drohung mit Anschlägen auf Verkehrsmittel) oder mit schwerer Schädigung von Sachen, an denen ein hohes öffentliches Interesse besteht (z.B. Infrastruktureinrichtungen, Kunstwerke) mit Zuchthaus bedroht.

## 2. Romanischer Rechtskreis

a) Das französische Recht des Raubes und der Erpressung weicht deutlich vom deutschen ab und ist teils milder, teils strenger. – Der *Raub* im deutschen Verständnis wird in der französischen Rechtssprache und Tradition als *erschwerter Diebstahl* bzw. *Diebstahl mit Gewalt (vol aggravé* bzw. *vol avec violence)* bezeichnet (s. bereits Vorbem. §§ 242–248c Rdn. 71) und als solcher zwar schärfer als der Diebstahl, jedoch im Grundtatbestand weit milder als im deutschen Rechtskreis bestraft. Daran hält der neue französische **Code pénal** vom 22.7.1992 (frz. Cp)[36] fest. Nach Art. 311-4 Nr. 5 frz. Cp wird wegen erschwerten Diebstahls mit Freiheitsstrafe bis zu fünf Jahren bestraft, wer vor, während oder nach der Tat gegen jemanden Gewalt übt (lorsqu'il [i.e. le vol] est précédé, accompagné ou suivi de violences sur autrui). Wie im deutschen Recht genügt Sachgewalt nicht; anders als das deutsche Recht lässt das französische bloße Drohungen (menaces) nicht genügen (vgl. *Rassat* [Fn. 36] Rdn. 87). Mit der Alternative „suivi de violences" kann das neue französische Recht den *räuberischen Diebstahl* im deutschen Verständnis erfassen, der im früheren Recht als solcher straflos war.[37] Art. 311-5, -6 und -7 frz. Cp enthalten Erschwerungen des Diebstahls mit Gewalt, die in der französischen Tradition nach der Dauer der durch die Gewaltanwendung verursachten Arbeitsunfähigkeit des Gewaltopfers gestaffelt sind: Dauert sie bis acht Tage bzw. länger bzw. kommt es zu dauernder Verstümmelung oder Erkrankung, so erhöht sich die Obergrenze des Strafrahmens auf sieben bzw. zehn Jahre Freiheitsstrafe bzw. der Strafrahmen auf zehn bis zu fünfzehn Jahre Freiheitsstrafe. Den Raub mit Waffen im deutschen Verständnis erfasst Art. 311-8 frz. Cp (vol commis avec usage ou menace d'une arme) und bedroht ihn mit Freiheitsstrafe von zehn bis zu zwanzig Jahren; diese Strafe ist auch für den organisierten Bandenraub angedroht (Art. 311-9 Abs. 2 frz. Cp). Schließlich bedroht Art. 311-10 frz. Cp den Raub mit Todesfolge, Folter oder sonst unmenschlichen Handlungen (actes de barbarie) mit lebenslanger Freiheitsstrafe. **72**

Anders als beim Raub hat sich im französischen Recht vor langer Zeit ein markantes und einflussreiches Recht der *Erpressung (extorsion)* herausgebildet. Die eigentliche, nämlich gewaltsame Erpressung (extorsion violente) bezogen auf Rechtstitel und Unterschriften (titres et signatures) findet sich bereits im Code pénal 1810, und seit 1863 gibt es die Erpressung durch die Drohung, ehrenrührige oder rufschädigende Tatsachen zu enthüllen (chantage). – Nach heutigem Recht ist *extorsion* das Erlangen enumerativ aufgezählter (Vermögens-)Objekte[38] durch Gewalt, Drohung mit Gewalt oder („morali- **73**

---

36 Schrifttum (Auswahl): *Larguier/Conte/Larguier* Droit pénal spécial[14] (2007); *Merle/Vitu* Traité de droit criminal, Bd. III, IV – Droit pénal spécial (1981); *Pradel* Manuel de droit pénal spécial[4] (2007); *Rassat* Droit pénal spécial[5] (2006).

37 Die frühere Lösung wurde und wird als Gebot der (Rechts-)Logik verstanden, da eine Straftat nicht nach Vollendung und durch nachträglich eintretende Umstände (um-)qualifiziert bzw. zu einer erschwerten Straftat werden könne; näher *Rassat* Droit pénal spécial[5] (2006) Rdn. 86.

38 Nämlich Unterschrift, Verpflichtung, Widerruf, Enthüllung eines Geheimnisses, Übergabe von Vermögen, Werten oder irgendwelchen Gutes (signature, engagement, renonciation, révélation d'un secret, remise de fonds, de valeurs ou d'un bien quelconque). Aus deutscher Perspektive ist weder ein Vermögensschaden noch eine Bereicherung(sabsicht) erforderlich. Nach

schen", d.h. psychischen) Zwang (contrainte) und mit Freiheitsstrafe bis zu sieben Jahren bedroht (Art. 312-1 frz. Cp). Die so gefasste Erpressung würde ihrem Wortlaut nach ohne Weiteres auch Fälle des Diebstahls mit Gewalt bzw. Raubes im deutschen Verständnis erfassen; die französische Praxis neigt aber im Gegenteil dazu, die räuberische Besitzerpressung nicht als extorsion, sondern als vol avec violence einzuordnen (*Rassat* [Fn. 36] Rdn. 161). Ebenso wie beim Diebstahl mit Gewalt gibt es bei der Erpressung zahlreiche Erschwerungs- und Strafschärfungsgründe: Personengewalt vor, während oder nach der Tat, wenn sie zu Arbeitsunfähigkeit bis zu acht Tagen bzw. für längere Zeit bzw. zu dauernder Verstümmelung oder Erkrankung des Gewaltopfers führt (Art. 312-2 Nr. 1, 312-3, 312-4 frz. Cp); Gebrauch oder Drohung mit einer Waffe (Art. 312-5 frz. Cp); bandenmäßige Begehung (Art. 312-6 frz. Cp); Todesfolge, Folter oder sonst unmenschliche Handlungen (Art. 312-7 frz. Cp). Die erschwerten Erpressungen sind mit drastischen – und im Vergleich zum erschwerten Diebstahl mit Gewalt tendenziell strengeren – Freiheitsstrafen bis hin zur lebenslangen Freiheitsstrafe bedroht. – Der Tatbestand der *chantage* ist im heutigen Recht (Art. 312-10 frz. Cp) wortgleich mit dem der extorsion, nur dass die Tathandlung in der Drohung besteht, Tatsachen zu enthüllen oder zu behaupten, die geeignet sind, die Ehre oder den Ruf von jemandem[39] zu beeinträchtigen (menaçant de révéler ou d'imputer des faits de nature à porter atteinte à l'honneur ou à la considération). Da und soweit eine solche Drohung zugleich Zwang i.S.v. Art. 312-1 frz. Cp darstellt, überrascht es, dass *chantage* gegenüber der *extorsion* privilegiert, nämlich nur mit Freiheitsstrafe bis zu fünf Jahren bedroht wird (s. aber Art. 312-11 frz. Cp: bis zu sieben Jahre, wenn der Täter die Drohung wahr macht).

74 b) Der italienische **Codice penale** vom 19.10.1930 (ital. Cp)[40] fasst den *Raub (rapina)* als qualifizierten Diebstahl auf, bedroht ihn freilich mit drastisch geschärfter Freiheitsstrafe von drei bis zehn Jahren. Der eigentliche Raub (rapina propria) nach Art. 628 Abs. 1 ital. Cp ist Diebstahl mittels Personengewalt oder Bedrohung (mediante violenza alla persona o minaccia). Wie sich aus Art. 624$^{bis}$ Abs. 2 ital. Cp ergibt, gilt überraschendes Entreißen (strappo) nicht als Personengewalt (s. hierzu bereits Vorbem. §§ 242–248c Rdn. 72). Übergibt das Opfer die Sache, da es sich völlig in der Gewalt des Täters befindet und keine andere Wahl hat, so liegt Raub und nicht Erpressung vor (Corte Suprema di Cassazione, Urt. v. 27.2.1978 Nr. 2238). Art. 628 Abs. 2 ital. Cp regelt den uneigentlichen Raub (rapina impropria), im deutschen Verständnis den *räuberischen Diebstahl*, der aber nicht nur Handeln in Besitzerhaltungs-, sondern auch in Verdeckungsabsicht (per procurare a sé o ad altri l'impunità) erfasst. Strafschärfungsgründe sind u.a. Raub mit Waffen oder Raub durch Vermummte oder Mitglieder einer mafiösen Organisation (näher Art. 628 Abs. 3 ital. Cp); der Strafrahmen reicht dann von vierein-

h.A. muss Art. 312-1 frz. Cp gleichwohl als Straftat gegen das Vermögen ausgelegt werden, so dass z.B. nur vermögenswerte (z.B. Geschäfts-)Geheimnisse erfasst werden, s. nur *Rassat* Droit pénal spécial[5] (2006) Rdn. 157.

[39] Nicht notwendigerweise des Adressaten der Drohung, z.B. wenn eine Mutter damit bedroht wird, der Täter werde eine von ihrem Sohn begangene Straftat anzeigen, wenn die Mutter nicht Schweigegeld bezahle, s. nur *Rassat* Droit pénal spécial[5] (2006) Rdn. 164.

[40] Schrifttum (Auswahl): *Antolisei* Manuale di diritto penale. Parte speciale I[15] (2008); *Cocco* (Hrsg.) Manuale di diritto penale. Parte speciale. I reati contro il patrimonio, l'economia e la fede pubblica (2006); *Delpino* Diritto penale. Parte speciale[15] (2006); *Fiandaca/Musco* Diritto penale. Parte speciale, Bd. II[4] (2005); *Mantovani* Diritto penale. Parte speciale. I delitti contro il patrimonio[3] (2009); *Pagliaro* Principi di diritto penale. Parte speciale. Delitti contro il patrimonio (2003).

halb bis zu zwanzig Jahren Freiheitsstrafe. – Die *Erpressung (estorsione)* setzt nach Art. 629 Abs. 1 ital. Cp voraus, dass der Täter Gewalt – auch gegen Sachen – anwendet oder droht, hierdurch jemanden zu einem Tun oder Unterlassen zwingt, dadurch das Vermögen eines anderen – nicht notwendigerweise des Genötigten – schädigt und sich oder einem Dritten einen unrechtmäßigen Gewinn (ingiusto profitto) – nach h.A. genügen auch immaterielle Vorteile – verschafft. Die für den Raub geltenden Strafschärfungsgründe wirken auch bei der Erpressung strafschärfend (Art. 629 Abs. 2 ital. Cp). Erpressung wird strenger bestraft als Raub (Freiheitsstrafe von fünf bis zu zehn Jahren bzw. sechs bis zu zwanzig Jahren für einfache bzw. schwere Erpressung).

c) Der neue spanische **Código Penal** vom 23.11.1995 (span. CP)[41] fasst *Raub (robo)* **75**
und *Erpressung (extorsión)* als Vermögens- und Wirtschaftsdelikte (delitos contra el patrimonio y contra el orden socioeconómico) auf (s. Vorbem. §§ 242–248c Rdn. 73). Zum Raub zählt das spanische Recht auch den Diebstahl mit „Gewalt gegen Sachen" (fuerza en las cosas), im deutschen Verständnis den Einsteige-, Einbruchs-, Wohnungseinbruchs- oder Nachschlüssel-Diebstahl usw. (Art. 237 erste Alternative, 238–241 span. CP; s. bereits Vorbem. §§ 242–248c Rdn. 73). Der eigentliche Raub ist Inbesitznahme (apoderación) fremder Sachen in Gewinn- oder Vorteilsabsicht (ánimo de lucro) mit Gewalt gegen oder Einschüchterung von Personen (violencia o intimidación en las personas, Art. 237 zweite Alternative span. CP); in der Sache erfasst wird auch die räuberische Besitzerpressung. Er wird mit Gefängnis von zwei bis fünf Jahren bestraft (Art. 242 Abs. 2 span. CP). Aus der oberen Hälfte dieses Strafrahmens wird der Raub mit Gebrauch von Waffen oder gefährlichen Werkzeugen oder Angriff auf Personen bestraft (Art. 242 Abs. 3 span. CP); es genügt, dass dies zum Zwecke der Flucht oder Abwehr von Verfolgern geschieht (s. zum Problem im deutschen Recht § 251 Rdn. 8). Bei geringfügiger Gewalt oder Drohung – nicht aber schon bei Geringwertigkeit der geraubten Sache – kann die Strafe gemildert werden (Art. 242 Abs. 3 span. CP), z.B. wenn der Täter dem Opfer eine Handtasche entreißt (tirón, der nach der Rechtsprechung Raub sein kann, aber nicht muss, näher *Córdoba Roda/García Arán* [Fn. 41] Art. 237 Anm. IV.1.). Einen (Sonder-)Tatbestand des räuberischen Diebstahls kennt das spanische Recht nicht; deshalb neigt die Rechtsprechung dazu, bei Art. 237 span. CP den Zeitpunkt der Vollendung der Inbesitznahme möglichst weit hinauszuschieben (näher *Córdoba Roda/García Arán* [Fn. 41] Art. 237 Anm. IV.3.). Erpressung ist in Art. 243 span. CP als Nötigung eines anderen zur Vornahme oder Unterlassung einer Rechtshandlung oder eines Rechtsgeschäfts (acto o negocio jurídico) zum Vermögensschaden des Genötigten oder eines Dritten (en perjuicio de su patrimonio o del de un tercero)[42] und in Gewinn- oder Vorteilsabsicht (ánimo de lucro) definiert und mit Gefängnis von einem Jahr bis fünf Jahren bedroht.

---

[41] Schrifttum (Auswahl): *Bajo Fernández* (Hrsg.) Compendio de Derecho penal. Parte Especial, Bd. II (1998); *Cobo del Rosal* (Hrsg.) Derecho penal espanol[2] (2005); *Córdoba Roda/García Arán* (Hrsg.) Comentarios al Código penal. Parte Especial, Bd. I (2004); *Munoz Conde* Derecho penal. Parte Especial[15] (2004); *Quintero Olivares* u.a. (Hrsg.) Comentarios a la Parte Especial del Código Penal[5] (2005); *Serrano Gómez/Serrano Maíllo* Derecho penal. Parte Especial[13] (2008).

[42] Nach h.A. muss ein effektiver Schaden nicht eintreten, sondern es genügt, dass die Rechtshandlung oder das Rechtsgeschäft geeignet ist, einen Schaden zu bewirken, und der Täter dies beabsichtigt; näher *Serrano Gómez/Serrano Maíllo* Derecho penal. Parte Especial[13] (2008) S. 399 ff.

### 3. Rechtskreis des common law

76 a) *Raub (robbery)* ist Verbrechen (felony) und einer der ältesten Straftatbestände des **traditionellen common law.**[43] Er setzt alle im common law anerkannten Elemente des Diebstahls (larceny) voraus, nämlich das besitzrechtsverletzende (trespassory), nicht einverständliche (without consent, against the will of the owner) Nehmen und Wegschaffen (take and carry away) fremder Fahrnishabe (property of another) mit Diebstahlsvorsatz (intent to steal; näher zu alledem Vorbem. §§ 242–248c Rdn. 74). Übergibt das Opfer, gegen das Gewalt geübt oder das bedroht wird, die Sache dem Täter, so fehlt es an einem beachtlichen (wirksamen) Einverständnis in den Besitzübergang: „Of course, consent obtained at the point of gun, as in the ordinary case of robbery, does not negative the trespass" (*LaFave* [Fn. 43] § 20.3 auf S. 997 in Fn. 7). Hinzukommen müssen nach common law drei Elemente: Erstens müssen *Gewalt oder Drohung* (violence or intimidation) als Raubmittel eingesetzt werden. Gewalt schließt solche gegen Sachen und gegen andere Personen als den Inhaber der Sache ein, die geraubt werden soll; es genügt, ist aber auch erforderlich, dass derartige Gewalt zur Überwindung geleisteten oder Verhinderung erwarteten Widerstandes eingesetzt wird. Wer Kraft einsetzt, um solchem Widerstand zuvorzukommen wie beim überraschenden Entreißen (snatching), wird aber nicht wegen Raubes bestraft (*LaFave* aaO S. 1002). Die Drohung muss unmittelbar bevorstehende – im Unterschied zu künftigen – Schäden zum Gegenstand haben (imminent, immediate – rather than future – harm). Der Schaden muss nicht zwingend in Tod oder Körperverletzung bestehen, sondern es kann nach common law z.B. damit gedroht werden, ein Wohnhaus zu zerstören oder jemanden wegen widernatürlicher Unzucht (sodomy) anzuzeigen. Zweitens müssen die Raubmittel *vor oder spätestens mit und zum Zweck der Wegnahme* eingesetzt werden. „Thus, under the traditional view it is not robbery to steal property (...), although the thief later, in order to retain the stolen property or make good his escape, uses violence or intimidation" (*LaFave* aaO S. 1008). Das common law kennt also *keinen räuberischen Diebstahl* im deutschen Verständnis. Und drittens muss die Wegnahme *unmittelbar von der Person des Opfers, mindestens in dessen Anwesenheit* (from the person or presence of the victim) erfolgen. Wer einen Bankier zu Hause überfällt, fesselt und ihm mit Gewalt die Bankschlüssel abnimmt, zur Bank fährt und dort Geld und Wertgegenstände stiehlt, macht sich wegen Straftaten gegen die Person des Bankiers (z.B. assault) und Einbruch(diebstahl) (burglary), nicht aber wegen Raubes (auch nicht der Schlüssel, wenn er sie nicht behalten will) strafbar.[44] – Das im traditionellen common law anerkannte Vergehen (misdemeanor) der *Erpressung (extortion)* bestand darin, dass ein Amtsträger unter Missbrauch seiner Amtsgewalt Gebühren nahm, die ihm nicht, noch nicht oder nicht in dieser Höhe zustanden. Es wird heute mit Recht in erster Linie als Amtsdelikt (crime against the administration of justice) angesehen (vgl. im deutschen Recht § 352 StGB). Das *Vermögens*delikt Erpressung ist dem common law unbekannt, sondern in den vergangenen zwei Jahrhunderten entstandenes statute law, das der Lückenfüllung diente.[45] In den Statuten wurde die so ver-

---

[43] S. zur historischen Entwicklung *LaFave* Criminal Law[4] (2004) § 20.3 auf S. 996 in Fn. 1 m.w.N.

[44] Die Konstellation wird deshalb teilweise in Sondertatbeständen erfasst, s. z.B. Part IV, Title I, Chapter 265, Section 21 General Laws of Massachusetts (stealing by confining or putting in fear).

[45] Diese Lücken betrafen insbesondere Vermögenswerte, die nicht als property angesehen wurden (z.B. Forderungen, Buchgeld usw.), sodann Drohungen mit nur künftigen Schäden, weiterhin Konstellationen, in denen es an einem trespass oder daran fehlte, dass die Sache nicht unmittelbar der Person des Inhabers oder in dessen Anwesenheit weg-

standene Erpressung teils als extortion, teils als *blackmail* bezeichnet und in der Regel milder als Raub bestraft.

b) In **England und Wales** sind nicht nur die Erpressung, sondern auch der Raub mittlerweile reines statute law, das im Theft Act 1968 nebst Folgegesetzen enthalten ist (s. Vorbem. §§ 242–248c Rdn. 75); s. hierzu aus deutscher Sicht *Hagel* Raub und Erpressung nach englischem und deutschem Recht (1979). – Nach sec. 8 (1) Theft Act 1968 ist des *Raubes (robbery)* schuldig, wer stiehlt – was im weiten Sinne der sec. 1 Theft Act 1968 (s. hierzu Vorbem. §§ 242–248c Rdn. 76) zu verstehen ist, so dass die *räuberische Besitzerpressung* im deutschen Verständnis mit erfasst ist und das englische Recht im Prinzip auch die „räuberische Unterschlagung", „räuberische Pfandkehr" u. dgl. kennt – und unmittelbar vor oder während der Tat und, um sie zu begehen, Gewalt gegen eine Person anwendet oder eine Person in die Furcht versetzt, am Ort und zur Zeit der Tat Gewalt ausgesetzt zu werden, oder versucht, sie in diese Furcht zu versetzen („if he steals, and immediately before or at the time of doing so and in order to do so, he uses force on any person or puts or seeks to put any person in fear of being then and there subjected to force"). Hiernach kommen als Raubmittel – insoweit enger als im common law – nur *Personen*gewalt und die Drohung mit ihr in Betracht. Auf der anderen Seite hat die englische Rechtsprechung die traditionelle Auffassung, Gewalt müsse zwecks Überwindung geleisteten oder erwarteten Widerstands des Opfers eingesetzt werden, im Hinblick auf den Wortlaut des Gesetzes („force *on* any person") aufgegeben; deshalb kann nunmehr das überraschende Entreißen von Sachen als Personengewalt erfasst werden (Court of Appeal, Regina v. Clouden, [1987] Criminal Law Review 56). Zwischen Raubmitteleinsatz und Diebstahl – d.h. rechtswidriger Zueignung (appropriation) – muss ein Finalzusammenhang bestehen („in order to do so"); deshalb ist z.B. straflos, wer im Zweikampf einen anderen niederschlägt und sich sodann entschließt, ihm die Uhr wegzunehmen (*Smith/Hogan* Criminal Law[7] [1999] S. 614). Der *räuberische Diebstahl* ist statuarisch nicht erfasst und deshalb – wie im common law – als solcher straflos. Jedoch neigt die Rechtsprechung dazu, den Zeitpunkt der Diebstahlsvollendung – nach nunmehrigem Recht die Zueignung (appropriation) – nach hinten zu verlegen: „(T)he act of appropriation does not suddenly cease. It is a continuous act and it is a matter for the jury to decide whether or not the act of appropriation is finished" (Court of Appeal, Regina v. Hale, [1978] 68 Criminal Appeal Reports 415, 418); hierdurch können viele Konstellationen des räuberischen Diebstahls im deutschen Verständnis als Raub erfasst werden. Sec. 8 (2) Theft Act 1968 bedroht den Raub – und bereits den Angriff (assault) auf eine Person in Raubabsicht – mit lebenslanger Freiheitsstrafe. Diese drakonische Strafdrohung ist eine bewusste Entscheidung des Gesetzgebers: Raub soll eine einheitliche Straftat (single offence) sein, und es soll nicht mehr – wie im vorherigen Recht, s. sec. 23 Larceny Act 1916 – zwischen einfachem (durch Drohung begangenem), gewalttätigem (durch Gewalt begangenem) und schwerem Raub unterschieden werden. – Die *Erpressung (blackmail)* ist in sec. 21 Theft Act 1968 geregelt und mit Freiheitsstrafe bis zu vierzehn Jahren bedroht. Tathandlung ist das Geltendmachen einer unbegründeten Forderung mit Drohungen in Bereicherungsabsicht oder mit Schädigungsvorsatz (unwarranted demand with menaces with a view to gain for himself or another or with intent to cause loss to another). Der Vermögensbezug wird also ins Subjektive verlagert und allein dadurch hergestellt, dass der beabsichtigte Gewinn bzw. Schaden am Vermö- 77

genommen wurde; näher *LaFave* Criminal Law[4] (2004) § 20.4 auf S. 1013.

gen (in money or other property, sec. 34 [2] [a] Theft Act 1968) eintreten muss. Gedroht werden kann mit allen Nachteilen, die eine durchschnittliche, normal gefestigte und mutige Person (ordinary person of normal stability and courage) zu beeinflussen geeignet sind. Forderungen können auch konkludent geltend gemacht werden. Nach dem Gesetz gilt eine mit Drohungen geltend gemachte Forderung als unbegründet (unwarranted), es sei denn, der Täter nimmt an, er habe vernünftige Gründe (reasonable grounds) dafür, die Forderung geltend zu machen, *und* es sei der Gebrauch von Drohungen ein ordnungsgemäßes Mittel (proper means), der Forderung Nachdruck zu verleihen. Hiernach kann sich auch derjenige, der einen fälligen und einredefreien Anspruch geltend macht, wegen blackmail strafbar machen, wenn die Drohungen nicht als ordnungsgemäße Mittel (z.B. wegen Unverhältnismäßigkeit oder Inkonnexität) gelten können; das Gesetz verlangt nicht, dass die Bereicherungsabsicht auf einen *rechtswidrigen* Gewinn gerichtet sein muss (zum Problem *Smith/Hogan* aaO S. 682 f).

**78** c) Auch in den **Vereinigten Staaten von Amerika** hat sich die Gesetzgebung des Bundes und der Einzelstaaten deutlich vom traditionellen common law der robbery und extortion (Rdn. 76) entfernt. Der Einfluss des *Model Penal Code (MPC)* ist weniger ausgeprägt als bei Diebstahl und Unterschlagung (s. hierzu Vorbem. §§ 242–248c Rdn. 78). § 222.1 (1) MPC sieht vor, dass sich des *Raubes (robbery)* schuldig macht, wer bei Begehung eines Diebstahls – beim Diebstahlsversuch oder auf der Flucht nach versuchtem oder vollendetem Diebstahl, so dass der *räuberische Diebstahl* einbezogen ist – jemanden ernsthaft körperlich verletzt oder hiermit oder mit der Begehung eines Verbrechens droht. In § 223.4 MPC wird ein Tatbestand des *Diebstahls durch Erpressung (theft by extortion)* vorgeschlagen, nämlich die Erlangung von Vermögen durch sieben enumerativ und kasuistisch aufgezählte Zwangsmittel, die von der Körperverletzung über Amtsmissbrauch, anstößigen Streik zu nicht eigennützigen Schadenszufügungen reichen. Der Täter kann sich damit verteidigen, er könne das erlangte Vermögen redlich beanspruchen (honestly claim) und das angedrohte Zwangsmittel beziehe sich auf Umstände, aus denen der Anspruch resultiere.

**79** Das *Bundesstrafrecht* der Vereinigten Staaten enthält in §§ 2111 ff des Titels 18 des United States Code (18 U.S.C.) Strafvorschriften über den *Raub (robbery)*, die sich zuständigkeitshalber auf Taten mit einer internationalen oder den Bund oder zwischenstaatlichen (Handels-)Verkehr betreffenden Dimension beschränken, etwa auf Taten gegen das Eigentum der Vereinigten Staaten (18 U.S.C. § 2112), Bankraub (18 U.S.C. § 2113)[46] oder Kraftfahrzeugraub (sog. carjacking) im zwischenstaatlichen (Handels-) Verkehr (18 U.S.C. § 2119). Als Raubmittel lässt das Bundesstrafrecht jede Gewalt oder Drohung (violence, intimidation) genügen und hält am Erfordernis der Wegnahme unmittelbar von der Person des Opfers oder in dessen Anwesenheit (s. Rdn. 76) fest. Die Strafen sind drakonisch (z.B. bis zu zwanzig Jahre Freiheitsstrafe für einfachen Bankraub) und schließen bei Todesfolge die Todesstrafe ein (s. 18 U.S.C. § 2113[e], § 2119 [3]). – Die bundesrechtlichen Strafvorschriften über *Erpressung (extortion)* in 18 U.S.C. §§ 872 ff[47] sind in ihrem Anwendungsbereich zuständigkeitshalber in gleicher Weise

[46] Die räuberische Bankerpressung wird mit erfasst („obtains ... by extortion“, 18. U.S.C. § 2213[a]). – Die Bundeszuständigkeit ergibt sich aus der bundesrechtlichen Ordnung des Bankwesens (Federal Reserve System, Federal Deposit Insurance Corporation, Federal Credit Union), s. 18. U.S.C. § 2113(f), (g).

[47] S. weiterhin 18 U.S.C. §§ 891 ff über erpresserische Kreditgeschäfte (extortionate credit transactions). Es handelt sich um ein wichtiges Geschäftsfeld der amerikanischen

beschränkt. In der Tradition des common law (s. Rdn. 76 a.E.) bedroht 18 U.S.C. § 872 die von Amtsträgern der Vereinigten Staaten unter Missbrauch des Amtes begangene Erpressung mit Freiheitsstrafe bis zu drei Jahren (s. auch 18 U.S.C. § 874 zur Erpressung von sog. kickbacks bei Vergabe öffentlicher Aufträge durch einen Amtsträger). Nach 18 U.S.C. § 873 wird wegen *blackmail* mit Freiheitsstrafe bis zu einem Jahr bestraft, wer jemanden mit einer Anzeige wegen der Verletzung von Bundesrecht bedroht und dafür Geld fordert oder erhält. Als verselbständigte Erpressungsbeteiligung und Vorfeldtatbestand ist es mit bis zu zwanzig Jahren Freiheitsstrafe bedroht, wissentlich (knowingly) Drohungen oder Forderungen im Zusammenhang mit erpresserischem Menschenraub (kidnapping) im zwischenstaatlichen Telekommunikationsverkehr zu übermitteln oder bei einem Postamt aufzugeben (18 U.S.C. §§ 875, 876).

Der weitaus größte Teil der in den Vereinigten Staaten begangenen Raub- und Er- **80**
pressungskriminalität ist nach dem jeweils anwendbaren *Strafrecht der Einzelstaaten* zu beurteilen, und trotz der gewissen Harmonisierung in der Folge des MPC (Rdn. 78) ist die statuarische Vielfalt beeindruckend. Holzschnittartig lassen sich folgende Tendenzen ausmachen: Den *Raub (robbery)* regeln manche Einzelstaaten bei den Straftaten gegen die Person (so z.B. sec. 211 ff California Penal Code), viele bei denen gegen das Eigentum (so z.B. Art. 160 New York Penal Law). In der Regel verweist der jeweilige statuarische Raubtatbestand ex- oder implizit auf den jeweiligen statuarischen Diebstahlstatbestand; da Diebstahl in vielen Einzelstaaten deutlich weiter als im deutschen Recht gefasst ist (näher Vorbem. §§ 242–248c Rdn. 78 ff), hat der Raub häufig einen deutlich größeren Anwendungsbereich als im deutschen Recht und umfasst z.B. die *räuberische Erpressung* oder die räuberische Pfandkehr ohne Weiteres mit. Manche Einzelstaaten stellen gesetzlich klar, dass auch die durch Raubmittel erzwungene Übergabe Raub ist (so z.B. sec. 160.00 Nr. 2 New York Penal Law). Zahlreiche Einzelstaaten haben aus § 222.1 (1) MPC (Rdn. 78) die Regelung übernommen, dass Raub auch dann vorliegt, wenn zunächst nur ein versuchter oder vollendeter Diebstahl begangen und unmittelbar danach auf der Flucht Raubmittel eingesetzt werden (so z.B. sec. 29.01 [1] Texas Penal Code; s. auch sec. 160.00 Nr. 1 New York Penal Law zum Raubmitteleinsatz unmittelbar nach der Wegnahme in Besitzerhaltungsabsicht); in diesen – aber keineswegs in allen (so z.B. in Kalifornien, s. sec. 211 California Penal Code: „taking … accomplished by means of force or fear") – Einzelstaaten ist der *räuberische Diebstahl* im deutschen Verständnis als Raub strafbar. Hat der Täter einen Anspruch auf die geraubte Sache oder glaubt er ihn zu haben (claim of right), so schließt das die Raubstrafbarkeit in vielen Einzelstaaten nicht aus (z.B. nicht in New York, s. Court of Appeals of New York, People v. Reid u.a., 69 New York Reports 2d Series 469 [1987]). Teilweise ist auch der „räuberische unbefugte Gebrauch eines Kraftfahrzeuges" als „carjacking" unter Strafe gestellt (so z.B. sec. 215 California Penal Code). Raubprivilegierungen sind unbekannt; insbesondere ist geringer Wert der geraubten Sache unbeachtlich. Die Raubqualifikationen knüpfen – anders als die Diebstahlsqualifikationen (s.o. Vorbem. §§ 242–248c Rdn. 80) – nicht an den Wert der geraubten Sache, sondern an die Begehungsweise (gemeinschaftlich, mit Waffen usw.) sowie an schwere Folgen (Körperverletzung, Tod des Opfers) an. – Mittlerweile haben alle Einzelstaaten die *Erpressung* unter dem Gesichtspunkt des Eigentums- bzw. Vermögensschutzes als *extortion* oder *blackmail* unter Strafe gestellt. Dabei haben sich zahlreiche Staaten dem Vorbild des MPC angeschlossen und „Diebstahl durch

---

Mafia, die kreditunwürdigen Personen zu Wucherbedingungen (Zinssätze von 45 % p.a. und mehr, s. 18 U.S.C. § 892[b] [2]) neuen Kredit verschafft bzw. alten verlängert und die Bedienung dieses Kredits mit Gewalt oder Drohung erzwingt.

Erpressung“ (theft by extortion) als unselbständige Diebstahlsvariante unter Strafe gestellt (so z.B. sec. 155.05. [2] [e] New York Penal Law); andere haben eigenständige Strafvorschriften über extortion oder blackmail geschaffen (so z.B. sec. 518 ff California Penal Code). Die Strafbarkeit setzt in der Regel voraus, dass der Täter fremdes Vermögen dadurch erlangt, dass er einen anderen durch Gewalt oder Drohung dazu bringt, es ihm zu überlassen (s. z.B. sec. 518 California Penal Code: „obtaining of property from another, with his consent (...) induced by a wrongful use of force or fear“); teils lassen die Gesetze Gewalt oder Drohung in Erpressungsabsicht (vgl. sec. 523 California Penal Code). Häufig wird eingehend geregelt, welche Drohungen tatbestandsmäßig sein können (vgl. z.B. sec. 519 California Penal Code). In zahlreichen Einzelstaaten schließt ein Anspruch des Täters auf die dem Opfer abgepresste Sache bzw. der gute Glaube, einen solchen Anspruch zu haben, für sich genommen die Erpressungsstrafbarkeit nicht aus (so z.B. in New York, s. sec. 155.15 New York Penal Law und zuvor Court of Appeals of New York, People v. Fichtner, 305 New York Reports 864 [1953]). In der Regel ist die Tat nur Vergehen (misdemeanor) und wird deutlich milder bestraft als Raub.

#### 4. Rechtsvergleichender Querschnitt

**81** Noch stärker als bei Diebstahl und Unterschlagung (Vorbem. §§ 242–248c Rdn. 82) erschließt die Rechtsvergleichung bei Raub und Erpressung eine **große Vielfalt der Regelungsmodelle und -möglichkeiten**. Insbesondere zeigt sich, dass die Strenge, mit der Raubdelikte im deutschen Recht bestraft werden, im internationalen Vergleich im oberen Bereich angesiedelt ist, mag es auch noch strengere Rechtsordnungen wie z.B. die englische geben (Rdn. 77). Ein ideales System, in das Raub und Erpressung bruchlos eingeordnet werden könnten, lässt sich auch durch Rechtsvergleichung nicht ermitteln.

**82** **Raub** wird überwiegend als durch den Einsatz von Raubmitteln (Gewalt oder Drohung) qualifizierter Diebstahl (und nicht, wie im deutschen Recht, als *delictum sui generis*) verstanden. Die meisten Rechtsordnungen bauen den Raub- auf dem Diebstahlstatbestand auf, so dass sich beim Raub die unterschiedlichen Diebstahlskonzeptionen (s. hierzu Vorbem. §§ 242–248c Rdn. 68 ff) wieder finden, und nur wenige Rechtsordnungen lösen den Raub- vom Diebstahlstatbestand, z.B. indem bei jenem auf das Erfordernis der Rechtswidrigkeit der Zueignung verzichtet wird (s. Rdn. 80 zum amerikanischen Recht; umgekehrt im italienischen Recht, s. Vorbem. §§ 242–248c Rdn. 72). Jedenfalls in Zweipersonen- und Nahfeldkonstellationen neigt die Mehrzahl der Rechtsordnungen dazu, die mit Raubmitteln ernötigte Übergabe einer Sache als Raub einzuordnen. Eher selten finden sich privilegierte Fälle des Raubes; qualifizierte Fälle beinhalten häufig den Raub mit Waffen, den Bandenraub und den Raub mit schwerer Folge. Raubstrafen liegen überall deutlich über Diebstahlsstrafen. – In der Mehrzahl der Rechtsordnungen wird der **räuberische Diebstahl** dem Raub gleichgestellt, wobei überwiegend Besitzerhaltungsabsicht verlangt, teils aber Verdeckungsabsicht einbezogen wird (so z.B. im italienischen Recht, Rdn. 74). Allerdings verzichten nicht wenige Rechtsordnungen darauf, den räuberischen Diebstahl als solchen unter Strafe zu stellen (s. zum traditionellen französischen, zum spanischen, englischen und teils amerikanischen Recht Rdn. 72, 75, 77, 78, 80), oder behandeln ihn jedenfalls milder als den Raub (so das österreichische Recht, Rdn. 70).

**83** Durchweg kennen die heutigen Rechtsordnungen einen i.d.R. als Vermögensstraftat ausgestalteten allgemeinen Tatbestand der **Erpressung**, für den i.d.R. Nötigungsmittel „unterhalb“ der Raubmittel ausreichen. Die Grenze zur Ausübung rechtmäßigen bzw. sozialadäquaten Zwanges auf wirtschaftlichem Gebiet ist überall ein Problem und wird unterschiedlich gezogen (z.B. im österreichischen Recht anhand der Sittenwidrigkeit, Rdn. 70). Einige Rechtsordnungen (z.B. die französische, Rdn. 72 f) erfassen als Erpressung auch die Durchsetzung wirklicher oder vermeintlicher Rechtsansprüche mit rechtswidriger (sozialinadäquater, unverhältnismäßiger) Nötigung. – Die **räuberische Erpressung** im deutschen Verständnis wird teilweise unausgesprochen oder kraft ausdrücklicher gesetzlicher Anordnung über den Raub erfasst. Einige Rechtsordnungen wie die französische oder italienische (Rdn. 73 f) enthalten ausführliche Regelungen und bewerten die räuberische Erpressung tendenziell schwerer als den Raub; andere regeln sie bewusst nicht (so z.B. das österreichische Recht, Rdn. 70) oder wenden (nur) den allgemeinen Erpressungstatbestand an (so z.B. das spanische Recht, Rdn. 75).

# § 249
# Raub

**(1) Wer mit Gewalt gegen eine Person oder unter Anwendung von Drohungen mit gegenwärtiger Gefahr für Leib oder Leben eine fremde bewegliche Sache einem anderen in der Absicht wegnimmt, die Sache sich oder einem Dritten rechtswidrig zuzueignen, wird mit Freiheitsstrafe nicht unter einem Jahr bestraft.**

**(2) In minder schweren Fällen ist die Strafe Freiheitsstrafe von sechs Monaten bis zu fünf Jahren.**

Schrifttum

S. das vor § 249 angegebene Schrifttum und weiterhin: *Biletzki* Der Zusammenhang zwischen Nötigungshandlung und Wegnahme beim Raub, JA **1997** 385; *Blei* Die Neugestaltung der Raubtatbestände, JA **1974** 233; *Blesius* Raub-Gewalt – Welche Auswirkungen hat die verfassungsrechtliche Kassation des vergeistigten Gewaltbegriffs auf §§ 249, 255 StGB? (2004); *dies.* Verschärfung des Gewaltbegriffs beim Raubtatbestand? Jura **2004** 570; *Brandts* Der Zusammenhang von Nötigungsmitteln und Wegnahme beim Raub (1990); *Dölling* Über die Strafzumessung beim Raub, Gedächtnisschrift Zipf (1999) 177; *Eser* Zum Verhältnis von Gewaltanwendung und Wegnahme beim Raub, NJW **1965** 377; *Geilen* Neue Entwicklungen zum strafrechtlichen Gewaltbegriff, Festschrift H. Mayer (1966) 445; *Gropp* Der „Moos-Raus-Fall" und die strafrechtliche Irrtumslehre, Festschrift Weber (2004) 127; *Ingelfinger* Fortdauernde Zwangslagen als Raubmittel – Zur Finalität von Nötigungshandlung und Wegnahme im Rahmen des § 249 StGB, Festschrift Küper (2007) 197; *Isenbeck* Beendigung der Tat bei Raub und Diebstahl, NJW **1965** 2326; *Jakobs* Zur Kritik der Fassung des Raubtatbestandes, Festschrift Eser (2005) 323; *Keller* Die Entwicklung des strafrechtlichen Gewaltbegriffs in der Rechtsprechung, JuS **1984** 109; *Knodel* Der Begriff der Gewalt im Strafrecht (1962); *ders.* Zum Gewaltbegriff in § 249 StGB, JZ **1963** 701; *Krack* Sukzessive Tatbeteiligung vor und nach Raubvollendung – BGH, NJW 1985, 815, JuS **1986** 862; *ders.* Drohung und Warnung. Zur Rekonstruktion und Revision des klassischen Drohungsbegriffs, GA **2006** 439; *Küper* „Sukzessive" Tatbeteiligung vor und nach Raubvollendung – BGH, NJW 1985, 814, JuS **1986** 862; *Mohrbotter* Zur mitbestraften Vortat bei Raub und Erpressung, GA **1968** 112; *Rengier* Raub ohne Nötigung? Festschrift Maurer (2001) 1195; *R. Schmitt* Nehmen oder Geben, ist das hier die Frage? Festschrift Spendel (1992) 575; *Seier* Probleme der Abgrenzung und der Reichweite von Raub und räuberischem Diebstahl – BGH, NJW 1979, 726, JuS **1979** 336; *ders.* Das Unmittelbarkeitserfordernis bei Raub und räuberischer Erpressung, JA **1984** 441; *Toepel* Zur Funktion des Einverständnisses bei der Wegnahme im Sinne der §§ 242, 249 StGB, Festschrift Rudolphi (2004) 581; *T. Walter* Raubgewalt durch Unterlassen? NStZ **2005** 240.

**Entstehungsgeschichte**

§ 249 Abs. 1 StGB geht auf § 230 Abs. 1 prStGB 1851 zurück, der ins RStGB 1871 übernommen wurde und bis 1998 unverändert blieb; die Reformvorschläge, das Abnötigen einer Sache in den Raubtatbestand einzubeziehen (Vorbem. §§ 249–256 Rdn. 18), hat der Gesetzgeber nicht aufgegriffen. § 249 Abs. 2 StGB sah ursprünglich die Möglichkeit der Strafrahmenmilderung bei „mildernden Umständen“ vor; mit dem EGStGB 1974 ist das in den heutigen unbenannten minder schweren Fall überführt worden. Mit dem 6. StrRG 1998 ist – wie bei allen Zueignungsdelikten – Handeln in Drittzueignungsabsicht in den Raubtatbestand einbezogen worden. Näher zu den historischen Wurzeln der Raubstrafbarkeit Vorbem. §§ 249–256 Rdn. 11 ff.

*Übersicht*



## I. Allgemeines

1 Raub ist eine aus (qualifizierter) Nötigung und Diebstahl zusammengesetzte **zweiaktige Straftat**, jedoch, weil beide Akte in einem besonderen Zusammenhang miteinander stehen müssen (Rdn. 32 ff, 43), nach h.A. eine im Verhältnis zu §§ 240, 242 StGB **eigenständige Straftat** (delictum sui generis, s. hierzu Vorbem. §§ 249–256 Rdn. 35 ff). Zur **praktischen Bedeutung** s. Vorbem. §§ 249–256 Rdn. 1 ff. Zu den **kriminalpolitischen Grundfragen** s. Vorbem. §§ 249–256 Rdn. 19 ff. Zu den durch Raub beeinträchtigten **Rechtsgütern** – nach h.A. Willensfreiheit und Eigentum – s. Vorbem. §§ 249–256 Rdn. 44 ff.

## II. Objektiver Tatbestand

2 **1. Raubmittelanwendung.** Raub setzt als ersten Akt die Anwendung von im Verhältnis zu § 240 Abs. 1 StGB **qualifizierten Nötigungsmitteln** voraus, nämlich Gewalt gegen eine Person oder Drohungen mit gegenwärtiger Gefahr für Leib oder Leben. Beide Alter-

nativen sind gleichwertig; lässt sich nicht klären, ob der Täter Gewalt verübt oder Drohungen angewendet hat (z.B. geschlagen oder nur mit Schlägen gedroht hat), ist **tatsachenalternative unechte Wahlfeststellung** möglich (*Herdegen* LK[11] Rdn. 3). Ausgangspunkt der Dogmatik der Raubmittel ist diejenige der Nötigungsmittel des § 240 StGB, wie sie in diesem Kommentar *Träger/Altvater* LK[11] § 240 Rdn. 7 ff zur Gewalt, Rdn. 55 ff zur Drohung darstellen. Hierauf wird verwiesen; es bestehen folgende Besonderheiten:

a) **Gewalt gegen eine Person.** S. hierzu bereits *Träger/Altvater* LK[11] § 240 Rdn. 43 **3**
und ergänzend: Der weite Gewaltbegriff des § 240 StGB ist für § 249 StGB nicht ohne Weiteres maßgeblich, da stets in „tatbestandskonformer Gesamtschau" (*Wessels/Hettinger* Rdn. 386; vgl. auch *Horn/Wolters* SK § 240 Rdn. 10) geprüft werden muss, ob ein Vorgang als Gewalt im Sinne eines bestimmten Straftatbestands anzusehen ist (BGHSt **23** 46, 49). Beim Raub sind das historische Leitbild des Raubüberfalles auf öffentlichen Straßen oder Plätzen, das tatsächliche Leitbild des Einsatzes von „Brachialgewalt" (*Perron* GA **1989** 145, 166) und das – in der Wendung „Gewalt *gegen eine Person*" zum Ausdruck kommende – normative Leitbild einer Straftat gegen die Person und nicht bloß gegen die Willensfreiheit (s. Vorbem. §§ 249–256 Rdn. 45) zu berücksichtigen. Hiernach zählt zum Kernbereich der dem § 249 StGB unterfallenden Gewalt die *Tötung* zur Wegnahme („Raubmord", s. noch Rdn. 27), die *erhebliche Körperverletzung*, um Widerstand gegen die Wegnahme auszuschalten oder zu überwinden (Niederschießen, -stechen, -schlagen, Martern) und die *Freiheitsberaubung* mit demselben Ziel (Fesseln, Einsperren; zu Letzterem **aA** Arzt/Weber/*Heinrich*/Hilgendorf BT § 17 Rdn. 11: kein typischer Fall).

**4** Da der Täter Gewalt „gegen eine Person" anwenden muss, nimmt das Gesetz **Gewalt nur gegen Sachen** aus dem Raubtatbestand aus. Dies gilt nicht nur beim Einbruchsdiebstahl, mag er auch noch so brachial verübt werden, sondern auch, wenn Sachgewalt als vis compulsiva eingesetzt wird, mag dies auch noch so sehr geeignet sein, motivatorisch zu wirken (z.B. beim Zerstören von Sachen mit hohem Affektionsinteresse für das Raubopfer vor dessen Augen). In diesen Fällen ist jedoch sorgfältig zu prüfen, ob eine konkludente (Eskalations-)Drohung mit gegenwärtiger Gefahr für Leib oder Leben vorliegt (s. hierzu Rdn. 6). Auch ist es möglich, dass über unmittelbare Sach- mittelbar Personengewalt geübt wird (vgl. *Sch/Schröder/Eser* Rdn. 4a), z.B. wenn der Räuber eine am Hals getragene Kette des Raubopfers weg- und zerreißt und hierdurch, wie er billigend in Kauf nimmt, das Opfer zu Boden wirft und ihm Verletzungen beibringt (vgl. OLG Hamm MDR **1975** 772). Näher zu diesen und vergleichbaren („Handtaschen-")Fällen Rdn. 12. Keine Sach-, sondern Personengewalt ist das Einsperren; entgegen der in der Begründung missverständlichen Rechtsprechung[1] gilt das auch, wenn der Räuber nicht tätlich werden muss, sondern sich auf das Zuschließen einer Tür u. dgl. beschränken kann, welches keine Gewalt „gegen" Sachen und auch nicht bloß „mittelbar" Personengewalt, sondern unmittelbar Freiheitsberaubung und Straftat gegen die Person ist.

**5** Im Übrigen hält die Rechtsprechung zum Gewaltbegriff des § 249 StGB am Erfordernis einer **körperlichen Kraftentfaltung** des Täters fest. Teils heißt es sogar, es müsse „erhebliche" Kraft entfaltet werden und dies müsse „wesentlicher Bestandteil der Wegnahme" sein (BGH NStZ **1986** 218; BGH StV **1990** 262; BGHR StGB § 249 Abs. 1 Gewalt 2, 4). Aber diese Einschränkungen sind vor dem Hintergrund der spezifischen Problematik des sog. Handtaschenraubes zu verstehen (hierzu Rdn. 12) und können

---

1 RGSt **27** 405; **45** 153, 156; **69** 327, 330; **73** 343, 345; BGHSt **20** 194; BGH NJW **1955** 1404.

keine allgemeine Geltung beanspruchen, weil – gleich, ob Raub als Straftat gegen die Freiheit oder die Person verstanden wird – der Schwerpunkt bei der körperlichen Zwangswirkung des wie immer gearteten Täterverhaltens liegen muss.[2] Deshalb kann es – selbstverständlich – Gewalt i.S.v. § 249 StGB sein, wenn der Täter einen Schuss auf das Opfer abfeuert, ihm ein mit „K.O.-Tropfen" versetztes Getränk hinstellt, ihm Pfefferspray ins Gesicht sprüht oder es durch Umdrehen eines Schlüssels einsperrt. Allgemein gilt, dass, verwendet der Täter zur Gewaltverübung ein Werkzeug oder Mittel, es weder auf den mit der Verwendung verbundenen Kraftaufwand noch darauf ankommt, ob das Werkzeug oder Mittel fest, flüssig oder gasförmig ist, mechanisch, physikalisch oder chemisch wirkt (BGHSt **1** 1; **1** 145; **21** 299; **22** 230; BGH NStZ **1992** 490; BGHR StGB § 249 Abs. 1 Gewalt 6).

6 Weiterhin verlangt die h.A. für Personengewalt i.S.v. § 249 StGB eine **körperliche Zwangswirkung**; bloß psychischer Zwang genüge nicht.[3] Erforderlich sei ein Verhalten, das „unmittelbar auf den Körper des Angegriffenen einwirkt" (BGHSt **1** 145, 147), eine „Einwirkung" des Täters, „die auch körperlich trifft" (BGHSt **18** 329, 330).[4] Dem ist bereits deshalb zuzustimmen, weil selbst im Rahmen des § 240 StGB jedenfalls in „Blockadefällen" (die auch beim Raub denkbar sind, s. sogleich Rdn. 7) bloß psychischer Zwang nicht genügt (BVerfGE **92** 1, eingehend hierzu *Träger/Altvater* LK[11] § 240 Rdn. 109 ff); das muss erst recht – und auch jenseits von „Blockadefällen" – für § 249 StGB gelten. Bereits deshalb ist der (jedenfalls älteren) Rechtsprechung zu widersprechen, wonach psychisch vermittelte oder „determinierte" (BGHSt **23** 46, 54) *körperliche Stressreaktionen* („psychosomatische Nebenwirkungen", *Herdegen* LK[11] Rdn. 5) wie nervliche Erregung, Gänsehaut, Schweißausbrüche oder Blutdruckanstieg als, auch für § 249 StGB ausreichende, körperliche Zwangswirkung anzusehen sein sollen, weil so „das ganze körperliche Befinden beeinflusst" wird (BGHSt **23** 126, 127). Dieser Ansatz führt dazu, dass z.B. fehlgehende oder fehlgezielte scharfe Schüsse, aber auch Schreckschüsse (RGSt **60** 157, 158; **66** 353, 355; BGH GA **1962** 145; zust. *Geilen* JZ **1970** 521, 523) und sogar das bloße Anlegen einer durchgeladenen und entsicherten Schusswaffe auf das Nötigungsopfer (BGHSt aaO) als Personengewalt erfasst werden. Dem widerspricht die Literatur teils nur für die zuletzt genannte Konstellation (so *Herdegen* aaO, s. auch *Geilen* JZ **1970** 521 ff; Jura **1979** 109), teils insgesamt.[5] Auch abgesehen von verfassungsrechtlichen Auslegungsgrenzen ist dieser Ausdehnung der Personengewalt zu widersprechen, da sie das Vorliegen von Gewalt von zufällig erscheinenden psychischen Befindlichkeiten des Nötigungsopfers abhängig macht und zweifelhafte Vorsatzfragen aufwirft. Beim fehlgehenden oder fehlgezielten scharfen Schuss liegt jedenfalls Raubversuch (versuchte Gewaltanwendung) vor; im Übrigen handelt es sich in aller Regel um Drohungen mit

---

2 BGHSt **1** 145, 147; **19** 263, 265; **23** 46, 54; BGH NJW **1953** 351; NStZ **1982** 158, 159 m. Anm. *Dingeldey*; **1986** 218; StV **1990** 262; NStZ **1992** 490; **2003** 89; BGHR StGB § 249 Abs. 1 Gewalt 6; KG JR **1979** 162; vgl. auch *Mitsch* BT 2/1 § 3 Rdn. 18.

3 BGH StV **1986** 61; *Sander* MK Rdn. 1; *Sch/Schröder/Eser* Rdn. 4 und Vor § 234 Rdn. 21; Arzt/Weber/*Heinrich*/Hilgendorf BT § 17 Rdn. 6; *Eisele* BT II Rdn. 292; *Geilen* Jura **1979** 53, 54; *Jäger* BT Rdn. 283; *Küper* BT S. 179; *Rengier* BT 1 § 7 Rdn. 83; *Schünemann* JA **1980** 349, 350; *Wessels/Hillenkamp* Rdn. 319.

4 S. weiterhin BGHSt **23** 126, 127; BGH NStZ **1986** 218; StV **1990** 262; BGHR StGB § 249 Abs. 1 Gewalt 2; *Fischer* Rdn. 4a; *Günther* SK[5] Rdn. 7; *Sander* MK Rdn. 13; *Wolter* NStZ **1985** 193, 196.

5 Arzt/Weber/*Heinrich*/Hilgendorf BT § 17 Rdn. 6 bei und mit Fn. 18; *Kindhäuser* BT II § 13 Rdn. 6; s. auch *ders.* NK Vor § 249 Rdn. 26.

gegenwärtiger Gefahr für Leib oder Leben, so dass wegen vollendeten Raubes bestraft werden kann (s. noch Rdn. 13 ff).

7 Eine andere Frage ist, ob Personengewalt i.S.v. § 249 StGB eine **nicht unerhebliche Ein- bzw. Auswirkung auf den Körper** des Nötigungsopfers beinhalten muss. Im Gesetzeswortlaut kommt eine Restriktionstendenz zum Ausdruck, „die angesichts der Strafdrohung nicht zu knapp veranschlagt werden sollte" (*Herdegen* LK[11] Rdn. 6 mit Verweis auf *Schünemann* JA **1980** 349, 350). Zwar braucht die Gewalt gegen eine Person nach h.A. keine gegenwärtige Leibes- oder Lebensgefahr zu bewirken (BGHSt **18** 75; BGH NStZ **2003** 89). Aber sie muss entweder eine physisch wirkende Barriere schaffen, die zu überwinden dem Nötigungsopfer nicht möglich oder nicht zumutbar ist, oder sie muss die körperliche Integrität nicht nur geringfügig beeinträchtigen (BGHSt 7 252, 254). Entgegen der Neigung der Rechtsprechung, den Gewaltbegriff bei § 249 StGB – abgesehen vom Ausschluss der Sachgewalt und bloß psychischer Zwangswirkung (Rdn. 4, 6) – ebenso weit wie bei § 240 StGB zu fassen (zutr. *Lackner/Kühl* Rdn. 2), sind deshalb Einschränkungen angebracht (so auch *Krey/Hellmann* Rdn. 187), ohne dass außer Acht gelassen wird, dass die Frage der Erheblichkeit „stets im Zusammenhang mit dem vom Tatbestand vorausgesetzten Ziel des Handelns und in seinem Verhältnis zu der Person oder den Personen zu beurteilen ist, die betroffen oder beeinflusst werden sollen" (BGHSt **23** 46, 49). Deshalb folgt daraus, dass LG Gera NJW **2000** 159 (abl. *Fischer* Rdn. 4a) das einfache Wegstoßen des Bestohlenen nicht als Raubgewalt *i.S.v. § 252 StGB* hat genügen lassen (s. § 252 Rdn. 43), nicht, dass das Zu-Boden-Stoßen des Opfers, um eine Wegnahme zu ermöglichen, keine Raubgewalt *i.S.v. § 249 StGB* wäre. Andererseits kommt Raub nicht in Betracht, wenn der Täter durch „Sitz-" oder „Stehblockade" oder auch sonstige, ggf. § 240 StGB unterfallende Blockaden einen Personenkraftwagen zum Anhalten zwingt, um unbemerkt Sachen aus dem Wagen zu stehlen. Anders kann es liegen, wenn der Täter eine objektiv gefährliche Situation im Straßenverkehr herbeiführt (LG München NJW **1993** 188). Der Griff an die Gesäßtasche des Opfers, in der sich dessen Geldbörse befindet, reicht für Personengewalt nicht aus (**aA** BGH GA **1974** 219), mag im Einzelfall auch eine konkludente Drohung vorliegen („erste[r] Schritt des Übergangs vom bloßen Fordern des Geldes zur handgreiflichen Aktion und [...] unmissverständlich[e Drohung mit gegenwärtiger] Gefahr für Leib oder Leben", *Herdegen* LK[11] Rdn. 6 in Fn. 2). Auch das Wegschieben der Hand des fast Bewusstlosen, der nur mehr instinktiv seine Gesäßtasche zu schützen versucht, beinhaltet lediglich eine unerhebliche körperliche Zwangswirkung, die für Personengewalt nicht ausreicht (**aA** BGHSt **16** 341). Wenn die Drohung mit einer einfachen Ohrfeige noch nicht für die Drohungsalternative genügt (Rdn. 15), sollte die einfache Ohrfeige auch nicht für die Gewaltalternative genügen. Grenzfall ist desgleichen das Spritzen von (brennender) Deodorantflüssigkeit in die Augen des Opfers, das daraufhin (instinktiv) die Augen schließt, was es dem Täter ermöglicht, ihm Sachen wegnehmen zu können (nach BGH NStZ **2003** 89 Raub). In derartigen Fällen nur nach § 242 in Tateinheit mit §§ 223, 240 StGB zu bestrafen, kann nicht als „Knochenerweichung" des Raubstrafrechts angesehen werden. Zu den weiteren Einschränkungen im Hinblick auf die spezifische Finalität der Raubgewalt s. Rdn. 9 ff.

8 Für § 249 StGB ist nach fast allgemeiner Auffassung[6] unerheblich, ob die Gewalt i.S.v. § 249 StGB **„vis absoluta"** ist, also geleisteten oder erwarteten Widerstand physisch überwindet (z.B. Entreißen der festgehaltenen Handtasche) oder verunmöglicht (z.B.

---

6 *Günther* SK[5] Rdn. 9; *Kindhäuser* NK Rdn. 4 und Vor § 249 Rdn. 15 ff; *Lackner/Kühl* § 240 Rdn. 5; *Sch/Schröder/Eser* Rdn. 4; *Kindhäuser* BT II § 13 Rdn. 4; *Krey/Hellmann* Rdn. 186; *Mitsch* BT 2/1 § 3 Rdn. 18; *Wessels/Hillenkamp* Rdn. 324.

Töten, Bewusstlosmachen, Fesseln und Knebeln), oder ob es sich bloß um **„vis compulsiva"** handelt, die – letztlich eng verwandt mit der Drohung – psychisch determinierend, willensbeugend wirkt, mag auch physischer Widerstand noch möglich bleiben (z.B. wenn der Täter das Opfer „windelweich" prügelt, bis es „mürbe" ist und tut, was der Räuber will). Die Auffassung von *Hruschka*, JbRuE 2 (1994) 177, 188, die durch vis compulsiva – und erst recht durch bloße Drohungen – ernötigte Wegnahme sei räuberische Erpressung, nicht Raub, mag rechtstheoretisch diskutabel sein, ist aber keine vertretbare Auslegung des geltenden Rechts.

9 Nach h.A. ist Gewalt i.S.v. § 249 StGB schließlich durch eine **spezifische Finalität** gekennzeichnet: Der Räuber müsse Personengewalt anwenden, um geleisteten oder erwarteten Widerstand des Gewaltopfers gegen die Wegnahme zu überwinden oder zu verhindern.[7] Dieses Erfordernis fügt sich nicht in die übliche Trennung von objektivem und subjektivem Tatbestand ein, führt einerseits zu Fragen, die zugleich die Abgrenzung der Personen- von der Sachgewalt (Rdn. 3 f) und die Erheblichkeitsschwelle für Personengewalt (Rdn. 7) betreffen, und nimmt andererseits Probleme vorweg, die erst den Finalzusammenhang zwischen Nötigung und Wegnahme betreffen (Rdn. 43 ff). Nicht nur aus solchen dogmatischen und systematischen Gründen, sondern auch in der Sache muss bezweifelt werden, ob das Finalitätserfordernis als Element des Gewaltbegriffs sinnvoll oder auch nur vertretbar ist; wer einen, wie er weiß, Wehr- und Hilflosen zusammenschlägt, übt selbstverständlich Gewalt aus. Deshalb verwundert nicht, dass die Dogmatik der Gewaltfinalität beim Raub nicht wirklich überzeugt:

10 **Gewaltanwendung zur Überwindung geleisteten Widerstandes** soll nicht auf die Fälle beschränkt sein, in denen das Opfer erkennt, dass ihm Sachen weggenommen werden sollen, und dies zu verhindern unternimmt (z.B. wegzurennen oder selbst mit – gerechtfertigter, §§ 859 Abs. 1 BGB, 32 StGB – Gewalt gegen den Räuber vorzugehen). Vielmehr soll jedes Vorgehen des Opfers gegen den Täter mit generellem Abwehrwillen genügen, auch wenn das Opfer das spezifische Angriffsziel der Wegnahme nicht kennt (*Eser* NJW **1965** 378). In der Literatur wird mindestens ein willkürliches Opferverhalten verlangt. Hiernach kann Raubgewalt gegen Handlungsunfähige (Schlafende, Bewusstlose, schwerst Betrunkene) nur geübt werden, wenn der Täter damit bezweckt, erwarteten Widerstand durch willkürliches Verhalten (nach Aufwachen, Rückkehr ins Bewusstsein, Ausnüchterung) zu verhindern (sogleich Rdn. 11). Demgegenüber lässt die Rechtsprechung als Widerstand auch *unwillkürliche Verhaltensweisen oder Zustände* genügen, wenn sie nur ungehinderter Wegnahme entgegenstehen. Wer einen Bewusstlosen umdreht, um an seine Gesäßtasche zu kommen, in der sich seine Geldbörse befindet, soll hiernach ebenso Gewalt anwenden wie derjenige, der den Bewusstlosen, von dem er keinen Widerstand erwartet, in eine menschenleere Seitenstraße schleift, um ihn dort ungestört ausplündern zu können (BGHSt **4** 210, 211; vgl. auch **25** 237 sowie BGH v. 1.9.1977, 2 StR 276/77). Erst recht sollen an der Grenze zum willkürlichen Verhalten liegende instinktive Reaktionen genügen, z.B. wenn das zu keinem Widerstand mehr

---

[7] RGSt **67** 183, 186; **69** 327, 330; BGHSt **1** 145, 147; **4** 210; **18** 329, 331 m. Anm. *Knodel* JZ **1963** 701; **20** 194; BGH NStZ **1986** 218; StV **1990** 262; NStZ **2003** 89, 89; BGHR StGB § 249 Abs. 1 Gewalt 6; *Fischer* Rdn. 4a; *Günther* SK[5] Rdn. 7; *Kindhäuser* NK Rdn. 13; *Sander* MK Rdn. 11; *Sch/Schröder/Eser* Rdn. 4; *Eisele* BT II Rdn. 291; *Eser* JZ **1965** 378; *Geilen* Jura **1979** 54 und 109; *Jäger* BT Rdn. 282; *Kindhäuser* BT II § 13 Rdn. 4; *Krey/Hellmann* Rdn. 186; *Küper* BT S. 179; *Maurach/Schroeder/Maiwald* I § 35 Rdn. 16; *Otto* BT § 46 Rdn. 5; *Schünemann* JA **1980** 350; *Wessels/Hillenkamp* Rdn. 319.

fähige Opfer die Hand kraftlos auf die Gesäßtasche legt und liegen lässt, in der sich seine Geldbörse befindet (BGHSt **16** 341). Im Ergebnis ist in derartigen Fällen der Rechtsprechung zwar nicht zu folgen, weil in den genannten Fällen eine nur unerhebliche Ein- oder Auswirkung auf den Körper des Nötigungsopfers gegeben ist. Im Prinzip ist es jedoch nicht richtig zu sagen, Gewalt könne nur gegen (mindestens potentiell) Handlungsfähige geübt werden (soeben Rdn. 9 a.E.); wer einem irreversibel Komatösen den Ringfinger abschneidet, um den festsitzenden Ring wegnehmen zu können, verübt gegen ihn Gewalt und macht sich wegen Raubes strafbar.

11 Im Ausgangspunkt unbestritten ist, dass die **Gewaltanwendung zur Verhinderung lediglich erwarteten Widerstandes** gleichfalls § 249 StGB unterfällt, z.B. wenn der Täter das Opfer sofort einsperrt, fesselt und knebelt, bewusstlos schlägt oder tötet (s. hierzu noch Rdn. 27), um jedes Aufkommen von Widerstand gegen die Wegnahme auszuschließen. Nach überwiegender Auffassung ist es unerheblich, ob von dem Opfer *objektiv* Widerstand zu erwarten ist oder nicht; entscheidend ist vielmehr die *subjektive* Vorstellung des Täters (eingehend Rdn. 20).[8] Ob der Genötigte das Handlungsziel des Täters erkennt oder ob er bei Erkenntnis der Zueignungsabsicht des Täters Widerstand geleistet hätte, ist unerheblich (BGHSt **20** 32, 33; BGH 5 StR 258/71 bei Dallinger MDR **1972** 16; *Eser* NJW **1965** 378). Tatbestandsmäßige Gewalt kann auch gegen aktuell Handlungsunfähige (Schlafende, Bewusstlose, schwer Betrunkene) verübt werden, wenn der Täter damit bezweckt, erwarteten Widerstand gegen die Wegnahme – also vor Wegnahmevollendung – nach wieder gewonnener Handlungsfähigkeit (nach Aufwachen, Rückkehr ins Bewusstsein, Ausnüchterung) von vornherein zu verhindern.[9] Auch in dieser Fallgruppe fragt sich, ob der erwartete Widerstand durch – mindestens – willkürliches Verhalten erfolgen muss, wie ein Teil der Literatur meint (s. nur *Herdegen* LK[11] Rdn. 7: Es müsse dem Täter darum gehen, „sein Vorhaben in Frage stellende willentliche Reaktionen des Opfers zu vereiteln"). Die Rechtsprechung verneint die Frage und bestraft z.B. als Räuber, wer einen schwer Betrunkenen, um ihn stützen und führen zu können, fest im Griff hat und dieses Im-Griff-Haben dazu ausnutzt, ihn zu bestehlen (BGH 4 StR 161/71 bei Dallinger MDR **1971** 896). In solchen Fällen mag zwar die Erheblichkeit der Gewaltanwendung zu bezweifeln sein. Im Prinzip ist aber aus den Rdn. 9 a.E. genannten Gründen der Rechtsprechung zu folgen, mögen Anwendungsfälle auch eher zur Lehrbuchkriminalität gehören (z.B. wenn der Einbruchsdieb den Säugling betäubt, um zu verhindern, dass er aufwacht, schreit und die Eltern weckt).

12 In welche Schwierigkeiten es führen kann, die Gewaltdogmatik mit der Finalität der Überwindung oder Verunmöglichung geleisteten oder zu erwartenden Widerstands aufzuladen, zeigt der gängige Versuch, die praktisch häufige, auch im Rechtsvergleich viel anzutreffende Problematik des sog. **Handtaschenraubs**, des Entreißens von Handtaschen, über das Widerstandskriterium zu lösen. Die sachgerechte Lösung dieser Problematik muss mindestens ergänzend weitere Gesichtspunkte heranziehen, und es ist zu differenzieren: Gewiss wendet lediglich *Sachgewalt* an, wer zur Wegnahme einer Handtasche das Trageband durchschneidet oder sich durch Aufreißen der Tasche Zugang zu ihrem Inhalt verschafft. Gewiss wendet *Personengewalt* i.S.v. § 249 StGB an, wer das

---

[8] *Sander* MK Rdn. 11; *Sch/Schröder/Eser* Rdn. 7.

[9] *Herdegen* LK[11] Rdn. 7; *Kindhäuser* NK Rdn. 15; *Sander* MK Rdn. 14; Arzt/Weber/*Heinrich*/Hilgendorf BT § 17 Rdn. 7; *Eisele* BT II Rdn. 296; *Küper* BT S. 181; *Maurach/Schroeder/Maiwald* I § 35 Rdn. 17; *Rengier* BT 1 § 7 Rdn. 11; *Schünemann* JA **1980** 349, 353; *Seelmann* JuS **1986** 201, 202; *Wessels/Hillenkamp* Rdn. 321; **aA** *Sch/Schröder/Eser* Rdn. 4.

Opfer mit einiger Kraft zu Boden stößt oder es mit der Tasche zu Boden reißt, desgleichen, wer, kommt es zu einer tätlichen Auseinandersetzung um die Tasche, auf das Opfer einschlägt u. dgl. Im Übrigen will die h.A. unterscheiden: Raub soll vorliegen, wenn der Täter *tatsächlich durch Festhalten der Tasche geleisteten Widerstand überwinden* muss, sei es, weil sich das Opfer bereits vorsorglich auf Angriffe eingestellt hat (z.B. eine Geldbombe nicht nur unter dem Arm trägt, sondern „zusätzlich, aus Gründen der Sicherheit, an sich presst", BGHR StGB § 249 Abs. 1 Gewalt 4), sei es, dass es die Wegnahmeabsicht des Täters rechtzeitig erkannt hat, oder sei es, dass der Täter im ersten, überraschenden Versuch scheitert und nunmehr versucht, dem sich wehrenden Opfer die Tasche zu entreißen.[10] Nicht als Raub bestraft werden soll jedoch das *überraschende und so dem Widerstand zuvorkommende Entreißen* der Tasche. Allerdings hatte es BGHSt 18 329 noch als Raub angesehen, wenn eine Handtasche lediglich durch Überwindung des bloßen Haltens in raschem Zugriff weggenommen wird, da es genüge, erwartetem Widerstand zuvorzukommen, ihn erst gar nicht aufkommen zu lassen. Dogmatisch ist das keineswegs fern liegend, und die Versuche, danach zu unterscheiden, ob sich der Täter sage, er vereitele durch überraschendes, geschicktes Zugreifen jede Möglichkeit zu einem Widerstand oder er breche „prophylaktisch potentiellen Widerstand" (*Knodel* S. 701 f; *Geilen* Jura **1979** 109), erscheinen rabulistisch. Aber in Wahrheit geht es weniger um Widerstand als um die Frage, ob Gewalt „gegen eine Person" mit einer hinreichenden körperlichen Zwangswirkung vorliegt (vgl. *Schünemann* JA **1980** 356 Fn. 17). Dazu wird teils eine erhebliche und einen wesentlichen Bestandteil der Wegnahme darstellende Kraftentfaltung durch den Handtaschenräuber verlangt (s. bereits Rdn. 7).[11] Nach neuerer Rechtsprechung liegt kein Raub vor, wenn nicht die eingesetzte Kraft, sondern List und Schnelligkeit das Bild der Tat prägen und die entfaltete Kraft vom Opfer nicht als körperlicher Zwang empfunden wird (BGH StV **1990** 262; BGHR StGB § 249 Abs. 1 Gewalt 1, 6; ähnlich BGH NStZ **1986** 218); dem stimmt die Literatur weitgehend zu.[12] Aber auf das subjektive Opferempfinden kann es für die objektiv erforderliche Gewalt nicht ankommen, und die Formel vom „Geprägtsein" des „Tatbildes" durch Kraft oder List und Schnelligkeit ist bedenklich unscharf. Vielmehr kommt es darauf an, ob die für Gewalt „gegen eine Person" erforderliche Erheblichkeitsschwelle (Rdn. 7) erreicht ist oder nicht, gleich, ob das Opfer überrascht ist oder nicht – mag auch der Täter bei fehlender Überraschung faktisch häufig dazu gezwungen sein, die Erheblichkeitsschwelle zu überschreiten.

13 b) **Drohungen mit gegenwärtiger Gefahr für Leib oder Leben.** Wie bei §§ 240, 253 StGB ist **Drohung** das Inaussichtstellen eines Übels, dessen Eintritt der Drohende als von seinem Willen abhängig darstellt, für den Fall, dass das Opfer Widerstand gegen die Wegnahme leistet. So droht, wer dem Opfer ein Messer oder eine Schusswaffe vorhält, konkludent (s. noch Rdn. 14) an, dass er zusticht oder schießt, wenn das Opfer Wider-

---

[10] Vgl. BGH NJW **1955** 1238 und 1404; *Knodel* JZ **1963** 702; s. auch *Maurach/Schroeder/Maiwald* I § 35 Rdn. 16.

[11] BGH GA **1968** 337; 3 StR 154/74 bei Dallinger MDR **1975** 22; 2 StR 607/74 bei Dallinger MDR **1975** 543; NStZ **1986** 218; StV **1990** 205, 206; BGHR StGB § 249 Abs. 1 Gewalt 1, 2 und 6; BGH 15.3.1977, 5 StR 105/77: Aus-der-Hand-Schlagen einer aufgeklappten Brieftasche. Vgl. auch *Sander* MK Rdn. 15; *Sch/Schröder/Eser* Rdn. 4a; *Otto* BT § 46 Rdn. 5.

[12] *Fischer* Rdn. 4b; *Günther* SK[5] Rdn. 10; *Kindhäuser* NK Rdn. 14; *Sander* MK Rdn. 16; *Sch/Schröder/Eser* Rdn. 4a; *Eisele* BT II Rdn. 295; *Krey/Hellmann* Rdn. 188 f; *Maurach/Schroeder/Maiwald* I § 35 Rdn. 16; *Otto* BT § 46 Rdn. 6; *Rengier* BT 1 § 7 Rdn. 12; *Schünemann* JA **1980** 349, 350; *Seelmann* JuS **1986** 201, 202.

stand gegen die Wegnahme leistet. Die Drohung ist als solche noch keine Gewalt, richtiger Auffassung nach auch dann nicht, wenn sie körperliche Stressreaktionen bewirkt oder als körperlicher Zwang empfunden wird (Rdn. 6). Umgekehrt hat willensbeugende Gewalt (vis compulsiva) mit der Drohung gemein, dass beide darauf abzielen, die **Motivation** des Opfers zu beeinflussen. Der Unterschied besteht zunächst nur darin, dass der Täter bei willensbeugender Gewalt das Übel – beim Raub Personengewalt – zufügt, während er es bei der Drohung – beim Raub mit unmittelbarer Gefahr für Leib oder Leben – erst in Aussicht stellt, ankündigt.[13] In der Sache kann in zugefügter willensbeugender Gewalt zugleich die konkludente (s. noch Rdn. 14) Drohung liegen, dass der körperlich wirkende Zwang fortgesetzt oder erneut zugefügt werde, wenn das (weitere) Vorhaben (Verlangen) des Täters auf Widerstand stoßen sollte.[14] In diesem Sinne ist zugefügte willensbeugende Gewalt zugleich Drohung, wenn die Vorstellung der Fortsetzung oder erneuten Zufügung und die Furcht hiervor die dominanten Motivationsfaktoren sein sollen, während nur Gewalt vorliegt, wenn der bereits ausgeübte, körperlich wirkende Zwang den entscheidenden Motivationsfaktor bilden soll, z.B. wenn der Täter das Opfer „windelweich" prügelt, bis es „mürbe" ist und sich dem Täter widerstandslos fügt (*Geilen* JZ **1970** 528; **krit.** *Kindhäuser* NK Vor § 249 Rdn. 26: „nicht sachdienlich").

**Gedroht** werden kann nicht nur mit unmissverständlichen Worten oder Gesten, sondern auch mit allgemeinen Redensarten, unbestimmten Andeutungen und schlüssigen Handlungen.[15] Bei der konkludenten Drohung muss der Täter die Gefahr für Leib oder Leben deutlich in Aussicht stellen, genügend erkennbar machen; es genügt nicht, dass der Adressat der Bedrohung lediglich allgemein – ohne dies mit Widerstand gegen eine Wegnahme in Verbindung zu bringen – erwartet, der Täter werde ihm ans Leben gehen oder ihm eine erhebliche Körperverletzung zufügen (BGHSt 7 252, 253; BGHR StGB § 249 Abs. 1 Drohung 1). Die konkreten Umstände des Tatgeschehens sind für die Frage, ob der Täter konkludent gedroht und welches Übel er angedroht hat, wie bei allen strafrechtlich relevanten Äußerungen (s. hierzu *Kern* Die Äußerungsdelikte [1919] S. 77 f) entscheidend. So kann die Äußerung, das Opfer möge die Wegnahme dulden, „sonst passiert was", als Drohung mit gegenwärtiger Gefahr mindestens für den Leib des Opfers gemeint sein und verstanden werden, wenn sich der körperlich überlegene Täter und sein Opfer nachts allein auf einem einsamen Brachgelände befinden (BGH 5 StR 81/81 vom 5.5.1981); allerdings bedarf in solchen Fällen der Vorsatz des Täters sorgfältiger Ermittlung und Feststellung und darf nicht nur aus den äußeren, dem Täter bekannten Umständen geschlossen werden (vgl. BGH NJW **1984** 1632). Zur willensbeugenden Gewalt (vis compulsiva) als Drohung s. Rdn. 13. **14**

Gegenstand der Drohung muss nach dem Gesetz eine gegenwärtige **Gefahr für Leib oder Leben** sein. Die Formulierung ist missverständlich; gemeint ist, dass der Täter drohen **15**

---

13 BGHSt 7 252, 253; 23 126, 127; BGH NStZ 1981 218; *Horn/Wolters* SK[7] § 240 Rdn. 15; *Sch/Schröder/Eser* Vor § 234 Rdn. 37; *Mitsch* BT 2/1 § 3 Rdn. 30; *Schünemann* JA **1980** 349, 350.

14 BGHSt **48** 365, 368; BGH NJW **1984** 1632; NStZ **1986** 409; 3 StR 358/92 bei Holtz MDR **1993** 9; NStZ **2004** 556; BGHR StGB § 249 Abs. 1 Drohung 3; *Fischer* Rdn. 13; *Sander* MK Rdn. 31; *Geilen* JZ **1970** 525 und Jura **1979** 110; *Schünemann* JA **1980** 349, 350; verkannt in BGH 2 StR 234/67 (bei Dallinger MDR **1968** 17, der sich wie hier krit. äußert).

15 BGHSt 7 252, 253; BGH NJW **1984** 1632; 4 StR 604/86 bei Holtz MDR **1987** 281; NJW **1989** 1289; BGHR StGB § 249 Abs. 1 Drohung 1; *Fischer* Rdn. 5 und § 240 Rdn. 31; *Günther* SK[5] Rdn. 17; *Kindhäuser* BT II § 13 Rdn. 5; vgl. auch *Sander* MK Rdn. 21.

muss, etwas zu tun oder zu unterlassen (Rdn. 24 ff), was den *Tod* oder eine *Verletzung der körperlichen Unversehrtheit* des Opfers mindestens möglicherweise bewirkt. Theoretisch denkbar ist es, dass der Täter die Duldung der Wegnahme durch Drohung mit Selbsttötung oder -verletzung erzwingt; dieser tragisch-pathologische Fall fällt so weit aus dem Leitbild des Raubes heraus, dass er nicht erfasst wird (*Günther* SK[5] Rdn. 21; *Kindhäuser* NK Rdn. 18). Die angedrohte Körperverletzung darf, um die binnensystematische Proportionalität zur Alternative des angedrohten Todes zu wahren, jedenfalls nicht unerheblich sein; die Drohung mit einer leichten körperlichen Misshandlung, insbesondere einer (wenngleich schmerzhaften) Ohrfeige genügt für § 249 StGB nicht.[16] Drohungen mit Sachbeschädigungen oder -zerstörungen (vgl. dazu *Geilen* **1979** 110) genügen als solche nicht, mögen sie auch noch so willensbeugend sein wie z.B. die Drohung, einen Personenkraftwagen „abzufackeln"; anderes gilt, wenn solche Drohungen auf eine Todes- oder Verletzungsdrohung hinauslaufen (wie im Lehrbuchbeispiel der gegen einen Wüstenreisenden ausgesprochene Drohung, seine Trinkwasserbehälter zu zerstechen).

**16** Das Gesetz fordert die Drohung mit einer **gegenwärtigen** Gefahr für Leib oder Leben. Nach – soweit ersichtlich – allgemeiner Auffassung soll die Gegenwärtigkeit bei § 249 *ebenso wie bei § 255 StGB* zu bestimmen sein (s. hierzu § 255 Rdn. 7). Daher soll auch beim Raub nicht nur die Drohung mit unmittelbar bevorstehender Tötung oder erheblicher Körperverletzung, sondern auch die Drohung mit einer *„Dauergefahr"* genügen, die jederzeit, auch später, ggf. Tage nach der Tat, in einen Schaden umschlagen kann. Weiterhin wird auch beim Raub die Formel für anwendbar gehalten, es genüge zwar nicht eine bloß „künftige Gefahr", deren Verwirklichung „erst in der Ferne" – nach einem Monat oder Jahr – in Aussicht gestellt werde (s. zu § 255 StGB BGH MDR **1957** 691, StV **1982** 517), wohl aber, dass der Eintritt des angedrohten Übels bei ungestörtem Fortgang der Dinge als sicher oder höchst wahrscheinlich erscheine, falls nicht sofort oder alsbald Abwehrmaßnahmen ergriffen würden (s. zu § 255 StGB BGH NJW **1997** 265, 266), mag der Übelseintritt auch noch Tage oder auch zwei Wochen (s. zu § 255 StGB BGH NStZ-RR **1998** 135) hinausgeschoben werden. Vom Rechtsgut Willensfreiheit her gedacht mag es sogar diskutabel erscheinen, *jede* Drohung genügen zu lassen, von der ein „gegenwärtiger Verhaltenszwang" ausgeht, gleich, für welchen Zeitpunkt die Verwirklichung der Drohung in Aussicht gestellt wird (so *Küper* BT S. 118; vgl. auch *Kindhäuser* NK Rdn. 21).

**17** In Wahrheit gibt es *keinen vollständigen Gleichlauf der Dogmatik der Gegenwärtigkeit* der Gefahr bei § 249 und § 255 StGB. Empirisches und normatives Leitbild des Raubes ist die unmittelbare persönliche Konfrontation zwischen Täter und Opfer, und die paradigmatische Raubdrohung z.B. durch Bedrohen mit einer Schusswaffe oder einem Messer besteht darin, Widerstand gegen die Wegnahme *auf der Stelle* mit tödlicher oder erheblich verletzender Gewalt zu beantworten. Deshalb, aber auch weil Raubmittelanwendung und Wegnahme in zeitlich-räumlichem und unmittelbarem Zusammenhang miteinander stehen und eine einheitliche Tat bilden müssen (Rdn. 34 f), ist es nicht möglich, Drohungen im Vorfeld der Wegnahme in gleicher Weise wie bei § 255 StGB Drohungen im Vorfeld der Vermögensverfügung (z.B. die Drohung mit einer Tötung für den Fall, dass die „Zahlungsfrist" von zwei Wochen verstreicht, BGH NStZ-RR **1998**

---

16 RGSt **72** 229, 231; BGHSt **7** 252, 254; BGH 3 StR 196/74 bei Dallinger MDR **1975** 22; 1 StR 525/74 bei Dallinger MDR **1975** 196; NJW **1976** 248; NStZ **1986** 409; *Fischer* Rdn. 5 und § 35 Rdn. 4; *Günther* SK[5] Rdn. 18; *Kindhäuser* NK Rdn. 6; *Lackner/Kühl* Rdn. 3 und § 315c Rdn. 23; *Eisele* BT II Rdn. 301; *Geilen* Jura **1979** 110; *Rengier* BT 1 § 7 Rdn. 19; **krit.** *Sander* MK Rdn. 21 und nun auch BGH NStZ **2009** 325.

135) zu erfassen, z.B. wenn der Täter, um nachts ungestört einen Wohnungseinbruchsdiebstahl (§ 244 Abs. 1 Nr. 3 StGB) begehen zu können, das Opfer tagsüber am Arbeitsplatz mit dem für den nächsten Tag oder die nachfolgenden Tage als unabwendbar in Aussicht gestellten Tode bedroht, sollte es abends in seine Wohnung zurückkehren (§§ 240, 241 StGB).

Ungeklärt ist die Frage, ob und in welchen Grenzen bei § 249 StGB die Tötung oder erhebliche Körperverletzung *für einen nach der Tat liegenden Zeitpunkt* angedroht werden kann, z.B. wenn ein Schüler in einer Schulpause „abgezogen" wird, d.h. ihm von anderen Schülern Sachen weggenommen werden, und die Täter dem Opfer bedeuten, es werde, wenn es sich wehre, zwar nicht auf der Stelle und auch nicht während der Schulzeit und in der Schule, aber nach Schulschluss auf dem Nachhauseweg oder am Wochenende verprügelt. Wer ausreichen lässt, dass die Drohung einen „gegenwärtigen Verhaltenszwang" begründet (Rdn. 16), kann und muss derartige Fälle ohne Weiteres in § 249 StGB einbeziehen; der finale Zusammenhang zwischen Drohung und Wegnahme ist nicht zu bezweifeln, da die Drohung bestimmt ist, das Opfer zur Duldung der Wegnahme zu motivieren. Aber in derartigen Fällen wird nur mit einer künftigen, nicht gegenwärtigen Gefahr gedroht. Die Gegenwärtigkeit der Gefahr, mit der gedroht wird, ist bezogen auf die Tat zu bestimmen. Auch bei § 255 StGB ist der letzte Zeitpunkt, für den die Verwirklichung der Drohung – mindestens als ab dann jederzeit gegebene Möglichkeit („Dauergefahr") – in Aussicht gestellt werden muss, das endgültige Fehlschlagen des Versuchs (z.B. der fruchtlose Ablauf einer „Zahlungsfrist", vgl. BGH aaO; näher § 255 Rdn. 7). Kann das Opfer hingegen nach dem Inhalt der Drohung das endgültige Fehlschlagen des Versuchs ohne Gefahr für Leib oder Leben erreichen und ist es der Gefahr der Drohungsverwirklichung erst ab einem späteren Zeitpunkt ausgesetzt, so wird mit bloß künftiger Gefahr gedroht, die auch anders als durch sofort oder alsbald ergriffene, nämlich auch durch erst nach endgültigem Fehlschlagen des Versuchs einsetzende Abwehrmaßnahmen abgewendet werden kann, z.B. wenn der Schüler, der sich nicht hat „abziehen" lassen, sich bei Schulschluss oder vor dem Wochenende an Lehrer oder Eltern wendet; derartige Möglichkeiten mildern auch den Motivationsdruck, der auf dem Opfer lastet, die Tat geschehen zu lassen. **18**

Nach – soweit ersichtlich – einhelliger Auffassung setzt die vom Gesetz geforderte **Anwendung** der Drohung voraus, dass sie zur Kenntnis des Adressaten gelangt und von ihm *verstanden* wird.[17] Die Bedrohung eines unerkannt Bewusstlosen oder unerkannt Sprachunkundigen kann also nur zu versuchtem Raub führen. Umstritten ist hingegen, ob der Adressat sie *als zumindest möglicherweise ernst gemeint ansehen*, also annehmen muss, der Täter könne und wolle sie gegebenenfalls und möglicherweise verwirklichen, damit Vollendungsstrafbarkeit in Betracht kommt. Nach wohl überwiegender Auffassung soll genügen, dass der Täter die Drohung so aufgefasst wissen will.[18] Das überspannt die ohnehin weitgehende Subjektivierung des Raubes, und die Drohung wird **19**

---

17 Zu diesem Erfordernis *Kindhäuser* NK Vor § 249 Rdn. 24; *Sch/Schröder/Eser* Vor § 234 Rdn. 32; *Kern* Die Äußerungsdelikte (1919) S. 35; *Mitsch* BT 2/1 § 3 Rdn. 32.

18 RGSt **4** 10; **12** 194, 198; BGHSt **26** 309, 310; BGH 1 StR 303/74 bei Dallinger MDR **1975** 22; NJW **1976** 976; *Fischer* Rdn. 5 und § 240 Rdn. 31; *Lackner/Kühl* Rdn. 4; *Schünemann* JA **1980** 349, 351; *Welzel* § 43 I 1a; **aA** *Kindhäuser* NK Vor § 249 Rdn. 24; *Sander* MK Rdn. 20; *Sch/Schröder/Eser* Vor § 234 Rdn. 33; Arzt/Weber/*Heinrich*/Hilgendorf BT § 17 Rdn. 8; *Eisele* BT II Rdn. 300; *Küper* BT S. 114; *Mitsch* BT 2/1 § 3 Rdn. 32; *Rengier* BT 1 § 7 Rdn. 18; *Wessels/Hillenkamp* Rdn. 325.

so zu einer bloßen Methode des Angriffs auf die Willensfreiheit (*Küper* JuS **1976** 648 Fn. 30).[19] Freilich ist der Streit reichlich theoretisch, da, nimmt der Adressat die Drohung nicht ernst, die Wegnahme kaum gelingen wird, ohne dass der Täter zu Gewalt oder verstärkter Drohung greifen muss. Zur weiteren Frage, ob und in welchem Sinne die Drohung willensbeugende Kraft entfalten muss, s. Rdn. 13 ff.

**20** Ebenso wie die Gewalt muss die Drohung nach h.A. **zur Überwindung geleisteten oder** – häufiger – **zur Verhinderung erwarteten Widerstands** des Opfers gegen die Wegnahme eingesetzt werden. Ob der Täter die Drohung **verwirklichen** kann oder will, spielt nach ganz h.A. keine Rolle, da eine Drohung bereits dann willensbeugende Kraft entfaltet, wenn sie – mindestens möglicherweise – ernst genommen wird; hier wirkt sich der von der h.A. angenommene Charakter des Raubs als Freiheitsdelikt erheblich strafbarkeitserweiternd aus (Vorbem. §§ 249–256 Rdn. 45 f). Von Seiten des Täters genügt es hiernach, dass er annimmt, seine Drohung sei zur Überwindung geleisteten oder zur Verhinderung erwarteten Widerstands geeignet, und er sie als ernst gemeint und den Eintritt des Übels als von seinem Willen abhängig erscheinen lässt, also erreichen will, dass der Adressat die Realisierung der Drohung als möglich – wenn auch zweifelhaft – ansieht.[20] Von Seiten des Opfers ist zudem richtiger Auffassung nach ein Ernstnehmen der Drohung in dieser Weise erforderlich (soeben Rdn. 19).

**21** c) **Taugliche Gewalt- und Drohungsopfer, „Dreiecksnötigung“.** Regelmäßig werden Raubmittel gegen den **Gewahrsamsinhaber** angewendet, gleich, ob er Eigentümer ist oder nicht. Hält der Täter das Nötigungsopfer irrig für den Inhaber des Gewahrsams an der Sache, die er wegnehmen will, so wird es i.d.R. nicht zu einer Wegnahme kommen, so dass die Tat nur als Raubversuch bestraft werden kann. Nimmt der Täter, nachdem sich der Irrtum aufgeklärt hat, eine andere Sache weg, als er ursprünglich geplant hat, so ist dies nach den Regeln über die unwesentliche Abweichung des vorgestellten Kausalverlaufs vom wirklichen als vollendeter Raub zu beurteilen.

**22** Als Nötigungsopfer kommen nach dem Gesetzeswortlaut auch **andere Personen als der Gewahrsamsinhaber** in Betracht. Dazu zählen jedenfalls *objektiv Schutzbereite*, d.h. Personen, die tatsächlich die Wegnahme verhindern wollen, mögen sie zum Schutz des Gewahrsams verpflichtet (z.B. Wachmänner oder nach § 323c StGB verpflichtete Dritte) oder auch nur freiwillig dazu bereit sein.[21] Maßgeblich ist die „natürliche“ Schutzbereitschaft; deshalb können auch Kinder, jedenfalls wenn sie in der Lage sind, Hilfe herbeizuholen, oder Einsichts- oder Steuerungsunfähige (vgl. § 20 StGB), taugliche Nötigungsopfer sein. Da und soweit es genügt, dass der Täter bloß erwarteten Widerstand ausschalten will (Rdn. 11), sind weiterhin *potentiell Schutzbereite* taugliche Nötigungsopfer, wenn sie der Täter gleichsam „prophylaktisch“ ausschalten will (*Geilen* Jura **1979** 166). Schließlich sieht die h.A. *nur vermeintlich Schutzbereite* als taugliche Nötigungsopfer an, wenn sie der Täter – wenn auch irrig – für aktuell oder potentiell schutzbereit hält;[22] zur

---

[19] RGSt **2** 286; **3** 262, 263; BGHSt **16** 386, 387; **23** 294, 295; BGH 5 StR 81/81 vom 5.5.1981; *Frank* Anm. II 2.

[20] BGHSt **23** 294, 295 f; **26** 309, 310; BGH 1 StR 303/74 bei Dallinger MDR **1975** 22; NJW **1976** 976; *Kindhäuser* NK Vor § 249 Rdn. 24; *Sch/Schröder/Eser* Vor § 234 Rdn. 33; *Mitsch* BT 2/1 § 3 Rdn. 32; *Schünemann* JA **1980** 349, 351; *Seelmann* JuS **1986** 201, 203.

[21] RGSt **56** 23, 24; **67** 183, 186; **69** 327, 330; BGHSt **3** 297, 299.

[22] RGSt **67** 183, 186; BGHSt **4** 210; *Fischer* Rdn. 4; *Lackner/Kühl* Rdn. 2; *Sander* MK Rdn. 17; *Sch/Schröder/Eser* Rdn. 7; *Eisele* BT II Rdn. 297; *Haft/Hilgendorf* BT I S. 34; *Krey/Hellmann* Rdn. 186b; *Rengier* BT 1 § 7 Rdn. 17; *Schünemann* JA **1980** 349, 353; *Wessels/Hillenkamp* Rdn. 323.

Frage, ob in diesen Fällen nur wegen Raubversuchs zu bestrafen ist (so z.B. *Küper* JuS **1986** 862, 863 Fn. 7), s. Rdn. 53. Zur Frage, wie in derartigen Fällen Raub und räuberische Erpressung voneinander abzugrenzen sind, Rdn. 32 ff, 39.

Der Wortlaut des § 249 StGB lässt – ebenso wie der des § 240 StGB – zu, dass diejenige Person, gegen die unmittelbar Gewalt verübt oder die unmittelbar mit gegenwärtiger Gefahr für Leib oder Leben bedroht wird, nicht diejenige Person ist, deren Willen gebeugt werden soll, z.B. wenn bei einem Raubüberfall auf eine Bank oder ein Geschäft Gewalt unmittelbar gegen Kunden geübt oder diese mit dem Tode bedroht werden, um den Kassierer oder Ladeninhaber zu nötigen, die Wegnahme von Bargeld oder anderen Sachen zu dulden und Widerstand hiergegen zu unterlassen. Die h.A. nimmt das Gesetz beim Wort und hält auch solche **„Dreiecksnötigungen"** für einen Anwendungsfall des § 249 StGB.[23] Teilweise wird aber auch verlangt, dass der, dessen Willen gebeugt wird oder werden soll, dem unmittelbar Gewaltbetroffenen oder Bedrohten schutzpflichtig sein muss, zwischen beiden ein dem § 35 Abs. 1 Satz 1 StGB entsprechendes Näheverhältnis oder auch nur ein „Sympathieverhältnis" bestehen muss.[24] Richtigerweise sind derartige Erfordernisse zu eng; erforderlich, aber auch genügend ist es, dass die Gewaltanwendung oder Drohung die Wegnahme objektiv gefördert hat (s. noch Rdn. 36). **23**

d) **Gewalt oder Drohung durch Unterlassen; Drohung mit einem Unterlassen.** Für *Dreipersonenverhältnisse* ist es – soweit ersichtlich – unstreitig, dass sich ein straftatverhinderungspflichtiger Garant durch Unterlassen an einem Raub beteiligen kann, z.B. wenn ein militärischer Vorgesetzter einen von einem Untergebenen begangenen Raub nicht hindert (vgl. auch § 357 Abs. 1 StGB und §§ 4, 9 Abs. 1 VStGB) oder wenn er die Gewaltverübung durch einen Dritten (z.B. Fesselung des Opfers) nicht verhindert, um die fortdauernde Gewaltwirkung sodann zu einem Diebstahl zu nutzen (*Herdegen* LK[11] Rdn. 16; *Kindhäuser* NK Rdn. 25; *Mitsch* BT 2/1 § 3 Rdn. 42). **24**

Vor allem für *Zweipersonenverhältnisse*[25] ist die Frage, ob und unter welchen Voraussetzungen ein **Garantenunterlassen i.S.v. § 13 StGB** der Anwendung von Gewalt oder Drohung gleichsteht und zu einer Raubstrafbarkeit führen kann, z.B. wenn der Täter das Opfer fesselt, danach den Entschluss fasst, einen Diebstahl zu begehen und dabei die fortdauernde Zwangswirkung der Fesselung ausnutzt wie in BGHSt **48** 365.[26] BGH aaO S. 368 f hat die „auf Ingerenz beruhende pflichtwidrige Nichtbeendigung" der Gewaltsituation als Gewalt durch Unterlassen angesehen und wegen (schweren) Raubes bestraft, wenn Gewaltanwendung und Wegnahme „zeitlich und räumlich dicht beieinander **25**

---

23 *Günther* SK[5] Rdn. 20; *Lackner/Kühl* Rdn. 3; *Sander* MK Rdn. 23; *Sch/Schröder/Eser* Rdn. 5; *Eisele* BT II Rdn. 303; *Geilen* Jura **1979** 110; *Maurach/Schroeder/Maiwald* I § 35 Rdn. 18; *Mitsch* BT 2/1 § 3 Rdn. 36; *Rengier* BT 1 § 7 Rdn. 20; *Schünemann* JA **1980** 349, 353; *Seelmann* JuS **1986** 201, 203; *Wessels/Hillenkamp* Rdn. 326. Vgl. aus der Rechtsprechung zu §§ 240, 253 StGB RGRspr. 3 317, 318 f; BGHSt **31** 195, 201; BGH NStZ **1985** 408; **1987** 222, 223.

24 Vgl. *Cramer* NStZ **1998** 299, 300; *Mitsch* BT 2/1 § 3 Rdn. 36; *ders.* NStZ **1999** 617; *Zaczyk* JZ **1985** 1059, 1061; *ders.* JR **1999** 343, 345 f.

25 Die Frage stellt sich auch in „Dreipersonenverhältnissen", wenn der Dritte lediglich einen Diebstahl begeht und dabei ausnutzt, dass der straftatverhinderungspflichtige Garant zuvor ohne Zueignungsabsicht Gewalt geübt (z.B. das Opfer niedergeschlagen oder gefesselt) hat, zutr. *Jakobs* FS Eser, S. 323, 328 in Fn. 35, der eine „räuberische Beihilfe" erwägt; s. auch *T. Walter* NStZ **2005** 240, 241 (fehlende Garantenstellung).

26 Anm. *Baier* JA **2004** 431; *Gössel* JR **2004** 254; *Martin* JuS **2004** 447; *Otto* JZ **2004** 364; *T. Walter* NStZ **2004** 623 und **2005** 240.

liegen", S. 371. BGHSt **32** 88, 92 hatte dem noch – ebenso wie die überwiegende Lehre[27] – widersprochen. Die in der Lehre vorgebrachten Argumente, Raubgewalt bzw. -drohung könne nicht durch garanten-, insbesondere ingerenzpflichtwidriges Unterlassen verübt werden, überzeugen nicht (zutr. *T. Walter* NStZ **2005** 240, 241 ff; zur weiteren Frage des Finalzusammenhangs in derartigen Fällen Rdn. 49): Das Wortlautbedenken, ein Unterlassen sei nicht als „Gewalt" anzusehen, verfängt nicht, weil § 13 StGB auch den Sinn hat, derartige Wortlautlücken zu füllen. Gewalt ist auch keine bloße Eigenschaft eines Tuns („gewaltsames Handeln", *Joerden* JuS **1985** 20, 27), und Gewalt bzw. Drohung erschöpfen sich nicht in einem Verhalten, sondern haben einen Erfolg in Gestalt der Ein- bzw. Aus- bzw. Zwangswirkung (s. bereits *Jakobs* JR **1984** 385, 386). Bedenken aus der sog. Modalitätenäquivalenz (*Küper* JZ **1981** 568, 572; *Wessels/Hillenkamp* Rdn. 336) überzeugen im Ergebnis nicht (vgl. *T. Walter* aaO S. 241). Zwar trifft es zu, dass der Unterlassende bereits durch sein vorangegangenes Tun (z.B. Fesseln) den Widerstand des Opfers überwunden hat (*Otto* JZ **2004** 364 f); jedoch führt das Unterlassen (z.B. des Losbindens) dazu, dass der Widerstand verunmöglicht wird, den das Opfer leisten könnte; erkennt der Täter das und macht er es sich zunutze, fehlt es auch nicht an dem erforderlichen Finalzusammenhang (zutr. *T. Walter* aaO S. 242 f). Eine Ingerenzgarantenstellung kommt auch bei vorsätzlich-rechtswidrigem Vorverhalten in Betracht (s. *Stein* JR **1999** 265; *T. Walter* aaO S. 241 f; **aA** BGH NStZ-RR **1996** 131 in einer vereinzelt gebliebenen, nicht den Raub betreffenden Entscheidung). Nach alledem besteht kein Anlass, von § 13 und auch § 240 StGB abzuweichen, bei dem die h.A. Gewaltanwendung durch garantenpflichtwidriges Unterlassen für möglich hält (näher *Träger/Altvater* LK[11] § 240 Rdn. 52 ff).

**26** Die zu § 240 StGB viel diskutierte Frage, ob und unter welchen Voraussetzungen eine **Drohung mit einem Unterlassen** möglich ist (näher *Träger/Altvater* LK[11] § 240 Rdn. 62 ff), ist bei § 249 StGB bislang – soweit ersichtlich – nicht praktisch geworden. Da beim Raub Drohungsgegenstand eine gegenwärtige Gefahr für Leib oder Leben sein muss, dürfte in theoretisch denkbaren Fällen (z.B. drohe ein Arzt, den lebensbedrohlich Erkrankten nicht zu behandeln, wenn dieser nicht die Wegnahme von Geld dulde) regelmäßig eine Hilfspflicht aus § 323c StGB bestehen, so dass es auf den Streit, ob die Drohung genügt, ein Tun zu unterlassen, zu dem der Drohende rechtlich nicht verpflichtet ist (hierzu *Träger/Altvater* aaO), regelmäßig nicht ankommen dürfte.

**27** 2. **Wegnahme einer fremden beweglichen Sache (Abgrenzung zur räuberischen Erpressung).** Zweiter Akt des Raubes ist die – nicht notwendigerweise eigenhändig begangene (s. Rdn. 54) – **Wegnahme** einer fremden beweglichen Sache, und zwar in Zueignungsabsicht (hierzu noch Rdn. 51 ff). Alles das ist im Grundsatz (s. aber sogleich Rdn. 28) wie bei § 242 StGB zu verstehen (s. dort Rdn. 48 ff, 132 ff). Theoretisch denkbar ist es, dass der Täter zwischen Nötigungs- und Wegnahmehandlung Alleineigentum erwirbt oder verliert; nach *Mitsch* BT 2/1 § 3 Rdn. 13 kommt es auf die Eigentumslage bei Beginn der Wegnahme an. Ob und welchen wirtschaftlichen Wert die geraubte Sache hat, ist nach h.A. gleichgültig (s. § 242 Rdn. 44 und noch Rdn. 31). Wie beim Diebstahl ist Wegnahme auch bei gleich- oder nachgeordnetem Mitgewahrsam des Täters möglich (RG JW **1930** 3407; BGH LM StGB Nr. 8 zu § 249). Eine Wegnahme kommt in Betracht, wenn der Täter den Gewahrsamsinhaber tötet, um sich die Sache zu verschaffen

---

[27] S. die in der vorigen Fn. Genannten (mit Ausnahme von *Gössel*); weiterhin *Günther* SK[5] Rdn. 34; *Eisele* BT II Rdn. 311; *Krey/Hellmann* Rdn. 193a; *Otto* BT § 46 Rdn. 20; *ders.* JZ **1984** 143, 145; *Rengier* BT 1 § 7 Rdn. 32; *Wessels/Hillenkamp* Rdn. 336.

(Raubmord).[28] Allerdings haben Tote keinen Gewahrsam, und die bürgerlich-rechtliche Fiktion des Erbenbesitzes (§ 857 BGB) gilt im Strafrecht nicht. Daraus hatte die Rechtsprechung früher noch abgeleitet, dass eine Wegnahme und damit ein vollendeter Raub nur möglich sei, wenn das Opfer im Zeitpunkt der Wegnahmevollendung, d.h. Gewahrsamsbegründung durch den Täter, noch lebte (RGSt **56** 23; **59** 273, 275; RG DRiZ **1916** Nr. 322), andernfalls nur wegen Unterschlagung – diese ggf. tatmehrheitlich, wenn es zu längerer Gewahrsamslosigkeit der Sache gekommen war – und ggf. Raubversuch zu bestrafen sei (RGSt **58** 228; **59** 273, 275). Seit RGSt **60** 51 (nachfolgend **60** 163, 165; **63** 101, 105; s. weiterhin OGHSt **1** 81, 86; 110, 112; 133, 138; **2** 19, 22) behandelt die Rechtsprechung beide Konstellationen gleich, nämlich als mit Raubmitteln ernötigte Wegnahme, da die mit Raubabsicht begangene Tötungshandlung zugleich Beginn der Wegnahme der Sache sei und zu diesem Zeitpunkt der Gewahrsamsinhaber noch lebe; ob sich die Wegnahme vor oder nach dessen Tod vollende und was sich der Täter hierüber vorstelle, sei nicht entscheidend. S. auch noch Rdn. 50.

Der Gewahrsamsinhaber, der unter dem Eindruck der angewendeten Raubmittel die Wegnahme duldet, geschehen lässt, ist mit dem Gewahrsamswechsel in der Regel nicht einverstanden und bringt ein solches **Einverständnis** nicht zum Ausdruck. Aber auch das tatsächliche, ausdrücklich erklärte Einverständnis in den Gewahrsamswechsel – z.B. wenn der in seinem Haus überfallene Familienvater die Täter auffordert, sich alles, was sie wollen, zu nehmen, aber das Leben der Familienangehörigen zu schonen (vgl. *Capote* Kaltblütig [1966] S. 303 ff) – kann, da es mit Raubmitteln ernötigt worden ist, die Wegnahme und den Raub nicht ausschließen (*Mitsch* BT 2/1 § 1 Rdn. 74; *Schlehofer* S. 73 f; *Thiel* Jura **1989** 454, 457 f; vgl. auch – zum Diebstahl – *Krey/Hellmann* Rdn. 37; nahezu ohne Begründung – je zum Diebstahl – **aA** *Hoyer* SK[6] § 242 Rdn. 47, 51; *Rengier* BT 1 § 2 Rdn. 31). Unbeachtlich ist auch ein generelles, antizipiertes und hypothetisches Einverständnis, da es erst durch den konkreten Raub aktualisiert, dann aber durch Raubmittel ernötigt wird. Raub liegt deshalb vor, wenn ein Bankräuber Gelder wegnimmt und Bankmitarbeiter dies dulden oder gar tätig hierbei mitwirken, weil sie so geschult und angewiesen worden sind, um eine Gefährdung von Kunden und Mitarbeitern zu vermeiden, desgleichen, wenn einem Tourist in unsicherem Gebiet „mugging money" – d.h. Geld, das jemand für den Fall eines Raubüberfalls bei sich führt und dann dem Täter überlassen will, um nicht Gefahr zu laufen, aus Enttäuschung über zu geringe Beute verletzt oder getötet zu werden – geraubt wird. Ein wirksames, eine Wegnahme ausschließendes Einverständnis liegt allerdings in den (seltenen) Fällen vor, dass das Opfer eine Raubtat geschehen lässt, von deren Planung es vorab konkrete Kenntnis hat, oder die Tat zu eigenem Nachteil sogar veranlasst, z.B. um eine Versicherung in Anspruch zu nehmen bzw. zu betrügen (vgl. BGHSt **40** 299, 300). **28**

Umstritten ist, ob und unter welchen Voraussetzungen § 249 StGB – oder stattdessen § 255 StGB – anwendbar ist, wenn sich der Gewahrsamsinhaber, gegen den Gewalt verübt oder Drohungen angewendet werden, zu einer Herausgabe der Sache entschließt oder in anderer Weise daran mitwirkt, dass der Täter Gewahrsam erlangt, z.B. ihm einen Schlüssel übergibt oder eine Zahlenkombination für ein Schloss nennt, das Versteck benennt, beim Ausgraben vergrabener Wertsachen hilft u. dgl. Die Rechtsprechung greift im Grundsatz auf das **äußere Erscheinungsbild** der Tat zurück: *Nimmt* sich der Täter **29**

[28] RGSt **67** 183, 186; BGHSt **9** 135, 136 f; **39** 100, 108; BGH NStZ-RR **2003** 44; *Günther* SK[5] Rdn. 8; *Herdegen* LK[11] Rdn. 17; *Kindhäuser* NK Rdn. 8; *Sander* MK Rdn. 14; *Biletzki* JA **1997** 385 ff; *Eisele* BT II Rdn. 306; *Jäger* BT Rdn. 286; *Kindhäuser* BT II § 13 Rdn. 7; *Rengier* BT 1 § 7 Rdn. 34; *Wessels/Hillenkamp* Rdn. 324.

das, worauf seine Zueignungsabsicht gerichtet ist, so begeht er einen Raub; *gibt* das Opfer ihm, was er haben möchte, handelt es sich um räuberische Erpressung.[29] Demgegenüber stellt die Lehre[30] vielfach auf die **innere Willensrichtung** des Opfers und darauf ab, ob sich das Geben bzw. Dulden des Nehmens als *Vermögensverfügung* mit einem Mindestmaß an Freiwilligkeit und Unmittelbarkeit darstellt – dann, gleich ob genommen oder gegeben wird, Erpressung – oder nicht – dann, gleich ob genommen oder gegeben wird, Raub –. Insbesondere sei es Raub, wenn sich das Opfer sage, die Sache sei „so oder so verloren", es könne den Gewahrsamswechsel ohnehin nicht verhindern und habe in diesem Sinne keine „Wahlfreiheit", keine „Verhaltensalternative". Dem ist nicht zu folgen, s. Vorbem. §§ 249–256 Rdn. 65 und ergänzend: Der Gesetzgeber hat die zahlreichen, kriminalpolitisch durchaus begründeten Reformvorschläge, das „Abnötigen" von Sachen in § 249 StGB aufzunehmen (s. Vorbem. §§ 249–256 Rdn. 15, 18), nicht aufgegriffen. Zwar trifft es zu, dass der Räuber über den Beraubten Nötigungsherrschaft ausübt; jedoch überschreitet die konstruktiv diskutable Interpretation der Weg*gabe* durch das Raubopfer als Weg*nahme* in mittelbarer Täterschaft die Schranken strafrechtsfortbildender Auslegung: Bloßes *Entgegen*nehmen ist kein *Weg*nehmen. Letztlich wäre es Konsequenz der Gegenauffassung, dass klassische Raubfälle – z.B. bedrohe der Täter das Opfer mit Schlägen, das daraufhin die Wegnahme dulde oder ermögliche, weil es nicht geschlagen werden wolle, obwohl es sich sehr wohl in der Lage sehe, bei Hinnahme der Schläge die Wegnahme zu verhindern, also „wahlfrei" zu sein und eine „Verhaltensalternative" zu haben – in die räuberische Erpressung verlagert würden (s. bereits Vorbem. §§ 249–256 Rdn. 65).

**30** Nicht Raub, sondern räuberische Erpressung liegt vor, wenn sich der Täter auf das Entgegennehmen der ihm übergebenen Sache beschränkt, insbesondere wenn sich die Sache zunächst in der unmittelbaren Körpersphäre des Opfers befunden hat (Geldbörse in der Gesäßtasche, Uhr am Arm, Schmuck am Hals usw.) und dann übergeben wird. Führt das ernötigte Verhalten des Opfers hingegen nur zu einer **Gewahrsamslockerung** oder berührt es für sich den Gewahrsam nicht, liegt Raub, nicht räuberische Erpressung vor, wenn der Täter anschließend die Sache wegnimmt wie z.B. wenn das Opfer dem Täter den Arm hinhält, damit er die wertvolle Armbanduhr an sich nehmen kann, ihm eine Tresorkombination nennt, damit er den Tresor ausräumen kann (BGH bei Holtz MDR **1984** 276), oder ihm den Ort mitteilt, wo das Geld vergraben ist, damit er das Geld ausgraben kann (BGH NStZ **2006** 38; **aA** *Hoyer* ZIS **2006** 140, 141 mit der im

[29] Vgl. RGSt **4** 429, 432; **25** 435, 437; **55** 239, 240; **66** 117, 118; BGHSt **7** 252, 255 f; **14** 386, 390; **25** 224, 228; **41** 123, 126; BGH NStZ **1981** 301; 4 StR 149/93 bei Holtz MDR **1993** 1040 f; NStZ **1999** 350; **2002** 31, 32; *Fischer* § 253 Rdn. 11 und § 255 Rdn. 3; *Günther* SK[5] Vor § 249 Rdn. 13 ff; *Herdegen* LK[11] Rdn. 24; *Kindhäuser* NK Vor § 249 Rdn. **44** ff; *Böse/Keiser* JuS **2005** 440, 443 f; *Geilen* Jura **1980** 43, 51; *Graul* JuS **1999** 562, 564; *Hecker* JA **1998** 300, 305; *Jäger* BT Rdn. 376; *Krey/Hellmann* Rdn. 305; *Lüderssen* GA **1968** 257; *Mitsch* BT 2/1 § 6 Rdn. 40; *Schünemann* JA **1980** 486; *Seelmann* JuS **1982** 914, 915.

[30] *Lackner* LK[10] § 253 Rdn. 7 bis 9, § 255 Rdn. 3; *Lackner/Kühl* § 253 Rdn. 3, § 255 Rdn. 2; *Sch/Schröder/Eser* Rdn. 2 und § 253 Rdn. 8; *Bockelmann* BT 1 S. 123 ff; *Eisele* BT II Rdn. 721; *Haft/Hilgendorf* BT I S. 46 f; *Küper* NJW **1978** 956; *Maurach/Schroeder/Maiwald* I § 42 Rdn. 6 f; *Otto* ZStW **79** (1967) 59, 86 f; *ders.* JZ **1984** 143; *Rengier* BT 1 § 11 Rdn. 13 ff; *ders.* JuS **1981** 654 ff; *Schröder* ZStW **60** (1941) 33, 83 ff; *ders.* SJZ **1950** 94, 101; *Tenckhoff* JR **1974** 489 ff; *Wessels/Hillenkamp* Rdn. 713 und 729 ff. Nicht eindeutig in ihrer Stellungnahme *Geppert/Kubitza* Jura **1985** 276 ff; *Joerden* JuS **1985** 20, 24 f.

Hinblick auf § 854 Abs. 2 BGB [hierzu aaO S. 140] problematischen Behauptung, die Preisgabe des Verstecks sei ihrem äußerlichen Erscheinungsbild nach eine Weggabe). Besondere Schwierigkeiten bereitet die Abgrenzung, wenn Genötigter und Gewahrsamsinhaber personenverschieden sind wie z.B. in BGHSt **41** 123,[31] wo die Täter die Lebensgefährtin des widerstandsunfähigen Opfers durch Drohung mit weiteren, gegen sie gerichteten Gewalttätigkeiten veranlassten, dem Opfer die Armbanduhr wegzunehmen und sie den Tätern zu geben. In derartigen Fällen kommen – je nach dem, ob eine Wegnahme vorliegt und wem sie zuzurechnen ist – Raub, räuberische Erpressung oder auch Nötigung usw. in Tateinheit mit Diebstahl in mittelbarer Täterschaft oder Anstiftung zum Diebstahl in Betracht (BGH aaO S. 125). Die Rechtsprechung (BGH aaO S. 125 f) unterscheidet in einem ersten Schritt danach, ob zwischen dem Genötigten und dem Gewahrsamsinhaber ein „Näheverhältnis" besteht, jener „auf der Seite des Vermögensinhabers" steht und in dessen Interesse eine „Schutzfunktion" übernimmt, also *schutzbereit* ist oder erscheint (s. Rdn. 22). Ist das nicht der Fall, so kommen nur Nötigung, Freiheitsberaubung, Bedrohung, Körperverletzung usw. in Tateinheit mit Diebstahl in mittelbarer Täterschaft kraft Nötigungsherrschaft oder auch nur Anstiftung zum Diebstahl in Betracht.[32] Nur wenn sich die Raubmittel gegen Schutzbereite richten, kommen Raub oder räuberische Erpressung in Betracht; dabei unterscheidet die Rechtsprechung in einem zweiten Schritt konsequenterweise nach dem äußeren Erscheinungsbild, ob der Genötigte zum Dulden der Wegnahme der Sache durch die Täter genötigt wird – dann Raub – oder zur Übergabe der Sache an die Täter wie im genannten Beispielsfall – dann räuberische Erpressung – (BGH aaO S. 126). In der Literatur wird vorgeschlagen, auf die innere Willensrichtung abzustellen, was im genannten Beispielsfall in die Raubstrafbarkeit führen könnte;[33] aus den Rdn. 29 genannten Gründen ist dem auch hier nicht zu folgen.

Wird das Diebstahlselement des Raubes unter den Voraussetzungen der §§ 247, 248a **31**
StGB verwirklicht und fehlt es am Strafantrag, ist die Tat gleichwohl als Raub verfolgbar.[34] Dafür bedarf es nicht des Rückgriffs auf das „Wesen" des Raubes als einer „Straftat eigener Art" (delictum sui generis). Die Unanwendbarkeit des § 248a StGB ergibt sich bereits aus dessen Wortlaut („in den Fällen der §§ 242 und 246"), die des § 247 StGB aus dessen systematischer Stellung im Neunzehnten, nicht Zwanzigsten Abschnitt; im Übrigen ist zu bedenken, dass es historisch nie einen „kleinen" Raub gegeben hat und der Gesetzgeber hieran nichts ändern wollte. Die Gegenauffassung von *Burkhardt* NJW **1975** 1687 mag kriminalpolitisch vernünftig sein, kann jedoch nicht mehr als zulässige Auslegung der lex lata gelten.

---

[31] M. Bespr. o. Anm. *Krack* JuS **1996** 493; *Mitsch* NStZ **1995** 499; *Otto* JZ **1995** 1020; *Wolf* JR **1997** 73.

[32] *Günther* SK[5] Rdn. 31; *Lackner/Kühl* Rdn. 4; *Mitsch* NStZ **1995** 499; **aA** *Krack* JuS **1996** 493, 496.

[33] *Krack* JuS **1996** 493, 496; **aA** *Lackner/Kühl* Rdn. 4; *Biletzki* JA **1996** 189 f; *Otto* JZ **1995** 1020, 1023; *Rengier* BT 1 § 11 Rdn. 32.

[34] BGH 4 StR 608/74 bei Dallinger MDR **1975** 543 (zu § 252); NStZ-RR **1998** 103 (zu §§ 253, 255, 250); *Fischer* Rdn. 2; *Günther* SK[5] Vor § 249 Rdn. 13 ff; *Lackner/Kühl* Rdn. 1; *Sander* MK Rdn. 46; *Sch/Schröder/Eser* Rdn. 1; Arzt/*Weber*/*Heinrich*/Hilgendorf BT § 17 Rdn. 10; *Blei* BT II[12] S. 188; *Geilen* Jura **1979** 53, 54; *Maurach/Schroeder/Maiwald* I § 35 Rdn. 9; *Mitsch* BT 2/1 § 3 Rdn. 3; *Otto* BT § 46 Rdn. 2; *Schünemann* JA **1980** 349, 350; *Wessels/Hillenkamp* Rdn. 316; **aA** *Burkhardt* JZ **1973** 110 ff; *ders.* NJW **1975** 1687.

### 3. Objektiver Zusammenhang zwischen Raubmittelanwendung und Wegnahme

32 a) **Allgemeines.** Dem Wortlaut des § 249 StGB – Wegnahme „mit" Gewalt oder „unter Anwendung von" (nicht, wie bei § 240 StGB, „durch") Drohungen – lässt sich wenig mehr entnehmen, als dass bei der Wegnahme Raubmittel eingesetzt werden müssen. Dass ein **besonderer Zusammenhang zwischen Raubmittelanwendung und Wegnahme** bestehen muss, ergibt sich vielmehr aus der deliktstheoretischen Erwägung, dass sich Raub nicht in einer (qualifizierten) Nötigung, der (tateinheitlich) ein Diebstahl nachfolgt, erschöpfen kann (s. hierzu Vorbem. §§ 249–256 Rdn. 35). Die Gestalt dieses Zusammenhangs ergibt sich aus diesen und teleologischen, aber auch systematischen Erwägungen (Abgrenzung zu §§ 252, 255 StGB). Im Einzelnen gilt: Raubmittel müssen vor Wegnahmevollendung angewendet werden (Rdn. 33); Raubmittelanwendung und Wegnahmevollendung müssen eine einheitliche Tat bilden (Rdn. 34 f); und zwischen ihnen muss ein objektiver Zurechnungszusammenhang (Rdn. 36 ff) bestehen. Zum subjektiv erforderlichen Finalzusammenhang Rdn. 43 ff.

33 b) **Raubmittelanwendung vor Wegnahmevollendung.** § 249 StGB ist nur erfüllt, wenn die Raubmittel *vor Wegnahmevollendung* angewendet werden,[35] genauer gesagt, wenn die Zwangswirkung der Gewalt- oder Drohungshandlung vor Wegnahmevollendung eintritt (und eintreten soll) und sie fördert (und fördern soll). Das ergibt sich aus der systematischen Erwägung, dass Raubmittelanwendung nach Wegnahmevollendung räuberischer Diebstahl ist. In der Rechtsprechung ist freilich vereinzelt vertreten worden, dass die Raubmittelanwendung „bei der Begehung, d.h. bis zur *Beendigung* des Diebstahls" (BGHSt **22** 227, 229; Herv. v. *Verf.*) § 249 StGB unterfalle (**krit.** hierzu BGHSt **28** 224, 227, auch zu der verfehlten Bezugnahme auf BGHSt **20** 194). Auch in der Lehre hat namentlich *Dreher* (MDR **1976** 529 sowie **1979** 529, 530) verfochten, der Täter setze auch dann Gewalt als Mittel der Wegnahme ein, wenn er die Wegnahmebeendigung, die Erlangung gesicherten oder gefestigten Gewahrsams mit Raubmitteln ermögliche oder erleichtere. Diese Auffassung wird heute mit Recht nicht mehr vertreten (eingehende Auseinandersetzung mit ihr bei *Herdegen* LK[11] § 252 Rdn. 7 ff): Zwar trifft es zu, dass die – freilich insoweit umstrittene und abzulehnende – Rechtsprechung beim Raub ebenso wie beim Diebstahl im Grundsatz eine der Wegnahmevollendung nachfolgende Beendigungsphase anerkennt, in der sukzessive Beteiligung (s. Rdn. 55 f und bereits § 242 Rdn. 197) und die sukzessive Verwirklichung von Qualifikationstatbeständen möglich sein sollen (s. § 250 Rdn. 23, § 251 Rdn. 14 und bereits § 244 Rdn. 34). Das hat die Rechtsprechung jedoch stets auf den Grundtatbestand begleitende (oder durch ihn bewirkte) Umstände beschränkt (RG JW **1923** 1029 Nr. 1). Hat der Täter bereits Gewahrsam erlangt, dann dient die Raubmittelanwendung in „weiterer Verwirklichung der Zueignungsabsicht" (BGHSt **20** 194, 196) nur mehr der Beutesicherung und darf nicht zur Ausführungshandlung des Raubs gestempelt werden (*Kühl* JuS **1982** 110, 114). Gewahrsamsfestigung ist nicht mehr Wegnahme, und die Gleichstellung des Ausführungs- mit dem Abwicklungsstadium ist mit den verfassungsrechtlichen Auslegungsgrenzen

---

[35] RG JW **1932** 2433; BGH 4 StR 475/66 bei Dallinger MDR **1967**, 896; NJW **1969** 619; NStZ-RR **2001** 41; **2002** 304; *Fischer* Rdn. 2; *Günther* SK[5] Vor § 249 Rdn. 33; *Sander* MK Rdn. 28; *Eisele* BT II Rdn. 308; *Jäger* BT Rdn. 285; *Krey/Hellmann* Rdn. 191; *Maurach/Schroeder/Maiwald* I § 35 Rdn. 21; *Mitsch* BT 2/1 § 3 Rdn. 39; *Otto* BT § 46 Rdn. 12; nach *Sch/Schröder/Eser* Rdn. 6 muss die Nötigung der Wegnahme regelmäßig vorausgegangen sein.

(Art. 103 Abs. 2 GG) nicht mehr zu vereinbaren.[36] Mit § 252 StGB hat der Gesetzgeber die Raubmittelanwendung zur Beutesicherung in spezifischer Weise und unter speziellen Voraussetzungen – z.B. dass der Täter auf frischer Tat betroffen ist oder wird – erfasst; dies muss respektiert und es muss § 252 StGB ein unverkürzter Anwendungsbereich eingeräumt werden (s. auch § 252 Rdn. 41 ff).

c) **Einheitliche Tat.** Raubmittelanwendung und Wegnahme müssen eine einheitliche Tat bilden. Hierzu verlangt die Rechtsprechung einen *zeitlich-räumlichen Zusammenhang* zwischen Raubmittelanwendung und Wegnahme. Er ist z.B. gegeben, wenn jemand in eine Wohnung einsteigt, die Wohnungsinhaberin mit der Drohung, er werde sie sonst erschießen, zwingt, den Aufbewahrungsort ihres Geldes anzugeben, und es dann wegnimmt (BGH 1 StR 387/54 bei Herlan MDR **1955** 17); wenn die Täter einen Juwelier in dessen am Stadtrand gelegenem Wohnhaus überfallen, ihn fesseln, ihm – insoweit ohne Zueignungsabsicht – die Schlüssel zu dem in der Innenstadt gelegenen Juweliergeschäft abnehmen, ihn zwingen zu sagen, wie die Alarmanlage ausgeschaltet und der Tresor geöffnet werden kann, und dann zwei Mittäter zu dem Geschäft fahren und Schmuck wegnehmen (BGH 4 StR 640/82 bei Holtz MDR **1984** 276 = JA **1984** 441 m. zust. Anm. *Seier*); oder wenn die Täter das Opfer in einer Gartenlaube überfallen und zwingen, den Ort „unter den Wurzeln einer Eiche" vergrabenen Geldes preiszugeben, und dann zwei Mittäter zu der Eiche fahren und das Geld ausgraben (s. im Gewand einer Versuchskonstellation BGH ZIS **2006** 140 m. abl. Anm. *Hoyer*). In der Literatur wird – alternativ oder kumulativ – verlangt, die Raubmittelanwendung müsse ***unmittelbar*** der Wegnahme dienen.[37] Hieran fehle es beim Abnötigen von Schlüsseln oder Angaben über Verstecke, Tresorkombinationen u. dgl.; derartige Taten seien in Wahrheit als räuberische Erpressung (Vermögensverfügung durch „Aufschlüsselung") einzuordnen.[38] Teils wird verlangt, die Raubmittelanwendung müsse mit dem unmittelbaren Ansetzen zur Wegnahme i.S.v. § 22 StGB zusammenfallen, so dass bloß im Vorbereitungsstadium verübte Gewalt oder Drohung nicht genüge.[39] *Biletzki* JA **1997** 385, 388 hingegen will unabhängig von einem zeitlich-räumlichen oder Unmittelbarkeits-Zusammenhang den Finalzusammenhang genügen lassen, so dass z.B. Raub begehe, wer jemanden „krankenhausreif" prügele, um während des Krankenhausaufenthalts des Opfers ungestört in dessen Wohnung einbrechen und stehlen zu können. 34

Keiner der geschilderten Ansätze überzeugt. Das Unmittelbarkeitskriterium ist unbestimmt und versteht sich vor dem Hintergrund der hier abgelehnten Deutung der Wegnahme als Nicht-Vermögensverfügung des Opfers (s. Rdn. 27, 29). Das Erfordernis eines zeitlich-räumlichen Zusammenhanges ist gleichfalls unbestimmt und insofern irreführend, als die räumliche Nähe zwischen dem Ort der Raubmittelanwendung und dem der Wegnahme nicht entscheidend sein kann – man denke nur daran, dass das betäubte Raub- 35

---

[36] *Lackner/Kühl* § 244 Rdn. 2 und Vor § 22 Rdn. 2; *Roxin* LK[11] § 27 Rdn. 35; *Gössel* ZStW 85 [1973] 591, 646; *Hruschka* JZ **1969** 609 und **1983** 217, 218; *Isenbeck* NJW **1965** 2326 ff; *Kühl* JuS **1982** 110, 114; 189, 192; *ders.* JR **1983** 425, 427; *ders.* JuS **2002** 729, 731; *ders.* FS Roxin, S. 665, 675; *Küper* JZ **1981** 568, 573; *Rengier* NStZ **1992** 590; *Schünemann* JA **1980** 393, 394; *Seier* JuS **1979** 336, 337.

[37] *Günther* SK[5] Rdn. 32; *Herdegen* LK[11] Rdn. 15; *Kindhäuser* NK Rdn. 26; *Sander* MK Rdn. 27; *Sch/Schröder/Eser* Rdn. 7.

[38] *Otto* ZStW **79** (1967) 59, 86 f; *Samson* JA **1980** 285, 289; *Tenckhoff* JR **1974** 489, 492 f.

[39] S. bereits *Seier* JA **1984** 442; weiterhin *Günther* SK[5] Rdn. 32; *Schlehofer* S. 69.

opfer mit einem Personenkraftwagen über viele Kilometer an einen einsamen Ort transportiert wird, wo ihm Wertsachen weggenommen werden und es zurückgelassen wird – und ein zeitlicher Zusammenhang so lange gegeben ist, wie die Zwangswirkung der Raubmittel fortdauert und ungestörte Wegnahme(n) ermöglichen soll (*Günther* SK[5] Rdn. 23). Dogmatischen Bedenken begegnet es, beim Raub als einer zweiaktigen Straftat eigener Art auf den Beginn des Versuchs der isoliert betrachteten Wegnahme abzuheben. Vielmehr ist erforderlich, aber auch ausreichend, dass Raubmittelanwendung und Wegnahme nicht in zwei Taten im materiell-rechtlichen Sinne zerfallen, also zwischen ihnen Tateinheit in Gestalt *natürlicher Handlungseinheit* besteht (ähnlich *Brandts* S. 160 f). Daran fehlt es in dem von *Biletzki* (soeben Rdn. 34) zu Unrecht dem Raub zugeschlagenen Fallbeispiel oder im Lehrbuchfall, dass der Täter dem Opfer mit Gewalt den Hausschlüssel entreißt und in der nächsten Nacht oder zu günstiger Gelegenheit hiermit einen Einbruchsdiebstahl begeht (*Maurach/Schroeder/Maiwald* BT I § 35 Rdn. 21). In atypischen Fällen des Raubmordes können Tötung und Wegnahme so weit auseinander fallen, dass sie als getrennte Vorgänge erscheinen, so dass der Täter eine Straftat gegen das Leben in Tatmehrheit mit Unterschlagung begeht;[40] ein solcher atypischer Fall liegt aber noch nicht vor, wenn der Mörder, gerechnet vom Tod des Opfers, drei Stunden benötigt, um die ihn interessierenden Sachen in der Wohnung des Opfers auszusondern (OGHSt 1 133, 138).

**36** d) **Objektiver Zurechnungszusammenhang.** Nach Auffassung der Rechtsprechung und eines Teils der Lehre besteht die durch die Finalstruktur der Raubtat indizierte und erfasste Gefährlichkeit des Täters unabhängig davon, ob die Raubmittelanwendung für die Wegnahme objektiv erforderlich, ursächlich oder förderlich ist. Hiernach braucht zwischen Raubmittelanwendung und Wegnahme *lediglich eine subjektiv-finale Beziehung* zu bestehen.[41] Demgegenüber wird in der Lehre vertreten, sein spezifisches Unrechtsgepräge könne der Raub nur gewinnen, wenn *objektiv Kausalität* vorliege, was ex post festzustellen sei.[42] Vermittelnd hält *Kindhäuser* NK Rdn. 12 für ausreichend, aber auch erforderlich, dass das Raubmittel gegen eine Person angewendet werde, von der *bei objektiver ex ante-Betrachtung Widerstand zu erwarten* sei; darauf, ob tatsächlich Widerstand geleistet worden wäre, komme es nicht an.

**37** Die **praktische Bedeutung** des Streites darf nicht überschätzt werden. Im Regelfall des Raubes, der Raubmittelanwendung gegen einen handlungsfähigen, konstitutionell nicht eingeschränkten Gewahrsamsinhaber, werden die Raubmittel mitursächlich für die Wegnahme in ihrer konkreten Gestalt. „Selbstverständlich muss man die Kausalitätsfrage

---

[40] *Samson* SK[3] Rdn. 33; *Sch/Schröder/Eser* § 251 Rdn. 9.

[41] BGHSt **4** 210, 211; **18** 329, 331; **20** 32, 33; **30** 375, 377; NStZ **1993** 79; **2004** 152, 153; StV **1990** 159; *Fischer* Rdn. 6; *Lackner/Kühl* Rdn. 4; *Sander* MK Rdn. 26; *Sch/Schröder/Eser* Rdn. 7; *Eisele* BT II Rdn. 309; *Geilen* Jura **1979** 166; *Krey/Hellmann* Rdn. 192; *Küper* BT S. 181; *Mitsch* BT 2/1 § 3 Rdn. 38; *Otto* BT § 46 Rdn. 7; *Schünemann* JA **1980** 349, 352; *Wessels/Hillenkamp* Rdn. 322.

[42] *Günther* SK[5] Rdn. 36; *Joecks* StGB Rdn. 22; *Samson* SK[3] Rdn. 18; *Bockelmann* BT 1 § 8 III 1d; *Frank* IV; *Seelmann* JuS **1986** 201, 203. Hin und wieder ist in Entscheidungen des BGH von ursächlicher Verknüpfung die Rede, obwohl in der Sache der subjektiv-finale Konnex gemeint ist, vgl. BGH StV **1991** 516. – Vgl. auch Arzt/Weber/*Heinrich*/Hilgendorf BT § 17 Rdn. 11 (objektive Zweck-Mittel-Relation); *Maurach/Schroeder/Maiwald* I § 35 Rdn. 21 („völlige Subjektivierung" unzulässig); *Wolter* NStZ **1985** 245, 248 (grundsätzlich nötig sei ein kausaler Zusammenhang als Mindesterfordernis objektiver Zurechnung und darüber hinaus eine „adäquate Verknüpfung" i.S. „objektiver Eignung").

richtig stellen" (Arzt/Weber/*Heinrich*/Hilgendorf BT § 17 Rdn. 12 Fn. 40). Unrichtig wäre es insbesondere, Ursächlichkeit und Erforderlichkeit gleichzusetzen (zutr. *Günther* SK[5] Rdn. 36) und zu verlangen, dass die konkret angewendeten Raubmittel unerlässlich für den Enderfolg der Wegnahme sind, diese also im Endergebnis nicht anders als durch die konkret angewendeten Raubmittel hätte bewirkt werden können. Wer so argumentiert, sieht sich nicht nur dem Einwand ausgesetzt, dass er den brutalen, skrupellosen, unbedenklich Gewalt auch über das Maß des Unerlässlichen hinaus einsetzenden Räuber privilegiere, dessen Tat als Raubversuch zu bewerten verfehlt sei (*Geilen* Jura **1979** 166; *Schünemann* JA **1980** 352). Vielmehr verlässt die Argumentation mit der Erforderlichkeit im Sinne der Unerlässlichkeit den Boden der gängigen Kausalitätslehren, bezieht nämlich einerseits die Kausalitätsprüfung nicht auf den Erfolg in seiner konkreten Gestalt und andererseits in weitem Umfange hypothetische Reserveursachen ein. Wer behauptet, die Tötung des Gewahrsamsinhabers sei für die hiermit bezweckte und sich unmittelbar anschließende Wegnahme der Brieftasche des Toten nicht ursächlich, sofern das Opfer auch ohne Gewalt zur Duldung der Wegnahme hätte bewogen werden können (vgl. *Biletzki* JA **1997** 385), oder es sei das Niederschlagen eines Volltrunkenen für die bezweckte und sich anschließende Wegnahme der Brieftasche nicht ursächlich, sofern es angesichts der Trunkenheit des Opfers dem Täter auch möglich gewesen wäre, die Brieftasche durch unbemerkten Taschendiebstahl wegzunehmen (vgl. *Brandts* S. 22; s. auch *Geilen* Jura **1979** 166), sagt letztlich, Raub sei nicht als Raub strafbar, weil er auch als Diebstahl hätte begangen werden können. Merkwürdige Vorstellungen über (psychische) Kausalität liegen auch der Behauptung zugrunde, Raubvollendung könne bei „fehlender Verteidigungsbereitschaft" daran scheitern, dass der niedergeschlagene Gewahrsamsinhaber „die Wegnahme kampflos hätte geschehen lassen" (*Brandts* S. 125) oder als „friedfertige(r) und unter Umständen vernünftigere(r) Nötigungsadressat" nicht zur Verteidigung seines Eigentums entschlossen gewesen sei (*Biletzki* aaO S. 385 f). Auch in derartigen Fällen besteht in der Regel kein Zweifel an der Kausalität der konkreten Raubmittelanwendung für die Duldung der Wegnahme, da in der Regel nicht anzunehmen ist, dass der „Gewahrsamsinhaber" oder „vernünftige Nötigungsadressat" eine Wegnahme ohne (!) Raubmittelanwendung, d.h. einen Diebstahl, zu dulden bereit gewesen wäre; die konkrete Raubmittelanwendung ist also conditio sine qua non der Aktualisierung des Duldungsentschlusses, mag sich das Opfer auch zuvor abstrakt-generell festgelegt haben, im Falle eines Raubüberfalles (!) keinen Widerstand zu leisten (s. hierzu bereits Rdn. 28).

In der Tat ist in der Rechtsprechung – die mit Recht betont, dass es ohne Belang ist, **38** ob die Raubmittelanwendung zur Wegnahme objektiv erforderlich, notwendig, unerlässlich ist (BGHR StGB § 249 Abs. 1 Gewalt Nr. 5) – kein einziger Fall ersichtlich, in dem es an Kausalität oder Mitkausalität für die Wegnahme, mindestens einem objektiven Fördern der Wegnahme durch die Raubmittelanwendung fehlte. Selbst in BGHSt **4** 210, 212 wird angedeutet, dass die nach Auffassung des Senats schon im Wegtragen des Bewusstlosen liegende Gewalt (**aA** Rdn. 10) die Wegnahme insoweit förderte, als Störungen Dritter verhindert und Hilferufe des Opfers aussichtslos gemacht wurden, und in BGHR StGB § 249 Abs. 1 Gewalt 9, wo das schwer behinderte, auf einen Rollstuhl angewiesene Opfer mit einer Gaspistole bedroht wurde, wird festgehalten, dass das Opfer „über einen Notrufanschluss und ein Telefon verfügte, mittels derer sie Hilfe herbeiholen konnte". Mit anderen Worten lässt sich der Rechtsprechung nicht entnehmen, es könne auf die **objektive Zurechnung** der Wegnahme zur Raubmittelanwendung verzichtet werden.

Im Übrigen betrifft der Streit **konstruierbare Ausnahmefälle** (Arzt/Weber/*Heinrich*/ **39** Hilgendorf BT § 17 Rdn. 11), die in Fallgruppen eingeteilt werden können. (1) Der Täter wendet Raubmittel gegen objektiv Widerstandsunfähige an, die er irrig für widerstandsfähig hält, bedroht z.B. den von ihm unerkannt Schlafenden oder Bewusstlosen oder schlägt hinterrücks den von ihm unerkannt Taub-Stumm-Blinden nieder, um zu verhindern, dass er den Diebstahl bemerkt und hindert. In derartigen Fällen realisiert sich in der Wegnahme nicht die durch die Raubmittelanwendung unerlaubt gesetzte Gefahr der erleichterten Wegnahme, und diese Konstellation entspricht strukturell und normativ einem untauglichen Versuch (unklar *Kindhäuser* NK Rdn. 11 einerseits, 12 andererseits). – (2) Der Täter wendet Raubmittel gegen jemanden an, den er irrig für einen schutzbereiten Gewahrsamsinhaber oder Dritten hält, der es aber nicht ist, z.B. wenn ein Kraftfahrzeugdieb den Eigentümer oder einen Passanten niederschlägt, der ihn vor Tatvollendung überrascht und sich zum Gehen gewendet hat, um einer Konfrontation auszuweichen, nicht aber um, wie der Dieb irrig annimmt, Hilfe zu holen. Wie in Fallgruppe (1) ist auch diese Konstellation mit *Günther* SK[5] Rdn. 36 als untauglicher Versuch zu bewerten. – (3) Praktisch nicht unbedeutsam sind Fälle „prophylaktischer" Gewaltanwendung zur Verhinderung lediglich erwarteten Widerstandes Dritter wie in RGSt **67** 183, wo der Täter bei der Suche nach Stehlenswertem einen Schlafenden entdeckte und ihn, damit er nicht störe, mit zwei Beilhieben auf den Kopf bewusstlos schlug, oder im Lehrbuchbeispiel, dass der soeben Eingebrochene auf einen durch den Flur kommenden, ahnungslosen Hausbewohner schießt (*Geilen* Jura **1979** 166). Mangels aktueller Willensbildung des Opfers lässt sich in diesen Fällen nichts über dessen aktuelle Schutzbereitschaft sagen. Für die objektive Zurechnung muss genügen, dass eine potentielle Schutzbereitschaft des Opfers ausgeschaltet, sein „mutmaßlicher Wille" gebeugt wird (*Brandts* S. 156), was in objektiver ex ante-Perspektive zur Überzeugung des Tatgerichts zu ermitteln ist (insoweit zutr. *Kindhäuser* aaO Rdn. 12). – (4) Ähnlichkeiten hiermit, aber auch Besonderheiten weist schließlich die Konstellation auf, dass der Einbruchsdieb die Schlafzimmertür abschließt, um den dort schlafenden Wohnungsinhaber für den Fall seines Erwachens zu hindern, gegen die Wegnahme vorzugehen, der Wohnungsinhaber aber nicht erwacht (*Heinrich* aaO), oder – umgekehrt – die Wohnungstür verriegelt und verrammelt, um den Wohnungsinhaber für den Fall seiner Rückkehr am Betreten der Wohnung und Widerstand gegen die Wegnahme zu hindern (vgl. den ähnlich gelagerten Fall RGSt **69** 327, 330 f), der Wohnungsinhaber aber nicht kommt. Im zweiten Fall liegt unstreitig vollendeter Raub nicht vor, weil Gewalt gegen eine wirkliche Person geübt werden muss (*Sch/Schröder/Eser* Rdn. 7). Dann aber spricht einiges dafür, den ersten Fall nicht wie Fallgruppe (3) ggf. als vollendeten, sondern nur als versuchten Raub anzusehen (so denn auch *Heinrich* aaO).

## III. Subjektiver Tatbestand

**40** Raub ist nur bei **vorsätzlichem** Handeln (§ 15 StGB) strafbar und setzt **Zueignungsabsicht** voraus. Zudem muss zwischen Raubmittelanwendung und Wegnahme ein **Finalzusammenhang** in der Weise bestehen, dass das Raubmittel zu dem Zweck eingesetzt wird, Widerstand gegen die Wegnahme zu verunmöglichen oder zu überwinden und so die Wegnahme zu ermöglichen oder zu erleichtern (Rdn. 36 ff); auch diese Finalität gehört zum subjektiven Tatbestand des Raubes.

**41** 1. **Vorsatz der Raubmittelanwendung.** Der Täter muss vorsätzlich Raubmittel anwenden, d.h. mindestens für möglich halten und billigend in Kauf nehmen (s. hierzu *Träger/Altvater* LK[11] § 240 Rdn. 115), dass er Gewalt gegen eine Person verübt oder mit gegenwärtiger Gefahr für Leib oder Leben droht und so geleisteten oder erwarteten Widerstand gegen die Wegnahme überwindet oder verunmöglicht (RG GA 47 284). Daran fehlt es, wenn der Täter solchen Widerstand für ausgeschlossen hält, z.B. weil er irrig davon ausgeht, an einem bloß inszenierten Raubüberfall zwecks Versicherungsbetrugs mitzuwirken (BGHSt 40 299, 300). Bei einer konkludenten Drohung muss der Täter mindestens für möglich halten und billigend in Kauf nehmen, dass das Opfer aus seinem Verhalten schließt, er drohe mit gegenwärtiger Gefahr für Leib oder Leben; bloße Kenntnis der Umstände, die diesen Schluss ermöglichen, genügt nicht.

2. **Wegnahmevorsatz.** Der Räuber muss Vorsatz haben, eine fremde bewegliche Sache wegzunehmen. S. zu den Einzelheiten § 242 Rdn. 128 ff. Ein unbestimmter, sich auf Geld, Schmuck, sonstige Wertgegenstände oder sonst „Stehlenswertes" beziehender Wegnahmeentschluss genügt und ist z.B. beim Straßenraub keineswegs selten. **42**

3. **Finalzusammenhang.** Nach bis vor kurzem einhelliger Auffassung (zur Gegenauffassung sogleich Rdn. 44) muss zwischen Raubmittelanwendung und Wegnahme ein Finalzusammenhang in dem Sinne bestehen, dass Raubmittel zu dem Zweck, die Wegnahme zu ermöglichen oder zu erleichtern und Widerstand hiergegen zu überwinden, angewendet werden; zudem muss der Täter Umstände mindestens für möglich halten und billigend in Kauf nehmen, die die objektive Zurechenbarkeit der Wegnahme zum Raubmitteleinsatz (hierzu Rdn. 32 ff) begründen (zutr. *Günther* SK[5] Rdn. 41). Nur so lasse sich begründen, dass Raub schärfer als (qualifizierte) Nötigung und Diebstahl in Idealkonkurrenz bestraft werde, und nur so könne dem kriminalpolitischen Anliegen verschärfter Kriminalisierung solcher Täter, „die durch den Diebstahlsentschluss zur Aggression motiviert werden oder doch bei der Verwirklichung dieses Entschlusses vor Gewalt (oder Drohung mit gegenwärtiger Gefahr für Leib oder Leben) nicht zurückschrecken" (*Küper* JZ **1981** 568, 571), Rechnung getragen werden. Aus der Finalstruktur folgt, dass Personengewalt oder Todes- oder erhebliche Verletzungsdrohungen, die zu anderen Zwecken angewendet werden als dem, die noch nicht vollendete Wegnahme zu ermöglichen oder zu erleichtern und Widerstand hiergegen zu üben, im Grundsatz nicht tatbestandsmäßig sind, und zwar auch dann, wenn die fortdauernde Zwangswirkung anschließend zu einer Wegnahme ausgenutzt wird.[43] Weiterhin folgt hieraus, dass der Täter von Anfang an in Zueignungsabsicht handeln muss (näher Rdn. 51 f). Aus der Finalstruktur wird weiterhin abgeleitet, dass Raubmittel nur in der Zeit zwischen dem Beginn des Wegnahmeversuchs und der Vollendung der Wegnahme angewendet werden können.[44] Jedoch erschließt es sich nicht, warum mit einer *subjektiven* Finalität derartige *objektive* Grenzen hergeleitet werden können. Dass Raubmittel vor Wegnahmevoll-

---

[43] Zum Finalitätszusammenhang s. RGSt **67** 183, 186; BGHSt **4** 210, 211; **20** 32, 33; **28** 224, 226; **48** 365, 368; BGH 3 StR 234/67 bei Dallinger MDR **1968** 17; NJW **1969** 619; GA **1971** 22; 3 StR 22/73 bei Dallinger MDR **1973** 555; NStZ **1982** 380; NJW **1989** 2549; 4 StR 184/89 bei Holtz MDR **1989** 858; NStZ **1993** 79; 3 StR 358/92 bei Holtz MDR **1993** 8; StV **1995** 416; NStZ-RR **1997** 298; NStZ **1999** 510; NStZ-RR **2002** 304; NStZ **2003** 431; **2006** 508; StV **2006** 633; *Duttge* HK-GS Rdn. 12; *Fischer* Rdn. 6; *Günther* SK[5] Rdn. 43; *Lackner/Kühl* Rdn. 4; *Sander* MK Rdn. 24; *Sch/Schröder/Eser* Rdn. 6; Arzt/Weber/*Heinrich*/Hilgendorf BT § 17 Rdn. 10; *Eisele* BT II Rdn. 304; *Geilen* Jura **1979** 165; *Haft/Hilgendorf* BT 1 S. 34; *Jäger* BT Rdn. 288; *Kindhäuser* BT II § 13 Rdn. 17; *Krey/Hellmann* Rdn. 191; *Küper* BT S. 181; *ders.* JZ **1981** 568, 570; *ders.* JuS **1986** 862, 863; *Maurach/Schroeder/Maiwald* I § 35 Rdn. 21; *Otto* BT § 46 Rdn. 7; *ders.* JZ **1984** 143, 145; *Rengier* BT 1 § 7 Rdn. 22; *Schünemann* JA **1980** 349, 352; *Wessels/Hillenkamp* Rdn. 322, 333.

[44] *Herdegen* LK[11] Rdn. 13.

endung eingesetzt werden müssen, muss vielmehr anderweit begründet werden (Rdn. 33); dass sie nicht vor Beginn des Wegnahmeversuchs eingesetzt werden dürfen, ist in der Sache zweifelhaft (Rdn. 35).

**44** Dafür, den Finalzusammenhang „ersatzlos zu verabschieden", spricht sich neuerdings *Jakobs* (FS Eser, S. 323, 332) aus. Die Rechtsfigur sei nur sinnvoll, wenn Raub als Freiheitsdelikt aus normativ nichtigem Anlass (Habgier) verstanden werde; dann aber hätte der Gesetzgeber den Raub (parallel zum habgierigen Mord) als Raubmittelanwendung in Diebstahlsabsicht ohne Rücktrittsmöglichkeit (Möglichkeit tätiger Reue) ausgestalten müssen. Vielmehr müsse Raub als Eigentumsdelikt, nämlich „Wegnahme bei gegebener Garantenzuständigkeit für ein die Wegnahme ermöglichendes Defizit an höchstpersönlichem Abwehrpotential" (aaO S. 328) verstanden werden. Dann müssten finaler Gewalteinsatz und Ausnutzen der Wehrlosigkeit, sofern der Täter hierfür z.B. kraft Ingerenz zuständig sei, gleichgestellt werden. Ein Finalzusammenhang werde also „irrelevant" (aaO S. 330); „was bleibt, ist Vorsatz" (aaO S. 332). Obwohl das geltende Recht der §§ 249 ff StGB die Begriffe des Raubes als Freiheits- und als Eigentumsdelikt vermischt habe, sei es mit § 249 StGB verträglich anzunehmen, „mit" Gewalt nehme auch weg, wer Gewalt aus einem anderen Grund als zwecks Wegnahme verübe, wenn er nur wisse, dass es zu einer dadurch bedingten Wegnahme kommen werde (aaO). – Aber das überzeugt nicht. *Jakobs* muss sich fragen lassen, warum auf der Grundlage seiner Auffassung nicht auch der nachträglich gefasste Wegnahmeentschluss eine Wegnahme „mit" vorsätzlich verübter Gewalt und damit Raub sein kann. De lege ferenda wäre es nach der Auffassung von *Jakobs* sogar konsequent, fahrlässige oder gar schuldlose Gewalthandlungen, die das Opfer in seinem Abwehrpotential beeinträchtigen, genügen lassen, da auch sie eine Garantenstellung aus Ingerenz begründen. Schließlich ist der Gesetzgeber nicht an einen rein eigentumsrechtlichen Raubbegriff im *Jakobs*schen Sinne gebunden; wenn er dem Raub – wie in vielen Rechtsordnungen – eine „Doppelnatur" gibt (Vorbem. §§ 249–256 Rdn. 33), dann ist eine gesetzeskonforme Auslegung gehalten, sowohl dem Freiheits- als auch dem Eigentumsschutz Rechnung zu tragen, mag auch ein primär Eigentumsschutz bezweckender Raubtatbestand anders als der des geltenden Rechts auszugestalten sein.

**45** Mithin ist an dem **Grundsatz** festzuhalten, dass wegen Raubes straflos ist, wer Gewalt und Drohungen zu anderen Zwecken als zur Wegnahme fremder beweglicher Sachen in Zueignungsabsicht anwendet und erst danach – nach Abschluss der Nötigungs*handlung* – unter Ausnutzung der fortdauernden Wirkung – des fortdauernden Nötigungs*erfolgs* – einen Diebstahl begeht.[45] So kann es liegen, wenn Gewalt oder Drohungen angewendet werden, um das Opfer *zu töten* (so z.B. in BGH NStZ **2005** 90); wird der Zueignungsentschluss erst nach der Tötung gefasst und betätigt, so liegt neben Straftaten gegen das Leben nur eine Unterschlagung bzw., wenn der Gewahrsam bereits auf einen Dritten übergangen ist, nur ein Diebstahl vor. Kein Raub liegt auch vor, wenn Gewalt oder Drohungen angewendet worden sind, um *eine Straftat gegen die sexuelle Selbstbestimmung* zu begehen (so z.B. in BGHSt **20** 32), um das Opfer *zu verletzen* oder sonst *zu misshandeln* (so z.B. in BGHSt **41** 123, 124; BGH NStZ **2000** 87 und **2006** 508) oder um es seiner *Freiheit zu berauben* (BGHSt **32** 88, 92; s. aber noch Rdn. 49). Die Rechtsprechung lässt auch nicht genügen, dass Gewalt oder Drohungen angewendet werden, um das Opfer *zu erpressen*, jedenfalls wenn nach Scheitern der Erpressung die fort-

---

[45] BGH NJW **1969** 619; GA **1971** 22; DRiZ **1972** 30; NStZ **1982** 380; GA **1984** 1632; StV **1991** 516; 4 StR 652/79 bei Holtz MDR **1980** 455; 5 StR 123/80 bei Holtz **1980** 628; BGHR StGB § 249 Abs. 1 Gewalt, fortwirkende 1.

dauernde Wirkung zur Wegnahme einer anderen Sache als der, deren Herausgabe erpresst werden sollte, ausgenutzt wird (BGH NStZ-RR **1997** 298: Gewaltanwendung, um – erfolglos – die Herausgabe einer Pistole zu erzwingen, und anschließende Wegnahme von Bargeld; NStZ **1999** 510: Gewaltanwendung, um – erfolglos – die Bezahlung von Schulden zu erzwingen, und anschließende Wegnahme eines Fernsehgeräts mit der Bemerkung, jetzt sei „ein Teil eingetrieben"; vgl. auch BGH StV **1995** 416). Der Raubstrafbarkeit kann sogar entgegenstehen, dass Raubmittel erfolglos zur Wegnahme *bestimmter* Sachen (z.B. Zigaretten) angewendet werden und es sodann – ohne erneute Raubmittelanwendung – zur Wegnahme einer *anderen* Sache (z.B. Mobiltelefon) aufgrund spontan gefassten Entschlusses kommt (BGH 4 StR 633/99 vom 18.1.2000, s. *Fischer* Rdn. 11). Kann nicht festgestellt werden, mit welchem Zweck der Täter Gewalt oder Drohungen anwendete, so ist *in dubio pro reo* davon auszugehen, dass er keine Wegnahme bezweckte (z.B. wenn der Täter aus ungeklärten Gründen auf ein Opfer, dass sein Mofa festhält, einschlägt und das Mofa, nachdem das Opfer es fallen lässt und wegläuft, wegnimmt, BGH 4 StR 738/94, s. *Fischer* aaO). Freilich erleidet der Grundsatz zahlreiche, nach Grund und Grenzen nicht unbestrittene **Durchbrechungen**.

Die Wegnahme muss **nicht alleiniger** und auch nicht bestimmender **Zweck** der Gewalt oder Drohung sein; es genügt, dass sie auch zur Wegnahme eingesetzt werden (BGH 1 StR 422/73 vom 2.10.1973; *Fischer* Rdn. 7). Das gilt auch, wenn der Wegnahmezweck erst nachträglich zu fortgesetzten oder erneuten Gewalt- oder Drohungshandlungen hinzutritt (sogleich Rdn. 48). **46**

Kein bloßes Ausnutzen der fortdauernden Wirkung von Gewalt oder Drohungen liegt vor, wenn der Diebstahlsentschluss bereits zu einem Zeitpunkt gefasst wird, in dem die **Nötigungshandlung** – Gewalt oder Drohungen – noch **andauert**, d.h. noch nicht beendet ist, wenn also die Zwangsausübung noch fortdauert (vgl. *Küper* JZ **1981** 571: noch keine „Handlungsbeendigung"). Wer eine Straftat gegen die sexuelle Selbstbestimmung oder die körperliche Unversehrtheit begeht, dann einen Diebstahlsentschluss fasst und nunmehr allein oder auch zu diesem Zweck weiterhin oder erneut Gewalt oder Drohungen anwendet, kann sich wegen Raubes strafbar machen.[46] Wer jemanden „fest im Griff" hat und sich dann entschließt, unter Beibehalten des Griffes das Opfer zu bestehlen, kann daher Raub begehen (**aA** BGH bei Dallinger MDR **1971** 896). **47**

Insbesondere kann **zuvor verübte Gewalt als aktuelle Drohung weiterwirken** (BGH NStZ **1993** 77, 78, wo genau genommen eine zuvor verübte Drohung weiter wirkte, zutr. *Fischer* Rdn. 13 am Ende). Allerdings ist diese Wendung missverständlich (**krit.** *Fischer* aaO Rdn. 14), und ihre Handhabung darf nicht darauf hinauslaufen, das bloße Ausnutzen einer hilflosen Lage (vgl. auch § 177 Abs. 1 Nr. 3 StGB) als Drohung zu erfassen (zutr. *Fischer* aaO Rdn. 14a). Aber dies und die nicht zu bestreitende Schwierigkeit der Grenzziehung im Einzelfall (vgl. hierzu *Fischer* aaO Rdn. 13) spricht nicht gegen die Möglichkeit, dass der Täter nach Abschluss der Gewalthandlung, die er zu anderen Zwecken als einer Wegnahme vorgenommen hat, nunmehr einen Diebstahlsentschluss **48**

---

[46] BGHSt **20** 32, 33; BGH GA **1966** 244; JZ **1981** 596 mit **krit.** Anm. *Küper* JZ **1981** 568; NStZ **1982** 380; 1 StR 569/89 bei Holtz MDR **1990** 294; NStZ-RR **1997** 298; NStZ **2003** 431; **2006** 508; BGHR StGB § 249 Abs. 1 Drohung 3; *Fischer* Rdn. 7; *Lackner/Kühl* Rdn. 4; *Sander* MK Rdn. 30; *Sch/Schröder/Eser* Rdn. 6; *Eisele* BT II Rdn. 310; *Haft/Hilgendorf* BT 1 S. 35; *Jäger* BT Rdn. 289; *Krey/Hellmann* Rdn. 193; *Küper* BT S. 181; *Maurach/Schroeder/Maiwald* I § 35 Rdn. 21; *Otto* BT § 46 Rdn. 14; *Rengier* BT 1 § 7 Rdn. 26 f; *Wessels/Hillenkamp* Rdn. 334. S. auch BGHSt **32** 88, 92; **41** 123, 124; BGH StV **1983** 460; **1991** 516.

fasst und sich zu dessen Verwirklichung in einer Weise äußert oder verhält, die nach den Umständen des Einzelfalles die konkludente Drohung weiterer Gewalt und gegenwärtiger Gefahr für Leib oder Leben beinhaltet.[47] Wer, damit er ungestört nach Stehlenswertem suchen kann, zu dem am Boden liegenden Opfer äußert, es werde nichts passieren, wenn es liegen bleibe, droht konkludent mit tödlichem oder verletzendem Messergebrauch, wenn er zuvor das Opfer mit dem Messer bedroht, von ihm Geld erpresst und es zum Hinlegen genötigt hat (BGH aaO). In der Frage nach der Geldbörse des Opfers kann eine konkludente Drohung mit erneuter Misshandlung liegen, wenn der Täter das Opfer zuvor brutal vergewaltigt hat (vgl. BGH 1 StR 393/76 vom 9.11.1976) oder zuvor mit einer Metallkette, einem Holzknüppel und schweren Hantelringen brutal misshandelt hat (vgl. BGH NStZ **2004** 556). Äußert hingegen ein Mittäter, der andere möge mit dem Schlagen aufhören, und geschieht es so, so liegt es fern anzunehmen, anschließend hätten die Mittäter konkludent mit weiteren Schlägen gedroht (BGH NStZ **1999** 410). Es erscheint überzogen, wenn *Fischer* (aaO Rdn. 15) Art. 103 Abs. 2 GG gegen diese Rechtsprechung in Stellung bringen will. Sein weiteres Argument (aaO Rdn. 14), es könne nicht angehen, denjenigen, welcher massive Gewalt z.B. mit der Folge der Bewusstlosigkeit anwende und sich dann zum Diebstahl entschlösse, nur nach §§ 223 ff, 242, 243 Abs. 1 Satz 1 Nr. 6 StGB zu bestrafen, während, wer weniger massive Gewalt anwende und dann konkludent drohe, nach § 249 StGB zu bestrafen, richtet sich bei Licht besehen gegen das Gesetz, nicht gegen dessen Anwendung.

**49** Schließlich kommt nach einer in der Lehre entwickelten,[48] von BGHSt **32** 88, 92 noch abgelehnten, aber nunmehr von BGHSt **48** 365 aufgegriffenen Auffassung **Gewaltverübung durch Unterlassen** in Betracht, wenn der Täter zunächst ohne Diebstahlsabsicht Gewalt anwendet (z.B. jemanden fesselt) und dann, mit nunmehr gefasstem Diebstahlsentschluss, die fortdauernde Zwangswirkung nicht beseitigt (z.B. den Gefesselten nicht losbindet), um die Wegnahme zu ermöglichen oder zu erleichtern. S. zu den unterlassungsspezifischen Fragen Rdn. 24 ff. Unter dem Gesichtspunkt des Finalzusammenhanges wird hiergegen eingewendet, damit werde die Trennung zwischen finalem Gewalteinsatz und bloßer Ausnutzung der Zwangslage des Opfers verwischt (*Küper* JZ **1981** 568, 571) – aber dass diese Trennung sinnvoll wäre, wenn der Ausnutzende Garant für die Beseitigung der Zwangslage ist, müsste erst begründet werden (*Jakobs* FS Eser, S. 323, 327). Unverständlich (*T. Walter* NStZ **2005** 240, 242) ist das Argument, es sei ein Wertungswiderspruch, denjenigen, welcher massive Gewalt z.B. mit der Folge der Bewusstlosigkeit anwende und sich dann zum Diebstahl entschlösse, nur nach §§ 223 ff, 242, 243 Abs. 1 Satz 1 Nr. 6 StGB zu bestrafen, während, wer weniger massive Gewalt anwende, deren Zwangswirkung er ohne Weiteres rückgängig machen könne, nach §§ 249, 13 StGB zu bestrafen (*Eser* NJW **1965** 377, 380) – erhöhte Vermeidemacht begründet höhere Verantwortlichkeit, und natürlich wird, wer das Opfer „nur" fahrlässig verletzt und dann mit Todesfolge unterlässt, ihm zu helfen (mindestens §§ 227, 13 StGB), schwerer bestraft als jemand, der das Opfer sogleich fahrlässig tötet (§ 222

---

[47] BGH NJW **1984** 1632; 4 StR 604/86 bei Holtz MDR **1987** 281; NJW **1993** 77, 78; 3 StR 358/92 bei Holtz MDR **1993** 9; NStZ-RR **2002** 304; BGHR StGB § 249 Abs. 1 Drohung 3; *Günther* SK[5] Rdn. 34; *Lackner/Kühl* Rdn. 4; *Sander* MK Rdn. 31; *Eisele* BT II Rdn. 312; *Küper* BT S. 181; *Otto* BT Rdn. 17; *Rengier* BT 1 § 7 Rdn. 27; *Wessels/Hillenkamp* Rdn. 336. S. aber auch BGHSt **32** 88, 92; **41** 123, 124; BGH 4 StR 652/79 bei Holtz MDR **1980** 455; 5 StR 123/80 bei Holtz MDR **1980** 628; StV **2006** 633. Vgl. ferner BGH StV **1995** 416.

[48] *Eser* NJW **1965** 377, 379; *Schünemann* JA **1980** 349, 353; *Seelmann* JuS **1986** 201, 203.

StGB). Freilich darf die Raubmittelanwendung nicht von anderen Zwecken als der Wegnahmeermöglichung oder -erleichterung dominiert werden. In den meisten der Unterlassungsfälle wird der Täter aber aus anderen Gründen als zur Wegnahmeermöglichung oder -erleichterung die Zwangswirkung nicht rückgängig machen; die Unterlassungskonstruktion führt also im Ergebnis nur selten zur Raubstrafbarkeit (z.B. wenn der Täter den bereits gefassten Entschluss, die Zwangslage rückgängig zu machen, um der Wegnahme willen aufgibt; s. *T. Walter* NStZ **2005** 240, 243).

Der Finalzusammenhang zwischen vorsätzlicher **Tötung des Gewahrsamsinhabers** und einer in engem Zusammenhang hiermit stehenden Wegnahme in Zueignungsabsicht bewirkt, dass die Tat nicht nur als (habgieriger) Mord, sondern tateinheitlich als Raub (mit Todesfolge) zu bestrafen ist, gleich, ob der Täter den Gewahrsam vor oder nach dem Tod des Beraubten erlangt bzw. erlangen will oder nicht, s. bereits Rdn. 27 und noch § 251 Rdn. 7 f. **50**

4. **Zueignungsabsicht.** Der Räuber muss in der Absicht handeln, sich oder einem Dritten die mit Raubmitteln weggenommene Sache zuzueignen. Die Zueignungsabsicht muss bereits zum Zeitpunkt der Raubmittelanwendung vorliegen; wer Raubmittel einsetzt, um sich den Gebrauch einer Sache zu verschaffen, und nach Abschluss der Raubmittelanwendung, aber vor Wegnahmevollendung beschließt, die Sache zu behalten, begeht nur versuchte räuberische Erpressung in Tateinheit mit Diebstahl. In der Sache ist die Zueignungsabsicht wie bei § 242 StGB zu verstehen; s. deshalb § 242 Rdn. 132 ff; speziell zur Drittzueignungsabsicht § 242 Rdn. 177 ff und ergänzend: **51**

Ebenso wie beim Diebstahl sind **Enteignungsvorsatz und Aneignungsabsicht** erforderlich. Nach § 249 StGB straflos ist, wer Raubmittel zwecks *Gebrauchsanmaßung* (vgl. § 248b StGB und RG HRR **1932** 580), *Pfandkehr* (§ 289 StGB) oder *Wilderei* (§§ 292 ff StGB) anwendet (zur Erfassung der „räuberischen Gebrauchsanmaßung, Pfandkehr und Wilderei" durch § 255 StGB s. dort Rdn. 4, 10). Wer nur früheren Besitzstand wiederherstellen will, z.B. eine ursprünglich unter Eigentumsvorbehalt gekaufte Sache einem Dritten mit Raubmitteln wegnimmt, nachdem der Vorbehaltsverkäufer sie – wie der Täter meint, zu Unrecht – zurückgenommen und an den Dritten weiterveräußert hat, handelt ohne Zueignungsabsicht (BGHR StGB § 249 Abs. 1 Zueignungsabsicht 7). § 249 StGB ist auch nicht anzuwenden, wenn die Raubmittel lediglich mit Enteignungsvorsatz und nicht auch in Aneignungsabsicht angewendet werden, wenn also fremde bewegliche Sachen mit Raubmitteln weggenommen werden, um sie zu zerstören, zu vernichten, preiszugeben, wegzuwerfen, beiseite zu schaffen, zu beschädigen oder um dem Eigentümer bzw. Gewahrsamsinhaber Ärger oder Verdruss zu bereiten.[49] Nimmt der Täter mit Raubmitteln ein Behältnis nebst Inhalt, namentlich eine *Handtasche*, weg, so muss unterschieden werden: Raub ist nur in Bezug auf den „stehlenswerten" Inhalt, den der Täter sich oder einem Dritten zueignen will, z.B. Bargeld, ggf. Geldkarten, Schmuck usw. möglich; in Bezug auf den „nicht stehlenswerten" Inhalt, den der Täter weder sich noch einem Dritten zueignen, sondern liegen lassen, wegwerfen oder zerstören will, z.B. **52**

---

[49] BGH 2 StR 114/75 bei Dallinger MDR **1976** 16; NStZ-RR **1999** 103; NStZ **2004** 333; BGHR StGB § 249 Abs. 1 Zueignungsabsicht 6; *Duttge* HK-GS Rdn. 18; *Fischer* Rdn. 20; *Kindhäuser* NK Rdn. 19; *Sander* MK Rdn. 34; *Sch/Schröder/Eser* Rdn. 8; *Graul* JuS **1999** 563; *Maurach/Schroeder/Maiwald* I § 35 Rdn. 22; *Mitsch* BT 2/1 Rdn. 48; *Samson* JA **1980** 290; *Ulsenheimer* Jura **1979** 173, 177; *Wessels/Hillenkamp* Rdn. 327. – Vgl. auch BGH NStZ **1989** 22; **2005** 155 (jeweils zur räuberischen Erpressung).

Taschentücher, Kosmetika, kann ein vollendeter Raub hingegen nicht vorliegen (vgl. BGH NStZ **1981** 63; BGH StV **1990** 407). Vollendeter Raub kommt in Betracht, wenn der Täter zwar „Stehlenswertes" vorfindet, jedoch aus Wut darüber, dass es weniger ist als erwartet, Behältnis und Inhalt wegwirft (z.B. eine Geldbörse, in der sich nur etwas Münzgeld befindet, BGH NStZ **1996** 599). Die Zueignungsabsicht bezieht sich regelmäßig nicht auf die Handtasche oder ein anderes Behältnis, wenn es dem Täter nur auf den „stehlenswerten" Inhalt ankommt und er die Handtasche oder das Behältnis nicht behalten oder verwerten, sondern wegwerfen oder zerstören will, sobald er den „stehlenswerten" Inhalt an sich genommen hat.[50] Allerdings ist in BGH 2 StR 336/62 vom 22.8.1962; BGH bei Dallinger MDR **1975** 22 für möglich gehalten worden, dass sich der Täter beim Handtaschenraub den wirtschaftlichen Wert der Tasche wenn auch nur vorübergehend zueigne, indem er sie als Transportmittel verwende (zust. *Ruß* FS Pfeiffer, S. 61, 64 ff); dem ist nicht zu folgen (näher § 242 Rdn. 162). Demgegenüber raubt jemand ein Kraftfahrzeug in Zueignungsabsicht, wenn er es benutzen und sich seiner nach Benutzung derart entäußern will, dass es dem Zugriff Dritter preisgegeben und es somit dem Zufall überlassen bleibt, ob es der Eigentümer zurückerlangt (BGHR StGB § 249 Abs. 1 Zueignungsabsicht 9). Wer einen Autoschlüssel, der aus einem Transponder (Sender zum Öffnen der Autotüren) und dem (Zünd-)Schlüsselbart besteht, rauben will, begeht vollendeten Raub, wenn der Autoschlüssel im Handgemenge zerbricht und es ihm nur gelingt, den Transponder wegzunehmen (BGHR StGB § 249 Abs. 1 Zueignungsabsicht 11). Nimmt der Täter nach Raubmittelanwendung andere oder weitere Sachen in Zueignungsabsicht weg als ursprünglich geplant, so ist die Tat einheitlich als vollendeter Raub der tatsächlich weggenommenen Sachen anzusehen (BGHSt 22 350, 351; BGH NStZ **1982** 380).

**53** Die **Rechtswidrigkeit** der erstrebten Zueignung ist objektives und normatives Tatbestandsmerkmal des Diebstahls (§ 242 Rdn. 36) und damit auch des Raubes. *„Räuberische Selbsthilfe"* erfüllt bereits den objektiven Tatbestand des § 249 StGB nicht, wenn ein fälliger, einredefreier Anspruch auf Übereignung der mit Raubmitteln weggenommenen Sache besteht. Fehlt ein solcher Anspruch, so kann die Raubstrafbarkeit am mangelnden Vorsatz scheitern. Da der Täter in laienhafter Parallelwertung wissen muss, dass er keinen fälligen und einredefreien Übereignungsanspruch hat, liegt, geht er (rechts-)irrig von dessen Bestehen aus, kein bloßer Verbots-, sondern ein Tatbestandsirrtum nach § 16 Abs. 1 StGB (§ 242 Rdn. 130) vor. Wer einen fälligen und einredefreien Zahlungsanspruch hat oder zu haben glaubt und zu dessen Befriedigung dem wirklichen oder vermeintlichen Schuldner mit Raubmitteln Geldzeichen in den Anspruch nicht übersteigender Höhe wegnimmt, wird in der Regel nicht wissen, dass Geld- nach h.A. als Gattungs- und nicht als Wertsummenschuld aufgefasst wird und deshalb ein Anspruch auf die Übereignung bestimmter Geldzeichen nicht besteht; dann kommt nur eine Strafbarkeit wegen Nötigung usw. in Betracht.[51] Anders liegt es bei *„räuberischer Inpfandnahme"*, d.h. der Wegnahme fremder

---

[50] BGH 2 StR 336/62 bei Dallinger MDR **1975** 22; 2 StR 114/75 bei Dallinger MDR **1976** 16; StV **1983** 460; **1987** 245; **1990** 205; **1990** 408; NStZ **2000** 531; **2004** 333; **2006** 686; BGHR § 249 Abs. 1 Zueignungsabsicht 4; BGH 2 StR 205/04 vom 25.6.2004; *Fischer* Rdn. 19a; *Eisele* BT II Rdn. 319; *Streng* JuS **2007** 422. S. auch BGH 1 StR 54/75 bei Dallinger MDR **1975** 543 (zum Diebstahl).

[51] Vgl. zunächst § 242 Rdn. 131 m.w.N. Speziell zum Raub: BGHSt **17** 87, 90 f; BGH NStZ **1982** 380; StV **1988** 526, 527; **1990** 407; **1991** 515; **2000** 78; **2004** 207; BGHR StGB § 249 Abs. 1 Zueignungsabsicht 2, 3; BGH 3 StR 153/01 vom 15.5.2001; *Fischer* Rdn. 19; *Günther* SK[5] Rdn. 39; *Sander* MK Rdn. 36; *Eisele* BT II Rdn. 320; *Gropp* FS Weber, S. 127, 131; *Maurach/Schroeder/Maiwald* I § 35 Rdn. 22; *Otto* BT § 46 Rdn. 25; *Wessels/Hillenkamp* Rdn. 327.

beweglicher Sachen eines (Putativ-)Schuldners durch einen (Putativ-)Gläubiger mit Raubmitteln als „Pfand" für eine anderweitige (Putativ-)Schuld (hierzu *Bernsmann* NJW **1982** 2214, 2215 f).[52] Hier weiß der Täter, dass ihm das Opfer etwas anderes schuldet als die weggenommenen Sachen. In derartigen Fällen fehlt es gleichwohl an der Zueignungsabsicht, wenn der Täter die Sachen nur wegnimmt, um die Erfüllung der (Putativ-)Schuld zu erzwingen, und sie dann zurückgeben will (BGH LM § 249 StGB 1975 Nr. 15; 1 StR 304/79 bei Holtz MDR **1980** 106; StV **1999** 315); dem ist der Fall gleichzustellen, dass der Täter zwar die Möglichkeit einer „Pfandverwertung" (Behalten, Veräußern der Sache) ins Auge fasst, aber nur als fern liegend, notfällig und im Grunde nicht erwünscht (*Bernsmann* aaO; vgl. auch BGH NJW **1982** 2265). Wenn der Täter die Sachen hingegen „an Erfüllungs statt" wegnimmt, also von vornherein behalten oder verwerten will, hat er Zueignungsabsicht und begeht einen Raub; dem ist der Fall gleichzustellen, dass der Täter dem Opfer pro forma eine Frist zur Erfüllung der ursprünglichen (Putativ-)Schuld setzt, aber davon ausgeht, dass es zur „Pfandverwertung" kommen wird (*Bernsmann* aaO). Handelt der Täter im Auftrag oder sonst mit wirksamer *Einwilligung* des Eigentümers, so kommt Raub nicht in Betracht (s. § 242 Rdn. 175).

## IV. Beteiligung

**1. Täterschaft.** Weder in seinem Nötigungs- noch in seinem Diebstahlselement ist Raub ein eigenhändiges Delikt. Insbesondere kommt **Mittäterschaft** (vgl. dazu BGHSt **28** 346, 348; BGH NStZ **1988** 406; BGH GA **1977** 306) in allen Varianten in Betracht, auch in der Weise, dass nur ein Mittäter nötigt und ein anderer wegnimmt (RG JW **1924** 626). Mittäterschaftsbegründende *Tatbeiträge* müssen nicht bei der eigentlichen Tatausführung, sondern können auch durch Tatvorbereitung oder -planung erbracht werden, wenn der Vorbereitende oder Planende auf der Grundlage des gemeinsamen Tatentschlusses seine Tätigkeit durch die Ausführungshandlungen der anderen Mittäter vervollständigen lässt (vgl. RGSt **71** 23; BGHSt **6** 248, 249; BGH NStZ **1988** 406). Auch das „Schmiere Stehen" ist ein für Mittäterschaft ausreichender Beitrag (OLG Düsseldorf JR **1948** 199). Bloßer Gehilfe ist aber, wer weder in die Tatplanung eingebunden noch an der unmittelbaren Tatausführung beteiligt ist, hierüber auch nicht informiert ist und keinen Einfluss hierauf hat, sondern lediglich die Zufahrt zum Tatort überwacht und nach der Tat eines der beiden Fluchtfahrzeuge steuert und einen sehr geringen Beuteanteil bekommt (BGH NStZ **2006** 94). **54**

Ein *gemeinsamer Tatentschluss* ist auch schlüssig möglich und kann z.B. vorliegen, wenn allen klar ist, dass dem Opfer ein „Denkzettel verpasst" werden soll, und auch Einigkeit besteht, dass „brauchbare Gegenstände mitgenommen" werden sollen (BGHR StGB § 249 Abs. 1 Gewalt 8). Im Übrigen kann Mittäter nur sein, wer selbst in *Zueignungsabsicht* handelt.[53] Da seit dem 6. StrRG 1998 auch Drittzueignungsabsicht genügt, **55**

---

[52] Speziell zum Raub: S. aus der Rechtsprechung – neben den Nachw. im folgenden Text – BGH 1 StR 281/67 bei Dallinger MDR **1968** 18; StV **1983** 329; **1984** 422; **1999** 315; NStZ **1988** 216; NStZ-RR **2007** 15. S. aus dem Schrifttum: *Duttge* HK-GS Rdn. 18; *Fischer* Rdn. 19a; *Sander* MK Rdn. 34; *Sch/Schröder/Eser* Rdn. 8; *Bernsmann* NJW **1982** 2214; *Eisele* BT II Rdn. 318; *Wessels/Hillenkamp* Rdn. 327. – Vgl. auch BGH NJW **1982** 2265 (zur räuberischen Erpressung).

[53] BGH NJW **1985** 812; StV **1986** 61; **1988** 526, 527; **1990** 160; NStZ **1994** 29; NStZ-RR **1997** 297; NStZ **1999** 510; *Fischer* Rdn. 21; *Günther* SK[5] Rdn. 47; *Lackner/Kühl* Rdn. 8; *Sander* MK Rdn. 37; *Sch/Schröder/Eser* Rdn. 11; *Eisele* BT II

ergibt sich hieraus freilich keine ins Gewicht fallende Einschränkung mehr; zu einer Überdehnung der Selbstzueignungsabsicht (z.B. in Belohnungsfällen, s. zuletzt BGHR StGB § 249 Abs. 1 Zueignungsabsicht 8) besteht kein Grund mehr. Zudem muss, wer als Mittäter eingestuft werden soll, im Einverständnis mit den anderen Mittätern gewollt haben, dass die Gewalt oder Drohungen final zum Zweck der Wegnahme eingesetzt werden.[54] Der erforderliche *Finalzusammenhang* muss also von jedem Mittäter von Anfang an vorausgesetzt (wenn auch nicht in eigener Person verwirklicht) werden. Schlägt ein Mittäter das Opfer aus anderen Gründen als zum Zweck der Wegnahme und nutzt dann ein anderer Mittäter die Benommenheit oder Bewusstlosigkeit des Opfers zu einem Diebstahl aus, so ist das kein mittäterschaftlicher Raub (BGHR StGB § 249 Abs. 1 Gewalt 3, Gewalt, fortwirkende 1). Nach der Rechtsprechung ist eine **sukzessive Mittäterschaft** in der Weise möglich, dass jemand hinzukommt, nachdem ein anderer Personengewalt verübt oder Drohungen mit gegenwärtiger Gefahr für Leib oder Leben angewendet hat, und nunmehr – ggf. im Zusammenwirken mit dem anderen – das Opfer bestiehlt (BGH JZ **1981** 596 m. **krit.** Anm. *Kühl* JuS **1982** 189, 190 und *Küper* aaO). Dem ist mit der h.L. zu widersprechen:[55] Mangels Tatbeitrages zur Raubmittelanwendung kann ihre nachträgliche Billigung und Ausnutzung nicht zu einer „chronologisch zurückgreifenden Zurechnung" (treffend *Küper* JZ **1981** 568, 570; s. auch JuS **1986** 862, 867) führen. Es kommt daher im Grundsatz nur mittäterschaftlicher Diebstahl (ggf. unter Ausnutzen der Hilflosigkeit des Opfers, § 243 Abs. 1 Satz 2 Nr. 6 StGB) in Betracht; wenn der Hinzutretende die Nötigung noch selbst (mit) verübt oder sie mit seinem Einverständnis vom Nötigenden fortgesetzt wird, kann es zu einer Raubmittäterschaft kommen (BGH 4 StR 184/79 bei Holtz MDR **1989** 858). Sukzessive Mittäterschaft nach Vollendung der Wegnahme scheidet jedenfalls mangels Tatherrschaft im Ausführungsstadium aus (*Günther* SK[5] Rdn. 48).

56 2. **Teilnahme.** Zum klassischen Problem der *„Um-" oder „Aufstiftung"* des bereits zum Diebstahl Entschlossenen zur Begehung eines Raubes *Schünemann* LK § 26 Rdn. 31 ff mit dem zutreffenden Ergebnis, es liege Anstiftung zum Raub vor; ebenso *Günther* SK[5] Rdn. 49; **aA** – nur Anstiftung zur Nötigung – *Sch/Schröder/Cramer/Heine* § 26 Rdn. 8. Zur bloßen *Beihilfe* BGH NStZ **2006** 94 (Rdn. 54). Das Problem, ob der in Drittzueignungsabsicht handelnde Raubgehilfe als Mittäter einer in Drittbereicherungsabsicht begangenen räuberischen Erpressung bestraft werden kann (so *Herdegen* LK[11] Rdn. 18, s. auch *Mitsch* BT 2/1 § 3 Rdn. 47; vgl. BGH StV **1994** 16, 17), hat sich praktisch dadurch erledigt, dass Drittzueignungsabsicht für (Mit-)Täterschaft ausreicht (vgl. *Fischer* Rdn. 20). Die Rechtsprechung lässt auch beim Raub *sukzessive Beihilfe* durch Tatbeiträge zwischen Vollendung und Beendigung der Tat zu (BGHSt **6** 248; BGH NJW **1985** 812, 814).

---

Rdn. 322; *Kindhäuser* BT II Rdn. 30; *Wessels/Hillenkamp* Rdn. 328.

[54] BGHSt **41** 124; BGH 4 StR 184/89 bei Holtz MDR **1989** 858; NStZ-RR **1997** 298; NStZ **1999** 510; BGHR § 249 Abs. 1 Gewalt 3, 5; *Fischer* Rdn. 21; *Günther* SK[5] Rdn. 47; *Kindhäuser* NK Rdn. 29; *Lackner/Kühl* Rdn. 8; *Küper* JuS **1986** 862, 867; *Wessels/Hillenkamp* Rdn. 328.

[55] *Kindhäuser* NK Rdn. 29; *Sander* MK Rdn. 37; *Eisele* BT II Rdn. 323; *Rengier* BT I § 7 Rdn. 47.

## V. Vorbereitung, Versuch, Vollendung und Beendigung

1. **Vorbereitung.** Die Vorbereitung des Verbrechens (§ 12 Abs. 1 StGB) Raub kann als Versuch der Beteiligung (§ 30 StGB) strafbar sein, z.B. als Raubverabredung mehrerer Mittäter. Wer als Alleintäter Raubmittel zur Ermöglichung oder Erleichterung einer Wegnahme anwendet, welche nach dem Tatplan nicht in einem hinreichenden zeitlich-räumlichen oder unmittelbaren oder tateinheitlichen Zusammenhang mit der Raubmittelanwendung steht (s. Rdn. 32 ff), ist nur wegen Nötigung, Körperverletzung usw. strafbar; im Übrigen handelt es sich nur um eine Vorbereitungshandlung zum Diebstahl (nicht Raub, zutr. *Günther* SK[5] Rdn. 45), die als solche straflos ist. **57**

2. **Versuch.** Der *Versuch* des Verbrechens Raub ist strafbar (§ 23 Abs. 1 StGB). Zur Begehung eines Raubes setzt unmittelbar an, wer Raubmittel anwendet oder hierzu unmittelbar ansetzt (sofern zudem die Wegnahme nach dem Tatplan in hinreichend engem Zusammenhang erfolgen soll, s. soeben Rdn. 57). Die hierzu auf der Grundlage des früheren § 43 StGB a.F. ergangene Rechtsprechung (vgl. BGH NJW **1952** 514; BGHSt 20 150; 22 80, 81; BGH 4 StR 71/73 bei Dallinger MDR **1973** 728) ist unter der Geltung des § 22 StGB nicht ohne weiteres maßgeblich (s. zum heutigen Recht z.B. BGHSt 30 363, 364; BGH NStZ **1987** 20; BGH 3 StR 239/89 bei Holtz MDR **1989** 1050). Wer sich auf die Lauer legt, setzt zum Raub erst unmittelbar an, wenn sich in seiner Vorstellung das Opfer so genähert hat, dass der nächste Akt Gewalt oder Drohung ist (s. aber BGH NJW **1952** 514 m. Anm. *Mezger*; enger BGH NJW **1954** 567; StV **1989** 526). Klingeln an der Haustür ist unmittelbares Ansetzen zum Raub, wenn nach dem Tatplan gegen denjenigen, welcher öffnen wird, sogleich Raubmittel eingesetzt werden sollen (BGHSt 26 201; NStZ **1984** 506, **1993** 490; vgl. aber auch OLG Hamm StV **1997** 242). Wer maskiert und mit offen getragener Schusswaffe auf eine Postdienststelle zugeht, um sie zu berauben, setzt unmittelbar zum Raub an, weil er bereits droht (BGH 3 StR 22/73 bei Dallinger MDR **1973** 555). Auch der tätliche Angriff auf einen Begleiter des eigentlich ausersehenen Opfers ist Versuchsbeginn (BGHSt 3 299). Nicht die Versuchsschwelle überschreitet hingegen, wer noch auf einen nicht erschienenen Mittäter warten will (BGH StV **1994** 240) oder wer am Sonntagabend zu einer Sparkasse fährt, in die er eindringen will, um am Montagmorgen die zur Arbeit kommenden Bankmitarbeiter zu überfallen (BGH NStZ **2004** 38 f). Im Anschluss an die fragwürdigen Überlegungen in RGSt **69** 327, 329 (aus dem Jahr 1935) nimmt ein Teil der Literatur[56] an, ein Raubversuch könne auch ohne Ansetzen zur Raubmittelanwendung durch bloßes Ansetzen zur Wegnahme begangen werden, wenn der Täter „konkretisierten direkten Vorsatz der Gewaltanwendung" (*Fischer* Rdn. 17) bzw. den „Zwangseinsatz als Mittel der Wegnahme noch vor deren Vollendung geplant" (*Günther* SK[5] Rdn. 45) habe. Auf dieser Grundlage könnte z.B. jeder Fall des § 244 Abs. 1 Nr. 1 (v.a. b) StGB zum Raubversuch hochstilisiert werden (so in der Tat BGH 4 StR 385/72; **krit.** *Mitsch* BT 2/1 § 3 Rdn. 50; *Fischer* Rdn. 17). Demgegenüber ist mit der h.L.[57] festzuhalten, dass versuchter Raub (und ebenso versuchter räuberischer Diebstahl, s. § 252 Rdn. 74) stets mindestens versuchte Raubmittelanwendung voraussetzt, mag diese auch der versuchten Wegnahme nachfolgen (z.B. **58**

---

[56] S. neben den im Text Genannten *Baldus* LK[9] Rdn. 18; *Sch/Schröder/Eser* Rdn. 10.

[57] *Fischer* Rdn. 17; *Herdegen* LK[11] Rdn. 19; *Kindhäuser* NK Rdn. 28; *Lackner/Kühl* Rdn. 7; *Sander* MK Rdn. 39; Arzt/Weber/*Heinrich*/Hilgendorf BT § 17 Rdn. 13; *Eisele* BT II Rdn. 321; *Mitsch* BT 2/1 § 3 Rdn. 50; *Rengier* BT 1 § 7 Rdn. 41; **aA** *Günther* SK[5] Rdn. 45; *Sch/Schröder/Eser* Rdn. 10.

wenn der Kraftfahrzeugdieb, der beim Aufbrechen des Türschlosses vom zurückkehrenden Halter überrascht wird, zur mitgeführten Schusswaffe greift: §§ 250 Abs. 2 Nr. 1, 22 StGB); es wäre bloße Kombinationsjurisprudenz, die versuchte oder auch vollendete Wegnahme und den bloßen, nicht betätigten Vorsatz, Raubmittel anzuwenden, zum versuchten Raub aufzuaddieren. Ein strafbefreiender freiwilliger Rücktritt vom Raubversuch liegt nicht vor, wenn der Täter von der Wegnahme der vorgefundenen Sachen absieht, weil er mit lohnenderer Beute gerechnet hat (RGSt 70 1; ähnlich BGHSt 4 56, 59).

59 3. **Vollendung und Beendigung.** Wie der Diebstahl ist der Raub mit der Wegnahme *vollendet*, d.h. mit dem Bruch des ursprünglichen und der Begründung des neuen, nicht notwendig tätereigenen Gewahrsams (s. § 242 Rdn. 196). Die Sicherung oder Festigung des Gewahrsams ist dafür nicht erforderlich, sondern nur für die *Beendigung* des Raubes (näher § 252 Rdn. 34 ff). Vielmehr genügt, dass der neue Gewahrsamsinhaber Akte tatsächlicher Verfügungsgewalt vornehmen kann und der bisherige Gewahrsamsinhaber erst die vom Täter gewonnene Sachherrschaft überwinden muss, wenn er wieder Sachherrschaft ausüben will.[58] Hierfür ist auch bei § 249 StGB die „Verkehrsanschauung", die „Anschauung des täglichen Lebens" maßgeblich (BGHSt **16** 271, 274; **23** 254, 255; BGH NStZ **1987** 71). Der Raub einer Umhängetasche auf offener Straße ist nicht vollendet, wenn das Opfer den Täter sofort verfolgt, nach wenigen Metern stellt und ihm die Tasche wieder abnimmt (BGHR StGB § 249 Abs. 1 Wegnahme 1). Ein vollendeter Raub liegt aber vor, wenn die Täter in ein Haus einsteigen, die Bewohner fesseln und einschüchtern und Geld und Schmuck in eine Umhängetasche packen, auch wenn es ihnen nicht gelingt, die Umhängetasche aus dem Haus herauszuschaffen, weil die Polizei eintrifft (BGH aaO Wegnahme 2).

## VI. Rechtsfolgen, minder schwere Fälle, Prozessuales

60 1. **Rechtsfolgen.** Raub ist mit **Freiheitsstrafe** nicht unter einem Jahr, also bis zu fünfzehn Jahren (§ 38 Abs. 2 StGB), bedroht; zur praktisch bedeutungslosen Möglichkeit, **Führungsaufsicht** anzuordnen, § 256 Abs. 1 StGB (s. dort). Die Weite des Raubstrafrahmens genügt „noch" rechtsstaatlichen Maßstäben (*Sander* MK Rdn. 42). Den Strafrahmen auszuschöpfen oder auch nur in seinen Mittel- oder Oberbereich zu gehen, ohne dass §§ 250, 251 StGB erfüllt wären, ist nur in theoretischen Ausnahmefällen diskutabel und wäre ansonsten verfassungsrechtlich bedenklich (Verhältnismäßigkeit, Gleichheit). Bewusst oder unbewusst trägt dem die Praxis voll Rechnung, indem sie die Strafen für einfachen Raub im unteren Bereich des von § 249 Abs. 1 StGB eröffneten Strafrahmens ansiedelt. Zwar zieht die Einstufung einer Tat als Raub statt als Nötigung, Körperverletzung und Diebstahl nach der Analyse von *Dölling* GS Zipf, S. 177 (179 f) durchaus eine massive Straferhöhung nach sich; insbesondere ist die bei Nötigung, Körperverletzung und Diebstahl sehr seltene Freiheitsstrafe ohne Bewährung beim Raub durchaus verbreitet. Jedoch beträgt das arithmetische Mittel der für einfachen Raub ausgeurteilten Freiheitsstrafen nach *Dölling* aaO S. 183 bei nach allgemeinem Strafrecht Verurteilten **18 Monate,** bei nach Jugendstrafrecht Verurteilten **9 Monate**, und zwei Drittel der Jugendstrafen werden zur Bewährung ausgesetzt. Noch geringere Mittelwerte ergeben sich für die Mehrzahl der Fälle, in denen eine Strafrahmenmilderung erfolgt (s. Rdn. 62 ff).

---

[58] RGSt **66** 394, 396; BGHSt **20** 194, 195 f; **26** 24, 25 f; BGH 4 StR 475/66 bei Dallinger MDR **1967** 896 f; 2 StR 116/72 bei Dallinger MDR **1972** 752; *Fischer* Rdn. 16.

Im Einzelnen erfolgt die **Strafzumessung** nach den Regeln des § 46 StGB (s. dort; speziell zur Strafzumessung beim Raub *Sander* MK Rdn. 43; *Schäfer* Praxis der Strafzumessung[3] [2001] Rdn. 909 ff). *Strafschärfend* kommen in Betracht: einschlägige Vorverurteilungen; intensive Tatplanung; Beteiligung mehrerer; Brutalität, Rohheit, Gemeinheit, objektive Gefährlichkeit der Raubmittelanwendung; Ausnutzen eines Vertrauensverhältnisses; Traumatisierung des Opfers, Todesangst (BGHR StGB § 46 Abs. 3 Raub 5; **aA** noch BGH StV **1990** 206 = GA **1990** 316); hoher Wert der Beute; vom Täter erkannte erhebliche Bedeutung der Beute für das Opfer. Dass der Täter Vorsorge dafür trägt, unerkannt entkommen zu können (z.B. sich maskiert und ein Fluchtfahrzeug bereit stellt), ist zwar kein Regelumstand des einfachen Raubes, erhöht aber für sich genommen die Strafzumessungsschuld nicht (BGH 4 StR 25/97 vom 11.3.1997; *Fahl* ZStW **111** [1999] 156, 158 und 168; **aA** BGH NStZ **1998** 188; *Sander* aaO). *Strafmildernd* kommen in Betracht: Reue; wirtschaftliche Notlage des Täters; sorglose oder dilettantische Planung (BGH NStZ **1986** 117); Geringfügigkeit der eingesetzten Gewalt; objektive Ungefährlichkeit der Drohung; geringer Wert der Beute; Rückgabe der Beute; sonstiger Täter-Opfer-Ausgleich i.S.v. § 46a StGB. Das *Doppelverwertungsverbot* (§ 46 Abs. 3 StGB) ist verletzt, wenn strafschärfend in Ansatz gebracht wird, der Täter habe Gewalt angewendet (BGH 2 StR 239/90) oder sei nicht davor zurückgeschreckt, die Wegnahme mit Gewalt zu erzwingen, oder die Rechtsordnung dürfe gewalttätige Eigentumsverletzungen nicht hinnehmen (*Schäfer* aaO Rdn. 914), das Opfer habe die Drohung ernst genommen (BGHR StGB § 250 Abs. 2 Wertungsfehler 2) oder sei in Angst versetzt worden (BGH StV **1993** 241), der Täter habe um seines materiellen Vorteils willen gehandelt (BGH NStZ **1981** 401) oder sich nicht in wirtschaftlicher Not befunden (BGH 4 StR 687/96). **61**

2. **Minder schwere Fälle.** Bei weniger als der Hälfte der Raubverurteilungen erfolgt die Strafzumessung aus dem „Normalstrafrahmen" des § 249 Abs. 1 StGB (*Dölling* GS Zipf, S. 177, 182). Vielmehr spielt – neben den Strafrahmenmilderungen nach § 49 Abs. 1 i.V.m. §§ 21, 23 oder 27 StGB – der minder schwere Fall nach § 249 Abs. 2 StGB eine bedeutende Rolle. Hierauf ist in den Urteilsgründen einzugehen, wenn es sich nach den Feststellungen aufdrängt oder jedenfalls nicht fern liegt; dann müssen die Umstände, die für die Wertung von Tat und Täter in Betracht kommen, gleich ob sie der Tat innewohnen, sie begleiten, ihr vorausgehen oder ihr folgen, innerhalb einer Gesamtwürdigung vollständig erörtert und abgewogen werden, und zwar für jeden Tatbeteiligten gesondert und gemessen an seinem Tatbeitrag und seiner Schuld. Nach höchstrichterlicher Rechtsprechung darf § 249 Abs. 2 StGB nur angewendet werden, wenn das gesamte Tatbild einschließlich aller subjektiver Momente und der Täterpersönlichkeit vom *Durchschnitt der erfahrungsmäßig gewöhnlich vorkommenden Fälle* in einem solchen Maße abweicht, dass die Anwendung des Ausnahmestrafrahmens geboten ist, weil die mildernden Umstände beträchtlich überwiegen (näher *Theune* LK § 46 Rdn. 302). Jedoch lässt die Revisionsrechtsprechung den Tatrichtern einen weiten Spielraum, der erst bei nicht nachvollziehbarer Gesamtwürdigung überschritten ist (z.B. wenn aus dem Geständnis, das ein Mittäter ablegt, ein minder schwerer Fall hergeleitet wird, obwohl das Geständnis sehr spät und erst nach dem des anderen Mittäters kam und es um zehn in schneller Abfolge mittäterschaftlich begangene bewaffnete Raubüberfälle auf Geschäfte und ein Wohnhaus ging, wobei die Opfer massiv bedroht, teils eingesperrt wurden und einmal wenn auch fahrlässig von der Schusswaffe Gebrauch gemacht wurde, BGH NStZ **2006** 343). **62**

Im Einzelnen können minder schwere Fälle vorliegen, wenn nur mit geringer Intensität gedroht wird (BGH bei Holtz MDR **1983** 91), wenn der Täter beim Diebstahlsversuch überrascht wird und zu dessen Vollendung nur geringe Gewalt anwendet (OLG **63**

Koblenz GA **1978** 251), überhaupt, wenn die Nötigung geringfügig erscheint (*Eser* JZ **1981** 825; *Mitsch* NStZ **1992** 436) und es um geringwertige (*Günther* SK[5] Rdn. 50) oder auch nur nicht übermäßig wertvolle Sachen geht (*Schäfer* Rdn. 67, Rdn. 912). Deshalb kommt beim sog. Handtaschenraub, auch wenn er als Raub zu werten ist (Rdn. 12 ff), durchaus ein minder schwerer Fall in Betracht. Gleiches gilt, wenn der Täter ohne brachiale Gewalt oder Drohung eine Sache in Verfolgung eines ihm wirklich oder vermeintlich zustehenden Anspruchs wegnimmt (sofern überhaupt Raubstrafbarkeit gegeben ist, Rdn. 53). Auch bei jungen, unausgereiften Erwachsenen, die wenig planvoll durch gruppendynamische Prozesse in Raubtaten hineingezogen werden, liegt ein minder schwerer Fall nicht fern (s. BGH NStZ **1987** 72; *Schäfer* [Rdn. 67] Rdn. 913).

**64** Ein minder schwerer Fall nach § 249 Abs. 2 StGB kann sich auch aus einem Umstand ergeben, der eine **allgemeine Strafrahmenmilderung** ermöglicht oder erzwingt; dann kann es zu einer doppelten Strafrahmenmilderung kommen. Dies gilt insbesondere bei *verminderter Schuldfähigkeit* (§ 21 StGB) des Räubers wegen Alkohol- oder Drogenkonsums (z.B. Heroin, BGH StV **1983** 363). Sie kann nach bisheriger Rechtsprechung so ins Gewicht fallen, dass selbst der nach §§ 21, 49 Abs. 1 herabgesetzte Strafrahmen des § 249 Abs. 1 StGB nicht mehr als schuldangemessen erscheint. Hält das Tatgericht verminderte Schuldfähigkeit i.S.v. § 21 StGB für möglich und will gleichwohl einen minder schweren Fall verneinen, so muss es dies im Urteil nach den Rdn. 62 dargelegten Maßstäben darlegen und begründen.[59] Wie sich die neuere Rechtsprechung zur Behandlung selbstverschuldeter Trunkenheit bei § 21 StGB (hierzu *Schöch* LK § 21 Rdn. 52 ff) auf § 249 Abs. 2 StGB auswirkt, ist noch ungeklärt; in der Sache dürfte es nicht überzeugen, z.B. den spontan beschlossenen, ohne einschlägige Vorerfahrungen begangenen Zechanschlussraub im Zustand des § 21 StGB nicht mehr als „natürlichen Kandidaten“ eines minder schweren Raubfalles zu bewerten. – Dem *Raubgehilfen*, dessen Strafe nach § 27 Abs. 2 Satz 2 StGB zu mildern ist, kann zudem ein minder schwerer Fall nach § 249 Abs. 2 StGB zugute gehalten werden (dann also doppelte Strafrahmenmilderung, BGHR StGB § 250 Abs. 2 Gesamtbetrachtung 8; BGH 4 StR 525/79 bei Holtz MDR **1980** 453). Dabei ist es nicht erforderlich, dass die Haupttat ein minder schwerer Fall des Raubes ist; vielmehr kommt es in erster Linie auf das Gewicht des Tatbeitrages des Gehilfen und dessen Maß an Schuld an (BGH NJW **1983** 54; BGH NStZ **1983** 217; BGH StV **1984** 254; BGHR StGB § 250 Abs. 2 Gesamtbetrachtung 8).

**65** 3. **Prozessuales.** Raub ist **kein Antragsdelikt**, auch nicht in den Fällen der §§ 247, 248a StGB (Vorbem. §§ 249-256 Rdn. 42). Die Verfolgung verjährt erst nach zwanzig Jahren (§ 78 Abs. 3 Nr. 2 StGB). Wegen des Verbrechenscharakters scheidet eine Verfahrenseinstellung nach §§ 153, 153a StPO aus. Als Ermittlungsmaßnahme ist u.a. Telekommunikationsüberwachung zulässig (§ 100a Abs. 2 Nr. 1j] StPO). Eine **Wahlfeststellung** zwischen Diebstahl und Raub kommt nicht in Frage; können (nur) die Voraussetzungen des Raubes nicht nachgewiesen werden, ist „in dubio pro reo“ wegen Diebstahls zu verurteilen. Hingegen ist Wahlfeststellung zwischen Raub und räuberischem Diebstahl möglich, z.B. wenn offen bleibt, ob Raubmittel vor oder nach Wegnahmevollendung eingesetzt worden sind.[60] Bleibt offen, ob der Täter die Duldung der Wegnahme oder die

[59] BGH StV **1981** 68; **1981** 180; NStZ **1984** 357; BGHR § 250 Abs. 2 Strafrahmenwahl 1, 2, Wertungsfehler 3; *Kindhäuser* NK Rdn. 32; vgl. auch BGH NStZ **1984** 262; **1985** 546.

[60] *Sander* MK Rdn. 48; *Sch/Schröder/Eser* § 252 Rdn. 13; s. auch *Sander* MK § 252 Rdn. 53.

Weggabe ernötigt hat, so hat die Rechtsprechung Wahlfeststellung zwischen Raub und räuberischer *Erpressung* zugelassen (BGHSt 5 280; **18** 76; BGH NStZ **1984** 506; BGH 4 StR 504/75 vom 9.10.1975). Dem wird in der Lehre entgegengehalten, dass, wenn – wie die Rechtsprechung annimmt – räuberische Erpressung im Verhältnis zum Raub subsidiärer Auffangtatbestand ist, es folgerichtiger erscheint, eindeutig wegen § 255 StGB zu verurteilen.[61] Bleibt unklar, ob der Täter geraubt oder unterschlagen (z.B. bei einem Raubmord gemordet und geraubt oder nur die Leiche gefleddert) hat, ist nach Umgestaltung des § 246 StGB in einen subsidiären Auffangtatbestand durch das 6. StrRG 1998 eindeutig wegen Unterschlagung zu verurteilen (zutr. *Sander* MK Rdn. 48; s. zur vorherigen Rechtslage BGHSt **25** 182, 183; auch **9** 390, 398 f). Bleibt unklar, ob der Täter durch (mittäterschaftlichen) Raub oder Hehlerei in den Besitz der geraubten Sache gekommen ist, so ist eine Wahlfeststellung zwischen Raub und Hehlerei unzulässig (insoweit zutr. BGHSt **21** 152). Jedoch ist als „Reduktionslösung" eine wahldeutige Verurteilung wegen Diebstahls und Hehlerei möglich, da Diebstahl im Raub logisch enthalten ist und auf der logisch geprägten Ebene der Konkurrenzen und Wahlfeststellungen die Natur des Raubes als einer Straftat eigener Art (delictum sui generis) keine entscheidende Rolle spielt.[62] Nach den Grundsätzen, die für das Verhältnis von Diebstahl und Hehlerei in sog. Postpendenzfällen entwickelt worden sind, wäre sogar an eindeutige Verurteilung wegen Hehlerei zu denken, wenn feststeht, dass sich der Täter die geraubte Sache verschafft hat und lediglich möglich erscheint, dass er an der Vortat des Raubes mittäterschaftlich und ohne unmittelbar Gewahrsam zu erlangen beteiligt war (zutr. *Günther* SK[5] Rdn. 52). Zwischen Raubbeihilfe und Strafvereitelung ist Wahlfeststellung nicht möglich (BGH wistra **1989** 19).

## VII. Konkurrenzen

**1. Handlungskonkurrenz.** *Fortgesetzter* Raub ist aus den Gründen, die BGHSt **40** 138, 165 ff in Bezug auf die strukturell vergleichbaren §§ 173, 174, 176 und 263 StGB dargelegt hat, nicht möglich (*Günther* SK[5] Rdn. 53; überholt BGH NStZ **1986** 408). Bereits zuvor hatte BGH NJW **1968** 1292 Fortsetzungszusammenhang zwischen Diebstahl und Raub abgelehnt. Die *tatbestandliche Handlungseinheit* einer Raubtat reicht vom Versuchsbeginn i.d.R. durch unmittelbares Ansetzen zur Raubmittelanwendung (s. Rdn. 58) bis zur Beendigung in weiterer Verwirklichung der Zueignungsabsicht durch Gewahrsamsfestigung und Beutesicherung (BGHSt **20** 194, 196). Deshalb kann eine Handlung, die nach Raubvollendung begangen wird, der „äußerlichen Stabilisierung der eigentümerähnlichen Herrschaftsposition" (*Küper* JuS **1986** 862, 868) dient und ein weiteres Strafgesetz verletzt, mit Raub in Tateinheit stehen (BGHSt **26** 25, 27; **38** 295, 297 ff; BGH NStZ **1984** 409; BGH StV **1983** 104). 66

61 *Günther* SK[5] Rdn. 51; *Kindhäuser* NK Rdn. 34; **aA** *Lackner/Kühl* § 255 Rdn. 4; *Sch/Schröder/Eser* § 255 Rdn. 3; *Eisele* BT II Rdn. 768.

62 BGH 1 StR 103/86 bei Holtz MDR **1986** 793; *Herdegen* LK[11] Rdn. 27; *Kindhäuser* NK Rdn. 37; *Sander* MK Rdn. 48; **aA** *Deubner* JuS **1962** 22; *Hruschka* NJW **1973** 1804, 1805; *Tröndle* JR **1974** 133.

2. **Gesetzeskonkurrenz**

67 a) **Bezugspunkt Raubmittel.** § 249 StGB enthält eine qualifizierte *Nötigung* und ist deshalb formell lex specialis zu § 240 StGB.[63] Das gilt auch, wenn mehrere Personen (z.B. mehrere Wachleute einer Bank, *Sch/Schröder/Eser* Rdn. 13) genötigt worden sind; hier hat die Einheitlichkeit des Raubgeschehens Vorrang vor der Höchstpersönlichkeit der Willensfreiheit der verschiedenen Genötigten (vgl. RG DJ **1935** 1460). Werden bei der Beraubung eines Gastwirts Raubmittel gegen einen schutzbereiten Gast eingesetzt, wird sodann der Tatplan erweitert und auch der Gast beraubt, so liegt freilich Raub zum Nachteil des Gastwirts in Tateinheit mit Raub zum Nachteil des Gasts vor (BGH § 249 Abs. 1 Konkurrenzen 1). Beinhaltet die Raubmittelanwendung eine *Straftat gegen das Leben* (§§ 211 ff StGB), so besteht Idealkonkurrenz zwischen ihr und dem Raub (i.d.R. mit Todesfolge, § 251 StGB, s. noch dort Rdn. 21), insbesondere mit Mord aus Habgier (vgl. BGH bei Holtz MDR **1990** 676), gleich, ob das Opfer vor oder nach Wegnahmevollendung gestorben ist (s. Rdn. 27), oder auch mit fahrlässiger Tötung (wenn nicht § 251 StGB eingreift); s. zum Ganzen noch § 251 Rdn. 1, 5. Beinhaltet die Raubmittelanwendung *Straftaten gegen die körperliche Unversehrtheit* (§§ 223 ff StGB), so besteht gleichfalls Idealkonkurrenz, da Personengewalt nicht zwingend eine Körperverletzung beinhalten muss (RG JW **1937** 1328 Nr. 21; BGH 4 StR 580/80 vom 6.11.1980). Gleiches müsste für eine in der Raubmittelanwendung liegende *Freiheitsberaubung* (§ 239 StGB) gelten; demgegenüber lässt die h.A. § 239 StGB zurücktreten, es sei denn, die Freiheitsberaubung gehe über das zur Ermöglichung der Wegnahme geforderte Maß hinaus (z.B. wenn der Täter die Fesselung des Opfers bestehen lässt, um sicher entkommen zu können, vgl. RG LZ **1915** 659; BGHSt **32** 88, 93). Raub kann auch mit *Straftaten gegen die sexuelle Selbstbestimmung* (insbesondere §§ 177, 178) idealiter konkurrieren (BGH bei Holtz MDR **1990** 294; bei *Miebach* NStZ **1994** 226; BGHR StGB § 177 Abs. 1 Konkurrenzen 1, 7).

68 b) **Bezugspunkt Wegnahme.** Der Räuber wird nicht auch noch wegen *Diebstahls* verurteilt, weil § 249 StGB den in ihm logisch enthaltenen § 242 StGB verdrängt.[64] Das gilt auch, wenn das Diebstahlselement des Raubes die Voraussetzungen des § 243 StGB erfüllt, da es sich nach h.A. nicht um eine selbständige Qualifikation handelt (zum Problem bei § 243 StGB a.F. BGHSt **20** 235, 237), und auch, wenn es die Voraussetzungen des § 244 StGB erfüllt, da bei § 244 Abs. 1 Nr. 1 und 2 notwendigerweise § 250 Abs. 1 Nr. 1 und 2 StGB erfüllt ist und der Wohnungseinbruchsdiebstahl nicht gesondert hervorgehoben wird (BGHR StGB § 249 Abs. 1 Konkurrenzen 5). Ebenso geht § 250 Abs. 1 Nr. 2, Abs. 2 Nr. 2 StGB dem § 244a StGB vor. Ist der Diebstahl vollendet, der Raub aber nur versucht (z.B. wenn der nächtliche Einbruchsdieb bereits Sachen an sich genommen hat und dann Raubmittel gegen die aufgewachten Wohnungsinhaber anwendet, um weitere Sachen wegzunehmen, was aber nicht gelingt, BGHSt **21** 78), so ist idealkonkurrierend zu verurteilen, da der Schuldspruch bloß wegen versuchten Raubes nicht klarstellt, dass der Diebstahl vollendet ist (BGH aaO S. 80; BGH 2 StR 662/75

---

[63] BGH NStZ-RR **2000** 106; *Fischer* Rdn. 23; *Günther* SK[5] Rdn. 53; *Kindhäuser* NK Rdn. 34; *Lackner/Kühl* Rdn. 10; *Sander* MK Rdn. 41; Arzt/Weber/*Heinrich*/Hilgendorf BT § 17 Rdn. 36; *Eisele* BT II Rdn. 325.

[64] BGH NStZ-RR **2005** 202, 203; *Fischer* Rdn. 23; *Günther* SK[5] Rdn. 53; *Kindhäuser* NK Rdn. 34; *Lackner/Kühl* Rdn. 10; *Sander* MK Rdn. 41; *Sch/Schröder/Eser* Rdn. 13; Arzt/Weber/*Heinrich*/Hilgendorf BT § 17 Rdn. 36; *Eisele* BT II Rdn. 325.

vom 20.2.1976). Wer nach Raubmittelanwendung mehr raubt als ursprünglich beabsichtigt, macht sich nur wegen eines Raubes strafbar (BGHSt **22** 350, 351; BGH NStZ **1982** 380).

Zum Verhältnis des Raubes zum *räuberischen Diebstahl* s. § 252 Rdn. 79. – Versucht der Täter zunächst, eine *räuberische (Besitz-)Erpressung* zu begehen, und nimmt er sodann die Sache, deren Herausgabe er ernötigen wollte, weg, so ist die Tat insgesamt als vollendeter Raub zu bewerten; das gilt immer dann, wenn im Rahmen natürlicher Handlungseinheit Raubmittel zum Zweck der Erlangung ein und derselben Sache zunächst zur Motivierung des Genötigten zur Gewahrsamslockerung oder Gewahrsamsübertragung und dann zur Wegnahme eingesetzt werden (BGH 1 StR 622/81 bei Holtz MDR **1982** 280; 4 StR 640/83 bei Holtz MDR **1984** 276). Umgekehrt gilt die Verurteilung wegen vollendeter räuberischer Erpressung den vorausgegangenen versuchten Raub ab (BGH NJW **1967** 60, 61; StV **1982** 114; s. auch *Mohrbotter* GA **1968** 112; *Rengier* JuS **1981** 654). Jedoch besteht Idealkonkurrenz, wenn sich die je versuchte und die je vollendete Tat auf verschiedene Sachen beziehen (BGHSt **32** 88, 92; BGH NJW aaO) oder wenn der Täter mit Raubmitteln die Duldung der Wegnahme der einen und die Weggabe der anderen Sache erzwingt (BGHSt **7** 252, 254; **26** 24, 28; vgl. auch BGHSt **32** 88, 92) oder wenn mehrere, in natürlicher Handlungseinheit verbundene Raubmittelanwendungen zur Wegnahme und zur Herausgabe verschiedener Sachen verschiedener Gewahrsamsinhaber geführt haben (RGSt **66** 117, 118; s. hierzu auch *Günther* SK[5] Rdn. 53). – Idealkonkurrenz zwischen Raub und *erpresserischem Menschenraub* (§ 239a StGB) ist möglich (BGHSt **40** 350 m. Anm. *Müller-Dietz* JuS **1996** 110, *Renzikowski* JR **1995** 349; *Günther* aaO; s. auch BGHSt **26** 24); s. hierzu auch Vorbem. §§ 249–256 Rdn. 9 – *Räuberischer Angriff auf Kraftfahrer* (§ 316a StGB) kann mit vollendetem Raub idealiter konkurrieren, da § 316a StGB weder notwendig noch regelmäßig voraussetzt, dass der zur Begehung eines Raubes verübte Angriff sein Ziel erreicht. Jedoch verdrängt § 316a StGB §§ 249, 22 StGB (BGHSt **25** 373), freilich nicht §§ 250, 22 StGB (BGH 1 StR 12/77 bei Holtz MDR **1977** 807). 69

## § 250
## Schwerer Raub

**(1) Auf Freiheitsstrafe nicht unter drei Jahren ist zu erkennen, wenn**

**1. der Täter oder ein anderer Beteiligter am Raub**

**a) eine Waffe oder ein anderes gefährliches Werkzeug bei sich führt,**

**b) sonst ein Werkzeug oder Mittel bei sich führt, um den Widerstand einer anderen Person durch Gewalt oder Drohung mit Gewalt zu verhindern oder zu überwinden,**

**c) eine andere Person durch die Tat in die Gefahr einer schweren Gesundheitsschädigung bringt oder**

**2. der Täter den Raub als Mitglied einer Bande, die sich zur fortgesetzten Begehung von Raub oder Diebstahl verbunden hat, unter Mitwirkung eines anderen Bandenmitglieds begeht.**

**(2) Auf Freiheitsstrafe nicht unter fünf Jahren ist zu erkennen, wenn der Täter oder ein anderer Beteiligter am Raub**

**1. bei der Tat eine Waffe oder ein anderes gefährliches Werkzeug verwendet,**

**2. in den Fällen des Absatzes 1 Nr. 2 eine Waffe bei sich führt oder**

**3. eine andere Person**
**a) bei der Tat körperlich schwer mißhandelt oder**
**b) durch die Tat in die Gefahr des Todes bringt.**

**(3) In minder schweren Fällen der Absätze 1 und 2 ist die Strafe Freiheitsstrafe von einem Jahr bis zu zehn Jahren.**

### Schrifttum

S. das vor und zu § 249 angegebene Schrifttum und weiterhin: *Becker* Waffe und Werkzeug als Tatmittel im Strafrecht (2003); *Blei* Strafschutzbedürfnis und Auslegung, Festschrift Henkel (1974) 109; *Boetticher/Sander* Das erste Jahr des § 250 StGB n.F. in der Rechtsprechung des BGH, NStZ **1999** 292; *Braunsteffer* Schwerer Raub gemäß § 250 I Nr. 2 StGB bei (beabsichtigter) Drohung mit einer Scheinwaffe? NJW **1975** 623; *Dessecker* Zur Konkretisierung des Bandenbegriffs im Strafrecht, NStZ **2009** 184; *Erb* Schwerer Raub nach § 250 II Nr. 1 StGB durch Drohen mit einer geladenen Schreckschusspistole, JuS **2004** 653; *Eser* „Scheinwaffe" und „schwerer Raub" (§ 250 I Nr. 2, II StGB), JZ **1981** 761 und 821; *Fischer* Waffen, gefährliche und sonstige Werkzeuge nach dem Beschluss des Großen Senats, NStZ **2003** 569; *Geppert* Zur „Scheinwaffe" und anderen Streitfragen zum „Bei-Sich-Führen" einer Waffe im Rahmen der §§ 244 und 250 StGB, Jura **1992** 496; *ders.* Zum „Waffen"-Begriff, zum Begriff des „gefährlichen Werkzeugs", zur „Scheinwaffe" und zu anderen Problemen im Rahmen der neuen §§ 250 und 244 StGB, Jura **1999** 599; *Giesen* Die Tatmittel in der Diebstahls- und Raubqualifikation gemäß §§ 244, 250 StGB, Diss. Bonn 2002; *Haft* Grundfälle zu Diebstahl und Raub mit Waffen, JuS **1988** 364; *Hannich/Kudlich* Verwenden einer Waffe bei ungeladener Pistole und mitgeführter Munition, NJW **2000** 3475; *Hauf* Zur Scheinwaffenproblematik des § 250 I Nr. 2 StGB, GA **1994** 319; *Hilgendorf* Körperteile als „gefährliche Werkzeuge", ZStW **112** (2000) 811; *Jesse* Das Pfefferspray als alltägliches gefährliches Werkzeug, NStZ **2009** 364; *Kargl* Verwenden einer Waffe als gefährliches Werkzeug nach dem 6. StrRG, StraFo **2000** 7; *Klesczewski* Raub mit Scheinwaffe? Zur Neufassung des § 250 StGB durch das 6. StrRG, GA **2000** 257; *Kudlich* Zum Stand der Scheinwaffenproblematik nach dem 6. Strafrechtsreformgesetz, JR **1998** 357; *Küper* Zum Raub mit einer „Scheinwaffe" (§ 250 I Nr. 2 StGB) – BGH, NJW 1976, 248, JuS **1976** 645; *ders.* „Waffen" und „Werkzeuge" im reformierten Besonderen Teil des Strafgesetzbuchs, Festschrift Hanack (1999) 569; *ders.* Verwirrungen um das neue „gefährliche Werkzeug" (§§ 244 I Nr. 1a, 250 I Nr. 1a, II Nr. 1 StGB), JZ **1999** 187; *ders.* Das mitgeführte „gefährliche Werkzeug" (§§ 244 Nr. 1a, 250 I Nr. 1a StGB) als Problem der Gesetzessystematik, Gedächtnisschrift Schlüchter (2002) 331; *Leißner* Der Begriff des gefährlichen Werkzeugs im StGB (2002); *Lesch* Waffen, (gefährliche) Werkzeuge und Mittel beim schweren Raub nach dem 6. StrRG, JA **1999** 30; *Mitsch* Die Vermögensdelikte im Strafgesetzbuch nach dem 6. Strafrechtsreformgesetz, ZStW **111** (1999) 65; *ders.* Zum Raub mit einer vom Opfer nicht wahrgenommenen Scheinwaffe, NStZ **1992** 434; *ders.* Raub mit Waffen und Werkzeugen – BGH, NJW 1998, 2914 und BGH, NJW 1998, 2915, JuS **1999** 640; *Schild* Der strafrechtsdogmatische Begriff der Bande, GA **1982** 55; *Schlothauer/Sättele* Zum Begriff des „gefährlichen Werkzeugs" in den §§ 177 Abs. 3 Nr. 1, 244 Abs. 1 Nr. 1a, 250 Abs. 1 Nr. 1a StGB i.d.F. des 6. StrRG, StV **1998** 505; *Schmid* Das gefährliche Werkzeug unter besonderer Berücksichtigung des § 250 StGB (2003); *Schröder* Diebstahl und Raub mit Waffen (§§ 244, 250 StGB), NJW **1972** 1833; *Streng* Die „Waffenersatzfunktion" als Spezifikum des „anderen gefährlichen Werkzeugs", GA **2001** 359; *Thäle* Der Labellostift als Raubmittel – Die Neufassung des § 250 StGB durch das 6. StrRG und ein Ende der Misere? Gedächtnisschrift Gülzow (1999) 45.

### Entstehungsgeschichte

Ursprünglich bedrohte § 250 Abs. 1 StGB a.F. den Raub mit Waffen, den Banden-, Straßen- und nächtlichen Raub sowie den Raub im Rückfall mit Zuchthaus nicht unter fünf Jahren; bei mildernden Umständen sah § 250 Abs. 2 StGB a.F. Zuchthaus von einem Jahr bis zu fünf Jahren vor. Die Vorschrift war missglückt („strafrechtsgeschichtliches Unglück", *Dencker* Einführung in das 6. Strafrechtsreformgesetz, 1998, Rdn. 14): Auf der Tatbestandsseite führten insbesondere der Straßen- und der nächtliche Raub zu einer unübersichtlichen Kasuistik. Vor allem erregte die überzogene Mindeststrafe Anstoß, und die Praxis verweigerte sich dem Gesetz, indem vor 1998 in bis zu 80 % aller Verurteilungen wegen schweren Raubes auf Freiheitsstrafe unter fünf Jahren (BT-Drucks. 13/8587 S. 44) erkannt wurde, indem teils §§ 21, 23 Abs. 2, 49 Abs. 1 StGB (hierzu *Sander* MK Rdn. 5) angewendet wurden und überwiegend § 250 Abs. 2 StGB a.F. herangezogen wurde, dessen überzogene Milde (Höchstmaß gleich Mindestmaß des „gewöhnlichen" schweren Raubes und ein Drittel des Höchstmaßes für einfachen Raub) freilich gleichfalls fragwürdig erschien. In der Strafrechtsreform wurden die Mängel zunächst nur teilweise behoben: Mit Art. 19 Nr. 127 EGStGB 1974, in Kraft getreten am 1.1.1975, wurde der schwere Raub lediglich auf der Tatbestandsseite dem bereits mit dem 1. StrRG 1969 umgestalteten schweren Diebstahl (s. hierzu Entstehungsgeschichte zu § 244) angepasst, indem der Straßen- und der nächtliche Raub entfielen und stattdessen der Raub mit Waffen in den Raub mit Schusswaffen (§ 250 Abs. 1 Nr. 1 StGB a.F.) und mit anderen Waffen, Werkzeugen oder Mitteln (§ 250 Abs. 1 Nr. 2 StGB a.F.) aufgespalten sowie der Raub mit Gefahr des Todes oder einer schweren Körperverletzung (§ 250 Abs. 1 Nr. 3 StGB a.F.) eingeführt wurde. Eine auch die Rechtsfolgenseite einbeziehende Reform erfolgte erst mit dem am 1.4.1998 in Kraft getretenen **6. StrRG 1998** (eingehend hierzu *Günther* SK$^5$ Rdn. 2 ff). Hierdurch wollte der Gesetzgeber Wertungswidersprüche ausräumen, zur Harmonisierung der Strafrahmen beitragen und den häufigen Rückgriff auf einen minder schweren Fall durch unterschiedliche, nach dem Unrechtsgehalt der Tathandlungen abgestufte Mindestfreiheitsstrafen von (im RegE ursprünglich zwei oder) drei oder fünf Jahren ersetzen (vgl. BT-Drucks. 13/8587 S. 44). Nach überbeschleunigtem (vgl. *Sander* aaO Rdn. 4) und strittigem (abl. der Bundesrat, vgl. BT-Drucks. aaO S. 63 f) Gesetzgebungsverfahren wurde im Rechtsausschuss des Deutschen Bundestages – in diesem Punkt (Nr. 54) nur mehrheitlich (mit den Stimmen der CDU/CSU bei Enthaltung der SPD, Abwesenheit der F.D.P. und gegen die Stimmen von Bündnis 90/Die Grünen sowie der PDS, s. BT-Drucks. 13/9064 S. 5) – die bis heute geltende (Kompromiss-)Fassung des § 250 StGB gefunden. Sie beschränkt die hergebrachte Mindestfreiheitsstrafe von fünf Jahren auf den „besonders" schweren Raub (BGH NStZ-RR **2003** 328, 329) mit Verwendung einer Waffe oder eines gefährlichen Werkzeugs, den Bandenraub mit Waffen und den Raub mit schwerer Misshandlung oder Lebensgefahr (§ 250 Abs. 2 StGB). Die in § 250 Abs. 1 StGB a.F. anerkannten Fälle des schweren Raubes sind im Wesentlichen denen des schweren Diebstahls nach § 244 Abs. 1 StGB angepasst worden und werden nur mehr mit einer Mindestfreiheitsstrafe von drei Jahren bedroht (§ 250 Abs. 1 StGB). Der minder schwere Fall des schweren Raubes besteht fort (§ 250 Abs. 3 StGB), freilich mit gegenüber dem vorherigen Recht erhöhtem Strafrahmen von einem Jahr bis zu zehn Jahren Freiheitsstrafe, der immer noch milder ist als der Grundstrafrahmen für einfachen Raub („befremdlich", *Sander* MK Rdn. 6; s. hierzu auch BT-Drucks. 13/9064 S. 17). Ob so das Ziel der Strafrahmenharmonisierung erreicht worden ist, erscheint fragwürdig (krit. *Günther* aaO Rdn. 5: „verfehlt"; *Hörnle* Jura **1998** 169, 174; *Sander/Hohmann* NStZ **1998** 273, 277). Auch haben sich schwerer Diebstahl und schwerer Raub mit dem 6. StrRG weiter als nach vorherigem Recht auseinander entwickelt; dass z.B. der Wohnungseinbruchsdiebstahl nach § 244 Abs. 1 Nr. 3 StGB keine Parallele bei § 250 StGB hat, ist nicht ohne weiteres nachvollziehbar (vgl. *Mitsch* ZStW **111** [1999] 65, 99).

*Übersicht*



## I. Allgemeines

1 **1. Praktische Bedeutung.** Mit im Jahr 2007 2.372 Aburteilungen (Statistisches Bundesamt, Rechtspflege Strafverfolgung 2007, 2009, S. 34) ist § 250 StGB **praktisch nicht unbedeutsam.** Etwas mehr als die Hälfte der Verurteilungen sind 2007 nach Jugendstrafrecht erfolgt; die Regelstrafe ist Jugendstrafe zwischen einem und zwei Jahren, überwiegend zur Bewährung ausgesetzt; 119 bzw. 74 Verurteilungen lauteten auf Jugendstrafe zwischen zwei und drei bzw. drei und fünf Jahren (Statistisches Bundesamt aaO S. 289 f). Von den 882 Verurteilungen nach allgemeinem Strafrecht im Jahr 2007 lautete rund ein Drittel auf Freiheitsstrafe bis zu zwei Jahren, überwiegend zur Bewährung ausgesetzt; 170 bzw. 251 bzw. 172 Verurteilungen lauteten auf Freiheitsstrafe zwischen zwei und drei bzw. drei und fünf bzw. fünf und zehn Jahren (Statistisches Bundesamt aaO S. 162 f). Hieraus lässt sich schließen, dass die gesetzlichen Mindeststrafen des § 250 Abs. 1 und 2 StGB weiterhin (s. o. Entstehungsgeschichte) nur eine geringe Rolle spielen, womöglich von der Praxis nach wie vor als überzogen empfunden und über §§ 49 Abs. 1, 250 Abs. 3 StGB bzw. unter Anwendung des Jugendstrafrechts umgangen werden. In der Sache steht § 250 Abs. 2 Nr. 1 StGB im Vordergrund der veröffentlichten Entscheidungen, und zwar mit einem Schwerpunkt auf der Verwendung von Waffen oder gefährlichen Werkzeugen zur Drohung; § 250 Abs. 1 Nr. 1a) und vor allem b) StGB wird in der Praxis als Auffangtatbestand für das Verwenden sonstiger Werkzeuge und Mittel – namentlich sog. Scheinwaffen – genutzt. Insgesamt entspricht der schwere Raub in der Praxis eher selten dem Bild gefährlicher „Hochkriminalität", wie es dem Gesetzgeber vorschwebt.

2 **2. Qualifikation.** Absätze 1 und 2 des § 250 StGB enthalten **raubqualifizierende Tatbestände,** nicht nur der Verdeutlichung von Strafschärfungsgründen dienende Regelbeispiele (s. zu § 250 StGB a.F. BGH 2 StR 533/72 bei Dallinger MDR **1973** 191). Sie sind zwingend und abschließend, und das Gesetz setzt weder positiv noch negativ eine Gesamtwürdigung von Tat und Täter voraus, wie sie allerdings bei § 250 Abs. 3 StGB erfolgen muss (s. noch Rdn. 42). Insbesondere ist § 250 StGB in seinen Absätzen 1 und 2 auch auf den Raub geringwertiger Sachen anwendbar. Die in § 250 StGB genannten Qualifikationsgründe qualifizieren auch den räuberischen Diebstahl und die räuberische Erpressung, näher § 252 Rdn. 12, 75, § 255 Rdn. 15.

3 Zum Grund der Qualifikation hat BGHSt **26** 167, 173 (s. noch Rdn. 4) ausgeführt, der gemeinsame Unrechtskern aller Qualifikationstatbestände des § 250 StGB liege im

Angriff auf das Eigentum und die persönliche Freiheit des Raubopfers. Die Vorschrift erkläre lediglich bestimmte Modalitäten der Verwirklichung dieses Unrechts für **besonders verwerflich** und deshalb für in erhöhtem Maße strafwürdig; es gehe nicht um die Schaffung eigenständiger Unrechtstypen, sondern es zielten die Erschwerungsgründe des § 250 StGB ihrer eigentlichen Funktion nach auf die Regelung der Rechtsfolgen an sich gleich gearteten, wenn auch erhöhten Unrechts ab. Dem ist zu widersprechen. Die Qualifikationsgründe des § 250 StGB sind keine bloßen Strafzumessungs- und Rechtsfolgenregelungen, sondern vertypen *spezifisches* Unrecht, das sich nicht in dem des Raubgrundtatbestandes erschöpft. Es handelt sich um **besonders gefährliche**, das Handlungs- und z.T. das Erfolgsunrecht mitprägende Angriffe nicht nur auf Freiheit und Eigentum,[1] und die Qualifikationstatbestände beinhalten im Verhältnis zum Raubgrundtatbestand „disparates Unrecht" (*Herdegen* LK[11] Entstehungsgeschichte). Im Einzelnen liegt der Grund der meisten Qualifikationstatbestände des § 250 StGB im Personenschutz, nämlich im Schutz des Raubopfers vor *abstrakten oder konkreten Gefahren für Leib oder Leben*, aber auch für die Bewegungsfreiheit. Das ist besonders deutlich bei § 250 Abs. 1 Nr. 1c), Abs. 2 Nr. 3 StGB, liegt freilich auch Abs. 1 Nr. 1a), Abs. 2 Nr. 1 und 2 zugrunde. Komplexer und durchaus „disparat" (aA *Günther* SK[5] Rdn. 7, wonach die einzelnen Strafschärfungen keine unterschiedlichen *rationes legis* hätten) sind hingegen die Gefährdungserwägungen, die hinter § 250 Abs. 1 Nr. 2 StGB stehen („Organisations-", „Aktionsgefahr", Rdn. 28 und § 244 Rdn. 3, 51 ff), und § 250 Abs. 1 Nr. 1b) StGB zielt in der gesetzlichen Formulierung deutlich auf die besondere Gefährdung der *Willensfreiheit* des Raubopfers (s. noch Rdn. 10 ff).

3. **Zeitliche Geltung.** Bereits die Umgestaltung des § 250 StGB durch das EGStGB 1974 (s. o. Entstehungsgeschichte) hatte zu der Frage geführt, ob vor dem 1.1.1975 begangene, aber danach abgeurteilte Taten nach Tatzeitrecht (§ 2 Abs. 1 StGB) beurteilt werden konnten, wenn der Täter eine der damals aufgehobenen Raubqualifikationen (Straßenraub, Raub zur Nachtzeit) und zugleich eine der erst später eingeführten Qualifikationen (Raub mit Scheinwaffen, gefährlicher Raub) erfüllte. BGHSt **26** 167 bejahte die Frage, weil zwischen der alten und neuen Fassung Unrechtskontinuität bestanden haben sollte und die Strafrahmen nicht verändert wurden; das hat mit Recht kaum Zustimmung gefunden (ablehnend z.B. *Blei* JA **1976** 23; *Mazurek* JZ **1976** 233; *Mohrbotter* JZ **1977** 53 und ZStW **88** (1976) 923; *Tiedemann* JZ **1975** 692). Für vor dem 1.4.1998 begangene, aber danach abgeurteilte Taten stellen sich vergleichbare Fragen wegen der erneuten Umgestaltung des § 250 StGB durch das 6. StrRG (s. o. Entstehungsgeschichte). Die teilweise Neugestaltung der Qualifikationsgründe berührt die Unrechtskontinuität nicht; insbesondere sind Raub mit Verwendung einer Waffe oder eines anderen gefährlichen Werkzeugs (Abs. 2 Nr. 1 n.F.), bewaffneter Bandenraub (Abs. 2 Nr. 2 n.F.) und Raub mit schwerer körperlicher Misshandlung (Abs. 2 Nr. 3a] n.F.) nur *maiora*, aber nicht *alia* zum Raub mit Waffen, Mitteln oder Werkzeugen, Bandenraub und gefährlichem Raub nach früherem Recht. Jedoch ist § 250 *Abs. 1* StGB heutiger Fassung *lex mitior* i.S.v. § 2 Abs. 3 StGB, jedenfalls wenn ein minder schwerer Fall ausscheidet (BGHSt **44** 103, 106 f).[2] Hingegen soll § 250 *Abs. 2* StGB heutiger Fassung im Grund- 4

---

[1] *Hoyer* SK[6] Rdn. 6; *Kindhäuser* BT II § 14 Rdn. 3; *Krey/Hellmann* Rdn. 198; *Rengier* BT 1 § 8 Rdn. 5; *Wessels/Hillenkamp* Rdn. 344.

[2] BGH NJW **1998** 2914, 2915 und 3130; NStZ-RR **1998** 268 und 295; StV **1998** 486, 487; NJW **1999** 1646, 1647; NStZ **1999** 448; StV **1999** 92 und 209 und 357 und 646; *Fischer* Rdn. 31; *Sch/Schröder/Eser* Rdn. 2; *Mitsch* JuS **1999** 640.

satz nicht milder als die bis zum 1.4.1998 geltende Fassung des § 250 StGB sein, so dass es bei der Anwendung des Tatzeitrechts bleibt (BGHSt 45 92, 93 und 96 f).[3] Bei der im Rahmen des § 2 Abs. 3 StGB gebotenen konkreten Betrachtungsweise kann es im Übrigen dazu kommen, dass ein minder schwerer Fall nach § 250 Abs. 2 StGB a.F. angenommen werden kann, der nach heutigem Recht entweder nicht (mehr) möglich oder zumindest mit dem höheren Strafrahmen des heutigen Rechts bedroht ist; insoweit ist das frühere Recht im Verhältnis zu § 250 Abs. 2 StGB sogar milder (zutr. *Fischer* Rdn. 31; *Sch/Schröder/Eser* Rdn. 2).

## II. „Einfacher" schwerer Raub (Abs. 1)

5 § 250 Abs. 1 StGB i.d.F. des 6. StrRG enthält im Wesentlichen die bereits zuvor anerkannten Qualifikationsgründe des schweren Raubes, die zugleich im Wesentlichen denen des schweren Diebstahls (§ 244 StGB) entsprechen, freilich mit gegenüber dem früheren Recht auf drei Jahre Freiheitsstrafe abgesenkter Mindeststrafdrohung. Es handelt sich gleichsam um den **„einfachen" schweren Raub** im Unterschied zu dem „besonders" schweren nach § 250 Abs. 2 StGB (s. noch Rdn. 29 ff).

6 **1. Raub mit Waffen oder anderen gefährlichen Werkzeugen** (Abs. 1 Nr. 1a). Die Vorschrift ist wortgleich mit § 244 Abs. 1 Nr. 1 a) und auch § 177 Abs. 3 Nr. 1 StGB und ebenso auszulegen wie diese Vorschriften. S. zu den Einzelheiten *Hörnle* LK § 177 Rdn. 264 ff sowie *Vogel* LK § 244 Rdn. 9 ff und ergänzend: Oberbegriff ist das (andere) gefährliche Werkzeug; die Waffe muss zugleich (objektiv) gefährliches Werkzeug sein, wenngleich der Begriff des gefährlichen Werkzeuges zunehmend – und richtigerweise – im Hinblick auf die Waffenähnlichkeit bestimmt wird (s. bereits § 244 Rdn. 16 f). Wer eine Waffe oder ein anderes gefährliches Werkzeug nicht nur bei sich führt, sondern auch verwendet, begeht – nur – einen „besonders" schweren Raub nach § 250 Abs. 2 Nr. 1 StGB (näher Rdn. 30 ff). Die Forderung, das Begriffspaar „Waffe oder (...) anderes gefährliches Werkzeug" sei dort gleich wie hier auszulegen (in diesem Sinne z.B. *Fischer* Rdn. 5a, 7, 8a), ist auf den ersten Blick verständlich („Einheit der Rechtsordnung"), erweist sich aber in der Sache als fragwürdig („Relativität der Rechtsbegriffe", s. noch Rdn. 31 ff).

7 Wie bei § 244 Abs. 1 Nr. 1a) ist bei § 250 Abs. 1 Nr. 1a) StGB umstritten, was im Zusammenhang bloßen Beisichführens unter einem **gefährlichen Werkzeug** zu verstehen ist. Aus denselben Gründen wie bei § 244 Abs. 1 Nr. 1a) (s. dort Rdn. 17 f) muss der Begriff auch bei § 250 Abs. 1 Nr. 1a) StGB auf „waffenvertretende" (treffend *Fischer* Rdn. 8a) Werkzeuge beschränkt werden, bei denen sich aufdrängt, dass der Täter sie in gefährlicher Weise verwenden will. Demgegenüber liegt es in der Konsequenz von BGHSt 52 257 (hierzu § 244 Rdn. 12, 14 ff), jeden Gegenstand genügen zu lassen, der im Falle seines Einsatzes geeignet ist, erhebliche Verletzungen zuzufügen wie z.B. ein Taschenmesser oder ein Schraubendreher; diese Konsequenz stößt aber auch bei § 250 Abs. 1 Nr. 1a) StGB auf Bedenken (vgl. § 244 Rdn. 17 f).

8 Zu der ursprünglichen, bis zum 1.1.1975 geltenden Fassung des Raubes mit Waffen vertrat die Rechtsprechung, dass sowohl Waffen „im technischen Sinn" – solche, deren Zweck oder Funktion die Verwendung bei Angriff oder Verteidigung ist und die dazu all-

---

[3] BGH NJW **1998** 2914; NStZ-RR **1998** 268; StV **1999** 91, 92; *Fischer* Rdn. 31; *Sch/Schröder/Eser* Rdn. 2.

gemein bestimmt und geeignet sind, hierbei Menschen körperlich zu verletzen – als auch Waffen „im untechnischen Sinn“ – Gegenstände, deren Verwendung im Einzelfall geeignet ist, nicht unerhebliche Körperverletzungen zu verursachen – erfasst seien.[4] In der nunmehrigen Fassung werden Waffen „im untechnischen Sinn“ im Wesentlichen als gefährliche Werkzeuge erfasst, und für den Begriff der **Waffe** i.S.v. § 250 Abs. 1 Nr. 1a) StGB verbleibt die frühere Waffe „im technischen Sinn“ (insoweit **krit.** *Fischer* Rdn. 4), genauer im strafrechtlichen (d.h. nicht waffenrechtsakzessorischen) Sinn des gefährlichen Werkzeugs, das nach seiner Beschaffenheit und seinem Zustand dazu allgemein bestimmt und bei bestimmungsgemäßer Verwendung geeignet ist, erhebliche Verletzungen zuzufügen (BGHSt **45** 92).[5] Zu den Einzelheiten und zur abweichenden Auffassung von BGHSt 48 197 eingehend § 244 Rdn. 19 ff. Als Unterfall des gefährlichen Werkzeugs muss eine Waffe i.S.v. § 250 Abs. 1 Nr. 1a) StGB **gefährlich** sein; deshalb genügen ebenso wie bei § 244 Abs. 1 Nr. 1a) StGB (s. dort Rdn. 24) nur verwendungsfähige Waffen, nicht aber z.B. ungeladene Schusswaffen, wenn sie der Täter nicht unschwer und ohne erheblichen Zeitverlust laden und schussbereit machen kann.[6] Nicht erforderlich ist aber, dass über die abstrakte Gefährlichkeit der mitgeführten Waffe hinaus eine konkrete Lebens- oder Leibesgefahr für das Raubopfer oder Dritte eintritt (BGHSt **45** 92, 93 f und 96).

Zur Tathandlung des **Beisichführens**, zum **Vorsatz**, zur **Beteiligung** und zum strafbaren (§§ 12 Abs. 1, 23 Abs. 1 StGB) **Versuch** § 244 Rdn. 27 ff, 35 ff, 38 und 39. **9**

**2. Raub mit sonstigen Werkzeugen oder Mitteln (Abs. 1 Nr. 1b).** Die Vorschrift ist wortgleich mit §§ 177 Abs. 3 Nr. 2, 244 Abs. 1 Nr. 1b) StGB und im Grundsatz ebenso auszulegen wie diese Vorschriften. Zu den Einzelheiten s. *Hörnle* LK § 177 Rdn. 274 ff, *Vogel* LK § 244 Rdn. 40 ff und ergänzend: Nach dem Willen des Gesetzgebers (s. BT-Drucks. 13/9064 S. 18) soll die Vorschrift die **„Funktion eines Auffangtatbestandes“** haben, wenn der Täter nicht geradezu eine Waffe oder ein anderes gefährliches Werkzeug bei sich führt oder verwendet. Daraus folge insbesondere, dass „sonstige“ Werkzeuge oder Mittel nicht für Leib oder Leben gefährlich sein müssten und auch sog. **Scheinwaffen** erfasst seien, wobei der Gesetzgeber davon ausgegangen ist, dass die einschränkende neuere Rechtsprechung hierzu (s. § 244 Rdn. 45) auch bei § 250 Abs. 1 Nr. 1a) StGB Beachtung finde. Dem hat sich die h.A. angeschlossen[7] und geht insbesondere davon aus, dass der frühere Streit um die Einbeziehung von sog. Scheinwaffen in den schweren Raub obsolet geworden sei, zumal die Mindeststrafe auf drei Jahre Freiheitsstrafe herabgesetzt worden sei. In der Sache argumentiert BGHR StGB § 250 Abs. 1 Nr. 1b (i.d.F. 6. StrRG) Werkzeug/Mittel 1 (s. weiterhin BGHR StGB § 250 Abs. 1 Nr. 1a [i.d.F. 6. StrRG] Waffe 1 und 2; BGH NStZ-RR **1998** 295; BGH StV **1999** 92), die objektive Ungefährlichkeit **10**

---

[4] S. bereits § 244 Rdn. 19 und ergänzend: Bei Waffen „im technischen Sinne“ genügte subjektiv das bewusste Beisichführen im Bewusstsein ihrer Gebrauchsbereitschaft (RGSt **66** 191; **68** 238; **74** 281; BGHSt **3** 229, 232; **4** 125, 127; **13** 259; BGH NJW **1965** 2115; **1976** 248). Demgegenüber war bei Waffen im untechnischen Sinne der bedingte Vorsatz erforderlich, sie gegebenenfalls so einzusetzen (BGHSt **24** 137 und 276; BGH NJW **1972** 731 m. Anm. *Schröder*).

[5] *Kindhäuser* NK Rdn. 2; *Kudlich* SSW Rdn. 4; *Eisele* BT II Rdn. 163, 329; *Kindhäuser* BT II § 4 Rdn. 3, § 14 Rdn. 2; *Küper* BT S. 441; *Otto* BT § 41 Rdn. 51, § 46 Rdn. 30.

[6] *Kudlich* SSW Rdn. 4; *Krey/Hellmann* Rdn. 197; *Maurach/Schroeder/Maiwald* I § 33 Rdn. 114, § 35 Rdn. 26; *Mitsch* BT 2/1 § 1 Rdn. 233, § 3 Rdn. 54; *Otto* BT § 46 Rdn. 33; *Wessels/Hillenkamp* Rdn. 342a.

[7] *Kindhäuser* NK Rdn. 4; *Kudlich* SSW Rdn. 9; *Lackner/Kühl* Rdn. 2; *Sch/Schröder/Eser* Rdn. 15; *Kindhäuser* BT II § 14 Rdn. 2; *Krey/Hellmann* Rdn. 198 ff; *Wessels/Hillenkamp* Rdn. 343.

des Werkzeugs oder Mittels werde durch die erforderliche Absicht kompensiert, den Widerstand einer anderen Person durch Gewalt oder Drohung mit Gewalt zu verhindern oder zu überwinden.

11 Die Lehre steht nahezu einhellig auf dem Standpunkt, dass der Wille des Gesetzgebers hinzunehmen, das Gesetz jedoch **kriminalpolitisch verfehlt** sei.[8] Die Gegenargumente hat *Herdegen* in der Vorauflage (LK[11] Rdn. 17–20) überzeugend zusammengefasst; ergänzend: Zu der bis zum 1.1.1975 geltenden Fassung des Raubes mit Waffen hatte noch BGHSt **24** 276, 278 ausgeführt, der Grund für die härtere Bestrafung des Räubers mit Waffen liege in der höheren **Gefährlichkeit** der Tat und des Täters; sie sei, wenn bloß eine Scheinwaffe zur Drohung verwendet werde, nicht oder nur unwesentlich höher als beim einfachen Raub nach § 249 StGB; der in der Anwendung von Scheinwaffen liegende höhere Unrechtsgehalt könne innerhalb des Strafrahmens des § 249 StGB ausreichend beachtet werden. Mit Inkrafttreten des § 250 Abs. 1 Nr. 2 StGB i.d.F. des EGStGB 1974, der Vorläufervorschrift zum heutigen § 250 Abs. 1 Nr. 1b) StGB, schwenkte BGH NJW **1976** 248 um, schloss sich der entsprechenden Rechtsprechung zu § 244 Abs. 1 Nr. 2 StGB i.d.F. des 1. StrRG 1969 (BGHSt **24** 339; hierzu § 244 Rdn. 40) an und begründete das mit der „eindeutig auf subjektive Voraussetzungen abstellenden Tatbestandsbeschreibung des Gesetzes" sowie damit, dass die Bereitschaft, notfalls als bewaffnet in Erscheinung zu treten, in der Regel Indiz **„gesteigerten verbrecherischen Willens"** sei. Es sei für das Opfer motivatorisch gleichgültig, ob es sich einem tatsächlich bewaffneten Angreifer gegenübersehe oder ob der Täter es dazu bringe, ihn als besonders gefährlichen, weil bewaffneten Angreifer anzusehen; das Opfer befinde sich in jedem Falle in einer Situation „verstärkter Bedrohung und erhöhter Schutzbedürftigkeit" (vgl. auch BGH JZ **1990** 552; BGHR StGB § 250 Abs. 2 Gesamtbetrachtung 3: „besondere Einschüchterungssituation"; s. weiterhin BGH NStZ **1981** 436; **1985** 408; BGH StV **1986** 19; BGH NJW **1994** 1166, 1167). Allerdings verschloss sich die Rechtsprechung nicht der Einsicht, dass ihre Auslegung zu „Unzuträglichkeiten" führen könnte (BGH NJW **1989** 2549). Diese sollten einerseits auf Rechtsfolgenseite ausgeglichen werden, indem – wenngleich nicht automatisch (BGH aaO: „notfalls") – ein minder schwerer Fall in Betracht komme (s. auch BGH JZ **1982** 868 m. abl. Bespr. *Hettinger*; krit. *Maurach/Schroeder/Maiwald* BT 1[10] § 35 Rdn. 27: „grotesker Umweg"). Andererseits wurden solche Gegenstände ausgenommen, die ihrer Art nach und für sich genommen ungeeignet seien, Täuschungs- und Bedrohungswirkung zu entfalten (BGHSt 38 116), wobei teils auf die Sicht des Täters (BGH **38** 116, 118), teils auf die eines objektiven Beobachters (BGH NStZ **2007** 332, 333) abgestellt wird; näher hierzu § 244 Rdn. 45 m.w.N.

12 Alles das ist **„sachwidrig und systematisch verfehlt"** (*Kindhäuser* NK Rdn. 5). Empirisch-kriminologisch unbegründet ist die Behauptung in BGH NJW **1976** 248, Raub mit Scheinwaffe indiziere „gesteigerten verbrecherischen Willen"; vielmehr ist „der bluffende Täter nicht selten ein relativ harmloser, auf List setzender und mit ihr sich begnügender Räuber" (*Herdegen* LK[11] Rdn. 18). Anders als bei § 244 Abs. 1 Nr. 1b) StGB enthält bereits der Grundtatbestand des Raubes das Merkmal der Drohung mit gegenwärtiger Gefahr für Leib oder Leben. Ob Drohungen unter Verwendung von Scheinwaffen stets stärker sind als solche ohne Scheinwaffen, erscheint zweifelhaft – so mag ein Räuber ohne Scheinwaffe damit drohen, das Opfer eine Felswand hinunter zu stoßen, zusammenzuschlagen oder mit bloßen Händen zu erwürgen. Jedenfalls ist der Umstand, dass

---

[8] *Duttge* HK-GS § 244 Rdn. 15, § 250 Rdn. 2; *Günther* SK[5] Rdn. 20; *Kindhäuser* NK Rdn. 5; *Mitsch* BT 2/1 § 3 Rdn. 59.

der Räuber ungefährliche Gegenstände nur zu Drohungszwecken nur bei sich führt, ersichtlich nicht geeignet, einen Mindeststrafen-Sprung von einem Jahr auf drei Jahre zu rechtfertigen (**aA** BGH NJW **1998** 3130, 3131). Gleichfalls nicht mehr zu rechtfertigen ist es, das Beisichführen ungefährlicher Scheinwaffen mit dem Beisichführen schussbereiter Schusswaffen (lit. a; insoweit **aA** BGH aaO 3130, weil insoweit keine Verwendungsabsicht erforderlich sei) oder der vorsätzlichen Herbeiführung einer konkreten Gefahr einer schweren Gesundheitsbeschädigung (lit. c) gleichzustellen. Hinzu kommt, dass die Grenze zwischen Scheinwaffen und schlechterdings nicht mehr bedrohungstauglichen Gegenständen in der Rechtsprechung ungeklärt ist, was im Einzelfall zu widersprüchlichen, unverständlichen, zufällig wirkenden und unvorhersehbaren Ergebnissen führt (zutr. *Fischer* Rdn. 11 ff). Schließlich ist daran zu erinnern, dass ein (Haupt-)Zweck der Einbeziehung von Scheinwaffen in § 250 Abs. 1 Nr. 1 b) StGB darin besteht, dem Täter den Einwand abzuschneiden, er habe nur mit einer nicht verwendungsbereiten Waffe gedroht (näher § 244 Rdn. 40, 44).

Zwar hat die Europäische Kommission für Menschenrechte die Subsumtion von Scheinwaffen unter § 250 Abs. 1 Nr. 2 StGB a.F. für vereinbar mit Art. 7 EMRK gehalten (EKMR NJW **1985** 2076). Doch haben die soeben in Rdn. 12 geschilderten Einwände derart großes Gewicht, dass unter den verfassungsrechtlichen Gesichtspunkten des Willkürverbots, des Bestimmtheitsgebots und des Gebots schuldangemessenen Strafens eine **verfassungskonforme Auslegung** des § 250 Abs. 1 Nr. 1b) StGB in der Weise geboten ist, dass bei Scheinwaffen auch gegen den erklärten Willen einzelner am Gesetzgebungsverfahren Beteiligter (s. BT-Drucks. 13/9064 S. 18; vgl. weiterhin BGH NJW **1998** 3130; zum Stimmverhältnis im Rechtsausschuss des Deutschen Bundestages s.o. Entstehungsgeschichte) und auch gegen die dem folgende höchstrichterliche Rechtsprechung (s. noch Rdn. 41 ff) regelmäßig **ein minder schwerer Fall** i.S.v. § 250 Abs. 3 StGB anzunehmen ist. Man mag das im Anschluss an *Maurach/Schroeder/Maiwald* BT $1^{10}$ § 35 Rdn. 27 als „groteske[n] Umweg" ansehen, der aber notwendig ist, um das Gesetz, das eine „auf Abwege geratene[n] R[echt]spr[echung]" sanktioniert und in § 250 StGB einen „teleologisch-systematisch nicht begründbaren Fremdkörper" eingefügt hat (*Günther* $SK^5$ Rdn. 24), wieder auf den Boden eines rechtsstaatlichen, verhältnismäßigen und schuldangemessenen Strafrechts zu stellen. 13

Zur Tathandlung des **Beisichführens** s. § 244 Rdn. 27 ff und ergänzend: Es genügt, wenn der Täter (Beteiligte) das Werkzeug oder Mittel in irgendeinem Stadium des den Tatbestand des Raubes verwirklichenden Geschehens bei sich führt, und es reicht, wenn er es am Tatort während des Tatgeschehens ergreift (RGSt **68** 238, 239; BGHSt **13** 259; **30** 375, 376; BGH NJW **1975** 1176; **1989** 2549, 2550; BGH StV **1988** 429).[9] Zwar verlangt der Tatbestand nicht, dass es zur Verwendung des Werkzeugs oder Mittels in Gestalt von Gewalt oder (bei Scheinwaffen) Drohung mit Gewalt kommt. Jedoch liegt in jedem Verwenden zugleich ein Beisichführen (vgl. BGH NStZ-RR **2005** 373). Bei Scheinwaffen geht es in der Praxis in aller Regel um Fälle, in denen mit der Scheinwaffe gedroht worden ist, was nicht nach § 250 Abs. 2 Nr. 1 (s. noch Rdn. 32), der Rechtsprechung zufolge aber nach § 250 Abs. 1 Nr. 1b) StGB erfasst werden kann. 14

Zur subjektiv erforderlichen **Verwendungsabsicht** s. § 244 Rdn. 47 ff und ergänzend: 15
Auch bei § 250 Abs. 1 Nr. 1b) StGB genügt, dass der Täter (Beteiligte) das Werkzeug

---

9 *Sander* MK Rdn. 33; *Sch/Schröder/Eser* § 244 Rdn. 7, § 250 Rdn. 5; *Eisele* BT II Rdn. 172, 329; *Kindhäuser* BT II § 4 Rdn. 14, § 14 Rdn. 2; *Küper* BT S. 71; *Rengier* BT 1 § 4 Rdn. 46, § 8 Rdn. 3.

oder Mittel nur „gegebenenfalls", „im Bedarfsfall" – sei er gedanklich vorweggenommen oder handele es sich um einen nicht einkalkulierten Zwischenfall (*Geilen* Jura **1979** 390) – oder „notfalls" einsetzen will, wenn er nur entschlossen ist, einen Raub zu begehen, und das tut.[10] Bei Scheinwaffen genügt es nach h.A., dass der Täter mindestens billigend in Kauf nimmt, dass der Bedrohte die Drohung ernst nimmt, weil er, der Bedrohte, glaubt oder wenigstens für möglich hält, dass die angedrohte Gewalt verübt und er, der Bedrohte, bei Gebrauch der – scheinbaren – Waffe getötet oder zumindest erheblich verletzt wird (s. BGH JZ **1975** 702, 703; BGH NJW **1976** 248; BGH StV **1986** 19; BGH NJW **1990** 2570 = JZ **1990** 552). Zur Frage, was gilt, wenn der Bedrohte durchschaut, dass es sich um eine „leere" Drohung handelt, Rdn. 17, 45.

**16** Zu Fragen der **Beteiligung** s. § 244 Rdn. 38, 50 und ergänzend: Wer das Werkzeug oder Mittel nicht selbst bei sich führt, kann gleichwohl Täter oder Teilnehmer sein, wenn er weiß, dass es ein anderer tut, der dabei Verwendungsabsicht hat. Ist der das Werkzeug oder Mittel bei sich führende Gehilfe ahnungslos, ist der Täter dennoch wegen schweren Raubes zu bestrafen, wenn er Verwendungsabsicht und die Möglichkeit hat, sie zu realisieren, weil das Werkzeug oder Mittel während des Raubes für ihn verfügbar ist (mittelbare Täterschaft).

**17** Zum (strafbaren, §§ 12 Abs. 1, 23 Abs. 1 StGB) **Versuch** s. § 244 Rdn. 39, 50 und ergänzend: Kommt es zum vollendeten Raub, so liegt ein vollendeter schwerer Raub mit Werkzeugen oder Mitteln auch dann vor, wenn diese gar nicht oder nur erfolglos eingesetzt worden sind, da das bloße Beisichführen genügt. Entgegen verschiedentlich geäußerter Kritik (*Günther* SK[5] Rdn. 22; *Hauf* GA **1994** 319, 328; *Herdegen* LK[11] Rdn. 18, 24; vgl. auch *Herzog* StV **1990** 547 f) trifft das Ergebnis in BGH NJW **1990** 2570 = JZ **1990** 552 daher zu, dass vollendeter schwerer Raub gem. § 250 Abs. 1 Nr. 1b) StGB vorliegt, wenn der Täter mit einer Spielzeugpistole droht, was das Opfer durchschaut, der Raub aber gleichwohl gelingt, indem der Täter körperliche Gewalt einsetzt. Im Übrigen kann ein versuchter schwerer Raub nur vorliegen, wenn der Täter zur Raubhandlung (Gewalt oder Drohung mit gegenwärtiger Gefahr für Leib oder Leben) ansetzt, was häufig (aber nicht zwingend) mit dem Ansetzen zu einer Verwendung des Werkzeugs oder Mittels zusammenfällt; das bloße Ansetzen zur Wegnahme führt nur zum Versuch des § 244 Abs. 1 Nr. 1b) StGB.[11] Besteht das unmittelbare Ansetzen in einer Drohung mit einer Scheinwaffe, durchschaut das Opfer die Drohung als „leer" und duldet es gleichwohl – aus welchen Gründen auch immer – die Wegnahme, so liegt nur ein versuchter schwerer Raub vor (BGHR StGB § 250 Abs. 2 Wertungsfehler 2; BGH 1 StR 528/91 vom 3.12.1991). Er entfällt aber nicht deshalb, weil das Opfer tatsächlich keiner „besonderen Einschüchterungssituation" ausgesetzt ist, weil es für die Versuchsstrafbar-

---

[10] BGH NStZ **1981** 436; NJW **1989** 2549, 2550; 2 StR 12/86 bei Holtz MDR **1986** 623; NJW **1999** 70; NStZ **1999** 188; *Günther* SK[5] Rdn. 26; *Kindhäuser* NK § 244 Rdn. 32, § 250 Rdn. 6; *Kudlich* SSW § 244 Rdn. 27, § 250 Rdn. 11; *Lackner/Kühl* § 244 Rdn. 5, § 250 Rdn. 2; *Geilen* Jura **1979** 390; *Küper* JuS **1976** 645 Anm. 7; *Schröder* NJW **1972** 1835. – Kommt es nicht zur Nötung, sondern bleibt die Tat im Versuchsstadium stecken, so will *Berz* Jura **1982** 317, 320 (§ 22 i.V.m.) § 250 Abs. 1 Nr. 2 (jetzt Abs. 1 Nr. 1b) StGB a.F. nur bei unbedingter Verwendungsabsicht anwenden; bei lediglich bedingter Verwendungsabsicht verbleibe es bei (§ 22 i.V.m.) § 244 Abs. 1 Nr. 2 (jetzt Abs. 1 Nr. 1b) StGB a.F.; s. hierzu auch *Fischer* Rdn. 12.

[11] *Fischer* § 249 Rdn. 17, § 250 Rdn. 28; *Günther* SK[5] § 249 Rdn. 45, § 250 Rdn. 51; *Lackner/Kühl* § 249 Rdn. 7; *Sander* MK § 249 Rdn. 39, § 250 Rdn. 72; *Sch/Schröder/Eser* § 249 Rdn. 10, § 250 Rdn. 19, *Kühl* JuS **1980** 506, 509; *Laubenthal* JZ **1987** 1065, 1066; *Schröder* NJW **1972** 1834.

keit nur auf den Tatentschluss des Täters ankommt; in diesem Sinne ist BGH NJW **1990** 2570 = JZ **1990** 552 zuzustimmen, wenn dort ausgeführt wird, die qualifizierende Absicht des Täters entfalle nicht, wenn das Opfer erkenne, dass es nur mit einer Scheinwaffe „bedroht" werde, und auch die Schuld des Täters mindere sich nicht. Im Übrigen kann der Umstand, dass das Opfer einer Bedrohung durch eine Scheinwaffe erkennt, dass es sich um eine leere Drohung handelt, Anlass zur Prüfung eines minder schweren Falles geben (BGHR StGB § 250 Abs. 2 Wertungsfehler 2), der nach hier vertretener Auffassung allerdings ohnehin in verfassungskonformer Auslegung der Vorschrift anzunehmen ist (Rdn. 12 f).

3. **Gefährlicher Raub (Abs. 1 Nr. 1c).** § 250 Abs. 1 Nr. 3 StGB a.F. enthielt den Qualifikationstatbestand der Herbeiführung einer Todesgefahr oder Gefahr einer schweren Körperverletzung i.S.v. § 224 StGB a.F. (nunmehr § 226 StGB). Mit dem 6. StrRG ist die Herbeiführung einer Todesgefahr in den „besonders" schweren Raub nach § 250 Abs. 2 Nr. 3b) StGB verwiesen worden und der „einfache" gefährliche Raub auf die Herbeiführung der Gefahr einer schweren Gesundheitsschädigung einerseits beschränkt, andererseits erweitert worden. Eine ähnliche Vorschrift findet sich in § 177 Abs. 3 Nr. 3 StGB; s. weiterhin §§ 218 Abs. 2 Satz 2 Nr. 2, 225 Abs. 3 Nr. 1 StGB, 330 Abs. 1 Satz 2 Nr. 1, 330a Abs. 1 StGB. Es handelt sich um ein **konkretes Gefährdungsdelikt** zum Schutz der Gesundheit vor schweren Schädigungen (vgl. BT-Drucks. 13/8587 S. 28)[12] und um ein **Vorsatzdelikt**, nicht um ein erfolgsqualifiziertes Delikt (Rdn. 25). *Kindhäuser* NK Rdn. 7 bezweifelt die praktische Bedeutung der Vorschrift, weil Gefahren schwerer Gesundheitsbeschädigungen i.d.R. durch das Verwenden von Waffen oder anderen gefährlichen Werkzeugen (§ 250 Abs. 2 Nr. 1 StGB) herbeigeführt würden und im Übrigen häufig eine schwere körperliche Misshandlung vorliege (§ 250 Abs. 2 Nr. 3a] StGB). Der veröffentlichten Rechtsprechung (z.B. BGH NJW **2002** 2043[13]; BGH NStZ **2003** 662; AG Köln StraFo **1999** 315) lässt sich aber entnehmen, dass die Vorschrift vor allem bei Straßenraub zum Nachteil alter Menschen, die z.B. durch Stürze leicht schwere Verletzungen erleiden können, durchaus praxisrelevant ist. **18**

Die Qualifikation setzt einen **Gefahrerfolg** in Gestalt der konkreten Gefahr einer schweren Gesundheitsbeschädigung für eine andere Person voraus; davon ist – zumindest theoretisch – die bloße Gefährlichkeit der (Raub-)Handlung zu unterscheiden, die als solche nicht genügt (hieran zu Unrecht zweifelnd *Sch/Schröder/Eser* Rdn. 24). Erforderlich ist der Nachweis einer Situation, in der es nur mehr vom Zufall abhängt, ob eine schwere Gesundheitsbeschädigung eintritt oder nicht; kommt es zu einer solchen Schädigung, so steht denknotwendig fest, dass zuvor eine Gefahr bestand (zutr. *Eser* aaO Rdn. 21). **19**

Der Begriff der **schweren Gesundheitsbeschädigung** findet sich auch in §§ 177 Abs. 3 Nr. 3, 218 Abs. 2 Satz 2 Nr. 2, 225 Abs. 3 Nr. 1, 330 Abs. 1 Satz 2 Nr. 1, 330a Abs. 1 StGB und ist überall gleich auszulegen. Er reicht weiter als der in § 250 Abs. 1 Nr. 3 StGB a.F. verwendete Begriff der schweren Körperverletzung i.S.v. § 226 (224 a.F.) StGB. Der in der Literatur erhobenen Forderung, nur Gesundheitsschäden genügen zu lassen, deren Schweregrad dem der in § 226 (224 a.F.) StGB genannten Folgen vergleichbar **20**

---

[12] *Sander* MK Rdn. 46; *Sch/Schröder/Eser* Rdn. 20; *Eisele* BT II Rdn. 334; *Haft/Hilgendorf* BT 1 S. 37; *Maurach/Schroeder/Maiwald* I § 35 Rdn. 28; *Mitsch* BT 2/1 § 3 Rdn. 63; *Wessels/Hillenkamp* Rdn. 346.

[13] M. krit. Anm. *Degener* StV **2003** 332; m. zust. Anm. *Schroth* JR **2003** 250; m. Bespr. *Baier* JA **2003** 107; *Hellmann* JuS **2003** 17.

sei,[14] hält BGH NJW **2002** 2043 für § 250 Abs. 1 Nr. 1c) StGB überzeugend entgegen, dass dagegen die Absenkung der Mindeststrafe von zuvor fünf auf nunmehr drei Jahre spricht. Erfasst sind vielmehr alle ernsten langwierigen Krankheiten, ernsthafte Störungen des körperlichen Funktionierens und auch krankheitsbedingte erhebliche Beeinträchtigungen der Arbeitskraft (BT-Drucks. 13/8587 S. 27 f; BGH aaO; s. weiterhin *Schroth* NJW **1998** 2861, 2865).[15] Dazu zählen z.B. schwere Kopfverletzungen, Hirnblutungen, komplizierte Brüche, innere Verletzungen oder auch gefährlich erhöhter Blutdruck infolge der Tat.

**21** Bewirkt der Raub solche schweren Gesundheitsbeschädigungen (wie z.B. in AG Köln StraFo **1999** 315: Hirnblutung mit Koma nach Sturz des Opfers eines Handtaschenraubes), so ist dem denknotwendig eine entsprechende **Gefahr** vorangegangen (vgl. zu § 250 Abs. 1 Nr. 3 StGB a.F. BGH 1 StR 434/80 vom 2.9.1980). Aber auch wenn es bei nicht so schweren Verletzungen (wie z.B. in BGH NJW **2002** 2043: Auskugelung und Verrenkung des Schultergelenks oder in BGH NStZ **2003** 662: Gehirnerschütterung) verbleibt, kann durchaus die Gefahr einer weitergehenden und schweren Gesundheitsbeschädigung bestanden haben, was ggf. durch Sachverständige zu klären ist. Nach allgemeinen Grundsätzen bewirkt der Täter eine Gefahr, wenn er eine Situation schafft, in der die Möglichkeit des Erfolgseintritts naheliegt oder wahrscheinlich ist (BGHSt **26** 176, 181), wenn es nur mehr vom Zufall abhängt, ob der Erfolg eintritt oder nicht, und die weitere Entwicklung weder vom Täter noch vom Opfer beherrscht werden kann.[16] Mit Recht beschränkt BGH NJW **2002** 2043 f das Gefahrenurteil bei § 250 Abs. 1 Nr. 1c) StGB nicht nur auf die Risiken, die generell für jeden Betroffenen der Raubhandlung bestehen, sondern bezieht auch die konkreten Gefahren ein, denen das Opfer wegen seiner *individuellen Schadensdisposition* ausgesetzt ist. Die Gesundheitsgefahren für ein Raubopfer, das sich im Vollbesitz seiner körperlichen und geistigen Kräfte befindet, können sich deutlich von denen unterscheiden, denen ein Kind, ein alter Mensch, ein Behinderter oder ein durch Krankheit oder Gebrechen bereits geschwächter Betroffener als Raubopfer ausgesetzt ist. Nach diesen Maßstäben begründet zwar das bloße Beisichführen einer (Schuss-)Waffe oder sonst eines Werkzeugs oder Mittels in Verwendungsabsicht noch keine konkrete Gefahr, die vielmehr erst mit der Verwendung – die dann ggf. § 250 Abs. 2 Nr. 1 StGB unterfällt – eintritt, beispielsweise wenn der Räuber das Opfer mit einer massiven Eisenstange auf den Kopf schlägt (BGH 1 StR 416/75 bei Dallinger MDR **1976** 15). Jedoch können z.B. das Zu-Boden-Reißen oder -Stoßen alter Menschen, ein wuchtiger Tritt gegen die Kniescheibe, gezielte wuchtige Schläge gegen den Kopf namentlich bei Kindern oder das Würgen bis in die Nähe der Bewusstlosigkeit durchaus konkrete Gefahren einer schweren Gesundheitsbeschädigung bewirken (s. auch die Beispiele bei *Günther* SK[5] Rdn. 30).

**22** Die Gefahr muss für eine **andere Person** bestehen. Regelmäßig wird das Raubopfer Gefährdeter sein. Jedoch kommen auch andere Personen in Betracht, namentlich solche,

---

[14] *Sander* MK Rdn. 48; *Sch/Schröder/Eser* Rdn. 21; *Degener* StV **2003** 332, 333; *Hellmann* JuS **2003** 17, 18; *Krey/Hellmann* Rdn. 200; *Wessels/Hillenkamp* Rdn. 347; vgl. dazu auch *Wolters* JuS **1998** 582, 584 zu § 225 Abs. 3 Nr. 1.

[15] BT-Drucks. 13/7164 S. 44 u. S. 27 zu § 225 Abs. 3 Nr. 1; *Duttge* HK-GS Rdn. 7; *Fischer* Rdn. 13; *Kindhäuser* NK Rdn. 8; *Eisele* BT II Rdn. 335; *Geppert* Jura **1999** 599; *Haft/Hilgendorf* BT 1 S. 37; *Hörnle* Jura **1998** 169; *Kindhäuser* BT II § 14 Rdn. 4.

[16] *Duttge* HK-GS Rdn. 6; *Günther* SK[5] Rdn. 30; *Kindhäuser* NK Rdn. 9; *Sander* MK Rdn. 50; *Sch/Schröder/Bearbeiter* Rdn. 21; *Eisele* BT II Rdn. 335; *Kindhäuser* BT II § 14 Rdn. 4.

von denen der Täter Widerstand erfährt oder erwartet wie z.B. Gewahrsamsinhaber, zum Schutz des Gewahrsams bereite Privatpersonen, Polizeibeamte oder Wachpersonal. Auch außerhalb des Tatgeschehens Stehende (z.B. Straßenpassanten, die in das Schussfeld des Täters geraten) sind nicht weniger schutzwürdig als tatbetroffene Personen (BGHSt 38 295, 296; BGH 1 StR 434/80 vom 2.9.1980). Nicht erfasst sind aber neben dem Täter selbst die weiteren Tatbeteiligten; auch sie sind keine „anderen".[17]

Der Gefahrerfolg muss **durch die Tat**, nämlich den Raub herbeigeführt werden. Erforderlich ist eine Handlung im Zusammenhang mit der Begehung des Raubes. Wird die Gefahr bereits im Vorfeld oder bei Vorbereitung des Raubes geschaffen, genügt das unstreitig nicht (BGH StV **2006** 418).[18] Demgegenüber sind Handlungen ab Versuchsbeginn bis zur Vollendung unstreitig erfasst. Schafft der Täter erst nach Vollendung, aber vor Beendigung des Raubes eine Gefahr i.S.v. § 250 Abs. 1 Nr. 1c) StGB, so kann dies gleichfalls unstreitig über § 252 StGB i.V.m. dieser Vorschrift erfasst werden, wenn die Voraussetzungen des räuberischen Diebstahls erfüllt sind; der zuvor begangene einfache Raub tritt dann gegenüber dem schweren räuberischen Diebstahl zurück (BGH NJW 2002 2043, 2044). Umstritten ist demgegenüber, ob eine Gefahrschaffung in der Beendigungsphase auch dann, wenn die Voraussetzungen des § 252 StGB nicht vorliegen, zu einer gleichsam sukzessiven Qualifizierung des Raubes führen kann: Rechtsprechung und ein Teil der Lehre lassen eine solche sukzessive Qualifizierung zu; die besseren Argumente sprechen gegen sie.[19] **23**

Zwischen Tat und Gefahrerfolg muss nicht nur ein Kausal-, sondern nach allgemeinen Regeln auch ein **Zurechnungszusammenhang** bestehen. Nicht zurechenbare eigenverantwortliche Selbstgefährdungen des Opfers (z.B. auf der Flucht) scheiden ebenso aus wie nicht zurechenbare eigenverantwortliche Selbstgefährdungen Dritter (z.B. bei der Verfolgung des Täters).[20] Zudem ist ein Schutzzweckzusammenhang erforderlich. Er ist unstreitig gegeben, wenn die Gefahr auf den *Raubmitteleinsatz*, insbesondere die Ausübung von Personengewalt, zurückgeht. Umstritten ist, ob durch die *Wegnahme* (z.B. eines für das Opfer notwendigen Arzneimittels oder von Kleidern bei großer Kälte) bewirkte Gesundheitsgefahren in den Schutzzweckzusammenhang fallen. Die h.L. verneint das, weil von der Wegnahme in aller Regel nicht die Gefahr schwerer Gesundheitsbeschädigungen ausgehe, weshalb der Gesetzgeber in § 244 StGB einen „gefährlichen Diebstahl" nicht anerkannt habe; dann sollte auch die im Rahmen eines Raubes vollzogene Wegnahme mit Gefahrerfolg nicht qualifizierend wirken.[21] Schutzzweckzusammenhänge sind aber konkret-individuell zu bestimmen, und es ist nicht einzusehen, warum eine konkret gefährliche Wegnahme mit Raubmitteln nicht von § 250 Abs. 1 Nr. 1c) StGB **24**

---

17 *Duttge* HK-GS Rdn. 5; *Fischer* Rdn. 13; *Günther* SK[5] Rdn. 29; *Kindhäuser* NK Rdn. 12; *Sch/Schröder/Eser* Rdn. 22; *Eisele* BT II Rdn. 336; *Maurach/Schroeder/Maiwald* I § 35 Rdn. 28; *Mitsch* BT 2/1 § 3 Rdn. 71; *Schünemann* JA **1980** 393, 394; *Wessels/Hillenkamp* Rdn. 347.

18 *Fischer* Rdn. 14; *Sch/Schröder/Eser* Rdn. 23; *Eisele* BT II Rdn. 339; *Kindhäuser* BT II § 14 Rdn. 7; *Krey/Hellmann* Rdn. 200a; *Mitsch* BT 2/1 § 3 Rdn. 65.

19 Wie hier: *Günther* SK[5] Rdn. 31; *Kindhäuser* NK Rdn. 11; *Sander* MK Rdn. 51; *Mitsch* BT 2/1 § 3 Rdn. 66; *Schünemann* JA **1980** 393, 394; *Wessels/Hillenkamp* Rdn. 347. Nach h.M. ist die Beendigungsphase einzubeziehen: *Fischer* Rdn. 14; *Sch/Schröder/Eser* Rdn. 23; vgl. dazu auch *Geilen* Jura **1979** 557; *Otto* JZ **1993** 559, 569 zu § 251.

20 *Günther* SK[5] Rdn. 32; *Kindhäuser* NK Rdn. 10; *Sch/Schröder/Eser* Rdn. 23.

21 *Fischer* Rdn. 14; *Kindhäuser* NK Rdn. 10; *Kudlich* SSW Rdn. 14; *Eisele* BT II Rdn. 338; *Kindhäuser* BT II § 14 Rdn. 6; *Mitsch* BT 2/1 § 3 Rdn. 67; *ders.* ZStW **111** 65, 103; *Wessels/Hillenkamp* Rdn. 347.

erfasst sein soll, mag auch § 244 StGB insoweit fragmentarischer Natur sein (ebenso zu § 250 Abs. 1 Nr. 3 StGB a.F. BGH 4 StR 652/76 vom 10.2.1977).[22]

25 § 250 Abs. 1 Nr. 1c) StGB setzt **Gefährdungsvorsatz** voraus, § 15 StGB, und ist kein erfolgsqualifiziertes Delikt, bei dem gem. § 18 StGB Fahrlässigkeit in Bezug auf den (Gefahr-)Erfolg genügen würde (vgl. BGH NStZ **2005** 156, 157 zu § 250 Abs. 2 Nr. 3b] StGB).[23] Das ergibt sich freilich nicht bereits aus grammatischen oder sprachlogischen Argumenten, wonach eine Gefahr keine außenweltliche „Folge" der Tat sein könnte (so aber BGHSt **26** 176, 180 f). Vielmehr sind es historische, systematische und teleologische Erwägungen, die ausschließen, den hohen Strafrahmen des § 250 StGB (auch bei Abs. 2 Nr. 3b], s. hierzu Rdn. 40) bereits bei fahrlässiger Gefahrverursachung anzuwenden (vgl. *Vogel* LK § 18 Rdn. 15; s. auch *Küper* NJW **1976** 543, 546).

26 In der Sache erschöpft sich der Gefährdungsvorsatz nicht in der Kenntnis oder im Fürmöglichhalten des Vorliegens der gefahrbegründenden Umstände. Der Täter muss vielmehr – wenn auch nur auf der Grundlage laienhafter Vorstellungen – das Eintreten des Gefahrerfolges (Rdn. 19) mindestens billigend in Kauf nehmen. Hierfür muss er die nicht ganz entfernte Möglichkeit erkennen, dass sein Verhalten zu einer schweren Gesundheitsbeschädigung eines anderen führen kann, und in diesem Sinne **„Kenntnis der Gefährlichkeit"** haben (BGHSt **26** 244, 246).[24] Ohne seine vorwegnehmende Prognose fehlt ihm die für das Merkmal der „Gefahr" erforderliche vorsatzkonstitutive Bedeutungskenntnis (*Meyer-Gerhards* JuS **1976** 230). Vom Körperverletzungsvorsatz ist der Gefährdungsvorsatz nach h.A. abhebbar (näher *Vogel* LK § 15 Rdn. 129). Insbesondere ist es möglich, dass der Täter zwar mit einer Gefährdung rechnet, aber dennoch auf das Ausbleiben des Erfolgs vertraut (BGHSt **22** 67, 73; **26** 176, 182 und 244, 246).

27 Bei **Beteiligung mehrerer** sind alle Beteiligten nach § 250 Abs. 1 Nr. 1c) StGB strafbar, wenn einer von ihnen – er kann Mittäter oder Gehilfe sein – den Qualifikationstatbestand verwirklicht und das vom Vorsatz der anderen umfasst ist.[25] Weicht eine gefahrsetzende Gewaltanwendung vom vereinbarten Tatplan ab, so handelt es sich nicht ohne weiteres um einen Exzess, für den nur der Abweichende einzustehen hat; vielmehr sind Abweichungen, mit denen die Beteiligten nach den Umständen des Falles gerechnet haben oder die an die Stelle einer verabredeten, in Schwere und Gefährlichkeit gleichwertigen Tatausführung treten, allen Beteiligten zurechenbar. Ebenso fallen einem Tatbetei-

---

22 *Lackner/Kühl* Rdn 3; *Sander* MK Rdn. 52; *Sch/Schröder/Eser* Rdn. 23; *Krey/Hellmann* Rdn. 200a; wohl auch *Duttge* HK-GS Rdn. 9.

23 *Fischer* Rdn. 15; *Günther* SK[5] Rdn. 33; *Lackner/Kühl* Rdn 3; *Sander* MK Rdn. 69; *Sch/Schröder/Eser* Rdn. 24; *Arzt/Weber/Heinrich*/Hilgendorf BT § 17 Rdn. 28; *Eisele* BT II Rdn. 334; *Geilen* Jura **1979** 445, 446; *Haft/Hilgendorf* BT 1 S. 37; *Kindhäuser* BT II § 14 Rdn. 9; *Krey/Hellmann* Rdn. 200b; *Maurach/Schroeder/Maiwald* I § 35 Rdn. 28; *Schünemann* JA **1980** 393, 394 f; *Wessels/Hillenkamp* Rdn. 346; zu § 250 I Nr. 3 a.F. StGB: BGH 4 StR 652/76 bei Holtz MDR **1977** 638; 1 StR 424/77 bei Holtz MDR **1978** 111; BGH StV **1991** 262; zu § 113 II Nr. 2 StGB: BGHSt **26** 176, 180 ff; zu § 177 IV Nr. 2 lit. b StGB: BGHSt **46** 225, 226 ff; zu § 11 IV Nr. 2 BtMG a.F.: BGHSt **26** 244, 245; allgemein zu den durch Gefahr qualifizierten Delikten: *Backmann* MDR **1976** 969, 974; *Küper* NJW **1976** 543; *Meyer-Gerhards* JuS **1976** 228, 230.

24 S. auch BGH 1 StR 424/77 bei Holtz MDR **1978** 111; *Sch/Schröder/Eser* Rdn. 24; *Günther* SK[5] Rdn. 34; *Kindhäuser* NK Rdn. 14 *Kudlich* SSW Rdn. 15: *Sander* MK Rdn. 69; *Backmann* MDR **1976** 969, 976; *Meyer-Gerhards* JuS **1976** 228, 230.

25 *Fischer* Rdn. 15; *Günther* SK[5] Rdn. 34; *Kindhäuser* NK Rdn. 15; *Sander* MK Rdn. 69; *Sch/Schröder/Eser* Rdn. 24.

ligten alle Handlungsmodalitäten seiner Tatgenossen zur Last, wenn ihm gleichgültig ist, was sie zur Tatbestandsverwirklichung tun (BGH NJW **1973** 377).

4. **Bandenraub** (**Abs. 1 Nr. 2**). Die sprichwörtliche „Räuberbande" und der Banden- **28**
raub gehören zum Urgestein der Strafrechtsgeschichte, sind freilich heute selten geworden (zutr. *Herdegen* LK[11] Rdn. 31: „seltene Erscheinungsform"). Die Qualifikation war ursprünglich in § 250 Abs. 1 Nr. 4, später Nr. 2 StGB a.F. enthalten. Der heutige § 250 Abs. 1 Nr. 2 entspricht vollinhaltlich § 244 Abs. 1 Nr. 2 StGB (vgl. zum früheren Recht BGHR StGB § 250 Abs. 1 Nr. 4 Bande 1), weshalb vollumfänglich auf § 244 Rdn. 51 ff verwiesen werden kann; ergänzend: Die in BGHSt **46** 321 entwickelten Grundsätze zum Bandenbegriff bei § 244 Abs. 1 Nr. 2 StGB gelten auch für § 250 Abs. 1 Nr. 2 StGB (BGH 4 StR 80/01 vom 12.6.2001). Die Bandenabrede muss auf die Begehung von Diebstahl – das umfasst auch räuberischen Diebstahl, dessen erster Akt ein Diebstahl ist (§ 252 Rdn. 8) – oder Raub gerichtet sein; mit der h.A.[26] auch räuberische Erpressung (§ 255 StGB) oder räuberischen Angriff auf Kraftfahrer (§ 316a StGB) als solche einzubeziehen, sprengt die Wortlautgrenze der Auslegung (Art. 103 Abs. 2 GG, s. bereits § 244 Rdn. 61). Beschränkt sich die Bandenabrede auf Diebstähle, so kommt zwar eine spontane Erweiterung auf die Begehung eines Bandenraubes in Betracht; an dieser Erweiterung müssen aber mindestens zwei Bandenmitglieder mitwirken (BGH NStZ **1999** 454 = StV **1999** 423).[27] Täter kann auch sein, wer nicht „tatortpräsent" ist (BGHSt **46** 138); dann müssen aber mindestens zwei mitwirkende Bandenmitglieder „tatortpräsent" sein (BGH aaO; **aA** für § 244 Abs. 1 Nr. 2 StGB BGHSt **46** 321, 332 ff; hiergegen allgemein § 244 Rdn. 70; wie hier auch *Sander* MK Rdn. 56 mit dem Argument, beim Bandenraub komme es – anders als beim Bandendiebstahl – notwendigerweise zu einer unmittelbaren Konfrontation mit dem Opfer). Auch wenn § 250 Abs. 1 Nr. 2 StGB nur vom „Täter" spricht, können Bandenmitglieder nach allgemeinen Regeln (§§ 26, 27 StGB) am Bandenraub als Anstifter oder Gehilfen teilnehmen.[28] Nichtmitglieder können hingegen weder Täter noch Teilnehmer des Bandenraubs sein, sondern beteiligen sich nur am einfachen Raub. Zwar hat die Bandenmitgliedschaft personale (täterbezogene) und sachliche (tatbezogene) Bedeutung, jedoch liegt das Schwergewicht im personalen Aspekt der Gefährlichkeit, die „aus dem kriminellen Motor der Bandenmitgliedschaft" (*Schünemann* JA **1980** 393, 395) erwächst, weshalb es sich um ein strafschärfendes besonderes persönliches Merkmal i.S.v. § 28 Abs. 2 StGB handelt.[29]

---

[26] *Duttge* HK-GS Rdn. 11; *Fischer* Rdn. 16; *Günther* SK[5] Rdn. 38; *Kindhäuser* NK Rdn. 16; *Kudlich* SSW Rdn. 17; *Kindhäuser* BT II § 14 Rdn. 10.

[27] S. weiterhin OGH NJW **1949** 910; *Fischer* Rdn. 16; *Günther* SK[5] Rdn. 38; *Kindhäuser* NK Rdn. 16; *Lackner/Kühl* Rdn 2; *Sch/Schröder/Eser* Rdn. 26; *Geilen* Jura **1979** 445, 446 („in Bandenform zustande gekommener Raubexzess"); *Wessels/Hillenkamp* Rdn. 348 i.V.m. 272; wohl auch *Sander* MK Rdn. 56.

[28] *Fischer* Rdn. 16; *Herdegen* LK[11] Rdn. 31; *Kindhäuser* NK Rdn. 16; *Kudlich* SSW Rdn. 17; *Sch/Schröder/Eser* Rdn. 26; Arzt/Weber/*Heinrich*/Hilgendorf BT § 14 Rdn. 62; *Blei* JA **1974** 236; *Eisele* BT II Rdn. 341; *Wessels/Hillenkamp* Rdn. 348.

[29] Grundlegend BGHSt **12** 220, 226 (bandenmäßiger Schmuggel). Zum Bandenraub s. *Günther* SK[5] Rdn. 41; *Sander* MK Rdn. 71. S. ferner § 244 Rdn. 71 bei und mit Fn. 61 m.w.N., auch zur **aA**.

### III. „Besonders“ schwerer Raub (Abs. 2)

29 In § 250 Abs. 2 StGB hat der Gesetzgeber des 6. StrRG unter Beibehaltung der früheren Mindeststrafdrohung von fünf Jahren Freiheitsstrafe im Wesentlichen (abgesehen von Nr. 3b]) neuartige Qualifikationstatbestände geschaffen, die in § 244 Abs. 1 StGB keine Parallele haben (*Mitsch* ZStW **111** [1999] 65, 103) und deren Unrechts- und Schuldgehalt über denen des Abs. 1 liegt (zutr. *Günther* SK[5] Rdn. 42). Sie werden in der Rechtsprechung als **„besonders“ schwerer Raub** bezeichnet (z.B. BGH NStZ-RR **2003** 328, 329) und zunehmend auch so tenoriert.

30 **1. Raub mit Verwendung von Waffen oder anderen gefährlichen Werkzeugen** (Abs. 2 Nr. 1). Zu § 250 Abs. 1 StGB a.F. war es ständige Rechtsprechung, dass es gegen das Doppelverwertungsverbot des § 46 Abs. 3 StGB verstoße, die Verwendung einer bei sich geführten scharfen Schusswaffe (§ 250 Abs. 1 Nr. 1 StGB a.F.) oder einer bei sich geführten Scheinwaffe (§ 250 Abs. 1 Nr. 2 StGB a.F.) zur Drohung unter dem Gesichtspunkt der erhöhten Gefährlichkeit für das Opfer oder der vom Opfer erlittenen Angst um sein Leben strafschärfend zu berücksichtigen.[30] Davon ist der Gesetzgeber des 6. StrRG unausgesprochen – und von der Lehre wenig bemerkt (s. aber *Kindhäuser* NK Rdn. 20 und noch Rdn. 47) – abgewichen, indem er in § 250 Abs. 2 Nr. 1 StGB den Raub mit Verwendung von Waffen oder anderen gefährlichen Werkzeugen gerade auch für den Fall der Drohung (BT-Drucks. 13/8587 S. 45 mit Verweis auf BGHSt **26** 176, 180) als „besonders“ schweren Raub qualifiziert hat. Auf den ersten Blick einleuchtender Grundgedanke ist, dass die bloß abstrakte Gefährlichkeit des Beisichführens von Waffen und gefährlichen Werkzeugen durch deren tatsächliche Verwendung als Raubmittel in eine konkrete Gefährlichkeit umschlägt und die Tat deshalb strengere (Mindest-)Strafe verdient als beim bloßen Beisichführen. Gleichwohl bleibt die Frage der Doppelverwertung virulent, weil Gewalt oder Drohung Tatbestandsmerkmale des § 249 StGB sind, dessen bis zum Höchstmaß zeitiger Freiheitsstrafe reichender Strafrahmen auch die schwerstmöglichen Gewalt- oder Drohungsfälle und somit auch solche unter Verwendung einer Waffe oder eines anderen gefährlichen Werkzeugs erfasst.

31 Bei der Tat verwendet werden müssen **eine Waffe oder ein anderes gefährliches Werkzeug**. Im Ausgangspunkt besteht Einigkeit, dass damit nur *für Leib oder Leben objektiv gefährliche Gegenstände* gemeint sind (BGHSt **44** 103, 105 ff).[31] Dass objektiv ungefährliche Gegenstände nicht ausreichen, ergibt sich auch im Umkehrschluss zu § 250 Abs. 1 Nr. 1b) StGB, weil in § 250 Abs. 2 Nr. 1 StGB das Verwenden „sonst“iger – d.h. ungefährlicher – Werkzeuge oder Mittel gerade nicht erfasst wird. Hiernach ist die Drohung mit sog. Scheinwaffen wie Spielzeugpistolen, Waffenattrappen, sog. Dekorationswaffen usw. im Grundsatz (s. aber sogleich Rdn. 32) nicht nach § 250 Abs. 2 Nr. 1 StGB strafbar; in diesen Fällen greift vielmehr nur § 250 Abs. 1 Nr. 1b) StGB (in seiner Funktion als Auffangtatbestand) ein. Gleiches gilt für ungeladene Schusswaffen, Gas- oder Schreckschusspistolen, wenn mit ihnen nur gedroht wird (s. sogleich Rdn. 32). Schlafmittel in nicht gefährlicher Dosierung reichen nicht (BGH StV **1998** 660), wohl aber sog.

---

[30] BGH NStZ **1982** 28 f m. Anm. *Küper*; StV **1991** 106, 107; **1993** 241; BGHR StGB § 46 Abs. 3 Raub 2, 3, s. aber auch 5; BGHR StGB § 250 Abs. 2 Gesamtbetrachtung 6 und Wertungsfehler 2.

[31] BGH NStZ **2000** 156, 157; BGH 5 StR 339/04 vom 29.9.2004; *Fischer* Rdn. 19; *Lackner/Kühl* Rdn. 4, § 244 Rdn. 3; *Sander* MK Rdn. 57, 8; *Sch/Schröder/Eser* Rdn. 28; *Boetticher/Sander* NStZ **1999**, 292; *Haft/Hilgendorf* BT I S. 38, 18.

K.O.-Tropfen, die als „Werkzeug" – und nicht bloß als „Mittel" – anzusehen freilich die Wortlautgrenze der Auslegung strapaziert (s. aber BGHSt **1** 1). Nicht ausreichend sind auch Gegenstände, deren Verwendung sich lediglich gegen die Freiheit des Raubopfers richtet; so ist es kein Fall des § 250 Abs. 2 Nr. 1, sondern nur des Abs. 1 Nr. 1b), wenn der Täter das Opfer, ohne es körperlich zu verletzen oder zu gefährden, mit Klebeband oder Kabelbinder fesselt (vgl. BGH NStZ-RR **2003** 328 zu § 177 Abs. 3 Nr. 2 StGB).

Im Übrigen ist die Gefährlichkeit der Waffe oder des anderen gefährlichen Werkzeugs bei § 250 Abs. 2 Nr. 1 StGB – insoweit abweichend von Abs. 1 Nr. 1a) – **konkret** und im Hinblick auf die tatsächliche oder in Aussicht gestellte Verwendung, nämlich die Anwendung als Raubmittel (s. noch Rdn. 34) zu bestimmen. Bei *Schusswaffen, Gas- oder Schreckschusspistolen* fehlt es hiernach an der erforderlichen konkreten Gefährlichkeit, wenn sie ungeladen sind und mit ihnen nur gedroht wird, und zwar auch dann, wenn der Täter Munition bei sich führt und die Schusswaffe, Gas- oder Schreckschusspistole ohne weiteres laden und schussbereit machen kann; erst wenn er dies tut und dann droht oder gar schießt, ist § 250 Abs. 2 Nr. 1 StGB erfüllt (BGHSt **45** 249).[32] Eine bereits geladene Waffe, die nur mehr durchgeladen und entsichert werden muss (BGH NJW **2000** 1050 = NStZ **2000** 144), oder ein Teppichmesser, dessen Klinge nur mehr durch einen kurzen Handgriff ausgefahren werden muss (BGH NStZ-RR **2001** 41), sind aber Waffen bzw. gefährliche Werkzeuge. Auch kann eine ungeladene Schusswaffe zu einem anderen gefährlichen Werkzeug werden, wenn der Täter damit droht, mit ihr zuzuschlagen, oder dies gar tut (BGHSt **44** 103, 107). Bei *anderen gefährlichen Werkzeugen* kommt es – ähnlich wie bei § 224 Abs. 1 Nr. 1 StGB – auf die konkrete tatsächliche oder in Aussicht gestellte Verwendung an. Ohne Belang hierfür ist, ob das Werkzeug nach seiner Beschaffenheit generell bestimmt und geeignet ist, erhebliche Verletzungen zu verursachen; vielmehr genügt es, wenn es die Gefährlichkeit durch die konkrete Art des Einsatzes gewinnt (BGH NStZ-RR **2003** 202 zu § 177 Abs. 4 Nr. 1 StGB). Deshalb können *auch Alltagsgegenstände*, die ihrer Art nach nicht dazu bestimmt sind, zu verletzen oder zu töten, konkret gefährlich verwendet werden. Hiernach kann § 250 Abs. 2 Nr. 1 StGB erfüllt sein (s. zum Folgenden den Rechtsprechungsüberblick bei *Bötticher/Sander* NStZ **1999** 292, 293): wenn der Räuber mit festem Schuhwerk gegen empfindliche Körperteile des Opfers tritt; wenn er eine brennende Zigarette auf der Haut des Opfers ausdrückt; wenn er es mit einer mitgeführten Schnur oder einem Hosengürtel würgt; wenn er das Opfer so stramm fesselt, dass erhebliche Verletzungen konkret drohen oder gar eintreten (BGH NStZ-RR **2002** 265 = StraFo **2002** 239; BGH NStZ-RR **2004** 169); wenn er mit einer ungeladenen Schusswaffe zuschlägt; wenn er eine Schranktür gegen das Opfer einsetzt; wenn er mit einem Taschenmesser oder auch einem unbekannten spitzen Gegenstand zusticht; wenn er mit einem Holzknüppel zuschlägt; wenn er einen Schlüsselbund so in die Hand nimmt, dass die Schlüsselbärte nach außen zeigen, und damit zuschlägt. In allen diesen Fällen führt auch die Drohung, den Alltagsgegenstand in solcher Weise einzusetzen, dazu, dass ein gefährliches Werkzeug verwendet wird (s. noch Rdn. 35). Wer dem Raubopfer ein ausgeklapptes kleines Messer an den Hals hält, droht mit einem konkret gefährlichen Werkzeug (BGHSt **51** 276, 278 zu § 177 Abs. 4 Nr. 1 StGB). **32**

Entgegen einer vom 4. Strafsenat des BGH zunächst vertretenen Auffassung (BGH StV **1991** 151, aufgegeben in BGHSt **45** 92) ist es für § 250 Abs. 2 Nr. 1 StGB nicht erforderlich, dass eine konkrete Leibes- oder Lebensgefahr für eine andere Person wirk- **33**

---

[32] BGH StV **1998** 659 f; BGH 2 StR 445/99 vom 25.2.2000; NStZ-RR **2008** 342; *Kindhäuser* NK Rdn. 19; *Lackner/Kühl* Rdn. 4; *Sander* MK Rdn. 62 f, 14; *Geppert* Jura **1999** 599, 600 f; *Wessels/Hillenkamp* Rdn. 350a; **aA** *Hannich/Kudlich* NJW **2000** 3475, 3476.

lich eintritt; vielmehr reicht die **potentielle Gefährlichkeit** der Waffe oder des Werkzeugs aus (BGHSt aaO S. 95 f).[33] § 250 Abs. 2 Nr. 1 StGB ist daher anwendbar, wenn der Täter bei einem Banküberfall eine Kassiererin mit einer geladenen Gaspistole bedroht, auch wenn sich die Kassiererin in einem schusssicher verglasten Kassenraum befindet und sich keine weiteren Personen in den Kundenräumen aufhalten. Auf dieser Linie liegt letztlich auch der Beschluss des Großen Senats für Strafsachen in BGHSt **48** 197, 206 (hierzu § 244 Rdn. 19 f, 23), wonach die Drohung mit einer geladenen Schreckschusspistole, bei der der Explosionsdruck nach vorne austritt, was (nur) bei absoluten oder relativen Nahschüssen leibes- oder lebensgefährlich ist, auch dann § 250 Abs. 2 Nr. 1 StGB unterfällt, wenn der Täter nicht mit einem solchen Nahschuss droht (s. aber zuvor BGH NStZ-RR **1999** 102 und 173: Verwendung einer Waffe nur, wenn die geladene Schreckschusspistole dem Opfer an die Schläfe gesetzt wird).

**34** Die Waffe oder das andere gefährliche Werkzeug müssen bei der Tat **verwendet** werden. Verwendung ist der *zweckgerichtete Einsatz des Gegenstandes als Raubmittel.*[34] Erforderlich ist also, dass der Gegenstand final zur Überwindung von Widerstand gegen die Wegnahme eingesetzt wird (vgl. *Boetticher/Sander* NStZ **1999** 292, 296). Das bloße Beisichführen z.B. eines Holzknüppels (BGH StV **1999** 91), Schraubendrehers, Kuhfußes, Elektroschockgeräts oder Pfeffersprays (BGH NStZ-RR **2004** 169) genügt gerade nicht, desgleichen nicht die Verwendung des Gegenstandes zu anderen Zwecken als Gewalt oder Drohung, z.B. wenn ein mitgeführtes Brecheisen nur zum Aufbrechen eines Behältnisses verwendet wird (*Mitsch* JuS **1999** 640, 642; *Sander* MK Rdn. 59). § 250 Abs. 2 Nr. 1 StGB ist aber anwendbar, wenn ein Gegenstand zwar zunächst nicht als Raubmittel eingesetzt wird bzw. werden soll, aber nachträglich – vor Wegnahmevollendung – so eingesetzt wird, z.B. wenn der Täter das Opfer zunächst in reiner Körperverletzungsabsicht mit einem gefährlichen Werkzeug zusammenschlägt, sich sodann auch noch zu einer Wegnahme entschließt und dabei konkludent mit weiteren Schlägen mit dem Werkzeug droht, um Widerstand gegen die Wegnahme nicht aufkommen zu lassen.

**35** Erfasst ist nicht nur das Benutzen des Gegenstandes bei der Anwendung von **Personengewalt** zwecks Ermöglichung oder Erleichterung der Wegnahme, z.B. wenn der Täter auf das Opfer schießt, auf es einsticht oder mit einem Werkzeug einschlägt u. dgl. Vielmehr ist auch der Einsatz der Waffe oder des anderen gefährlichen Werkzeugs als Mittel einer **Drohung mit gegenwärtiger Gefahr für Leib** zur Überwindung von Widerstand gegen die Wegnahme ein tatbestandsmäßiges Verwenden (BT-Drucks. 13/8587 S. 45 mit Verweis auf BGHSt **26** 176, 180).[35] Nach allgemeinen Grundsätzen kann die Drohung auch konkludent erfolgen, z.B. wenn der Räuber eine Waffe bewusst so unter der Kleidung verbirgt, dass diese sich ausbeult (BGH NStZ-RR **1999** 7). Zwar muss die Drohung, weil § 250 Abs. 2 Nr. 1 StGB nur objektiv und konkret gefährliche Gegenstände erfasst (Rdn. 31 f), zumindest potentiell *realisierbar* sein. Nach allgemeiner Drohungsdogmatik kommt es jedoch *nicht* darauf an, ob der Täter *bereit* ist, die Drohung zu realisieren (sog. täuschende Drohung); es genügt, dass er mindestens billigend in Kauf nimmt, dass der

---

[33] BGH NStZ **1999** 301; *Lackner/Kühl* Rdn. 4; *Eisele* BT II Rdn. 344; *Mitsch* NStZ **1999** 617, 618; *Wessels/Hillenkamp* Rdn. 350a; *Zopfs* JZ **1999** 1062, 1063 f; dazu auch *Kargl* StraFo **2000** 7 ff.

[34] BGH NStZ **1999** 301; BGHR StGB § 250 Abs. 2 Nr. 1 Verwenden 1; BGHR StGB § 250 Abs. 2 Nr. 1 Waffe 2; *Boetticher/Sander* NStZ **1999** 292, 296; *Geppert* Jura **1999** 599.

[35] BGHSt **45** 92, 94 f; BGH StV **1998** 485, 487; *Duttge* HK-GS Rdn. 14; *Günther* SK[5] Rdn. 44; *Eisele* BT II Rdn. 343; *Geppert* Jura **1999** 599, 605; *Küper* BT S. 462; *Otto* BT Rdn. § 46 33; *Wessels/Hillenkamp* Rdn. 350; krit. *Lesch* JA **1999** 30 ff.

Bedrohte sie ernst nimmt und deshalb auf Widerstand gegen die Wegnahme verzichtet. Allerdings verbleibt es beim bloßen Versuch des Verwendens als Drohmittel, wenn der Bedrohte die Drohung nicht *wahrnimmt* und deshalb nicht in die einer Drohung immanente Zwangslage versetzt wird (BGH NJW **2004** 3437 m. Anm. *Krawzyk* JA **2005** 168); in diesen Fällen treten §§ 250 Abs. 2 Nr. 1, 22 hinter § 250 Abs. 1 Nr. 1a) StGB zurück (BGH aaO; insoweit **aA** *Gössel* JR **2005** 159).

**36** Schließlich muss die Waffe oder das andere gefährliche Werkzeug **bei der Tat** verwendet werden. Die Verwendung lediglich im *Vorbereitungsstadium* oder, bevor ein Raubentschluss gefasst ist, genügt nicht. Erfasst ist jedenfalls die Verwendung ab *Versuchsbeginn* bis zur *Vollendung* des Raubes.[36] Nimmt der Täter unter fortdauerndem Raubmitteleinsatz tateinheitlich mehrere Sachen hintereinander weg, so genügt ein Verwenden vor der letzten Wegnahme. Hat der Täter nach Versuchsbeginn eine Waffe oder ein anderes gefährliches Werkzeug (erfolglos) verwendet, so soll nach BGHSt **51** 276, 279 (zu § 177 Abs. 4 Nr. 1 StGB)[37] kein strafbefreiender Teilrücktritt möglich sein, wenn er sich des Gegenstandes noch vor Vollendung freiwillig entledigt bzw. auf seine (weitere) Verwendung freiwillig verzichtet; das ist zu hartherzig, weil die „Gefährdungsumkehr" den Grund für die Anwendung des § 250 Abs. 2 Nr. 1 StGB entfallen lässt (vgl. § 244 Rdn. 39). Ob ein Verwenden *nach Vollendung und vor Beendigung* des Raubes genügt, ist – wie bei allen Raub- (und auch Diebstahls-)qualifikationen – umstritten: Die Lehre steht überwiegend und im Hinblick auf Art. 103 Abs. 2 GG mit Recht auf dem Standpunkt, dass § 250 Abs. 2 Nr. 1 nur über § 252 StGB zur Anwendung kommen kann, wenn die Voraussetzungen des räuberischen Diebstahls erfüllt sind.[38] Demgegenüber lässt die Rechtsprechung auch bei § 250 Abs. 2 Nr. 1 StGB grundsätzlich ein qualifizierendes Verwenden im Beendigungsstadium zu.[39] Allerdings verlangt neuerdings BGHSt **52** 376 = NJW **2008** 3651 m. Anm. *Knauer* NJ **2009** 34 (s. weiterhin BGH JR **2009** 297 = StV **2009** 409 m. Anm. *Dehne-Niemann* ZIS **2009** 377 zu § 250 Abs. 2 Nr. 3a] StGB), das Verwenden in der Beendigungsphase könne nur dann § 250 Abs. 2 Nr. 1 StGB erfüllen, wenn es von „Beutesicherungsabsicht" getragen sei, und nähert sich damit in der Sache stark der Literaturauffassung an.

**37** **Kritik.** Quantität und Komplexität der mit § 250 Abs. 2 Nr. 1 StGB verbundenen Rechtsfragen („über die nur noch wenige Spezialisten einen Überblick behalten können",

---

[36] *Günther* SK[5] Rdn. 45; *Kindhäuser* NK Rdn. 21; *Kudlich* SSW Rdn. 19; *Lackner/Kühl* Rdn. 4, § 244 Rdn. 2; *Sch/Schröder/Eser* Rdn. 6; *Eisele* BT II Rdn. 343; *Kühl* JuS **1982** 189, 192; *Mitsch* BT 2/1 § 3 Rdn. 81; *ders.* ZStW **111** (1999) 65, 104 f; *Wessels/Hillenkamp* Rdn. 350a.

[37] BGH NJW **2007** 1699 f = NStZ **2007** 468 f = JR **2007** 480 f m. zust. Anm. *Schroeder*; *Streng* JZ **2007** 1089 ff.

[38] *Günther* SK[5] Rdn. 45, 12; *Kindhäuser* NK Rdn. 28, § 244 Rdn. 21 m.w.N. in Fn. 46; *Kudlich* SSW Rdn. 24; Arzt/Weber/*Heinrich*/Hilgendorf BT § 17 Rdn. 17a; *Hillenkamp* JuS **1990** 454, 456 Fn. 20; *Hruschka* JZ **1983**, 217 f; *Krey/Hellmann* Rdn. 218; *Kühl* JuS **1982** 110, 113 f; 189, 192; *Mitsch* BT 2/1 § 3 Rdn. 81; *ders.* ZStW **111** (1999) 65, 105; *Rengier* Erfolgsqualifizierte Delikte und verwandte Erscheinungsformen (1986) S. 221; *ders.* JuS **1993** 460, 462 f; *Schünemann* JA **1980** 393, 394; *Sternberg-Lieben* JuS **1996** 136, 138; **krit.** *Wessels/Hillenkamp* Rdn. 350a.

[39] S. bereits BGHSt **20** 194, 197 = NJW **1965** 1235 f m. krit. Anm. *Isenbeck* 2326, 2328 f = JZ **1965** 417 m. krit. Anm. *Weber* (für § 250 Abs. 1 Nr. 1 StGB a.F.); BGH GA **1971** 82; **22** 227, 229 (für §§ 255, 250 Abs. 1 Nr. 3 StGB) m. krit. Anm. *Hruschka* JZ **1969** 607, 608 f; **28** 224, 225 f (zur Abgrenzung §§ 249, 252 StGB); **38** 295, 298 f (für § 251 StGB); BGH 1 StR 478/79 bei Holtz MDR **1980** 106 (zu § 244 Abs. 1 Nr. 1 StGB); *Geilen* Jura **1979** 222, 223, 277; *Fischer* Rdn. 18; *Sch/Schröder/Eser* Rdn. 23; *Haft* JuS **1988** 364, 367 f; diff. *Jescheck* FS Welzel, S. 683, 698.

*Fischer* Rdn. 22) werfen die Frage auf, ob es sich um eine sachgerechte Vorschrift handelt. Sie ist zu verneinen. Sachwidrig ist insbesondere die – vom Gesetzgeber ausdrücklich gewollte (Rdn. 30) – Einbeziehung der (nicht notwendig ernst gemeinten, Rdn. 35) Drohung mit gefährlichen Werkzeugen aller Art: Dafür, dass sie deutlich schärfer bestraft werden soll als der Raub mit vorsätzlich herbeigeführter konkreter Gefahr einer schweren Gesundheitsbeschädigung (§ 250 Abs. 1 Nr. 1c] StGB) und ebenso scharf wie der Raub mit schwerer körperlicher Misshandlung oder vorsätzlich herbeigeführter Lebensgefahr (§ 250 Abs. 2 Nr. 3 StGB), lassen sich sachliche Gründe nicht angeben (insoweit zutr. *Fischer* Rdn. 22a). Der Gesetzgeber überschätzt die Gefährlichkeit des bewaffneten Räubers, dem es häufig darum geht, durch überwältigend wirkende Drohung Widerstand im Keim zu ersticken, und unterschätzt die des unbewaffneten, aber gewaltbereiten Räubers (insoweit gleichfalls zutr. *Fischer* aaO: § 249 [und noch kein Fall des § 250 Abs. 1 Nr. 1c, Abs. 2 Nr. 3] StGB, wenn der Räuber ernstlich das Erwürgen oder schwere Zusammenschlagen mit bloßen Händen androht; § 250 Abs. 2 Nr. 1 StGB, wenn er nicht ernst gemeint das Zustechen mit einer Gabel androht). Die Lösung, die bloße Drohung aus dem Qualifikationstatbestand herauszunehmen oder die gefährlichen Werkzeuge auf abstrakt „waffenvertretende" zu beschränken (so *Fischer* Rdn. 23), entfernt sich aber so weit vom Gesetz und Willen des Gesetzgebers, dass sie nicht gangbar ist; bis zu einer Reform müssen unerträgliche Ergebnisse über § 250 Abs. 3 StGB vermieden werden (s. noch Rdn. 41 ff).

**38** **2. Bandenraub mit Waffen (Abs. 2 Nr. 2).** Mit § 250 Abs. 2 Nr. 2 StGB will der Gesetzgeber der besonderen Gefährlichkeit bewaffneter Räuberbanden Rechnung tragen (BT-Drucks. 13/9064 S. 18). Viel bemerkt und als inkonsequent kritisiert worden ist, dass das Gesetz nur das Beisichführen von Waffen, nicht auch von gefährlichen Werkzeugen als qualifizierend vorsieht.[40] Nach Wortlaut und Systematik ist es nicht möglich, z.B. in Anknüpfung an die frühere Rechtsprechung zu Waffen „im untechnischen Sinn" (Rdn. 8) gefährliche Werkzeuge mit zu erfassen.[41] Geladene Schreckschusspistolen, bei denen der Explosionsdruck nach vorne austritt, sollen zwar nach BGHSt **48** **197** Waffen sein; der Entscheidung ist aber nicht zu folgen, jedenfalls nicht für § 250 Abs. 2 Nr. 2 StGB (zutr. *Fischer* Rdn. 25). Die einen „besonders" schweren Raub rechtfertigende besondere Gefährlichkeit liegt nur vor, wenn die Waffe von einem „tatortpräsenten" Beteiligten mitgeführt wird (zutr. *Wessels/Hillenkamp* Rdn. 351).

**39** **3. Raub mit schwerer körperlicher Misshandlung (Abs. 2 Nr. 3a).** Der Qualifikationstatbestand ist durch das 6. StrRG eingeführt worden. Das Tatbestandsmerkmal der *schweren körperlichen Misshandlung* ist § 176 Abs. 3 Nr. 2 StGB a.F. (nunmehr § 176a Abs. 5 StGB) entnommen (BGHR StGB § 250 Abs. 2 Nr. 3 lit. a] [i.d.F. 6. StrRG] Misshandlung, körperlich schwere 1), der freilich Kinder betrifft, weshalb die dortige Rechtsprechung nicht unbesehen übertragen werden kann (zutr. *Wessels/Hillenkamp* Rdn. 352). Erforderlich ist eine körperliche Misshandlung i.S.v. § 223 Abs. 1 Alt. 1 StGB (s. dort), die schwer wiegt wie z.B. bei heftigen und mit erheblichen Schmerzen verbundenen Schlägen (BGH NStZ **1998** **461**; BGH NStZ-RR **2007** 175; s. auch BGH 1 StR 151/06 vom 26.4.2006). Auf Rohheit i.S.v. § 225 Abs. 1 StGB (vgl. hierzu BGH bei *Miebach*

---

[40] *Duttge* HK-GS Rdn. 17; *Sander* MK Rdn. 64; *Sch/Schröder/Eser* Rdn. 31; *Mitsch* BT 2/1 § 3 Rdn. 83; *ders.* ZStW **111** (1999) 65, 105; *Wessels/Hillenkamp* Rdn. 351.

[41] *Duttge* HK-GS Rdn. 17; *Fischer* Rdn. 24 f; *Wessels/Hillenkamp* Rdn. 351.

NStZ **1994** 223 zu § 176 Abs. 3 Nr. 2 StGB a.F.) kommt es im Ausgangspunkt ebenso wenig an wie auf (schwere) Gesundheitsschäden oder gar (schwere) Folgen i.S.v. § 226 StGB; jedoch können diese Gesichtspunkte für die Bewertung der körperlichen Misshandlung als schwer von Bedeutung sein.[42] Entgegen *Fischer* Rdn. 26 muss die schwere körperliche Misshandlung (zumindest auch) Raubmittel, nämlich Anwendung von Personengewalt zur Überwindung von Widerstand gegen die Wegnahme sein, andernfalls kein raubspezifisch erhöhtes Unrecht, das die Raubqualifikation tragen könnte, und keine körperliche Misshandlung „bei der Tat", sondern nur eine „bei Gelegenheit der Tat" vorläge (s. zu § 250 Abs. 2 Nr. 1 StGB Rdn. 36). Misshandlungen nur im Vorbereitungsstadium des Raubes genügen nicht. Nach h.L. kann die Raubqualifikation – auch – des § 250 Abs. 2 Nr. 3a) StGB nicht nach Vollendung des Raubes verwirklicht werden.[43] Nach BGH JR **2009** 297 = StV **2009** 409 können schwere Misshandlungen nach Vollendung der Raubtat den Qualifikationstatbestand erfüllen, freilich nur, wenn sie weiterhin von Zueignungsabsicht getragen sind, insbesondere der Beutesicherung oder der Erlangung weiterer Beute dienen (s. hierzu bereits Rdn. 36).

4. **Lebensgefährlicher Raub** (**Abs. 2 Nr. 3b**). Die Vorschrift ist aus § 250 Abs. 1 Nr. 3 **40**
StGB a.F. übernommen. Wie bei § 250 Abs. 1 Nr. 1c) StGB (Rdn. 18, 25) handelt es sich um ein *konkretes Gefährdungsdelikt*, das *Lebensgefährdungsvorsatz* voraussetzt (BGH NStZ **2005** 156, 157).[44] Im Übrigen gilt das zu § 250 Abs. 1 Nr. 1c) StGB Ausgeführte entsprechend (Rdn. 18 ff). Der regelmäßig mitverwirklichte § 224 Abs. 1 Nr. 5 StGB tritt zurück (BGH NStZ **2006** 449).

## IV. Minder schwere Fälle (Abs. 3)

§ 250 Abs. 2 StGB a.F. sah für **minder schwere Fälle** des schweren Raubes Freiheits- **41**
strafe von einem bis zu fünf Jahren vor. Davon machte die Praxis sehr weitgehenden Gebrauch (s. bereits o. Entstehungsgeschichte), insbesondere in Fällen des seinerzeit mit einer Mindestfreiheitsstrafe von fünf Jahren bedrohten Raubes mit Scheinwaffen.[45] Dem wollte der Gesetzgeber des 6. StrRG entgegenwirken, indem er einerseits die Mindeststrafdrohung für „einfachen" schweren Raub absenkte und andererseits die Höchststrafdrohung für minder schwere Fälle auf zehn Jahre Freiheitsstrafe heraufsetzte (BT-Drucks. 13/8587 S. 44 f sowie 13/9064 S. 17 f; s. weiterhin BGH NJW **1998** 3130). Insbesondere sollte der Raub mit Scheinwaffen nunmehr durch § 250 Abs. 1 Nr. 1b) StGB erfasst werden, und zwar als Regelfall, so dass der Rückgriff auf einen minder schweren Fall insoweit regelmäßig unterbleiben sollte. Dem hat sich die höchstrichterliche Rechtsprechung angeschlossen (grundlegend BGH NStZ-RR **2001** 215, 216), dies in vollem Bewusstsein,

---

[42] *Sch/Schröder/Eser* Rdn. 33; *Kindhäuser* NK Rdn. 23; *Kudlich* SSW Rdn. 27; *Kindhäuser* BT II § 14 Rdn. 13; *Jäger* BT Rdn. 299; *Wessels/Hillenkamp* Rdn. 352 Fn. 92; krit. *Mitsch* BT 2/1 § 3 Rdn. 84 f.

[43] *Duttge* HK-GS Rdn. 20; *Günther* SK[5] Rdn. 49; *Kudlich* SSW Rdn. 27; *Wessels/Hillenkamp* Rdn. 352; aA *Fischer* Rdn. 26.

[44] *Duttge* HK-GS Rdn. 22; *Günther* SK[5] Rdn. 50; *Kudlich* SSW Rdn. 29; *Sander* MK Rdn. 67; *Sch/Schröder/Eser* Rdn. 34; *Eisele* BT II Rdn. 352; *Kindhäuser* BT II § 14 Rdn. 14; *Krey/Hellmann* Rdn. 201c; *Mitsch* BT 2/1 § 3 Rdn. 63; *Rengier* BT 1 § 9 Rdn. 26; *Wessels/Hillenkamp* Rdn. 352.

[45] Vgl. nur BGH StV **1981** 68; **1983** 18, 19; **1983** 279; **1986** 19; BGH NStZ **1987** 72; BGHR StGB § 250 Abs. 2 Strafrahmenwahl 2 und 3 (für den Fall, dass das Opfer erkennt, dass es nur mit einer Scheinwaffe bedroht wird) sowie Wertungsfehler 2; BGH 3 StR 339/91 vom 18.10.1991.

dass der Raub mit Scheinwaffen dann „oftmals höhere Strafen (...) als das alte Recht" (BGHSt **44** 103, 106) zur Folge hat.[46] Die Tatgerichte scheinen sich freilich der vom Gesetzgeber bezweckten Zurückdrängung minder schwerer Fälle zu verweigern (näher Rdn. 1); insbesondere beim Raub mit Scheinwaffen tun sie das mit Recht (näher Rdn. 13).

**42** Auch nach heutigem Recht ist stets – für jeden Beteiligten gesondert – zu prüfen, ob das gesamte Tatbild des schweren Raubes einschließlich aller subjektiver Momente und der Täterpersönlichkeit vom Durchschnitt der erfahrungsgemäß gewöhnlich vorkommenden Fälle in einem so erheblichen Ausmaß abweicht, dass die Anwendung des Ausnahmestrafrahmens des § 250 Abs. 3 StGB geboten erscheint (s. nur BGH NStZ **2009** 37). Dafür ist eine **Gesamtbetrachtung** erforderlich, bei der alle Umstände heranzuziehen und zu würdigen sind, die für die Wertung der Tat und des Täters in Betracht kommen, gleich, ob sie der Tat selbst innewohnen, sie begleiten, ihr vorausgehen oder nachfolgen (s. nur BGH NStZ-RR **2002** 329).[47] Bereits für die erforderliche Strafrahmenwahl zwischen § 250 Abs. 1 oder 2 StGB einerseits und Abs. 3 andererseits sind alle wesentlichen entlastenden und belastenden Umstände gegeneinander abzuwägen.

**43** Ein minder schwerer Fall darf nicht allein deshalb abgelehnt werden, weil der Täter ein Qualifikationsmerkmal des § 250 StGB erfüllt hat, z.B. zur Tat gezielt ein Pfefferspray mitgenommen hat, um den Widerstand des Opfers zu brechen, und das Spray dann auch eingesetzt hat; eine solche Argumentation verstieße gegen das **Doppelverwertungsverbot** nach § 46 Abs. 3 StGB (zutr. BGH NStZ-RR **2003** 105; s. weiterhin BGH StV **1999** 597; *Detter* NStZ **2001** 467, 470 f; s. bereits Rdn. 30).

**44** In die Prüfung sind **allgemeine gesetzlich vertypte Milderungsgründe** wie namentlich §§ 21, 23 Abs. 2 oder 27 Abs. 2 Satz 2 StGB einzubeziehen. Sie können für sich Anlass sein, einen minder schweren Fall anzunehmen (BGH NStZ **1987** 72; BGHR StGB § 250 Abs. 2 Strafrahmenwahl 1, 2). Ist aufgrund der bei der Strafrahmenwahl zu berücksichtigenden allgemeinen Zumessungstatsachen ein minder schwerer Fall anzunehmen, muss der Strafrahmen nochmals herabgesetzt werden, wenn ein gesetzlich vertypter Milderungsgrund vorliegt (BGH aaO sowie BGHR StGB § 250 Abs. 2 Gesamtbetrachtung 8; BGH 4 StR 525/79 bei Holtz MDR **1980** 453; BGH 3 StR 339/91 vom 18.10.1991). Die Frage nach einem minder schweren Fall ist der Anwendung des § 49 Abs. 1 StGB vorgelagert.

**45** **Persönlichkeits- und „raubspezifische"** (treffend *Günther* SK[5] Rdn. 56) **Umstände**, die **für** einen minder schweren Fall sprechen, können u.a. sein: Unbestraftheit und schwierige persönliche Situation des Täters (BGH StV **1996** 33; BGH NStZ-RR **2002** 329); finanzielle Notlage und schwere persönliche Krise (BGH NStE Nr. 6 zu § 250); frühes Geständnis und Aufklärungshilfe (BGH NStE Nr. 2, 5 zu § 250; BGH StV **1982** 421); hochgradige Betäubungsmittelabhängigkeit und der Umstand, dass die Tat(en) Beschaffungskriminalität innerhalb des Drogenmilieus mit geringer Beuteerwartung und Beute (s. hierzu BGH NStZ-RR **1998** 103) sind (BGH StV **2009** 358 = NStZ-RR **2009** 234); Spontantat (BGH EzSt Nr. 7); Provokation durch das Opfer (BGH StV **1982** 575); Versuch, einen Mitbeteiligten von der Tat abzuhalten (BGH StV **1981** 343); untergeordnete Tatbeteiligung, namentlich fehlende Mitwirkung an der eigentlichen Tatausführung (BGH NStZ **2009** 37); dass der Raub (von Geld und einem Auto) nur Mittel zum Aus-

---

[46] Ebenso *Duttge* HK-GS Rdn. 32; *Fischer* Rdn. 29; *Sch/Schröder/Eser* Rdn. 37; *Kudlich* SSW Rdn. 34; *Sander* MK Rdn. 77; *Kudlich* JR **1998** 357, 358.

[47] BGH StV **1983** 19; **1988** 248, 249; NStZ **1989** 72; StV **1990** 206; **1994** 17; **1995** 24; BGHR StGB § 250 Abs. 2 Gesamtbetrachtung 5; *Duttge* HK-GS Rdn. 30 f; *Günther* SK[5] Rdn. 56; *Kindhäuser* NK Rdn. 30; *Kudlich* SSW Rdn. 34; *Sander* MK Rdn. 77; *Sch/Schröder/Eser* Rdn. 37.

bruch im Rahmen einer tateinheitlich begangenen Gefangenenmeuterei ist (LG Verden StV **2006** 696 = NStZ-RR **2007** 200); vom Opfer durchschaute Drohung mit einer Scheinwaffe (*Boetticher/Sander* NStZ **1999** 292, 297); wenn trotz Drohung mit einer scharfen Schusswaffe objektiv keine Leibes- oder Lebensgefahr eingetreten ist (*Sander* MK Rdn. 77). – **Gegen** einen minder schweren Fall können u.a. sprechen: erhebliche Vorstrafen (BGH bei Holtz MDR **1990** 97); umfangreiche Planung; Serientaten; hohe Beuteerwartung; erhebliche physische und psychische Schäden für Raubopfer (s. zu alledem BGH NStZ **2006** 343; BGH 3 StR 122/09 vom 7.5.2009). – Nach dem Anfragebeschluss des 2. Strafsenats des BGH (2 StR 386/08 vom 29.10.2008 = NJW-Spezial **2009** 458) darf § 250 Abs. 3 StGB nicht dazu herangezogen werden, einen Härteausgleich vorzunehmen, wenn eine nachträgliche Gesamtstrafenbildung unmöglich ist, weil die anderweitigen Strafen auf ausländischen Verurteilungen wegen im Ausland begangener Raubtaten beruhen; **krit.** der 5. Strafsenat des BGH, Beschl. v. 11.3.2009 – 5 ARs 3/09.

## V. Fragen des Allgemeinen Teils, Rechtsfolgen, Prozessuales, Konkurrenzen

1. **Fragen des Allgemeinen Teils.** Zu den Fragen der **Beteiligung** s. bereits Rdn. 9, 16, **46**
27 und ergänzend: Nach h.A. ist es als Anstiftung („Aufstiftung", „Überstiftung") zum schweren Raub strafbar, wenn der Anstifter den bereits zum Raub Entschlossenen dazu bestimmt, einen Qualifikationstatbestand nach § 250 StGB zu verwirklichen (BGHSt **19** 339, 340 f); zum Problem und zur Kritik *Schünemann* LK § 26 Rdn. 31 ff. Bezieht sich die Anstiftung auf einen schweren Raub und begeht der Angestiftete nur einen einfachen Raub, so ist der Anstifter gem. §§ 26, 249; 30 Abs. 1 Alt. 1, 250; 52 StGB zu bestrafen (BGHSt **9** 131).[48] – Zum strafbaren (§§ 12 Abs. 1, 23 Abs. 1 StGB) **Versuch** s. bereits Rdn. 9, 17, 23, 36 und ergänzend: Versuchsbeginn ist erst das unmittelbare Ansetzen zum Einsatz von Raubmitteln i.S.v. § 249 StGB und außerdem zu einem der Qualifikationstatbestände des § 250 StGB; das Sichbewaffnen oder die Bandenabrede genügen als solche nicht. – Beim Bandenraub kommt eine **Verbrechensverabredung** (§ 30 Abs. 2 StGB) durch die Bandenabrede als solche nur dann in Betracht, wenn zugleich die Begehung mindestens einer in ihren wesentlichen Grundzügen konkretisierten (näher *Schünemann* LK § 30 Rdn. 67) Bandentat verabredet wird.

2. **Rechtsfolgen, Prozessuales.** § 250 Abs. 1 bzw. 2 StGB drohen **Freiheitsstrafe** von **47**
drei bzw. fünf bis zu fünfzehn (§ 38 Abs. 2 StGB) Jahren an; zu den minder schweren Fällen Rdn. 41 ff. Zur Strafzumessungspraxis o. Rdn. 1 und ergänzend: Tateinheitlich verwirklichte, auch im Wege der Gesetzeskonkurrenz zurücktretende Delikte z.B. nach dem WaffG oder nach § 224 Abs. 1 Nr. 2, 5 StGB dürfen strafschärfend berücksichtigt werden (s. nur BGH NStZ **1998** 567, 568). Im Rahmen des § 250 Abs. 1 Nr. 1b) StGB soll es möglich sein, strafschärfend zu berücksichtigen, dass der Täter nicht nur eine Spielzeugpistole oder Waffenattrappe, sondern eine ungeladene wirkliche Schusswaffe bei sich führte (BGH aaO); dem ist nur dann zu folgen, wenn von dieser Waffe ein erheblich gesteigerter Einschüchterungseffekt ausgeht. Dass eine Scheinwaffe nicht nur mitgeführt,

---

[48] Zust. Anm. *Armin Kaufmann* JZ **1956** 606 f; *Hoyer* SK[6] § 30 Rdn. 60; *Sch/Schröder/Cramer/Heine* § 30 Rdn. 39; *Geppert* Jura 1997 546, 552; *Roxin* AT II § 28 Rdn. 38; **aA** BGHSt 1 131, 135; *Kindhäuser* NK § 30 Rdn. 75 (nur Strafbarkeit wegen Beihilfe); *Schneider* GA **1956** 257, 262 f (nur Strafbarkeit wegen versuchter Anstiftung); vgl. ferner *Schünemann* LK § 30 Rdn. 54 f.

sondern mit ihr auch gedroht worden ist, soll nach BGH NJW **1998** 3130, 3131 strafschärfend berücksichtigt werden können; da die Drohung mit gegenwärtiger Gefahr für Leib oder Leben Tatbestandsmerkmal des Raubgrundtatbestandes ist, muss dem im Hinblick auf das Doppelverwertungsverbot (§ 46 Abs. 3 StGB; s. bereits Rdn. 30) widersprochen werden (BGH StV **1999** 597). Da sich die Gefährlichkeit der in § 250 Abs. 2 Nr. 1 StGB erfassten Gegenstände stark unterscheiden kann, ist es möglich, eine geringe Gefährlichkeit strafmildernd und eine hohe strafschärfend zu berücksichtigen (BGH NStZ **2002** 480 und **2003** 29; anders zum früheren Recht BGHR StGB § 250 Abs. 2 Gesamtbetrachtung 4). Die Waffen- oder Werkzeugverwendung als solche darf dem Täter wegen § 46 Abs. 3 StGB nicht strafschärfend angelastet werden, wohl aber eine besonders schwere physische oder psychische Auswirkung für das Opfer.

**48** Zur praktisch irrelevanten **Führungsaufsicht** nach § 256 Abs. 1 StGB s. dort. § 256 Abs. 2 Satz 1 StGB lässt die praktisch gleichfalls wenig bedeutsame Anordnung des **erweiterten Verfalls** (§ 73d StGB) nur für (räuberische) Bandenerpressung, nicht für Bandenraub zu; da aber in jedem Bandenraub ein Bandendiebstahl enthalten ist, kann der erweiterte Verfall gem. § 244 Abs. 3 StGB angeordnet werden (zutr. *Sander* MK Rdn. 78). Bei Tätern schwerer Serienräubereien kann sich die Frage der **Sicherungsverwahrung** (§§ 66 ff StGB) stellen.

**49** Die Verfolgung des schweren Raubes **verjährt** erst nach zwanzig Jahren, auch in minder schweren Fällen (§ 78 Abs. 3 Nr. 2, Abs. 4 StGB). Wegen des Verbrechenscharakters ist eine Einstellung nach §§ 153, 153a StPO ausgeschlossen; ggf. können §§ 154, 154a StPO angewendet werden (zutr. *Sander* MK Rdn. 79 i.V.m. § 249 Rdn. 47). Schwerer Raub rechtfertigt **besondere Ermittlungsmaßnahmen** wie z.B. Wohnraumüberwachung (§ 100c Abs. 2 Nr. 1i] StPO), Kontrollstellen (§ 111 Abs. 1 Satz 1 StPO für § 250 Abs. 1 Nr. 1 StGB). Im Hinblick auf §§ 24 Abs. 1 Nr. 2, 74 Abs. 1 Sätze 1 und 2 GVG wird die **Anklage** regelmäßig zur Strafkammer des Landgerichts erfolgen. Ist § 250 Abs. 2 StGB erfüllt, so neigt die Praxis zunehmend dazu, wegen „besonders schweren Raubes" zu verurteilen (Rdn. 29).

**50** 3. **Konkurrenzen.** Ist einer der Qualifikationstatbestände des § 250 Abs. 2 StGB erfüllt, so treten gleichfalls erfüllte Qualifkationstatbestände nach § 250 Abs. 1 StGB auch dann zurück, wenn kein Spezialitätsverhältnis besteht (BGHR GVG § 132 Anfrageverfahren 1 [Gründe] zum Verhältnis von § 250 Abs. 2 Nr. 3a] zu Abs. 1 Nr. 2 StGB; *Fischer* Rdn. 30; *Rengier* BT 1 § 8 Rdn. 30). Sind mehrere Qualifikationstatbestände nach § 250 Abs. 2 oder – nur – mehrere nach § 250 Abs. 1 StGB erfüllt, so ist nicht tateinheitlich wegen „(besonders) schweren Raubes in Tateinheit mit (besonders) schwerem Raub", sondern nur wegen eines „(besonders) schweren Raubes" zu verurteilen (BGH NStZ **1994** 284; BGH NJW **1994** 2034; unklar BGH NStZ **1994** 285 = JR **1995** 124 m. Anm. *v. Hippel*: Tateinheit zwischen § 250 Abs. 1 Nr. 2 und 3 StGB a.F. rechtlich möglich, aber in der Urteilsformel nicht anzuführen).[49] Jedenfalls scheidet ein tateinheitliches Zusammentreffen von § 250 Abs. 1 Nr. 1a) und b) StGB aus (*Fischer* aaO; vgl. BGH MDR bei Holtz **1980** 986 zu § 250 Abs. 1 Nr. 1 und 2 StGB a.F.). Nach BGH

[49] *Günther* SK[5] Rdn. 57; *Kudlich* SSW Rdn. 32; *Lackner/Kühl* Rdn. 7 sowie § 244 Rdn. 12; *Sander* MK Rdn. 73; *Sch/Schröder/Eser* Rdn. 35; *Altenhain* ZStW **107** (1995) 382, 386 ff; *Otto* BT § 46 Rdn. 39; *Rengier* BT 1 § 8 Rdn. 29; *Wessels/Hillenkamp* Rdn. 348; **aA** *Fischer* Rdn. 30 unter Verweis auf BGH NStZ **1994** 285; *Kindhäuser* NK Rdn. 27; *ders.* BT[5] Rdn. 20.

NJW 2004 3437 geht § 250 Abs. 1 Nr. 1a) StGB dem bloßen Versuch des Abs. 2 Nr. 1 vor (aA *Gössel* JR **2005** 159, 160 f; s. bereits Rdn. 35).

§§ 244, 244a StGB treten hinter § 250 StGB zurück; jedoch können Diebstahl mit Waffen und versuchter schwerer Raub mit Verwendung einer Waffe in Tateinheit stehen (BGH 4 StR 103/01 vom 3.5.2001; vgl. bereits BGHSt **21** 78). § 250 tritt hinter § 251 StGB zurück. Schließt sich an einen einfachen Raub (§ 249 StGB) ein schwerer räuberischer Diebstahl (§§ 252, 250 StGB) an, so ist jener mitbestrafte Vortat. Anders als versuchter einfacher Raub tritt versuchter schwerer Raub nicht hinter § 316a StGB zurück (BGHSt 25 373; BGH 1 StR 12/77 bei Holtz MDR **1977** 807, 808). Mehrere Bandenraubtaten stehen zueinander in Tatmehrheit. Mit Tötungsdelikten (§§ 212, 211 StGB) ist Tateinheit möglich (BGH 1 StR 434/80 vom 2.9.1980), desgleichen im Grundsatz mit Körperverletzungsdelikten (BGH NStE Nr. 12 zu § 250 StGB a.F.), jedoch treten § 223 gegenüber § 250 Abs. 2 Nr. 3 a) (*Fischer* Rdn. 30), § 224 Abs. 1 Nr. 5 gegenüber § 250 Abs. 2 Nr. 3b) (BGH NStZ **2006** 449) und § 229 gegenüber § 250 Abs. 1 Nr. 1c) und Abs. 2 Nr. 3b) StGB zurück (OLG Köln MDR **1990** 1134). Auch mit § 315 Abs. 3 Nr. 2 StGB ist Tateinheit möglich (BGH DAR **1995** 334, 335), desgleichen mit §§ 129, 129a StGB (*Kindhäuser* NK Rdn. 29). 51

## § 251
## Raub mit Todesfolge

**Verursacht der Täter durch den Raub (§§ 249 und 250) wenigstens leichtfertig den Tod eines anderen Menschen, so ist die Strafe lebenslange Freiheitsstrafe oder Freiheitsstrafe nicht unter zehn Jahren.**

### Schrifttum

S. das zu § 18 angegebene Schrifttum und weiterhin: *Alwart* Milderung der wegen Raubes mit Todesfolge zuerkannten Strafe wegen möglicherweise auch gegebenen Tötungsvorsatzes?, NStZ **1989** 225; *Arzt* Liegt ein Raub mit Todesfolge auch vor, wenn der Täter mit Tötungsvorsatz das Opfer in hilfloser Lage zurückläßt?, StV **1989** 57; *Duttge* Zum Begriff des erfolgsqualifizierten Delikts, Festschrift Herzberg (2008) 309; *Geilen* Lebensgefährdende Drohung als Gewalt in § 251?, JZ **1970** 521; *Geilen* Lebensgefährdende Drohung als Gewalt in § 251 StGB? JZ **1970** 521; *Günther* Der Zusammenhang zwischen Raub und Todesfolge (§ 251 StGB), Festschrift Hirsch (1999) 543; *Hefendehl* Der Raub mit Todesfolge an seinen Grenzen, StV **2000** 107; *Herzberg* Zum Merkmal „durch den Raub" in § 251 StGB und zum Rücktritt vom tödlichen Raubversuch, JZ **2007** 615; *Küper* „Erfolgsqualifizierter" und „folgenschwerer" Versuch?, Festschrift Herzberg (2008) 323; *Küpper* Geiselnahme mit Todesfolge auch bei Tötung der Geisel durch die Täter verfolgende Polizisten?, NStZ **1986** 117; *Laubenthal* Zum Verhältnis zwischen StGB § 251 und StGB § 212, JR **1988** 335; *Radtke* Die Leichtfertigkeit als Merkmal erfolgsqualifizierter Delikte?, Festschrift Jung (2007) 737; *Rengier* Raub mit Todesfolge bei Gewaltanwendung nach Vollendung aber vor Beendigung des Raubes?, NStZ **1992** 590; *Schroeder* Die Erfolgsqualifizierung beim Raub mit Todesfolge, JZ **1993** 52; *Streng* Rücktritt vom erfolgsqualifizierten Versuch?, Festschrift Küper (2007) 629; *Wolter* Zum Tatbestand der Geiselnahme mit Todesfolge bei Eintreten eines Dritten zwecks Geiselbefreiung, JR **1986** 465; *Wolters* Der Rücktritt vom „erfolgsqualifizierten Delikt", GA **2007** 65.

**Entstehungsgeschichte**

Ursprünglich regelte § 251 StGB a.F. den „besonders schweren Raub“ wie folgt:

*„Mit Zuchthaus nicht unter zehn Jahren oder mit lebenslänglichem Zuchthaus wird der Räuber bestraft, wenn bei dem Raube ein Mensch gemartert oder durch die gegen ihn verübte Gewalt eine schwere Körperverletzung oder der Tod desselben verursacht worden ist.“*

Mit „Gewalt“ war nur die tatbestandsmäßige (innertatbestandliche) Gewalt zur Überwindung von Widerstand gegen die Wegnahme gemeint (RGSt **62** 422; BGHSt **16** 316, 319; **22** 362; *Baldus* LK[9] Rdn. 8). Für den qualifizierenden Erfolg hatte der Räuber auch dann einzustehen, wenn er ihm nicht vorhersehbar war (BGHSt **1** 332). Mit dem 3. StrÄndG 1953 wurde diese objektive Erfolgshaftung aufgegeben, indem in § 56 StGB a.F. (heute § 18 StGB) bestimmt wurde, dass qualifizierende Folgen „wenigstens fahrlässig“ herbeigeführt werden mussten. Mit der Neufassung durch Art. 19 Nr. 128 EGStGB 1974 wurde – unter Wegfall des Qualifikationsgrundes der „Marterung“ (vgl. dazu BGHSt **21** 183: s. nunmehr § 250 Abs. 2 Nr. 3a StGB) und Überführung der Verursachung einer schweren Körperverletzung in den gefährlichen Raub des § 250 Abs. 1 Nr. 3 StGB a.F. – im Wesentlichen die heutige Fassung hergestellt, aber ohne das Wort „wenigstens“. Mit dem 6. StrRG 1998 wurde dieses Wort eingefügt, um im Anschluss an BGHSt **39** 100 klarzustellen, dass Raub mit Todesfolge auch mit Tötungsvorsatz begangen werden kann (s. BT-Drucks. 13/9064 S. 11 f), und es wurde die Vorschrift geschlechtsneutral gefasst.

*Übersicht*



## I. Allgemeines

1 Neben § 227 ist § 251 StGB das **erfolgsqualifizierte Delikt par excellence**, in dem sich die Problematik dieser deutschen Rechtsfigur brennpunktartig bündelt: Die „gewaltige Strafschärfung“ (*Hirsch* GA **1972** 65, 67) des § 251 StGB wirft besonders dringlich die Fragen auf, warum Unrecht und Schuld des Raubes mit Todesfolge so viel größer sein sollen als Unrecht und Schuld des Raubes in Tateinheit mit (wenn auch gesteigert, nämlich leichtfertiger) fahrlässiger Tötung und ob es sich nicht in Wahrheit um eine Verdachtsstrafe für Raubmord handelt, ohne dass Tötungsvorsatz nachgewiesen werden kann und muss. S. hierzu *Vogel* LK § 18 Rdn. 22 ff und ergänzend: § 251 StGB strapaziert das Gebot schuldangemessenen Strafens; deshalb bedarf die Vorschrift einer restriktiven Auslegung. Insbesondere ist die Möglichkeit, lebenslange Freiheitsstrafe zu verhängen, auf Fälle mindestens mordnaher Taten mit nachweisbarem Tötungsvorsatz zu beschränken (s. noch Rdn. 19).

Die Problematik ist freilich eher theoretischer als praktischer Natur. Verurteilungen wegen § 251 StGB sind **ausgesprochen selten**, und noch seltener werden die dort vorgesehenen Strafen ausgeurteilt. Für 2007 weist Statistisches Bundesamt, Rechtspflege Strafverfolgung 2007, 2009, S. 66 f, 98 f und 289 f lediglich 17 Verurteilungen nach allgemeinem Strafrecht sowie vier nach Jugendstrafrecht aus.[1] Unter den Verurteilungen nach allgemeinem Strafrecht bewegen sich nur fünf im gesetzlichen Strafrahmen des § 251 StGB (davon eine einzige lebenslange Freiheitsstrafe); immerhin viermal ist zur Bewährung ausgesetzte Freiheitsstrafe unter zwei Jahren ausgeurteilt worden. Es scheint sich um eher symbolisches Strafrecht zu handeln. 2

## II. Grunddelikt

§ 251 StGB setzt einen (vorsätzlich und in Zueignungsabsicht begangenen, rechtswidrigen und schuldhaften) **Raub** i.S.v. § 249 StGB voraus; über §§ 252, 255 StGB genügen auch ein räuberischer Diebstahl oder eine räuberische Erpressung. Ein vollendeter Raub (usw.) mit Todesfolge kann nur vorliegen, wenn das Grunddelikt vollendet ist (s. noch Rdn. 7).[2] 3

## III. Qualifizierende Folge

Als **qualifizierende Folge** muss der **Tod eines anderen** i.S.v. §§ 211 ff StGB (s. dort) eintreten. Der Getötete muss nicht zwingend das *Raubopfer* selbst oder jemand sein, von dem der Täter Widerstand erfährt oder erwartet. Vielmehr genügt, dass am Tatgeschehen *Unbeteiligte* wie z.B. Passanten, die durch fehlgehende Schüsse getötet werden, sterben (BGHSt 38 295).[3] Nach h.A. sind aber *Tatbeteiligte* keine „anderen" Menschen, da es am Schutzzweckzusammenhang fehlt, wenn sich die Gefahr von Handlungen verwirklicht, die der getötete Beteiligte selbst vorgenommen, hervorgerufen oder gefördert hat.[4] 4

---

1 Ähnlich die Zahlen aus dem Jahr 2000 bei *Sander* MK Rdn. 2. – Soweit *Sander* aaO in Fn. 2 darauf hinweist, dass die Zahlen nach unten verzerrt seien, weil bei Raubmord eine Beschränkung der Strafverfolgung auf § 211 StGB gem. § 154a StPO in Betracht kommt (vgl. BGH, Beschl. v. 8.12.1992 – 5 StR 601/92) und in der Verfolgungsstatistik nur § 211 StGB als das schwerste tateinheitlich verwirklichte Delikt erfasst wird, trifft das zwar zu; jedoch spielt § 251 StGB bei nachweisbarem Raubmord im Ergebnis keine Rolle.

2 *Kudlich* SSW Rdn. 3; *Eisele* BT II Rdn. 355; *Hardtung* S. 17; *Jäger* BT Rdn. 300; *Mitsch* BT 2/1 § 3 Rdn. 88.

3 BGHSt 38 295, 297; *Duttge* HK-GS Rdn. 4; *Fischer* Rdn. 2; *Kindhäuser* NK Rdn. 2; *Kudlich* SSW Rdn. 4; *Lackner/Kühl* Rdn. 1; *Sander* MK Rdn. 5; *Sch/Schröder/Eser* Rdn. 3; *Eisele* BT II Rdn. 356, 357; *Haft/Hilgendorf* BT 1 S. 39; *Kindhäuser* BT II § 15 Rdn. 2; *Maurach/Schroeder/Maiwald* I § 35 Rdn. 33; *Wessels/Hillenkamp* Rdn. 354; diff. *Günther* SK$^5$ Rdn. 4, 14; *ders.* FS Hirsch, S. 543, 548, der unbeteiligte Dritte nur in Fällen eines error in persona oder aberratio ictus in den Tatbestand des § 251 einbezieht; vgl. auch *Rengier* NStZ **1992** 590, 591; *ders.* S. 220, 226 f einerseits und *ders.* BT 1 § 9 Rdn. 4 andererseits.

4 *Duttge* HK-GS Rdn. 4; *Fischer* Rdn. 2; *Günther* SK$^5$ Rdn. 4; *Kindhäuser* NK Rdn. 2; *Kudlich* SSW Rdn. 4; *Lackner/Kühl* Rdn. 1; *Sander* MK Rdn. 5; *Sch/Schröder/Eser* Rdn. 3; *Eisele* BT II Rdn. 356; *Günther* FS Hirsch, S. 543, 548; *Haft/Hilgendorf* BT 1 S. 39; *Jäger* BT Rdn. 303 a.E.; *Kindhäuser* BT II § 15 Rdn. 2; *Maurach/Schroeder/Maiwald* I § 35 Rdn. 33; *Mitsch* BT 2/1 § 3 Rdn. 88; *Otto* BT § 46 Rdn. 44; *Rengier* BT 1 § 9 Rdn. 4; *Wessels/Hillenkamp* Rdn. 354;

Schießt aber ein Beteiligter mit Tötungsvorsatz auf einen Mitbeteiligten, den er irrtümlich für einen Dritten (Verfolger) hält (*error in persona*, vgl. den Sachverhalt in BGHSt **11** 268), so ist das (Mordversuch und tateinheitlich) versuchter Raub mit Todesfolge in der Konstellation der (untauglich) versuchten Erfolgsqualifikation (Rdn. 17); zur Frage, ob sich der Mitbeteiligte hieran beteiligen kann, bejahend BGH aaO S. 271 f (mittäterschaftlich begangener untauglicher Mordversuch zum eigenen Nachteil); zur Kritik der Lehre hieran s. nur *Scheffler* JuS **1992** 920, 922 f mit Nachweisen.

## IV. Objektive Zurechnung der Todesfolge

5 Der Tod eines anderen muss **durch den Raub** (den räuberischen Diebstahl, die räuberische Erpressung) **verursacht** worden sein. Dafür ist **Kausalität** nur eine (notwendige) Mindestvoraussetzung (näher *Vogel* LK § 18 Rdn. 28 ff). Vielmehr ist die „gewaltige Strafschärfung“ (*Hirsch* aaO) des § 251 StGB nur zu rechtfertigen, wenn dem Tatgeschehen die **spezifische Gefahr** eines tödlichen Ausgangs anhaftet (BGHSt **33** 322, 323), sich in der Todesfolge eine für den Raub (usw.) spezifische Gefahr realisiert (*Geilen* Jura **1979** 557; *Schroeder* JZ **1993** 52) und ein spezifischer Zurechnungszusammenhang zwischen Grunddelikt und qualifizierender Folge besteht (*Wolter* JR **1986** 465, 466).[5] Dass sich der Wortlaut des § 251 StGB mit der (leichtfertigen) Verursachung des Todes begnügt, hindert dieses zusätzliche Erfordernis nicht, weil die Beziehung zwischen Grunddelikt und qualifizierender Folge für jeden in Betracht kommenden Tatbestand in differenzierender Wertung zu bestimmen ist (BGHSt **33** 322, 323; **38** 295, 298; *Wolter* aaO S. 467) und angesichts der Strafdrohung eine gegenüber bloßer Idealkonkurrenz zwischen (schwerem) Raub in Tateinheit mit fahrlässiger Tötung deutliche Unrechtssteigerung vorliegen muss (BGH aaO). S. zu alledem *Vogel* LK § 18 Rdn. 31 ff und ergänzend:

6 Nach § 251 StGB i.d.F. vor dem EGStGB 1974 (o. Entstehungsgeschichte) musste der Tod gerade durch die Anwendung tatbestandsmäßiger Gewalt bewirkt werden. Die nunmehrige Fassung bezieht unstreitig **alle Raubmittel (Personengewalt und Drohung mit gegenwärtiger Gefahr für Leib oder Leben)** ein. § 251 StGB kann daher anwendbar sein, wenn das lediglich bedrohte Raubopfer infolge der Bedrohung einen Herzinfarkt erleidet und daran stirbt.[6] Bei betagten Raubopfern, die in der Nacht überfallen und aneinander gefesselt werden, liegt es nicht außerhalb der Lebenserfahrung, dass sie infolge von Schrecken, Angst und Aufregung durch Herzversagen in Lebensgefahr geraten können

---

aA wohl *Geilen* Jura **1979** 557, der eine „wirklich durchschlagende Begründung“ vermisst und meint, möglicherweise seien bei dieser Einschränkung „archaische Assoziationen wie Strafschutzverwirkung und ‚Friedlosigkeit‘ des Angreifers im Spiel“.

[5] BGHSt **33** 322, 323; **38** 295, 298; NStZ **1998** 511, 512; NJW **1999** 1039, 1040; NJW **2001** 2187; *Duttge* HK-GS Rdn. 2, 7; *Günther* SK[5] Rdn. 2, 10; *Kindhäuser* NK Rdn. 5; *Kudlich* SSW Rdn. 6; *Lackner/Kühl* Rdn. 1; *Sander* MK Rdn. 1, 8; *Sch/Schröder/Eser* Rdn. 4; Arzt/Weber/*Heinrich*/Hilgendorf BT § 17 Rdn. 31; *Eisele* BT II Rdn. 357, 359; *Haft/Hilgendorf* BT 1 S. 39; *Heinrich/Reinbacher* Jura **2005** 743, 748; *Jäger* BT Rdn. 301; *Kindhäuser* BT II § 15 Rdn. 6; *Mitsch* BT 2/1 § 3 Rdn. 95; *Otto* BT § 46 Rdn. 41; *Rengier* BT 1 § 9 Rdn. 3; *Wessels/Hillenkamp* Rdn. 355; *Wolter* JuS **1981** 168, 169.

[6] BGHSt **23** 126 f m. abl. Anm. *Geilen* JZ **1970** 521 ff; OLG Nürnberg NStZ **1986** 556; *Duttge* HK-GS Rdn. 6; *Günther* SK[5] Rdn. 12; *Kindhäuser* NK Rdn. 5; *Kudlich* SSW Rdn. 5; *Sander* MK Rdn. 6; *Sch/Schröder/Eser* Rdn. 4; *Hohmann/Sander* BT I § 6 Rdn. 42; *Kindhäuser* BT II § 15 Rdn. 3; *Krey/Hellmann* Rdn. 202; *Maurach/Schroeder/Maiwald* I § 35 Rdn. 34; *Seelmann* JuS **1986** 201, 205; *Wessels/Hillenkamp* Rdn. 355.

(BGH NStZ-RR **1997** 269, 270). Ein bloßes, wenn auch garantenpflichtwidriges (Folge-) Unterlassen genügt aber nicht (BGH, Urt. v. 10.2.1977 – 4 StR 652/76; zust. *Rengier* S. 176 f; **aA** BGH 1 StR 233/61 [zu § 226 a.F., heute § 227 StGB]). Darüber, ob weitergehend die Todesverursachung durch **Wegnahme** (z.B. eines lebenswichtigen Medikaments oder der Kleidung bei großer Kälte oder, wenn der Täter die Tatbeute aus einem hohen Fenster wirft, um Widerstand zuvorzukommen, *Lackner/Kühl* Rdn. 1) erfasst ist, besteht Streit. Die wohl h.L.[7] verlangt, dass sich die generelle oder typische Gefahr des Raubes verwirklicht; sie sei aber nur dem Raubmitteleinsatz und nicht der Wegnahme eigentümlich (*Ulsenheimer* GA **1966** 266). Nur die allgemeine oder typische Gefahrenträchtigkeit räuberischer Gewalt oder Drohung für das Leben rechtfertige den Deliktstypus „Raub mit Todesfolge" und bestimme dessen Grenzen. Systematisch sei zu bedenken, dass es keinen „Diebstahl mit Todesfolge" gebe; der Gesetzgeber gehe also davon aus, dass Wegnahmen typischerweise nicht lebensgefährlich seien; das müsse auch im Rahmen des § 251 StGB gelten (s. nur *Kindhäuser* NK Rdn. 3). – Die Gegenauffassung geht mit dem Wortlaut des § 251 StGB davon aus, dass sämtliche zur Tatbestandsverwirklichung des Raubes gehörende Handlungen, also auch Wegnahmen, in Betracht kommen.[8] Wegnahmen mit Todesfolge seien nicht nur theoretisch denkbar; in derartigen Fällen sei der Raub im Hinblick auf die Wegnahme konkret-individuell oder spezifisch gefährlich; wegen der fragmentarischen Natur des Strafrechts sei es kein durchschlagendes Gegenargument, dass der Gesetzgeber den „Diebstahl mit Todesfolge" nicht gesondert unter Strafe stelle. – Trotz des Gebots einer möglichst restriktiven Auslegung des § 251 StGB (Rdn. 1) ist im Ergebnis dieser Auffassung zu folgen. Der Gefahrverwirklichungszusammenhang ist tat-, nicht tatbestandsbezogen und konkret-individuell oder spezifisch zu bestimmen; die h.L. läuft auf eine Art „Letalitätstheorie" hinaus, die auch bei § 227 StGB abzulehnen ist (vgl. *Vogel* LK § 18 Rdn. 46, 51).

In zeitlicher Hinsicht ist allerdings zu verlangen, dass der Täter bereits in das **Versuchsstadium** des Raubes (usw.) eingetreten ist.[9] Wird das Opfer zunächst nur mit Körperverletzungsvorsatz brutal misshandelt, entschließen sich die Täter dann, dem widerstandsunfähigen Opfer Sachen wegzunehmen, und stirbt das Opfer an den Misshandlungen, so liegt bereits das Grunddelikt nicht vor, weil die tödliche Gewalt nicht final mit der Wegnahme verknüpft war; dann scheidet auch eine Verurteilung wegen § 251 StGB aus (BGH NStZ **2003** 431 = StraFo **2003** 178; s. bereits BGH StV **1995** 416). Ob es zur **Vollendung** des Raubes durch Wegnahme kommt, ist aber unerheblich; wird nichts weggenommen, liegt freilich nur versuchter Raub mit Todesfolge vor (Rdn. 3 und Rdn. 18). Die Rechtsprechung (BGHSt **20** 194, 197; **38** 295, 298; BGH GA **1971** 82) und ein Teil der Lehre halten daran fest, dass die den qualifizierenden Todeserfolg zu- **7**

[7] *Günther* SK[5] Rdn. 13; *Kindhäuser* NK Rdn. 3; *Kudlich* SSW Rdn. 5; *Altenhain* GA **1996** 19, 35; Arzt/Weber/*Heinrich*/Hilgendorf BT § 17 Rdn. 31; *Eisele* BT II Rdn. 357, 359; *Günther* FS Hirsch, S. 543, 546 f; *Haft/Hilgendorf* BT 1 S. 40; *Hardtung* S. 103 f; *Kindhäuser* BT II § 15 Rdn. 4; *Küpper* Der „unmittelbare" Zusammenhang zwischen Grunddelikt und schwerer Folge beim erfolgsqualifizierten Delikt (1982) S. 100 f; *Maurach/Schroeder/Maiwald* I § 35 Rdn. 34; *Mitsch* BT 2/1 § 3 Rdn. 94; *Rengier* BT 1 § 9 Rdn. 4; *ders.* S. 220, 230 ff; *Seelmann* JuS **1986** 201, 205; *Wessels/Hillenkamp* Rdn. 355; *Wolter* GA **2007** 65, 72 f.

[8] OLG Nürnberg NStZ **1986** 556; *Duttge* HK-GS Rdn. 6; *Fischer* Rdn. 3; *Lackner/Kühl* Rdn. 1; *Sander* MK Rdn. 6; *Geilen* Jura **1979** 501, 502; *Herzberg* JZ **2007** 615, 616; *Hohmann/Sander* BT I § 6 Rdn. 42; *Krey/Hellmann* Rdn. 202.

[9] RGSt **62** 422, 423 f; **75** 52, 54; BGH NStZ **1998** 511, 512; *Geilen* Jura **1979** 613 f; *Hardtung* S. 17, 22; *Kühl* Jura **2003** 19, 20; *Ulsenheimer* FS Bockelmann, S. 405, 414; *Wolter* JuS **1981** 168, 169.

rechenbar verursachende Handlung auch noch nach Vollendung, aber vor **Beendigung** des Raubes, nämlich vor dem Zeitpunkt, an dem der Täter (einigermaßen) gesicherten Gewahrsam an der Tatbeute erlangt hat, vorgenommen werden kann.[10] Auch dann realisiere sich ein dem Raub spezifisches Risiko, und gerade der auf frischer Tat betroffene Räuber neige typischerweise zur Anwendung lebensgefährlicher Gewalt oder Drohung („Eskalationsgefahr"). Aber gegen diese Meinung spricht die grundsätzliche Erwägung, dass „unabdingbares Element des Begriffs der Straftat die Tatbestandsmäßigkeit des Handelns" ist und alles, was jenseits der Tatbestandsverwirklichung liegt, nicht mehr zur Tatbegehung gehört (*Hruschka* JZ **1969** 609); das gilt erst recht, wenn man § 251 StGB auf den innertatbestandlichen Raubmitteleinsatz zum Zweck der Wegnahme beschränkt (soeben Rdn. 6). Systematisch ist zu bedenken, dass bei Raubmitteleinsatz in der Beendigungsphase § 252 StGB eingreift, wenn der Raubmitteleinsatz zur Beutesicherung den Tod eines anderen herbeiführt. Zwar weist § 252 StGB einengende tatbestandliche Voraussetzungen auf, die § 249 nicht kennt; jedoch werden sie durch die Auffassung der Rechtsprechung gerade umgangen. In dem Sachverhalt, der BGHSt **38** 295 zugrunde lag, hätte § 252 StGB angewendet werden können und müssen, was kein „Umweg" (BGH aaO S. 299) gewesen wäre, sondern dem Gesetz entsprochen hätte, das umgangen wird, soll § 251 StGB auch bei Gewalt oder Drohung zur bloßen Fluchtsicherung angewendet werden. Deshalb ist an dieser Stelle der h.L. zuzustimmen, wonach § 251 StGB nur durch Handlungen bis einschließlich (str., soeben Rdn. 6) der Wegnahme erfüllt werden kann.[11]

**8** Die neuere Rechtsprechung verlangt nicht, dass die qualifizierende Todesfolge **unmittelbar** durch eine final der Wegnahme dienende Nötigungshandlung verursacht wird (BGH NStZ **1998** 511, 512 = NJW **1998** 3361, 3362 = BGHR StGB § 251 Todesfolge 3; NStZ **2003** 34 = NJW **2003** 911 [nur LS]). Ausreichend (aber auch erforderlich) soll vielmehr sein, dass die den Tod des Opfers herbeiführende Handlung mit dem Raubgeschehen derart eng verbunden ist, dass sich in der Todesfolge die dem Raub(versuch) eigentümliche besondere Gefährlichkeit, insbesondere die Eskalationsgefahr, verwirklicht. Deshalb soll es versuchter Raub mit Todesfolge sein, wenn der Täter nach (zunächst) fehlgeschlagenem Raubversuch das Opfer tötet, selbst wenn er damit (möglicherweise) nicht mehr die Wegnahme erzwingen will (BGH aaO), oder wenn er sich nach fehlgeschlagenem Raubversuch den Fluchtweg freischießt und dabei einen anderen Menschen tötet (BGH NJW **1999** 1039);[12] s. hierzu noch Rdn. 18. Bereits zuvor hatte das Unmittelbar-

---

10 BGHSt **20** 194, 196 f; **38** 295, 297 ff; NStZ **1998** 511, 512; NJW **1999** 1039 ff m. krit. Anm. *Hefendehl* StV **2000** 107 ff; zust. *Momsen* JR **2000** 29 und *Schroth* NStZ **1999** 554; BGH NJW **2001** 2187; NStZ **2005** 262; *Sch/Schröder/Eser* Rdn. 4; *Geilen* Jura **1979** 557; *Otto* JZ **1993** 559, 569 f; *ders.* Jura **1997** 464, 475; zusf. *Sowada* Jura **1994** 651 f.

11 *Duttge* HK-GS Rdn. 6; *Fischer* Rdn. 5; *Günther* SK[5] Rdn. 5, 8; *Kindhäuser* NK Rdn. 4; *Kudlich* SSW Rdn. 6; *Lackner/Kühl* Rdn. 1; *Sander* MK Rdn. 10; Arzt/Weber/*Heinrich*/Hilgendorf BT § 17 Rdn. 30; *Eisele* BT II Rdn. 35; *Günther* Hirsch FS, S. 543, 544 f; *Haft/Hilgendorf* BT 1 S. 39 f; *Hohmann* JuS **1994** 860, 863; *Jäger* BT Rdn. 303; *Kindhäuser* BT II § 15 Rdn. 5; *Krey/Hellmann* Rdn. 203; *Kühl* JuS **2002** 729, 735; *Maurach/Schroeder/Maiwald* I § 35 Rdn. 34; *Mitsch* BT 2/1 § 3 Rdn. 93; *Otto* BT Rdn. 41; *Rengier* BT 1 § 9 Rdn. 8; *ders.* S. 220, 220 ff; *ders.* NStZ **1992** 590 f; *ders.* JuS **1993** 460, 462 f; *Schroeder* JZ **1993** 52; *Wessels/Hillenkamp* Rdn. 355; vgl. auch *Kühl* FS Roxin (2001), S. 665, 686 f, nach dem auch der durch die Fluchtermöglichung eingetretene qualifizierende Todeserfolg den Tatbestand des § 251 erfüllt.

12 Krit. *Hefendehl* StV **2000** 107 ff; zust. *Momsen* JR 2000, 29 ff; *Schroth* NStZ **1999**, 554 f.

keitskriterium bei § 251 StGB im Grunde kaum einschränkende Funktion gehabt (vgl. BGHSt **31** 96) oder diente sogar eher zur Ausdehnung des Anwendungsbereichs der Vorschrift (vgl. BGHSt **38** 295, 298 und hierzu *Schroeder* JZ **1993** 52). Trotzdem kann auf das Unmittelbarkeitskriterium nicht schlechterdings verzichtet werden.[13] Im Geschehensablauf, der zum Tod eines anderen führt, muss sich die spezifische Gefahr eines lebensgefährlichen Raubhandelns niedergeschlagen haben, das den Aktunwert des Grunddelikts beträchtlich gesteigert hat (*Herdegen* LK[11] Rdn. 4). Daran kann es fehlen, wenn die Todesfolge auf im Mindestmaß eigenverantwortlichem Handeln des Opfers oder eines Dritten beruht und in diesem Sinne nur mittelbar durch den Raub (usw.) verursacht wird. Entschließt sich das Opfer eigenverantwortlich zur Verfolgung des Täters und geht dabei Risiken ein, die zu seinem Tod führen, so ist das kein Fall des § 251 StGB (vgl. BGHSt **22** 362).[14] Das gilt erst recht für Dritte, auch Polizeibeamte, die bei der Verfolgung des Räubers solche Risiken eingehen. Kommt das Raubopfer hingegen bei instinktiven Abwehr- oder Ausweichreaktionen (zutr. *Kindhäuser* NK Rdn. 6) oder panischer Flucht zu Tode, schließt das die objektive Zurechnung nicht aus. Geht das Opfer bewusst ein hohes, tödliche Folgen nach sich ziehendes Risiko ein, um einem Raub zu entgehen, so ist das keine „typische Weiterung" eines Raubes (vgl. *Wolter* JR **1986** 465, 466); die anderslautende Rechtsprechung zur Freiheitsberaubung (BGHSt **19** 382, 386 f) und Geiselnahme (BGHSt **33** 322, 324) lässt sich auf den Raub nur ausnahmsweise übertragen (s. aber auch *Kindhäuser* aaO). Wenn Dritte, namentlich Polizeibeamte, bei der Verfolgung des Täters lebensgefährliche Gewalt einsetzen, z.B. schießen, und dabei andere Menschen töten, ist das nur eine von § 251 StGB nicht erfasste mittelbare Folge des Raubes;[15] anders kann es liegen, wenn der Schusswaffengebrauch der Abwehr eines noch gegenwärtigen Angriffs des Räubers dient (*Sander* MK Rdn. 9).

## V. Subjektive Zurechnung der Todesfolge

1. **Leichtfertigkeit.** Der Täter muss den Tod eines anderen wenigstens **leichtfertig** verursacht haben. S. hierzu allgemein *Vogel* LK § 15 Rdn. 292 ff und ergänzend: Leichtfertig ist ein Verhalten, das – bezogen auf die Herbeiführung des Todes eines anderen – *grob fahrlässig* ist (BGH bei Dallinger MDR **1973** 728 und **1975** 543; vgl. auch BGHSt **14** 240, 255; **20** 315, 323; **33** 66, 67; OLG Nürnberg NStZ **1986** 556 = StV **1987** 154).[16] 9

---

[13] BGHSt **33** 322, 323 f; **38** 295, 298; *Fischer* Rdn. 6; *Kindhäuser* NK Rdn. 5; *Sander* MK Rdn. 7 ff; *Sch/Schröder/Eser* Rdn. 5; *Hohmann/Sander* BT § 6 Rdn. 42; *Kindhäuser* BT II § 15 Rdn. 6 ff; *Wolter* JuS **1981** 168, 171; **krit.** *Haft/Hilgendorf* BT 1 S. 39; *Heinrich/Reinbacher* Jura **2005** 743, 748; *Ulsenheimer* FS Bockelmann, S. 405, 413 f; zusf. *Sowada* Jura **1994** S. 643 ff.

[14] Ebenso *Duttge* HK-GS Rdn. 8; *Fischer* Rdn. 6; *Kindhäuser* NK Rdn. 6; *Lackner/Kühl* Rdn. 1; *Sander* MK Rdn. 9; *Sch/Schröder/Eser* Rdn. 5; *Arzt/Weber/Heinrich/*Hilgendorf BT § 17 Rdn. 31; *Eisele* BT II Rdn. 360; *Günther* FS Hirsch, S. 543, 549; *Rengier* BT 1 § 9 Rdn. 4; *Schünemann* JA **1980** 396; *Wessels/Hillenkamp* Rdn. 355; **aA** *Arzt/*Weber BT[1] § 17 Rdn. 31.

[15] *Günther* SK[5] Rdn. 16; *Kindhäuser* NK Rdn. 5; *Sch/Schröder/Eser* Rdn. 5; **aA** *Otto* BT § 46 Rdn. 42; vgl. auch *Wolter* JR **1986** 465 zu §§ 239b I, 239a III.

[16] *Duttge* HK-GS Rdn. 10; *Günther* SK[5] Rdn. 18; *Kindhäuser* NK Rdn. 7; *Lackner/Kühl* Rdn. 2; *Sander* MK Rdn. 12; *Arzt/*Weber/*Heinrich/*Hilgendorf BT § 17 Rdn. 30; *Eisele* BT II Rdn. 362; *Krey/Hellmann* Rdn. 204; *Mitsch* BT 2/1 § 3 Rdn. 97; *Otto* BT § 46 Rdn. 43; *Rengier* S. 124; *ders.* BT 1 § 9 Rdn. 1; *Wessels/Hillenkamp* Rdn. 356; **aA** *Maiwald* GA **1974** 257, 269 und *Maurach* FS Heinitz, S. 403, 417: „Rücksichtslosigkeit".

*Bewusst* fahrlässiges Handeln ist weder notwendig noch hinreichend, z.B. wenn der Täter nur ganz entfernt mit der Möglichkeit des Todeseintritts gerechnet hat (vgl. *Tenckhoff* ZStW **88** [1976] 897, 904); auch *unbewusst* fahrlässiges Handeln kann leichtfertig sein, wenn sich die Gefahr des Todeseintritts dem Täter geradezu aufdrängen musste (*Tenckhoff* aaO S. 906).

**10** Allein daraus, dass der Täter einen Raub begeht und Personengewalt einsetzt oder mit gegenwärtiger Gefahr für Leib oder Leben droht, kann bei § 251 StGB die Leichtfertigkeit hinsichtlich der Todesfolge nicht hergeleitet werden; andernfalls würde die vom Gesetzgeber gewollte Begrenzungsfunktion des Leichtfertigkeitserfordernisses entfallen (vgl. *Maiwald* GA **1974** 257 ff).[17] Vielmehr ist erforderlich, dass der Täter **ein besonders oder überdurchschnittlich hohes Risiko für das Leben eines Menschen** eingeht (*Geilen* Jura **1979** 557), weil seine Handlungen die naheliegende bzw. sich aufdrängende Gefahr eines tödlichen Ausgangs in sich bergen wie z.B. bei Schüssen, Stichen, wuchtigen Tritten gegen den Kopf oder beim Würgen bis zur Bewusstlosigkeit. Die Gefährlichkeit kann nicht ohne Rücksicht auf die Konstitution des Opfers bestimmt werden; so kann es durchaus leichtfertig sein, ein 83jähriges Opfer gewaltsam und widerstandsbrechend zu fesseln (BGHR StGB § 251 Leichtfertigkeit 1). Haben die Täter ihre Opfer hingegen nur mit einer ungeladenen Pistole bedroht und sie mit der Versicherung zu beruhigen versucht, es werde ihnen nichts passieren, und stirbt gleichwohl ein Opfer an der Aufregung, so liegt keine Leichtfertigkeit i.S.v. § 251 StGB vor (OLG Nürnberg NStZ **1986** 556 = StV **1987** 154).

**11** Subjektiv sind **besonderer Leichtsinn oder besondere Gleichgültigkeit** gegenüber dem Leben des oder der Betroffenen erforderlich. In der Regel wird besonderer Leichtsinn gegeben sein, wenn sich die besondere Lebensgefahr aufdrängt, und in der Regel handelt besonders gleichgültig, wer Lebensgefährdungsvorsatz hat. Handelt der Täter in diesem Sinne leichtfertig und kommt das Opfer auf andere Weise als von ihm vorhergesehen oder vorhersehbar – z.B. nur aufgrund einfachen ärztlichen Verschuldens – zu Tode, berührt das die Zurechnung nur, wenn es sich um einen außerhalb der Lebenserfahrung liegenden Verlauf handelt. Ausreichend (aber auch erforderlich) ist es, dass sich die Todesfolge im Rahmen des Ausgangsrisikos für das Leben des Opfers hält, das der Täter durch den Einsatz von Raubmitteln geschaffen hat (*Herdegen* LK[11] Rdn. 9 mit Verweis auf OLG Stuttgart JZ **1980** 618, 621 [zu § 222 StGB]).

**12** 2. **Vorsatz.** Der Gesetzgeber des 6. StrRG hat durch Einfügung des Wortes „wenigstens" (o. Entstehungsgeschichte) die zuvor strittige Frage (s. nur *Herdegen* LK[10] Rdn. 11 ff und LK[11] Rdn. 10 ff mit Nachweisen) bejaht, ob § 251 StGB anwendbar ist, wenn der Täter sogar mit (mindestens bedingtem) **Tötungsvorsatz** handelt. So hatte es bereits für § 251 StGB i.d.F. des EGStGB 1974 der Große Senat für Strafsachen des BGH gesehen (BGHSt **39** 100 gegen BGHSt **26** 175).[18] Allerdings erledigt der Machtspruch des Gesetzgebers nicht die Frage, warum der Raubmörder jenseits eines Interesses an symbolischer Klarstellung (vgl. BGH aaO S. 109; s. aber auch BGH, Beschl. v. 8.12.1992 – 5 StR 601/92, wonach die Strafverfolgung bei Raubmord durchaus gem. § 154a StPO auf

[17] *Duttge* HK-GS Rdn. 10; *Kindhäuser* NK Rdn. 7; *Lackner/Kühl* Rdn. 2; *Sander* MK Rdn. 12; *Sch/Schröder/Eser* Rdn. 6; *Eisele* BT II Rdn. 362; *Günther* FS Hirsch, S. 543, 551; *Tenckhoff* ZStW 88 (1976) 897, 911; *Wessels/Hillenkamp* Rdn. 356.

[18] So BGHSt **39** 100 = NJW **1993** 1662 = MDR **1993** 663 m. Bspr. *Heintschel-Heinegg* JA **1994** Teilband 2 10; *Jung* JuS **1993** 1066 auf Vorlage von BGH StV **1992** 417 m. abl. Anm. *Rengier* StV **1992** 496 entgegen BGHSt **26** 175 m. zust. Anm. *Rudolphi* JR **1976** 74.

§ 211 StGB beschränkt werden kann) nicht nur wegen Mordes, sondern auch noch wegen tateinheitlichen (Rdn. 21) Raubes mit Todesfolge bestraft werden soll. Der entscheidende Grund besteht darin, die Anwendbarkeit des § 251 StGB bei nicht erweislichem Tötungsvorsatz zu gewährleisten (Verdachtsstrafe, s. bereits Rdn. 1): Würde § 251 StGB auf leichtfertiges Handeln beschränkt, so könnte, wenn unklar bliebe, ob der Täter leichtfertig oder vorsätzlich handelte, weder nach § 211 StGB noch, da in gegenläufiger Anwendung des Zweifelsgrundsatzes zugunsten des Täters Vorsatz zu unterstellen wäre, nach § 251 StGB bestraft werden (BGH aaO S. 107 f). Die weiteren von BGH aaO vorgebrachten Sachgründe überzeugen nicht. Selbst wenn Fälle denkbar wären, in denen der vorsätzlich tötende Räuber kein Mordmerkmal erfüllen würde,[19] so deckt der Umstand, dass ein solcher Räuber bei Beschränkung des § 251 StGB auf Leichtfertigkeit nur nach §§ 249, ggf. 250, 212, ggf. 213, 52 StGB und somit milder zu bestrafen wäre als der bloß leichtfertig tötende Räuber, weniger einen Wertungswiderspruch (so aber BGH aaO S. 107) denn vielmehr auf, dass die Strafdrohung des § 251 StGB überzogen ist. Der von BGH aaO S. 108 mit Verweis auf *Laubenthal* JR **1988** 335, 336 ins Feld geführte Anstifter, der mit Tötungsvorsatz zu einem Raub mit leichtfertig herbeigeführter Todesfolge anstiftet, dürfte auch bei Beschränkung des § 251 StGB auf Leichtfertigkeit kraft Wissensherrschaft mittelbarer Täter eines Totschlags oder Mordes sowie eines lebensgefährlichen Raubes sein.

## VI. Beteiligung

S. zunächst *Vogel* LK § 18 Rdn. 67 ff und ergänzend: Ob jemand Täter (§ 25 StGB) **13**
oder Teilnehmer (§§ 26, 27 StGB) eines Raubes mit Todesfolge ist, richtet sich zunächst nach der Form, mit der er am Raub als **Grunddelikt** beteiligt ist (vgl. auch § 11 Abs. 2 StGB und hierzu *Vogel* aaO Rdn. 68 f).

Sodann ist für eine Beteiligungsstrafbarkeit erforderlich, dass dem Beteiligten diejenige **14**
Handlung, welche die Todesfolge herbeigeführt hat, regelmäßig Gewalt oder Drohung, kraft mindestens bedingten Vorsatzes zugerechnet werden kann (BGH NJW **1973** 377 und **1987** 77; BGH NStZ **2008** 280 f). Mit anderen Worten können tödlich wirkende Exzesse eines von mehreren Beteiligten nicht zu einer Beteiligungsstrafbarkeit der anderen führen.[20] Allerdings begründet nicht jede Abweichung des tatsächlichen Geschehens von dem vereinbarten Tatplan bzw. von den Vorstellungen der anderen Beteiligten bereits einen Exzess, z.B. wenn zwar nicht vereinbarte, aber doch gleichwertige (lebensgefährliche) Gewalt eingesetzt wird und zum Tode führt. Auch dürfen die beweisrechtlichen

[19] BGHSt **39** 100, 107 verweist hier auf *Geilen* Jura **1979** 558, der folgende Beispiele anführt: Ein „Heiliger" raubt Leder und tötet dabei vorsätzlich einen Menschen, um das Leder zugunsten bedürftiger Armer zu Schuhwerk zu verarbeiten; das sei nicht habgierig. – „Rocker" rauben einen Rollstuhl und töten dabei vorsätzlich den Rollstuhlfahrer, um mit dem Rollstuhl eine „Spritztour" zu unternehmen; das sei gleichfalls nicht habgierig. – Die Beispiele sind nicht nur Lehrbuchkriminalität im schlechten Sinne, sondern auch im Ergebnis rechtsfehlerhaft gelöst, weil in beiden Fällen Habgier mehr als diskutabel ist (vgl. BGHSt **29** 317, 318), jedenfalls sonstige niedrige Beweggründe vorliegen (besonders krasse Mittel-Zweck-Relation, vgl. *Schneider* MK § 211 Rdn. 59 in Fn. 160).

[20] BGH NJW **1973** 377; **1998** 3361, 3362; *Duttge* HK-GS Rdn. 11; *Fischer* Rdn. 10; *Kindhäuser* NK Rdn. 11; *Sch/Schröder/Eser* Rdn. 8; *Maurach/Schroeder/Maiwald* I § 35 Rdn. 32; *Rengier* S. 252 ff; *Wessels/Hillenkamp* Rdn. 356.

Anforderungen an den Nachweis einer die Zurechnung tragenden „Gewaltabrede" nicht überspannt werden (BGH NStZ-RR **1997** 269, 270). Nach allgemeinen Regeln ist es möglich, den Raubplan *spontan* auf lebensgefährliche oder tödliche Gewalt zu erweitern. BGH NStZ **2008** 280 f lässt noch weitergehend eine *sukzessive* Beteiligung an § 251 StGB zu, wenn mehrere Beteiligte ein Auto rauben wollen, einer von ihnen – vom Tatplan nicht gedeckt – dem Raubopfer tödliche Messerstiche beibringt, ein anderer in Kenntnis und Billigung hiervon das noch lebende Opfer beiseite zerrt, dessen Kfz-Schlüssel an sich nimmt und das Auto entwendet; sein sukzessives Einverständnis beziehe sich dann auf die „Gesamttat" mit der Folge, dass ihm das „gesamte Verbrechen" strafrechtlich zugerechnet werde. Dem ist mit *T. Walter* NStZ **2008** 548 ff zu widersprechen: Schlicht rechtsfehlerhaft ist die Aussage in BGH aaO, der andere Beteiligte sei Mordgehilfe; er hat keinen den Tod des Opfers fördernden Gehilfenbeitrag mit Tötungsvorsatz erbracht. Die Zurechnung der bereits abgeschlossenen Anwendung tödlicher Gewalt kann sich zwar auf den ersten Blick auf die umstrittene Rechtsprechung zur sukzessiven Beteiligung am Raub berufen (hierzu § 249 Rdn. 33, 55 f), läuft jedoch bei § 251 StGB auf eine offene, dem Tat- und Schuldprinzip zuwiderlaufende Anerkennung eines bloßen *dolus subsequens* hinaus (zutr. *T. Walter* aaO S. 553).

**15** Schließlich setzt eine strafbare Beteiligung am Raub mit Todesfolge voraus, dass dem Beteiligten selbst in Bezug auf die Todesfolge wenigstens **Leichtfertigkeit** zur Last fällt.[21] Ob der Verursacher selbst leichtfertig oder sogar vorsätzlich oder aber auch nur fahrlässig oder gar ohne Schuld gehandelt hat, ist unerheblich. Alles das gilt nicht nur für Mittäter, sondern auch für Anstifter und Gehilfen (BGHSt **19** 339, 341 m. Anm. *Cramer* JZ **1965** 31).

## VII. Versuch

**16** Allgemein zur **Versuchsstrafbarkeit** bei erfolgsqualifizierten Delikten *Vogel* LK § 18 Rdn. 71 ff; *Hillenkamp* LK § 22 Rdn. 107 ff und ergänzend: Da der Raub mit Todesfolge ebenso wie das Grunddelikt Raub Verbrechen ist, ergibt sich die Strafbarkeit des Versuchs formell aus §§ 12 Abs. 1, 23 Abs. 1 StGB.

**17** Nachdem der Gesetzgeber klargestellt hat, dass § 251 StGB auch bei Tötungsvorsatz anwendbar ist (o. Entstehungsgeschichte und Rdn. 12), ist versuchter Raub mit Todesfolge nunmehr unstreitig in der Konstellation der sog. **versuchten Erfolgsqualifizierung** möglich, wenn der Räuber mindestens bedingten Tötungsvorsatz hat, aber das Opfer überlebt, gleich, ob der Raub als solcher vollendet wird oder es nur beim Raubversuch bleibt (BGH NJW **2001** 2187 = NStZ **2001** 371; BGH NStZ **2001** 534 = StV **2002** 81).[22] In diesen Fällen besteht Tateinheit zu versuchtem Totschlag oder Mord, ggf. schwerem Raub und ggf. gefährlicher Körperverletzung (BGH aaO). Liegen im Hinblick auf die

---

[21] BGHR StGB § 251 Leichtfertigkeit 1; BGH NStZ **2000** 265, 267; *Duttge* HK-GS Rdn. 11; *Fischer* Rdn. 10; *Günther* SK[5] Rdn. 24; *Kindhäuser* NK Rdn. 11; *Sander* MK Rdn. 13; *Sch/Schröder/Eser* Rdn. 8; *Eisele* BT II Rdn. 371; *Maurach/Schroeder/Maiwald* I § 35 Rdn. 35; *Rengier* BT 1 § 9 Rdn. 23; *Wessels/Hillenkamp* Rdn. 356.

[22] *Fischer* Rdn. 8a; *Günther* SK[5] Rdn. 21; *Kindhäuser* NK Rdn. 9; *Kudlich* SSW Rdn. 8; *Lackner/Kühl* Rdn. 3; *Sander* MK Rdn. 14; *Sch/Schröder/Eser* Rdn. 7; *Eisele* BT II Rdn. 365; *Geilen* Jura **1979** 614; *Krey/Hellmann* Rdn. 206a; *Maurach/Schroeder/Maiwald* I § 35 Rdn. 37; *Mitsch* BT 2/1 § 3 Rdn. 104; *Rengier* BT 1 § 9 Rdn. 15; *Schünemann* JA **1980** 397; *Ulsenheimer* GA **1966** 257, 276 f; *Wessels/Hillenkamp* Rdn. 358.

ausgebliebene Todesfolge die Voraussetzungen eines strafbefreienden *Rücktritts* vor (§ 24 StGB), bleibt es bei einem (ggf. versuchten, ggf. schweren) Raub ggf. in Tateinheit mit vollendeter gefährlicher Körperverletzung.

Nach h.A. kommt versuchter Raub mit Todesfolge zudem in der Konstellation des **18** sog. **erfolgsqualifizierten Versuchs** in Betracht, wenn der Raub zwar nicht zur Vollendung gelangt, der Tod eines anderen jedoch bereits durch eine Handlung im Versuchsstadium – insbesondere durch lebensgefährlichen Raubmitteleinsatz – herbeigeführt wird.[23] Zu der in der Lehre vertretenen Gegenauffassung *Vogel* LK § 18 Rdn. 77, 79. In diesen Fällen besteht nach BGHSt 46 25[24] Tateinheit mit gefährlicher Körperverletzung mit Todesfolge, wenn der Räuber – wie regelmäßig, aber nicht notwendig – mit Körperverletzungsvorsatz gehandelt hat, was durch die idealkonkurrierende Verurteilung klargestellt wird. Tritt die Todesfolge bereits im Raubversuchsstadium ein und vollendet der Räuber deshalb – im Übrigen aber unter den Voraussetzungen des § 24 StGB – den Raub nicht, so wollte eine früher viel vertretene Auffassung einen strafbefreienden *Rücktritt* nicht mehr zulassen: Das für den Grunddelikt-Todesfolge-Zusammenhang allein wesentliche Nötigungsmittel sei zur Anwendung gekommen, der darin liegende Tatbeitrag vollendet; mit der Realisierung der von ihm ausgehenden Gefahr sei der straferhöhende, für die Unrechts- und Schuldbewertung im Rahmen des § 251 StGB ausschlaggebende Umstand eingetreten (*Herdegen* LK[11] Rdn. 16; *Ulsenheimer* FS Bockelmann S. 415, 419; neuerdings auch *Streng* FS Küper S. 629, 636 ff; *Wolters* GA 2007 65, 68 ff). Dem hat BGHSt 42 158, 169 ff[25] im Anschluss an die h.L.[26] mit Recht entgegengehalten, dass hierin eine teleologische Reduktion des § 24 StGB läge, der Art. 103 Abs. 2 GG entgegenstünde; nur der Gesetzgeber könnte anordnen, dass der Rücktritt vom erfolgsqualifizierten Versuch ausgeschlossen wäre (s. allgemein *Vogel* aaO Rdn. 79). Für den Rücktritt kommt es nicht darauf an, ob der Räuber sich bemüht, den Todeseintritt zu verhindern (BGH aaO S. 159); für den allein maßgeblichen Rücktritt von der Vollendung des Raubs durch Wegnahme ist allerdings im Einzelfall sorgfältig zu prüfen, ob der Räuber im Hinblick auf den ggf. durch den Tod ausgelösten Schock einem „emotionellen Zwang" unterliegt, der die Freiwilligkeit des Rücktritts ausschließt (BGH aaO S. 161), oder ob der Versuch fehlgeschlagen ist (BGH NStZ 2003 34, 35 = NJW 2003 911 [nur LS]). Die Todesverursachung als solche kann durch tateinheitliche Verurteilung nach § 222, ggf. nach § 227 StGB erfasst werden.

---

[23] RGSt **62** 422; **69** 332; **75** 52, 54; BGHSt **42** 148; NJW **1998** 3361, 3362; **2001** 2187; NStZ **2003** 34; *Fischer* Rdn. 8a; *Günther* SK[5] Rdn. 21; *Kindhäuser* NK Rdn. 9; *Kudlich* SSW Rdn. 8; *Lackner/Kühl* Rdn. 3; *Sander* MK Rdn. 14; *Sch/Schröder/Eser* Rdn. 7; *Eisele* BT II Rdn. 364; *Geilen* Jura 1979 614; *Krey/Hellmann* Rdn. 206a; *Laubenthal* JZ **1987** 1065, 1067 f; *Maurach/Schroeder/Maiwald* I § 35 Rdn. 37; *Mitsch* BT 2/1 § 3 Rdn. 92; *Ulsenheimer* GA **1966** 257, 271, 273; *Wessels/Hillenkamp* Rdn. 358.

[24] = NJW **2000** 1878 = StV **2000** 667 m. Anm. *Kudlich* = JR **2001** 70 m. abl. Anm. *Stein*; NStZ **2001** 31 m. Anm. *Kindhäuser*.

[25] M. abl. Bespr. *Anders* GA **2000** 64, 76; m. zust. Anm. *Beineke* JuS **1997** 1151; m. zust. Bespr. *Martin* JuS **1997** 178, 179; *Sonnen* JA **1997** 184, 186; s. bereits RGSt **75** 52, 54; BGH NJW **1955** 327.

[26] *Duttge* HK-GS Rdn. 12; *Fischer* Rdn. 8a; *Günther* SK[5] Rdn. 21; *Kindhäuser* NK Rdn. 10; *Kudlich* SSW Rdn. 8; *Lackner/Kühl* Rdn. 3; *Sander* MK Rdn. 15; *Sch/Schröder/Eser* Rdn. 7; *Arzt/Weber/Heinrich*/Hilgendorf BT § 17 Rdn. 33; *Eisele* BT II Rdn. 369; *Haft/Hilgendorf* BT I S. 40; *Krey/Hellmann* Rdn. 206b; *Maurach/Schroeder/Maiwald* I § 35 Rdn. 37; *Mitsch* BT 2/1 § 3 Rdn. 106; *Otto* BT § 46 Rdn. 46; *Rengier* BT 1 § 9 Rdn. 19; *Wessels/Hillenkamp* § 8 Rdn. 358.

## VIII. Rechtsfolgen, Prozessuales, Konkurrenzen

19 **1. Rechtsfolgen, Prozessuales.** Der Raub mit Todesfolge ist mit **Freiheitsstrafe nicht unter zehn Jahren oder lebenslanger Freiheitsstrafe** bedroht. *Lebenslange Freiheitsstrafe* kommt aber nur in dem Mord mindestens nahe kommenden Fällen und bei Handeln mit mindestens bedingtem Tötungsvorsatz in Betracht (BGHSt 39 100, 106).[27] Die „Strafrahmenwahl" – die Entscheidung, ob lebenslange oder nur zeitige Freiheitsstrafe zu verhängen ist – hat Vorrang vor der Anwendung des § 49 Abs. 1 im Hinblick z.B. auf § 21 StGB; will das Tatgericht trotz Vorliegens eines allgemeinen Privilegierungsgrundes von lebenslanger Freiheitsstrafe ausgehen, muss es die wesentlichen Gründe hierfür im Urteil angeben (BGH NStZ **1994** 485 = StV **1994** 426). Wird auf *zeitige Freiheitsstrafe* erkannt, so darf dem Täter nicht strafschärfend zur Last gelegt werden, dass er einen Menschen getötet hat (§ 46 Abs. 3 StGB), desgleichen nicht, dass er den Todeseintritt nicht verhindert hat (BGHR StGB § 46 Abs. 3 Vollendung 1 = § 251 Konkurrenzen 4); andererseits ist es natürlich kein Strafmilderungsgrund, dass der Täter das Opfer nach Vollendung des Raubes in hilflosem Zustand zurückließ und dabei möglicherweise Tötungsvorsatz hatte (BGHSt 35 257 = JZ **1988** 879 m. Anm. *Rudolphi*; das Urteil ist nur vor dem Hintergrund des früheren Streits verständlich, ob Handeln mit Tötungsvorsatz von § 251 StGB a.F. erfasst wurde, Rdn. 12). Strafschärfend berücksichtigt werden darf, dass der Räuber besonders brutal oder unter den Voraussetzungen des (zurücktretenden, Rdn. 21) § 250 (v.a. Abs. 2) StGB handelte. Begeht ein Jugendlicher Raubmord, so darf bei der Zumessung der **Jugendstrafe** berücksichtigt werden, dass neben § 211 StGB auch § 251 (ggf. auch § 316a) StGB verwirklicht ist (BGH StGB § 251 Strafzumessung 1). Zur theoretischen Möglichkeit, **Führungsaufsicht** anzuordnen, s. § 256 StGB. Ggf. ist auch an **Sicherungsverwahrung** (§§ 66 ff StGB) zu denken.

20 **Verfolgungsverjährung** tritt bei § 251 StGB erst nach dreißig Jahren ein (§ 78 Abs. 3 Nr. 1 StGB). Raub mit Todesfolge rechtfertigt **besondere Ermittlungsmaßnahmen**, namentlich Wohnraumüberwachung (§ 100c Abs. 2 Nr. 1i] StPO). Hat der Beschuldigte tateinheitlich einen (Raub-)Mord begangen, so ist es nicht ausgeschlossen, von der Verfolgung des Raubs mit Todesfolge gem. § 154a StPO abzusehen (*Sander* MK Rdn. 2 in Fn. 2 mit Verweis auf BGH, Beschl. v. 8.12.1992 – 5 StR 601/92). Die **Anklage** erfolgt zur Großen Strafkammer als Schwurgericht (§ 74 Abs. 2 Satz 1 Nr. 13 GVG).

21 **2. Konkurrenzen.** Raubqualifikationen nach § 250 treten nach h.A. in allen ihren Erscheinungsformen hinter § 251 StGB zurück, weil das Gesamtbild der Tat von der schwereren Begehungsform bestimmt wird und durch sie die leichteren Tatformen überlagert und verdrängt werden (BGHSt 21 183, 185).[28] Wird beim versuchten schweren Raub in der Konstellation der versuchten Erfolgsqualifizierung (Rdn. 17) der Raub vollendet, ist aber auch tateinheitlich wegen §§ 249, ggf. 250 StGB zu verurteilen (*Schünemann* JA **1980** 397). – Bei vorsätzlicher Tötung des Opfers ist wegen Raubes mit Todesfolge in Tateinheit mit Mord oder Totschlag zu verurteilen (BGHSt 39 100, 108),[29] bei

---

[27] *Duttge* HK-GS Rdn. 13; *Fischer* Rdn. 1; *Günther* SK[5] Rdn. 17; *Kindhäuser* NK Rdn. 13; *Kudlich* SSW Rdn. 11; *Sander* MK Rdn. 17; *Sch/Schröder/Eser* Rdn. 11.

[28] *Fischer* Rdn. 12; *Günther* SK[5] Rdn. 25; *Kudlich* SSW Rdn. 10; *Lackner/Kühl* Rdn. 4; *Sander* MK Rdn. 16; *Geilen* Jura **1979** 614; *Schünemann* JA **1980** 397; *Wessels/Hillenkamp* Rdn. 357; aA *Sch/Schröder/Eser* Rdn. 9: nur § 250 Abs. 1 Nr. 1c, Abs. 2 Nr. 3b tritt zurück, im Übrigen Idealkonkurrenz möglich, ebenso *Vogler* FS Bockelmann, S. 715, 724; ebenso *Kindhäuser* NK Rdn. 12.

[29] *Duttge* HK-GS Rdn. 14; *Fischer* Rdn. 12; *Günther* SK[5] Rdn. 25; *Kindhäuser* NK Rdn. 12; *Kudlich* SSW Rdn. 10; *Lackner/*

versuchter Tötung wegen versuchten Raubes mit Todesfolge in Tateinheit mit versuchtem Mord oder Totschlag (*Fischer* Rdn. 12). Die Todesfolge darf dem Täter aber nur einmal angelastet (und als solche nicht strafschärfend in Ansatz gebracht, Rdn. 19) werden (BGH aaO). § 222 StGB tritt hinter § 251 StGB zurück. – Bei vollendetem Raub mit Todesfolge tritt Körperverletzung mit Todesfolge (und treten alle Körperverletzungsdelikte) hinter § 251 StGB zurück (BGHSt **46** 24, 26; s. bereits BGH NJW **1965** 2116).[30] Bleibt es beim erfolgsqualifizierten Versuch des Raubes mit Todesfolge, ist aber zur Klarstellung, dass der Täter das Opfer vorsätzlich verletzte, tateinheitlich aus § 227 StGB zu verurteilen (BGHSt aaO S. 26 ff; s. bereits Rdn. 18).

# § 252
# Räuberischer Diebstahl

**Wer, bei einem Diebstahl auf frischer Tat betroffen, gegen eine Person Gewalt verübt oder Drohungen mit gegenwärtiger Gefahr für Leib oder Leben anwendet, um sich im Besitz des gestohlenen Gutes zu erhalten, ist gleich einem Räuber zu bestrafen.**

Schrifttum

S. das vor und zu § 249 angegebene Schrifttum und weiterhin: *Arndt* Die Teilnahme am räuberischen Diebstahl, GA **1954** 269; *Bach* Zur Problematik des räuberischen Diebstahls, MDR **1957** 402; *Baier* Gefahr der schweren Gesundheitsschädigung und Raub als Vortat des räuberischen Diebstahls, JA **2003** 107; *Dehne-Niemann* Tatbestandslosigkeit der Drittbesitzerhaltungsabsicht und Beteiligungsdogmatik, JuS **2008** 589; *Dreher* Die Malaise mit § 252 StGB, MDR **1976** 529; *ders.* Im Gestrüpp des § 252 StGB, MDR **1979** 529; *Geppert* Zu einigen immer wiederkehrenden Streitfragen im Rahmen des räuberischen Diebstahls (§ 252 StGB), Jura **1990** 554; *Goosens* Zum Begriff der „frischen" Tat im Sinne des § 252 StGB (1996); *Haas* Der Tatbestand des räuberischen Diebstahls als Beispiel für fragmentarisches Strafrecht, in Momsen/Bloy/Rackow (Hrsg.) Fragmentarisches Strafrecht (2003) 145; *Hellmann* Schwerer Raub wegen der Gefahr einer schweren Gesundheitsschädigung und Verhältnis von Raub und räuberischem Diebstahl – BGH, NJW 2002, 2043, JuS 2003 17; *Isenbeck* Beendigung der Tat bei Raub und Diebstahl, NJW **1965** 2326; *Kratzsch* Das „Räuberische" am räuberischen Diebstahl, JR **1988** 397; *Küper* Besitzerhaltung, Opfertauglichkeit und Ratio Legis beim räuberischen Diebstahl, JZ **2001** 730; *ders.* Vollendung und Versuch beim räuberischen Diebstahl, Jura **2001** 21; *Lask* Das Verbrechen des räuberischen Diebstahls (1999); *Lund* Mehraktige Delikte (1993); *Perron* Schutzgut und Reichweite des räuberischen Diebstahls (§ 252 StGB), GA **1989** 145; *K. Schmidt* Zur Täterfrage beim räuberischen Diebstahl, Diss. Gießen 1985; *Schnarr* Kann ein Dieb von einem Ahnungslosen im Sinne von § 252 StGB betroffen werden?, JR **1979** 314; *Seier* Probleme der Abgrenzung und der Reichweite von Raub und räuberischem

---

*Kühl* Rdn. 4; *Sander* MK Rdn. 16; *Sch/Schröder/Eser* Rdn. 9; Arzt/Weber/*Heinrich*/Hilgendorf BT § 17 Rdn. 32; *Eisele* BT II Rdn. 373; *Haft/Hilgendorf* BT 1 S. 41; *Jäger* BT Rdn. 300; *Kindhäuser* BT II § 15 Rdn. 12; *Krey/Hellmann* Rdn. 206; *Maurach/Schroeder/Maiwald* I § 35 Rdn. 36.

30 *Duttge* HK-GS Rdn. 14; *Fischer* Rdn. 12; *Günther* SK[5] Rdn. 25; *Kindhäuser* NK Rdn. 12; *Kudlich* SSW Rdn. 10; *Lackner/Kühl* Rdn. 4; *Sander* MK Rdn. 16; *Sch/Schröder/Eser* Rdn. 9; Arzt/Weber/*Heinrich*/Hilgendorf BT § 17 Rdn. 32; *Eisele* BT II Rdn. 373; *Geilen* Jura **1979** 614; *Haft/Hilgendorf* BT 1 S. 41; *Jäger* BT Rdn. 300; *Kindhäuser* BT II § 15 Rdn. 12; *Krey/Hellmann* Rdn. 206; *Maurach/Schroeder/Maiwald* I § 35 Rdn. 36; *Schünemann* JA **1980** 397.

Diebstahl, JuS **1979** 336; *ders.* Die Abgrenzung des räuberischen Diebstahls von der räuberischen Erpressung, NJW **1981** 2152; *F. Walter* Probleme der Tatbeteiligung am räuberischen Diebstahl (§ 252 StGB) (2001); *Weigend* Der altruistische räuberische Dieb – Neue Komplikationen bei einem alten Straftatbestand, GA **2007** 274; *Zöller* Der räuberische Diebstahl (§ 252 StGB) beim Raub als Vortat, JuS **1997** L 89.

## Entstehungsgeschichte

§ 252 StGB geht auf den im Wesentlichen wortgleichen § 230 Abs. 2 prStGB 1851 zurück (näher, auch zu den bis zum römisch-rechtlichen furtum manifestum zurückreichenden historischen Wurzeln, *Haas* S. 152 ff). Trotz harscher Kritik und vielfältiger Reformvorschläge[1] hat der Gesetzgeber an der Vorschrift bis heute festgehalten. Eine mittelbare Änderung hat das 6. StrRG 1998 bewirkt, da Diebstahl – auch im Rahmen des § 252 StGB (Rdn. 59) – nunmehr mit *Dritt*zueignungsabsicht begangen werden kann; doch ist es beim Erfordernis der Absicht geblieben, *sich* im Besitz des gestohlenen Guts zu erhalten (Rdn. 67).

*Übersicht*



[1] S. Vorbem. §§ 249-256 Rdn. 17 f. Besondere Beachtung verdient § 247 E 1962 (hierzu Begr. S. 417 ff): „Wer, nach einem Diebstahl oder einer Entwendung auf frischer Tat betroffen oder verfolgt, mit einer Waffe oder einem anderen gefährlichen Werkzeug entweder Gewalt gegen jemanden anwendet, oder mit gegenwärtiger Gefahr für Leib oder Leben droht, um
1. sich oder einem anderen die gestohlene oder entwendete Sache zu erhalten,
2. Feststellungen zu ihrer Wiedererlangung zu verhindern oder
3. sich oder einen anderen Beteiligten der Bestrafung zu entziehen,
wird wie ein Räuber (...) bestraft."

## I. Allgemeines

1. **Bedeutung und Bewertung der Vorschrift.** § 252 StGB ist eine theoretisch interessante, schwierige und umstrittene, in der Praxis kaum bedeutsame Strafvorschrift. Von den Verurteilungen wegen Raubdelikten entfallen nur ca. 5% auf § 252 StGB (*Perron* GA **1989** 145, 166). Die Bandbreite der dem Tatbestand unterfallenden Sachverhalte ist groß[2] und reicht von einfacher körperlicher Gewalt (Losreißen, Niederstoßen) des Ladendiebs gegen den Ladendetektiv (vgl. LG Gera NJW **2000** 159; hierzu Rdn. 43) – dies als Verbrechen mit Raubstrafe zu ahnden, ist fragwürdig – bis zum „Freischießen" des Fluchtwegs durch bewaffnete Einbrecher – wo es in erster Linie um (versuchten) Mord geht. 1

Als strafrechtliche Regelung ist § 252 StGB ein „bekanntlich wenig klares Gebilde" (*Kohlrausch* ZAkDR **1940** 17), ja eine „Malaise" (*Dreher* MDR **1976** 529), und in seinem „Gestrüpp" (*ders.* MDR **1979** 529) kann sich der Rechtsanwender leicht verheddern. Entgegen *Herdegen* LK[11] Rdn. 1 geht das „aufs Konto des Gesetzes", das **kriminalpolitisch fragwürdig** ist. Beim räuberischen Diebstahl handelt es sich häufig nicht um „Hoch-" und „Schwerkriminalität", die als Verbrechen mit Raubstrafen zu bedrohen kriminalpolitisch sinnvoll ist (s. bereits Vorbem. §§ 249–256 Rdn. 22 ff). Der drastische Strafrahmensprung im Verhältnis zu Diebstahl und Nötigung, Körperverletzung usw. (näher Vorbem. §§ 249–256 Rdn. 36 ff) ist beim räuberischen Diebstahl in besonderem Maße problematisch, da es logisch und teleologisch in besonderer Weise erläuterungsbedürftig ist, warum eine Straftat (Diebstahl) durch nach Vollendung vorgenommene Handlungen (Raubmittelanwendung) qualifiziert werden oder gar ihr „Wesen" verändern kann. Außerdem liegt die psychologische Erwägung auf der Hand, der ertappte Dieb befinde sich in einer ggf. überraschend eingetretenen Bedrängungssituation, auf die er nur in nachvollziehbarer Selbstbegünstigungstendenz reagiere (s. hierzu Vorbem. §§ 249–256 Rdn. 38). 2

Aus diesen Gründen besonders fragwürdig ist die gesetzliche Gleichstellung des räuberischen Diebstahls mit dem Raub. Zu ihrer kriminalpolitischen Rechtfertigung werden in der deutschen Diskussion im Wesentlichen drei **Erklärungsmodelle** angeboten (s. *Küper* JZ **2001** 730, 735 ff; *Perron* GA **1989** 145, 152 ff; *Weigend* GA **2007** 274 ff): Eigentliche „*Gleichstellungslösungen*" gehen davon aus, dass Räuber und räuberischer Dieb psychologisch und normativ vergleichbar handeln, da „derjenige, der zur Erhaltung des eben Entwendeten in bestimmter Weise gewalttätig ist, dieselbe Gewalt angewendet hätte, um die Wegnahme zu vollenden, wenn er während der Wegnahme ertappt worden wäre" (RGSt **73** 343, 346, sog. „Hätte-auch-Hypothese")[3] und Wegnahme als ein Kontinuum verstanden werden kann, das von der Gewahrsamslockerung über den -bruch, die -begründung und -sicherung hinweg den Gesamtvorgang der Gewahrsamsverschiebung erfasst, den erfolgreich abzuschließen der räuberische Dieb im Grund nicht anders als der Räuber bezweckt (*Dreher* MDR **1979** 529, 531; *Perron* aaO S. 154). In diesem Modell ist es logisch und teleologisch konsequent oder zumindest naheliegend, als räuberischen Diebstahl jeden Raubmitteleinsatz vor endgültiger Gewahrsamssicherung (unter 3

[2] Näher zur Kriminologie des räuberischen Diebstahls *Krainz* ArchKrim **172** (1983) 171; *Perron* GA **1989** 145, 165 f. Im Unterschied zum Raub ist räuberischer Diebstahl häufig nicht von Brachialgewalt geprägt und wird deshalb kriminologisch nicht zur eigentlichen Gewaltkriminalität, sondern zur Eigentumskriminalität gezählt.

[3] BGHSt **9** 255, 257; **26** 95, 96; **28** 224, 230; BGH NJW **1958** 1547; **1968** 2386, 2387; Arzt/Weber/*Heinrich*/Hilgendorf BT § 17 Rdn. 18.

Einschluss von Verfolgung bzw. Nacheile) zur Verhinderung bewusst oder auch nur unbewusst geleisteten oder auch nur erwarteten Widerstands gegen die endgültige Gewahrsamssicherung in fortdauernder Zueignungsabsicht zu erfassen. – Das Modell des *„Schutzes der Notrechte des Bestohlenen"* unternimmt es, die Bestrafung des räuberischen Diebstahls gleich einem Raub durch eine Akzentverschiebung bei den Schutzzwecken zu rechtfertigen: Zwar führe der Raubmitteleinsatz beim räuberischen Diebstahl nur zu einer Perpetuierung bzw. Vertiefung der bereits eingetretenen Eigentumsverletzung; jedoch würden zudem die dem Bestohlenen oder in seinem Interesse handelnden Dritten zustehenden Notrechte (Notwehr und -hilfe, Besitzkehr, Selbsthilfe) vereitelt.[4] In diesem Modell fällt die Reichweite des räuberischen Diebstahls mit der der Notrechte zusammen (s. hierzu *Küper* aaO S. 740 mit Fn. 82 f), und es ist logisch und teleologisch konsequent oder zumindest naheliegend, als räuberischen Diebstahl nur den Raubmitteleinsatz gegen den Bestohlenen oder in seinem Interesse handelnde Dritte zu erfassen, die bewusst von Notrechten Gebrauch machen. – Die *„Gefährlichkeitslösung"* schließlich setzt bei der an sich unrechts- und schuldmindernden psychischen Bedrängungssituation des ertappten Diebes und der hieraus folgenden „verstärkt eskalationsträchtigen Nachtatsituation" (*Schneider* Grund und Grenzen des strafrechtlichen Selbstbegünstigungsprinzips [1991] S. 126) an und will der hierdurch erhöhten Gefährlichkeit des Diebes durch scharfe Strafdrohung „deeskalierend" (*Schneider* aaO) entgegenwirken.[5] In diesem Modell ist es logisch und teleologisch konsequent oder zumindest naheliegend, mit dem räuberischen Diebstahl den Raubmitteleinsatz gleich gegen wen und gleich zu welchem Zweck – nicht nur Besitzerhaltung, sondern auch Verdeckung oder Strafvereitelung (zutr. *Küper* aaO S. 741) – in einer vom Dieb subjektiv so erlebten Bedrängungssituation nach Diebstahlsvollendung zu erfassen.

**4** Ungeachtet der Frage, ob und inwieweit diese Modelle § 252 StGB in seiner geltenden Fassung zu erklären geeignet sind (s. sogleich Rdn. 5), bestehen gegen sie erhebliche kriminalpolitische Bedenken. Die Gleichstellung über die „Hätte-auch-Hypothese" zu begründen, weist eindeutig täterstrafrechtlichen Einschlag auf und provoziert den Einwand der Verdachtsstrafe: Letztlich wird unwiderlegbar vermutet bzw. unterstellt, der räuberische Dieb sei von Anfang an bereit gewesen, notfalls mit Gewalt oder Drohung zu stehlen, und hätte diese Bereitschaft auch in die Tat umgesetzt – aber das weiß niemand, und im Tatsachenzweifel ist zugunsten des Beschuldigten zu entscheiden.[6] Auch die nor-

---

[4] *Kohlheyer* Der allgemeine Rechtsgedanke des § 252 (1960) S. 28 ff, 61 ff; *Lask* S. 205 ff; G. *Roth* Eigentumsschutz nach der Realisierung von Zueignungsunrecht (1986) S. 106 f; *Roxin/Schünemann/Haffke* Strafrechtliche Klausurenlehre[4] (1982) S. 230; *Seier* NJW **1981** 2152, 2154. S. ferner *Geilen* Jura **1979** 670.

[5] In diese Richtung RGSt **66** 353, 354; *Herdegen* LK[11] Rdn. 3; Arzt/Weber/*Heinrich*/Hilgendorf BT § 17 Rdn. 18; *Bach* MDR **1957** 402; *Gehrig* Der Absichtsbegriff in den Straftatbeständen des Besonderen Teils des StGB (1986) S. 72; *Geilen* Jura **1979** 614, 669; *Rengier* BT 1 § 10 Rdn. 1; *Schünemann* JA **1980** 393, 397; *Wessels/Hillenkamp* Rdn. 362. Vgl. auch *Burkhardt* JZ **1973** 110, 114.

[6] Im gleichen Sinne die heute h.L., s. insbesondere *Kindhäuser* NK Rdn. § 252 Rdn. 2 („Nähe einer Verdachtsstrafe") und ferner *Günther* SK[5] Rdn. 2; *Herdegen* LK[11] Rdn. 3; *Sch/Schröder/Eser* Rdn. 1; *Gehrig* Der Absichtsbegriff in den Straftatbeständen des Besonderen Teils des StGB (1986) S. 72; *Geilen* Jura **1979** 614; *Kohlheyer* Der allgemeine Rechtsgedanke des § 252 (1960) S. 27 f; *Kratzsch* JR **1988** 397, 399 bei und mit Fn. 21; *Lask* S. 209 ff; *Perron* GA **1989** 145, 165; *H. Schneider* Grund und Grenzen des strafrechtlichen Selbstbegünstigungsprinzips (1991) S. 124 f; einschränkend *Wessels/Hillenkamp* Rdn. 362.

mative Gleichstellung befriedigt nicht (ebenso *Küper* JZ 2001 730, 741): Zwar trifft es kriminalistisch-empirisch zu, dass Wegnahme ein Kontinuum ist. Eine formell am Gesetzlichkeitsprinzip und materiell am Rechtsgüterschutz orientierte Kriminalpolitik muss jedoch an der Zäsurwirkung der Wegnahmevollendung und daran festhalten, dass bereits die vollendete Wegnahme das Eigentumsrecht verletzt und danach eingesetzte Raubmittel – immerhin, aber eben – nur eine „‚Perpetuierung' des Eingriffs" (treffend *Küper* aaO S. 733 mit Fn. 35) bewirken. – Dogmatisch nicht überzeugend ist es, auf den Schutz privater Notrechte, namentlich des Rechts zur Besitzkehr (§ 859 Abs. 2 BGB), abzustellen (krit. auch *Kindhäuser* NK Rdn. 7). Jede Straftat gegen Individualrechtsgüter löst Notrechte aus, ohne dass diese Rechtsgüter wären. Vielmehr ist die ungestörte Ausübung von Notrechten als solche kein Strafrechtsgut, und Widerstand gegen Notrechtsausübung durch Gewalt oder Drohung ist nirgends als solcher gesondert unter Strafe gestellt (mögen auch ggf. §§ 223 ff, 239 ff StGB anwendbar sein). Wäre räuberischer Diebstahl als Vereitelung des Besitzkehrrechts (§ 859 Abs. 2 BGB) zu verstehen, so müsste Raub als Vereitelung des Besitzwehrrechts (§ 859 Abs. 1 BGB) verstanden werden (in diese Richtung *Haas* S. 174), was aber gekünstelt erscheint. – Die mit der „Gefährlichkeitslösung" unternommene Legitimation des räuberischen Diebstahls und der hohen Raubstrafdrohung allein oder in erster Linie aus Abschreckungsbedürfnissen ist für eine tatschuldorientierte Kriminalpolitik nicht akzeptabel. Nicht nur ist die „Gefährlichkeitslösung" allen Einwänden gegen die Effektivität „psychologischen Zwanges" bzw. negativer Generalprävention durch hohe Strafdrohungen ausgesetzt, sondern es passt auch das „Modell vom kalkulierenden Täter" (*Schneider* [Rdn. 3] S. 127) auf den ertappten Dieb in seiner psychischen Bedrängungssituation gerade nicht (zutr. *Küper* aaO S. 741 mit Fn. 99).

Im Übrigen kann keines der Modelle die Tatbestandsfassung des geltenden Rechts teleologisch konsistent erklären. „Gleichstellungslösungen" müssen sich fragen lassen, warum § 252 StGB im Unterschied zu § 249 StGB (s. aber *Maurach/Schroeder/Maiwald* I[10] § 35 Rdn. 1) als kupiertes Erfolgsdelikt ausgestaltet ist. – Eine durch Notrechte aus § 859 Abs. 2 BGB und auch § 127 Abs. 1 Satz 1 StPO inspirierte Auslegung des § 252 StGB stößt auf Ungereimtheiten: Während die genannten Notrechte die Verfolgung des betroffenen Täters ausdrücklich einbeziehen, tut das § 252 StGB – nach dem Willen des historischen Gesetzgebers (näher *Haas* S. 165, 179 f) – nicht (s. noch Rdn. 57). Auch erfasst § 252 StGB Handeln in Verdeckungsabsicht nicht, das einzubeziehen im Hinblick auf das Festnahmerecht nach § 127 Abs. 1 Satz 1 StPO mehr als naheliegend wäre. Schließlich fragt sich, warum anderweitige Notrechte wie das Selbsthilferecht des § 229 BGB, die nicht an ein Betroffensein auf frischer Tat gebunden sind, nicht auch geschützt sind (z.B. wenn der Eigentümer, dem in der Großstadt ein Fahrrad gestohlen worden ist, eine Woche später bemerkt, wie der ihm unbekannte Fahrraddieb an ihm vorbeifährt, und versucht, ihm das Fahrrad wegzunehmen, wogegen sich der Dieb mit Gewalt und in Besitzerhaltungsabsicht zur Wehr setzt). – § 252 StGB im Sinne der „Gefährlichkeitslösung" zu deuten, stößt auf die Schwierigkeit zu begründen, warum de lege lata Besitzerhaltungsabsicht erforderlich ist. Die Affektreaktion des ertappten und so psychisch bedrängten Diebes beruht typischerweise auf einem durchaus komplexen Motivbündel, in dem Selbstbegünstigungstendenzen mitschwingen und ggf. dominieren, weshalb eine negativ-generalpräventiv inspirierte Interpretation nur bei einem Tatbestand überzeugend wäre, der entweder auf besondere Absichtserfordernisse verzichten oder Strafvereitelungs- bzw. Verdeckungsabsicht einbeziehen würde (wie es § 247 Abs. 1 Nr. 3 E 1962 vorschlug, der auch sonst mit dem Erfordernis des Verwendens einer Waffe oder eines anderen gefährlichen Werkzeugs stärker am Gefährdungsgedanken als § 252 StGB orientiert war). 5

6 Die teleologische Undurchsichtigkeit des § 252 StGB bedingt eine Fülle von teleologisch nicht überzeugend entscheidbaren Auslegungsstreitigkeiten und -zweifeln, die in über eineinhalb Jahrhunderten Geltung der Norm nicht ausgeräumt werden konnten. Das gibt Anlass, der Frage nachzugehen, ob § 252 StGB **verfassungsrechtlich bedenklich**, nämlich nicht hinreichend bestimmt ist (Art. 103 Abs. 2 GG). Gewiss mögen sich die Auslegungszweifel und -streitigkeiten – Können auch Teilnehmer und Unbeteiligte „bei einem Diebstahl ... betroffen" werden (Rdn. 14 ff)? Wann ist oder wird der Täter „betroffen" (Rdn. 20 ff)? Wie lange ist eine Tat „frisch" (Rdn. 37 ff)? – *je einzeln* betrachtet im Rahmen des auch im Strafrecht Möglichen und Hinnehmbaren halten. Jedoch muss ernsthaft erwogen werden, ob eine Strafvorschrift kraft *Häufung* von für sich genommen noch hinnehmbar unbestimmten Einzelmerkmalen *insgesamt* zu unbestimmt wird, zumal wenn sie mit hoher Strafe bedroht ist.

7 Realistisch betrachtet wird derartige kriminalpolitische und verfassungsrechtliche Kritik nichts daran ändern, dass der Rechtsanwender bis auf Weiteres mit § 252 StGB wird leben müssen. Dabei sollte er allerdings keine übertriebenen Erwartungen in Interpretations- und Systematisierungsbemühungen setzen (s. Vorbem. §§ 249–256 Rdn. 68). Die Auslegung leiten sollten zum einen das **Gebot restriktiver Auslegung** im Hinblick auf die scharfe Strafdrohung und zum anderen – teils mit durchaus gegenläufiger, auf eine extensive Auslegung hinauslaufender Wirkung – das **Gebot, das Unrecht des räuberischen Diebstahls so weit wie möglich dem des Raubes anzugleichen** und beide Tatbestände so weit wie möglich gleich auszulegen, um dem gesetzgeberischen Machtspruch der Gleichbehandlung von Raub und räuberischem Diebstahl wenigstens teilweise gerecht zu werden.

8 2. **Deliktsnatur und -struktur.** Räuberischer Diebstahl wird üblicherweise als „Verteidigung der Diebesbeute mit Raubmitteln" (s. nur *Sch/Schröder/Eser* Rdn. 1) gekennzeichnet. Das impliziert, dass der Diebstahl bei § 252 StGB nur die Bedeutung einer „Vortat", „Ausgangslage" oder Tatsituation vergleichbar dem Unfall im Straßenverkehr in § 142 StGB habe (so ausdrücklich *Mitsch* BT 2/1 § 4 Rdn. 23). Zu einer derartigen Relativierung lädt der Wortlaut des Gesetzes ein („bei einem Diebstahl"), und es überrascht nicht, dass ernsthaft erwogen wird, am Diebstahl Unbeteiligte (*Arndt* GA **1954** 269, 270 f) oder beim Diebstahl, nicht aber beim Raubmitteleinsatz schuldlos Handelnde (*Mitsch* aaO Rdn. 20) wegen räuberischen Diebstahls (!) mit Raubstrafe (!) zu belegen. Solche Konsequenzen sind inakzeptabel, da sie die Raubgleichheit des räuberischen Diebstahls torpedieren. Richtigerweise ist räuberischer Diebstahl ein Diebstahl, bei dem der Täter auf frischer Tat betroffen wird und Raubmittel in Besitzerhaltungsabsicht anwendet. Es handelt sich um ein **zweiaktiges Delikt** aus *Diebstahl* (Wegnahme in Zueignungsabsicht) und – nicht, wie es vielfach heißt, Nötigung, sondern – *beendetem Nötigungsversuch* (Raubmitteleinsatz in Besitzerhaltungsabsicht).

9 Entgegen *Schünemann* JA **1980** 393, 397 ist der räuberische Diebstahl daher kein „spiegelbildlich verkehrter Raub". Der Anwendungsbereich des § 252 StGB wird einerseits durch die zusätzlichen Merkmale des Betroffenseins auf frischer Tat und der Besitzerhaltungsabsicht begrenzt, die bei § 249 StGB fehlen und bei § 252 StGB zu „Engpässen in der Subsumtion" (*Geilen* Jura **1979** 614) führen. Andererseits setzt § 252 StGB nicht voraus, dass der Zweck der Raubmittelanwendung, die Besitzerhaltung, erreicht wird, während bei § 249 StGB die bezweckte Wegnahme gelingen muss. Deshalb wird räuberischer Diebstahl als ein sowohl im Verhältnis zum Diebstahl[7] als auch zum Raub

[7] Früher ist in der Literatur überwiegend angenommen worden, räuberischer sei qualifizierter Diebstahl (*Frank* I und II; *v. Olshausen* Anm. 1). Praktische Konsequenz war, dass

**eigenständiger Tatbestand** (delictum sui generis) eingeordnet oder als „räuberisches" oder „raubähnliches Sonderdelikt" bezeichnet.[8] Zu den **Rechtsgütern** Freiheit und Eigentum und zur **Deliktsstruktur** des räuberischen Diebstahls als „doppelt erfolgskupiertes Perpetuierungsdelikt und doppelt abstraktes Gefährdungs- bzw. Eignungsdelikt" s. Vorbem. §§ 249–256 Rdn. 47 ff.

## II. Tatbestand

1. **Diebstahl.** § 252 StGB setzt zunächst einen Diebstahl voraus. Dieser wird üblicherweise (s. nur *Sch/Schröder/Eser* Rdn. 3) als *Vortat* bezeichnet, ist aber *erster Akt* des zweiaktigen Delikts räuberischer Diebstahl (Rdn. 8) und muss deshalb täterschaftlich begangen (Rdn. 14 ff) sowie vollendet werden (Rdn. 18). **10**

a) Diebstahl ist **jedes Verhalten, das im Sinne des § 242 Abs. 1 StGB objektiv und subjektiv tatbestandsmäßig, rechtswidrig und schuldhaft** (insoweit **aA** *Mitsch* BT 2/1 § 4 Rdn. 20: schuldlose Tat genüge) ist. Es handelt sich um eine Art Blankettverweisung, und nach allgemeiner Auffassung ist seit dem 6. StrRG 1998 ebenso wie bei § 242 StGB (s. dort Rdn. 180 ff) der Diebstahl in Drittzueignungsabsicht mit erfasst. Auch strafantragsprivilegierte Diebstähle (§§ 247, 248a StGB) sind taugliche erste Akte des räuberischen Diebstahls (**aA** *Burkhardt* NJW **1975** 1687, s. hierzu § 249 Rdn. 31).[9] *Besonders schwere Fälle des Diebstahls* oder *Diebstahlsqualifikationen* (§§ 243–244a StGB) sind gleichfalls Diebstahl im Sinne des § 252 StGB. **11**

Umstritten ist, ob auch **Raub** und dessen Qualifikationen Diebstahl im Sinne des § 252 StGB sein können. Wer die Aussage beim Wort nimmt, Raub sei Straftat eigener Art (delictum sui generis), die vom Diebstahl „wesensmäßig" zu unterscheiden sei (s. Vorbem. §§ 249–256 Rdn. 35), muss mit RG GA **48** (1901) 355 dazu kommen, dass ein Raub kein Diebstahl im Sinne des § 252 StGB ist. Das wäre praktisch unerheblich, wenn §§ 250, 251 StGB auch durch Handlungen nach Vollendung und vor Beendigung eines Raubes verwirklicht werden könnten (s. zum Streit § 250 Rdn. 23, 36, 39, § 251 Rdn. 7). Da derartige „sukzessive Qualifikationen" aber richtigerweise abzulehnen sind, hätte die Ausklammerung des Raubes aus § 252 StGB „paradoxe" (*Geilen* Jura **1979** **12**

---

die Rückfallschärfung des Diebstahlsrechts (§ 244 StGB a.F.) angewendet werden konnte (vgl. *Kohlrausch/Lange* Anm. I).

[8] RGSt **66** 353, 355; BGHSt 3 76, 77; **20** 235, 238; *Fischer* Rdn. 1; *Günther* SK[5] Rdn. 2; *Kindhäuser* NK Rdn. 1; *Lackner/Kühl* Rdn. 1; *Sander* MK Rdn. 1; *Geilen* Jura **1979** 614; *Geppert* Jura **1990** 554, 555; *Haft/Hilgendorf* BT 1 S. 41; *Jäger* BT Rdn. 304; *Kindhäuser* BT II § 12 Rdn. 2; *Maurach/Schroeder/Maiwald* I § 35 Rdn. 7; *Mitsch* BT 2/1 § 4 Rdn. 7; *Otto* BT § 46 Rdn. 50; *Rengier* BT 1 § 10 Rdn. 1; *Wessels/Hillenkamp* Rdn. 361; offen lassend RGSt **70** 58; **anders** RGSt **60** 380, 381 f; *Perron* GA **1989** 145, 169; *Kratzsch* JR **1988** 397, 399.

[9] BGH 4 StR 608/74 bei Dallinger MDR **1975** 543; BGH v. 1.7.1976, 4 StR 242/76; *Fischer* Rdn. 3; *Kindhäuser* NK Rdn. 6; *Lackner/Kühl* Rdn. 2; *Sander* MK Rdn. 5; *Sch/Schröder/Eser* Rdn. 3; *Krey/Hellmann*[15] Rdn. 209; *Maurach/Schroeder/Maiwald* I § 35 Rdn. 40; *Mitsch* BT 2/1 § 4 Rdn. 14; *Rengier* BT 1 § 10 Rdn. 4; *Wessels/Hillenkamp* Rdn. 363. Als es noch die Übertretung des sog. *Mundraubs* (§ 370 Abs. 1 Nr. 5 StGB a.F.) und *Feld- und Forstdiebstähle* als Straftatbestände des Landesrechts gab (s. Art. 4 Abs. 2, 4 EGStGB), kamen auch diese Delikte in Betracht: RGSt 6 325, 327; **14** 191; **66** 353; BGHSt **3** 76; **21** 377, 379; BGH NJW **1968** 2386; OLG Köln MDR **1967** 511; *Kindhäuser* NK Rdn. 6; *Sch/Schröder/Eser* Rdn. 3; *Mitsch* BT 2/1 § 4 Rdn. 14.

669) oder „unverständliche“ (*Otto* BT[7] § 46 Rdn. 52) Ergebnisse (**aA** *Arzt*/Weber BT[1] § 17 Rdn. 23) vor allem im Hinblick auf § 251 StGB: Wer nach Vollendung eines Raubes in Besitzerhaltungsabsicht Gewalt verübt und leichtfertig das Opfer tötet, wäre „nur“ nach §§ 249, 227 StGB bei einem Strafrahmen von nicht unter drei Jahren (§ 227 StGB i.V.m. § 52 Abs. 2 Satz 2 StGB) strafbar, während dem Dieb, der das Gleiche tut, gem. §§ 252, 251 StGB lebenslange Freiheitsstrafe oder Freiheitsstrafe nicht unter zehn Jahren drohte. Angesichts dessen erscheint es vorzugswürdig, mit der h.A. auch Raub und dessen Qualifikationen als Diebstahl im Sinne des § 252 StGB anzusehen, da der Diebstahls- im Raubtatbestand enthalten ist.[10]

**13** *Kein Diebstahl* i.S.v. § 252 StGB sind u.a. der unbefugte Gebrauch eines Fahrzeuges (*Mitsch* BT 2/1 § 4 Rdn. 18), die (veruntreuende) Unterschlagung und die Untreue, der (Besitz-)Betrug (BGHSt **41** 198, 203 f) und die (Besitz-)Erpressung (BGH NStZ **2005** 387), die Hehlerei und die Pfandkehr (*Sander* MK Rdn. 5). Zur Frage, ob solche Konstellationen als räuberische Erpressung erfasst werden können, Rdn. 81 ff.

**14** b) **Täter** des räuberischen Diebstahls kann nur sein, wer Täter des vorgängigen Diebstahls ist (näher zu den Beteiligungsfragen Rdn. 68 ff).

**15** Die These, auch *Unbeteiligte* könnten „bei einem Diebstahl auf frischer Tat betroffen“ werden, wenn sie sich nur zur Tatzeit am Tatort befinden oder hinzukommen, entfernt sich so weit vom Wortlaut des Gesetzes, dass sie nicht mehr vertretbar erscheint (**aA** *Arndt* GA **1954** 269, 270 f). Solche Wortlautbedenken bestehen nicht gegen die Auffassung, auch *Teilnehmer* (Anstifter oder Gehilfe) des Diebstahls seien taugliche Täter des räuberischen Diebstahls, und es ist auch denkbar (wenngleich selten), dass sie sich im Besitz des Diebesguts befinden – z.B. es transportieren oder verwahren oder bewachen – und, hierbei auf frischer Tat betroffen, zur Besitzerhaltung Raubmittel anwenden. In diesem Sinne hat es BGHSt **6** 248, 250 für möglich gehalten, dass ein Diebstahlsgehilfe, der Gewahrsam an der Diebesbeute hat und ihn mit Gewalt oder durch Drohungen verteidigt, um sich die „tatsächliche Innehabung“ zu erhalten, wegen täterschaftlichen räuberischen Diebstahls bestraft wird; dem folgt bis heute ein Teil der Lehre.[11]

**16** Demgegenüber verlangt die nunmehr h.A.[12] *Täterschaft* des räuberischen Diebes auch hinsichtlich des Diebstahls, lässt insoweit allerdings auch spontane sukzessive Mittäterschaft genügen (s. noch Rdn. 69) und beruft sich auf eine etwas umwegige, mit dem 6. StrRG 1998 fragwürdig gewordene Begründung: Der Diebstahlsgehilfe handele nicht in Besitzerhaltungsabsicht, da in diese eine fortbestehende Zueignungsabsicht hineinzu-

---

[10] In diesem Sinne BGHSt **21** 377, 379; GA **1969** 347, 348; NJW **2002** 2043, 2044; *Fischer* Rdn. 3; *Günther* SK[5] Rdn. 8; *Kindhäuser* NK Rdn. 6; *Lackner/Kühl* Rdn. 2; *Sch/Schröder/Eser* Rdn. 3; *Sander* MK Rdn. 6; *Jäger* BT Rdn. 304; *Kindhäuser* BT II § 16 Rdn. 2 Fn. 3; *Krey/Hellmann* Rdn. 215; *Küper* BT S. 97; *Maurach/Schroeder/Maiwald* I § 35 Rdn. 40; *Mitsch* BT 2/1 § 4 Rdn. 15; *Otto* BT § 46 Rn. 51 f; *Rengier* BT 1 § 10 Rdn. 4; *Wessels/Hillenkamp* Rdn. 363. Zweifelnd BGHSt **38** 295, 299. **Anders** RG GA **48** 355.

[11] Ebenso BGH 1 StR 105/67 bei Dallinger MDR **1967** 726, 727; *Frank* III; *Günther* SK[5] Rdn. 25; *Sander* MK Rdn. 17; *Geppert* Jura **1990** 554, 558; *Maurach/Schroeder/Maiwald* I § 35 Rdn. 40; *Otto* BT § 46 Rdn. 64.

[12] Vgl. BGH StV **1987** 534, 535; *Kindhäuser* NK Rdn. 24; *Lackner/Kühl* Rdn. 6; *Samson* SK[3] Rdn. 13; *Sch/Schröder/Eser* Rdn. 10; Arzt/Weber/*Heinrich*/Hilgendorf BT § 17 Rdn. 26; *Geilen* Jura **1980** 43, 46; *Jäger* BT Rdn. 306; *Kindhäuser* BT II § 16 Rdn. 18; *Krey/Hellmann* Rdn. 222; *Mitsch* BT 2/1 § 4 Rdn. 24, 58; *Rengier* BT 1 § 10 Rdn. 25; *Schünemann* JA **1980** 393, 399; *Seier* NJW **1981** 2152, 2153; *Wessels/Hillenkamp* Rdn. 373a.

lesen sei und er den Besitz nur für den oder die Täter verteidige (s. noch Rdn. 66). Dieses Argument ist freilich mit der Einbeziehung der Drittzueignungsabsicht in den Diebstahl brüchig geworden, mag auch weiterhin die Drittbesitzerhaltungsabsicht nicht genügen (insoweit zutr. *Günther* SK[5] Rdn. 25; s. auch *Kindhäuser* NK Rdn. 24, der meint, der Streit habe sich „praktisch erledigt").

Gleichwohl ist im Ergebnis der h.A. zu folgen. Das Gesetz verlangt, der Dieb müsse auf frischer „Tat" betroffen sein oder werden, was nahe legt, dass er auch „Täter" des Diebstahls sein muss. Vor allem aber sprechen die Struktur des § 252 StGB als zweiaktiges Delikt (Rdn. 8) und die Gebote seiner restriktiven und raubgleichen Auslegung (Rdn. 7) dagegen, für täterschaftlichen räuberischen Diebstahl bloße Teilnahme an der Wegnahme genügen zu lassen. **17**

c) Wegen **vollendeten** räuberischen Diebstahls kann nur bestraft werden, wer den Diebstahl vollendet hat (zu der Frage des zeitlichen Verhältnisses zwischen dem Diebstahl einerseits und dem Betreffen sowie der Raubmittelanwendung andererseits Rdn. 30 ff, 51 ff). Zwar ist es denkbar, dass ein Mittäter die Tat irrig für vollendet hält oder jemand durch bloß versuchten Diebstahl den Gewahrsam an einer Sache erlangt (z.B. bei Wegnahme unerkannt untauglicher – eigener oder herrenloser – Tatobjekte oder bei einer „Diebesfalle") und dann in Besitzerhaltungsabsicht Raubmittel anwendet. Jedoch liegt in derartigen pathologischen Fällen entsprechend den Rdn. 16 angestellten Erwägungen insgesamt nur Versuchsunrecht vor (*Küper* Jura 2001 21, 23; *Mitsch* BT 2/1 § 4 Rdn. 22). Näher zu Vollendung und Versuch Rdn. 73 f. **18**

2. **Bei einem Diebstahl auf frischer Tat betroffen.** Sodann setzt § 252 StGB voraus, dass der Täter „bei" einem Diebstahl „auf frischer Tat betroffen" ist oder wird. Das Merkmal hat nach h.A. den Zweck oder die Funktion, die gesetzlich angeordnete Gleichstellung des räuberischen Diebstahls mit dem Raub zu gewährleisten, indem bei jenem ein vergleichbar enger Zusammenhang zwischen Diebstahl und Nötigung(sversuch) wie bei diesem verlangt werde (BGHSt 9 255, 257; *Kindhäuser* NK § 252 Rdn. 8; *Küper* BT S. 98 f). So soll das „Unrechtsmanko" des räuberischen Diebstahls gegenüber dem Raub ausgeglichen werden (*Seier* JuS **1979** 338). Aber solange der Grund der Gleichstellung unklar ist (Rdn. 5), fehlt der Maßstab, nach dem „vergleichbar enge Zusammenhänge" bestimmt werden können. Der den Raub kennzeichnende Zusammenhang zwischen Raubmittelanwendung und Wegnahme (§ 249 Rdn. 32 ff) ist ersichtlich nicht ohne Weiteres vergleichbar mit dem den räuberischen Diebstahl kennzeichnenden Zusammenhang, der räumlich-zeitlich („bei" und „auf frischer Tat") sowie situativ („betroffen") bestimmt wird; auf beides kommt es beim Raub so nicht an. Der Rückgriff auf bloße Faktizität – z.B. darauf, dass beim Raub die Wegnahme der Gewalt oder Drohung typischerweise auf dem Fuße, auf der Stelle folge, so dass beim räuberischen Diebstahl typischerweise ein Betreffen am Ort des Diebstahls während oder sofort nach Vollendung erforderlich sei – führt zu der die Dogmatik des § 252 StGB an dieser Stelle kennzeichnenden Kasuistik. **19**

a) Darüber, was es heißt, dass der Täter beim Diebstahl auf frischer Tat **„betroffen"** ist oder wird, besteht allerdings mehr Einigkeit als gängige Darstellungen vermuten lassen: **20**

Betroffen sein oder werden muss der Täter durch einen **Menschen**; die Aufzeichnung der Tat durch technische Überwachungsanlagen u. dgl. genügt als solche nicht, desgleichen nicht, dass der Täter durch ein Tier (z.B. Wachhund) oder eine Maschine (z.B. Alarmanlage) „betroffen" wird, bevor Menschen hierauf reagieren (ebenso *Mitsch* BT 2/1 **21**

§ 4 Rdn. 34). Als den Täter Betreffender kommt *jedermann* in Betracht, neben dem *Tatopfer* des Diebstahls (Eigentümer, Gewahrsamsinhaber) auch *unbeteiligte Dritte* (zum Ausschluss von Tatbeteiligten s. noch Rdn. 45, 50). Ein *räumliches Hinzukommen* des den Täter Betreffenden während oder nach der Tat ist *nicht* erforderlich (statt aller *Kindhäuser* NK Rdn. 8) – der Wachmann, unter dessen Augen ein Diebstahl begangen wird, kann den Dieb ebenso betreffen wie das Tatopfer, das die Tat zunächst nicht bemerkt oder sogar bemerkt, aber die Wegnahme selbst nicht hindern kann. Auf der anderen Seite kommt es auf eine *räumliche Nähebeziehung* zwischen dem Täter und dem ihn Betreffenden *nicht* an; es ist z.B. möglich, den Täter vermittelt durch optische oder akustische Überwachungssysteme, Alarmanlagen usw. zu betreffen (*Herdegen* LK[11] Rdn. 11; *Kindhäuser* NK Rdn. 9).

**22** Unstreitig ist weiterhin, dass der Täter beim Diebstahl auf frischer Tat nicht nur dann betroffen ist oder wird, wenn der Betreffende die Situation – Tat und Täter als Diebstahl und Dieb – *voll erfasst*, sondern bereits dann, wenn er gegen den Täter einen **Straftatverdacht** hegt, denkt, „dass etwas nicht stimmt", oder „etwas Böses ahnt" (vgl. zu dieser Abschichtung *Herdegen* LK[11] Rdn. 12). Bereits dann stellt der Betreffende einen Bezug zwischen dem Täter und einer möglichen Tat her, was das Potential hat, die Beendigung des Diebstahls zu stören (vgl. *Blei* II § 58 III 1; *Schnarr* JR 1979 314, 316).

**23** Nahezu unbestritten ist, dass der den Täter Betreffende **nicht zwingend objektiv „verteidigungsbereit"**, d.h. willens sein und sich in der Lage sehen muss, gegen die Tat einzuschreiten und dem Täter den Besitz (Gewahrsam) des Täters an der Diebesbeute im Interesse des Bestohlenen streitig zu machen.[13] Die gegenteilige Auffassung von *Lask* S. 129 ff entbehrt inhaltlicher Begründung (zutr. *Küper* JZ 2001 730, 735 in Fn. 50) und steht im Widerspruch zur subjektivierenden Fassung des § 252 StGB, wonach Besitzerhaltungsabsicht genügt (*Kindhäuser* NK Rdn. 11). Wenn die h.A. im Übrigen für das Betroffensein oder -werden verlangt, der Täter müsse *subjektiv* von einer zumindest möglichen „Verteidigungsbereitschaft" des ihn Betreffenden ausgehen,[14] bestehen dagegen systematische (subjektives Tatbestandsmerkmal ohne Entsprechung im objektiven Tatbestand?) und sachliche Bedenken, da es sich um eine Frage der Nötigungskomponente des räuberischen Diebstahls handelt (s. noch Rdn. 48, 61) und Gewalt bzw. Drohung nicht zwingend gegen denjenigen angewendet werden muss, welcher den Täter betroffen hat (näher Rdn. 45 ff).

**24** Schließlich steht fest, dass es auf die **Täterperspektive** jedenfalls insoweit ankommt, als das Betroffensein oder -werden vom *Vorsatz* umfasst sein muss (§ 15 StGB) und wegen untauglichen *Versuchs* strafbar sein kann, wer in der irrigen Annahme von Umständen, die sein Betroffensein oder -werden begründen würden, Raubmittel in Besitzerhaltungsabsicht einsetzt.

**25** Der eigentliche Streit betrifft die Frage, ob der Täter auch durch **„Ahnungslose"** (treffend *Schnarr* JR 1979 314) betroffen sein oder werden kann. Dabei geht es zum einen um die Konstellation, dass der Betreffende den Dieb zwar als Individuum wahrnimmt (und sei es nur, was ausreicht, akustisch, BGH 1 StR 134/51 vom 17.4.1951), aber – jedenfalls

---

[13] BGHSt 26 95; *Herdegen* LK[11] Rdn. 13; *Lackner/Kühl* Rdn. 5; *Sander* MK Rdn. 9; *Bach* MDR 1957 402; *Blei* JA 1975 522; 1976 525; *Küper* JZ 2001 730, 735; *Mitsch* BT 2/1 § 4 Rdn. 33; *Otto* BT § 46 Rdn. 58; aA *Dreher* MDR 1976 529; 1979 529.

[14] BGH StV 1987 196; *Fischer* Rdn. 6; *Günther* SK[5] Rdn. 13; *Herdegen* LK[11] Rdn. 12; *Sch/Schröder/Eser* Rdn. 4; *Bach* MDR 1957 402; *Geilen* Jura 1980 42; *Perron* GA 1989 145, 163.

bis zur Raubmittelanwendung – nichts Böses ahnt und keinen Straftatverdacht schöpft (wie in BGHSt **9** 255, wo Passanten auf Einbruchsdiebe stießen, die das Fluchtfahrzeug mit der Diebesbeute beluden und in der irrigen Annahme, die Passanten hätten die Situation durchschaut, auf sie schossen, was als bloß *versuchten* räuberischen Diebstahl zu erfassen BGH aaO S. 258 bezweifelt, aber nicht beanstandet hat). Zum anderen geht es um „präventive" Raubmittelanwendung gegen Personen, die den Dieb – wie dieser weiß – noch nicht einmal als Individuum wahrgenommen haben, um einem objektiv wahrscheinlichen oder zumindest subjektiv befürchtetem Bemerken zuvor zu kommen (wie in BGHSt **26** 95, wo der Einbruchsdieb die zurückkehrende Wohnungsinhaberin hinterrücks niederschlug, um einem ansonsten unausweichlichen Bemerktwerden zuvorzukommen).

**26** Die Rechtsprechung und ein Teil der Lehre neigen dazu, in beiden Konstellationen ein Betroffensein oder -werden des Täters anzuerkennen,[15] wobei in der zweiten Konstellation einschränkend verlangt wird, die Tatentdeckung müsse objektiv – nicht bloß subjektiv in der Vorstellung des Täters – wahrscheinlich gewesen sein (*Fezer* JZ **1975** 609, 610; *Kindhäuser* NK Rdn. 9). Der Wortlaut stehe nicht entgegen, weil unter „Betreffen" auch ein wie auch immer gestaltetes **„räumlich-zeitliches Zusammentreffen"** verstanden werden könne (BGHSt **26** 95, 96). Das Gesetz lasse offen, ob der Täter betroffen „werden" oder „sein" müsse; die vom Betroffen„werden" nahegelegte Opferperspektive (vgl. *Geppert* Jura **1990** 554, 556; *Samson* SK[3] Rdn. 5) sei nicht zwingend, sondern es könne auch die vom Betroffen„sein" nahegelegte Täterperspektive maßgeblich sein (vgl. *Fischer* Rdn. 6; *Herdegen* LK[11] Rdn. 12; *Perron* GA **1989** 145, 163). Unter Opferschutzgesichtspunkten, aber auch nach Sinn und Zweck des § 252 StGB spreche alles dafür, die zweite und erst recht die erste Konstellation in den Tatbestand einzubeziehen. Es sei unerfindlich, warum unstreitig wegen Raubes bestraft werde, wer vor Diebstahlsvollendung gegen einen hinzukommenden „Nichtsahnenden" Raubmittel anwende, unstreitig wegen räuberischen Diebstahls, wer nach Diebstahlsvollendung mit der Raubmittelanwendung zuwarte, bis sicher sei, dass der zunächst „Nichtsahnende" mindestens Verdacht geschöpft habe, aber weder wegen Raubes noch wegen räuberischen Diebstahls bestraft werden solle, wer die Raubmittel in der Zwischenzeit anwende (vgl. BGHSt **26** 95, 97). Eine unmittelbar bevorstehende Entdeckung übe auf den Dieb den gleichen Motivationsdruck aus wie eine soeben stattgefundene Entdeckung (*Herdegen* LK[11] Rdn. 12).

**27** In der Tat legt das Gebot, das Unrecht des räuberischen Diebstahls so weit wie möglich dem des Raubes anzugleichen und beide Tatbestände so weit wie möglich gleich auszulegen (Rdn. 7), das geschilderte Ergebnis nahe: Fraglos ist es Raub, wenn gegen einen „Nichtsahnenden" Raubmittel zur Wegnahme eingesetzt werden, sei es, dass der Räuber dem Raubopfer unter Verheimlichung der Raubabsicht gegenübertrete, sei es, dass er das Opfer hinterrücks überfalle – warum soll das gleiche Vorgehen nach Wegnahmevollendung kein räuberischer Diebstahl sein?

**28** Die Frage ist allein, ob es eine **verfassungsrechtlich mögliche Auslegung** ist, einen Dieb als auf frischer Tat „betroffen" anzusehen, wenn er mit einer Person räumlich-zeitlich zusammentrifft, ohne dass diese ihn bemerkt. Die „altertümliche" (*Günther* SK[5] Rdn. 13) Wendung, jemanden zu betreffen, bedeutet im Kern „wahrnehmen", „bemer-

---

[15] BGHSt **26** 95, 96 f; **28** 224, 227 f; OLG Köln NStZ **2005** 448, 449; *Günther* SK[5] Rdn. 13; *Lackner/Kühl* Rdn. 4; *Sch/Schröder/Eser* Rdn. 4; *Geilen* Jura **1980** 43; *Maurach/Schroeder/Maiwald* I § 35 Rdn. 41; *Otto* BT § 46 Rdn. 55; *Perron* GA **1989** 145, 163; *Rengier* BT 1 § 10 Rdn. 9.

ken" (RGSt **73** 343, 346), „antreffen", „ertappen" (BGHSt **28** 224, 227). So wird sie auch bei §§ 127 Abs. 1 Satz 1 StPO, 859 Abs. 2 BGB verstanden. Gewiss schwingt im als „Antreffen" verstandenen Betreffen das Element des „räumlich-zeitlichen Zusammenkommens" (*Kindhäuser* NK Rdn. 9) mit. Aber im Bedeutungskern des Betreffens kommt es auf die räumlichen Verhältnisse, namentlich auf ein Hinzukommen nicht an (s. Rdn. 21). Wer mit BGHSt **26** 95, 96 das räumlich-zeitliche Zusammentreffen genügen lässt, muss auch das Zusammensein genügen lassen (s. zum Problem BGHSt **28** 224, 227). Aber wer den Dieb als betroffen ansieht, weil er mit einem Ahnungslosen zusammen ist, verzichtet in Wahrheit auf dieses Merkmal (*Lackner/Kühl* Rdn. 4; *Seier/Brandts* Jura **1981** 215, 219). Gewalt und Drohung auf frischer Tat sind praktisch nur bei räumlich-zeitlichem Zusammentreffen möglich; dann aber würde das Tatbestandsmerkmal „betroffen" in der Auslegung durch BGHSt **26** 95, 96 praktisch überflüssig (*Geppert* Jura **1990** 554, 556 f; *Mitsch* BT 2/1 § 4 Rdn. 31; *Sander* MK Rdn. 11). Art. 103 Abs. 2 GG steht nicht nur der den Wortlaut überschreitenden Tatbestandsergänzung, sondern bereits der ausweitenden Auslegung entgegen, wenn die durch ein Tatbestandsmerkmal bewirkte Eingrenzung der Strafbarkeit wieder aufgehoben wird (BVerfGE **92** 1, 16). Hiernach verstößt die durch BGHSt **26** 95 begründete Auffassung gegen verfassungsrechtliche Auslegungsgrenzen, da sie im praktischen Ergebnis letztlich – wozu nur der Gesetzgeber befugt wäre – das Wort „betroffen" (und die Kommata) aus § 252 StGB streicht.

**29** Auf eine **„personenbezogene Wahrnehmung"** (*Geilen* Jura **1980** 43) des Täters durch den Betreffenden kann also de lege lata nicht verzichtet werden. Dafür, mit der h.A.[16] eine solche Wahrnehmung ausreichen zu lassen und nicht zu verlangen, dass der den Täter Betreffende einen Straftatverdacht schöpft, etwas Böses ahnt, sprechen die in Rdn. 26 f dargelegten Gründe. Dies verkennt die Kritik, mit der personenbezogenen Wahrnehmung werde ein „in jeder Hinsicht funktionsloser Umstand" (*Schünemann* JA **1980** 393, 398) herangezogen. Im Übrigen trifft es zwar zu, dass, solange der Betreffende nichts Böses ahnt, von ihm keine unmittelbare Gefahr für den Diebesbesitz ausgeht. Jedoch zeigen Fälle wie BGHSt **9** 255 (Rdn. 25), dass, kommt es zur Raubmittelanwendung gegenüber einem „Ahnungslosen", dem in der Regel die – mindestens Möglichkeits- – Vorstellung des Diebes zugrunde liegt, der ihn Betreffende ahne doch Böses und könnte ihm den Besitz streitig machen; dann aber wäre regelmäßig wegen versuchten räuberischen Diebstahls zu bestrafen (vgl. BGH aaO S. 258; s. aber auch noch Rdn. 73 f).

**30** b) Die zeitlich-räumlichen Grenzen *des Betreffens* umschreibt das Gesetz mit den Worten, dass der Täter **„bei"** einem Diebstahl **„auf frischer Tat"** betroffen sein oder werden muss. Die Frage ist strikt von der nach den zeitlich-räumlichen Grenzen *der Anwendung von Raubmitteln* zu trennen (hierzu Rdn. 51 ff).

**31** Die h.A. nimmt das Gesetz beim Wort und entnimmt ihm **zwei Voraussetzungen**: erstens das Betroffensein oder -werden „bei" einem Diebstahl (sogleich Rdn. 32 ff) und zweitens „auf frischer Tat" (Rdn. 37 ff). Beide Voraussetzungen müssen nach h.A. *kumulativ* erfüllt sein (zur Gegenauffassung, wonach die „Frische" der Tat allein maßgeblich ist, Rdn. 34).

**32** **„Bei"** einem Diebstahl betroffen sein oder werden kann der Täter während der gesamten Ausführung der Tat (*Lackner/Kühl* Rdn. 4).

---

[16] *Fischer* Rdn. 6; *Kindhäuser* NK Rdn. 15; *Sander* MK Rdn. 9; *Sch/Schröder/Eser* Rdn. 4; *Maurach/Schroeder/Maiwald* I § 35 Rdn. 41; *Mitsch* BT 2/1 § 4 Rdn. 32; *Rengier* BT 1 § 10 Rdn. 10; *Wessels/Hillenkamp* Rdn. 368.

33 Die Tatausführung beginnt mit dem **unmittelbaren Ansetzen** i.S.v. § 22 StGB.[17] Hat der Betreffende – z.B. ein Ladendetektiv – den Dieb bereits zu diesem Zeitpunkt in Verdacht und beobachtet er ihn bereits vor und während der Wegnahme – z.B. beim Einstecken der Ware –, so steht das der Anwendung des § 252 StGB nicht entgegen; ein Entdecken der Tat oder Überraschen des Täters erst nach Vollendung wird nicht vorausgesetzt.[18] § 252 StGB ist auch und gerade dann anwendbar, wenn der Dieb bewusst oder geplant offen – unter den Augen von Eingriffswilligen, z.B. einem Ladendetektiv – stiehlt und erst nach Wegnahmevollendung zu Gewalt oder Drohung greift (BGH NJW **1958** 1547).

34 „Nach" einem Diebstahl kann der Täter nicht mehr in tatbestandsrelevanter Weise betroffen werden (OLG Hamm MDR **1969** 238). Die h.A. setzt dies mit der **Beendigung** des Diebstahls gleich, die letztmöglicher Zeitpunkt für das Betroffensein bzw. -werden des Täters sei.[19] Nach der Gegenauffassung enthält das Wort „bei" sprachlich nicht zwingend eine zeitliche Grenze, und es könnten im dogmatischen Sinne beendete Diebstähle durchaus noch „frische" Taten sein, z.B. beim Diebstahl aus Nachbarwohnungen (*Lackner/Kühl* Rdn. 4; *Dreher* MDR **1976** 529, 531). Letzteres trifft zwar zu (s. noch Rdn. 39); jedoch verkürzt die Gegenauffassung den Wortlaut des Gesetzes (etwa: „auf frischer Tat eines Diebstahls betroffen"), was die in BVerfGE **92** 1, 16 statuierten verfassungsrechtlichen Auslegungsgrenzen sprengt.

35 **Kriterium** der Beendigung ist nach der Rechtsprechung, dass die Sachherrschaft des Täters „wenigstens einigermaßen gesichert" erscheint (BGH GA **1969** 347), eine „gewisse Sicherung der Beute" erreicht wurde (BGH StV **1981** 127), der Täter den Gewahrsam an den entwendeten Gegenständen gefestigt und gesichert hat. Wann das der Fall ist, hänge von den Umständen des Einzelfalls ab (BGH NJW **1987** 2687; BGH JZ **1988** 471). Das ist wenig bestimmt und führt häufig zu Argumentationen nach dem Muster „jedenfalls dann, wenn" (*Kratzsch* JR **1988** 397, 398). Aber bessere Vorschläge sind in der Literatur nicht gemacht worden und angesichts der teleologischen Undurchsichtigkeit des § 252 StGB auch nicht zu erwarten.

36 **Nicht beendet** ist ein Diebstahl in der Regel, solange sich der Dieb noch im Gebäude bzw. auf dem Grundstück, wo er die Tat begangen hat, und somit im unmittelbaren Herrschaftsbereich des Bestohlenen befindet (BGHR StGB § 252 frische Tat 2). – **Beendet** ist ein Diebstahl hingegen, wenn die Beute im Fluchtfahrzeug verstaut ist und die Täter unverfolgt losfahren (BGH JZ **1988** 471, 472) oder wenn die Beute in die eigene Wohnung oder das eigene Zimmer gebracht wird (mögen Wohnung oder Zimmer auch in demselben Gebäude belegen sein, in dem das Opfer wohnt, BGHSt **21** 377, 378, s. auch BGHSt **22** 227, 229). Auch der Verzehr gestohlener Lebensmittel beendet den Diebstahl (übersehen von LG Freiburg ZIS **2006** 40 m. Anm. *Marlie*).

37 Zudem muss der Dieb **„auf frischer Tat"** betroffen sein. Das Merkmal hat nach h.A. eine eigenständige, die Reichweite des Tatbestandes in *zeitlicher* und *räumlicher* Hinsicht

---

17 *Küper* Jura **2001** 21, 25; *ders.* JZ **2001** 730, 731; *Mitsch* BT 2/1 § 4 Rdn. 30.

18 RGSt 73 343, 345; BGH NJW **1958** 1547; BGH 1 StR 356/67 bei Dallinger MDR **1969** 359.

19 BGHSt **28** 224, 229; BGH NJW **1987** 2687 = JR **1988** 425; JZ **1988** 471; StV **1986** 530; **1987** 196; NStZ **2002** 542, 544; OLG Köln NStZ **2005** 448; *Fischer* Rdn. 4; *Günther* SK[5] Rdn. 7; *Herdegen* LK[11] Rdn. 7 ff; *Kindhäuser* NK Rdn. 12; *Sander* MK Rdn. 7; *Sch/Schröder/Eser* Rdn. 4; *Geilen* Jura **1979** 669, 670; *Geppert* Jura **1990** 554, 556; *Kratzsch* JR **1988** 397, 400; *Mitsch* BT 2/1 § 4 Rdn. 39; *Otto* BT § 46 V 2b; *Perron* GA **1989** 145, 148; *Rengier* BT 1 § 10 Rdn. 4; *Schünemann* JA **1980** 393, 398; *Wessels/Hillenkamp* Rdn. 365; **aA** *Lackner/Kühl* Rdn. 4; *Gössel* BT 2 § 15 Rdn. 15.

eingrenzende Bedeutung (RGSt **73** 344, 345 f; BGHSt **9** 255, 257; **26** 95, 96; **28** 224, 230; BGH NJW **1987** 2687) und soll nach *Seier* JuS **1979** 338 das „Unrechtsmanko" des § 252 gegenüber § 249 StGB ausgleichen. Eine unrechtsbegründende Funktion kommt diesem Merkmal jedoch nicht zu (*Kindhäuser* NK Rdn. 14). Wenn es vielfach in einen Zusammenhang mit Notrechten, namentlich §§ 859 Abs. 2 BGB, 127 Abs. 1 Nr. 1 StPO, gestellt wird (s. nur *Kindhäuser* aaO), überzeugt das gleichfalls nicht (näher Rdn. 3 ff). Aus dem Vergleich mit diesen Vorschriften ergibt sich immerhin, dass es nicht genügen kann, wenn der Täter erstmals *bei der Verfolgung* betroffen – d.h. bemerkt – wird; der historische Gesetzgeber entschied sich bewusst, die in §§ 859 Abs. 2 BGB, 127 Abs. 1 Nr. 1 StPO enthaltene Wendung „betroffen *oder verfolgt*" nicht in § 230 Abs. 2 prStGB 1851 zu übernehmen (s. hierzu *Haas* S. 145, 151). Historische Anklänge an das furtum manifestum (s. hierzu *Haas* S. 145, 152 ff) oder an Vorliegen einer beweiskräftigen Situation (so *Kratzsch* JR **1988** 397, 402 mit Verweis auf Pr. OT GA **15** [1867] 517) sind nicht von der Hand zu weisen; die Auslegung des heute geltenden Rechts auf sie zu stützen, erscheint gewagt.

**38** Auf frischer Tat betroffen ist der Dieb, wenn er *am Tatort oder in dessen unmittelbarer Nähe bei der Tatvollendung* – also zwischen Versuch und Vollendung (s. Rdn. 32 ff) – *oder alsbald danach* betroffen wird.[20] Der „Frische" kann einerseits die räumliche Entfernung zwischen dem Tatort und dem Ort des Betroffenseins oder -werdens und andererseits der Zeitablauf zwischen dem Vollendungszeitpunkt und dem Zeitpunkt des Betroffenseins oder -werdens entgegenstehen. Der Dieb, dem es gelingt, unbemerkt den Tatort und dessen unmittelbare Umgebung zu verlassen, kann nicht mehr auf frischer Tat betroffen werden, auch wenn der Diebstahl sogleich bemerkt und der Dieb auf der „Nacheile", d.h. der eingeleiteten Suche, Verfolgung oder Fahndung erstmals als Tatverdächtiger ermittelt wird.[21] Erst recht nicht auf frischer Tat betroffen werden Diebe, die unbemerkt mit einem Fluchtfahrzeug losfahren und später wegen einer Verkehrsordnungswidrigkeit in eine Polizeikontrolle geraten (BGH JZ **1988** 471). Bestiehlt jemand als Insasse eines Transportmittels (Kraftfahrzeug, Eisenbahn, Flugzeug) während des Transportes einen anderen Insassen, so widerspricht es gesundem Menschenverstand, die „Frische" der Tat bereits daran scheitern zu lassen, dass sich das Transportmittel als solches rasch vom Tatort – beschrieben als Punkt auf der Landkarte – entfernt. Umgekehrt geht es zu weit, die Tat bis zum Ende des Transports als frisch anzusehen, weil die „eigentliche Tatsituation" fortbestehe, Täter und Opfer zusammenblieben und der Gewahrsam des Täters nicht gesichert erscheine. Vielmehr kann auch bloßer Zeitablauf dazu führen, dass die Tat ihre „Frische" verliert (zutr. BGHSt **28** 224, 228 ff).[22]

**39** Nach h.A. verliert ein Diebstahl jedenfalls dann seine „Frische", wenn er **beendet** ist.[23] Wenn auf zeitlich-räumliche Nähe abgestellt wird, überzeugt das nicht immer;

---

[20] BGHSt **9** 255, 257; **26** 95; **28** 224, 229; BGH NJW **1987** 2687, 2688; StV **1987** 196; OLG Köln NStZ **2005** 448, 449; *Fischer* Rdn. 5; *Sander* MK Rdn. 12; *Sch/Schröder/Eser* Rdn. 4; *Perron* GA **1989** 145, 162; *Rengier* BT 1 § 10 Rdn. 7; *Schnarr* JR **1979** 314, 316; *Schünemann* JA **1980** 393, 398.

[21] BGHSt **9** 255; OLG Hamm MDR **1969** 238; *Fischer* Rdn. 7; *Herdegen* LK[11] Rdn. 11; *Sch/Schröder/Eser* Rdn. 4; *Kindhäuser* BT II § 16 Rdn. 10; *Maurach/Schroeder/Maiwald* I § 35 Rdn. 41; *Wessels/Hillenkamp* Rdn. 367; **aA** *Günther* SK[5] Rdn. 10; *Sander* MK Rdn. 12.

[22] *Günther* SK[5] Rdn. 10; *Sch/Schröder/Eser* Rdn. 4; *Kindhäuser* BT II § 16 Rdn. 11; *Kühl* JA **1979** 491; *Seier* JuS **1979** 336, 338; *Wessels/Hillenkamp* Rdn. 366; **aA** *Herdegen* LK[11] Rdn. 14; Arzt/Weber/*Heinrich*/Hilgendorf BT § 17 Rdn. 20; *Dreher* MDR **1979** 529, 532; *Schnarr* JR **1979** 314, 317.

[23] S. die Nachweise in Rdn. 34 Fn. 19.

jedoch ergibt sich aus dem Erfordernis des Betroffenseins oder -werdens „bei" einem Diebstahl, dass die Beendigung in der Tat die Grenze für das Betreffen auf frischer Tat ist (Rdn. 34). Umgekehrt ist es mit den Ausgangskriterien der zeitlichen und räumlichen Nähe unvereinbar, jeden ***unbeendeten*** Diebstahl als „frisch" anzusehen (so aber OLG Celle HESt 1 12; *Otto* BT[7] § 46 Rdn. 54: „Zäsur willkürlich"; offen gelassen in BGHSt 9 255, 257; wie hier BGHSt **28** 224, 229). Ist ein Diebstahl im räumlichen Herrschaftsbereich des Bestohlenen vollendet, aber noch nicht beendet, weil die Sache noch nicht weggeschafft worden ist bzw. werden kann (wie z.B. in BGH 1 StR 97/87 vom 5.5.1987, mitgeteilt bei *Perron* GA **1989** 145 f), so kann die Tat nach Ablauf von Stunden oder gar Tagen nicht mehr als „frisch" bezeichnet werden.

c) Im Regelfall der sog. **Nacheile** wird der Dieb bei einem Diebstahl auf frischer Tat **40**
betroffen; *deshalb* eilt man ihm nach, verfolgt man ihn. In solchen Fällen stellt sich also nicht die Frage nach dem Betroffensein oder -werden auf frischer Tat, sondern allein die Frage nach den zeitlich-räumlichen Grenzen der Raubmittelanwendung insbesondere bei vorübergehendem „Abschütteln" der Verfolger oder bei Verfolgungsjagden über längere Zeit und Strecken (näher Rdn. 57).

3. **Raubmittelanwendung.** Weiterhin muss der Täter **Raubmittel** anwenden, nämlich **41**
Gewalt gegen eine Person verüben oder mit gegenwärtiger Gefahr für Leib oder Leben drohen. § 252 nennt dieselben Nötigungsmittel wie § 249 StGB, weshalb im Grundsatz auf die dortige Dogmatik zurückgegriffen werden kann.[24] Besonderheiten ergeben sich aber daraus, dass der Raubmitteleinsatz bei § 252 StGB keinen Erfolg haben muss (Rdn. 42), weiterhin aus der gegenüber § 249 StGB unterschiedlichen Tatsituation (Rdn. 43) und Finalität des Raubmitteleinsatzes (Rdn. 45 ff) und schließlich im Hinblick auf die räumlich-zeitlichen Grenzen des räuberischen Diebstahls (Rdn. 51 ff).

a) § 252 StGB lässt das **Verüben** von Personengewalt bzw. das **Anwenden** von **42**
Drohungen mit gegenwärtiger Gefahr für Leib oder Leben in Besitzerhaltungsabsicht genügen, weshalb sich – anders als bei § 249 StGB, s. dort Rdn. 36 ff – die Frage nicht stellt, ob zwischen Raubmitteleinsatz und Besitzerhaltung ein objektiver Kausal- oder Zurechnungszusammenhang bestehen muss; zu dem Erfolg der Besitzerhaltung muss es vielmehr gar nicht kommen. Gewalt ist verübt, wenn sie sich in nicht unerheblicher Weise körperlich (physisch) ausgewirkt hat, z.B. wenn der Schuss oder Schlag den Verfolger getroffen hat oder der Wachmann eingesperrt ist; eine weitergehende oder gar die Besitzerhaltung ermöglichende Zwangswirkung ist nicht erforderlich. Wer auf einen Verfolger scharf schießt und nicht trifft, versucht nur, Gewalt zu verüben; wer Warn- oder Schreckschüsse abgibt, wendet Drohungen an, aber verübt auch dann keine Gewalt, wenn sich die seelische (psychische) Wirkung in körperlichen (physischen) Stresssymptomen niederschlägt (näher § 249 Rdn. 6, 13). Drohungen sind angewendet, wenn sie der Drohungsadressat versteht; zudem ist für die Vollendungsstrafbarkeit richtigerweise zu verlangen, dass der Bedrohte sie als möglicherweise ernst zu nehmen einschätzt (näher hierzu § 249 Rdn. 19).

b) **Gewalt gegen eine Person** beinhaltet beim Raub typischerweise ein aggressives **43**
Handeln, ein finales Vorgehen gegen die Person, einen Angriff gegen Leben, Leib oder

[24] *Fischer* Rdn. 8; *Günther* SK[5] Rdn. 14; *Sander* MK Rdn. 13; Arzt/Weber/*Heinrich*/Hilgendorf BT § 17 Rdn. 18; *Maurach/Schroeder/Maiwald* I § 35 Rdn. 42; *Mitsch* BT 2/1 § 4 Rdn. 35; *Rengier* BT 1 § 10 Rdn. 12; *Wessels/Hillenkamp* Rdn. 369.

(Bewegungs-)Freiheit des Opfers. Beim räuberischen Diebstahl sind freilich auch Fälle denkbar und nicht untypisch, in denen sich der Dieb auf tendenziell defensives Handeln, das nicht geradezu Ein- und Angriffscharakter hat, beschränkt wie z.B. wenn sich der ertappte Ladendieb vom Ladendetektiv loswindet oder ihn zurück- oder zur Seite stößt, wenn er dem Verfolger „eine Tür vor der Nase zuschlägt" oder anderweitige Hindernisse für die Verfolgung schafft (z.B. eine Rauchbombe zündet, *Mitsch* BT 2/1 § 4 Rdn. 13). BGHSt **13** 64 f geht davon aus, dass Gewalt vorliege, wenn der Dieb jemanden zu Boden stoße, um zu entkommen. Demgegenüber verlangt LG Gera NJW **2000** 159, 160 unter Berufung auf einen auch für § 249 StGB geltenden restriktiven Gewaltbegriff „körperbezogene Eingriffe von einigem Gewicht", an denen es in derartigen Fällen fehle. Diese Auffassung ist diskutabel (s. auch § 249 Rdn. 7; zw. *Sch/Schröder/Eser* § 249 Rdn. 4; abl. *Fischer* Rdn. 8); mindestens ist in solchen Fällen an einen minder schweren Fall zu denken. Dass vergleichbare Fälle bei § 113 Abs. 1 StGB als Widerstandleisten mit Gewalt eingeordnet werden, ist nicht unbestritten (vgl. *v. Bubnoff* LK[11] § 113 Rdn. 15 mit Fn. 23) und im Hinblick auf den krassen Strafrahmenunterschied kein überzeugendes Gegenargument. Ähnlich wird in den denkbaren und nicht untypischen Fällen, dass der auf frischer Tat betroffene fliehende Dieb Passanten zur Seite oder zu Boden stößt, um zu entkommen und sich den Sachbesitz (-gewahrsam) zu erhalten (s. hierzu noch Rdn. 48), eine einer nicht unerheblichen Körperverletzung entsprechende Intensität verlangt (*Günther* SK[5] Rdn. 14).

44 c) **Drohungen mit gegenwärtiger Gefahr für Leib oder Leben** scheinen beim räuberischen Diebstahl seltener zu sein als beim Raub. Drohungsinhalt und -gegenstand bestimmen sich wie beim Raub (s. § 249 Rdn. 13 ff).

45 d) Der Kreis der tauglichen **Gewalt- oder Drohungsopfer** wird vom Gesetz nicht weiter eingegrenzt. Das nimmt die h.A. beim Wort und hält *objektiv jedermann* für ein taugliches Nötigungsopfer; es müsse sich weder um den Eigentümer oder (ursprünglichen) Gewahrsamsinhaber noch um denjenigen handeln, von dem der Täter auf frischer Tat betroffen worden sei.[25] Hiernach ist § 252 StGB erfüllt, wenn jemand, der den Täter bei einem Diebstahl auf frischer Tat betroffen hat, sogleich telefonisch die Polizei unterrichtet, Polizeibeamte sogleich die Verfolgung aufnehmen und der Täter gegen sie Raubmittel in Besitzerhaltungsabsicht einsetzt (RGSt **60** 67, 69; BGH 5 StR 254/56 vom 11.9.1956; auch BGH GA **1962** 145; *Schnarr* JR **1979** 314, 317). Weiterhin muss das Nötigungsopfer nach h.A. – wie beim Raub (näher § 249 Rdn. 11) – weder objektiv „verteidigungsfähig" noch subjektiv „verteidigungswillig" sein. Vielmehr sei es ausreichend, aber auch erforderlich, dass der Täter *subjektiv* zumindest für möglich halte, das Nötigungsopfer sei *„verteidigungsbereit"*, nämlich willens, das Fortschaffen der Beute im Interesse des Bestohlenen zu verhindern oder zu erschweren, und zwar auch dann, wenn diese Vorstellung irrig sei.[26] Die Grenze sei erst erreicht, wenn der Täter Gewalt oder Drohung gegen eine Person ausübe, die in seiner, des Täters, Vorstellung nicht „ver-

---

[25] RGSt **73** 343, 345; BGH NJW **1958** 1547; OLG Köln MDR **1967** 511, 512; *Fischer* Rdn. 8; *Günther* SK[5] Rdn. 15; *Kindhäuser* NK Rdn. 17; *Sch/Schröder/Eser* Rdn. 5 f; *Geilen* Jura **1980** 44; *Jäger* BT Rdn. 308; *Kindhäuser* BT II § 16 Rdn. 12; *Rengier* BT 1 § 10 Rdn. 10.

[26] BGHSt **9** 162, 163 f; **13** 64, 65; **28** 224, 230 f; *Fischer* Rdn. 8; *Günther* SK[5] Rdn. 15; *Sch/Schröder/Eser* Rdn. 6; *Bach* MDR **1957** 402; *Otto* BT § 46 Rdn. 58; *Rengier* BT 1 § 10 Rdn. 12; *Wessels/Hillenkamp* Rdn. 369.

teidigungsbereit" sei, oder wenn es ihm, dem Täter, um die Abwehr eines Zugriffs gehe, der seinerseits nicht im Interesse des Bestohlenen liegt (näher hierzu Rdn. 50). In der Konsequenz dieser Subjektivierung liegt es, dass, schießt der Täter auf einen Tatbeteiligten, den er irrtümlich für einen Verfolger hält, und trifft er ihn, vollendeter räuberischer Diebstahl vorliegt.[27]

In der Literatur wird demgegenüber die ältere Auffassung wieder aufgegriffen, das Gewalt- oder Drohungsopfer müsse – jedenfalls wenn es sich nicht um den Eigentümer oder (ursprünglichen) Gewahrsamsinhaber, sondern um einen Dritten handele (in diesem Sinne differenzierend *Küper* JZ **2001** 730, 734 f) – nicht nur in der Vorstellung des Täters, sondern tatsächlich willens sein, das Fortschaffen der Beute im Interesse des Bestohlenen zu verhindern oder zu erschweren; sei Letzteres nicht der Fall, so komme nur eine Versuchsstrafbarkeit in Betracht.[28] Teils wird auch – weniger streng – „objektiv zu erwartender Widerstand" (*Kindhäuser* NK Rdn. 23) oder der „mutmaßliche Wille" des Gewalt- oder Drohungsopfers (*Brandts* Der Zusammenhang von Nötigungsmittel und Wegnahme beim Raub [1990] S. 166 ff) für ausreichend, aber auch erforderlich gehalten. Noch anders beschränkt *Mitsch* BT 2/1 § 4 Rdn. 36 (ähnlich *Lask* S. 145 ff) den Kreis der tauglichen Nötigungsopfer auf diejenigen, welche den Täter betroffen haben, sowie gegebenenfalls weitere, die von ihnen aufmerksam gemacht worden sind und dem Täter als mögliche Widersacher erscheinen. **46**

So sympathisch das Bemühen ist, die Strafbarkeit des räuberischen Diebstahls einzuschränken, so problematisch erscheinen derartige Restriktionen. Das Gesetz gibt nicht zu erkennen, dass eine „Personalunion von Wahrnehmungssubjekt und Nötigungsopfer" (*Mitsch* BT 2/1 § 4 Rdn. 36) zu fordern wäre; wer sich entdeckt weiß, muss eben auch mit dem Risiko rechnen, dass Dritte (z.B. die Polizei) eingeschaltet werden, die den Täter selbst nicht auf frischer Tat betroffen haben (s. noch Rdn. 57 zur sog. Nacheile). Da das „eingeschüchterte, in der Konfrontation mit dem Täter nur noch um die eigene Sicherheit besorgte" (*Küper* JZ **2001** 730, 734) Opfer ersichtlich nicht weniger schutzwürdig ist als das wehrhafte, muss bezweifelt werden, ob die Anwendung des § 252 StGB von dem psychischen Faktum der Verteidigungsbereitschaft des Nötigungsopfers abhängig gemacht werden kann. Der Nutzwert objektivierender Auffassungen ist fragwürdig, da jedenfalls von Rechts wegen davon auszugehen ist, dass Außenstehende ihrer Hilfspflicht nach § 323c StGB nachkommen (so *Kindhäuser* NK § 252 Rdn. 23 i.V.m. § 249 Rdn. 30). Auf der anderen Seite erscheint auch die extreme Subjektivierung des § 252 StGB durch die h.A. fragwürdig. **47**

§ 252 StGB setzt nicht mehr und nicht weniger voraus, als dass der Dieb zu Raubmitteln greift, um sich im Besitz des Diebesguts zu erhalten. Nicht anders als beim Raub (s. § 249 Rdn. 9 ff, 13, 20) heißt das, dass der Täter die Raubmittel einsetzen muss, **um erwarteten oder geleisteten Widerstand gegen die Besitzerhaltung, d.h. Gewahrsamssicherung zu überwinden.** Dieser Widerstand muss ebenso wenig wie beim Raub (s. § 249 Rdn. 11) auf willkürlichem Opferverhalten oder gar auf Kenntnis der Angriffsziele des Täters und dem Entschluss, sie zu vereiteln, beruhen. Wenn der auf frischer Tat betroffene und verfolgte fliehende Dieb Passanten, die ihm im Wege stehen, gewaltsam (hierzu Rdn. 43) zur Seite oder zu Boden stößt oder gar niederschießt, so kann es für die Anwendung des § 252 StGB nicht darauf ankommen, ob die Passanten tatsächlich oder **48**

---

[27] *Günther* SK[5] Rdn. 15; *Herdegen* LK[11] Rdn. 15; *Geilen* Jura **1980** 44; *Wessels/Hillenkamp* Rdn. 369.

[28] *Nagler* LK[6/7] Anm. 4; *Schmidhäuser* BT § 8 Rdn. 60; *Welzel* § 49 III; *Küper* JZ **2001** 730, 734 f.

auch nur in der Vorstellung des Täters willens sind, das Fortschaffen der Beute im Interesse des Bestohlenen zu verhindern oder zu erschweren, und auch nicht darauf, ob sie den Dieb bemerkt haben oder auf ihn aufmerksam gemacht worden sind. Entscheidend ist allein, dass ihr *Verhalten* es dem Täter verunmöglicht oder erschwert, sich im Besitz des Diebesguts zu erhalten, und der Täter *deshalb* zu Gewalt oder Drohung greift. Hieraus folgt allerdings, dass Raubmitteleinsatz gegen bloß vermeintliche Verfolger nur eine Versuchsstrafbarkeit begründet (s. Rdn. 45 mit Fn. 27).

49 Für den Raubmitteleinsatz kommen im Rahmen des § 252 StGB vergleichbare **Mehrpersonenverhältnisse** in Betracht wie bei § 249 StGB (s. dort Rdn. 22 f). Ebenso wie es Raub ist, wenn der Räuber Gewalt oder Drohung nicht gegen den (widerstandsunfähigen oder -unwilligen) Gewahrsamsinhaber, sondern gegen hilfsfähige und -willige Dritte einsetzt, muss beim räuberischen Diebstahl Gewalt oder Drohung gegen solche Dritte ausreichen, gleich ob sie Eigentümer oder (ursprüngliche) Gewahrsamsinhaber sind oder den Täter selbst auf frischer Tat betroffen haben. Ebenso wenig wie beim Raub müssen beim räuberischen Diebstahl Genötigter und Gefährdeter personengleich sein. So ist (z.B.) des räuberischen Diebstahls schuldig, wer, beim Einbruchsdiebstahl von der aufgewachten Mutter auf frischer Tat betroffen, dem schlafenden Kind das Messer an die Kehle setzt, um so seine ungestörte Flucht mit der Beute zu ermöglichen.

50 Dass die Verteidigung der Diebesbeute mit Raubmitteln gegen den Zugriff **Tatbeteiligter** (z.B. beim Streit um Beuteanteile) oder sonst nicht im Interesse des Bestohlenen Handelnder (z.B. selbst diebischen Passanten oder des Diebes, den der Täter seinerseits bestohlen hat) nicht unter § 252 StGB fallen soll, wird zwar – soweit ersichtlich – von niemandem bestritten,[29] ist aber weniger selbstverständlich als es den Anschein hat. Immerhin kann der Dieb oder Räuber bestohlen oder beraubt werden, und man ist im Allgemeinen zurückhaltend mit strafrechtsfreien oder -privilegierten Räumen im „Ganovenumfeld". Zwar trifft es zu, dass sich Tatbeteiligte und sonst nicht im Interesse des Bestohlenen Handelnde mindestens subjektiv nicht auf Not- und insbesondere Besitzkehrrechte berufen können; es ist jedoch fragwürdig, ob § 252 StGB durch den Schutz von Notrechten erklärt werden kann (Rdn. 3 ff). Auch der Gedanke des Schutzes von Restitutionsinteressen (so *Küper* JZ **2001** 730, 732 ff) überzeugt nicht, da der räuberische Dieb diese Interessen bereits dadurch verletzt, dass er sich im Besitz der Sache erhalten, sie also nicht an den Eigentümer zurückgelangen lassen will; ob er dies mit Raubmitteln gegenüber einem Restitutionswilligen oder aber einem -unwilligen durchsetzt, macht dann keinen entscheidenden Unterschied mehr. Zuzugeben ist, dass die räuberische Verteidigung der Diebesbeute gegen einen Tatgenossen nicht dem normativen Leitbild des § 252 StGB entspricht.

51 e) Umstritten ist die Frage nach den **zeitlich-räumlichen Grenzen** der Raubmittelanwendung bei § 252 StGB.

52 Dem Gesetzeswortlaut lässt sich – nur – entnehmen, dass der Täter bei der Raubmittelanwendung bei einem Diebstahl auf frischer Tat betroffen sein – und diesbezüglich Vorsatz haben – muss. Der Raubmitteleinsatz kann daher mit dem Betroffensein oder -werden des Diebes zusammenfallen (*Küper* BT[7] S. 101, **aA** *Wessels/Hillenkamp* Rdn. 368), ihm aber auch nachfolgen (*Herdegen* LK[11] Rdn. 15).

53 Im Übrigen ist nach h.A. der **früheste mögliche Zeitpunkt** für die Raubmittelanwendung die *Diebstahlsvollendung*, nämlich die Wegnahmevollendung und Gewahrsams-

[29] *Fischer* Rdn. 8; *Günther* SK[5] Rdn. 15; *Herdegen* LK[11] Rdn. 15; *Kindhäuser* NK Rdn. 17; *Sander* MK Rdn. 13; *Sch/Schröder/Eser* Rdn. 6; *Jäger* BT Rdn. 308.

erlangung.[30] Daraus, dass die Raubmittel eingesetzt werden müssen, um sich „im Besitz" des gestohlenen Gutes „zu erhalten", lässt sich in der Tat ableiten, dass der Täter grundsätzlich bereits Besitz erlangt haben muss. Außerdem ist der Raubmitteleinsatz vor Wegnahmevollendung grundsätzlich als Raub nach § 249 StGB strafbar. In der Logik dieses Arguments sind freilich Fälle des § 252 StGB konstruierbar, in denen die Nötigungs*handlung* vor Wegnahmevollendung getätigt wird, wenn nur die Nötigungs*wirkung* danach eintritt und eintreten soll (vgl. *Mitsch* BT 2/1 § 4 Rdn. 13). Auch ist zuzugeben, dass die h.A. in der Theorie zu einem „Zeitlupenstrafrecht" mit minutiöser und detaillierter Tatsachenaufklärung betreffend die Wegnahmevollendung einerseits und die Raubmittelanwendung andererseits zwingt, um Raub und räuberischen Diebstahl voneinander abzugrenzen. In der Praxis kommt freilich echte (tatsachen- und tatbestandsalternative) Wahlfeststellung in Betracht (vgl. auch *Arzt*/Weber BT[1] § 17 Rdn. 20 f).

Heute nicht mehr vertreten wird die von *Dreher* (MDR **1976** 529; **1979** 529) verfochtene Gegenauffassung, § 252 StGB erfasse nur den Raubmitteleinsatz *nach Diebstahlsbeendigung*, weil § 249 StGB den Raubmitteleinsatz bis dahin erfasse (s. hierzu bereits § 249 Rdn. 33). Bei § 252 StGB zwingt diese Auffassung zum einen zur Anerkennung beendeter, aber gleichwohl „frischer" Diebstähle (s. bereits Rdn. 34) und führt zum anderen zu einer „Austrocknung des räuberischen Diebstahls" (treffend *Herdegen* LK[11] Rdn. 9). Die korrespondierende Ausdehnung des Anwendungsbereichs des § 249 StGB ist dort kein „sinnvoller Ausweitungsversuch" (so aber *Geilen* Jura **1979** 670), sondern ein „Ausweitungseffekt, der durchgreifende Bedenken hervorruft" (treffend *Herdegen* aaO). **54**

Die – wichtigere – Frage nach dem **spätesten möglichen Zeitpunkt** für den Raubmitteleinsatz ist in der Theorie stark umstritten: Markieren die Grenzen, die das Gesetz unmittelbar nur dem „Betroffen"sein oder -werden setzt (Rdn. 30 ff), zugleich die Grenzen für die Raubmittelanwendung? Muss also der Diebstahl zum Zeitpunkt der Raubmittelanwendung noch *„frisch"* oder *„unbeendet"* sein? Wenn ja, wie verhalten sich beide Kriterien zueinander, wenn nein, bis zu welchem Zeitpunkt kann noch tatbestandsrelevante Gewalt verübt bzw. können tatbestandsrelevante Drohungen angewendet werden? **55**

Teils wird vertreten, Raubmittel könnten noch nach Beendigung des Diebstahls eingesetzt werden, sofern die Tat noch „frisch" sei (*Lackner/Kühl* Rdn. 4) bzw. solange zwischen Diebstahlsvollendung und Folgegeschehen ein ununterbrochener Zusammenhang bestehe (*Goosens* S. 141). Nach h.A. ist die Beendigung des Diebstahls (hierzu Rdn. 34 ff) hingegen insgesamt der „Schlusspunkt" (*Herdegen* LK[11] Rdn. 6) der Anwendbarkeit des § 252 StGB, und danach eingesetzte Raubmittel können nicht mehr tatbestandsmäßig sein.[31] Innerhalb der h.A. wird teilweise zusätzlich verlangt, die Tat **56**

---

[30] RGSt 73 343, 346; BGHSt **9** 255, 256 f; **28** 224, 226; **38** 295, 299; **41** 198, 203; BGH NJW **1975** 1176; **1987** 2687; JZ **1988** 471; StV **1987** 534; **1991** 349; *Fischer* Rdn. 4; *Günther* SK[5] Rdn. 6; *Lackner/Kühl* Rdn. 3; *Sander* MK Rdn. 6; *Sch/Schröder/Eser* Rdn. 3; Arzt/Weber/*Heinrich*/Hilgendorf BT § 17 Rdn. 19; *Kindhäuser* BT II § 16 Rdn. 2; *Krey/Hellmann* Rdn. 208; *Küper* BT S. 97; *Mitsch* BT 2/1 § 4 Rdn. 38; *Otto* BT § 46 Rdn. 53; *Rengier* BT 1 § 10 Rdn. 5; *Wessels/Hillenkamp* Rdn. 365.

[31] BGHSt **28** 224, 229; **38** 295, 299; BGH JZ **1988** 471; StV **1985** 13; **1986** 530; **1987** 196; BGHR StGB § 252 frische Tat 1 und 2; *Fischer* Rdn. 4; *Günther* SK[5] Rdn. 6 f; *Sander* MK Rdn. 7; *Sch/Schröder/Eser* Rdn. 3; *Mitsch* BT 2/1 § 4 Rdn. 39; *Otto* BT § 46 Rdn. 54; *Rengier* BT 1 § 10 Rdn. 6; *Wessels/Hillenkamp* Rdn. 365; **aA** auch BGHSt **22** 227, 229; Arzt/Weber/*Heinrich*/Hilgendorf BT § 17 Rdn. 19.

müsse noch „frisch" sein, wenn die Raubmittel eingesetzt würden, da nur so die Gleichwertigkeit von Raub und räuberischem Diebstahl gewährleistet werden könne.[32] Die Mehrzahl der Anhänger der h.A. geht demgegenüber davon aus, die „Tatfrische" sei nur Voraussetzung des Betroffenseins bzw. -werdens, so dass z.B. in Nacheilefällen Raubmittel auch nach Verlust der „Tatfrische", aber vor Beendigung des Diebstahls tatbestandsmäßig eingesetzt werden können.[33]

57 Der Streit ist praktisch weniger relevant, als es den Anschein hat. Insbesondere besteht weitgehend Einigkeit darüber, dass § 252 StGB anwendbar ist, wenn der im engen örtlichen und zeitlichen Zusammenhang mit der Tat betroffene und sogleich verfolgte Täter Raubmittel erst während der **Nacheile** – sei es auch nach länger andauernder und über längere Strecken führender Verfolgungsjagd – einsetzt.[34] Erfasst ist das gesamte Geschehen, während dessen der Täter ein erhöhtes Risiko läuft, die Beute zu verlieren, z.B. wenn der Dieb auf den Parkplatz vor dem Geschäft verfolgt wird und es erst dort zu einer tätlichen Auseinandersetzung um die Beute kommt (BGH 3 StR 203/84 vom 22.8.1984). Das gilt auch, wenn Betreffender und Nacheilender bzw. Verfolger nicht personengleich sind (Rdn. 45 ff), z.B. wenn das Diebstahlsopfer den Dieb auf frischer Tat betrifft, die Polizei alarmiert und diese die Verfolgung des Diebes aufnimmt, in deren Zuge der Dieb Raubmittel gegen Polizeibeamte anwendet. Gelingt es dem Täter hingegen, seine Verfolger „abzuschütteln", so führt es nicht zur Anwendung des § 252 StGB, wenn er später zufällig wieder aufgespürt wird und dann Raubmittel einsetzt. Auch wenn der Täter die Tatbeute bereits in seiner Wohnung geborgen hat, kann eine nachfolgende Raubmittelanwendung nicht zur Anwendung des § 252 StGB führen.

58 **4. Subjektiver Tatbestand.** Die Trennung zwischen objektivem und subjektivem Tatbestand fällt bei § 252 StGB schwer, da objektive Tatbestandsmerkmale wie das Betroffensein oder -werden oder die Gewaltverübung in Täterperspektive subjektiviert oder subjektiv aufgeladen werden. Wer den Diebstahl bloß als „Vortat" des § 252 StGB ansieht (s. Rdn. 8, 10), muss sich sogar zu der These versteigen, es handele sich um ein objektives Tatbestandsmerkmal und es seien Wegnahmevorsatz und Zueignungsabsicht nur „Komponenten" dieses objektiven Merkmals (so *Mitsch* BT 2/1 § 4 Rdn. 18, 48) – was wegen § 15 StGB die verqueren Fragen aufwirft, ob der Täter Vorsatz bezüglich des eigenen Wegnahmevorsatzes und der eigenen Zueignungsabsicht haben muss und ob es wegen des Simultaneitätsprinzips genügt, dass dieser Vorsatz erst zum Zeitpunkt der tatbestandsmäßigen Raubmittelanwendung vorliegt (vgl. *Mitsch* aaO Rdn. 48 f).

59 a) Den Diebstahl als den ersten Akt des räuberischen Diebstahls muss der Täter mit dem **Vorsatz, eine fremde bewegliche Sache wegzunehmen**, und mit **Zueignungsabsicht** begehen.[35] Drittzueignungsabsicht genügt, nicht aber das Wissen darum, dass der

---

[32] BGHSt **9** 162, 163; **28** 224, 229; *Günther* SK[5] Rdn. 10; *Hohmann/Sander* BT 1 § 7 Rdn. 11; *Küper* BT S. 99; *Perron* GA **1989** 145, 154; *Wessels/Hillenkamp* Rdn. 366; s. auch Arzt/Weber/*Heinrich*/Hilgendorf BT § 17 Rdn. 20.

[33] *Fischer* Rdn. 7; *Kindhäuser* NK Rdn. 18; *Sander* MK Rdn. 12; *Sch/Schröder/Eser* Rdn. 3; *Maurach/Schroeder/Maiwald* I § 35 Rdn. 41; *Mitsch* BT 2/1 § 4 Rdn. 39; *Schnarr* JR **1979** 316 f.

[34] BGH NJW **1952** 1026; GA **1962** 145; *Fischer* Rdn. 7; *Günther* SK[5] Rdn. 10; *Kindhäuser* NK Rdn. 18; *Sander* MK Rdn. 12; *Sch/Schröder/Eser* Rdn. 5; *Kindhäuser* BT II § 16 Rdn. 12; *Mitsch* BT 2/1 § 4 Rdn. 39; *Rengier* BT 1 § 10 Rdn. 7; *Schnarr* JR **1979** 316 f; *Wessels/Hillenkamp* Rdn. 367.

[35] Allgemeine Auffassung; s. nur *Maurach/Schroeder/Maiwald* I § 35 Rdn. 43; *Otto* BT § 46 Rdn. 62.

(Haupt-)Täter mit Zueignungsabsicht handelt (konsequenterweise **aA** diejenigen, welche auch Teilnehmer des Diebstahls oder gar Unbeteiligte für taugliche Täter des § 252 StGB halten, s. Rdn. 15). Unerheblich ist, ob der Täter zum Zeitpunkt des Diebstahls billigend in Kauf nimmt, weiß oder gar beabsichtigt, zur Besitzerhaltung Raubmittel anzuwenden; es genügt, dass er diesen Entschluss – nachdem er auf frischer Tat betroffen worden ist – erst auf der Flucht fasst (BGHSt 3 76, 78; BGH 1 StR 411/54 vom 9.11.1954).

b) Sodann muss der Täter spätestens zu dem Zeitpunkt, an dem er in Besitzerhaltungsabsicht zu Raubmitteln greift, **Vorsatz** haben, **dass er bei einem Diebstahl auf frischer Tat betroffen** ist oder wird. Er muss also die Umstände kennen, sie mindestens für möglich halten und billigend in Kauf nehmen, aus denen sich das Betroffensein oder -werden und die Tatfrische ergibt. Wer mit BGHSt **26** 95 objektiv das räumlich-zeitliche Zusammentreffen genügen lässt, muss „überschießend" (mindestens) die subjektive Erwartung, alsbald bemerkt zu werden, ergänzen und die Frage stellen, ob bei „hinkender Kongruenz" nur Versuch in Betracht kommt (so *Schnarr* JR **1979** 314, 316). **60**

c) Zum **Vorsatz, Gewalt zu verüben oder Drohungen anzuwenden**, gehört der Zweck, geleisteten oder erwarteten Widerstand gegen die Besitzerhaltung zu überwinden (näher Rdn. 48). Nach h.A. ist es unerheblich, ob das Gewalt- oder Drohungsopfer tatsächlich zu Widerstand bereit ist; es ist erforderlich, aber auch genügend, dass der Täter – wenn auch irrig – hiervon ausgeht (näher Rdn. 45 ff). **61**

d) Schließlich müssen die Raubmittel in der **Absicht, sich im Besitz des gestohlenen Guts zu erhalten**, angewendet werden. Mehr noch als das Betroffensein oder -werden trägt dieses Merkmal die Last, die Raubgleichheit des räuberischen Diebstahls zu gewährleisten. Da es sich um ein subjektives Tatbestandsmerkmal handelt, muss der Täter nicht objektiv (schon oder noch) im Besitz der Beute sein, wenn er Gewalt verübt oder Drohungen anwendet; es genügt vielmehr die irrige Vorstellung, Besitz zu haben, z.B. wenn der Dieb die Beute unbemerkt verloren hat oder ein Mittäter davon ausgeht, ein anderer Mittäter habe die Wegnahme bereits vollendet (BGH NJW **1968** 2386; OLG Stuttgart NJW **1966** 1931). **62**

Besitzerhaltungsabsicht ist eine Absicht im technischen Sinne (*dolus directus ersten Grades*), so dass es dem Täter auf die Besitzerhaltung ankommen, er sie anstreben, zielgerichtet wollen muss.[36] Ob es so liegt, ist in der Sache häufig zweifelhaft, weil ertappte Diebe Gewalt oder Drohungen auch anwenden, um zu entkommen und sich so der Feststellung der Person, der Ergreifung und Strafverfolgung zu entziehen, was § 252 StGB für sich genommen nicht erfasst (und was mit § 247 Nr. 3 E 1962 erfasst werden sollte, s. Fn. 1). Wie es im Einzelfall liegt, ist zum einen **Tatfrage**, bei der die Revisionsgerichte den Tatgerichten weiten Spielraum lassen. So beanstandet BGHSt **26** 95, 97 die tatrichterliche Feststellung von Besitzerhaltungsabsicht nicht, obschon der Täter sich alsbald nach seinem Entkommen der Diebesbeute entledigte, und OLG Köln NStZ **2005** 446 mit Bespr. *Kudlich* JuS **2005** 1055 (s. auch OLG Hamm StV **2005** 336) entnimmt die Besitzerhaltungsabsicht daraus, dass der Täter die Möglichkeit hatte, sich auf der Flucht der Beute gefahrlos zu entledigen (**krit.** Arzt/Weber/*Heinrich*/Hilgendorf BT § 17 Rdn. 25: „faktisch … Beweislastumkehr"). In rechtlicher Hinsicht geht die h.A. davon aus, die **63**

---

36 Allgemeine Auffassung, s. *Fischer* Rdn. 9; *Günther* SK⁵ Rdn. 20; *Kindhäuser* NK Rdn. 20; *Lackner/Kühl* Rdn. 5; *Sch/Schröder/Eser* Rdn. 7; *Kindhäuser* BT II § 16 Rdn. 14; *Mitsch* BT 2/1 § 4 Rdn. 50; *Rengier* BT 1 § 10 Rdn. 13.

Besitzerhaltungsabsicht brauche nicht der einzige oder auch nur dominierende Beweggrund des Täters zu sein und andere Motive könnten mit im Spiele sein, wenn es dem Täter nur *auch* darauf ankomme, den Besitzverlust zu vereiteln (**Motivbündel**).[37] Insbesondere ist § 252 StGB anwendbar, wenn der Täter mit dem Willen handelt, das Diebesgut zu verteidigen und sich zugleich der Strafverfolgung zu entziehen (BGH NStZ **2000** 530; NStZ-RR **2005** 340 = StV **2005** 606, 607). Strengere Maßstäbe anzulegen, würde Tür und Tor für Schutzbehauptungen öffnen.

**64** Die altertümliche Formulierung „sich im Besitz des gestohlenen Guts zu erhalten" ist modern auszulegen: „Besitz" meint *Gewahrsam* (*Kindhäuser* NK Rdn. 29), auch (gleichrangigen oder jedenfalls nicht untergeordneten) Mitgewahrsam. Bürgerlich-rechtlicher mittelbarer Besitz ohne Gewahrsam genügt aber nicht (**aA** *Mitsch* BT 2/1 § 4 Rdn. 44; in OLG Stuttgart NJW **1966** 1931 dürfte Mitgewahrsam vorgelegen haben). Gestohlenes „Gut" meint die gestohlene *fremde bewegliche Sache* (s. hierzu *Mitsch* aaO Rdn. 53 ff). Im (Ausnahme-)Fall des Eigentumsüberganges auf den Täter mit oder unmittelbar nach dem Diebstahl dürfte die Tat hiermit beendet sein, so dass § 252 StGB bei nachfolgender Raubmittelanwendung in Besitzerhaltungsabsicht unanwendbar sein dürfte (mit anderer Begründung – [objektiv] untaugliches Tatobjekt – i.E. ebenso *Mitsch* aaO Rdn. 54).

**65** Die Absicht, sich den Besitz *auf Dauer* zu erhalten, verlangt das Gesetz *nicht*; auch wenn mit der h.A. in die Besitzerhaltungs- die fortbestehende Zueignungsabsicht hineinzulesen ist (sogleich Rdn. 66), muss die beabsichtigte Besitzerhaltung nur bis zur Zueignung reichen (vgl. *Mitsch* BT 2/1 § 4 Rdn. 55 zum Problem des räuberischen Diebstahls eines Sparbuchs in Sachwertzueignungsabsicht). Umgekehrt verlangt die h.A., dem Täter müsse es darauf ankommen, durch den Raubmitteleinsatz eine – wie er meint – *gegenwärtige oder unmittelbar bevorstehende Gewahrsamsentziehung* zu verhindern,[38] woran es z.B. fehlen kann, wenn der Täter Gewalt anwendet, um die Feststellung seines Autokennzeichens und so ein erst späteres Herausgabeverlangen des Geschädigten zu vereiteln (BGHSt **9** 162). Dagegen wird eingewandt, eine solche Einschränkung sei weder nach dem Wortlaut noch nach Sinn und Zweck des § 252 StGB geboten; die Rechtsprechung verkenne, dass zwei erstrebte Ziele zeitlich und sachlich – gleichsam als Nah- und Fernziel – gestaffelt sein könnten und die Staffelung dem Fernziel nicht die Bedeutung eines mitbestimmenden Motivs nehme.[39] Aber die Gebote der restriktiven und raubgleichen Auslegung des § 252 StGB sprechen entscheidend für die h.A., der allenfalls der Gesetzgeber eine Absage erteilen könnte (wie es in § 247 Nr. 2 E 1962 vorgesehen war, s. Fn. 1).

---

[37] BGHSt **13** 64, 65; BGH GA **1962** 145; NStZ **1984** 454, 455; **2000** 530, 531; **2005** 340 = StV **2005** 606, 607; *Fischer* Rdn. 9; *Kindhäuser* NK Rdn. 21; *Lackner/Kühl* Rdn. 5; *Sander* MK Rdn. 16; *Sch/Schröder/Eser* Rdn. 7; Arzt/Weber/*Heinrich*/Hilgendorf BT § 17 Rdn. 25; *Geilen* Jura **1980** 43, 45; *Jäger* BT Rdn. 309; *Kindhäuser* BT II § 16 Rdn. 14; *Maurach/Schroeder/Maiwald* I § 35 Rdn. 43; *Mitsch* BT 2/1 § 4 Rdn. 50; *Otto* BT § 46 Rdn. 61; *Rengier* BT 1 § 10 Rdn. 16; *Wessels/Hillenkamp* Rdn. 371; einschränkend *Günther* SK[5] Rdn. 21 und *Schünemann* JA **1980** 393, 399 (Besitzbehauptung als „dominierender Endzweck").

[38] BGHSt **9** 162, 164; **13** 64, 65; **28** 224, 231; BGH StV **1987** 196; *Fischer* Rdn. 9; *Sander* MK Rdn. 15; *Sch/Schröder/Eser* Rdn. 7; *Mitsch* BT 2/1 § 4 Rdn. 52; *Wessels/Hillenkamp* Rdn. 371.

[39] *Günther* SK[5] Rdn. 22; *Herdegen* LK[11] Rdn. 17; *Geilen* Jura **1980** 43, 45; *Küper* BT S. 92 f; *ders.* JZ **2001** 730, 737 f; *Rengier* BT 1 § 10 Rdn. 10; *ders.* NStZ **1992** 590; *Schünemann* JA **1980** 393, 399; s. weiterhin *Lackner/Kühl* Rdn. 5; *Maurach/Schroeder/Maiwald* I § 35 Rdn. 43.

Gleichfalls im Sinne einer restriktiven und raubgleichen Auslegung zu befürworten ist, dass die h.A. die Besitzerhaltungsabsicht als eine dem „Sachstand", nämlich der Gewahrsamerlangung **angepasste Zueignungsabsicht** versteht (BGH StV **1987** 534, 535). Sie fehlt demjenigen, welcher nur deshalb mit der Beute flieht, weil er sie alsbald preisgeben (vernichten, zerstören) will, damit sie nicht als Beweismittel gegen ihn Verwendung finden kann.[40] Das gilt auch, wenn der Täter nur deshalb Gewalt verübt und die Beute in der Einkaufstasche noch vorübergehend bei sich behält, um seine sonst sichere Überführung zu verhindern (**aA** OLG Köln NJW **1967** 739). 66

Seit dem 6. StrRG 1998 ist der **Gleichlauf zwischen Besitzerhaltungs- und Zueignungsabsicht** allerdings insoweit **gestört**, als für den räuberischen Diebstahl weiterhin erforderlich ist, dass der Täter *sich* den Besitz erhalten will, während beim Diebstahl *Dritt*zueignungsabsicht genügt.[41] Es wäre aber verbotene Analogie, für einen täterschaftlichen räuberischen Diebstahl „Dritt-Besitzerhaltungsabsicht" genügen zu lassen (wie es § 247 Nr. 1 Alt. 2 E 1962 vorsah, s. Fn. 1). Daraus ergeben sich erhebliche Folgeprobleme, wenn ein Beteiligter Gewalt „altruistisch", d.h. um einem anderen Beteiligten den Besitz zu erhalten, anwendet (s. *Dehne-Niemann* JuS **2008** 589 ff; *Weigend* GA **2007** 274, 278 ff). Nach allgemeinen Grundsätzen ist immerhin eine mittäterschaftliche Zurechnung in der Weise möglich, dass der Mittäter, der selbst Raubmittel einsetzt, nicht zwingend selbst (Mit-)Gewahrsam am Diebesgut haben muss, wenn und solange die durch den Diebstahl erlangte Zueignungsposition auch für ihn besteht.[42] Ist die Beute geteilt, so kann jeder Mittäter nur noch den eigenen Gewahrsam am Beuteteil verteidigen. 67

## III. Beteiligung

1. **Täterschaft.** Täter eines räuberischen Diebstahls kann nur sein, wem sowohl der Diebstahl als auch das Betroffensein oder -werden als auch die Raubmittelanwendung täterschaftlich zugerechnet werden kann (s. bereits Rdn. 14 ff). Das setzt voraus, dass hinsichtlich des Diebstahls (mindestens Dritt-)Zueignungsabsicht und hinsichtlich der Raubmittelanwendung (Selbst-)Besitzerhaltungsabsicht vorliegen. Zu der älteren Gegenauffassung, wonach Diebstahlsteilnehmer oder gar am Diebstahl Unbeteiligte Täter des § 252 StGB sein können, s. Rdn. 15. 68

Weder Wegnahme noch Raubmittelanwendung setzen eigenhändiges Handeln voraus. Deshalb kommt **Mittäterschaft** auch dessen in Betracht, der nicht eigenhändig weg- 69

---

40 BGHSt **9** 162; MDR **1987** 154; 5 StR 254/56 bei *Pfeiffer/Maul/Schulte* Anm. 7; KG StV **2004** 67; OLG Hamm StV **2005** 336; OLG Köln NStZ-RR **2004** 299; OLG Zweibrücken JR **91** 383, 384; StV **94** 545, 546; *Günther* SK[5] Rdn. 20; *Kindhäuser* NK Rdn. 21; *Lackner/Kühl* Rdn. 5; *Sander* MK Rdn. 15; *Sch/Schröder/Eser* Rdn. 7; Arzt/ Weber/*Heinrich*/Hilgendorf BT § 17 Rdn. 24; *Jäger* BT Rdn. 309; *Kindhäuser* BT II § 16 Rdn. 14; *Krey/Hellmann* Rdn. 212; *Küper* BT S. 93; *Mitsch* BT 2/1 § 4 Rdn. 56; *Otto* JZ **1993** 559, 570; *Rengier* BT 1 § 10 Rdn. 17; *Schröder* NJW **1967** 1335; *Wessels/ Hillenkamp* Rdn. 371; **aA** *Maurach/Schroeder/Maiwald* I § 35 Rdn. 43.

41 S. zum Problem *Fischer* Rdn. 9a; *Günther* SK[5] Rdn. 19, 24; *Kindhäuser* NK Rdn. 20; *Lackner/Kühl* Rdn. 5; *Sch/Schröder/Eser* Rdn. 7; *Freund* ZStW **109** (1997) 455, 482; *Mitsch* ZStW **111** (1999) 65, 109; *Wessels/ Hillenkamp* Rdn. 370.

42 BGHSt **6** 248, 251; OLG Stuttgart NJW **1966** 1931; *Kindhäuser* NK Rdn. 25; *Sander* MK Rdn. 17; *Sch/Schröder/Eser* Rdn. 10; Arzt/Weber/*Heinrich*/Hilgendorf BT § 17 Rdn. 26; *Geilen* Jura **1980** 43, 45 f; *Kindhäuser* BT II § 16 Rdn. 19; *Maurach/Schroeder/Maiwald* I § 35 Rdn. 40; *Otto* BT § 46 Rdn. 63; *Rengier* BT 1 § 10 Rdn. 21; *Wessels/Hillenkamp* Rdn. 373a.

nimmt, keine Raubmittel anwendet oder beides nicht tut. Hinsichtlich der Wegnahme lassen Rechtsprechung und ein Teil der Lehre auch und gerade bei § 252 StGB *„sukzessive"* Mittäterschaft auch in der Weise zu, dass der Mittäter erst nach Wegnahmevollendung hinzukommt, aufgrund spontan gefassten gemeinsamen Tatentschlusses in Selbst- oder Drittzueignungs- und Besitzerhaltungsabsicht einen mittäterschaftlichen Tatbeitrag leistet, z.B. beim Abtransport der bereits weggenommenen Beute um eines Beuteanteils willen mithilft, und es dann zum Raubmitteleinsatz in Besitzerhaltungsabsicht kommt.[43] Das begegnet aber allen Bedenken gegen die Möglichkeit „sukzessiver" Mittäterschaft nach Tatvollendung (näher *Schünemann* LK § 25 Rdn. 197 ff); trägt die Abtransporthilfe nicht bereits zur Wegnahmevollendung bei, liegt insgesamt nur Beihilfe vor, selbst wenn der Gehilfe eigenhändig Raubmittel einsetzt (vgl. *Schünemann* aaO Rdn. 197 a.E.).

**70** Wendet *einer von mehreren Mittätern* des Diebstahls *Raubmittel* zur Besitzerhaltung an, so ist eine mittäterschaftliche Zurechnung der Raubmittelanwendung rechtlich möglich und tatsächlich naheliegend, wenn der Raubmitteleinsatz von Anfang an in den Tatplan einbezogen, für möglich gehalten und billigend in Kauf genommen worden ist; Indiz dafür kann sein, dass – wie alle Mittäter wissen – Waffen mitgeführt werden. In derartigen Fällen ist auch regelmäßig davon auszugehen, dass alle Mittäter vor Beuteteilung gleichrangigen Mitgewahrsam haben, den alle für „sich" erhalten wollen und den der Raubmittel anwendende Mittäter für alle verteidigt (s. bereits Rdn. 67). Kommt es unerwartet zur Raubmittelanwendung durch einen Mittäter des Diebstahls, so ist es rechtlich möglich, einen sukzessiv-spontan gefassten gemeinsamen Tatentschluss in gemeinsamer Besitzerhaltungsabsicht mit allseitigen physischen oder psychischen Tatbeiträgen zu konstruieren. In tatsächlicher Hinsicht muss aber die Möglichkeit eines Mittäterexzesses ausgeschlossen werden, und materiell-rechtliche Konstruktionen dürfen nicht auf Verdachtsstrafen hinauslaufen.

**71** Schwierige Beteiligungsfragen entstehen, wenn eine *andere Person als ein (Mit-)Täter des Diebstahls* Raubmittel anwendet – sei es ein von Anfang an beteiligter Diebstahlsgehilfe, sei es ein am Diebstahl (zunächst) Unbeteiligter und Hinzukommender, der (z.B. weil er sich Belohnung verspricht) gegen einen Verfolger Raubmittel einsetzt (so in BGHSt 6 248). Als Täter eines räuberischen Diebstahls kommen solche Personen nicht in Betracht, und zwar entgegen einer älteren Auffassung auch dann nicht, wenn sie sich im Besitz des Diebesguts befinden und, um sich diesen Besitz zu erhalten, Raubmittel anwenden (s. Rdn. 15 f). Die auf den ersten Blick naheliegende Lösung, sie seien Gehilfen eines räuberischen Diebstahls, ist weniger einfach zu begründen als es den Anschein hat. Denn wenn der Täter (die Mittäter) des Diebstahls keine Raubmittel anwendet (anwenden), müsste, damit eine Haupttat des räuberischen Diebstahls vorläge, die Raubmittelanwendung ihm (ihnen) täterschaftlich zurechenbar sein. Nach h.A. soll diese Zurechnung kraft Mittäterschaft gelingen, wenn ein ggf. spontan gefasster gemeinsamer Tatentschluss vorliegt, der Gehilfe oder zunächst Unbeteiligte also „im Einvernehmen mit dem Vortäter" (*Herdegen* LK[11] Rdn. 18) handelt.[44] Dieser Weg ist aber nicht gangbar,

---

[43] BGHSt 2 344; JZ **1981** 596; *Günther* SK[5] Rdn. 25; *Lackner/Kühl* Rdn. 6; *Sch/Schröder/Eser* Rdn. 10; *Arndt* GA **1954** 269, 271; *Geppert* Jura **1990** 554, 558; *Otto* BT § 46 Rdn. 64; krit. *Arzt/Weber/Heinrich/*Hilgendorf BT § 17 Rdn. 26; *Küper* JZ **1981** 568, 570 ff.

[44] BGHSt 6 248, 251; StV **1991** 349; *Kindhäuser* NK Rdn. 25; *Sch/Schröder/Eser* Rdn. 11; *Blei* BT S. 209 f; *Hillenkamp* JuS **2003** 157, 160; *Rengier* BT 1 § 10 Rdn. 19. Vgl. auch *Küper* BT S. 95 f.

weil ein *Gehilfen*beitrag nicht *mittäter*schaftlich zugerechnet werden kann. Vielmehr kann die Zurechnung nur über *mittelbare* Täterschaft gelingen, insbesondere über die (keineswegs unbestrittene, s. *Schünemann* LK § 25 Rdn. 138 ff) Rechtsfigur des „absichtslos-dolosen Werkzeugs" (s. auch *Dehne-Niemann* JuS **2008** 589, 591 f). Sie heranzuziehen liegt nahe, wenn der oder die Täter des Diebstahls den Gehilfen von Anfang an mit allfälliger Raubmittelanwendung zwecks Besitzerhaltung betrauen; hingegen kann die spontane „Hilfe" eines zum Diebstahl Hinzukommenden kaum als Handeln eines Werkzeugs begriffen werden, auch wenn ihm die Zueignungs- bzw. Besitzerhaltungsabsicht fehlt. Fehlt es an einem ggf. spontan gefassten gemeinsamen Tatentschluss, weil der Gehilfe oder zunächst Unbeteiligte „ohne Einvernehmen mit dem Täter der Vortat" handelt (*Herdegen* aaO), oder lässt sich dieser Entschluss nicht nachweisen, so bleibt es auch nach h.A. in der Person des (Haupt-)Täters bzw. der (Haupt-)Täter bei bloßer Diebstahlsstrafbarkeit, und der Gehilfe bzw. zunächst Unbeteiligte kann sich nur wegen Nötigung, Körperverletzung und ggf. Begünstigung strafbar machen.[45]

2. Der **Teilnehmer** (Anstifter oder Gehilfe) muss seinen Tatbeitrag mit dem Vorsatz erbringen, den oder die (Haupt-)Täter zu einem räuberischen Diebstahl in Besitzerhaltungsabsicht zu bestimmen oder die (Haupt-)Tat durch Rat oder Tat zu fördern. Anstiftung oder Beihilfe ist vor Tatbeginn möglich, wenn die Beteiligten bereits zu diesem Zeitpunkt eine Raubmittelanwendung zur Besitzerhaltung in ihren Tatplan einbeziehen, als möglich ansehen und billigend in Kauf nehmen; Indiz hierfür kann sein, dass – wie alle Beteiligte wissen – Waffen mitgeführt werden. Die theoretisch denkbare, freilich kaum praktische Konstellation, dass der oder die (Haupt-)Täter des § 252 StGB bei oder nach Diebstahlsvollendung von einem Außenstehenden zur Raubmittelanwendung in Besitzerhaltungsabsicht bestimmt werden (z.B. indem der Außenstehende den Dieb auf einen Verfolger aufmerksam macht und dabei für möglich hält und billigend in Kauf nimmt, dass dann Raubmittel angewendet werden), ist als „Um-" oder „Aufstiftung" und richtigerweise als Anstiftung zu beurteilen (näher *Schünemann* LK § 26 Rdn. 21 ff). Hat oder haben der oder die (Haupt-)Täter zunächst nur einen Diebstahl in Aussicht genommen und wendet er oder wenden sie spontan Raubmittel in Besitzerhaltungsabsicht an, so kann der Umstand, dass der Diebstahlsgehilfe den Diebstahl gefördert und bei der Raubmittelanwendung „dabei" ist, für sich genommen noch nicht zur Strafbarkeit des Diebstahlgehilfen nach §§ 252, 27 StGB führen, und zwar auch dann nicht, wenn dieser erkennt, dass nunmehr Raubmittel in Besitzerhaltungsabsicht eingesetzt werden; erforderlich ist vielmehr ein konkreter physischer oder psychischer Beitrag gerade zur Raubmittelanwendung. **72**

## IV. Vollendung und Versuch

1. **Vollendung.** Der räuberische Diebstahl ist vollendet, wenn der Täter in Besitzerhaltungsabsicht Raubmittel anwendet. Unerheblich ist, ob ihm die Verteidigung der Beute gelingt und er den Gewahrsam behaupten kann; § 252 StGB lässt Besitzerhaltungsabsicht genügen und ist insoweit kupiertes Erfolgsdelikt.[46] Selbst die freiwillige Rück- **73**

---

45 *Kindhäuser* NK Rdn. 25; *Lackner/Kühl* Rdn. 6; *Sch/Schröder/Eser* Rdn. 11; *Blei* BT S. 209 f; *Geppert* Jura **1990** 554, 558; *Rengier* BT 1 § 10 Rdn. 20; *Schünemann* JA 1980 393, 399.

46 BGH NJW **1968** 2386, 2387; StV **1985** 13; *Fischer* Rdn. 10; *Günther* SK[5] Rdn. 2; *Kindhäuser* NK Rdn. 2, 23; *Lackner/Kühl* Rdn. 5; *Sander* MK Rdn. 1, 18; *Sch/Schröder/Eser* Rdn. 8; *Blei* BT S. 210; *Kindhäuser* BT II

gabe des Diebesguts nach Raubmittelanwendung in Besitzerhaltungsabsicht berührt die Vollendungsstrafbarkeit nicht; einen Strafbefreiungsgrund der tätigen Reue kennt das geltende Recht nicht. Der Vollendung steht nicht entgegen, dass der Täter den Gewahrsam am Diebesgut bereits vor Raubmittelanwendung verloren hat, wenn er nur irrig von fortbestehendem Gewahrsam ausgeht (s. auch Rdn. 62). Auch im Rahmen anderer Tatbestandsmerkmale – wie „betroffen" (s. Rdn. 20 ff) oder bei der „Opfertauglichkeit" (s. Rdn. 45 ff) – nimmt die h.A. Subjektivierungen vor, die zu einer Vollendungsstrafbarkeit führen, obwohl materiell gesehen Versuchsunrecht vorliegt.

**74** 2. **Versuch.** Der Versuch des Verbrechens des räuberischen Diebstahls ist strafbar (§§ 23 Abs. 1, 12 Abs. 1 StGB). In der Praxis gibt es aber kaum Raum für bloß versuchte räuberische Diebstähle. Das Ansetzen zum Diebstahl oder auch dessen Ausführung ist als solches auch dann kein unmittelbares Ansetzen zum räuberischen Diebstahl, wenn der Täter die Möglichkeit der Raubmittelanwendung in Besitzerhaltungsabsicht von Anfang an in seinen Tatplan einbezogen, für möglich gehalten und billigend in Kauf genommen hat. Für §§ 252, 22 StGB kommen daher nur die Konstellationen in Betracht, dass der bei einem Diebstahl auf frischer Tat Betroffene zur Gewaltverübung oder Drohung in Besitzerhaltungsabsicht nur ansetzt (z.B. den Abzug der Schusswaffe betätigt, ohne dass sich ein Schuss löst, oder jemanden, der kein Deutsch versteht, auf Deutsch bedroht)[47] oder – was eher zur „Lehrbuchkriminalität" gehören dürfte – dass ein Mittäter in der irrigen Annahme, ein anderer Mittäter habe die Wegnahme bereits vollendet, in Besitzerhaltungsabsicht Raubmittel anwendet oder ein Täter trotz Gewahrsamserlangung nur einen Diebstahlsversuch (z.B. an einer unerkannt eigenen oder herrenlosen Sache oder bei einer „Diebesfalle") begeht und sodann in Besitzerhaltungsabsicht Raubmittel anwendet oder anzuwenden versucht.[48] S. aber auch Rdn. 23 ff und 48 zur irrigen Annahme des Betroffenseins und zum Raubmitteleinsatz gegen nur vermeintlich Schutzbereite.

## V. Rechtsfolgen der Tat und Prozessuales

**75** Die gesetzliche Anordnung, der Täter des § 252 StGB sei „gleich einem Räuber" zu bestrafen, wird nicht selten als **„Rechtsfolgenverweisung"** bezeichnet.[49] In der Tat ist zunächst unstreitig, dass räuberischer Diebstahl mit dem Strafrahmen des Raubes bedroht ist – das schließt die Möglichkeit ein, bei minder schweren Fällen den gemilderten Strafrahmen des § 249 Abs. 2 StGB anzuwenden – und dass Führungsaufsicht gem. § 256 StGB angeordnet werden kann. Zudem ist es nach einhelliger Ansicht möglich, unter den in §§ 250, 251 StGB genannten Voraussetzungen auch deren Strafrahmen anzuwenden.[50] Aber das geht über eine bloße Rechtsfolgenverweisung hinaus: Der Schuld-

§ 16 Rdn. 16; *Krey/Hellmann* Rdn. 207; *Maurach/Schroeder/Maiwald* I § 35 Rdn. 1; *Mitsch* BT 2/1 § 4 Rdn. 41; *Wessels/Hillenkamp* Rdn. 361, 372.

[47] BGHSt **14** 114, 115; OLG Karlsruhe MDR **1978** 244; *Fischer* Rdn. 10; *Kindhäuser* NK Rdn. 22; *Sander* MK Rdn. 18; *Blei* BT S. 210; *Kindhäuser* BT II § 16 Rdn. 16; *Mitsch* BT 2/1 § 4 Rdn. 57.

[48] *Fischer* Rdn. 10; *Kindhäuser* NK Rdn. 22; *Lackner/Kühl* Rdn. 3; *Sander* MK Rdn. 18; *Blei* BT S. 210; *Mitsch* BT 2/1 § 4 Rdn. 57; *Wessels/Hillenkamp* Rdn. 372.

[49] *Günther* SK[5] Rdn. 30; *Kindhäuser* NK Rdn. 27; *Sch/Schröder/Eser* § 252 Rdn. 12; mit Recht krit. („ungenau") *Sander* MK Rdn. 21, s. hierzu im Text.

[50] BGHSt **17** 179, 180; BGH NStZ-RR **2002** 237; *Fischer* Rdn. 13; *Günther* SK[5] Rdn. 30; *Kindhäuser* NK Rdn. 27; *Lackner/Kühl* Rdn. 7; *Sander* MK Rdn. 21; *Sch/Schröder/Eser* § 252 Rdn. 12; Arzt/Weber/*Heinrich*/

spruch muss auf „schweren räuberischen Diebstahl" (BGH NStZ-RR **2002** 234) oder auch „räuberischen Diebstahl mit Todesfolge" lauten (*Sander* aaO Rdn. 22). Auch in der Sache beinhaltet die Verweisung des § 252 StGB auf §§ 250, 251 StGB insoweit eine Verengung des Anwendungsbereichs dieser Vorschriften, als die dort genannten Qualifikationstatbestände nach einhelliger Auffassung auf die Raubmittelanwendung zu beziehen sind.[51] Für § 250 StGB bedeutet das: Nicht gem. §§ 252, 250 Abs. 1 Nr. 1a) und b) StGB, sondern nach h.A. gem. §§ 244 Abs. 1 Nr. 1a) und b), 252, 52 StGB strafbar (s. hierzu Rdn. 77) ist, wer die Waffe, das gefährliche Werkzeug oder das Werkzeug oder Mittel zwar beim Diebstahl, aber nicht mehr im Zeitpunkt des Ansetzens zur Raubmittelanwendung bei sich führt (BGHSt **17** 179). Die bei §§ 250 (Abs. 1 Nr. 1c], Abs. 2 Nr. 3), 251 StGB diskutierte Frage, ob qualifizierende Erfolge oder Gefahrerfolge nur dann tatbestandsrelevant sind, wenn sie auf der Raubmittelanwendung beruhen, oder auch dann, wenn sie durch die Wegnahme (z.B. lebensnotwendiger Medikamente) bewirkt werden (s. § 250 Rdn. 24, § 251 Rdn. 6 f), ist bei § 252 StGB im zuerst genannten Sinne zu beantworten.

Räuberischer Diebstahl ist auch in den Fällen der §§ 247, 248a StGB **kein Antragsdelikt**. Wiederholungsgefahr ist **Haftgrund** (§ 112a Abs. 1 Nr. 2 StPO). Räuberischer Diebstahl mit Todesfolge muss zum **Schwurgericht** angeklagt werden (§ 74 Abs. 2 Satz 1 Nr. 14 GVG). **Wahldeutige Verurteilung** wegen Raubes oder räuberischen Diebstahls ist möglich (s. § 249 Rdn. 65). **76**

## VI. Konkurrenzen

1. **Verhältnis zum Diebstahl.** Der bei vollendetem räuberischem Diebstahl notwendigerweise täterschaftlich begangene, vollendete **Diebstahl** tritt grundsätzlich im Wege der Gesetzeskonkurrenz zurück.[52] Gleiches gilt, wenn und soweit § 250 StGB anwendbar ist (soeben Rdn. 75), für die mit verwirklichten §§ 244, 244a StGB.[53] Idealkonkurrenz wird um deren Klarstellungsfunktion willen befürwortet, wenn der räuberische Diebstahl nur versucht, der Diebstahl aber vollendet ist (s. hierzu Rdn. 74)[54] oder wenn zwar §§ 244, 244a, nicht aber § 250 StGB anwendbar sind, z.B. wenn sich der Dieb der mitgeführten Schusswaffe vor Raubmittelanwendung entledigt (s. hierzu Rdn. 75).[55] **77**

---

Hilgendorf BT § 17 Rdn. 28; *Jäger* BT Rdn. 304; *Kindhäuser* BT II § 16 Rdn. 1; *Krey/Hellmann* BT Rdn. 213; *Maurach/Schroeder/Maiwald* I § 35 Rdn. 44; *Mitsch* BT 2/1 § 4 Rdn. 60 ff; *Otto* BT § 46 Rdn. 50; *Rengier* BT 1 § 10 Rdn. 1; *Wessels/Hillenkamp* Rdn. 375.

51 RGSt **19** 141, 147; **71** 65, 66, 68; OGHSt 2 323, 324; BGHSt **17** 179, 180 f; *Fischer* Rdn. 13; *Kindhäuser* NK Rdn. 27; *Sander* MK Rdn. 21; *Sch/Schröder/Eser* § 252 Rdn. 12; *Maurach/Schroeder/Maiwald* I § 35 Rdn. 44; *Mitsch* BT 2/1 § 4 Rdn. 60 ff.

52 *Fischer* Rdn. 12; *Günther* SK[5] Rdn. 28; *Herdegen* LK[11] Rdn. 21; *Kindhäuser* NK Rdn. 28; *Lackner/Kühl* Rdn. 8; *Sander* MK Rdn. 19; *Sch/Schröder/Eser* Rdn. 13; *Arzt/Weber/Heinrich*/Hilgendorf BT § 17 Rdn. 38; *Maurach/Schroeder/Maiwald* I § 35 Rdn. 44; *Otto* BT § 46 Rdn. 65; *Schünemann* JA **1980** 393, 399; **aA** *Lask* S. 270 ff.

53 *Günther* SK[5] 28; *Herdegen* LK[11] Rdn. 21; *Kindhäuser* NK Rdn. 28; *Lackner/Kühl* Rdn. 8; *Sch/Schröder/Eser* Rdn. 13; *Geppert* Jura **1990** 554, 559.

54 *Fischer* Rdn. 12 (anders noch *Dreher/Tröndle* 44. Aufl. Rdn. 2); *Geppert* Jura **1990** 554, 558; *Herdegen* LK[11] Rdn. 21; *Kindhäuser* NK Rdn. 28; *Lackner/Kühl* Rdn. 8; *Otto* BT § 46 Rdn. 65; *Sander* MK Rdn. 19; **aA** OLG Karlsruhe MDR **1978** 244; *Günther* SK[5] Rdn. 28; *Sch/Schröder/Eser* Rdn. 13; *Maurach/Schroeder/Maiwald* I § 35 Rdn. 44; *Schünemann* JA **1980** 393, 399.

55 *Herdegen* LK[11] Rdn. 21; *Kindhäuser* NK Rdn. 28; *Sch/Schröder/Eser* Rdn. 12.

Freilich ist diese Idealkonkurrenz im Hinblick auf § 52 StGB für Strafrahmen und Strafe praktisch bedeutungslos.

78 2. **Verhältnis zur Nötigung usw.** Wer die Klarstellungsfunktion der Idealkonkurrenz auf die Spitze treibt, kann nur den im vollendeten räuberischen Diebstahl notwendigerweise enthaltenen beendeten Nötigungsversuch zurücktreten lassen, müsste sich aber für Tateinheit zwischen räuberischem Diebstahl und vollendeter Nötigung aussprechen, wenn die Anwendung von Raubmitteln zu einer die beabsichtigte Besitzerhaltung ermöglichenden Handlung, Duldung oder Unterlassung des Genötigten führt; soweit ersichtlich, vertritt das aber niemand.[56] Wegen des unterschiedlichen Rechtsguts kann § 252 aber mit **§ 113 StGB** tateinheitlich zusammentreffen (BGH 1 StR 444/61 vom 1.11.1961; OLG Celle HESt **1** 2, 16), erst recht mit durch den Raubmitteleinsatz begangenen **Tötungs-, Körperverletzungs- oder Freiheitsdelikten.**[57]

79 3. **Verhältnis zum Raub.** In den nicht seltenen Fällen, in denen der Täter Raubmittel sowohl zur Wegnahme anwendet, also Raub begeht, und anschließend die Beute mit Raubmitteln verteidigt, also räuberischen Diebstahl begeht, stellen sich *vor den Konkurrenz- zwei Sachfragen*: Sollen §§ 250, 251 StGB angewendet werden, wenn der Räuber sie erst durch Handlungen nach Wegnahmevollendung verwirklicht, die ggf. (z.B. mangels Betroffensein auf frischer Tat oder Besitzerhaltungsabsicht) nicht nach § 252 StGB erfasst werden können? S. hierzu § 250 Rdn. 23, 36, 39, § 251 Rdn. 7. Und soll § 252 StGB angewendet werden, wenn als „Vortat" bzw. erster Akt nicht bloß ein Diebstahl, sondern sogar ein Raub vorliegt, so dass ggf. – verneint man die erste Frage – an sich nach § 252 i.V.m. §§ 250, 251 StGB zu erfassende Konstellationen nur nach § 249 StGB bestraft werden können? S. hierzu Rdn. 12.

80 Im Übrigen geht die h.A. davon aus, dass ein nach Raub begangener räuberischer Diebstahl zur Verteidigung der Raubbeute im Wege der Gesetzeskonkurrenz zurücktritt, sofern nicht der räuberische Diebstahl stärker qualifiziert ist als der Raub.[58] Das bedeutet Vorrang der §§ 249, 250 oder 251 vor § 252; aber Vorrang der §§ 252 i.V.m. 250 vor § 249 oder Vorrang der §§ 252 i.V.m. 251 vor § 250 StGB. Soweit § 252 von § 249 oder umgekehrt § 249 von § 252 verdrängt wird, verklammert das zurücktretende Gesetz Straftaten, die mit ihm tateinheitlich zusammentreffen, mit dem vorgehenden Gesetz (BGH GA **1969** 347; *Samson* SK[3] Rdn. 19). Werden die Raubmittel bei dem je zurücktretenden Delikt gegen eine *andere* Person als diejenige angewendet, die Nötigungsopfer des je anwendbaren Delikts ist, so fragt sich, ob im Hinblick auf jene Person zumindest wegen (vollendeter oder versuchter) Nötigung zu verurteilen ist, um der Willensfreiheit als einem höchstpersönlichen und hochrangigen Rechtsgut angemessen Rechnung zu tragen. Die Frage ist im Hinblick auf § 52 StGB praktisch bedeutungslos und wird von BGH 2 StR 404/75 vom 8.10.1975 verneint, in der Literatur überwiegend

---

[56] Vgl. *Fischer* Rdn. 12; *Kindhäuser* NK Rdn. 28; *Sander* MK Rdn. 19; *Sch/Schröder/Eser* Rdn. 13.

[57] S. BGH NJW **1968** 2386; **1975** 1176; GA **1969** 347 f; VRS **21** 113; OLG Oldenburg HESt **2** 312; *Fischer* Rdn. 12; *Kindhäuser* NK Rdn. 35; *Sander* MK Rdn. 19; *Sch/Schröder/Eser* Rdn. 13.

[58] BGHSt **21** 377, 380; GA **1969** 347 f; NJW **2002** 2044 m. Bespr. *Hellmann* JuS **2003** 17; *Fischer* Rdn. 12; *Günther* SK[5] Rdn. 29; *Kindhäuser* NK Rdn. 29; *Lackner/Kühl* Rdn. 8; *Sander* MK Rdn. 20; *Geilen* Jura **1980** 43, 46; *Kudlich* JuS **1998** 966; *Maurach/Schroeder/Maiwald* I § 35 Rdn. 44; *Schünemann* JA **1980** 393, 399; *Zöller* JuS 1997 L 89, L 92.

bejaht.[59] Tateinheit zwischen Raub und räuberischem Diebstahl kommt aber in Betracht, wenn der Täter beim Diebstahl überrascht wird und Raubmittel sowohl zur Verteidigung der bereits weggenommenen als auch zur Wegnahme weiterer Sachen einsetzt (*Sander* MK Rdn. 20; *Sch/Schröder/Eser* Rdn. 13).

4. **Verhältnis zur räuberischen Erpressung.** Räuberischer Diebstahl kann – je nach Sachlage – tateinheitlich oder -mehrheitlich mit räuberischer Erpressung zusammentreffen, wenn es dem Täter – zunächst – nicht gelingt, den Besitz an der Diebesbeute zu verteidigen, und er dann – erneut – zu Raubmitteln greift, um die Herausgabe des Diebesguts zu erzwingen (BGH StV **1985** 13; vgl. auch BGH bei Holtz MDR **1984** 981).[60] Auch für sich genommen kann die Verteidigung der Diebesbeute konstruktiv als (versuchte) räuberische Erpressung erfasst werden, nämlich als (versuchte) Nötigung eines anderen mit Raubmitteln zur Duldung der Besitzerhaltung bzw. Unterlassung der Geltendmachung von Herausgabeansprüchen zum Schaden des Eigentümers in Bereicherungsabsicht. Allerdings besteht im Ergebnis Einigkeit darüber, dass es nicht sinnvoll ist, ein nach § 252 StGB strafbares Verhalten zugleich nach § 255 bzw. §§ 255, 22 StGB abzuurteilen. Über die Begründung dieses Ergebnisses und die Behandlung nach § 252 StGB strafloser Fälle herrscht aber Streit (grundlegend hierzu *Seier* NJW **1981** 2152 ff): **81**

Ein Teil der Literatur vertritt eine Art **„Konkurrenzlösung"**, wonach § 255 gegenüber § 252 StGB im Grundsatz im Wege der Gesetzeskonkurrenz bzw. als mitbestrafte Nachtat zurücktritt.[61] Greift § 252 StGB aber z.B. wegen untauglicher Vortat (Rdn. 13), mangelnden Betroffenseins, mangelnder Tatfrische oder Handeln (nur) in Dritt-Besitzerhaltungsabsicht nicht ein, so kann die Tat hiernach im Grundsatz als (versuchte) räuberische Erpressung erfasst werden. **82**

Aber so würden „die tatbestandlichen Begrenzungen des § 252 mit seiner egoistischen eingeschränkten Innentendenz sowie die entsprechenden Teilnahmeregelungen unterlaufen" (BGH StV **1991** 349, 350 unter Bezugnahme auf *Seier* NJW **1981** 2152, 2155). Deshalb vertritt die h.A. mit Recht eine Art **„Tatbestandslösung"**: Die Besitzerhaltung kann einen vom bereits vollendeten Diebstahl abhebbaren weiteren Schaden, der eine Verurteilung wegen (versuchter) räuberischer Erpressung rechtfertigen würde, nicht bewirken. Zwar gibt das Opfer den Herausgabeanspruch faktisch preis; er ist jedoch faktisch nichts wert, wenn der Täter ihn erfolgreich abwehrt. Wer erst nach Beendigung des Diebstahls vom Bestohlenen betroffen wird und dann dessen Herausgabeanspruch mit Raubmitteln abwehrt, ist also nur wegen Diebstahls und Nötigung, nicht wegen räuberischer Erpressung zu verurteilen (BGH StV **1986** 530). Wendet ein Diebstahlsgehilfe oder Unbeteiligter Raubmittel z.B. gegen Verfolger an, um dem Dieb den Besitz zu erhalten, so kann das nicht als fremdnützige räuberische Erpressung, sondern – je nach Sachlage (s. zum Problem Rdn. 71) – als Beihilfe zum räuberischen Diebstahl oder nur als Nötigung, Körperverletzung usw. beurteilt werden (vgl. BGH StV **1991** 349 m. Anm. *Ennuschat* JR **1991** 500). Eine solche strafbare Teilnahme am räuberischen Diebstahl ist auch nicht tateinheitlich als Begünstigung zu bestrafen (*Sch/Schröder/Eser* Rdn. 13). **83**

---

59 *Sch/Schröder/Eser* Rdn. 13; *Geppert* Jura **1990** 554, 559. – *Dreher* MDR **1976** 529, 532 will bei personenverschiedenen Genötigten sogar wegen Raubes in Tateinheit mit räuberischem Diebstahl desselben Tatobjekts (!) verurteilen; das ist sinnlose Schuldspruchverdoppelung.

60 *Fischer* Rdn. 12; *Günther* SK[5] Rdn. 26; *Kindhäuser* NK Rdn. 34.

61 *Günther* SK[5] Rdn. 26 f; *Kindhäuser* NK Rdn. 33; *Lackner/Kühl* § 255 Rdn. 3; *Dreher* MDR **1979** 529, 533; *Maurach/Schroeder/Maiwald* I § 35 Rdn. 44; *Schröder* MDR **1950** 400; *Schünemann* JA **1980** 490 f.

## § 253
## Erpressung

**(1) Wer einen Menschen rechtswidrig mit Gewalt oder durch Drohung mit einem empfindlichen Übel zu einer Handlung, Duldung oder Unterlassung nötigt und dadurch dem Vermögen des Genötigten oder eines anderen Nachteil zufügt, um sich oder einen Dritten zu Unrecht zu bereichern, wird mit Freiheitsstrafe bis zu fünf Jahren oder mit Geldstrafe bestraft.**

**(2) Rechtswidrig ist die Tat, wenn die Anwendung der Gewalt oder die Androhung des Übels zu dem angestrebten Zweck als verwerflich anzusehen ist.**

**(3) Der Versuch ist strafbar.**

**(4) In besonders schweren Fällen ist die Strafe Freiheitsstrafe nicht unter einem Jahr. Ein besonders schwerer Fall liegt in der Regel vor, wenn der Täter gewerbsmäßig oder als Mitglied einer Bande handelt, die sich zur fortgesetzten Begehung einer Erpressung verbunden hat.**

### Schrifttum

S. das vor und zu § 249 angegebene Schrifttum und weiterhin: *Amelung* Noch einmal: Notwehr gegen sog. Chantage, NStZ **1998** 70; *Arzt* Notwehr gegen Erpressung, MDR **1965** 344; *ders.* Zur Strafbarkeit des Erpressungsopfers, JZ **2001** 1052; *Baumann* § 253 als Mittel der Selbstjustiz gegen Erpressung?, MDR **1965** 346; *Bernsmann* Zur strafrechtlichen Beurteilung der eigenmächtigen „In-Pfand-Nahme", NJW **1982** 2214; *Biletzki* Die Abgrenzung von Raub und Erpressung, Jura **1995** 635; *Busch* Erpressung und Betrug (1922); *Cramer* Grenzen des Vermögensschutzes im Strafrecht, JuS **1966** 472; *Delnon* Die Erpressung (Art. 156 Ziff. 1 Abs. 1 StGB) (1981); *Eckstein* Parallelen zwischen Erpressung und Betrug, GerS Bd. 78 169; *Eggert* Chantage – Ein Fall der Beschränkung des Notwehrrechts?, NStZ **2001** 225; *Engelhard* Das Chantageproblem (1912); *ders.* Die Erpressung nach Vertrags- und Relationstheorie, ZStW **35** (1914) 414; *ders.* Zur Problematik des Erpressungstatbestandes, Frank-Festgabe II (1930) 391; *Gnad* Die Erpressung – Grundtatbestand des Raubes?, Diss. Tübingen 1970; *Günther* Zur Kombination von Täuschung und Drohung bei Betrug und Erpressung, ZStW **88** (1976) 960; *Haffke* Gewaltbegriff und Verwerflichkeitsklausel, ZStW **84** (1972) 37; *Hagel* Raub und Erpressung nach englischem und deutschem Recht und aus rechtsvergleichender Sicht (1979); *Haug* Notwehr gegen Erpressung, MDR **1964** 548; *Hecker* Die Strafbarkeit des Ablistens oder Abnötigens der persönlichen Geheimnummer, JA **1998** 300; *Herzberg* Konkurrenzverhältnisse zwischen Betrug und Erpressung, JuS **1972** 570; *Hochschulz* Raubüberfälle auf Taxifahrer, Diss. Gießen 1969; *Jakobs* Nötigung durch Drohung als Freiheitsdelikt, Festschrift Peters (1974) 69; *Joerden* „Mieterrücken" im Hotel – BGHSt 32 88, JuS **1985** 20; *ders.* Gewaltsame Wiederbeschaffung des Hehlergutes für den Eigentümer, Jura **1986** 80; *Klee* Zur rechtlichen Konstruktion der Erpressung, ZStW **34** (1913) 672; *ders.* Nötigung und Erpressung, DStrR **1943** 125; *Kollmann* Die Lehre von der Erpressung (1910); *Krack* Die Voraussetzungen der Dreieckserpressung – BGH, NJW 1995, 2799, JuS **1996** 493; *Krause* Gedanken zur Nötigung und Erpressung durch Rufgefährdung (Chantage), Festschrift Spendel (1992) 547; *Kühl* Grundfälle zu Vorbereitung, Versuch, Vollendung und Beendigung, JuS **1982** 110, 189; *Küper* Examensklausur Strafrecht: Der Banküberfall, Jura **1983** 206; *ders.* „Sukzessive" Tatbeteiligung vor und nach Raubvollendung – BGH, NJW 1985 814, JuS **1986** 862; *ders.* Erpressung ohne Verfügung?, Festschrift Lenckner (1998) 495; *ders.* Drohung und Warnung. Zur Rekonstruktion und Revision des klassischen Drohungsbegriffs, GA **2006** 439; *Lenckner* Zum Problem des Vermögensschadens (§§ 253, 263 StGB) beim Verlust nichtiger Forderungen, JZ **1967** 105; *Maurach* Zur Rechtsnatur des erpresserischen Menschenraubes (§ 239a StGB), JZ **1962** 559; *Mitsch* Erpresser versus Bürger – BGH, NJW 2002, 2117, JuS **2003** 122; *Momsen* Die konkurrenzrechtliche „Tat" bei sukzessiver Tatausführung unter Verletzung höchstpersönlicher Rechtsgüter, NJW **1999** 982; *Moseschus* Produkterpressung, Diss. Berlin 2004; *Neumann* Zur Systemrelativität strafrechtsrelevanter sozialer Deutungsmuster – am Beispiel der

Strafbarkeit von Streiks und Blockadeaktionen, ZStW **109** (1997) 1; *Niese* Streik und Strafrecht (1954); *Nipperdey* Grenzlinien der Erpressung durch Drohung unter besonderer Berücksichtigung der modernen Arbeitskämpfe (1917); *ders.* Das Recht des Streiks in Deutschland, SJZ **1949** 811; *Rengier* „Dreieckserpressung" gleich „Dreiecksbetrug"?, JZ **1985** 565; *Röckrath* Die Zurechnung von Dritthandlungen bei der Dreieckserpressung (1991); *Rönnau* „Der Lösegeldbote" – Täter- oder Opfergehilfe bei der Erpressung?, JuS **2005** 481; *Roxin* Verwerflichkeit und Sittenwidrigkeit als unrechtsbegründende Merkmale im Strafrecht, JuS **1964** 373; *Schroeder* Nötigung und Erpressung durch Forderung von Gegenleistungen?, JZ **1983** 284; *Schröder* Sicherungsbetrug und Sicherungserpressung, MDR **1950** 398; *ders.* Streik und Strafrecht, BB **1953** 1015; *ders.* Zum Vermögensbegriff bei Betrug und Erpressung, JZ **1965** 513; *Seier* Die Abgrenzung des räuberischen Diebstahls von der räuberischen Erpressung, NJW **1981** 2152; *Sieber* Die Abgrenzung von Tun und Unterlassen bei der „passiven" Gesprächsteilnahme, JZ **1983** 431; *Swoboda* Betrug und Erpressung im Drogenmilieu: Abschied von einem einheitlichen Vermögensbegriff, NStZ **2005** 476; *Trunk* Der Vermögensschaden nach § 253 StGB beim Rückverkauf des gestohlenen Gutes an den Eigentümer – BGHSt 26 346, JuS **1985** 944; *Wallau* Der „Mensch" in §§ 240, 241, 253 StGB und die Verletzung der Rechte juristischer Personen, JR **2000** 312; *Welzel* Zum Schadensbegriff bei Erpressung und Betrug, NJW **1953** 652; *Zopfs* Drohen mit einem Unterlassen?, JA **1998** 813.

**Entstehungsgeschichte**

Zur rechtsgeschichtlichen Entwicklung des Erpressungstatbestandes *Maurach/Schroeder/Maiwald* I § 42 Rdn. 1 f. Zur Vorläufervorschrift des § 243 preuß. StGB 1851 *Kindhäuser* NK Rdn. 1. § 253 StGB 1871 lautete:

*„(1) Wer, um sich oder einem Dritten einen rechtswidrigen Vermögensvorteil zu verschaffen, einen anderen durch Gewalt oder Drohung zu einer Handlung, Duldung oder Unterlassung nötigt, ist wegen Erpressung mit Gefängnis nicht unter einem Monat zu bestrafen.*
*(2) Der Versuch ist strafbar."*

Hiernach beschränkte sich die Erpressung auf eine (vollendete, anders noch § 243 preuß. StGB 1851: auch versuchte [Unternehmensdelikt]) Nötigung in Bereicherungsabsicht („aus gewinnsüchtigen Motiven", *Maurach/Schroeder/Maiwald* aaO Rdn. 2); es handelte sich um ein kupiertes Erfolgsdelikt mit überschießender Innentendenz. Dass nach dem Gesetzeswortlaut ein Vermögensschaden und Schädigungsvorsatz nicht erforderlich waren, wurde in der Lehre viel kritisiert (s. nur *Frank* Anm. I). Dieser Kritik kam der nationalsozialistische Gesetzgeber mit Art. 3 VO zur Durchführung der StrafrechtsangleichungsVO vom 29.5.1943 (RGBl. I S. 341) nach; hierauf beruht im Grundsatz auch noch die heutige Fassung des Erpressungstatbestandes. Der nationalsozialistische Gesetzgeber hatte die Erpressung als Verbrechen ausgestaltet; seit dem 3. StrÄndG vom 4.8.1953 (BGBl. I S. 735) ist sie jedoch wieder Vergehen mit strafbarem Versuch; die heutige Strafdrohung geht auf das 1. StrRG 1969 sowie Art. 19 Nr. 129 EGStGB 1974 zurück. Die früheren unbenannten besonders schweren Fälle wurden durch das Verbrechensbekämpfungsgesetz vom 28.10.1994 (BGBl. I S. 3186) mit Wirkung vom 1.12.2004 in den heutigen § 253 Abs. 4 StGB überführt; das Regelbeispiel der gewerbsmäßigen oder Bandenerpressung muss im Zusammenhang mit dem durch dieses Gesetz eingeführten § 256 Abs. 2 StGB gesehen werden (s. noch Rdn. 48). Mit der Einfügung der Worte „einen Menschen" anstelle der vorherigen Worte „einen anderen" durch Art. 1 Nr. 57 des 6. StrRG 1998 ist § 253 Abs. 1 StGB geschlechtsneutral gefasst worden (s. noch Rdn. 19).

*Übersicht*



## I. Allgemeines

1 Erpressung ist Vermögensbeschädigung durch Nötigung in Bereicherungsabsicht. – Zur Kriminologie und zur (geringen) **praktischen Bedeutung** der einfachen Erpressung Vorbem. §§ 249–256 Rdn. 7. – Zu den geschützten **Rechtsgütern** („sowohl ... persönliche Freiheit des Opfers als auch dessen Vermögen“, BGH StV **1986** 530) Vorbem. §§ 249–256 Rdn. 51; s. dort bereits Rdn. 33 f zur Frage, ob Freiheit oder Vermögen überwiegen. – Erpressung ist **Vermögens- und Bereicherungs-, nicht Eigentums- und Zueignungsdelikt**; zu dieser Dichotomie im Zwanzigsten Abschnitt Vorbem. §§ 249–256 Rdn. 32 ff, 54. – Zum Streit um die **systematische Einordnung** der Erpressung (strukturell dem Betrug verwandtes Selbstschädigungs- und Motivationsdelikt, das zu Wegnahmedelikten in einem Exklusivitätsverhältnis steht, oder qualifizierte, nämlich vermögensschädigende Nötigung und Grundtatbestand für alle ernötigten Wegnahmen?) Vorbem. §§ 249–256 Rdn. 55 ff und ergänzend: Die Erpressung setzt eine tatbestandsmäßige Nötigung und zudem die Zufügung eines Vermögensnachteils in Bereicherungsabsicht voraus. Vom *Betrug* unterscheidet sie sich jedenfalls dadurch, dass dort Täuschung, hier nötigender Zwang Mittel der Vermögensbeschädigung ist. Vom *Raub* unterscheidet sich die einfache Erpressung dadurch, dass einfache Nötigungsmittel ausreichen und nicht nur das Dulden der Wegnahme, sondern „das gesamte Spektrum vermögensrelevanten menschlichen Verhaltens und die gesamte Breite vermögensmindernden Schadens“ (*Herdegen* LK[11] Rdn. 1) erfasst sind.

## II. Objektiver Tatbestand

2 **1. Anwendung von Nötigungsmitteln.** Tathandlung der Erpressung ist die Nötigung eines anderen Menschen mit Gewalt oder durch Drohung mit einem empfindlichen Übel. Mit anderen Worten müssen dieselben Nötigungsmittel angewendet werden **wie bei § 240 Abs. 1 StGB**, und unter „Gewalt“ bzw. „Drohung mit einem empfindlichen Übel“ ist im Ausgangspunkt nichts anderes zu verstehen als dort; s. deshalb *Träger/Altvater* LK[11] § 240 Rdn. 7 ff, 55 ff. Bei § 253 StGB bestehen die folgenden Besonderheiten:

3 **a) Gewalt.** Im Rahmen des § 253 StGB ist der Streit, ob im Hinblick auf das umstrittene Erfordernis einer Vermögensverfügung (Rdn. 13) nur *vis compulsiva*, nicht aber ***vis absoluta*** in Betracht kommt (s. Vorbem. §§ 249–256 Rdn. 56 ff, 61 ff und § 255

Rdn. 3 ff), ohne Bedeutung. Denn *vis absoluta* ist nur als Personengewalt i.S.v. §§ 249, 255 StGB denkbar (zutr. *Günther* SK[5] Rdn. 7); dann aber geht § 255 StGB als *lex specialis* vor.[1]

4 Für § 253 StGB verbleibt somit nur **Gewalt, die nicht schon Personengewalt** i.S.v. §§ 249, 255 StGB ist (s. hierzu § 249 Rdn. 3 ff, § 255 Rdn. 6). Sie wird üblicherweise als „*Gewalt gegen Sachen*" bezeichnet.[2] Das ist aber missverständlich (zum Folgenden *Träger/Altvater* LK[11] § 240 Rdn. 49 ff): Gewalt setzt neben körperlicher Kraftentfaltung auf Täterseite eine physische, nicht bloß psychische Zwangswirkung auf Opferseite voraus; entgegen *Günther* SK[5] Rdn. 7 kann bei „Gewalt gegen Sachen" die bloße Sacheinwirkung nicht an die Stelle der körperlichen Einwirkung treten, und entgegen einer den Gewaltbegriff verfassungswidrig entgrenzenden (BVerfGE **92** 1) Literaturauffassung (grundlegend *Knodel* Der Begriff der Gewalt im Strafrecht [1962] S. 59) ist die gegenwärtige Zufügung eines empfindlichen Übels noch keine Gewalt i.S.v. §§ 240, 253 StGB. Deshalb genügen die Sachbeschädigung oder -zerstörung, auch -verunstaltung oder Beeinträchtigung der Funktionstauglichkeit von Sachen *als solche* nicht (**aA** *Günther* aaO).[3] Vielmehr ist für Gewalt i.S.v. § 253 StGB eine aus der „Gewalt gegen Sachen" resultierende physische, nicht bloß psychische Zwangswirkung zu verlangen wie z.B. beim Abdrehen von Heizung, Strom und Wasser in der Mietwohnung (OLG Hamm NJW **1983** 1505) oder bei deren Ausräumen (OLG Köln NJW **1996** 472), um den Mieter zum Auszug zu zwingen.[4] In den für (mafiöse Schutzgeld-)Erpressungen keineswegs untypischen Fällen der „Gewalt gegen Sachen", die lediglich psychische Zwangswirkung entfalten soll und entfaltet – z.B. wenn Autolack zerkratzt oder Autoreifen zerstochen, Fenster eingeschlagen, Einrichtungen zerstört oder Räumlichkeiten in Brand gesetzt, Haustiere getötet werden usw. – bleibt der Rückgriff auf eine zumindest konkludente Drohung mit einem empfindlichen Übel, sei es mit künftig wiederholter „Gewalt gegen Sachen" oder (häufig) mit Eskalation hin zur Personengewalt.[5] Dass einmalig geübte „Gewalt gegen Sachen" *stets* oder *per se* eine solche Drohung beinhalte, kann aber *Geilen* Jura **1980** 43, 47; *Schmidhäuser* BT 11/49 nicht zugegeben werden.

5 b) **Drohung mit einem empfindlichen Übel.** Im Regelfall wendet der Erpresser keine Gewalt an, sondern droht mit einem empfindlichen Übel. Besteht es in einer gegenwärtigen Gefahr für Leib oder Leben, fällt das unter § 255, nicht § 253 StGB (vgl. BGH StV **1999**, 377, 378 f m. Anm. *Kindhäuser/Wallau*);[6] die Drohung mit einer nicht gegenwärtigen Gefahr für Leib oder Leben kann aber § 253 StGB unterfallen. Unter Drohung mit einem empfindlichen Übel ist bei § 253 **dasselbe wie bei § 240 StGB** zu verstehen (BGHSt **31** 195, 198). S. zu den Einzelheiten *Träger/Altvater* LK[11] § 240 Rdn. 55 ff und ergänzend:

---

1 *Duttge* HK-GS Rdn. 7; *Fischer* Rdn. 4; *Kudlich* SSW Rdn. 4; *Lackner/Kühl* Rdn. 3; *Sander* MK Rdn. 8; *Sch/Schröder/Eser* Rdn. 3; *Eisele* BT II Rdn. 717; *Maurach/Schroeder/Maiwald* I § 42 Rdn. 19; *Rengier* BT 1 § 11 Rdn. 13 ff; *Wessels/Hillenkamp* Rdn. 707; **aA** *Kindhäuser* NK Rdn. 4; *ders.* BT II[5] § 17 Rdn. 5; *Krey/Hellmann* Rdn. 305; *Mitsch* BT 2/1 § 6 Rdn. 39.

2 *Duttge* HK-GS Rdn. 7; *Fischer* Rdn. 5; *Günther* SK[5] Rdn. 7; *Kudlich* SSW Rdn. 6; *Mitsch* BT 2/1 § 6 Rdn. 14; vgl. auch *Kindhäuser* NK Rdn. 4.

3 Vgl. *Sander* MK Rdn. 9; *Sch/Schröder/Eser* Rdn. 8; *Mitsch* BT 2/1 § 6 Rdn. 14.

4 *Kudlich* SSW Rdn. 6; *Mitsch* BT 2/1 § 6 Rdn. 15; anders *Sander* MK Rdn. 9.

5 Vgl. *Günther* SK[5] Rdn. 10; *Sander* MK Rdn. 9.

6 Anm. *Zazcyk* JR **1999** 341, 343 ff; *Kindhäuser* NK Rdn. 5; Arzt/Weber/*Heinrich*/Hilgendorf BT § 18 Rdn. 24; *Mitsch* BT 2/1 § 6 Rdn. 20; *Otto* BT § 53 Rdn. 4.

6 **Drohung** ist eine Erklärung, die der Täter an den Bedrohten richtet, dessen Willen gebeugt werden soll (RGSt **53** 283). Ausdrücklich erklärt werden muss die Drohung nicht; vielmehr verbergen sich erpresserische Drohungen nicht selten hinter harmlos erscheinenden Äußerungen, Mitteilungen, Ratschlägen, Vorschlägen, Mahnungen oder Warnungen, wenn sich aus den Umständen ergibt, dass der Erklärende in Wahrheit droht (BGHSt **7** 252, 253; BGH NJW **1989** 1289). Die Initiative für die Drohung muss nicht von dem Drohenden ausgehen. Befürchtet jemand die Strafanzeige eines anderen und bietet ihm einen Radioapparat an, wenn er die Anzeige unterlässt, so kann es als Erpressung strafbar sein, wenn sich der andere auf Verhandlungen über das Angebot einlässt und den Apparat entgegennimmt (BGH 2 StR 602/51 bei Dallinger MDR **1952** 408; vgl. auch BGHR StGB § 253 Abs. 1 Drohung 4); denn dann macht er die ihm unterstellte Drohung mit der Anzeige unausgesprochen zur Grundlage der Verhandlungen und sich damit zueigen.

7 Inhalt der Drohung muss die Ankündigung sein, dass dem Bedrohten ein empfindliches Übel, das herbeizuführen oder zu hindern in der Macht des Drohenden steht, zugefügt wird, wenn er sich nicht entsprechend dem Willen des Drohenden verhält. Anders als bei der Drohung mit „gegenwärtiger" Gefahr für Leib oder Leben i.S.v. §§ 249, 255 StGB (s. § 249 Rdn. 13 ff, § 255 Rdn. 7) kommt es nicht darauf an, ob das Übel als unmittelbar bevorstehend dargestellt wird (BGHSt **16** 386 [zu § 114 StGB]). Da der Erklärungsinhalt nach dem Empfängerhorizont zu bestimmen ist, kommt es auch nicht darauf an, ob die Drohung einen realen Hintergrund hat und die Herbeiführung des Übels wirklich in der Macht des Drohenden steht. In diesem Sinne ist auch eine **„täuschende" oder „täuschungsverstärkte Drohung"** tatbestandsmäßig, wenn der Drohende nur vorgibt, das Übel herbeiführen zu können oder zu wollen.[7] Insbesondere berührt die Täuschung über die äußere bzw. innere Tatsache der Fähigkeit bzw. Bereitschaft, die Drohung zu verwirklichen, die Tatbestandsmäßigkeit einer Drohung nicht, wenn nur der Täter mindestens billigend in Kauf nimmt, dass der Bedrohte die Drohung ernst nehmen und sein Willen hierdurch gebeugt werden soll. Deshalb kann in den sog. *Trittbrettfahrer-Fällen*, wenn sich jemand als Täter einer tatsächlich stattgefundenen Entführung oder sog. Produkterpressung ausgibt und (weitere) Übel androht, wenn ihm nicht Geld gezahlt wird, (ggf. räuberische) Erpressung vorliegen (vgl. BGHSt **23** 294, 295 f). In diesen Fällen tritt der konstruktiv (mit) verwirklichte Betrug hinter die (ggf. räuberische) Erpressung zurück (BGHSt **23** 294, 296; BGH NStZ **1985** 408). Anders liegt es in den Fällen der sog. **drohungsverstärkten Täuschung**, in denen die Einschüchterung des Getäuschten lediglich Nebeneffekt der Täuschung ist (*Maurach/Schroeder/Maiwald* I § 42 Rdn. 50). Hierzu zählen insbesondere die Fälle der sog. **täuschenden Warnung**, in denen der Täter dem Opfer nicht vorspiegelt, dass die Übelszufügung in seiner Macht steht, beispielsweise wenn jemand vorgibt, Dritte („Killer", Zuhälter usw.) würden dem Opfer Übel zufügen (es verletzen oder töten), wenn das Opfer nicht über ihn, den Täter, Geld an die Dritten bezahle; das ist nur nach § 263, nicht nach §§ 253, 255 StGB strafbar (BGH StV **1996** 481, 482 sowie 694; BGH NStZ **1996** 435). Stehen Täuschung und Drohung aber selbstständig nebeneinander und sind sie als gleichgewichtig zu erachten,

---

[7] BGHSt **11** 66, 67; **23** 294, 296; BGH NStZ **1985** 408; *Duttge* HK-GS Rdn. 8; *Fischer* Rdn. 25; *Kindhäuser* NK Rdn. 50; *Sander* MK Rdn. 43; *Sch/Schröder/Eser* Rdn. 37; *Günther* ZStW **88** (1976) 960, 975; *Herzberg* JuS **1972** 570; *Hillenkamp* JuS **1994** 769, 771; *Krey/Hellmann* Rdn. 311; *Maurach/Schroeder/Maiwald* I § 42 Rdn. 25, 50; *Rengier* BT 1 § 11 Rdn. 74; *Wessels/Hillenkamp* Rdn. 723; vgl. auch Arzt/Weber/*Heinrich*/Hilgendorf BT § 18 Rdn. 7.

z.B. wenn ein Arbeitnehmer den Arbeitgeber zur Gewährung eines Darlehens einerseits mit der Drohung, nicht angemeldete Sonntagsarbeit anzuzeigen, und andererseits unter Täuschung über seine Rückzahlungsfähigkeit oder -bereitschaft **bewegt**, so sind sowohl § 253 als auch § 263 StGB tatbestandlich erfüllt und idealkonkurrierend anzuwenden (BGHSt **9** 245, 247; RG HRR **1941** 169).[8]

Stets muss der Drohende vorgeben, dass die Übelszufügung in dem Sinne in seiner Macht steht, dass er sie herbeiführen oder hindern kann, sei es eigenhändig, sei es dadurch, dass er Dritte zu der Übelszufügung veranlasst oder sie daran hindert (s. bereits RGSt **15** 333, 336 f; BGHSt **7** 198). Im Ausgangspunkt nicht tatbestandsmäßig ist die **Warnung** vor einer Übelszufügung, auf deren Eintritt der Täter keinen Einfluss hat bzw. zu haben vorgibt.[9] Allerdings kann eine scheinbare Warnung eine versteckte Drohung enthalten (s. bereits Rdn. 7). **8**

Ein **Übel** ist **empfindlich**, wenn der Nachteil, mit dem gedroht wird, geeignet ist, einen besonnenen Menschen in der Lage des Bedrohten zu einem vermögensschädigenden Verhalten zu bestimmen; mit anderen Worten ist eine Drohung nicht tatbestandsmäßig, wenn von dem Bedrohten erwartet und ihm zugemutet werden kann, ihr in besonnener Selbstbehauptung auch um den Preis ihrer Verwirklichung standzuhalten (BGHSt **31** 195, 201 [zu § 240 StGB]; **32** 156, 174 f m. zust. Anm. *Arzt* JZ **1984** 429 [zu § 105 StGB a.F.]).[10] Die Drohung, freundschaftliche Beziehungen abzubrechen, genügt nicht (BGH NStZ **1982** 287 [zu § 240 StGB]), desgleichen nicht die gegenüber einem Ministerpräsidenten geäußerte Drohung, (wirkliche oder erfundene) strafrechtliche Verfehlungen von Amtsträgern öffentlich zu machen (BGH NStZ **1992** 278 [zu § 240 StGB]), wohl aber die Drohung, in Massenmedien Einzelheiten über das Intimleben des Bedrohten zu veröffentlichen (BGH NStZ **1993** 282 – Fall *Peter Graf*). Freilich ist in den Fällen der sog. **Chantage**, der Erpressung von Schweigegeld unter Drohung mit öffentlicher Bloßstellung, im Hinblick auf Art und Intensität der zu besorgenden Rufschädigung und den gesellschaftlichen Status des Bedrohten zu prüfen, ob das in der Bloßstellung liegende Übel empfindlich ist (zutr. *Günther* SK[5] Rdn. 13; wohl weitergehend RGSt **64** 379, 381); so mag der Umstand, dass jemand homosexuell ist, heute sozial derart akzeptiert sein, dass die angedrohte Offenbarung oder Veröffentlichung dieses Umstandes, auch wenn sie dem Betroffenen unerwünscht ist und er sich bedroht fühlt (hierzu RG aaO), kein empfindliches Übel mehr darstellt. **9**

Nach einer in der Lehre vertretenen Auffassung soll allerdings ein Übel, das **rechtmäßig** zugefügt wird, aus normativen Gründen nicht als empfindlich anzusehen sein; in diesen Fällen biete der Drohende an, dass sich der Bedrohte von Nachteilen, die er von Rechts wegen hinnehmen müsse, freikaufe, was den Bedrohten begünstige und dessen **10**

---

8 OLG Hamburg JR 1950 629, 630; *Duttge* HK-GS Rdn. 9; *Fischer* Rdn. 25; *Kindhäuser* NK Rdn. 50; *Lackner/Kühl* Rdn. 14; *Sander* MK Rdn. 43; *Sch/Schröder/Eser* Rdn. 37; Arzt/Weber/*Heinrich*/Hilgendorf BT § 18 Rdn. 7; *Kindhäuser* BT II § 17 Rdn. 66; *Krey/Hellmann* Rdn. 317; *Rengier* BT 1 § 11 Rdn. 76; *Wessels/Hillenkamp* Rdn. 722.

9 *Duttge* HK-GS Rdn. 6 mit Verweis auf *Rössner/Putz* HK-GS § 240 Rdn. 15; *Fischer* Rdn. 6; *Günther* SK[5] Rdn. 11; *Kindhäuser* NK Rdn. 5 und Vor § 249 Rdn. 22; *Mitsch* BT 2/1 § 6 Rdn. 19, § 3 Rdn. 30 f; vgl. auch *Maurach/Schroeder/Maiwald* I § 42 Rdn. 25.

10 *Fischer* Rdn. 6, § 240 Rdn. 32a; *Günther* SK[5] Rdn. 13; *Kudlich* SSW Rdn. 8 mit Verweis auf *Schluckebier* SSW § 240 Rdn. 12; *Lackner/Kühl* Rdn. 2, § 240 Rdn. 13; Arzt/Weber/*Heinrich*/Hilgendorf BT § 18 Rdn. 11; *Kindhäuser* BT II § 17 Rdn. 17; *Mitsch* BT 2/1 § 6 Rdn. 22; *Otto* BT § 27 Rdn. 18.

Freiheitsbereich erweitere, nicht beschränke.[11] Demgegenüber ist mit der h.A. festzuhalten, dass jedenfalls bei § 253 StGB grundsätzlich auch mit rechtmäßigem Handeln gedroht werden kann:[12] Der Drohende hat keinen Anspruch, für das Unterlassen der Verwirklichung der Drohung nicht geschuldete Vermögensvorteile zu erhalten; umgekehrt hat der Bedrohte, der sich der Drohung beugt, keinen Anspruch darauf, dass der Drohende (künftig) die Drohung nicht wahr mache; das begründet die Möglichkeit einer Rechts-, nämlich Freiheits- und Vermögensverletzung, wenn die Tat zudem **verwerflich** ist, was in den Fällen der Drohung mit rechtmäßiger Übelszufügung stets gesondert zu prüfen ist (s. noch Rdn. 34). Deshalb kommen als tatbestandsmäßig in Betracht die Drohung, eine an sich begründete *Anzeige* wegen einer Straftat, Ordnungswidrigkeit oder eines Dienstvergehens (BGH 2 StR 29/50 v. 5.1.1951) zu erstatten oder einen *Strafantrag* zu stellen; einen auf frischer Tat Betroffenen rechtmäßig (§ 127 Abs. 1 StPO) festzunehmen; die Zustimmung zur Operation eines gemeinschaftlichen Kindes zu verweigern (BGH 4 StR 859/53 bei Herlan MDR **1954** 530); einen *Insolvenzantrag* zu stellen (RGSt **1** 205; RG GA Bd. **46** 318); aus einem (erschlichenen) Vollstreckungstitel die *Zwangsvollstreckung* zu betreiben (RGSt **25** 254; **26** 305); oder einen kostspieligen *Zivilprozess* anzustrengen (RGSt **20** 326; **49** 354, 356; RG Recht **15** 1231). Abgesehen von der Verwerflichkeit ist freilich in den Fällen der Drohung mit rechtmäßigem Verhalten stets zum einen zu prüfen, ob erwartet und dem Bedrohten zugemutet werden kann, der Drohung in besonnener Selbstbehauptung standzuhalten (soeben Rdn. 9). Zum anderen anerkennt die Rechtsordnung die Rechtmäßigkeit von Übelszufügungen, deren Zweck darin besteht, nicht geschuldete Vermögensvorteile zu erhalten, namentlich den rechtmäßigen Streik, um höhere Löhne durchzusetzen, aber auch den Wechsel eines Geschäftspartners, wenn ein anderer günstigere Bedingungen bietet. Die Drohung mit verkehrsüblichem (insoweit zutr. RGSt **72** 75, 76) *Abbruch geschäftlicher Verbindungen*, um günstiger Konditionen zu erhalten, ist deshalb als solche nicht tatbestandsmäßig, und zwar entgegen der zu allgemeinen Formulierung in BGHSt **44** 251, 252[13] auch dann, wenn der Bedrohte ohne den Geschäftsabschluss in existenzielle wirtschaftliche Not geriete. Unerheblich hierfür ist, ob es dem Drohenden (auch) auf die Schädigung des Geschäftspartners ankommt (**aA** RG aaO: „Schikane", wenn Fleischer einem Fleischbeschauer androhen, das Vieh in einem anderen Schlachtbezirk schlachten zu lassen, um so die Einnahmen des Fleischbeschauers zu schmälern) und ob der Vermögensvorteil, den der Drohende erstrebt, rechts- oder sittenwidrig ist (wie in RG aaO – [straf-]rechtswidrig unterlassene Festsetzung von Schlachtsteuer – oder in BGH aaO – [straf-]rechtswidrige Schmiergeldzahlung; zur Frage des Vermögensschadens des Geschäftsherrn S. 253 ff); dass das Verhalten dann verwerflich i.S.v. § 253 Abs. 2 StGB sein mag, führt nicht zur Tatbestandsmäßigkeit der Drohung (i. E. ebenso *Fischer* Rdn. 8a). Anderes gilt aber, wenn mit rechtswidrigem Vertragsbruch gedroht wird (insoweit zutr. BGH aaO).

**11** Mit einem **Unterlassen** kann jedenfalls dann gedroht werden, wenn der Drohende eine Rechtspflicht zum Handeln hat (RGRspr. **6** 508; RGSt **14** 264). Sie muss nicht not-

---

[11] *Gutmann* Freiwilligkeit als Rechtsbegriff (2001) S. 274; *Horn* NStZ **1983** 497, 499; *Jakobs* FS Peters, S. 69, 83.

[12] RGSt **64** 379, 383; BGHSt **31** 195, 202 (zu § 240 StGB); *Duttge* HK-GS Rdn. 10; *Günther* SK$^{5}$ Rdn. 13; *Kindhäuser* NK Rdn. 9; *Kudlich* SSW Rdn. 8; *Sander* MK Rdn. 11; *Sch/Schröder/Eser* Rdn. 4 f; *Kindhäuser* BT II § 17 Rdn. 10; *Maurach/Schroeder/Maiwald* I § 42 Rdn. 26; *Mitsch* BT 2/1 § 6 Rdn. 25; speziell zu der sog. Chantage *Krause* FS Spendel, S. 547 ff.

[13] So *Duttge* HK-GS Rdn. 10; *Kindhäuser* NK Rdn. 9; *Kudlich* SSW Rdn. 8; *Sander* MK Rdn. 11; krit. auch *Fischer* Rdn. 8, 8a.

wendigerweise Garantenpflicht i.S.v. § 13 StGB sein (vgl. BGHSt **31** 195, 200 f; insoweit aA *Haffke* ZStW **84** [1972] 37, 71). So kann es Erpressung sein, wenn ein Werkunternehmer die Zahlung eines nicht vereinbarten Zuschlags zum Werklohn dadurch erzwingt, dass er in Aussicht stellt, andernfalls die Erstellung des Werks zu verzögern oder zu unterlassen. Wie bei § 240 (s. *Träger/Altvater* LK[11] § 240 Rdn. 62 ff) ist auch bei § 253 StGB umstritten, ob genügt, dass der Täter mit dem Unterlassen eines Handelns droht, zu dem er rechtlich nicht verpflichtet ist. Die ältere Rechtsprechung (RGRspr. **10** 582; RG LZ **1917** 342; RGSt **63** 424, 425 f) und der Teil der Lehre, der allgemein die Drohung mit rechtmäßigem Verhalten nicht für §§ 240, 253 StGB genügen lassen will (Rdn. 10 m. Nachw.), verneinen die Frage. Dem ist aber aus denselben Gründen und mit denselben Kautelen wie bei der Frage der Tatbestandsmäßigkeit der Drohung mit rechtmäßigem Handeln (Tun) zu widersprechen (Rdn. 10).[14] Im Anschluss an BGHSt **31** 195, 201 f[15] bedeutet das, dass die Drohung mit einem rechtmäßigen Unterlassen tatbestandsmäßig ist, wenn nicht bloß eine Warnung vorliegt, nicht erwartet und dem Bedrohten nicht zugemutet werden kann, der Drohung in besonnener Selbstbehauptung standzuhalten und die Tat verwerflich ist. Insoweit kann im Anschluss an *Herdegen* LK[11] Rdn. 4 wie folgt unterschieden werden: Läuft das angedrohte Unterlassen lediglich darauf hinaus, dass sich die Lage des Bedrohten entgegen dessen Wünschen nicht ändert, wird also sein Handlungsspielraum nur erweitert, so ist das nicht nach § 253 StGB tatbestandsmäßig, z.B. wenn ein Arbeitgeber den Abschluss eines Arbeitsvertrages davon abhängig macht, dass der Arbeitsuchende eine gewisse Zeit ohne Lohn arbeitet; in solchen Fällen ist allerdings an (Lohn-)Wucher (§ 291 StGB) zu denken. Anders liegt es bei der von *Herdegen* aaO so genannten „Eingriffs-Unterlassungsdrohung“, wenn das angedrohte Unterlassen auf eine empfindliche Verschlechterung der Lage des Bedrohten hinausläuft und Mittel und Zweck in einen inkonnexen Zusammenhang gebracht werden. Wird der BGH aaO zugrundeliegende Sachverhalt dahin abgewandelt, dass der Kaufhausdetektiv der ertappten Ladendiebin in Aussicht stellt, die Weiterleitung der bereits erstellten Strafanzeige zu unterlassen, wenn er einen Geldbetrag erhält, so ist das als Erpressung zu beurteilen, zumal der Unterschied zu der Drohung, Strafanzeige zu erstatten, wenn nicht gezahlt wird, nicht mehr als eine „Formulierungsnuance“ ist (zutr. BGH aaO S. 202; vgl. auch *Roxin* JR **1983** 333, 336). Nach diesen Kriterien ist auch der besonders gelagerte Fall des Ostberliner Rechtsanwalts Vogel, der einem ausreisewilligen Ehepaar eröffnete, er werde deren Ausreise aus der DDR nur betreiben, wenn das Ehepaar ihm sein Grundstück unter Wert veräußere, in BGHSt **44** 68 (74 ff zur Drohung mit einem Unterlassen, 76 ff zur – die Entscheidung tragenden Erwägung der – fehlenden Verwerflichkeit)[16] im Ergebnis zutreffend entschieden, da nach den internen Vorgaben des DDR-Ministeriums des Inneren die Ausreise nur bewilligt wurde, wenn sich der Ausreisewillige seiner Grundstücke entäußerte, und Rechtsanwalt Vogel im Übrigen nicht zur Übernahme des Man-

---

[14] OLG Karlsruhe NJW **2004** 3724 mit Bespr. *Warneke* JA **2005** 332 f; OLG Stuttgart NStZ **1982** 161, 162 (zu § 240); *Duttge* HK-GS Rdn. 12; *Kindhäuser* NK Rdn. 13; *ders.* BT II[5] § 17 Rdn. 15; *Kudlich* SSW Rdn. 9; *Sander* MK Rdn. 12; *Sch/Schröder/Eser* Rdn. 5; *Krey/Hellmann* Rdn. 308; *Mitsch* BT 2/1 § 6 Rdn. 26; *Volk* FS Tröndle, S. 219, 228 f; ähnlich auch *Schroeder* JZ **1983** 284, 285; **aA** *Horn* NStZ **1983** 497, 499; *Schubarth* JuS **1981** 726, 727.

[15] Hierzu Anm. *Frohn* StV **1983** 365 f; Anm. *Roxin* JR **1983** 333 ff; Anm. *Schubarth* NStZ **1983** 312 f; Bespr. *Hassemer* JuS **1983** 473 f; *Schroeder* JZ **1983** 284, 288.

[16] Anm. *Lagodny/Hesse* JZ **1999** 309, 313; Anm. *Sinn* NStZ **2000** 195 ff; hierzu auch *Liebernickel* Erpressung ausreisewilliger DDR-Bürger (2000) S. 47 ff.

dats verpflichtet war. Im Übrigen lag bei Licht besehen in dem Veräußerungsansinnen eher eine Warnung als eine Drohung, da es nicht in der Macht des Rechtsanwalts Vogel stand, eine Ausreise ohne Grundstücksveräußerung zu ermöglichen (zutr. *Lagodny/Hesse* JZ **1999** 313, 315). Die Ankündigung eines Richters, er werde, wenn ihm kein Geld bezahlt werde, den Dingen ihren Lauf lassen, nämlich nicht bei seiner Frau, der zuständigen Staatsanwältin, die Einstellung des Verfahrens bewirken, ist hingegen Drohung mit einem empfindlichen Übel (BGH NJW **2008** 3012 = NStZ **2008** 691).

12 2. **Nötigungserfolg.** Durch die Gewalt oder Drohung muss ein Mensch zu einer Handlung, Duldung oder Unterlassung genötigt werden. Genötigter einerseits und Handelnder, Duldender oder Unterlassender andererseits müssen identisch sein, und das Nötigungsmittel muss auf den einwirken, von dessen Verhalten der Vermögensnachteil und die erstrebte Bereicherung abhängen (BGH JR **1987** 339, 340). Das schließt aber nicht aus, dass sich die Gewalt oder das angedrohte empfindliche Übel unmittelbar gegen einen Dritten richten, selbst wenn er weder ein Angehöriger noch eine nahestehende Person ist (BGH JZ **1985** 1059 m. Anm. *Zaczyk*; BGH NStZ **1987** 222 = JR **1987** 339 m. Anm. *Jakobs*; BGH NJW **1989** 176; *Küper* Jura **1983** 206, 207); zu diesen Fällen einer „Dreiecksnötigung" s. bereits § 249 Rdn. 21.

13 Unstreitig muss das abgenötigte Verhalten für das Vermögen eines anderen – nicht zwingend des Genötigten – relevant, auf es bezogen und es mindernd sein (BGHSt **25** 224, 226; **32** 88, 91; BGH NJW **1987** 3144, 3145; BGH 4 StR 595/81 bei Holtz MDR **1982** 280). Umstritten ist aber, ob eine im Mindestmaß freiwillige **Vermögensverfügung** des Genötigten wie beim Betrug erforderlich ist, wie es in der Lehre weit überwiegend vertreten wird, oder ob insbesondere das bloße Dulden einer vermögensschädigenden Handlung des Täters, namentlich einer Wegnahme von Sachen genügt, wie es die ständige Rechtsprechung annimmt. In diesem Kommentar hatte sich *Lackner* LK[10] Rdn. 5 ff für das Erfordernis einer Vermögensverfügung ausgesprochen, während *Herdegen* LK[11] Rdn. 5 ff die Auffassung der Rechtsprechung vertrat. Hieran wird auch in dieser Auflage festgehalten, eingehend Vorbem. §§ 249–256 Rdn. 55 ff m. Nachw. und ergänzend: Bei § 253 StGB spielt der Streit, ob Gewalt im Sinne der Erpressungsdelikte auch *vis absoluta* umfasst, keine Rolle, weil die einfache Erpressung nur mit Gewalt, die keine Personengewalt ist, begangen werden kann (Rdn. 3 f). Das Argument der Lehre, die Auffassung der Rechtsprechung führe dazu, dass „ganz ungleichgewichtige Vermögensstraftaten wie Diebstahl, unbefugter Fahrzeuggebrauch, Pfandkehr und Wilderei unterschiedslos bei Anwendung nicht qualifizierter Nötigungsmittel auf die Stufe der Erpressung (...) angehoben werden" (*Lackner* LK[10] Rdn. 7), überzeugt nicht. Zum einen muss auch die Lehre zur Bestrafung nach § 253 StGB kommen, wenn der Täter in diesen Fällen eine besitzverschaffende „Verfügung" über die Sache, das Fahrzeug, die verpfändete Sache oder das Wild ernötigt (zutr. *Herdegen* LK[11] Rdn. 8); warum anderes gelten soll, wenn er die Duldung der Wegnahme ernötigt, erschließt sich nicht. Dass § 253 StGB so zum „Grundtatbestand aller mit Nötigungsmitteln begangener Angriffe auf fremdes Vermögen" (so – in kritischer Absicht – *Lackner/Kühl* Rdn. 3) wird, ist kein Einwand – genau so sagt es das Gesetz –, und dass als Eigentumsdelikt strafloses Verhalten als Vermögensdelikt strafbar sein kann, ist durchaus möglich und nicht ungewöhnlich. Zur besonders gelagerten Problematik des sog. *„kleinen Raubes"*, wenn ein Diebstahl durch einfache Nötigungsmittel erzwungen wird, eingehend Vorbem. §§ 249–256 Rdn. 58 ff.

14 Nach hier vertretener Auffassung, die im Wesentlichen der Rechtsprechung entspricht, umfasst das ernötigte Verhalten, nämlich die Handlung, Duldung oder Unterlassung, bei § 253 StGB **„das gesamte Spektrum der menschlichen Verhaltensformen"** (*Herdegen* LK[11] Rdn. 11), ohne dass es darauf ankommt, ob und welche Voraussetzun-

gen einer Vermögensverfügung vorliegen.[17] Insbesondere ist nicht maßgeblich, ob der Genötigte eine Verhaltensalternative hatte bzw. annahm bzw. der Täter auch im Falle des Ausbleibens des Nötigungserfolges sein Ziel erreichen könnte. Auch ist es nicht erforderlich, dass der Genötigte durch die Handlung, Duldung oder Unterlassung unmittelbar einen Vermögensnachteil bewirkt. Erzwingt der Täter ein zu einer Gewahrsamslockerung führendes Verhalten (z.B. die Auskunft über die Zählerkombination eines Tresorschlosses), so ist der Tatbestand der Erpressung erfüllt, wenn durch die Gewahrsamslockerung ein Vermögensnachteil in Gestalt einer konkreten Vermögensgefährdung eingetreten ist; s. hierzu aber auch § 249 Rdn. 30 und noch Rdn. 24 f.

Vermögensrelevante **Handlungen** des Erpressten können u.a. bestehen in der Über- **15** gabe von Geld oder Wertgegenständen; in Geldüberweisungen oder Zahlungsanweisungen; in der Mitteilung der PIN-Nummer einer EC-Karte (BGH NStZ-RR **2004** 334, 335); im Vernichten von Wertpapieren oder Beweismitteln für Forderungen.

Vermögensrelevante **Duldungen** bestehen in der Hinnahme fremdbestimmten Verhal- **16** tens, das zu einem Vermögensnachteil führt (*Frank* III; *Schlehofer* S. 13). Entgegen der wohl h.L. kann eine Duldung auch und gerade in der Nichthinderung einer Handlung des Täters bestehen, durch die er sich den Vermögensvorteil selbst verschafft, z.B. durch Wegnahme einer Sache (BGHSt **14** 386, 390) oder Vernichtung eines Wechsels oder Abschüttelung eines Gläubigers, der sofortige Erfüllung seiner Forderung erwarten konnte und nach dem Verschwinden des Nötigers mit ihrem Ausfall rechnen muss (BGHSt **25** 224, 228). Dabei kommt es nicht darauf an, ob die Duldung auf einem erzwungenen Willensentschluss beruht oder nicht (OLG Braunschweig HESt **2** 29; **aA** OGHSt **2** 290).

Vermögensrelevante **Unterlassung** ist jede die Nichtvornahme einer physisch-real mög- **17** lichen Handlung des Genötigten zur Abwehr eines Vermögensnachteils oder zur Wahrnehmung einer bereits wirtschaftlichen Wert besitzenden Chance zur Vermögensmehrung. Hierzu zählen z.B. das Absehen von Selbsthilfe (OLG Braunschweig NdsRpfl. **1947** 24), die Nichterhebung einer aussichtsreichen Klage oder die Nichtunterbrechung der Verjährung.

3. **Vermögensnachteil.** Durch die Nötigung muss dem Vermögen des Genötigten oder **18** eines anderen ein **Nachteil** zugefügt werden. Vermögensnachteil meint nichts anderes als Vermögensschaden beim Betrug (BGHSt **26** 346, 347; **34** 394, 395; BGH StV **1987** 535; **1989** 478, 479; OLG Hamburg NJW **1966** 1525 m. Bespr. *Cramer* JuS **1966** 472, *Schröder* JR **1966** 471 und *Lenckner* JZ **1967** 105).[18] S. deshalb *Tiedemann* LK[11] § 263 Rdn. 126 ff und ergänzend:

---

[17] RGSt **25** 435, 436 ff; BGHSt **14** 386, 390; **25** 224, 228; **32** 88, 89 ff; **41** 123, 125; *Günther* SK[5] Rdn. 16; *Geilen* Jura **1980** 46, 51; *Kindhäuser* BT II § 17 Rdn. 21; *Küper* FS Lenckner, S. 495 ff; *Mitsch* BT 2/1 § 6 Rdn. 39; *Schünemann* JA **1980** 486, 488; *Seelmann* JuS **1982** 914 f.

[18] Ebenso die Lehre: *Fischer* Rdn. 12; *Günther* SK[5] Rdn. 19; *Lackner/Kühl* Rdn. 4; *Sch/Schröder/Eser* Rdn. 9; Arzt/Weber/*Heinrich*/Hilgendorf BT § 18 Rdn. 8; *Eisele* BT II Rdn. 731; *Geilen* Jura **1980** 43, 49; *Maurach/Schroeder/Maiwald* I § 42 Rdn. 40; *Schünemann* JA **1980** 486, 489; *Wessels/Hillenkamp* Rdn. 715. – *Naucke* Zur Lehre vom strafbaren Betrug (1964) S. 116, Fn. 96 meldet nicht näher ausgeführte Zweifel an der Identität des Vermögensbegriffs in den Tatbeständen des Besonderen Teils an. – Soweit *Sch/Schröder/Eser* Rdn. 9 darauf hinweist, dass gewisse Regeln der Schadensermittlung wie z.B. der individuelle Schadenseinschlag im Bereich des § 253 StGB „verstärkte Bedeutung besitzen" oder umgekehrt „nur bedingt" zutreffen, dürften damit lediglich typische Unterschiede zwischen den praktisch vorkommenden Fällen gemeint sein, die Besonderheiten der Schadensermittlung in dem einen Bereich stärker hervortreten lassen als in dem anderen.

19 Geschädigter kann der Genötigte, aber auch **ein anderer** als der Genötigte sein. Der Genötigte muss ein Mensch sein, was der Gesetzgeber des 6. StrRG zur Vermeidung sprachlicher Geschlechterdiskriminierung klargestellt hat (o. Entstehungsgeschichte). *Kindhäuser* NK Rdn. 27 und *Wallau* JR **2000** 312 ff meinen, nunmehr zwinge Art. 103 Abs. 2 GG dazu anzunehmen, dass „andere" nur Menschen, nicht aber **juristische Personen** sein könnten. Dann wären Banküberfälle oder Unternehmenserpressungen nur mehr als Nötigung der Organe bzw. Mitarbeiter der Bank oder des erpressten Unternehmens strafbar, was keinesfalls dem Willen des Gesetzgebers entspricht, kriminalpolitisch sinnwidrig erscheint und durch den Wortlaut gerade nicht vorgegeben wird.

20 Sind Genötigter und Geschädigter personenverschieden und liegt somit eine **„Dreieckserpressung"** vor, so liegt es in der Konsequenz der überwiegenden Lehre, die eine Vermögensverfügung des Genötigten verlangt, die Frage der Zurechnung der Verfügung zum Geschädigten in prinzipiell gleicher Weise wie beim „Dreiecksbetrug" zu beantworten (s. hierzu § 242 Rdn. 121 ff sowie *Tiedemann* LK[11] § 263 Rdn. 112 ff). Demgegenüber liegt es in der Konsequenz der Rechtsprechung und der hier vertretenen Auffassung, die auf eine Vermögensverfügung des Genötigten verzichten, dass es im Ausgangspunkt nicht auf rechtliche Verfügungsmacht oder tatsächliche Herrschaftsgewalt des Genötigten im Sinne einer Gewahrsamsdienerschaft ankommen kann (BGHSt **41** 123, 125;[19] **aA** *Schröder* ZStW **60** [1941] 33, 79 und 97 f). Um Erpressung von Diebstahl oder Raub in mittelbarer Täterschaft voneinander abzugrenzen, ist gleichwohl ein **Näheverhältnis** in dem Sinne erforderlich, dass der Genötigte spätestens im Zeitpunkt der Tatbegehung auf der Seite des Geschädigten steht und die Nötigung die von dem Dritten im Interesse des Geschädigten wahrgenommene Schutzfunktion aufhebt; zwingt demgegenüber der Täter einen Dritten, der den Vermögensinteressen des Geschädigten gleichgültig gegenübersteht, zu einer Wegnahme, so liegt nur Nötigung in Tateinheit mit Diebstahl in mittelbarer Täterschaft vor (BGH aaO S. 126).[20] (Räuberische) Erpressung kann daher vorliegen, wenn der Täter die Lebensgefährtin des niedergestochenen Geschädigten zwingt, diesem eine Uhr wegzunehmen und ihm, dem Täter, zu übergeben (so der BGH aaO zugrundeliegende Sachverhalt; s. auch BGHSt **41** 368, 371 [bei der Geldübergabe eingeschaltete Polizei]; BGH NJW **1989** 176 [Bankangestellter]; BGH NStZ-RR **1997** 321 [Sohn]); würde der Täter einen zufällig vorbeikommenden Passanten zu demselben Verhalten nötigen, wäre § 253, ggf. § 255 StGB aber nicht erfüllt (*Schünemann* JA **1980** 490).

21 Da (räuberische) Erpressungen im kriminellen Milieu keine Seltenheit sind, stellt sich bei §§ 253, 255 StGB nicht selten die umstrittene Frage, ob und inwieweit Vermögensgegenstände, die **rechts- oder sittenwidrig** innegehabt oder zu rechts- oder sittenwidrigen Zwecken verwendet werden, in den Schutzbereich des Vermögensstrafrechts fallen. S. hierzu allgemein *Tiedemann* LK[11] § 263 Rdn. 128 ff und ergänzend zur Rechtsprechung bei §§ 253, 255 StGB: Wird jemand zu *strafbaren Handlungen* wie z.B. Kurierfahrten

---

19 Krit. Anm. *Biltzki* JA **1996** 189; Anm. *Mitsch* NStZ **1995** 499 f; Anm. *Otto* JZ **1995** 1020, 1021 f; Anm. *Wolf* JR **1997** 73, 75; siehe ferner *Jung* JuS **1996** 79 f; *Krack* JuS **1996** 493, 498.

20 S. weiterhin RGSt **63** 164, 165; **71** 291, 292; BGHSt **32** 88, 91; *Duttge* HK-GS Rdn. 20; *Fischer* Rdn. 11; *Günther* SK[5] Rdn. 18; *Lackner/Kühl* Rdn. 6; *Sch/Schröder/Eser* Rdn. 6; Arzt/Weber/*Heinrich*/Hilgendorf BT § 18 Rdn. 20; *Eisele* BT II Rdn. 730; *Küper* NJW **1978** 956 f; *ders.* Jura **1983** 206, 208; *Maurach/Schroeder/Maiwald* I § 42 Rdn. 29; *Rengier* JZ **1985** 565, 568 f; *ders.* BT 1 § 11 Rdn. 32; *Schünemann* JA **1980** 486, 489; *Wessels/Hillenkamp* Rdn. 714; vgl. auch *Kindhäuser* NK Rdn. 26; einschränkend jedoch *Mitsch* BT 2/1 § 6 Rdn. 45.

zwecks Zigarettenschmuggels genötigt oder durch Nötigung um seinen „Anspruch" auf einen Beuteteil gebracht, begründet das keinen Vermögensschaden (BGH NStZ 2001 534; BGH NStZ-RR 2009 106). – Demgegenüber kann der *Besitz des Diebes an der Tatbeute* nach h.A. rechtlich anzuerkennenden Vermögenswert haben (s. nur *Tiedemann* aaO Rdn. 140); aber der bestohlene Dieb, der sich durch Nötigung wieder in den Besitz der ihm entwendeten Tatbeute bringt, begeht im Hinblick auf § 861 BGB keine (räuberische) Erpressung (BGH NStZ-RR 2008 76). – Der *unerlaubte Besitz von Betäubungsmitteln* soll nach der Rechtsprechung (BGHR StGB § 253 Abs. 1 Vermögenswert 3; § 263 Abs. 1 Versuch 1; offengelassen in [und zweifelnd] BGHSt 48 322, 326) rechtlich anzuerkennenden Vermögenswert haben, so dass (räuberisches) Abpressen von Betäubungsmitteln nach §§ 253, 255 StGB strafbar sein kann. Dem ist im Hinblick auf das umfassende Verbot des Umganges mit unerlaubt besessenen Betäubungsmitteln zu widersprechen; wenn der Käufer von Betäubungsmitteln den erfüllungsunwilligen Verkäufer zur Erfüllung nötigt, ist das deshalb ebenso wenig (räuberische) Erpressung, wie wenn umgekehrt der Verkäufer den erfüllungsunfähigen oder -unwilligen Käufer zur Rückgabe der Betäubungsmittel nötigt (aA *Fischer* Rdn. 13a), und da bereits kein Schaden vorliegt, kommt es darauf, dass in diesen Konstellationen weder Erfüllungs- (§§ 134, 138 BGB) noch Schadensersatzansprüche (BGHSt 48 322, 327) bestehen, nicht mehr an; in diesen Fällen ist nur nach §§ 29 ff BtMG zu bestrafen. In jedem Fall scheidet (räuberische) Erpressung mangels Bereicherungsabsicht aus, wenn der Täter die Betäubungsmittel nur vernichten will, um dem Erpressten eine Lektion zu erteilen (BGH NStZ 2005 155). – „*Gutes*" Geld bleibt hingegen nach h.A. auch dann, wenn es zur Bezahlung von Betäubungsmitteln verwendet wird, im Grundsatz tauglicher Gegenstand einer (räuberischen) Erpressung (grundsätzlich aA *Kindhäuser/Wallau* NStZ 2003 152 ff mit Hinweis auf die Verfalls- und Einziehungsbefangenheit solchen Geldes). Nötigt der Verkäufer von Betäubungsmitteln den anfänglich zahlungsunfähigen oder -unwilligen Käufer zur Zahlung, so kann das (räuberische) Erpressung sein, da der Kaufvertrag nichtig ist, Bereicherungsansprüchen § 817 Satz 2 BGB entgegensteht und Schadenersatzansprüche des Verkäufers aus §§ 823 Abs. 2 BGB, 263 Abs. 1 StGB durch § 242 BGB ausgeschlossen sind, weil ein Schadensersatzverlangen auf Herstellung eines rechts- und sittenwidrigen Zustandes gerichtet wäre (BGHSt 48 322, 325 ff[21]). Nötigt umgekehrt der Käufer den Verkäufer zur Rückzahlung (vor-)geleisteter Zahlungen, weil der Verkäufer anfänglich leistungsunfähig oder -unwillig war, scheidet nach BGH NStZ 2003 151 eine (räuberische) Erpressung hingegen aus, weil ein Schadensersatzanspruch des betrogenen Käufers aus §§ 823 Abs. 2 BGB, 263 Abs. 1 StGB bestehe, der einen Schaden des Verkäufers bzw. eine rechtswidrige Bereicherung ausschließe. Diese unterschiedliche Behandlung von Betäubungsmittelverkäufer und -käufer entspricht derjenigen von Freier und Dirne vor Inkrafttreten des Prostitutionsgesetzes vom 20.12.2001 (BGBl. I S. 3983) (zutr. *Kühl* NStZ 2004 387, 388; krit. *Fischer* aaO); die bloße Konfiskationsbefangenheit des Geldes begründet noch kein umfassendes Umgangsverbot, das dazu führen würde, ihm jeden rechtlich anzuerkennenden Vermögenswert abzusprechen.

Nach dem Prinzip der **Gesamtsaldierung** (s. *Tiedemann* LK[11] § 263 Rdn. 159) kann **22**
es an einem Vermögensnachteil i.S.v. §§ 253, 255 StGB fehlen, wenn dem Geschädigten unmittelbar ein saldierender Vermögenswert zufließt. Deshalb ist die Ernötigung von wirtschaftlich ausgeglichenen Austauschgeschäften auch dann, wenn sie rechts- oder

---

[21] Hierzu Anm. *Bosch* JA 2009 70, 71; *Kühl* NStZ 2004 387, 388 f; *Swoboda* NStZ 2005 476, 479 f; ferner BGH NStZ 2008 626.

sittenwidrig sind, nicht als (räuberische) Erpressung strafbar (BGHSt **44** 251, 254; BGH StV **1996** 33). Der Eigentümer einer ihm gestohlenen oder sonst widerrechtlich entzogenen Sache ist aber geschädigt, wenn er unter Nötigungsdruck für die Wiedererlangung der Sache ein Lösegeld zahlt, mag dieses auch unter dem Sachwert liegen; denn der Eigentümer hat einen Anspruch auf Rückgabe ohne Entgelt (BGHSt **26** 346, 347 = JR **1977** 32 m. Anm. *Gössel;* **aA** *Trunk* JuS **1985** 944, 946 f).[22]

**23** Im Einzelnen kann ein Vermögensnachteil u.a. bewirkt werden: durch den **Verlust von Sachen mit Vermögenswert**, insbesondere durch Übergabe von Bargeld oder Wertgegenständen; durch den auch nur vorübergehenden **Verlust vermögenswerten Sachbesitzes**, namentlich bei „erpresserischer oder räuberischer Gebrauchsanmaßung" von Kraftfahrzeugen (BGHSt **14** 386, 388 f; BGH NStZ **1996** 39); der im Zuge einer Geiselnahme erpresste Besitz an einem Funksprechgerät genügt aber nicht (BGHSt **38** 83, 87); durch den **Verlust vermögenswerter Rechte**, insbesondere bei Geldüberweisungen an den Erpresser, aber auch bei „erpresserischer oder räuberischer Pfandkehr", wenn ein gesetzliches Pfandrecht durch ernötigtes Beiseiteschaffen des Pfandguts wirtschaftlich entwertet wird (BGHSt **32** 88 m. Anm. *Joerden* JuS **1985** 24 ff); durch den erzwungenen **Verzicht auf** die Geltendmachung oder Durchsetzung einer rechtlich anerkannten und werthaltigen (BGH NStZ **2008** 627) **Forderung,** z.B. wenn sich ein Taxigast nach der Fahrt unter Nötigung des Taxifahrers ohne zu zahlen entfernt (BGHSt **25** 224; anders, wenn der Taxigast zahlungsunfähig ist, BGH NStZ **2007** 95, 96). S. weiterhin aus der älteren Rechtsprechung BGHSt **4** 260; **14** 336; **20** 136; **26** 346; BGH NJW **1984** 501; BGH NStZ **1988** 216; BGH StV **1986** 530; **1987** 535; **1989** 478, 479; BGHR StGB § 253 Abs. 1 Vermögensschaden 5 und 7; OLG Hamburg JR **1950** 629 und MDR **1974** 330; OLG Hamm MDR **1972** 706.

**24** Auch bei §§ 253, 255 StGB genügt nach h.A. eine **konkrete Vermögensgefährdung,** wenn sie das Vermögen des Geschädigten gegenwärtig vermindert.[23] Entscheidend ist, ob mit wirtschaftlichen Nachteilen ernsthaft zu rechnen ist (BGH NStZ-RR **1998** 233). So kann es namentlich liegen, wenn der Täter die *PIN-Nummer* einer EC-Karte (BGH NStZ-RR **2004** 333, 335) oder sonstige PIN- oder TAN-Nummern erpresst, sofern er hiervon so zeitnah Gebrauch machen kann und will, dass eine rechtzeitige Sperrung ausscheidet (vgl. auch BGH NJW **2001** 1508; **krit.** *Graf* NStZ **2007** 129, 130). Entsprechendes gilt, wenn der Täter die *Zahlenkombination eines Tresors* oder auch die *Angabe des Verstecks einer Wertsache* erpresst (s. aber auch BGH NStZ **2006** 38: nur versuchter Raub, wenn die Wegnahme in engem zeitlichen und räumlichen Zusammenhang erfolgen soll). In der erzwungenen *Hingabe eines Schuldscheins* über eine nicht bestehende Verbindlichkeit kann eine konkrete Vermögensgefährdung liegen, wenn gerichtliche Inanspruchnahme insbesondere im Urkundenprozess (§§ 592 ff ZPO) droht (BGHSt **34** 394, 295 f; BGH NStZ-RR **1998** 233; BGHR StGB § 253 Abs. 1 Vermögensschaden 9); kommt es dem Täter hingegen nur darauf an, einen „Beweis" in den Händen zu halten, so soll es beim Erpressungsversuch bleiben (BGH NStZ **1999** 618; **2000** 197; BGH NStZ-RR **2000**

---

[22] *Fischer* Rdn. 14; *Günther* SK[5] Rdn. 20; *Kindhäuser* NK Rdn. 29; *Lackner/Kühl* Rdn. 4; Arzt/Weber/*Heinrich*/Hilgendorf BT § 18 Rdn. 10; *Jakobs* JR **1974** 474; *Maurach/Schroeder/Maiwald* I § 42 Rn. 41; *Mohrbotter* JZ **1975** 102; *Seelmann* JuS **1982** 914, 916; *Wessels/Hillenkamp* Rdn. 715; **aA** OLG Hamburg JZ **1974** 101; *Mitsch* BT 2/1 § 6 Rdn. 57, für den Fall, dass das Lösegeld deutlich unter dem Sachwert liegt; ausführlich zu dieser Streitfrage auch *Stoffers* Jura **1995** 113, 118 f.

[23] *Fischer* Rdn. 15a; *Günther* SK[5] Rdn. 20; *Sander* MK Rdn. 24; *Eisele* BT II Rdn. 734; *Wessels/Hillenkamp* Rdn. 715.

234, 235). Keine konkrete Vermögensgefährdung liegt aber vor, wenn der Täter bei der Geldübergabe wegen massiven Polizeieinsatzes keine Chance hat zu entkommen (BGH StV **1998** 661) oder wenn er eine abgepresste Sache sogleich zurückgibt, weil sie ihm nicht wertvoll genug erscheint (BGH NStZ **2008** 215).

Zwar ist es nicht ausgeschlossen, dass ein bereits eingetretener, insbesondere deliktisch herbeigeführter Schaden durch eine anschließende (räuberische) Erpressung vertieft, verfestigt oder erweitert wird. (Räuberische) Erpressung begeht aber nicht, wer dem Geschädigten durch die Nötigung keinen weiteren Schaden zufügt, ihn weder vertieft, verfestigt noch erweitert, weil es dann am Vermögensnachteil und zudem an der kausalen und finalen Verknüpfung von Nötigung, Vermögensnachteil und (erstrebter) Bereicherung fehlt (BGHSt **32** 88, 89; BGH NJW **1984** 501 = JR **1984** 387 m. Anm. *Kienapfel*; BGH 4 StR 55/84 bei Holtz MDR **1984** 625 und 4 StR 34/88 bei Holtz MDR **1988** 452).[24] Das gilt insbesondere in den Fällen der sog. **Sicherungserpressung**, die nur der Verteidigung der bereits weggenommenen Sache bzw. des bereits erlangten Vermögensvorteils dient (insoweit **aA** *Günther* SK[5] Rdn. 20: nur mitbestrafte Nachtat; s. auch BGH StV **1986** 530). Wird Tatbeute nach beendetem Diebstahl mit Raubmitteln verteidigt, so muss eine Strafbarkeit wegen räuberischer Erpressung bereits deshalb ausscheiden, weil andernfalls die von § 252 StGB gezogene Grenze für den spätestmöglichen Einsatz dieser Mittel (s. § 252 Rdn. 55 ff) unterlaufen würde (*Herdegen* LK[11] Rdn. 36). Auch im Übrigen kann (räuberische) Erpressung nicht unter dem Gesichtspunkt der Vereitelung von Zahlungs-, Herausgabe- oder Schadenersatzansprüchen begründet werden, da und soweit der Vortat immanent ist, dass zugleich solche Ansprüche vereitelt werden sollen (vgl. *Seier* NJW **1981** 2152, 2157). Wer ohne zu bezahlen bzw. bezahlen zu wollen tankt, losfährt und den Tankwart, der sich dem Auto in den Weg stellt, durch Weiterfahren zum Beiseitespringen nötigt, mag sich wegen Nötigung oder ggf. sogar gefährlichen Eingriffs in den Straßenverkehr strafbar machen, begeht aber keine (räuberische) Erpressung (BGH NJW **1984** 501; s. weiterhin BGH StV **1986** 530), desgleichen nicht der Zechpreller, der nach Verzehr das Lokal unter Gewaltanwendung verlässt; er ist nur wegen Betrugs und Nötigung (ggf. auch Körperverletzung) zu bestrafen (BGH NJW **1987** 910 = 4 StR 34/88 bei Holtz MDR **1988** 452). 25

4. **Ursachen und Zurechnungszusammenhang.** Der (End-)Erfolg des Vermögensnachteils muss objektiv kausal und zurechenbar auf den (Zwischen-)Erfolg der ernötigten Handlung, Duldung oder Unterlassung und dieser wiederum objektiv kausal und zurechenbar auf die Anwendung der Nötigungsmittel zurückgehen.[25] Ein nur in der Vorstellung des Täters gegebener Zusammenhang genügt für die Vollendungsstrafbarkeit nicht (BGH 3 StR 78/78 bei Holtz MDR **1978** 625). Zudem muss die Anwendung der Nötigungsmittel objektiv Nötigungswirkung entfalten. Ein bereits aufgrund freier Willensbildung zu einer vermögensrelevanten Handlung, Duldung oder Unterlassung Entschlossener ist kein tauglicher Nötigungsadressat (*Binding* Lehrb. I S. 380). An einem für die Tatvollendung vorausgesetzten Handeln unter dem Druck der Nötigungsmittel fehlt es, wenn 26

[24] Vgl. dazu *Kindhäuser* NK Rdn. 32; *Lackner/Kühl* Rdn. 13; *Sch/Schroeder/Eser* Rdn. 9; *Hillenkamp* JuS **1997** 217, 220; sowie zur kausalen und finalen Verknüpfung sogleich Rdn. 26.

[25] BGHSt **19** 342, 344; **32** 88, 89; BGH JR **1984** 387, 388 m. Anm. *Kienapfel;* **1987** 339 m. Anm. *Jakobs;* 3 StR 78/78 bei Holtz MDR **1978** 625; StV **1984** 377; 2 StR 229/88 bei Holtz MDR **1988** 1002; *Günther* SK[5] Rdn. 15; *Lackner/Kühl* Rdn. 5; *Sch/Schroeder/Eser* Rdn. 7; *Mitsch* BT 2/1 § 6 Rdn. 32; *Rengier* BT 1 § 11 Rdn. 5; **aA** *Kindhäuser* NK Rdn. 31 f.

das Opfer sich diesem Druck des Täters gerade nicht beugen will und nicht – zumindest auch – aufgrund der ausgeübten Gewalt oder aus Furcht vor der Verwirklichung der Drohung, sondern nur deshalb zahlt, weil die Polizei oder ein sonstiger Dritter ihm dies, etwa aus ermittlungstaktischen Gründen zur Überführung der Täter, rät (vgl. BGHR StGB § 255 Vollendung 1; BGH 4 StR 265/53 bei Dallinger MDR **1953** 722; s. aber auch BGHSt **41** 368, 371). Zum subjektiv weiterhin erforderlichen Finalzusammenhang sogleich Rdn. 27.

## III. Subjektiver Tatbestand

27 1. **Vorsatz.** Der gem. § 15 StGB erforderliche Vorsatz muss den gesamten Tatbestand des § 253 Abs. 1 StGB erfassen; zur subjektiven Seite der Verwerflichkeit nach § 253 Abs. 2 StGB Rdn. 34 ff. Da der Erpressungs- den Nötigungstatbestand einschließt und zudem als Folge der Nötigung einen Vermögensschaden erfordert, müssen **Nötigungsvorsatz** wie bei § 240 Abs. 1 StGB (hierzu *Träger/Altvater* LK[11] § 240 Rdn. 115 ff) und **Schädigungsvorsatz** wie bei § 263 Abs. 1 StGB (hierzu *Tiedemann* LK[11] § 263 Rdn. 240 ff) vorliegen. Ebenso wie beim Raub die Nötigung den Zweck haben muss, die Wegnahme zu ermöglichen oder zu erleichtern (§ 249 Rdn. 43 ff), muss bei der Erpressung zudem ein **Finalzusammenhang** in der Weise bestehen, dass die Nötigung vom Täter als Mittel zum Zweck der Zufügung des Nachteils und der Erlangung der (beabsichtigten) Bereicherung eingesetzt werden muss (BGH NJW **1984** 501 = JR **1984** 387, 388 m. Anm. *Kienapfel*; BGH StV **1984** 377; BGHR StGB § 253 Abs. 1 Drohung 2 = wistra **1988** 348).[26] Wendet der Täter Gewalt zu anderen als Erpressungszwecken an und handelt das Opfer sodann allein aufgrund des hierdurch ausgeübten Drucks in vermögensrelevanter Weise, genügt das für §§ 253, 255 StGB nicht (BGH NJW **1984** 1632; BGH 4 StR 604/86 bei Holtz MDR **1987** 281). Zur konkludent erneuerten Drohung s. aber BGHR StGB § 255 Drohung 5.

28 Der Täter muss sich im Fall der Anwendung von **Gewalt** vorstellen, dass sie geeignet ist, das Opfer im Sinne des Täterverlangens zu motivieren, es also anders handeln wird, als es frei von Zwang handeln würde (RGSt **25** 254; **64** 379, 381; BGHSt **31** 195, 201). Im Fall der **Drohung** muss sich der Täter vorstellen, der Drohungsadressat werde an die Ernstlichkeit der (ggf. nicht ernst gemeinten) Drohung glauben und ihre Realisierung mindestens für möglich halten (BGHSt **26** 309, 310; **31** 195, 201; BGH JZ **1985** 1059 m. Anm. *Zaczyk*; *Maurach/Schroeder/Maiwald* I § 42 Rdn. 46). Weiterhin muss er mindestens billigend in Kauf nehmen, dass Folge der Nötigung ein **Vermögensnachteil** für den Genötigten oder einen anderen sein werde (RGSt **67** 200, 201; **71** 291). Insoweit genügt bedingter Vorsatz;[27] er ist mit Bereicherungsabsicht vereinbar, weil diese auch bedingt bestehen kann und es durchaus möglich ist, dass der Täter eine Bereicherung anstrebt, den korrespondierenden Vermögensnachteil aber nur als sicher oder möglicherweise eintretend ansieht, ohne ihn geradezu anzustreben.

29 2. **Bereicherungsabsicht.** Die Absicht, sich oder einen Dritten zu Unrecht zu bereichern, deckt sich mit der beim Betrug vorausgesetzten Absicht, sich oder einem Dritten

---

[26] *Fischer* Rdn. 18; *Kudlich* SSW Rdn. 25; *Sander* MK Rdn. 29.

[27] BGHSt 32 88, 91 f; *Fischer* Rdn. 17; *Günther* SK[5] Rdn. 22; *Kindhäuser* NK Rdn. 33; *Lackner/Kühl* Rdn. 7; *Sander* MK Rdn. 29; *Kindhäuser* BT II § 17 Rdn. 48; *Maurach/Schroeder/Maiwald* I § 42 Rdn. 46; *Mitsch* BT 2/1 § 6 Rdn. 65.

einen rechtswidrigen Vermögensvorteil zu verschaffen.[28] S. deshalb *Tiedemann* LK[11] § 263 Rdn. 248 ff und ergänzend: Erforderlich ist **Absicht im technischen Sinne** (*dolus directus ersten Grades*), so dass der Täter die Bereicherung anstreben, es ihm auf sie ankommen muss.[29] Einziger oder in erster Linie verfolgter Zweck muss die Bereicherung aber nicht sein. An Bereicherungsabsicht fehlt es jedoch, wenn der Täter die erpresste Sache sogleich zerstören will (BGH NStZ **2005** 155, 156); dem Opfer nur einen Denkzettel verpassen will (BGH NStZ **2006** 450, 452); sie sogleich nach der Tat dem Geschädigten oder der Polizei zurückgeben will (BGH NJW **1988** 2623 = NStZ **1989** 22: Banküberfall, den der Täter begeht, um sich danach festnehmen zu lassen und so seiner Frau zu beweisen, dass er „ein richtiger Mann" sei); wenn der Täter dem Opfer ein Mobiltelefon nur deshalb abpresst, um einen Hilferuf zu verhindern (OLG Jena NStZ **2006** 450). Als **Gegenstand der Bereicherung** kommt jeder wirtschaftliche Wert in Betracht.[30] Dazu zählt auch wirtschaftlich wertvolle Sachnutzung wie der Gebrauch eines Fahrzeugs aus Freude am Fahren (BGHSt **14** 386, 388 f) oder zur Flucht (BGH NStZ **1996** 39), nicht aber die bloß vorübergehende Nutzung eines Sprechfunkgeräts im Rahmen einer Geiselnahme (BGHSt **38** 83, 87) und auch nicht die mehrtägige Verwahrung der Erpressungsbeute, wenn der Mittäter, der die Beute verwahrt hat, sich dahin einlässt, er habe die Beute der Polizei zurückgeben wollen und sich an der Tat nur beteiligt, um in der selbstgewählten Rolle eines Polizeispitzels Erfolg zu haben (**aA** BGH 1 StR 430/91 bei Holtz MDR **1992** 17, 18, möglicherweise beeinflusst von der mangelnden Glaubhaftigkeit der Einlassung; s. auch BGH NJW **1988** 2623 = NStZ **1989** 22). Wie beim Betrug ist **Stoffgleichheit** zwischen Schaden und Vorteil erforderlich.[31] Daran fehlt es, wenn dem Täter ein anderer (unbrauchbarer) Gegenstand als der geforderte übergeben wird (BGH GA **1983** 411; **1989** 171; s. auch BGH StV **1990** 206 f); bei „erpresserischer Inpfandnahme", wenn der Täter einen ihm wirklich oder vermeintlich zustehenden Anspruch in der Weise durchsetzen will, dass er, um Druck auf den Schuldner auszuüben, ihm Wertgegenstände abpresst, die er bis zur Anspruchserfüllung behalten, dann aber zurückgeben will (BGH 1 StR 304/79 bei Holtz MDR **1980** 104, 106; BGH NJW **1982** 2265 f; NStZ-RR **1998** 235, 236; **aA** *Bernsmann* NJW **1982** 2214, 2217, der die stoffgleiche

---

28 St. Rspr. (Nachweise dazu in den Fußnoten 4–7; anders noch OLG Celle HESt **2** 314; OLG Hamm HESt **2** 32). Aus dem Schrifttum vgl. *Fischer* Rdn. 18; *Günther* SK[5] Rdn. 23; *Kindhäuser* NK Rdn. 34; *Kudlich* SSW Rdn. 26; *Lackner/Kühl* Rdn. 8; *Sander* MK Rdn. 30; *Sch/Schröder/Eser* Rdn. 16; Arzt/Weber/*Heinrich*/Hilgendorf BT § 18 Rdn. 9; *Eisele* BT II Rdn. 740; *Kindhäuser* BT II § 17 Rdn. 49; *Maurach/Schroeder/Maiwald* I § 42 Rdn. 43; *Mitsch* BT 2/1 § 6 Rdn. 67; *Otto* BT § 53 Rdn. 9; *ders.* JZ **1985** 69, 73; *Rengier* BT 1 § 11 Rdn. 59; *Wessels/Hillenkamp* Rdn. 716.

29 RGSt **22** 170, 171; **55** 257, 258; BGH NJW **1953** 1400; **1988** 2623; OLG Frankfurt NJW **1970** 342; *Kindhäuser* BT II § 17 Rdn. 50; *Lenckner* NJW **1967** 1890, 1891; *Otto* BT Rdn. 10.

30 Aus der Rechtsprechung zur Erpressung: RGSt **33** 407, 408 f; **36** 384; BGHSt **14** 386, 388; BGH VRS **42** 110; NJW **1988** 2623; NStZ **1989** 22; **2001** 534; OLG Hamm MDR **1972** 706, 707; OLG Jena NStZ **2006** 450, 451; OLG Schleswig SchlHA **1978** 59; dagegen verneint BGH StV **2000** 78, 79 und NStZ **2009** 386, 387 eine Bereicherung bei einer abgenötigten Unterzeichnung von Wechseln, die nur der leichteren Durchsetzung eines Anspruchs dienen.

31 S. bereits RGSt **53** 281, 283; **67** 200, 201; **71** 291; BGH NStZ-RR **1998** 235; NStZ **2002** 254; BGHR StGB § 253 Abs. 1 Vermögensschaden 7 und 11; *Günther* SK[5] Rdn. 24; *Kindhäuser* NK Rdn. 36; *Kudlich* SSW Rdn. 28; *Lackner/Kühl* Rdn. 8; *Sander* MK Rdn. 34; *Sch/Schröder/Eser* Rdn. 20; *Eisele* BT II Rdn. 740; *Kindhäuser* BT II § 17 Rdn. 49; *Mitsch* BT 2/1 § 6 Rdn. 69; *Otto* BT Rdn. 12; *ders.* JZ **1985** 69, 73; *Wessels/Hillenkamp* Rdn. 717.

Bereicherung durch Innehabung eines Sicherungsmittels genügen lässt; anders kann es liegen, wenn der Täter sich die Verwertung des erpressten „Pfandes" vorbehält); wenn der Täter den Inhaber von Räumlichkeiten nötigt, unerlaubten Betäubungsmittelhandel in ihnen zu dulden, um hieraus Gewinne zu erzielen (BGH NStZ 2002 254, wo die Frage, ob der Inhaber wegen der Einschränkung seiner Nutzungsmöglichkeit und drohender behördliche Maßnahmen überhaupt einen [Gefährdungs-]Schaden erleidet, offen gelassen wird).

**30** Wie beim Betrug ist die angestrebte Bereicherung nicht **rechtswidrig**, wenn der Täter einen rechtlich begründeten fälligen und einredefreien Anspruch in Höhe des Wertes der erstrebten Bereicherung hat.[32] Deren Unrechtmäßigkeit ist objektives Tatbestandsmerkmal (BGH NJW **1986** 1623); richtiger Auffassung nach entfällt dann bereits ein Vermögensschaden, weil das Vermögen des Geschädigten insoweit gegenüber dem Täter rechtlich nicht mehr geschützt ist (vgl. zur Rechtslage beim Betrug *Tiedemann* LK[11] § 263 Rdn. 186, 194, 231). Hiernach ist die „Selbsthilfeerpressung" nicht nach §§ 253, 255 StGB (sondern nur ggf. nach §§ 223, 240 StGB) strafbar: Wer die Erfüllung eines begründeten Anspruchs zu erlangen oder die Durchsetzung eines unbegründeten Anspruchs abzuwehren sucht, erstrebt einen rechtswidrigen Vermögensvorteil nicht deshalb, weil er die Anspruchserfüllung oder die Anspruchsabwehr mit rechtswidrigen oder unlauteren Mitteln erreicht oder erreichen möchte (BGHSt **4** 105, 107; **20** 136, 137; BGH NJW **1982** 2265; BGHR StGB § 253 Abs. 1 Bereicherungsabsicht 5; *Herdegen* Festgabe BGH 25 S. 195, 200). Spiegelbildlich sind Nötigungen zur Abwehr rechtlich nicht begründeter Ansprüche nicht nach §§ 253, 255 StGB strafbar, z.B. wenn sich der Nötigende Quittungen über die „Tilgung" nicht bestehender Forderungen verschafft (BGHSt **20** 136). Die Frage nach Rechtmäßigkeit oder Rechtswidrigkeit eines Anspruchs richtet sich nicht danach, ob er voraussichtlich schnell vor Gericht durchgesetzt werden kann, sondern allein nach der materiellen Rechtslage; hierüber hat erforderlichenfalls der Strafrichter eigenverantwortlich zu befinden (BGH NStZ-RR **2009** 17 = StV **2009** 128; BGH StV **2009** 357). Bleibt unklar, ob ein Anspruch bestand bzw. nicht bestand, ist *in dubio pro reo* von seinem Bestehen bzw. Nichtbestehen auszugehen. Ansprüche aus unerlaubtem Glücksspiel (BGH MDR **1968** 938) oder aus Schwarzarbeit (vgl. BGH 5 StR 3/06 vom 11.5.2006) sind nicht rechtlich anerkannt, desgleichen nicht Ansprüche aus unerlaubtem Handel mit Betäubungsmitteln (§§ 134, 138 BGB). Der betrogene Käufer von Betäubungsmitteln hat rechtlich anerkannte Schadensersatzansprüche gegen den Verkäufer, der betrogene Verkäufer keine gegen den Käufer (Rdn. 21 m. Nachw.). Wer seinem Schuldner einen Wechsel abnötigt, um die Durchsetzung der rechtlich begründeten Schuld zu erzwingen, handelt ohne Bereicherungsabsicht (BGH NStZ **2009** 386), wenn es ihm nicht darum geht, Einwendungen des Schuldners abzuschneiden (BGH StV **2000** 78 = wistra **1999** 378).

**31** Nach ganz h.A. genügt im Hinblick auf die Rechtswidrigkeit der erstrebten Bereicherung **bedingter Vorsatz**; es reicht also aus, dass der Täter für möglich hält und billigend in Kauf nimmt, nicht Inhaber eines rechtlich begründeten Anspruchs zu sein (BGHSt **31** 178, 181; **32** 88, 92; RGSt **55** 259; OLG Bamberg NJW **1982** 778). Hat der Täter mög-

---

[32] RGSt **20** 56, 59; **64** 379, 383; BGHSt **3** 160; **4** 105, 106 f; **19** 206, 215; **20** 136; BGH NJW **1982** 2265; NStZ **1988** 216; *Günther* SK[5] Rdn. 25; *Sander* MK Rdn. 32; *Sch/Schroeder/Eser* Rdn. 19; *Arzt/Weber/Heinrich*/Hilgendorf BT § 18 Rdn. 9; *Kindhäuser* BT II § 17 Rdn. 49; *Krey/Hellmann* Rdn. 319a; *Maurach/Schroeder/Maiwald* I § 41 Rdn. 45; *Mitsch* BT 2/1 § 6 Rdn. 72; *Otto* BT § 53 Rdn. 11; *Rengier* BT 1 § 11 Rdn. 61; *Wessels/Hillenkamp* Rdn. 717.

licherweise einen solchen Anspruch, nimmt er aber dessen Fehlen billigend in Kauf, so führt das in die Versuchsstrafbarkeit (BGH NStZ **2008** 214; grundlegend BGHSt **42** 268, 273 [zu § 263 StGB]). Die irrige Annahme des Täters, einen rechtlich begründeten Anspruch zu haben, begründet einen den Vorsatz und damit die Erpressungsstrafbarkeit ausschließenden **Tatbestandsirrtum**, gleich, ob der Irrtum auf einer Verkennung der Sach- oder der Rechtslage beruht, da die Unrechtmäßigkeit der Bereicherung normatives Tatbestandsmerkmal ist (st. Rspr. des RG, bestätigt durch BGHSt **4** 105, 106 f und seitdem st. Rspr. des BGH).[33] Stellt sich der Täter eine konkrete Anspruchsgrundlage vor, die nach geltendem Recht nicht besteht, so unterliegt er einem Tatbestandsirrtum; bloß vage Vorstellungen oder Mutmaßungen über Rechtslagen genügen aber nicht (BGH NStZ-RR **1999** 6 = JR **1999** 336; BGH StV **2000** 79; BGHR StGB § 253 Abs. 1 Bereicherungsabsicht 9). Stets muss der Täter davon ausgehen, dass der Anspruch von der Rechtsordnung anerkannt, insbesondere vor staatlichen Gerichten durchsetzbar ist (BGHSt **48** 322, 328 f); fühlt er sich bloß moralisch im Recht, so genügt das nicht (BGH NStZ **2008** 626 = StV **2009** 253).

Bereicherungsabsicht muss zum **Zeitpunkt** der Anwendung der Nötigungsmittel vorliegen; das bloße Ausnutzen einer zu anderen Zwecken begangenen Nötigung in spontan gefasster Bereicherungsabsicht genügt nicht (s. bereits Rdn. 29). Bei **fehlender Bereicherungsabsicht** kann eine Strafbarkeit wegen Nötigung (BGHSt **4** 105, 107; BGH NJW **1982** 2265; **1984** 501; **1986** 1623; **1988** 2623; BGH StV **1990** 205), bei Beteiligung mehrerer auch eine Teilnahme an der von einem anderen Beteiligten begangenen Erpressung verbleiben. **32**

## IV. Rechtswidrigkeit

1. **Allgemeine Rechtfertigungsgründe** haben Vorrang vor § 253 Abs. 2 StGB.[34] In Betracht kommt u.a. rechtfertigender Notstand (§ 34 StGB), z.B. wenn jemand einen anderen zur Herausgabe von Münzgeld nötigt, um von einem Münzfernsprecher aus ärztliche Hilfe für einen Unfallverletzten herbeizurufen. In derartigen Fällen lässt sich freilich argumentieren, dass bereits die Rechtswidrigkeit der erstrebten Bereicherung als spezielles Rechtswidrigkeitsmerkmal der Erpressung entfällt (vgl. zur dogmatischen Einordnung der Rechtswidrigkeit der beabsichtigten Zueignung beim Diebstahl § 242 Rdn. 172 ff). **33**

2. **Verwerflichkeit** (**Abs. 2**). Wortgleich mit § 240 Abs. 2 bestimmt § 253 Abs. 2 StGB, dass die Tat nur rechtswidrig ist, wenn die Anwendung der Gewalt oder die Androhung des Übels zu dem angestrebten Zweck als verwerflich anzusehen ist. Im Ausgangspunkt ist § 253 Abs. 2 **wie § 240 Abs. 2 StGB** zu verstehen und anzuwenden; **34**

---

33 BGHSt **48** 322, 328; BGH StV **1984** 422; NJW **1986** 1623; NStZ **1988** 216; StV **1990** 205; NStZ-RR **1999** 6; StV **2000** 78, 79; **2002** 426; NStZ **2008** 626; BGHR StGB § 253 Abs. 1 Bereicherungsabsicht 5; *Kindhäuser* NK Rdn. 36; *Kudlich* SSW Rdn. 30; *Sander* MK Rdn. 33; *Sch/Schroeder/Eser* Rdn. 22; *Otto* BT § 53 Rdn. 11; *Rengier* BT 1 Rdn. 59; *Wessels/Hillenkamp* Rdn. 717.

34 *Fischer* Rdn. 21; *Günther* SK[5] Rdn. 31; *Kudlich* SSW Rdn. 31; *Sander* MK Rdn. 35; Arzt/Weber/*Heinrich*/Hilgendorf BT § 18 Rdn. 18; *Rengier* BT 1 Rdn. 62; nach *Kindhäuser* NK Rdn. 37 sind die allgemeinen Rechtfertigungsgründe nicht zwingend, sondern nur „aus Gründen der Prüfungsökonomie" vorrangig zu prüfen.

s. deshalb *Träger/Altvater* LK[11] § 240 Rdn. 68 ff. Ebenso wie bei dieser Vorschrift zielt das Verwerflichkeitserfordernis bei der Erpressung in erster Linie darauf, die übermäßige Weite des Tatbestandes einzuschränken, soweit er jede Drohung mit einem empfindlichen Übel genügen lässt, was auch auf dem Gebiet des Vermögensverkehrs in „ungezählten Fällen des täglichen Lebens" (BGHSt 2 194, 195 f [zu § 240 StGB]) vorkommt und in vielen Fällen vollkommen sozialadäquat ist. Allerdings besteht eine markante Differenz zu § 240 Abs. 2 StGB darin, dass der angestrebte Zweck, nämlich das Nahziel oder unmittelbare Ziel der Zwangsausübung (näher *Träger/Altvater* aaO Rdn. 80 ff), eine rechtswidrige Bereicherung mit Schädigung eines anderen ist. Die somit notwendig vorliegende Rechtswidrigkeit des Zwecks führt dazu, dass es auch bei an sich rechtmäßigem Mittel – insbesondere bei Drohung mit erlaubtem Verhalten – **nur ausnahmsweise** an der Verwerflichkeit der Erpressung fehlt,[35] vor allem wenn vorgelagerte Tatbestandsvoraussetzungen – wie die Empfindlichkeit der Drohung (Rdn. 9 ff) oder das Fehlen eines auch nur vorgestellten rechtlich begründeten Anspruchs[36] – ernst genommen werden. Der Geschäftsherr, der dem beim Diebstahl ertappten Angestellten mit begründeter Strafanzeige droht, wenn er die Sache nicht zurückgebe, handelt nicht erst nicht verwerflich (so aber *Sch/Schröder/Eser* Rdn. 11), sondern hat bereits einen rechtlich begründeten Anspruch auf Rückgabe der Sache, weshalb er schon den Erpressungstatbestand nicht verwirklicht (zutr. *Kindhäuser* NK Rdn. 42). Nichts anderes gilt für die Drohung mit einer begründeten Meineidsanzeige, falls der Bedrohte nicht die Zwangsvollstreckung aus dem durch Meineid erschlichenen Urteil rückgängig mache (RGSt **20** 56; s. auch **42** 79), da auch ein rechtskräftiges und vollstreckbares Urteil die für die Rechtswidrigkeit der erstrebten Bereicherung maßgebliche materielle Rechtslage (Rdn. 30) nicht berührt.

**35** Nach dem Gesetz kommt es weder auf die Verwerflichkeit des Nötigungsmittels noch auf die des Zwecks als solche an. Entscheidend ist vielmehr die Verwerflichkeit der **Verknüpfung** von Mittel und Zweck (s. nur BGHSt **17** 328, 331 [zu § 240 Abs. 2 StGB]).[37] Die von der h.A. als sozialethische Missbilligung verstandene Verwerflichkeit ist gegeben, wenn zwischen Mittel und Zweck kein innerer Zusammenhang (**„Inkonnexität"**) besteht wie insbesondere bei der *Chantage* (Schweigegelderpressung durch Drohung mit [begründeter] Strafanzeige oder öffentlicher [wahrheitsgemäßer] Bloßstellung): Der Täter darf zwar anzeigen, vielleicht auch bloßstellen (s. hierzu aber noch sogleich Rdn. 36); aber er hat keinen Anspruch auf Geld, wenn er das unterlässt; und von einem „Abkaufen" eines Anzeige- oder Bloßstellungsrechts kann nicht die Rede sein, weil der Erpresste gegen den Erpresser keinen von Rechts wegen beachtlichen Anspruch und nach der Erfahrung auch keine verlässliche tatsächliche Aussicht darauf erwirbt, dass der Erpresser nicht anzeige oder bloßstelle. In moderner Gestalt wird die bei Inkonnexität vorliegende Rechts- und Freiheitsverletzung bei der Erpressung von Aktiengesellschaften deutlich, wenn offensichtlich unbegründete, gleichwohl ggf. dringliche, ggf. für die wirtschaftliche Existenz des Unternehmens bedeutsame Entscheidungen blockierende und das Unternehmen schä-

---

[35] *Günther* SK[5] Rdn. 35; Arzt/Weber/*Heinrich*/Hilgendorf BT § 18 Rdn. 18 („Rechtswidrigkeit des Zwecks indiziert die Verwerflichkeit"); *Geilen* Jura **1980**, 43, 47; *Rengier* BT 1 § 11 Rdn. 66; *Schünemann* JA **1980** 486, 489; krit. *Sander* MK Rdn. 36.

[36] Besteht ein solcher Anspruch, kann dessen Durchsetzung mit Nötigungsmitteln nach § 240 StGB strafbar und verwerflich i.S.v. Abs. 2 sein, wenn zwischen Mittel und Zweck kein innerer Zusammenhang besteht (BGHSt 5 254; *Schäfer* LK[10] § 240 Rdn. 76 f m.w.N.).

[37] *Kindhäuser* NK Rdn. 38; *Kudlich* SSW Rdn. 32; *Lackner/Kühl* Rdn. 10; *Maurach/Schroeder/Maiwald* I § 42 Rdn. 33 f; *Wessels/Hillenkamp* Rdn. 719.

digende *Aktionärsanfechtungsklagen* angedroht bzw. erhoben und für deren Nichterhebung bzw. Rücknahme „Abfindungen" verlangt werden (vgl. RGZ **146** 385, 395 f; BGHZ **107** 296, 310 f; OLG Stuttgart [ZS] AG **2001** 315, 317 und **2003** 456, 457; OLG Köln [ZS] BB **2003** 2307, 2308).

In aller Regel als verwerflich anzusehen ist es, einen anderen Menschen durch rechtswidrige **Gewalt**, auch wenn sie nicht die Schwelle zur Personengewalt überschreitet (Rdn. 4), zu schädigen, um sich oder einen Dritten rechtswidrig zu bereichern (zutr. *Kindhäuser* NK Rdn. 39). Gleiches gilt für die **Drohung mit Übeln, deren Zufügung rechtswidrig wäre** wie z.B. bei der Drohung mit Schlägen, falls der (nach früherem Recht nicht geschuldete) Dirnenlohn nicht gezahlt werde (BGHSt **4** 105), mit einer unbegründeten Strafanzeige zur Erlangung von nicht geschuldetem Geld (RGSt **32** 421; OLG Kiel SchlHA **1948** 115), mit der Verbreitung unwahrer ehrverletzender oder sonst bloßstellender Tatsachen, um „Schweigegeld" zu erpressen, oder mit einem rechtswidrigen „wilden" oder „verbandswidrigen" Streik, um Lohnerhöhungen durchzusetzen (RGSt **21** 114, 120). Auch bei der Chantage durch Drohung mit öffentlicher Bloßstellung durch wahre Tatsachen ist im Hinblick auf die neuere Entwicklung des Persönlichkeitsrechts (s. nur *Palandt/Thomas*[61] § 823 Rdn. 175 ff) durchaus häufig, womöglich der Regelfall, dass die Zufügung des Übels rechtswidrig wäre. Rechtlich keineswegs unbedenklich ist auch die Drohung mit Veröffentlichung von belastenden Unterlagen aus einem Ermittlungsverfahren (vgl. OLG Köln NJW **2004** 623, 624). **36**

Die **Drohung mit Übeln, deren Zufügung rechtmäßig wäre**, ist nach h.A. verwerflich, wenn zwischen Drohung und erstrebtem rechtswidrigem Vermögensvorteil kein innerer Zusammenhang besteht, beide inkonnex sind.[38] So liegt es bei der Chantage durch Drohung mit einer berechtigten (oder gar gebotenen) Strafanzeige, mit (ausnahmsweise) erlaubter öffentlicher oder auch erlaubter nichtöffentlicher Bloßstellung durch Mitteilung wahrer (vgl. BGH 2 StR 431/63 vom 3.6.1964) ehrenrühriger Tatsachen zur Erlangung von „Schweigegeld" oder anderen nicht geschuldeten und inkonnexen Vermögensvorteilen (RGSt **64** 379, 383). Als verwerflich sind auch angesehen worden: die Drohung mit an sich berechtigter Strafanzeige, um einen in der Höhe nicht geschuldeten Geldbetrag zu erlangen (RG GA Bd. 38 207, 208; OLG Karlsruhe NJW **2004** 3724, 3725); die Drohung eines Nichtverletzten zur Erlangung eines „Sühnegeldes" für sich selbst (RGSt **26** 353); die Drohung eines Polizeibeamten mit der pflichtmäßigen Weiterführung eines Strafverfahrens, falls nicht eine Bestechungssumme gezahlt werde, oder seine Drohung, von der pflichtmäßigen Anzeige nur gegen Gewährung eines Darlehens abzusehen (BGH LM § 253 Nr. 9); die Drohung mit Mitteilung von Aufenthaltsrechtsverstößen an die Ausländerbehörde, um nicht geschuldete Geldbeträge zu erlangen (vgl. OLG Düsseldorf NStZ-RR **1996** 5, 6); die Kündigung des Arbeits- oder Mietverhältnisses, um nicht geschuldete Geldbeträge zu erlangen (*Günther* SK[5] Rdn. 36). Grenzfall ist die Drohung mit einer Klage zur Befriedigung eines eindeutig unbegründeten oder eindeutig überhöhten Anspruchs, die RGSt **20** 326; **49** 354, 356 als Erpressung angesehen hat; solchen Drohungen wird man grundsätzlich in besonnener Selbstbehauptung standhalten, d.h. es auf die Klage ankommen lassen müssen; ausnahmsweise (z.B. wenn die Klage Folgewirkungen hätte, die auf die Gefährdung der wirtschaftlichen Existenz des Bedrohten hinausliefen) und bei wirklicher Rechtsmissbräuchlichkeit der Klage kann aber verwerfliche strafbare Erpressung vorliegen. **37**

---

[38] *Fischer* Rdn. 21; *Kindhäuser* NK Rdn. 40; *Samson* SK[3] Rdn. 15 m. Verweis auf *Horn* SK[3] § 240 Rdn. 42; *Sander* MK Rdn. 37.

38 Die Verwerflichkeit kann sich auch daraus ergeben, dass der erstrebte **Vermögensvorteil in einem strafrechtlich relevanten Kontext** steht, z.B. wenn der Täter einen anderen nötigt, eine Vermögensstraftat zum Nachteil eines Dritten zu begehen und deren Erträge an ihn, den Täter, auszukehren (*Maurach/Schroeder/Maiwald* I § 42 Rdn. 34); wenn jemand beim strafbaren unerlaubten Glücksspiel verlorene Geldbeträge vom Gewinner zurück erpresst (BGH MDR **1968** 938; s. auch LG Flensburg MDR **1980** 248); oder wenn jemand strafrechtlich relevante Schmiergeldzahlungen erpresst (BGHSt **44** 251, 252 f, s. hierzu bereits Rdn. 10).

39 **Nicht verwerflich** sind dagegen Drohungen, die in sachgemäßer Wahrnehmung berechtigter Vermögensinteressen zur angemessenen Erledigung eines Konflikts dienen, z.B. wenn Vertragspartner wie Käufer, Mieter oder Kreditgeber mit Kündigung oder Abbruch der Geschäftsbeziehungen (RGSt **72** 74, 75, s. hierzu bereits Rdn. 10) drohen, um vorteilhaftere Bedingungen wie Preisnachlass, Rabatt, Anerkennung einer vielleicht nicht voll begründeten Mängelrüge (*Sch/Schröder/Eser* Rdn. 11), Herabsetzung des Mietzinses oder höhere Darlehenszinsen durchzusetzen. Selbstverständlich ist auch der rechtmäßige Streik für Lohnerhöhung nicht verwerflich (*Niese* Streik und Strafrecht [1954] S. 57; *Nipperdey* SJZ **1949** 811, 814; *Schröder* BB **1953** 1015). Nicht verwerflich ist die Drohung des Verletzten mit einer begründeten Strafanzeige, falls der Täter nicht freiwillig angemessene Sühne für einen guten Zweck leiste (RGSt **36** 384, 388). Auch inkonnexe Drohungen können ausnahmsweise nicht verwerflich sein, wenn dem Bedrohten nur eine Verbesserung seiner Lage in Aussicht gestellt wird, auf die er keinen Anspruch hat, z.B. wenn ein Arbeitgeber oder Vermieter die Einstellung oder Vermietung von der Zahlung eines Schmiergeldes abhängig machen (*Günther* SK$^5$ Rdn. 38; vgl. BGHSt **44** 68, 74; s. auch *Schroeder* JZ **1983** 284, 286).

40 Wie bei § 240 Abs. 2 ist auch bei § 253 Abs. 2 StGB umstritten, ob die Verwerflichkeit negatives Tatbestandsmerkmal („Tatbestandskorrektiv") oder – wie der Gesetzeswortlaut besagt – allgemeines Rechtswidrigkeitsmerkmal ist.[39] Der Streit entbehrt praktischer Relevanz, weil die Behandlung der **Vorsatz- und Irrtumsfragen** hiervon im Ergebnis nicht abhängt: Nach allg. M. muss der Täter Vorsatz bezüglich der Umstände haben, die das Verwerflichkeitsurteil begründen; fehlt es hieran, so liegt nach der einen Auffassung unmittelbar ein den Vorsatz ausschließender Tatbestandsirrtum vor (§ 16 StGB), nach der anderen ein Erlaubnistatbestandsirrtum, der nach h.A. jedenfalls den Vorsatzschuldvorwurf entfallen lässt (BGH LM Nr. 3 zu § 240). Irrt der Täter hingegen nur über das Urteil, dass die Tat verwerflich ist, begründet das nach allg. M. nur einen Verbotsirrtum (§ 17 StGB), wenn er sein Verhalten für erlaubt gehalten hat.

## V. Beteiligung

41 Für **Täterschaft** ist Bereicherungsabsicht erforderlich (BGHSt **27** 10, 11; vgl. auch BGH NJW **1985** 812; BGH StV **1988** 526, 527; BGH 4 StR 184/89 bei Holtz MDR **1989** 858; BGH 4 StR 358/89 bei Holtz MDR **1989** 1052). Da Drittbereicherungsabsicht

[39] Im Schrifttum werden §§ 240 Abs. 2, 253 Abs. 2 StGB überwiegend dem Tatbestand zugeschlagen, weil die jeweiligen Absätze 1 für sich allein das Unrecht nicht indizieren könnten (*Sch/Schröder/Eser* § 240 Rdn. 16; Übersicht bei *Hansen* Die tatbestandliche Erfassung von Nötigungsunrecht [1972] S. 67, 103, 116). Die Rechtsprechung siedelt §§ 240 Abs. 2, 253 Abs. 2 StGB hingegen auf der Rechtswidrigkeitsebene an (grundlegend BGHSt 2 194, 196; zust. *Herdegen* Festgabe BGH 25, S. 195, 200 f).

genügt, kann Mittäterschaft auch in der Form vorkommen, dass der eine Mittäter nur die Bereicherung des anderen erstrebt; Drittbereicherungsabsicht führt andererseits nicht zwingend zur Mittäterschaft, sondern es kann auch bloße Beihilfe vorliegen (BGHSt **27** 10, 12; **28** 346, 348). Teil-Mittäterschaft ist in der Weise möglich, dass der ohne Bereicherungsabsicht handelnde Mittäter nach §§ 240, 25 Abs. 2 StGB (RGSt **54** 153) und, wenn er die Bereicherungsabsicht des anderen kennt, tateinheitlich nach §§ 253, 27 StGB strafbar ist (BGHSt **27** 10, 12). Entsprechendes gilt für den gleichfalls täterschaftsbegründenden Finalzusammenhang; wer Nötigungsmittel nicht dazu einsetzt, den anderen zu einem vermögensrelevanten (schädigenden) Verhalten zu zwingen, kann nur Mittäter einer Nötigung sein (BGH 4 StR 604/86 bei Holtz MDR **1987** 281). Wer die Androhung empfindlicher Übel durch Einschaltung eines – für sich gesehen rechtmäßig handelnden – Amtsträgers bewirkt, kann mittelbarer Täter einer Erpressung sein (OLG Hamburg JR **1950** 629, 630).

Der **Teilnehmer** braucht keine Bereicherungsabsicht zu haben, die kein täterbezogenes **42** besonderes persönliches Merkmal i.S.v. § 28 StGB ist, sondern vielmehr nach allgemeinen Regeln akzessorisch zugerechnet wird (RGSt **56** 171). Wird die Erpressung durch „täuschende Drohung" (Rdn. 7) begangen und ist dem Teilnehmer nur die Täuschung, nicht aber die Drohung bekannt, kommt Teilnahme am Betrug in Betracht (BGHSt **11** 66). Weiß der Anstifter, dass das Opfer kein Geld hat, das ihm die Haupttäter abpressen wollen, und will er nur bewirken, dass das Opfer in Angst und Schrecken gerät, so ist das nach den Regeln zum agent provocateur keine Anstiftung zur Erpressung, sondern nur zur (versuchten) Nötigung (**aA** RGSt **56** 171, 172 f).[40] Ein Rechtsanwalt, der an einem „Versöhnungsessen" teilnimmt, bei dem seine Sozien eine Erpressung begehen, begeht durch bloßes Dabeisein und inneres Billigen der Tat noch keine Beihilfe durch Tun (**aA** BGH JZ **1983** 462; dagegen zutr. *Sieber* JZ **1983** 431, 437; **krit.** auch *Rudolphi* StV **1982** 518). Das Erpressungsopfer ist als notwendig Beteiligter straflos; das gilt auch für Hilfspersonen des Erpressungsopfers (zutr. *Fischer* Rdn. 23a), wenn sie z.B. bei einer Geldübergabe mit dessen Einwilligung und in dessen Interesse handeln (noch weitergehend *Rönnau* JuS **2005** 481, 486 f: sogar vom Täter eingeschaltete Mittelspersonen, sogar wenn sie von ihm „Provision" erhalten).

Wie auch sonst lässt die Rechtsprechung **sukzessive Beteiligung** sogar nach Voll- **43** endung der Erpressung bis zu deren Beendigung durch endgültige Bereicherung, aber auch nach Abschluss der Nötigungshandlungen zu (vgl. nur RG HRR **40** 469; LZ **1921** 461). Dem ist wie auch sonst zu widersprechen (s. nur § 249 Rdn. 55 m. Nachw.); die Annahme, die Bereicherung sei als (weiteres oder vertiefendes) tatbestandsmäßiges Erfolgsunrecht anzusehen, vernachlässigt die den Tatbestand begrenzende Funktion des Handlungsunrechts und seiner Ausformung (*Kühl* JuS **1982** 110, 113; 189, 192; *Küper* JuS **1986** 862, 869).

---

[40] Das in der Literatur weitgehend kritiklos übernommene (s. nur *Kindhäuser* NK Rdn. 46; *Herdegen* LK[11] Rdn. 31) Urteil erklärt sich zum einen daraus, dass sie § 253 StGB a.F. betraf, der seinem Wortlaut nach keinen Vermögensschaden voraussetzte (o. Entstehungsgeschichte); zum anderen hatte der Angeklagte Schädigungsvorsatz im Hinblick auf Schuldscheine, zu deren Herausgabe das Opfer gezwungen werden sollte.

## VI. Versuch, Vollendung, Beendigung

44 Gem. § 253 Abs. 3 StGB ist versuchte Erpressung strafbar. Der **Versuch** beginnt, wenn der Täter zur Nötigungshandlung unmittelbar ansetzt (BGHSt **26** 201; s. auch RGSt **34** 279), z.B. mit der Absendung des Drohbriefes, aber noch nicht mit dem erfolglosen Bemühen des Eindringens in das Haus des Opfers, das anschließend genötigt und erpresst werden soll (BGH 2 StR 350/74 bei Dallinger MDR **1975** 21). Versuch kann auch vorliegen, wenn das vom Täter für tauglich gehaltene Nötigungsmittel untauglich ist (z.B. wenn die Ehefrau damit bedroht wird, ein außereheliches Verhältnis der Frau dem Ehemann bekannt zu machen, dieser aber bereits davon weiß und sich daraus nichts macht); wenn der Bedrohte nicht an die Ernstlichkeit der Drohung glaubt oder ihr standhält (RGSt **34** 15; **71** 291); wenn er freiwillig (z.B. aus Mitleid) oder auf Anraten der Polizei oder Dritter aus ermittlungstaktischen Gründen das Geforderte gewährt (Rdn. 26); wenn sich der Genötigte zwar unter dem Nötigungsdruck eines Gegenstands entäußert, insoweit aber kein Vorsatz des Täters vorliegt, weil er einen anderen Gegenstand erpressen wollte (Rdn. 29 und sogleich Rdn. 45); wenn der Täter einen Forderungsverzicht erpressen wollte, das Opfer sich aber nur bereit erklärt, die Forderung vorübergehend nicht geltend zu machen (OLG Dresden SächsOLG **38** 295); wenn durch polizeiliche Observation des Tatgeschehens dem Eintritt eines Vermögensschadens vorgebeugt wird (Rdn. 24); oder wenn der Täter irrtümlich annimmt, die von ihm erstrebte Bereicherung sei rechtswidrig (Rdn. 31; vgl. auch *Herdegen* Festgabe BGH 25, S. 195, 205 f). Wer nach erfolgloser Drohung das Drohmittel zurückgibt, kann strafbefreiend zurücktreten, wenn der Erpressungsversuch nicht subjektiv fehlgeschlagen ist (BGH NStZ **2002** 28).

45 **Vollendet** ist die Erpressung mit vorsätzlich und in Bereicherungsabsicht bewirktem Eintreten des Vermögensnachteils, auch wenn er nur teilweise eintritt, der Täter z.B. eine geringere als die geforderte Summe erhält (RGSt **33** 78; RG JW **1934** 487). Der Eintritt eines anderen als des vom Täter gewollten Schadens genügt aber nicht, wenn der Täter einen andersartigen oder geringerwertigen Gegenstand als den verlangten nicht haben will und zurückweist (RG GA Bd. **58** 186; RG Recht **14** 2420; RG JW **1934** 487 m. Anm. *Kaisbach*; BGH 4 StR 595/81 bei Holtz MDR **1982** 280; BGH GA **1989** 171; BGH StV **1990** 205, 206 und 206, 207; BGHR StGB § 253 Abs. 1 Vollendung 1). Für die Vollendung nicht erforderlich ist, dass der Täter oder Dritte die erstrebte Bereicherung erlangt, z.B. wenn erpresstes Geld in unwegsames Gelände oder eine Mülltonne geworfen wird und dort nicht mehr aufgefunden werden kann (BGHSt **19** 342, 344; s. auch BayObLGE **1955** 14; *Geilen* Jura **1980** 43, 49); wenn das abgepresste Geld einem Mittelsmann ausgehändigt wird und die Polizei zugreift, bevor der Erpresser es erhält (RG Recht **27** 804); oder wenn statt des Täters ein anderer bereichert wurde (RG Recht **15** 2486).

46 **Beendet** ist die Erpressung aber erst mit Eintritt der Bereicherung beim Täter oder einem anderen. Erst dann beginnt die Verjährung zu laufen (§ 78a StGB, s. dort). Entgegen der Rechtsprechung ist in der Beendigungsphase aber keine sukzessive Beteiligung mehr möglich (Rdn. 43).

## VII. Rechtsfolgen, Prozessuales, Konkurrenzen

### 1. Rechtsfolgen

47 a) **Einfache Erpressung** nach § 253 Abs. 1 StGB ist wie Diebstahl, veruntreuende Unterschlagung oder Betrug mit **Freiheitsstrafe bis zu fünf Jahren oder Geldstrafe** bedroht. In der Praxis ist Geld- die Regelstrafe; bei einfachen Erpressungen kommen (gar

vollstreckte) Freiheitsstrafen bei Ersttaten eher selten in Betracht. Bei der Strafzumessung spielen die Intensität von Gewalt oder Drohung einerseits (vgl. BGH NStZ **1998** 404, 405: Drohung, durch die mehrere Menschen in Angst und Schrecken versetzt werden), der eingetretene Vermögensschaden bzw. die erstrebte Bereicherung andererseits eine maßgebliche Rolle; zudem sind die (psychischen oder sozialen) Folgen für das Opfer als verschuldete Auswirkungen der Tat zu berücksichtigen (zutr. *Sander* MK Rdn. 45). Gegen § 46 Abs. 3 StGB würde es aber verstoßen, strafschärfend zu werten, dass das Opfer die Drohung ernst genommen hat. Strafmildernd kann wirken, dass der Täter die Forderung, die er erpresserisch durchgesetzt hat, nachvollziehbar als berechtigt, wenngleich nicht rechtlich begründet, angesehen hat (BGH 5 StR 351/04 vom 28.9.2004). Zur praktisch bedeutungslosen Möglichkeit der Anordnung von **Führungsaufsicht** s. § 256 Abs. 1 StGB.

b) § 253 Abs. 4 StGB statuiert für **besonders schwere Fälle** eine erhöhte Mindeststrafe **48**
von einem Jahr Freiheitsstrafe. Das führt zwar nicht dazu, dass die Tat zu einem Verbrechen wird (§ 12 Abs. 3 StGB), schließt aber die Möglichkeit von Geldstrafe aus und kann zu (auch vollstreckten) Freiheitsstrafen führen. Nach § 253 Abs. 4 Satz 2 StGB ist **gewerbs- oder bandenmäßige Erpressung Regelbeispiel** für einen besonders schweren Fall. Zur Dogmatik der Regelbeispiele s. § 243 Rdn. 7 ff; zur Gewerbsmäßigkeit § 243 Rdn. 35 ff; zur Bandenmäßigkeit § 244 Rdn. 51 ff. Ist das Regelbeispiel erfüllt, lässt § 256 Abs. 2 StGB (seit Nichtigerklärung des § 43a StGB durch BVerfGE **105** 135 = BGBl. 2002 I S. 1340 nicht mehr Vermögensstrafe, aber) die Anordnung **erweiterten Verfalls** namentlich der erpressten Vermögenswerte nach § 73d StGB zu; einer solchen Anordnung steht aber in aller Regel § 73d Abs. 1 Satz 3 i.V.m. § 73 Abs. 1 Satz 2 StGB entgegen, da die Ansprüche des Erpressungsopfers vorgehen. Ein unbenannter besonders schwerer Fall liegt vor, wenn eine **Gesamtwürdigung von Tat und Täter** ergibt, dass die Tat so weit vom Durchschnitt der erfahrungsgemäß vorkommenden Erpressungen abweicht, dass die Anwendung des erhöhten Strafrahmens geboten erscheint. Der Umstand, dass sich der Täter einer Mafia-Methode bedient, genügt für sich genommen nicht (s. aber auch BGH NStZ **1992** 275). Setzt der Täter einen Erpressungsversuch planvoll in der Weise ins Werk, dass er das Opfer verführt, heimlich Videoaufzeichnungen intimer Begegnungen anfertigt und mit deren Veröffentlichung droht, wenn ihm das Opfer nicht zehn Millionen Euro bezahle, so ist das – unabhängig davon, ob die Tat auch gewerbs- oder bandenmäßig begangen worden ist – ein besonders schwerer Fall (vgl. LG München I 8 KLs 112 Js 10043/08 vom 9.3.2009).

2. **Prozessuales.** Auch bei Geringwertigkeit des Schadens ist Erpressung – ebenso wie **49**
Nötigung – **kein Antragsdelikt.** Die Verfolgung verjährt in fünf Jahren (§ 78 Abs. 3 Nr. 4 StGB). Erpressung kann **besondere Ermittlungsmaßnahmen** rechtfertigen wie z.B. Telekommunikationsüberwachung (§ 100a Abs. 2 Nr. 1 StPO), bei gewerbs- oder bandenmäßiger Erpressung sogar Wohnraumüberwachung (§ 100c Abs. 2 Nr. 1j StPO), und Wiederholungsgefahr ist Haftgrund (§ 112a Abs. 1 Nr. 2 StPO). In Fällen geringer Schuld ist **Verfahrenseinstellung** nach §§ 153, 153a StPO möglich. Der Zwangslage eines Erpressten, der mit der Offenbarung einer von ihm begangenen Straftat bedroht wird, trägt § 154c Abs. 1 StPO dadurch Rechnung, dass von der Verfolgung dieser Tat abgesehen werden kann, sofern eine Sühne nicht geradezu unerlässlich ist; s. hierzu RiStBV Nr. 102 und *Krause* FS Spendel, S. 547, 551 ff. § 154c Abs. 2 StPO (eingefügt durch Art. 2 Nr. 4b des 37. StrÄndG v. 11.2.2005, BGBl. I S. 239) lässt ein Absehen von der Verfolgung einer Straftat des Erpressten auch dann zu, wenn diese Tat durch die Anzeige der Erpressung bedingt bekannt wird; hierdurch soll insbesondere Opfern von Men-

schenhandel geholfen werden, die sich aufenthaltsrechtlicher Straftaten schuldig gemacht haben und deshalb besonders erpressbar sind.

**50** Kann nicht geklärt werden, ob der Täter räuberische oder nur einfache Erpressung begangen hat, ist – selbstverständlich – *in dubio pro reo* wegen § 253 StGB zu verurteilen (BGH 4 StR 116/57 vom 23.5.1957). **Wahlfeststellung** zwischen Erpressung einerseits und Diebstahl andererseits kommt nicht in Betracht (BGH DRiZ **1972** 30; OLG Hamm NStZ-RR **2008** 143).

**51** 3. **Konkurrenzen.** In den nicht seltenen Fällen fortgesetzter Erpressung derselben Person mit derselben Drohung liegt nach den Grundsätzen von BGHSt **40** 138 **Tatmehrheit** (§ 53 StGB) vor, wenn das je erneut bedrohte Opfer erneut zahlt (vgl. BGH 5 StR 194/94 vom 10.5.1994 und 5 StR 306/94 vom 20.6.1994 zur räuberischen Erpressung); bereits zuvor hatte die Rechtsprechung Fortsetzungszusammenhang bei Erpressung mehrerer Personen im Hinblick auf die Höchstpersönlichkeit des mitbetroffenen Rechtsgutes der Entschlussfreiheit ausgeschlossen (RG HRR **1937** 981; BGHSt **26** 24, 26). Wendet der Täter mehrfach Gewalt an oder wiederholt oder ändert er seine Drohung, um dasselbe Erpressungsziel zu erreichen, so liegt insgesamt **tatbestandliche Handlungseinheit** vor; bei (zunächst) erfolglosen mehrfachen Erpressungsversuchen endet sie jedoch, wenn die Tat aus Sicht des Täters (zunächst) subjektiv fehlgeschlagen und somit kein Rücktritt mehr möglich ist; verfolgt er sein Erpressungsziel danach mit ggf. geänderter Drohung weiter, ist das eine tatmehrheitliche (versuchte) Erpressung (BGHSt **41** 368, 369 – „Fall Dagobert"; BGH NStZ-RR **2008** 239).[41]

**52** Vor allem in der auch hier zugrunde gelegten Interpretation der Rechtsprechung, wonach die Erpressung keine Vermögensverfügung voraussetzt, kann sie mit einer Fülle anderer Tatbestände zusammentreffen. Ob dann **Gesetzeskonkurrenz** mit Vorrang der Erpressung oder des anderen Tatbestandes vorliegt oder **Idealkonkurrenz**, muss von Tatbestand zu Tatbestand entschieden werden. *§§ 125, 125a StGB*: Kommt es bei einem Landfriedensbruch zur (versuchten) Erpressung, so ist § 125 StGB gesetzlich subsidiär (*v. Bubnoff* LK[11] § 125 Rdn. 108). – *§§ 223 ff StGB*: Vorsätzliche Körperverletzung ist i.d.R. Personengewalt; mit räuberischer Erpressung besteht Tateinheit. Idealkonkurrenz mit § 253 StGB kann vorliegen, wenn die Körperverletzung nicht Erpressungszwecken dient (BGH NStZ **2000** 25: körperverletzendes „Stalking", in dessen Zuge es auch zu einer versuchten Erpressung kommt). – *§ 239 StGB*: Freiheitsberaubung ist i.d.R. Personengewalt; mit der räuberischen Erpressung besteht Tateinheit (RGSt **66** 117, 118; BGH 1 StR 161/67 vom 2.5.1967). – *§§ 239a, b, auch 316a StGB*: Da diese Tatbestände nicht voraussetzen, dass es zu einer (zumeist räuberischen) Erpressung kommt, besteht Tateinheit (BGHSt **26** 24, 28; BGH 1 StR 69/93 vom 22.6.1993; BGH NStZ **1999** 509; **aA** *Fischer* § 255 Rdn. 5). – *§ 240 StGB*: Da der Erpressungs- den Nötigungstatbestand enthält, also *lex specialis* ist, wird § 240 StGB in aller Regel verdrängt; wird mit einem Verbrechen gedroht, tritt auch *§ 241 StGB* zurück (RGSt **41** 276; BGH NJW **2003** 3283, 3286 [insoweit nicht in BGHSt **48** 322 abgedruckt]; **aA** BayObLG NJW **2003** 911 = JR **2003** 477 [bei Zusammentreffen mit bloß versuchter Erpressung] m. abl. Anm. *Jäger*). Jedoch kommt Tateinheit mit Nötigung in Frage, wenn diese neben der Bereicherung auch einen anderen, von § 253 StGB nicht erfassten Zweck verfolgt (RG GA Bd. **48** 451) oder die Nötigung vollendet, die Erpressung aber nur versucht wird (BGH 5 StR 374/71

---

[41] *Fischer* Rdn. 25; *Lackner/Kühl* Rdn. 15; *Sch/Schröder/Eser* Rdn. 39; vgl. zum Ganzen auch *Momsen* NJW **1999** 982.

bei Dallinger MDR **1972** 386; **aA** – nur versuchte Erpressung – wohl BGH StV **1990** 206, 207; BGH GA **1989** 171; BGH 4 StR 595/81 bei Holtz MDR **1982** 280). Dient aber das dem Opfer abgenötigte Verhalten ausschließlich der Sicherung des Gewahrsams an der bereits durch Raub erlangten Beute, so ist nicht auch noch wegen § 240 StGB zu verurteilen (BGH NStZ-RR **2000** 106); anders liegt es, wenn der Täter in solchen Fällen einen am bisherigen Tatgeschehen unbeteiligten Dritten nötigt (BGH NStZ-RR **2002** 334). – *§§ 242–244 StGB*: Nach überwiegender Lehre besteht im Hinblick auf die von ihr für die Erpressung geforderte Vermögensverfügung ein Exklusivitätsverhältnis. Nach Rechtsprechung und hier vertretener Auffassung kann der „kleine Raub" zwar konstruktiv als Erpressung erfasst werden; jedoch gehen §§ 240, 242 ff, 52 StGB vor (Vorbem. §§ 249–252 Rdn. 61, auch zur Gegenauffassung). Tateinheit ist möglich, wenn die Nötigung zur Duldung der Wegnahme der einen und zur Herausgabe der anderen Sache führt (BGHSt **32** 88, 92; zum gleichliegenden Verhältnis von Raub und räuberischer Erpressung RGSt **66** 117; BGHSt **7** 252, 254; **26** 24, 28). Zur „Dreieckserpressung", wenn der Täter das Nötigungsopfer zwingt, einem Dritten eine Sache wegzunehmen, Rdn. 20. – *§ 246, auch §§ 289, 292 StGB*: Trifft Erpressung mit Eigentums- oder Vermögensstraftaten zusammen, die wie Unterschlagung, Pfandkehr oder Wilderei keine Wegnahme bzw. keine Zueignung(sabsicht) voraussetzen, so soll nach RGSt **25** 435, 437 idealkonkurrierend zu verurteilen sein. Da und soweit solche Straftaten als Delikte gegen spezialisierte Vermögenswerte zu verstehen sind, ist es überzeugender, einen Vorrang des § 253 StGB anzunehmen. *Jagusch* LK[8] Anm. 9a) hat sogar im Anschluss an *Frank* Anm. VII die Ansicht vertreten, dass die Erpressung im Wege der Gesetzeskonkurrenz alle Eigentums- und Vermögensdelikte verdränge, soweit deren Duldung in Bereicherungsabsicht abgenötigt werde; das geht aber zu weit. – Bei erpresstem unbefugtem Gebrauch eines Fahrzeugs ist *§ 248b StGB* gesetzlich subsidiär. – *§ 249 StGB*: Kommt der Täter nach versuchtem Raub durch einfache Erpressung zum Ziel, so liegt je nach den Umständen Tateinheit oder Tatmehrheit vor (*Sch/Schröder/Eser* Rdn. 31; s. auch BGH StV **1983** 413). – *§ 255 StGB* geht als lex specialis vor. – *§ 259 StGB*: Bringt der Täter hehlereibefangene Sachen durch Nötigung an sich, besteht Idealkonkurrenz zwischen Erpressung und Hehlerei (RGSt **35** 278).[42] Nur wegen Erpressung kann bestrafen, wer (nicht überzeugend) annimmt, bei Nötigung des Vortäters scheide der Hehlereitatbestand mangels kollusiven Zusammenwirkens aus.[43] – Zum Verhältnis zu *§ 263 StGB* s. Rdn. 7. – *§ 291 StGB*: Nach RG GA Bd. **46** 318 können Erpressung und Wucher in Tateinheit verwirklicht werden. In der Literatur wird hingegen angenommen, der mildere § 291 StGB habe Vorrang, wenn nicht die Nötigung einen selbständigen Unwert verwirkliche; selbst wenn der Wuchertatbestand nicht erfüllt sei, komme eine Sperrwirkung seiner milderen Strafdrohung in Betracht (s. nur *Lackner/Kühl* § 291 Rdn. 12); eine derartige Privilegierung des erpresserischen Wucherers, der Gewalt oder Drohung anwendet und einen nachweisbaren Schaden herbeiführt, überzeugt aber nicht. – *§§ 331 ff StGB*: Wer den Fiskus in Bereicherungsabsicht dadurch schädigt, dass er einen Amtsträger zugleich nötigt und ihm Vorteile anbietet bzw. gewährt, oder wer als Amtsträger einen Bürger in Bereicherungsabsicht dadurch schädigt, dass er ihn zugleich nötigt und von ihm Vorteile fordert bzw. annimmt, macht sich tateinheitlich wegen Erpressung und Vorteilsgewährung oder Bestechung bzw. Vorteilsannahme oder Bestechlichkeit strafbar (grundlegend BGHSt **9**

---

42 *Ruß* LK[10] § 259 Rdn. 47; *Sch/Schröder/Stree* § 259 Rdn. 62: **aA** *Lauer* MK § 259 Rdn. 121.

43 OLG Hamburg NJW **1966** 2226, 2228; *Bockelmann* NJW **1950** 852; *Geerds* GA **1958** 135; *Rudolphi* JA **1981** 1, 6; *Samson* SK[3] § 259 Rdn. 33, 47; *Welzel* § 58 II 1b.

245).[44] – Kommt es im Zusammenhang mit unerlaubtem Betäubungsmittelhandel zu Erpressungen (Rdn. 21, 30), so ist tateinheitlich wegen *§§ 29 ff BtMG* zu verurteilen. – Zur Frage, ob eine *Sicherungserpressung* zur Verteidigung weggenommener Sachen oder sonst deliktisch erlangter Vermögenswerte tatbestandslos oder nur mitbestrafte Nachtat ist, Rdn. 25.

## § 254

*(weggefallen)*

## § 255
## Räuberische Erpressung

**Wird die Erpressung durch Gewalt gegen eine Person oder unter Anwendung von Drohungen mit gegenwärtiger Gefahr für Leib oder Leben begangen, so ist der Täter gleich einem Räuber zu bestrafen.**

### Schrifttum

S. das vor und zu § 249 sowie zu § 253 angegebene Schrifttum.

### Entstehungsgeschichte

Die Vorschrift ist seit Inkrafttreten des StGB 1871 unverändert geblieben; zu den gescheiterten Reformversuchen, insbesondere zum Versuch, die räuberische Besitz- oder Sacherpressung in den Raub einzubeziehen, Vorbem. §§ 249–256 Rdn. 15, 18.

### I. Allgemeines

1 Räuberische Erpressung ist Vermögensbeschädigung durch Nötigung mit Raubmitteln in Bereicherungsabsicht und zugleich **Qualifikation der einfachen Erpressung** nach § 253 StGB, da Personengewalt stets Gewalt und Drohung mit gegenwärtiger Gefahr für Leib oder Leben stets Drohung mit einem empfindlichen Übel ist. Qualifikationsgrund ist die durch die Anwendung von Raubmitteln erhöhte Gefährlichkeit der Tat für Leib, Leben und Willensfreiheit des Genötigten. Hierin liegt auch der Grund, dass bei § 255 anders als bei § 253 StGB die Verwerflichkeit der Tat nicht eigens geprüft werden muss (zutr. *Günther* SK[5] Rdn. 5; *Kindhäuser* NK Rdn. 1). Wie der Raub ist die räuberische Erpressung **Verbrechen** (§ 12 Abs. 1 StGB).

2 Zur Kriminologie und zur **praktischen Bedeutung** der räuberischen Erpressung Vorbem. §§ 249–256 Rdn. 2 ff und ergänzend: In der Justizpraxis spielt die räuberische

---

[44] RG JW **1922** 296; RG HRR **1940** 95; *Fischer* § 331 Rdn. 40; *Lackner/Kühl* § 331 Rdn. 20; *Rudolphi* SK[5] § 331 Rdn. 54; *Sch/Schröder/Heine* § 331 Rdn. 18, 55.

Erpressung im Verhältnis zum Raub eine bedeutende Rolle (zu den faktischen Gründen hierfür, namentlich zur Wegnahmeprävention, die den Übergang von Raub zu räuberischer [Besitz- oder Sach-]Erpressung nahelegt, Vorbem. §§ 249–256 Rdn. 21). Rund ein Drittel aller Verurteilungen wegen §§ 249–255, 316a entfallen auf § 255 StGB (2007: 4147 von 11303 Verurteilten, *Statistisches Bundesamt*, Rechtspflege Strafverfolgung 2007 [2009] S. 35). Mehr als die Hälfte der Verurteilungen (2007: 2466, *Statistisches Bundesamt* aaO S. 288) erfolgt nach Jugendstrafrecht, wobei zur Bewährung ausgesetzte Jugendstrafen zwischen einem Jahr und zwei Jahren dominieren. Verurteilungen wegen § 255 StGB nach allgemeinem Strafrecht sind deutlich häufiger als solche nach § 249 StGB; es dominiert die zur Bewährung ausgesetzte Freiheitsstrafe zwischen einem Jahr und zwei Jahren (*Statistisches Bundesamt* aaO S. 162 f). Normativ erklärt sich die relative Häufigkeit der räuberischen Erpressung damit, dass in den gängigen Fällen des *„Straßenraubes"* oder des *„Raubüberfalles"* auf Banken, Tankstellen, Läden usw. räuberische Erpressung, nicht Raub, vorliegt, wenn sich der Täter Geld oder Wertsachen *übergeben* lässt, und zwar nach der Rechtsprechung zwingend, nach der überwiegenden Lehre jedenfalls dann, wenn der Täter nur *vis compulsiva* anwendet oder mit gegenwärtiger Gefahr für Leib oder Leben droht und das Opfer (noch) eine Verhaltensalternative zur Übergabe hat (s. hierzu Rdn. 3, 10). Diese raubnahen Fälle beherrschen die Praxis; demgegenüber sind erpresserische Entführungen oder Produkt- oder Unternehmenserpressungen eher seltene (wenn auch häufig spektakuläre und gravierende) Fälle; mafiöse (z.B. „Schutzgeld-" oder „Revolutionssteuer-")Erpressungen mit Personengewalt oder Drohung mit gegenwärtiger Gefahr für Leib oder Leben gelangen (viel zu) häufig nicht zur Kenntnis der Strafverfolgungsbehörden.

Zu den **geschützten Rechtsgütern** Freiheit und Vermögen s. Vorbem. §§ 249–256 **3**
Rdn. 33, 51. – Zum Streit über die **systematische Einordnung** der räuberischen Erpressung in das Eigentums- und Vermögensstrafrecht s. bereits Vorbem. §§ 249–256 Rdn. 40, 55 ff, 62 ff und § 253 Rdn. 1, 13 und ergänzend: Die in der Lehre viel vertretene Auffassung, die Erpressung als prinzipiell strukturgleich mit dem Betrug aufzufassen und insbesondere eine Vermögensverfügung des Erpressten zu verlangen, überzeugt bei § 255 noch weniger als bei § 253 StGB. Dass nach überwiegender Lehre *vis absoluta* für § 255 StGB nicht genügen kann, steht mit dem Wortlaut der Vorschrift nicht im Einklang, ist kriminalpolitisch nicht überzeugend, weil *vis absoluta* in der Regel die gegenüber *vis compulsiva* und Drohung intensivere Nötigung ist (mag es auch Einzelfälle geben, wo es anders liegt, wie z.B. beim Einsperren oder gesundheitlich ungefährlichen Betäuben des Opfers, vgl. *Sander* MK Rdn. 15; *Wessels/Hillenkamp* Rdn. 712). Zwar führt *vis absoluta* bei der Sach- oder Besitzerpressung regelmäßig dazu, dass der Täter die Sache wegnehmen muss und deshalb Raub vorliegt; bei „Dreiecksnötigungen" (z.B. Tötung eines Opfers, um ein anderes Opfer zur Herausgabe einer Sache zu zwingen) kann es aber anders liegen; bei der Erpressung des Verzichts auf Durchsetzung einer Forderung wird der Wertungswiderspruch, der in der Herausnahme der *vis absoluta* liegt, besonders augenfällig (z.B. räuberische Erpressung, wenn der Taxigast dem Taxifahrer ein Messer vorhält, um sich ohne Zahlung zu entfernen, aber nicht, wenn der Taxigast sogleich zusticht, vgl. *Rengier* JuS 1981 654, 662). Auch bei *vis compulsiva* und Drohung mit gegenwärtiger Gefahr für Leib oder Leben bleibt von der Freiwilligkeit, die für eine Vermögensverfügung erforderlich ist, wenig übrig, und es überzeugt nicht, die Strafbarkeit von Mut oder Entschlossenheit des Opfers im Einzelfall – ob es noch eine akzeptable Verhaltensalternative sieht (s. noch Rdn. 10) – abhängig zu machen. Dass die Rechtsprechung bei der Frage, ob ein die Wegnahme ausschließendes Einverständnis vorliegt, auf die *innere Willensrichtung* des Gewahrsamsinhabers abstellt, der, wenn er die Sache „so oder so verloren" ansieht,

also keine Verhaltensalternative sieht, nicht mit der Wegnahme einverstanden ist (BGHSt **18** 221, 223; BGH NJW **1952** 796; **1953** 73; BGH 2 StR 537/86 bei Holtz MDR **1987** 446; OLG Hamburg HESt **2** 19, 2; s. auch BGHZ **5** 365, 366), liegt in der Natur der Sache, da ein Einverständnis ein *subjektives* Tatbestandsmerkmal ist. Entgegen einer Behauptung der Lehre[1] steht damit nicht in Widerspruch, dass bei Alternativlosigkeit der Herausgabe einer Sache eine Handlung i.S.v. §§ 253, 255 StGB vorliegen kann: Die ernötigte Handlung ist *objektives* Tatbestandsmerkmal, weshalb die Rechtsprechung zutreffend auf das *äußere Erscheinungsbild* der Tat abstellt (s. noch Rdn. 9). Auch bei einer Unterlassung ist objektiv nicht mehr als eine physisch-reale Handlungsmöglichkeit erforderlich, und dass auch Unabwendbares oder Ausweglosses ge- oder erduldet werden kann, liegt inmitten gängigen Sprachgebrauchs. Dass bei dieser Interpretation Raub nicht wertloser Sachen in Zueignungs- und zugleich Bereicherungsabsicht, also der Regelfall des Raubes, konstruktiv zugleich als räuberische Erpressung erfasst werden kann (BGHSt **14** 386, 390), trifft zwar zu. Das Argument, dann hätte der Gesetzgeber die räuberische Erpressung, nicht den Raub an den Anfang des Zwanzigsten Abschnitts stellen müssen (s. nur *Lackner* LK[10] § 253 Rdn. 8), überzeugt aber nicht, weil Raub nun einmal das traditionellere und konturiertere Delikt ist und der Gesetzgeber auch sonst Auffangtatbestände ans Ende stellt (s. nur § 315b Abs. 1 Nr. 3 StGB).

**4** Gewichtiger ist der Einwand der Lehre, die Interpretation der räuberischen Erpressung durch die Rechtsprechung führe dazu, dass tatbestandliche Voraussetzungen des Raubes und anderer Wegnahme- oder spezialisierter Vermögensdelikte **umgangen** und bei Anwendung von Raubmitteln qualifizierte Raubstrafe eintreten könne, die bei den jeweiligen Tatbeständen nicht vorgesehen sei (s. nur *Lackner* LK[10] § 253 Rdn. 7 f), z.B. wenn der „räuberische unbefugte Gebrauch eines Fahrzeuges" (vgl. § 248b StGB) oder die „räuberische Pfandkehr" (vgl. § 289 StGB) in den Anwendungsbereich des § 255 StGB gezogen würden (vgl. BGHSt **14** 386, 390; **25** 224, 228 zur ersten und BGHSt **32** 88 m. Anm. *Joerden* JuS **1985** 24 ff zur zweiten Konstellation). An dieser Konsequenz kommt aber auch die Lehre nicht vorbei, wenn der Täter nur *vis compulsiva* oder Drohung mit gegenwärtiger Gefahr für Leib oder Leben einsetzt und das Opfer nicht von Alternativlosigkeit seiner Handlung, Duldung oder Unterlassung ausgeht. Die hier teilweise auftretenden Ungereimtheiten sind der Grundsatzentscheidung des Gesetzgebers geschuldet, die Voraussetzungen des strafrechtlichen Eigentumsschutzes einerseits und des strafrechtlichen Vermögensschutzes andererseits unterschiedlich zu fassen (s. hierzu bereits Vorbem. §§ 249–256 Rdn. 39 ff, 53, 67). Dass ein Tatbestand verwirklicht sein kann, obwohl ein anderer nicht verwirklicht ist, ist eine bare Selbstverständlichkeit, die auch für § 255 StGB und auch in umgekehrter Richtung gilt: Wer mit Raubmitteln eine wirtschaftlich wertlose Sache wegnimmt oder zur Durchsetzung eines an sich bestehenden Anspruchs auf eine Sache eine wirtschaftlich gleichwertige, aber nicht geschuldete Sache wegnimmt, um sie zu behalten, macht sich wegen Raubes strafbar, auch wenn keine räuberische Erpressung vorliegt.

---

[1] *Lackner* LK[10] § 253 Rdn. 10; *Samson* SK[3] § 249 Rdn. 6, § 253 Rdn. 6 und 7; Arzt/Weber/*Heinrich*/Hilgendorf BT § 17 Rdn. 17; *Küper* NJW **1978** 956; *Otto* ZStW **79** (1967) 59, 87; *Rengier* JuS **1981** 654, 655; *Wessels/Hillenkamp* Rdn. 713.

## II. Objektiver Tatbestand

1. **Anwendung von Raubmitteln.** Der Täter muss zur Erpressung Gewalt gegen eine Person verüben oder mit gegenwärtiger Gefahr für Leib oder Leben drohen, also qualifizierte Nötigungsmittel wie beim Raub (§ 249 StGB), d.h. **Raubmittel** einsetzen. Die Auslegung folgt insoweit der zu § 249 StGB; s. deshalb § 249 Rdn. 2 ff; vgl. auch § 253 Rdn. 2 ff. Ergänzend: 5

a) **Personengewalt.** Die Gewaltanwendung muss unmittelbar gegen einen Menschen gerichtet sein (s. § 249 Rdn. 3 ff, § 253 Rdn. 4). Da Gewalt und Drohung selbständig nebeneinander stehen, muss die Gewaltanwendung keine konkrete und gegenwärtige Leibes- oder Lebensgefahr bewirken (BGHSt 7 252, 254 [Schläge]; **18** 75, 76 [Schütteln am Kragen]);[2] ausreichend, aber auch erforderlich ist eine nicht unerhebliche Gewaltwirkung bei dem Betroffenen (vgl. BGHSt **16** 316, 318). *Vis absoluta* ist – entgegen einer in der Lehre viel vertretenen Auffassung (s. nur *Lackner* LK[10] Rdn. 2) – mit erfasst (BGH 1 StR 304/71 vom 17.8.1971: Niederschlagen einer Taxifahrerin, um ihr die Gelegenheit zu nehmen, den Fahrpreisanspruch durchzusetzen; zum diesbezüglichen Streit Rdn. 3). 6

b) **Drohung mit gegenwärtiger Gefahr für Leib oder Leben.** S. zunächst § 249 Rdn. 13 ff; vgl. auch § 253 Rdn. 5 ff und ergänzend: Weit häufiger als beim Raub, der eine unmittelbare persönliche Konfrontation zwischen Täter und Opfer impliziert, kommt es bei der räuberischen Erpressung zur Drohung mit einer **Dauergefahr** für Leib oder Leben, z.B. mit künftiger Brandstiftung an Wohngebäuden, mit Körperverletzung, Tötung oder Entführung bei sog. Schutzgelderpressungen; ebenso wenn bei sog. Produkterpressungen angedroht wird, künftig vergiftete Lebensmittel in Umlauf zu bringen, oder wenn der Deutschen Bahn AG mit dem künftigen Entgleisenlassen von Zügen gedroht wird (vgl. BGH StV **1999** 377 m. Anm. *Kindhäuser/Wallau* = JR **1999** 341 m. Anm. *Zaczyk*). Nach der Rechtsprechung sind angedrohte Dauergefahren gegenwärtig, wenn sie nach dem Inhalt der Drohung jederzeit – alsbald oder auch später – in einen Schaden umschlagen können.[3] So liegt es, wenn jemand eine Bank mit einer Schusswaffe überfällt, auch wenn die Kassiererin durch Panzerglas geschützt ist und keine Kunden anwesend sind, aber jederzeit kommen könnten. Der Gegenwärtigkeit steht nicht grundsätzlich entgegen, dass der Täter dem Erpressten eine Frist setzt, um sich der Erpressung zu beugen. Mit ggf. sofortiger Übelzufügung droht, wer für die Leistung, die erpresst werden soll, gar keine Frist setzt (BGH NJW **1997** 265, 266). Aber auch wenn kurze Fristen von wenigen Tagen oder zweieinhalb Wochen gesetzt werden, ist die Dauergefahr bereits gegenwärtig, da und soweit das Opfer sofort oder alsbald handeln muss, um die erpresserische Forderung zu erfüllen (BGH NStZ **1994** 187; **1996** 494; NStZ-RR **1998** 135). Bei nach Monaten oder Jahren bemessenen Fristen ist die Gegenwärtigkeit aber zweifelhaft (vgl. BGH StV **1982** 517; NStZ-RR **1999** 266). S. auch § 249 Rdn. 16 ff zur – nicht vollständig gleich gelagerten – Problematik beim Raub. 7

Bei der räuberischen Erpressung gleichfalls häufiger als beim Raub sind Fälle der **„Dreiecksnötigung“**, wenn der Nötigungserfolg (Handlung, Duldung oder Unterlassung) nicht bei dem eintreten soll, gegenüber dem Personengewalt unmittelbar verübt oder der 8

[2] *Fischer* Rdn. 1; *Lackner/Kühl* Rdn. 1; *Sch/Schröder/Eser* Rdn. 2; *Geilen* Jura 1980 43, 47, 50; *Maurach/Schroeder/Maiwald* I § 42 Rdn. 53.

[3] BGHSt 5 371, 373; BGH NJW **1989** 176 und 1289; 3 StR 398/81 bei Holtz MDR **1982** 446, 447.

unmittelbar mit gegenwärtiger Gefahr für Leib oder Leben bedroht wird, z.B. wenn bei einem Banküberfall Kunden verletzt oder bedroht werden, der Kassierer, der Geld herausgeben soll, sich aber in einem gesicherten Raum befindet, oder wenn bei einer Produkt- oder Unternehmenserpressung mit gegenwärtiger Gefahr für Leib oder Leben von Produktkäufern oder Unternehmenskunden gedroht wird. Die Rechtsprechung (BGH StV **1999** 377 m. Anm. *Kindhäuser/Wallau* = JR **1999** 341 m. Anm. *Zaczyk*; s. bereits BGH NStZ **1985** 408; **1987** 223 m. Anm. *Jakobs* JR **1987** 340) lässt genügen, dass die Nötigungswirkung bei demjenigen eintritt und eintreten soll, welcher handelt, duldet oder unterlässt; dies soll unabhängig davon gelten, ob zwischen ihm und den unmittelbar Gewalt- oder Drohungsbetroffenen ein dem § 35 Abs. 1 Satz 1 StGB entsprechendes oder sonstiges Sympathie- oder Näheverhältnis besteht (zu den diesbezüglichen Gegenauffassungen in der Lehre § 249 Rdn. 21 ff m. Nachw.).

9 2. **Nötigungserfolg.** Die Anwendung der Raubmittel muss kausal und zurechenbar und mit Finalzusammenhang eine **Handlung, Duldung oder Unterlassung** eines anderen Menschen bewirken. S. hierzu § 253 Rdn. 12 ff und ergänzend: Nach der Rechtsprechung muss das ernötigte Verhalten **keine Vermögensverfügung** sein und weder freiwillig noch auch nur bewusst erfolgen (BGH 1 StR 304/71 vom 17.8.1971). Wer z.B. seinen Gläubiger tötet, um ihn an der Durchsetzung eines werthaltigen Anspruchs zu hindern, begeht (Mord aus Habgier in Tateinheit mit) räuberischer Erpressung (mit Todesfolge); gleiches gilt für den, der einen Hotelier einsperrt, um ohne zu bezahlen mit werthaltigem Gepäck zu entkommen und so die Durchsetzung des gesetzlichen Vermieterpfandrechts des Hoteliers zu vereiteln (BGHSt **32** 88 m. Anm. *Joerden* JuS **1985** 24 ff). Grundsätzlich kann auch die mit Raubmitteln ernötigte **Duldung der Wegnahme** einer fremden beweglichen Sache tatbestandsmäßig sein, z.B. eines Kraftfahrzeuges, um es nur zu gebrauchen, wenn der Gebrauch Vermögenswert hat (BGHSt **14** 386). Handelt der Täter wie im Regelfall sowohl mit Zueignungs- als auch Bereicherungsabsicht, so kommt es für die Abgrenzung zwischen Raub und räuberischer Erpressung lediglich auf das **äußere Erscheinungsbild** des Tatgeschehens an, nämlich darauf, ob sich der Täter durch Anwendung von Raubmitteln die Sache übergeben lässt – dann räuberische Erpressung – oder ob er sie wegnimmt – dann Raub. S. hierzu Vorbem. §§ 249–256 Rdn. 66 m. Nachw. und ergänzend: „Bankraub" ist heute üblicherweise räuberische Erpressung (und zudem regelmäßig erpresserischer Menschenraub, § 239b StGB), weil sich der Täter üblicherweise Geld geben lässt und geben lassen muss; Raub kann vorliegen, wenn er den Bankangestellten zwingt, ihn in den Tresorraum zu lassen, und dort Geld oder Wertgegenstände an sich nimmt. Raub, nicht räuberische Erpressung liegt vor, wenn die Anwendung der Raubmittel nur die Möglichkeit einer Wegnahme, d.h. nur eine Gewahrsamslockerung, bewirkt (BGH NStZ **2006** 38; s. bereits BGHSt 7 252, 254; **14** 386, 390; BGH NStZ **1999** 350, 351).

10 Demgegenüber verlangt die Lehre – mit nicht unerheblichen Unterschieden im Einzelnen – überwiegend eine Vermögensverfügung und macht deren Vorliegen überwiegend von der **inneren Willensrichtung des Genötigten**, nämlich davon abhängig, ob er „Wahlfreiheit" oder eine „Verhaltensalternative" in dem Sinne hat, dass er davon ausgeht, den Vermögensverlust – sei es auch um den Preis des Erleidens von Gewalt oder der Verwirklichung der Drohung – verhindern zu können, weil er eine „Schlüsselstellung" innehat (s. zu alledem Vorbem. §§ 249–256 Rdn. 65 mit Nachweisen). Der „Räuber im Walde" soll hiernach auch dann Raub begehen, wenn ihm das Opfer Geld oder Wertgegenstände übergibt, wenn es davon ausgeht, die Wegnahme „so oder so" nicht hindern zu können (vgl. *Rengier* BT I § 11 Rdn. 41). In der Konsequenz dieser Auffassung liegt es, die Forderungsvereitelung durch *vis absoluta* sowie „räuberische Pfandkehr" und „räuberischen

unbefugten Gebrauch eines Fahrzeuges" allgemein oder jedenfalls bei *vis absoluta* aus dem Anwendungsbereich des § 255 StGB herauszunehmen. Zur Kritik an alledem Rdn. 3.

3. Zum weiterhin erforderlichen **Vermögensnachteil** und zum erforderlichen durchlaufenden **Ursachen- und Zurechnungszusammenhang** § 253 Rdn. 18 ff und Rdn. 26. **11**

## III. Subjektiver Tatbestand

Wie bei § 253 StGB sind **Vorsatz** und **Bereicherungsabsicht** erforderlich, s. § 253 Rdn. 27 f und Rdn. 29 ff. Weiterhin setzt § 255 wie §§ 249, 253 StGB einen **Finalzusammenhang** zwischen der Anwendung der Raubmittel und dem Nötigungs-, Schädigungs- und erstrebten Bereicherungserfolg voraus, s. § 249 Rdn. 36 ff und Rdn. 43 ff, § 253 Rdn. 27. **12**

## IV. Beteiligung, Versuch

Die **Fragen des Allgemeinen Teils** beurteilen sich wie bei der einfachen Erpressung. Zur **Beteiligung** s. § 253 Rdn. 41 ff; zum **Versuch** (dessen Strafbarkeit sich aus dem Verbrechenscharakter der räuberischen Erpressung ergibt, §§ 12 Abs. 1, 23 Abs. 1 StGB) und zu **Vollendung und Beendigung** s. § 253 Rdn. 44 ff. **13**

## V. Rechtsfolgen, Prozessuales

1. **Rechtsfolgen der nicht qualifizierten räuberischen Erpressung.** § 255 StGB bestimmt, dass der Täter einer räuberischen Erpressung „gleich einem Räuber" zu bestrafen ist. Darin liegt eine Verweisung auf den Strafrahmen des § 249 StGB, der im Regelfall **Freiheitsstrafe nicht unter einem Jahr** bis zu fünfzehn Jahren (§ 38 Abs. 2 StGB) beträgt; über § 41 StGB kann kumulativ **Geldstrafe** verhängt werden. Die Strafzumessung folgt *mutatis mutandis* den zum Raub entwickelten Grundsätzen; s. § 249 Rdn. 60 f und auch § 253 Rdn. 47 f. Dass die Bedrohten in Angst und Schrecken versetzt worden sind, darf wegen § 46 Abs. 3 StGB nicht strafschärfend gewertet werden (BGH NStZ **1998** 404). Die Verweisung auf § 249 StGB erfasst auch dessen Absatz 2 (BGH StV **1981** 547; **1982** 575), so dass **minder schwere Fälle** der räuberischen Erpressung nur mit Freiheitsstrafe von sechs Monaten bis zu fünf Jahren bedroht sind. In der Praxis ist der minder schwere Fall von erheblicher Bedeutung; s. zu den Einzelheiten § 249 Rdn. 62 ff. Zur praktisch bedeutungslosen Möglichkeit, **Führungsaufsicht** anzuordnen, § 256 Abs. 1 StGB (s. dort Rdn. 1). Zur praktisch gleichfalls bedeutungslosen Möglichkeit, bei gewerbs- oder bandenmäßiger räuberischer Erpressung **erweiterten Verfall** anzuordnen, § 256 Abs. 2 StGB (s. dort Rdn. 2). **14**

2. **Rechtsfolgen der qualifizierten räuberischen Erpressung.** Ebenso wie bei § 252 StGB (s. dort Rdn. 75) ist die Wendung „gleich einem Räuber" als Verweisung nicht nur auf § 249, sondern auch auf §§ 250, 251 StGB zu verstehen (RGSt 55 239, 242; BGHSt 14 386, 391; 21 183),[4] nicht dagegen auf § 252 StGB, weshalb keine räuberische Erpressung **15**

[4] *Fischer* Rdn. 6; *Günther* SK[5] Rdn. 9; *Lackner/Kühl* Rdn. 5; *Sander* MK Rdn. 13; *Maurach/Schroeder/Maiwald* I § 42 Rdn. 56.

vorliegt, wenn der Täter nach Vollendung der einfachen Erpressung den erlangten Vermögensvorteil mit Raubmitteln verteidigt, erst recht nicht, wenn der räuberische Diebstahl Erfolg hat, der Dieb also den Besitz an der Beute sichert (s. noch Rdn. 17). Es handelt sich nicht bloß um eine „Rechtsfolgenverweisung"; vielmehr sind die Qualifikationstatbestände der §§ 250, 251 StGB auf die räuberische Erpressung zu beziehen; wenn sie verwirklicht sind, ist wegen „(besonders) schwerer räuberischer Erpressung" oder „räuberischer Erpressung mit Todesfolge" zu verurteilen, und es kommen die in §§ 250, 251 StGB bestimmten Strafrahmen zur Anwendung (vgl. § 252 Rdn. 75). Zu den Einzelheiten s. die Kommentierung der §§ 250, 251 StGB. Für § 250 Abs. 1 Nr. 1 a.F., nunmehr Nr. 1a) StGB soll es genügen, dass der Täter Zugriff zu einer Waffe hat, als er erpresserische Telefonate führt und die Geldübergabe vorbereitet (BGH NStZ **1984** 216, 217 m. **krit.** Anm. *Zaczyk*); dem ist nur zuzustimmen, wenn mindestens potentielle Verwendungsgefahr besteht, z.B. wenn der Täter beim Telefonat neben dem Entführten sitzt, mit dessen Tötung er droht, oder wenn er die Waffe bei der Geldübergabe bei sich führt. Ein Produkterpresser, der, um seiner Drohung Nachdruck zu verleihen, den Inhalt einer Bierflasche mit einer nicht gefährlichen Menge Salzsäure versetzt, sie in ein Warenregal stellt, das erpresste Unternehmen informiert und so bewirkt, dass die Flasche am nächsten Morgen – noch vor Geschäftseröffnung – gefunden und sichergestellt wird, macht sich nach § 255 i.V.m. § 250 Abs. 1 Nr. 2 a.F., nunmehr Abs. 1 Nr. 1b) StGB strafbar, weil er ein Werkzeug oder Mittel bei sich geführt hat, um den Widerstand einer anderen Person durch Drohung mit Gewalt zu überwinden (BGH NJW **1994** 1166; **krit.** *Herdegen* LK[11] Rdn. 5). Wegen des Analogieverbots (Art. 103 Abs. 2 GG) ist es nicht möglich, § 250 Abs. 1 Nr. 2, Abs. 2 Nr. 2 StGB auf Banden zu erstrecken, die sich zur fortgesetzten Begehung von räuberischen Erpressungen verbunden haben, mag auch nach der Rechtsprechung jeder Raub konstruktiv zugleich räuberische Erpressung sein.

16 3. **Prozessuales.** § 255 StGB ist **kein Antragsdelikt**; §§ 247, 248a StGB sind nicht anwendbar. Zur strafbewehrten Anzeigepflicht s. § 138 Abs. 1 Nr. 7 StGB. Die Verfolgung verjährt in zwanzig bzw. bei räuberischer Erpressung mit Todesfolge in dreißig Jahren (§ 78 Abs. 3 Nr. 2 bzw. Nr. 1 StGB). Der Verdacht der räuberischen Erpressung rechtfertigt **besondere Ermittlungsmaßnahmen** wie z.B. Telekommunikationsüberwachung (§ 100a Abs. 2 Nr. 1k] StPO) oder Wohnraumüberwachung (§ 100c Abs. 2 Nr. 1j] StPO); Wiederholungsgefahr ist Haftgrund (§ 112a Abs. 1 Nr. 2 StPO). Eine Verfahrenseinstellung nach §§ 153, 153a StPO ist wegen des Verbrechenscharakters ausgeschlossen. Schwere räuberische Erpressung mit Todesfolge wird zum **Schwurgericht** angeklagt (§ 74 Abs. 2 Satz 1 Nr. 15 GVG). Bleibt unklar, ob der Täter eine Sache unter Anwendung von Raubmitteln mit Zueignungsabsicht weggenommen oder sie sich hat in Bereicherungsabsicht geben lassen, ist **Wahlfeststellung** zwischen Raub und räuberischer Erpressung zulässig (BGHSt 5 280; *Seier* NJW **1981** 2152, 2153),[5] ohne dass es darauf ankommt, wie das Verhältnis von Raub und räuberischer Erpressung im Allgemeinen zu bestimmen ist (insoweit **aA** *Sander* MK Rdn. 14, der Wahlfeststellung nur auf der Grundlage der Exklusivitätstheorie für zulässig hält).

---

[5] BGH NStZ **1984** 506; *Lackner* LK[10] Rdn. 4; *Lackner/Kühl* Rdn. 4; *Sch/Schröder/Eser* Rdn. 3.

## VI. Konkurrenzen

S. zunächst § 253 Rdn. 51 f und ergänzend: **Tatbestandliche Handlungseinheit** liegt vor, wenn wiederholt gedroht wird, um ein und denselben Vermögensvorteil zu erlangen oder wenn aufgrund einheitlichen Tatentschlusses mit denselben Raubmitteln mehrere Sachen abgepresst werden; das Fehlschlagen einer versuchten räuberischen Erpressung führt aber zur **Tatmehrheit** mit weiteren Versuchen (BGHSt **48** 368; BGH NStZ-RR **2008** 239). Räuberische Erpressung in Tateinheit mit versuchter schwerer räuberischer Erpressung liegt vor, wenn der Täter zunächst mit Raubmitteln eine Sache abpresst und dann unter den Voraussetzungen des § 250 StGB versucht, weitere Sachen zu erlangen (BGH NStZ **1999** 406). Ob im Übrigen **Gesetzes- oder Idealkonkurrenz** besteht, ist von Tatbestand zu Tatbestand zu entscheiden. S. § 253 Rdn. 52 und ergänzend: Mit *§ 113 StGB* ist Tateinheit möglich (BGH 1 StR 628/87 bei Holtz MDR **1988** 453). – *§§ 211, 212 StGB*: Mit vorsätzlichen Tötungsdelikten ist Tateinheit (regelmäßig mit schwerer räuberischer Erpressung mit Todesfolge, §§ 255, 251 StGB) möglich (RGSt **44** 235, 244; BGH StV **1995** 298; NStZ-RR **2000** 367; NStZ **2004** 329). – *§ 249 StGB*: S. zunächst Rdn. 9 f zur allgemeinen Abgrenzung von Raub und räuberischer Erpressung. Raub und räuberische Erpressung können tateinheitlich verwirklicht sein, wenn der Täter durch Anwendung von Raubmitteln die Wegnahme der einen und die Herausgabe der anderen Sache ernötigt (RGSt **66** 117; BGHSt **7** 252, 254; **26** 24, 28; BGH NStZ **1993** 77; StV **1999** 369). Versucht der Täter, die Sache zu rauben, und erlangt er sie sodann durch eine räuberische Erpressung, tritt der versuchte Raub als mitbestrafte Vortat zurück (BGH NJW **1967** 60); im umgekehrten Fall tritt die versuchte räuberische Erpressung hinter dem vollendeten Raub zurück (BGH 1 StR 622/81 bei Holtz MDR **1982** 280; *Mohrbotter* GA **1968** 112). – *§ 252 StGB*: Räuberischer Diebstahl kann nicht zugleich räuberische Erpressung sein, weil der bereits eingetretene Schaden nicht vertieft wird und die zeitlichen Grenzen des § 252 StGB nicht unterlaufen werden dürfen (*Herdegen* LK[11] Rdn. 3; *Kindhäuser* NK Rdn. 7). Allerdings können (schwerer) räuberischer Diebstahl und (schwere) räuberische Erpressung im Rahmen einer natürlichen Handlungseinheit tateinheitlich zusammentreffen, wenn sich der Täter den schon verlorenen Gewahrsam wiederverschafft (BGH StV **1985** 13; dazu *Brandts/Seier* JA **1985** 174). – Zum Zusammentreffen mit *§ 311 a.F., nunmehr 308 StGB* bei Unternehmenserpressung durch Herbeiführen von Sprengstoffexplosionen BGHSt **41** 368, 370. – Mit *§ 316a StGB* ist Tateinheit möglich (BGHSt **13** 27, 28; **14** 386, 387; **15** 322, 323; **25** 224, 229; BGH NJW **1963** 1413). – Auch mit (Dauer-)Straftaten nach dem *WaffG* kann Tateinheit bestehen (BGHR StGB § 52 I Handlung, dieselbe 14). – Zur Androhung, Vortäuschung (Trittbrettfahrerfälle), Billigung oder Belohnung einer räuberischen Erpressung §§ 126 Abs. 1 Nr. 5 und Abs. 2, 140, 145d Abs. 1 Nr. 2 und Abs. 2 Nr. 2 StGB. 17

## § 256
## Führungsaufsicht, Vermögensstrafe und Erweiterter Verfall

**(1) In den Fällen der §§ 249 bis 255 kann das Gericht Führungsaufsicht anordnen (§ 68 Abs. 1).**

**(2) In den Fällen der §§ 253 und 255 sind die §§ 43a, 73d anzuwenden, wenn der Täter als Mitglied einer Bande handelt, die sich zur fortgesetzten Begehung solcher Taten verbunden hat. § 73d ist auch dann anzuwenden, wenn der Täter gewerbsmäßig handelt.**

**Schrifttum**

*König/Seitz* Die straf- und strafverfahrensrechtlichen Regelungen des Verbrechensbekämpfungsgesetzes, NStZ **1995** 1.

**Entstehungsgeschichte**

Ursprünglich sah § 256 StGB a.F. die Möglichkeit von Polizeiaufsicht neben einer wegen Raubes oder Erpressung erkannten Freiheitsstrafe von mindestens einem Jahr vor. Der heutige § 256 Abs. 1 StGB geht auf Art. 19 Nr. 130 EGStGB 1974 zurück. Abs. 2 ist durch Art. Nr. 16c) Verbrechensbekämpfungsgesetz v. 28.10.1994 (BGBl. I S. 3186) angefügt worden. Mit der Nichtigerklärung des § 43a StGB durch BVerfG **105** 135 = BGBl. 2002 I S. 1340 ist die Verweisung auf diese Vorschrift in § 256 Abs. 2 Satz 1 StGB gegenstandslos geworden.

1 1. **Führungsaufsicht** (**Abs. 1**). Ebenso wie § 245 StGB bei Diebstahl lässt § 256 Abs. 1 StGB bei Raub, räuberischem Diebstahl und (räuberischer) Erpressung die richterliche Anordnung der Führungsaufsicht nach § 68 Abs. 1 StGB zu. Zu den Einzelheiten s. § 245 Rdn. 1 ff und die Kommentierung der §§ 68 ff StGB sowie ergänzend: § 256 Abs. 1 StGB hat – ebenso wie § 245 StGB (s. dort Rdn. 1) – **keine nennenswerte praktische Bedeutung.** Bei „Vollverbüßung" von Freiheitsstrafen von mindestens zwei Jahren tritt Führungsaufsicht ohnehin kraft Gesetzes ein (§ 68f Abs. 1 erste Alternative StGB); bei Strafrestaussetzung zur Bewährung besteht eine günstige Sozialprognose, und der Täter ist nach Verbüßung von mindestens einem Jahr Freiheitsstrafe in der Regel der Aufsicht und Leitung eines Bewährungshelfers oder einer Bewährungshelferin zu unterstellen (§ 57 Abs. 3 Satz 2 StGB); deshalb erübrigt sich bei Verurteilungen nach § 250 StGB in aller Regel die richterliche Anordnung der Führungsaufsicht nach § 256 Abs. 1 StGB (BGHR § 256 Führungsaufsicht 1; *Sander* MK Rdn. 2). In der Sache setzt § 256 Abs. 1 StGB eine Verurteilung nach §§ 249 bis 255 StGB (einschließlich Versuchs, Teilnahme und versuchter Beteiligung, §§ 22, 26, 27 und 30 StGB, *Herdegen* LK[11] Rdn. 1) zu mindestens sechs Monaten Freiheitsstrafe sowie die Gefahr voraus, dass der Täter weitere Straftaten – nicht zwingend Raubtaten – begehen wird (§ 68 Abs. 1 StGB). In dem Bereich von Freiheitsstrafen zwischen sechs Monaten und zwei Jahren, in dem aus den genannten Gründen Raum für eine selbständige richterliche Anordnung der Führungsaufsicht bleibt, dürften ihr in der Regel der Verhältnismäßigkeitsgrundsatz sowie die Rücksicht auf die ohnehin überlastete Bewährungshilfe entgegenstehen (s. § 245 Rdn. 1).

2 2. **Vermögensstrafe, erweiterter Verfall** (**Abs. 2**). Ähnlich wie § 244 Abs. 3 StGB für den Bandendiebstahl lässt § 256 Abs. 2 StGB für die (räuberische) Bandenerpressung die Verhängung einer Vermögensstrafe nach § 43a StGB und die Anordnung des erweiterten Verfalls nach § 73d StGB zu; letztere ist auch bei gewerbsmäßiger (räuberischer) Erpressung möglich (§ 256 Abs. 2 Satz 2 StGB). Mit der Vorschrift bezweckt der Gesetzgeber Vermögensabschöpfung zur Bekämpfung der organisierten Kriminalität, nämlich der organisierten sog. Schutzgelderpressung (BT-Drucks. 12/6853 S. 27; *König/Seitz* NStZ **1995** 1, 3). Seit Nichtigerklärung des § 43a StGB (o. Entstehungsgeschichte) gibt es aber derzeit keine Vermögensstrafe. Auch der erweiterte Verfall hat bei Eigentums- und Vermögensdelikten wie der Erpressung wegen des Vorranges von Schadensersatzansprüchen (§ 73d Abs. 1 Satz 3 i.V.m. § 73 Abs. 1 Satz 2 StGB) nur insoweit praktische Bedeutung, als gestützt auf § 111b Abs. 5 StPO **Rückgewinnungshilfe** durch Beschlagnahme von Vermögenswerten geleistet werden kann, die – ungeachtet des § 73 Abs. 1 Satz 2 StGB –

dem erweiterten Verfall unterliegen. § 256 Abs. 2 StGB bezieht sich nicht auf den Bandenraub und den bandenmäßigen räuberischen Diebstahl, und einer analogen Anwendung steht Art. 103 Abs. 2 GG entgegen (*Herdegen* LK[11] Rdn. 1); in diesen Fällen kann aber auf § 244 Abs. 3 StGB zurückgegriffen werden (s. § 250 Rdn. 48).

## EINUNDZWANZIGSTER ABSCHNITT

### Begünstigung und Hehlerei

### Vorbemerkungen zu den §§ 257 ff

**Schrifttum**

*Altenhain* Das Anschlußdelikt (2002) (Bspr. *Schroeder* JZ **2003** 789; *Wohlers* GA **2003** 428); *Arzt* Geldwäscherei – Eine neue Masche zwischen Hehlerei, Strafvereitelung und Begünstigung, NStZ **1990** 1; *ders.* Geldwäsche und rechtsstaatlicher Verfall, JZ **1993** 913; *Beling* Hehlerei und Begünstigung, VDB **VII** 1; *Blei* Begünstigung und Strafvereitelung, JA **1974** 27; *Beulke/Ruhmannseder* Die Strafbarkeit des Verteidigers, 2. Aufl. (2010); *Dersch* Begünstigung, Hehlerei und unterlassene Verbrechensanzeige in der gemeinrechtlichen Strafrechtsdoktrin bis zum Erlaß des Reichsstrafgesetzbuchs (1980); *F. Geerds* Begünstigung und Hehlerei – zur kriminologischen Problematik der §§ 257, 259, 260 StGB und zu daraus zu ziehenden strafrechtlichen Konsequenzen, GA **1988** 243; *Gehrig* Der Absichtsbegriff in den Straftatbeständen des Besonderen Teils des StGB (1986); *Hartung* Begünstigung und Hehlerei; Abhängigkeit von der Vortat, NJW **1949** 324; *Hetzer* Bekämpfung der Organisierten Kriminalität durch Unterbindung der Geldwäsche, wistra **1993** 286; *ders.* Der Geruch des Geldes – Ziel, Inhalt und Wirkung der Gesetze gegen Geldwäsche, NJW **1993** 3298; *Horn* Das Verhältnis von Begünstigung, Strafvereitelung und Hehlerei zur Vortat aus materieller Sicht, JA **1995** 218; *Hörnle* Anschlussdelikte als abstrakte Gefährdungsdelikte – Wem sind Gefahren durch verbotene Märkte zuzurechnen? Festschrift Schroeder (2006) 477; *Hruschka* Hehlerei und sachliche Begünstigung, JR **1980** 221; *Janson* Begünstigung und Hehlerei vor dem Hintergrund des Rückerwerbs von Diebesbeute (1992); *Köhler* Begünstigung und Hehlerei, GS **61** 44; *Krey/Dierlamm* Gewinnabschöpfung und Geldwäsche, JR **1992** 353; *Kühl* Die Beendigung des vorsätzlichen Begehungsdeliktes (1974); *Lampe* Der neue Tatbestand der Geldwäsche (§ 261 StGB), JZ **1994** 123; *Lenckner* Begünstigung, Strafvereitelung und Vereidigungsverbot nach § 60 Nr. 2 StPO, NStZ **1982** 401; *Miehe* Die Schutzfunktion der Strafdrohungen gegen Begünstigung und Hehlerei, Festschrift Honig (1970) 91; *Neumann* Reform der Anschlussdelikte (2007); *Otto* Die neuere Rechtsprechung zu den Vermögensdelikten, JZ **1993** 652; *Prittwitz* Die Geldwäsche und ihre strafrechtliche Bekämpfung – oder: Zum Einzug des Lobbyismus in die Kriminalpolitik, StV **1993** 498; *Rabe von Kühlewein* Strafrechtliche Haftung bei vorsätzlichen Straftaten anderer, JZ **2002** 1139; *Ranft* Verteidigerhonorar und Geldwäsche – die Entscheidung des BVerfG vom 30.3.2004, Jura **2004** 759; *Ransiek* Die Information der Kunden über strafprozessuale und steuerrechtliche Ermittlungsmaßnahmen bei Kreditinstituten, wistra **1999** 401; *Roth* Eigentumsschutz nach der Realisierung von Zueignungsunrecht (1986); *Rupp* Zur strafrechtlichen Verantwortung des „bösgläubigen" Softwareerwerbers, wistra **1985** 137; *Schittenhelm* Alte und neue Probleme der Anschlussdelikte im Lichte der Geldwäsche, Festschrift Lenckner (1998) 519; *Hartmut Schneider* Grund und Grenzen des strafrechtlichen Selbstbegünstigungsprinzips (1991); *Schroeder* Die Straftaten gegen das Strafrecht (1985); *H. Schröder* Begünstigung und Hehlerei, Festschrift Rosenfeld (1949) 161; *ders.* Die Rechtsnatur der Begünstigung und Hehlerei, MDR **1952** 68; *Seel* Begünstigung und Strafvereitelung durch Vortäter und Vortatteilnehmer (1999); *Stoffers* Die entgeltliche Rückveräußerung einer gestohlenen Sache an deren Eigentümer durch einen Dritten, Jura **1995** 113; *Stree* Begünstigung, Strafvereitelung und Hehlerei, JuS **1976** 137; *Sturm* Änderungen des Besonderen Teils des Strafgesetzbuchs durch das Einführungsgesetz zum Strafgesetzbuch, JZ **1975** 6; *Toelle* Sachliche Begünstigung und Hehlerei, Diss. Frankfurt a.M. 1970; *Vahrenbrink* Die vorgeleistete Begünstigung (§§ 257, 258 StGB) (1997); *B. Wolff* Begünstigung, Strafvereitelung und Hehlerei (2002); *Wolter* Notwendige Teilnahme und straflose Beteiligung, JuS **1982** 343.

## I. Geschichte

1 Der 21. Abschnitt fasst die vier sogenannten **Anschlussdelikte** zusammen: Begünstigung, Strafvereitelung, Hehlerei und Geldwäsche. Die Straftatbestände zu Begünstigung und Hehlerei blieben vom Strafgesetzbuch für das Deutsche Reich von 1871 bis zum EGStGB vom 2. März 1974 im Wesentlichen unverändert (näher, auch zur früheren geschichtlichen Entwicklung, *Altenhain* S. 8 ff, und Rdn. 1 zu § 257, § 258 und § 259 mit Nachweisen). In § 257 StGB a.F. waren die sachliche Begünstigung und die Strafvereitelung zusammengefasst, in § 259 StGB a.F. war die Hehlerei geregelt. Das Gesetz gegen gefährliche Gewohnheitsverbrecher und über Maßregeln der Sicherung und Besserung vom 24. November 1933 (RGBl. I S. 995) fügte § 257a in das Strafgesetzbuch ein, der die Vereitelung von Maßregeln der Sicherung und Besserung zum Gegenstand hatte. Eine Verordnung vom 29. März 1943 (RGBl. I S. 339) stellte die versuchte Hehlerei unter Strafe (§ 259 Abs. 2 StGB a.F.). Das 3. StRÄndG vom 4. August 1953 (BGBl. I S. 735) brachte bei der gewerbs- und gewohnheitsmäßigen Hehlerei (§ 260 Abs. 2 StGB) einen ermäßigten Strafrahmen für mildernde Umstände, und das 1. StrRG vom 25. Juni 1969 (BGBl. I S. 645) führte zu geringen Änderungen des § 258 und des § 262 StGB.

2 Das **EGStGB** vom 2. März 1974 (BGBl. I S. 469) fasste die §§ 257 ff insgesamt neu und griff dabei auf frühere Entwürfe zurück, insbesondere auf den E 1962 (§§ 286 bis 290 und §§ 447, 448; BTDrucks. IV/650). Die tatbestandliche Verbindung von sachlicher und persönlicher Begünstigung in § 257 a.F. löste man auf: Die sachliche Begünstigung wurde zur Begünstigung in § 257, die persönliche Begünstigung wurde zur Strafvereitelung in § 258. Der umstrittene Tatbestand des § 258 a.F. (Personenhehlerei) entfiel, und die frühere Begünstigung im Amt (§ 345 a.F.) wanderte mit § 258a als Strafvereitelung im Amt in den 21. Abschnitt. Ziel der Neuregelung war es, zwischen der (sachlichen) Begünstigung und der Strafvereitelung zu unterscheiden, das Verhältnis zur Begünstigung im Amt zu klären und die Hehlerei deutlich von diesen Tatbeständen abzugrenzen.[1] Der frühere § 257a (Vereitelung von Maßregeln der Sicherung und Besserung) ist in § 258 aufgegangen.

3 Ausgedehnt hat die Strafbarkeit das Gesetz zur Bekämpfung des illegalen Rauschgifthandels und anderer Erscheinungsformen der **Organisierten Kriminalität** (OrgKG) vom 15. Juli 1992 (BGBl. I S. 1302; vgl. zu § 260 und § 260a die Ausführungen zur Entstehungsgeschichte und jeweils Rdn. 1). Es hat im Qualifikationstatbestand des § 260 die *Bandenhehlerei* ergänzt und *§ 260a* in das Strafgesetzbuch eingefügt, der die gewerbsmäßige Bandenhehlerei als Verbrechen erfasst. Ganz neu ist der Tatbestand der *Geldwäsche* (§ 261), dessen kriminalpolitischer Grund unter anderem darin zu suchen ist, dass § 259 die sogenannte Ersatzhehlerei nicht erfasst (näher § 259 Rdn. 30 und *Schmidt/Krause* LK § 261 zur Entstehungsgeschichte und Rdn. 1 f).

## II. Rechtsgüter, Kriminologie, Deliktsnatur

4 Die §§ 257 ff schützen **kein einheitliches Rechtsgut**. Während es bei der Begünstigung und der Strafvereitelung darum geht, quasi-akzessorisch die Verhaltensnormen abzusichern, die durch die Vortaten missachtet werden, ist als Rechtsgut der Hehlerei das Ver-

---

[1] Vgl. BTDrucks. 7/26, S. 80, und 7/550, S. 248 ff; *Göhler* NJW **1974** 825, 833; *Stree* JuS **1976** 137 ff; *Sturm* JZ **1975** 6, 11.

mögen des Vortatopfers zu betrachten (siehe § 257 Rdn. 4 ff, § 258 Rdn. 3 ff und § 259 Rdn. 2 ff; zum Rechtsgut des § 261 *Schmidt/Krause* LK § 261 Rdn. 4).

Die **Polizeiliche Kriminalstatistik** (PKS) weist die Zahlen für die Begünstigung und die Strafvereitelung (einschließlich § 258a) zusammengefasst aus; für die Hehlerei und die Geldwäsche sind sie gesondert angegeben. Die gemeinsamen Zahlen für Begünstigung und Strafvereitelung sowie die Zahlen für die Hehlerei sind seit Jahren *rückläufig* (näher § 257 Rdn. 3, § 258 Rdn. 2, § 259 Rdn. 8, jeweils mit Nachweisen). Im Verhältnis von Begünstigung und Strafvereitelung einerseits und Hehlerei andererseits hat die Hehlerei ein deutliches Übergewicht (für 2008 stehen in der PKS 18.701 Fällen von Hehlerei 4.236 Fälle von Begünstigung oder Strafvereitelung gegenüber). Noch stärker als allgemein geht man für die §§ 257 ff von einem großen *Dunkelfeld* aus. Die Täter der Begünstigung und der Strafvereitelung haben weit überwiegend altruistische Beweggründe und stammen aus dem sozialen Nahbereich des Vortäters; die Strafvereitelung im Amt (§ 258a) spielt quantitativ – im Hellfeld – keine Rolle. Die Täter der Hehlerei sind meist Gelegenheitstäter ebenfalls aus dem Bekannten- und Verwandtenkreis des Vortäters. Ihr Motiv ist jedoch überwiegend der eigene wirtschaftliche Vorteil. 5

Alle Delikte des 21. Abschnitts sind **Erfolgsdelikte** (siehe § 257 Rdn. 13, § 258 Rdn. 11, § 259 Rdn. 9 und *Schmidt/Krause* LK § 261 Rdn. 17). Während es sich bei der Begünstigung und der Hehlerei um den Normalfall des (positiven) Erfolgsdelikts handelt, ist die Strafvereitelung ein negatives Erfolgsdelikt, weil es bei ihr darauf ankommt, dass etwas nicht, jedenfalls nicht rechtzeitig gelingt (und zwar die Strafverfolgung beziehungsweise -vollstreckung). Die Geldwäsche kennt beide Formen des tatbestandsmäßigen Erfolges. – Die Strafvereitelung ist zugleich ein *Verletzungsdelikt* (siehe § 258 Rdn. 12). Begünstigung und Hehlerei sind demgegenüber als ***abstrakte Gefährdungsdelikte*** einzustufen (siehe § 257 Rdn. 12, § 259 Rdn. 11). Für die Geldwäsche schwankt die Zuordnung je nach Tatbestandsvariante zwischen abstraktem und konkretem Gefährdungsdelikt (vgl. *Fischer* § 261 Rdn. 21a ff; *Schmidt/Krause* LK § 261 Rdn. 17). 6

Eine weitere Gemeinsamkeit der Delikte des 21. Abschnitts besteht darin, dass sie eine rechtswidrige, das heißt gemäß § 11 Abs. 1 Nr. 5 eine mindestens straftatbestandsmäßige Vortat voraussetzen; eine *Ordnungswidrigkeit* reicht unstreitig *nicht*. Das Verhältnis des Anschlussdelikts zu dieser Vortat ist jedoch unterschiedlich ausgestaltet. Der Täter der Begünstigung, der Strafvereitelung und der Hehlerei muss ein „anderer" sein als der Vortäter, so dass letzterer schon tatbestandlich für die besagten Anschlussdelikte als Täter ausscheidet. Bei der Geldwäsche greift erst ein Strafausschließungsgrund ein, der für alle Vortatbeteiligten gilt (§ 261 Abs. 9 Satz 2). Dieselbe Vorschrift findet sich in § 257, allerdings mit einer umstrittenen Ausnahme für die Anstiftung zur Begünstigung (siehe § 257 Rdn. 86). Für die Strafvereitelung gibt es einen ähnlichen, indes subjektiven Strafausschließungsgrund in § 258 Abs. 5 (siehe § 258 Rdn. 126). Die Hehlerei kennt diese Strafausschließungsgründe nicht. Dafür betrachtet die herrschende Meinung bei ihr Mittäter im Verhältnis zueinander – und anders als für die Begünstigung und die Strafvereitelung – nicht als „andere" und gelangt für sie wiederum auf Tatbestandsebene zu dem gleichen Ergebnis (siehe § 259 Rdn. 91). Besonders einleuchtend sind diese Unterschiede nicht. Eher zu erklären ist, dass die Begünstigung und die Strafvereitelung, nicht aber die Hehlerei im Strafrahmen an den der Vortat gebunden sind (siehe § 257 Abs. 2 und § 258 Abs. 3). Denn die Hehlerei hat das Vermögen des Vortatopfers zum Rechtsgut, während die Strafdrohungen aus § 257 und § 258 den Strafdrohungen aufgrund der Vortaten quasi-akzessorisch zur Seite stehen (oben Rdn. 4). Dies gilt allerdings nach überwiegender Ansicht ganz ähnlich für die Geldwäsche. Daher erscheint es wieder als systematischer Bruch, dass der Strafrahmen des § 261 wie der des § 259 von der Vortat unabhängig ist. 7

8 Die Vortat ist in allen Anschlussdelikten in der vorherrschenden Begrifflichkeit ein **normatives Tatbestandsmerkmal** (das man besser rechtsinstitutionelles Merkmal nennt, vgl. *T. Walter* Kern des Strafrechts, S. 253 ff). Das legt es nahe, für eine Reihe von Fragen parallele Lösungen zu vertreten, insbesondere für Irrtümer des Handelnden und für den „umgekehrten Irrtum" des Versuchs (vgl. *T. Walter* FS Tiedemann [2008], S. 991 ff). Dies geschieht allerdings nur unvollständig (vgl. § 258 Rdn. 119 und 143 ff).

## III. Kriminalpolitik

9 Mit Recht rügt das Schrifttum einige **Ungereimtheiten des Gesetzes**. Das betrifft namentlich den § 257 Abs. 3 Satz 2 (siehe *Sch/Schröder/Stree* Rdn. 2 und § 257 Rdn. 86 und vgl. § 259 Rdn. 97, je mit Nachweisen). Unbefriedigend ist ferner, dass § 257 und § 258 im Gegensatz zu § 261 keine Regelung zur tätigen Reue haben (*Sch/Schröder/Stree* Rdn. 2). Auch das Verhältnis von § 260 und § 260a überzeugt nicht ganz (siehe § 260 Rdn. 12 und § 260a Rdn. 1), und dass „gemischte" Banden aus Hehlern und Dieben zwar für die Hehler von §§ 260, 260a erfasst werden, nicht aber von § 244 für die Diebe, betrachten einige ebenfalls als Wertungswiderspruch (siehe § 260 Rdn. 7).

# § 257
# Begünstigung

(1) **Wer einem anderen, der eine rechtswidrige Tat begangen hat, in der Absicht Hilfe leistet, ihm die Vorteile der Tat zu sichern, wird mit Freiheitsstrafe bis zu fünf Jahren oder mit Geldstrafe bestraft.**

(2) **Die Strafe darf nicht schwerer sein als die für die Vortat angedrohte Strafe.**

(3) **Wegen Begünstigung wird nicht bestraft, wer wegen Beteiligung an der Vortat strafbar ist. Dies gilt nicht für denjenigen, der einen an der Vortat Unbeteiligten zur Begünstigung anstiftet.**

(4) **Die Begünstigung wird nur auf Antrag, mit Ermächtigung oder auf Strafverlangen verfolgt, wenn der Begünstiger als Täter oder Teilnehmer der Vortat nur auf Antrag, mit Ermächtigung oder auf Strafverlangen verfolgt werden könnte. § 248a gilt sinngemäß.**

**Schrifttum**

*Amelung* Vorteilssicherung und Angehörigenprivileg, JR **1978** 227; *Bockelmann* Über das Verhältnis der Begünstigung zur Vortat, NJW **1951** 620; *St. Cramer* Zur Anwendbarkeit der persönlichen Strafausschließungsgründe gemäß § 258 V und VI StGB auf die Begünstigung (§ 257 StGB), NStZ **2000** 246; *Fahrenhorst* Grenzen strafloser Selbstbegünstigung, JuS **1987** 707; *Furtner* Verhältnis von Beihilfe und Begünstigung, MDR **1965** 431; *Geppert* Zum Verhältnis von Täterschaft/Teilnahme an der Vortat und anschließender sachlicher Begünstigung (§ 257 StGB), Jura **1994** 441; *ders.* Zum Begriff der „Hilfeleistung" im Rahmen von Beihilfe (§ 27 StGB) und sachlicher Begünstigung (§ 257 StGB), Jura **2007** 589; *Hartung* Zum inneren Tatbestand der Begünstigung, JZ **1954** 694; *Hergt* Zur Theorie der Begünstigung, GS 76 298; *Hruschka* „Wahlfeststellung" zwischen Diebstahl und sachlicher Begünstigung? NJW **1971** 1392; *Jahn/Reichart* Die Anschlussdelikte – Begünstigung (§ 257 StGB), JuS **2009** 309; *Laubenthal* Zur Abgrenzung zwischen Begünstigung und Beihilfe zur Vortat, Jura **1985** 630; *Lenckner* Das Zusammentreffen von strafbarer und strafloser Begünstigung, JuS **1962** 302; *Heinz Ludwig Müller* Straflose Teilnahme des Vortäters an der Begünstigung, GA **1958** 334; *Przybyla* Das Verhältnis von Beihilfe und Begünstigung, Diss. Köln 1999; *H. Schröder* Die Koordinierung der drei Begünstigungstatbestände, NJW **1962** 1037; *Vogler* Die Begünstigungshandlung. Zum Begriff „Hilfe leisten" im § 257 StGB, Festschrift Dreher (1977) 405; *Weisert* Der Hilfeleistungsbegriff bei der Begünstigung (1999); *Witte* Gibt es eine Steuerhinterziehung nach einer vollendeten Steuerhinterziehung? (2004); *Zieschang* Der Begriff „Hilfeleisten" in § 27 StGB, Festschrift Küper (2007) 733; *Zipf* Begünstigung durch Mitwirkung am Rückkauf der gestohlenen Sache – OLG Düsseldorf, NJW 1979, 2320, JuS **1980** 24.

Siehe auch die Schrifttumsangaben vor § 257 und zu § 258.

## Entstehungsgeschichte

Die Vorschrift entspricht der Fassung des EGStGB. Vor dem 1.1.1975 hatte sie folgenden Wortlaut:

*(1) Wer nach Begehung eines Verbrechens oder Vergehens dem Täter oder Teilnehmer wissentlich Beistand leistet, um denselben der Bestrafung zu entziehen oder um ihm die Vorteile des Verbrechens oder Vergehens zu sichern, ist wegen Begünstigung mit Geldstrafe oder mit Freiheitsstrafe bis zu einem Jahr und, wenn er diesen Beistand seines Vorteils wegen leistet, mit Freiheitsstrafe bis zu fünf Jahren zu bestrafen. Die Strafe darf jedoch der Art oder dem Maße nach keine schwerere sein als die auf die Handlung selbst angedrohte.*

*(2) Die Begünstigung ist straflos, wenn dieselbe dem Täter oder Teilnehmer von einem Angehörigen gewährt worden ist, um ihn der Bestrafung zu entziehen.*

*(3) Die Begünstigung ist als Beihilfe zu bestrafen, wenn sie vor der Tat zugesagt worden ist. Diese Bestimmung ist auch auf Angehörige anzuwenden.*

Eine qualifizierte Form der Begünstigung war vor dem 1.1.1975 in § 258 a.F. geregelt, sog. Personenhehlerei. In der Fassung des 1. StrRG hatte diese Bestimmung folgenden Wortlaut (der inhaltlich im Wesentlichen der Fassung des Reichsstrafgesetzbuchs vom 15. Mai 1871 entsprach):

*(1) Wer seines Vorteils wegen sich einer Begünstigung schuldig macht, wird als Hehler bestraft, wenn der Begünstigte*

1. *einen Diebstahl oder eine Unterschlagung begangen hat, mit Freiheitsstrafe bis zu fünf Jahren,*
2. *einen Raub oder ein dem Raube gleich zu bestrafendes Verbrechen begangen hat, mit Freiheitsstrafe von einem Jahr bis zu fünf Jahren. Sind in den Fällen der Nummer 2 mildernde Umstände vorhanden, so ist die Strafe Freiheitsstrafe von drei Monaten bis zu fünf Jahren.*

*(2) Diese Strafvorschriften finden auch dann Anwendung, wenn der Hehler ein Angehöriger ist.*

*Übersicht*

## I. Allgemeines

1 **1. Geschichte.** Eingehend zur Geschichte des Begünstigungstatbestands *Neumann* S. 6 ff, 51 ff und öfter, zusammenfassend S. 403 ff; *B. Wolff* S. 17 ff; vgl. Vor § 257 Rdn. 1. – Im gemeinen Recht betrachtete man Begünstigung, Strafvereitelung und Hehlerei ohne begriffliche Unterscheidung als Fälle einer unselbständigen *Beihilfe* nach der Tat (**auxilium post delictum**), das heißt als Figuren des Allgemeinen Teils. *Feuerbachs* bayerisches Strafgesetzbuch von 1813 fasste sie erstmals unter der Bezeichnung „Begünstigung" in seinem Art. 84 außerhalb der Teilnahmelehre zusammen. Das preußische Strafgesetzbuch von 1851 verselbständigte die Hehlerei im Besonderen Teil (§§ 237–240) und sah im Allgemeinen Teil (§§ 37 f) als Begünstigung die heutige Strafvereitelung und Begünstigung nach § 257 vor. Grundlegend für die weitere Ausdifferenzierung der Begünstigung und für ihr Verhältnis zur Hehlerei waren die Arbeiten von *Binding* und *Gretener.*[1] Allerdings plädierten sie dafür, Begünstigung und Hehlerei zusammenzufassen, den neuen Tatbestand auf Sachvorteile zu beschränken, aber weder eine Bereicherungsabsicht noch ein Vermögensdelikt als Vortat zu verlangen. Erfolgreicher war ihre Erkenntnis, dass sich die Strafvereitelung, damals „persönliche Begünstigung" genannt, gegen den staatlichen Strafanspruch richtet und damit gegen etwas ganz anderes als die früher so bezeichnete „sachliche Begünstigung" (jetzt § 257) und die Hehlerei.

2 Die gesetzgeberische Konsequenz daraus vollzog sich indes erst zum **1. Januar 1975**, als die Strafvereitelung unter diesem neuen, doch schon von *Binding* vorgeschlagenen Namen selbständig neben die („sachliche") Begünstigung und die Hehlerei trat. Zuvor hatte das Reichsstrafgesetzbuch von 1870/71 immerhin noch einen weiteren wichtigen Schritt vollzogen, indem es auch die (sachliche und persönliche) Begünstigung in den Besonderen Teil stellte (§ 257, qualifiziert in § 258; die Hehlerei folgte in § 259). Gefördert wurde diese Entwicklung, das heißt die Lösung von der gemeinrechtlichen Teilnahmetheorie, von der Rechtsphilosophie *Hegels* und der aufkommenden Lehre vom Rechtsgut. Diese Lehre trug an jeden Tatbestand die Frage nach seinem Rechtsgut heran. *Hegels* Rechtsphilosophie wiederum sah im Verbrechen eine Rechtsverletzung und in Strafe und Wiedergutmachung die Wiederherstellung des Rechts. Zusammen ermöglichte dies die Vorstellung, dass sich die Unterstützung eines Täters nach der Tat gegen etwas anderes richte als die Tat selbst, und zwar gegen die „Justizgewalt" des Staates, in heutiger Wortwahl: gegen die Rechtspflege. An diesem Konzept hält namentlich die Rechtsprechung auch für den aktuellen § 257 unbeirrt fest (Rdn. 5). Allerdings hat sich das Gesetz der alten Teilnahmetheorie auch wieder angenähert, indem es den Strafrahmen der Begünstigung von dem der Vortat abhängen lässt (Rdn. 90 ff) und Antragserfordernisse der Vortat übernimmt (Rdn. 93 ff).

[1] *Binding* Der Entwurf eines Strafgesetzbuches für den Norddeutschen Bund in seinen Grundsätzen beurteilt (1869) S. 106 ff; *Gretener* Begünstigung und Hehlerei in historisch-dogmatischer Darstellung (1879) S. 89 ff; vgl. *Neumann* S. 77 ff.

**2. Kriminologie.** In der Polizeilichen Kriminalstatistik (PKS) werden die Anschlussdelikte zusammengefasst und lediglich Hehlerei und Geldwäsche gesondert ausgewiesen. Für 2008 verzeichnet die PKS 4.236 Fälle von Begünstigung und Strafvereitelung. Im Vergleich zu den Vorjahren ist diese Zahl rückläufig. Allerdings ist zugleich die Zahl der registrierten Geldwäschedelikte gestiegen. Wenn man wie *F. Geerds* 1988 davon ausgeht, dass der Anteil der Strafvereitelung an der Gesamtzahl der Fälle von Strafvereitelung und Begünstigung ein Drittel beträgt, so bleiben für 2008 rund **2.800 registrierte Fälle** von Begünstigung (vgl. *F. Geerds* GA **1988** 243, 251). *Toelle* hat 1970 die Dunkelziffer auf 1 zu 80 bis 100 geschätzt (S. 108). Nach seiner Untersuchung wird die Begünstigung in 33 bis 40 % der Fälle durch ein Wegschaffen oder Bergen von Beute begangen, in 5 % durch ein sonstiges Verheimlichen der Beute, in 10 % durch eine Absatzhilfe, in 10 weiteren Prozent durch falsche Angaben über die Beute und in 7,5 % durch eine Manipulation von Beweismitteln. Kennzeichnend ist für die Begünstigung das oft altruistische Motiv des Täters. *F. Geerds* geht für 80 bis 90 % der Fälle von einem derartigen Beweggrund aus. Dies passt zu den Zahlen der Untersuchung von *Toelle*, nach denen 22,5 % der Täter Angehörige des Vortäters sind, 62,5 % Freunde oder Bekannte und nur 15 % in keinem persönlichen Verhältnis zum Vortäter stehen. Überdurchschnittlich hoch ist nach diesen Zahlen ferner der Frauenanteil an den Tätern, den *Geerds* auf ein Viertel veranschlagt. Unterdurchschnittlich niedrig ist der Anteil der rückfälligen Täter, den *Geerds* mit 10 bis 15 % angibt (aaO S. 252 f). Laut Statistischem Bundesamt wurden im Jahr 2007 wegen Begünstigung oder Strafvereitelung 1.435 Personen, davon 1.013 Männer, verurteilt. **3**

**3. Rechtsgut.** Der Begriff des Rechtsgutes schillert und hat unterschiedliche Funktionen (zusammenfassend *T. Walter* LK Vor § 13 Rdn. 8). Für die Rechtsanwendung steht die **auslegungsleitende Funktion** im Vordergrund. Daneben kann das Rechtsgut eine Rolle dafür spielen, ob eine Einwilligung in Betracht kommt, und kann die Konkurrenzen beeinflussen (Rdn. 106). Allerdings birgt gerade die auslegungsleitende Funktion die Gefahr von Zirkelschlüssen, denn strenggenommen lässt sich ein Rechtsgut erst bestimmen, wenn alle Anwendungsfälle des Tatbestandes bekannt sind (*T. Walter* aaO Rdn. 12). Daher kommt man auch für das Verhältnis von Auslegung und Rechtsgut nicht ganz an einem „Hin- und Herwandern" des Blickes vorbei, an dessen Ende die Forderung steht, dass das eine zum anderen durchgehend passt, dass die Festlegung des Rechtsgutes idealerweise einer systemkritischen Prüfung standhält (Legitimierungsfunktion, *T. Walter* aaO Rdn. 8 f) und sich harmonisch in die Gesetzessystematik einfügt (Systematisierungsfunktion, aaO Rdn. 8). **4**

Für § 257 nimmt die **Rechtsprechung** die *Rechtspflege* als Rechtsgut an, das heißt ein Gemeinrechtsgut (Kollektivrechtsgut).[2] Allerdings spricht sie abschwächend lediglich vom „Wesen" der Begünstigung und reichert dessen Bestimmung andererseits um den Zusatz an, die Begünstigung beseitige oder mindere „die Möglichkeit, die Wiedergutmachung des dem Verletzten zugefügten Schadens durch ein Einschreiten gegen den Vortäter zu erreichen". Versteht man diesen Zusatz nicht nur als beschreibend und auf den **5**

---

2 BGHSt **36** 277, 280 m. Bspr. *Burgi* JA **1990** 277; Anm. *Keller* JR **1990** 478; BGHSt **24** 166, 167; **2** 362, 363; BGH NStZ **1994** 187, 188; **1987** 22 m. Bspr. *Sonnen* JA **1987** 51; OLG Frankfurt NJW **2005** 1727, 1734 m. Bspr. *Herzog/Hoch/Warius* StV **2007** 542; OLG Düsseldorf NJW **1979** 2320, 2321 m. Anm. *Hassemer* JuS **1980** 231; Bspr. *Zipf* JuS **1980** 24; RGSt **76** 31, 32; zust. *Ruß* LK[11] Rdn. 2; *Schittenhelm* FS Lenckner, S. 519, 526; **aA** *Hörnle* FS Schroeder, S. 477, 483.

Regelfall bezogen, gewinnt das Rechtsgut durch ihn eine *individualschützende Komponente*. Dies entspricht der **herrschenden Lehre**, die in § 257 einen *kumulativen Schutz* von Allgemein- und Individualinteressen bezweckt sieht.[3] Bei der näheren Bestimmung dieser Individualinteressen ist man sich einig, dass nicht nur das Vermögen des Opfers der Vortat geschützt wird (siehe nur *Ruß* LK[11] Rdn. 2), das eine früher vertretene Ansicht noch zum alleinigen Rechtsgut der Begünstigung erklärt hatte.[4] Eine solche Verengung stände vor allem im Widerspruch dazu, dass als zu sichernde Vorteile aus der Vortat unstreitig nicht nur Vermögensvorteile in Betracht kommen (Rdn. 25). Folglich bestimmt man den Individualschutz gemäß der Schutzrichtung des durch die Vortat verletzten Gesetzes (dessen Rechtsgut eine Minderheit[5] sogar als einziges Rechtsgut der Begünstigung begreift).

6 Neben dieser – bereits hybriden – Bestimmung des Rechtsguts weist ein Teil des Schrifttums noch auf die generalpräventive Wirkung hin, die darin liege, dass das Verbot der Begünstigung zu einer *Isolierung des Vortäters* führe und die Voraussicht dieser Isolierung mögliche Vortäter von ihren Taten abhalten könne (*Hoyer* SK Rdn. 1, der daneben allerdings den materiellrechtlichen Anspruch auf Restitution als Rechtsgut ansieht; *Wessels/Hillenkamp* Rdn. 802). Das Gleiche ist gemeint, soweit man betont, dass § 257 den Vortäter daran hindern solle, die Vorteile aus der Vortat zu genießen.[6]

7 Einen ähnlichen Weg geht *Schroeder*, der „die Geltung des Strafrechts schlechthin" als Ziel des § 257 betrachtet und „nicht [...] [den] Schutz irgendwelcher Güter" (*Maurach/Schroeder/Maiwald* II § 101 Rdn. 2). Anschaulich spricht er daher von „Straftaten gegen das Strafrecht" (aaO und Titel einer Monographie von 1985). Anders als die soeben Rdn. 6 angeführten Stimmen betrachtet *Schroeder* diese kollektivschützende Wirkung indes als den einzigen Zweck des Begünstigungsverbots und lehnt eine individualschützende Komponente demnach ganz ab. Inhaltsgleich ist die schon von *Miehe* begründete **Rechtsgeltungstheorie.**[7] Sie stellt darauf ab, dass § 257 die generalpräventive Kraft der Strafdrohungen erhöhen solle, weil die Aussicht auf eine Begünstigung diese Kraft mindere.

---

[3] So die Formulierung von *Ruß* LK[11] Rdn. 2; in der Sache ebenso *Arzt/Weber/Heinrich/Hilgendorf* BT § 27 Rdn. 1; *Hoyer* SK Rdn. 1; *Lackner/Kühl* Rdn. 1; *Mitsch* BT 1 § 9 Rdn. 4; *Sch/Schröder/Stree* Rdn. 1; SSW-StGB/*Jahn* Rdn. 4; *Stoffers* Jura **1995** 113, 124; *Wessels/Hillenkamp* Rdn. 802; wohl auch *St. Cramer* MK Rdn. 3; *Heghmanns* BT Rdn. 1678, der aber die Restitutionsinteressen des Vortatopfers in den Vordergrund stellt.

[4] *Binding* Lehrbuch II S. 642; *Bockelmann* NJW **1951** 620, 621; *Welzel* Strafrecht, S. 393.

[5] Im Anschluss an *Frank* Anm. I heute *Ebert* ZRG **1993** 1, 52 f, 55; *Witte* S. 59 (Restitutionsinteresse des Vortatopfers als Schutzgut). Ausschließlich auf die Restitutionsinteressen des Vortatopfers abstellend *Hörnle* FS Schroeder, S. 477, 484 f, 494, indes nur „für die meisten Konstellationen" (andere bleiben allerdings aaO unerörtert).

[6] *Sch/Schröder/Stree* Rdn. 1; ebenso *Altenhain* NK Rdn. 6, der meint, dass es im Grunde um den Schutz eines bei uns nur unvollkommen ausgebildeten Instituts des Verfalls gehe; insoweit aA *Hörnle* FS Schroeder, S. 477, 483, die S. 490 auch eine generalpräventive Wirkung als „fraglich" erachtet. *Schittenhelm* FS Lenckner, S. 519, 523 f lehnt eine generalpräventive Wirkung ganz ab.

[7] *Miehe* FS Honig, S. 91, 103 ff; zust. oder sehr nahe stehend *Hoyer* SK Vor § 257 Rdn. 4, 6 (s. aber auch hier Fn. 3); *Jahn/Reichart* JuS **2009** 309, 310 f („generalpräventiv motiviertes Interesse an der Wiederentziehung durch Straftaten erlangter Vorteile", von *Jahn/Reichart* so genannte modifizierte Restitutionstheorie); *Janson* S. 94 f, 132, 146 f; *Seel* S. 26, 95; *Weisert* S. 254 ff.

8 Das ist zumindest der **richtige Ansatz**. Individualschutz anzuerkennen hat nur Sinn – außerhalb rein phänomenologisch-beschreibender Bemühungen –, wenn man damit dogmatische Folgen verknüpft. Sie können im Strafrecht erstens darin bestehen, dem Opfer der Vortat für § 257 eine rechtfertigende Einwilligung zu ermöglichen; zweitens darin, ihm das Klageerzwingungsrecht aus § 172 StPO zu gewähren. Beides ist abzulehnen (für § 172 StPO **aA** SSW-StGB/*Jahn* Rdn. 32). Hinsichtlich der Einwilligung lässt sich das mit dem gleichen Argument begründen, mit dem man allgemein eine nachträgliche Einwilligung für ausgeschlossen hält: Das Opfer kann im Augenblick der Tathandlung einwilligen, aber wenn es dies nicht tut, so geschieht ihm zunächst einmal Unrecht und ist dessen strafrechtliche Ahndung der Verfügung des Opfers im Grundsatz entzogen, das heißt abgesehen von Strafantragserfordernissen und Vergleichbarem. Hinsichtlich des Klageerzwingungsrechts wird man auf den vernünftigen Wunsch des Gesetzgebers hinweisen, den Kreis der Erzwingungsberechtigten übersichtlich zu halten, sowie auf die daraus abgeleitete Forderung, der im Sinne des § 172 StPO Verletzte müsse *unmittelbar* in eigenen Rechten beeinträchtigt werden – während das Opfer der Vortat durch die Begünstigung lediglich mittelbar Nachteil erleide. Dass im Zivilrecht § 257 als Schutzgesetz im Sinne des § 823 Abs. 2 BGB zu behandeln ist,[8] braucht nicht im Strafrecht den Charakter des Rechtsguts festzulegen, denn die beiden Rechtsgebiete verfolgen mit den genannten Vorschriften ganz unterschiedliche Ziele.

9 Positiv formuliert dient das in § 257 ausgesprochene Verbot als *Verstärker besonders wichtiger, nämlich strafbewehrter (primärer) Verhaltensnormen* (Verstärkerfunktion). § 257 bekräftigt einen Ausschnitt aus der Rechtsordnung, und zwar den Teil, den das Strafrecht flankiert und der folglich „Grundwerte der Sozialordnung" verwirklichen soll (vgl. BVerfGE **45** 187, 253). Ein gewisses Problem bringt dieses Verständnis mit sich, wenn die Vortat ein Fahrlässigkeitsdelikt ist (Rdn. 18) und man der Fahrlässigkeit bestreitet, Ergebnis echter Normverstöße zu sein (vgl. *T. Walter* Kern des Strafrechts, S. 128 ff). Aber das trifft unter dem Strich höchstens in einem Teil der Fälle zu, und soweit sich die Strafbarkeit fahrlässiger Taten legitimieren lässt, gilt dies automatisch auch für die auf sie bezogene Begünstigung. Einwenden mag man gegen die hier vorgeschlagene Bestimmung des Rechtsguts noch, sie verfehle die herrschende, auch hier (Rdn. 47) befürwortete Ansicht, reine Erhaltungsmaßnahmen seien keine „Hilfe" nach § 257, also Maßnahmen, die den Vorteil nicht gegen eine Entziehung zugunsten des Geschädigten schützen, sondern gegen rechtswidrige Angriffe Dritter, Naturgewalten oder den Zahn der Zeit. Denn auch solche Maßnahmen ermöglichen dem Vortäter den Genuss der Vorteile aus seinem Delikt, so dass es zu seiner vollständigen Isolierung und mithin wirksamsten Abschreckung geboten sei, auch sie unter Strafe zu stellen. Doch sind reine Erhaltungsmaßnahmen in dem Spannungsverhältnis zwischen Vortäter und Opfer neutral: Auch das Opfer profitiert, wenn der Gegenstand seines Restitutionsanspruches vor dem Untergang geschützt wird. Selbst wenn das Opfer im Einzelfall davon tatsächlich nichts hat, weil faktisch nicht die geringste Aussicht besteht, den Gegenstand zurückzuerlangen, hat das Opfer keinen Grund, sich über jene Erhaltungsmaßnahmen zu beschweren. Weiteren Nachteil erleidet es erst, wenn sich die Aussicht auf Rückgewinnung verschlechtert.

10 Die **Legitimität des Begünstigungstatbestandes** ist bei dieser Bestimmung des Rechtsgutes aus der Legitimität der Primärnormen abzuleiten, die der Vortäter verletzt, sowie aus der Legitimität der Rechtspflege, die diesen Normen gilt und die sich wieder auf deren Qualität als *Rechts*normen stützt. Tieferschürfende Begründungen bleiben der

---

[8] BGH (Z) NJW **1958** 1775; RGZ **94** 191, 192; *Palandt/Sprau* § 823 Rdn. 69.

Rechtsphilosophie vorbehalten. Das verfassungsrechtliche Gebot der Verhältnismäßigkeit wahrt § 257, indem er sich auf strafbare Vortaten beschränkt, also nur besonders wichtige Primärnormen zusätzlich sichert. Gesetzessystematisch ist das hier vorgeschlagene Rechtsgut nicht gut zu begründen, denn § 257 steht in einem Abschnitt des Strafgesetzbuches, der von Eigentums- und Vermögensdelikten umgeben ist. Das hat aber allein geschichtliche Gründe und ist gerade systematisch nicht vorbildlich.

11 Zusammengefasst liegt dem § 257 demnach ein **reines Gemeinrechtsgut** (Kollektivrechtsgut) zugrunde. Es besteht in dem Interesse der Rechtsgemeinschaft daran, dass ihre wichtigsten Verhaltensnormen – das sind die mit Strafe bewehrten – eingehalten werden. § 257 hat dabei die Aufgabe eines **Verstärkers der einschlägigen Strafdrohungen**, dadurch auch der zugrunde liegenden Primärnormen, indem er zusätzlich zur Strafe eine Isolierung des Täters bewirken kann, die dem Täter den Genuss der Vorteile aus seinen Taten erschwert; und dies unabhängig davon, ob ihn selbst die Strafverfolgung tatsächlich erreicht. Mittelbar – aber eben nur mittelbar – dient § 257 damit all jenen Zielen, in deren Dienst die verstärkten Primärnormen stehen. Dass im Zivilrecht § 257 über § 823 Abs. 2 BGB als unmittelbar individualschützend behandelt wird, braucht sich auf das Strafrecht nicht auszuwirken und tut dies auch nicht.

12 4. **Deliktsnatur.** Vor dem Hintergrund dieses Rechtsgutsverständnisses ist § 257 mit der herrschenden Ansicht als **abstraktes Gefährdungsdelikt** einzuordnen.[9] Dafür reicht es indes nicht hin, darauf zu verweisen, dass die Geltung der Primärnormen durch die einzelne Begünstigung keinen Schaden nehme. Denn diese Geltung ist das Rechtsgut und nicht das Angriffsobjekt, auf das es an dieser Stelle ankommt (wird es konkret gefährdet oder verletzt? Näher *T. Walter* LK Vor § 13 Rdn. 14, 65 ff). Angriffsobjekt der Begünstigung kann als gesellschaftliche Äußerung (Objektivation) des oben beschriebenen Rechtsgutes nur die tatsächliche Beachtung der Primärnormen in mehr oder weniger genau umschriebenen Fällen sein. Aber wie auch immer man diese Umschreibung gestalten will: Die Tathandlung einer bestimmten Begünstigung bewirkt kaum je eine konkrete Gefahr dafür, dass jemand eine Primärnorm missachtet, denn sie folgt jener Situation zeitlich nach, in der es um die Primärnorm geht. Es mag ausnahmsweise so sein, dass ein Tatgeneigter das Begünstigungsdelikt eines anderen zum Anlass nimmt, die Tat tatsächlich zu begehen, weil er nunmehr auch selbst auf die Unterstützung des anderen rechnet. Aber diese Gestaltung ist weder für den Tatbestand des § 257 konstitutiv noch hat der Gesetzgeber sie in Betracht gezogen oder gar den Ausschlag geben lassen. Erst recht verlangt § 257 keine Verletzung des Angriffsobjekts, also dass Primärnormen tatsächlich aufgrund der Begünstigungshandlung verletzt werden. Keine Rolle spielt es für die Einordnung als abstraktes Gefährdungsdelikt – entgegen landläufigem Verständnis –, dass es in Bezug auf den Vorteil aus der Vortat zu keinem Sicherungserfolg kommen muss, das heißt zu keiner endgültigen Besserstellung des Vortäters hinsichtlich einer drohenden Entziehung des Vorteils (Rdn. 42). Anders wäre es nur, wenn man das Rechtsgut der Begünstigung jeweils mit dem Rechtsgut gleichsetzte, das von der Vortat angegriffen wird (wie es eine Minderheit tut, Rdn. 5 a.E.).

13 Wiederum entgegen landläufiger Ansicht hat die Einordnung als abstraktes Gefährdungsdelikt nichts damit zu tun, ob ein Erfolgs- oder ein sogenanntes Tätigkeitsdelikt vor-

---

[9] *Altenhain* NK Rdn. 2, 21; *St. Cramer* MK Rdn. 4; *Fischer* Rdn. 7; *Jescheck/Weigend* § 26 II 2 (S. 265); *Otto* BT § 57 Rdn. 2; aA *Küper* BT S. 205 („Gefährlichkeitsdelikt eigener Art").

liegt.[10] Denn diese letztgenannte Einteilung fragt nur, ob überhaupt ein Erfolg eintritt, der sich von der Handlung trennen lässt, während der Unterschied von Verletzungs- und Gefährdungsdelikt auf einen ganz bestimmten Erfolg abstellt, und zwar auf die Beeinträchtigung (oder Nichtbeeinträchtigung) des Angriffsobjekts. Es mag hier dahinstehen, ob es „Tätigkeitsdelikte" gibt oder wenigstens geben kann (verneinend *T. Walter* LK Vor § 13 Rdn. 63 m.w.N.). Denn für § 257 lässt sich der tatbestandsmäßige Erfolg klar beschreiben und von der Tathandlung trennen, so dass die Begünstigung selbst dann ein **Erfolgsdelikt** ist, wenn man „Tätigkeitsdelikte" im Grundsatz für denkbar hält. Dieser Erfolg ist der *Hilfeerfolg* für den Vortäter; der Zustand, dass dem Vortäter geholfen worden ist, und zwar – um Missverständnissen sogleich zu begegnen – ungeachtet dessen, ob auch der *weitere* Erfolg einer tatsächlichen Verzögerung der drohenden Entziehung des Vorteils eintritt (für den Charakter als Erfolgsdelikt schon *Hoyer* SK Rdn. 20; dagegen wohl *Jahn/Reichart* JuS **2009** 309, 312 [„Vollendung ist ... schon in der Handlung zu sehen"]).

Als Beispiel mag ein einfacher Fall dienen, mit dem man auch für § 259 dessen Eigenschaft als Erfolgsdelikt zeigen kann (vgl. *T. Walter* LK vor § 13 Rdn. 63; die Tatbestände der §§ 257 und 259 überschneiden sich, zur Konkurrenz Rdn. 106): Wer für den Dieb einen Raum zur Verfügung stellt, um das Diebesgut zu verstecken (vgl. BGHSt 33 44), mag dem Dieb den Schlüssel für diesen Raum per Post zukommen lassen. Handlungen sind dann das Verpacken, Adressieren und Aufgeben des Päckchens. Der Erfolg in Gestalt einer Verfügungsmacht des Vortäters über den Raum tritt aber frühestens ein, wenn er das Päckchen erhält. In diesem Moment „ist ihm geholfen"; dies aber wieder ohne Rücksicht darauf, ob es ihm im Ergebnis gelingt, das Diebesgut erfolgreich zu verstecken und die Aussicht des Vortatopfers auf Rückgewinn mindestens zu verschlechtern. (Es ist auch gut vertretbar, den Erfolg erst mit dem Verstecken der Beute in dem fraglichen Raum eintreten zu lassen, natürlich wieder ohne Rücksicht darauf, ob dies die Aussicht des Vortatopfers wirklich und faktisch schmälert, die Sachen zurückzuerlangen. Dass der Erfolg dann unmittelbar erst durch eine Handlung des Vortäters herbeigeführt wird, das Verstecken, ist unschädlich, weil ein solches – aus der Sicht des Begünstigers – vorsätzliches Eingreifen eines Dritten die Erfolgszurechnung in einem Fall wie dem beschriebenen nach insgesamt ganz herrschender und zutreffender Ansicht unberührt lässt, näher *T. Walter* LK Vor § 13 Rdn. 103 ff.) Ein weiteres Beispiel findet sich Rdn. 23. **14**

Zum Teil betrachtet man die Begünstigung als „unechtes Unternehmensdelikt", weil es nicht zu einem Sicherungserfolg kommen müsse, sondern insoweit eine Absicht des Täters genüge (*Hoyer* SK Rdn. 3). Das führt aber dogmatisch nicht viel weiter, wenn man einmal erkannt hat, dass die Begünstigung ein Erfolgsdelikt ist (Rdn. 13 f). – Die Begünstigung ist trotz ihres Bezuges auf eine Vortat ein eigen- und **selbständiges Delikt**. § 9 Abs. 2 ist daher nicht anzuwenden (*Fischer* Rdn. 1). **15**

## II. Äußerer Tatbestand

**1. Vortat.** Die Vortat ist für § 257 ein **Tatumstand** und muss als solcher tatsächlich vorliegen, also tatsächlich begangen worden sein.[11] Nimmt jemand irrig eine Vortat an, kann er nur einen untauglichen, bei § 257 straflosen Versuch verwirklichen. Die Vortat **16**

---

10 *T. Walter* LK Vor § 13 Rdn. 66; *ders.* GA **2001** 131, 140; zust. *Anastasopoulou* Deliktstypen zum Schutz kollektiver Rechtsgüter (2005) S. 72 f, beide m.w.N.; für die Gegenansicht bezogen auf § 257 *Geppert* Jura **2007** 589, 592; allgemein *Jescheck/Weigend* § 26 II 2 (S. 264).

11 RGSt **50** 218; BayObLGSt **1973** 76, 78; *Ruß* LK[11] Rdn. 7.

muss vom erkennenden Gericht im Verfahren gegen den Begünstiger selbständig ermittelt und festgestellt werden; zu den Anforderungen im Einzelnen Rdn. 17 ff. Dabei ist das Gericht nicht daran gebunden, wenn der Vortäter freigesprochen worden ist. Umgekehrt kann es zu dem Ergebnis kommen, eine Vortat sei nicht feststellbar, obgleich eine rechtskräftige Verurteilung des Vortäters vorliegt (*St. Cramer* MK Rdn. 8; *Hoyer* SK Rdn. 5). Es muss auch keine ***bestimmte*** Vortat festgestellt werden. Es genügt, dass irgendeine Tat mit den erforderlichen Merkmalen objektiv vorliegt. Der Richter kann sie wahlweise feststellen, und zwar ohne dass die engen Voraussetzungen der Wahlfeststellung vorliegen müssten (anders bei der Strafvereitelung!).[12] Tut er dies, so ist für die Absätze 2 (Rdn. 90 f) und 4 (Rdn. 93 ff) der In-dubio-Satz zu beachten (vgl. *T. Walter* JZ **2006** 340). Im Zweifel ist also die Vortat mit dem geringsten Strafrahmen anzunehmen sowie diejenige Vortat – wenn eine solche überhaupt in Betracht kommt –, als deren Täter der Begünstiger nur auf Antrag verfolgbar wäre beziehungsweise auf die grundsätzlich § 248a anwendbar ist.

**17** Das Gesetz verlangt als Vortat eine **rechtswidrige Tat**. Dies bedeutet, dass es sich um eine den Tatbestand eines Strafgesetzes verwirklichende Straftat im Sinne von § 11 Abs. 1 Nr. 5 handeln muss, bloße Ordnungswidrigkeiten scheiden aus. Allgemein sind damit erforderlich: der äußere (objektive) Tatbestand, der innere (subjektive) Tatbestand, wenn die Vortat nur als Vorsatzdelikt strafbar ist,[13] sowie die Rechtswidrigkeit der Vortat. Nicht erforderlich ist nach herrschender Ansicht eine Schuld des Vortäters (Fehlen von Entschuldigungs- und Schuldausschließungsgründen).[14] Ferner bleibt es unbeachtlich, wenn zugunsten des Vortäters ein Strafausschließungsgrund eingreift.[15] Dies muss unabhängig davon gelten, ob es sich – wie meist – um einen persönlichen oder um einen sachlichen Strafausschließungsgrund handelt (zu den Begriffen *T. Walter* LK Vor § 13 Rdn. 186 m.w.N.). Ebenso unbeachtlich muss es für den Begünstiger bleiben, wenn für die Vortat eine objektive Bedingung der Strafbarkeit fehlt,[16] denn sie ist stets die lediglich redaktionelle Umkehrung eines sachlichen Strafausschließungsgrundes und steht unstreitig ebenfalls jenseits von Unrecht und Schuld (*T. Walter* aaO Rdn. 182 m.w.N.). Allerdings zieht die herrschende Ansicht den Kreis objektiver Bedingungen der Strafbarkeit, für die es also auf ein Verschulden nicht ankommen soll, zu weit (näher *T. Walter* aaO Rdn. 183 m.w.N.). Unbeachtlich sind für den Begünstiger des Weiteren Verfahrenshindernisse, die einer Verfolgung der Vortat entgegenstehen (Fehlen eines Strafantrages [vgl. Rdn. 93 ff], Verjährung, Amnestie, Begnadigung oder dergleichen).[17] Generell bleibt außer Betracht, ob der Vortäter tatsächlich bestraft werden kann oder seine Strafe umgekehrt bereits verbüßt hat. Ohne Folgen für die Begünstigung bleibt es auch, wenn das Verfahren wegen der Vortat eingestellt worden ist (*Ruß* LK[11] Rdn. 8). Schließlich noch nützt es dem Begünstiger nichts, wenn die Vortat für den Vortäter (erst) im Wege der Gesetzeskonkurrenz hinter andere Delikte zurücktritt (*Sch/Schröder/Stree* Rdn. 4).

---

12 BGH bei Dallinger MDR **1969** 193, 194; RGSt **58** 290, 291; *St. Cramer* MK Rdn. 8 (wo allerdings von „Wahlfeststellung" gesprochen wird); *Fischer* Rdn. 2; *Hoyer* SK Rdn. 4; *Ruß* LK[11] Rdn. 7.

13 *Ruß* LK[11] Rdn. 3; *Sch/Schröder/Stree* Rdn. 4.

14 BGHSt **1** 47, 48; OLG Frankfurt NJW **2005** 1727, 1734 (Fn. 2); *Arzt/Weber/Heinrich/Hilgendorf* BT § 27 Rdn. 2; *Fischer* Rdn. 3; *Geppert* Jura **1980** 269, 272 f; *Hoyer* SK Rdn. 6; *Ruß* LK[11] Rdn. 3; *Sch/Schröder/Stree* Rdn. 4; **aA** ist der postfinalistische Verbrechensbegriff, näher *T. Walter* Kern des Strafrechts, S. 209.

15 *Fischer* Rdn. 3; *Sch/Schröder/Stree* Rdn. 4.

16 **AA** *St. Cramer* MK Rdn. 30; *Hoyer* SK Rdn. 6; *Sch/Schröder/Stree* Rdn. 9; SSW-StGB/*Jahn* Rdn. 6.

17 *St. Cramer* MK Rdn. 8; *Hoyer* SK Rdn. 6; *Lackner/Kühl* Rdn. 2; *Ruß* LK[11] Rdn. 8; *Wessels/Hillenkamp* Rdn. 805; **aA** *Altenhain* NK Rdn. 8.

18 Im Übrigen ist die **Art der Vortat** ohne Bedeutung. Sie braucht unstreitig kein Vermögensdelikt zu sein.[18] In Frage kommen daher etwa auch § 108b Abs. 2, §§ 136, 146 ff, 180a, 181a, 184, 203, 235, 267 ff, 331 ff StGB, 106 ff UrhG (*Fischer* Rdn. 2 m.w.N.). Es kann sich bei ihr um eine Vorsatztat oder um eine Fahrlässigkeitstat handeln (*Heghmanns* BT Rdn. 1680; *Ruß* LK[11] Rdn. 4). Auch Mittäterschaft und Teilnahme nach §§ 25 ff kommen in Betracht.[19] Ob der Begünstiger selbst Täter der Vortat sein könnte, ist gleichgültig. Vortat kann auch eine Versuchstat sein, wenn nur der Täter schon durch diese Handlung einen Vorteil erlangt hat.[20] *Fischer* weist darauf hin, dass auch eine Vorbereitung „in mit Strafe bedrohter Form" genüge (*Fischer* Rdn. 4). Das trifft zu, doch sind derartige Strafdrohungen selten und zudem formal tatbestandsvollendend (§§ 30, 80, 149 und ähnliche Delikte).

19 Für das sogenannte **internationale Strafrecht** geht die wohl herrschende Ansicht dahin, dass die Vortat nicht nach deutschem Strafrecht „verfolgbar" oder deutschem Strafrecht nicht „unterworfen" sein müsse.[21] Genau genommen ist nach den zwei Hauptproblemkreisen des internationalen Strafrechts zu unterscheiden (zusammenfassend zuletzt *T. Walter* JuS **2006** 870 f). Deren erster hat die Frage zum Ausgangspunkt, ob der *Schutzbereich* eines deutschen Straftatbestandes auch (bestimmte) Sachverhalte mit Auslandsbezug erfasse; der zweite besteht in den Anwendungsfragen, die *§§ 3 ff StGB* aufwerfen (sowie einschlägige Spezialvorschriften, etwa des IntBestG). Was diese §§ 3 ff betrifft, ist die herrschende Ansicht folgerichtig, dass sie für die Vortat nicht erfüllt sein müssen. Denn man billigt diesen Vorschriften zwar eine materiellrechtliche und prozessuale Doppelnatur zu, doch sollen sie im materiellen Recht lediglich objektive Bedingungen der Strafbarkeit sein, und auf die kommt es für die Vortat der Begünstigung nicht an (Rdn. 17). Erst recht bleiben sie in ihrer prozessualen Rolle als Verfahrensvoraussetzungen außer Betracht. Etwas anderes gilt, soweit es um den Schutzbereich des Tatbestandes der Vortaten geht. Erfasst er einen Sachverhalt aufgrund dessen Auslandsbezuges nicht, so ist auch keine Begünstigung möglich. Denn in diesem Fall fehlt eine Primärnorm, die unsere Rechtsordnung mit Strafe bewehrt, und damit ist das Geschehen für § 257 rechtsgutneutral (vgl. Rdn. 8 ff).

20 Ebenfalls vom Rechtsgut des § 257 ausgehend ist für die Vortat die Frage des **intertemporalen Strafrechts** zu klären. Nach herrschender Ansicht muss die Vortat noch bei der Begünstigung und auch im Zeitpunkt des Urteils über sie strafbar sein, womit gemeint ist, dass der Bezugstatbestand der abzuurteilenden Begünstigung nicht zwischenzeitlich entfallen oder zu einer Ordnungswidrigkeit herabgestuft worden sein darf.[22] Das stimmt, denn andernfalls fehlt wieder eine mit Strafe bewehrte Primärnorm und kann sich § 257 nicht mehr für das Geschehen interessieren. Jedoch muss die Strafbarkeit dann *ersatzlos entfallen*. Tritt lediglich eine Lex mitior an die Stelle des alten Tatbestan-

---

18 *Altenhain* NK Rdn. 4; *St. Cramer* MK Vor § 257 Rdn. 2; *Fischer* Rdn. 2; *Küper* BT S. 207; *Lackner/Kühl* Rdn. 2; *Maurach/Schroeder/Maiwald* II § 101 Rdn. 2; *Ruß* LK[11] Rdn. 4; *Wessels/Hillenkamp* Rdn. 801.

19 *Fischer* Rdn. 4; *Ruß* LK[11] Rdn. 4.

20 *Fischer* Rdn. 4; *Maurach/Schroeder/Maiwald* II § 101 Rdn. 5; *Ruß* LK[11] Rdn. 4; vgl. RGSt 53 284 285; 50 218, 219.

21 *Fischer* Rdn. 3; *Lackner/Kühl* Rdn. 2 i.V.m. § 259 Rdn. 4; *Ruß* LK[11] Rdn. 9; **aA** *St. Cramer* MK Rdn. 7; *Frank* Anm. II; *Horn* JA **1995** 218; *Hoyer* SK Rdn. 7; *Schröder* JZ **1954** 671, 672; SSW-StGB/*Jahn* Rdn. 8; *Stree* JuS **1976** 137, 138.

22 BGHSt **14** 156, 158 (allerdings zu einer persönlichen Begünstigung = Strafvereitelung nach § 257 a.F.); BGHR StGB § 257 Abs. 1 Vortat 1 = BGH StV **2003** 166, 167; *Fischer* Rdn. 3; *Hoyer* SK Rdn. 5; *Lackner/Kühl* Rdn. 2; **aA** *Jahn/Palm* JuS **2009** 408; SSW-StGB/*Jahn* Rdn. 7.

des, so kennt die Rechtsordnung weiterhin eine mit Strafe bewehrte Primärnorm, die der Vortäter auch missachtet hat. Für die intrikate Frage, wann eine Rechtsänderung lediglich zu einer Lex mitior führt und wann sie demgegenüber in der Abschaffung eines Tatbestandes und der zeitgleichen Neueinführung eines vielleicht ähnlichen, im Ergebnis aber doch anderen Tatbestandes besteht, ist mit *Tiedemann* darauf abzustellen, ob „die Unrechtstypen (Rechtsgut und Angriffsweise) im Wesentlichen identisch sind" (FS Peters [1974] S. 193, 207; im Anschluss daran eingehend *Dannecker* Das Intertemporale Strafrecht [1993] S. 502 ff). Auch eine Lex mitior kann sich indes für den Begünstiger positiv auswirken, und zwar bei der Strafrahmenbegrenzung nach Abs. 2 (Rdn. 90 f).

**21** Die herrschende Lehre besagt, die Begünstigung müsse jemandem zugute kommen, der eine Vortat im **Zeitpunkt** der Begünstigungshandlung *tatsächlich schon begangen habe;*[23] ***Ruß*** hat sogar verlangt, die Vortat müsse *abgeschlossen* vorliegen (LK[11] Rdn. 5). Das soll aber erstens nichts daran ändern, dass auch ein Versuch, äußerstenfalls sogar eine (mit Strafe bedrohte) Vorbereitungshandlung als Vortat in Frage kommt (Rdn. 18). Zweitens ist die angeführte Lehre bestenfalls missverständlich. „Vorliegen" muss die Vortat spätestens, aber auch erst im Prozess gegen den Begünstiger, und zwar schon deshalb, weil sie für dessen Delikt ein Tatumstand ist. Nun ist es richtig, dass eine Begünstigung erst möglich wird, wenn es einen Vorteil gibt, zu dessen Sicherung der Begünstigende handelt (näher Rdn. 25 ff). Aber das gilt nur für den Begünstigungs*erfolg*, nicht auch für die Begünstigungs***handlung***. Es ist dies eine der zahlreichen Stellen der deutschen Strafrechtsdogmatik, an denen die Figur der sogenannten Tätigkeitsdelikte unnötige Verwirrung stiftet. Es sei noch einmal an das Beispiel aus Rdn. 14 erinnert (Versendung eines Schlüssels an den Vortäter, mit dem er Zugang zu einem Versteck für seine Diebesbeute erlangt): Wenn der Vortäter den Schlüssel wirklich erhält und tatsächlich einen Diebstahl begeht, der eine zu versteckende Beute erbringt, dann ist es zunächst einmal, nämlich für den Tatbestand des § 257, vollkommen einerlei, wann der Begünstigende zur Post geht und wann der Dieb die Beute stiehlt. Vielmehr ist – für den Tatbestand des § 257 – allein entscheidend, *dass* der Dieb irgendwann einmal die Beute hat und *auch* in dieser Phase in den Genuss eines Unterstützungserfolges kommt, den der Begünstigende bewirkt hat.

**22** Der Zeitpunkt des Unterstützungserfolges kann dann für eine ganz andere Frage Bedeutung erlangen, und zwar für die nach dem Konkurrenzverhältnis von Beihilfe (oder gar Mittäterschaft) und Begünstigung: Tritt der Erfolg vor der Vollendung der Vortat ein, liegt Beihilfe vor und schließt über § 257 Abs. 3 Satz 1 eine Bestrafung wegen Begünstigung aus (Rdn. 79 ff), wobei die herrschende Ansicht als Erfolg in diesem Sinne auch die Bestärkung des Tatentschlusses des Vortäters durch schlichte Zusage späterer handfester Hilfe betrachtet (Rdn. 101); tritt der Erfolg nach Beendigung der Vortat ein, kommt nur § 257 in Betracht; tritt er zwischen Vollendung und Beendigung ein, ist die Lösung im Streit (Rdn. 102 ff). Aber das hat, nochmals, nichts mit dem Tatbestand des § 257 zu tun. Und es kommt keinesfalls auf die Begünstigungshandlung an, sondern ausschließlich auf deren Erfolg.[24]

**23** Eine gewisse Parallele findet sich in der herrschenden Abgrenzung von Körperverletzungs- und Tötungsdelikten im Verhältnis zur Abtreibung, denn dort stellt man auch darauf ab, wann sich die Tathandlung auf den Körper des Kindes beziehungsweise die

---

[23] OLG Frankfurt NJW **2005** 1727, 1734 (Fn. 2); *Maurach/Schroeder/Maiwald* II § 101 Rdn. 4; *Sch/Schröder/Stree* Rdn. 3; *Wessels/Hillenkamp* Rdn. 803.

[24] Insoweit zutreffend schon *Geppert* Jura **1994** 441, 442; **1980** 269, 273; *Hoyer* SK Rdn. 24; *Ruß* LK[11] Rdn. 5; *Sch/Schröder/Stree* Rdn. 7; *Seelmann* JuS **1983** 32, 34; SSW-StGB/*Jahn* Rdn. 10; *Vahrenbrink* S. 101 ff, 134; *B. Wolff* S. 126 ff, 131.

Leibesfrucht auswirkt: vor dem Beginn der Geburt oder danach. Abschließend ein weiteres Beispiel zu § 257: Jemand plant einen Autodiebstahl, erzählt seinem Nachbarn davon und bittet ihn, ihm, dem prospektiven Dieb für ein paar Tage die Garage zu überlassen, die leersteht und in der die Fahrgestellnummer des Wagens gewechselt werden soll. Der Nachbar weigert sich zunächst. In der Tatnacht – der Dieb ist bereits unterwegs – überlegt er es sich anders, öffnet das Garagentor weit und klebt einen Zettel an den Pfosten, auf dem zutreffend steht: „Schlüssel steckt!" Wenn der Dieb dann mit dem gestohlenen Wagen heimkommt und ihn hocherfreut in die Garage fährt, ist es ganz belanglos, ob zu der Zeit, als sein Nachbar handelte, der Diebstahl erst noch bevorstand, gerade ins Versuchsstadium kam, vollendet wurde oder gar schon beendet war. Entscheidend ist, dass dem Dieb nach Beendigung seiner Tat mit Blick auf die Sicherung seiner Beute ein Unterstützungserfolg zuteil wird, den der Nachbar initiiert hat.

Vortat und Begünstigung sind **im prozessualen Sinn** unterschiedliche Taten (KG Bschl. **24**
v. 13.2.2002 – [5] 1 Ss 25/02 [3/02] unter 2 b).

2. **Vorteil**

a) **Natur und Zeitpunkt.** Der Wortlaut des Gesetzes nennt einen Vorteil aus der Vor- **25**
tat lediglich als Inhalt der Sicherungsabsicht des Begünstigers, also als Teil des inneren (subjektiven) Tatbestandes. Jedoch muss unstreitig der Vortäter aus der Vortat einen Vorteil **tatsächlich** (objektiv) erlangt haben.[25] Das ist auch richtig. Der Wortlaut des § 257 ist insoweit leicht verunglückt, denn als äußeren (objektiven) Tatbestand nennt er allein das „Hilfeleisten", das aber inhaltsleer bleibt, solange offen ist, worauf sich die damit verlangte Förderung oder Besserstellung beziehen muss. Dies hat man für § 257 aus der Formulierung der überschießenden Innentendenz zu folgern. Der Vorteil braucht heute unstreitig kein Vermögensvorteil zu sein.[26] Nach einer Definition des Reichsgerichts ist ein Vorteil irgendein durch die Vortat geschaffener, dem Vortäter günstiger, vom Recht missbilligter Zustand (RGSt **54** 132, 135; ähnlich *Hoyer* SK Rdn. 12). Was nur einem Dritten günstig ist, aber nicht dem Vortäter, bleibt außer Betracht. Nicht erfasst sind daher Vorteile aus Vortaten ausschließlich zugunsten Dritter bei Drittbereicherungs- oder -zueignungsabsicht (*Altenhain* NK Rdn. 15; *St. Cramer* MK Rdn. 12). Vorteile „der Tat" sind auch Gegenstände, die im Straftatbestand der Vortat noch Bezugspunkte einer besonderen Absicht oder Motivation gewesen sind, etwa einer Bereicherungsabsicht oder der Habgier bei § 211. Ebenso liegt es für die Vorteile aufgrund von „gekauften" Handlungen bei der Korruption (*St. Cramer* MK Rdn. 11).

Wie schon in Bezug auf die Vortat behaupten Rechtsprechung und Schrifttum oft, der **26**
Vorteil müsse zum **Zeitpunkt** der Begünstigungs*handlung* objektiv vorhanden sein.[27] Das ist wiederum nicht richtig; der Vorteil muss lediglich (auch noch) in rechtswidriger Weise

---

25 *St. Cramer* MK Rdn. 10; *Fischer* Rdn. 6; *Lackner/Kühl* Rdn. 2; *Maurach/Schroeder/Maiwald* II § 101 Rdn. 9; *Wessels/Hillenkamp* Rdn. 803.

26 BTDrucks. 7/550 S. 248; RGSt **54** 132, 134; *St. Cramer* MK Rdn. 10; *Fischer* Rdn. 6; *Heghmanns* BT Rdn. 1689; *Hoyer* SK Rdn. 2; *Küper* BT S. 207; *Maurach/Schroeder/Maiwald* II § 101 Rdn. 9; *v. Olshausen* Anm. 31; *Ruß* LK[11] Rdn. 10; *Wessels/Hillenkamp* Rdn. 801; **aA** noch *Welzel* Strafrecht, S. 394, was folgerichtig ist, wenn man – wie *Welzel* es tat – das Vermögen als Rechtsgut der Begünstigung betrachtet (im Text Rdn. 5).

27 BGHSt **24** 166, 168; BGH NStZ **1994** 187, 188; **1987** 22; OLG Frankfurt NJW **2005** 1727, 1734 (Fn. 2); *Altenhain* NK Rdn. 16; *Geppert* Jura **1994** 441, 442; *Jahn/Reichart* JuS **2009** 309, 311; *Ruß* LK[11] Rdn. 9.

vorhanden sein, wenn der Hilfe*erfolg* der Begünstigungshandlung eintritt (Rdn. 21). Dies ist nicht der Fall, wenn der Vortäter zwischenzeitlich etwa als Erbe des Opfers das Recht erworben hat, den Vorteil zu behalten, oder wenn er den Vorteil schon wieder verloren hat,[28] zum Beispiel weil eine zwischengelagerte Beute bereits von der Polizei für den Beraubten sichergestellt worden ist (BGH NJW **1985** 814) oder weil der Vortäter die Beute aus einem Diebstahl bereits verschenkt hat (und jetzt vom Beschenkten zurückerhält, um sie nach Aufdeckung der Tat in Sicherheit zu bringen).[29] Kein Verlust in diesem Sinne ist jedoch eine nur vorläufige Sicherung der Beute durch die Polizei (BGHR StGB § 257 Abs. 1 Tatvorteil, unmittelbarer 4) oder ihre Aufbewahrung durch Nahestehende während einer Haft des Vortäters (OLG Düsseldorf NJW **1979** 2320 [oben Fn. 2]). Gleiches gilt in der Regel bei der Einzahlung rechtswidrig erlangten Geldes auf ein im Soll stehendes Konto (**aA** *St. Cramer* MK Rdn. 13). Denn dabei handelt es sich um eine rein „finanztechnische" Umwandlung, die nach herrschender Ansicht nicht ins Gewicht fällt (Rdn. 33). Allerdings ist bei Folgeüberweisungen nicht garantiert, dass die Unmittelbarkeit der überwiesenen Summe gewahrt bleibt (Rdn. 34). Auch verliert die eingezahlte Summe im Vermögen des Vortäters ihre Unterscheidbarkeit – was dem Verlust des Vorteils gleichkommt –, soweit das Soll lediglich eine geduldete Überziehung war und keine vertraglich eingeräumte Kreditlinie („Dispokredit" u.ä.). Denn in diesem Fall hat der Vortäter keine rechtliche Handhabe, den Vorteil wieder aus dem Girovertrag herauszuholen. Er ist dann zwar noch allgemein, aber nicht mehr unterscheidbar bereichert. Mit anderen Worten ist ein Kontostand für die Ausführungen Rdn. 33 ff bis an die Grenze einer vertraglich eingeräumten Kreditlinie wie ein Guthaben zu behandeln.

**27** Für die **Verarbeitung** (§ 950 BGB) und die **Verbindung** mit einem Grundstück oder mit einer Hauptsache (§§ 946, 947 Abs. 2 BGB) gilt, dass sie zwar den Besitz an der verarbeiteten bzw. verbundenen Sache legalisieren und dass der mit ihnen einhergehende Eigentumserwerb kein Vorteil aus dem Diebstahl ist, mit dem der Besitz an der verarbeiteten bzw. verbundenen Sache erlangt wurde (oder aus einem vergleichbaren Eigentums- oder Vermögensdelikt; für Verarbeitung und Diebstahl etwa schon *Hoyer* SK Rdn. 13). Jedoch kann das erworbene Eigentum auf dem Boden der herrschenden Lehre zu § 246 ein neuer und wieder deliktisch, nämlich durch Unterschlagung erlangter Vorteil sein (für jene h.L. *Sch/Schröder/Eser* § 246 Rdn. 19). Die Rechtsprechung schließt solche Zweitzu-

---

[28] *Altenhain* NK Rdn. 16; *Fischer* Rdn. 6; *Hoyer* SK Rdn. 13; *Lackner/Kühl* Rdn. 3; *Maurach/Schroeder/Maiwald* II § 101 Rdn. 7; *Wessels/Hillenkamp* Rdn. 807 und die Belege im Text. Einschränkend *Zieschang* FS Küper, S. 733, 736, der zusätzlich verlangt, dass der Verlust für den Handelnden erkennbar gewesen sein müsste. Doch das vermischt den äußeren Tatbestand mit der (für § 257 unerheblichen) Frage, ob die Untauglichkeit eines Versuchs auf Fahrlässigkeit beruhe. – Keine Legalisierung durch Erbschaft tritt ein, wenn sie schon unmittelbare Folge der Vortat ist (Tötung des Erblassers!) (Rdn. 28).

[29] BGHSt **24** 166, 168; *Maurach/Schroeder/Maiwald* II § 101 Rdn. 9; *Ruß* LK[11] Rdn. 11. In dem BGH-Fall hatte der Dieb Bargeld verschenkt und dann die gleiche Summe in anderen Stücken zurückerhalten. Oft wird der Fall daher für tatbestandslos erklärt, weil es an der Unmittelbarkeit des Vorteils fehle (so etwa *Jahn/Reichart* JuS **2009** 309, 311, 312; *Ruß* aaO). Das ist aber nicht zwingend, wenn man mit der herrschenden Meinung bei einem Wechsel von Bargeld die Unmittelbarkeit des Vorteils als gewahrt ansieht (Rdn. 33). – Beim Verschenken bleibt dem Vortäter zwar nach herrschender und zutreffender Ansicht ein Vorteil aus der Vortat erhalten, weil ihm das Geschenk als solches zugute gehalten wird (Rdn. 53). Die Beurteilung des hier angeführten Falles ändert sich dadurch aber nicht, weil *dieser* Vorteil durch die Rückgabe des Geschenks (in welcher Form auch immer) nicht gesichert, sondern aufgehoben wird.

eignungshandlungen aus dem Tatbestand des § 246 aus, so dass für sie der soeben skizzierte Weg zu § 257 nicht gangbar ist (für die Rechtsprechung grundlegend BGHSt [GS] **14** 38 ff; weitere Nachweise bei *Fischer* § 246 Rdn. 14). Für diese Ansicht ist darauf hinzuweisen, dass auch die neu hergestellte Sache bzw. das Grundstück oder die Hauptsache für die Ansprüche des Vortatopfers eine hinreichend abgrenzbare „Haftungsmasse" bildet, so dass auch sie noch als unmittelbar der Vortat entstammender, wertmäßig zum Teil wieder entziehbarer Vorteil eine Begünstigung ermöglicht – jedenfalls nach den Maßstäben der Rechtsprechung zur Begünstigung nach Steuer- und Zollhinterziehung (Rdn. 39 f). Keines Rückgriffs auf diese Maßstäbe bedarf es, wenn das Opfer der Vortat aus unerlaubter Handlung einen Anspruch auf Lösung der Verbindung und Rückübereignung der verbundenen Sache hat (§ 951 Abs. 2 Satz 1 i.V.m. § 823 Abs. 1, § 249 BGB), vgl. Rdn. 40.

b) **Entziehbarkeit.** Der Vorteil muss dem Vortäter von Rechts wegen **entziehbar** sein (*Altenhain* NK Rdn. 16). Ohne Belang ist, ob die einschlägigen Normen dem Öffentlichen Recht angehören oder dem Zivilrecht.[30] Zum Teil erkennt man das Unrecht der Begünstigung allein darin, dass eine Rückgewinnung des Vorteils durch das Opfer der Vortat erschwert oder verhindert werde, und neigt dann folgerichtig dazu, ausschließlich auf eine Entziehbarkeit zugunsten des Vortatopfers oder seiner Erben abzustellen (vgl. *Ruß* LK[11] Rdn. 10, 12). Das ist aber weder vom Wortlaut des Gesetzes noch von seinem Rechtsgut vorgegeben (vgl. Rdn. 8 ff). Praktisch wirkt es sich allerdings kaum aus. Zwar kommt für den Tatbestand der Begünstigung dann auch eine Entziehbarkeit in Betracht im Zuge von Verfall, Einziehung und Unbrauchbarmachung (§§ 73 ff). Deren Erschwerung unterfällt indes auch § 258, und dieser Tatbestand geht dann gesetzeskonkurrierend vor (Rdn. 106). Immerhin gilt dieser Vorrang erst auf der Ebene der Gesetzeskonkurrenz. Wenn § 258 also ausscheidet, greift § 257 ein. Das kann namentlich der Fall sein aufgrund der Absätze 5 und 6 des § 258 (Straflosigkeit bei kumulativer Selbstbegünstigungsabsicht oder infolge des Angehörigenprivilegs). Die Frage nach demjenigen, zu dessen Gunsten der Vorteil entziehbar sein muss, ist auch für die Tathandlung von Belang (Rdn. 48). – Entziehbar ist ein Vorteil auch, wenn zuvor ein Gestaltungsrecht ausgeübt werden muss, etwa eine Anfechtung nach §§ 2339 ff BGB. **28**

Denkbar ist noch der Fall, dass die Ansprüche des Opfers der Vortat oder seines Erben **verjährt** sind. Dann bestehen die Ansprüche fort, aber wenn ihr Schuldner, der Vortäter, die Einrede der Verjährung erhebt, lassen sie sich nicht mehr durchsetzen. Dies Zweite ist für § 257 entscheidend. Der Vorteil ist in dieser Lage nicht mehr entziehbar, weil das Recht keine Handhabe gibt, eine Rückgewähr zu erzwingen. **29**

Zu beachten ist allerdings, dass die Normen, die den Vorteil entziehbar machen, die Entziehbarkeit **an die Vortat knüpfen** müssen. Das, was das Unrecht der Vortat ausmacht, muss eine Tatbestandsvoraussetzung jener Normen sein. Sonst wäre das Zusammentreffen des Vorteils und seiner Entziehbarkeit zufällig und würde das Begünstigungsverbot zu einem allgemeinen Verbot, Straftätern (irgend-)etwas Gutes zu tun. Das wäre aus den gleichen Gründen abzulehnen wie eine tatbestandliche Erfassung schlichter Erhaltungsmaßnahmen (Rdn. 47). Man mag (auch) das einen *funktionalen Zusammenhang* nennen. Er fehlt zum Beispiel, wenn ein Dieb den Bestohlenen beerbt und zugleich Dritte gegen ihn einen vollstreckbaren Titel erlangen und erfolgreich die Zwangsvollstreckung in die gestohlene Sache betreiben. **30**

---

30 *St. Cramer* MK Rdn. 16; *Geppert* Jura **2007** 589, 592; *Hoyer* SK Vor § 257 Rdn. 2; *Lackner/Kühl* Rdn. 2.

31 c) **Unmittelbarkeit.** Die zu sichernden Vorteile müssen nach herrschender Ansicht **„unmittelbar"** aus der Vortat erwachsen sein.[31] Anders als bei § 259 versteht man Unmittelbarkeit hier jedoch nicht im Sinne von Substanzgleichheit oder Sachidentität, was sich aus dem Unterschied im Wortlaut der beiden Tatbestände ergeben soll („Vorteil" versus „Sache").[32] Grundsätzlich sollen durch das Erfordernis der Unmittelbarkeit Ersatzvorteile (Vorteilssurrogate) ausgeklammert werden. Jedoch besteht große Einigkeit, dass Umwandlungen im Zuge schlichter „finanztechnischer Vorgänge" die Unmittelbarkeit bestehen lassen (Rdn. 33). Auch darüber hinaus sind einige Unterstützungsleistungen als tatbestandsmäßig anerkannt, die dem Vortäter allenfalls den *Wert* des Vorteils sichern, aber nicht den Vorteil selbst, so beim Veräußern und Verschenken von Sachen für Rechnung des Vortäters (näher Rdn. 37, 53). Das passt zwar dazu, dass keine Sachidentität verlangt wird, lässt aber ebenso wie die Ausnahme „finanztechnischer Vorgänge" unsicher werden, was noch ein Vorteil unmittelbar aus der Vortat ist und was nicht.

32 Mit anderen Worten vermisst man einen **positiven Maßstab** für diese Unmittelbarkeit. Für ihn ist die Frage nach dem Sinn, nach der *Ratio des Unmittelbarkeitserfordernisses* zu stellen. Denn es handelt sich um eine Einschränkung des Tatbestandes, die dessen Wortlaut nicht erzwingt (**aA** BGH NStZ **1987** 22). Am ehesten wird jene Ratio für Extrembeispiele deutlich. So mag jemand Bargeld stehlen, sich davon ein Auto kaufen, mit ihm einen Unfall erleiden, deswegen eine Versicherungssumme überwiesen erhalten, davon Bargeld abheben, mit ihm ein Motorrad erwerben, dieses Motorrad verkaufen, sich den Kaufpreis überweisen lassen und schließlich erneut Bargeld abheben. Diese Ereigniskette beginnt und endet mit Bargeld, aber die **Unterscheidbarkeit des Vorteils im Vermögen des Vortäters** leidet von Transaktion zu Transaktion. Es wird dadurch immer ungewisser, ob der Vorteil, am Ende wieder das Bargeld, tatsächlich noch aus der Vortat stammt – oder dem Vermögen des Vortäters auf anderem Wege zugeflossen ist. („Vermögen" ist dabei untechnisch zu verstehen, da es zwar meist – wie in dem Beispiel – um geldwerte Güter geht, aber nicht gehen muss, Rdn. 25.) Zwar sind selbst längste Ereignis- und Transaktionsketten denkbar, in denen die Vorteilsidentität trotz mehrfacher Umwandlung des Vorteils keinen Zweifel leidet. Doch das sind atypische Fälle. Wenn es aber die Ratio des Unmittelbarkeitserfordernisses ist, die Unterscheidbarkeit des Vorteils im Vermögen des Vortäters zu gewährleisten, dann stellt man besser gleich auf diese Unterscheidbarkeit ab. Die Frage lautet also, ob das, was gesichert werden soll, eindeutig aus der Vortat stammt, das heißt ohne die Vortat nicht denkbar ist. Wieder anders: Ist die Vortat für *diesen* zu sichernden Vorteil eine Conditio sine qua non? Dem Kriterium der Unmittelbarkeit hat man sich mithin mit **Erwägungen zur Kausalität** zu nähern.

33 Für **„finanztechnische Vorgänge"** hat BGHSt **36** 277, 282 angenommen, dass sie die Unmittelbarkeit nicht berührten. In dem zugrunde liegenden Fall war *Geld* in ein *Kontoguthaben* umgewandelt worden, mit dem dann *Wertpapiere* gekauft wurden.[33] Im Anschluss daran nimmt man Unmittelbarkeit auch an für die Ketten *Geld – Kontoguthaben – Geld,* für das *Wechseln von Bargeld* in andere Stücke und für das *Abheben* von

---

[31] BGHSt **46** 107, 117; **36** 277, 281 (Fn. 2); **24** 166, 168; BGH NStZ **2008** 516; **1987** 22 (Fn. 2); RGSt **58** 154, 155; **39** 236, 237; *Arzt/Weber/Heinrich/Hilgendorf* BT § 27 Rdn. 3; *St. Cramer* MK Rdn. 11; *Fischer* Rdn. 6; *Geppert* Jura **1980** 269, 272; *Lackner/Kühl* Rdn. 5; *Seelmann* JuS **1983** 32, 34.

[32] *Fischer* Rdn. 6; *Maurach/Schroeder/Maiwald* II § 101 Rdn. 9; *Ruß* LK[11] Rdn. 11; *Wessels/Hillenkamp* Rdn. 813.

[33] Zust. *St. Cramer* MK Rdn. 14; *Wessels/Hillenkamp* Rdn. 813; eingeschränkt auch *Arzt/Weber/Heinrich/Hilgendorf* BT § 27 Rdn. 3, die bezweifeln, dass auch Wertpapiere noch als unmittelbare Fortsetzung einer Kontogutschrift anzusehen seien.

einem *Sparbuch.*[34] In OLG Frankfurt NJW **2005** 1727 ff war die „finanztechnische" Kette deutlich länger: Bargeld (betrogener Kunden) – Kontoguthaben (der vom Betrug begünstigten Gesellschaft) – Kontoguthaben (eines Gesellschafters nach der Gewinnausschüttung) – Kontoguthaben (des Gesellschafters in Ägypten) – Kontoguthaben (seines Anwalts in Deutschland) – Kontoguthaben (bei der Hinterlegungsstelle eines Gerichts, das die Überweisung als Kaution für die Außervollzugsetzung eines Haftbefehls gegen den Gesellschafter erhielt). Allerdings ist fraglich, ob sich BGHSt **36** 277, 282 tatsächlich verallgemeinern lässt, denn dort hat der Bundesgerichtshof die Unbeachtlichkeit der Wandlungen des Vorteils mit dem Charakter der Vortat begründet, einem Betrug: Da für ihn eine „wirtschaftliche Betrachtung" erforderlich sei, müsse dies auch für den Vorteil gelten, den er dem Vortäter bringe. Indes können Vortaten der Begünstigung durchaus Delikte sein, für die keine wie auch immer geartete wirtschaftliche Betrachtung erforderlich ist (Rdn. 18).

Nach dem hier Rdn. 32 vorgeschlagenen Maßstab ist für Zahlungen aus **Kontenguthaben** zu fragen, ob sie auch geleistet worden wären ohne den voraufgegangenen Guthabenzufluss infolge der Vortat? Dabei ist selbstverständlich der Zweifelssatz zu beachten. Bildlich gesprochen geht es um das Zurückverfolgen von Kapitalströmen. Ein Gegenbeispiel bieten Einzahlungen oder Überweisungen auf ein Konto, von dem monatlich bestimmte Beträge an bestimmte Empfänger fließen, etwa als Unterhalt, und auch ohne die fragliche Einzahlung/Überweisung weiterhin hätten fließen können: Diese monatlichen Zahlungen sind keine Fortsetzung des Kapitalstroms, der mit der Einzahlung/Überweisung eine Station weiter geflossen war. Im Ergebnis ganz in diesem Sinne schon BGH NStZ **1994** 187, 188 unter Verdeutlichung der Fehler, welche die Vorinstanz insoweit gemacht hatte. **34**

Nach BGH NStZ **1987** 22 ist ein **Bausparguthaben** nicht mehr unmittelbar aus der Vortat erlangt, wenn es zustande kommt, indem Gewinne aus der Vortat auf das Bausparkonto eingezahlt werden; denn ein Bausparguthaben werte die Verkehrsanschauung nicht mehr als „bargeldgleich oder bargeldähnlich" (offenbar weil seine Verfügbarkeit eingeschränkt ist; zust. *St. Cramer* MK Rdn. 13). Doch kann es darauf nicht sinnvoll ankommen. Sachlich berechtigt ist allein das Kriterium der Unterscheidbarkeit beziehungsweise Kausalität (Rdn. 32), und insoweit ist kein Unterschied erkennbar zwischen einem Bauspar- und einem sonstigen Kontoguthaben. **35**

Fehlen soll es nach vereinzelt vertretener Ansicht an der Unmittelbarkeit eines Vorteils, wenn er aus der (Kapital-)Anlage des aus der Vortat Erlangten stammt (*Fischer* Rdn. 6) oder als Mietzins aus seiner Vermietung (*Hoyer* SK Rdn. 13). Das Gegenteil wird für die Sachfrüchte einer – zum Beispiel – gestohlenen Sache vertreten (*Hoyer* aaO). Richtig ist es demgegenüber, für alle diese **Früchte** des Vorteils aus der Vortat zu fragen, ob sie in dem Rdn. 32 beschriebenen Sinne unterscheidbar beim Vortäter vorhanden sind *und* ihm aufgrund der Vortat entzogen werden können (Rdn. 28). Falls ja, steht nach dem Rechtsgut des § 257 wie nach der Ratio des Unmittelbarkeitserfordernisses nichts entgegen, auch solche Früchte als Tatobjekt zu erfassen. Für die Vermietung einer deliktisch erlangten Sache und den Mietzins lässt sich alternativ darauf abstellen, dass die Vermietung ein weiteres Delikt sein kann, und zwar eine Unterschlagung (§ 246). Dies allerdings nur, wenn man auch für solche Zweitzueignungshandlungen den Tatbestand der Unterschlagung als eröffnet ansieht (vgl. Rdn. 27). **36**

---

[34] RGSt **76** 31, 32; *Altenhain* NK Rdn. 17; *St. Cramer* MK Rdn. 14; *Fischer* Rdn. 6; *Hoyer* SK Rdn. 14; *Ruß* LK[11] Rdn. 11.

37 Auch für den **Erlös** aus der Veräußerung eines Vortatvorteils bestreitet man überwiegend die Unmittelbarkeit im Verhältnis zur Vortat.[35] Dies scheint zunächst krass der herrschenden Ansicht zu widersprechen, dass die Absatzhilfe und sogar die Rückveräußerung an den Eigentümer als Begünstigung zu erfassen sind (Rdn. 53), denn in beiden Fällen wird eben nicht die Sache gesichert – sie wird vielmehr weggegeben –, sondern der Erlös. Allerdings kann man diesen Widerspruch beseitigen, wenn man wie für die Zueignungsabsicht des Diebes wahlweise abstellt auf die Sachsubstanz oder den Sachwert („begünstigungsbezogene Sachwerttheorie", vgl. schon *St. Cramer* MK Rdn. 11; *Küper* BT S. 207). Dann kann die Veräußerung der Sache noch als Sicherung ihres Sachwertes gelten, während der nunmehr vorhandene Erlös kein tauglicher Gegenstand einer (weiteren) Begünstigung ist. So ist die oben angeführte Ansicht auch zu verstehen. Zur Abwehr von Ersatzansprüchen des Vortatopfers Rdn. 55.

38 **Tauscht** der Vortäter eine deliktisch erlangte Sache gegen eine andere, so kann eine Hilfe bei der Anbahnung oder Abwicklung des Tauschgeschäfts eine Begünstigung sein aufgrund der begünstigungsbezogenen Sachwerttheorie (Rdn. 37). Auch kann das Tauschgeschäft einen Tatbestand erfüllen, etwa den des Betruges, so dass die neu erlangte Sache mit Blick auf dieses Delikt ein unmittelbarer Vorteil ist (*Hoyer* SK Rdn. 14). Fraglich ist aber, ob dies auch mit Blick auf die erste Tat gilt. Die herrschende Lehre verneint es (*Hoyer* aaO; *Sch/Schröder/Stree* Rdn. 23). Nach dem Unterscheidbarkeitskriterium ist die Unmittelbarkeit zwar noch zu bejahen. Auch unterscheidet sich der Tausch auf den ersten Blick nicht wesentlich vom Bargeldwechsel, für den man die Unmittelbarkeit auch für das neu erlangte Geld bejaht (Rdn. 33). Jedoch ist die im Tausch erlangte Sache nicht ohne weiteres aufgrund der Vortat entziehbar. Vielmehr steht sie im Eigentum des Vortäters und haftet für die Ansprüche des Vortatopfers nicht stärker als andere Vermögensstücke. Auch handelt es sich gewiss nicht um eine rein finanztechnische Umwandlung. Ferner fehlt eine Fortdauer der Sachsubstanz, wie sie bei Verarbeitung und Verbindung vorliegt (Rdn. 27). Schließlich noch misslingt eine Gleichstellung mit der Zollhinterziehung, bei der man das Schmuggelgut als Verkörperung des Vortatvorteils betrachtet (sogleich Rdn. 39). Denn dieses Schmuggelgut lässt sich immerhin noch als *Corpus delicti* einstufen, was für die eingetauschte Sache nicht mehr zutrifft. Daher ist der herrschenden Lehre beizupflichten.

39 Für die **Steuerbegünstigung** (Begünstigung nach einer Steuerhinterziehung) ergeben sich keine Besonderheiten, wenn der Vortäter ungerechtfertigte Steuervorteile erlangt, das ist die zweite Erfolgsalternative des *§ 370 AO*. Für den weitaus häufigeren Fall der ersten Alternative, die Steuerverkürzung, scheint es auf den ersten Blick für die Begünstigung an einem greifbaren Vorteil zu fehlen, soweit der Taterfolg darin besteht, dass der Steuerpflichtige Geld, das er schon hat, nicht als Steuerzahlung an den Staat verliert. Natürlich ist der Vorteil per saldo, als Summe leicht anzugeben. Das Problem ist aber seine Unterscheidbarkeit im Vermögen des Steuerpflichtigen – wie stets, wenn es pro forma um die „Unmittelbarkeit" geht. Denn der Vortäter erhält durch die Vortat keinen Gegenstand hinzu, sondern sein Vorteil besteht, allgemein formuliert, in der **Ersparnis von Aufwendungen**. Die neuere Rechtsprechung und Lehre bemühen sich um Abhilfe, indem sie einen im Vermögen des Vortäters greif- und nachweisbaren Vorteil annehmen, wenn der Vortäter Einnahmen im Rahmen eines „steuerunehrlichen Geschäfts", etwa Bestechungs- oder andere Schwarzgelder, buchmäßig nicht erfasst und gegenüber der

[35] *Hoyer* SK Rdn. 30; *Fischer* Rdn. 6; *Sch/Schröder/Stree* Rdn. 23; **aA** *St. Cramer* MK Rdn. 13 mit einer kaum einleuchtenden Ausnahme für den BtM-Handel Rdn. 14; *Ruß* LK[11] Rdn. 11 unter Berufung auf RGSt 58 122 f.

Steuerbehörde auch nicht erklärt. Ist dies der Fall und kommt es daraufhin zu einer Hinterziehung zum Beispiel von Einkommen- oder Kapitalertragsteuer, so soll die ungerechtfertigte Steuerersparnis in den verschwiegenen Geldern enthalten sein und macht sich nach besagter Rechtsprechung und Lehre einer Begünstigung schuldig, wer die Aufdeckung der Hinterziehung, mithin die Verwirklichung des Steueranspruchs erschwert.[36] Hierzu passt die Rechtsprechung zur **Zollhinterziehung**, bei der es dem Vortäter gleichfalls darum geht, Abgaben zu vermeiden (Rdn. 53: Schmuggelware als [Teil-]Verkörperung des Vorteils aus dem Zolldelikt). – Die Steuerbegünstigung ist nach § 369 Abs. 1 Nr. 4 AO eine *Steuerstraftat*, auf die nach § 375 Abs. 1 Nr. 4 AO auch § 45 Abs. 2 StGB anwendbar ist und die von den Strafsachenstellen der Finanzämter verfolgt wird.

Wer die eben Rdn. 39 dargestellte Ansicht teilt, dass sich der Vorteil deliktisch ersparter Aufwendungen in einer Sache oder einem Guthaben greifbar, vor allem unterscheidbar verkörpern kann, der kann auch nach einer **Verarbeitung** gemäß § 950 BGB oder einer **Verbindung** gemäß §§ 946, 947 Abs. 2 BGB in der neuen Sache bzw. in dem Grundstück oder der Hauptsache einen Vorteil erkennen, der noch unmittelbar aus dem voraufgegangenen Eigentums- oder Vermögensdelikt stammt (vgl. Rdn. 27). Zwar ist dieser Vorteil selbst aufgrund Eigentumserwerbs oft nicht mehr entziehbar – zu Ausnahmen sogleich – und hat das Opfer nunmehr einen schlichten Zahlungsanspruch aus § 951 BGB in Verbindung mit dem Bereicherungsrecht. Doch lässt sich für diesen Anspruch zumindest nicht weniger als – mutatis mutandis – für Steuer- und Zollansprüche sagen, dass die neue Sache bzw. Hauptsache oder Grundstück seinen Gegenwert verkörpere. Etwas eleganter ist es, die Verarbeitung/Verbindung als Unterschlagung zu qualifizieren und dann diese Unterschlagung als Vortat heranzuziehen (vgl. *Hoyer* SK Rdn. 13). Indes steht man auch auf diesem Weg zunächst oft vor der Schwierigkeit, dass der Vorteil des neuen Eigentums nicht entziehbar ist, sondern das Opfer einen Zahlungsanspruch gewinnt, für den das Vermögen des Vortäters insgesamt haftet (und kein bestimmter Vermögensgegenstand). Anders verhält es sich, wenn das Opfer der Vortat aus unerlaubter Handlung einen Anspruch darauf hat, dass der Vortäter die Verbindung wieder löst und die abgelöste Sache rückübereignet (§ 951 Abs. 2 Satz 1, § 823 Abs. 1, § 249 BGB). Zwar scheitert dieser Anspruch häufig an § 251 Abs. 2 Satz 1 BGB, weil die Lösung der Verbindung unverhältnismäßige Aufwendungen erforderte (denn die verbundene Sache muss wesentlicher Bestandteil des Grundstücks bzw. der Hauptsache geworden sein, vgl. §§ 93 ff BGB). Doch ist dies nicht zwingend der Fall. Gegenbeispiele sind Fenster, Einbauküchen oder Herde in einem Haus (vgl. *Ellenberger* Palandt § 93 Rdn. 5 ff). In solchen Beispielen ist die ursprünglich erlangte Sache, etwa ein Herd, weiterhin unmittelbar und ebenso unterscheidbar wie gegenständlich entziehbar im Vermögen des Vortäters vorhanden. Dass er vorläufig Eigentum erworben hat, ändert daran nichts. Denn dieses Eigentum dient lediglich der sachenrechtlichen Klarheit und bewirkt keine dauerhafte Legalisierung der neuen Besitzverhältnisse. **40**

---

36 BGHSt **46** 107, 117 f m. Anm. *Lesch* JR **2001** 383 (weitere Anm./Bspr.: *Jäger* wistra **2000** 344; *Jahn* EWiR **2000** 895; *Kudlich* JZ **2000** 1178; *Marx* DStR **2001** 96; *Rolletschke* DStZ **2000** 787; *Samson/Schillhorn* wistra **2001** 1; *Schiffer/Peters* StuB **2000** 978; *Steiner* Kreditwesen **2001** 65); BGH NStZ-RR **1999** 184, 185; *St. Cramer* MK Rdn. 14; *Hübner* in Hübschmann/Hepp/Spitaler § 369 Rdn. 101; *Witte* S. 28 f, 137; **aA** BGH bei Dallinger MDR **1953** 146, 147; *Hoyer* SK Rdn. 12.

### 3. Hilfeleisten

41 a) **Aktives Tun.** Wie schon erwähnt ist der **Wortlaut** des § 257 hinsichtlich der objektiven Tathandlung unvollständig. Er spricht lediglich von einem „Hilfeleisten", sagt aber nicht, wobei oder wozu die Hilfe zu leisten ist. Dies ist aus dem inneren (subjektiven) Tatbestand zu folgern, der die Absicht verlangt, dem Vortäter die Vorteile aus der Tat zu sichern. Der Begünstiger muss den Vortäter also (auch) objektiv dabei unterstützen, diese Vorteile zu sichern.

42 Dies bedingt nach **herrschender Ansicht** die *objektive Eignung* der Begünstigungshandlung, den Vortäter *besserzustellen* mit Blick auf eine *Sicherung* der Vorteile dagegen, dass man sie ihm wieder *entzieht*.[37] Diese objektive Eignung bezeichnet man auch als generelle Eignung oder abstrakte Gefahr (für die Durchsetzung der Ansprüche, die sich gegen den Vortäter richten[38]). Demgemäß ist es nach herrschender Ansicht nicht nötig, dass die Begünstigungshandlung den Vortäter tatsächlich in der beschriebenen Art besserstellt.[39] Unstreitig ausgeschlossen ist eine Begünstigung aber, wenn es keinen zu sichernden Vorteil (mehr) gibt (Rdn. 26).

43 Eine **Minderheit** verlangt eine *konkrete* Erschwerung oder Gefährdung der Restitution und dass der Täter insofern „jedenfalls graduell" *tatsächlich bessergestellt* werde *(Hoyer)*.[40] Diese Ansicht begegnet auch in der älteren Rechtsprechung und im älteren Schrifttum.[41] Auf der anderen Seite begnügt sich eine *subjektive Theorie* damit, dass der Begünstiger sein Verhalten – wenn auch irrig – für vorteilssichernd hält.[42] Bei grob unverständigen Maßnahmen kann sich diese Ansicht helfen, indem sie § 23 Abs. 3 entsprechend anwendet (*Arzt/Weber/Heinrich/Hilgendorf* BT § 27 Rdn. 6; *Seelmann* JuS **1983** 32, 34). Auch auf dem Boden einer solchen Auffassung von § 257 als „Tendenzdelikt" liegt aber ein untauglicher Versuch vor, wenn es objektiv an einer Vortat oder einem aus ihr stammenden Vorteil fehlt (*Arzt/Weber/Heinrich/Hilgendorf* aaO). Eine Wiederbelebung der früher (*A. Köhler, Beling*) vertretenen *„Interessenförderungstheorie"* unternimmt *Weisert* S. 74 ff, 270 ff m.w.N. Nach dieser Theorie liegt ein Hilfeleisten schon vor, wenn eine Handlung aus der Sicht des Vortäters für die Vorteilssicherung günstig erscheinen muss. Dazu zählten auch die Fälle, dass jemand dem Vortäter eine spätere Unterstützung lediglich in Aussicht stelle oder einen Dritten um diese Unterstüt-

---

[37] BGHSt **2** 375, 376; BGH NJW **1971** 525, 526 (insoweit in BGHSt **24** 38 nicht abgedruckt); OLG Düsseldorf NJW **1979** 2320, 2321 (Fn. 2); *Arzt/Weber/Heinrich/Hilgendorf* BT § 27 Rdn. 7; *St. Cramer* MK Rdn. 16; *Fischer* Rdn. 7; *Geppert* Jura **2007** 589, 592; *Heghmanns* BT Rdn. 1687; *Lackner/Kühl* Rdn. 3; *Maurach/Schroeder/Maiwald* II § 101 Rdn. 7; *Ruß* LK[11] Rdn. 13; *Wessels/Hillenkamp* Rdn. 806.

[38] OLG Frankfurt NJW **2005** 1727, 1735 (Fn. 2); *St. Cramer* MK Rdn. 16; *Fischer* Rdn. 7.

[39] BGHR StGB § 263 I Vermögensschaden 39 = BGH wistra **1993** 17; OLG Frankfurt NJW **2005** 1727, 1735 (Fn. 2); *St. Cramer* MK Rdn. 17; *Fischer* Rdn. 7; *Heghmanns* BT Rdn. 1687; *Hoyer* SK Rdn. 15; *Lackner/Kühl* Rdn. 3, 7; *Maurach/Schroeder/Maiwald* II § 101 Rdn. 7; *Ruß* LK[11] Rdn. 13; *Wessels/Hillenkamp* Rdn. 801, 806, 812.

[40] *Hoyer* SK Rdn. 18; *Zieschang* Die Gefährdungsdelikte (1998) S. 333 ff; *ders.* FS Küper, S. 733, 734 f.

[41] Vgl. dem Worte nach RGSt **76** 31, 34 (Vorbereitung des Ausgrabens einer Kassette mit Bargeld aus Preiswucherdelikten), allerdings mit gegenteiligem Ergebnis (Begünstigung bejaht, da schon jene Vorbereitungen die Lage des Vortäters verbessert hätten); RGSt 55 178, 179 (Annäherung an zu bergendes Diebesgut, ohne es wegschaffen zu können); RGSt **16** 157, 158 (Annäherung an zu bergende geschmuggelte Sachen, ohne sie wegschaffen zu können); *Frank* Anm. V.

[42] *H. Schröder* NJW **1962** 1037; *Seelmann* JuS **1983** 32, 33; *Welzel* Strafrecht, S. 394 (und 519 zur Strafvereitelung).

zung bitte; ungeachtet dessen, ob die Hilfe später tatsächlich geleistet werde, und ungeachtet der tatsächlichen Absichten der Beteiligten. Nicht erfasst sein sollen wiederum Maßnahmen, wenn es objektiv keinen Vorteil (mehr) gibt oder der Vortäter eine Hilfe nicht mehr annehmen will.

**Vermittelnd** ist zunächst daran zu erinnern, dass § 257 zwar ein abstraktes Gefähr- **44**
dungsdelikt, aber zugleich ein Erfolgsdelikt ist (Rdn. 13). Es muss also zu einem Hilfeleistungs*erfolg* kommen. Daher genügt es nicht, wenn die Begünstigungshandlung nur subjektiv geeignet ist, den Vortäter gegen eine Entziehung der Vorteile zu sichern. Auf der anderen Seite ist seine tatsächliche Besserstellung in dem Sinne entbehrlich, dass der Begünstiger nicht nachweisbar ursächlich werden muss für eine völlige Verhinderung oder auch nur messbare Verzögerung von Maßnahmen, die sich gegen den Vortäter richten, um ihm den Vorteil zu entziehen. Ob eine konkrete Gefährdung dieser Maßnahmen zu fordern ist, hängt davon ab, was man unter „konkret" versteht. Definiert man diesen Begriff wie für § 315c als eine „kritische Situation", in der es nur noch vom Zufall abhängt, ob ein Schaden eintritt,[43] so ist die Definition für § 257 zu eng. Dort muss der Begünstiger nur **objektiv ex ante** die **Wahrscheinlichkeit messbar erhöhen**, dass sich der Vortäter gegen Bemühungen, ihm den Vorteil zu entziehen, behaupten kann. Das passt auch dazu, wie man allgemein unerlaubt riskantes Verhalten als Baustein der objektiven Zurechnung sinnvoll beschreiben kann (vgl. *T. Walter* Kern des Strafrechts, S. 40 ff; zu § 257 *Geppert* Jura 2007 589, 593: „Risikoerhöhung").

Ob sich die erhöhte Wahrscheinlichkeit dann im tatsächlichen Geschehen – ex post – **45**
durchsetzt, bleibt unberücksichtigt. Gleichwohl ist die erhöhte Wahrscheinlichkeit mehr als eine gänzlich abstrakte Gefahr, für die Wahrscheinlichkeiten keine Rolle spielen und die man ebensogut „Nichtgefahr" nennen kann, weil sie sich in einem Sachverhalt erschöpft, von dem der Gesetzgeber lediglich annimmt, dass er nicht selten echte Gefahren mit sich bringen werde. **Beispiele:** Die Wahrscheinlichkeit der Sicherung einer Diebesbeute wird objektiv ex ante messbar gesteigert, wenn der Begünstiger ein Versteck herrichtet und der Dieb noch nach Abschluss dieser Handlung auf einer Flucht ist, von der sich nicht sicher sagen lässt, ob sie gelingen werde oder scheitern. Ein untauglicher, bei § 257 strafloser Versuch liegt hingegen vor, wenn jemand eine vorläufig versteckte Beute bergen will, sie aber nicht erreicht und auch nie hätte abtransportieren können, weil bereits die Polizei oder das Opfer der Vortat zugriffsbereit und -fähig auf der Lauer liegen.[44] Weitere Beispiele im Folgenden.

Die gängige Definition des Hilfeleistens verlangt, der Begünstiger müsse auch **subjek- 46**
**tiv mit der Tendenz** handeln, den Vortäter in der beschriebenen Weise besserzustellen.[45] Als Definition eines Teils des äußeren (objektiven) Tatbestands ist das aber **abzulehnen.** Gewiss gehört es zum Vorsatz, dass sich der Begünstiger bewusst ist, die Wahrscheinlichkeit eines weiteren Genusses des Vorteils durch den Vortäter objektiv ex ante messbar zu steigern (Rdn. 66 ff). Doch ist es ein methodischer Fehler, innere Absichten, Neigungen, Wünsche oder „Tendenzen" heranzuziehen, um Merkmale des äußeren Tatbestandes zu definieren. Der Fehler mag nicht unüblich sein; ein weiteres bekanntes Beispiel ist für § 240 die Definition der Gewalt als „Zwang *zur* Überwindung eines geleisteten *oder*

---

[43] Vgl. BGH NJW **1995** 3131, 3132 = BGH NStZ **1996**, 85 m. Anm. *Berz* (weitere Anm./Bspr.: *Geppert* Jura **1996** 47; *Hauf* JA **1996** 79; *von Heintschel-Heinegg* JA **1996** 447).

[44] RGSt 55 178, 179; **16** 157, 158; *Geppert* Jura 2007 589, 593; *Vogler* FS Dreher, S. 405, 422 f.

[45] BGHSt **46** 107, 118 (Fn. 36); *Fischer* Rdn. 7; *Geppert* Jura **2007** 589, 592; *Lackner/Kühl* Rdn. 3; *Ruß* LK[11] Rdn. 13; *Stoffers* Jura **1995** 113, 122.

*erwarteten* Widerstandes" (*Fischer* Rdn. 8 m. zahlr. Nachw., ohne Hervorhebungen). Ein Fehler ist das gleichwohl. Zu ihm besteht auch nicht etwa ein zwingender Grund bei „finalen Tätigkeitswörtern" wie „dem Wilde nachstellen" in § 292 (vielleicht auch: „Hilfe leisten" in § 257), die es angeblich unmöglich machen, äußeren und inneren Tatbestand restlos zu trennen (näher *T. Walter* Kern des Strafrechts, S. 78 f). Vielmehr ist die Verklammerung der Tatbestände rein sprachlicher Natur und ließe sich sprachlich auch wieder lösen; in der Regel jedoch nur zum Nachteil der Sprache. Das ist aber kein Grund, äußeren und inneren Tatbestand auch dogmatisch ineinander zu rühren. Für § 257 bleibt es bei der Rdn. 44 gegebenen Definition. Alles Weitere ist eine Frage des Vorsatzes und der Begünstigungsabsicht (Rdn. 66 ff).

**47** Wenn die Begünstigungshandlung darauf gerichtet sein muss, den Vortäter vor einer Entziehung des Vorteils in Schutz zu nehmen, fragt sich, zu wessen Gunsten die Entziehung drohen muss. Einigkeit herrscht, dass nicht alles und jeder in Betracht kommen. Unstreitig nicht erfasst werden nämlich die drohende widerrechtliche Entziehung durch Dritte (**Schutz vor Dieben** und dergleichen) sowie schlichte **Erhaltungsmaßnahmen**, welche die Vorteile gegen Naturgewalten sichern.[46] Erst recht bleiben Maßnahmen tatbestandslos, die den Genuss des Erlangten ermöglichen sollen, aber ohne Wirkung auf die Aussichten bleiben, es dem Vortäter wieder abnehmen zu können. Hierunter fallen Instandsetzungs- und **Reparaturarbeiten** sowie Hilfen bei einer Inbetriebnahme,[47] desgleichen die schlichte **Mitbenutzung** (RGSt **54** 132; *Geppert* Jura **2007** 589, 593), nicht aber der (Mit-)Verzehr, der die Aussicht auf Rückgewinnung endgültig vereitelt.[48]

**48** Im Übrigen jedoch fragt sich erneut, ob nur eine zugunsten des Opfers der Vortat drohende Entziehung in Betracht kommt oder auch eine solche zugunsten der Allgemeinheit (vgl. Rdn. 28). Die Formulierungen der herrschenden Meinung stellen ausdrücklich, aber vielleicht nicht immer mit vollem Problembewusstsein auf eine „Restitution", „Wiedergutmachung" und „Rückgewinnung" des Vorteils ab, das heißt auf die zugunsten des Opfers der Vortat drohende Entziehung.[49] Es ist indes erneut zu betonen, dass es das Rechtsgut des § 257 nahelegt, auch Hilfen gegen eine **Entziehung zugunsten der Allgemeinheit** zu erfassen (so im Ergebnis schon *Altenhain* NK Rdn. 16; *Maurach/Schroeder/Maiwald* II § 101 Rdn. 8). Das umfasst (auch) das gesamte Polizeirecht sowie Verfall, Einziehung und Unbrauchbarmachung; das Verhältnis zu § 258 klärt sich auf der Ebene der Gesetzeskonkurrenz. Allerdings muss die drohende Entziehung ihren Grund gerade in der Vortat haben. Es müssen also die Umstände, die das Unrecht der Vortat ausmachen, im Tatbestand der Norm auftauchen, nach der die Entziehung droht (Rdn. 30). – Wenn diese Voraussetzungen vorliegen, kann auch eine Hilfe gegen Rückgewinnungsbemühungen des **Erben** tatbestandsmäßig sein (vgl. *Altenhain* NK Rdn. 16; *Ruß* LK[11] Rdn. 12).

---

[46] RGSt **76** 31, 33; **60** 273, 278; *Arzt/Weber/Heinrich/Hilgendorf* BT § 27 Rdn. 9; *Geppert* Jura **2007** 589, 593; *Hoyer* SK Rdn. 19; *Maurach/Schroeder/Maiwald* II § 101 Rdn. 8; *Ruß* LK[11] Rdn. 12; *Seelmann* JuS **1983** 32, 34; *Wessels/Hillenkamp* Rdn. 808.

[47] RGSt **76** 31, 33; *Hoyer* SK Rdn. 19; *Ruß* LK[11] Rdn. 12, unstreitig.

[48] OLG Braunschweig GA **1963** 211, 212; *St. Cramer* MK Rdn. 18; einschränkend *Sch/Schröder/Stree* Rdn. 24. Vgl. im Text Rdn. 53 mit Fn. 54.

[49] Siehe BGHSt **24** 166, 167; BGH NStZ **1994** 187, 188; **1987** 22; OLG Frankfurt NJW **2005** 1727, 1734 f (Fn. 2); OLG Zweibrücken OLGSt StGB § 257 Nr. 1 (S. 3); *Geppert* Jura **2007** 589, 592; *Wessels/Hillenkamp* Rdn. 806, 808.

49 Nicht jede Schlechterstellung derer, die dem Vortäter den Vorteil entziehen dürfen, ist zugleich eine **Besserstellung** des Vortäters. Es kann auch sein, dass der Vorteil sowohl der einen als auch der anderen Seite schwerer zugänglich wird. Schulbeispiel: Jemand wirft einen gestohlenen Ring ins Meer, wo ihn weder der Eigentümer noch der Dieb ohne Schwierigkeiten bergen können. Das ist für den Dieb keine „Hilfe". (Anders, wenn der Dieb den Ring im Vergleich zum Eigentümer leichter bergen kann, etwa weil er den genauen Ort kennt und die erforderliche Tauchausrüstung hat.)

50 Zweifelhaft ist daher OLG Frankfurt NJW **2005** 1727, 1735 (oben Fn. 2). In dem zugrunde liegenden Fall hatte ein Anwalt Geld seines Mandanten aus betrügerischen Geschäften per **Überweisung als Kaution** hinterlegt, um den Haftbefehl gegen seinen Mandanten außer Vollzug setzen zu lassen. Das OLG sah in der Hinterlegung eine Vorteilssicherung, weil die Gläubiger des Mandanten den Anspruch des Anwalts gegen die Hinterlegungsstelle nicht pfänden konnten und sich auf die Pfändung des Herausgabeanspruches des Mandanten gegen seinen Anwalt beschränken mussten, der das Geld aber nach der Hinterlegung zunächst nicht mehr hatte. Das OLG betrachtete ihn daher aufgrund der Hinterlegung als schlechteren Schuldner und den Anspruch der Gläubiger dadurch als im Wert gemindert. Jedoch war das Geld durch die Hinterlegung bis zur Freigabe der Kaution sowohl für den Mandanten des Hinterlegenden, den Vortäter, als auch für die Opfer der Vortat, seine Gläubiger, in weitere Ferne gerückt und konnte nach der Freigabe lediglich der Status quo eintreten durch Rücküberweisung an den Anwalt. Selbstverständlich bestand für diesen Fall die Gefahr, dass der Anwalt das Geld vor einem Zugriff der Gläubiger in Sicherheit bringen würde; am ehesten dorthin, wo es vor dem Eingang auf dem Anwaltskonto gelegen hatte, und zwar auf einem Konto des Vortäters in Ägypten. Aber diese Gefahr war nicht mehr und nicht weniger als der Status quo, so dass der Vortäter durch die Hinterlegung weder konkret noch abstrakt noch sonstwie bessergestellt wurde (hinsichtlich einer Entziehung des Geldes; auf die Außervollzugsetzung des Haftbefehls kommt es nicht an).

51 Ein ähnlicher Sachverhalt liegt BGHSt **47** 68, 81 (unten Fn. 76) zugrunde. Dort hatten die Angeklagten Bargeld, dessen deliktische Herkunft sie sicher kannten, als Kaution hinterlegt, um für ihre Mandanten eine Haftverschonung zu erreichen. Sie hatten das Geld wie im Fall des OLG Frankfurt im eigenen Namen hinterlegt, hatten sich ebenfalls bei Freigabe als empfangsberechtigt angegeben und hatten sich von ihren Mandanten noch einen (etwaigen) Auszahlungsanspruch gegen die Hinterlegungsstelle abtreten lassen. Der Bundesgerichtshof bejaht den äußeren Tatbestand der Begünstigung. Allerdings führt er neben der Erschwerung einer Pfändung durch die Gläubiger der Mandanten an, dass die Hinterlegung auch geeignet gewesen sei, die Herkunft der Gelder zu verschleiern. Dies dürfte in dem Fall des OLG Frankfurt (Rdn. 50) etwas anders gelegen haben, weil die Anwälte dort gegenüber der Staatsanwaltschaft offengelegt hatten, woher das Geld stammte und dass sie es über ein eigenes Konto und im eigenen Namen hinterlegten, um einen Zugriff der Gläubiger ihrer Mandanten zu vereiteln.

52 Ob der Vortäter von der Begünstigungshandlung Kenntnis hat oder sie billigt, ist gleichgültig. Begünstigung kann ohne und **gegen den Willen des Begünstigten** begangen werden.[50]

53 Weitere **positive Beispiele** aktiver Begünstigungshandlungen können sein: eine Warnung des Vortäters vor Ermittlungshandlungen (*Lackner/Kühl* Rdn. 5); eine Irreführung

[50] RGSt **36** 76, 78; RMG **11** 56, 59; *St. Cramer* MK Rdn. 17; *Ruß* LK[11] Rdn. 13; SSW-StGB/*Jahn* Rdn. 14.

oder Täuschung der Ermittlungsbehörden (RGSt **54** 41; *Wessels/Hillenkamp* Rdn. 807); Hilfe beim Absetzen der Beute aus der Vortat (zur „begünstigungsbezogenen Sachwerttheorie" Rdn. 37; zum Verhältnis zu § 259 Rdn. 106)[51] einschließlich einer Rückveräußerung an den Eigentümer;[52] Verschenken einer gestohlenen Sache an einen Dritten (auch hier bleibt dem Vortäter der Vorteil aus der Sache dergestalt erhalten, dass ihm das Geschenk als solches zugute gehalten wird; entsprechend hat ein Dieb Selbst- und keine Drittzueignungsabsicht, wenn er seine Beute verschenken will, siehe nur *Vogel* LK § 242 Rdn. 148);[53] folgerichtig auch die Annahme von Diebes- oder sonstiger Beute als Geschenk;[54] Verheimlichen, Verbergen, Aufbewahren des Diebesgutes (*St. Cramer* MK Rdn. 18; *Ruß* LK[11] Rdn. 16); Verarbeiten der Beute, etwa Umlackieren eines Kraftfahrzeuges,[55] sofern dadurch ihr Verbleib verschleiert wird (RGSt **26** 119 f; **aA** *Hoyer* SK Rdn. 30); Beseitigen von Hindernissen, die der Fortschaffung der Beute entgegenstehen (*Ruß* LK[11] Rdn. 16); Abheben eines Sparguthabens vor Sperrung des Bankkontos durch den Berechtigten;[56] Einziehung eines Schecks (OLG Zweibrücken OLGSt StGB § 257 Nr. 1); Einlösung eines gestohlenen Pfandscheins;[57] eine Handlung, welche die Durchsetzbarkeit des staatlichen Zollanspruchs gegenüber dem Vortäter noch mehr erschwert, als dies bereits durch dessen *Zollhinterziehung* geschehen ist.[58]

**54** Weitere **negative Beispiele** für § 257 sind: die Verpfändung eines durch Betrug erlangten Gegenstandes, sofern sie die Sache lediglich wirtschaftlich verwerten und in Geld umsetzen soll und nicht dazu dient, den Zugriff des Berechtigten zu erschweren (BGH 2 StR 482/53 vom 19.8.1954; *Ruß* LK[11] Rdn. 12); Bemühungen, Diebesbeute im Interesse des Verletzten durch ein Verhandeln mit dem Dieb zurückzuerlangen (RGSt **40** 18; *Ruß* LK[11] Rdn. 12; soll der Dieb einen wenn auch begrenzten Gegenwert erhalten, kann § 257 indes nur noch am inneren Tatbestand scheitern, wenn und weil das Motiv des Verhandlungsgehilfen einzig der Rückgewinn ist und nicht die Vorteilssicherung, vgl. OLG Düsseldorf NJW **1979** 2320 [oben Fn. 2]; *Geppert* Jura **2007** 589, 594).

**55** Nach herrschender Ansicht ist auch die **Abwehr von Ersatzansprüchen** des Opfers der Vortat keine Begünstigung.[59] Das ist zunächst erstaunlich, da man meinen möchte, die Durchsetzung solcher Ansprüche müsste dem Vortäter den wirtschaftlichen Vorteil aus der Tat wieder entziehen, so dass ihre Abwehr eine Sicherung dieses Vorteils sein müsste. Zu begründen ist das Ergebnis jedoch dann, wenn und soweit man die *Unmittelbarkeit*

---

51 BGHSt **4** 122, 123; **2** 362, 363; BGH NStZ **2008** 516; *St. Cramer* MK Rdn. 18; *Fischer* Rdn. 6; *Maurach/Schroeder/Maiwald* II § 101 Rdn. 9; *Ruß* LK[11] Rdn. 16; *Wessels/Hillenkamp* Rdn. 807, 815; *Zieschang* FS Küper, S. 733, 735; **aA** RGSt **58** 128, 129 f; *Hoyer* SK Rdn. 29; *Hruschka* JR **1980** 221, 224.

52 OLG Düsseldorf NJW **1979** 2320, 2321 (Fn. 2); *Fischer* Rdn. 10; *Maurach/Schroeder/Maiwald* II § 101 Rdn. 9; *Stoffers* Jura **1995** 113, 123; *Wessels/Hillenkamp* Rdn. 815; **aA** *Hoyer* SK Rdn. 30.

53 BGHSt **4** 124 m. Anm. *Maurach* JZ **1953** 605; *St. Cramer* MK Rdn. 18; *Maurach/Schroeder/Maiwald* II § 101 Rdn. 9; *Ruß* LK[11] Rdn. 16; *Wessels/Hillenkamp* Rdn. 815; **aA** das Reichsgericht, vgl. RGSt **58** 129 m.w.N.

54 Für das Mitverzehren gestohlener Nahrung OLG Braunschweig GA **1963** 211, 212; *Ruß* LK[11] Rdn. 16.

55 *St. Cramer* MK Rdn. 18; *Ruß* LK[11] Rdn. 16; *Zieschang* FS Küper, S. 733, 735.

56 RGSt **39** 236; *St. Cramer* MK Rdn. 18; *Ruß* LK[11] Rdn. 16; *Wessels/Hillenkamp* Rdn. 807.

57 RG LZ **15** 1383; *St. Cramer* MK Rdn. 18; **aA** *Sch/Schröder/Stree* Rdn. 24.

58 BGH JR **1954** 349 f: Weiterreichen und dadurch Verschleiern eingeschmuggelter Ware; *St. Cramer* MK Rdn. 18; *Ruß* LK[11] Rdn. 16; vgl. zur Steuerbegünstigung Rdn. 39.

59 BGHR StGB § 263 I Vermögensschaden 39; *Lackner/Kühl* Rdn. 5; *Ruß* LK[11] Rdn. 11; wohl auch *St. Cramer* MK Rdn. 11.

der ersatzweise zu leistenden Geldsummen im Verhältnis zum Vorteil aus der Vortat ablehnen kann. Das ist dann allerdings ein gewisser Widerspruch dazu, wie man die Begünstigung nach Steuer- und Zollhinterziehung erfasst (Rdn. 39, 53). Denn bei ihr geht es ebenfalls darum, die Durchsetzung eines Zahlungsanspruchs zu vereiteln.

Wie für die Beihilfe stellt sich auch für die Begünstigung die Frage, ob „neutrale" oder **berufsadäquate Handlungen** tatbestandslos bleiben.[60] Vorzugswürdig ist die Rechtsprechung, die das Problem im subjektiven Tatbestand löst und Straffreiheit nur gewährt, wenn der Begünstiger hinsichtlich (hier) einer rechtswidrigen Vortat und des vorteilssichernden Charakters seines Tuns allenfalls bedingten Vorsatz hat (der auch keine besonders hohe Intensität erreichen darf, s. insgesamt BGHSt **46** 107 ff). Dem Arzt, der einen Straftäter auf der Flucht versorgt und so auch dessen Beutesicherung fördert, ist mit § 34 zu helfen. Denn auch die Gesundheit eines Straftäters ist ein Gut, das im Einzelfall schwerer wiegen kann als das Interesse daran, dem Täter den Vorteil aus der Vortat zu entziehen. *Bankangestellte*, die Kunden über steuerrechtliche oder strafprozessuale Ermittlungsmaßnahmen informieren, machen sich keiner Begünstigung schuldig, wenn sie dadurch vorrangig eine strafbefreiende Selbstanzeige oder einen Rechtsbehelf gegen die Maßnahmen ermöglichen wollen. Denn dann fehlt die Vorteilssicherungsabsicht (Rdn. 73 ff). Weitergehend schließt *Ransiek* (oben Fn. 60) schon den äußeren Tatbestand aus, wenn die Selbstanzeige oder der Rechtsbehelf objektiv möglich ist. Zur Begünstigung durch Strafverteidiger Rdn. 70 f. **56**

b) **Vollendung und Beendigung. Vollendet** ist die Tat mit dem Eintritt des Hilfeleistungserfolges (Rdn. 13 f). Da die versuchte Begünstigung nicht mit Strafe bedroht ist, ist eine zur Vorteilssicherung ungeeignete Handlung auch dann straflos, wenn der Täter sie irrig für geeignet hält.[61] Die herrschende Ansicht lässt auch ein unmittelbares Ansetzen zu Hilfsleistungen mit der Begründung hinreichen, § 257 sei ein zum selbständigen Tatbestand erhobenes Versuchsdelikt.[62] Das ist aber eine Petitio principii. Fast selbstwidersprüchlich erscheint es dann zudem, für die Grenze jenes unmittelbaren Ansetzens zur Vorbereitungshandlung darauf abzustellen, ob das Hilfeleisten zu einer unmittelbaren Gefährdung der Rechtspflege geführt habe.[63] Denn eine echte (konkrete) Gefährdung der Aussichten, dem Vortäter die Vorteile aus der Tat wieder entziehen zu können, verlangt die herrschende Ansicht für § 257 gerade nicht (Rdn. 42). Jedenfalls noch keine Begünstigung liegt darin, dass jemand mit einem Dritten nur verabredet, bei ihm die Beute des Vortäters zu verstecken.[64] Gleiches gilt für die bloße Zusage, in einem Zivilrechtsstreit zugunsten des Vortäters falsch auszusagen.[65] Allerdings kann darin auf dem Boden der herrschenden Meinung eine psychische Beihilfe zur Vortat liegen. **57**

---

60 Vgl. *Hassemer* wistra **1995** 81, 86 f; *Rabe von Kühlewein* JZ **2002** 1139 ff; *Ransiek* wistra **1999** 401, 409; zu § 27 *Schünemann* LK § 27 Rdn. 17 ff.

61 BGH NJW **1985** 814 m. Bspr. *Laubenthal* Jura **1985** 630; Bspr. *Küper* JuS **1986** 862; RGSt **76** 122, 124; vgl. ferner *Sch/Schröder/Stree* Rdn. 15.

62 *Küper* BT S. 205 f; *Ruß* LK[11] Rdn. 14; *Stoffers* Jura **1995** 113, 122; wohl auch *Wessels/Hillenkamp* Rdn. 817; **krit.** *Geppert* Jura **2007** 589, 593; **1980** 269, 275.

63 *Lenckner* NStZ **1982** 401, 403; JR **1977** 74, 75; *Ruß* LK[11] Rdn. 14.

64 *Geppert* Jura **2007** 589, 593; *Hoyer* SK Rdn. 21; *Küper* BT S. 206; *Ruß* LK[11] Rdn. 14; **aA** die „Interessenförderungstheorie", vgl. Rdn. 43.

65 *Geppert* Jura **1980** 269, 275; *Lenckner* NStZ **1982** 401, 403; *Vogler* FS Dreher S. 405, 422 f; **aA** wohl BGHSt **27** 74, 75 m. abl. Anm. *Lenckner* JR **1977** 74; Anm. *Hürxthal* LM Nr. 1 zu § 154 StGB 1975; BGH NJW **1971** 525, 526 (insoweit in BGHSt **24** 38 nicht abgedruckt; beide Entscheidungen zum Angebot einer Zeugenaussage im Strafprozess sub specie Strafvereitelung nach § 257 a.F.).

58 **Beendet** ist die Tat nach Ansicht der Rechtsprechung, wenn der Vorteil aus der Vortat durch eine Umwandlung seine Unmittelbarkeit im Verhältnis zur Vortat (Rdn. 31 ff) verliert (BGH NStZ **1987** 22; weiter *St. Cramer* MK Rdn. 28: wenn der Sicherungserfolg eintritt). Das wird man verallgemeinern und sagen dürfen, dass auch jeder Verlust des Vorteils seitens des Vortäters die Tat beendet (vgl. BGHSt 47 68, 82 [unten Fn. 76]: Beendigung, wenn der Begünstiger den Vorteil schließlich plangemäß und in Absprache mit dem Vortäter in das eigene Vermögen überführt). Gleiches gilt, wenn der Begünstigungserfolg seine hilfeleistende Wirkung verliert. Wenn etwa der Begünstiger für einen Betrüger eine Münze in ein Schließfach wirft, in dem der Betrüger seine Beute verstecken will, dann endet der Hilfeleistungserfolg, wenn die Verschlusszeit, die der Münze zu danken ist, abläuft und die Schließfachtür sich wieder entriegelt.

59 c) **Unterlassen.** Auch ein **Unterlassen** kann nach überwiegender Ansicht den Tatbestand erfüllen, wenn die Voraussetzungen des § 13 vorliegen, also eine Garantenstellung und die sogenannte Modalitätenäquivalenz.[66] Phänomenologisch zu unterscheiden sind der Fall, dass jemand das Herbeiführen eines Begünstigungserfolges (Hilfeleistungserfolges) nicht hindert, und der Fall, dass jemand einen solchen Erfolg nicht beseitigt. Rechtlich zu unterscheiden sind Sicherungsgaranten (Überwachungsgaranten), die Gefahrenquellen zu überwachen haben, und Obhutsgaranten (Beschützergaranten), die Gefahren von einem Schützling abwenden müssen.

60 Als tatbestandsmäßig anerkannt ist die Verbindung des ersten Falles, der **Nichthinderung**, mit der Stellung als *Sicherungsgarant*. Ein Beispiel bieten Eltern, die ihr Kind nicht daran hindern, einen Vortäter zu begünstigen.[67] Als weiteres Beispiel ist an RGSt 58 300 zu denken: Ein Gastwirt duldet, dass Beutestücke in seinen Gasträumen versteckt werden.[68] Vorausgesetzt ist dann indes, dass die Gasträume für dieses Verstecken besonders geeignet sind und so eine besondere Gefahr begründen, dass man sie für eine Begünstigung benutzt (Sicherung einer Gefahrenquelle! Vgl. BGHSt 30 391, 396). Dies ist nur schwer vorstellbar, wenngleich möglich. Dem entspricht die ältere Rechtsprechung, dass Vermieter grundsätzlich ***keine*** Rechtspflicht trifft, eine Unterbringung von Diebesgut in den Mieträumen zu verhindern.[69] Eheleute sind nach heute herrschender und richtiger Ansicht füreinander keine Sicherungsgaranten (s. nur *Weigend* LK § 13 Rdn. 28 m.w.N.).

61 Für *Sicherungsgaranten* hat die ältere Rechtsprechung eine Tatbestandsmäßigkeit des Unterlassens auch für die zweite Fallgestaltung angenommen, die **Nichtbeseitigung** eines Begünstigungserfolges (Hilfeleistungserfolges). Beispiele sind das Nichtanhalten eines Gewaltunterworfenen zur Aufgabe des Verbrechensvorteils (RG DStrZ **1919** 195) und der Fall eines Gutgläubigen, der, ohne von der Vortat Kenntnis zu haben, Diebesgut in Verwahrung nimmt, dann aber von der Herkunft der Ware erfährt und sie gleichwohl weiter verwahrt (BGH bei Dallinger MDR **1956** 269, 271; Zielperson der Sicherungspflicht ist dabei der Unterlassende selbst, als Quelle der Garantenpflicht kommt Ingerenz in Betracht; **aA** *Hoyer* SK Rdn. 25).

---

[66] *Arzt/Weber/Heinrich/Hilgendorf* BT § 27 Rdn. 14; *Fischer* Rdn. 8; *Hoyer* SK Rdn. 25; *Ruß* LK[11] Rdn. 15; *Wessels/Hillenkamp* Rdn. 809 und die Belege im Text.

[67] *Fischer* Rdn. 8; *Maurach/Schroeder/Maiwald* II § 101 Rdn. 8; *Wessels/Hillenkamp* Rdn. 809. Vgl. RG DR **1943** 234 (Duldung der Unterbringung gestohlener Sachen in der Familienwohnung durch den Haushaltsvorstand).

[68] Zust. *Fischer* Rdn. 8; *Hoyer* SK Rdn. 25; **abl.** *St. Cramer* MK Rdn. 19.

[69] RGSt 57 242; OLG Celle HannRpfl. **1966** 138; zust. *St. Cramer* MK Rdn. 19; *Hoyer* SK Rdn. 25.

62 Schon aus einigen dieser Beispiele geht hervor, dass es für die Begünstigung durch Unterlassen einerlei ist, ob der aktiv Handelnde eine Fremd- oder Selbstbegünstigung verwirklicht. ***Nur für den Unterlassenden*** muss es um eine **Fremdbegünstigung** gehen. Natürlich gilt auch für ihn Absatz 3 Satz 1 (Rdn. 79 ff).

63 Problematisch ist die Stellung als **Obhutsgarant**. Rechtsgut des § 257 ist die Beachtung der strafbewehrten Primärnormen unserer **Rechtsordnung** (Rdn. 8 ff). Angriffs- und damit denkbare Schutzobjekte für Obhutsgaranten können nur die Äußerungen (Objektivationen) dieses Rechtsgutes in der gesellschaftlichen Wirklichkeit sein. Sie sind in der situationsgebundenen Einhaltung bestimmter Normen der genannten Art durch die Rechtsunterworfenen zu erkennen. Über die Einhaltung staatlicher Normen haben die zuständigen Stellen und Organe der Rechtspflege zu wachen, an erster Stelle die Angehörigen von Polizei und Justiz; auch der Rechtsanwalt ist nach § 1 BRAO ein Organ der Rechtspflege. Werden diese Personen Zeugen einer Begünstigungshandlung oder erlangen sie Kenntnis von einem Begünstigungserfolg, müssen sie einschreiten. Ob dies auch außerhalb ihrer Dienstzeit gilt, ist eine Frage, die über § 257 hinausweist (vgl. BGH NStZ **2000** 147). Für den Rechtsanwalt sind diese Pflichten stark einzuschränken, da er keine unmittelbar gemeinnützigen Aufgaben hat und für den Umgang mit seinem Mandanten auf eine besonders geschützte Vertrauenssphäre angewiesen ist. Sie würde unangemessen beeinträchtigt, wenn der Anwalt gegen jedwede Begünstigungshandlung seines Mandanten einzuschreiten hätte, von der er wie auch immer Kenntnis erlangt. Immerhin wird man von ihm verlangen dürfen, dass er gegen Fremdbegünstigungshandlungen seines Mandanten einschreitet, die sich unter seinen Augen bei einem geschäftlichen Mandantenkontakt vollziehen (Mandantenbesprechung). Hingegen ist er nicht handlungspflichtig, wenn er im Nachhinein erfährt, dass ein Gegenstand aus einer rechtswidrigen Tat stammt, den er für seinen Mandanten in Verwahrung genommen hatte (*St. Cramer* MK Rdn. 19). Er darf diese Verwahrung jedoch nicht in Kenntnis der deliktischen Vorgeschichte aktiv anbieten und ermöglichen.

64 Als weitere *Obhutsgaranten* sind Personen in Betracht zu ziehen, welche die **Güter des Vortatopfers** zu beschützen haben. Dies jedoch nur, wenn eine aktive Begünstigung – Handlung oder Erfolg – geeignet ist, die Entziehung des Vorteils gerade (auch) zugunsten ihres Schützlings zu erschweren. Ein Beispiel liefert BGH NStZ **1992** 540 f: Der Angestellte eines Geldtransportunternehmens entwendet auf einer Fahrt Bargeld und verlangt von seinem Kollegen mit vorgehaltener Waffe, ihn am Bahnhof abzusetzen und eine Benachrichtigung der Polizei zu verzögern; andernfalls werde er (der Räuber) ihn, seinen Kollegen, nach der Haftentlassung aufsuchen und sich rächen (die Frage einer Garantenstellung für § 257 ließ der Bundesgerichtshof aaO offen). Richtet man die Auslegung indes konsequent an dem Rdn. 8 ff festgelegten Rechtsgut aus, *verbietet sich* für § 257 eine Garantenstellung, die ausschließlich auf einer Schutzpflicht zugunsten des Opfers der Vortat gründet. Die gegenteilige Ansicht von *St. Cramer* MK Rdn. 19 überzeugt auch deshalb nicht, weil *Cramer* ausschließlich auf eine Vermögensbetreuungspflicht i.S.d. § 266 abstellt, obwohl es bei § 257 unstreitig nicht um ein Vermögensdelikt gehen muss (Rdn. 25). Unbillige Ergebnisse erzwingt die hier vertretene Ansicht nicht. Zum einen kommt oft eine passive Beteiligung an der Vortat in Frage, vor allem wenn man sie mit der herrschenden Ansicht auch noch in der Phase der Beendigung zulässt; so auch in unserem Beispiel. Zum anderen bietet sich nicht selten die Möglichkeit, an ein aktives Tun anzuknüpfen, welches in unserem Beispiel unter Umständen darin lag, dass der bedrohte Kollege mit dem Transporter Umwege fuhr, nachdem er den Räuber gemäß dessen Wunsch abgesetzt hatte.

## III. Innerer Tatbestand

65 Für die innere Tatseite ist erforderlich, dass der Täter die Hilfe *vorsätzlich* und in der *Absicht* leistet, dem Vortäter die Vorteile der Tat zu sichern. Dabei muss sich der Vorsatz auf den gesamten äußeren Tatbestand erstrecken, also auf die Vortat, auf den Vorteil – und zwar als einen solchen, der aus der Vortat stammt –, auf die Hilfehandlung und auf den Hilfeerfolg.

66 **1. Vorsatz.** Der Begünstiger muss Kenntnis davon haben, dass der Begünstigte eine **Vortat** begangen hat, die den Rdn. 16 ff dargelegten Anforderungen entspricht. Wo diese Anforderungen enden, endet auch das Vorsatzerfordernis. Irrt sich der Begünstiger demnach über die Schuld des Vortäters, über eine objektive Strafbarkeitsbedingung der Vortat oder ein Prozesshindernis bei ihrer Verfolgung, so ist dies ohne Belang (*Fischer* Rdn. 10; ganz h.M.).

67 Hinsichtlich der **Rechtswidrigkeit der Vortat** ist nach herrschender Ansicht keine „rechtliche Subsumtion" des Begünstigers nötig (siehe nur *Hoyer* SK Rdn. 27; *Lackner/Kühl* Rdn. 4). Mit anderen Worten muss sich der Begünstiger lediglich nach Laienart bewusst sein, dass der Vortäter etwas grundsätzlich Strafbares getan hat. Es genügt das Bewusstsein von dem rechtlichen Ergebnis „Straftat"; nicht erforderlich ist eine Kenntnis der Umstände (des Sachverhalts), aus denen der Jurist dieses Ergebnis ableitet (erst recht braucht der Begünstiger nicht die Ableitung selbst nachzuvollziehen, siehe soeben). Die Rechtswidrigkeit der Vortat wird mithin als *rechtsinstitutionelles Merkmal* behandelt („normatives Tatbestandsmerkmal") und nicht als konkludentes Blankett (ausführlich *T. Walter* Kern des Strafrechts, S. 253 ff). Für den Begünstiger hat dies den Vorzug, dass sein Irrtum über die Rechtswidrigkeit der Vortat ein Tatbestandsirrtum ist (*Hoyer* SK Rdn. 11), während die gleiche Fehlvorstellung beim Vortäter nur als Verbotsirrtum zu Buche schlägt. Das entspricht zwar einer gefestigten herrschenden Meinung zu den von ihr so genannten normativen Tatbestandsmerkmalen, doch sei immerhin darauf hingewiesen, dass es auch in der herrschenden Dogmatik keine Selbstverständlichkeit ist, die Rechtswidrigkeit einer Tat als ein solches Merkmal zu behandeln. Für §§ 26, 27 tut man dies nicht: Der Irrtum des Teilnehmers über die Rechtswidrigkeit der Haupttat soll auch für ihn lediglich ein Verbotsirrtum sein (vgl. *T. Walter* aaO S. 260 m.w.N.).

68 Herrschender Auffassung gemäß muss die Vortat in der Vorstellung des Begünstigers eine gewisse **Konkretisierung** erfahren haben. Doch ist man sich zu Recht einig, dass dies in dem Maße entbehrlich wird, wie dem Begünstiger die Art der Vortat gleichgültig bleibt und er folglich mit einem Generalvorsatz handelt, der alle Möglichkeiten einschließt;[70] so wie ein Attentäter, der wahllos in die Menge schießt, um wen auch immer zu töten oder zu verletzen. Im Übrigen verlangt man eine „allgemeine Vorstellung" von der Vortat.[71] *Wessels/Hillenkamp* Rdn. 810 setzen diese Vorstellung zutreffend mit der des Gehilfen hinsichtlich der Haupttat gleich. Dann lässt sich die Konkretisierung mit der Testfrage des Bundesgerichtshofes prüfen, ob die Haupttat (Vortat) mit Blick auf die Beihilfe (Begünstigung) eine typische und „hinreichend wahrscheinlich" ist (vgl. BGHSt **42** 135, 138). Es schadet dem Vorsatz folglich nichts, wenn der Begünstiger von einer

---

[70] BGHSt **4** 221, 223 m. Bspr. *Spatschek/Mantas* PStR **1999** 174; *Arzt/Weber/Heinrich/Hilgendorf* BT § 27 Rdn. 11; *Lackner/Kühl* Rdn. 4; *Maurach/Schroeder/Maiwald* II § 101 Rdn. 10; *Ruß* LK[11] Rdn. 17.

[71] BGHSt **4** 221, 224 (Fn. 70); OLG Frankfurt NJW **2005** 1727, 1735 (Fn. 2); OLG Hamburg NJW **1953** 1155; *Fischer* Rdn. 10; *Hoyer* SK Rdn. 11.

Hehlerei als Vortat ausgeht, obwohl ein Diebstahl oder Raub begangen wurde, oder wenn er den Wert oder die Gestalt der Beute falsch einschätzt oder über die Person des Vortäters irrt.[72] Hat jemand jedoch in Bezug auf die Vortat eine ganz bestimmte Vorstellung, bei deren Richtigkeit die fragliche Maßnahme als Begünstigung untauglich wäre, so fehlt der Vorsatz (wenn die Vorstellung falsch ist).[73]

Nach herrschender Ansicht genügt hinsichtlich der Vortat **bedingter Vorsatz**.[74] Anders als bei § 263 unterliegt diese Spaltung der Vorsatzintensität für § 257 keinen Bedenken.[75] Das ergibt sich aus dem Wortlaut des Tatbestandes und der allgemeinen Regel, dass Absicht auch in Bezug auf einen Erfolg möglich ist, dessen Voraussetzungen und dessen Eintritt aus der Sicht des Täters ungewiss bleiben. 69

Fraglich ist, ob man auf § 257 die verfassungsgerichtliche Rechtsprechung zur Geldwäsche durch **Strafverteidiger** übertragen kann.[76] Ihr zufolge hat ein Strafverteidiger nur dann Vorsatz hinsichtlich einer deliktischen Herkunft des Honorars, mit dem man ihn bezahlt, wenn er von dieser Herkunft sicher weiß. Zur Klärung hat man sich Sinn und Zweck der angeführten Rechtsprechung zu verdeutlichen. Hintergrund ist die Rechtslage, dass die Annahme von Geld aus einem Delikt ganz oft den äußeren Tatbestand der Geldwäsche erfüllt, weil dieser Tatbestand weit gefasst ist und häufig eine Katalogtat vorliegt (insbesondere sämtliche Verbrechen sowie § 29 BtMG, §§ 242 ff, §§ 263 ff, § 266). Des Weiteren hat der Strafverteidiger überaus häufig mit Mandanten zu tun, die tatsächlich eine Straftat begangen haben, so dass er oft gar nicht anders kann, als eine deliktische Herkunft der Mandantengelder zumindest für möglich zu halten. Liefe er jetzt uneingeschränkt das Risiko, sich nach § 261 strafbar zu machen, müsste dies die Möglichkeiten, Mandate zu gewinnen und zu pflegen, drastisch verringern – sowohl für den Strafverteidiger wie für den Beschuldigten. 70

Auch bei der Begünstigung hat es der Strafverteidiger mit Mandanten zu tun, welche die Annahme nahelegen, dass sie sich tatsächlich einer Straftat schuldig gemacht haben und dass ihr Geld auch aus jener Quelle (oder einer vergleichbaren) stammt. Die Annahme als Honorar verwirklicht dann nicht nur oft, sondern so gut wie immer objektiv den Begünstigungstatbestand. Denn der Rechtsanwalt bietet dem Mandanten eine Dienst-, mithin eine Gegenleistung und erhält ihm so einen Vorteil aus der Vortat. Es liegt ähnlich wie bei der Absatzhilfe für einen Dieb (Weggabe der Sache, Erlangen eines Entgelts). 71

---

72 RGSt **76** 31, 34; *Hoyer* SK Rdn. 27; *Ruß* LK[11] Rdn. 17; *Wessels/Hillenkamp* Rdn. 810.

73 BGHSt **4** 221, 224 (Fn. 70); *Lackner/Kühl* Rdn. 4; *Ruß* LK[11] Rdn. 17; *Wessels/Hillenkamp* Rdn. 810.

74 RGSt **76** 31, 34; OLG Frankfurt NJW **2005** 1727, 1735 (Fn. 2); *Arzt/Weber/Heinrich/Hilgendorf* BT § 27 Rdn. 11; *Fischer* Rdn. 10; *Hoyer* SK Rdn. 11; *Maurach/Schroeder/Maiwald* II § 101 Rdn. 10; *Ruß* LK[11] Rdn. 17; *Wessels/Hillenkamp* Rdn. 810.

75 Zu den Bedenken bei § 263 *T. Walter* Betrugsstrafrecht in Frankreich und Deutschland (1999) S. 279 f.

76 Zur Rechtsprechung des Verfassungsgerichts BVerfGE **110** 226, 235 m. Anm. *Matt* JR **2004** 321 (weitere Anm./Bspr.: *Barton* JuS **2004** 1033; *Dahs/Krause/Widmaier* NStZ **2004** 261; *Fischer* NStZ **2004** 473; *Galen* NJW **2004** 3304; *Henssler/Kilian* EWiR **2004** 825; *Leitner* StraFo **2004** 149; *Müssig* wistra **2005** 201; *Ranft* Jura **2004** 759; *Vahle* Kriminalistik **2004** 314; *Wohlers* JZ **2004** 678). Für eine Übertragung auf § 257 OLG Frankfurt NJW **2005** 1727, 1735 (Fn. 2); zweifelnd *Fischer* Rdn. 10. Vgl. BGHSt **47** 68 ff m. Anm. *Neuheuser* NStZ **2001** 647 (weitere Anm./Bspr.: *Ambos* JZ **2002** 70; *Amelung* AnwBl **2002** 347; *Bernsmann* StraFo **2001** 2; *Fad* JA **2002** 14; *Gotzens/Schneider* PStR **2001** 265; *Jahn* EWiR **2001** 929; *Katholnigg* JR **2002** 30; *Keppeler* DRiZ **2003** 97; *Martin* JuS **2001** 1232; *Matt* GA **2002** 137; *Nestler* StV **2001** 641; *Sauer* wistra **2004** 89; *Scherp* NJW **2001** 3242).

Wäre nun jedes Für-möglich-Halten einer deliktischen Herkunft des Mandantengeldes **bedingter Vorsatz**, so entstände für den Strafverteidiger eine so große Gefahr, sich selbst strafbar zu machen, dass er Honorare von seinen Mandanten oft nicht annehmen dürfte. Dies wäre für das Recht des Beschuldigten auf einen Anwalt (Art. 6 Abs. 3 Buchst. c EMRK!) wie für das Grundrecht der Berufsfreiheit des Strafverteidigers (Art. 12 GG!) eine allzu schwere Belastung. Daher ist die angeführte *Rechtsprechung des Bundesverfassungsgerichts zur Geldwäsche auf die Begünstigung zu übertragen*. Dies gilt jedoch nur für die Annahme von Honoraren und nicht für andersartigen Umgang mit Geldern des Mandanten (OLG Frankfurt NJW **2005** 1727, 1735 [oben Fn. 2]).

**72** Der Begünstiger muss auch Vorsatz haben hinsichtlich seiner **Hilfehandlung** und deren **Hilfeleistungserfolges**. Absicht ist insoweit nicht erforderlich.[77]

**73** 2. **Absicht.** Der Begünstiger muss in der Absicht handeln, dem Vortäter die Vorteile aus der Vortat zu sichern (**Sicherungsabsicht**). „Sichern" ist so zu verstehen wie bei der Definition des Hilfeleistens, wo aber insoweit eine Ex-ante-Eignung reicht. Nach den vorherrschenden Formulierungen muss der Begünstiger den Vortäter daher besserstellen wollen hinsichtlich einer drohenden Wiederherstellung des „gesetzlichen Zustands".[78] Nach hiesiger Definition muss er den Vorteil aus der Vortat gegen eine Entziehung aufgrund einer Norm schützen wollen, in deren Tatbestand die Vortat eine entscheidende Rolle spielt (Rdn. 30). Nicht ausreichend ist, dass jemand eine Entziehung des Vorteils lediglich erschweren will. Davon ist jedoch der wesentlich wahrscheinlichere Fall zu unterscheiden, dass er die Entziehung sehr wohl verhindern will und nur stark befürchtet, damit keinen Erfolg zu haben, dies aber in Kauf nimmt, weil er sie *wenigstens* erschweren wird (vgl. RG HRR **1934** 1422).

**74** Nach herrschender Ansicht braucht diese Sicherung nicht das Motiv der Hilfe zu sein.[79] Das suggeriert allerdings einen Unterschied zwischen **Absicht und Motiv**, der oft behauptet wird, aber nicht existiert (näher *T. Walter* Kern des Strafrechts, S. 126). Jede Absicht lässt sich als Motiv, zu Deutsch: Beweggrund formulieren und jedes Motiv als Absicht. Lediglich reichen die Beweggründe einer Tat oft weiter zurück als der Inhalt einer vom Gesetz geforderten Absicht, so auch bei § 257: Die Sicherungsabsicht lässt sich sehr wohl als der Beweggrund der Tat anführen („Warum helfen Sie dem Dieb?" „Weil ich ihm die Beute sichern will."). Aber hinter diesem Beweggrund stehen in der Regel weitere Beweggründe – die Frage nach dem Warum lässt sich unendlich oft wiederholen –, nach denen sich der Tatbestand nicht mehr erkundigt. So mag das Sicherungsziel seinen Grund darin haben, dass der Begünstiger das Wohlwollen des Vortäters erlangen will, was wiederum daran liegt, dass er sich eine Fürsprache erhofft, mit deren Hilfe er weitere Pläne verfolgen will.

**75** Eine **Minderheit** lässt **Wissentlichkeit** genügen (Dolus directus zweiten Grades).[80] Das hat zwar ein Vorbild in der herrschenden Dogmatik zu § 164 (für die herrschende Mei-

---

[77] *Fischer* Rdn. 10; *Hoyer* SK Rdn. 27; *Maurach/Schroeder/Maiwald* II § 101 Rdn. 10.

[78] BGHSt **46** 107, 118 (Fn. 36); *Fischer* Rdn. 10; *Hoyer* SK Rdn. 27; *Maurach/Schroeder/Maiwald* II § 101 Rdn. 10; *Wessels/Hillenkamp* Rdn. 812; ähnlich *Hoyer* SK Rdn. 29: Verbesserung der Abwehrmöglichkeiten gegenüber einem Zugriff des Berechtigten.

[79] OLG Frankfurt NJW **2005** 1727, 1735 (Fn. 2); *Lackner/Kühl* Rdn. 5; *Wessels/Hillenkamp* Rdn. 812.

[80] *Otto* BT § 57 Rdn. 9; *Sch/Schröder/Stree* Rdn. 22; *H. Schröder* NJW **1962** 1037, 1040; früher auch der BGH (JR **1954** 349); **aA** etwa BGH NStZ **2000** 31; *Altenhain* NK Rdn. 31; *Hoyer* SK Rdn. 28; *Lackner/Kühl* Rdn. 5.

nung *Lackner/Kühl* § 164 Rdn. 9 m.w.N.), ist aber auch den gleichen Einwänden ausgesetzt wie dort. Deren wichtigster dürfte die Wortlautschranke aus Artikel 103 Abs. 2 GG sein.

Das Zusammentreffen der Sicherungsabsicht mit anderen Beweggründen in einem **Motivbündel** (!) ist nach herrschender Ansicht unschädlich.[81] *Wessels/Hillenkamp* Rdn. 812 verlangen dann immerhin, dass die Sicherungsabsicht das Verhalten des Begünstigers „im Wesentlichen bestimmt hat". Das entspricht der Forderung für das Mordmerkmal der Habgier, dass dieses Motiv „bewusstseinsdominant" gewesen sein müsse (BGHSt **42** 301, 304; *Fischer* § 211 Rdn. 10 m.w.N.). Umgekehrt betrachtet es OLG Düsseldorf NJW **1979** 2320, 2321 (oben Fn. 2) für § 257 sogar als unschädlich, wenn die Sicherungsabsicht nur ein nachrangiger Beweggrund ist (ähnlich *Hoyer* SK Rdn. 28: Nebenziel). Richtig erscheint demgegenüber der wohl herrschende Mittelweg, eine Mehrheit *gleichrangiger* Absichten zuzulassen, aber auch als Minimum einzufordern. Zur Prüfung bietet sich die Frage an, ob die Sicherungsabsicht den Tatentschluss auch allein getragen hätte, wenn die anderen Beweggründe weggefallen wären. Nur wenn das der Fall ist, genügt sie den Anforderungen. – Stehen eine Sicherungs- und eine Strafvereitelungsabsicht gleichrangig nebeneinander, so geht § 258 vor, sofern der Vorteil von Einziehung, Unbrauchbarmachung oder Verfall bedroht ist und diese Maßnahmen verhindert werden sollen. Im Übrigen besteht Tateinheit (Rdn. 106). **76**

Nach herrschender Auffassung kann die Vorteilssicherung auch lediglich ein **Zwischenziel** des Begünstigers sein.[82] Das ist im Grundsatz richtig und nur eine andere Formulierung dafür, dass Motive und Absichten frei konvertierbar sind (Rdn. 74). Zwischenziele sind alle notwendigen Zwischenschritte auf dem Weg zum Endziel des Täters, seien sie ihm isoliert betrachtet erwünscht oder unerwünscht; er betrachtet sie eben nicht isoliert. Die Testfrage lautet: Wäre der fragliche Umstand entfallen – hätte der Täter sein Endziel noch auf andere, wenn auch ungewöhnliche Weise erreichen können oder nicht (*T. Walter* Kern des Strafrechts, S. 188)? Hilft ein Taxifahrer Dieben beim Abtransport der Beute, um seinen Fahrlohn zu verdienen (vgl. BGHSt **4** 107), so ist der Abtransport zwar ein notwendiger Zwischenschritt: Vorher bekommt der Fahrer kein Geld. Auch mag der Abtransport in der Regel die Beute sichern. Dieses Ergebnis der Fahrt ist aber aus Sicht des Taxifahrers nicht mehr zwingend erforderlich, damit er zu seinem Geld kommt, und mag in atypischen Fällen ausbleiben; etwa wenn sich am Zielort bereits Polizisten verstecken, weil jemand die Diebe verraten hat. Die Begünstigung ist daher aus der Sicht des Taxifahrers – und entgegen BGHSt **4** 107, 110 – nur eine *Nebenfolge* seines Tuns (**aA** *Jahn/Reichart* JuS **2009** 309, 312). Es verhält sich insoweit wie im Reisekosten-Fall KG NJW **1957** 882 (näher *T. Walter* aaO) und wie bei einer Täuschung im Zivilprozess, wenn der Täuschende den Prozess allein aus Prestigegründen gewinnen will, aber weiß, dass er in diesem Fall auch finanziell profitiert. Auch in dem Fall des Ankaufs einer CD mit Schweizer Bank(konto)daten durch deutsche Beamte scheitert § 257 spätestens mangels einer Begünstigungsabsicht (richtigerweise ist schon eine rechtswidrige Vortat zu verneinen, weil dem Informanten § 34 zur Seite steht – wenn er überhaupt tatbestandsmäßig handelt, vgl. *Ambos* FAZ v. 11.2.2010, S. 6; *T. Walter* FR v. 16.2.2010, S. 5). Denn die Beamten sind für ihr Ziel, den Besitz an der CD, nicht darauf angewie- **77**

---

81 BGHSt **4** 107, 108 f; OLG Frankfurt NJW **2005** 1727, 1735 (Fn. 2); OLG Düsseldorf NJW **1979** 2320, 2321 (Fn. 2); *Fischer* Rdn. 10; *Lackner/Kühl* Rdn. 6; *Ruß* LK[11] Rdn. 18; *Wessels/Hillenkamp* Rdn. 812.

82 BGH NStZ **1992** 540, 541; OLG Düsseldorf NJW **1979** 2320, 2321 (Fn. 2); *Jahn/Reichart* JuS **2009** 309, 312. Siehe auch BGHSt **47** 68, 82 (Fn. 76); *T. Walter* Kern des Strafrechts, S. 187 f.

sen, dass der Informant aus seinem „Datenklau" tatsächlich einen Vorteil zieht: Ihr Ziel erreichen sie auch, wenn jemand dem Informanten sein neues Bargeld in der nächsten Sekunde stiehlt oder wenn ihnen ihre Vorgesetzten gut gemachtes Falschgeld zum Bezahlen gegeben hatten, das der Informant ahnungslos akzeptiert.

78 Hält jemand die Vorteilssicherung lediglich für eine unausweichliche **Nebenfolge** seines Tuns, die er nicht mindestens gleichrangig bezweckt und nur um seines eigentlichen Zieles willen in Kauf nimmt, sei es als angenehmen oder unangenehmen Nebeneffekt, so fehlt eine Sicherungs*absicht* (BGH NStZ **2000** 31; **1992** 540, 541). Dies gilt natürlich erst recht, wenn sich jemand dieses Nebeneffektes gar nicht bewusst ist (BGH NStZ **2000** 259). Beispiele sind Fälle, in denen jemand in erster Linie eine Strafverfolgung vereiteln will, während ihm vergleichsweise unbedeutende Vorteile aus der Anlasstat einerlei sind (vgl. BGH aaO).

## IV. Absatz 3 (Vortatbeteiligung)

79 1. **Satz 1.** Wer sich selbst begünstigt, fällt schon aus dem Tatbestand heraus, der die Begünstigung eines anderen verlangt (Rdn. 87). Wer einen anderen begünstigt, bleibt indes nach Absatz 3 Satz 1 straflos, wenn er selbst an der Vortat als Mittäter oder Teilnehmer beteiligt war. Es handelt sich um einen **persönlichen Strafausschließungsgrund**.[83] Ratio ist die Überlegung, dass die Begünstigung in solchem Falle spätestens als mitbestrafte Nachtat außer Betracht bleibt.[84] Diese Figur ist ein Fall der Konsumtion, die ihrerseits dem Oberbegriff der Gesetzeskonkurrenz zuzuordnen ist (näher *T. Walter* JA 2005 468 f). Alternativ ist sie als Fall der Subsidiarität einordenbar, die ebenfalls als Spielart der Gesetzeskonkurrenz firmiert und sich mit der Konsumtion um einige Fälle streitet (*T. Walter* aaO). Da das Zurücktreten des § 257 in seinem Absatz 3 Satz 1 ausdrücklich angeordnet ist, wird verständlich, dass *Seel* die Ratio dieser Vorschrift als „formelle Subsidiarität" der Begünstigung durch Beteiligte versteht (S. 80 ff; allerdings verwirft *Seel* den Gedanken der mitbestraften Nachtat als Ratio und geht von einer „rechtspolitischen Opportunitätsentscheidung" aus). Da es lediglich um einen Strafausschließungsgrund geht, bleibt die *Anstiftung* oder *Beihilfe* zu einer Begünstigungshandlung des Vortatbeteiligten seitens bislang unbeteiligter Personen strafbar, § 28 Abs. 2 (*Hoyer* SK Rdn. 33; *Ruß* LK[11] Rdn. 21, 23).

80 Auf der anderen Seite gilt Absatz 3 Satz 1 **auch für Gehilfen** (*Ruß* LK[11] Rdn. 23). Wer an der Vortat beteiligt war und dafür zur Verantwortung gezogen werden kann (näher sogleich), macht sich folglich nicht nach §§ 27, 257 strafbar, wenn er anderen bei der Begünstigung eines Vortäters hilft. Zur Anstiftung (§ 26) Rdn. 86 ff.

81 Es herrscht folgerichtig und zutreffend Einigkeit, dass **materiellrechtliche Hindernisse** einer Strafbarkeit wegen der Beteiligung an der Vortat den Strafausschließungsgrund des Absatzes 3 Satz 1 neutralisieren. Ein Tatbestandsirrtum im Rahmen der Vortat (wenn sie ein Vorsatzdelikt ist) zählt ebenso hierher[85] wie Schuldunfähigkeit bei ihrer Bege-

---

[83] *Maurach/Schroeder/Maiwald* II § 101 Rdn. 11; *Ruß* LK[11] Rdn. 21; SSW-StGB/*Jahn* Rdn. 22; wohl auch *Wessels/Hillenkamp* Rdn. 819.

[84] BGH bei Holtz MDR **1981** 452, 454; *Arzt/Weber/Heinrich/Hilgendorf* BT § 27 Rdn. 17; *Fischer* Rdn. 5; *Horn* JA **1995** 218; *Hoyer* SK Rdn. 28, 31; *Lackner/Kühl* Rdn. 8; *Maurach/Schroeder/Maiwald* II § 101 Rdn. 11; *Ruß* LK[11] Rdn. 21; SSW-StGB/*Jahn* Rdn. 22; *Wessels/Hillenkamp* Rdn. 819; **aA** *Altenhain* NK Rdn. 34; *Seel* S. 80.

[85] BGH bei Holtz MDR **1981** 452, 454; *Fischer* Rdn. 5; *Lackner/Kühl* Rdn. 8.

hung.[86] Für den Tatbestandsirrtum soll dies auch gelten, wenn er sich lediglich auf qualifizierende oder „deliktsändernde" Umstände bezieht,[87] so dass der Täter wegen seiner Beteiligung an dem Vortatgeschehen sehr wohl strafbar ist, nur nicht in dem Maße, das dieses Geschehen objektiv ermöglicht hätte. In dem Fall der Fn. 87 angeführten Entscheidung hatten Mittäter bei der Bundeswehr Waffen, unter anderem Maschinenpistolen und damit Kriegswaffen entwendet. Der Begünstiger hatte ihnen erlaubt, die Waffen auf seinem Hof zu verstecken; ohne zu wissen, dass die Waffen gestohlen waren, und ohne zu wissen, dass auch Kriegswaffen dabei waren. Er leistete dadurch Beihilfe lediglich zu einer Tat nach dem Waffengesetz, mangels Vorsatzes aber nicht zu der handlungseinheitlich verwirklichten Tat nach dem Kriegswaffenkontrollgesetz (eine Begünstigung hinsichtlich des Diebstahls scheiterte ebenfalls mangels Vorsatzes). Später vergrub er die Waffen auf seinem Feld und entdeckte dabei die Maschinenpistolen. Dadurch verwirklichte er selbst ein Delikt nach dem Kriegswaffenkontrollgesetz. Er machte sich aber zugleich einer Begünstigung schuldig in Bezug auf das vorausgegangene Kriegswaffendelikt der anderen, weil er sich bis dahin noch nicht wegen einer Beteiligung an *diesem* Delikt zu verantworten hatte, das ihm aber nunmehr klar vor Augen stand. Das Wort „Vortat" ist in § 257 Abs. 3 Satz 1 demnach *materiellrechtlich* und *tatbestandsbezogen* zu verstehen und nicht im Sinne eines prozessualen Tatbegriffs.

Daher bleibt eine Strafbarkeit wegen Begünstigung möglich, wenn sich die Beteiligung **82**
an der Vortat auf einen Grundtatbestand bezieht, während der **Vorteil aus einer Qualifikation** herrührt, Beispiel (nach *Hoyer* SK Rdn. 33): Jemand hilft bei einem Diebstahl, ohne zu wissen, dass der Haupttäter das Opfer zuvor qualifiziert genötigt hatte (§ 249). Später erfährt er von dem Vorgeschehen und verbirgt für den Haupttäter die Beute. Allerdings ist der Strafrahmen dann nach § 257 Abs. 2 auf den jener Delikte beschränkt, die durch die qualifizierte Nötigung verwirklicht werden, also mindestens auf den des § 240, möglicherweise erweitert auf den des § 223 (*Hoyer* aaO). Erfährt der Helfer nichts von der Nötigung, fehlt ihm hinsichtlich dieser Delikte der nötige Vorsatz (Rdn. 68 a.E.).

Bleibt eine Beteiligung an der Vortat ungeklärt, während eine Begünstigung im äuße- **83**
ren wie im inneren Tatbestand feststeht, ist nach herrschender Auffassung im Rahmen sogenannter **Postpendenz** wegen der Begünstigung zu verurteilen.[88] Man begründet dies damit, dass der Täter einer tatbestandlich sicher festgestellten Begünstigung nicht davon profitieren könne, möglicherweise ein noch schwereres Unrecht – die Vortat – begangen zu haben. *Keine* Postpendenz mit eindeutiger Verurteilung wegen Begünstigung, sondern eine wahlweise Verurteilung wegen Begünstigung oder wegen der Vortat ist angezeigt, wenn es möglich bleibt, dass der Angeklagte *Alleintäter* der Vortat war (echte Wahlfeststellung). Denn in diesem Fall wäre eine Begünstigung schon tatbestandlich ausgeschlossen und wäre nicht erst der Strafausschließungsgrund des Absatzes 3 einschlägig (BGHSt 23 360 f; *Geppert* Jura **1994** 441, 446: „tatbestandsrelevante Postpendenz"). Dies gilt entgegen *Hoyer* SK Rdn. 9 nicht, wenn statt Alleintäterschaft lediglich eine mittäterschaftliche Beteiligung an der Vortat als möglich im Raume steht. *Hoyers* Ansicht ist folgerichtig, weil er auch im Verhältnis von Mittätern untereinander den Tatbestand des § 257 für ausgeschlossen hält. Diese Ausdehnung des Begriffs der Selbstbegünstigung über den Wortlaut hinaus ist aber abzulehnen (Rdn. 87).

---

86 *St. Cramer* MK Rdn. 31; *Lackner/Kühl* Rdn. 8; *Ruß* LK[11] Rdn. 21; *Wessels/Hillenkamp* Rdn. 819.

87 BGH bei Holtz MDR **1981** 452, 454; *Ruß* LK[11] Rdn. 21.

88 *Hoyer* SK Rdn. 32; *Lackner/Kühl* Rdn. 8; *Ruß* LK[11] Rdn. 21; *Wessels/Hillenkamp* Rdn. 819.

84 **Verfahrenshindernisse** für die Vortat lassen den Strafausschließungsgrund des Absatzes 3 nach herrschender Ansicht unberührt,[89] etwa eine Verfolgungsverjährung bezüglich der Vortat (*Fischer* Rdn. 12) und das Fehlen eines Strafantrages.[90] Bei ihnen soll ein „Strafbarsein" nach § 257 Abs. 3 Satz 1 also bestehen bleiben. Die Strafbarkeit wird demnach zwar konkret, mit Blick auf den einzelnen Fall beurteilt, dies aber rein materiellrechtlich. Das ist **zweifelhaft**. Der Wortlaut des Gesetzes diktiert diese Auffassung nicht. Ferner lassen sich materielles und Prozessrecht nur schwer abgrenzen (vgl. *T. Walter* Kern des Strafrechts, S. 10 ff, 161 ff). Drittens verlangt der Gedanke der mitbestraften Nachtat, dass die Vortat nicht nur strafbar, sondern auch verfolgbar ist. Denn nur wenn sie tatsächlich geahndet wird, ist dies geeignet, etwas anderes mitabzugelten (so im Ergebnis schon *Blei* JA **1974** 27, 28; SSW-StGB/*Jahn* Rdn. 22). Zweifelhaft ist daher auch die herrschende Lehre, dass in dubio pro reo von einer Vortatbeteiligung auszugehen sei, wenn sie gegebenenfalls und unzweifelhaft nicht mehr verfolgt werden könne (für diese Lehre *Hoyer* SK Rdn. 32; *Sch/Schröder/Stree* Rdn. 32).

85 Umstritten ist, ob neben dem Absatz 3 Satz 1 die Strafausschließungsgründe der **§ 258 Absätze 5 und 6** entsprechend anzuwenden sind. Einige lehnen dies vollkommen ab.[91] Andere sprechen sich dafür aus, wenn beide Tatbestände, § 257 und § 258, zugleich verwirklicht sind, aber die Strafvereitelung für den Täter allein im Vordergrund steht und die Begünstigung lediglich deren unausweichliche Nebenfolge ist.[92] „Allenfalls" (doch immerhin) für diese Gestaltung erwägt auch BGH StV **1995** 586, 587 die Analogie. Man könnte sie mit der Maßgabe befürworten, dass der Begünstigte für beide Tatbestände derselbe ist. Im Fall des § 258 Abs. 5 müsste der Vorteil also entweder bei jener Person gesichert werden, deren Strafe der Täter neben der eigenen Bestrafung vereiteln will, oder bei dem Täter selbst (sofern er zugleich die Begünstigung eines anderen betreibt); im Fall des § 258 Abs. 6 müsste der Vorteil zugunsten jenes Angehörigen gesichert werden, dessen Bestrafung der Täter vereiteln will. Aber das ist überflüssig, weil es schon an der Begünstigungs*absicht* fehlt, wenn die Vorteilssicherung lediglich als unabwendbare Nebenfolge eines Handelns zu anderen Zwecken eintritt (Rdn. 78; *St. Cramer* NStZ **2000** 246, 247).

86 2. **Satz 2.** Gemäß Absatz 3 Satz 2 tritt kein Strafausschluss ein, wenn der Vortatbeteiligte einen bislang Unbeteiligten zur Begünstigung anstiftet. Daran soll sich selbst dann nichts ändern, wenn der Anstifter selbst Nutznießer der Begünstigung ist, seine Anstiftung demnach ausschließlich selbstbegünstigende Wirkung hat und er schon tatbestandslos handelte, wenn er die erbetenen Handlungen des Angestifteten selbst vornähme oder wenn es ihm kraft überlegenen Wissens oder mit einer Nötigung gelänge, den Angestifteten als menschliches Werkzeug (Tatmittler) einzusetzen. Diese Ergebnisse geben zu denken. Das Schrifttum hält den Satz 2 des Absatzes 3 denn auch beinahe einhellig für **kriminalpolitisch** (mindestens) **zweifelhaft** und macht die überwundene „Schuldteilnahmetheorie" für ihn verantwortlich.[93] Zwar darf man diese Vorschrift als klare

---

[89] *Fischer* Rdn. 12; *Hoyer* SK Rdn. 32; *Lackner/Kühl* Rdn. 8; *Ruß* LK[11] Rdn. 21.

[90] BGH NStZ-RR **1997** 359; *Fischer* Rdn. 12; *Hoyer* SK Rdn. 32; *Lackner/Kühl* Rdn. 8 („zw." = zweifelhaft).

[91] *St. Cramer* NStZ **2000** 246 f; *Lackner/Kühl* § 258 Rdn. 16; *Maurach/Schroeder/Maiwald* II § 101 Rdn. 13; *Ruß* LK[11] Rdn. 32.

[92] *Fischer* § 258 Rdn. 36; *Wessels/Hillenkamp* Rdn. 822; uneingeschränkt für die analoge Anwendung des § 258 Abs. 5 *Seel* S. 93 f, 96.

[93] *Heghmanns* BT Rdn. 1682 („Fremdkörper", „überholt"); *Horn* JA 1995 218, 219 („kriminalpolitisch unbefriedigend"); *Lackner/Kühl* Rdn. 8 („unbefriedigend"); *Maurach/Schroe-

Anordnung des Gesetzgebers nicht vollständig unangewendet lassen; das wäre nur möglich, wenn das Verfassungsgericht sie für verfassungswidrig erklärte, und es ist unwahrscheinlich, dass es dies auf eine Vorlage gemäß Art. 100 GG hin täte. Doch ist der Gedanke, dass die Selbstbegünstigung straflos bleiben muss, schon in den Tatbestand des § 257 aufgenommen, und dieser Gedanke rechtfertigt es, den Absatz 3 Satz 2 dahingehend einschränkend auszulegen, dass solche Anstiftungen nicht erfasst werden, das heißt straflos bleiben, die ausschließlich eine Selbstbegünstigung bezwecken, also eine Begünstigung des Anstifters (im Ergebnis schon *Seel* S. 72 f, 95 f, der allerdings bereits den Tatbestand ausschließt). Dies sollte auch gelten, wenn die Begünstigung eines anderen Vortatbeteiligten mit der erbetenen Handlung als Nebenwirkung zwingend verbunden ist. Ferner lässt sich der Absatz 3 Satz 2 noch dahingehend einschränkend auslegen, dass „Unbeteiligter" nur ist, wer an der Vortat weder schuldhaft noch auch nur rechtswidrig teilgenommen hat; dass der Angestiftete die Begünstigung täterschaftlich und schuldhaft begehen muss und dass die Nichtbeteiligung des Angestifteten sicher erwiesen ist (zu allen Punkten *Hoyer* SK Rdn. 35 m.w.N.; einschränkend *St. Cramer* MK Rdn. 32).

## V. Selbstbegünstigung und Teilnahme

Die **Selbstbegünstigung** ist schon nach dem Wortlaut des Gesetzes tatbestandslos („Wer *einem anderen* ... Hilfe leistet"). Als Ratio dieser Regelung nennt man überwiegend den Gedanken der mitbestraften Nachtat (*Ruß* LK[11] Rdn. 20 m.w.N.). Ergänzend ist sie mit dem Rechtsgut des § 257 zu begründen (Rdn. 8 ff): Diese Strafvorschrift droht prospektiven Vortätern eine Isolierung an und verlangt nach der Vortat von den Rechtsgenossen eine „Entsolidarisierung" gegenüber dem Vortäter. Von sich selbst kann der Vortäter aber nicht isoliert werden, und eine Entsolidarisierung gegenüber sich selbst ist nicht sinnvoll einzufordern. Keine Selbstbegünstigung liegt vor, wenn jemand den Mittäter einer eigenen Tat begünstigt; denn auch dieser Mittäter ist ein „anderer" (**aA** *Hoyer* SK Rdn. 8). Es bleibt bei Absatz 3. – Verwirklicht die selbstbegünstigende Handlung handlungseinheitlich andere Tatbestände, bleibt die Strafbarkeit nach diesen Tatbeständen unberührt (etwa Meineid, Urkundenfälschung, falsche Verdächtigung oder auch Strafvereitelung zugunsten eines anderen).[94] **87**

Tatbestandslos sind auch die **„Anstiftung"** und die **„psychische Beihilfe"** zur Selbstbegünstigung, wenn also jemand den Vortäter dazu bringt, selbst die Vorteile aus der Tat zu sichern, oder wenn er ihn in dem Entschluss bestärkt, dies zu tun.[95] Erfasst wird von § 257 indes die physische Beihilfe zur Selbstbegünstigung, und zwar als *täterschaftliche* Begünstigung.[96] Dies gilt auch für die „technische Rathilfe", die von der noch herrschenden Lehre ebenfalls – begrifflich unglücklich – als psychische Beihilfe bezeichnet wird **88**

*der/Maiwald* II § 101 Rdn. 12 („krasser Systembruch"); *Ruß* LK[11] Rdn. 22; *Stree* JuS **1976** 137, 138; *Wessels/Hillenkamp* Rdn. 819 („fragwürdig"); **aA** *St. Cramer* MK Rdn. 32; *Seel* S. 82.

94 *Ruß* LK[11] Rdn. 20; *Wessels/Hillenkamp* Rdn. 818. Vgl. BGHSt **15** 53, 54; **5** 75, 81; **2** 375, 378.

95 *Ruß* LK[11] Rdn. 23a m.w.N.; hinsichtlich der psychischen Beihilfe verkannt von BGH NJW **1971** 525, 526 (insoweit in BGHSt **24** 38 nicht abgedruckt); **aA** *Hoyer* SK Rdn. 19, der jeweils täterschaftliche Begünstigung annimmt (sofern es tatsächlich zu der selbstbegünstigenden Handlung kommt).

96 BGH NJW **1971** 525, 526 (jedoch mit einer Überdehnung dieses Gedankens, vgl. soeben Fn. 95); *Hoyer* SK Rdn. 19; *Küper* BT S. 206; *Lenckner* JR **1977** 74, 75; *Ruß* LK[11] Rdn. 23a; vgl. auch BGHSt **27** 74, 75.

(vgl. *Schünemann* LK § 27 Rdn. 11, 49 m.w.N.). Nach allgemeinen Regeln möglich sind Anstiftung und Beihilfe zur *Fremd*begünstigung (*Altenhain* NK Rdn. 25).

89 Eine dem § 258 Abs. 5 entsprechende Regelung kennt § 257 nicht (Straflosigkeit der Strafvereitelung, die auch – nicht ausschließlich – die eigene Bestrafung verhindern will). Wer einen anderen begünstigt, ist mithin auch dann strafbar, wenn er sich zugleich selbst begünstigt (**partielle Selbstbegünstigung**).[97] Allerdings schließt Absatz 3 Satz 1 die Strafe aus, wenn der Begünstiger an der Vortat des anderen beteiligt ist, und das dürfte dann meist der Fall sein.

## VI. Absatz 2 (Strafrahmen)

90 § 257 Abs. 2 begrenzt den **Strafrahmen** der Begünstigung durch den der Vortat. Das ist aufgrund des Rechtsgutes dieses Tatbestandes (Rdn. 8 ff) auch richtig, denn die flankierende strafrechtliche Verstärkung einer schon originär mit Strafe bewehrten Primärnorm kann nicht aggressiver ausfallen als diese originäre Strafbewehrung. Wird der Strafrahmen der Vortat später gesenkt, entscheidet der im Zeitpunkt des Urteils niedrigere Strafrahmen (§ 2 Abs. 3, *Sch/Schröder/Stree* Rdn. 36). Sinn des Absatzes 2 ist es demnach, dass der Begünstiger nicht schlechter steht, als er an der Stelle des Begünstigten stände. Daher ist Absatz 2 auch – wie soeben geschehen – als Straf*rahmen*begrenzung zu verstehen und nicht, wie es der Wortlaut nahe legt, als Kappungsregel für den Fall, dass die im Strafrahmen des § 257 Abs. 1 zugemessene Strafe die Obergrenze des nach dem Strafrahmen der Vortat Möglichen überschreitet. Ferner ist der Strafrahmen der Vortat auch für den Begünstiger nach § 27 Abs. 2 zu mildern, wenn er einen Gehilfen begünstigt. Denn Vortat ist dann lediglich eine Beihilfe.[98] Für die Frage, welchen Strafrahmen die Vortat hat, ist es darüber hinaus richtig, § 28 zugunsten des Begünstigers entsprechend anzuwenden (eine entsprechende Anwendung zu seinen Ungunsten scheitert an Art. 103 Abs. 2 GG).[99] Dies wirkt sich etwa aus, wenn ein Nichtamtsträger einem Beamten den Vorteil aus einer Bestechlichkeit sichert (§ 332 mit § 28 Abs. 1 analog: Strafrahmen der Vortat ist der aus § 332 mit einer Milderung nach § 49 Abs. 1) oder den Vorteil aus einer Strafvereitelung im Amt (§ 258a mit § 28 Abs. 2 analog: Strafrahmen der Vortat ist der aus § 258).

91 Für **Irrtümer** gilt: Absatz 2 begrenzt den Strafrahmen auch, wenn der Begünstiger irrig eine Vortat annimmt, die einen geringeren Strafrahmen gehabt hätte.[100] Nimmt er irrig eine Vortat mit höherem oder dem § 257 gleich hohen Strafrahmen an, zählt jedoch die objektive Lage und wird der Strafrahmen also durch den tatsächlich geringeren der Vortat begrenzt.[101] Auch für die **Verjährungsfrist** ist der mildere Strafrahmen entscheidend.[102]

---

[97] BGH NJW **1961** 1827 m. Anm. *Gribbohm* NJW **1962** 597; RGSt **63** 373, 375; *Ruß* LK[11] Rdn. 20; **aA** *Geppert* Jura **1980** 327, 332.

[98] *St. Cramer* MK Rdn. 30; *Weisert* S. 127; **aA** *Sch/Schröder/Stree* Rdn. 36.

[99] So schon *Hoyer* SK Rdn. 38; **aA** hinsichtlich § 28 Abs. 1 sowie hinsichtlich einer Berücksichtigung besonderer persönlicher Merkmale *des Begünstigers* analog § 28 Abs. 2 (aber für ein Hinwegdenken *strafschärfender* besonderer persönlicher Merkmale *des Begünstigten*) *Sch/Schröder/Stree* Rdn. 36 unter Verweis auf BTDrucks. 7/550, S. 249.

[100] *St. Cramer* MK Rdn. 30; *Fischer* Rdn. 13; *Hoyer* SK Rdn. 38; *Ruß* LK[11] Rdn. 25; *Sch/Schröder/Stree* Rdn. 36; SSW-StGB/*Jahn* Rdn. 26.

[101] *Fischer* Rdn. 13; *Hoyer* SK Rdn. 38; *Ruß* LK[11] Rdn. 25; *Sch/Schröder/Stree* Rdn. 36.

[102] BGHR StGB § 257 Abs. 2 Verjährung 1; *St. Cramer* MK Rdn. 33; *Fischer* Rdn. 13; *Hoyer* SK Rdn. 39.

92 Der kleinere Strafrahmen ist auch für die **Strafzumessung** maßgeblich.[103] Die Bestrafung des Begünstigers kann höher oder niedriger ausfallen als die des Vortäters. Aus Absatz 2 ergibt sich, dass die Schwere der Vortat ein wesentlicher Gesichtspunkt für die Strafbemessung ist (*Ruß* LK[11] Rdn. 25; *Schroeder* NJW **1976** 980).

## VII. Absatz 4 (Verfahrensvoraussetzungen)

93 1. **Satz 1.** Absatz 4 sieht für bestimmte Fälle der Begünstigung besondere Verfahrensvoraussetzungen vor. Nach Satz 1 setzt die Strafverfolgung einen **Strafantrag** voraus, wenn der Begünstiger als Täter oder Teilnehmer der Vortat nur auf Antrag verfolgt werden könnte. Entsprechendes gilt für die **Ermächtigung** und ein **Strafverlangen** nach § 77e.

94 Das **Antragserfordernis** setzt voraus, dass der Begünstiger als *fiktiver Täter der Vortat* nur auf Antrag verfolgbar gewesen wäre.[104] Dabei kommt es allein auf die objektive Lage an (*Ruß* LK[11] Rdn. 26; *Wessels/Hillenkamp* Rdn. 820). Im Übrigen sind die Antragserfordernisse voneinander unabhängig: Wird gegen den Begünstiger Strafantrag gestellt, so scheitert die Durchführung des Verfahrens gegen ihn nicht deshalb, weil gegen den Vortäter kein Strafantrag gestellt wird oder dessen Tat für ihn selbst kein Antragsdelikt ist (*Fischer* Rdn. 14; *Ruß* LK[11] Rdn. 26).

95 2. **Satz 2. § 248a** gilt nach Satz 2 **„sinngemäß"**. Diese Vorschrift ist in den Fällen überflüssig, in denen sich das Antragserfordernis wegen Geringfügigkeit schon aus Satz 1 ergibt, wenn also der Begünstiger als fiktiver Täter der Vortat wegen deren Geringfügigkeit nach § 248a in unmittelbarer Anwendung nur auf Antrag zu verfolgen gewesen wäre. Voraussetzung ist, dass die Vortat ein Vermögensdelikt ist, für das § 248a gilt, und dass der Schaden aus der Vortat geringwertig bleibt; die Schwelle liegt derzeit nach der Rechtsprechung des Bundesgerichtshofes bei € 25 (2 StR 176/04 vom 9.7.2004). Diese Berücksichtigung des § 248a über § 257 Abs. 4 Satz 1 „versagt" also, wenn die Vortat kein Vermögensdelikt ist, aber der zu sichernde Vorteil als Bagatelle erscheint, oder wenn sie zwar ein Vermögensdelikt ist, der Schaden aber die Schwelle der Geringwertigkeit übersteigt, während der vom Begünstiger zu sichernde Vorteil unter dieser Schwelle bleibt, das heißt lediglich einen Teil des Schadens ausmacht. Ferner nützt der Verweis in § 257 Abs. 4 Satz 1 (auch) auf § 248a nichts, wenn bei der Vortat – und nur bei ihr – besondere Umstände zu berücksichtigen sind, die ein öffentliches Interesse an der Strafverfolgung begründen und so einen Antrag entbehrlich machen.

96 Im **Streit** ist, ob Satz 2 nur eingreift, wenn die Vortat ein Eigentums- oder Vermögensdelikt ist, auf das § 248a grundsätzlich anwendbar ist. Nach herrschender Ansicht ist dies nicht erforderlich.[105] Ihr zufolge kommt es ausschließlich darauf an, ob der zu sichernde Vorteil geringwertig ist, unabhängig von der Natur der Vortat. Schwierigkeiten entstehen, wenn es um einen Nichtvermögensvorteil geht. *Schroeder* empfiehlt dann eine „wertende Ermittlung" (*Maurach/Schroeder/Maiwald* II § 101 Rdn. 14), *Hoyer* geht stets

---

103 *Fischer* Rdn. 13; *Hoyer* SK Rdn. 39; *Ruß* LK[11] Rdn. 25.

104 OLG Frankfurt NJW **2005** 1727, 1735 (Fn. 2); *Fischer* Rdn. 14; *Wessels/Hillenkamp* Rdn. 805.

105 *Arzt/Weber/Heinrich/Hilgendorf* BT § 27 Rdn. 19; *Fischer* Rdn. 14; *Heghmanns* BT Rdn. 1694; *Hoyer* SK Rdn. 37; *Lackner/Kühl* Rdn. 10; *Maurach/Schroeder/Maiwald* II § 101 Rdn. 14; *Otto* BT § 57 Rdn. 16; *Ruß* LK[11] Rdn. 27; SSW-StGB/*Jahn* Rdn. 26; *Wessels/Hillenkamp* Rdn. 821.

von Geringwertigkeit aus (SK Rdn. 37). Präzisierend mag man so verfahren, wie für den Zivilprozess der Streitwert in Nichtvermögensangelegenheiten berechnet wird (vgl. §§ 2 ff ZPO, §§ 39 ff GKG und einschlägige Kommentare, etwa *Thomas/Putzo/Hüßtege* § 2 Rdn. 1 ff). *Stree* vertritt die Ansicht, dass § 257 Abs. 4 Satz 2 nur anwendbar sei, wenn die Vortat in einem Eigentums- oder Vermögensdelikt bestehe (*Sch/Schröder/Stree* Rdn. 38). Dann nimmt er ein Antragserfordernis jedoch auch an, wenn lediglich der zu sichernde Vorteil geringwertig ist, während der Schaden aus der Vortat einen größeren Umfang hat. Als Argument führt *Stree* an, dass sonst bei Nichtvermögensdelikten die Begünstigung gegenüber einer Beteiligung an der Vortat privilegiert werde (durch das Antragserfordernis), wofür es keinen Grund gebe.

**97** Für die **Lösung** ist zu bedenken, dass der Gesetzgeber ausschließlich die Fälle im Blick hatte, in denen die Vortat ein geringfügiges Vermögensdelikt ist (BTDrucks. 7/1261, S. 18). Sein Beweggrund für den Satz 2 des Absatzes 4 lag wohl darin, von der Staatsanwaltschaft ein etwaiges besonderes öffentliches Interesse an der Strafverfolgung mit Blick auf die Begünstigung beurteilen zu lassen und sie insoweit nicht an die Besonderheiten der Vortat zu binden (*Maurach/Schroeder/Maiwald* II § 101 Rdn. 14; allerdings sind die Ausführungen in BTDrucks. 7/1261, S. 18 insoweit missverständlich). Das spricht für die von *Stree* vertretene Ansicht, denn das, was der Gesetzgeber dann vermeiden wollte, stand nur bei Eigentums- und Vermögensdelikten als Vortaten zu befürchten. Auch ist tatsächlich nicht einzusehen, wieso die Begünstigung hinsichtlich des Antragserfordernisses bei Bagatellen großzügiger behandelt werden sollte als eine Beteiligung an der Vortat. Die Wortlautschranke gebietet dies nicht, denn der Begriff „sinngemäß" ist stark auslegungsbedürftig. Eine sachgerechte Auslegung ergibt also, dass *§ 248a nur anzuwenden ist, wenn dies grundsätzlich auch für die Vortat gilt.* Die Geringwertigkeit und ein etwaiges besonderes öffentliches Interesse an der Strafverfolgung sind aber *losgelöst* von der Vortat allein für die Begünstigung zu beurteilen.

## VIII. Tätige Reue?

**98** Unstreitig ist eine tatsächliche Sicherung des Vorteils aus der Vortat nicht erforderlich, nach herrschender Ansicht nicht einmal eine tatsächliche Verbesserung der Aussichten darauf (Rdn. 42). Es hätte für den Gesetzgeber nahegelegen, eine Entlastung wegen tätiger Reue vorzusehen, wenn der Täter die Vorteilssicherung im Ergebnis verhindert oder sich ernsthaft hierum bemüht, wenn sie ohne sein Zutun ausbleibt oder unabhängig von seiner Hilfe eintritt. Ein Beispiel ist das Verstecken der Beute, wenn es den Begünstiger reut und er eine Stunde später die Polizei informiert oder bereits verhindert, dass die Beute ein Versteck erreicht, das er geschaffen hatte. Der Gesetzgeber hat auf eine solche Regelung verzichtet. Dies ist kriminalpolitisch bedenklich. Einige wollen daher andere Rücktrittsvorschriften analog anwenden, etwa § 83a Abs. 1. Die **herrschende Meinung lehnt das ab.**[106] Dasselbe gilt hinsichtlich gleichlautender Vorschriften zur Tätigen Reue, namentlich §§ 306e, 314a, 330b.[107] Eine entsprechende Anwendung des § 261 Abs. 9 befürworten *Altenhain* NK Rdn. 27 und *Schittenhelm* FS Lenckner, S. 519, 535 (Selbstanzeige oder Sicherstellung des Tatgegenstandes bei der Geldwäsche). Herrschend ist

---

[106] *St. Cramer* MK Rdn. 27; *Fischer* Rdn. 11; *Lackner/Kühl* Rdn. 7; *Ruß* LK[11] Rdn. 19; SSW-StGB/*Jahn* Rdn. 15; *Wessels/Hillenkamp* Rdn. 817.

[107] Für die ablehnende herrschende Ansicht *St. Cramer* MK Rdn. 27; *Fischer* Rdn. 11; *Wessels/Hillenkamp* Rdn. 817; **aA** (für eine Analogie zu § 306e) *Rengier* BT 1 § 20 Rdn. 20.

wiederum die Gegenansicht (für sie SSW-StGB/*Jahn* Rdn. 15; *Wessels/Hillenkamp* Rdn. 817).

Voraussetzung einer Analogie ist eine planwidrige Regelungslücke (näher *Larenz/Canaris*, Methodenlehre der Rechtswissenschaft, 3. Aufl. [1995] S. 191 ff, 202 ff). Eine **Regelungslücke** mag man hier noch feststellen, da das Fehlen einer Vorschrift zur Tätigen Reue gerade nach der Einführung des § 261 besonders auffällt (*Altenhain* NK Rdn. 27; aA *Wessels/Hillenkamp* Rdn. 817). Sie ist aber wohl **nicht planwidrig**, denn der Gesetzgeber dürfte auf eine solche Vorschrift bewusst verzichtet haben (vgl. *Ruß* LK[11] Rdn. 19, allerdings ohne Nachweis; die BTDrucks. 7/1261 ist insoweit unergiebig). **99**

## IX. Konkurrenzen

1. **Innertatbestandliche Konkurrenz.** Mehrere Begünstigungshandlungen stehen zueinander nur dann in Tatmehrheit, wenn sie sich auf unterschiedliche Vorteile beziehen und keine natürliche Handlungseinheit vorliegt (vgl. RGSt 57 306, 307; näher zur natürlichen Handlungseinheit *Rissing-van Saan* LK Vor § 52 Rdn. 14, 19; *T. Walter* JA 2004 572 f). Gilt die Unterstützung jedoch demselben Vorteil desselben Vortäters aus derselben Vortat, so verhält es sich wie bei einer Beihilfe zu ein und derselben Tat durch mehrere Gehilfenhandlungen und ist folglich eine innertatbestandliche Handlungseinheit anzunehmen, welche die Handlungen für den Unterstützer zu einer Tat im Rechtssinne zusammenschmelzen lässt.[108] **100**

2. **Beihilfe zur Vortat.** Für das Verhältnis einer Beihilfe zur Vortat und der Begünstigung kommt es auf den Zeitpunkt der fraglichen Unterstützung an. Entscheidend ist allerdings nicht der Zeitpunkt der Unterstützungs*handlung*, sondern jener des Hilfe*erfolges* (Rdn. 13 f, 21 ff). Liegt er **vor der Vollendung**, ist nur Beihilfe möglich. Dies nach herrschender Ansicht auch in der Form psychischer Beihilfe (*Schünemann* LK § 27 Rdn. 14 ff m.w.N. auch zur Gegenansicht). Sie soll unter anderem darin liegen können, eine spätere Vorteilssicherung zuzusagen.[109] Kommt es zu dieser Sicherung tatsächlich, bleibt es gleichwohl bei der Beihilfe, weil die Begünstigung jetzt an § 257 Abs. 3 Satz 1 scheitert. Tritt der Hilfeerfolg erst **nach der Beendigung** der Vortat ein, kann nur noch § 257 eingreifen. **101**

Tritt der Hilfeerfolg **zwischen Vollendung und Beendigung** der Vortat ein, so muss eine Beihilfe ausschließen, wer sie schon generell in dieser Phase für ausgeschlossen hält; das ist eine im Schrifttum verbreitete und – abgesehen von Dauerdelikten (Rdn. 103 f) – zutreffende Ansicht.[110] Wer mit der Rechtsprechung anderer Ansicht ist,[111] steht vor der Frage, wie die Beihilfe von der Begünstigung abzugrenzen sei. Die Rechtsprechung stellt **102**

---

108 Zum Begriff des Hilfeleistens in § 27 und besagtem Zusammenschmelzen BGH NStZ 2000 430, 431; *T. Walter* JA **2004** 572, 573; *Wessels/Beulke* Rdn. 760.

109 BGHSt **11** 317; BGH NStZ **2008** 516; *Fischer* Rdn. 12; *Hoyer* SK Rdn. 22; *Lackner/Kühl* Rdn. 9.

110 Allgemein *Schünemann* LK § 27 Rdn. 42 m.w.N. (diese Ansicht wird dort als „im Schrifttum heute bereits herrschend“ bezeichnet); in Äußerungen zu § 257 *Arzt/Weber/Heinrich/Hilgendorf* BT § 27 Rdn. 20; *Jahn/Reichart* JuS **2009** 309, 311; *Lackner/Kühl* Rdn. 9; *Ruß* LK[11] Rdn. 5; SSW-StGB/*Jahn* Rdn. 11; *Wessels/Hillenkamp* Rdn. 804; *B. Wolff* S. 89 ff.

111 BGHSt **19** 319, 325; 6 248, 251; *Jescheck/Weigend* § 64 III 2b (S. 692). Weitere Nachweise bei *Schünemann* LK § 27 Rdn. 39.

gemeinsam mit einem Teil des Schrifttums auf die *Willensrichtung* des Helfers ab und meint, die Abgrenzung sei „im wesentlichen Tatfrage" (BGHSt 4 132, 133) oder gar „eine reine Tatfrage" (RGSt 58 13, 15).[112] Das passt zur subjektiven Täterlehre der Rechtsprechung, ist aber kaum einer Subsumtion zugänglich, weil sich die Beweggründe des Helfers sowohl in die eine wie in die andere Richtung formulieren lassen: Wer beim Abtransport der Beute in ein Versteck hilft, will zugleich bei der Vortat helfen und die aus ihr gezogenen Vorteile sichern. Auch die Beweisschwierigkeiten im Prozess liegen auf der Hand. Einige Autoren nehmen daher an, dass *stets* die *Beihilfe* der Begünstigung vorgehe.[113] Andere lassen gerade umgekehrt § 257 vorgehen (*Hoyer* SK Rdn. 23), was im Ergebnis der (wohl) herrschenden Lehre entspricht, dass nach Vollendung überhaupt keine Beihilfe mehr möglich sei. Das Reichsgericht hat das Abgrenzungsdilemma dadurch zu mildern versucht, dass es Tateinheit zwischen Beihilfe und Begünstigung zuließ und für den Gehilfenwillen ganz auf das Eigeninteresse des Helfers an seinem Hilfserfolg abstellte (RGSt 58 13 14 f zu einem Unterstützungsversuch in Bezug auf das Dauerdelikt des unerlaubten Waffenbesitzes, vgl. nachfolgend Rdn. 103 f).

**103** Bei sogenannten **Dauerdelikten** bestehen in der Regel keine rechtsstaatlichen Bedenken (Art. 103 Abs. 2 GG) dagegen, Beihilfe zwischen Vollendung und materieller Beendigung zuzulassen. Allerdings ist diese Deliktskategorie nicht hilfreich, denn die einschlägigen Taten unterscheiden sich nicht wesentlich von den sogenannten Zustandsdelikten (näher *T. Walter* LK Vor § 13 Rdn. 62). Lediglich zeichnet sie in der Regel aus, dass dem pflichtwidrigen, auch strafbaren Herbeiführen eines Erfolges ein pflichtwidriges Unterlassen folgt, den Erfolg wieder zu beseitigen, wobei die Pflichtwidrigkeit auf Ingerenz beruht. Dies ist indes ebenfalls bei Delikten möglich, die man als Zustandsdelikte bezeichnet. Doch wie dem auch sei: Hat jemand ein Delikt aktiv vollendet und folgt dem ein Unterlassen, den Vollendungserfolg wieder zu beseitigen, das jedenfalls tatbestandlich ein strafbares Unterlassen ist, so ist zu diesem Unterlassungsdelikt Beihilfe möglich; ganz gleich, ob das Unterlassungsdelikt für den Vortäter auf der Ebene der Gesetzeskonkurrenz unter den Tisch fällt. Beispiele: Bestärken des Täters einer Freiheitsberaubung darin, das Opfer nicht freizulassen (psychische Beihilfe); Verstärken einer Tür, hinter der das Opfer gefangen gehalten wird (physische Beihilfe). Erst recht gilt das in Bezug auf aktive Handlungen, die den deliktischen Zustand aufrechterhalten, etwa wenn jemand dem Täter einer Freiheitsberaubung hilft, Ausbruchsversuche des Opfers zu vereiteln. Eine für § 257 wichtige Möglichkeit solcher Konstellationen bieten die *Besitzdelikte* als Unterfall der sogenannten Dauerdelikte.

**104** Für die **Abgrenzung von Beihilfe und Begünstigung** will die Rechtsprechung wiederum auf die Willensrichtung des Helfers abstellen.[114] Das ist erneut schwierig, denn der Helfer will stets das Gleiche, und zwar den deliktischen Zustand (mit) aufrechterhalten, und das ist sowohl eine Sicherung dessen, was war, als auch eine Ermöglichung dessen, was kommt. Unterscheiden lässt sich aber wie folgt: Hat der Vortäter aus dem deliktischen Zustand *weitere Vorteile* gezogen und hilft jemand dabei, *diese* Vorteile zu sichern, so ist § 257 einschlägig. Beispiel: Jemand besetzt widerrechtlich ein leerstehendes Haus

---

112 OLG Köln NJW **1990** 587, 588; *Baumann* JuS **1963** 54 f; *St. Cramer* MK Rdn. 24; *Heghmanns* BT Rdn. 1684; *Horn* JA **1995** 218, 219.

113 *Geppert* Jura **1994** 441, 443; **1980** 269, 274; *Laubenthal* Jura **1985** 630, 633; *Maurach/Schroeder/Maiwald* II § 101 Rdn. 6; *Sch/Schröder/Stree* Rdn. 8; *Seelmann* JuS **1983** 32, 33; *Vogler* FS Dreher, S. 405, 416 f.

114 BGHSt 4 132, 138; 3 StR 283/52 vom 13.5.1953; 4 StR 484/52 vom 15.1.1953; RGSt 58 13, 14 f; zust. *Ruß* LK[11] Rdn. 6.

(§ 123), „vermietet" die Räume kurzfristig an bösgläubige Dritte, und ein anderer hilft ihm bei diesem Geschäft (Einziehung des Entgelts, Serviceleistungen für die Bewohner). Wer jedoch daran mitwirkt, den deliktischen Zustand als solchen aktiv aufrechtzuerhalten, oder den Vortäter dabei unterstützt, eine Beendigung dieses Zustands zu unterlassen – und das sind die häufigeren Fälle –, der leistet Beihilfe oder ist sogar Mittäter.[115]

**Tateinheit** zwischen Beihilfe und Begünstigung ist möglich, wenn eine Handlung zugleich einen Vorteil sichert und das Erlangen eines weiteren Vorteils ermöglicht.[116] In dem Fall der in Fn. 116 angeführten BGH-Entscheidung hatte ein Bankangestellter Kapital der Bankkunden ins Ausland transferiert, um den Kunden sowohl das Hinterziehen zukünftig anfallender Kapitalertragsteuern zu ermöglichen (§ 27) als auch das Behalten schon in der Vergangenheit hinterzogener Steuersummen. Eine Tateinheit dieses Musters ist ferner denkbar, wenn die Hilfe bei der Vorteilssicherung zugleich den Tatentschluss bestärkt, weitere Taten zu begehen. **105**

**3. Andere Delikte.** Sichert der Begünstiger einen Vorteil gegen Verfall, Einziehung oder Unbrauchbarmachung, gehen §§ 258, 258a dem § 257 als abschließende Sonderregelung vor (*Sch/Schröder/Stree* Vor § 257 Rdn. 2; zum Begriff der abschließenden Sonderregelung *T. Walter* JA 2005 468). Im Übrigen ist zwischen Begünstigung und **Strafvereitelung** Tateinheit möglich.[117] Sie setzt indes voraus, dass Sicherungs- und Strafvereitelungsabsicht gleichrangig nebeneinander bestehen (Rdn. 76) und § 258 nicht aufgrund des Selbstbegünstigungs- oder des Angehörigenprivilegs scheitert (Abs. 5 und 6). Es kann zwischen Begünstigung und Strafvereitelung auch Tatmehrheit gegeben sein.[118] Mit der **Hehlerei** (§ 259) ist Tateinheit möglich, da beide Tatbestände unterschiedliche Rechtsgüter schützen (vgl. hier Rdn. 8 ff und *T. Walter* LK § 259 Rdn. 109, je m.w.N.: konkurrenzdogmatische Funktion des Rechtsgutsbegriffs, vgl. *T. Walter* LK Vor § 13 Rdn. 8). Natürlich gilt dies nur, wenn der innere Tatbestand beider Vorschriften erfüllt ist.[119] Tateinheit ist ferner möglich mit den *Aussagedelikten* §§ 153 ff[120] und mit dem *Vortäuschen einer Straftat* (§ 145d, *Fischer* § 145d Rdn. 16). Für das Verhältnis zur **Geldwäsche** (§ 261) *Schmidt/Krause* LK § 261 Rdn. 53. **106**

---

115 RGSt 58 13; dort war es aber zu keinem Unterstützungserfolg gekommen, so dass nach richtigem Verständnis nur eine versuchte Beihilfe vorlag; SSW-StGB/*Jahn* Rdn. 12; *Vahrenbrink* S. 158. Für Idealkonkurrenz, wenn tatbestandlich sowohl Beihilfe als auch Begünstigung verwirklicht sind, *B. Wolff* S. 117 ff, 120.

116 BGHSt 46 107, 116 f (Fn. 36); *Fischer* Rdn. 15; *Ruß* LK[11] Rdn. 28.

117 *Fischer* Rdn. 15; *Lackner/Kühl* Rdn. 11; *Maurach/Schroeder/Maiwald* II § 101 Rdn. 15; *Sch/Schröder/Stree* Vor § 257 Rdn. 4 f; *Wessels/Hillenkamp* Rdn. 816.

118 RGSt 57 306, 307; 53 179, 180; 17 227, 230; *Ruß* LK[11] Rdn. 28.

119 BGHSt 2 362, 363; BGH 1 StR 259/76 vom 2.11.1976; RGSt 53 179, 180; 47 220, 222; 30 268, 269; *Fischer* Rdn. 15; *Ruß* LK[11] Rdn. 28.

120 RGSt 60 346, 348; *Fischer* Rdn. 15; *Ruß* LK[11] Rdn. 28.

## X. Wahlfeststellung und Einigungsvertrag

107 **Wahlfeststellung** ist zugelassen worden zwischen § 257 und: *Diebstahl*;[121] *Hehlerei* (*Ruß* LK[11] Rdn. 29); *Strafvereitelung*[122]; *Unterschlagung* (BGHR StGB § 257 Abs. 1 Konkurrenzen 1).

108 Zum Recht des Einigungsvertrages *Ruß* LK[11] Rdn. 30.

## § 258
## Strafvereitelung

**(1) Wer absichtlich oder wissentlich ganz oder zum Teil vereitelt, daß ein anderer dem Strafgesetz gemäß wegen einer rechtswidrigen Tat bestraft oder einer Maßnahme (§ 11 Abs. 1 Nr. 8) unterworfen wird, wird mit Freiheitsstrafe bis zu fünf Jahren oder mit Geldstrafe bestraft.**

**(2) Ebenso wird bestraft, wer absichtlich oder wissentlich die Vollstreckung einer gegen einen anderen verhängten Strafe oder Maßnahme ganz oder zum Teil vereitelt.**

**(3) Die Strafe darf nicht schwerer sein als die für die Vortat angedrohte Strafe.**

**(4) Der Versuch ist strafbar.**

**(5) Wegen Strafvereitelung wird nicht bestraft, wer durch die Tat zugleich ganz oder zum Teil vereiteln will, daß er selbst bestraft oder einer Maßnahme unterworfen wird oder daß eine gegen ihn verhängte Strafe oder Maßnahme vollstreckt wird.**

**(6) Wer die Tat zugunsten eines Angehörigen begeht, ist straffrei.**

**Schrifttum**

*Ackermann* Darf der Verteidiger auf Freispruch hinwirken, wenn er die Schuld des vor Gericht leugnenden Angeklagten kennt? Gedächtnisschrift Cüppers (1955) 92; *ders.* Die Verteidigung des schuldigen Angeklagten, NJW **1954** 1385; *Arzt* Geldwäscherei – Eine neue Masche zwischen Hehlerei, Strafvereitelung und Begünstigung, NStZ **1990** 1; *Beulke* Überwachung des Fernsprechanschlusses eines Verteidigers, Jura **1986** 642; *ders.* Der Verteidiger im Strafverfahren (1980) (zitiert: *Beulke* Verteidiger); *Bottke* Wahrheitspflicht des Verteidigers, ZStW **96** (1984) 726; *Burhoff/Stephan* Strafvereitelung durch Strafverteidiger (2008) (zitiert *Bearbeiter* Burhoff/Stephan); *Bülte* Die Strafbarkeit des Amtsträgers wegen Strafvereitelung und Steuerhinterziehung bei Verletzung der Mitteilungspflicht aus § 116 I 1 AO, NStZ **2009** 57; *Dencker* Der Hehler als „Verkaufskommissionär", Festschrift Küper (2007) 9; *Drees* Die Auswirkungen der Reform des EGStGB vom 2.3.1974 auf den objektiven Tatbestand der Strafvereitelung (1990); *Ebert* Die Strafvereitelung, Zeitschrift der Savigny-Stiftung für Rechtsgeschichte 110 (1993) S. 1 (zitiert *Ebert* ZRG **110** [1993] 1); *Engels* Vollstreckungsvereitelung (§ 258 Abs. 2 StGB) durch Zahlung fremder Geldstrafe? Jura **1981** 581; *Esser/Fischer* Strafvereitelung durch Überstellung von Piraterieverdächtigen an Drittstaaten? JZ **2010** 217; *Ferber* Strafvereitelung – Zur dogmatischen Korrektur einer mißglückten Vorschrift (1997); *Frank* Gedanken zur Strafvereitelung durch staatsanwaltschaftliches Handeln, Gedächtnisschrift Schlüchter (2002) 275; *Frisch* Tatbestandsprobleme der Strafvollstreckungsvereitelung, NJW

---

[121] BGHSt **23** 360 f mit zust. Anm. *H. Schröder* JZ **1971** 141; *St. Cramer* MK Rdn. 35; krit. Anm. *Hruschka* NJW **1971** 1392; BGH NJW **1989** 1490 m. Anm. *Stree* JR **1989** 384; *Fischer* Rdn. 15; *Lackner/Kühl* Rdn. 11; *Ruß* LK[11] Rdn. 29.

[122] *Fischer* Rdn. 15; *Ruß* LK[11] Rdn. 29; **aA** *St. Cramer* MK Rdn. 35.

1983 2471; *ders.* Zum tatbestandsmäßigen Verhalten der Strafvereitelung – OLG Stuttgart, NJW 1981, 1569, JuS **1983** 915; *Gatzweiler* Möglichkeiten und Risiken einer effizienten Strafverteidigung, StV **1985** 248; *F. Geerds* Über die Erscheinungsformen der Strafvereitelung, Festschrift von Hentig (1967) 133; *ders.* Kriminelle Irreführung der Strafrechtspflege. Über strafrechtliche und kriminologische Probleme von Falschverdächtigung, Deliktsvortäuschung und Strafvereitelung (§§ 164, 145d, 258, 258a StGB), Jura **1985** 617; *Geppert* Zum Verhältnis von Täterschaft/Teilnahme an der Vortat und sich anschließender Hehlerei, Jura **1994** 100; *Gribbohm* Ist die Anstiftung zur persönlichen Begünstigung straflos, wenn der Anstifter selbst begünstigt wird? MDR **1961** 197; *U. Günther* Das Unrecht der Strafvereitelung (§ 258 StGB) (1998) (Bspr. *Jerouschek/A. Schröder* GA **2000** 51); *Heinicke* Der Beschuldigte und sein Verteidiger in der Bundesrepublik Deutschland (1984); *Heinrich* Die Entgegennahme raubkopierter Software als Hehlerei, JZ **1994**, 938; *Hillenkamp* Zur Höchstpersönlichkeit der Geldstrafe, Festschrift Lackner (1987) 455; *Jahn* Kann „Konfliktverteidigung" Strafvereitelung (§ 258 StGB) sein? ZRP **1998** 103; *Jahn/Palm* Die Anschlussdelikte – Strafvereitelung (§§ 258, 258a StGB), JuS **2009** 408; *Jerouschek/A. Schröder* Die Strafvereitelung: ein Tatbestand im Meinungsstreit, GA **2000** 51; *Joerden* Fremd- und Eigenreferenz bei den Anschlussdelikten Begünstigung, Hehlerei und Geldwäsche, Festschrift Lampe (2003) 771; *Kappelmann* Die Strafbarkeit des Strafverteidigers (2006); *Keim* Beteiligung an straflosem Selbstschutz als strafbare Strafvereitelung i.S.v. § 258 StGB? (1990); *Kratzsch* Straflosigkeit einer mit einer Angehörigenbegünstigung konkurrierenden Fremdbegünstigung? JR **1974** 186; *Krekeler* Strafrechtliche Grenzen der Verteidigung, NStZ **1989** 146; *Krey/Dierlamm* Gewinnabschöpfung und Geldwäsche, JR **1992** 353; *Kudlich* Neuere Probleme bei der Hehlerei (§ 259 StGB), JA **2002** 672; *Küper* Zulässige „Rechtsrückbildung" oder unzulässige „Rechtsfortbildung"? Zur Verhaltensform der Strafvereitelung, Festschrift Schroeder (2006) 555; *ders.* Über das „zeitliche Verhältnis" der Hehlerei zur Vortat, Festschrift Stree/Wessels (1993) 467; *Küpper* Strafvereitelung und „sozialadäquate" Handlungen, GA **1987** 385; *Kusch* Die Strafbarkeit von Vollzugsbediensteten bei fehlgeschlagenen Lockerungen, NStZ **1985** 385; *Lamberti* Strafvereitelung durch den Strafverteidiger (1988); *Lange* Ist die Bezahlung fremder Prozeßstrafen gem. § 888 oder § 890 ZPO Begünstigung? Festschrift Engisch (1969) 621; *Laubenthal* Schutz des Strafvollzugs durch das Strafrecht, Festschrift Otto (2007) 659; *Lenckner* Das Zusammentreffen von strafbarer und strafloser Begünstigung, JuS **1962** 302; *ders.* Zum Tatbestand der Strafvereitelung, Gedächtnisschrift Schröder (1978) 339; *ders.* Begünstigung, Strafvereitelung und Vereidigungsverbot nach § 60 Nr. 2 StPO, NStZ **1982** 401; *Lenz* Die Vortat der Hehlerei (1994); *Martens* Mittelbarer Besitz des Betrügers und Hehlerei, JA **1996** 248; *Momberg* Strafvereitelung im Zusammenhang mit einstellungsfähigen Delikten, ZRP **1982** 70; *Elmar Müller* Strafverteidigung im Überblick, Praxis der Strafverteidigung Bd. 12 (1989); *Henning Ernst Müller* Rechtsprechungsüberblick zu den Rechtspflegedelikten (1997–2001) – (§§ 153 ff, 164, 258, 339, 356 StGB), NStZ **2002** 356; *Müller-Dietz* Strafverteidigung und Strafvereitelung, Jura **1979** 242; *Murmann* Zu den Voraussetzungen der (sukzessiven) Beteiligung – zugleich Anmerkung zu BGH, Urt. v. 18.12.2007 – 1 StR 301/07, NStZ 2008, 280, ZJS **2008** 456; *Ostendorf* Strafvereitelung durch Strafverteidigung, NJW **1978** 1345; *Otto* Strafvereitelung durch Verteidigerhandeln, Jura **1987** 329; *ders.* „Vorgeleistete Strafvereitelung" durch berufstypische oder alltägliche Verhaltensweisen als Beihilfe, Festschrift Lenckner (1998) 193; *ders.* Soziale Adäquanz als Auslegungsprinzip, Festschrift Amelung (2009) 225; *Pellkofer* Sockelverteidigung und Strafvereitelung (1999); *Pfeiffer* Zulässiges und unzulässiges Verteidigerhandeln, DRiZ **1984** 341; *Piatkowsky/Saal* Examensprobleme im Rahmen der Straftatbestände zum Schutz der Rechtspflege, JuS **2005** 979; *Plümer* Das Verhältnis zwischen Strafvereitelung und Beihilfe zur Vortat, Diss. Bonn 1979; *Rietmann* Zur Strafbarkeit von Verfahrenshandlungen (2002); *Rodenhäuser* Die Strafvereitelung. Ein Beitrag zur Kriminologie und zur strafrechtlichen Problematik dieser Deliktstypen (§§ 257, 257a, 258, 346) (1970); *Rose* Die Anforderungen an die Vortat der Hehlerei – Auswirkungen der Eigentums- und Besitzlage des Vortäters, JR **2006** 109; *Rosenkaymer* Täterschaft und Teilnahme bei der Strafvereitelung (§ 258 StGB) (1988); *Rudolphi* Grenzen der Überwachung des Fernmeldeverkehrs nach den §§ 100a, b StPO, Festschrift Schaffstein (1975) 433; *ders.* Strafvereitelung durch Verzögerung der Bestrafung und Selbstbegünstigung durch Vortäuschen einer Straftat – BayObLG, NJW 1978, 2563, JuS **1979** 859; *ders.* Täterschaft und Teilnahme bei der Strafvereitelung, Festschrift Kleinknecht (1985) 379; *Samson* Strafvereitelung auf Zeit, JA **1982** 181; *Satzger* Grundprobleme der Strafvereitelung, Jura **2007** 754; *Schautz* Strafrechtliche Grenzen des Verteidigerhandelns, insbesondere im Hinblick auf die

Strafvereitelung, § 258 StGB (1988); *Scheffler* Strafvereitelung und die Grenzen des Zeugnisverweigerungsrechts des Verteidigers, StV **1992** 299; *Hartmut Schneider* Kann ein Strafverteidiger durch Nichterscheinen in der Hauptverhandlung eine strafbare (versuchte) Strafvereitelung begehen? Jura **1989** 343; *Scholl* Die Bezahlung einer Geldstrafe durch Dritte – ein altes Thema und noch immer ein Problem, NStZ **1999** 599; *A. Schröder* Vortat und Tatobjekt der Strafvereitelung (1999); *H. Schröder* Die Koordinierung der drei Begünstigungstatbestände, NJW **1962** 1037; *ders.* Die Vereitelung von Sicherungsmaßregeln, NJW **1967** 1633; *F. Seebode* Die Abhängigkeit der Strafvereitelung von der Vortat (2000); *Seier* Die Trennlinie zwischen zulässiger Verteidigungstätigkeit und Strafvereitelung, JuS **1981** 806; *Siepmann* Abgrenzung zwischen Täterschaft und Teilnahme im Rahmen der Strafvereitelung, Diss. Münster 1988; *von Stetten* Die Sperrwirkung des § 258 StGB im Rahmen der Tätigkeit eines Strafverteidigers, StV **1995** 606; *Stephan* Strafvereitelung durch Strafverteidiger (2006); *Strzyz* Die Abgrenzung von Strafverteidigung und Strafvereitelung (1983); *Stumpf* Die Strafbarkeit des Strafverteidigers wegen Strafvereitelung (§ 258 StGB) (1999); *ders.* Zur Strafbarkeit des Verteidigers gemäß § 258 StGB, wistra **2001** 123; *ders.* Gibt es im materiellen Strafrecht ein Verteidigerprivileg? NStZ **1997** 7; *Ulsenheimer* Zumutbarkeit normgemäßen Verhaltens bei Gefahr eigener Strafverfolgung, GA **1972** 1; *Vogt* Berufstypisches Verhalten und Grenzen der Strafbarkeit im Rahmen der Strafvereitelung (1992); *Vormbaum* Der strafrechtliche Schutz des Strafurteils (1987); *Wappler* Der Erfolg der Strafvereitelung (§ 258 Abs. 1 StGB) (1998) (Bspr. *Jerouschek/A. Schröder* GA **2000** 51); *Wassmann* Strafverteidigung und Strafvereitelung (1982); *U. Weber* Probleme der Strafvereitelung (§ 258 StGB) im Anschluß an Urheberstraftaten (§§ 106 ff UrhG), Gedächtnisschrift K. H. Meyer (1990) 633; *Welp* Die Geheimsphäre des Verteidigers in ihren strafprozessualen Funktionen, Festschrift Gallas (1973) 391; *ders.* Die Rechtsstellung des Verteidigers, ZStW **90** (1978) 804; *Widmaier* Strafverteidigung im strafrechtlichen Risiko, FG BGH 50 (2000) 1042; *Zieschang* Jüngere Entwicklungen in der Rechtsprechung zu den Merkmalen „Absetzen" und „Absatzhilfe" im Rahmen des § 259 StGB, Gedächtnisschrift Schlüchter (2002) 403; *Zöller/Frohn* Zehn Grundprobleme des Hehlereitatbestandes (§ 259 StGB), Jura **1999** 378.

Siehe auch die Schrifttumsangaben vor § 257 und zu § 258a.

## Entstehungsgeschichte

Die Vorschrift entspricht der Fassung des EGStGB. Vor dem 1.1.1975 war die Strafvereitelung zusammen mit der (sachlichen) Begünstigung in den §§ 257, 258 a.F. geregelt. Der Wortlaut dieser Vorschriften in der Fassung, die sie durch das 1. StrRG erhalten haben, ist vor den Erläuterungen zu § 257 abgedruckt. Die Vereitelung der Vollstreckung von Maßregeln der Sicherung und Besserung war vor dem 1.1.1975 in § 257a a.F. geregelt. Diese durch das Gewohnheitsverbrechergesetz vom 24.11.1933 in das StGB neu eingefügte Vorschrift hatte folgenden Wortlaut (Fassung des 1. StrRG):

*(1) Wer, abgesehen von den Fällen der §§ 120, 121, 122a, 122b, vorsätzlich die Vollstreckung einer gegen einen anderen rechtskräftig angeordneten Maßregel der Sicherung und Besserung ganz oder zum Teil vereitelt, wird mit Freiheitsstrafe bis zu zwei Jahren oder mit Geldstrafe bestraft.*

*(2) Der Versuch ist strafbar.*

*(3) Wird die Tat zugunsten eines Angehörigen begangen, so tritt Straffreiheit ein.*

*Übersicht*

## I. Allgemeines

1 **1. Geschichte.** Römisches und Gemeines Recht betrachteten die Strafvereitelung als eine Form der Beihilfe nach der Tat (**auxilium post delictum**/factum; näher *Dersch* Begünstigung, Hehlerei und unterlassene Verbrechensanzeige in der gemeinrechtlichen Strafrechtsdoktrin bis zum Erlass des Reichsstrafgesetzbuchs [1980]; *Ebert* ZRG **110** [1993] 1 ff). Den Tatbeständen fehlte das Erfordernis eines Vereitelungserfolges. Sie begnügten sich damit, dass jemand dem Vortäter half, typischerweise in Form von Fluchthilfe; praktisch bedeutsam war das „Hausen und Hofen", also das Gewähren von Kost und Logis. Lediglich einige Amtsdelikte stellten es unter Strafe, einen Schuldigen nicht oder zu milde zu bestrafen, und verlangten damit einen Vereitelungserfolg. § 346 RStGB verlangte ihn als Gegenstand einer Absicht (beim Unterlassungsdelikt) beziehungsweise als objektive Eignung eines Handelns (beim Begehungsdelikt). Der Vorentwurf (VE) eines (neuen) Strafgesetzbuches für das Deutsche Reich von 1909 trennte erstmals – bereits unter dieser Bezeichnung – die Strafvereitelung (persönliche Begünstigung) von der (sachlichen) Begünstigung und machte sie zu einem Erfolgsdelikt. Gesetz wurde dies aber erst zum 1.1.1975. Zur Dogmengeschichte näher bei § 257 Rdn. 1 f. Eingehend zur Geschichte der Strafvereitelung ferner *Neumann* Reform der Anschlussdelikte (2007) S. 408 ff; *Wappler* S. 16 ff; vgl. Vor § 257 Rdn. 1.

2 **2. Kriminologie.** Vgl. zunächst zu § 257 Rdn. 3. Aussagen zur rechtstatsächlichen Seite der Strafvereitelung werden dadurch erschwert, dass die Polizeiliche Kriminalstatistik (PKS) die Anschlussdelikte noch immer zusammenfasst und lediglich Hehlerei und Geldwäsche gesondert ausweist. Ferner ist von einer ungewöhnlich hohen Dunkelziffer auszugehen (*F. Geerds* FS von Hentig, S. 133, 143; *Rodenhäuser* S. 110 ff, 152). Nimmt man an, dass die Strafvereitelung etwa ein Drittel der Fälle von Begünstigung und Strafvereitelung ausmacht, erhält man für 2008 die Zahl von rund **1.400 Strafvereitelungsfällen** nach der PKS (vgl. § 257 Rdn. 3 mit Nachweis). Die weitaus häufigste Form der Strafvereitelung mit einem Anteil von bis zu zwei Dritteln aller statistisch erfassten Fälle (Hellfeld) besteht in *Falschangaben* in einem Strafverfahren (*F. Geerds* Jura **1985** 617, 627; *Rodenhäuser* S. 127 ff). Das Spektrum der Lügen spannt sich von einem schlichten Ableugnen einer Bekanntschaft mit dem Täter über falsche Personenbeschreibungen und Alibis bis hin zur Selbstbezichtigung, die vergleichsweise oft vorkommt (vgl. *F. Geerds* aaO und FS von Hentig, S. 133, 146 ff; in der Untersuchung von *Rodenhäuser* macht der sogenannte Rollentausch rund 10 % der Fälle aus). Die zweithäufigste Fallgruppe mit

einem Anteil von bis zu einem Viertel ist die der *Manipulation von Sachbeweisen* (*F. Geerds* Jura **1985** 617, 627; *Rodenhäuser* S. 125). Untergeordnete Bedeutung mit jeweils nur 3–5 % der Fälle haben das schlichte Verbergen und Versorgen des Vortäters (ohne Falschangaben gegenüber der Polizei) und die unlautere Beeinflussung von Zeugen und Strafantragsberechtigten (*F. Geerds* aaO S. 627 f und *Rodenhäuser* S. 123 f, 132 f). Noch seltener ist mit etwas über 3 % die Fluchthilfe einschließlich einer Warnung des Vortäters (*F. Geerds* aaO S. 627; *Rodenhäuser* S. 125). Praktisch nicht zu Buche schlägt die Strafvereitelung im Amt (§ 258a). Sie bleibt unter 1 % der Fälle (*F. Geerds* aaO S. 628; *Rodenhäuser* S. 134). Es sei allerdings wiederholt, dass sich sämtliche Zahlen auf das Hellfeld beziehen. Wohl noch häufiger als bei der Begünstigung und jedenfalls in den weitaus meisten Fällen (über 90 %) hat der Täter ein altruistisches Motiv, in der Regel aufgrund einer persönlichen Beziehung zum Vortäter (*Rodenhäuser* S. 141 ff). Im Jahr 2007 wurden laut Statistischem Bundesamt 1.435 Personen, davon 1.013 Männer, wegen Begünstigung oder Strafvereitelung verurteilt.

3 3. **Rechtsgut.** Auch bei § 258 spielt das Rechtsgut für die **Auslegung** eine Rolle sowie, weniger wichtig, für die Frage, ob eine rechtfertigende Einwilligung in Betracht komme, für die Möglichkeit eines Klageerzwingungsverfahrens und für die Konkurrenzen. Und auch bei § 258 besteht sowohl bei der Bestimmung des Rechtsguts als auch bei der Auslegung die Gefahr von Zirkelschlüssen (siehe § 257 Rdn. 4 mit weiterem Nachweis). Wiederum kann das Ziel nur sein, die Bestimmung des Rechtsguts und die Auslegung aufeinander abzustimmen und dabei ein Rechtsgut zu definieren, das einem systemkritischen Blick standhält (Legitimierungsfunktion, aaO).

4 Die ganz **herrschende Meinung** betrachtet die Rechtspflege, genauer die *Strafrechtspflege* als das Rechtsgut des § 258.[1] Bei ihr handelt es sich um ein Gemeinrechtsgut (Kollektivrechtsgut). Anders als bei der Begünstigung nach § 257 verzichtet man für § 258 darauf, die Interessen des durch die Vortat Geschädigten als weiteres und gleichrangiges Rechtsgut anzusehen. Zur herrschenden Meinung dürften auch die Stimmen zu rechnen sein, die als das Schutzobjekt (besser: Angriffsobjekt) der Strafvereitelung das staatliche Sanktionsrecht im Sinne von Strafanspruch ansehen.[2]

5 Die von *Miehe* begründete und von *Schroeder* fortgeführte **Rechtsgeltungstheorie** betrachtet wie für § 257 (vgl. dort Rdn. 7) das Strafrecht und seine Geltung als Rechtsgut des Tatbestandes der Strafvereitelung, und zwar das Strafrecht, nach dem der Vortäter verfolgt oder nach dem gegen ihn eine Strafe oder Maßnahme vollstreckt werden könnte. Mit anderen Worten spricht diese Ansicht der Strafvereitelung ein eigenes Rechtsgut ab und sieht die Aufgabe des Tatbestandes darin, die durch die Vortaten angegriffenen Güter mitzuschützen. Ziel des § 258 ist es danach, die präventive Kraft der strafrechtlichen Sanktionen zu erhöhen: die generalpräventive Wirkung der Sanktionsdrohungen und die spezialpräventive Wirkung der Sanktionen.[3]

---

[1] BGHSt **43** 82, 84; **30** 77, 78 = JR **1982** 80 m. Anm. *H.-L. Günther;* **23** 360, 361; BGH wistra **1989** 19; OLG Düsseldorf StV **1998** 65, 66; OLG Karlsruhe OLGSt StPO § 138a Nr. 7; OLG Celle JR **1981** 34 m. Anm. *F. Geerds;* OLG Bremen JR **1981** 474 m. Anm. *Müller-Dietz*; *Arzt/Weber/Heinrich/Hilgendorf* BT § 26 Rdn. 1; *Fischer* Vor § 257 Rdn. 2; *Frank* GS Schlüchter, S. 275; *U. Günther* S. 38; *Heghmanns* BT Rdn. 1795; *Jahn/Palm* JuS **2009** 408; *Lackner/Kühl* Rdn. 1; *Ruß* LK[11] Rdn. 1; *Satzger* Jura **2007** 754, 755; *Sch/Schröder/Stree* Rdn. 1 (siehe aber auch Fn. 3); *Stree* JuS **1976** 137, 139. Für Abs. 2 auch *A. Schröder* S. 185.

[2] *Müller-Dietz* Jura **1979** 242, 244 f; *Ostendorf* NJW **1978** 1345, 1346 und 1348; zum Verhältnis von Rechtsgut und Angriffsobjekt *T. Walter* LK Vor § 13 Rdn. 14.

[3] *Miehe* FS Honig, S. 91, 105; *Maurach/Schroe-*

Ein anderer Ansatz besteht darin, das Rechtsgut für den Absatz 1 des § 258 (Verfolgungsvereitelung) anders zu bestimmen als für den Absatz 2 (Vollstreckungsvereitelung), hier so genannte **Differenzierungslösung** (zum Teil nennt man die Verfolgungsvereitelung „Verhängungsvereitelung", etwa *Hoyer* SK Rdn. 1; das ist begrifflich genauer, aber weniger anschaulich). Sie plädiert dafür, als Rechtsgut des Absatzes 1 die staatliche Sanktionsberechtigung anzusehen, zum Teil ergänzt um deren präventive Wirkung, als Rechtsgut des Absatzes 2 jedoch die general- und spezialpräventive Wirkung der Strafvollstreckung.[4] Das entspricht im ersten Teil der herrschenden Ansicht in jener Ausprägung, die das Angriffsobjekt mit dem Rechtsgut gleichsetzt, und im zweiten Teil entspricht es der Rechtsgeltungstheorie, so dass man auch von einer Kombinationslösung sprechen könnte. 6

Eine weitere Ansicht geht für *beide* Absätze von zwei Rechtsgütern aus, so dass man sie eine **Theorie vom Doppelrechtsgut** nennen mag. Und zwar schütze § 258 zum einen das materielle Strafrecht in Gestalt des staatlichen Sanktionsanspruchs und zum anderen die präventive Wirkung, die von seiner Durchsetzung ausgegangen wäre (*Hoyer* SK Rdn. 3 mit weiteren Nachweisen). *Hoyer* ergänzt aaO, dass § 258 „letztlich" auch die Rechtsgüter schütze, die von der Vortat betroffen seien. Damit ist aber wohl lediglich ein Schutzreflex gemeint, der für die Bestimmung des Rechtsgutes nach allgemeiner Ansicht nicht zu Buche schlägt. Sehr ähnlich *Amelung* JR **1978** 227, 229: Schutz des staatlichen Strafanspruchs sowie Schutz der faktischen Geltung aller Strafnormen, die durch die Vortaten verletzt werden können, und ihrer Rechtsgüter. 7

Die Heterogenität des Meinungsspektrums mildert sich bei näherem Zusehen. Weitgehend Einigkeit besteht darüber, dass **ausschließlich kollektive Güter** geschützt werden. Das ist auch richtig, denn unstreitig kann weder die Zustimmung des Opfers der Vortat den Tatbestand ausschließen oder die Tat rechtfertigen noch kann dieses Opfer ein Klageerzwingungsverfahren betreiben (OLG Nürnberg NStZ-RR **2000** 54; OLG Frankfurt a.M. NStZ-RR **1998** 279 [zu § 258a]). 8

Sachgerecht ist es ferner, mit der weit überwiegenden Ansicht von einem **einheitlichen Rechtsgut** für die Verfolgungs- wie für die Vollstreckungsvereitelung auszugehen. Dafür, das Rechtsgut der Verfolgungsvereitelung anders zu bestimmen als das der Vollstreckungsvereitelung, scheint zu sprechen, dass die Verfolgungsvereitelung nach einhelliger Ansicht einen materiell begründeten Sanktionsanspruch bedingt, während die Vollstreckungsvereitelung nach herrschender, wenn auch bestrittener Ansicht nur eine rechtskräftige Entscheidung voraussetzt, die auch zu Unrecht ergangen sein kann – und eine solche Entscheidung erlaubt zwar die Sanktion, begründet aber nach allgemeiner Ansicht keinen materiellen Sanktionsanspruch (*U. Günther* S. 31 mit weiteren Nachweisen; vgl. Rdn. 38). Ferner scheint dies hinsichtlich der Verfolgungsvereitelung gegen die herrschende Meinung zu sprechen, denn die staatliche Strafrechtspflege wird auch gestört, wenn jemand mit Täuschungen und Manipulationen versucht, Ermittlungen gegen einen 9

---

*der/Maiwald* II § 100 Rdn. 5; *Schroeder* Straftaten, S. 15. Für Abs. 1 auch *A. Schröder* S. 37, 183 (der allerdings S. 36 die Formulierung *Schroeders* ablehnt, dass das Strafrecht als Ganzes geschützt werde, und das Rechtsgut des Absatzes 1 im staatlichen *Strafanspruch* sieht); *Seel* S. 24 ff. Inhaltsgleich und nur in den Formulierungen abweichend (so schon *U. Günther* S. 33) *Lenckner* GS Schröder S. 339, 340; *Rudolphi* JuS **1979** 859, 861. Die generalpräventive Wirkung des Strafrechts zu stärken sieht auch *Sch/Schröder/Stree* Rdn. 1 als Aufgabe des § 258 an.

4 *Jerouschek/A. Schröder* GA **2000** 51, 52; *Kusch* NStZ **1985** 385, 389; *A. Schröder* S. 34 ff, 159 ff, 183, 185 (Sanktionsanspruch versus Strafrechtspflege); *F. Seebode* S. 23, 28, 144; *Stumpf* S. 52 ff (ordnungsgemäße und materiell richtige Sanktionsverhängung versus ordnungsgemäße Sanktionsvollstreckung).

Unschuldigen zu torpedieren. Beide Schlüsse sind aber nicht zwingend. Für die herrschende Ansicht ist es durchaus plausibel, die Strafrechtspflege vor einer rechtskräftigen Entscheidung nur bei materiell vorhandenem Sanktionsanspruch schützen zu wollen, danach aber die Rechtskraft und ihre Wirkungen als Essenzialien der Strafrechtspflege anzusehen; die deutliche Trennung dieser Stadien ist schließlich ein Wesenszug des Strafverfahrensrechts. Und für die Stimmen, welche die präventiven Wirkungen der Sanktionen geschützt sehen, ist keineswegs alles dadurch verloren, dass die Vollstreckungsvereitelung nach herrschender Ansicht auch strafbar ist, wenn sie zugunsten eines Unschuldigen begangen wird. Denn wenigstens die Generalprävention leidet darunter nicht, die negative Generalprävention (Abschreckung) müsste gar verstärkt werden. Mittelbar kann sogar die Spezialprävention angeführt werden: Nur wenn *jede* rechtskräftige Sanktionsentscheidung vollstreckt wird, werden auch jene Entscheidungen vollstreckt, die auf die Richtigen zielen.

**10** Am plausibelsten ist es, wie für die Begünstigung und in Anlehnung an die Rechtsgeltungstheorie als Schutzgut des § 258 die **Primärnormen** (Verhaltensnormen) zu sehen, die durch die **Vortaten** verletzt werden (vgl. § 257 Rdn. 8 ff). Der Tatbestand der Strafvereitelung sichert die Maßnahmen, die auf eine Verletzung dieser Normen reagieren, und unterstreicht damit deren Bedeutung. Dass dies nicht ein Individualrechtsgut hervorbringen muss, soweit sich Vortaten gegen ein solches gerichtet haben, ist für § 257 bereits dargetan (aaO) und gilt hier entsprechend. Den Bezug zu den Normen, die der Vortäter missachtet, stellt auch § 258 Abs. 3 augenfällig her, der – wie bei der Begünstigung § 257 Abs. 2 – den Strafrahmen für den Vereitelungstäter durch den des Vortatdeliktes begrenzt (näher Rdn. 170 ff). Mit dieser Beschreibung des Rechtsgutes ist die herrschende Ansicht ebenfalls zu vereinbaren. Der Begriff der Strafrechtspflege steht dann für etwas, das *Tiedemann* als „mediatisiertes Zwischenrechtsgut" beschrieben hat, welches sich zwischen die Interessen Einzelner und das staatliche Interesse des Kollektivs schiebe (zuletzt in Wirtschaftsstrafrecht AT Rdn. 60 mit weiteren Nachweisen). Dass dies für die Begünstigung nicht in gleicher Weise möglich ist, liegt lediglich daran, dass dort ein entsprechender zusammenfassender Begriff fehlt, weil die Wege ganz unterschiedlich ausfallen können, auf denen die Opfer der Vortaten (oder der Staat) den Vorteil wiedererlangen, den der Vortäter aus seinem Delikt gezogen hat. Sie reichen von einer privaten Initiative über Zivilverfahren, das heißt die Zivilrechtspflege, bis hin zum Adhäsionsverfahren und damit zur Strafrechtspflege.

**11** 4. **Deliktsnatur.** Die Strafvereitelung ist heute unstreitig in beiden Tatbestandsalternativen – Verfolgungs- und Vollstreckungsvereitelung – ein Erfolgsdelikt.[5] Zu den Anforderungen an die Vollendung Rdn. 30 ff. Der Erfolg besteht allerdings in einem Negativum, also darin, dass etwas *nicht* geschieht: dass die Ahndung oder die Vollstreckung mindestens für geraume Zeit ausbleibt. Man sollte daher von einem *negativen Erfolgsdelikt* sprechen in Abgrenzung zu den positiven Erfolgsdelikten, die den Eintritt eines Ereignisses oder Zustands positiv voraussetzen, etwa den Tod eines Menschen (näher zu diesen

---

[5] BGHSt **31** 10, 12 = NStZ **1982** 329 (m. Anm. *Beulke; Sonnen* JA **1982** 516); OLG Köln NJW **1975** 459, 460; OLG Bremen JR **1981** 474; KG JR **1985** 24, 25 = NDV (Nachrichtendienst des deutschen Vereins für öffentliche und private Fürsorge) **1985** 52 m. Anm. *Molitor; Arzt/Weber/Heinrich/Hilgendorf* BT § 26 Rdn. 3; *Fischer* Rdn. 2; *Lackner/Kühl* Rdn. 1; *Lenckner* GS Schröder, S. 339, 344; *Maurach/Schroeder/Maiwald* II § 100 Rdn. 6; *Müller-Dietz* Jura **1979** 242, 245; *Rudolphi* JuS **1979** 859, 860; *Ruß* LK[11] Rdn. 1, 10; *Sch/Schröder/Stree* Rdn. 1; *Stree* JuS **1976** 137, 140.

Begriffen, zu ihrem Zusammenhang mit dem Begriffspaar von Handeln und Unterlassen sowie zu den dogmatischen Folgerungen *T. Walter* ZStW **116** [2004] 555 ff). Das Gesetz verlangt keinen besonderen Verhaltensmodus. Die Strafvereitelung ist daher auch ein **reines (negatives) Erfolgsdelikt** im Gegensatz zu sogenannten verhaltensgebundenen Delikten, bei denen der Erfolg auf ganz bestimmte Art und Weise herbeigeführt werden muss; etwa durch eine Täuschung (§ 263) oder mittels einer das Leben gefährdenden Behandlung (§ 224). Der Unterschied spielt für die actio libera in causa eine Rolle, da sie nach jetzt wohl herrschender Ansicht für verhaltensgebundene Delikte ausgeschlossen ist.[6] Ferner ist bei reinen Erfolgsdelikten nach herrschender Ansicht die Entsprechensklausel des § 13 Abs. 1 ipso iure erfüllt (Rdn. 87). Dass die Strafvereitelung ein reines Erfolgsdelikt ist, verlangt allerdings entgegen Missverständnissen im Schrifttum keineswegs, jedwedes Ursächlichwerden für den Erfolg auch als *Täterschaft* zu erfassen. Ebenso kommt Teilnahme in Betracht und sogar straflose Teilnahme, wenn nämlich die „Haupttat" in einer tatbestandslosen Selbstbegünstigung besteht; näher Rdn. 156 ff.

*Angriffsobjekt* ist bei der Verfolgungsvereitelung die Durchsetzung eines materiell begründeten staatlichen Sanktionsanspruchs und bei der Vollstreckungsvereitelung (nach herrschender Ansicht) die Durchsetzung eines formellen staatlichen Anspruchs auf die Vollstreckung der Sanktion. Diese Begriffe mögen in ihrer aktionenrechtlichen Färbung im Strafrecht fremd wirken, haben sich aber eingebürgert und sind so plastisch, dass die sprachliche Fremdheit zu verkraften ist (**krit.** *Stumpf* S. 50 mit weiteren Nachweisen). Da die Durchsetzung jeweils tatsächlich behindert werden muss, lässt sich § 258 als **Verletzungsdelikt** charakterisieren (vgl. *T. Walter* LK Vor § 13 Rdn. 65 ff und GA **2001** 131, 137 ff). **12**

Ferner kann die Strafvereitelung ein **Dauerdelikt** sein, und zwar wenn die Ahndung oder Vollstreckung nicht mit einem Schlag endgültig verhindert wird, sondern wenn der Täter sie lediglich für geraume Zeit verzögert. Dann ist die Tat vollendet, sobald die Verzögerung eine geraume Zeit erreicht, und beendet, wenn die Ahndung oder Vollstreckung entweder (wieder) einsetzt oder endgültig scheitert. **13**

Im Gegensatz zur Hehlerei (§ 259), aber wie bei der Beihilfe und bei der Begünstigung ist die Strafvereitelung unstreitig ein Delikt, das auch ohne die Zustimmung und sogar **gegen den Willen des Vortäters** begangen werden kann (RGSt **36** 76, 78; *Ruß* LK[11] Rdn. 10c; SSW-StGB/*Jahn* Rdn. 17). **14**

Ferner ist sie **kein heimliches Delikt**. Zwar handelt der Täter in der Regel so, dass sein Wirken den staatlichen Stellen verborgen bleibt. Notwendig ist das aber nicht. **15**

5. **Internationales Strafrecht.** Für das sogenannte internationale Strafrecht ist festzuhalten, dass – in den Worten der herrschenden Meinung – nur die **inländische Strafrechtspflege** geschützt wird (*Ruß* LK[11] Rdn. 1; *Sch/Schröder/Stree* Rdn. 9). Dies entspricht dem Grundsatz, dass Gemeinrechtsgüter (Kollektivrechtsgüter) sich nur in inländischen Einrichtungen und Interessen äußern (vgl. nur *Werle/Jeßberger* LK Vor § 3 Rdn. 271 ff; *T. Walter* JuS **2006** 870). In der Sache besteht für alle Ansichten zum Rechtsgut des Tatbestandes Einigkeit, dass daher für eine Verfolgungsvereitelung die **16**

---

6 BGHSt **42** 235, 239 = JuS **1997** 377 m. Bspr. *Martin* (weitere Anm./Bspr.: *Gottwald* DAR **1997** 302; *ders.* JA **1998** 343; *Hardtung* NZV **1997** 97; *Hirsch* JR **1997** 391; *Horn* StV **1997** 264; *Hruschka* JZ **1997** 22; *Mutzbauer* JA **1997** 97; *Neumann* StV **1997** 23; *Otto* Jura **1999** 217; *Satzger* NStZ **1998** 112; *Spendel* JR **1997** 133; *Wolff* NJW **1997** 2032); *Schöch* LK § 20 Rn. 195.

Vortat nach deutschem Strafrecht strafbar sein muss (siehe nur *Fischer* Rdn. 5). Auch die Voraussetzungen der §§ 3 ff müssen für die Vortat unstreitig vorliegen. Für eine Vollstreckungsvereitelung ist eine deutsche rechtskräftige Entscheidung erforderlich. Denn nur in diesen Fällen besteht ein deutscher Sanktionsanspruch und damit ein taugliches Angriffsobjekt.

17 Für den **Tatort** nach § 9 folgert die herrschende Meinung, dass er stets im Inland liege, weil der Vereitelungserfolg nur dort eintreten könne, und zwar die (mindestens) Verfolgungs- oder die Vollstreckungsverzögerung.[7] Dies setzt voraus, dass der Erfolgsort einer Strafvereitelung stets jener Ort ist, an dem die vereitelte Ahndung oder Vollstreckung vorgenommen worden wäre. Das ist plausibel (zweifelnd *H. E. Müller* NStZ **2002** 356, 361) und passt dazu, wie man für Unterlassungsdelikte den Handlungsort bestimmt, nämlich jedenfalls auch als den Ort, an dem die unterlassene Handlung vorzunehmen war (*Werle/Jeßberger* LK § 9 Rdn. 19; *T. Walter* JuS **2006** 870, 871). Die Parallele zu den Unterlassungsdelikten besteht darin, dass bei ihnen das Verhalten und bei § 258 der Taterfolg in einem Negativum besteht (Rdn. 11). Allerdings wendet *Müller* aaO gegen die herrschende Meinung auch ein systematisches Argument ein in Verbindung mit einem Umkehrschluss: Die herrschende Meinung führt zu einer weltweiten (universellen) Geltung des § 258, obwohl diese Norm nicht in § 5 genannt wird, das heißt in jener Vorschrift, die aufzählt, für welche Delikte das deutsche Strafrecht unabhängig vom Recht des Tatorts – weltweit – gilt (ähnlich *Schroeder* JR **1998** 428; *Stuckenberg* JAR **2001** 13, 14 f). Dieses Argument gewinnt zusätzliche Kraft dadurch, dass die Aussagedelikte (§§ 153–156) in § 5 aufgeführt sind; denn sie richten sich zumindest gegen ein sehr ähnliches, nach verbreiteter Ansicht sogar gegen das gleiche Rechtsgut wie die Strafvereitelung. Auch ist zu bedenken, dass die herrschende Meinung dazu führen muss, vielen Delikten gegen Gemeinrechtsgüter einen Tatort in Deutschland zuzuschreiben, da bei diesen Delikten die Angriffsobjekte – materielle wie immaterielle – oft im Inland belegen sind. Dies wiederum bewirkt eine weitgehende Überdeckung von Territorialprinzip (§§ 3, 9) und Schutzprinzip (§ 5) mit der Anschlussfrage, warum das Schutzprinzip dann überhaupt in der gegenwärtigen Form positiviert worden sei (vgl. *Müller* aaO).

18 Gleichwohl ist der dogmatisch gut begründeten **herrschenden Meinung beizupflichten**. Denn die Überdeckung ist keineswegs vollständig. Erstens sind nach herrschender Ansicht nicht alle Delikte, die § 5 aufführt, Erfolgsdelikte; Gegenbeispiele sind unter anderen die Unternehmensdelikte im Staatsschutzstrafrecht, etwa § 81 (Hochverrat gegen den Bund). Zweitens gibt es unter den Erfolgsdelikten, die § 5 nennt, einige, deren tatbestandsmäßiger Erfolg auch im Ausland eintreten kann, zum Beispiel bei der landesverräterischen Ausspähung (§ 96; der Erfolg ist das Sichverschaffen eines Staatsgeheimnisses). Daher hat § 5 auch dann seine Berechtigung, wenn man § 258 im Ergebnis ebenfalls eine weltweite Geltung zuerkennt: In § 5 zählt der Gesetzgeber die Tatbestände auf, für die er in jedem Fall eine weltweite Geltung will, ohne damit auszuschließen, dass es über §§ 3 und 9 noch für andere Tatbestände zu diesem Ergebnis kommt. Es ist mit anderen Worten nicht ersichtlich, dass § 5 nur als abschließende Sonderregelung mit einer „Sperrwirkung" für andere Tatbestände zu erklären wäre.

19 Für *Handlungen von Ausländern im Ausland* verhindert dann ein **Verbotsirrtum** gemäß § 17 in einigen Fällen die (volle) Strafbarkeit, und zwar dann, wenn der Handelnde überhaupt nicht an ein Verbot nach deutschem Recht gedacht hat, insbesondere bei

---

[7] BGHSt **45** 97, 100 (Fall des Bauunternehmers Schneider); **44** 52, 56; *Fischer* Rdn. 2; *T. Walter* Kern des Strafrechts, S. 305.

Handlungen im Internet (siehe *Valerius* NStZ 2003 341, 343; zustimmend *T. Walter* Kern des Strafrechts, S. 306). Anders lag es aber im Fall des Bauunternehmers Schneider (BGHSt 45 97). Dort waren sich die Täter bewusst, die deutsche Strafverfolgung zu behindern, und rechneten keineswegs damit, dass ihnen dies nach deutschem Recht erlaubt wäre; lediglich wussten sie, dass es nach dem Recht ihres Handlungsortes, der Schweiz, nicht strafbar war (*T. Walter* Kern des Strafrechts, S. 305 f). Um auch für eine solche Gestaltung zu § 17 zu kommen, müsste man entgegen der herrschenden Auffassung[8] den Irrtum über die Anwendbarkeit des deutschen Strafrechts (Anwendbarkeitsirrtum) als Verbotsirrtum ansehen (so *Müller* aaO; *Neumann* FS BGH 50, S. 83, 99). Auf den ersten Blick spricht hierfür eine gewisse Parallele zum Gültigkeitsirrtum (irrige Annahme, dass ein Straftatbestand verfassungswidrig oder sonst nichtig sei), den man ebenfalls unter § 17 subsumiert.[9] Doch ist dies erstens zweifelhaft, weil es das Verwerfungsmonopol des Bundesverfassungsgerichts übergeht (*T. Walter* aaO S. 305). Zweitens sind Gültigkeits- und Anwendbarkeitsirrtum nicht zwingend gleich zu behandeln.

## II. Äußerer Tatbestand

1. **Vortat (Verfolgungsvereitelung).** Bei der Verfolgungsvereitelung muss der Täter vereiteln, dass ein anderer „dem Strafgesetz gemäß wegen einer rechtswidrigen Tat bestraft oder einer Maßnahme (§ 11 Abs. 1 Nr. 8) unterworfen wird". Das Tatbestandsmerkmal der rechtswidrigen (Vor-)Tat gewinnt nähere Gestalt durch das Erfordernis, dass aufgrund dieser Vortat ein **materieller Anspruch des Staates auf eine Sanktion** tatsächlich bestehen und durchsetzbar sein muss.[10] Schon aus § 11 Abs. 1 Nr. 5 folgt unstreitig, dass Ordnungswidrigkeiten nicht in Betracht kommen und dass sich die Strafbarkeit aus dem deutschen Strafrecht zu ergeben hat. Die Tat muss aber nicht nur den äußeren und inneren Tatbestand eines Strafgesetzes erfüllen, sondern auch rechtswidrig begangen worden sein. Geht es um die Vereitelung einer *Strafe,* muss der Vortäter auch schuldhaft gehandelt haben und müssen objektive Bedingungen der Strafbarkeit vorliegen, wo das Gesetz sie vorsieht. Allerdings müssen sie noch nicht zu dem Zeitpunkt eingetreten sein, in dem der Täter handelt, Beispiel: Der Täter versteckt jemanden, der sich an einer Schlägerei beteiligt hat (§ 231), und der Tod eines anderen Beteiligten tritt erst später ein (*Sch/Schröder/Stree* Rdn. 8; richtigerweise ist jedoch bezüglich dieses Erfolges Fahrlässigkeit zu verlangen, und dann handelt es sich nicht mehr um eine objektive Bedingung der Strafbarkeit, siehe *T. Walter* Kern des Strafrechts, S. 75 m.w.N.). Strafausschließungs- oder -aufhebungsgründe dürfen nicht eingreifen. Geht es um eine *Maßnahme,* müssen nur die Voraussetzungen vorliegen, die jene Maßnahme verlangt. Für Maßnahmen nach §§ 63, 64, 68 Abs. 2, §§ 69, 70 kann daher nach § 20 die Schuld ausgeschlossen sein.[11] Als Vortat kommen danach auch Anstiftung und Beihilfe in Frage sowie Fahrlässigkeitsdelikte, Sonderdelikte und ein Versuch, wenn er strafbar und der Vortäter nicht strafbefreiend zurückgetreten ist (*Ruß* LK[11] Rdn. 5). 20

---

8 BGHSt 45 97, 100 ff; 27 30, 34 (m. Anm./Bspr. *Kunig* JuS 1978 594; *Wengler* JZ 1977 257); *Ambos* MK Vor § 3 Rdn. 3; *Sch/Schröder/Eser* Vor § 3 Rdn. 61.

9 BGHSt 4 1, 3; *Roxin* AT I § 21 Rdn. 24; *T. Walter* Kern des Strafrechts, S. 304 ff m.w.N.

10 *Fischer* Rdn. 4; *Hoyer* SK Rdn. 8; *Jerouschek/A. Schröder* GA 2000 51, 54; *Ruß* LK[11] Rdn. 3; *A. Schröder* S. 37 ff.

11 *Fischer* Rdn. 6; *Ruß* LK[11] Rdn. 3; *U. Weber* GS K. H. Meyer, S. 633, 635.

21 Für den **Zeitpunkt** der Vortat gilt entsprechend, was zu § 257 ausgeführt ist (dort Rdn. 21). Üblich ist die Formulierung, sie müsse im Zeitpunkt „der Tat" bereits begangen worden sein (so zum Beispiel *Fischer* Rdn. 4). Das trifft indes nur zu, wenn man darunter den Zeitpunkt versteht, in dem die Tathandlung ihre verfolgungsbehindernde *Wirkung* entfaltet. Nicht erforderlich ist, dass die Vortat schon in dem Zeitpunkt vollendet und verfolgbar vorliegt, in dem der Täter der Strafvereitelung *handelt.*[12] Wie bei der Begünstigung können seine Handlungen sogar schon vor der Zeit liegen, zu der die Vortat versucht oder auch nur vorbereitet wird – sofern diese Handlungen später verfolgungsbehindernd wirken und mit einem entsprechenden Vorsatz vorgenommen worden sind (vorgeleistete Strafvereitelung; **aA** *U. Günther* S. 61 ff, 240). Beispiel einer Vereitelungshandlung vor Vollendung der Vortat ist der Fall aus BGH NStZ **2008** 280 m. Anm. *Murmann* ZJS **2008** 456; Bspr. *T. Walter* NStZ **2008** 548: Jemand hilft einem Mörder vor der Flucht, das sterbende Opfer hinter eine Hecke zu schleifen, damit Passanten die Tat nicht so schnell entdecken; das Opfer stirbt erst hinter der Hecke, ohne dass sein Transport dorthin den Tod beschleunigt hätte.

22 Erfährt der Vortäter allerdings vor oder während der Vortathandlung von der Vereitelungshandlung, kommt nach herrschender Ansicht eine *psychische Beihilfe* in Betracht durch Bestärken des Tatentschlusses (*Ruß* LK[11] Rdn. 6). Sie schließt in der Regel über Absatz 5 eine Strafbarkeit nach § 258 aus (Rdn. 126 ff, str.). Dies – aber auch nur dies – kann die herrschende Meinung bestätigen, dass eine Beihilfe verwirklicht, wer dem Täter eine Maske, Handschuhe oder ähnliche Mittel überlässt oder ihm technische Hinweise gibt, damit er während der Tat *keine oder geringere Spuren* hinterlässt (für die herrschende Meinung *Sch/Schröder/Stree* Rdn. 5). Umgekehrt heißt dies, dass Beihilfe ausscheidet, wenn man es entweder vollkommen ablehnt, das Bestärken eines Tatentschlusses unter § 27 zu subsumieren, oder wenn sich ein solches Bestärken im Einzelfall nicht nachweisen lässt; letzteres ist allerdings unwahrscheinlich, wenn jemand dem Täter vergleichsweise effektive Mittel oder Hinweise gibt, wie er sein Entdeckungsrisiko minimieren kann. Erkennt man das Bestärken eines Tatentschlusses als psychische Beihilfe an, mag noch in einem atypischen Fall Absatz 5 nicht eingreifen, weil der Helfer überhaupt nicht mit dem Motiv handelt, auch die eigene Bestrafung (wegen seiner Hilfe) zu vereiteln. Dann stellt sich auf dem Boden der herrschenden Meinung die Frage, wie die Konkurrenz zwischen handlungseinheitlich verwirklichter (psychischer) Beihilfe und (vorgeleisteter) Strafvereitelung zu beurteilen sei. Das Rechtsgut des § 258 (Rdn. 10) und sein Absatz 3 (Rdn. 170 ff) sprechen für eine materielle Subsidiarität der Strafvereitelung (**aA** *A. Schröder* S. 94, 184: Konsumtion der psychischen Beihilfe).

23 Die gleiche Lösung empfiehlt sich, wenn eine *physische Beihilfe* zur Vortat und eine vorgeleistete Vereitelungshandlung zusammenfallen, Beispiel: Jemand leiht einem Bankräuber eine Waffe, mit der er zunächst die Bankangestellten nötigt und sich später den Fluchtweg freischießt (**aA** *A. Schröder* S. 94, 184: Tateinheit).

24 **Verfolgungsvoraussetzungen** der Vortat müssen vorliegen, Verfahrenshindernisse dürfen nicht eingreifen. Eine Strafvereitelung ist daher ausgeschlossen, wenn die Verfolgung der Vortat verjährt ist (RGSt **76** 122; OLG Düsseldorf NStE Nr. 1 zu § 258 StGB), wenn der Vortäter begnadigt oder Nutznießer einer Amnestie ist oder wenn sein Verfahren rechtskräftig nach § 153a StPO eingestellt wurde (SSW-StGB/*Jahn* Rdn. 5).

---

[12] *Hoyer* SK Rdn. 23; *Ruß* LK[11] Rdn. 6; *Sch/Schröder/Stree* Rdn. 5; *A. Schröder* S. 94, 184; **aA** *U. Günther* S. 60 ff; *F. Seebode* S. 33, 144.

Grundsätzlich muss auch ein **Strafantrag** gestellt sein, wenn das Gesetz davon die Verfolgbarkeit der Tat zwingend abhängig macht (absolutes Antragserfordernis) (*Ruß* LK[11] Rdn. 4). Eine Strafvereitelung ist daher nicht möglich, wenn die Antragsfrist verstrichen ist, wenn es keinen Antragsberechtigten (mehr) gibt oder wenn ein Strafantrag zurückgenommen wurde (weil es dann ausgeschlossen ist, einen neuen Antrag zu stellen, § 77d Abs. 1 Satz 3). Allerdings ist es mit dem Wortlaut vereinbar und nach allgemeiner, zutreffender Ansicht teleologisch geboten, auch den Fall zu erfassen, dass jemand durch Täuschung, Drohung oder Gewalt andere davon abhält, einen Strafantrag zu stellen, oder sie nötigt oder durch Täuschung veranlasst, einen Strafantrag zurückzunehmen.[13] Ferner können sowohl die Tathandlung des Täters der Strafvereitelung als auch die verfolgungsverhindernde Wirkung dieser Handlung in eine Zeit fallen, in der noch kein Strafantrag gestellt war, wenn er später gestellt wird und die Ahndung der Tat durch die fragliche Handlung verhindert oder für geraume Frist verzögert worden ist und der Täter den zugehörigen Vorsatz hatte (Verfolgungsmaßnahmen sind einschließlich einer vorläufigen Festnahme auch schon zulässig, bevor ein Strafantrag gestellt wird, vgl. § 127 Abs. 3 StPO). Bleibt der Strafantrag aus, kommt nur, aber immerhin eine versuchte Strafvereitelung in Betracht (*U. Günther* S. 47 f; *Sch/Schröder/Stree* Rdn. 4). Entschließt sich bei einem *relativen Antragsdelikt* die Staatsanwaltschaft, das Verfahren auch ohne Antrag zu betreiben, und kommt es daraufhin ohne geraume Verzögerung zu einer Verurteilung, ist wegen Versuches strafbar, wer den Antrag mit unlauteren Mitteln verhindert hat (*Sch/Schröder/Stree* Rdn. 4). **25**

Fraglich ist, ob die **Rücknahme** eines Antrags die Strafvereitelung ausschließt, wenn die Verfolgung der Vortat bereits für eine geraume Zeit verzögert worden war, so dass der Täter den Vereitelungserfolg nach ganz herrschender Ansicht schon herbeigeführt hatte (vgl. Rdn. 35). Einerseits hat er dann eine Strafvereitelung bereits vollendet. Andererseits ähnelt diese Lage dem Fall, dass die materielle Strafbarkeit der Vortat nachträglich entfällt, und dann lässt die zutreffende herrschende Ansicht die Strafbarkeit nach § 258 ebenso entfallen (sogleich Rdn. 27). Die Ähnlichkeit mit dem Fall der späteren Rücknahme des Strafantrages spricht dafür, in einer solchen Rücknahme einen *sachlichen Strafaufhebungsgrund* zu sehen.[14] Dies gilt auch dann, wenn der Täter versucht hatte zu verhindern, dass ein Strafantrag gestellt wird (**aA** *Ruß* LK[11] Rdn. 4). – Hängt eine *Maßnahme* von einem Antrag ab, gelten für ihn die Ausführungen zu Strafanträgen entsprechend (*Ruß* LK[11] Rdn. 4). – Die Strafvereitelung selbst ist *kein Antragsdelikt* (im Ergebnis **aA** allein *F. Seebode* S. 71, 147). **26**

Nach wohl herrschender, indes stark bestrittener Ansicht[15] zum **intertemporalen Strafrecht** muss die Vortat wie für § 257 (dort Rdn. 20) auch noch in dem Zeitpunkt strafbar sein, in dem über die Strafvereitelung zu entscheiden ist. Das ist aufgrund der gleichen Überlegungen zum Rechtsgut zutreffend, die für die Begünstigung anzustellen sind (aaO). Der Straftatbestand der Vortat darf also nicht zwischenzeitlich aufgehoben oder zu einer Ordnungswidrigkeit herabgestuft worden sein. Tritt lediglich eine *Lex mitior* **27**

---

[13] *U. Günther* S. 48; *Hoyer* SK Rdn. 22; *A. Schröder* S. 70 ff, 184 (entsprechende Anwendung der Regeln zur Einwilligung); *Sch/Schröder/Stree* Rdn. 4.

[14] Im Ergebnis schon RGSt 75 234; 57 81, 82; *Ruß* LK[11] Rdn. 4; **aA** *Sch/Schröder/Stree* Rdn. 4.

[15] BGHSt **14** 156 zu § 257 a.F. mit zw. Anm. *Dreher* NJW **1960** 1163; *Fischer* Rdn. 5; *Jahn/Palm* JuS **2009** 408; *Maurach/Schroeder/ Maiwald* II § 100 Rdn. 11 m.w.N.; SSW-StGB/*Jahn* Rdn. 7; **aA** *Altenhain* NK Rdn. 9; *Ruß* LK[11] Rdn. 4, 10; *A. Schröder* S. 77 f, 184; *Sch/Schröder/Stree* Rdn. 11; *F. Seebode* S. 105 ff, 148.

an seine Stelle, bleibt die Strafbarkeit wegen Strafvereitelung bestehen, mildert sich aber aufgrund von § 258 Abs. 3 (Rdn. 170 ff und zu § 257 Rdn. 20, 90 f).

28 Die Vortat ist in dem Verfahren wegen Strafvereitelung **selbständig festzustellen** (*Ruß* LK[11] Rdn. 9; *Sch/Schröder/Stree* Rdn. 10a). Dabei ist der Richter nach herrschender Ansicht nicht an das Ergebnis eines Strafverfahrens wegen der Vortat gebunden.[16] Die Einzelheiten der Vortat muss der Richter nicht feststellen, solange er zweifelsfrei zu der Überzeugung gelangen kann, dass sie begangen worden ist (*Ruß* LK[11] Rdn. 5). Das umfasst allerdings nur die Fälle sogenannter Sachverhaltsalternativität. Bleibt unklar, wie die Vortat rechtlich zu qualifizieren ist, so verlangt eine Verurteilung nach § 258, dass die Voraussetzungen *echter Wahlfeststellung* vorliegen. Denn die Feststellungen zur Vortat müssen den Anforderungen genügen, die an ein Urteil gegen den Vortäter zu stellen wären.[17]

29 Die Vortat und die Strafvereitelung sind wie bei der Begünstigung (dort Rdn. 24) unterschiedliche **Taten im prozessualen Sinne**.

### 2. Vereitelungserfolg

30 a) **Verfolgungsvereitelung.** Unstreitig ist die Strafvereitelung ein Erfolgsdelikt (Rdn. 11). Zu unterscheiden sind hinsichtlich der Art des Erfolges die Verfolgungs- oder Verhängungsvereitelung nach Absatz 1 und die Vollstreckungsvereitelung nach Absatz 2. Bei der Verfolgungsvereitelung muss der Täter vereiteln, dass ein anderer dem Strafgesetz gemäß „bestraft" oder einer Maßnahme „unterworfen" wird. Dies kann auch in einem Wiederaufnahmeverfahren geschehen (*Ruß* LK[11] Rdn. 10c).

31 Eine **Strafe** in diesem Sinne ist ein Sanktionsübel, das dem Täter dem Strafgesetz gemäß zugefügt werden darf, weil er schuldhaft Unrecht verwirklicht hat. Das Sanktionsübel muss ein ethisches Unwerturteil zum Ausdruck bringen. Diese Voraussetzungen erfüllen neben den klassischen Hauptstrafen der Freiheits- und der Geldstrafe auch eine *Nebenstrafe,* das heißt ein Fahrverbot nach § 44,[18] sowie eine *Jugendstrafe,* nicht aber Erziehungsmaßregeln und Zuchtmittel (§§ 9 ff, 13 ff JGG).[19]

32 **Keine Strafe** sind demgemäß nach zutreffender herrschender Ansicht
- *Geldbußen* (*Fischer* Rdn. 5; *Ruß* LK[11] Rdn. 2);
- *Verwarnungen* mit Strafvorbehalt (im Gegensatz zur Verurteilung nach § 59b, *Sch/Schröder/Stree* Rdn. 13; *F. Seebode* S. 42, 145);
- *Disziplinarstrafen;*[20]
- *Ordnungsstrafen* nach §§ 177, 178 GVG (*Ruß* LK[11] Rdn. 2; *Stephan* Burhoff/Stephan, Rdn. 7);

---

[16] BGH bei Dallinger MDR **1969** 193, 194; RGSt 73 331, 332; 58 290 f; *Ruß* LK[11] Rdn. 9 f; **aA** mit bedenkenswertem Hinweis auf § 190 Satz 2 *F. Seebode* S. 136, 149 f; im Ergebnis schon *Zaczyk* GA **1988** 356, 371.

[17] Siehe BGH bei Dallinger MDR **1969** 193, 194; RGSt 58 290 f; *Ruß* LK[11] Rdn. 5; *F. Seebode* S. 44, 145; **einschränkend** *Sch/Schröder/Stree* Rdn. 10.

[18] *Fischer* Rdn. 4; *Hoyer* SK Rdn. 8; *Ruß* LK[11] Rdn. 2; *Stephan* Burhoff/Stephan, Rdn. 8.

[19] OLG Hamm NJW **2004** 1189; KG vom 16.7.1999 (5) 1 Ss 97/99 (19/99); *Fischer* Rdn. 5; *Hoyer* SK Rdn. 8; *Ruß* LK[11] Rdn. 2; *A. Schröder* S. 66 (mit der Forderung, Zuchtmittel de lege ferenda in den Tatbestand einzubeziehen; ebenso *Jerouschek/A. Schröder* GA **2000** 51, 53); *Sch/Schröder/Stree* Rdn. 13; *Stephan* Burhoff/Stephan, Rdn. 8, 10. Für die Zuchtmittel **aA** *F. Seebode* S. 40, 145.

[20] RGSt 75 234, 235; 73 265, 267; *Fischer* Rdn. 5; *Ruß* LK[11] Rdn. 2; *Stephan* Burhoff/Stephan, Rdn. 7.

- *Ordnungsgeld, Ordnungshaft, Zwangsgeld und Zwangshaft (Beugehaft)* etwa nach §§ 888, 890 ZPO;[21]
- *Auflagen* nach § 56b oder § 153a StPO;[22]
- *Weisungen* nach § 56c;[23]
- eine *Beschlagnahme* oder *Sicherstellung* (*Fischer* Rdn. 5; *Stephan* Burhoff/Stephan, Rdn. 7);
- *Untersuchungshaft* (*Ruß* LK[11] Rdn. 15, 21; *Stephan* Burhoff/Stephan, Rdn. 7).

*Umstritten* sind die Auslieferungshaft[24] und Nebenfolgen nach §§ 45 ff.[25] Die **Auslieferungshaft** soll die Überstellung des Auszuliefernden an das Ausland grundsätzlich unabhängig davon sichern, ob, wie und mit welchem Ergebnis dort ein Strafverfahren geführt wird. Daher hat die Auslieferungshaft allein sichernde Funktion und keinen, auch keinen antizipierten Strafcharakter. Die etwaige Bestrafung im Ausland ist vom Schutzbereich des § 258 nicht mehr erfasst (Rdn. 16). Für die **Nebenfolgen** nach § 45 hingegen steht der Strafcharakter im Vordergrund (der kriminalpolitisch fragwürdig ist, hierzu etwa *Albrecht* NK § 45 Rdn. 1). Es mögen bei ihnen auch präventive Erwägungen eine Rolle spielen, doch allenfalls im Hintergrund, denn sonst wäre es nicht zu erklären, dass diese Folgen unabhängig von Gefahren- oder (Un-)Fähigkeitsprognosen für Fristen festgesetzt werden, die entweder vom Gesetz starr vorgegeben sind oder vom Richter wie eine Strafe innerhalb eines gesetzlichen Rahmens zugemessen werden. Daher ist das Vereiteln von Nebenfolgen für § 258 tatbestandsmäßig. Anders aber hinsichtlich außerstrafrechtlicher, etwa *beamtenrechtlicher Nebenfolgen* wie der Beendigung des Beamtenverhältnisses nach § 24 BRRG und des Verlustes der Ruhestandsbezüge nach § 59 Abs. 1 BeamtVG (*Stephan* Burhoff/Stephan, Rdn. 7). 33

**Maßnahmen** im Sinne des § 258 Abs. 1 sind nach der Legaldefinition in § 11 Abs. 1 Nr. 8 Maßregeln der Besserung und Sicherung sowie Einziehung, Unbrauchbarmachung und Verfall. Die Maßnahmen müssen sich nicht zwingend gegen den Vortäter richten; es kommt auch eine Einziehung bei Dritten in Betracht.[26] Eine Vereitelung kann etwa darin liegen, die Beschlagnahme eines Gegenstandes zu verhindern, der einzuziehen oder für verfallen zu erklären war (BGH wistra **2004** 186, 187). Vorbeugende Maßnahmen nach der Strafprozessordnung sind nicht erfasst, etwa die vorläufige Entziehung der Fahrerlaubnis (*Sch/Schröder/Stree* Rdn. 14 mit weiterem Nachweis; vgl. BVerfG wistra **2004** 34

---

21 RGSt 75 234, 235; *Ruß* LK[11] Rdn. 2; *Stephan* Burhoff/Stephan, Rdn. 7.

22 *Fischer* Rdn. 5; *Hoyer* SK Rdn. 8; *Momberg* ZRP **1982** 70; *Ruß* LK[11] Rdn. 2; *A. Schröder* S. 66 (mit der Forderung, Auflagen nach § 56b, c de lege ferenda in den Tatbestand einzubeziehen); *Sch/Schröder/Stree* Rdn. 14; *Stephan* Burhoff/Stephan, Rdn. 7; *Teske* wistra **1989** 131, 132; vgl. BGHSt. **28** 174, 176.

23 *Ruß* LK[11] Rdn. 2; *A. Schröder* S. 66 (mit der Forderung, Auflagen nach § 56b, c de lege ferenda in den Tatbestand einzubeziehen); *Sch/Schröder/Stree* Rdn. 14; *Stephan* Burhoff/Stephan, Rdn. 7.

24 Für die Eigenschaft als Strafe *Drees* S. 33; *Ruß* LK[11] Rdn. 1; *H. Schröder* JZ **1954** 672. Vgl. auch BGHSt 30 152, 159 = NStZ **1981** 441 m. Anm. *Schätzler*; *Hürxthal* LM Nr. 4 zu StrEG (entsprechende Anwendung des Gesetzes über die Entschädigung für Strafverfolgungsmaßnahmen [StrEG] auf die Auslieferungshaft) sowie BGH NJW **1982** 1238, 1239 (Anwendung der StPO im Rahmen eines Auslieferungsverfahrens); dagegen *Fischer* Rdn. 5 („wohl"); *U. Günther* S. 42; *Jerouschek/A. Schröder* GA **2000** 51, 53; *Sch/Schröder/Stree* Rdn. 13; *Stephan* Burhoff/Stephan, Rdn. 7.

25 Für die Eigenschaft als Strafe *Fischer* Rdn. 5; dagegen *Hoyer* SK Rdn. 8; *Ruß* LK[11] Rdn. 2; *Sch/Schröder/Stree* Rdn. 13; *Stephan* Burhoff/Stephan, Rdn. 7.

26 *Fischer* Rdn. 6; *Ruß* LK[11] Rdn. 10; *Sch/Schröder/Stree* Rdn. 14.

99). Auch Erziehungsmaßregeln und Zuchtmittel nach dem JGG, etwa Jugendarrest, gehören nach herrschender Ansicht nicht zu den Maßnahmen.[27] Der Wortlaut erzwingt diese Beschränkung allerdings nicht, denn in § 11 Abs. 1 Nr. 8 ist von *jeder* Maßregel der Besserung und Sicherung die Rede, und das JGG spricht ausdrücklich von Erziehungs*maßregeln;* sie sollen auch bessernd wirken. Unter teleologischen Gesichtspunkten ist ebenfalls kaum zu sehen, warum die Maßregeln des Jugendstrafrechts ausgeschlossen werden sollten.

**35** Ein **Vereiteln** liegt nach herrschender Meinung darin, dass der Vortäter hinsichtlich der Ahndung bessergestellt wird.[28] Das ist zum Beispiel nicht der Fall, wenn jemand dem Vortäter durch Verbergen nur die Untersuchungshaft erspart.[29] Nicht erfasst ist ferner das Verzögern allein von Ermittlungsmaßnahmen, wenn nicht auch die Ahndung (Verurteilung) verhindert oder erheblich verzögert wird (*Sch/Schröder/Stree* Rdn. 16, zur Verzögerung sogleich); es bleibt ein Versuch. Ebensowenig ist es tatbestandsmäßig, den Gegenstand der Sanktion zu schädigen oder zu vernichten, also den Vortäter zu töten oder haftunfähig zu prügeln oder Sachen zu beschädigen, die von Verfall, Einziehung oder Unbrauchbarmachung betroffen sind (*Sch/Schröder/Stree* Rdn. 16). Genügen soll für eine Besserstellung, dass die Ahndung *„für geraume Zeit"* unterbleibt, also lediglich für einen solchen Zeitraum verzögert wird.[30] Das entspricht den Plänen des Gesetzgebers (BTDrucks. 7/550, S. 249), wird aber von einer Minderheit bestritten.[31] Als hinreichend angesehen wurden schon: zwei Tage (OLG Koblenz NJW **1982** 2785, 2786), „mehrere Nächte" (LG Hannover NJW **1976** 979 m. Anm. *Schroeder*), etwa zehn Tage (OLG Stuttgart NJW **1976** 2084 bei freiwilliger Rückkehr eines aus der U-Haft Entflohenen; *Jahn* ZRP **1998** 103, 105 f, jedoch in Anlehnung an § 229 Abs. 1 StPO, der mittlerweile eine Unterbrechung der Hauptverhandlung von bis zu drei Wochen erlaubt) und drei Wochen (OLG Koblenz NStZ **1992** 146, 147). Als nicht ausreichend sind allerdings auch schon angesehen worden: sechs Tage (BGH NJW **1959** 494, 495 zu § 346 a.F.), eine Woche (KG NStZ **1988** 178) und acht Tage (KG JR **1985** 24, 25). Jedenfalls reicht es unstreitig hin, wenn der Täter in der ersten Instanz einen Freispruch erwirkt (siehe nur *Sch/Schröder/Stree* Rdn. 16). Die Kasuistik zu den Fristen ist für die Rechtsanwendung unbefriedigend. Nicht zuzugeben ist der Minderheitsansicht allerdings, dass der *Wortlaut*

---

[27] BGHR StGB § 258 I Bestrafung 1; OLG Hamm NJW **2004** 1189, 1190; KG (5) 1 Ss 97/99 (19/99) vom 16.7.1999; *Fischer* Rdn. 6; *Sch/Schröder/Stree* Rdn. 14.

[28] BTDrucks. 7/550, S. 249 f; BGH NJW **1984** 135; BGH JR **1984** 337 m. Anm. *Rudolphi;* BGH bei Holtz MDR **1981** 629, 631; *Fischer* Rdn. 7; *Ruß* LK[11] Rdn. 10; *Satzger* Jura **2007** 754, 758.

[29] BGH 1 StR 486/61 vom 19.12.1961; BGH 2 StR 431/55 vom 28.2.1956; *Ruß* LK[11] Rdn. 15.

[30] BGHR StGB § 258 Abs. 1 Vollendung 1; BGH JR **1984** 337 m. Anm. *Rudolphi;* BGH bei Holtz MDR **1981** 629, 631; KG JR **1985** 24, 25; NStZ **1988** 178 (dazu *H. Schneider* Jura **1989** 343); OLG Koblenz NStZ-RR **2006** 77, 79; OLG Karlsruhe NStZ **1988** 503, 504 = JR **1989** 210 m. Anm. *F. Geerds;* OLG Koblenz NStZ **1992** 147; *Arzt/Weber/Heinrich/Hilgendorf* BT § 26 Rdn. 3; *Fischer* Rdn. 8; *Frisch* NJW **1983** 2471, 2473; *U. Günther* S. 114 f; *Jerouschek/A. Schröder* GA **2000** 51, 57 ff; *Lenckner* GS Schröder, S. 339, 342; *Maurach/Schroeder/Maiwald* II § 100 Rdn. 15; *Müller-Dietz* Jura **1979** 242, 246; *Ostendorf* JZ **1987** 335, 340; *Piatkowsky/Saal* JuS **2005** 979, 982; *Rudolphi* JuS **1979** 859, 860; *Ruß* LK[11] Rdn. 10; *Satzger* Jura **2007** 754, 758; *Sch/Schröder/Stree* Rdn. 16; *Stephan* Burhoff/Stephan, Rdn. 11; *Stree* JuS **1976** 137, 140; für § 346 a.F.: BGHSt **15** 18, 21; BGH GA **1959** 176, 178.

[31] Namentlich *Altenhain* NK Rdn. 51; *Hoyer* SK Rdn. 17; *Schittenhelm* FS Lenckner, S. 519, 531 ff; *Stumpf* S. 82 f; *Vormbaum* S. 394 ff; *Wappler* S. 172 ff, 189.

nur das endgültige Unmöglichmachen der Strafverfolgung erfasste.[32] „Vereiteln" heißt zwar verhindern, aber nicht zwingend auch endgültig verhindern. Eine Hochzeit kann auch vereiteln, wer die Braut nur für einen Tag entführt, so dass erst eine Woche später geheiratet werden kann. Und im Strafrecht dürfte andernfalls wegen Diebstahls nur verurteilt werden, wenn die Sache nie wieder an den Berechtigten zurückgelangte, wegen Körperverletzung nur, wenn die Verletzung nicht mehr heilen könnte, wegen Freiheitsberaubung nur, wenn das Opfer nicht mehr freigekommen wäre – die Reihe ließe sich fortsetzen.

Als **Maßstab** dafür, wann eine Verzögerung **„geraume" Zeit** dauert, will *U. Günther* S. 115 darauf abstellen, ob sie die konkrete Gefahr mit sich bringe, dass die fragliche Sanktion dauerhaft ausbleibe.[33] Das erscheint jedenfalls sinnvoller, als ausschließlich um bestimmte Fristen zu feilschen. Das Kriterium einer *konkreten* Gefahr dürfte allerdings zu eng sein, wenn man den Begriff so ausfüllt wie in §§ 315b, c (kritische Situation, Beinahe-Unfall, hing nur noch vom Zufall ab, „gerade noch einmal gutgegangen", siehe nur *Fischer* § 315c Rdn. 15 m.w.N.). Denn in vielen Szenarien, die nach herrschender Meinung zu erfassen sind, wird sich eine derart zugespitzte Situation für die Strafverfolgung kaum feststellen lassen. Lösungsnäher und sachgerecht ist es, neben einer gewissen Zeitspanne zu verlangen, dass die Verzögerung die Gefahr einer endgültigen Vereitelung *erheblich erhöht*. Für die Zeitspanne sollte man sich an einer gesetzlichen Frist orientieren, auch wenn es keine Vorschrift gibt, die eine analoge Problem- und Interessenlage regelt. Denn immerhin kann das Gesetz einen Hinweis darauf geben, welche Zeitspannen der Gesetzgeber als erhebliche Verzögerungen in Betracht kommen lässt. Es bietet sich an, auf die *Einwochenfrist* zurückzugreifen, die im Recht der Strafverfolgung etwa vorgesehen ist für das Einlegen der Rechtsmittel und für den Antrag auf Wiedereinsetzung in den vorigen Stand.[34] 36

Das Verzögern einer Ahndung oder Vollstreckung für geraume Zeit betrachtet man als deren „ganze" Vereitelung. Dass der Täter sie **zum Teil** vereitelt, bezeichnet den Fall einer quantitativen Vereitelung, zum Beispiel dass der Vortäter wegen eines milderen Delikts verurteilt wird, dass ihm mildernde Umstände zugute gehalten oder erschwerende nicht berücksichtigt werden, dass die Tagessätze zu niedrig berechnet werden oder dass die Maßnahme milder ausfällt als erforderlich (Frist für Führungsaufsicht oder Sperrfrist für neue Fahrerlaubnis zu kurz, Nichtberücksichtigung eines Teils der Gegenstände, die Verfall, Einziehung oder Unbrauchbarmachung unterliegen).[35] 37

b) **Vollstreckungsvereitelung.** Die Vollstreckungsvereitelung nach § 258 Abs. 2 setzt die rechtskräftige (§ 449 StPO) Entscheidung eines deutschen Gerichts voraus. Die Be- 38

---

32 So schon *Jahn* ZRP **1998** 103, 105; *Satzger* Jura **2007** 754, 758; *Sch/Schröder/Stree* Rdn. 16.

33 Zust. *Ransiek* wistra **1999** 401, 402 in Fn. 7; ganz ähnlich bereits *Vormbaum* S. 402 ff; vgl. *Jerouschek/A. Schröder* GA **2000** 51, 57.

34 **Anders** *Jahn* ZRP **1998** 103, 105 f: zehn Tage/drei Wochen (vgl. im Text Rdn. 35); *Jahn/Palm* JuS **2009** 408, 409 und SSW-StGB/*Jahn* Rdn. 15: drei Wochen; *Wessels/Hettinger* Rdn. 727: zwei Wochen. Vgl. *Heghmanns* BT Rdn. 1804: Vorschlag, „zusätzlich eine den vorläufigen Abbruch des bisherigen Verfahrensganges dokumentierende Verfahrenshandlung zu fordern, z.B. die Verfahrenseinstellung nach § 170 StPO oder § 205 StPO, die Aussetzung der Hauptverhandlung oder die Vornahme zusätzlicher Ermittlungen".

35 BayObLG JR **1974** 71 m. Anm. *Ruß*; *Arzt/Weber/Heinrich/Hilgendorf* BT § 26 Rdn. 6; *Fischer* Rdn. 8; *Heghmanns* BT Rdn. 1801; *Maurach/Schroeder/Maiwald* II § 100 Rdn. 13; *Ruß* LK[11] Rdn. 11; *Sch/Schröder/Stree* Rdn. 16.

griffe der Strafe und der Maßnahme sind so zu verstehen wie für Absatz 1 (*Fischer* Rdn. 29; ***Ruß*** LK[11] Rdn. 23; **unstr.**). Nach herrschender Meinung kommt es nicht darauf an, ob die Entscheidung materiell richtig ist.[36] Strafbar ist es danach auch, den Vollzug einer Strafe gegen Unschuldige zu vereiteln. Hieran soll sich selbst dann nichts ändern, wenn die Verurteilung des Vortäters später im Wiederaufnahmeverfahren aufgehoben wird (*Sch/Schröder/Stree* Rdn. 26; **aA** zu Recht SSW-StGB/*Jahn* Rdn. 33: Pflicht des Gerichts, Vortat selbst festzustellen, wenn Gründe für ein Wiederaufnahmeverfahren vorliegen). Klassische Beispiele einer Vollstreckungsvereitelung sind das Verbüßen einer Freiheitsstrafe an der Stelle des Verurteilten, die Gefangenenbefreiung, täuschende Gesuche um Gnade oder Vollstreckungsaufschub, falsche Angaben, um Zahlungserleichterungen für Geldstrafen oder das Absehen von der Vollstreckung einer Ersatzfreiheitsstrafe zu erlangen, sowie das Beiseiteschaffen von Sachen, die einer Einziehung oder dem Verfall unterliegen.

**39** Eine (weitere) **Vollstreckung** der Sanktion muss rechtlich **noch möglich** sein (siehe nur *Fischer* Rdn. 29), und zwar in dem Zeitpunkt, in dem die Vereitelungshandlung ihre Wirkung entfaltet. Dies ist nicht der Fall, wenn ein Straferlass *nicht mehr widerrufen* werden kann, wenn die Vollstreckung *verjährt* ist oder der Vortäter *begnadigt* wurde (*Ruß* LK[11] Rdn. 23; *Sch/Schröder/Stree* Rdn. 27).

**40** Wie für die Verfolgungsvereitelung genügt für das Vereiteln der Vollstreckung, dass der Täter hinsichtlich dieser Vollstreckung *bessergestellt* wird. Das ist nach herrschender Ansicht bereits der Fall, wenn der Täter die Vollstreckung **„für geraume Zeit"** verzögert (vgl. Rdn. 35).[37] Ein Beispiel ist das Erschleichen eines Vollstreckungsaufschubs.[38]

**41** Ferner reicht es schon nach dem Wortlaut des Gesetzes aus, dass der Täter die Vollstreckung **„zum Teil"** vereitelt. Ein Beispiel ist der Täter, der erschleicht, dass die Vollstreckung einer Reststrafe des Vortäters zur Bewährung ausgesetzt wird (§ 57, *Ruß* LK[11] Rdn. 24; *Sch/Schröder/Stree* Rdn. 27). Nachdem der Bundesgerichtshof in BGHSt (GS) 52 124 seine Rechtsprechung zu Verstößen gegen die EMRK geändert hat und solche Verstöße jetzt kompensieren will, indem ein Teil der Strafe für vollstreckt erklärt wird (Vollstreckungslösung), ist als weiteres Beispiel denkbar, dass jemand diese Erklärung erschleicht.

**42** Da eine Ersatzfreiheitsstrafe nicht vollstreckt werden kann, solange über einen Antrag nicht entschieden ist, an ihrer Stelle **gemeinnützige Arbeit** zu verrichten, und da ein Vereiteln auch ein Verzögern für geraume Zeit ist (Rdn. 35), kann eine Vollstreckungsvereitelung darin liegen, einen solchen Antrag nicht zu bearbeiten (OLG Koblenz NStZ-RR 2006 77, 80 m. Anm. *St. Cramer* NStZ 2007 334). Dabei handelt es sich um ein Begehen durch Unterlassen (Rdn. 87 ff).

**43** Ebenfalls ein Vereiteln durch Verzögern kann darin liegen, dass der Täter ein **Wiederaufnahmeverfahren** erfolgreich werden lässt, so dass es zu einer neuen Hauptverhandlung kommt und die Vollstreckung einer Freiheitsstrafe unterbrochen wird.[39] Dies gilt erst recht, wenn das neue Hauptverfahren zum unberechtigten Freispruch führt. Geht es um

---

[36] Für die h.M. *St. Cramer* MK Rdn. 32; *Fischer* Rdn. 29; *Ruß* LK[11] Rdn. 23; *Satzger* Jura 2007 754, 755; *A. Schröder* S. 159, 185 (mit der Forderung, de lege ferenda nur materiell rechtmäßige Verurteilungen zu erfassen); *Sch/Schröder/Stree* Rdn. 26; **aA** *Altenhain* NK Rdn. 61; *Heghmanns* BT Rdn. 1808; *Hoyer* SK Rdn. 6.

[37] *Fischer* Rdn. 30; *Sch/Schröder/Stree* Rdn. 27; *Ruß* LK[11] Rdn. 24 betrachtet dies lediglich als Teilvereitelung, sogleich im Text Rdn. 41.

[38] RGSt 16 204; *Fischer* Rdn. 31; *Ruß* LK[11] Rdn. 24; *Sch/Schröder/Stree* Rdn. 27.

[39] *Fischer* Rdn. 31; *Ruß* LK[11] Rdn. 24; *Sch/Schröder/Stree* Rdn. 29; *Stephan* Burhoff/Stephan, Rdn. 168; vgl. BGHSt 17 303.

das Verhalten eines Strafverteidigers, kann sich allerdings in beiden Fällen die Frage stellen, ob das Verhalten berufsadäquat und deswegen tatbestandslos sei (Rdn. 68 ff). Fraglich ist die Rechtslage, wenn *nach dem Ende* der Vollstreckung ein Wiederaufnahmeverfahren stattfindet, das zu einem unberechtigten Freispruch des Vortäters führt. Der Vortäter wird dann rehabilitiert, erhält einen Anspruch auf Haftentschädigung, und der Eintrag im Bundeszentralregister wird getilgt (§ 16 Abs. 2 Satz 3 BZRG). Nach wohl herrschender Meinung ist das eine Verfolgungsvereitelung nach § 258 Abs. 1.[40] Diese Ansicht überschreitet jedoch den Wortlaut. Weder hat ein solcher Täter verhindert oder verzögert, dass eine Strafe verhängt, noch dass eine Strafe vollstreckt wird. Das Erschleichen einer Rehabilitation ist etwas anderes als das Vereiteln einer Bestrafung – auch wenn beide dem Unrecht nach vergleichbar sein mögen.

Umstritten ist, ob das *Erschleichen von Lockerungen* nach § 11 StVollzG (Bund) eine Vollstreckungsvereitelung sei (Außenbeschäftigung, Freigang, Ausführung, Ausgang). Die gleiche Frage stellt sich hinsichtlich des Erschleichens von Urlaub nach § 35 StVollzG. Die wohl herrschende Lehre verneint beide Fragen.[41] Sie beruft sich darauf, dass es auch tatbestandslos sei, den Antritt der Haft um einige Stunden zu verzögern. Dann könne es nicht tatbestandsmäßig sein, die Haft für einige Stunden zu unterbrechen, wenn dem Häftling zum Beispiel ein Freigang erschlichen werde, ohne dass die gesetzlichen Voraussetzungen vorlägen (in der Praxis geschieht dies, indem jemand mit dem Häftling zum Schein einen Arbeitsvertrag abschließt). Zudem sei auch ein gelockerter Vollzug noch immer Vollzug, also Strafvollstreckung – und nicht deren Vereitelung. Die Gegenansicht hat für den **Freigang** *Peglau* zutreffend begründet:[42] Die Materialien legen es nahe, dass der Gesetzgeber die Vollstreckung ebenso umfassend gegen jede Besserstellung des Täters hat schützen wollen wie die Verhängung einer Sanktion (vgl. BTDrucks. 7/550, S. 249). Und wenn der Häftling außerhalb der Vollzugsanstalt tatsächlich keiner regelmäßigen Beschäftigung nachgeht, dann handelt es sich auch nicht um einen Freigang nach § 11, mithin nicht um einen gelockerten Vollzug, sondern um die Abwesenheit von Vollzug. Auch Sinn und Zweck (Telos) der Regeln zu Lockerungen und damit des § 258 sprechen dafür, den erschlichenen Freigang als Vollstreckungsvereitelung zu ahnden. Denn die Beschäftigung außerhalb der Anstalt dient dem Vollzugsziel der Resozialisierung, und die Erlaubnis, die Anstalt zu verlassen, dient beim Freigang nur dem Ziel, diese Beschäftigung zu ermöglichen. Ergänzend ist darauf hinzuweisen, dass auch tatbestandsmäßig handelt, wer eine Vollstreckung „zum Teil" vereitelt. Dies ist der Fall, wenn jemand das Strafübel durch rechtswidrige Machenschaften erleichtert. **44**

Diese Erwägungen tragen entgegen *Peglau* NJW 2003 3256 f auch für den **Urlaub** nach § 35 StVollzG und für den **Ausgang** nach § 11 Abs. 1 Nr. 2 Alternative 2 StVollzG. Der Hinweis auf § 14 StVollzG, der für beide Fälle gilt, verfängt nicht. Zwar sagt diese Norm, dass der Anstaltsleiter Lockerungen nur für die Zukunft zurücknehmen kann, wenn die Voraussetzungen ihrer Bewilligung nicht vorgelegen haben; die erschlichene Zeit außerhalb des Vollzuges ist also nicht nachzuverbüßen. Das gilt auch, wenn der **45**

---

[40] Für die h.M. BGHSt 17 303, 305; *Fischer* Rdn. 31; *Ruß* LK[11] Rdn. 24; **aA** *St. Cramer* MK Rdn. 33.

[41] *Altenhain* NK Rdn. 62; *Hoyer* SK Rdn. 11; *Jahn/Palm* JuS **2009** 408, 409 zum Freigang; *Lackner/Kühl* Rdn. 13; *Laubenthal* FS Otto, S. 659, 669; *Ostendorf* JZ **1989** 573, 579; *Ruß* LK[11] Rdn. 24; *Stree* JuS **1976** 137, 140; SSW-StGB/*Jahn* Rdn. 34 zu „Vergünstigungen" mit dem Beispiel des Freigangs.

[42] *Peglau* NJW **2003** 3256 f; gegen die (wohl) h.L. auch LG Berlin NStZ **1988** 132; *St. Cramer* MK Rdn. 33; *Kusch* NStZ **1985** 385, 389; *Sch/Schröder/Stree* § 258a Rdn. 14a; *Stephan* Burhoff/Stephan, Rdn. 165; zweifelnd *Fischer* Rdn. 31.

Häftling die Lockerungen erst nach einer gewissen Zeit missbraucht. Jedoch gibt es zur Kompensation die Möglichkeit, gegen den Häftling Disziplinarmaßnahmen nach §§ 102 f StVollzG zu ergreifen (*Peglau* aaO). Der Vollzug wird dann nach den Lockerungen härter als vorher. Diese Möglichkeit des Ausgleichs fehlt, wenn erst nach Ende des Vollzuges herauskommt, dass jemand dem Häftling Lockerungen erschlichen hat. Dann hat der Täter endgültig dafür gesorgt, dass die Strafe des Häftlings und Vortäters nur unvollständig vollstreckt worden ist. Denn auch ein rechtswidriger Urlaub oder Ausgang ist keine Strafvollstreckung. Immer dann, wenn Disziplinarmaßnahmen gar nicht mehr oder nicht mehr in einem Umfang möglich sind, der die erschlichenen Lockerungen ausgleichen kann, sind deshalb auch solche Lockerungen in Form von Urlaub und Ausgang ein Vereitelungserfolg.

**46** Anders verhält es sich, wenn der Täter bewirkt, dass einem Häftling der geschlossene Vollzug erspart wird und er in den **offenen Vollzug** kommt (*Peglau* NJW **2003** 3256, 3257; *Stephan* Burhoff/Stephan, Rdn. 166). Jedenfalls gilt dies unter der Herrschaft des Strafvollzugsgesetzes des Bundes und jener Landesgesetze, die ihm insoweit nachgebildet sind. Denn ihnen zufolge ist der offene Vollzug der Regelvollzug und der geschlossene Vollzug eine Verschärfung, die präventive Funktion hat (Vorsorge gegen Fluchtgefahr oder andere Gefahren, die von dem Häftling ausgehen). Der geschlossene Vollzug dient also nicht dazu, das Strafübel tatangemessen zu machen. Wer ihn rechtswidrig verhindert, beeinträchtigt die Sicherheit und Ordnung der Anstalt, aber nicht die Strafvollstreckung. – Auch sonstige *Vergünstigungen im Vollzug* begründen keinen Vereitelungserfolg, etwa die Genehmigung von Selbstbeschäftigung, die Aushändigung von Alkohol, Gewährung von Umschluss und ähnliches, *Fischer* § 258a Rdn. 5; *Stephan* Burhoff/Stephan, Rdn. 163.

**47** Stark umstritten ist das **Erstatten einer Geldstrafe** durch Dritte (eingehend *Scholl* NStZ **1999** 599). In der Praxis sind diese Dritten neben Eltern, die für ihre Kinder einspringen, oft Unternehmen, die ihre Arbeitnehmer entlasten, wenn sie für das Unternehmen gehandelt haben. Beweggrund ist das Anliegen, diese Arbeitnehmer – oft leitende Angestellte – mit dem Unternehmen auszusöhnen und an das Unternehmen zu binden sowie negatives Aufsehen zu vermeiden. Letzteres kann etwa dadurch geschehen, dass der Arbeitnehmer durch die Zahlung dazu gebracht wird, einen Strafbefehl zu akzeptieren statt in die öffentliche Hauptverhandlung zu gehen (Fälle bei *Scholl* aaO in Fn. 1). Folge ist, dass sich das Sanktionsübel für den Verurteilten stark mildert. Immerhin bleibt das Unwerturteil des Schuldspruchs ebenso in der Welt wie der Eintrag im Bundeszentralregister.

**48** Das Reichsgericht betrachtete das Zahlen einer Geldstrafe durch Dritte nur als tatbestandsmäßig, wenn jemand das Geld unmittelbar an die Justizkasse zahlte, nicht aber, wenn er es dem Vortäter für eine solche Zahlung zur Verfügung stellte oder danach erstattete (RGSt **30** 232, 235; RG GA Bd. **44** 253). Die Rechtsprechung hatte sich dem auch nach dem Krieg angeschlossen.[43] Der Bundesgerichtshof hat in BGHSt **37** 226[44] eine Kehrtwende vollzogen und alle Zahlungen an den Vortäter wie auch an die Justizkasse für tatbestandslos erklärt. Das Schrifttum ist ihm darin überwiegend gefolgt,[45] so

---

[43] Zuletzt wohl OLG Frankfurt StV **1990** 112 m. krit. Anm. *Noack* und Bspr. *Hillenkamp* JR **1992** 74. Im Zivilrecht ebenso RGZ **169** 267, 268 f; BGHZ **41** 223, 230; **23** 222, 224.

[44] = JR **1992** 72 m. Anm. *Hillenkamp;* weitere Anm./Bspr.: *Christian* JuS **1992** 694; *Hassemer* JuS **1992** 379; *Krey* JZ **1991** 889; *Scholl* NStZ **1999** 599; *Wodicka* NStZ **1991** 487.

[45] *Arzt/Weber/Heinrich/Hilgendorf* BT § 26 Rdn. 12; *St. Cramer* MK Rdn. 35; *Fischer* Rdn. 32; *U. Günther* S. 193 ff; *Heghmanns* BT Rdn. 1809; *Hoffmann/Wißmann* StV

dass seine Position als **herrschende Meinung** anzusehen ist. Die Wortlautgrenze gebiete, als Vereiteln nur die „Störung äußerer Abläufe" der Vollstreckung zu erfassen. Die Vereitelung nur der Betroffenheit von Strafe vereitele den staatlichen Strafanspruch als solchen nicht. Andernfalls würden Umgehungen privilegiert – der Bundesgerichtshof spricht mit einem Zitat von „Komödien" –, und ein Schenkungsverbot nach der Zahlung von Geldstrafen griffe in nicht mehr tragbarer Weise in private Beziehungen ein und begründete die Gefahr, sozialadäquates Verhalten unter Strafe zu stellen. Allerdings können solche Zahlungen nach Ansicht des Bundesgerichtshofes eine Untreue gemäß § 266 sein; im Gegensatz zu einer Erstattung von *Gerichts- und Anwaltskosten,* die der Bundesgerichtshof selbst bei vorsätzlichen Taten von der Fürsorgepflicht eines Arbeitgebers und Dienstherrn umfasst sein lässt (näher *Hoffmann/Wißmann* StV **2001** 249; *Spatscheck/Ehnert* StraFo 2005 265, 266).

Die **Gegenansicht**[46] argumentiert, dass eine Strafe auch vereitele, wer die persönliche Betroffenheit abmildere oder verhindere. Der Wortlaut des § 258 ziehe dem keine Grenze. In der Konsequenz der herrschenden Ansicht müsste es sonst auch liegen, es für tatbestandslos zu halten, wenn ein Dritter die Freiheitsstrafe des Verurteilten antrete. Der Gefahr von Umgehungen habe der Gesetzgeber entgegenzuwirken und nicht die Rechtsprechung. Die Befürchtung, sozialadäquates Verhalten zu erfassen, lasse sich nur gegen ein infinites Schenkungsverbot einwenden, das in der Tat zu verwerfen sei. Unmittelbare Zahlungen an die Justizkasse seien aber ebensowenig sozialadäquat wie Erstattungen, die sich nach ihrer Höhe und nach ihrem Zeitpunkt klar auf eine bestimmte Geldstrafe bezögen. Auch sei kein unbilliger Eingriff in „private Beziehungen" zu befürchten, weil das Angehörigenprivileg des § 258 Abs. 6 in hinreichendem Maße für Straffreiheit sorge. Für unmittelbare Drittzahlungen komme hinzu, dass sie auch noch eine Täuschungshandlung gegenüber den Vollstreckungsbehörden seien, durch die diese Behörden von Vollstreckungsmaßnahmen gegen den Verurteilten abgehalten würden. **49**

Für die **Lösung** ist zu unterscheiden zwischen den unmittelbaren Drittzahlungen und Leistungen an den Verurteilten sowie zwischen Leistungen an den Verurteilten vor dessen Zahlung an die Justizkasse und danach. Ferner sind Schenkungen von Darlehen zu trennen. *Darlehen* sollten jedenfalls dann tatbestandslos bleiben, wenn der Verurteilte die Valuta zu verzinsen hat (*Scholl* NStZ **1999** 599, 605); auch wenn es sich um einen „Freundschaftszins" handelt, denn in allen diesen Fällen muss der Verurteilte unter dem Strich zusätzliche Mittel aufwenden. Zuzugeben ist allerdings, dass selbst ein Darlehen das Strafübel lindert, wenn der Zins unter dem marktüblichen liegt. Zur (reinen) Schenkung oder zur unmittelbaren Drittzahlung besteht nur ein gradueller Unterschied. Eine unterschiedliche Behandlung – zur Schenkung und Drittzahlung sogleich – lässt sich aber mit der Erwägung begründen, dass ein verzinstes Darlehen noch nicht die allgemeine Erheblichkeitsschwelle übersteige, die bei der Auslegung jedes Tatbestandes zu beachten ist (minima non curat praetor, vgl. *T. Walter* LK Vor § 13 Rdn. 91). **50**

Für die **unmittelbare Drittzahlung** überzeugt die herrschende Meinung nicht. Dass es Möglichkeiten gibt, mit Zuwendungen an den Verurteilten ein Verbot der unmittelbaren **51**

---

2001 249; *Jahn/Palm* JuS **2009** 408, 410; *Krey* JZ **1991** 889, 890; *Lackner/Kühl* Rdn. 13 m.w.N. (aber „zw." und „kriminalpolitisch bedauerlich"); *Müller-Christmann* JuS **1992** 379, 382; *Piatkowsky/Saal* JuS **2005** 979, 983; *Rengier* BT 1 § 21 Rdn. 18; *Satzger* Jura **2007** 754, 761; SSW-StGB/*Jahn* Rdn. 38; *Stephan* Burhoff/Stephan, Rdn. 172.

[46] *Hillenkamp* JR **1992** 74 ff; *ders.* FS Lackner, S. 455 ff; *Mitsch* JA **1993** 304; *Ruß* LK[11] Rdn. 24a; *Sch/Schröder/Stree* Rdn. 28a; *Scholl* NStZ **1999** 559, 603 ff; *Wodicka* NStZ **1991** 487. Vgl. auch *Vierhaus* ZRP **1992** 161, 162.

Drittzahlung zu umgehen, ist kein Grund, diesen klaren Fall des Verhinderns einer Vollstreckung beim Verurteilten straffrei zu lassen. Der Wortlaut des § 258 Abs. 2 verlangt das auch nicht, denn es lässt sich „vereiteln" sehr wohl als schlichtes „verhindern" verstehen. Es mag dahinstehen, ob der Staat eine unmittelbare Drittzahlung überhaupt wirksam – wenn auch irrtümlich – als Erfüllung des Zahlungsanspruches gegen den Verurteilten annehmen kann und dann anfechten muss, wenn man den Irrtum bemerkt, oder ob eine Annahmeerklärung nach § 134 BGB nichtig wäre, weil die Schuld des Verurteilten eine höchstpersönliche ist und § 267 BGB nicht eingreift (so *Altenhain* NK Rdn. 64 mit dem Nachweis BGHSt **23** 222, 224, der sich nicht nachvollziehen lässt; dagegen und für die erstgenannte Ansicht *Hoyer* SK Rdn. 21). Vollendet ist die Tat auf dem Boden der herrschenden Ansicht zum Vereitelungserfolg, wenn es die Justizkasse aufgrund der Drittzahlung für geraume Zeit unterlässt, die Forderung beizutreiben (**aA** *Altenhain* aaO; *Stephan* Burhoff/Stephan, Rdn. 172: erst wenn die Vollstreckung verjährt [bei *Altenhain* mit der Einschränkung „zumeist"]).

**52** Für **Zuwendungen** an den Verurteilten hat das Wortlautargument größeres Gewicht. Zwar mag man „Vollstreckung" weit verstehen und darunter nicht nur die zwangsweise Durchsetzung fassen, sondern auch „alle Maßnahmen, die auf Verwirklichung einer vom Strafgericht erlassenen Entscheidung gerichtet sind", einschließlich der Versendung einer Zahlungsaufforderung (*Scholl* NStZ **1999** 599, 604). Damit gelangt man aber noch immer nicht zu der (noch) weiteren Bedeutung einer „Verwirklichung der gegen einen anderen verhängten Strafe" (**aA** *Scholl* aaO). Für sie wäre zudem erneut unklar, was unter einer „Verwirklichung" zu verstehen sei. Der Sprung zum „plangemäßen Leiden des Verurteilten" ist insgesamt zu groß. Eine Vollstreckung besteht aus den Handlungen, die erforderlich sind, um den Vorgang oder Zustand herbeizuführen, der in der vollstreckten Entscheidung verfügt ist. Dass dieser Vorgang oder Zustand seinen Zweck erreicht, ist eine zweite Frage. Eine Zahlungsaufforderung lässt sich wesentlich leichter als Teil der Vollstreckung begreifen als das Ausbleiben von Hilfen Dritter, welche die Vollstreckungsfolgen lindern.

**53** Erwägenswert ist allerdings eine Regelung **de lege ferenda**. Hierzu hat *Scholl* einen Vorschlag unterbreitet (NStZ **1999** 599, 605). Er erfasst jedoch zum einen nur Zahlungen „nach Begleichung der Strafe", was zu kurz greift, und zum anderen Zahlungen binnen fünf Jahren danach, was übertrieben erscheint. Erfasst sein sollten auch Zahlungen zwischen Urteilsverkündung (oder der Zustellung eines Strafbefehls) und der Zahlung durch den Verurteilten, sofern sie ohne das Urteil oder den Strafbefehl nicht oder nicht in dieser Höhe geleistet worden wären. Letzteres ist zwar eine Beweisfrage, die oft nicht zweifelsfrei zu beantworten sein dürfte, wenn die Beteiligten geschickt agieren. Ebenso oft wird man den Beweis aber auch erbringen können, da alle Umstände der Zahlung – Höhe, Zeitpunkt, Rechtsgrund – ebenso zu berücksichtigen wären wie die begleitende Kommunikation. Nachdem der Verurteilte die Geldstrafe bezahlt hat, sollte eine Erstattung so lange erfasst werden, wie der Verurteilte das Strafübel spüren soll. Dafür kann man sich an der Zahl der Tagessätze orientieren. Gleichzustellen wäre der Erstattung durch positive Leistungen ein Erlass von Schulden in ähnlicher Höhe. In beiden Fällen hätte das Gesetz wieder zu verlangen, dass die Leistung beziehungsweise der Erlass durch die Bestrafung des Verurteilten ausgelöst worden ist.

**54** Entsprechende Überlegungen sind für den **Verfall** anzustellen. Für ihn spielen Erstattungen durch Dritte in der Praxis aber keine Rolle.

**55** c) **Vollendung und Beendigung.** Vollendet ist die Tat mit dem Eintritt des (negativen) Taterfolges, also – auf dem Boden der herrschenden Meinung (Rdn. 11, 35, 40) – wenn die Verhängung oder die Vollstreckung der Strafe mindestens für eine geraume Zeit nicht stattgefunden hat. Da es sich um ein Dauerdelikt handelt (Rdn. 13), bestehen keine Bedenken, nach der Vollendung eine **Beendigungsphase** anzunehmen, bis der deliktische Zustand entweder behoben ist oder endgültig nicht mehr behoben werden kann. In dem ersten Fall setzt die verzögerte Verfolgung oder Vollstreckung wieder – oder erstmals – ein, in dem zweiten Fall verjährt sie (BGHR StGB § 78a Satz 1 Begünstigung 2; *Ruß* LK[11] Rdn. 26a, zweifelnd SSW-StGB/*Jahn* Rdn. 42). Besteht eine Vollstreckungsvereitelung darin, dass der Täter die Aussetzung des Vollzuges einer Freiheitsstrafe zur Bewährung erschleicht, ist die Tat erst beendet, wenn das Gericht die Strafe nach § 56g endgültig erlässt. Beim *Unterlassen* (Rdn. 87 ff) kann der deliktische Zustand auch dadurch enden, dass der Täter seine Garantenstellung verliert, etwa indem er aus einem Amt ausscheidet (*Sch/Schröder/Stree* § 258a Rdn. 9).

### 3. Vereitelungshandlung

a) **Allgemeines.** Als Tathandlung kommt grundsätzlich *jedes Verhalten* in Betracht, **56**
das den Taterfolg herbeiführt; Strafvereitelung ist ein reines (negatives) Erfolgsdelikt (zum Unterlassen Rdn. 87 ff).[47] Das verlangt jedoch nicht, jedes Ursächlichwerden für den Taterfolg als *Täterschaft* zu erfassen, und selbst ein Erfassen als Teilnahme scheitert, wenn die „Haupttat" eine tatbestandslose Selbstbegünstigung ist (näher Rdn. 156 ff). Das tatbestandsmäßige Verhalten kann auch vor dem Zeitpunkt liegen, in dem die Strafverfolgung beginnt, ja sogar vor der Vortat (vgl. Rdn. 21). Klare Beispiele sind das Beseitigen von Tatspuren (*Fischer* Rdn. 10; *Ruß* LK[11] Rdn. 10a), von sonstigen Beweismitteln[48] oder Akten (*Fischer* Rdn. 10), falsche Angaben gegenüber den staatlichen Stellen (BGH NJW **1986** 2121; *Fischer* Rdn. 10), das Befreien eines Gefangenen (*Ruß* LK[11] Rdn. 24), das Verbüßen einer Haftstrafe durch Dritte,[49] das Erschleichen eines Vollstreckungsaufschubs (RGSt **16** 204; *Ruß* LK[11] Rdn. 24), das Verstecken des Vortäters (*Arzt/Weber/Heinrich/Hilgendorf* BT § 26 Rdn. 5; *Fischer* Rdn. 10; *Ruß* LK[11] Rdn. 24), das falsche Verdächtigen anderer einschließlich der Selbstbezichtigung (RG JW **1928** 1939; *Ruß* LK[11] Rdn. 14), das Erschleichen eines Gnadenakts,[50] das Verhindern eines Widerrufs nach § 56 f (*Ruß* LK[11] Rdn. 24) und das Erschleichen einer Restaussetzung nach § 57 (*Ruß* LK[11] Rdn. 24).

Problematisch sind wie bei der Begünstigung (dort Rdn. 88) Handlungen, die den **57**
Taterfolg **mittelbar** herbeiführen, indem sie entweder dem Vortäter helfen, eigenhändig seine Verfolgung oder eine Strafvollstreckung zu vereiteln, oder Dritte hierzu animieren sowie ihnen dabei helfen. Beispiele sind das Warnen des Vortäters vor Ermittlungshandlungen, woraufhin der Vortäter eigenhändig Verdunklungsmaßnahmen ergreift oder flieht, sowie das Eröffnen von Fluchtmöglichkeiten, die der Vortäter eigenhändig nutzen muss – die klassische Fluchthilfe –, etwa wenn ihm jemand einen Wagen zur Verfügung stellt. Ein typisches Beispiel des Einschaltens Dritter ist jemand, namentlich ein Anwalt, der Zeugen dazu verleitet, zugunsten des Vortäters falsch auszusagen. In dem ersten Fall

---

47 OLG Koblenz vom 3.12.1980, 1 Ws 657/80 und im Text Rdn. 11. Nur vordergründig aA *Lackner/Kühl* Rdn. 3; dort wird über die Ursächlichkeit hinaus – mit der h.M. und zutreffend – eine Besserstellung des Vortäters verlangt, aus der sich eine generelle Eignung der Handlung ergebe, den Vereitelungserfolg herbeizuführen. Eine solche Besserstellung ist aber der *Taterfolg* und keine besondere Qualität der *Tathandlung*.

48 BGH MDR **1956** 271; RGSt **66** 316, 324; **53** 108; **50** 364; *Ruß* LK[11] Rdn. 14.

49 RGSt **8** 367; *Fischer* Rdn. 31; *Ruß* LK[11] Rdn. 24.

50 RGSt **25** 127, 128; *Fischer* Rdn. 31; *Ruß* LK[11] Rdn. 24; *Stephan* Burhoff/Stephan, Rdn. 169.

stellt sich die Frage, wie die Strafvereitelung abzugrenzen sei von der *Beihilfe zur Selbstbegünstigung*, die mangels tatbestandsmäßiger Haupttat tatbestandslos bleibt („Selbstbegünstigung" steht hier und im Folgenden für die Strafvereitelung zu eigenen Gunsten, nicht für ein Verhalten im Sinne des § 257). Bei Handlungen, die auf Dritte einwirken, geht es um die Abgrenzung von *Täterschaft und Teilnahme*. Zu beiden Fragen näher Rdn. 156 ff. Im Ergebnis ist wie für § 257 abzugrenzen: Tatbestandslos sind die „Anstiftung" des Vortäters zur Selbstbegünstigung und die „psychische Beihilfe" dazu in Form eines Bestärkens des Entschlusses zur Selbstbegünstigung. Die sogenannte technische Rathilfe hingegen und handfeste physische Unterstützung bei der Selbstbegünstigung sind eine *täterschaftliche* Strafvereitelung (natürlich nur, wenn der Vereitelungserfolg eintritt, Rdn. 30 ff). Das Einwirken auf vollverantwortlich handelnde Dritte und deren Unterstützung sind Anstiftung und Beihilfe zur Strafvereitelung; die Beihilfe ist nach allgemeinen Regeln von der Mittäterschaft abzugrenzen.

**58** b) **Sozial- und Berufsadäquanz.** Die Kategorie der **Sozialadäquanz** ist eine Idee *Welzels* (Strafrecht, S. 55 f). Sie soll Handlungen erfassen, die sich im Rahmen der normalen, geschichtlich gewordenen sozialen Ordnung des Lebens bewegen (siehe für § 258 zum Beispiel *Otto* FS Lenckner, S. 193, 216, 225: „Vollzug üblicher sozialer Kontakte", „Realisierung der gewachsenen sozialen Beziehungen"; *Satzger* Jura **2007** 754, 758: „angemessene soziale Kontakte"). Solche Handlungen sollen schon objektiv nicht tatbestandsmäßig sein, selbst wenn sie den objektiven Tatbestand eines Delikts vollenden und der Täter dies weiß oder wissen muss. Es geht also im Ansatz um einen Tatbestandsausschluss unabhängig vom Wissensstand und von der Wissensfahrlässigkeit des Handelnden.[51] Im Anschluss an *Roxin* AT I § 10 Rdn. 38 ff lassen sich zwei Fallgruppen unterscheiden (vgl. *T. Walter* LK Vor § 13 Rdn. 91 f). In der ersten versammeln sich Fälle von *Geringfügigkeit*, in der zweiten solche *erlaubten Risikos* aufgrund einer staatlichen Genehmigung, etwa die Teilnahme am Straßenverkehr mit Fahrerlaubnis und TÜV-Plakette oder der Ausschank von Alkohol in den Grenzen, die das Gaststättengesetz zieht.

**59** Für § 258 tritt man hinsichtlich einer Reihe von Handlungen für Sozialadäquanz und damit für Tatbestandslosigkeit ein, auch wenn die dogmatischen Begründungen zum Teil voneinander abweichen.[52] So soll es unter dem Gesichtspunkt der Sozialadäquanz tatbestandslos sein, dem Vortäter Obdach zu gewähren, es sei denn dass damit ein Verbergen oder gar Verstecken verbunden ist.[53] Gleiches soll für ein schlichtes Zusammenleben mit dem Vortäter gelten (BGH JR **1984** 337 [der BGH stellt dort aber darauf ab, dass die

---

[51] Für § 258 *Fischer* Rdn. 7, 15a; *Ransiek* wistra **1999** 401, 403, 407; *Satzger* Jura **2007** 754, 758; allgemein *T. Walter* LK Vor § 13 Rdn. 91 m.w.N.

[52] Mit Erwägungen zum Schutzzweck der Norm *Lenckner* GS Schröder, S. 339, 350 ff; *Satzger* Jura **2007** 754, 758; *Sch/Schröder/Stree* Rdn. 21. Zu weiteren Begründungs- und Lösungsvorschlägen *Frisch* NJW **1983** 2471, 2472 ff; JuS **1983** 915 ff; *Rudolphi* JR **1981** 158, 160 ff; **1984** 337, 338; *ders.* FS Kleinknecht, S. 379 ff; zusammenfassend *Barton* StV **1993** 156 ff; *Küpper* GA **1987** 385 ff; **krit.** SSW-StGB/*Jahn* Rdn. 19.

[53] OLG Stuttgart NJW **1981** 1569 f m. Bspr. *Frisch* JuS **1983** 915; OLG Koblenz NJW **1982** 2785 m. Bspr. *Frisch* NJW **1983** 2471 (weitere Bspr.: *Hassemer* JuS **1983** 313; *Seier* JA **1983** 157); *Fischer* Rdn. 15a (einschließlich Wohnungsvermietung); *Heghmanns* BT Rdn. 1805; *Lackner/Kühl* Rdn. 7; *Otto* FS Lenckner, S. 193, 217; *Ruß* LK[11] Rdn. 10b; *Schubarth* FG Schultz (1977) S. 158, 162 (aber nur bei aktiven Tarnmaßnahmen; zust. *U. Günther* S. 175 f, der zudem leugnet, dass es um einen Anwendungsfall der Lehre von der Sozialadäquanz gehe; vielmehr handle es sich um eine sachgerechte Auslegung des Merkmals „Vereiteln").

Ursächlichkeit dieses Verhaltens für den Vereitelungserfolg nicht festgestellt worden war]; *Fischer* Rdn. 15a); ferner dafür, sich auf ein (tatsächlich bestehendes) Zeugnisverweigerungsrecht zu berufen (*Ruß* LK[11] Rdn. 15); dafür, einen Zeugen zu bitten, von einer Anzeige abzusehen;[54] und dafür, den Vortäter auf die Möglichkeiten hinzuweisen, durch tätige Reue oder eine Selbstanzeige straffrei zu werden (*Fischer* Rdn. 7; *Ransiek* wistra **1999** 401, 402; zur Berufsadäquanz für Strafverteidiger ausführlich Rdn. 68 ff). Mit Blick auf die Rdn. 58 genannten Fallgruppen lassen sich die drei letzten Fälle in der Kategorie **erlaubt riskanten Verhaltens** einordnen (so schon *Ransiek* wistra **1999** 401, 403; *Stumpf* S. 213 [zum Strafverteidiger]). Denn der Handelnde übt jeweils ohne zu nötigen oder zu täuschen ein prozessuales Recht aus oder bittet einen anderen, dies zu tun, so dass sein Verhalten ausdrücklich erlaubt ist, auch wenn es im Ergebnis die Verurteilung eines Schuldigen verhindern mag. – Dies gilt im Ergebnis auch für die Ansicht von *Esser/Fischer*, dass die Mitglieder eines interministeriellen Cremiums schon den äußeren Tatbestand der Strafvereitelung nicht erfüllen, wenn sie Piraten an das Ausland (in casu: Kenia) überstellen lassen, die von der Bundesmarine festgenommen worden sind und für die bereits Haftbefehle in Deutschland vorliegen (JZ **2010** 217, 225 mit ausdrücklichem Bezug auf die Dogmatik zur Sozialadäquanz in Fn. 111). Diese Ansicht wird man verfassungsrechtlich dadurch absichern müssen, dass man eine Pflicht der Landesjustizverwaltungen zu bundesfreundlichem Verhalten annimmt, aufgrund deren sie Verfahren nach § 153c StPO einzustellen haben (Ermessensreduzierung), wenn die Bundesregierung Auslandstaten aus (außen-)politischen Gründen nicht von deutschen Behörden verfolgen lassen will und hierzu auch nicht völkerrechtlich verpflichtet ist (zur Pflicht bundesfreundlichen Verhaltens *Bauer* in Dreier II Art. 20 [Bundesstaat] Rdn. 38 ff).

Die Fälle hingegen, dass jemand dem Täter Obdach gewährt oder mit ihm zusammen- **60**
lebt, ohne ihn zu verbergen, unterfallen dem Tatbestand aus einem anderen Grunde nicht, und zwar weil sie überhaupt **kein Risiko hinsichtlich eines Vereitelungserfolges** schaffen oder messbar erhöhen. Man kann auch sagen, dass der Handelnde in diesen Fällen keine tatbestandsrelevante Gefahr schaffe. Das ist auch die Erkenntnis aus BGH JR **1984** 337, wenn der BGH dort den Nachweis vermisst, dass das Verhalten für einen Vereitelungserfolg ursächlich war. Und das ist auch der Grund, warum das Gewähren von Obdach tatbestandsmäßig wird, wenn es mit einem Verbergen oder Verstecken des Vortäters einhergeht. Ebenso passt es hierzu, wenn man die Mitnahme des Vortäters im Auto als sozialadäquat betrachtet, aber eine Ausnahme macht, wenn der Vortäter dadurch einer Verhaftung entzogen wird (*Beulke/Ruhmannseder* Rdn. 80; *U. Günther* S. 178).

Allerdings ist zuzugeben, dass derartige Hilfen für einen Täter *auf der Flucht* die **61**
Gefahr für die Strafverfolgung oder -vollstreckung genau genommen auch dann erhöhen, wenn der Vortäter nicht besonders versteckt wird beziehungsweise wenn eine Ergreifung nicht kurz bevorsteht. Nimmt jemand den Vortäter im Wagen mit und fährt ihn dabei eine nicht unerhebliche Strecke der Fluchtroute oder gewährt jemand dem Vortäter auf dessen Flucht Obdach, wie man es auf der Durchreise nun einmal benötigt – in der Art eines Boxenstopps –, dann ist nicht ganz zu sehen, was im Vergleich mit anderen Formen der **Fluchthilfe** fehlte. Daher hat *Ruß* LK[11] Rdn. 10b zu Recht einen Tatbestandsausschluss wegen Sozialadäquanz nicht Platz greifen lassen, wenn das fragliche Verhalten eine Flucht des Vortäters erleichtert. Flucht bezeichnet dabei das räumliche Fortkommen des Vortäters in dem Bestreben, sich seiner Ergreifung zu entziehen. Beherbergungs-, Ver-

---

[54] BGH NJW **1997** 2061; *Ruß* LK[11] Rdn. 15; *Sch/Schröder/Stree* Rdn. 18.

pflegungs- und Chauffeursdienste können daher nur tatbestandslos bleiben, wenn sie die *Grundbedürfnisse* des Vortäters decken, *ohne seine Flucht zu erleichtern*. Entsprechendes gilt für das Überlassen von Kleidung. Ein gewisses Korrektiv in Richtung Straffreiheit ist der innere Tatbestand, da dem Täter bewusst sein muss, dass er eine Flucht der oben beschriebenen Art erleichtert.

62 Das Kriterium der Befriedigung von Grundbedürfnissen findet eine *Parallele* (und damit eine Stütze) in der **Dogmatik zu** § 257, da man dort solche vorteilssichernden Maßnahmen nicht erfasst, die den Vorteil aus der Vortat lediglich gegen Naturgewalten oder den Zahn der Zeit schützen oder seinen bestimmungsgemäßen Gebrauch ermöglichen, ohne es dem Opfer oder dem Staat schwerer zu machen, ihn dem Vortäter wieder zu entziehen (siehe § 257 Rdn. 47).

63 Von der Sozialadäquanz ist es nur ein kleiner Schritt zu **berufsadäquatem Verhalten**. Darunter versteht man Handlungen, mit denen jemand seinen Beruf ausübt und die im Rahmen der Berufsausübung „für sich betrachtet" harmlos sind. Beispiele lassen sich bilden, wenn jemand die bisher erörterten Unterstützungsleistungen berufsmäßig erbringt: Gewähren von Obdach durch Vermieten eines Hotelzimmers, Mitnahme im Wagen durch einen Taxifahrer. Andere Fälle sind der professionelle Verkauf von Kleidung und Nahrung sowie die ärztliche Versorgung. Das dogmatische Problem ist von der Beihilfe vertraut und firmiert dort unter der Fragestellung, inwieweit berufsbedingte oder auch *„neutrale Handlungen"* tatbestandsmäßig seien (vgl. *Schünemann* LK § 27 Rdn. 17 ff). Auch von der Begünstigung ist das Problem bekannt, siehe § 257 Rdn. 56.

64 Wie bei der Begünstigung und allgemein bietet auch für die Strafvereitelung die **Rechtsprechung die interessengerechteste Lösung**, indem sie auf den subjektiven Tatbestand abstellt: Tatbestandslosigkeit, wenn der Handelnde ein Delikt seines Interaktionspartners – hier: dessen Vortat – lediglich für möglich hält; anders, wenn er es für überaus wahrscheinlich hält oder sicher davon weiß.[55] Für § 258 hat eine mindestens sehr ähnliche Lösung schon *Ruß* LK[11] Rdn. 10b formuliert, indem er darauf abstellt, ob der Handlung die subjektive „Tendenz" innewohne, einen Vereitelungserfolg herbeizuführen (zust. LG Mannheim DRiZ **2004** 261, 264; wohl auch *Lackner/Kühl* Rdn. 3). Hinzukommen muss für die Tatbestandsmäßigkeit natürlich weiterhin, dass überhaupt eine (spezifische) Vereitelungsgefahr geschaffen oder messbar erhöht wird (Rdn. 60 f). Ein Taxifahrer handelt demnach nur tatbestandsmäßig, wenn er erstens eine Ergreifung des Vortäters verhindert oder ihn auf seiner Fluchtroute weiterbefördert und wenn er dies zweitens weiß oder für überaus wahrscheinlich hält (*U. Günther* S. 178, allerdings ohne sich mit der subjektiven Tatseite zu befassen).

65 Die **herrschende Lehre** hat hinsichtlich berufsadäquaten Verhaltens die Neigung, den Gesichtspunkt der Fluchthilfe (Rdn. 61) nicht zu berücksichtigen. Siehe für die Beherbergung die Fn. 53 angeführten Entscheidungen sowie für den Gastwirt, die Wohnungsvermietung und den Verkauf von Lebensmitteln und Kleidung statt aller *Fischer* Rdn. 15a; *Sch/Schröder/Stree* Rdn. 21; für die Dienstleistungen eines Friseurs oder Tankwarts *Satzger* Jura **2007** 754, 758. Auch geht die herrschende Lehre deutlich zu weit, wenn sie ohne Rücksicht auf das Wissen des Täters eine Dienstleistung allein deshalb straffrei stellen will, weil sie im Rahmen einer Berufsausübung erbracht wird. Exemplarisch sei aus dem jüngsten Schrifttum die Ansicht *Satzgers* angeführt, dass jede Berufsausübung auch in Kenntnis der Vortat tatbestandslos bleiben müsse, die dazu diene, den „üblichen" oder

---

[55] BGHSt **46** 107, 112 f; BGH NStZ **2004** 41 Rn. 13; BGHR StGB § 27 Abs. 1 Hilfeleisten Nr. 6 Rechtsauskunft; vgl. BVerfG NStZ **2004** 259 Rn. 8 ff zu § 261.

„sozialadäquaten“ *Lebensstandard* des Vortäters aufrechtzuerhalten (Jura **2007** 755, 758). Dann bleibt sogar straffrei, wer einem flüchtigen Bauunternehmer einen Ferrari verkauft oder ihn mit einem Learjet auf die Malediven fliegt, solange nur das erste in einem Autohaus geschieht und das zweite durch einen Berufspiloten. Es ist aber gar nicht einzusehen, warum ein *wissentlich* strafvereitelndes Verhalten allein deswegen tatbestandslos sein soll, weil es in allen *anderen* Fällen sozialadäquat ist. Sonst würde ein Meisterbrief, ein Piloten- oder (beim Taxifahrer) ein Personenbeförderungsschein zum Erlaubnistatbestand. Unzumutbar ist es lediglich, eine berufliche Tätigkeit – mit der jemand seinen Lebensunterhalt verdient – schon unterlassen zu müssen, wenn man es lediglich für *möglich* hält, dass der Kunde ein Straftäter ist (bei der Beihilfe: eine Straftat plant). Und deshalb ist die Rechtsprechung sachgerecht, die auf diesen Punkt abstellt.

Für das *Auszahlen von Geld* durch **Bankangestellte** verneint man die Tatbestandsmäßigkeit üblicherweise mit der Erwägung, dass der Vortäter einen Auszahlungsanspruch habe, der zivilrechtlich kein anderes Verhalten gestatte.[56] Inhaltlich entspricht das einer Parallele zu den Fällen erlaubt riskanten Verhaltens (Rdn. 59). Jedoch hat diese Begründung etwas Zirkuläres, denn *wenn* das Verhalten eine Strafvereitelung *ist*, kann schlecht ein zivilrechtlich wirksamer Anspruch auf dieses Verhalten bestehen (§ 134 BGB). Der Anspruch besteht zwar im Grundsatz – aber eben nicht, wenn seine Erfüllung eine Straftat verwirklichte (so schon *Ransiek* wistra **1999** 401, 404 für die Frage, ob es der Anspruch der Bankkunden auf die Mitteilung kontenrelevanter Informationen ausschließe, Mitteilungen über Ermittlungsmaßnahmen gegen den Kunden als Strafvereitelung zu betrachten). Daher sind auch an das Auszahlen von Geld durch Bankangestellte die Rdn. 64 formulierten Maßstäbe anzulegen. – Zu Mitteilungen über Durchsuchungen und Beschlagnahmen *Ransiek* wistra **1999** 401 ff: Diese Ermittlungsmaßnahmen sind von Gesetzes wegen offen durchzuführen, so dass eine Benachrichtigung des Betroffenen durch seine Bank nicht anders beurteilt werden kann als wenn ihn seine Bank vor Ort hinzuzöge (wogegen die Ermittler nichts einwenden könnten). Deren gelegentliche Weisung an die Bank, ihren Besuch geheim zu halten, hat keine Rechtsgrundlage und verletzt die Beteiligungsrechte des Betroffenen (der sich etwa nach einem Anruf seiner Bank entschließen mag, an den Ort des Geschehens zu eilen). **66**

Das gilt grundsätzlich auch für eine **ärztliche Behandlung**. Das Schrifttum hält sie zum Teil erneut selbst dann für tatbestandslos, wenn sie eine Flucht des Vortäters ermöglicht.[57] Dogmatisch sauberer ist es demgegenüber, auch die Fluchthilfe durch einen Arzt **67**

---

56 *Fischer* Rdn. 15a; *Ruß* LK[11] Rdn. 10b; *Satzger* Jura **2007** 754, 758; *Sch/Schröder/Stree* Rdn. 21 (*Satzger* und *Stree* ohne sich ausdrücklich auf einen Auszahlungsanspruch zu stützen). Vgl. dazu auch BGHSt **33** 347, 350 f = NStZ **1986** 323 m. Anm. *Welp* NStZ **1986** 294; weitere Anm./Bspr.: *Beulke* Jura **1986** 642; *Rieß* JR **1987** 77; *Teske* JA **1986** 459.

57 *Fischer* Rdn. 15a; *Heghmanns* BT Rdn. 1805; *Otto* FS Lenckner, S. 193, 218 (mit der Ausnahme, dass es jemand dem Vortäter durch das Besorgen von Medikamenten erlaubt, sich in einer Wohnung zu verbergen, und mit der Gegenausnahme, dass dies die Lebensgefährtin des Vortäters tut); *Ransiek* wistra **1999** 401, 405; *Satzger* Jura **2007** 754, 758 f (etwas unklar: Tatbestandslosigkeit, wenn der Arzt einen schwer verwundeten Täter auf der Flucht versorgt, um sein Leben zu erhalten, auch wenn dies dazu führt, dass der Täter fliehen kann; Tatbestandsmäßigkeit, wenn der Arzt schmerzlindernde Mittel gibt, um die Fortsetzung der Flucht zu ermöglichen, weil dies über die „Grundversorgung“ hinausgehe – kommt es auf das Motiv, also die innere Haltung des Arztes an [Lebensrettung hier, Fluchthilfe dort]? Gehören Schmerzmittel nicht zur „Grundversorgung“, wohl aber die Operation eines Schwerverwundeten? Gehört Schmerzfreiheit nicht mehr zum üblichen/sozialadäquaten

als tatbestandsmäßig zu erachten, nur jene medizinische Versorgung auszuklammern, die keine fluchterleichternde Wirkung hat, und in den anderen Fällen dem Arzt mit § 34 zu helfen, wenn das Interesse des Vortäters an seiner Gesundheit schwerer wiegt als das staatliche Interesse an der Strafverfolgung oder -vollstreckung. Die Rechtslage ist insoweit also wieder die gleiche wie für § 257 (dort Rdn. 56). Da es sich gegebenenfalls um einen aggressiven Notstand handelt, muss das Interesse des Vortäters wesentlich schwerer wiegen. Dabei ist auch zu berücksichtigen, um was für eine Vortat es geht und wie schwer die Krankheit oder die Verletzung des Vortäters ist. Diese Abwägung geht nicht automatisch zugunsten des Vortäters aus (**aA** jene Stimmen, die das Handeln des Arztes nur dann als rechtswidrig betrachten, wenn er über die Abwendung der Gesundheitsgefahr hinaus „Stärkungsmittel" verabreicht, etwa *U. Günther* S. 179 m.w.N.). Zum Beispiel darf ein Arzt keinen grippekranken Mörder fluchtfähig spritzen.

**68** c) **Strafverteidigung.** Eine Sonderstellung innerhalb des berufsadäquaten Verhaltens hat das Handeln der Strafverteidiger. Es steht in doppelter Hinsicht auf der *Schnittstelle zwischen materiellem Strafrecht und Strafprozessrecht:* Im Strafverfahren ist ein Verteidiger auszuschließen, „wenn er dringend oder in einem die Eröffnung des Hauptverfahrens rechtfertigenden Grade verdächtig ist, dass er […] eine Handlung begangen hat, die für den Fall der Verurteilung des Beschuldigten Begünstigung, Strafvereitelung oder Hehlerei wäre" (§ 138a Abs. 1 Nr. 3 StPO; eingehend *Burhoff* Burhoff/Stephan, Rdn. 173 ff). Und im materiellen Recht soll die Grenze erlaubten Verhaltens des Verteidigers das prozessual Zulässige sein, so dass sich § 258 insoweit zum Prozessrecht akzessorisch verhält.[58] Auch zum anwaltlichen Standesrecht vermittelt § 14 Abs. 2 Nr. 2 BRAO einen Zusammenhang (Widerruf der Anwaltszulassung, wenn der Anwalt aufgrund einer strafgerichtlichen Verurteilung die Fähigkeit verloren hat, öffentliche Ämter zu bekleiden [§ 45 StGB]). Allerdings genügt umgekehrt nach herrschender Meinung nicht jede Standesverfehlung, um den Tatbestand der Strafvereitelung zu eröffnen.[59] Verbrechenssystematisch nimmt die herrschende Meinung für zulässiges Verteidigerhandeln wieder einen **Tatbestandsausschluss** an, während eine Minderheit meint, es gehe um eine Rechtfertigung.[60] Dieser Disput kann für die strafrechtliche Betrachtung dahinstehen, da sich seine Ent-

---

Lebensstandard [vgl. im Text Rdn. 65]?); *Sch/Schröder/Stree* Rdn. 21; **aA** *U. Günther* S. 178; *Ruß* LK[11] Rdn. 10b.

[58] BGHSt **46** 53, 54; OLG Karlsruhe OLGSt StPO § 138a Nr. 7; LG Hannover Nds. RPfl. **2003** 73; *Arzt/Weber/Heinrich/Hilgendorf* BT § 26 Rdn. 11; *Beulke* FS Roxin, S. 1173, 1179; *Fischer* Rdn. 17; *Heghmanns* BT Rdn. 1806; *Hilgendorf* GS Schlüchter, S. 497, 506; *Jahn/Palm* JuS **2009** 408, 410; *Kappelmann* S. 20 f, 67; *Ruß* LK[11] Rdn. 19; *Satzger* Jura **2007** 754, 759; *Stephan* Burhoff/Stephan, Rdn. 22; **krit.** *Dessecker* GA **2005** 142; *Stumpf* S. 16, 29; *ders.* NStZ **1997** 7, 11.

[59] BGHSt **2** 375, 378; OLG Köln NJW **1975** 459, 460; *Fischer* Rdn. 22; *Kuckuk* NJW **1980** 298; *Ruß* LK[11] Rdn. 20a; *Scheffler* StV **1993** 470, 471; **aA** *Schautz* S. 140 ff; *Vogt* S. 232.

[60] Für die h.M. BVerfG StV **2006** 522; BGHSt **46** 53, 54 f; **38** 345, 347 f; OLG Düsseldorf NJW **1991** 996; *Beulke* Strafbarkeit, Rdn. 1 ff; *ders.* FS Roxin, S. 1173, 1178 f; *St. Cramer* MK Rdn. 10; *Fischer* Rdn. 17; *Hoyer* SK Rdn. 25; *Kappelmann* S. 68 u.ö.; *Lackner/Kühl* Rdn. 8; *Müller-Dietz* Jura **1979** 242, 247, 253 ff; *Ostendorf* NJW **1978** 1345, 1346; *Pellkofer* S. 85; *Pfeiffer* DRiZ **1984** 341, 348; *Ruß* LK[11] Rdn. 19; *Satzger* Jura **2007** 754, 759; *Scheffler* StV **1993** 470; *Stephan* Burhoff/Stephan, Rdn. 22; *Wohlers* StV **2001** 420, 426. – Für die Minderheit *Lüderssen* StV **2000** 205, 206 im Anschluss an *Bernsmann* StV **2000** 40, 41 ff zu § 261; *Hilgendorf* GS Schlüchter, S. 497, 508 ff, 513; *Otto* FS Lenckner, 193, 212; *Volk* BB **1987** 139, 144; alle m.w.N.

scheidung dort nur dann auswirken könnte, wenn man zum Erlaubnistatbestandsirrtum die strenge Schuldtheorie verträte – was nach fast einhelliger und zutreffender Ansicht nicht richtig wäre (statt aller *Vogel* LK § 16 Rdn. 116; *T. Walter* Kern des Strafrechts, S. 336 f; beide m.w.N.). Im Übrigen haben Tatbestandsausschluss und Rechtfertigung im Strafrecht die gleiche Wirkung. Lediglich außerstrafrechtlich geht die Rechtfertigung über den Tatbestandsausschluss hinaus (vgl. *T. Walter* LK Vor § 13 Rdn. 148 f). Für § 258 spielt das keine Rolle.

Etwas zu kurz kommt in der gängigen Erörterung einschlägiger Fälle die Grenze zwi- **69**
schen **Täterschaft und Teilnahme**. Dazu allgemein Rdn. 156 ff. Im Vorgriff auf die dort festgehaltenen Ergebnisse ist zu bedenken, dass auch ein Strafverteidiger lediglich eine tatbestandslose Teilnahme zur ebenso tatbestandslosen Selbstbegünstigung verwirklicht, wenn er den Vortäter zu ihr „anstiftet" oder ihn in seinem Entschluss bestärkt, ohne sogenannte technische Rathilfe zu leisten. Und auch ein Strafverteidiger ist lediglich Anstifter oder Gehilfe, wenn er einen vollverantwortlich handelnden Dritten zu dessen Vereitelungshandlung bestimmt oder ihn dabei unterstützt. Letzteres bedeutet mit Blick auf *Zeugen,* dass es in der Regel nicht um eine täterschaftliche Strafvereitelung gehen kann, wenn der Verteidiger einen Zeugen zu einer entlastenden Falschaussage bringt oder einen zur Falschaussage Entschlossenen als Zeugen benennt. Im ersten Fall kommt nur Anstiftung in Betracht (*Lackner/Kühl* Rdn. 10). Die Rechtsprechung nimmt auch für die heute geltende Fassung des § 258 ohne weiteres Täterschaft an.[61] Das ist selbst auf dem Boden einer – heute gemäßigten – modifizierten subjektiven Täterlehre (BGHSt **47** 383, 385) kaum zu begründen (**aA** *Beulke* NStZ **1983** 504). Im zweiten Fall scheidet Anstiftung aus, weil der Zeuge bereits zur Tat entschlossen ist (omnimodo facturus). Unmittelbare Täterschaft scheitert, weil erst der Zeuge eigenverantwortlich die entscheidenden Handlungen vornimmt. Mittelbare Täterschaft ist zwar gegenüber dem Richter denkbar, da er dem Beweisantrag in den Grenzen der §§ 244 ff StPO entsprechen muss. Gegenüber dem Zeugen jedoch fehlt im Normalfall die beherrschende Stellung. Mittäterschaft dürfte scheitern, wenn und weil der Verteidiger den entscheidenden Aussagevorgang nicht beherrscht; die Aussage ist Sache des Zeugen. Mit einer subjektiven Täterlehre mag man dies anders sehen. Ferner ist Tatherrschaft denkbar, wenn der Verteidiger mit seinen Fragen das Aussagegeschehen erheblich mitsteuert. Scheitert Mittäterschaft, bleibt nur eine Beihilfe. Nur für sie stellt sich dann die Frage, ob die Benennung des Zeugen aufgrund von Berufsadäquanz oder prozessualer Zulässigkeit tatbestandslos bleibe.

Für die **Kommunikation mit dem Beschuldigten** gilt auch hier, dass die Grenze zwi- **70**
schen tatbestandsloser Bestärkung eines Selbstbegünstigungsentschlusses und tatbestandsmäßiger technischer Rathilfe Fragen aufwerfen kann (vgl. Rdn. 163). Entscheidend ist, ob der Beschuldigte neue Informationen erhält – oder nur Anregungen, sich aufgrund ihm bekannter Informationen in bestimmter Art und Weise zu verhalten. Die Empfehlung an einen Beschuldigten, nicht in der Hauptverhandlung zu erscheinen, kann daher nur dann tatbestandsmäßig sein, wenn sie mit einer Aufklärung über die möglichen oder nicht möglichen Folgen eines solchen Verhaltens einhergeht und der Beschuldigte dabei Neues erfährt und seine Entscheidung mitbestimmen lässt.[62] Auch der Tipp, die Haar- und Bart-

---

61 BGHSt **31** 10, 12 f; BGH StV **2001** 108; NJW **1983** 2712 m. Anm. *Beulke* NStZ **1983** 504; *Bottke* JR **1984** 300; BGH NJW **1982** 1601 m. Anm. *Lenckner* NStZ **1982** 401; KG JR **1984** 250; **abl.** schon OLG Frankfurt a.M. StV **1992** 360; *Altenhain* NK Rdn. 39; *Ferber* S. 85, 143; *Krekeler* NStZ **1989** 146, 150; *Lackner/Kühl* Rdn. 10; *Müller-Dietz* JR **1981** 475; *Otto* Jura **1987** 329, 331; *Pellkofer* S. 153; *Rengier* BT 1 § 21 Rdn. 41; *Rudolphi* FS Kleinknecht, S. 379, 387.

62 Ohne diese Einschränkung OLG Koblenz NStZ **1992** 146, 147; *Ruß* LK[11] Rdn. 20a; *Sch/Schröder/Stree* Rdn. 20.

tracht zu verändern, um eine Wiedererkennung zu erschweren, dürfte dem Beschuldigten in der Regel nichts Neues verraten und bleibt dann tatbestandslos (Rdn. 163).[63]

71 Entscheidend für die Zulässigkeit des Verteidigerhandelns ist das prozessual Zulässige (Rdn. 68). Indes liefert auch das Verfahrensrecht keine autonomen Maßstäbe für die Grenze der Strafvereitelung zur erlaubten Strafverteidigung, so dass die **Akzessorität zum Verfahrensrecht** in einen Begründungszirkel mündet.[64] Das wird etwa in Formulierungen deutlich wie der, dass eine bestimmte prozessuale Handlung erlaubt sei, allerdings nur „mit ehrlichen/redlichen/erlaubten Mitteln" – und diese Eigenschaft der Mittel ist gerade fraglich. Jedoch zeugt das lediglich davon, dass es nicht möglich ist, eine Lösung aus gesicherten Prämissen mit den Schlussverfahren der Logik abzuleiten. Das ist in der Jurisprudenz ein Befund ohne Seltenheitswert. Ein anderes Beispiel ist die Wechselwirkungslehre des Bundesverfassungsgerichts zum Verhältnis der Meinungsfreiheit und ihrer Schranken (BVerfGE **20** 176 ff; 7 207 ff). In ihr geht es ebenfalls darum, widerstreitende und jeweils für sich betrachtet berechtigte Interessen zu einem Ausgleich zu bringen, der am Ende nur durch einen breiten Konsens hinsichtlich seiner Einzelergebnisse überzeugen kann (vgl. für § 258 *Fischer* Rdn. 17: Frage der Risikoverteilung). Dabei spielen Evidenzen eine Rolle. Je weiter sich die Einzelergebnisse verzweigen, desto eher wird es möglich, deduktiv Leitlinien für künftige Fälle aufzuzeigen und mit ihrer Hilfe auch wieder einzelne Fehlentwicklungen zu korrigieren.

72 Für das Verhalten des Strafverteidigers hängen solche *Leitlinien* auch von dem *Leitbild* ab, das man für diesen Berufsstand entwirft (näher *Beulke* Strafprozessrecht, Rdn. 150 ff; *Stumpf* S. 20 ff mit zahlreichen Nachweisen). Herrschend ist die **Organtheorie.**[65] Sie stützt sich auf § 1 BRAO, der den Rechtsanwalt zu einem Organ der Rechtspflege erklärt (was allerdings für Hochschullehrer und Verteidiger nach § 138 Abs. 2 StPO formal nicht zutrifft!). Der Verteidiger darf und soll nach der Organtheorie parteiisch zugunsten des Beschuldigten handeln, dient aber auch dem öffentlichen Interesse daran, dass der Strafprozess seine Ziele erreicht; und zu diesen Zielen gehört es, die Wahrheit zu ermitteln und materielle Gerechtigkeit zu verwirklichen (siehe nur *Beulke* aaO Rdn. 3). Eine restriktive sogenannte eingeschränkte Organtheorie lehnt vor allem die Widerspruchslösungen der Rechtsprechung ab (für eine solche Lösung zuerst BGHSt **38** 214, 225; näher *Beulke* aaO Rdn. 117 mit Nachweisen).[66] Sie unterscheidet sich sonst aber nicht wesentlich von der herrschenden Meinung. Eine andere Bezeichnung der Organtheorie lautet „Inpflichtnahmetheorie", weil sie dem Verteidiger nicht nur Rechte zugesteht, sondern ihn in begrenztem Umfang zugunsten der Strafrechtspflege in die Pflicht nimmt (vgl. *Beulke* FS Roxin, S. 1173, 1180).

---

[63] OLG Karlsruhe StV **1991** 519; zust. *St. Cramer* MK Rdn. 43; *Lackner/Kühl* Rdn. 9; *Stephan* Burhoff/Stephan, Rdn. 46; *Widmaier* FG BGH 50, 1042, 1052 in Fn. 36; zweifelnd *Fischer* Rdn. 21; **aA** *Ruß* LK[11] Rdn. 20a.

[64] *Beulke* FS Roxin, S. 1173, 1179; *Hilgendorf* GS Schlüchter, S. 497, 507; *Lüderssen/Jahn* LR Vor § 137 Rdn. 122, 137; *Ransiek* wistra **1999** 401, 404.

[65] Für die h.M. BVerfGE **34** 293, 300 = JZ **1973** 311 m. Anm. *Schumann* (weitere Anm./Bspr.: *Friedrichs* JR **1974** 177; *Knapp* JuS **1974** 20; *Lampe* JZ **1974** 696; *Menger* VerwArch **64** 423; *Waller* DRiZ **1974** 177); BGHSt **46** 36, 43 („Spannungsverhältnis zwischen Organ- und Beistandsfunktion"); OLG Düsseldorf StV **1998** 65, 66; *Fischer* Rdn. 16; *Hilgendorf* GS Schlüchter, S. 497, 498; *Rogall* SK StPO Vor § 133 Rdn. 95; *Roxin/Schünemann* Strafverfahrensrecht, § 19 Rdn. 3; *Stephan* Burhoff/Stephan, Rdn. 22, 29.

[66] Begründet von *Beulke* Der Verteidiger im Strafverfahren (1980) S. 50 ff, 143 ff, 258 ff; zust. etwa *Klesczewski* Strafprozessrecht (2007) Rdn. 124; *Satzger* Jura **2007** 754, 759; weitere Nachweise bei *Beulke* Strafprozessrecht, Rdn. 150 in Fn. 8.

73 Gegner der Organtheorie sind die Spielarten der **Parteiinteressenvertretertheorie**, die den Verteidiger ganz den Weisungen seines Mandanten unterstellen und ihm oft sogar dessen „Recht" zubilligen wollen, zu lügen sowie Beweismittel zu verfälschen und zu unterdrücken (was kein *Recht* des Beschuldigten ist, sondern lediglich die Abwesenheit von Sanktionsmöglichkeiten).[67] Vor allem Letzteres hätte deutliche Folgen für § 258, ist aber wie die Parteiinteressenvertretertheorien insgesamt *abzulehnen*. Die Gründe haben Rechtsprechung und Schrifttum hinlänglich dargetan; es geht nicht an, die Verantwortung für die Ermittlung der Wahrheit und für die Verwirklichung materieller Gerechtigkeit allein der Staatsanwaltschaft und dem Gericht zu überlassen und es dem Verteidiger fast schrankenlos zu gestatten, deren Bemühungen zu torpedieren (siehe nur *Beulke* FS Roxin, S. 1173, 1180 ff m.w.N.). Allerdings ist in dem Konflikt zwischen der Stellung des Verteidigers als Organ der Rechtspflege einerseits und als Beistand des Beschuldigten andererseits im Zweifel die Beistandsfunktion wichtiger.[68] Für Hochschullehrer und Verteidiger nach § 138 Abs. 2 StPO kann in der Sache nichts anderes gelten.

74 In der Praxis stellt sich oft die Frage, ob sich ein Verteidiger wegen Strafvereitelung strafbar mache, wenn er ein Beweismittel benenne, für das er es zumindest als *möglich* erachte, dass es Gegenstand einer Manipulation gewesen sei oder aus anderen Gründen ein objektiv falsches Ergebnis liefern werde. Beispiele sind die Vorlage einer möglicherweise unechten Urkunde und die Benennung eines Zeugen, der möglicherweise falsch aussagen wird. Der Erste Strafsenat des Bundesgerichtshofes hilft dem Verteidiger in solcher Situation über den subjektiven Tatbestand, indem er einen **„inneren Vorbehalt"** des Verteidigers „regelmäßig" (gemeint: in der Regel) „vermutet": Der Verteidiger vertraue darauf, dass das Gericht die Beweismittel gründlich prüfen und „ihre Fragwürdigkeit nicht übersehen" werde. Daher fehle dem Verteidiger das Wissenselement, das für die Vereitelungsabsicht erforderlich sei, also ein Für-möglich-Halten des Vereitelungserfolges.[69] Andererseits könne der positiven Kenntnis von der Fehlerhaftigkeit des Beweismittels der Fall gleichstehen, dass sie sich „aufdränge" (aaO).

75 Beides stößt im Schrifttum zu Recht auf **Ablehnung**.[70] Das Gleichsetzen von positiver Kenntnis und sich aufdrängender Kenntnis begegnet in der Rechtsprechung zwar auch an anderer Stelle und ist insofern verständlich, als es Beweisnöten angesichts unwiderlegbarer, aber sehr zweifelhafter Einlassungen eines Beschuldigten abhelfen soll. Eine solche Abhilfe ist aber einzig im Prozessrecht und in der Beweiswürdigung möglich. Im materiellen Recht wäre allein der Gesetzgeber befugt, Vorsatzerfordernisse auf das Erforder-

---

67 Grundlegend *Holtfort* Der Anwalt als soziale Gegenmacht, in ders. (Hrsg.), Strafverteidiger als Interessenvertreter (1979) S. 37 ff. Siehe noch *Bernsmann* StraFo **1999** 226 ff; *Jahn* ZRP **1998** 103, 107 unter Hinweis auf Art. 12 GG und die Rechtsprechung des Bundesverfassungsgerichts; *Lüderssen/Jahn* LR Vor § 137 Rdn. 33 ff; *Lüderssen* StV **1999** 537 ff; *ders.* Die Stellung des Strafverteidigers (2000) S. 7 (ihm folgend *Jahn* JR **1999** 1 ff; StV **2000** 431 ff); *Ostendorf* NJW **1978** 1345 ff; *Wassmann* S. 1 ff; näher *Beulke* FS Roxin, S. 1173, 1180, 1185 ff.

68 OLG Düsseldorf NJW **1991** 996; OLG Köln NJW **1975** 459, 460; OLG Frankfurt NStZ **1981** 144, 145 m. Anm. *Wüllrich* StraFo **1998** 210; *Ruß* LK[11] Rdn. 19; *Stephan* Burhoff/Stephan, Rdn. 22.

69 BGHSt **46** 53, 56, 59 f im Anschluss an BGHSt **38** 345, 350 (zur Urkundenfälschung, § 267; ebenfalls Erster Strafsenat) m. Anm./Bspr. *Beulke* JR **1994** 116; *Scheffler* StV **1993** 470; *Stumpf* NStZ **1997** 7; siehe auch OLG Karlsruhe OLGSt StPO § 138a Nr. 7. Zust. *Stephan* Burhoff/Stephan, Rdn. 79.

70 Siehe *Beulke* FS Roxin, S. 1173, 1192; *Fischer* Rdn. 25 ff; *Hilgendorf* GS Schlüchter, S. 497, 502, 504 f; *H. E. Müller* NStZ **2002** 356, 359; *Otto* FS Lenckner, S. 193, 211; *von Stetten* StV **1995** 606, 607, 611; *Wünsch* StV **1997** 45, 49.

nis von Fahrlässigkeit (Leichtfertigkeit) herabzustufen oder eine neue Kategorie ähnlich der anglo-amerikanischen „recklessness" zwischen Vorsatz und Fahrlässigkeit einzuführen. Der „innere Vorbehalt" wiederum ist eine normative Fiktion zugunsten der Strafverteidiger, die der Erste Strafsenat allein von äußeren Umständen abhängen lässt und so unter dem Strich zu einer Schranke des äußeren (objektiven) Tatbestandes macht:

**76** In BGHSt **46** 53 hatte der Beschuldigte nach Vermittlung durch seine Verteidigerin einer Zeugin – dem Opfer – schriftlich ein Schmerzensgeld zugesagt, wenn sie in der Berufungsverhandlung ihre Aussage zu seinen Gunsten ändere und er daraufhin zwar wegen Körperverletzung, aber nicht mehr wegen versuchten schweren Menschenhandels verurteilt werde (die erste Instanz war aufgrund der Aussage der Zeugin davon ausgegangen, dass die Körperverletzungen dazu dienten, die Zeugin zur Prostitution zu zwingen). Die Verteidigerin war sich nicht sicher gewesen, ob die frühere oder die in Aussicht gestellte Aussage der Wahrheit näher komme. Die Berufungsinstanz ließ sich aber nicht davon beeindrucken, dass die Zeugin anders aussagte. Die Verteidigerin wurde wegen versuchter Strafvereitelung verfolgt. Der Erste Senat „empfiehlt" ihr und ihren Standesgenossen, künftig in derartigen Fällen die Vereinbarung des Schmerzensgeldes den anderen Verfahrensbeteiligten offenzulegen, „um sich den von der Rechtsprechung zugebilligten inneren Vorbehalt zu erhalten". Der äußere Umstand des Offenlegens hat aber kaum etwas mit der inneren Haltung gegenüber der Wahrheit der Aussage und gegenüber dem Verfahrensergebnis zu tun; „man kann nicht eine Handlung in der Absicht vornehmen, sich das Nichtvorliegen bedingten Vorsatzes zu ‚erhalten'" (*Fischer* Rdn. 26).

**77** Nichtsdestoweniger ist diese Rechtsprechung als Grenze des äußeren Tatbestandes des § 258 in Betracht zu ziehen. Dies tut etwa *Fischer* Rdn. 28 unter dem vielschichtigen und oft bemühten Gesichtspunkt der objektiven Zurechnung: Zurechnung und Strafbarkeit (auch wegen Anstiftung zum Aussagedelikt oder wegen eines Urkundendelikts), wenn der Verteidiger Erkenntnisse bewusst unterdrücke oder verschweige, die für die Bewertung des präsentierten Beweismittels maßgeblich seien; und dazu zähle auch die Zusage von **Entschädigungszahlungen an Zeugen** für den Fall, dass sie eine bestimmte Aussage machten. Denn wer über den Umfang und die Grundlagen des von ihm geschaffenen Risikos täusche, könne nicht von Rechts wegen so behandelt werden, als habe er nicht getäuscht (im Ergebnis auch *Lackner/Kühl* Rdn. 9; *Otto* JZ **2001** 436, 439). Großzügiger *H. E. Müller* NStZ **2002** 356, 360: Straffreiheit auch ohne Offenlegung der Zusage, wenn die Initiative vom Zeugen ausgehe, wenn es für die Zahlung einen konnexen Rechtsgrund gebe (Anspruch auf Schadensersatz oder Schmerzensgeld) und wenn es der Verteidiger immerhin für möglich halte, dass die zugesicherte Aussage wahr sei.[71]

**78** Vorzugswürdig ist die Ansicht *Müllers*. Die Täuschung, von der *Fischer* ausgeht, konnte in BGHSt **46** 53 nur eine solche durch ein *Unterlassen* sein; denn die Zeugin wäre von dem Berufungsgericht in jedem Fall vernommen worden, so dass ihm gegenüber keine aktive konkludente Täuschung durch einen Beweisantrag in Betracht kam. Aber selbst wenn die Verteidigerin einen solchen Beweisantrag hätte stellen müssen, könnte ein Vorwurf ihr gegenüber immer nur darauf lauten, etwas verschwiegen, das heißt eine Aufklärungspflicht verletzt zu haben (zur Konkludenz als Verletzung von Aufklärungspflichten *T. Walter* Betrugsstrafrecht in Frankreich und Deutschland [1999] S. 47 ff). Eine solche **Aufklärungspflicht** ist aber **nicht anzunehmen**. Der Umgang des Verteidigers mit

---

[71] Von der ersten Bedingung abgesehen so auch *Beulke* FS Roxin, S. 1173, 1191 f m.w.N.; *Stephan* Burhoff/Stephan, Rdn. 83; von erster und zweiter Bedingung abgesehen auch *Satzger* Jura 2007 754, 760.

einem Beweismittel ist entweder zulässig oder unzulässig. Ist er unzulässig, etwa wenn der Zeuge für eine Falschaussage geschmiert wird, so ist schon das Verhalten gegenüber dem Zeugen – zumindest auch – eine Beteiligung an dessen strafvereitelnder Handlung. Ist er zulässig, kann den Verteidiger keine Pflicht treffen, über sämtliche Umstände Bericht zu erstatten, die für die Beweiswürdigung von Belang sein mögen. Sonst hätte der Verteidiger bei allen eigenen Beweisanträgen einen solchen Hintergrundbericht zu liefern und wäre dabei auf das Objektivitätsniveau der Staatsanwaltschaft verpflichtet. Entschädigungszahlungen an Zeugen sind sicher eine heikle Form des Umgangs mit Beweismitteln. Sie können aber nicht absolut unzulässig sein, weil es gut möglich ist, dass ein Zeuge eine wahre Aussage bezahlt haben will, um sich einen langwierigen und im Ausgang ungewissen Zivilprozess zu ersparen. Die von *Müller* aufgestellten Bedingungen tragen dem Rechnung. Sind sie erfüllt, ist der Verteidiger so wenig wie bei anderen Beweisanträgen gehalten, den Verfahrensbeteiligten eigeninitiativ offenzulegen, was sich alles im Vorfeld der Beweisaufnahme ereignet oder nicht ereignet hat. Allerdings steht es der Staatsanwaltschaft und dem Gericht frei, den Zeugen hierzu zu befragen.

BGHSt **46** 53 stützt sich auf BGHSt **38** 345 und damit auf eine Entscheidung, die **79**
nicht zu § 258, sondern zur Urkundenfälschung ergangen ist. Indem der Erste Strafsenat die Anforderungen an den inneren Tatbestand in beiden Fällen angleicht – Vermutung eines „inneren Vorbehalts" – und auf andere „verteidigungsspezifische Delikte" ausdehnt (BGHSt **46** 53, 61), entsteht im Ergebnis so etwas wie eine **Sperrwirkung** des § 258 gegenüber anderen Delikten, die bei der Strafverteidigung vergleichsweise leicht verwirklicht werden können:[72] Gebrauch unechter Urkunden, sämtliche Äußerungsdelikte einschließlich Betrug, Beteiligung an Aussagedelikten, Unterstützung krimineller oder terroristischer Vereinigungen. Allerdings ist die Genese dieser Rechtsprechung gerade umgekehrt verlaufen. Die Ausgangsfrage lautete, ob § 258 dergestalt eine Sperrwirkung gegenüber anderen verteidigungstypischen Delikten entfalte, dass seine *gesetzlich* erhöhten Anforderungen an den inneren Tatbestand – Wissentlichkeit oder Absicht – durch Auslegung auf diese Delikte zu erstrecken seien, auch wenn sich deren Tatbestände von Gesetzes wegen mit bedingtem Vorsatz begnügten. Diese Frage hat BGHSt **38** 345, 350 zunächst *verneint*. Dann hat der Erste Strafsenat dort aber die Anforderungen an den bedingten Vorsatz bei verteidigungstypischen Delikten erhöht, indem er besagten „inneren Vorbehalt" des Verteidigers (Rdn. 74 ff) als Regelfall vermutete; seinerzeit noch in Form einer zweifelhaften Mischung aus prozessualer Beweiswürdigungsregel und materiellrechtlicher Tatbestandsauslegung (zu Recht krit. *Fischer* Rdn. 25). Und diese Vermutung hat BGHSt **46** 53 dann auf das Wissenselement (intellektuell-kognitives Element) der Vereitelungs*absicht* bei der Strafvereitelung übertragen. – Für § 267 ist nebenbei darauf hinzuweisen, dass schon sein Wortlaut eine Täuschungs*absicht* verlangt.

Als **Leitlinie prozessual zulässigen Verhaltens** des Strafverteidigers lässt sich mit der **80**
herrschenden Meinung festhalten: Der Verteidiger darf nicht aktiv Beweismittel fälschen

[72] *Fischer* Rdn. 27; *Widmaier* FG BGH 50, S. 1042, 1055, 1058. Für eine Sperrwirkung des § 258 bei verteidigungsspezifischen Taten auch *Hilgendorf* GS Schlüchter, S. 497, 508 m.w.N., allerdings unter Beschränkung auf Taten gegen Gemeinrechtsgüter (Kollektivrechtsgüter) oder Einzelrechtsgüter (Individualrechtsgüter) des Staates (staatliches Eigentum und dergleichen); *Stephan* Burhoff/Stephan, Rdn. 110; *von Stetten* StV **1995** 606, 610 f; *Wünsch* StV **1997** 45, 49 f in Bezug auf den subjektiven Tatbestand aller ideal konkurrierender Delikte (stets Wissentlichkeit oder Absicht erforderlich); hinsichtlich des § 267 im Ergebnis auch *Rietmann* S. 175, 178 (Strafbarkeit nur, wenn der Täter positiv weiß, dass die Urkunde unecht ist). AA etwa *Jahn/Palm* JuS **2009** 408, 410 f; *Stumpf* NStZ **1997** 7, 10.

oder verfälschen oder Dritte aktiv hierzu animieren oder dabei unterstützen – auch nicht einen Zeugen oder seinen Mandanten. Ihm darf der Verteidiger ferner nicht raten zu lügen, denn solche Lügen sind kein prozessuales Recht des Beschuldigten, sondern bleiben lediglich ohne Sanktion. Hingegen darf der Verteidiger jedes prozessuale Recht wahrnehmen, solange er dabei weder nötigt noch täuscht (*Ruß* LK[11] Rdn. 15). Auch darf er seinem Mandanten stets raten, ein prozessuales Recht wahrzunehmen, solange der Mandant dabei weder nötigt noch täuscht. Und er darf den Mandanten sowie Zeugen umfassend über das materielle wie über das Verfahrensrecht informieren unter Berücksichtigung aller denkbaren Tatsachenvarianten und Rückfragen des Mandanten.

**81** Das bedeutet im Einzelnen, dass es unter den genannten Voraussetzungen **zulässig** ist, wenn der Verteidiger

– seinen Mandanten umfassend, aber „stimulierungsneutral" (*Lackner/Kühl* Rdn. 9) über die Rechtslage *berät*[73] einschließlich des Hinweises, dass Lügen ohne Folgen bleiben,[74] und einschließlich solcher Hinweise zur Rechtslage, die der Mandant für die Ausarbeitung einer unwahren Einlassung nutzen kann (*Beulke* FS Roxin, S. 1173, 1182; *Lackner/Kühl* Rdn. 9) oder für die Flucht in ein Land, in dem keine Auslieferung droht (*Kappelmann* S. 90 f m.w.N.). Auch gegenüber *Zeugen* ist eine umfassende Aufklärung über materielles Recht und Prozessrecht zulässig;[75]

– *Beweisanträge* stellt.[76] Dass ihre prozessuale Zulässigkeit allein nicht hinreicht (*Fischer* Rdn. 17), trifft insofern zu, als der Verteidiger auf das Beweismittel nicht verfälschend eingewirkt haben darf (Rdn. 80). Ist dies nicht der Fall, darf der Verteidiger einen *Zeugen* (oder Sachverständigen) aber auch dann benennen, wenn er nicht sicher ist, ob der Zeuge die Wahrheit sagen werde (zur Zusage einer Entschädigung Rdn. 76 ff).[77] Ebenso darf er eine *Urkunde* vorlegen, von der er nicht weiß, ob sie echt ist.[78] Er ist zu solchem Verhalten nicht nur berechtigt, sondern sogar verpflichtet, da er sonst ein möglicherweise wahres und entlastendes Beweismittel außer Acht ließe und so seine Pflicht verletzte, den Beschuldigten bestmöglich zu verteidigen.[79]

---

73 BGHR StGB § 27 Abs. 1 Hilfeleisten Nr. 6 Rechtsauskunft; RGSt 37 321, 322; OLG Düsseldorf NStZ-RR **1998** 336, 337; *Beulke* FS Roxin, S. 1173, 1182; *Fischer* Rdn. 18; *Lackner/Kühl* Rdn. 9; *Ransiek* wistra **1999** 401, 405; *Ruß* LK[11] Rdn. 15, 19; *Satzger* Jura **2007** 754, 759; *Sch/Schröder/Stree* Rdn. 20; *Stephan* Burhoff/Stephan, Rdn. 27 ff mit Beispielen; *Stumpf* S. 161 f; *Tiedemann* Wirtschaftsstrafrecht AT Rdn. 192. BGH NJW **1992** 3047 f stellt darauf ab, dass bei einem Anwalt in der Regel jedenfalls ein deliktischer Vorsatz fehle, wenn er eine Rechtsauskunft erteile.

74 OLG Karlsruhe StV **1991** 519; *Fischer* Rdn. 18; *Hoyer* SK Rdn. 28; *Lackner/Kühl* Rdn. 9; *Stephan* Burhoff/Stephan, Rdn. 28.

75 OLG Düsseldorf StV **1998** 552 („Durchspielen" einer entlastenden Aussage des Geschädigten und „Formulierungshilfe"; krit. [„recht weitgehend"] *Fischer* Rdn. 21); *Beulke* FS Roxin, S. 1173, 1182.

76 *Beulke* FS Roxin, S. 1173, 1182; *Fischer* Rdn. 18; *Jahn* ZRP **1998** 103, 108; *Ruß* LK[11] Rdn. 20.

77 BGH NJW **2000** 2433; OLG Köln StraFo **1999** 233, 235; *Beulke* FS Roxin, S. 1173, 1183; *Fischer* Rdn. 18; *Kappelmann* S. 85 f; *Lackner/Kühl* Rdn. 9; *Hilgendorf* GS Schlüchter, S. 497, 510; SSW-StGB/*Jahn* Rdn. 27; *Stumpf* S. 189 ff, 202, 213. Weitergehend *Rietmann* S. 175 f, 178: Straflosigkeit grundsätzlich auch bei Kenntnis von der Entschlossenheit des Zeugen, falsch auszusagen; Strafbarkeit erst, wenn der Verteidiger wisse, dass der Zeuge zu seinem Beweisthema gar keine Wahrnehmungen gemacht habe, weil er nur dann ein objektiv untaugliches Beweismittel sei.

78 *Fischer* Rdn. 18; *Kappelmann* S. 88; *Otto* FS Lenckner, S. 193, 212; *Rietmann* S. 175, 178; *Stumpf* S. 189 ff, 213; *ders.* NStZ 1997 7, 11; im Ergebnis auch BGHSt **38** 345, 350.

79 BGH und *Otto* jeweils aaO (Fn. 78); *Stephan* Burhoff/Stephan, Rdn. 78; *Stumpf* NStZ **1997** 7, 11.

Auch Beweisanträge *in Verschleppungsabsicht* sind nicht tatbestandsmäßig da prozessual zulässig.[80] Letzteres folgt aus § 244 Abs. 3 StPO, der solche Anträge ausdrücklich von (schon) unzulässigen Beweisanträgen unterscheidet und dem Gericht nur das Recht, aber nicht die Pflicht zuspricht, den Antrag abzulehnen. Erst recht sind Beweisanträge zulässig, die der Verteidiger nur stellt, um einen Verfahrensfehler und damit einen Revisionsgrund zu provozieren;[81]

- Anträge auf *Aussetzung des Verfahrens* stellt oder *Gerichtspersonen ablehnt* (§§ 22 ff StPO) (**aA** *Kappelmann* S. 108 ff);
- eine *zweifelhafte Erklärung seines Mandanten* vorträgt;[82]
- *Verfahrensfehler provoziert,* die einen Revisionsgrund bilden, es sei denn sein Verhalten verletzt schon für sich genommen prozessuale Pflichten, das heißt ohne Rücksicht auf den beabsichtigten Revisionsgrund (*Arzt/Weber/Heinrich/Hilgendorf* BT § 26 Rdn. 11; **aA** *Kappelmann* S. 111 ff);
- *Protokollierungsanträge stellt* (§ 273 Abs. 3 StPO; **aA** *Kappelmann* S. 119 bei Verschleppungsabsicht – aber wenn sich diese Absicht belegen lässt oder sonst kein anzuerkennendes Interesse an der Protokollierung ersichtlich ist, braucht der Vorsitzende dem Antrag ohnehin nicht stattzugeben);
- ein *Rechtsmittel* einlegt, selbst wenn es ohne Aussicht auf Erfolg ist.[83] Bei der Revision soll es zwar nach neuerer Rechtsprechung missbräuchlich sein, wider besseres Wissen unter Berufung auf ein unrichtiges Protokoll einen Verfahrensfehler zu rügen (BGHSt 51 88 ff). Dieser behauptete Missbrauch ist aber nicht in § 258 strafbewehrt. Das wird auch dadurch gestützt, dass es nach ebenfalls neuerer Rechtsprechung möglich ist, einer solchen Rüge die Grundlage zu entziehen, indem man das Protokoll berichtigt (BGHSt 51 298 ff);
- ein *Wiederaufnahmeverfahren* betreibt (*Ruß* LK[11] Rdn. 15);
- eine Aussetzung des Vollzuges von Freiheitsstrafe zur *Bewährung* beantragt (*Ruß* LK[11] Rdn. 15);
- einem Zeugen (oder Sachverständigen) rät, von einem (tatsächlich bestehenden) *Zeugnisverweigerungsrecht* Gebrauch zu machen, es sei denn er bedient sich dabei einer Nötigung oder Täuschung.[84] Man wird ihm sogar zubilligen müssen, den Zeugen dafür zu bezahlen (*Kappelmann* S. 102; *Stumpf* S. 125 ff, 212), denn für sein Verweigerungsmotiv ist der Zeuge keine Rechenschaft schuldig und verhält sich so oder so prozessordnungsgemäß; ein Hinwirken darauf kann nicht strafbar sein. Erst recht darf der Verteidiger einen Arzt auf dessen Schweige*pflicht* aufmerksam machen (dass

---

80 *Jahn* ZRP **1998** 103, 107 f; *Krekeler* NStZ **1989** 146, 152; *Stephan* Burhoff/Stephan, Rdn. 117; **aA** *Kappelmann* S. 107.

81 *Krekeler* NStZ **1989** 146, 152; **aA** *Kappelmann* S. 107. Vgl. *Stephan* Burhoff/Stephan, Rdn. 133 ff: keine Strafvereitelung durch das Provozieren von Verfahrensfehlern mit Rügen oder Beanstandungen.

82 BGHSt **38** 345, 348; OLG Düsseldorf StV **1998** 65 f; *Beulke* Strafbarkeit, Rdn. 33; *Fischer* Rdn. 18.

83 *Altenhain* NK Rdn. 33; *Hoyer* SK Rdn. 26; *Ruß* LK[11] Rdn. 15; *Sch/Schröder/Stree* Rdn. 20; *Stephan* Burhoff/Stephan, Rdn. 155 ff; **aA** *Kappelmann* S. 111.

84 BGHSt **29** 99, 107; **10** 393, 395; BGH 1 StR 183/61 vom 4.7.1961; BGH 5 StR 383/57 vom 18.10.1957; OLG Düsseldorf NJW **1991** 996; *Arzt/Weber/Heinrich/Hilgendorf* BT § 26 Rdn. 11; *Beulke/Ruhmannseder* Rdn. 57; *ders.* FS Roxin, S. 1173, 1182 m.w.N.; *Fischer* Rdn. 10, 18; *Kappelmann* S. 101; *Lackner/Kühl* Rdn. 9; *Ruß* LK[11] Rdn. 15, 20, 20a; *Satzger* Jura **2007** 754, 760; *Sch/Schröder/Stree* Rdn. 20.

die Gerichte überhaupt befugt sein sollen, Ärzte zu vernehmen, die durch ihre Aussage ihre strafbewehrte Schweigepflicht verletzen, ist nicht einzusehen und ein Widerspruch zur Rechtsprechung des EGMR in Bezug auf Lockspitzel, die Unverdächtige anstiften);[85]

- einen *Gnadenerweis* zugunsten seines Mandanten empfiehlt (*Ruß* LK[11] Rdn. 15 mit dem Zusatz, die Empfehlung müsse „ehrlich" sein; das ist insofern richtig, als der Verteidiger keine falschen Angaben machen darf, *Stephan* Burhoff/Stephan, Rdn. 169 mit weiterem Nachweis);
- darauf hinwirkt (nochmals: ohne Nötigung oder Täuschung), dass ein *Strafantrag oder eine Anzeige unterbleibt oder zurückgenommen* wird.[86] Wiederum hat man dem Verteidiger zu gestatten, den Antragsberechtigten dafür zu bezahlen;[87]
- in der Hauptverhandlung *Fragen* stellt, die einen Zeugen oder andere Verfahrensbeteiligte verwirren (*Beulke* FS Roxin, S. 1173, 1182; **aA** *Kappelmann* S. 106);
- ein *Ermittlungsergebnis erschüttert,* auch wenn er weiß, dass es inhaltlich zutrifft (*Beulke* FS Roxin, S. 1173, 1190; **aA** wohl *Ruß* LK[11] Rdn. 20a);
- die *Beweise kritisch würdigt* und dieser Würdigung gemäß plädiert ohne Rücksicht auf sein tatsächliches Wissen, so dass er selbst dann *auf Freispruch plädieren* kann, wenn er weiß, dass sein Mandant schuldig ist.[88] Er darf selbst dann auf Freispruch plädieren, wenn er meint, dass die Beweisaufnahme seinen Mandanten überführt habe.[89] Die kritische Würdigung einer Zeugenaussage erlaubt es, die Glaubwürdigkeit des Zeugen in Zweifel zu ziehen. Der Verteidiger darf auch Fragen stellen, die darauf zielen, die Glaubwürdigkeit des Zeugen zu erschüttern (*Kappelmann* S. 87). Er darf sogar Fangfragen stellen.[90] Auch Suggestivfragen sind entgegen der wohl herrschenden Lehre[91] erlaubt. Es ist im Zweifel Sache des Vorsitzenden, unzulässige Fragen zu unterbinden. Die Grenze des Erlaubten ist überschritten, wenn der Verteidiger einen Zeugen ohne objektive Anhaltspunkte einer Falschaussage verdächtigt;[92]

---

[85] OLG Frankfurt a.M. NStZ **2005** 235; *Fischer* Rdn. 18; *Lackner/Kühl* Rdn. 9; *Stephan* Burhoff/Stephan, Rdn. 95.

[86] *Arzt/Weber/Heinrich/Hilgendorf* BT § 26 Rdn. 11; *Beulke* FS Roxin, S. 1173, 1182; *Fischer* Rdn. 10; *Kappelmann* S. 101; *Ransiek* wistra **1999** 401, 403; *Ruß* LK[11] Rdn. 15, 20; *Sch/Schröder/Stree* Rdn. 20; *Stephan* Burhoff/Stephan, Rdn. 86.

[87] *Kappelmann* S. 103 f; *Piatkowsky/Saal* JuS **2005** 979, 983; *Sch/Schröder/Stree* Rdn. 20: Geld zum Ausgleich dessen, dass der Antragsberechtigte keine Genugtuung durch ein Strafverfahren bekommt; *Stumpf* S. 125 ff, 212.

[88] BGHSt **29** 99, 107; **2** 375, 377; BGH bei Dallinger MDR **1957** 266, 267; RGSt **66** 316, 325; *Beulke* FS Roxin, S. 1173, 1183; *Kappelmann* S. 76; *Lackner/Kühl* Rdn. 9; *Ruß* LK[11] Rdn. 20; *Satzger* Jura **2007** 754, 760; *Sch/Schröder/Stree* Rdn. 20; SSW-StGB/*Jahn* Rdn. 27.

[89] *Altenhain* NK Rdn. 33; *Kappelmann* S. 77; *Krekeler* NStZ **1989** 146, 152.

[90] *Stephan* Burhoff/Stephan, Rdn. 130 f mit der Ausnahme, dass der Verteidiger wissentlich oder absichtlich eine falsche Antwort provoziert; **aA** *Kappelmann* S. 105; wohl auch *Ruß* LK[11] Rdn. 20a unter Berufung auf RG GA Bd. 73 352 (kein „als unglaubwürdig Hinstellen").

[91] *Kappelmann* S. 104 f; *Ruß* LK[11] Rdn. 20a unter Berufung auf RGSt **70** 390, 391; *Sch/Schröder/Stree* Rdn. 20; **aA** *Stephan* Burhoff/Stephan, Rdn. 130 f mit der Ausnahme, dass der Verteidiger wissentlich oder absichtlich eine falsche Antwort provoziert, und mit dem Hinweis, dass der Unterschied zwischen Suggestiv- und Fangfragen allgemein- wie fachsprachlich nicht vollkommen klar ist.

[92] RG GA Bd. 73 352; *Fischer* Rdn. 22; *Kappelmann* S. 87.

- dem Mandanten *rät zu schweigen*;[93]
- dem Mandanten rät, von einer *Selbstanzeige abzusehen*;[94]
- schriftliche *Erklärungen seines Mandanten an den Verteidiger eines Mitbeschuldigten* zur Erörterung weitergibt.[95] Tatbestandsmäßig soll es aber sein, wenn der Verteidiger eine Absprache unter Mitangeklagten fördert, die darauf gerichtet ist, sich übereinstimmend, aber der Wahrheit zuwider einzulassen.[96] Das ist zweifelhaft, weil der Verteidiger grundsätzlich die Möglichkeit haben muss, seinen Mandanten über die Verteidigungsstrategie von Mitbeschuldigten zu informieren (*Pellkofer* S. 201 f; dort S. 1 ff insgesamt zur sogenannten *Sockelverteidigung*, der Zusammenarbeit mehrerer Verteidiger; *Stephan* Burhoff/Stephan, Rdn. 91);
- *eigene Ermittlungen* anstellt;[97]
- dem Mandanten rät, seine *äußere Erscheinung*, namentlich die Haar- und Barttracht zu *ändern* (Rdn. 70, str.);
- *Beweismittel nicht benennt*, die den Mandanten belasten (LG Koblenz StV **1994** 378; *Fischer* Rdn. 18; allgemein zum Unterlassen Rdn. 87 ff);
- eine *Rechtsansicht* vertritt, die ihn selbst nicht überzeugt;[98] auch wenn er gegen sie bereits in einer Veröffentlichung Stellung bezogen hat;
- sich an einer verfahrensbeendenden *Absprache* zugunsten seines Mandanten beteiligt, die das Gericht in seiner Entscheidung vollzieht. Dies gilt selbst dann, wenn die Absprache die einschlägigen Vorgaben der höchstrichterlichen Rechtsprechung missachtet (jetzt § 257c StPO), zum Beispiel den Schuldspruch umfasst mit der Folge, dass wegen Fahrlässigkeit verurteilt wird, obschon Vorsatz gut möglich erscheint (**aA** *Stephan* Burhoff/Stephan, Rdn. 149). Denn der Verteidiger ist nicht der Hüter des Richters – und auch nicht sein Rechtsberater.

Ferner darf der Verteidiger den Mandanten unstreitig über den **Inhalt der Akten** informieren und ihm Kopien oder Abschriften überlassen (hingegen nicht ein Original!).[99] Das folgt auch aus dem Privileg des Verteidigers hinsichtlich der Akteneinsicht nach § 147 StPO. Nach herrschender Ansicht darf der Verteidiger aber nichts aus den Akten oder sonst über den Stand des Verfahrens mitteilen, wenn dies den Untersuchungszweck gefährdete oder einen „verfahrensfremden" Missbrauch befürchten ließe, etwa weil der **82**

---

93 BGH MDR bei Holtz **1982** 969, 970; *Arzt/Weber/Heinrich/Hilgendorf* BT § 26 Rdn. 11; *Beulke/Ruhmannseder* Rdn. 27; *Fischer* Rdn. 18; *Kappelmann* S. 93; *Krekeler* NStZ **1989** 148, 150; *Lackner/Kühl* Rdn. 9; *Pellkofer* S. 205; *Ruß* LK[11] Rdn. 20; *Sch/Schröder/Stree* Rdn. 20.

94 BGHSt **2** 375, 377; *Beulke/Ruhmannseder* Rdn. 27; *Fischer* Rdn. 18; *Kappelmann* S. 94; *Krekeler* NStZ **1989** 148, 150; *Lackner/Kühl* Rdn. 9; *Ruß* LK[11] Rdn. 20; *Sch/Schröder/Stree* Rdn. 20.

95 OLG Frankfurt a.M. NStZ **1981** 144, 145; *Jahn/Palm* JuS **2009** 408, 410; *Ruß* LK[11] Rdn. 20a; *Sch/Schröder/Stree* Rdn. 20.

96 *Fischer* Rdn. 22; *Lackner/Kühl* Rdn. 9; *Ruß* LK[11] Rdn. 20a. Enger OLG Frankfurt a.M. NStZ **1981** 144; *Jahn/Palm* JuS **2009** 408, 410; *Sch/Schröder/Stree* Rdn. 20; *Stephan* Burhoff/Stephan, Rdn. 91: nur wenn der Verteidiger die *Absicht* hat, falsche Einlassungen herbeizuführen.

97 BGH NJW **2000** 1277; OLG Frankfurt a.M. NStZ **1981** 144, 145; *Beulke/Ruhmannseder* Rdn. 84 ff; *ders.* FS Roxin, S. 1173, 1182.

98 *Kappelmann* S. 106; *Sch/Schröder/Stree* Rdn. 20; *Stephan* Burhoff/Stephan, Rdn. 153; *Stumpf* S. 188, 213.

99 BGHSt **29** 99, 102 f; *Beulke* FS Roxin, S. 1173, 1182; *Fischer* Rdn. 18; *Kappelmann* S. 97; *Lackner/Kühl* Rdn. 9; *Lüttger* NJW **1951** 744, 745; *Meyer-Goßner* § 147 Rdn. 15; *Rietmann* S. 138 ff, 178; *Ruß* LK[11] Rdn. 20a; *Stephan* Burhoff/Stephan, Rdn. 53.

Beschuldigte so erführe, dass seine Verhaftung oder eine Durchsuchung kurz bevorstände.[100] Das ist jedoch zweifelhaft, wenn der Verteidiger die Informationen rechtmäßig erlangt hat. Vor Abschluss der Ermittlungen hat die Staatsanwaltschaft nach § 147 Abs. 2 StPO das Recht, ihm die Akteneinsicht zu verwehren, wenn sie den Untersuchungszweck gefährden kann. Macht die Staatsanwaltschaft von diesem Recht keinen Gebrauch oder erlangt der Verteidiger seine Informationen auf einem anderen rechtmäßigen Weg, ist nicht ganz einzusehen, warum man ihn verpflichten dürfte, sie seinem Mandanten vorzuenthalten (keine „Filterfunktion" des Verteidigers zwischen Staatsanwaltschaft und Beschuldigtem, *Kappelmann* S. 98; *Stephan* Burhoff/Stephan, Rdn. 62 f). Denn das Vertrauensverhältnis zwischen Verteidiger und Mandant verlangt einen grundsätzlich unbeschränkten Informationsfluss.

**83** Auch liefe ein Informationsverbot der besagten Art darauf hinaus, dem Mandanten von vornherein zu unterstellen – auch von Seiten seines Verteidigers –, dass er versuchen werde, sich einer Verhaftung zu entziehen und eine Durchsuchung zu vereiteln, indem er brisante Gegenstände vernichten, verstecken oder wegschaffen werde. Ein Beschuldigter, der später erfährt, dass sein Anwalt ihm wichtige Informationen verschwiegen hat, dürfte Schwierigkeiten haben, ihm weiterhin uneingeschränkt zu vertrauen, und das wäre psychologisch verständlich. Indem man den Anwalt zwingt, solche Informationen zu verschweigen, lässt man das Verhältnis zum Mandanten darunter leiden, dass die Strafverfolgungsbehörden bei der Geheimhaltung offenbar fahrlässig gewesen sind. Denn sonst hätten die brisanten Informationen gar nicht auf legalem Wege zu dem Verteidiger gelangen können.

**84** Kein Recht, seinen Mandanten ermittlungsgefährdend zu informieren, hat der Verteidiger in Bezug auf Tatsachen, von denen er *auf rechtswidrigem Wege* erfährt (BVerfG NJW **2006** 3197, 3198; *Stephan* Burhoff/Stephan, Rdn. 60 f): durch Korruption, Geheimnisverrat, Täuschung, Nötigung, rechtswidrige technische Abhör- und Überwachungsmaßnahmen und Ähnliches. Dies gilt aber nur, wenn er jenen Weg eigeninitiativ beschritten hat. Wenn ihm die Information von einer Person aufgedrängt wird, die rechtswidrig handelt, oder wenn er sie *zufällig* erfährt, sprechen die oben angeführten Gründe wieder für sein (Sonder-)Recht, den Mandanten einzuweihen (im Ergebnis schon *Kappelmann* S. 100 f und *Stephan* Burhoff/Stephan, Rdn. 64 mit dem Schulbeispiel, dass der Verteidiger in der Gerichtskantine oder auf dem Flur das Gespräch zweier Staatsanwälte mithört, und bei *Kappelmann* mit der Begründung, dass es sich um eine Teilnahme an einer straflosen Selbstbegünstigung handle – was auf dem Boden der herrschenden Ansicht nicht zutrifft, Rdn. 156 ff).

**85** Der Verteidiger darf aber nicht **Akten zurückhalten**, die ihm zur Einsicht überlassen worden sind, wenn er dadurch das Verfahren verschleppen will (Rdn. 105).

---

[100] BVerfG NJW **2006** 3197, 3198 im Anschluss an BGHSt **29** 99, 103; *Beulke/Ruhmannseder* Rdn. 41 ff; *Fischer* Rdn. 18, 22; *Pfeiffer* DRiZ **1984** 345, 347; *Ruß* LK[11] Rdn. 20a; *Sch/Schröder/Stree* Rdn. 20; *Stephan* Burhoff/Stephan, Rdn. 58 für den Fall, dass der Mandant voraussichtlich mit einem Dritten eine Aussage absprechen oder gegen Zeugen mit Drohungen oder Gewalt vorgehen wird; *Stumpf* S. 161; *Vogt* S. 233; wohl auch *Lackner/Kühl* Rdn. 9; krit. *Krekeler* NStZ **1989** 146, 149; aA *St. Cramer* MK Rdn. 44; *Dessecker* GA **2005** 142; *Kappelmann* S. 98 f; *Lüderssen/Jahn* LR § 147 Rdn. 127; *Rietmann* S. 138 ff, 178 (aber Strafbarkeit gemäß § 138 möglich; zust. *Kappelmann* S. 99); *Stephan* Burhoff/Stephan, Rdn. 47, 62; SSW-StGB/*Jahn* Rdn. 27; *Tondorf* StV **1983** 257, 259.

**Unzulässig** ist ferner jede „aktive Verdunklung oder Verzerrung des Sachverhalts“ [101], etwa wenn der Verteidiger **86**

- selbst *lügt.*[102] Die Beweise darf er aber auch dann kritisch würdigen, wenn er deutlich mehr weiß, als seine Schlussfolgerungen hergeben (vgl. Rdn. 81), und eine Rechtsansicht darf er auch dann vertreten, wenn sie ihn selbst nicht überzeugt (vgl. aaO). Ob er sich unwahre *Angaben seines Mandanten* zu eigen machen und sie als wahr behandeln dürfe, ist im Streit.[103] Er ist so zu entscheiden, dass es dem Verteidiger freistehen muss, die Einlassungen seines Mandanten wohlwollend zu würdigen. Dies bedeutet, dass er sie als glaubhaft und damit als inhaltlich wahr behandeln darf. Es ist Sache des Gerichts, ob es sich dieser Würdigung anschließt. Anders verhält es sich, wenn der Verteidiger Behauptungen seines Mandanten vorträgt, ohne sie als solche zu kennzeichnen, das heißt als handle es sich ausschließlich um die eigene Überzeugung;
- eine *Falschaussage* initiiert oder fördert (oder ein falsches *Gutachten eines Sachverständigen*) einschließlich der Benennung des Zeugen oder Sachverständigen. Es liegt dann allerdings nur eine Teilnahme vor (Rdn. 167).[104] Der Verteidiger darf aber auch Zeugen und Sachverständige umfassend über die Rechtslage für alle Sachverhaltsvarianten informieren (Rdn. 81). Unzulässig ist es, einen Zeugen oder Sachverständigen einseitig und unvollständig über die Rechtslage zu unterrichten, um ihn dazu zu bewegen, eine Falschaussage aufrechtzuerhalten (*Stephan* Burhoff/Stephan, Rdn. 88 mit weiterem Nachweis). Tatbestandsmäßig ist es auch, eine Falschaussage durch Täuschung oder Drohung zu bewirken oder mit diesen Mitteln eine (vollständig) wahre Aussage zu verhindern (*Stephan* Burhoff/Stephan, Rdn. 81). Für die Abgrenzung zu einer noch zulässigen Einschüchterung bietet die Dogmatik zu § 136a StPO einen Anhalt (*Stephan* aaO);
- eine *gefälschte Urkunde* vorlegt (oder ein *manipuliertes Augenscheinsobjekt*);[105]

---

101 BGHSt **46** 53, 55; **38** 345, 348; LG Hannover Nds. RPfl. **2003** 73; *Fischer* Rdn. 19; *Ruß* LK[11] Rdn. 20a; SSW-StGB/*Jahn* Rdn. 26; **krit.** *Jahn* JuS **2006** 760 ff; *Lüderssen* StV **1999** 537 ff.

102 OLG Düsseldorf StV **1998** 65, 66; StraFo **1997** 119; LG Hannover Nds. RPfl. **2003** 73; *Beulke* FS Roxin, S. 1173, 1180, 1183; *Kappelmann* S. 77 mit der Ausnahme des Rates (S. 94), entgegen der Wahrheit zu leugnen; *Krekeler* NStZ **1989** 146, 152; *Lackner/Kühl* Rdn. 9; *Ruß* LK[11] Rdn. 20a; *Salditt* StV **1999** 61, 64; *Stephan* Burhoff/Stephan, Rdn. 29; *Widmaier* FG BGH 50, S. 1042, 1050 f; **aA** *Stumpf* S. 188, 213 für einen Verteidiger, der sich darauf beschränkt, unwahre Behauptungen aufzustellen, die das Gericht nicht unbesehen – ohne weiteren Beweis – für seine Entscheidung berücksichtigen darf (§ 261 StPO).

103 Dafür *Kappelmann* S. 77 f, sofern sich der Verteidiger lediglich auf die Äußerung seines Mandanten „beziehe“, aber nicht, wenn er selbst vorgebe zu wissen, dass sie wahr sei; *Ostendorf* NJW **1978** 1345, 1349; SSW-StGB/*Jahn* Rdn. 27. Dagegen wohl OLG Düsseldorf StV **1998** 65, 66; *Beulke* Jura **1986** 642, 648; *Sch/Schröder/Stree* Rdn. 20.

104 BGHSt **29** 99, 107; NJW **1983** 2712; RGSt **66** 316, 323; OLG Köln StraFo **1999** 233, 235; OLG Düsseldorf StV **1998** 552; *Beulke* FS Roxin, S. 1173, 1180 f; *Fischer* Rdn. 18, 20 f; *Kappelmann* S. 82 ff unter Einschluss der Benennung voraussichtlich *gutgläubig* falsch aussagender Zeugen (m.w.N.); *Lackner/Kühl* Rdn. 9; *Pfeiffer* DRiZ **1984** 341, 345; *Ruß* LK[11] Rdn. 20a; *Satzger* Jura **2007** 754, 760; *Sch/Schröder/Stree* Rdn. 20; *Stephan* Burhoff/Stephan, Rdn. 77; **aA** zur Benennung eines Zeugen, der zur Falschaussage entschlossen ist, *Hoyer* SK Rdn. 26; *Rietmann* (Fn. 77).

105 *Arzt/Weber/Heinrich/Hilgendorf* BT § 26 Rdn. 11; *Beulke* FS Roxin, S. 1173, 1183; *Ruß* LK[11] Rdn. 20a.

- *Beweismittel unterdrückt,* zum Beispiel Urkunden oder Augenscheinsobjekte verschwinden lässt.[106] Er darf dem Mandanten bei einem solchen Tun auch nicht helfen (**aA** *Kappelmann* S. 95; *Stephan* Burhoff/Stephan, Rdn. 48). Zulässig – da eine schlichte Rechtsauskunft – ist es aber wieder, den Mandanten „stimulierungsneutral" darüber zu informieren, dass ein solches Handeln seitens des Mandanten straffrei bliebe. Ein Verschwindenlassen kann auch darin bestehen, belastende Schriftstücke des Mandanten gezielt an sich zu nehmen, um sie einer Beschlagnahme beim Mandanten zu entziehen (§ 97 Abs. 1 Nr. 3 StPO; *Kappelmann* S. 99 f; *Stephan* Burhoff/Stephan, Rdn. 48);
- einem Zeugen rät, sich auf ein tatsächlich *nicht bestehendes Zeugnis- oder Auskunftsverweigerungsrecht* zu berufen, etwa auf ein tatsächlich nicht bestehendes Verlöbnis.[107] Es liegt dann allerdings nur eine Teilnahme vor (Rdn. 167);
- dem Mandanten *rät zu lügen.*[108] Es darf sich aber nicht nur um eine schlichte Anstiftung zur tatbestandslosen Selbstbegünstigung handeln, sondern der Verteidiger muss eine technische Rathilfe leisten (Rdn. 156 ff). Und er darf seinen Mandanten darüber informieren, dass es keine Sanktionen nach sich zieht, wenn man ihn einer Lüge überführt (Rdn. 81). Die technische Rathilfe beginnt aber nicht erst, wenn der Verteidiger „den Aufbau eines qualifizierten Lügenkonstruktes ermöglicht" (so aber *Stephan* Burhoff/Stephan, Rdn. 70 m.w.N.). Ein unzulässiger Rat zur Lüge kann schon darin liegen, wenn der Verteidiger einem Unfallfahrer die Einlassung empfiehlt, das angefahrene Kind bereits an der Unfallstelle für tot gehalten zu haben, obwohl der Fahrer bekundet, das Kind habe bei seiner Flucht von der Unfallstelle noch gelebt (**aA** *Salditt* StV **1999** 61, 64; *Stephan* Burhoff/Stephan, Rdn. 69 mit einem weiteren Beispiel);
- dem Mandanten *rät zu fliehen, sofern* er ihm zugleich eine technische Rathilfe oder physische Unterstützung gibt (*Kappelmann* S. 92; *Stephan* Burhoff/Stephan, Rdn. 41 ff, beide m.w.N.; vgl. hier Rdn. 156 ff). Rechtsauskünfte darf der Verteidiger aber auch über das Auslieferungswesen erteilen (Rdn. 81);
- dem Mandanten rät, ein zutreffendes *Geständnis zu widerrufen.*[109] Es darf sich aber wieder nicht nur um eine schlichte Anstiftung zur tatbestandslosen Selbstbegünstigung handeln, sondern der Verteidiger muss eine technische Rathilfe leisten (Rdn. 156 ff). Und er darf seinem Mandanten umfassend erläutern, welche Folgen der Widerruf hätte (*Lackner/Kühl* Rdn. 9);
- dem Mandanten rät, *Geisteskrankheit vorzutäuschen* (*Ruß* LK[11] Rdn. 20a), oder ihm Informationen zukommen lässt, mit deren Hilfe sich der Mandant so einlassen kann, dass die *Voraussetzungen des § 21* vom Gericht nicht mehr ausgeschlossen werden können;[110]

---

[106] *Beulke* FS Roxin, S. 1173, 1183; *Fischer* Rdn. 22; *Ruß* LK[11] Rdn. 20a.

[107] OLG Düsseldorf StV **1998 64,** 65; *Beulke* FS Roxin, S. 1173, 1183; *Fischer* Rdn. 22; *Sch/Schröder/Stree* Rdn. 20; **aA** für einige wenig überzeugende Ausnahmefälle *Kappelmann* S. 80 f.

[108] BGH NStZ **1999** 188; *Fischer* Rdn. 18, 22; *Pellkofer* S. 202; *Satzger* Jura **2007** 754, 760; *Sch/Schröder/Stree* Rdn. 20; *Stephan* Burhoff/Stephan, Rdn. 29; *Widmaier* FG BGH 50, S. 1042, 1051.

[109] BGHSt **2** 375, 378; *Beulke/Ruhmannseder* Rdn. 34; *Fischer* Rdn. 22; *Kappelmann* S. 81; *Ruß* LK[11] Rdn. 20a; **aA** *Sch/Schröder/Stree* Rdn. 20; *Stephan* Burhoff/Stephan, Rdn. 40.

[110] BGH NStZ **1999** 188, 189 (Captagon-Fall); *Beulke* FS Roxin, S. 1173, 1181; *Fischer* Rdn. 22; **aA** *Stumpf* wistra **2001** 123, 129 (Teilnahme an tatbestandsloser Selbstbegünstigung).

- dem Mandanten empfiehlt, zu einem Hauptverhandlungstermin *nicht zu erscheinen,* dessen Verlegung abgelehnt worden ist und der nicht ohne den Angeklagten durchgeführt werden kann, *sofern* der Mandant dabei mit neuen Informationen zu den voraussichtlichen Folgen versorgt wird (Rdn. 70). Entsprechendes gilt für den Rat, nicht zu einer Vernehmung durch den Staatsanwalt oder den Ermittlungsrichter zu erscheinen (enger *Stephan* Burhoff/Stephan, Rdn. 36, 145: Strafbarkeit unabhängig vom Informationsgehalt des Rates; weiter *Kappelmann* S. 93: jedenfalls Straflosigkeit);
- mit einer Täuschung oder Nötigung bewirkt, dass die *Hauptverhandlung ausgesetzt* wird, weil er hofft, ein todkranker Belastungszeuge werde zwischenzeitlich sterben (*Ruß* LK[11] Rdn. 20a; ohne das Erfordernis einer Täuschung oder Nötigung – und daher zu weit gehend – *Beulke* Verteidiger, S. 153);
- *Kassiber aus der Untersuchungshaft* schmuggelt,[111] allerdings nur sofern dies Verdunklungshandlungen anderer Personen erleichtert oder hervorruft. Das Ganze ist dann in der Regel auch keine täterschaftliche Strafvereitelung, sondern Beihilfe oder Anstiftung hinsichtlich der Verdunklungshandlungen der anderen. Allenfalls kommt Mittäterschaft in Frage, scheidet aber aus, wenn sich der Verteidiger auf Botengänge beschränkt. Übermittelt der Verteidiger wie in dem Fall der inhaftierten RAF-Mitglieder Botschaften unter den Angeklagten und erleichtert er dadurch eine Absprache, in den Hungerstreik zu treten, so kann dies erst tatbestandsmäßig werden, wenn *dadurch* die Ahndung der Taten mindestens für geraume Zeit verhindert wird (strenger die herrschende Meinung, siehe BGHSt **32** 243, 247; *Fischer* Rdn. 22 m.w.N.). Hinsichtlich eines Häftlings, der im Hungerstreik stirbt, ist Strafvereitelung ausgeschlossen, wenn der Vereitelungserfolg nicht schon zuvor eingetreten war (vgl. Rdn. 166);
- *Ausbruchswerkzeug* in die Untersuchungshaft schmuggelt (*Beulke* FS Roxin, S. 1173, 1183);
- den Beschuldigten *versteckt* oder auf andere Weise aktiv einen Zugriff der Polizei vereitelt (OLG Hamm DAR **1960** 19, 20 [Festnahme für eine Blutprobe]; *Ruß* LK[11] Rdn. 20a);
- *Fluchthilfe* leistet, etwa indem er falsche Papiere oder Flugtickets beschafft oder von einem Anderkonto Geld überweist (*Beulke* FS Roxin, S. 1173, 1183);
- einen anderen Beteiligten *auffordert, ins Ausland zu fliehen,* wo er nicht mehr als Zeuge zur Verfügung steht (*Fischer* Rdn. 22; zweifelnd BGH NStZ **2001** 169, 171; es liegt dann allerdings keine täterschaftliche Strafvereitelung vor, sondern nur eine Anstiftung zu ihr, hier Rdn. 69 und *H. E. Müller* NStZ **2002** 356, 361);
- einen *Mitangeklagten täuscht,* so dass dieser nicht in der Hauptverhandlung erscheint;[112]
- durch *andauerndes und lautes Stören* das Verfahren verschleppt.[113] Strafvereitelung ist kein heimliches Delikt (Rdn. 15). Und der Vorsitzende hat gegenüber einem Verteidiger keine sitzungspolizeiliche Handhabe (arg. §§ 137, 138a ff StPO: OLG Hamm JZ **2004** 205 m. Anm. *Jahn/Leuze* StV **2004** 101; *Beulke* Strafprozessrecht, Rdn. 156).

---

111 OLG Schleswig SchlHA **1984** 87; LG Hamburg JW **1938** 448; *Beulke* FS Roxin, S. 1173, 1183; *Fischer* Rdn. 22; *Krekeler* NStZ **1989** 146, 151; *Sch/Schröder/Stree* Rdn. 20.

112 OLG Düsseldorf NJW **1991** 996; *Fischer* Rdn. 22; *Sch/Schröder/Stree* Rdn. 20.

113 BGH NJW **2006** 2421 m. Anm. *Böhm* S. 2371; Anm. *Jahn* JZ **2006** 1134 (Fall Ernst Zündel); OLG Karlsruhe JZ **2006** 1129 (Fall Ernst Zündel); *Dahs* NJW **1975** 1385, 1390; *Fischer* Rdn. 22; *Stephan* Burhoff/Stephan, Rdn. 112, 116 f.

Daher ist die Strafdrohung aus § 258 – auch in Verbindung mit § 138a Abs. 1 Nr. 3 StPO (Rdn. 68) – bei dieser Form der „*Konfliktverteidigung*" das einzige Mittel, um eine Obstruktion des Verfahrens durch den Verteidiger zu unterbinden (**aA** *Jahn* ZRP **1998** 103, 108: de lege lata keine Handhabe, de lege ferenda eine Regelung ausschließlich im Prozessrecht, das heißt ohne Strafbewehrung über § 258).

87 d) **Unterlassen.** Strafvereitelung kann gemäß § 13 auch durch ein Unterlassen begangen werden, sofern eine besondere Rechtspflicht zum Handeln besteht (Garantenpflicht) und das Unterlassen der Verwirklichung des gesetzlichen Tatbestandes durch ein Tun entspricht (Entsprechensklausel).[114] Letzteres ist für § 258 ipso iure der Fall, da es sich um ein reines Erfolgsdelikt handelt (OLG Karlsruhe 2 Ss 83/88 vom 9.8.1988, insoweit in NStZ **1988** 503 nicht abgedruckt; hier Rdn. 11). Für die Garantenpflicht gelten die allgemeinen Regeln. Die Konstellationen des Unterlassens entsprechen denen bei der Begünstigung nach § 257 (dort Rdn. 59 ff): Der Täter kann es unterlassen, den Eintritt des Vollendungserfolges zu verhindern; und der Täter kann es unterlassen, den eingetretenen Vollendungserfolg – hier: Verzögerungserfolg – wieder zu beseitigen. Für die Garantenpflicht ist zwischen Sicherungsgaranten und Obhutsgaranten zu unterscheiden.

88 Auch die **Abgrenzung von aktivem Tun und Unterlassen** hat den allgemeinen Regeln zu folgen (zu ihnen *T. Walter* ZStW **116** [2004] 555 ff; *Weigend* LK § 13 Rdn. 5 ff; je mit zahlreichen Nachweisen). Jedenfalls in der Rechtsprechung herrschend ist die Schwerpunkt-Formel, der zufolge es darauf ankommt, wo unter Berücksichtigung des sozialen Handlungssinnes der Schwerpunkt der Vorwerfbarkeit liegt (etwa BGH NStZ **2005** 446, 447). Genau genommen geht es allerdings nicht um eine Abgrenzung, sondern darum, wann ein aktives Tun ein Unterlassen im Wege der Gesetzeskonkurrenz verdrängt und wann nicht (*T. Walter* ZStW **116** [2004] 555, 566 ff). Für die Strafvereitelung bedeutet diese „Abgrenzung", dass ein Unterlassen der Anknüpfungspunkt der strafrechtlichen Würdigung ist, wenn sich jemand schlicht *weigert,* eine bestimmte Handlung vorzunehmen, zum Beispiel eine Aussage zu machen (OLG Frankfurt a.M. StraFo **1998** 237; zweifelnd LG Ravensburg NStZ-RR **2008** 177, 178) oder als Arzt dem Beschuldigten Blut abzunehmen (*Ruß* LK[11] Rdn. 13). Geht die Weigerung allerdings mit einer aktiven Täuschung einher, um weitere Fragen sowie Beugemaßnahmen zu vermeiden, kann auch diese Täuschung als aktives Tun strafbar sein. Hauptbeispiel ist die Lüge eines Zeugen, nichts zu wissen.[115]

89 Für sogenannte **Schiebeverfügungen** von Staatsanwälten und Richtern nimmt OLG Koblenz NStZ-RR **2006** 77, 78 ein Unterlassen an, weil der Schwerpunkt darauf liege, dass die Strafverfolgung nicht ernsthaft betrieben werde. OLG Oldenburg Nds. RPfl. **2003** 256 hingegen sieht in ihnen eine aktive Vereitelung, und auch in der Entscheidung des OLG Koblenz ist ausdrücklich von „verzögernden" Verfügungen die Rede. Welche Lösung die richtige ist, kann dahinstehen, da die Verantwortlichen stets Garanten sind und daher auch für Unterlassungen strafrechtlich einzustehen haben. Das „Entsprechen" nach § 13 Abs. 1 spielt keine eigenständige Rolle (Rdn. 87). Dogmatisch zutreffend hat man den Vorwurf an das Unterlassen zu knüpfen, da die Schiebeverfügungen für die Verzögerung nicht ursächlich werden: Auch ohne die Schiebeverfügungen fehlen die erforderlichen Verfahrenshandlungen. Ursächlich sind die Schiebeverfügungen für eine Ver-

---

[114] BGH NJW **1993** 544, 545; NStZ **1992** 540, 541; OLG Koblenz NJW **1982** 2785, 2786; *Ruß* LK[11] Rdn. 13; *Sch/Schröder/Stree* Rdn. 19; SSW-StGB/*Jahn* Rdn. 22.

[115] RGSt **54** 41; BayObLG NStZ **1996** 497, 498; NJW **1966** 2177; *Fischer* Rdn. 10; *Ruß* LK[11] Rdn. 10c, 16.

fahrensverzögerung erst, wenn feststeht, dass bei ihrem Ausbleiben andere Personen aktiv geworden wären. Dann handelte es sich bei ihnen nämlich um das Verhindern oder um den Abbruch eines rettenden Kausalverlaufs.

Für das *Nichthindern* dessen, dass jemand einen Vereitelungserfolg herbeiführt, ist die Strafbarkeit wie bei der Begünstigung unproblematisch, wenn der Unterlassende **Sicherungsgarant** ist. Es ist also beispielsweise tatbestandsmäßig, wenn Eltern es unterlassen, ihr Kind daran zu hindern, einen Vortäter zu verbergen oder zu seinen Gunsten falsche Angaben zu machen. Da auch eine Maßnahmevereitelung strafbar ist und die Überwachungspflicht der Eltern gerade gegenüber unreifen Jugendlichen besteht, die zum Beispiel zugunsten eines Altersgenossen handeln, ist dieser Fall nicht praxisfern (vgl. aber zu den Begriffen der Strafe und der Maßnahme Rdn. 31 ff). **90**

Auch das *Nichtbeseitigen* eines Vereitelungserfolges durch Sicherungsgaranten ist vergleichsweise unproblematisch: Wenn Eltern feststellen, dass ihr Sohn in der Gartenlaube einen Gefährten vor der Polizei versteckt, sind sie verpflichtet, diesen Zustand zu beenden. **91**

Die weitaus größere Rolle spielen in der Praxis die Pflichten der **Schutzgaranten**. Als solche kommen nur Personen in Betracht, die für das Rechtsgut der Strafvereitelung Verantwortung tragen (vgl. Rdn. 10). Das kann zwar kraft Ingerenz jedermann sein; etwa jemand, der Tatspuren beseitigt und daraufhin die Pflicht hat, entweder die Spurenlage – falls möglich – wiederherzustellen oder die Behörden zu unterrichten (*Satzger* Jura 2007 754, 760; *Sch/Schröder/Stree* Rdn. 19). Praktisch wichtiger sind aber wie bei der Begünstigung (dort Rdn. 63) Personen, die im Allgemeininteresse über die Einhaltung staatlicher strafbewehrter Normen zu wachen haben. Dies ist nicht der Fall für leitende Angestellte in einem Privatbetrieb; sie haben also keine Pflicht, Straftaten ihrer Untergebenen anzuzeigen. Das gilt auch für andere privatvertragliche Pflichten, im Individualinteresse des Vertragspartners Straftaten zu verhindern oder aufzudecken, etwa für Nachtwächter, Warenhausdetektive und Mitglieder privater Wachgesellschaften.[116] Personen, die für den Bestand und für das Funktionieren der Rechtsordnung verantwortlich sind, haben in der Regel den Status des *Amtsträgers* (§ 11 Abs. 1 Nr. 2). Einen besonders pflichtenbelasteten und großen Ausschnitt dieses Personenkreises erfasst § 258a (dort Rdn. 3 ff). **92**

Für Amtsträger, die jenem Ausschnitt nicht zugehören, kommt immerhin der Grundtatbestand der Strafvereitelung in Betracht. In der Praxis fragt sich vor allem, wann **Dienstvorgesetzte** verpflichtet sind, Straftaten Untergebener zu melden. Es reicht nicht, dass den Vorgesetzten eine Schutzpflicht trifft zugunsten des Rechtsgutes, das die Vortat angegriffen hat (*Hoyer* SK Rdn. 32; *Sch/Schröder/Stree* Rdn. 19). Erst recht genügt nicht die Vorgesetzteneigenschaft als solche (*Sch/Schröder/Stree* Rdn. 19). Voraussetzung ist vielmehr, dass ihn eine Schutzpflicht gerade zugunsten des Funktionierens der Rechtsordnung trifft (Rdn. 92). Sie ergibt sich noch nicht aus der Pflicht, den Behördenbetrieb zu sichern und Untergebene an Straftaten zu hindern (§ 357, *Hoyer* SK Rdn. 32; *Sch/Schröder/Stree* Rdn. 19). Denn das sind Pflichten zum Schutze der Verwaltung. Ein klares Gegenbeispiel ist es, wenn Amtsträger die Pflicht haben, Straftaten ihrer Untergebenen – oder einen entsprechenden Verdacht – den Organen der Strafverfolgung anzuzeigen, um die Strafverfolgung zu ermöglichen. Solche ***gesetzlichen Anzeigepflichten*** sind zwar keine Mitwirkungspflichten im Sinne der Qualifikation des § 258a (dort Rdn. 6), genügen aber **93**

---

[116] BGH NStZ **1992** 540, 541; BayObLG 5 St RR 265/00 vom 5.9.2000; ***Ruß*** LK[11] Rdn. 18; *Sch/Schröder/Stree* Rdn. 19.

für den Grundtatbestand der Strafvereitelung. Beispiele sind § 40 WStG (*Fischer* Rdn. 13) und § 14 Abs. 1 VStGB (*Sch/Schröder/Stree* Rdn. 19) (es geht jeweils um militärische Befehlshaber, bei § 14 Abs. 1 VStGB zusätzlich um zivile Vorgesetzte; sie sind verpflichtet, den Organen der Strafverfolgung Straftaten beziehungsweise Delikte nach dem Völkerstrafgesetzbuch zu melden, die von Untergebenen tatsächlich oder mutmaßlich begangen worden sind). Trifft die Anzeigepflicht nach dem Wortlaut des Gesetzes keine bestimmte Person, sondern eine Behörde, kann § 14 eingreifen (vgl. *Bülte* NStZ **2009** 57, 58 f und hier Rdn. 103 zu weiteren Anzeigepflichten, die sich nicht auf das Verhalten Untergebener beziehen).

**94** Abgesehen von solchen Anzeigepflichten besagt die **herrschende Meinung**, dass es grundsätzlich im Ermessen eines Dienstvorgesetzten stehe, ob er Straftaten Untergebener anzeige.[117] Wegen Strafvereitelung durch Unterlassen mache er sich erst strafbar, wenn er sein Ermessen missbrauche (so die Rechtsprechung) beziehungsweise wenn das Ermessen „auf Null" reduziert sei (so Stimmen im Schrifttum, etwa *Fischer* Rdn. 13; SSW-StGB/*Jahn* Rdn. 22). Die Reduzierung des Ermessens komme vor allem bei schweren Straftaten in Betracht. Diese Ansicht ist in zweifacher Hinsicht problematisch. Zum einen dürfte kaum je zu ermitteln sein, wann nur noch eine Strafanzeige den ordnungsgemäßen Dienstbetrieb sichern kann und daher das Ermessen des Vorgesetzten, diese Anzeige zu erstatten, auf Null reduziert ist (*Verrel* GA **2003** 595, 607). Der entscheidende Schwachpunkt ist aber, dass die herrschende Meinung zwei Pflichten gleichsetzt, die sich nicht ohne weiteres gleichsetzen lassen (siehe schon *Hoyer* SK Rdn. 32; *Rudolphi* NStZ **1991** 361, 367 und hier Rdn. 93): die öffentlich-rechtliche Pflicht, den Dienstbetrieb zu sichern, und eine Schutzgarantenpflicht, die Strafverfolgung zu ermöglichen. Diese Pflichten decken sich lediglich bei Dienststellen, die im Sinne des § 258a zur Mitwirkung an Strafverfahren berufen sind. In allen anderen Fällen fehlt es an der „Nämlichkeit des Schutzzwecks" (BGHSt **43** 82, 86 f zum Leiter einer Justizvollzugsanstalt, sogleich Rdn. 95 ff; wie hier schon *Hoyer* SK Rdn. 32; *Rudolphi* aaO). Das heißt zusammengefasst: Schutzgaranten kraft Amtspflicht sind für das Rechtsgut des § 258 grundsätzlich allein die Personen, die § 258a nennt. Daneben kann das Gesetz für bestimmte Amtsträger ausdrücklich Anzeigepflichten statuieren, die ebenfalls der Strafverfolgung dienen und daher ebenfalls – in ihrem engen Rahmen – für § 258 eine Schutzgarantenpflicht erzeugen (Rdn. 93). Außerhalb der genannten besonderen Pflichtenkreise hat die Eigenschaft als Dienstvorgesetzter für § 258 *keine eigenständige Bedeutung.* – Bestätigt wird diese restriktive Linie von der neueren Rechtsprechung zur Strafvereitelung durch das Personal von Justizvollzugsanstalten:

**95** Den **Leiter einer Justizvollzugsanstalt** trifft nach herrschender und zutreffender Ansicht keine nach § 258 strafbewehrte Pflicht, Straftaten *seiner Beamten* anzuzeigen.[118] Denn der Anstaltsleiter hat zwar eine dienstliche Pflicht, solche Straftaten seinem Vorgesetzten zu melden, und ihn mag sogar die Pflicht treffen, Strafanzeige zu erstatten. Diese

---

[117] BGHSt **4** 167, 170; RGSt **74** 178, 180; 73 265, 266; RGZ **134** 162, 168 f; OLG Hamburg NStZ **1996** 102 f m. zust. Anm. *Klesczewski* (die Entscheidung betrifft den Leiter einer Justizvollzugsanstalt, zu ihr im Text Rdn. 97); *Fischer* Rdn. 13; *Lackner/Kühl* Rdn. 7a am Ende; *Ruß* LK[11] Rdn. 18; *Sch/Schröder/Stree* Rdn. 19; SSW-StGB/*Jahn* Rdn. 22.

[118] BGHSt **43** 82, 88; *St. Cramer* MK Rdn. 19; *Verrel* GA **2003** 595, 606 f; *Volckart* StV **1996** 608, 610; **aA** offenbar *Fischer* Rdn. 13 unter Berufung auf BGHSt **43** 82; dort wird zwar eine Anzeigepflicht des Anstaltsleiters bejaht, allerdings eine Strafbarkeit nach § 258 wegen unterschiedlichen Schutzgutes *verneint*, vgl. im Text.

Pflichten erwachsen aber aus der Verantwortung für den Anstaltsbetrieb (§ 156 Abs. 2 Satz 2 StVollzG), also für einen geordneten Strafvollzug, und dienen trotz aller sachlichen Nähe von Strafvollzug und Strafverfolgung nicht diesem an zweiter Stelle genannten Rechtsgut. Die Taten, um deren Anzeige es geht, sind schließlich ganz andere Taten als jene, derentwegen jemand in der fraglichen Vollzugsanstalt einsitzt.

Daran ändert sich nichts durch die Erwägung, dass der Anstaltsleiter eine Garantenpflicht habe, *zukünftig drohende Taten* zum Nachteil anderer Untergebener oder zum Nachteil der Gefangenen abzuwenden. Diese Pflicht gibt es zwar; sie ist Teil der Verantwortung für den Anstaltsbetrieb (Rdn. 95). Lassen also Straftaten von Vollzugsbeamten die Gefahr besorgen, dass sie sich wiederholen, dann hat der Anstaltsleiter die Pflicht, die Wiederholungsgefahr zu beseitigen. Das kann es erforderlich machen, die frühere(n) Tat(en) den Strafverfolgungsbehörden zu melden. *Strafbewehrt* ist diese Pflicht aber nicht in § 258, sondern erst in den unechten Unterlassungsdelikten, etwa §§ 13, 223, wenn sich die Taten tatsächlich wiederholen und durch die Anzeige hätten verhindert werden können. **96**

Hinsichtlich der Straftaten *von Gefangenen* bejaht OLG Hamburg NStZ **1996** 102 f eine Pflicht des Anstaltsleiters, sie zumindest dann zu melden, wenn es sich um schwere Taten handelt.[119] In der angeführten Entscheidung ging es um wiederholte Vergewaltigungen externer Mitarbeiterinnen der Anstalt durch einen Häftling. Gestützt hat das Oberlandesgericht sich neben der herrschenden Meinung zur Anzeigepflicht des Dienstvorgesetzten (Rdn. 94) und neben § 156 StVollzG noch auf dessen § 2, der in Satz 2 als Vollzugsziel auch den Schutz der Allgemeinheit vor weiteren Straftaten nennt. Das Ergebnis ist aber aus den gleichen Gründen abzulehnen wie hinsichtlich der Straftaten des Anstaltspersonals. Das Vollzugsziel des Schutzes der Allgemeinheit vor weiteren Straftaten kann nicht anders zu Buche schlagen als die Schutzpflicht des Anstaltsleiters gegenüber den Insassen in Bezug auf künftig drohende Taten (seiner Beamten oder anderer Insassen, Rdn. 96). **97**

Auch **Strafvollzugsbeamte** unterhalb des Anstaltsleiters haben zwar intern die Pflicht, Straftaten Gefangener wie auch ihrer Kollegen der Anstaltsleitung zu melden. Sie trifft aber nach herrschender und zutreffender Ansicht erst recht keine Garantenpflicht zugunsten der Strafverfolgung.[120] **98**

Eine weitere praktisch wichtige Fallgruppe bilden *Polizisten, Richter und Staatsanwälte*, die ihre Verfahren wegen **Arbeitsüberlastung** nicht oder zu langsam betreiben. In einem ersten Schritt ist festzuhalten, dass echte Arbeitsüberlastung die physisch-reale Handlungsmöglichkeit beseitigt, die ein Unterlassungsdelikt voraussetzt; maßgeblich ist die persönliche Leistungsfähigkeit des Beamten (LG Mannheim DRiZ **2004** 261, 264). Allerdings wandelt sich die Pflicht zur eigenhändigen Strafverfolgung dann um in eine Pflicht, die Überlastung dem Vorgesetzten anzuzeigen (BGHSt **15** 18, 22; *Frank* GS Schlüchter, S. 275, 280 f). Die Auswahl der Fälle, die der Beamte selbst bearbeitet, liegt **99**

---

119 Zust. *Klesczewski* aaO S. 103; **abl.** *St. Cramer* MK Rdn. 19; *Küpper* JR **1996** 524; *Lackner/Kühl* Rdn. 7a; *Verrel* GA 2003 595, 599 ff; *Volckart* StV **1996** 608 ff.

120 BGHSt 43 82, 84, 87 ff; *Altenhain* NK Rdn. 44; *Fischer* Rdn. 13 (mit einer Ausnahme, wenn die Beamten nach der anstaltsinternen Aufgabenverteilung Verantwortung für die Aufrechterhaltung oder Wiederherstellung eines geordneten Strafvollzuges tragen und wenn ihr Ermessen, eine Straftat zu melden, auf Null reduziert ist; die Berufung auf BGHSt 43 82 geht aber erneut fehl, vgl. Fn. 118); *Hoyer* SK Rdn. 32; *Lackner/Kühl* Rdn. 7a; *Rengier* BT 1 § 21 Rdn. 16; *Sch/Schröder/Stree* Rdn. 19.

in seinem Ermessen, soweit es keine zwingenden gesetzlichen Vorgaben gibt. Es gilt also kein Prior-tempore-Prinzip (LG Mannheim DRiZ **2004** 261, 263).

**100** **Polizisten** sind kraft Gesetzes verpflichtet, die Strafverfolgung zu betreiben, sobald es einen Anfangsverdacht gibt, § 163 Abs. 1 StPO. Das gilt auch für Beamte des früheren Bundesgrenzschutzes (BGH wistra **2002** 260), heute der Bundespolizei, und hinsichtlich Taten anderer Polizisten (VG Dessau 12 A 4/03 vom 4.2.2004). Erlangen sie *außerhalb ihres Dienstes* Kenntnis von Umständen, die einen Anfangsverdacht begründen, haben sie nach herrschender, allerdings stark umstrittener Ansicht die Pflicht zu ermitteln, wenn es sich um Straftaten handelt, welche nach Art und Umfang die Belange der Öffentlichkeit in besonderem Maße berühren (zum Teil spricht man nicht von „Art und Umfang", sondern von der Schwere der Tat; zudem zitiert vor allem die Rechtsprechung oft RGSt **70** 251, 252 vom 19. Juni 1936 mit der Formulierung, dass die Belange „der Volksgesamtheit" in besonderem Maße berührt sein müssten).[121] Nach BGHSt **38** 388, 391 f muss das strafbare Verhalten zudem in die nächste Phase der Dienstausübung hineinreichen, sei es durch das Andauern eines deliktischen Zustands oder durch Wiederholung (zust. *Jahn/Palm* JuS **2009** 408, 412). Das ist aber nicht einzusehen, da es um eine repressive und nicht um eine präventive Tätigkeit geht. Schwere Straftaten sind jedenfalls die aus dem Katalog des § 138. Dessen Liste betrachtet man aber meist nicht als abschließend.[122] Die Handlungspflicht setzt erst mit dem folgenden Dienstbeginn ein (OLG Koblenz NStZ-RR **1998** 332, 333 zur unterlassenen sofortigen Festnahme eines Straftäters durch Polizisten in ihrer Freizeit; zust. SSW-StGB/*Jahn* § 258a Rdn. 8). – Für *Verdeckte Ermittler* kann die Pflicht aus § 163 StPO einsatzbedingt eingeschränkt sein.[123] – Hat ein Amtsträger neben einer polizeilichen noch eine *andere amtliche Funktion,* so ist eine Kenntnis, die er im Rahmen dieser anderen Funktion erlangt, wie privat erworben zu behandeln.[124] Ein Beispiel ist der Bürgermeister, soweit er kraft Landesrechts zugleich Ortspolizeibehörde ist und Verwaltungschef (vgl. zu § 258a Rdn. 5).

---

[121] BVerfG NJW **2003** 1030 f (kein Verstoß gegen Art. 103 Abs. 2 GG; Anm. *M. Seebode* JZ **2004** 305); BGHSt **12** 277, 281; **5** 225, 229; OLG Karlsruhe NStZ **1988** 503, 504 (Fn. 30); *Arzt/Weber/Heinrich/Hilgendorf* BT § 26 Rdn. 23; *Fischer* Rdn. 12 und § 258a Rdn. 4a; *Lackner/Kühl* § 258a Rdn. 4; *Ruß* LK[11] § 258a Rdn. 7; *Satzger* Jura **2007** 754, 763 (aber beschränkt auf Delikte aus dem Katalog des § 138); *Sch/Schröder/Stree* § 258a Rdn. 11; **krit.** BGH NStZ **1989** 223 (m. Anm. *Bottke* JR **1989** 430); *Pawlik* ZStW **111** (1999) 335, 343; *Vormbaum* S. 435; **aA** (keine Pflicht zum Einschreiten) *Frank* GS Schlüchter, S. 275 in Fn. 16; *Geerds* GS Schröder, S. 389, 402 ff; *Hoyer* SK § 258a Rdn. 6; *Laubenthal* FS Weber (2004) S. 109, 124; *ders.* JuS **1993** 907, 911 f; *Meyer-Goßner* § 160 Rdn. 10; *Rieß* LR § 163 Rdn. 22; *Roxin* AT II § 32 Rdn. 84; *Wagner* JZ **1987** 705, 711. Ohne Gefolgschaft und überholt OLG Stuttgart NJW **1950** 198 (umfassende Pflicht einzuschreiten auch bei privater Kenntnisnahme von Straftaten). Weitere Nachweise in Fn. 122 und bei OLG Köln NJW **1981** 1794 als weiteres Beispiel.

[122] Siehe etwa OLG Karlsruhe NStZ **1988** 503 (Fn. 30) zu einer Diebstahlsserie, bei der es auch um Sprengstoff ging (m. Anm. *F. Geerds* JR **1989** 212); *Jahn/Palm* JuS **2009** 408, 412 (alle Delikte mit einer höheren Höchststrafe als fünf Jahre und mit einem „inneren Bezug" zur Dienstausübung); *Rengier* BT 1 § 21 Rdn. 46; *Wessels/Hettinger* Rdn. 737; **aA** *Satzger* Jura **2007** 754, 763; alle m.w.N. Siehe auch *Hellmann* Strafprozessrecht (2. Aufl. 2005) Rdn. 52: nur bei dem Verdacht eines Verbrechens.

[123] *Altenhain* NK § 258a Rdn. 8; *Fischer* § 258a Rdn. 4a; *Krey* Rechtsprobleme des strafprozessualen Einsatzes Verdeckter Ermittler (1993) S. 245; *Lackner/Kühl* Rdn. 3; SSW-StGB/*Jahn* § 258a Rdn. 7; *Vogt* S. 240. Vgl. RiStBV Anlage D I 2.6.1.–3.

[124] BGHSt **4** 167, 170; RGSt **73** 265, 267; *Ruß* LK[11] Rdn. 7.

Was zur privaten Kenntnisnahme für Polizisten ausgeführt ist, gilt entsprechend für **Staatsanwälte**. Stellen sie ein Verfahren nach § 153 Abs. 1 StPO ein – oder nach einer anderen Vorschrift, die ihnen ein Ermessen einräumt –, so kann das Unterlassen weiterer Ermittlungen nur tatbestandsmäßig sein, wenn ein Ermessensfehler vorliegt und dem Staatsanwalt bewusst ist (*Frank* GS Schlüchter, S. 275, 281). Darüber hinaus ist zu verlangen, dass sich das Ermessen auf Null reduziert. Ein Staatsanwalt, der sich bestechen lässt und daraufhin absprachegemäß nach § 153 Abs. 1 StPO einstellt, macht sich demnach nur dann (auch) einer Strafvereitelung schuldig, wenn in dieser Sache entweder schon die gesetzlichen Voraussetzungen einer Einstellung aus Opportunitätsgründen nicht vorlagen oder wenn sie zwar vorlagen, eine Einstellung aber dennoch aus Rechtsgründen nicht in Betracht kam; ein seltener Fall. Stellt der Staatsanwalt nach § 153a Abs. 1 StPO ein, liegt der Fall anders, denn diese Einstellung entfaltet eine beschränkte Rechtskraft und ist daher als aktives Tun zu erfassen: Sie verhindert weitere Ermittlungen. Demgegenüber lässt die Einstellung nach § 153 Abs. 1 StPO weitere Ermittlungen zu und kann daher nicht dafür ursächlich werden, dass sie ausbleiben. Vielmehr ist der Grund dafür allein der Entschluss des Staatsanwalts, nicht mehr zu ermitteln (in Verbindung mit der Zustimmung des Gerichts). **101**

Beamte der **Steuerfahndung** haben die Pflicht, der auftraggebenden Staatsanwaltschaft alle Umstände mitzuteilen, die für die Ermittlungen erheblich sind (OLG Karlsruhe bei Wegner Praxis des Steuerrechts [PStR] **2004** 152, 153 – FlowTex). – **Soldaten** der Bundesmarine sind auch dann keine Schutzgaranten zugunsten der deutschen Strafverfolgung, wenn sie im Rahmen einer internationalen Militärmission gegen Piraten vorgehen, die sich nach deutschem Strafrecht strafbar machen (vor allem gemäß § 316 Abs. 1 Nr. 1 Buchst. b, § 6 Nr. 3; siehe *Esser/Fischer* JZ **2010** 217, 223). Dies gilt jedenfalls dann, wenn sich ihr Hauptauftrag auf die Gefahrenabwehr beschränkt und sie allenfalls bei Gelegenheit dieser Tätigkeit die faktischen Voraussetzungen einer Strafverfolgung durch deutsche Behörden schaffen, indem sie Piraten festnehmen. **102**

Garantenpflichten zum Schutze der Rechtsordnung werden auch durch **gesetzliche Anzeigepflichten** begründet, die einen Amtsträger oder andere Personen verpflichten, den Organen der Strafverfolgung Straftaten und entsprechende Verdachtsmomente zu melden (einschränkend SSW-StGB/*Jahn* Rdn. 22). Nimmt der Gesetzgeber auf diesem Weg Private oder Privatunternehmen in die Pflicht, mögen rechtspolitische Bedenken anzumelden sein (näher *Böse* ZStW **112** [2007] 848, 865 ff mit Nachweisen). Trifft die Anzeigepflicht nach dem Wortlaut des Gesetzes keine bestimmte Person, sondern ein Gericht, eine Behörde oder eine sonstige Einrichtung, kann § 14 eingreifen (näher *Bülte* NStZ **2009** 57, 58 f; *Tiedemann* Wirtschaftsstrafrecht BT Rdn. 288). Einschlägig sind: **103**

- *§ 159 Abs. 1 StPO* (*Satzger* Jura **2007** 754, 760): Pflicht der Polizei- und Gemeindebehörden, es der Staatsanwaltschaft oder dem Amtsgericht anzuzeigen, wenn Anhaltspunkte dafür vorhanden sind, dass jemand keines natürlichen Todes gestorben ist;
- *§ 183 Abs. 1 GVG* (BGHSt **43** 82, 86): Pflicht jedes ordentlichen Gerichts, Straftaten in der Sitzung in einem Protokoll festzuhalten und dieses Protokoll der zuständigen Strafverfolgungsbehörde zu übermitteln;
- *§ 6 des Subventionsgesetzes* (SubvG) (*Ruß* LK[11] Rdn. 18; *Tiedemann* LK[11] § 264 Rdn. 169). Danach haben Gerichte und Behörden von Bund und Ländern Tatsachen den Strafverfolgungsbehörden mitzuteilen, die sie dienstlich erfahren und die den Verdacht eines Subventionsbetruges begründen;
- *§ 35 Abs. 4 BtMG* (*Fischer* Rdn. 31; *Sch/Schröder/Stree* Rdn. 29a). Er verpflichtet Personen und Einrichtungen, bei denen ein Verurteilter eine Drogentherapie macht, der Vollstreckungsbehörde mitzuteilen, wenn der Verurteilte die Therapie abbricht

(für die Therapie wird die Strafvollstreckung zurückgestellt, bei ihrem Abbruch wird die Zurückstellung widerrufen und die Strafe vollstreckt; es geht also um eine Straf-, nicht um eine Maßnahmevereitelung);

- *§ 116 Abs. 1 Satz 1 AO* (ausführlich *Bülte* NStZ **2009** 57 ff). Diese Norm verpflichtet Behörden und Gerichte, dem Bundeszentralamt für Steuern (BZSt) oder dem zuständigen Finanzamt alle Tatsachen mitzuteilen, die sie dienstlich erfahren und die auf eine Steuerstraftat schließen lassen. Den Verdachtsmomenten zufolge muss die Steuerstraftat mindestens die Schwelle zum Versuch überschritten haben; Anhaltspunkte dafür, dass eine solche Tat bevorsteht oder geplant ist, müssen nicht mitgeteilt werden (*Bülte* aaO S. 61);
- *§ 4 Abs. 5 Wertpapierhandelsgesetz* (WpHG) (*Tiedemann* Wirtschaftsstrafrecht BT Rdn. 287). Diese Vorschrift verpflichtet die Bundesanstalt für Finanzdienstleistungsaufsicht (BaFin), der zuständigen Staatsanwaltschaft unverzüglich Tatsachen mitzuteilen, die den Verdacht einer Straftat nach § 38 WpHG begründen (Insiderdelikte sowie Kurs- und Marktpreismanipulation);
- *§§ 11, 13 des Geldwäschegesetzes* (GwG) (*Sch/Schröder/Stree* Rdn. 19; *Tiedemann* Wirtschaftsstrafrecht BT Rdn. 287). Diese Normen verpflichten Institute im Sinne von § 2 Abs. 1 GwG, es den Strafverfolgungsbehörden unverzüglich anzuzeigen, wenn bei einer Transaktion Umstände darauf schließen lassen, dass eine Tat nach § 261 StGB begangen oder versucht wurde oder wird, und das gilt auch hinsichtlich des Verdachts einer Finanzierung terroristischer Aktivitäten (§§ 129a, b);
- *§ 41 Abs. 1 OWiG* (BGHSt **43** 82, 86). Diese Vorschrift verpflichtet die Verwaltungsbehörden im Bußgeldverfahren, die Sache an die Staatsanwaltschaft abzugeben, wenn sich der Verdacht strafbaren Verhaltens ergibt;
- *§ 29 Abs. 3 Satz 1 WDO* (BGHSt **43** 82, 86) (entspricht im Wehrdisziplinarverfahren dem § 41 Abs. 1 OWiG);
- *§ 40 WStG* (Rdn. 93 mit Nachweisen);
- *§ 14 Abs. 1 VStGB* (Rdn. 93 mit Nachweisen).

**104** Auch außerhalb des Kreises der Amtsträger können Garantenpflichten zugunsten der Rechtsordnung bestehen. Zu ihnen gehören die Pflichten des **Zeugen**, vor der Staatsanwaltschaft und vor Gericht zu erscheinen, wahrheitsgemäß auszusagen und die Aussage (vor Gericht) auf Wunsch zu beeiden. Ein tatbestandsmäßiges Unterlassen kann daher in der Weigerung eines Zeugen liegen, Angaben zu machen.[125] Beruft er sich dabei auf ein Zeugnisverweigerungsrecht, kommt es darauf an, ob dieses Recht besteht. Ob dies im Augenblick der Weigerung „zweifelsfrei" der Fall ist oder nicht, bleibt ohne Belang (missverständlich LG Ravensburg und *Fischer* aaO). Lediglich muss im späteren Strafprozess gegen den Zeugen zweifelsfrei feststehen, dass kein Zeugnisverweigerungsrecht bestand, und muss dem Zeugen dies in dem Augenblick seiner Weigerung bewusst gewesen sein (Vorsatzerfordernis). Sagt der Zeuge wahrheitswidrig aus, nichts zu wissen, liegt darin ein aktives Vereitelungsverhalten (Rdn. 88). – Entsprechend dem Zeugen sind **Sachverständige** zu behandeln.

**105** Der **Strafverteidiger** ist zwar ein Organ der Rechtspflege, aber nicht dazu berufen, über die Einhaltung strafbewehrter Verhaltensregeln zu wachen. Er ist folglich kein

---

[125] LG Ravensburg NStZ-RR **2008** 177, 178; *Altenhain* NK Rdn. 46; *Fischer* Rdn. 11; *Sch/Schröder/Stree* Rdn. 19; SSW-StGB/*Jahn* Rdn. 22; **aA** *Arzt/Weber/Heinrich/Hilgendorf* BT § 26 Rdn. 9 m.w.N.

Garant für die Durchsetzung des staatlichen Strafanspruchs. Es ist daher tatbestandslos, wenn er nicht zur Hauptverhandlung erscheint oder sie zur Unzeit verlässt; das gilt auch für die notwendige Verteidigung.[126] Ferner ist er nie verpflichtet, belastende Beweismittel zu benennen.[127] Ebensowenig muss er gegen eine Falschaussage einschreiten, die er nicht selbst initiiert hat.[128] Es ist ihm aber verboten, in Verschleppungsabsicht *Akten zurückzuhalten*, die ihm zur Einsicht überlassen wurden.[129] Die Garantenpflicht begründet der Verteidiger in diesem Fall selbst kraft freiwilliger Übernahme, indem er die Akten anfordert. Allerdings sind an das Verhalten des Verteidigers keine strengeren Maßstäbe anzulegen als an das Verhalten säumiger Staatsanwälte und Richter (vgl. Rdn. 99).

Ein **Arzt** hat grundsätzlich keine Schutzpflicht zugunsten des Bestandes und des Funktionierens der Rechtsordnung. Er handelt daher nicht tatbestandsmäßig, wenn er sich weigert, einem betrunkenen Kraftfahrer eine Blutprobe zu entnehmen.[130] Dies gilt jedenfalls für einen frei praktizierenden Arzt. Anders liegt es bei den Amtsärzten und jenen Vertragsärzten, die sich der Polizei gegenüber zu Blutentnahmen bereit erklärt haben (*Ruß* LK[11] Rdn. 13). **106**

Ein **Arbeitgeber** hat auch dann keine Schutzpflicht zugunsten des Bestandes und des Funktionierens der Rechtsordnung, wenn ihm ein Pfändungs- und Überweisungsbeschluss zugestellt worden ist, dem zufolge er den Lohn eines Arbeitnehmers zur Zahlung einer Geldstrafe an den Fiskus abzuführen hat (*Sch/Schröder/Stree* Rdn. 29b). **107**

Für die Frage, ob der Unterlassende eine tatbestandslose **Selbstbegünstigung** verwirklicht oder eine tatbestandsmäßige Fremdbegünstigung, kommt es wie für § 257 (dort Rdn. 62) nur darauf an, ob der Unterlassende selbst der Vortäter ist, und nicht darauf, ob eine Person, deren Handlungen der Unterlassende nicht unterbindet, die eigene Verfolgung verhindert oder die eines Dritten. – Zur *Tatbeendigung* Rdn. 55. **108**

4. **Kausalität und objektive Zurechnung.** Sowohl für die Verfolgungs- wie für die Vollstreckungsvereitelung muss die Vereitelungshandlung den Vereitelungserfolg verursachen.[131] Da es sich bei der Strafvereitelung um ein negatives Erfolgsdelikt handelt (Rdn. 11), bezeichnet man den Ursachenzusammenhang zwischen Vereitelungshandlung und -erfolg auch als **„hypothetische Kausalität"**.[132] Oft ist sie schwer nachzuweisen, da der hypothetische Kausalverlauf nicht sicher zu bestimmen ist.[133] Dies betrifft vor allem die Verfolgungsvereitelung, denn daraus, dass eine Ermittlungsmaßnahme verzögert **109**

---

126 *Fischer* Rdn. 18; *Jahn* ZRP **1998** 103, 107 f; *Lackner/Kühl* Rdn. 10; *H. Schneider* Jura **1989** 343 ff; *Sch/Schröder/Stree* Rdn. 20; **aA** *Krekeler* NStZ **1989** 146, 151; für die notwendige Verteidigung auch *Kappelmann* S. 119.

127 LG Koblenz StV **1994** 378 (zu einem Privatgutachten); *Fischer* Rdn. 18; *Lackner/Kühl* Rdn. 10 (zweifelnd).

128 BGHSt 4 327, 329 ff; OLG Köln NJW **1975** 459 f; *Beulke/Ruhmannseder* Rdn. 94; *Kappelmann* S. 87; *Rietmann* S. 9; *Stephan* Burhoff/Stephan, Rdn. 77.

129 *Fischer* Rdn. 22; *Kappelmann* S. 95 f; *Sch/Schröder/Stree* Rdn. 20; *Stephan* Burhoff/Stephan, Rdn. 54; **aA** *St. Cramer* MK Rdn. 20; *Jahn* ZRP **1998** 103, 107 f.

130 *Fischer* Rdn. 14; *Händel* BA **1977** 193, 196; *Ruß* LK[11] Rdn. 13; *Sch/Schröder/Stree* Rdn. 19.

131 Heute unstreitig, siehe etwa KG JR **1985** 24, 25; *Frisch* NJW **1983** 2471, 2474 gegen OLG Koblenz NJW **1982** 2785, 2786; *Ruß* LK[11] Rdn. 12.

132 *Lenckner* GS Schröder, S. 339, 347; SSW-StGB/*Jahn* Rdn. 20; **krit.** *U. Günther* S. 113, der S. 139 eine „Nähebeziehung" zwischen Handlung und Erfolg verlangt; gegen ihn *Jerouschek/A. Schröder* GA **2000** 51, 59 f.

133 Vgl. *Schroeder* NJW **1976** 978, 980; *Sch/Schröder/Stree* Rdn. 19a; *Stumpf* S. 63 f, 86, 211; eingehend *Ferber* S. 34 ff.

wurde, folgt nicht zwingend, dass es andernfalls auch zu einer schnelleren Aburteilung der Tat gekommen wäre. Etwa lässt sich aus einer Verzögerung der Ermittlungen um 14 Tage nicht zwingend schließen, dass auch die Ahndung für geraume Zeit verzögert worden ist (*Sch/Schröder/Stree* Rdn. 16).[134] Auch wenn ein Richter oder Staatsanwalt zeitweise seine Akten nicht bearbeitet, führt dies nicht automatisch zu einer Strafvereitelung (LG Mannheim DRiZ **2004** 261, vgl. Rdn. 99). In dubio pro reo ist auch dann anzunehmen, dass die Ursächlichkeit fehlt, wenn ein Verfahren bei regulärem Verlauf möglicherweise eingestellt worden wäre oder, im Jugendstrafrecht, nur zu einer Erziehungsmaßregel oder einem Zuchtmittel geführt hätte. Allerdings muss dies jeweils ernsthaft in Betracht gekommen sein, die rein theoretische Möglichkeit genügt nicht (vgl. *T. Walter* JZ **2006** 340, 347). An der Ursächlichkeit fehlt es sicher, wenn nach einer Verzögerung von Ermittlungsmaßnahmen die Ahndung ausbleibt, weil der Vortäter stirbt oder weil seine Tat unter eine Amnestie fällt (*Sch/Schröder/Stree* Rdn. 16). Es bleibt dann die Strafbarkeit wegen Versuchs.

**110** Das Problem der Unsicherheit eines hypothetischen Verlaufs ist dogmatisch vertraut von der Fallgruppe des rechtmäßigen Alternativverhaltens im Rahmen der objektiven Zurechnung (*T. Walter* LK Vor § 13 Rdn. 99 ff) und vom Kausalitätserfordernis bei den unechten Unterlassungsdelikten (*Weigend* LK § 13 Rdn. 70 ff). In beiden Fällen vertritt ein Teil des Schrifttums eine **Risikoerhöhungslehre**, die es für die Ursächlichkeit ausreichen lässt, dass der Täter das Risiko der Vollendung nachweislich und merklich erhöht hat. Für die Strafvereitelung wäre die gleiche Lehre zu erwarten, wird aber – soweit ersichtlich – nicht vertreten (so schon *Ransiek* wistra **1999** 401, 402 in Fn. 9 unter Hinweis auf *Otto*, der zwar grundsätzlich die Risikoerhöhungslehre vertritt, nicht aber zu § 258). Sie wäre auch abzulehnen (vgl. *T. Walter* und *Weigend* jeweils aaO). Eindeutig *nicht* ursächlich für einen Vereitelungserfolg wird eine Verdunkelungshandlung, wenn das Gericht die Manipulation oder Täuschung durchschaut. Es bleibt ein Versuch. Ist es allerdings erst einmal dahin gekommen, dass die erste Instanz den Vortäter zu Unrecht freigesprochen hat, dann bleibt es bei der Vollendung des Delikts ungeachtet einer korrigierenden Entscheidung in zweiter oder dritter Instanz (*Ruß* LK[11] Rdn. 12).

**111** Zur (hypothetischen) Ursächlichkeit des Vereitelungsverhaltens für den Erfolg muss dessen **objektive Zurechnung** hinzutreten (SSW-StGB/*Jahn* Rdn. 21). Es gelten die allgemeinen Regeln (näher *T. Walter* LK Vor § 13 Rdn. 89 ff).

## III. Innerer Tatbestand

**112** **1. Wissentlichkeit oder Absicht.** Der Täter muss die Ahndung der Tat oder die Vollstreckung der Sanktion absichtlich oder wissentlich vereiteln. **Absicht und Wissentlichkeit** sind mindestens und unstreitig auf den *Vereitelungserfolg* zu beziehen sowie auf das *Vereitelungsverhalten*, seine *Ursächlichkeit* für den Erfolg und auf dessen *objektive Zurechnung*.[135] Da der Vereitelungserfolg bei einer Verzögerung der Verfolgung nur ein-

---

[134] Vgl. auch BGH wistra **1995** 143 (Verzögerung der Aufnahme der Ermittlungen wegen eines Tötungsdeliktes um 12 Tage soll in der Regel nicht ausreichend für die Feststellung sein, wie sich Vereitelungshandlungen im Einzelnen auf den Zeitpunkt der Bestrafung ausgewirkt haben).

[135] Vgl. BGHSt **46** 53, 58; **38** 345, 348; BGH NJW **1993** 273, 274; JR **1984** 337 m. Anm. *Rudolphi*; BGHR § 258 I Vorsatz 1; RGSt 55 126; *Sch/Schröder/Stree* Rdn. 22; vgl. *Esser/Fischer* JZ **2010** 217, 223 zu Regierungsbeamten, die festgenommene Piraten ans Ausland (Kenia) überstellen lassen, ob-

tritt, wenn sie geraume Zeit dauert (Rdn. 35), ist es auch für den direkten Vorsatz zweiten Grades (die Wissentlichkeit) nicht ausreichend zu wissen, dass eine Bestrafung verzögert wird, wenn der Handelnde nicht weiß, ob die Verzögerung geraume Zeit dauern werde (anders KG JR **1985** 25, 26: Wissen um Ermittlungsverzögerung reiche; dagegen zutr. *Sch/Schröder/Stree* Rdn. 22). Absicht erfordert zwar, dass der Täter den Erfolg zumindest für möglich hält. Weiß der Täter hingegen, dass der Erfolg eintreten wird, ist darüber hinaus nicht erforderlich, dass er ihn – wie schwach auch immer – wünscht oder will.[136] Auch ist nicht zu erkennen, inwieweit jenseits der §§ 20, 21 eine besondere „Entschlusskraft" Voraussetzung des Vorsatzes wäre (so aber OLG Koblenz NStZ-RR **2006** 77, 80 unter Berufung auf BGHSt **19** 79, 82; ablehnend schon *Fischer* Rdn. 6). Unterlässt es ein Polizist entgegen seiner Garantenpflicht, den Vortäter zur Fahndung *auszuschreiben,* und ist er sich nicht sicher, ob dies eine Verurteilung mindestens für geraume Zeit verzögern werde, so soll dies nach OLG Koblenz NStZ-RR **2006** 77, 80 nichts daran ändern, dass der Polizist wissentlich handele. Das ist so pauschal nicht richtig. Hält es der Polizist für möglich, dass sich der Täter im Ausland aufhält und dort durch eine Ausschreibung nicht zu erreichen ist, handelt er lediglich bedingt vorsätzlich. Wissentlichkeit liegt erst vor, wenn er sicher ist, dass der Vortäter nach einer Ausschreibung früher oder später gefasst würde. Ebenso tatbestandsmäßig wäre es natürlich, wenn er auf unsicherer Tatsachengrundlage die *Absicht* hätte, dies zu vereiteln.

Hinsichtlich der **Vortat** und – bei der Vollstreckungsvereitelung – der rechtskräftigen **113**
Verurteilung reicht nach ganz herrschender Ansicht und wie bei § 257 (dort Rdn. 69) Eventualvorsatz.[137] Diese Formulierung ist allerdings unglücklich. Gemeint ist, dass Wissentlichkeit und Absicht auch vorliegen können, wenn sich der Täter nicht sicher ist, ob gegen den Begünstigten tatsächlich ein materieller Strafanspruch besteht (Verfolgungsvereitelung) beziehungsweise ob es gegen ihn tatsächlich ein rechtskräftiges Urteil gibt (Vollstreckungsvereitelung). Diese Situation entspricht einem *Handeln auf bewusst unsicherer Tatsachengrundlage*; eine Beschreibung, die üblicherweise in der Lehre vom Versuch auftaucht und besagt, dass ein endgültiger Tatentschluss auch gefasst werde, wenn sich der Täter nicht sicher sei, ob seine Annahmen zuträfen, und er gleichwohl für den Fall handele – oder zu handeln entschlossen sei –, dass sie dies täten. Ein Beispiel ist der Schuss auf eine Person, von welcher der Schütze nicht weiß, ob sie schon tot ist, die er aber töten will (Absicht), falls sie noch lebt, oder von der er weiß (Wissentlichkeit), dass sie spätestens durch seinen Schuss getötet wird.

Für die Strafvereitelung durch das *Unterlassen einer gesetzlich geforderten Anzeige* **114**
(Rdn. 103) bedeutet dies, dass der Täter die anzuzeigende Tat lediglich für möglich halten muss. Wissentlichkeit hinsichtlich des Vereitelungserfolges ist dann zu bejahen, wenn der Täter weiß, dass die Tat für geraume Zeit unentdeckt und unverfolgt bleiben wird, sofern er sie – die Umstände, die auf sie hindeuten – nicht meldet (*Bülte* NStZ **2009** 57, 62 für § 116 Abs. 1 Satz 1 AO). Nicht vom Vorsatz umfasst zu sein braucht die Melde-

---

wohl in Deutschland Haftbefehle vorliegen; **aA** *Hoyer* SK Rdn. 34: Absicht und Wissentlichkeit nur bezüglich des Vereitelungserfolges.

136 Vgl. BGH NJW **1984** 135; *Lenckner* GS Schröder, S. 339, 354 ff; *Ostendorf* JZ 1987 335, 340; *Sch/Schröder/Stree* Rdn. 22; **aA** OLG Koblenz NStZ-RR **2006** 77, 79.

137 Für die h.M. BGHSt **45** 97, 100; BGH 4 StR 43/53 vom 7.5.1953; RGSt **71** 152, 154; **55** 126; OLG Düsseldorf NJW **1964** 2123 (alle zu § 257 a.F.); *Arzt/Weber/Heinrich/Hilgendorf* BT § 26 Rdn. 7; *Fischer* Rdn. 33; *U. Günther* S. 186 f, 241; *Hoyer* SK Rdn. 34; *Ruß* LK[11] Rdn. 21 f; *Sch/Schröder/Stree* Rdn. 23, 30. Siehe auch BGHSt **15** 18, 21 und BGH LM Nr. 2 zu § 346 StGB.

pflicht selbst. Wer sie nicht kennt, befindet sich in einem Verbotsirrtum. Er ist nach den Maßstäben der herrschenden Meinung so gut wie immer vermeidbar, da die Adressaten gesetzlicher Anzeigepflichten stets Amtsträger sind und mit den Vorschriften vertraut zu sein haben, die ihre Tätigkeit betreffen (*Bülte* aaO).

**115** Eine Vereitelungsabsicht kann auch vorliegen, wenn der Täter neben der Vereitelung weitere Ziele verfolgt (sogenanntes **Motivbündel**; zur Austauschbarkeit der Begriffe Absicht und Motiv *T. Walter* Kern des Strafrechts, S. 126).[138] Jedoch ist wie für die Begünstigung zu verlangen, dass die Vereitelungsabsicht unter den anderen Beweggründen des Täters mindestens gleichrangig wirkt (vgl. bei § 257 Rdn. 76; **aA** *Sch/Schröder/Stree* Rdn. 22). Als Testfrage bietet sich wieder die Überlegung an, ob der Täter auch gehandelt hätte, wenn sich bis auf die Vereitelungsabsicht alle anderen Motive erledigt haben würden. Nur wenn dies der Fall ist, hat die Vereitelungsabsicht die erforderliche Stärke.

**116** Ebenfalls wie für die Begünstigung genügt es für die Strafvereitelung, dass der Vereitelungserfolg ein **Zwischenziel** des Täters ist (vgl. bei § 257 Rdn. 77).[139] Zum Teil wird dies dadurch zum Ausdruck gebracht, dass es heißt, der Vereitelungserfolg müsse nicht das Motiv des Täters sein (so etwa *Ruß* LK[11] Rdn. 21). Zwischenziele sind alle notwendigen Zwischenschritte auf dem Weg zum Endziel des Täters, seien sie ihm isoliert betrachtet erwünscht oder unerwünscht. Hätte der Täter sein persönliches Endziel zur Not auch ohne den fraglichen Umstand erreichen können – und sei es auf sehr ungewöhnlichem Weg –, dann ist jener Umstand kein Zwischenziel und kein Gegenstand einer Absicht des Handelnden. So verhält es sich zum Beispiel (entgegen herrschender Ansicht[140]) in dem Taxi-Fall BGHSt **4** 107 (näher bei § 257 Rdn. 77). – Zum Zusammentreffen von Begünstigungs- und Strafvereitelungsabsicht bei § 257 Rdn. 76.

**117** Für **Strafverteidiger** hat der Bundesgerichtshof vordergründig die Anforderungen an den subjektiven Tatbestand erhöht, indem er diesem Berufsstand im Regelfall einen „inneren Vorbehalt" zubilligt. Er soll ein Für-möglich-Halten des Vereitelungserfolges erschweren, wirkt aber im Ergebnis wie eine Beschränkung des äußeren Tatbestandes, da er ausschließlich aus äußeren Umständen geschlossen wird (näher mit Nachweisen und zur berechtigten Kritik Rdn. 74 ff).

**118** **2. Tatbestands- und Verbotsirrtum.** Nach herrschender Lehre braucht sich der Täter in Bezug auf die **Vortat** weder eine rechtlich noch eine tatsächlich zutreffende Vorstellung zu machen.[141] Das ist wiederum unglücklich formuliert (vgl. Rdn. 113). Gemeint ist, dass der staatliche Strafanspruch (Verfolgungsvereitelung) beziehungsweise das rechtskräftige Urteil (Vollstreckungsvereitelung) als normatives Tatbestandsmerkmal behandelt werden (besser: als *rechtsinstitutionelles Merkmal,* vgl. *T. Walter* Kern des Strafrechts, S. 253 ff). Dies bedeutet, dass es für den Vorsatz in Bezug auf den Strafanspruch beziehungsweise das Urteil reicht, aber auch nötig ist, dass dem Täter jenes rechtliche Ergebnis als solches bewusst ist („hat sich strafbar [maßnahmefähig] gemacht"/„ist rechtskräftig verurteilt"). Es genügt eine „Parallelwertung in der Laiensphäre". Der Täter muss also nicht alle juristischen Implikationen des Strafanspruchs oder der Verurteilung überblicken (die Annahme einer Ordnungswidrigkeit reicht natürlich nicht, *Ruß* LK[11] Rdn. 22). Da es

---

[138] BGHSt **4** 107, 108; BGH NJW **1958** 1244; *Ruß* LK[11] Rdn. 21.

[139] BGH NStZ **1992** 540; KG JR **1985** 25; *Ruß* LK[11] Rdn. 21.

[140] BGHSt **4** 107, 109; *Ruß* LK[11] Rdn. 21; *Sch/Schröder/Stree* Rdn. 22.

[141] *Arzt/Weber/Heinrich/Hilgendorf* BT § 26 Rdn. 7; *Fischer* Rdn. 33; *Ruß* LK[11] Rdn. 22; *A. Schröder* S. 130, 184 (der aber zutr. auf die Vorstellung hinsichtlich des Strafanspruchs abstellt, vgl. sogleich im Text); *Sch/Schröder/Stree* Rdn. 23; alle m.w.N.

nur auf den Vorsatz in Bezug auf das rechtliche Ergebnis ankommt, ist auch nicht erforderlich, dass der Täter dessen Grundlagen vollständig kennt. Weder braucht er alle Umstände des Sachverhalts (Tatsachen) zu kennen, die das rechtliche Ergebnis begründen, noch muss er die Normen kennen oder gar zutreffend anwenden, denen zufolge die Umstände des Sachverhalts das rechtliche Ergebnis begründen (ausführlich und mit weiteren Beispielen *T. Walter* aaO). Für § 258 braucht der Täter also nicht den Sachverhalt zu kennen, der die Vortat ausmacht (zum Beispiel die Person des Vortäters, *Ruß* LK[11] Rdn. 22; *Sch/Schröder/Stree* Rdn. 23), und auch nicht die strafrechtlichen Normen und Regeln, nach denen aus diesem Sachverhalt der staatliche Strafanspruch erwächst (Verfolgungsvereitelung).[142] Für die Vollstreckungsvereitelung braucht er nichts Näheres von dem Prozess zu wissen, den das rechtskräftige Urteil abgeschlossen hat.

**119** Mindestens inkonsequent ist es daher zu fordern, der Täter müsse sich „Umstände vorstellen, welche möglicherweise eine rechtswidrige Tat bedeuten" (so aber *Fischer* Rdn. 33; ganz ähnlich *Ruß* LK[11] Rdn. 22). Dies wäre nach den Regeln der herrschenden Meinung nur dann der richtige Ansatz, wenn es sich bei der Vortat – genauer: bei dem Strafanspruch beziehungsweise der Verurteilung – um ein (konkludentes) Blankettmerkmal handelte (näher *T. Walter* Kern des Strafrechts, S. 253 ff). Zuzugeben ist aber, dass die Trennlinie zwischen normativem Tatbestandsmerkmal und Blankett in der herrschenden Dogmatik einem Zickzackkurs folgt, dessen Verlauf nirgends vorauszusagen ist. Etwa versteht man den Begriff der „rechtswidrigen Tat" in den Vorschriften zur Teilnahme (§§ 26, 27) nicht als normatives Tatbestandsmerkmal; sonst wäre der Irrtum des Anstifters über die Rechtswidrigkeit der Haupttat ein Tatbestandsirrtum. Gleichwohl knüpft die herrschende Dogmatik an die Unterscheidung von normativem Tatbestandsmerkmal und Blankett weitreichende Folgen. Das zeigt sich nicht nur für den Vorsatz, sondern auch für den Versuch; gerade § 258 hat dafür mit BGHSt **15** 210 ein Beispiel geliefert, das an dogmatischer Schärfe nichts zu wünschen übrig lässt (Rdn. 143). Zuzugeben ist aber des Weiteren, dass diese Folgen (ihre Diskrepanzen) selbst dann nicht sachgerecht wären, wenn es gelänge, normatives Tatbestandsmerkmal und Blankett sauberer auseinanderzuhalten (dazu ein Versuch bei *T. Walter* aaO S. 258 ff). Vielmehr bietet es sich an, sowohl für das eine wie für das andere und sowohl für den Vorsatz beim objektiv vollendeten Delikt als auch für den Tatentschluss beim Versuch zu verlangen, dass dem Täter *beides* bewusst ist (beim Versuch: dass er sich beides vorstellt): die Umstände, die – im Falle des § 258 – den staatlichen Sanktionsanspruch oder die Verurteilung ergeben, *und* den Sanktionsanspruch beziehungsweise die Verurteilung als rechtliche Folge.

**120** Auf der Grundlage der herrschenden Meinung ist folgerichtig ein Tatbestandsirrtum anzunehmen, wenn der Handelnde das **Unrecht** oder auch nur die **Strafbarkeit der Vortat** verkennt (*A. Schröder* S. 130, 184). Eine derartige Fehlvorstellung des Vortäters wäre lediglich ein Verbotsirrtum oder, in dem zweiten Fall, sogar nur ein gänzlich unbeachtlicher sogenannter Strafbarkeitsirrtum. In der Person desjenigen, der Vereitelungshandlungen vornimmt, schließt sie den Vorsatz aus.

**121** Ein Tatbestandsirrtum liegt auch vor, wenn der Täter nur die eigene Bestrafung vereiteln will und verkennt, dass er mit seinem Verhalten zugleich die Verfolgung eines anderen verhindert (im Ergebnis schon *Ruß* LK[11] Rdn. 31). Der Irrtum betrifft dann das Merkmal des „**anderen**".

---

[142] Siehe BGHSt 4 221 (für die sachliche Begünstigung nach altem Recht); BGH 5 StR 36/54 vom 27.4.1954; OLG Hamburg NJW **1953** 1155; *Ruß* LK[11] Rdn. 22; *A. Schröder* S. 122 ff.

122 Ebenfalls ein Fall des § 16 ist für die Verfolgungsvereitelung die irrige Annahme des Handelnden, der Vortäter sei **unschuldig**. Für die Vollstreckungsvereitelung kommt es nach herrschender Ansicht indes nur darauf an, dass der Täter die Rechtskraft der Entscheidung kennt, welche die Sanktion verhängt (Rdn. 38). Hält der Täter ein Verhalten, dessen Strafbarkeit er kennt, für nicht strafwürdig oder ein Urteil, um dessen Rechtskraft er weiß, für ungerecht, beseitigt das weder den Vorsatz noch das Unrechtsbewusstsein (Überzeugungstäter, vgl. *T. Walter* Kern des Strafrechts, S. 304 f).

123 Im Tatbestandsirrtum hinsichtlich eines Vereitelungserfolges im Rahmen einer Vollstreckungsvereitelung befindet sich ein Sozialbetreuer, der bescheinigt, dass ein Verurteilter bei ihm 300 Stunden **gemeinnützige Arbeit** abgeleistet habe, wenn der Verurteilte zwar tatsächlich nur 200 Stunden gearbeitet hat, der Sozialbetreuer aber die weiteren 100 Stunden mit Einführungs- und sonstigen erzieherischen Gesprächen gefüllt zu haben meint und davon ausgeht, solche Gespräche auf die Arbeitszeit anrechnen zu dürfen (BGH 1 StR 116/99 vom 15.4.1999).

124 Verkennt der Täter die Rechtskraft der zu vollstreckenden Entscheidung, so hält ein Teil des Schrifttums diesen Irrtum für unbeachtlich, weil dann automatisch Vorsatz hinsichtlich einer Verfolgungsvereitelung vorliege.[143] Dieses Ergebnis ist zutreffend. Es hängt allerdings davon ab, welche Ansicht man zum **Irrtum über Tatbestandsalternativen** vertritt; denn um einen solchen handelt es sich (zu ihm ausführlich und mit Nachweisen *Vogel* LK § 16 Rdn. 41 f; *T. Walter* Kern des Strafrechts, S. 295 ff). Beides gilt auch für einen Irrtum hinsichtlich der Alternativen einer Straf- und einer Maßnahmevereitelung (*Sch/Schröder/Stree* Rdn. 22, 30, der das Problem zutreffend wie eine Abweichung des vorgestellten Kausalverlaufes vom tatsächlichen behandelt; SSW-StGB/*Jahn* Rdn. 30). Erst recht bleibt ein Irrtum über die Art der Strafe ohne Belang (etwa: Freiheitsstrafe statt Geldstrafe, *Stree* aaO).

125 Nicht einmal einem Verbotsirrtum soll unterliegen, wer die gesamte Rechtsordnung der Bundesrepublik für völkerrechtswidrig hält und davon ausgeht, dass das Deutsche Reich fortbestehe und lediglich von fremden Mächten besetzt sei, weswegen der Prozess gegen den Vortäter juristisch ein Nullum sei und sich die Richter unter anderem des Tatbestandes der Feindbegünstigung schuldig machten (OLG Karlsruhe OLGSt StPO § 138a Nr. 7). Allerdings ist zu unterscheiden: Es lag nach der Schilderung des Sachverhaltes aaO nahe, dass die Täterin – die Verteidigerin des Vortäters – bereits davon ausging, es liege keine strafbare Vortat vor. Beispielsweise teilte sie den Wahn des Vortäters, dass es den Holocaust nicht gegeben habe, und der weitere Wahn, dass die Rechtsordnung der Bundesrepublik nichtig sei, musste sich auch auf die Straftatbestände beziehen, deren man den Vortäter beschuldigte. Fehlt einem Täter aber das Bewusstsein eines materiellen Strafanspruchs gegen den Vortäter, so ist dies ein *Tatbestandsirrtum*. Dass dieser Irrtum vorliegend abwegig war, spielt für § 16 keine Rolle (leider; zur Kritik näher *T. Walter* Kern des Strafrechts, S. 408 ff). Allenfalls kann dies ein Indiz dafür sein, dass ein Irrtum nur vorgeschützt wird. Davon war in dem angeführten Fall aber nicht auszugehen. Darüber hinaus ist die Ansicht, eine Strafnorm, hier § 258, sei – aus welchen Gründen auch immer – nichtig, ein sogenannter **Gültigkeitsirrtum**, den die herrschende Meinung jedenfalls dann als Verbotsirrtum ansieht, wenn der Täter die Strafnorm für

---

[143] So etwa *St. Cramer* MK Rdn. 39; *Hoyer* SK Rdn. 35 (der allerdings Rdn. 6 auch für die Vollstreckungsvereitelung verlangt, dass der Verurteilte tatsächlich eine sanktionierbare Vortat begangen habe!); *Ruß* LK[11] Rdn. 26; *Sch/Schröder/Stree* Rdn. 24, 30; aA *U. Günther* S. 208, 242; *Jerouschek/ A. Schröder* GA 2000 51, 62.

verfassungswidrig hält (vgl. *T. Walter* Kern des Strafrechts, S. 305 mit Nachweisen). Das ist zwar sehr zweifelhaft. Wenn man es aber für richtig hält, muss es für sämtliche Gültigkeitsirrtümer gelten. Der Verbotsirrtum ist dann allerdings selbst nach milden Maßstäben vermeidbar.

## IV. Strafausschließungsgründe

1. **Partielle Selbstbegünstigung** (**Abs.** 5). Nach Absatz 5 ist nicht wegen Strafvereite- **126**
lung strafbar, wer durch die Tat auch – jedenfalls zum Teil – verhindern will, dass er selbst bestraft oder einer Maßnahme unterworfen wird oder dass gegen ihn eine Strafe oder Maßnahme vollstreckt wird. Beispiele sind Täter, die einem Komplizen zur Flucht verhelfen, damit er nicht gefasst wird und so auch gegen sie nicht aussagt; ebenso Täter, die Spuren verwischen, aus denen auf ihre Vortatbeteiligung ebenso zu schließen ist wie auf die Beteiligung anderer (*Sch/Schröder/Stree* Rdn. 35). Es handelt sich nach ganz herrschender Meinung um einen **persönlichen Strafausschließungsgrund** jenseits von Unrecht und Schuld.[144] Soweit es heißt, dass er „im Schuldbereich" wurzele oder ihm nahestehe (siehe etwa *Ruß* LK[11] Rdn. 33; *Sch/Schröder/Stree* Rdn. 35), und wenn einige sogar annehmen, es handle sich um einen Entschuldigungsgrund[145], so ist dies ein Hinweis darauf, dass die Ratio der Norm große Ähnlichkeit hat mit geschriebenen wie ungeschriebenen Regeln, die den Täter entschuldigen, soweit er hinter den Forderungen des Rechts aus Gründen zurückbleibt, für die man ein gewisses Verständnis aufbringt; Paradigma ist der entschuldigende Notstand nach § 35. Es bietet sich an, diese Regeln verbrechenssystematisch zusammenzufassen. Pionierarbeit hat insoweit *Roxin* mit seiner zusätzlichen Kategorie der „Verantwortlichkeit" geleistet (siehe heute *Roxin* AT I § 22 Rdn. 138 und § 23 Rdn. 16; abgewandelt auch *T. Walter* Kern des Strafrechts, S. 135 ff, 202 ff). Nützen kann eine solche Zusammenfassung vor allem in der Irrtumsdogmatik (dazu *T. Walter* aaO S. 350 ff).

Das spielt indes für § 258 Abs. 5 keine große Rolle, da diese Vorschrift rein subjektiv **127**
formuliert ist, das heißt ausschließlich auf die Absicht des Täters abstellt, so dass ein Auseinanderklaffen von Vorstellung und Wirklichkeit eine klare und alternativenlose Rechtsfolge hat: Es ist allein der **Wille maßgeblich.**[146] Dass man hiervon jedenfalls nicht zu Lasten des Beschuldigten abweichen darf, gebietet die Schranke des Wortlauts (Art. 103 Abs. 2 GG; *M. Seebode* JZ **1998** 781 ff); auch wenn es einige Vorschläge in diese Richtung gibt (Rdn. 134). Aufgrund der subjektiven Formulierung kann es auch nicht zu dem Problemfall kommen, den man bei § 257 unter dem Stichwort *Postpendenz*

---

144 BGHSt 9 180, 182; *Arzt/Weber/Heinrich/Hilgendorf* BT § 26 Rdn. 14 („Gewand eines persönlichen Strafausschließungsgrundes"), 19 (als persönlicher Strafausschließungsgrund „konzipiert"); *Fischer* Rdn. 34; *U. Günther* S. 225, 242; *Hoyer* SK Rdn. 36; *Lackner/Kühl* Rdn. 16; *Sch/Schröder/Stree* Rdn. 35; SSW-StGB/*Jahn* Rdn. 43; *Wessels/Beulke* Rdn. 494.

145 *Arzt/Weber/Heinrich/Hilgendorf* BT § 26 Rdn. 14 („Schuldausschließungsgrund" mit „Notstandsähnlichkeit" in „Gewand" eines Strafausschließungsgrundes); *Baumann/Weber/Mitsch* § 23 Rdn. 62; *Hirsch* LK[11] Vor § 32 Rdn. 209; *Jescheck/Weigend* § 47 II 3a (S. 504); *Klimsch* Die dogmatische Behandlung des Irrtums über Entschuldigungsgründe unter Berücksichtigung der Strafausschließungs- und Strafaufhebungsgründe (1993) S. 153 f.

146 BGH NStZ-RR **2002** 215; BGH bei Holtz MDR **1981** 98, 99; *Fischer* Rdn. 34 f; *Lackner/Kühl* Rdn. 16; *Ruß* LK[11] Rdn. 33; *Sch/Schröder/Stree* Rdn. 35; *M. Seebode* JZ **1998** 781 ff.

behandelt (siehe bei § 257 Rdn. 83 und hier Rdn. 134). Der Täter muss sogar dann straffrei bleiben, wenn er weiß, dass er sich nicht strafbar gemacht hat, aber fürchtet, gleichwohl verfolgt und womöglich bestraft zu werden, wenn die Organe der Strafverfolgung von bestimmten Tatsachen Kenntnis erlangen, die auf ihn als Täter hindeuten (BGHR StGB § 258 Abs. 5 Vorsatz 2). Auch sonst genügt, dass er die eigene Bestrafung nur für möglich hält (*Sch/Schröder/Stree* Rdn. 35). Zudem ist der *Zweifelssatz* zu beachten (in dubio pro reo, statt aller *Ruß* LK[11] Rdn. 33).

**128** Da der Strafausschließungsgrund persönlich wirkt, kommt er **Teilnehmern** nicht zugute, wenn nur der Haupttäter das erforderliche Motiv hat. Andererseits bleibt auch die Teilnahme straflos, wenn jemand einen anderen anstiftet oder ihm dabei hilft, unter anderem seine, des Anstifters beziehungsweise Gehilfen Bestrafung zu vereiteln.[147] Das muss erst recht gelten, wenn der Teilnehmer ausschließlich handelt, um sich selbst zu schützen.

**129** Zweifelhaft ist die herrschende Ansicht, dass Absatz 5 nicht in Betracht komme, wenn der Täter wegen seines Vorverhaltens bereits **rechtskräftig verurteilt** worden sei.[148] Bildet sich der Täter ein, eine erneute Verfolgung und Verurteilung wäre möglich, etwa im Wege einer Wiederaufnahme, muss er straffrei bleiben, weil allein seine Vorstellung maßgeblich ist (Rdn. 127). Doch auch sonst führt die herrschende Auffassung zu einer bedenklichen Selbstbezichtigungspflicht: Jemand, der in seinem Prozess standhaft geleugnet hat, aber dennoch verurteilt wurde, wird gezwungen, sich nachträglich und erstmals selbst zu belasten und einer Lüge – durch das Leugnen – zu bezichtigen.

**130** Einfaches Beispiel eines Anwendungsfalles für Absatz 5 ist ein Amtsträger, der die Verfolgung eines anderen wegen Bestechung vereitelt, um zugleich die eigene Verfolgung wegen Bestechlichkeit zu verhindern (RG JW **1925** 2475; *Ruß* LK[11] Rdn. 31). Das eigene strafbare (oder vermeintlich strafbare) Verhalten und die Vortat können aber auch unterschiedliche Sachverhalte sein.[149] Ein typischer Fall ist die sogenannte **Schweigevereitelung**, bei der jemand die Strafverfolgung eines anderen vereitelt, damit diese Person über eine ganz andere Tat des Vereitelnden Stillschweigen bewahrt.

**131** Unschädlich ist es, wenn für den Täter neben seiner partiellen Selbstbegünstigungsabsicht noch andere Beweggründe eine Rolle spielen („**Motivbündel**"). Nach herrschender Ansicht braucht die Selbstbegünstigung nicht einmal im Vordergrund zu stehen.[150] Das ist wenigstens missverständlich. Wie für andere Absichtserfordernisse des Gesetzes und Fälle von „Motivbündeln" ist auch hier zu verlangen, dass die fragliche Absicht für die Tat als *gleichrangiges Motiv* mitursächlich geworden ist. Es ist die gleiche Testfrage zu stellen wie für die Vereitelungsabsicht im Rahmen des inneren Tatbestandes (Rdn. 115): Wenn sich alle anderen Motive bis auf die (partielle) Selbstbegünstigung erledigt haben würden – hätte der Täter dennoch gehandelt? Nur wenn das zu bejahen ist, war die Selbstbegünstigungsabsicht ein gleichrangiges Motiv.

---

[147] BayObLG NJW **1978** 2563 m. Anm. *Stree* JR **1979** 253; *Fischer* Rdn. 34 f; *Heghmanns* BT Rdn. 1813; *Lackner/Kühl* Rdn. 16; *Ruß* LK[11] Rdn. 34; *Sch/Schröder/Stree* Rdn. 38.

[148] Für diese Ansicht BayObLG NStZ **1996** 497, 498; *Fischer* Rdn. 35; *Jahn/Palm* JuS **2009** 408, 411; *Lackner/Kühl* Rdn. 16; *Sch/Schröder/Stree* Rdn. 35; SSW-StGB/*Jahn* Rdn. 43.

[149] BTDrucks. 7/550, S. 250; BGH NJW **1995** 3264; *Fischer* Rdn. 34; *Hoyer* SK Rdn. 40; *Lackner/Kühl* Rdn. 16; *Ruß* LK[11] Rdn. 33; *Satzger* Jura **2007** 754, 757; *Sch/Schröder/Stree* Rdn. 35.

[150] BGHSt **9** 71, 73; BGH NJW **1984** 135, 136; wistra **1989** 19; RGSt **73** 268; **63** 234; *Fischer* Rdn. 34; *Lackner/Kühl* Rdn. 16; *Ruß* LK[11] Rdn. 33; *Satzger* Jura **2007** 754, 757; *Sch/Schröder/Stree* Rdn. 35.

132 Hilft der Täter nur **gelegentlich** der Strafvereitelung in eigener Sache einem anderen Vortäter, so bleibt er grundsätzlich strafbar. *Stree* bildet das Beispiel, dass ein Fliehender einen anderen Vortäter in seinem (des Fliehenden) Wagen mitnimmt (*Sch/Schröder/Stree* Rdn. 35; zust. *Satzger* Jura **2007** 754, 757). Allerdings ist dann für das Fahren selbst nicht an der partiellen Selbstbegünstigungsabsicht vorbeizukommen, und die Wortlautschranke verbietet eine einschränkende Auslegung. Doch ist das Anhalten und Zusteigenlassen des anderen ein nicht eigennütziges und damit tatbestandsmäßiges Verhalten.

133 Der Absatz 5 entfaltet **keine „Sperrwirkung"** zugunsten anderer Delikte, ungeachtet dessen, ob der Täter sie fremd- oder eigennützig begeht.[151] Beseitigt wird also nur die Strafbarkeit gemäß § 258. Ob das auch für die Begünstigung gelte, ist im Streit.[152] Die Strafbarkeit wegen Begünstigung entfällt jedenfalls, wenn der Täter diesen Tatbestand zwangsläufig mitverwirklichen muss, um andere und sich vor einer Strafverfolgung zu schützen, und wenn dies lediglich eine Nebenfolge seines Tuns ist, auf die er keinen gesteigerten Wert legt. Das liegt aber noch nicht an einer Sperrwirkung des § 258 Abs. 5, sondern daran, dass in diesem Fall eine Begünstigungs*absicht* fehlt (vgl. *Lackner/Kühl* Rdn. 16 und zu § 257 Rdn. 78 mit Nachweisen).

134 Sagt jemand dem Vortäter vor oder bei der Vortat zu, später als *Zeuge* zu seinen Gunsten auszusagen, zum Beispiel um ihm ein Alibi zu verschaffen, und löst er seine **Zusage** später ein, so muss er gemäß Absatz 5 straffrei bleiben, wenn er dabei zugleich verhindern will, dass er selbst wegen psychischer Beihilfe (durch die frühere Zusage) verfolgt wird. Abweichend hiervon hat BGHSt **43** 356 eine Verurteilung wegen Strafvereitelung in einem Fall aufrechterhalten, in dem sich die frühere Zusage nicht erweisen ließ. Er hat sich dabei aber ausdrücklich nicht auf eine Postpendenzfeststellung berufen, sondern auch für den Fall an dem Schuldspruch festgehalten, dass sich eine psychische Beihilfe durch die frühere Zusage hätte erweisen lassen. Es liege dann ausschließlich eine einheitliche Fremdbegünstigung vor, und es fehle die notstandsähnliche Lage, die § 258 Abs. 5 seinem Zweck nach voraussetze.[153] Das ist abzulehnen, weil es die Wortlautgrenze überschreitet (Art. 103 Abs. 2 GG).[154] Als Vereitelungshandlung kommt allein die Zeugenaussage in Betracht; ihre frühere Zusage ist nach heute herrschender und zutreffender Ansicht nicht einmal der Versuch einer Strafvereitelung (Rdn. 153). Wenn aber jemand bei seiner Vereitelungshandlung tatsächlich jedenfalls auch verhindern will, dass er selbst belangt wird, dann ordnet § 258 Abs. 5 unmissverständlich Straflosigkeit an, und das ist aller Teleologie zum Trotz auch dann durchzuhalten, wenn sich der Täter durch eigene Schuld und gar wissentlich in diese Zwangslage gebracht hat und bei seinem Vorverhalten aus völlig freien Stücken handelte (vgl. BGHR § 258 Abs. 5 Vorsatz 1; *Sch/Schröder/Stree* Rdn. 35, jedoch mit der Vermutung, dass es an einer partiellen Selbst-

---

151 BGHSt 15 53; *Fischer* Rdn. 36; *Lackner/Kühl* Rdn. 16; *Ruß* LK[11] Rdn. 32; *Sch/Schröder/Stree* Rdn. 37.

152 Dagegen die wohl h.L.: *Lackner/Kühl* Rdn. 16; *Maurach/Schroeder/Maiwald* II § 100 Rdn. 22; *Ruß* LK[11] Rdn. 32; **aA** *Amelung* JR **1978** 227 ff; *Geppert* Jura **1980** 327, 332; *Seel* S. 91; *Stree* JuS **1976** 137, 141; *Sch/Schröder/Stree* Rdn. 37 mit bedenkenswertem Hinweis auf die Motive des Gesetzgebers; offen gelassen von BGH NStZ **2000** 259 m. Bspr. *St. Cramer* NStZ **2000** 246.

153 Für eine einschränkende Auslegung dieser Vorschrift bei eigenem Vorverschulden auch *Gubitz/Wolters* NJW **1999** 764, 765; dem BGH zustimmend ferner *Fischer* Rdn. 35; *Piatkowski/Saal* JuS **2005** 979, 982; SSW-StGB/*Jahn* Rdn. 44.

154 Gegen den BGH schon *Altenhain* NK Rdn. 40; *Hoyer* SK Rdn. 41; *Joerden* JuS **1999** 1063, 1067; *Lackner/Kühl* Rdn. 16; *H. E. Müller* NStZ **2002** 356, 362; *Rengier* BT 1 § 21 Rdn. 23 f; *M. Seebode* JZ **1998** 781 ff.

begünstigungsabsicht „im Allgemeinen" fehle, wenn ein Zeuge seine frühere Zusage einer Falschaussage einhalte). Ein sinnvolleres Ergebnis anzuordnen bleibt dem Gesetzgeber vorbehalten.

135 Ein besonderes Problem kann sich für Amtsträger ergeben, die entgegen ihren Pflichten eine **Strafverfolgung unterlassen**, dadurch auch die eigene Strafverfolgung verhindern wollen, aber ihre Zwangslage schuldhaft selbst herbeigeführt haben. Dazu bei § 258a Rdn. 16.

136 2. **Das Angehörigenprivileg** (Abs. 6). Auch das Angehörigenprivileg des Absatzes 6 ist ein **persönlicher Strafausschließungsgrund**,[155] für den zunächst das Gleiche gilt wie für den Absatz 5 (Rdn. 126); einschließlich der Ratio, Nachsicht zu üben mit menschlich verständlichem Fehlverhalten, weswegen die Vorschrift von einigen – wie der Absatz 5 – als Entschuldigungsgrund eingestuft wird.[156] In den Fällen des Absatzes 5 hat man Verständnis für die Sorge des Täters um sich selbst, in den Fällen des Absatzes 6 für die Sorge um Angehörige. Der persönliche Strafausschließungsgrund eines Haupttäters wirkt nicht zugunsten der Teilnehmer. Sie bleiben aber straflos, wenn sie selbst Angehörige des Begünstigten sind, und zwar ungeachtet dessen, wie der Haupttäter zu ihm steht.[157] – Der Begriff des Angehörigen ist in § 11 Abs. 1 Nr. 1 legaldefiniert. Eine Analogie für andere nahestehende Personen, insbesondere in einer eheähnlichen Lebensgemeinschaft ist abzulehnen.[158] Die Privilegierung ist erst für ein Verhalten möglich, das nach dem Zeitpunkt liegt, in dem das Angehörigenverhältnis entsteht (BayObLG NJW **1983** 831, 832); es gilt allerdings umfassend in dubio pro reo (*Ruß* LK[11] Rdn. 39).

137 § 258 Absatz 6 ist im Gegensatz zu Absatz 5 nicht rein subjektiv formuliert, so dass sich die Frage stellt, was bei **Irrtümern** gelte. Eine Ansicht, die früher die herrschende war, hält sie für unbeachtlich und stellt stets allein auf die objektive Sachlage ab.[159] Heute hingegen überwiegt im Schrifttum die Meinung, man habe zu unterscheiden: zwischen Strafausschließungsgründen, die eine notstandsähnliche Lage erfassten und (auch) die Schuld minderten, und solchen, die sich lediglich kriminalpolitischen Zweckmäßig-

---

155 *Arzt/Weber/Heinrich/Hilgendorf* BT § 26 Rdn. 19 (vgl. hier Fn. 144, 145); *Fischer* Rdn. 34; *Hoyer* SK Rdn. 36; *Lackner/Kühl* Rdn. 17; *Satzger* Jura **2007** 754, 761; *Sch/Schröder/Lenckner* Vor § 32 Rdn. 129; *Sch/Schröder/Stree* Rdn. 39; SSW-StGB/*Jahn* Rdn. 45; *Stephan* Burhoff/Stephan, Rdn. 20; *Wessels/Beulke* Rdn. 494; vgl. zum alten Recht BGHSt **14** 172, 173; **9** 71, 73; RGSt **71** 152, 155; **61** 270, 271.

156 So von *U. Günther* S. 225 f; *Hirsch* LK[11] Vor § 32 Rdn. 210; *Jescheck/Weigend* § 47 II 3a (S. 505); *Klimsch* (Fn. 145) S. 41, 146 ff. Für einen Ausschluss der „Verantwortlichkeit" wieder *Roxin* AT I § 22 Rdn. 139 und § 23 Rdn. 16.

157 BGHSt **14** 172, 173 f; **9** 73; RGSt **14** 102, 104; OLG Braunschweig Nds. Rpfl. **1962** 212; *Heghmanns* BT Rdn. 1814; *Horn* JA **1995** 218, 220; *Jahn/Palm* JuS **2009** 408, 411; *Lackner/Kühl* Rdn. 17; *Ruß* LK[11] Rdn. 37; *Satzger* Jura **2007** 754, 761; *Sch/Schröder/Stree* Rdn. 39.

158 BGH NJW **1984** 135, 136; BayObLG NJW **1983** 832; *Ruß* LK[11] Rdn. 38; *Sch/Schröder/Stree* Rdn. 39a (mit der Erwägung, dass es de lege ferenda angebracht sein könne, auch sonstige nahestehende Personen zu erfassen); SSW-StGB/*Jahn* Rdn. 46; aA *Maurach/Schroeder/Maiwald* II § 100 Rdn. 24.

159 RGSt **71** 152, 155; **61** 270, 271; für den Diebstahl unter Ehegatten nach altem Recht BGHSt **23** 281, 282 f; aus dem Schrifttum *St. Cramer* MK Rdn. 55; *Jahn/Palm* JuS **2009** 408, 411 mit der Begründung, die irrige Annahme eines Angehörigenverhältnisses wurzele nicht im Schuldbereich; *Jescheck/Weigend* § 29 V 7d (S. 315 f) und § 53 III 1 (S. 553 f); *Klimsch* (Fn. 145) S. 189; *Ruß* LK[11] Rdn. 37; *Schroeder* LK[11] § 16 Rdn. 60.

keitserwägungen verdankten oder „staatspolitischen" Belangen.[160] Irrtümer seien nur für die erste Kategorie beachtlich, in die man auch § 258 Abs. 6 rechnet. Umstritten ist wieder, in welcher Weise Irrtümer dann zu beachten seien. Einigkeit besteht, dass kein Strafausschluss Platz greift, wenn der Täter den objektiven Sachverhalt des Strafausschließungsgrundes nicht kennt (siehe hier nur *Sch/Schröder/Stree* Rdn. 39 m.w.N.). Uneinigkeit herrscht für den Fall, dass er ihn irrig annimmt. Die einen behandeln ihn dann so, als entspräche die Vorstellung des Täters der Wirklichkeit; zum Teil gestützt auf eine Analogie zu § 16 Abs. 2, sonst unter Berufung auf das Wesen der persönlichen Strafausschließungsgründe, die „Schuldnähe" des § 258 Abs. 6 oder seine Nähe zum Absatz 5.[161] Andere wenden *§ 35 Abs. 2* analog an.[162]

Ebenfalls **§ 35 Abs. 2** ist anzuwenden, wenn man das Angehörigenprivileg in § 258 Abs. 6 verbrechenssystematisch mit anderen Vorschriften zu menschlich verständlichem Fehlverhalten zusammenfasst, denn § 35 ist deren Paradigma (*T. Walter* Kern des Strafrechts, S. 353). Der Unterschied zur analogen Anwendung des § 16 Abs. 2 besteht darin, dass der Irrtum nur entlastet, wenn er unvermeidbar war. Immerhin ist die Strafe andernfalls obligatorisch nach § 49 Abs. 1 zu mildern (und nicht nur fakultativ, wie es § 17 Satz 2 für den vermeidbaren Verbotsirrtum bestimmt). Dass diese Lösung sachgerecht ist, lässt sich aber auch ohne verbrechenssystematische Neuorientierung nachvollziehen. Anknüpfungspunkt ist das Telos der Vorschrift und mit ihm die seelische Notlage eines Konflikts zwischen der Loyalität gegenüber der Rechtsordnung und der Loyalität gegenüber Angehörigen. Sie ist ein innerer Tatbestand. Daher liegt es zunächst nahe, die Entlastung entfallen zu lassen, wenn der Täter gar ***nicht weiß***, dass der Begünstigte sein Angehöriger ist. Allerdings ist es gut vertretbar, dieser (Teil-)Lösung den Wortlaut entgegenzuhalten: Objektiv bleibt die Tat eine solche „zugunsten" eines Angehörigen. Dass ein solches Ergebnis teleologisch unsinnig wäre, hätte man hinzunehmen; dies ist das Schicksal fast aller Lösungen, die sich entscheidend auf die Wortlautschranke stützen. **138**

Für den umgekehrten Fall der *irrigen Annahme* des entlastenden Sachverhalts ist zu bedenken, wie ähnlich sich die seelischen Notlagen nach § 35 und § 258 Abs. 6 dem Wesen nach sind; zumindest im Regelfall, denn weder § 35 noch § 258 Abs. 6 setzen voraus, dass der individuelle Täter tatsächlich in jene seelische Notlage gerät, die in seiner Lage den Durchschnittsmenschen – nach Einschätzung des Gesetzgebers – heimsucht. Übereinstimmung herrscht auch insofern, als der Täter beide Male sehenden Auges Unrecht tut und dabei einsichts- und steuerungsfähig bleibt (sonst § 20). Dies spricht gegen eine Analogie zu § 16 Abs. 2. Dass überhaupt eine Analogie in Betracht kommt, liegt daran, dass nach dem Telos des § 258 Abs. 6 Fehlvorstellungen regelungsbedürftig sind. **139**

**Zweifelt** der Täter, ob der Nutznießer der Tat ein Angehöriger sei, will *Stree* die Strafe ebenfalls ausschließen, wenn aus der Sicht des Täters sofortiges Handeln geboten ist und **140**

---

160 *Joecks* MK § 16 Rdn. 100; *Sch/Schröder/Cramer/Sternberg-Lieben* § 16 Rdn. 34; *Wessels/Beulke* Rdn. 499 ff; weitere Nachweise bei *T. Walter* Kern des Strafrechts, S. 350 in Fn. 31.

161 Für die erste Ansicht *Joecks* MK § 16 Rdn. 100; *Sch/Schröder/Cramer/Sternberg-Lieben* § 16 Rdn. 34; für die zweite *Arzt/Weber/Heinrich/Hilgendorf* BT § 26 Rdn. 16; *Joecks* Studienkommentar StGB § 17 Rdn. 9; *Lackner/Kühl* Rdn. 17; *Satzger* Jura 2007 754, 762; *Sch/Schröder/Stree* Rdn. 39; ihm zust. *Stephan* Burhoff/Stephan, Rdn. 20.

162 *Baumann/Weber/Mitsch* § 21 in Fn. 46 (Weber) und § 24 Rdn. 7 (Mitsch), jeweils zu § 258 Abs. 6; *Maurach/Schroeder/Maiwald* II § 100 Rdn. 24 (zu § 258 Abs. 6); *Schroth* Vorsatz und Irrtum (1998) S. 111 f; *Schünemann* GA 1986 293, 303.

keine Zeit bleibt, den Sachverhalt aufzuklären (*Sch/Schröder/Stree* Rdn. 39). Nach der (auch) hier vertretenen Ansicht geht es um die allgemeine Frage, ob § *35 Abs. 2* auch bei Zweifeln des Täters erfüllt sein könne. *Warda* hat das unter fast den gleichen Bedingungen bejaht, die *Stree* formuliert (FS Lange [1976] S. 119, 135 ff). Allerdings kommt bei einer Lösung über § 35 Abs. 2 hinzu, dass der Zweifel unvermeidbar gewesen sein muss, und führen vermeidbare Zweifel lediglich zu einer Milderung nach § 49 Abs. 1. Sachgerecht ist die analoge Anwendung des § 35 Abs. 2 indes nur unter der weiteren Bedingung, dass der Täter tatsächlich unter dem seelischen Druck steht, den das Gesetz nach herrschender Meinung (und sachwidrig) sowohl in § 35 Abs. 1 als auch in § 258 Abs. 6 unwiderleglich vermutet (*T. Walter* Kern des Strafrechts, S. 332 f).

**141** Da das Gesetz eine tatsächliche seelische Notlage nicht ausdrücklich verlangt, privilegiert es auch denjenigen, für den der Schutz eines Angehörigen nur ein Beweggrund von vielen ist als Teil eines sogenannten **Motivbündels.** Das hat nach herrschender Ansicht erneut selbst dann zu gelten, wenn der Schutz des Angehörigen kein gleichrangiges Motiv ist, sondern nur eine untergeordnete Rolle spielt (siehe an dieser Stelle nur *Ruß* LK[11] Rdn. 39; *Sch/Schröder/Stree* Rdn. 39 und für Abs. 5 hier Rdn. 131). Das ist für Absatz 6 gut vertretbar, weil die Voraussetzungen der Straffreiheit dort – anders als in Absatz 5 – nicht als Absicht formuliert sind.

**142** § 258 Abs. 6 entfaltet **keine „Sperrwirkung"** für andere Delikte, die mitverwirklicht sind, etwa §§ 120, 145 d und 257.[163] Wieder entfällt die Strafbarkeit wegen Begünstigung allerdings, wenn der Täter diesen Tatbestand automatisch mitverwirklichen muss, um seinen Angehörigen vor einer Strafverfolgung oder -vollstreckung zu schützen, und wenn dies lediglich eine Nebenfolge seines Tuns ist, auf die er keinen gesteigerten Wert legt (vgl. Rdn. 133 m.w.N.).[164] Das liegt aber erneut nicht an einer Sperrwirkung des § 258 Abs. 6, sondern daran, dass in diesem Fall eine Begünstigungs*absicht* fehlt. Anders verhält es sich, wenn bei einer Strafvereitelung zugunsten mehrerer nur einer von ihnen ein Angehöriger des Täters ist. Auch wenn der Täter an der Vereitelung zugunsten der anderen kein Interesse hat und sie lediglich eine Nebenfolge seines Tuns ist, handelt er insoweit immerhin wissentlich, und das reicht für eine Strafvereitelung aus (anders als für die Begünstigung nach § 257). Jedoch ist es sachgerecht und vom Wortlaut gedeckt – so dass keine Analogie nötig ist –, den Täter straffrei zu stellen, wenn aus seiner Sicht kein anderer Weg zur strafvereitelnden Begünstigung seines Angehörigen offen stand.[165]

## V. Versuch (Abs. 4)

**143** **1. Tatentschluss.** Der Tatentschluss ist eine vorsatzgleiche Vorstellung und muss sich als solche auf Umstände beziehen, die den äußeren Tatbestand vollständig erfüllten, wenn sie denn vorlägen oder tatsächlich einträten. Umstritten ist, wann hinsichtlich der

---

163 RGSt 57 301, 302; OLG Celle NJW **1980** 2205 = JR **1981** 34 m. Anm. *F. Geerds*; OLG Köln VRS **59** 32; *Fischer* Rdn. 40; *Lackner/Kühl* Rdn. 17; *Ruß* LK[11] Rdn. 38; *Satzger* Jura **2007** 754, 761; *Sch/Schröder/Stree* Rdn. 39.

164 *Amelung* JR **1978** 227 ff; *Fischer* Rdn. 40; *Geppert* Jura **1980** 327, 332; *Sch/Schröder/Stree* Rdn. 39; *Stree* JuS **1976** 137, 141; offen gelassen von BGH NStZ **2000** 258 f m. Bspr. *St. Cramer* NStZ **2000** 246; **aA** *St. Cramer* MK Rdn. 54 f; *Ruß* LK[11] Rdn. 38. Vgl. BGHSt **11** 343.

165 *Fischer* Rdn. 39; ohne die zuletzt genannte Einschränkung OLG Celle JR **1974** 163 m. Anm. *Ruß*; *Lackner/Kühl* Rdn. 17; *Ruß* LK[11] Rdn. 39; *Sch/Schröder/Stree* Rdn. 39; **aA** RG JW **1936** 1606; *Kratzsch* JR **1974** 186.

rechtswidrigen **Vortat** Tatentschluss vorliegt und wann nur ein strafloses Wahndelikt. Genau genommen muss nicht hinsichtlich der Vortat ein Tatentschluss zu bejahen sein, sondern bei der Verfolgungsvereitelung hinsichtlich eines materiellen Strafanspruchs des Staates und bei der Vollstreckungsvereitelung hinsichtlich einer rechtskräftigen Verurteilung (vgl. Rdn. 113, 118 f). Ein Beispiel für die problematische Gestaltung liefert das Bayerische Oberste Landesgericht in JR **1981** 296: Jemand wird Zeuge einer fahrlässigen Parkkarambolage, meint, auch fahrlässige Sachbeschädigung wäre strafbar, und sagt vor der Polizei falsch aus, um den Fahrer zu schützen. Ein weiteres Beispiel bietet BGHSt 15 210 zu § 258a: Ein Polizist verheimlicht eine Anzeige gegen seinen Schwiegervater wegen Verstoßes gegen das Lebensmittelgesetz (alter Fassung). Er hält es immerhin für möglich, dass sich sein Schwiegervater strafbar gemacht habe, und will für diesen Fall dessen Verfolgung vereiteln. Es lässt sich später nicht mehr aufklären, ob sich der Schwiegervater tatsächlich strafbar gemacht hat (weil sich nicht mehr aufklären lässt, ob es zu einer Gesundheitsgefährdung anderer Menschen gekommen ist, ein Tatbestandsmerkmal des einschlägigen Straftatbestandes).

Die **herrschende Meinung**[166] nimmt eine versuchte Strafvereitelung an, eine starke **144**
Gegenansicht[167] ein Wahndelikt. Beide Ansichten sind prinzipiell folgerichtig begründbar, denn die Lösung hängt davon ab, wie man Irrtümer in Bezug auf Rechtssätze im straftatbestandlichen Vorfeld (Vorfeldnormen) behandeln *will;* eine Regel, wie man sie behandeln *muss,* gibt es nicht. Es handelt sich also um eine kriminalpolitische Entscheidung (*T. Walter* Kern des Strafrechts, S. 256). Für § 258 sind die Vorfeldnormen sämtliche Straftatbestände plus sämtliche Erlaubnissätze (Rechtfertigungsgründe), da auch von ihnen abhängt, ob eine „rechtswidrige Tat" im Sinne des § 11 Abs. 1 Nr. 5 begangen wurde; und dieser Begriff ist die *Verweisung* aus dem Straftatbestand des § 258 heraus in sein Vorfeld. Vorfeldnormen liefern für den Vorsatz – und damit auch für einen Tatentschluss – zwei Bezugspunkte: erstens die Umstände, die ihren Tatbestand erfüllen, kurz ihr Subsumtionsstoff, und zweitens ihre Rechtsfolge als rechtliches Ergebnis, bei der Verfolgungsvereitelung: der materielle Strafanspruch des Staates. Die besagte kriminalpolitische Entscheidung hat nun zum Gegenstand, ob man für den Vorsatz/Tatentschluss Kenntnis nur hinsichtlich des Subsumtionsstoffes verlangen solle oder nur hinsichtlich seines rechtlichen Ergebnisses oder hinsichtlich beider Größen.

In der herrschenden Dogmatik entspricht die erste Lösung einer Einstufung der frag- **145**
lichen Verweisung als Blankettmerkmal und die zweite Lösung einer **Einstufung als normatives Tatbestandsmerkmal**, während die dritte Lösung überhaupt nicht herangezogen wird. Die erste Lösung ist dem Handelnden für die Vorsatzfrage bei objektiv vollendetem Delikt günstig, für die Frage eines Tatentschlusses beim Versuch hingegen ungünstig.

---

166 BGHSt **15** 210 ff; *Fischer* Rdn. 37; *Herdegen* FG BGH 25, S. 195, 205 f; *Hoyer* SK Rdn. 42; *Jerouschek/A. Schröder* GA 2000 51, 55 f; *Jescheck/Weigend* § 50 II 2 (S. 534); *Kudlich* NStZ **1997** 432, 433; *Rudolphi* SK § 22 Rdn. 32a; *A. Schröder* S. 148 ff, 184 (mit einer Einschränkung S. 153, wenn sich der Täter für die Vortat einen Phantasietatbestand einbildet, siehe im Text; so wohl auch SSW-StGB/*Jahn* Rdn. 30); *Sch/Schröder/Stree* Rdn. 31. Weitere Nachweise bei *T. Walter* Kern des Strafrechts, S. 265 in Fn. 61.

167 BayObLG JR **1981** 296, 297; *Burkhardt* JZ **1981** 681; *Frisch* in Eser u.a. (Hrsg.), Rechtfertigung und Entschuldigung III, S. 217, 286 f; *U. Günther* S. 57 ff, 236, 240 (auch Versuchsstrafbarkeit nur, wenn die Vortat tatsächlich begangen wurde); *Heghmanns* BT Rdn. 1811; *Jahn/Reichart* JuS **2009** 309, 311; *Roxin* JZ **1996** 981, 987; *Satzger* Jura **2007** 754, 757; *F. Seebode* S. 52 f, 146. Weitere Nachweise bei *T. Walter* Kern des Strafrechts, S. 265 in Fn. 60.

Bei der zweiten Lösung verhält es sich gerade umgekehrt (zu diesem „Umkehrprinzip" *T. Walter* Kern des Strafrechts, S. 368 ff). Die Folge sind zwei Grabenkämpfe: für vollendete Delikte und Blankettmerkmale der Streit zwischen der herrschenden Meinung vom „Zusammenlesen" von Blankett und Ausfüllungsnorm (repressive Härte der ersten Lösung) und der Gegenansicht; für versuchte Delikte und normative Tatbestandsmerkmale der Streit zwischen der herrschenden Meinung im Anschluss an BGHSt **15** 210 (repressive Härte der zweiten Lösung) und der Gegenansicht. Bedauerlicherweise werden beide Grabenkämpfe als dogmatische Auseinandersetzungen geführt, ohne den kriminalpolitischen Ausgangspunkt als solchen zu erkennen. Und leider wird die dritte Lösung überhaupt nicht in Betracht gezogen, obwohl sie die umstrittene repressive Härte in beiden Streitfällen beseitigte – natürlich um den Preis von „Strafbarkeitslücken" jenseits der Streitfälle. Ausführlich *T. Walter* Kern des Strafrechts, S. 253 ff, 358 ff, 368 ff.

**146** **Zusammengefasst** bedeutet die herrschende Meinung für den Versuch einer Verfolgungsvereitelung *grundsätzlich,* dass ein Tatentschluss vorliegt, sobald der Täter meint, der Vortäter habe sich strafbar gemacht. Warum diese Annahme falsch ist, spielt *im ersten Gedankenschritt* keine Rolle. Erfasst wird sowohl derjenige, der das tatsächliche Geschehen verkennt, als auch derjenige, der das Verhalten eines anderen rechtsirrig für strafbar hält (siehe hier lediglich *Ruß* LK[11] Rdn. 4, 29 – in gewissem Widerspruch zu Rdn. 22 am Ende; zur Gegenansicht die Nachweise in Fn. 166).

**147** Allerdings steht die herrschende Ansicht für § 258 noch vor dem **Problem des Absatzes 3.** Denn diese Vorschrift beschränkt den Strafrahmen der Strafvereitelung auf den der Vortat, und dabei ist nach herrschender Ansicht ein niedrigerer Strafrahmen der Vortat auch dann zu berücksichtigen, wenn sich der Täter das dazu nötige Vortatdelikt lediglich vorstellt, während die tatsächlich begangene Vortat einen höheren Strafrahmen hat (Rdn. 171). Stellt sich aber jemand als Vortat ein Wahndelikt vor, so fehlt für § 258 Abs. 3 jedweder Anhaltspunkt. In BGHSt **15** 210 entfiel dieses Problem von vornherein, weil es dort um die Strafvereitelung im Amt ging, § 258a, und auf diesen Tatbestand der § 258 Abs. 3 nicht anzuwenden ist (§ 258a Abs. 3). Ferner entfällt das Problem, wenn der Täter keiner wahndeliktischen Vorstellung anhängt, sondern eine Vortat aufgrund eines Sachverhaltsirrtums irrig annimmt, etwa irrig ein bestimmtes Tatbestandsmerkmal als erfüllt wähnt (abgesehen von den Schwierigkeiten, Sachverhalts- von Strafrechtsirrtümern abzugrenzen). Beispiel: Jemand macht falsche Angaben, um zu verhindern, dass ein Autofahrer nach einem Unfall wegen unterlassener Hilfeleistung verfolgt wird; tatsächlich hat sich der Autofahrer nicht strafbar gemacht, weil er den Unfall gar nicht bemerkt hatte. Jetzt kann die herrschende Meinung den Strafrahmen über § 258 Abs. 3, § 323c auf bis zu ein Jahr Freiheitsstrafe herabsetzen (mit der zusätzlichen Milderungsmöglichkeit nach § 23 Abs. 2). Wenn aber jemand eine vermeintlich wegen Ehebruchs oder fahrlässiger Sachbeschädigung (Rdn. 143!) drohende Bestrafung vereiteln will, ist nichts Vergleichbares möglich. Dann stets den vollen Strafrahmen des § 258 heranzuziehen, wäre wohl sogar verfassungs- da gleichheitswidrig, jedenfalls unbillig. Es bleibt nur, Straflosigkeit anzunehmen.[168] Auf diesem Umweg entschärft sich für den Grundtatbestand der Strafvereitelung der Rdn. 144 f geschilderte Streit und erweist sich BayObLG JR 1981

[168] *Dencker* NStZ **1984** 458, 459; *Jerouschek/A. Schröder* GA **2000** 51, 56 (mit einem Selbstwiderspruch: strafbarer Versuch, „wenn der Vereitler irrig glaubt, [...] ein tatsächlich nur mit einer Geldbuße bedrohtes Verhalten werde mit eine[r] Strafe geahndet"; nach Absatz 3 strafloser Versuch, wenn „der Vereitler [...] rechtsirrtümlich ein tatsächlich nicht strafbares Verhalten – z.B. eine einfache Geschwindigkeitsüberschreitung – für eine mit Strafe bedrohte Vortat [hält]"); *A. Schröder* S. 153.

296 (Rdn. 143) im Ergebnis sogar auf dem Boden der herrschenden Meinung als zutreffend.

Tatentschluss hinsichtlich einer **Teilvereitelung** liegt nach herrschender Ansicht vor, wenn der Täter irrig erschwerende oder qualifizierende Umstände der Vortat annimmt, deren Berücksichtigung er verhindern will (*Ruß* LK[11] Rdn. 29). Tatentschluss hinsichtlich einer „ganzen" Vereitelung liegt hingegen vor, wenn jemand meint, ein begünstigter Jugendlicher habe eine Jugendstrafe zu erwarten, obschon tatsächlich nur ein Zuchtmittel anzuwenden ist (vgl. OLG Hamm NJW **2004** 1189 f; *Sch/Schröder/Stree* Rdn. 31). Denn das Zuchtmittel ist überhaupt keine Strafe im Sinne des § 258 (Rdn. 31). **148**

Um ein **Wahndelikt** handelt es sich hingegen, wenn der Täter weiß, dass sich ein anderer nicht strafbar gemacht hat, wenn er es aber auch für eine Straftat hält, andere staatliche Sanktionen zu vereiteln, die weder eine Strafe noch eine Maßnahme sind (vgl. Rdn. 31 ff), etwa eine Ordnungswidrigkeit.[169] **149**

2. **Unmittelbares Ansetzen.** Nach den allgemeinen Regeln setzt im Sinne des § 22 unmittelbar an, wer entweder meint, keine wesentlichen Zwischenschritte bis zur Vollendung mehr gehen zu müssen (beendeter Versuch), oder wer meint, die Vollendung werde trotz des Erfordernisses weiterer Handlungen, etwa eines Schusses, in enger zeitlicher Nähe, das heißt alsbald eintreten (unbeendeter Versuch). Zusätzlich muss der Täter jeweils die Vorstellung haben, aufgrund seines Verhaltens werde das Angriffsobjekt bereits unmittelbar gefährdet (siehe hier nur *Lackner/Kühl* § 22 Rdn. 4; ausführlich und stark differenzierend *Hillenkamp* LK § 22 Rdn. 77 ff; beide mit zahlreichen Nachweisen). Für die Strafvereitelung bedeutet dies im **Ausgangspunkt**, dass der Täter entweder meinen muss, alles seinerseits für die Vereitelung Erforderliche getan zu haben, oder die Vorstellung haben muss, dass er zwar noch etwas tun müsse, dass dies aber alsbald geschehen und dann auch bald zu einer Vereitelung führen werde. In beiden Fällen muss der Täter den staatlichen Strafanspruch beziehungsweise die Strafvollstreckung als unmittelbar gefährdet betrachten. **150**

Allerdings handelt es sich bei der Strafvereitelung um ein negatives Erfolgsdelikt, bei dem es erst zur Vollendung kommt, wenn die Ahndung beziehungsweise Vollstreckung für „geraume Zeit" *ausbleibt* (Rdn. 55). Das muss für den *unbeendeten Versuch* dazu führen, das Kriterium der zeitlichen Nähe abzuschwächen. Denn es wäre begrifflich ein Widerspruch, schon für den Zeitpunkt des tatbestandsmäßigen Verhaltens die zeitliche Nähe einer geraumen Verzögerung zu verlangen (nach diesem Zeitpunkt schwindet der Widerspruch und kommt irgendwann ein Moment, für den gilt, dass im nächsten Augenblick das weitere Ausbleiben der Verfolgung/Vollstreckung eine geraume Verzögerung bedeutet). **Beispiele** unmittelbaren Ansetzens sind das Absenden eines täuschenden Gnadengesuchs (*Fischer* Rdn. 37; *Stephan* Burhoff/Stephan, Rdn. 17) und das Vernichten von Akten (BGHR § 258 Abs. 4 Versuchsbeginn 3; *Sch/Schröder/Stree* Rdn. 31, jeweils beendeter Versuch) sowie der Beginn eines Gesprächs mit dem Vortäter, um ihm Ratschläge für die Flucht zu erteilen (unbeendeter Versuch; Beispiel nach *Fischer* Rdn. 37, wo allerdings schon das Bestimmen des Vortäters zur Flucht als tatbestandsmäßig angesehen wird, dagegen hier Rdn. 156 ff; **aA** *Sch/Schröder/Stree* Rdn. 31: bei Ratschlägen oder physischer Hilfe für den Vortäter Versuchsbeginn erst, wenn der Vortäter unmittelbar dazu ansetzt, sich selbst zu begünstigen). **151**

---

169 *Herzberg* JuS **1980** 469, 473; *Jerouschek/A. Schröder* GA **2000** 51, 56; *Ruß* LK[11] Rdn. 29; *Sch/Schröder/Stree* Rdn. 31; *Stree* JR **1981** 297 ff.

152 Kontrovers beurteilt wird der Zeitpunkt des unmittelbaren Ansetzens für die Strafvereitelung, wenn sie durch unwahre **Zeugenaussagen** herbeigeführt werden soll. Zum Teil hat die Rechtsprechung ein Ansetzen schon angenommen, wenn ein Strafverteidiger einen Zeugen ***benennt*** (Antrag auf Vernehmung), der zur Falschaussage entschlossen ist.[170] BayObLG 5 St RR 49/99 vom 1.4.1999 (unter II 3) lässt es ausreichen, dass der Täter auf einen Zeugen ***einwirkt***, wenn er alles seinerseits (subjektiv) Erforderliche getan hat, der Zeuge überredet scheint und die Vernehmung bevorsteht. Andere Entscheidungen verlangen, dass der Zeuge mit seiner *Aussage beginnt* oder mindestens zu ihr unmittelbar ansetzt.[171] Allerdings kranken alle drei Lösungen daran, dass bei einer Strafvereitelung durch unwahre Zeugenaussagen Täter allein der Zeuge ist, während nur als Teilnehmer handelt, wer den Zeugen zu seiner Falschaussage bringt oder ihn unterstützt; die gegenteilige frühere Rechtsprechung ist durch die Reform der §§ 257, 258 hinfällig geworden (Rdn. 167). Da § 258 kein Verbrechen ist, bleibt eine nur versuchte Teilnahme ***straflos***. Etwas anderes kann sich nur ergeben, wenn der Zeuge gutgläubig oder sonst ein Werkzeug in den Händen eines mittelbaren Täters ist (vgl. Rdn. 169).

153 Davon abgesehen kann sich eines Versuches **nur der Zeuge** selbst schuldig machen. Für ihn beginnt der Versuch mit dem Beginn seiner Aussage.[172] Mit deren offiziellem Abschluss ist der Versuch beendet (Zeitpunkt, ab dem eine Berichtigung der Aussage nur noch über § 158 zur Straffreiheit hinsichtlich der Aussagedelikte führen kann). Daher ist es für die Strafvereitelung lediglich eine straflose Vorbereitungshandlung, wenn der Zeuge im Vorfeld dem Vortäter oder Dritten eine falsche Aussage zusagt.[173] Gleiches gilt, wenn der Zeuge dem Täter die Aussage schriftlich zusagt oder ihm ein Schriftstück mit unwahrem Inhalt aushändigt, das später zum Bezugspunkt falscher Aussagen werden kann.[174] Es ändert sich nichts, wenn der Vortäter aufgrund der Zusage seine Verteidigung entsprechend einrichtet (*Sch/Schröder/Stree* Rdn. 18; **aA** *Ruß* LK[11] Rdn. 17). Dies ist zunächst allenfalls eine tatbestandslose Anstiftung zur Selbstbegünstigung (Rdn. 162). Allerdings kann die Zusage nach herrschender Ansicht eine psychische Beihilfe *zur Vortat* sein (Rdn. 167).

---

[170] BGH NJW **1983** 2712 = NStZ **1983** 503 m. zust. Anm. *Beulke* (weitere Anm.: *Bottke* JR **1984** 300); OLG Karlsruhe StV **2003** 15, 16; zust. *Fischer* Rdn. 37; *Sch/Schröder/Stree* Rdn. 31; *Stephan* Burhoff/Stephan, Rdn. 76.

[171] So BGHSt **31** 10, 13 m. krit. Anm. *Beulke* NStZ **1982** 330; BayObLGSt **1985** 79 = JuS **1986** 409 m. Bspr. *Hassemer* (weitere Bspr.: *Krümpelmann/Heusel* JR **1987** 39); KG NStZ **1981** 449 f; JR **1984** 250; OLG Karlsruhe StV **2003** 15, 16 (alternativ zur Benennung eines „präparierten" Zeugen); OLG Frankfurt a.M. NStZ-RR **2003** 238; StV **1992** 360, 362; OLG Hamburg NJW **1981** 771 = JR **1981** 158 m. zust. Anm. *Rudolphi;* OLG Bremen JR **1981** 474 m. zust. Anm. *Müller-Dietz; St. Cramer* MK Rdn. 49; *Fischer* Rdn. 37; *Lenckner* JR **1977** 75; *Ruß* LK[11] Rdn. 20b, 28, 28a; *Sch/Schröder/Stree* Rdn. 31 f; *Stephan* Burhoff/Stephan, Rdn. 76; vgl. *Krekeler* NStZ **1989** 146, 150; **aA** noch BGHSt **27** 74.

[172] BGHSt **34** 68, 70; *Pellkofer* S. 208; *Sch/Schröder/Stree* Rdn. 31: SSW-StGB/*Jahn* Rdn. 40, h.M.

[173] BGHSt **34** 68, 70; **31** 10, 13 m. krit. Anm. *Beulke* NStZ **1982** 330; BGH NJW **1992** 635 = NStZ **1992** 181 m. Bspr. *Küper* NStZ **1993** 313; BGH NStZ **1982** 430 m. Anm. *Lenckner*; BayObLGSt **1985** 79 (Fn. 171); OLG Bremen JR **1981** 474 m. Anm. *Müller-Dietz;* OLG Hamburg JR **1981** 158 m. zust. Anm. *Rudolphi; Frisch* JuS **1983** 915, 921; *Ruß* LK[11] Rdn. 28; *Sch/Schröder/Stree* Rdn. 18, 31.

[174] BGH NJW **1992** 635 (Fn. 173); BGH 1 StR 496/85 vom 19.11.1985, insoweit in NStZ **1986** 182 nicht abgedr.; *Ruß* LK[11] Rdn. 17.

154 Versichert ein Verteidiger dem Gericht **eidesstattlich** die Wahrheit einer Aussage des Zeugen ihm gegenüber, so ist *diese* Handlung ein eigenhändig beendeter Versuch.[175] Für ihn stellt sich die generelle Frage, ob der Versuchsbeginn auch dann auf den Zeitpunkt der letzten eigenen Handlung fallen solle, wenn nach ihr – zumindest in der Vorstellung des Täters – noch geraume Zeit vergehen muss, bis es zur Vollendung kommt. Der Bundesgerichtshof hat sich mit dieser Frage in seiner Entscheidung zur „Passauer Giftfalle" beschäftigt (BGHSt **43** 177). Sie ist hier nicht allgemein zu erörtern (ausführlich *Hillenkamp* LK § 22 Rdn. 139 ff). Für § 258 sollte man sie bejahen. Dies ist zum einen im Einklang mit der angeführten Rechtsprechung möglich, weil der Verteidiger sicher annimmt, dass ein Opfer in den „Wirkungskreis" seines Tatmittels geraten werde. Denn er weiß, dass das Gericht die eidesstattliche Versicherung – oder ein anderes Beweismittel – zur Kenntnis nehmen und in seine Beweiswürdigung einfließen lassen wird. Zum anderen handelt der Verteidiger coram publico und bindet sich dadurch insofern selbst, als er seine Täuschungshandlung nicht mehr rückgängig machen kann, ohne das Gesicht zu verlieren.

155 **Nicht ausreichend** ist für ein unmittelbares Ansetzen, dass ein Strafverteidiger bei der Staatsanwaltschaft unter dem Namen seines Mandanten auftaucht, um herauszufinden, ob dessen Festnahme beabsichtigt ist, und um dann seine Wahrnehmungen an den Mandanten weiterzugeben (**aA** KG NStZ **1983** 556 mit krit. Anm. *Mehle*). Nicht ausreichend ist es ferner, wenn ein Verteidiger Briefe aus der Untersuchungshaft an einen Mitbeschuldigten schmuggelt, der in den Briefen angewiesen wird, Beweismittel zu unterdrücken (**aA** OLG Schleswig SchlHA **1984** 87, 88; *Stephan* Burhoff/Stephan, Rdn. 102). Es ist auch verfehlt, darin einen *täterschaftlichen* Strafvereitelungsversuch erkennen zu wollen. Denn der Mitbeschuldigte ist im Verhältnis zu dem inhaftierten Beschuldigten ein eigenverantwortlich handelnder Dritter, an dessen Tat der Verteidiger höchstens als Anstifter oder Gehilfe teilnimmt. – Zum Versuch bei *mittelbarer Täterschaft* Rdn. 169. Zum *Rücktritt* BayObLG NJW **1991** 1126.

## VI. Täterschaft und Teilnahme

156 1. **Mitwirken an einer Selbstbegünstigung.** Der Täter muss die Bestrafung eines „anderen" vereiteln. Die **Selbstbegünstigung** ist also wie bei § 257 (dort Rdn. 87) schon nach dem Wortlaut des Gesetzes tatbestandslos. Auch die Ratio entspricht der bei § 257.[176] Und wie bei der sachlichen Begünstigung ist auch für die Strafvereitelung ein Mittäter der Vortat im Verhältnis zu seinen Komplizen ein „anderer" (ganz herrschende Meinung[177]). Allerdings greift Absatz 5 ein, wenn der Komplize zugleich die eigene Bestrafung verhindern will (Rdn. 126 ff). Unberührt bleibt die Strafbarkeit wegen anderer Tatbestände, die der Vortäter bei seiner Selbstbegünstigung begeht, etwa das Vortäuschen einer Straftat (§ 145d).[178]

---

175 BGH NJW **1989** 1813, 1814; *Ruß* LK[11] Rdn. 28a; vgl. BGH NJW **1983** 2712 (Fn. 170).

176 Vgl. zu § 257 Rdn. 87 sowie RGSt **63** 233, 236; *Ruß* LK[11] Rdn. 30; *Sch/Schröder/Stree* Rdn. 33.

177 BTDrucks. 7/550, S. 250; *Fischer* Rdn. 34; *U. Günther* S. 83 f, 241; *Heghmanns* BT Rdn. 1800.

178 BGHSt **15** 53, 54; **2** 375, 378; RGSt **76** 190, 191 f; **68** 286, 289; **63** 233, 237; BayObLG JR **1979** 252 m. zust. Anm. *Stree; Ruß* LK[11] Rdn. 31.

157 Die Strafvereitelung ist ein reines (negatives) Erfolgsdelikt (Rdn. 11), so dass grundsätzlich jedes Verhalten tatbestandsmäßig sein kann, das den Erfolg verursacht. Hiergegen wendet sich das Schrifttum zum Teil in der Sorge, dass ein solches Verhalten dann auch stets eine **täterschaftliche Strafvereitelung** sein müsste – was für die Strafvereitelung zum *Einheitstäterbegriff* führte und was man in vielen Fällen für überzogen hält, in denen jemand den Erfolg nur mittelbar herbeiführt, indem er den Vortäter bei dessen Selbstbegünstigung unterstützt oder Dritte zu Vereitelungshandlungen bringt oder ihnen dabei hilft.[179]

158 Diese Sorge ist aber unbegründet. Keineswegs ist die Deliktsnatur des reinen Erfolgsdeliktes zwingend mit dem Einheitstäterbegriff verknüpft. Etwa ist auch für den Totschlag nach § 212 anerkannt, dass es sich um ein reines Erfolgsdelikt handelt, ohne dass daraus jemand den Schluss zieht, es müsse nun auch für § 212 der Einheitstäterbegriff gelten und jedes Ursächlichwerden für den Tod eines anderen ein Totschlag sein. Denn dies verkennte zunächst, dass auch für den Einheitstäterbegriff nicht jedes Ursächlichwerden für den Erfolg Täterschaft ist, sondern Zurechnungsfilter zu beachten sind; in der aktuellen deutschen Dogmatik die Regeln der objektiven Zurechnung. Außerdem würde verkannt, dass für Vorsatzdelikte de lege lata stets die **Differenzierung nach Täterschaft und Teilnahme** zu beachten ist, ganz gleich, wie das Gesetz oder sein Interpret das tatbestandsmäßige Verhalten beschreibt. Das führt auch bei reinen Erfolgsdelikten mitnichten in einen Begründungszirkel, weil man für die Kriterien von Täterschaft – Tatherrschaft oder Täterwille – schon wissen müsste, wie das tatbestandsmäßige Verhalten näher zu umschreiben sei, da Tatherrschaft oder Täterwille für ein schlichtes Ursächlichwerden gar nicht beurteilt werden könnten (**aA** wohl *U. Günther* S. 133). Vielmehr bieten die reinen Erfolgsdelikte Stoff für eine Differenzierung von Täterschaft und Teilnahme durch die größere oder geringere (zeitliche) Nähe eines Verhaltens zum Erfolg und durch die Macht, die jemand über den Kausalverlauf hat (leichte oder nur eingeschränkte Möglichkeit, den Kausalverlauf zu fördern oder aufzuhalten). Wie groß diese Macht und die Nähe ausfallen müssen, um Täterschaft zu begründen, lässt sich allerdings nur mit Blick auf einen bestimmten Tatbestand und nach den anerkannten Auslegungsregeln beurteilen.

159 Mit der herrschenden Ansicht ist also davon auszugehen, dass auch für § 258 Täterschaft und Teilnahme grundsätzlich nach den *allgemeinen Regeln* abzugrenzen sind.[180] Allerdings ist dabei der „besonderen Struktur des Tatbestandes" (*Lackner/Kühl* Rdn. 5) Rechnung zu tragen und sind die anerkannten Auslegungsregeln anzuwenden (Rdn. 158; zu diesen Regeln zuletzt *T. Walter* Kleine Rhetorikschule für Juristen [2009] S. 210 ff). Im Rahmen der historischen Auslegung ist zu bedenken, dass es seit jeher als strafbare Behinderung der Strafverfolgung erfasst wurde, dem Vortäter bei dessen **Selbstbegünstigungshandlungen** zu helfen (vgl. Rdn. 1). Auch § 257 a.F. konnte und sollte diese Hand-

[179] Siehe *U. Günther* S. 118 f, 128 und vgl. *Ferber* S. 179 ff; *Lenckner* JR **1977** 74, 75; *Ransiek* wistra **1999** 401, 408; *Seier* JuS **1984** 205, 208 f; *Vormbaum* S. 391.

[180] BGH JR **1984** 337 m. Anm. *Rudolphi*; *Beulke* NStZ **1982** 330; *ders.* Jura **1986** 642, 649; *Jahn* ZRP **1998** 103, 106; *Keim* S. 85; *Lackner/Kühl* Rdn. 5; *Lenckner* GS Schröder, S. 339, 350; *Maurach/Schroeder/Maiwald* II § 100 Rdn. 18; *Müller-Dietz* JR **1981** 475, 476; *Rudolphi* FS Kleinknecht, S. 379, 380, 386; *ders.* JR **1984** 338; *Scholderer* StV **1993** 228, 229; *Sch/Schröder/Stree* Rdn. 18, 32; *Seier* JuS **1981** 806, 809; *Stephan* Burhoff/Stephan, Rdn. 18; *Stumpf* wistra **2001** 123, 126.

lungen mit dem Begriff des „Beistand Leistens“ erfassen.[181] Die subjektiv-teleologische Auslegung ergibt, dass der Gesetzgeber des aktuellen § 258 zwar das Erfordernis eines Vereitelungserfolges neu einführen, im Übrigen aber inhaltlich dem alten Recht folgen wollte.[182] Und objektiv-teleologisch wäre es in der Tat seltsam, zum Beispiel das Festhalten eines Verfolgers zu erfassen, aber nicht den Fall, dass jemand dem Vortäter einen Fluchtwagen stellt (*Sch/Schröder/Stree* Rdn. 33; genaugenommen handelt es sich auch bei der hier so genannten objektiv-teleologischen Auslegung darum, den Willen des Gesetzgebers zu ermitteln, vgl. *T. Walter* Kleine Rhetorikschule für Juristen [2009] S. 224 ff).

Auch der neue *Wortlaut* des Gesetzes steht dem nicht im Wege, denn der Begriff des Vereitelns verlangt kein vollständig eigenhändiges Behindern der Strafverfolgung.[183] Ein Umkehrschluss aus § 120 (Gefangenenbefreiung) ist nicht zwingend: Nur weil dort nicht bloß das Befreien eines Gefangenen erfasst ist, sondern ausdrücklich noch das Verleiten eines Gefangenen zur Flucht oder deren Förderung, heißt das noch nicht, dass die beiden letztgenannten Varianten (ihre Entsprechungen) für die Strafvereitelung ausgeschlossen wären, weil in § 258 vergleichbare Zusätze fehlten (**aA** *Ransiek* wistra **1999** 401, 408 [der aber aaO S. 409 der herrschenden Meinung folgt, dass physische Fluchthilfe täterschaftliche Strafvereitelung sei; allerdings nur sofern der Vortäter bereits zur Flucht entschlossen ist]; *Rudolphi* FS Kleinknecht, S. 379, 391). Zudem dürfte das Wort „befreien“ stärker an ein eigenhändiges Tun denken lassen als das kausalitätsbezogene „Vereiteln“, so dass es für § 120 näher lag, die Animierung und Unterstützung des Gefangenen bei der Selbstbefreiung besonders zu erfassen. **160**

Auch das *systematische Argument* eines Hinweises auf §§ 25 ff greift nicht durch (stellvertretend für die Kritik an einer „tatbestandsspezifischen Abgrenzung“ von Täterschaft und Teilnahme *Dessecker* GA **2005** 142, 147 ff; siehe im Übrigen die weiteren Nachweise zu den Gegnern der herrschenden Meinung in Fn. 185). Die Vorschriften zur Beteiligung unterscheiden zwar zwischen Täterschaft und Teilnahme, sagen aber nicht, was unter Täterschaft zu verstehen sei. Vielmehr setzen sie das Wissen darum voraus. Welches Verhalten Täterschaft begründet, ist aber nur durch die Auslegung des Tatbestandes im Besonderen Teil zu ermitteln. Je weiter er gefasst ist, desto eher ist es möglich, auch geringere Beiträge zum Vollendungserfolg als Täterschaft einzustufen. Ein deutliches Beispiel ist die Untreue nach § 266, die sich damit begnügt, dass jemand eine „Pflicht“ „verletzt“. Gegenbeispiele sind jene Tatbestände, die klassische Beihilfehandlungen zur Täterschaft vertypen, etwa die Absatzhilfe in § 259 und die Unterstützung einer kriminellen Vereinigung in § 129. Rein materielle, sozusagen vortatbestandliche Maßstäbe für Täterschaft und Teilnahme gibt es nicht. **161**

---

181 *Küper* FS Schroeder, S. 555, 557 m.w.N.; *Lackner/Kühl* Rdn. 6. Anschauung bietet zum Beispiel BGHSt 4 221, 224 f.

182 Vgl. BTDrucks. 7/550, S. 249 f, und siehe *Küper* FS Schroeder, S. 555, 563; *Lenckner* GS Schröder, S. 339, 351; *Seier* JuS **1981** 806, 809.

183 *Ferber* S. 140 (die indes gleichwohl ein Gegner der im Text Rdn. 162 angeführten h.M. ist); *U. Günther* S. 137 f; *Küper* FS Schroeder, S. 555, 564 ff; jeweils mit dem zutreffenden Hinweis, dass dies auch die Kommission so gesehen hat, die den Vorentwurf eines Strafgesetzbuches von 1909 verfasste (Vorentwurf zu einem Deutschen Strafgesetzbuch. Begründung. Allgemeiner Teil [1909] S. 570); *Lackner* FS der Juristischen Fakultät Heidelberg (1986) S. 39, 61; *Stumpf* wistra **2001** 123, 127 (der indes gleichwohl ein Gegner der im Text Rdn. 162 angeführten h.M. ist); **aA** *Müller-Dietz* JR **1981** 475, 476; *Rudolphi* FS Kleinknecht, S. 379, 380; *ders.* JR **1984** 338; *ders.* JR **1981** 160, 161; *Seier* JuS **1981** 806, 809.

162 Dies alles spricht dafür, mit der **herrschenden Meinung**[184] und gegen eine starke Ansicht im Schrifttum[185] die physische Unterstützung des Vortäters sowie die sogenannte technische Rathilfe, insgesamt also „Rat und Tat" zugunsten des Vortäters auch dann als *Täterschaft* zu erfassen, wenn weitere Handlungen auf dem Weg zum Vereitelungserfolg solche des Vortäters sind. Das erfasst das Warnen des Vortäters vor Ermittlungsmaßnahmen ebenso wie die klassische Fluchthilfe: Überlassen eines Wagens, von Geld oder falschen Papieren, Verstecken des Vortäters auf dessen Flucht, Hinweise, wie und wo der Vortäter am besten fliehen könne (RGSt **36** 76; zu Einschränkungen aufgrund sozialer oder beruflicher Adäquanz Rdn. 58 ff). Ausgeklammert bleiben wie bei § 257 (dort Rdn. 88) die „Anstiftung" des Vortäters zur Selbstbegünstigung und die „psychische Beihilfe" in der Form, dass jemand den Vortäter in seinem Selbstbegünstigungsbeschluss bestärkt.

163 Problematisch kann die **Grenze** sein zwischen **technischer Rathilfe** und schlichter Bestärkung eines Entschlusses zur Selbstbegünstigung. Ein Beispiel ist der Rat, das äußere Erscheinungsbild, insbesondere die Haar- und Barttracht zu ändern, um eine Identifizierung zu erschweren.[186] Ein weiteres Beispiel ist die Zusage, den Vortäter aufzunehmen, wenn sie dazu führt, dass der Vortäter dorthin flieht, wo die Aufnahme in Aussicht steht (für Tatbestandsmäßigkeit *Sch/Schröder/Stree* Rdn. 33 aufgrund der Parallele zu dem Versprechen, den Vortäter zu verbergen; offengelassen von BGHSt **45** 57, 59 zu einer Flucht ins Ausland). Entscheidend dürfte jeweils sein, ob der Vortäter Informationen erhält, die er noch nicht hat. Falls ja, liegt eine technische Rathilfe vor. Das ist für den Rat, das Äußere zu ändern, zu verneinen. Denn dass dies möglich ist und eine Identifizierung erschweren kann, weiß jeder. Anders liegt es, wenn der Vortäter die Information erhält, dass er an einem bestimmten Ort Zuflucht finden kann und aufgenommen wird. (Natürlich kommt dann auch die Aufnahme selbst als Strafvereitelung in Betracht. Für sie kann sich aber die Frage der Sozialadäquanz stellen, Rdn. 58 ff.)

164 Erst recht ist **„Quasi-Mittäterschaft"** mit dem Vortäter bei dessen Selbstbegünstigungshandlungen als täterschaftliche Strafvereitelung zu erfassen. Dabei kommt es aber

---

184 BGH NJW **1984** 135, 136; *Fischer* Rdn. 10; *Frisch* NJW **1983** 2471, 2472; *ders.* JuS **1983** 915, 919 f; *U. Günther* S. 154 ff; *Küper* FS Schroeder, S. 555, 561 ff; *ders.* GA **1997** 301, 315 ff; *Küpper* GA **1987** 385, 391 ff, 397; *Lackner/Kühl* Rdn. 6; *Lenckner* GS Schröder, S. 339, 352; *ders.* JR **1977** 74, 75; *Rengier* BT 1 § 21 Rdn. 35 f; *Ruß* LK[11] Rdn. 10a, 14, 35; *Sch/Schröder/Stree* Rdn. 33; *Seier* JuS **1981** 806, 809; *Weisert* S. 205 f; eingeschränkt auch *Ransiek* wistra **1999** 401, 409 (Tatbestandslosigkeit der Beihilfe, wenn erst die Unterstützung den Entschluss des Vortäters hervorruft, sich selbst zu begünstigen). Ähnlich *Siepmann* S. 77 ff, 111 ff (Tatbestandsmäßigkeit aber nur, wenn der Vortäter bei hypothetischer Kenntnis von der Unterstützung im Vorhinein ihr bei seinem Entschluss, die Tat zu begehen, erhebliche Bedeutung zumäße).

185 *Altenhain* NK Rdn. 24; *St. Cramer* MK Rdn. 41; *Dessecker* GA **2005** 142, 147 ff; *Ebert* ZRG **110** (1993) 1, 63; *Ferber* S. 83, 138 ff, 183; *Hoyer* SK Rdn. 29 ff; *Jerouschek/A. Schröder* GA **2000** 51, 60; *Keim* S. 69 ff, 90 ff; *Krekeler* NStZ **1989** 146, 148; *Lüderssen/Jahn* LR Vor § 137 Rdn. 128 ff; *Maurach/Schroeder/Maiwald* II § 100 Rdn. 18 (jedenfalls für die technische Rathilfe, für die physische Hilfe widersprüchlich [Fluchtfinanzierung und -unterstützung als tatbestandsmäßig]); *Müller-Dietz* JR **1981** 475, 476; *Rudolphi* FS Kleinknecht, S. 379 ff, 383 ff, 394; *Satzger* Jura **2007** 754, 760; *Scholderer* StV **1993** 228, 229 f; SSW-StGB/*Jahn* Rdn. 48; *Stumpf* S. 110 ff; *ders.* wistra **2001** 123, 126 f.

186 Für Tatbestandslosigkeit *Sch/Schröder/Stree* Rdn. 33, weil der Fall dem anerkannt tatbestandslosen Rat zur Flucht entspreche; dagegen *Ruß* LK[11] Rdn. 35; offengelassen von OLG Karlsruhe StV **1991** 519.

nicht auf eine Zurechnung nach § 25 Abs. 2 an, die problematisch wäre, da dem Vortäter für § 258 die Täterqualität fehlt (er ist kein „anderer"). Vielmehr muss eine Unterstützung, die materiell das Niveau von Mittäterschaft erreicht, tatbestandsmäßig sein, wenn dies mit der herrschenden Meinung schon für Hilfsleistungen gilt, die materiell auf dem Niveau von Beihilfe bleiben (Rdn. 162 f). Lehnt man dies letztere ab, kann auch § 25 Abs. 2 nicht dazu verhelfen, ein Mitwirken an Selbstbegünstigungshandlungen des Vortäters als Strafvereitelung zu erfassen.[187]

Auch **mittelbare Täterschaft** braucht die herrschende Ansicht nicht zu erwägen, wenn jemand dem Vortäter bei dessen Selbstbegünstigung behilflich ist; für § 258 kann sie solches Verhalten als unmittelbare Täterschaft erfassen (Rdn. 162 f). Interessant wird diese Figur erst, wenn man die herrschende Ansicht ablehnt (siehe etwa *Stumpf* S. 113 ff). Das „deliktische Defizit" des Vortäters ist leicht darin zu finden, dass er objektiv tatbestandslos handelt. Schwieriger ist es, die überlegene Stellung (Tatherrschaft) des Helfers zu begründen, wenn er – wie im Regelfall – weder mehr weiß als der Vortäter noch ihn zur Selbstbegünstigung nötigt. Es bleibt dann nur sogenannte normative Tatherrschaft, die zwar von Fällen wie dem absichts- oder dem qualifikationslos-dolosen Werkzeug bekannt ist, aber den Nachteil hat, lediglich eine Fiktion von Tatherrschaft zu sein um des gewünschten repressiven Ergebnisses willen. **165**

Tatbestandslos ist die Mithilfe bei einer **Selbsttötung des Vortäters.**[188] Mit seiner Selbsttötung vollstreckt der Vortäter an sich selbst die schwerste irdische Strafe. Diesen Vorgang gewissermaßen als Feigheit vor dem Feind aufzufassen, weil sich der Suizident der Vollstreckung einer Freiheits- oder Geldstrafe entziehe, wird der Tragik und der Tragweite der Selbsttötung nicht gerecht. **166**

2. **Mitwirken an Vereitelungshandlungen Dritter.** Die Rechtsprechung hat für das alte Recht (§ 257 a.F.) eine täterschaftliche Strafvereitelung auch darin gesehen, einen *Zeugen* zur Falschaussage zu verleiten.[189] Auch die Zusage einer späteren Falschaussage durch einen Zeugen und deren Verabredung durch mehrere Zeugen untereinander hat sie als Täterschaft erfasst.[190] Beides ist heute nicht mehr möglich. Wer auf einen vollverantwortlich handelnden Dritten einwirkt und ihn zu einer falschen Aussage bewegt, der ist nach den allgemeinen Regeln zu Täterschaft und Teilnahme **Anstifter**; wer einem Zeugen vor oder während einer Falschaussage hilft, ist **Gehilfe.**[191] Dies gilt sowohl für die Tatherrschaftslehre als auch für die modifizierte subjektive Täterlehre der Rechtsprechung. Auch Strafverteidiger sind keinen Sonderregeln unterworfen.[192] Beschränkt sich der Helfer darauf, den Zeugen in einem Entschluss zur Falschaussage zu bestärken, so ist dies **167**

---

187 So konsequent etwa *Lüderssen/Jahn* LR Vor § 137 Rdn. 131 ff; *Scholderer* StV **1993** 228, 229; *Stumpf* S. 111 ff.

188 *U. Günther* S. 159 f; *Sch/Schröder/Stree* Rdn. 20; **aA** *Ruß* LK[11] Rdn. 20a (für das Beschaffen von Gift) und früher *von Olshausen* § 257 Anm. 13.

189 RGSt **46** 74; **28** 111; **20** 233, 234; später auch BGH NJW **1983** 2712 (Fn. 170); zust. *Ruß* LK[11] Rdn. 14.

190 BGHSt 27 74, 75 = JR **1977** 74 m. Anm. *Lenckner*; RG JW **1929** 2730; **1936** 2806 (jeweils eingeschränkt zust. *Ruß* LK[11] Rdn. 14 [„sehr weitgehend!"]; Rdn. 17 dagegen, dass die Zusage einer späteren Falschaussage tatbestandsmäßig sei); OLG Hamm GA **1973 211** f.

191 *U. Günther* S. 148; *Hoyer* SK Rdn. 43; *Sch/Schröder/Stree* Rdn. 18; *Siepmann* S. 22 ff; *Stumpf* S. 213. Für die Anstiftung **aA** (Täterschaft) *Lenckner* GS Schröder, S. 339, 352; *Seel* S. 41, 52.

192 *Hoyer* SK Rdn. 43; *Sch/Schröder/Stree* Rdn. 32 mit der unberechtigten Ausnahme, dass der Verteidiger einen Zeugen benennt, den er zur Falschaussage überredet hat; **aA** *Beulke* NStZ **1983** 504; vgl. im Text Rdn. 86 m.w.N.

nach herrschender Ansicht eine psychische Beihilfe (für Täterschaft RGSt 70 391, 392; *Ruß* LK[11] Rdn. 14). Der Streit, ob diese Form des seelischen Beistands tatsächlich als strafbare Beihilfe zu erfassen sei, mag hier dahinstehen (eingehend *Schünemann* LK § 27 Rdn. 14 ff). Sagt vor der Tat jemand, der später als Zeuge in Betracht kommt, eine falsche Aussage zu, so kann dies eine psychische Beihilfe zur Vortat sein. Sagt er sogar einen Meineid zu, ist § 30 Abs. 2 einschlägig. Zur Vortat-Beihilfe besteht dann Tateinheit (§ 52). Im Verhältnis zur späteren Aussage besteht Tatmehrheit (§ 53). – Folglich ist es entgegen BGH StV **2001** 108 auch nur eine (aktive) Anstiftung zum Unterlassen, wenn jemand einen Zeugen überredet zu fliehen und sich so einer Aussage zu entziehen (*H. E. Müller* NStZ **2002** 356, 361; **aA** *Fischer* Rdn. 22). Entsprechendes gilt, wenn jemand einen anzeigepflichtigen Beamten dazu bringt, von der Anzeige abzusehen (für Täterschaft RGSt **9** 242, 243; *Ruß* LK[11] Rdn. 14).

**168** **Beihilfe oder Anstiftung** liegt also vor, wenn der Täter durch seine Zusage einen anderen zur Falschaussage bestimmt oder diesen in seinem bereits gefassten Beschluss bestärkt.[193] Eine *psychische Beihilfe* erkennt BGH NStZ-RR **1996** 1 darin, dass jemand einen Dritten dazu bringt, den Vortäter zu einem anderen Ort in Sicherheit zu fahren als ursprünglich geplant. – Handelt der Gehilfe oder Anstifter, weil die Haupttat die *eigene* Bestrafung vereitelt, so greift der Strafausschließungsgrund des Absatzes 5 ein. Dies unabhängig davon, ob der Teilnehmer ausschließlich sich selbst schützen will oder zugleich zugunsten anderer Vortäter handelt (Rdn. 128).

**169** Für **Mittäterschaft und mittelbare Täterschaft** gelten wieder die allgemeinen Regeln.[194] Zur Mittäterschaft mehrerer *Strafverteidiger* bei der Absprache unzulässiger Manipulationen *Pellkofer* S. 206 f. Mittelbare Täterschaft ist unter anderem die Nötigung zu einem erlaubten Verhalten, etwa der Rücknahme eines Strafantrages (*Sch/Schröder/Stree* Rdn. 18). Der *Versuch* des mittelbaren Täters beginnt, wenn er die Einwirkung auf den Tatmittler abgeschlossen hat und ihn aus seiner Einflusssphäre entlässt.[195]

## VII. Strafrahmen und Strafzumessung

**170** Die Regelstrafe für die Strafvereitelung ist Freiheitsstrafe bis zu fünf Jahren oder Geldstrafe (Absatz 1). Der Strafrahmen wird jedoch durch **Absatz 3** nach oben begrenzt.[196] Danach darf die Strafe nicht schwerer sein als die für die Vortat angedrohte Strafe. Absatz 3 bezieht sich schon nach seinem Wortlaut sowohl auf die Verfolgungs- als auch auf die Vollstreckungsvereitelung und sowohl auf die Vereitelung von Strafen als auch auf die von Maßnahmen (jeweils herrschende Meinung, für sie *Fischer* Rdn. 38; **aA** *Ruß* LK[11] Rdn. 41). Allerdings passt diese Lösung nicht recht für die Vollstreckungsvereitelung und auch nicht für die (Verfolgungs- oder Vollstreckungs-)Vereitelung von Maßnahmen (*Fischer* Rdn. 38). Die Bedeutung der Vorschrift entspricht dem Absatz 2 von § 257; das dort Rdn. 90 ff Ausgeführte gilt analog. Es folgt, dass die Strafe aus dem

---

193 *Müller-Dietz* JR **1981** 475, 476; *Rudolphi* JR **1981** 162; *Ruß* LK[11] Rdn. 28. Siehe schon die Nachweise in Fn. 191.

194 Siehe etwa BGH NStZ **1999** 188, 189; *Müller-Dietz* JR **1981** 475, 476; *Rudolphi* JR **1984** 338.

195 *Müller-Dietz* JR **1981** 475, 476; *Ruß* LK[11] Rdn. 28; allgemein *Schünemann* LK § 25 Rdn. 154 („Freisetzungstheorie"); weiter *Sch/Schröder/Stree* Rdn. 31: mit der Einwirkung auf das Tatwerkzeug; so auch *Pellkofer* S. 207 f; vgl. BGHSt **30** 363.

196 Krit. *Ebert* ZRG **110** (1993) 1, 89 ff; *Jerouschek/A. Schröder* GA **2000** 51, 62 f; für eine Streichung *A. Schröder* S. 177, 185.

*Strafrahmen* der Vortat zu bilden ist, wenn dessen Höchststrafe unter dem *Strafrahmen* von § 258 Abs. 1 liegt. Es ist gleichgültig, welche konkrete Strafe der Vortäter im Einzelfall für seine Person verwirkt hat (RGSt **54** 95, 96). Bei dem Vergleich der beiden Strafrahmen ist § 28 mit beiden Absätzen zugunsten des Täters entsprechend anzuwenden, nicht jedoch zu seinen Ungunsten (siehe bei § 257 Rdn. 90 mit Nachweisen; **aA** *Ruß* LK[11] Rdn. 41: auch keine Berücksichtigung persönlicher Milderungen des Vortäters). Ist die Vortat wahlweise festgestellt worden (Rdn. 28) und weichen die Strafrahmen der Delikte voneinander ab, so ist der mildere Strafrahmen zugrundezulegen.

**Irrt** der Strafvereitler über Art oder – beim untauglichen Versuch – Existenz der Vortat, so ist der Strafrahmen der vorgestellten Tat unstreitig maßgeblich, wenn er den der tatsächlich begangenen unterschreitet.[197] Weist jedoch die wirklich begangene Vortat einen niedrigeren Strafrahmen auf als die vorgestellte, gebietet schon Art. 103 Abs. 2 GG, im Rahmen des Absatzes 3 den tatsächlichen Strafrahmen der Vortat zugrundezulegen.[198] Auch für die Verjährungsfrist ist der mildere Strafrahmen maßgeblich (siehe bei § 257 Rdn. 91 mit Nachweisen). **171**

Ferner ist der mildere Strafrahmen für die **Strafzumessung** entscheidend. Innerhalb des anzuwendenden Strafrahmens kann die Bestrafung des Täters höher oder niedriger ausfallen als die des Vortäters. Aus Absatz 3 ergibt sich, dass die Schwere der Vortat einen wesentlichen Gesichtspunkt für die Bemessung der Strafe bildet.[199] Als verschuldete Auswirkung der Tat nach § 46 Abs. 2 betrachtet BGH NStZ-RR **2006** 372 auch die Gewalttat eines Begünstigten, wenn sie „in ihrer Art und ihrem Gewicht im Wesentlichen voraussehbar" war (ein zweiter Mord nach Vertuschung des ersten). **172**

## VIII. Konkurrenzen und Wahlfeststellung

1. **Innertatbestandliche Konkurrenz.** Mehrere Strafvereitelungshandlungen stehen zueinander nur dann in **Tatmehrheit**, wenn sie sich auf unterschiedliche Vortäter beziehen und zwischen ihnen keine natürliche Handlungseinheit besteht.[200] Zielen mehrere Handlungen darauf, die Bestrafung ein und desselben Vortäters zu vereiteln, verschmelzen sie zu **einer Tat im Rechtssinne** wie unterschiedliche Handlungen eines Gehilfen, die ein und dieselbe Haupttat fördern (BGH NStZ **2009** 692, 693 Rdn. 4 ff zu dem Versuch einer Verfahrenssabotage, der sich über mehrere Verhandlungstage zieht [„einheitliche Tat", „tatbestandliche Handlungseinheit"]). Dies gilt allerdings nicht mehr und es liegt dann Tatmehrheit vor, wenn sich die Handlungen auf unterschiedliche Taten dieses Vortäters beziehen, die in unterschiedlichen Verfahren verfolgt werden. Vereitelt nur eine einzige Handlung die Ahndung mehrerer Delikte derselben Person oder zugleich deren Bestrafung und eine Maßnahme gegen sie, liegt wieder im Rechtssinne eine Tat vor (*Sch/Schröder/Stree* Rdn. 42; **aA** SSW-StGB/*Jahn* Rdn. 49: Idealkonkurrenz). Gleichartige **Tateinheit** ist gegeben, wenn eine Handlung oder Handlungseinheit die Verfolgung mehrerer Vortäter vereitelt (*Sch/Schröder/Stree* Rdn. 42; SSW-StGB/*Jahn* Rdn. 49), und entsprechend verhält es sich für die Vollstreckungsvereitelung. **173**

---

197 *Fischer* Rdn. 38; *U. Günther* S. 218; *Hoyer* SK Rdn. 45; *Ruß* LK[11] Rdn. 41; *F. Seebode* S. 146.

198 *Hoyer* SK Rdn. 45; *Ruß* LK[11] Rdn. 41; **aA** *A. Schröder* S. 180 f, 185; *Sch/Schröder/Stree* Rdn. 40; *F. Seebode* S. 146.

199 *Ruß* LK[11] Rdn. 41; *Schroeder* NJW **1976** 980; *Sch/Schröder/Stree* Rdn. 40.

200 Vgl. zu § 257 Rdn. 100; **aA** RGSt **57** 306, 307; **17** 227, 229; *Ruß* LK[11] Rdn. 42: Tatmehrheit sogar bezüglich identischer Vortat desselben Vortäters.

174 Zwischen einer Verfolgungsvereitelung nach **Absatz 1** und einer Vollstreckungsvereitelung nach **Absatz 2** besteht Tatmehrheit, wenn der Täter sie mit unterschiedlichen Handlungen herbeiführt (*Sch/Schröder/Stree* Rdn. 42). Verfolgungs- und Vollstreckungsvereitelung schließen sich selbst hinsichtlich ein und desselben Vortäters schon deswegen nicht aus, weil es für die Verfolgungsvereitelung reicht, dass der Täter die Strafverfolgung geraume Zeit verzögert (Rdn. 35; zu pauschal *Fischer* Rdn. 41: die Absätze 1 und 2 schlössen sich bei demselben Vortäter aus). Vereitelt der Täter mit einer Handlung oder einer Serie von Handlungen für denselben Vortäter sowohl die Vollstreckung einer Strafe als auch die Verfolgung wegen einer anderen, noch nicht abgeurteilten Tat – etwa indem er ihn versteckt –, stehen Verfolgungs- und Vollstreckungsvereitelung im Verhältnis gleichartiger Tateinheit (SSW-StGB/*Jahn* Rdn. 49; **aA** *Sch/Schröder/Stree* Rdn. 42: eine Tat im Rechtssinne).

175 2. **Beihilfe zur Vortat.** Wie für § 257 (dort Rdn. 101 ff) kommt es für das Verhältnis von Beihilfe zur Vortat und Strafvereitelung darauf an, wann sich eine Unterstützung des Vortäters *auswirkt;* nicht aber darauf, wann der Unterstützer handelt (insoweit missverständlich *Ruß* LK[11] Rdn. 7). Wirkt sich die Unterstützung **vor der Vollendung** der Vortat aus, kommt grundsätzlich nur Beihilfe in Betracht. Sie ist nach herrschender Ansicht und entsprechend der Dogmatik zur Begünstigung (dort Rdn. 101) auch als psychische Beihilfe dergestalt möglich, dass der Helfer dem Vortäter eine spätere *Vereitelungsleistung zusagt.* Dieser Fall hatte in § 257 Abs. 3 alter Fassung eine Sonderregelung gefunden. Dort war zwingend bestimmt, dass eine vorher zugesagte Vereitelungshandlung als Beihilfe zur Vortat zu bestrafen sei. Die Vorschrift beruhte auf der unwiderlegbaren Vermutung (BGHSt 6 20, 23), dass die vorherige Zusage den Tatentschluss bestärke. Sie ist ersatzlos entfallen (vgl. BTDrucks. 7/550, S. 248). Doch werden in den meisten Fällen die Voraussetzungen erfüllt sein, welche die herrschende Meinung für die psychische Beihilfe aufstellt.[201] Sie kann dann in Tatmehrheit (§ 53) stehen zu der späteren Vereitelungshandlung, sofern diese Handlung entweder einen anderen Tatbestand erfüllt, etwa den eines Aussagedeliktes, oder nach § 258 strafbar ist, das heißt wenn dessen Absatz 5 nicht eingreift (Rdn. 134, 167; *Sch/Schröder/Stree* Rdn. 42, der Rdn. 35 ein Eingreifen des Absatzes 5 bei einer solchen Gestaltung „im Allgemeinen" für ausgeschlossen hält; SSW-StGB/*Jahn* Rdn. 49).

176 Psychische Beihilfe zur Vortat kommt erst recht in Betracht, wenn der Helfer nicht nur eine spätere Vereitelungshandlung zusagt, sondern schon eine *Handlung vornimmt,* die ihre verfolgungsbehindernde Wirkung aber erst nach der Vollendung entfaltet (**vorgeleistete Strafvereitelung,** Rdn. 22). Typische Fälle sind die, dass der Helfer dem Vortäter Mittel oder Hinweise gibt, die es ihm ermöglichen, während der Ausführung der Tat Spuren zu minimieren oder zu verwischen, etwa Handschuhe gegen Fingerabdrücke. Tatbestandlich konkurrieren dann eine psychische Beihilfe und eine vorgeleistete Strafvereitelung. Die Strafbarkeit der Strafvereitelung wird jedoch in der Regel ausgeschlossen durch § 258 Abs. 5 (partielle Selbstbegünstigungsabsicht, Rdn. 126 ff). Ist dies ausnahmsweise nicht der Fall, weil die erforderliche Absicht fehlt, ist es sachgerecht, die Strafvereitelung als materiell subsidiär zurücktreten zu lassen (siehe schon Rdn. 22). Dies legt das Rechtsgut des § 258 nahe (Rdn. 10), und auch § 258 Abs. 3 zeigt, dass die Strafvereitelung eine quasi-akzessorische Strafbarkeit begründet. – Die gleiche Lösung liegt nahe, wenn die

---

201 **AA** *Otto* FS Lenckner, S. 193, 200, wenn die zugesagte Handlung selbst wegen Sozialadäquanz für § 258 tatbestandslos wäre; zust. *Ransiek* wistra **1999** 401, 403; dagegen *Satzger* Jura **2007** 754, 759; zur Sozialadäquanz im Text Rdn. 58 ff.

vorgeleistete Strafvereitelung zugleich eine *physische Beihilfe* ist (Rdn. 23). – **Nach der Beendigung** der Vortat ist nur noch Strafvereitelung möglich (oder ein anderes Anschlussdelikt).

Ebenfalls problematisch ist (wie für § 257) die Phase **zwischen Vollendung und Beendigung**. Von Dauerdelikten abgesehen wäre es richtig, eine solche Phase überhaupt nicht als tatbestandlich zu betrachten – wie dies im Schrifttum oft gefordert wird (siehe schon bei § 257 Rdn. 102 mit Nachweisen; für § 258 *Ruß* LK[11] Rdn. 7). Wer mit der Rechtsprechung anderer Ansicht ist, steht vor der Frage, wie Beihilfe zur Vortat und Strafvereitelung abzugrenzen seien, wenn sich eine Unterstützungsleistung in der Beendigungsphase auswirkt. Ein gängiges Beispiel ist die Hilfe beim Verwischen von Spuren. Noch einmal der Hinweis, dass die zugehörige Handlung schon vor dieser Phase liegen kann. Ein Beispiel ist der BGH-Fall, der bereits Rdn. 21 Erwähnung gefunden hat: Ein Helfer versteckt mit dem Vortäter das sterbende Opfer hinter einer Hecke, damit die Tat lange unentdeckt bleibt und der Vortäter Zeit hat zu fliehen (eine psychische Beihilfe kam nicht in Betracht, weil der Helfer erst nach der Tötungshandlung auf den Plan getreten war; sonst hätte die Rdn. 22 und 176 behandelte Konstellation vorgelegen, das heißt eine tatbestandliche Überschneidung von psychischer Beihilfe und vorgeleisteter Strafvereitelung). Für eine Antwort auf die besagte Frage nach einer Abgrenzung von Beihilfe und Strafvereitelung in der Beendigungsphase ist vollumfänglich auf die Ausführungen zu dem parallelen Problem bei der Begünstigung zu verweisen (bei § 257 Rdn. 102 ff). Die Rechtsprechung stellt für die Beendigungsphase im Einklang mit ihrer subjektiven Täterlehre auf den Willen des Helfers ab und erklärt die Abgrenzung zur Tatfrage.[202] Das führt wie bei der sachlichen Begünstigung zu großer Unsicherheit, weil sich das Motiv des Helfers praktisch immer sowohl als abschließende Hilfe zur Vortat als auch als Strafvereitelung formulieren lässt. Andere Lösungen lassen entweder stets die Beihilfe oder stets die Strafvereitelung vorgehen; das jeweils andere Delikt tritt dann im Wege materieller Subsidiarität zurück. Am plausibelsten (bei falscher Prämisse, siehe oben) ist es wiederum, der Beihilfe den Vorzug zu geben.[203] 177

Für das Verhältnis der Strafvereitelung zu einer Beihilfe zu **Dauerdelikten** gilt zunächst entsprechend, was in dieser Hinsicht allgemein zu § 257 ausgeführt ist (dort Rdn. 103 f). Ein Fallbeispiel ist jemand, der einem widerrechtlichen Besitzer von Rauschgift hilft, das Rauschgift so zu verstecken, dass die zuständigen staatlichen Stellen von dem Besitz nichts mitbekommen. Die Rechtsprechung möchte wieder gemäß der Willensrichtung des Helfers unterscheiden (RGSt 58 13, 14; zust. *Ruß* LK[11] Rdn. 8 mit der Ergänzung, dass die Beihilfe vorgehe, wenn der Täter beides wolle). Das stößt auf die schon genannten Schwierigkeiten (Rdn. 177). Wie für die Begünstigung (bei § 257 Rdn. 104) und wie für die Beendigungsphase (Rdn. 177 – wenn man sie als tatbestandlich betrachtet) hat man der Beteiligung an der Vortat, hier dem Dauerdelikt Vorrang einzuräumen (so schon *Sch/Schröder/Stree* Rdn. 7). Bei einem hohen Gewicht des Tatbeitrages kommt auch Mittäterschaft in Frage. 178

**Tatmehrheit** zwischen einer Beteiligung an der Vortat und Strafvereitelung ist möglich, wenn zwei Unterstützungsleistungen einander zeitlich folgen und die erste ein Beitrag zur Vortat ist, während die zweite die Strafverfolgung behindert, und wenn der Beteiligte bei der zweiten Unterstützungsleistung ausschließlich die Bestrafung eines Kom- 179

---

202 BGHSt **4** 132, 133; BGH VRS **16** 267; RGSt 58 13, 14.

203 Vgl. im Text Rdn. 176; so schon *Sch/Schröder/Stree* Rdn. 6; **aA** *Hoyer* SK Rdn. 23; *A. Schröder* S. 94, 184.

plizen verhindern will und nicht auch die eigene (*Ruß* LK[11] Rdn. 42; sonst Absatz 5). Ein unwahrscheinlicher Fall.

180 3. **Andere Delikte.** Zur Begünstigung nach § 257 siehe dort Rdn. 106. Ergänzend ist hier noch der Fall zu erwähnen, dass jemand eine Strafvereitelung zu eigenen Gunsten mit einer Begünstigung anderer Personen verbindet. Die Strafvereitelung ist dann entweder tatbestandslos (der Täter vereitelt ausschließlich die eigene Bestrafung) oder nach § 258 Abs. 5 straffrei (der Täter will zumindest auch die eigene Bestrafung vereiteln). Umstritten ist, ob diese Entlastung auch für die Begünstigung wirken, für § 257 also eine „Sperrwirkung" entfalten solle. Das ist im Ergebnis abzulehnen (*Fischer* Rdn. 36; *Ruß* LK[11] Rdn. 32 und schon zu § 257 Rdn. 85 m.w.N.; **aA** SSW-StGB/*Jahn* Rdn. 9). Jedoch scheitert eine Bestrafung aus § 257 in den fraglichen Fällen normalerweise daran, dass die Sicherung des Vorteils lediglich eine automatische Nebenfolge der Strafvereitelung ist; denn dann fehlt eine Begünstigungs*absicht*. – Die Strafvereitelung im Amt nach § 258a geht dem Grundtatbestand § 258 als Lex specialis vor.[204]

181 Zur Frage, inwieweit § 258 eine Sperrwirkung entfalte gegenüber „**verteidigungsspezifischen Taten**", Rdn. 79. Diese Frage beantwortet der Bundesgerichtshof nicht auf der Ebene der Konkurrenzen, sondern auf der des Tatbestandes.

182 Bei Handlungseinheit ist nach herrschender Auffassung *Tateinheit* anzunehmen mit **§§ 113, 120**[205] (zweifelhaft), **§§ 153 ff** (RGSt **60** 346, 347; *Sch/Schröder/Stree* Rdn. 42), **§ 240** (*Sch/Schröder/Stree* Rdn. 42), **§ 259**,[206] **§ 261** (*Sch/Schröder/Stree* Rdn. 42), **§ 271** (*Ruß* LK[11] Rdn. 42; *Sch/Schröder/Stree* Rdn. 42) und **§ 305a** (*Sch/Schröder/Stree* Rdn. 42). – Die Subsidiarität des **§ 145d** tritt nicht ein, wenn das Angehörigenprivileg des Absatzes 6 den Täter hinsichtlich der Strafvereitelung straffrei stellt (OLG Celle JR **1981** 34 m. zust. Anm. *F. Geerds; Ruß* LK[11] Rdn. 38). – OLG Köln NJW **1953** 1928 nahm Tateinheit an zwischen Anstiftung zur persönlichen Begünstigung, heute die Strafvereitelung, und falscher Verdächtigung (**§ 164**), weil der Täter einen Dritten anstiftete, sich als Täter auszugeben, und ihn bei der Polizei selbst als den Täter bezeichnete. Das ist nach neuem Recht nicht mehr richtig, weil § 258 Abs. 5 auch zugunsten eines Teilnehmers wirkt, der ausschließlich sich selbst schützen will (Rdn. 126). Es bleibt dann allein der Schuldspruch wegen falscher Verdächtigung, der nach herrschender Auffassung nicht dadurch verhindert wird, dass der Verdächtigte zustimmt (siehe hier nur *Lackner/Kühl* § 164 Rdn. 11 mit weiteren Nachweisen).

183 Entgegen herrschender Meinung[207] tritt **§ 40 WStG** bei Handlungseinheit (hier: Unterlassungseinheit) im Wege materieller Subsidiarität zurück. Dies entspricht der allgemeinen Regel, dass Verletzungsdelikte abstrakten Gefährdungsdelikten zugunsten des gleichen Rechtsgutes vorgehen (vgl. *Rissing-van Saan* LK Vor § 52 Rdn. 129 ff; *T. Walter* JA **2005** 468, 470). Denn § 40 WStG schützt dasselbe Rechtsgut wie § 258 (vgl. schon für den ganz ähnlichen § 14 VStGB [Rdn. 184] BTDrucks. 14/8524, S. 36: Unrechtsgehalt „annähernd vergleichbar"). Ferner erfasst § 40 WStG als kupiertes Erfolgsdelikt mit

---

[204] RGSt **74** 178, 181; 73 294, 298; *Fischer* Rdn. 41; *Ruß* LK[11] Rdn. 42.

[205] RGSt 57 301 f; *Fischer* Rdn. 41; *Lackner/Kühl* Rdn. 20; *Laubenthal* FS Otto, S. 659, 668; *Sch/Schröder/Stree* Rdn. 42; **aA** *Horn/Wolters* SK § 120 Rdn. 16 (Verdrängung von § 258); *Ostendorf* NK § 120 Rdn. 21 (Verdrängung von § 120).

[206] BGH 3 StR 336/80 vom 8.10.1980; *Fischer* Rdn. 41; *Sch/Schröder/Stree* Rdn. 42.

[207] *Fischer* § 258a Rdn. 2; *Ruß* LK[11] § 258a Rdn. 3; *Schölz/Lingens* § 40 Rdn. 1; SSW-StGB/*Jahn* Rdn. 49.

überschießender Innentendenz gegenüber dem Verletzungsdelikt des § 258 lediglich eine abstrakte Gefahr (so für § 14 VStGB ausdrücklich BTDrucks. 14/8524, S. 36). Die herrschende Meinung nimmt an, dass § 40 eine mildere Regelung für Soldaten sei, die gegenüber § 258 eine Sperrwirkung entfalte (abschließende Sonderregelung). Begründet wird dies mit dem Willen des Gesetzgebers. Aus den Materialien ergibt sich jedoch, dass der Gesetzgeber mit § 40 WStG erstens einen Teil der Vorgesetzten von vornherein nicht privilegieren wollte, und zwar die Disziplinarvorgesetzten (BTDrucks. II/3040, S. 43). Zweitens wollte er die übrigen Vorgesetzten nur im Verhältnis zu § 346 a.F. privilegieren, heute § 258a, der damals noch über § 48 WStG auf alle Soldaten Anwendung fand. Letzteres ist aber seit der Reform der Anschlussdelikte zum 1.1.1975 gar nicht mehr der Fall, und zwar aufgrund der gleichen Erwägung, mit der ein Teil der Vorgesetzten über § 40 WStG privilegiert werden sollte: Die hohe Strafdrohung aus § 258a sei für Soldaten „nicht angebracht", da ihr Dienst eine militärische Zielsetzung habe und die Anzeige von Straftaten nur eine Nebenpflicht sei (BTDrucks. 7/550, S. 340). Damit ist der ursprüngliche Grund entfallen, in § 40 WStG eine Besserstellung der Soldaten hineinzulesen – und einen anderen gibt es nicht. Es wäre im Gegenteil befremdlich, Soldaten etwa gegenüber den Beamten der Finanzverwaltung oder den Beamten subventionenvergebender Stellen besserzustellen (vgl. Rdn. 103), deren dienstliche Hauptpflichten ebenfalls ganz anderen Zwecken dienen als der Strafverfolgung. Vielmehr hat man § 40 WStG nunmehr als das zu verstehen, was er nach dem Zuschnitt seines Tatbestandes und seiner Strafdrohung offensichtlich ist: eine *Ausdehnung der Strafbarkeit* in das Vorfeld des § 258 (Verzicht auf einen Vereitelungserfolg) mit milderer Strafdrohung, die sich erledigt, wenn der Vereitelungserfolg tatsächlich eintritt und also (auch) der Tatbestand des § 258 mit seiner härteren Strafdrohung verwirklicht ist.

Das soeben Rdn. 183 zu § 40 WStG Ausgeführte gilt entsprechend und erst recht für **184** **§ 14 VStGB**, der zwar ebenfalls auf einen Vereitelungserfolg im objektiven Tatbestand verzichtet, ihn aber nicht einmal als Inhalt einer besonderen Absicht verlangt und sogar den gleichen Strafrahmen hat wie § 258. Zu erklären ist diese gegenüber § 40 WStG noch einmal verschärfte Haftung mit der Schwere der anzuzeigenden Taten (Straftaten gegen das Völkerrecht! Vgl. BTDrucks. 14/8524, S. 36). Um dies klarzustellen und weil die Strafrahmen gleich sind, ist sogar *Tateinheit* zu erwägen. Jedenfalls liegt es wiederum fern, in § 14 VStGB eine Privilegierung des dort bezeichneten Täterkreises erkennen zu wollen.

4. **Wahlfeststellung.** Wahlfeststellung wird zugelassen mit Begünstigung,[208] nicht **185** aber mit einem Vergehen nach dem Betäubungsmittelgesetz,[209] Hehlerei (*Sch/Schröder/Stree* Rdn. 43) und Beteiligung an der Vortat, etwa Beihilfe zum Raub.[210]

## IX. Recht des Einigungsvertrages

Zum Recht des Einigungsvertrages *Ruß* LK[11] Rdn. 44. **186**

---

208 *Ruß* LK[11] Rdn. 43; *Sch/Schröder/Stree* Rdn. 42; SSW-StGB/*Jahn* Rdn. 50; **aA** *St. Cramer* MK Rdn. 58.

209 BGHSt 30 77; *Ruß* LK[11] Rdn. 43; *Sch/Schröder/Stree* Rdn. 43, jeweils zur versuchten Strafvereitelung; SSW-StGB/*Jahn* Rdn. 50.

210 BGH wistra **1989** 19; *Ruß* LK[11] Rdn. 43; *Sch/Schröder/Stree* Rdn. 43; SSW-StGB/*Jahn* Rdn. 50; **aA** *Arzt/Weber/Heinrich/Hilgendorf* BT § 26 Rdn. 24.

## § 258a
## Strafvereitelung im Amt

**(1) Ist in den Fällen des § 258 Abs. 1 der Täter als Amtsträger zur Mitwirkung bei dem Strafverfahren oder dem Verfahren zur Anordnung der Maßnahme (§ 11 Abs. 1 Nr. 8) oder ist er in den Fällen des § 258 Abs. 2 als Amtsträger zur Mitwirkung bei der Vollstreckung der Strafe oder Maßnahme berufen, so ist die Strafe Freiheitsstrafe von sechs Monaten bis zu fünf Jahren, in minder schweren Fällen Freiheitsstrafe bis zu drei Jahren oder Geldstrafe.**

**(2) Der Versuch ist strafbar.**

**(3) § 258 Abs. 3, 6 ist nicht anzuwenden.**

### Schrifttum

*F. Geerds* Kenntnisnahme von Tatverdacht und Verfolgungspflicht, Gedächtnisschrift Schröder (1978) 389; *H. Goldschmidt* Zur Interpretation des § 346 StGB, ZStW **46** (1926) 416; *Krause* Erfüllt die Nichtverfolgung durch den Staatsanwalt bei privat erlangter Kenntnis einer strafbaren Handlung den Tatbestand des § 346 StGB? GA **1964** 110; *ders.* Verfolgungspflicht bei privater Kenntnis und Strafvereitelung im Amt, JZ **1984** 584; *Kusch* Die Strafbarkeit von Vollzugsbediensteten bei fehlgeschlagenen Lockerungen, NStZ **1985** 385; *Vormbaum* Der strafrechtliche Schutz des Strafurteils (1987); *Weber* Zur Auslegung des § 346 StGB, ZStW 51 (1931) 199.

Siehe auch die Schrifttumsangaben vor § 257 sowie zu § 257 und § 258.

### Entstehungsgeschichte

Die Vorschrift entspricht der Fassung des EGStGB. Im Reichsstrafgesetzbuch vom 15. Mai 1871 war die Begünstigung im Amt in § 346 a.F. geregelt. Nach der geringen Änderung durch das Gewohnheitsverbrechergesetz vom 24.11.1933 erhielt die Vorschrift durch das 1. StrRG folgende Fassung:

*(1) Ein Beamter, der vermöge seines Amtes zur Mitwirkung bei einem Strafverfahren oder bei der Vollstreckung einer Strafe oder einer Maßregel der Sicherung und Besserung berufen ist und wissentlich jemand der im Gesetz vorgesehenen Strafe oder Maßregel entzieht, wird mit Freiheitsstrafe von einem Jahr bis zu fünf Jahren bestraft.*

*(2) Sind mildernde Umstände vorhanden, so tritt Freiheitsstrafe von einem Monat bis zu fünf Jahren ein.*

*Übersicht*

## I. Allgemeines

1. **Geschichte und Rechtsgut.** Vorgängerin der Vorschrift war die „Begünstigung im Amt“, § 346 a.F. Dieser Tatbestand war durch eine Mindestfreiheitsstrafe von einem Jahr als Verbrechen ausgestaltet. Davon abgesehen weicht § 258a im Wesentlichen nur im Wortlaut ab, dessen Änderungen auf eine Angleichung an § 258 zurückzuführen sind oder der Klarstellung dienen (vgl. *Stree* JuS **1976** 137, 141). Anders als die sachliche Begünstigung und der Grundtatbestand der Strafvereitelung durch jedermann blicken § 258a und § 346 a.F. auf eine (mindestens) jahrhundertealte Rechtstradition zurück (vgl. zu § 258 Rdn. 1). Wie schon die Paragraphen-Nummer der Vorgängernorm ergibt, liegt die Wurzel dieser Tradition in den reinen (echten, eigentlichen) **Amtsdelikten** (zu § 346 a.F. BGHSt 5 76). In der historischen Perspektive ist daher das Rechtsgut des Tatbestandes im Schwerpunkt die Funktionstüchtigkeit und Integrität des Staatsapparates, während man für § 258a heute auf das Rechtsgut des Grundtatbestandes § 258 zu verweisen hat (zu § 258 Rdn. 3 ff). 1

2. **Deliktsnatur.** Die Strafvereitelung im Amt ist ein qualifizierter Fall des § 258 und demgemäß ein sogenanntes **uneigentliches** (unechtes) **Amtsdelikt.**[1] Die Qualifikation besteht in einer besonderen Form der Amtsträgerschaft: Täter muss ein Amtsträger sein, der „zur Mitwirkung bei“ einem Straf- oder Vollstreckungsverfahren „berufen“ ist. Diese Eigenschaft ist ein besonderes persönliches Merkmal, auf das § 28 Abs. 2 Anwendung findet (*Arzt/Weber/Heinrich/Hilgendorf* BT § 26 Rdn. 23; *Ruß* LK[11] Rdn. 1, 11). Fehlt sie einem Mittäter oder Teilnehmer, ist demnach für seinen Schuldspruch nur das Grunddelikt § 258 die (Haupt-)Tat. Anzuwenden sind dann auch § 258 Absätze 3 und 6 (*Ruß* aaO), das heißt solchen Beteiligten gegenüber ist die Begrenzung des Strafrahmens nach § 258 Abs. 3 zu beachten, und sie genießen Straflosigkeit, wenn sie die Tat zugunsten eines Angehörigen begehen (*Lackner/Kühl* Rdn. 1; *Stree* JuS **1976** 137, 141 f). 2

## II. Täterkreis

1. **Amtsträger.** Die Hauptregelung des § 258a besteht darin, den herausgehobenen Täterkreis zu bestimmen, während für Tathandlung und -erfolg vollständig auf den Grundtatbestand zu verweisen ist. Erste Voraussetzung ist, dass es sich um einen **Amtsträger** handelt (§ 11 Abs. 1 Nr. 2). Insoweit gelten die allgemeinen Regeln (zu ihnen *Hilgendorf* LK § 11 Rdn. 19 ff). Hinzukommen muss, dass der Amtsträger *zur Mitwirkung* bei jenen Verfahren *berufen* ist, von deren Vereitelung § 258 handelt, das heißt zur Mitwirkung bei dem Strafverfahren oder dem Verfahren zur Anordnung einer Maßnahme (§ 258 Abs. 1) oder zur Mitwirkung bei der Vollstreckung der Strafe oder Maßnahme (§ 258 Abs. 2). 3

2. **Straf- und Vollstreckungsverfahren.** Zu dem **Verfahren** im Sinne des Absatzes 1 gehört das gesamte Strafverfahren bis zu seinem rechtskräftigen Abschluss, auch das von der Staatsanwaltschaft oder Polizei geführte Ermittlungsverfahren sowie das gesamte Strafvollstreckungsverfahren. Das Verfahren braucht noch nicht eingeleitet zu sein (vgl. 4

---

[1] BTDrucks. 7/550, S. 251; *Altenhain* NK Rdn. 1; *Lackner/Kühl* Rdn. 1; *Ruß* LK[11] Rdn. 1; *Sch/Schröder/Stree* Rdn. 1; SSW-StGB/*Jahn* Rdn. 1; *Stree* JuS **1976** 137, 141; *Sturm* JZ **1975** 11.

BGH bei Holtz MDR **1980** 628, 630 zu § 343 StGB), denn auch jener Amtsträger macht sich im Sinne des Absatzes 1 strafbar, zu dessen Dienstpflichten die Einleitung eines Strafverfahrens gehört, der aber pflichtwidrig von der Einleitung absieht oder sie verhindert. Zu den Strafverfahren rechnet auch das Verfahren bei Einziehungen und Vermögensbeschlagnahmen (§§ 430 ff StPO), nicht aber das Auslieferungsverfahren (siehe zu § 258 Rdn. 33; **aA** ***Ruß*** LK[11] Rdn. 2; SSW-StGB/*Jahn* Rdn. 3). Zu den Verfahren, die die Anordnung einer Maßnahme zum Ziel haben, gehören beispielsweise das Sicherungsverfahren nach den §§ 413 ff StPO und das selbständige Verfahren nach den §§ 440, 441 StPO (*Lackner/Kühl* Rdn. 2; ***Ruß*** LK[11] Rdn. 2). Dagegen sind Disziplinarverfahren und Bußgeldverfahren nach dem OWiG keine Verfahren der in Absatz 1 genannten Art (siehe zu § 258 Rdn. 31 f).[2] Wird allerdings eine Bußgeldsache gemäß § 41 OWiG an die Staatsanwaltschaft abgegeben, weil Anhaltspunkte dafür vorhanden sind, dass die zugrundeliegende Tat eine Straftat ist, so kann sich der Amtsträger, der die Durchführung dieses Strafverfahrens verhindert, nach § 258a schuldig machen. Dabei kann die tatbestandsmäßige Handlung in der Rückgabe der Sache gemäß § 41 Abs. 2 OWiG an die Verwaltungsbehörde liegen, da sie an die Entschließung der Staatsanwaltschaft gebunden ist (§ 44 OWiG).

**5** 3. **Zur Mitwirkung berufen.** Der Täter muss zur **Mitwirkung** bei Straf- oder Vollstreckungsverfahren berufen sein. Dies ist für alle Amtsträger anzunehmen, deren Aufgabe es mindestens auch ist, die einschlägigen Verfahren *einzuleiten, voranzutreiben, zu fördern oder abzuschließen*. Das Gesetz spricht zwar von der Mitwirkung „bei" einem Verfahren, was auch untergeordnete logistische Hilfstätigkeiten erfasst; etwa die Tätigkeit in Kantinen, Reinigungsfirmen, in einer Fahrbereitschaft, einem Post- oder Telekommunikationsunternehmen, bei einem EDV-Dienstleister und dergleichen. In der Regel fehlt in solchen Fällen schon die Eigenschaft als Amtsträger. Doch selbst wenn sie vorhanden ist, hat man das Gesetz so zu verstehen, dass eine Mitwirkung *an* den einschlägigen Verfahren gemeint ist. Die erhöhte Strafe verdienen nur Personen, die dafür verantwortlich sind, dass die Verfahren Erfolg haben.[3] Das ist nur der Fall, wenn die dienstliche Aufgabe (auch) darin besteht, für eine Strafverfolgung oder -vollstreckung zu sorgen; wenn also deren Gelingen *Maßstab der dienstlichen Leistungen* des Amtsträgers ist (ähnlich *Bülte* NStZ **2009** 57, 61: Pflichten, „die sich unmittelbar auf die Gestaltung des Strafverfahrens beziehen"). Allein die Tatsache, dass jemand bei einer strafverfolgenden oder -vollstreckenden Dienststelle tätig ist, reicht also nicht.[4] Daher sind Praktikanten keine tauglichen Täter, wohl aber Rechtsreferendare (SSW-StGB/*Jahn* Rdn. 5). Grundsätzlich kommen als Täter in Betracht:

- *Polizeibeamte*, soweit sie strafbare Handlungen zu erforschen oder bei der Erforschung mitzuwirken haben (§§ 161, 163 StPO; OLG Koblenz NStZ-RR **1998** 332; *Ruß* LK[11] Rdn. 3). In Betracht kommen auch Beamte der *Bundespolizei* (früher Bundesgrenzschutz und Bahnpolizei, RGSt 57 19, 20; *Ruß* LK[11] Rdn. 3) sowie *Verdeckte*

---

[2] OLG Hamm NJW **1979** 2114, 2115; OLG Karlsruhe NJW **1955** 1200; *Sch/Schröder/Stree* Rdn. 3; SSW-StGB/*Jahn* Rdn. 3.

[3] Vgl. schon RGSt **76** 394, 395; **73** 294, 297; *Ruß* LK[11] Rdn. 3; SSW-StGB/*Jahn* Rdn. 5 („wer in eigener Verantwortung [tatherrschaftlich] ‚mitwirkt'"). Gegen eine Tätigkeit „an verantwortlicher Stelle" *St. Cramer* MK Rdn. 4; *Fischer* Rdn. 3; *Hoyer* SK Rdn. 2; *Sch/Schröder/Stree* Rdn. 4. Damit dürfte aber lediglich gemeint sein, dass nicht nur Behördenleiter oder sonst mit Führungsaufgaben betraute Amtsträger in Betracht kommen – was zutrifft.

[4] BGHR StGB § 258a I Mitwirkung 1; OLG Karlsruhe NStZ **1988** 503, 504 (Fn. 30); *Ruß* LK[11] Rdn. 3.

*Ermittler* (siehe aber zu § 258 Rdn. 100), nicht jedoch V-Leute (SSW-StGB/*Jahn* Rdn. 4);
- *Bürgermeister*, soweit sie nach Landesrecht als Ortspolizeibehörde tätig sind und dabei repressive Aufgaben versehen;[5]
- *Staatsanwälte* (*Ruß* LK[11] Rdn. 3);
- *Ermittlungspersonen der Staatsanwaltschaft* (§ 152 GVG) (*Ruß* LK[11] Rdn. 3);
- *Richter* (*Ruß* LK[11] Rdn. 3);
- *Rechtspfleger* (OLG Koblenz NStZ-RR **2006** 77, 78);
- *Geschäftsstellenbeamte* des Amtsgerichts;[6]
- Beamte der *Vollstreckungsbehörden und der Vollzugsanstalten* bei der Vollstreckungsvereitelung (*Ruß* LK[11] Rdn. 3);
- Beamte der *Finanzverwaltung*;[7]
- *Justizminister* im Rahmen der Dienstaufsicht und ihrer Weisungsbefugnis gegenüber der Staatsanwaltschaft (externes Weisungsrecht);[8]
- *Innenminister* im Rahmen der Dienstaufsicht.[9]

Nicht zur Mitwirkung an einem einschlägigen Verfahren berufen ist ein Amtsträger, 6
den lediglich die Pflicht trifft, eine Straftat oder einen einschlägigen Verdacht *anzuzeigen*, wodurch die Organe der Strafverfolgung erst in den Stand gesetzt werden, ein Strafverfahren zu betreiben (*Bülte* NStZ **2009** 57, 61): **Anzeigepflichten** sind keine Mitwirkungspflichten. Nicht nach § 258a tatbestandsmäßig handelt daher ein Soldat, der es als Vorgesetzter entgegen § 40 WStG unterlässt, Straftaten seiner Untergebenen zu melden. Dass die amtliche Überschrift dieses Tatbestandes „Unterlassene Mitwirkung bei Strafverfahren" lautet, zeigt lediglich, dass die entgegengesetzte Auslegung mit dem Wortlaut vereinbar wäre. Vorzugswürdig wird sie dadurch nicht. Das Unterlassen des Vorgesetzten unterfällt allerdings dem Grundtatbestand der Strafvereitelung § 258, wenn es einen Vereitelungserfolg bewirkt. § 40 WStG tritt dann zurück (siehe bei § 258 Rdn. 93 und 183).

Umstritten ist, ob sich auch tatbestandsmäßig verhält, wer zwar grundsätzlich zur 7
Mitwirkung an den einschlägigen Verfahren berufen ist, aber in casu ein Verfahren vereitelt, für das er nicht zuständig war, so dass er nur **bei Gelegenheit** seines Dienstes handelt. Ein Beispiel ist BayObLGSt **1960** 256 (m. abl. Anm. *F. Geerds* JZ **1961** 455): Ein Polizeibeamter nimmt auf seiner Dienststelle die Akten über eine Anzeige weg, die ein anderer Beamter bearbeitet. Die wohl herrschende Meinung lässt es genügen, dass dem Täter sein Dienst lediglich die Möglichkeit eröffnet, auf das fragliche Verfahren Einfluss zu nehmen, ohne dass er gerade mit diesem Verfahren dienstlich befasst zu sein bräuchte.[10] Erst recht soll es nicht notwendig sein, dass dem Täter die Sache durch den

---

5 BGHSt **12** 277 ff; *Lackner/Kühl* Rdn. 2; *Ruß* LK[11] Rdn. 3; SSW-StGB/*Jahn* Rdn. 4; allerdings jeweils ohne das ausdrückliche Erfordernis repressiver Tätigkeit.

6 RG HRR **1940** 650; BGH 1 StR 552/59 vom 1.12.1959; *Lackner/Kühl* Rdn. 2; *Ruß* LK[11] Rdn. 3.

7 RGSt **58** 79; *Fischer* Rdn. 3; *Ruß* LK[11] Rdn. 3; SSW-StGB/*Jahn* Rdn. 4 m.w.N.

8 *Fischer* Rdn. 3; *Lackner/Kühl* Rdn. 2; *Ruß* LK[11] Rdn. 3; SSW-StGB/*Jahn* Rdn. 4.

9 BGH LM Nr. 3 zu § 346 a.F.; *Fischer* Rdn. 3; *Lackner/Kühl* Rdn. 2; *Ruß* LK[11] Rdn. 3; SSW-StGB/*Jahn* Rdn. 4.

10 BayObLG **1960** 256; *Piatkowsky/Saal* JuS **2005** 979, 983; *Ruß* LK[11] Rdn. 3; *Sch/Schröder/Stree* Rdn. 4; **aA** OLG Braunschweig Nds. Rpfl. **1963** 137; *F. Geerds* JR **1989** 212 f; *ders.* JZ **1961** 455; *Hoyer* SK Rdn. 4; SSW-StGB/*Jahn* Rdn. 5 (örtliche und sachliche Zuständigkeit erforderlich); vgl. BGHR StGB § 258a Abs. 1 Mitwirkung 1 (örtliche Zuständigkeit erforderlich; nicht ausreichend ist „allein die Tatsache, dass sich der

Geschäftsverteilungsplan zugewiesen ist (BGHSt 4 167, 168). Das ist jedoch zweifelhaft. Das Gesetz spricht deutlich von der Mitwirkung bei *dem* Strafverfahren oder *dem* Verfahren zur Anordnung einer Maßnahme sowie – bei der Vollstreckungsvereitelung – von der Mitwirkung bei der Vollstreckung *der* Strafe oder Maßnahme, und dies jeweils unter Bezug auf die „Fälle des § 258". Der Täter muss also nicht nur allgemein zur Mitwirkung bei irgendwelchen Straf- oder Vollstreckungsverfahren berufen sein, sondern zur Mitwirkung *gerade an dem Verfahren, das vereitelt wird.* Die (wohl) herrschende Meinung ist daher abzulehnen.

8 Allerdings bleibt die Frage, nach welchen Kriterien eine allgemeine **Mitwirkungspflicht** für einzelne Fälle zu **konkretisieren** ist. Nach *Lackner/Kühl* Rdn. 2 ist jedenfalls „in der Regel" entscheidend, wer sachlich zuständig ist, während die örtliche Zuständigkeit ebensowenig eine Rolle spielt wie innerdienstliche Regelungen; auch die Vorgesetzten der sachlich Zuständigen werden in den Kreis tauglicher Täter einbezogen. Das ist im Ansatz überzeugend. Es kann nicht nur darauf ankommen, wer eine Sache tatsächlich bearbeitet. Nicht ganz einzusehen ist jedoch, warum die örtliche Zuständigkeit und innerdienstliche Regelungen außer Betracht bleiben sollen (siehe für die örtliche Zuständigkeit schon BGHR StGB § 258a Abs. 1 Mitwirkung 1). Vielmehr ist grundsätzlich zu verlangen, dass der Täter nach der Gesamtheit aller einschlägigen Normen – einschließlich der innerdienstlichen – für das fragliche Verfahren zuständig ist. Nur dann ist ein Verfahren von Seiten des Staates in die Obhut des Täters gegeben und das Unrecht erhöht, wenn er dieses besondere Vertrauen enttäuscht. Das trifft auch auf *Vorgesetzte* zu, die berechtigt sind, für ein Verfahren Weisungen zu erteilen (*Fischer* Rdn. 3; *Kühl* aaO). In einer *Justizvollzugsanstalt* sind alle Bediensteten dafür verantwortlich, dass keiner der Insassen entweicht.[11]

9 Vorstehendes gilt auch für das **Unterlassen**. Da der Täter für das vereitelte Verfahren zuständig sein muss (Rdn. 7 f), erfüllt ein Polizeibeamter lediglich den Tatbestand des § 258, wenn er nichts unternimmt, obwohl er erkennt, dass sein sachlich zuständiger Kollege eine Sache nicht bearbeitet (*Ruß* LK[11] Rdn. 3).

## III. Anwendung des § 258

10 Im Übrigen gilt vollen Umfanges, was zu § 258 ausgeführt ist. **Beispiele** sind Amtsträger, die das Opfer einer Straftat mit rechtswidrigen Mitteln dazu bringen, einen Strafantrag zurückzunehmen (RG DStrR **1936** 368; *Ruß* LK[11] Rdn. 5), oder mit Hinweisen darauf, dass der Strafantrag – oder eine Strafanzeige – „nichts bringt", aussichtslos oder mit einigen Unannehmlichkeiten verbunden sei (*Fischer* Rdn. 4). Auch die Weigerung, eine Anzeige anzunehmen, gehört hierher (*Fischer* aaO). Ein weiteres Beispiel sind Beamte, die verzögernde „Nachermittlungen" anordnen ohne Aussicht auf sachdienliche Ergebnisse (*Fischer* Rdn. 4; ein aktives Tun – statt eines Unterlassungsdelikts – ist das aber nur, wenn ohne die Anordnung das Verfahren von anderen weiter betrieben worden wäre: Abbruch eines rettenden Kausalverlaufs). Für die Vollstreckungsvereitelung sind Beispiele das Nichtbetreiben der Vollstreckung, das Entweichenlassen von Gefangenen aus der Vollzugsanstalt und das Vollstrecken einer milderen Strafe oder Maßnahme. Zur Gewährung von *Vollzugslockerungen* siehe zu § 258 Rdn. 44 ff. – Speziell zu § 258a ist zu ergänzen:

---

Angeklagte unter Ausnutzung seiner dienstlichen Möglichkeiten Erkenntnisse [...] verschaffte").

11 *Ruß* LK[11] Rdn. 3; *Sch/Schröder/Stree* Rdn. 6; **aA** *Hoyer* SK Rdn. 4.

1. **Äußerer Tatbestand.** Amtsträger im Sinne des § 258a sind Schutzgaranten (Obhutsgaranten) der Strafrechtspflege, so dass auch ihr **Unterlassen** tatbestandsmäßig ist; auf die Entsprechensklausel des § 13 Abs. 1 kommt es für § 258a ebensowenig an wie für § 258 (zu § 258 Rdn. 87). Ein typischer Fall solchen Unterlassens ist es, wenn der Täter das Verfahren schon gar nicht einleitet, obwohl ihn das Legalitätsprinzip hierzu verpflichtet.[12] Dies ist allerdings noch nicht der Fall, wenn er lediglich gerüchteweise von einer Straftat hört (aA *Ruß* LK[11] Rdn. 6 mit weiterem Nachweis). Doch muss ein *Polizeibeamter* Strafanzeigen auch vorlegen, wenn er an ihrer Richtigkeit zweifelt.[13] Die Anzeigeerstattung gegen Unbekannt trotz Kenntnis des Täternamens ist auch dann tatbestandsmäßig, wenn der Beamte das Geständnis des Täters nur gegen die Zusicherung erhielt, den Namen nicht zu nennen (BGH bei Dallinger MDR **1954** 15, 17; *Ruß* LK[11] Rdn. 5). Zum Unterlassen einer Anzeige durch Polizeibeamte ferner RG HRR **1941** 457; **1941** 839; OLG Hamm HESt **2** 355. 11

Stellt ein *Staatsanwalt* das Verfahren wegen Geringfügigkeit ein, hält man dies meist schon für tatbestandsmäßig, wenn er einen Ermessensspielraum missbraucht.[14] Sachgerecht ist es jedoch, darüber hinaus zu verlangen, dass die Einstellung aus Rechtsgründen überhaupt nicht möglich war (Ermessensreduzierung, siehe bei § 258 Rdn. 101). Die Pflicht, unverzüglich ein Verfahren einzuleiten, lässt dem Amtsträger zudem eine gewisse Zeitspanne, um zu entscheiden, ob hinreichender Tatverdacht vorliege.[15] Der Versuch beginnt also (auch) in diesem Fall noch nicht, wenn der Amtsträger die erste Handlungsmöglichkeit verstreichen lässt, sondern erst, wenn nach seiner Vorstellung alle Informationen vorliegen, der Entscheidungsprozess abgeschlossen ist und auch die physisch-reale Gelegenheit war, die Verfolgung zu beginnen. Siehe im Übrigen bei § 258 zur *Beendigung* beim Unterlassen Rdn. 55, zur *Arbeitsüberlastung* der verantwortlichen Amtsträger Rdn. 99, zu sogenannten *Schiebeverfügungen* Rdn. 89, zum Personal einer *Justizvollzugsanstalt* Rdn. 95 ff, zu *Polizisten* Rdn. 100 und zur *Steuerfahndung* Rdn. 102. 12

Zu dem Problem **privater Kenntnisnahme** von strafbaren Handlungen siehe zu § 258 Rdn. 100. 13

2. **Innerer Tatbestand.** Für den Vorsatz hinsichtlich der **Stellung des Täters als Amtsträger** in dem Rdn. 3 ff bestimmten Sinn kommt es darauf an, ob man diese Stellung als Blankettmerkmal ansieht oder als normatives Tatbestandsmerkmal (rechtsinstitutionelles Merkmal, vgl. zu § 258 Rdn. 118 ff). Für eine Behandlung als Blankett-merkmal spricht die Parallele zur Garantenstellung bei den unechten Unterlassungsdelikten, denn die herrschende Meinung verlangt für den Vorsatz insoweit lediglich die Kenntnis der Umstände, welche die Garantenstellung begründen, nicht aber das Bewusstsein, im Vergleich mit anderen besonders pflichtenbelastet zu sein.[16] Andererseits ist diese herrschende Meinung zweifelhaft, wenn man sie damit vergleicht, wie andere rechtliche Eigenschaften 14

---

12 RGSt **63** 276; OLG Koblenz NStZ-RR **2006** 77; *Lackner/Kühl* Rdn. 3; *Ruß* LK[11] Rdn. 5.

13 BGH LM § 346 a.F. Nr. 10; *Fischer* Rdn. 4; *Ruß* LK[11] Rdn. 5.

14 *Frank* GS Schlüchter, S. 275, 280; *Kölbel* GA **2002** 403, 421; *Lackner/Kühl* Rdn. 3; *Ruß* LK[11] Rdn. 5.

15 BGH LM Nr. 1 zu § 346 a.F.; *Frank* GS Schlüchter, S. 275, 279; *Lackner/Kühl* Rdn. 3; zu § 258 Rdn. 101.

16 Grundlegend BGHSt (GS) **16** 155, 158; für § 258a OLG Köln NJW **1981** 1794, 1795; aA etwa *Herzberg* Die Unterlassung im Strafrecht und das Garantenprinzip (1972) S. 227 ff; weitere Nachweise zu beiden Ansichten bei *T. Walter* Kern des Strafrechts, S. 250 in Fn. 25.

von Personen, Sachen und Institutionen dem Vorsatzerfordernis unterworfen werden, nämlich als normatives Tatbestandsmerkmal (vgl. *T. Walter* Kern des Strafrechts, S. 258 ff mit dem Beispiel des Status als Richter für § 339 [Rechtsbeugung]). Auch mit Rücksicht auf die Appellfunktion, die man dem Tatbestandsvorsatz zuschreibt, ist es vorzugswürdig zu verlangen, dass sich der Täter seiner herausgehobenen *Pflichtenstellung* bewusst sei; und zwar gerade mit Blick auf das Verfahren, dessen Erfolg er vereitelt (*Ruß* LK[11] Rdn. 9). Es muss allerdings nach dem üblichen Maßstab genügen, dass sich der Täter in seiner Laiensphäre – die bei § 258a so laienhaft nicht sein kann – vorstellt, gerade für das Verfahren, das er vereitelt, rechtlich besonders verpflichtet zu sein, es einzuleiten, voranzutreiben, zu fördern oder abzuschließen (vgl. Rdn. 5). Bei einem Beamten, der für die Bearbeitung örtlich und sachlich zuständig ist, macht das in der Regel keine Schwierigkeiten.

15 Unzweckmäßige Ermittlungen sprechen nicht ohne weiteres für die **Absicht**, einen Beschuldigten der Strafverfolgung zu entziehen (BGHSt **19** 79, 80; *Ruß* LK[11] Rdn. 5). – Zum inneren Tatbestand im Falle eines Staatsanwalts, der rückständige Verfahren nicht bearbeitet, BGH 5 StR 439/76 vom 9.11.1976.

16 3. **Strafausschließungsgründe und Strafzumessung.** Auch für den Täterkreis des § 258a ist der § 258 **Absatz** 5 anzuwenden (§ 258a Abs. 3).[17] Ein bestimmter Bezug der Tathandlung zur Vortat ist nach dem Wortlaut des Gesetzes nicht erforderlich (umstritten).[18] Ein besonderes Problem kann sich für Amtsträger ergeben, die entgegen ihren Pflichten eine Strafverfolgung unterlassen, dadurch auch die eigene Strafverfolgung verhindern wollen, aber ihre *Zwangslage schuldhaft selbst herbeigeführt* haben. Ein Beispiel ist ein Polizist, den der Vortäter bestochen hat, damit er die Strafverfolgung des Vortäters unterlasse. Durch sein Unterlassen will der Polizist dann zugleich verhindern, dass seine Bestechlichkeit herauskommt. Die herrschende Ansicht hält das Unterlassen dennoch für strafbar.[19] Das verstößt aber gegen die Wortlautschranke (Art. 103 Abs. 2 GG, siehe schon bei § 258 Rdn. 127). Denn § 258 Abs. 5 interessiert sich nicht für ein etwaiges Vorverschulden des Täters (*M. Seebode* JZ **1998** 781, 782). Dass eine einschränkende Auslegung teleologisch geboten wäre, kann die Wortlautschranke nicht überspringen. Ebenso ist der Fall zu beurteilen, dass ein Polizist oder Staatsanwalt den Vortäter mit der Drohung erpresst, die Strafverfolgung zu betreiben, und sie dann auch deshalb unterlässt, um zu verhindern, dass die Erpressung – oder ihr Versuch – ruchbar wird.[20] Eine Parallele ist zu dem Fall zu ziehen, dass jemand dem Vortäter vorab eine falsche Zeugenaussage zusichert, sie später tatsächlich macht und dabei auch handelt, um die eigene Strafverfolgung wegen (psychischer) Beihilfe zu vereiteln. Der Bundesgerichtshof setzt sich allerdings auch für diesen Fall über die Wortlautschranke hinweg (siehe bei § 258 Rdn. 134). Für § 258a bereits wie hier *Ruß* LK[11] Rdn. 12; vgl. BGHSt **6** 20 ff.

---

[17] Vgl. dazu BGHSt **6** 20, 21; **4** 167, 168; RGSt **74** 178, 181; **73** 265, 268; **63** 276; RG Recht **1913** 1237; RG JW **1925** 258; RG GA Bd. 55 224; OLG Freiburg HESt **2** 59; OLG Hamburg SJZ **1948** 688; OLG Hamm JMBlNRW **1949** 157.

[18] *Lackner/Kühl* Rdn. 5; *Sch/Schröder/Stree* Rdn. 19; **aA** BGH 5 StR 464/57 vom 28.1.1958; 1 StR 765/52 vom 19.5.1953; 2 StR 190/52 vom 8.5.1953; RGSt **70** 251, 253; **31** 196; *Ruß* LK[11] Rdn. 12, 13.

[19] Für die h.M. BGHSt **4** 167, 169; *Fischer* Rdn. 8; *Lackner/Kühl* Rdn. 5; *Ruß* LK[11] § 258 Rdn. 31 und § 258a Rdn. 12. Vgl. RGSt **70** 251, 253; **63** 276.

[20] **AA** BGHSt 5 155, 156 für den vergleichbaren Fall eines vorangegangenen Diebstahls (in Form einer vorgetäuschten Beschlagnahme) durch einen Polizisten; *Fischer* Rdn. 8; *Lackner/Kühl* Rdn. 5.

Auch wenn der Amtsträger, schon bevor er sich selbst strafbar macht, Pflicht und Gelegenheit hatte, gegen den Vortäter einzuschreiten, scheitert Absatz 5 nur, wenn bereits das Unterlassen in jener Phase für sich genommen als mindestens versuchte Strafvereitelung zu erfassen ist.[21] 17

Nicht anzuwenden ist § 258 **Absatz 6** (Angehörigenprivileg). Doch entfällt bei einem Unterlassen nach allgemeinen Regeln die Strafbarkeit, wenn dem Amtsträger das Einschreiten gegen seinen Angehörigen – oder eine andere Person – nicht *zumutbar* ist.[22] Im Übrigen lassen sich Härten berücksichtigen, indem man einen minder schweren Fall annimmt oder sie in die Strafzumessung einfließen lässt (*Ruß* LK[11] Rdn. 14). 18

Zur **Strafzumessung** BGH wistra **2002** 260, 261 ff; *Ruß* LK[11] Rdn. 15. 19

4. **Versuch** (**Abs. 2**). Auch für § 258a ist bei einer Verfolgungsvereitelung der Strafanspruch des Staates ein normatives (rechtsinstitutionelles) Merkmal, so dass es gemäß der herrschenden Dogmatik für den Tatentschluss beim Versuch genügt, wenn der Täter eine **Vortat** rechtsirrig annimmt (vgl. zu § 258 Rdn. 143 ff). Erst recht und unstreitig hat er Tatentschluss, wenn er einem „reinen" Sachverhaltsirrtum unterliegt. Deshalb macht sich zum Beispiel ein Strafverfolgungsbeamter des Versuchs der Strafvereitelung im Amt schuldig, wenn er in Vereitelungsabsicht von der Verfolgung desjenigen absieht, den er irrig für den Täter einer Straftat hält.[23] 20

## IV. Konkurrenzen und Klageerzwingungsverfahren

Zu innertatbestandlichen Konkurrenzen, zur Konkurrenz mit § 258 und zu einer Reihe anderer Tatbestände gilt, was zu § 258 Rdn. 173 ff ausgeführt ist. Zu ergänzen bleibt: Auch gegenüber § 258a entfaltet der Tatbestand der **Rechtsbeugung** (§ 339) nach herrschender Ansicht eine *Sperrwirkung* für die in ihm genannten Personen – Richter, andere Amtsträger und Schiedsrichter –, sofern es um ein Verhalten geht „bei der Leitung oder Entscheidung einer Rechtssache".[24] Das bedeutet, dass man § 339 als abschließende Sonderregelung betrachtet, als eine Lex specialis im weiteren Sinne (zu diesen Begriffen *T. Walter* JA **2005** 468). Erfüllt ein solches Verhalten besagter Personen nicht den Tatbestand des § 339, scheiden auch andere Straftatbestände aus. Ob eine Handlung „bei" der Leitung oder Entscheidung einer Rechtssache getätigt wird, entscheidet sich danach, ob es einen inneren, funktionalen Zusammenhang gibt. Dies ist der Fall bei einem objektiv auf Leitungs- oder Entscheidungskompetenz beruhendem Tun oder Unterlassen. Nach OLG Karlsruhe NJW **2004** 1469, 1470 ist dies auch für das Unterlassen einer Verfahrensförderung anzunehmen. 21

---

21 AA OLG Karlsruhe NStZ **1988** 503, 504 (Fn. 30); wohl auch BGH 4 StR 189/62 vom 20.7.1962; *Fischer* Rdn. 8; *Ruß* LK[11] Rdn. 12.

22 Allgemein für die Unterlassungsdelikte *Lackner/Kühl* § 13 Rdn. 5 und *Weigend* LK § 13 Rdn. 68, beide mit weiteren Nachweisen; im Streit ist allerdings die verbrechenssystematische Einordnung dieser Entlastung. Zu § 258a etwa *Fischer* Rdn. 9; *Hoyer* SK Rdn. 5; *Satzger* Jura **2007** 754, 763; SSW-StGB/*Jahn* Rdn. 16; **aA** *St. Cramer* MK Rdn. 17 in Fn. 61.

23 BGHSt **15** 210 ff m. abl. Anm. *Weber* MDR **1961** 426; *Maurach* NJW **1962** 720; *Herzberg* JuS **1980** 473; *Ruß* LK[11] Rdn. 10.

24 BGHSt **10** 294 ff; OLG Koblenz NStZ-RR **2006** 77, 78; OLG Karlsruhe NJW **2004** 1469, 1470; *Fischer* Rdn. 4 und § 339 Rdn. 21.

22 Mit der *Bestechlichkeit* (§ 332) ist **Tateinheit** möglich.[25] Auch mit der *Steuerhinterziehung* nach § 370 AO ist bei Handlungseinheit Tateinheit anzunehmen (LG Berlin PStR 2005 6). Gleiches gilt für die *Vollstreckung gegen Unschuldige* (§ 345: A sitzt für B die Strafe ab; der Vollzugsbeamte, der darum weiß, meldet den Vollzug der Strafe gegen B, Beispiel von *Ruß* LK[11] Rdn. 16).

23 Das Opfer der Vortat ist im Verfahren wegen § 258a nicht **Verletzter** im Sinne des § 172 StPO und daher nicht berechtigt, die öffentliche Klage zu erzwingen.[26]

## § 259
## Hehlerei

**(1) Wer eine Sache, die ein anderer gestohlen oder sonst durch eine gegen fremdes Vermögen gerichtete rechtswidrige Tat erlangt hat, ankauft oder sonst sich oder einem Dritten verschafft, sie absetzt oder absetzen hilft, um sich oder einen Dritten zu bereichern, wird mit Freiheitsstrafe bis zu fünf Jahren oder mit Geldstrafe bestraft.**

**(2) Die §§ 247 und 248a gelten sinngemäß.**

**(3) Der Versuch ist strafbar.**

**Schrifttum.** Vgl. zunächst die Angaben vor § 257, ferner:

*Arzt* Die Hehlerei als Vermögensdelikt, NStZ **1981** 10; *ders.* Fremdnützige Hehlerei, JA **1979** 574; *Bauer* Erneute Neubestimmung des prozessualen Tatbegriffs als Konsequenz der Postpendenz-Rechtsprechung des Bundesgerichtshofes, wistra **1990** 218; *Beling* Hehlerei und Begünstigung, VDB VII 1; *Berz* Grundfragen der Hehlerei, Jura **1980** 57; *Blei* Die Neufassung der Hehlereitatbestände durch das EGStGB, JA **1974** 525; *Bockelmann* Über das Verhältnis der Hehlerei zur Vortat, NJW **1950** 850; *ders.* Der Nachweis des Hehlervorsatzes, NJW **1954** 1745; *Bruns* Zur neuesten BGH-Rechtsprechung über die Hehlerei des „Gewerbegehilfen", NJW **1954** 1066; *Dencker* Der Hehler als „Verkaufskommissionär", Festschrift Küper (2007) 9; *Friedrich* Strafbarkeit des Endabnehmers von Raubkopien, MDR **1985** 366; *F. Geerds* Zum Tatbestand der Hehlerei aus der Sicht des Kriminologen, GA **1958** 129; *Geppert* Zum Verhältnis Täterschaft/Teilnahme an der Vortat und sich anschließender Hehlerei, Jura **1994** 100; *Goltz* Strafrechtliche Gefahren beim Handel mit unedlen Metallen, NJW **1954** 174; *ders.* Metalldiebstahl und Metallhehlerei, JR **1955** 86; *Hartung* Zur Begründung der inneren Tatseite der Hehlerei, DRiZ **1957** 51; *Heimann-Trosien* Der vermutete Vorsatz im § 259, NJW **1952** 366; *Heinrich* Die Entgegennahme raubkopierter Software als Hehlerei, JZ **1994** 938; *Hruschka* Zur Logik und Dogmatik von Verurteilungen aufgrund mehrdeutiger Beweisergebnisse im Strafprozeß, JZ **1970** 637; *ders.* „Wahlfeststellung" zwischen Diebstahl und sachlicher Begünstigung? NJW **1971** 1392; *Jahn/Palm* Die Anschlussdelikte – Hehlerei (§§ 259–260a), JuS **2009** 501; *Joerden* Postpendenz- und Präpendenzfeststellungen im Strafverfahren, JZ **1988** 847; *ders.* Fremd- und Eigenreferenz bei den Anschlussdelikten Begünstigung, Hehlerei und Geldwäsche, Festschrift Lampe (2003) 771; *Knauth* Hehlerei an durch Scheckeinreichung erlangtem Bargeld? NJW **1984** 2666; *Kudlich* Neuere Probleme der Hehlerei (§ 259 StGB), JA **2002** 672; *Kreuzer/Oberheim* Praxistauglichkeit des Hehlereistraftatbestands (1986); *Küper* Die Merkmale „absetzen" und „absetzen hilft" im neuen Hehlereitatbestand, JuS **1975** 633; *ders.* Probleme der

[25] OLG Köln JMBlNRW **1950** 254; *Lackner/Kühl* Rdn. 6; **aA** (Tatmehrheit) BGHSt 4 167, 169; *Altenhain* NK Rdn. 16; *Sch/Schröder/Stree* Rdn. 23; SSW-StGB/*Jahn* Rdn. 14.

[26] OLG Nürnberg NStZ-RR 2000 54 (zu § 258); OLG Frankfurt a.M. NStZ-RR 1998 279; *Fischer* Rdn. 13.

„Postpendenzfeststellung“ im Strafverfahren, Festschrift Lange (1976) 65; *ders.* Probleme der Hehlerei bei ungewisser Vortatbeteiligung (1989); *ders.* Über das „zeitliche Verhältnis“ der Hehlerei zur Vortat, Festschrift Stree/Wessels (1993) 467; *Lenz* Die Vortat der Hehlerei, Diss. Göttingen 1994; *Martens* Mittelbarer Besitz des Betrügers und Hehlerei, JA **1996** 248; *Matthies* Studien zur Hehlerei als Vermögensdelikt (2004); *Maurach* Bemerkungen zur neuesten Hehlereirechtsprechung des BGH, JZ **1952** 714; *Meister* Beteiligung an der Vortat und Hehlerei, MDR **1955** 715; *D. Meyer* Zum Problem der Ersatzhehlerei an Geld, MDR **1970** 379; *ders.* Zur Auslegung des Merkmales „oder absetzen hilft“ der neuen Hehlereivorschrift, MDR **1975** 721; *ders.* Zum Merkmal „sich verschaffen“ i.S. des § 259 Abs. 1 StGB bei Begründung gemeinsamer Verfügungsgewalt, MDR **1977** 372; *Mezger* Zur Entwicklung der sog. Ersatzhehlerei, ZStW 59 (1939) 549; *Oellers* „Der Hehler ist schlimmer als der Stehler“ GA **1967** 6; *Otto* Die Struktur des strafrechtlichen Vermögensschutzes (1970); *ders.* Hehlerei, § 259 StGB, Jura **1985** 148; *ders.* Die neuere Rechtsprechung zu den Vermögensdelikten, JZ **1993** 652; *Rose* Die Anforderungen an die Vortat der Hehlerei – Auswirkungen der Eigentums- und Besitzlage des Vortäters, JR **2006** 109; *Roth* Ablösung der Perpetuierungstheorie zur Hehlerei für bestimmte Fallgruppen? NJW **1985** 2242; *Roxin* Geld als Objekt von Eigentums- und Vermögensdelikten, Festschrift H. Mayer (1967) 467; *Rudolphi* Grundprobleme der Hehlerei, JA **1981** 1 und 90; *Sax* Der Begriff der „strafbaren Handlung“ im Hehlereitatbestand (§ 259 StGB), MDR **1954** 65; *E. Schneider* Zur Strafbarkeit des Mitgenusses gestohlener Sachen nach der Rechtsprechung des BGH, NJW **1954** 16; *Seelmann* Grundfälle zur Hehlerei (§ 259 StGB), JuS **1988** 39; *Seibert* Der Vorteil bei der Hehlerei, MDR **1952** 732; *Siebecke* Die Abgrenzung zwischen der Hehlerei nach § 259 des Strafgesetzbuches und der Hehlerei nach § 18 des Gesetzes über den Verkehr mit unedlen Metallen, MDR **1950** 145; *Sippel* Hehlerei an durch Scheckeinreichung erlangtem Bargeld? NStZ **1985** 348; *Stree* Mitwirken zum Absatz strafbar erworbener Güter, GA **1961** 33; *ders.* Die Ersatzhehlerei als Auslegungsproblem, JuS **1961** 50; *ders.* Abgrenzung der Ersatzhehlerei von der Hehlerei, JuS **1961** 83; *ders.* Probleme der Hehlerei und Vernachlässigung der Aufsichtspflicht, JuS **1963** 427; *Waider* Zum sog. „derivativ-kollusiven“ Erwerb des Hehlers, GA **1963** 321; *Zieschang* Jüngere Entwicklungen in der Rechtsprechung zu den Merkmalen „Absetzen“ und „Absatzhilfe“ im Rahmen des § 259 StGB, GS Schlüchter (2002) 403; *Zöller/Frohn* Zehn Grundprobleme des Hehlereitatbestandes (§ 259 StGB), Jura **1999** 378.

Siehe auch die Angaben vor § 257 und zu §§ 260, 260a.

### Entstehungsgeschichte

Die Vorschrift entspricht der Fassung des EGStGB. Vor dem 1.1.1975 hatte sie folgenden Wortlaut:

*(1) Wer seines Vorteils wegen Sachen, von denen er weiß oder den Umständen nach annehmen muß, daß sie mittels einer strafbaren Handlung erlangt sind, verheimlicht, ankauft, zum Pfande nimmt oder sonst an sich bringt, oder zu deren Absatz bei anderen mitwirkt, wird als Hehler mit Freiheitsstrafe bis zu fünf Jahren bestraft.*

*(2) Der Versuch ist strafbar.*

Absatz 2 ist bei unverändert gebliebenem Wortlaut von Absatz 1 durch die StrafrechtsanglVO vom 29. Mai 1943 (RGBl. I S. 339) eingefügt worden.

*Übersicht*

## I. Allgemeines

1 **1. Geschichte.** Eingehend zur Geschichte des Hehlereitatbestandes *Neumann* S. 13 ff, 66 ff und öfter, zusammenfassend S. 413 ff; vgl. Vor § 257 Rdn. 1. – Das gemeine Recht fasste Begünstigung, Strafvereitelung und Hehlerei ohne begriffliche Unterscheidung als Fälle unselbständiger *Beihilfe* nach der Tat zusammen (**auxilium post delictum**), also als Erscheinungsformen der Beteiligungslehre und damit als Figuren des Allgemeinen Teils (vgl. auch Rdn. 1 zu § 257). Von diesen Figuren war es die Hehlerei, die in der partikulären Gesetzgebung des 19. Jahrhunderts als erstes aus der Beteiligungslehre herausgelöst und als *delictum sui generis* verselbständigt wurde. (Zum Verhältnis zwischen Hehlerei und Begünstigung *Gretener* Begünstigung und Hehlerei in historisch-dogmatischer Darstellung [1879].) Das eigennützliche und gewinnsüchtige Motiv des Täters gab Anlass zu dieser Entwicklung, deren wesentliche Triebfeder das preußische Strafgesetzbuch von 1851 war (§§ 237–240). In der Folgezeit traten diese Tätermotive vor allem durch das Änderungsgesetz von 1856 in den Hintergrund und wurden zeitweilig sogar als historisch bedingt verworfen. Vielmehr wollte der preußische Strafgesetzgeber die in Rede stehenden Handlungen jetzt mit Strafe belegen, weil sie für die Rechtspflege eine derartige Gefährlichkeit aufwiesen, dass sie ihm auch ohne persönliches Vorteilsmotiv und nur als Besserstellung des Vortäters strafwürdig erschienen. Diese Entwicklung setzte sich unter Wiederbelebung des Vorteilsmotivs im Reichsstrafgesetzbuch von 1870/71 fort (§§ 258–262). Wie bei der Verselbständigung des Begünstigungstatbestandes spielten dabei die *Hegelsche* Rechtsphilosophie und die neue Lehre vom Rechtsgut ihre Rolle (vgl. zu § 257 Rdn. 2). Die heutige Gestalt der Hehlerei als Vermögensdelikt geht zurück auf die grundlegenden Arbeiten von *Binding* und *Gretener*,[1] deren Perpetuierungslehre vom Reichsgericht aufgegriffen wurde und im Entwurf von 1962 seine Bestätigung fand (vgl. RGSt **6** 218, 221; umfassende Nachweise bei *Neumann* S. 416). Die Neufassung der Vorschrift im Jahre 1974 verankerte mit der Bereicherungsabsicht auch das Vorteilsmotiv im Gesetz.

2 **2. Rechtsgut.** Der Begriff des Rechtsguts ist mehrschichtig und in seiner wichtigsten auslegungsleitenden Funktion problematisch, weil er mit ihr die Gefahr von Zirkel-

[1] *Binding* Der Entwurf eines Strafgesetzes für den Norddeutschen Bund in seinen Grundsätzen beurteilt (1869) S. 105 ff; *Gretener* Begünstigung und Hehlerei in historisch-dogmatischer Darstellung (1879) S. 110 ff; vgl. *Neumann* S. 416 f.

schlüssen begründet; näher bei § 257 Rdn. 4 m.w.N., vgl. auch bei § 258 Rdn. 3. Rechtsgut des § 259 ist nach ganz **herrschender Meinung**[2] das *Vermögen*. Üblicherweise ergänzt und erläutert man diese Festlegung mit dem Satz, das Unrecht der Hehlerei bestehe darin, im Einvernehmen mit dem Vortäter den rechtswidrigen Vermögenszustand aufrechtzuerhalten, den die Vortat geschaffen habe, und zwar durch das „Weiterschieben" der Beute (Perpetuierungstheorie).[3] Letzteres entspricht *H. Schröders* Theorie der Restitutionsvereitelung, nach welcher der Unwert der Hehlerei in der Aufrechterhaltung und Vertiefung einer durch die Vortat geschaffenen rechtswidrigen Besitzposition liegt.[4] Auch für die herrschende Meinung ist der rechtswidrige Vermögenszustand unstreitig eine rechtswidrige *Besitz*lage, da Tatobjekt der Hehlerei nur eine Sache im Sinne von § 90 BGB sein kann (Rdn. 12).

Das Schrifttum vertritt zum Teil **abweichende Ansichten**. Die früher häufiger vertretene *Nutznießungstheorie* sah das Wesen der Hehlerei im Vorteilsstreben des Hehlers und darin, dass er eine von der Verkehrsauffassung missbilligte Vermögenslage ausbeuten wolle.[5] *Miehe* hat die Ansicht vertreten, der Hehlereitatbestand solle zur Stärkung der Generalprävention verhindern, dass dem Vortäter Hilfe zuteil werde (*Miehe* FS Honig S. 91, 104 f; ähnlich BGHSt 7 134, 142). Das ist für § 259 eine Ausprägung der *Rechtsgeltungstheorie,* die *Miehe* auch für die Begünstigung und die Strafvereitelung begründet hat (siehe bei § 257 Rdn. 7 und bei § 258 Rdn. 5). In die gleiche Richtung geht jener Teil der Lehre („Gefährlichkeitstheorie"),[6] der meint, der Unrechtsgehalt der Hehlerei bestehe zusätzlich zum Aufrechterhalten einer rechtswidrigen Vermögenslage darin, dass der Hehler die abstrakte Gefahr weiterer deliktischer Angriffe auf die strafrechtlich geschützten Vermögenswerte begründe; es gehe § 259 auch um den *Schutz allgemeiner Sicherheitsinteressen*. Anders seien die Sanktionen bei der Hehlerei nicht erklärlich, die in manchen Fällen schärfer seien als jene, die für die Vortaten drohten (zum Beispiel in § 246 oder § 289). Dies gelte besonders für die Strafschärfung in §§ 260 f und für die Möglichkeit, Führungsaufsicht anzuordnen (§ 262). 3

---

2 BGH NJW **1978** 710; BGH 2 StR 329/08 vom 27.08.2008 m. Anm. *von Heintschel-Heinegg* JA **2008** 899; *Arzt* NStZ **1981** 10; *Arzt/Weber/Heinrich/Hilgendorf* BT § 28 Rdn. 1; *Fischer* Rdn. 1; *Geppert* Jura **1994** 100; *Kudlich* JA **2002** 672; *Lackner/Kühl* Rdn. 1; *Otto* Jura **1985** 148; *Rudolphi* JA **1981** 1; *Ruß* LK[11] Rdn. 1; *Sch/Schröder/Stree* Rdn. 1; *Seelmann* JuS **1988** 39; *Zöller/Frohn* Jura **1999** 378, 379. Modifizierend *Matthies* S. 146, die auf dem Boden der Perpetuierungstheorie allein das *Eigentum* des Vortatopfers als Rechtsgut der Hehlerei ansehen will.

3 BTDrucks. 7/550, S. 252; BGHSt **33** 50, 52; **27** 45 f = JR **1977** 124 m. Anm. *D. Meyer* (weitere Anm./Bspr.: *Blei* JA **1977** 140; *Franke* NJW **1977** 857); **10** 151, 152; **7** 134, 137; BGH NJW **1979** 2621 = JR **1980** 214 m. Anm. *Lackner*; NJW **1978** 710; NJW **1959** 1377; RGSt **72** 146; OLG München StV **1991** 504, 505; KG JR **1966** 307; *Fischer* Rdn. 1; *Geppert* Jura **1994** 100; *Lackner/Kühl* Rdn. 1; *Roth* NJW **1985** 2242, 2243; *Ruß* LK[11] Rdn. 1; *Sippel* NStZ **1985** 348; *Welzel* Strafrecht, S. 396; **krit.** *Hruschka* JR **1980** 221.

4 *Schröder* FS Rosenfeld, S. 161, 167 ff; *ders.* MDR **1952** 68, 71; ebenso *Martens* JA **1996** 248, 249; vgl. LG Karlsruhe K&R (Kommunikation und Recht) **2007** 663, 665: für die Strafwürdigkeit sei „entscheidend", dass der Hehler die Rückgewinnung erschwere. **Krit.** dazu *Hörnle* FS Schroeder, S. 477, 486.

5 *Gallas* FS Gleispach, S. 59; *F. Geerds* GA **1958** 129, 131; *K. Schäfer* JW **1936** 1229; **1936** 3014; **1937** 1167; **1937** 3299; aus der Rechtsprechung OLG Koblenz DRZ **1950** 69.

6 *Hoyer* SK Rdn. 2 f; *Hörnle* FS Schroeder, S. 477, 488 ff (Unterstützung illegaler Märkte); *Lenckner* JZ **1973** 794, 796 f; *Oellers* GA **1967** 6, 7 f; *Rose* JR **2006** 109, 110; *Rudolphi* JA **1981** 1, 4 f; *Sch/Schröder/Stree* Rdn. 1, 3; *Seelmann* JuS **1988** 39; *Stree* JuS **1963** 427, 431 und **1976** 137, 142; **krit.** *Roth* S. 94 ff; SSW-StGB/*Jahn* Rdn. 1.

4 Unter den **Argumenten** für das Rechtsgut Vermögen ist zunächst die Vorstellung des Gesetzgebers zu berücksichtigen, der „dem Wesen der Hehlerei als einer gegen fremdes Vermögen gerichteten Tat" Rechnung tragen wollte und mutmaßlich noch immer will (BTDrucks. 7/550, S. 253). Daher hat er § 259 das Erfordernis einer Bereicherungsabsicht hinzugefügt. Sie unterscheidet die Hehlerei von der Begünstigung und von der Strafvereitelung. Beides trifft auch für das Tatbestandsmerkmal zu, dass sich die Vortat gegen fremdes Vermögen gerichtet haben muss. Zum Rechtsgut Vermögen passt ferner die herrschende Ansicht, das Wesen der Hehlerei bestehe darin, eine rechtswidrige Vermögenslage – genauer: Besitzlage – aufrechtzuerhalten. Denn dieses „Wesen" entspricht in etwa dem, was bei Betrug, Erpressung und Untreue der Vermögensschaden ist. Zwar gibt der Gesetzeswortlaut ein solches Verständnis nicht zwingend vor. Es folgt aber dem Willen des Gesetzgebers (BTDrucks. 7/550, S. 252) und erscheint kriminalpolitisch vernünftig. Beides gilt auch für die herrschende Ansicht, der Hehler müsse im Einvernehmen mit dem Vortäter handeln (Rdn. 34). Allerdings lässt sich dieses Erfordernis nicht mehr aus dem Rechtsgut Vermögen ableiten, ebensowenig aus dem Wortlaut des Gesetzes. Vielmehr nähert es die Hehlerei wieder der Begünstigung und der Strafvereitelung an und passt besser zu der Ansicht, § 259 diene der Generalprävention, indem er eine Unterstützung des Vortäters nach der Tat verhindern wolle (Rechtsgeltungstheorie und nahestehende Konzepte). Nach dieser Auffassung ist der generalpräventive Akzent auf § 259 sogar stärker als auf § 257 und § 258, da für diese Tatbestände anerkannt ist, dass es auf die Zustimmung des Vortäters nicht ankommt (auch wenn sie natürlich fast immer vorliegt, siehe bei § 257 Rdn. 52 und bei § 258 Rdn. 14).

5 Entsprechendes mag man mit einem Teil des Schrifttums für die **Sanktionen** feststellen: Während die Strafrahmen der Begünstigung und der Strafvereitelung nicht über die Strafrahmen der Vortaten hinausgehen können (abgesehen vom Amtsdelikt des § 258a), ist der Strafrahmen des § 259 unabhängig von der Vortat und erreicht in §§ 260, 260a ein Ausmaß, das die Strafrahmen bei Begünstigung und Strafvereitelung weit übertrifft; in § 260a wird die Hehlerei sogar zum Verbrechen. In den qualifizierten Fällen der Hehlerei ist ferner § 247 nicht mehr anzuwenden, der dem Grundtatbestand eine weitere individualschützende Note gibt und so zunächst für das (Individual-)Rechtsgut Vermögen spricht (die Hehlerei ist nur auf Antrag verfolgbar, wenn der Hehler ein Hausgenosse des Opfers der Vortat ist, Rdn. 101; siehe ferner bei § 260 Rdn. 13). Andererseits vermag ein Hinweis allein auf die Höhe der Sanktionen bei der Hehlerei keinen kollektivschützenden Charakter (Gemeinrechtsgut) zu begründen: Auch durch die hohen Sanktionsdrohungen in §§ 244, 244a und 250 hat sich noch niemand dazu verleiten lassen, für Raub und Diebstahl andere als Individualrechtsgüter anzunehmen (Eigentum, Gewahrsam, Freiheit der Willensbetätigung). Und dass die Sanktionen der Hehlerei von der Vortat unabhängig sind, lässt sich auch als ein Zeichen deuten, das gegen ein Gemeinrechtsgut spricht, nämlich gegen eine Rolle des Tatbestandes als (schlichter) generalpräventiver Verstärker derjenigen Normen, die durch die Vortat verletzt werden (vgl. zu § 258 Rdn. 10).

6 Es gibt demnach sowohl Gesichtspunkte, die für das Individualrechtsgut Vermögen sprechen, als auch solche, die auf ein Gemeinrechtsgut hindeuten, wie es den §§ 257, 258 zugrundeliegt. Sinnvoll ist es daher, sich einige „**Testfragen**" zu stellen. Eine Nagelprobe für die Ansicht vom Individualrechtsgut ist die Frage, ob das Opfer der Vortat berechtigt sein solle, ein Klageerzwingungsverfahren zu betreiben. Schützt § 259 das Vermögen des Opfers der Vortat, so spricht das dafür, dass dieses Opfer durch die Hehlerei unmittelbar in einem eigenen Recht beeinträchtigt werden kann und daher als Verletzter im Sinne des § 172 StPO in Frage kommt. Dagegen ließe sich wohl vorbringen, allein der Vortäter

beeinträchtige die Rechte des Opfers unmittelbar, der Hehler hingegen allenfalls mittelbar. Doch das dürfte mit dem gängigen Verständnis schwer zu vereinbaren sein, dass die Hehlerei ein „Festigen oder Verlängern“ rechtswidriger Zustände bedeute (*Ruß* LK[11] Rdn. 1); auch wenn zu berücksichtigen ist, dass die Hehlerei nicht in jedem Fall den Vermögensschaden des Vortatopfers vertieft, eine Klageerzwingungsbefugnis des Vortatopfers hinsichtlich der Hehlerei also nicht automatisch möglich sein müsste. Ferner spricht der Verweis auf § 247 (in § 259 Abs. 2) für eine Klageerzwingungsbefugnis des Vortatopfers. Denn in § 247 ist ausdrücklich von dem Verletzten die Rede, der bei sinngemäßer Anwendung auf § 259 nur das Opfer der Vortat sein kann (vgl. Rdn. 101). Der Gesetzgeber spricht ebenfalls von dem Angehörigen (und so weiter) als einer Person, die durch die Hehlerei verletzt wird (BTDrucks. 7/550, S. 253). Und nach der zum Strafprozessrecht herrschenden Ansicht ist das Vortatopfer tatsächlich befugt, die Strafverfolgung des Hehlers zu erzwingen (siehe nur *Graalmann-Scheerer* LR § 172 Rdn. 94). – Des Weiteren müsste sich ein individualschützender Charakter in den Konkurrenzen dahingehend auswirken, dass mit der Begünstigung Tateinheit möglich ist. Schützt § 259 hingegen ausschließlich ein Gemeinrechtsgut, liegt es für die Konkurrenz mit § 257 näher, diesen Tatbestand wegen der geringeren Strafdrohung zurücktreten zu lassen. Auch ist dann ein Klageerzwingungsverfahren ausgeschlossen (wie es für § 258 der herrschenden Meinung entspricht, siehe dort Rdn. 8). Schließlich noch wäre es für den Schutz eines Gemeinrechtsgutes ohne Belang, ob das Opfer der Vortat dem „Weiterschieben“ der Beute zustimmt. Geht man vom kumulativen Schutz eines Gemein- und eines Individualrechtsguts aus, lässt sich darüber streiten, ob die Zustimmung eines individuellen Opfers von Bedeutung sei (dazu *Rönnau* LK Vor § 32 Rdn. 176 mit Nachweisen). Hält man hingegen das Vermögen für das einzige Rechtsgut des § 259, muss die Zustimmung des Opfers der Vortat den Tatbestand ausschließen (Einverständnis) oder rechtfertigen (Einwilligung).

Im **Ergebnis** streiten diese Überlegungen dafür, als Rechtsgut des § 259 allein das **Vermögen** anzusehen. Das ist auch der beste Weg, um die meisten Ergebnisse plausibel zu machen, welche die herrschende Ansicht zu den soeben Rdn. 6 aufgeworfenen Fragen vertritt. Den Ausschlag geben die Bereicherungsabsicht, die § 259 verlangt, und der Wunsch, dem Opfer der Vortat die Möglichkeit zu eröffnen, mit seiner Zustimmung (ex ante) die Strafbarkeit der Hehlerei zu beseitigen. Etwa ist es nicht als strafwürdig zu erachten, dass sich jemand eine gestohlene Sache verschafft, um sie im eigenen Namen einer gemeinnützigen Einrichtung zu spenden, wenn der Bestohlene damit einverstanden ist (nur wenn der Spender dies nicht weiß, liegt ein strafbarer Versuch vor). Unstreitig tatbestandslos handelt ferner, wer sich Diebesgut verschafft, um es dem Bestohlenen zurückzugeben. Mit einem generalpräventiven Konzept – Abschreckung potentieller Diebe – ist das kaum zu vereinbaren, denn das Ergebnis gilt unstreitig fort, wenn der Dieb die von ihm gewünschte Gegenleistung erhält und alles genau so läuft, wie er es von Anfang an geplant hat. Entscheidend ist vielmehr wiederum die aktuelle oder mutmaßliche Zustimmung des Opfers der Vortat. Man kann das Ergebnis aus dem „Wesen“ der Hehlerei ableiten, das im Aufrechterhalten einer rechtswidrigen Besitzlage bestehe (und tut dies auch). Aber dieses Wesen ist nur als Erläuterung oder Konkretisierung eines Individualrechtsgutes zu erklären. Zweitens ist es sinnvoll, dem Opfer der Vortat – mit der herrschenden Ansicht zum Strafprozessrecht (Rdn. 6) – die Möglichkeit zu geben, mit einem Strafantrag (im weiteren Sinne) die öffentliche Klage zu erzwingen. Denn es geht nun einmal um „seine Sache“. Allerdings ist aus dem Individualrechtsgut Vermögen nicht ableitbar, dass der Hehler im Einvernehmen mit dem Vortäter handeln müsse, im Gegenteil (Rdn. 4). Soweit man dies ebenfalls zum Wesen der Hehlerei rechnet, kann 7 man sich dafür auch nicht auf sonstige vorfindliche (sachlogische) Zwänge berufen oder auf den Wortlaut des Gesetzes. Das ist aber unschädlich, weil jenes Erfordernis geschichtlich gefestigt ist (historische Auslegung) und den Vorstellungen des Gesetzgebers entspricht – was schon für sich genommen ausreicht. Methodisch handelt es sich nicht einmal nur um eine einschränkende Auslegung, sondern sogar um eine teleologische Reduktion. Denn wer den Dieb bestiehlt, verschafft sich eine Sache, die ein anderer durch eine Tat gegen fremdes Vermögen erlangt hat; ganz gleich, wie eng man diese Begriffe auch auslegt, ihr Wortlaut erfasst den Fall.

8 3. **Kriminologie.** Die Hehlerei-Kriminalität ist statistisch **rückläufig**. In den Nachkriegsjahren waren die Zahlen aufgrund der verbreiteten Bedürfnisse nach verknappten Waren stark angestiegen, sinken aber seit Jahrzehnten kontinuierlich.[7] Laut Polizeilicher Kriminalstatistik (PKS) liegt das Jahr 2008 mit 18.701 Fällen etwa auf gleichem Niveau mit dem Vorjahr (PKS 1999: 23.063 Fälle; 2004: 21.949 Fälle; 2007: 18.519 Fälle). Der Anteil, den die Hehlerei in der PKS einnimmt, liegt bei ca. 0,3–0,4 % der Gesamtkriminalität. Die Aufklärungsquote gibt man seit Jahren mit über 95 % an. Sie ist allerdings bedingt durch eine selektive Verfolgungsbereitschaft und dadurch, dass neben Anzeigen der Polizei im Anschluss an die Ermittlung von Vortaten nur wenige Anzeigen erstattet werden (*Eisenberg* Kriminologie § 45 Rdn. 108; vgl. *Kreuzer/Oberheim* S. 43). Angesichts der Schwierigkeiten bei der Verfolgung des Delikts geht man allgemein von einem großen Dunkelfeld aus.[8] *Toelle* (S. 104 f) spricht von einem Verhältnis von 65:1. Als Indiz dafür nimmt er die Diebstahlskriminalität und setzt davon 25 % als Fälle an, in denen sich eine Hehlerei anschließt. Bezogen auf die Zahlen der aktuellen PKS kann nach dieser Methode ein Verhältnis von zumindest 33:1 auch für die heutige Lage ermittelt werden. *Eisenberg* zufolge sind die Täter vielfach Gelegenheitshehler, die mit dem Täter der Vortat bekannt oder verwandt sind (Kriminologie § 45 Rdn. 109). Nach *F. Geerds* sind dies sogar rund zwei Drittel der Täter (GA **1988** 243, 248). – Gewerbsmäßige Hehler nehmen zum Teil Einfluss auf die Vortat (*Eisenberg* Kriminologie § 45 Rdn. 110; vgl. *F. Geerds* GA **1988** 243, 248 m.w.N.). Der Anteil weiblicher Personen ist seit den überdurchschnittlich hohen Zahlen in den Nachkriegsjahren auf ein unterdurchschnittliches Niveau gefallen (rund 14 % weibliche Hehler gegenüber rund 25 % weiblichen Tätern im Gesamtschnitt der PKS; vgl. *F. Geerds* GA **1988** 243, 249, der für 1985 noch von einer durchschnittlichen Minderbelastung der Frauen ausgeht). Der Anteil der nichtdeutschen Täter liegt nach der PKS bei etwa einem Drittel. Die Hehler teilt *F. Geerds* in drei Tätertypen ein (ohne Bezug auf die nationalsozialistische Tätertypenlehre, GA **1988** 243, 247 f; vgl. *Toelle* S. 123 ff). Dabei unterscheidet er den Verbrauchertyp, dem er zwei Drittel der Hehlereien zurechnet und der die erlangte Sache selbst ver- oder gebrauche, sowie den Raffertyp, der auch als Untertyp des Verbrauchertyps tätig werde, jedoch mit größerer krimineller Energie (nach *F. Geerds* 2 % der Täter). Als dritten Typ vermutet er für ein Drittel der Täter den sogenannten Schiebertyp, der entweder die Sache selbst verkaufe oder als „Makler“ tätig werde, das heißt gegen Provision den Absatz vermittle. – Motiviert werden die Täter hauptsächlich – anders als bei der Begünstigung und der Strafvereitelung – durch den wirtschaftlichen Vorteil (*F. Geerds* GA **1988** 243, 249 f; *Toelle* S. 142 ff). Im Jahr 2007 wurden nach der Statistik des Statistischen Bundesamts 3.141 Personen, davon 2.830 Männer, wegen Hehlerei verurteilt. Dazu kommen weitere 386 (davon 354 Männer) wegen gewerbsmäßiger Hehlerei sowie 10 (davon 9 Männer) wegen Bandenhehlerei Verurteilte.

---

[7] *Eisenberg* Kriminologie § 45 Rdn. 108; *Kreuzer/Oberheim* S. 45; *Toelle* S. 110.

[8] *Eisenberg* Kriminologie § 45 Rdn. 108; *Kreuzer/Oberheim* S. 70 ff; *Toelle* S. 105.

**4. Deliktsnatur.** Nach wohl herrschender Ansicht[9] ist die Hehlerei ein Tätigkeitsdelikt. Man begründet dies damit, dass kein Absatzerfolg erforderlich sei, und zwar – nach der Rechtsprechung – weder für die Variante des Absetzens noch für die des absetzen Helfens (Rdn. 55 und 59). Einige bezeichnen die Hehlerei daher auch als unechtes Unternehmensdelikt (so *Fischer* Rdn. 18). Folge der Ansicht, es handle sich um ein Tätigkeitsdelikt, ist namentlich, dass als Tatort nach § 9 lediglich der Ort in Betracht kommen soll, an dem der Täter handelt (oder, im Falle eines Unterlassens, hätte handeln müssen) (KG NJW **2006** 3016, 3017). Die Einordnung als Tätigkeitsdelikt trifft allerdings genausowenig zu wie für die Begünstigung (siehe zu § 257 Rdn. 13 f mit einem Beispiel, mit dem sich auch die Eigenschaft des § 259 als Erfolgsdelikt dartun lässt). Vielmehr ist die Hehlerei in allen ihren Varianten ein ziemlich gewöhnliches **Erfolgsdelikt.** Beim sich (oder einem Dritten) Verschaffen ist der Erfolg die Verfügungsgewalt über die Beute, beim Absetzen ist der Erfolg (entgegen der Rechtsprechung) der Absatz, und beim absetzen Helfen ist der Erfolg, dass dem Vortäter eine Unterstützung zuteil wird: dass ihm geholfen wird, entsprechend dem Hilfeerfolg bei der Beihilfe und bei der Begünstigung und unabhängig davon, ob auch noch der weitere Erfolg eines geglückten Absatzes eintritt oder nicht. 9

**Beispiele**, in denen die Tathandlung und der Taterfolg besonders deutlich auseinanderfallen, lassen sich – wie stets – bilden, wenn die Tathandlung das Abschicken einer Sache oder einer Nachricht per Post oder E-Mail ist. So mag der Hehler beim Sichverschaffen dem Dieb einen Schlüssel für eine Garage und das Angebot schicken, der Dieb möge das gestohlene Fahrzeug dort einstellen und den Schlüssel ihm, dem Hehler hernach wieder zukommen lassen, etwa in den Briefkasten werfen. Tathandlung ist das Absenden von Nachricht und Schlüssel, der Taterfolg tritt aber erst ein, wenn das Auto in der Garage steht und der Schlüssel im Briefkasten des Hehlers ist. Der Kausalverlauf bis dahin ist lang und abwechslungsreich und auf einer Teilstrecke psychisch vermittelt, denn der Dieb muss sich zunächst einmal entschließen, das Angebot anzunehmen. Für das Absetzen lässt sich der Fall bilden, dass der Hehler einem potentiellen Abnehmer ein Angebot schickt (Tathandlung) und zwei Wochen später die Antwort erhält, dass man sich einig sei (Taterfolg). Für das scheinbar besonders erfolgsunabhängige absetzen Helfen reicht es, sich ein paar typische und anerkannte Beispiele vor Augen zu halten (Rdn. 58 f), etwa den Transport von Diebesgut zum Umsatzort, das Umschlagen von Karosserienummern und die Fälschung von Fahrzeugpapieren. Führt ein Transport von A nach B nicht zu dem Erfolg, dass die Sache nunmehr an dem Ort B ist? Führt das Umschlagen einer Karosserienummer nicht zu dem Erfolg, dass das Fahrzeug nunmehr eine andere Karosserienummer hat? (Hat für die Sachbeschädigung oder für eine Reparatur schon jemand bezweifelt, dass der Schaden ein negativer und die Reparatur ein positiver Erfolg ist?) Und führt das Fälschen von Papieren nicht zu dem Erfolg, dass nunmehr gefälschte Papiere in der Welt sind? (Hat für die Urkundenfälschung schon jemand bezweifelt, dass das Herstellen einer unechten Urkunde einen Erfolg herbeiführt?) Ähnlich deutlich wird der Charakter der Hehlerei als Erfolgsdelikt, wenn die Tathandlung darin besteht, dass ein Bandenchef seinen Leuten eine Weisung erteilt, die erst bei ihrer späteren Ausführung den Tatbestand verwirklicht, etwa wenn er sie anweist, Diebesbeute anzunehmen; vor allem, wenn es sich um eine generelle Weisung handelt, aufgrund deren über Wochen und Monate gestohlene Sachen angekauft und in die Verfügungsgewalt des Bandenchefs übernommen werden. 10

[9] KG NJW **2006** 3016, 3017; *Altenhain* NK Rdn. 18; *Fischer* Rdn. 18; *Lauer* MK Rdn. 8.

11 Des Weiteren ist die Hehlerei ein **abstraktes** (Vermögens-)**Gefährdungsdelikt**. Entgegen einem verbreiteten Missverständnis heißt die Einordnung als Erfolgsdelikt nicht, dass man es auch mit einem Verletzungsdelikt zu tun hat (vgl. zu § 257 Rdn. 13 m.w.N.). Ein Verletzungsdelikt setzt zwar einen Erfolg voraus, begnügt sich aber nicht mit jedwedem Erfolg, sondern verlangt eine Verletzung des Angriffsobjekts (statt sich mit dessen konkreter Gefährdung zufriedenzugeben oder gar damit, dass ein abstrakt gefährlicher Zustand herbeigeführt wird). Da das Rechtsgut der Hehlerei das Vermögen des Opfers der Vortat ist (Rdn. 7), sind ihre Angriffsobjekte Vermögensgegenstände dieser Person. Vorschnell wäre es, die gehehlte Sache zum Angriffsobjekt zu erklären, denn das hieße Angriffsobjekt und Handlungsobjekt gleichzusetzen: Handlungsobjekte sind körperliche Gegenstände, die der Täter herstellt, verwendet, entwendet oder in Mitleidenschaft zieht, die aber auch bei Verletzungsdelikten stofflich vollkommen unbeschädigt bleiben mögen und den Angriff auf die beeinträchtigte Position lediglich vermitteln. So ist bei einem Diebstahl die gestohlene Sache zwar das Handlungsobjekt, an dem der Täter die Tat vollzieht, er braucht die Sache aber nicht zu beschädigen oder sonst stofflich zu verändern. Gleichwohl verletzt er die Gütersphäre des Opfers, indem er ihm die Möglichkeit nimmt, mit der Sache nach Belieben zu verfahren, namentlich sie zu nutzen. Er verletzt also die (unkörperliche) Nutzungsmöglichkeit des Opfers; sie ist sein Angriffsobjekt. Auch der Hehler kann die gehehlte Sache stofflich unangetastet lassen, und sie kann sogar an ein und demselben Ort bleiben; für keine der Tatvarianten ist ein Ortswechsel der Sache zwingend erforderlich. Das Angriffsobjekt muss ein Vermögensgegenstand des Vortatopfers sein, dessen Wert davon abhängt, was mit der Sache geschieht. Das ist der Anspruch des Vortatopfers auf Rückgabe der Sache. Seine Bonität richtet sich danach, welche Aussicht faktisch besteht, die Sache zurückzuerlangen. Und diese Aussicht wird durch ein „Weiterschieben" der Sache typischerweise geringer. Allerdings nicht zwingend und in jedem Fall. Die Hehlerei muss also nicht dazu führen, dass dem Opfer der Vortat ein (weiterer, vertiefter) Vermögensschaden entsteht; das Aufrechterhalten der rechtswidrigen Besitzlage entspricht einem solchen Schaden nur „in etwa" (Rdn. 4) und ist mit ihm nicht gleichbedeutend. Und daher ist die Hehlerei ein abstraktes Gefährdungsdelikt.[10]

## II. Äußerer Tatbestand

12 **1. Tatobjekt (Handlungsobjekt).** Tatobjekt im Sinne von Handlungsobjekt (Rdn. 11) ist eine **Sache** im Sinne von § 90 BGB, das heißt ein körperlicher Gegenstand. Wie für § 303 und § 242 und ungeachtet des § 90a BGB kann es sich auch um ein Tier handeln. Andere Vermögenswerte wie Forderungen und Rechte scheiden aus.[11] Auch *Daten* sind für sich betrachtet – also abgesehen vom Datenträger – unkörperlich und daher keine Sachen (*Vogel* LK § 242 Rdn. 9; *Wolff* LK § 303 Rdn. 6). Die Gegenansicht von *Haft* hat sich zu Recht nicht durchgesetzt (gegen ihn etwa *Tiedemann* LK[11] § 263a Rdn. 2 mit Nachweisen). Folglich fällt eine reine „Datenhehlerei" nicht unter § 259 (Fall des Ankaufs einer CD mit Schweizer Bankdaten; vgl. bei § 257 Rdn. 77). In Betracht kom-

---

[10] So schon *Arzt* NStZ **1981** 10, 11; *Arzt/Weber/Heinrich/Hilgendorf* BT § 28 Rdn. 1; *Geppert* Jura **1994** 100; *Hoyer* SK Rdn. 1; *Lauer* MK Rdn. 8; *Sch/Schröder/Stree* Rdn. 1; *Seelmann* JuS **1988** 39; **aA** (konkretes Gefährdungsdelikt) *Jahn/Palm* JuS **2009** 501, 502; *Rosenau* NStZ **1999** 352, 353.

[11] *Arzt/Weber/Heinrich/Hilgendorf* BT § 28 Rdn. 8; *Fischer* Rdn. 2; *Rudolphi* JA **1981** 1, 2; *Stree* JuS **1976** 137, 142; vgl. ferner *Arzt* NStZ **1981** 10; *Sippel* NStZ **1985** 348, 349.

men auch unbewegliche Sachen,[12] herrenlose Sachen (so nach einer Wilderei),[13] Sachen im Eigentum des Vortäters oder des Hehlers (so nach einer Pfandkehr, § 289, etwa wenn der Mieter oder Pächter eine eigene Sache dem Zugriff des Vermieters beziehungsweise Verpächters entzieht, sofern die Sache deren gesetzlichem Pfandrecht unterliegt).[14] Im Eigentum des Vortäters kann die Sache insbesondere stehen, wenn er sie durch einen Betrug erlangt hat (RG GA Bd. **61** 335; **aA** *Matthies* S. 146). Nur wenn der Vortäter unanfechtbares Eigentum erworben hat, ist keine Hehlerei mehr möglich. Denn in diesem Fall fehlt es an einer rechtswidrigen Besitzlage, die aufrechterhalten werden könnte.[15] – Wenn auch Rechte oder Forderungen nicht Gegenstand der Hehlerei sein können, so doch die ein Recht verkörpernden Papiere, etwa Grundschuldbriefe[16] und Sparkassenbücher (RGSt **61** 126, 127; *Ruß* LK[11] Rdn. 2). Auch Schuldscheine und Scheckformulare können gehehlt werden.[17] Gleiches gilt für Gepäck- und für Pfandscheine. Wer sie erwirbt, will sich aber in der Regel nicht das Stück Papier verschaffen, sondern die verwahrte Sache. Dann ist *sie* das Tatobjekt, und nicht der Gepäck- oder Pfandschein. Er kann allerdings bereits die Verfügungsgewalt vermitteln, so dass sich der Erwerber mit ihm zugleich die verwahrte Sache verschafft (BGHSt **27** 160, 161 [Fn. 62]; *Ruß* LK[11] Rdn. 2; hier Rdn. 47).

### 2. Vortat

a) **Die Vortat als Tatumstand.** Es gilt das Gleiche wie für § 257 (dort Rdn. 16 f). Die **13**
Vortat ist ein Tatumstand und muss als solcher tatsächlich vorliegen, also tatsächlich begangen worden sein. Nimmt jemand irrig eine Vortat an, kann er nur einen untauglichen Versuch verwirklichen. Die Vortat muss vom erkennenden Gericht im Verfahren gegen den Hehler selbständig ermittelt und festgestellt werden. Dabei ist das Gericht nicht daran gebunden, wenn der Vortäter freigesprochen worden ist. Umgekehrt kann es zu dem Ergebnis kommen, eine Vortat sei nicht feststellbar, obgleich eine rechtskräftige Verurteilung des Vortäters vorliegt (*Ruß* LK[11] Rdn. 4). Es muss auch **keine bestimmte Vortat** festgestellt werden. Es genügt, dass irgendeine Tat mit den erforderlichen Merkmalen objektiv vorliegt.[18] Der Richter kann sie *wahlweise* feststellen, und zwar ohne dass die engen Voraussetzungen der Wahlfeststellung vorliegen müssten (*Ruß* LK[11] Rdn. 6; anders bei der Strafvereitelung!).

b) **Rechtswidrige Tat.** Das Gesetz verlangt als Vortat eine rechtswidrige Tat. Dies be- **14**
deutet, dass es sich um eine den **Tatbestand eines Strafgesetzes** verwirklichende Straftat im Sinne von § 11 Abs. 1 Nr. 5 handeln muss, bloße Ordnungswidrigkeiten und Dienstverfehlungen (Disziplinarrecht) scheiden aus. Allgemein sind damit erforderlich: der äußere (objektive) Tatbestand, der innere (subjektive) Tatbestand, wenn die Vortat nur als Vorsatzdelikt strafbar ist,[19] sowie die Rechtswidrigkeit der Vortat. Nicht erforderlich

---

[12] RGSt **56** 335, 336; *Fischer* Rdn. 2; *Ruß* LK[11] Rdn. 2.

[13] *Fischer* Rdn. 2; *Ruß* LK[11] Rdn. 2.

[14] RGSt **20** 222, 223; **18** 303 ff; *Fischer* Rdn. 2; *Kudlich* JA **2002** 672, 673; *Ruß* LK[11] Rdn. 2, 9.

[15] BGHSt **15** 53, 57; *Ruß* LK[11] Rdn. 2; *Sippel* NStZ **1985** 348.

[16] BGH NJW **1978** 710 m. Anm. *Lackner/Müller* JR **1978** 345; OLG Düsseldorf NJW **1990** 1492, 1493; *Ruß* LK[11] Rdn. 2.

[17] *Ruß* LK[11] Rdn. 2; zu Scheckformularen im Text Rdn. 29 und BGH NJW **1976** 1950 m. Anm. *Teuckhoff* (weitere Anm.: *D. Meyer* NJW **1976** 2355); OLG Düsseldorf NJW **1990** 1492, 1493.

[18] BGH GA **1977** 145 ff; RGSt **55** 234; **50** 199, 201; *Ruß* LK[11] Rdn. 6.

[19] BGHSt **4** 76, 78; *Fischer* Rdn. 3, 6; *Ruß* LK[11] Rdn. 4.

ist eine Schuld des Vortäters (Fehlen von Entschuldigungs- und Schuldausschließungsgründen).[20] Das gilt auch bei einem unvermeidbaren Verbotsirrtum.[21] Ferner bleibt es unbeachtlich, wenn zugunsten des Vortäters ein Strafausschließungsgrund eingreift (*Lenz* S. 303; *Ruß* LK[11] Rdn. 4). Dies muss unabhängig davon gelten, ob es sich – wie meist – um einen persönlichen oder um einen sachlichen Strafausschließungsgrund handelt. Ebenso unbeachtlich muss es für den Hehler bleiben, wenn für die Vortat eine objektive Bedingung der Strafbarkeit fehlt, denn sie ist stets die lediglich redaktionelle Umkehrung eines sachlichen Strafausschließungsgrundes und steht unstreitig ebenfalls jenseits von Unrecht und Schuld. Unbeachtlich sind für den Hehler des Weiteren Verfahrenshindernisse, die einer Verfolgung der Vortat entgegenstehen (Fehlen eines Strafantrages, Verjährung, Amnestie, Begnadigung oder dergleichen).[22] Generell bleibt außer Betracht, ob der Vortäter tatsächlich bestraft werden kann oder seine Strafe umgekehrt bereits verbüßt hat. Ohne Folgen für die Hehlerei bleibt es auch, wenn das Verfahren wegen der Vortat eingestellt worden ist. Schließlich noch nützt es dem Hehler nichts, wenn die Vortat für den Vortäter (erst) im Wege der Gesetzeskonkurrenz hinter andere Delikte zurücktritt (*Fischer* Rdn. 6).

15 Nach *Ruß* LK[11] Rdn. 4 und *Stree* JuS **1976** 137, 143 ist zu verlangen, dass ein **geisteskranker oder kindlicher Vortäter** geistig zumindest ein „Verständnis für ein einvernehmliches Verhalten mit dem Hehler" aufbringt. Allerdings ist nicht klar erkennbar, was dies über eine natürliche Zustimmung hinaus bedeutet, und soweit sich dies doch klarer beschreiben ließe, wäre es im Ergebnis nicht einzusehen. Schon das Einvernehmen mit dem Vortäter ist eine – historisch und normgenetisch zu begründende – teleologische Reduktion des Tatbestandes (Rdn. 7). Warum daran noch erhöhte intellektuelle Anforderungen gestellt werden sollten, leuchtet nicht ein.

16 Für das sogenannte **Internationale Strafrecht** gilt wie für § 257 (dort Rdn. 19) und anders als für § 258 (dort Rdn. 16), dass die Voraussetzungen der §§ 3 ff nicht gegeben sein müssen, da sie im materiellen Recht lediglich eine objektive Bedingung der Strafbarkeit und im Übrigen eine Verfahrensvoraussetzung begründen.[23] Jedoch folgt schon aus § 11 Abs. 1 Nr. 5, dass sich die Strafbarkeit der Vortat aus dem deutschen (materiellen) Strafrecht zu ergeben hat (siehe zu § 258 Rdn. 20 und für § 259 *Fischer* Rdn. 6; *Ruß* LK[11] Rdn. 4). Sie setzt bei Taten mit Auslandsbezug voraus, dass der Schutzbereich des deutschen Tatbestandes berührt ist. Das richtet für die Strafbarkeit aus § 259 indes keine Hürde auf, denn die Vortat muss sich gegen fremdes Vermögen richten (Rdn. 17), das Vermögen ist ein Individualrechtsgut, und für individualschützende Tatbestände bleibt es ohne Belang, wenn der Träger des Schutzgutes ein Ausländer ist oder sich im Ausland aufhält.

---

[20] BGHSt **4** 76, 78; **1** 47, 50; OLG Neustadt NJW **1962** 2312, 2313; OLG Oldenburg NJW **1953** 1237, 1238; *Arzt/Weber/Heinrich/Hilgendorf* BT § 28 Rdn. 9; *Berz* Jura **1980** 58; *Fischer* Rdn. 6; *Hartung* NJW **1949** 324, 327; *Lackner/Kühl* Rdn. 4; *Lenz* S. 300 f; *Niese* JZ **1953** 637, 638 ff; *Ruß* LK[11] Rdn. 4; *Sch/Schröder/Stree* Rdn. 10; *Stree* JuS **1963** 427, 429; differenzierend *Maurach/Schroeder/Maiwald* I § 39 Rdn. 19.

[21] *Arzt/Weber/Heinrich/Hilgendorf* BT § 28 Rdn. 9; *Fischer* Rdn. 6; *Hoyer* SK Rdn. 5; *Lackner/Kühl* Rdn. 4; *Lauer* MK Rdn. 19; *Ruß* LK[11] Rdn. 4; *Sch/Schröder/Stree* Rdn. 10; **aA** OLG Hamburg NJW **1966** 2226, 2228; *Bockelmann* NJW **1950** 850, 852; *Otto* Jura **1985** 148, 150.

[22] BGH NJW **1959** 1377, 1378; *Arzt/Weber/Heinrich/Hilgendorf* BT § 28 Rdn. 9; *Fischer* Rdn. 6; *Lenz* S. 303; *Ruß* LK[11] Rdn. 4.

[23] RGSt **55** 234; *Hoyer* SK Rdn. 5; *Ruß* LK[11] Rdn. 4

c) **Gegen fremdes Vermögen gerichtet.** Die Vortat muss sich gegen fremdes Vermögen gerichtet haben. Auch der Diebstahl, den das Gesetz als Beispiel nennt, ist als Vortat der Hehlerei diesem Erfordernis unterworfen, so dass ein Diebstahl wertloser Sachen ausscheidet. Da die Vortat zudem zu einer rechtswidrigen Besitzlage geführt haben muss (Rdn. 24), ist es im Ergebnis richtig, dass sie – im Gegensatz zur Hehlerei selbst – fremdes Vermögen *verletzen* muss,[24] also einen Vermögensschaden bewirken muss. Ein Vermögensdelikt im engeren Sinn braucht sie nicht zu sein.[25] Das heißt sie braucht keinen Tatbestand zu verwirklichen, zu dessen Merkmalen zwingend ein Vermögensschaden gehört. Es reicht, wenn die Vortat einen solchen Schaden tatsächlich herbeiführt. Unter dieser Voraussetzung kommen nach herrschender Meinung in Betracht: Raub (§ 249), Unterschlagung (§ 246) (RGSt **58** 230; *Ruß* LK[11] Rdn. 5), unbefugte Ingebrauchnahme eines Fahrzeugs (§ 248b) (*Ruß* LK[11] Rdn. 5), Betrug (§ 263; vgl. *Arzt* NStZ **1981** 10, 11), Erpressung (§ 253), Untreue (§ 266), Jagddelikte (vgl. RGSt **63** 35 ff), Urkundenfälschung (§ 267, siehe aber Rdn. 24 ff zum Merkmal „erlangt"),[26] Begünstigung (§ 257),[27] Nötigung (§ 240),[28] Pfandkehr (§ 289),[29] Meineid (§ 154),[30] Hehlerei, wenn der Zwischenhehler sich die Sache verschafft hat.[31] Zu der Möglichkeit einer beschränkten Normativierung des Begriffes „gegen fremdes Vermögen gerichtet" Rdn. 78. **17**

Die Vortat kann auch eine **Teilnahme** sein, namentlich eine Beihilfe. Neben dem Gehilfen eines Diebes, der die Beute verwahrt, ist der Gehilfe eines Insolvenzschuldners ein Beispiel, der beiseite geschaffte Gegenstände übernimmt, um sie zu verstecken oder zu verwahren und sie damit dem Zugriff der Insolvenzgläubiger zu entziehen (§§ 27, 283).[32] Verletzt ist in diesem Fall das Vermögen der Insolvenzgläubiger, deren Forderungen an Wert verlieren, wenn sich die Masse faktisch verringert. Beschränkt sich aber derjenige, der von einem Bankrott-Täter (§ 283) Gegenstände aus der Insolvenzmasse übernimmt, auf eine sogenannte notwendige Teilnahme oder ist er gutgläubig, so verwirklicht er selbst keine rechtswidrige Tat und ist das von ihm Erlangte nach herrschender Ansicht kein taugliches Tatobjekt (BGH bei Herlan GA **1956** 344, 348; *Ruß* LK[11] Rdn. 5; jeweils zum Erwerb verschleuderter Waren). Das ist eine indirekte Aussage zu der Person des „anderen" in § 259: Diese Person soll der Vortäter sein müssen. Der Wortlaut erzwingt eine solche Einschränkung nicht. Sie ist auch nicht sinnvoll, wenn man als Rechtsgut der Hehlerei das Vermögen der Vortatopfer betrachtet. Denn für deren Schaden ist es gleichgültig, ob derjenige, der von der Vortat profitiert, einen Straftatbestand verwirklicht (auf schuldhaftes Verhalten kommt es ohnehin nicht an, Rdn. 14). Zudem ergibt sich eine Einschränkung schon daraus, dass man eine rechtswidrige Besitzlage verlangt und dass **18**

---

24 BTDrucks. 7/550, S. 252; BGH NStZ **2005** 447, 448; *Fischer* Rdn. 3; *Ruß* LK[11] Rdn. 5.

25 *Fischer* Rdn. 3; *Ruß* LK[11] Rdn. 5; **krit.** *Otto* Jura **1985** 148, 150; *Roth* JA **1988** 193, 198.

26 BGH NJW **1969** 1260, 1261; RGSt **52** 95, 96; *Arzt/Weber/Heinrich/Hilgendorf* BT § 28 Rdn. 9; *Fischer* Rdn. 3; *Ruß* LK[11] Rdn. 5; *Sch/Schröder/Stree* Rdn. 7; **aA** KG JR **1966** 307; *Otto* Vermögensschutz, S. 320.

27 RGSt **39** 237, 238; *Fischer* Rdn. 3; *Hoyer* SK Rdn. 6; *Rudolphi* JA **1981** 1, 2; *Ruß* LK[11] Rdn. 5.

28 BGH bei Dallinger MDR **1972** 569, 571; *Fischer* Rdn. 3; *Hoyer* SK Rdn. 6; *Ruß* LK[11] Rdn. 5.

29 RGSt **20** 222, 223; *Ruß* LK[11] Rdn. 2, 5, 9; vgl. im Text Rdn. 12.

30 RGSt **6** 218, 221; **4** 440, 442; *Fischer* Rdn. 3; *Hoyer* SK Rdn. 6; *Rudolphi* JA **1981** 1, 2; *Ruß* LK[11] Rdn. 5.

31 BGHSt **33** 44, 48 = JR **1985** 211 m. Anm. *Arzt* (weitere Anm.: *Hamm* StV **1985** 137); **27** 45, 46 (Fn. 3); BGH LM § 259 Nr. 2; BGH NJW **1979** 2621 (Fn. 3); BGH GA **1957** 176, 177; *Fischer* Rdn. 3; *Kudlich* JA **2002** 672, 675; *Ruß* LK[11] Rdn. 5.

32 BGH GA **1977** 145, 146; *Ruß* LK[11] Rdn. 5; vgl. auch RGSt **25** 43, 44.

sie entfällt, wenn jemand unanfechtbar Eigentum erwirbt. Und warum sollte es keine Hehlerei sein, wenn jemand bewusst Ware zu einem günstigen Preis erwirbt, die ein Insolvenzschuldner an einen Gutgläubigen verschenkt hatte? (Anfechtbarer Erwerb gemäß § 134 Abs. 1 InsO; Vortat des Insolvenzschuldners nach § 283 Abs. 1 Nr. 1 oder 8.)

**19** Ein **Versuch** als Vortat genügt, wenn er zu einer rechtswidrigen Besitzlage führt.[33] Das ist unstreitig, obwohl den einschlägigen Äußerungen der verwirrende Satz voranzugehen pflegt – oder gar alleine steht –, dass die Hehlerei eine „vollendete" oder „abgeschlossene" Vortat bedinge.[34] Erst recht ist es nicht nötig, dass die Vortat bereits beendet ist.[35] Beispiel eines Versuchs als Vortat ist die Konstellation der Diebesfalle, wenn also der berechtigte Inhaber des Gewahrsams mit dem Gewahrsamswechsel objektiv einverstanden ist, der Täter dies aber nicht weiß (es sei denn man betrachtet dann schon den Gewahrsamswechsel als Zueignung und gelangt so wieder zu einer vollendeten Vortat in Form einer Unterschlagung, *Geppert* Jura **1994** 100, 101).

**20** **Keine geeigneten Vortaten** sind solche, deren Tatbestände ausschließlich *Belange der Öffentlichkeit* schützen und auch nicht mittelbar dem Schutz des privaten Vermögens dienen.[36] So scheiden Steuer- und Zollstraftaten ebenso aus wie Verstöße gegen waffenrechtliche Vorschriften.[37] Für Steuer- und Zollstraftaten ist aber § 374 AO zu beachten (Steuerhehlerei). Er macht die Hehlerei von Waren strafbar, hinsichtlich deren Verbrauchsteuern oder Einfuhr- oder Ausfuhrabgaben hinterzogen wurden oder Bannbruch begangen worden ist. Die Formulierung der Tathandlung entspricht § 259, und es ist ebenfalls eine Bereicherungsabsicht vonnöten. – Nicht hehlbar sind ferner der Bestechungslohn (§§ 331 ff) (*Ruß* LK[11] Rdn. 5) und die Erträgnisse aus verbotenem Glücksspiel (§§ 284 ff) (*Ruß* LK[11] Rdn. 5). Das Entgelt Prostituierter (§ 184d) ist mittlerweile schon deshalb kein geeignetes Tatobjekt, weil die Prostituierten darauf einen wirksamen Anspruch haben und ihre Bezahlung daher keine rechtswidrige Besitzlage begründet. Hinzu kommt, dass § 184d allein öffentlichen Belangen dient (so zum früheren Recht im Ergebnis schon RGSt **11** 342, 344; *Ruß* LK[11] Rdn. 5). Entsprechendes gilt für §§ 133, 136 (Verwahrungs- und Siegelbruch) und §§ 146 ff (Falschgelddelikte) (*Fischer* Rdn. 3; *Ruß* LK[11] Rdn. 5).

**21** Verletzt jemand **Urheberrechte**, indem er Raubkopien oder Plagiate herstellt (§§ 106 ff UrhG, §§ 143 ff MarkenG), so hat er die Raubkopien oder Plagiate nach herrschender Meinung schon nicht durch eine Straftat „erlangt", weil man aus diesem Begriff ein strafbares Herstellen und Verändern von Sachen ausklammert (Rdn. 27). Bereits aus diesem Grund ist es keine Hehlerei, wenn ein anderer solche Sachen erwirbt. Darüber hinaus wird der Erwerber unanfechtbar Eigentümer, so dass die Weitergabe von Raubkopien und Plagiaten keine rechtswidrige Besitzlage herbeiführt.[38] Daher begehen auch

---

[33] BGH StV **1996** 81, 82; RG GA Bd. **61** 126, 128; *Maurach/Schroeder/Maiwald* I § 39 Rdn. 22; *Ruß* LK[11] Rdn. 5, 13.

[34] Siehe BGHSt **13** 403, 405; BGHR StGB § 259 Abs. 1 Vortat 7; BGH StV **1996** 81, 82; OLG München NStZ-RR **2006** 371; *Fischer* Rdn. 8; *Martens* JA **1996** 248; *Ruß* LK[11] Rdn. 11 m.w.N.; *Zöller/Frohn* Jura **1999** 378, 380.

[35] *Fischer* Rdn. 8; *Ruß* LK[11] Rdn. 11; *Sch/Schröder/Stree* Rdn. 15; *Wessels/Hillenkamp* Rdn. 835; **aA** noch OLG Hamburg NJW **1966** 2226, 2227.

[36] RGSt 75 25, 29; 52 318 f; *Ruß* LK[11] Rdn. 5.

[37] Zu Steuer- und Zolldelikten *Ruß* LK[11] Rdn. 5. Zu Waffendelikten BGH bei Dallinger MDR **1975** 543; *Ruß* LK[11] Rdn. 5.

[38] KG NStZ **1983** 561, 562 m. Anm. *Flechsig*; *Fischer* Rdn. 4; *Friedrich* MDR **1985** 366, 367; *Heinrich* JZ **1994** 938, 942; *Rupp* wistra **1985** 137, 138; *Ruß* LK[11] Rdn. 5; SSW-StGB/*Jahn* Rdn. 5.

weitere Erwerber dieser Objekte keine Hehlerei. Eine Strafbarkeit nach §§ 106 ff UrhG und §§ 143 ff MarkenG bleibt natürlich unberührt.[39]

Keine rechtswidrige Besitzlage entsteht ferner, wenn jemandem als Gehilfen oder Mittäter eines **Versicherungsmissbrauchs** (§ 265) des Versicherten eine Sache überlassen wird.[40] Deren „Weiterschieben" ist demnach keine Hehlerei. Ein *Versicherungsbetrug* nach § 263 hingegen – ein klassisches Vermögensdelikt – ist grundsätzlich als Vortat geeignet (**aA** *Fischer* Rdn. 3; SSW-StGB/*Jahn* Rdn. 5). Schickt der Versicherer einen Verrechnungsscheck, kann dieser Scheck Tatobjekt einer Hehlerei sein. Überweist der Versicherer die Versicherungssumme jedoch auf ein Konto, scheidet der Anspruch des Versicherten gegen sein Kreditinstitut mangels Sachqualität als Tatobjekt aus, und abgehobenes Bargeld geht erstens unanfechtbar in das Eigentum des Versicherten über, so dass keine rechtswidrige Vermögenslage entsteht, und ist zweitens nicht mehr unmittelbar aus dem Betrug erlangt und auch deshalb kein tauglicher Gegenstand einer Hehlerei (vgl. Rdn. 29). **22**

d) **Der Täter der Vortat.** Der Wortlaut des § 259 lässt es zu, dass Täter und Teilnehmer der Vortat andere Personen sind als jener „andere", der aus der Vortat eine Sache erlangt. Die wohl herrschende Meinung verneint diese Möglichkeit jedoch im Wege einer einschränkenden Auslegung (Rdn. 18). Das schlägt indes kaum zu Buche, denn derjenige, der etwas aus der Vortat erlangt, ist an ihr in der Regel zumindest als Gehilfe beteiligt. Ferner kann zwischen der Person, welche die Sache aus der Vortat erlangt, und dem Hehler eine Kette anderer gut- wie bösgläubiger Besitzer liegen, solange die Besitzlage nur durchgehend rechtswidrig bleibt (Rdn. 24 ff). – Eine ganz andere Frage ist, ob die an der Vortat Beteiligten auch Hehler sein können bezüglich der Sachen, die *andere* Beteiligte aus der Vortat erlangt haben, etwa nachdem man die Beute aufgeteilt hat (Rdn. 90 ff). Für Teilnehmer bejaht man dies zu Recht,[41] und zwar auch für einen Gehilfen, dessen Beihilfe allein in psychischer Unterstützung durch die Zusage bestand, später die Tatbeute abzusetzen (BGH NStZ **1996** 493). Zu Mittätern Rdn. 91. **23**

e) **Rechtswidrige Besitzlage als Folge der Vortat.** Ein Beteiligter der Vortat (soeben Rdn. 23) muss aus ihr eine Sache „erlangt" haben. Das heißt er muss eigene Verfügungsgewalt über die Sache erlangen im Sinne von *tatsächlicher Sachherrschaft,*[42] und sie muss eine **rechtswidrige Besitzlage** begründen. Rechtswidrig in diesem Sinne ist die Besitzlage auch, wenn der Vortäter zwar Eigentum an der Sache erwirbt, aber das dingliche Rechtsgeschäft anfechtbar ist, etwa weil der Vortäter den Übereignenden durch einen Betrug getäuscht hat (§ 123 BGB) (*Fischer* Rdn. 4). Keine rechtswidrige Besitzlage entsteht aber, wenn jemand durch *Verarbeitung* Eigentum erwirbt (§ 950 BGB) (*Fischer* Rdn. 5) oder durch *Verbindung* oder *Vermischung* (§§ 947, 948 BGB), auch wenn solches Tun durchaus eine gegen fremdes Vermögen gerichtete Straftat sein kann, und zwar eine Unterschlagung oder Untreue, oder einer derartigen Straftat nachfolgt, etwa einem Betrug. Denn dieses Eigentum ist unanfechtbar, und der Enteignete erlangt lediglich einen bereicherungsrechtlichen Anspruch (§ 951 BGB; Ausnahme: der Voreigentümer hat nach einer Verbindung einen Anspruch darauf, dass sie wieder gelöst wird, siehe bei § 257 **24**

[39] Vgl. AG Mainz NJW **1989** 2637; *Beermann* Jura **1995** 610; *Heinrich* JZ **1994** 938 ff.

[40] BGHR StGB § 259 Abs. 1 Vortat 5; BGH NStZ **2005** 447, 448; *Fischer* Rdn. 3; *Rose* JR **2006** 109, 112; SSW-StGB/*Jahn* Rdn. 5.

[41] BTDrucks. 7/550, S. 252; BGHSt 8 390, 392; BGH NStZ **1996** 493; *Fischer* Rdn. 1; *Heghmanns* BT Rdn. 1700.

[42] BGH NStZ **1999** 351; RGSt 18 303, 305; *Ruß* LK[11] Rdn. 9; SSW-StGB/*Jahn* Rdn. 9.

Rdn. 40). Für die Vermischung von Bargeld hat BGH NJW 1958 1244, 1245 jedoch angenommen, dass hinsichtlich aller Stücke Hehlerei möglich sei, wenn der Miteigentumsanteil des Vortatopfers den des Vortäters übersteige.[43] – Die Sachherrschaft des Vortäters braucht keine ausschließliche zu sein. Daher ist auch der *Mitgewahrsam* mehrerer Mittäter eines Diebstahls ein „Erlangen" im Sinne von § 259 (*Ruß* LK[11] Rdn. 9). Der Mitgewahrsam kann auch nachträglich eingeräumt werden (RGSt 47 313, 314 f; *Ruß* LK[11] Rdn. 9).

25 Es ist denkbar, dass der Vortäter schon vor dem Erlangen im Sinne des § 259 die tatsächliche Sachherrschaft innehat und sie danach lediglich unter verändertem, rein eigennützigem Vorzeichen **weiter ausübt**. Ein Beispiel ist der Mieter, der eine eigene Sache vor dem Zugriff des Vermieters in Sicherheit bringt und so der Geltendmachung des Vermieterpfandrechts entzieht („wegnimmt" im Sinne des § 289, Rdn. 12 und RGSt 20 222, 223). Ein anderes Beispiel ist der Schuldner, der zur Vereitelung der ihm drohenden Zwangsvollstreckung (§ 288) seine Sache beiseite schafft (*Ruß* LK[11] Rdn. 9). Das Umformen eigener Sachherrschaft kann sogar ohne Ortswechsel geschehen: Es reicht, wenn sich ein Fremdbesitzer durch eine Unterschlagung zum Eigenbesitzer aufschwingt.[44] Indes erreicht man damit in jenen Fällen die Grenzen zulässiger Auslegung, in denen die Unterschlagung darin besteht, dass ein Fremdbesitzer die Sache weggibt, insbesondere veräußert. Denn in diesem Moment verliert er die Sachherrschaft über sie; für das „Erlangen" im Sinne des § 259 muss er sie aber gerade begründen (Rdn. 24). Mit anderen Worten hält man es dann für möglich, dass ein und derselbe Vorgang zugleich der Verlust und das Begründen von Sachherrschaft ist (vgl. *Küper* FS Stree/Wessels, S. 467, 471 f). Das ist mit Hilfe der viel strapazierten juristischen Sekunde dogmatisch möglich, aber gewagt. Im Ergebnis betrachtet die herrschende Ansicht in solchen Fällen den Erwerber der Sache auch nicht als Hehler, siehe Rdn. 31.

26 Erlangt ein **Stellvertreter** eine Sache für den Vertretenen, zum Beispiel seinen Geschäftsherrn, so erlangt der die Sache nach herrschender Ansicht erst, wenn er von der Sachlage erfährt und sie billigend fortbestehen lässt (*Ruß* LK[11] Rdn. 9; vgl. RGSt 55 220). Allerdings ist daran zu erinnern, dass der Vertretene auch vorab eine generelle Weisung erteilen kann, bestimmte Sachen zu übernehmen, und dann kann es nicht mehr darauf ankommen, ob der Vertretene von jeder einzelnen Ausführung der Weisung erfährt; für die Tathandlung des Sichverschaffens ist das anerkannt (Rdn. 46). Folglich gilt, dass auch *mittelbarer Besitz* zu einem „Erlangen" führen kann, ebenso wie unmittelbarer Besitz, den ein Besitzer über *Besitzdiener* ausübt. Es genügt also jede Form des Besitzes (*Martens* JA **1996** 248, 249; **aA** SSW-StGB/*Jahn* Rdn. 9 m.w.N.).

27 Auch unabhängig von den zivilrechtlichen Vorschriften entsteht nach herrschender Ansicht grundsätzlich keine rechtswidrige Besitzlage, wenn jemand eine Sache erst durch ein Delikt **herstellt**, zum Beispiel Falschgeld, Raubkopien, Plagiate oder unechte Urkunden.[45] Auch Delikte, die in einem **Erwerben** oder **Besitzen** von Sachen bestehen, führen

---

43 Krit. *Altenhain* NK Rdn. 18; *Otto* Jura 1985 148, 151; vgl. auch RGSt **29** 155.

44 BTDrucks. 7/550, S. 252; RGSt **58** 230; 55 145, 146; *Geppert* Jura **1994** 100, 102; *Hoyer* SK Rdn. 11; *Ruß* LK[11] Rdn. 9; vgl. auch OLG Karlsruhe Die Justiz **1972** 319.

45 RGSt **70** 377, 385; KG NStZ **1983** 561, 562 (Videoraubkopien); *Fischer* Rdn. 3; *Heinrich* JZ **1994** 938, 943 f (für Raubkopien von Computerprogrammen); *Rupp* wistra **1985** 137, 138 (für Raubkopien allgemein); *Ruß* LK[11] Rdn. 9; *Sch/Schröder/Stree* Rdn. 9; **aA** *Flechsig* ZRP **1980** 313, 315; *Ganter* NJW **1986** 1479, 1480; *Rochlitz* Der strafrechtliche Schutz des ausübenden Künstlers, des Tonträger- und Filmherstellers und des Sendeunternehmens (1987) S. 214 ff.

nach herrschender Meinung nicht zu einer rechtswidrigen Besitzlage (*Fischer* Rdn. 3). Beispiele sind der Erwerb und der Besitz von Falschgeld und von illegalen Drogen (Betäubungsmitteln) (zum Beispiel § 146 Abs. 1 Nr. 2 StGB, § 29 Abs. 1 Nr. 1, 3 BtMG).[46] Dass solche Herstellungs-, Erwerbs- und Besitzdelikte indes zu keiner rechtswidrigen Besitzlage führen, ist zweifelhaft angesichts polizeirechtlicher und strafprozessualer Möglichkeiten, dem Besitzer die fraglichen Sachen abzunehmen (§§ 73 ff StGB, Art. 25 BayPAG [und entsprechende Normen in den anderen Bundesländern], § 33 Abs. 2 BtMG). Bei der Verletzung von Urheber- und Markenrechten sieht auch das Zivilrecht solche Möglichkeiten vor (§ 98 Abs. 1, § 110 UrhG, § 18 Abs. 1, § 146 f MarkenG). Plausibler erscheint es, eine Hehlerei für ausgeschlossen zu erachten, soweit sich die fraglichen Delikte nicht gegen fremdes Vermögen richten, sondern allein öffentliche Belange berühren (Rdn. 20).

Eine rechtswidrige Besitzlage **endet** auch dann, wenn der Besitz *später rechtmäßig* **28**
wird. Dann scheidet Hehlerei mit diesem Zeitpunkt aus. Das ändert allerdings nichts daran, dass eine bis zu diesem Zeitpunkt versuchte oder vollendete Hehlerei strafbar bleibt (RGSt 53 167; *Ruß* LK[11] Rdn. 7). Rechtmäßig wird eine Besitzlage, wenn der Besitzer unanfechtbar Eigentum erwirbt. Dies kann auch dadurch geschehen, dass die Anfechtungsfrist abläuft (*Ruß* LK[11] Rdn. 7). Die Besitzlage bleibt dann rechtmäßig, auch wenn der Erwerber später bösgläubig wird (RG GA Bd. 53 450; *Ruß* LK[11] Rdn. 7). Dasselbe gilt, wenn andere Bösgläubige sich die Sache von jemandem verschaffen, der sie gutgläubig unanfechtbar zu Eigentum erworben hat. Hehlerei ist nach einem solchen Erwerb erst wieder möglich, wenn es zu einer weiteren Vortat und neuer rechtswidriger Besitzlage kommt. – Rechtmäßig werden kann eine Besitzlage ferner durch die nachträgliche Genehmigung des Erwerbs durch den Geschädigten, wenn der Dieb den Bestohlenen beerbt, durch Erwerb im Interesse des Geschädigten, durch Ersitzung sowie durch nachträgliche Umarbeitung oder Umbildung (§ 950 BGB, Rdn. 24 und BayObLG NJW 1979 2218, 2219; *Ruß* LK[11] Rdn. 7).

Die Sache muss nach herrschender Ansicht **unmittelbar** aus der Vortat stammen.[47] In **29**
erster Linie macht dieses Erfordernis die Ersatzhehlerei tatbestandslos (Rdn. 30). Es lässt sich aber auch als Erklärung dafür heranziehen, dass bestimmte deliktische Manipulationen nach der Vortat einer Sache ihre Tauglichkeit als Tatobjekt nehmen. Etwa begeht nach herrschender Meinung keine Hehlerei, wer gestohlene Scheckformulare fälschend ausfüllt (Herstellen einer unechten Urkunde) und einlöst.[48] In der gefälschten Gestalt stammen die Formulare nicht mehr unmittelbar aus dem Diebstahl, und die Fälschung selbst scheidet als Vortat aus, weil es sich bei ihr um ein Herstellen handelt, das nach herrschender Ansicht als „Erlangen" nicht ausreicht (Rdn. 27).

Dass die Sache unmittelbar aus der Vortat stammen muss, verlangt *Sachidentität* von **30**
Vortatbeute und Hehlgut und macht die sogenannte **Ersatzhehlerei** tatbestandslos.[49] Keine Hehlerei ist daher möglich an Gegenständen, die der Vortäter im Austausch für seine Beute erwirbt, gleich ob es sich um Waren oder Bargeld handelt.[50] Hehlerei liegt

---

[46] BGH GA **1980** 69, 70; NJW **1979** 2358; *Ruß* LK[11] Rdn. 8.

[47] *Arzt/Weber/Heinrich/Hilgendorf* BT § 28 Rdn. 6; *Lackner/Kühl* Rdn. 8; *Ruß* LK[11] Rdn. 14; *Sch/Schröder/Stree* Rdn. 13; *Zöller/Frohn* Jura **1999** 378, 381.

[48] BGH NJW **1976** 1950 (Fn. 17); *Fischer* Rdn. 16; vgl. auch im Text Rdn. 41.

[49] BGHSt **9** 137, 139; *Fischer* Rdn. 7; *Heghmanns* BT Rdn. 1701; *Lackner/Kühl* Rdn. 8; *Ruß* LK[11] Rdn. 14; *Zöller/Frohn* Jura **1999** 378, 381.

[50] BGHSt **9** 137, 139; BGH NJW **1969** 1260, 1261; RGSt **58** 117, 118; **39** 236, 238; **26** 317; OLG Braunschweig NJW **1952** 557, 558; *Berz* Jura **1980** 57, 60; *Fischer* Rdn. 7;

deshalb auch nicht vor, wenn jemand von einem Kontoguthaben Beträge abhebt, das sich aus Diebes- oder Betrugsgeldern zusammensetzt. Denn das von der Kasse ausbezahlte Bargeld ist nicht unmittelbar durch die Vortat erlangt (*Ruß* LK[11] Rdn. 14; **aA** *Knauth* NJW **1984** 2666, 2669). Auch das schlichte Wechseln erbeuteten Bargelds in andere Stücke schließt eine Hehlerei an diesen Stücken aus.[51] Der Vorgang, der dem Vortäter den Ersatz verschafft, erfüllt aber oft einen neuen Straftatbestand, namentlich den des Betruges.[52] Zu weit geht es jedoch, eine Absatzhilfe durch den Beschenkten anzunehmen, wenn der Vortäter die Beute versilbert und den Erlös verschenkt oder mit dem erbeuteten Geld eine Ersatzsache kauft und diese verschenkt (so indes *Ruß* LK[11] Rdn. 15 mit der Begründung, der Beschenkte trage bewusst dazu bei, dass der Vortäter das gestohlene Geld rascher los werde; vgl. Rdn. 58 ff).

**31** Umstritten ist der **Zeitpunkt**, zu dem der Vortäter die Sache erlangt haben muss, und dies in zweifacher Hinsicht. Einmal ist im Streit, ob es genügt, dass die Vortat und die Hehlerei *zusammenfallen*, also uno actu verwirklicht werden. Dabei geht es vor allem um die Tatbestände der Unterschlagung und der Untreue, die ein Fremdbesitzer verwirklicht, indem er die Sache veräußert oder veräußern lässt: Kann darin für den Erwerber zugleich ein Sichverschaffen im Sinne des § 259 liegen oder für den beauftragten Veräußerer eine Absatzhilfe (vgl. Rdn. 25)? Die herrschende Meinung verneint es.[53] Sie kann sich auf den Wortlaut berufen – es geht um eine Sache, die ein anderer erlangt *hat* (*Berz* Jura **1980** 57, 59; *Ruß* LK[11] Rdn. 12) – und auf den Willen des Gesetzgebers (BTDrucks. 7/550, S. 252). Der Streit entschärft sich, wenn man für die Unterschlagung den Zueignungserfolg großzügig bestimmt, das heißt schon früh bejaht. So hat BGH NJW **1959** 1377 f eine vollendete Zueignung von Treibstoff aus einem Tanklager bereits für den Moment angenommen, in dem der Treibstoff in jene Leitung gelangte, die ihn dem Hehler zuführte. Verschafft hatte sich der Hehler den Treibstoff erst, als er bei ihm ankam. Zu weiteren Entscheidungen dieser Art *Küper* FS Stree/Wessels, S. 467, 474 ff.

**32** Zweitens ist problematisch, ob der Vortäter die Sache bereits erlangt haben muss, wenn der Hehler in Aktion tritt. Zum Teil bejaht man das (etwa OLG Stuttgart NStZ **1991** 285 m. krit. Anm. *Stree*; *Ruß* LK[11] Rdn. 11 f; SSW-StGB/*Jahn* Rdn. 7). Dem liegt allerdings das gleiche Missverständnis zugrunde, das auch für die Begünstigung und die Strafvereitelung festzustellen ist (siehe zu § 257 und zu § 258 jeweils Rdn. 21) und das bei der Hehlerei möglicherweise einen zusätzlichen Grund in der Annahme hat, es handle sich bei ihr um ein Tätigkeitsdelikt (vgl. Rdn. 9). Wie für die Begünstigung und für die Strafvereitelung kann es auch für die Hehlerei allein darauf ankommen, wann sich die Tathandlung auswirkt, das heißt den **Taterfolg** herbeiführt. Zu *diesem* Zeitpunkt muss

---

*Lackner/Kühl* Rdn. 8; *Maurach/Schroeder/Maiwald* I § 39 Rdn. 11; *Ruß* LK[11] Rdn. 14; *Sch/Schröder/Stree* Rdn. 14; *Stree* JuS **1961** 51, 83; *Welzel* Strafrecht, S. 401.

[51] *Altenhain* NK Rdn. 10; *Arzt/Weber/Heinrich/Hilgendorf* BT § 28 Rdn. 6; *Berz* Jura **1980** 57, 61; *Lackner/Kühl* Rdn. 8; *Ruß* LK[11] Rdn. 14; *Seelmann* JuS **1988** 39, 40; SSW-StGB/*Jahn* Rdn. 11; *Zöller/Frohn* Jura **1999** 378, 381; **aA** *Blei* BT § 72 III; *D. Meyer* MDR **1970** 377, 378; *Roxin* FS Mayer, S. 467, 472; *Rudolphi* JA **1981** 1, 4.

[52] Vgl. BGH NJW **1969** 1260, 1261; RGSt 39 236, 237; *Ruß* LK[11] Rdn. 15 (Abheben von Geld von einem gestohlenen Sparkassenbuch oder mit einem gefälschten Postscheck).

[53] BGHR StGB § 259 Abs. 1 Vortat 7 (zum Absatzhelfer); RGSt **67** 70, 72; 58 230; 57 42, 43; OLG Stuttgart NStZ **1991** 285; *Arzt/Weber/Heinrich/Hilgendorf* BT § 28 Rdn. 9; *Berz* Jura **1980** 57, 60; *Fischer* Rdn. 8; *Geppert* Jura **1994** 100, 101 f mit dem weiteren Beispiel des § 288; *Küper* FS Stree/Wessels, S. 467 ff; *Martens* JA **1996** 248, 250; *Maurach* JZ **1960** 290; *Ruß* LK[11] Rdn. 12; **aA** OLG Stuttgart NJW **1960** 834; *Otto* Jura **1985** 148, 151; *Rudolphi* JA **1981** 1, 7; *Sch/Schröder/Stree* Rdn. 15.

die Sache aus der Vortat erlangt sein, weil der Taterfolg sonst gar nicht möglich wäre (*Hoyer* SK Rdn. 16). Eher aber nicht, und um das zu verdeutlichen, reicht schon das Beispiel, mit dem Rdn. 9 der Charakter der Hehlerei als Erfolgsdelikt dargetan ist: Der Hehler lässt dem Dieb den Schlüssel für eine Garage zukommen, in die der Dieb ein gestohlenes Fahrzeug einstellen möge. Der Taterfolg tritt ein, wenn das Fahrzeug in der Garage steht, spätestens wenn der Hehler zusätzlich wieder in dem Besitz des Schlüssels ist; dann hat der Hehler Verfügungsgewalt und hat sich das Fahrzeug verschafft. Die Tathandlung ist aber die Aushändigung des Schlüssels samt Erläuterungen, und diese Handlung kann schon zu einem Zeitpunkt liegen, in dem der Dieb seine Tat noch nicht einmal versucht hat.

Allerdings stellt sich für solche Fälle die Frage, ob die Tathandlung zugleich eine **Beteiligung an der Vortat** sei und, falls ja, in welchem Verhältnis diese Beteiligung zur Hehlerei stehe. Das ändert aber nichts daran, dass *tatbestandlich* jedenfalls *auch* eine Hehlerei vorliegt (versuchte Hehlerei, wenn das Fahrzeug nicht in die Garage gestellt wird). Und es ist keineswegs notwendig so, dass sich der Hehler tatbestandlich zugleich an der Vortat beteiligt. Zwar kann er in dem Garagen-Beispiel nach herrschender Ansicht eine psychische Beihilfe verwirklichen (vgl. BGHSt 8 390, 391; BGH NStZ **1996** 493). Das Beispiel lässt sich aber auch so abwandeln, dass dies ausgeschlossen ist. Man hat sich nur vorzustellen, dass der Hehler den Schlüssel und sein Angebot dem Dieb nicht unmittelbar persönlich übergibt beziehungsweise mündlich mitteilt, sondern so abschickt oder sonst einer dritten Person aushändigt (das Angebot in Schriftform), dass der Dieb beides erst nach seiner Tat erhält (vgl. zu § 257 Rdn. 23). In dieser Variante ist allein der Tatbestand der Hehlerei erfüllt. Im Ausgangsfall stellt sich für die herrschende Meinung die Frage, in welchem Konkurrenzverhältnis die psychische Beihilfe zur Vortat und die Hehlerei stehen; dazu Rdn. 94. **33**

### 3. Tathandlung und Taterfolg

a) **Einverständliches Zusammenwirken.** Nach herrschender Meinung ist für alle Begehungsformen der Hehlerei erforderlich, dass Vorbesitzer und Hehler einverständlich zusammenwirken (wobei der Vorbesitzer nicht der Vortäter sein muss, streitig, näher Rdn. 36).[54] Man nennt dies auch das Erfordernis abgeleiteten oder derivativen Erwerbs. Damit ist nicht (quasi-)mittäterschaftliches Handeln gemeint, sondern ein übereinstimmender Wille, der vor allem fehlt, wenn jemand die Sache dem Vorbesitzer wegnimmt. Der Wortlaut erzwingt dieses Erfordernis nicht, und auch aus dem Rechtsgut der Hehlerei lässt es sich nicht ableiten; ungeachtet dessen, welcher Ansicht zum Rechtsgut man sich anschließt (vgl. Rdn. 2 ff). Vielmehr handelt es sich um eine geschichtlich überkommene Prägung des Unrechtstyps der Hehlerei (ihres „Wesens"), die dazu führt, dass man das Gesetz teleologisch reduziert. Dies entspricht dem Willen des Gesetzgebers und ist daher in Ordnung. **34**

---

[54] BTDrucks. 7/550, S. 252 f; BGHSt **42** 196, 197 m. Anm. *Hruschka* JZ **1996** 1135 (für das Sichverschaffen); BGHSt 7 134, 137; BGH NJW **1979** 2621 (Fn. 3); RGSt **44** 249, 250; **15** 53, 57; **10** 151, 152; OLG Düsseldorf NJW **1978** 713; **1947** 491; *Arzt/Weber/Heinrich/Hilgendorf* BT § 28 Rdn. 10; *Fischer* Rdn. 9, 11, 13; *Geppert* Jura **1994** 100; *Lackner/Kühl* Rdn. 10; *Rengier* BT 1 § 22 Rdn. 18; *Ruß* LK[11] Rdn. 17; *Sch/Schröder/Stree* Rdn. 42; SSW-StGB/*Jahn* Rdn. 12; *Stree* GA **1961** 33, 36 f; vgl. BGHSt **33** 50, 52; **aA** *Hruschka* JR **1980** 221, 222; *ders.* JZ **1996** 1135, 1136; *Roth* JA **1988** 193, 207.

35 Kaum konsequent erscheint es aber, das Einverständnis auch anzunehmen, wenn jemand sich die Sache vom Vortäter durch eine **Täuschung** oder gar **Nötigung** verschafft.[55] Hinsichtlich der Nötigung passt dies deutlich nicht zu dem anerkannten Grundsatz – etwa zu §§ 240, 253, 177 –, dass sich Einverständnis und Nötigung ausschließen. Und auch eine Täuschung des Vorbesitzers lässt wenig von dem Bild einverständlichen Zusammenwirkens übrig. Die herrschende Meinung schließt daher diese Fälle aus dem Tatbestand aus.[56] Ein weiteres Argument dafür können jene anführen, die als Rechtsgut des § 259 das generalpräventive Interesse daran betrachten, potentielle Vortäter abzuschrecken, indem man ihnen die Aussicht nimmt, die Beute abzusetzen (vgl. Rdn. 2 f). Denn auch die Aussicht, die Beute durch eine Täuschung oder Nötigung wieder zu verlieren, ist abschreckend, und eine Strafbarkeit des Täuschenden oder Nötigenden wäre umgekehrt eine Schutzzusage und damit geradezu ein Ansporn für potentielle Vortäter.

36 Umstritten ist auch, ob das Einverständnis die deliktische Herkunft der Sache umfassen müsse. Das spielt hauptsächlich eine Rolle, wenn jemand die Sache von einem **gutgläubigen Zwischenbesitzer** erhält (oder erhalten soll). Erhält er sie vom Vortäter, so ist die deliktische Herkunft praktisch immer auch dem Vortäter und mithin beiden Teilen bekannt; eine Ausnahme ist nur denkbar, wenn die Vortat ein Fahrlässigkeitsdelikt ist. Für den Fall des gutgläubigen Zwischenbesitzers verzichtet die herrschende Meinung auf beiderseitige Bösgläubigkeit und betrachtet es als Hehlerei, wenn sich ein Bösgläubiger die Sache verschafft.[57] Die Gegenansicht[58] moniert, dass dann jedes Zusammenwirken mit dem Vortäter fehle. Sie verlangt also im Ergebnis ein einverständliches Zusammenwirken nicht (nur) mit dem Vorbesitzer, sondern mit dem Vortäter, und verlangt darüber hinaus, dass der Vortäter noch Verfügungsgewalt über die Sache habe (wenn auch nicht zwingend unmittelbaren Besitz).

37 Der übereinstimmende Wille kann sich auch **stillschweigend** bilden. Dafür genügt es zum Beispiel, wenn der Vorbesitzer dem Hehler das Diebesgut heimlich, aber mit Übertragungswillen zusteckt und der Hehler es später findet und behält.[59] Dies muss auch dann gelten, wenn der Hehler nach Auffinden der Sache zunächst gutgläubig ist und erst später erfährt, dass die Sache aus einer Straftat stammt, und wenn er sie dann absetzt –

---

55 So aber RGSt **35** 278, 281; *Berz* Jura **1980** 57, 61; *Küper* BT, S. 276 f; *Lackner/Kühl* Rdn. 10; *Ruß* LK[11] Rdn. 17; *Sch/Schröder/Stree* Rdn. 42; *Waider* GA **1963** 321, 324. Für die Täuschung des Vorbesitzers beim Absetzen auch *Kudlich* JA **2002** 672, 674.

56 BGHSt **42** 196, 198 m. Anm. *Hruschka* JZ **1996** 1135; OLG Hamburg NJW **1966** 2226, 2228; *Bockelmann* NJW **1950** 850, 852; *Fischer* Rdn. 13 für das Sichverschaffen und anders als Rdn. 15 zur Täuschung des Vorbesitzers beim Absetzen; *F. Geerds* GA **1958** 129, 135; *Heghmanns* BT Rdn. 1706; *Hoyer* SK Rdn. 31; *Hruschka* JR **1980** 221, 222; *ders.* JZ **1996** 1135, 1136; *Jahn/Palm* JuS **2009** 501, 502 für die Nötigung; *Kudlich* JA **2002** 672, 674 f (siehe aber auch hier Fn. 55); *Lauer* MK Rdn. 61 ff; *Otto* Jura **1988** 606, 607; *Rengier* BT 1 § 22 Rdn. 21a; *Rudolphi* JA **1981** 1, 6; *Seelmann* JuS **1988** 39, 40; *Welzel* Strafrecht, S. 397; *Wessels/Hillenkamp* Rdn. 858; *Zöller/Frohn* Jura **1999** 378, 381 f.

57 OLG Düsseldorf JR **1978** 465, 466; *Küper* FS Stree/Wessels, S. 467, 479; *Ruß* LK[11] Rdn. 17.

58 *Hoyer* SK Rdn. 32; *Rengier* BT 1 § 22 Rdn. 22; *Rudolphi* JA **1981** 1, 6; *Seelmann* JuS **1988** 39 f. Der Gesetzgeber spricht zwar ebenfalls nur von einem Einverständnis mit dem Vortäter, befasst sich aber nicht mit dem hier erörterten Fall und hat mit seiner Formulierung höchstwahrscheinlich keine Aussage zu der Frage gewollt, ob es hinreiche, wenn (nur) der Vorbesitzer mit dem Täter zusammenwirkt; vgl. BTDrucks. 7/550, S. 252 f.

59 BGHSt **15** 53, 57; **5** 47, 49 f; OLG Celle GA **1966** 56; *Ruß* LK[11] Rdn. 17.

sofern er sich dabei in Übereinstimmung mit dem Vorbesitzer weiß (**aA** wohl *Ruß* LK[11] Rdn. 17). Allerdings reicht das vom Hehler vermutete Einverständnis des Vortäters nicht aus, es muss tatsächlich vorhanden sein.[60] Falls es fehlt, kommt natürlich ein Versuch in Betracht. Bei mehreren Vortatbeteiligten genügt das Einverständnis nur eines Mittäters (*Fischer* Rdn. 13; *Ruß* LK[11] Rdn. 17).

b) **Aufrechterhalten der rechtswidrigen Besitzlage.** Unstreitig müssen alle Tathandlungen die Rechtswidrigkeit der Besitzlage aufrechterhalten oder hierauf gerichtet sein (letzteres genügt beim Versuch, beim absetzen Helfen und, nach der Rechtsprechung, sogar beim Absetzen, da die Rechtsprechung dafür keinen Absatzerfolg verlangt, Rdn. 55). Nicht aufrechterhalten wird die Rechtswidrigkeit der Besitzlage, wenn der Empfänger die Sache unanfechtbar **gutgläubig erwirbt** (oder erwürbe, wenn es zu der geplanten Weitergabe käme, siehe oben) (BGHSt **15** 53, 57; *Fischer* Rdn. 4). **38**

Nach herrschender Meinung endet die Rechtswidrigkeit der Besitzlage ferner, wenn der Empfänger der weitergeschobenen (oder weiterzuschiebenden) Sache die Absicht hat, die Sache dem Berechtigten zurückzugeben (**Rückgabeabsicht**, *Fischer* Rdn. 4; *Hoyer* SK Rdn. 30). Dogmatisch genauer dürfte es sein, darauf abzustellen, dass (und ob) der Berechtigte in diesem Fall der Übergabe der Sache aktuell oder mutmaßlich zustimmt (vgl. Rdn. 7). Falls ja, liegt darin strafrechtlich eine – zumindest mutmaßliche – rechtfertigende Einwilligung und zivilrechtlich (mindestens) eine Geschäftsführung ohne Auftrag (§§ 677 ff BGB), die den Besitz bis zur Herausgabe an den Berechtigten legitimiert. Nur ein Unterfall ist die Veräußerung der Sache an einen *Verdeckten Ermittler* oder einen *V-Mann* der Polizei (BGH NStZ-RR **2000** 266 m. Anm. *Baier* JA **2000** 923; *Hoyer* SK Rdn. 30). **39**

c) **Sich oder einem Dritten Verschaffen.** Die erste Begehungsform der Hehlerei besteht darin, die Sache sich oder einem anderen zu verschaffen. Das Ankaufen ist lediglich ein Unterfall und muss daher, wenn es tatbestandsmäßig sein soll, die im Folgenden aufgeführten Anforderungen erfüllen. Deswegen genügt es nicht, einen Kaufvertrag abzuschließen (ungeachtet dessen, dass er nach herrschender Meinung unwirksam wäre, § 134 BGB [*Armbrüster* MK BGB § 134 Rdn. 53 m.w.N.]; es kommt aber ein Versuch in Betracht).[61] Vielmehr ist für den Begriff des Verschaffens entscheidend, dass der Empfänger **Verfügungsgewalt** über die Sache erlangt. Es gilt dafür das gleiche wie für den Begriff des Erlangens (Rdn. 24). Erforderlich ist also nicht eine zivilrechtliche Verfügungsbefugnis, sondern *tatsächliche Sachherrschaft.*[62] Der Täter muss dabei den Willen haben, „über die Sache als eigene oder zu eigenen Zwecken zu verfügen und sie somit ihrem wirtschaftlichen Wert nach zu übernehmen"[63]. Diesen Willen nennt der Bundesgerichtshof auch *Zueignungsabsicht.*[64] Das dürfte aber untechnisch, das heißt nicht im Sinne des Diebstahlstatbestandes zu verstehen sein, denn die Absicht des Hehlers braucht sich nicht **40**

---

60 BGH NJW **1955** 350, 351; BGH LM § 259 Nr. 19; RGSt **64** 326, 327; 57 203, 204; *Waider* GA **1963** 321, 330; **aA** *Hoyer* SK Rdn. 34; *Sch/Schröder/Stree* Rdn. 43.

61 RGSt 73 104, 105; **64** 21; *Arzt/Weber/Heinrich/Hilgendorf* BT § 28 Rdn. 15; *Ruß* LK[11] Rdn. 23.

62 BGHSt **27** 45, 46 (Fn. 3); 160, 163 = JR **1978** 252 m. Anm. *D. Meyer* (weitere Anm./Bspr.: *Schall* NJW **1977** 2221; *Sonnen* JA **1977** 481); *Fischer* Rdn. 10 f; *Ruß* LK[11] Rdn. 18; SSW-StGB/*Jahn* Rdn. 17.

63 BGHSt **27** 45, 46 (Fn. 3); 160, 163 (Fn. 62); 15 53, 56; BGH NJW **1976** 1698, 1699; *Ruß* LK[11] Rdn. 18.

64 BGH NStZ **1995** 544; ganz ähnlich RGSt **56** 335, 336; *Ruß* LK[11] Rdn. 18 („Streben [...] sich zuzueignen"); SSW-StGB/*Jahn* Rdn. 18.

auf das lucrum ex re zu beschränken. Erst wenn eine solcherart motivierte Sachherrschaft errichtet ist, tritt der tatbestandliche Erfolg ein (vgl. Rdn. 9 f). Möglich ist, dass mehrere Mittäter gemeinsam die Sachherrschaft ausüben oder, häufiger, dass jeder von ihnen eine eigenständige (Mit-)Verfügungsbefugnis erhält.[65] – Der Hehler muss wie stets mit dem *Einverständnis des Vorbesitzers* handeln (Rdn. 34 f). Daran fehlt es, wenn der Dieb die Sache aufgegeben hatte und ein anderer sie findet (*Ruß* LK[11] Rdn. 18).

**41** Maßgeblich ist immer – nicht nur im Verhältnis von Vortäter und Hehler –, was die Beteiligten *abgesprochen* haben. Daher **fehlt** es an einer unabhängigen Sachherrschaft, wenn jemand die Sache *zur Ansicht* übernimmt (BGH bei Dallinger MDR **1958** 12, 13; *Ruß* LK[11] Rdn. 18) oder zur *Verwahrung*,[66] Reparatur oder anderweitigen *Bearbeitung* (BGH NStZ-RR **2005** 373 f; *Fischer* Rdn. 12), wenn er sie *entleiht*,[67] *mietet*[68] oder als *Pfand* nimmt (**aA** OLG Karlsruhe Die Justiz **1972** 319). Auch der Verkaufskommissionär übernimmt die Sache nicht zu eigenen Zwecken, kann aber den Tatbestand des Absetzens erfüllen.[69] Ferner fehlt es an der Sachherrschaft eines Bandenmitglieds über Diebesgut, wenn die Sachen in einem gemeinsamen Beutelager aufbewahrt werden und nur mit Zustimmung der anderen verwertet oder verwendet werden dürfen (BGHR StGB § 259 Abs. 1 Sichverschaffen 11). Auch wer gestohlene Schecks gefälligkeitshalber dem eigenen Konto gutschreiben lässt, den Betrag abhebt und dem Dieb aushändigt, übernimmt die Schecks als Helfer des Diebes, doch nicht „zu eigenen Zwecken" (KG [5] 1 Ss 212/99 [46/99]; in jenem Fall hatte der Dieb die Schecks zudem durch unrichtiges Ausfüllen von Formularen gefälscht, so dass sie in dieser Form nicht mehr unmittelbar aus der Vortat stammten, vgl. Rdn. 29).

**42** Da der Hehler den Willen haben muss, die Sache „ihrem wirtschaftlichen Wert nach zu übernehmen" (Rdn. 40), verschafft sich die Sache nicht im Sinne des § 259, wer vorhat, sie dem Berechtigten **zurückzugeben**.[70] In diesem Fall endet auch die rechtswidrige Besitzlage und liegt außerdem eine mindestens mutmaßliche Einwilligung vor (Rdn. 39).

**43** Auch die Übernahme einer Sache **zur Vernichtung**, etwa eines gestohlenen Fahrzeugs zur Entsorgung, erfüllt den Tatbestand nicht, weil die Absicht fehlt, das Fahrzeug seinem wirtschaftlichen Wert nach zu übernehmen und über diese Sache als eigene oder zu eigenen Zwecken zu verfügen.[71] Es ließe sich in diesem Fall allerdings auch darauf abstellen, dass der Entsorger im Rahmen eines Auftrages nach den Weisungen des Vortäters handele und dass ihm daher eine eigene Sachherrschaft fehle. Die Bereicherungsabsicht (Rdn. 76 ff) fehlt nicht, wenn das Entsorgen bezahlt wird (in BGH NStZ **1995**, 544 mit 200,– DM). Denn der Hehler braucht keine stoffgleiche Bereicherung zu erstreben, so dass

---

[65] BGHSt **35** 172, 175; **33** 44, 46 f (Fn. 31); BGH NStZ-RR **2005** 236; *Fischer* Rdn. 11; *Ruß* LK[11] Rdn. 19; *Zöller/Frohn* Jura **1999** 378, 382.

[66] BGH StV **1992** 65; *Hoyer* SK Rdn. 30; *Ruß* LK[11] Rdn. 18; *Zöller/Frohn* Jura **1999** 378, 382. Vgl. *Seelmann* JuS **1988** 39, 40 f.

[67] BGH wistra **1993** 146; RGSt **51** 179, 181; *Fischer* Rdn. 12; *Ruß* LK[11] Rdn. 18; *Zöller/Frohn* Jura **1999** 378, 382. Vgl. BGH StV **1987** 196, 197 m. Bspr. *Perron* GA **1989** 145; BGH bei Dallinger MDR **1969** 722, 723.

[68] *Fischer* Rdn. 12; *Hoyer* SK Rdn. 30; *Zöller/Frohn* Jura **1999** 378, 382.

[69] BGHSt **27** 45, 47 (Fn. 3); RGSt **67** 70, 79; **55** 58, 59; *Ruß* LK[11] Rdn. 18; **aA** *Dencker* FS Küper, S. 9 ff mit dem zutreffenden Hinweis, dass man mit der herrschenden Lehre dann ein vollendetes Delikt erst annehmen kann, wenn die Sache abgesetzt worden ist, und einen Versuch erst, wenn es zu Verkaufsverhandlungen kommt, während die Rechtsprechung schon die Übernahme „in Kommission" als Vollendung hinreichen lässt (vgl. im Text Rdn. 55 ff).

[70] BayObLGSt **1959** 78, 79 f; *Fischer* Rdn. 11; *Ruß* LK[11] Rdn. 18.

[71] BGHSt **15** 53, 56; BGH NStZ **1995** 544; *Fischer* Rdn. 12; *Ruß* LK[11] Rdn. 18; *Zöller/Frohn* Jura **1999** 378, 382.

auch Belohnungen und Entgelte von Dritten Bezugspunkt seiner Bereicherungsabsicht sein können (aaO und Rdn. 79).

Hingegen ist eigene **Verfügungsgewalt** für jemanden **zu bejahen**, der mit dem Vortäter abspricht, dass er sich die Sache von einem frei zugänglichen Platz abholen darf (LG Karlsruhe K&R [Kommunikation und Recht] **2007** 663, 665), oder der gestohlenes Bargeld als Darlehen annimmt (BGH NJW **1958** 1244). – Wie für das „Erlangen" der Sache durch den Vortäter (Rdn. 11, 25) ist auch für das Sichverschaffen kein Ortswechsel der Sache vonnöten. Es reicht, wenn der Hehler zu einem früheren Zeitpunkt Fremdbesitz an der Sache vom Vortäter übernommen hat und jetzt mit ihm übereinkommt, die Sache als Eigenbesitzer weiter zu behalten (BGHSt **15** 53, 58; *Ruß* LK[11] Rdn. 20). Ebenso genügt, dass der Vorbesitzer die Sache dem Hehler ohne dessen Wissen zusteckt und dass der Hehler sie später findet, ihre deliktische Herkunft erkennt und sie sich zueignet (OLG Celle MDR **1965** 761 f; *Ruß* LK[11] Rdn. 20). **44**

Diese Zueignung muss aber in einer *äußeren Handlung* bestehen. Beschränkt sich der Empfänger auf den **Entschluss, die Sache zu behalten**, so ist dies lediglich Vorsatz hinsichtlich eines Unterlassens (die Sache zurückzugeben oder bei der Polizei abzuliefern). Ein Vorsatz kann aber keinen äußeren Tatbestand erfüllen und kein aktives Sichverschaffen sein. Entsprechend ist der Fall zu beurteilen, dass ein Firmenchef durch seine Angestellten ohne sein Wissen Gewahrsam an Diebesgut erlangt und erst später hiervon erfährt – insbesondere von dem deliktischen Ursprung der Ware – und sich entschließt, seine Verfügungsgewalt fortbestehen zu lassen (für ein Sichverschaffen in diesem Fall aber BGHSt **5** 47, 49; *Ruß* LK[11] Rdn. 20). Problematisch ist aus demselben Grund, ob ein Sichverschaffen ohne Ortswechsel auch schlicht dadurch möglich ist, dass ein zunächst gutgläubiger Besitzer von der deliktischen Herkunft der Sache erfährt und sich entschließt, sie zu behalten. Wer dies mit der wohl herrschenden Ansicht[72] bejaht, läuft Gefahr, ein Merkmal des objektiven Tatbestandes mit einer rein inneren Tatsache in der Person des Täters, das heißt mit einem Stück subjektiven Tatbestandes ausfüllen zu wollen – was unzulässig wäre. Es ist daher wie für die Unterschlagung zu verlangen, dass sich der fragliche Entschluss in (irgend-)einer Handlung äußerlich manifestiere. Das Unterlassen allein kann in keinem dieser Fälle den Tatbestand erfüllen (Rdn. 68). **45**

Wie der Vortäter die Sache durch **Stellvertreter** „erlangen" kann, so kann sie sich auch der Hehler durch Stellvertreter verschaffen.[73] Sie können gut- wie bösgläubig sein (*Sch/Schröder/Stree* Rdn. 22; *Ruß* LK[11] Rdn. 19). Sind sie bösgläubig, können sie den Tatbestand ebenfalls als Täter verwirklichen, da sie die Sache einem Dritten verschaffen. Dieser Fall: der Gewerbegehilfe, der für seinen Geschäftsherrn Diebesgut ankauft, hat dem Gesetzgeber vor Augen gestanden, als er sich entschloss, auch das „Drittverschaffen" ausdrücklich in den Tatbestand aufzunehmen (siehe BTDrucks. 7/550, S. 252). Hat der Hehler einen generellen Herrschaftswillen hinsichtlich aller Sachen, die seine Vertreter entgegennehmen – von bestimmten Personen oder unter bestimmten Umständen oder überhaupt –, so bedarf es dabei keiner detaillierten Kenntnis des Hehlers von jeder einzelnen Sache (LG Hanau NStZ-RR **1996** 362). **46**

Missverständlich ist die Regel, der **Vortäter** müsse *jede* Möglichkeit verlieren, auf die Sache einzuwirken.[74] Vielmehr ist anerkannt, dass er eine Mitverfügungsgewalt behalten **47**

72 BGHSt **15** 53, 58; BGH GA **1967**, 315 f; *Fischer* Rdn. 24.

73 BGHSt **7** 274, 275; RGSt **59** 204, 205; *Ruß* LK[11] Rdn. 19.

74 So aber zum Beispiel BGHSt **35** 172, 175; **27** 160, 163 (Fn. 62); BGH NStZ-RR **2005** 236; NStZ **1992** 36; RGSt **64** 326, 327; *Ruß* LK[11] Rdn. 18.

kann, wenn die neue Verfügungsgewalt des Hehlers von ihr unabhängig ist, der Hehler also für seine Verfügungen nicht auf die Mitwirkung oder Zustimmung des Vortäters angewiesen bleiben soll.[75] Vom Vortäter unabhängig ist die Sachherrschaft etwa, wenn der Hehler einen Zweitschlüssel erhält, mit dem er jederzeit selbständig über die Sache verfügen kann und dies nach der Absprache mit dem Vortäter auch darf. Wer einen Pfandschein erhält, übernimmt damit in der Regel die alleinige Verfügungsgewalt nicht nur über den Pfandschein, sondern auch über die verpfändete Sache, da der Vortäter ohne den Schein nicht mehr an die Sache herankommt.[76] Entsprechendes gilt für Gepäck- oder Lagerscheine und für Schließfachschlüssel.[77] Und allgemein genügt die Übertragung mittelbaren Besitzes, wenn die Stellung des neuen Besitzers in dem dargestellten Sinne eigenständig ist.[78] Dabei muss es auch dann bleiben, wenn der Vortäter der Besitzmittler ist, zum Beispiel wenn ein Erwerber die Sache dem Vortäter noch eine Zeit miet- oder leihweise überlässt (*Sch/Schröder/Stree* Rdn. 21; **aA** *Ruß* LK[11] Rdn. 19). Hält man nämlich eine Leihe oder Miete für ungeeignet, eigene Verfügungsgewalt des Entleihers oder Mieters zu begründen (Rdn. 41), hat man auch davon auszugehen, dass ein Herabstufen von Eigenbesitz zu Miete oder Leihe die Verfügungsgewalt aufhebt.

**48** **Benutzt, verzehrt oder verbraucht** jemand eine Sache gemeinsam mit dem Dieb, hat er nach überwiegender Ansicht keine eigenständige Verfügungsgewalt.[79] Gleiches gilt, wenn sich jemand mit gestohlenem Bargeld freihalten lässt (wenn also der Dieb mit dem Bargeld die Zeche des anderen begleicht) (BGHSt **9** 137, 138 f; *Heghmanns* BT Rdn. 1701). Für den Mitverzehr ist eine Minderheit anderer Ansicht (OLG Düsseldorf SJZ **1949** 204; *Sch/Schröder/Stree* Rdn. 24 m.w.N.). Es müsse das gleiche gelten wie für § 246 und § 292, für die anerkannt sei, dass der Verzehr eine Zueignung bewirke. Doch widerspricht diese Ansicht dem Willen des Gesetzgebers (siehe BTDrucks. 7/550, S. 252). Zudem ist der Begriff des Zueignens nicht zwingend gleichbedeutend mit dem des Sichverschaffens. Wenn der Vortäter bis zum Schluss das Recht haben soll, den (Mit-)Genuss der Nahrung jederzeit zu beenden, also theoretisch – und drastisch gesprochen – das Recht haben soll, dem anderen die Flasche oder die Gabel noch kurz vor dem Mund aus der Hand zu schlagen, dann lässt sich sagen, dass sich der andere die Nahrung zwar zueigne, aber keine nennenswerte Verfügungsgewalt über sie erlange. Der kurze Augen-

---

[75] BGHSt **35** 172, 175 f; **33** 44, 46 f (Fn. 31); **27** 160, 163 (Fn. 62); BGH wistra **1998** 264, 265; BGHR StGB § 259 Abs. 1 Sichverschaffen 11; *Arzt/Weber/Heinrich/Hilgendorf* BT § 28 Rdn. 10; *Fischer* Rdn. 11; *Zöller/Frohn* Jura **1999** 378, 382.

[76] BGHSt **27** 160, 163 (Fn. 62); *Ruß* LK[11] Rdn. 19; *Zöller/Frohn* Jura **1999** 378, 382.

[77] *Berz* Jura **1980** 57, 63; *Ruß* LK[11] Rdn. 19; *Zöller/Frohn* Jura **1999** 378, 382.

[78] BGHSt **27** 160, 163 (Fn. 62); *Berz* Jura **1980** 57, 62; *Ruß* LK[11] Rdn. 19; *Sch/Schröder/Stree* Rdn. 21; *Seelmann* JuS **1988** 39, 40 f.

[79] BTDrucks. 7/550, S. 252 (zum „Mitgenuss gestohlener Sachen"); BGH wistra **1998** 264, 265 (gemeinsamer Verbrauch von Zigaretten, Waschmittel und Kaffee sowie gemeinsame Nutzung von Möbeln); NStZ **1992** 36 (Konsum von Valium durch Schlucken und [sich selbst] Spritzen, wobei allerdings der Vortäter nicht mitkonsumiert); StV **1987** 196, 197 (Spritztour mit dem Dieb in dem gestohlenen Fahrzeug) (Fn. 67); NJW **1952** 754 (Mittrinken gestohlenen Schnapses); RGSt **9** 199, 200 f (Mittrinken gestohlenen Weines); *Arzt/Weber/Heinrich/Hilgendorf* BT § 28 Rdn. 10; *Fischer* Rdn. 12; *Heghmanns* BT Rdn. 1702 (Mitverzehr); *Hoyer* SK Rdn. 27 (Mitverzehr); *Jahn/Palm* JuS **2009** 501, 503; *Ruß* LK[11] Rdn. 21; *Zöller/Frohn* Jura **1999** 378, 382. Vgl. auch RGSt **39** 308, 309 f (Verwendung und Verbrauch von Gebrauchsgegenständen und Nahrungsmitteln, jedoch durch die Ehefrau des Vortäters im gemeinsamen Haushalt, über den der Ehemann nach damaligem Recht insgesamt und ausschließlich verfügungsbefugt war).

blick des Kauens oder Schluckens ist vernachlässigbar. Die beiden Judikate BGH bei Dallinger MDR **1975** 368 und OLG Schleswig bei Ernesti/Jürgensen SchlHA **1978** 186, die *Stree* aaO ins Feld führt, stehen nicht entgegen, denn in beiden Fällen hatte der Vortäter dem Hehler eine selbständige Verfügungsgewalt über die zu verbrauchenden Sachen eingeräumt. Gleiches ist etwa anzunehmen, wenn ein Ehegatte von dem anderen Haushaltsgeld zur eigenverantwortlichen Verwendung bekommt (*Ruß* LK[11] Rdn. 21).

Abgeleiteter Erwerb liegt nicht nur vor, wenn der Vortäter die Sache unmittelbar dem Hehler überlassen hat, sondern auch dann, wenn sich eine **Mittelsperson** dazwischenschiebt und der Hehler im Einverständnis mit dieser Mittelsperson erwirbt (*Fischer* Rdn. 13; *Ruß* LK[11] Rdn. 10; vgl. hier Rdn. 36). Hehlerei kann daher auch begehen, wer eine gestohlene Sache in Kenntnis ihrer Herkunft von einem redlichen Besitzer erwirbt, der sie gutgläubig vom Vortäter erhalten hat, aber wegen § 935 BGB kein Eigentümer geworden ist (redlicher, aber rechtloser Zwischenbesitzer).[80] **49**

Einem **Dritten** verschafft die Sache, wer sie für den Dritten in dessen Auftrag oder als dessen Gehilfe erwirbt (*Ruß* LK[11] Rdn. 22). Neben diesem Fall, der dem Gesetzgeber vor Augen stand (BTDrucks. 7/550, S. 252), ist es natürlich ebenso möglich, die Sache dem Dritten unmittelbar auszuhändigen, sie in seine Herrschaftssphäre, etwa einen Innenhof zu verbringen oder sie einem Stellvertreter des Dritten zu übergeben (*Ruß* LK[11] Rdn. 22; vgl. hier Rdn. 46). Das Beispiel von *Ruß* LK[11] Rdn. 22, dass ein Hehler seine Leute anweist, gestohlene Fahrzeuge unmittelbar an die Abnehmer zu liefern, dürfte schon ein Sichverschaffen sein, wenn und weil die Leute des Hehlers den Gewahrsam für ihren Chef ausüben und ihm so den Gewahrsam vermitteln. Anders, wenn der Hehler den Vortäter anweist, gestohlenes Geld auf das Konto des Hehlers einzuzahlen (Beispiel von *Ruß* LK[11] Rdn. 22 m.w.N.). Denn zwar sind die Angestellten der Bank in einem gewissen Rahmen ebenfalls Weisungen des Hehlers unterworfen. Sie üben aber nicht für ihn die Sachherrschaft über die eingezahlten Geldstücke aus. Vielmehr gehen diese Stücke in das Eigentum der Bank über. – Ob der Dritte gut- oder bösgläubig ist, spielt keine Rolle (*Ruß* LK[11] Rdn. 22). Ein täterschaftliches „Drittverschaffen" ist nach herrschender Meinung von einer Beihilfe zu einem Sichverschaffen seitens des Dritten danach abzugrenzen, ob der Handelnde selbständig agiert oder sich den Weisungen des Dritten unterordnet (*Fischer* Rdn. 14). **50**

d) **Absetzen.** Absetzen heißt nach herrschender Meinung[81] die wirtschaftliche Verwertung der Sache durch ihre *rechtsgeschäftliche Weitergabe* an gut- oder bösgläubige *Dritte* gegen *Entgelt*, wobei der Hehler – anders als beim absetzen Helfen – im Verhältnis zum Vortäter *selbständig* handelt, wenngleich er *„in dessen Lager"* steht. Ein typisches Beispiel ist der Verkaufskommissionär des Diebes.[82] Es ist allerdings nicht erforderlich, dass der Hehler Verfügungsgewalt erlangt oder sie Dritten verschafft, auch wenn dies oft der Fall ist. Ist dies der Fall, treffen die Begehungsformen des Sich- oder einem Dritten Verschaffens und des Absetzens zusammen, was indes im Ergebnis nur eine Tat im **51**

---

80 BGHSt **15** 53, 57; RGSt **44** 249, 250; OLG Celle NJW **1988** 1225; OLG Düsseldorf JR **1978** 465, 466 m. abl. Anm. *Paeffgen; Lackner/Kühl* Rdn. 7; *Ruß* LK[11] Rdn. 10; *Sch/Schröder/Stree* Rdn. 13; **aA** *Rudolphi* JA **1981** 1, 6.

81 BGHSt **27** 45, 49 (Fn. 3); **23** 27; BGH NStZ **2008** 215, 216; *Fischer* Rdn. 15; *Ruß* LK[11] Rdn. 24, 26 f; *von Heintschel-Heinegg* JA **1996** 273, 275; *Zieschang* GS Schlüchter, S. 403, 405; ähnlich *Arzt/Weber/Heinrich/Hilgendorf* BT § 28 Rdn. 16; *Heghmanns* BT Rdn. 1707 („Verkaufsherrschaft").

82 BGH NStZ **1983** 455; *Ruß* LK[11] Rdn. 28; **aA** (Absatzhelfer) BGH 2 StR 587/78 vom 6.11.1978; RGSt 55 58 f; *Fischer* Rdn. 20.

Rechtssinne ergibt (Rdn. 106). Da ein Wechsel der Verfügungsgewalt nicht erforderlich ist, hat der **Begriff** der **Weitergabe** in der herrschenden Definition etwas Missverständliches. Von ihr bleibt nach Abzug einer Übertragung von Verfügungsgewalt lediglich der Abschluss eines Rechtsgeschäfts übrig, das zudem nichtig ist (§ 134 BGB). Mit anderen Worten bleibt nur eine pseudorechtsgeschäftliche **Übereinkunft** zwischen Hehler und Erwerber, bei welcher der Hehler selbständig handelt und keinen Weisungen des Vortäters unterworfen ist. Hinzutreten kann eine physische Weitergabe der Sache und/oder eine Übertragung von Verfügungsgewalt im Sinne des (einem Dritten) Verschaffens, zwingend nötig ist aber weder das eine noch das andere. Wie für alle Begehungsformen der Hehlerei ist nach herrschender Ansicht das *Einverständnis des Vorbesitzers* erforderlich, das nach zutreffender Ansicht frei von einer Täuschung zustande gekommen sein muss; erst recht darf es nicht das Ergebnis einer Nötigung sein (Rdn. 34 f).[83] Ob das Einverständnis wirtschaftliche oder andere Motive hat, ist ohne Belang. Es kann ausdrücklich oder schlüssig zum Ausdruck kommen (RGSt **40** 199, 200; *Ruß* LK[11] Rdn. 28).

**52** Ebenfalls wie für alle Begehungsformen der Hehlerei muss die **rechtswidrige Besitzlage** Tathandlung und -erfolg überdauern (Rdn. 38 f). In den Fällen, in denen es gar nicht zu einem Besitzwechsel kommt, ist dies natürlich unproblematisch. Überträgt der Hehler jedoch den Besitz und beendet dadurch die Rechtswidrigkeit der Besitzlage, so kann das grundsätzlich selbst dann nicht als Absetzen tatbestandsmäßig sein, wenn dessen übrige Voraussetzungen vorliegen. Ein Beispiel ist die Rückveräußerung an den Berechtigten oder seinen Vertreter.[84] Dabei bleibt es auch dann, wenn der Hehler den Berechtigten oder seinen Vertreter über die Identität der Sache täuscht oder mit der Drohung erpresst, dass die Sache für ihn sonst endgültig verloren sei (*Fischer* Rdn. 16). Dann ist allerdings § 263 oder § 253 erfüllt. Dem Rückveräußern an den Berechtigten steht es wiederum gleich, wenn sich der Täter an einen Verdeckten Ermittler oder V-Mann der Polizei wendet (BGH NStZ-RR **2000** 266; hier Rdn. 39). Ausnahmsweise kann die Rechtswidrigkeit der Besitzlage mit dem Absetzen enden, wenn der Käufer nach §§ 932, 935 Satz 2 BGB gutgläubig und unanfechtbar Eigentum erwirbt.

**53** Da die Absprache zwischen Hehler und Erwerber ein **Entgelt** vorsehen muss (Rdn. 51), scheidet eine *Schenkung* nach herrschender, wenn auch bestrittener Ansicht[85] aus. Ein *Tausch* wird aber ebenso erfasst wie ein *Verpfänden* (*Fischer* Rdn. 16; *Ruß* LK[11] Rdn. 27 m.w.N.) und das Einreichen eines gestohlenen *Schecks* (OLG Zweibrücken OLGSt § 257 Nr. 1, S. 2; wurden indes nur Scheckformulare gestohlen und vor dem Einreichen gefälscht, scheidet eine Hehlerei aus, Rdn. 29). Unter das Tauschen fällt auch das *Wech-*

---

[83] BGHSt **42** 196, 198 (Fn. 56); BGH NStZ **2008** 215, 216; *Fischer* Rdn. 15; *Ruß* LK[11] Rdn. 24 m.w.N.

[84] BGHSt **43** 110, 111 = NStZ **1997** 493; **1999** 352 m. Anm. *Rosenau* (weitere Anm./Bspr.: *Endriß* NStZ **1998** 463; *Krack* NStZ **1998** 462; *Paul* JZ **1998** 297; *Seelmann* JR **1998** 342); *Altenhain* NK Rdn. 47; *Fischer* Rdn. 16; *Hruschka* JR **1980** 221, 223; *Lackner/Kühl* Rdn. 14; *Rengier* BT 1 § 22 Rdn. 30; *Rudolphi* JA **1981** 1, 3; *Ruß* LK[11] Rdn. 27; *Sch/Schröder/Stree* Rdn. 33; *Stoffers* Jura **1995** 113, 115; *Wessels/Hillenkamp* Rdn. 868; *Zöller/Frohn* Jura **1999** 378, 384; aA RGSt **54** 124, 125.

[85] BGH NJW **1976** 1950 (Fn. 17); RGSt **32** 214, 215; OLG Hamm NJW **1972** 835; *Berz* Jura **1980** 57, 64; *Fischer* Rdn. 16 (mit dem Zusatz „zw."); *Hoyer* SK Rdn. 38; *Kindhäuser* LPK Rdn. 23; *Lackner/Kühl* Rdn. 14; *Maurach/Schroeder/Maiwald* I § 39 Rdn. 32; *Roth* JA **1988** 193, 204; *Rudolphi* JA **1981** 90, 92; *Ruß* LK[11] Rdn. 27; *Sch/Schröder/Stree* Rdn. 32; SSW-StGB/*Jahn* Rdn. 23; *H. Schröder* FS Rosenfeld, S. 161, 179 f; aA *Altenhain* NK Rdn. 50; *Arzt/Weber/Heinrich/Hilgendorf* BT § 28 Rdn. 16.

*seln von Bargeld* (*Fischer* Rdn. 20). Bei einer *Vollstreckungsversteigerung* dürfte es an einem Rechtsgeschäft fehlen.[86] Wohl gemerkt geht es jeweils nicht um die Rolle des Geschäftspartners, sondern um denjenigen, der das Geschäft für Rechnung des Vortäters abschließt. Der Geschäftspartner wird in dem Moment ebenfalls zum Hehler, in dem er sich die Sache verschafft.

Zwar braucht der Erwerber für die Vollendung (noch) keine Verfügungsgewalt über die Sache zu erlangen. Eine **Weitergabe** im Sinne der Definition des Absetzens (Rdn. 51) verlangt jedoch, dass dies das *Ziel des Rechtsgeschäfts* ist. Nicht ausreichend sind daher Geschäfte, die einem anderen lediglich Fremdbesitz übertragen (sollen), namentlich Miete, Leihe und Pacht (*Ruß* LK[11] Rdn. 27). **54**

Die Rechtsprechung und ein Teil des Schrifttums verlangen keinen **Absatzerfolg**.[87] **55** Die herrschende Lehre vertritt die Gegenposition.[88] Der Gesetzgeber wollte neben der überkommenen Tathandlung des absetzen Helfens (früher „Mitwirken zum Absatz") mit der neuen Begehungsform des Absetzens klarstellen, dass „Hehler auch derjenige ist, der die Sache zwar im Einverständnis mit dem Vortäter, aber sonst völlig selbständig auf dessen Rechnung absetzt" (BTDrucks. 7/550, S. 253). Diese Formulierung legt nahe, dass der Gesetzgeber ebenfalls einen Absatzerfolg voraussetzen wollte. Andererseits ist er davon ausgegangen, dass die neue Vorschrift von wenigen, hier nicht interessierenden Punkten abgesehen das alte Recht fortschreibe und die Rechtsprechung bestätige (aaO S. 252). Hätte der Gesetzgeber entgegen der gefestigten Rechtsprechung[89] für das Absetzen dessen erfolgreichen Abschluss verlangen wollen, wäre zu erwarten gewesen, dass er dies zumindest in der Gesetzesbegründung ausdrücklich erwähnt (insoweit zutreffend BGHSt 27 45, 48 f [Fn. 3]). Dass allein die Strafbarkeit des Versuchs (Absatz 3) einen solchen Willen ergibt und er anders auch nicht hätte ausgedrückt werden können, ist *Fischer* Rdn. 22 nicht zuzugeben. Denn die Versuchsstrafbarkeit ist schon 1943 eingeführt worden,[90] hat das Reichsgericht von seiner Rechtsprechung nicht abbringen können, und beides gehört zu jener Rechtslage, die der Gesetzgeber vorgefunden hat und grundsätzlich fortschreiben wollte, siehe oben.

---

86 Anders wohl RGSt **72** 87, 88; **67** 431, 432 f; RG Rspr. **10** 547; *Ruß* LK[11] Rdn. 27.

87 BGH NStZ **1999** 208; NJW **1979** 2621 (Fn. 3); **1978** 2042 m. Anm. *Sonnen* JA **1979** 108; für die Steuerhehlerei BGHSt **29** 239, 242 f; weitere Nachweise bei *Ruß* LK[11] Rdn. 25 in Fn. 26. Für das Erfordernis eines Erfolges aber BGH NJW **1976** 1698, 1699. BGH NStZ **2008** 570 versteht den „Erfolg des Absetzens" als „den Absatz fördernder Erfolg" und verzichtet damit in der Sache wieder auf einen vollendeten Absatz. Allerdings beschreibt der Bundesgerichtshof dort zutreffend einen Handlungserfolg, der als eine vollendete Absatz*hilfe* ausgereicht hätte (wenn durch ihn weisungsgebunden Absatzbemühungen des Vortäters unterstützt worden wären). – Aus dem Schrifttum *Arzt/Weber/Heinrich/Hilgendorf* BT § 28 Rdn. 19; *Blei* JA **1977** 140, 141 f; *Fezer* NJW **1975** 1982; *D. Meyer* MDR **1975** 721, 722; *Rosenau* NStZ **1999** 352 f; *Wessels/Hillenkamp* Rdn. 867.

88 *Altenhain* NK Rdn. 44, 50; *Berz* Jura **1980** 57, 64 f; *Dencker* FS Küper, S. 9, 16; *Fischer* Rdn. 23; *Franke* NJW **1977** 857 f; *Heghmanns* BT Rdn. 1708; *Hoyer* SK Rdn. 20; *Krack* NStZ **1998** 462, 463; *Jahn/Palm* JuS **2009** 501, 504; *Küper* JuS **1975** 634 ff; *ders.* NJW **1977** 58 f; *Lackner/Kühl* Rdn. 13; *Lauer* MK Rdn. 82 f; *Maurach/Schroeder/Maiwald* I § 39 Rdn. 34; *Rengier* BT 1 § 22 Rdn. 35; *Roth* JA **1988** 193, 203; *Ruß* LK[11] Rdn. 26; *Rudolphi* JA **1981** 90, 92 f; *Seelmann* JuS **1988** 39, 41; *Sch/Schröder/Stree* Rdn. 32, 38; SSW-StGB/*Jahn* Rdn. 22; *Zieschang* GS Schlüchter, S. 403, 410 f, 414; *Zöller/Frohn* Jura **1999** 378, 383.

89 Zum alten Recht BGHSt **22** 206, 207; BGH NJW **1955** 350, 351.

90 Verordnung vom 29. Mai 1943, RGBl. I S. 339.

56 Jedoch trifft es zu, dass der Grund besagter Rechtsprechung in der Rechtslage *vor* Einführung der Versuchsstrafbarkeit zu suchen ist (*Fischer* Rdn. 22). Es ist dies nicht das erste Mal, dass eine repressiv weite Auslegung ihre Ursache – eine „Strafbarkeitslücke" – um Jahrzehnte überlebt. Und selbst wenn der Gesetzgeber gegen die alte Rechtsprechung nichts einzuwenden hatte, so ist doch im Strafrecht die **Schranke des Wortlautes** unübersteigbar und spricht das Gesetz nun einmal nicht von einem „Absatz Fördern" (vgl. in Fn. 87), sondern von einem *Absetzen*. So wenig es anginge, „töten" in § 212 zu verstehen als „den Tod eines anderen fördern" oder „zu töten versuchen" oder „Beschädigen" in § 303 zu verstehen als „die Beschädigung fördern" oder „zu beschädigen versuchen", so wenig darf man sich für das Absetzen in § 259 mit erfolglosen Absatzbemühungen zufriedengeben.[91] Da der Versuch strafbar ist, fehlt dafür auch jedes vermeintliche oder tatsächliche kriminalpolitische Bedürfnis.

57 Allerdings verlangen weder der Wortlaut noch das Rechtsgut oder das Wesen des Tatbestandes für das vollendete Absetzen, dass der Erwerber Sachherrschaft oder Verfügungsgewalt erlangt hat (**aA** *Ruß* LK[11] Rdn. 26 f). Zum einen machte man sonst die Tatbestandsvariante des Absetzens überflüssig, weil die Sache dann stets schon einem Dritten verschafft würde. Zum anderen stützt und verstärkt es die rechtswidrige Besitzlage bereits, wenn die Sache einem anderen so versprochen wird, dass die Beteiligten dies als bindend betrachten. Eine solche *subjektiv bindende Übereinkunft* **vollendet** das Absetzen. Selbstverständlich geht sie oft mit einer körperlichen Übergabe der Sache einher oder hat der Erwerber die Sache bereits als Fremdbesitzer und „Sachherrschaftsgehilfe" des Vortäters (und man kommt nur noch überein, dass er sie nunmehr als Eigenbesitzer behalten dürfe). Typische Fälle sind das Absetzen von Bargeld, indem es der Hehler wechselt, damit Forderungen begleicht oder es anlegt (*Ruß* LK[11] Rdn. 28 mit Nachweisen zur Rechtsprechung).

58 e) **Absetzen Helfen.** Vom Absetzen unterscheidet sich das absetzen Helfen dadurch, dass der Hehler **unselbständig** handelt, das heißt sich Weisungen des Vortäters unterwirft.[92] In der Sache (materiell) handelt es sich um eine Beihilfe, die aber von § 27 nicht erfasst werden kann, weil eine rechtswidrige Haupttat fehlt: Der Vortäter kann keine Hehlerei als Haupttat begehen, weil er im Verhältnis zu sich selbst kein „anderer" ist.[93] Die Hilfe muss sich auf ein Absetzen richten, das alle Rdn. 51 ff genannten Anforderungen erfüllt, insbesondere im Einverständnis mit dem Vortäter stattfindet (*Ruß* LK[11] Rdn. 29 m.w.N.) und nur möglich ist, wenn der Vortäter eigene Verfügungsgewalt über die Sache hat (BGH NStZ **2008** 215, 216). Das Einverständnis des Vortäters und seine Weisungsgewalt umschreibt man auch mit der weniger scharfen Formulierung, dass der Absatzhelfer „im Lager" des Vortäters stehen müsse.[94] Hilfen zum Absatz an Verdeckte Ermittler oder V-Leute scheiden aus, weil ein solcher Absatz die rechtswidrige Besitzlage nicht aufrechterhält, sondern beendet.[95] (Genauer stellt man auf die mindestens mutmaß-

---

[91] In der Sache schon BGH NJW **1976** 1698, 1699. Überschritten sehen die Schranke des Wortlauts durch die Rechtsprechung etwa auch *Altenhain* NK Rdn. 45; *Maurach/Schroeder/Maiwald* I § 39 Rdn. 34; **aA** *Rosenau* NStZ **1999** 352 f.

[92] BGH NStZ **2009** 161; *Arzt/Weber/Heinrich/Hilgendorf* BT § 28 Rdn. 17; *von Heintschel-Heinegg* JA **1996** 273, 275; *Ruß* LK[11] Rdn. 29; *Zieschang* GS Schlüchter, S. 403, 405.

[93] BGHSt **26** 358, 362 = JR **1977** 78 m. Anm. *D. Meyer*; BGH NStZ **2009** 161; **1999** 351; *Ruß* LK[11] Rdn. 29; *Seelmann* JuS **1988** 39, 41.

[94] So in BGH NStZ **2009** 161; **2008** 215, 216; bei *Fischer* Rdn. 17.

[95] BGHSt **43** 110, 111 (Fn. 84); BGH NStZ-RR **2000** 266 m. Bspr. *Baier* JA **2000** 923; *Fischer* Rdn. 19; *Kudlich* JA **2002** 672, 675 f mit dem zutreffenden Hinweis, dass dies nach der Rechtsprechung nur gilt, wenn die

liche Zustimmung des Vortatopfers ab, Rdn. 39). In Betracht kommt ein Versuch. Der unterstützte Vortäter kann ein Hehler sein, der sich die Sache verschafft hat.[96] Unschädlich ist es, wenn der Vortäter neben dem Absatzhelfer eigene Bemühungen unternimmt, die Sache abzusetzen (*Ruß* LK[11] Rdn. 29). Zur Abgrenzung des Absatzhelfers (Täter) vom Absatzgehilfen (Gehilfe) Rdn. 98 f.

Die Rechtsprechung hält einen **Absatzerfolg** für entbehrlich.[97] Nach BGH NJW **1990** 2897, 2898 bedarf es nicht einmal eines Absatzversuches (vollendete Absatzhilfe durch Zusage eines Transports von Diebesgut an den Ort, an dem der Dieb es absetzen will, wobei der Transport von vornherein zum Scheitern verurteilt ist, weil die Polizei davon erfahren und eine Straßensperre aufgebaut hat). Es genüge jede unselbständig vorbereitende, ausführende oder helfende Tätigkeit zum Zwecke des Absatzes; jede Handlung, die geeignet sei, den Vortäter bei der Verwertung zu unterstützen, und von Absatzwillen getragen werde. Das Schrifttum[98] verlangt überwiegend auch für das absetzen Helfen einen Absatzerfolg, obwohl der Wortlaut in diesem Fall keine unübersteigbare Schranke aufrichtet (*Ruß* LK[11] Rdn. 26). Man beruft sich darauf, dass beide Alternativen gleichwertig seien und es daher nicht angehe, die Vollendungszeitpunkte unterschiedlich zu bestimmen. Zudem bestehe das Wesen der Hehlerei darin, eine rechtswidrige Besitzlage aufrechtzuerhalten. Dazu müsse der Täter entweder dafür ursächlich werden, dass eine rechtswidrige Besitzlage unverändert fortbestehe (also ohne die Tat gehoben worden wäre), oder er müsse diese Besitzlage in eine neue, wieder rechtswidrige Besitzlage überführen; beides fehle, wenn sich der Täter lediglich erfolglos um einen Absatz bemühe (*Ruß* LK[11] Rdn. 26). Meist verlangt man für den Absatzerfolg überdies, dass der Erwerber Verfügungsgewalt über die Sache erlange (stellvertretend *Ruß* LK[11] Rdn. 30; siehe im Übrigen die Nachweise in Fußnote 98). **59**

Jedenfalls dies letztere ist für die Absatzhilfe ebensowenig zu verlangen wie für das Absetzen (Rdn. 57). Andererseits führt auch die Absatzhilfe notwendig zu einem (Hilfs-) Erfolg, wie dies – mutatis mutandis – auch die Begünstigung tut (vgl. zu § 257 Rdn. 44). Die Frage ist, ob er ein vollendetes Absetzen bedinge (das aber ohne einen Wechsel der Verfügungsgewalt auskommt). Die herrschende Lehre hat viel für sich. Zwar erzwingt der Wortlaut für ein absetzen Helfen keinen Absatzerfolg, doch hat im allgemeinen Sprachgebrauch jemand einem anderen nur dann geholfen, etwas zu tun, wenn es zu dieser Tat gekommen ist. Wohl kann es nach § 27 eine Beihilfe zum Versuch geben, also Beihilfe zu etwas Unvollendetem. Aber das verträgt sich deshalb auch für den allgemeinen Sprachgebrauch zwanglos mit dem Wortlaut des § 27, weil ein Versuch gleichfalls eine vollständige „rechtswidrige Tat" ergibt. Jedoch steht der herrschenden Lehre der **Wille des Gesetzgebers** entgegen. Der Gesetzgeber wollte an den Tatvarianten des Abset- **60**

---

Absatzbemühungen an den Polizisten/V-Mann die einzigen ihrer Art sind.

96 BGHSt 33 44, 48 (Fn. 31); BGH NStZ 2009 161 f; **1999** 351; NStZ-RR **1999** 208; StV **1983** 279; *Heghmanns* BT Rdn. 1712; *Ruß* LK[11] Rdn. 29.

97 BGHSt **29** 239, 242; **27** 45, 49 (Fn. 3); BGHSt **26** 358, 359 (Fn. 93); BGH NStZ-RR **2000** 266 (Fn. 95); **1999** 208; zweifelnd BGH NStZ **2008** 152 f; weitere Nachweise bei *Ruß* LK[11] Rdn. 31 in Fußnote 32a.

98 *Berz* Jura **1980** 57, 66; *Blei* JA **1975** 728; *Franke* NJW **1977** 857; *Jahn/Palm* JuS **2009** 501, 504; *Küper* JuS **1975** 633, 635 f und NJW **1977** 58; *Lackner/Kühl* Rdn. 13, 15; *Maurach/Schroeder/Maiwald* I § 39 Rdn. 34; *Roth* JA **1988** 193, 203; *Rudolphi* JA **1981** 90, 93; *Ruß* LK[11] Rdn. 26, 30; *Sch/Schröder/Stree* Rdn. 38; *Schall* JuS **1977** 179, 181; *Seelmann* JuS **1988** 39, 42; *Stree* JuS **1976** 137, 143; *Zieschang* GS Schlüchter, S. 403, 410 f, 414; *Zöller/Frohn* Jura **1999** 378, 383; aus der Rechtsprechung OLG Köln NJW **1975** 987, 988; **aA** für die Steuerhehlerei *Hübner* Hübschmann/Hepp/Spitaler § 374 AO Rdn. 56 ff.

zens und des absetzen Helfens nichts ändern mit Blick auf das frühere Recht einschließlich der Rechtsprechung (BTDrucks. 7/550, S. 252 f). Und daher wäre es unzulässig, eine solche Änderung auch dort herbeizuführen, wo der Wortlaut sie nicht erzwingt. Ein Hilfserfolg und damit eine vollendete Absatzhilfe ist es daher zum Beispiel schon, wenn ein Helfer auf Weisung des Vortäters Diebesgut an den Ort des Umsatzes bringt; selbst wenn es dann nicht zu einem Umsatz kommt.

**61** Auf dem Boden der herrschenden Lehre lässt sich für die Absatzhilfe wie für die Beihilfe nach § 27 fragen, ob die fragliche Handlung für den Absatz **ursächlich** gewesen sein müsse. Die herrschende Lehre beantwortet sie wie für die Beihilfe so, dass es hinreiche, wenn die Handlung den Absatz fördere; nicht erforderlich sei, dass der Absatz ohne die Hilfe ausgeschlossen gewesen wäre, dass also keine Alternative bestanden hätte (*Ruß* LK[11] Rdn. 30 m.w.N.). Für die Rechtsprechung und die hier (Rdn. 60) vertretene Ansicht reicht noch weniger, und zwar dass man den Handlungserfolg als Hilfe betrachten kann; das ist schon der Fall, wenn dieser Erfolg geeignet ist, den Absatz zu fördern. Und unter „Absatz" darf man in diesem Zusammenhang neben dem Abschluss eines Veräußerungsgeschäfts auch dessen Vollzug verstehen, also das Übertragen von Sachherrschaft.

**62** **Beispiele** eines Absatzhelfers sind Personen, die bei Verkaufsverhandlungen oder bei der Verwendung oder Anlage gestohlenen Geldes *beraten* (siehe aber auch Rdn. 63),[99] die eine abgesetzte Sache an den Abnehmer *liefern* (*Fischer* Rdn. 20; *Ruß* LK[11] Rdn. 30), die den *Kaufpreis einziehen* (RGSt **58** 154 f; *Ruß* LK[11] Rdn. 31), die *einen Abnehmer er- oder vermitteln*,[100] die *Verhandlungen führen* (*Ruß* LK[11] Rdn. 31 m.w.N.), die *Räume* für den Verkauf oder *Fahrzeuge* für den Transport zum Käufer *bereitstellen*[101] (nicht das bloße Versprechen, sich nach einem Abnehmer umzusehen, siehe RG GA Bd. **49** 274), die an abzusetzenden Fahrzeugen *unechte Kennzeichen anbringen* (BGH NJW **1978** 2042 [Fn. 87]), die *Karosseriennummern umschlagen* („Umnummern", vgl. BGHSt **26** 358, 362 [Fn. 93]; *Fischer* Rdn. 20), die Fahrzeuge *„ausschlachten"*, um abmontierte Teile weiterzuschieben (BGH NStZ-RR **1999** 208), oder für die Fahrzeuge *Papiere fälschen* (*Fischer* Rdn. 20), die dem Veräußerer zum unauffälligen Verkauf *Verkleidung leihen* (RG GA Bd. **62** 148; *Ruß* LK[11] Rdn. 31) oder die dem Veräußerer für Verhandlungen die *Benutzung von Kommunikationsmitteln gestatten* (Telefon, E-Mail) (*Ruß* LK[11] Rdn. 31).

**63** Bloßer **Mitgenuss** der Diebesbeute und bloßes Mitverprassen gestohlenen Geldes auf Einladung des Vortäters ist keine Absatzhilfe (BGHSt **9** 137 m. Anm. *Maurach* JZ **1956** 607; *Ruß* LK[11] Rdn. 30). Der Eingeladene lässt es in diesen Fällen zwar geschehen, dass sich die Beute des Vortäters verringert, fördert den Absatz aber nicht. Zu weit geht deshalb BGHSt **10** 1 (krit. schon *Maurach* JZ **1957** 184; abl. *Sch/Schröder/Stree* Rdn. 39). In jenem Fall hatte sich ein Dieb mit seiner Freundin in ein Geschäft begeben, dort verschiedene Kleidungsstücke für sie ausgesucht und sie diese anprobieren lassen und mit dem erbeuteten Geld bezahlt. Der Bundesgerichtshof meint, die Freundin habe es dem Dieb ermöglicht, das erbeutete Geld auszugeben, und habe daher Absatzhilfe geleistet. Entscheidend ist aber, dass sich die Freundin darauf beschränkt hatte, Wohltaten entgegenzunehmen, die der Absatz ermöglichte. Das reicht nicht. Es spielt keine Rolle, dass der Dieb die Kleidung sonst nicht gekauft hätte. Der Wortlaut ließe es vielleicht noch zu, eine solche schlichte Ursächlichkeit für den Absatz „in seiner konkreten Gestalt" als Absatzhilfe hinreichen zu lassen. Rechtsgut und Ratio des § 259 jedoch sprechen dagegen (vgl.

---

99 BGHSt **9** 137, 139; RGSt **72** 87, 89; *Fischer* Rdn. 20; *Ruß* LK[11] Rdn. 31.

100 RGSt **54** 124; **40** 199; *Ruß* LK[11] Rdn. 31.

101 RGSt 58 299, 300; 53 212 und 179, 180; *Fischer* Rdn. 20; *Ruß* LK[11] Rdn. 31.

Rdn. 7). Denn für das Vermögen des Vortatopfers ist es in jeder Hinsicht einerlei, ob das gestohlene Geld für die Kleidung der Freundin des Diebes ausgegeben wird oder – zum Beispiel – für die des Diebes. Eine Absatzhilfe ist für Mitzecher und Nutznießer nur zu bejahen, wenn ein absatzförderndes Tun hinzukommt. Ein Beispiel sind Hinweise, wo und wie ein Dieb gestohlenes Geld in seinem Sinne zweckmäßig ausgeben könne (BGHSt **9** 137, 138). Der Hinweisende muss dem Dieb aber tatsächlich neue und tatsächlich hilfreiche Informationen geben. Es reicht nicht, lediglich die Aufmerksamkeit des Vortäters auf Absatzpartner zu lenken, die ihm bekannt oder die offensichtlich sind. Nicht tatbestandsmäßig ist daher die Anregung eines Mitzechers, in eine bestimmte Kneipe zu gehen, oder die Anregung, in einem bestimmten Geschäft einzukaufen; es sei denn, dort wird etwas Besonderes angeboten, woran dem Vortäter gelegen ist und was er anderswo nicht ohne weiteres hätte bekommen können.

Absatzhilfe hat die Rechtsprechung auch bejaht für jemanden, der einen Auftrag zum Vertrieb annimmt (RGSt **67** 70, 80). Das geht aber zu weit, denn in jenem Moment ist dem Vortäter noch nicht geholfen; die Zusage von Hilfe ist noch keine Hilfe. Zwar könnte man versuchen, auf eine **seelische Unterstützung** abzustellen entsprechend den Regeln der psychischen Beihilfe (Bestärken des Absatzentschlusses). Doch bedürfte es dazu weiterer aktiver Bemühungen des Vortäters um den Absatz, bei denen ihm die Zusage innerlich eine Stütze sein müsste. Daran fehlt es, wenn ein anderer lediglich den Auftrag zum Vertrieb annimmt und sich der Vortäter dann passiv darauf verlässt, dass der Auftrag ausgeführt werde. Außerdem ist es zulässig, eine rein seelische Unterstützung als ungenügend zu erachten. Den Willen des Gesetzgebers verletzt dies nicht. Und da es ohnehin sehr weit geht, eine Absatzhilfe auch ohne Absatzerfolg als Hehlerei zu erfassen (Rdn. 59), sollte man zumindest jene schwächste und flüchtige Form der Hilfe als *tatbestandslos* betrachten. **64**

*Tatbestandslos* bleiben ferner Hilfen, die keinen Zusammenhang mit einem Absatzplan haben und dem Vortäter ganz unabhängig von einem „Weiterschieben" der Sache den **Sachgenuss ermöglichen** oder die Sache erhalten. Hierzu zählt es, wenn jemand die Sache repariert oder vorübergehend lagert, ohne dass dies im Rahmen eines konkreten Absatzplanes geschieht.[102] Tatbestandslos ist solches Verhalten in der Regel auch mit Blick auf § 257 (dort Rdn. 47). Und selbst wenn die Hilfe auf einen späteren Absatz zielt, fehlt es an der Vollendung, solange es keinen bestimmten Absatzplan gibt, Rdn. 66. Gibt es ihn, ist aber auch eine Reparatur tatbestandsmäßig, die ihm dient (BGH NStZ **1994** 395, 396 [dort nur Versuch, weil die Reparatur nicht abgeschlossen wurde]; *Fischer* Rdn. 20). **65**

**f) Vollendung und Beendigung.** Vollendet ist die Tat mit Eintritt des tatbestandsmäßigen Erfolges, also wenn jemand neue Verfügungsgewalt über die Sache *erlangt hat,* wenn ein Erwerbsgeschäft über die Sache *abgeschlossen worden ist* oder wenn der Vortäter hinsichtlich eines einigermaßen bestimmten Absatzes eine Hilfsleistung *empfangen hat.* Die Vorbereitung des Absatzes soll nach der Ansicht des Bundesgerichtshofes nur dann eine vollendete **Absatzhilfe** sein, wenn Umstände vorliegen, „die für den Vortäter einen Beginn des Absetzens bedeuten"[103]. Verneint hat der Bundesgerichtshof dies in BGH wistra **2006** 16, 17, weil der Vortäter weder selbst Absatzbemühungen entfaltet noch seinen Helfer mit ihnen beauftragt hatte; obwohl der Helfer typische Maßnahmen der **66**

---

[102] BGH wistra **1993** 61, 62; NStZ **1993** 282, 283; *Arzt/Weber/Heinrich/Hilgendorf* BT § 28 Rdn. 21; *Fischer* Rdn. 20.

[103] BGHSt **2** 135, 137; BGH wistra **2006** 16, 17; NStZ **1994** 395, 396; vgl. BGH NStZ **2005** 373, 374.

Absatzhilfe übernommen und ausgeführt hatte, und zwar das Verändern von Karosserienummern an gestohlenen Fahrzeugen und deren Verstecken „zur Ermöglichung der Weiterveräußerung". Allerdings, so der Bundesgerichtshof, legten diese Maßnahmen nahe, dass der Helfer eine Absatzhilfe immerhin strafbar versucht habe. Daraus wird man ableiten können, dass eine Absatzhilfe erst vollendet ist, wenn der Vortäter Aktivitäten in Richtung eines bestimmten (konkreten) Absatzes entfaltet, wozu auch zählt, dass er einen Helfer mit solchen Aktivitäten beauftragt; etwa wenn er die Sache einem Verkaufskommissionär übergibt. Hingegen soll es offenbar nicht genügen, dass der Vortäter Vorkehrungen trifft, die nur abstrakt-generell einem künftigen Absatz förderlich sind. Dieser Auslegung ist beizupflichten, da sie hilft, die unnötige Weite der Tatbestandsvariante des absetzen Helfens einzuschränken (vgl. Rdn. 59 f).

67 **Beendet** ist die Tat in der Variante des sich oder einem Dritten Verschaffens, wenn die neue Verfügungsgewalt gesichert ist. Der Fall ähnelt der Beendigung von Wegnahmedelikten, die eintritt, wenn der neue Gewahrsam gesichert ist. Gleichfalls beendet ist das „Verschafftsein", wenn der Erwerber die Verfügungsgewalt wieder verliert. Auch ein Absetzen der Sache und ein absetzen Helfen sind erst beendet, wenn der Geschäftspartner sichere Verfügungsgewalt über die Sache erlangt – oder wenn sicher ausgeschlossen ist, dass er sie erlangt. Zusammengefasst wird die Tat also beendet, wenn eine neue Verfügungsgewalt über die Sache endgültig aufgerichtet oder wenn dies endgültig ausgeschlossen ist. Erst mit der neuen Verfügungsgewalt ist für die rechtswidrige Besitzlage ein weiteres Kapitel aufgeschlagen, und alternativ kann das deliktische Geschehen natürlich auch „zur Ruhe kommen" (eine gängige Umschreibung der Beendigung), wenn keine Aussicht mehr besteht, dass eine neue Verfügungsgewalt entsteht.

68 g) **Unterlassen.** Garanten können den Tatbestand gemäß § 13 auch durch ein Unterlassen erfüllen, wenn dies der Verwirklichung des Tatbestandes durch ein Tun entspricht (sogenannte Modalitätenäquivalenz) (**aA** für das Absetzen SSW-StGB/*Jahn* Rdn. 27). Phänomenologisch zu unterscheiden sind der Fall, dass jemand das Herbeiführen eines Hehlereierfolges (Rdn. 66) nicht hindert, und der Fall, dass jemand einen solchen Erfolg nicht beseitigt. Rechtlich zu unterscheiden sind Sicherungsgaranten (Überwachungsgaranten), die Gefahrenquellen zu überwachen haben, und Obhutsgaranten (Beschützergaranten), die Gefahren von einem Schützling abwenden müssen.

69 Einfachstes Beispiel für **Sicherungsgaranten** sind die Eltern. Hindern sie ihr Kind, etwa einen Sechzehnjährigen nicht daran, eine Hehlereihandlung zu begehen, das heißt einen Hehlereierfolg herbeizuführen, können sie sich nach § 13 strafbar machen. Die Modalitätenäquivalenz macht in diesem Fall ersichtlich keine Probleme. Und das tut sie auch sonst nicht – allerdings weniger ersichtlich –, denn § 259 ist ein reines Erfolgsdelikt, bei dem es nicht darauf ankommt, auf welchem Weg der Hehlereierfolg jeweils herbeigeführt wird. Zu einem weiteren Beispiel und zur zweiten Unterlassungskonstellation bei § 257 Rdn. 60 f (§§ 13, 257 und §§ 13, 259 stehen dort jeweils in Tateinheit). Ehegatten sind untereinander keine Sicherungsgaranten in diesem Sinne (**aA** *Zöller/Frohn* Jura **1999** 378, 382 in Fußnote 60).

70 Als **Obhutsgaranten** kommen aufgrund des Rechtsgutes des § 259 (Rdn. 7) nur Personen in Frage, die eine besondere Pflicht haben, sich um das *Vermögen des Opfers der Vortat* zu kümmern. Wer es zum Beispiel als Begleiter eines Geldtransporters nicht verhindert, dass ein Kollege unterschlagene Geldbomben bei einem Dritten absetzt, ist ein Absatzhelfer durch Unterlassen.

## III. Innerer Tatbestand

### 1. Vorsatz

a) **Bezüglich der Vortat.** Es gilt alles entsprechend, was insoweit zu § 257 Rdn. 66 ff ausgeführt ist. Der Hehler muss lediglich wissen oder billigend in Kauf nehmen – bedingter Vorsatz reicht –, dass eine Vortat mit den Rdn. 13 ff aufgezählten Eigenschaf-ten begangen wurde (oder spätestens im Zeitpunkt des Erfolges seiner Handlung begangen sein wird, vgl. Rdn. 31). Er braucht **nicht genau** zu wissen, um was für ein Delikt es sich handelt. Erst recht braucht er nicht genau zu wissen, was der Vortäter im Einzelnen getan hat; auch braucht er weder die Person des Vortäters noch die des Vortatopfers zu kennen.[104] Geht der Handelnde jedoch von einem Sachverhalt aus, der zwar eine Straftat, doch keine gegen fremdes Vermögen gerichtete Straftat ergibt, oder nimmt er sonst einen Sachverhalt an, der zwar eine Straftat ergibt, aber keine, die als Vortat tauglich ist, so fehlt der Vorsatz (und scheidet mangels Tatentschlusses auch ein Versuch aus) (BGH 5 StR 243/65 vom 25.5.1965; *Ruß* LK[11] Rdn. 33). Da die Vortat nur tatbestandsmäßig und rechtswidrig sein muss, ist ein Irrtum über die Strafmündigkeit des Vortäters unerheblich (vgl. BGHSt **1** 47, 48; OLG Neustadt NJW **1953** 1443, 1444), ebenso ein solcher über die Stellung eines Strafantrags (vgl. RGSt **50** 199) oder über persönliche Strafausschließungsgründe (*Ruß* LK[11] Rdn. 33). Dagegen ist die irrige Annahme des Täters beachtlich, der widerrechtliche Besitzzustand sei inzwischen legalisiert worden oder entfalle aus anderem Grunde. Denn es fehlt dann am Vorsatz hinsichtlich dessen, dass eine Sache im Sinne des § 259 aus der Vortat „erlangt" worden ist. Da die §§ 3 ff für die Vortat keine Rolle spielen (Rdn. 16), sind auch Irrtümer über den Tatort ohne Belang (soweit er [nur] für die §§ 3 ff in Betracht kommt).[105] **71**

Mit Blick auf die **Rechtswidrigkeit** der Vortat ist es missverständlich zu sagen, dass der Hehler die rechtliche Bewertung der Vortat nicht „nachvollziehen" müsse und dass eine Kenntnis der wesentlichen „Umstände" ausreiche, welche die Vortat ausmachten (vgl. *Altenhain* NK Rdn. 56; *Fischer* Rdn. 24). Es sei erneut auf die parallelen Ausführungen zu § 257 (dort Rdn. 67) verwiesen: Der Hehler muss sich nach Laienart bewusst sein, dass ein Vortäter etwas Straftatbestandliches getan hat. Es genügt das Bewusstsein von dem rechtlichen Ergebnis „Straftat"; nicht erforderlich ist eine Kenntnis der Umstände, aus denen ein Jurist dieses Ergebnis ableitet. Meint der Handelnde, das Vorgeschehen sei lediglich eine Ordnungswidrigkeit, eine disziplinarrechtliche Verfehlung oder ganz sanktionslos, unterliegt er einem *Tatbestandsirrtum*. **72**

**Bedingter Vorsatz** reicht aus.[106] Auch beim absetzen Helfen braucht der Hehler nur das Bewusstsein, nicht auch die Absicht zu haben, den Vortäter bei der wirtschaftlichen Verwertung der Sache zu unterstützen.[107] Allerdings betont die Rechtsprechung, dass ein Für-möglich-Halten allein nicht genüge, sondern ein voluntatives Element in Form des billigenden Inkaufnehmens hinzutreten müsse (BGH NStZ-RR **2000** 106, 107; LG Karlsruhe K&R [Kommunikation und Recht] **2007** 663, 664 zum Erwerb von Diebesgut über **73**

---

104 BGH NStZ **1983** 264; GA **1977** 145, 145; RGSt **50** 199, 200 f; **44** 249, 250; *Fischer* Rdn. 24; *Hoyer* SK Rdn. 40; *Ruß* LK[11] Rdn. 6; *von Heintschel-Heinegg* JA **1996** 273, 274 in Fußnote 7.

105 Vgl. RGSt **55** 234; **18** 298; *Ruß* LK[11] Rdn. 33.

106 BGH wistra **2000** 177; **1999** 339; NStZ **1983** 264; GA **1970** 306; RGSt **55** 204, 205; KG JR **1966** 307; *Fischer* Rdn. 24; *Ruß* LK[11] Rdn. 33.

107 BGHSt **10** 1; RGSt **57** 73, 75; *Ruß* LK[11] Rdn. 34.

eBay, wenn das Anfangsgebot bei einem Euro liegt und der Neupreis im Handel 2.500 Euro beträgt). Worin ein solches Billigen allerdings *neben* dem Für-möglich-Halten bestehen soll, wenn dem Täter der deliktische Erfolg auch *höchst unerwünscht* sein kann (h.M.), bleibt begrifflich unklar (siehe *T. Walter* Kleine Stilkunde für Juristen, 2. Auflage 2009, S. 26 ff). – Gegen bedingten Vorsatz beim Einreichen gestohlener *Schecks* spricht, wenn es sich um Verrechnungsschecks handelt. Denn dabei legt der Einreichende seine Identität offen und setzt sich der Gefahr eines Strafverfahrens aus sowie der Gefahr einer Klage auf Schadensersatz durch den Aussteller des Schecks (OLG Zweibrücken OLGSt StGB § 257 Nr. 1, S. 4 f; dort war der Einreichende ein Rechtsanwalt). – Es gibt keinen Erfahrungssatz, dass ein berechtigter Verkäufer sich nur nach längerer Diskussion im Preis herunterhandeln ließe oder dass Fahrräder legal in der Regel über eine Annonce verkauft würden (KG [4] 1 Ss 143/97 [101/97] vom 15.9.1997).

74 Ist jemand gutgläubig, dem die Beute aus der Vortat übergeben wird, und erfährt er erst später, dass sie aus einer Straftat stammt, so ist dies hinsichtlich des Sacherwerbs (Sichverschaffens) ein unbeachtlicher nachträglicher Vorsatz (**dolus subsequens**).[108] Setzt er die Sache jetzt aber in Übereinstimmung mit dem Vorbesitzer ab oder unterstützt er ihn beim Absetzen, so erfüllt er vorsätzlich einen der beiden anderen Hehlereitatbestände.[109] Ferner kann er sich wegen Unterlassens strafbar machen, wenn er Garant ist (Rdn. 68 ff), das heißt wenn er beim Erwerb eine Pflicht verletzt hat, die das Vermögen des Vortatopfers schützen soll (Ingerenz), oder wenn ihn hinsichtlich des Vorbesitzers eine Sicherungspflicht oder hinsichtlich des Vermögens des Vortatopfers eine Obhutspflicht trifft. Stets muss aber zwischen Hehler und Vorbesitzer Einverständnis bestehen (vgl. Rdn. 34 f und OLG Celle Nds. Rpfl. **1965** 185). Fehlt es, kommt Unterschlagung in Betracht (BGHSt 10 151).

75 b) **Bezüglich der Tathandlung.** Der Vorsatz muss sich selbstverständlich auch auf die Handlung des Hehlers und ihre Folgen erstrecken (*Ruß* LK[11] Rdn. 33), also auf die Ursachenkette bis hin zum Taterfolg der neuen Verfügungsgewalt, des Absatzes oder der Absatzhilfe.

76 2. **Bereicherungsabsicht.** Der Täter muss die **Absicht** haben, sich oder einen Dritten zu bereichern. Sie ist der Wille, einen Vermögensvorteil zu erlangen oder einem Dritten zu verschaffen. Der Vermögensvorteil muss das Ziel des Handelns sein. Soweit es heißt, er brauche nicht das Motiv des Handelns zu sein, beruht das auf einem engen Verständnis dieses Begriffs, das nicht zwingend ist (vgl. zu § 257 Rdn. 74). Gesagt werden soll – und das trifft zu –, dass der Täter natürlich weitere Ziele verfolgen kann und der Vermögensvorteil dabei nur eine zwar notwendige, aber im Übrigen subjektiv unbedeutende Zwischenstufe sein mag (vgl. *Ruß* LK[11] Rdn. 36). Auch genügt es, wenn der Vermögensvorteil lediglich eines von mehreren Zielen ist und mithin ein sogenanntes *Motiv(!)bündel* festzustellen ist (*Ruß* LK[11] Rdn. 36). Allerdings ist wie für die Absicht der Vorteilssicherung bei § 257 (dort Rdn. 76) zu verlangen, dass der Vermögensvorteil neben

---

108 BGH bei Holtz MDR **1980** 628, 629; GA **1967** 315 f; *Arzt/Weber/Heinrich/Hilgendorf* BT § 28 Rdn. 22; *Ruß* LK[11] Rdn. 34.

109 *Ruß* LK[11] Rdn. 34 mit dem Hinweis, der Besitzer könne sich die Sache jetzt auch noch im Sinne des § 259 verschaffen. Da er die Sache aber bereits als Eigenbesitzer hat, dürfte dies nur noch für Garanten als Unterlassen möglich sein, siehe im Text. Vgl. BGHSt **15** 53, 58 f; **2** 135, 138; BGH GA **1967** 315 f; BGH bei Holtz MDR **1980** 628, 629; RGSt **57** 159, 160; **56** 324, 326; **47** 241, 242; **33** 120, 122; OLG Zweibrücken MDR **1978** 952.

anderen Beweggründen mindestens ein *gleichrangiges* Ziel des Täters ist und er folglich auch dann gehandelt hätte, wenn alle anderen Beweggründe entfallen wären. Keine Bereicherungsabsicht hat, wer den Vermögensvorteil lediglich als notwendige Nebenfolge seines Handelns voraussieht, das aber ganz andere Gründe hat (vgl. zu § 257 Rdn. 77). So im Falle eines Mannes, der von seiner Freundin einen gestohlenen Ring nur deshalb annimmt, damit sie die intime Beziehung zu ihm aufrechterhält (BGH JZ **1958** 484 m. Anm. *Maurach; Ruß* LK[11] Rdn. 35). Da die Bereicherungsabsicht ein vollständig inneres Tatbestandsmerkmal ist, lässt es sie unberührt, wenn sich der Täter falsche Vorstellungen macht und eine Bereicherung objektiv ausgeschlossen oder schon eingetreten ist (RGSt **56** 98; *Ruß* LK[11] Rdn. 35).

**Vermögensvorteile** sind nur geldwerte Vorteile.[110] Immaterielle Freuden, Genüsse und Vorteile scheiden aus. Einschlägig sind die Lehren zum Vermögensbegriff und zur Bereicherung, die für § 263 entwickelt wurden (*Ruß* LK[11] Rdn. 35, unstreitig). Keinen Vermögensvorteil erstrebt, wer die Sache zum Marktpreis ankauft, wenn die Sache also anderswo zum gleichen Preis legal erhältlich ist.[111] Bei der gebotenen wirtschaftlichen Betrachtung hat dies aber auch zu gelten, wenn die Sache auf einem illegalen Markt zum gleichen Preis zu haben ist, etwa als Betäubungsmittel (*Fischer* Rdn. 26). Wer daher illegal eingeführte Drogen zum Eigenverbrauch erwirbt, erstrebt jedenfalls dann keinen Vermögensvorteil, wenn er das Marktübliche bezahlt.[112] Das ändert sich allerdings, wenn der Betreffende eine größere Menge auf Vorrat und in der Erwartung kauft, dass die Preise steigen und er die Drogen dann mit Gewinn weiterverkaufen kann (BGH NJW **1979** 2358; *Ruß* LK[11] Rdn. 36; vgl. Rdn. 79). Vermögensvorteil kann auch die Sicherung einer Forderung sein, etwa durch ein Faustpfand,[113] sowie die Erfüllung eines Anspruchs (*Fischer* Rdn. 26; *Ruß* LK[11] Rdn. 36); denn das Haben einer Sache ist in der Regel wirtschaftlich wertvoller als der Anspruch darauf. Missverständlich wäre es daher zu sagen, Besitz sei kein Vermögensvorteil (vgl. *Fischer* Rdn. 26). Dies stimmt nur bei wirtschaftlich wertlosen und schlechthin unveräußerbaren Sachen. **77**

Nach dem Wortlaut des Gesetzes und nach herrschender Ansicht braucht die erstrebte Bereicherung bei der Hehlerei nicht **rechtswidrig** zu sein.[114] Die Bereicherungsabsicht entfällt daher nach herrschender Ansicht nicht, wenn der Hehler einen durchsetzbaren Anspruch auf den Vorteil hat (*Lackner/Kühl* Rdn. 17). *Ruß* LK[11] Rdn. 37 bildet dazu den Fall, dass sich jemand von einem Bankräuber mit dem geraubten Geld eine Schuld des Räubers bezahlen lässt. Der eigentliche Testfall ist aber der, dass sich der Anspruch gegen das *Opfer der Vortat* richtet. Für ihn ist die herrschende Ansicht weniger einsichtig. Denn es leuchtet nicht ohne weiteres ein, dass jemand straflos bleibt, der seinen **78**

---

110 BGH GA **1980** 69, 70; bei Holtz MDR **1977** 281, 283; *Ruß* LK[11] Rdn. 36.

111 BGH bei Dallinger MDR **1967** 363, 369; OLG Hamm NStZ-RR **2003** 237, 238; LG Karlsruhe K&R (Kommunikation und Recht) **2007** 663, 666; *Fischer* Rdn. 26; *Heghmanns* BT Rdn. 1718; *Jahn/Palm* JuS **2009** 501, 504; *Ruß* LK[11] Rdn. 36; *Zöller/Frohn* Jura **1999** 378, 384 (ohne Beschränkung auf legale Märkte); wohl **aA** *Arzt/Weber/Heinrich/Hilgendorf* BT § 28 Rdn. 26.

112 BGH GA **1980** 69, 70; *Hoyer* SK Rdn. 42; *Ruß* LK[11] Rdn. 36; *Seelmann* JuS **1988** 39, 41; SSW-StGB/*Jahn* Rdn. 31.

113 BGH bei Dallinger MDR **1954** 15, 16; RGSt **51** 179, 184; RG GA Bd. **54** 80; *Fischer* Rdn. 26; *Ruß* LK[11] Rdn. 36. Vgl. aber auch RGSt **54** 338, 341 f; **66** 63, 63 f.

114 Für die h.M. *Berz* Jura **1980** 57, 67; *Fischer* Rdn. 26; *Hoyer* SK Rdn. 43; *Jahn/Palm* JuS **2009** 501, 504; *Lackner/Kühl* Rdn. 17; *Maurach/Schroeder/Maiwald* I § 39 Rdn. 40; *Roth* JA **1988** 258, 259; *Ruß* LK[11] Rdn. 37; *Sch/Schröder/Stree* Rdn. 49; **aA** *Arzt* NStZ **1981** 10, 12 f; *Arzt/Weber/Heinrich/Hilgendorf* BT § 28 Rdn. 29.

Schuldner mit einer Täuschung zur Zahlung bringt, dass er sich aber strafbar macht, wenn er sich dasselbe Bargeld von jemandem geben lässt, der es dem Schuldner eigennützig abgeschwindelt hatte (also noch ohne die Absicht, das Geld an den Gläubiger des Betrogenen weiterzugeben). Handelt der Betrüger – oder auch ein Räuber – von Anfang an, um die Beute dem Gläubiger zu überlassen, lässt sich der Tatbestand des § 259 für den Gläubiger noch mit der Begründung verneinen, es fehle an einer gegen fremdes Vermögen gerichteten Vortat. Bei einer Täuschung ist das unproblematisch, weil dann jede Strafbarkeit entfällt (keine Rechtswidrigkeit der erstrebten Bereicherung für § 263, und andere Tatbestände sind nicht einschlägig). Bei einer Nötigung ist jener Weg immerhin gangbar, wenn man den Begriff „gegen fremdes Vermögen gerichtet" normativiert und bei einem durchsetzbaren Anspruch desjenigen verneint, der die Sache bekommen soll (zwar entfallen §§ 249, 253, doch bleibt mindestens § 240 übrig und wäre sonst in dem konkreten Fall ebenfalls eine gegen fremdes Vermögen gerichtete Tat, vgl. Rdn. 17). Handelt der Betrüger oder Räuber aber zunächst eigennützig und entschließt sich erst später, die Beute dem Gläubiger des Vortatopfers zu geben, kommt es zu dem erwähnten Widerspruch, wenn man für § 259 auf die Rechtswidrigkeit der erstrebten Bereicherung verzichtet. Überzeugender ist es daher, die Bereicherungsabsicht im Wege einschränkender Auslegung zu verneinen, wenn der Empfänger der Sache einen durchsetzbaren Anspruch auf sie gegen das Opfer der Vortat hat. Wie das Beispiel des Betruges zeigt, sollte man sich dabei nicht auf Stückschulden (Speziesschulden) beschränken, sondern auch Gattungs-, vor allem Geldschulden einbeziehen.

**79** Für die Begehungsform des sich oder einem Dritten Verschaffens genügt es nach herrschender Meinung[115], wenn die Bereicherung erst aus Geschäften folgen soll, die der Hehler oder der Dritte später mit der Sache machen will. Es ist also **keine Stoffgleichheit** des Vorteils und eines Schadens des Vortatopfers nötig, sondern es finden gleichsam auch die *Fernziele* des Täters oder des Dritten Beachtung. Daher kann auch ein Erwerb zum Marktpreis tatbestandsmäßig sein, wenn geplant ist, die Sache später mit Gewinn weiterzuveräußern (*Fischer* Rdn. 26). Auch wer sich Ausweispapiere verschafft, hat eine Bereicherungsabsicht, wenn er plant, sie mit Gewinn weiterzuveräußern (BGHR StGB § 259 Abs. 1 Bereicherungsabsicht 1; vgl. *Ruß* LK[11] Rdn. 36 m.w.N.). Entsprechendes gilt für den Kauf von Drogen (BGH NStZ **1981** 147). Die Bereicherungsabsicht fehlt indes, wenn sich jemand Blankoaufkleber für Aufenthaltserlaubnisse verschafft, um seinen Eltern die Einreise zu ermöglichen (BGHR StGB § 259 Abs. 1 Bereicherungsabsicht 2). Zwar mag man wirtschaftlichen Wert auch aus den Preisen und der Handelbarkeit auf illegalen Märkten ableiten (vgl. Rdn. 77) und dürften besagte Aufkleber im illegalen Handel ihren Geldwert haben. Geht es dem Handelnden jedoch ausschließlich darum, seine Eltern ins Land zu holen, so ist dieser wirtschaftliche Vorteil nur eine automatische Nebenfolge seines Tuns und damit nicht mehr Gegenstand einer Absicht (Rdn. 76). Da Stoffgleichheit nicht erforderlich ist, kann der Vermögensvorteil auch eine *Belohnung* sein, insbesondere für einen Absatz oder eine Absatzhilfe (BGH bei Holtz MDR **1977** 282, 283; *Ruß* LK[11] Rdn. 37).

**80** Wer eine Sache ankauft, um sie dem Berechtigten **zurückzugeben**, erfüllt nach herrschender Ansicht schon nicht den äußeren Tatbestand des sich oder einem Dritten Ver-

---

[115] BGHR StGB § 259 Abs. 1 Bereicherungsabsicht 1; BGH StV **1982** 256; BGH bei Holtz MDR **1981** 267; *Berz* Jura **1980** 57, 67; *Fischer* Rdn. 28; *Hoyer* SK Rdn. 44; *Lackner/Kühl* Rdn. 17 (aber „zw."); *Maurach/Schroeder/Maiwald* I § 39 Rdn. 39; *Otto* Jura **1985** 148, 154; *Rudolphi* JA **1981** 90, 94; *Ruß* LK[11] Rdn. 36; *Sch/Schröder/Stree* Rdn. 48; *Wessels/Hillenkamp* Rdn. 877; **aA** *Arzt* NStZ **1981** 10, 13 f; *Arzt/Weber/Heinrich/Hilgendorf* BT § 28 Rdn. 28; *Seelmann* JuS **1988** 39, 41 f.

schaffens (Rdn. 42). (Der Tatbestand des einem Dritten Verschaffens kommt deswegen zunächst in Betracht, weil ein Weisungsabhängiger die Sache einem anderen schon dadurch verschaffen kann, dass er sie an sich nimmt.) Genauer dürfte es im Normalfall sein, eine zumindest mutmaßliche Einwilligung anzunehmen. Darüber hinaus lässt sich eine Bereicherungsabsicht verneinen (*Ruß* LK[11] Rdn. 35). Allerdings gelingt dies nur, wenn man entweder das Merkmal der Bereicherung, also des Vermögensvorteils einschränkend auslegt oder das des „Dritten". Dies dergestalt, dass die Rückgabe an den Berechtigten für ihn keine Bereicherung sei oder dass der Berechtigte nicht als Dritter zähle. Beides schränkt den üblichen Wortgebrauch normativ deswegen ein, weil die Handlung im Dienste des materiellen Rechts steht.

Dass § 259 auch die Absicht genügen lässt, einen **Dritten** zu bereichern, war in dem Konzept des historischen Gesetzgebers lediglich die konsequente Fortsetzung dessen, dass es im äußeren Tatbestand reicht, wenn jemand die Sache einem Dritten verschafft (womit der Gesetzgeber Gewerbegehilfen erfassen wollte, die für ihren Geschäftsherrn Diebesgut ankaufen, Rdn. 46 und BTDrucks. 7/550, S. 252, 253). Fraglich ist, ob auch der *Vortäter* Dritter in diesem Sinne sein kann. Erheblich wird die Frage für die Begehungsformen des Absetzens und der Absatzhilfe, wenn der Helfer ausschließlich fremdnützig handelt, zum Beispiel seinem Bruder eine Garage überlässt, in welcher der Bruder gestohlene Fahrzeuge bis zu ihrer Weiterveräußerung unterstellt (BGH NStZ **1995** 595 m. Anm. *von Heintschel-Heinegg* JA **1996** 273; *Paeffgen* JR **1996** 346; allerdings war dort wohl schon der äußere Tatbestand abzulehnen, da die Hilfe keinen Bezug zu bestimmten Absatzbemühungen hatte, vgl. Rdn. 65 f). **81**

Die herrschende Meinung lehnt es ab, den **Vortäter** als Dritten in Betracht zu ziehen.[116] Die Gegenansicht war früher auch die des Bundesgerichtshofes.[117] Sie verlangt, dass dem Vortäter ein wirtschaftliches Plus gegenüber dem Gewinn aus der Vortat zufließen soll (*Fischer* Rdn. 27; *Sch/Schröder/Stree* Rdn. 50). Will der Täter überdies den Vorteil aus der Vortat sichern, erfüllt er – auch nach herrschender Meinung – den Tatbestand des § 257. Dies ist einer der Gründe für die strenge, eine Hehlerei stets ablehnende herrschende Meinung: Sie will die Tatbestände der Begünstigung und der Hehlerei deutlich voneinander abgrenzen. Ferner nimmt sie den Wortlaut für sich in Anspruch (Vortäter und Hehler seien zwei Personen, keiner der beiden könne ein „Dritter" sein) sowie die Entstehungsgeschichte und den Zweck (das Rechtsgut) des § 259. Allerdings überzeugen diese Erwägungen nicht (siehe schon *Sch/Schröder/Stree* Rdn. 50). Aus den Materialien lässt sich nichts Klares ableiten. Das Rechtsgut des § 259 spricht dafür, auch den Vortäter als Dritten zuzulassen, denn es ist für das Vermögen des Vortatopfers und für die Aufrechterhaltung der rechtswidrigen Besitzlage gleichgültig, wer von dem Weiterschieben der Sache profitiert. § 257 erfasst den Unwert der Tat zugunsten des Vortäters nicht, weil die Begünstigung nur den Status quo sichert, die Hehlerei hingegen dem Vortäter einen weiteren Vermögensvorteil auf Kosten des Vortatopfers zuschustern soll. Und ein Exklusivitätsverhältnis von Begünstigung und Hehlerei ist so wenig um seiner selbst willen erstrebenswert wie irgendein anderes Verhältnis dieser Art auf Tatbestandsebene. **82**

---

[116] BGH StraFo **2005** 214, 215; BGH NStZ **1995** 595 (im Text Rdn. 81) (dort allerdings in dieser Strenge nicht entscheidungserheblich; die vermittelnde Ansicht – siehe im Text – reichte zur Begründung des Urteils aus); *Lackner/Kühl* Rdn. 17; *Rengier* BT 1 § 22 Rdn. 38; *Ruß* LK[11] Rdn. 38; SSW-StGB/*Jahn* Rdn. 32; *Wessels/Hillenkamp* Rdn. 876.

[117] BGH NJW **1979** 2621, 2622 (Fn. 3); *Arzt/Weber/Heinrich/Hilgendorf* BT § 28 Rdn. 27; *Fischer* Rdn. 27; *Heghmanns* BT Rdn. 1719; *Sch/Schröder/Stree* Rdn. 50; *Zöller/Frohn* Jura **1999** 378, 384.

83 Mitunter heißt es, der Hehler müsse mit **Zueignungsabsicht** handeln (etwa bei BGH NStZ **1995** 544; *Ruß* LK[11] Rdn. 18 m.w.N.). Das dürfte im Ergebnis zutreffen, mindestens in den weitaus meisten Fällen tatsächlich so sein. Um ein echtes weiteres, ungeschriebenes Merkmal des inneren Tatbestandes handelt es sich aber nicht (vgl. Rdn. 40).

84 Die Bereicherungsabsicht ist nach zutreffender ganz herrschender Ansicht **kein besonderes persönliches Merkmal** im Sinne des § 28.[118]

## IV. Versuch

85 **1. Tatentschluss.** Der Tatentschluss ist eine vorsatzgleiche Vorstellung und muss sich als solche auf Umstände beziehen, die den äußeren Tatbestand vollständig erfüllten, wenn sie denn vorlägen oder tatsächlich einträten. Bei dem Versuch der Hehlerei besteht der Tatentschluss oft in einem Irrtum schon über die gegenwärtige Sachlage (und nicht erst in einem Irrtum über den künftigen Verlauf). Ein solcher Irrtum kann darin bestehen, fälschlich Umstände anzunehmen, die eine taugliche **Vortat** ergäben.[119] Nimmt jemand irrig Umstände an, welche die Tat zu einem Steuer- oder Zolldelikt machten, kommt eine versuchte Steuerhehlerei in Betracht (und scheidet § 259 mangels Vorsatzes selbst dann aus, wenn eine taugliche Vortat objektiv begangen wurde) (*Ruß* LK[11] Rdn. 6 m.w.N.). Irrt sich jemand über die strafrechtliche Würdigung der Vortat und nimmt allein aufgrund dieses Irrtums eine geeignete Vortat an, so steht man vor derselben Streitfrage, die bereits zu § 258 Rdn. 143 ff erörtert ist. Für § 259 wird der Streit allerdings – wenn überhaupt – nicht so engagiert ausgetragen; wahrscheinlich, weil einschlägige Judikate fehlen.

86 Auch **andere Fehlvorstellungen** können einen Tatentschluss begründen. Etwa die irrige Annahme, der Vortäter/Vorbesitzer wäre mit der Handlung des Täters *einverstanden* (*Fischer* Rdn. 13, 30). Ein Tatentschluss kann ferner die irrige Annahme sein, der Vortäter hätte bereits eine Sache aus der Vortat im Sinne des § 259 *erlangt* (BGH StV **1996** 81, 82; *Fischer* Rdn. 30). Doch ist zu beachten, dass der Vortäter die Sache erst in dem Augenblick erlangt zu haben braucht, in dem die Handlung des Hehlers den *Taterfolg* herbeiführen soll (Rdn. 32). Es ist daher durchaus ein Tatentschluss denkbar, dem zufolge der Vortäter die Sache in dem Augenblick der Tathandlung noch nicht erlangt hat oder haben wird (insoweit zu pauschal BGH StV **1996** 81 f). Ein Tatentschluss kann auch aus der Unkenntnis dessen herrühren, dass die *Rechtswidrigkeit der Besitzlage* mit der fraglichen Handlung endet, weil der Empfänger der Sache der Berechtigte ist oder eine Person, die im Ergebnis für den Berechtigten handelt, insbesondere ein Verdeckter Ermittler oder ein V-Mann.

87 **2. Unmittelbares Ansetzen.** Nach den allgemeinen Regeln setzt im Sinne des § 22 unmittelbar an, wer entweder meint, keine wesentlichen Zwischenschritte bis zur Vollendung mehr gehen zu müssen (beendeter Versuch), oder wer meint, die Vollendung werde

---

[118] BGH JR **1978** 344, 345; *Arzt/Weber/Heinrich/Hilgendorf* BT § 28 Rdn. 31; *Fischer* Rdn. 26; *Herzberg* ZStW **88** (1976) 68, 92 f; *Lackner/Kühl* Rdn. 17; *Lauer* MK Rdn. 99; *Ruß* LK[11] Rdn. 39; *Sch/Schröder/Stree* Rdn. 59; *Stree* JuS **1976** 137, 144; **aA** *Hoyer* SK Rdn. 45.

[119] BGH wistra **1993** 264; NStZ **1992** 84; **1983** 264; RGSt **64** 130, 131; KG JR **1966** 307; *Fischer* Rdn. 30; *Ruß* LK[11] Rdn. 40; *Sch/Schröder/Stree* Rdn. 51.

trotz des Erfordernisses weiterer Handlungen, etwa eines Schusses, in enger zeitlicher Nähe, das heißt alsbald eintreten (unbeendeter Versuch). Zusätzlich muss der Täter jeweils die Vorstellung haben, aufgrund seines Verhaltens werde das Angriffsobjekt bereits unmittelbar gefährdet (siehe hier nur *Lackner/Kühl* § 22 Rdn. 4; ausführlich und stark differenzierend *Hillenkamp* LK § 22 Rdn. 77 ff; beide mit zahlreichen Nachweisen). Angriffsobjekt ist bei der Hehlerei der Restitutionsanspruch des Vortatopfers (Rdn. 11). Für die Begehungsform des sich oder einem Dritten **Verschaffens** bedeutet Vorstehendes, dass ein Versuch erst anzunehmen ist, wenn der Täter unmittelbar zur Übertragung der tatsächlichen Sachherrschaft ansetzt (*Ruß* LK[11] Rdn. 40). Das kann bei einem Ankaufen schon mit dem Kaufgespräch zu bejahen sein, wenn nach der Vorstellung des Käufers der Vorbesitzer die Sache sofort im Anschluss übergeben wird. Andernfalls sind die Verhandlungen nur Vorbereitungshandlungen.[120] Ein Versuchsbeginn kann ferner darin liegen, dass ein Gläubiger seinen Schuldner auffordert, ihn mit gestohlenem Geld zu bezahlen (OLG Hamm JMBlNRW **1948** 228; *Ruß* LK[11] Rdn. 40), sowie darin, dass der Täter den Wunsch äußert, an der Beute beteiligt zu werden (*Ruß* LK[11] Rdn. 40). Voraussetzung ist jeweils, dass er mindestens damit rechnet, die Sache umgehend zu erhalten.

Für das **Absetzen** muss eine Handlung vorliegen, die geeignet ist, den Absatzvorgang alsbald herbeizuführen.[121] Das bloße Aufbewahren der Sache mit dem Ziel, sie später irgendwo abzusetzen, ist lediglich eine Vorbereitungshandlung.[122] Dasselbe gilt für das Versprechen, sich nach einem Abnehmer umzusehen (BGHSt **2** 135, 137; *Ruß* LK[11] Rdn. 40). **88**

Für die **Absatzhilfe** ist eine Handlung erforderlich, die hinsichtlich eines – aus Sicht des Helfers – bestimmten Absatzes dem Vorbesitzer eine Unterstützung bringt (**aA** SSW-StGB/*Jahn* Rdn. 34: unmittelbares Ansetzen zum Absetzen durch den Vortäter). So ist das Reparieren eines gestohlenen Fahrzeugs, um es zu verkaufen, nach gelungener Reparatur eine vollendete und davor immerhin eine versuchte Absatzhilfe (BGH NStZ **1994** 395, 396). Nach BGH wistra **2006** 16, 17 liegt ein unmittelbares Ansetzen zur Absatzhilfe auch nahe, wenn jemand Fahrgestellnummern ändert und gestohlene Fahrzeuge versteckt, um ihren Weiterverkauf zu ermöglichen. Schreibt jemand hingegen Preislisten für gestohlene Waren ab, liegt darin nur eine Vorbereitung der Absatzhilfe (BGH 2 StR 220/63 vom 24.7.1963). Vorbereitungshandlungen sind auch das bloße Aufbewahren abzusetzender Sachen und das Versprechen, sich nach einem Abnehmer umzusehen.[123] Anders liegt es, wenn jemand Sachen aufbewahrt, die sogleich Interessenten zur Ansicht zugänglich gemacht werden sollen (*Ruß* LK[11] Rdn. 40). **89**

## V. Täterschaft und Teilnahme

**1. Täterschaft.** Für die **Täter der Vortat** gilt: Hat ein *Alleintäter* die Vortat begangen, so kann er hinsichtlich der Beute kein Hehler sein, da er im Verhältnis zu sich selbst kein „anderer" ist. Hintergrund ist die Erwägung, dass die Verwertung der Beute für den Vor- **90**

---

[120] *Rudolphi* JA **1981** 90; *Ruß* LK[11] Rdn. 40; *Sch/Schröder/Stree* Rdn. 51.

[121] BGH wistra **1993** 61; NStZ **1993** 282; *Ruß* LK[11] Rdn. 40. Enger SSW-StGB/*Jahn* Rdn. 34: unmittelbares Ansetzen zur Übertragung der Verfügungsgewalt.

[122] BGH NStZ **1989** 319 m. krit. Anm. *Stree* JR **1989** 384 ff; NStZ **1993** 282 f; *Ruß* LK[11] Rdn. 40; vgl. BGH 1 StR 577/81 vom 22.12.1981.

[123] BGHSt **2** 135, 137; BGH NStZ **1989** 319; 1 StR 577/81 vom 22.12.1981; *Ruß* LK[11] Rdn. 40.

täter materiell als mitbestrafte Nachtat erscheint (vgl. schon RGSt **34** 304, 305; BGHSt 5 378, 379). Umstritten ist der Fall, dass der Vortäter, etwa ein Dieb, die Sache von einem Hehler *zurückerwirbt*. Konstruktiv ist eine Hehlerei dann in Form des Sichverschaffens unproblematisch; als Vortat fungiert nicht der Diebstahl, sondern die (erste) Hehlerei. Gleichwohl verneint ein Teil des Schrifttums eine (zweite) strafbare Hehlerei überwiegend mit der Begründung, es handle sich um eine mitbestrafte Nachtat.[124] Die wohl herrschende Lehre ist entgegengesetzter Ansicht.[125] Sie ist mit dem Wortlaut vereinbar und konstruktiv folgerichtig. Auch teleologische Erwägungen stehen ihr nicht entgegen. Da die Hehlerei ein abstraktes Vermögensgefährdungsdelikt ist (Rdn. 11), kommt es nicht darauf an, ob der Rückerwerb die Aussichten des Berechtigten, die Sache zurückzuerlangen, im Einzelfall schmälert. Der Identität des Opfers, des Täters und des Tatobjekts lässt sich bei der Strafzumessung oder prozessual Rechnung tragen (§ 154 StPO).

**91** Für *Mittäter* lässt der Wortlaut die Möglichkeit bestehen, dass sie hinsichtlich ihrer Beute den Tatbestand der Hehlerei erfüllen; zum Beispiel, wenn die Beute aufgeteilt worden ist und später ein Mittäter Beutestücke eines Komplizen übernimmt oder absetzt (**aA** *Ruß* LK[11] Rdn. 41). Die herrschende Meinung hält aber auch Mittäter der Vortat für unfähig, die Beute zu hehlen.[126] Anderer Ansicht ist man ganz überwiegend für die entsprechende Frage sowohl bei der Begünstigung als auch bei der Strafvereitelung (siehe zu § 257 Rdn. 87 und zu § 258 Rdn. 156). Das lässt sich aber mit dem Unterschied in den Rechtsgütern der Tatbestände erklären. Nur bei der Hehlerei greifen die Vortat und das Anschlussdelikt dasselbe Rechtsgut an (vgl. Rdn. 7). Bei ihr hat es den Charakter einer mitbestraften Nachtat, wenn Mittäter später die Beuteanteile ihrer Komplizen weiterschieben. – Beute, die ein Mittäter durch einen *Exzess* erlangt, kann aber nach zutreffender Ansicht später von anderen Mittätern gehehlt werden (*Ruß* LK[11] Rdn. 41; *Sch/Schröder/Stree* Rdn. 54 unter Hinweis auf RGSt **58** 207). – Zur Abgrenzung von Mittäterschaft am Diebstahl und Anstiftung dazu mit nachfolgender Hehlerei BGH NJW **1987** 77.

**92** Hat jemand die Beute aus der Vortat sich oder einem Dritten verschafft, abgesetzt oder einem anderen absetzen geholfen und bleibt unklar, ob er Alleintäter der Vortat war, so ist nur eine *wahldeutige* Verurteilung möglich. Denn Alleintäterschaft bei der Vortat und Hehlerei schließen sich tatbestandlich aus: Wer Alleintäter der Vortat ist, kann sich nichts verschaffen und kann nichts absetzen oder absetzen helfen, was ein „anderer" durch die Vortat erlangt hat (BGH NJW **1990** 2476; *Ruß* LK[11] Rdn. 41a). Für solche Fälle „tatbestandsrelevanter **Postpendenz**" gilt also Entsprechendes wie für § 257 (dort Rdn. 83). Nimmt man ernst, dass auch Mittäter der Vortat nie Täter einer Hehlerei an der Beute sein können (Rdn. 91), kann für sie nichts anderes gelten. Bemerkenswer-

---

[124] *Arzt/Weber/Heinrich/Hilgendorf* BT § 28 Rdn. 38 (keine [erneute] Rechtsgutsverletzung); *Lackner/Kühl* Rdn. 18; *Otto* Jura **1985** 148, 152; *Wessels/Hillenkamp* Rdn. 885 f; *Zöller/Frohn* Jura **1999** 378, 384 (für einen Tatbestandsausschluss, dort als herrschende Auffassung bezeichnet); weitere Nachweise bei *Geppert* Jura **1994** 100, 103 in Fußnoten 34 f.

[125] Für sie *Geppert* Jura **1994** 100, 103 f; *Rengier* BT 1 § 22 Rdn. 43; *Rudolphi* JA **1981** 1, 5; *Ruß* LK[11] Rdn. 41; *Hartmut Schneider* S. 179 ff.

[126] BGHSt 33 50, 52; **16** 12, 14; **8** 390, 392; BGH StraFo **2005** 214, 215; *Berz* Jura **1980** 57, 67; *Arzt/Weber/Heinrich/Hilgendorf* BT § 28 Rdn. 38; *Fischer* Rdn. 1, 31; *Geppert* Jura **1994** 100, 102 f; *Heghmanns* BT Rdn. 1699; *Kudlich* JA **2002** 672, 673; *Lackner/Kühl* Rdn. 18; *Martens* JA **1996** 248, 250; *Maurach/Schroeder/Maiwald* I § 39 Rdn. 45; *Otto* Jura **1985** 148, 152; *Ruß* LK[11] Rdn. 41; *Sch/Schröder/Stree* Rdn. 54; *Seelmann* JuS **1988** 39, 42; *Zöller/Frohn* Jura **1999** 378, 380.

terweise lässt die herrschende Meinung jedoch unter dem Stichwort „Postpendenz" eine eindeutige Verurteilung wegen Hehlerei zu, wenn deren Tathandlung erwiesen ist, aber unklar bleibt, ob der Betreffende Mittäter der Vortat war.[127] Zu § 257 vertritt die herrschende Meinung das zwar auch; dort hält man die Mittäter aber für taugliche Täter einer späteren Begünstigung – und lehnt die Gegenansicht in Fällen analog dem soeben beschriebenen eine eindeutige Verurteilung ab, was folgerichtig ist (siehe zu § 257 Rdn. 83).

**Teilnehmer an der Vortat** können nach herrschender Ansicht hinsichtlich der Beute **93** Hehler sein.[128] Das gilt auch, wenn sie die Hehlerei von vornherein beabsichtigen, sogar wenn eine Beihilfe allein in psychischer Unterstützung durch die Zusage bestand, später die Tatbeute abzusetzen, und wenn dies schließlich geschieht.[129] Allerdings will die herrschende Meinung im Ergebnis jedenfalls die Beihilfe zur Vortat von der Hehlerei an der Beute schon tatbestandlich so abgrenzen, dass möglichst nur wegen des einen oder des anderen Delikts bestraft werden kann (Rdn. 94). Sinnvoller erscheint es demgegenüber, für *Anstifter* das Gleiche anzunehmen wie für Mittäter, dass für sie also die Hehlerei immer tatbestandslos bleibt, weil sie den Charakter einer mitbestraften Nachtat hat; denn für Anstifter und Mittäter gilt der gleiche Strafrahmen. Die *Beihilfe* zur Vortat wird hingegen obligatorisch milder bestraft, und das legt es nahe, Vortatgehilfen mit der herrschenden Meinung für taugliche Täter einer späteren Hehlerei zu halten.

Für alle *Handlungen vor Vollendung der Vortat* stellt sich die Frage, ob sie eine Betei- **94** ligung an der Vortat, eine solche an der Hehlerei oder handlungseinheitlich beides sind (mit der Folgefrage nach einer Gesetzeskonkurrenz [unechten Konkurrenz]). Die herrschende Meinung geht davon aus, dass hinsichtlich ein und derselben Sache eine **Beteiligung an der Vortat und Hehlerei abzugrenzen** seien, weil sie sich bereits tatbestandlich weitgehend ausschließen sollen. Überwiegend will man die Tatbestände gemäß der Willensrichtung des Handelnden voneinander trennen, was besser zur subjektiven Täterlehre der Rechtsprechung passt als zur Tatherrschaftslehre. Die Rechtsprechung stellt dabei auf die Konkretisierung der Vortat ab und auf die „eigentliche Aufgabe" des Unterstützers: Wolle er die konkrete Tat eines anderen unterstützen, sei er Gehilfe. Wolle er hingegen die Beute absetzen, die er aus einer Vielzahl noch unbestimmter Taten anderer erwarte, und bestehe darin nach der Absprache der Beteiligten seine Hauptaufgabe, so sei er Hehler (ergänze: auch wenn die Aussicht auf seine Tätigkeit die anderen mit- oder gar entscheidend motiviert hat); denn sonst wäre Bandenhehlerei im Sinne der §§ 260, 260a stets zugleich als Beihilfe zum (Banden-)Diebstahl anzusehen (BGH NStZ **1996** 493). In

---

[127] BGHSt 35 86, 89 f = NStZ **1988** 455 m. Anm. *Wolter* (weitere Bspr.: *Joerden* JZ **1988** 847); BGH NStZ **1992** 36, 37; **1989** 266 und 574; *Bauer* wistra **1990** 218, 219 f; *Geppert* Jura **1994** 100, 105; *Joerden* JZ **1988** 847, 851; *Küper* FS Lange, S. 65 ff und in: Probleme der Hehlerei, S. 57 f; *Ruß* LK[11] Rdn. 41a.

[128] BGHSt 33 50, 52; **22** 206, 207; **13** 403, 405; **8** 390, 392; BGH NStZ **1996** 493; RGSt 73 322, 323; OLG München NStZ-RR **2006** 371; *Arzt/Weber/Heinrich/Hilgendorf* BT § 28 Rdn. 38; *Berz* Jura **1980** 57, 67; *Fischer* Rdn. 1, 31; *Geppert* Jura **1994** 101, 104; *Martens* JA **1996** 248, 250 (für die Beihilfe); *Maurach/Schroeder/Maiwald* I § 39 Rdn. 47; *Otto* Jura **1985** 148, 152; *Rudolphi* JA **1981** 1, 5; *Zöller/Frohn* Jura **1999** 378, 380; **zw.** *Lackner/Kühl* Rdn. 18; **aA** (für alle Fälle der Teilnahme an der Vortat) *Hoyer* SK Rdn. 9; *Oellers* GA **1967** 6, 15; *Seelmann* JuS **1988** 39, 42. *Roth* JA **1988** 193, 202 geht jeweils von straflosen Nachtaten aus.

[129] BGHSt **8** 390, 392; BGH NStZ **1996** 493; wistra **1986** 217; OLG München NStZ-RR **2006** 371; **aA** (doch von diesen Fällen abgesehen wie die herrschende Ansicht) *Roth* JA **1988** 193, 200 f; *Sch/Schröder/Stree* Rdn. 55 ff.

Anlehnung an *Sch/Schröder/Stree* Rdn. 57 macht OLG München NStZ-RR **2006** 371 den Vorrang der Beteiligung an der Vortat davon abhängig, dass sie bereits ein informelles „Anrecht" auf die Beute begründet (zust. *Fischer* Rdn. 31). BGH NStZ **1994** 486 stellt ebenfalls auf die Willensrichtung des Handelnden ab und geht zudem davon aus, dass für alle Handlungen vor der Vollendung der Vortat allenfalls eine Teilnahme an der späteren Hehlerei möglich sei; Täterschaft scheitere, weil vor Vollendung der Vortat noch keine Beute erlangt sein könne und weil dies aber zum Zeitpunkt der Hehlerei bereits geschehen sein müsse. In dem zugrundeliegenden Sachverhalt hatte jemand Schrottfahrzeuge an einen anderen verkauft, der deren Karosserienummern benutzen wollte, um später zu stehlende Fahrzeuge „umzunummern". In Betracht kam nach Ansicht des Bundesgerichtshofes entweder eine Beihilfe zu den künftigen Diebstählen oder eine Beihilfe zu den noch späteren Absatz- oder Absatzhilfehandlungen Dritter, jedoch keine täterschaftliche Absatzhilfe zugunsten der prospektiven Diebe.

95 Zunächst ist der zuletzt angeführten Entscheidung **entgegenzuhalten**, dass sie erneut *Tathandlung und Taterfolg* gleichsetzt oder verwechselt, was auf dasselbe hinausläuft (vgl. Rdn. 32). Es ist vollkommen unproblematisch möglich, dass die Tathandlung eines Hehlers lange vor dem Zeitpunkt liegt, in dem ein anderer eine Sache aus der Vortat erlangt. Erforderlich ist nur, dass sich die Handlung des Hehlers zumindest auch noch in der Phase auswirkt, in der die Sache erlangt ist, und dann einen der tatbestandsmäßigen Erfolge herbeiführt (dass die Verfügungsgewalt an der Sache übertragen wird und so fort). Wer Schrottfahrzeuge mit Karosserienummern beschafft, mit denen der Vortäter gestohlene Fahrzeuge absatzreif machen will, kann grundsätzlich Täter einer Absatzhilfe auch dann sein, wenn die Fahrzeuge in dem Zeitpunkt seiner Handlung noch nicht gestohlen sind. Allerdings ist für eine *vollendete* Absatzhilfe erforderlich, dass Umstände vorliegen, „die für den Vortäter einen Beginn des Absetzens bedeuten", was erst der Fall ist, wenn der Vortäter bestimmte Absatzbemühungen entfaltet oder einen anderen damit beauftragt (Rdn. 66). Daran hat es in dem Sachverhalt von BGH NStZ **1994** 486 gefehlt.

96 Doch selbst wenn es zu solchen Handlungen gekommen wäre – und ganz grundsätzlich –, ist es weder erforderlich noch nützlich, eine Beteiligung an der Vortat und eine solche an der Hehlerei schon tatbestandlich voneinander abzugrenzen. (In dem Fall von BGH NStZ **1994** 486 hätten die Absatzbemühungen – wie in jedem anderen Fall – sogar vor den Diebstählen liegen können; auch ein legaler Verkäufer braucht die Ware bei Vertragsschluss noch nicht zu haben!) Vielmehr bietet es sich an, die **Regeln zu den Konkurrenzen** anzuwenden. Sie führen dazu, dass aufgrund materieller Subsidiarität jenes Delikt zurücktritt, das im einzelnen Fall die schwächere Strafe begründet. Ohne inhaltliche Änderung kann man bei Handlungsmehrheit auch von der Konsumtion einer mitbestraften Vor- oder Nachtat sprechen. Überwiegend dürfte das eine Verurteilung wegen der Hehlerei zur Folge haben.

97 2. **Teilnahme.** Stiftet der Vortäter den Hehler zur Hehlerei an, gilt die **Anstiftung** nach herrschender Ansicht als mitbestrafte Nachtat.[130] Das ist allerdings nicht zweifelsfrei, wenn für die Anstiftung eine höhere Strafe droht. Dies ist nicht abwegig, da der Anstifter gleich einem Täter bestraft wird und §§ 260, 260a zu beachten sind, während die Vortat etwa auch ein Delikt nach §§ 240, 246 und 248b sein kann (Rdn. 17) mit

---

[130] BayObLG NJW **1958** 1597; *Berz* Jura **1980** 57, 67; *Geppert* Jura **1994** 100, 103; *Kudlich* JA **2002** 672, 673 (allgemein zur Teilnahme); *Oellers* GA **1967** 6, 15; *Ruß* LK[11] Rdn. 43; *Sch/Schröder/Stree* Rdn. 58; *Zöller/Frohn* Jura **1999** 378, 380 (allgemein zur Teilnahme).

einem Strafrahmen lediglich bis zu drei Jahren Freiheitsstrafe. Es empfiehlt sich daher, tatbestandlich auch den Vortäter als Anstifter zur Hehlerei zuzulassen und das Delikt mit der im Einzelfall schwächeren Strafe als materiell subsidiär zurücktreten zu lassen.

Die **Beihilfe** ist zwingend schon tatbestandlich von der *Absatzhilfe* abzugrenzen, und **98**
dies in zweifacher Hinsicht. Zum einen unterscheidet sich die Beihilfe zum Absetzen (Absatzgehilfe) von der Absatzhilfe (Absatzhelfer) dadurch, dass der Absatzhelfer den Vortäter unterstützt und sich dessen Weisungen unterstellt, während der Absatzgehilfe einer anderen Person dient, welche die Beute aus der Vortat für den Vortäter, aber selbständig und weisungsfrei absetzt.[131] Zum anderen kann ein Helfer auch auf der Seite des Erwerbers tätig werden, also in dessen „Lager" stehen. Dann ist er kein Absatzhelfer, sondern ein Gehilfe beim Sichverschaffen des Erwerbers.[132] Oder er ist sogar ein Täter, der die Sache einem Dritten verschafft. Für den Unterschied von Beihilfe zum Sichverschaffen und täterschaftlichem „Drittverschaffen" spielt es wieder eine Rolle, ob sich der Helfer Weisungen des Erwerbers unterwirft. Tut er das, liegt zwar grundsätzlich Beihilfe näher als Täterschaft. Dies jedoch nicht, wenn der Helfer selbst Sachherrschaft über das Tatobjekt erlangt und die Weisungsgewalt des Erwerbers dazu führt, dass ihm der Helfer die Verfügungsgewalt vermittelt; gerade diesen Fall des Gewerbegehilfen hatte der Gesetzgeber als ein täterschaftliches „einem Dritten Verschaffen" vor Augen (Rdn. 46).

Zur Abgrenzung von **Mittäterschaft und Beihilfe** für ein *Absetzen* BGH NStZ 2008 **99**
570 f (Gewichtung der Tatbeiträge nur als Beihilfe: Bestellen von Containern, um gestohlene Pkws zu verschiffen; Fahren von Pkws in die Container; „Aktivitäten" für die Verschiffung, insbesondere Bezahlung der Kosten als Bote).

## VI. Strafrahmen und Strafzumessung

Als Strafe sieht das Gesetz Freiheitsstrafe bis zu fünf Jahren oder Geldstrafe vor. Die- **100**
ser Rahmen ist der Strafbemessung zugrundezulegen, auch wenn derjenige der **Vortat** milder ist, etwa für die einfache Form der Unterschlagung. Dies lässt sich aber bei der Strafzumessung berücksichtigen (*Ruß* LK[11] Rdn. 45). Für sie ist ferner zu beachten, dass die Bedenkenlosigkeit nicht strafschärfend bewertet werden darf, mit der sich der Hehler über fremde Vermögensrechte hinwegsetzt. Denn in gewissem Maße ist sie mit jeder Hehlerei zwingend verbunden, so dass es eine unzulässige Doppelverwertung wäre, sie bei der Strafzumessung erneut in Ansatz zu bringen (§ 46 Abs. 3) (*Ruß* LK[11] Rdn. 45). Dagegen darf man straferhöhend verwerten, dass ein Täter *gewohnheitsmäßig* gehandelt hat (*Ruß* LK[11] Rdn. 45). – Zur *Führungsaufsicht* § 262.

## VII. Strafanträge und Prozessuales

Absatz 2 erklärt die §§ 247 und 248a für entsprechend anwendbar. Ist daher der Ver- **101**
letzte Angehöriger (§ 11 Abs. 1 Nr. 1), Vormund (§§ 1773 ff BGB) oder Betreuer (§§ 1896 ff BGB) oder lebt der Verletzte mit dem Täter in häuslicher Gemeinschaft, so

---

[131] BGHSt **33** 44, 48 f (Fn. 31); **27** 45, 48, 52 (Fn. 3); **26** 358, 362 (Fn. 93); BGHR StGB § 259 Abs. 1 Absatzhilfe 2; BGH NStZ **1999** 351 f; **1993** 282; *Fischer* Rdn. 17; *Ruß* LK[11] Rdn. 29, 43. Vgl. BGH StV **1989** 435.

[132] RGSt **58** 262, 263; OLG Düsseldorf NJW **1947/48** 491; *Fischer* Rdn. 17; *Sch/Schröder/Stree* Rdn. 36.

wird die Hehlerei nur auf **Antrag** verfolgt. *Verletzter* in diesem Sinne ist das Opfer der Vortat (*Fischer* Rdn. 29; vgl. Rdn. 6 f). Ferner wird die Tat nur auf Antrag verfolgt, wenn es um geringwertige Sachen geht; es sei denn, dass die Strafverfolgungsbehörde wegen des besonderen öffentlichen Interesses an der Strafverfolgung ein Einschreiten von Amts wegen für geboten hält. Für die entsprechende Anwendung von § 248a kommt es nach zutreffender, jetzt wohl unstreitiger Ansicht allein auf den Wert der gehehlten Sache an, nicht dagegen auf die angestrebte Bereicherung.[133] – Von den für sinngemäß anwendbar erklärten Vorschriften abgesehen, ist die Verfolgung der Hehlerei nicht von der Stellung eines Strafantrags abhängig. Dies gilt auch für den Fall, dass die Vortat ein Antragsdelikt ist.

**102** **Bleibt unklar**, zu wievielen Erwerbsakten im Rahmen eines Sichverschaffens es gekommen ist, muss das Gericht eine *Mindestzahl* feststellen (BGH NStZ-RR **2005** 236, 237). Im Wege der *Schätzung* soll es möglich sein, einen Gesamtschaden einzelnen Erwerbsakten zuzuordnen (aaO; zur Schätzung im Strafverfahren *T. Walter* JZ **2006** 340, 344).

**103** Die einzelnen Begehungsformen der Hehlerei können kumulativ festgestellt werden (RGSt **59** 397, 398) oder, weil rechtlich gleichwertig, wahlweise.[134] Will das Gericht eine andere Begehungsform annehmen, als angeklagt ist, bedarf es eines **Hinweises nach § 265 StPO**.[135] Eines solchen Hinweises bedarf es nicht, wenn das Hauptverfahren wegen § 260 oder § 260a eröffnet wird, das Gericht aber nur § 259 annimmt. Denn allgemein besteht keine Hinweispflicht, wenn das Gericht vom qualifizierten Tatbestand auf den Grundtatbestand zurückgeht und damit lediglich erschwerende Umstände entfallen.[136] – Zur Umgrenzungsfunktion der Anklage bei Hehlerei OLG Hamm wistra **2001** 236.

**104** Ob ein Diebstahl oder Raub als Vortat und die Hehlerei an der Beute **eine Tat im prozessualen Sinne** sind (§ 264 StPO), beurteilen die Gerichte nicht ganz einheitlich und hängt auch sehr vom Einzelfall ab.[137] Im Zweifel ist von unterschiedlichen Taten auszugehen, vor allem wenn zwischen der Vortat und der Hehlerei geraume Zeit vergeht. – Nach einem Sichverschaffen ist eine Unterschlagung nach LG Karlsruhe K&R (Kommunikation und Recht) **2007** 663, 665 eine andere Tat im prozessualen Sinne.

**105** Zu § 69 (Entziehung der Fahrerlaubnis) BGH wistra **2004** 19.

## VIII. Konkurrenzen und Wahlfeststellung

**106** Verwirklicht der Täter mehrere *Varianten des Tatbestandes*, so liegt darin lediglich **eine Tat im Rechtssinne** (*Ruß* LK[11] Rdn. 46) (tatbestandliche Handlungseinheit und Gesetzeskonkurrenz). Dasselbe gilt, wenn er ein Beutestück zunächst als Pfand nimmt und später ankauft (*Ruß* LK[11] Rdn. 46; vgl. RGSt **51** 179, 183 f). Die einzelnen Varianten können kumulativ (RGSt **59** 397, 398) oder, weil rechtlich gleichwertig, wahlweise festgestellt werden.[138] Dabei handelt es sich jedoch nicht um eine Wahlfeststellung im eigent-

---

[133] *Fischer* Rdn. 29; *Hoyer* SK Rdn. 49; *Ruß* LK[11] Rdn. 44; *Sch/Schröder/Stree* Rdn. 60.

[134] RGSt **56** 61; *Fischer* Rdn. 9; *Ruß* LK[11] Rdn. 16.

[135] BGHSt **2** 371, 373; *Küpper* NStZ **1986** 249, 250; *Ruß* LK[11] Rdn. 49.

[136] BGH 1 StR 366/70 vom 10.11.1970; RGSt **56** 333, 334 f; *Gollwitzer* LR § 265 StPO Rdn. 24; *Ruß* LK[11] Rdn. 49.

[137] Dafür BGH NStZ **1999** 523, 524. Dagegen OLG Düsseldorf NStZ-RR **1999** 304 f; vgl. BGHSt **35** 60, 62; **35** 80; OLG Celle NJW **1988** 1225; *Bauer* wistra **1990** 218.

[138] BGH 4 StR 522/69 vom 15.1.1970; RGSt 56 61; *Fischer* Rdn. 9; *Ruß* LK[11] Rdn. 16.

lichen Sinne (zu ihr Rdn. 112), denn verurteilt wird jeweils eindeutig wegen Hehlerei. Auch mehrere *Handlungen, die auf einen einheitlichen Absatz hinwirken*, verschmelzen zu einer Tat im Rechtssinne (BGH wistra **2003** 99; *Fischer* Rdn. 32). Das gleiche gilt für mehrere Handlungen, die auf einen *einheitlichen Erwerb* gerichtet sind; wieviele *Sachen* jeweils gehehlt werden, spielt keine Rolle (BGH NStZ-RR **2005** 236, 237; *Fischer* Rdn. 32). Aus wievielen *Vortaten* das Hehlgut stammt, ist ebenfalls ohne Belang für die Frage, ob für den Hehler von Handlungseinheit oder -mehrheit auszugehen ist (BGHR StGB § 259 Abs. 1 Absatzhilfe 8; *Fischer* Rdn. 32).

Hat sich ein Hehler die Sache verschafft, so ist es nach wohl herrschender Ansicht **107** eine **mitbestrafte Nachtat**, wenn er sie nunmehr im Einverständnis mit dem Vortäter und für ihn absetzt,[139] während BGHSt **23** 36, 38 annahm, diese Handlung sei schon nicht mehr tatbestandsmäßig; das ist aber mit dem Wortlaut nicht gut zu vereinbaren und mit Blick auf die Teilnahme Dritter an dem späteren Absetzen auch nicht sachgerecht, da diese Teilnahme strafwürdig ist und für die Strafbarkeit einer vorsätzlichen rechtswidrigen Haupttat bedarf.

Eine **Unterschlagung** (§ 246) tritt gegenüber der Hehlerei stets – bei Handlungs- **108** einheit- wie bei Handlungsmehrheit – im Wege der Gesetzeskonkurrenz zurück, soweit es um ein und dieselbe Sache geht.[140] Dafür kann man sich meist auf die Subsidiaritätsklausel in § 246 Abs. 1 stützen. In welchen Fällen dies möglich ist, hängt davon ab, ob man den Begriff der Tat dort materiellrechtlich oder prozessual versteht (dazu *Fischer* § 246 Rdn. 23 ff). Doch auch ohne jene Klausel tritt die Unterschlagung als mitbestrafte Vor- oder Nachtat oder aufgrund materieller Subsidiarität zurück.

**Tateinheit** besteht zwischen einer Hehlerei in Form des Absetzens und einem *Betrug* **109** durch den Verkauf der Sache an Gutgläubige;[141] hatte sich der Hehler die Sache verschafft, liegt Tatmehrheit vor, Rdn. 110. Tateinheit kann ebenfalls bestehen mit *Erpressung* (§ 253) (RGSt **35** 278, 280; *Ruß* LK[11] Rdn. 47), mit der *Begünstigung* (§ 257, dort Rdn. 106),[142] mit einer *Strafvereitelung* (§ 258, dort Rdn. 182) (*Fischer* Rdn. 33; *Ruß* LK[11] Rdn. 47), der *Geldwäsche* (§ 261, *Schmidt/Krause* LK § 261 Rdn. 53),[143] mit der *Fälschung technischer Aufzeichnungen* (§ 268) (*Fischer* Rdn. 33), mit *Steuerhehlerei* (§ 374 AO)[144] und mit der *Urkundenfälschung* (§ 267), etwa wenn jemand Fahrgestellnummern umschlägt („umnummert") (es ist auch Tatmehrheit denkbar, Rdn. 110);[145] allerdings begegnet es Zweifeln, solche Nummern für Urkunden im Sinne des § 267 zu halten.

**Tatmehrheit** besteht zwischen einer Hehlerei in Form des Sichverschaffens und einem **110** späteren *Betrug* (§ 263), wenn der Hehler die Sache an Gutgläubige verkauft (BGH NStZ **2009** 38 f m. Bspr. *von Heintschel-Heinegg* JA **2008** 899; *Fischer* Rdn. 32). Sofern jemand auch nach den Kriterien der herrschenden Meinung sowohl an der *Vortat* strafbar teilnimmt als auch den Tatbestand der Hehlerei verwirklicht, soll in der Regel eben-

---

[139] BGH NJW **1975** 2109, 2110 m. abl. Anm. *Hübner*; *Fischer* Rdn. 32; **aA** *Hübner* aaO; *Lackner/Werle* JR **1980** 214; *Ruß* LK[11] Rdn. 46; *Sch/Schröder/Stree* Rdn. 64.

[140] *Fischer* Rdn. 34; *Ruß* LK[11] Rdn. 47 (mit einer Einschränkung bei Handlungsmehrheit, die nicht vollkommen klar wird und jedenfalls nicht überzeugt, siehe im Text); vgl. RGSt **56** 335, 336; **64** 326, 327.

[141] KG JR **1966** 307; *Ruß* LK[11] Rdn. 47. Vgl. RGSt **59** 128, 131; **50** 254, 256.

[142] BGHSt **2** 362, 363; *Fischer* Rdn. 33; *Ruß* LK[11] Rdn. 46.

[143] BGH NJW **1999** 436 f m. Anm. *Krack* JR **1999** 472 (weitere Anm./Bspr.: *Jahn* JA **1999** 186; *Martin* JuS **1999** 300); *Fischer* Rdn. 33.

[144] RGSt **63** 66, 68; **57** 105; *Ruß* LK[11] Rdn. 47.

[145] BGH bei Holtz MDR **1981** 452; *Fischer* Rdn. 33; *Ruß* LK[11] Rdn. 47. Vgl. RGSt **69** 200, 203.

falls Tatmehrheit vorliegen; abgesehen von natürlicher Handlungseinheit (vgl. Rdn. 93).[146] Tatmehrheit mit einer *Urkundenfälschung* (§ 267) liegt vor, wenn jemand gestohlene Blankopässe und Stempel erwirbt, um sich falsche Papiere auszustellen, und diese Absicht später verwirklicht (BGH 1 StR 594/94 vom 22.11.1994). Auch mit einer erneuten *Hehlerei* an derselben Sache besteht Tatmehrheit, wenn der Hehler zum Beispiel eine Sache zunächst absetzt und sie später vom Zwischenhehler wiedererwirbt (RGSt 50 194, 197; *Ruß* LK[11] Rdn. 46). Mit der *Unterschlagung* (§ 246) ist Tatmehrheit anzunehmen, wenn jemand einen Teil der Beute für den Vortäter verkauft, also als Hehler absetzt, und dann dazu übergeht, den Rest eigenmächtig für sich zu verkaufen und sich dadurch zuzueignen.[147]

**111** Die gewerbsmäßige Steuerhehlerei nach § **374 AO** verdrängt den Tatbestand der Geldwäsche (BGH wistra **2000** 464, 465). § **148b GewO** ist gegenüber § 259 materiell subsidiär.

**112** **Wahlfeststellung** ist möglich zwischen der Hehlerei und einem *Diebstahl* als Vortat;[148] auch zwischen einer Hehlerei in einem Fall und Diebstahl in zwei Fällen, wenn der Täter die Beute möglicherweise in nur einem Akt entgegengenommen hat (BGHR StGB § 259 Abs. 1 Wahlfeststellung 2; vgl. BGH bei Dallinger MDR **1975** 365, 368). Eine wahlweise Verurteilung hat BGHSt **15** 266 auch für zulässig erachtet in einem Fall, in dem der Angeklagte sich für den Fall des Diebstahls weiterer Gesetzesverletzungen in Tateinheit damit schuldig gemacht hätte (Verwahrungsbruch, Untreue, Verletzung des Postgeheimnisses und Urkundenunterdrückung), denen auf der Seite der Hehlerei nichts Vergleichbares gegenüberstand; die in Tateinheit mit dem Diebstahl in Betracht kommenden Tatbestände müssen in einer solchen Konstellation aus der Beurteilung ausgeschieden werden. Ist für den Fall des Diebstahls davon auszugehen, dass der Täter die gesamte Beute an sich genommen hat, kommt für den Fall der Hehlerei aber nur ein Teil davon in Betracht, so ist für den Schuldumfang allein dieser Teil maßgebend (BGH aaO; *Ruß* LK[11] Rdn. 48). Wahlfeststellung ist auch möglich zwischen Diebstahl, Hehlerei und Beihilfe zum Diebstahl mit anschließender Hehlerei (BGHSt **15** 63, 65) sowie zwischen Hehlerei und Betrug.[149] Auch zwischen Diebstahl, Hehlerei und Unterschlagung ist nach herrschender Ansicht eine Wahlfeststellung möglich,[150] desgleichen zwischen Untreue oder Begünstigung und Hehlerei (*Zöller/Frohn* Jura **1999** 378, 385). Zwischen Diebstahl oder Hehlerei einerseits und Beihilfe zur Unterschlagung andererseits besteht indes nach OLG Stuttgart NStZ **1991** 285 ein Stufenverhältnis, das nur eine Verurteilung wegen Beihilfe zur Unterschlagung zulasse (**abl.** die Anmerkung von *Stree* aaO S. 286; *Küper* FS Stree/Wessels, S. 467, 479 mit Fußnote 43). – Zu den Anforderungen an die tatsächlichen Feststellungen bei der Wahlfeststellung zwischen Hehlerei und Diebstahl OLG Köln StraFo

---

146 So BGHSt **22** 206, 209 (Anstiftung); **13** 403, 405 f (Beihilfe); OLG München NStZ-RR **2006** 371 f; *Fischer* Rdn. 31; *Geppert* Jura **1994** 100, 104; *Martens* JA **1996** 248, 250 (zur Beihilfe); *Ruß* LK[11] Rdn. 46; *Zöller/Frohn* Jura **1999** 378, 380. Zur natürlichen Handlungseinheit in dieser Konstellation *Ruß* LK[11] Rdn. 46; *H. Schröder* JZ **1969** 32; vgl. BGHSt **11** 316, 318.

147 RGSt **72** 326, 328; **70** 7, 8; *Ruß* LK[11] Rdn. 47.

148 BGHSt **21** 152, 154; **16** 184, 185; 15 266, 267; 15 63, 65; **12** 386, 388; **11** 26, 28; 1 302, 304; 327, 328; OLG Celle NJW **1988** 1225; *Arzt/Weber/Heinrich/Hilgendorf* BT § 28 Rdn. 32; *Fischer* Rdn. 31; *Zöller/Frohn* Jura **1999** 378, 385. Vgl. BGHSt **9** 390, 393.

149 BGH NJW **1974** 804, 805; *Ruß* LK[11] Rdn. 48; *Zöller/Frohn* Jura **1999** 378, 385; zweifelnd BGH NStZ **1989** 266.

150 BGHSt **16** 184, 185; *Ruß* LK[11] Rdn. 48; *Zöller/Frohn* Jura **1999** 378, 385; **aA** *Hruschka* MDR **1967** 265, 269.

2000 233 f. – Zur Wahlfeststellung zwischen (Allein-)Täterschaft hinsichtlich der Vortat und Hehlerei Rdn. 92.

**Nicht zulässig** ist nach herrschender Ansicht eine Verurteilung auf wahldeutiger Grundlage bei schwerem Raub und Hehlerei, da es insoweit an der rechtsethischen und psychologischen Gleichwertigkeit fehle (BGHSt 21 152, 154; *Ruß* LK[11] Rdn. 48). Dann ist aber mindestens eine Verurteilung wegen Diebstahls oder Hehlerei möglich, da der Diebstahl im Raub enthalten ist.[151] **113**

## IX. Recht des Einigungsvertrages

Zum Recht des Einigungsvertrages *Ruß* LK[11] Rdn. 50. **114**

# § 260
# Gewerbsmäßige Hehlerei, Bandenhehlerei

**(1) Mit Freiheitsstrafe von sechs Monaten bis zu zehn Jahren wird bestraft, wer die Hehlerei**
**1. gewerbsmäßig oder**
**2. als Mitglied einer Bande, die sich zur fortgesetzten Begehung von Raub, Diebstahl oder Hehlerei verbunden hat,**
**begeht.**

**(2) Der Versuch ist strafbar.**

**(3) In den Fällen des Absatzes 1 Nr. 2 sind die §§ 43a, 73d anzuwenden. § 73d ist auch in den Fällen des Absatzes 1 Nr. 1 anzuwenden.**

### Schrifttum

*Erb* Die Qualifikationstatbestände der Bandenhehlerei (§§ 260 I Nr. 2, 260a StGB) – ein spezifisches Instrument zur Bekämpfung der „Organisierten Kriminalität"? NStZ **1998** 537; *Miehe* Zur Bandenhehlerei, insbesondere im Vergleich zum Bandendiebstahl, StV **1997** 247; *Möhrenschlager* Das OrgKG – eine Übersicht nach amtlichen Materialien, wistra **1992** 281; *Rieß* Neue Gesetze zur Bekämpfung der Organisierten Kriminalität – Ein Überblick, NJ **1992** 491.

Vgl. im Übrigen die Schrifttumsangaben zu § 259.

### Entstehungsgeschichte

Die Vorschrift war ursprünglich als Verbrechenstatbestand ausgestaltet und bedrohte die gewerbs- oder gewohnheitsmäßig betriebene Hehlerei mit einer Zuchthausstrafe von bis zu 10 Jahren. Durch das 3. Strafrechtsänderungsgesetz vom 4.8.1953 (BGBl. I S. 735) wurde in Absatz 2 ein gemilderter Strafrahmen eingefügt für den Fall, dass mildernde Umstände vorliegen. Vor dem 1.1.1975 hatte der Paragraph folgenden Wortlaut:

---

151 BGH 1 StR 103/86 vom 15.4.1986; *Hoyer* SK Rdn. 51; *Ruß* LK[11] Rdn. 48; *Sch/Schröder/Stree* Rdn. 65 unter Hinweis auf BGHSt 25 182, 185 f m. Anm. *Hruschka* NJW 1973 1804.

*(1) Wer die Hehlerei gewerbs- oder gewohnheitsmäßig betreibt, wird mit Freiheitsstrafe von einem Jahr bis zu zehn Jahren bestraft.*

*(2) Sind mildernde Umstände vorhanden, so tritt Freiheitsstrafe von sechs Monaten bis zu fünf Jahren ein.*

Das EGStGB strich das qualifizierende Merkmal der Gewohnheitsmäßigkeit, weil es neben der Gewerbsmäßigkeit keine praktische Bedeutung gehabt habe (BTDrucks. 7/550, S. 253). Gleichzeitig stufte man die gewerbsmäßige Hehlerei vom Verbrechen zum Vergehen herab, strich den Absatz 2 und machte den Versuch strafbar. Die Vorschrift hatte daher ab dem 1.1.1975 folgenden Wortlaut:

*(1) Wer die Hehlerei gewerbsmäßig begeht, wird mit Freiheitsstrafe von sechs Monaten bis zu zehn Jahren bestraft.*

*(2) Der Versuch ist strafbar.*

Durch das am 22.9.1992 in Kraft getretene Gesetz zur Bekämpfung des illegalen Rauschgifthandels und anderer Erscheinungsformen der organisierten Kriminalität (OrgKG) vom 15. Juli 1992 hat die Vorschrift ihre heutige Fassung erhalten. Absatz 1 wurde tatbestandlich erweitert durch die Bandenhehlerei, der neu eingefügte Absatz 3 erklärt Vorschriften des Allgemeinen Teils für anwendbar, die ebenfalls mit dem OrgKG neu in das Strafgesetzbuch gekommen sind. Das OrgKG hat sich die wirksamere Bekämpfung der organisierten Kriminalität zum Ziel gesetzt.[1]

*Übersicht*



## I. Allgemeines

1 § 260 ist eine **Qualifikation** der Hehlerei nach § 259.[2] Sie soll ihre Rechtfertigung in der Gefahr finden, die professionelle Hehler bilden („Zuhälter der Diebe"). Sie betrachtet man als Anlaufadresse, Rückhalt und Versuchung für Vermögensstraftäter (*Ruß* LK[11] Rdn. 1; vgl. BGH NJW **1967** 2416). Das gilt vor allem für Großhehler, die Bestellungen für bestimmte Beutestücke entgegennehmen und weitergeben (vgl. BTDrucks. 12/989, S. 25). Ratio der Strafschärfung ist demnach das, was einige unter dem Stichwort „Gefährlichkeitstheorie" schon für den Grundtatbestand der Hehlerei vertreten (siehe zu § 259 Rdn. 3 mit Nachweisen). Als äußere Kennzeichen des professionellen Hehlers wählt das Gesetz alternativ die Gewerbsmäßigkeit der Tat oder dass jemand sie als Mitglied einer Bande begeht, die sich zur fortgesetzten Begehung von Raub, Diebstahl oder Hehlerei verbunden hat. Für beide Alternativen ist zentral, dass die Tat nach den Plänen des Täters oder nach seiner organisatorischen Einbindung in kriminelle Personenverbände auf *Wiederholung* angelegt ist.

---

[1] BTDrucks. 12/989, S. 25; *Möhrenschlager* wistra **1992** 281, 282 f; *Rieß* NJ **1992** 491, 492; zur Entstehungsgeschichte *Hilger* NStZ **1992** 457; mit Recht krit. *Erb* NStZ **1998** 537 ff.

[2] BGHSt **26** 167, 173; BGH NStZ **1982** 29, 30; wistra **1986** 217; *Granderath* MDR **1984** 988.

## II. Gewerbsmäßige Hehlerei (Abs. 1 Nr. 1)

Gewerbsmäßig handelt nach ganz herrschender Meinung, wer die **Absicht** hat, sich aus der Wiederholung von Hehlerhandlungen eine **fortlaufende Einnahmequelle** von einiger Dauer und einigem Umfang zu verschaffen.[3] Dies gilt bereits für die erste Tat, die der Täter mit einer derartigen Absicht begeht.[4] Dass ein Täter seines Vorteils wegen handelt, ist nicht ausreichend, ebensowenig reicht der bloße Missbrauch eines Gewerbes zu gelegentlichen Hehlerhandlungen.[5] Der Anwendung der Vorschrift steht jedoch nicht entgegen, dass der Täter neben den hehlerischen Ankäufen auch oder sogar überwiegend redliche Anschaffungen tätigt.[6] Seine Absicht braucht auch nicht dahin zu gehen, sich durch die Hehlerei eine Erwerbsquelle von unbegrenzter Dauer zu erschließen (RG DR **1942** 171; *Ruß* LK[11] Rdn. 2). Ferner braucht die Einnahmequelle nicht ununterbrochen oder regelmäßig zu fließen (RGSt **58** 19, 20; *Ruß* LK[11] Rdn. 2). Nicht erforderlich ist des Weiteren, dass der Täter die Absicht verfolgt, die erworbenen Sachen wieder gewerbsmäßig zu veräußern. Es genügt, wenn er das Hehlgut im eigenen Haushalt oder Betrieb verwenden will.[7] **2**

Bei der Gewerbsmäßigkeit handelt es sich nach ganz herrschender Meinung um ein strafschärfendes **besonderes persönliches Merkmal** nach § 28 Abs. 2.[8] **3**

## III. Bandenhehlerei (Abs. 1 Nr. 2)

Für den Begriff der **Bande** gilt hier grundsätzlich das Gleiche wie zu diesem Begriff in § 244 Abs. 1 Nr. 2 (*Ruß* LK[11] Rdn. 3). Es müssen sich nach herrschender Meinung mindestens drei Personen durch eine ausdrückliche oder stillschweigende Vereinbarung – die sogenannte Bandenabrede – dazu verbinden, mehrere selbständige, im Einzelnen noch ungewisse (streitig[9]) Taten der im Gesetz genannten Art zu begehen;[10] das Gesetzesmerkmal „zur fortgesetzten Begehung" stammt nicht aus der Dogmatik zur (praktisch aufgegebenen) Figur des Fortsetzungszusammenhangs (*Ruß* LK[11] Rdn. 4). Die Taten können auch unterschiedliche Hehlereihandlungen im Rahmen einer Kettenhehlerei sein (BGH NStZ **1996** 495 m. Bspr. *Miehe* StV **1997** 247; *Altenhain* NK Rdn. 4 [„vertikale **4**

---

[3] BGHSt 1 383; BGH NStZ **1995** 85; BGH GA **1955** 212; RGSt **64** 151, 153 f; **58** 19, 20; **56** 326, 327; **51** 97, 100; *Altenhain* NK Rdn. 2; *Fischer* Rdn. 2.

[4] BGH NStZ **1995** 85; RGSt **72** 285; **58** 19, 20; **27** 138, 139; *Altenhain* NK Rdn. 2; *Ruß* LK[11] Rdn. 2; *Sch/Schröder/Stree* Rdn. 2.

[5] BGH bei Dallinger MDR **1975** 722, 725; GA **1955** 212; RGSt **53** 155; *Ruß* LK[11] Rdn. 2.

[6] BGHSt 1 383; BGH GA **1955** 212; *Altenhain* NK Rdn. 2; *Ruß* LK[11] Rdn. 2.

[7] RGSt **54** 184, 185; *Altenhain* NK Rdn. 2; *Ruß* LK[11] Rdn. 2.

[8] BGHSt **4** 41, 43; **3** 191, 192 (jeweils zu § 50 a.F.); BGHR StGB § 260 gewerbsmäßig 2; BGH StV **1994** 17; RGSt **36** 138, 154 (zu § 50 a.F.); *Altenhain* NK Rdn. 13; *Fischer* Rdn. 2; *Lackner/Kühl* Rdn. 2; *Maurach/Schroeder/Maiwald* I § 39 Rdn. 51; *Roth* JA **1988** 258, 260; *Ruß* LK[11] Rdn. 2; *Sch/Schröder/Stree* Rdn. 4.

[9] Dafür, auch eine Verabredung einer bestimmten Vielzahl rechtlich selbständiger Taten zu erfassen, *Altenhain* NK Rdn. 4; *Miehe* StV **1997** 247, 249; *Schmitz* MK § 244 Rdn. 42.

[10] BGH wistra **2002** 57 f m. Anm. *Bode* ZfSch **2004** 133; BGH NStZ **1996** 495 m. Bspr. *Miehe* StV **1997** 247; BGH NStZ **1995** 85; *Hoyer* SK Rdn. 4; *Lauer* MK Rdn. 4; *Sch/Schröder/Stree* Rdn. 2a. Nach der früher herrschenden Meinung konnten schon zwei Personen eine Bande bilden: BGHSt **23** 239, 240; BGH NJW **2000** 2034 ff; StV **2000** 259; NStZ-RR **1999** 208 f; *Wessels/Hillenkamp* Rdn. 271a, 890; *Ruß* LK[11] Rdn. 3 m.w.N.

Bande"]). Es reicht, wenn nur eine einzige Hehlerei begangen werden soll und im Übrigen ausschließlich Raub- und Diebstahlsdelikte geplant sind (*Altenhain* NK Rdn. 4; *Hoyer* SK **Rdn.** 5). Voraussetzung ist nicht eine gegenseitige Verpflichtung der Mitglieder zur **Begehung** solcher **Delikte** und auch nicht die Bildung einer festgefügten Organisation wie etwa bei § 129.[11] Der Beweggrund der einzelnen Bandenmitglieder, der zu der Absprache geführt hat, ist ohne Bedeutung. Ferner ist nicht erforderlich, dass jedes Bandenmitglied sämtliche anderen Mitglieder kennt, sofern es sich immerhin bewusst ist, mit mindestens zwei anderen Bandenmitgliedern zusammenzuwirken.[12] Daran fehlt es aber, wenn in einer Veräußerungskette zwischen dem Vortäter und Hehlern zwar jeder seinen Vordermann und seinen Hintermann kennt, diese beiden aber nicht durch eine gemeinsame Abrede miteinander verbunden sind (*Altenhain* NK Rdn. 5). Es genügt, wenn sich drei Personen zu Taten zusammenschließen, in denen nur ein Beteiligter einen täterschaftlichen Beitrag leistet, während die beiden anderen als Gehilfen teilnehmen sollen (BGH NStZ **2008** 570, 571; *Altenhain* NK Rdn. 4 m.w.N.). Besteht die Bande zum Tatzeitpunkt objektiv nicht mehr, kommt eine versuchte Bandenhehlerei in Betracht (in Tateinheit mit vollendeter Hehlerei, *Sch/Schröder/Stree* Rdn. 2a).

**5** Die Bandenabrede kann zwar auch schlüssig getroffen werden, doch ist sie nicht ohne weiteres daraus ableitbar, dass jemand gestohlene Fahrzeuge an ihren Verladeort bringt (BGH NStZ **2008** 570, 571 m.w.N.). Zum **Nachweis** der Bandenabrede *Altenhain* NK Rdn. 6 mit zutreffender Kritik („zumindest missverständlich") an der Rechtsprechung, der zufolge die „Beweisanforderungen" hinsichtlich der Bandenabrede desto geringer werden, „je stärker die Gefährlichkeit einer Tätergruppe durch die Zahl ihrer Mitglieder, durch deren Präsenz bei der Tatausführung oder durch organisatorische Stabilität hervortritt"[13].

**6** Von Bandenmitgliedern sind Personen zu unterscheiden, die lediglich in **Geschäftsbeziehungen** zueinander oder zu einer Bande stehen (*Fischer* Rdn. 3). Wesentliche Kriterien dafür, ob jemand in die Bandenabrede einbezogen ist, sind die Absprachen dazu, wie der Erlös verteilt wird und wer das Risiko trägt (BGH NStZ **2005** 567). Für eine Mitgliedschaft in der Bande spricht es, wenn ein Veräußerer der Sache den Erlös an andere auszukehren hat; für schlichte Geschäftsbeziehungen spricht es, wenn er die Sache von anderen aufkauft und auf eigenes Risiko mit Gewinn weiterveräußert (BGH aaO).

**7** Vom Gesetz erfasst werden sowohl die Fälle, in denen sich mehrere Hehler zu einer Bande zusammengeschlossen haben, als auch und vor allem diejenigen, in denen Hehler und Diebe eine **gemischte Bande** bilden (BGH NStZ **2005** 567, unstreitig). Strafbar machen kann sich nach §§ 260, 260a aber auch in einer gemischten Bande natürlich nur derjenige, der hehlt (KG [5] 1 HEs 244/99 [55/99]). Dass § 244 für die Diebe die gemischte Bande nicht erfasst, mag man als Wertungswiderspruch betrachten (so *Arzt/Weber/Heinrich/Hilgendorf* BT § 28 Rdn. 36). Das Mitglied einer Hehlerbande kann zugleich Mitglied einer Diebesbande sein und dort als Gehilfe fungieren (BGH NStZ **2007** 33, 34; *Fischer* Rdn. 3).

---

11 BGH NJW **2000** 2034, 2035; StV **2000** 259; *Ruß* LK[11] Rdn. 4 m.w.N.; **aA** *Altenhain* NK Rdn. 3; *Erb* JR **2002** 338, 339 f; je m.w.N.

12 *Altenhain* NK Rdn. 5. **Anders** BGH StV **2000** 259; NStZ **1996** 495 m. Bspr. *Miehe* StV **1997** 247, jedoch jeweils auf der Grundlage der alten Rechtsprechung, dass bereits zwei Personen eine Bande begründen können.

13 BGH wistra **2000** 135; NStZ-RR **1999** 208; NJW **1998** 2913, 2914, jeweils noch für den alten Bandenbegriff, der zwei Mitglieder hinreichen ließ; zust. *Lauer* MK Rdn. 5.

8 Über das Bestehen einer Bande hinaus ist es für eine Strafe aus § 260 erforderlich, dass sich die fragliche Tat als **Bandentat** ausweisen lässt. Es geht darum, ob eine Tat der Bande zuzurechnen ist. Hierfür ist entscheidend, dass der Täter sie „als Mitglied" der Bande begeht. Dieser Bandenbezug ist zu bejahen, wenn die Tat sich im Rahmen der *Bandenabrede* hält oder das mutmaßliche Einverständnis der anderen Mitglieder findet.[14] Der Bandenbezug ist vor allem zu erörtern, wenn eine Tat nach ihrer Begehungsweise von der Bandenabrede abweicht oder wenn an ihr keine anderen Mitglieder der Bande mitwirken (BGH NStZ **2005** 567, 568; NJW **2000** 2034, 2035). Klare Beispiele eines Handelns außerhalb der Bandenabrede sind Taten gegen Bandenmitglieder, um sie zu bestrafen (BGH MDR **1972** 925 [zu § 244]). Gegebenenfalls ist bereits die erste der verabredeten Taten eine Bandentat (*Altenhain* NK Rdn. 4). Schon nach dem Wortlaut des Gesetzes ist es – anders als bei § 244 – nicht erforderlich, dass ein anderes Mitglied der Bande bei der Tat mitwirkt.[15] Dieser Unterschied zwischen § 260 und § 244 begegnet kriminalpolitischen Bedenken (vgl. *Altenhain* NK Rdn. 10; *Fischer* Rdn. 3a m.w.N.).

9 Die Rechtsprechung hat bis vor kurzem verlangt, dass der Täter *im übergeordneten Bandeninteresse* handelt (subjektiver **Bandenbezug**).[16] Dadurch schloss sie Fälle aus dem Tatbestand aus, in denen Personen lediglich – wenn auch wiederholt – in der Art unabhängiger Geschäftspartner zusammenarbeiten (Rdn. 6), sowie Fälle, in denen ein Bandenmitglied auf eigene Faust und ausschließlich für eigene Rechnung handelt, etwa nach dem Scheitern eines Autodiebstahls einzelne Sachen aus dem Wagen stiehlt (BGH NStZ 2000 30). BGHSt **46** 321, 325 hat jenes Erfordernis aufgegeben und dafür in einem Teil des Schrifttums Gefolgschaft gefunden.[17] Ein anderer Teil der Autoren hält an dem Erfordernis fest.[18] Wieder andere verlangen einen objektiven Bandenbezug dergestalt, dass sich jene Arbeitsteilung in der einzelnen Tat niederschlägt, die in der Bandenbildung angelegt ist.[19] Es dürften aber die Rdn. 6 und 8 genannten Kriterien hinreichen, um eine Tat als Bandentat zu kennzeichnen: dass sie von einem Bandenmitglied begangen wird, welches sich im Rahmen der Bandenabrede bewegt oder mit dem mutmaßlichen Einverständnis der anderen handelt. Denn wer auf eigene Faust und für eigene Rechnung stiehlt oder hehlt, findet dieses Einverständnis nicht. Personen, die nur gelegentlich und gewissermaßen ad hoc zusammenarbeiten, sind nicht durch eine Bandenabrede verbunden. Und wenn ein Bandenmitglied eine Sache hehlt, etwa veräußert, die ein Extraneus gestohlen hat, kommt es darauf an: Tut es dies auf eigene Rechnung, so handelt es allenfalls bei Gelegenheit seiner Tätigkeit für die Bande und liegt keine Bandentat vor. Lässt es hingegen den Erlös der Bande zukommen, so handelt es mit dem mutmaßlichen Einverständnis der anderen und hat die Tat den nötigen Bezug zur Bande.

---

14 BGH NJW **2000** 2034, 2035; *Fischer* Rdn. 3a; *Hoyer* SK Rdn. 5; **aA** hinsichtlich des mutmaßlichen Einverständnisses *Altenhain* NK Rdn. 7.

15 BGH NJW **2000** 2034, 2035; NStZ **2000** 473, 474 m.w.N.; StV **2000** 259; NStZ **1995** 85; *Lackner/Kühl* Rdn. 5; *Ruß* LK[11] Rdn. 3; aA *Altenhain* NK Rdn. 9, 11.

16 BGHSt **42** 255, 259 f (zu §§ 30, 30a BtMG); BGH NJW **2000** 2034, 2035; NStZ **2000** 473, 474.

17 *Kindhäuser* LPK § 244 Rdn. 32; *Krey/Hellmann* Rdn. 137a; *Schmitz* MK § 244 Rdn. 44.

18 *Fischer* Rdn. 3a („zur Förderung des Bandenzwecks"); *Günther* SK § 250 Rdn. 37; *Hoyer* SK Rdn. 5 („Handeln zugunsten des Bandenzwecks"); *Lackner/Kühl* § 244 Rdn. 6; *Wessels/Hillenkamp* Rdn. 271.

19 So *Miebe* StV **1997** 247, 249; zust. *Altenhain* NK Rdn. 9 ff (objektiver Bandenbezug nur, wenn die gehehlte Sache aus der Vortat [mindestens] eines Bandenmitglieds stammt oder wenn sie an ein Bandenmitglied weitergereicht wird); *Lackner/Kühl* Rdn. 5.

10 Auch die Mitgliedschaft in einer Bande unterfällt als **besonderes persönliches Merkmal** § 28 Abs. 2.[20]

## IV. Versuch

11 Vor dem Inkrafttreten des EGStGB am 1.1.1975 folgte die Strafbarkeit des Versuchs daraus, dass die Vorschrift als Verbrechen ausgestaltet war (§ 23 Abs. 1), heute ordnet der Absatz 2 die Strafbarkeit des Versuchs ausdrücklich an. Zum Tatentschluss und zum unmittelbaren Ansetzen gilt, was zu § 259 ausgeführt ist (dort Rdn. 85 ff). Als Beispiel eines untauglichen Versuchs siehe KG JR **1966** 307.

## V. Sanktionen, Strafzumessung und Strafanträge

12 Als **Strafe** sieht das Gesetz Freiheitsstrafe von sechs Monaten bis zu zehn Jahren vor. Dieser Strafrahmen gilt seit dem 1.1.1975, das OrgKG hat ihn nicht verändert. Er entspricht bei der Höchststrafe dem Strafrahmen des § 243, bei der Mindeststrafe liegt er drei Monate höher. Anders als § 260a (Abs. 2) kennt § 260 keinen milderen Strafrahmen bei minder schweren Fällen, so dass in solchen Fällen der Strafrahmen nach § 260a (Abs. 2) eine niedrigere Obergrenze hat als nach § 260. Daher spricht man sich zum Teil dafür aus, in minder schweren Fällen des § 260 den § 260a Abs. 2 direkt (*Sch/Schröder/Stree* Rdn. 6) oder analog (*Hoyer* SK Rdn. 8) anzuwenden. Vorzugswürdig erscheint es indes, dies in der Praxis nicht ausdrücklich zu tun, sondern die Obergrenze nach § 260a Abs. 2 in minder schweren Fällen des § 260 bei der Strafzumessung zu berücksichtigen.[21] – Gegen das *Doppelverwertungsverbot* (§ 46 Abs. 3) verstößt es bei einer Verurteilung wegen gewerbsmäßiger Hehlerei, wenn man dem Verurteilten straferhöhend anlastet, dass sein Verhalten einen Anreiz für den Dieb gesetzt habe, weitere Taten zu begehen (BGH StV **2002** 190, 191). Denn es verstößt grundsätzlich gegen das Doppelverwertungsverbot, das gesetzgeberische Motiv für die hohe Strafdrohung strafschärfend zu berücksichtigen.[22] – Zur *Gesamtstrafenbildung* bei der gewerbsmäßigen Hehlerei BGH wistra **1997** 227.

13 **Strafantragserfordernisse** sieht § 260 **nicht** ausdrücklich vor. Das Schrifttum befürwortet zum Teil, § 247 anzuwenden mit der Folge, dass die Tat ein Antragsdelikt wird, wenn das Opfer der Vortat ein Verwandter oder Hausgenosse des Hehlers ist (so *Fischer* Rdn. 6 [„dürfte ... anwendbar sein"]; *Lackner/Kühl* Rdn. 7 mit dem Zusatz „zw."). Die Gesetzesmaterialien schweigen sich dazu aus. Da es sich aber bei § 260 um einen eigenen Tatbestand handelt, hätte es der Gesetzgeber mit großer Sicherheit ausdrücklich angeordnet, wenn er ein Antragserfordernis gewollt hätte. § 259 Abs. 2 gilt ebensowenig unmittelbar wie § 247 selbst. Da es keine Anhaltspunkte dafür gibt, dass diese Regelungslücke planwidrig wäre, ist davon auszugehen, dass § 260 in keinem Fall ein Antragsdelikt ist.

---

20 BGHSt **47** 214, 216 m.w.N. (zu § 244); *Altenhain* NK Rdn. 13; *Fischer* Rdn. 3; *Krey/Hellmann* Rdn. 604a; *Lauer* MK Rdn. 7; *Schmitz* MK § 244 Rdn. 61; *Wessels/Hillenkamp* Rdn. 270 (zu § 244); **aA** *Hoyer* SK Rdn. 2; *Sch/Schröder/Stree* Rdn. 4.

21 BTDrucks. 7/550, S. 253; *Altenhain* NK Rdn. 15; *Lauer* MK Rdn. 10.

22 BGH 2 StR 101/82 vom 9.9.1982; BGH NJW **1967** 2416; *Ruß* LK[11] Rdn. 6.

Nach Absatz 3 ist die – verfassungsrechtlich zweifelhafte – Vorschrift über den **erweiterten Verfall** (§ 73d) sowohl auf die gewerbsmäßige als auch auf die Bandenhehlerei anwendbar. Voraussetzung ist die Überzeugung des Tatrichters (und nicht nur sein Verdacht), dass ein Gegenstand für rechtswidrige Taten oder aus ihnen erlangt wurde (BGH wistra **2000** 315). Liegen seine Voraussetzungen vor, ist der Verfall zwingend anzuordnen. Auch § 73d ist mit dem OrgKG in das Strafgesetzbuch gekommen und soll dazu beitragen, die organisierte Kriminalität zu bekämpfen. Gleiches gilt für den § 43a zur Vermögensstrafe, auf den § 260 Absatz 3 ebenfalls verweist. Allerdings hat das Bundesverfassungsgericht § 43a in einem Urteil vom 20. März 2002 mit Gesetzeskraft für nichtig erklärt (BVerfG BGBl. I S. 1340). 14

Nach § 262 kann **Führungsaufsicht** angeordnet werden. 15

## VI. Wahlfeststellung und Konkurrenzen

**Wahlfeststellung** ist möglich zwischen gewerbsmäßiger Hehlerei nach § 260 Abs. 1 Nr. 1 und *gewerbsmäßigem Diebstahl* nach §§ 242, 243 Abs. 1 Nr. 3 sowie zwischen einer Bandenhehlerei nach § 260 Abs. 1 Nr. 2 und *Bandendiebstahl* nach § 244 Abs. 1 Nr. 2.[23] Kann nicht festgestellt werden, dass der Beschuldigte gegebenenfalls auch den Diebstahl gewerbsmäßig begangen hat (in dem Rdn. 2 beschriebenen Sinne), so ist wahldeutig (nur) nach § 259 oder § 242 zu verurteilen.[24] Bei einer solchen einfachen Wahlfeststellung zwischen den Grundtatbeständen muss es ferner dann bleiben, wenn für den Diebstahl das Regelbeispiel der Gewerbsmäßigkeit ausnahmsweise – nach dem Urteil des Tatrichters – keine Regelwirkung entfaltete und folglich keinen besonders schweren Fall begründen könnte. Entsprechendes gilt im Verhältnis zum *Betrug,* der nunmehr in Absatz 3 Nr. 1 die gewerbsmäßige Tat und die Bandentat als Regelbeispiele besonders schwerer Fälle kennt (Wahlfeststellung möglich zwischen § 260 Abs. 1 Nr. 1 und § 263 Abs. 3 Nr. 1 Alternative 1 sowie zwischen § 260 Abs. 1 Nr. 2 und § 263 Abs. 3 Nr. 1 Alternative 2; wäre für den Betrug kein gewerbsmäßiges Handeln beziehungsweise keine Bandentat nachweisbar oder entfalteten sie keine Regelwirkung, bleibt es bei einer Wahlfeststellung zwischen § 263 und § 259).[25] 16

Im Verhältnis zu § 259 ist § 260 Lex specialis. Vgl. für die **Konkurrenzen** im Übrigen zu § 259 Rdn. 106 ff. Mehrere gewerbsmäßig begangene Taten fasst § 260 nicht zu einer Handlungseinheit zusammen (*Altenhain* NK Rdn. 18). Das Überführen mehrerer Autos im Konvoi und ihr Verkauf an einen Käufer in einem Akt bilden nach BGH StV **1996** 481 eine natürliche Handlungseinheit. Etwas genauer dürfte es sein, den Verkaufsakt schon als eine Handlung im natürlichen Sinne aufzufassen, die den Tatbestand des Absetzens erfüllt oder die Fahrzeuge einem Dritten verschafft; ist beides der Fall, liegt insoweit nur eine Tat im Rechtssinne vor (siehe zu § 259 Rdn. 51, 106). Die Fahrt zum Verkaufsort ist eine Vorbereitungshandlung. 17

---

[23] BGH NStZ **2000** 473 m. Bspr. *Baier* JAR **2000** 176; *Lackner/Kühl* Rdn. 7; *Lauer* MK Rdn. 14; *Ruß* LK[11] Rdn. 8; vgl. BGHSt **11** 26, 28 f; BGH NJW **1954** 931, 932.

[24] *Lauer* MK Rdn. 14; *Ruß* LK[11] Rdn. 8; *Sch/Schröder/Stree* Rdn. 7.

[25] Vgl. BGH 4 StR 492/81 vom 15.10.1981; BGH NJW **1974** 804, 805; BGH NJW **1952** 114; *Ruß* LK[11] Rdn. 8.

## § 260a
## Gewerbsmäßige Bandenhehlerei

**(1) Mit Freiheitsstrafe von einem Jahr bis zu zehn Jahren wird bestraft, wer die Hehlerei als Mitglied einer Bande, die sich zur fortgesetzten Begehung von Raub, Diebstahl oder Hehlerei verbunden hat, gewerbsmäßig begeht.**

**(2) In minder schweren Fällen ist die Strafe Freiheitsstrafe von sechs Monaten bis zu fünf Jahren.**

**(3) Die §§ 43a, 73d sind anzuwenden.**

**Schrifttum** s. bei §§ 259 und 260.

### Entstehungsgeschichte

Das Gesetz zur Bekämpfung des illegalen Rauschgifthandels und anderer Erscheinungsformen der Organisierten Kriminalität (OrgKG) vom 15. Juli 1992, in Kraft seit dem 22.9.1992, hat § 260a neu in das StGB eingefügt.

*Übersicht*



## I. Allgemeines

1 Auch § 260a ist eine **Qualifikation** der Hehlerei nach § 259 (*Ruß* LK[11] Rdn. 1) und zugleich eine Qualifikation des § 260. Sie hat die gleiche Ratio wie § 260.[1] Qualifizierend wirkt die Kumulation von Banden- und gewerbsmäßiger Tat. Die Regelung ist vergleichbar derjenigen in § 244a, der ebenfalls eine weitere Qualifizierung für den Täter vorsieht, wenn er die Tatbestände des § 243 Abs. 1 Satz 2 oder des § 244 Abs. 1 Nr. 1 oder 2 als Bandenmitglied verwirklicht (*Ruß* LK[11] Rdn. 1). Allerdings ist kaum ein Fall denkbar, in dem der Täter nur eine Bandentat nach § 260 Abs. 1 Nr. 2 begeht und nicht auch § 260a erfüllt. Überwiegend fremdnützig handelnde Bandenmitglieder kommen dafür in Betracht (*Lauer* MK Rdn. 2), dürften aber in der Praxis keine Rolle spielen.

2 Die Tat ist ein **Verbrechen**. Daraus ergibt sich die Strafbarkeit des Versuchs gemäß § 23 Abs. 1. Nach § 30 werden auch die versuchte Anstiftung und andere Beteiligungsformen im Vorbereitungsstadium der Tat erfasst. Dies war ein Grund für den Gesetzgeber, die Tat zum Verbrechen zu machen (vgl. BTDrucks. 12/989, S. 25).

---

[1] Siehe zu § 260 Rdn. 1 und vgl. BTDrucks. 12/989, S. 25; *Hilger* NStZ **1992** 457; *Möhrenschlager* wistra **1992** 281, 288; *Rieß* NJ **1992** 491, 492; *Ruß* LK[11] Rdn. 1.

## II. Qualifizierende Merkmale

3 Der Tatbestand setzt voraus, dass der Täter als Mitglied einer **Bande** handelt, die sich zur fortgesetzten Begehung von Raub, Diebstahl oder Hehlerei verbunden hat (siehe zu § 260 Rdn. 4 ff und vgl. BGH wistra **2003** 260 f).

4 Ferner muss der Täter **gewerbsmäßig** handeln (siehe zu § 260 Rdn. 2).

5 Hinsichtlich beider qualifizierender Merkmale ist für **Beteiligte** § **28 Abs.** 2 anwendbar (siehe zu § 260 Rdn. 3, 10; *Altenhain* NK Rdn. 2; *Ruß* LK[11] Rdn. 2). Wer selbst gewerbsmäßig handelt, aber nicht als Bandenmitglied, kann sich nur wegen einer Beteiligung an § 260 Abs. 1 Nr. 1 strafbar machen. Wer als Bandenmitglied handelt, aber nicht gewerbsmäßig, kann sich nur wegen einer Beteiligung an § 260 Abs. 1 Nr. 2 strafbar machen. Wer weder als Bandenmitglied noch gewerbsmäßig handelt, kann nur nach § 259 bestraft werden.

## III. Sanktionen

6 Der **Regelstrafrahmen** reicht von einem Jahr bis zu zehn Jahren Freiheitsstrafe. In Absatz 2 ist für minder schwere Fälle ein Strafrahmen von sechs Monaten bis zu fünf Jahren Freiheitsstrafe vorgesehen. Den Charakter der Tat als Verbrechen lässt dies unberührt (§ 12 Abs. 3). Minder schwer ist ein Fall in der Regel, wenn die gehehlte Sache oder Sachgesamtheit geringwertig ist im Sinne des § 248a.[2] – Zur Gesamtstrafenbildung bei der gewerbsmäßigen Bandenhehlerei BGH wistra **1999** 463, 464.

7 Nach Absatz 3 ist **erweiterter Verfall** (§ 73d) möglich und gegebenenfalls zwingend anzuordnen, während der Verweis auf § 43a ins Leere geht, da diese Vorschrift vom Verfassungsgericht für nichtig erklärt worden ist (vgl. jeweils zu § 260 Rdn. 14).

## IV. Wahlfeststellung und Konkurrenzen

8 § 260a ist gegenüber § 259 und § 260 die **speziellere** Vorschrift (*Ruß* LK[11] Rdn. 4). **Wahlfeststellung** ist möglich mit § 244a Abs. 1 in Verbindung mit § 243 Abs. 1 Satz 2 Nr. 3.[3] Allein mit §§ 242, 243 Abs. 1 Satz 2 Nr. 3 ist jedoch keine Wahlfeststellung möglich, da schon der Unrechtssprung zwischen einem Vergehen und einem Verbrechen die „rechtsethische" Vergleichbarkeit verhindert *(Altenhain* NK Rdn. 6; im Ergebnis auch BGH NStZ **2000** 473, 474).

## § 261
## Geldwäsche; Verschleierung unrechtmäßig erlangter Vermögenswerte

**(1) Wer einen Gegenstand, der aus einer in Satz 2 genannten rechtswidrigen Tat herrührt, verbirgt, dessen Herkunft verschleiert oder die Ermittlung der Herkunft, das Auffinden, den Verfall, die Einziehung oder die Sicherstellung eines solchen Gegenstan-**

---

[2] *Altenhain* NK Rdn. 4; *Lauer* MK Rdn. 4; *Sch/Schröder/Stree* Rdn. 3.

[3] BGH NStZ **2000** 473 f; *Lauer* MK § 260 Rdn. 14; *Sch/Schröder/Stree* Rdn. 4.

des vereitelt oder gefährdet, wird mit Freiheitsstrafe von drei Monaten bis zu fünf Jahren bestraft. Rechtswidrige Taten im Sinne des Satzes 1 sind
1. Verbrechen,
2. Vergehen nach
   a) § 332 Abs. 1, auch in Verbindung mit Abs. 3, und § 334,
   b) § 29 Abs. 1 Satz 1 Nr. 1 des Betäubungsmittelgesetzes und § 19 Abs. 1 Nr. 1 des Grundstoffüberwachungsgesetzes,
3. Vergehen nach § 373 und nach § 374 Abs. 2 der Abgabenordnung, jeweils auch in Verbindung mit § 12 Abs. 1 des Gesetzes zur Durchführung der Gemeinsamen Marktorganisationen und der Direktzahlungen,
4. Vergehen
   a) nach den §§ 152a, 181a, 232 Abs. 1 und 2, § 233 Abs. 1 und 2, §§ 233a, 242, 246, 253, 259, 263 bis 264, 266, 267, 269, 271, 284, 326 Abs. 1, 2 und 4, § 328 Abs. 1, 2 und 4 sowie § 348,
   b) nach § 96 des Aufenthaltsgesetzes, § 84 des Asylverfahrensgesetzes und nach § 370 der Abgabenordnung,

   die gewerbsmäßig oder von einem Mitglied einer Bande, die sich zur fortgesetzten Begehung solcher Taten verbunden hat, begangen worden sind, und
5. Vergehen nach § 89a und nach den §§ 129 und 129a Abs. 3 und 5, jeweils auch in Verbindung mit § 129b Abs. 1, sowie von einem Mitglied einer kriminellen oder terroristischen Vereinigung (§§ 129, 129a, jeweils auch in Verbindung mit § 129b Abs. 1) begangene Vergehen.

Satz 1 gilt in den Fällen der gewerbsmäßigen oder bandenmäßigen Steuerhinterziehung nach § 370 der Abgabenordnung für die durch die Steuerhinterziehung ersparten Aufwendungen und unrechtmäßig erlangten Steuererstattungen und -vergütungen sowie in den Fällen des Satzes 2 Nr. 3 auch für einen Gegenstand, hinsichtlich dessen Angaben hinterzogen worden sind.

(2) Ebenso wird bestraft, wer einen in Absatz 1 bezeichneten Gegenstand
1. sich oder einem Dritten verschafft oder
2. verwahrt oder für sich oder einen Dritten verwendet, wenn er die Herkunft des Gegenstandes zu dem Zeitpunkt gekannt hat, zu dem er ihn erlangt hat.

(3) Der Versuch ist strafbar.

(4) In besonders schweren Fällen ist die Strafe Freiheitsstrafe von sechs Monaten bis zu zehn Jahren. Ein besonders schwerer Fall liegt in der Regel vor, wenn der Täter gewerbsmäßig oder als Mitglied einer Bande handelt, die sich zur fortgesetzten Begehung einer Geldwäsche verbunden hat.

(5) Wer in den Fällen des Absatzes 1 oder 2 leichtfertig nicht erkennt, dass der Gegenstand aus einer in Absatz 1 genannten rechtswidrigen Tat herrührt, wird mit Freiheitsstrafe bis zu zwei Jahren oder mit Geldstrafe bestraft.

(6) Die Tat ist nicht nach Absatz 2 strafbar, wenn zuvor ein Dritter den Gegenstand erlangt hat, ohne hierdurch eine Straftat zu begehen.

(7) Gegenstände, auf die sich die Straftat bezieht, können eingezogen werden. § 74a ist anzuwenden. § 73d ist anzuwenden, wenn der Täter gewerbsmäßig oder als Mitglied einer Bande handelt, die sich zur fortgesetzten Begehung einer Geldwäsche verbunden hat.

(8) Den in den Absätzen 1, 2 und 5 bezeichneten Gegenständen stehen solche gleich, die aus einer im Ausland begangenen Tat der in Absatz 1 bezeichneten Art herrühren, wenn die Tat auch am Tatort mit Strafe bedroht ist.

**(9) Nach den Absätzen 1 bis 5 wird nicht bestraft, wer**
1. **die Tat freiwillig bei der zuständigen Behörde anzeigt oder freiwillig eine solche Anzeige veranlasst, wenn nicht die Tat in diesem Zeitpunkt ganz oder zum Teil bereits entdeckt war und der Täter dies wusste oder bei verständiger Würdigung der Sachlage damit rechnen musste, und**
2. **in den Fällen des Absatzes 1 oder 2 unter den in Nummer 1 genannten Voraussetzungen die Sicherstellung des Gegenstandes bewirkt, auf den sich die Straftat bezieht.**

**Nach den Absätzen 1 bis 5 wird außerdem nicht bestraft, wer wegen Beteiligung an der Vortat strafbar ist.**

Schrifttum

*Ackermann* Geldwäscherei – Money Laundering (1992); *Ambos* Internationalisierung des Strafrechts: das Beispiel „Geldwäsche", ZStW **114** (2002) 236; *Arzt* Geldwäscherei – Eine neue Masche zwischen Hehlerei, Strafvereitelung und Begünstigung, NStZ **1990** 1; *ders.* Das schweizerische Geldwäschereiverbot im Lichte amerikanischer Erfahrungen, SchwZStr. **1989** 160; *ders.* Geldwäsche und rechtsstaatlicher Verfall, JZ **1993** 913; *ders.* Das missglückte Strafgesetz – am Beispiel der Geldwäschegesetzgebung, in Diederichsen/Dreier (Hrsg.), Das missglückte Gesetz (1997) 19; *ders.* Wechselseitige Abhängigkeit der gesetzlichen Regelung der Geldwäscherei u. der Einziehung, in Trechsel (Hrsg.), Geldwäscherei (1997) 25; *ders.* Dolus eventualis und Verzicht, Festschrift Rudolphi (2004) 3; *ders.* Neue Wirtschaftsethik, neues Wirtschaftsstrafrecht, neue Korruption, Festschrift Wiegand (2005) 739; *Barton* Sozial übliche Geschäftstätigkeit und Geldwäsche (§ 261 StGB), StV **1993** 156; *ders.* Das Tatobjekt der Geldwäsche: Wann rührt ein Gegenstand aus einer der im Katalog des § 261 I Nr. 1–3 StGB bezeichneten Straftaten her? NStZ **1993** 159; *ders.* Sozialübliche Geschäftstätigkeit und Geldwäsche, StV **1993** 156; *ders.* Verteidigerhonorar und Geldwäsche, JuS **2004** 1033; *Bauer* Der Geldwäschetatbestand gem. § 261 StGB einschließlich der Probleme seiner Anwendung, Festschrift Maiwald (2003) 127; *Bernsmann* Geldwäsche und Vortatkonkretisierung, StV **1998** 46; *ders.* Zur Stellung des Strafverteidigers im deutschen Strafverfahren, StraFo **1999** 226; *ders.* Das Grundrecht auf Strafverteidigung und die Geldwäsche, StV **2000** 40; *ders.* Der Rechtsstaat wehrt sich gegen seine Verteidiger – Geldwäsche durch Strafverteidigung? Festschrift Lüderssen (2002) 683; *Beulke* Gedanken zur Diskussion über die Strafbarkeit des Verteidigers wegen Geldwäsche, Festschrift Rudolphi (2004) 391; *Bittmann* Die gewerbs- oder bandenmäßige Steuerhinterziehung und die Erfindung des gegenständlichen Nichts als geldwäscherelevante Infektionsquelle, wistra **2003** 161; *Bottermann* Untersuchung zu den grundlegenden Problematiken des Geldwäschetatbestands, 1995, 130 ff; *Bottke* Leichtfertige Geldwäsche nach § 261 Abs. 5 StGB, insbesondere von Bankangehörigen, in Hörmann/Jüptner u.a. (Hrsg.), Brennpunkte des Steuerrechts, Festschrift Jakob (2001) 45; *ders.* Teleologie und Effektivität der Normen gegen Geldwäsche, wistra **1995** 87, 121; *Brüning* Die Strafbarkeit des Insolvenzverwalters wegen Geldwäsche gemäß § 261 StGB, wistra **2006** 241; *Buchheit* Geldwäschebekämpfung in der Sackgasse, Der Kriminalist **1997** 227; *Burger* Die Einführung der gewerbs- und bandenmäßigen Steuerhinterziehung sowie aktuelle Änderungen im Bereich Geldwäsche, wistra **2002** 1; *Burger/Peglau* Geldwäsche durch Entgegennahme „kontaminierten" Geldes als Verteidigerhonorar, wistra **2000** 161; *Burr* Geldwäsche (1995) (Diss. Bonn); *Busch/Teichmann* Das neue Geldwäscherecht (2003); *Bussenius* Geldwäsche und Strafverteidigerhonorar (2004); *Carl* Kampf gegen die Geldwäsche, wistra **1991** 288; *Carl/Klos* Regelung zur Bekämpfung der Geldwäsche und ihre Anwendung in der Praxis (1994); *dies.* Tafelgeschäfte – steuerlich unzulässige „Geldwäsche" der Kreditinstitute? DStZ **1991** 24; *Cebulla* Gegenstand der Geldwäsche, wistra **1999** 281; *Dahm/Hamacher* Geldwäschebekämpfung und strafrechtliche Verfahrensgarantien, wistra **1995** 206; *Dyoniyssopoulou* Der Tatbestand der Geldwäsche (1999); *Fabel* Geldwäsche und Tätige Reue (1997) (Diss. Marburg); *Fahl* Grundprobleme der Geldwäsche, Jura 2004, 160; *Feigen* Die Beweislastumkehr im Strafrecht. Geldwäsche, Vermögenseinziehung, Hehlerei de lege lata et ferenda (1998); *Felsch* Annahme „kontaminierten" Geldes als Verteidigerhonorar, NJW-Sonderheft für Gerhard Schäfer, **2002** 24; *Fertig* Grenzen einer Inkriminierung des Wahlverteidigers wegen Geldwäsche (2006) (Diss. Jena 2004); *Findeisen* Der Präventionsgedanke im Geldwäschegesetz, wistra **1997** 121; *Fischer* Ersatzhehlerei als Beruf und rechtsstaatliche Strafverteidigung, NStZ **2004** 473; *Flatten* Zur Strafbarkeit von Bankangestellten bei der Geldwäsche (1996); *Forthauser* Geldwäscherei de lege lata et ferenda (1992); *Fuchs* Gewinnabschöpfung und Geldwäscherei, ÖJZ **1990** 544; *Fülbier* Bankangestellte im Dienste der Ermittlungsbehörden, WM **1990** 2025; *ders.* Die Umsetzung der EG-Richtlinie zur Bekämpfung der Geldwäsche in Luxemburg, wistra **1996** 49; *ders.* Die Umsetzung der EG-Richtlinien zur Bekämpfung der Geldwäsche in Frankreich, EuZW **1994** 52; *ders./Aepfelbach/Langweg* GWG. Kommentar zum Geldwäschegesetz, 5. Aufl. 2006; *van Galen* Der Verteidiger – Garant eines rechtsstaatlichen Verfahrens oder Mittel zur Inquisition? StV **2000** 575; *dies.* Die reduzierte Anwendung des Geldwäschetatbestands auf die Entgegennahme von Strafverteidigerhonorar – Drahtseilakt oder Rechtssicherheit, NJW **2004** 3304; *Gentzik* Die Europäisierung des deutschen und englischen Geldwäschestrafrechts (2002); *Geurts* Die Strafbarkeit der Geldwäsche – Metastasen politischen Willens, ZRP **1997** 250; *Goeckenjan* Phishing von Zugangsdaten für Online-Bankdienste und deren Verwendung, wistra **2008** 128; *Gotzens/Schneider* Geldwäsche durch Annahme von Strafverteidigerhonoraren? wistra **2002** 121; *Graber* Geldwäscherei (1990); *Gradowski/Ziegler* Geldwäsche, Gewinnabschöpfung (BKA-Forschungsreihe Bd. 39) (1997); *Graber* Geldwäscherei, Diss. Bern 1990; *Gropp/Huber* (Hrsg.), Rechtliche Initiativen gegen Organisierte Kriminalität. 2000; *Großwieser* Der Geldwäschestraftatbestand § 261 StGB (1998); *Haas* Die fahrlässige Geldwäsche-rei – der Entwurf Bernasconi, MDR **1991** 212; *Hamm* Geldwäsche durch Annahme von Strafverteidigerhonorar? NJW **2000** 636; *Hammerstein* Verteidigung wider besseres Wissen? NStZ **1997** 12; *Hartmann* Internationale Finanzströme und Geldwäsche, KJ **2007** 2; *Hartung* Strafverteidiger als Geldwäscher? AnwBl. **1994** 440; *Hassemer* Professionelle Adäquanz, wistra **1995** 41; 81; *ders.* WM-Sonderbeil. 3/1995; *Heerspink* Geldwäsche durch Honorarannahme nur bei direktem Vorsatz des Beraters, PStR 2003 149; *Hefendehl* Organisierte Kriminalität als Begründung für ein Feind- oder Täterstrafrecht, StV 2005 156; *Heghmanns* Strafbarkeit des „Phishing" von Bankkontendaten und ihrer Verwertung, wistra 2007 167; *Hentschel* Neue und erweiterte Befugnisse der Finanzämter durch das StVBG, NJW 2002 1703; *Hertweck* KR **1996** 22; *Herzog/Christmann* Geldwäsche und Bekämpfungsgesetzgebung, WM 2003 6; *Herzog/Hoch/Warius* Die Sicherheitsleistung als Vehikel der Rückgewinnungshilfe – Rückgewinnungshilfe contra konkrete und wirkliche Strafverteidigung, StV 2007 542; *Herzog/Mülhausen* (Hrsg.) Geldwäschebekämpfung und Gewinnabschöpfung (2006); *Hetzer* Bekämpfung der Organisierten Kriminalität durch Unterbindung der Geldwäsche, wistra **1993** 286; *ders.* Geldwäsche im Schnittpunkt von Wirtschaft und Kriminalität, ZfZ **1993** 258; *ders.* Der Geruch des Geldes – Ziel, Inhalt und Wirkung der Gesetze gegen Geldwäsche, NJW **1993** 3298; *ders.* Systemgrenzen der Geldwäschebekämpfung? ZRP **1999** 245; *ders.* Magna Charta der Mafia? ZRP **1999** 471; *ders.* Geldwäsche und Steuerhinterziehung, WM **1999** 1306; *ders.* Geldwäsche und Strafverteidigung, wistra 2000 281; *ders.* Finanzbehörden im Kampf gegen Geldwäsche und organisierte Kriminalität, JR 2000 141; *ders.* Finanzmärkte und Tatorte – Globalisierung und Geldwäsche, MSchrKrim 2003 353; *Hillmann-Stadtfeld* Die strafrechtlichen Neuerungen nach dem Steuerverkürzungsbekämpfungsgesetz, NStZ **2002** 242; *Höreth* Die Bekämpfung der Geldwäsche unter Berücksichtigung einschlägiger ausländischer Vorschriften und Erfahrungen (1996); *Hofmann/Reich* Kompetenzüberschreitung der Gemeinschaft durch die geplante Einführung einer Verdachtsanzeigepflicht für Steuerberater, EuGRZ **2001** 371; *Hombrecher* Geldwäsche durch Strafverteidiger? (2001) (Diss. Kiel); *Hoyer/Klos* Regelungen zur Bekämpfung der Geldwäsche und ihre Anwendung in der Praxis (2. Aufl. 1998); *Huber* Das Bankgeheimnis der Nachrichtendienste, NJW 2007 881; *Hund* Der Geldwäschetatbestand (usw.), ZRP **1996** 163; *Jacsó-Potyka* Bekämpfung der Geldwäsche in Europa (2007); *Jahn* Freie Advokatur schützt keine Komplizenschaft, AnwBl. 2000 412; *Joecks* Strafvorschriften im Steuerverkürzungsbekämpfungsgesetz, wistra **2002** 201; *Kaiser* Möglichkeiten zur Verbesserung des Instrumentariums zur Bekämpfung von Geldwäsche und zur Gewinnabschöpfung, wistra **2000** 121; *Kargl* Probleme des Tatbestandes § 261 StGB, NJ **2001** 57; *Katholnigg* Kann die Honorarannahme des Strafverteidigers als Geldwäsche strafbar sein? NJW **2001** 2041; *Keidel* KR **1996** 406 (Strafbarkeit von Bankangestellten); *Kempf* Das Honorar des Strafverteidigers und Geldwäsche, Referat für den Strafrechtsausschuss der BRAK (Juni 1999); *Kern* Geldwäsche und organisierte Kriminalität (1993); *Kilching* Die vermögensbezogene Bekämpfung der Organisierten Kriminalität, wistra **2000** 241; Geldwäscherei (1994); *Knorz* Der Unrechtsgehalt des § 261 StGB (1996) (Bespr. *Otto* GA **1998** 251); *Kögel* Die Strafbarkeit des „Finanzagenten" bei vorangegangenem Computerbetrug durch „Phishing", wistra **2007** 206; *Körner* Rechtsprechungsübersicht zu Geldwäschedelikten in Deutschland und in der

Schweiz, NStZ **1996** 64; *ders.* Wer nicht wäscht, der nicht gewinnt, NJW **1996** 2143; *Körner/Dach* Geldwäsche. Ein Leitfaden zum geltenden Recht (1994) – (m. umfass. Lit. Hinweisen 45); *Kraushaar* Die „kontrollierte Weiterleitung" inkriminierter Gelder, wistra **1996** 168; *Krauskopf* Geldwäscherei und organisiertes Verbrechen als europäische Herausforderung, SchwZStr. **1991** 385; *Kreß* Das neue Recht der Geldwäschebekämpfung, wistra **1998** 121; *Krey/Dierlamm* Gewinnabschöpfung und Geldwäsche, JR **1992** 353; *Kulisch* Strafverteidigerhonorar und Geldwäsche, StraFo **1999** 337; *Lampe* Der neue Tatbestand der Geldwäsche (§ 261 StGB), JZ **1994** 123; *Leip* Der Straftatbestand der Geldwäsche 2. Aufl. 1999); *Leip/Hardtke* Der Zusammenhang von Vortat und Gegenstand der Geldwäsche unter besonderer Berücksichtigung der Vermengung von Giralgeld, wistra **1997** 281; *Leitner* Eine Dekade der Geldwäschegesetzgebung, AnwBl. **2003** 675; *Löwe-Krahl* Die Strafbarkeit von Bankangestellten wegen Geldwäsche nach § 261 StGB, wistra **1993** 123; *ders.* Das Geldwäschegesetz – ein taugliches Instrumentarium zur Verhinderung der Geldwäsche? wistra **1994** 121; *Lüderssen* Beihilfe, Strafvereitelung und objektive Zurechnung, Festschrift Grünwald (1999) 329; *Lütke* Geldwäsche bei Auslandsvortat und nachträgliche Gewährung rechtlichen Gehörs, wistra **2001** 85; *Maiwald* Auslegungsprobleme im Tatbestand der Geldwäsche, Festschrift H. J. Hirsch (1999) 631; *Matt* Strafverteidigerhonorar und Geldwäsche, Festschrift Rieß (2002) 739; *Meyer/Hetzer* Neue Gesetze gegen die organisierte Kriminalität, NJW **1998** 1017; *dies.* Die Abschöpfung von Verbrechensgewinnen KR **1997** 31; *dies.* Gewinnabschöpfung durch Besteuerung ZRP **1997** 13; *Möhrenschlager* Das OrgKG – eine Übersicht nach amtlichen Materialien, wistra **1992** 281; 326; *Moseschuss* Die Auswirkungen des Geldwäschegesetzes auf Leasing-Gesellschaften, Finanzierung Leasing Factoring **2004** 212–214, 265–269; *Müller/Gussmann* Berufsrisiken eines Strafverteidigers (2007); *Müssig* Strafverteidiger als „Organ der Rechtspflege" und die Strafbarkeit wegen Geldwäsche, wistra **2005** 201; *Müther* Verteidigerhonorar und Geldwäsche, Jura **2001** 436; *Nestler* Der Bundesgerichtshof und die Strafbarkeit des Verteidigers wegen Geldwäsche, StV **2001** 641; *Neuheuser* Die Strafbarkeit des Bereithaltens und Weiterleitens des durch „Phishing" erlangten Geldes, NStZ **2008** 492; *Obermüller* Gewinnaufspürung, Kriminalistik **1992** 361; *Ostendorf* Organisierte Kriminalität – eine Herausforderung für die Justiz, JZ **1991** 62; *Oswald* Die Maßnahmen zur Bekämpfung der Geldwäsche, wistra **1997** 328; *Otto* Examinatorium: Geldwäsche, § 261 StGB, Jura **1993** 329; *Petropoulos* Der Zusammenhang von Vortat und Gegenstand in § 261 StGB, wistra **2007** 241; *Pieth* Gewinnabschöpfung bei Betäubungsmitteldelikten, StV **1990** 558; *ders.* Die Bekämpfung der Geldwäscherei (2002); *Prittwitz* Die Geldwäsche und ihre strafrechtliche Bekämpfung – oder: Zum Einzug des Lobbyismus in die Kriminalpolitik, StV **1993** 498; *Pütter* Geldwäsche und die Achillesferse der „organisierten Verbrechens", KJ **1995** 257; *Remmers* Die Entwicklung der Gesetzgebung zur Geldwäsche (1998); *Rieß* Neue Gesetze zur Bekämpfung der Organisierten Kriminalität, NJ **1992** 491; *Rüping* Der Steuerberater als „Organ der Steuerrechtspflege" im System staatlicher Kontrollen, Festschrift Kohlmann (2003) 499; *Salditt* Der Tatbestand der Geldwäsche, StraFo **1992** 121; *Samson* Geldwäsche durch Steuerhinterziehung? Gedanken zur Halbwertzeit von Strafgesetzen, Festschrift Kohlmann (2003) 263; *Schittenhelm* Alte und neue Probleme der Anschlussdelikte im Lichte der Geldwäsche, Festschrift Lenckner (1999) 519; *Schmidt* Gewinnabschöpfung im Straf- und Bußgeldverfahren (2006); *ders.* Die Rechtslage nach der Geldwäscheentscheidung des BGH, StraFo **2003** 2; *Schoreit* Bekämpfung der organisierten Kriminalität und anderer neuer Formen von Straftaten aus der Sicht der Polizei und der Staatsanwaltschaft (Strafverfolgung), StV **1991** 535; *Schramm* Zum Verhältnis von (gewerbsmäßiger) Hehlerei (§§ 259, 260 StGB) und Geldwäsche (§ 261 StGB), wistra **2008** 245; *Schubarth* Geldwäscherei – Neuland für das traditionelle kontinentale Strafrechtsdenken, Festschrift Bemmann (1997) 430; *Sieber/Bögel* Logistik der Organisierten Kriminalität (1993); *Siska* Die Geldwäsche und ihre Bekämpfung in Österreich, Deutschland und der Schweiz (2. Aufl. 2007); *Spatschek/Wulf* „Schwere Steuerhinterziehung" gemäß § 370a AO, NJW **2002** 2983; *dies.* „Schwere Steuerhinterziehung" und Geldwäsche, DB **2002** 392; *Spiske* Pecunia olet? Der neue Geldwäschetatbestand § 261 StGB im Verhältnis zu den §§ 257, 258, 259 StGB (1998); *Stellpflug* Die Umsetzung der EG-Richtlinie 91/308/EWG zur Bekämpfung der Geldwäsche in Großbritannien, wistra **1994** 257; *Steuer* Die Geldwäsche und die Maßnahmen zu ihrer Bekämpfung aus Sicht der Banken, in BKA (Hrsg.), Organisierte Kriminalität (1990) 163; *Trechsel* (Hrsg.) Geldwäscherei (1997); *Urbanski* Die Bekämpfung der Geldwäsche im internationalen Vergleich, USA, in Polizeiliche Führungsakademie (Hrsg.), Organisierte Kriminalität unter besonderer Berücksichtigung illegaler Gewinne (1994) 197; *Vahlenkamp/Hauer* Organisierte Kriminalität. Täterlogistik und Präventionsansätze (1994); *Vogel* Geldwäsche –

ein europaweit harmonisierter Straftatbestand? ZStW **109** (1997) 335; *Vogelberg* Die Neuregelung des § 261 StGB, PStR **2002** 243; *Voß* Die Tatobjekte der Geldwäsche (2007); *Wack* Internationaler Transfer illegal erlangter Gewinne, in BKA (Hrsg.), Organisierte Kriminalität in einem Europa durchlässiger Grenzen (1991), 147; *Wegner* Die Reform der Geldwäsche-Richtlinie und die Auswirkungen auf rechtsberatende Berufe, NJW **2002** 794; *Werner* Wachstumsbranche Geldwäsche (1996); *ders.* Bekämpfung der Geldwäsche in der Kreditwirtschaft (1996); *Winkler* Die Strafbarkeit des Strafverteidigers jenseits der Strafvereitelung. Zugleich ein Beitrag zur Auslegung von § 261 StGB (2005) (Diss. Passau); *Wirtz* Das „Al Capone-Prinzip" – Risiken und Chancen einer „Gewinnabschöpfung durch Besteuerung" nach dem Steuerverkürzungsbekämpfungsgesetz (2006) (Diss. Augsburg); *Wittkämpfer/Krevert/Kohl* Europa und die innere Sicherheit (1996); *Wohlers* Strafverteidigung vor den Schranken der Strafgerichtsbarkeit, StV **2001** 420; *ders.* Geldwäscherei durch die Annahme von Verteidigerhonoraren – Gefahr für das Institut der Wahlverteidigung, ZStrR **2002** 197; *Wöß* Geldwäscherei und Banken (1994); *Woywadt* Geldwäschebekämpfung (1995); *Wulf* Telefonüberwachung und Geldwäsche im Steuerstrafrecht wistra **2008** 321; *Yenisey* Zur Bekämpfung der Geldwäsche nach neuem türkischem Recht, Festschrift Tiedemann (2008) 1191; *Zuck* Die verfassungswidrige Indienstnahme des Rechtsanwalts für die Zwecke der Strafverfolgung NJW **2002** 1397. Vgl. ferner die Schrifttumsangaben vor § 43a und § 73d StGB.

## Entstehungsgeschichte

Der Tatbestand der Geldwäsche ist durch Artikel 1 Nr. 19 OrgKG vom 15. Juli 1992 in das Strafgesetzbuch eingefügt worden (BGBl. I S. 1304, in Kraft getreten am 22. September 1992). Geldwäsche stellt nach der Vorstellung des Gesetzgebers die **Schnittstelle zwischen illegalen Straftaterlösen und dem legalen Finanzkreislauf** dar (vgl. BTDrucks. 12/989 S. 26). Mit der Einführung der Vorschrift wurde die Verpflichtung aus Artikel 3 des Übereinkommens der Vereinten Nationen vom 20. Dezember 1988 (ratifiziert durch Gesetz vom 22. Juli 1993, BGBl. II S. 1136) gegen den unerlaubten Verkehr mit Suchtstoffen und psychotropen Stoffen (Suchtstoffübereinkommen 1998) umgesetzt mit dem Ziel, bestimmte Tathandlungen des „Waschens" von Gewinnen aus illegalem Betäubungsmittelverkehr unter Strafe zu stellen. Der Tatbestand wurde von vornherein weiter gefasst, indem er auch andere Straftaten der **Organisierten Kriminalität** einbezog, was wiederum der Zielsetzung des Artikels 6 des Übereinkommens des Europarats vom 8. November 1990 über Geldwäsche sowie Ermittlung, Beschlagnahme und Einziehung von Erträgen aus Straftaten (ratifiziert durch Gesetz vom 8. April 1998 – BGBl. II S. 519) entspricht. Der Tatbestand genügt den Empfehlungen der Financial Action Task Force on Money Laundering (FATF) der G-7 Staaten im Februar 1990 (vgl. dazu auch BTDrucks. 13/10118 – Antwort der Bundesregierung auf die Kleine Anfrage Bündnis 90/Die Grünen) sowie der europäischen Richtlinie 2001/97/EG vom 4. Dezember 2001 (ABl. EG L 344/76). Er wurde mehrmals geändert, wobei sämtliche Änderungen in erster Linie darauf abzielten, den Katalog der Vortaten in § 261 Abs. 1 insbesondere auf Straftaten im Bereich der Organisierten Kriminalität zu erweitern sowie die Strafbarkeit des Vortäters aufzunehmen:

- Artikel 1 des Ausführungsgesetzes zum Suchtstoffübereinkommen, das am 28. Februar 1994 in Kraft getreten ist, enthielt eine Erweiterung des Anwendungsbereiches des Absatzes 1 Nr. 2 (jetzt Abs. 1 Nr. 2 Buchst. b) durch eine weitere Zitierung des Betäubungsmittelgesetzes (Nr. 11).
- Das Grundstoffüberwachungsgesetz (§ 35) hat inhaltlich die Fassung von Absatz 1 Nr. 2 (jetzt Absatz 1 Nr. 2 Buchst. b) hergestellt. Grund dafür war, dass die durch das Grundstoffüberwachungsgesetz vorgenommenen Änderungen im BtMG Folgeänderungen hervorgerufen haben (vgl. BTDrucks. 12/7704 S. 22).

- Artikel 1 Nr. 17 des Verbrechensbekämpfungsgesetzes hat die Überschrift der Vorschrift ergänzt (Geldwäsche; Verschleierung unrechtmäßig erlangter Vermögenswerte). Mit dieser Änderung wurde dem Umstand Rechnung getragen, dass Gegenstand der Geldwäsche nicht nur Geld, sondern jeder andere Vermögenswert sein sollte (BTDrucks. 12/6853 S. 28). Ferner wurde Absatz 1 neu strukturiert. Die rechtswidrigen Taten in dem neu eingefügten Satz 2 wurden erweitert. Grund dafür war, dass sich die Beschränkung des Katalogs der Vortaten (Verbrechen und schwerwiegende Vergehen, sofern sie von einem Mitglied einer kriminellen Vereinigung begangen wurden) in der Praxis als zu eng erwiesen hatte (BTDrucks. 12/6853 S. 27). Aus diesem Grunde wurde die Anwendbarkeit des § 261 insbesondere im Bereich der Vermögens-, Urkunden- und Bestechungsdelikte erweitert.
- Durch Artikel 1 des Gesetzes zur Verbesserung der Bekämpfung der Organisierten Kriminalität vom 4. Mai 1998 (BGBl. I S. 845) wurde die Strafbarkeit auf den Vortäter ausgedehnt und eine Mindeststrafe in § 261 Abs. 1 Satz 1 von drei Monaten eingeführt.
- Es wurden Absatz 1 Satz 3 (5. Gesetz zur Änderung des Steuerbeamten-AusbildungsG und zur Änderung von Steuergesetzen vom 13. Juli 2002 – BGBl. I S. 2715) und Absatz 1 Satz 2 Nr. 5 (34. StrÄndG – § 129b vom 22. August 2002 – BGBl. I S. 3390) geändert.
- Absatz 1 Satz 2 Nr. 4 Buchst. a) wurde durch das 35. StrÄndG vom 22. Dezember 2003 hinsichtlich § 152a ergänzt (BGBl. I S. 2839), eine Ergänzung des Absatzes 1 Satz 2 Nr. 5 erfolgte durch Einfügen des § 129a Absatz 3 durch das Terrorismusbekämpfungsgesetz vom 22. Dezember 2003 (BGBl. I S. 2837).
- Absatz 1 Satz 2 Nr. 4 Buchst. a) und Nr. 5 wurden durch das 37. StrÄndG vom 11. Februar 2005 (BGBl. I S. 240) erneut abgeändert.
- Durch Artikel 4 des Gesetzes zur Neuregelung der Telekommunikationsüberwachung und anderer verdeckter Ermittlungsmaßnahmen sowie zur Umsetzung der Richtlinie 2006/24/EG vom 21. Dezember 2007 (BGBl. I S. 3198) wurden Absatz 1 Satz 2 Nr. 3 und Nr. 4 Buchst. b) sowie Satz 3 geändert.
- Absatz 1 Satz 2 Nr. 2 Buchst. b) wurde durch Artikel 3 des Gesetzes zur Neuregelung des Grundstoffüberwachungsrechts vom 11. März 2008 (BGBl. I S. 306) geändert.
- Durch Artikel 1 des Gesetzes zur Ergänzung der Bekämpfung der Geldwäsche und der Terrorismusfinanzierung (Geldwäschebekämpfungsergänzungsgesetz – GwBekErgG, BGBl. I, 1690) wurden Absatz 1 Satz 2 Nr. 4 Buchst. a) geändert und Absatz 7 Sätze 3 und 4 durch den neuen Satz 3 ersetzt.
- Durch Art. 143 StrÄndG vom 29.7.2009 (BGBl. I S. 2288) wurde Abs. 10 aufgehoben.
- Abs. 1 Satz 2 Nr. 5 wurde durch Art. 1 G vom 30.7.2009 (BGBl. I S. 2437) geändert.

Ergänzend ist das Gesetz über das Aufspüren von Gewinnen aus schweren Straftaten (*Geldwäschegesetz* – GWG) vom 25. Oktober 1993 (BGBl. I S. 1770), geändert durch das Gesetz zur Verbesserung der Bekämpfung der Organisierten Kriminalität vom 4. Mai 1998 (BGBl. I S 845) zu sehen, das der Verhinderung der Nutzung des Finanzsystems zum Zwecke der Geldwäsche dient. Hier werden vor allem Kredit- und Finanzinstituten im Hinblick auf mögliche Geldwäschefälle umfangreiche Kontroll-, Registrierungs- und Meldepflichten auferlegt.[1] Eine Neufassung des GWG erfolgte durch das Gesetz zur Er-

---

[1] Vgl. *Löwe-Krahl* wistra **1993** 123; *Hetzer* wistra **1993** 286, 290 ff. Zur Entstehung vgl. auch *Hilger* NStZ **1992** 457 ff; *Möhrenschlager* wistra **1992** 281 ff und 326; *Rieß* NJ

gänzung der Bekämpfung der Geldwäsche und der Terrorismusfinanzierung vom 13. August 2008 (Geldwäschebekämpfungsergänzungsgesetz – GwBekErgG, BGBl. I, 1690).[2] Dieses hat die Anzeigepflicht weiter ausgedehnt, nachdem bereits das Geldwäschebekämpfungsgesetz vom 8. August 2002 bestimmte Freie Berufe einbezogen hatte (vgl. BGHSt 50 64, 76 zu Notaren). Die Verletzung der Anzeigepflicht kann eine Strafbarkeit nach § 258 StGB begründen (*T. Walter* LK § 258 Rdn. 103 mit Nachw.).

*Übersicht*



## I. Allgemeines

1 1. **Kriminalpolitischer Ausgangspunkt.** Ausgangspunkt des **OrgKG** vom 15. Juli 1992 ist die Erkenntnis der Strafverfolgungsbehörden, dass es den Hintermännern krimineller Organisationen neben dem Machtaufbau und Machterhalt der Organisation selbst vor allem darum geht, aus den Straftaten Gewinne zu erzielen und diese Gewinne zu sichern. Nach dem Entwurf des Bundesrates, auf den das Gesetz zurückgeht, ist unter dem Begriff **Organisierte Kriminalität** eine „von Gewinnsstreben bestimmte planmäßige Begehung von Straftaten durch mehrere Beteiligte zu verstehen, die auf längere oder unbestimmte Dauer arbeitsteilig unter Verwendung gewerblicher und geschäftsähnlicher Strukturen, unter Anwendung von Gewalt oder anderer zur Einschüchterung geeigneter Mittel oder unter dem Bemühen, auf Politik, Medien, öffentliche Verwaltung, Justiz oder Wirtschaft Einfluss zu nehmen, zusammenwirken".[3] Zur wirksameren Bekämpfung dieser Erscheinungsform der Kriminalität wurden durch das OrgKG eine Reihe prozessualer Vorschriften geändert. In materiellrechtlicher Hinsicht wurden Strafdrohungen verschärft, um die Abschreckungswirkung zu erhöhen, sowie neue Vorschriften geschaffen, um das **Abschöpfen illegal erlangter Gelder zu erleichtern**, so z.B. der schwere Bandendiebstahl (§ 244a), die Bandenhehlerei (§ 260 Abs. 1 Nr. 2), die gewerbsmäßige Bandenhehlerei (§ 260a) und die Geldwäsche. Zur Geldwäsche sind beispielsweise in Frankreich, Großbritannien, der Schweiz und in Österreich entsprechende gesetzliche Vorschriften erlassen worden.

---

1992 491; kritisch zur Inpflichtnahme privater Unternehmen für Zwecke der Strafverfolgung *Böse* ZStW **119** (2007) 848 ff m.w.N.

[2] Vgl. hierzu *Möhrenschlager* wistra **2008** Heft 5, V ff, Heft 10, V f.

[3] BTDrucks. 12/989 S. 24.

**2. Ziel und Zweck der Regelung.** Der Tatbestand der Geldwäsche[4] soll das Einschleusen von Vermögensgegenständen aus Organisierter Kriminalität in den legalen Finanz- und Wirtschaftskreislauf zum Zwecke der Tarnung verhindern.[5] Da durch den Vorgang des Geldwaschens die Trennlinie überschritten wird, an der der illegale Erlös aus einer Straftat in den legalen Finanzkreislauf überführt wird, kann er für die Verfolgungsbehörden einen Ansatz bieten, in die Strukturen Organisierter Kriminalität einzudringen und Transaktionen von der Schnittlinie aus zurückzuverfolgen.[6] § 261 Abs. 1 zielt darauf ab, eine verfolgbare Papierspur *(paper trail)* zu erhalten, die in den Kern der Organisation führt.[7] Weiterhin erstrebt der Gesetzgeber mit § 261 Abs. 1 und 2 eine Isolierung des Täters. Die Abschöpfung illegal erworbener Gelder soll die Begehung von Straftaten im Bereich der Organisierten Kriminalität unattraktiv machen. Schließlich verfolgt der Kampf gegen Geldwäsche nunmehr auch das Ziel, dem internationalen Terrorismus durch das Austrocknen illegaler Finanzströme die logistische und strukturelle Grundlage zu entziehen.[8] Es werden somit auch präventive Zwecke verfolgt. 2

Um das erstrebte Ziel der Abschöpfung illegal erlangter Gewinne zu erreichen, *dehnt* der Tatbestand der Geldwäsche *die Strafbarkeit weit aus*.[9] Dies beginnt beim Kreis der tauglichen Vortaten (Rdn. 5) und setzt sich bei den Tatobjekten fort. Entgegen der Bezeichnung der Vorschrift geht es nicht nur um das „Waschen" von Geld, vielmehr sind Tatobjekte alle Arten von Vermögenswerten (Rdn. 10). Die Vorschrift verlangt auch keine qualifizierten subjektiven Merkmale, sie lässt schon das leichtfertige Nichterkennen der Herkunft des bemakelten Gegenstandes genügen. Eine weitere Ausdehnung sieht Absatz 8 vor, der sich auf im Ausland begangene Taten bezieht. 3

**3. Rechtsgut.** Es ist im Einzelnen streitig, welches Rechtsgut durch den Tatbestand der Geldwäsche geschützt wird.[10] Die Gesetzesmaterialien sehen durch Absatz 1 die inländische *Rechtspflege* sowie das *Strafverfolgungsinteresse* als geschützt an, während in Absatz 2, wie bei der Begünstigung, sowohl das durch die Vortat geschützte Gut als auch die staatliche Rechtspflege zum Schutzgut gehören sollen.[11] In der Literatur werden auch der Schutz staatlicher Verfall- und Einziehungsansprüche oder die Volkswirtschaft als Schutzgüter genannt.[12] Die Rechtsprechung des Bundesgerichtshofs stellte zunächst lediglich klar, dass die Geldwäsche gegenüber der Vortat eine eigenständige Tat mit eigenständigem Unrechtsgehalt darstellt[13], folgt jetzt aber den Gesetzesmaterialien.[14] Das Bundesverfassungsgericht[15] betont die „Weite und Vagheit der durch die Strafvorschrift möglicherweise geschützten Rechtsgüter". Zusammenfassend geht es zum einen um die Erhaltung der inneren Sicherheit.[16] Den Tätern soll es erschwert werden, auf kriminelle Weise erworbene Vermögenswerte scheinbar legal in den Wirtschaftskreislauf einzubrin- 4

---

4 Dazu *Arzt* NStZ **1990** 1 ff; *Barton* StV **1993** 156; NStZ **1993** 159; *Carl* wistra **1991** 288; *Obermüller* Kriminalistik **1992** 361.

5 BTDrucks. 12/989 S. 26; zustimmend BGH JZ **2009** 745, 746 und bereits BGHSt **50** 347, 354 m.w.N.

6 BTDrucks. aaO.

7 BTDrucks. 12/3533 S. 11.

8 BTDrucks. 14/8739 S. 1.

9 Vgl. dazu *Barton* StV **1993** 156; *Lampe* JZ **1994** 123, 128.

10 Vgl. *Arzt* in *Arzt/Weber/Heinrich/Hilgendorf* Strafrecht Besonderer Teil § 29 Rdn. 5 ff; *Fischer* Rdn. 3; *Lampe* JZ **1994** 123, 125; *Tiedemann* Wirtschaftsstrafrecht BT Rdn. 27 m.w.N.

11 BTDrucks. 12/989 S. 27.

12 *Findeisen* wistra **1997** 121; *Kaiser* ZRP **1999** 144, 146; *Vogel* ZStW **109** (1997) 335, 350 ff.

13 BGHSt **43** 158, 167.

14 BGH JZ **2009** 745, 746 und BGHSt **50** 347, 354 (oben Fn. 5)

15 NJW **2004** 1305, 1307.

16 *Barton* StV **1993** 156, 160.

gen. Dadurch soll verhindert werden, dass Straftäter ihre kriminelle Tätigkeit in legalisierter Form fortsetzen. Zum anderen will § 261 Ermittlungsansätze vermitteln, um die Vortäter der Katalogtaten zu ergreifen.[17]

## II. Gegenstand der Geldwäsche

5 1. **Vortaten.** Tatobjekt der Geldwäsche muss ein Gegenstand sein, der aus einer in § 261 Abs. 1 Satz 2 genannten rechtswidrigen Tat (§ 11 Abs. 1 Nr. 5) herrührt, bei der es sich nicht um eine solche zu handeln braucht, durch die fremdes Vermögen verletzt wird.[18] In Betracht kommen zum Beispiel auch Drogendelikte, Zuhälterei und Verstöße gegen das Waffengesetz. Eine Ausnahme zu diesem Herkunftsprinzip stellt § 261 Abs. 1 Satz 3 dar, nach dem auch ein Gegenstand, hinsichtlich dessen Abgaben hinterzogen worden sind, Tatobjekt sein kann, auch wenn er nicht aus einer Vortat herrührt. Dass die Vortat dem Phänomen der „Organisierten Kriminalität" zugeordnet werden kann, ist nicht erforderlich.[19]

6 Die in **Absatz 1 Nr. 1** genannten Verbrechen enthalten keine sachliche Begrenzung oder Unterscheidung. Unter den Tatbestand fallen daher alle im Sinne von § 12 Abs. 1 als Verbrechen geltende Taten, gleich welcher Art und ohne Rücksicht auf eventuell gegebene Milderungsmöglichkeiten (§ 12 Abs. 3). – **Absatz 1 Nr. 2a** erfasst als Ergänzung des Gesetzes zur Korruption[20] ohne Einschränkungen Bestechlichkeit (§ 332) und Bestechung (§ 334). Der ausgenommene § 332 Abs. 2 ist ohnehin bereits Vortat im Sinne des Absatz 1 Nr. 1. Der bezahlte Bestechungslohn soll nach der Rechtsprechung des Bundesgerichtshofes auch im Falle der Bestechung (und nicht nur der Bestechlichkeit) ein inkriminierter Gegenstand sein, der der Geldwäsche unterfällt.[21] Hinsichtlich Bestechungen ausländischer Richter oder Amtsträger ist § 4 IntBestG[22] anzuwenden. Keine Anwendung findet § 261 allerdings bei der Bestechung ausländischer Abgeordneter, da § 4 IntBestG nicht auf § 2 IntBestG verweist. – In **Absatz 1 Nr. 2b** ist ein Katalog von Vergehen aufgeführt (§ 12 Abs. 2), wie sie in § 29 Abs. 1 Nr. 1 BtMG und § 19 Abs. 1 Nr. 1 GÜG enthalten sind. Bei § 19 Abs. 1 Nr. 1 GÜG geht es um die Grundstoffe, die zur unerlaubten Herstellung von Betäubungsmitteln verwendet werden sollen. § 29 Abs. 1 Nr. 1 BtMG erfasst nahezu alle wesentlichen Betäubungsmittelvergehen: Anbauen, Herstellen, Handeltreiben, Einführen, Ausführen, Veräußern, Abgeben, Inverkehrbringen, Erwerben oder Sich-sonst-Verschaffen. Die in §§ 29a, 30 und 30a BtMG normierten Verbrechen fallen bereits unter **Absatz 1 Nr. 1**. – Bei den in **Absatz 1 Nr. 3** erwähnten Straftaten des gewerbsmäßigen, gewaltsamen und bandenmäßigen Schmuggels sowie der gewerbsmäßigen Steuerhehlerei (§§ 373, 374 Absatz 2 AO) handelt es sich um Delikte, die typischerweise mit Geldwäschehandlungen verbunden sein werden. Ein Schmuggler wird Schmuggelerlöse grundsätzlich verbergen, um die Sicherstellung zu vereiteln.[23] § 261 Abs. 9 Satz 2 ist hier allerdings regelmäßig anwendbar. Durch die Verweisung auf § 12 MOG werden auch Taten zum Nachteil der EU erfasst. Zu Absatz 1 Satz 3 s. Rdn. 13. – **Absatz 1 Satz 2 Nr. 4a** enthält eine Vielzahl von gewerbs- oder banden-

---

[17] *Fischer* Rdn. 3.

[18] **Kritisch** hierzu *Lampe* JZ **1994** 123, 126 f.

[19] BGHR StGB § 261 Strafzumessung 2.

[20] BTDrucks. 13/8651 S. 11.

[21] BGH, Beschl. v. 18.2.2009 – 1 StR 4/09; s. dazu aber auch Rdn. 10.

[22] Gesetz zur Bekämpfung internationaler Bestechung vom 10.9.1998, BGBl. II 1998 S. 2327, 2328.

[23] BGHR StPO § 100a Verwertungsverbot 15 Geldwäsche.

mäßigen Vergehen, die der Gesetzgeber der Organisierten Kriminalität zuordnet. Dabei handelt es sich um Fälschung von Zahlungskarten, Schecks und Wechseln (§ 152a), Zuhälterei und Menschenhandel (§§ 181a, 232, 233, 233a), Diebstahl (§ 242), Unterschlagung (§ 246), Erpressung (§ 253), Hehlerei (§ 259), Betrug (§ 263), Computer- und Subventionsbetrug (§§ 263a, 264), Untreue (§ 266), Urkundenfälschung (§ 267), Fälschung beweiserheblicher Daten (§ 269), mittelbare Falschbeurkundung (§ 271), unerlaubte Veranstaltung eines Glücksspiels (§ 284), den unerlaubten Umgang mit gefährlichen Abfällen und radioaktiven und anderen gefährlichen Stoffen (§§ 326 Abs. 1, 2, 4; 328 Abs. 1, 2, 4) und die Falschbeurkundung im Amt (§ 348), sofern sie gewerbs- oder bandenmäßig begangen werden. **Absatz 1 Satz 2 Nr. 4a** verlangt nach seinem Wortlaut („von einem Mitglied einer Bande") nicht, dass das Bandenmitglied bei der Tat als Bandenmitglied handelt. Auch das Handeln im eigenen Interesse führt zu einer tauglichen Vortat. Der Gesetzgeber will hierdurch dem Geldwäscher den Einwand abschneiden, er habe zumindest geglaubt, dass der Vortäter nur für sich selbst tätig geworden sei.[24] Gewerbsmäßigkeit setzt hier wie bei § 243 voraus, dass der Täter sich aus wiederholten Taten eine nicht nur vorübergehende Einnahmequelle verschaffen möchte.[25] Nicht ausreichend ist dagegen, dass nur ein Teilnehmer (§§ 26, 27 StGB) der Vortat gewerbsmäßig handelt.[26] Durch Absatz 1 Satz 2 Nr. 4a werden bewusst auch Fälle der Alltagskriminalität wie etwa der gewerbsmäßige Ladendiebstahl in den Geldwäschetatbestand mit einbezogen. Hierdurch soll der Tatnachweis erleichtert werden.[27] – **Absatz 1 Satz 2 Nr. 4b** erfasst das gewerbs- oder bandenmäßige Einschleusen von Ausländern und Verleiten zur missbräuchlichen Asylantragsstellung. Seit Inkrafttreten des neuen Zuwanderungsgesetzes vom 30. Juli 2004[28] gilt § 96 des Aufenthaltsgesetzes. Ebenfalls mit umfasst sind nun auch alle Tatbestände der Steuerhinterziehung nach § 370 AO, falls eine gewerbs- oder bandenmäßige Tatbegehung vorliegt.[29] Nicht mehr erforderlich ist, dass Steuern „in großem Ausmaß" verkürzt werden, wie es bis zum 31. Dezember 2007 aufgrund des Verweises auf § 370a AO noch der Fall war. Zu Absatz 1 Satz 3 s. Rdn. 13. – Die nach **Absatz 1 Satz 2 Nr. 5** genannten Vergehen nach §§ 129, 129a, 129b StGB und Vergehen, die von einem Mitglied einer kriminellen oder terroristischen Vereinigung begangen werden, verfolgen unter anderem das Ziel, die Finanzierung des Terrorismus wenigstens zu erschweren, illegale Finanzströme sollen ausgetrocknet werden.[30] Durch Art. 1 G vom 30.7.2009 (BGBl. I S. 2437) wurde der Anwendungsbereich auf Vergehen nach § 89a StGB erweitert. Das Vergehen muss nicht organisationsbezogen sein, wie die Formulierung „von einem Mitglied" zeigt.[31] Dies entzieht jeglichem Vorbringen des Geldwäschers den Boden, wonach das Mitglied nur für sich selbst gehandelt habe und der Geldwäschetatbestand somit nicht greife. Durch den Verweis auf § 129b werden auch ausländische Vereinigungen in den Tatbestand mit einbezogen. Hinsichtlich einer tauglichen Vortat nach § 129b kommt es dabei auf die Frage der Ermächtigungserteilung gemäß § 129b Absatz 1 Satz 3 nicht an.[32] Ob auch ausländische kriminelle Vereinigungen im Sinne des § 30b BtMG erfasst werden, ist streitig.[33] Dagegen spricht zwar, dass diese Vorschrift im Gegensatz zu § 129b im Gesetz nicht ausdrücklich erwähnt wird. Andererseits wollte der

---

24 Vgl. für die h.M. *Sch/Schröder/Stree* Rdn. 4a.

25 Vgl. für die h.M. *Fischer* § 243 Rdn. 18.

26 BGH NJW **2008** 2516; *Ransiek* JR **2008** 480.

27 BTDrucks. 13/8651 S. 12.

28 BGBl. I S. 1950 ff, in Kraft getreten am 1. Januar 2005.

29 Kritisch zur Gesetzesänderung *Wulf* wistra **2008** 321, 327 ff.

30 BTDrucks. 14/8739 S. 1.

31 AA *Lampe* JZ **1994** 123, 127.

32 *Altvater* NStZ **2003** 179, 183.

33 Verneinend *Altenhain* NK Rdn. 44; bejahend *Fischer* Rdn. 16.

Gesetzgeber durch die Vorschrift des § 30b BtMG ausländische kriminelle Vereinigungen im Sinne dieser Vorschrift den inländischen gerade gleichstellen. Dies sollte nicht durch eine Differenzierung beim Geldwäschetatbestand wieder unterlaufen werden.

7 Bis 1998 verlangte § 261 die Tat eines anderen. Aufgrund des am 9. Mai 1998 in Kraft getretenen Gesetzes zur Verbesserung der Bekämpfung der Organisierten Kriminalität vom 4. Mai 1998[34] macht sich nunmehr auch derjenige strafbar, der an der Vortat als Täter oder Teilnehmer[35] beteiligt war und selbst Geldwäschehandlungen vornimmt. Damit sollen Strafbarkeitslücken in den Fällen vermieden werden, in denen die Geldwäsche nachweisbar ist, die **Vortatbeteiligung** aber unklar (BGHSt 50 224, 230).[36] Allerdings darf Absatz 9 Satz 2 nicht außer Acht gelassen werden, er setzt eine sichere Feststellung der Beteiligung an der Vortat voraus (BGH aaO und bereits NJW **2000** 3725). Der Anfangsverdacht der Geldwäsche ist zu bejahen, wenn die Möglichkeit der Herkunft des Gegenstands aus einer Katalogtat i.S. von § 261 Abs. 1 oder 8 gegeben ist.[37] Eine Verurteilung setzt allerdings den Herkunftsnachweis aus (irgend) *einer* Katalogtat voraus. Wer die Vortat wo und wie begangen hat, ist dabei jedoch nicht erheblich.[38] Es darf aber kein vernünftiger Zweifel mehr bestehen, dass ein gewaschener Geldbetrag aus einer Katalogtat stammt.[39] Ist gegen den Vortäter bereits ein Strafurteil ergangen, so ist das Gericht bei der Aburteilung der Geldwäsche hieran nicht gebunden, sondern hat sich nach den Grundsätzen der §§ 244 Abs. 2, 261 StPO selbst von deren Begehung zu überzeugen.

8 Der *Katalog* von Verbrechen und Vergehen in Satz 2 ist **abschließend** (BGHSt 50 347, 354).[40] Alle im Katalog erfassten Straftaten sind unabhängig davon erfasst, ob sie Organisierter Kriminalität zuzurechnen sind oder auch in Alleintäterschaft begangen werden können (BGH aaO).[41] Für die Gewerbsmäßigkeit nach Nr. 3 reicht es aus, wenn sich der Täter mittelbare geldwerte Vorteile über Dritte aus der Tathandlung verspricht. Der vom Täter erwartete Gewinn aus der Vortat kann grundsätzlich die Annahme seines gewerbsmäßigen Handelns begründen.[42] Zu dem in Nr. 4a und b verwendeten Begriff der Bande vgl. Vogel LK § 244. Zur Vortatkonkretisierung vgl. *Bernsmann* StV **1998** 46. Da § 261 nur eine rechtswidrige Tat voraussetzt (§ 11 Abs. 1 Nr. 5), spielen die Schuld des Täters, Strafausschließungs- und Strafaufhebungsgründe oder Prozessvoraussetzungen für die Frage, ob eine taugliche Vortat vorliegt, keine Rolle.[43] Die Vortat muss aber zum Zeitpunkt der Verurteilung der Geldwäsche noch rechtswidrig sein,[44] da nur dann noch der Zweck der Vorschrift zu erreichen ist, den Vortäter zu isolieren und die organisierte Kriminalität zu treffen. Beendet oder auch nur vollendet muss die Vortat nicht sein. Der Versuch einer rechtswidrigen Tat nach Abs. 1 Satz 2 ist ausreichend.[45] Denn sofern ausnahmsweise aus einer nur versuchten Tat schon ein Gegenstand herrührt, ist kein Grund dafür ersichtlich, warum dieser Gegenstand nicht geldwäschefähig sein sollte.

9 Ob eine **verjährte Tat** als taugliche *Vortat* ausscheidet, ist streitig.[46] Richtigerweise ist zu differenzieren. Da Verfall und Einziehung nach der Verjährung der Vortat nicht mehr

---

[34] BGBl. I S. 845.

[35] Vgl. für die h.M. *Sch/Schröder/Stree* Rdn. 5.

[36] Postpendenzfeststellung – BTDrucks. 13/8651 S. 11; *Arzt* JR **1999** 81.

[37] LG Saarbrücken wistra **1996** 189.

[38] *Schmidt* Gewinnabschöpfung Rdn. 1637; aA *Lackner/Kühl* Rdn. 4, wonach der konkrete Nachweis der Vortat unerlässlich ist.

[39] BGH StV **2000** 67.

[40] Zur Steuerstraftat LG Koblenz NStZ **1997** 549, 550.

[41] BGH wistra **1999** 25, 26.

[42] BGHR StGB § 261 Strafzumessung 2.

[43] *Fischer* § 11 Rdn. 27.

[44] BGHSt **14** 156, 158 zu der gleichen Problemstellung bei § 257 StGB.

[45] *Schmidt* Gewinnabschöpfung Rdn. 1603; *Neuheuser* MK Rdn. 32.

[46] Bejahend *Barton* NStZ **1993** 165.

angeordnet können, kommt eine Vereitelung dieser Maßnahmen nicht mehr in Betracht. Hieraus folgt jedoch nicht, dass eine verjährte Tat auch im Übrigen nicht mehr taugliche Vortat sein kann. Denn andernfalls hinge die Strafbarkeit nach § 261 StGB davon ab, ob hinsichtlich der Vortat zufällig verjährungsunterbrechende Maßnahmen getroffen wurden. Da es hierauf nicht ankommen kann, ist die Verjährung als unerheblich anzusehen.[47] Auch die zivilrechtliche Verjährung ist nicht relevant.[48]

2. **Tatobjekt.** Der Tatbestand umfasst als Tatobjekte Gegenstände[49] die aus den in Absatz 1 Satz 2 genannten Straftaten herrühren. Der Begriff „Gegenstand" ist denkbar weit zu verstehen. Somit sind nicht nur Geldmittel, Wertzeichen, Wertpapiere oder Schecks Tatobjekte, vielmehr sind auch sonstige **Vermögensgegenstände** inbegriffen. Die ursprüngliche Fassung des Geldwäschegesetzentwurfs enthielt noch den Begriff des „Vermögensgegenstands";[50] er wurde nur deshalb in „Gegenstand" abgeändert, weil dieses Wort mit dem Sprachgebrauch des StGB sowie der StPO übereinstimmt.[51] Ein Vermögenswert muss jedenfalls vorhanden sein.[52] Vermögensgegenstände sind Sachen und Rechte gemäß §§ 73, 74 StGB, nämlich bewegliche und unbewegliche Sachen wie auch Rechte an Grundstücken oder beweglichen Sachen.[53] In Betracht kommen auch Buchgeld in inländischen und ausländischen Währungen, Forderungen, Edelmetalle und Edelsteine, Grundstücke[54] Gemälde, Betäubungsmittel, Kraftfahrzeuge, Computerprogramme[55] Beteiligungen an Gesellschaften und Anteile an Gemeinschaftsvermögen[56] Anders als in § 243 Abs. 2 gibt es keine Geringwertigkeitsgrenze. Nichtige Forderungen können taugliches Tatobjekt sein, wenn sie noch einen Geldwert haben.[57] Auch „illegale Gegenstände" wie z.B. Falschgeld haben wirtschaftlich gesehen einen derartigen Vermögenswert.[58] 10

3. **Herrühren aus einer Straftat.** Der Vermögensgegenstand muss aus einer der in Absatz 1 genannten Vortaten herrühren. Der Begriff „Herrühren" ist weit gefasst.[59] Voraussetzung ist aber auf jeden Fall ein *kausaler Zusammenhang* zur Vortat in dem Sinne, dass die Existenz des Gegenstandes ihre Ursache in der Vortat haben muss (BGH JZ 2009 745, 746 m.w.N.).[60] Das Tatbestandsmerkmal des „Herrührens" ist jedenfalls dann erfüllt, wenn ein Gegenstand aus einer Vortat stammt, für eine Vortat erlangt oder durch eine Vortat hervorgebracht (productum sceleris) worden ist. Sind Gegenstände dagegen lediglich zur Begehung einer Straftat verwendet worden (instrumenta sceleris), rühren sie nicht aus der Vortat her.[61] Entsprechend der Intention des Gesetzes ist dabei nicht nur der konkrete, aus der Vortat unmittelbar stammende Gegenstand gemeint, sondern auch die *Surrogate*, die an dessen Stelle treten (BGH JZ 2009 745, 747 mit insoweit **abl.** Anm. *Fahl*: „wirtschaftliche Betrachtungsweise"). Unter den Begriff „Herrühren" fällt daher auch eine *Kette von Verwertungshandlungen*, bei welcher der ursprüngliche Gegenstand 11

---

47 So auch *Neuheuser* MK Rdn. 59 und *Sch/Schröder/Stree* Rdn. 9.
48 *Altenhain* NK Rdn. 34; **aA** *Hoyer* SK Rdn. 6.
49 Übersichtlich zu Definition *Cebulla* wistra **1999** 281.
50 BTDrucks. 12/989 S. 7.
51 BTDrucks. 12/989 S. 53.
52 So die h.M., vgl. *Hetzer* wistra **2000** 281, 283; *Lampe* JZ **1994** 123, 126.
53 *Arzt* JZ **1993** 913; *Hetzer* NJW **1993** 3298, 3299.
54 BTDrucks. 12/989 S. 27.
55 *Cebulla* wistra **1999** 281, 286.
56 *Salditt* StraFo **1992** 121, 123.
57 *Lampe* aaO.
58 *Sch/Schröder/Stree* Rdn. 3.
59 BGH NStZ **2001** 535, 537; *Fahl* JZ **2009** 747 f m.w.N.
60 BTDrucks. 12/3533 S. 12.
61 *Fahl* aaO 748 mit Nachw.; *Schmidt* Gewinnabschöpfung Rdn. 1621; **aA** BGH, Beschl. v. 18.2.2009 – 1 StR 4/09.

unter Beibehaltung seines Wertes durch einen anderen ersetzt wird (BGHSt 47 68, 70).[62] Es spielt dabei keine Rolle, ob die Surrogate einen höheren oder einen niedrigeren Wert haben als der Ursprungsgegenstand. Vermischung und Verarbeitung sind auch möglich. Mit Blick auf die Norm des § 73 Abs. 2 Satz 1, 2 StGB sind auch Nutzungen nach § 100 BGB erfasst. Ziel dieser weiten Auslegung ist die effektive Bekämpfung der Geldwäsche. Das Erfassen der Surrogate ermöglicht es, das Beziehungsgeflecht der Organisierten Kriminalität zu erhellen und die Tatbeteiligten zu ermitteln. Weiterhin soll der Begehung von Straftaten im Bereich der Organisierten Kriminalität der Anreiz genommen werden. Dieser Zweck konnte mit dem bisherigen strafrechtlichen Instrumentarium, vor allem mit den §§ 257 bis 259, nicht erreicht werden.[63] § 257 ist nur für die unmittelbar aus der Straftat erlangten Vorteile anwendbar.[64] Im Hinblick auf § 73 Abs. 1 Satz 2, Abs. 2 Satz 2 ist § 258 eingeschränkt.[65] Die Hehlerei bezieht sich auf eine konkrete körperliche Sache, sie scheidet in Fällen der Ersatzhehlerei aus.[66]

**12** Bei einem so weit gefassten Tatbestandsmerkmal stellt sich vor allem im Hinblick auf das *Bestimmtheitsgebot* die Frage, wo die Grenze zu ziehen ist. Die Literatur vertritt hier unterschiedliche Auffassungen. Während auf der einen Seite Gegenstände, die nur vorübergehend Surrogat sind und dann durch ein anderes Surrogat ersetzt werden, nicht umfasst sein sollen,[67] wird andererseits auf die Regelungen des Verfalls und der Einziehung abgestellt.[68] Die Bejahung des „Herrührens" nur dann, wenn die Vortat adäquat und kausal für den Vermögensgegenstand in seiner konkreten Gestalt und der ursächliche *Zusammenhang* nicht normativ *unterbrochen* worden ist (BGHSt 47 68, 80),[69] ist nicht ausreichend. Ob im Wege der teleologischen Reduktion eine Einschränkung dahingehend erfolgen muss, dass eine Bemakelung bereits dann entfällt, wenn ein Vermögensnachfolger in der Kette der Transaktionen den Gegenstand gegen geschäftsübliches Entgelt und nicht dolos zum Vorteil des Vortäters erworben hat,[70] ist zweifelhaft. Auf eine überwiegend illegale Finanzierung bei teilweise legal und teilweise illegal finanzierten Gegenständen kann es auch nicht ankommen,[71] denn wie sollten diesbezüglich Quoten festgelegt werden können?[72] Es darf nicht so sein, dass ein bemakelter Gegenstand durch Vermischung mit überwiegend legalem Vermögen „legalisiert" werden kann.[73] Wird zum Beispiel ein Motorrad für einen Betrag von € 5.000 gekauft, von denen € 1.000 aus Betäubungsmittelgeschäften stammen, rührt das erworbene Motorrad insgesamt aus der Vortat her. Denn nur so lässt sich das gesetzgeberische Ziel erreichen, den Vortäter zu isolieren. Andernfalls könnte ein inkriminierter Gegenstand durch die Vermischung mit überwiegend legalem Vermögen selbst legalisiert werden. Auch eine Beschränkung auf den „kontaminierten" Teil des Surrogats ist nicht praktikabel und ließe eine Aushöhlung des Geldwäschetatbestandes befürchten.[74] Die Gesetzesmaterialien sehen die Grenze aber

---

[62] BTDrucks. 12/989 S. 27 – sog. Dauerkontamination.
[63] *Arzt* NStZ **1990** 1, 2; *Krey/Dierlamm* JR **1992** 353, 354 f; *Löwe-Krahl* wistra **1993** 123.
[64] *Fischer* § 257 Rdn. 6; *T. Walter* LK § 257 Rdn. 31 ff m.w.N.
[65] *Altenhain* NK Rdn. 54.
[66] BGH NJW **1969** 1260 f; *T. Walter* LK § 259 Rdn. 30 m.w.N.
[67] *Altenhain* NK Rdn. 57.
[68] *Arzt* in Arzt/Weber/Heinrich/Hilgendorf § 29 Rdn. 8.
[69] Ebenso *Barton* NStZ **1993** 165; *Tiedemann* Wirtschaftsstrafrecht BT Rdn. 281 m.w.N.
[70] *Salditt* StraFo **1992** 121, 124.
[71] *Salditt* aaO.
[72] Kritisch zur „Makelquote" auch *Neuheuser* MK Rdn. 54.
[73] AA *Hoyer* SK Rdn. 14, falls der unbemakelte Teil als Hauptsache im Sinne des § 947 Abs. 2 BGB anzusehen ist.
[74] *Schmidt* Gewinnabschöpfung Rdn. 1628.

dort, wo der wirtschaftliche Wert nicht mehr vorhanden ist oder der Wert durch Weiterverarbeitung im Wesentlichen auf eine selbständige spätere Leistung Dritter zurückzuführen ist.[75] Der in den Ersatzgegenstand eingegangene inkriminierte Gegenstand darf wirtschaftlich gesehen nicht völlig unerheblich sein.[76] Es soll vermieden werden, dass der legale Wirtschaftsverkehr mit einer Vielzahl inkriminierter Gegenstände belastet und über das notwendige Maß hinaus eingeschränkt wird. Als Beispiel sind hier Produkte zu nennen, die von Arbeitern einer Fabrik hergestellt werden, welche von geraubtem Geld gekauft wurde.[77] Bei einer größeren Anzahl von Zwischentransaktionen kommt es darauf an, ob der bemakelte Gegenstand noch erkennbar ist.[78] Ist dies der Fall, rührt der Gegenstand in seiner Gesamtheit aus der Vortat her.

Nach **§ 261 Abs. 1 Satz 3** gilt Satz 1 in Fällen der gewerbs- oder bandenmäßigen **13**
Steuerhinterziehung für die durch die Steuerhinterziehung ersparten Aufwendungen und unrechtmäßig erlangten **Steuererstattungen und -vergütungen**. Die zweite Alternative ist dabei unproblematisch. Denn Steuererstattungen und – vergütungen rühren ohne weiteres aus der Tat im Sinne des Satz 1 her, so dass Abs. 1 Satz 3 insoweit nur deklaratorische Bedeutung hat.[79] Bei der ersten Alternative der *„ersparten Aufwendungen"* ist dies dagegen keinesfalls zweifelsfrei. Macht etwa der Vortäter gegenüber der Finanzbehörde falsche Angaben und erreicht er hierdurch, dass gegen ihn ein zu niedriger Steuerbescheid festgesetzt wird, lässt sich nicht zwingend behaupten, dass der zu Unrecht nicht festgesetzte höhere Steuerbetrag, den der Vortäter aufgrund seiner Tat nicht abführen muss, aus der Steuerhinterziehung herrührt. Denn bei diesem Betrag handelt es sich um bereits zuvor vorhandenes legal erworbenes Vermögen. Die Vorschrift sieht sich daher erheblicher Kritik ausgesetzt, da der Gesetzgeber hierdurch nicht nur die von ihm beabsichtigte Klarstellung[80] vorgenommen, sondern den Geldwäschetatbestand systemwidrig auf legales Vermögen ausgedehnt habe, wobei sich zudem die Schwierigkeit ergebe, die ersparten Aufwendungen vom Gesamtvermögen des Vortäters abzugrenzen[81] Nach hiesiger Auffassung greifen diese Bedenken gegen die Vorschrift aber letztlich nicht durch. Hierbei ist insbesondere zu beachten, dass auch hinsichtlich ersparter Aufwendungen der Verfall von Wertersatz angeordnet werden kann;[82] dies kommt nicht nur bei Steuerhinterziehungen, sondern etwa auch im Bereich der Umweltdelikte hinsichtlich ersparter Entsorgungskosten in Betracht.[83] Dann ist es nur konsequent, auch von einer Strafbarkeit nach § 261 Abs. 1 auszugehen, wenn der Täter diesen Verfall vereitelt oder gefährdet, indem er etwa die werthaltigen Vermögensgegenstände des Vortäters ins Ausland schafft. Vor diesem Hintergrund leuchtet es ein, dass der Gesetzgeber nur von einer klarstellenden Regelung ausging, woraus sich zugleich ergibt, dass ersparte Aufwendungen nach dem Willen des Gesetzgebers auch in anderen Fällen als denen der Steuerhinterziehung aus der Vortat herrühren können.[84] Nicht zu bestreiten ist dagegen, dass die Vorschrift für die Fälle des Abs. 2 zu erheblichen Problemen führt. Hat der vermögende Vortäter durch Steuerhinterziehung einen Betrag von € 1.000 erspart und wendet er einem Dritten, der hiervon Kenntnis hat, einen Betrag in dieser Höhe zu, stellt sich in der Tat unter

---

75 BTDrucks. 12/989 S. 27; kritisch hierzu *Lampe* JZ 1994 123, 127.

76 OLG Karlsruhe NJW 2005 767, 769. Positiv für Erheblichkeit dagegen *Bittmann* wistra 2003 161, 168; *Kindhäuser* LPK Rdn. 9.

77 *Kindhäuser* LPK Rdn. 8.

78 *Lackner/Kühl* Rdn. 5.

79 *Altenhain* NK Rdn. 82.

80 BTDrucks. 14/7471 S. 9.

81 *Fischer* Rdn. 8a f und 16a ff; *Samson* FS Kohlmann, S. 263 ff.

82 *Fischer* § 73 Rdn. 9

83 *Fischer* aaO; *Samson* aaO, S. 268.

84 AA *Altenhain* NK Rdn. 83 unter Hinweis auf den Gesetzeswortlaut; so auch *Samson* aaO.

dem Gesichtspunkt der Verhältnismäßigkeit die Frage, ob von einer Gesamtkontamination des Vermögens der Vortäters und damit von einer Strafbarkeit des Dritten nach § 261 Abs. 2 Nr. 1 auszugehen ist. Letztlich ist dieses Ergebnis aber zum Zwecke einer effektiven Verfolgung der Geldwäsche hinzunehmen,[85] zumal der Vortäter seine vollständige Isolierung durch eine Nachzahlung der Steuern wieder beseitigen kann. Absatz 1 Satz 3 bezieht schließlich auch die *Gegenstände* in die Strafbarkeit mit ein, *hinsichtlich derer* in den Fällen des Satzes 2 Nr. 3 *Abgaben hinterzogen werden*. Damit ist Geldwäsche etwa auch an gewerbs- oder bandenmäßig eingeschmuggelten Zigaretten möglich.

## III. Tathandlungen

14 Geldwäsche ist phänomenologisch die **systematische Tarnung von illegalen Vermögenswerten mit den Mitteln des legalen Finanzmarktes**, um sie dem Zugriff der Strafverfolgungsbehörden zu entziehen und ihren wirtschaftlichen Wert zu erhalten. In den Absätzen 1 und 2 sind rechtlich Tathandlungen unterschiedlicher Art genannt, die sich teilweise überschneiden und nur schwer voneinander abzugrenzen sind.

15 **1. Absatz 1.** Absatz 1 stellt Handlungen unter Strafe, die den Zugriff der Strafverfolgungsbehörden auf Gegenstände aus bestimmten Straftaten verhindern oder erschweren. So soll unterbunden werden, dass es der Organisierten Kriminalität gelingt, Vermögenswerte „weißzuwaschen“. Es handelt sich dabei nach h.M. nur um *einen* Tatbestand, den „Verschleierungstatbestand“.[86] Wann die Tathandlung vorgenommen wird, ist unerheblich. § 261 erfasst auch solche Handlungen, die schon vor oder während der Vortat vorgenommen werden.[87] In diesen Fällen liegt allerdings eine Beteiligung an der Vortat nahe, so dass Absatz 9 Satz 2 zu beachten ist. Die Tat kann auch durch Unterlassen begangen werden (§ 13), aus §§ 11, 14 GWG ergibt sich keine Garantenstellung, da die Bank verpflichtet ist, nicht der einzelne Mitarbeiter.[88]

16 Unter Strafe gestellt sind das Verbergen, das Verschleiern der Herkunft sowie die Vereitelung oder Gefährdung der Ermittlung der Herkunft, des Auffindens, des Verfalls, der Einziehung oder der Sicherstellung des Gegenstandes. Vom Begriff des „**Verbergens**“ wird jede Tätigkeit umfasst, die mittels einer nicht üblichen örtlichen Unterbringung oder einer den Gegenstand verdeckenden Handlung den Zugang zu einem Tatobjekt erschwert.[89] Den Ermittlungsbehörden soll der Zugriff von vornherein unmöglich gemacht werden. Dies ist etwa beim Verstecken oder bei einer falschen Namensangabe bei Einzahlungen zu bejahen.[90] Ein „**Verschleiern** der Herkunft“ ist bei allen irreführenden Machenschaften zu bejahen, die dazu führen sollen, dass der Ursprung des Gegenstandes aus einer rechtswidrigen Tat nicht mehr erkennbar ist. Zu denken ist etwa an unrichtige Buchungen, die Vermischung von „Schwarzgeld“ mit legalem Geld, die Errichtung von Konten unter fremdem Namen[91] oder der Umtausch von registriertem Lösegeld (BGH NStZ 1995 500). **Vereitelung** bedeutet, dass der Täter erfolgreich gewesen sein muss, der

---

85 *Schmidt* Gewinnabschöpfung Rdn. 1630.

86 Vgl. auch BTDrucks. 12/3533 S. 11; **aA** *Barton* StV **1993** 156, 159 Abs. 1 Satz 1 1. Alt. Verschleierungstatbestand, Abs. 1 Satz 1 2. Alt. Vereitelungstatbestand, Abs. 2 Isolierungstatbestand.

87 *Schmidt* Gewinnabschöpfung Rdn. 1641.

88 *Lackner/Kühl* Rdn. 7; **aA** *Sch/Schröder/Stree* Rdn. 10.

89 *Sch/Schröder/Stree* Rdn. 11.

90 *Schmidt* Gewinnabschöpfung Rdn. 1643.

91 *Schmidt* Gewinnabschöpfung Rdn. 1648.

Gegenstand muss dem Zugriff der Ermittlungsbehörden entzogen worden sein. Eine bloße Verzögerung genügt nicht.[92] Ein **Vereiteln des Verfalls, der Einziehung oder der Sicherstellung** liegt vor, wenn die Anordnung der betreffenden Maßnahmen verhindert wird. Auf den ersten Blick könnte eine Vereitelung des Verfalls in den Fällen zu verneinen sein, in denen sich der Täter zwar des unmittelbar aus der Vortat Erlangten bemächtigt, in denen eine staatliche Gewinnabschöpfung beim Vortäter aber dennoch nach dem §§ 73 Abs. 2 Satz 2 oder § 73a StGB möglich bleibt. Da in diesem Fall der Zweck des Verfalls, dem illegitimen Empfänger das durch eine rechtswidrige Tat Erlangte wieder abzunehmen,[93] aber nicht mehr erreicht werden kann, ist dennoch von einer Strafbarkeit nach § 261 auszugehen.[94] Ein Vereiteln der Sicherstellung ist nur dann anzunehmen, wenn diese Maßnahme durch die zuständigen Behörden zulässigerweise hätte angeordnet werden können. Keine Rolle spielt dagegen, ob bei einer ex-post-Betrachtung tatsächlich auch im Hauptverfahren noch die Einziehung oder der Verfall rechtmäßigerweise ausgesprochen worden wäre.[95] In Betracht kommt diese Tatbestandsalternative insbesondere auch in den Fällen, in denen einer Verfallsanordnung § 73 Abs. 1 Satz 2 StGB entgegensteht, die Sicherstellung des Tatobjekts aber dennoch nach § 111b Abs. 1, 2 und 5 StPO erfolgen kann (BGHSt **47** 68, 80). Ein **Gefährden der Ermittlung der Herkunft** ist etwa dann anzunehmen, wenn Scheinverträge abgeschlossen werden, illegales mit legalem Geld gemischt wird oder falsche Angaben gegenüber den Ermittlungsbehörden gemacht werden. Eine **Gefährdung des Auffindens** liegt insbesondere nahe, wenn ein Gegenstand ins Ausland verbracht und dadurch der Zugriff der Berechtigten faktisch erschwert wird.

Handelt es sich bei der **Vereitelung** um ein Erfolgsdelikt, ist der Tatbestand hinsicht- **17**
lich der übrigen Tathandlungen als konkretes Gefährdungsdelikt ausgestaltet.[96] Zum Tatbestandselement der **Gefährdung des Auffindens** hat der Bundesgerichtshof[97] die Auffassung vertreten, dass das Tatbestandsmerkmal nur vorliege, wenn der tatsächliche Zugriff auf den Gegenstand konkret erschwert werde. Das Tatbestandsmerkmal des Auffindens setze aber nicht notwendig eine unmittelbar auf die bemakelte Sache bezogene Handlung des Geldwäschers voraus, dieser müsse den Gegenstand nicht selbst erlangt haben. Erfasst seien alle Aktivitäten, die den Zugriff der Strafverfolgungsbehörden auf den Gegenstand zu verhindern trachteten. Daraus folgt, dass das Gesetz auch solche Handlungen als täterschaftliches Handeln einstuft, bei denen es sich nach allgemeinen Regeln um Beihilfe handeln würde.

Ob die Tathandlung des „Finanzagenten“ beim „Phishing“ als Verschleiern der Her- **18**
kunft[98] oder als Gefährdung der Sicherstellung[99] anzusehen ist, ist streitig.[100]

Wenn das Vorgehen des Täters nicht geeignet ist, eine **Gefährdung** herbeizuführen **19**
(z.B. Übergabe an eine V-Person), handelt es sich lediglich um einen Versuch.[101] Ob die **Vereitelung** auch das Zerstören eines Gegenstandes umfasst, ist fraglich, im Ergebnis

---

92 *Neuheuser* MK Rdn. 64; **aA** wohl *Fischer* Rdn. 22, der eine Vereitelung für geraume Zeit ausreichen lässt; s. dazu Rdn. 19.

93 BGH StV 1981, 627.

94 *Schmidt* Gewinnabschöpfung Rdn. 1653 m.w.N.

95 *Altenhain* NK Rdn. 107.

96 BTDrucks. 12/989 S. 27; 12/3533 S. 11; **aA** zum **Verschleiern** und **Verbergen** *Altenhain* NK Rdn. 100; *Fischer* Rdn. 21a.

97 BGHR StGB § 261 Auffinden 1 mit Anmerkung *Jahn* JA **1999** 186 und *Krack* JR **1999** 472.

98 *Kögel* wistra **2007** 206, 208.

99 So LG Darmstadt wistra **2006** 468 ff; dagegen OLG Karlsruhe StraFo **2009** 36, 37.

100 Dazu *Goeckenjan* wistra **2008** 128, 132 ff; *Neuheuser* NStZ **2008** 492.

101 BGH aaO.

aber zu bejahen.[102] Dafür sprechen sowohl der Gesetzeswortlaut sowie die Tatsache, dass die Nichtauffindbarkeit des zerstörten Gegenstandes die Ermittlungen erschwert. Ebenso ist problematisch, ob auch das Verzögern des Verfalls, der Einziehung oder der Sicherstellung als Vereitelung anzusehen ist. Der Gesetzgeber hat die Verzögerung lediglich als Gefährdung angesehen. Da § 261 Abs. 1 die Gefährdungsvariante ausdrücklich regelt und somit die Gefahr von Strafbarkeitslücken nicht besteht, stellt die Verzögerung (im Gegensatz zu § 258) keine Vereitelung dar.[103]

20 **2. Absatz 2.** Absatz 2 stellt den Tatbestand des Erwerbs, des Verwahrens und des Verwendens von bemakelten Gegenständen im Sinne des Absatzes 1 unter Strafe. Mit dieser weitgehenden Regelung[104] will das Gesetz den Vortäter gegenüber der Umwelt isolieren und den inkriminierten Gegenstand praktisch verkehrsunfähig machen.[105] Mit derartigen Gegenständen soll im legalen Wirtschaftskreislauf gar nicht umgegangen werden.[106] Das abstrakte Gefährdungsdelikt in Absatz 2 soll wie ein *Auffangtatbestand* wirken,[107] sofern Absatz 1 nicht greift.

21 Das in Absatz 2 Nr. 1 gebrauchte Tatbestandsmerkmal **Sich oder einem Dritten Verschaffen** entspricht demjenigen in § 259.[108] Allerdings erfordert „Sich-Verschaffen" im Sinne des § 261 Abs. 2 Nr. 1 StGB kein kollusives Zusammenwirken von Geldwäscher und Vortäter. Dieses Tatbestandsmerkmal verlangt nur, dass der Geldwäscher die Verfügungsgewalt über den inkriminierten Gegenstand im Einvernehmen mit dem Vortäter erlangt (BGH, Urt. v. 4.2.2010 – 1 StR 95/09). Der Täter muss auf Grund einer Übertragungshandlung im Einverständnis mit dem Vortäter[109] eine eigene tatsächliche Verfügungsgewalt über die Sache erwerben, mit der Folge, dass der Vortäter jede Möglichkeit verliert, auf die Sache einzuwirken.[110] Einvernehmen setzt nicht voraus, dass das Einverständnis des Vortäters frei von Willensmängeln ist. Deshalb ist es ohne Bedeutung, wenn der Vortäter infolge von Täuschung oder Nötigung in die Übertragung der Verfügungsgewalt „einwilligt" (BGH, Urt. v. 4.2.2010 – 1 StR 95/09). In Betracht kommt etwa der Ankauf von Gegenständen, Rechten und Forderungen oder auch die Annahme von Geld für ein Unternehmen zum Zwecke der Investition.[111] Unterlassen reicht aus, eine nur vorübergehende Nutzung wie zum Beispiel bei Miete oder Leihe aber nicht;[112] ebenso nicht der Erwerb zum Zwecke der Weitergabe an die Ermittlungsbehörden.[113] Erfüllt ist der Tatbestand dagegen auch dann, wenn durch die Annahme des Gegenstandes eine bestehende Forderung gegen den Vortäter erfüllt wird. Denn hierdurch wird der Vortäter von der Verbindlichkeit befreit und erlangt damit aus der Vortat einen Vor-

---

102 **AA** *Sch/Schröder/Stree* Rdn. 11; *Hoyer* SK Rdn. 15.

103 **AA** wohl *Fischer* Rdn. 15.

104 **Kritisch** *Löwe-Krahl* wistra **1993** 123, 125; *Salditt* StraFo **1992** 121, 129 ff.

105 BTDrucks. 12/3533 S. 11.

106 *Vogel* ZStW **109** (1997) 335, 340.

107 BTDrucks. 12/989 S. 27; 12/2720 S. 40.

108 BTDrucks. 12/989 S. 27; BGHSt **43** 149, 151.

109 *Fischer* Rdn. 24; *Neuheuser* MK Rdn. 66; **aA** BVerfG NJW **2004** 1305, 1306; *Lackner/Kühl* Rdn. 8; *Otto* BT, § 96 Rdn. 34. Gelingt es zum Beispiel einem Computerbetrüger, sich im Wege des so genannten „Phishings" die Zugangsdaten zum Girokonto eines Dritten zu verschaffen, und nimmt er mit diesen Daten eine Überweisung auf das Konto eines „Finanzagenten" vor, der das Geld dann an den Vortäter ins Ausland transferieren soll, hat sich der Finanzagent das Guthaben nicht im Sinne des Absatzes 2 Nr. 1 verschafft, da er die Überweisung direkt vom Konto des hiermit nicht einverstandenen Geschädigten erhält (*Neuheuser* NStZ **2008** 492, 496).

110 BGHSt **27** 45, 46; **27** 160, 163; **35** 172, 175; BGH NStZ **1992** 36; BGH wistra **1993** 61 f.

111 BGHSt **43** 149, 151,152.

112 BTDrucks. 12/3533 S. 13.

113 *Hoyer* SK Rdn. 18.

teil.[114] Ebenso soll die Hinterlegung des aus einer Katalogtat stammenden Geldes durch einen Strafverteidiger im eigenen Namen als Haftkaution nach der Rechtsprechung des OLG Frankfurt ein „Sich Verschaffen“ sein.[115] – Bei den in Absatz 2 Nr. 2 genannten Merkmalen des **Verwahrens oder Verwendens für sich oder einen Dritten** braucht der Täter keine selbständige Verfügungsgewalt über den Gegenstand auszuüben. „Verwahren“ bedeutet das Ausüben des unmittelbaren Besitzes,[116] „Verwenden“ ist zu bejahen, wenn ein Gegenstand bestimmungsgemäß[117] gebraucht wird. Unter diese Variante fallen vor allem vielfältige Geldgeschäfte[118] wie zum Beispiel die Einzahlung auf ein Konto oder der Umtausch in eine fremde Währung. Eine Einschränkung des weit gefassten Tatbestandes besteht für die Fälle von Absatz 2 Nr. 2 darin, dass der Verwahrer oder Verwender des Gegenstandes dessen Herkunft zu dem Zeitpunkt gekannt haben muss, zu dem er ihn erlangt hat. Hat er die Kenntnis erst später erlangt, entfällt die Tatbestandsmäßigkeit.[119] Kenntnis bedeutet dolus eventualis, nicht positives Wissen,[120] wie § 261 Abs. 5 zeigt. Dort genügt bereits Leichtfertigkeit. Einverständnis mit dem Vortäter ist wie bei Nr. 1 erforderlich, denn bei einem Handeln gegen den Willen des Vortäters kann der Zweck des § 261, den Vortäter zu isolieren, nicht erreicht werden.[121]

3. **Ausschluss der Strafbarkeit** (**Absatz 6**). Absatz 6 schränkt den Anwendungsbereich des weit gefassten Absatzes 2 zum Schutz des allgemeinen Rechtsverkehrs ein. Die etwaige Strafbarkeit nach Absatz 1 bleibt dagegen unberührt (BGHSt 47 68, 80). Für Absatz 2 unterbricht derjenige die Kette strafbarer Verwertungshandlungen, der einen in Absatz 1 bezeichneten Gegenstand erlangt hat, ohne hierdurch eine Straftat zu begehen. **22**

Trotz des weit gefassten Wortlauts reicht es nach h.M. für die Straflosigkeit aus, dass der Dritte den Gegenstand nicht durch eine Straftat nach § 261 erlangt hat.[122] Hat er sich den Gegenstand dagegen beispielsweise durch Diebstahl oder Betrug verschafft, ist § 261 Abs. 2 also ebenfalls nicht mehr anwendbar. Für eine extensive Ausdehnung der Geldwäschestrafbarkeitskette besteht in diesem Fall keine Notwendigkeit. Hiergegen wird zwar eingewandt, es sei nicht einzusehen, warum die „Gutgläubigkeit“ eines Diebes, der einen aus einer Katalogtat stammenden Gegenstand beim Vortäter stiehlt, zur Straflosigkeit eines im Hinblick auf den Diebstahl gutgläubigen, bezüglich der Herkunft aber bösgläubigen Abkäufers führen solle.[123] Tatsächlich tritt in diesem Falle jedoch keine Straflosigkeit ein. Denn wenn der Käufer irrtümlich annimmt, der Verkäufer habe sich den Gegenstand nicht durch Diebstahl, sondern durch eine Tat nach § 261 verschafft, macht er sich zwar nicht wegen vollendeter, wohl aber wegen versuchter Geldwäsche nach § 261 Abs. 2 und 3 strafbar.[124] **23**

Da Abs. 6 allein auf das „Erlangen“ des Gegenstandes abstellt, greift die Vorschrift auch dann ein, wenn der Erwerb des Gegenstandes etwa wegen Geschäftsunfähigkeit des gutgläubigen Käufers zivilrechtlich unwirksam ist.[125] **24**

---

[114] *Sch/Schröder/Stree* Rdn. 16; aA Salditt StraFo **1992** 121, 128.

[115] NJW **2005** 1727, 1733; aA *Herzog/Hoch/Warius* StV **2007** 542 547 f.

[116] BTDrucks. 12/3533 S. 13.

[117] AA *Altenhain* NK Rdn. 116.

[118] BTDrucks. 12/989 S. 27.

[119] BTDrucks. aaO.

[120] AA *Bottke* wistra **1995** 121, 123.

[121] *Sch/Schröder/Stree* Rdn. 13; aA *Altenhain* NK Rdn. 117.

[122] *Neuheuser* MK Rdn. 68; *Sch/Schröder/Stree* Rdn. 14; *Tiedemann* Wirtschaftsstrafrecht BT Rdn. 281; str.

[123] *Fischer* Rdn. 27.

[124] Vgl. *Schmidt* Gewinnabschöpfung Rdn. 1679.

[125] Vgl. *Lackner/Kühl* Rdn. 6; *Schmidt* Gewinnabschöpfung Rdn. 1678.

Ein Anwendungsfall des § 261 Abs. 6 liegt beispielsweise vor, wenn sich ein Strafverteidiger die aus der Beute einer Katalogtat stammende, zur Haftverschonung hinterlegte Kaution in Kenntnis dieser Herkunft nach Abtretung des Rückzahlungsanspruchs ausbezahlen lässt. Denn an den Geldscheinen hatte zuvor die Hinterlegungsstelle nach § 7 HinterlO Eigentum erlangt.[126]

Liegen die Voraussetzungen des Abs. 6 vor, sind weitere auf den Gegenstand bezogene Handlungen nicht mehr nach § 261 Abs. 2 strafbar. Diese Einschränkung gilt für alle Tathandlungen des Absatzes 2, die Strafbarkeit nach Absatz 1 bleibt unberührt. Eine Sperrwirkung des Absatzes 2 gegenüber Absatz 1 kommt nicht in Betracht.[127] Die Strafbarkeit nach Absatz 1 besteht auch dann fort, wenn zuvor ein gutgläubiger Dritter den Gegenstand straffrei erlangt hat, weshalb sich der Strafverteidiger im obigen Beispielsfall nach dieser Vorschrift strafbar machen kann. Der Vortäter kann naturgemäß nicht Dritter sein.[128] Bei Überweisungen durch die Bank oder der Einreichung eines Schecks ist Abs. 6 nicht deshalb anwendbar, weil die Bankmitarbeiter gutgläubig sind. Denn in diesen Fällen erhält der Empfänger das Surrogat der Forderung gegen die Bank, nicht das von der Bank gutgläubig erworbene einbezahlte Bargeld.[129]

Da § 261 Abs. 6 den Tatbestand des § 261 Abs. 2 einschränkt, liegt ein Tatbestandsirrtum nach § 16 vor, wenn der Täter irrtümlich annimmt, der Gegenstand sei zuvor von einem Dritten straflos erlangt worden. Geht er umgekehrt fälschlicherweise davon aus, der Dritte habe nicht straflos erworben, ist eine versuchte Geldwäsche nach § 261 Abs. 2 und 3 gegeben.[130]

25 **4. Sozialübliches Verhalten.** Infolge des weiten Anwendungsbereichs des § 261 werden in der Literatur verschiedene Ansätze dahingehend diskutiert, ob eine Einschränkung zum Schutze des sozialüblichen Verhaltens erforderlich ist.[131] Der Bundesgerichtshof hat aber die Anwendung des § 261 auch bei Geschäften zur Deckung des Lebensbedarfs bejaht.[132] Dem ist zuzustimmen. Denn zum einen will die Vorschrift eine Isolierung des Vortäters erreichen und verhindern, dass er die in krimineller Weise erworbenen Vermögenswerte in den legalen Wirtschaftskreislauf einbringt (Rdn. 3). Diese Zielsetzung des Gesetzes ist auch bei Geschäften einschlägig, mit denen der Vortäter seinen allgemeinen Lebensbedarf deckt.[133] Zudem könnte eine Bagatellgrenze, bei der noch von sozialüblichen Alltagsgeschäften auszugehen wäre, praktisch kaum definiert werden. Insbesondere stellte sich die Frage, aus wessen Sicht die Abgrenzung vorgenommen werden soll, ob noch ein Alltagsgeschäft vorliegt oder bereits ein „Luxusbedarf" gedeckt werden soll.[134] Die Schaffung des Absatzes 6 zeigt ebenfalls, dass der Gesetzgeber keine weiteren Beschränkungen wollte. Eine zunächst vorgesehene Sozialadäquanzklausel, der zufolge solche Vermögensverschiebungen nicht erfasst sein sollten, die aufgrund einer gesetzlich geschuldeten Leistungspflicht oder als Gegenleistung für Sachen oder Dienstleistungen des täglichen Bedarfs oder zur Bestreitung des notdürftigen Unterhalts erfolgten, wurde nämlich gerade nicht realisiert.[135] Allerdings wird in der Praxis in den diskutierten Fällen häufig weder von Vorsatz noch von Leichtfertigkeit auszugehen sein. Wer Lebensmittel

---

126 BGH NStZ **2001** 535, 538.

127 BGH StV **2001** 506, 509; OLG Karlsruhe NJW **2005** 767, 769.

128 *Sch/Schröder/Stree* Rdn. 14.

129 *Neuheuser* MK Rdn. 69; aA *Hamm* NJW **2000** 636, 638; *Maiwald* FS Hirsch S. 640 f.

130 *Schmidt* Gewinnabschöpfung Rdn. 1679.

131 *Barton* StV **1993** 156, 161; *Lampe* JZ **1994** 123, 128; *Kargl* NJ **2001** 63.

132 BGH StV **2001** 506, 507.

133 *Sch/Schröder/Stree* Rdn. 17.

134 *Fischer* Rdn. 31.

135 BTDrucks. 11/7663 S. 7, 50.

oder Bekleidung verkauft, wird regelmäßig nicht darüber nachdenken, ob der Käufer diese Gegenstände mit Einkünften aus Drogengeschäften bezahlt.[136]

Eine weitere Einschränkung des § 261 Abs. 2 wird für die Fälle diskutiert, in denen der Erwerb eines Gegenstandes ohnehin schon in anderen Vorschriften unter Strafe gestellt ist, wie dies zum Beispiel beim Erwerb von Betäubungsmitteln zum Zwecke des Eigenverbrauchs gemäß § 29 Abs. 1 Nr. 1 BtMG der Fall ist.[137] Da sich diese Problematik aber ohne weiteres auf der Konkurrenzebene lösen lässt, besteht für eine solche einschränkende Auslegung des § 261 jedoch kein Anlass. 26

Ob **Strafverteidiger** bei der Entgegennahme von Honoraren im Falle der Wahlverteidigung den Geldwäschetatbestand verwirklichen können, war lange Zeit umstritten. In der Literatur wurden hierbei zur Tatbestandseinschränkung die Sozialadäquanzlehre,[138] eine teleologische Reduktion[139] oder eine verfassungskonforme Auslegung[140] erwogen. Lösungen wurden auch auf der Rechtfertigungsebene[141] oder beim Vorsatz gesucht. Der Bundesgerichtshof hatte entschieden, dass auch Strafverteidiger Täter im Sinne des § 261 Abs. 2 sowie Verteidigerhonorare Tatobjekte sein können.[142] Es gebe keine Ausnahmeregelung. In dem entschiedenen Fall hatten Rechtsanwälte vorsätzlich Honorarvorschüsse entgegengenommen, obwohl sie sicher wussten, dass das Geld aus Katalogtaten herrührte. Die Verfassungsbeschwerden der Rechtsanwälte blieben im Ergebnis ohne Erfolg. Allerdings legte das BVerfG § 261 Abs. 2 Nr. 1 *verfassungskonform* einschränkend dahingehend aus, dass die Vorschrift die Annahme eines Honorars oder Honorarvorschusses durch einen Strafverteidiger nur dann erfasst, wenn er im Zeitpunkt der Annahme **sichere Kenntnis** von der Herkunft des Geldes aus einer Katalogtat hatte.[143] In allen anderen Fällen würde eine uneingeschränkte Anwendung des § 261 Abs. 2 Nr. 1 in das Grundrecht des Strafverteidigers auf freie Berufsausübung (Art. 12 Abs. 1 Satz 1 GG) unverhältnismäßig eingreifen, eine effektive Strafverteidigung sei dann nicht mehr gewährleistet. Leichtfertigkeit des Rechtsanwalts führe nicht zur Strafbarkeit. Dem ist aus Gründen der Rechtsklarheit zuzustimmen.[144] Das Bundesverfassungsgericht hat diese Entscheidung hinsichtlich eines Durchsuchungsbeschlusses bestätigt.[145] In der Literatur wird die Einschränkung des subjektiven Tatbestandes im Hinblick auf den Gesetzeswortlaut und die Gesetzesmaterialien als ungerechtfertigte Privilegierung der Strafverteidiger kritisiert.[146] Trotz der einschränkenden Auslegung des § 261 Abs. 2 Nr. 1 ist der nur bedingt vorsätzlich oder leichtfertig handelnde Strafverteidiger jedoch keineswegs umfassend vor einer strafrechtlichen Verantwortlichkeit geschützt. Denn stammt das bezahlte Verteidigerhonorar unmittelbar aus der Vortat, kommt bei bedingtem Vorsatz des Strafverteidigers eine Strafbarkeit wegen Hehlerei in Betracht. Erlangt der Strafverteidiger – wie regelmäßig bei bargeldloser Bezahlung – ein Surrogat, kann dagegen die Strafbarkeit nach § 261 Abs. 1 StGB begründet sein, da hierdurch die Anordnung des Verfalls beim Mandanten vereitelt oder gefährdet werden kann.[147] Unschädlich ist es dagegen, wenn 27

136 *Schmidt* Gewinnabschöpfung Rdn. 1680; *Sch/Schröder/Stree* Rdn. 17.

137 *Sch/Schröder/Stree* Rdn. 15.

138 *Welzel* S. 55 f; *Otto* JZ 2001 436 ff; *Salditt* StraFo 1992 121 f.

139 *Barton* StV 1993 159; *Kreß* wistra 1998 121, 126; *Wohlers* StV 2001 425; ebenso OLG Hamburg NJW 2000 673 ff.

140 *Nestler* StV 2001 648.

141 *Grüner/Wasserburg* GA 2000, 440.

142 BGHSt 47 68 ff; ebenso *Arzt* in Arzt/Weber/Heinrich/Hilgendorf Strafrecht BT § 29 Rdn. 49; *Hetzer* wistra 2000 281, 288.

143 BVerfG NJW 2004 1305, 1311; mit zust. Bespr. *Dahs/Krause/Widmaier* NStZ 2004 261 ff und abl. Bespr. *Ranft* Jura 2004 759 ff.

144 Vgl. dazu *Schmidt* StraFo 2003 2 ff.

145 BVerfG StV 2005 195 f.

146 *Altenhain* NK Rdn. 128; *Fischer* Rdn. 36; *Müssig* wistra 2005 204.

147 *Altenhain* NK Rdn. 128.

der Strafverteidiger erst nach der Entgegennahme des Honorars sichere Kenntnis davon erlangt, dass dieses aus einer Katalogtat seines Mandanten stammt. Insbesondere lässt sich nicht aus einem Umkehrschluss zu § 261 Abs. 2 Nr. 2 herleiten, dass es bei der Nr. 1 auf den Zeitpunkt der Kenntniserlangung nicht ankomme.[148] Vielmehr will der entsprechende Zusatz in Absatz 2 Nr. 2 gerade eine Gleichstellung zur Nr. 1 erreichen.[149]

**28** Ob die Entscheidung des Bundesverfassungsgerichts auf *andere freie Berufsgruppen* (Steuerberater, Ärzte) zu übertragen ist, ist fraglich. Denn diese sind anders als Rechtsanwälte keine Organe der Rechtspflege, so dass insoweit dem gesetzgeberischen Willen[150] Rechnung zu tragen ist, den Tatbestand weit auszulegen.[151]

**29** **Mitarbeiter der Ermittlungsbehörden** machen sich bei der Entgegennahme von Gegenständen, die aus Katalogtaten herrühren, mit dem Ziel des Verfalls, der Sicherstellung oder der Einziehung nicht nach § 261 Abs. 2 Nr. 1 strafbar. Denn der Schutzzweck des § 261 Abs. 2 ist ein anderer. Verfall, Einziehung und Sicherstellung zielen ja gerade darauf ab, den Täter zu entreichern.[152] Bei der Annahme von Geldstrafen und Verfahrenskosten sind *Kostenbeamte* auf Grund ihrer Amtsbefugnisse als gerechtfertigt anzusehen.[153]

**30** Bei *Scheinkäufen* fehlt es jedenfalls bei behördlicher Kontrolle an einer tatbestandsmäßigen Handlung.[154] Das Bargeld, das dem Vortäter zur Durchführung des Scheinkaufs überlassen wird, kann aber durchaus Gegenstand einer vollendeten Geldwäsche sein.[155]

## IV. Täterschaft und Teilnahme

**31** Jeder kann Geldwäsche täterschaftlich begehen, auch der *Vortäter* sowie (Vortat-)Mittäter oder Vortatteilnehmer. Die Strafbarkeit entfällt aber gemäß § 261 Abs. 9 Satz 2 für denjenigen, der wegen Beteiligung an der Vortat strafbar ist. § 261 Abs. 9 Satz 2 sichert die Straflosigkeit von Selbstbegünstigungshandlungen, die Geldwäsche wird als mitbestrafte Nachtat angesehen.[156] Voraussetzung hierfür ist aber, dass die Beteiligung an der Vortat zweifelsfrei festgestellt werden kann (BGHSt 50 224, 230 mit weit. Nachw.). Bleibt sie ungewiss, ist dagegen kein Raum für die Straflosigkeit nach § 261.[157] In einem solchen Fall wird aber zumindest regelmäßig[158] die Strafe für die Geldwäschetat nicht höher ausfallen dürfen als die für die Vortat angedrohte Strafe.[159]

**32** Die Einbeziehung des Vortäters ermöglicht die Bestrafung der Teilnahme an dessen Geldwäsche. Dies kommt etwa dann in Betracht, wenn der Vortäter geraubtes Geld vergräbt und ein Dritter ihn hierbei unterstützt.[160]

Auf eine Vollendung oder Beendigung der Vortat kommt es für die Anwendung des § 261 Abs. 9 Satz 2 nicht an. Ein zeitlicher Abstand zwischen Vortat und Geldwäschehandlung ist nicht entscheidend, sondern nur der Bezug zum selben Gegenstand.[161]

---

148 *Hamm* NJW 2000 636, 638; *Fischer* Rdn. 37.
149 *Altenhain* NK Rdn. 138.
150 BTDrucks. 11/7663 S. 50.
151 *Schmidt* Gewinnabschöpfung Rdn. 1701; aA für rechtsberatende Berufe *Tiedemann* Wirtschaftsstrafrecht BT Rdn. 285 m.w.N.
152 OLG Hamburg StV 2000 140, 147; *Altenhain* NK Rdn. 129.
153 *Schmidt* StraFo 2003 2, 4 Fn. 37.
154 *Altenhain* NK Rdn. 130.
155 BGH StV 1998 25, 26.
156 BTDrucks. 13/8651 S. 11.
157 BGH, Beschl. v. 1. Februar 2007 – 4 StR 474/06; *Fischer* Rdn. 46; *Sch/Schröder/Stree* Rdn. 5.
158 So BGHR StGB § 261 Strafzumessung 3.
159 *Sch/Schröder/Stree* Rdn. 5.
160 *Schmidt* Gewinnabschöpfung Rdn. 1710.
161 BGH NJW 2000 3725.

§ 258 Abs. 6 ist nicht entsprechend anzuwenden.[162] Dies gilt im Hinblick auf die unterschiedlichen betroffenen Rechtsgüter auch in den Fällen, in denen die Tathandlung nach § 261 notwendig ist, um die *Bestrafung des Angehörigen* **zu vereiteln**.[163] 33

Beteiligt sich der Vortäter an der Geldwäsche eines Dritten, greift ebenfalls § 261 Abs. 9 Satz 2. Beihilfe liegt beispielsweise auch dann vor, wenn jemand sein Girokonto in Deutschland zur Verfügung stellt, um darauf einen im Ausland durch gewerbsmäßige Veruntreuung erlangten Geldbetrag einzahlen zu lassen und so die Herkunft des Geldes zu verschleiern.[164] 34

Da sich der Gehilfenvorsatz auf eine konkretisierte Tat richten muss, reicht es nicht aus, wenn angesichts der Widersprüchlichkeit der Feststellungen zur Vortat bereits unklar ist, auf welche Haupttat sich der Vorsatz des Angeklagten bezog.[165] 35

## V. Innere Tatseite

1. **Vorsatz.** Für die Tathandlungen des Absatzes 1 und 2 ist Vorsatz notwendig, wobei bedingter Vorsatz grundsätzlich genügt.[166] Das „billigende in Kauf Nehmen"[167] muss sich auf die Tatbestandsmerkmale beziehen, dass also der Gegenstand aus einer geeigneten Vortat herrührt und beispielsweise die Ermittlung seiner Herkunft vereitelt wird. Bei Absatz 2 muss der Täter die illegale Herkunft des Gegenstands zum Zeitpunkt seines Erlangens gekannt haben. Die Strafbarkeit des Verwahrens oder Verwendens ist dadurch im Ergebnis eingeschränkt. Der Täter braucht die Vortat aber in ihrer rechtlichen Bewertung nicht als Verbrechen usw. einzuordnen; es genügt, wenn er die Umstände kennt oder von den Umständen ausgeht, die eine geeignete Vortat ausmachen.[168] *Bankmitarbeiter* werden nur selten bedingt vorsätzlich in dem Sinne handeln, dass sie die Tatbestandsmerkmale billigend in Kauf nehmen. Aus einem Verstoß gegen die *Anzeigepflichten des GWG* allein kann man noch keinen Vorsatz ableiten. Bei der Annahme von Strafverteidigerhonoraren ist für Absatz 2 sicheres Wissen nötig (Rdn. 27).[169] 36

Geht der Täter in den Fällen des Absatzes 2 davon aus, ein Vorgänger habe einen unbelasteten Gegenstand erworben, liegt ein Tatbestandsirrtum (§ 16) vor. Ein Verbotsirrtum nach § 17 liegt dann vor, wenn der Täter glaubt, sein Handeln sei erlaubt, obwohl er die bemakelte Herkunft des Gegenstandes kennt.[170] Glaubt er aber, sein Handeln sei strafbar, weil er die Strafbarkeit des Zwischenerwerbs nach § 261 Abs. 6 verkennt, liegt ein Wahndelikt vor. 37

2. **Leichtfertigkeit (Absatz 5).** In Absatz 5 wird auch die leichtfertige Geldwäsche unter Strafe gestellt. In Anlehnung an die bei Erfolgsqualifikationen entwickelten Definitionen liegt Leichtfertigkeit dann vor, wenn sich die Herkunft des Gegenstandes aus einer Katalogtat nach der Sachlage geradezu aufdrängt und der Täter gleichwohl handelt, weil er dies aus besonderer Gleichgültigkeit oder grober Unachtsamkeit außer Acht lässt (BGHSt 50 347, 351).[171] Das Merkmal der Leichtfertigkeit bezieht sich dabei nur auf die 38

162 *Neuheuser* MK Rdn. 77.
163 AA *Sch/Schröder/Stree* Rdn. 12.
164 AG Essen WM **1994** 2199, 2200.
165 BGH wistra **2007** 143.
166 *Fischer* Rdn. 40; *Sch/Schröder/Stree* Rdn. 18; aA beim Verschleierungstatbestand *Ambos* JZ **2002** 70, 72.
167 BGHSt **43** 158, 169.
168 BGH wistra **2003** 260.
169 BVerfG NJW **2004** 1305.
170 *Altenhain* NK Rdn. 133.
171 BTDrucks. 12/989 S. 28; BGHSt **33** 66, 67; **43** 158, 168.

Herkunft der deliktisch verstrickten Gegenstände (BGH aaO). Hinsichtlich der übrigen Tatbestandsmerkmale ist auch im Rahmen der leichtfertigen Geldwäsche Vorsatz erforderlich.[172] Bei kleineren Geschäften des täglichen Lebens wird in der Regel kein Anlass bestehen, sich Gedanken über die Herkunft eines Gegenstandes zu machen; bei größeren Beträgen kann dies dagegen anders sein.[173] Es ist für die Annahme von Leichtfertigkeit nicht erforderlich, dass der Täter eine gegebene Möglichkeit versäumt, sich Gewissheit über die Herkunft des Geldes zu verschaffen.

**39** Der Bundesgerichtshof[174] teilt die im Schrifttum geäußerten Bedenken nicht, dass der Tatbestand der leichtfertigen Geldwäsche gegen das *Schuldprinzip* oder den *Bestimmtheitsgrundsatz* verstoße.[175] Der BGH setzt dabei aber voraus, „dass durch einengende Handhabung der weite Tatbestand eingegrenzt wird". Der Gesetzgeber hat die Ausdehnung des Tatbestands in den Bereich der Leichtfertigkeit für notwendig erachtet, um auftretende Beweisschwierigkeiten zu vermeiden und die effektive Bekämpfung von Geldwäschefällen sicherzustellen.[176] Auf die Honorarannahme durch *Strafverteidiger* findet allerdings § 261 Abs. 5 keine Anwendung (vgl. Rdn. 27). Die Schwierigkeiten bei *Bankangestellten* in den Fällen des Absatzes 2 Nr. 2, die sich nach ihrem äußeren Erscheinungsbild nicht als kriminell erkennbare Verhaltensweisen darstellen, können über Zumutbarkeitserwägungen aufgelöst werden. Die Pflichtwidrigkeit des Handelns kann dann entfallen, wenn infolge einer Anweisung durch den Vorgesetzten ein anderes Vorgehen nicht zumutbar ist, weil sonst die Kündigung droht.[177] Beim sogenannten „Phishing"[178] wird Leichtfertigkeit des „Finanzagenten" regelmäßig zu bejahen sein.[179]

**40** Problematisch ist, ob Abs. 5 auch auf die Fälle des Absatzes 2 Nr. 2 Anwendung finden kann, obwohl dort die Kenntnis des Täters von der Herkunft des Gegenstandes verlangt wird. Da Absatz 5 nach seinem Wortlaut auch in den Fällen des Absatzes 2 uneingeschränkte Anwendung finden soll, spricht aber letztlich nichts dafür, dass ein leichtfertiges Handeln nur in den Fällen des Absatzes 2 Nr. 1 unter Strafe gestellt sein soll. Zu verlangen ist allerdings, dass der Täter bereits zu dem Zeitpunkt, zu dem er den Gegenstand erlangt, lediglich aus Leichtfertigkeit keine Kenntnis von seiner Herkunft hat und dieser Leichtfertigkeitsvorwurf nicht erst zu einem späteren Zeitpunkt zu begründen ist.[180]

---

172 BGH NJW **2008** 2516, 2517; *Hoyer* SK Rdn. 27.

173 *Sch/Schröder/Stree* Rdnr. 19.

174 BGHSt **43** 158 ff mit Anmerkung *Arzt* JR **1999** 79.

175 *Bottermann* Untersuchung zu den grundlegenden Problematiken des Geldwäschetatbestandes, auch in den Bezügen zum Geldwäschegesetz **1995** S. 130 ff; *Flatten* Zur Strafbarkeit von Bankangestellten bei der Geldwäsche **1996** S. 111 ff; *Hassemer* WM-Sonderbeilage 3/**1995** S. 83; *Knorz* Der Unrechtsgehalt des § 261 **1996** S. 169 ff, 187 ff; *Leip* Der Straftatbestand der Geldwäsche **1995** S. 146 ff; **aA** *Burr* Geldwäsche S. 83; *Höreth* Bekämpfung der Geldwäsche S. 154 f; *Kern* Geldwäsche und organisierte Kriminalität S. 171; *Lampe* JZ **1994** 123, 129; *Vogel* ZStW **109** (1997) 335 ff, auch rechtsvergleichend.

176 BTDrucks. 12/989 S. 27; ferner *Krey/Dierlamm* JR **1992** 353, 359.

177 *Schmidt* Gewinnabschöpfung Rdn. 1722.

178 S. oben Fn. 109.

179 *Heghmanns* wistra **2007** 167, 170.

180 *Altenhain* NK Rdn. 138; **aA** *Bottke* wistra **1995** 121, 123.

## VI. Versuch

Absatz 3 stellt den Versuch unter Strafe. Insoweit gelten die allgemeinen Regeln. Seine Strafbarerklärung ist, um einen möglichst lückenlosen Strafrechtsschutz auf diesem Gebiet sicherzustellen, folgerichtig. In Fällen, in denen eine vollendete Geldwäsche in Form einer Gefährdung möglich ist, kann die Abgrenzung zwischen Vollendung und Versuch problematisch sein. Vollendung ist dann gegeben, wenn das Auffinden durch die Handlung des Täters konkret gefährdet ist. Die Tat bleibt Versuch, wenn eine Gefährdung des Schutzgutes nach den Umständen nicht zu erwarten ist.[181] Stellt sich der Täter vor, die Vortat sei noch gar nicht begangen, liegt kein Versuch vor.[182] Ein untauglicher Versuch ist möglich, wenn der Täter fälschlicherweise glaubt, das Tatobjekt sei makelbehaftet, weil er sich über die Qualität seiner Herkunft im Irrtum befindet. Der Erwerb eines bemakelten Gegenstandes von einem V-Mann der Polizei ist dann Versuch, wenn die V-Mann-Eigenschaft nicht erkannt wird.[183] Der weite § 261 Abs. 3 im Zusammenhang mit dolus eventualis führt unter Umständen bezüglich des Umgangs mit Geld bei alltäglichen Geschäften in die Gefahr der Versuchstrafbarkeit. Insoweit muss das „billigende in Kauf Nehmen“ einschränkend ausgelegt werden.[184] Der Versuch der leichtfertigen Geldwäsche (Abs. 5) ist nicht strafbar.[185] 41

## VII. Rechtsfolgen

1. **Allgemeines.** Die vorsätzliche Geldwäsche wird mit Freiheitsstrafe von 3 Monaten bis zu fünf Jahren, die leichtfertige Geldwäsche (§ 261 Abs. 5) mit Geldstrafe oder Freiheitsstrafe bis zu zwei Jahren bestraft. Die Freiheitsstrafe kann die Strafe übersteigen, die für die Katalogvortat verhängt wurde, da eine dem § 257 Abs. 2 entsprechende Regelung hier nicht gegeben ist (vgl. aber oben Rdn. 31). Für die *Strafzumessung* können insbesondere die Schwere der Vortat sowie der Wert des Gegenstandes, auf den sich die Tat bezieht, eine Rolle spielen. Ist eine ordnungsgemäße Abwägung aller Umstände erfolgt, kann auch dann die Höchststrafe verhängt werden, wenn strafmildernde Faktoren gegeben sind.[186] 42

2. **Besonders schwerer Fall (Absatz 4).** Absatz 4 sieht für besonders schwere Fälle einen erhöhten Strafrahmen von sechs Monaten bis zu zehn Jahren vor und entspricht damit dem Rahmen des § 260. Zur Gewerbsmäßigkeit vgl. Rdn. 8. Der Begriff der *Bande* des § 261 Abs. 4 stimmt mit dem des § 244 überein.[187] Eine Verbindung „zur fortgesetzten Begehung einer Geldwäsche“ ist zu bejahen, wenn sich die Bandenmitglieder zur Begehung mehrerer selbstständiger Geldwäschehandlungen zusammengefunden haben. Dies kann auch dann zu bejahen sein, wenn sich die Geldwäschehandlungen durchweg auf Gegenstände beziehen, die aus derselben Vortat stammen.[188] Gewerbs- oder Bandenmäßigkeit liegt nicht nur dann vor, wenn „mafiaartige Strukturen“ gegeben sind.[189] Eine Bande kann deshalb auch aus einem Steuerberater, einem Buchhalter und 43

[181] Vgl. BGHR StGB § 261 Versuch 1; für Hehlerei BGHSt **43** 110 ff m.w.N.
[182] *Altenhain* NK Rdn. 135.
[183] BGH StV **1999** 94, 95.
[184] *Lampe* JZ **1994** 123, 131.
[185] OLG Karlsruhe StraFo **2009** 36.
[186] BGH StV **1995** 522, 523.
[187] Vgl. *Fischer* Rdn. 48; *Sch/Schröder/Stree* Rdn. 22; aA *Altenhain* NK Rdn. 145, der die Bande hier wie eine kriminelle Vereinigung des § 129 StGB definieren will.
[188] BGHSt **50** 224, 229 f; *Fischer* Rdn. 48.
[189] BGH NStZ **1998** 622, 623.

einem gewerbsmäßig handelnden Steuerhinterzieher bestehen.[190] Auch ein Vortatbeteiligter, auf den Absatz 9 Satz 2 anwendbar ist, kann Bandenmitglied sein.[191] § 261 Abs. 4 ist ein **benannter Strafschärfungsgrund**. Ob außerhalb der Regelfälle eine Tat als schwerer Fall zu werten ist,[192] ist im Einzelfall unter Abwägung aller Zumessungstatsachen auf Grund einer Gesamtbewertung aller wesentlichen Umstände zu entscheiden. Wenn sich die Geldwäsche auf äußerst hohe Geldbeträge bezieht, kann ein solcher unbenannter schwerer Fall unter Umständen zu bejahen sein.

44 3. **Einziehung, Vermögensstrafe und erweiterter Verfall** (Absatz 7). Eine Reihe zusätzlicher Rechtsfolgen können nach Absatz 7 angeordnet werden. Hier geht es zunächst um so genannte „Beziehungsgegenstände“;[193] Gegenstände, auf die sich die Geldwäsche bezieht, können eingezogen werden (§ 74). Da § 74a für anwendbar erklärt ist, darf die Einziehung unter den Voraussetzungen des § 74 Abs. 2 und 3 und auch unter den erweiterten Voraussetzungen des § 74a angeordnet werden. Wertersatzeinziehung nach § 74c ist möglich, wenn der Täter oder Teilnehmer die Einziehung des Gegenstandes durch eine weitere Geldwäsche vereitelt.[194] Was einzuziehen ist in Fällen der Vermengung eines bemakelten Gegenstands mit legal erworbenem Vermögen, ist fraglich. Hier dürften wirtschaftliche Erwägungen im Zusammenhang mit der Verkehrsanschauung maßgeblich sein.[195] Hat ein Täter als Mitglied einer Bande oder gewerbsmäßig gehandelt, ist die Anordnung des erweiterten Verfalls (§ 73d) zulässig, und zwar auch dann, wenn Straflosigkeit nach § 261 Abs. 9 Satz 2 eingreift.[196]

## VIII. Auslandsstraftaten

45 **Absatz** 8 regelt die Strafbarkeit der Geldwäsche für den Fall, dass die *Vortat im Ausland* begangen worden ist. Dadurch wird die internationale Verflechtung der Finanzmärkte berücksichtigt.[197] Dies kann bedeutsam sein bei Erlösen aus Drogengeschäften, die im Ausland abgewickelt, deren Erlöse aber im Inland angelegt wurden.

46 Die ausländische Vortat muss eine Katalogtat entsprechend § 261 Abs. 1 und am Tatort mit Strafe bedroht sein. Strafverfolgungshindernisse im Ausland sind irrelevant,[198] ebenso die Höhe der Strafdrohung und Verjährung.[199] Gleichfalls unerheblich ist, welches Strafmaß die ausländische Rechtsordnung androht und ob das Delikt dort als Verbrechen oder als Vergehen qualifiziert wird. Entscheidend ist allein, dass der Lebenssachverhalt, der das Tatgeschehen darstellt, übereinstimmend strafbar ist.[200] Darauf, ob der Vortäter nach deutschem Recht bestraft werden könnte, kommt es ebenfalls nicht an. Auch die Tat eines Ausländers, die nicht dem deutschen Strafrecht unterliegt, genügt daher.[201]

---

190 *Burger* wistra **2002** 1, 2.
191 BGHSt **50** 224, 230; **aA** *Krack* JR **2006** 435.
192 Vgl. BGHSt **29** 319, 322.
193 BGHSt **10** 28 ff.
194 *Arzt* in Arzt/Weber/Heinrich/Hilgendorf Strafrecht BT § 29 Rdn. 19.
195 *Schmidt* Gewinnabschöpfung Rdn. 160.
196 BGH wistra **2002** 307, 308.
197 BTDrucks. 13/8651 S. 10.
198 **AA** *Lütke* wistra **2001** 85, 87.
199 **AA** zu letzterem *Altenhain* NK Rdn. 45.
200 *Schmidt* Gewinnabschöpfung Rdn. 1632; *Sch/Schröder/Stree* Rdn. 6.
201 *Sch/Schröder/Stree* Rdn. 6.

## IX. Fälle der tätigen Reue

In den Absätzen 9 Satz 1 und 10 sind einige Vergünstigungen für Täter enthalten, die diese dazu animieren sollen, strafbare Geldwäsche-Vorgänge anzuzeigen oder dazu beizutragen, dass ein inkriminierter Gegenstand sichergestellt werden kann. Durch die Schaffung eines Anreizes für derartige Anzeigen können die Vorschriften ebenfalls zur Bekämpfung der Organisierten Kriminalität beitragen, zumal die Erstattung einer solchen Anzeige nicht nur zur Tataufklärung selbst beiträgt, sondern auch zur Sicherstellung des tatbestandlichen Gegenstandes und gegebenenfalls zur Klärung oder Aufdeckung der zugrunde liegenden Vortat führen kann.[202] Dies wird durch die Regelung des § 13 Abs. 1 GWG ergänzt. § 261 Abs. 9 greift für das vollendete Delikt, im Falle des Versuchs ist § 24 StGB anzuwenden.[203] Auch bei Geheimnisträgern i.S.v. § 203 Abs. 1 sind Abs. 9 Satz 1 und Abs. 10 anzuwenden.[204] Eine Anzeige des Verteidigers verstößt nicht gegen die Selbstbelastungsfreiheit des Beschuldigten.[205] **47**

1. **Strafaufhebungsgrund (Absatz 9 Satz 1).** Absatz 9 Satz 1 sieht einen persönlichen Strafaufhebungsgrund i.S.d. § 28 Abs. 2 vor, wenn der Täter die konkrete Tat **freiwillig** bei der zuständigen Behörde *anzeigt* oder **freiwillig** eine solche *Anzeige veranlasst* (BGHSt 50 224, 230 mit weit. Nachw.). Die zweite Variante soll einem Tatbeteiligten zugute kommen, auf dessen Veranlassung hin der Anzeigeerstatter tätig wird; ob die Anzeige auch in diesem Fall die zuständige Behörde erreichen muss, ist streitig; die Formulierung „veranlasst" spricht jedenfalls dagegen.[206] Bezüglich der Freiwilligkeit gelten die Grundsätze wie beim Rücktritt vom Versuch (§ 24) oder den ähnlich ausgestalteten Regelungen der §§ 330b, 129 Abs. 6. Zuständige Stellen für die Anzeige sind die Staatsanwaltschaft, die Polizei oder das Amtsgericht (§ 158 Abs. 1 S. 1 StPO analog); ob auch Zoll- und Steuerfahndung erfasst sind, ist fraglich.[207] Die Anzeige muss ein konkretes Tatgeschehen zum Gegenstand haben; die pauschale Anzeige, eine Vielzahl von Geldwäschehandlungen vorgenommen zu haben, genügt also nicht.[208] Werden dagegen mit der Geldwäschehandlung konkurrierende weitere Straftaten verschwiegen, steht dies der Straffreiheit nicht entgegen.[209] Voraussetzung für das Eingreifen des Strafaufhebungsgrundes ist jedoch, dass die Tat im Zeitpunkt der Anzeigeerstattung noch nicht ganz oder teilweise bereits entdeckt war und der Täter dies wusste oder bei verständiger Würdigung der Sachlage damit rechnen musste. Mit dieser dem § 371 Abs. 2 Nr. 2 AO nachgebildeten Regelung soll einer missbräuchlichen Ausnutzung der mit der Anzeigeerstattung verbundenen Wirkung entgegengetreten werden.[210] Entdeckung ist nur dann anzunehmen, wenn sich die Erkenntnisse so verdichtet haben, dass die Ermittlungen wahrscheinlich erfolgreich sein werden.[211] Liegt die freiwillige und rechtzeitige Aufdeckung der Tat (nicht dann, wenn sich der Täter unabsichtlich verrät) bei einer zuständigen Behörde vor, genügt dies – wie sich aus Absatz 9 Nr. 2 ergibt – bei der leichtfertigen Begehung (Fälle des Absatzes 5), um Straffreiheit zu erlangen (Absatz 9 Nr. 1). In den Fällen der vorsätzlichen Begehung (Absätze 1 und 2) tritt Straffreiheit dagegen nur ein, wenn der Täter zu- **48**

---

202 BTDrucks. 12/989 S. 28; 12/3533 S. 15.
203 *Lackner/Kühl* Rdn. 17a.
204 **AA** *von Galen* StV **2000** 575, 577.
205 *Lackner/Kühl* Rdn. 17.
206 *Löwe/Krahl* wistra **1993** 123, 126; **aA** *Carl/Klos* wistra **1994** 161, 166.
207 Dafür *Altenhain* NK Rdn. 151.
208 *Fischer* Rdn. 51.
209 *Schmidt* Gewinnabschöpfung Rdn. 1744; *Sch/Schröder/Stree* Rdn. 25.
210 BTDrucks. 12/989 S. 28.
211 BGH NStZ **1983** 415 zu § 371 Abs. 2 Nr. 2 AO.

sätzlich noch beiwirkt, dass der inkriminierte Gegenstand sichergestellt wird (§§ 111b ff. StPO). Bloßes Bemühen reicht hier nicht.[212] Grund der unterschiedlichen Behandlung ist, dass in Fällen der leichtfertigen Begehung auch dann noch die Möglichkeit der Straffreiheit bestehen soll, falls sich (z.B. bei Kreditinstituten) der Verdacht der Geldwäsche erst im Laufe einer längeren Geschäftsverbindung herausstellt, auch wenn das gewaschene Geld infolge Zeitablaufs und Abverfügungen des Kontoinhabers nicht mehr genügend konkretisiert oder sonst sichergestellt werden kann.[213] Nur die Geldwäsche wird vom Strafaufhebungsgrund erfasst, nicht weitere Straftaten.[214]

**49** 2. Durch Art. 1 43. StrÄndG vom 29.7. 2009 (BGBl. I S. 2288) wurde Abs. 10, der eine Strafmilderung bzw. ein Absehen von Strafe ermöglichte, gestrichen. Nach Absatz 10 konnte das Gericht in allen Fällen die Strafe nach § 49 Abs. 2 nach seinem Ermessen mildern oder von Strafe nach den Vorschriften der Absätze 1 bis 5 ganz absehen, wenn der Täter durch die **freiwillige Offenbarung** seines Wissens wesentlich dazu beigetragen hat, dass die Tat über seinen eigenen Tatbeitrag hinaus oder eine in Absatz 1 genannten rechtswidrige Tat eines anderen aufgedeckt werden konnte. Diese sog. *kleine Kronzeugenregelung* war § 31 Nr. 1 BtMG nachgebildet.[215] Auf Rechtsprechung und Schrifttum zu dieser Vorschrift kann daher verwiesen werden.[216] Für eine Übergangszeit kann die Regelung deshalb noch Bedeutung haben (§ 2 StGB). Danach gilt folgendes: Auch bei Absatz 10 handelt es sich um eine Ermessensvorschrift. Liegen die Voraussetzungen vor, müssen die Erwägungen dazu, warum die Anwendung abgelehnt wird, im Urteil mitgeteilt werden.[217] Die Vorschrift belohnt nur die Aufdeckung selbst, nicht das Aufdeckungsbemühen.[218] Beruht der Aufklärungserfolg auch auf anderen Erkenntnissen, so kommt es darauf an, dass die Offenbarung den Anstoß gegeben hat oder die Hauptursache war. Die Geldwäsche muss also nicht wie bei Absatz 9 Satz 1 unentdeckt sein, Absatz 10 kann deshalb auch dann greifen, wenn Absatz 9 nicht in Betracht kommt. Ein umfassendes Geständnis des Täters hinsichtlich seiner eigenen Tatbeteiligung braucht nicht immer vorzuliegen,[219] es ist auch nicht immer in jedem Fall geboten, dass der Täter schon bei der ersten Vernehmung sein Wissen offenbart. Es geht jedoch zu seinen Lasten, wenn seine Angaben bis zum Urteil nicht zur Aufdeckung geführt haben, weil sie beispielsweise zu vage waren oder weil er sein Wissen zu spät offenbart hat, so dass ein Aufklärungserfolg vor Abschluss des gegen ihn laufenden Verfahrens nicht mehr erzielt werden konnte.[220] Entscheidend ist, dass der Täter durch konkrete Angaben die Voraussetzungen dafür geschaffen hat, dass seine Offenbarung vor Verfahrensabschluss zu einem tatsächlichen Aufdeckungserfolg geführt hat.[221] Die Förderung der Tataufklärung in wesentlichen Punkten reicht aus.[222] Absatz 10 will zum einen den Täter ermuntern, Geldwäsche oder Vortaten aufzudecken sowie die Sicherstellung des bemakelten Gegenstands ermöglichen.[223] Bei mehreren Taten ist jede Tat getrennt zu betrachten.

---

[212] *Altenhain* NK Rdn. 155.
[213] BTDrucks. 12/989 S. 28.
[214] *Fischer* Rdn. 51.
[215] BTDrucks. 12/989 S. 28; 12/3533 S. 15.
[216] Vgl. auch *Körner* BtMG § 31 Rdn. 17 ff.
[217] BGHR BtMG § 31 Ermessen 1.
[218] BGH NStZ **1989** 580; BGHR BtMG § 31 Nr. 1 Aufdeckung 14.
[219] BGHSt **33** 80.
[220] BGHSt **31** 163, 166 f; BGH NStZ **1984** 28; **1984** 319; BGHR BtMG § 31 Nr. 1 Aufdeckung 1, 21.
[221] BGH StV **1993** 308; BGH bei Holtz MDR **1990** 678; BGHR BtMG § 31 Nr. 1 Aufdeckung 11, 20.
[222] BGH NJW **1999** 1726; BGH StV **1998** 601.
[223] BTDrucks. 12/989 S. 28.

## X. Straflosigkeit nach Absatz 9 Satz 2

Absatz 9 Satz 2 sichert die Straflosigkeit von *Selbstbegünstigungshandlungen*. Der an der Vortat Beteiligte soll nicht auch wegen der der Tat folgenden Geldwäsche bestraft werden können, wenn das Gericht von der Beteiligung an der Vortat überzeugt ist. Nach der Rechtsprechung des BGH handelt es sich um eine Konkurrenzregel, die als persönlicher Strafaufhebungsgrund gefasst ist.[224] Ist die Teilnahme an der Vortat beispielsweise nach § 20 StGB straflos, ist Absatz 9 Satz 2 nicht anwendbar. Das ändert nichts daran, dass eine Verurteilung wegen Geldwäsche dann trotzdem möglich sein kann. Zwischen Vortat und Geldwäsche muss keine zeitliche Zäsur vorliegen.[225] Bei unklarer Täterschaft kann im Wege der Postpendenzfeststellung jedenfalls wegen Gelwäsche verurteilt werden, wenn zumindest deren Tatbestandsvoraussetzungen vorliegen (vgl. BGH NStZ **1995** 500; StV **1998** 25, 26; Urt. v. 22.4.2009 – 5 StR 48/09). 50

Auch eine Beteiligung an einer im *Ausland* begangenen Vortat hindert die Strafbarkeit, wie Absatz 8 zeigt; für die Beurteilung, ob sich der Täter zugleich wegen der Vortat strafbar gemacht hat, ist aber allein auf das deutsche Recht abzustellen.[226] 51

Eine *Telefonüberwachung* nach § 100a Abs. 2 Nr. 1 Buchst. m) StPO kann dann nicht auf den Verdacht der Geldwäsche gestützt werden, wenn eine Verurteilung wegen Geldwäsche aufgrund der Vorrangklausel des § 261 Abs. 9 Satz 2 StGB nicht zu erwarten und die der Geldwäsche zugrunde liegende Tat keine Katalogtat im Sinne des § 100a StPO ist. Ein entsprechender Verstoß ist aber grundsätzlich dann heilbar und führt nicht zu einem Verwertungsverbot für die aus der Telefonüberwachung gewonnenen Erkenntnisse, wenn die zum Zeitpunkt des ermittlungsrichterlichen Beschlusses bestehende Beweislage den Verdacht einer anderen Katalogtat des § 100a StPO – insbesondere eines Vergehens der Mitgliedschaft in einer kriminellen Vereinigung nach § 129 StGB – gerechtfertigt hätte.[227] 52

## XI. Konkurrenzen

*Tateinheit* ist möglich mit §§ 257 bis 260a (BGHSt 50 347, 352 f mit Nachw.) sowie mit § 263, § 266[228] und § 267. Kann ein Handeln nach Absatz 1 nicht nachgewiesen werden, kann Absatz 2 als „Auffangtatbestand" in Betracht kommen.[229] Entsprechendes gilt für das Verhältnis von Absatz 5 zu Absatz 2. Tateinheit ist jedoch nicht ausgeschlossen, wenn verschiedene Tatbegehungen nach Absätzen 1, 2 und 5 vorliegen. Bei verschiedenen Begehungsweisen nach § 261 liegt nur eine Tat i.S. einer natürlichen Handlungseinheit vor. Verschafft sich der Täter bei verschiedenen Gelegenheiten Geldbeträge, liegt grundsätzlich *Tatmehrheit* vor. Dabei ist unerheblich, ob diese Geldbeträge ihrerseits aus einer oder aus mehreren Vortaten herrühren.[230] Im Wege der Gesetzeskonkurrenz gehen §§ 19 Abs. 1 Nr. 1 GÜG und 29 Abs. 1 BtMG als speziellere Regelungen vor, wenn die Geldwäschehandlung auch den Tatbestand der Betäubungsmitteldelikte verwirklicht (beispielsweise Erwerb von Betäubungsmitteln zum Eigenverbrauch). Sind Geldwäsche und Beihilfe zur Vortat eine Handlung, tritt § 261 zurück.[231] *§ 259* entfaltet *keine Sperrwirkung* für die (leichtfertige) Geldwäsche.[232] 53

---

224 BGHSt 50 224, 230; BGHR StGB § 261 Abs. 9 Satz 2 Vortat 1.
225 BGH NStZ **2000** 653, 654.
226 BGHSt 53, 205.
227 BGHSt **48** 240 ff = BGHR StPO § 100a Verwertungsverbot 15.
228 *Lackner/Kühl* Rdn. 19.
229 BTDrucks. 12/989 S. 27.
230 Vgl. BGHSt **43** 149 mit Anmerkung *Arzt* JR **1999** 79.
231 BGH StV **1998** 588, 589.
232 BGHSt **50** 347, 352 ff mit Nachw.; kritisch *Schramm* wistra **2008** 245.

## § 262
## Führungsaufsicht

**In den Fällen der §§ 259 bis 261 kann das Gericht Führungsaufsicht anordnen (§ 68 Abs. 1).**

### Entstehungsgeschichte

Die Vorschrift bestimmte in ihrer Fassung vor Inkrafttreten des 1. StrRG am 1. September 1969, dass ein Gericht *neben einer Gefängnisstrafe wegen Hehlerei auf Verlust der bürgerlichen Ehrenrechte erkennen konnte* und *neben jeder Verurteilung wegen Hehlerei auf Zulässigkeit von Polizeiaufsicht.* Die Nebenstrafe der Aberkennung der bürgerlichen Ehrenrechte entfiel mit dem 1. StrRG, an die Stelle der Polizeiaufsicht trat durch das 2. StrRG vom 4. Juli 1969 die Maßregel der Führungsaufsicht. Der Gesetzgeber fasste die Vorschrift dementsprechend neu. Ab 1. Januar 1975 lautete sie:

*In den Fällen der §§ 259 und 260 kann das Gericht Führungsaufsicht anordnen (§ 68 Abs. 1 Nr. 2).*

Nach einer geringfügigen Anpassung an die Neufassung, die § 68 durch das 23. StrÄndG vom 13. April 1986 erfahren hatte, erhielt die Vorschrift ihre heutige Fassung durch das OrgKG vom 15. Juli 1992 (BGBl. I S. 1302), das am 22. September 1992 in Kraft trat. Dabei wurde der Anwendungsbereich um die § 260 Abs. 1 Nr. 2, § 260a und § 261 erweitert.

1 Die Maßregel der Führungsaufsicht (§ 61 Nr. 4) ist unabhängig davon zulässig, nach welcher der genannten Vorschriften verurteilt wurde. Ebenso unerheblich ist, ob der Verurteilte Täter oder Teilnehmer war und ob er die Tat vollendete oder nur versuchte (*Neuheuser* MK Rdn. 2; *Sch/Schröder/Stree* zu § 262 [ohne Rdn.]). Die Anordnung der Maßregel kann neben jede Verurteilung wegen eines der genannten Delikte treten, sofern die Voraussetzungen von § 68 Abs. 1 vorliegen (zu ihnen *Hendrik Schneider* LK § 68 Rdn. 3 ff). Erforderlich ist also, dass die Verurteilung mindestens auf eine Freiheitsstrafe von sechs Monaten lautet und dass die Gefahr besteht, der Verurteilte werde weitere Straftaten begehen. Dabei braucht es sich nicht um Hehlereitaten oder um Geldwäsche zu handeln (*Altenhain* NK Rdn. 2; *Hoyer* SK Rdn. 1). Es steht im pflichtgemäßen Ermessen des erkennenden Gerichts, ob es Führungsaufsicht anordnet (*Hendrik Schneider* LK § 68 Rdn. 19; *Sch/Schröder/Stree* zu § 262 [ohne Rdn.]).

# Sachregister

Die fetten Zahlen verweisen auf die Paragraphen, die mageren auf die Randnummern.

Kolibri 360 GmbH
Ferdinand-Jühlke-Straße 7
99095 Erfurt, Deutschland
produktsicherheit@kolibri360.de